དཔལ་ལྡན་ཚོགས་གཉིས་ཆུ་གཏེར་བསྒྲུབས་པ་ལས། །མཁྱེན་བརྩེའི་འོད་དཀར་ངེས་གསང་གྲུ་ཆར་འབེབས། །
གངས་ཅན་མཁས་གྲུབ་ཡོངས་ཀྱི་གཙུག་རྒྱན་མཆོག །མཚོ་སྐྱེས་རྡོ་རྗེ་འགྲོ་བའི་བླ་མར་འདུད། །

མངའ་རིས་པཎ་ཆེན་པདྨ་དབང་རྒྱལ་གྱིས།

༄༅། །ཆུ་བ་ཁ་ལ་ཛོག ། ༧༣

༄༅། །གསང་ཆེན་སྔ་འགྱུར་བའི་སྡོམ་གསུམ་ཕྱོགས་བསྒྲིགས་བཞུགས་སོ། །

པོད་གསུམ་པ།

མདོ་སྔགས་བསྟན་པའི་ཉི་མ་སོགས་ཀྱིས་མཛད།

སི་ཁྲོན་བོད་ཡིག་དཔེ་རྙིང་བསྡུ་སྒྲིག་ཁང་གིས་བསྒྲིགས།

རྒྱལ་ཁབ་དཔེ་མཛོད་དཔེ་སྐྲུན་ཁང་།

དཀར་ཆག

༄༅། །སྡོམ་པ་གསུམ་རྣམ་པར་ངེས་པའི་བསྟན་བཅོས་ཀྱི་རྣམ་པར་བཤད་པ་
པཎ་ཆེན་དགོངས་པ་རབ་གསལ་བཻཌཱུར་དཀར་པོའི་
འོད་སྣང་སྐལ་བཟང་འཇུག་ངོགས་
ཞེས་བྱ་བ་བཞུགས་སོ། །

མདོ་སྔགས་བསྟན་པའི་ཉི་མ།

སྨད་བྱུང་མཚན་དཔེའི་གཟི་འོད་རབ་འབར་ལོངས་སྤྱོད་རྫོགས། །རང་སྣང་ཁ་སྦྱོར་བདེ་སྟོང་རོ་ལ་རྟག་རོལ་ཞིང་། །དམིགས་མེད་ཐུགས་རྗེས་ཞི་བའི་མཐའ་ལས་རྣམ་གྲོལ་བ། །ཡན་ལག་བདུན་ལྡན་ཀུན་ཏུ་བཟང་པོ་གཙུག་ན་རྒྱལ། །དུས་གསུམ་རྒྱལ་བའི་ཆོས་སྐུའི་ལྷ་ལམ་ནས། །མཁྱེན་པའི་ཡེ་ཤེས་གཟི་འོད་ཕྱོགས་བརྒྱར་དགོད། །གངས་ཅན་མུན་རུབ་བསལ་དང་ཆབ་གཅིག་ཏུ། །མཆོག་སྤྲིན་རྒྱལ་དབང་པདྨ་ཀ་རར་འདུད། །རྒྱལ་བའི་མདུན་ནས་ཟབ་རྒྱས་ཆོས་ཚུལ་ལ། །རང་དབང་སྨྲ་ལ་མཁྱེན་པའི་སྤོབས་པ་ཅན། ཟུར་ཕུད་ལྔ་པའི་རྣམ་རོལ་ཚངས་པ་ལྷ། །མི་དབང་བྱང་སེམས་ཆེན་པོ་གཙུག་ན་རྒྱལ། །རྒྱ་ཆེན་བསོད་ནམས་ཕུང་པོ་བྱེ་བས་བསྐྲུན། །མདོ་སྔགས་རྒྱ་མཚོའི་ཀླུར་གྱིས་ལེགས་པར་བརྗོད། །འཆད་རྩོད་རྩོམ་ལ་སྤོབས་པའི་གཏེར་ཆེན་པོ། །པཎ་ཆེན་པདྨ་དབང་རྒྱལ་གུས་པས་མཆོད། །པདྨ་ཀ་རའི་བཀའ་གཏེར་ནོར་བུའི་དབྱིག །བཤད་སྒྲུབ་རྒྱལ་མཚན་རྩེ་མོར་ལེགས་བཀོད་ནས། །གདམས་པའི་རིན་ཆེན་ཆར་གྱིས་གྲུབ་པ་མཆོག །སྙེར་མཛད་བཤེས་གཉེན་དམ་པར་གུས་པས་འདུད། །སྔ་འགྱུར་བཀའ་གཏེར་བསྟན་པའི་སྙིང་པོ་ཆེ། །ཐེག་རིམ་དགུ་ཡི་རྩེར་ཕྱིན་རྫོགས་པ་ཆེའི། །ཐེག་མཆོག་རྣམ་པར་རྒྱལ་བའི་ཁང་མཛེས་པར། །རིམ་བགྲོད་སྡོམ་གསུམ་ལམ་གྱི་རིམ་པ་དབྱེ། །

དེ་ལ་འདིར་བསྟན་བཅོས་སྡོམ་གསུམ་རྣམ་ངེས་འདི་ཉིད་མཛད་པ་པོ་ནི། ཞབས་དྲུང་པད་ཕྱིན་གྱིས་མཛད་པའི་ངོ་མཚར་དད་པའི་ཕྲེང་བ་ལས། དང་པོར་ཡོངས་འཛིན་མང་བསྟེན་ཐོས་བསམ་

མཛད། །བར་དུ་བཤད་སྒྲུབ་བསྟན་པའི་ཉམས་ལེན་འཕེལ། །ཐ་མ་མཁའ་སྤྱོད་དཀྱིལ་འཁོར་གཙོ་བོའི་ཚུལ། །སྣ་ཚོགས་སྤྲུལ་པའི་གར་མཛད་ཧེ་རུ་ཀ །ཕྱོགས་འདིར་གྲུབ་པའི་སློབ་དཔོན་ཐམས་ཅད་ལས། །མཁས་གྲུབ་ཚད་མའི་ཡུལ་གྱུར་ཁྱོད་ཁོ་ན། །

ཞེས་མངོན་པར་བསྟོད་པ་ལྟར་མངའ་རིས་པཎ་ཆེན་པདྨ་དབང་རྒྱལ་འདི་ཉིད་ནི། ཡུལ་མངའ་རིས་ཕྱོགས་གློ་བོ་མ་ཐང་གི་ལྷུན་གྲུབ་ཆོས་ལྡིང་ཞེས་བྱ་བར། ཡབ་འཇམ་དབྱངས་རིན་ཆེན་རྒྱལ་མཚན་ཞེས་པ་དེས་སྦྱིར་ཆོས་ཞུ་ཡུལ་གྱི་བླ་མ་འུག་པ་ལུང་བ་ཆེ་དཔལ་མགོན་པོ་དང་། འབྲུལ་ཞིག་ཆོས་རྗེ་ཀུན་དགའ་དབང་ཕྱུག །པཎ་ཆེན་དགེ་འདུན་གྲུབ། གྲུབ་ཆེན་ཐང་སྟོང་རྒྱལ་པོ། གཏེར་ཆེན་ཀུན་སྐྱོང་གླིང་པ་སོགས་དབུས་གཙང་གི་མཁས་གྲུབ་ཀྱི་བླ་མ་རི་བཞི་བསྟེན་ཏེ་གདམས་བཤད་གསན། བླ་མ་དེ་དག་ལས་ཕར་ཆོས་མ་ཕུལ་བར་ཚུར་ཞུ་ཡུལ་གྱི་ཐུན་མིན་བླ་མ་དམ་པ་དྲུག་གི་མདུན་ནས་སྤྱི་འགྱུར་གྱི་ཆོས་མདོ་སྒྱུ་སེམས་གསུམ། བཀའ་བརྒྱུད་བཀའ་གཏེར་གཙོ་བོར་བྱས་པའི་མདོ་སྡེ་སྣོད་གསུམ། སྔགས་ཕྱི་ནང་གི་རྒྱུད་སྡེ་བཞི་སྡེ་ཁྱོན་རྒྱུད་སྡེ་ཚན་མི་འདྲ་བ་དོན་གཉིས་ཐུགས་སུ་ཚུད་པས་མཁས་ཤིང་། བྱེ་བྲག་རྒྱུད་སྡེ་སོ་ལྔ་ལ་ས་གཞུང་སྦྲགས་པའི་འགྲེལ་བ་སྤེལ། སྔགས་ཀྱི་དབང་རྗེས་གནང་ཁྲི་ཕྲག་གསུམ་གསན། གདམས་ཁྲིད་མི་འདྲ་བ་བརྒྱ་གོ་ལྔའི་གདམས་པ་རྣམས་ཐུགས་ཉམས་སུ་ཡང་ཡང་བཞེས་པར་མཛད་པས་མཁས་ཤིང་ཉམས་རྟོགས་ཀྱི་རྩལ་རྒྱས་ཏེ། གྲུབ་ཆེན་གྱི་སར་བཞུགས་པ་དེ་ཉིད་ལ། གཏེར་ཆེན་ཀུན་སྐྱོང་གླིང་པའི་ཞལ་ནས། ཁྱོད་ཉིད་རྒྱ་གར་གྱི་གྲུབ་ཆེན་ཊོམྦི་པའི་སྐུའི་སྤྲུལ་པ། བཻ་རོའི་གསུང་སྤྲུལ། མར་པ་ལོ་ཙྪ་བའི་ཐུགས་སྤྲུལ་གྱི་སྐྱེས་བུ་དམ་པ་ཁྱད་ལྷག་ཅན་དུ་འདུག་པས། དེང་ནས་དབེན་གནས་ཤིང་སྟག་པ་སྐྱེ་བའི་གནས་སུ་སྒྲུབ་པ་ལ་གཞོལ་ན་འོད་སྐུར་གྲོལ་བར་ངེས་ལ། མདོ་རྒྱུད་ལ་འཆད་རྩོམ་བྱས་ན་བསྟན་པའི་གསལ་བྱེད་ཆེན་པོར་འགྱུར། སྔགས་སྤྱོད་ལ་ཞུགས་ན་སྐུ་དངོས་མ་ཟད་རིགས་བརྒྱུད་ཀྱིས་ཀྱང་བསྟན་པ་འཛིན་པའི་བསྟན་པའི་རྩ་ལག་ཆེན་པོར་འགྱུར་རོ་ཞེས་རིགས་སྲས་བརྒྱུད་ལས། དང་པོ་ལ་དོན་གྲུབ་རྡོ་རྗེ༑ གཉིས་པར་དབང་རྒྱལ་རྡོ་རྗེ། གསུམ་པར་རིན་ཆེན་རྡོ་རྗེ། བཞི་པར་རྣམ་སྣང་རྡོ་རྗེ། ལྔ་པ་དང་དྲུག་པ་ལ་མིང་མི་དགོས། བདུན་པར་ཀུན་བཟང་རྡོ་རྗེ། བརྒྱད་པར་ལེགས་ལྡན་རྡོ་རྗེ་ཞེས

མིང་དང་བཅས་རིགས་ལྔའི་སྤྲུལ་པ་ཡིན་པར་ལུང་བསྟན་པ་ལྟར་བསྟན་པ་ལ་བྱ་བ་བྱེད་པར་ཐུགས་བསྐྱེད་ཀྱི་གོ་བགོས་ཏེ། དགུང་གྲངས་ཞེ་གཅིག་གམ་ཞེ་དགུ་པར་སྟེ་བདག་སྐྱ་མཆེད་ཀྱིས་མཁའ་འགྲོ་བསྟེན་པར་ཞུབ་ཕྱུལ་བའི་ངོར་དང་། ཁོང་ནས་ཞག་བཅུ་གསུམ་དུ་ལྷ་མོ་ཤྲ་མ་ཎ་བསྒྲུབས་ཏེ་བརྟགས་པ་མཛད་པ་ལ་བརྟེན་ནས་བརྟག་ཐབས་དང་བསྟུན་ཏེ་འཁྲུང་ལོ་ཟླ་བའི་རིགས་ཁྲིམ་པ་རྒྱན་ཞེས་བྱ་བའི་རིགས་ལྡན་ཉིད་ཁབ་ཏུ་བཞེས་པ་ལས་གཞན་འགྲོ་བ་དང་བསྟན་པའི་ཆེད་དུ་རིགས་སྲས་བསྐྱེད་པ་ལས། དང་པོ་གསོ་བ་རིག་པའི་ཕྱུལ་ཕྱིན་དོན་གྲུབ་རྡོ་རྗེ་འཁྲུངས། གཉིས་པར་དབང་རྒྱལ་རྡོ་རྗེ་རིན་པོ་ཆེ་འདི་དང་། གསུམ་པར་གཞན་དོན་ལྷག་བསམ་ཅན་ཆོས་ཀྱི་ཉམས་ལེན་གྱི་གཏེར་ཚད་རྫོགས་པ་ལུགས་ཟུང་གི་བདག་པོ་མཛད་ཕྲིན་ཅན་རིན་ཆེན་རྡོ་རྗེ་འཁྲུངས། བཞི་པར་རྟེན་བསྟེན་རྫོགས་རྒྱལ་བསྟན་བཤད་སྒྲུབ་ལ་གཞོལ་བ་ཁྱད་པར་ཕྲུག་རྫོགས་ཀྱི་ལྷ་བ་ཕྱུལ་ཕྱིན་རྣམ་སྣང་རྡོ་རྗེ་འཁྲུངས། ལྔ་པ་དང་དྲུག་པ་མིང་མེད་གཉིས་ནི་སྐུ་ཆུང་དུ་ནས་འདས་པར་གྱུར། བདུན་པར་གནས་ལུགས་ཀྱི་ལྟ་བའི་རྩལ་རྒྱས་པ་ཀུན་བཟང་རྡོ་རྗེ་འཁྲུངས། བརྒྱད་པར་རིག་འཛིན་རྒོད་ལྡེམ་སྐྱ་ཕྲེང་གཉིས་པ་གཏེར་ཆེན་ལེགས་ལྡན་རྡོ་རྗེ་འཁྲུངས།

དེ་ལྟར་ཀུན་སྐྱོང་གླིང་པས་ལུང་བསྟན་པ་ལྟར་རིགས་སྲས་བརྒྱད་འཁྲུངས་པའི་ནང་ཚན་རིགས་སྲས་གདུང་ཚོགས་གཉིས་པ་དབང་རྒྱལ་རྡོ་རྗེའམ་པཎ་ཆེན་རིན་པོ་ཆེ་འདི་ནི། གུ་རུ་པདྨའི་ཟབ་གཏེར་ཡོན་ཏན་གཏེར་མཛོད་ལས། འདི་ནས་ཚེ་ལོ་ལྔ་བཅུ་ཁ་རལ་དུས༔ ང་ཡི་ཐུགས་རྗེས་སྤྲུལ་པའི་རིག་འཛིན་ནི༔ པདྨ་རྒྱལ་པོ་ཡེ་ཤེས་རོལ་པ་རྩལ༔ ཕྱི་ལྟར་རབ་བྱུང་སྡོགས་པའི་ཆ་ལུགས་ཅན༔ ནང་ལྟར་སེམས་བསྐྱེད་བསྟན་པའི་བྱ་བར་བརྩོན༔ གསང་བ་གཉིས་མེད་ལྟ་བའི་དོན་དང་ལྡན༔ ཆོས་རྒྱལ་ཡབ་སྲས་མཆོ་རྒྱལ་སྨོན་ལམ་གྱིས༔ སྤྲུལ་པའི་གཟུགས་ཀྱིས་མ་ཆགས་སྤྱོད་པ་སྐྱོང༔ དེ་འདྲའི་མཚན་ལྡན་ནུབ་ཀྱི་ཕྱོགས་ནས་འོང༔ ཞེས་ལུང་གིས་བསྟགས་པ་ལྟར། ཆོས་རྒྱལ་ཁྲི་སྲོང་ལྡེའུ་བཙན་གྱི་ཐུགས་སྤྲུལ་པཎ་ཆེན་འདི་ཉིད་ནི་མེ་མོ་ལུག་གི་ལོར་གོང་དུ་སྨོས་པའི་ཡབ་ཡུམ་གཉིས་ཀྱི་སྲས་སུ་སྐུ་བལྟམས། དགུང་གྲངས་བརྒྱད་པར་ཡབ་ལས་དགེ་བསྙེན་གྱི་སྡོམ་པ་དང་སེམས་བསྐྱེད་ཀྱི་སྡོམ་པ་མནོས། སྔགས་ཀྱི་སྨིར་འཇམ་དཔལ་མཚན་བརྗོད་ཀྱི་ཁྲིད།

འཇམ་དཔལ་ཞི་ཁྲོའི་དཀྱིལ་འཁོར་དང་། སྒྱུ་འཕྲུལ་ཞི་ཁྲོའི་དཀྱིལ་འཁོར་དུ་བཅུག །ཡང་དག་ལྷ་དྲུག་བརྒྱ་ལྔ་བརྒྱད་ཉི་ཤུ་བཅོ་བརྒྱད་པའི་དཀྱིལ་འཁོར་དུ་དབང་བསྐུར། ཡབ་ལ་དཀྱིལ་འཁོར་གྱི་ལྷ་དེ་དང་དེར་དངོས་མཐོང་གི་མོས་གུས་ཁྱད་པར་ཅན་འཁྲུངས། དགུང་གྲངས་དགུ་པར་སྒྱུ་འཕྲུལ་དང་སེམས་ཕྱོགས་སྙིང་ཐིག་གསན་པས་ཞལ་ནས་ཆོས་བདག་མེད་ཀྱི་ཕོ་སྙོ་ལན་ཅིག་མཐོང་། གསུངས་པ་ལྟར་སེམས་ངོ་སྤྲོད་པ་བཞིན་སེམས་སྐྱེ་མེད་ཀྱི་དོན་རྟོགས། དགུང་གྲངས་བཅུ་པར་རིག་རྩལ་ངེས་འབྱུང་སྙིང་རྗེ་རུ་མཆེད་དེ་འཆི་བ་དྲན་པ། འཇིག་རྟེན་ཆོས་ལ་ཞེན་ལོག་གི་ངེས་འབྱུང་། བདེན་འཛིན་འཁྲུལ་བའི་དབང་སོང་སེམས་ཅན་ལ་སྙིང་རྗེ་བཅོས་མེད་དུ་འཁྲུངས། དགུང་གྲངས་བཅུ་གཅིག་པར་སྒྱུ་འཕྲུལ་རྒྱ་ཆེར་འགྲེལ་དང་། སློག་རྡོར་སྤྲུར་ཁབ་བླི་མའི་འགྲེལ་བ་སོགས་རྒྱ་འགྲེལ་ཆེ་ཆུང་དུ་མ་དང་། གཡུང་སྟོན་སུམ་སྟོན་གྱི་ཊཱིཀྐཱ་སོགས་ཟླ་བ་བདུན་དུ་བཟུང་། དགོངས་པ་འདུས་པའི་མདོ་ཀློ་ལ་བྱང་བར་མཛད། དགུང་གྲངས་བཅུ་གཉིས་པར་ཡུལ་ཕྱོགས་ཐ་དད་པའི་མཁས་པ་མང་པོ་ཚོགས་པའི་དབུས་སུ་ཡབ་དང་ནུ་བོ་རང་དང་བཅས་ཁྲི་བཞམས་པར་འཁོད་དེ་མདོ་རྒྱུད་ཀྱི་ཆོས་ཀྱི་བཤད་པ་མཛད་པའི་སྐབས་སུ་དགུན་དུས་མེ་ཏོག་གི་ཆར་ཞག་བདུན་བབས། དེ་ནས་གཅེན་དོན་གྲུབ་དང་ལྷན་དུ་ལྷུན་གྲུབ་ཆོས་ལྡིང་དུ་བླ་མ་གསང་འདུས་སྒྱུ་འཕྲུལ་ཞི་ཁྲོ་རྟ་མགྲིན་གུ་དྲག་ལ་བསྙེན་པ་མཛད། ལྷའི་ཞལ་གཟིགས་ཀྱི་ཐོག་མར་ལྷ་མོ་དུད་སོལ་མའི་ཞལ་གཟིགས། ཤ་འུད་ཆེན་པོས་ཞིང་ཁལ་སུམ་བརྒྱ་བཤལ་པའང་ཕྱུག་གི་ཕུར་པ་གདེང་ཙམ་ནས་ཤ་འུད་ཞིང་གི་ཉེ་ཕྱོགས་ནས་ཁ་ཡར་འཁྱིལ་སྡིགས་མཛུབ་མཛད་པས་གནམ་དུ་ཁང་པའི་ཐོག་སོ་བདུན་ཙམ་དུ་འཁྱིལ་བར་མཛད་པ་དང་། རྡེའུ་ལ་བསྔགས་ཏེ་འཕང་བས་ཀྱང་ཤ་འུད་ལན་བདུན་བྱུང་བ་བཟློག་པར་མཛད་དོ། །

དགུང་གྲངས་བཅུ་གསུམ་པར་འོད་གསལ་གྱི་ཉམས་ལེན་ལ་བརྩོན་དུས་སུ་ཁྲོ་རྒྱལ་སྨེ་བ་བརྩེགས་པའི་ཞལ་གཟིགས། དེ་ཡང་དང་པོར་དུད་སོལ་ལྷ་མོ་དཀར་མོ་ཞིག་ཏུ་མཐོང་བ་ཉིད་མེ་འབར་བ་སྔགས་སྦྲ་ཅན་དུ་གྱུར་པའི་མེ་དབུས་སུ་སྨེ་བརྩེགས་ཀྱི་ཞལ་གཟིགས་ཉིན་ཕྱེད་ཙམ་དུ་བྱུང་། དགུང་གྲངས་བཅུ་བཞི་པར་བཀའ་བརྒྱད་མ་གཤིན་རྟ་མགྲིན་སོགས་ཀྱི་སྒྲུབ་ཁྲིད་ཀྱི་ལག

ལེན་བསླབས་ཤིང་བླ་མ་གསང་འདུས་བསྙེན་བཟླས་གནད་སྨིན་མཛད། དཀའ་སྤྱད་བཅུད་ལེན་ལོ་བདུན་ཙམ་བྱེད་པའི་དམ་བཅའ་གནང་། །དགུང་གྲངས་བཅོ་ལྔ་པར་དེ་ཕྱོགས་ཀྱི་ས་དབང་ལ་སྐུ་རིམ་སྒྲུབ་མཆོད་མཛད་པས་སྣན་རག་ཁེལ། གཏོར་རྒྱག་དུས་ཞབས་སར་ཁྲུ་གང་མ་རེག་ཙམ་ནམ་མཁར་འཕགས་པར་མཛད། རང་གི་གདུལ་བའི་འཁོར་ཚོགས་ལ་ཡིག་དྲུག་གིས་འགྲོ་དོན་མཛད། བསྙེན་གནས་མང་དུ་བྱས་པས་འཕགས་པའི་ཞལ་ལན་བདུན་མཐོང་། ཐེམ་སྤྱང་གསུང་བཅད་ཀྱི་དམ་བཅའ་ལོ་བདུན་མཛད། བླ་མ་དམ་ལས་ཆོས་ཞུས། དགུང་གྲངས་བཅུ་དྲུག་པར་གྲུབ་པའི་མཚན་མ་མཆོ་ཆེན་ལ་ཞབས་ནུབ་མེད་དུ་བྱོན་པ། རི་བྲག་ལ་ཐོགས་མེད་དུ་གཤེགས་པར་མཛད་པ་ལ་བརྟེན་ནས་སྐྱེ་བོ་མཆོག་དམན་རྣམས་ཀྱིས་གྲུབ་ཐོབ་ཆེན་པོའི་མཚན་སྙན་རྒྱས་ཆེ་ཉིད་ཀྱི་ཞལ་ནས། བྲག་དམར་གྱི་མཚོ་ལ་རོ་སྙོམས་བྱས། །སླུག་ནག་གི་ཆུ་ལ་རྡོག་པས་བརྫིས། །ལྷ་ལུང་གི་བྲག་ལ་བྱ་ལྟར་ལྡིང་། །བ་གམ་གྱི་བྲག་ལ་བྱི་ལྟར་འཛུལ། །མགོ་བོ་ཅན་བྲག་གི་ལོགས་ལ་རྒྱུག །གྲོགས་ཤེར་སངས་དང་ཤེར་དཔལ་རྒྱལ་བཟང་གསུམ། །བྱང་རྒྱལ་དང་བླ་མ་རིན་སངས་པ། སྐྱེ་ཕོ་མོ་འགས་གྲུབ་ཐོབ་གྲུབ་ཐོབ་ཟེར། །དེ་གྲུབ་ཐོབ་ཀྱི་གོ་བ་ང་མི་ལེན། །ཆོས་ཉམས་ལེན་གྱི་ཉམས་སྣང་ཐོན་ཙམ་ཡིན། །དོན་འཕོ་འགྱུར་བྲལ་བར་མ་རྟོགས་ན། །ལུས་སྒྱུ་མའི་ཆོ་འཕྲུལ་བྱ་བྱེའུས་སྟོན། །

ཞེས་ནང་ཉམས་རྟོགས་ཀྱི་རྟགས་སྣང་ཕྱིར་ཤར་བར་ཞལ་བཞེས་གནང་། དགུང་གྲངས་བཅུ་བདུན་པར་དགེ་འདུན་ལ་མཐོང་ཕྱག་མཛད་པ། ཕ་ཡུལ་དུ་ཞག་བདུན་ལས་མི་བཞུགས་པ་དང་། རྒྱལ་པོའི་ཕོ་བྲང་དུ་ལན་གསུམ་ལས་མི་འགྲིམ་པ་དང་། ཚོགས་མགོ་གྲལ་མགོ་མི་འཛིན་པ་དང་། རོ་ཚོག་དང་དབུ་གཙོ་མི་བྱེད་པ་དང་། འཚོ་བ་བསོད་སྙོམས་ཁོ་ནར་བརྟེན་ནས་སྒྲུབ་པ་བྱེད་པ་སྟེ་དམ་བཅའ་བདུན་བླང་བར་མཛད། སྒྲུབ་གནས་ཀྱང་རི་བྲག་ཆུ་ཀླུང་དུར་ཁྲོད་ཁང་སྟོང་བྱ་སྐྱིབས་སོགས་སུ་བཀའ་གདམས་གོང་མའི་རྣམ་ཐར་བཞིན་སྒྲུབ་པ་ཉམས་ལེན་ལ་བརྩོན་ནས་རྫོགས་ཆེན་གྱི་ལྟ་བའི་གདེང་ཚད་ལྡན་པར་མཛད། དགུང་གྲངས་བཅོ་བརྒྱད་པར་དགྲ་བཅོམ་ཆོས་བསྟན་བཟང་པོ་ལ་སོགས་ལས་འདུལ་བ་མདོ་དང་བཀའ་གདམས་བློ་སྦྱོང་ལམ་རིམ་ན་རོ་ཆོས་དྲུག་མཁའ་སྤྱོད་སྙན་བརྒྱུད་རྣམས་གསན་བཞེས་མཛད། རང་ཉིད་སྐྱེ་རབས་སྔ་མ་རྣམས་སུ་རྒྱ་བོད་ཀྱི་མཁས་གྲུབ་

དུ་མ་མང་པོའི་སྐུར་འཕྲུངས་པ་སྟོན་གནས་རྗེས་སུ་དྲན་པར་མཛད། དགུང་གྲངས་བཅུ་དགུ་པར་བཅལ་ཡུལ་ཕྱོགས་སུ་ཡིག་དྲུག་གི་ དགེ་བསྐུལ་གྱིས་ འགྲོ་དོན་མཛད་པའི་ཚེ་མི་ཏོག་གི་ཆར་བཅུ་གསུམ་བབས་པ་དང་ནམ་མཁར་འཇའ་འོད་ཀྱི་གུར་ཕུབ་པ་རྒྱུན་མར་བྱུང་། དགུང་གྲངས་ཉི་ཤུ་པར་སློབ་དཔོན་ཆོས་བསྟན་བཟང་པོ་དང་ནམ་མཁའི་མཚན་ཅན་སོགས་ལས་བྱམས་ཆོས་སྡེ་ལྔ་དབུ་མ་རིགས་ཚོགས་བསླབ་སྤྱོད་སོགས་གཞུང་ཆེན་བཅུ་ཕྲག་ཐུགས་སུ་ཆུབ་པར་མཛད། དགུང་གྲངས་ཉེར་གཅིག་པར་འཇམ་དབྱངས་ཆོས་སྐྱོང་སོགས་བླ་མ་དུ་མ་བསྟེན་ནས་གཤིན་རྗེའི་ཆོས་སྐོར་གྱི་སྨིན་གྲོལ་ཞུས་ནས་སྒྲུབ་པར་མཛད་ཚེ་ཞག་བདུན་ཙམ་ནས་གཤིན་རྗེའི་ཞལ་གཟིགས་ཐོབ་བོ། །དགུང་གྲངས་ཉེར་གཉིས་ལ་བཀའ་བརྒྱུད་བསྙེན་སྒྲུབ་མཛད་ཚེ་དགུན་བདུན་རྩེ་ཕྱུར་ཞིང་ཁོལ། མར་མེ་ཆུང་ངུ་གཅིག་གིས་ཞག་གསུམ་ཐུབ་པར་མཛད། རྟ་རོལ་དང་སྒྲུབ་རྫས་རྣམས་ལས་འོད་འབར་ཞིང་འཕྲོ་བ་བྱུང་། རང་གི་ཡབ་ཀྱི་ཉམས་སྣང་ལའང་ཟུར་ཆེན་ཤཱཀྱ་རྒྱལ་མཚན་དང་། རྡོག་ལེགས་པའི་ཤེས་རབ། རྗེ་གྲགས་པ་རྒྱལ་མཚན། འགྲོ་མགོན་ཆོས་འཕགས། དགེ་སློང་ནམ་མཁའི་སྙིང་པོ། བླ་མ་བསོད་ནམས་རྒྱལ་མཚན། མྱང་རས་ཆུང་རྡོ་རྗེ་གྲགས་པ། ཆགས་ལོ། ནགས་ལོ། དམ་པ་སངས་རྒྱས། བཻ་རོ། བི་མ། ཨོ་རྒྱན་ཡབ་ཡུམ། ཁྲི་སྲོང་། མ་ཅིག་སྐྱེ་བླ་མ་རྣམས་དངོས་སུ་བྱོན་ཏེ་གཅིག་ཞལ་ལ་གཅིག་གིས་བལྟས་ཏེ་ཞལ་འཛུམ་བཞིན།བླ་མ་དེ་དག་གི་ཞལ་ནས་མགྲིན་གཅིག་པར། ང་ནི་པདྨ་དབང་རྒྱལ་ཡིན། ཞེས་པཎ་ཆེན་ལ་ཐིམ་པར་གཟིགས་ཏེ། ཡབ་ཀྱི་ཞལ་ནས། ཀུན་ཀྱང་ང་ནི་པདྨ་དབང་རྒྱལ་ཡིན། །སྣ་ཞིང་ཐམས་ཅད་ཁྱོད་ལ་ཐིམ་ནས་སོང་། །ཞེས་བླ་མ་དེ་དག་དང་རྣམ་དབྱེར་མེད་པར་ལུང་བསྟན་ཏེ་སྔ་འགྱུར་བཀའ་གཏེར་སོགས་གསང་སྔགས་གསར་རྙིང་ཐམས་ཅད་ཀྱི་བསྟན་པའི་བདག་པོར་མངའ་གསོལ་མཛད།

དགུང་གྲངས་ཉེར་གསུམ་དང་ཉེར་བཞི་ལ་འཇམ་དབྱངས་ཀུན་བསམ་པ་དང་གློ་བོ་ལོ་ཙྪ་བ་ལས་གསུང་ངག་རིན་པོ་ཆེའི་ལམ་འབྲས་ཚོགས་བཤད་དང་སློབ་བཤད་གཉིས་གསན་པར་མཛད། དགུང་གྲངས་ཉེར་ལྔ་པར་ས་པཎ་སྤྲུལ་པ་གློ་བོ་མཁན་ཆེན་བསོད་ནམས་ལྷུན་གྲུབ་ཀྱིས་མཁན་པོ་གནང་། དཀོན་མཆོག་ཆོས་སྐྱབས་ཀྱིས་སློབ་དཔོན་མཛད་དེ་དད་པའི་དགེ་འདུན་གྲངས་ཉེར་ལྔ་ལས

དགེ་ བསྙེན་ དགེ་ཚུལ་བསྙེན་རྫོགས་ཏེ་ཚིགས་གསུམ་རྫོགས་པའི་བསྙེན་རྫོགས་ཀྱི་སྡོམ་པ་བཞེས། དེ་ནས་མཁན་ཆེན་དེའི་མདུན་ནས་གཤེད་དམར་གྱི་སྨིན་གྲོལ་གདམས་པ་གླངས། གཞན་ཡང་བླ་མ་དྭ་མ་ལས་སྒྲ་ཚད་དུས་འཁོར་བརྟགས་གཉིས་སོགས་དང་། འཇམ་དབྱངས་ཀུན་བསམ་པའི་དྲུང་ནས་བདེ་མཆོག་ལཱུ་དྲིལ་ནག་གསུམ་གསན། གྲུབ་ཆེན་དཀར་པོ་ཞེས་པ་ལོ་བརྒྱ་དང་སོ་དྲུག་བཞེས་པ་ལས་ཡེ་ཤེས་ཞབས་ལུགས་ཀྱི་གསང་འདུས་དང་བཀའ་བརྒྱུད་གསར་རྙིང་གི་ཆོས་ཞུས། དགུང་གྲངས་ཉེར་དྲུག་ལ་བྱེ་བྲལ་ཁོན་མཛད། ཉེར་བདུན་པར་གྲང་སོ་བ་སྟུགས་འཆང་ཤཱཀྱ་བཟང་པོ་ལས་བྱང་གཏེར་སྒྲུབ་སྐོར་རྣམ་གསུམ་རྟ་མགྲིན་ཉང་ལུགས་གསན་བཞེས་གནང་སྟེ་སྒྲུབ་ལ་བརྩོན་ནའི་མགོན་པོ་ཞལ་དངོས་སུ་བྱོན་ནས་མཆོད་གཏོར་བཞེས་ཏེ་བཀའ་ཉན་གྱི་སྲུང་མར་ཁས་བླངས་བྱས། བྱང་གཏེར་ཐུགས་ཆེན་བསྒྲུབས་པས་སངས་རྒྱས་སྟོང་གིས་བསྐོར་བའི་སྤྱན་རས་གཟིགས་ཀྱི་ཞལ་གཟིགས་ཐོབ། རིག་འཛིན་བསྒྲུབས་པས་ཨོ་རྒྱན་ཆེན་པོ་ལ་སྒྲུབ་སྡེ་བརྒྱད་ཀྱི་ལྷ་ཚོགས་ཀྱིས་བསྐོར་བའི་དངོས་ཞལ་མཇལ། དགུང་གྲངས་ཉེར་བརྒྱད་ཉེར་དགུ་པར་ལོ་ཆེན་དཀོན་མཆོག་ཆོས་སྐྱབས་ལས་རྒྱུད་རྡོ་རྗེ་ཕྲེང་བའི་དབང་གསན་ནས་བདེ་མཆོག་བོང་ཞལ་ཅན་གྱི་ལྷག་བསྙེན་མཛད་པས་ཁྲག་འཐུང་སོ་བདུན་གྱི་ཞལ་གཟིགས། དེ་ནས་རྡོར་ཕྲེང་གི་དཀྱིལ་འཁོར་ཡོངས་རྫོགས་ལ་བསྙེན་པ་གྲངས་ཐེབས་མཛད།

མདོར་ན་མདོ་སྔགས་གསར་རྙིང་གི་གཞུང་ལུགས་ཆེ་བ་རྣམས་དང་རིག་གནས་ཐམས་ཅད་ལ་མཁྱེན་པ་ཐོགས་མེད་རྒྱས་ཏེ་མཁས་པའི་ཡོན་ཏན་ལ་པཎ་ཆེན་གྱི་མཚན་དོན་དང་ལྡན་པ། བཙུན་པའི་ཡོན་ཏན་ཕྱི་སོ་ཐར་གྱི་སྡོམ་ཁྲིམས་རྣམ་པར་དག་པ་རབ་བྱུང་གི་ཡོ་བྱད་ལྔ་དང་སྒྲུབ་རྟེན་དང་དབང་ཆས་འགའ་ཟུང་མ་གཏོགས་མཁོས་ཆུང་ཚོག་ཤེས་ཀྱི་ནོར་དང་ལྡན་པས་བཀའ་གདམས་པའི་བཤེས་གཉེན་རྣམས་དང་འགྲན་བཟོད་པ། བྱང་སེམས་ཀྱི་སྡོམ་པས་ཐུགས་རྒྱུད་ཡོངས་སུ་གཏམས་ཏེ་གཞན་དོན་ལས་མི་གཡེལ་བའི་བརྩེ་བ་ཅན། གསང་སྔགས་ཀྱི་གཞུང་ནས་བསྟན་པའི་དམ་སྡོམ་ལ་ཉེས་ལྟུང་གི་དྲི་མ་དང་བྲལ་ཞིང་གསར་རྙིང་རིས་མེད་ཀྱི་དཀྱིལ་འཁོར་རྒྱ་མཚོའི་ཁྱབ་བདག་ཏུ་བཞུགས་པ༑ གཙོ་བོར་འོད་གསལ་རྫོགས་པ་ཆེན་པོའི་དགོངས་པ་འཁོར་ཡུག་ཏུ་བརྡལ་བས། འཁོར་འདས་

རང་རིག་གི་ཀློང་དུ་གྲོལ་བའི་གྲུབ་མཐར་ཕྱིན་པའི་རྟགས་ཚད་མངོན་སུམ་དུ་སྟོན་ཅིང་ཕྲིན་ལས་རྣམ་བཞིར་ཐོགས་མེད་དུ་དབང་བསྒྱུར་བ། ཁྱད་པར་གུ་རུ་པདྨའི་ཟབ་གཏེར་ལ་དབང་བའི་ཐུགས་སྨོན་དུས་སུ་སྨིན་པས་ཟབ་གཏེར་གྱི་དགོངས་པའི་ཀློང་མཛོད་རྫོལ་བས་རིག་འཛིན་བརྒྱུད་སོགས་དང་དགོངས་པ་གཉིས་མེད་དུ་རྡོ་རྗེའི་ལུང་གིས་ཡང་ཡང་བསྔགས་པ་ཡིན་ནོ། །

དེའང་དགུང་གྲངས་སོ་བརྒྱད་པ་ནས་བཟུང་གསར་རྙིང་རིས་མེད་ཀྱི་ཆོས་ཀྱི་ཆར་གདུལ་བྱ་ཡོངས་ལ་སྤེལ་དུས་སུ་དབུས་གཙང་གི་ཆོས་བརྒྱུད་ཉམས་པ་གསོ་ཕྱིར་གཙུང་ལེགས་ལྡན་རྡོ་རྗེ་དང་ལྷན་དུ་དབུས་སུ་བྱོན། གཞུང་སྤྱིལ་གཞུང་དུ་རྫོག་སྟོན་བསོད་ནམས་བསྟན་འཛིན་ལས་རྫོག་དཀྱིལ་དང་། གྲ་ཐང་ཞྭ་ལུ་ལོ་ཆེན་སོགས་ལས་གཤེད་དམར་སྐོར་གསན། བསམ་ཡས་སུ་བྱོན་ཁྲི་སྲོང་གི་བག་ཆགས་སད། བར་ཁང་དུ་བཀའ་བརྒྱད་བདེར་འདུས་ཀྱི་སྒྲུབ་ཆེན་མཛད། ལྷོ་བྲག་གུ་རུ་སོགས་རྗེས་སུ་བཟུང་། ཕྲེང་བོ་ཨོ་རྒྱན་ཆོས་བཟང་དང་། གོང་ཆེན་ནམ་མཁའ་དཔལ་ལྡན་ལས་བླ་མ་དགོངས་འདུས་གསན། ཡང་རྫོང་མཆིམ་ཕུར་ཐུགས་དམ་ལ་བཞུགས་དུས་སུ་ལྷ་ཚོགས་མང་པོའི་ཞལ་གཟིགས། ཆོས་དབང་གདུང་རབས་བརྒྱུད་པས་ལྷོ་བྲག་ཏུ་གདན་དྲངས་ཆོས་རྒྱུན་ཉམས་པ་གསོ་བའི་བཀའ་དྲིན་ཟླ་མེད་པར་མཛད། རྗེ་པཎ་ཆེན་རང་ནས་ཡབ་ཀྱི་གཙོས་པའི་བླ་མ་རྣམས་ལས་བདེར་འདུས་ཚར་ཉེར་ལྔ་གསན་པའི་ཐ་མ་བརྒྱུད་པ་ཁྲུངས་བཙུན་ཡིད་རྟོན་བྱེད་ཡུལ་ལྷོ་བྲག་དགོན་དཀར་དུ་མཚུངས་མེད་གྲུབ་ཐོབ་ནམ་མཁའི་རྣལ་འབྱོར་ཞེས་པ་ལས་བླངས་པས་ཐུགས་དགོངས་རྫོགས་པར་གྱུར། ཡབ་ཀྱིས་སྲས་རྣམས་ལ་ཞལ་ཆེམས་ཀྱི་ཚུལ་ཡང་། དེ་བཞིན་གྱིས་ངའི་ལག་གཡོག་གྱིས། དོན་གྲུབ་ཀྱིས་ཀུན་བཟང་འདིའི་མགོ་ཐོན་པར་གྱིས། དབང་རྒྱལ་གྱིས་ལེགས་ལྡན་འདི་སྐྱོངས། རིན་རྡོར་མཁོས་སུ་ཕེབས་པར་ཞོག །སྔ་འགྱུར་བཀའ་གཏེར་གྱི་གཞུང་རྣམས་མ་ཉམས་པར་གྱིས། ཁྱད་པར་སྒྱུ་འཕྲུལ་ལུས་ལྟ་བུ། བཀའ་བརྒྱད་ཉིང་ལག་ལྟ་བུ། གུ་རུ་ཞི་དྲག་དབང་པོ་ལྟ་བུ། སེམས་ཀློང་དོན་ལྟ་སྣོད་དྲུག་ལྟ་བུ། སྙིང་ཐིག་སྙིང་ལྟ་བུར་གཅེས་སྤྲས་ཀྱིས་འཆད་སྤེལ་མཛོད། ཅེས་གསུངས་པ་དང་། ཁྱད་པར་ཟབ་གཏེར་བཞེས་ཚུལ་དགུང་གྲངས་ཞེ་དྲུག་པར་བསམ་ཡས་སྐྱེད་ཁང་རྣམ་སྣང་མི་བཞི་རྒྱབ་སྲོང་ཀྱི་གསང་སྒྲོམ་ལས་བཀའ་འདུས་ཕྱི་མ་རིག་འཛིན

ཡོང་འདུས་ཀྱི་ཆོས་སྐོར་བཞེས་ཏེ། གཙུང་ལེགས་ལྡན་རྡོ་རྗེས་མཚམས་སྦྱོར་ནས་འབྲི་གུང་རིན་ཆེན་ཕུན་ཚོགས་གདན་དྲངས་ཏེ། གཏེར་སྟོན་རྣམ་གཉིས་ཆོས་བདག་བཅས་པས་བསམ་ཡས་རབ་གནས་བསྐྱར་བས་བོད་ཁམས་བདེ་བའི་རྩ་ལག་ཆེན་པོར་གྱུར། དེ་སོགས་བོད་ཡུལ་དུ་འགྲོ་དོན་མཐའ་ཡས་མཛད་མཐར་དགུང་གྲངས་ང་དྲུག་པར་འོན་སློན་ཐང་དུ་ཟངས་མདོག་དཔལ་རིར་གཤེགས་པའི་མཛད་པ་ཐ་མ་བསྟན་ཏོ། །

དེ་ལྟ་བུའི་མཁས་བཙུན་གྲུབ་པའི་ཡོན་ཏན་བརྒྱ་ཕྲག་གིས་ཕྱུག་པ་པཎ་ཆེན་པདྨ་དབང་རྒྱལ་རྡོ་རྗེ་གྲགས་པ་རྒྱལ་མཚན་དཔལ་བཟང་པོ་འམ་པདྨ་དབང་གི་རྒྱལ་པོ་ཡེ་ཤེས་རོལ་བ་རྩལ་ཞེས་པའི་མཚན་སྙན་སྲིད་ན་ལྷམ་མེར་གསལ་བ་དེ་ཉིད་ཀྱིས་མཛད་པའོ། །དེས་མཛད་པའི་བསྟན་བཅོས་ལ༑ བསྟན་བཅོས་ཀྱི་མཚན་དང་། མཚན་དེ་ལྡན་གྱི་གཞུང་དང་། མཇུག་ཡོངས་སུ་རྫོགས་པའི་བྱ་བ་བསྟན་པ་དང་གསུམ་ལས། དང་པོ་ནི། རང་བཞིན་རྫོགས་པ་ཆེན་པོ་སོགས་ཀྱིས་བསྟན་ཏེ། རང་བཞིན་ཞེས་པ་ནི། དབུ་མ་ལས། རང་བཞིན་དང་ནི་བཅོས་མིན་དང་། །གཞན་ལ་ལྟོས་པ་ཡོད་མ་ཡིན། །གསུངས་པ་དང་མཐུན་པར། འཇུག་པ་ལས། གང་ཕྱིར་སློབ་མ་རང་སངས་རྒྱས། །རྒྱལ་སྲས་དེ་བཞིན་གཤེགས་རྣམས་ཀྱིས། མ་མཛད་དེའི་ཕྱིར་འདུས་བྱས་ལ། །སོགས་པ་རྣམས་ཀྱི་ངོ་བོ་ཉིད། །རང་བཞིན་ཞེས་ནི་བསྙད་པ་སྟེ། །ཞེས་གསུངས་པས། ཆོས་ཀྱི་གནས་ལུགས་དེ་བཞིན་ཉིད་ནི་སྔར་དང་པོ་ནས་མེད་པ་གསར་བྱུང་མ་ཡིན་པས་མེའི་རང་བཞིན་ཚ་བ་ལྟ་བུ་ཞིག་ཡིན་གྱི། ཆུའི་ཚ་བ་ལྟ་བུ་སྔར་མེད་གསར་བྱུང་གི་ཆོས་མེས་བཅོས་ནས་གློ་བུར་དུ་བྱུང་བ་ལྟ་བུ་ཞིག་མིན། ཡང་རང་བཞིན་དེ་ནི་ཕྱིས་སུ་ཡང་ཆོས་རང་དང་བྲལ་ནས་མེད་དུ་འགྲོ་བས་རང་ལ་མི་དབང་བའི་བརྟན་པོ་ལྟ་བུ་གཞན་བདག་པོ་ལ་རག་ལས་པ་ལྟ་བུ་ཞིག་མིན་པར་གློ་བུ་ར་བའི་རྒྱུ་རྐྱེན་གཞན་ལ་རག་མ་ལས་པའི་རང་དབང་བའི་ཆོས་ཤིག་དགོས་པར་གསུངས་སོ། །དེས་ན་མེའི་གཤུག་མའི་ངོ་བོའི་ཚ་བ་དེ་སྔར་མེད་གསར་དུ་སྐྱེས་པ་མིན་པ་དུས་གསུམ་གང་དུའང་མེ་ལ་མི་འབྲལ་བ། ཆུའི་ཚ་བའམ། ཚུ་རོལ་ཕ་རོལ་ལམ། རིང་ཐུང་ལྟ་བུར་རྒྱུ་རྐྱེན་གཞན་ལ་ལྟོས་པ་མེད་པ་དེ་ནི་མེའི་རང་བཞིན་དང་མེའི་ངོ་བོ་མེའི་བདག་ཉིད་ཅེས་བྱ་བ་གསུངས་པས། དེ་གཞན་གང་ཟག་འགས་བྱེད་རྩོལ་སོགས་རྒྱུ

རྐྱེན་གྱིས་སྔར་མེད་གསར་དུ་བཞག་པ་དང་། སྔར་ཡོད་ཁྱད་པར་དུ་བྱས་ཏེ་བཅོས་པ་མིན་པར་ལྷོས་བཅས་ཀྱི་ཁྲི་གང་འཕོ་འགྱུར་མེད་པར་རང་གནས་ཡེ་བབས་ཀྱི་གཤིས་ལུགས་སུ་བཞུགས་པ་ལ་རྟ྄ང་བཞ྄ིན་བྱ་སྟེ། རྒྱུད་བླ་མ་ལས། འདི་ལ་བསལ་བྱ་ཅི་ཡང་མེད། །བཞག་པར་བྱ་བ་ཅུང་ཟད་མེད། །ཡང་དག་ཉིད་ལ་ཡང་དག་ལྟ། །ཞེས་གསུངས་པ་ལྟར།སེམས་ཅན་གྱི་ཁམས་སུ་བྲལ་ཐོབ་སྒྲིང་བའི་འབྲལ་མེད་ཀྱི་ཚུལ་དུ་འཁྲུལ་གྲོལ་ཀུན་བྱང་གི་གདོད་མའི་ཡེ་གཞིའི་ངོ་བོ་རུ་བཞུགས་པ་ཞིག་སྟེ། དེ་སྐད་དུ་ཆོས་མངོན་པའི་མདོ་ལས། ཐོག་མ་མེད་པའི་དུས་ཀྱི་དབྱིངས། །ཆོས་རྣམས་ཀུན་གྱི་གནས་ཡིན་ཏེ། །འདི་ཡོད་པས་ནི་འགྲོ་ཀུན་དང་། །མྱ་ངན་འདས་པའང་འཐྱུང་བར་འགྱུར། ། ཞེས་དང་། གསང་སྙིང་ལས། ཨེ་མ་ཧོ་བདེ་གཤེགས་སྙིང་པོ་ལས། །རང་གི་རྣམ་རྟོག་ལས་ཀྱིས་སྤྲུལ། །སྣ་ཚོགས་ལུས་དང་ལོངས་སྤྱོད་དང་། །བདག་དང་བདག་གིར་སོ་སོར་འཛིན། །ཞེས་གསུངས་པའི་རང་བཞིན་དེའང་ཁྱད་པར་གསུམ་གྱི་བདག་ཉིད་དུ་བཤད་དེ། ཐལ་འགྱུར་ལས། ཐོག་མའི་ངོ་བོ་རང་བཞིན་དང་། །ཐུགས་རྗེ་རྣམ་པ་གསུམ་དུ་གནས། །ཞེས་སོ། །

རྫོགས་པ་ཞེས་པ་ངོ་བོ་སྟོང་པའི་ཆ་ནས་གཞལ་ན། དབྱིངས་སྟོང་ཆེན་ཀ་དག་ཡོད་མེད་ཡིན་མིན་གྱི་སྤྲོས་མཐའ་ཐམས་ཅད་དང་བྲལ་བ་ནམ་མཁའི་དཀྱིལ་ལྟར་གནས་པའི་ངོ་བོ་ལ་ཉེས་སྐྱོན་གློ་བུར་བའི་དྲི་མ་ཡེ་བྲལ་དུ་དག་པའི་ཡོན་ཏན་དང་ལྡན་ཏེ། མུ་ཏིག་ཕྲེང་བ་ལས། ངོ་བོ་རབ་ཏུ་མི་གནས་ན། །ཡོད་མིན་མེད་མིན་གཉིས་ཀ་མིན། །སྟོང་པ་མ་ཡིན་མི་སྟོང་མིན། །རྒྱུ་མེད་མ་ཡིན་ཡང་དག་མིན། །ཞེས་དང་། ཡང་དེ་ཉིད་ལས། མ་རིག་མེད་ཅིང་འཁྲུལ་བ་མེད། །སེམས་མེད་ཡིད་ཀྱང་ཡོད་མ་ཡིན། །དགྲ་མེད་བཤེས་མེད་གཉེན་ཀྱང་མེད། །ཉོན་མོངས་མེད་ཅིང་ངར་འཛིན་མེད། ། ཅེས་དང་། གཞན་ཡང་རྒྱུད་བླ་མ་ལས་ཀྱང་། རྣམ་དབྱེར་བཅས་པའི་མཚན་ཉིད་ཅན། །གློ་བུར་དག་གིས་ཁམས་སྟོང་གི། །ཞེས་གསུངས་པ་ལྟར་རོ། །རང་བཞིན་ལྷུན་གྲུབ་ཆོས་སྐུའི་ངོ་ནས་དབྱིངས་སྣང་ལྷུན་གྲུབ་ཀྱི་རང་བཞིན་ལ་སྐུ་དང་ཡེ་ཤེས་ཞིང་དང་མཛད་པའི་ཡོན་ཏན་རྣམས་རང་ཆས་སུ་བཞུགས་པས་རྫོགས་པ་ཡིན་ཏེ། ཐལ་འགྱུར་ལས། དེ་ལ་ངོ་བོ་སྐུར་གནས་པས། །ཆོས་དང་ལོངས་སྤྱོད་སྤྲུལ་པའི་སྐུ། །མ་ཕྱེ་འབྱེད་པ་མེད་པའི་ཚུལ། །བབས་ལས་གྲུབ་པ་ཉིད་ལ་ཡང་། །ཞེས་པའང་ངོ་

པོ་ཆོས་སྐུ་རུ་གནས་པས་གཟུགས་སྐུ་གཉིས་ཀྱི་རྟེན་བྱེད་པ། རང་བཞིན་གསུང་དུ་ཡོད་པས་འོད་གསལ་གྱི་ཀློང་ན་ཆོས་ཉིད་ཀྱི་སྒྲ་རང་བྱུང་དུ་སྣང་བ། ཐུགས་རྗེ་ཐུགས་སུ་མཁྱེན་པས་ཡེ་ཤེས་གསུམ་གྱི་མཁྱེན་པ་མ་འགགས་པ་སྐྱེ་གཞི་གནས་ཀྱི་ཡེ་ཤེས་ངོ་བོ་རང་བཞིན་ཐུགས་རྗེ་གསུམ་ལྡན་དང་། མཚན་ཉིད་འཛིན་པའི་ཡེ་ཤེས་ལྔ་དང་། ཡུལ་སྣང་ཀུན་ཁྱབ་ཀྱི་ཡེ་ཤེས་ཇི་ལྟ་ཇི་སྙེད་མཁྱེན་པའོ། །ཞེས་དང་། སྒྲ་འཕྲུལ་ལས། རང་བྱུང་ཡེ་ཤེས་བྱང་ཆུབ་སེམས། །བྱང་ཆུབ་སྙིང་པོ་འདུས་མ་བྱས། །ལྷུན་རྫོགས་ཡོན་ཏན་འབར་བས་བརྒྱན། །ལྷུན་གྲུབ་དཀྱིལ་འཁོར་བླ་མེད་པའོ། །ཞེས་དང་། རྒྱུད་བླ་མ་ལས་ཀྱང་། རྣམ་དབྱེར་མེད་པའི་མཚན་ཉིད་ཅན། །བླ་མེད་ཆོས་ཀྱིས་སྟོང་མ་ཡིན། །ཞེས་གསུངས་པ་ལྟར།

དེ་ལྟར་སྣང་སྟོང་དབྱེར་མེད་ཆེན་པོར་རྫོགས་པས་རྫོགས། དེ་ལྟ་བུའི་བྲལ་སྨིན་གྱི་ཡོན་ཏན་ཀུན་གྱི་གཏེར་མཛོད་དུ་གྱུར་པའི་དབྱིངས་དེ་ཉིད་ལ་འདོད་དགུར་དབང་བསྒྱུར་བའི་བྱེད་པོ་གཅིག་པུ་ནི་ཐུགས་རྗེ་རང་རིག་པའི་ཡེ་ཤེས་ཉག་གཅིག་ཡིན་ཏེ། ཐལ་འགྱུར་ལས། ཐུགས་རྗེ་ཀུན་ཁྱབ་ཡེ་ཤེས་ལས། །མི་འཛད་སྣ་ཚོགས་འཆར་བའི་སྒོ། །མཛད་པ་ལྟར་སྣང་ངོ་བོར་རྫོགས། །ཆོས་སྐུ་སྟོང་པའི་རང་བཞིན་ལས། །ཡེ་ཤེས་མཁྱེན་ཆ་རྫོགས་པའི་ཆ། །ཤུགས་ཀྱིས་སེམས་ཅན་རྣམས་ལ་འཆར། །དེ་མེད་འཁོར་འདས་ལྟོ་ཆད་པས། །མཁྱེན་པས་རིག་ཅིང་གསལ་བའོ། །ཞེས་དང་། སྡུད་པ་ལས་ཀྱང་། ཡེ་ཤེས་མེད་ན་ཡོན་ཏན་འཕེལ་མེད་བྱང་ཆུབ་མེད། །རྒྱ་མཚོ་འདྲ་བའི་སངས་རྒྱས་ཆོས་ཀྱང་མེད་པར་འགྱུར། །ཞེས་གསུངས་པས་ཐུགས་རྗེའི་རིག་ཆ་དེ་ཉིད་དཔེར་ན་རྒྱལ་པོའི་དཀོར་མཛོད་ཀྱི་མངའ་བདག་ཏུ་གྱུར་པའི་གཉེར་ཀ་འཛིན་པ་ལ་མཛོད་དེའི་བདག་སྒྲའི་མིང་འཇུག་པ་བཞིན་དུ་དབྱིངས་ཀྱི་ཡོན་ཏན་གྱི་བདག་སྒྲའི་མིང་གང་གིས་འཛིན་པ་རིག་པའི་ཡེ་ཤེས་དེ་ལ་པ་ཞེས་བདག་སྒྲས་སྨོས་པའོ། །ཆེན་པོ་ནི། དེ་ལྟ་བུའི་ངོ་བོ་རང་བཞིན་ཐུགས་རྗེ་གསུམ་གྱི་བདག་ཉིད་ཅན་དེ། རྒྱུ་ལས་མ་བྱུང་བའི་འབྲས་བུ། ལུང་ལས་མ་བྱུང་བའི་མན་ངག་སེམས་ལས་མ་བྱུང་བའི་ཡེ་ཤེས་ཏེ། རྒྱུ་འབྲས་རྩོལ་སྒྲུབ་ཀྱི་ཐེག་པ་འོག་མའི་ཆོས་ཀྱི་རྣམ་བཞག་ལས་འདས་ཤིང་ཁྱད་པར་འཕགས་པའི་རྩོལ་མེད་རང་བྱུང་གི་ཆོས་ཡིན་པས་ཆེན་པོའོ། །དེའང་རང་ཤར་ལས། ལྟ་བ་ཀུན་གྱི་ཡང་རྩེ་

ནི། །ཨ་ཏི་རྫོགས་པ་ཆེན་པོར་བཤད། །ཅེས་དང་། ཀུན་བྱེད་ལས་ཀྱང་། ཆེ་བ་འདོད་ནས་སྒོམ་སྒྲུབ་རྩོལ་བྱེད་ན། །སྒོམ་སྒྲུབ་རྩོལ་བས་ཆེ་བ་དེ་མི་འགྲུབ། །ཆེ་བ་རང་བྱུང་ཡེ་ཤེས་ཡེ་ནས་ཡིན། །ཞེས་གསུངས་པ་ལྟར་ཡིན་ནོ། །

རྫོགས་པ་ཆེན་པོ་ལའང་གཞི་ལམ་འབྲས་བུའི་རྫོགས་པ་ཆེན་པོ་གསུམ་སྟེ། དང་པོ་ནི། ཡར་འདས་པའི་ཆོས་ཞིང་དང་གཞལ་ཡས་ཁང་དང་སྐུ་དང་ཡེ་ཤེས་ཐུགས་རྗེ་མཛད་པ་ཐམས་ཅད་དང་། མར་འཁོར་བའི་རྣམ་པ་དང་བསྟན་པའི་གནས་ལུས་ལོངས་སྤྱོད་བྱ་བ་དང་བཅས་པ་ཐམས་ཅད་དབྱིངས་ལ་རྫོགས་ཤིང་། དབྱིངས་ཀྱི་ཡོན་ཏན་ཡིན་པས་རྫོགས་ཞེས་བྱ། དེ་ལྟ་བུའི་ཡོན་ཏན་རྣམ་པ་ཐམས་ཅད་པ་ཀུན་དང་ལྡན་པའི་སྟོང་ཆེན་དེ་ལ་འདོད་དགུ་ར་དབང་བསྒྱུར་བྱེད་པོ་དམ་པ་ནི་རང་རིག་པའི་ཡེ་ཤེས་རང་བྱུང་གི་ཤེས་རབ་དེ་ཡིན་པས་དེ་ལ་པ་ཞེས་བྱ། དབྱིངས་ཡེ་དབྱེར་མེད་ཟབ་གསལ་གཉིས་མེད་རིག་སྟོང་ཟུང་འཇུག་གི་ཡེ་ཤེས་དེ་སྲིད་ཞི་གཉིས་ཆར་གྱི་གཞིར་གྱུར་པའི་སྒོ་ནས་སྲིད་ཞི་ཀུན་ཁྱབ་ཡིན་པས་ན་ཆེན་པོ་ཞེས་བྱ། དེས་གཞི་རྫོགས་པ་ཆེན་པོ་བསྟན།

གཉིས་པ་ནི། ཐེག་རིམ་བརྒྱད་ཀྱི་ལམ་གྱི་རྟོགས་རིགས་ཀྱི་ངོ་བོ་བྱེད་པ་འབྲས་བུ་དང་བཅས་པ་ཐམས་ཅད་དབྱིངས་སྟོང་ཆེན་ལ་ཡར་ལྡན་དུ་རྫོགས་པས་རྫོགས་ཞེས་བྱ། དབྱིངས་ཀྱི་ཡོན་ཏན་ལ་དབང་འགྱུར་བའི་བདག་ཉིད་ཆེན་པོ་ཐུགས་རྗེའི་རིག་ཆ་ལྷག་མཐོང་གི་ཤེས་རབ་ཉིད་ཡིན་པས་དེ་ལ་པ་ཞེས་བདག་སྒྲས་བསྟན། དེ་ལྟ་བུའི་དབྱིངས་རིག་ཟུང་འཇུག་གི་ལྟ་བ་ནི་ཨ་ནུ་མན་ཆད་ཀྱི་ལམ་གཞན་ལས་ཁྱད་པར་དུ་འཕགས་པས་ཆེན་པོ་ཞེས་བྱ། དེས་ལམ་རྫོགས་པ་ཆེན་པོ་བསྟན།

གསུམ་པ་ནི། གློ་སའི་ཀ་དག་ཀུན་གཞིའི་སྒྲིབ་བྱེད་ཕྲ་མོ་དང་བྲལ་བའི་དག་པ་གཉིས་ལྡན་གྱི་གདོད་མའི་ནང་དབྱིངས་དེ་ཉིད་གསང་གསུམ་མི་ཟད་རྒྱན་གྱི་འཁོར་ལོའི་གཏེར་དུ་གྱུར་པས་རྫོགས་ཞེས་བྱ། དབྱིངས་ལས་མི་གཡོ་བའི་ཡོན་ཏན་མཐར་ཕྱིན་མངོན་དུ་མཛད་པའི་ཡེ་ཤེས་ཆོས་སྐུ་ལ་པ་དང་། སྣང་རྟོགས་སྙིང་བརྩེ་སྟེ་ཆེན་པོ་གསུམ་ལྡན་ལ་ཆེན་པོ་ཞེས་བྱ། དེས་འབྲས་བུ་རྫོགས་པ་ཆེན་པོ་བསྟན་ཏོ། །ལམ་ཞེས་པ་ནི། ཆེད་དུ་བྱ་བ་དམ་པ་མཐར་ཐུག་གི་གོ་འཕང་མཆོག་ལ་བགྲོད་པའི་ཐབས་སམ་ཤུལ་དུ་གྱུར་པ་དེ་ལ་ལམ་ཞེས་བྱ། དེའང་སློ་བུར་འཁྲུལ་རྟོག་སྣང་གསུམ་ལས་མཆེད་

པ་རྣམས་འབྲས་བུ་མཐར་ཐུག་གི་སར་འཁྱེར་དུ་མེད་པས། གང་འབྲས་བུར་སྨིན་པ་ནི་རང་བཞིན་རྣམ་དག་གི་གཞིའི་ཆོས་སྐུ་རིག་པ་དང་སྣང་བའི་ཡོན་ཏན་ཀུན་གྱི་གཏེར་མཛོད་འཛིན་པའི་གནས་ལུགས་ཁྱད་པར་གསུམ་ལྡན་ཏེ། ངོ་བོ་སྟོང་པ་ཡིན་པས་དངོས་པོ་དང་མཚན་མ་མ་གྲུབ། རང་བཞིན་གསལ་བ་རྟག་གནས་པས་གཞི་སྣང་གི་འཆར་ཚུལ་མ་འགགས། ཐུགས་རྗེ་རིག་པ་རྟག་གནས་པས་མ་བསྐྱེད་པའི་སྐུ་ལྔ་ནང་གསལ་ལས་ཕྱི་གསལ་དུ་ཤར་ནས་གདུལ་བྱ་ལ་སྣང་ནུས་པ་དེ་གློ་བུར་གྱི་དྲི་མའི་སྒྲིབས་ཀྱུ་ལས་གྲོལ་བ་ཤིན་ཏུ་རྣམ་དག་ཉིད་ལས་གཞན་དུ་མ་མཆིས་པས། དེས་ན་དྲི་བྲལ་གྱི་ཆོས་ཉིད་མངོན་དུ་བྱེད་པ་དང་། མ་རིག་འཁྲུལ་བའི་དྲི་མ་རྩད་ནས་འབྱིན་ཅིང་དག་པ་ནི་ལམ་གྱི་བྱེད་པ་ཉག་གཅིག་ལ་རག་ལས་པ་ཡིན་པས་དྲི་མ་ཕྲ་བའི་གཉེན་པོ་ནི་སེམས་ལས་འདས་པའི་ཡེ་ཤེས་ལས་གཞན་པའི་སེམས་ཀྱི་ངོ་བོར་གྱུར་པའི་ལམ་གྱིས་བྱེད་མི་ནུས་པ་ཡིན་ཏེ། ཀླུ་བྱུང་གི་ལས་མཐའ་རྣམ་འབྱེད་ལས། མགོ་དང་རྐང་ལག་སོགས་བྱིན་ཀྱང་། །སྣང་བ་རྣམ་པར་མ་དག་ཕྱིར། །བྱང་ཆུབ་འབྲས་བུ་འཐོབ་མི་འགྱུར། །ཞེས་དང་། ངེས་དོན་བསྡུས་པའི་རྒྱུད་ལས། རང་བྱུང་སྙིང་པོ་ཆོས་སྐུ་ལ། །ཚོགས་བརྒྱད་མེད་ཕྱིར་སེམས་དང་བྲལ། །སྣ་ཚོགས་སེམས་ལ་ཞེན་གྱི་བར། །རང་གི་སེམས་ཞེས་དེ་ལ་བྱ། །སྐྱོན་གྱི་རྩ་བ་སེམས་ཡིན་པས། །དེ་ཕྱིར་སེམས་ཀྱིས་སངས་མི་རྒྱ། །ཞེས་དང་། དེ་ཉིད་ལས། མ་རིག་སངས་ནས་རང་སེམས་བརླག །དེ་ཕྱིར་ཆོས་སྐུ་འགྱུར་བ་མེད། །འཛིན་བྲལ་སེམས་མེད་ཡེ་ཤེས་སྐུ། །དེ་དོན་འབྲལ་མེད་བྱང་ཆུབ་ཀློང་། །ཞེས་སེམས་མ་རིག་པའི་གཉེན་པོ་གཅིག་པུ་ཆོས་སྐུའི་ཡེ་ཤེས་སེམས་ལས་འདས་པའི་ལམ་ཐེག་པ་ཐམས་ཅད་ཀྱི་རྩེ་མོ་ཡང་གསང་ཨ་ཏི་ཡོ་གའི་ལམ་འདི་ལ་མ་བརྟེན་པར་སྣང་གསུམ་གྱི་དྲི་མ་ཕྲ་བ་ཆ་བཅས་དབྱིངས་སུ་ཡལ་ནས་གྲོལ་བའི་ཡོན་ཏན་རིངས་མྱུར་དུ་འཐོབ་མི་ནུས་པས་ལམ་མཆོག་འདི་ཐེག་པ་ཐམས་ཅད་ཀྱི་སྐྱེལ་སོ་མཐར་ཐུག་པ་ཁོ་ནའོ། །

དེས་ན་གདུལ་བྱ་དཀྲི་བའི་ཐབས་ལ་མཁས་པའི་སྟོན་པ་རྣམས་ཀྱིས་གདུལ་བྱའི་མོས་དབང་གིས་ཐེག་པ་སྣ་ཚོགས་གསུངས་པ་ཐམས་ཅད་ཀྱང་མཐར་ཐུག་གི་ཐེག་པ་འདི་ནས་བསྟན་པའི་ལམ་གྱི་རྟོགས་པ་མངོན་དུ་བྱེད་པ་ལ་དགོངས་བརྒྱུད་ཅི་རིགས་པར་གཞོལ་བ་དང་འབབ་པའི་ཐབས་ཀྱི་ཆ

ལྷག་ཏུ་གྱུར་པ་ཁོ་ན་ཡིན་ཏེ། དམ་ཆོས་པད་དཀར་ལས། དྲང་སྲོང་རྣམས་ཀྱིས་ཐེག་པ་གསུམ་བསྟན་པ། །རྣམ་འདྲེན་རྣམས་ཀྱིས་ཐབས་ལ་མཁས་པ་སྟེ། །ཐེག་པ་གཅིག་སྟེ་གཉིས་སུ་ཡོད་མ་ཡིན། །བསྟི་བའི་དོན་དུ་ཐེག་པ་གསུམ་བསྟན་ཏོ། །ཞེས་པ་ལྟར། །གནས་སྐབས་དབང་པོ་མ་སྨིན་པ་དག་ལ་དབང་རྣོན་གྱི་ཆེད་དུ་བྱ་བའི་ལམ་སྟོན་པ་བློ་ར་མི་ཤོང་བར་འཇིགས་དངངས་ཀྱིས་ངལ་བའི་རྒྱུར་གྱུར་པའི་གདུལ་བྱ་རྣམས་ངལ་གསོ་བའི་བསྟི་གནས་མཆོག་ཡིན་ཚུལ་ཡང་། ལང་གཤེགས་ལས། སྲིད་པའི་ལམ་གྱིས་དུབ་པ་རྣམས། །ངལ་བསོའི་དོན་ཏེ་དེ་ཉིད་མིན། །ཞེས་གསུངས་པས། རང་བཞིན་རྫོགས་པ་ཆེན་པོའི་ལམ་གྱི་ཆ་རྐྱེན་དུ་གྱུར་པའི་རྒྱལ་བའི་བསྟན་པ་ཡོངས་སུ་རྫོགས་པའི་ཉམས་ལེན་ཐམས་ཅད་ཀུང་སྡོམ་པ་གསུམ་གྱི་ཉམས་ལེན་གྱི་ཁོག་ཏུ་ཡོངས་སུ་འདུ་ཞིང་རྫོགས་པར་གཟིགས་ནས་པཎ་ཆེན་རིན་པོ་ཆེས་སྡོམ་གསུམ་གྱི་ཉམས་ལེན་ལ་འཇུག་ཚུལ་སྒྲོ་སྐུར་དང་བྲལ་ཏེ། ངོ་བོ་མདོར། གོ་རིམ་མ་འཁྲུགས། དྲང་ངེས་པར་གཏན་ལ་ཕབ་སྟེ་རྣམ་པར་ངེས་པར་བྱས་པ་ཞེས་བྱའོ། །དེ་ནི་རྩོམ་པ་པོ་རྣམ་གཡེང་མེད་པའི་ཡིད་ཅན་གྱིས་ཆེད་དུ་བྱ་བ་ཐར་པ་ཆེན་པོ་ཐོབ་པའི་ཐབས་དམ་པར་གྱུར་པའི་བཀའི་དགོངས་དོན་གསལ་བར་བྱས་ཏེ། གདུལ་བྱར་ལེགས་ཉེས་སྐྱོན་ཡོན་གྱི་སྤང་བླང་ཇི་བཞིན་བསྟན་པའི་སྒོ་ནས་རྒྱུད་ལེགས་པར་འཆོས་ཤིང་བཅོས་པའི་བྱེད་པ་དང་ལྡན་པས་བསྟན་བཅོས་ཞེས་བྱ་སྟེ། བཤད་སྦྱོར་ལས། བཀའ་རྣམས་དོན་ནི་གསལ་བ་དང་། །འཇུག་ཅན་ཐར་བའི་དོན་སྒྲུབ་བྱེད། །བསྟན་བཅོས་དེ་ནི་རྒྱ་ཆེན་ཉིད། །མཁས་པ་རྣམས་ཀྱིས་གྲུབ་པས་བླངས། །ཞེས་སོ། །

གཉིས་པ་མཚན་དེ་ལྡན་གྱི་གཞུང་ནི། སྟོན་པ་ཐུབ་པའི་དབང་པོས་གདུལ་བྱའི་ཁམས་དབང་དང་བསྟུན་པའི་ཆོས་ཕུང་བརྒྱད་ཁྲི་བཞི་སྟོང་གསུངས་པ་ཉིད་བསྡུ་ན་མདོ་སྡེ་སྣོད་གསུམ་དང་། སྔགས་རྒྱུད་སྡེ་བཞིར་འདུ་བ་ཡིན་ལ། དེ་ལྟ་བུའི་མདོ་སྔགས་ཀྱི་དོན་མ་ལུས་པའང་སྡོམ་གསུམ་གྱི་ཉམས་ལེན་གྱི་ཁོངས་སུ་འདུ་བས། དེ་ལྟར་ན་སྡོམ་གསུམ་གྱི་བསླབ་བྱ་རྫོགས་པར་བསླབ་པའི་ཁོངས་སུ་མདོ་སྔགས་ཀྱི་བསྟན་པ་མཐའ་དག་གི་ཉམས་སུ་བླང་བྱ་རྣམས་མ་ལུས་པ་ཡོངས་སུ་རྫོགས་པར་གཟིགས་ནས་བསྟན་བཅོས་འདི་རྩོམ་པ་ལ་འཇུག་པའི་ཡན་ལག་ཏུ་ཐོག་མར་མཆོད་པར་བརྗོད་པ་དང་། བསྟན་

བཅོས་བརྩམ་པར་དམ་བཅའ་བ་གཉིས་ལས། དང་པོ་ལ་གཉིས་ཏེ། རང་ལ་བཀའ་དྲིན་ཆེ་བའི་བླ་མ་ལ་མཆོད་པར་བརྗོད་པ་དང་། གངས་ཅན་གྱི་བསྟན་འགྲོ་ལ་བཀའ་དྲིན་ལྷག་པར་ཆེ་བའི་ཡོ་རྒྱན་པདྨ་ལ་མཆོད་པར་བརྗོད་པ་གཉིས་ལས། དང་པོ་ནི། བཤེས་གཉེན་དམ་པ་ཚུལ་བཞིན་བསྟེན་པ་ནི་མདོ་སྔགས་ཀྱི་ལམ་གྱི་རྟོགས་པ་ཐམས་ཅད་ཀྱི་རྩ་བར་གཟིགས་ནས་མདོ་སྔགས་ཀྱི་ལམ་གྱི་སྨིན་གྲོལ་གྱི་གདམས་པ་སྦྱིན་པའི་བླ་མ་ཉིད་ཡོན་ཏན་གྱི་ངོས་ནས་སངས་རྒྱས་དང་མཉམ་པ་དང་། བཀའ་དྲིན་གྱི་ངོས་ནས་སངས་རྒྱས་ལས་ཀྱང་ལྷག་པར་ཤེས་པའི་སྒོ་ནས། ན༷་མོ༷་གུ་རུ༷་བྷྱེ༷་ཞེས་བླ་མ་ལ་གུས་འདུད་མཛད་པ་ཡིན། དེའང་རང་ལ་ལམ་བཟང་པོ་སྨིན་གྲོལ་གྱི་གདམས་པ་སྟོན་པའི་བླ་མ་ནི་རང་ལ་ཡོན་ཏན་གྱི་སྒོ་ནས་སངས་རྒྱས་དང་མི་མཉམ་པར་སྣང་ནའང་། དོན་ལ་སངས་རྒྱས་དངོས་མཐོང་གི་སྐལ་བ་མེད་པའི་གདུལ་བྱ་རང་ཅག་ལྟ་བུ་རྗེས་སུ་འཛིན་ཕྱིར་དུ་སངས་རྒྱས་ཉིད་ཐ་མལ་བའི་རྣམ་ཅན་དུ་སྤྲུལ་བས། སངས་རྒྱས་དངོས་ཡིན་པར་ལུང་རིགས་དུ་མས་གྲུབ་པས་སངས་རྒྱས་ཡིན་ཕན་ཆད་སྤངས་རྟོགས་ཀྱི་ཡོན་ཏན་མཐར་ཕྱིན་མེད་པ་ཞིག་མི་སྲིད་པས་བླ་མ་ནི་སྤངས་རྟོགས་ཀྱི་ཡོན་ཏན་ཐམས་ཅད་སངས་རྒྱས་དངོས་དང་མཚུངས་པར་ལྡན་ཞིང་། ཡོན་ཏན་གྱི་ཁུར་ཤིན་ཏུ་ལྕི་བས། ཡོན་ཏན་གྱི་ཕུང་པོ་ཆེན་པོ་མངའ་བའི་ས་གསུམ་གྱི་བླ་མ་སངས་རྒྱས་བཅོམ་ལྡན་འདས་དངོས་ཡིན་པ་ལ་ཡིན་པར་མཐོང་བའི་དད་པ་དང་། དུས་གསུམ་གྱི་སངས་རྒྱས་ཀྱི་སྐུ་དངོས་ཀྱིས་འདུ་ལ་མ་ནུས་པའི་སྐལ་དམན་བདག་ཅག་ལ་སངས་རྒྱས་དངོས་ཀྱི་མཛད་པ་བསྒྲུབས་ནས་ཐར་ལམ་ཡང་དག་ལ་དགྲི་བའི་མཛད་པ་གནང་བ་འདི་ནི། སངས་རྒྱས་དངོས་དང་འཕྲད་ནའང་སེམས་ཅན་གྱི་སྡུག་བསྔལ་ཕྱུག་གིས་སེལ་བ་དང་། ཉེས་སྐྱོན་ཆུས་བཀྲུ་བ་སོགས་མ་མཛད་པར་གདམས་ཟབ་ཀྱི་ཆོས་བསྟན་པ་འདི་ལས་ལྷག་པའི་གདུལ་བྱ་རྗེས་སུ་འཛིན་པའི་ཐབས་གཞན་གང་ཡང་མཛད་མི་སྲིད་པ་ཡིན་ན། སངས་རྒྱས་དངོས་ཀྱི་མཛད་པ་དེ་ད་ལྟར་སངས་རྒྱས་ཀྱི་སྤྲུལ་པ་ཐ་མལ་གྱི་རྣམ་པ་ཅན་དུ་སྟོན་པའི་བླ་མ་འདི་ཉིད་ཀྱིས་མཛད་པ་ཡིན་པས་བཀའ་དྲིན་སངས་རྒྱས་དངོས་ལས་ཀྱང་ལྷག་གོ་སྙམ་དུ་དད་མོས་རྩེ་གཅིག་པས་གུས་འདུད་མཛད་པའོ། །དེའི་དགོས་པའང་བླ་མ་ལ་མ་གུས་ན་སྟོན་པས་རྗེས་སུ་འཛིན་པ་དང་། ཉམས་རྟོགས་ཀྱི་ཡོན་ཏན་རྒྱུད་ལ་སྐྱེ་བའི་སྐབས་དང་

བྲལ་བ་ཡིན་པས་བླ་མར་དད་མོས་གལ་ཆེ་བ་ཡིན། བླ་མའི་རྗེས་སུ་འབྲང་བའི་སློབ་མ་བདག་ཅག་མ་ཟད་སངས་རྒྱས་རྣམས་ནས་ཀྱང་རང་རང་གི་མཛད་པ་སྒྲུབ་མཁན་གྱི་བཤེས་གཉེན་ལ་གཅིག་ཏུ་ཕྱག་མཆོད་ཀྱི་བསྙེན་བཀུར་འབུལ་བ་ཡིན་ཏེ། བླ་མ་ལྔ་བཅུ་པ་ལས། དབང་བསྐུར་མཆོག་ཐོབ་རྡོ་རྗེ་ཡི། །སློབ་དཔོན་ལ་ནི་དེ་བཞིན་གཤེགས། །ཕྱོགས་བཅུའི་འཇིག་རྟེན་ཁམས་བཞུགས་པས། །དུས་གསུམ་དུ་ནི་མངོན་ཕྱག་འཚལ། །ཞེས་གསུངས་སོ། །

གཉིས་པ་ནི། དཔལ་ལྡན་ཚོགས་གཉིས་སོགས་ཀྱིས་བསྟན། རང་འབྲས་མི་སློབ་སྐུ་ཐུགས་ཟུང་འཇུག་གི་དོན་གཉིས་འགྲུབ་པའི་འབྲས་བུའི་དཔལ་དང་ལྡན་པའི་རང་རྒྱུ་ཐབས་བསོད་ནམས་ཀྱི་ཚོགས་གཟུགས་སྐུའི་ཉེར་རྒྱུ་ལྷའི་རྣལ་འབྱོར་མཐར་ཐུག་ཡེ་ཤེས་ཀྱི་སྐུ་དང་། ཐབས་བྱུང་ཤེས་རབ་ཡེ་ཤེས་ཀྱི་ཚོགས་ཐུགས་ཆོས་སྐུའི་ཉེར་ལེན་གྱི་རྒྱུ་མཐར་ཐུག་བདེ་ཆེན་མི་འགྱུར་བའི་ཡེ་ཤེས་དོན་གྱི་འོད་གསལ་ཏེ་སློབ་པའི་ཟུང་འཇུག་གི་ཚོགས་གཉིས་ཀྱི་ཉམས་ལེན་མཐར་ཐུག་གི་རྒྱུ་གཏེར་ཆེན་པོ་ཡང་ཡང་སློབ་ལམ་དུ་བསྒྲུབས་ཤིང་བསྒྲུབས་སྟེ་ཉམས་སུ་བླངས་པ་ལས་ཐུགས་ཆོས་དབྱིངས་སྟོང་པའི་ཡེ་ཤེས་ལས་ནམ་ཡང་མ་གཡོས་པར་མི་འགྱུར་བའི་བདེ་ཆེན་ཡེ་ཤེས་འཕོ་བའི་བག་ཆགས་ཀྱི་དྲི་མ་ཕྲ་མོ་ལས་རྣམ་པར་གྲོལ་བའི་མཁྱེན་པ། ཤེས་བྱ་བདེན་གཉིས་ཅིག་ཆར་གཟིགས་པའི་དག་པ་གཉིས་ལྡན་གྱི་ཆོས་སྐུ་རང་དོན་མཐར་ཐུག །བསྐྱེ་བ་སྙིང་རྗེའི་དབང་གིས་གདུལ་བྱ་མཆོག་གི་ངོར་ཡེ་ཤེས་ཆོས་སྐུ་འི་རང་སྣང་ཡེ་ཤེས་ཀྱི་སྐུ་ཡབ་ཡུམ་སྟོན་འཁོར་རྟེན་དང་བརྟེན་པར་བཅས་པའི་གཞན་དོན་གཟུགས་ཀྱི་སྐུ་ར་བཞེངས་ཏེ་རང་སྣང་དག་པའི་ཞིང་དང་གཞན་སྣང་མ་དག་པའི་ཞིང་རྣམས་སུ་ལོངས་སྐུ་དང་སྤྲུལ་པའི་སྐུའི་རྣམ་རོལ་བསམ་གྱིས་མི་ཁྱབ་པས་ཐེག་པ་ཐུན་མོང་དང་ཐུན་མིན་གྱི་ལམ་གྱི་གདམས་པ་གདུལ་བྱ་རང་རང་གི་ཁམས་དབང་དང་འཚམས་པར་བསྟན་ནས་མཐར་ཐུག་གི་ཐེག་པ་ངེས་གསང་རྡོ་རྗེ་ཐེག་པའི་སྨིན་གྲོལ་གྱི་ཆོས་ཀྱི་གྲུ་ཆར་དངོས་བརྒྱུད་ཅི་རིགས་ པར་སྩོལ་བར་མཛད་པའི་མཐར་ཕྱིན་ཟུང་འཇུག་གི་སྐུ་དེ་ནི་རིག་བྱེད་གཏམ་ལས་བྱུང་བའི་རྒྱ་མཚོ་བསྲུབས་པ་ལས་ཐོན་པའི་ཟླ་གཟུགས་ཀྱི་རྒྱན་དུ་བྱས་པའོ། །དེའང་ཟླ་བ་ལ་མུན་རུབ་བསལ་ནས་འོད་སྣང་སྟོན་པ་དང་། ཚ་རེག་བསལ་ནས་བསིལ་རེག་སྦྱིན་པའི་ཁྱད་ཆོས་གཉིས་དང་ལྡན་པ་བཞིན། རྣམ་

ཀུན་མཆོག་ལྡན་གྱི་སྟོང་པའི་དབྱིངས་མངོན་དུ་མཛད་པའི་དབྱིངས་ཡེ་ཟུང་འཇུག་གི་མཁྱེན་པའི་ཐུགས་ལ་སྒྲིབ་བྱེད་དྲི་མ་ལས་གྲོལ་བས་ཤེས་བྱ་ཐམས་ཅད་མངོན་སུམ་ཅིག་ཆར་དུ་མཁྱེན་པའི་ཡོན་ཏན་དང་ལྡན་པ་དང་། ཐུགས་དབྱིངས་ཡེ་ཟུང་འཇུག་གི་ཡེ་ཤེས་ཆོས་སྐུ་ལས་སྙིང་རྗེའི་དབང་གིས་རང་སྣང་གི་གཟུགས་སྐུར་བཞེངས་ཏེ། གདུལ་བྱ་ལ་སྒྲིབ་གཉིས་རྒྱུ་འབྲས་ཀྱི་ཚ་རེག་བསལ་ཏེ་ཟག་མེད་བདེ་སྟོང་ཟུང་འཇུག་གི་རྟོགས་པའི་བསིལ་རེག་སྦྱིན་པར་བྱེད་པའི་དོན་གཉིས་ལྡན་པའི་མི་སློབ་ཟུང་འཇུག་གི་སྐུ་ཟླ་བའི་གཟུགས་སུ་བཀོད་ནས་མཐར་ཐུག་གི་འབྲས་བུའི་ཡོན་ཏན་བསྟན་པའོ། །

དེས་ན་གུ་རུ་རིན་པོ་ཆེའི་ཐུགས་མཁྱེན་པའི་ཡེ་ཤེས་ཀྱིས་མ་རིག་མུན་པའི་དྲི་མ་ཕྲ་བ་ནས་བསལ་ཏེ། ཇི་ལྟ་ཇི་སྙེད་པའི་ཤེས་བྱའི་ཆོས་མངོན་སུམ་དུ་གཟིགས་པའི་འོ༷ད་དཀ༷ར་གྱི་མཁྱེན་པ་མཐར་ཕྱིན་མངོན་དུ་མཛད་པ་དང་། ཡེ་ཤེས་སྐུ་འཕྲུལ་དྭ་བའི་སྐུས་གདུལ་བྱ་ལ་དངོས་བརྒྱུད་ཅི་རིགས་པར་ཐེག་པ་ཐམས་ཅད་ཀྱི་རྩེ་རྒྱལ་དེ༷ས་གས༷ང་བླ་ན་མེད་པ་རྡོ་རྗེའི་ཐེག་པའི་རིམ་གཉིས་ཟུང་འཇུག་གི་གདམས་པའི་གྲུ་ཆ༷ར་སྟོལ་ཞིང་འབེབ༷ས་པས་ཟག་བཅས་ཕུང་ཁམས་ཀྱི་སྙིགས་མའི་ཚའི་ཚ་རེག་རྣམས་བསལ་ཏེ། ཟག་མེད་རྡོ་རྗེའི་སྐུའི་བསིལ་རེག་སྐྱེར་བའི་མཛད་པ་ཅན་གྱི་གུ་རུ་མཚོ་སྐྱེས་རྡོ་རྗེ་ཞེས་ཡོན་ཏན་སྤྱིར་བསྟན་པ་ཡིན་ལ། བྱེ་བྲག་སྟོན་པ་ཐུབ་པའི་དབང་པོའི་སྐུ་དངོས་ཀྱིས་གདུལ་ཞིང་དུ་མ་གྱུར་པའི་མཐའ་འཁོབ་གངས་ཅན་བོད་ཀྱི་ཡུལ་ཞིང་འདིར་རྒྱལ་བསྟན་ལ་གནོད་པའི་བར་ཆད་རྩོམ་པའི་ལྷ་འདྲེ་ཆེན་པོ་རྣམས་བཏུལ་ཞིང་བསྟན་ལ་སྣང་པའི་མི་དང་ཕྱི་རབས་གསར་སྐྱེས་ཀྱི་ལྷ་འདྲེ་རྣམས་ཚར་གཅོད་ཕྱིར་དྲག་སྔགས་ཟབ་མོ་དུ་མ་གཏེར་དུ་སྦས་པ་དང་། ཆོས་འགལ་གྱི་བོན་བསྒྱུབས་ཤིང་བོད་ཡུལ་གྱི་བརྟན་མ་ལ་ཞིང་འདིར་མུ་སྟེགས་པ་མི་འབྱུང་བའི་གཉེར་བཀའ་ལེན་པའི་སྲུང་མར་བསྐོས། བསྟན་པའི་མཐུན་རྐྱེན་གཙུག་ལག་ཁང་བཞེངས་ཤིང་རབ་ཏུ་གནས་པ། བྱི་མ་ལ་དང་བཻ་རོ་སོགས་ལོ་པཎ་རྣམས་ལུང་བསྟན་ཏེ་བསྟན་པ་དར་བའི་ཞལ་བཀོད་གནང་། ས་གཞི་གངས་བྲག་རྣམས་རྡོ་རྗེའི་གནས་ཡུལ་དུ་བྱིན་གྱིས་བརླབས་པ་དང་། སངས་རྒྱས་ཀྱི་ཞལ་མཐོང་བའི་ལྷ་སྲུང་རྣམས་དང་། གླུ་ལ་ཆུ་གཡང་འཁོར་བ་བཞིན་གསང་སྔགས་ཀྱི་བསྟན་པ་

འཛིན་པའི་རིག་འཛིན་དཔའ་བོ་ཧཱཀྐི་སོགས་རྩ་གསུམ་སྲུང་མའི་བླ་ཚོགས་ཤིང་འཁོར་བའི་གནས་སུ་བྱིན་གྱིས་བརླབས་པར་མཛད། ཆོས་འཁོར་དང་དབེན་གནས་རྣམས་སུ་སྔགས་ཀྱི་རྒྱུད་སྡེ་མང་པོ་རྒྱ་གར་དང་ལྷ་ཀླུ་སོགས་རིག་འཛིན་གྱི་ཞིང་དུ་བཞུགས་པའི་སྔགས་རྒྱུད་མང་པོ་སྤྱན་དྲངས་བསྒྱུར་ཞུས་མཛད། སྐལ་ལྡན་རྗེ་འབངས་ལ་སྒྱུ་འཕྲུལ་དང་སངས་རྒྱས་མཉམ་སྦྱོར་བཀའ་བརྒྱད་སོགས་ཀྱི་ཆོས་འཁོར་བསྐོར། རྒྱུད་སྡེ་རབ་འབྱམས་ལ་མཁས་པ་དང་དངོས་གྲུབ་ཐོབ་པའི་སྐྱེས་ཆེན་བཻ་རོ་ཙ་ལོ་སོགས་བསམ་མི་ཁྱབ་པའི་བསྟན་འཛིན་བསྐྱེད་པའི་སྒོ་ནས་བསྟན་པའི་རྒྱུན་བཙུགས། ཁྱད་པར་ཟབ་མོ་གཏེར་གྱི་བརྒྱུད་པ་བར་མ་ཆད་པར་འབྱུང་བར་མཛད་པ་ལ་བརྟེན་ནས་གསང་སྔགས་ཀྱི་བསྟན་པ་དབྱར་མཚོ་ལྟར་འཕེལ་ཞིང་གསོ་བའི་བཀའ་དྲིན་དང་། སྔགས་བསྟན་ཇི་སྲིད་གནས་ཀྱི་བར་ཟབ་གཏེར་འདོན་སྤྲུལ་གྱི་ཕྲིན་ལས་རྒྱུན་གསོ་བའི་རྒྱལ་ཚབ་སྤྲུལ་པའི་སྐྱེས་བུ་རེ་རྒྱུན་མི་འཆད་པར་འབྱུང་བར་མཛད་པ་སོགས་ཀྱི་བཀའ་དྲིན་ལ་བསམ་ན་བོད་ཡུལ་འདིར་བྱོན་དང་འབྱོན་འགྱུར་གྱི་མཁས་ཤིང་གྲུབ་པའི་སྐྱེས་བུ་ཀུན་གྱིས་འགྲན་མི་བཟོད་པའི་ཕྲིན་ལས་ཀྱི་དཔལ་དང་ལྡན་པའི་སྒོ་ནས་གངས་ཅན་པའི་མཁས་གྲུབ་ཀུན་གྱིས་མཚོན་དུ་མེད་པའི་བསྟན་འཛིན་ཡོངས་ཀྱི་གཙུག་གི་རྒྱན་མཆོག་ཏུ་གྱུར་པའི་གུ་རུ་མཚོ་སྐྱེས་རྒྱལ་བའི་དབང་པོ་རྡོ་རྗེ་འཆང་ཞེས་གྲགས་པའི་འགྲོ་བ་ལྷ་དང་བཅས་པའི་སྐྱབས་མགོན་མཆོག་གཅིག་པུ་བླ་མ་ཉིད་ལ་སྒོ་གསུམ་གུས་པས་འདུད་དོ་ཞེས་གཞུང་རྩོམ་པ་པོས་འདུད་ཕྱག་མཛད་པའོ། །

མཆོད་པར་བརྗོད་པའི་དགོས་པ་ནི། སྐྱབས་གནས་ཡང་དག་ལ་མཆོད་པར་བརྗོད་ན་རང་གཞན་ལ་ཡུལ་དེའི་ཡོན་ཏན་ལ་ཡིད་ཆེས་པས་ཚོགས་རྫོགས་པ་དང་། ཡུལ་དམ་པ་ལ་མཆོད་པར་བརྗོད་པ་པོ་ཡང་དམ་པའི་རྗེས་སུ་ཞུགས་པའི་སྐྱེས་བུ་དམ་པར་ཤེས་ནས་དེའི་མཛད་པའི་གཞུང་ལ་ཐོབ་བསམ་གྱིས་འཇུག་པ་དང་ཞུགས་ནས་ལམ་གྱི་རྟོགས་པ་སྐྱེས་ཏེ་བྱང་ཆུབ་ཐོབ་པའི་དགོས་པ་ཡོད་དེ། ཀླུ་སྒྲུབ་ཀྱིས། བསྟན་བཅོས་བྱེད་པས་སྟོན་པ་ལ། །མཆོད་པར་བརྗོད་པ་འབྲས་མེད་མིན། །སྟོན་པ་དང་ནི་བསྟན་བཅོས་ལ། །དད་འདུན་བསྐྱེད་པར་བྱ་ཕྱིར་རོ། །ཞེས་གསུངས་སོ། །

གཉིས་པ་དམ་བཅའ་བ་ནི། འགྲོ་བློའི་དྲི་མ་སོགས་ཀྱིས་བསྟན། སྡུག་བསྔལ་བྲལ་འདོད་ཀྱི་

སྙིང་རྗེའི་དབང་གིས་ཆེད་དུ་བྱ་བའི་གདུལ་བྱའི་འགྲོ་བའི་བློའི་རྨོངས་པའི་མི་ཤེས་པའི་དྲི་མ་རྣམས་འབྱུད་པ་ལ་མཁས་པའི་རྩོམ་པ་པོ་རང་ཉིད་ནི་གཡོ་སྒྱུ་དང་ཆགས་སྡང་སོགས་ཀྱིས་རིས་ཆད་ཕྱོགས་ལྷུང་གི་སྐྱོན་དང་བྲལ་བའི་བློ་གཟུ་བོར་གནས་པའི་ཡོན་ཏན་ཅན་གྱི་དྲང་སྲོང་གི་གཟུགས་སུ་བཀོད་པ་དེ་སྣ་གསུང་རབ་དགོངས་འགྲེལ་གྱི་ཚིག་དོན་ལ་མ་རྟོགས་ལོག་རྟོག་གི་དྲི་མས་མ་བསླད་པའི་ཚིག་དོན་ཇི་བཞིན་འབྱེད་པའི་ཤེས་རབ་ཀྱི་བློ་གྲོས་ཟད་པ་མེད་པར་ལྡན་པ་ནི། དྲང་སྲོང་དེའི་ལག་ཏུ་ཐོགས་པའི་རིན་ཆེན་བཻ་ཌཱུ་རྱའི་བུམ་པ་བཟང་པོའི་གཟུགས་སུ་བཀོད་དེ་རྩོམ་པ་པོ་རང་ཉིད་བསྟན་བཅོས་རྩོམ་པའི་རྒྱུ་བརྗོད་དོན་མངོན་དུ་མཛད་པའི་རྟོགས་པ་རྒྱུད་ལྡན་སོགས་རྒྱུ་གསུམ་རྫོགས་པར་ཚང་བར་བསྟན་ཏོ། །དེ་ལྟར་བརྗོད་བྱ་རྟོགས་པའི་མཁྱེན་པ་ཐུགས་རྒྱུད་ལ་འབྱུངས་པ་ནི་བཅུད་ལྡན་གྱི་བུམ་པ་བཟང་པོ་དྲན་ཤེས་རབ་ཏུ་བསྒྲིམ་སྟེ་རང་ལག་ཏུ་ཐོགས་ཤིང་ལྡན་པའི་གཟུགས་སུ་བཀོད་པའོ། །དེ་ནས་དེ་ལྟར་བརྗོད་པ་པོ་རང་གིས་ཇི་ལྟར་རྟོགས་པའི་འཁྲུལ་བའི་དྲི་མ་མེད་པའི་ལེགས་པར་བཤད་པ་སྟེ།

ལེགས་བཤད་ནི། ངག་ཚིག་སྐྱོན་དང་བྲལ་བའི་ཡོན་ཏན་གྱི་ཡན་ལག་བརྒྱད་དང་ལྡན་པ་ཡིན་ལ། དེའང་ངག་ནི། ཚིག་རྐང་བཞིར་ལོངས་པའི་རྗོད་བྱེད་ཅིག་ཡིན། ཚིག་ནི་ཚིག་རྐང་བཞིར་མ་ལོངས་པའི་རྗོད་བྱེད་ལ་བྱ་བས། དེ་གཉིས་རེ་རེ་ལ་ཡོན་ཏན་གྱི་ཡན་ལག་གི་ཆ་བརྒྱད་རེ་ལྡན་པ་ཡིན་ཏེ། དང་པོ་ངག་གི་ཡན་ལག་བརྒྱད་ནི། ཀུན་ཁྱབ་གྲོང་ཁྱེར་པ་ཉིད་དང་། །སྒྲ་གདངས་སྙན་ལ་འཇེབས་པ་དང་། །རྟགས་བྱེད་མ་འཚོལ་རྣམ་གསལ་བ། །གྲགས་པའི་དཔེ་རྟགས་རྣམ་རིག་བྱེད། །དུག་གསུམ་སེལ་བས་ཉན་འོས་དང་། །ཟང་ཟིང་མི་བལྟ་རྗེན་ཆགས་མེད། །གཞན་སུན་མི་འབྱིན་མི་མཐུན་མེད། །སྤོབས་པ་མི་ཟད་གཏུགས་པ་མེད། །ངོ་བོ་གཉིས་དང་སྦྱོར་བའི་གཉིས། །འབྲས་གཅིག་ཀུན་སློང་དུག་གསུམ་མེད། །ངག་གི་ཡན་ལག་བརྒྱད་ལྡན་ནོ། །

གཉིས་པ་ནི། ཚིག་ཡིག་ཚད་མར་མི་འགལ་རིགས། །སྔ་ཕྱི་འགལ་མེད་འབྲེལ་བ་དང་། །གཞུང་ལུགས་མི་འགལ་དེར་མཐུན་པ། །སྔ་ཕྱིའི་གོ་རིམ་མ་འཁྲུགས་རུང་། །གོ་སླས་འཇོར་དང་བློ་འཚམས་འཕྲོད། །ཚེ་རབས་གཞན་དུ་ཕན་པས་འཚམས། །སྤྲོ་བ་སྤེལ་འཕེལ་འགྲུས་སྐྱོང་སྟེ། །བརྗོད

བྱའི་གསུམ་དང་རྗོད་བྱེད་གཉིས། །འབྲས་བུ་ཡོན་ཏན་གསུམ་ལ་འདུས། །ཚིག་གི་ཡན་ལག་བརྒྱད་ཡིན་ནོ། །དེས་ན་མདོ་སྔགས་ཀྱི་ཉམས་ལེན་གྱི་ཁོག་བཟུང་བའི་སྲོག་ཤིང་ལྟ་བུའི་སྡོམ་པ་གསུམ་གྱི་ལམ་ཉམས་སུ་ལེན་ཚུལ་སྲིད་ཞིའི་ཉེས་རྒྱུད་ཀྱི་ནད་འཇོམས་པའི་འཆི་གསོས་ཀྱི་བདུད་རྩི་འི་ཆུ་རྒྱུན་དུ་གྱུར་པའི་གདམས་ངག་འདི་ཐེག་ཆེན་གྱི་རིགས་ཅན་གྱི་གདུལ་བྱ་རིས་མེད་ལ་སྦྱིན་ཅིང་སྟེར་བ་ཡིན་གྱི། ཐར་བ་དང་ཐམས་ཅད་མཁྱེན་པ་དོན་དུ་གཉེར་བའི་བློ་དང་ལྡན་པའི་སྐལ་བཟང་སྐྱེ་བོའི་ཚོགས་རྣམས་དགའ་སྤྲོ་དང་བཅས་པས་འདི་ར་འདུས་ལ་ཐོས་བསམ་གྱིས་ཞུགས་ཏེ་སྒྲུབ་པ་ལག་ལེན་ཐེབས་པར་ཡོང་ཤིག་དང་། འདོད་དོན་བདེ་བླག་ཏུ་འགྲུབ་ངེས་སོ་ཞེས་ཉན་པར་བསྐུལ་དེ་རྩོམ་པར་དམ་བཅའ་བར་མཛད་དོ། །དེ་ལྟར་རང་གིས་རྟོགས་ནས་གཞན་ལ་འཆད་རིགས་པ་ནི། མངོན་པ་མཛོད་ལས། ཆོས་སྦྱིན་ཉོན་མོངས་ཅན་མིན་པ། །མདོ་སོགས་ཡང་དག་ཇི་བཞིན་འཆད། །ཅེས་དང་། རང་གིས་མ་རྟོགས་ན་གཞན་ལ་འཆད་མི་རིགས་པ་ནི། རྣམ་འགྲེལ་ལས། ཐབས་བྱུང་དེ་རྒྱུ་ལྐོག་གྱུར་པ། །དེ་འཆད་པ་ནི་དཀའ་བ་ཡིན། །ཞེས་པ་ལྟར་རོ། །འདིས་དགོས་སོགས་བཞི་བསྟན་ཏེ། འདིའི་བརྗོད་བྱ་ལེགས་བཤད་སྡོམ་གསུམ་ཞེས་པས་སྡོམ་པ་གསུམ་ཉམས་སུ་ལེན་ཚུལ་དེ་བརྗོད་བྱ་དང་ བརྗོད་ བྱ་དེ་གཞུང་འདིས་བརྗོད་བྱར་བྱས་ཏེ་བརྗོད་པ་ལས་སྡོམ་གསུམ་ཉམས་སུ་ལེན་པ་ལ་ཞུགས་པ་དགོས་པ། ཉམས་སུ་ལོངས་ནས་རྫོགས་བྱང་ཐོབ་པ་ཉིང་དགོས། །དེ་གསུམ་ལ་རྟེན་འབྲེལ་གྲུབ་པ་འབྲེལ་བའོ། །

གཉིས་པ་གཞུང་དོན་དངོས་ལ་གསུམ་སྟེ། སྤྱིའི་བཤད་གཞི་བསྟན་པའི་སྒོ་ནས་མདོར་བསྟན་དང་། སོ་སོའི་རང་བཞིན་དང་བསླབ་བྱ་བསྟན་པའི་སྒོ་ནས་རྒྱས་པར་བཤད་པ། དེ་གསུམ་གང་ཟག་གཅིག་གི་རྒྱུད་ལ་འགལ་མེད་དུ་ཉམས་སུ་ལེན་ཚུལ་གྱི་མཐའ་དཔྱད་པས་དོན་བསྡུ་བའོ། །དང་པོ་ལ་གཉིས་ཏེ། གཞུང་དང་། མཚན་ནོ། །དང་པོ་ལ་གསུམ་སྟེ། རྒྱུ་འབྲས་ལམ་གྱི་རྣམ་བཞག་སྤྱིར་བཤད་པ་དང་། སྡོམ་གསུམ་གྱི་རྣམ་དབྱེ་བྱེ་བྲག་ཏུ་བཤད་པ་དང་། སོ་སོའི་སྡོམ་གསུམ་གྱི་རྣམ་བཞག་གི་ཁྱད་པར་བསྟན་པའོ། །

དང་པོ་ལ་གསུམ་སྟེ། རྒྱུ་འབྲས་ངོས་བཟུང་ཞིང་མཐར་ཐུག་གི་འབྲས་བུ་དེ་སྔགས་ལམ་ལ་

མ་བརྟེན་པར་མི་ཐོབ་པར་བསྟན་པ་དང་། ཐེག་པའི་དབྱེ་བསྡུ་དང་། ལམ་གོང་མར་འཇུག་ཚུལ་ལོ། ། དང་པོ། རྫོགས་པ་ཆེན་པོ་ཡེ་ཤེས་སོགས་ཀྱིས་བསྟན། དེ་ཡང་རང་གི་ད་ལྟའི་རིག་པ་སྐད་ཅིག་མ་འདི་ཉིད་ཀྱི་ཀློང་དུ་རང་སྣང་གིས་བསྡུས་པའི་ཆོས་ཐམས་ཅད་མ་བཙལ་ཡེ་རྫོགས་ཀྱི་ཚུལ་དུ་ཡོད་པས་རྫོགས༷་པ༷། དེ་ལྟ་བུའི་སེམས་ཉིད་དེའང་གནས་ལུགས་རང་གི་ངོ་བོ་ལ་སྒྲིབ་པས་གོས་མ་མྱོང་བའི་ངོ་བོ་ཡེ་དག་ཡིན་པས་སྤྱངས་པ་ཕུན་ཚོགས་དང་། སེམས་ཉིད་དེ་ངོ་བོ་སྟོང་པའི་ཆ་ནས་སྐྱེ་འགགས་སོགས་སྤྲོས་མཐའ་བརྒྱད་ལས་འདས་ཕྱིར་ཡོད་མེད་སོགས་ཀྱི་ཁས་ལེན་ཐམས་ཅད་དང་བྲལ་ཡང་ ། རང་བཞིན་གསལ་བའི་ཆ་ ནས་སྟོབས་བཅུ་མི་འཇིགས་བཞི་སོགས་རྒྱལ་བའི་ཡོན་ཏན་ཐམས་ཅད་པའི་ངོ་བོ་ཉིད་དུ་ལྷུན་གྲུབ་ཏུ་བཞུགས་ཕྱིར་རྟོགས་པ་ཕུན་ཚོགས་དང་། དེ་ལྟ་བུའི་སྟོང་གསལ་གཉིས་ཀྱང་ངོ་བོ་ཐ་དད་པའི་ཕྱོགས་སུ་མ་ལྷུང་པ་ཡིན་ཏེ། ངོ་བོ་སྟོང་དུས་ཉིད་ནས་རང་བཞིན་མ་འགགས་པའི་ངོ་བོར་གནས་པས་ལྷུན་གྲུབ་རྟེན་འབྱུང་གི་རྣམ་པ་ཅིར་ཡང་འཆར་བ་འཐད།

དེ་ལྟར་སྣང་ཆ་འགགས་མེད་ཤར་ཡང་ཤར་བའི་དུས་ཉིད་ནས་ངོ་བོ་སྟོང་པ་ཀ་དག་སྤྲོས་བྲལ་ལས་མ་གཡོས་པས་ཀ་དག་ལྷུན་གྲུབ་གཉིས་ཟུང་འཇུག་ངོ་བོ་གཅིག་པ་སྟེ། རིག་པ་ཉིད་སྐུ་གསུམ་རང་ཆས་སུ་རྫོགས་པའི་བདག་ཉིད་ཅན་འདི་ལ་གདུལ་བྱ་རྗེས་འཛིན་དང་ཚར་གཅོད་ཀྱི་ཕྲིན་ལས་བཞི་ལྷུན་གྲུབ་ཡིན་པས་ཕྲིན་ལས་ཕུན་ཚོགས་ཏེ། དེ་ལྟར་སྤངས་རྟོགས་ཕྲིན་ལས་ཀྱི་བདག་ཉིད་ཅན་གྱི་རང་བཞིན་དུ་བཞུགས་པས་ཆེན༷་པོ༷་ཞེས་བྱ། ཡེ་ཤེས་ལ་ངོ་བོ་སྟོང་པ་རང་བཞིན་གསལ་བ་ཐུགས་རྗེ་ཀུན་ཁྱབ་སྟེ་འོད་གསལ་གྱི་ཆོས་གསུམ་ལྡན་གྱི་གཞི་གནས་ཀྱི་ཡེ་ཤེས་གསུམ་དང་། ཆོས་ཀྱི་དབྱིངས་ཀྱི་ཡེ་ཤེས་སོགས་བྱེ་བྲག་གི་རང་ལྡོག་སོ་སོའི་མཚན་ཉིད་འཛིན་པའི་ཡེ་ཤེས་ལྔ་དང་། ཇི་ལྟ་ཇི་སྙེད་མཁྱེན་པའི་ཡེ་ཤེས་ཏེ། ཡུལ་ལ་འཇུག་ཚུལ་གྱི་ཆ་ནས་བཞག་པའི་ཡུལ་ལ་འཇུག་པའི་ཡེ་ཤེས་གཉིས་ཏེ། བྱེ་བྲག་གི་ཡེ་ཤེས་དེ་དག་གི་སྤྱི་གཟུགས་སམ་ཁྱབ་བདག་གི་ཡེ་ཤེས་ནི་སེམས་ཉིད་ངོ་བོ་རང་བྱུང་གི་རིག་པ་ཉག་གཅིག་ཡིན་ཕྱིར། དེ་ཉིད་ལ་ཡེ༷་ཤེ༷ས་སྤྱི༷་ཡི༷་གཟུ༷གས་ཞེས་སྨོས་སོ། །དེས་གཞི་རྒྱུད་བསྟན་པ་ཡིན་ཏེ། དེ་ཉིད་རྟོགས་མ་རྟོགས་པ་ལས་སྲིད་ཞིའི་ཆོས་ཐམས་ཅད་ཀྱི་འབྱུང་གནས་སུ་གྱུར་པས་གཞི་སྟེ་ཧྲྀམ་ཧྲྀ་ཏུ་ཞེས་ཆོས་འབྱུང་དུ་བཤད་པས་སོ། །དེ་ཉིད་ལ

ངོས་འཛིན་ཚུལ་གྱིས་གྲུབ་མཐའི་བྱེ་བྲག་གི་འདོད་པ་མི་འདྲ་བ་ཡོད་དེ། བསྟན་བཅོས་བྱེ་བྲག་བཤད་པའི་རྗེས་སུ་འབྲང་བའི་བྱེ་སྨྲས་ནི། རང་ཉིད་དང་རང་གི་ཕུང་ཁམས་དང་བདག་གི་བའི་ཟས་གོས་སོགས་མདོར་ན་སྲིད་པ་མིག་སོགས་དབང་ལྔ་དང་སྲིད་པའི་ཡོ་བྱད་ཡུལ་ལྔ་ལ་དམིགས་ཏེ་མ་ཆགས་པའི་སེམས་བྱུང་ལས་འཕགས་ལམ་སྐྱེ་བར་མདོ་ལས་གསུངས་པས་དགེ་རྩ་གསུམ་ལས་མ་ཆགས་པ་འཕགས་རིགས་སུ་འདོད། དེའང་ཆོས་གོས་ངན་ངོན་དང་གནས་མལ་ངན་ངོན་འཚོ་བ་བསོད་སྙོམས་ངན་ངོན་ཙམ་གྱིས་ཆོག་ཤེས་པའི་གང་ཟག་དེ་འཕགས་པའི་རིགས་སུ་གནས་པར་འདོད། འདི་བས་སེམས་ཅན་ཡིན་ན་རིགས་ཡོད་པས་མ་ཁྱབ་པར་འདོད། བསྟན་བཅོས་ཚད་མར་མི་བྱེད་པར་མདོ་སྡེའི་རྗེས་འབྲང་བས་ནི། སེམས་ཅན་ཐམས་ཅད་ཀྱི་རྒྱུད་ལ་འཕགས་ལམ་ཟག་མེད་སྐྱེ་རུང་གི་ས་བོན་ཞིག་ཡོད་པ་དེ་རིགས་སུ་འདོད། དེས་ན་ཟག་མེད་ཀྱི་ཡེ་ཤེས་ཞེས་སངས་རྒྱས་ཉིད་ཀྱི་རིགས་བསྐྱེད་ན་འགྱུར་རུང་གི་ནུས་པ་ཅན་ཞིག་སེམས་ཅན་རྣམས་ཡིན་པར་འདོད། སེམས་ཙམ་པས་སྐྱེ་མཆེད་དྲུག་ནི་ནང་སེམས་དང་རྫས་གཅིག་ཏུ་འདོད་པས་ཡུལ་ཅན་དྲུག་གི་སྟེང་ལ་ཟག་མེད་ཀྱི་ས་བོན་མེད་ན་གནས་འགྱུར་མི་ཐོབ་པས་དེ་དྲུག་གནས་གྱུར་བས་ཡོན་ཏན་བརྒྱ་ཕྲག་བཅུ་གཉིས་འཐོབ་པར་གསུངས་པས་སྐྱེ་མཆེད་དྲུག་གི་སྟེང་དུ་ཆོས་ཉིད་ཀྱིས་ཐོབ་པའི་ཟག་མེད་ཀྱི་ཡེ་ཤེས་སྐྱེ་རུང་དང་སྒྲིབ་པ་འབྲལ་རུང་གི་ཟག་མེད་ཀྱི་ས་བོན་ཞིག་ཡོད་པ་ཐོས་སོགས་ཀྱིས་གསོས་མ་བཏབ་ན་རང་བཞིན་གནས་རིགས་དང་གསོས་བཏབ་ན་སྔར་ལས་ནུས་པ་རྒྱས་པར་འགྱུར་བས་རྒྱས་འགྱུར་གྱི་རིགས་དང་གཉིས་ཀར་འདོད། ལུང་གི་རྗེས་འབྲང་གི་སེམས་ཙམ་པས་མཐར་ཐུག་ཐེག་པ་གསུམ་དུ་འདོད་པས་ཉན་ཐོས་དང་། རང་རྒྱལ་དང་། བྱང་སེམས་གསུམ་གྱི་རང་རང་གི་ལམ་རྣམས་སྐྱེ་བའི་ས་བོན་མི་འདྲ་བ་རེ་ཡོད་པས་གང་ཟག་གསུམ་དེ་དང་དེའི་རིགས་སོ་སོར་ངེས་པར་འདོད།འགའ་ཞིག་གི་རྒྱུད་ཀྱི་ས་བོན་དེ་བཤེས་གཉེན་སོགས་ཀྱི་རྐྱེན་ལས་ཐེག་པ་གསུམ་གྱི་རིགས་སུ་བསྒྱུར་རུང་བ་དེ་མ་ངེས་པའི་རིགས་དང་། ཐེག་གསུམ་གང་གི་ལམ་སྐྱེ་རུང་གི་ས་བོན་མེད་པའི་གང་ཟག་དེ་རིགས་ཆད་ཀྱི་གང་ཟག་ཏུ་འདོད་དོ། །སེམས་ཙམ་རིགས་པའི་རྗེས་འབྲང་གིས་སངས་རྒྱས་མི་རུང་བའི་ཟག་མེད་ཀྱི་ས་བོན་མེད་པ་མེད་པས་རིགས་

ཆད་དང་སངས་རྒྱས་ཀྱི་རིགས་མེད་པ་མི་སྲིད་མོད། འོན་ཀྱང་མཐར་ཐུག་ཐེག་ཆེན་གྱི་ལམ་འབྲས་སྐྱེ་རུང་གི་ས་བོན་ཐམས་ཅད་ལ་ཡོད་ཀྱང་ས་བོན་དེ་ལམ་གཞན་སྐྱེ་མི་རུང་བར་ཐོག་མར་གནས་སྐབས་ཉན་རང་གི་ལམ་སོ་སོར་དེ་དང་དེ་སྐྱེ་རུང་བའི་ས་བོན་གྱི་ཆ་ལ་གནས་སྐབས་ཉན་རང་གི་རིགས་ཞེས་རིགས་སོ་སོར་འདོད། དེས་ན་ས་བོན་གཅིག་ལ་གནས་སྐབས་ཀྱི་ལམ་སྐྱེ་བའི་ནུས་པ་དང་མཐར་ཐུག་གི་ལམ་སྐྱེ་བའི་ནུས་པའི་ཆ་གཉིས་རེ་ཡོད་པར་འདོད།

དེ་དཔེར་ན་སྲན་མའི་ས་བོན་ཡིན་ན་མཐར་ཐུག་སྲན་འབྲས་སྐྱེ་ནུས་ཅན་ཡིན་ཡང་གནས་སྐབས་འབྲས་བུ་མི་སྨིན་པར་སྨྱུ་གུ་ཙམ་སྨིན་པ་ལྟ་བུར་འདོད། ཐོག་མ་ནས་བྱང་སེམས་ཀྱི་ལམ་སྐྱེ་བའི་ནུས་པ་རུ་ཡོད་པ་ཐེག་ཆེན་རིགས་ངེས་སུ་འདོད། གནས་སྐབས་སུ་ཡང་རྐྱེན་གྱི་དབང་གིས་ཐེག་གསུམ་གྱི་ལམ་གང་རུང་སྐྱེ་རུང་གི་ས་བོན་དུ་འགྱུར་གྱི། གང་དུ་མ་ངེས་པ་དེ་མ་ངེས་པའི་རིགས་སུ་འདོད། དབུ་མ་པས་ནི། སེམས་ཉིད་དྲི་མ་དང་བཅས་པའི་དེ་བཞིན་ཉིད་བདེ་གཤེགས་སྙིང་པོ་སངས་རྒྱས་ཀྱི་རིགས་སུ་བཞེད། མཐའ་བྲལ་གྱི་ལྟ་བ་ཁས་ལེན་པའི་ཐེག་ཆེན་གྲུབ་མཐའ་མཆོག་ཁྱད་པར་ཅན་ནོ། །དབུ་མ་པས་འདོད་པའི་རིགས་བདེ་གཤེགས་སྙིང་པོ་དེ་ལ་མིང་བཏགས་ཚུལ་གྱིས་སྔགས་རྒྱུད་སྡེ་དྲུག་གི་མི་འདྲ་བའི་ཁྱད་པར་ཡོད་དེ། བདེ་གཤེགས་སྙིང་པོ་དེ་གང་ཟག་གི་གདགས་གཞི་མཐར་ཐུག་ཡིན་པས་བདག་དང་། དེའི་ཆོས་ཉིད་ནི་སྣང་སྟོང་ཟུང་འཇུག་ཡོད་མེད་གཉིས་དང་ངོ་བོ་ཐ་དད་ལྡོག་པ་གཅིག་པ་མིན་པས་དག་པའི་མཐའ་བཞི་དང་བྲལ་བ་དག་པ་སངས་རྒྱས་ཀྱི་ཆོས་སྐུའི་ངོ་བོར་ཡེ་ནས་གནས་པའི་ཆོས་ཉིད་ཀྱི་དབང་ལས་སྣང་བ་འདི་རྣམས་སངས་རྒྱས་ཀྱི་སྐུར་འགྱུར་རུང་བས་ཆོས་ཉིད་ཀྱི་ལྷ་ཞེས་བྱ། དེས་ན་བྱ་རྒྱུད་ཀྱིས་བདག་གི་དེ་ཁོ་ན་ཉིད་ཅེས་དག་པ་ཆོས་ཉིད་ཀྱི་ལྷར་བལྟའོ། །སྤྱོད་རྒྱུད་དང་རྣལ་འབྱོར་རྒྱུད་ཀྱིས་ནི་དོན་དམ་མཚན་མ་མེད་པའི་མི་གནས་ཡེ་ཤེས་ཀྱི་བྱིན་རླབས་ཀྱི་ལྷར་བལྟ་བའོ། །

མ་ཧཱ་ཡོ་གས་ནི། ལྷག་པའི་བདེན་པ་དབྱེར་མེད་ཆོས་སྐུ་ཆེན་པོའི་ལྷ་བའོ་ཞེས་འདོད། ཨ་ནུ་ཡོ་གས་གཤེགས་སྙིང་དེ་ལ་དབྱིངས་དང་ཡེ་ཤེས་གཉིས་སུ་མེད་པའི་སྲས་བྱང་ཆུབ་སེམས་ཀྱི་དཀྱིལ་འཁོར་ཞེས་བཏགས། ཨ་ཏི་ཡོ་གས་ངོ་བོ་རང་བཞིན་ཐུགས་རྗེའི་བདག་ཉིད་རིག་པ་སྐུ་གསུམ

རང་ཚས་དེ་ལ་ཀ་དག་ལྷུན་གྲུབ་ཟུང་འཇུག་ཅེས་འདོད་པ་ཡིན་ནོ། །སྐབས་འདིར་བདེར་གཤེགས་སྙིང་པོ་འབྲས་བུའི་ཉེར་ལེན་གྱི་རྒྱུ་དང་། ལམ་སྡོམ་པ་གསུམ་གྱི་ཉམས་ལེན་ལྷན་ཅིག་བྱེད་པའི་རྐྱེན་ཏེ། དེ་གཉིས་ལས་འབྲས་བུ་མི་སློབ་ཟུང་འཇུག་སངས་རྒྱས་རྡོ་རྗེ་འཆང་ཆེན་པོ་བྲལ་འབྲས་ཀྱི་ཚུལ་དུ་ཐོབ་པ་ཡིན་ཏེ། གཞི་རྒྱུད་དྲི་བཅས་ཆོས་ཉིད་ཀྱི་ཡེ་ཤེས་ལམ་དུ་བྱས་ཏེ། ལམ་གྱི་བགྲོད་པ་མཐར་ཕྱིན་ནས་གློ་བུར་བའི་སྒྲིབ་པ་མཐའ་དག་ཡོངས་སུ་དག་པའི་དྲི་བྲལ་གྱི་སྟོང་པའི་དབྱིངས་ཀྱི་ཡེ་ཤེས་མངོན་གྱུར་མཐར་ཕྱིན་པ་ན་ཆོས་སྐུ་ཀུན་བཟང་རྡོ་རྗེ་འཆང་ཆེན་པོ་འབྲས་བུ་ཐམས་ཅད་ཀྱི་མཐར་ཐུག་པ་སངས་རྒྱས་ཉག་གཅིག་ཅེས་བྱ་བ་མངོན་དུ་མཛད་པའོ། །དེ་ལྟ་བུའི་འབྲས་བུ་མཐར་ཐུག་དེ་ཉིད་གནས་སྐབས་གདུལ་བྱའི་ཁམས་དབང་དང་བསྟུན་པའི་ཟབ་མོ་ལྟ་བུའི་ལམ་དང་རྒྱ་ཆེ་བ་སྤྱོད་ཕྱོགས་ཀྱི་ལམ་ལ་དངོས་བརྒྱུད་ཅི་རིགས་སུ་དགྲི་བའི་ཐབས་ཀྱི་ཐེག་པའི་ཆོས་ཀྱི་སྒོ་མོ་ལ་རིགས་ཅན་གསུམ་གྱི་གདུལ་བྱ་རྗེས་སུ་འཛིན་པའི་ཐེག་པ་གསུམ་དང་དགུ་ལྟ་བུའི་སྒོ་འཕར་བགྲང་ལས་འདས་པ་སྣང་ཡང་མཐར་ཐུག་གི་ཐེག་པ་ནང་རྒྱུད་བླ་ན་མེད་པ་གསང་ཆེན་རྡོ་རྗེའི་ཐེག་པའི་སྨིན་གྲོལ་གྱི་ལམ་མཆོག་འདི་ལ་མ་བརྟེན་པར་སྣང་གསུམ་གྱི་བག་ཆགས་ཕྲ་བ་ནས་སྤྱངས་པའི་སངས་རྒྱས་ཉིད་ཐོབ་པ་སྲིད་པ་མིན་ནོ་ཞེས་རྫོགས་པའི་སངས་རྒྱས་དེས་གསུངས་ཏེ༔ ཇི་སྐད་དུ་ཙ་རྒྱུད་གསང་སྙིང་ལས། བསྐལ་བ་ཞིང་གི་རྡུལ་སྙེད་དུ། །ཤིན་ཏུ་སྦྱངས་ལ་རབ་གནས་ཤིང་། །དཀྱིལ་འཁོར་མ་ལུས་བསྙེན་པ་ཡི། །འབྲས་བུ་གསང་ཆེན་འདི་ཡིན་ཏེ། །འཇིག་རྟེན་དྲུག་གི་ཕྱོགས་བཅུ་ན། །འདས་དང་ད་ལྟར་བྱུང་བ་ཡི། །རྒྱལ་བའི་དཀྱིལ་འཁོར་མ་ལུས་པ། །བསྙེན་ནས་སྐུ་ལྔ་ལྷུན་གྱིས་རྫོགས། །ཞེས་གསུངས་སོ། །

གཉིས་པ་ཐེག་པའི་དབྱེ་བསྡུ་ལ་གཉིས་ཏེ། དབྱེ་བ་འགལ་སྤོང་དང་བཅས་པ་དང་། བསྡུ་བ་རང་ལུགས་སུ་བཤད་པའོ། །དང་པོ་ནི། ཇི་སྲིད་སེམས་ཀྱི་སོགས་ཀྱིས་བསྟན་ཏེ།ཇི་སྲིད་གདུལ་བྱ་སེམས་ཅན་གྱི་སེམས་ཀྱི་ཁམས་དབང་མོས་པའི་བྱེ་བྲག་མཐའ་ཡས་ཤིང་མཐའ་གཏུགས་པའམ་ཟད་པ་མ་མཆིས་པས་གདུལ་བྱའི་སེམས་ཀྱི་འཇུག་པའི་ཉོན་མོངས་པ་མ་ཟད་པར་ཉོན་མོངས་པ་བརྒྱད་ཁྲི་བཞི་སྟོང་གི་གཉེན་པོར་ཆོས་ཀྱི་ཕུང་པོ་བརྒྱད་ཁྲི་བཞི་སྟོང་ལྟ་བུའི་བསམ་ཡས་ཏེ་བསམ

ཀྱིས་མི་ཁྱབ་པའི་ཐེ༷ག་པ༷འི་གྲ༷ངས་མཐ༷འ་ལའང་ཐུ༷ག་པ༷་མེ༷ད་པར་ཡོད་པ་ཡིན་ཏེ། ཁ་ཆེ་བས་ཆོས་ཕུང་གཅིག་གི་ཚད་ལ་ཤཱ་རིའི་བུའི་བསྟན་བཅོས་ལྟར་ཤོ་ལོ་ཀ་དྲུག་སྟོང་བྱེད། བརྒྱད་ཁྲི་ལ་ཤོ་ལོ་ཀ་ཉུང་བཞི་བྱེ་བ་བརྒྱད་དོ། །སེམས་ཙམ་པ་ལྟར་ན། ཆོས་ཕུང་ལ་ཤོ་ལོ་ཀ་སྟོང་། ཤོ་ལོ་ཀ་གཅིག་ལ་རྒྱ་གར་གྱི་ཡིག་འབྲུ་ཚག་བར་བརྒྱད་བཞི་སོ་གཉིས་ཡོད། བོད་ཀྱི་ཚག་བར་བདུན་བཞི་ཉེར་བརྒྱད་དོ། །དེ་ལྟར་ན་བརྒྱད་ཁྲི་བཞི་སྟོང་ལ་ཤོ་ལོ་ཀ་བྱེ་བ་བརྒྱད། འབུམ་ཐེར་བཞི་བཅུའོ། །ཐེག་ཆེན་ཐུན་མིན་ལྟར་ན་ཆོས་ཕུང་གཅིག་གླང་ཆེན་རབ་བརྟན་གྱི་ཁལ་དུ་ལོངས་པའི་སྣག་གིས་འབྲི་ནུས་གསུངས། ལྷ་བྱིན་གྱིས་བློར་ལྔའི་གླང་ཆེན་ལྔ་སྟོང་གི་ཁལ་གྱི་གླེགས་བམ་ཁ་ཏོན་བྱེད།དྲིན་ལན་བསབ་པ་ལས་ལྷ་བྱིན་བློར་མདོ་སྡེ་སྤོས་ཀྱི་གླང་ཆེན་གྱི་ཁལ་དྲུག་ཁྲི་ཁ་ཏོན་ཤེས་པར་གསུངས། ནོར་བཟང་གི་བླ་མ་དགེ་སློང་རྒྱ་མཚོའི་སྤྲིན་གྱིས་ཐུགས་སུ་ཆུད་པའི་ཀུན་ནས་མིག་ཅེས་བྱ་བའི་ཆོས་ཀྱི་རྣམ་གྲངས་འབྲི་ན། སྣག་ཆུ་རྒྱ་མཚོ་ཙམ། སྨྱུག་ཐུར་རི་རབ་ཙམ་ཟད་ཟད་འབྲི་ན་རྣམ་གྲངས་དེ་ལས་ལེའུ་རེ་རེ་ཙམ་དང་། ཆོས་ཚུལ་རེ་རེ་ཙམ་ལས་མཐར་མི་ཕྱིན་གསུངས། ལང་ཀར་གཤེགས་པ་ལས། ལྷ་ཡི་ཐེག་དང་ཚངས་ཐེག་དང་། །ཉན་ཐོས་ཀྱི་ཡང་དེ་བཞིན་དུ། །རང་རྒྱལ་དེ་བཞིན་གཤེགས་པའི་སྟེ། །ཐེག་པ་དེ་རྣམས་ངས་བཤད་དོ། །ཇི་སྲིད་སེམས་ཀྱི་འཇུག་བར་དུ། །ཐེག་པའི་མཐའ་ལ་ཐུག་པ་མེད། །ཅེས་གསུངས་པའི་ཕྱིར་རོ། །ལམ་ལ་ཕར་དབྱེ་ན། ཐར་ལམ་གྱི་རྟེན་དུ་གྱུར་པའི་ལམ་ལ།སྐྱེས་བུ་ཆུང་ངུའི་ལམ་ནང་གསེས་ཀྱི་གླིང་བཞིའི་མིར་སྐྱེ་བའི་ལམ་སོ་སོ་བ་དང་། འདོད་ལྷ་རིགས་དྲུག་ཏུ་སྐྱེ་བའི་བསོད་ནམས་དགེ་བའི་ལམ་དང་། ཁམས་གོང་མར་གཟུགས་ཁམས་གནས་རིགས་བཅུ་གཉིས་སུ་སྐྱེ་བའི་མི་གཡོ་བའི་ལམ་དང་། གཟུགས་མེད་སྐྱེ་མཆེད་མུ་བཞིར་སྐྱེ་བའི་མི་གཡོ་བའི་ལམ་དང་། སྐྱེས་བུ་འབྲིང་ཉན་ཐོས་ཀྱི་ལམ་ལ་དགྲ་བཅོམ་པ་སྤྱང་བྱ་རིམ་གྱིས་པ་དང་ཅིག་ཆར་བའི་ལམ་དང་། དབང་པོའི་སྒོ་ནས་དགྲ་བཅོམ་དྲུག་ཐོབ་པའི་ལམ་གྱི་དབྱེ་བ་དྲུག་ལྟ་བུ་དང་། རང་རྒྱལ་གྱི་ལམ་ལ་ཚོགས་སྤྱོད་དང་བསེ་རུ་ལྟ་བུའི་རང་རྒྱལ་དགྲ་བཅོམ་གཉིས་ཀྱི་ལམ་གཉིས་ལྟ་བུ་དང་། ཐེག་ཆེན་ལ་དབང་པོའི་རིམ་པས་དབྱེ་བའི་རྣོན་པོའི་ལམ། འབྲིང་གི་ལམ། རྟུལ་པོའི་ལམ་ལྟ་བུ་དང་། བྱ་རྒྱུད་ལ་རིགས་གསུམ་གྱི་འབྲས་བུ་ཐོབ་པའི་ལམ་གསུམ་ལྟ་བུ་དང་།

སྤྱོད་རྒྱུད་ལ་རིགས་བཞིའི་གོ་འཕང་ཐོབ་པའི་ལམ་བཞི་ལྟ་བུ་དང་། རྣམ་འབྱོར་རྒྱུད་ལ་རིགས་ལྔ་སོ་སོའི་དངོས་གྲུབ་སྒྲུབ་པའི་ལམ་རྣམས་དང་། བླ་མེད་ལ་མ་ཧཱའི་མ་ཧཱ་སོགས་ཀྱི་ལམ་གསུམ་དང་། ཨ་ནུ་ལ་ཨ་ནུའི་མ་ཧཱ་སོགས་ལམ་གསུམ་དང་། ཨ་ཏི་ལ་ཨ་ཏིའི་མ་ཧཱ་སོགས་གསུམ་གྱི་ལམ་སྟེ་ལམ་གྱི་དབྱེ་སྒོ་དུ་མ་ཡོད་པའོ། །

འོ་ན་དེ་ལྟར་ཐེག་པའི་རྣམ་གྲངས་མཐའ་མེད་པ་ཡིན་ཡང་སྔགས་ལམ་ལས་གཞན་གྱིས་སངས་རྒྱས་ཐོབ་པ་རྒྱ་མཚན་ཅིས་བཀག་གམ་མ་བཀག་གོ་སྙམ་ན། གནས་སྐབས་ཀྱི་ཐེག་པ་མཐའ་ཡས་པར་གསུངས་པ་དེ་ཐམས་ཅད་མཐར་ཐུག་སངས་རྒྱས་ཀྱི་སར་བགྲོད་པའི་ལམ་གྱི་ཐེག་པ་རྡོ་རྗེའི་ཐེག་པ་གཅིག་པུའི་ལམ་ལ་བརྒྱུད་ནས་དྲངས་པའི་ངལ་སྟེགས་ཏེ་ངལ་གསོ་བའི་ཆེད་ཙམ་དུ་བསྟན་ཅིང་གསུངས་པ་ཡིན་ཏེ། དམ་ཆོས་པདྨ་དཀར་པོ་ལས། དྲང་སྲོང་རྣམས་ཀྱིས་ཐེག་པ་གསུམ་བསྟན་པ། །རྣམ་འདྲེན་རྣམས་ཀྱིས་ཐབས་ལ་མཁས་པ་སྟེ། །ཐེག་པ་གཅིག་སྟེ་གཉིས་སུ་ཡོད་མ་ཡིན། །བསྟི་བའི་དོན་དུ་ཐེག་པ་གསུམ་བསྟན་ཏོ། །

ཞེས་པ་ལྟར་བསྟི་བའི་དོན་ནི། ལང་གཤེགས་ལས། སྲིད་པའི་ལམ་གྱིས་དུབ་པ་རྣམས། །ངལ་བསོའི་དོན་དེ་དེ་ཉིད་མིན། །ཞེས་པ་ལྟར་རེ་ཞིག་སྡུག་བསྔལ་ཤུགས་དྲག་ལས་ངལ་བསོས་ཏེ་བདེ་འགྲོ་དང་གནས་སྐབས་ཀྱི་ཐར་པ་ཙམ་ལ་བཀོད་དེ་བརྒྱུད་ནས་སངས་རྒྱས་ཀྱི་སར་དྲངས་པའི་དོན་ནོ། །མཐར་ཐུག་གི་ལམ་གྱི་སྟེགས་བུར་གྱུར་པའི་གནས་སྐབས་ཀྱི་ཐེག་པ་དེ་རྣམས་ཀྱི་རྒྱུ་རང་རང་གི་ལམ་དང་རྗེས་སུ་མཐུན་པའི་རང་འབྲས་རེ་ཐོབ་པ་ཡོད་མོད། འོན་ཀྱང་འབྲས་བུ་མཐར་ཐུག་མིན་པས་འབྲས་བུ་བླ་དང་བཅས་པའི་འོག་མའི་འབྲས་བུའམ་གནས་སྐབས་ཀྱི་འབྲས་བུ་ཁོ་ན་ཡིན་ཏེ། རང་འབྲས་དེའི་བླར་ཐོབ་བྱར་གྱུར་པའི་འབྲས་བུ་གོང་མ་ཡོད་པའི་ཕྱིར་རོ། །དེ་ལྟར་གནས་སྐབས་བླ་དང་བཅས་པའི་འོག་མའི་འབྲས་བུ་རེ་ཐོབ་ཀྱང་དེ་ནི་གནས་སྐབས་ཀྱི་ཐེག་པ་སོ་སོའི་ལམ་གྱི་རྒྱུ་དང་མཐུན་པའི་འབྲས་བུ་ཉི་ཚེ་བའི་ངེས་པར་འབྱུང་བ་ཙམ་ལས་མཐར་ཐུག་བླ་ན་མེད་པའི་འབྲས་བུའི་ཐེག་པ་བགྲོད་པ་གཅིག་པའི་ལམ་ལ་མ་ཞུགས་ཀྱི་བར་དུ་མཐར་ཐུག་གི་འབྲས་བུ་ཐོབ་པ་ཅི་ལ་ཡོད་མེད་དེ། འཇམ་དཔལ་སྒྱུ་འཕྲུལ་དྲྭ་བ་ལས། ཐེག་པ་གསུམ་གྱི་ངེས

འབྱུང་བ། །ཐེག་པ་གཅིག་གི་འབྲས་བུར་གནས། །ཞེས་གསུངས་སོ། །

གཉིས་པ་ནི། འདིར་ནི་རྫོགས་པ་ཆེན་པོའི་སོགས་ཀྱིས་བསྟན་ཏེ། སྤྱིར་ཐེག་པ་ཞེས་པ་ཡ་ནའི་སྒྲ་ལས་དྲངས་ན་བཞོན་པ་ལ་འཇུག་སྟེ་ས་ལམ་གྱི་ཡོན་ཏན་རྣམས་གོང་ནས་གོང་དུ་འདེགས་པར་བྱེད་པས་ཐེག་པ་ཞེས་བྱ་སྟེ། ཡོན་ཏན་རིན་པོ་ཆེ་སྡུད་པ་ལས། ཐེག་པ་འདི་ནི་མཁའ་འདྲ་གཞལ་མེད་ཁང་ཆེན་ཏེ། །དགའ་སྐྱིད་བདེ་བ་མཆོན་པར་འཐོབ་བྱེད་ཐེག་པའི་མཆོག །དེ་གང་ཞོན་ནས་སེམས་ཅན་ཐམས་ཅད་མྱ་ངན་བཟློ། །ཞེས་གསུངས་པ་ལྟར། སྤྱིར་ཐེག་པའི་དབྱེ་བསྡུའི་རྣམ་གྲངས་མང་དུ་ཡོད་ཀྱང་འདིར་ནི་སྐྱ་འགྱུར་རྙིང་མའི་འོད་གསལ་རྫོགས་པ་ཆེན་པོའི་རང་ལུགས་ལྟར་ན། དྲི་མེད་བཤགས་རྒྱུད་ལས། མཚན་ཉིད་སྡེ་སྣོད་གསུམ་དང་ཐེག་པ་གསུམ། །ཕྱི་པ་ཐུབ་པའི་རྒྱུད་ལ་གྲི་ཡོག་གསུམ། །ནང་པ་ཐབས་ཀྱི་རྒྱུད་ལ་ཡོ་ག་གསུམ། །ཐེག་པ་རིམ་པ་དགུ་ཡི་དམ་ཚིག་རྣམས། །ཞེས་དང་། སྤྱི་མདོ་ལས། དོན་དམ་ངེས་པའི་ཐེག་པ་ནི། །གསུམ་དུ་ངེས་པར་བསྟན་པ་ཡིན། །ཀུན་འབྱུང་འདྲེན་དང་དཀའ་ཐུབ་རིག །དབང་བསྒྱུར་ཐབས་ཀྱི་ཐེག་པའོ། །ཞེས་གསུངས་པ་ལྟར།

ཀུན་འབྱུང་འདྲེན་པའི་ཐེག་པ་གསུམ། དཀའ་ཐུབ་རིག་བྱེད་ཀྱི་ཐེག་པ་གསུམ། དབང་བསྒྱུར་ཐབས་ཀྱི་ཐེག་པ་གསུམ་སྟེ་དགུ་ལས། དང་པོ། ཉན་ཐོས། རང་རྒྱལ། བྱང་ཆུབ་སེམས་དཔའི་ཐེག་པ་གསུམ་ལ་ཀུན་འབྱུང་འདྲེན་པའི་ཐེག་པ་ཞེས་བྱ་སྟེ། ཀུན་ཉོན་འཁོར་བའི་ཕྱོགས་ཀྱི་རྒྱུ་ཀུན་འབྱུང་ལས་ཉོན་གཉིས་ལམ་བདེན་གྱིས་སྤངས་པའི་སྒོ་ནས་འབྲས་བུ་སྡུག་བདེན་བྲལ་བའི་འགོག་བདེན་ཐར་བའི་གོ་འཕང་ལ་འདྲེན་པར་བྱེད་པས་ཀུན་འབྱུང་འདྲེན་པའི་ཐེག་པ་ཞེས་བྱའོ། །ཐེག་པ་དེ་གསུམ་ལ་མཚན་ཉིད་རྒྱུའི་ཐེག་པ་ཞེས་བྱ་སྟེ། རྒྱུའི་ཆོས་ལམ་དུ་བྱེད་པ་ཡིན་པའི་ཕྱིར་དང་། ཡང་དེ་གསུམ་ལ་མཚན་ཉིད་ཐེག་པ་ཞེས་བྱ་སྟེ། རྒྱུའི་མཚན་མའི་རྣམ་པའི་བྱེ་བྲག་མི་འདྲ་བ་སོ་སོ་ཉིད་ལམ་དུ་བྱེད་པ་ཡིན་པའི་ཕྱིར་རོ། །གཞན་ཡང་གཞི་ལམ་འབྲས་བུའི་རྒྱུ་འབྲས་ཀྱི་ཆོས་ཀྱི་མཚན་ཉིད་མཚོན་བྱ་བསྟན་པའི་སྒོ་ནས་རྒྱུ་འབྲས་ཐ་དད་དུ་གཙོ་བོར་གཏན་འབེབས་ཀྱི་ཐེག་པ་ཡིན་པས་མཚན་ཉིད་ཐེག་པ་ཞེས་ཀྱང་བཞེད་དོ། །ཐེག་པ་དེ་གསུམ་ལས། དང་པོ་ཉན་ཐོས་ཀྱི་ཐེག་པ

ལ་གསུམ་སྟེ། གཞི་ལྟ་བ་གཏན་ལ་འབེབས་ཚུལ། ལམ་སྒོམ་པའི་ཉམས་སུ་ལེན་ཚུལ། ལམ་དེའི་འབྲས་བུ་ཇི་ལྟར་ཐོབ་ཚུལ་ལོ། །དང་པོ་ལྟ་བ་ནི། ཕུང་ཁམས་སྐྱེ་མཆེད་ཀྱིས་བསྡུས་པའི་ཤེས་བྱའི་ཆོས་ཐམས་ཅད་གང་ཟག་གི་བདག་ཏུ་མ་གྲུབ་པར་གཏན་ལ་ཕབ་སྟེ་གང་ཟག་གི་བདག་མེད་ཙམ་རྟོགས་པར་འདོད་པ་ནི་དབུ་མ་རང་རྒྱུད་པ་མན་ཆད་མཐུན་པས་སྙིང་མའི་བཀའ་གཏེར་རྣམས་སུ་ཉན་ཐོས་དགྲ་བཅོམ་པའི་ལྟ་བ་ལ་བདག་མེད་གཉིས་ལས་གང་ཟག་གི་བདག་མེད་ཁོ་ནར་བཞག་སྟེ་ཐེག་པ་གསུམ་གྱི་ལྟ་བ་ཐ་དད་དུ་བསྟན་པ་ནི། སྟོན་དུས་སུ་མཁན་ཆེན་ཞི་བ་འཚོའི་རྗེས་འབྲང་བ་ཁོ་ན་ཡིན་པས་དེས་དབང་གིས་དེ་ལྟར་བསྟན་པར་གསུངས་སོ། །དེས་ན་ཉན་ཐོས་སྡེ་པའི་གྲུབ་མཐའ་ལྟར། ཉན་ཐོས་ཀྱི་རིགས་ཅན་རྣམས་ཀྱིས་གང་ཟག་གི་བདག་མེད་ལ་རྟག་གཅིག་རང་དབང་བའི་བདག་གིས་སྟོང་བའི་བདག་མེད་དང་། གང་ཟག་རང་དབང་བའམ་རང་རྐྱ་ཐུབ་པའི་བདག་གིས་སྟོང་བའི་བདག་མེད་ཕྲ་རགས་གཉིས་རྟོགས་པར་བཞེད། ཆོས་ཀྱི་བདག་ལ་གཟུང་བའི་ཡུལ་བེམ་པོ་རགས་པ་རྣམས་རྫས་སུ་མ་གྲུབ་པས་བཏགས་ཡོད་དུ་འདོད་ཀྱང་ཕྲ་བ་རྡུལ་ཕྲན་ཆ་མེད་ཀྱི་ཆོས་རྣམས་རང་བཞིན་གྱིས་གྲུབ་པ་དང་རྫས་ཡོད་དུ་བཞེད་པས་གཟུང་བའི་ཆོས་རྣམས་རང་བཞིན་མེད་པར་མ་རྟོགས་པ་དང་། འཛིན་པས་བསྡུས་པའི་ཆོས་རྣམས་ཀྱང་ཤེས་པ་རྒྱུན་ཅན་སྐད་ཅིག་མ་དུ་མ་འཚོགས་པ་ལ་བཞག་པ་རྣམས་རྫས་སུ་མ་གྲུབ་པས་བཏགས་ཡོད་དུ་བཞེད་ཀྱང་། ཤེས་པ་རྒྱུན་མེད་སྐད་ཅིག་མ་དེ་རྫས་ཡོད་དུ་བཞེད་པས་ཡུལ་ཅན་འཛིན་པས་བསྡུས་པའི་ཆོས་ཀྱང་རང་བཞིན་མེད་པར་མ་རྟོགས་པས་གཟུང་འཛིན་གྱིས་བསྡུས་པའི་ཆོས་རྣམས་རང་བཞིན་མེད་པར་གཏན་ལ་ཕབ་མ་ནུས་པར་གཟུང་འཛིན་རགས་པ་དང་རྒྱུན་ཅན་རྣམས་བཏགས་ཡོད་དུ་བཞེད་པ་ཙམ་མོ། །

གཉིས་པ་སྒོམ་པའི་ལམ་ཉམས་སུ་ལེན་ཚུལ་ལ་ཀུན་སློང་། འཇུག་སྒོ། ཞུགས་ནས་ཇི་ལྟར་སྒོམ་པའི་རིམ་པ་དང་གསུམ་ལས། དང་པོ་ནི། འཁོར་བ་མཐའ་དག་སྡུག་བསྔལ་གྱི་རང་བཞིན་དུ་ཤེས་ནས་དེ་ལས་རང་གཅིག་པུ་ཐར་པ་དོན་གཉེར་གྱི་ངེས་འབྱུང་གི་བློ་ནི་སྐྱེས་བུ་འབྲིང་ཉན་ཐོས་ཀྱི་ཀུན་སློང་ཡིན་ནོ། །

གཉིས་པ་ནི། ཀུན་སློང་དེ་དང་ལྡན་པར་སོ་སོར་ཐར་པ་རིགས་བདུན་ནམ་བརྒྱད་པོ་གང་རུང་གི་སྡོམ་པས་རང་རྒྱུད་ལེགས་པར་བསྡམས་པ་ཡིན་ནོ། །

གསུམ་པ་ནི། བསམ་གཏན་གྱི་འགལ་རྐྱེན་རྣམས་སྤང་ཞིང་མཐུན་རྐྱེན་རྣམས་ཚང་བའི་དབེན་པའི་གནས་སུ་སྤྱོད་པ་རྣམ་སྦྱོང་སོགས་དམིགས་རྟེན་གང་རུང་ལ་བརྟེན་ནས་འཇོག་པ་སོགས་སེམས་གནས་པ་དགུའི་སྒོ་ནས་ལུས་སེམས་ཤིན་སྦྱངས་ཀྱི་བདེ་བ་འདྲེན་པའི་ཏིང་ངེ་འཛིན་གྱི་ཞི་གནས་བསྒོམ་པ་ནི་ཞི་གནས་ཀྱི་གསོ་སྦྱོང་། དེ་ནས་བདེན་བཞི་མི་རྟག་སོགས་བཅུ་དྲུག་ལ་དཔྱད་འཇོག་སྤེལ་མར་བསྒོམས་པའི་མཐར་དཔྱད་སྟོབས་ཁོ་ནས་ཤིན་སྦྱངས་འདྲེན་པའི་ཤེས་རབ་དེ་བསྒོམས་བྱུང་ལྷག་མཐོང་གི་རྟོགས་པ་ཡིན་པས་དེ་ལྟར་ཞི་ལྷག་གི་ལམ་དེ་བསྒོམ་པ་ཡིན་ནོ། །

གསུམ་པ་དེའི་འབྲས་བུ་ཇི་ལྟར་ཐོབ་ཚུལ་ནི། དེ་ལྟར་ལམ་ཞི་ལྷག་གཉིས་བསྒོམས་པས་ཁམས་གསུམ་གྱི་ཉོན་མོངས་པ་མཐའ་དག་སྤངས་རིམ་དང་བསྟུན་ཏེ་འབྲས་བུ་བཞི་རིམ་པར་ཐོབ་པ་ཡིན་ནོ༑ ༑འབྲས་བུ་ཐོབ་ཚུལ་ལ། འབྲས་བུ་བཞི་རིམ་གྱིས་པ་དང་། ཐོད་རྒལ་བ་གཉིས། སྤང་བྱ་སྤོང་ཚུལ་གྱིས་སྤང་བྱ་ཅིག་ཆར་བ་དང་། རིམ་གྱིས་པ་གཉིས། སྔ་མ་ལ་རྒྱུན་ཞུགས་དང་དགྲ་བཅོམ་གཉིས་སོ། །ཕྱི་མ་ལ་འབྲས་བུ་རིམ་གྱིས་པ་དང་ཐོད་རྒལ་བ་གཉིས། ཐོད་རྒལ་བ་ཆགས་བྲལ་སྔོན་སོང་ཞིག་ཡིན། དེའི་ཆགས་པ་བྲལ་བྱེད་ཀྱི་ལམ་ནི་འཇིག་རྟེན་པའི་ལམ་མོ། །དེའི་འབྲས་བུ་ཐོབ་པའི་ལམ་ནི་མཐོང་ལམ་ཁོ་ན་ཡིན། དེ་ལ་འབྲས་བུ་བར་བ་ཕྱིར་འོང་ཕྱིར་མི་འོང་གཉིས་སོ། །དེའང་འབྲས་བུ་དང་པོ་རྒྱུན་ཞུགས་ལ་ཞུགས་འབྲས་གཉིས་ལས། ཞུགས་པ་ནི། བློ་གསལ་བགྲོད་པའི་ཐེམ་སྐས་ལས། འདོད་ཉོན་དྲུག་པ་མ་སྤངས་ཤིང་། །སྦྱོར་ལམ་སྐད་གཅིག་ནས་བཟུང་སྟེ། །ལམ་ལ་རྗེས་བཟོད་བར་དག་ལ། གནས་པ་དེ་ནི་རྒྱུན་ཞུགས་ཞུགས། །ཞེས་པ་ལྟར། སྦྱོར་ལམ་སྐད་གཅིག་པ་ནས་བཟུང་སྟེ་མཐོང་ལམ་བར་ཆད་མེད་ལམ། ལམ་རྗེས་བཟོད་ལ་གནས་ཏེ་རྣམ་གྲོལ་ལམ་ལམ་རྗེས་ཤེས་མ་ཐོབ་ཙུན་ཆད་རྒྱུན་ཞུགས་ཞུགས་པའོ། །དེ་ལ་དབང་པོའི་རིམ་པས་དད་པའི་རྗེས་འབྲང་དང་ཆོས་ཀྱི་རྗེས་འབྲང་གཉིས་སོ། །རྒྱུན་ཞུགས་འབྲས་གནས་ནི། མཐོང་སྤང་ཀུན་སྦྱོར་གསུམ་སྤངས་བའི་དགེ་སྦྱོང་གི་ཚུལ་ལ་གནས་པའི་གང་ཟག་རྒྱུན་ཞུགས་འབྲས་གནས་སོ། །

མཚན་གཞི་ལམ་རྗེས་ཤེས་ཏེ་རྣམ་གྲོལ་ལམ་ལ་གནས་པའི་གང་ཟག་གོ། །

དེ་ལ་དབང་པོའི་རིམ་པས་དད་མོས་མཐོང་ཐོབ་གཉིས་དང་། རྒྱུན་ཞུགས་འབྲས་གནས་ལ་དབྱེ་ན་སྤྱང་བྱ་ཅིག་ཆར་བའི་རྒྱུན་ཞུགས་འབྲས་གནས་དང་། རིམ་གྱིས་པའི་འབྲས་གནས་གཉིས་ལས། དང་པོ་ནི། མཐོང་ལམ་སྐད་ཅིག་བཅུ་དྲུག་པ་ནས་ཁམས་གསུམ་གྱི་སྒོམ་སྤང་ཉོན་མོངས་པ་ཆེན་པོ་གསུམ་གསུམ་སྤངས་བ་ནས་ཆུང་ངུ་གསུམ་ཅིག་ཆར་དུ་སྤོང་བའི་བར་ཆད་མེད་ལམ་ལ་གནས་པའི་གང་ཟག་རྒྱུན་ཞུགས་འབྲས་གནས་ཁྱད་པར་བ་དེ་ཡིན་ནོ། །འབྲས་བུ་རིམ་གྱིས་པ་ནི། མཐོང་སྤང་ཀུན་སྦྱོར་གསུམ་སྤངས་པའི་དགེ་སྦྱོང་གི་ཚུལ་གནས་གང་ཞིག །ཁམས་གསུམ་གྱི་སྒོམ་སྤང་རིམ་གྱིས་སྤོང་བའི་གང་ཟག་དེའོ། །དེ་ལ་གཉིས་ཏེ། རིམ་གྱིས་པའི་རྒྱུན་ཞུགས་ཡིན་པ་གང་ཞིག །རང་གོང་མའི་འབྲས་བུ་འཐོབ་ཕྱིར་དུ་བརྩོན་བཞིན་མ་ཡིན་པ་དེ་རྒྱུན་ཞུགས་འབྲས་གནས་ཙམ་པོ་བ་སྟེ། མཛོད་ལས། འབྲས་ཐོབ་འབྲས་བུ་ཁྱད་པར་གྱི། །ལམ་ཐོབ་མེད་པ་དེ་ཡི་ཕྱིར། །འབྲས་གནས་ཁྱད་པར་བྱ་བའི་ཕྱིར། །མི་བརྩོན་པ་ནི་ཞུགས་པ་ཡིན། ཞེས་སོ། །རང་གི་གོང་མའི་འབྲས་བུ་འཐོབ་ཕྱིར་དུ་བརྩོན་པའི་བར་ཆད་མེད་ལམ་ལ་གནས་བཞིན་པ་དེ་ཁྱད་པར་ཅན་ནོ། །

རིམ་གྱིས་པའི་རྒྱུན་ཞུགས་ལ་སྐྱེ་བ་ལེན་ཚུལ་གྱིས་དབྱེ་ན། ལན་བདུན་པ་དང་། རིགས་ནས་རིགས་སྐྱེ་གཉིས་སོ། །དང་པོ་ནི། དགྲ་བཅོམ་ཐོབ་པ་ལ་མཆོག་ཏུ་ཐོགས་ན་སྟོན་སོ་སྐྱེས་སྐབས་སུ་བསགས་པའི་ལས་དབང་གིས་འདོད་པར་རིགས་མཐུན་གྱི་སྲིད་པར་སྐྱེ་བ་ལན་བདུན་མ་བླང་བར་མྱང་འདས་མི་ཐོབ་པའི་འཕགས་པའོ། །དབྱེ་ན། ངེས་པའི་ལན་བདུན་དང་། མ་ངེས་པའི་ལན་བདུན་པ་གཉིས་ལས། དང་པོ་འདོད་པར་ལྷ་མིའི་སྐྱེ་སྲིད་བཅུ་བཞི། བར་སྲིད་བཅུ་བཞི་ལེན་པར་ངེས་པའི་འཕགས་པ་དང་། གཉིས་པ། འདོད་པའི་ལྷ་མིའི་སྐྱེ་སྲིད་བཅུ་བཞི། བར་སྲིད་བཅུ་བཞི་ལེན་པར་མ་ངེས་པའི་འཕགས་པ་ཞིག་ཡིན་ཏེ། སྡེ་མ་བློ་གསལ་བགྲོད་པའི་ཐེམ་སྐས་ལས། ལན་བདུན་པ་ལ་སྐྱེ་འཕགས་གཉིས། །འཕགས་པ་ལ་ཡང་ངེས་མ་ངེས། །རྣམ་གཉིས་ཉེར་བརྒྱད་འདྲ་ན་ཡང་། །བདུན་ཚན་འདྲ་ཕྱིར་བདུན་ཞེས་བརྗོད། །དང་པོ་ཐོབ་པའི་རྟེན་དེ་ལ། །མྱང་འདས་མངོན་དུ་བྱེད་པར་བསྟན། །གོང་འོག་གཉིས་ཀྱི་གཞུང་རྣམས་ཀྱིས། །སྐུ་མཆེད་གཉིས་ཀྱི་དགོངས་པར

བསྒྲུབས། །ཞེས་སོ། །

གཉིས་པ་རིགས་ནས་རིགས་སྐྱེས་ནི། འདོད་ཉོན་གསུམ་པ་སྤངས་པའི་རྒྱུན་ཞུགས་ཀྱི་འབྲས་བུ་གསར་དུ་ཐོབ་པའི་རྒྱུན་ཞུགས་གང་ཞིག་འདོད་པར་རིགས་མཐུན་གྱི་སྐྱེ་སྲིད་གཉིས་སམ་གསུམ་ལེན་ཅིང་བཞི་བ་མི་ལེན་པ་དེ་རྒྱུན་ཞུགས་རིགས་ནས་རིགས་སྐྱེས་ཡིན། དབྱེ་ན་ལྷའི་རིགས་ནས་རིགས་སྐྱེས་དང་། མིའི་རིགས་ནས་རིགས་སྐྱེས་གཉིས། ལྷའི་རིགས་ནས་རིགས་སྐྱེས་ནི། འདོད་ལྷར་སྐྱེ་བ་གཉིས་སམ་གསུམ་བླངས་ནས་དེའི་རྟེན་ལ་མྱང་འདས་མངོན་དུ་བྱེད་པ་དང་། མིའི་རིགས་སྐྱེས་ལ་ཕྱི་མར་མིའི་སྐྱེ་བ་གཉིས་སམ་གསུམ་བླངས་ནས་རྟེན་དེར་མྱང་འདས་ཐོབ་པའོ། །རིགས་སྐྱེས་དེས་སྤང་བྱ་ཡང་འདོད་ཉོན་གསུམ་ངེས་པར་སྤངས་ཤིང་བཞི་པ་སྤང་མ་སྤངས་འདྲ་ལ་ལྔ་པ་མ་སྤངས་པ་དགོས་ཏེ། དེ་སྤངས་ན་དྲུག་པ་ཡང་ངེས་པར་སྤངས་པར་འགྱུར་བ་ཡིན་ཏེ། རྩ་བ་ལས། ཉོན་མོངས་གསུམ་དང་སྐྱེ་བ་གཉིས། །རིམ་བཞིན་ངེས་སྤངས་ངེས་པར་ལེན། །སྤང་བྱ་བཞི་དང་སྐྱེ་བ་ནི། །གསུམ་པ་བླང་དང་མ་བླངས་འདྲ། །སྤང་བྱ་ལྔ་པ་སྐྱེ་བ་བཞི། །ངེས་པར་མ་སྤངས་མ་བླངས་པ༑ ༑རིགས་ནས་རིགས་སྐྱེའི་ཁྱད་ཆོས་སུ། །མཁས་པ་རྣམས་ཀྱིས་རྟོགས་པར་བྱ། །ཞེས་གསུངས་སོ༑ ༑གཉིས་པ་ཕྱིར་འོང་ལ་ཞུགས་འབྲས་གཉིས་ལས། ཞུགས་པ་ནི། གཙོ་བོ་ཐ་མའི་ཆ་མཐུན་ལྔ་ཕལ་ཆེར་སྤངས་པའི་དགེ་སྦྱོང་གི་ཚུལ་གྱི་འབྲས་བུ་འཐོབ་ཕྱིར་དུ་བརྩོན་བཞིན་པའི་འཕགས་པའི་གང་ཟག་དེ་ཕྱིར་འོང་ཞུགས་པའོ། །དབྱེ་ན་འབྲས་བུ་རིམ་གྱིས་པའི་ཕྱིར་འོང་ཞུགས་པ་དང་། འབྲས་བུ་ཐོད་རྒལ་བའི་ཕྱིར་འོང་ཞུགས་པ་གཉིས། དང་པོ་ནི། འབྲས་བུ་རིམ་གྱིས་པའི་རྒྱུན་ཞུགས་འབྲས་གནས་ཁྱད་པར་ཅན་དང་དོན་གཅིག །

གཉིས་པ་ནི། མཐོང་ལམ་གྱི་སྔ་རོལ་དུ་འཇིག་རྟེན་པའི་ལམ་གྱིས་འདོད་ཉོན་དྲུག་པ་སྤངས་པའི་ཕྱིར་འོང་ཞུགས་པ་གཉིས་དོན་གཅིག་སྟེ། རྩ་བ་ལས། དྲུག་པའི་བར་སྤོང་བརྩོན་པ་དང་། །ངེས་པར་དྲུག་པ་སྤོང་བརྩོན་པ། །ཕྱིར་འོང་ཞུགས་ཡིན་ཞེས་པ་ནི། །གོང་འོག་གཉིས་ཀྱི་ལུགས་སུ་བཤད། །ཅེས་སོ། །ས་མཚམས་མཐོང་ལམ་ནས་ཕྱིར་འོང་མ་ཐོབ་བར་རོ། །དེའི་འབྲས་གནས་ནི། ཐ་མའི་ཆ་མཐུན་ལྔ་ཕལ་ཆེར་སྤངས་པའི་དགེ་སྦྱོང་གི་ཚུལ་གྱི་འབྲས་བུ་ལ་གནས་པའི་གང་ཟག་དེ་

ཕྱིར་འོང་འབྲས་གནས་སོ། །དབང་པོས་དབྱེ་ན་དད་མོས་མཐོང་ཐོབ་གཉིས། འབྲས་བུ་ཐོབ་ཚུལ་གྱིས་དབྱེ་ན་འབྲས་བུ་རིམ་གྱིས་པ་དང་ཐོད་རྒལ་བ་གཉིས། དང་པོ་རྒྱུན་ཞུགས་རྟོགས་པ་སྟོན་སོང་གི་ཕྱིར་འོང་དང་དོན་གཅིག །གཉིས་པ་ཆགས་བྲལ་སྔོན་སོང་གི་ཕྱིར་འོང་དང་དོན་གཅིག །སྦྱོར་བའི་སྒོ་ནས་ཙམ་ཁྱད་གཉིས། འབྲས་གནས་ཁྱད་པར་ཅན་ནི་འདོད་ཉོན་བདུན་ནམ་བརྒྱད་པ་སྤངས་པའི་ཕྱིར་འོང་འབྲས་གནས་ཁྱད་པར་ཅན་གང་ཞིག །འདོད་ལྷར་སྐྱེ་བ་ལན་ཅིག་བླངས་ནས་མྱང་འདས་མངོན་དུ་བྱེད་པ་དེ་ཕྱིར་འོང་འབྲས་གནས་ཁྱད་པར་ཅན་ཚེ་གཅིག་བར་ཆད་གཅིག་པ་ཡིན། དབྱེ་ན་འབྲས་བུ་རིམ་གྱིས་པའི་ཕྱིར་འོང་འབྲས་གནས་ཁྱད་པར་ཅན་ཚེ་གཅིག་བར་ཆད་གཅིག་པ་དང་། ཆགས་བྲལ་སྔོན་སོང་གི་ཕྱིར་འོང་འབྲས་གནས་ཁྱད་པར་ཅན་ཚེ་གཅིག་བར་ཆད་གཅིག་པ་གཉིས་སོ། །འདི་ནི་ཕྱིར་མི་འོང་ཐོབ་པ་ལ་བར་ཆད་གཅིག་སྟེ་འདོད་ཉོན་དགུ་པ་དང་མྱང་འདས་ཐོབ་པ་ལ་ཚེ་གཅིག་གིས་ཐོགས་པས་དེ་ལྟར་བཤད་དེ། རྩ་མ་ལས། ཉོན་མོངས་བདུན་ནམ་བརྒྱད་སྤངས་ཤིང་། །ཚེ་འཕོས་འདོད་ལྷའི་རྟེན་དག་ལ། །མྱང་འདས་མངོན་དུ་བྱེད་པར་བསྟན། །ཞེས་སོ། །

གསུམ་པ་ཕྱིར་མི་འོང་ལ་ཞུགས་འབྲས་གཉིས་ལས། དང་པོ་ནི། གཙོ་བོ་ཐ་མའི་ཆ་མཐུན་ལྔ་སྤངས་པའི་དགེ་སྦྱོང་གི་ཚུལ་གྱི་འབྲས་བུ་འཐོབ་ཕྱིར་དུ་བརྩོན་བཞིན་པ་ནི་ཞུགས་པའོ། །དབྱེ་ན་རིམ་གྱིས་པ་དང་ཐོད་རྒལ་བ་གཉིས་ལས། དང་པོ་རྒྱུན་ཞུགས་ཀྱི་རྟོགས་པ་སྟོན་སོང་གི་ཕྱིར་འོང་འབྲས་གནས་ཁྱད་པར་བ་དང་དོན་གཅིག །གཉིས་པ་ཆགས་བྲལ་སྔོན་སོང་གི་ཕྱིར་མི་འོང་གི་ཞུགས་པ་དང་དོན་གཅིག །ས་མཚམས་ནི། དང་པོ་ནི་འཇིག་རྟེན་པའི་སྒོམ་ལམ་གྱི་སྤང་བྱ་འདོད་ཉོན་བདུན་པའི་དངོས་གཉེན་ལ་གནས་པ་ནས་འདོད་ཉོན་དགུ་པ་སྤོང་བའི་བར་ཆད་མེད་ལམ་ལ་གནས་པའོ། །གཉིས་པ་མཐོང་ལམ་བཟོད་པ་བརྒྱད་ན་གནས་པའི་བར་རོ། །ཕྱིར་མི་འོང་འབྲས་གནས་ནི་ཐ་མའི་ཆ་མཐུན་ལྔ་སྤངས་པའི་དགེ་སྦྱོང་གི་ཚུལ་གྱི་འབྲས་བུ་ལ་གནས་པ་དེ་འབྲས་གནས་སོ། །

ཐ་མའི་ཆ་མཐུན་ལྔ་ནི། ཀུན་སྦྱོར་གསུམ་དང་འདོད་ལ་འདུན་པ་གནོད་སེམས་ལྔའོ། །འབྲས་གནས་ལ་དབང་པོས་དབྱེ་ན་དད་མོས་མཐོང་ཐོབ་གཉིས། སྦྱོར་བའི་སྒོ་ནས་ཙམ་ཁྱད་གཉིས། འབྲས་

བུ་ཐོབ་ཚུལ་གྱིས་དབྱེ་ན་རིམ་གྱིས་པ་དང་ཆགས་བྲལ་སྔོན་སོང་གཉིས་ལས། དང་པོ་ནི། རྒྱུན་ཞུགས་རྟོགས་པ་སྔོན་སོང་གི་ཕྱིར་མི་འོང་དང་དོན་གཅིག །གཉིས་པ་ནི། འབྲས་བུ་ཐོད་རྒལ་བའི་ཕྱིར་མི་འོང་དང་། མཐོང་ལམ་གྱི་སྔ་རོལ་བསམ་གཏན་གྱི་དངོས་གཞིའི་སྙོམས་འཇུག་ཐོབ་པའི་ཕྱིར་མི་འོང་དང་། མཐོང་ལམ་གྱི་སྔ་རོལ་དུ་འཇིག་རྟེན་པའི་སྒོམ་ལམ་གྱིས་སྒོམ་སྤང་འདོད་ཉོན་དགུ་པ་སྤངས་པའི་ཕྱིར་མི་འོང་དང་དོན་གཅིག །འཕགས་ཆོས་བསྟེན་ཚུལ་གྱིས་དབྱེ་ན། འདོད་པར་ཚེ་ཡོངས་གྱུར་དང་མ་གྱུར་པའི་ཕྱིར་མི་འོང་གཉིས་ལས། དང་པོ་ནི། འདོད་པར་འཕགས་ལམ་སྐྱེ་བ་བརྒྱུད་མར་བསྟེན་ནས་ཕྱིར་མི་འོང་ཐོབ་པའི་ཐ་མའི་ཆ་མཐུན་ལྔ་སྤངས་པའི་དགེ་སྦྱོང་གི་ཚུལ་གྱི་འབྲས་གནས་དེ་འདོད་པར་ཚེ་ཡོངས་གྱུར་པའི་ཕྱིར་མི་འོང་ཡིན། དཔེར་ན་རྒྱུན་ཞུགས་སྲིད་པ་ལན་བདུན་པའི་རྟོགས་པ་སྔོན་སོང་གི་ཕྱིར་མི་འོང་དང་། རྒྱུན་ཞུགས་རིགས་སྐྱེས་པའི་རྟོགས་པ་སྔོན་སོང་གི་ཕྱིར་མི་འོང་ལྟ་བུའོ། །དེ་རྣམས་ནི་ཕྱིར་མི་འོང་ཐོབ་པའི་ཚེ་དེར་མྱང་འདས་མངོན་དུ་བྱེད་པའོ། །

གཉིས་པ་འདོད་པར་ཚེ་ཡོངས་མ་གྱུར་པའི་ཕྱིར་མི་འོང་ནི། མཐོང་ལམ་ཐོབ་པའི་ཚེ་དེ་ལ་ཐ་མའི་ཆ་མཐུན་ལྔ་སྤངས་པའི་དགེ་སྦྱོང་གི་ཚུལ་གྱི་འབྲས་བུ་ལ་གནས་པའི་གང་ཟག་དེ་འདོད་པར་ཚེ་ཡོངས་མ་གྱུར་བའི་ཕྱིར་མི་འོང་ཡིན། དེ་ལ་དབྱེ་ན། གཟུགས་སུ་ཉེར་འགྲོ། གཟུགས་མེད་ཉེར་འགྲོ། མཐོང་ཆོས་ཞི། ལུས་མངོན་བྱེད་དང་བཞིའོ། །དང་པོ་ནི། འདོད་པའི་རྟེན་ཅན་གྱི་ཕྱིར་མི་འོང་གཟུགས་སུ་ཉིང་མཚམས་སྦྱོར་བ་དེ་གཟུགས་སུ་ཉེར་འགྲོའོ། །དབྱེ་ན། བར་འདའ། སྐྱེས་འདའ། གོང་འཕོ་དང་གསུམ་ལས། དང་པོ་ནི། གཟུགས་སུ་སྐྱེས་པའི་ཀུན་སྦྱོར་གསུམ་སྤངས་ཤིང་མངོན་པར་འགྲུབ་པའི་ཀུན་སྦྱོར་མ་སྤངས་པས་གཟུགས་ཀྱི་བར་སྲིད་ཀྱི་རྟེན་ལ་མྱང་འདས་ཐོབ་པ་བར་འདའ་བའོ། །དེ་ལ་དབྱེ་ན། བར་སྲིད་གྲུབ་མ་ཐག་མྱང་འདས་མངོན་དུ་བྱེད་པ་མྱུར་བར་འདའ་བ་དང་། བར་སྲིད་གྲུབ་ནས་སྐྱེ་སྲིད་འཚོལ་བའི་སྣང་བ་མ་བྱུང་ཙམ་དུ་མྱང་འདས་ཐོབ་པ་མྱུར་བར་མ་ཡིན་པར་འདའ་བ། སྐྱེ་སྲིད་དུ་འགྲོ་བར་སེམས་པའི་ཚེ་མྱང་འདས་ཐོབ་པ་དུས་རིང་མོ་ཞིག་ནས་འདའ་བ་དང་གསུམ་གྱི་དཔེ་ནི་རིམ་པར་གཞོགས་མེའི་མེ་སྟག་ལྟ་བུ་དང་། ལྕགས་ཀྱི་ཚ་

ཀྵ་གནམ་དུ་ཡར་བའི་དུས་དང་། ལྷུགས་ཀྱི་གོང་བུ་དམར་འབར་བ་གནམ་དུ་འཕང་བ་སར་ལྷུང་བ་ལ་ཉེ་སྐབས་མེ་ཡལ་བ་ལྟ་བུར་གསུངས་སོ། །བར་འདའ་དེ་ནི་ཚངས་ཆེན་མ་གཏོགས་གཟུགས་ཁམས་བཅུ་དྲུག་གི་བར་སྲིད་དུ་མྱང་འདས་མངོན་དུ་བྱེད་པའོ། །

གཉིས་པ་སྐྱེས་འདའ་ནི། གཟུགས་ཀྱི་སྐྱེ་སྲིད་གཅིག་ཁོ་ན་བླངས་ནས་དེའི་རྟེན་ལ་མྱང་འདས་ཐོབ་པ་སྐྱེས་འདའ་བའོ། །དེ་ལ་དབྱེ་ན་གསུམ་སྟེ། གཟུགས་ཀྱི་སྐྱེ་སྲིད་གྲུབ་ཙམ་ནས་མྱང་འདས་མངོན་དུ་བྱེད་པ་སྐྱེས་ཙམ་ནས་འདའ་བ་དང་། སྐྱེས་ནས་ལམ་ལ་མངོན་པར་འདུ་བྱེད་པའི་འབད་རྩོལ་ཆེན་པོས་འདའ་བ་འདུ་བྱེད་དང་བཅས་ཏེ་འདའ་བ་དང་། སྐྱེ་སྲིད་གྲུབ་ཙམ་ནས་མྱང་འདས་མངོན་དུ་མི་བྱེད་ཀྱང་ལམ་མངོན་དུ་བྱས་ནས་མྱང་འདས་ཐོབ་པ་འདུ་བྱེད་མེད་པར་འདའ་བའོ། །ཚངས་ཆེན་མ་གཏོགས་པའི་གཟུགས་ཁམས་ཀྱི་སྐྱེ་སྲིད་ལ་སྐྱེས་འདའང་ཡོད་དོ། །གསུམ་པ་ནི། ཐ་མའི་ཆ་མཐུན་ལྔ་སྤྱངས་པའི་དགེ་སྦྱོང་གི་ཚུལ་གྱིས་འབྲས་བུ་ལ་གནས་པའི་གང་ཟག་གིས་གཟུགས་སུ་སྐྱེ་སྲིད་བརྒྱུད་ནས་འོག་མིན་དང་སྲིད་རྩེ་གང་རུང་གི་རྟེན་ལ་མྱང་འདས་མངོན་དུ་བྱེད་པ་དེ་གོང་འཕོ་བའི་ཕྱིར་མི་འོང་ཡིན། དབྱེ་ན་འོག་མིན་མཐར་ཐུག་འགྲོ་དང་། སྲིད་རྩེའི་མཐར་ཐུག་འགྲོ་གཉིས། དང་པོ། འོག་མིན་གྱི་རྟེན་ལ་མྱང་འདས་མངོན་བྱེད་དེ་འོག་མིན་འགྲོའོ། །དེ་ལའང་ཚངས་རིས་དང་འོག་མིན་ལྟ་བུའི་གཟུགས་སུ་སྐྱེ་སྲིད་གཉིས་ཁོ་ན་བླངས་ནས་དེར་མྱང་འདས་ཐོབ་པ་ནི་འཕར་བའོ། །ཡང་ཚངས་རིས་ནས་གནས་གཙང་འོག་མ་གང་རུང་དང་། དེ་ནས་འོག་མིན་རྟེན་ལ་མྱང་འདས་ཐོབ་པ་ཕྱེད་འཕར་བ་སྟེ་གཟུགས་སུ་སྐྱེ་བ་གསུམ་བླངས་པའོ། །ཚངས་ཆེན་མ་གཏོགས་གཟུགས་ཁམས་གནས་རིགས་བཅུ་དྲུག་རྣམས་སུ་སྐྱེ་སྲིད་བརྒྱུད་དེ་མཐར་འོག་མིན་རྟེན་ལ་མྱང་འདས་ཐོབ་པ་གནས་ཐམས་ཅད་དུ་འཆི་འཕོ་བའོ། །དེའང་འདོད་རྟེན་ཕྱིར་མི་འོང་བ་འཕར་བ་ཕྱེད་འཕར་གནས་ཐམས་ཅད་དུ་འཆི་འཕོ་བ་གང་ཡིན་ཀྱང་སྤེལ་སྒོམ་གསར་དུ་གྲུབ་པ་ཞིག་ཀྱང་ཡིན། རྟེན་དེར་ཉམས་པར་འགྱུར་བ་ཅན་ཡང་ཡིན་པའི་གཞི་མཐུན་པའི་ཕྱིར་མི་འོང་བ་ཞིག་གིས་གཟུགས་ཁམས་སུ་འཕར་ཏེ་སྐྱེ་བ་གཉིས་དང་། འཕར་ཏེ་སྐྱེ་བ་གསུམ་ལེན་པ་ཞིག་དང་། འཕར་མ་འཕར་ཅི་རིགས་པར་སྐྱེ་བ་བཞི་ནས་བཅུ་དྲུག་གི་བར་ལེན་པ་རྣམས་ནི་རིམ་པར

འཕར་བ་དང་། ཕྱེད་འཕར། གནས་ཐམས་ཅད་དུ་འཆི་འཕོ་བ་ཡིན། འཕར་བ་ལ་བསམ་གཏན་བཞི་བའི་གནས་གསུམ་གྱི་འོག་མའི་གནས་བརྒྱད་ནས་འཕར་བ་བརྒྱད་ལྔ་བཞི་བཅུའོ། །འདོད་པ་ནས་འཕོས་པའི་བསམ་གཏན་བཞི་པའི་གནས་རྣམས་སུ་སྐྱེ་བ་མེད་དེ། སྤྱིལ་སྒོམ་ཉམས་ན་བཞི་པའི་དངོས་གཞིའི་སེམས་ཉམས་དགོས། དེ་ཉམས་པ་ལ་བསམ་གཏན་གསུམ་པ་མན་ཆད་གང་རུང་གི་ཉོན་མོངས་པས་ཉམས་དགོས་པས་འདོད་པ་ནས་བསམ་གཏན་བཞི་པའི་གནས་སུ་སྐྱེས་ན་སྤྱིལ་སྒོམ་ཡང་མ་ཉམས་པར་ཡོད་པས། དེ་གནས་གཙང་དུ་སྐྱེ་བར་འགྱུར་གྱི་འོག་མ་བཞི་པའི་གནས་སུ་སྐྱེ་བར་མི་འགྱུར་བའི་ཕྱིར་རོ། །

འདོད་ཁམས་ནས་ཚངས་རིས་སུ་འཕོས་པའི་ཕྱིར་མི་འོང་ཕྱེད་འཕར་ལྔ་བཅུ། འདོད་ཁམས་ནས་ཚངས་པ་འདུན་འདོན་དུ་འཕོས་པ་ལའང་ལྔ་བཅུ། འདོད་ཁམས་ནས་འོད་ཆུང་དུ་འཕོས་པ་ལ་ཕྱེད་འཕར་བཞི་བཅུ། འདོད་པ་ནས་ཚད་མེད་ལ་འཕོས་པའི་ཕྱེད་འཕར་བ་སོ་ལྔ། འདོད་པ་ནས་འོད་གསལ་དུ་སྐྱེས་པ་ཕྱེད་འཕར་སུམ་ཅུ། འདོད་པ་ནས་དགེ་ཆུང་དུ་སྐྱེས་པ་ལ་ཕྱེད་འཕར་ཉེར་ལྔ་། འདོད་པ་ནས་ཚད་མེད་དགེ་བར་སྐྱེས་པའི་ཕྱེད་འཕར་ཉི་ཤུ། འདོད་པ་ནས་དགེ་རྒྱས་སུ་སྐྱེས་པ་ལ་ཕྱེད་འཕར་བཅོ་ལྔ་སྟེ་བསྡོམས་པས་ཕྱེད་འཕར་ཉིས་བརྒྱ་རེ་ལྔའོ། །ཕྱིར་མི་འོང་ཕྱེད་འཕར་བ་འདོད་རྟེན་པ་དེ་བསམ་གཏན་དང་སྤྱིལ་སྒོམ་ཉམས་ཏེ་ཚངས་རིས་སུ་འཕོས་ཏེ་དེར་བསམ་གཏན་གཉིས་པའི་སེམས་ཐོབ་ནས་ཚངས་འདུན་ཚངས་ཆེན་འཕར་ཏེ་འོད་ཆུང་དུ་སྐྱེས་པ་དེར་གཙང་གནས་ལྔར་སྐྱེས་པའི་དབྱེ་བཅོམ་ལྔ། དེ་བཞིན་ཚངས་རིས་ནས་ཚད་མེད་འོད་དུ་སྐྱེས་ན་ལྔ། འོད་གསལ་དུ་སྐྱེས་ན་ལྔ་སྟེ་བཅོ་ལྔ། ཚངས་རིས་ནས་བསམ་གཏན་གསུམ་པའི་སེམས་ཐོབ་ན། དེ་ནས་དགེ་ཆུང་དུ་ལྔ་ཚད་མེད་དགེར་ལྔ་དགེ་རྒྱས་སུ་ལྔ་སྟེ་བཅོ་ལྔ། ཚངས་རིས་ཀྱིས་བཞི་བའི་སེམས་ཐོབ་ནས་སྤྱིལ་སྒོམ་མ་ཐོབ་ན་ཚངས་རིས་ནས་འཕར་ཏེ་སྤྲིན་མེད་དུ་སྐྱེས་ཏེ། དེར་སྤྱིལ་སྒོམ་རིམ་པར་གསོས་པས་བསོད་ནམས་འབྲས་བུ་སྐྱེ་བ་གཉིས་འཕར་བའི་གཙང་གནས་ལྔའི་དབྱེ་བཅོམ་ལྔ་། ཚངས་རིས་ནས་བསོད་ནམས་སྐྱེས་ལ་འཕར་ཏེ་སྤྱིལ་སྒོམ་རིམ་པར་གསོས་པས་ལྔ་སྟེ་བཅུ ཚངས་རིས་ནས་འབྲས་བུ་ཆེ་བར་འཕར་ཏེ། དེ་ནས་དྲུག་སྤྱིལ་གསོས་པས་མི་གདུང་བར་འདའ་བ

དང་། དེ་ནས་དགུ་སྐྱིལ་གྱིས་གྱ་ནོམ་དུ་འདའ་བ་དང་། དེ་ནས་བཅུ་གཉིས་སྐྱིལ་གྱིས་ཤིན་ཏུ་མཐོ་བར་འདའ་བ་དང་། དེ་ནས་བཅོ་ལྔ་སྐྱིལ་གྱིས་འོག་མིན་ནོ། །འབྲས་བུ་ཆེ་བར་དགྲ་བཅོམ་བཞི་ཐོབ་པའི་ཕྱིར་མི་འོང་བཞིའོ། །ཚངས་རིས་ཀྱི་རྟེན་ལ་བཞི་པའི་སེམས་གྲུབ་པར་མ་ཟད། སུམ་སྐྱིལ་གྲུབ་ན་དེ་ནས་འཕར་ཏེ་མི་ཆེ་བར་སྐྱེ། ཚངས་རིས་ནས་མི་ཆེ་བར་འཕར་ཏེ་འདའ་བ་གསུམ། ཚང་རིས་ནས་མི་གདུང་བར་འཕར་ཏེ་འདའ་བ་གཉིས་ཚངས་རིས་ནས་གྱ་ནོམ་པར་འཕར་ཏེ་འདའ་བ་གཅིག །ཚངས་རིས་ནས་གནས་གཙང་དུ་འདའ་བ་དྲུག་གོ། །འདོད་ཁམས་ནས་ཚངས་པ་འདུན་འདོན་དུ་འཕོས་པ་དང་ཚངས་ཆེན་བརྒྱལ་ནས་འོད་ཆུང་དུ་སྐྱེས་པ་སོགས་གོང་ལྟར་ལྔ་བཅུའོ། །འདོད་རྟེན་ནས་བསམ་གཏན་གཉིས་པའི་འོད་ཆུང་དུ་སྐྱེས་ཚད་མེད་འོད་འཕར་ཏེ་འོད་གསལ་སྟེང་ནས་སྐྱིལ་སྒོམ་རིམ་པར་གསོས་རིམ་གྱིས་གནས་གཙང་ལྔའི་འདའ་བ་ལྔ། འོད་ཆུང་ནས་དགེ་ཆུང་ལ་འཕར་ཏེ་འདའ་བ་ལྔ། འོད་ཆུང་ནས་ཚད་མེད་དགེར་འཕར་ཏེ་འདའ་བ་ལྔ། འོད་ཆུང་ནས་དགེ་རྒྱས་སུ་འཕར་ཏེ་འདའ་བ་ལྔ། འོད་ཆུང་ནས་སྤྲིན་མེད་སྐྱེས་སུ་འཕར་ཏེ་འདའ་བ་ལྔ། འོད་ཆུང་ནས་བསོད་ནམས་སྐྱེས་སུ་འཕར་ཏེ་འདའ་བ་ལྔ་སྟེ་སུམ་ཅུའོ། །འོད་ཆུང་ནས་འབྲས་བུ་ཆེ་བར་འཕར་བའི་འདའ་བ་བཞི། འོད་ཆུང་ནས་མི་ཆེ་བར་སྐྱེས་ཏེ་འདའ་བ་གསུམ། འོད་ཆུང་ནས་མི་གདུང་བར་འཕར་ཏེ་འདའ་བ་གཉིས། འོད་ཆུང་ནས་གྱ་ནོམ་སྣང་བར་འཕར་ཏེ་འདའ་བ་གཅིག་སྟེ་བཞི་བཅུའོ། །འདོད་པ་ནས་ཚད་མེད་འོད་དུ་སྐྱེས། དེ་ནས་དགེ་ཆུང་དུ་འཕར་ཏེ་འདའ་བ་ལྔ། ཡང་དེ་ནས་ཚད་མེད་དགེར་འཕར་ཏེ་འདའ་བ་ལྔ། ཡང་དགེ་རྒྱས་ལ་ལྔ། ཡང་དེ་ནས་སྤྲིན་མེད་འོད་དུ་ལྔ། ཡང་དེ་ནས་བསོད་ནམས་སྐྱེས་ནས་འདའ་བ་ལྔ་སྟེ་ཉེར་ལྔའོ། །

ཡང་ཚད་མེད་འོད་ནས་འབྲས་བུ་ཆེ་བར་འཕར། དེ་ནས་གནས་གཙང་འོག་མ་འཕར་ཏེ་འདའ་བ་བཞི། དེ་ནས་མི་ཆེ་བར་སྐྱེས་མི་གདུང་བརྒྱལ་ནས་གྱ་ནོམ་ཡོངས་སུ་འཕར་བས་འདའ་བ་གསུམ། དེ་ནས་མི་གདུང་བར་སྐྱེས་གྱ་ནོམ་བརྒྱལ་ནས་ཤིན་ཏུ་མཐོ་བ་འོག་མིན་གཉིས་སུ་འཕར་བའི་འདའ་བ་གཉིས། དེ་ནས་གྱ་ནོམ་སྣང་དུ་སྐྱེས་ཤིན་ཏུ་མཐོ་བརྒྱལ་ནས་འོག་མིན་དུ་འཕར་ཏེ་འདའ་བ་གཅིག་སྟེ་བཅུའོ། །དེས་ན་འདོད་པ་ནས་ཚད་མེད་འོད་དུ་འཕར་བའི་ཕྱེད་འཕར་སུམ་ཅུ

སོ་ལྔའོ། །འདོད་པ་ནས་འོད་གསལ་དུ་སྐྱེས་ཏེ་དེ་ནས་ཚད་མེད་དགེར་འཕར་བའི་འདའ་བ་ལྔ། ཡང་དེ་ནས་དགེ་རྒྱས་སུ་འཕར་བའི་འདའ་བ་ལྔ། དེ་ནས་སྤྲིན་མེད་ལྔ། དེ་ནས་བསོད་ནམས་ལྔ་སྟེ་འདའ་བ་ཉི་ཤུའོ། །འོད་གསལ་ནས་འབྲས་བུ་ཆེ་བར་འཕར་བའི་འདའ་བ་བཞི། འོད་གསལ་ནས་མི་ཆེ་བར་འཕར་བའི་འདའ་བ་གསུམ།འོད་གསལ་ནས་མི་གདུང་བར་འཕར་བའི་འདའ་བ་གཉིས། འོད་གསལ་ནས་གྱ་ནོམ་སྣང་བར་འཕར་བའི་འདའ་བ་གཅིག་སྟེ་བཅུའོ། །དེས་ན་འདོད་པ་ནས་འོད་གསལ་དུ་སྐྱེས་པའི་ཕྱིར་མི་འོང་ཕྱེད་འཕར་སུམ་ཅུའོ། །འདོད་པ་ནས་དགེ་ཆུང་དུ་སྐྱེས་ཏེ། དེ་ནས་ཚད་མེད་དགེར་འཕར་ཏེ་དགེ་རྒྱས་སྟེང་ནས་འདའ་བ་ལྔ། དགེ་ཆུང་ནས་སྤྲིན་མེད་བར་འདའ་བ་ལྔ། དགེ་ཆུང་ནས་བསོད་ནམས་སྐྱེས་སུ་ལྔ། དགེ་ཆུང་ནས་འབྲས་བུ་ཆེ་བར་མི་ཆེ་འཕར་བས་འདའ་བ་བཞི། དགེ་ཆུང་ནས་མི་ཆེར་མི་གདུང་བོར་བས་འདའ་བ་གསུམ། དགེ་ཆུང་ནས་མི་གདུང་བར། གྱ་ནོམ་བོར་བས་འདའ་བ་གཉིས། དགེ་ཆུང་ནས་གྱ་ནོམ་དུ་སྐྱེས་ཏེ་ཤིན་ཏུ་མཐོང་བ་བོར་བས་འོག་མིན་འདའ་བ་གཅིག་སྟེ་འདོད་པ་ནས་དགེ་ཆུང་དུ་སྐྱེས་པའི་ཕྱེད་འཕར་ཉེར་ལྔའོ། །འདོད་པ་ནས་ཚད་མེད་དགེར་སྐྱེས་ལ་དགེ་རྒྱས་བོར་བའི་སྤྲིན་མེད་སྐྱེས་ནས་འདའ་བ་ལྔ། དེ་ནས་བསོད་ནམས་སྐྱེས་ལ་འདའ་བ་ལྔ། དེ་ནས་འབྲས་བུ་ཆེ་བར་འདའ་བ་བཞི། ཚད་མེད་དགེ་ནས་མི་ཆེ་བ་ལ་འདའ་བ་གསུམ། ཚད་མེད་དགེ་ནས་མི་གདུང་བར་འདའ་བ་གཉིས། ཚད་མེད་དགེ་ནས་གྱ་ནོམ་དུ་སྐྱེས་ཏེ་འོག་མིན་དུ་འདའ་བ་གཅིག་སྟེ་འདོད་པ་ནས་ཚད་མེད་དགེར་སྐྱེས་པའི་ཕྱེད་འཕར་ཉི་ཤུའོ། །འདོད་པ་ནས་དགེ་རྒྱས་སུ་སྐྱེས། དེ་ནས་སྤྲིན་མེད་བོར་ཏེ་བསོད་ནམས་སྐྱེས་སུ་འཕར་བའི་འདའ་བ་ལྔ། དགེ་རྒྱས་ནས་བཞི་པའི་གནས་གཉིས་བོར་བའི་འབྲས་བུ་ཆེ་བར་སྐྱེས་ཏེ་འདའ་བ་བཞི། དགེ་རྒྱས་ནས་མི་ཆེ་བར་འཕར་བའི་འདའ་བ་གསུམ། དགེ་རྒྱས་ནས་མི་གདུང་བར་འཕར་བའི་འདའ་བ་གཉིས། དགེ་རྒྱས་ནས་གྱ་ནོམ་བར་འཕར་བའི་འོག་མིན་དུ་འདའ་བ་གཅིག་གོ། །མདོར་ན་འདོད་པ་ནས་དགེ་རྒྱས་སུ་སྐྱེས་པའི་འཕར་བ་བཅོ་ལྔའོ། །གཟུགས་སུ་འགྲོ་བའི་ཕྱེད་འཕར་ལ་ཉིས་བརྒྱ་རེ་ལྔའོ། །

གནས་ཐམས་ཅད་དུ་འཆི་འཕོ་བ་ནི། མ་མཐའ་གཟུགས་ཀྱི་སྐྱེ་བ་བཞི་བླངས་ནས་འདའ་བ

ནས་བཅུ་དྲུག་བླངས་ནས་འདའ་བའི་བར་ཡོད། བཞི་ལེན་ཚུལ་ནི། འདོད་པ་ནས་ཚངས་རིས། དེ་ནས་འདུན་ན་འདོན། དེ་ནས་གཉིས་པའི་འོད་ཆུང་གསུམ་མཐར་ཆགས་སུ་བརྒྱུད་དེ། དེ་ནས་གནས་གཙང་གི་སྐྱེ་བ་ལྔ་པོ་གང་རུང་གི་སྟེང་ནས་འདའ་བའོ། །ཡང་ན་ཚངས་རིས་ནས་འོད་ཆུང་། དགེ་ཆུང་གསུམ་བརྒྱུད་གནས་གཙང་དུ་སྐྱེས་པའི་འདའ་བ། བསམ་གཏན་གསུམ་པ་མན་ཆད་གང་རུང་གི་སྐྱེ་བ་གཉིས། གནས་གཙང་གང་རུང་གི་སྐྱེ་བ་གཉིས་ཏེ་བཞི་ལེན་པ་ལྟ་བུ་དང་། སྐྱེ་བ་ལྔ་པའང་དེ་བཞིན་སྦྱར་ནས་སྐྱེ་བ་བཅུ་དྲུག་ནི་ཚངས་རིས་ནས་འོག་མིན་བར་རིམ་པར་སྐྱེ་བ་བཅུ་དྲུག་བླངས་ཏེ་འདའ་བའོ། །

གཉིས་པ་སྲིད་རྩེའི་མཐར་ཐུག་འགྲོ་ནི། སྤྱིར་སྲིད་རྩེའི་རྟེན་ལ་མྱང་འདས་མངོན་དུ་བྱེད་པ་ཡིན་ཡང་། བྱེ་བྲག་ལ་གཟུགས་ཁམས་སུ་སྐྱེ་བ་གསུམ་དང་གཟུགས་མེད་དུ་སྐྱེ་བ་གཅིག་བླངས་པའི་དེའི་སྟེང་ནས་འདའ་བ། གཟུགས་སུ་སྐྱེ་བ་ལྔ་ནས་བཅུ་གཅིག་གི་བར་གང་རུང་བླངས་ནས་གཟུགས་མེད་དང་པོར་འདའ་བའམ། དང་པོ་གཉིས་པ་གཉིས་སུ་སྐྱེས་ཏེ་འདའ་བ་དང་། གསུམ་དུ་སྐྱེས་ཏེ་འདའ་བ་དང་། བཞིར་སྐྱེས་ཏེ་འདའ་བ་དང་།ཡང་ན་དང་པོ་དང་གསུམ་པ་གཉིས་ལྟ་བུ་དང་། དང་པོ་དང་བཞི་པ་གཉིས་ལྟ་བུར་སྐྱེས་ཏེ་འདའ་བའམ་ཐོག་མ་ནས་སྲིད་རྩེར་སྐྱེས་ཏེ་འདའ་བའོ། །གནས་གཙང་ལྔར་སྐྱེ་བ་ལེན་བྱེད་ཀྱི་རྒྱུ་ནི་ཟག་མེད་ཀྱི་རྣམ་པ་ཅན་གྱི་ཏིང་འཛིན་གཉིས་ཀྱི་བར་དུ་ཟག་བཅས་ཀྱི་ཏིང་འཛིན་རེ་སྤེལ་བ་ཆུང་ངུ་གསུམ་སྤེལ་ཡིན། དེའང་དང་པོ་དེ་གསུམ་ལ་རིམ་པར་ཡུན་རིང་དུ་འཇུག་ལྡང་བྱས་ནས་བསྒོམས་མཐར་ཟག་མེད་ཀྱི་ཏིང་ངེ་འཛིན་ལ་འཇུག་ལྡང་གཉིས་རྩོལ་བ་རགས་པ་གཅིག་གི་བྱེད་པ་ལ་བརྟེན་ནས་རྟུལ་ཕྲ་བ་བླ་འོག་འགྱུར་བའི་ཡུན་ཚད་ཙམ་དུ་བྱེད་ནུས་པའི་ཚེ་ཏིང་འཛིན་གྲུབ་པ་ཡིན་པས་དེའི་མཇུག་ཐོག་ཏུ་སྐད་ཅིག་མའི་ཡུན་ཚད་ཙམ་དུ་ཟག་བཅས་ཀྱི་ཏིང་འཛིན་ལ་འཇུག་ལྡང་གཉིས་ནུས། སླར་ཡང་སྐད་ཅིག་མའི་ཡུན་ཚད་ཙམ་ནས་ཟག་མེད་ལ་སྒོམས་པར་འཇུག་ལྡང་བྱེད་པ་སྟེ་རྩོལ་བ་རགས་པ་གཅིག་གིས་ཏིང་འཛིན་རིགས་མི་འདྲ་བ་གསུམ་ལ་སྐད་ཅིག་གསུམ་ལ་འཇུག་ལྡང་ནུས་ཚེ་ཆུང་ངུ་གསུམ་སྤེལ་གྲུབ། རྩོལ་བ་རགས་པ་གཅིག་གི་བྱེད་པས་སྐད་ཅིག་མ་དྲུག་ཏུ་དེ་ལྟར་འཇུག་ལྡང་དྲུག་བྱེད་ནུས་ཚེ་འབྲིང་དྲུག་སྤེལ་གྲུབ། དེ་བཞིན་

རྩོལ་བ་གཅིག་གི་བྱེད་པས་སྐད་ཅིག་མ་དགུ་ལ་ཏིང་འཛིན་དགུར་འཇུག་ལྡང་བྱེད་པ་ན་ཆེན་པོ་དགུ་སྲིལ་གྲུབ། དེ་བཞིན་བྱེད་པ་གཅིག་གིས་སྐད་ཅིག་མ་བཅུ་གཉིས་ལ་ཏིང་འཛིན་བཅུ་གཉིས་ལ་འཇུག་ལྡང་བར་མ་ཆད་པར་བྱེད་པ་ཤིན་ཏུ་ཆེན་པོ་བཅུ་གཉིས་སྲིལ་གྲུབ། དེ་བཞིན་དུ་བྱེད་པ་གཅིག་གིས་སྐད་ཅིག་མ་བཅོ་ལྔར་བར་མ་ཆད་པར་ཏིང་འཛིན་བཅོ་ལྔར་འཇུག་ལྡང་བྱེད་ནུས་པ་ཆེས་ཤིན་ཏུ་ཆེན་པོ་བཅོ་ལྔ་སྲིལ་གྲུབ་པ་ཡིན་པས། དེ་ལྟར་ཟག་མེད་གཉིས་ཀྱི་བར་ཏུ་ཟག་བཅས་ཏིང་འཛིན་རེ་སྲིལ་ཏེ་བསྒོམས་པའི་མཐུས་སྔོན་ཟག་བཅས་ཀྱི་ཏིང་འཛིན་གྱི་ལས་ཀྱི་འབྲས་བུ་བསམ་གཏན་བཞི་པའི་སྐྱེ་སྲིད་ལྔར་སྐྱེ་བའི་ལས་བསགས་ཟིན་དེ་གྲོགས་ཟག་མེད་དང་འབྲེལ་སྟོབས་ཀྱིས་གཙང་མའི་གནས་ལྔར་སྐྱེ་བ་ལེན་བྱེད་ཀྱི་རྒྱུར་བསྒྱུར་བར་བྱེད་པ་ཡིན་ནོ། །

གཉིས་པ་ཕྱིར་མི་འོང་གཟུགས་མེད་ཉེར་འགྲོ་ནི། འདོད་པའི་རྟེན་ཅན་གྱི་ཕྱིར་མི་འོང་གང་ཞིག །གཟུགས་སུ་སྐྱེ་བ་གཏན་ནས་མ་བླངས་པར་གཟུགས་མེད་ཀྱི་རྟེན་ལ་མྱང་འདས་མངོན་དུ་བྱེད་པ་དེ་གཟུགས་མེད་ཉེར་འགྲོའི་ཕྱིར་མི་འོང་ཡིན་ནོ། །དེ་ལྟར་ན་གཟུགས་མེད་ཉེར་འགྲོ་འདོད་པ་ནས་གཟུགས་སུ་མི་སྐྱེ་བར་གཟུགས་མེད་དུ་སྐྱེས་པའོ། །དེ་ལ་སྐྱེས་འདའ་བཞི། དེ་རེ་རེ་ལ་གསུམ་གསུམ་སྟེ་བཅུ་གཉིས། བར་འདའ་མེད། གོང་འཕོ་ནི་སྐྱེ་བ་གཅིག་ནས་འདའ་མི་ནུས་པར་གཉིས་གསུམ་བཞི་གང་རུང་གི་སྟེང་ནས་འདའ་བའོ། །ཕྱེད་འཕར་མེད། དེའི་འཕར་བ་ནི། འདོད་པ་ནས་གཟུགས་མེད་དུ་འཕར་ཏེ་སྐྱེ་བ་གཉིས་བླངས་པའི་སྟེང་ནས་འདའ་བའོ། །དེས་གནས་ཐམས་ཅད་དུ་འཆི་འཕོ་བ་ནི་སྐྱེ་བ་གསུམ་དང་བཞི་ནས་འདའ་བའོ། །དེར་དབྱེ་ན། སྐྱེས་འདའ། འདུ་བྱེད་དང་བཅས་པར་འདའ་བ། འདུ་བྱེད་མེད་པར་འདའ་བ། གོང་འཕོ་དང་བཞི་ཡོད། དང་པོ་ནི། གཟུགས་མེད་བཞིའི་སྐྱེ་སྲིད་གང་རུང་གི་སྟེང་ནས་མྱང་འདས་ཐོབ་པ་ཡིན། དེ་ཡང་སྔར་ལྟར་སྐྱེས་ཙམ་ནས་འདའ་བ་དང་པོ་གསུམ་ཡོད། དེར་བར་སྲིད་མེད་པས་བར་འདའ་མེད་དོ། །དེའི་གོང་འཕོ་ནི། གཟུགས་མེད་པའི་སྐྱེ་སྲིད་གཅིག་གི་སྟེང་ནས་འདའ་མི་ནུས་པར་སྐྱེ་སྲིད་གཉིས་གསུམ་བཞི་ལྟ་བུ་གསུམ་གྱི་རྟེན་ལ་མྱང་འདས་ཐོབ་པའོ། །དེ་ལ་ཕྱེད་འཕར་མེད་པས་འཕར་ནས་འདའ་བ་སྟེ། དང་པོ་ནས་གཉིས་པ་འཕར་ཏེ་གསུམ་པར་འདའ་བ་དང་། དང་པོ་ནས་གཉིས་གསུམ་གཉིས

འཕར་ཏེ་བཞི་པར་འདའ་བ་དང་། གཉིས་པ་ནས་གསུམ་པ་འཕར་ཏེ་བཞི་པར་འདའ་བའོ། །དེས་ན་འཕར་བ་ལ་སྐྱེ་བ་གཉིས་ལེན་ཏེ་འདའ་བ་ལས་གསུམ་སོགས་ལེན་པ་མེད་ལ། གནས་ཐམས་ཅད་དུ་འཆི་འཕོ་ནི་མ་མཐའ་གཟུགས་མེད་དུ་སྐྱེ་བ་གསུམ་བླངས་ནས་འདའ་བ་དང་། ཡ་མཐའ་བཞི་བླངས་ཏེ་འདའ་བ་གཉིས་སོ། །

དེས་ན་གོང་འཕོ་བ་དེ་ལ་འཕར་བ་དང་གནས་ཐམས་ཅད་དུ་འཆི་འཕོ་བ་གཉིས་སུ་གྲངས་ངེས་པའི་དབྱེ་བ་ཡིན་ནོ། །གསུམ་པ་ཕྱིར་མི་འོང་མཐོང་ཆོས་ཞི་ནི། ཕྱིར་མི་འོང་གང་ཞིག་མཐོང་ལམ་ཐོབ་པའི་རྗེན་དེར་མྱུར་འདས་ཐོབ་པའོ། །བཞི་པ་ལུས་མངོན་བྱེད་ནི། ཕྱིར་མི་འོང་གང་ཞིག་རྣམ་ཐར་བརྒྱད་ཐོབ་ལ་མ་ཉམས་པ་དེ་ཕྱིར་མི་འོང་ལུས་མངོན་བྱེད་དོ། །མདོར་ན་འགོག་སྙོམས་ཐོབ་ལ་མ་ཉམས་པའོ། །

དེའི་དམིགས་པའང་ཟག་བཅས་ཀྱི་འགོག་སྙོམས་ནི། སྲིད་རྩེའི་སེམས་སེམས་བྱུང་རགས་པ་རྣམས་ཞི་བའི་ཆ་ལ་དམིགས། ཟག་མེད་ཀྱི་འགོག་སྙོམས་ནི། བདག་མེད་པ་ལ་དམིགས་པའོ། །དབྱེ་ན། འདོད་པར་མྱུར་འདས་ཐོབ་པའི་མངོན་བྱེད་དང་། འགོག་སྙོམས་ཉམས་ནས་ཕྱི་མར་གཟུགས་སུ་སྐྱེས་ནས་འདའ་བ། ཕྱི་མར་སྲིད་རྩེར་སྐྱེས་ནས་འདའ་བའི་ལུས་མངོན་བྱེད་གསུམ་མོ། །ཕྱིར་མི་འོང་གི་ས་མཚམས་ནི། འབྲས་བུ་རིམ་གྱིས་པའི་ཕྱིར་མི་འོང་ནི། འཇིག་རྟེན་པའི་ལམ་གྱིས་འདོད་ཉོན་དགུ་པ་སྤངས་པའི་རྣམ་གྲོལ་ལམ་ནས་སྲིད་རྩེའི་དགུ་པ་སྤོང་བའི་བར་ཆད་མེད་ལམ་གྱི་བར་རོ། །འབྲས་བུ་ཐོད་རྒལ་བའི་ཕྱིར་མི་འོང་ནི། མཐོང་ལམ་སྐད་ཅིག་བཅུ་དྲུག་པ་ནས་སྲིད་རྩེའི་དགུ་པ་སྤོང་བའི་བར་ཆད་མེད་ལམ་ལ་གནས་པའི་བར་རོ། །

བཞི་པ་དགྲ་བཅོམ་ལ་ཞུགས་འབྲས་གཉིས་ལས། ཞུགས་པ་ནི། འབྲས་བུ་བཞིའི་ནང་ནས་གཙོ་བོ་གོང་མའི་ཆ་མཐུན་ལྔ་སྤངས་པའི་དགེ་སྦྱོང་གི་ཚུལ་གྱི་འབྲས་བུ་འཐོབ་ཕྱིར་དུ་བརྩོན་པའི་གང་ཟག་དེ་དགྲ་བཅོམ་ཞུགས་པའོ། །དབྱེ་ན། སྤང་བྱ་ཅིག་ཆར་བའི་དགྲ་བཅོམ་ཞུགས་པ་དང་། སྤང་བྱ་རིམ་གྱིས་པའི་དགྲ་བཅོམ་ཞུགས་པ་གཉིས། དང་པོ་དང་སྤང་བྱ་ཅིག་ཆར་བའི་རྒྱུན་ཞུགས་འབྲས་གནས་ཁྱད་པར་ཅན་དོན་གཅིག །ཕྱི་མ་དང་ཕྱིར་མི་འོང་གི་འབྲས་གནས་ཁྱད་པར་ཅན་དོན་

གཅིག་གོ། །ས་མཚམས་ནི། སྤྱང་བྱ་ཅིག་ཆར་བ་ནི། ཁམས་གསུམ་གྱི་སྒོམ་སྤང་ཆེན་པོའི་ཆེན་པོ་ནས། ཆུང་ངུའི་ཆུང་ངུའི་བར་དགུ་ཅིག་ཆར་སྤོང་བའི་བར་ཆད་མེད་ལམ་ལ་གནས་པའི་བར་དུ་ཡོད། སྤང་བྱ་རིམ་གྱིས་པ་ནི་ཁམས་གོང་མའི་སྲིད་རྩེའི་ཉོན་མོངས་དགུ་པ་མན་ཆད་ཀྱི་ཉོན་མོངས་པ་སྤོང་བའི་བར་ཆད་མེད་ལམ་གྱི་བར་དུ་ཡོད། དགྲ་བཅོམ་འབྲས་གནས་ནི་གོང་མའི་ཆ་མཐུན་ལྔ་སྤངས་པའི་དགེ་སྦྱོང་གི་ཚུལ་གྱི་འབྲས་བུ་ལ་གནས་པའི་གང་ཟག་དེ་དགྲ་བཅོམ་འབྲས་གནས་སོ། །

གོང་མའི་ཆ་མཐུན་ལྔ་ནི། གཟུགས་གཟུགས་མེད་ཀྱི་འདོད་ཆགས་རྒོད་པ་ང་རྒྱལ་ཉོན་མོངས་ཅན་གྱི་མ་རིག་པ་ལྔའོ། །འབྲས་གནས་ལ་དབྱེ་ན། སྤང་བྱ་རིམ་གྱིས་པའི་དགྲ་བཅོམ་དང་ཅིག་ཆར་པའི་དགྲ་བཅོམ་གཉིས་སོ། །དང་པོ་ནི། ཕྱིར་མི་འོང་གི་རྟོགས་པ་སྔོན་སོང་གི་དགྲ་བཅོམ་འབྲས་གནས་དང་། ཕྱི་མ་རྒྱུན་ཞུགས་ཀྱི་རྟོགས་པ་སྔོན་དུ་སོང་བའི་དགྲ་བཅོམ་པའོ། །ཁྱེ་སྨྲས་དགྲ་བཅོམ་པ་འབྲས་བུ་ལས་ཉམས་ཏེ་རྒྱུན་ཞུགས་སུ་འགྲོ་བ་ཡང་འདོད། མདོ་སྡེ་བས་མཐོང་ཆོས་བདེར་གནས་ལས་ཉམས་པ་ཙམ་དུ་འདོད། དབང་པོའི་སྒོ་ནས་དབྱེ་ན། ཡོངས་སུ་ཉམས་པའི་ཆོས་ཅན་དང་། བདག་གསོད་པའི་ཆོས་ཅན། རྗེས་སུ་སྲུང་བའི་ཆོས་ཅན། གནས་པ་ལས་མི་བསྐྱོད་པའི་ཆོས་ཅན། རྟོགས་པའི་སྐལ་བ་ཅན་གྱི་ཆོས་ཅན། མི་གཡོ་བའི་ཆོས་ཅན་དང་དྲུག་ལས། དང་པོ་ནི། འདོད་ཡོན་ལས་སེམས་བསྲུང་མ་བསྲུངས་དང་བདག་བསད་མ་བསད་གང་ཡིན་ཀྱང་མཐོང་ཆོས་བདེར་གནས་ལས་ཉམས་པ་ནི་དབང་རྟུལ་ཉམས་པའི་ཆོས་ཅན། གཉིས་པ་བདག་མ་བསད་ན་འདོད་ཡོན་གྱིས་མྱོས་པ་དང་མ་མྱོས་པ་ཅི་རིགས་ཡོད་ཀྱང་མཐོང་ཆོས་བདེར་གནས་ལས་ཉམས་པ་མཐོང་ནས་དགྲ་བཅོམ་ཐོབ་པའི་སྐད་ཅིག་གཉིས་པ་ནས་སྐུ་ཚེའི་འདུ་བྱེད་གཏོང་བའི་དགྲ་བཅོམ་དབང་རྟུལ་དེ་བདག་གསོད་པའི་ཆོས་ཅན། གསུམ་པ་བདག་གསོད་མི་དགོས་ཤིང་འདོད་ཡོན་ལས་སེམས་མ་བསྲུངས་ན་ཉམས། བསྲུངས་ན་མི་ཉམས་པའི་དགྲ་བཅོམ་དབང་རྟུལ་དེ་བདག་རྗེས་སུ་སྲུང་བའི་ཆོས་ཅན་ནོ། །བཞི་པ་འདོད་ཡོན་ལས་སེམས་མ་བསྲུངས་ཀྱང་ཉམས་མི་སྲིད་ཉམས་ཀྱིས་དོགས་ནས་མཉམ་བཞག་ལས་མི་ལྡང་བའི་དགྲ་བཅོམ་དབང་རྟུལ་དེ་གནས་པ་ལས་མི་བསྐྱོད་པའི་ཆོས་ཅན་ནོ། །

ལྔ་པ་འདོད་ཡོན་ལས་སེམས་མ་བསྲུངས་ཀྱང་མི་ཉམས་པར་མ་ཟད་ཆེ་དེར་དབང་རྟུལ་གྱི་ཆ་དེ་སྤྲངས་ནས་དབང་རྣོན་དུ་འཕོ་ནུས་པའང་ཡིན། ཉམས་པའི་དོགས་པ་ཙམ་ཡོད་པའི་དགྲ་བཅོམ་དབང་རྟུལ་དེ་རྟོགས་པའི་སྐལ་པ་ཅན་གྱི་ཆོས་ཅན་ནོ། །དེ་ལྔ་དབང་རྟུལ་དུས་སྦྱོར་ལྔའོ། །

དྲུག་པ་དབང་རྣོན་དུས་མི་སྦྱོར་བ་ནི། སེམས་མ་བསྲུངས་ཀྱང་ཉམས་ཀྱིས་དོགས་པ་ཙམ་ཡང་མེད་པའི་དགྲ་བཅོམ་དབང་རྣོན་དེའོ། །མཐོང་ཆོས་བདེ་བ་ནི་ཏིང་ངེ་འཛིན་གྱི་བདེ་བ་ཡིན། དེ་མངོན་དུ་བྱེད་པ་ནི་དེ་ལ་གནས་པ་ཡིན། དེའི་ཐབས་སུ་འཚོ་བའི་ཡོ་བྱད་དང་ལྡན་པ་ནད་མེད་པ༑ ཀུ་ཅོ་སོགས་ཡུལ་མི་མཐུན་པ་མེད་པའི་དུས་དང་སྦྱོར་ཞིང་དེར་ལྟོས་པ་དུས་སྦྱོར་དང་། དེར་མི་ལྟོས་པ་ནི་དུས་མི་སྦྱོར་བའི་དགྲ་བཅོམ་མོ། །མངོན་ཤེས་གྲུབ་པ་རྒྱན་ཅན་དང་། དགྲ་བཅོམ་ཐོབ་མ་ཐག་ཏུ་མངོན་ཤེས་མ་གྲུབ་པ་རྒྱན་མེད་ཀྱི་དགྲ་བཅོམ་དང་། ཉོན་སྒྲིབ་དང་སྙོམས་འཇུག་གི་སྒྲིབ་པ་ལས་གྲོལ་བ་གཉིས་ཀས་རྣམ་གྲོལ་དང་། འགོག་སྙོམས་ཀྱི་སྙོམས་འཇུག་གི་སྒྲིབ་པ་ལས་མ་གྲོལ་བའི་དགྲ་བཅོམ་ཤེས་རབ་རྐྱང་བས་རྣམ་གྲོལ་གཉིས་སོ། །དགྲ་བཅོམ་པའི་ས་མཚམས་ནི༑ དགྲ་བཅོམ་པའི་འབྲས་བུ་ལ་གནས་ནས་གཞན་དོན་ཁུར་ཁྱེར་གྱི་སྙིང་རྗེ་མ་སྐྱེས་པའི་བར་རོ། །

དགེ་འདུན་ཉི་ཤུའི་གྲངས་འདྲེན་ཚུལ་ལ། འཕགས་པ་རྣམ་གྲོལ་སྡེས་དངོས་བསྟན་བཅུ་དྲུག་ཤུགས་བསྟན་བཞི་སྟེ་ཉི་ཤུར་བཞེད། དངོས་བསྟན་བཅུ་དྲུག་ནི། རྒྱུན་ཞུགས་ལ་དབང་པོ་རྣོ་རྟུལ་གཉིས། ཕྱིར་འོང་དང་ཕྱིར་མི་འོང་གཉིས་ལ་ལྷན་དུ་དད་མོས་མཐོང་ཐོབ་གཉིས།རྒྱུན་ཞུགས་འབྲས་གནས་ཁྱད་པར་ཅན་ལ་རིགས་ནས་རིགས་སྐྱེས་གཉིས། ཕྱིར་འོང་འབྲས་གནས་ཁྱད་པར་ཅན་ཆེ་གཅིག་བར་ཆད་གཅིག་པ་གཅིག །ཕྱིར་མི་འོང་འབྲས་གནས་ལ་བར་འདའ། སྐྱེས་འདའ། འདུ་བྱེད་བཅས་པ༑ འདུ་བྱེད་མེད་པ་བཞི། འོག་མིན་འགྲོ་ལ་འཕར་གསུམ། སྲིད་རྩེའི་མཐར་ཐུག་འགྲོ། གོང་འཕོའི་མིང་ཅན་གཅིག །གཟུགས་ཀྱི་ཆགས་བཅོམ་གཟུགས་མེད་ཉེར་འགྲོ་གཅིག །མཐོང་ཆོས་ཞི་གཅིག །ལུས་མངོན་བྱེད་གཅིག །བསེ་རུ་རང་རྒྱལ་གཅིག་སྟེ་བཅུ་དྲུག་གོ། །ཤུགས་བསྟན་འབྲས་བུ་དང་པོ་གསུམ་གྱི་འབྲས་བུ་ཙམ་པོ་བ་གསུམ། དགྲ་བཅོམ་ཞུགས་པ་དང་བཞིའོ། སློབ་དཔོན་ལྟར་ན་དངོས་བསྟན་བཅུ་བདུན་ཤུགས་བསྟན་གསུམ་སྟེ་ཉི་ཤུར་བཞེད། འབྲས་བུ་དང་པོ་གསུམ་

དང་ཕྱིར་མི་འོང་ཞུགས་པ་རྣམས་སྔ་མ་དང་འདྲ་བས་བདུན་དང་། ཕྱིར་མི་འོང་འབྲས་གནས་ལ་བར་དང་སྐྱེས་དང་འདུ་བྱེད་དང་འདུ་བྱེད་མེད་པ་བཞིའོ། །འོག་མིན་འགྲོ་ལ་འཕར་བ་དང་གཅིག ། ཕྱེད་འཕར་དང་གཉིས། གནས་ཐམས་ཅད་དུ་འཆི་འཕོ་དང་གསུམ། སྲིད་རྩེའི་མཐར་ཐུག་འགྲོ་ནི་གཟུགས་ཀྱི་ཆགས་བཅོམ་ཡིན། དེ་ལ་དབྱེ་ན། མཐོང་ཆོས་ཞི། ལུས་མངོན་བྱེད་གཉིས། བསེ་རུ་ལྟ་བུའི་དགྲ་བཅོམ་གཅིག་གོ། །

ཤུགས་བསྟན་གསུམ་ནི། འབྲས་བུ་དང་པོ་གཉིས་ཀྱི་འབྲས་གནས་ཙམ་པོ་བ་གཉིས། དགྲ་བཅོམ་ཞུགས་པ་དང་གསུམ་དུ་བཞེད་དོ། །དེས་ན་རྒྱུན་ཞུགས་སྐོར་ལ་ལྔ། ཕྱིར་འོང་ལ་གསུམ། ཕྱིར་མི་འོང་བཅུ། དགྲ་བཅོམ་ཞུགས་པ་དང་བསེ་རུ་རང་རྒྱལ་གཉིས་སོ། །ཉན་ཐོས་ནི། མཛོད་ལས། མྱུར་བ་སྲིད་པ་གསུམ་གྱིས་ཐར་ཞེས་དཔེར་ས་བོན་འདེབས་པ། སྨྱུ་གུ་སྐྱེས་པ། འབྲས་བུ་ཆགས་པ་ལྟར། དང་པོ་ཐར་བ་ཆ་མཐུན། གཉིས་པར་ངེས་འབྱེད་ཆ་མཐུན། གསུམ་པར་དགེ་སྦྱོང་འབྲས་བུ་ཐོབ་པའོ། །གཉིས་པ་རང་རྒྱལ་གྱི་ཐེག་པ་ལ། ལྔ་སྐོམ་འབྲས་གསུམ་ལས། དང་པོ་གཞི་ལྟ་བ་གཏན་ལ་འབེབས་ཚུལ་ནི། སྔར་ཉན་ཐོས་ལྟར་གང་ཟག་གི་བདག་མེད་རྟོགས་པ་གཞིར་བྱས་ཏེ་གཟུང་ཡུལ་རྡུལ་ཕྲན་ཆ་མེད་དུ་མ་གྲུབ་པར་རྡུལ་ཕྲན་ཡང་ཤར་ཕྱོགས་སོགས་ཆ་ལྔར་ཕྱེས་ཏེ་དོན་དམ་པར་མ་གྲུབ་པར་གཏན་ལ་ཕབ་སྟེ་ཕྱི་དོན་མ་གྲུབ་པའི་ཆོས་ཀྱི་བདག་མེད་རགས་པ་རྟོགས་ཀྱང་། གཟུང་འཛིན་གཉིས་མེད་ཀྱི་ཤེས་པ་དོན་དམ་དུ་གྲུབ་པར་འདོད་པས་ཤེས་པ་བདེན་མེད་མ་རྟོགས་པར་བཞེད། གཉིས་པ་ལམ་སྒོམ་པས་ཉམས་སུ་ལེན་ཚུལ་ལ། ཀུན་སློང་ངེས་འབྱུང་གི་བསམ་པ་བཅོས་མིན་དང་། འཇུག་སྒོ་སོ་ཐར་གྱི་ཚུལ་ཁྲིམས་ལྡན་ཞིང་བདེན་བཞིའི་ལམ་རྣམས་ཉན་ཐོས་དང་མཐུན་ལ། བསེ་རུ་ལྟ་བུ་ནི། མཛོད་ལས། སྟོན་དང་བསེ་རུ་བྱང་ཆུབ་པར། །བསམ་གཏན་མཐའ་རྟེན་གཅིག་ལ་ཀུན། །དེ་ཡི་སྔོན་དུ་ཐར་ཆ་མཐུན། །ཞེས་དང་། བསེ་རུ་བསྐལ་པ་བརྒྱ་ཡི་རྒྱུ། །ཞེས་པ་ལྟར། ཚོགས་ལམ་དུ་བསྐལ་པ་བརྒྱ་ཡི་ཚོགས་བསགས། མཁས་བྱའི་གནས་དྲུག་ལ་མཁས་པར་བྱས། འཆི་ཁར་སྨོན་ལམ་གསུམ་བཏབ། གླིང་གསུམ་དུ་དམངས་རིགས་མིན་པའི་ཕོ་མོ་གང་རུང་གི་རྟེན་ལ་ཕྱི་མར་ཐུན་མིན་རྟེན་འབྲེལ་ཡན་ལག་བཅུ་གཉིས་ལུགས་འབྱུང་ལྡོག

ཏུ་བསྒོམས་ནས།

གསུམ་པ་འབྲས་བུ་ནི། སྦྱོར་ལམ་ནས་སྟན་ཐོག་གཅིག་ཏུ་མཐོང་སྒོམ་མི་སློབ་ལམ་བར་བགྲོད་དེ་; ཉོན་མོངས་པའི་སྒྲིབ་པ་དང་། ཤེས་སྒྲིབ་རགས་པ་བཅས་སྤངས་པའི་བསེ་རུ་ལྟ་བུའི་རང་རྒྱལ་དགྲ་བཅོམ་མངོན་དུ་མཛད་པ་དང་། རང་རྒྱལ་ཚོགས་སྤྱོད་ཆེན་པོས་ནི། སྦྱོར་ལམ་བཟོད་པ་འབྲིང་མན་ཆད་ཀྱི་ལམ་རྣམས་བསྐལ་པ་བརྒྱའི་སུམ་གཉིས་ཙམ་དུ་ཚོགས་བསགས་མཁས་བྱའི་གནས་དྲུག་ལ་མཁས་པར་བྱས་སློན་ལམ་བཏབ་སྟེ་ཕྱི་མར་སྦྱོར་ལམ་ལྷག་མ་ནས་མི་སློབ་བར་མངོན་དུ་བྱེད། ཚོགས་སྤྱོད་ཆུང་དུས་ནི། མཐོང་ལམ་མན་ཆད་བསྐལ་པ་བརྒྱའི་སུམ་ཆ་ཙམ་དུ་ཚོགས་བསགས་ཏེ། ཕྱི་མར་སྒོམ་ལམ་ནས་དགྲ་བཅོམ་མངོན་དུ་བྱེད་པའོ། །གསུམ་པ་བྱང་ཆུབ་སེམས་དཔའི་ཐེག་པ་ལ་ཡང་། དབུ་སེམས་གཉིས་ལས། སེམས་ཙམ་པས་ནི། གཞི་ལྟ་བ་གཏན་ལ་འབེབས་ཚུལ་མཚན་ཉིད་གསུམ་ལས་གཞན་དབང་གི་ཆོས་ཀྱི་སྟེང་དུ་ཀུན་བཏགས་རང་མཚན་གྱིས་མ་གྲུབ་པ་དང་། གཟུང་འཛིན་རྫས་གཞན་གྱིས་སྟོང་པ་ཉིད་ཡོངས་གྲུབ་དོན་དམ་བདེན་པར་འདོད། དེས་ན་ཆོས་ཐམས་ཅད་ནང་རང་འཛིན་ཤེས་པ་དང་རྫས་གཅིག་དང་བདག་ཉིད་གཅིག་ཏུ་གྲུབ་པར་བཞེད་པས་སེམས་ཙམ་པ་ཞེས་བྱ་ལ། ལམ་སྒོམ་པའི་ཚུལ་ལ་འཇུག་སྒོ་བྱང་ཆུབ་ཀྱི་སེམས་བཅོས་མིན་སྐྱེས་ཀེ་ཐེག་ཆེན་ཚོགས་ལམ་དུ་ཞུགས་པ་དང་། བྱང་སྡོམ་བླངས་ཏེ་ཕར་ཕྱིན་སྤྱོད་ཕྱོགས་རྒྱ་ཆེ་བའི་ལམ་གྱི་ཉམས་ལེན་རྣམས་ཐེག་ཆེན་དབུ་སེམས་ཐུན་མོང་གི་ལམ་ཡིན། ཚོགས་གཉིས་ཟུང་འཇུག་གམ་ལྟ་སྤྱོད་ཟུང་འཇུག་གི་ལམ་དེ་བསྐལ་པ་གྲངས་མེད་གསུམ་དུ་ཉམས་སུ་བླངས་ནས་འབྲས་བུ་ཐེག་ཆེན་བྱང་ཆུབ་སངས་རྒྱས་སྒྲིབ་གཉིས་སྤངས་པའི་དག་པ་གཉིས་ལྡན་གྱི་ཆོས་སྐུ་མངོན་དུ་བྱས་ཏེ་གཟུགས་སྐུ་རྣམ་གཉིས་ཀྱིས་སེམས་ཅན་གྱི་དོན་རྟག་ཁྱབ་ལྷུན་གྲུབ་ཆེན་པོར་མཛད་པའི་ཕྲིན་ལས་མངའ་བ་ཅན་ནོ། །

ཐེག་ཆེན་དབུ་མ་པ་དཔལ་མགོན་ཀླུ་སྒྲུབ་ཀྱི་རྗེས་འབྲང་བ་རྣམས་ཀྱིས་གཞི་ལྟ་བ་གཏན་ལ་འབེབས་ཚུལ་ནི། མདོ་སྡེ་བ་ལྟར་ཆོས་རྣམས་རང་འཛིན་ཤེས་པ་ལས་རྫས་གཞན་དང་བདག་ཉིད་ཐ་དད་དུ་འདོད་པ་ལྟ་བུའི་རང་བཞིན་གྱིས་ཡང་དག་པར་མ་གྲུབ་པར་མ་ཟད་སེམས་ཙམ་པ་ལྟར་

ཤེས་པའི་རྫས་དང་བདག་ཉིད་དུའང་རང་བཞིན་བདེན་གྲུབ་ཏུ་མ་གྲུབ་པས་ཕྱི་ནང་གི་ཆོས་ཐམས་ཅད་རང་བཞིན་བདེན་པར་གྲུབ་པའི་ཆོས་རྡུལ་ཙམ་ཡང་མེད་པའི་སྟོང་པ་སྤྲོས་མཐའ་བརྒྱད་དང་བྲལ་བའི་ལྟ་བ་ཉིད་གཏན་ལ་འབེབས་པའོ། །དེའང་རིགས་ཤེས་རྟོག་བཅས་དང་དེའི་ཡུལ་གྱི་དོན་དམ་དེ་རྣམ་གྲངས་པའི་དོན་དམ་དང་། རིགས་པའི་དགག་བྱའི་སྤྲོས་པ་དང་། ལམ་གྱི་དགག་བྱའི་སྤྲོས་པ་གཉིས་ཆར་ལས་གྲོལ་བའི་འཕགས་པའི་མཉམ་བཞག་གི་ཡེ་ཤེས་དང་དེའི་ཡུལ་གཉིས་དོན་དམ་དངོས་དང་རྣམ་གྲངས་མིན་པའི་དོན་དམ་དུ་བཞེད།

གཉིས་པ་ལམ་སྒོམ་པས་ཉམས་སུ་ལེན་ཚུལ་ལ། ཀུན་རྫོབ་སེམས་བསྐྱེད་དང་། འཇུག་སྒོ་བྱང་སེམས་ཀྱི་སྡོམ་པ་ལེན་ཚུལ་དང་། བླངས་ནས་ཇི་ལྟར་སྒོམ་པའི་རིམ་པ་དང་གསུམ་ལས། དང་པོ་ནི། སེམས་ཅན་རྣམས་རྫོགས་བྱང་དུ་འགོད་འདོད་ཀྱི་སྨོན་སེམས་བཙོས་མིན་སྐྱེས་ན་ཐེག་ཆེན་གྱི་ལམ་དུ་ཞུགས་པ་ཡིན། གཉིས་པ་ནི། གཞུང་ནས་འཆད་འགྱུར་ལྟར་ཟབ་མོ་ལྟ་བརྒྱུད་དང་རྒྱ་ཆེན་སྤྱོད་བརྒྱུད་ཀྱི་ཆོ་གའི་སྲོལ་གཉིས་གང་རུང་ལ་བརྟེན་ནས་བྱང་སྡོམ་བླངས་པར་བྱས་ཏེ་དགག་སྒྲུབ་ཀྱི་བསླབ་པ་རྣམས་ཚུལ་བཞིན་སྤྱོད་དེ་ཉིས་སྤྱོད་སྡོམ་པའི་ཚུལ་ཁྲིམས་ཀྱི་གཞི་མ་བརྟན་པོར་བྱ་བའོ། །གསུམ་པ་ཇི་ལྟར་སྒོམ་པའི་རིམ་པ་ནི། མཁྱེན་གསུམ་གྱི་རྣམ་པ་བརྒྱ་བདུན་ཅུ་དོན་གསུམ་རྣམས་དོན་དམ་གྱི་རྣམ་ཅན་དང་ཀུན་རྫོབ་ཀྱི་རྣམ་ཅན་གྱི་ཞི་ལྷག་ཟུང་འབྲེལ་གྱི་རྣལ་འབྱོར་གྱི་ཡུལ་དུ་བྱས་ཏེ་སྒོམ་པ་ཡིན། དེའང་ཉན་རང་གི་རྟོགས་རིགས་སུ་གྱུར་པའི་གཞི་ཤེས་ཀྱི་རྣམ་པ་ལ་ཉེར་བདུན་སྟེ། མངོན་རྟོགས་རྒྱན་ལས། བདེན་པ་སོ་སོ་ལ་བཞི་དང་། །ལམ་ལ་དེ་ནི་བཅོ་ལྔར་བཤད། །ཅེས་པ་ལྟར། སྡུག་བསྔལ་ཀུན་འབྱུང་འགོག་པ་སྟེ་བདེན་པ་སྔ་མ་གསུམ་ལ་མེད་པའི་རྣམ་པ་ནས་མི་གཡོ་བའི་རྣམ་པའི་བར་རྣམ་པ་བཞི་བཞི་སྟེ་བཅུ་གཉིས་དང་། ཉན་སྒྲིབ་ཀྱི་གཉེན་པོ་མཐོང་ལམ་ཟག་མེད་ཀྱི་རྣམ་པ་བཞི། ཤེས་སྒྲིབ་གཟུང་རྟོག་གི་གཉེན་པོ་སྒོམ་ལམ་ཟག་བཅས་ཀྱི་རྣམ་པ་ལྔ། ཕྱི་རོལ་དོན་དུ་ཞེན་པའི་ཤེས་སྒྲིབ་གཟུང་རྟོག་གི་གཉེན་པོ་མཐོང་ལམ་ཟག་མེད་དྲུག་སྟེ་ལམ་བདེན་གྱི་རྣམ་པ་དེ་ནི་བཅོ་ལྔའོ། །ཐེག་ཆེན་འཕགས་པའི་རྟོགས་རིགས་སུ་གྱུར་པའི་ལམ་ཤེས་ཀྱི་རྣམ་པ་ལ་སོ་དྲུག་སྟེ། རྒྱན་ལས། རྒྱུ་དང་ལམ་དང་སྡུག་བསྔལ་དང་། །འགོག་པ་ལ་ནི་

གོ་རིམ་བཞིན། །དེ་དག་བརྒྱད་དང་བདུན་དང་ནི། །ལྔ་དང་བཅུ་དྲུག་ཅེས་བསྒྲགས་སོ། །ཞེས་པ་ལྟར། ཀུན་ཉོན་ཕྱོགས་ཀྱི་རྒྱུ་ཀུན་འབྱུང་དང་། རྣམ་བྱང་ཕྱོགས་ཀྱི་རྒྱུ་ལམ་བདེན་དང་། ཀུན་ཉོན་ཕྱོགས་ཀྱི་འབྲས་བུ་སྡུག་བསྔལ་བདེན་པ་དང་། རྣམ་བྱང་ཕྱོགས་ཀྱི་འབྲས་བུ་འགོག་བདེན་རྣམས་ལ་རྒྱུ་འབྲས་གོ་རིམ་བཞིན་དུ་དེ་དག་ལ་དམིགས་པའི་ལམ་ཤེས་ཀྱི་རྣམ་པ་ལ་བརྒྱད་དང་བདུན་དང་ནི་ལྔ་དང་བཅུ་དྲུག་རྣམས་ཡོད་ཅེས་ཡུམ་གྱི་མདོ་ལས་བསྒྲགས་སོ། །རྣམ་མཁྱེན་གྱི་རྣམ་པ་བརྒྱ་དང་བཅུ་ཡོད་དེ། དེའང་སློབ་མ་ཉན་ཐོས་ལ་ཡོད་པ་དང་རྗེས་སུ་མཐུན་པའི་གཞི་ཤེས་ཀྱི་རྣམ་པ་སོ་བདུན། བྱང་ཆུབ་སེམས་དཔའ་ལ་ཡོད་པ་དང་རྗེས་མཐུན་གྱི་ལམ་ཤེས་ཀྱི་རྣམ་པ་སུམ་ཅུ་སོ་བཞི། སངས་རྒྱས་ཁོ་ནའི་ཐུན་མོང་མིན་པའི་རྣམ་མཁྱེན་གྱི་རྣམ་པ་སུམ་ཅུ་སོ་དགུ་ཡོད་དེ། རྒྱན་ལས། དྲན་པ་ཉེར་བཞག་ནས་བཟུང་སྟེ། །སངས་རྒྱས་རྣམ་པའི་མཐར་ཐུག་བར། །ཞེས་པས་རྣམ་མཁྱེན་གྱི་རྣམ་པ་བརྒྱ་དང་བཅུ་ཡོད་པར་གསུངས། དེའང་རྒྱན་ལས། ཀུན་མཁྱེན་གསུམ་དུ་ཕྱེ་བས་ན། །སློབ་མ་བྱང་ཆུབ་སེམས་དཔའ་དང་། །སངས་རྒྱས་རྣམས་ལ་རིམ་བཞིན་དུ། །སུམ་ཅུ་བདུན་དང་སུམ་ཅུ་བཞི། །སུམ་ཅུ་རྩ་དགུ་དག་ཏུ་བཞེད། །ཅེས་གསུངས་པ་ལྟར་རོ། །

དེ་ལྟར་བསྒོམས་པ་ལས་ཚོགས་ལམ་ནས་སྦྱོར་ལམ་དུ་བགྲོད་དེ་བྱང་ཆུབ་ཕྱོགས་ཀྱི་ཆོས་སོ་བདུན་རིམ་པར་བསྐྱེད་དེ་བསྒོམ་པས་འཕགས་ས་བཅུ་བགྲོད་པའོ། །གསུམ་པ་དེའི་འབྲས་བུ་ཇི་ལྟར་ཐོབ་ཚུལ་ནི། རྒྱུན་མཐའི་རྡོ་རྗེ་ལྟ་བུའི་ཏིང་ངེ་འཛིན་ལས་ཤེས་སྒྲིབ་ཕྲ་བའི་ཕྲ་བ་སྤངས་ཏེ་རྣམ་གྲོལ་ལམ་དུ་འཕོས་པའི་ཚེ་ཐུགས་ཡེ་ཤེས་ཆོས་སྐུ་ཟག་མེད་ཀྱི་ཆོས་ཉིད་གཅིག་གི་ཡོན་ཏན་དང་ལྡན་པ། ལོངས་སྐུ་མཚན་དཔེའི་བདག་ཉིད། སྤྲུལ་སྐུ་མཆོག་སྤྲུལ་བཟོ་སྤྲུལ་སྐྱེ་བ་སྤྲུལ་སྐུ་ཕྲིན་ལས་ཉེར་བདུན་གྱི་རྣམ་གྲངས་དང་ལྡན་པ་སྟེ་སྐུ་བཞིའི་བདག་ཉིད་མངོན་དུ་བྱེད་པ་ཡིན་ནོ། །ཉེར་བདུན་ནི། ལམ་གྱི་རྟེན་ལ་འགོད་པ་ནི། སྐྱེས་བུ་འབྲིང་གི་བསམ་པ་ཐར་བ་དོན་གཉེར་ལ་འགོད་པ། ལམ་དངོས་ལ། ཚོགས་ལམ་དུ་བསྡུ་བ་བཞི་ལ་འགོད་པ། བདེན་བཞི་ཤེས་པ་ལ་འགོད་པ༑ གཞན་དོན་བསམ་པ་ལ་འགོད་པ། སྤྱོད་པ་ལ་འགོད་པ། དོན་གཉིས་སྒྲུབ་པའི་གཞི་ལ་འགོད་པ་དྲུག་གོ། །སྦྱོར་ལམ་ལ་འགོད་པ། མཐོང་ལམ་ལ་འགོད་པ་གཉིས་དང་བརྒྱད། སྒོམ་ལམ་ལ་ས

གཉིས་པ་ནས་ལྔ་པའི་བར་ལ་འགོད་པ། ས་དྲུག་པ་ལ་འགོད་པ། བདུན་པ་ལ་འགོད་པ། བརྒྱད་པ་ལ་འགོད་པ་ལ་སྤྱོད་པ་ཁྱད་པར་ཅན་ལམ་གསུམ་ཤེས་པ་ལ། སངས་རྒྱས་བཏགས་པ་བ་ལ། ཞིང་དག་པ་ལ་འགོད་པ། བདེན་འཛིན་མངོན་གྱུར་ཟད་པ་ལ་འགོད་པ། ས་དགུ་པ་ལ་རང་ཉིད་སངས་རྒྱ་ངེས་པ་ལ། གཞན་སྨིན་པར་བྱེད་པ་ལ་འགོད་པ། བཅུ་པ་ཐོབ་མ་ཐག་པ་ལ་འགོད་པ། སྐྱེ་བ་གཅིག་ཐོགས་ལ་འགོད་པ་ལ་སྐྱེ་བ་ཕྱི་མར་སངས་རྒྱ་ངེས་པ་ལ་འགོད་པ། གཞན་དོན་ལྷུན་གྲུབ་ལ་འགོད་པ། སངས་རྒྱས་ཀྱི་ཆོས་ལྷག་པ་རྫོགས་པ་ལ་འགོད་པ་དང་གསུམ་སྟེ། སྲིད་པ་ཐ་མ་ལ་འགོད་པ་ལ་ནུས་པའི་ཁྱད་པར་བྱང་ཆུབ་འདྲེན་པར་བྱེད་པ་ལ་འགོད་པ། ལས་ཆུད་མི་ཟ་བ་ངེས་པ་ལ་འགོད་པ། རྟོགས་པའི་ཁྱད་པར་ཛེ་སྙེད་པ་རྟོགས་པ་ལ་འགོད་པ། ཇི་ལྟ་བ་རྟོགས་པ་ལ་འགོད་པ། སྤངས་པའི་ཁྱད་པར་ཕྱིན་ལོག་ཟད་པ་ལ་འགོད་པ། དེའི་གཞི་བདེན་འཛིན་ཟད་པ་ལ་འགོད་པ་དང་དྲུག་སྟེ་ཉེར་ལྔ། དག་པའི་རྒྱུ་ཚོགས་ཀྱི་ཁྱད་པར། རང་བཞིན་རྣམ་དག་གི་ཆོས་སྐུའི་རྒྱུ་ཚོགས་སྲིད་ཞི་མཉམ་ཉིད་ཀྱི་རྟོགས་པ་ལ་འགོད་པ་དང་། གློ་བུར་དྲི་བྲལ་གྱི་རྒྱུ་ཚོགས་ཚོགས་གཉིས་ལ་འགོད་པ་གཉིས་ཏེ་ཉེར་དྲུག །ལམ་གྱི་འབྲས་བུ་མི་གནས་པའི་མྱང་འདས་ལ་འགོད་པའོ། །འབྲས་བུ་ལ་བསྒྲོད་པར་བྱེད་པའི་ངེས་དོན་གྱི་ཐེག་པ་ལ་དབྱེ་ན། རྒྱུ་འབྲས་གཉིས་ལས། རྒྱུའི་ཐེག་པ་ནི། འབྲས་བུ་ཡོངས་དག་བཞི་དང་རྣམ་མཐུན་མེད་པར་རྒྱུ་སེམས་བསྐྱེད་དང་ཕྱིན་དྲུག་ཙམ་གྱིས་རབ་ཏུ་ཕྱེ་བའམ་སྟེང་ནས་བཞག་པའི་ཐེག་པ་རྒྱུའི་ཐེག་པའོ། །འབྲས་བུའི་ཐེག་པ་ལ་གསང་སྔགས་ཀྱི་ཐེག་པ་ནི། སྣོད་མིན་ལ་གསང་ཞིང་སྦས་པས་ལམ་འབྲས་འགྲུབ་པས་སྣོད་མིན་ལ་མི་བསྟན་ཞིང་བསྟན་མི་རུང་བ་དང་། ཡིད་སྐྱོབ་པར་བྱེད་པས་སྔགས་དང་གསང་སྔགས་ཀྱི་ཐེག་པ་ཞེས་བྱའོ། །

འབྲས་བུའི་ཐེག་པ་ནི། འབྲས་བུ་སངས་རྒྱས་ཀྱི་གནས་ལུས་ལོངས་སྤྱོད་མཛད་པ་ཡོངས་དག་བཞི་དང་མཐུན་པར་སྒོམ་པར་བྱེད་པས་འབྲས་བུའི་ཐེག་པའོ། །རྡོ་རྗེའི་ཐེག་པ་ནི། ཐབས་ཤེས་དབྱེར་མེད་པའི་རྣལ་འབྱོར་ནི་སོ་སོར་མི་ཕྱེད་པའི་རྡོ་རྗེ་ལྟ་བུ་ཡིན་པས་རྡོ་རྗེ་དང་། དེ་ལ་བརྟེན་ནས་འབྲས་བུ་ལ་བགྲོད་པར་བྱེད་པས་ཐེག་པའོ། །ཐབས་ཀྱི་ཐེག་པ་ནི། ཕར་ཕྱིན་ལས་ཀྱང་ཐབས

ཀྱི་ཉམས་ལེན་མཁས་པས་ཐབས་མཁས་ཆེ་བས་ཐབས་ཀྱི་ཐེག་པའོ། །རིག་འཛིན་ཐེག་པ་ནི། དབང་ཐོབ་དམ་སྡོམ་ལྡན་པའི་རིགས་སྔགས་འཆང་རྣམས་ཀྱིས་བསླབ་གཞི་ལྷ་གྲུབ་སྟོན་པའི་སྒོ་ནས་འཛིན་པས་རིག་པ་འཛིན་པའི་ཐེག་པ་ཞེས་བྱའོ། །དེ་ལྟ་བུའི་མདོ་སྔགས་གཉིས་ཀྱི་ཁྱད་པར་འབྱེད་ཆོས་ནི། མདོ་སྔགས་གཉིས་ཀྱི་ཐུན་མོང་གི་ཁྱད་ཆོས་ཙམ་གྱིས་བྱེ་བྲག་ཐེག་པ་གཉིས་ཐུན་མིན་ཐ་དད་འབྱེད་མི་ནུས་པས། ལམ་སྒྱུར་བྱུལ་གྱི་ཁྱད་པར་ཡང་མདོ་སྔགས་ཀྱི་ཐེག་པ་གཉིས་ཀའི་ཐུན་མོང་ཡིན་ཏེ། མདོ་ལམ་ལ་ཡང་ཕྱུགས་དང་གླང་པོ་ཆེའི་ཤིང་རྟ་ལྟ་བུའི་འགྲོས་གཉིས་དང་། ཉི་ཟླ་ལྟ་བུའི་འགྲོས་གཅིག་དང་། ཉན་ཐོས་རང་རྒྱལ་གྱི་རྫུ་འཕྲུལ་ལྟ་བུའི་འགྲོས་བཤད་པས་ལམ་ལ་སྒྱུར་བྱུལ་ཡོད་པ་དང་། ཕྱིན་དྲུག་དང་སེམས་བསྐྱེད་ཀྱིས་ཀྱང་མདོ་སྔགས་ཁྱད་པར་འབྱེད་པ་མིན་ཏེ༑ གཉིས་ཀའི་ཐུན་མོང་གི་ཆོས་ཡིན་པའི་ཕྱིར་རོ། །ལྟ་བ་ཡང་དབུ་མ་ལས་བསྟན་པའི་སྟོང་ཕྱོགས་སྤྲོས་བྲལ་གྱི་རང་ལྡོག་གི་ཆ་ནི་ཐུན་མོང་གི་ལྟ་བ་ཡིན་པས་དེ་ཙམ་གྱིས་མདོ་སྔགས་ཐ་དད་འབྱེད་མི་ནུས་སོ། །གཞན་ཡང་ཐེག་རིམ་དགུ་ལ་ལྟ་བ་སོ་སོ་བས་ཕྱེ་བ་ཡིན་པར་ལྟ་རིམ་ལས་གསུངས་པ་ལྟར་རོ། །གདུལ་བྱའི་དབང་པོ་རྣོ་རྟུལ་ཙམ་གྱིས་ཀྱང་ཕྱེ་བ་མིན་ཏེ། སྔགས་བླ་མེད་ལའང་ཙན་དན་མེ་ཏོག་རིན་པོ་ཆེ་ལྟ་བུའི་གང་ཟག་དབང་པོའི་སྒོ་ནས་མཆོག་དམན་སོ་སོར་ཡོད་པར་གསུངས་པས་དེའང་ཐེག་པ་སོ་སོར་ཐལ་བའི་སྐྱོན་ཡོད་པས་སོ། །བསྐྱེད་རིམ་ཡོད་མེད་ཀྱིས་ཀྱང་ཕྱེ་བ་མིན་ཏེ༑ བསྐྱེད་རིམ་མཚན་ཉིད་པ་བླ་མེད་ཁོ་ན་ལས་རྒྱུད་སྡེ་ཕྱི་བ་ལ་དེ་ལྟར་ཡོད་པར་མ་གསུངས་པས་སོ༑ ༑འབྲས་བུ་སངས་རྒྱས་ལ་མཆོག་དམན་གྱི་སྒོ་ནས་མདོ་སྔགས་ཕྱེ་བ་མིན་ཏེ། སངས་རྒྱས་ཡིན་ན་སྤངས་རྟོགས་ཀྱི་ཡོན་ཏན་མཐར་ཕྱིན་པས་ཁྱབ་པ་ཡིན་པའི་ཕྱིར་རོ། །

མདོ་སྔགས་གཉིས་ཀྱི་ཁྱད་པར་མཁས་པ་འགས་ཐབས་ཀྱིས་འབྱེད་དེ། ཐལ་འགྱུར་བའི་ལུགས་ལ་ཐེག་པ་ཆེ་ཆུང་ལྟ་བ་ལ་གཅིག་པས་ཐབས་སེམས་བསྐྱེད་ཕྱིན་དྲུག་གི་ཉམས་ལེན་ཡོད་མེད་ཀྱིས་འབྱེད་པ་བཞིན་ཡིན་པར་གསུངས་ཀྱང་། སྔ་འགྱུར་རྙིང་མ་ཞི་འཚོའི་རྗེས་འབྲང་རྣམས་ཀྱི་ལུགས་ལ་ཐེག་པ་ཆེ་ཆུང་ཡང་ལྟ་བས་ཕྱེ་བར་བཞེད་པས་མདོ་སྔགས་གཉིས་ཀྱང་ཟབ་གསལ་གཉིས་མེད་ཀྱི་ལྟ་བ་ཡོད་མེད་ཀྱིས་ཕྱེ་བས། སྟོང་ཉིད་རྟོགས་པའི་ཡེ་ཤེས་ཀྱི་གཟུང་རྣམ་ལྷར་ཤར་

བའི་ལྟ་བ་ཡོད་པ་སྔགས་དང་མེད་པ་མདོ་རུ་བཞེད་པས། ཐེག་པ་ཆེན་པོ་གང་ཞིག །ཡོངས་དག་བཞི་དང་རྣམ་མཐུན་གྱི་ལམ་སྒོམ་དུ་ཡོད་པས་རབ་ཏུ་ཕྱེ་བའི་ཐེག་པ་དེ་རྡོ་རྗེའི་ཐེག་པའི་མཚན་ཉིད། དེ་ལྟར་མེད་པའི་ཐེག་པ་དེ་མདོའི་ཐེག་པའི་མཚན་ཉིད། མདོ་མཚན་ཉིད་ཐེག་པ་ལས་སྔགས་ཀྱི་ཐེག་པ་ཁྱད་པར་འཕགས་པ་ཡིན་ཏེ། སྔགས་ལ་བརྟེན་ནས་ཚེ་གཅིག་ལ་འཚང་རྒྱ་བ་དང་། ཁྱད་པར་སྔགས་བླ་མེད་ལ་བརྟེན་ནས་སྙིགས་དུས་ཀྱི་ཚེ་ཐུང་གཅིག་ལ་འཚང་རྒྱ་ནུས་པ་ཡིན་ཀྱང་། མཚན་ཉིད་ཐེག་པ་ལ་ཚེ་གཅིག་གིས་འཚང་རྒྱ་བ་མེད་པའི་ཕྱིར་ན་མདོ་ལས་ཁྱད་པར་འཕགས་སོ། །ཚུལ་གསུམ་སྒྲོན་མེ་ལས། དོན་གཅིག་ན་ཡང་མ་རྨོངས་དང་། །ཐབས་མང་དཀའ་བ་མེད་པ་དང་། །དབང་པོ་རྣོན་པོའི་དབང་བྱས་ཏེ། །སྔགས་ཀྱི་ཐེག་པ་ཁྱད་པར་འཕགས། །ཞེས་པ་ལྟར། འབྲས་བུ་གཞན་དོན་དུ་རྫོགས་བྱང་དོན་དུ་གཉེར་བ་ལ་ཐེག་ཆེན་མདོ་སྔགས་གཉིས་གཅིག་པ་ཡིན་ན་ཡང་། སྔགས་ལ་ལྟ་བ་ཁྱད་པར་ཅན་རྟེན་པའི་ཐབས་ཕར་ཕྱིན་ཐེག་པ་ལ་མེད་པ་དུ་མ་ཡོད་དེ། ཡུལ་ཅན་སྟོང་ཉིད་རྟོགས་པའི་ཡེ་ཤེས་སམ་ཤེས་རབ་ཀྱི་གཟུང་རྣམ་ལྷར་ཤར་བའི་ཐབས་ཀྱི་ལམ་ལ་མ་རྨོངས་པ་དང་། གཟུགས་སྐུ་སྒྲུབ་པའི་ཐབས་གནས་ལུས་ལོངས་སྤྱོད་བྱ་བ་རྣམས་དག་པར་ལམ་དུ་བྱེད་པའི་ཐབས་མང་བ་དང་། རླུང་སེམས་ལ་གནད་དུ་བསྣུན་པའི་ཐབས་མྱུར་བས་དཀའ་བ་མེད་པ་སྟེ། དེས་ན་གནད་གསུམ་དང་ལྡན་པས་སྔགས་ཀྱི་ཐེག་པ་དེ་ནི་ཚེ་གཅིག་ལ་སངས་རྒྱས་འགྲུབ་པའི་དབང་པོ་རྣོན་པོའི་དབང་དུ་བྱས་ནས་ཁྱད་པར་འཕགས་པར་གསུངས་སོ། །

གཞན་ཡང་སྔགས་ནི་མདོ་ལས་ཁྱད་པར་གསུམ་མམ་བདུན་གྱིས་ཀྱང་འཕགས་ཏེ། འབྲས་བུ་སངས་རྒྱས་ཀྱི་གཟུགས་སྐུ་གཉིས་དང་རྣམ་པ་མཐུན་པར་རྣམ་པར་དག་པའི་ལྷའི་བདག་ཉིད་དུ་དམིགས་པས་དམིགས་པ་རྒྱ་ཆེ་བ་དང་། ད་ལྟ་ནས་རྒྱལ་བ་རྣམས་ཀྱི་གསང་གསུམ་གྱི་དམ་ཚིག་བཟུང་བའི་སྟོབས་ཀྱིས་བྱིན་རླབས་སྐྱེ་བས་གྲོགས་རྒྱ་ཆེ་བ་དང་། རྒྱལ་བ་སྲས་བཅས་ཀྱིས་འགྲོ་བའི་དོན་བྱེད་ཅིང་ཞིང་དག་པར་མཛད་པ་ལྟར་དེ་དང་མཐུན་པར་རྗེས་སུ་སྤྱོད་པ་རྒྱ་ཆེ་བའི་ཁྱད་པར་དང་གསུམ་གྱིས་མདོ་ལས་ཁྱད་པར་འཕགས། གཞན་ཡང་ཁྱད་པར་བདུན་ནི། ལྷ་བསྐྱེད་བཟླས་ཀྱི་སྒོ་ནས་ཉམས་སུ་བླངས་པའི་སྔགས་པ་དེ་ལ་རྒྱལ་བ་སྲས་བཅས་ཀྱིས་བྱིན་གྱིས་རློབ

པའི་ཁྱད་པར། ལྷག་པའི་ལྷས་རྗེས་སུ་འཛིན་པ་དང་། ཆོ་རབས་ཐམས་ཅད་དུ་སངས་རྒྱས་རྗེས་སུ་དྲན་པ་དང་། ཕྱག་མཆོད་བསྟོད་པ་སོགས་ཀྱིས་ཚོགས་གཉིས་རྫོགས་པ་དང་། སྲུང་འཁོར་བསྒོམས་པས་བགེགས་བཟློག་པ་དང་། ཐུན་མོང་གི་དངོས་གྲུབ་ཚེ་འདིར་འགྲུབ་པ་དང་ལུས་ཀྱི་གཡོ་བ་དང་ངག་གི་བརྗོད་པ་ལ་བརྟེན་ནས་ཚོགས་རླབས་ཆེ་བ་རྫོགས་པའི་ཁྱད་པར་དང་བདུན་ནོ། །

སྔགས་ལམ་མྱུར་ལམ་དུ་འཇོག་པའི་རྒྱུ་མཚན་ནི། ཞི་གནས་སྒྲུབ་ཚུལ་ཕྲ་རགས་ཀྱི་རྣལ་འབྱོར་ལ་བརྟེན་ནས་ཞི་གནས་སྟོབས་ལྡན་གྲུབ་དེ་གྲུབ་པས་ལྷག་མཐོང་ཡང་འགྲུབ་པ་ཡིན་པས་སྔགས་ལམ་མྱུར་བར་གསུངས་པས་མདོར་ན་ཕར་ཕྱིན་ཐེག་པའི་ཞི་ལྷག་ལས་སྟོབས་ཆེ་བ་ཞིག་སྔགས་ལམ་དུ་ཡོད་པར་གསུངས་སོ། །རིག་འཛིན་གྱི་སྡེ་སྣོད་རྣམས་ལ་རྒྱུད་ཅེས་བྱ་སྟེ། བརྗོད་བྱ་དོན་གྱི་རྒྱུད་རྣམས་རྒྱུན་ཆགས་པ་ཡིན་པས་དེ་བརྗོད་བྱར་བྱེད་པའི་སྡེ་སྣོད་ཀྱང་རྒྱུད་དང་རྒྱུད་ཀྱི་ཚོགས་ཡིན་པས་རྒྱུད་དང་སྡེ་ཞེས་བྱའོ། །བརྗོད་བྱ་དོན་གྱི་རྒྱུད་དེ་རྒྱུན་ཆགས་པར་གཅིག་རྗེས་སུ་གཅིག་བྱུང་བའི་འབྲེལ་ཚུལ་ནི། བརྗོད་བྱ་གཞིའི་རྒྱུད་ནི། སྣང་གཞི་རྩ་རྒྱུན་ཆགས་སུ་འཇུག་ཅིང་བྱུང་། ལམ་རྒྱུད་ནི་སྦྱོང་བྱེད་དང་། འབྲས་རྒྱུད་ནི། སྦྱངས་འབྲས་ཀྱི་ཚུལ་དུ་རྒྱུན་ཆགས་པར་འཇུག་ཅིང་འབྱུང་བ་ཡིན་ནོ། །དབྱེ་ན་བྱ་སྤྱོད་རྣལ་འབྱོར་བླ་མེད་དང་རྒྱུད་སྡེ་བཞིའོ། །དེ་ལ་འདིར་གཉིས་པ་དཀའ་ཐུབ་རིག་བྱེད་ཀྱི་ཐེག་པ་སྔགས་ཀྲ྄ི་ཡ྄་དང་ཨ྄ུ་པ྄་ཡ་དང་ཡ྄ོ་ག྄་གསུམ་ལ་ཕྱ྄ི་རྒྱུད྄་གསུམ་ཞེས་དང་། དེ་གསུམ་ལ་དཀའ་ཐུབ་རིག་བྱེད་ཅེས་པ་ནི། ཕྱིའི་དཀའ་ཐུབ་ལ་བརྟེན་ནས་ནང་གི་དེ་ཁོ་ན་ཉིད་རིག་པར་བྱེད་པའམ་དཀའ་ཐུབ་གཙང་སྦྲ་སོགས་བྲམ་ཟེ་རིག་བྱེད་ལྟར་བྱེད་པས་དཀའ་ཐུབ་རིག་བྱེད་ཀྱི་ཐེག་པ་ཞེས་བྱའོ། །སླང་དོར་སྤང་གཉེན་ཐམས་ཅད་ཕྱི་མཚན་ཉིད་ཀྱི་ཐེག་པ་དང་མཚུངས་པར་བྱེད་པས་ཕྱི་ཐུབ་པ་རྒྱུད་ཀྱི་ཐེག་པ་ཞེས་ཀྱང་བྱའོ། །

དེ་ལ་གསུམ་ལས་དང་པོ་བྱ་བའི་རྒྱུད་ཀྱི་མཚན་ཉིད་ནི། སྒོམ་པའི་ལྷ་མོ་དང་ཕན་ཚུན་བལྟས་པའི་བདེ་བ་ལམ་བྱེད་ལ་མོས་པའི་ཆེད་དུ་གསུངས་པའི་རྒྱུད་དངོས་སམ་དེའི་སྟེང་གདོགས་ཀྱི་རྒྱུད་དེ་བྱ་རྒྱུད་ཀྱི་མཚན་ཉིད། རྒྱུད་དངོས་ཀྱི་མཚན་གཞི་དམ་ཚིག་གསུམ་བཀོད་དང་། སྟེང་གདོགས་གསེར་འོད་ལྟ་བུའོ། །ཕྱི་ཡི་བྱ་བ་ཁྲུས་དང་གཙང་སྦྲ་ལེགས་ཆེར་བྱེད་པར་བསྟན་པས་བྱ་རྒྱུད་ཅེས་བྱ།

ལྷ་བའི་རྒྱུད་ཅེས་ཀྱང་བཤད་དོ། །དེ་བཞིན་པདྨ་ཪྻེ་ཧེ་སྟེ་འཇིག་རྟེན་འདས་པའི་རིགས་གསུམ་དང་། ནོར་བུ་ཅན་གྱི་རིགས་ནོར་བུ་བཟང་པོའི་གཟུངས་ཆོག་རྣམས་དང་། ལྔ་རྩེན་གྱི་རིགས་མེ་ཁ་ལ་ཞེས་བྱ་བའི་གཟུངས་སོགས་དང་། འཇིག་རྟེན་པའི་རིགས་ལ་རིག་སྔགས་ཀྱི་རྒྱལ་མོ་དབུགས་ཆེན་མོ་ཞེས་བྱ་བ་ལྷ་བུ་ཡིན་པར་གསུངས་སོ། །

དེ་ལྟ་བུའི་བྱང་སེམས་དང་འཇིག་རྟེན་པའི་རིགས་རྣམས་ཀྱང་གདུལ་བྱ་རིགས་དེ་དང་དེར་མོས་པ་རྣམས་རྗེས་སུ་བཟུང་བའི་ཕྱིར་དེ་བཞིན་གཤེགས་པ་རྣམས་བྱང་སེམས་དང་འཇིག་རྟེན་པར་སྤྲུལ་པར་གསུངས་སོ། །བྱ་རྒྱུད་ཀྱི་སྤྱི་རྒྱུད་ལ་གསང་བ་སྤྱི་རྒྱུད་དང་། ལེགས་གྲུབ་ཀྱི་རྒྱུད་དང་། དཔུང་བཟང་གིས་ཞུས་པའི་རྒྱུད་རྣམས་ཡིན། དང་པོས་ནི། དཀྱིལ་འཁོར་སུམ་སྟོང་བརྒྱད་བརྒྱ་དང་། རྒྱུད་སྡེ་ཐུན་མོང་གི་ས་ཆོག་ཐིག་ཆོག་སོགས་དང་། གཉིས་པས་བསྙེན་སྒྲུབ་དབང་རྣམས་དང་། གསུམ་པས་བསྙེན་ཚད་ལས་ཚོགས་རྣམས་བསྟན་པར་གསུངས། བསམ་གཏན་ཕྱི་མའི་རྒྱུད་ཀྱིས་བྱ་རྒྱུད་ཀྱི་དོན་ཐམས་ཅད་རྣམ་གྲངས་བཅུར་བསྡུས་ནས་བཤད། དེ་བཅུ་ནི། གནས་དང་བདག་རིག་སྔགས་ལྷ་མེ་གནས་སྒྲ་གནས་སྒྲ་མཐར་ཐར་པ་སྟེར་བས་བསྟན་ཏོ། །རིག་སྔགས་སྒྲུབ་པ་ལ་འཇུག་པའི་ཆོ་ག་སྦྱིན་སྲེག་དབང་བསྐུར་གྱི་ཆོ་ག་སྟེ་བཅུའོ། །བདག་སྔགས་ལྷ་གསུམ་གྱི་བཟླས་བརྗོད་ཀྱི་ཡན་ལག་བཞི་དང་། མེ་གནས་སོགས་བསམ་གཏན་གསུམ་གྱི་ལམ་གྱི་དངོས་གཞི་དང་། རིག་སྔགས་ཀྱི་ཆོ་གས་བསྙེན་པའི་སྔོན་འགྲོ་དང་མཇུག་ཆོག་སོགས་བསྟན། གཞན་རྣམས་ཀྱིས་སྦྱིན་སྲེག་དབང་རྣམས་བསྟན་ཏོ། །བྱ་རྒྱུད་ཀྱི་ཐེག་པ་དེ་ལ་སྟོར་ལྟར། གཞི་ལྟ་བ། ལམ་སྒོམ་པ། འབྲས་བུ་ཇི་ལྟར་ཐོབ་པ་གསུམ་ལས། དང་པོ་གཞི་ལྟ་བ་གཏན་ལ་འབེབས་ཚུལ་ནི། གོང་དུ་བཤད་པའི་དབུ་མའི་ལྟ་བ་སྒྲོས་བྲལ་དེ་ཉིད་གཞིར་བཞག་སྟེ། དེའི་ཁྱད་ཆོས་ཀྱི་བྱེ་བྲག་རང་གི་སེམས་དོན་དམ་སྟོང་གསལ་འགགས་མེད་ཀྱི་ཡེ་ཤེས་ཡོད་མེད་སྣང་སྟོང་གི་མཐའ་བཞི་དང་བྲལ་བའི་ཆོས་ཉིད་རྟོགས་པའི་ཚེ། དེའི་བྱིན་རླབས་ཀྱིས་ཀུན་རྫོབ་ཐམས་ཅད་ཡོངས་སུ་དག་པའི་ལྷའི་བདག་ཉིད་དུ་བལྟ་བ་ཡིན་གྱི། མ་དག་པའི་དངོས་པོ་ཉིད་རང་བཞིན་ཡེ་དག་གི་ལྷ་ཡིན་པར་མི་བལྟའོ། །གཉིས་པ་ལམ་སྒོམ་པས་ཉམས་སུ་ལེན་ཚུལ་ལ། ཀུན་སློང་། འཇུག་སྒོ། ཞུགས་ནས་ཇི

ལྟར་ཉམས་སུ་ལེན་ཚུལ་གསུམ་ལས། དང་པོ་ནི། སེམས་ཅན་རྣམས་ཀྱི་དོན་དུ་མི་ཚེ་བདུན་ནས་རིགས་གསུམ་རྡོ་རྗེ་འཛིན་པའི་གོ་འཕང་ཐོབ་པར་འདོད་པའོ། །

གཉིས་པ་འཇུག་སྒོ་ནི། ཆུ་དང་ཅོད་པན་གྱི་དབང་མཐའ་རྟེན་དང་བཅས་བསྐུར་བ་ཡིན་ཏེ། ཡེ་ཤེས་ཐིག་ལེ་ལས། ཆུ་ཡིས་དབང་བསྐུར་དབུ་རྒྱན་དག །བྱ་བའི་རྒྱུད་ལ་རབ་ཏུ་གྲགས། །ཞེས་པ་ལྟར་རོ། །དབང་དང་འབྲེལ་བའི་སྡོམ་པ་དེ་ལ་བྱ་རྒྱུད་ཡན་ཆད་ཀྱི་སྔགས་ཕྱི་རྒྱུད་ཀྱི་སྡོམ་པ་ལ་ཐུན་མོང་དང་ཐུན་མིན་གཉིས་ལས། །དང་པོ་ནི། བྱང་ཆུབ་ཀྱི་སེམས་བསྐྱེད་པ། ཚུལ་ཁྲིམས་གསུམ་འཛིན་པ། དཀོན་མཆོག་གསུམ་འཛིན་པ་རྣམས་ནི་བྱང་སེམས་ཀྱི་ཐེག་པ་དང་ཐུན་མོང་པའི་སྡོམ་པ་ཡིན། གཉིས་པ་ནི། ཐུན་མིན་སེམས་ཡེ་ཤེས་སུ་བསྐྱེད་པའི་སྡོམ་པ་ཞེས་དུས་གསུམ་སྒྲིབ་མེད་ཀྱི་ཡེ་ཤེས་ཀྱི་སྡོམ་པ་ཉིད་ཡིན། དེ་ནི་བདེར་གཤེགས་སྙིང་པོ་ཀུན་རྫོབ་དང་དོན་དམ་གྱི་སེམས་གཉིས་དབྱེར་མེད་པ་གདོད་ནས་རང་བཞིན་གྱིས་སྒྲིབ་པ་དང་བྲལ་བ་ལ་ཤིན་ཏུ་དག་པའི་དྲི་བྲལ་གྱི་དཀོན་མཆོག་ཏུ་བལྟས་ཏེ་རང་གཞན་གྱི་དོན་དུ་མ་དག་པའི་སྣང་ཞེན་བསྡམས་ནས་ལྷ་སྔགས་ཆོས་ཉིད་དུ་གསལ་བ་ནི་ཐམས་ཅད་རྣལ་འབྱོར་དུ་སེམས་བསྐྱེད་པ་དེ་ཉིད་ཡིན། དེ་ནི་དབང་བསྐུར་གྱི་ཆོ་ག་དང་འབྲེལ་བར་བཟུང་ནས་ཐོབ་པ་ཡིན་པར་གསུངས་སོ། །དེ་ལྟ་བུའི་སྡོམ་པ་དེ་རིགས་ལྔའི་སྡོམ་པ་སོ་སོ་བ་རྣམས་དེ་བཞིན་གཤེགས་པའི་རིགས་ཀྱི་སྡོམ་པར་བསྡུས་ནས་བཟུང་བ་ཡིན། དེ་བྱ་སྤྱོད་ཀྱི་སྐབས་སུ་སྔགས་སྡོམ་ཐོབ་ནས་བཟུང་ཚུལ་ཡིན། རྣལ་འབྱོར་རྒྱུད་ཀྱི་སྐབས་སུ་རིགས་ལྔ་སོ་སོ་བའི་སྡོམ་པ་ཐོབ་འཛིན་དང་། རྣམ་འབྱོར་བླ་མེད་ཀྱི་སྐབས་སུ་རིགས་ལྔ་ཐུན་མིན་གྱི་སྡོམ་པ་འཛིན་པ་ཡིན་པར་སློན་གླིང་ལོ་ཆེན་བཞེད་དོ། །

གསུམ་པ་ཞུགས་ནས་ལམ་སྒོམ་ཚུལ་ནི། སྤྱིར་བྱ་རྒྱུད་ཙམ་པོ་རྣམས་སུ་བདག་ཉིད་ལྷར་སྒོམ་པ་མེད་ཀྱང་ཁྱད་པར་བར་བདག་ཉིད་ལྷར་བསྐྱེད་པར་བཤད་པས་དེ་ཇི་ལྟར་སྒོམ་ཚུལ་ནི། དེ་ཁོ་ན་ཉིད་བཞིའི་སྒོ་ནས་ཉམས་སུ་ལེན་པ་སྟེ། བདག་ལྷ་བཟླས་བརྗོད་བསམ་གཏན་གྱི་དེ་ཁོ་ན་ཉིད་བཞིའོ། །དང་པོ་བདག་གི་དེ་ཁོ་ན་ཉིད་ནི། སེམས་ཉིད་དོན་དམ་མཐའ་བཞི་དང་བྲལ་བའི་ཆོས་ཉིད་རྟོགས་པའི་ཡོན་ཏན་ལ་ཀུན་རྫོབ་ཡོངས་སུ་དག་པའི་ལྷར་བལྟ་བ་ཡིན་ཏེ། སློབ་དཔོན་

བཞད་པའི་རྡོ་རྗེའི་ལ་ཤན་ལས། རང་སེམས་མཐའ་བཞི་ཡོངས་བྲལ་བ། །རིག་ཕྱིར་ཡེ་ཤེས་གཞན་ལས་མེད། ཞེས་སོ། །ལྷའི་དེ་ཁོ་ན་ཉིད་ནི། ཀྱཻ་ཡ་ལྷ་དྲུག་གི་སྒོ་ནས་སྒོམ་པར་བྱ་སྟེ། སངས་རྒྱས་གསང་བས། སྟོང་པ་ཡི་གེ་སྒྲ་གཟུགས་དང་། །ཕྱག་རྒྱ་མཚན་མ་ལྷ་དྲུག་གོ །ཞེས་དང་པོ་སྟོང་པའི་ལྷ་ནི། དེ་ཁོ་ན་ཉིད་མཐའ་བཞི་དང་བྲལ་བའི་སེམས་ཉིད་བདེར་གཤེགས་སྙིང་པོ་གནས་ལུགས་དང་ལ་མཉམ་པར་འཛོག་པའོ། །གཉིས་པ་ཡི་གེའི་ལྷ་ནི། སྟོང་པའི་ཡེ་ཤེས་དེ་ཀུན་རྫོབ་ཟླ་བའི་དཀྱིལ་འཁོར་དུ་བསྒྱུར་ནས་སྒོམ་པའོ། །གསུམ་པ་སྒྲའི་ལྷ་ནི། ཟླ་དཀྱིལ་དེའི་སྟེང་དུ་བཟླ་བྱའི་སྔགས་གཟུགས་རང་སྒྲ་སྒྲོག་པར་བསམ་པ་དེའོ། །བཞི་པ་གཟུགས་ཀྱི་ལྷ་ནི། ཟླ་དཀྱིལ་སྔགས་ཕྲེང་བཅས་པ་ལས་འོད་ཟེར་སྤྲོས་བསྡུས་སངས་རྒྱས་ཀྱི་མཛད་པ་བསྒྲུབས་ཏེ་ཟླ་བ་སྔགས་ཕྲེང་དང་བཅས་ཡོངས་སུ་གྱུར་པ་ལས་རིགས་གསུམ་གྱི་ལྷ་དེ་དང་དེའི་གཟུགས་སུ་སྒོམ་པའོ། །དེ་བཤད་ཚུལ་གཞན་དུ་ན། སེམས་སྟོང་ཉིད་དུ་སྒོམ་དེ་བསྒོམ་པར་བྱ་བའི་ལྷའི་དེ་ཁོ་ན་ཉིད་དང་། བདག་གི་དེ་ཁོ་ན་ཉིད་གཉིས་དབྱེར་མེད་དུ་སྒོམ་པ་དེ་ཁོ་ན་ཉིད་ཀྱི་ལྷ་དང་། སྟོང་པ་དེའི་ངང་ལས་བསྒོམ་བྱའི་ལྷ་དེའི་ངོ་བོ་ཡིན་པ་ལ་རྣམ་པ་བཟླ་བྱའི་སྔགས་སྒྲའི་རྣམ་པར་གྲགས་པར་བསམ་སྟེ་རྩེ་གཅིག་ཏུ་སྒོམ་པ་སྒྲའི་ལྷ་དང་། དེ་ནས་རང་སེམས་ནམ་མཁར་ཟླ་དཀྱིལ་དུ་གྱུར་པའི་སྟེང་དུ་ངོ་བོ་ལྷ་དེ་ཡིན་པ་ལ་རྣམ་པ་ལྷ་དེའི་སྔགས་ཀྱི་ཡི་གེ་གསེར་ཞུན་མའི་མདོག་ཏུ་སྒོམ་པ་ཡི་གེའི་ལྷ། ཡི་གེ་དེ་ལས་འོད་ཟེར་དཔག་མེད་འཕྲོས་པའི་རྩེ་ལས་བསྒོམ་བྱའི་ལྷ་དུ་མ་འཕྲོས་སེམས་ཅན་གྱི་སྡིག་པ་སྦྱངས་སངས་རྒྱས་སྲས་བཅས་མཆོད་ཚུར་འདུས་ཟླ་དཀྱིལ་ཡི་གེ་རྣམས་ལྷར་གྱུར་པ་གཟུགས་ཀྱི་ལྷར་བཤད་དོ། །

ལྔ་པ་ཕྱག་རྒྱའི་ལྷ་ནི། རིགས་གང་ཡིན་གྱི་ལྷ་དེའི་དམ་ཚིག་གི་ཕྱག་རྒྱ་འདེབས་པའོ། །དྲུག་པ་མཚན་མའི་ལྷ་ནི། སྤྱོད་ལམ་ཀུན་ཏུ་ལྷ་དེའི་མཚན་མའི་གསལ་སྣང་དང་མི་འབྲལ་བར་བྱེད་པའོ། །དེ་ནས་རང་ཤར་ལས། ལྷ་དང་རྣལ་འབྱོར་པ་དག་གཉིས། །རྗེ་དང་འབངས་ཀྱི་ཚུལ་དུ་བལྟ། །ཞེས་པ་ལྟར་རང་གི་མདུན་དུ་ཡང་དག་པར་སྨོན་ལམ་གྱི་སྟོབས་ལས་བྱུང་བའི་ཞིང་ཁམས་ཕོ་བྲང་གདན་དང་བཅས་པ་གསལ་བའི་དབུས་སུ་ཡེ་ཤེས་པའི་ལྷ་སྤྱན་དྲངས་ཏེ་ཕོ་བྲང་དེར་བཞུགས་

པ་ཙམ་མ་གཏོགས་མདུན་བསྐྱེད་ཀྱི་ཆོ་ག་ཟུར་བ་མེད་པར་གསུངས་སོ། །གསུམ་པ་བཟླས་བརྗོད་ཀྱི་དེ་ཁོ་ན་ཉིད་ནི། བསམ་གཏན་ཕྱི་མ་ལས། སྒྲ་དང་སེམས་དང་གཞི་ལ་གཞོལ། །གསང་སྔགས་མི་འགྱུར་གཞི་ལ་གནས། །ཡན་ལག་མ་ཉམས་གསང་སྔགས་བཟླ། །ངལ་ན་བདག་ལ་ངལ་བསོས་ཤིག །ཅེས་སོ། །གཞི་ལ་གཞོལ་བ་བདག་མདུན་ལྷར་གསལ་བ། །སེམས་ལ་གཞོལ་བ་བདག་མདུན་གྱི་ལྷའི་ཐུགས་ཀར་ཟླ་དཀྱིལ་བསམ་པ། སྒྲ་ལ་གཞོལ་བ་དེའི་སྟེང་དུ་སྔགས་ཕྲེང་རང་སྒྲ་ཅན་གསལ་ཏེ་བགྲང་ཕྲེང་ཚོ་ག་བཞིན་འདུ་བྱས་པར་བཟླས་པ་ཚུལ་བཞིན་བསྒྲུར་བའོ། །བགྲང་ཕྲེང་ནི། རྡོ་རྗེ་རྩེ་མོ་ལས། རུ་རཀྵ་ཡིས་བྱེ་བ་གཉིས། །པདྨས་བྱེ་བ་བརྒྱད་དུ་འགྱུར། །བོ་དྷི་ཙི་ནི་གྲངས་མེད་དོ། །ཞེས་དང་། གུ་རུ་པདྨས། རྒྱུ་ནི་རབ་ལ་རིན་པོ་ཆེ། འབྲིང་པོ་ཤིང་གི་འབྲས་བུ་སྟེ། །ཐ་མ་ཤིང་དང་ས་རྗོ་དང་། །སྨན་གྱི་སྟོ་གུའི་ཕྲེང་བ་འོ། །ལེགས་གྲུབ་ལས་བཤད་པའི་ཕྲེང་བའི་རྒྱུ་ནི༑ དེ་བཞིན་གཤེགས་པའི་རིགས་ལ་བོ་དྷི་ཙི། །པདྨའི་རིགས་ལ་པདྨའི་སྙིང་པོ། །རྡོ་རྗེའི་རིགས་ལ་རུ་རཀྵ་མཆོག་ཡིན་པ་དང་། མ་འགྱོར་ན་ལུང་ཐང་དང་དུང་དང་ཤེལ་མུ་ཏིག་བྱུ་རུ་ནོར་བུ་བ་སོ་འབྲུ་སྣ་ཚོགས་ཚོགས་པ་ཡང་རུང་བར་བཤད། གྲངས་ནི་སྟོང་རྩ་བརྒྱད་དམ། བརྒྱ་རྩ་བརྒྱད་དམ། ང་བཞིའམ་ཉེར་གཅིག་བྱ། བ་བྱུང་གིས་བཀྲུས་ཏེ་བུ་མོས་བཀལ་བའི་སྐུད་པ་སུམ་སྒྲིལ་ལ་བརྒྱུས་ཏེ་བྱིན་རླབས་བྱ་བར་གསུངས་སོ། །བཅང་མི་རུང་བ་ནི། སྡིག་ཅན་ཤན་པ་དམེ་བོ་ཡུགས་ཟ་རྐུན་མ་སོགས་ཀྱི་ལག་ནས་བྱུང་བ། ལྷའི་རྒྱན་དང་གཞན་ལ་འཕྲོག་པ་སོགས་མེས་ཚིག་བྱ་ཁྱིས་ཟོས་པ་འགོད་པ་རྣམས་ཡིན་ནོ། །བཟླས་པ་བྱེད་ཚུལ་དཔུང་བཟང་ལས། བཟླས་བརྗོད་བྱེད་ཚེ་མི་མྱུར་མི་དལ་ཞིང་། །སྒྲ་ཆེ་མི་བྱ་ཧ་ཙང་ཆུང་བ་མིན། །སླ་ཞིང་མ་ཡིན་གཞན་དུ་གཡེངས་བཞིན་མིན། །གྲུག་ཀྱེད་ཀླད་ཀོར་ཚག་རྣམས་ཉམས་པ་མིན། །ཞེས་སོ། །ལེགས་གྲུབ་ལས། བཅོ་ལྔ་མན་ཆད་གྲངས་རྣམས་ལ། །སྦྱོར་ནི་ཡི་གེ་དུ་ཡོད་པ། །དེ་སྙེད་འབུམ་ཕྲག་བཟླས་བརྗོད་བྱ། །ཡི་གེ་སུམ་ཅུ་རྩ་གཉིས་ལ། །བཟླས་བརྗོད་སུམ་འབུམ་བྱ་བར་བཤད། །དེ་ལས་མང་བའི་ཡི་གེ་ལ། །སྔོན་དུ་བསྙེན་པ་ཁྲི་བྱའོ། །ཞེས་སོ། །

བཞི་པ་བསམ་གཏན་གྱི་དེ་ཁོ་ན་ཉིད་ནི། བསམ་གཏན་ཕྱི་མ་ལས། མེ་གནས་སྒྲ་གནས་སྒྲ

མཐར་སྟེར། ཞེས་དང་། གསང་སྔགས་མེར་གནས་དངོས་གྲུབ་སྟེར། །སྒྲར་གནས་རྣལ་འབྱོར་སྟེར་བར་དྲན། །སྒྲ་མཐར་ཐར་བ་སྟེར་བར་བྱེད། །ཅེས་པའི་མེར་གནས་ནི། རང་ཉིད་ལྷར་གསལ་བའི་ཐུགས་ཀར་མེ་འབར་བའི་ནང་དུ་ཟླ་དཀྱིལ་ལ་སྔགས་ཕྲེང་བཀོད་ནས་བསྒོམ་པ་ནི་ཞི་སོགས་ལས་བཞིའི་ཕྲིན་ལས་འགྲུབ་པའི་གཞིའོ། །སྒྲར་གནས་ནི། སྔགས་ཀྱི་ཡི་གེ་རྣམས་ལས་རང་སྒྲ་དྲིལ་བུའི་སྒྲ་ལྟར་བར་མེད་དུ་གྲགས་པར་བསམ་ནས་སྲོག་རྩོལ་བསྡམ་པ་ནི་རྣལ་འབྱོར་ཏེ་ཞི་གནས་ཀྱི་ཏིང་འཛིན་སྐྱེད་པར་བྱེད་པའི་གཞིའོ། །སྒྲ་མཐར་ཐར་པ་སྟེར་བ་ནི། སྔགས་ཀྱི་སྒྲ་ཙམ་དེའང་རྗེ་ཕྲ་ལ་སོང་ནས་མཐར་རང་བཞིན་གྱིས་མ་གྲུབ་པར་བརྟགས་དཔྱད་གཞིག་ནས་རྣམ་པར་མི་རྟོག་པའི་ཡེ་ཤེས་ཀྱི་ངང་ལ་མཉམ་པར་འཇོག་པ་ནི་སྒྲ་མཐར་དམིགས་མེད་ལྟ་བ་བསྐྱངས་པ་ལས་ལྷག་མཐོང་སྐྱེ་བའི་ཐར་པའི་ཉེར་རྒྱུར་བྱེད་པས་ཐར་བ་སྟེར། ཞེས་གསུངས་སོ། །དེ་ལྟར་ནང་གི་སྒོམ་དང་ཕྱིའི་བྱ་བ་ཁྲུས་དང་གཙང་སྦྲ་གཙོ་བོར་བྱེད་པས་བྱ་བའི་རྒྱུད་ཅེས་གྲགས། གསུམ་པ་འབྲས་བུ་ཇི་ལྟར་ཐོབ་ཚུལ་གནས་སྐབས་སུ་འདོད་པའི་རིག་འཛིན་ཕྲ་ཡང་སོགས་འགྲུབ་ཅིང་། མཐར་ཐུག་རྟེན་དེ་ལ་སྔགས་ཀྱི་ཕྱིན་དྲུག་ལ་སྦྱད་པས་སྐུ་རིགས་རྣམ་སྣང་གསུང་རིགས་འོད་དཔག་མེད་ཐུགས་རིགས་མི་བསྐྱོད་པ་སྟེ་རིགས་གསུམ་རྡོ་རྗེ་འཛིན་པའི་གོ་འཕང་མི་ཚེ་བདུན་ནས་ཐོབ་པར་འདོད་དེ། ཏེ་ཏྲ་ཀ་གལ་པོ་ལས། མི་ཚེ་བདུན་ནས་སངས་རྒྱས་པར། །རིགས་གསུམ་མགོན་པོས་འགྲོ་བ་འདུལ། །ཞེས་སོ། །

གཉིས་པ་སྤྱོད་པ་ཨུ་པ་ཡ་སྟེ་སྤྱོད་པའི་རྒྱུད་ཀྱི་མཚན་ཉིད་ནི། བསྒོམ་པའི་ལྷ་མོ་དང་ཕན་ཚུན་བལྟས་པ་དང་དགོད་པ་ཙམ་ལས་བྱུང་བའི་བདེ་བ་ལམ་བྱེད་ལ་མོས་པའི་རིགས་ཅན་ལ་གཙོ་བོར་གསུངས་པའི་རྒྱུད་དངོས་སམ་སྟེར་གཏོགས་རྣམས་སྤྱོད་རྒྱུད་ཀྱི་མཚན་ཉིད། མཚན་གཞི། རྣམ་སྣང་མངོན་བྱང་གི་རྒྱུད་ལེའུ་ཉི་ཤུ་པ་དང་། རྒྱུད་ཕྱི་མ་ལེའུ་བདུན་པ་དང་། ཕྱག་རྡོར་དབང་བསྐུར་གྱི་རྒྱུད་བམ་པོ་བཅུ་གཉིས་པ་ལྟ་བུ། ཕྱིའི་བྱ་བ་དང་ནང་གི་ཏིང་འཛིན་ཆ་མཉམ་དུ་སྤྱོད་པས་སྤྱོད་རྒྱུད་ཅེས་བྱ། སྤྱོད་རྒྱུད་དེའི་ཐེག་པ་བཤད་པ་ལ། གཞི་ལྟ་བ། ལམ་སྒོམ་པ། མཐར་ཐུག་འབྲས་བུ་དང་གསུམ་ལས། དང་པོ་ལྟ་བ་ནི། ཡོ་ག་རྣལ་འབྱོར་རྒྱུད་དང་མཚུངས་ཤིང་། ཕྱིའི་སྤྱོད་པ་ཁྲུས་དང་གཙང་སྦྲ་

སོགས་བྱ་རྒྱུད་དང་མཐུན་པའི་ཕྱིར་གཉིས་ཀའི་རྒྱུད་ཅེས་བྱ་སྟེ། རང་ཤར་ལས། ཨུ་པ་ཡ་ནི་འདི་ལྟ་སྟེ། །ལྟ་བ་ཡོ་གར་འདྲ་བ་ལ། །སྤྱོད་པ་ཀྲི་ཡའི་སྤྱོད་པའོ། །ཞེས་དང་། ལྟ་རིམ་ལས། གཉིས་ཀའི་རྒྱུད་ཅེས་འདོད་པ་ནི། །ལྟ་སྤྱོད་གོང་འོག་རྗེས་སུ་འགྲོ། །ཞེས་གསུངས་སོ། །

གཉིས་པ་ལམ་སྒོམ་པས་ཉམས་སུ་ལེན་ཚུལ་ལ། ཀུན་སློང་། འཇུག་སྒོ། ཞུགས་ནས་ཇི་ལྟར་ཉམས་སུ་ལེན་ཚུལ་གསུམ་ལས། དང་པོ་གཞན་དོན་དུ་མི་ཆེ་ལྷ་ནས་རིགས་བཞི་རྡོ་རྗེ་འཛིན་པའི་གོ་འཕང་ཐོབ་པར་འདོད་པའོ། །

གཉིས་པ་འཇུག་སྒོ་ལ་གསུམ་སྟེ། འཇུག་པའི་སྤྱོད་པ། སྦྱོར་བའི་སྤྱོད་པ། གྲུབ་པའི་སྤྱོད་པ་གསུམ་མོ། དང་པོ་ལ་གཉིས་ལས། དང་པོ་ཕྱིའི་འཇུག་པ་ནི། ཡེ་ཤེས་ཐིག་ལེ་ལས། རྡོ་རྗེ་དྲིལ་བུ་དེ་བཞིན་མིང་ངོ་། །སྤྱོད་པའི་རྒྱུད་ལ་རབ་ཏུ་གསལ། །ཞེས་ཆུ་དང་ཅོད་པན་གྱི་དབང་གི་སྟེང་དུ་རྡོར་དྲིལ་མིང་དབང་རྗེས་གནང་བཅས་བསྐུར་བའོ། །གཉིས་པ་ནང་གི་འཇུག་པ་ལ། མཚན་བཅས་མཚན་མེད་ཀྱི་རྣལ་འབྱོར་གཉིས་ལས། དང་པོ་མཚན་བཅས་ཀྱི་རྣལ་འབྱོར་སྒོམ་པའི་རིམ་པ་ལ། །ཕྱི་ནང་གི་ཡན་ལག་ཡོད་ཀྱང་། འདིར་རེ་ཞིག་ཕྱིའི་ཡན་ལག་ལྟ་ལྟར་བཤད་ན། རྣམ་སྣང་མངོན་བྱང་ལས། ཡི་གེ་དང་ནི་ཡི་གེ་སྦྱར། །དེ་བཞིན་གཞི་ལས་གཞིར་གྱུར་ཉིད། །ཤིན་ཏུ་སྡོམ་པའི་ཡིད་ལས་ནི། །བཟླས་བརྗོད་འབུམ་ཕྲག་བཅུ་གཅིག་བྱ། །ཞེས་པ་ལྟར། བདག་གནས་སྲུང་བ་སོགས་སྔོན་དུ་འགྲོ་བས་གཞིའི་ཡན་ལག་དང་པོ་བདག་ཉིད་ལྷར་བསྐྱེད་པའི་སྔོན་དུ་ཡི་གེ་དང་པོ་དོན་དམ་བྱང་ཆུབ་ཀྱི་སེམས་སྟོང་པའི་ཡེ་ཤེས་ཀྱི་ངང་ལས་སྣང་ཆ་ཀུན་རྫོབ་ཟླ་དཀྱིལ་གྱི་རྣལ་འབྱོར་སྒོམ་པ་ཡི་གེ་དང་པོ་དང་། ཡི་གེ་གཉིས་པ་ཟླ་བ་དེའི་སྟེང་དུ་བཟླ་བྱའི་སྔགས་རང་སྒྲ་གྲགས་པར་སྒོམ་པ་དང་། དེ་ཡོངས་སུ་གྱུར་པ་ལས་གཞིའི་ཡན་ལག་དང་པོ་བདག་ཉིད་རྣམ་སྣང་ཆེན་པོ་སོགས་ལྟར་བསྐྱེད་པའི་སྔགས་དང་ཕྱག་རྒྱས་བྱིན་གྱིས་བརླབས་ནས། དེ་ནས་གཞིའི་ཡན་ལག་གཉིས་པ་རང་གི་མདུན་དུ་རང་འདྲའི་དེ་བཞིན་གཤེགས་པ་བསྒོམ་པ་ཐུགས་ཀར་ཟླ་དཀྱིལ་ལ་བཟླ་བྱའི་སྔགས་ཕྲེང་བཀོད་ནས་བཟླས་པ་ཚུལ་བཞིན་བྱེད་པ་སྟེ་དེ་ལྟར་ཡན་ལག་བཞི་ལ་གཞོལ་བའོ། །

གཉིས་པ་མཚན་མེད་ཀྱི་རྣལ་འབྱོར་ནི། ཕུང་སོགས་ཀྱི་ཆོས་ཐམས་ཅད་ལ་མཐའ་བཞིར་མ་

གྲུབ་པར་དཔྱད་དེ་སྐྱེ་མེད་དུ་རྟོགས་པ་འཇུག་པའི་སེམས། དེ་རྣམ་པར་མི་རྟོག་པའི་ངོ་བོར་མངོན་དུ་གྱུར་པ་གནས་པའི་སེམས། དེ་ལྟར་མ་རྟོགས་པ་ལ་སྙིང་རྗེ་ཆེན་པོ་རྗེས་སུ་འཇུག་པ་ལྡང་བའི་སེམས་སྟེ་འཇུག་གནས་ལྡང་གསུམ་གྱིས་ཁྱད་པར་དུ་ཕྱེས་པའི་དོན་དམ་བྱང་ཆུབ་ཀྱི་སེམས་བསྒོམ་པའོ། །

གཉིས་པ་སྦྱོར་བའི་སྤྱོད་པ་ལ་ཕྱི་ནང་གཉིས་ལས། དང་པོ་ཕྱིའི་ཡན་ལག་བཞི་ལ་གཞོལ་ནས་བཟླས་བརྗོད་བྱ་ཚུལ་ནི། བདག་མདུན་ལྟར་བསྐྱེད་པ་གཞིའི་ཡན་ལག་དང་པོ་དང༌། གཉིས་པ་གསུམ་པ་མདུན་བསྐྱེད་ཀྱི་ཐུགས་ཀར་ཟླ་དཀྱིལ་སྒོམ་པ་བྱང་ཆུབ་སེམས་ཀྱི་ཡན་ལག་དང༌། བཞི་པ་ཟླ་དཀྱིལ་དེར་སྔགས་ཕྲེང་བཀོད་པ་སྔགས་ཀྱི་ཡན་ལག་སྟེ་བཞི་ལྡན་གྱི་སྒོ་ནས་མཚན་མ་གྲངས་ཀྱི་བསྙེན་པ་བྱེད་པའོ། །གཉིས་པ་ནང་གི་ཡན་ལག་བཞི་ནི། རང་ཉིད་ལྷར་གསལ་བའི་ཐུགས་ཀར་ཟླ་བ་ཁོང་སྟོང་གི་ནང་དུ་ཡེ་ཤེས་སེམས་དཔའ་སྒོམ་པ་ནི་གཞིའི་ཡན་ལག་དང་པོ་དང་གཉིས་པའོ། །དེའི་ཐུགས་ཀའི་ཟླ་དཀྱིལ་དུ་སྔགས་ཕྲེང་བཀོད་དེ་བཟླས་པ་རྩེ་གཅིག་པའི་མཚན་ཉིད་ཅན་གྱི་ཞི་ལྷག་ཟུང་འབྲེལ་གྱི་ངོ་བོར་སྒྲུབ་པའོ། །

གསུམ་པ་གྲུབ་པའི་སྤྱོད་པ་ནི། མཐར་ཐུག་གི་འབྲས་བུ་དང་གཅིག་གོ། །གསུམ་པ་དེའི་འབྲས་བུ་ཇི་ལྟར་ཐོབ་ཚུལ་ནི། ཐུན་མོང་བསྙེན་པ་མཐར་ཕྱིན་ནས་རྫས་སྔགས་ལ་བརྟེན་ནས་ཚེའི་རིག་འཛིན་སྒྲུབ་པ་དང༌། ཐུན་མིན་འབྱུང་བཞིའི་དཀྱིལ་འཁོར་ལ་བརྟེན་ནས་རླུང་གི་རྣལ་འབྱོར་བསྒོམས་པ་ལས་རྫུ་འཕྲུལ་དང་མངོན་ཤེས་བརྙེས་ཏེ་རིག་པ་འཛིན་པའི་གྲལ་དུ་འགྲོ་བ་སོགས་གནས་སྐབས་ཀྱི་འབྲས་བུ་འགྲུབ་ཅིང་ལུས་རྟེན་དེ་ལ་བརྟེན་ནས་སྔགས་ཀྱི་སྤྱོད་པ་སྤྱད་པས་མི་ཚེ་ལྟའམ་ཇི་ལྟར་ཐོགས་ཀྱང་བསྐལ་པ་གསུམ་མམ་གཅིག་གིས་མཐར་ཐུག་གི་འབྲས་བུ་རིན་ཆེན་རིགས་བསྡུན་པས་རིགས་བཞི་རྡོ་རྗེ་འཛིན་པའི་གོ་འཕང་མངོན་དུ་བྱེད་པ་ཡིན་ཏེ། གལ་པོ་ལས། རིགས་བཞི་རྡོ་རྗེ་འཆང་བར་གནས། །ཞེས་དང༌། ཀུན་བྱེད་ལས། གཉིས་སུ་མེད་པར་མི་ཚེ་ལྔར། །ཁྲིབ་གྲོལ་སོགས་གསུངས་སོ། །གསུམ་པ་རྣལ་འབྱོར་རྒྱུད་ཀྱི་མཚན་ཉིད་ནི། བསྒོམས་པའི་ལྷ་མོ་ལ་བལྟས་པ་དང་དགོད་པ་དང་ཕན་ཚུན་འཁྱུད་པའམ་ལག་པ་བཅང་པ་ཙམ་ལ་བརྟེན་ནས་བདེ་བ་

ལམ་དུ་བྱེད་པ་ལ་མོས་པའི་གདུལ་བྱ་ལ་གཙོ་བོར་གསུང་བའི་རྒྱུད་དངོས་སམ་དེའི་སྟེང་གདོགས་རྣམས་རྣལ་འབྱོར་རྒྱུད་ཀྱི་མཚན་ཉིད། དེ་ནི་ནང་གི་རྣལ་འབྱོར་གཙོ་བོར་གྱུར་བའི་ལམ་སྟོན་པས་དེ་ལྟར་བཤད་དོ། །དབྱེ་ན། རྩ་རྒྱུད། བཤད་རྒྱུད། ཆ་མཐུན་གྱི་རྒྱུད་དེ་གསུམ། དང་པོ་དེ་ཉིད་བསྡུས་པ་དུམ་བུ་བཞི་ནི་རྡོར་དབྱིངས་དུམ་བུ། ཁམས་གསུམ་རྣམ་རྒྱལ་དུམ་བུ། འགྲོ་འདུལ་གྱི་དུམ་བུ། དོན་གྲུབ་ཀྱི་དུམ་བུ་སྟེ་བཞིའོ། །དང་པོས་དེ་བཞིན་རིགས་དང་དེའི་ལས་རྣམས་དང་། གཉིས་པས་རྡོ་རྗེའི་རིགས་དང་། གསུམ་པས་པདྨའི་རིགས་དང་། བཞི་པས་ལས་དང་རིན་ཆེན་རིགས་རྣམས་སྟོན་པའོ། །རྣམ་འབྱོར་རྒྱུད་དེའི་ཐེག་པ་བཤད་པ་ལ། གཞི་ལྟ་བ། ལམ་སྒོམ་པ། དེའི་འབྲས་བུ་གསུམ་ལས། དང་པོ་གཞི་ལྟ་བ་ནི། དོན་དམ་པར་ཆོས་ཐམས་ཅད་སྤྲོས་པའི་མཚན་མ་མེད་པར་རྟོགས་པའི་སྟོང་པའི་ཡེ་ཤེས་དེའི་བྱིན་རླབས་ཀུན་རྫོབ་རྡོ་རྗེ་དབྱིངས་ཀྱི་ལྷར་བལྟ་བ་ཡིན་ཏེ། ལམ་རིམ་ལས། ལྷུན་གྲུབ་མཉམ་པར་མ་རྟོགས་པས། །ཆོས་ཀུན་རྣམ་དག་ཡེ་ཤེས་ཀྱི། །བྱིན་རླབས་རྡོ་རྗེ་དབྱིངས་སྤྲུལ་ལྷ། །བླང་དོར་བྱེད་པ་ལས་ཀྱིས། །ཞེས་རྣམ་དག་ཆོས་ཉིད་ཀྱི་ལྷར་ལྟ་བ་དེའི་སྟེང་དུ་མི་གནས་ཡེ་ཤེས་ཆེན་པོའི་བྱིན་རླབས་ཀྱི་ལྷར་བལྟ་བའོ། །འདི་ནི་ས་དང་པོའི་དུས་སུ་སྣང་བར་བཤད།

གཉིས་པ་ལམ་སྒོམ་པས་ཉམས་སུ་ལེན་ཚུལ་ལ། ཀུན་སློང་། འཇུག་སྒོ། ཞུགས་ནས་ལམ་ཉམས་སུ་ལེན་ཚུལ་དང་གསུམ་ལས། དང་པོ་ནི། གཞན་དོན་དུ་མི་ཚེ་གསུམ་ནས་རིགས་ལྔ་རྡོ་རྗེ་འཛིན་པའི་གོ་འཕང་ཐོབ་པར་འདོད་པའོ། །གཉིས་པ་འཇུག་སྒོ་ནི། ཡེ་ཤེས་ཐིག་ལེ་ལས། ཕྱིར་མི་ལྡོག་པ་ཡི་ནི་དབང་། །རྣལ་འབྱོར་རྒྱུད་དུ་གསལ་བར་བྱས། །དེ་ནི་དྲུག་པའི་བྱེ་བྲག་དབང་། །དེ་ནི་སློབ་དཔོན་དབང་ཞེས་བྱ། ཞེས་པ་ལྟར། །ཆུ་དབང་ཅོད་པན་རྡོ་རྗེ་དྲིལ་བུ་མིང་དབང་སློབ་མའི་དབང་ལྔ་དང་། ཕྱིར་མི་ལྡོག་པའི་དམ་ཚིག་གསུམ་བཟུང་བ། གསང་དཀྱིལ་དུ་གསང་བའི་འཇུག་པ། ཞུགས་ཤིང་མཐོང་བ། ལྷ་དང་དཀྱིལ་འཁོར་གྱི་དེ་ཁོ་ན་ཉིད་སློབ་དཔོན་གྱི་ལས་རིམ་རྣམས་ཤེས་པར་བྱ་བ།ཐུན་མིན་ཆོས་འཆད་རྗེས་གནང་ལུང་བསྟན་དབུགས་དབྱུང་གཟེངས་བསྟོད་དེ་རྡོ་རྗེ་སློབ་དཔོན་གྱི་དབང་དྲུག་སྟེ་དབང་བཅུ་གཅིག་བསྐུར་བའོ། །

གསུམ་པ་དེ་ལྟར་ཞུགས་ནས་ལམ་ཉམས་སུ་ལེན་རིམ་ལ། ཐོབ་བྱའི་རང་འབྲས་བྱང་ཆུབ་དེའི་ཉེར་རྒྱུ་ནི་ཐོག་མཐའ་མེད་པའི་བྱང་ཆུབ་ཀྱི་སེམས་འོད་གསལ་རིག་པའི་ཡེ་ཤེས་ལྷ་སྔགས་ཀྱི་ཕྱག་རྒྱའི་དཀྱིལ་འཁོར་ཐམས་ཅད་ཀྱི་འཆར་གཞི་སེམས་ཀྱི་དེ་ཁོ་ན་ཉིད་རྒྱུ་རྒྱུད་ཅེས་པ་དེ་ཡིན་ནོ། །རྒྱུ་དེ་ལས་འབྲས་བུ་མངོན་དུ་བྱ་བའི་ཐབས་ཀྱི་གཙོ་བོ་ནི་ཐབས་ལྟའི་རྣལ་འབྱོར་དང་། ཤེས་རབ་ལྟ་བའི་རྣལ་འབྱོར་གཉིས་སོ། །དང་པོ་ལ། མངོན་བྱང་ལྔ་དང་། ཆོ་འཕྲུལ་བཞི་སྟེ་གཉིས་ལས། མངོན་བྱང་ལྔ་ནི། ཧེ་རུ་ཀ་གལ་པོ་ལས། མི་རྟོག་ཟླ་བ་རྡོ་རྗེའི་གཟུགས། །སྤྲོས་བསྡུས་བསྒོམ་པའི་སྐུ་རུ་གསལ། །ཞེས་པ་ལྟར། ཆོས་ཐམས་ཅད་སྟོང་པ་རྣམ་པར་མི་རྟོག་པའི་ཡེ་ཤེས་སྒོམ་པ་དང་། སྟོང་པའི་ཡེ་ཤེས་དེའི་སྟེང་ཆ་ཟླ་བ་ཚེས་གཅིག་ལྟ་བུ་ནས་ཉ་གང་བ་ལྟ་བུར་སྒོམ། དེའི་སྟེང་དུ་རྡོ་རྗེ་རྩེ་ལྔའི་ཕྱག་མཚན་སྒོམ། དེ་ལས་འོད་ཟེར་སྤྲོ་བསྡུ་བྱས། ཡོངས་སུ་གྱུར་པ་ལས། བདག་ཉིད་མི་བསྐྱོད་པ་སོགས་བསྒོམ་བྱའི་ལྷ་གང་ཡིན་གྱི་སྐུར་གསལ་བ་སྟེ། གལ་པོའི་མཆན་འགྲེལ་ལས། སྒོམ་པ་ནི་མངོན་བྱང་ལྔ་དང་ཆོ་འཕྲུལ་བཞི་བསྒོམས་པའོ། །དང་པོ། རྣམ་པར་མི་རྟོག་པ་སྒོམ་པ་ནི་གཟུགས་སྐུ་ལ་མངོན་པར་བྱང་ཆུབ་པའོ། །ཟླ་བ་ཚེས་པ་ལྟ་བུ་ནས་ཉ་གང་བ་ལྟ་བུ་ནི་ཀུན་རྫོབ་བྱང་ཆུབ་ཀྱི་སེམས་ལ་མངོན་པར་བྱང་ཆུབ་པའོ། །ཟླ་བའི་སྟེང་དུ་རྡོ་རྗེ་རྩེ་ལྔ་སྒོམ་པ་ནི་ཆོས་སྐུ་ལ་མངོན་པར་བྱང་ཆུབ་པའོ། །འོད་ཟེར་སྤྲོས་བསྡུས་ཀྱིས་སྒྲིབ་སྦྱོང་དངོས་གྲུབ་བསྐུལ་བ་ནི་བརྟན་པར་བྱ་བའི་མངོན་པར་བྱང་ཆུབ་པའོ། །བསྒོམ་བྱའི་ལྷ་གང་ཡིན་གྱི་སྐུར་གྱུར་པ་ནི་ཕྱག་རྒྱ་ལ་མངོན་པར་བྱང་ཆུབ་པའོ། །ཞེས་གསུངས་སོ། །

གཉིས་པ་ཆོ་འཕྲུལ་བཞི་ནི། གལ་པོ་ལས། ཏིང་འཛིན་བྱིན་རླབས་དབང་བསྐུར་མཆོད། །ཅེས་པ་ལྟར། དང་པོ་ཏིང་ངེ་འཛིན་གྱི་ཆོ་འཕྲུལ་ནི། དབུས་སུ་རྣམ་སྣང་། ཤར་དུ་མི་བསྐྱོད། ལྷོར་རིན་འབྱུང་། ནུབ་ཏུ་སྣང་མཐའ། བྱང་དུ་དོན་གྲུབ་རྣམས་རང་རང་གི་རིགས་ཀྱི་སེམས་དཔའ་བཞི་བཞིས་བསྐོར་བར་བསྒོམས་པའོ། །གཉིས་པ་བྱིན་རླབས་ཀྱི་ཆོ་འཕྲུལ་ནི། བསྒོམས་པའི་ལྷ་དེ་དག་རང་རང་གི་རིགས་ཀྱིས་གནས་གསུམ་བྱིན་གྱིས་བརླབས་པའོ། །

གསུམ་པ་དབང་བསྐུར་བའི་ཆོ་འཕྲུལ་ནི། རང་གི་རིགས་ཀྱི་དབང་གང་ཡིན་གྱི་སྐུ་དང་ཡེ་

ཤེས་དང་གཟུངས་དང་ཏིང་ངེ་འཛིན་དང་ལྡན་པར་དབང་བསྐུར་བའོ། །བཞི་པ་མཆོད་པའི་ཆོ་འཕྲུལ་ནི༑ ལྷ་དེ་དག་ལ་ཕྱག་མཆོད་བསྟོད་པར་བྱ་བ་རྣམས་སོ། །དེ་ལྟར་བདག་ཉིད་ལྷར་བསྐྱེད་ལ་ཡེ་ཤེས་པ་བཀུག་ཅིང་ཕྱག་རྒྱ་བཞིས་བཅིངས་ཏེ་མཆོད་བསྟོད་བཟླས་པ་སོགས་ཀྱི་མཐར་དངོས་གྲུབ་བླངས་ནས་ཡེ་ཤེས་པ་གཤེགས་གསོལ་བྱ་བ་རྣམས་ཐབས་ལྷའི་རྣལ་འབྱོར་ཞེས་བྱའོ། །ཡར་རྣལ་འབྱོར་རྒྱུད་ཀྱི་སྐབས་འདིར་བྱ་སྤྱོད་ལྟར་ལྷ་ཡེ་ཤེས་པ་བདག་ལ་མི་བསྟིམ་པར་མདུན་དུ་བཞུགས་སུ་གསོལ་བ་ལྷ་བུ་ནི་མིན་ཏེ། རྡོ་རྗེ་འབྱུང་བ་ལས། གཉིས་སུ་མེད་པའི་ཆོས་དབྱིངས་དང་། །བླ་མེད་དངོས་གྲུབ་དམ་པ་བླངས། ཞེས་སོ། །

གཉིས་པ་ཤེས་རབ་ལྷ་བའི་རྣལ་འབྱོར་ནི། དོན་དམ་མཚན་མ་མེད་པའི་ཡེ་ཤེས་དང་། ཀུན་རྫོབ་རྡོ་རྗེ་དབྱིངས་ཀྱི་ལྷར་སྣང་བ་གཉིས་ཀ་གཉིས་སུ་མེད་པའི་ཡེ་ཤེས་ཀྱི་ངང་ལ་མཉམ་པར་འཛོག་པ་ཡིན་ནོ། །ལྷ་བ་དེ་དབང་རྣོན་གྱིས་བྱིན་རླབས་དང་བསྒོམས་བྱུང་གི་སྟོབས་ཀྱིས་དངོས་སུ་མངོན་དུ་བྱེད་པ་དང་། དབང་རྟུལ་གྱིས་ཐོས་སོགས་ཀྱིས་བརྒྱུད་ནས་མངོན་དུ་བྱེད་པ་ཡིན་ནོ། །གསུམ་པ་མཐར་ཐུག་གི་འབྲས་བུ་ཇི་ལྟར་ཐོབ་ཚུལ་ནི། གནས་སྐབས་སུ་རྫས་དང་ཏིང་འཛིན་ལས་མཁའ་སྤྱོད་ཀྱི་རིག་འཛིན་སོགས་འཇིག་རྟེན་པའི་དངོས་གྲུབ་བསྒྲུབས་ནས། འཇིག་རྟེན་ལས་འདས་པའི་དངོས་གྲུབ་ལ་ཕྱག་ཆེན་ལ་སྦྱོར་ནས་མཐར་ཐུག་མི་ཚེ་གསུམ་ནས་སྔར་གྱི་རིགས་བཞིའི་སྙིང་དུ་དོན་གྲུབ་ཕྲིན་ལས་ཀྱི་རིགས་བསྣན་ནས་རིགས་ལྔ་སྟུག་པོ་བཀོད་པར་མངོན་པར་བྱང་ཆུབ་པ་བཞེའམ་ལྟས་སངས་རྒྱས་པར་འདོད་དེ། ཀུན་བྱེད་ལས། ཡོ་ག་སྟུག་པོ་བཀོད་འདོད་པས། །མི་ཚེ་གསུམ་ནས་གྲོལ་བར་འདོད། །ཅེས་གསུངས་སོ། །དེ་ལྟར་སྔགས་ཕྱི་རྒྱུད་གསུམ་དུ་བསྒོམ་བྱའི་ལྷ་དང་འཐོབ་བྱའི་འབྲས་བུ་ལ་རིགས་གསུམ་སོགས་སུ་གསུངས་པ་ནི། རིགས་ཀྱི་ལྷ་ཐམས་ཅད་གསུམ་དང་བཞིར་བསྡུས་པ་ཙམ་ལས། དེ་དག་ཏུམ་འདུས་པའི་རིགས་ཀྱི་ལྷ་གཞན་ཡོད་པར་འདོད་པ་མ་ཡིན་ནོ། །དེར་མ་ཟད་ཕྱི་རྒྱུད་དེ་དག་ཏུ་བསྒོམ་བྱའང་ནང་རྒྱུད་ལྟར་བསྐྱེད་རྫོགས་ཀྱི་ཐ་སྙད་མེད་པས། དེའི་དོད་དུ་མཚན་བཅས་དང་མཚན་མེད་ཅེས། བྱ་སྤྱོད་གཉིས་སུ་རྣལ་འབྱོར་གཉིས་དང་། རྣལ་འབྱོར་རྒྱུད་དུ་ཐབས་ཀྱི་རྣལ་འབྱོར་དང་ཤེས་རབ་ཀྱི་རྣལ་འབྱོར་ཞེས་སྨིན་གླིང་ལོ་ཆེན་

སོགས་གསར་རྙིང་མཁས་པ་རྣམས་བཞེད་དོ། །གསུམ་པ་དབང་བསྒྱུར་ཐབས་ཀྱི་ཐེག་པ་སྔགས་བླ་མེད་ཀྱི་རྒྱུད་ཀྱི་མཚན་ཉིད་ནི། བསྒོམས་པ་ཙམ་དུ་མ་ཟད་དངོས་ཀྱི་རིག་མ་དང་དབང་པོ་གཉིས་སྦྱོར་གྱི་འདོད་ཆགས་ཀྱང་ལམ་དུ་བྱེད་ནུས་པའི་གདུལ་བྱ་ལ་དབང་པོ་གཉིས་སྦྱོར་གྱི་ཆགས་པ་ལམ་བྱེད་གཙོ་བོར་སྟོན་པའི་ཆ་ནས་བཞག་པའི་རྒྱུད་དངོས་སམ་དེའི་སྡེར་གཏོགས་རྣམས་བླ་མེད་རྒྱུད་ཀྱི་མཚན་ཉིད། སྤྱིར་ན་ཆགས་པ་ལམ་བྱེད་མི་འདྲ་བའི་དབང་གིས་རྒྱུད་སྡེ་བཞིར་དབྱེ་བ་ཡིན་ཏེ༑ སམ་བྷུ་ཊ་ལས། དགོད་དང་བལྟ་དང་ལག་བཅངས་དང་། །གཉིས་གཉིས་འཁྱུད་དང་རྣམ་པ་བཞི། །སྲིན་བུའི་ཚུལ་གྱི་རྒྱུད་བཞིར་གནས། །ཞེས་སོ། །གཞན་ཡང་གདུལ་བྱ་དམན་པ་དང་འབྲིང་དང་མཆོག་དང་ཆེས་མཆོག་བཞི་ཡི་ཆེད་དུ་རྒྱུད་བཞིར་གསུངས་ཏེ།རྡོ་རྗེ་གུར་ལས། དམན་པ་རྣམས་ལ་བྱ་བའི་རྒྱུད། །བྱ་མེད་རྣལ་འབྱོར་དེ་ལྟག་ལའོ། །རྣལ་འབྱོར་མཆོག་ནི་སེམས་ཅན་མཆོག །རྣལ་འབྱོར་བླ་མེད་དེ་ལྟག་ལའོ། །ཞེས་གསུངས་སོ། །

དེ་ལྟར་མདོ་ཕར་ཕྱིན་ཐེག་པ་དང་སྔགས་ཕྱི་རྒྱུད་རྣམས་ནི་སྔགས་གསར་མ་དང་རྙིང་མ་གཉིས་ཀའི་ཐུན་མོང་གི་མདོ་རྒྱུད་ཡིན་ལ། སྔགས་རྙིང་མའི་ཐུན་མོང་མ་ཡིན་པའི་ཁྱད་ཆོས་སུ་གྱུར་པའི་སྔགས་རྣལ་འབྱོར་བླ་མེད༷་ཀྱི་རྒྱུད་ནི་ནང་རྒྱུད་སྡེ་གསུམ་ཡིན། དེ་གསུམ་བཤད་པ་ལ། ཆོས་ཐམས་ཅད་སེམས་ཉིད་སྐུ་དང་ཡེ་ཤེས་ཀྱི་དཀྱིལ་འཁོར་བདེན་གཉིས་དབྱེར་མེད་བློའི་སྤྱོད་ཡུལ་དང་བྲལ་བར་གཏན་ལ་ཕབ་སྟེ་ཆོས་ཐམས་ཅད་ཡེ་སངས་རྒྱས་པའི་མཉམ་པ་ཆེན་པོར་དབང་བསྒྱུར་བའི་ཐབས་ལ་མཁས་པས་དབང་བསྒྱུར་ཐབས་ཀྱི་ཐེག་པ་དང་། ཆོས་ཐམས་ཅད་ནང་སེམས་ཉིད་ཡེ་ཤེས་ཀྱི་རོལ་བར་སྣང་བས་དངོས་གྲུབ་གཞན་ནས་མི་འཚོལ་བར་རང་བྱུང་གི་ཡེ་ཤེས་ཉག་གཅིག་ཏུ་མཐོང་བས་ན་ནང་རྒྱུད་སྡེ་གསུམ་ཞེས་བྱ་ལ། དེ་ལའང་དབྱེ་ན་གསུམ་སྟེ། སྐུ་སྒྲུབ་བྱེད་ཐབས་ཀྱི་ཆ་གཙོ་བོར་སྟོན་པ་ཕ༷་རྒྱུད༷་རྣལ་འབྱོར་ཆེན་པོ་མ༷་ཧཱ༷་ཡོ༷་ག༷་དང༷་། ཐུགས་སྒྲུབ་བྱེད་ཤེས་རབ་ཀྱི་ཆ་གཙོ་བོར་སྟོན་པ་མ༷་རྒྱུད༷་རྗེས་སུ་རྣལ་འབྱོར་ཏེ་ཨ༷་ནུ༷་ཡོ༷་ག༷་ར་གྲགས་པ༷་དང་། སྐུ་ཐུགས་ཟུང་འཇུག་གི་སྣང་སྟོང་གཉིས་སུ་མེད༷་པའི་རྒྱུད༷་སྡེ༷་བྱར་མེད་ཀྱི་རྣལ་འབྱོར་ཨ༷་ཏི༷་ཡོ༷་ག༷་དང་གསུམ་གྱི་ཁྱད་པར་ནི། སྣང་སྟོང་གཉིས་སམ་བསྐྱེད་རྫོགས་གཉིས་ལས་སྣང་ཕྱོགས་ལྷའི་དཀྱིལ

འཁོར་བསྐྱེད་པའི་རིམ་པ་ལམ་བྱེད་གཙོ་བོར་བྱེད་པའི་ལམ་ནི་མ་ཧཱའི་ལམ་དང་། ལམ་དེ་གཙོ་བོར་སྟོན་པའི་རྒྱུད་ནི་མ་ཧཱ་ཡོ་གའི་རྒྱུད་དོ། །སྣང་སྟོང་གཉིས་སམ་བསྐྱེད་རྫོགས་གཉིས་ལས་སྟོང་ཕྱོགས་དབྱིངས་ཡེའམ་བདེ་སྟོང་གི་རྣལ་འབྱོར་རྫོགས་རིམ་གཙོ་བོར་བྱེད་པའི་ལམ་ནི་ཨ་ནུ་ཡོ་གའི་ལམ་དང་། ལམ་དེ་གཙོ་བོར་སྟོན་པའི་རྒྱུད་ནི་ཨ་ནུ་ཡོ་གའི་རྒྱུད་དོ། །སྣང་སྟོང་གི་ཕྱོགས་སམ་བསྐྱེད་རྫོགས་ཀྱི་ཕྱོགས་གང་ཡང་རྩལ་འདོན་གྱི་འབད་རྩོལ་མི་བྱེད་པར་རང་བབས་དང་བཞག་གི་རྣལ་འབྱོར་ཁོ་ནར་གཅིག་ཏུ་སྒྲིལ་བའི་ལམ་ཨ་ཏིའི་ལམ་དང་། ལམ་དེ་གཙོ་བོར་སྟོན་པ་ཨ་ཏིའི་རྒྱུད་ཡིན་ནོ། །

དེ་ལྟར་མ་ཧཱས་སྣང་ཕྱོགས་ལྷའི་འཁོར་ལོ་གཙོ་བོར་བྱེད་ཚུལ་ཡང་། བདག་སྲས་གཞན་སྲས་སོགས་ཏིང་འཛིན་གསུམ་གྱིས་རིམ་པ་དང་པོར་ལྟར་བསྐྱེད་པ་དང་། རྫོགས་རིམ་པས་ཀྱང་ཏིང་འཛིན་གསུམ་གྱིས་སྒྱུ་ལུས་སྒྲུབ་པ་ཞིག་ཀྱང་ཡོད་དགོས་པར་གསུངས་སོ། །དེའང་མ་ཧཱའི་མཚན་གཞིར་འཛོག་རྒྱུའི་གསང་འདུས་སོགས་ལ་ཏིང་འཛིན་གསུམ་གྱི་ཆོས་སྐད་མ་གྲགས་པ་དང་། ཁྱད་པར་སྒྱུ་ལུས་སྒྲུབ་པ་ལ་བསྐྱེད་རིམ་ཞེས་མི་བཞེད་ཀྱང་། རྙིང་མ་བས་དེ་དག་གི་ལུགས་ཀྱི་སྒྱུ་ལུས་སྒྲུབ་ཚུལ་ལ་དཔྱད་ཚེ་རྫོགས་ཆེན་གྱི་ལམ་ལ་ལྟོས་ནས་བཙོས་མའི་རྣལ་འབྱོར་འདྲ་བའི་བག་ཞད་ཡོད་པས་དེའང་བསྐྱེད་རིམ་གྱི་ཕྱོགས་སུ་བསྡུ་བར་མཛད་པར་གསུངས་སོ། །ཨ་ནུ་ཡོ་གས་སྟོང་ཕྱོགས་དབྱིངས་ཡེའི་རྫོགས་རིམ་གཙོ་བོར་བྱེད་ཚུལ་ཡང་དང་པོ་ལྟ་བ་གཏན་ལ་ཕབ་པའི་དུས་ནས་ཀྱང་དབྱིངས་ཡེ་གཉིས་མེད་ཀྱི་ཆ་ནས་ངོ་སྤྲོད་དེ། སྒོམ་པའི་དུས་སུ་ཏིང་འཛིན་རྣམ་གསུམ་ལ་རིམ་པར་འཇུག་པའི་བསྐྱེད་ཆོག་དོར་ནས་དབྱིངས་ཡེ་མངོན་དུ་བྱེད་པའི་དུས་ནས་ལྷའི་སྙིང་པོ་དྲན་ཙམ་ནས་ལྷ་གྲོང་བསྐྱེད་བྱེད་པ་ཞིག་ལ་བྱ་བར་གསུངས། ཨ་ཏིས་ནི་ཡེ་སངས་རྒྱས་པའི་རྣལ་འབྱོར་རྩལ་འདོན་བྱེད་པ་སྟེ། དེའི་ཚུལ་ཡང་རྩོལ་བ་རགས་པ་དང་བྲལ་བའི་ངང་བཞག་ཁོ་ན་གཙོ་བོར་བྱེད་པ་ཞིག་ཡིན་པར་གསུངས། དེ་ལྟར་ན་རྙིང་མ་བས་མ་ཧཱའི་མཚན་གཞིར་གསང་འདུས་འཛིགས་བྱེད་ལྟ་བུ་འཛོག །ཨ་ནུའི་མཚན་གཞིར་འདུས་མདོ་ལྟ་བུ། ཨ་ཏིའི་མཚན་གཞིར་སེམས་ཀློང་མན་ངག་གི་སྡེ་གསུམ་ལྟ་བུའོ། །དེ་ལྟ་བུའི་ནང་རྒྱུད་སྡེ་གསུམ་རེ་རེ་ལའང་བྱེ་བྲག་ཏུ་དབྱེ་ན་གསུམ་

གསུམ་རེ་ཡོད་དེ། དེའང་སྤྱི་ཁོག་མ་ཧཱ་ཡིན་ཀྱང་ཨ་ནུའི་ལམ་དང་མཐུན་ཤས་ཆེ་བ་ཏིང་འཛིན་གསུམ་གྱིས་ལྷ་རིམ་པར་བསྐྱེད་པའི་ཁར་བདེ་སྟོང་ལྷན་སྐྱེས་སམ་དབྱིངས་ཡེའི་རྣལ་འབྱོར་རྩལ་དུ་འདོན་པ་མ་ཧཱའི་ཨ་ནུ་ཡིན། མཚན་གཞི་བདེ་མཆོག་ལྟ་བུ། ཡང་སྤྱི་ཁོག་མ་ཧཱའི་ལམ་དེ་ཨ་ཏི་དང་མཐུན་པར་གཏན་ལ་ཕབ་སྟེ་དང་པོ་ལྷ་བའི་དུས་ནས་ཡེ་སངས་རྒྱས་པའི་རྫོགས་རིམ་རྩལ་དུ་འདོན་པ་མ་ཧཱའི་ཨ་ཏི་ཡིན། མཚན་གཞི་དུས་འཁོར་དང་གསང་སྙིང་ལྟ་བུའོ། །ཡང་མ་ཧཱའི་རང་གཞུང་གི་ལམ་ཁོག་རྒྱུད་ལྟར་བཟུང་བ་མ་ཧཱའི་མ་ཧཱ་སྟེ་གསང་འདུས་ལྟ་བུའོ། །དེ་ལྟར་མ་ཧཱའི་གསུམ་གྱི་མཚན་གཞི་སྙིང་མ་རང་ལུགས་ཀྱི་སྟུགས་ལ་མ་ཧཱའི་མ་ཧཱ་བདེར་འདུས་ལྟ་བུ། མ་ཧཱའི་ཨ་ནུ་གསང་རྫོགས་ལྟ་བུ། མ་ཧཱའི་ཨ་ཏི་རང་ཤར་ལྟ་བུའོ། །དེ་ལྟར་མ་ཧཱའི་གསུམ་ནི་རིམ་པ་གཉིས་པའི་དེ་ཁོ་ན་ཉིད་ལ་འཇུག་པའི་སྒོར་གྱུར་པའི་བསྐྱེད་རིམ་ལ་འཇུག་ཚུལ་གསུམ་གྱིས་ཕྱེ་སྟེ། དང་པོ་ནི་བསྐྱེད་རིམ་སྔོན་དུ་བཏང་སྟེ་དེ་ནས་རྫོགས་རིམ་ལ་འཇུག་པར་འགྱུར་བའི་རིམ་པ་དང་པོའི་བསྐྱེད་རིམ་གྱི་རྣལ་འབྱོར་དེ་མ་ཧཱའི་མ་ཧཱའི་ལམ་སྟེ་བདག་གཞན་གྱི་སྲས་གཉིས་ཀྱི་བསྐྱེད་ཚོག་གིས་སྣང་སྲིད་དག་པའི་འཁོར་ལོར་བློ་བཅོས་ནས་སྒོམ་པ་གཙོ་བོར་བྱེད་པའོ། །

གཉིས་པ་ནི། དང་པོ་བསྐྱེད་རིམ་གྱི་སྔོན་དུ་དཀྱིལ་འཁོར་གསུམ་གྱི་རང་བཞིན་ཅན་གྱི་དབྱིངས་ཡེ་ཟུང་འཇུག་གི་སྲས་ལྷན་སྐྱེས་བདེ་བའི་ཡེ་ཤེས་ཉག་གཅིག་དེ་ཏིང་འཛིན་གསུམ་གྱི་སྐབས་སུ་ཏིང་འཛིན་གྱི་ལམ་དེ་དང་དེར་ཤར་བའི་ཕྱོགས་ནས་སྒོམ་པ་རྩལ་དུ་འདོན་པ་ཞིག་ཡིན་པས་བསྐྱེད་རྫོགས་ཟུང་འཇུག་གི་ལམ་མ་ཧཱའི་ཨ་ནུ་ཡིན་ནོ། །

གསུམ་པ་ནི། སྣང་ཕྱོགས་ལྷའི་འཁོར་ལོ་ལ་རྩལ་འདོན་བྱེད་པས་སྤྱི་ཁོག་མ་ཧཱ་ཡིན་ཡང་ཆོས་ཐམས་ཅད་ཡེ་སངས་རྒྱས་པའི་ལྟ་བ་ཁོ་ནས་རང་གནས་མ་བཅོས་པའི་ཡེ་ཤེས་མངོན་དུ་ཕྱུང་སྟེ། དེའི་ཁོག་ནས་བསྐྱེད་རྫོགས་ཟུང་འཇུག་ཏུ་བསྒྲོད་པ་མ་ཧཱའི་ཨ་ཏི་ཞེས་བྱ་གསུངས། ཨ་ནུའི་གསུམ་ནི༏ ལམ་གྱི་སྤྱི་ཁོག་ཨ་ནུ་ཡིན་ཡང་མ་ཧཱའི་ལམ་དང་མཐུན་ཤས་ཆེ་བ་ཨ་ནུའི་མ་ཧཱའོ། །ཨ་ནུའི་ལམ་གྱི་ཁོག་ཨ་ཏི་དང་མཐུན་པར་ཕྱུབ་པ་ཨ་ནུའི་ཨ་ཏིའོ། །ཨ་ནུ་རང་གཞུང་གི་ལམ་གྱི་ཁོག་རྒྱུད་ལྟར་བཟུང་བ་ཨ་ནུའི་ཨ་ནུའོ། །

ཨ་ཏིའི་གསུམ་ནི། ལམ་གྱི་སྤྱི་ཁོག་ཨ་ཏི་ཡིན་ཡང་མ་ཧཱའི་ལམ་དང་མཐུན་ཤས་ཆེ་བ་ཨ་ཏིའི་མ་ཧཱ། ཨ་ཏིའི་ལམ་གྱི་ཁོག་ཨ་ནུ་དང་མཐུན་པར་ཕྱུབ་པ་ཨ་ཏིའི་ཨ་ནུ། ཨ་ཏི་རང་གཞུང་གི་ལམ་ཁོག་རྒྱུད་ལྟར་བཟུང་བ་ཨ་ཏིའི་ཨ་ཏི་ཡིན་ནོ། །དང་པོ་མ་ཧཱ་ཡོ་ག་ལ། གཞི་ལྟ་བ་གཏན་ལ་དབབ་པ། ལམ་སྒོམ་པས་ཉམས་སུ་ལེན་པ། མཐར་ཐུག་འབྲས་བུ་མངོན་དུ་བྱ་བ་གསུམ་མོ། །དང་པོ་ལྟ་བ་ནི། སངས་རྒྱས་གསང་བས། གཞི་དང་གཏན་ཚིགས་གྲུབ་པའི་དོན། །ཞེས་པ་ལྟར། གཞལ་བྱའི་གཞི། འཇལ་བྱེད་ཀྱི་གཏན་ཚིགས། གྲུབ་པའི་མཐའ་སྟེ་གསུམ་མོ། །དང་པོ་ནི། ལམ་རྣམ་བཀོད་ལས། བརྟགས་པའི་སྤྱོད་ཡུལ་གཉིས་ལ་གཞལ། །ཞེས་དང་། ལམ་རིམ་ལས། འཁོར་འདས་དངོས་པོའི་ཞེན་སྣང་བརྟགས། །ཞེས་གསུངས་པས། ལོག་རྟོག་འཁྲུལ་པའི་དམིགས་ཡུལ་ཆོས་ཅན་དུ་བྱས་ཏེ་གདོད་ནས་རྣམ་དག་གི་ངོ་བོར་འཇལ་བའམ་གཏན་ལ་འབེབ་པ་ཡིན་པས། དེ་འདྲའི་ཆོས་ཅན་དང་བསྒྲུབ་བྱའི་ཆོས་ཀྱི་ཚོགས་དོན་ལ་གཞལ་བྱ་ཞེས་བསྒྲུབ་བྱ་རུ་བཞེད། གཉིས་པ་འཇལ་བྱེད་གཏན་ཚིགས་ལ་རྣམ་གྲངས་མང་དུ་ཡོད་ཀྱང་རྒྱུད་གཞུང་གི་དངོས་བསྟན་ལྟར་རྟོགས་པ་བཞིའི་གཏན་ཚིགས་ལ་བརྟེན་ནས། རང་བཞིན་སྐྱེ་མེད། རོལ་པ་འགགས་མེད། ངོ་བོ་དབྱེར་མེད། མཚན་ཉིད་བློ་བྲལ་བཞིར་བསྒྲུབ་པར་བྱ་བ་ཡིན། དེའང་རྒྱུ་གཅིག་པའི་གཏན་ཚིགས་ཀྱིས་རང་བཞིན་སྐྱེ་མེད་སྒྲུབ་པ་ནི། འཁོར་འདས་ཀྱི་སྣང་བ་རྣམས་ཆོས་ཅན། དབྱིངས་ཀྱི་རང་བཞིན་ལ་སྐྱེ་བ་མེད་དེ། ཁྱོད་གཉིས་ཀའི་སྣང་གཞི་མཐར་ཐུག་དབྱིངས་གཅིག་པོ་དེ་ལས་མེད་པའི་ཕྱིར་ལྟ་བུ་དང་། ཡིག་འབྲུའི་ཚུལ་གྱི་གཏན་ཚིགས་གིས་རོལ་བ་འགགས་མེད་སྒྲུབ་པ་ཡིན་ཏེ། སེམས་སྐྱེ་མེད་ཀྱི་གདངས་ཆོས་ཅན། རོལ་བ་འགགས་མེད་ལྷའི་སྐུ་གསུང་ཐུགས་སུ་རང་སྣང་བ་ཡིན་ཏེ། མཚོན་དུ་མེད་པའི་ཡི་གེ་ཨ་ཉིད་མཚོན་བྱེད་ཡི་གེ་དུ་མར་མ་འགགས་པར་སྣང་བས་མཚོན་ནས་རྟོགས་པའི་ཕྱིར། བྱིན་གྱིས་བརླབས་པའི་གཏན་ཚིགས་ཀྱིས་ངོ་བོ་དབྱེར་མེད་སྒྲུབ་པ་ཡིན་ཏེ། ལྷག་པའི་བདེན་གཉིས་ཆོས་ཅན། ངོ་བོ་དབྱེར་མེད་ཡིན་ཏེ། ཁྱོད་གཉིས་རང་བཞིན་དང་རོལ་བར་གཏན་ལ་ཕབ་པའི་བྱིན་རླབས་སམ་ཤུགས་ལས་དེ་ལྟར་ཐོན་པའི་ཕྱིར། བཀོད་ཚུལ་གཅིག་ཏུ། འདི་ལྟར་སྣང་བའི་དངོས་པོ་སྣོད་བཅུད་རྒྱུད་གསུམ་ཆོས་ཅན། ལྷག་པའི་བདེན་གཉིས་དབྱེར་མེད་དམ་

ཟུང་འཇུག་གི་རང་བཞིན་དུ་ཡེ་ནས་སངས་རྒྱས་པ་ཡིན་ཏེ། རྒྱུ་གཅིག་པ་དང་ཡིག་འབྲུའི་ཚུལ་དུ་རྟོགས་པ་གཉིས་ཀྱི་སྟོབས་སམ་ཁྱེན་རླབས་ལས་དེ་ལྟར་མཐོང་བའི་ཕྱིར། མངོན་སུམ་པའི་གཏན་ཚིགས་ཀྱིས་མཚན་ཉིད་བློ་བྲལ་དུ་སྒྲུབ་པ་ཡིན་ཏེ། བདེན་པ་དབྱེར་མེད་ཆོས་ཅན། བློའི་སྤྱོད་ཡུལ་ལས་འདས་པ་ཡིན་ཏེ། རང་རིག་མངོན་སུམ་གྱིས་ཡུལ་མེད་རང་གསལ་དུ་རྟོགས་པའི་ཕྱིར། དེས་ན་མ་ཧཱ་ཡོ་གའི་ལྟ་བ་ཚོ་འཕྲུལ་གྱི་ལྟ་ཞེས་དག་པར་བཞེད། དེའང་སྣང་བ་རགས་པ་དང་སེམས་རགས་པ་རྣམས་ནི་བདེན་གྲུབ་མེད་པས་རང་བཞིན་རྣམ་དག་ཡིན་པ་དང་། རགས་པ་དེ་དག་གི་སྣང་གཞི་ནི་ཕྲ་བ་གཞུག་མའི་ཆོས་ཡིན་པས་རགས་པ་སྐྱིགས་མའི་ཆོས་འདི་རྣམས་སྣང་བའི་དུས་ཉིད་ནས་ཕྲ་བ་གཞུག་མའི་རང་བཞིན་ཅན་ནམ་སྲོག་ཅན་དུ་གནས་པ་ཡིན་པས་ཕྲ་བའི་ཚོ་འཕྲུལ་དུ་མ་གྱུར་པ་མེད། ཕྲ་བའི་སེམས་དང་སྣང་བ་རྣམས་ནི་ཡེ་ཤེས་དང་ཡེ་ཤེས་ཀྱི་སྣང་བ་ཁོ་ན་ཡིན་པས་རང་བཞིན་རྣམ་པར་དག་པར་མ་ཟད་རང་གི་གཤིས་ལུགས་ལ་མ་དག་པར་སྣང་བ་ལྟར་དུ་རྡུལ་ཙམ་ཡང་གྲུབ་པ་མེད་པས་དག་པ་ཁོ་ནར་གནས་པ་ཅན་ཡིན་པས་ཕྲ་བའི་གཤིས་ལུགས་དངོས་དག་པ་གཉིས་ལྡན་ཅན་ཡིན་ཡང་། དེ་ལྟར་མངོན་དུ་བྱེད་པའི་ལྷག་མཐོང་གི་ཤེས་རབ་མ་སྐྱེས་པར་མ་རིག་པས་བསྒྲིབས་པ་རྣམས་ལ་དཔེར་སངས་རྒྱས་ཀྱི་ཡོན་ཏན་སྐྱོན་དུ་ཤར་བ་ལྟར་ཡིན་པས་དེ་འདྲའི་བློ་སྐྱོན་ཅན་གྱི་སྒྲིབ་པ་རང་ལ་ཡོད་པ་དེ་བསལ་བའི་ཆེད་དུ་ཤིན་ཏུ་རྣམ་དག་གི་ལྟར་ལམ་དུ་ཁྱེར་དགོས་པ་ཡིན་ནོ། །

གསུམ་པ་གྲུབ་མཐའ་ནི། དེ་ལྟར་གཏན་ཚིགས་ཀྱིས་བསྒྲུབ་བྱ་དེ་བསྒྲུབས་པའི་འབྲས་བུ་ལ་སྣང་སྲིད་ཡེ་སངས་རྒྱས་པའི་རང་བཞིན་ཅན་དུ་མཐོང་བའི་ལྟ་བ་དངོས་སྐྱེད་པར་འགྱུར་ཏེ། འོད་གསལ་གྱི་དབྱིངས་མངོན་དུ་བྱེད་པའི་ལྷག་མཐོང་གི་ཤེས་རབ་རྒྱུད་ལ་སྐྱེ་བར་འགྱུར་བའི་ཕྱིར་རོ། །དེ་ལྟར་ཡང་ལམ་རིམ་ལས། རྒྱ་མཚོ་དྭངས་པའི་གཟུགས་བརྙན་ལྟར། །སྒྲ་རྟེན་ཡིད་ལ་བྱེད་མིན་པར། །རང་རིག་མངོན་སུམ་དམིགས་བྲལ་བར། །རང་གསལ་གསུམ་བྲལ་མི་འགྱུལ་བར། །ངེས་པ་གདེངས་སུ་གང་བྱས་པ། །ཐོབ་བསམ་བརྟན་པས་ལྟ་མཐར་ཕྱིན། །ཞེས་དྭངས་མའི་མཚོ་ལ་གཟུགས་བརྙན་གསལ་བ་ལྟར་རང་གནས་ཀྱི་ཡེ་ཤེས་གོ་ཡུལ་དུ་མ་ལུས་པར་མངོན་སུམ་

དུ་རྟོགས་ཤིང་སྒྲོ་སྐུར་ལྷུང་མ་བསྟན་གསུམ་དང་བྲལ་བའི་རྟོག་པས་མི་གཡོ་མི་འགྱུལ་བར་གཏིང་དང་ལྡན་པ་ནི་ལྟ་བའི་དཔྱད་པ་རྫོགས་པའི་ལྟ་བ་མཐར་ཕྱིན་པ་ཡིན་པར་གསུངས་སོ། །

མདོ་སྔགས་ལ་ལྟ་བས་ཁྱད་མི་འབྱེད་པ་ནི་སྔགས་གསར་མའི་ལུགས་ཡིན་གྱི། རང་ལུགས་ལ་ཆོས་ཉིད་ལྟ་བ། ཆོས་ཅན་ལྟ་བ། རང་རིག་ལྟ་བ་གསུམ་ལས། ཆོས་ཉིད་ཀྱི་ལྟ་བ་དབུ་མའི་ལྟ་བ་སྤྲོས་བྲལ་ཙམ་ལ་མདོ་སྔགས་གཉིས་ཁྱད་པར་མེད་ཀྱང་། ཆོས་ཅན་གྱི་ལྟ་བ་ཟབ་གསལ་གཉིས་མེད་ཀྱི་ཡེ་ཤེས་ལ་མདོ་སྔགས་གཉིས་ལ་ཁྱད་པར་ཡོད་དེ། ཡེ་ཤེས་དེ་དངོས་སུ་ལམ་དུ་བྱེད་མིན་ལས་མདོ་སྔགས་གཉིས་ཕྱེ་བ་ཡིན་ཏེ། སྒྱུ་འཕྲུལ་ལམ་རིམ་ལས། བླ་མེད་ཐེག་པའི་ནང་ནས་ནི། །དོན་དམ་དུ་ནི་དབྱེར་མེད་ལ། །ཀུན་རྫོབ་ཏུ་ནི་ཐམས་ཅད་ལ། །དག་དང་མ་དག་གཉིས་ཀར་འཛིན། །ཐབས་ཀྱི་ལྟ་སྤྱོད་ཆེན་པོ་ནི། །རྣམ་པར་བྱང་དང་སྡུག་བསྔལ་དག །ཀུན་རྫོབ་ཏུ་ཡང་དབྱེར་མེད་ལ། །ལྟ་བ་མཐོ་དམན་དེ་ཙམ་མོ། །ཞེས་གསུངས་སོ། །

གཉིས་པ་ལམ་སྒོམ་པས་ཉམས་སུ་ལེན་པ་ལ། ཀུན་སློང་ནི། ནང་རྒྱུད་ཀྱི་ཐེག་པ་གསུམ་མཚུངས་པར་ཚེ་ལུས་འདི་ཉིད་ལ་གཞན་དོན་དུ་འབྲས་བུ་རྡོ་རྗེ་འཆང་གི་གོ་འཕང་ཐོབ་པར་འདོད་པའོ། །འཇུག་སྒོ་དབང་ནི། ཐུགས་ཐིག་ལས། རྒྱུ་གཉིས་རྐྱེན་བཞིས་ཡན་ལག་བསྐྱེད། །དྲུག་ལ་གནས་པའི་ཐོབ་བྱ་དེ། །ངོ་བོ་ཉིད་ཅེས་རྣམ་པར་བཤད། །ཅེས་རྒྱུ་གཉིས་དང་རྐྱེན་བཞི་འཚོགས་པ་ལ་བརྟེན་ནས་གོ་འཕང་མཆོག་གི་ཆོས་རྒྱུད་ལ་འཛོག་པའི་ལས་ཀྱིས་ཡེ་ཤེས་དངོས་སུ་སྐྱེ་བའམ་སྐྱེ་ངེས་ཀྱི་ནུས་པ་ཅི་རིགས་ཐོབ་པའོ། །མཚུངས་ལྡན་གྱི་རྒྱུ་ནི། སློབ་བུའི་རྒྱུད་ལ་དང་པོ་ནས་དབང་སོ་སོའི་རྗེས་སུ་མཐུན་པའི་ཆོས་རེ་ཡོད་པ་དེ་ཡིན། དཔེར་ན་བདུད་རྩི་ལྔ་རྣམ་ཤེས་ཚོགས་བརྒྱད་རྩ་ཐིག་ལེ་ཕོ་མོའི་དབང་པོ་སོགས་སོ། །ལྷན་ཅིག་བྱེད་པའི་རྒྱུ་ནི། དབང་རྫས་རབ་གནས་དང་ལྡན་པ་སྟེ། རྒྱུའི་རྐྱེན་དབང་རང་རང་གི་སྣོད་དུ་རུང་བའི་སློབ་མ་རྒྱུད་སྨིན་པའོ། །བདག་རྐྱེན་བསྐྱེན་པ་ཚད་དུ་འཁྱོལ་བ་སོགས་ཀྱི་མཚན་ཉིད་དང་ལྡན་པའི་སློབ་དཔོན་ནོ། །དམིགས་རྐྱེན་ནི༑ དབང་རྫས་དང་སྔགས་དང་ཏིང་ངེ་འཛིན་གསུམ་འཚོགས་པའི་ནུས་པ་ཁྱད་པར་ཅན་ནོ། །དེ་མ་ཐག་རྐྱེན། དབང་དེ་དག་གོ་རིམ་འཚོལ་བར་བསྒྱུར་དུ་མེད་ཀྱི། སྔ་མ་སྔ་མས་གོ་བྱེས་ནས་གདོད་ཕྱི་

མ་ཕྱི་མ་བསྐུར་དགོས་པས་ཟབ་དབང་གི་དེ་མ་ཐག་རྐྱེན་ནུས་དབང་། ནུས་དབང་གི་དེ་མ་ཐག་རྐྱེན་ཕན་དབང་། ཕན་དབང་གི་དེ་མ་ཐག་རྐྱེན་དཀྱིལ་འཁོར་དུ་འཇུག་པ་ཡིན་པར་འཇོག་དགོས་པར་གསུངས། དེས་ན་དབང་བསྐུར་ཡུལ་ཁམས་དྭུག་ལྡན་གྱི་རྟེན་ཅན་མིན་ན་མཚུངས་ལྡན་གྱི་རྒྱུ་མ་ཚང་། དབང་རྫས་མ་ཚང་བའམ་ལྷག་གནས་མ་བྱས་ན་ལྷན་ཅིག་བྱེད་རྐྱེན་མ་ཚང་། སྟོན་དུ་སློབ་བུའི་རྒྱུད་སྨྲངས་སྨིན་མ་སོང་ན་རྒྱུའི་རྐྱེན་མ་ཚང་། སློབ་དཔོན་གྱིས་སྟོན་དུ་བསྙེན་པ་སོགས་མ་སོང་ན་དཀྱིལ་འཁོར་གྱི་ལས་ལ་མི་དབང་བས་བདག་རྐྱེན་མ་ཚང་། ཡུལ་རྟེན་དེ་དག་འཛོམ་ཡང་སློབ་དཔོན་གྱིས་རྫས་སྔགས་ཚང་བར་འདུ་མ་བྱས་པ་དང་བྱས་ཀྱང་སློབ་བུས་དེ་ལ་ཡིད་གཏད་ནས་མ་བསྒོམ་ན་དམིགས་རྐྱེན་དང་དེའི་ཡན་ལག་མ་ཚང་། དབང་གི་གོ་རིམ་འཁྲུགས་ཤིང་བར་དུ་འགའ་ཞིག་ཆད་ན་དེ་མ་ཐག་རྐྱེན་མ་ཚང་བར་འགྱུར་བས་དེ་ལྟ་ན་ཤིང་རྟའི་འཕང་ལོ་ཉམས་པ་ལྟ་བུའི་ཡན་ལག་མ་ཚང་ན་དགོས་པ་མི་འགྲུབ་པས་ཐམས་ཅད་ཚང་བ་གལ་ཆེའོ། །སྤྱིར་གཞིའི་དབང་གི་མཚན་ཉིད་ནི། སྔགས་ཀྱི་འཇུག་སྒོ་གང་ཞིག་སྔགས་ལམ་སྒོམ་པ་དང་རྒྱུད་ལས་གསུངས་པའི་མཆོག་ཐུན་གྱི་དངོས་གྲུབ་སྒྲུབ་པ་ལ་དབང་བའི་རིགས་གནས་དེ་སྨིན་བྱེད་རྒྱུའི་དབང་གི་མཚན་ཉིད། དབང་ལ་བཞི་ལས། དང་པོ་བུམ་དབང་ལ་སྤྱིར་བཅུ་གཅིག་ཀྱང་ཡོད་དེ། ཐུན་མོང་རིགས་ལྔའི་དབང་ལྔ་དང་། དྲུག་པ་སྔགས་ཀྱི་དབང་ནི། བླ་མའི་ཐུགས་ཀའི་སྔགས་ཕྲེང་ལས་བྱུང་བའི་སྔགས་ཕྲེང་གཉིས་པ་སློབ་མའི་ཐུགས་ཀར་འཁོད་པར་མོས། དེ་ལས་འོད་ཟེར་གྱིས་སྡིག་སྒྲིབ་སྦྱངས་བར་མོས་ཏེ་སྔགས་རྗེས་ཟློས་བྱ། བདུན་པ་རྡོ་རྗེའི་བརྟུལ་ཞུགས་ནི། རྡོ་རྗེ་དོར་སེམས་སུ་བསྐྱེད། འོད་དུ་ཞུནས་རྡོ་རྗེར་གྱུར་པ་སློབ་མ་རྡོར་སེམས་སུ་གསལ་བ་ལ་གཏད། བརྒྱད་པ་སྤྱོད་པའི་བརྟུལ་ཞུགས་ཀྱི་དབང་ནི། སློབ་མ་ཧེ་རུ་ཀ་ཡབ་ཡུམ་དང་རྡོར་སེམས་གང་རུང་དུ་གསལ་བ་ལ་རིམ་པར་ཁ་ཊྭཾ་དང་དྲིལ་བུ་གཏད་པའོ། །དགུ་པ་ལུང་བསྟན་དབུགས་དབྱུང་བྱ། བཅུ་པ་སློབ་དཔོན་གྱི་དབང་སློབ་མ་སེང་ཁྲིར་རྡོ་རྗེ་འཆང་གསལ་བ་ལ་དམ་ཚིག་གསུམ་བྱིན་པའོ། །

བཅུ་གཅིག་པ་རྗེས་གནང་ངམ་མཐའ་རྟེན་ནི། འདོད་ཡོན་ལ་ལོངས་སྤྱོད་པའི་རྗེས་གནང་། ལྷ་མཆོད་པའི་རྗེས་གནང་། སེམས་ཅན་གྱི་དོན་བྱེད་པའི་རྗེས་གནང་སོགས་མདོར་ན་སློབ་མའི

དབང་ཐུན་མོང་རིགས་ལྔ་དང་སྔགས་དབང་དང་རྡོ་རྗེའི་བརྟུལ་ཞུགས་དང་སྤྱོད་པའི་བརྟུལ་ཞུགས་དང་། སློབ་དཔོན་དབང་དམ་ཚིག་གསུམ་བྱིན་པ་སྔགས་ཀྱི་སྨིན་གྲོལ་ལས་དང་བཅས་པས་གཞན་དོན་སྤྱོད་པ་རྗེས་སུ་གནང་བ། སངས་རྒྱས་པར་ལུང་བསྟན་པ། སྡུག་བསྔལ་ཆད་པར་དབུགས་དབྱུང་བའོ། །ཁྲི་བྲག་རྒྱུད་ཕྱི་མ་རང་ལས། སློབ་དཔོན་གསང་བ་ཤེས་རབ་དང་། །དེ་མ་ཐག་པ་བཞི་པ་སྟེ། །ཞེས་དབང་བཞི་སྟེ། ཕན་ནུས་གཉིས་སློབ་དཔོན་གྱི་དབང་ཞེས་གཅིག་ཏུ་བགྲང་བ་ཡང་སློབ་དཔོན་གྱི་དབང་གཙོ་བོ་དང་གཞན་རྣམས་དེའི་འཁོར་ཡིན་པས་སོ། །བཤད་རྒྱུད་རྡོ་རྗེ་ལས་དབང་ལྔར་གསུངས་ཏེ།

དེ་ཉིད་ལས། དང་པོ་ས་བོན་འཛོག་པ་སྟེ། །གཉིས་པ་ནུས་པ་བསྐྱེད་པ་ཡིན། །གསུམ་པ་ཉམས་མྱོང་བསྐྱེད་པའོ། །བཞི་པས་དེ་ཉིད་བརྟན་པར་བྱེད། །ལྔ་པས་བརྟན་པ་ཉམས་ལོན་པས། །མཆོག་གི་དངོས་གྲུབ་ཚེ་འདིས་འགྲུབ། །ཞེས་ཕན་ནུས་གཉིས་ཟབ་མོའི་དབང་གསུམ་སྟེ་ལྔ་གསུངས། ཡན་ལག་གིས་དབྱེ་ན་བཅོ་བརྒྱད་དེ། ཕན་དབང་བཅུ། ནུས་དབང་ལྔ། ཟབ་མོའི་དབང་གསུམ་སྟེ་བཅོ་བརྒྱད་གསུངས། སྙིང་པོ་ལྔ་དང་དབུ་རྒྱན་དང་། །བུམ་པ་ཅོད་པན་ཕྲེང་བ་དང་། །གོ་ཆ་རྒྱལ་མཚན་གདུགས་ཕྱག་རྒྱ། །བཟའ་བཏུང་དབང་རྣམས་རིམ་བཞིན་བསྐུར། །ཞེས་ཞི་བ་ལ་བཅུ་དང་། ཁྲོ་བོ་ལ། གདན་དང་ལྷ་དབང་ཕྱག་མཚན་དང་། །ཆས་བཅུ་སྒྲུབ་རྫས་བཅོ་ལྔ་སྟེ། །ཞེས་ཉེར་བརྒྱད་དེ། དྲེགས་པ་གདན། ཕྱག་རྒྱ་ལྷ། བསྣམས་པ་ཕྱག་མཚན་གསུམ་དང་། ཆས་བཅུ་ནི། དབུ་རྒྱན་བུམ་པ་སྙིང་པོ་དང་། །ཅོད་པན་གོ་ཆ་ཕྲེང་བ་རྒྱན། །ཐོད་ཕྲེང་རྟགས་གསུམ་མེ་དཔུང་ངོ་། །སྒྲུབ་རྫས་བཅོ་ལྔ་ནི། བདུད་རྩི་ལྔ་དང་ཤ་ལྔ་དང་། །རཀྟ་རྒྱལ་མཚན་གདུགས་ཁ་ཊྭཱཾ། །ཕུར་པ་རྡོ་རྗེ་འཁྲུལ་འཁོར་དང་། །ཡུངས་དཀར་གཟུངས་མ་ཕྲེང་བ་དང་། །ཚེ་དང་བཟའ་བཏུང་མིང་དབང་ངོ་། །ནང་དབང་ལྔ་ནི། ཉན་སྒོམ་གཉིས། འཆད་ཕྲིན་གཉིས། རྡོ་རྗེ་རྒྱལ་པོའི་དབང་ལྔའོ། །དེའང་འཆད་ཕྲིན་རྡོ་རྗེ་རྒྱལ་པོའི་དབང་དང་གསུམ་སློབ་དཔོན་གྱི་དབང་དངོས་ཡིན། གཞན་ཕན་ནུས་རྣམས་སློབ་དཔོན་གྱི་དབང་དངོས་མིན་ཀྱང་བཏགས་ཏེ་སློབ་དཔོན་དབང་དུ་བསྡུ། འཆད་ཕྲིན་གཉིས་ཀྱང་སློབ་དཔོན་དབང་དངོས་ཡིན་ཀྱང་རྡོ་རྗེ་རྒྱལ་པོའི་དབང་གཙོ་བོ་དང་འཆད་ཕྲིན་འཁོར་དུ

བཤད་དོ། །ཟབ་མོའི་དབང་གསུམ་ནི། གསང་དབང་དང་། ཤེར་དབང་ངམ་ཡེ་ཤེས་རང་གནས་ཀྱི་དབང་དང་། ཚིག་དབང་ངམ་དབྱེར་མེད་བདེ་བ་ཆེན་པོའི་དབང་གསུམ་མོ། །དེ་ལྟར་འཇུག་སྒོའི་དབང་གིས་རྒྱུད་སྨིན་པར་བྱེད་པའོ། །

གསུམ་པ་ཞུགས་ནས་ལམ་ཇི་ལྟར་ཉམས་སུ་ལེན་པའི་རིམ་པ་ནི། རྒྱལ་པོ་ཨིནྡྲ་བྷཱུ་ཏིའི་རིམ་གཉིས་ལས། སངས་རྒྱས་རྣམས་ཀྱིས་ཆོས་བསྟན་པ། །རིམ་པ་གཉིས་ལ་ཡང་དག་གནས། །བསྐྱེད་པ་ཡི་ནི་རིམ་པ་དང་། །རྫོགས་པ་ཡི་ནི་རིམ་པའོ། །ཞེས་གསུངས་པས་སེམས་བསྐྱེད་སྡོམ་པ་དང་ལྡན་པ་དང་། ཀུན་བཏགས་བསྐྱེད་རིམ་གྱི་རྣལ་འབྱོར་དང་། ཡོངས་གྲུབ་རྫོགས་རིམ་གྱི་རྣལ་འབྱོར་གཉིས་ལས། དང་པོ་ནི། འཁོར་བའི་སྐྱེ་འཆི་བར་དོ་གསུམ་དང་། ཐུན་མིན་སྐུ་གསུམ་སྟེ་གཞི་འབྲས་གཉིས་ཆར་དང་རྣམ་པ་མཐུན་པར་རྫོགས་རིམ་སྨིན་བྱེད་དུ་བསྒོམས་པའི་དག་རྫོགས་སྨིན་གསུམ་གྱི་གནད་ཚང་བའི་བཅོས་མའི་རྣལ་འབྱོར་ནི་བསྐྱེད་རིམ་དང་། སྐྱེ་འཆི་བར་དོ་གསུམ་སྐུ་གསུམ་དུ་དངོས་སུ་སྒྱུར་བའི་ལམ་གྱི་རིགས་སུ་གནས་པའི་མ་བཅོས་པའི་རྣལ་འབྱོར་ནི་རྫོགས་རིམ་ཡིན་ལ། དང་པོ་བསྐྱེད་རིམ་ནི། སྒྱུ་འཕྲུལ་དྲ་བ་ལས། སྐྱེ་གནས་བཞི་པོ་དག་སྦྱང་ཕྱིར། །བསྐྱེད་པའང་དེ་བཞིན་རྣམ་པ་བཞི། །སྤྲོས་བཅས་སྤྲོས་དང་སྤྲོས་པ་མེད། །ཤིན་ཏུ་སྤྲོས་པ་མེད་པ་བཞི། །ཞེས་གསུངས་པ་ལྟར་བཞི་ལས། ལས་དང་པོ་བའི་གང་ཟག་གིས་བསྒོམ་བྱ་སྒོང་སྐྱེས་ཀྱི་བག་ཆགས་དག་བྱེད་སྤྲོས་པ་ཅན་ནམ་རྒྱས་པ་ཆེན་པོའི་བསྐྱེད་རིམ་ནི། རྒྱུའི་ཧེ་རུ་ཀ་ལས་འབྲས་བུ་རྡོ་རྗེ་འཛིན་པའི་རྣམ་པར་བཞེངས་པ་དང་། དེའང་བདག་སྲས་གཞན་སྲས་གཉིས་ཀྱི་སྒོ་ནས་བསྐྱེད་པ་སྟེ། སྒྲུབ་སྡེ་བཀའ་བརྒྱད་བདེར་འདུས་ལྟ་བུ་དང་རྒྱུད་སྡེ་སྒྱུ་འཕྲུལ་ཁྲོ་བོ་ལྟ་བུ་ཡིན། དེའང་སྒྲུབ་སྡེ་ལྟར་ན་བདག་སྲས་ཡན་ལག་ལྔ་དང་། གཞན་སྲས་ཡན་ལག་བརྒྱད་ཀྱི་སྒོ་ནས་བསྐྱེད་པ་དང་། རྒྱུད་སྡེ་ལྟར་ན། བདག་སྲས་གཞན་སྲས་གཉིས་ཀ་སྐྱེད་བྱེད་རྡོ་རྗེ་གསུམ་གྱི་ཚོགས་བསྐྱེད་པའོ། །

བདག་སྲས་ཡན་ལག་ལྔ་ནི། ས་བོན་ལས་གཙོ་བོ་བསྐྱེད་པ། ཕྱོགས་བཅུའི་སངས་རྒྱས་བཀུག་ནས་མཁར་བསྟིམ་པ། སེམས་ཅན་བཀུག་ནས་སྒྲིབ་པ་སྦྱོང་བ། གཉིས་སུ་མེད་པའི་ཆེ

པ་བསྐྱེད་པ། མཁའ་ནས་བརྟོན་ཏེ་གདན་ལ་འགོད་པ་དང་ལྔའོ། །གཞན་ཡང་ཏིང་འཛིན་རྣམ་གསུམ་བསྒོམས་ནས་དཀྱིལ་འཁོར་གྱི་རྟེན་འབྱུང་བ་རིམ་བརྩེགས་རི་རབ་སྟེང་པདྨ་འཁོར་ལོའི་སྟེང་དུ་གཞལ་ཡས་ཁང་དང་གདན་བསྐྱེད་པ་དང་། བརྟེན་པ་ལྷ་ཚོགས་སྒོམ་ཚུལ་ལ་ཏིང་འཛིན་གསུམ་ནས་རྒྱུའི་རྡོ་རྗེ་སེམས་དཔའ་ནམ་མཁར་གསལ་བའི་ཐུགས་ཀ་ནས་ཨེ་སོགས་ཆད་པ་ལས་འབྱུང་བ་རིམ་བརྩེགས་གཞལ་ཡས་ཁང་གདན་བཅས་བསྐྱེད། དེ་ནས་ནམ་མཁའ་ནས་བབས་ཏེ་ཉི་ཟླའི་གདན་ལ་སེམས་སྐྱིལ་གྱིས་འདུག་པ་སྟོང་ཉིད་ཆོས་དབྱིངས་ཡེ་ཤེས་ཨཱཿརུ་གྱུར། ཨ་ལས་ཟླ་བ་མཚན་བཟང་ས་བོན་དབྱངས་ཡིག་བཅུ་དྲུག་ཉིས་འགྱུར་སོ་གཉིས་ཀྱིས་མཚན་པར་གསལ། ཨཱ་རིང་ལས་ཉི་དཀྱིལ་དཔེ་བྱད་ས་བོན་ཀ་ལི་སོ་བཞི་ཉིས་འགྱུར་རེ་བརྒྱད་ལ། ཊ་མ་རུའི་ཡི་གེ་གཉིས། གླང་ཆེན་གཙུག་གམ་བུ་ལི་ཏའི་ཡི་གེ་གཉིས་ཏེ་བཞི། རྣམ་བཅད་ཤད་དེ་དྲུག་པོ་ཉིས་འགྱུར་བརྒྱད་ཅུ་དེ་མེ་ལོང་ཡེ་ཤེས། དེ་འོད་གོང་དུ་གྱུར་པ་མཉམ་ཉིད་ཡེ་ཤེས། དེ་ཧཱུྃཿདུ་གྱུར་པ་འབྲས་བུ་རྡོར་སེམས་ཀྱི་ཐུགས་སྲོག་ཏུ་གྱུར་པ་སོར་རྟོགས་ཡེ་ཤེས། དེ་ཡོངས་སུ་གྱུར་པ་ལས་ཀུན་བཟང་ཡབ་ཏུ་གྱུར་པ་བྱ་གྲུབ་ཡེ་ཤེས། ཡུམ་བསྐྱེད་ནས་ལྷ་ཚོགས་བྱང་སེམས་ལས་བསྐྱེད། མཁའ་ལས་ཕྱིར་འདོན། དཀྱིལ་འཁོར་དུ་བཀོད་པའི་ལུགས་གཅིག་དང་། ཡང་ན་བྲི་མ་ལྷར་རྒྱུའི་ཨཱཿལས་ཡི་གེ་ཞེ་གཉིས་སྦྱོར་བ་གཙོ་འཁོར་གྱི་གདན་སོ་སོར་འཁོད། རྒྱུའི་ཨ་དེ་དེ་རྣམས་ལ་བསྟིམ་པ་ཡིག་འབྲུའི་ཆོ་ག དེ་རྣམས་ཕྱག་མཚན་ཞེ་གཉིས་སུ་གྱུར་བ་ཕྱག་མཚན་གྱི་ཆོ་ག །བསྐྱེད་སྔགས་ཀྱིས་ལྷ་སོ་སོར་གྱུར་བ་སྐུ་ཡོངས་སུ་རྫོགས་པའི་ཆོ་ག་སྟེ་རྡོ་རྗེ་གསུམ་གྱི་ཆོ་གའོ། །དྲྭ་བ་ཆེ་ཆུང་གི་ལུགས་ལ། བདག་སྲས་ནི་ཆོ་ག་གསུམ་གྱིས་ལྷ་ཞེ་གཉིས་སུ་བསྐྱེད་པ་ཡིན། གཞན་སྲས་ནི། གཙོ་བོ་དེའི་ཐུགས་ཀ་ནས་འཁོར་བའི་ལུས་འཛིན་པ་ཞིག་སྤྲོས་པ་ཤར་སྒོར་འཁོད། དཀྱིལ་འཁོར་ལྷར་གསོལ་བ་བཏབ། ལྷ་རྣམས་ཀྱི་སྦྱོར་མཚམས་ནས་བྱང་སེམས་ཀྱི་འོད་ཟེར་སྤྲོས་པ་ཕོག་པས་འོད་གོང་དུ་གྱུར། དེ་ལ་སླར་ཡང་རྡོ་རྗེ་གསུམ་གྱི་འོད་དཀར་དམར་མཐིང་གསུམ་སྤྲོས་པ་ཕོག་པས་ཨོཾ་ཨཱཿཧཱུྃ་གསུམ་དུ་གྱུར། དེ་ཡང་ཧཱུྃ་དུ་གྱུར། ཧཱུྃ་དེ་ཟླ་དཀྱིལ་དུ་བཞག་པ་རླུང་གིས་བཏེགས་ཏེ་ལྷ་ཚོགས་ལ་བསྐོར་བ་གསུམ་བྱས་ཏེ་གཙོ་བོའི་ཐུགས་ཀར་ཐིམ། གཙོ་བོ་ཡབ་ཡུམ་རྗེས་ཆགས་ཀྱིས་བྱང་སེམས་ཞུ།

ཡུམ་མཁར་བབས། གཙོ་བོ་ཡབ་ཡུམ་འོད་དུ་ཞུ། འཁོར་རྣམས་ཀྱང་འོད་དུ་ཞུ་ནས་དབུས་ཀྱི་ཐིག་ལེ་ལ་ཐིམ་པས་འོད་གོང་གཅིག་ཏུ་གྱུར། དེ་ཧཱུྃ་སྨཱུྃ་དུ་གྱུར་པས་ཚིག་གསུམ་གྱིས་རྡོ་རྗེ་སེམས་དཔའ་ཡབ་ཡུམ་དུ་བསྐྱེད། སྙོམས་པར་ཞུགས་ཏེ་ཡུམ་གྱི་མཁར་རྟེན་བརྟེན་པའི་གཙོ་འཁོར་རྣམས་ས་བོན་སོ་སོ་ལས་ལྷ་སོ་སོར་བསྐྱེད། མཁའ་ནས་ཕྱིར་བཏོན། ནམ་མཁའ་ལ་བཀོད། མི་བསྐྱོད་པ་གཙོ་བོར་བསྟིམས། འཁོར་རྣམས་སོ་སོའི་གདན་ལ་བཀོད་པ་སྤྲུ་འཕྲུལ་ལུགས་ཡིན་ནོ། །

དེ་ཡན་ལག་བརྒྱད་དུ་བསྡུ་ཚུལ་ནི། གཙོ་བོ་འོད་ཞུ་ས་བོན་དུ་གྱུར་པ་དང་། དེ་ལས་ཡབ་ཡུམ་བསྐྱེད་པ། ཡབ་ཀྱི་རྟོག་ཚོགས་ཡི་གེར་གྱུར་པ། ཡུམ་ལས་འོད་འཕྲོས་ལྷ་ལ་གསོལ་བ་གདབ་པ༏ ཀུན་ཀྱང་རང་ལ་བསྟིམ་སྟེ་ང་རྒྱལ་བཟུང་བ། སྙོམས་པར་ཞུགས་ནས་མཁའ་རྡུ་དཀྱིལ་འཁོར་བསྐྱེད་པ། རྟོག་ཚོགས་ཞི་གཉིས་ལྷར་གསལ་ནས་ཕྱིར་བཏོན་གདན་ལ་བཀོད་པ། ཕྱག་རྒྱ་བཞིས་བཅིང་པ་དང་རྒྱས་གདབ་པའོ། །རྟོག་ཚོགས་ཞི་གཉིས་ནི། ཕུང་ལྔ། འབྱུང་ལྔ། དབང་ཤེས་བཞི། དབང་པོ་བཞི། ཡུལ་བཞི། དུས་བཞི། ལུས་ཤེས་ལུས་དབང་རེག་བྱ་རེག་ཤེས་བཞི། རྟག་ཆད་བདག་མཚན་ལྟ་བ་བཞི། ཡིད་ཆོས་གཉིས། ཉོན་མོངས་པ་དྲུག་སྟེ་ཞི་གཉིས་ནི་རྟོག་པས་བཏགས་ཙམ་ཡིན་པས་རྟོག་ཚོགས་ཞེས་བྱའོ། །གཉིས་པ་བསྐྱེད་རིམ་ལ་ཅུང་ཟད་བརྟན་པ་ཐོབ་པ་གང་ཟག་དབང་པོ་འབྲིང་རྣམས་ཀྱིས་མངལ་སྐྱེས་ཀྱི་བག་ཆགས་དག་བྱེད་སྤྲོས་པ་རྒྱས་པའི་བསྐྱེད་རིམ་ལ། ཕ་རྒྱུད་ལྟར་རྡོ་རྗེའི་ཚིག་གསུམ་གྱིས་བསྐྱེད་པ་དང་། མ་རྒྱུད་ལྟར་མངོན་བྱང་བཞིའམ་ལྔས་བསྐྱེད་པ་གཉིས་ལས། རྡོ་རྗེའི་ཚིག་གསུམ་བསྐྱེད་ལྟར་ན། བར་དོའི་རྣམ་ཤེས་ཕ་མའི་ཁུ་རྡུལ་གྱི་དབུས་སུ་ཞུགས་པ་ལྟར་གསུང་ཡིག་འབྲུའི་ཚིག །མེར་ནུར་ལྟར་མཁྲང་གི་གནས་སྐབས་ལྟར་ཐུགས་ཕྱག་མཚན་གྱི་ཚིག གོར་ཀ་རུས་སྦལ་ནས་ལུས་རྫོགས་ཏེ་བཙས་པ་ལྟར་སྐུ་ཡོངས་སུ་རྫོགས་པའི་ཚིག་སྟེ་རྡོ་རྗེའི་ཚིག་གསུམ་མོ། །

མངོན་བྱང་བཞི་ནི། ས་བོན་ལ་མངོན་པར་བྱང་ཆུབ་པ། ཕྱག་མཚན་ལ་མངོན་པར་བྱང་ཆུབ་པ༏ འོད་གོང་ལ་མངོན་པར་བྱང་ཆུབ་པ། ལྷའི་རྣམ་པ་ལ་བྱང་ཆུབ་པ་བཞི་དང་། མངོན་བྱང་ལྔ་ནི། ཟླ་བའི་དཀྱིལ་འཁོར་ལ་མངོན་པར་བྱང་ཆུབ་པ། ཉི་མའི་དཀྱིལ་འཁོར་ལ་བྱང་ཆུབ་པ། ས་བོན་

ཕྱག་མཚན་ལ་བྱང་ཆུབ་པ། ས་བོན་ཕྱག་མཚན་བཅས་འོད་ཀྱི་གོང་བུ་ལ་མངོན་པར་བྱང་ཆུབ་པ། སྐུ་ཡོངས་རྫོགས་ལ་མངོན་པར་བྱང་ཆུབ་པ་དང་ལྔའོ། །དེ་ལྟར་སྒོང་སྐྱེས་དང་མངལ་སྐྱེས་སྦྱོང་བྱེད་ཀྱི་བསྐྱེད་རིམ་སྒོམ་ཚུལ་འདི་ནི་གཙོ་བོ་རིམ་འཇུག་གི་སྦྱོར་བ་རྒྱས་པ་མ་ཧཱ་ཡོ་གའི་ལུགས་ཀྱི་བསྐྱེད་རིམ་ཡིན། གསུམ་པ་བསྐྱེད་རིམ་ལ་བརྟན་པ་ཆེན་པོ་ཐོབ་པ་དབང་རབ་ཀྱི་གང་ཟག་གིས་བསྒོམ་བྱ་དྲོད་གཤེར་སྐྱེས་ཀྱི་བག་ཆགས་དག་བྱེད་ཨ་ནུའི་བསྐྱེད་རིམ་མམ་སྦྱོར་བ་འབྲིང་གི་བསྐྱེད་རིམ་ནི། སྙིང་པོའམ་བསྐྱེད་སྔགས་བརྗོད་པ་ཙམ་གྱིས་རྟེན་བརྟེན་པའི་དཀྱིལ་འཁོར་མ་ལུས་པ་བསྐྱེད་པ་དང་། ཡུལ་སྣང་བདེན་མེད་དུ་ཤེས་པའི་སྒྱུ་མའི་བསྐྱེད་རིམ་ཞེས་བྱ་སྟེ། བང་མཛོད་འཕྲུལ་ལྡེ་ལས། ཨ་ནུ་ཡོ་གའི་ཐེག་པ་ནི། །སྙིང་པོ་ཙམ་ཞིག་བརྗོད་བྱས་པས། །མ་བསྐྱེད་རྫོགས་པའི་ལྷ་རུ་བསྒོམ། །ཞེས་སོ། །བཞི་པ་ཧིང་ངེ་འཛིན་ལ་བརྟན་པ་ཐོབ་པའི་གང་ཟག་དབང་པོ་ཡང་རབ་ཀྱིས་བསྒོམ་བྱ་བརྫུས་སྐྱེས་ཀྱི་བག་ཆགས་དག་བྱེད་རྫོགས་ཆེན་ཨ་ཏི་ཡོ་གའི་བསྐྱེད་རིམ་སྒོམ་ཚུལ་སྦྱོར་མེད་དམ་བསྡུས་པའི་བསྐྱེད་རིམ་སྐད་ཅིག་དྲན་རྫོགས་སུ་བསྒོམས་པ་དེ་ལ་ལྷུན་གྲུབ་སྣང་སྟོང་དུ་ཤར་བ་ཟབ་མོའི་བསྐྱེད་རིམ་ཞེས་བྱ་སྟེ། རྨད་བྱུང་རྒྱལ་པོའི་རྒྱུད་ལས། །ཡེ་ནས་ལྷུན་གྲུབ་མཉམ་དཀྱིལ་ལ། །ཡིན་པར་ཤེས་ནས་བསྒོམ་པ་ལས། །ཐ་དད་བློ་ཡི་རིམ་པ་ཡིས། །སྤྲུན་དྲངས་གཤེགས་གསོལ་འདིར་མི་དགོས། །ཞེས་སོ། །

གཞན་ཡང་བསྐྱེད་རིམ་ལ་དབྱེ་ན་གཉིས་ཏེ། བསྐྱེད་རིམ་གྱི་ཏིང་འཛིན་ལ་བརྟན་པ་མ་ཐོབ་ཀྱང་མོས་བསམ་ཙམ་གྱིས་ཐུན་རེའི་ནང་དུ་སྲུང་འཁོར་དང་གོ་བགོ་ལུས་སྲུང་བར་སྐྲུབ་ཐབས་ཚང་བ་རེ་ཉམས་སུ་ལེན་པའི་མོས་སྒོམ་དང་། བསྐྱེད་རིམ་པའི་རྣལ་འབྱོར་ལམ་ལྔ་རེ་རེ་བཞིན་གཡོ་ཐོབ་གོམས་བརྟན་མཐར་ཕྱིན་གྱི་ཉམས་ལྔ་རྫོགས་པ་ན་གདོད་ཕྱི་མ་ཕྱི་མར་འཇུག་པའི་ཚུལ་གྱིས་མཐར་ཆགས་སུ་སློབ་པ་ངེས་རྫོགས་ཀྱི་བསྐྱེད་རིམ་གཉིས་སོ། །གཞན་ཡང་བསྐྱེད་རྫོགས་གཉིས་ཟུང་འཇུག་ཏུ་བསྒོམ་པ་དང་། བསྐྱེད་རྫོགས་རིམ་ཅན་དུ་སྒོམ་པ་གཉིས་ལས། དང་པོ་ནི། བསྐྱེད་རྫོགས་གཉིས་དང་པོ་ནས་རྣལ་འབྱོར་ལམ་ལྔའི་ཁོག་ནས་ཟུང་འཇུག་ཏུ་བསྒོམ་པ་ཡོད་དེ། དང་པོ་བསྐྱེད་རིམ་པས་མོས་པ་ཡིད་བྱེད་ཙམ་གྱིས་སྟོང་པ་ཆེན་པོའི་ལམ་བསྒོམས་པས་མཐར་ཉམས་ལྔ

རྫོགས་ཏེ་རྫོགས་རིམ་འོད་གསལ་གྱི་ཉམས་མྱོང་སྐྱེས་པ་ན་སྙིང་རྗེ་སྒྱུ་མའི་རྣམ་འབྱོར་བཅོས་ནས་སྒོམ། དེ་རྫོགས་རིམ་མ་བཅོས་སྒྱུ་མའི་རྣམ་འབྱོར་ལ་སོང་སྟེ་ཉམས་ལྟ་རྫོགས་པ་ན་ཕྱག་རྒྱ་གཅིག་པའི་ཕྲ་རགས་ཀྱི་རྣལ་འབྱོར་ལ་རིམ་པར་སྦྱང་བས་རྫོགས་རིམ་ལྷ་སྐུ་རྒྱ་གཅིག་མཐོང་ལ། དེར་གསལ་བརྟན་ཐོབ་པ་ན་ཕྱག་རྒྱ་སྦྲོས་བཅས་ཀྱི་རྣལ་འབྱོར་ལ་བསྐྱེད་རིམ་བཅོས་མའི་ལམ་གྱིས་སྦྱང་། དེ་རྫོགས་རིམ་དུ་གོ་འཕོས་པ་ནས་ཕྱག་རྒྱ་སྦྲོས་བཅས་ཀྱི་རྣལ་འབྱོར་མཐར་ཕྱིན་ཆེ་ཆོགས་སྐབ་ཀྱི་རྣལ་འབྱོར་སྤྱོད་པའི་ཉེར་རྒྱུས་མཚམས་སྦྱར་ནས་འཕགས་ལམ་གྱི་རིག་འཛིན་གྱི་དངོས་གྲུབ་ཐོབ་པར་འགྱུར་རོ། །

དེ་ལྟར་རྣལ་འབྱོར་གྱི་ལམ་རེ་རེ་ལ་ཉམས་ལྔ་མཐར་ཆགས་སུ་རྫོགས་དགོས་པས་དེ་ལྔ་ནི། དང་པོ་གཡོ་བའི་ཉམས་རི་གཟར་གྱི་འབབ་ཆུ་ལྟ་བུ། གཉིས་པ་ཐོབ་པའི་ཉམས་རོང་ཁྲུང་དོག་པོའི་འབབ་ཆུ་ལྟ་བུ། གསུམ་པ་གོམས་པའི་ཉམས་བྱང་ཐང་གི་དལ་འབབ་ལྟ་བུ། བཞི་པ་བརྟན་པའི་ཉམས་མཚོ་ཆུང་བསེར་བུས་བསྐྱོད་པ་ལྟ་བུ། ལྔ་པ་མཐར་ཕྱིན་ཉམས་རྒྱ་མཚོ་རླབས་དང་བྲལ་བ་ལྟ་བུ་སྟེ། རྣལ་འབྱོར་གྱི་ལམ་རེ་རེ་ལའང་དེ་ལྔ་རྫོགས་རྫོགས་སུ་བསྒོམས་ནས་བཅོས་མའི་བསྐྱེད་རིམ་གྱི་རྣལ་འབྱོར་མ་བཅོས་པའི་ལམ་རྫོགས་རིམ་གྱི་རྣལ་འབྱོར་དུ་གོ་འཕོས་དགོས་སོ། །གཉིས་པ་སྟར་ལྟ་བས་གདན་ལ་ཕབ་པ་ལྟར་ཆོས་ཐམས་ཅད་གནས་ལུགས་ཅིར་ཡང་མི་དམིགས་པའི་འོད་གསལ་སྟོང་པའི་དབྱིངས་སུ་མཉམ་པར་བཞག་སྟེ་ཆོས་སྐུའི་ངོ་བོར་ལྟ་བ་སྟོང་པ་ཆེན་པོའི་རྣལ་འབྱོར། དེ་ལྟར་མ་རྟོགས་བའི་སྒྱུ་མ་ལྟ་བུའི་སེམས་ཅན་ལ་དམིགས་ནས་སྡུག་བསྔལ་བྲལ་འདོད་ཀྱི་རྣམ་པ་ཅན་གྱི་སྙིང་རྗེ་ལོངས་སྐུའི་རང་བཞིན་དུ་ཤེས་ནས་སྒོམ་པ་སྙིང་རྗེ་སྒྱུ་མའི་རྣལ་འབྱོར་སྟོང་ཉིད་སྙིང་རྗེ་ཟུང་འཇུག་རང་སེམས་ཨཿདཀར་པོར་བསྒོམས་ནས་ཡི་གེ་སྤྲོས་བསྡུ་ལ་དམིགས་པ་ཕྲ་བ་ཡིག་འབྲུ་དེ་ལས་བསྐྱེད་ཅོག་རྒྱས་བསྡུས་ཅི་རིགས་ཀྱི་ལྷ་ཡབ་ཡུམ་ཟུང་གཅིག་སོགས་གསལ་བའོ། །དེ་ལྟར་ན་བསྐྱེད་རིམ་གྱི་རྣལ་འབྱོར་ལམ་ལ་འཆི་སྲིད་སྦྱོང་བྱེད་ཆོས་སྐུའི་ལམ་བྱེད་སྟོང་པ་ཆེན་པོའི་རྣལ་འབྱོར། བར་དོ་སྦྱོང་བྱེད་ལོངས་སྐུའི་ལམ་བྱེད་སྙིང་རྗེ་སྒྱུ་མའི་རྣལ་འབྱོར། སྐྱེ་སྲིད་སྦྱོང་བྱེད་སྤྲུལ་སྐུའི་ལམ་བྱེད་ཕྱག་རྒྱ་གཅིག་པ་ཕྲ་བ་ཡིག་འབྲུ་ཨཿལྟ་བུ་དང་རགས

པ་ཞལ་ཕྱག་རྫོགས་པའི་རྒྱ་བའི་ལྷ་ཡབ་ཡུམ་གཅིག་ལ་བྱིན་རླབས་ཀྱི་ལྷ་གསུམ་དང་། དབུ་རྒྱན་ལྔ་ལྡ། ཡེ་ཤེས་སེམས་དཔའ་དང་ཡན་ལག་གི་ལྷ་དགུ་བཅས་སྒོམ་པ་ཕྱག་རྒྱ་གཅིག་པའི་རྣལ་འབྱོར། ཕྱག་རྒྱ་སྤྲོས་བཅས་ཀྱི་དཀྱིལ་འཁོར་ཞི་བ་ཞེ་གཉིས་ཀྱི་ལྷ་ཚོགས་དང་ཁྲོ་བོ་ལྔ་བཅུ་རྩ་བརྒྱད་ལྟ་བུ་སྤྲོས་ཏེ་སྒོམ་པའོ། །

དེ་ལྟར་ཏིང་འཛིན་བཞི་ལ་རྩལ་རྙེད་པ་ན། ཐུན་རེའི་ནང་དུ་ཚང་བར་བསྒོམ་སྟེ་བོགས་འདོན་པའི་ཕྱིར་དུ་གྲོགས་ཀྱི་རྣལ་འབྱོར་བ་འཚོགས་པ་བཅས་ཚོམ་བུ་ཚོགས་སྒྲུབ། ཕུན་སུམ་ཚོགས་པ་ལྔས་གཞི་བཟུང་བ་ནི། གནས་བདག་དབང་བར་ཆད་མེད་ཅིང་ཡིད་འོང་གི་གནས་སུ་གཡོས་སྦྱོར་བྱེད་པ་སྒྲུབ་གཞུང་སྔོང་བ་གསང་སྤྱོད་ལ་འཇུག་པའི་ཁང་བ་རིམ་པ་གསུམ་ལྡན་བརྩིགས་པ་གནས་ཕུན་སུམ་ཚོགས་པ། གཟའ་སྐར་རྒྱལ་ཕུར་ལྟ་བུ་སྦྱོར་བ་ཉེར་བདུན་ལས་ངན་པ་བརྒྱད་བཤོལ་བས་ལེགས་པ་བྱེད་པ་བཅུ་གཅིག་ལས་བིཥྚི་ངན་པས་དྲག་ལས་མ་གཏོགས་རྣམ་དཀར་བཤོལ་བར་བྱ། དེས་ན་གཟའ་སྐར་སྦྱོར་བྱེད་ཚེས་གྲངས་སོགས་ལེགས་པའི་དུས་ཕུན་ཚོགས། འཚོ་བ་ཟས། རྐྱེན་བཟློག་སྨན། སྒྲུབ་པ་རྫས། མཆོད་པ་རྫས་ཀྱི་ཡོ་བྱད་ཕུན་ཚོགས། སློབ་པ་མཛོད་ལྡན་ཆུ་བོ་རྫོགས། །གཉེར་ལྡན་རྒྱུད་དང་ལས་ལ་མཁས། །མན་ངག་དྲོད་ལྡན་བརྒྱུད་འཆང་བ། །ཞེས་མཛོད་ལྡན་མ་ཏྲཱ། སྤྱོད་པ་ཨ་ནུ་སྒོམ་པ་ཨ་ཏི་ལྟ་བའི་མཛོད་གསུམ་ལྡན། དབང་བཞིའི་ཆུ་བོ་རྫོགས་པ༑ གཉེར་ལྡན་ནི། དཀྱིལ་འཁོར་ཀྱི་ལས་ལ་རབ་ལྷས་དངོས་སུ་གནང་བ། འབྲིང་ཉམས་སྨྱི་ལམ། ཐ་མ་རྒྱུད་ནས་མ་བཀག་པའོ། །རྒྱུད་ལ་མཁས་པ་ཕྱི་ནང་གི་དེ་ཉིད་བཅུ་ལ་མཁས་པ། ལས་ལ་མཁས་པ་ནི་དཀྱིལ་འཁོར་བྲི་ཐིག་ཕྱག་ལེན་ལ་མཁས་པ། མན་ངག་དྲོད་ལྡན་ནི། སློབ་པ་ནས་བརྒྱུད་པའི་བླ་མའི་བར་མ་ཆད་པའི་བརྒྱུད་པ་ལྡན་པ། སློབ་པ་མཆོད་བསྟོན་རྟོགས་པ་གསལ། །དམ་ཚིག་ཐུགས་དང་ཕྱག་རྒྱ་རྣམས། །མ་ཉམས་ཤེས་ཤིང་ཡོ་བྱད་ལྡན། །ཞེས་པ་ལྟར། སློབ་མས་སློབ་དཔོན་ལ་བསྙེན་བཀུར་བྱེད་པས་སློབ་པ་མཆོད་པར་བསྟོན། རྟོགས་པ་གསལ་བ་ནི། སློབ་དཔོན་དང་དགོངས་པ་མ་མཉམ་ནའང་ལྷ་སྒོམ་ཆ་རེ་རྙེད་པ། དམ་ཚིག་མ་ཉམས་པ་ནི། རྩ་ལྟུང་བྱུང་ཡང་སོར་ཆུད་པ། ཐུགས་ཤེས་པ། ཕྱག་རྒྱ་ཤེས་པ་དང་། ཡོ་བྱད་ལྡན་པ་ནི། དཀྱིལ་འཁོར

བཞེངས་པའི་འཁྱོར་བ་ལྡན་པ། སྟོན་འཁོར་དེ་གཉིས་སྒྲུབ་པ་པོ་ཕུན་སུམ་ཚོགས་པ། འདུས་པ་ཆེ་འབྲིང་ཆུང་རྣམས་ཇི་ལྟར་འཚོགས་པ་དང་བསྟུན་པའི་བསྙེན་སྒྲུབ་རྣམ་བཞིའི་སྲོལ་ལས་མི་འདའ་བའི་སྒྲུབ་ཐབས་ཕུན་ཚོགས་དང་ལྡོའོ། །

བསྙེན་སྒྲུབ་ཡན་ལག་བཞིས་གཞུང་བསྲིང་བ་ནི། ས་སྔ་བཤགས་སྐོང་མཚམས་གཅོད་དཀྱིལ་འཁོར་འབྲི་བ་རྒྱན་བཀོད་གྲལ་ཚུལ་གྱི་ཕྱག་ནས་རྟགས་གདབ་ཏིང་འཛིན་གསུམ་དཀྱིལ་འཁོར་ལས་རིམ་གྱི་ཏིང་འཛིན་ལྷ་འཛབ་བཟླས་ཚོགས་མཆོད་སོགས་ཉུབ་དང་པོའི་བསྙེན་པ་ནི་བསྙེན་པའི་ཡན་ལག །ལས་རིམ་སྔ་མ་དང་མཐུན་པར་འཛབ་བཟླས་ཀྱི་ཆོ་འོད་ཟེར་དཀར་པོའི་སྤྲོས་བསྡུས་ཀྱིས་དངོས་གྲུབ་ཀྱི་སྣོད་རུང་དུ་བྱ་བ་ལ་སྒྲུབ་པའི་དུས་ཀྱི་ཕྱེད་ཚུན་བརྩོན་པ་ཉེ་བསྙེན། དུས་ཕྱེད་ཕྱི་མར་འོད་དམར་པོས་དངོས་གྲུབ་དབང་དུ་བྱ་བ་སྒྲུབ་པའི་ཡན་ལག །དངོས་གྲུབ་ཀྱི་མཚན་མ་ཡིད་ཆེས་པར་བྱུང་བ་ན་འོད་ཟེར་མཐིང་གས་དངོས་གྲུབ་བསྡུ་ཞིང་ལྷ་དང་རྫས་དང་ཡུམ་གྱི་མཁའ་ལས་དངོས་གྲུབ་བླངས་པ་སྒྲུབ་ཆེན་གྱི་ཡན་ལག་གོ། །

དེ་ལྟར་བཞིས་སྒོ་ནས་བསྒྲུབ་ན་གྲུབ་པའི་རིག་འཛིན་འགྲུབ་པའི་དུས་བསྟན་པ་ནི། དེ་ལྟར་ཚོགས་སྒྲུབ་བྱས་པ་ཟླ་བ་དྲུག་སོང་ན་དུས་ངེས་པ་ཅན་དུ་ཕྲ་ཡང་སོགས་འདོད་གཟུགས་གང་རུང་གི་ལྷ་དང་རྗེས་སུ་མཐུན་པའི་དངོས་གྲུབ་འགྲུབ་པའོ། །རྫོགས་རིམ་གྱི་ཏིང་འཛིན་ལྷ་ནི། ལུས་གནད་རྣམ་སྣང་ཆོས་བདུན་དང་ལྡན་པར་སེམས་གནད་བཞག་ཐབས་གཉིས་ཏེ། བློ་ཆེ་ཤེས་རབ་ཀྱིས་འཇོག་པ་དང་། བློ་ཆུང་གདམས་ངག་གི་སྟོབས་ཀྱིས་འཇོག་པ་གཉིས་ལས། ཤེས་རབ་ཀྱིས་འཇོག་པ་ལའང་། སྤྲོས་བྲལ་གྱི་ཆོས་ཉིད་ལ་སེམས་འཇོག་གོ་སྐམ་དུ་དྲན་པ་ཙམ་གྱིས་རིག་པ་ཡུལ་མེད་དུ་ཡེར་འཇོག་པ་ལ་རིག་པ་སྤྱི་བླུགས་སུ་འཇོག་པ་དང་། སྟར་གཏན་ཚིགས་ཀྱིས་གཏན་ལ་ཕབ་པའི་ལྟ་བ་དེ་དྲན་པར་བྱས་ཏེ་གསལ་བ་ཚུགས་མ་ཤོར་ངར་མ་ཤོར་བཞིན་འཇོག་པ་མཐོང་བའི་རྗེས་སུ་འཇོག་པ་གཉིས་ཡོད། ཕྱི་མ་གདམས་ངག་གིས་འཇོག་པ་ནི་རང་སེམས་ཀྱི་ངོ་བོ་ལ་བལྟས་པ་ན་འདི་འོ་ཞེས་ངོས་བཟུང་ཅི་ཡང་མི་མཐོང་བ་དེའི་ངང་དུ་མ་བཅོས་པར་འཇོག་པའོ། །སེམས་གནད་ཀྱི་འཇོག་ཐབས་དེ་དག་གང་རུང་ལ་རྩེ་གཅིག་བར་མ་ཆད་པར་བསླབས་པས་གཟུང་

འཛིན་ཕྲ་རགས་དང་བྲལ་བའི་འོད་གསལ་མངོན་དུ་གྱུར་ནས་འོད་གསལ་གྱི་རང་མདངས་སྟོང་གཟུགས་དབྱིབས་དང་ཁ་དོག་སྣ་ཚོགས་པའི་རྣམ་ཅན་བསམ་ལས་འདས་པ་འཆར་བ་ན་སྟོང་གཟུགས་ལ་ཆེད་གཉེར་མེད་པར་འོད་གསལ་རང་གི་བཞུགས་ཚུལ་མི་རྟོག་པའི་དབྱིངས་སུ་བསྲེ་བ་གཙོ་བོར་བྱེད་པ་ན་འོད་གསལ་ཇེ་འཕྲུག་དང་སྟོང་གཟུགས་ཇེ་དྭངས་ཇེ་གསལ་དུ་མཆེད་པས་འོད་གསལ་དེ་ལ་ཀུན་རྟོག་གིས་སྟོང་པས་སྟོང་པ་ཆེན་པོའི་ཏིང་འཛིན་ཞེས་བྱ། དེ་བྱུང་བ་ན་འོད་གསལ་གྱི་ཡེ་ཤེས་ཉིད་སྟོང་གཟུགས་ཀྱི་སྣང་བ་དང་བསྲེས་ནས་རོ་གཅིག་ཏུ་བཞག་པས་སྟོང་གཟུགས་ཀྱི་སྣང་བ་སྔར་ལས་མཆེད་དེ་སྣང་བ་དེ་དམིགས་མེད་ཀྱི་སྙིང་རྗེའམ་དམིགས་མེད་ཀྱི་བདེ་ཆེན་གྱི་རྣམ་ཅན་དུ་ཤར་བར་འགྱུར་རོ། །དེ་བརྟན་པའི་ཚེ་སྣང་བའི་སྟོང་གཟུགས་རྣམས་ལ་དབང་འབྱོར་རྙེད་ནས་ཐོག་མའི་འདུན་པ་ཙམ་གྱིས་རྫོགས་རིམ་པའི་ལྷ་སྐུ་རྒྱ་གཅིག་ལྷ་བུར་བསྒྱུར་ནུས་པ་ཡིན་ནོ། །མཉམ་བཞག་ཏུ་དེ་ལྟར་རྟོགས་པ་ལ་རྩལ་ཐོབ་པ་ལས་མཉམ་བཞག་ལས་ལྡང་བའི་ཚེ་ནའང་འགྲོ་བ་རྣམས་སྟོང་གཟུགས་བཞིན་བདེ་ཆེན་གྱི་རྣམ་རོལ་དུ་ཤར་ནས་སྙིང་རྗེ་སྒྱུ་མའི་རྣལ་འབྱོར་དང་ལྡན་པ་ནི་སྙིང་རྗེ་སྒྱུ་མའི་རྣམ་འབྱོར་ཡིན་ནོ། །དེ་ལྟར་སྟོང་གཟུགས་དེ་དག་འཕེན་པ་བཏང་བ་ཙམ་ནས་ཀུན་བཟང་ཡབ་ཡུམ་ལྷ་བུའི་རྣམ་ཅན་གྱི་སྐུ་གྲངས་མེད་འཆར་བ་ནི་ཕྱག་རྒྱ་གཅིག་པའི་རྣལ་འབྱོར་ཡིན་ནོ། །དེ་ནས་དཀྱིལ་འཁོར་དང་ཚོམ་བུའི་འཁོར་ལོ་སྤྲོ་བའི་འཕེན་པ་གཏོང་བ་ལྷ་བུའི་རྐྱེན་ཙུང་ཟད་ལས་སྟོང་གཟུགས་ཀྱི་ལྷ་གཙོ་འཁོར་ཚོམ་བུའི་རྣམ་པ་མཐའ་ཡས་པ་འཆར་བ་ལྷ་བུ་ནི་ཕྱག་རྒྱ་སྤྲོས་བཅས་ཀྱི་རྣལ་འབྱོར་ཏེ་དེ་ལྟར་ཏིང་འཛིན་སྒྱུ་མ་བཞིའོ། །དེ་ལྟར་ཕྱག་རྒྱ་སྤྲོས་བཅས་མཐར་ཕྱིན་ནས་རྣལ་འབྱོར་བའི་འབྱོར་བ་དང་དབང་པོའི་རིམ་པར་བསྟུན་ཏེ་འདུས་པ་ཆེ་འབྲིང་ཆུང་དུ་ཅི་རིགས་ཀྱིས་ཚོགས་སྒྲུབ་ལ་བརྟེན་པའམ་ཡང་ན་སྟོང་གཟུགས་ཀྱི་ལྷ་མོ་འབའ་ཞིག་ལ་བརྟེན་ནས་མི་འགྱུར་བའི་བདེ་བ་བསྒྲུབ་ནས་ཟག་མེད་ཀྱི་ལམ་ལ་སྦྱོར་བ་ནི་ཚོགས་སྒྲུབ་ཀྱི་རྣལ་འབྱོར་རམ་ཏིང་འཛིན་དང་བར་ཆད་མེད་པའི་ཏིང་འཛིན་ཞེས་བྱའོ། །

གཞན་ཡང་གསང་འདུས་རིམ་པ་ལྔ་སྟེ། ངག་དབེན། སེམས་དབེན། སྒྱུ་ལུས། འོད་གསལ་ཟུང་འཇུག་དང་ལྔ་ཡོད་དེ། དེའང་རོ་རྐྱང་གི་རྒྱུ་བ་དབུ་མའི་ནང་དུ་ཞུགས་པ་ནས་བཟུང་སྙིང་གའི་རྩ

མདུད་ལྟོད་པོར་མ་སོང་གི་བར་གྱི་ཡེ་ཤེས་ནི་ལུས་དབེན། སྙིང་གའི་རྩ་མདུད་ལྟོད་ནས་ཁྱབ་བྱེད་རླུང་མ་ཡིན་པའི་རྩ་བའི་རླུང་བཞི་དབུ་མའི་སྙིང་གར་ཞུགས་པའི་ཡེ་ཤེས་ངག་དབེན། ཁྱབ་བྱེད་ཀྱི་རླུང་ཅི་རིགས་དབུ་མའི་སྙིང་གའི་ནང་དུ་སྟུད་པ་ནས་བཟུང་ཁྱབ་བྱེད་རླུང་རྫོགས་པར་འགགས་པའི་ཡེ་ཤེས་དེ་དཔེའི་འོད་གསལ་ལམ་སེམས་དབེན་ཡིན། ཡེ་རླུང་གི་ཉེར་རྒྱུ་དང་འོད་གསལ་དེས་ལྷན་ཅིག་བྱེད་རྐྱེན་བྱས་ཏེ་བསྐྱེད་རིམ་གྱི་ལྷའི་སྐུ་དངོས་སུ་གྲུབ་པའི་ཡེ་ཤེས་སྒྱུ་ལུས། འོད་གསལ་གྱིས་སྟོང་ཉིད་མངོན་སུམ་རྟོགས་པ་ནི་དོན་གྱི་འོད་གསལ་ཡིན། དེ་མངོན་དུ་བྱས་པ་དང་མཉམ་དུ་མ་དག་སྒྱུ་ལུས་འོད་གསལ་གྱི་དབྱིངས་སུ་ཡལ་འགྲོ་བས་འོད་གསལ་དེས་རྐྱེན་དང་ཡེ་རླུང་གིས་ཉེར་རྒྱུ་བྱས་ཏེ་སླར་ཡང་ལྷའི་སྐུར་བཞེངས་ནས་དག་པའི་སྒྱུ་ལུས་གྲུབ་པ་དང་། མཐོང་ལམ་མཉམ་བཞག་ནས་རྗེས་ཐོབ་ཏུ་འཕོས་པ་དུས་མཉམ། དག་པའི་སྒྱུ་ལུས་དེའི་སྟེང་ནས་འོད་གསལ་ཡང་ཡང་མངོན་དུ་བྱས་ཏེ་སྒོམ་སྤང་ཤེས་སྒྲིབ་སྤངས་ཟིན་པ་ན་མི་སློབ་ཟུང་འཇུག་ཐོབ་པ་ཡིན་ནོ། །

དབེན་གསུམ་སྒྲ་བཤད་ནི། ནང་རང་རྒྱུད་ཀྱི་ཕུང་པོའི་ལུས་ལ་བདེ་སྟོང་གིས་རྒྱས་བཏབ་པས་མ་དག་པའི་སྣང་ཞེན་ལས་དབེན་པས་གང་སྣང་ལྷ་རུ་ཤར་བའི་རྣལ་འབྱོར་ལ་ལུས་དབེན་ཞེས་བྱ། ངག་གི་རྩ་བའི་ལས་རླུང་དབེན་པར་བྱས་ཏེ་རླུང་སྔགས་དབྱེར་མེད་དུ་སྦྱོར་བའི་རྣལ་འབྱོར་ལ་ངག་དབེན་ཞེས་བྱ། སེམས་ཀུན་རྟོག་གི་བཞོན་པར་གྱུར་པའི་རླུང་སེམས་ལས་དབེན་པར་བྱས་ཏེ་བདེ་སྟོང་དབྱེར་མི་འབྱེད་པའི་ངོ་བོར་ཤར་བའི་རྣལ་འབྱོར་ལ་སེམས་དབེན་ཞེས་བྱའོ། །

གསུམ་པ་ལམ་དེའི་འབྲས་བུ་ནི། ཐུན་མོང་བའི་འབྲས་བུ་གྲུབ་པ་བརྒྱད་དང་། མཆོག་གི་དངོས་གྲུབ་ལམ་གྱུར་གྱི་རིག་འཛིན་བཞི་དང་། མཐར་ཐུག་གི་འབྲས་བུ་ཟུང་འཇུག་རྡོ་རྗེ་འཆང་གི་གོ་འཕང་སྐུ་ལྔ་སོགས་འབྲས་ཆོས་ཉེར་ལྔའི་བདག་ཉིད་ལ་དབང་བསྒྱུར་བ་ཡིན་པས། སྐུ་ལྔ་ནི། དབྱིངས་ལ་རིག་པ་ཕྱོགས་མེད་དུ་གྲོལ་བ་ཆོས་སྐུ། དེ་ལས་མ་གཡོས་པར་བྱང་འཕགས་ལ་ཐེག་པ་མཆོག་གི་ཆོས་ཀྱིས་ལོངས་སྤྱོད་རྫོགས་པར་སྟོན་པ་ལོངས་སྐུ། གདུལ་བྱ་དག་མ་དག་ཐུན་མོང་གི་སྣང་ངོར་བཟོ་བོ་སྐྱེ་བ་མཆོག་གི་གཟུགས་སུ་སྟོན་པ་སྤྲུལ་སྐུ། དེ་གསུམ་དབྱེར་མེད་པ་རྡོ་རྗེའི་སྐུ། སྐུ་གསུམ་སྣང་ཆ་མ་འདྲེས་པ་མངོན་པར་བྱང་ཆུབ་ཀྱི་སྐུ་དང་ལྔ།

གསུང་ལྔ་ནི། བརྗོད་བྲལ་གྱི་དབྱིངས་ལ་མཉམ་པར་བཞག་པའི་ཡེ་ཤེས་ཉིད་བརྗོད་པ་ཐམས་ཅད་ཀྱི་གཞིར་གྱུར་པའི་ཆ་ནས་ཆོས་སྐུ་སྐྱེ་མེད་དོན་གྱི་གསུང་། སྐུ་མཐོང་བ་ཙམ་གྱིས་འཁོར་རྣམས་སངས་རྒྱས་ཀྱི་གསང་བ་བསམ་གྱིས་མི་ཁྱབ་པའི་གནས་ལ་འཇུག་པའི་ཆ་ནས་ལོངས་སྐུ་དགོངས་པ་བརྡའི་གསུང་། སྐད་ཅིག་རེ་རེ་ལ་གདུལ་བྱ་སོ་སོ་ལ་རང་རང་གི་སྐད་ཀྱིས་ཚད་མེད་པའི་ཆོས་སྟོན་པ་སྤྲུལ་སྐུ་བརྗོད་པ་ཚིག་གི་གསུང་། ཅི་ཙམ་གསུང་ཡང་གཞོམ་མེད་ཡེ་ཤེས་ཀྱི་རང་སྒྲ་ལས་གཞན་དུ་མི་འགྱུར་བ་དབྱེར་མེད་རྡོ་རྗེའི་གསུང་། ཡེ་ཤེས་གཅིག་ཉིད་སྒྲ་དབྱངས་ཀྱི་རྣམ་པ་ཐམས་ཅད་དུ་འཆར་བ་མངོན་བྱང་རིག་པའི་གསུང་། ཕྱི་མ་དེ་གཉིས་དུ་མ་གཅིག་ཏུ་འཆར་བའི་ཆ་ནས་དང་གཅིག་ཉིད་དུ་མར་འཆར་བའི་ལྡོག་ཆ་ནས་གཉིས་ཕྱེ་བའོ། །ཐུགས་ལྔ་ནི། ཆོས་དབྱིངས་ཡེ་ཤེས་ཆོས་སྐུ་རྣམ་པར་མི་རྟོག་པའི་ཐུགས། མཉམ་ཉིད་ཡེ་ཤེས་ལོངས་སྐུ་མཉམ་པ་ཆེན་པོའི་ཐུགས། བྱ་གྲུབ་ཡེ་ཤེས་སྤྲུལ་སྐུ་འགྲོ་བ་འདུལ་བའི་ཐུགས། སོ་སོར་རྟོགས་པའི་ཡེ་ཤེས་མི་ཕྱེད་རྡོ་རྗེའི་ཐུགས། མེ་ལོང་ཡེ་ཤེས་མངོན་བྱང་ཅིར་ཡང་གསལ་བའི་ཐུགས་སོ། །ཡོན་ཏན་ལྔ་ནི། རྣམ་པར་དག་པའི་ཞིང་ཁམས། ཚད་བྲལ་བའི་གཞལ་ཡས་ཁང་། གསལ་ཞིང་དག་པའི་འོད་ཟེར། ཁྱད་པར་འཕགས་པའི་གདན་ཁྲི། དགྱེས་དགུར་སྤྱོད་པའི་ལོངས་སྤྱོད། ཕྲིན་ལས་ལྔ་ནི། ཚེ་འདི་ཕྱིའི་སྡུག་བསྔལ་རྒྱུ་བཅས་ཞི་བ་དང་། ལེགས་ཚོགས་རྒྱས་པ། ས་གསུམ་གྱི་གདུལ་བྱ་དབང་དུ་མཛད་པ༏ ཤིན་ཏུ་གདུལ་དཀའ་བ་རྣམས་དྲག་པོས་ཚར་གཅོད་པ་སྟེ། དེ་རྣམས་དུས་དང་གདུལ་བའི་སྐབས་བཞིན་དུ་རྩོལ་མེད་འབྱུང་བའི་ལྷུན་གྲུབ་ཀྱི་ཕྲིན་ལས་ཁོ་ནའི་རང་བཞིན་ཅན་ནོ། །དེ་འདྲའི་འབྲས་བུ་མངོན་དུ་གྱུར་ཏེ་འཁོར་བ་ཇི་སྲིད་དུ་འགྲོ་བའི་དོན་རྟག་ཁྱབ་ལྷུན་གྲུབ་ཆེན་པོར་མཛད་པ་ཡིན་ནོ། །དེ་རྣམས་ཀྱིས་སྣང་ཕྱོགས་ལྷའི་དཀྱིལ་འཁོར་ལམ་བྱེད་གཙོ་བོར་སྟོན་པ་མ་ཧཱའི་ལམ་བཤད་པ་ཕྱོགས་ཙམ་བསྟན་ཟིན་ནས། གཉིས་པ་མ་རྒྱུད་སྟོང་ཕྱོགས་དབྱིངས་ཡེ་བདེ་སྟོང་གི་རྣལ་འབྱོར་ཐུགས་ལམ་བྱེད་གཙོ་བོར་བྱེད་པ་རྗེས་སུ་རྣལ་འབྱོར་ཨ་ནུ་ཡོ་ག་ལ། གཞི་ལྟ་བ། ལམ་སྒོམ་པ༏ དེའི་འབྲས་བུ་མངོན་དུ་བྱ་བ་གསུམ་ལས། དང་པོ་ནི། དགོངས་འདུས་ལས། ཐམས་ཅད་བདག་ཉིད་རོ་གཅིག་པས། །ཡེ་ནས་སངས་རྒྱས་བདེ་ཆེན་ཉིད། །སྐྱེ་འགག་མེད་པའི་སྙིང་པོ་

ཡིས། །བྱ་བྱེད་མེད་པའི་དཀྱིལ་འཁོར་གསུམ། །ཡེ་ནས་གྲུབ་ཟིན་ལྷུན་གྱིས་གྲུབ། །ཅེས་པ་ལྟར། ཆོས་ཐམས་ཅད་དབྱིངས་ཡེ་གཉིས་མེད་རིག་པ་བྱང་ཆུབ་ཀྱི་སེམས་ཀྱི་རྒྱལ་དུ་རྫོགས་པས་ཡེ་སངས་རྒྱས་པའི་དཀྱིལ་འཁོར་གསུམ་གྱི་བདག་ཉིད་དུ་ལྷུན་གྱིས་གྲུབ་པ་ཡིན་ཏེ། སྤྱི་དོན་གསལ་སྒྲོན་ལས། དེ་ཡང་དཀྱིལ་འཁོར་རྣམ་པ་གསུམ་གང་ཞེ་ན། སྣང་སྲིད་འཁོར་འདས་ཀྱིས་བསྡུས་པའི་ཆོས་ཐམས་ཅད་སེམས་ཀྱི་རོལ་རྒྱལ་དུ་འདུས་ཤིང་སེམས་སྐྱེ་མེད་སྤྲོས་པ་དང་བྲལ་བ་ནི་ཀུན་ཏུ་བཟང་མོའི་མཁའ་ཀློང་རྣམ་པར་དག་པ་ཡེ་ཧེ་བཞིན་པའི་དཀྱིལ་འཁོར། དེ་ཉིད་ཐམས་ཅད་དུ་མ་འགགས་པའི་རང་སྣང་རིས་མེད་ཀུན་ཁྱབ་ཏུ་ཤར་བ་ཀུན་ཏུ་བཟང་པོ་རང་བྱུང་ཡེ་ཤེས་ལྷུན་གྱིས་གྲུབ་པའི་དཀྱིལ་འཁོར་ཡིན། དེ་གཉིས་ཀྱང་ངོ་བོ་ཐ་དད་མིན་པར་ཟུང་འཇུག་ཏུ་གནས་པ་ནི་དབྱིངས་དང་ཡེ་ཤེས་གཉིས་སུ་མེད་པའི་སྲས་བདེ་བ་ཆེན་པོའམ་རྒྱ་བ་བྱང་ཆུབ་སེམས་ཀྱི་དཀྱིལ་འཁོར་ཞེས་གསུངས་པས་སེམས་ཉིད་སྐྱེ་མེད་སྤྲོས་བྲལ་སྟོང་པའི་ཡེ་ཤེས་དབྱིངས་ཀུན་ཏུ་བཟང་མོ་ཡེ་ཧེ་བཞིན་པའི་དཀྱིལ་འཁོར། དབྱིངས་དེའི་ངང་དུ་སྣང་ཆ་འགགས་མེད་རང་སྣང་རིས་མེད་ཀུན་ཁྱབ་ཏུ་ཤར་བ་རང་བཞིན་ལྷུན་གྱིས་གྲུབ་པའི་དཀྱིལ་འཁོར། དབྱིངས་ཡེ་གཉིས་མེད་ཟུང་འཇུག་སྲས་བདེ་ཆེན་བྱང་ཆུབ་སེམས་ཀྱི་དཀྱིལ་འཁོར། དེ་ལྟར་ཆོས་ཐམས་ཅད་དཀྱིལ་འཁོར་གསུམ་གྱི་རང་བཞིན་དུ་གནས་པ་ཉིད་རྟོག་དཔྱོད་ཀྱི་རྗེས་སུ་འཇུག་པས་ལྟ་བ་གཏན་ལ་དབབ་པར་གསུངས་པས། ཆོས་ཅན་ཤེས་བྱའི་ཆོས་རྣམས་གནས་ལུགས་མཐར་ཐུག་སེམས་ཉིད་རིག་པའི་རྒྱལ་དུ་རྫོགས་པའི་ཡེ་ཤེས་ཀྱི་དཀྱིལ་འཁོར་ཁོ་ནར་གཏན་ལ་འབེབས་བྱེད་ཀྱི་གཏན་ཚིགས་ཀྱིས་བརྟགས་པས་གནས་ལུགས་དཀྱིལ་འཁོར་གསུམ་ཧེ་བཞིན་རྟོགས་པར་བྱ་བ་ཡིན་ནོ། །གཉིས་པ་ལམ་སྒོམ་པས་ཉམས་སུ་ལེན་པ་ལ། ཀུན་སློང་འཇུག་སྒོ། ཞུགས་ནས་ཉམས་སུ་ལེན་པ་གསུམ་ལས། དང་པོ་ཀུན་སློང་སྔར་ལྟར་ཚེ་འདིར་གཞན་དོན་དུ་ཟུང་འཇུག་གི་སྐུ་ཐོབ་པར་འདོད་པ་དེའོ། །

གཉིས་པ་འཇུག་སྒོའི་དབང་ནི། ཀུན་འདུས་རིག་པའི་མདོ་ལས། ཕྱི་ཡི་དབང་དང་ནང་གི་དབང་། །སྒྲུབ་པའི་དབང་དང་གསང་བའི་དབང་། །བཅུ་དང་བཅུ་གཅིག་བཅུ་གསུམ་དང་། །རྣམ་པ་གཉིས་ཀྱིས་རྫོགས་པར་འགྱུར། །ཞེས་ཕྱི་དབང་རྒྱུད་ཀྱི་ཆུ་བོ་ལ་བཅུ། ནང་དབང་འབྱུང་བའི་ཆུ་

པོ་ལ་བཅུ་གཅིག སློབ་དཔང་གྲགས་པའི་ཆུ་བོ་ལ་བཅུ་གསུམ། གསང་དབང་རྫོགས་པའི་ཆུ་བོ་ལ་གཉིས་ཏེ་དབང་མཆོག་སུམ་ཅུ་རྩ་དྲུག་ཏུ་བསྐུར་བ་ཡིན་ཏེ། དབང་དོན་བསྡུས་པ་ལས། ཡོ་ག་ལ་སོགས་ཐེག་དྲུག་ལ། །ཕྱི་དབང་རྒྱུད་ཀྱི་ཆུ་བོ་བཅུ། །བསྐྱེད་པ་མ་ཧཱ་ཡོ་ག་ལ། །ནང་དབང་འབྱུང་བའི་ཆུ་བོ་བཅུ། །རྫོགས་པ་ཨ་ནུ་ཡོ་ག་ལ། །སློབ་དཔང་གྲགས་པའི་ཆུ་བོ་བཅུ། །རྫོགས་ཆེན་ཨ་ཏི་ཡོ་ག་ནི། །གསང་དབང་རྫོགས་པའི་ཆུ་བོ་བཅུ། །ཞེས་པ་ལྟར། པད་ཕྲིན་ཞབས་ཀྱིས་འདུས་མདོའི་དབང་ཆོག་དཀྱིལ་འཁོར་རྒྱ་མཚོའི་འཇུག་ངོགས་ལས། ཡོ་ག་ལ་སོགས་པ་དྲུག་གི་དབང་ཚར་ནས། ད་གསང་སྔགས་ནང་བླ་མེད་ཐུན་མིན་གྱི་དབང་བསྐུར་བ་ལ་ཚོ་ག་སུམ་ཅུ་རྩ་དྲུག་ཅེས་གསུངས་པ་ལྟར། ཐུན་མོང་ཡོ་ག་སོགས་ཀྱི་དབང་བསྐུར་དྲུག་སྔོན་དུ་བཏང་སྟེ་ཕྱི་ནང་གི་དབང་སོ་དྲུག་བསྐུར་བར་བྱ་དགོས་པར་གསུངས། དེའང་པད་ཕྲིན་གྱི་དབང་ཆོག་དེ་ལས། ཕྱི་དབང་ནང་དབང་མ་ཧཱ་ཡོ་ག སློབ་དཔང་གསང་དབང་ཨ་ནུ་གཙོ་ཆེ་ཞེས་གསུངས་པའང་ཨ་ནུའི་མ་ཧཱ་དང་ཨ་ནུའི་ཨ་ནུ་ལ་དགོངས་པའོ། །

ཡང་དབང་ཆོག་དེ་ལས།ཕྱི་ཕན་པའི་དབང་བཅུ་ནི། དང་པོ་ཞི་བའི་ལྷའི་ཕྱག་རྒྱའི་དབང་། གཉིས་པ་ཕྱག་མཚན་དབང་། གསུམ་པ་གཟུང་མ། བཞི་པ་བུམ་པ། ལྔ་པ་བཀྲ་ཤིས་རྫས་བརྒྱད། དྲུག་པ་རིན་ཆེན་སྣ་བདུན། བདུན་པ་གདན་ཁྲི། བརྒྱད་པ་རྒྱན་རྟགས། དགུ་པ་མིང་། བཅུ་པ་འཁོར་ལོའི་དབང་ངོ་། ཞེས་དང་། ཡང་དེ་ལས། ནང་དབང་བཅུ་གཅིག་ནི། དང་པོ་གསང་བ་ཉན་པའི་དབང་། གཉིས་པ་ལས་བཞིའི་དབང་དང་། གསུམ་པ་འཆད་པའི་དབང་། བཞི་པ་རྡོ་རྗེ་རྒྱལ་པོའི་དབང་། ལྔ་པ་གདན་ཁྲི། དྲུག་པ་ཁྱད་པར་གྱི་རིན་ཆེན་བདུན། བདུན་པ་ཁྲོ་བོའི་ཕྱག་རྒྱ་ཆེན་པོ༑ བརྒྱད་པ་དབུ་རྒྱན། དགུ་པ་སྐུ་གསུང་ཐུགས་དབང་། བཅུ་པ་བཀྲ་ཤིས་རྟགས་ཀྱི་དབང་། བཅུ་གཅིག་པ་མིང་གི་དབང་ངོ་། །དེ་ནས་སློབ་དབང་བཅུ་གསུམ་ནི། དང་པོ་ཤེས་རབ་རིག་པའི་དབང་། གཉིས་པ་ཁམས་གསུམ་བྱང་ཆུབ་སེམས་ཀྱི་དབང་། གསུམ་པ་ཡི་གེ་འཁོར་ལོའི་དབང་། བཞི་པ་འགྲོ་དོན་རྫོགས་བྱེད་ཐང་གཞོལ་གྱི་དབང་། ལྔ་པ་དྲུག་གསུམ་གཏན་སྦྱུག་ཐོད་པ་ཚར་གསུམ་གྱི་དབང་། དྲུག་པ་ཉོན་མོངས་གཅོད་པ་མཆོན་ཆའི་དབང་། བདུན་པ་སྤྱོད་བཞིན་མ་ཆགས་པདྨའི་

དབང་། བརྒྱད་པ་རྣམ་བཞིའི་ལས་རྫོགས་ཧེ་རུའི་དབྱུག་པའི་དབང་། དགུ་པ་དོན་དམ་དབྱེར་མེད་སྤྲུལ་ནག་ཆུན་པོའི་དབང་། བཅུ་པ་གཉིས་མེད་དོན་སྦྱོར་རྟགས་ལྔ་མོ་ཡུམ་གྱི་དབང་། བཅུ་གཅིག་པ་བདག་ཉིད་ཆེན་པོ་ལོངས་སྤྱོད་སྣ་ཚོགས་ཀྱི་དབང་། བཅུ་གཉིས་པ་མངའ་བདག་ཆེན་པོ་སྒྲུབ་རྫས་ཀྱི་དབང་། བཅུ་གསུམ་པ་གྲགས་པ་རྡོ་རྗེའི་མིང་གི་དབང་ཞེས་བཅུ་གསུམ་གསུངས་པ་དང་། གསང་བ་རྫོགས་པའི་ཆུ་བོ་མཆོག་དབང་གསུམ་དངོས་དབང་མ་བསྐུར་བའི་གོང་དུ་ཐུན་མོང་གི་གདུལ་བྱར་གསང་རྫས་བདུད་རྩི་དང་། རིག་ཙག་ཇོར་དྲིལ་དང་། རྡོ་རྗེ་དར་དཔྱངས་སྟོན་པོ་ཅན་རྣམས་ཀྱི་རྫས་ལ་བརྟེན་ནས་བརྡ་ཙམ་གྱིས་དབང་བསྐུར་བའི་མཐར་སྒྲུབ་པའི་རྫས་རྣམས་ཀྱི་དབང་དང་སྒོ་བྱང་གཉིས་ཀྱི་སྐུ་རྟེན་རིག་འཛིན་སྤྱི་གཏོར་གྱི་བར་རྣམས་ཀྱི་དབང་དང་བྱེ་བྲག་བླ་མ་བརྒྱུད་པའི་སྐུ་ཙག་གི་དབང་རྣམས་བསྐུར། དེའི་རྗེས་སུ་མཆོག་དབང་གསུམ་གྱི་དངོས་དབང་སྐལ་ལྡན་ཐུན་མིན་གྱི་གདུལ་བྱར་བསྐུར་བར་གསུངས་སོ། །

སྤྱིར་འདུས་པ་མདོའི་དབང་བསྐུར་ཚུལ་ལ་རྣམ་པ་གཉིས་ཀྱིས་རྫོགས་པར་བསྐུར་ཞེས་གསུངས་པ་ལྟར་རྣམ་པ་གཉིས་ནི་རྒྱུད་དང་མན་ངག་གི་ལུགས་སུ་བསྐུར་བ་གཉིས་ཡོད་པར་བསྟན། དེའང་སློབ་མ་རང་བཞིན་གྱིས་སྣོད་དུ་གྱུར་པའི་ཟབ་མོའི་དོན་ལ་མོས་པ་ཁྱད་པར་ཅན་དང་ལྡན་པ་ལ་མདོ་རྩ་བའི་རྒྱུད་ཀྱིས་དངོས་བསྟན་ལྟར་ཆུ་བོ་བཞི་རྫོགས་ཀྱི་དབང་སོ་དྲུག་ཏུ་བསྐུར་བའི་ལུགས་དང་། སྦྲངས་བས་སྣོད་དུ་གྱུར་པ་རྒྱ་ཆེ་བའི་དོན་ལ་མོས་པའི་སློབ་མ་ཐུན་མོང་བ་ལ་ཐེག་པ་ཐམས་ཅད་འདུས་པའི་མདོ་དབང་རྩ་བ་སོ་དྲུག་ལ་ཡན་ལག་བརྒྱད་བརྒྱ་སོ་གཅིག་ཏུ་ཕྱེས་ནས་མན་ངག་གི་ལུགས་ལྟར་བསྐུར་བའི་ལུགས་སྲོལ་གཉིས་ཡོད་ཀྱང་། ད་ལྟ་རིག་འཛིན་བརྒྱུད་པའི་ཕྱག་བཞེས་སུ་ལུགས་གཉིས་གཅིག་ཏུ་དྲིལ་བར་མཛད་དེ་དབང་བསྐུར་བའི་ཕྱག་བཞེས་མཛད་པ་ནི་ལུགས་གཉིས་པོ་མི་ནུབ་པ་དང་བྱིན་རླབས་ཁྱད་པར་ཅན་ལྡན་པའི་དགོས་པ་ཆེ་བས་ངོ་མཚར་བར་བསྔགས་པའི་ཡུལ་ལོ། །

གསུམ་པ་ཞུགས་ནས་ཉམས་སུ་ལེན་པའི་ལམ་ལ་བསྐྱེད་རྫོགས་གཉིས་ལས། དང་པོ་བསྐྱེད་རིམ་ལ་དོན་གྱི་རྗེས་སུ་འཇུག་པ་དང་། ཡི་གེའི་རྗེས་སུ་འཇུག་པ་གཉིས་ཡོད། དང་པོ་ནི། རྟོག་

དཔྱོད་ཀྱི་རྗེས་སུ་ཞུགས་པའི་གདན་ཚོགས་ཀྱིས་ཆོས་ཐམས་ཅད་དཀྱིལ་འཁོར་གསུམ་ལྡན་གྱི་ཡེ་ཤེས་ཀྱི་རྒྱལ་དུ་རྫོགས་པར་རྟོགས་པའི་ལྟ་བའི་ངང་ལ་མཉམ་པར་བཞག་སྟེ་རྣམ་པར་མི་རྟོག་པའི་ཏིང་ངེ་འཛིན་ནམ་དབྱིངས་ཡེ་ཟུང་འཇུག་གི་ངང་ལ་གསལ་བ་སོ་མ་ཞོར་བར་གཡོ་མེད་དུ་འཛོག་པ་ཡིན་ཏེ། མདོ་དགོངས་འདུས་ལས། རྣལ་འབྱོར་ཆེན་པོའི་བསམ་གཏན་ནི། །དེ་བཞིན་པ་ཡི་དེ་ཉིད་ལ། །མ་བཅོས་པ་ཡི་བློ་བཞག་སྟེ། །མ་ཡེངས་སྐྱེ་འགགས་མེད་པའོ། །ཞེས་གསུངས་སོ། །

གཉིས་པ་ཡི་གེའི་རྗེས་སུ་འཇུག་པ་མཚན་བཅས་ལྷའི་ཏིང་ངེ་འཛིན་སྒོམ་པ་ནི། གོང་སྨྲས་ལྟར་བསྐྱེད་སྔགས་བརྗོད་པ་ཙམ་ནས་རྟེན་བརྟེན་པའི་དཀྱིལ་འཁོར་བསྒོམ་པ་ཚོགས་ཆེན་འདུས་པ་ལྟ་བུའོ། །དེའང་རྟེན་དཀྱིལ་འཁོར་ཕྱི་ནང་རིམ་པ་བཅུ་གཅིག་གི་ཕོ་བྲང་དང་པོའི་ལྟེ་བར་དཔལ་ཆེན་དབུ་ཉེར་གཅིག་ཕྱག་ཞེ་གཉིས་ཞབས་བརྒྱད་ཡུམ་གནམ་ཞལ་མ་དང་སྦྱོར་བའི་མདུན་དུ་དབང་མཆོག་ཧེ་རུ་ཀ་དབུ་དགུ་ཕྱག་བཅོ་བརྒྱད་ཞབས་བཞི་ཁྲོ་མོ་དབང་ཕྱུག་མ་དང་སྦྱོར་བ། དེའི་མདུན་དུ་བུདྡྷ་ཧེ་རུ་ཀ་ཡབ་ཡུམ། གཙོ་བོ་གསུམ་ལ་ཕྱོགས་མཚམས་བརྒྱད་དུ་རྒྱུད་ལུང་གི་ཁྲོ་བོ་བརྒྱད་ཀྱིས་བསྐོར་བ་དང་། ཁྲམས་སུ་གཽ་རི་མ་བརྒྱད་དང་སེང་ཧ་མ་བརྒྱད་སྒོ་བཞིར་སྒོ་མ་བཞི་དང་བཅས་པ། ཕོ་བྲང་གཉིས་པར་ཕྱོགས་མཚམས་བརྒྱད་དུ་ཕྱོར་མ་བརྒྱད་སྒོ་བཞིར་སྒོ་མ་དང་བཅས་པ། ཕོ་བྲང་གསུམ་པར་དབང་མོ་ཉེར་བརྒྱད་ཕྱོགས་བཞིར་དྲུག་དྲུག་དང་སྒོ་བཞིར་སྒོ་མ་དང་བཅས་པ། ཕོ་བྲང་བཞི་པར་མཁའ་འགྲོ་སོ་གཉིས་ཕྱོགས་བཞིར་བདུན་བདུན་ཉེར་བརྒྱད་དང་སྒོ་བཞིར་སྒོ་མ་དང་བཅས་པ། ཕོ་བྲང་ལྔ་པར་མ་མོ་བདུན་ཤར་ལྷོ་ནུབ་གསུམ་དུ་གཉིས་རེ་དང་བྱང་དུ་གཅིག་སྟེ་བདུན་སྒོ་བཞིར་སྲིང་མོ་བཞི་དང་བཅས་པ།ཕོ་བྲང་དྲུག་པར་གིང་ཆེན་བཅོ་བརྒྱད་ཤར་ནུབ་བཞི་བཞི་དང་ལྷོ་བྱང་གསུམ་གསུམ་དང་སྒོ་བཞིར་སྒོ་མ་བཞི་དང་བཅས་པ། ཕོ་བྲང་བདུན་པར་ཁྲོ་བོ་དྲུག་ཅུ་སྟེ་ཤར་ནུབ་ཏུ་བཅུ་གཉིས་དང་ལྷོ་བྱང་བརྒྱད་རེ་དང་ཤར་ནུབ་སྒོར་དྲུག་དྲུག་ལྷོ་བྱང་སྒོར་བཞི་བཞི་དང་བཅས་པ། ཕོ་བྲང་བརྒྱད་པར་ཤར་རྡོ་རྗེའི་རིགས་ཀྱི་ཕོ་ཉ་དྲུག་ཅུ། ལྷོར་རིན་ཆེན་རིགས་ཀྱི་ཕོ་ཉ་དྲུག་ཅུ།ནུབ་པདྨའི་རིགས་ཀྱི་ཕོ་ཉ་དྲུག་ཅུ། བྱང་ལས་ཀྱི་རིགས་ཀྱི་ཕོ་ཉ་དྲུག་ཅུ་དང་བཅས་པ། ཕོ་བྲང་དགུ་པར་མ་མོ་དྲུག་ཅུ་ཕྱོགས་བཞིར་བཅོ་ལྔ་རེ་དང་བཅས་པ། ཕོ་བྲང་བཅུ་པར་ཐེག་དགུའི་

ལྷ་ཚོགས་དང་བཀའ་བརྒྱད་ཀྱི་ལྷ་ཚོགས་རྣམས་དང་བཅས་པ། ཕོ་བྲང་བཅུ་གཅིག་པར་ནང་རྒྱུད་གསུམ་གྱི་རིག་འཛིན་བླ་མའི་ལྷ་ཚོགས་རྣམས་བསྐྱེད་པའོ། །དེ་ལྟར་ལྷ་བའི་ངར་མ་ཤོར་བར་བསྐྱེད་རིམ་བསྒོམ་དགོས་པར། འགྲེལ་བ་ལུང་བསྟན་མ་ལས། དེར་ནི་འཇུག་པ་རྣམ་གསུམ་སྟེ། །རྟོག་དཔྱོད་དོན་དང་ཡི་གེས་འཇུག །ཅེས་གསུངས་པ་ལྟར་རོ། །

གཉིས་པ་རྫོགས་རིམ་ལ་སྟེང་འོག་གི་སྒོ་གཉིས་ལ་བརྟེན་ནས་བདེ་སྟོང་གི་ཡེ་ཤེས་བསྐྱེད་པ་ཡིན་པས། དེའང་སྟེང་སྒོ་འཇུ་འདུལ་གྱི་ལམ་ལ། ལུས་ནང་རྩ་དབུ་རྐྱང་རོ་གསུམ་གྱི་རྩའི་སྲོག་ཤིང་གསུམ་དབུ་མ་ལས་གྱེས་པའི་རྩའི་འཁོར་ལོ་གསུམ་ཕྲག་གཉིས་སམ་དྲུག་ནི། སྤྱི་བོ་བདེ་ཆེན་འཁོར་ལོ། མགྲིན་པ་ལོངས་སྤྱོད་འཁོར་ལོ། སྙིང་ག་ཆོས་ཀྱི་འཁོར་ལོ། ལྟེ་བ་སྤྲུལ་བའི་འཁོར་ལོ་སྟེ་རྩ་བའི་འཁོར་ལོ་བཞི་དང་། དེ་འོག་སོར་བཞིས་གཞལ་བ་ན་ལྟེ་བའི་གཏུམ་མོ་ལས་སྤར་འབར་བའི་ཚངས་པའི་མེ་དཀྱིལ་དང་། དེ་འོག་མེ་སྦྱོར་བྱེད་ཐུར་སེལ་གྱི་རླུང་སྟེ་མེ་རླུང་གི་རྐྱེན་གྱི་འཁོར་ལོ་གཉིས་ཏེ་དྲུག་གསལ། དེ་ནས་རྩ་འཁོར་བཞིའི་ལྟེ་བར་དམིགས་པ་རྩེ་གཅིག་ཏུ་གཏད་པས་སེམས་ཟིན་པ་ན་རོ་རྐྱང་གི་རྒྱུ་བ་དབུ་མར་འགགས་ཏེ་དབུ་མར་ཐུར་སེལ་གྱི་རླུང་སད་པ་ལས་རླུང་དཀྱིལ་གྱི་མེ་སྦར་རྡུ་ཏིའི་ལམ་དྲང་པོ་ནས་སོང་སྟེ་ནམ་མཁའི་བའམ་སྤྱི་བོའི་ཧཾ་ཡིག་བསྐུལ་ཏེ། དེ་ལས་བྱང་སེམས་མུ་ཏིག་ལྟ་བུ་བབས་པ་ལས་ཡས་བབས་དང་མས་བརྟན་གྱི་དགའ་བཞི་ཉམས་སུ་མྱོང་། ཁྱད་པར་ལྷན་སྐྱེས་ཀྱི་དུས་སུ་སྦྱོར་བྲལ་གྱི་དབྱིངས་ཁྱབ་བརྟལ་དུ་མངོན་དུ་བྱེད་པའོ། །དེ་ལྟར་དབུ་མར་འབར་འཛག་བྱས་པ་ལས་དགའ་བཞིའི་བདེ་ཆེན་རྒྱས། རླུང་སེམས་དབུ་མར་སྟུད་པས་གཉུག་མའི་དྭངས་མའི་ཆའི་ནུས་པ་སད་དེ་མི་ཤིགས་པའི་སེམས་སྟེང་གི་དག་པའི་སྣང་བ་འཆར་བའི་ནུས་པ་སད་དེ་སྐུ་དང་ཞིང་གི་སྣང་བའི་སྟོང་གཟུགས་ཚད་མེད་པ་ཡིད་ངོར་མཐོང་ཞིང་དངོས་གནས་སུ་གྲུབ་ཅིང་ཐོབ་པའོ། །

གཉིས་པ་འོག་སྒོ་ཁམས་གསུམ་རོལ་པའི་མན་ངག་ནི། མཚན་ལྡན་གྱི་ལས་རྒྱ་ལ་བརྟེན་ནས་བསྙེན་སྒྲུབ་ཡན་ལག་བཞི་ལྡན་གྱི་སྒོ་ནས་ཡས་བབས་མས་བརྟན་གྱི་དགའ་བཞིའི་བདེ་ཆེན་འོད་གསལ་གྱི་ཡེ་ཤེས་བསྐྱེད་པའོ། །དེ་ལྟ་བུའི་བསྐྱེད་རིམ་ནི་སོ་སྐྱེས་ཀྱི་ས་ཁོ་ནས་བསྡུས་ཀྱི་འཕགས་

ལམ་ཡིན་པའི་བསྐྱེད་རིམ་མེད་ཀྱང་རྫོགས་རིམ་ནི་སྐྱེ་འཕགས་གཉིས་ཀྱི་ལམ་ཡིན་པ་ཡོད་པས་དེ་ལྟ་བུའི་རིམ་གཉིས་ཀྱི་ལམ་རྣམས་སྦྱངས་པས་ས་བཅུ་དང་རྣལ་འབྱོར་ལྔའི་ལམ་བགྲོད་པར་འགྱུར་བ་ཡིན་ནོ། །དེའང་ཚོགས་ལམ་ནི་འདུན་པ་སེམས་པའི་རྣལ་འབྱོར་དང་།སྦྱོར་ལམ་ནི་རིགས་ཆེན་འབྱེད་པའི་རྣལ་འབྱོར། མཐོང་ལམ་ནི་དབུགས་ཆེན་འབྱིན་པའི་རྣལ་འབྱོར། སྒོམ་ལམ་ནི་ལུང་ཆེན་ཐོབ་པའི་རྣལ་འབྱོར། མཐར་ལམ་ནི་རྩལ་ཆེན་རྫོགས་པའི་རྣལ་འབྱོར་ཏེ་རྣལ་འབྱོར་ལྔའི་ལམ་གྱི་རིམ་པར་གསུངས་སོ། །དེ་ལྟ་ལ་རིམ་པར་ས་བཅུ་ཡང་འཇོག་པར་གསུངས་ཏེ། དེ་བཅུ་ནི། འགྱུར་བ་མ་ངེས་པའི་ས། བརྟེན་པ་གཞིའི་ས།གལ་ཆེན་སྦྱོང་བའི་ས། བསླབ་པ་རྒྱུན་གྱི་ས། བསོད་ནམས་རྟེན་གྱི་ས། བརྟེན་པ་ཁྱད་པར་དུ་འགྲོ་བའི་ས། དམིགས་པའི་འབྲས་བུ་སྐྱེ་བའི་ས། གནས་པ་མི་འགྱུར་བའི་ས། གདལ་བ་ཆོས་ཉིད་ཀྱི་ས། རྫོགས་པ་ཅིར་ཆིབ་ཀྱི་ས་དང་བཅུའོ། །དེའང་དང་པོ་འགྱུར་བ་མ་ངེས་པའི་ས་དང་གཉིས་པ་བརྟེན་པ་གཞིའི་ས་གཉིས་ཚོགས་ལམ་འདུན་པ་སེམས་པའི་རྣལ་འབྱོར་གྱིས་བསྡུས། གསུམ་པ་གལ་ཆེན་སྦྱོང་བའི་ས་བཞི་པ་བསླབ་པ་རྒྱུན་གྱི་ས་ལྔ་པ་བསོད་ནམས་རྟེན་གྱི་ས་གསུམ་སྦྱོར་ལམ་རིགས་ཆེན་འབྱེད་པའི་རྣལ་འབྱོར་གྱིས་བསྡུས། དྲུག་པ་བརྟེན་པ་ཁྱད་པར་དུ་འགྲོ་བའི་ས་ནི་མཐོང་ལམ་དབུགས་ཆེན་འབྱིན་པའི་རྣལ་འབྱོར་གྱིས་བསྡུས། བདུན་པ་དམིགས་པའི་འབྲས་བུ་སྐྱེ་བའི་ས་སྒོམ་ལམ་ལུང་ཆེན་ཐོབ་པའི་རྣལ་འབྱོར་གྱིས་བསྡུས། བརྒྱད་པ་གནས་པ་མི་འགྱུར་བའི་ས། དགུ་པ་གདལ་བ་ཆོས་ཉིད་ཀྱི་ས་། བཅུ་པ་རྫོགས་པ་ཅིར་ཆིབ་ཀྱི་ས་གསུམ་མཐར་ལམ་རྩལ་ཆེན་རྫོགས་པའི་རྣལ་འབྱོར་གྱིས་བསྡུས། དེ་ལྟར་རྣལ་འབྱོར་ལྔ་དང་ས་བཅུས་སློབ་ལམ་མཐར་ཕྱིན་པ་ཡིན་ནོ། །ཨ་ནུའི་སྤྱོད་པ་ཡང་མ་ཧཱའི་སྤྱོད་པ་ཡར་ལྡན་དུ་སྤྱོད་པའི་ཁར་དམ་ཚིག་དགུ་ནི་བདུད་ལྔ་བསལ་བ། དགྲ་བཞི་བཟློག་པ་དང་དགུའོ། །བདུད་ལྔ་ནི༔ རྣམ་རྟོག །ལེ་ལོ། འདུ་འཛི། ཚིག་རྩུབ། ཁྲོ་གཏུམ་གྱི་བྱ་བ་སྟེ་བདུད་ལྔ་བསལ་བ་དང་། དགྲ་བཞི་ནི། ལྟ་སྒོམ་སྤྱོད་གསུམ་བཙོས་མར་རང་དགར་ཞུགས་པའི་དགྲ། ལྟ་དམན་སྤྱོད་ཅིང་འཆལ་བའི་དགྲ། རྩ་བ་ཡན་ལག་གི་དམ་ཚིག་ཉམས་པ་ལྷུང་བའི་དགྲ། བརྩོན་མེད་ལེ་ལོ་འབྲས་བུ་འཕྲོག་པའི་དགྲ་སྟེ་དགྲ་བཞི་བཟློག་པ་དང་དགུའོ། །

གསུམ་པ་མཐར་ཐུག་གི་འབྲས་བུ་ཇི་ལྟར་ཐོབ་པ་ནི། དེ་ལྟར་སློབ་ལམ་རྣམས་མཐར་ཕྱིན་ཏེ་ཤེས་བྱའི་སྒྲིབ་པ་བག་ལ་ཉལ་སྤངས་ཏེ་རྒྱ་ཆད་ཕྱོགས་ལྷུང་དང་བྲལ་བའི་གདལ་བ་ཆེན་པོ་ཆོས་ཉིད་ཀྱི་ས་ཞེས་བྱ་བའམ་ཀུན་བཟང་དབྱེར་མེད་ཀྱི་ས་མངོན་དུ་མཛད་ནས་སྐུ་རིགས་རྒྱུན་གྱི་འཁོར་ལོ་ཉི་ཤུ་རྩ་ལྔ་ལྡན་གྱིས་གྲུབ་པ་ཡིན་ནོ། འདུན་པ་སྐྱེ་བ་སོགས་གནས་སྐབས་བཅུར་སྤྱང་བྱ་རྐྱེན་གྱུར་ལས་ཀྱི་བག་ཆགས་ཕྲ་རགས་ལ་སོགས་པ་བཅུ་པོ་དེ་དག་གཉེན་པོ་གཡོ་བ་བྱང་ཆུབ་སེམས་སོགས་བཅུ་པོས་སྦྱོང་ལ། གཉེན་པོའི་སེམས་བཅུ་ལས་ཚོགས་ལམ་གྱི་སེམས་བཞི་ནི། འདུན་པ་གཡོ་བའི་སེམས། རྩོལ་བ་སྨོན་པའི་སེམས། བསླབ་པ་ལྷུང་བའི་སེམས། འདུ་ཤེས་འགྱུར་བའི་དོན་ལ་སྦྱོར་བའི་སེམས་སོ། །སྦྱོར་ལམ་གྱི་སེམས་གཅིག་ནི། སྦྱོང་ཆེན་དོན་ལ་འཇུག་པའི་སེམས། མཐོང་ལམ་གྱི་སེམས་གཅིག་ནི་ཤེས་རབ་སྦྱོང་བའི་དགའ་བའི་སེམས། སྒོམ་ལམ་གྱི་སེམས་ནི། ཡུལ་ལ་འཇུག་པ་མི་འགྱུར་ལྷག་པའི་སེམས། སྒོམ་ལམ་མཐར་ཕྱིན་པའི་ལམ་གྱི་སེམས་གསུམ་ནི། སྟོང་ཆེན་ཡུལ་མེད་རང་གསལ་བའི་སེམས། གདེང་འགྱུར་རང་རིག་མཐའ་བྲལ་དབྱེར་མེད་གནས་པའི་སེམས། ལས་རླུང་བསྐྱོད་མེད་རྫོགས་པའི་སེམས་དང་བཅུའོ། །ཚོགས་ལམ་གྱི་སེམས་བཞི་ནི༏ གསང་སྙིང་ནས་བསྟན་པའི་སེམས་ལྔའི་དང་པོ་བཞི་དང་མཐུན་པས་དེ་བཞི་ནི་ལམ་དེ་དང་དེ་ལ་འཇུག་འདོད་ཀྱི་སེམས་དང་པོར་ལྷུང་བ་གཡོ་ལྷུང་གི་སེམས། ལམ་དེ་སྙེད་ན་ཅི་མ་རུང་སྙམ་དུ་སེམས་པའི་འདུན་པའི་ཤུགས་ཆེར་སོང་བ་སྨོན་པའི་སེམས། སྨོན་པ་ལྟར་འཇུག་པ་འཇུག་པའི་སེམས། ཞུགས་ནས་ཉམས་ལེན་གྱི་རྒྱུན་ལ་གནས་པ་གནས་པའི་སེམས་དང་བཞིའོ། །དེ་མན་ཆད་ཀྱི་སེམས་དྲུག་ནི་མཐར་འདོད་དོན་གྲུབ་པ་མཐར་ཕྱིན་པའི་སེམས་ལྔ་ལ་དབྱེ་བ་བྱས་པའོ། །དེ་ལྟ་བུའི་སེམས་དེ་དག་གི་དཔེ། སྐར་མ་རབ་རིབ་མར་མེ་དང་སོགས་བཅུ་དང་སྦྱོར་ཚུལ་གྱི་རྣམ་བཞག་ལྡོན་ཤིང་གི་རྣམ་བཞག་གི་ལེའུ་དང་རྩ་རྒྱུད་ཀུན་འདུས་རིག་པའི་མདོའི་ལེའུ་གཉིས་པ་ལ་སོགས་ལས་ཤེས་པར་བྱ་བའོ། །

གསུམ་པ་སྣང་སྟོང་གི་ཕྱོགས་གང་ཡང་རྩལ་འདོན་གྱི་འབད་རྩོལ་མི་བྱེད་པར་རང་བབས་དང་བཞག་གི་རྣལ་འབྱོར་ཁོ་ནར་བསྒྲིལ་པ་ཨ་ཏི་སྙེ་ཤིན་ཏུ་དང་། ཡོ་ག་སྙེ་རྣལ་འབྱོར་ཏེ་ཤིན་ཏུ་

རྣལ་འབྱོར་གྱི་ཐེག་པ་བཤད་པ་ལ། གཞི་ལྟ་བ། ལམ་སྒོམ་པ། མཐར་ཐུག་གི་འབྲས་བུ་དང་གསུམ་ལས། དང་པོ་ལྟ་བ་ནི། གོང་དུ་བཤད་པའི་གཞི་རྒྱུད་བདེར་གཤེགས་སྙིང་པོ་ཟབ་གསལ་གཉིས་མེད་ཀྱི་ཡེ་ཤེས་དེ་ངོ་འཕྲོད་པ་གཞིར་བཞག་ལ། བྱེ་བྲག་གི་ཁྱད་ཆོས་ཨ་ནུ་མན་ཆད་ཀྱི་ཐེག་པ་བརྒྱད་སེམས་ལམ་བྱེད་དང་རྩུབ་སྦྱོར་གྱི་ལམ་ཡིན་ལ། རྫོགས་ཆེན་སྐབས་འདིར་སེམས་རིག་གཉིས་ཤན་འབྱེད་དེ་སེམས་ལས་འདས་པའི་རིག་པ་ཉིད་གདན་ལ་དབབ་པ་སྤྱིར་འདྲ་ཡང་། བྱེ་བྲག་སྣང་ཕྱོགས་དང་སྟོང་ཕྱོགས་དང་སྣང་སྟོང་ཟུང་འཇུག་གདན་ལ་དབབ་པའི་རིམ་པས་སེམས་ཀློང་མན་ངག་སྡེ་ཐ་དད་ཕྱེ་སྟེ། ཨ་ཏི་བཀོད་པ་ལས། ཡིད་ཅན་རྣམས་ལ་སེམས་ཀྱི་སྡེ། །ནམ་མཁའ་ཅན་ལ་ཀློང་གི་སྡེ། །རིམ་རྩོལ་བྲལ་ལ་མན་ངག་གོ། །ཞེས་གསུམ་བཤད་པས། དང་པོ་གནས་པ་སེམས་ཀྱི་སྡེ་ཞེས་འཆར་གཞི་རིག་རྩལ་འགགས་མེད། ཤར་བའི་རོལ་པ་སྣ་ཚོགས་ཏེ། དེ་གཉིས་ཆའང་རང་བཞིན་བྱང་ཆུབ་སེམས་ལས་མ་འདས་པར་གདན་ལ་ཕབ་སྟེ་ཉོན་མོངས་པ་ཆེད་དུ་མི་འགོག་པས་སྤང་བྱའི་མཐའ་ལས་གྲོལ་བར་བཞེད། གཉིས་པ་བྱ་བྲལ་ཀློང་སྡེས་སྣང་ངོས་ནས་ཕྱི་ནང་གི་ཆོས་ཇི་ལྟར་སྣང་ཡང་སྟོང་ངོས་ནས་ཡེ་གྲོལ་དུ་གདན་ལ་ཕབ་པས་རིག་པ་ཉིད་ཕྱིར་ཤར་བར་མི་འདོད་པར་ནང་དབྱིངས་ཀྱི་རང་སྣང་ཙམ་ལས་ཤར་བྱ་ཤར་བྱེད་མ་གྲུབ་པར་འདོད་པས་གཉེན་པོའི་མཐའ་ལས་གྲོལ་བར་བཞེད།

གསུམ་པ་ཟབ་པ་མན་ངག་གི་སྡེས་ནི། གསལ་ཆའི་ཡེ་ཤེས་ཡང་རྩལ་འདོན་མི་བྱེད། སྟོང་ཆའི་ཡེ་ཤེས་ཡང་རྩལ་འདོན་མི་བྱེད་པར་ཡིན་ལུགས་ཀྱི་གཤིས་སུ་ཁེལ་བས་སྤང་གཉེན་གཉིས་ཀའི་མཐའ་ལས་གྲོལ་བས་མན་ངག་སྡེ་ཁྱད་པར་དུ་འཕགས་པ་ཡིན་ཏེ། སེམས་སྡེས་གསལ་བའི་རྩལ་ཆོས་ཉིད་དུ་མ་ལྡོང་བས་རྩལ་དང་རོལ་པར་ཞེན་པའི་ཡིད་དཔྱོད་འབྱུང་ཉེ། ཀློང་སྡེས་ཆོས་ཉིད་ལ་འཛིན་པའི་ཡིད་བྱེད་ཀྱི་སྒོ་ནས་སྟོང་ཕྱོགས་ཀྱི་གོལ་ས་འབྱུང་ཉེ། སེམས་ཀློང་གཉིས་ཀ་ལ་ཡུལ་སེམས་ཡོད་མ་མྱོང་། མེད་མ་མྱོང་བའི་གཞི་བྲལ་སྤྱི་འབྱམས་སུ་གདེང་འཆའ་བའི་གཤིས་ཤོར་གྱི་གོལ་ས་འབྱུང་ཉེ་ཡང་། མན་ངག་སྡེ་ལ་ནི། དེ་ལྟ་བུའི་རགས་པ་མངོན་ཞེན་དང་ཕྲ་བ་གཤིས་ཤོར་གྱི་གོལ་སའི་སྐྱོན་དེ་དག་མེད་པ་ཡིན་པའི་ཕྱིར་རོ། །སྣང་སྟོང་ཟུང་འཇུག་གི་འོད་གསལ་གྱི་

ཡེ་ཤེས་གསུམ་ལྡན་འདིའི་ངོ་བོ་སྟོང་པ་ཆོས་སྐུ། རང་བཞིན་གསལ་བ་ལོངས་སྐུ། ཐུགས་རྗེ་ཀུན་ཁྱབ་སྤྲུལ་སྐུ་སྟེ་སྐུ་གསུམ་འདུ་འབྲལ་མེད་པའི་རིག་པ་ཀ་དག་ཆེན་པོ་མ་བཅོས་གཉུག་མའི་གཤིས་ལུགས་དེ་ཉིད་ཅར་ཕོག་ཏུ་ངོ་འཕྲོད་པ་ལ་གཟུང་འཛིན་གྱིས་འཆིང་མི་ནུས་པས་ཁྲིགས་ཆོད་ཀྱི་ཡེ་ཤེས་ཞེས་བྱའོ། །གཉིས་པ་ལམ་སྒོམ་པས་ཉམས་སུ་ལེན་ཚུལ་ལ། ཀུན་སློང་། འཇུག་སྒོ༔ ཞུགས་ནས་ཇི་ལྟར་ཉམས་སུ་ལེན་ཚུལ་གསུམ་ལས། དང་པོ་ཀུན་སློང་ནི། གཞན་དོན་དུ་ལོ་བདུན་ཙམ་ནས་འཇའ་ལུས་རྡོ་རྗེའི་སྐུ་འགྲུབ་པར་འདོད་དོ། །

གཉིས་པ་འཇུག་སྒོ་ནི། རྫོགས་པར་རང་བྱུང་ལས། སྤྲོས་བཅས་སྤྲོས་པ་མེད་པ་དང་། །ཤིན་ཏུ་སྤྲོས་མེད་རབ་སྤྲོས་མེད། །དབང་བཞི་རྣམ་པ་བཞི་ཡིས་ཀྱང་། །སྐལ་བ་ལྡན་རྣམས་སྨིན་པར་བྱ༔ །ཞེས་པ་ལྟར་དབང་བཞི་པ་ལ་རྒྱལ་དུ་བཏོན་པའི་རིག་པ་ཁྱད་པར་ཅན་གྱི་དབང་བཞི་བསྐུར་བའམ་གང་ཟག་ཁྱད་པར་ཅན་ལ་རིག་པའི་རྩལ་དབང་ཙམ་གྱིས་ཀྱང་སྒོ་གསུམ་སྣོད་རུང་དུ་བྱེད་པར་གསུངས་སོ། །དེས་ན་རྫོགས་ཆེན་གྱི་སྤྲོས་བཅས་བུམ་དབང་གི་དཀྱིལ་འཁོར་གྲུ་བཞི་སྒོ་བཞི་དབུས་ཟླུམ་སྐོར་གྱི་འཁོར་ལོའི་གདན་དེའི་ཕྱི་རིམ་གྲུ་ཆད་བཞིའི་གདན་གྱི་དབུས་སུ་བུམ་པ་ལྔ་ལ་བརྟེན་པའི་དབང་བསྐུར་གྱིས་མཚོན་བྱ་དོན་གྱི་ཡེ་ཤེས་ངོ་སྤྲོད། སྤྲོས་མེད་གསང་དབང་ནི། དཀྱིལ་འཁོར་དེར་བུམ་པ་གཅིག་ལ་བརྟེན་པའི་དབང་བསྐུར་གྱིས་ཆོས་ཉིད་མཉམ་པ་ཆེན་པོར་ངོ་སྤྲོད། ཤིན་ཏུ་སྤྲོས་མེད་ཤེར་དབང་ཚོམ་བུ་ལྔ་པའི་དཀྱིལ་འཁོར་ལ་བརྟེན་པའི་ཡེ་ཤེས་ལྔ་བྱེ་བྲག་ཏུ་ངོ་སྤྲོད། རབ་ཏུ་སྤྲོས་མེད་ཚིག་དབང་ཚོམ་བུ་ལྔའི་དཀྱིལ་འཁོར་ལ་བརྟེན་ནས་བརྡ་ཐབས་ཀྱིས་ངོ་སྤྲོད་པའོ། །དབང་བཞི་དེའི་སྦྱང་གཞི་སྒོ་གསུམ་སོ་སོ་བའི་བག་ཆགས་གསུམ་དང་། ཤེས་སྒྲིབ་ཀྱི་རྨོངས་པ་ཕྲ་བ་རྣམས་ཡིན། སྦྱངས་འབྲས་སྐུ་གསུམ་དང་ངོ་བོ་ཉིད་ཀྱི་སྐུ་དང་བཞིའོ། །སྦྱོང་བྱེད་ཀྱི་ལམ་ནི། ཐུན་མིན་གྱི་བསྐྱེད་རིམ་དང་གཏུམ་མོ་དང་བདེ་སྟོང་ཀ་དག་གི་ཡེ་ཤེས་དང་ལྷུན་གྲུབ་ཐོད་རྒལ་གྱི་ལམ་རྣམས་སོ། །ཨ་ཏིའི་སྤྲོས་བཅས་སྤྲོས་མེད་གཉིས་བླ་མེད་ཀྱི་དབང་སྤྱི་དང་ཕྱོགས་མཐུན་པ་ཡིན་ཀྱང་། ཤིན་ཏུ་སྤྲོས་མེད་ཤེར་དབང་དང་རབ་ཏུ་སྤྲོས་མེད་ཚིག་དབང་གཉིས་ལ་ཁྱད་པར་ཆེ་སྟེ། ཤིན་ཏུ་སྤྲོས་མེད་ལ་ཕྱི་འཁོར་འདས་རུ་ཤན་དབྱེ་བ། ནང་ཡེ་ཤེས་ཉེར་ལྔ་ལ་སྦྱོང་པའི་ཆེད་

དུ་མཚུལ་དང་གསོལ་བ་གདབ་པ། གསང་བ་ནམ་མཁའི་ཕྱོགས་བཞི་ནས་སེམས་ཉིད་ཀྱི་སྒོར་འཇུག་པ༑ ཡོངས་རྫོགས་ནམ་མཁའ་རྒྱ་ཆེ་བའི་དོན་ལ་འདྲིས་པར་བྱས་ཏེ་ངོ་བོ་མེད་པའི་སེམས་ཉིད་ལ་མཐའ་མེད་པར་མཚོན་པ་རྣམས་སོ། །རབ་ཏུ་སྤྲོས་མེད་ལ་བཞི་སྟེ། ཕྱི་འདུག་སྟངས། ནང་ལྟ་སྟངས། གསང་བ་དེ་གཉིས་དང་ལྡན་པར་བྱས་པའི་སྟེང་ནས་སངས་རྒྱས་ཀྱི་ཞིང་ལ་སྦྱོད་པ། ཡོངས་རྫོགས་སོང་ཤིག་སོགས་བརྗོད་པས་བརྡ་དོན་སྤྲོད་པའོ། །ཐུན་མོང་གི་དབང་བཞིའི་སྡོམ་ལྡན་གྱིས་འདི་ཐོབ་ན་འདིའི་སྡོམ་པ་གསར་ཐོབ་ཡིན་པར་སླེན་གླིང་ལོ་ཆེན་བཞེད་དོ། །

གསུམ་པ་ཞུགས་ནས་ལམ་གྱི་རིམ་པ་ཉམས་སུ་ལེན་ཚུལ་ལ། ལེ་ལོ་ཅན་འབད་མེད་དུ་གྲོལ་བ་ཀ་དག་ཁྲེགས་ཆོད་ཀྱི་ལམ་དང་། བརྩོན་འགྲུས་ཅན་འབད་བཅས་སུ་གྲོལ་བ་ལྷུན་གྲུབ་ཐོད་རྒལ་གྱི་ལམ་སྟེ་ལམ་གཉིས་ལས། དང་པོ་ནི། སློབ་དཔོན་དགའ་རབ་རྡོ་རྗེའི་ཞལ་ཆེམས་སུ་སློབ་དཔོན་འཇམ་དཔལ་བཤེས་གཉེན་ལ་བསྩལ་བའི་ཚིག་གསུམ་གནད་དུ་བརྡེགས་པའི་གདམས་པ། ངོ་རང་ཐོག་ཏུ་སྤྲོད་པ། ཐག་གཅིག་ཐོག་ཏུ་བཅད་པ། གདེང་གྲོལ་ཐོག་ཏུ་བཅའ་བ་གསུམ་གྱི་སྒོ་ནས་ཉམས་སུ་ལེན་པར་གསུངས་པས། དེ་ཡང་དང་པོ་ལྟ་བའི་ངོ་སྤྲོད་ཚུལ་ལ་མང་ཡང་འདིར་སྒོམ་ཐོག་ནས་རིག་ངོ་སྤྲད་པར་གསུངས་པས་དུས་གསུམ་གྱི་རྣམ་རྟོག་དང་བྲལ་བའི་རྟོག་མེད་ཀྱི་ངང་ལ་མཉམ་པར་བཞག་པ་ན་གནས་ཆ་ལྷེམ་མེ་བ་ལྟ་བུ་དང་གློ་བུར་བའི་གསལ་ཆ་དྭངས་ཆ་སོགས་ཡོད་ཀྱང་རྒྱ་ཆད་ཕྱོགས་ལྷུང་ཅན་གྱི་འཛིན་ཆ་ཐུམ་ཐུམ་འདྲ་བ་དེ་ཀུན་གཞི་དང་ཀུན་གཞིའི་རྣམ་ཤེས་ལས་མ་འདས་པས། དེ་ལྟ་བུའི་གནས་ཆ་སྟངས་པོ་དང་བྲལ། འགྱུ་ཆ་ཕྲ་རགས་མ་མཆེད་པའི་བར་དུ་རང་བབས་ཀྱི་ཤེས་པ་སེང་ངེ་ཧྲུར་རེ་བ་འཛིན་ཆ་གང་གིས་ཀྱང་མ་བཅིངས་ཤིང་སྟོང་མི་སྟོང་གསལ་མི་གསལ་སོགས་ཀྱི་རྩིས་གདབ་དང་བྲལ་བར་རྟེན་མེད་ཟང་ཐལ་རྗེན་པ་ཉིད་ཀྱི་ངོ་རང་ཐོག་ཏུ་འཕྲོད་དགོས། བར་དུ་རྣམ་རྟོག་ལ་དགག་སྒྲུབ་དང་རྗེས་འབྲང་གང་ཡང་མི་བྱེད་པར་སེམས་རང་བབས་སུ་བཞག་པ་ན་འདི་ཡིན་གྱི་ངོས་བཟུང་མེད་ཀྱང་ཡེ་ནས་བཅོས་བསླད་ཀྱི་དྲི་མ་ཞུགས་པའི་སེམས་ཀྱི་རང་གཤིས་རིག་ཆ་སེང་ངེ་བ་དེའི་སྟེང་ནས་མ་གཡོས་པར་བསྐྱངས་པ་དེ་ལས་གཞན་མེད་པའི་གོ་ཐག་བཅད་དེ་སྐྱོང་དགོས། དེ་ལྟར་ངོས་ཟིན་ཕན་ཆད་རྣམ་རྟོག་ཤར་རམ་

གནས་སམ་ཇི་ལྟར་ཡང་གནས་འགྱུའི་རྗེས་མི་འདེད་པར་རྩ་བའི་རིག་པ་ཁོ་རང་གཅིག་པོ་རྗེན་ལ་ཕྱུད་དེ་སྐྱོང་བ་འདི་ཉོན་མོངས་དང་རྣམ་རྟོག་གང་སྐྱེས་ཆོས་སྐུར་ཤོར་ནས་འཁྲུལ་རྟོག་ཡེ་ཤེས་སུ་དག །རྐྱེན་ངན་གྲོགས་སུ་འཆར། ཉོན་མོངས་པ་ལམ་དུ་བྱེད། འདི་ལ་འཁྲུལ་བ་རང་མཚན་པ་བཙལ་ཀྱང་མི་རྙེད་པས་གདེང་གྲོལ་ཐོག་ཏུ་བཅའ་བ་སྟེ་མཐར་གྲོལ་སའི་ཀ་དག་གི་དབྱིངས་སུ་འབྱུང་ལུས་རགས་པ་རྡུལ་ཕྲན་དུ་དྭངས་པའི་ལྗི་བཙུན་ཆེན་པོ་ལྟ་བུར་འགྱུར་རོ། །

གཉིས་པ་ཐོད་རྒལ་ནི། སྒོ་ཡུལ་རླུང་རིག་གི་གནད་གསུམ་ལ་བརྟེན་ནས་ལྷུན་གྲུབ་དྭངས་མའི་རྩ་སྨིན་ནས་ཡེ་ཤེས་སྐུ་གསུམ་གྱི་བདག་ཉིད་ཅན་གྱི་རང་སྣང་དབྱིངས་ཐིག་རིག་གསུམ་གྱི་སྣང་བའི་ཆོས་ཉིད་དང་པོ་མངོན་སུམ་དུ་སྣང་། བར་དུ་རིག་ཆ་ལྷག་མཐོང་གི་ཤེས་རབ་ཏུ་སྨིན་ནས་ལུག་རྒྱུད་སྐུ་རུ་རིམ་པར་སྨིན་པ་ཉམས་གོང་འཕེལ་སྤྲུལ་སྐུའི་ལམ་བྱེད། དེ་ནས་ཕྱི་རུ་དབྱིངས་ཐིག་རིག་གསུམ་གྱི་འཕེལ་ཚད་རྫོགས། ནང་དུ་རིག་པ་ངོ་བོའི་དབྱངས་དང་དབྱེར་མེད་དུ་འདྲེས་ཏེ་ཆོས་ཉིད་ཀྱི་དོན་མངོན་སུམ་དུ་རྟོགས་པའི་འཕགས་ལམ་རིག་པ་ཚད་ཕེབས་ལོངས་སྐུ་ལམ་བྱེད། དེ་ནས་རིམ་པར་རྒྱལ་སྣང་ནང་དབྱིངས་སུ་བསྡུས་ཏེ་རྒྱལ་དང་ངོ་བོ་དབྱེར་མེད་དུ་གྱུར་ནས་ངོ་བོའི་དབྱིངས་ལས་ནམ་ཡང་འཕོས་པ་མེད་པའི་གྲོལ་བའི་ཆོས་སྐུ་མངོན་དུ་བྱེད་པ་ཆོས་ཉིད་ཟད་ས་ཆོས་སྐུ་ལམ་བྱེད་མཐར་ཐུག་གོ། །

སྣང་བཞིའི་མཐའ་རྟེན་གྱི་མན་ངག་ཀྱང་མི་འགུལ་བ་གསུམ་ལ་གཞི་བཅའ་བ། སྡོད་པ་གསུམ་གྱིས་ཚད་བཟུང་བ། ཐོབ་པ་གསུམ་གྱིས་གཟེར་གདབ་པ། གདེང་བཞིས་གྲོལ་ཚད་བསྟན་པ་རྣམས་སོ། །དང་པོ་ལུས་བཞུགས་སྟངས། མིག་གཟིགས་སྟངས། རླུང་སེམས་དབྱིངས་ལས་མི་འགུལ་བ་གསུམ་ནི་དབྱིངས་རིག་འཕེལ་བརྟན་མན་ངག་སྟེ་མངོན་སུམ་དུས་སུ་གལ་ཆེའོ། །ཕྱིའི་སྣང་བ་སྡོད་པས་སེམས་མི་འཕྲོག་རྐྱེན་སྣང་ལམ་གྱི་གྲོགས་སུ་འཆར། ནང་ཕུང་པོ་སྡོད་པས་འཁྲུལ་བའི་བྱ་བ་མི་འཕེལ། གསང་བ་རླུང་སེམས་སྡོད་པས་འཁྲུལ་སེམས་འགགས་པ་སྟེ་ཉམས་གོང་འཕེལ་དུས་སུ་འབྱུང་།འདི་དུས་རྨི་ལམ་དང་པོ་བཟང་པོ་འབྱུང་། བར་དུ་ངོས་ཟིན་ཏེ་སྤྲུལ་བསྒྱུར་ནུས། མཐར་འོད་གསལ་ངང་དུ་འགགས་ནས་རྒྱུན་ཆད་པས་ལམ་རྟགས་ཚད་རྨི་ལམ་གྱིས་བཟུང་

ངོ་༔ ༔ཡང་མངོན་སུམ་དུས་ལུས་གཡོ་འགུལ་བྲལ། ངག་སྨྲ་བརྗོད་བྲལ། སེམས་འཕྲུལ་རྟོག་དག་པ་རྣམས་ཀྱི་རྟགས་སྒོ་གསུམ་ལ་ཤར། གོང་འཕེལ་དུས་ལུས་མཛེས་ཆོས་དང་བྲལ། ངག་བྱུང་རྒྱལ་སྨྲ༔ སེམས་རྟོག་མེད་ལ་གནས་པ་རྣམས་སོ། །ཚད་ཕེབས་དུས་སུ་ལུས་འབྱུང་བཞིས་མི་ནོན། ངག་ཆོས་དབྱངས་སྙན། སེམས་ཡ་ང་བག་ཚ་དང་བྲལ་ལོ། །ཆོས་ཟད་དུས་སུ་ལུས་འཇའ་འམ་ན་བུན་ལྟ་བུ། ངག་བྲག་ཆའི་སྒྲ། སེམས་རྟོག་གློག་འགྱུ་བ་ཙམ་ལས་མེད་པ་རྣམས་འབྱུང་། ཕྱི་ཡུལ་སྣང་ཞིང་ཁམས་སུ་རང་དབང་ཐོབ། ནང་རང་ལུས་འོད་སྣང་དུ་ཤར། གསང་བ་རླུང་སེམས་ཉོན་མོངས་པ་སངས་ཏེ་ཡེ་ཤེས་སུ་དབང་བ་རྣམས་ཚད་ཕེབས་དུས་སུ་འབྱུང་། གདེང་བཞིས་གྲོལ་ཚད་ནི། སངས་རྒྱས་གཞན་ནས་འཐོབ་འདོད་ཀྱི་རེ་བ་དང་། རང་གནས་མངོན་དུ་མི་འགྱུར་བའི་དོགས་པ་དང་། འཁོར་བ་གཞི་མེད་དུ་གྲོལ་བས་སླར་འཁོར་མི་འཁོར་གྱི་རེ་དོགས་དང་གིས་ཟད་པ་ནི་ཆོས་ཟད་དུས་སུ་འབྱུང་ངོ་། །

གསུམ་པ་མཐར་ཐུག་གི་འབྲས་བུ་ཇི་ལྟར་ཐོབ་ཚུལ་ནི། གང་ཟག་དབང་པོ་ཡང་རབ་བརྩོན་འགྲུས་མཆོག་ཏུ་གྱུར་པ་ཡིན་ན་ཕུང་ཁམས་སྐྱེ་མཆེད་ཀྱི་ལུས་ཀྱི་ཟག་པ་ཟད་དེ་ལུས་མ་བོར་བར་སངས་རྒྱས་ཏེ་འཕོ་ཆེན་རྡོ་རྗེའི་སྐུ་གྲུབ་པ་ཨོ་རྒྱན་སངས་རྒྱས་གཉིས་པ་ལྟ་བུ་ཡིན་ནོ། །དེ་ལྟར་བླ་མེད་ཀྱི་ཐེག་པ་དེ་གསུམ་ལ་ནང་རྒྱུད་ཀྱི་ཐེག་པ་གསུམ་དང་དབང་བསྒྱུར་ཐབས་ཀྱི་ཐེག་པ་ཞེས་བྱ་སྟེ། སེམས་ཉིད་སྐུ་དང་ཡེ་ཤེས་ཀྱི་དཀྱིལ་འཁོར་དུ་རང་སྣང་བས་དངོས་གྲུབ་གཞན་ནས་མི་འཚོལ་བར་རང་བྱུང་གི་ཡེ་ཤེས་ཉིད་འབྲས་བུར་རྟོགས་པས་ནང་རྒྱུད་ཀྱི་ཐེག་པ་དང་། ཐ་མལ་གྱི་སྒོ་གསུམ་བྱ་བ་ཡུལ་དང་བཅས་པ་ལྷའི་སྐུ་གསུང་ཐུགས་མཛད་པ་ཞིང་ཁམས་སུ་དབང་བསྒྱུར་བར་བྱེད་པའི་ཐབས་ཆེན་པོ་ཡིན་པས་དབང་བསྒྱུར་ཐབས་ཀྱི་ཐེག་པ་ཞེས་བྱ་བའོ། །དེ་ལྟ་བུའི་སྤྱིར་ཐེག་པ་བསམ་མི་ཁྱབ་པ་རྣམས་འདིར་ཐེག་པ་རིམ་དགུར་བསྡུས་སོ། །དེ་ཐམས་ཅད་ཡར་ལྡན་མཐར་ཕྱིན་པའི་ཚུལ་དུ་རང་བཞིན་རྫོགས་པ་ཆེན་པོའི་ཐེག་པ་འདིར་འདུས་ཤིང་རྫོགས་པ་ཡིན་ནོ། །གསུམ་པ་ལམ་གོང་མར་འཇུག་ཚུལ་ལ་གཉིས་ཏེ། རིགས་ཅན་གསུམ་རྣམས་སྔགས་ལམ་ལ་ཞུགས་པ་ཡོད་པར་སྒྲུབ་པ་དང་། བྱེ་བྲག་གི་འཇུག་ཚུལ་མ་སྤྲོས་པར་བསྟན་པ་གཉིས་ལས། དང་པོ་ནི། ཉན་རང་བྱང་

སེམས་རིགས་ཅན་སོགས་ཀྱིས་བསྟན་ཏེ། ཉན་ཐོས་ཀྱི་རིགས་ཅན་རང་རྒྱལ་གྱི་རིགས་ཅན་བྱང་སེམས་ཀྱི་རིགས་ཅན་སོ་སོ་ལ་གསང་སྔགས་རྡོ་རྗེ་འཛིན་པའི་ལམ་ལ་ཞུགས་པ་ཡོད་དོ་ཞེས་འབུམ་ཕྲག་ལྔ་པའི་རྒྱུད་ཀྱི་ལུང་ལས་གསལ་བར་གྲུབ་སྟེ། དེ་ཁོ་ན་ཉིད་ཡེ་ཤེས་གྲུབ་པ་ལས། རྡོ་ཡི་རིགས་ཀྱི་བྱེ་བྲག་གཅིག །བཞུ་བས་ལྕགས་དང་ཟངས་དངུལ་འགྱུར། །གསེར་འགྱུར་རྩི་ཡི་དངོས་པོ་ཡིས། །ཀུན་ཀྱང་གསེར་དུ་བསྒྱུར་བར་བྱེད། །དེ་བཞིན་སེམས་ཀྱི་བྱེ་བྲག་གིས། །རིགས་ཅན་གསུམ་གྱི་སྡོམ་པ་ཡང་། །དཀྱིལ་འཁོར་ཆེན་པོ་འདིར་ཞུགས་ན། །རྡོ་རྗེ་འཛིན་པ་ཞེས་བྱའོ། །ཞེས་གསུངས་པའི་ཕྱིར་རོ། །དེའང་ལྕགས་ཟངས་དངུལ་རྡོ་གསུམ་ལྟ་བུའི་ལམ་མ་ཞུགས་པའི་རིགས་ཅན་གྱི་གང་ཟག་གསུམ་དེས། དེ་གསུམ་བཞུས་པ་ལས་ལྕགས་ཟངས་དངུལ་གསུམ་འགྱུར་བ་ནི་རིམ་པར་ཉན་རང་བྱང་སེམས་ཀྱི་སྡོམ་ལྡན་སོ་སོ་བའི་རིགས་ཅན་ལམ་ཞུགས་རྣམས། དཔེ་གསེར་འགྱུར་གྱི་རྩིས་ཀུན་ཀྱང་གསེར་ཁོ་ནར་བསྒྱུར་བ་ལྟར། བྱང་ཆུབ་ཀྱི་སེམས་བསྐྱེད་དེ་སྔགས་ཀྱི་དཀྱིལ་འཁོར་འདིར་ཞུགས་ན་རྡོ་རྗེ་འཛིན་པར་འགྱུར་བར་གསུངས་པའོ། །

གཉིས་པ་ནི། བསམ་པའི་དབྱེ་བས་སོགས་ཀྱིས་བསྟན་ཏེ། རང་བཞིན་གྱི་དབང་པོ་རྣོན་པོ་གཞི་ནས་འཇུག་པ་ཞེས་གྲུབ་མཐས་བློ་མ་བསྒྱུར་བར་ཐོག་མ་ནས་སྔགས་ལམ་དུ་འཇུག་པ་སྲིད་དེ་ཨིནྡྲ་བྷཱུ་ཏི་བཞིན་ནོ། །ལྷ་མི་དང་ཉན་རང་དང་བྱང་སེམས་དང་ཕྱི་རྒྱུད་སྡེ་གསུམ་སྟེ། དེ་ལྟ་བུའི་རང་ལམ་དེ་དག་ནས་སྔགས་ཀྱི་ལམ་སྐྱེད་ནས་འཇུག་པའང་ཡོད་དེ། ཐེག་པ་འོག་མའི་འབྲས་བུ་དགྲ་བཅོམ་ཐོབ་ནས་དག་པའི་ཞིང་དུ་མེ་ཏོག་པདྨའི་སྦུབས་སུ་ཡིད་ཀྱི་རང་བཞིན་ཅན་གྱི་ལུས་བླང་བའི་རྟེན་དེ་ནས་ཐེག་ཆེན་བྱང་སེམས་ཀྱི་ཐེག་པར་དངོས་སུ་ཞུགས་ཏེ་བརྒྱུད་ནས་སྔགས་ལམ་ལ་འཇུག་པ་དང་། བྱང་སེམས་ཀྱི་ཐེག་པ་དང་ཀྲི་ཡོག་སྡེ་གསུམ་རང་རང་གི་ལམ་ནས་ཚེ་བསྐལ་པ་མང་པོ་ཐུབ་པའི་རིག་འཛིན་གྱི་སྐུ་བསྒྲུབས་ནས་སླར་ཡང་སྔགས་བླ་མེད་ཀྱི་ལམ་དུ་འབྲས་དབང་མཆོག་དབང་རྣམས་ནོད་དེ་བླ་མེད་ལམ་ནས་སངས་རྒྱས་པ་ཡིན་པའི་ཕྱིར་རོ། །དེ་ལྟ་བུའི་བསམ་པའི་དབྱེ་བ་མི་འདྲ་བའི་སྒོ་ནས་སྔགས་ལམ་ལ་འཇུག་པའི་ཚུལ་གྱི་ཆོས་སྒོ་མང་ཡང་བྱེ་བྲག་གི་འཇུག་ཚུལ་དེ་དག་རྣམས་འདིར་བསྟན་བྱའི་གཙོ་བོར་བྱས་ནས་སྤྲོ་བྱ་མིན་ཏེ། འདིར་སྤྱིར་ཐེག་པ

འོག་མ་ནས་གོང་མར་འཇུག་ཚུལ་དང་། དེའང་མཐར་སྔགས་བླ་མེད་ལ་འཇུག་ཚུལ་ཙམ་བསྟན་པ་ཡིན་ནོ། །

གཉིས་པ་སྡོམ་པ་གསུམ་གྱི་རྣམ་དབྱེ་བྱེ་བྲག་ཏུ་བསྟན་པ་ལ་གཉིས་ཏེ་གང་ཟག་དབང་པོ་རབ་འབྲིང་ཐ་གསུམ་གྱི་སྡོམ་པ་ཐོབ་ཚུལ་སྤྱིར་བསྟན་པ་དང་། དབང་པོ་འབྲིང་གི་སྡོམ་པ་ཐོབ་ཚུལ་བྱེ་བྲག་ཏུ་བཤད་པའོ། །དང་པོ་ལ་མདོར་བསྟན་རྒྱས་བཤད་གཉིས་ལས། དང་པོ་མདོར་བསྟན་ནི། འདིར་ནི་དབང་པོ་སོགས་ཀྱིས་བསྟན་ཏེ། སྐབས་འདིར་ནི་གདུལ་བྱ་དབང་པོ་རབ་འབྲིང་ཐ་མ་གསུམ་ཡོད་པ་ལས། ཞེས་སོ། །

གཉིས་པ་རྒྱས་བཤད་ལ་གསུམ་སྟེ། དབང་པོ་རབ་ཀྱིས་སྡོམ་གསུམ་ནོད་ཚུལ་དང་། །འབྲིང་དང་ཐ་མས་ནོད་ཚུལ་གསུམ་ལས། དང་པོ་ནི། རབ་མཆོག་སོགས་ཀྱིས་བསྟན་ཏེ། དབང་པོ་རབ་དང་མཆོག་ཏུ་གྱུར་པ་ཐུན་མོང་ལམ་གྱི་སྦྱངས་པ་སྔོན་སོང་མཐར་སོན་པར་བྱས་པ་ལས་འགྲོ་སྐལ་བ་དང་ལྡན་པའི་གང་ཟག་ཞིག་སྟེ། དེ་ནི་གསང་སྔགས་བླ་མེད་ཀྱི་དབང་བསྐུར་ཐོབ་པ་ཙམ་ནས་སོར་བྱང་སྔགས་གསུམ་གྱི་སྡོམ་པ་གསུམ་ཅིག་ཆར་དུ་སྐྱེས་ཤིང་ཐོབ་ལ་དབང་དོན་རྟོགས་པ་དང་གྲོལ་འབྲས་མངོན་དུ་བྱས་པ་དུས་མཉམ་པ་ཨོ་རྒྱན་གྱི་རྒྱལ་པོ་ཨིནྡྲ་བྷཱུ་ཏི་བཞིན་ཡིན་ཏེ། སྔགས་སྡོམ་ལས་ཁྱེས་པའི་སྡོམ་གསུམ་ཅིག་ཆར་དུ་ཐོབ་པའི་ཕྱིར་རོ། །དེ་ཡོད་དེ། གཞི་སྔགས་སྡོམ་ཡིན་པ་གང་ཞིག །གཞན་གནོད་གཞིར་བཅས་སྤོང་བ་སོར་སྡོམ། གཞན་ཕན་གཞིར་བཅས་སྒྲུབ་པ་བྱང་སྡོམ། དག་མཉམ་གྱི་ལྟ་བའི་ཐབས་ཀྱིས་ཟིན་པ་སྔགས་སྡོམ་མོ། །

གཉིས་པ་ནི། འབྲིང་ནི་སྡོམ་གསུམ་སོགས་ཀྱིས་བསྟན་ཏེ། དབང་པོ་འབྲིང་གི་གང་ཟག་གིས་ནི་སྡོམ་པ་གསུམ་སོ་སོར་འབོག་པའི་ཚོ་ག་ཐ་དད་ལ་བརྟེན་ནས་དང་པོར་སོ་ཐར་རིགས་བདུན་གང་རུང་ནོད་ནས་དེ་རྟེན་དུ་བྱས་ནས་བྱང་ཆུབ་སེམས་དཔའི་སྡོམ་པ་བླངས། དེ་ནས་གསང་སྔགས་ཀྱི་སྡོམ་པ་བླང་སྟེ་སྡོམ་པ་གསུམ་གྱི་བསླབ་ཁྲིམས་རང་ཐད་ལྟར་ཉམས་སུ་ལེན་པ་སྟེ། དེ་ལྟར་སྡོམ་གསུམ་རིམ་པར་ནོད་དེ་ཐོབ་པ་སློབ་དཔོན་ནཱ་ག་རྫུ་ནའི་རྣམ་ཐར་ལྟར་རོ། །

གསུམ་པ་ནི། ཐ་མ་སྐལ་དམན་ཤིན་ཏུ་སོགས་ཀྱིས་བསྟན་ཏེ། དབང་པོ་ཐ་མ་སྐལ་དམན་

ཤིན་ཏུ་གདུལ་དཀའ་བ་དེ་རྣམས་ནི། དང་པོ་གསོ་སྦྱོང་ཡན་ལག་བརྒྱད་ཀྱི་དུས་ཁྲིམས། དེའི་རྗེས་སྲོག་གཅོད་སྤོང་བ་སོགས་སྤོང་བཞི་འཁོར་དང་བཅས་པའི་བསླབ་པའི་གནས་ལྔ་ལྟ་བུའི་དགེ་བསྙེན་དང་། བཅུ་ལྟ་བུའི་དགེ་ཚུལ་དང་། སྤོང་བདུན་འཁོར་དང་བཅས་པའི་དགེ་སློང་སྟེ་རིམ་པར་རང་རང་གི་སྡོམ་པ་རྣམས་ནོད། དེ་ནས་བྱེ་བྲག་སྨྲ་བ་དང་མདོ་སྡེ་བ་ལྟ་བུའི་ཐེག་དམན་གྱི་གྲུབ་མཐའ་ལ་ཞུགས། དེ་ནས་བྱང་སྡོམ་བླང་ནས་སེམས་ཙམ་པ་དང་དབུ་མ་པ་ལྟ་བུའི་ཐེག་ཆེན་གྱི་གྲུབ་མཐའ་ལ་ཐོས་བསམ་གྱིས་ཞུགས། དེའི་འོག་ཏུ་ཕྱི་རྒྱུད་ཀྱི་སྔགས་རང་རང་གི་དབང་བསྐུར་ནོད་པའི་སྒོ་ནས་བྱ་རྒྱུད་སྤྱོད་རྒྱུད་རྣལ་འབྱོར་རྒྱུད་ཀུན་ལ་རིམ་པར་ཐོས་བསམ་སྒོམ་པས་ཞུགས་ནས་དེ་དང་དེའི་ལམ་རྣམས་ཤེས་པ་ལྟར་ཉམས་སུ་བླང་། མཐར་དབང་བཞི་རྫོགས་པར་ནོད་ནས་ནང་རྒྱུད་བླ་མེད་ཀྱི་ལམ་མམ་རིམ་པ་གཉིས་ལ་འཇུག་པ་རྒྱུད་རྡོ་རྗེ་བརྟགས་པ་གཉིས་པ་ལས་གསུངས་སོ། །

དེའང་བརྟགས་པ་ཕྱི་མའི་འདུལ་བའི་ལེའུ་ལས། དང་པོ་གསོ་སྦྱོང་སྦྱིན་པར་བྱ། །དེ་རྗེས་བསླབ་པའི་གནས་བཅུ་ཉིད། །དེ་ལ་བྱེ་བྲག་སྨྲ་བ་བསྟན། །མདོ་སྡེ་བ་ཡང་དེ་བཞིན་ནོ། །དེ་ནས་རྣལ་འབྱོར་སྤྱོད་པ་ཉིད། །དེ་ཡི་རྗེས་སུ་དབུ་མ་བསྟན། །སྔགས་ཀྱི་རིམ་པ་ཀུན་ཤེས་ནས། །དེ་རྗེས་ཀྱེ་ཡི་རྡོ་རྗེ་བསྟན། །སློབ་མས་གུས་པས་བླང་ནས་ནི། །འགྲུབ་འགྱུར་འདི་ལ་ཐེ་ཚོམ་མེད། །ཅེས་གསུངས་སོ། །དེ་ལྟར་དབང་པོ་རབ་འབྲིང་ཐ་མའི་མཚན་གཞི་བཟུང་བ་ཙམ་ཡིན་གྱི། སྡོམ་གསུམ་རིམ་ཐོབ་ཡིན་ན་དབང་འབྲིང་གིས་ཁྱབ་པ་དང་། གྲུབ་མཐའ་གོང་འོག་གི་གཞུང་ལུགས་ལ་ཐོས་བསམ་རིམ་པར་བྱས་ན་དབང་པོ་ཐ་མས་ཁྱབ་པར་བསྟན་པ་མིན་ནོ། །

གཉིས་པ་དབང་པོ་འབྲིང་གི་ལམ་གྱི་ཚུལ་བྱེ་བྲག་ཏུ་བཤད་པ་ལ་མདོར་བསྟན་རྒྱས་བཤད་གཉིས་ལས། དང་པོ་ནི། འདིར་ནི་དབང་པོ་འབྲིང་སོགས་ཀྱིས་བསྟན་ཏེ། དེ་ལྟར་གང་ཟག་རབ་འབྲིང་ཐ་གསུམ་གྱི་ལམ་གྱི་ཚུལ་གསུམ་ལས་སྐབས་འདིར་བསྟན་གྱི་གཞུང་འདིར་ནི་དབང་པོ་འབྲིང་གི་ལམ་གྱི་རིམ་པའི་ཚུལ་འཆད་དོ། །

གཉིས་པ་ལ་གསུམ་སྟེ། རྟེན་མཆོག་དམན་དམིགས་བསལ་དང་བཅས་པ། འདིར་བསྟན་

སྡོམ་གསུམ་གྱི་རྣམ་བཞག་ངོས་བཟུང་བ། སྡོམ་པ་འོག་མ་གཉིས་གོང་མའི་ཡན་ལག་ཏུ་འགྲོ་ཚུལ་ལོ། །དང་པོ་ནི། དགེ་སློང་དགེ་ཚུལ་སོགས་ཀྱིས་བསྟན་ཏེ། སྤྱིར་བཏང་ལ་གསང་སྔགས་རྡོ་རྗེ་འཛིན་པའི་སྡོམ་པའི་རྟེན་ལ་དགེ་སློང་དགེ་ཚུལ་དགེ་བསྙེན་གྱི་སྡོམ་ལྡན་གསུམ་པོ་དེ་དག་རིམ་པར་གསང་སྔགས་རྡོ་རྗེའི་ཐེག་པའི་སྔགས་ཀྱི་སྡོམ་པ་འཛིན་པའི་རྟེན་རབ་འབྲིང་ཐ་མ་གསུམ་ཡིན་ཞེས་ཕུར་པའི་རྒྱུད་དང་དུས་འཁོར་ལས་གསུངས་ཤིང་བསྟན་པ་ཡིན་ཏེ། ཇི་སྐད་དུ། གསུམ་ལས་དགེ་སློང་མཆོག་ཡིན་འབྲིང་། །དགེ་ཚུལ་ཞེས་བྱ་དེ་དག་ལས། །ཁྱིམ་ན་གནས་པ་ཐ་མའོ། །ཞེས་དང་། དུས་འཁོར་རྩ་རྒྱུད་ལས། དེ་ཉིད་བཅུ་ནི་ཡོངས་ཤེས་པ། །གསུམ་ལས་དགེ་སློང་མཆོག་ཡིན་ནོ། །འབྲིང་ནི་དགེ་ཚུལ་ཞེས་བྱ་སྟེ། །ཁྱིམ་གནས་དེ་ལས་ཐ་མའོ། །ཞེས་པ་ལྟར། སྤྱིར་བཏང་ལ་རབ་བྱུང་སྔགས་སྡོམ་གྱི་རྟེན་རབ་དང་ཁྱིམ་པ་རྟེན་ཐ་མ་ཡིན་མོད། བྱེ་བྲག་དམིགས་བསལ་དུ། འོན་ཀྱང་ཡེ་ཤེས་ལྡན་པ་སྟེ་འཕགས་པའི་ས་བརྙེས་པའི་སྔགས་པའི་གང་ཟག་ཡིན་ན་རྟེན་ཁྱིམ་པ་ཡིན་ཀྱང་དོན་དམ་པའི་དགེ་སློང་ཡིན་པས་རབ་བྱུང་སོ་སྐྱེས་ལས་གཙོ་བོར་བཟུང་དགོས་ཏེ། དུས་འཁོར་ལས། ས་ཐོབ་མ་གཏོགས་ཁྱིམ་པ་ནི། །རྒྱལ་པོའི་བླ་མར་མི་བྱའོ། །ཞེས་ས་ཐོབ་པའི་སྔགས་པ་མིན་པའི་ཁྱིམ་པ་རིག་པ་འཛིན་པ་ནི། དགེ་སློང་རྡོ་རྗེ་འཛིན་པ་རྟེན་མཆོག་རྒྱལ་པོ་ལྟ་བུས་བླ་མར་བསྟེན་པར་མི་བྱ་བར་གསུངས་པས། ཁྱིམ་པའི་སྔགས་པ་འཕགས་པ་ནི་རབ་བྱུང་དགེ་སློང་གིས་བླ་མར་བྱ་རིགས་པར་གསུངས་སོ། །དུས་འཁོར་རྩ་རྒྱུད་ལས། ས་ཐོབ་མ་གཏོགས་སློབ་དཔོན་ནི། ཁྱིམ་གནས་གང་ཆེ་མཆོད་བྱེད་པ། །དེ་ཚེ་སངས་རྒྱས་ཆོས་དང་ནི། དགེ་འདུན་རྣམས་ལ་གུས་མེད་འགྱུར། །ལྷ་ཁང་སོགས་ཀྱི་རབ་གནས་སོགས། །རྟགས་ཅན་གྱིས་ནི་རྟག་ཏུ་བྱ། །གནས་གཅིག་དག་ན་གསུམ་ཡོད་ན། །ཁྱིམ་པ་གོས་དཀར་ལྟ་བུས་མིན། །ཞེས་གནས་ཁང་གཅིག་ཏུ་གང་ཟག་གསུམ་གྱི་ནང་དུ་རབ་བྱུང་གཅིག་ཡོད་ན་དེས་བླ་མའི་བྱ་བ་བྱེད་པར་བསྟན་ཏོ། །

གཉིས་པ་འདིར་བསྟན་གྱི་སྡོམ་གསུམ་སོ་སོར་རྣམ་པར་བཞག་པ་ནི། སྡེ་འགྱུར་རྒྱུད་སྡེ་སོགས་ཀྱིས་བསྟན་ཏེ། སྤྱིར་སྡོམ་པ་གསུམ་གྱི་ཐ་སྙད་ཙམ་གྱི་གྲངས་ལ་སོ་ཐར་གྱི་དགེ་ཚུལ་དགེ་སློང་སྟེ་བསླབ་ཚིགས་གསུམ་ལའང་སྡོམ་པ་གསུམ་ཞེས་གྲགས་པ་དང་། བྱང་སེམས་ཀྱི་སྡོམ་སྡུད་དོན་བྱེད་

གསུམ་ལའང་སྡོམ་གསུམ་གྱི་ཚུལ་ཁྲིམས་ཞེས་གྲགས་པ་དང་། གསང་སྔགས་ཀྱི་སྐུ་གསུང་ཐུགས་ཀྱི་དམ་ཚིག་གསུམ་ལ་སྡོམ་པ་གསུམ་ཞེས་བཏགས་པ་ཅི་རིགས་ཡོད་མོད། སྐབས་འདིར་སྡོམ་གསུམ་མཚན་ཉིད་པ་ངོས་བཟུང་བ་ནི། སྡེ་འགྱུར་རྒྱུད་སྡེའི་རྩ་བ་ཀུན་འདུས་རིག་པའི་མདོ་ལས་རང་དང་གཞན་དོན་ཕན་པ་ཆེ་བར་བཤད་པ་སྟེ། དེ་ལས། དེ་ལྟར་སྡོམ་པ་གསུམ་པོ་ཡང་། །རང་དང་གཞན་དོན་ཕན་པ་ཆེ། །ཞེས་གསུངས་པས། ཀུན་སློང་གི་ཁྱད་པར་རང་དོན་ཞི་བདེ་འདོད་པས། ཆོ་གའི་ཁྱད་པར་ཉན་ཐོས་དང་ཐུན་མོང་བའི་འདུལ་བའི་ཆོ་ག་ལ་བརྟེན་ནས་དུས་ཀྱི་ཁྱད་པར་ཉིན་ཞག་གམ་ཇི་སྲིད་འཚོའི་བར་དུ། སྲུང་བྱའི་ཁྱད་པར་ལུས་ངག་གི་མི་དགེ་བ་ཅི་རིགས་སྤོང་བའི་རིགས་བརྒྱད་གང་རུང་གི་བསླབ་པའི་སྡོམ་པ་སོ་ཐར་གྱི་སྡོམ་པ་དང་། དེ་བཞིན་དུ་བྱང་སྡོམ་ནི། ཀུན་སློང་གི་ཁྱད་པར་གཞན་དོན་དུ་རྫོགས་བྱང་ལ་དམིགས་པས། ཆོ་གའི་ཁྱད་པར་དབུ་སེམས་ཀྱི་སྲོལ་གཉིས་གང་རུང་གི་སེམས་བསྐྱེད་ཀྱི་ཆོ་ག་ལ་བརྟེན་ནས། དུས་ཀྱི་ཁྱད་པར་བྱང་ཆུབ་བར་དུ༑ སྲུང་བྱའི་ཁྱད་པར་བྱང་ཆུབ་སེམས་དཔའི་འཆལ་ཚུལ་གྱི་རྒྱུན་སྡོམ་ཞིང་སྤྱོང་བའི་འཇུག་སྡོམ་མོ༑ ༑སྔགས་སྡོམ་ནི། ཀུན་སློང་ཐབས་ཤེས་ཁྱད་པར་ཅན་ཟབ་གསལ་གཉིས་མེད་ཀྱི་བསམ་པས་ཟིན་པའི་གཞན་དོན་ནུབས་པོ་ཆེའི་ཕན་པ་སྒྲུབ་པར་འདོད་པས། ཆོ་གའི་ཁྱད་པར་རྒྱུད་སྡེ་བཞི་གང་རུང་གི་དབང་བསྐུར་ལ་བརྟེན་ནས། དུས་ཀྱི་ཁྱད་པར་བླ་མེད་བྱང་ཆུབ་ཀྱི་བར་དུ། སྲུང་བྱའི་ཁྱད་པར་སྔགས་ཕྱི་ནང་སོ་སོའི་རང་ཐད་ནས་བསྟན་པའི་བསླབ་ཁྲིམས་འཆལ་ཚུལ་སྡོམ་པའི་ཚུལ་ཁྲིམས་གང་ཞིག །སྡོམ་པ་བཏགས་པ་བ་བཟློད་པ་ཁས་བླངས་ཙམ་དང་། མཚན་ཉིད་པ་དབང་གི་དངོས་གཞི་རྫོགས་པ་ལས་ཐོབ་པའོ། །

དེ་ལྟར་ཐེག་པ་ཆེ་ཆུང་དང་མདོ་སྔགས་སོ་སོ་ནས་བསྟན་དོན་ལྟར་རང་རང་གི་ཆོ་ག་སོ་སོ་ལ་བརྟེན་ནས་བླངས་ཏེ་ཐོབ་པའི་སོ་ཐར་གྱི་སྡོམ་པ་དང་། སེམས་བསྐྱེད་ཀྱི་སྡོམ་པ་དང་། དབང་བསྐུར་གྱི་སྡོམ་པ་སྟེ་གསུམ་པོ་ཉིད་ལ་སྡོམ་པ་གསུམ་ཞེས་བྱ་ལ། སྡོམ་པ་དེ་རྣམས་ངོ་བོ་སོ་སོར་འཛིན་ན། ཉན་ཐོས་ཐེག་དམན་གྱི་སྡོམ་པ་དང་། མདོ་ཕྱོགས་ཀྱི་ཐེག་ཆེན་བྱང་ཆུབ་སེམས་དཔའི་སྡོམ་པ་ཞེས་སྔགས་སྡོམ་ལས་ངོ་བོ་ཐ་དད་པ་དང་སྔགས་སྡོམ་རྒྱུད་ལྡན་གྱི་གང་ཟག་གཅིག་གི

རྒྱུད་ཀྱི་སྡོམ་པའི་དབང་དུ་བྱས་ན་སྡོམ་པ་འོག་མ་རྣམས་གོང་མའི་རྗེས་སུ་འགྱུར་བས་ངོ་བོ་ཐ་དད་མེད་ཀྱང་། ཚིག་སོ་སོ་བ་གསུམ་ལ་བརྟེན་ནས་ཐོབ་པའི་ལྡོག་ཆ་ཐ་དད་པའི་ཆ་ནས་ཉན་ཐོས་དང་ཐུན་མོང་བའི་སྡོམ་པ། བྱང་སེམས་དང་ཐུན་མོང་བའི་སྡོམ་པ། ཐུན་མིན་རིག་པ་འཛིན་པ་སྔགས་ཀྱི་སྡོམ་པ་ཞེས་སུ་མཁས་པ་རྣམས་ལ་གསུམ་དུ་གྲགས་པ་ཡིན་ནོ། །དོན་ལ་བྱང་སྡོམ་རྒྱུད་ལྡན་གྱི་སོ་ཐར་སྡོམ་པ་ནི་བྱང་སྡོམ་གྱི་ཆ་ཤས་སུ་གྱུར་པ་དང་། སྔགས་སྡོམ་རྒྱུད་ལྡན་གྱི་སོར་བྱང་གི་སྡོམ་པ་གཉིས་ནི་སྔགས་སྡོམ་གྱི་ཆ་ཤས་སུ་གྱུར་པ་ཡིན་ནོ། །

གསུམ་པ་སྡོམ་པ་འོག་མ་གཉིས་གོང་མའི་ཡན་ལག་ཏུ་འགྲོ་ཚུལ་ལ། དེ་ལྟར་ཐུན་མོང་སྡོམ་པ་སོགས་ཀྱིས་བསྟན་ཏེ། བཤད་མ་ཐག་པ་དེ་ལྟར་དུ་རྒྱུའི་ཐེག་པ་མཆོག་དམན་གཉིས་དང་ཐུན་མོང་བར་གྱུར་པའི་སྡོམ་པ་འོག་མ་སོར་བྱང་གཉིས་པོ་འདི་ར་ནི་བླ་མེད་ཀྱི་དབང་གི་སྡོམ་པའི་ཡན་ལག་ཏུ་འགྲོ་བ་ཡིན་ཏེ། ཡེ་ཤེས་རྣམ་པ་གློག་གི་འཁོར་ལོ་ལས། དགེ་སློང་བྱང་ཆུབ་སེམས་དཔའ་དང་། །རྣལ་འབྱོར་རྣལ་འབྱོར་ཆེན་པོ་ཡིན། །ཞེས་གསུངས་པས་སོར་བྱང་གི་སྡོམ་ལྡན་དེས་སྔགས་སྡོམ་བླང་ཆེ་སོ་ཐར་སྔགས་ཀྱི་ཉེས་སྤྱོད་སྡོམ་པ་དང་། བྱང་སྡོམ་རྣམ་སྣང་གི་དམ་ཚིག་ཏུ་གྱུར་པ་གང་ཞིག་སྔགས་བླ་མེད་ཀྱི་དམ་ཚིག་ཏུ། སྤྱི་དང་ཁྱད་པར་ལྷག་པའི་དམ་ཚིག་རྣམས། ཞེས་བཤད་པས་སྤྱིའི་དམ་ཚིག་ཏུ་སོར་བྱང་དང་སྔགས་ཕྱི་རྒྱུད་ཀྱི་དམ་ཚིག་རྣམས་ཚང་བའི་ཕྱིར་དང་། དེར་མ་ཟད་སོར་བྱང་སྔོན་དུ་མ་སོང་བའི་རྡོ་རྗེ་འཛིན་པའི་གང་ཟག་གི་རྒྱུད་ལའང་དབང་བསྐུར་ཁོ་ནས་ཐོབ་པའི་སྐབས་གསུམ་ཙམ་མམ་བསླབ་གཞི་ལྷ་འཛིན་པའི་ཉེས་སྤྱོད་སྡོམ་པའི་སོ་ཐར་དང་དབང་གི་སྔོན་འགྲོར་རྒྱུད་སྡེ་ནས་བསྟན་པའི་སེམས་བསྐྱེད་ཀྱི་ཚོགས་སྨོན་འཇུག་གི་སེམས་བསྐྱེད་བླངས་ཤིང་ཐོབ་པ་ཡོད་པར་བཞེད་པའི་ཕྱིར་རོ། །དེས་ན་ལམ་ཐམས་ཅད་བླ་མེད་ཀྱི་དབང་གི་ཡན་ལག་ཏུ་འགྱུར་ཚུལ་ཙ་རྒྱུད་གསང་སྙིང་དང་འཁོར་ལོ་སྡོམ་པ་རྡོ་རྗེ་ཙེ་མོ་སོགས་རྒྱུད་སྡེ་རྒྱ་མཚོ་ལས་བཤད་པ་ལྟར་དུ་འདིར་ཡང་འཆད་དོ། །

གསུམ་པ་སོ་སོའི་སྡོམ་གསུམ་གྱི་རྣམ་བཞག་གི་ཁྱད་པར་བསྟན་པ་ནི། སྡོམ་གསུམ་སོ་སོར་ཁོག་དབུབ་སོགས་ཀྱིས་བསྟན་ཏེ། སྡོམ་གསུམ་སོ་སོ་ལ་ཐོག་མར་ཁོག་དབུབ་གླེང་གཞི་དང་།

དང་པོ་སྡོམ་པ་མ་ཐོབ་པ་ཐོབ་པའི་ཚུལ་དང་། བར་དུ་ཐོབ་པ་མི་ཉམས་པར་བསྲུང་བའི་ཐབས་དང་། ཐ་མར་ཉམས་ན་གསོ་བའི་ཚུལ་སྟེ་བཞི་རིམ་ནི་གཞུང་གི་བསྟན་དོན་ཐམས་ཅད་སྡོམ་པའི་སྤྱི་ཚིངས་སུ་རྣམ་པར་བཞག་པ་ཡིན་ནོ། མཚན་ནི། སྡོམ་གསུམ་སྤྱིའི་བཤད་གཞིའི་རིམ་པར་ཕྱེ་བ་སྟེ་དང་པོའོ།། །།

གཉིས་པ་སོ་སོར་རྒྱས་པར་བཤད་པ་ལ་སོར་བྱང་སྔགས་གསུམ་གྱི་སྡོམ་པ་གསུམ་ལས། དང་པོ་སོ་ཐར་གྱི་སྡོམ་པ་བཤད་པ་ལ་གཉིས་ཏེ། གཞུང་དང་མཚན་ནོ། །དང་པོ་གཞུང་ལ་བཞི་སྟེ། ཐོག་མར་ཁོག་དབུབ་གླེང་གཞི་དང་། དང་པོ་སྡོམ་པ་མ་ཐོབ་པ་ཐོབ་པའི་ཚུལ། བར་ཏུ་མི་ཉམས་པར་བསྲུང་བའི་ཚུལ། ཐ་མར་ཉམས་ན་ཕྱིར་བཅོས་ཏེ་གསོ་བའི་ཚུལ་བཞི་ལས། དང་པོ་ལ། སྟོན་པས་འདུལ་བའི་དམ་ཆོས་གསུངས་ཚུལ། རྗེས་འཇུག་གིས་དེ་བསྡུས་ཏེ་བཤད་སྒྲུབ་ཀྱིས་བསྟན་པ་བཟུང་ཚུལ། སྡོམ་པའི་ངོ་བོ་དབྱེ་བ་དང་བཞི་ལས། དང་པོ་ནི། གླེང་གཞི་སྟོན་པས་སོགས་ཀྱིས་བསྟན་ཏེ། དེའང་ཕུན་སུམ་ཚོགས་པ་ལྔའི་སྒོ་ནས་འདུལ་བའི་གླེང་གཞི་འཆད་པ་ལ། སྟོན་པ་ཕུན་སུམ་ཚོགས་པ་སྟོན་པ་ཡང་དག་པར་རྫོགས་པའི་སངས་རྒྱས་ཉིད་ཀྱིས་གསུངས་ལ། སྟོན་པ་དེའང་སྔོན་སངས་རྒྱས་ཤཱཀྱ་ཐུབ་ཆེན་གྱི་དྲུང་དུ་དང་པོ་བྱང་ཆུབ་མཆོག་ཏུ་ཐུགས་བསྐྱེད་པ་ནས་བཟུང་། བར་དུ་བསྐལ་ཆེན་གྲངས་མེད་གསུམ་དུ་ཚོགས་གཉིས་བསགས། སྐྱེ་དགུ་རྣམས་ཚེ་ལོ་ཉི་ཁྲིའི་དུས་སུ་སངས་རྒྱས་འོད་སྲུང་འཇིག་རྟེན་དུ་བྱོན་པའི་དུས་སུ་སྟོན་པ་འདི་བྲམ་ཟེའི་ཁྱེའུ་བླ་མར་གྱུར། དེ་རྗེས་དགའ་ལྡན་དུ་ལྷའི་བུ་དམ་པ་ཏོག་དཀར་པོའི་སྐྱེ་བ་བཞེས་ཏེ་ལྷ་རྣམས་ལ་ཆོས་སྟོན་པ་ལས་མི་རྣམས་འདུལ་བའི་དུས་མཁྱེན་ནས་གཟིགས་པ་ལྔས་ཡུམ་སྒྱུ་འཕྲུལ་ཆེན་མོའི་ལྷུམས་སུ་ཞུགས་ནས་ལྷ་སོགས་ལ་ཆོས་གསུངས་བཞིན་ཟླ་བ་བཅུར་བཞུགས་ཏེ་ལྷུམས་ནས་བལྟམས། དེ་ནས་སྒྱུ་རྩལ་གྱི་བཀོད་པ་དྲུག་ཅུས་ཤཱཀྱ་དང་རྒྱལ་ཅན་རྣམས་ཕམ་པར་མཛད། བཙུན་མོ་དྲུག་ཁྲི་བཞེས་ཏེ་དགུང་གྲངས་ཉེར་དགུའི་བར་དུ་རྒྱལ་པོའི་ཁབ་ཏུ་བཞུགས། མཐར་བྱང་ཆུབ་སེམས་དཔའ་རྒྱལ་པོའི་གྲོང་ཁྱེར་གྱི་སྒོ་བཞིར་སྐྱིད་ཚལ་ཡིད་འོང་དུ་གཤེགས་པ་ན་ངེས་པར་འབྱུང་བའི་རྐྱེན་བཞིས་བསྐུལ་ཏེ་ནམ་ཕྱེད་ན་རྒྱལ་སྲིད་སྤངས་ཏེ་མཆོད་རྟེན་རྣམ་དག་དྲུང་དུ་རབ་ཏུ་བྱུང་། ཆུ་ཀླུང་ནཻ་རཉྫ་

ནར་ལོ་དྲུག་དཀའ་བ་སྤྱད་མཐར་མཐའ་གཉིས་སྤངས་པའི་དབུས་མའི་ལམ་བསྟེན་པ་མ་གཏོགས་འཇིག་རྟེན་ན་གྲགས་པའི་དཀའ་ཐུབ་ཁོ་ནས་གྲོལ་བར་འཛིན་པའི་ལྷ་ངན་འགོག་པའི་སླད་དུ་དཀའ་མོ་དང་དཀའ་སྤྱོབས་མ་ལས་འོ་ཐུག་གི་བསྙེན་བཀུར་ཕུལ་བ་བཞེས་ཏེ་སྐུ་ལུས་ཀྱི་མཚན་དཔེ་ཤིན་ཏུ་གསལ་བར་གྱུར་ཏེ་བྱང་ཆུབ་སྙིང་པོར་གཤེགས། རྡོ་རྗེ་གདན་དུ་རྩྭའི་གདན་ལ་བཞུགས་ཏེ་སྲོད་ལ་བདུད་བཏུལ། ཐུན་དང་པོ་ལ་མཉམ་པར་བཞག །རབ་མཐའི་བསམ་གཏན་ལ་བརྟེན་ནས་རྫུ་འཕྲུལ་དང་ལྷའི་རྣ་བའི་མངོན་ཤེས་བསྒྲུབས། དགུང་ལ་གཞན་སེམས་ཤེས་པའི་མངོན་ཤེས་དང་སྔོན་གནས་རྗེས་དྲན་གྱི་མངོན་ཤེས་དང་ལྷའི་མིག་གི་མངོན་ཤེས་རྣམས་བསྒྲུབས། ཐུན་ཐ་མ་ལ་ཟག་པ་ཟད་པའི་མངོན་ཤེས་བསྒྲུབས་ནས་བླ་མེད་ཡང་དག་པར་རྫོགས་པའི་སངས་རྒྱས་སོ༑ ༑དེ་ནས་ཞག་བདུན་ཕྲག་བདུན་དུ་ཆོས་མ་གསུངས་པ་ལ་ཚངས་པ་དང་བརྒྱ་བྱིན་གྱིས་བསྐུལ་ཏེ་ཆོས་ཀྱི་འཁོར་ལོ་བླ་ན་མེད་པ་འཇིག་རྟེན་དུ་བསྐོར་བར་མཛད་པ་ཡིན་ནོ། །

དེ་ཡང་གནས་ཕུན་སུམ་ཚོགས་པ་ནི། རྒྱ་གར་འཕགས་ཡུལ་གྱི་ཡུལ་དབུས་གྲོང་ཁྱེར་ཆེན་པོ་དྲུག་འགྱུར་བ་རྒྱས་པ་བདེ་བ་ལོ་ལེགས་པ་སྐྱེ་བོ་མང་པོས་གང་བར་གྱུར་པའི་ནང་ཚན་ཝཱ༷་རཱ༷་ཎ༷་སཱི༷་ཞེས་བྱ་བ་རྫོགས་པའི་སངས་རྒྱས་འཁོར་བ་འཇིག་ནས་དེང་གི་བར་དུ་ཆོས་སྐྱོང་བའི་རྒྱལ་པོའི་གདུང་རབས་བར་མ་ཆད་པར་བྱོན་པའི་ཡུལ་གྲོང་གི་ཉེ་ཕྱོགས་སྟོན་དྲང་སྲོང་རྣམས་ཀྱི་བརྟེན་གནས་བདག་ཅག་གི་སྟོན་པས་ཀྱང་སློབ་ལམ་དུ་སངས་རྒྱས་བྱེ་བ་ཕྲག་ཁྲིག་བསྙེན་བཀུར་མཛད་པའི་ཡུལ་དྲང་སྲོང་ལྷུང་བ་རི་དྭགས་ཀྱི་ནགས་དེ་ཉ༷། དུས་ཕུན་སུམ་ཚོགས་པ་སྟོན་པ་མངོན་པར་རྫོགས་པར་སངས་རྒྱས་ནས་ཞག་བདུན་ཕྲག་བདུན་པའི་དུས་ལ་བབས་པ་ནའོ། །དེ་ཡང་སྟོན་པའི་དགུང་སྙིང་ལ་ཤིང་རྟ་ས་འབྲུག་ལྕགས་སྤྲེལ་སོགས་བཞེད་པ་མང་ཡང་ལྕགས་སྤྲེལ་དུ་བྱས་པའི་དགུང་གྲངས་སོ་ལྔ་པ་ཤིང་རྟ་ས་ག་ཟླ་བའི་ཉ་ལ་མངོན་པར་རྫོགས་པར་སངས་རྒྱས། དེ་ནས་ཞག་བདུན་ཕྲག་བདུན་གྱི་མཚམས་ཆུ་སྟོད་ཟླ་བ་དྲུག་པའི་ཚེས་བཞི་ལ། ཆོས་ཕུན་སུམ་ཚོགས་པ་བརྗོད་བྱ་ལྷག༷་པ༷འི་ཚུལ༷་ཁྲིམས༷་ཀྱི་བསླབ་པ་བརྗོད་བྱའི་གཙོ༷་བོར་སྟོན༷་པའི་རྗོད་བྱེད་འདུལ་བའི་སྡེ་སྣོད་ཤམ་ཐབས་ཟླུམ་པོར་བགོ་བར་བྱའོ་སོགས་དང་བཀའ་དང་པོ་བདེན༷་པ༷་བཞི༷འི་ཆོས་ཀྱི་འཁོར་ལོ་

བརླབས་པ་གསུམ་དང་རྣམ་གྲངས་བཅུ་གཉིས་སུ་བསྐོར། འཁོར་ཕུན་སུམ་ཚོགས་པ་ལྷ་བརྒྱད་ཁྲི་དང་བཅས་པའི་མིའི་འཁོར་གྱི་ཐོག་མ་ལྷ་སྦྱི་བཟང་པོ་རྣམས་ལས་ལྷ་བརྒྱད་ཁྲིས་བདེན་པ་མཐོང་། ལྷ་སྦྱིས་ཡེ་ཤེས་ཁོང་དུ་ཆུད་པའི་བསྙེན་པར་རྫོགས་ཏེ་དགྲ་བཅོམ་ཐོབ་པ་ཡིན་ནོ། །དེ་ལྟར་ལྷ༷་སྦྱི༷་ལ་འདུལ་བའི་བསླབ་གཞི་བཅས་པ་ནས་བཟུང་མཐར་མྱ་ངན་ལས་འདས་པའི་བར་དུ་གནས་དུས་འཁོར་དུ་མ་ལ་འདུལ་བའི་བསླབ་བྱ་རྒྱས་པ་དགག་སྒྲུབ་གནང་གསུམ་མདོར་བསྡུས་རུང་མཐུན་དང་བཅས་པ་རྣམས་གསུང༷ས་པ༷འོ། །

གཉིས་པ་ནི། འོ༷ད་སྲུ༷ང་སོ༷གས་ཀྱིས་བསྡུ༷ས། བྱེ་བྲག་སོགས་ཀྱིས་བསྟན་ཏེ། ཉན་ཐོས་འོད་སྲུང་ཆེན་པོ་ཉེ་བ་འཁོར་ཀུན་དགའ་བོ་རྣམས་ཀྱིས་ཐེག་པ་ཐུན་མོང་གི་མངོན་པ་འདུལ་བ་མདོ་སྡེ་རྣམས་ཀྱི་བཀའ་ཡི་བསྡུ་བ་མཛད་པ་ཡིན་ནོ། །ཐེག་ཆེན་ཐུན་མིན་གྱི་བཀའ་རྣམས་ནི་ཕྱག་ན་རྡོ་རྗེས་བསྡུས་པ་ཡིན་པར་གསང་བ་བསམ་གྱིས་མི་ཁྱབ་པའི་མདོ་དང་། ཕྱག་ན་རྡོ་རྗེ་དབང་བསྐུར་བའི་རྒྱུད་ལས་གསུངས་པ་ཡིན་ཏེ། གསང་བ་བསམ་གྱིས་མི་ཁྱབ་པའི་མདོ་ལས། ཕྱག་ན་རྡོ་རྗེ་ཉིད་སངས་རྒྱས་སྟོང་གི་བསྟན་པ་སྡུད་པ་པོ་རུ་གསུངས་པས་སོ། །དེའི་རྗེས་སུ་རྒྱལ་པོའི་ཁབ་ཀྱི་ལྷོ་ཕྱོགས་བི་མ་ལ་སམ་བྷ་བ་ཞེས་པའི་རི་ལ་རྒྱལ་སྲས་འབུམ་ཕྲག་བཅུ་འདུས་ཏེ་འཇམ་དཔལ་གྱིས་མངོན་པ། བྱམས་པས་འདུལ་བ། ཀུན་ཏུ་བཟང་པོས་མདོ་སྡེ་སྡེ། ཐེག་ཆེན་ཐུན་མིན་གྱི་མདོ་སྡེ་སྣོད་གསུམ་བསྡུས་པར་སྟོན་གྱི་གནའ་མཆན་རྣམས་ལས་བཤད་པ་དང་མཐུན་པར། ལེགས་ལྡན་འབྱེད་ཀྱི་རྟོག་གེ་འབར་བ་ལས། ཐེག་པ་ཆེན་པོ་སངས་རྒྱས་ཀྱིས་གསུངས་པ་ཡིན་ཏེ། རྩ་བའི་བསྡུ་བ་བྱེད་པ་པོ་ཀུན་ཏུ་བཟང་པོ་དང་། འཇམ་དཔལ་དང་། གསང་བའི་བདག་པོ་དང་དང་བྱམས་པ་ལ་སོགས་པ་རྣམས་ཀྱིས་བསྡུས་པའི་ཕྱིར་རོ། །ཞེས་གསུངས་སོ། །

གཉིས་པ་ཐེག་པ་ཐུན་མོང་གི་བཀའ་བསྡུ་མཛད་ཚུལ་ལ། བཀའ་བསྡུ་དང་པོ་ནི། སྟོན་པ་ཐུབ་པའི་དབང་པོ་ཉིད་དགུང་ལོ་བརྒྱད་ཅུའི་གྲངས་སུ་ཕེབས་ཏེ། གདུལ་བྱ་ཐ་མ་རྣམས་རྗེས་སུ་འཛིན་པའི་སྐབས་སུ་ཤཱ་རིའི་བུ་དགྲ་བཅོམ་བརྒྱད་ཁྲི་དང་མོའུ་འགལ་བུ་དགྲ་བཅོམ་བདུན་ཁྲི་སྐྱེ་དགུའི་བདག་མོ་འཁོར་དགྲ་བཅོམ་མ་ལྔ་བརྒྱ་རྣམས་ལྷན་གཅིག་ཏུ་སྟོན་པ་མྱ་ངན་ལས་འདས

པའི་སྨོན་དུ་མྱ་ངན་ལས་འདས་སོ། །སྟོན་པ་ཉིད་གྲོང་ཁྱེར་རྩ་ཅན་དུ་གཤེགས་ནས་ཤིང་ས་ལ་ཟུང་གི་བར་དུ་ཐ་མའི་གཟིམས་ཁྲི་ལ་བཞུགས་ནས་དྲི་ཟ་རབ་དགའ་དང་ཀུན་ཏུ་རྒྱུ་རབ་བཟང་དགྲ་བཅོམ་པར་བཀོད་དེ་སྐུ་དངོས་ཀྱི་གདུལ་བྱ་རྫོགས་པ་དང་རྟག་འཛིན་ཅན་དང་ལེ་ལོ་ཅན་རྣམས་ཆོས་ལ་བསྐུལ་བ་དང་སངས་རྒྱས་འཇིག་རྟེན་དུ་བྱོན་པ་དཀོན་པའི་འདུ་ཤེས་བསྐྱེད་པའི་ཕྱིར་དུ་སྟོན་པ་དགྲ་བཅོམ་པ་ཁྲི་བརྒྱད་སྟོང་དང་བཅས་མྱ་ངན་ལས་འདའ་བའི་ཚུལ་བསྟན་ཏོ། །དེའི་ཚེ་ལྷ་རྣམས་ཀྱིས་དགེ་སློང་དབང་ཡོད་པ་རྣམས་ནི་འདས། དམ་པའི་ཆོས་ནི་མེ་ཤི་བའི་དུ་བ་ཙམ་དུ་གྱུར། དགེ་སློང་རྣམས་ལ་སྡེ་སྣོད་གསུམ་གྱི་སྒྲ་ཙམ་ཡང་མི་གྲགས་སོ་ཞེས་འཕྱ་བ་བསལ་བའི་ཕྱིར་དུ། སྟོན་པ་མྱ་ངན་ལས་འདས་པའི་ལོ་དེའི་དབྱར་ཁས་ལེན་ལ་མངོན་དུ་ཕྱོགས་པའི་དུས་སུ་བཀའི་བསྡུ་བ་བྱས་པ་ཡིན། དེའང་སྟོན་པས་འོད་སྲུང་ལ་བསྟན་པ་གཏད་དེ་བཀའི་བསྡུ་བ་མཛད་པར་དགོངས་ཚེ་འོད་སྲུང་རང་གི་གཙོས་དགྲ་བཅོམ་ལྔ་བརྒྱ་ལ་གཅིག་གིས་མ་ཚང་བ་འཚོགས་པ་ན། ཀུན་དགའ་བོ་དྲག་པོའི་སྒོ་ནས་འདུལ་བའི་དུས་ལ་བབས་པར་འོད་སྲུང་གིས་གཟིགས་ནས་ཀུན་དགའ་བོ་ལ་ཉན་ཐོས་འོད་སྲུང་ཆེན་པོས། འདི་ཐམས་ཅད་ནི་དགྲ་བཅོམ་པ་ཤ་སྟག་ཡིན་གྱི། ཁྱོད་སློབ་པ་རྒྱུན་དུ་ཞུགས་པ་ཡིན་པས་འདིར་མ་འདུག་པར་སོང་ཤིག་ཅེས་སྨྲས་པ་ན། ཀུན་དགའ་བོ་ན་རེ། བདག་ཚུལ་ཁྲིམས་དང་ལྟ་བ་དང་འཚོ་བ་གང་ཡང་ཉམས་པ་མེད་ཀྱི་དེ་སྐད་མ་གསུངས་ཤིག་ཞུས་པ་ལ། ཁྱོད་སངས་རྒྱས་དང་ཡུན་རིང་འགྲོགས་ན་དེ་ཙམ་ངོ་མཚར་མི་ཆེ་ལ་ཉེས་པ་བརྒྱད་ཡོད་པས་ཚུལ་ཤིང་ལོངས་ཤིག་ཅེས་གསུངས་སོ། །ཉེས་པ་བརྒྱད་ནི། ཞུས་དང་མ་ཞུས་ལན་ལོག་བརྗེས། །ཆུ་དང་བག་ཡངས་བསྟན་པ་གཉིས། ཞེས་པ་ལྟར། དང་པོ་ནི།སྐྱེ་དགུའི་བདག་མོ་སོགས་བུད་མེད་ལྔ་བརྒྱ་ཙམ་བསྙེན་པར་རྫོགས་པར་ནན་ཏན་གྱིས་ཞུས་ནས་བསྟན་པ་ལོ་བདུན་སྟོང་གནས་པ་ལ་ལྔ་སྟོང་དུ་བྲི་བ་ནི་ཉེས་པ་དང་པོའོ། །

གཉིས་པ།སྟོན་པ་མྱ་ངན་ལས་མི་འདའ་བར་གསོལ་བ་བཏབ་ན་བསྐལ་པའམ་བསྐལ་བ་ལས་ལྷག་པར་བཞུགས་པ་ལ་དེ་ལྟར་གསོལ་བ་མ་བཏབ་མ་ཞུས་པ་ནི་གཉིས་པའོ། །སྟོན་པས་ཐུགས་ཐབས་ནས་དྲིས་པ་ལ་ལན་ལོག་པ་བཏབ་པ་ནི་གསུམ་པའོ། །ན་བཟའ་གསེར་གྱི་མདོག

ཅན་ཆེམ་པའི་ཚེ་ནམ་མཁའ་ལ་བསྐྱུང་ན་ལྷས་འཛིན་པ་ལ་རྟོག་པའི་འོག་ཏུ་བཛྲེས་ནས་བཅོམ་པ་ནི་བཞི་པའོ། །ཞལ་སྐྱེམས་པ་ན་ལྷུང་བཟེད་ནམ་མཁའ་ལ་བཟེད་ན་ལྷས་བདུད་རྩི་འབུལ་བ་ལ་རྒྱུ་རྐྱེག་མ་ཅན་དྲངས་པ་ནི་ཉེས་པ་ལྔ་པའོ། །སྟོན་པས་དཀའ་ཞིང་ཉེ་བར་འཚེ་བ་ཡོད་ཚེ་བསླབ་པའི་གཞི་བག་ཡངས་སུ་བྱའོ་གསུངས་པ་ལ་ཇི་ལྟར་བྱེད་མ་ཞུས་པས་ད་ལྟ་མི་མཐུན་པ་ནི་དྲུག་པའོ། །ཐུད་མེད་དང་ཁྲིམ་པའི་འཁོར་ལ་གསང་བའི་གནས་སྦྲུབས་སུ་ནུབ་པ་བསྟན་པ་ནི་བདུན་པའོ། །སྐུ་གསེར་གྱི་མདོག་ཅན་ཁྲིམ་པ་ལ་བསྟན་པས་ཁྲིམ་པའི་ཕྱོགས་ཀྱིས་མ་རུང་བར་བྱས་པ་ནི་ཉེས་པ་བརྒྱད་པའོ། །དེ་ནས་འཕགས་པ་ཀུན་དགའ་བོ་རང་གི་སློབ་མ་བྲི་ཛའི་གནས་སུ་བྱོན་ནས། འགྲོ་བའི་སྒྲོན་མེ་སངས་རྒྱས་འདས། །འོད་སྲུང་ཆེན་པོས་མི་འོས་པའོ་སྙམ་ནས་སེམས་ཁོང་དུ་ཆུད་པའི་ཚེ་རང་གི་སློབ་མ་བྲི་ཛའི་བུས། གོ་ཏམ་ཁྱོད་ནི་བག་མེད་མ་མཛད་པར། །ཤིང་དྲུང་འཐིབས་པོ་བརྟེན་ནས་མྱ་ངན་འདས། །ཐུགས་ལ་ཞོག་ནས་ཞི་གནས་མཛོད་ཅིག་དང་། །མྱུར་དུ་ཞི་བའི་གནས་ནི་ཐོབ་པར་འགྱུར། །ཞེས་བསྐུལ་བ་ལ་བརྟེན་ནས་དབེན་པའི་གནས་སུ་བསྒོམས་པས་དགྲ་བཅོམ་པའི་འབྲས་བུ་ཐོབ་བོ། འོད་སྲུང་ཆེན་པོས་ཉེས་པ་བརྒྱད་བསྟན་པ་ཡང་ཐུགས་བརྩེ་བ་ཡིན་པར་དགོངས་ཏེ་རྒྱལ་པོའི་ཁབ་ཏུ་བྱོན་པས་འོད་སྲུང་ཆེན་པོས་ཤིན་ཏུ་ལེགས་སོ་གསུངས་ཤིང་དགྲ་བཅོམ་པ་ལྔ་བརྒྱ་ཁ་ཚང་བར་གྱུར་ཏོ། །གནས་རྒྱལ་པོའི་ཁབ་ཏུ་གྲོ་ཏའི་ཕུག་པ་རུམ་སྐྱེས་དགྲས་སྦྱིན་བདག་བྱས་ནས་དབྱར་གནས་པའི་ཚེ་སྣམ་སྦྱར་ལྔ་བརྒྱ་གཅིག་གིས་མ་ཚང་བའི་གདན་གྱི་སྟེང་དུ་ཉེ་བ་འཁོར་གསོལ་གཉིས་ཀྱི་ལས་ཀྱིས་བསྐོས་པ་བཞུགས་ཏེ་མགོ་བོར་གླེང་གཞི། བར་དུ་འགྲེལ་དང་མཚམས་སྦྱོར། མཐར་འཁོར་འདུས་ཚུལ་དང་རྗེས་སུ་ཡི་རང་བཅུག་ནས་འདུལ་བའི་སྡེ་སྣོད་རྒྱལ་བས་ཇི་སྐད་གསུངས་པ་བཞིན་དུ་སྒྲོ་སྐུར་མེད་པར་ཐུགས་ལས་ཚར་གཅིག་གསུངས་པ་ནི་ཉེ་བ་འཁོར་གྱིས་འདུལ་བའི་སྡེ་སྣོད་བསྡུས་པའི་དོན་ཡིན། དེ་ནས་ཀུན་དགའ་བོ་བསྐོས་ནས་སྔར་ཇི་བཞིན་དུ་མདོ་སྡེའི་སྡེ་སྣོད་བསྡུས། དེ་ནས་འོད་སྲུང་ཆེན་པོ་བསྐོས་པ་མེད་པར་རང་ཉིད་ཁྲི་ལ་འཛེགས་ཏེ་མགོ་བོར་གླེང་གཞི། བར་དུ་འགྲེལ་དང་མཚམས་སྦྱོར། མཐར་འཁོར་འདུས་ཚུལ་དང་རྗེས་སུ་ཡི་རང་བཅུག་ནས་མངོན་པའི་སྡེ་སྣོད་རྣམས་རྒྱལ་བས་ཇི་ལྟར་གསུངས་པ་བཞིན་

སྒྲོ་སྐུར་མེད་པར་ཐུགས་ལས་ཆར་གཅིག་གསུངས་པ་ནི་འོད་སྲུང་གིས་མཐོང་བའི་སྡེ་སྣོད་བསྡུས་པའི་དོན་ཡིན། དེའི་ཚེ་ལྷ་རྣམས་ཀྱིས་བདག་ཅག་ལྷ་རྣམས་ནི་འཕེལ། ལྷ་མ་ཡིན་ནི་འགྲིབ། སངས་རྒྱས་ཀྱི་བསྟན་པ་ཡུན་རིང་བར་གནས་པར་བྱས་སོ་ཞེས་འོག་མིན་གྱི་བར་དུ་གོ་བར་བྱས་ནས་ཆེད་དུ་བརྗོད་པ་དག་ཀྱང་བརྗོད་པར་བྱས་སོ། །

བསྡུ་བ་གཉིས་པ་ནི། དུས་བསྡུ་བ་དང་པོ་མཛད་ནས་ལོ་བརྒྱ་དང་བཅུ་འདས་པའི་དུས་སུ་གནས་ཡངས་པ་ཅན་གྱི་གྲོང་ཁྱེར་དུ་རྒྱལ་པོ་ཧྲཱ་ཨ་ཤྭ་ཀས་སྦྱིན་བདག་མཛད་ནས་གང་ཟག་དགྲ་བཅོམ་པ་གྲགས་པ་ལ་སོགས་པ་དགྲ་བཅོམ་པ་བདུན་བརྒྱས། དགོས་པ་འདུལ་བའི་ལག་ལེན་མི་རུང་བའི་གཞི་བཅུ་སུན་ཕྱུང་ནས་འདུལ་བའི་བསྟན་པ་རྣམ་དག་ཏུ་བསྒྲུབ་པའི་ཆེད་དུ། ཇི་ལྟར་བསྡུ་བ་མཛད་ཚུལ། མི་རུང་བའི་གཞི་བཅུ་སུན་ཕྱུང་བའི་ཆེད་དུ་དགྲ་བཅོམ་པ་རྣམས་འདུས་པས་དགྲ་བཅོམ་བདུན་བརྒྱར་གཅིག་གིས་མ་ཚང་བའི་ཚེ་འཕགས་པ་ཟླ་སྐྱར་ལྟས་བསྐུལ་ཏེ་བྱོན་པས་དགྲ་བཅོམ་པ་བདུན་བརྒྱས་སྡེ་སྣོད་གསུམ་ཞལ་འདོན་མཛད། མི་རུང་བའི་གཞི་བཅུ་ལ་སོགས་ཆོས་ལོག་པ་རྣམས་སུན་ཕྱུང་། འདུལ་བའི་བསྟན་པ་དར་རྒྱས་མཛད་དེ་བཀྲ་ཤིས་གསོ་སྦྱོང་མཛད་པ་ནི་བཀའ་བསྡུ་གཉིས་པ་མཛད་པའོ། །མི་རུང་བའི་གཞི་བཅུ་ངོས་བཟུང་བ་ནི། ཧུ་ལུ་ཧུ་ལུ་ཡི་རང་དང་། །ཀུན་སྤྱོད་སྣོད་དང་ལན་ཚྭ་དང་། ལམ་དང་སོར་གཉིས་དཀྲུགས་དང་གདིང་། །གསེར་གྱི་རུང་བ་དག་དང་བཅུ། །ཞེས་མི་རུང་བའི་གཞི་དང་པོ་ནི། འདུལ་བ་དང་འགལ་བའི་སྤྱོད་པ་བྱས་ན་ཧུ་ལུ་ཧུ་ལུ་ཨ་ལ་ལ་ཞེས་བརྗོད་ཅིང་ཐལ་མོ་བརྡབས་པས་ལྟུང་བ་དག་པར་འདོད། གཉིས་པ་བྱ་བ་མིན་པའི་སྤྱོད་པ་བྱས་ན་ཆོས་ལྡན་གྱི་གང་ཟག་གཞན་གྱིས་རྗེས་སུ་ཡི་རང་བ་བྱས་པས་ལྟུང་བ་དག་པར་འདོད་པའོ། །

གསུམ་པ་ས་ཆེན་པོ་འདི་ལ་ཀུན་གྱིས་སྤྱོད་པ་ཡིན་པས་དགེ་སློང་གིས་ས་བརྐོས་ཀྱང་ལྟུང་བ་མེད་པའོ། །བཞི་པ་ལུས་ལ་ནད་ཀྱིས་བཏབ་པ་ན་ཆང་བཏུང་བ་ལ་ལྟུང་བ་མེད་པའོ། །ལྔ་པ་དུས་རུང་གི་ཁ་ཟས་ལ་ལན་ཚྭ་དང་ལྡན་ཅིག་ཕྱི་དྲོ་ལོངས་སྤྱད་པ་ལ་ལྟུང་བ་མེད་པའོ། །དྲུག་པ་ཡང་ཡང་ཟ་བ་ལ་དཔག་ཚད་ཕྱེད་དུ་འགྲོ་མི་དགོས་པར་རྒྱང་གྲགས་གཅིག་ཙམ་དུ་ཕྱིན་པས་ཆོག་པའོ། །

བདུན་པ་སྤྲངས་པ་ལྷག་པོ་མི་དགོས་པར་སོར་མོ་གཉིས་ཀྱིས་རི་མོ་བཏོད་པས་ཆོག་པའོ། །བརྒྱད་པ་ཕྱི་དྲོ་ཞོ་དང་འོ་མ་དཀྲུགས་ནས་བཏུང་བས་ལྟུང་བ་མེད་པའོ། །དགུ་པ་གདིང་བ་གསར་བ་བྱེད་པ་ལ་གདིང་བ་རྙིང་པ་ནས་མཐོ་གང་གིས་གླན་མི་དགོས་པར་འདོད་པའོ། །བཅུ་པ་བསྙེན་པར་མ་རྫོགས་པའི་མགོ་ཐོག་ཏུ་ཁྲིའུ་བཞག དེའི་སྟེང་དུ་ལྷུང་བཟེད། དེའི་ནང་དུ་གསེར་ལ་སོགས་པའི་རིན་པོ་ཆེ་བཞག་ནས་བླངས་བས་རིན་པོ་ཆེ་ལ་རེག་པའི་ལྟུང་བ་མི་འབྱུང་བར་འདོད་པའོ། །བཀའ་བསྡུ་གསུམ་པ་ལ་འདོད་པ་མི་མཐུན་པ་ཡོད་དེ། ལུགས་ཁ་ཅིག་ལ་སྟོན་པ་འདས་ནས་ལོ་བརྒྱ་དང་སོ་བདུན་ལོན་པ་ན་རྒྱལ་པོ་དགའ་བོ་དང་པདྨ་ཆེན་པོ་ཞེས་བྱ་བ་བྱུང་བས་གྲོང་ཁྱེར་སྐྱ་བོའི་བུ་གནས་བརྟན་འོད་སྲུང་ཆེན་པོ་དང་བླ་མ་ལ་སོགས་པ་བཞུགས་པའི་དུས་སུ་བདུད་སྡིག་ཅན་བཟང་པོ་ཞེས་བྱ་བ་དགེ་སློང་གི་ཆ་བྱད་དུ་བྱས་ཏེ་རྫུ་འཕྲུལ་སྣ་ཚོགས་བསྟན་ནས་དགེ་འདུན་རྣམས་ལྟ་སྤྱོད་ཐ་དད་པར་ཕྱེས་ཏེ་ལོ་དྲུག་ཅུར་མི་མཐུན་པར་གནས་པ་གནས་བརྟན་གནས་མའི་བུས་ཆོས་ཕྱོགས་སུ་བསྡུས་སོ་ཞེར། ཁ་ཅིག་གིས་སྟོན་པ་འདས་ནས་ལོ་བརྒྱ་དང་དྲུག་ཅུ་ལོན་པ་ན་གྲོང་ཁྱེར་མེ་ཏོག་གིས་བརྒྱན་པ་ཞེས་བྱ་བར་རྒྱལ་པོ་མྱ་ངན་མེད་བྱུང་བའི་ཚེ་དགྲ་བཅོམ་པ་རྣམས་ཀྱིས་ལེགས་སྦྱར་དང་ཐ་མལ་གྱི་སྐད་དང་ཟུར་ཆག་དང་ཤ་ཟའི་སྐད་ཀྱིས་མདོ་འདོན་པ་ལ་བརྟེན་ནས་རྩ་བའི་སྡེ་པ་བཞི་དང་དེ་ལས་ཕྱེས་པའི་སྡེ་པ་བཅོ་བརྒྱད་དུ་གྱུར་ནས་གྲུབ་མཐའ་མི་མཐུན་པ་སྣ་ཚོགས་ཀྱིས་བསྟན་པ་དཀྲུགས་པ་ན། ཇ་ལན་དྷ་རའི་རྒྱལ་པོ་ཀ་ནི་ཀས་སྦྱིན་བདག་བྱས། དགྲ་བཅོམ་པ་བ་སུ་མི་ཏྲ་གས་གསོལ་བ་བཏབ་ནས་བྱང་སེམས་བ་སུ་ཧུས་མདོ་བཏོན་ནས་དགྲ་བཅོམ་ལྔ་བརྒྱ། བྱང་སེམས་ལྔ་བརྒྱ། སོ་སྐྱེས་མཁས་པ་ཉིས་བརྒྱ་ལྔ་བཅུའམ་ཁྲི་དྲུག་སྟོང་འདུས་ནས་སྡེ་སྣོད་གསུམ་ལས་ཕྱེས་པའི་སྡེ་པ་བཅོ་བརྒྱད་པོ་བཀའ་རུ་བསྒྲུབས་པ་ཡིན་ཞེར། དེའང་འདུལ་བ་འོད་ལྡན་ལས། སྟོན་ནི་ཐམས་ཅད་ཡོད་པར་སྨྲ་བ་འདི་གཅིག་པུར་ཡོད་པ་ལས་བཅོམ་ལྡན་འདས་མྱ་ངན་ལས་འདས་པ་ལ་བརྟེན་ནས་སྡེ་པ་བཅོ་བརྒྱད་བྱུང་བས་དེ་དག་གི་གཞི་ཡོད་པར་སྨྲ་བ་ཡིན་པར་གསུངས་སོ། །

ཏོག་གེ་འབར་བ་ལས།སྟོན་པ་མྱ་ངན་ལས་འདས་ནས་ལོ་བརྒྱ་དང་སོ་བདུན་ལོན་པ་ན་རྒྱལ་

པོ་དགའ་བོ་དང་པདྨ་ཆེན་པོ་བྱུང་བའི་དུས་སུ་བདུད་སྡིག་ཏོ་ཅན་དགེ་སློང་གི་ཆ་བྱད་འཛིན་པ་བཟང་པོ་ཞེས་བྱ་བས་རྫུ་འཕྲུལ་སྣ་ཚོགས་བྱས་ཏེ་ཆོས་ལོག་བསྟན་དགེ་འདུན་གྱི་དབྱེན་བྱས། དེའི་རྗེས་སུ་འཇུག་པ་གནས་བརྟན་ཀླུ་དང་ཡིད་བརྟན་ཞེས་བྱ་བས་ཆོས་ལོག་དེ་དར་བར་བྱས། དེ་ནས་དགེ་འདུན་ཕལ་ཆེན་པ་གནས་བརྟན་པ་གཉིས་གྱིས་ལོ་དྲུག་ཅུ་རྩ་གསུམ་ལ་འཁྲུགས་ལོང་དུ་གནས། དེ་ནས་ལོ་ཉིས་བརྒྱ་འདས་པའི་རྗེས་སུ་བཀའ་བསྡུ་གསུམ་པ་མཛད་ཅེས་བཤད་པ་དང་། གཞན་ཡང་སློབ་དཔོན་དབྱིག་བཤེས་ཀྱིས་བཀའ་བསྡུ་གཉིས་པ་བྱས་པའི་རྗེས་སུ་ཕལ་ཆེན་པ་དང་གནས་བརྟན་པ་གཉིས་སུ་གྱེས། ཕལ་ཆེན་པ་ལས་སྡེ་བ་བརྒྱད། གནས་བརྟན་པ་ལས་བཅུ་སྡེ་བཅོ་བརྒྱད་དུ་གྱེས་པར་བཤད་དོ། །

དེ་ལ་རྩ་བའི་སྡེ་བ་བཞི་ནི། གཞི་ཐམས་ཅད་ཡོད་པར་སྨྲ་བ། དགེ་འདུན་ཕལ་ཆེན། གནས་བརྟན། མང་བཀུར་སྡེ་བཞིའོ། །དེ་རེ་རེ་ལའང་སྨྲ་དོན། མཁན་པོ། སྣམ་སྦྱར། སྐད། ཕྱིན་ལེན། ནུབ་ལྷག་ཉལ་འགོག་ཚུལ། གྱེས་པའི་རབ་དབྱེ་དང་བདུན་ལས། དང་པོ་ནི། སྡེ་བ་གཞན་རྣམས་གྱེས་པའི་གཞི་དང་། དུས་གསུམ་རྫས་ཡོད་དུ་སྨྲ་བས་གཞི་ཐམས་ཅད་ཡོད་པར་སྨྲ་བ་ཞེས་བྱ། གཉིས་པ་རྒྱལ་པོའི་རིགས་ལས་རབ་བྱུང་བསླབ་པ་ལ་གུས་པའི་མཆོག་ཏུ་ལུང་བསྟན་པ་སྒྲ་གཅན་ཛིན་ནོ། །གསུམ་པ་སྣམ་སྦྱར་སྣམ་ཕྲན་ཉེར་ལྔ་མན་ཆད། དགུ་ཡན་ཆད་དོ། །ཕྱྭ་རྟགས་པདྨ་འཁོར་ལོ་རིན་ཆེན། བཞི་པ་སོ་ཐར་གྱི་མདོ་ལེགས་སྦྱར་སྐད་ཀྱིས་འདོན། ལྔ་པ་ཟས་ལ་ལག་པ་བཀན་པའི་ཚུལ་གྱིས་ཕྱིན་ལེན་བྱེད། དྲུག་པ་ཨེ་ཐང་པ་ལ་ཁྲུ་ཕྱེད་དང་དགུས་བར་ཆོད་ན་ཐུབ་པར་འདོད། བདུན་པ་གཞི་ཀུན་པའི་སྡེ། སློབ་དཔོན་འོད་སྲུང་གི་རྗེས་སུ་འབྲང་བའི་སྡེ། སློབ་དཔོན་ས་སྲུང་གི་རྗེས་སུ་འབྲང་བའི་སྡེ། ཆོས་སྲུང་གི་རྗེས་སུ་འབྲང་བའི་དང་། མང་དུ་ཐོས་པའི་སློབ་དཔོན་གྱི་དང་། གོས་དམར་བའི་སྡེ་བ། རྣམ་པར་ཕྱེ་སྟེ་སྨྲ་བའི་སྡེ་བ་དང་བདུན་གྱིས་པར་བཞེད་དེ། དུལ་ལྷས་སྡེ་བ་ཐ་དད་བསྟན་པ་བསྡུས་པ་ལས། གཞི་ཀུན་པ་དང་འོད་སྲུང་སྡེ། །ས་སྟོན་སྡེ་དང་ཆོས་སྲུང་སྡེ། །མང་ཐོས་གོས་དམར་སློབ་མའི་སྡེ། །རྣམ་པར་ཕྱེ་སྟེ་སྨྲ་བའི་སྡེ། །ཐམས་ཅད་ཡོད་པར་སྨྲ་བ་ཡིན། །ཞེས་སོ། །ཕལ་ཆེན་སྡེ་ལ་བདུན་ལས། དང་པོ་སྒྲ་བཤད་ནི། འོད་སྲུང་ཆེན་པོ་སོགས་སྔོན་གྱི་དགེ་

འདུན་ཕལ་ཆེ་བ་འདུས་པས་ཕལ་ཆེན་སྡེའོ། །

གཉིས་པ་སློབ་དཔོན་ནི། བྲམ་ཟེའི་རིགས་ལས་རབ་ཏུ་བྱུང་བ་སྦྱང་བའི་ཡོན་ཏན་གྱི་མཆོག་ཏུ་ལུང་བསྟན་པ་འོད་སྲུང་ཆེན་པོའོ། །གསུམ་པ་སྣམ་སྦྱར་སྣམ་ཕྲན་ཉེར་གསུམ་མན་ཆད་བདུན་ཡན་ཆད་དོ། །ཕྱྭ་རྟགས་དཔལ་བེའུ་དང་དུང་ངོ་། །བཞི་པ་སྐད་སོར་མདོ་པྲ་ཀྲི་ཏ་རང་བཞིན་སྐད་ཀྱིས་འདོན་ནོ། །ལྔ་པ་བྱིན་ལེན་སྣོད་ལ་བྱིན་ལེན་བྱས་ན་ཆགས་པར་འདོད། དྲུག་པ་ནུབ་ལྷག་ཉལ་འགོག་པ་ཡོལ་བས་བར་ཆོད་པས་ཐུབ་པར་འདོད། བདུན་པ་རབ་དབྱེ་ཤར་གྱི་རི་ལ་གནས་པའི་སྡེ་བ། ནུབ་ཀྱི་རི་དང་། གངས་ཀྱི་རི་དང་། འཇིག་རྟེན་འདས་པར་སྨྲ་བའི་སྡེ་བ། བཏགས་པར་སྨྲ་བའི་སྡེ་བ་དང་ལྔ་གྱེས་པར་འདོད་དེ། རྩ་མ་ལས། ཤར་དང་ནུབ་དང་གངས་རིར་གནས།། འཇིག་རྟེན་འདས་པར་སྨྲ་བའི་སྡེ། །བཏགས་པར་སྨྲ་བའི་སྡེ་བ་སྟེ། །ལྔ་ཚན་དགེ་འདུན་ཕལ་ཆེན་པ༑ ༑ཞེས་སོ། གནས་བརྟན་པ་ལ་བདུན་ལས། དང་པོ་སྒྲ་དོན་གནས་བརྟན་འཕགས་པའི་རིགས་ཡིན་པར་སྨྲ་བས་གནས་བརྟན་སྡེ་ཞེས་བྱ། གཉིས་པ་སློབ་དཔོན་བྲམ་ཟེའི་རིགས་ལས་རབ་ཏུ་བྱུང་བ་མཐའ་འཁོབ་འདུལ་བ་ལ་མཆོག་ཏུ་ལུང་བསྟན་པ་འཕགས་པ་ཀཱ་ཏྱཱ་ནའོ། །གསུམ་པ་སྣམ་སྦྱར་སྣམ་ཕྲན་ཉེར་གཅིག་མན་ཆད་ལྔའི་བར་རོ། །ཕྱྭ་རྟགས་མེ་ཏོག་སོ་རྩེ་ཀའོ། །བཞི་པ་སྐད་པེ་ཤ་ཙིའི་སྐད་དུ་མདོ་འདོན་ནོ། །ལྔ་པ་བྱིན་ལེན་ནི་དཀྱུར་ཐབས་སུ་ལེན་པའོ། །དྲུག་པ་ནུབ་ལྷག་ཉལ་འགོག་པ་ཐག་པས་བར་ཆོད་ན་ཐུབ་པར་འདོད། བདུན་པ་རབ་དབྱེ། ཀྱལ་བྱེད་ཚལ་ན་གནས་པའི་སྡེ། འཇིགས་མེད་རི་ལ་གནས་པའི་སྡེ། གཙུག་ལག་ཆེན་པོ་ན་གནས་པའི་སྡེ་དང་གསུམ་གྱིས་ཏེ། རྩ་མ་ལས། ཀྱལ་བྱེད་ཚལ་དང་འཇིགས་མེད་གནས། །གཙུག་ལག་ཁང་ཆེན་གནས་བརྟན་པ། །ཞེས་སོ། །མང་བཀུར་སྡེ་བ་ལ་བདུན་ལས། དང་པོ་སྒྲ་དོན་སྐྱེ་བོའི་ཚོགས་མང་པོས་བཀུར་བའི་སློབ་དཔོན་གྱི་རྗེས་སུ་འབྲང་བས་ན་མང་བཀུར་སྡེ་ཞེས་བྱ།

གཉིས་པ་སློབ་དཔོན་ནི། འབྲེག་མཁན་གྱི་རིགས་ལས་རབ་ཏུ་བྱུང་བ་འདུལ་བ་འཛིན་པའི་མཆོག་ཏུ་ལུང་བསྟན་པ་ཉེ་བ་འཁོར་རོ། །གསུམ་པ་སྣམ་སྦྱར་སྣམ་ཕྲན་ཉེར་གཅིག་ནས་ལྔ་བའི་བར་རོ། །ཕྱྭ་རྟགས་ནི་དཔལ་བེའུའོ། །བཞི་པ་སྐད་ཨ་པ་བྷྲཾ་ཤ་ཟུར་ཆག་པའི་སྐད་ཀྱིས་མདོ་འདོན།

ལྔ་པ་བྱིན་ལེན་འཕྲོག་ཐབས་སུ་ལེན། དྲུག་པ་ནུབ་ལྷག་ཉལ་འགོག་པ་བར་དུ་རི་མོས་ཚོད་པས་འགོགབདུན་པ་རབ་དབྱེ། ས་སྒྲོག་རི་ལ་གནས་པའི་སྡེ། སློབ་དཔོན་སྲུང་བ་བའི་རྗེས་སུ་འབྲང་བའི་སྡེ། གནས་མ་བུའི་སྡེ་བ་དང་གསུམ་གྱིས་ཏེ། སྡེ་མ་ལས། ས་སྒྲོག་རི་དང་སྲུང་བ་པ། །གནས་སླབ་ཡི་སྡེ་རྣམས་ནི། །ཀུན་གྱིས་བཀུར་བ་རྣམ་པ་གསུམ། །ཞེས་སོ། །

སྡེ་བ་བཅོ་བརྒྱད་པོ་དེ་དག་འགའ་ཞིག་གང་དུ་གནས་པའི་གནས་ཡུལ་གྱི་སྒོ་ནས་མིང་བཏགས། འགའ་ཞིག་གྲུབ་མཐའི་དོན་གྱི་སྒོ་ནས་བཏགས། འགའ་ཞིག་གང་གི་རྗེས་སུ་འབྲང་བའི་སློབ་དཔོན་གྱི་རྗེས་སུ་ཞུགས་པའི་སྒོ་ནས་མིང་བཏགས་པ་ཡིན་ཏེ། སྡེ་མ་ལས། ཡུལ་དོན་སློབ་དཔོན་བྱེ་བྲག་གིས། །ཐ་དད་རྣམ་པ་བཅོ་བརྒྱད་གསུངས། །ཞེས་གསུངས་སོ། །དེ་ལྟར་སྟོན་པ་མྱ་ངན་ལས་འདས་ནས་ལོ་བརྒྱ་དང་སོ་བདུན་ནས་བདུད་སྤྲུལ་གྱིས་ཆོས་ལོག་བསྟན་པའི་རྐྱེན་གྱིས་ལོ་དྲུག་ཅུ་རྩ་གསུམ་ལ་སྡེ་བ་བཅོ་བརྒྱད་པོ་རྣམས་ཀྱི་ལྟ་སྤྱོད་ཐ་དད་དུ་སོང་སྟེ་སྟོན་པའི་བཀའ་དང་མཐུན་མི་མཐུན་རྩོད་པས་འཁྲུགས་ལོང་དུ་གནས། དེ་ནས་ལོ་ཉིས་བརྒྱ་འདས་པ་ན་སྔར་ལྟར་རྒྱལ་པོ་ཀ་ནི་ཀས་སྦྱིན་བདག་བྱས། ཡུལ་མཉན་ཡོད་དུ་བྱང་སེམས་ལྔ་བརྒྱ། དགྲ་བཅོམ་ལྔ་བརྒྱ། སོ་སྐྱེས་པཎྜི་ཏ་ཁྲི་དྲུག་སྟོང་སྟེ་ཁྲི་བདུན་སྟོང་གིས་བདུད་ཀྱི་ཆོས་ལོག་སུན་ཕྱུང་ནས་སྡེ་བ་བཅོ་བརྒྱད་པོ་སངས་རྒྱས་ཀྱི་བསྟན་པ་གཅིག་ཏུ་བསྡུས་ཏེ་བསྡུ་བ་མཛད་པའོ། །དེའང་བདུད་སྡིག་ཅན་གྱི་སྤྲུལ་པ་དགེ་སློང་ལྷ་ཆེན་པོ་ཞེས་ཕ་མ་བསད་པ་དགྲ་བཅོམ་བསད་པ་མཁན་སློབ་མེད་པར་དགེ་སློང་བྱས་པ་དེས་ཆོས་མ་ཡིན་པའི་གཞི་ལྔ་བསྟན་ཏེ། གཞན་ལན་གདབ་དང་མི་ཤེས་པ། །ཡིད་གཉིས་དང་ནི་ཡོངས་སུ་བརྟགས། །བདག་ཉིད་གསོ་བར་བྱེད་པ་སྟེ། །འདི་ནི་སྟོན་པའི་བསྟན་པ་ཡིན། །ཞེས་ཆོས་ལོག་ཚོགས་བསྟན་པ་དེའི་སློབ་མ་གནས་བརྟན་གླུ་དང་ཡིད་བརྟན་ཞེས་པས་ཆོས་ལོག་དེ་དར་བར་བྱས་པའི་རྐྱེན་གྱིས་སྡེ་བ་བཅོ་བརྒྱད་པོས་ཀྱང་ཕན་ཚུན་གྱི་ལྟ་སྤྱོད་ལ་སངས་རྒྱས་ཀྱི་བསྟན་པ་ཡིན་མིན་གྱི་རྩོད་པས་འཁྲུགས་ལོང་བྱུང་བ་ཡིན། དེའི་ཚེ་དགྲ་བཅོམ་བྱང་སེམས་དང་སོ་སྐྱེས་མཁས་པ་ཁྲི་བདུན་སྟོང་གིས་ཆོས་ལོག་དེ་སུན་ཕྱུང་། རྒྱལ་པོ་ཀྲི་ཀྲིའི་རྨི་ལྟས་བསྟན་པའི་གསེར་ཕྲེང་ཅན་གྱི་རྟོགས་བརྗོད་ཀྱི་མདོ་ལ་བརྟེན་ནས་སྡེ་བ་བཅོ་བརྒྱད་ཀྱི་ལྟ་གྲུབ་རྣམས

བཀའ་ཁོ་ན་དང་མཐུན་པར་བསྒྲུབས་ནས་འདུལ་བའི་ཚིགས་ཡི་གེར་བཀོད། མདོན་པ་དང་མདོ་སྡེ་སྔར་ཡི་གེར་མ་འཁོད་པ་རྣམས་དུས་དེར་ཡི་གེར་བཏབ་པ་ནི་བཀའ་བསྡུ་གསུམ་པ་ཡིན་ནོ། །གསེར་ཕྲེང་ཅན་གྱི་རྟོགས་བརྗོད་ཀྱི་མདོ་ལས་ཡང་དག་པར་རྫོགས་པ་སངས་རྒྱས་འོད་སྲུང་གིས་རྒྱལ་པོ་ཀྲི་ཀྲི་ལ་བཀའ་སྩལ་པ། རྒྱལ་པོ་ཁྱོད་ཀྱི་རྨི་ལམ་དུ་མི་བཅོ་བརྒྱད་ཀྱིས་རས་ཡུག་འདྲེན་པར་མཐོང་བ་གང་ཡིན་པ་དེ་ནི་ཤཱཀྱ་ཐུབ་པའི་བསྟན་པ་རྣམ་པ་བཅོ་བརྒྱད་དུ་ཕྱེས་པར་འགྱུར་ལ། དེས་རྣམ་པར་གྲོལ་བའི་རས་ནི་ཉམས་པར་མི་འགྱུར་རོ། །

ཞེས་གསུངས་པ་ལྟ་བུའི་རྒྱལ་པོའི་རྨི་ལམ་མི་འདྲ་བ་བཅུ་རྨིས་པ་ནི། གླང་གཉིས་སྤྲེལ་གཉིས་ཙམ་དན་ཕྱེ། །ལྡུམ་ར་ཁྲོན་པ་འཐབ་མོ་རས། །ཞེས་པ་ལྟར། རྨི་ལམ་རྣམས་ཕྱི་རོལ་བའི་སྟོན་པ་ལ་ཞུས་ཆེ། འདི་ནི་རྒྱལ་པོ་གྲོང་བར་འགྱུར་བའི་ལྟས་སུ་འདུག་པས་རྒྱལ་པོ་ཁྱོད་ཀྱི་སྙིང་འདྲ་ཞིག་གླུད་དུ་གཏོང་དགོས་སོ་སྨྲས། རྒྱལ་པོས་གཏམ་དེ་རང་གི་སྙིང་འདྲའི་བུ་མོ་གསེར་ཕྲེང་ཅན་ལ་སྨྲས་པ་ན། བུ་མོས་ཡབ་རྒྱལ་པོ་ཁྱོད་ཀྱི་སྐུ་སྲོག་ལ་ཕན་ན་བདག་འགུམ་པ་སླ་མོད། ཕྱི་རོལ་པ་འདི་རྣམས་མི་ཤེས་པའི་ལིང་ཏོག་གིས་སེམས་རྒྱུད་ལྗོང་བས་ལུང་སྟོན་པའི་མཐུ་མེད་པས་ཤེས་བྱ་གཟིགས་པའི་མཁྱེན་པ་ཅན་སངས་རྒྱས་འོད་སྲུང་ལ་ཞུ་རིགས་སོ་སྨྲས་པས་རྒྱལ་པོས་ཀྱང་དེ་འཐད་པར་རིགས་ནས་སངས་རྒྱས་འོད་སྲུང་ལ་ཞུས་པས་རྨི་ལམ་འདི་རྒྱལ་པོ་ཁྱོད་འཁོར་དང་བཅས་པ་ལ་གནོད་པ་མིན་གྱི། མ་འོངས་པ་ན་སྟོན་པ་ཤཱཀྱ་ཐུབ་པའི་བསྟན་པ་ལ་ཉན་ཐོས་རྣམས་ལ་སྤྱོད་ཚུལ་འབྱུང་བའི་རྨི་ལྟས་ཡིན་པར་ལུང་བསྟན། དེའང་རྨི་ལམ་དང་པོ་གླང་པོ་ཆེའི་ལུས་སྐར་ཁུང་ནས་ཐོན་ཀྱང་མཇུག་མ་ཐོགས་པ་ནི་རབ་བྱུང་རྣམས་དང་པོ་ཁྱིམ་ནས་རབ་ཏུ་བྱུང་ཡང་གཙུག་ལག་ཁང་ལ་ཁྱིམ་གྱི་འདུ་ཤེས་སྤོང་མི་ནུས་པའི་ལྟས་སོ། །གཉིས་པ་གླང་པོ་ཆེ་ཕལ་བས་སྤོས་ཀྱི་གླང་པོ་ཆེ་སྐྲོད་པ་ནི་ཚུལ་འཆལ་གྱི་དགེ་སློང་གིས་ཚུལ་ལྡན་གནས་ནས་བསྐྲད་པའི་ལྟས་སོ། །གསུམ་པ་མི་གཙང་བས་གོས་པའི་སྤྲེའུས་སྤྲེའུ་གཞན་ལ་མི་གཙང་བ་བསྐུས་པ་ནི་ཚུལ་འཆལ་གྱིས་ཁྲིམས་ལྡན་ལ་ཉེས་པ་སྒྲོང་བའི་ལྟས་སོ། །བཞི་པ་སྤྲེའུ་གཅིག་གིས་སྤྲེའུ་མང་པོ་ལ་དབང་བསྐུར་བ་ནི་མཁན་སློབ་ཀྱི་མཚན་ཉིད་མི་ལྡན་པས་མཁན་སློབ་བྱེད་པའི་ལྟས་སོ། །ལྔ་པ་ཙན་དན་སྦྲུལ་གྱི་སྙིང་པོ་དང་

ཤིང་ཐལ་བ་མགོ་མཉམ་བྱེད་པ་ནི། སངས་རྒྱས་ཀྱི་བཀའ་དང་མུ་སྟེགས་པའི་གཞུང་མགོ་སྙོམས་པར་བྱེད་པའི་ལྟས་སོ། །དྲུག་པ་ཕྱེ་བྲེ་གང་དང་མུ་ཏིག་བྲེ་གང་བརྗེ་བར་སྨྲ་བ་ནི་ཟང་ཟིང་གི་ཆེད་དུ་ཆོས་སྟོན་པའི་ལྟས་སོ། །བདུན་པ་གཙུག་ལག་ཁང་གི་ཉེ་འཁོར་ན་ཡོད་པའི་མེ་ཏོག་དང་འབྲས་བུ་རྐུན་པོས་ཁྱེར་བ་ནི་དགེ་འདུན་གྱི་ཡོ་བྱད་ཀྱིས་ཁྱིམ་པ་གསོ་བའི་ལྟས་སོ། །བརྒྱད་པ་གཙང་ཞིང་ཡིད་འོང་གི་ཁྲོན་པས་ཁ་སྐོམ་པའི་མིའི་རྗེས་སུ་བསྙེགས་ཀྱང་མི་འཐུང་བ་ནི་ཆོས་ཀྱིས་ཕོངས་པའི་གང་ཟག་ལ་ཆོས་བསྟན་ཀྱང་དོན་དུ་མི་གཉེར་བའི་ལྟས་སོ། །དགུ་པ་སྐྱེ་བོ་མང་པོས་སྡེ་རིས་སུ་བཅད་ནས་རྩོད་པ་བྱེད་པ་ནི་རབ་བྱུང་རྣམས་གྲུབ་མཐའི་དབང་གིས་སྡེ་རིས་བཅད་ནས་ཆགས་སྡང་འབྱུང་བའི་ལྟས་སོ། །བཅུ་པ་རས་ཡུག་ཁ་ཚར་མ་ཉམས་པ་གཅིག་མི་བཅོ་བརྒྱད་ཀྱིས་བརྩད་ནས་བགོས་ཆེ་ཐམས་ཅད་ཀྱིས་རས་ཡུག་མ་ཉམས་པ་རེ་ཐོབ་ཅིང་རྩ་བའི་རས་ཡུག་མ་ཉམས་པར་འདུག་པ་སྨྲ་བ་ནི་ཤཱཀྱ་ཐུབ་པའི་བསྟན་པ་ལ་སྡེ་བ་བཅོ་བརྒྱད་འབྱུང་ཞིང་། དེ་ཐམས་ཅད་ཀྱིས་རང་རང་གི་ལྟ་སྤྱོད་དང་མཐུན་པར་ཉམས་སུ་བླངས་ན་བྱང་ཆུབ་སྒྲུབ་ནུས་པ་དང་། རྩ་བའི་བྱང་ཆུབ་སྒྲུབ་པའི་ལམ་ཡང་མ་ཉམས་པར་ཡོད་པ་ཡིན་ནོ་ཞེས་ལུང་བསྟན་ཏོ། །

བཀའ་བསྡུ་དང་པོ་སྡེ་སྣོད་གསུམ་བཀའ་བསྡུ་མཛད་ཟིན་པ་ན་བསྟན་པའི་གཏད་རབ་བདུན་ཞེས་འདུལ་བ་ལུང་ཕྲན་ཚེགས་ལས་འབྱུང་བ་ནི། སྟོན་པས་བསྟན་པ་གཏད་ཡུལ་ནི་ཉན་ཐོས་འོད་སྲུང་ཆེན་པོ་ཡིན། འོད་སྲུང་ཆེན་པོས་བདག་གིས་བསྟན་པ་ལ་བྱ་བ་ཙུང་ཟད་བྱས་ཟིན་གྱི་ད་མྱ་ངན་ལས་འདའོ་དགོངས་ནས་ཀུན་དགའ་བོ་ལ་བསྟན་པ་གཏད་ནས་ཁྱོད་ཀྱིས་ཤ་ནའི་གོས་ཅན་ལ་གཏོད་གསུངས་ཏེ་བཅོམ་ལྡན་འདས་ཀྱི་མཆོད་རྟེན་བརྒྱད་ལ་ཕྱག་འཚལ་བའི་ཕྱིར་དུ་ལྷ་ཀླུའི་ཡུལ་སོགས་ལ་བྱོན་ནས། རྒྱལ་པོ་མ་སྐྱེས་དགྲ་ལ་སྦྲོན་པར་བྱོན་སྐབས།རྒྱལ་པོ་གཉིད་ལོག་པ་ན་འཁོར་རྣམས་ལ་རྒྱལ་པོར་སྦྲོན་ཅིག་གསུངས་ཏེ། ལྷོ་ཕྱོགས་རི་བོ་བྱ་རྐང་ཅན་དུ་རི་གསུམ་འདུས་པའི་དབུས་སུ་བྱོན་ནས་རྫུ་འཕྲུལ་སྣ་ཚོགས་ཀྱིས་ཆོས་བསྟན། རྩྭའི་གདན་ལ་སྐྱིལ་ཀྲུང་གིས་བཞུགས། སྟོན་པས་སྣམ་སྦྱར་གནང་བ་ཉིད་སྐུར་གསོལ་ཏེ་ནམ་ཞིག་བྱམས་མགོན་བྱོན་པའི་བར་གདུང་མི་ཉམས་པར་བྱིན་རླབས་མཛད་དེ་མྱ་ངན་ལས་འདས་སོ། །དེ་ནས་གནོད་སྦྱིན་རྣམས་ཀྱིས་རི་གསུམ

ཁ་སྒྱུར་བར་བྱས། དེ་ཚེ་ཤ་ནའི་གོས་ཅན་རྒྱ་མཚོར་རིན་ཆེན་ལེན་དུ་ཕྱིན་པ་འགྱུར་ནས་ཕོ་བོས་སྟོན་པ་ལ་ལོ་ལྔའི་དུས་སྟོན་འབུལ་སྨམ་པ་ན་སྟོན་པ་འདས་པར་ཐོས་པས་བརྒྱལ་ལོ། །བརྒྱལ་སངས་པ་ན་ཤ་རིའི་བུ་དང་མོ་འགལ་བུ་དང་འོད་སྲུང་རྣམས་དྲིས་པའི་ཚེ་དེ་རྣམས་མྱ་ངན་ལས་འདས་པར་ཐོས་པས་སླར་ཡང་བརྒྱལ་ལོ། །དེ་སངས་པ་ན་ད་ལྟ་སུ་བཞུགས་དྲིས་པས་ཀུན་དགའ་བོ་བཞུགས་པར་ཐོས་ནས་དེ་རྣམས་འཁོར་བཅས་དྲངས་ཏེ་ལོ་ལྔའི་དུས་སྟོན་བསྐྱབས་སོ། །

ཀུན་དགའ་བོས་ཤ་ནའི་གོས་ཅན་རབ་ཏུ་བྱུང་། བསྙེན་རྫོགས་གནང་སྡེ་སྣོད་གསུམ་ལ་མཁས་པ་དགྲ་བཅོམ་པར་བཀོད་དེ་བསྟན་པ་དེ་ལ་གཏད་ནས་ཁྱོད་ཀྱིས་ཉེར་སྦས་ལ་གཏོད་གསུངས་ཏེ་མྱ་ངན་ལས་འདའ་བར་དགོངས་ཏེ་མ་སྐྱེས་དགྲར་སྦྲོན་པར་བྱོན་པས་རྒྱལ་པོ་གཉིད་ལོག་པས་འཁོར་རྣམས་ལ་བདག་སྦྲོན་པར་འོང་བ་སྨྲོས་ཤིག་ང་མྱ་ངན་ལས་འདའོ་གསུངས་ཏེ་འཁོར་དང་བཅས་ཆུ་བོ་གངྒཱའི་འགྲམ་དུ་གཤེགས་པ་ལྟས་སྦྲན་ཏེ་ཡངས་པ་ཅན་གྱི་ལི་ཙ་བྱི་རྣམས་མཆོད་རྫས་སྣ་ཚོགས་ཐོགས་ཏེ་འོང་། དྲང་སྲོང་ཞིག་ཀྱང་འཁོར་ལྔ་བརྒྱ་བཅས་འོང་བས་ཀུན་དགའ་བོ་ལ་རབ་བྱུང་བསྙེན་རྫོགས་གནང་བར་གསོལ་བས། ཀུན་དགའ་བོས་གངྒཱའི་དབུས་སུ་གླིང་ཞིག་སྤྲུལ་ཏེ་ཉི་མའི་གུང་ལ་རབ་ཏུ་བྱུང་ཞིང་བསྙེན་པར་རྫོགས་པར་བྱས་མ་ཐག་ཏུ་དགྲ་བཅོམ་པ་ཐོབ་པས་དགྲ་བཅོམ་ཆུ་དབུས་པའམ་ཉི་མ་གུང་པ་ཞེས་སུ་གྲགས། དེ་མཁན་པོ་ཀུན་དགའ་བོ་ལས་སྔ་བར་མྱང་འདས་སུ་གཞོལ་ཚེ། དེ་སྐད་མ་སྨྲ་དེ་བཞིན་གཤེགས་པས་ཁ་ཆེའི་ཡུལ་བསམ་གཏན་གྱི་གནས་སུ་བསྔགས་ཏེ། དེར་དགྲ་བཅོམ་ཉི་མ་གུང་ཞེས་པས་སངས་རྒྱས་ཀྱི་བསྟན་པ་གནས་ཤིང་འཇོག་གོ་ཞེས་ལུང་བསྟན་པས་ཁྱོད་དེ་ལྟར་གྱིས་གསུངས་ནས་མྱ་ངན་ལས་འདས་སོ། །དེ་ནས་ཤ་ནའི་གོས་ཅན་གྱིས་བསྟན་པ་བསྐྱངས་སོ། །དེས་ཉེར་སྦས་རབ་བྱུང་བསྙེན་རྫོགས་ལ་བཀོད་ནས་དགྲ་བཅོམ་ཐོབ་པར་བྱས་ཏེ་བསྟན་པ་དེར་གཏད་དེ། དེས་བསྟན་པའི་བྱ་བ་བསམ་གྱིས་མི་ཁྱབ་པ་བྱས་སོ༔ ༔དེས་བསྟན་པ་དྷཱི་ཏི་ཀ་ལ་གཏད། དེས་ནག་པོ་ཆེན་པོར་གཏད། དེས་ལེགས་མཐོང་ལ་གཏད་དེ། ལེགས་པར་གསུངས་མཛད་ཐུབ་པའི་དབང་པོ་དང་། །འོད་སྲུང་ཀུན་དགའ་ཤ་ནའི་གོས་ཅན་དང་། །ཉེར་སྦས་དྷཱི་ཏི་ཀ་དང་ནག་པོ་དང་། །ལེགས་མཐོང་ཆེན་པོ་བསྟན་པའི་གཏད

རབ་བདུན། །ཞེས་སོ། །

བཀའ་དང་པོའི་དགོང་འགྲེལ་གྱི་བསྟན་བཅོས་འབྱུང་ཚུལ་ལ་ལྟ་བའི་ཆ་གཙོ་བོར་སྟོན་པའི་བསྟན་བཅོས་དང་། སྤྱོད་པའི་ཆ་གཙོ་བོར་སྟོན་པའི་བསྟན་བཅོས་གཉིས་ལས། དང་པོ་ནི། མངོན་པ་སྡེ་བདུན་དང་། དེའི་དོན་བསྡུས་པ་བྱེ་བྲག་བཤད་པ་ཆེན་མོ། དེའི་དོན་བསྡུས་མངོན་པ་མཛོད་རྩ་འགྲེལ་དང་བཅས་པ་བྱུང་བ་ཡིན། མངོན་པ་སྡེ་བདུན་ནི་དགྲ་བཅོམ་པ་བདུན་གྱིས་མཛད་པ་ཡིན་པར་བྱེ་སྨྲས་འདོད་ཀྱང་མདོ་སྡེ་བས་སོ་སྐྱེས་པཎྜི་ཏས་བྱས་པར་འདོད། བྱེ་བྲག་ཏུ་བཤད་པ་སྟོན་དགྲ་བཅོམ་པ་ཞི་ལྷ་དང་། དགྲ་བཅོམ་པ་སྒྲུར་པོ་ལ་སོགས་པ་མང་པོས་ཐུན་མོང་དུ་མངོན་པ་སྡེ་བདུན་གྱི་དོན་རྣམས་བསྡུས་ཏེ་བརྩམས་པ་ཡིན་པར་ཁ་ཅིག་འདོད། འོད་ལྡན་ལས་དགྲ་བཅོམ་པ་ཉེར་སྲས་ཀྱིས་བརྩམ་པར་ཡང་གསུངས་ལ། གཞུང་དེར་ཤོ་ལོ་ཀ་འབུམ་ཕྲག་གཅིག་ཡོད་པར་གྲགས། དེ་ལྟར་བྱེ༷་བྲ༷ག་བཤ༷ད་མཛོ༷ད་ནི་བདེན་པ་གཟིགས་པའི་དགྲ་བཅོམ་འཕགས་པས་བརྩམས་པ་ཡིན་པར་བསྟན། སོ༷གས་ཁོངས་སུ་མངོན་པ་སྡེ་བདུན་ཡང་བྱེ་སྨྲས་འཕ༷གས་པ་དགྲ་བཅོམ་པས༷་བརྩ༷མས་པར་འདོད་པ་བསྡུས། དེའི་དོན་བསྡུས་དབྱིག་གཉེན་གྱི་མཛོད་རྩ་འགྲེལ་རྣམས་སོ། །

གཉིས་པ་སྤྱོད་པ་གཙོ་བོར་སྟོན་པའི་བསྟན་བཅོས་ལ། སློབ་དཔོན་དུལ་ལྷས་མཛད་པའི་ལུང་རྣམ་འབྱེད་ཀྱི་འགྲེལ་བ་དང་། དགེ་ཚུལ་གྱི་ཚིག་ལེའུར་བྱས་པ་ཀཱ་རི་ཀ་སོགས་བྱས་པ་དང་། སློབ་དཔོན་དགེ་ལེགས་བཤེས་གཉེན་གྱིས་མཛད་པའི་སོ་སོར་ཐར་པའི་མདོའི་འགྲེལ་པ་བམ་པོ་ལྔ་བཅུ་པ་སོགས་དང་། སློབ་དཔོན་ཡོ༷ན་ཏ༷ན་འོ༷ད་ཀྱིས་མཛད་པའི་འདུལ་བ་ལུང་སྡེ་བཞིའི་དོན་རྣམས་མ་རྟོགས་པ་རྟོགས་པའི་དགོས་པ་ལོག་རྟོག་བསལ་བའི་དགོས་པ། མདོར་བསྡུས་ལ་དགའ་བའི་བསམ་པ་སྐོང་བའི་དགོས་པ་སྟེ་དགོས་པ་གསུམ་ལྡན་གྱི་ལུང་སྡེ་བཞིའི་དོན་རྣམས་བརྗོད་བྱ་རུ་བསྡུས་ཏེ་འདུལ་བ་མདོ་རྩ་བ་ཚིག་བར་སོ་གཉིས་རེ་ལ་ཤོ་ལོ་ཀ་རེ་བྱས་པས་ཤོ་ལོ་ཀ་སུམ་བརྒྱ་རེར་བམ་པོ་བྱས་ཏེ་བམ་པོ་དགུའི་བདག་ཉིད་ཅན་དང་། ལས་བརྒྱ་རྩ་གཅིག་གི་འགྲེལ་བ་ཀརྨ་ཤ་ཏམ་བམ་པོ་བཅུ་གཉིས་པ་དང་། མདོ་རྩའི་རང་འགྲེལ་རྣམས་བརྩམས་པ་དང་། སློབ་དཔོན་དེའི་སློབ་མ་ཆོས་བཤེས་ཀྱིས་མདོ་རྩའི་རྒྱ་ཆེར་འགྲེལ་བམ་པོ་བདུན་ཅུ་པ་དང་།དགྲ་བཅོམ་ས་སྐྱའི་ལྷས

མཛད་པའི་འདུལ་བ་མེ་ཏོག་ཕྲེང་རྒྱུད་རྣམ་འབྱེད་གཉིས་ཀྱི་དོན་སྟོན་པ་བམ་པོ་དྲུག་པ་རྣམས་མཛད་པ་དང༷། སློབ་དཔོན་ཤཱཀྱ༷་འོ༷ད་ཀྱི༷ས་མཛད་པའི་དགེ་ཚུལ་གྱི་ཚིག་ལེའུ་བྱས་པ་སུམ་བརྒྱ་པ་དང་དེའི་རང་འགྲེལ་འོད་ལྡན་རྣམས་མཛད་ནས་འདུལ་བ་གཞི་གསུམ་གྱི་ལག་ལེན་མཛད་པའི་དུར་སྙིགས་ཀྱི་རྒྱལ་མཚན་འཛིན་པ་རྒྱ་གར་ནས་བྱང་ཤམ་བྷ་ལ་དང་ཉེ་བའི་བར་དུ་ཁྱབ་པར་སྤེལ་བ་ནི་སློབ་དཔོན་འདི་གཉིས་ཀྱི་བཀའ་དྲིན་ཡིན་ནོ། །དེའང་བོད་འདིར་གཞི་ཐམས་ཅད་ཡོད་པར་སྨྲ་བའི་མཁན་ཆེན་གྱི་སློབ་རྒྱུད་གཅིག་པུ་ཡིན། དེང་སང་བོད་ན་ཡོད་པའི་སོ་ཐར་གྱི་སྡོམ་རྒྱུན་བསྟན་པ་སྔ་དར་གྱི་དུས་སུ་ཆོས་རྒྱལ་ཁྲི་སྲོང་ལྡེའུ་བཙན་གྱིས་སྦྲ་སང་ཤི་ཏ་སོགས་ཕོ་ཉར་མངག་སྟེ་རྒྱ་གར་འཕགས་ཡུལ་ན་ཉི་མ་ལྟར་རྩོད་མེད་གྲགས་པའི་པཎ་ཆེན་བྱང་ཆུབ་སེམས་དཔའ་ཞི་བ་འཚོ་གདན་དྲངས། སད་མི་མི་བདུན་སོགས་རབ་ཏུ་བྱུང་ནས་འདུལ་འཛིན་གྱི་སྡེ་བཙུགས་པ་དང་། བསྟན་པ་ཕྱི་དར་གྱི་དུས་ནི། སྨོན་ལམ་ལོག་པའི་རྒྱལ་པོ་ཨུ་དུམ་བཙན་པོ་གླང་དར་མས་སྡིག་བློན་རྣམས་དང་གྲོགས་བསྒྲིལ་ནས་རབ་བྱུང་གི་སྡེ་བསྣུབས། དམ་པའི་ཆོས་བྱར་མེད་པའི་ཁྲིམས་བསྒྲགས་པས་ཡེར་བ་ནས་འདུལ་འཛིན་རྨ་གཡོ་གཙང་གསུམ་མདོ་ཁམས་སྨད་དུ་བྱོན་པ་ལས་མུ་དུར་དགེ་བ་གསལ་རབ་ཏུ་བྱུང་བ་བླ་ཆེན་དགོངས་པ་རབ་གསལ་དུ་གྲགས། ཕྱིས་སུ་ཀླུ་མེས་ཚུལ་ཁྲིམས་ཤེས་རབ་དང་སུམ་པ་ཡེ་ཤེས་བློ་གྲོས་སོགས་དབུས་གཙང་གི་མི་བཅུ་མདོ་སྨད་དུ་བྱོན་ནས་བླ་ཆེན་ནས་སོ་ཐར་གྱི་སྡོམ་རྒྱུན་བླངས་ཏེ་དབུས་གཙང་དུ་འདུལ་བའི་བསྟན་པ་རྒྱ་ཆེར་སྤེལ་བ་ལ་སྨད་འདུལ་བ་ཞེས་སུ་གྲགས། དེའི་ཕྱིས་སུ་ཁ་ཆེའི་པཎ་ཆེན་ཤཱཀྱ་ཤྲཱི་བྷ་དྲའམ་ཤཱཀྱ་དཔལ་བཟང་པོ་ཁྲོ་ཕུ་ལོ་ཙཱ་བ་བྱམས་པ་དཔལ་གྱིས་སྤྱན་དྲངས་ཏེ་བོད་དུ་བྱོན་པའི་སློབ་མ་དཔལ་གྱི་མཐའ་ཅན་གསུམ་ཞེས་གྲགས་པ་ནི། ས་སྐྱའི་པཎ་ཆེན་ཀུན་དགའ་རྒྱལ་མཚན་དཔལ་བཟང་པོ། བྱང་ཆུབ་དཔལ། རྡོ་རྗེ་དཔལ་སོགས་བསྙེན་པར་རྫོགས་ཏེ་འདུལ་བསྟན་དར་བར་བྱས་པ་ལ་སྟོད་འདུལ་བ་ཞེས་བྱའོ། །

བསྟན་པ་སྔ༷་དར་གྱི་དུས་སུ་བོད་དུ་འགྱུར༷་བའི་འདུལ་བའི་སྡེ་སྣོད་འཛིན་པའི་གཙུག་རྒྱན་ཟ་ཧོར་མཁན་པོ་ཞི༷་བ༷་འཚོ༷་དང༷་ནི། ཕྱིས༷་ནས༷་སྟོད་གཙང་གི་ཕྱོགས་སུ་པཎ་ཆེན་ཤཱཀྱ༷་ཤྲཱི༷་ལུ༷ས་ཀྱང

འདུལ་བསྟན་དར་བ་དེ་དག་གི་སྡོམ་རྒྱུན་ལ། སྔ་མ་ཞི་བ་འཚོ་ནས་བརྒྱུད་པའི་སྡོམ་རྒྱུན་ནི། སྟོན་པ་རྫོགས་པའི་སངས་རྒྱས། ཤཱ་རིའི་བུ། སྲས་སྒྲ་གཅན་འཛིན། བྲམ་ཟེ་སྒྲ་གཅན་འཛིན། ཀླུ་སྒྲུབ། ལེགས་ལྡན་འབྱེད། དཔལ་སྦས། ཡེ་ཤེས་སྙིང་པོ། མཁན་ཆེན་ཞི་འཚོ། སྦ་རཏྣ། གཙང་པ་རབ་གསལ། ཤཱཀྱ་མུ་ནེ། ཡོལ་པོ་དགེ་འབྱུང་། བླ་ཆེན་དགོངས་པ་རབ་གསལ། ཀླུ་མེས་ཚུལ་ཁྲིམས་ཤེས་རབ། སུམ་པ་ཡེ་ཤེས་བློ་གྲོས་སོགས་ནས་བརྒྱུད་པ་དང་། དེའི་རྗེས་སུ་རྒྱ་གར་ཤར་ཕྱོགས་ཀྱི་པཎྜི་ཏ་དྷརྨ་པཱ་ལ་སྟོད་མངའ་རིས་སུ་ཕེབས་ནས་འདུལ་བའི་སྡོམ་རྒྱུན་དང་བཤད་རྒྱུན་སྤེལ་བའི་མཁན་བུ་པཱ་ལ་རྣམ་གསུམ་ཞེས། སཱ་དྷུ་པཱ་ལ། གུ་ཎ་པཱ་ལ། པྲ་ཛྙཱ་པཱ་ལ་ལས་རིམ་པར་བརྒྱུད་པ་ཞིག་ཀྱང་ཡོད་པ་དང་། ཕྱི་དར་སྟོད་འདུལ་གྱི་སྡོམ་རྒྱུན་ནི། ཀླུ་སྒྲུབ་ཡབ་འདྲ་ལ། ཡོན་ཏན་བཤེས་གཉེན། རིན་ཆེན་བཤེས་གཉེན། ཆོས་ཀྱི་བཟང་པོ། གུ་ཎ་མ་ཏི། ཆོས་ཀྱི་ཕྲེང་བ། འབྱུང་གནས་སྦས་པ། པཎ་ཆེན་ཤཱཀྱ་ཤྲཱི། རྡོ་རྗེ་དཔལ། འོད་དཔལ། བསོད་ནམས་དཔལ་ནས་རིམ་པར་བརྒྱུད་པའོ། །ཤར་བྱུང་འདུལ་བའི་བཤད་པའི་བརྒྱུད་པ་ནི། སྟོན་པ་སངས་རྒྱས། འཕགས་པ་ཉེ་བ་འཁོར། དགྲ་བཅོམ་ཉེར་སྦས། དགྲ་བཅོམ་ནག་པོ་ཆེན་པོ། དགྲ་བཅོམ་ལེགས་མཐོང་། ཕྱིར་མི་འོང་བློས་མི་ཕེབས་པ། སློབ་དཔོན་ཡོན་ཏན་འོད། ཤཱཀྱ་འོད། དགྲ་བཅོམ་སེང་གེའི་གདོང་ཅན། པཎ་ཆེན་དཱ་ན་ཤཱི་ལ། པཎྜི་ཏ་ཛི་ན་མི་ཏྲ། ལྕོག་རོ་ཀླུའི་རྒྱལ་མཚན། གཙང་པ་རབ་གསལ། གཡོ་དགེ་བ་འབྱུང་། བླ་ཆེན་དགོངས་པ་རབ་གསལ། གཟུ་སྟོན་རྡོ་རྗེ་རྒྱལ་མཚན། སྣེ་པོ་བ་གྲགས་པ་རྒྱལ་མཚན། སོག་སྟོན་ཚུལ་ཁྲིམས་བླ་མ། རྒྱ་འདུལ་འཛིན་དབང་ཕྱུག་ཚུལ་ཁྲིམས། རྨ་ཆོས་བྱང་ཆུབ་རྡོ་རྗེ། སྙིད་ཤོད་པ་ཚུལ་ཁྲིམས་འཕགས། འདར་ཚུལ་ཁྲིམས་རྒྱལ་པོ་སོགས་ནས་ཐམས་ཅད་མཁྱེན་པ་སངས་རྒྱས་འཕེལ་ནས་རིམ་པར་བརྒྱུད་པ་ནི་འདུལ་བ་སྨད་ལུགས་ཀྱི་བརྒྱུད་པའོ། །

སྟོད་ལུགས་ཀྱི་བརྒྱུད་པ་ནི། པཎ་ཆེན་ཛི་ན་མི་ཏྲ་ཡན་འདྲ་བ་ལ། དེས་རྫམ་ཕ་ལ། བལ་པོའི་པཎྜི་ཏ་ཤཱཀྱ་སེ་ན། བྲ་ཕྱིའི་ཀླུབ་ལོ་ཙྪ་བ། བྲ་ཕྱི་སྐྱོབ་འདུལ་བ་འཛིན། གཟུང་སྟོན་རྡོ་རྗེ་རྒྱལ་མཚན། དེའི་སློབ་མ་གཙོ་བོ་བཞི་ནི། དབུས་རྒྱལ་གྱི་ཚུལ་ཁྲིམས་བྱང་ཆུབ། སྤོ་ཚུལ་ཁྲིམས་འབྱུང་གནས། གཙང་རོང་མཁར་ཕུག་ཏུ་སྣེ་པོ་གྲགས་པ་རྒྱལ་མཚན། འཛིན་པ་ཤེས་རབ་འོད་ཟེར་དང་

བཞི་ལས། སྣེ་བོའི་སློབ་མ་སོག་ཚུལ་ཁྲིམས་བླ་མ། སྒོ་ཚུལ་ཁྲིམས་འབྱུང་གནས་ཀྱི་སློབ་མ་ཉང་མཚམས་པ་རིན་ཆེན་བླ་མ། འཛིན་པའི་སློབ་མ་ཁྲིམས་པ་ཡེ་ཤེས་བླ་མ་དང་གསུམ་ཀ་ལ་རྒྱ་འདུལ་གྱིས་གསན། དེའི་སློབ་མ་གཙོ་བོ་རྨ་ཆོས་བྱང་ཆུབ་རྡོ་རྗེ། དེའི་སློབ་མའི་གཙོ་བོ་བྱ་འདུལ་བ་འཛིན་པ་བརྩོན་འགྲུས་འབར་དང་། སྐྱིད་ཤོད་པ་ཚུལ་ཁྲིམས་འཕགས། ཤ་མི་བ་སྨོན་ལམ་རྡོ་རྗེ་དང་གསུམ་ཡིན། བྱ་འདུལ་གྱི་སློབ་མའི་གཙོ་བོ་རྩེ་བས་འདུལ་བ་འཛིན་པ་གཞོན་ནུ་སེང་གེ་སོགས་ནས་རིམ་པར་བརྒྱུད་པའོ། །

གསུམ་པ་སྡོམ་པའི་ངོ་བོ་ནི། ངོ་བོ་ངེས་འབྱུང་བསམ་པས་སོགས་ཀྱིས་བསྟན། སོ་ཐར་གྱི་སྡོམ་པའི་ངོ་བོ་ནི། ངེས་འབྱུང་གི་བསམ་པས་ཀུན་ནས་བསླངས་ནས་གཞན་ལ་གནོད་པ་གཞི་དང་བཅས་པ་ལྡོག་པ་ཉེས་སྤྱོད་སྡོམ་པའི་ཚུལ་ཁྲིམས་གང་ཞིག དེའང་འདོད་པའི་སར་གཏོགས་ཤིང་སེམས་བསྡུས་པའོ། །ངེས་འབྱུང་གིས་ཕྱི་རོལ་པའི་ཚུལ་ཁྲིམས་བཅད། སྡོམ་པའི་ཞེས་པས་བར་མའི་ཚུལ་ཁྲིམས་བཅད། འདོད་པར་གཏོགས་པ་ཞེས་པས་བསམ་གཏན་དང་ཟག་མེད་ཀྱི་སྡོམ་པ་བཅད། སྡོམ་པའི་ངོ་བོ་ལ་བྱེ་སྨྲས་ལུས་ངག་ལས་སྐྱེས་པའི་ཕྱིར་ན་གཟུགས་ཅན་ཡིན་ཞེས་བྱ་སྟེ། དེའང་རིག་བྱེད་དང་རིག་བྱེད་མ་ཡིན་པའི་གཟུགས་གཉིས་ཀར་འདོད་དེ། མཛོད་འགྲེལ་ལས། ཡང་དག་པར་བླངས་པའི་ཚུལ་ཁྲིམས་ནི་རྣམ་པར་རིག་བྱེད་ལ་རག་ལས་པའི་ཕྱིར་ལས་ཀྱི་ལམ་གཟུགས་ཅན་བདུན་ནི་གདོན་མི་ཟ་བར་རྣམ་པར་རིག་བྱེད་དང་རྣམ་པར་རིག་བྱེད་མ་ཡིན་པ་རྣམ་པ་གཉིས་ཀ་ཡོད་ཅེས་གསུངས་པའི་ཕྱིར། དེ་ཡང་སོ་ཐར་གྱི་སྡོམ་པ་ཐོབ་ནས་མ་བཏང་བ་དེ་སྲིད་དུ་རྣམ་པར་རིག་བྱེད་མིན་པའི་གཟུགས་ཀྱི་ངོ་བོར་གྱུར་པའི་སྡོམ་པ་རྒྱུན་ཆགས་སུ་ལྡན་པ་ཡིན་ཏེ། མཛོད་ལས། སོ་སོར་ཐར་གནས་ཇི་སྲིད་དུ། །མ་བཏང་བར་དུ་ད་ལྟར་གྱི། །རྣམ་རིག་མིན་ལྡན་སྐད་ཅིག་མ། །དང་པོ་ཕྱིན་ཆད་འདས་པ་དང་། །ཞེས་སོ། །ད་ལྟར་གྱི་ཆོ་ག་ལ་བརྟེན་ནས་ཐོབ་པའི་སོ་ཐར་གྱི་སྡོམ་པ་སྐད་ཅིག་དང་པོ་ལ་ལུས་ངག་གི་རྣམ་རིག་གཉིས་ཀ་ཡོད་དེ། མཁན་སློབ་ཀྱིས་ཆོ་ག་བརྗོད་པ་ལས་ཇི་སྲིད་འཚོའི་བར་དུ་སྡོམ་པ་བསྲུང་བར་ཁས་ལེན་པའི་ངག་གི་རྣམ་པར་རིག་བྱེད་དང་ལུས་ཀྱི་རིག་བྱེད་གཉིས་ཀ་ཡོད་པའི་ཕྱིར། མཛོད་ལས། དང་པོའི་རྣམ་རིག

རྣམ་རིག་མིན། །སོ་སོར་ཐར་དང་བྱ་བའི་ལམ། ཞེས་དང་། དེའི་རང་འགྲེལ་ལས། སྡོམ་པ་ཡང་དག་པར་བླངས་པ་རྣམ་པར་རིག་བྱེད་དང་རྣམ་པར་རིག་བྱེད་མ་ཡིན་པ་དང་པོ་དག་ནི་སོ་སོར་ཐར་པ་ཞེས་བྱ། ཞེས་གསུངས་ལ། དེས་ན་སོ་ཐར་གྱི་སྡོམ་པ་སྐད་ཅིག་དང་པོའི་ངོ་བོར་གྱུར་པའི་ལུས་ངག་གི་རིག་བྱེད་གཉིས་ཀ་ཡོད་ཀྱང་། སྐད་ཅིག་གཉིས་པ་ཕན་ཆད་ཀྱི་ངོ་བོར་གྱུར་པའི་ངག་གི་རིག་བྱེད་ཡོད་པའི་ངེས་པ་མེད་དེ། སྒྲ་ལ་རྒྱུན་མེད་པར་འདོད་པའི་ཕྱིར་དང་། ལུས་ཀྱི་རིག་བྱེད་ཀྱི་ངོ་བོར་གྱུར་པའི་སོ་ཐར་གྱི་སྡོམ་པ་སྔ་མ་ལས་ཕྱི་མ་འབྱུང་བའི་རྒྱུན་ཡོད་པས་སྐད་ཅིག་གཉིས་པ་ཕན་ཆད་ཀྱི་ངོ་བོར་གྱུར་པའང་ཡོད་པའོ། །དེའང་ལུས་ཀྱི་རིག་བྱེད་ཀྱི་གཟུགས་ནི། ཀུན་སློང་གི་སེམས་གཞན་གྱིས་རིག་པར་བྱེད་པའི་ལུས་ཀྱི་དབྱིབས་ལ་འདོད་དེ། མཛོད་ལས། །ལུས་རྣམ་རིག་བྱེད་དབྱིབས་སུ་འདོད། །ཅེས་གསུངས་པ་དང་། ངག་གི་རིག་བྱེད་ནི། ཀུན་སློང་གི་སེམས་གཞན་ལ་རིག་པར་བྱེད་པའི་ངག་གི་སྒྲ་ལ་འདོད་དེ། དེ་ལས། ངག་རྣམ་རིག་བྱེད་ངག་གི་སྒྲ། །ཞེས་གསུངས།

འདིར་སོ་ཐར་གྱི་སྡོམ་པ་ཐོབ་ནས་མ་བཏང་བར་རིག་མིན་གྱི་གཟུགས་ཀྱི་ངོ་བོར་གནས་པར་འདོད་པས་སྤྱིར་རིག་མིན་གྱི་གཟུགས་ཤིག་ཡོད་པའི་སྒྲུབ་བྱེད་ལ་ལུང་ནི། མདོ་ལས། བསྟན་ཡོད་ཐོགས་བཅས་ཀྱི་གཟུགས། བསྟན་མེད་ཐོགས་བཅས་ཀྱི་གཟུགས།བསྟན་མེད་ཐོགས་མེད་ཀྱི་གཟུགས་ཞེས་གསུམ་གསུངས་པས་ཕྱི་མས་རིག་མིན་གྱི་གཟུགས་བསྟན་པ་ཡིན་པ་དང་། དྲི་མ་མེད་པའི་གཟུགས་གསུངས་པའང་ཟག་མེད་ཀྱི་སྡོམ་པའི་རིག་མིན་གྱི་གཟུགས་ཡིན་པ་དང་། རིགས་པས་སྒྲུབ་བྱེད་ལ། རྫས་ལས་བྱུང་བའི་བསོད་ནམས་བདུན་དང་རྫས་ལས་མ་བྱུང་བའི་བསོད་ནམས་བདུན་དང་ལྡན་པའི་རིགས་ཀྱི་བུའམ་རིགས་ཀྱི་བུ་མོ་འདུག་ཀྱང་རུང་ཉལ་ཡང་རུང་གཉིད་ལོག་ཀྱང་རུང་རྟག་ཏུ་རྒྱུན་མི་ཆད་པར་བསོད་ནམས་འཕེལ་བར་འགྱུར་རོ་ཞེས་གསུངས་པའི་རིགས་པ་དང་། རྫས་ལས་བྱུང་བའི་བསོད་ནམས་བདུན་ནི། དགེ་འདུན་ལ་གཙུག་ལག་ཁང་འབུལ་བ། ཀུན་དགའ་ར་བ་འབུལ་བ།མལ་སྟན་གདན་གོས་འབུལ་བ། ནར་མའི་འཚོ་བའི་ཁ་ཟས་ཏེ་ལོ་ཟླའི་བར་ཉིན་རེར་བཟའ་བཏུང་འབུལ་བ། དགེ་འདུན་གློ་བུར་དུ་འོང་བ་ལ་ཟས་འབུལ་

བ། ནད་པ་དང་ནད་གཡོག་ལ་ཡོ་བྱད་འབུལ་བ། རླུང་ཆར་སྨུ་གེའི་དུས་སུ་བཟའ་བཏུང་འབུལ་བ་སྟེ༑ ཀུན་དགའ་ར་བ་གཙུག་ལག་ཁང་། །མལ་སྟན་འཚོ་བ་ནར་མ་དང་། །གློ་བུར་ནད་པ་ནད་གཡོག་ལ། །ཡུལ་ངན་ཆེ་ན་སྦྱིན་པ་ནི། །རྫས་ལས་བྱུང་བའི་བསོད་ནམས་བདུན། །རྫས་ལས་མ་བྱུང་བའི་བསོད་ནམས་བདུན་ནི། སངས་རྒྱས་ཉན་ཐོས་ཕྱོགས་གང་དུ་བཞུགས་པ་དང་། ཐོན་པར་བརྩམ་པ། ལམ་དུ་མཇལ་བ། དེ་འདྲ་མཐོང་ཐོས་དང་། དེ་ལས་ཆོས་ཐོས་པ། ཐོས་དོན་ལྟར་སྒྲུབ་པ་ཉམས་ལེན་བྱས་ཏེ་སྡོམ་པ་ལེན་སྲུང་བྱེད་པ། དེ་ལ་རྒྱུན་དུ་དགའ་བ་དང་དད་པ་བསྐྱེད་པ་བདུན་ནི༑ རྫས་ལས་མ་བྱུང་བར་ཡིད་དང་ངག་ཙམ་གྱིས་བསྐྱེད་པ་ཡིན་ཏེ། བཞུགས་དང་གཤེགས་རྩོམ་ལམ་ཞུགས་དང་། །ཕྱིན་པ་ཐོས་པ་མཐོང་བ་དང་། །ཆོས་ཐོས་བསླབ་པའི་གཞི་འཛིན་ལས། །དགའ་དང་དད་བ་བསྐྱེད་པ་ནི། །རྫས་ལ་མ་ལྟོས་བསོད་ནམས་བདུན། །ཞེས་གསུངས་སོ། །ལུས་ངག་གི་རིག་བྱེད་ཀྱིས་བདག་གིས་དངོས་སུ་མ་བྱས་པར་གཞན་ལ་བྱེད་དུ་བཅུག་པ་ལས་ལས་ལམ་རྫོགས་པར་གསུངས་པ་དང་། མཐོང་ལམ་མཉམ་བཞག་ཏུ་འཕགས་ལམ་ཡན་ལག་བརྒྱད་ཡོད་པར་གསུངས་པ་དང་། དགེ་སློང་ཡིད་གཡེང་བའི་ཚེ་སྡོམ་པ་ཡོད་པར་གསུངས་པ་དང་། འཆལ་བའི་ཚུལ་ཁྲིམས་ཀྱི་གེགས་བྱེད་པ་ཆུ་ལོན་ལྟར་ཡིན་པར་གསུངས་པ་དང་། ཆོས་ཀྱི་སྐྱེ་མཆེད་ཀྱི་གཟུགས་གསུངས་པའི་ཕྱིར་རིག་མིན་གྱི་གཟུགས་ཡོད་པར་སྒྲུབ་པ་ཡིན་ཏེ། མཛོད་ལས། རྣམ་གསུམ་དྲི་མེད་གཟུགས་གསུངས་དང་། །འཕེལ་དང་མ་བྱས་ལམ་སོགས་ཕྱིར། །ཞེས་པ་ལྟར་རོ། །

རིག་མིན་གྱི་ངོ་བོ་ནི། ཁྱད་ཆོས་གསུམ་ལྡན་གྱི་བསྟན་མེད་ཐོགས་མེད་ཀྱི་གཟུགས་སུ་འདོད། ཁྱད་ཆོས་གསུམ་ནི། གནས་སྐབས་ཀྱི་ཁྱད་པར། མ་ཡེངས་སེམས་བཅས་ཀྱི་གནས་སྐབས་སུ་འབྱུང་བར་མ་ཟད། སེམས་གཞན་དུ་གཡེངས་བ་དང་སེམས་མེད་སྙོམས་འཇུག་གཉིས་ཀྱི་གནས་སྐབས་སུ་ཡང་འབྱུང་བ་དང་། ངོ་བོའི་ཁྱད་པར་དགེ་མི་དགེ་གང་རུང་གིས་བསྡུས་ཤིང་རིགས་འདྲའི་རྒྱུན་དང་བཅས་པའོ། །རྒྱུའི་ཁྱད་པར་འབྱུང་བ་ཆེན་པོ་བཞི་རྒྱུར་བྱས་པ་ལས་བྱུང་བའི་འབྲས་གཟུགས་ཀྱིས་བསྡུས་པའོ། །དེ་ཡིན་པར་མཛོད་ལས། གཡེངས་དང་སེམས་མེད་པ་ཡི་ཡང་། །དགེ་དང་མི་དགེའི་རྗེས་འབྲེལ་གང་། །འབྱུང་བ་ཆེ་རྣམས་རྒྱུར་བྱས་པ། །དེ་ནི་རྣམ་རིག་བྱེད་མིན་བརྗོད། །

ཅེས་གསུངས་པས་རྒྱུ་འབྱུང་བའི་ཁྱད་པར་ཡང་འདོད་གཏོགས་རྣམ་རིག་མིན་པ་སྐད་ཅིག་དང་པོ་རང་དང་ལྷན་གཅིག་པའི་འབྱུང་བ་ལས་སྐྱེས་དང་པོ་ཕྱིན་ཆད་འདས་པའི་འབྱུང་བ་ལས་སྐྱེས་འདོད་པ་ནས་བསམ་གཏན་བཞི་པའི་བར་གྱི་ཟག་བཅས་ཀྱི་ལུས་ངག་གི་ལས་རིག་བྱེད་དང་རིག་མིན་ནི་རང་སའི་འབྱུང་བ་དག་རྒྱུར་བྱས་པ་ལས་སྐྱེས་པ་ཡིན། ཟག་མེད་སྡོམ་པའི་རིག་མིན་ནི་རང་གི་རྟེན་གང་དུ་སྐྱེས་པའི་འབྱུང་བ་དེ་ལས་སྐྱེས་པར་འདོད་དེ། མཛོད་ལས། འདོད་གཏོགས་རྣམ་རིག་མིན་སྐད་ཅིག །ཕྱིན་ཆད་འདས་པའི་འབྱུང་ལས་སྐྱེས། །ཟག་བཅས་ལུས་དང་ངག་གི་ལས། །རང་གི་འབྱུང་བ་དག་རྒྱུར་བྱས། །ཟག་མེད་གང་དུ་སྐྱེས་པའི་ཡིན། །ཞེས་གསུངས། དབྱེ་ན་གསུམ་སྟེ། མཛོད་ལས། རྣམ་རིག་མིན་རྣམ་གསུམ་ཞེས་བྱ། །སྡོམ་དང་སྡོམ་པ་མིན་དང་གཞན།། ཞེས་སྡོམ་པ་སྡོམ་མིན་བར་མ་གསུམ་མོ། །དེ་ལྟ་བུའི་སོར་སྡོམ་གཟུགས་ཅན་དུ་བྱེ་སྨྲས་འདོད༷་པ༷་ད༷ང་། མདོ་སྡེ་པས་ནི། མཛོད་འགྲེལ་ལས། ལས་སྔོན་དུ་འགྲོ་ཞིང་སེམས་ཕྱིར་འབྱུང་བ་གང་ཡིན་པ་དེ་ནི་རྒྱུད་ཡིན་ནོ། །དེ་གཞན་དང་གཞན་དུ་སྐྱེ་བ་ནི་ཡོངས་སུ་འགྱུར་བ་ཡིན་ནོ། །ཞེས་ལུས་ངག་མི་དགེ་བ་ལས་སྡོམ་པར་བྱེད་པའི་རྒྱུད་ཡོངས་སུ་འགྱུར་བའི་ཁྱད་པར་ལ་འདོད་དོ། །

ཐེག་ཆེན་སེམས་ཙམ་པས་ནི། གཞན་ལ་གནོད་པ་གཞི་བཅས་ཀྱི་འཆལ་ཚུལ་སྤོང་བའི་སེམས༷་པ་ཁྱད་པར་ཅན་རྒྱུན༷་ཆ༷གས་པ་དང་། དེའི་ས༷་བོ༷ན་བག་ཆགས་གཏོང་རྒྱུས་མ་བཅོམ་པ་གང་རུང་ལ༷་འདོ༷ད། དེ་ཡང་སེམས་པ་ཁོ་ན་མ་ཡིན་ཏེ། འགོག་པ་ལ་མཉམ་པར་བཞག་པའི་དགེ་སློང་ལ་སྡོམ་པ་ཡོད་ཀྱང་སེམས་པའི་ངོ་བོར་གྱུར་པའི་སྡོམ་པ་མེད་པའི་ཕྱིར་དང་། བག་ཆགས་རྐྱང་བའང་མིན་ཏེ། གཏོང་རྒྱུ་བྱུང་བའི་གནས་སྐབས་སུ་ཡང་སྡོམ་པའི་བག་ཆགས་ཡོད་པའི་ཕྱིར་རོ། །དེ་ལྟར་ཡང་ལས་གྲུབ་པ་ལས། གལ་ཏེ་སེམས་པ་ཁོ་ནར་ལུས་ཀྱི་ལས་སུ་འགྱུར་ན། སེམས་གཡེངས་པ་དང་། སེམས་མེད་པ་དག་ལ་སེམས་པ་མེད་ན་སྡོམ་པ་དང་སྡོམ་པ་མིན་པ་གཉིས་ཇི་ལྟར་ཡོད་ཅེ་ན༔ སྡོམ་པའི་ཁྱད་པར་གྱི་བག་ཆགས་མ་བཅོམ་པའི་ཕྱིར་སྡོམ་པ་དང་སྡོམ་པ་མ་ཡིན་པ་གཉིས་ཀ་ཡོད་དོ། །ཞེས་གསུངས་སོ། །དབུ་མ་པ་ལྟར་ན། སྤོང་སེམས་མཚུངས་ལྡན་དང་བཅས་པ་ལ་འདོད་དེ༔ སྤྱོད་འཇུག་ལས། སྤོང་བའི་སེམས་ནི་ཐོབ་པ་ལ། །ཚུལ་ཁྲིམས་ཕ་རོལ་ཕྱིན་པར་བཤད།།

ཅེས་ཐལ་འགྱུར་བའི་ལུགས་ལ། ཆོས་ཀྱི་སྐྱེ་མཆེད་ཀྱི་རིག་མིན་གྱི་གཟུགས་སུ་སོར་སྡོམ་བཞེད་པར་འདོད། དེ་ལྟར་རང་རང་གི་སྨྲ་བ་གྲུབ་མཐའ་གོང་འོག་སོ་སོའི་འདོད་ལུགས་ཀྱི་ཁྱད་པར་ཡོད་པའོ། །

དེ་ལྟར་ན་སོར་སྡོམ་གྱི་མཚན་ཉིད་ནི། ལུས་ངག་གི་གཞན་གནོད་གཞི་དང་བཅས་པ་ལྡོག་པ༔ འདོད་པའི་སེམས་བསྐྱེས་ཀྱི་ངེས་འབྱུང་གི་སྡོམ་པ་དེ་སོ་ཐར་གྱི་སྡོམ་པའི་མཚན་ཉིད་ཡིན་ནོ། །གཉིས་པ་དབྱེ་བ། བསྙེན་གནས་སོགས་ཀྱིས་བསྡུན། སོ་ཐར་གྱི་སྡོམ་པ་ལ་དབྱེ་ན་བསྙེན་གནས་དང་དགེ་བསྙེན་ཕ་མ་གཉིས་དང་གསུམ་པོ་ཁྱིམ་པའི་ཕྱོགས་ཀྱི་སྡོམ་པ་ཡིན། དགེ་ཚུལ་ཕ་མ་གཉིས་དང་དགེ་སློབ་མ་དང་གསུམ་དགེ་སློང་ཕ་མ་གཉིས་དང་ལྔ་པོ་རབ་བྱུང་ཕྱོགས་ཀྱི་སྡོམ་པ་ཡིན་ནོ། །དེ་ལྟར་སོ་ཐར་རིགས་བརྒྱད་པོ་དེ་རྫས་སུ་བསྡུ་ན་དགེ་སློང་གི་སྡོམ་པ་དགེ་ཚུལ་གྱི་སྡོམ་པ་དགེ་བསྙེན་གྱི་སྡོམ་པ་བསྙེན་གནས་ཀྱི་སྡོམ་པ་དང་རིགས་བཞིར་འདུད་པ་མངོན་པ་མཛོད་ཀྱི་ལུགས་ཡིན་ཏེ། མཛོད་ལས། །སོ་སོར་ཐར་ཞེས་རྣམ་པ་བརྒྱད། །རྫས་སུ་བསྡུ་ན་བཞི་ཡིན་ནོ། །མཚན་ལས་མིང་ནི་འཕོས་པའི་ཕྱིར། །ཐ་དད་དེ་དག་འགལ་བ་མེད། །ཅེས་དགེ་སློབ་མའི་སྡོམ་པ་ནི༔ དགེ་ཚུལ་མའི་སྡོམ་པ་དང་རྫས་གཅིག་པ་དང་གཞན་ཕ་མའི་སྡོམ་པ་རྣམས་མཚན་ཕན་ཚུན་དུ་འགྱུར་བ་ལས་མིང་འཕོས་པ་ཙམ་ལས་སྡོམ་པའི་ངོ་བོ་མཚན་འགྱུར་བ་ལས་གསར་དུ་གཏོང་ཐོབ་མེད་པར་བཞེད་པས་ཕ་མའི་སྡོམ་པ་རྫས་རིགས་གཅིག་པར་བཞེད་པའོ། །སྡོམ་པ་དེ་དག་གི་མཚན་ཉིད་ནི་རིམ་བཞིན། རང་གི་སྤང་བྱ་རྩ་བ་བཞི། ཡན་ལག་བཞི་སྟེ་བརྒྱད། ཉིན་ཞག་གཅིག་ཏུ་སྤོང་བར་ཁས་ལེན་པའི་ཁྱིམ་པའི་སོ་ཐར་གྱི་སྡོམ་པ་དེ་བསྙེན་གནས་ཀྱི་སྡོམ་པའི་མཚན་ཉིད། ཇི་སྲིད་འཚོའི་བར་དུ་རང་གི་སྤང་བྱ་ལྔ་སྤོང་བར་ཁས་ལེན་པའི་རིགས་གནས་ཀྱི་སྡོམ་པ་དེ་དགེ་བསྙེན་གྱི་སྡོམ་པའི་མཚན་ཉིད། ཇི་སྲིད་འཚོའི་བར་དུ་རང་གི་སྤང་བྱ་རྩ་བ་བཞི་དང་ཡན་ལག་དྲུག་སྟེ་གཙོ་བོ་བཅུ་སྤོང་བར་ཁས་ལེན་པའི་སོ་ཐར་གྱི་རབ་བྱུང་གི་སྡོམ་པ་དེ་དགེ་ཚུལ་གྱི་སྡོམ་པའི་མཚན་ཉིད། དགེ་ཚུལ་གྱི་སྡོམ་པའི་རྗེས་སུ་རྩ་བའི་ཆོས་དྲུག་དང་རྗེས་མཐུན་གྱི་ཆོས་དྲུག་སྤོང་བར་ཁས་བླངས་པའི་ཆ་ནས་བཞག་པའི་སོ་ཐར་གྱི་སྡོམ་པ་དེ་དགེ་སློབ་མའི་སྡོམ་པའི་མཚན་ཉིད། སྤོང་བདུན་ལྔོར་

དང་བཅས་པ་སྲུང་བའི་ཚུལ་ཁྲིམས་དེ་དགེ་སློང་གི་སྡོམ་པའི་མཚན་ཉིད། ཡང་ན་ཇི་སྲིད་འཚོའི་བར་དུ་སྤང་བྱ་མཐའ་དག་སྤོང་བའི་ཆ་ནས་བཞག་པའི་རབ་བྱུང་གི་སོ་ཐར་གྱི་སྡོམ་པ་དེ་བསྙེན་རྫོགས་ཀྱི་སྡོམ་པའི་མཚན་ཉིད། དེ་ལྟར་ལྔ་ལས་དང་པོ་བསྙེན་གནས་ཀྱི་སྡོམ་པ་འདི་ལ་དུས་ཁྲིམས་སམ་གསོ་སྦྱོང་ཞེས་བྱ་སྟེ། ཁྱིམ་པ་རྣམས་ཀྱིས་ཉ་སྟོང་ཚེས་བརྒྱད་ཀྱི་དུས་སུ་བླངས་ནས་སྲུང་བ་དང་། འདི་དགེ་བསྙེན་གྱིས་བླང་ན་དེའི་བསླབ་བྱ་གསོ་ཞིང་སྤང་བྱ་སྦྱོང་བར་བྱེད་པའི་རྒྱུར་འགྲོ་བས་དེ་ལྟར་གྲགས་སོ། །གཉིས་པ་དགེ་བསྙེན་ལ་མངོན་པ་མཛོད་ནས་སྐྱབས་གསུམ་འཛིན་པ་དང་། སྲོག་གཅོད་ལྟ་བུ་སྤང་པ་སྣ་གཅིག་སྲུང་བ། དེའི་ཁར་མ་བྱིན་ལེན་སྤང་བ་སྣ་འགའ། རྫུན་དང་གསུམ་སྤང་བ་ཕལ་ཆེར་སྲུང་བ། དེ་གསུམ་སྟེང་ལོག་གཡེམ་སྟེ་བཞི་སྤང་བ་ཡོངས་རྫོགས་སྲུང་བ། མི་ཚངས་སྤྱོད་དང་བཅས་སྤང་བ་ཚངས་སྤྱོད་དེ་དྲུག་གོ། །དགེ་སློབ་མའི་བསླབ་བྱ་རྣམས་ཇི་སྲིད་འཚོ་དང་ཉིན་ཞག་གི་མཐའ་ཅན་གང་དུའང་མི་རུང་བས་སོ་ཐར་གྱི་སྡོམ་པ་མཚན་ཉིད་པ་མིན་པར་བཞེད་པ་ཡོད། དགེ་སློང་གི་སྤོང་བ་བདུན་ནི། ལུས་ངག་གི་ཉེས་པ་བདུན་གྱི་རང་བཞིན་གྱི་སྡིག་པ་དང་། འཁོར་བཅས་ཞེས་པ་ལུས་ངག་གི་བཅས་ རྐྱང་གི་ཉེས་པ་སྤོང་བ་ལ་སྤོང་བདུན་འཁོར་བཅས་སྤོང་བ་ཞེས་བྱའོ། །

དགེ་བསྙེན་དགེ་ཚུལ་དགེ་སློང་གསུམ་གྱི་སྡོམ་པ་ལྡན་ཚུལ་ལ་སྡོམ་པ་གཟུགས་དང་སེམས་སུ་འདོད་པའི་ལུགས་གཉིས་ལས་གཟུགས་སུ་འདོད་པས་ནི།སྡོམ་པ་དེ་གསུམ་རིམ་པར་ཐོབ་པའི་རྒྱུད་ལ་དེ་གསུམ་རྫས་ཐ་དད་པ་ཡིན་ཏེ། དཔེར་མགར་བ་མཁས་པས་གསེར་གྱི་རྒྱན་ཐ་དད་མགར་བ་བཞིན་དུ་སྡོམ་པ་དེ་གསུམ་ཆོ་ག་ཐ་དད་སྡོམ་སེམས་ཐ་དད་ལེན་འདོད་ཐ་དད་ཡུལ་ཚོག་ཐ་དད་དུ་ཡོད་པའི་ཕྱིར་རོ། །དེ་གསུམ་སེམས་སུ་འདོད་པའི་ལུགས་ལ། དང་པོ་སྡོམ་པ་ལེན་པའི་དུས་སུ་ངོ་བོ་ཐ་དད་རིམ་པར་ཐོབ་པ་ཡིན་ཡང་། ངོ་བོ་གཅིག་གི་ཚོགས་པའི་སྡོམ་པ་ཕྱི་མའི་ཡན་ལག་གམ་ཆ་ཤས་སུ་སྔ་མ་རྣམས་གྱུར་ནས་ཡོད་པ་ཡིན་པར་བཞེད་པས་ངོ་བོ་གནས་འགྱུར་བར་བཞེད། དེའང་ཆ་ཅན་གཅིག་ལ་ཆ་ཤས་ཀྱིས་ལྡོག་ཆ་ཐ་དད་ཕྱེ་བ་ཙམ་མོ། །

གཉིས་པ་སྡོམ་པ་མ་ཐོབ་པ་ཐོབ་པའི་ཚུལ་ལ། མདོར་བསྟན། རྒྱས་བཤད་གཉིས་ལས།

དང་པོ་ནི། དང༷་པོ༷་སྡོམ་པ་མ་ཐོབ་སོགས་ཀྱིས་བསྟན་ཏེ། དང་པོ་སོ་སོར་ཐར་པའི་སྡོམ༷་པ་མ༷་ཐོབ༷་པ་ཐོབ་པའི་ཚུལ་ལ༷་སྡོམ་པ་རང་རྒྱུད་ལ་ལེ༷ན་ཚུལ༷་གཉིས༷་ཡོད་དེ༷། ཚོགས་ཆུང་ངུས་བསྙེན་པར་རྫོགས་པ་སྟོན༷་གྱི༷་ཆོ༷་ག༷་དང་ཚོགས་དང་བཅས་པར་རྫོགས་པ་ད་ལྟའི་ཆོ་ག་གཉིས་སོ། །

གཉིས་པ་རྒྱས་བཤད་ལ། སྟོན་ཆོག་དང་། ད་ཆོག་བཤད་པ་གཉིས་ལས། དང་པོ་ལ་མཚན་ཉིད་དབྱེ་བ་གཉིས་ལས། དང་པོ་མཚན་ཉིད་ནི༷། གསོལ་བཞིའི་ལས་ཀྱིས་བར་མ་རབ་བྱུང་དང་བསྙེན་རྫོགས་ཀྱི་སྡོམ་པ་ཅིག་ཅར་དུ་ཐོབ་བྱེད་ཀྱི་ཐབས་སུ་གྱུར་པའི་ཆོ་ག་དེ་སྟོན་ཆོག་གི་མཚན་ཉིད། དེས་ན་རང་གི་བསྒྲུབ་བྱ་བར་མ་རབ་བྱུང་གི་ཚུལ་ཁྲིམས་དང་བསྙེན་རྫོགས་ཀྱི་སྡོམ་པ་ཅིག་ཅར་ཐོབ་པར་བྱེད་པའི་ཐབས་སུ་གྱུར་པའི་གསོལ་བའི་ལས་དང་བརྗོད་པ་བཞིའི་ལས་ཀྱིས་བསྐུས་པའི་ཆོ་ག་དེ་སྟོན་གྱི་ཆོ་ག་ཡིན་པར། མདོ་རྩ་བ་ལས། དགེ་འདུན་ཐམས་ཅད་འདུས་པ་ན་ཆ་ལུགས་འདི་བཞིན་བྱས་རྒན་རིམ་ལ་ཕྱག་འཚལ་ཏེ་ཐལ་མོ་སྦྱར། ཙོག་ཙོག་པུར་འདུག་ཅིང་གསོལ་བ་བཏབ་པར་གྱུར་པ་གསུམ་དང་། གསོལ་བ་དང་བཞིའི་ལས་ཀྱིས་ཅིག་ཅར་རབ་ཏུ་བྱུང་བ་དང་བསྙེན་པར་རྫོགས་པ་ཉེ་བར་སྒྲུབ་པར་གྱུར་པ་ལྟ་བུ་ནི་སྟོན་གྱི་ཆོ་གའོ་ཞེས་གསུངས་སོ། །དེ་ནི་ད་ལྟར་གྱི་ཆོ་གའི་སྔོན་རོལ་དུ་རྒྱུད་སྨིན་པའི་སྟོན་གྱི་གདུལ་བྱ་རྗེས་སུ་འཛིན་པའི་ཆོ་ག་ཡིན་པས་སྟོན་ཆོག་ཅེས་བྱ། གཉིས་པ་དབྱེ་བ་ནི། རང་བྱུང་ཡེ་ཤེས་ཁོང་ཆུད་སོགས་ཀྱིས་བསྟན། སྟོན་གྱི་ཆོ་ག་དེ་ལ་དངོས་བཏགས་མ་ཕྱེ་བར་དབྱེ་ན་བཅུ་ཡོད་དེ། དང་པོ་རང༷་བྱུང་གི་བསྙེན་པར་རྫོགས་པ་ནི། སངས་རྒྱས་དང་རང་རྒྱལ་གཉིས་ཟད་མི་སྐྱེ་ཤེས་པའི་བྱང་ཆུབ་མངོན་དུ་བྱས་པའི་ཚེ་རང་གི་ངང་གིས་བསྙེན་པར་རྫོགས་པ་ལྟ་བུ། ཡེ༷་ཤེ༷ས་ཁོ༷ང་ཆུད༷་ཀྱིས་རྫོགས་པ་འཁོར་ལྔ་སྡེ་བཟང་པོ་ལ་མཐོང་ལམ་གྱི་ཡེ་ཤེས་ཀྱི་རྟོགས་པ་ཁོང་དུ་ཆུད་པའི་ཚེ་སྟོན་གྱི་སློན་ལམ་གྱི་དབང་ལས་བསྙེན་པར་རྫོགས་པའི་སྡོམ་པ་མངོན་གྱུར་དུ་ཐོབ་པ་ལྟ་བུ། ཕྱི༷ན་གྱི༷ས་རྫོ༷གས་པ་ནི། གྲོང་ཁྱེར་མཉན་ཡོད་ན་ཁྱིམ་བདག་སྦྱིན་པའི་བུ་མོ་མཆོད་སྦྱིན་མ་ཞེས་བྱ་བ་རབ་བྱུང་བསྙེན་པར་རྫོགས་པར་འདོད་ཀྱང་ཕ་མས་མ་གནང་ཞིང་ཁྱིམ་གྱི་ཕྱི་རོལ་དུ་ཡང་འགྲོ་མ་བཅུག་པའི་ཚེ་མཆོད་སྦྱིན་མས་དགེ་སློང་མ་ཨུཏྤལའི་མདོག་ལ་འཕགས་མ་བདག་རབ་ཏུ་བྱུང་ཞིང་བསྙེན་པར་རྫོགས་པར་འདོད་ཀྱང་ཕ་མས

མ་གནང་ཞིང་ཁྲིམ་གྱི་ཕྱི་རོལ་དུ་འགྲོ་མ་བཅུག་པ་ལགས་པས་ཅི་ནས་རབ་ཏུ་བྱུང་ཞིང་བསྙེན་པར་རྫོགས་པར་མཛད་དུ་གསོལ་ཞེས་ཞུས་པས་ཨུཏྤ་ལས་སྟོན་པ་ལ་ཞུས་ཚེ་སྟོན་པས་ཕྲིན་གྱི་སྒོ་ནས་རབ་བྱུང་བསྙེན་རྫོགས་རིམ་པར་བྱེད་པ་གནང་སྟེ། དགེ་སློང་མའི་དགེ་འདུན་གྱིས་དགེ་སློང་མ་ཨུཏྤ་ལར་ཕྲིན་དུ་བཏང་ནས་དགེ་བསྙེན་མ་དང་དགེ་ཚུལ་མའི་སྡོམ་པ་ཕོག་ཆོས་བསྟན་པས་རྒྱུན་ཞུགས་ཐོབ། དེ་ནས་དགེ་སློབ་མའི་སྡོམ་པ་ཕྲིན་གྱིས་ནོད་ཆོས་བསྟན་ནས་ཕྱིར་འོང་ཐོབ། དེ་རྗེས་ཚངས་སྤྱོད་ཉེར་གནས་ཀྱི་སྡོམ་པ་ཕྲིན་གྱིས་ཕོག་ཆོས་བསྟན་ནས་ཕྱིར་མི་འོང་གི་འབྲས་བུ་ཐོབ། སླར་ཡང་དགེ་འདུན་སྡེ་གཉིས་ཀྱིས་དགེ་སློང་མ་ཨུཏྤ་ལར་ཕྲིན་བཏང་ནས་དགེ་སློང་མའི་སྡོམ་པ་ཕྲིན་གྱིས་ཕོག་ཆོས་བསྟན་ནས་དགྲ་བཅོམ་མར་གྱུར་པ་ལྟ་བུའོ། །སྟོན༷་པ༷ར་ཁ༷ས་བླངས་བས་རྫོགས་པ་ནི། འོད་སྲུང་ཆེན་པོས་སྟོན་པ་སངས་རྒྱས་ལ་ཁྱེད་ནི་ཁོ་བོའི་སྟོན་པའོ། །ཁོ་བོ་ནི་ཁྱེད་ཀྱི་ཉན་ཐོས་སོ་ཞེས་ཡིད་ཆེས་ཀྱི་དད་པ་དང་ལྡན་པའི་སྒོ་ནས་སྟོན་པར་ཁས་བླངས་པའི་མོད་ལ་བསྙེན་རྫོགས་ཀྱི་སྡོམ་པ་མངོན་དུ་གྱུར་པ་ལྟ་བུའོ། །

ཚུར༷་ཤོ༷ག་གིས་རྫོགས་པ་ནི། ཤཱ་རིའི་བུ་དང་གྲགས་པ་སོགས་རྒྱུད་སྨིན་པ་དག་ལ་སྟོན་པས་དགེ་སློང་དག་ཚུར་ཤོག་ལ་ཚངས་པར་སྤྱོད་ཅིག་ཅེས་གསུངས་པ་ཙམ་གྱིས་སངས་རྒྱས་ཀྱི་བྱིན་རླབས་ཐུགས་རྗེའི་སྟོབས་ཀྱིས་སྐྲ་དང་ཁ་སྤུ་ཕྱི། ལུས་ལ་ཆོས་གོས་ངུར་སྨྲིག་གྱོན་པ་སོགས་བསྙེན་པར་རྫོགས་ནས་ལོ་བརྒྱ་ལོན་པའི་སྤྱོད་ལམ་ལྟ་བུར་གྱུར་པ་ལྟ་བུའོ། །གསོ༷ལ་བཞི༷འི་ལ༷ས་ཀྱི་ཆོ་གས་བསྙེན་པར་རྫོགས་པ་ནི། བཅོམ་ལྡན་འདས་སངས་རྒྱས་ཏེ་ཡུན་རིང་མ་ལོན་པར་སྟོན་པས་དགེ་སློང་རྣམས་ཚུར་ཤོག་ཅེས་གསུངས་པ་ཙམ་གྱིས་བསྙེན་པར་རྫོགས་པར་མཛད་པས་དགེ་སློང་གཞན་གྱི་གན་དུ་རབ་བྱུང་བྱེད་པར་འོང་བ་རྣམས་ཀྱང་དེ་དག་གིས་སྟོན་པའི་དྲུང་དུ་ཁྲིད་ནས་ཚུར་ཤོག་གིས་བསྙེན་པར་རྫོགས་པར་མཛད་སྐབས། དགེ་སློང་ཞིག་གི་གན་དུ་རབ་བྱུང་བྱེད་པར་འདོད་པ་ཞིག་ལྷགས་པ་ན་དགེ་སློང་དེས་སྟོན་པའི་དྲུང་དུ་ཁྲིད་པ་ན་ལམ་ཁར་ཤི་ནས་བསྙེན་པར་རྫོགས་པའི་བར་ཆད་དུ་གྱུར་སྐབས་སྟོན་པར་དེ་གསོལ་བས། ཀྱི་མ་ངའི་ཉན་ཐོས་ཐག་རིང་པོ་ནས་འོང་བ་རྣམས་ངལ་བར་འགྱུར་སྙམ་དུ་དགོངས་ཏེ། དེང་ནས་དགེ་འདུན་གྱིས་རབ་ཏུ་བྱུང་བ་དང་བསྙེན

པར་རྫོགས་པ་གནང་ངོ་ཞེས་བཀའ་སྩལ་ཏོ། དེའི་ཚུལ་ཇི་ལྟར་ལགས་ཞུས་ཚེ། ཡུལ་དབུས་སུ་མཚམས་ནང་དེ་ན་ཡོད་པའི་དགེ་འདུན་ཐམས་ཅད་འདུས་པའམ་མ་མཐའ་བཅུ་ཡན་ཆད་ཀྱིས་གསོལ་བཞིའི་ལས་ཀྱིས་རབ་བྱུང་བསྙེན་རྫོགས་ཅིག་ཆར་སྒྲུབ་པའི་ཚོ་ག་དང་། མཐའ་འཁོབ་ཏུ་མཚམས་ནང་དེར་ཡོད་པའམ་མ་མཐའ་ལྔ་ཡན་ཆད་ཀྱིས་སྔར་བཞིན་ཅིག་ཆར་སྒྲུབ་པའོ། །

དེའང་ཡུལ་དབུས་དང་མཐའ་འཁོབ་ཀྱི་ཁྱད་པར་ནི་ཆོས་ཚིགས་དང་ས་ཚིགས་ཀྱི་དབུས་གཉིས་ཡོད་པས། དང་པོ་ནི། རབ་བྱུང་བསྙེན་རྫོགས་འགོག་པར་བྱེད་པའི་གསོལ་བཞིའི་ལས་ཀྱི་ཚོ་ག་སོགས་ཀྱི་ལུང་གི་བསྟན་པ་དང་། བསླབ་གསུམ་ཚུལ་བཞིན་སློབ་པའི་རྟོགས་པའི་བསྟན་པ་གཉིས་ཡོད་པའི་ཕྱོགས་ཆོས་ཚིགས་ཀྱི་ཡུལ་དབུས་ཡིན། དེ་མེད་པ་མཐའ་འཁོབ་ཡིན། ས་ཚིགས་ཀྱིས་ཕྱེ་ན། རྡོ་རྗེ་གདན་ནི་འཛམ་གླིང་གི་ལྟེ་བ་ཡིན། དེའི་ཤར་ཕྱོགས་ན་ལི་ཁར་ཤིང་འཕེལ་གྱི་ནགས། བྱང་ན་རི་བོ་མུན་པ་ཅན། ནུབ་ན་བྲམ་ཟེ་གྲོང་ཀ་བ་དང་ཉེ་བའི་ཀ་བ་ཅན་གྱི་གནས། ལྷོ་ན་ཆུ་ཀླུང་འདམ་བུ་ཅན་གྱི་དྲུང་དུ་ཡོད་པའི་གྲོང་ཁྱེར་འདམ་བུ་ཅན་སྟེ་ཕྱོགས་བཞི་པོ་དེའི་ཁོངས་སུ་གཏོགས་པ་རྣམས་ནི་ས་ཚིགས་ཀྱིས་ཕྱེ་བའི་ཡུལ་དབུས་ཡིན། དེའི་ཕྱི་རོལ་ན་ཡོད་པའི་ས་ཕྱོགས་རྣམས་ནི་ས་ཚིགས་ཀྱིས་ཕྱེ་བའི་མཐའ་འཁོབ་ཡིན་པར་མདོ་རྩ་བར་བསྟན་ཏོ། །དྲིས་པའི་ལན་ལྡོན་གྱིས་རྫོགས་པ་ནི། ཁྱིམ་བདག་ལེགས་བྱིན་ལ་སྟོན་པས་ལེགས་བྱིན་གཅིག་ཏུ་དགེ་བ་གང་གསུངས་པ་ན། ཞུས་པ་ཐར་བའོ། །དེ་ལ་མགོ་བ་ནི་གང་གསུངས་པ་ན། ཞུས་པ་དད་པའོ་ཞེས་དྲིས་པའི་ལན་གྱིས་ཐུགས་དགྱེས་པས་བསྙེན་རྫོགས་ཀྱི་སྡོམ་པ་མངོན་དུ་གྱུར་པའོ། །

ལྕི་ཆོས་བརྒྱད་སྲུང་བར་ཁས་བླངས་པས་རྫོགས་པ་ནི། སྐུ་སྐྱེ་དགུ་བདག་མོ་སོགས་འཁོར་ལྔ་བརྒྱས་ལྕི་བའི་ཆོས་བརྒྱད་སྲུང་བར་ཁས་བླངས་པའི་མོད་ལ་བསྙེན་པར་རྫོགས་པའི་སྡོམ་པ་ཐོབ་པ་ཡིན། དེ་བརྒྱད་ནི། དགེ་སློང་མའི་དགེ་འདུན་ལས་བསྙེན་པར་རྫོགས་པ། ཟླ་བ་ཕྱེད་ཕྱེད་ནས་གདམས་ངག་ཞུ་བ། དགེ་སློང་གི་དགེ་འདུན་ཡོད་པའི་གནས་སུ་དབྱར་ཁས་ལེན་པ་གསུམ་ནི་དགེ་སློང་མ་དང་འབྲེལ་བའི་ཆོས་གསུམ། ཕ་མ་གཉིས་ཀའི་དགེ་འདུན་ལ་དགག་དབྱེ་བྱེད་པ། ལྕི་ཆོས་ལས་འདས་ན་གཉིས་ཀའི་དགེ་འདུན་ལ་མགུ་བ་སྤྱོད་པ་གཉིས་ཕ་མ་གཉིས་ཀྱི་དགེ་འདུན

དང་འབྲེལ་བའི་ཆོས་སོ། །དགེ་སློང་ལ་ཚུལ་ཁྲིམས་འཆལ་པའི་སྐྱོན་མི་གླེང་བ་དང་། ཅོ་འདྲི་བ་སོགས་མ་གུས་པའི་ལས་མི་བྱེད་པ་དང་། དགེ་སློང་གསར་བུ་ལའང་གུས་པས་ཕྱག་བྱ་བ་སྟེ་ཕ་མ་ཁ་ཡར་བ་ལ་འབྲེལ་བའི་ཆོས་གསུམ་སྟེ་བརྒྱད་ཡིན་ཏེ། འདུལ་བ་ཚིག་ལེའུར་བྱས་པ་ལས། དགེ་སློང་རྣམས་ལས་འདི་བསྙེན་རྫོགས། །དེ་ལ་ཟླ་ཕྱེད་གདམས་ངག་གསོལ། །དགེ་སློང་བཅས་གནས་དབྱར་གནས་ནས། །ཚོགས་གཉིས་དག་ནི་དགག་དབྱེ་བྱ། །ལྕི་བའི་ཆོས་ལས་འདས་ནས་ནི། །ཚོགས་གཉིས་དག་ནི་མགུ་བྱས་ཏེ། །ཚུལ་འཆལ་དགེ་སློང་མིན་པར་ནི། །མི་གླེང་ཅོ་བ་ཉིད་ཀྱང་ངོ་། །བསྙེན་པར་རྫོགས་པ་གསར་བུ་ལའང་། །དགེ་སློང་མ་ཡིས་ཕྱག་བྱ་སྟེ། །ལྕི་བའི་ཆོས་བརྒྱད་འདི་དག་ནི། །དགེ་སློང་མ་ལ་གསུངས་པ་ཡིན། །ཞེས་པ་ལྟར་རོ། །

ཁས་བླངས་པས་རྫོགས་པ་ནི། བཟང་སྡེ་སོགས་ཚོགས་དྲུག་ཅུས་ཡིད་ཆེས་པའི་དད་པ་དང་ལྡན་པའི་སྒོ་ནས་དཀོན་མཆོག་གསུམ་སྐྱབས་གནས་སུ་ཁས་བླངས་པའི་མོད་ལ་བསྙེན་རྫོགས་ཀྱི་སྡོམ་པ་མངོན་དུ་གྱུར་པའོ། །དེ་ལྟ་བུའི་སྡོན་གྱི་བསྙེན་པར་རྫོགས་ཚུལ་བཅུ་པོ་དེ་བསྟན་ཡུལ་གཞན་ལ་མ་བརྟེན་པ་དང་། བརྟེན་པའི་རྫོགས་པ་གཉིས་སུ་འདུ་ལ། དེའང་དང་པོ་ལ་རང་བྱུང་གཉིས་ནང་གི་བྱང་ཆུབ་མངོན་དུ་བྱས་ཏེ་རྫོགས་པའོ། །ཕྱི་མ་བརྟེན་པ་ལ་སངས་རྒྱས་ལ་བརྟེན་པ་དང་། དགེ་འདུན་པའི་ཆོ་ག་ལ་བརྟེན་པ་གཉིས་ལས། སངས་རྒྱས་ལ་བརྟེན་པ་ལ་ཡེ་ཤེས་ཁོང་ཆུད། ཚུར་ཤོག །ཁས་བླངས་རྣམ་གསུམ་དྲི་བས་མཉེས་པས་རྫོགས་པ་དྲུག་ཡིན་ཏེ། དེ་རྣམས་སངས་རྒྱས་ཀྱི་ཐུགས་རྗེ་དང་བྱིན་རླབས་ལ་བརྟེན་ནས་རྫོགས་པའི་ཕྱིར། གཉིས་པ་དགེ་འདུན་གྱི་ཆོ་ག་ལ་བརྟེན་པ་ལ་ཕྲིན་དང་། གསོལ་བཞིའི་ལས་ཀྱིས་ཅིག་ཆར་རྫོགས་པ་གཉིས་སོ། །སྡོན་ཆོག་མཚན་ཉིད་པ་དེ་ལ། སྐྱེ་བའི་རྒྱུའི་ཁྱད་པར། ཆོ་གའི་ཁྱད་པར། སྡོམ་པ་ཇི་ལྟར་སྐྱེ་ཚུལ་གྱི་ཁྱད་པར། ཆོ་ག་གཞན་དུ་བསྟན་པའི་ཁྱད་པར་དང་བཞི་ལས། དང་པོ་ནི། མཚམས་ནང་དེར་ཡོད་པའི་དགེ་འདུན་ཐམས་ཅད་འདུས་པ། རབ་བྱུང་གི་རྟགས་ཆ་ལུགས་དང་ལྡན་པ། རྒན་རིམ་ལ་ཕྱག་འཚལ་བ་སོགས་གུས་པའི་སྤྱོད་ལམ་དང་ལྡན་པས་བསྙེན་པར་རྫོགས་པར་གསོལ་བ་ལན་གསུམ་དུ་བཏབ་པ་ནི་རྒྱུའི་ཁྱད་པར་རོ། །གཉིས་པ་ནི་གསོལ་བཞིའི་ལས་ཀྱི་ཆོ་ག་དང་ལྡན་པའི་ཁྱད་པར་

རོ༔ ༔གསུམ་པ་ནི། སྟོན་ཆོག་ལས་སྡོམ་པ་སྐྱེ་བ་ལ་བར་མ་རབ་བྱུང་གི་ཚུལ་ཁྲིམས་དང་། བསྙེན་རྫོགས་ཀྱི་སྡོམ་པ་ཅིག་ཆར་དུ་སྐྱེ་བའི་ཁྱད་པར་རོ། །བཞི་པ་ནི། དེ་ལྟར་རབ་བྱུང་བསྙེན་རྫོགས་ཅིག་ཆར་སྒྲུབ་པའི་གསོལ་བཞིའི་ལས་ཀྱི་ཆོ་ག་འདི་ད་ཆོག་ལས་གཞན་པའི་སྟོན་ཆོག་མཚན་ཉིད་པ་ཡིན་པའི་ཁྱད་པར་རོ། །

དེ་ལྟར་ཚོགས་ཆུང་བའི་སྟོན་གྱི་བསྙེན་པར་རྫོགས་ཚུལ་དེ་རྣམས་ནི་རྟེན་གདུལ་བྱ་ལས་དང་རྣམ་སྨིན་ཉོན་མོངས་པ་སྟེ་སྒྲིབ་པ་གསུམ་ཤས་ཆུང་བ། ཤེས་རབ་རྒྱུད་དབང་པོ་སྟེ་སྨིན་པ་གསུམ་ཤས་ཆེ་བའི་བློ་སེམས་དྭག་པ་ལྟ་བུའི་རྟེན་གྱི་ཁྱད་པར་དང་སྡོམ་པ་སྐྱེ་བའི་བདག་རྐྱེན་མཁན་པོའམ་ཡུལ་ནི་སངས་རྒྱས་ལྟ་བུའི་འཕགས་པ་དང་ཁྲིམས་ལྡན་དགེ་འདུན་ཁྱད་པར་བ་ཁོ་ནའི་ཡུལ་གྱི་ཁྱད་པར་སྟེ་ཡུལ་རྟེན་ཁྱད་པར་བ་འཚོགས་པའི་རྟེན་འབྲེལ་གྱི་དབང་ལས་ཚོགས་ཆུང་ངུར་རྫོགས་པ་ཡིན། བྱེ་བྲག་སྟོན་ཆོག་མཚན་ཉིད་པ་ནི། སྟོན་གྱི་གདུལ་བྱ་རྒྱུད་སྨིན་པ་རྗེས་སུ་བཟུང་བའི་མཁན་སློབ་ལ་ལྟོས་མི་དགོས་པ་ལ་གསུངས་པ་ཡིན་ཏེ། རྒྱུད་སྨིན་པས་ནད་དང་ཉེར་འཚེ་འབྱུང་དཀའ་ལ། ཙུང་ཟད་བྱུང་ཡང་ནད་གཡོག་སྨན་ལ་སོགས་པ་རྙེད་སླ་བས་འཁྲིད་ཅིང་སྐྱོང་བར་བྱེད་པའི་མཁན་སློབ་ལ་གཙོ་བོར་ལྟོས་མི་དགོས་པའི་ཕྱིར་རོ། །དེ་ལྟར་སྟོན་ཆོག་དངོས་བཏགས་མ་ཕྱེ་བར་བཅུའི་དབྱེ་བ་མཛད་པ་ནི་འདུལ་ལུང་གཞུང་བླ་མ་ལས་གསུངས་པར་བཤད་དོ། །

གཉིས་པ་ནི། ད་ལྟའི་ཆོ་ག་ངེས་པ་ལྔ་སོགས་ཀྱིས་བསྟན། དང་པོ་གླེང་གཞི་ནི། སྟོན་ཆོག་གིས་བསྙེན་པར་རྫོགས་པ་དག་ཕྱིས་སུ་མཁན་སློབ་མེད་པས་སེམས་རྒྱུད་ལེགས་པར་མ་སྦྱངས་པ་དང་། གོས་ལེགས་པར་མ་བསྒོམས་པ། སྒྲ་མཐོན་པོ་ཆེན་པོ་རྒོད་བག་གི་སྤྱོད་ལམ་བྱས་པས་སློང་མོ་སློང་བར་ཞུགས་ཚེ་བསྟན་པ་དང་འགལ་བའི་བྱ་བས་མུ་སྟེགས་རྣམས་ཀྱིས་འཕྱ་སྨོད་བྱས་པ་དང་། ནད་པ་ཞིག་ཀྱང་ནད་གཡོག་མེད་ནས་ཤི་སྐབས་དེ་སྟོན་པར་ཞུས་པས། སྟོན་པས་ངའི་ཉན་ཐོས་རྣམས་གཅིག་གིས་གཅིག་བསྲུ་བའི་ཕྱིར་དང་། ནད་པ་ལ་རིམ་གྲོ་བྱ་བའི་ཕྱིར་དུ་མཁན་སློབ་བཅས་པའི་དགེ་འདུན་ལས་རབ་ཏུ་བྱུང་བ་དང་བསྙེན་པར་རྫོགས་པར་གནང་བའི་བཀའ་སྩལ་ཏོ། །དེའང་མཁན་པོ་གཉིས་དང་སློབ་དཔོན་ལྔ་ཡོད་པར་གསུངས། ཆོ་གའང་དགེ་བསྙེན་རབ་བྱུང་དགེ་ཚུལ་

བསྙེན་རྫོགས་ཏེ་ཚིགས་གསུམ་རིམ་རྫོགས་ཀྱིས་བསྙེན་པར་རྫོགས་པའི་ཆོ་ག་གནང་བ་ཡིན་ལ། ད་ཆོག་ལ་མཚན་ཉིད་དབྱེ་བ་གཉིས་ལས། མཚན་ཉིད་ནི། སྟོན་ཆོག་གི་རྗེས་སུ་མཛད་པའི་གསོལ་བཞིའི་ཆོ་ག་འཁོར་ཚིགས་གསུམ་རིམ་ཅན་དུ་རྫོགས་པའི་ཆོ་ག་དེ་ད་ལྟར་གྱི་ཆོ་གའི་མཚན་ཉིད། དབྱེ་ན། དབུས་དང་མཐའི་ཁྱད་པར་གྱིས་ཡུལ་དགེ་འདུན་གྲངས་རིམ་པར་བཅུ་ཚོགས་དང་ལྔ་ཚོགས་སམ་དམིགས་བསལ་བཞི་ཚོགས་དང་། དགེ་འདུན་ཕ་མའི་སྡེ་གཉིས་དང་། ཁྲིན་དང་བཅས་པའི་བསླབ་ཚིགས་སྤྱི་ཕྱི་རིམ་ཅན་དུ་སྒྲུབ་པར་བྱེད་པ་རྣམས་སོ། །ད་ལྟའི་ཆོ་གས་བསྙེན་པར་རྫོགས་པ་ལ་བསླབ་ཚིགས་སྤྱི་མ་རྣམས་སྟོན་དུ་འགྲོ་དགོས་པས། དང་པོ་དགེ་བསྙེན་གྱི་སྡོམ་པ་འབོག་པའི་སློབ་དཔོན་ལས་དེའི་སྡོམ་པ་ནོད་པ་སྟོན་དུ་བཏང་། དེ་ནས་བར་མ་རབ་བྱུང་སྦྱིན་པའི་མཁན་པོར་གསོལ་བ་བཏབ། སྐྲ་དང་ཁ་སྤུ་བྲེག་གོས་དང་ལྷུང་བཟེད་གཏད། སྐྱབས་འགྲོ་རྗོམ་བྱེད་དུ་བྱས་ཏེ་རབ་བྱུང་ཉེ་བར་བསྒྲུབ། དགེ་ཚུལ་སྒྲུབ་པའི་དངོས་གཞི་ལ། འགལ་རྐྱེན་བར་ཆད་ཀྱི་ཆོས་དང་བྲལ་བ། མཐུན་རྐྱེན་ལྔ་ཚང་བའོ། །བར་ཆད་ལ་སྡོམ་པ་སྐྱེ་བའི་བར་ཆད་ལ་རྣམ་སྨིན་དང་། ལས་དང་། ཉོན་མོངས་པ་དང་། དེ་དང་རྗེས་སུ་མཐུན་པའི་རྟགས་ཀྱི་རྒྱལ་མཚན་ཅན་དང་བཞི་ལས། དང་པོ་རྣམ་སྨིན་གྱི་སྒྲིབ་པ་ལ་འགྲོ་བ་ཉམས་པའི་སྒྲིབ་པ་མི་མིན་གྱི་འགྲོ་བ་མི་རུ་དང་སྤྲུལ་བའི་འགྲོ་བ་ལྟ་བུ། གནས་རིགས་ཉམས་པའི་འགྲོ་བའི་སྒྲིབ་པ་སྒྲ་མི་སྙན་གྱི་འགྲོ་བ་ལྟ་བུ། མཚན་ཉམས་པའི་སྒྲིབ་པ་མཚན་མ་གཉིས་པ་མཚན་ཅིག་ཆར་བ་དང་། མཚན་ལན་གསུམ་འགྱུར་བ་དང་། སྐྱེས་ཙམ་ནས་དོན་བྱེད་པའི་མཚན་མ་མེད་པའི་ཟ་མ་དང་མ་ནིང་རིགས་ལྔ་ལྟ་བུའོ། །

གཉིས་པ་ལས་ཀྱི་སྒྲིབ་པ་ཅན་ནི། སྟོན་པ་དང་བསྟན་པ་ལ་ཡིད་མི་ཆེས་པའི་མུ་སྟེགས་པའི་ལྟ་བ་རྒྱུད་ལྡན་གྱི་གང་ཟག་ཆོས་འདི་པ་ནང་བའི་གྲལ་དུ་ཞུགས་ནས་རབ་བྱུང་གི་རྟགས་བཟུང་བའི་མུ་སྟེགས་ཅན་ཞུགས་པ་དང་། སྡོམ་པ་མི་ལྡན་པ་རབ་བྱུང་གི་ཚུལ་བྱས་ནས་ལས་ཉམས་སུ་མྱོང་བའི་རྐུ་ཐབས་སུ་གནས་པ་དང་། མཚམས་མེད་ལྔ་དང་ཉེ་བའི་མཚམས་མེད་ལྔ་བྱས་པ་ལྟ་བུའོ། །གསུམ་པ་ཉོན་མོངས་པའི་སྒྲིབ་པ་ཅན་ནི། དུག་གསུམ་ཤུགས་ཆེ་བ་ཅན་ལྟ་བུ། བཞི་པ་དེ་དང་རྗེས་སུ་མཐུན་པའི་རྟགས་ཀྱི་རྒྱལ་མཚན་ཅན་ནི། ཁྱིམ་རྟགས་བླངས་པས་དེའི་རྒྱལ་མཚན་

ཅན་དང་མུ་སྟེགས་པའི་རྒྱལ་མཚན་འཆང་བ་ལྟ་བུའོ། །སྡོམ་པ་སྐྱེས་ཟིན་གནས་པའི་བར་ཆད་ནི། རྒྱལ་པོ་དང་ཕ་མ་བུད་མེད་ནོར་བདག་ཇོ་བོ་རྣམས་ཀྱིས་དབང་དུ་བྱས་པས་རིམ་པ་བཞིན། བཀྲབ་པ། བུ་བུ་མོ། ཁྲོ། བུ་ལོན་ཅན། བྲན་ལྟ་བུའི་གང་ཟག་རྣམས་སོ། །སྡོམ་པ་ཁྱད་པར་དུ་འགྲོ་བའི་བར་ཆད་ནི། ལུས་ལ་ནད་དང་སེམས་ལ་མྱ་ངན་དང་། སྤྱོད་ལམ་ངལ་དུབ་ཀྱིས་ནོན་པ་ལྟ་བུའི་གང་ཟག་རྣམས་སོ། །མཛེས་པའི་བར་ཆད་ལ། རིགས་མི་མཛེས་པ་ཤན་པ་དང་། ལུས་སྐྱོན་སྐྲ་སེར་ལག་རྡུམ་ལྟ་བུའོ། །གཉིས་པ་མཐུན་རྐྱེན་ལྔ་ནི། ཡུལ། རྒྱུད། རྟགས། བསམ་པ། ཆོ་ག་དང་ལྔ་ཚང་བའོ། །དང་པོ་ཡུལ་མཆོག་གསུམ་མཁན་སློབ་དགེ་འདུན་རྣམས་སོ། གཉིས་པ་རྒྱུད་ནི་ཚོགས་སུ་མ་ལོངས་པ། སྡོམ་རོས་རྒྱུད་མ་བཀག་པ། ཚིགས་སྟུ་མ་སྡོན་དུ་སོང་བ་རྣམས་སོ། །

གསུམ་པ་རྟགས་ནི། ཁྱིམ་རྟགས་སྤངས་པ་རབ་བྱུང་གི་ལུས་ཀྱི་ཕྱི་བྱད་གོས་སྣོད་སྤྱད་ཀྱི་རྟགས་གསུམ་ལྡན་པ། བཞི་པ་བསམ་པ་ནི། རྒྱུའི་ཀུན་སློང་སྡོམ་པ་ལེན་འདོད། དུས་ཀྱི་ཀུན་སློང་སྡོམ་པ་ཐོབ་དུས་ཤེས་པ། འགལ་རྐྱེན་ངེས་པ་ལྔ་བྲལ་ནི། ཡུལ་ངེས་པ་མཐུན་རྐྱེན་འཛོམ་པའི་ཡུལ་དེར་བསླབ་ཤིང་བསྲུང་། ཡུལ་གཞན་དུ་བསྲུང་མི་ནུས་སོ་སྙམ་པ་ལྟ་བུ་དང་། དུས་ངེས་པ་ལོ་འདི་ཟླ་བ་འདི་ཙམ་དུ་བསྲུང་། དེ་ཕན་ཆད་བསྲུང་མི་ནུས་སོ་སྙམ་པ་ལྟ་བུ་དང་། ཚེ་ངེས་པ་འཐབ་རྩོད་ཀྱི་གནས་སྐབས་ལྟ་བུ་མ་གཏོགས་པར་བསྲུང་སྙམ་པ་ལྟ་བུ་དང་། སེམས་ཅན་ངེས་པ་གནོད་བྱེད་ཀྱི་དགྲ་ལྟ་བུ་ལ་མི་བསྲུང་སེམས་ཅན་གཞན་གྱི་སྲོག་གཅོད་པ་སྤོང་སྙམ་པ་ལྟ་བུ་དང་། ཡན་ལག་ངེས་པ་བསླབ་བྱ་རགས་པ་བསྲུང་ནུས་པ་འགའ་ཞིག་བསྲུང་། གཞན་ཕྲ་བ་བསྲུང་མི་ནུས་པ་མི་བསྲུང་སྙམ་པ་ལྟ་བུ་སྟེ་འགལ་རྐྱེན་ངེས་པ་ལྔ་པོ་དེ་དང་བྲལ་ཞིང་གནས་དུས་བྱ་བའི་སྐབས་ཡུལ་སེམས་ཅན་གང་ཡང་བསམ་སྦྱོར་གྱི་ཡུལ་དུ་བྱས་ནས་ཉེས་ལྟུང་ཕྲ་རགས་གང་ལ་ཡང་ཞུགས་པ་སྤྱང་ཤིང་སྡོམ་པར་བྱ་སྙམ་པའི་བསླབ་པ་བསྲུང་སེམས་བསྐྱེད་དགོས་སོ། །མཐུན་རྐྱེན་བསམ་པ་ཕུན་ཚོགས་གསུམ་ལྡན་ནི། འཁོར་བར་ཞེན་ལོག་དང་ཐར་པ་མྱང་འདས་གསུམ་པོ་གང་རུང་དོན་གཉེར་གྱི་བློ་ཅན་ནོ། །

ལྔ་པ་ཆོ་ག་ཕུན་སུམ་ཚོགས་པ་ནི། འོག་ཏུ་རྒྱས་བཤད་ལས་འབྱུང་བ་ལྟར་རོ། །དེ་དག་གྱི་

དོན་གྱི་ཚུལ་དུ་བཤད་པའོ། །ད་ནི་གཞུང་གི་དངོས་བསྟན་ལ། དུ་ལྟའི་ཚེ་གུ་བསམ་པ་འགལ་རྐྱེན་ངེས་པ་ལྔ་དང་བྲལ་ཞིང་། སྡོམ་པ་སྐྱེ་བའི་བར་ཆད་མ་ཉིང་རིགས་ལྔ་ནི། སྐྱེས་ནས་མ་ནིང་། ཟླ་བྱེད་མ་ནིང་། འཕྲུད་ནས་ལྡང་བའི་མ་ནིང་། ཕྲག་དོག་ཅན་དང་། ཉམས་པའི་མ་ནིང་སྟེ་ལྔ་ལས། དང་པོ་སྐྱེས་ཙམ་ནས་མཚན་གཉིས་པ་དང་མཚན་དོན་བྱེད་མེད་པས་ཟ་མ་སྟེ་སྐྱེས་ནས་མ་ནིང་དང་། གཉིས་པ་ཟླ་སྟོད་ལ་སྐྱེས་པའི་མཚན་དང་ཟླ་སྨད་ལ་བུད་མེད་ཀྱི་མཚན་དུ་འགྱུར་བའི་མ་ནིང་དང་། གསུམ་པ་བུད་མེད་ལ་འཕྲུད་པའི་ཚེ་དབང་པོ་ལས་སུ་རུང་ཞིང་དེ་ལས་གཞན་དུ་ལས་སུ་མི་རུང་བའི་གང་ཟག་དང་། བཞི་པ་སྐྱེས་པ་ཕོ་མོ་གཞན་གཉིས་ཉལ་པོ་བྱེད་པ་མཐོང་ཚེ་ཕྲག་དོག་གིས་དབང་པོ་ལས་སུ་རུང་ལ་གཞན་དུ་མི་རུང་བའི་གང་ཟག་དང་། ལྔ་པ་ནི། སྐྱེས་པའི་དབང་པོ་མཚོན་སོགས་ཀྱིས་ཉམས་པའི་གང་ཟག་གོ། །ལུ་སོགས་ཞེས་པའི་སོགས་ཁོངས་ནས་བསྟན་པ་མུ་སྟེགས་ཅན་ཞུགས་པ་དང་རྐྱུ་ཐབས་སུ་གནས་པ་དང་མཚམས་མེད་ལྔ་བྱས་པ་དང་ཉེ་བའི་མཚམས་མེད་རང་གི་མར་གྱུར་པའི་དགྲ་བཅོམ་མ་ལ་མི་ཚངས་སྤྱོད་པས་སུན་ཕྱུང་བ་དང་། གནས་སྐབས་བླ་མེད་བྱང་ཆུབ་ལས་ཕྱིར་མི་ལྡོག་པའི་བྱང་སེམས་ངེས་གནས་གསོད་པ་དང་། སློབ་པ་རྒྱུན་ཞུགས་ཕྱིར་འོང་ཕྱིར་མི་འོང་གསོད་པ། དགེ་འདུན་གྱི་ཞལ་དུ་འདུ་བའི་སློ་བསོད་སྙོམས་འཁྲོག་པ། དེ་བཞིན་གཤེགས་པའི་སྐུ་གསུང་ཐུགས་རྟེན་རབ་གནས་ཅན་བཤིག་པ་ལྔ་ཡིན་ཏེ། མཛོད་ལས། མ་དགྲ་བཅོམ་མ་སུན་བྱས་དང་། །བྱང་ཆུབ་སེམས་དཔའ་ངེས་གནས་དང་། །སློབ་པ་གསོད་དང་དགེ་འདུན་གྱི། །འདུ་བའི་སྒོ་ནི་འཕྲོག་པ་དག །མཚམས་མེད་པ་དང་ཆ་འདྲ་སྟེ། །ལྔ་པ་མཆོད་རྟེན་འཇིག་པ་ཡིན། །ཞེས་གསུངས་སོ། །དེ་ལྟ་བུའི་སྡོམ་པ་སྐྱེ་བའི་བར་ཆད་དེ་རྣམས་དང་སྡོམ་པ་གནས་པའི་བར་ཆད་ལ་སྔར་ལྟར་རྒྱལ་པོས་མ་གནང་བ་དང་། ལ་སོགས་པའི་ཁོངས་ནས་ཕ་མ་བུད་མེད་བུ་ལོན་ཅན་བྲན་སོགས་སྡོམ་པ་གནས་པའི་བར་ཆད་དང་། བྱ་རོག་སྐྲོད་མི་ནུས་པའི་ན་ཚོད་མ་རྫོགས་པ་དང་། སོགས་ཀྱིས་ལུས་སྦྱོར་མི་བཟོད་པའི་ནད་ཀྱིས་གཟིར་བ། བསམ་པ་སྦྱོར་མི་བཟོད་པ་སྨྱོ་རན་ཅན། ལུས་སེམས་གཉིས་ཀ་ངལ་དུབ་ཅན་རྣམས་སྡོམ་པ་ཁྱད་པར་དུ་འགྱུར་བའི་བར་ཆད་དང་། སྐྲ་སེར་ཅན་དང་སོགས་ཀྱིས་ལག་རྡུམ་ལྟ་བུ་ལུས་མཛེས་པའི་བར་ཆད་དེ་

བཞི་མེད་པ་ཞིག་དགོས། བར་ཆད་དང་པོ་གཉིས་ལ་རིམ་པར་སྡོམ་པ་མི་སྐྱེ་བ་དང་སྐྱེས་ཀྱང་མི་གནས་སོ། །ཕྱི་མ་གཉིས་ལྡན་པའི་བསྒྲུབ་བྱ་ལ་སྡོམ་པ་སྐྱེ་བ་དང་གནས་སྲིད་ཀྱང་མཁན་སློབ་ལྟ་བུའི་ཡུལ་ལ་བཅས་འགལ་གྱི་ཉེས་བྱས་འབྱུང་ངོ། །

དེ་ལྟར་འགལ་རྐྱེན་བྲལ་མཐུན་རྐྱེན་ཚང་བ་དང་། ཁྱད་པར་བསམ་པ་ཕུན་ཚོགས་ངེས་འབྱུང་བློ་ཅན་གྱི་སྐལ་བཟང་གི་གདུལ་བྱའི་སྐྱེས་བུ་དེ་ནི་བསྒྲུབ་བྱ་རྟེན་གྱི་གང་ཟག་ཡིན་ནོ། །སྒྲུབ་བྱེད་ཡུལ་གྱི་གང་ཟག་བཙུན་པའི་ཡོན་ཏན་དང་ལྡན་པ་ཞིག་དགོས་ཏེ་ལས་གྲལ་དུ་འདུས་པའི་དགེ་འདུན་རྣམས་ཉེས་པ་ཕྲ་མོས་ཀྱང་མ་གོས་པ་དགོས། དེའི་ཡན་ལག་ཏུ་ལས་ལ་འདུ་བའི་སྟོན་དུ་ལྟུང་བ་བཤགས་པ་དང་བྱིན་རླབས་ཕྱིར་བཅོས་ཀྱི་སྒོ་ནས་དག་པར་བྱེད་པའོ། །མཁས་པའི་ཡོན་ཏན་སྤྱིར་སྡེ་སྣོད་གསུམ་དང་སྒོས་སུ་ལེགས་པར་གསུངས་པའི་འདུལ་བ་རྒྱ་མཚོ་མཐའ་དག་གི་དོན་ཤེས་པ་དང་། དེའང་འདུལ་ལུང་བཞི་ལས་ཕའི་རྣམ་འབྱེད་ཤོ་ལོ་ཀ་ཉི་ཁྲི་བཞི་སྟོང་བམ་པོ་བརྒྱད་ཅུ་རྩ་གསུམ། མའི་རྣམ་འབྱེད་ཤོ་ལོ་ཀ་སྟོང་ཕྲག་བརྒྱད་དང་བཞི་བརྒྱ་སྟེ་བམ་པོ་ཉི་ཤུ་རྩ་བརྒྱད་ཡོད་པ་དང་། ལུང་གཞི་ཤོ་ལོ་ཀ་སུམ་ཁྲི་ཉིས་སྟོང་བདུན་བརྒྱ་སྟེ་བམ་པོ་བརྒྱ་དང་དགུ་ཡོད་པ། ལུང་ཕྲན་ཚེགས་ཤོ་ལོ་ཀ་སྟོང་ཕྲག་བཅུ་བདུན་དང་བདུན་བརྒྱ་སྟེ་བམ་པོ་ལྔ་བཅུ་རྩ་དགུ་ཡོད་པ། གཞུང་དམ་པ་ཤོ་ལོ་ཀ་སྟོང་ཕྲག་བཅུ་དགུ་དང་ལྔ་བརྒྱ་སྟེ་བམ་པོ་དྲུག་བཅུ་རེ་ལྔ་ཡོད་པ་དེ་ལས་ལེའུ་བཅུ་གཅིག་མ་གཏོགས་བོད་དུ་མ་འགྱུར་བར་བཤད་དོ། །དེ་ལྟར་ན་ལུང་སྡེ་བཞི་ལ་ཁྲིན་བསྡོམས་པས་ཤོ་ལོ་ཀ་འབུམ་ཕྲག་གཅིག་སྟོང་ཕྲག་གསུམ་དང་ཉིས་བརྒྱ་ཡོད་པ་དང་། བམ་པོ་སུམ་བརྒྱ་དང་བཞི་བཅུ་རྩ་བཞི་ཡོད་པར་མཁས་པ་བུ་སྟོན་བཞེད་དོ། །ཁྱད་པར་དུ་བརྒྱ་རྩ་གཅིག་པའི་ལས་ཕྲན་སོ་སོའི་དོན་དང་བཅས་པའི་ཆོ་ག་བློར་བཟུང་ནས་ཚིག་ཕྱེད་ཀྱང་མ་འཁྲུལ་བར་ཁ་ཏོན་བྱ་ནུས་པའོ། །དེ་ལྟ་བུའི་སྔགས་ཚིག་ལག་ལེན་ལ་བྱུང་བའི་མཁན་པོ་སློབ་དཔོན་དགེ་འདུན་མཚན་ཉིད་ཚང་བར་འཚོགས་པ་དང་བཅས་པས་རིམ་པ་བཞིན་བསྙེན་པར་རྫོགས་པ་ཉིད་དོ། །

གཞན་ཡང་མཁན་སློབ་ཀྱི་མཚན་ཉིད། སུམ་བརྒྱ་པ་ལས། ཚུལ་ཁྲིམས་ལྡན་ཞིང་འདུལ་བའི་ཆོ་ག་ཤེས། །ནད་པར་སྙིང་བརྩེ་འཁོར་ནི་དག་པ་དང་། །ཆོས་དང་ཟང་ཟིང་ཕན་འདོགས

ཀྱིས་བརྩོན་པ། །དུས་སུ་འདོམས་པ་དེ་ནི་བླ་མར་བསྟགས། །ཞེས་འཁོར་དག་པ་ཞེས་པ་མཚམས་མེད་དང་ཉེ་བའི་མཚམས་མེད་པ་སོགས་མ་བྱས་པས་དག་པ་ལ་བྱའོ། །རིམ་བཞིན་ཞེས་པའི་ཚིག་གིས་བསྟན་པ་དེ་ལ་སྤྱིར་སྡོམ་པ་གནང་བའི་བསླབ་པའི་ཁྲིམས་ཀྱི་རིམ་པ་ལ་དུས་ཁྲིམས་དང་གཏན་ཁྲིམས་གཉིས་ལས་དང་པོ་ནི་ཡན་ལག་བརྒྱད་པའི་ཁྲིམས་སོ། །གཏན་ཁྲིམས་ལ་སྐྱེས་པའི་བསླབ་ཚིགས་གསུམ་དང་། བུད་མེད་ཀྱི་བསླབ་ཚིགས་སོ། །

དང་པོ་སྐྱེས་པའི་བསླབ་ཚིགས་སྔ་མ་དང་ཕྱི་མ་གཉིས། སྔ་མ་ལ་དགེ་བསྙེན་དགེ་ཚུལ་གཉིས། དང་པོ་ནི་རབ་བྱུང་གི་མཁན་པོར་ཕྱོགས་པ་དེས་བསྒྲུབ་བྱ་ལ་བར་ཆད་དྲིས་ནས་དག་པར་གོ་བ་ན་བསྟན་པ་ལ་རིམ་གྱིས་གཞུག་པའི་ཕྱིར་དགེ་བསྙེན་དུ་བསྒྲུབ་པར་བྱ་བ་ཡིན་ལ། དེ་ཡང་སྐྱབས་འགྲོ་རྫོམ་བྱེད་དང་དགེ་བསྙེན་དུ་ཁས་བླངས། དེའི་འོག་ཏུ་བསླབ་པ་བརྗོད་དེ་ཁས་བླངས། གཉིས་པ་དགེ་ཚུལ་ལ་སྒྲོར་བ་ལ་བར་མ་རབ་བྱུང་སྟེ། དེ་ཡང་མཁན་པོར་ཕྱོགས་པའི་དགེ་སློང་དེས་སྐྲར་འདེབས་སྐྱང་ཞིང་ངོ་ཚ་ཁྲེལ་ཡོད་ཀྱི་བསམ་པ་སྐྱེད་ཕྱིར་དགེ་འདུན་ལ་རབ་བྱུང་ཞུ་བ་བྱེད་པའི་དགེ་སློང་ལ་གཏད། དེས་ཀྱང་ཡོངས་སུ་དག་གམ་ཞེས་དྲིས་ལ་དག་པར་གོ་བ་ན་མཁན་པོ་མ་གཏོགས་པའི་དགེ་འདུན་འདུས་པའི་གནས་ཁང་སོ་སོར་འཁོད་ཀྱང་རུང་བསྒྲུབ་བྱ་ཁྲིད་ལ་ཞུས་ཏེ་གནང་ན་སྟར་སྐུ་གོན་དུ་གནས་པའི་དགེ་སློང་དེ་ལ་མཁན་པོར་གསོལ་བ་བཏབ། དེ་ནས་མཁན་པོས་བསྐོས་པའི་དགེ་སློང་ཞིག་གིས། སྤྱིར་སྐྲ་དང་ཁ་སྨྱུ། བྱེ་བྲག་གཙུག་ཕུད་བྲེག་ཏུ་བཅུག བྲེག་ནས་ཁྲུས་བྱ་མཁན་པོས་ཡོ་བྱད་ལྷ་བྱིན་ནས་རང་ངམ་བསྐོས་པས་བསྐོན་ལ་མཚན་བཏགས། ཆ་བྱད་བསྒྱུར་མིང་སྤོ། རབ་བྱུང་གི་བསམ་པ་གསལ་བཏབ་ལ་མཁན་པོས་སྐྱབས་འགྲོ་རྫོམ་བྱེད་དུ་བྱས་ནས་རབ་བྱུང་དུ་བསྒྲུབ་པར་བྱའོ། །དངོས་གཞི་མཁན་པོས་དགེ་ཚུལ་དུ་སྒྲུབ་པར་བྱེད་པའི་དགེ་སློང་ལ་གཏད། དེས་དགེ་ཚུལ་དུ་སྒྲུབ་པར་བྱ་བ་ཉིད་དོ། །རྗེས་ནི་དགེ་སློང་གཞན་ཞིག་གིས་གྲིབ་ཚོད་གཞལ་ནས་དུས་གོ་བརྗོད་པ་དང་། སློབ་དཔོན་གྱིས་དགེ་ཚུལ་གྱི་བསླབ་གཞི་བཅུ་བརྗོད་པ་ཁས་ལེན་དུ་གཞུག་པའོ། །

གཉིས་པ་ཕྱི་མའི་ཆོ་ག་ལ་སྦྱོར་དངོས་རྗེས་གསུམ་ལས། སྦྱོར་བ་ལ་སྒྲུབ་བྱ་ལོ་ཉི་ཤུ་ལོན་པ

ཡོ་བྱད་ཚང་ནས་བསྙེན་རྫོགས་འདོད་ན་དང་པོར་བྱ་བ་མངོན་གྱུར་བཅུ་ལས། སངས་རྒྱས་མངོན་གྱུར་སྐབས་འདིར་སྟོན་པའི་སྐུ་གཟུགས། ཆོས་མངོན་གྱུར་མཁན་སློབ་དགེ་འདུན་གྱི་ཐུགས་ལ་བཞུགས་པའི་རྟོགས་པའི་བསྟན་པ། དགེ་འདུན་མངོན་གྱུར་གྲངས་ཚང་བ་ཁ་སྐོང་གི་ཆོས་དང་ལྡན་པ་མི་མཐུན་པ་དང་བྲལ་བའོ། །སློབ་དཔོན་མངོན་གྱུར་མཁན་པོར་འོས་པ་དེས་ལས་སློབ་དང་གསང་སྟོན་དུ་འོས་པ་གཉིས་ལ་ཚིག་གིས་གསོལ་བ་བཏབ། དེ་དག་གིས་ཀྱང་རང་རྒྱུད་ལ་བརྟགས་ཏེ་ལྷུང་བ་བྱིན་རླབས་བཤགས་སྡོམ་བྱས་ནས་ལས་གྲལ་དུ་འདུས་པའོ། །དེ་ནས་མཁན་པོ་མངོན་གྱུར་སྐྱིར་བརྟན་མཁས་ཀྱི་ཡོན་ཏན་གཉིས་དང་ལྡན་པ། བྱེ་བྲག་སྒྲུབ་བྱའི་ངོས་ནས་མཐོང་ཐོས་དོགས་གསུམ་གྱི་སྐྱོན་མེད་པའི་དགེ་སློང་ལ་མཁན་པོར་གསོལ་བ་བཏབ་ཅིང་ཁས་བླངས་པའོ། །དེ་ནས་ཡོ་བྱད་མངོན་གྱུར་མཁན་པོས་ཆོས་གོས་གསུམ་བྱིན་གྱིས་བརླབས་ནས་གནང་བའམ་ཐུབ་ཟིན་མེད་ན་རྒྱུར་རུང་བར་བྱིན་གྱིས་བརླབས་ནས་གནང་བ་དང་། ལྷུང་བཟེད་དགེ་འདུན་ལ་སྟོན་པ་དང་། མཁན་པོས་བྱིན་རླབས་བྱས་ནས་གཏད་པ་རྣམས་སོ། །དེ་ནས་ཡོངས་དག་མངོན་གྱུར་ནི་ལས་སློབ་ཏུ་ཕྱོགས་པའི་དགེ་སློང་དེས་ལྷུང་ཐུན་བྱིན་རླབས་དང་གནས་ལ་བློ་མཐུན་སྟོན་དུ་འགྲོ་བས་གསང་སྟོན་གང་ཡིན་དྲིས་ནས་ཁོང་ལ་སྦྲོ་བ་དྲི། དེ་སྦྲོ་ན་གསོལ་བ་འབའ་ཞིག་གི་ལས་ཀྱིས་གསང་སྟོན་བསྐོ། དེས་ཀྱང་དགེ་འདུན་གྱི་ཕྱོག་ཏུ་བར་ཆད་དྲི་ཞིང་དག་ཚུལ་དགེ་འདུན་ལ་ཞུས་ནས་ནང་དུ་འོང་བར་ཞུ་བའོ། །དེ་ནས་གསོལ་བ་མངོན་གྱུར་ནི།གསོལ་བ་འདེབས་པའི་ཚིག་ལན་གསུམ་བརྗོད་པའོ། །བསྙེན་པར་རྫོགས་འདོད་མངོན་གྱུར་ནི། བསམ་པ་ཐག་པ་ནས་སྡོམ་པ་ནོད་པར་འདོད་པའོ། །དེ་ནས་སྒྲུབ་བྱ་ཡོངས་སུ་དག་པར་དགེའདུན་ཐུགས་ཡིད་ཆེས་པར་བྱ་བའི་ཕྱིར་དུ་ལས་སློབ་ཏུ་ཕྱོགས་པས་གསོལ་བ་འབའ་ཞིག་གི་ལས་སྟོན་དུ་འགྲོ་བས་དགེ་འདུན་གྱི་དབུས་སུ་བར་ཆད་དྲི་བར་བྱའོ། །

གཉིས་པ་དངོས་གཞི་ནི། ལས་མངོན་གྱུར་ཏེ། ལས་སློབ་ཏུ་ཕྱོགས་པ་དེས་སྒྲུབ་བྱ་ལ་གདམས་ངག་གི་བཤད་པ་ཅི་རིགས་པར་བརྗོད་ནས་ལྷག་ཆད་ནོར་འཁྲུལ་མེད་པའི་ཚིག་རྣམ་པར་དག་པ་གསོལ་བ་དང་བཞིའི་ལས་བྱས་ཤིང་ཆགས་པའི་སྐད་ནས་དགེ་འདུན་ལས་བསྙེན་པར་རྫོགས་

པའོ། །རྗེས་ལ་གཉིས་ལས། དང་པོ་བསྙེན་བཀུར་གྱི་གནས་དང་གནས་མིན་ཤེས་པའི་ཆེད་དུ་དུས་གོ་བརྗོད་དེ། དེ་ཡང་ཐུར་མ་སོར་བཞི་པས་གྲིབ་ཚོད་གཞལ་ཏེ་ཉིན་མཚན་གྱི་ཆ་དང་དུས་ཚོད་རྣམས་བརྗོད་དོ། །དུས་ཚོད་ལ་སྤྱིར་ལོ་གཅིག་ལ་དགུན་དཔྱིད་དབྱར་སྟོན་བཞི་པོ་རེ་རེར་རབ་འབྲིང་ཐ་ཆུང་དུ་ཕྱེ་བས་ཟླ་བ་བཅུ་གཉིས།ཕྱུག་དར་ཁྲོད་ཀྱི་གོས་ངོས་བཟུང་བའི་ཆེད་དུ་དགུན་དཔྱིད་དབྱར་གསུམ་ལ་ཟླ་བ་བཞི་བཞིར་ཕྱེ། དབྱར་ལའང་དབྱར་ཕྱི་མ་ཁས་ལེན་པའི་དུས་རྟོགས་ཕྱིར་གསུམ་དུ་ཕྱེ་ན་དུས་ཚིགས་ལྔར་འགྱུར་རོ། །དེ་ཡང་དགུན་གྱི་དུས། དཔྱིད་ཀྱི་དུས། དབྱར་ཙམ་གྱི་དུས་ཟླ་བ་གཅིག །དབྱར་ཐུང་དུ་ཉིན་ཞག་གཅིག །དབྱར་རིང་པོ་ཟླ་བ་གསུམ་དུ་ཉིན་ཞག་གཅིག་གིས་མ་ལོངས་པ་རྣམས་སོ། །ཡང་གསོ་སྦྱོང་ཞག་མི་ཐུབ་པའི་དུས་ངོས་ཟིན་པའི་ཆེད་དུ་དུས་ཚིགས་རེ་ལ་ཟླ་བ་གཉིས་གཉིས་སུ་ཕྱེ་ནས་ཐུག་ཏུ་བཞག་པའང་ཡོད་དེ། དགུན་སྟོད་དགུན་སྨད་དཔྱིད་སོས་ཀ་དབྱར་སྟོན་ནོ། །སྐབས་འདིར་དུས་ཚིགས་ལྔར་ཕྱེ་བ་ཉིད་བཟུང་ལ། ལོ་དང་།ཟླ་བ་ཡར་མར་གྱི་ངོ་ཞག་ཉིན་མཚན་གྱི་ཆ་ཉིན་མོ་ཡིན་ན་གྲིབ་ཚོད་འདི་ཙམ་གྱི་དུས་སུ་ཞེས་རགས་རིམ་ནས་བརྗོད་དེ་གོ་བར་བྱའོ། །

གཉིས་པ་གདམས་ངག་བརྗོད་པ་ལ་བཅུ་གཅིག་སྟེ། གནས་ཤིང་དྲུང་། གོས་ཕྱུག་དར་ཁྲོད། ཟས་བསོད་སྙོམས། སྨན་བཀུས་ཏེ་བོར་བ་སྟེ་གནས་དེ་བཞི་ལ་བརྟེན་པར་གདམས་པ། ཕམ་པ་འཆབ་བཅས་སྤོང་བར་གདམས་པ། དགེ་སྦྱོང་གི་ཆོས་བཞི་ལ་བརྟེན་པར་གདམས་པ། མཆོག་ཏུ་འདོད་པའི་དོན་སྒྲུབ་པར་གདམས་པ། གནས་བརྟན་རྣམས་དང་ཚུལ་ཁྲིམས་མཉམ་པར་གདམས་པ། མཁན་སློབ་ལ་ཕ་བུའི་ཚུལ་དུ་འབྲེལ་བར་གུས་པར་གདམས་པ། གྲོགས་ཚངས་པ་མཚུངས་པར་སྤྱོད་པ་གཞན་ལ་གུས་པར་གདམས་པ། ལུང་སྡེ་སྣོད་གསུམ་དང་ལམ་བསླབ་པ་གསུམ་ལ་སྦྱོར་བར་གདམས་པ༑ འདིར་མ་བརྗོད་པ་གཞན་དུ་ཤེས་དགོས་པར་གདམས་པ། བསླབ་པ་ལ་གུས་པར་སྦྱར་བར་གདམས་པ། བསླབ་པ་བསྲུང་བའི་ཐབས་ལ་བག་ཡོད་པར་བྱ་བར་གདམས་པའོ། །དེ་ལྟར་གདམས་པ་བཅུ་གཅིག་ལས་དང་པོ་བཞི་ནི་བསྙེན་བྱའི་འཚོ་བ་རྣམ་དག་ལ་འདོམས་པ། གཉིས་པ་བསྲུང་བྱའི་ཚུལ་ཁྲིམས་རྣམ་དག་ལ་འདོམས་པ། དེ་ནས་ལྔ་ནི་ཉམས་ལེན་སྤྱོད་པ་རྣམ་དག་ལ་འདོམས་པ། བརྒྱད་

པ་ནི་རྟོགས་དོན་ལྔ་བ་རྣམ་དག་ལ་འདོམས་པ་སྟེ། དེ་རྣམས་བསླབ་བྱའི་གཙོ་བོ་དངོས་སུ་བརྗོད་པའི་གདམས་པ་ཡིན་ལ། དགུ་པ་ནི་མ་བརྗོད་པ་ཡོངས་སུ་ཤེས་པའི་ཐབས་ལ་གདམས་པ་སྟེ། དེ་རྣམས་བསླབ་པར་བྱ་བའི་ཡུལ་བསྟན་ནས་བརྗོད་པ་ཡིན། བཅུ་པ་དང་བཅུ་གཅིག་པ་གཉིས་ནི་སློབ་བྱེད་ཡུལ་ཅན་ལ་གདམས་པ་ཡིན་ནོ། །

གཉིས་པ་བུད་མེད་ཀྱི་བསླབ་ཚོགས་ལ་དགེ་བསྙེན་མ་དང་དགེ་ཚུལ་མར་སྒྲུབ་པའི་ཆོ་ག་ལ་སྒྲུབ་བྱེད་དགེ་སློང་མ་དང་བསྒྲུབ་བྱ་བུད་མེད་ཅེས་སྒྲར་བ་སོགས་ལས་ཕལ་ཆེར་ཕ་ཆོག་དང་འདྲ།དེའི་རྗེས་སུ་བུད་མེད་དེ་ཁྱིམ་སོ་བཟུང་བ་མིན་ན་ལོ་བཅོ་བརྒྱད་མ་དང་། བཟུང་ན་ལོ་བཅུ་ལོན་པའི་བསྒྲུབ་བྱ་མོ་དེ་ལ་ཡུལ་དབུས་དང་མཐའི་ཁྱད་པར་གྱིས་རིམ་པར་དགེ་སློང་མའི་དགེ་འདུན་བཅུ་གཉིས་དང་དྲུག་གི་ཚོགས་ཀྱིས་གསོལ་བ་དང་གཉིས་ཀྱི་ལས་ཀྱིས་དགེ་སློབ་མའི་སྡོམ་པ་སྦྱིན་ནོ། །དེ་ནས་དགེ་སློང་མར་སྒྲུབ་པ་ལ། སྒྲོར་བ་བསྒྲུབ་བྱ་མོ་ལོ་ཉི་ཤུ་དང་བཅུ་གཉིས་ལོན་པ་ན་དགེ་སློང་མའི་དགེ་འདུན་བཅུ་གཉིས་དང་དྲུག་ཚོགས་ཀྱི་དབུས་སུ་མཁན་མོར་ཕྱོགས་པ་དེས་ཆོས་གོས་ལྔ་སྦྱིན། སློབ་དཔོན་མ་གཉིས་བསྐོ། གསང་སྟོན་མས་བར་ཆད་དྲིས་རྗེས་བསྒྲུབ་བྱས་གསོལ་བ་བཏབ། སྒྲུབ་བྱེད་ལས་སློབ་མས་བར་ཆད་དྲིས་ནས་གསོལ་བ་དང་གཉིས་ཀྱི་ལས་ཀྱིས་ཚངས་སྤྱོད་ཉེར་གནས་ཀྱི་སྡོམ་པ་སྦྱིན་ནོ། །དེ་ནས་དངོས་གཞི་དབུས་མཐའི་ཁྱད་པར་གྱིས་རིམ་པར་དགེ་སློང་ཕའི་དགེ་འདུན་བཅུའམ་ལྔའི་ཚོགས་བསྟན་ནས་གཉིས་ཀའི་དགེ་འདུན་ལ་གསོལ་བ་བཏབ་ལ། ལས་སློབ་ཏུ་ཕྱོགས་པའི་དགེ་སློང་དེས་གསོལ་བ་དང་བཞིའི་ལས་ཀྱིས་དགེ་སློང་མའི་སྡོམ་པ་སྦྱིན་པའོ། །རྗེས་སུ་གནས་ཤིང་དྲུང་བ་མི་བརྗོད། ལྷུང་བའི་སྐབས་སུ་ཐུན་མོང་མ་ཡིན་པའི་ཕམ་པ་བཞི་བསྟན་ནས་བརྗོད་པ་དང་ལྷི་བའི་ཆོས་བརྒྱད་བརྗོད་པ་ལས་གཞན་རྣམས་ཕ་ཆོག་དང་མཚུངས་སོ། །དེ་ལྟར་བསླབ་ཚོགས་སྔ་མ་སྔོན་དུ་བཏང་སྟེ་རིམ་པར་ཚོགས་ཕྱི་མ་གནང་ནོད་བྱ་བ་ནི་སྡོམ་པ་ཉེས་མེད་ཕུན་ཚོགས་ཀྱི་དབང་དུ་བྱས་པ་ཡིན་གྱི། ཚོགས་སྔ་མ་རྣམས་སྔོན་དུ་མ་སོང་བར་བསྙེན་པར་རྫོགས་ན་སྡོམ་པ་སྐྱེ་ཡང་བསླབ་པ་དང་འགལ་བའི་ཉེས་པ་དང་བཅས་པ་ཡིན་པར་གསུངས་སོ། །དེ་བཞིན་དུ་དགེ་ཚུལ་མ་དང་དགེ་སློང་མའི་བར་གྱི་ཚོགས་གཉིས་མེད་པར་ཡང

ཕའི་དགེ་འདུན་ཙམ་ལ་བརྟེན་ནས་དགེ་སློང་མའི་སྡོམ་པ་སྐྱེ་བ་ཡོད་དམ་ཞེ་ན་སྐྱེ་ལ་ཉེས་བྱས་ཀྱི་དབང་དུ་བྱས་ཞེས་དང་། མདོ་སྡེ་གཞན་དུ་བསླབ་ཚིགས་སྔ༵་མ༵་སྔོན་དུ་རྫོགས་པར་མ༵་བྱས༵་པར་ཕྱི་མ་བསྙེན་པར་རྫོགས་པའི་སྡོམ་པ་བླངས་ན་ཕྱི་མ་ཐོབ་པའི་ཞར་ལ་སྔ་མའི་སྡོམ་པ་རྫོགས་པར་ཐོབ་པ༵འ༵ང་མདོ༵་སྡེ༵འི་སྐབས་ལ་ལར་སྣང་ཞིང་བསྟན་པ་ཡོད་དེ། དྲིན་ལན་བསབ་པའི་མདོ་ལས། མ་འགགས་པས་ཡང་གསོལ་བ་གལ་ཏེ་ཁྲིམ་པའི་ཁྲིམས་ལྔ་མ་ནོས་པར་ཐལ་བྱུང་དུ་ཁྲིམས་བཅུ་ནོས་ན་ཁྲིམས་ཐོབ་པར་འགྱུར་རམ། བཀའ་སྩལ་པ། དུས་གཅིག་ཏུ་དགེ་བསྙེན་གྱི་ཁྲིམས་དང་། དགེ་སྦྱོང་གི་ཁྲིམས་རྣམ་པ་གཉིས་ཐོབ་བོ། །གལ་ཏེ་ཁྲིམས་ལྔ་ཡང་མ་ནོས་ཁྲིམས་བཅུ་ཡང་མ་ནོས་པར་ཐལ་བྱུང་དུ་ཁྲིམས་རྫོགས་པར་ནོས་ནའང་དུས་གཅིག་ཏུ་ཁྲིམས་གསུམ་ཆར་ཐོབ་པར་འགྱུར་རོ༔ ༔ཞེས་དེ་ལྟར་གསུངས་པའི་ཕྱིར་རོ། །ཡང་རྒྱུའི་ཀུན་སློང་ཐོབ་འདོད་དང་དུས་ཀྱི་ཀུན་སློང་ཐོབ་མཚམས་ཤེས་པ་གལ་ཆེ་ན་སྡོམ་པ་ཐོབ་པའི་མཚམས་གང་ཡིན་ཞེ་ན། ཐོབ༵་མཚམས༵་བརྗོད༵་པ༵་གསུམ༵་གྱི༵་ཐ༵་མ༵ར་འདོད༵། །ཅེས་པས། དེའང་དགེ་བསྙེན་དང་དགེ་ཚུལ་གྱི་སྡོམ་པ་ནི་ཐུགས་ཚིག་ལན་གསུམ་པ་ལ་སྐྱབས་བརྗོད་བདག་བརྗོད་གཞན་བརྗོད་གསུམ་ལས་བདག་བརྗོད་རྫོགས་པ་དགེ་བསྙེན་དུའོ་དགེ་ཚུལ་དུའོ་ཞེས་རྫོགས་མ་ཐག་ཏུ་སྐྱེ་བ་ཡིན་ཞིང་། དགེ་སློང་གི་སྡོམ་པ་ལ་ལས་བརྗོད་པ་གསུམ་པ་ལ་ཆ་གསུམ་སྟེ། མཆི་སྟེ་ཡན་ཆད་ངོ་བོ་བརྗོད་པ། གསོལ་ན་ཞེས་པ་མན་ཆད་བྱ་བ་བརྗོད་པ། དེའི་སྐད་དུ་མན་ཆད་བྱེད་པ་བརྗོད་པ་རྣམས་ལས་བྱ་བ་བརྗོད་པ་རྫོགས་པ་དང་མཉམ་དུ་སྐྱེ་བ་ཡིན་ནོ། །

གསུམ་པ་བར་དུ་མི་ཉམས་པར་བསྲུང་བའི་ཐབས་ལ་གཉིས་ཏེ། དངོས་དང་། རྟེན་ནོ། །དང་པོ་ལ་གསུམ་སྟེ། མདོར་བསྟན། རྒྱས་བཤད། དོན་བསྡུ་བའོ། །དང་པོ་ནི། བར་དུ་ཐོབ་པ་མི་ཉམས་བསྲུང་བ་ལ། །ཞེས་པས་བསྟན་ཏེ། དེ་ལྟར་ཐོབ་པ་ཙམ་གྱིས་མི་ཆོག་སྟེ། མདོ་ལས། ལ་ལས་ཚུལ་ཁྲིམས་བདེ་བ་སྟེ། །ལ་ལས་ཚུལ་ཁྲིམས་སྡུག་བསྔལ་ཡིན། །ཚུལ་ཁྲིམས་ལྡན་པ་བདེ་བ་སྟེ༔ ༔ཚུལ་ཁྲིམས་འཆལ་བ་སྡུག་བསྔལ་ཡིན། ཞེས་པ་ལྟར། དང་པོ་སྡོམ་པ་ཐོབ་པ་ལྟར་བ༵ར་དུ་ཐོ༵བ་པ༵་དེ༵་མི༵་ཉམས༵་པ༵ར་བསྲུང་བར་བྱ་བ༵་ལ༵་ནི་སྡོམ་པའི་བསླབ་ཁྲིམས་དགག་སྒྲུབ་གནང་གསུམ་

རྣམས་ཚུལ་བཞིན་དུ་ཤེས་པ་ལ་རག་ལས་པ་ཡིན་ལ་དེའི་ཚུལ་ནི་ཞེས་པའོ། །

གཉིས་པ་རྒྱས་བཤད་ལ་དྲུག་སྟེ། སྐྱབས་འགྲོའི་བསླབ་བྱ། དུས་ཁྲིམས། དགེ་བསྙེན་གྱི་ཁྲིམས། དགེ་ཚུལ་གྱི་ཁྲིམས། དགེ་སློབ་མའི་ཁྲིམས། དགེ་སློང་གི་ཁྲིམས་སོ། །དང་པོ་ལ་གཉིས་ཏེ༑ བསླབ་བྱ་ཐུན་མོང་མ་ཡིན་པ་དང་། ཐུན་མོང་གི་བསླབ་བྱའོ། །དང་པོ་ནི། བསླབ་བྱ་སྐྱབས་འགྲོ་སོགས་ཀྱིས་བསྟན། ཐོག་མར་བསླབ་བྱ་དཀོན་མཆོག་སོ་སོར་སྐྱབས་འགྲོ་ཐུན་མོང་མིན་པ་གསུམ་ཡོད་པ་དེ་ལ་དགག་སྒྲུབ་གཉིས་ལས་དགག་པའི་བསླབ་བྱ་གསུམ་པོ་ནི། སངས་རྒྱས་ལ་སྐྱབས་སུ་སོང་བས་སངས་རྒྱས་ལས་སྐྱབས་གཞན་མི་འཚོལ། ཆོས་ལ་སྐྱབས་སུ་སོང་བས་སེམས་ཅན་ལ་གནོད་ཅིང་འཚེ་བ་སྤོང་། དགེ་འདུན་ལ་སྐྱབས་སུ་སོང་བས་གྲོགས་མུ་སྟེགས་ཅན་དང་མི་འགྲོགས་པའོ། །སྒྲུབ་པའི་བསླབ་བྱ་སོ་སོར་གུས་བསྐྱེད་དོ་ཞེས་སྐུ་རྟེན་སྐུ་གཟུགས་ཆག་དུམ་ཡན་ཆད་དང་། གསུང་རྟེན་ཡིག་འབྲུ་ན་གཅིག དགེ་འདུན་གྱི་གཟུགས་ལྷན་པ་སེར་པོ་བཏབ་པ་ཡན་ཆད་ལ་དཀོན་མཆོག་སོ་སོར་དངོས་ཀྱི་འདུ་ཤེས་བཞག་ནས་དད་གུས་བསྐྱེད་པའོ། །

གཉིས་པ་ཐུན་མོང་བསླབ་བྱ་ནི། སྲོག་དང་བྱ་དཀར་སོགས་ཀྱིས་བསྟན་ཏེ། རང་གི་སྲོག་དང་རྒྱལ་སྲིད་ལ་སོགས་པའི་བྱ་དཀའ་བའི་ཆེད་དུ་དཀོན་མཆོག་གསུམ་མི་སྤོང་། དགོས་པའི་དོན་གལ་ཆེ་བ་ཇི་ལྟར་སྒྲུབ་པའི་སླད་དུ་དཀོན་མཆོག་གསུམ་ལ་བློ་གཏད་ཡིད་ཆེས་བསྐྱེད་པ་ལས་ཐབས་གཞན་སྐྱབས་འགྲོའི་བསླབ་བྱ་དང་འགལ་བའི་ལས་མི་འཚོལ་བ་དེ་གཉིས་པར་བགྲང་ཞིང་། རྟག་ཏུ་དཀོན་མཆོག་གི་ཡོན་ཏན་དྲན་ནས་ཉིན་དུས་གསུམ་ལྟ་བུ་དང་དུས་ཆེན་རྣམས་སུ་དུས་ཀྱི་མཆོད་པ་མི་བཅག་པ་དང་། རང་གིས་སྐྱབས་འགྲོ་བྱ་ཞིང་གཞན་དག་ཀྱང་སྐྱབས་སུ་འགྲོ་བར་འགོད་པ་དང་། ཤར་ཕྱོགས་སོགས་ཕྱོགས་གང་འགྲོ་བའི་ཕྱོགས་ཀྱི་སངས་རྒྱས་ལ་ཕྱག་འཚལ་བ་དང་ལྔ་པོ་དེ་ཐུན་མོང་གི་བསླབ་བྱར་ཇོ་བོས་བཞེད་དོ། །

གཉིས་པ་དུས་ཁྲིམས་ལ་གཉིས་ཏེ། དངོས་དང་། དེ་གཏན་དུ་བསྲུང་ན་དགེ་བསྙེན་དུ་འགྲོ་ཚུལ་བསྟན་པའོ། །དང་པོ་ནི། རྩ་བཞི་སྤོང་བ་སོགས་ཀྱིས་བསྟན། དེའང་མཛོད་ལས། ཚུལ་ཁྲིམས་ཡན་ལག་བག་ཡོད་ཀྱི། །ཡན་ལག་བརྟུལ་ཞུགས་ཡན་ལག་སྟེ། །དེ་བཞིན་བཞི་གཅིག་གསུམ་

རིམ་བཞིན། །དེ་ཡིས་དྲན་ཉམས་དྲེགས་པར་འགྱུར། །ཞེས་པ་ལྟར། སྡོམ་པའི་རྩ་བའི་སྤོང་བ་བཞི་འམ། ལྟུང་བའི་རྩ་བ་ཉེས་པ་བཞི་སྤོང་བ་ནི་ཚུལ་ཁྲིམས་ཀྱི་ཡན་ལག་སྟེ།དེ་ལ་སྲོག་གཅོད་པ་མ་བྱིན་པར་ལེན་པ་མི་ཚངས་པར་སྤྱོད་པ་རྫུན་སྨྲ་བ་སྟེ་སྤོང་བ་བཞི་ཡིན། ཆང་སྤོང་བ་ནི་བག་ཡོད་ཀྱི་ཡན་ལག །མལ་ཆེ་མཐོ་དང་གར་ཕྲེང་ལ་སོགས་པ་དེའི་ཚར་གཏོགས་དུས་མིན་གྱི་ཟས་ལ་མོ་སྒྲོག་པ། ཕྱི་དྲོའི་ཁ་ཟས་དང་གསུམ་སྤོང་བ་ནི་བརྟུལ་ཞུགས་ཀྱི་ཡན་ལག་ཅེས་བྱ་སྟེ་བསྙེན་གནས་ཀྱི་སྡོམ་པ་ཡིན་ནོ། །དེ་ཇི་ལྟར་ལེན་ཚུལ། མཛོད་ལས། དམའ་བར་འདུག་སྨྲས་བཟླས་པ་ཡིས། །མི་བརྒྱན་ནམ་ནི་ལངས་བར་དུ། །བསྙེན་གནས་ཡན་ལག་ཚང་བར་དུ། །ནངས་པར་གཞན་ལས་ནོད་པར་བྱ། །ཞེས་སྡོམ་པ་ལེན་ཚུལ་དང་། ཚུལ་ཁྲིམས་ཀྱི་ཡན་ལག་བཞི་བག་ཡོད་ཀྱི་ཡན་ལག་གཅིག་བརྟུལ་ཞུགས་ཀྱི་ཡན་ལག་གསུམ་སྟེ་ཡན་ལག་གསུམ་དང་། ཚུལ་ཁྲིམས་ཀྱི་ཡན་ལག་བཞི་རྣམ་པར་དག་པའི་ཡན་ལག་ཏུ་དྲན་པ་ཉམས་པའི་རྒྱུ་ཆང་སྤང་བ་དང་། དྲེགས་པའི་ཁེངས་པ་སྤང་བའི་བརྟུལ་ཞུགས་གསུམ་དང་བརྒྱད་དེ་ཡན་ལག་གི་ངེས་པ་དང་། གཞན་ལའང་བསྙེན་གནས་ཡོད་མོད་ཀྱི། །སྐྱབས་སུ་མ་སོང་བ་ལ་མེད་ཅེས་པས་རྟེན་གྱི་ངེས་པ་བསྟན་པ་ལྟར་བྱ་བར་གསུངས་སོ༔ ༔དེ་ལྟར་ཡན་ལག་འདི་བརྒྱད་པོ་ཉིན་ཞག་གི་མཐའ་ཅན་གྱི་དུས་ཁྲིམས་ཙམ་ལས་གཏན་དུ་བའི་ཁྲིམས་མ་ཡིན་པས་སྡོམ་པ་གོང་མ་རྣམས་ཀྱི་ཡོན་ཏན་གྱི་རྟེན་མིན་ལ། དེའི་ཕྱིར་ན་ཡོན་ཏན་གྱི་རྟེན་བྱེད་པའི་སོ་ཐར་ནི་མཚན་ཉིད་དང་ལྡན་པའི་སོ་ཐར་རིགས་བདུན་པོ་ན་ཡིན་ཏེ། ལམ་སྒྲོན་ལས། སོ་སོར་ཐར་པ་རིགས་བདུན་གྱི། །རྟག་ཏུ་སྡོམ་གཞན་ལྡན་པ་ལ། །བྱང་ཆུབ་སེམས་དཔའི་སྡོམ་པ་ཡི། །སྐལ་བ་ཡོད་ཀྱི་གཞན་དུ་མིན། །ཞེས་གསུངས་པ་ལྟར་རོ། །

གཉིས་པ་ནི། འདི་བརྒྱད་ཅི་སྲིད་སོགས་ཀྱིས་བསྟན། ཡན་ལག་འདི་བརྒྱད་པོ་བླངས་ནས་ཇི་སྲིད་འཚོ་ཡི་བར་དུ་བསྲུང་ན་གོ་མིའི་དགེ་བསྙེན་ཞེས་བྱ་བ་ཡིན་ཀྱང་གཞི་ཐམས་ཅད་ཡོད་པར་སྨྲ་བའི་འདུལ་བ་ལས་བཤད་པ་མིན་ལ། འཕགས་པ་གནས་བརྟན་སྡེ་པའི་ལུགས་སུ་སློབ་དཔོན་དབྱིག་གཉེན་གྱིས་བཞེད་དེ། ཇི་སྐད་དུ། གོ་མའི་དགེ་བསྙེན་འདི་ནི་འཕགས་པ་གནས་བརྟན་པའི་མན་ངག་བརྒྱད་པ་ལས་ཐོབ་ཀྱི་བདེ་བར་གཤེགས་པས་གསུངས་པ་ནི་མ་མཐོང་ངོ་། །

ཞེས་གསུངས་སོ། །དེའང་ཐེག་དམན་པའི་སོ་སྡོད་ལས་བསྟན་པ་མ་མཐོང་བར་དགོངས་སམ་སྙམ་། འོན་ཀྱང་ཐེག་ཆེན་གྱི་སོ་སྡོད་ལས་ནི་གསུངས་ཏེ། རྒྱལ་བུ་སྙིང་རྗེ་ཆེར་སེམས་ཀྱིས་བསྙེན་གནས་ཡན་ལག་བརྒྱད་ཇི་སྲིད་འཚོའི་བར་དུ་བླངས་ཞེས་དཀོན་བརྩེགས་ལས་བཤད་པའི་ཕྱིར་རོ། །

གསུམ་པ་དགེ་བསྙེན་གྱི་ཁྲིམས་ལ་གསུམ་སྟེ། ངོས་དང་། དབྱེ་བ། ཕྱོགས་མཐུན་གྱི་བསླབ་བྱའོ། །དང་པོ་ནི། གསོད་རྐུ་སོགས་ཚིག་རྐང་གཉིས་ཀྱིས་བསྟན། གསོ༷ད་པ་མི་ཡི་སྲོག་གཅོད་པ་རྐུ་བ་མ་བྱིན་ལེན་པ་རྫུན་སྨྲ་བ་འདོ༷ད་པ༷ས་ལོ༷ག་པ༷ར་གཡེ༷མ་པ༷་མྱོ༷ས་འགྱུར་སྐྱོ༷ང་བ༷་རྣམ༷ས་ནི་དགེ༷་བསྙེ༷ན་ཀྱི་སྡོ༷མ་པ༷་སྟེ། རྩ་བ་བཞི་ལས་འདིར་འདོད་ལོག་བཞག་པ་ནི། ཁྱིམ་པས་ཀྱང་སྡོམ་སླ་བ་སྣད་པའི་གནས་ཡིན་པ་སོགས་ཀྱིས་ཡིན་ཏེ། མཛོད་ལས། ལོག་གཡེམ་ཤིན་ཏུ་སྨད་ཕྱིར་དང་། །སླ་ཕྱིར་མི་བྱེད་ཐོབ་པའི་ཕྱིར། །ཞེས་པས་སོ། །དེ་ལས་བཞི་རྩ་བ་དང་ཕྱི་མ་གཅིག་ཡན་ལག་གོ། །

གཉིས་པ་དབྱེ་བ་ལ་གཉིས་ཏེ། ཉན་ཐོས་སྡེ་བའི་ལུགས་དང་། གཞན་གྱི་ལུགས་སོ། །དང་པོ་ནི། གང་འདོད་ཁས་ལེན་སོགས་ཀྱིས་བསྟན། དེ་ལ་བྱེ་བྲག་སྨྲ་བ་ཕལ་ཆེ་བས་སྐྱབས་གསུམ་འཛིན་པ་ཙམ་ལས། དགེ་བསྙེན་གྱི་སྡོམ་པ་མེད་ན་དེ་དགེ་བསྙེན་མཚན་ཉིད་པ་མིན་པར་འདོད། ཉེ་འོག་པ་དང་མདོ་སྡེ་བས་སྐྱབས་གསུམ་འཛིན་པའི་དགེ་བསྙེན་དགེ་བསྙེན་མཚན་ཉིད་པར་འདོད། ལུང་ལས་ཀྱང་སྐྱབས་སུ་སོང་བ་དགེ་བསྙེན་དུ་གསུངས་པ་ཡོད།བྱེ་བྲག་སྨྲ་བ་ཕལ་ཆེ་བས་ཅི་སྟེ་དགེ་བསྙེན་ཐམས་ཅད་བསླབ་གཞི་ལྔའི་སྡོམ་པ་ཡིན་ན་སྣ་གཅིག་ལ་སོགས་པ་ཇི་ལྟར་རུང་ཞེ་ན། དང་པོ་ཁས་བླངས་པས་ཐོབ་ལ་ཕྱིས་སུ་ཡན་ལག་ལྔ་ལས་གཅིག་ལ་སོགས་པ་བསྲུང་བ་ལ་དེ་སྐད་དུ་གྲགས་ཞེས་བརྗོད་དེ། མཛོད་ལས། གལ་ཏེ་ཐམས་ཅད་བསྡམས་ཡིན་ན། །སྣ་གཅིག་སྤྱོད་སོགས་ཇི་ལྟ་བུར། །དེ་བསྲུངས་པ་ལ་བསྲུང་ཞེས་གྲགས། །ཞེས་བསྟན་པའི་ཕྱིར་རོ། །མདོ་སྡེ་བ་ལྟར་ན། བདག་སྣ་གཅིག་སྤྱོད་པའི་དགེ་བསྙེན་དུ་བཟུང་དུ་གསོལ་ལ་སོགས་པ་གང་འདོད་ཁས་བླངས་ནས་དེ་བཞིན་དུ་བསྲུང་བ་ལས་གཞན་དུ་ཡོངས་རྫོགས་བླངས་ནས་ཕྱིས་དེ་མ་བསྲུང་ན་ཚུལ་འཆལ་དུ་འགྱུར་ཞེས་ཟེར། དེས་ན་གང༷་འདོ༷ད་ཁ༷ས་ལེ༷ན་གྲ༷ངས་ལྟ༷ར་སྲོག་གཅོད་སྤོང་བ་ལྟ་བུ་སྣ༷་གཅི༷ག་སྤྱོ༷ད་པའི་དགེ་བསྙེན། དེའི་སྟེང་མ་བྱིན་ལེན་སྤོང་བ་ལྟ་བུ་སྣ༷་འག༷འ་སྤྱོ༷ད་པའི་དགེ

བསྙེན། དེ་གཉིས་ཀྱི་སྟེང་དུ་རྫུན་སྤོང་བ་ལྔ་བུ་ཕལ་ཆེར་སྤྱོད་པའི་དགེ་བསྙེན་ཞེས་དང་། དེའི་སྟེང་ལྷག་མ་འདོད་ལོག་ཆང་གཉིས་སྤོང་ན་ཡོངས་རྫོགས་སྤྱོད་པའི་དགེ་བསྙེན་ཞེས་བྱ་སྟེ། རིམ་བཞིན་གཅིག་དང་གཉིས་དང་གསུམ་དང་ལྔ་ཀ་སྤོང་བ་ཡིན་པའི་ཕྱིར་རོ། །

གཉིས་པ་གཞན་ལུགས་ནི། དེའི་སྟེང་སོགས་ཀྱིས་བསྟན། ཡོངས་རྫོགས་སྤྱོད་པའི་དགེ་བསྙེན་གྱི་ཁྲིམས་དེའི་སྟེང་དུ་མི་ཚངས་སྤྱོད་སྤོང་ན་ཚངས་སྤྱོད་ཀྱི་དགེ་བསྙེན་ཡིན་ནོ། །འདི་དང་གོང་དུ་བཤད་པའི་གོ་མིའི་དགེ་བསྙེན་གཉིས་ནི་ཁྲིམ་ཐབས་སྤངས་པས་ན་ཁྱིམ་པ་དང་རབ་བྱུང་མ་བླངས་པས་ན་རབ་བྱུང་གཉིས་ཀ་མིན་ཞེས་མཁས་པ་རྣམས་བཞེད་དོ། །དེ་ཡིན་ཏེ། ཆོ་འཕྲུལ་བསྟན་པའི་མདོ་ལས། རབ་བྱུང་ཡོན་ཏན་དུ་མ་ལྡན་པ་ཞེས། །དེ་བཞིན་གཤེགས་པ་རྣམས་ཀྱིས་བསྔགས་མོད་ཀྱི། །སེམས་ཅན་ཀུན་ལ་སྙིང་རྗེར་གྱུར་བས་ན། །འགྲོ་ལ་ཕན་ཕྱིར་བདག་གིས་རྒྱལ་སྲིད་བསྐྱབ། །རྗེ་སྲིད་འཚོ་བར་ཚངས་པར་སྤྱོད་བྱེད་ཅིང་། །གསོ་སྦྱོང་ཡན་ལག་བརྒྱད་པའང་བླངས་པར་བྱ། ཞེས་གསུངས་པ་ལྟར་རོ། །

གསུམ་པ་ཕྱོགས་མཐུན་གྱི་བསླབ་བྱ་ལ་གཉིས་ཏེ། དངོས་དང་། སྔགས་པ་ཁྱིམ་པས་ཀྱང་འདུལ་བ་ལ་བསླབ་དགོས་པར་བཤད་པའོ། །དང་པོ་ནི། །མི་དགེ་ལྷག་སོགས་རྐང་པ་གཅིག་སྟེ། དེའང་རྩ་བའི་ལྟུང་བ་བཞི་བྱུང་ན་སྡོམ་པ་གཏོང་བས་སླར་ལེན་པར་བྱ། མི་མིན་གསོད་པ་སོགས་བཞི་དང་ཆང་འཐུང་བའི་ཉེས་པ་རྣམས་བྱུང་ན་སྡོམ་ལྡན་ལ་བཤགས། མི་དགེ་བ་ལྷག་མ་ངག་གི་གསུམ་དང་ཡིད་ཀྱི་གསུམ་སྟེ་དྲུག་ནི་ཕྱོགས་མཐུན་གྱི་སྤང་བྱ་ཡིན་པ་དང་། དེ་རྣམས་བྱུང་ན་སྡོམ་སེམས་ཀྱིས་ཕྱིར་འཆོས་དགོས་པར་ཡང་ཤེས་པར་བྱའོ། །གཉིས་པ་ནི། དགེ་བསྙེན་སྡོམ་ལྡན་སོགས་རྐང་པ་གསུམ་གྱིས་བསྟན། དགེ་བསྙེན་གྱི་སྡོམ་པ་དང་ལྡན་པ་རིག་པ་འཛིན་པས་ཀྱང་དུར་སྒྲིག་བགོ་བ་ལྷུང་བཟེད་འཆང་བ་སྐྲ་འབྲེག་པ་སོགས་རབ་བྱུང་གི་རྟགས་དང་ལས་ཀྱི་ཆོ་ག་ས་ལས་བྱེད་པ་བཅས་རྐྱང་འགའ་ཞིག་མ་གཏོགས་ལྷག་མ་རྣམས་ཉམས་སུ་ལེན་དགོས་པར་གསུངས་ན་སྔགས་པ་རབ་བྱུང་གིས་ལྟ་ཅི་སྨོས་ཏེ། དཔུང་བཟང་གི་རྒྱུད་ལས། རྒྱལ་བ་ངས་གསུངས་སོ་སོར་ཐར་པ་ཡི། །ཚུལ་ཁྲིམས་རྣམ་དག་འདུལ་བ་མ་ལུས་པ། སྔགས་པ་ཁྱིམ་པས་རྟགས་དང་ཆོ་ག་སྤང་། །

ལྟག་མ་རྣམས་ནི་ཉམས་སུ་བླང་བར་བྱ། །ཞེས་གསུངས་སོ། །བཞི་པ་དགེ་ཚུལ་གྱི་ཁྲིམས་ལ་གསུམ་སྟེ༑ རགས་པ་བཅུ་ཕྱོགས་མཐུན་བསྡོམ་བྱའི་ཉེས་བྱས། རབ་བྱུང་གི་དུས་སུ་བླངས་པ་ལས་འདས་པའི་ཕྱོགས་མཐུན་ནོ། །དང་པོ་ནི། སྲོག་གཅོད་རྐུ་དང་སོགས་ཀྱིས་བསྟན། མིའམ་མིར་ཆགས་པའི་སྲོག་གཅོད་པ་དང་། རིན་ཐང་ཚང་བའི་དངོས་པོ་རྐུ་བ་དང་། མི་ཚངས་པ་སྤྱོད་པ་དང་། མི་ཆོས་བླ་མའི་རྫུན་དང་བཞི་བྱུང་ན་དགེ་སློང་ལ་ཕམ་པ་བྱུང་བ་དང་འདྲ་བས་ཕམ་འདྲའི་ཉེས་བྱས་སོ༑ ༑དེའང་གཞི་བསམ་སྦྱོར་བ་མཐར་ཐུག་གི་ཡན་ལག་ཚང་ན་ཕམ་འདྲའི་ཉེས་བྱས་སུ་འགྱུར་ལ༑ འཆབ་མེད་ཀྱི་ཕམ་འདྲ་གསོ་རུང་དང་། འཆབ་ན་གསོ་མི་རུང་བའང་ཕམ་པ་དང་འདྲའོ། །དེའང་སུམ་བརྒྱ་པ་ལས། མི་གསོད་ལ་སོགས་བཞི་རྣམས་ཀྱིས། །དགེ་ཚུལ་ལས་ནི་ཉམས་གྱུར་ན། །དགེ་སློང་བཞིན་དུ་དགེ་ཚུལ་ལའང་། །ཕྱི་ནས་སྡོམ་སྐྱེས་སྐལ་བ་མེད། །ཅེས་གསུངས་སོ། །སྨྱོས་འགྱུར་གྱི་ཆང་འཐུང་བ་དང་རྒོད་བག་གི་གར་དང་། སོགས་ཀྱིས་གླུ་དང་རོལ་མོ་འཁྲོལ་བ་རྣམས་བསྡུས། འཕྲེང་སྣེག་གི་ཕྲེང་བ་འདོགས་པ་དང་། སོགས་ཀྱིས་ཁ་དོག་བསྒྱུར་བ་སྤོས་བྱུག་པ་དག་བསྡུ། མལ་གྱི་ཁྲི་སྟན་རིན་ཐང་ཆེ་བ། ཁྲི་གང་ལས་ལྟག་པའི་མཐོ་བ་དང་། ཕྱི་དྲོའི་དུས་སུ་དུས་རུང་གི་ཁ་ཟས་ལ་སྤྱོད་པ་དང་གསེར་དང་དངུལ་ལེན་པ་སྤོང་བ་སྟེ་དྲུག་ནི་བཤགས་བྱའི་ཉེས་བྱས་སོ། །དེ་ལྟར་རྩ་བའི་ལྟུང་བ་བཞི་ཡན་ལག་གི་ལྟུང་བ་དྲུག་སྟེ་བཅུ་ནི། རྒྱལ་པོ་ཀྲི་ཀྲིའི་བུས་བསླབ་གཞི་མང་པོ་ཐོས་པས་འདི་ལྟ་བུའི་བསླབ་བྱ་རྣམས་ལ་སློབ་མི་ནུས་སོ་སྙམ་དུ་སེམས་ཞུམ་པ་སྐྱེས་པ་ན་དེ་ལྟ་བུའི་གང་ཟག་རྣམས་ཀྱི་ཞུམ་པ་དེ་སྤང་བའི་ཕྱིར་དུ་བསླབ་བྱ་རགས་པ་བཅུར་དྲིལ་ཏེ་གསུངས་པ་ཡིན་ནོ། །

དེ་ལྟར་རགས་པ་བཅུ་དང་རབ་བྱུང་གི་སྐབས་སུ་དངོས་སུ་ཁས་བླངས་པའི་བསླབ་པ་གསུམ་དང་འགལ་བའི་ཉེས་པ་ནི། མཁན་པོར་གསོལ་བ་འདེབས་པ་ལས་ཉམས་པ། རབ་བྱུང་གི་རྟགས་བླངས་པ་ལས་ཉམས་པ། ཁྱིམ་པའི་རྟགས་སྤངས་པ་ལས་ཉམས་པ་སྟེ་ཉམས་པ་རྣམ་པ་གསུམ་བཀྲང་བས་བཅུ་གསུམ་ཡོད། རྒྱས་པར་ཕྱེ་ན་བླང་འདས་སོ་དྲུག་ཡོད་དེ། དགེ་སློང་ལ་གསོད་ཕམ་དང་། འདེབས་སྤྱོད་གསོད་པའི་ལྟུང་བྱེད་གསུམ་སྟེ་གསོད་པའི་ལྟུང་བ་བཞི་ཡོད་པས་དགེ་ཚུལ་ལའང་

སྲོག་གཅོད་པའི་བླངས་འདས་བཞི་དང་། དགེ་སློང་ལ་ཐུན་ཕམ་གཅིག་དང་གཞི་མེད་བག་ཙམ་དགེ་འདུན་དབྱེན་དེའི་རྗེས་ཕྱོགས་ཁྲིམ་པ་སུན་འབྱིན་པའི་ལྷག་མ་ལྔ་དང་། ཤེས་བཞིན་ཐུན་སྨྲ་བའི་ལྟུང་བྱེད། བཤེས་ངོར་འཕྱ་བ། ཞལ་ཏ་བ་འཕྱ་བ། ཟས་ཆུང་དུས་སྐྱུར་བ། ལྷག་མས་སྐྱུར་འདེབས། བསླབ་གཞི་ཁྱད་གསོད་ཀྱི་བར་ལྟུང་བྱེད་དྲུག་དང་། འབྲས་ཅན་འགེབ་པའི་ཉེས་བྱས་གཅིག་དང་བཅུ་བདུན་ཡོད་པས་དགེ་ཚུལ་ལའང་བླངས་འདས་བཅུ་བདུན། དགེ་སློང་ལ་ལོངས་པ་གཞིར་གཏོགས་ཀྱི་ལྟུང་བྱེད་དུ་གཏོགས་པའི་གླུ་གར་རོལ་མོ་རྒྱན་དང་ཁ་དོག་སྤོས་ཕྱུག་ཕྲེང་བའི་བར་གྱི་ཉེས་བྱས་བདུན་དང་། ཁྲི་རྐང་འཚོས་པའི་ལྟུང་བྱེད་དུ་གཏོགས་པའི་མལ་ཆེ་མཐོའི་ཉེས་བྱས་བཞི་ཡོད་པས་བཞི་དང་། མ་བྱིན་ལེན་མི་ཚངས་སྤྱོད་ཆང་ཕྱི་དྲོའི་ཁ་ཟས་གསེར་དངུལ་ལེན་པ་ལྔ་དང་ཉམས་པ་རྣམ་གསུམ་དང་སོ་དྲུག་ཡོད་དེ། སྲོག་གཅོད་བཞི་དང་མ་བྱིན་ལེན། །མི་ཚངས་སྤྱོད་དང་ཐུན་དུ་སྨྲ། །གཞི་མེད་བག་ཙམ་དགེ་འདུན་དབྱེན། །དེའི་རྗེས་ཕྱོགས་དང་ཁྲིམ་སུན་འབྱིན། །ཤེས་བཞིན་བཤེས་ངོར་འཕྱ་བ་དང་། །ཟས་ཆུང་ལྷག་མས་སྐྱུར་འདེབས་དང་། །བསླབ་པ་སྤོང་དང་འབྲས་ཅན་འགེབ། །ཆང་དང་གླུ་གར་རོལ་མོ་བྱེད། །རྒྱན་དང་ཁ་དོག་སྤོས་ཕྱུག་ཕྲེང་། །ཁྲི་དང་སྟན་ནི་ཆེ་མཐོ་དང་། །ཕྱི་དྲོའི་ཁ་ཟས་གསེར་དངུལ་ལེན། །ཉམས་པ་རྣམ་པ་གསུམ་དག་སྟེ༔ ༔སུམ་ཅུ་དྲུག་ནི་བླངས་ལས་འདས། །ཞེས་སོ། །

གཞན་ཡང་བླངས་འདས་སུམ་ཅུ་སོ་གསུམ་བགྲང་བ་ལ་རྩ་བ་བཞི་གསོད་པ་གསུམ་དང་བདུན། ཐུན་གཏོགས་བཅུ་གཉིས་ཐུ་མའི་བདུན་དང་བསྲེ་བས་བཅུ་དགུ། ལྟུང་བྱེད་ལས་ཆང་གླུ་གར་རོལ་མོ་ཕྲེང་བ་ཁ་དོག་བསྒྱུར་བ་སྤོས་བྱུག་པ་མལ་ཆེ་མཐོ་ཕྱི་དྲོའི་ཁ་ཟས་གསེར་དངུལ་ལེན་པ་རྣམས་བསྣན་པས་སུམ་ཅུ། ཉམས་པ་གསུམ་བསྣན་པས་སོ་གསུམ་མོ། །དེ་ལྟར་བླངས་འདས་རྣམས་རགས་པ་བཅུར་བསྡུས་ཏེ་བཅུར་གྲངས་ངེས་པའི་རྒྱུ་མཚན་ཡོད་དེ། དགག་བྱའི་སྒོ་ནས་བཅུར་གྲངས་ངེས་པའི་ཕྱིར། དེའང་སྲོག་གཅོད་བཞི་གཅིག་ཏུ་བྱས་པ་ཡིན་ཏེ། སྲོག་ལ་གནོད་པའི་རང་བཞིན་དུ་གཅིག་པའི་ཕྱིར། ཐུན་བཅུ་གསུམ་གཅིག་ཏུ་བྱས་ཏེ། གཞན་བསླུ་བའི་རང་བཞིན་དུ་གཅིག་པའི་ཕྱིར། ཁྲི་སྟན་བཞི་གཅིག་ཏུ་བྱས་ཏེ། འདོད་ཞེན་ཆེ་བའི་རང་བཞིན་དུ་གཅིག་པའི་

ཕྱིར། དེ་བཞིན་མ་བྱིན་ལེན་ཆང་མི་ཚངས་སྤྱོད་ཕྱི་དྲོའི་ཟས་རིན་པོ་ཆེ་འཆང་བ་དང་ལྔ་རེ་རེ་བྱས་ཏེ༑ རིམ་པར་གཞན་གྱི་ལོངས་སྤྱོད་ལ་གནོད་པ་དང་། བག་མེད་པའི་གནས་དང་། འཁྲིག་པ་དང་། དུས་མིན་ཟ་བ་དང་། ཡོ་བྱད་དོན་མེད་ལ་ཆགས་པའི་རང་བཞིན་མི་གཅིག་པའི་ཕྱིར་རོ། །རྒྱན་དང་ཞེས་པ་མགུར་རྒྱན་སོགས་སོ། །ཁ་དོག་འཆང་བ་ནི་གུར་གུམ་སོགས་ཀྱིས་ལུས་ལ་རི་མོ་བྱེད་པའོ། །སྤྲོས་ལུག་ཅེས་པ་ནི་དྲི་ཞིམ་པོའི་རྫས་ལུས་ལ་བྱུག་པའོ། །རག་པ་བཅུའི་གོ་རིམ་ནི། ལྟི་བའི་རིམ་པར་མཐུན། ཕམ་འདྲ་བཞི་ནི་མི་དགེ་བཅུའི་གོ་རིམ་དང་མཐུན། གར་སོགས་ཕྲེང་སོགས་ཁྲི་སྟན་ཆེ་མཐོ་ཕྱི་དྲོའི་ཟས་གསེར་དངུལ་ལེན་པ་ལྔ་འཁོར་བའི་རྒྱུར་ཤེས་པའི་ཆེད་དུ་འཇིག་རྟེན་གྱི་བསྙེན་བཀུར་དང་གོ་རིམ་མཐུན་པར་བསྟན་ཏོ། །སྒྲ་བཤད་ནི། མཁན་སློབ་ཀྱི་དྲུང་དུ་ཚོགས་བླངས་པ་ལས་འདས་པས་བླངས་འདས་དང་། བྱེད་ལས་ཕམ་པ་དང་འདྲ་བས་ཕམ་འདྲ་དང་། བཤགས་པས་འདག་རུང་བས་བཤགས་བྱ་དང་། ལེགས་པར་མ་བྱས་པར་ཉེས་པར་བྱས་པས་ཉེ་བྱས་སུ་བཤད་དོ། །

རབ་བྱུང་རྣམས་གསུམ་ལ་ཕམ་སོགས་མི་འབྱུང་བའི་རྒྱུ་མཚན་ནི། འཕགས་པ་ཉེར་སྦྱས་ཀྱིས་བསྙེན་པར་རྫོགས་པ་དང་བསྙེན་པར་མ་རྫོགས་པ་གཉིས་ཀྱི་བྱེ་བྲག་བསྟན་པའི་ཕྱིར་ཞེས་དང་། འཕགས་པ་ཟླ་བ་ནོར་བུས་ཚུལ་ཁྲིམས་ཀྱི་ཐ་མར་གྱུར་པ་ཡིན་པས་ཕྱིར་ཞེས་གསུངས་པའི་དོན་ནི། དགེ་སློང་ནི་བསྟན་པ་ལ་ཞུགས་པ་རྫོགས་པས་གཙོ་བོ་ཡིན་ལ། རབ་བྱུང་རྣམ་གསུམ་ནི་བསྟན་པ་ལ་ཞུགས་པ་མ་རྫོགས་པས་གཙོ་བོ་མ་ཡིན་ཞིང་དགེ་སློང་གི་འཁོར་ཡིན་པས་འཁོར་མི་མཐུན་ཕྱོགས་ཀྱིས་ཕམ་ཀྱང་ཕམ་པར་མི་འདོད་དེ། བྲན་གཡོག་ཤ་བ་ཙམ་གྱིས་དམག་དཔོན་ཕམ་པར་མི་འཇོག་པ་བཞིན་ཡིན་པའི་ཕྱིར། ཞེས་པའོ། བླང་འདས་ཀྱི་མཚན་ཉིད་ནི། རབ་བྱུང་བསྙེན་པར་མ་རྫོགས་པས་རང་ཉིད་བསླབ་པའི་གཞི་ཁས་བླངས་པ་ལས་འདས་པའི་ཁ་ན་མ་ཐོ་བ་དེ་སྐབས་འདིར་བསྟན་གྱི་བླངས་འདས་ཀྱི་མཚན་ཉིད། དཔེར་ན་དགེ་ཚུལ་ཕ་མའི་བཅུ་གསུམ་དང་དགེ་སློབ་མའི་ཉེར་ལྔའོ། །འདུལ་བ་ལུང་རིགས་གཏེར་མཛོད་དུ། སྔར་བསྟན་པའི་གསོད་ཕམ་གྱི་ཆར་གཏོགས་གསོད་གསུམ་དང་། རྫུན་གཏོགས་ལས་འབྲས་ཆན་འགེབས་གཅིག་སྟེ་དོར་བས་དགེ

འདུན་ལྷག་མའི་ཇུན་ལྔ་ལྟུང་བྱེད་ཀྱི་ཇུན་དྲུག་སྟེ་ཇུན་གཏོགས་བཅུ་གཅིག་བསྣན་པས་བཅུ་བཞི། མ་བྱིན་ལེན་གྱི་ཆར་གཏོགས་ཁང་བ་ཁང་ཆེན་རིན་པོ་ཆེའི་ཁབ་རལ་བྱེད་པ་གསུམ་སྟེ་བཅུ་བདུན། མི་ཚངས་སྤྱོད་ཀྱི་ཆར་གཏོགས་དགེ་འདུན་གྱིས་སྐྱང་བའི་མཚན་མི་མཐུན་པ་དང་ལྷན་ཅིག་ཉལ་བ་སྟེ་བཅོ་བརྒྱད། རྩ་བཞིའི་ཐུན་མོང་གི་ཆར་གཏོགས་གསོ་སྦྱོང་དབྱར་གནས་དགག་དབྱེ་གནས་ཀྱི་བླ་མ་མ་བསྟེན་པར་གནས་པ་བཞི་སྟེ་ཉེས་བྱས་ཉེར་གཉིས་སུ་བཤད་དོ། །

གཉིས་པ་ཕྱོགས་མཐུན་བསྡམ་བྱས་ཉེས་བྱས་ནི། ཆོས་གོས་ལྟུང་བཟེད་འཆང་བ་སོགས་ཀྱིས་ཉེས་མེད་གནང་བའི་ཆོས་དངོས་སུ་བསྟན་ནས་བླང་འདས་མ་ཡིན་པའི་ལྟུང་བའི་ལྷག་མ་བསྡམ་བྱར་བསྟན་པ་ཡིན་པས། གནང་བ་ལ་ཆོས་གོས་དང་ལྟུང་བཟེད་ལྷག་པོ་འཆང་བ་སྟེ་གཉིས་དང་བྲལ་བ་དང་གསུམ། ས་རྐོ་བ་རིན་པོ་ཆེ་ལ་རེག་པ་དང་མེ་ལ་རེག་པ་བཏང་ནས་ཟ་བ་དང་ལྗོན་ཤིང་ལ་འཛེགས་པ་དང་ཤིང་གཅོད་པ་དང་བྱིན་ལེན་མ་བྱས་པར་ཟ་བ་དང་རྩ་སྔོན་ཁྲོད་དུ་མི་གཙང་བ་འདོར་བ་དང་བསོགས་འཛོག་ཟ་བ་དང་ས་བོན་འཇོམས་པ་རྣམས་ནི་སྟོན་པས་གནང་བ་ཡིན་པས་ན་ཉེས་པ་མེད་པ་བཅུ་གསུམ་ཞེས་བྱ་ལ། དེ་རྣམས་མ་གཏོགས་པའི་བསླབ་བྱ་གཞན་རྣམས་ནི་དགེ་སློང་ཇི་ལྟ་བ་བཞིན་དུ་སྲུང་བྱ་སྤོང་བ་བླང་བྱ་ལེན་པ་ཕལ་ཆེ་བ་མཐའ་དག་རྣམས་གཅིག་ཡིན་པས་གནང་བའི་ལྷག་མའི་ལྟུང་བ་བླངས་འདས་མིན་པ་རྣམས་དགེ་སློང་ལ་ལྟུང་བ་སྡེ་ལྔ་གང་རུང་དུ་འགྱུར་བ་ལྟར་དགེ་ཚུལ་ལའང་བཤགས་ཡུལ་མངོན་དུ་གྱུར་པ་ལ་མི་ལྟོས་པར་ཡིད་ཀྱིས་བསྡམས་པ་ཙམ་གྱིས་འདག་པར་འགྱུར་བའི་བསྡམ་བྱའི་ཉེས་བྱས་ཡིན་ཏེ། མདོ་རྩ་བ་ལས།དེའི་ཕྱོགས་མཐུན་ལ་ནི་ཡིད་ཀྱིའོ། །ཞེས་གསུངས་སོ། །རབ་བྱུང་བསྙེན་པར་མ་རྫོགས་པས་རང་གི་བསླབ་པའི་གཞི་ཁས་བླངས་པ་ལས་འདས་པ་དང་ཕྱོགས་མཐུན་པའི་ཁ་ན་མ་ཐོ་བ་དེ་སྐབས་འདིའི་ཕྱོགས་མཐུན་གྱི་ཉེས་བྱས་ཀྱི་མཚན་ཉིད། དབྱེ་ན། ཉེས་བརྒྱ་ཕྱེད་བཅོ་ལྔ་གོང་དུ་སྨོས་པའི་ལྷག་མའི་ཁྱུ་འབྱིན་ནས་ཆུར་མི་གཙང་འདོར་བའི་བར་རོ། །

དེ་ལྟར་ཉེས་མེད་བཅུ་གསུམ་གྱི་སྟེང་དུ་བོད་ཀྱི་འདུལ་འཛིན་རྣམས་ནས་རུང་མཐུན་སྦྱར་བ་ལ༑ ཟླ་འཛོག་གསོག་འཛོག་དགོན་པ་བྲལ། མ་སྨྲས་འདུན་བསྒྱུར་མ་རྫོགས་ཉལ། ཞེས་པ་ལྟར

དངོས་སུ་གནང་བའི་བླར་བསྟུ་བའི་གནང་བ་ནི་གོས་འཆང་བའི་བླར་བསྟུ་བ་གོས་ཀྱི་རྒྱུ་བླ་བར་འཛོག་པ་དང་། བྲལ་བའི་བླར་བསྟུ་བ་དགོན་པའི་འབྲལ་སྤང་བྱེད་པ་གནང་བ་དང་། གསོག་འཛོག་ཟ་བའི་བླར་བསྟུ་བ་གསོག་འཛོག་བྱེད་པ་འདང་གནང་བའོ། །དེ་ལྟར་ན་གནང་བའི་ཉེས་མེད་བཅུ་དྲུག་གོ། །དེའི་སྟེང་དུ་ལས་ཀྱི་གནས་ནས་མི་སླུ་བར་འགྲོ་བ་དང་འདུན་པ་ཕྱིར་བསྒྱུར་གྱི་ལྟུང་བ་དང་བསྙེན་པར་མ་རྫོགས་པ་དང་ནུབ་ལྷག་ཉལ་བ་རྣམས་བསྟན་ནས་བཅུ་དགུ་གནང་བར་འདོད་པ་དང་། གཞན་འགའ་ཞིག་གིས་མི་སླུ་བར་འགྲོ་བ་དང་བཅུ་བདུན། དགེ་ཚུལ་ནང་དུ་ནུབ་ལྷག་ཉལ་བ་བསྲུང་མི་དགོས་ཀྱང་ཁྲིམ་པ་ལ་བསྲུང་དགོས་པས་ཕྱེད་དང་བཅོ་བརྒྱད་གནང་བར་བཞེད། གསུམ་པ་རབ་བྱུང་གི་བླངས་འདས་ནི། ཁྲིམ་རྟགས་སྤྱོད་ཉམས་སོགས་ཀྱིས་བསྟན། སྔར་རབ་བྱུང་གི་སྐབས་སུ་ཁས་བླངས་པའི་ཁྲིམ་པའི་རྟགས་སྤྱོད་པ་ལས་ཉམས་པ་དང་། རབ་བྱུང་གི་རྟགས་ལེན་པ་ལས་ཉམས་པ་དང་། མཁན་པོར་མ་གུས་པས་བརྙས་པས་མཁན་པོར་གསོལ་བ་བཏབ་པ་ལས་ཉམས་པ་སྟེ། དེ་ལྟར་ཉམས་པ་གསུམ་པོ་དང་བཅས་པ་སྤོང་བ་ནི་དགེ་ཚུལ་གྱི་སྡོམ་པའི་བསླབ་བྱའོ། །

དེ་ཡང་བསམ་པ་ཐག་པ་ནས་ཁྲིམ་པའི་རྟགས་ཉིན་གཅིག་ཙམ་བླངས་པས་ཀྱང་བར་མ་རབ་བྱུང་གི་ཚུལ་ཁྲིམས་གཏོང་བྱེད་དང་དགེ་ཚུལ་གྱི་བཤགས་བྱའི་ཉེས་བྱས་ཡིན། ལྔ་པ་དགེ་སློབ་མའི་ཁྲིམས་ལ་གཉིས་ཏེ། མདོར་བསྟན། རྒྱས་བཤད་དོ། །དང་པོ་ནི། དགེ་སློབ་མ་ནི་སོགས་རྐང་པ་གཅིག་གིས་བསྟན་ཏེ། དགེ་སློབ་མ་ནི་དགེ་ཚུལ་གྱི་བསླབ་གཞི་བཅུ་ཐོབ་པའི་སྟེང་དུ་དགེ་སློབ་མའི་ཁྲིམས་བླངས་ནས་རང་གི་བསླབ་པ་ལ་སློབ་པའོ། །གཉིས་པ་ལ་གཉིས་ཏེ། རྩ་བའི་ཆོས་དྲུག་དང་རྗེས་མཐུན་གྱི་ཆོས་དྲུག་གོ། །དང་པོ་ནི། གཅིག་འགྲོ་སོགས་ཀྱིས་བསྟན་ཏེ། གཅིག་པུ་ལམ་དུ་འགྲོ་བ་དང་། ཆུ་བོའི་ཕ་རོལ་ཏུ་རྐྱལ་བ་དང་། སྐྱེས་པའི་ལུས་ལ་རེག་པ་དང་། སྐྱེས་པ་དེ་དང་ལྷན་ཅིག་ཏུ་འདུག་པ་དང་། ཕོ་མོ་ཕན་ཚུན་དུ་སྨྱན་བྱ་བ་དང་། དགེ་སློབ་མ་རང་ངམ་གྲོགས་གཞན་གྱི་ཁ་ན་མ་ཐོ་བའི་ཉེས་པ་འཆབ་པ་སྤང་བ་སྟེ་རྩ་བའི་ཆོས་དྲུག་གོ །ས་ག་ལྟས། གཅིག་པུ་ལམ་དུ་འགྲོ་མི་བྱ། །ཆུ་བོའི་ཕ་རོལ་རྐྱལ་མི་བྱ། །སྐྱེས་པ་ལ་ནི་མི་རེག་ཅིང་། །དེ་དང་ལྷན་ཅིག

འདུག་མི་བྱ། །ཁ་ན་མ་ཐོ་མི་འཆབ་ཅིང་། །གཉེན་དུ་འགྱུར་བར་མི་བྱ་སྟེ། །རྩ་བའི་ཆོས་དྲུག་འདི་དག་ནི། །དགེ་སློབ་མ་ལ་གསུངས་པ་ཡིན། །ཞེས་སོ། །

གཉིས་པ་ནི། གསེར་བཟུང་འདོམས་སྤྱི་འབྲེག་སོགས་ཀྱིས་བསྟན། གསེར་ས་ལེ་སྦྲམ་ལག་པས་བཟུང་བ་དང་། འདོམས་ཀྱི་སྤུ་འབྲེག་པ་དང་། ས་རྐོ་བ་དང་། བྱིན་ལེན་མེད་པར་ཟ་བ་དང་། གསོག་འཇོག་བྱས་པ་ཟ་བ་དང་། རྩ་སྔོན་མི་གཅོད་པ་འདི་རྣམས་རྗེས་མཐུན་གྱི་ཆོས་དྲུག་ཡིན་ནོ༔ ༔དེ་ལྟར་ཡང་ས་ག་ལྟས། ས་ལེ་སྦྲམ་ནི་ལེན་པ་དང་། །གསང་བའི་གནས་ཀྱི་སྤུ་བྲེག་དང་། །ས་རྣམས་རྐོ་བར་བྱེད་པ་དང་། །རྩ་སྔོན་ལ་སོགས་གཅོད་པ་དང་། །བྱིན་ལེན་མ་བྱས་ཟ་བ་དང་། །གསོག་འཇོག་བྱས་པ་ཟ་བ་ལས། །བཟློག་པ་ཞེས་བྱ་དེ་བཞིན་གཞན། །རྗེས་མཐུན་ཆོས་ནི་དྲུག་ཏུ་འདོད། །ཅེས་སོ། །འཆང་བྲལ། མི་རིག་སྤྱངས་ཟ། ས་བོན་འཛོམས་པ། རྩ་སྔོན་དུ་མི་གཙང་འདོར་བ། ཤིང་ལ་འཛེགས་པ་སྟེ་བདུན་པོ་འདི་མ་གཏོགས་པའི་གཞན་དགེ་སློང་མའི་བསླབ་པ་རྣམས་བླངས་པའི་ཕྱོགས་མཐུན་ཡིན་པས་དེ་དག་ལས་འདས་ན་ཡིད་ཀྱིས་བསྡམ་པར་བྱ་བའི་ཉེས་པའོ། །

དྲུག་པ་དགེ་སློང་གི་ཁྲིམས་ལ་གཉིས་ཏེ། སྤང་བའི་ཚུལ་ཁྲིམས་དང་། འཇུག་པའི་ཚུལ་ཁྲིམས་གཉིས་སོ། །དང་པོ་ལ། དགེ་སློང་ཕའི་བསླབ་ཁྲིམས་དང་། དགེ་སློང་མའི་བསླབ་ཁྲིམས་སོ༔ ༔དང་པོ་ལ། མདོར་བསྟན་པ་དང་། རྒྱས་པར་བཤད་པ་གཉིས་ལས། དང་པོ་ནི། དགེ་སློང་ཁྲིམས་ལ་ཞེས་པའི་ཚིག་རྐང་གཅིག་གིས་བསྟན་པས། དགེ་སློང་ཕའི་དགག་པའི་བསླབ་ཁྲིམས་ལྟུང་བ་སྡེ་ལྔ་ལས་ཕྱེས་པའི་ཉིས་བརྒྱ་དང་ལྔ་བཅུ་རྩ་གསུམ་ཡོད་དོ་ཞེས་སྤྱིར་བསྟན་ནས། དེ་ལྟར་སྡོམ་པ་ཐོབ་པ་ལྟར་བསྲུང་བའི་ཐབས་ལ་ཕྱིའི་རྐྱེན་དགེ་བའི་བཤེས་གཉེན་གནས་ཀྱི་བླ་མ་བསྟེན་པར་རྫོགས་ནས་ལོ་བཅུ་བར་མ་ཆད་དུ་ལོན་པ་ལྔ་ཕྲུགས་ཉེར་གཅིག་གང་རུང་དང་ལྡན་པའི་བརྟན་མཁས་ཀྱི་ཡོན་ཏན་དང་ལྡན་པའི་བླ་མ་བསྟེན་ནས་སོར་མདོ་དང་རྣམ་འབྱེད་ནས་བསྟན་པའི་ལྟུང་བ་དེ་རྣམས་དང་། སྒྲུབ་པའི་བསླབ་བྱ་གཞི་གསུམ་གྱི་བསླབ་བྱ་སོགས་འདུལ་བ་གཞི་ནས་བསྟན་པའི་བསླབ་བྱ་རྣམས་བླང་དོར་འབྱེད་པའི་ཚུལ་ལ་ཐོས་བསམས་ཀྱིས་མཁས་པར་

སྤྱངས་ནས་བསྲུང་དགོས་ཏེ། རིན་ཆེན་ཕྲེང་བ་ལས། དེ་ནས་རབ་ཏུ་བྱུང་བ་ཡིས། །དང་པོར་བསླབ་ལ་རབ་གུས་བྱ། །སོ་སོར་ཐར་བ་འདུལ་བཅས་ལ། །མང་ཐོས་དོན་གཏན་དབབ་ལ་སྦྲིམས། ཞེས་པ་ལྟར། ནང་གི་རྐྱེན་བསམ་པ་ཕུན་ཚོགས་པ་བླང་དོར་ལ་སྤྲོ་བའི་བརྩོན་འགྲུས། འཇུག་ལྡོག་གི་གནས་ལ་གཟབ་པའི་བག་ཡོད་རང་རྒྱུད་ལ་བསླབ་འགལ་གྱི་ཉེས་པ་འབྱུང་མ་འབྱུང་བརྟགས་པའི་ཤེས་བཞིན་ཏེ་དྲན་ཤེས་ཚུལ་བཞིན་བསྟེན་ནས་བླ་མས་བསྒོ་བ་ལས་མི་འདའ་བར་བྱེད་དགོས་ཏེ། དགེ་ཚུལ་གྱི་སུམ་བརྒྱ་པ་ལས། སློབ་དཔོན་ལ་གུས་ཚུལ་ཁྲིམས་ཡང་དག་དང་། །བསམ་གཏན་དང་ནི་འདོན་ལ་རྟག་བརྩོན་དང་། །ཁྲིམ་ཤིང་དུལ་ལ་བཟོད་དང་ལྡན་པ་ནི། །སྡོམ་བརྩོན་གནས་པའི་ཆོས་ལྡན་ཤེས་པར་བྱ། །ཞེས་གསུངས་པས་གནས་པ་སློབ་མའི་མཚན་ཉིད་ཀྱི་ཆོས་ལས་མི་འདའ་བའི་སྒོ་ནས་རང་རྒྱུད་ཀྱི་སྡོམ་པ་བསྲུང་དགོས་སོ། །

གཉིས་པ་རྒྱས་བཤད་ལ་དྲུག་སྟེ། ཕམ་པ་བཞི། ལྷག་མ་བཅུ་གསུམ། སྤང་ལྟུང་སུམ་ཅུ། ལྟུང་བྱེད་འབའ་ཞིག་པ་དགུ་བཅུ། སོར་བཤགས་སྡེ་བཞི། ཉེས་བྱས་བརྒྱ་དང་བཅུ་གཉིས་སོ། །

དང་པོ་ཕམ་པའི་སྡེ་ལ་གསུམ་སྟེ། བསྟན་བཤད་མདོར་བསྡུ་བའོ། །དང་པོ་ནི། སྡོམ་པའི་རྩ་བ་སོགས་རྐང་པ་གཅིག་གིས་བསྟན། དེའང་འདིར་བཅས་ལྡན་དགེ་སློང་གིས་བསྲུང་བྱའི་གཙོ་བོར་གྱུར་པ་སྡོམ་པའི་རྩ་བའི་ལྟུང་བ་ལ་ཕམ་པ་བཞི་ཡོད་དེ། འདི་བཞི་བཅས་ལྡན་དགེ་སློང་གིས་བསྲུང་ན་སྡོམ་པའི་རྩ་བར་འགྱུར་ལ་ཉམས་ན་གཉེན་པོའི་ཕྱོགས་ཀྱི་སྡོམ་པ་ཕམ་ཞིང་ཉམས་པར་བྱེད་པས་ན་ཕམ་པ་ཞེས་བྱ། དེའང་འཆབ་བཅས་བྱུང་ན་དགོས་པ་སྐྱབ་ནུས་ཀྱི་སྡོམ་པ་ལས་ཉམས་པ་དང་། འཆབ་མེད་བྱུང་ན་སྡོམ་པ་རྣམ་དག་ལས་ཉམས་པར་འགྱུར་ལ། འཆབ་མེད་བྱུང་ན་བསླབ་པ་སྦྱིན་པས་སྡོམ་པ་སླར་གསོ་རུང་ཡང་ཕམ་པ་འཆབ་བཅས་བྱུང་ན་སླར་གསོ་མི་རུང་སྟེ། ལུང་ལས། དེས་དེ་བྱས་མ་ཐག་ཏུ་དགེ་སློང་དུ་མི་རུང་། དགེ་སྦྱོང་དུ་མི་རུང་། ཤཱཀྱའི་སྲས་ཀྱང་མི་རུང་ངོ་། །དགེ་སློང་གི་དངོས་པོ་ལས་ཉམས་པ་བཅོམ་པ་ལྟུང་བ་ཕམ་པར་གྱུར་པ་སྟེ། དེས་དགེ་སྦྱོང་གི་ཚུལ་སླར་བླང་དུ་མེད་པར་འགྱུར་རོ། །དཔེར་ན་ཤིང་ཏཱ་ལའི་མགོ་བོ་བཅད་ན་སྔོན་པོར་འགྱུར་དུ་མི་རུང་ལ་འཕེལ་ཞིང་ཡངས་པ་དང་རྒྱས་པར་འགྱུར་དུ་མི་རུང་བ་བཞིན་ནོ། །ཞེས་གསུངས་སོ། །

དེ་ལ་བཞི་ཞེས་བྱ་སྟེ། མི་ཚངས་སྤྱོད་ཀྱི་དང་། མ་བྱིན་ལེན་གྱི་ཕམ་པ་དང་། སྲོག་གཅོད་ཀྱི་དང་། རྫུན་སྨྲའི་ཕམ་པའོ། །དང་པོ་ལ། གླེང་གཞི་དང་། ལྟུང་བའི་ཡན་ལག་གཉིས་ལས། དང་པོ་ནི༑ སྟོན་པ་སངས་རྒྱས་ནས་ལོ་བཅུ་གཉིས་སུ་བསྟན་པ་ལ་སྐྱོན་ཅུང་ཟད་ཙམ་ཡང་མ་བྱུང་ཡང་ལོ་བཅུ་གསུམ་པར་བབས་པ་ན་སངས་རྒྱས་བཅོམ་ལྡན་འདས་ཡུལ་སྤོང་བྱེད་ཀ་ལནྡ་ཀའི་གྲོང་ན་བཞུགས་སོ། དེའི་གྲོང་ན་ཀ་ལནྡ་ཀའི་བུ་བཟང་སྦྱིན་ཞེས་བྱ་བ་ནོར་མང་ལོངས་སྤྱོད་ཆེ་བ་རྣམ་ཐོས་བུར་འགྲན་བཟོད་པ་དེས་རིགས་མཉམ་པ་ལས་ཆུང་མ་བླངས་ནས་དེ་དང་ལྷན་ཅིག་རྩེ་དགའི་དགའ་མགུར་སྤྱོད་དོ། །དེ་རེ་ཞིག་གི་དུས་ན་མཆོག་གསུམ་ལ་དད་དེ་སྐབས་སུ་སོང་ཞིང་བསླབ་གཞི་ལྔ་བླངས། དད་པ་གོང་དུ་འཕེལ་བ་ལས་ཁྱིམ་ནས་ཁྱིམ་མེད་པར་རབ་ཏུ་བྱུང་ཀྱང་རེ་ཞིག་ཁྱིམ་གྱི་ཉེ་དུ་རྣམས་དང་ལྷན་ཅིག་གནས་ཚེ་འདི་སྙམ་དུ་ཉེ་དུ་རྣམས་དང་འདྲིས་པར་གནས་པ་མི་རིགས་སོ་སྙམ་དུ་ལྡོངས་རྒྱུ་ཞིང་བསོད་སྙོམས་བླང་ནས་ཀ་ལནྡ་ཀའི་དགོན་པའི་སྤྱིལ་བུ་ན་འདུག་བཞིན་བསོད་སྙོམས་ཀྱིས་འཚོའོ། །དུས་གཅིག་ལ་རང་ཁྱིམ་དུ་བསོད་སྙོམས་ལ་སོང་ཚེ་རང་གི་མ་བྱ་བ་འགའི་ཆེད་དུ་ཁྱིམ་ལས་གཞན་དུ་ཕྱིན་ཤུལ་ཁེལ་བས་བསོད་སྙོམས་མ་ཐོབ་པར་ཕྱིར་ལོག་པ་དེ་བྲན་མོས་མཐོང་ནས་བཟང་སྦྱིན་གྱི་མ་ལ་བསྐད་ཚེ། ཕོ་མོས་བསམ་པར་བུ་རབ་བྱུང་གིས་སྤྱིད་ལུག་སྟེ་འདོད་པ་དོན་དུ་གཉེར་བ་ཡིན་ལས་ཆེ་སྙམ་ནས་བཟང་སྦྱིན་གྱི་གན་དུ་སོང་སྟེ། བུ་ཁྱོད་འདོད་པ་གཉེར་ན། ཕས་བསགས་པའི་འབྱོར་བ་མཐའི་ཚད་གཞལ་དཀའ་བ་ཁྱིམ་ན་ཡོད་ན། ཚུར་ཤོག །འདོད་པ་ལ་ལོངས་སྤྱོད། སྦྱིན་པ་དག་ཀྱང་གྱིས། བསོད་ནམས་ཡང་བསགས་པར་གྱིས་སྨྲས་པ་ན། བཟང་སྦྱིན་གྱིས་མ་ལ་སྨྲས་པ། བདག་ནི་དེ་ལྟ་མ་ལགས་སོ་སྨྲས་པས། མས་བསམ་པར་ཕོ་མོའི་ཚིག་ལ་མི་ཉན་ན་ད་འདི་ལ་བག་སར་མ་ཐད་དོ་སྙམ་ནས་ཁྱིམ་དུ་ལོག་སྟེ་མནའ་མ་ལ་སྨྲས་པ་སྲུ་ཁྱོད་དུས་ལ་བབས་ཅིང་ཟླ་མཚན་དང་ལྡན་ཚེ་ཕོ་མོ་ལ་སྨྲོན་ཅིག་སྨྲས། ནམ་ཞིག་དེ་དུས་ལ་བབས་ཚེ་མར་སྨྲས་པས། ཁྱོད་སྟོན་བཟང་སྦྱིན་ཁྱིམ་ན་གནས་ཚེ་ཕོ་རང་དགའ་བའི་རྒྱན་དང་ཁྲུས་ཀྱིས་ཤིག་ཞེས་བརྗོད་པ་བཞིན་བྱས་ཏེ། དེ་དང་མ་གཉིས་ཤིང་རྟ་ལ་ཞོན་ནས་བཟང་སྦྱིན་གྱི་གན་དུ་སླེབས་པ་ན་རང་གི་གནས་ལས་ཐག་ཙུང་རིང་བ་ན་བཟང་སྦྱིན་འཆག་པར

སྤྱོད་པ་མས་མཐོང་སྟེ་དེའི་དྲུང་དུ་སོང་ནས་བུ་བག་སར་འདི་ལ་ས་བོན་གྱི་ཆོས་ཅུང་ཟད་ཞིག་བྱིན་ཅིག་ཁྱོད་ལ་བུ་མེད་པས་ཁྱིམ་གྱི་འཁོར་བ་རྒྱལ་པོས་དབང་དུ་བྱ་བར་འགྱུར་རོ་སྨྲས་ཆེ། བཟང་སྦྱིན་གྱི་བསམ་པར་ད་སྔོན་མི་རུང་ཞེས་བཅས་པ་མ་མཛད་པས་ཉེས་པར་མ་ཤེས་པ་དང་། བུད་མེད་ཆགས་པས་ནོན་པ་དང་ཁ་དོག་བཟང་བར་མཐོང་ནས་ཁོ་ཆགས་ཏེ་མ་ལ་དེ་ལྟར་རུང་ངམ་སྨྲས་པས། བུ་ས་བོན་གྱི་ཆོས་ལ་བསྟེན་ན་ཤིན་ཏུ་རུང་ངོ་སྨྲས་པར་ཉན་ནས་སྔོན་གྱི་ཆུང་མའི་ལག་པ་ནས་བཟུང་སྟེ་ཕྱོགས་ཅིག་ཏུ་སོང་ནས་ཆོས་གོས་བཞག་དེ་དང་ལྷན་ཏུ་ལན་གཉིས་ལན་གསུམ་དུ་མི་ཚངས་པར་སྤྱད་དོ། །

ལྷའི་རིགས་ནས་ཚེ་འཕོས་པ་ཞིག་མངལ་དུ་ཞུགས་པ་བུད་མེད་ཁོ་རང་གིས་ཤེས་ཏེ་སྤྱུག་མོ་ལ་དཀུ་གཡས་སུ་བརྟེན་པས་ཁྱེའུའོ་སྨྲས། མཐར་བུ་བཙས་པ་དེ་ལ་ས་བོན་པ་ཞེས་ཟེར། དེ་ནས་ཞིག་རབ་ཏུ་བྱུང་བསྙེན་པར་རྫོགས་ནས་དགྲ་བཅོམ་ཐོབ། དེའི་ཚེ་བཅོམ་ལྡན་འདས་ཀྱིས་འཁོར་རྣམས་ལ་ཉོན་མོངས་འདོད་ཆགས་ཀྱི་ཉེས་དམིགས་དང་འདོད་ཆགས་བྲལ་བའི་ཕན་ཡོན་གྱི་ཆོས་གསུང་བའི་འཁོར་ན་བཟང་སྦྱིན་ཡོད་པས་ཁོ་ཤིན་ཏུ་སྡུག་བསྔལ་ཏེ་གདོང་སྨད་ཕྲག་པ་གློད་སྤོབས་པ་མེད་པར་སེམས་ཁོང་དུ་ཆུད་ཅིང་འདུག་པ་ན། དགེ་སློང་དག་གིས་ཁྱོད་ཀྱི་ལུས་སམ་སེམས་ལ་གནོད་པ་ཡོད་པ་གང་ཡིན་དྲིས་ཚེ་དེ་རྣམས་མེད་མོད་སྔར་གྱི་ལོ་རྒྱུས་རྣམས་བཤད་དོ། །དེའི་ཚེ་དགེ་སློང་རྣམས་ཀྱིས་དེ་ལ་བསྙོད་སྨད་གང་ཡང་མ་བྱས་པར་སྟོན་པར་ཞུས་ཆེ། སྟོན་པས་ཟག་པའི་གནས་ལྟ་བུའི་ཆོས་མང་པོ་རྣམས་ཀྱི་དང་པོ་ནི་བཟང་སྦྱིན་གྱིས་མི་ཚངས་པར་སྤྱོད་པའི་རྐྱེན་ལས་བྱས་པར་གྱུར་ཏོ་གསུངས་པ་བྱུང་བ་གླེང་གཞིའོ། །

དེ་ནས་བཅས་པ་མཛད་པ་ལ། བཅོམ་ལྡན་འདས་ཀྱིས་བཟང་སྦྱིན་ལ་ཁྱོད་ཀྱིས་མི་མཛེས་པ་དེ་ལྟ་བུ་བྱས་པ་བདེན་ནམ་གསུང་པ་ན། བཙུན་པ་མད་ལགས། སྟོན་པས། དགེ་སློང་གི་ཚུལ་མ་ཡིན། དགེ་སྦྱོང་གི་ཚུལ་མ་ཡིན། རྗེས་སུ་མཐུན་པའི་རུང་བ་མ་ཡིན། ཚུལ་མིན་དེ་རབ་ཏུ་བྱུང་བའི་བྱ་བ་མ་ཡིན་ནོ། །བཟང་སྦྱིན་ངས་དུག་གསུམ་བྲལ་བའི་ཕྱིར་སེམས་རྣམ་པར་གྲོལ་བ་ཤེས་རབ་རྣམ་པར་གྲོལ་བའི་ཆོས་བསྟན་པ་ལ་ཁྱོད་ཀྱིས་ཅིའི་ཕྱིར་མི་མཛེས་པ་དེ་ལྟ་བུ་བྱས། མི་གཏི་མུག

ཅན་ཁྱོད་ཀྱིས་དུག་སྦྲུལ་ནག་པོ་དུག་མྱུར་དུ་ཁྱབ་པའི་ཁར་ཡན་ལག་གི་རྣམ་པ་བཅུག་པར་གྱུར་ན་བླ་ཡི། བུད་མེད་ཀྱི་ཡུལ་ལ་ནི་མ་ཡིན་ནོ་ཞེས་སྨད་ནས། ཕན་ཡོན་བཅུ་ཡོད་པར་གཟིགས་ནས་དགེ་སློང་རྣམས་ལ་བཀའ་སྩལ་བ་ནི། ངའི་ཉན་ཐོས་རྣམས་ལ་འདུལ་བ་ལ་བསླབ་པའི་གཞི་འདི་ལྟར་འདོན་པར་བྱ་སྟེ། དགེ་སློང་རྣམས་དང་བསླབ་པ་མཚུངས་པར་གྱུར་པ་བསླབ་པ་མ་ཕུལ་བ་བསླབ་པ་ཉམས་པར་མ་བྱས་པར་མི་ཚངས་པ་འཁྲིག་པའི་ཆོས་བསྟེན་ན་དགེ་སློང་དེ་ལ་ཕམ་པར་གྱུར་པ་ཡིན་གྱི་གནས་པར་མི་བྱའོ། །ཞེས་བཅས་པ་མཛད་དོ། །

ཕན་ཡོན་བཅུ་ནི། སྐུ་དངོས་ཀྱིས་གདུལ་བྱ་འཛིན་པའི་ཕན་ཡོན་དང་། རྗེས་འཇུག་གི་གདུལ་བྱ་རྗེས་སུ་འཛིན་པའི་ཕན་ཡོན་གཉིས་སོ། །དང་པོ་དགེ་འདུན་བསྡུ་བའི་ཕྱིར་དང་ཞེས་པ་ནི་གདུལ་བྱ་འཁོར་དུ་མ་འདུས་པ་རྣམས་བསྡུས་ནས་དང་པོར་སོ་ཐར་གྱི་སྡོམ་ལྡན་དུ་སྒྲུབ་པར་བྱེད་པ་ཡིན། གཉིས་པ་དགེ་འདུན་ལེགས་པར་བྱ་བའི་ཕྱིར་དང་ཞེས་པ་སོ་ཐར་གྱི་སྡོམ་པ་དང་ལྡན་པའི་གང་ཟག་གིས་སྡོམ་པའི་མི་མཐུན་ཕྱོགས་ངོ་ཤེས་ནས་བསླབ་བྱ་ལ་ཚུལ་བཞིན་དུ་སློབ་པ་ཡིན་ལ། ཕན་ཡོན་གསུམ་པ་ལ་མདོར་བསྟན་རྒྱས་བཤད་གཉིས་ལས། དང་པོ་དགེ་འདུན་བདེ་བར་གནས་པར་བྱ་བའི་ཕྱིར་དང་ཞེས་པས་བསྟན།

གཉིས་པ་ལ། མི་མཐུན་པ་ཚར་བཅད་ནས་མཐུན་པ་རྗེས་སུ་འཛིན་པའི་ཕན་ཡོན་དང་། ཡོ་བྱད་རྐྱེན་དུ་འབབ་པའི་ཕན་ཡོན། མཐར་ཐུགས་ངེས་ལེགས་ཐོབ་པའི་ཕན་ཡོན་གསུམ་ལས། དང་པོ་གནོང་མི་བཀུར་བའི་གང་ཟག་རྣམས་ཚར་བཅད་པའི་ཕྱིར་ཞེས་ལྟ་སྤྱོད་མི་མཐུན་པའི་གང་ཟག་ནན་ཏུར་གྱི་སྒོ་ནས་ཚར་བཅད་དེ་ལྡང་བ་ལ་བཞགས་སྡོམ་ཚུལ་བཞིན་དུ་བྱེད་པའི་སྒོ་ནས་རྗེས་སུ་འཛིན་པ་ཡིན་ལ། དེ་ངོ་ཚ་ཤེས་པ་རྣམས་བདེ་བར་གནས་པའི་ཕྱིར་དང་ཞེས་པའི་དོན་ཡང་ཡིན་ནོ༑ ༑གཉིས་པ་ནི། སོ་ཐར་གྱི་སྡོམ་པ་རང་རྒྱུད་ལ་ཐོབ་ནས་བསླབ་པ་ལ་གཅེས་སྤྲས་སུ་བྱས་པའི་སྟོབས་ཀྱིས་ཁྱིམ་པ་མ་དད་པ་རྣམས་དད་པ་དང་དད་པ་རྣམས་གོང་ནས་གོང་དུ་འཕེལ་བའི་སྒོ་ནས་ཟས་གོས་གནས་མལ་ཕྱུན་སུམ་ཚོགས་པ་དང་ལྡན་པ་ནི་ཡོ་བྱད་རྐྱེན་དུ་བབས་པའི་ཕན་ཡོན་ཡིན་ལ། མ་དད་པ་རྣམས་དད་པར་བྱ་བའི་ཕྱིར་དང་། དད་པ་རྣམས་ཕྱིར་ཞིང་འཕེལ་བར་བྱ་བའི་

ཕྱིར་དང་། ཞེས་སོ། །གསུམ་པ་ནི། གསོ་སྦྱོང་དབྱར་གནས་དགག་དབྱེ་ཚུལ་བཞིན་བྱས་ཏེ་བསླབ་བྱ་ལ་གཅེས་སྤྲས་སུ་བྱེད་པའི་སྒོ་ནས་རང་རྒྱུད་ཀྱི་ལྟུང་བ་ཕྱིར་བཅོས་པ་དང་། ཐབས་ཤེས་ཟུང་དུ་འཇུག་པའི་ཞི་གནས་ཀྱི་གསོ་སྦྱོང་གིས་ཉོན་མོངས་པ་རྩ་བ་ནས་བཅོམ་སྟེ་རྣམ་གྲོལ་གྱི་འབྲས་བུ་མངོན་དུ་བྱེད་པ་ནི་མཐར་ཐུག་ངེས་ལེགས་ཀྱི་ཕན་ཡོན་ཡིན་ལ། ཚེ་འདིའི་ཟག་པ་བསྡམ་པའི་ཕྱིར་དང་། ཚེ་རབས་ཕྱི་མའི་ཟག་པ་རྣམས་ཆར་བཅད་པའི་ཕྱིར་དང་། ཞེས་གསུངས་སོ། །

གཉིས་པ་རྗེས་འཇུག་གི་གདུལ་བྱ་རྗེས་སུ་འཛིན་པའི་ཕན་ཡོན་ནི། འདུལ་བའི་སྡེ་སྣོད་ནི། གདུལ་བྱ་ལ་དགག་སྒྲུབ་གནང་གསུམ་གྱི་བསླབ་བྱ་ཕྱིན་ཅི་མ་ལོག་པར་སྟོན་པས་སྟོན་པ་དང་མཚུངས་སོ་ཞེས་འཆད་པ་ནི། ངའི་ཚངས་པ་མཚུངས་པར་སྤྱོད་པའི་སྐྱེ་བོ་མང་པོ་ལ་ཕན་པ་ཡངས་པར་འགྱུར་བ་དང་། ལྷ་དང་མིའི་བར་ལ་ཡང་དག་པར་རབ་ཏུ་བསྟན་པ་ཡུན་རིང་དུ་གནས་པར་འགྱུར་བའི་ཕྱིར། ངའི་ཉན་ཐོས་རྣམས་ཀྱིས་འདུལ་བ་ལ་བསླབ་པའི་གཞི་འདི་ལྟ་བུར་འདོན་པར་བྱ་སྟེ་ཞེས་ཕན་ཡོན་བཅུ་གཟིགས་ནས་བསླབ་པའི་གཞི་བཅས་པ་མཛད་དོ། །རྗེས་བཅས་ནི། སྟོན་པ་རྒྱལ་པོའི་ཁབ་ན་འོད་མའི་ཚལ་བྱ་ཀ་ལནྡ་ཀའི་གནས་སུ་བཞུགས་པའི་ཚེ། དགེ་སློང་ཞིག་རྒྱལ་པོའི་ཁབ་ཀྱི་དགོན་པའི་སྦྱིལ་བུ་ན་འདུག་པ་དེས་དགོན་པའི་སྦྲུ་མོ་ཞིག་ཟས་ཀྱིས་བྲིད་ནས་དེ་དང་ལྷན་ཅིག་མི་ཚངས་པར་སྤྱོད་དེ། དགེ་སློང་མང་པོ་གནས་ཉུལ་ཞིང་རྒྱུ་བ་དེའི་སྦྱིལ་བུ་དེར་ཕྱིན་ནས་ལྷན་ཅིག་གཏམ་སྣ་ཚོགས་ཀྱིས་འཁོད་པ་ན་སྦྲུ་མོ་དེར་འོང་སྟེ། དགེ་སློང་དེའི་གདོང་ལ་ལྟ། རོ་སྨད་སྟོབས་པར་བྱེད་པས་དགེ་སློང་དེ་ངོ་ཚ་ནས་ལན་གསུམ་བཟློག་གོ། །དེར་སྦྲུ་མོ་དེ་ཁྲོས་ནས་ཡིད་མི་དགའ་བར་དགེ་སློང་གི་གདོང་དང་སྣ་དང་ཆོས་གོས་རྐང་པའི་སེན་མོས་བྲད་དེ་མཐའ་ཞིག་ཏུ་སོང་ནས་དུ་རུ་རུ་ཟེར་ཞིང་ཁྲི་ཚུགས་སུ་འདུག་གོ། །དགེ་སློང་དག་གིས་ཅིའི་ཕྱིར་དེ་ལྟར་བྱེད་དྲིས་པ་ན་དེས་དྲང་པོར་བཤད་དོ། །འོན་སྟོན་པས་མི་ཚངས་སྤྱོད་མ་བཀག་གམ། མི་ལ་བཀག་གི་དུད་འགྲོ་ལ་མ་བཀག་གོ་ཟེར་བའི་སྐབས་དེ་གསོལ་བས་ངས་མི་ལ་བཀག་ན་དུད་འགྲོ་ལ་ལྟ་ཅི་སྨོས་ཏེ་མི་གཏི་མུག་ཅན་དེ་ཕམ་པར་གྱུར་ཏོ་ཞེས་གསུང་བ་དང་གླེང་གཞིའོ། །སྐབས་དེར་དགེ་འདུན་བསྡུས་ཏེ་དགེ་སློང་ཁྱོད་ཀྱིས་མི་མཛེས་པ་དེ་ལྟ་བུ་བྱས་པ་བདེན་ནམ། བཙུན་པ་མད་ལགས། མི་

གཏི་མུག་ཅན་ཁྱོད་ཀྱིས་སྤྲུལ་ནག་པོ་དུག་མྱུར་དུ་ཁྱབ་པ་དུག་དྲག་པོ་དུག་རྣོ་བའི་ཁར་རང་གི་ཡན་ལག་བཅུག་པ་བླ་ཡི། དུད་འགྲོའི་སྐྱེ་གནས་སུ་སྐྱེས་པ་ལ་ནི་མ་ཡིན་ནོ། །རྣམ་གྲངས་དུ་མས་སྨད་ནས་ངའི་ཉན་ཐོས་རྣམས་ཀྱི་སོགས་སྔར་ལྟར་འཕྲིག་པའི་ཚོས་བསྙེན་ན་དུད་འགྲོའི་སྐྱེ་གནས་སུ་སྐྱེ་བ་དང་ལྡན་ཅིག་ཀུང་རུང་སྟེ་དགེ་སློང་དེ་ཕམ་པར་འགྱུར་བ་ཡིན་གྱི་གནས་པར་མི་བྱའོ། །ཞེས་གསུངས་སོ། །

གཉིས་པ་ལྟུང་བའི་ཡན་ལག་ལ་གཞི་ཡི་ཡན་ལག་ཆ་ཀུན་སོགས་ཀྱིས་བསྟན། དེའང་མི་ཚངས་སྤྱོད་ཀྱི་ཕམ་པའི་ལྟུང་བ་ངོས་བཟུང་བ། དེ་ལས་སེམས་བསྲུང་ཚུལ། བསྲུངས་བའི་ཕན་ཡོན། མ་བསྲུངས་བའི་ཉེས་དམིགས་དང་བཞི་ལས། དང་པོ་ལ་ལྟུང་བ་རྣམ་བཞག་དང་། བསླབ་བྱའི་ཉེས་བྱས་གཉིས། དང་པོ་ལ་ཡན་ལག་ཐུན་མོང་བ་དང་། ཐུན་མིན་གཉིས། དང་པོ་ལ། ལྟུང་བ་ཐམས་ཅད་ཀྱི་ཡན་ལག་ཐུན་མོང་བ་དང་། ལྟུང་བ་ཕལ་ཆེ་བའི་ཐུན་མོང་གི་ཡན་ལག་གཉིས་སོ། །དང་པོ་ལྟུང་བ་ཐམས་ཅད་ཀྱི་ཡན་ལག་ཐུན་མོང་ལ་བསླབ་པའི་ཡན་ལག་དང་། བསམ་པའི་ཡན་ལག་གཉིས། དང་པོ་བསླབ་པའི་ཡན་ལག་ནི། བསྙེན་པར་རྫོགས་པའི་སྡོམ་པ་སྐྱེས་ལ་མ་ཉམས་པའམ་ཉམས་ཀུང་གསོ་རུང་ཡན་ཆད་དང་ལྡན་པ་དང་། མེད་མི་རུང་བའི་སྦྱོར་བ་བརྩམ་པ་ནས་མཐར་ཐུག་རྫོགས་པའི་བར་སྡོམ་པའི་ཚོགས་གཅིག་པ་དང་། སྦྱོར་བ་དེ་ནས་མཐར་ཐུག་གི་བར་དེར་སྡོམ་པའི་རྫས་རྒྱུན་མ་ཆད་པའི་སྡོམ་རྒྱུན་གཅིག་པ་དང་། ལས་དང་པོ་བ་མ་ཡིན་པ་བཞི་ཡིན་ལ༑ གཉིས་པ་བསམ་པའི་ཡན་ལག་ནི། མེད་མི་རུང་བའི་སྦྱོར་བ་བརྩམ་པ་ནས་མཐར་ཐུག་གྲུབ་ཀྱི་བར་དུ་ཡུལ་དང་བྱ་བ་བྱེད་པོ་ཐམས་ཅད་ལ་ཤེས་པ་གཏད་ཐུབ་ཏུ་ཡོད་པ་ཞིག་དགོས་ཏེ། དགེ་སློང་གི་འདུ་ཤེས་མེད་ན་ན་སྨད་པར་གསུངས་སོ། །

གཉིས་པ་ལྟུང་བ་ཕལ་ཆེ་བའི་ཐུན་མོང་གི་ཡན་ལག་ལ། ལུས་ཀྱི་ཡན་ལག །མཚན་གྱི་ཡན་ལག་གཉིས་ལས། དང་པོ་ལུས་ཀྱི་ཡན་ལག་གི་ལུས་ནི། ཕམ་པ་དང་པོ་གཉིས་དང་འབྲེན་པའི་ལྷག་མ་དང་སྦྲོག་གཅོད་པའི་ལྟུང་བ་བཞི་དང་བདུན་པོ་མ་གཏོགས་པའི་ལྟུང་བ་གཞན་ཐམས་ཅད་ལ་རྟེན་གྱི་གཟུགས་གཞན་དུ་བསྒྱུར་བ་དང་། མི་སྣང་བར་བྱས་པ་གང་ཡང་མ་ཡིན་པ་ལྟུང་བའི་

ཡན་ལག་ཡིན། བདུན་པོ་ནི། གཟུགས་གཞན་དུ་བསྒྱུར་ཀྱང་མཐར་ཐུག་གྲུབ་པ་ན་དངོས་གཞི་རྫོགས་པར་བསྐྱེད་པ་ལ་ཁྱད་པར་མེད་དོ། །

གཉིས་པ་མཚན་གྱི་ཡན་ལག་ནི། དགེ་སློབ་ཕ་མ་གང་རུང་གི་རྟེན་ལ་སྦྱོར་བ་བྱས་ནས་མཚན་གྱུར་བའི་རྟེན་ལ་མཐར་ཐུག་གྲུབ་ན་ཡང་དངོས་གཞི་རྫོགས་པར་བསྐྱེད་ལ། དགེ་སློང་ཕ་ལྟ་བུའི་རྟེན་ལ་སྦྱོར་དངོས་རྫོགས་པར་གྲུབ་ནས་མཚན་གྱུར་ནའང་མའི་རྟེན་ལ་སྦྱོར་དངོས་ཀྱི་ལྟུང་བ་སྔོན་བཞིན་གནས་པར་འགྱུར་བ་ནི། མཚན་ཉིད་ཅི་འདྲ་བའི་ལྟུང་བ་ལྔ་བཅུ་རྩ་བདུན་ཡིན། དེ་རྣམས་ནི་མཚན་གང་གི་རྟེན་ལ་སྦྱོར་བ་བརྩམ་པའི་མཚན་དེའི་རྟེན་ཅན་ལ་མཐར་ཐུག་རྫོགས་པ་ལྟ་བུའི་སྦྱོར་དངོས་གཉིས་མཚན་གཅིག་པའི་རྟེན་ལྟུང་བའི་ཡན་ལག་ཏུ་ངེས་བཟུང་མི་དགོས་སོ། །

མཚན་ཉིད་ཅི་འདྲ་བའི་ལྟུང་བ་ལྔ་བཅུ་རྩ་བདུན་དེ་གང་ཞེ་ན། ཕམ་པ་བཞི་དང་སྐན་དང་གཞི་མེད་དང་། །བག་ཙམ་འཆང་བ་དང་ནི་འཛོག་པ་དང་། །སློང་ལ་སོགས་པ་ལྔ་དང་གསེར་དངུལ་དང་། །མངོན་མཚན་ཉོ་ཚོང་ལྟུང་བཟེད་འཚོལ་སོགས་གསུམ། །རྫུན་དང་འདོན་དང་མི་ཆོས་བདེན་སྨྲ་དང་། །ས་བོན་འདེབས་དང་རིམ་གཉིས་ཕྱོགས་གཅིག་དང་། །འདུག་གནས་ལ་སོགས་གསུམ་དང་དུས་མིན་ཟས། །བྱིན་ལེན་མ་བྱས་སྲོག་ཆགས་བཅས་སྤྱོད་དང་། །གཅེར་བུ་དམག་གསུམ་མི་རིག་མ་རྫོགས་དང་། །ཁ་མ་བསྒྱུར་དང་ལོངས་པ་ཁྲུས་བྱེད་དང་། །དུད་འགྲོ་རྩེ་དང་སྦེད་དང་གཞི་མེད་དང་། །རྒྱུན་མ་ཆོ་དང་མགྲོན་གཉེར་རིང་འདུག་དང་། །མ་གུས་ཕྱོགས་གཅིག་ཚང་དང་དུས་མིན་འགྲོ །ཕྱི་དྲོ་གྲོང་རྒྱ་རྒྱལ་པོའི་ཕོ་བྲང་འཇུག །ཁབ་རལ་གདེང་དང་གཡན་པ་བདེར་གཤེགས་གོས། །ཞེས་པའོ། །དེ་རྣམས་ནི་དགེ་སློང་ཕ་མ་གཉིས་ཀའི་རྟེན་ལ་ལྟུང་བ་ཆེ་ཆུང་མཉམ་པར་བཅས་པ་དང་། ཡུལ་ཡང་ཐུན་མོང་དུ་གྱུར་པའོ། །དགེ་སློང་ཕའི་ལྟུང་བ་ཐུན་མིན་སུམ་ཅུ་རྩ་བརྒྱད་ཀྱི་ལྟུང་བའི་དངོས་གཞི་རྫོགས་པར་སྐྱེད་པ་ལ། དགེ་སློང་ཕའི་རྟེན་ལ་སྦྱོར་བ་མཐར་ཐུག་གཉིས་ཀ་རྫོགས་པར་གྲུབ་དགོས་ཀྱི་ཕའི་རྟེན་ལ་སྦྱོར་བ་བརྩམ་ནས་མཐར་ཐུག་མའི་རྟེན་ལ་གྲུབ་པའམ། སྦྱོར་བ་མཐར་ཐུག་གཉིས་ཀ་ཕའི་རྟེན་ལ་གྲུབ་ནས་དེའི་འོག་ཏུ་དགེ་སློང་མར་མཚན་གྱུར་ན་དེའི་རྟེན་ལ་ནི་ལྟུང་བ་དེ་དང་དེ་ན་སྣང་པ་དང་ལྟུང་མེད་ཅི་རིགས་པར་འགྱུར་གྱི་དངོས་གཞིའི་

ལྟུང་བ་མེད་པས་ཐུན་མིན་གྱི་ལྟུང་བ་དེ་རྣམས་ལ་མཚན་གཅིག་པ་ཞིག་ལྟུང་བ་བསྐྱེད་པའི་ཡན་ལག་ཏུ་དགོས་སོ། །

ཐུན་མིན་ལྟུང་བ་སོ་བརྒྱད་ནི། འཇིན་པ་ནས་ནི་བསྙེན་བཀུར་བསྟགས་པའི་བར། ཁང་པ་ཁང་ཆེན་དང་ནི་སྲིན་བལ་ནས། །སྨྲེལ་བའི་བར་དང་ལྟུང་བཟེད་འཆང་བ་དང་། །བརྡད་པ་ལས་བྱུང་དགོན་པའི་འབྲལ་བ་དང་། །རས་ཆེན་སྒྲིད་དང་མ་བསྒོས་ལ་སོགས་བཅུ། །ཡང་ཡང་ཟ་དང་བསོད་པ་སློང་བ་དང་། །ཉལ་ཤོམ་ཁྲིམ་ན་འདུག་དང་འགྲེང་བ་དང་། །གདེང་མེད་སྤྱོད་དང་མ་ལོན་བསྙེན་པར་རྫོགས། །རས་ཆེན་སོ་སོར་བཤགས་པ་རྣམ་པ་གསུམ། །ཞེས་པའོ། དེ་བཞིན་དགེ་སློང་མའི་ཐུན་མིན་གྱི་ལྟུང་བ་བརྒྱ་དང་ལྔ་བཅུ་རྩ་གཅིག་ནི། དངོས་གཞི་རྫོགས་པར་བསྐྱེད་པ་ལ་མའི་རྟེན་ལ་སྦྱོར་དངོས་གཉིས་ཀ་གྲུབ་དགོས་ཀྱི། མའི་རྟེན་ལ་སྦྱོར་བ་བྱས་ནས་མཐར་ཐུག་ཕའི་རྟེན་ལ་རྫོགས་པར་གྲུབ་པའམ་མའི་རྟེན་ལ་སྦྱོར་དངོས་གཉིས་ཀ་གྲུབ་ནས་ཕ་རུ་མཚན་གྱུར་ན་དེའི་རྟེན་ལ་ལྟུང་བ་དེ་དག་ན་སྨད་པའམ་ལྟུང་མེད་ཅི་རིགས་སུ་འགྱུར་རོ། །མའི་ཐུན་མིན་གྱི་ལྟུང་བ་ནི། ཕམ་པ་ཐུན་མོང་མ་ཡིན་རྣམ་པ་བཞི། །ལྷག་མ་ཐུན་མོང་མ་ཡིན་བཅུ་གསུམ་དང་། །སྤང་ལྟུང་ཐུན་མོང་མ་ཡིན་བཅུ་བཞི་དང་། །ལྟུང་བྱེད་ཐུན་མོང་མ་ཡིན་བརྒྱ་རྩ་བརྒྱད། །སོ་སོར་བཤགས་པ་བཅུ་དང་ཉེས་བྱས་གཉིས། །ཞེས་པ་ལྟར་རོ། །དགེ་འདུན་དབྱེན་གྱི་ལྷག་མ་ལ་སོགས་ཕ་མ་གཉིས་ཀར་མིང་ཙམ་གྱི་ཐུན་མོང་བའི་ལྟུང་བ་ཞེ་དགུ་ནི། དངོས་གཞི་རྫོགས་པར་བསྐྱེད་པ་ལ་མཚན་གང་གི་རྟེན་ལ་སྦྱོར་བ་བྱས་པའི་རྟེན་དེ་ཉིད་ལ་མཐར་ཐུག་གྲུབ་དགོས་ཀྱི། མཚན་གཞན་ལ་དངོས་གཞི་གྲུབ་པ་ནི་ལྟུང་བ་ན་སྨད་པ་དང་ལྟུང་མེད་ཅི་རིགས་སུ་འགྱུར་རོ། །མིང་ཙམ་ཐུན་མོང་བ་ཞེས་པའི་དོན་ནི། དགེ་སློང་ཕ་མ་གཉིས་ཀའི་རྟེན་ལ་ཐུན་མོང་དུ་བཅས་ཤིང་ལྟུང་བ་ཆེ་ཆུང་མཉམ་ལ་ཡུལ་ཐུན་མོང་མ་ཡིན་པའོ། དེ་གང་ཞེ་ན། བསྒྲོ་བ་ལས་གྱུར་བཞི་དང་འབྲལ་བ་དང་། །འགྱུར་འཛུག་པ་དང་ལེན་དང་བྱིན་ཕྲོགས་དང་། །བསྔོས་པ་བསྒྱུར་དང་གསོག་འཇོག་སྤངས་པ་དང་། །རྫུན་སྨྲ་འདོན་དང་མི་ཆོས་བདེན་སྨྲ་སྟེ། །འདི་གསུམ་མ་གཏོགས་བཅུ་པ་དང་པོ་དང་། །འཕྱུ་དང་བསྒོ་བ་ཁྲི་དང་གདིང་བ་དང་། །ཕྱིས་གནོན་འབྱུང་བ་རིམ་གཉིས་ཕྱོགས་གཅིག་དང་། །

སྤྱངས་པ་སྤོབས་དང་འདུས་ཤིང་ཟ་བ་དང་། །གསོག་འཇོག་ཟ་དང་བཅེག་དང་གཟས་པ་དང་། ། གནས་ངན་ལེན་དང་ཟན་གཙོད་འདུན་པ་བསྒྱུར། །ཕྱིག་ལྷ་མི་གཏོང་སྤྱངས་པ་རྗེས་ཕྱོགས་དང་། ། བསྙིལ་བ་སྐྱུད་དང་འགྱོད་བསྐྱེད་གག་ཆིལ་དང་། །ལྷན་ཅིག་ཉལ་དང་དངངས་བྱེད་ལམ་འགྲོ་དང་། ། བསླབ་པ་ཉེར་འཇོག་སྤྱོང་དང་ཉན་རྣ་དང་། མི་སླ་འགྲོ་དང་མ་གུས་ཕྱོགས་གཅིག་དང་། །སྤུ་བྲི་གྲོང་རྒྱུ་བསླབ་གཞི་ཁྱད་གསོད་དང་། །ཁྲི་རྐང་བདལ་དང་སོར་བཤགས་གསུམ་པ་སྟེ། །ཞེས་པའོ། །དེ་ལ་གཞི་མེད་བག་ཙམ་གྱི་དགེ་འདུན་ལྷག་མ་དང་སྐྱུར་བ་འདེབས་པའི་ལྟུང་བྱེད་དང་གསུམ་གྱི་ཕྱོགས་གཅིག་རང་ཕྱོགས་ཉམས་པ་ལ་སྐྱུར་བ་འདེབས་པ་ནི་མིང་ཙམ་པའི་ཐུན་མོང་བ་ཡིན། །དེ་ལྟར་ལྟུང་བ་ཐུན་མོང་མ་ཡིན་པ་དང་མིང་ཙམ་མཐུན་པའི་ཐུན་མོང་བ་དེ་རྣམས་ཀྱི་ནང་ནས་མཚན་སྔ་མ་ལ་བཅས་པ་ཆུང་ཞིང་ཕྱི་མ་ལ་བཅས་པ་ཆེ་བ། དཔེར་དགེ་སློང་ཕའི་གཞན་གྱིས་བསྡིགས་པ་ལ་སེར་སྣ་བྱེད་པ་དང་། དགེ་སློང་མ་ལ་བཅེག་གཟས་བྱེད་པ་ལྟ་བུ་དང་། དགེ་སློང་མས་གཞི་མ་དག་པར་ཁང་པ་བརྩིག་པ་དང་། དགེ་སློང་ཕ་ལ་བྱིན་གྲོགས་བྱེད་པ་ལྟ་བུ་རྣམས་ནི་བྱེད་བཞིན་དུ་མཚན་གྱུར་ན་མཚན་སྔ་མ་ལ་བཅས་པའི་ལྟུང་བ་ཆུང་བ་དེ་ཉིད་འབྱུང་གི །ཕྱི་མ་ལ་བཅས་པ་ཆེ་བའི་ལྟུང་བ་མི་འབྱུང་བ་ཡིན་ནོ། །མཚན་སྔ་མའི་ལྟུང་བ་ཆུང་ངུ་དེ་བྱུང་ཟིན་ནས་མཚན་ཕྱི་མར་གྱུར་ན་ཡང་སྔ་མའི་ཆུང་ངུའི་ལྟུང་བ་དེ་ཉིད་སོ་ན་གནས་པར་གསུངས་སོ། །མཚན་སྔ་མ་ལ་བཅས་པ་ཆེ་ཞིང་ཕྱི་མ་ལ་ཆུང་བ་དེ་བྱེད་བཞིན་པར་མཚན་གྱུར་ན་ཡང་སྔ་མའི་བཅས་པ་ཆེ་བའི་ལྟུང་བ་དེ་མི་འབྱུང་གི་ཕྱི་མའི་ཆུང་བ་དེ་ཉིད་འབྱུང་བར་གསུངས་སོ། །མཚན་སྔ་མ་ལ་ལྟུང་བར་བཅས་ལ། ཕྱི་མ་ལ་མ་བཅས་པ་རྣམས་ནི་མཚན་གྱུར་ན་ལྟུང་བ་དེ་ཉམས་པ་ཡིན་པར་གསུངས་སོ། །

གཉིས་པ་ཐུན་མོང་མ་ཡིན་པའི་ཡན་ལག་ལ། དངོས་གཞིའི་ལྟུང་བ། སྦྱོར་བའི་ལྟུང་བ། སྦྱོར་བའི་སྦྱོར་བའི་ལྟུང་བ་གསུམ་མོ། །དང་པོ་ལ། གཞི། བསམ་པ། སྦྱོར་བ། མཐར་ཐུག་གི་ཡན་ལག་བཞི་ལས། དང་པོ་གཞི༷་ཡི༷་ཡན༷་ལག༷་ལ། གང་ལ་རྩོལ་བའི་ཡུལ་དང་། གང་གིས་རྩོལ་བའི་རྟེན་གཉིས། དང་པོ་ནི། འཁྲིག་པའི་ཚོར་བདེ་བསྐྱེད་ནུས་པའི་ལུས་ཀྱི་ཆ༷་ཤས་ཀུན༷་ནས་བཟུང༷་བར་འོ༷ས་པ༷འི་ཁ་དང་བཤང་ལམ་མོའི་ཟག་བྱེད་ཀྱི་སྐྱེ་གན༷ས་ཀྱི་སྒོ་གསུམ་གང་རུང་གི་ཕྱོགས་ཀྱི་

དང་པོ་ཡན་ཆད་ནད་ལ་སོགས་པས་ནང་མ་ཉམས་པ་ཡིན་པ། དེ་གང་ལ་གནས་པའི་ལུས་ཚང་བའམ་ལུས་ཀྱི་སྟོད་སྨད་གང་རུང་ཚང་བ། སྤྲོད་བྱེད་དང་ཡན་ལག་འཚམས་པས་བསྟེན་རུང་བ། དེ་ཡང་ཤི་གསོན་གྱི་ལུས་དང་མི་དང་མི་མ་ཡིན་པ་དང་སྐྱེས་པ་དང་བུད་མེད་དང་མ་ནིང་དང་རང་དང་གཞན་གྱི་རྨའི་སྒོ་གང་ཡིན་ཡང་ཕམ་པ་བསྐྱེད་པའི་ཡན་ལག་ཏུ་འདྲའོ། །ལུ༷མ་དེ་ཉིད་དུ་རྩོལ་བྱེད་ཀྱི་རྟེན་ནི་ཕོ༷་ཡི་དབ༷ང་པོ་ནོར་བུ་ཡིན་པ། རང་གི་རྒྱུད་དང་འབྲེལ་བ། ལུས༷་སུ་རུ༷ང་བ་དེ་ནི༷་བདེ་བ་རྫོགས་པར་མྱོང་བ་ལ་ནད་དང་བྲལ་བའོ། །བས༷མ་པ༷་ལ་གཉིས་ལས། འདུ་ཤེས་འཁྲུལ་མ་འཁྲུལ་འདྲ་ཞིང་། ཀུན་སློང་ནི་རང་རྒྱུ་མཚན་དུ་བྱས་པའི་རྡོ༷་ཆོ༷་དང་གཞན་རྒྱུ་མཚན་དུ་བྱས་པའི་འདི༷གས་སྐྲག་མེ༷ད་པར་ཆ༷གས་པའི་སེ༷མས་ཀྱིས༷་ལམ་དང་ཡན་ལག་གི་རྣམ་པ་སྦྱར་བ་ལས་བྱུང་བའི་རེག་པ་བདག་གིར་བྱེད་འདོད་རྒྱུན་མ་ཆད་པའོ། །སྦྱོ༷ར་བ༷འི་ཡན་ལག་ནི། མི་ཚངས་པར་སྤྱོད་པར་རྩོམ་པ་སྟེ་བསྟེན་བྱར་དུ༷ང་པ༷། མཐ༷ར་ཐུག༷་ནི་ལམ་གསུམ་གྱི་མཚམས་ལས་འདས་ཏེ་བཙུག་པའི་བདེ་བ་ལུས་ཤེས་ཀྱིས་མྱོང་ཞིང་ཡིད་ཤེས་ཀྱིས་བདག་གིར་བྱས་ཏེ་སིམ༷་པ༷་ཐོ༷བ་པའོ། །ཕམ་པ་དེ༷ས་ནི༷་ཚ༷ངས་པ༷ར་སྤྱོ༷ད་པ་ལ༷ས་རྣམ༷་པ༷ར་ཉ༷མས་པ་ཡིན་ནོ། །འདིའི་ཡུལ་སྟོམ་ལྡན་ཡིན་ཞིང་། དེས་ཀྱང་བདག་གིར་བྱས་ཏེ་དང་དུ་བླངས་ན་བསྙེན་པར་རྫོགས་མ་རྫོགས་ཀྱི་བྱེ་བྲག་གིས་ཕམ་པ་དང་ཕམ་འདྲའི་ཉེས་བྱས་ཅི་རིགས་སུ་འགྱུར་རོ། །

གཉིས་པ་སྦྱོར་བའི་ལྟུང་བ་ནི། མི་ཚངས་པར་སྤྱོད་པར་བྱེད་བསམ་པས་བསྒྲོད་པར་བྱ་བ་ལ་ནོམ་པར་བྱེད། ལྷག་པར་བྱེད་པ་ནས་ཇི་སྲིད་རོ་རྫོགས་པར་མ་མྱོང་གི་བར་ལ་དེ་དག་ལ་ཉེས་པ་སྦོམ་པོར་འགྱུར་རོ། །དེ་ཡང་འཁྲིག་པའི་བསམ་པས་ལམ་གསུམ་ལས་གཞན་པའི་ལུས་ཀྱི་བུ་ག་དང་། འཇོག་སྟོང་སོགས་དང་། ལམ་གསུམ་དུ་འདུ་ཤེས་པའི་སྒོ་ནས་ལམ་མ་ཡིན་པ་དང་། ལམ་གསུམ་གྱི་ནང་ཡིན་ཡང་ནད་ལ་སོགས་པས་ཉམས་པ་དང་། བསྟེན་བྱའི་དབུས་ཕྱེ་བའི་མཚམས་སྦྱོར་མཐོན་པ་དང་། མགོ་བཅད་པའི་ཁ་ལྟ་བུའི་ལུས་ཀྱི་སྟོད་སྨད་གང་ཡང་མ་ཚང་བའི་ལམ་གསུམ་དང་། ཚང་ཡང་ཆེ་ཆུང་མི་འཚམས་པས་སྦྱར་དུ་མི་རུང་དང་། ཕག་ལ་སོགས་པའི་ལུས་བཅོས་པའི་ལམ་གསུམ་དང་། ཁའི་སོ་དྲུང་ཚུན་ཆད་དང་། ཤིང་ལ་སོགས་པ་ལ་སེམས་ཅན་གྱི་གཟུགས་སུ་

བྱས་པ་ལ་མི་མ་ཡིན་གྱི་མཐུས་ལམ་གྱི་རྣམ་པ་ཙམ་དོད་པ་དང་། མ་ཞིང་མོ་སྦྱུབ་མེད་པའི་ཟག་བྱེད་རྣམས་སུ་བརྩལ་བ་དང་། ལམ་དང་ཡན་ལག་གི་རྣམ་པ་མ་འཚམས་པས་མ་རྒྱུད་པ་དང་། ཚུད་པའི་ཕྱིར་རྨ་ཉེད་པ་དང་། རྨའི་སྒོ་གསུམ་གྱི་ཕྱི་རོལ་དུ་ཡན་ལག་གི་རྣམ་པས་རེག་པ་ཙམ་བྱེད་པ་དང་། ཡན་ལག་གི་རྣམ་པ་ནད་ལ་སོགས་པས་ཉམས་པ་འཛུད་པ་དང་། ལས་སུ་མི་རུང་བ་འཛུད་པ་དང་། བལྟབ་པ་དང་གོས་ལ་སོགས་པ་སྟུག་པོས་གཡོགས་ཏེ་མི་རེག་པར་འཛུད་པ་དང་། བསྙེན་བྱ་རྟེན་བྱེད་གང་རུང་ལུས་ལས་ཐ་དད་དུ་བྱས་པ་དང་། གཉིས་ཀ་ཐ་དད་དུ་བྱས་པ་དང་། གཞན་གྱི་བསྙེན་བྱ་སྙེན་བྱེད་གཉིས་ཀ་ཐ་དད་དུ་མ་བྱས་པ་སྦྱོར་བ་ལ་སོགས་པའི་སྦོམ་པོ་ནི་གཞིའི་ཡན་ལག་གིས་སེལ་བའོ། །གཞན་གྱི་མཐུས་བརྩལ་བ་ན་འཁྲིག་པའི་རོ་རྫོགས་པར་མ་མྱོང་ཞིང་ཡིད་གཡོ་བ་ཙམ་དང་སྐྲག་པ་དང་ངོ་ཚ་བས་འཁྲིག་པའི་རོ་མ་མྱོང་བ་དང་། བསྙེན་པའི་ཕྱིར་གཞན་ལ་ཁས་བླངས་པ་དང་། གཞན་ལ་འཁྲིག་པ་བསྙེན་པར་བསྐོས་པ་ལ་སོགས་པའི་སྦོམ་པོ་རྣམས་ནི་མཐར་ཐུག་གིས་སེལ་བའོ། །གསུམ་པ་སྦྱོར་བའི་སྦྱོར་བའི་ལྟུང་བ་ནི། མི་ཚངས་སྤྱོད་བྱ་བར་སེམས་པས་ཁྲི་ལས་ལྡང་བ་ལ་སོགས་པ་ནས་ཇི་སྲིད་བསྒྲོད་བྱ་ལ་ནོམ་ཉུག་མི་བྱེད་ཀྱི་བར་དུ་དང་ཀུན་སློང་འགྱུ་ནས་ལུས་ངག་ཏུ་མ་ཐོན་པར་བསྡམ་བྱའི་ཉེས་བྱས་དང་། ལུས་ངག་ཏུ་ཐོན་ནས་སྦྱོར་བ་ལ་མ་ཐུག་གི་བར་བཤགས་བྱའི་ཉེས་བྱས་སུ་འགྱུར་ལ། ཐ་ན་ཆགས་སེམས་ཀྱིས་བུད་མེད་ལ་བལྟ་བ་ཙམ་བྱེད་ནའང་ཉེས་བྱས་སོ། །

གཉིས་པ་བསླབ་བྱའི་ཉེས་བྱས་ལ། སྒོ་བཅད་ཅིང་བསྐོར་བ་དང་། གྲོགས་དང་དགེ་སློང་གིས་སྲུང་བ་དང་། ཤམ་ཐབས་ཀྱི་མཐའ་བཅིང་སྟེ་སྲུང་བ་གསུམ་གང་རུང་གིས་མ་བསྲུངས་པར་ཉིན་མོ་གློས་ཕབ་སྟེ་གཉིད་ལོག་པ་དང་། བུད་མེད་ཀྱིས་ཚུལ་བཞིན་མ་ཡིན་པར་འབྲིད་པར་འགྱུར་པའི་གནས་སུ་འགྲོ་བ་དང་། མི་མ་ཡིན་གྱིས་འཁྲིག་པ་བསྙེན་དུ་འཇུག་པ་ལ་སོགས་པའི་སྒོ་ནས་སྲོག་དང་ཚངས་སྤྱོད་ལ་གནོད་པའི་གནས་སུ་གནས་པ་དང་། ཁྱིའི་མདུན་དུ་ཟག་བྱེད་ཕྱུང་སྟེ་གཙེ་བ་བྱེད་པ་དང་། ཡན་ལག་གི་རྣམ་པ་འཛིན་པའི་འཇིགས་པ་ཡོད་པའི་ཆུ་ཀླུང་ལ་སྒྲིན་མོར་བརྒྱལ་བ་དང་། གྲུ་ལ་བརྒྱལ་བ་དང་། བ་ལང་གི་ནང་དུ་འགྲོ་བ་དང་། ཁྲིན་པ་བརྟགས་པ། གྲོང་དུ་འགྲོ་

པ་བཞིའི་ཚེ་བུད་མེད་སོགས་དང་རེག་པ་སྤང་བ་སོགས་ལ་ཤེས་བཞིན་མ་བསྟེན་པ་དང་། སྐྱེས་པ་དང་བུད་མེད་གང་ཡིན་མ་བརྟགས་པར་རབ་ཏུ་བྱུང་བ་དང་། དེས་མཆོན་བསླབ་པའི་གཞི་ཐམས་ཅད་ལ་བརྩོན་པ་ལྷོད་པ་དང་། གཅིག་པུ་བླ་གབ་མེད་པར་མཚན་མོ་ཡང་གློས་ཕབ་པ་སོགས་ཉེས་བྱས་སུ་གསུངས་སོ། །

གཉིས་པ་དེ་ལས་སེམས་བསྲུང་ཚུལ་ནི། ལམ་གསུམ་དངོས་སམ་དེ་དང་འདྲ་བའི་ཕྱི་ནང་གང་རུང་དུ་ཡན་ལག་གི་རྣམ་པ་དངོས་སམ་དེ་དང་འདྲ་བ་སྤྱད་པར་འདོད་པ་འགོག་པའི་ཆེད་དུ་དྲན་ཤེས་བསྟེན་པའོ། །བསླབ་བྱའི་ཉེས་བྱས་ལས་སེམས་བསྲུང་ཚུལ་ནི། བསླབ་བྱའི་མཚན་ཉིད་རྣམས་ཤེས་པར་བྱས་ནས་དྲན་ཤེས་བསྟེན་ཅིང་ཁྱད་པར་ཡུལ་དུས་ཀྱི་སྟོབས་ཀྱིས་འབྱུང་ཉེ་བ་རྣམས་ལས་སེམས་བསྲུང་བའི་འབད་པ་ཆེར་བྱའོ། །བསླབ་བྱའི་ཉེས་བྱས་ལས་སེམས་བསྲུང་ཚུལ་འོག་མ་ཀུན་ལ་འདི་ཁོ་ན་བཞིན་ཤེས་པར་བྱའོ། །

གསུམ་པ་བསྲུངས་པའི་ཕན་ཡོན་ནི། སྤྱིར་ཚུལ་ཁྲིམས་རྣམ་པར་དག་པ་ལ་ཕན་ཡོན་མཐའ་ཡས་ཡོད་ཀྱང་ཁྱད་པར་བམ་པོ་ལྔ་བཅུ་ལས་ཕན་ཡོན་བཅུ་བཤད་དེ། ཚུལ་ཁྲིམས་རྣམ་པར་དག་པས་འགྱོད་པ་མེད་པ་སོགས་ཀྱིས་རིམ་པར་ཏིང་ངེ་འཛིན་གྱི་བསླབ་པ་དང་། དེ་ལས་ཤེས་རབ་ཀྱི་བསླབ་པ་དང་། དེ་ལས་མྱ་ངན་ལས་འདས་པ་ཐོབ་པར་འགྱུར་བ་དང་། འགྱོད་པ་མེད་པར་འཆི་བའི་དུས་བྱེད་པར་འགྱུར་བ་དང་། ཕྱོགས་བཅུར་སྙན་པས་གྲགས་པར་འགྱུར་བ་དང་། བདེ་བར་གཉིད་ལོག་ཅིང་སད་པར་འགྱུར་བ་དང་། གཉིད་ལོག་པ་ནའང་ལྷ་དག་གིས་བསྲུང་བར་འགྱུར་བ་དང་། དམ་པའི་ནང་དུ་འགྲོ་བ་ན་བག་ཚ་བ་དང་འཇིགས་པ་སོགས་མི་འགྱུར་བ་དང་། དགྲས་གླགས་རྙེད་ནུས་ཀྱང་གླགས་ལྷ་བར་མི་བྱེད་ཀྱི་སྲུང་བ་ལ་སོགས་པའི་སྒོ་ནས་ཕན་འདོགས་པར་འགྱུར་བ་དང་། གནོད་སྦྱིན་དང་མི་མ་ཡིན་སོགས་གཞུག་མར་གནས་པ་རྣམས་ཀྱིས་གླགས་ལྷ་བར་མི་བྱེད་པར་ཚུལ་ཁྲིམས་དག་པའི་དབང་གིས་དེ་ལ་ཕན་འདོགས་པར་འགྱུར་བ་དང་། ཆོས་གོས་སོགས་ཆོས་དང་མཐུན་པར་ཚོགས་ཆུང་ངུའི་གཞན་ལས་ཐོབ་པར་འགྱུར་བ་དང་། གང་དུ་སྐྱེ་བར་འདོད་པ་ལ་སོགས་པའི་སྨོན་ལམ་ཐམས་ཅད་ཡང་དག་པར་འགྲུབ་པར་འགྱུར་བའོ། །ཞེས་གསུངས

སོ༔ ༔

བཞི་པ་མ་བསྲུང་བའི་ཉེས་དམིགས་ནི། སྟོན་པ་སངས་རྒྱས་ཀྱིས་སྨོད་པ་དང་། ལྷ་རྣམས་ཀྱིས་ཚེམ་ཤུན་པའི་ཐ་སྙད་ཀྱིས་བརྗོད་པ་ལ་སོགས་པས་སྨོད་པ་དང་། གྲོགས་དམ་པས་སྨོད་པ། ཚུལ་བཞིན་ཡིད་ལ་བྱེད་ཚེ་བདག་ཉིད་ཀྱིས་སྨོད་པར་འགྱུར་བ། ཉེས་པ་དང་བཅས་པས་ཆོས་ཉིད་ཀྱིས་སྨད་པར་འོས་པ། ཕྱོགས་དང་ཕྱོགས་སུ་མི་སྙན་པའམ་གྲགས་པ་མིན་པས་ཁྱབ་པ། བདག་ཆོས་དང་མི་མཐུན་པའི་རྒྱུ་མཚན་གྱིས་གདམས་ངག་ཉན་པ་ལ་མི་དབང་བས་ཆོས་ཉིད་མ་ཐོས་པ་ཐོས་པར་མི་འགྱུར་བ་དང་། འགྱོད་པ་དང་བཅས་པས་དྲན་པ་བཟང་པོ་མི་འབྱུང་བས་ཐོས་པ་བརྗེད་པར་འགྱུར་བ་དང་། ལྟུང་བས་བསྒྲིབས་ནས་རྟོགས་པ་རྒྱུད་ལ་མི་སྐྱེ་བ་དང་། ལྟུས་ངན་འགྱོད་པ་དང་བཅས་བཞིན་འཆི་བ་དང་། ཤི་ནས་ངན་འགྲོར་འགྲོ་བ་སོགས་ཕན་ཡོན་ཉེས་དམིགས་འདི་རྣམས་འོག་མ་རྣམས་ལ་འདི་བཞིན་ཤེས་པར་བྱའོ། །

གཉིས་པ་མ་བྱིན་ལེན་པའི་ཕམ་པ་ལ། གླེང་གཞི་དང་། ལྟུང་བའི་ཡན་ལག་གཉིས། དང་པོ་ནི། སྟོན་པ་རྒྱལ་པོའི་ཁབ་ཀྱི་འོད་མའི་ཚལ་ཀ་ལནྡ་ཀའི་གནས་ན་བཞུགས་ཚེ། རྫ་མཁན་དགེ་སློང་ནོར་ཅན་རྒྱལ་པོའི་ཁབ་ན་དགོན་པའི་སྤྱིལ་བུ་རྩ་གནས་ཏེ་ནོར་ཅན་རྒྱལ་པོའི་ཁབ་ཏུ་བསོད་སྙོམས་ལ་ཞུགས་ཤུལ་བ་ལང་དང་ཕྱུགས་རྫི་རྩྭ་ཤིང་ཐུབ་དག་གིས་སྤྱིལ་བུ་བཅོམ་སྟེ་རྩྭ་ཤིང་ཐམས་ཅད་ཁྱེར། ཡང་སྤྱིལ་བུ་གཞན་བྱས་པ་ཡང་དེ་དག་གིས་བཤིག དེ་བཞིན་ལན་གསུམ་གྱི་བར་དུ་ཡང་ཡང་བྱས་པ་ཡང་ཡང་བཤིག་གོ། །དེ་ནི་བདག་བཟོ་དང་ལས་ཀྱི་གནས་ལ་མཁས་པས་གནས་ཁང་ཐམས་ཅད་ས་ལས་བྱས་པ་ཞིག་བྱེད་སྐབས་ནས་ས་བསྐྱལ་བ་ཆུས་སྦྲགས་ཏེ་གནས་ཁང་གི་གཞིའི་རྨང་དང་། ཐོག་ཀ་བ་དང་སྐེད་རིམ་ཆོས་གོས་ཀྱི་གདང་སྟེགས་ཁྲི་ཁྲིའུ་སྒོ་སྐྱེས་རྣམས་བྱས། སྐམ་པ་ན་ཁ་དོག་གིས་བསྒྱུར། ཤིང་ལྷེ་བ་རྩྭ་སྐམ་པོ་རྣམས་ཀྱིས་བཅེར་ཏེ་སོ་བཏང་བས་གནས་ཁང་ཤིན་ཏུ་ཆོས་དམར་བ་མེ་ཏོག་བ་ཛུ་ཛི་བ་ཀ་འདྲ་བ་ཞིག་གྲུབ་ནས་ཁང་པའི་དུས་སྟོན་བྱའོ་སྙམ་ནས་ཉེ་འཁོར་རྣམས་ལ་ལྷུར་བཅུག་ནས་རང་ཉིད་བསོད་ནམས་ལ་སོང་། དེའི་སྐབས་སུ་སྟོན་པ་ནི། ཆོས་ཉིད་ཀྱིས་གདུལ་བྱའི་དབང་གིས་རེས་ངན་སོང་གསུམ་དང་རེས་ལྷ་དང་ལྗོངས་དང་ཆུ་ཀླུང་དགོན་

པ་རི་དུར་ཁྲོད་གཙུག་ལག་ཁང་རྣམས་སུ་རྒྱུ་ཞིང་གཤེགས་པ་ཡིན་ན། དེའི་ཉིན་གཙུག་ལག་ཁང་དུ་གཤེགས་པར་བཞེད་ནས་ཀུན་དགའ་བོ་ལ་སྟོན་པ་དང་ལྷན་ཅིག་གཙུག་ལག་ཁང་རྣམས་སུ་རྒྱུ་བར་སྤྲོ་བ་རྣམས་ཆོས་གོས་ལོངས་ཤིག་ཅེས་བསྒོ་བར་གྱིས་གསུངས་པ་ལྟར་བསྒོས་ནས་དེ་བཞིན་གཤེགས་པ་འཁོར་མང་པོ་དང་བཅས་ཏེ་གཙུག་ལག་ཁང་རྣམས་སུ་གཤེགས་ནས་མཐར་ནོར་ཅན་གྱི་གཙུག་ལག་ཁང་དུ་གཤེགས་པ་ན། དགེ་སློང་དག་གནས་ཁང་འདི་སུའི་ཡིན། ནོར་ཅན་གྱི་ལགས། དགེ་སློང་དག་ང་ལ་གཞི་འདིས་མུ་སྟེགས་ཅན་དག་གིས་དགེ་སྦྱོང་གོའུ་ཏ་མ་མི་སྡང་བར་མ་གྱུར་ཏེ་འདུག་བཞིན་ཏུ་ཟག་པའི་གནས་འདི་ལྟ་བུའི་ཆོས་རུང་ངོ་ཞེས་ཁ་ཟེར་བར་འགྱུར་གྱི། གནས་ཁང་འདི་ཤིག་ཅིག་གསུངས་པས་དེ་དག་གིས་བཤིག་གོ། །

དེ་ནས་སྟོན་པ་འདང་གཤེགས། དགེ་སློང་ནོར་ཅན་འོང་བ་ན་གནས་ཁང་བཤིག་པ་མཐོང་ནས་དགེ་སློང་ཉེ་འཁོར་རྣམས་ལ་སུས་བཤིག་དྲིས་པས་སྟོན་པའི་བཀས་དགེ་སློང་དག་གིས་བཤིག་གོ་སྨྲས། གལ་ཏེ་ཆོས་ཀྱི་རྗེས་བཤིག་ན་ལེགས་སོ་སྨྲས། དེའི་ཚེ་ནོར་ཅན་ལ་རྒྱལ་པོའི་ཁབ་ན་ཤིང་སྲུང་བའི་མི་སྣ་རང་དང་གཏམ་འདྲིས་པས་མཛའ་བོ་ཞིག་ཡོད་པ་དེའི་གན་དུ་སོང་ནས། ཀྱེ་ནང་པོ། རྒྱལ་པོ་མ་སྐྱེས་དགྲས་བདག་ལ་ཤིང་དག་བྱིན་པ་འདྲེན་པར་འདོད་ཀྱིས་བདག་ལ་བྱིན་ཅིག་སྨྲས་པས། དེས་འཕགས་པ་དེ་ལྟ་ན་ལེགས་ཀྱིས་ཅི་བདེར་སྨོམ་ཤིག་སྨྲས། དེ་ནས་ནོར་ཅན་གྱིས་མ་སྐྱེས་དགྲའི་ཤིང་རྒྱལ་པོའི་ཁབ་རལ་གྲུམ་བཅོས་པའི་དོན་དུ་བཞག་ནས་སུ་ལའང་སྟེར་སླ་བ་མ་ཡིན་པ་དེ་དག་ལས་ཁ་ཅིག་བཅད་ནས་དྲངས་པ་ན། གྲོང་ཁྱེར་སྲུང་བའི་མི་སྣ་བ་མཁར་ཕྱིའི་ལམ་ལུལ་བ་ན་ཤིང་དེ་དག་ལ་བཅད་ནས་དྲངས་བ་མཐོང་བ་ན། རྒྱལ་པོའི་ཁབ་འདིར་ཚོམ་རྐུན་ལྟ་བུའི་དགྲ་ཞིག་འོང་ངོ་སྙམ་དུ་དེ་དག་ཤིང་སྲུང་གི་གན་དུ་སོང་ནས་ཤིང་འདི་རྣམས་ཁྱོད་ཀྱིས་སུ་ལ་མ་བྱིན་ནམ་དྲིས་པས། སུ་ལའང་མ་བྱིན་ཏེ། འོན་ཀྱང་དགེ་སློང་ནོར་ཅན་འོང་ནས་རྒྱལ་པོ་མ་སྐྱེས་དགྲས་ཁོ་བོ་ལ་ཤིང་དག་བྱིན་པ་འདྲེན་པར་འདོད་ཀྱིས་བྱིན་ཅིག་ཟེར་བ་ལ་བདག་གིས་དེ་ལྟ་ན་ལེགས་ཀྱི་ཅི་བདེར་སྨོམ་ཤིག་བརྗོད་པས་དེས་དྲངས་པ་མ་ཡིན་නམ་བྱས་པས། གྲོང་སྲུང་མི་དེ་མ་སྐྱེས་དགྲའི་གནད་དུ་སོང་སྟེ་སྐབས་དེ་རྒྱས་པར་བརྗོད་ནས་ལྷས་ཞིང་དག་སུ་ལ་བསྟལ། སུ་ལའང་

མ་བྱིན་ནོ་སྙམ། དེ་ནས་མ་སྐྱེས་དགྲས་མི་ཞིག་ཞོག་ལ་ཤིང་སྲུང་མི་དེ་བོས་ཤིག་བརྗོད་པས། དེས་དེ་བོས་པ་ན། དགེ་སློང་ནོར་ཅན་ཀུང་བྱ་བ་འགའ་ཞིག་གི་སླད་དེར་ལྷགས་པ་ན་ཤིང་སྲུང་མི་དེས་མཐོང་ནས་བདག་ནི་ཤིང་དེ་དག་གི་སླད་དུ་བཀུག་གོ་སྙམ་པས། ནོར་ཅན་གྱིས་ཁྱོད་སོང་ཤིག་བདག་ཀུང་འོང་ངོ་སྙམ་ཏེ། ཤིང་སྲུང་ནོར་ཅན་འབོད་མི་དང་གསུམ་རྒྱལ་པོའི་སྒོར་བསྡད་དེ། མི་དེས་རྒྱལ་པོ་ལ་ཤིང་སྲུང་སྒོ་ན་སྡོད་ཡོད། རབ་བྱུང་ཡང་མ་སྤྲན་བར་མཆིས་སོ་ཞུས། རྒྱལ་པོས་ཤིང་སྲུང་རེ་ཞིག་ཞོག་ལ་རབ་བྱུང་དེ་འཇུག་ཏུ་ཚུག་ཅིག །དེས་ནོར་ཅན་བོས་པས་ནོར་ཅན་མ་སྐྱེས་དགྲའི་གན་དུ་སོང་སྟེ། ཨ་རོག་གྱ་ཞེས་འདུག་པ་ལ་མ་སྐྱེས་དགྲས་འཕགས་པ་ཤིང་མ་བྱིན་པར་ལེན་རུང་ངམ། ལྷ་མི་རུང་ངོ་། །འོ་ན་ཁྱོད་ཀྱིས་ཅིའི་ཕྱིར་བླངས། ལྷས་སྩལ་བ་དག་གོ། །འཕགས་པ་མི་དྲན་ནོ། །བདག་གིས་ལྷར་དགོངས་པར་བགྱིའོ། །ལྷས་རྒྱལ་སྲིད་ཀྱི་དབང་ཕྱུག་བཞེས་ནས་རིང་པོར་མ་ལོན་པར་ངའི་མངའ་རིས་ན་དགེ་སྦྱོང་བྲམ་ཟེ་རང་བཞིན་བཟང་བ་རྣམས་ཀྱིས་རྩྭ་ཤིང་ཆུ་ལ་མ་བྱིན་པར་མི་སྤྱོད་པ་དེ་དག་དེང་ཕྱིན་ཆད་ཅི་བདེར་སྤྱོད་ཅིག་ཅེས་ཁྱུ་མཆོག་གི་བཀའ་རྒྱ་ཆེན་པོ་བཏང་སྟེ་དང་དུ་བཞེས་ཤིང་འཁོར་གྱི་ནང་དུ་སེང་གེའི་སྒྲ་བསྒྲགས་པ་ལྷས་དགོངས་སམ་ཞུས་པས། དེ་ནི་ཁོ་བོས་ཡོངས་སུ་མ་བཟུང་བ་ལ་བསམ་ཤིང་། འདི་ན་ཡོངས་སུ་བཟུང་བ་དང་བཅས་པ་ཡིན་ནོ་སྙམ་པ་ན། རེ་ཞིག་ཡོངས་སུ་མ་བཟུང་བ་ལ་ལྷས་ཅི་བགྱིར་མཆི་སྙམ་པས། མ་སྐྱེས་དགྲ་ཁྲོ་འཁྲུགས་ཧམ་པས་ཡིད་མ་དགའ་བར་དཔྲལ་བའི་རྩ་གསུམ་བསྒྲེང་། ཁྲོ་གཉེར་བསྡུས། མིག་བསྒྲད།ལག་མཐིལ་འདྲིལ་ཞིང་དགེ་སྦྱོང་གསད་པར་རིགས་པ་ཁྱོད་སོང་ལ་ཕྱིན་ཆད་དེ་ལྟར་མ་བྱེད་ཅིག །དེ་ནས་དགེ་སློང་ནོར་ཅན་གཙུག་ལག་ཁང་དུ་སོང་སྟེ་དགེ་སློང་རྣམས་ལ་སྨྲས་པ། མ་སྐྱེས་དགྲས་ཁོ་བོ་གྱོད་ལ་དཀྲི་ཞིང་སྒྲོག་དང་བྲལ་བར་དེའུ་བྱུས་སོ། །ཅིའི་ཕྱིར། སྐབས་དེ་དགེ་སློང་རྣམས་ལ་བརྗོད། སྟོན་པར་གསོལ་བས་སྟོན་པས་ཀུན་དགའ་བོ་ལ་ཕྱི་བཞིན་འབྲང་བའི་དགེ་སློང་ཞིག་དང་བཅས་སོང་ལ་རྒྱལ་པོའི་ཁབ་ཀྱི་ལམ་པོ་ཆེ་དང་ལམ་སྲང་བཞི་མདོ་སུམ་མདོ་བཀས་བཏགས་པའི་གནས་དག་ཏུ་སྡོད་ལ་བྲམ་ཟེ་དང་ཁྱིམ་བདག་སོགས་ལ་མ་སྐྱེས་དགྲས་ཅི་ཙམ་མ་བྱིན་པར་བླངས་བས་གྱོད་ལ་དཀྲི་ཞིང་སྒྲོག་དང་བྲལ་བར་བྱེད་ཅེས་དྲིས་ཤིག་གསུངས་པ་ལྟར་

བྱས་ཏེ་དྲིས་པས། དེ་དག་གིས་སྨྲས་པ། མ་ཤ་ལྷའམ་ལྷ་ལས་ལྷག་པས་ཡིན་ནོ་སྨྲས་པ་ལྟར། ཀུན་དགའ་བོས་སྟོན་པར་གསོལ་བ་ནི་བྱུང་བ་གླེང་གཞིའོ། །

སྐབས་འདིར་དགེ་སློང་གི་དགེ་འདུན་བསྡུ་བར་མཛད་དེ། སྟོན་པས་ནོར་ཅན་ལ་ཁྱོད་ཀྱིས་མི་མཛེས་པ་དེ་ལྟར་བྱས་པ་བདེན་ནམ་གསུངས། བཙུན་པ་མད་ལགས། སྟོན་པས་དགེ་སྦྱོང་ཚུལ་རྗེས་མཐུན་རུང་བ་ཚུལ་མཐུན་མ་ཡིན་པས་དེ་ནི་རབ་ཏུ་བྱུང་བའི་བྱ་བ་མ་ཡིན་ནོ། །ངས་དུག་གསུམ་འདོད་ཆགས་དང་བྲལ་བར་བྱ་བའི་ཕྱིར་སེམས་དང་ཤེས་རབ་གྲོལ་བའི་ཆོས་བསྟན་པ་ལ་ཁྱོད་ཀྱིས་མི་མཛེས་པ་དེ་ལྟ་བུ་བྱས་སོ་ཞེས་སྨད་ནས། ཕན་ཡོན་བཅུ་གཟིགས་ནས་དགེ་སློང་གང་གཞན་དག་གི་གྲོང་ན་འདུག་པའམ་དགོན་པ་ན་འདུག་པས་མ་བྱིན་པར་ལེན་པ་བརྒྱ་བའི་གྲངས་སུ་གཏོགས་པ་བླངས་ན། དེ་བླངས་པའི་རྒྱལ་པོའམ་བློན་པོས་བཟུང་ནས་ཁྱོད་རྐུན་མ་བྱིས་བླུན་ཞེས་གསོད་འཆིང་སྤྱུག་པར་བྱས་ཀྱང་རུང་བས། དེ་ལྟ་བུའི་མ་བྱིན་པ་དེ་བླངས་ན་དགེ་སློང་དེ་ཕམ་པར་གྱུར་པ་ཡིན་པས་གནས་པར་མི་བྱའོ་གསུངས་ཏེ་བཅས་པ་མཛད་དོ། །

གཉིས་པ་ལྟུང་བའི་ཡན་ལག་ནི། བསྐྱུ་བའི་གཞི་ནི་སོགས་ཀྱིས་བསྟན། དེ་ལ་ལྟུང་བ་དངོས་བཟུང་བ་དང་། དེ་ལས་སེམས་བསྲུང་ཚུལ་གཉིས།དང་པོ་ལ། ལྟུང་བའི་རྣམ་བཞག་དང་། བསླབ་བྱ་གཉིས། དང་པོ་ལ་དངོས་གཞིའི་ལྟུང་བའི་རྣམ་བཞག་དང་། སྦྱོར་བའི་ལྟུང་བ། སྦྱོར་བའི་སྦྱོར་བའི་ལྟུང་བའི་རྣམ་བཞག་གསུམ་ལས། དང་པོ་ལ། གཞི་བསམ་པ་སྦྱོར་བ་མཐར་ཐུག་གི་ཡན་ལག་བཞི་ལས། དང་པོ་བརྐུ་བུའི་གཞིའི་ཡན་ལག་ལ་ནི། གང་ལ་བརྐུ་བའི་རྫས་བདག གང་བརྐུ་བའི་རྫས་གཉིས། དང་པོ་མི་ཡིན་པ་རང་ལས་ནོར་ཐ་དད་པའི་གཞན་ཡིན་པའོ། །དེ་ཡང་རྫས་བདག་ཙམ་ལ་དབྱེ་ན། བསམ་སྦྱོར་གྱིས་བདག་པོར་གྱུར་པ་ཡུལ་ཆོས་ཀྱི་བདག་པོ། རིགས་རྒྱུད་ཀྱི་བདག་པོ། སངས་རྒྱས་ཀྱིས་བཀའ་སྩལ་བས་བདག་པོར་གྱུར་པའོ། །དང་པོ་ལ་གསུམ་སྟེ། དགེ་སྦྱོང་གི་ཆོས་གོས་སོགས་ཚོམ་རྐུན་པས་ཁྱེར་བ་ན་དགེ་སློང་གིས་བདག་གི་བའི་བློ་ཡོངས་སུ་བཏང་བ་ལྟ་བུ་སྦྱིན་པ་པོས་བཏང་ཞིང་ལེན་པ་པོས་བདག་ཏུ་བཟུང་བས་བདག་པོར་གྱུར་པ་དང་། མཆོད་རྟེན་ལ་བསམ་པ་ཐག་པས་ཕུལ་བ་ལ་སོགས་པ་ལྟ་བུ་སྦྱིན་པ་པོས་ཡོངས་སུ་བཏང་བ་ཙམ་གྱིས

བདག་པོར་གྱུར་པ་དང་། རི་དྭགས་ལ་སོགས་པ་རྗེན་པས་ཕིངས་བཏབ་པ་ལྟ་བུ། སྤྱིར་བདག་པོ་མེད་པ་ལ། ལེན་པ་པོས་དེའི་ཚེ་བསམ་པ་དང་སྦྱོར་བས་བདག་ཏུ་བཟུང་བས་བདག་པོར་གྱུར་པའོ། །ཡུལ་ཆོས་ཀྱི་བདག་པོ་ནི། ཤོ་གམ་དང་གྲུ་གླ་ལ་སོགས་པ་འཛིགས་པ་བསྲུང་བ་པོ་མཉན་པ་ལ་སོགས་པ་ལ་དབང་བ་ལྟ་བུའོ། །རིགས་རྒྱུད་ཀྱི་བདག་པོ་ནི་ཕའི་ནོར་བུ་ལ་དབང་ལྟ་བུའོ། །སངས་རྒྱས་ཀྱིས་བཀའ་སྩལ་སྟོབས་ཀྱིས་བདག་པོ་ལ་གསུམ་སྟེ། དང་པོ་སངས་རྒྱས་ལ་ཕུལ་བ་ནི། སངས་རྒྱས་ཉིད་བདག་པོ་ཡིན་པས། ནད་པ་ལ་སོགས་པ་འགའ་ཞིག་གི་ཚེ་གནང་བའི་སྐབས་མ་གཏོགས་པ་གང་ཟག་ཐམས་ཅད་ཀྱིས་སྤྱད་དུ་མི་རུང་བ་དང་།

གཉིས་པ་ཆོས་ལ་ཕུལ་བ་ནི། སྤང་བ་འགོག་པའི་ཆོས་ལ་ཕུལ་བ་དེ་ཁོ་ན་ཉིད་ལ་དབང་བས་གང་ཟག་གཞན་གྱིས་སྤྱད་དུ་མི་རུང་བ་དང་། རྟོགས་པ་ལམ་བདེན་གྱིས་བསྡུས་པ་ལ་ཕུལ་བ་ནི། དེ་གང་ལ་མངའ་བའི་དགེ་འདུན་ལ་དབང་ཞིང་། ལུང་གི་ཆོས་གླེགས་བམ་སོགས་ལ་ཕུལ་བ་ནི། ན་བཟའ་སོགས་ཀྱི་ཡོ་བྱད་ལ་བསྔོས་ཏེ་ཕུལ་ན་དེ་ཁོ་ནར་སྤྱད་ཀྱི་གང་ཟག་གཞན་གྱིས་སྤྱད་དུ་མི་རུང་ལ། ཡོ་བྱད་སོགས་གང་ལ་ཡང་བྱེ་བྲག་ཏུ་མ་བསྔོས་པར་གླེགས་བམ་སོགས་ལུང་གི་ཆོས་སྤྱིར་ཕུལ་བ་ཙམ་ནི། ལུང་གི་ཆོས་དེ་ཉིད་ལས་ཐ་ན་གཙུག་ལག་ཁང་གི་ཚིགས་སུ་བཅད་པ་གཅིག་ཡན་ཆད་འཛིན་པ་རྣམས་ལ་དབང་ངོ་། །དགེ་འདུན་ལ་ཕུལ་བ་ལ་གཉིས་ཏེ། དུས་དང་གློ་བུར་བའི་རྙེད་པ་ལ་བདག་པོར་གྱུར་པ་དང་། ཤི་བའི་ཡོ་བྱད་ཀྱི་རྙེད་པ་ལ་བདག་པོར་གྱུར་པའོ། །དང་པོ་ལ་གཉིས་ཏེ། དུས་ཀྱི་རྙེད་པའི་བདག་པོ་དང་། གློ་བུར་བའི་རྙེད་པའི་བདག་པོ་གཉིས་སོ། །དང་པོ་ནི། སྲ་བརྐྱང་བཏིང་བ་ལས་བྱུང་བའི་རྙེད་པ་སྲ་བརྐྱང་བཏིང་བ་ལ་གཏོགས་པའི་དགེ་འདུན་ལ་དབང་བ་དང་། དབྱར་རྙེད་དབྱར་ནང་དུ་ཡུན་རིང་དུ་གནས་པ་སོགས་ལ་དབང་བའོ། །གློ་བུར་གྱི་རྙེད་བདག་ལ་བཞི་ལས། དང་པོ་ཁྲིམས་སུ་བཅས་པའི་རྙེད་བདག་ནི། ཡོན་བདག་གམ་མཆོད་གནས་ཀྱིས་ཇི་ལྟར་དབང་བར་ཁྲིམས་སུ་བཅས་པ་ནི། ཁྲིམས་ཇི་ལྟར་བཅས་པ་ལྟར་དབང་བ་དང་། གཉིས་པ་མཚམས་ཀྱིས་བསྒྲུབས་པ་ལ་ནི། མཚམས་ནང་དེར་གཏོགས་པ་རྣམས་ལ་འབུལ་ལོ་ཞེས་བསྔོས་པ་ནི། མཚམས་ནང་དེ་ན་དགེ་སློང་གཅིག་ལས་མེད་ཀྱང་དེ་ཁོ་ནར་དབང་བ་ལྟ་བུ་དང་། གསུམ་

པ་སོ་སོར་ངེས་པ་ནི། དགེ་འདུན་ནམ་གང་ཟག་རིས་སུ་བཅད་པ་ལ་ཕུལ་བ་དེ་དག་ཁོ་ནར་དབང་བ་ལྟ་བུ་དང་།བཞི་པ་མངོན་དུ་གྱུར་པའི་བདག་པོ་ནི། སྦྱིན་བདག་གིས་མངོན་སུམ་དུ་གནས་པ་ལ་འབུལ་བར་བསམ་ནས་འདི་དག་ལ་འབུལ་ལོ་ཞེས་ཕུལ་བ་དེ་དག་ཁོ་ནར་དབང་བ་ལྟ་བུ་རྣམས་སོ༎ ༎

ཤི་བའི་ཡོ་བྱད་ཀྱི་བདག་པོ་ནི། རབ་བྱུང་ཤི་བའི་ཡོ་བྱད་ཤི་བ་དང་ལྟ་བ་མཐུན་པ། མཚན་མཐུན་པ། རབ་བྱུང་སྡེ་ལྔ་གང་རུང་གི་སྡོམ་པ་གསོ་རུང་ཡན་ཆད་དང་ལྡན་པ། གནས་ནས་མ་ཕྱུང་བ༑ ཉེད་པ་བསྒོ་བའི་དུས་སུ་ཡོད་པ་སྟེ་ཆོས་ལྔ་ལྡན་ལ་དབང་བ་ལྟ་བུའོ། །གང་བརྒྱུས་པའི་དངོས་པོ་ནི། ཡུལ་དུས་དེར་སྤྱོར་བ་སྐོར་གཅིག་གིས་བརྒྱ་བྱ་རྒྱ་བྱེད་གཉིས་ཀ་ལ་ལྟོས་པའི་རིན་ཐང་ཆང་བ༑ མིའི་རྒྱུད་ཀྱིས་བདག་གིར་བྱས་ཤིང་དབང་བ། གཡོས་སུ་བྱས་པའི་ཁ་ཟས་དང་གཤེད་མ་ལ་སོགས་པས་གློ་བུར་དུ་བདག་གིར་བྱས་པའམ་དུར་ཁྲོད་ཀྱི་རྫས་ལྟ་བུའི་མི་དམན་པའོ། །དེ་ཡང་ཡུལ་དུས་དེར་རིན་ཐང་ཚང་མཚང་གི་དོན་ནི། གང་དུ་རྐུ་བའི་སྦྱོར་བ་བྱས་པའི་ཡུལ་དུས་དེར་ཐོབ་བློ་སྐྱེས་ན་ཡུལ་དུས་དེའི་རིན་ཐང་ཚང་བ་ཡན་ལག་ཏུ་དགོས། སྦྱོར་བ་བྱེད་པའི་ཡུལ་དུས་དེར་ཐོབ་བློ་མ་སྐྱེས་ཤིང་། དེ་ལས་ཡུལ་དུས་གཞན་དུ་ཐོབ་བློ་སྐྱེས་ན་གང་དུ་ཐོབ་བློ་སྐྱེས་པའི་ཡུལ་དུས་དེར་རིན་ཐང་ཚང་བ་ཡན་ལག་ཡིན་ནོ། །བརྒྱ་བྱ་དང་རྐུ་བ་པོའི་ཡུལ་གྱི་བར་དུ་ཐོབ་བློ་སྐྱེས་ན་ཡུལ་གར་ཉེ་བ་ལ་ལྟོས་པའི་རིན་ཐང་ཚང་བ་ཡན་ལག་ཡིན་ཞིང་། ཡུལ་ཉེ་རིང་མཉམ་ན་རྐུན་མའི་ཡུལ་གྱི་རིན་ཐང་ཚང་བ་ཡན་ལག་ཡིན་ནོ། །དང་པོ་རིན་ཐང་མ་ཚང་བ་ཐོབ་པའི་ཚེ་ཐོབ་བློ་མ་སྐྱེས་ལ། དེ་ཉིད་ལ་ཁེ་སྤོགས་བྱས་ཏེ་སྐྱེད་དང་བཅས་ན་རིན་ཐང་ཚང་བའི་ཚེ་ཐོབ་བློ་སྐྱེས་ཀྱང་རྐུ་བའི་སྦྱོར་བ་ཙམ་གྱིས་རིན་ཐང་ཚང་བ་མ་ཡིན་གྱི་ཁེ་སྤོགས་ཀྱི་སྦྱོར་བས་རིན་ཐང་ཚང་བ་ཡིན་པས་ཕམ་པ་བསྐྱེད་པའི་ཡན་ལག་མ་ཡིན་ནོ། །

སྦྱོར་བ་གཅིག་དང་ཐ་དད་ཀྱི་དོན་ནི། རང་རང་གི་ཀུན་སློང་གི་བསམ་པས་བྱ་བ་དེ་ལ་ཞུགས་ནས་མཐར་ཐུག་གཅིག་གིས་བསྡུས་པའི་ལུས་ངག་གི་རྗེས་སྒྲུབ་མང་ཡང་རུང་ཉུང་ཡང་རུང་སྦྱོར་བ་གཅིག་ཡིན་ལ། སྦྱོར་བ་ལ་ལྟོས་པའི་མཐར་ཐུག་ཐ་དད་ཀྱིས་བར་དུ་ཆོད་ན་སྦྱོར་བ་ཐ་དད་པའོ། །

བརྐུ་བྱ་རྫས་བདག་དང་རྐུ་བ་པོ་ལ་ལྟོས་ནས་རིན་ཐང་ཚང་བའི་དོན་ནི། རྐུ་བ་པོ་གཅིག་གིས་རྫས་བདག་ནོར་ཐ་དད་པ་བཅུའི་བགོ་རྫས་བརྐུས་ན་རིན་ཐང་ཚང་བ་བཅུ་ཐོབ་པ་ཡན་ལག་ཏུ་དགོས་ལ༏ བཅུ་པོའི་འདོག་རྫས་ཡིན་ན་རིན་ཐང་ཚང་བ་གཅིག་གིས་ཀྱང་ཕམ་པ་བསྐྱེད་དོ། །རྫས་བདག་གཅིག་ལ་རྐུ་བ་པོ་ནོར་ཐ་དད་པ་བཅུས་བགོ་རྫས་ཀྱི་ཕྱིར་བརྐུས་ན་རིན་ཐང་ཚང་བ་བཅུ་ཐོབ་པ་དགོས་ཤིང་། འདོག་རྫས་ཀྱི་ཕྱིར་དུ་བརྐུས་ན་རིན་ཐང་ཚང་བ་གཅིག་གིས་ཕམ་པ་བསྐྱེད་དོ༏ །རྫས་བདག་བཅུའི་བགོ་རྫས་རྐུ་བ་པོ་བཅུས་བགོ་རྫས་ཀྱི་ཕྱིར་དུ་བརྐུས་ན་རེ་རེས་ཀྱང་རིན་ཐང་ཚང་བ་བཅུ་རེ་ཐོབ་དགོས་པས་སྤྱི་སྡོམ་རིན་ཐང་ཚང་བ་བརྒྱ་ཐོབ་དགོས་པ་ཡིན་ནོ། །སྤྱིར་ནོར་ཐ་དད་པ་བཅུའི་འདོག་རྫས་སྤྱིར་ནོར་ཐ་དད་བཅུས་འདོག་རྫས་ཀྱི་ཕྱིར་དུ་བརྐུས་ན་གཅིག་གིས་གཅིག་ལ་བརྐུ་བ་དང་འདྲ་བར་རིན་ཐང་ཚང་བ་གཅིག་གིས་ཀྱང་ཐམས་ཅད་ལ་ཕམ་པ་སྐྱེད་དོ། །འདོག་རྫས་ཀྱི་ཕྱིར་དུ་བརྐུས་པ་ལ་ཕམ་པར་འགྱུར་བའི་ཚུལ་དགེ་འདུན་ནི་ཕུ་ནུ་དང་འདྲ་བས་དེའི་ཆེད་དུ་བརྐུས་པ་ནི་བདག་གིར་མི་བྱེད་པ་མ་ཡིན་ནོ། །

བསམ་པའི་ཡན་ལག་ལ་འདུ་ཤེས་དང་ཀུན་སློང་གཉིས་ལས། འདུ་ཤེས་ནི། མིའི་རྫས་ལ་ཡིད་གཉིས་ཡན་ཆད་ཀྱིས་དེར་འདུ་ཤེས་པའོ། །ཀུན་སློང་ནི། གཞན་གྱི་ཡིན་ཏེ་མ་གནང་ཡང་རང་ཉིད་འཚོ་བའི་ཕྱིར་དུ་བརྐུ་བའི་སེམས་ཀྱིས་གཏན་དུ་འཕྲལ་འདོད་རྒྱུན་མ་ཆད་པའོ། །ཡུལ་དུས་སུ་རིན་ཐང་ཚང་བ་བརྐུ་བའི་སྦྱོར་བ་ནི་མཐུས་འཕྲོག་པའི་ནན་འགུགས་དང་། གཞན་ལས་ཁྱེར་བ་ཕྱིར་མི་སྟེར་བའི་རྐན་འཐེན་དང་། གྲངས་རྩིས་དང་རྒྱན་སོགས་ལ་དོར་བྱེད་པ་དང་། གནད་ལ་བསྒྲེ་བ་ལ་སོགས་པའི་སྒྱུ་ཐབས་དང་། སྦྲིང་ཡིག་ལ་སོགས་པའི་སྒོ་ནས་རང་གིས་བརྐུས་པའམ་གཞན་བསྐོས་པས་རྐུ་བར་རྩོམ་པའོ། །རིན་ཐང་ཀརྵ་པ་ཎའི་བཞི་ཆར་གསུངས་པས་ཀརྵ་པ་ཎའི་མཚན་ཉིད་ནི་ཀྲུ་གསེར་རམ་གཙོ་བོ་དངུལ་ལས་བྱས་པའི་དབྱིབས་དོང་ཙེའི་རྣམ་པ་ཅན་རྒྱལ་པོའི་རྟགས་འབུར་བ་ཞིག་ལ་འདོག །བྱེད་པ་པོ་ནི་སྟོན་པ་ལས་མི་རབས་མང་པོའི་གོང་དུ་རྒྱལ་པོ་རྨ་བྱ་ཅན་ཞེས་བྱ་བས་བྱས་པར་འདོད། མ་ཤ་ཀ་ལ། ཀྲུ་གསེར་དངུལ་ཟངས་ལྕགས་ལས་བྱས་པ་ཡོད། སྤྱིར་ཀརྵ་པ་ཎ་ལ་དུས་དབང་གིས་མ་ཤ་ཀ་བཞི་བཅུ་ལ་བྱ་བ། སོ་གཉིས་ལ་བྱ་བ། ཉི་ཤུ་ལ་བྱ་བ།

བཅུ་གཉིས་ལ་བྱ་བ་རྣམས་ཡོད། མ་ཤ་ཀ་ཉི་ཤུ་ལ་བྱ་བའི་དུས་སུ་བཅས་པས་ཉི་ཤུའི་བཞི་ཆ་ལྔོ། །དེ་ཀ་ནི་ཀ་བཞི་རུ་བཤད། ཀ་ནི་ཀ་རེ་ལ་མགྲོན་བུ་ཉི་ཤུ་བྱེད་པས་བཞི་ལ་བརྒྱད་ཅུའོ། །བོད་དུ་པ་ནའི་བཞི་ཆར་རྒྱ་འདུལ་བས་ཧ་རྒོད་མ་དང་། སྐྱོར་ལུང་སྤྲ་ཧེ་ནས་ཁལ་བཞི་དང་། རེད་མདའ་བས་གསེར་ཞོ་ཕྱེད། བུ་སྟོན་ཆོས་འདུས་མགུར་མོའི་བཞི་ནམ་དུ་འདོད། དེང་དུས་སུ་ཀྵ་པ་ནའི་བཞི་ཆ་ལ་མ་ཤ་ཀ་གསུམ་དུ་འཐད་པར་གསུངས། དེ་གསེར་སེ་བ་གསུམ་དུ་འཛམ་བཞད་བཞེད། འཛམ་དབྱངས་དགའ་བློས་དངུལ་ཞོ་གང་དང་གསེར་སེ་བ་གསུམ་དང་། སེ་བ་རེ་བལ་སྲན་དམར་པོ་ནག་ཐིག་ཅན་དང་ཡང་ལྷི་མཉམ་པའི་གསེར་ཡིན་གསུངས། སེ་བ་ཞེས་པ་གསེར་སྐར་མ་གཅིག་ཕྱེད་དུ་བཞེད་པའང་ཡོད། རང་ལུགས་ལ་ཀ་རི་ཀའི་འགྲེལ་བ་དོན་བདུན་མ་ལས་དངུལ་ཞོ་བཞི་ཙམ་དུ་གསུངས། སློབ་མ་ལ་ཕན་པ་ལས་ནས་ཁལ་ཕྱེད་དུ་གསུངས། ཤེས་རབ་བྱེད་པར་དངུལ་ཞོའི་བརྒྱད་ཆ་གཅིག་ཏུ་གསུངས་པས་དངུལ་ཞོའི་བརྒྱད་ཆ་ནི་རྫས་གསེར་དངུལ་གཉིས་ལས་གསེར་ཡིན། དངུལ་སྲང་གི་ཞོ་གང་གི་བརྒྱད་ཆ་ལ་གསུངས། དེས་ན་མུ་གེ་མེད་པའི་དུས་གསེར་ཞོའི་བརྒྱད་ཆ། མུ་གེའི་དུས་དངུལ་ཞོའི་བརྒྱད་ཆ་ལ་བཞེད་དེ། གསེར་སེ་བ་གསུམ་རིན་ཐང་ཡིན་པའི་ཕྱིར་རོ། །དེས་ན་དངུལ་ཞོ་གང་དང་གསེར་སེ་བ་གསུམ་ལ་བྱའོ། །མཐ༷ར་ཐུག༷་ནི་རང་གིས་བརྐུས༷་སམ༷་གཞན་ལ་བརྐུར་བཅུག་པ་གང་ཡིན་ཡང་གཏན་དུའམ་རྩད༷་ནས༷་ཐོབ༷་བློ་སྐྱེས་པ་ན་ཕམ་པར་འགྱུར་གྱི་རྫས་གནས་ནས་སྤྱགས་པ་ཙམ་གྱིས་མཐར་ཐུག་གྲུབ་པ་མ་ཡིན་ཏེ། རྒྱ་ཆེར་འགྲེལ་ལས། ཅི་སྟེ་ཤིང་ཤིན་ཏུ་ཐག་རིང་པོ་ནས་དྲངས་ཏེ་རྐང་པའི་དྲུང་དུ་འོང་ཀྱང་ཇི་སྲིད་སྣང་བར་མ་གྱུར་ན་དེའང་བརྐུས་པར་མི་འགྱུར་ཏེ། གྲུབ་པའི་བློ་མེད་པའི་ཕྱིར། ཞེས་དང་། དུད་འགྲོ་རྐུ་བའི་སྐབས་སུ་དེ་ལས་གང་མཐུས་དགྲི་དགོས་སམ་སྒྲ་ཕྱུང་སྟེ་དགྲི་དགོས་པ་ཞིག་ན། དེ་མི་སྣང་བར་གྱུར་པ་ཉིད་དུ་ཕྱིན་ཀྱང་བརྐུས་པ་མ་ཡིན་ཏེ། ཇི་སྲིད་དུ་བག་ཚ་བ་མེད་པའི་ཡུལ་དུ་མ་ཕྱིན་ཏམ་དབང་དུ་མ་གྱུར་གྱི་བར་དུ་བརྐུས་པ་མ་ཡིན་ནོ། །མདོ་རྩའི་འགྲེལ་བ་ལས། རྐུན་པོ་རྣམས་བློ་གྲོས་མི་མཐུན་པ་བློ་གྲོས་དུ་མ་ཡིན་ན་བགོ་སྐལ་ཐོབ་ནས་བརྐུས་པ་ཡིན་གྱི་གནས་ནས་སྤྱགས་པ་ན་བརྐུས་པ་མ་ཡིན་ནོ། །ཞེས་དང་། གནས་ནས་སྤྱགས་པས་བརྐུས་པར་མི་འགྱུར་གྱི་སྐལ་བ་ཐོབ་ན་བརྐུས་པར

འགྱུར་ཞེས་གསུངས་སོ། །འོན་ཀྱང་གནས་སྐབས་མཐར་ཐུག་གྲུབ་མཚམས་སུ་བསྟན་པ་རྣམས་ནི་ཐོབ་བློ་སྐྱེས་པ་མཆོན་ཆེད་དུ་བསྟན་པ་ཡིན་ནོ། །

གཉིས་པ་སྦྱོར་ལྟུང་གི་རྣམ་བཞག་ནི། ཐུས་ལ་ནོམ་ཉུག་བྱེད་པ་ནས་མཐར་ཐུག་མ་གྲུབ་ཀྱི་བར་གྱི་སྦྱོར་བའི་སྡོམ་པོ་ཡིན། དེ་ཡང་བདམས་ཏེ་བཟང་པོ་རྒྱ་བར་འདོད་པས་འདམ་པའི་ཕྱིར་ནོམ་པ་དང་ཉུག་པ་དང་། རྩ་ལ་སོགས་པའི་ཚས་ཀྱིས་རྟ་ལ་སོགས་པ་བྲིད་པའམ་ཞོན་པའམ་གྲུར་ཞུགས་ཏེ་འདི་རྒྱ་བར་བྱའོ་སྙམ་པ་དང་། རྟ་དང་གྲུ་འདི་ལས་འདི་ལྟར་རྒྱ་བར་བྱའོ་སྙམ་ནས་ངེས་པའི་སྒོ་བས་ལུས་བསྒྱུར་བ་དང་། གོམ་པ་ཕྱིར་འཕྲི་བ་སོགས་ཀྱིས་བརྒྱ་བ་ན་གོམ་པ་གང་གིས་ཐུས་བདག་གིས་མི་སྣང་བའི་སར་འཇུག་བཞིན་པའི་ཚེ་དང་། ཐུས་བདག་གིས་བཞག་པའི་གནས་མི་ཤེས་པའི་གཏམ་པ་དང་བརྟས་པ་དང་བསྐྱིས་པ་རྣམས་བརྒྱ་སེམས་ཀྱིས་བསྟོན་པའི་ཚེ་དང་། ཐུས་བརྟས་དང་བསྐྱིས་པ་དག་མི་སྦྱིན་པར་སེམས་པའི་དུས་དང་། ཐུས་བདག་གིས་བཞག་པའི་གནས་མི་ཤེས་པའི་གནས་གཏམ་པ་བརྒྱ་བ་ལ་ཐུས་དེ་གནས་ནས་སྤོ་བའི་སྤྱ་རོལ་དུ་བསྣོག་པ་དང་བར་དུ་བསྟོན་པ་དང་ཤགས་ཀྱིས་བརྒྱ་བ་ལ་ནི། རྒྱལ་པོའི་ཁྲལ་རྒྱལ་བ་ལ་ཕ་རོལ་པོས་སྦྱོར་བ་མ་བཏང་བའི་སྐབས་དང་། བློན་པོའི་ཁྲལ་ཤགས་རྒྱལ་བ་དང་། རྒྱན་ལ་དོར་བྱས་ཏེ་བརྒྱ་བ་ལ་རྒྱལ་བ་མ་གྲུབ་ཙམ་དང་། ཁྲངས་ལ་དོར་བྱེད་པ་ན་ཐུས་བདག་གིས་ལོངས་ཤིག་ཅེས་མ་བསྒྲོས་བར་ལོངས་ཞེས་ཟེར་རོ་ཞེས་པའི་ཚིག་གིས་ལེན་པའི་བར་རྣམས་ལ་བྱ་བ་དེ་དག་ཉིད་ཀྱི་འོག་ཏུ་འཐོབ་པར་རྩོལ་བའི་དུས་དང་། རང་གིས་བརྒྱ་བའི་བྱ་བ་དངོས་སུ་མི་བྱེད་ཀྱང་སྐུ་ཤས་འཐོབ་པའི་ཕྱིར་རྒྱན་པོ་ལ་ལམ་རྒྱུས་གོ་བར་བྱ་བ་དང་། ལམ་སྲུང་བ་ལ་སོགས་པ་ལ་སྡོམ་པོར་འགྱུར་ཏེ་མཐར་ཐུག་གིས་སེལ་བའོ། །བདག་ཏུ་མ་བཟུང་བའི་གཏེར་ལ་སོགས་པ་དང་། རང་ངམ་རང་དང་ནོར་མི་གཅིག་པའི་ཉེ་དུ་དང་། དགེ་འདུན་ལ་སོགས་པའི་ཐུས་དང་། མི་མ་ཡིན་གྱི་ཐུས་དང་། གཞན་ལ་བསྒྱུར་བའི་ཐུས་བསྒྱུར་ས་ངེས་བདག་གིར་མ་བྱས་པ་དང་། སངས་རྒྱས་ལྷག་མེད་མྱ་ངན་ལས་འདས་པ་དང་། མིའི་རྟེན་ལ་དགྲ་བཅོམ་ཐོབ་པ་ལྷག་མེད་དུ་འདས་པའི་དཀོར་དང་། གཤེད་མ་ལ་སོགས་པས་གློ་བུར་དུ་བདག་གིར་བྱས་པའི་དུར་ཁྲོད་པའི་ཐུས་དང་། སྦྲ་མི་སྨན་པའི་ཐུས་ལ་སོགས་

པ་རིན་ཐང་ཚང་བ་བརྐུས་པ་རྣམས་ལ་ནི་སྦོམ་པོ་སྟེ་བདག་པོས་སེལ་བའོ། །བརྐུ་སེམས་ཀྱིས་གསང་སྔགས་ལ་སོགས་པས་ཡིད་བསླུལ་ཏེ་འབུལ་དུ་བཙུག་པ་ལ་སྦོམ་པོ་སྟེ་སྦྱོར་བས་སེལ་བའོ། །རང་དང་ནོར་མི་གཅིག་པའི་རྫས་ལ་རང་གི་འདུ་ཤེས་ཏེ་བརྐུས་པ་དང་། རང་དང་ནོར་མི་གཅིག་པའི་དོན་དུ་དང་། བདག་གིར་མ་བྱས་པར་གཞན་གྱི་རྫས་ཆུ་ལ་སོགས་པར་སྦ་བ་དང་། འབྲས་བུའི་ཀུན་དགའ་ར་བ་ལ་སོགས་པ་སྔགས་ཀྱིས་སྐེམ་པར་བྱེད་པ་དང་། ལོ་ཏོག་ལ་སོགས་པ་སེར་བས་མ་རུང་བར་བྱས་པ་སོགས་གཞན་གྱི་རྫས་ཆུད་གཟན་པར་བྱས་པ་དང་། བཀྲས་པ་བསྲི་བ་མེད་པར་ལོངས་སྤྱོད་པ་ལ་སོགས་པའི་སྦོམ་པོ་རྣམས་རིམ་པ་ལྟར་ཀུན་སློང་གི་ཡན་ལག་གིས་སེལ་བ་སྟེ། གཞན་གྱི་ཡིན་པ། རང་གི་ཆེད། འཚོ་བའི་ཆེད། གཏན་དུ་འཕྲལ་འདོད་རྣམས་ཀྱིས་སེལ་བའོ། །གཞན་གྱི་རྫས་ཡིད་གཙུགས་ཀྱི་བློས་ལེན་པ་ལ་ལྟུང་བ་མེད་པ་མ་གནང་བས་སེལ་བའོ། །རང་མི་དབང་ཡང་དབང་བར་འདུ་ཤེས་པ་དང་། བདག་པོ་མེད་ཀྱང་ཡོད་པར་འདུ་ཤེས་ཀྱིས་བརྐུས་པ་དང་། མིའི་རྫས་ལ་རྐུ་སེམས་མེད་ཅིང་དུད་འགྲོའི་རྫས་ཉེ་ཚེ་བ་རྐུ་བར་སེམས་པ་ན་མིའི་རྫས་ལ་དུད་འགྲོ་ཁོ་ནའི་རྫས་སུ་འདུ་ཤེས་ནས་བརྐུས་པ་རྣམས་ལ་རིན་ཐང་སོགས་ཡན་ལག་གཞན་རྣམས་ཚང་ན་སྦོམ་པོ་སྟེ་འདུ་ཤེས་ཀྱིས་སེལ་བའོ། །རིན་ཐང་མ་གཏོགས་པ་རྐུ་སེམས་སོགས་ཡན་ལག་གཞན་ཐམས་ཅད་ཚང་ན་མིའི་རྫས་ཀརྵ་པ་ན་བཞི་ཆར་མ་ལོངས་པ་ཐ་ན་དིལ་གྱི་ཕྱུབ་མ་ཙམ་བརྐུས་པ་ཡང་སྦོམ་པོ་སྟེ་དངོས་པོས་སེལ་བའོ། །

གསུམ་པ་སྦྱོར་བའི་སྦྱོར་བའི་ལྟུང་བའི་རྣམ་བཞག་ནི། ལུས་ངག་ཏུ་ཐོན་ནས་སྦྱོར་བ་དང་། ཀུན་སློང་རྒྱུན་གཅིག་རྣམས་ལ་ནོམ་ཉག་སོགས་སྦྱོར་བ་ལ་ཐུག་པའི་བར་གྱི་མཐར་ཉེས་བྱས་གཅིག་དང་། ཀུན་སློང་ལོག་ན་ལྡོག་མཚམས་རེ་རེའི་མཐར་ཉེས་བྱས་ཐ་དད་རེ་རེར་འགྱུར་རོ། །གོམ་པ་ཕྱིར་འཕྲི་བས་རྐུ་བ་ལ་མི་སྣང་བར་འགྱུར་བའི་གོམ་པ་ལ་ཐུག་གི་བར་གོམ་པ་རེ་རེ་ལ་ཉེས་བྱས་རེ་རེར་འགྱུར་རོ། །བརྐུ་བའི་ཕྱིར་གྲུ་ཞུར་པ་ལས་བཀོལ་བ་ཙམ་དང་མཆོད་པའི་དོན་དུ་སངས་རྒྱས་ཀྱི་སྐུ་གདུང་སོགས་བརྐུས་པ་དང་། གྲངས་རྩིས་ལ་དོར་བྱེད་པ་དང་། ཤོད་ཐབས་ལ་སོགས་པའི་མཚན་མ་ཕྱིས་པ་དང་བསྣུན་པ་དང་གནས་གཞན་དུ་བཞག་པ་དང་། རང་མི་དབང་བའི་

ཆོམ་གཞན་དུ་བགྲང་བ་དང་། སྔ་ཕྱི་ཆོམ་གཉིས་སུ་བགྲང་བ་ན་སྔ་མར་བགྲང་བ་ཕྱི་མ་ལ་བསྐོན་པ་དང་། ཕྱི་མར་བགྲང་བ་སྔ་མ་ལ་བསྐོན་པ་དང་། མི་དབང་བར་དབང་བར་སྒྲོག་པ་དང་། རྫས་བདག་གིས་ལོང་ཤིག་ཅེས་མ་བསྒོས་པར་ངེས་ལོངས་ཞེས་ཟེར་རོ་སྙམ་པ་དང་། རང་དང་ནོར་མི་གཅིག་པ་ལ་ཤོ་གམ་དང་གྲུ་བཙས་ལ་སོགས་པ་བྲལ་བར་བསྒོ་བ་དང་། ཤོ་གམ་ལ་སོགས་པ་འབྲལ་བའི་ལམ་གཞན་སྟོན་པ་དང་། རྔོན་པས་རི་དྭགས་སོགས་ཟིན་པ་བསྒོམ་བྱུང་གིས་གཏོང་བ་མིན་པར་སྙིང་རྗེ་ཙམ་གྱི་བྲལ་འདོད་ཀྱིས་གཏོང་བ་དང་། རྫས་ཆུད་གཟན་པ་དང་། གཞན་དོན་དུ་བརྐུ་བ་ལ་སོགས་པའི་སྦྱོར་བ་ཉེས་བྱས་དང་། མི་མ་ཡིན་གྱི་རྫས་རིན་ཐང་མ་ཚང་བ་བརྐུས་པ་དང་། རྫས་རིན་ཐང་མ་ཚང་བ་ཆུད་གཟན་པ་སོགས་ལ་ཉེས་བྱས་སོ། །

གཉིས་པ་བསླབ་བྱ་ནི། བདམ་པོ་ལ་སོགས་པས་གཞན་གྱི་འཚོ་བའི་ཐབས་གཏོལ་བ་དང་། ཡིད་གཙུགས་པའི་གནས་བླངས་ན་དགའ་སྐམ་པ་མ་ཡིན་པ་ལ་ཡིད་གཙུགས་པར་བྱེད་པ་དང་། ཆོས་གོས་ཀྱི་ལས་ལ་སོགས་པ་ལག་པོད་དང་བསོད་ནམས་ཀྱི་བློས་མ་ཡིན་པར་གླ་རྔན་གྱི་བསམ་པས་བྱས་པ་དང་། གཞན་གྱི་རྫས་ལྷུང་བ་ཡུན་རིང་དུ་བསྲེལ་བ་དང་། བདག་པོ་གང་ཡིན་མི་ཤེས་པའི་ཚེ་དགེ་སྐོས་ལ་མ་གཏད་པ་དང་། དགེ་སྐོས་ཀྱིས་ཀྱང་རྫས་དེ་རབ་བྱུང་གི་ཡིན་པར་དོགས་ན་དགེ་འདུན་ལ་མ་བསྟན་པ་དང་། བསྟན་ཀྱང་བདག་པོ་མ་བྱུང་ན་ཐམས་ཅད་ཀྱི་མཐོང་སར་མ་བཞག་པ་དང་། ནད་པས་མ་གནང་བ་ལ་སྨན་བླངས་བ་དང་། དང་པོར་རང་དབང་ཡང་གཞན་གྱིས་གློ་བུར་དུ་བདག་ཏུ་བཟུང་བའི་ནོར་དེས་མ་གནང་བར་བདག་གིར་བྱས་པ་དང་། རང་གིས་ཆོས་བཤད་པའམ་རིན་སྦྱིན་པར་མི་བྱེད་པར་ནན་གྱིས་འགུགས་པ་དང་། རབ་ཏུ་བྱུང་བ་མི་འདོད་བཞིན་ཉེ་དུས་ཁྲིད་པ་མ་བཟུང་བ་དང་། མགྲོན་དུ་མ་བོས་པར་ཟས་ཟ་བ་དང་། གཞན་གྱིས་ལྟོས་མེད་དུ་དོར་བའི་རྫས་ལེན་པའི་ཚེ་གཞན་གྱིས་བདག་ཏུ་བཟུང་མ་བཟུང་མ་བརྟགས་པར་བླངས་བ་དང་། མ་བཟུང་བར་ངེས་ཀྱང་སྐྱེ་བོ་མང་པོའི་མངོན་སུམ་དུ་མ་བབས་པར་བླངས་པ་དང་། གཞན་གྱིས་རང་ལ་སྟེར་དགོས་པའི་རྫས་ཚང་བར་མ་བྱིན་པ་ལ་སོགས་པའི་ཚེ་མདུན་དུ་ཁྲོ་བས་རང་གི་ལུས་བསྐྱིལ་ཞིང་བསྒལ་བ་དང་། ཡོན་པོ་དང་གྲུ་གྲུའི་རྣམ་པས་གནད་ལ་སྦྲེ་བ་དང་། དགེ་སློང་གི་གནས

དང་གཙུག་ལག་ཁང་ལ་གནོད་པའི་བྱ་ཚང་སྒོ་ང་མེད་པ་མ་གཏོགས་པའི་བྱ་ལ་སོགས་པའི་ཚང་གཞིག་པ་དང་། གནས་དེར་མ་གནས་པར་དེའི་སྙེད་པ་བླངས་པ་དང་། ཆོམ་རྐུན་པར་གྲགས་པའི་རྐུན་པོ་ལས་རྫས་བླངས་པ་དང་། དེ་ལས་བླངས་པ་ཡང་ཁ་བསྒྱུར་བ་སོགས་མ་བྱས་པར་བཅང་བ་དང་། དེ་ལྟར་བྱས་ཀྱང་དང་པོའི་རྫས་བདག་གིས་བསླངས་ན་མི་སྦྱིན་པ་དང་། རྫོན་པས་གཅེས་པའི་རི་དྭགས་གནས་ཁང་དུ་ཞུགས་པ་ཤི་བ་ན་དེའི་ཤ་རྫོན་པ་དེ་ཉིད་དང་། དེ་མེད་ན་དེ་དང་འདྲ་བ་ལ་མི་སྦྱིན་པ་དང་། ཤོ་གམ་དང་གྲུ་བཙས་ལ་སོགས་པ་གཞལ་དགོས་པའི་རྫས་རང་དགར་ཁྱེར་ཏེ་གཞལ་མི་དགོས་པའི་གནས་སུ་དགོས་མེད་དུ་འགྲོ་བ་སོགས་ཉེས་བྱས་སོ། །

གཉིས་པ་དེ་ལས་སེམས་བསྲུང་ཚུལ་ལ་གཞན་གྱིས་མ་གནང་བའི་རྫས་བྲལ་བར་འདོད་པ་དང་། གཡར་པོ་སྲི་བ་མེད་པར་སྤྱད་འདོད་དང་། རྐུ་ཤས་བདག་གིར་བྱེད་འདོད་དང་།མི་དབང་བ་ལ་དབང་བར་འདུ་ཤེས་པ་དང་། བདག་པོ་ཡོད་པ་ལ་མེད་པར་འདུ་ཤེས་པའི་འདུ་ཤེས་འཁྲུལ་བ་གཉིས་རྣམས་འགོག་པའོ། །དེའི་ཚུལ་རྫས་དེ་ལེན་པའི་ཚེ་བདག་པོ་ཡོད་མེད་སོགས་བརྟགས་པར་བྱ་བའོ། །གསུམ་པ་སྲོག་གཅོད་ཀྱི་ཕམ་པ་ལ། གླེང་གཞི་དང་། ལྟུང་བའི་ཡན་ལག་གཉིས་ལས། དང་པོ་ནི། ཡུལ་མཉན་ཡོད་དུ་ཁྱིམ་བདག་སྟོབས་སྡེ་ལ་བུ་སྡེ་བ་དང་ཉེར་སྡེ་ཟེར་བ་གཉིས་ཡོད། སྡེ་བས་ཆུང་མ་བླངས་ཏེ་ཁྱིམ་བདག་བྱས་ནས་ཡོད་སྐབས་སྡེ་བས་ཉེར་སྡེ་ལ་སླུས་པ་ཁྱིམ་གྱི་འཁོར་བ་སྤྲེལ་ཕྱིར་བདག་ཡུལ་གཞན་དུ་ཟོང་ཐོགས་ཏེ་འགྲོ་ཡི་ཁྱོད་ཀྱིས་ཁྱིམ་གྱི་བྱ་བ་ཁྱོས་སླུས་པས་དེ་བཞིན་བགྱི་བར་ཁས་བླངས། སྡེ་བ་ཚོང་ལ་ཕྱིན། ཉེར་སྡེ་རང་ཁྱིམ་དུ་བསྡད་པ་ན་ནམ་ཞིག་སྡེ་བའི་ཆུང་མ་ཆགས་པས་གདུང་ནས་ཉེ་དུ་རྣམས་ལ་སླུས་ཏེ། ཁོ་མོ་གཞན་ལ་མི་སྦྱིན་ན་གཞན་དུ་འགྲོའོ་སླུས་པས་ཉེ་དུ་རྣམས་ཀྱིས་ཉེར་སྡེའི་དྲུང་དུ་བཏང་བ་ཉེར་སྡེས་ཀྱང་བླངས་ནས་དགའ་མགུར་སྤྱད་པས་མངལ་དུ་སེམས་ཅན་ཆགས་སོ། །སྡེ་བ་ཐོན་པར་ཉེ་བའི་ཡི་གེ་ཉེར་སྡེ་ལ་སྤྲད་པས་ད་ནི་བདག་གིས་ཉེས་ཏེ་མཁོན་ཐམས་ཅད་ཀྱི་ནང་ནས་བུད་མེད་ཀྱི་མཁོན་པ་འདི་ཐ་ཆད་ཡིན་པས་བདག་ལ་གནོད་པ་བྱེད་པའི་གནས་ཡོད་ཀྱི་སྐམ་ནས། རྒྱལ་བྱེད་ཚལ་དུ་དགེ་སློང་ཞིག་ལས་རབ་ཏུ་བྱུང་བསྙེན་པར་རྫོགས་པར་བྱས་ཏེ་བསོད་སྙོམས་ལ་སོང་བ་ན་རང་ཁྱིམ་དུ་སླེབས་ཚེ་སྡེ་

བའི་ཚུང་མས་ཁོ་མོ་སྤྱངས་ཏེ་ཅིའི་ཕྱིར་རབ་ཏུ་བྱུང་ཟེར་རོ། །ཉེར་སྡེའི་ཚུང་གྲོགས་སྤྱོས་ཚོང་གི་ཁྱེའུ་ཞིག་ཡོད་པས་ཉེར་སྡེ་གར་སོང་ཚུང་མར་དྲིས་པས་རྒྱལ་བྱེད་ཚལ་དུ་རབ་ཏུ་བྱུང་ཚུལ་སྨྲས་པ་ཕྱིས་ཉེར་སྡེ་དང་འཕྲད་པས། དེས་བདག་ལ་མི་སྨྲན་པར་ཁྱོད་རབ་ཏུ་བྱུང་བ་མ་ལེགས་བྱས་པས། ཉེར་སྡེས་བདག་གིས་སྡེ་བའི་ཚུང་མ་སེམས་ཅན་དང་བཅས་པར་བྱས་པས་མགོན་ཐམས་ཅད་ཀྱི་ནང་ན་བུད་མེད་ཀྱི་མགོན་ཐ་ཆད་པས་ཡིན་སྨྲས་པ་ན། ཁྱེའུ་དེས། མངལ་བཞིག་པའི་སྨན་བྱིན་ན། དེ་དུམ་བུར་འཇིག་པས་ང་ལ་སྨྲན་རིགས་ཀྱང་ད་དུང་ཡང་སྦྱིན་ནམ་སྨྲས་པ་ཉེར་སྡེས་དང་དུ་བླངས། དེས་སྨན་དེ་ཉེར་སྡེས་ཁྱོད་ལ་བསྐུར་རོ་འབྱུང་ཤིག་དང་ནད་སོས་སོ་སྨྲས་ཏེ་ཚུང་མར་གཏད་པ་འབྱུང་བས་མངལ་ཞིག་པར་གྱུར་ཏོ། །དེས་དེའི་ཚུལ་བྲན་མོ་ལ་སྨྲས་པའི་ཚིག་མཉན་ཡོད་ཀྱི་གནས་རྣམས་སུ་གྲགས་པ་སངས་རྒྱས་ལ་གསོལ། སྟོན་པས་ཉེར་སྡེ་ལ་ཁྱོད་ཀྱིས་སྡིག་པའི་ལས་དེ་ལྟར་བྱས་པ་བདེན་ནམ་གསུང་ཚེ། དངོས་སུ་མ་བགྱིས་ཏེ་རྗེས་སུ་ཡི་རང་བར་ནི་བགྱིས་སོ་ཞུས། ཉེར་སྡེ་ལ་ལྟུང་བ་མེད་དེ་བྱ་བ་མ་ཡིན་པ་ལ་སེམས་ཀྱིས་ཡི་རང་བར་མི་བྱའོ་གསུངས་སོ། །སྡེ་བ་ཐོན་པའི་དོགས་པས་ཉེར་སྡེ་རང་གི་མཁན་པོའི་གྲོགས་པོ་རྒྱལ་པོའི་ཁབ་ན་ཡོད་པ་དེར་སོང་བས་དེས་རབ་བྱུང་ལ་བྱ་བ་སྤྱོང་ཀློག་གཉིས་ཡོད་པ་ལས་གང་འདམ་གསུངས་པས་བསམ་གཏན་བྱེད་པར་འདམ་སྟེ། དུར་ཁྲོད་བསིལ་བའི་ཚལ་དུ་བསྒོམ་པ་ལ་གཞོལ་ནས་ཉེར་སྡེ་དགྲ་བཅོམ་ཐོབ་བོ། །སྡེ་བ་ཚུང་མས་བསླུས་ཏེ་ཉེར་སྡེ་ལ་གནོད་པ་བྱེད་དུ་བསྐུལ་བས་ཉེར་སྡེ་རྒྱལ་པོའི་ཁབ་ཏུ་སོང་བ་ཐོས། དེར་ཕྱིན་པ་ན་དུར་ཁྲོད་བསིལ་བའི་ཚལ་གྱི་ཉེ་ཕྱོགས་སུ་རྫོན་པ་ཞིག་དང་འཕྲད་དེ་རྫོན་པར་པ་ན་ལྔ་བརྒྱ་ཟན་པར་བྱིན་ཏེ་ཉེར་སྡེ་གསོད་པར་བསྐུལ་བ་ན། རྫོན་པས་རབ་བྱུང་རྒྱལ་པོས་གཙུག་ཏུ་བཀུར་བས་དེ་བསད་ན་རྒྱལ་པོས་ཆད་པ་འབྱུང་དོགས་ནས། འདི་བསད་ན་མངོན་པར་མི་འགྱུར་ཞིང་པ་ན་ཡང་ཐོབ་པོ་སྙམ་ནས་སྡེ་བ་ལ་དུག་མདའ་བསྟན་པ་ན། སྡེ་བས་ང་འདིས་གསོད་པ་འདིའི་ཤུག་ཉེར་སྡེ་ཡིན་ངེས་སྙམ་སྟེ། ཁོ་ཤི་ཁར་ཆེ་འཕོས་མ་ཐག་ཉེར་སྡེ་གསོད་པའི་དུག་སྦྲུལ་དུ་སྐྱེ་བར་སྨོན་ལམ་ལོག་པས་མཚམས་སྦྱར་བས་དུག་སྦྲུལ་དུ་སྐྱེས་ནས་ཉེར་སྡེའི་ལུས་ལ་འཁྲིལ་བས་ལུས་ཞིག་པར་གྱུར། དགྲ་བཅོམ་དེའི་གདུང་ལ་མཆོད་རྟེན་བྱས་ཏེ་ཤ་རིའི་བུས་གུས་པར་མཛད།

དེའི་ཚུལ་སྟོན་པ་ལ་གསོལ་བས་ཉེར་སྦེའི་ཚེ་རབས་སྔ་མའི་དུས་སུ་རིང་མོ་ཞིག་ཏུ་རྫོན་པར་སྐྱེས་པ་ཉིན་གཅིག་རི་དྭགས་མ་སོད་པའི་ཚེ་དབེན་པ་ཞིག་ཏུ་རང་རྒྱལ་དགྲ་བཅོམ་པ་བཞུགས་པ་དེས་བསྐྲོགས་པར་དོགས་ཏེ་དགྲ་བཅོམ་དེར་དུག་མདའ་བསྣུན་པའི་ལས་ཀྱི་ལྷག་མར་གསུངས། དགྲ་བཅོམ་འདས་ཚེ་རྫུ་འཕྲུལ་བྱས་པས་དད་དེ། དེ་དང་འདྲ་བའི་ཡོན་ཏན་གྱི་ཆོས་ཐོབ་པར་སྨོན། སྐུ་གདུང་ལ་བསྙེན་བཀུར་བྱས་པའི་འབྲས་བུ་ལ་ངའི་བསྟན་པར་དགྲ་བཅོམ་ཐོབ་བོ་གསུངས་སོ། །ཡང་གླེང་གཞི་གཉིས་པ་ནི། སྟོན་པ་ཡུལ་སྤྱོང་བྱེད་ན་ཆུ་ཀླུང་ཡིད་འོང་ལྡན་གྱི་འགྲམ་སྦྲོན་ཤིང་གི་ཚལ་ན་བཞུགས་པའི་ཚེ། སྟོན་པས་དགེ་སློང་དག་ལ་མི་སྡུག་པ་བསྒོམ་པའི་གདམས་པ་བསྟན་ནས་བསྒོམ་དུ་བཅུག་པ་ན། དགེ་སློང་དག་གིས་མི་སྡུག་པ་རྣག་གི་ལུས་འདིས་སྐྱིད་ལུག་པའི་སེམས་སྐྱེས་ནས། གཅིག་གིས་གཅིག་ལ་མཚོན་བཏེགས་པ་དང་། རང་ཉིད་གཡང་སར་མཆོང་བ་སོགས་ཀྱིས་གསོད་པར་བྱས། དེའི་ཚེ་དགེ་སློང་ཞིག་ལུས་ཀྱིས་སྐྱོ་ནས་རི་དྭགས་བཟློག་དགེ་སྦྱོང་སྦྱིད་ལ་ཚུར་ཤོག་ཁོ་བོ་སྲོག་དང་བྲལ་དང་ལྷུང་བཟེད་ཆོས་གོས་ཁྱོད་ལ་སྦྱིན་ཟེར་བས་དེས་དགེ་སློང་དེ་བསད། རལ་གྲི་ཁྲག་ཅན་ཆུ་ཀླུང་དུ་བཀྲུར་ཕྱིན་པས་དེར་བདུད་ཀྱི་ལྷས་ཁྱོད་ཀྱིས་ལེགས་སོ། །དགེ་སློང་ཁྲིམས་ལྡན་དག་མ་བསྒྲལ་བ་བསྒྲལ་བར་བྱས། མ་གྲོལ་བ་གྲོལ་བར་བྱས། དབུགས་མ་ཕྱིན་པ་དབུགས་ཕྱིན། མ་འདས་པ་ཡོངས་སུ་མྱ་ངན་ལས་འདའ་བར་བྱེད་པ་ནི་ཁྱོད་ལ་བསོད་ནམས་མང་དུ་འགྱུར། ལྷུང་བཟེད་དང་ཆོས་གོས་ཀྱི་རྙེད་པའང་གྲུབ་བོ་ཞེས་བསྔགས་པས་དེ་ལ་སྡིག་པ་ཅན་གྱི་ལྟ་བ་ཐོབ་ནས་རལ་གྲི་ཐོགས་ཏེ། དགེ་སློང་དག་མཐོང་བ་ན་མ་བསྒྲལ་བ་བསྒྲལ་བར་བྱ་བ་གང་ཡིན་སོགས་སྨྲས་པས། དགེ་སློང་རང་གི་ལུས་ཀྱིས་སྐྱོ་བ་དག །བདག་མ་བསྒྲལ་བ་ཡིན་གྱི་སྒྲོལ་ཅིག་གསུངས་ཚད་བསད་པས་དགེ་སློང་དྲུག་ཅུ་བསད་དེ་དགེ་སློང་རྣམས་ཉུང་བས་སྟོན་པ་གདན་ལ་བཞུགས་ཏེ་འཁོར་རྣམས་ཉུང་བའི་རྒྱུ་མཚན་དྲིས་པར་ཀུན་དགའ་བོས་དེའི་ཚུལ་ཞུས་ཚེ། སྟོན་པས་དགེ་སློང་དག་ཀྱང་དགེ་སློང་ལ་རྫོལ་བར་བྱེད་དམ། རྫོལ་བར་བགྱིད་དོ། །སྟོན་པས་དགེ་སྦྱོང་ཚུལ་མ་ཡིན་རྗེས་མཐུན་རུང་བ་མ་ཡིན་ཚུལ་མཐུན་མ་ཡིན་ཏེ་རབ་བྱུང་གི་བྱ་བ་མིན་ནོ་ཞེས་སྨད་དེ། ཕན་ཡོན་བཅུ་གཟིགས་ནས་འདུལ་བ་ལ་ཉན་ཐོས་ཀྱིས་བསླབ་པའི་གཞི་བཅའ་བར

བྱ་སྟེ། ཡང་དགེ་སློང་གང་མིའམ་མིར་ཆགས་པ་ལ་རང་གི་ལག་བདར་ཏེ་སྲོག་བཅད་དམ་གཞི་དེར་གསོད་པ་ལ་འཇུག་པ་དང་དུ་ལེན་ན་ཕམ་པའོ། །

གཉིས་པ་ལྟུང་བའི་ཡན་ལག་ནི། སྲོག་གཅོད་བཞི་ནི་སོགས་ཀྱིས་བསྟན། དེ་ལ་སྲོག་གཅོད་ཀྱི་ཕམ་པའི་ལྟུང་བ་ངོས་བཟུང་བ། དེ་ལས་སེམས་བསྐྱེད་ཚུལ་གཉིས་ལས། དང་པོ་ལ། ལྟུང་བའི་རྣམ་བཞག བསླབ་བྱ་གཉིས། དང་པོ་ལ། དངོས་གཞིའི་ལྟུང་བའི་རྣམ་བཞག་དང་། སྦྱོར་བའི་ལྟུང་བ་དང་། སྦྱོར་བའི་སྦྱོར་བའི་ལྟུང་བའི་རྣམ་བཞག་དང་གསུམ། དང་པོ་ལ་གཞི་བསམ་སྦྱོར་བ་མཐར་ཐུག་གི་ཡན་ལག་བཞི་ལས། དང་པོ་སྲོག་གཅོད་ཀྱི་ཡན་ལག་གི་གཞི་ནི་མིའམ་མིར་ཆགས་པ་ཡིན་པ་རང་ལས་རྒྱུད་ཐ་དད་པའི་གཞན་ཡིན་པའོ། །བསམ་པ་ལ་གཉིས་ལས་འདུ་ཤེས་ནི་སྐྱེ་དང་བྲེ་བྲག་ལ་མ་འཁྲུལ་བའི་གསད་བྱ་དེ་ཡིན་པ་ལ་ཡིན་པ་ལྟར་དེར་ཤེས་པ། ཀུན་སློང་ནི། ཕན་པའི་བསམ་པས་བསམ་ཀྱང་རུང་སྟེ་གསོད་པར་འདོད་པ་རྒྱུན་མ་ཆད་པའོ། །སྦྱོར་བའི་ཡན་ལག་ནི། མཚོན་དང་དུག་དང་མཐུ་དང་སྔགས་ཐབས་ཀྱིས་འཆི་སར་གཏོང་བ་དང་གསོད་སེམས་ཀྱིས་གསད་བྱ་སྟོན་པ་དང་། གཞན་གྱིས་གསོད་པའི་གཞང་བ་གསོལ་བ་སྟེར་བ་ལ་སོགས་རང་དམ་བསྒོས་པས་ལུས་ངག་ཏུ་གྲུབ་ཅིང་མ་འཁྲུགས་པར་གསོད་པར་བརྩམ་མམ་བརྩམས་ནས་མ་བཟློག་པ། མཐར་ཐུག་གི་ཡན་ལག་ནི། སྦྱོར་བ་དེའི་རྐྱེན་གྱིས་དུས་དེའི་ཚེའམ་གཞན་གྱི་ཚེ་རང་གི་སྔ་རོལ་དུ་གསད་བྱའི་སྲོག་གི་དབང་པོ་འགགས་པ་སྟེ་ཆད་ནས་ཤི་བ་དང་། རང་མ་ཟད་སྔར་ལྟར་གཞན་ལ་གསོད་དུ་བཅུག་པ་དང་ཡི་རང་དང་བསྔགས་པ་ལ་སོགས་པའི་རྐྱེན་གྱིས་གསོད་པར་བྱས་ཀྱང་ཤི་བ་ན་ཕམ་པར་འགྱུར་རོ། །སྦྱོར་བའི་ལྟུང་བའི་རྣམ་བཞག་ནི། མིའམ་མིར་ཆགས་པ་གསོད་པའི་སྦྱོར་བ་བརྩམས་ནས་ཇི་སྲིད་སྲོག་དང་བྲལ་བར་མ་གྱུར་གྱི་བར་དུ་ཉེས་པ་སྦོམ་པོའོ། །དེའང་དུད་འགྲོ་ལས་གཞན་པའི་མི་མ་ཡིན་གཟུགས་གཞན་དུ་བསྒྱུར་མ་བསྒྱུར་གང་ཡང་རུང་བ་བསད་པ་དང་། རང་ཉིད་གསོད་པའི་དོན་དུ་གཡང་ནས་མཆོང་བ་ལ་སོགས་པ་ལ་སྦོམ་པོ་སྟེ་གཉིས་སེལ་བའོ། །མ་དང་མའལ་ན་གནས་པ་གཉིས་ལས་གང་རུང་གཅིག་གསོད་པར་བསམ་པ་ལས་མ་བསམ་པ་ཤི་བ་དང་། དེས་མཚོན་ནས་གསད་བྱ་དུ་མའི་ནང་ནས་གང་རུང་གཅིག་གསོད་པར་བསམ་སྟེ་གསོད་

བྱེད་ལ་བསྟན་པ་ལས་མ་བསམ་པ་ཤི་བ་ལ་སྡོམ་པོ་སྐྱེ་ཀུན་སློང་གིས་སེལ་བའོ། །གསོད་པའི་སྦྱོར་བ་བརྩམ་ནས་མ་ཤི་བའི་གོང་དུ་འདུན་པ་ལོག་པ་ལ་སྡོམ་པོ་སྐྱེ་ཀུན་སློང་གི་རྒྱུན་གྱིས་སེལ་བའོ། །གསོད་སེམས་མེད་པར་མིའི་ཡན་ལག་གཅོད་པ་དང་མིའི་འགྲོ་བ་པ་གཅིག་ཡན་ཆད་ཡོད་པར་ཤེས་པའམ་དོགས་པའི་ནགས་མེས་བསྲེག་པ་དང་། མིའི་འགྲོ་བ་པ་ཚོང་པ་དང་ཆོམ་རྐུན་ལ་སོགས་པ་རྒྱལ་པོའི་གྲལ་དུ་འབུལ་བ་དང་། ནད་པ་ན་རེ། བསྐྱོད་པ་སོགས་བྱས་ན་ཁོ་བོ་འཆི་འོང་ངོ་ཞེས་ཟེར་བ་ལ་ཡིད་མི་ཆེས་པར་བསྐྱོད་པ་སོགས་བྱེད་པ་ནས་གསོད་སེམས་མེད་པར་ཤི་བ་དང་། ནད་པར་ཤི་སླའོ་ཞེས་གཡོག་མི་བྱེད་པ་དང་། མིའི་འགྲོ་བ་དོང་དུ་འཛུལ་འཛུག་པ་དང་། སྒོ་གླེགས་ཀྱིས་འཚོར་བ་དང་ཐག་པས་བཅིང་བ་སོགས་བྱེད་པའི་བར་རྣམས་ཁྲོ་བའི་སེམས་ལ་གནས་པས་བྱས་ན་སྡོམ་པོ་སྐྱེ་ཀུན་སློང་གི་ངོ་བོས་སེལ་བའོ། །རང་ཉིད་ལ་རག་མ་ལས་པར་གཞན་གྱིས་རང་དགར་མི་གསོད་པ་རང་ལ་གནང་བ་གསོལ་བ་ལ་གསོད་པའི་སེམས་སམ་ལུས་ངག་གི་འགྱུར་བ་དང་བཅས་པས་དང་དུ་ལེན་པར་བྱེད་ན་ཉེས་པ་སྡོམ་པོའོ། །སྦྱོར་བའི་སྦྱོར་བའི་ལྟུང་བའི་རྣམ་བཞག་ནི༑ གསོད་སེམས་སྐྱེས་ནས་ལུས་ངག་ཏུ་མ་ཐོན་པར་བསྡམ་བྱའི་ཉེས་བྱས་དང་། ལུས་ངག་ཏུ་ཐོན་ནས་སྦྱོར་བ་ལ་འཇུག་གི་བར་ལ་སྦྱོར་བའི་ཉེས་བྱས་སོ། །

གཉིས་པ་བསླབ་བྱ་ནི། ནད་པ་དང་འབྲེལ་བའི་བསླབ་བྱ་ནི། ནད་པ་དང་མི་ན་བ་ཡང་རུང་སྐྱེ་འཆི་བ་དང་མཐུན་པའི་གཏམ་རང་དགར་སྨྲ་བ་དང་། ནད་གཡོག་མཁས་པ་ཡོད་བཞིན་དུ་མི་མཁས་པ་བཞག་པ་དང་། མེད་པའི་ཚེ་མི་མཁས་པ་ལ་མི་འཆི་བའི་ཐབས་མ་སླུས་པར་ནད་གཡོག་ཏུ་བཞག་པ་དང་། ནད་གཡོག་དང་ནད་གཡོག་མིན་པ་གང་རུང་གིས་ནད་པའི་ཉེ་འཁོར་དུ་འཆི་བའི་ཚོགས་ཆས་ཐ་ན་ཁབ་ཡན་ཆད་བཞག་པ་དང་། མ་བརྟགས་པར་དེ་དག་འབྱིན་པ་དང་། ནད་པས་འཆི་བའི་ཐབས་སྦྲུབ་པ་ནད་གཡོག་གིས་མ་བཟློག་པ་དང་། སྨན་པ་སོགས་ལ་མ་དྲིས་པར་ནད་པ་ལ་གྲུ་ཚོམ་དུ་སྨན་འབྱིན་པ་དང་། ལེགས་པར་མ་བསླབ་པར་མཚོན་གྱིས་དཔྱད་ལ་སོགས་པ་བྱེད་པ་དང་། ནད་པ་འགྲོ་མི་ནུས་པ་ལམ་དུ་ཁྲིད་པ་རྣམས་སོ། །ལག་གི་བླ་དང་འབྲེལ་བའི་བསླབ་བྱ་ནི། ཞལ་ཏ་བ་དང་ལག་གི་བླ་ལས་བྱེད་པ། བྱ་བྱེད་མང་བའི་ཕྱིར་དགེ་སློང་གཞན་ལས་ཀྱང་དྲན་ཤེས

ཆེར་མ་བསྟེན་པ་དང་། སྲོག་ཆགས་ལ་གནོད་མི་གནོད་སོགས་མ་བརྟགས་པར་ཤིང་ལ་སོགས་པ་བསྒྲིལ་བ་དང་། འདེགས་བྱེད་ཉུང་བའི་ཕྱོགས་ཀྱི་ཁུར་ལྕི་བ་འདེགས་པ་དང་། ལས་བྱེད་པའི་ཚེ་སོ་ཕག་ལ་སོགས་པ་ལག་བརྒྱུད་ཀྱིས་མི་འགྲིམ་པར་འཕང་བ་དང་། འགྲིམ་པའི་ཚེ་ཕྱེ་བ་དང་གཞས་པ་མ་བརྗོད་པར་བྱེན་པ་དང་། ཁུར་འདེགས་པར་མི་ནུས་པའི་གྲོགས་མི་བྱེད་པ་དང་། འདེགས་པ་དང་བཞག་དགོས་པའི་ཚེ་ཡང་ཁྲིམ་པ་སོགས་དག་ལ་སྐད་སྒྲུར་ཏེ་ཅིག་ཆར་མ་བྱས་པ་རྣམས་སོ། །

གྲོགས་དང་འབྲེལ་བའི་བསླབ་བྱ་ནི། ལམ་དུ་འགྲོ་བ་ལ་སོགས་པའི་ཚེ་དགེ་སློང་དང་དགེ་སློང་མ་ཡིན་པ་དུད་འགྲོ་ལས་གཞན་པའི་འགྲོ་བ་ངལ་བ་མ་ཡིན་པར་རང་དགར་འཕྱུལ་བ་དང་། ངལ་བ་དེ་ངལ་གསོ་མ་བཅུག་པ་དང་སྣོད་སྤྱད་ལ་སོགས་པའི་ཁུར་མ་བླངས་པ་དང་། དགེ་སློང་སོགས་ངལ་བ་དེ་དག་གྲོགས་དང་ལྷན་ཅིག་ཏུ་མྱུར་བར་གནས་སུ་ཕྱིན་མི་ནུས་པ་ལ་ཟས་སྐོམ་གྱི་དུས་སུ་ཕྱིན་ནུས་པའི་ཚེ། གྲོགས་ཀྱིས་གནས་སུ་སྔར་ཕྱིན་ཏེ་ལྷུང་བཟེད་ལ་སོགས་པའི་སྣོད་སྤྱད་བཀྲུ་བ་དང་བཀད་སར་ཆུས་བྱུག་སྟེ་རེའུ་ཆུང་འབྲི་བའི་བྱུག་རིས་བཞག་པ་དང་། བྱིན་ལེན་དང་འོང་མི་འོང་བརྟགས་པ་སོགས་མ་བྱས་པ་དང་། དེ་ཟས་སྐོམ་གྱི་དུས་སུ་ཡང་ཕྱིན་མི་ནུས་པའི་ཚེ་ཟས་སྐོམ་ཁྱེར་ཏེ་བསུ་མ་སོགས་མ་བྱས་པ་རྣམས་སོ། །

བསམ་ངན་བཟློག་པ་དང་འབྲེལ་བའི་བསླབ་བྱ་ནི། རྟས་ཀྱི་ཕྱིར་འཆི་བར་འདོད་པ་དང་། བཅས་པ་དང་རང་བཞིན་གྱི་ཁ་ན་མ་ཐོ་བའི་བྱ་བ་བྱེད་པ་ལ་སེམས་ཀྱིས་རྗེས་སུ་ཡི་རང་བར་བྱེད་པའོ། །ནད་པ་སོགས་དང་འབྲེལ་བའི་བསླབ་བྱ་གཞན་བསྟན་པ་ནི་བསྐྱོད་པ་དང་ཁྲུས་ལ་སོགས་པ་བྱས་ན་ཁོ་བོ་འཆི་བར་འོང་ངོ་ཟེར་བ་ལ་ཡིད་མ་ཆེས་ཤིང་བསྐྱོད་པ་སོགས་བྱེད་པ་དང་། ནད་པ་མྱུར་དུ་ཤི་སླའོ་ཞེས་ནད་གཡོག་མི་བྱེད་པ་དང་། སྨན་ལ་སོགས་པའི་བཟའ་བཏུང་མི་འཕྲོད་པ་ཤེས་བཞིན་དུ་བྱིན་པ་དང་། འབྲས་མ་སྨིན་པ་བཙོལ་ཞིང་དྲལ་བ་དང་། དོང་དུ་འཇུག་པ་དང་སྐྲ་གླེགས་ཀྱིས་འཚེར་བ་དང་ཐག་པས་འཆིང་བ་ལ་སོགས་པས་ཉོན་མོངས་ཤིང་སྡུག་བསྔལ་བར་བྱེད་པ་རྣམས་ཁྲོ་བ་ལ་མི་གནས་པར་རང་དགར་བྱེད་པ་དང་། ཤེས་བཞིན་མེད་པར་གསང་སྔགས་ཀྱི་ཐལ་ལྷུག་དང་། ཟས་མེད་པར་ཐོགས་པ་བསལ་བའི་ཕྱིར་དུ་ཁུ་ཚུར་གྱིས་བསྣུན་པ་སོགས་བྱས་པ་དང་།

སྤྲེའུ་ཚུགས་སུ་འགྲོ་བ་དང་། མཆོན་ལ་སོགས་པ་འཕེན་ཤིག་ཅེས་བསྒོ་བ་དང་། གསོད་སེམས་མེད་ཀྱང་མ་བརྟགས་པར་གསད་བྱ་སྟོན་པ་ལ་སོགས་ཤེས་བཞིན་མ་ཡིན་པར་ཞུགས་པའི་ལུས་ངག་གིས་མ་ལེགས་པ་བྱེད་པ་རྣམས་སོ། །ཁ་ཅིག་བསླབ་བྱ་དང་འགལ་བའི་ཉེས་པ་ལའང་སྡོམ་པོ་ཞེས་བྱས་གཉིས་བཞེད། དེ་ཡང་བསླབ་བྱ་དང་འགལ་བའི་སྡོམ་པོ་ཇི་ལྟ་བུ་ཞེ་ན། གསོད་སེམས་མེད་པར་མིའི་འགྲོ་བའི་ཡན་ལག་གཅོད་པ་དང་། མི་འཚོང་བ་དང་། ནད་པ་ཤི་སློའོ་ཞེས་ཁྲོ་བས་གཡོག་མི་བྱེད་པ་ལྟ་བུའི་སྡོམ་པོ་རྣམས་ནི་བསླབ་བྱ་དང་འགལ་བའི་སྡོམ་པོ་ཡིན་གྱི་ལྟུང་བ་རྣམ་བཞག་གི་ཁོངས་སུ་མི་གཏོགས་ཏེ། གསོད་སེམས་མེད་པས་ལྟུང་བ་རྣམ་བཞག་གི་ཀུན་སློང་གིས་མ་ཟིན་པའི་ཕྱིར་རོ། །ཞེས་གསུངས་སོ། །

གཉིས་པ་དེ་ལས་སེམས་བསྲུང་ཚུལ་ནི། རང་ངམ་གཞན་གྱི་ལུས་སྲོག་ལ་གནོད་པ་བྱེད་འདོད་དང་། གཞན་གྱིས་དེའི་གནང་བ་གསོལ་བ་དང་དུ་ལེན་འདོད་དང་གནོད་པར་མཐོང་ཡང་ལྟོས་མེད་དུ་འཇུག་འདོད་པ་དང་། གཞན་ལ་གནོད་པའི་དགག་བྱ་ཉེ་བར་གནས་པ་ན་ཤེས་བཞིན་མི་བསྟེན་པ་དང་། མིའི་འགྲོ་བ་པ་རྣམས་འཚོ་འདོད་རྣམས་འགོག་པའོ། སེམས་སྲུང་ཚུལ་འདི་འོག་གི་གསོད་པ་འདེབས་སྤྱོད་ཀྱི་ལྟུང་བ་རྣམས་ལའང་སྦྱོར་བར་ཤེས་དགོས་སོ། །བཞི་པ་རྟེན་གྱི་ཕམ་པ་ལ་གླེང་གཞི་དང་ལྟུང་བའི་ཡན་ཡག་གཉིས་ལས་གླེང་གཞི་ནི།སྟོན་པ་ཡངས་པ་ཅན་སྤྲེའུ་རྫིང་གི་འགྲམ་ཁང་པ་བརྩེགས་པའི་ཁང་བཟང་ན་བཞུགས་ཚེ། ཉ་པ་ལྔ་བརྒྱ་ཆུ་ཀླུང་ཡིད་འོང་ལྡན་ལ་རྒྱ་མོ་སྦྱོད་པ་དང་། སྦྱོད་པ་ཆེ་བ་གཉིས་རེས་མོས་སུ་འཇུག་པར་བྱེད། རེ་ཞིག་ན་ཡངས་པ་ཅན་དུ་དུས་སྟོན་བྱུང་བས་ཉ་ཉོ་བ་མང་པོ་འོང་བར་ཤེས་ཏེ། ཉིས་བརྒྱ་ལྔ་བཅུས་རྒྱ་མོ་ཆུང་བ་དང་། ཉིས་བརྒྱ་ལྔ་བཅུས་ཆེ་བ་བཙུགས་པས། ཆུང་དུ་བཙུགས་པ་དག་གིས་ཉ་དང་ཆུ་སྲིན་བྱིས་པ་གསོད་པ་སོགས་འབྲས་ཕྱུང་བཞིན་བཞག་གོ། །ཆེ་བ་བཙུགས་པ་དག་གིས་རྒྱ་མཚོ་ནས་ཆུ་ཀླུང་དེར་ཞུགས་པའི་ཆུ་སྲིན་ཉའི་རིགས་ཅན་བོང་ཚོད་ཆེ་བ་ཞིག་གཉིད་ལོག་པ་དེ་ཟིན་ནས་དེ་དག་གིས་དྲངས་པ་ན་ཉ་དེ་གཉིད་སད་ནས་ཉ་པ་ཉིས་བརྒྱ་ལྔ་བཅུ་ཆུ་ནང་དུ་ཕར་ཁྲིད་པས། དེ་དག་གི་གྲོགས་སུ་གཞན་ཉ་པ་ཉིས་བརྒྱ་ལྔ་བཅུ་པོས་བྱས་ཀྱང་ལྔ་བརྒྱ་པོ་ཆུར་ཁྲིད་དེ་བཟུང་མ་ཐུབ་པའི་དུས་དེ་དག་གི

གྲོགས་སུ་བ་ལང་ཕྱུགས་རྫི་རྣམས་དང་རྩྭ་ཤིང་ཐུ་བ་ལམ་འགྲོ་བ་གཞན་དང་། མི་བརྒྱ་སྟོང་དུ་མ་འོང་ནས་རྒྱ་མོ་རལ་རལ་དུ་འཐེན་པས་ཆུ་སྲིན་དེ་སྐམ་ལ་ཕྱུང་བ་ན། དེ་ལ་མགོ་བཅོ་བརྒྱད་མིག་སོ་དྲུག་ཡོད་པ་ཞིག་ཡིན་པར་ཐོས་ནས་སྲོག་ཆགས་སྐྱེ་བོ་བརྒྱ་སྟོང་དུ་མ་དེར་ལྷགས། དེ་ཡང་ཁ་ཅིག་ལྟད་མོ་དང་ཁ་ཅིག་དགེ་རྩས་བསྐུལ། རྫོགས་བྱེད་སོགས་མུ་སྟེགས་པའི་སྟོན་པ་དྲུག་ཀྱང་ཡངས་པ་ཅན་ནས་ལྟད་མོར་ལྷགས། དེའི་ཚེ་བཅོམ་ལྡན་འདས་ཀྱི་དགོངས་པར་ཉ་དེ་སངས་རྒྱས་འོད་སྲུང་ལ་ལྷག་པར་བྱས་པ་ཞིག་ཡིན་པ་དང་། སྟོན་པ་རང་གིས་ཉ་དེ་ལ་བརྟེན་ནས་འདུལ་བའི་རྒྱ་མོ་ཆེ་དྲངས་བར་དགོངས་ཏེ་ཀུན་དགའ་བོ་ལ་དགེ་སློང་རྣམས་ལ་སྟོན་པ་ཆུ་ཀླུང་གི་ཡུལ་དུ་གཤེགས་ཀྱི་ཆོས་གོས་ལོངས་ཤིག་བསྒྲོས་གསུངས་པས་སྟོན་པ་འཁོར་བཅས་ཆུ་ཀླུང་ཡིད་འོང་ལྡན་དུ་གཤེགས་པ་ན་སྐྱེ་བོའི་ཚོགས་མང་པོ་ཡང་འདུས་སོ། །

དེ་ནས་སྟོན་པ་གདན་བཤམས་པ་ལ་བཞུགས་ཏེ་ཉ་པ་ལྔ་བརྒྱ་ལ་ཁྱེད་ཅག་ཉེས་པའི་ལས་ཀྱིས་སྐྱེ་བ་བརྒྱུད་མར་ངན་འགྲོར་སྡུག་བསྔལ་མྱོང་ཚུལ་གསུངས་པས་དེ་དག་གིས་བདག་ཅག་ཅི་བགྱི་བ་བཀའ་སྩལ་དུ་གསོལ་ཞུས། སྟོན་པས་ཉ་དང་རུས་སྦལ་འདི་དག་ཐོང་ཞིག་གསུངས་པས་བཏང་ངོ་། །དེ་ཚེ་ཆུ་སྲིན་ཉའི་རིགས་ཅན་མ་གཏོགས་གཞན་ཐམས་ཅད་ཆུ་ཀླུང་དུ་ཕྱིན་པས་སྟོན་པས་ཆུ་སྲིན་སྔོན་གྱི་སྐྱེ་བ་དྲན་པ་མི་སྐད་སྨྲ་བར་བྱིན་གྱིས་བརླབས་པས་སྐྱེ་བ་དྲན་ཞིང་། སྟོན་པས་ཆུ་སྲིན་དེར་ཁྱོད་སེར་སྐྱ་ཡིན་ནམ། ཡིན་ལགས། ཁྱོད་ཀྱིས་ལུས་ངག་གིས་ཉེས་པར་སྤྱོད་དམ། སྤྱོད་པ་ཡོད་ལགས། དེའི་རྣམ་སྨིན་མྱོང་ངམ། མྱོང་ངོ་ཞུས། ཁྱོད་ཀྱི་མི་དགེ་བའི་བཤེས་གཉེན་སུ་ཡིན། བདག་གི་མ་ལགས་སོ། མ་དེ་གར་སྐྱེས། དམྱལ་བར་སྐྱེས། ཁྱོད་གང་དུ་སྐྱེས། དུད་འགྲོར་སྐྱེས། འདི་ནས་གང་དུ་སྐྱེ། དམྱལ་བར་རོ་ཞེས་ཟེར་ནས་ངུས་སོ། །ཉ་དེས་སྔོན་གྱི་རབས་ཞུས་པས་འཁོར་རྣམས་ཀྱིས་ཀུན་དགའ་བོ་བསྐུལ་ཏེ་ཞུས་ཚེ། སྔོན་སངས་རྒྱས་འོད་སྲུང་དྲང་སྲོང་སྨྲ་བ་རི་དྭགས་ཀྱི་ནགས་སུ་བཞུགས་དུས་རྒྱལ་པོ་ཀྲི་ཀྲིས་རྒྱལ་སྲིད་བསྐྱངས་ཏེ་ཡོད་སྐབས་ཤེད་བུ་གསང་ཆོག་འདོད་པ་ཞིག་ཡུལ་དབུས་ནས་ལྷོ་ཕྱོགས་སུ་གཤེགས་པ་ཞིག་རྒྱལ་པོའི་དྲུང་དུ་འོང་ནས་ལྷའི་སྒྲུན་སྤར་རྒོལ་བ་དང་ལྷན་དུ་བཀའ་མཆིད་གཏན་ལ་དབབ་པར་འཚོལ་ལོ་བརྗོད་པས།

རྒྱལ་པོས་བློན་པོ་རྣམས་བསྐུལ་ནས་ངའི་ཡུལ་དུ་བྲམ་ཟེ་འདི་ལ་ལན་འདེབས་པ་ཡོད་ན་པོས་ཤིག་སྨྲས་པས་རི་བྲག་ན། བྲམ་ཟེ་སེར་སྐྱ་ཞི་བ་ཟེར་བ་མཁས་པ་ཞིག་འདུག་པ་དེ་པོས་ནས་དེ་དང་ལྷན་དུ་དྲི་ལན་གྱིས་བརྩད་ནས་དེ་ཕམ་པར་བྱས་པས།སེར་སྐྱ་ལ་རྒྱལ་པོས་རི་བྲག་དེ་ཁྱོད་ཀྱིས་རྐོལ་བའི་ལོངས་སྤྱོད་ཀྱིས་སྨྲས་པས། སེར་སྐྱ་ཞི་བ་རང་དགའ་ནས་རི་བྲག་ཏུ་རིགས་མཉམ་པ་ལས་ཆུང་མ་བླངས་དགའ་མགུར་སྤྱད་པས་བུ་རལ་བ་སེར་སྐྱ་ཅན་ཞིག་བཙས་པས་མིང་སེར་སྐྱ་བཏགས། དེ་ལ་ཡི་གེ་གྲངས་རྩིས་སོགས་བསླབ་པས་རིག་བྱེད་ཡན་ལག་དང་བཅས་པའི་ཕ་རོལ་ཏུ་སོན་པར་གྱུར་སྐབས། ཕ་ལ་ཆུར་དྲི་བ་བྱས་པ་ཕས་ལན་མ་ཐེབས་པས་ཁོ་རང་གིས་དེའི་དོན་བཤད་པས་ཕ་ཡིད་ཆེས་ནས་འཁོར་རྣམས་བུ་ལ་གཏད། ཕ་ཞི་བ་དྲང་སྲོང་སྒྲུབ་པར་སོང་སྟེ་དགེ་སློང་རྣམས་ལ་དྲི་བ་བྱས་པ་ན། དགེ་སློང་རྣམས་ནས་ཁྱོད་ཀྱིས་དྲི་ཚུལ་མི་ལེགས་པས་འདི་ལྟར་དྲི་བར་གྱིས་གསུངས་པས་སེམས་ཞུམ་ཤིང་དགེ་སློང་རྣམས་ལ་དད་དེ་བསོད་སྙོམས་ཀྱང་འབུལ་བར་བྱས། བུ་ལ་སྨྲས་པ། ཁྱོད་ཉི་མ་འཆར་ནུབ་ཀྱི་བར་དུ་ཡོད་པའི་རྐོལ་བ་ལ་བག་ཚ་བར་མ་བྱེད་ཅིག །འོན་ཀྱང་འོད་སྲུང་གི་དགེ་སྦྱོང་དག་ནི་མ་གཏོགས་ཏེ། དེ་དག་ནི་ཟབ་རྒྱས་ཀྱི་ཡོན་ཏན་དང་ལྡན་པ་འཇིག་རྟེན་པས་ཕམ་པར་མི་ནུས་སོ། །ཞེས་སྨྲས་ཏེ་ཁོ་རང་ཤི་བར་གྱུར། དེའི་སྐབས་རྒྱལ་པོའི་མདུན་དུ་ཕྱིར་གྱི་བྲམ་ཟེ་དེས་ཞི་བ་ཤི་བ་ཐོས་ནས་འོང་སྟེ།རང་དང་ལྷན་ཏུ་རྐོལ་བ་དང་གཏམ་སྨྲོ་སྨྲས་པས། རྒྱལ་པོས་ཞི་བའི་བུ་སེར་སྐྱ་ཡོད་པར་ཤེས་ཏེ་པོས་ནས་དེ་དང་ལྷན་ཅིག་བརྩད་པས་ལྷོ་ལམ་ནས་འོང་བའི་བྲམ་ཟེ་ཕམ་པར་བྱས་སོ། །

དེ་ནས་སླར་རི་བྲག་ཏུ་ལོག་སྐབས་སེར་སྐྱའི་མས། བུ་ཁྱོད་ཀྱིས་སྨྲ་བ་ཐམས་ཅད་ཚར་བཅད་དམ། ཡུམ་ཚར་གཅོད་ནུས་ཀྱང་འོད་སྲུང་གི་དགེ་སྦྱོང་ནི་མ་གཏོགས་སོ་སྨྲས་པས། དེ་དག་ཚར་གཅོད་པར་ཡང་ཡང་བསྐུལ་བ་ན། དགེ་སློང་རྣམས་ཀྱིས་སྡེ་སྣོད་ཤེས་པས་བརྩད་པར་མི་ནུས་སོ་སྨྲས་པས། འོ་ན་ཁྱོད་རབ་ཏུ་བྱུང་ལ་སྡེ་སྣོད་ཀློག་སྟེ་དེ་དག་ཚར་བཅད་རྗེས་སླར་རབ་བྱུང་ལས་བབས་པར་གྱིས། སེར་སྐྱ་དགེ་སློང་ཞིག་ལས་རབ་ཏུ་བྱུང་མདོ་ཀློག་ནས་སྡེ་སྣོད་གསུམ་ལྡན་རིག་གྲོལ་གྱི་སྤོབས་པ་ཅན་དུ་གྱུར། མ་དང་འཕྲད་པས་མས་ཁྱོད་ཀྱིས་དགེ་སྦྱོང་རྣམས་ཚར་བཅད་དམ།

བུས་བདག་ནི་ལུང་ཙམ་དང་ལྡན། ཁོང་རྣམས་ནི་རྟོགས་པ་དང་ལྡན་པས་ཚར་གཅོད་མི་ནུས་སོ་སྙམས་པས་ཅིས་ཀྱང་ཚར་ཆོད་ཅིག་སྨྲས། འོ་ན་ཆོས་སྟོན་པ་ན་ཁྱོད་ཤོག་སྨྲས། དེའི་སྐབས་ཆོས་སྟོན་པའི་དུང་སྒྲ་མས་ཐོས་ཏེ་བུའི་ཁྲི་རྒྱབ་ཏུ་འཁོད་དོ། །སེར་སྐྱས་དང་པོ་ཆོས་བསྟན་ནས་ཆོས་མ་ཡིན་པ་སྟོན་པར་བརྩམ་པ་ན། དགེ་སློང་རྣམས་ཀྱིས་མདོ་སྡེའི་མཐའ་ལ་གནོད་པ་མ་བྱེད། ཆོས་ཀྱི་རྒྱལ་མཚན་མ་བསྙིལ། བདུད་ཀྱི་རྒྱལ་མཚན་མ་བསྒྲེངས། དམྱལ་བར་མ་གཞོལ་ཅིས་བརྗོད་པས་སེར་སྐྱ་ཉམ་ང་བཞིན་ཁྲི་ལས་བབས་ཏེ་མ་ལ་གཟིགས་སམ། མཐོང་ངོ་། །ངས་དང་པོ་ནས་ཁྱོད་ལ་ཚར་གཅོད་མི་ནུས་ཞེས་མ་སྨྲས་སམ། བུ་ཁྱོད་དང་པོ་ཆོས་སྟོན་ཅིག ཅི་ཞིག་ན་ཆོས་མ་ཡིན་པ་སྟོན་ཅིག་དང་དེའི་སྐབས་སྤར་ལྤར་སྨྲ་བྱུང་ན་ཚིག་ངན་གྱི་མཚོན་ཐོབ་དང་ཅི་ཡང་མི་སྨྲ་བར་གནས་ན་སྐྱེ་བོ་རྣམས་ཀྱིས་ཚར་བཅད་དོ་སྙམ་དུ་ཤེས་པར་འགྱུར་རོ་སྨྲས་པ་བུས་དེ་ཐབས་བཟང་སྙམ་ནས་དང་པོ་ཆོས་བསྟན་ཆོས་མིན་སྟོན་སྐབས་དགེ་སློང་དག་གིས་དེ་སྐད་མ་ཟེར་སྨྲ་བ་ལ་༏ སེར་སྐྱ་མས་བསླུས་པས་མི་བཟོད་པ་ཆེར་སྐྱེས་ནས་གླང་པོའི་མགོ་ཅན་ཁྱོད་ཀྱིས་ཆོས་དང་ཆོས་མིན་ཅི་ཤེས། དེ་བཞིན་དུ་རྟ་ཟ་མོང་བོང་དང་བ་ལང་དང་སྤྲེའུ་དང་སེང་གེ་སྟག་དོམ་དྲེད་ཀྱང་བྱི་ལ་ར་ལུག་རི་དྭགས་མ་ཧེ་ཕག་ཁྱིའི་མགོ་ཅན་སོགས་སྤར་ལྤར་སྨྲས་པ་ན། དགེ་སློང་དག་གིས་འདིས་ཚིག་གི་མཚོན་གདབ་ཀྱི་འགྲོའོ་ཟེར་ནས་སོང་ངོ་། །སེར་སྐྱས་ཡུམ་དགྱེས་སམ། དགའ་ཡི་ད་འདོང་ངོ་། །བུས་བདག་ནི་སངས་རྒྱས་ཀྱི་གསུང་རབ་ལ་དད་པས་མི་འགྲོའོ། །མས་ཁྱོད་ཀྱིས་མའི་ཚིག་དོར་བ་མི་རིགས་པས་འདོང་ངོ་སྨྲས་པས། སེར་སྐྱས་ཁྱོད་འདྲའི་མ་ནམ་ཡང་ཡོད་པར་མ་གྱུར་ཅིག ཁྱོད་ཀྱིས་ངག་ལ་ཉན་ནས་སློབ་མི་སློབ་རྣམས་ལ་ཚིག་རྩུབ་སྨྲས་པའི་རྣམ་སྨིན་མི་འདོད་པ་སོ་སོར་མྱོང་བར་འགྱུར་རོ་སྨྲས། མ་དེས་ཁོ་མོའི་བུ་དགེ་སློང་རྣམས་ཀྱིས་ཕྲོགས་ཀྱིས་གྲོགས་ཀྱིས་ཤིག་ཅེས་ཀུ་ཅོ་འདོན་བཞིན་ཁྲག་ཚ་བ་བསྐྱུགས་ནས་ཤི་སྟེ་དམྱལ་བར་སྐྱེས་སོ། །དགེ་སློང་སེར་སྐྱ་ཡང་སློབ་མི་སློབ་རྣམས་ལ་ངག་གི་ཉེས་པ་བཅོ་བརྒྱད་བྱས་པས་འདིར་སྐྱེས་སོ་གསུངས། འཁོར་དེ་དག་གིས་སེར་སྐྱ་ལྷ་བུའི་སྡེ་སྣོད་གསུམ་ལྡན་རིག་པ་དང་གྲོལ་བའི་སྤོབས་པ་ཅན་དེའང་ངག་གི་ཉེས་པས་དུད་འགྲོར་སྐྱེས་ན་བདག་ཅག་རྣམས་ཀྱི་གྲོལ་བར་ཅི་འགྱུར་ཟེར་རོ། །སྟོན་པས

འཁོར་རྣམས་ལ་ཆོས་བསྟན་པས་ངེས་འབྱེད་བཞི་དང་། འབྲས་བུ་བཞི་དང་བྱང་ཆུབ་ཏུ་སེམས་བསྐྱེད་པ་ལ་བཀོད་ནས་གཤེགས་སོ། །ཆུ་སྲིན་ཉའི་རིགས་ཅན་དེས་ཀྱང་བདག་གིས་སྟོན་པ་ལས་ཆོས་ཉན་ནས་ཟས་ཟ་བ་ཚུལ་དང་མི་མཐུན་པའི་སྨྲམ་ནས་ཟས་མ་ཟོས་པར་སྟོན་པར་དད་བཞིན་ཤི་ནས་རྒྱལ་ཆེན་རིགས་བཞིའི་ལྷར་སྐྱེས་སོ། །དེས་བདག་ལྷར་སྐྱེས་པ་སྟོན་པའི་བཀའ་དྲིན་ཡིན་པར་ཤེས་ཏེ་སྟོན་པ་ལ་བསྙེན་བཀུར་བྱེད་པར་ལུས་རྒྱན་གྱིས་བརྒྱན་ཏེ་ལྷའི་མེ་ཏོག་སྣ་ཚོགས་ཀྱིས་སྟོན་པར་མཆོད་པ་ཕུལ་ཕྱིར་འོང་ནས་མཆོད།སྟོན་པས་ཆོས་བསྟན་ནས་རྒྱུན་ཞུགས་ཐོབ་སྟེ་རང་གནས་སུ་གཤེགས། དེའི་རྒྱུ་མཚན་འཁོར་རྣམས་ཀྱིས་ཞུས་པ་ན་ཆུ་སྲིན་ང་ལ་དད་པ་དང་འོད་སྲུང་གི་བསྟན་པར་རབ་ཏུ་བྱུང་། སྡེ་སྣོད་གསུམ་ལ་མཁས་པར་བྱས་པས་ལྷར་སྐྱེས་ཏེ་ངའི་སྤྱན་སྔར་བདེན་པ་མཐོང་བའོ་གསུངས། ཉ་པ་ལྔ་བརྒྱ་པོས་ཀྱང་སེར་སྐྱའང་འདི་ལྟར་ཆུ་སྲིན་དུ་གྱུར་ན་བདག་ཅག་ངན་འགྲོར་ཅིས་མི་སྐྱེ། བདག་ཅག་རིགས་དམན་པར་མ་སྐྱེས་ན་རབ་ཏུ་བྱུང་ངོ་སྙམ་པ་ཤཱ་རིའི་བུས་མཁྱེན་ནས་ཐུབ་པའི་གསུང་རབ་འདི་ལ་རིགས་དང་རུས་གཅེས་པ་མ་ཡིན་སྒྲུབ་པ་གཅེས་པ་ཡིན་པས་ཁྱེད་རབ་བྱུང་དང་བསྙེན་པར་རྫོགས་པར་འདོད་ན་ཚུར་ཤོག་གསུངས་སྟོན་པའི་དྲུང་དུ་ཁྲིད་དེ། དེ་དག་ཚུར་ཤོག་གིས་བསྙེན་རྫོགས་མཛད་དོ། །

དེ་ནས་སྟོན་པ་འོད་མ་ཅན་གྱི་གྲོང་དུ་བྱོན་ནས། དེའི་བྱང་ཕྱོགས་ཤིང་ཤ་པའི་ཚལ་དུ་བཞུགས་པའི་ཚེ་མུ་གེ་ཉམ་ང་བ་སློང་ཟས་རྙེད་དཀའ་བ། ཕས་བུ་ལ་ཟས་སྦྱིན་དཀའ་བའི་དུས་བྱུང་ངོ་། སྟོན་པས་འཁོར་རྣམས་ལ་དུས་ངན་པས་ཁྱེད་ཅག་སློན་འདྲིན་གྲོགས་བཤེས་ལ་བརྟེན་ནས་དབྱར་གནས་པར་ཁས་ལོངས་ཤིག་གསུངས། ཀུན་དགའ་བོ་དང་བདག་གྲོང་འདི་ཉིད་དུ་དབྱར་གནས་པར་བྱའོ་གསུངས། དེ་ནས་ཉ་བའི་རིགས་ཀྱི་དགེ་སློང་ལྔ་བརྒྱ་པོས་ཉ་བའི་ཡུལ་གྱི་ཉེ་འཁོར་དུ་སྤྱིལ་པོ་བྱས་ཏེ་དབྱར་གནས་སོ། །དེ་དག་གིས་གྲོས་བྱས་པ་བདག་ཅག་ཐོས་པ་ཉུང་བས་ཉེ་དུ་རྣམས་ལ་ཆོས་སྟོན་པར་མི་ནུས་ཀྱི། ཉེ་དུ་འོང་བ་རྣམས་ལ་ཁྱེད་ཅག་རྙེད་པ་ལེགས་པར་རྙེད་དེ། དགེ་སློང་འདི་ནི་བདེན་བཞི་མངོན་སུམ་དུ་རྟོགས་པ་ཡིན་གཉིས་ཀའི་ཆ་ལས་རྣམ་གྲོལ་ཡིན་པར་གྲོས་པ་ལྟར་བསྒྲགས་པས་ཁྱོད་ཀྱིས་ཐོབ་བམ་དྲིས་པར་ཐོབ་བོ་སྨྲས་པས་ཉེ་དུ་རྣམས་ཀྱིས་རང་གི་

བུའི་ལག་ནས་ཀྱང་ཕྲོགས་ཏེ་དེ་དག་ལ་བསོད་སྙོམས་ཕུལ། ཡངས་པ་ཅན་གྱི་དགེ་སློང་རྣམས་ནི་དབྱར་གནས་ཞིན་པ་ན་ལུས་རིད་པ་ཉམ་ཆུང་བ་སྐེམ་པ་ལྟུང་བཟེད་ཆོས་གོས་བཅས་འོད་མ་ཅན་གྱི་གྲོང་ཁྱེར་དུ་ཕྱིན་པ་ཀུན་དགའ་བོས་མཐོང་ནས་གང་ནས་འོང་གཡར་གང་དུ་གནས་སོགས་དྲིས་པས་བདག་ཅག་སྤོང་བྱེད་ཀྱི་གྲོང་ནས་འོང་། དེར་དབྱར་གནས་བསོད་སྙོམས་ཀྱིས་ངལ་ལོ་སྨྲས། ཉ་བའི་རིགས་རྣམས་དབྱར་ཞིན་པའི་ཚེ་ལུས་ཚོ་བ་ཤ་རྒྱས་ཏེ་ལྟུང་བཟེད་ཆོས་གོས་ཐོགས་ནས་འོད་མ་ཅན་དུ་ཕྱིན་པས་ཀུན་དགའ་བོས་སྔར་ལྟར་བསྒྲུས་ཏེ་དྲིས་པ་ན་གནས་ཉ་བའི་གནས་དེར་དབྱར་གནས་ནས་འོང་བསོད་སྙོམས་ཀྱིས་མ་ངལ་སྨྲས་པས། དེ་དེ་བཞིན་ནོ། །

འོན་ཀྱང་ད་ལྟ་སྨུ་གེ་ཉམ་ང་བ་བྱུང་ན་བསོད་སྙོམས་ཀྱིས་མི་ངལ་བའི་རྒྱུ་གང་ཡིན་དྲིས་པས། ཉེ་དུ་རྣམས་ཀྱི་མདུན་དུ་གཅིག་གིས་གཅིག་གི་ཡོན་ཏན་བསྔགས་པས་སོ། །ཡང་དག་པར་བསྔགས་སམ། མ་ཡིན་ནོ། །ཁྱེད་ཟང་ཟིང་ཙམ་གྱི་ཕྱིར་མི་ཆོས་བླ་མ་མེད་བཞིན་སྨྲ་རུང་ངམ། རུང་ཡང་སྲིད་མི་རུང་ཡང་སྲིད་དེ་སྨྲས་སོ། །དགེ་སློང་དོན་ཤུང་བ་རྣམས་ཀྱིས་འཕྱ་བའི་སྐབས་ཏེ་སྟོན་པར་གསོལ་བས། དགེ་འདུན་བསྡུས་ཏེ་ལྔ་བརྒྱ་པོ་ལ་བཀའ་སྩལ་པ་ཁྱེད་ཀྱིས་ཟས་ཕྱུང་ཟད་ཙམ་གྱི་ཕྱིར་དུ་མི་ཆོས་བླ་མ་མེད་བཞིན་སྨྲས་པ་བདེན་ནམ། བཙུན་པ་མད་ལགས། དེ་དག་དགེ་སྦྱོང་གི་ཚུལ་མ་ཡིན་རྗེས་མཐུན་རུང་བ་མ་ཡིན། ཚུལ་དང་མཐུན་པ་མ་ཡིན།དེ་ནི་རབ་བྱུང་གི་བྱ་བ་མ་ཡིན་ནོ། །

དགེ་སློང་དག་གསུམ་པོ་འདི་དག་ནི། འཇིག་རྟེན་ན་ཡོད་སྲིད་པའི་རྐུན་པོ་ཆེན་པོ་ཡིན་ཏེ། རྐུན་པོ་འཁོར་བརྒྱ་སྟོང་དང་བཅས་པས་ཁྱིམ་བརྒྱ་སྟོང་གི་མདུན་དུ་སོང་ནས་རྐུ་འཕྲོག་བཅོམ་བཤིག་བྱས་ཏེ་གྲོང་དང་གྲོང་ཁྱེར་འཇོམས་པ་དེ་རྐུན་པོ་ཆེན་པོ་དང་པོའོ། །རྐུན་པོ་བརྒྱ་སྟོང་དང་ལྡན་པའང་མ་ཡིན་མི་བརྒྱ་སྟོང་གི་མདུན་དུ་སོང་ནས་ཁྱིམ་འབུགས་པ་སོགས་མི་བྱེད་ཀྱང་དགེ་འདུན་གྱི་རྩ་འམ་ཤིང་ངམ་མེ་ཏོག་འབྲས་བུ་སོགས་གང་ཡང་རུང་བ་དེ་བཙོང་ཤིང་འཚོ་བ་དང་དེས་ཁྱིམ་པའི་གང་ཟག་གསོ་བ་དེ་རྐུན་པོ་ཆེན་པོ་གཉིས་པའོ། །དེ་དག་མི་བྱེད་ཀྱང་མི་ཆོས་བླ་མ་མེད་བཞིན་སྨྲ་བ་འདི་ནི་རྐུན་པོ་ཆེན་པོ་གསུམ་པ་ཡིན་ནོ། །དེ་རྣམས་ལས་དང་པོ་གཉིས་ནི་ཟང་ཟིང་ཙམ་ཡིན། མི་ཆོས་བླ་མ་མེད་བཞིན་སྨྲ་བ་དེ་ནི་འཇིག་རྟེན་ལྷ་དང་བདུད་ཚངས་པ་དགེ་སྦྱོང་བྲམ་

ཟེ་དང་བཅས་པའི་སྐྱེ་དགུའི་ནང་ན་ཆོམ་རྐུན་ཆེན་པོ་ཡིན་ནོ་ཞེས་སྨད་ནས་ཕན་ཡོན་བཅུ་གཟིགས་ཏེ་བསྟན་པ་རིང་དུ་གནས་ཕྱིར་དུ་ངའི་ཉན་ཐོས་རྣམས་ཀྱིས་འདུལ་བ་ལ་བསླབ་པའི་གཞི་འདི་ལྟར་སྟོན་པར་བྱ་སྟེ། ཡང་དགེ་སློང་གང་མངོན་པར་མི་ཤེས་ཤིང་ཡོངས་སུ་མི་ཤེས་ལ་མིའི་ཆོས་བླ་མ་མཐོང་ཐོས་ཤེས་པ་རྣམ་པར་ཤེས་པ་མེད་བཞིན་དུ་གཞན་གྱིས་དྲིས་མ་དྲིས་གང་ཡིན་ཀྱང་། མཐོང་ངོ་། །ཐོས་སོ། །ཤེས་སོ། །རྣམ་པར་ཤེས་སོ་ཞེས་གསོག་གསོབ་རྫུན་དུ་སྨྲ་ན་དགེ་སློང་དེ་ཡང་ཕམ་པར་གྱུར་པ་ཡིན་གྱི་གནས་པར་མི་བྱའོ་ཞེས་བསླབ་པའི་གཞི་བཅས་སོ། །

བཞི་པ་རྫུན་དུ་སྨྲ་བའི་ལྟུང་བའི་ཡན་ལག་ལ། རྫུན་གྱི་གཞི་ནི་སོགས་ཀྱིས་བསྟན་ཏེ། དེ་ལ་སྨྲ་བའི་ཕམ་པའི་ལྟུང་བ་ངོས་བཟུང་བ་དང་དེ་ལས་སེམས་བསྲུང་ཚུལ་གཉིས། དང་པོ་ལ་ལྟུང་བའི་རྣམ་བཞག་དང་བསླབ་བྱའི་ཉེས་བྱས་གཉིས་ལས། དང་པོ་ལ། དངོས་གཞིའི་ལྟུང་བ་རྣམ་པར་བཞག་པ་དང་། སྦྱོར་བའི་ལྟུང་བ་རྣམ་པར་བཞག་པ་དང་། སྦྱོར་བའི་སྦྱོར་བའི་ལྟུང་བ་རྣམ་པར་བཞག་པ་གསུམ། དང་པོ་ལ། གཞི་བསམ་སྦྱོར་བ་མཐར་ཐུག་གི་ཡན་ལག་བཞི། དང་པོ། གཞིའི་ཡན་ལག་ལ། གང་ལ་སྨྲ་བའི་ཡུལ། གང་སྨྲ་བའི་དངོས་པོ། གང་གིས་སྨྲ་བའི་རྟེན་ནོ། །དང་པོ་རྫུན་གྱི་གཞི་ནི། མི་ཡིན་པ། སྨྲ་ཤེས་པ། དོན་གོ་བ། ཤེས་པ་རང་བཞིན་དུ་གནས་པ། མ་ནིང་དང་མཚན་གཉིས་མ་ཡིན་པ་སྟེ་ཐ་སྙད་ལྔ་དང་ལྡན་པ། གཟུགས་གཞན་དུ་བསྒྱུར་བའམ་མི་སྣང་བ་བྱས་པ་མ་ཡིན་པ། རང་ལས་རྒྱུད་ཐ་དད་པའི་མི་རྣམས་སོ། །དེ་ལས་གཟུགས་གཞན་དུ་བསྒྱུར་བ་དང་། མི་སྣང་བར་མ་བྱས་པའི་ལུས་ཐ་མལ་དུ་གནས་པ་འདི་ནི་སྲོག་གཅོད་པའི་ལྟུང་བ་བཞི་དང་། མ་བྱིན་ལེན་པ། ཕམ་ལྷག་དང་པོ་གཉིས་ཏེ་བདུན་མ་གཏོགས་པའི་ཡུལ་སེམས་ཅན་ཡན་ལག་ཏུ་དགོས་པའི་ལྟུང་བ་ཀུན་ལ་དགོས་པར་བསྟན་ཅིང་། བདུན་པོ་དེ་ལ་ནི་ཡུལ་དེ་གཟུགས་བསྒྱུར་ཞིང་མི་སྣང་བར་བྱས་པ་ལའང་དངོས་གཞི་རྫོགས་པར་བསྐྱེད་པའོ། །རང་ལས་རྒྱུད་ཐ་དད་པ་དགོས་པ་ནི། སྲོག་གཅོད་ཕམ་པ་སོགས་དང་འདྲ་སྟེ། རང་ལ་རྫུན་སྨྲས་ཀྱང་དངོས་གཞི་མི་རྫོགས་པས་སོ༔ ༔

རྫུན་ཕམ་འདི་སོགས་ཐ་སྙད་སྦྱོར་བསྐྱེད་ཀྱི་ལྟུང་བ་རྣམས་ལ་ཡུལ་ཐ་སྙད་ལྔ་ལྡན་དགོས

པའི་རྒྱུ་མཚན་ནི། མིའི་འགྲོ་བ་ནི་ཐ་སྙད་ཐམས་ཅད་ལ་བསྟུན་དུ་བཏུབ་པ་ལྟར་མི་མ་ཡིན་པ་དག་ནི་དེ་ལྟར་མ་ཡིན་ཞིང་། དུད་འགྲོ་ལས་གཞན་པའི་མི་མ་ཡིན་ནི་ཆེས་ངོ་བོས་བསྐལ་བའི་ཡུལ་དུ་འབྱུང་བས་རིང་བ་དང་། དུད་འགྲོ་ནི་ཆེས་བླུན་པའི་ཕྱིར་དང་། སྨྲ་མི་ཤེས་པ་ནི། གཞན་ལ་སྒྲོག་པའི་ནུས་པ་མེད་པའི་ཕྱིར་དང་། དོན་མི་གོ་བ་ནི། སྤྱིར་ངག་སྨྲ་བའི་འབྲས་བུ་དོན་གོ་བ་ཡིན་པ་ལ་དེ་མེད་པའི་ཕྱིར་དང་། རང་བཞིན་ཉམས་པ་ལ་ནི། དོན་རྟོགས་པ་ཙམ་ཡོད་ཀྱང་གསལ་བར་རྟོགས་པ་མེད་ཅིང་དེས་སླུས་པ་ལ་གཞན་དག་ཡིད་མི་ཆེས་པའི་ཕྱིར་དང་། མ་ནིང་དང་མཚན་གཉིས་པ་ནི། དགེ་མི་དགེའི་བློ་མི་བརྟན་པས་རང་བཞིན་ཉམས་པ་དང་འདྲ་བར་དོན་གསལ་བར་རྟོགས་པ་མེད་པའི་ཕྱིར་རོ། །ལུས་ཐ་མལ་དུ་མི་གནས་པ་ལ་དངོས་གཞི་མི་བསྐྱེད་པའི་རྒྱུ་མཚན་ནི་ཡུལ་དུ་འབྱུང་རིང་བ་དང་། སྨྲ་བ་པོའི་མངོན་ཞེན་མི་རྫོགས་པའི་ཕྱིར་རོ། །འོག་ཏུ་ཡང་ཐ་སྙད་ལྷ་ལྷན་དང་། ལུས་ཐ་མལ་དུ་གནས་པ་ཡུལ་དུ་དགོས་པ་རྣམས་ལ་ཡང་ཐ་སྙད་ལྷ་པོའི་གྲངས་དང་རྒྱུ་མཚན་དང་མ་ཚང་བ་ལ་དངོས་གཞིས་སེལ་བའི་ཚུལ་རྣམས་འདིས་ཤེས་པར་བྱའོ། །དེ་ཡང་སྤྱིར་ལྟུང་བ་ལ་ཡུལ་སེམས་ཅན་དང་སེམས་ཅན་མ་ཡིན་པ་ལ་བརྟེན་ནས་བསྐྱེད་པ་གཉིས་སུ་ངེས་ལ། དང་པོ་ལ་; མི་མ་ཡིན་གྱིས་བསྐྱེད་པ་དང་། མིས་བསྐྱེད་པ་གཉིས་སོ། །དང་པོ་ལ། དུད་འགྲོ་ལས་གཞན་པའི་མི་མ་ཡིན་གྱིས་བསྐྱེད་པའི་ལྟུང་བ་སྡོམ་གྱིས་དངོས་སུ་བསྟུས་པ་མེད་ཅིང་། དེ་བསད་པ་དང་། དེའི་རྫས་མ་བྱིན་བར་བླངས་པའི་སྦོམ་པོ་སོགས་ནི། སྒྲོག་གཅོད་དང་མ་བྱིན་ལེན་གྱི་ཕམ་པ་སོགས་སུ་འདུ་བའི་ཚུལ་ལྟར། ལྟུང་བ་སྡེ་ལྔ་གཞན་ཡང་ན་སྨད་པ་སོགས་སུ་འགྱུར་བ་ཅི་རིགས་པར་སྦྱར་ཏེ་ཤེས་པར་བྱའོ། །ཡུལ་དུད་འགྲོ་ལ་བརྟེན་པའི་ལྟུང་བ་ལ་འདེབས་སྐྱོད་གསོད་པའི་ལྟུང་བྱེད་གསུམ་མོ། །

གཉིས་པ་མིས་བསྐྱེད་པ་ལ་གཉིས་ཏེ། མི་སྤྱིས་བསྐྱེད་པ་ནི། མ་བྱིན་ལེན་དང་སྲོག་གཅོད་པའི་ཕམ་པ་གཉིས་སོ། །མི་བྱེ་བྲག་གིས་བསྐྱེད་པ་ལ་རྫུན་སྨྲའི་ཕམ་པ་སོགས་ཐ་སྙད་སྤྱིས་བསྐྱེད་པ་དང་། རེག་པའི་ལྷག་མ་སོགས་བུད་མེད་སྤྱིས་བསྐྱེད་པ་དང་། སྐུར་འདེབས་ཀྱི་ལྷག་མ་སོགས་བསྙེན་རྫོགས་སྤྱིས་བསྐྱེད་པ་དང་། འདོན་པའི་ལྟུང་བྱེད་སོགས་བསྙེན་པར་མ་རྫོགས་པ་སྤྱིས་བསྐྱེད་

པ་དང་། སྤྱིད་པའི་ལྟུང་བྱེད་སོགས་ཆོས་འདི་བ་པའི་རབ་བྱུང་སྤྱིས་བསྐྱེད་པ་དང་། འཕྲོག་པ་སོགས་དགེ་སློང་ཕས་སྐྱེད་པ་དང་འབྲུར་འཛུག་སོགས་དགེ་སློང་མས་བསྐྱེད་པ་དང་སློང་བའི་སྤང་བ་སོགས་ཁྱིམ་པ་སྤྱིས་བསྐྱེད་པ་དང་། སྟོན་པའི་ལྟུང་བྱེད་སོགས་ཁྱིམ་པ་མོས་བསྐྱེད་པ་དང་། སྐྱེལ་བ་སྟུད་པའི་ལྟུང་བྱེད་སོགས་དགེ་ཚུལ་ཕོ་ནས་བསྐྱེད་པ་དང་། གཅེར་བུ་པ་ལ་ཟས་སྦྱིན་པ་སོགས་མུ་སྟེགས་ཅན་གྱིས་བསྐྱེད་པ་དང་བཅུ་གཅིག་གོ །དང་པོ་ཐ་སྙད་སྤྱིས་བསྐྱེད་ཀྱི་ལྟུང་བ་དུ་ཞེ་ན། འདི་ལྟར།རྫུན་སྨྲའི་ཕམ་པའི་གོ་བྱའི་ཡུལ། །སྨྱུན་བྱེད་སྤྲད་པའི་བདག་པོ་དང་། །ཁང་པའི་བཙལ་བྱའི་ཡུལ་དང་ནི། །གཞི་མེད་བག་ཙམ་ཁྱིམ་སུན་འབྱིན། །རྫུན་སྨྲ་བཤེས་ངོར་བྱས་ཞེས་ཟེར། །ཟས་ངོར་སྟོན་ཞེས་སྐུར་འདེབས་དང་། །སྡིག་ལྟ་འཛིན་དང་ལྷག་མ་ཡི། །སྐུར་བ་འདེབས་པ་རྣམས་ཀྱི་ཡུལ། །དེ་ལྟར་རྣམ་པ་བཅུ་གཅིག་གོ། །གང་སྨྲ་བའི་དངོས་པོ་ནི། འདོད་པ་ལས་འདས་པ་བསམ་གཏན་དང་པོ་ནས་སངས་རྒྱས་ཀྱི་སའི་བར་གྱིས་བསྡུས་པའི་འཇིག་རྟེན་དང་འདས་པའི་ཡོན་ཏན་གང་ཡང་རུང་བ་མི་རྟག་པའི་འདུ་ཤེས་སོགས་འདུ་ཤེས་ཉི་ཤུ་སྟེ། དེའང་མི་རྟག་པ་སོགས་འདུ་ཤེས་བཅུ་དང་། མི་སྡུག་པ་སོགས་འདུ་ཤེས་བཅུ་སྟེ་ཉི་ཤུ་ལས། དང་པོ་བཅུ་ནི། འདུས་བྱས་ཐམས་ཅད་མི་རྟག་པའི། མི་རྟག་པ་ལས་སྡུག་བསྔལ་བའི། སྡུག་བསྔལ་ལས་བདག་མེད་པའི། ཟས་ལ་མི་མཐུན་པའི། འཇིག་རྟེན་ཐམས་ཅད་ལ་མངོན་པར་མི་དགའ་བའི། ཉེས་དམིགས་ཀྱི། སྤོང་བའི། འདོད་ཆགས་དང་བྲལ་བའི། འགོག་པའི། འཆི་བའི་འདུ་ཤེས་ཏེ་བཅུ། གཉིས་པ་མི་སྡུག་པའི། རྣམ་པར་སྔོ་བ།རྣམ་པར་གནག་པ། རྣམ་པར་བམ་པ། རྣམ་པར་འབུས་གཞིག་པ། རྣམ་པར་ཟོས་པ། རྣམ་པར་དམར་བ། རྣམ་པར་འཐོར་བ། རུས་གོང་གི། སྟོང་ཉིད་དུ་སོ་སོར་རྟོགས་པའི་འདུ་ཤེས་དང་བཅུ་སྟེ་ཉི་ཤུ། བསམ་གཏན་བཞི། གཟུགས་མེད་བཞི། ཚད་མེད་བཞི། རྒྱུན་ཞུགས་སོགས་འབྲས་བུ་བཞི། མངོན་ཤེས་དྲུག་ལ་སོགས་པ་རྣམས་སོ། །

བས༷མ་པ༷འི་ཡན་ལག་ལ་འདུ་ཤེས་ནི་སྤྱི་དང་བྱེ་བྲག་ལ་མ་འཁྲུལ་བ། ཀུན་སློང་ནི། འདུ་ཤེ༷ས་བསྒྱུ༷ར་ཏེ༷། རང་ཉིད་མི་ཆོས་བླ་མ་དང་ལྡན་པར་སྨྲ་འདོད་དམ། བརྗོ༷ད་བློ་སྐྱེ༷ས་པའམ། གཞན་གྱིས་སླུས་པའང་འདུ་ཤེས་བསྒྱུར་ནས་ཚིག་གིས་དང་དུ་ལེན་འདོད་རྒྱུན་མ་ཆད་པ། གང་གིས་སླ

བའི་རྟེན་ནི། གང་ཐོབ་པར་སླུས་པའི་མིའི་ཆོས་བླ་མ་དེ་དང་མི་ལྡན་པ། སྦྱོར་བའི་ཡན་ལག་ནི། སྤྱིར་ལྟུང་བ་རྣམས་ཀྱི་དངོས་གཞི་འབྱུང་བ་ལ། སྦྱོར་བ་རང་གིས་བྱས་པ་ཡན་ལག་ཏུ་དགོས་པ་དང་། གཞན་ལ་བཅོལ་ཡང་འགྲུབ་པ་གཉིས་སུ་ངེས་ལ། དང་པོ་ནི། མི་ཚངས་སྤྱོད་ལ་སོགས་པ་རང་གི་ལུས་ཁོ་ནའི་བྱེད་པས་གྲུབ་པ་དང་ཕྱིས་གནོན་དང་སྦྱང་བ་རྗེས་ཕྱོགས་སོགས་ལུས་ངག་གི་རིག་བྱེད་གང་རུང་རེ་རེས་གྲུབ་པ་དང་བསོད་པ་སློང་བ་སོགས་ལུས་ངག་གཉིས་ཀའི་བྱེད་པས་གྲུབ་པ་ཡན་ལག་ཏུ་དགོས་པ་དང་། རྫུན་སྨྲ་ལ་སོགས་པ་རང་གི་ངག་ཁོ་ནའི་བྱེད་པས་གྲུབ་པ་དང་བཞི་ལས་རང་གི་ངག་ཁོ་ནས་སྨྲས་པ་ཡན་ལག་ཏུ་དགོས་པ་རྣམས་ལ་ངག་མཚན་ཉིད་ལྔ་ལྡན་གྱིས་སྨྲས་པ་དགོས་ཤིང་། དེ་ལྔ་ནི། ངག་ཡིན་པ། རང་གི་ཡིན་པ། བདག་ཉིད་དང་འབྲེལ་བ། མ་ནོར་བ། གསལ་པོར་སྨྲས་པའོ། །ངག་ལས་གཞན་ལུས་ཀྱི་རིག་བྱེད་དང་སྦྲིང་ཡིག་ལ་སོགས་པ་ལ་དངོས་གཞིར་མི་འགྱུར་ཏེ། ངག་ལས་ཕ་རོལ་པོས་འགྲོགས་མེད་དུ་གོ་ནུས་པ་ལྟར་སྦྲིང་ཡིག་སོགས་ཀྱིས་དེ་ལྟར་མི་ནུས་པ་དང་། སྨྲ་བ་པོས་མངོན་ཞེན་མི་རྫོགས་པ་དང་། འབྱུང་རིང་བ་དང་། ཁ་ཅིག་གི་སྐབས་སུ་མ་དད་པ་མི་རྫོགས་པའི་ཕྱིར་རོ། །རང་གིས་མ་སྨྲས་པར་གཞན་ལ་སྨྲར་བཅུག་པ་དང་། གཞན་ལ་སྐད་འདོགས་པས་སྨྲས་པ་དང་། མི་གསལ་བས་སྨྲས་པ་རྣམས་ལ་དངོས་གཞི་མི་བསྐྱེད་པའི་རྒྱུ་མཚན་ནི། སྨྲ་བ་པོའི་མངོན་ཞེན་དང་གཞན་གྱི་མ་དད་པ་མི་རྫོགས་པའི་ཕྱིར་རོ། །རྒྱུན་ཞུགས་ཐོབ་པར་སྨྲ་འདོད་ཙམ་གྱིས་ཀུན་ནས་བསླང་སྟེ་སྨྲ་བའི་ཚེ་ཕྱིར་འོང་ཐོབ་བོ་ཞེས་ནོར་བ་ལྟ་བུ་ལ་དངོས་གཞི་མི་བསྐྱེད་དེ། གང་སྨྲ་བ་ལ་སྨྲ་འདོད་མ་ཞུགས་ཤིང་སྨྲ་འདོད་ཡོད་པ་དེ་མ་སྨྲས་པའི་ཕྱིར་རོ། །འོག་ཏུ་ཡང་ངག་མཚན་ཉིད་ལྔ་ལྡན་དུ་དགོས་པ་རྣམས་ཀྱི་གྲངས་དང་། ཤེས་བྱེད་ཀྱི་རྒྱུ་མཚན་དང་མ་ཚང་ན་དངོས་གཞི་མི་སྐྱེད་པའི་ཚུལ་རྣམས་འདི་བཞིན་སྦྱར་ཏེ་ཤེས་པར་བྱའོ། །དེས་ན་འདིའི་སྦྱོར༵་བ༵་ནི། ངག་མཚན་ཉིད་ལྔ་ལྡན་གྱིས་སྨྲ་ཚུལ་གསུམ་གང་ཡང་རུང་བའི་སྒོ་ནས་མི་ཆོས་བླ་མ་སྔར་བཤད་ལྟར་མངོན༵་ཤེས༵་ལ༵་སོགས༵་ཡོན༵་ཏན༵་ཚོགས༵། རང་རྒྱུད་ལ་མེད༵་ཀྱང༵་ཡོད༵་ཅེས༵་སྨྲ་བ་དང་མ་ཐོབ་ཀྱང་ཐོབ་པར་སྨྲ་བའམ་གཞན་གྱིས་སྨྲས་པ་ཚིག་གིས་དང་དུ་ལེན་པར་རློམ་པས་བླ་མའི་རྫུན༵་སྨྲས༵་པ༵འོ། །

སྨྲ་ཚུལ་གསུམ་ནི། ལྷ་ལ་སོགས་པའི་གཟུགས་དང་སྒྲ་སོགས་མཐོང་བ་དང་།ཐོས་པར་སྨྲ་བ་ལ་སོགས་པའི་མི་ཆོས་བླ་མ་འབྲས་བུའི་སྒོ་ནས་སྨྲས་པ་དང་། བསམ་གཏན་དང་གཟུགས་མེད་ལ་སོགས་ཐོབ་པར་སྨྲ་བ་ལྟ་བུ་མི་ཆོས་བླ་མ་ངོ་བོའི་སྒོ་ནས་སྨྲས་པ་དང་།གང་ལ་མི་ཆོས་བླ་མ་མ་ཐོབ་པ་གནས་དེར་གནས་ན་མི་མ་ཡིན་གྱིས་གནོད་པ་བྱེད་ལ་ཐོབ་པ་ལ་མི་བྱེད་པའི་གནས་སུ་ཁོ་བོ་གནས་པ་ལ་གནོད་མ་བྱས་སོ་ཞེས་སྨྲ་བ་ལྟ་བུ་མི་ཆོས་བླ་མ་ལྡན་པའི་ཆོས་ཀྱི་སྒོ་ནས་སྨྲས་པ་རྣམས་སོ། །དེ་ལ་སྤྱིར་སྤྱོར་བ་རང་གིས་བྱས་པ་ཡན་ལག་ཏུ་དགོས་པའི་ལྟུང་བ་ལ་དག་མཚན་ཉིད་ལྔ་ལྡན་གྱིས་སྨྲས་པ་ཙམ་ཡན་ལག་ཏུ་དགོས་པའི་ལྟུང་བ་ནི། རྟེན་སྨྲའི་ཕམ་པ་འཕྲིག་ཚིག་བསྙེན་བཀུར་དང་། །གཞི་མེད་ནས་ནི་བཀའ་བློ་མི་བདེའི་བར། །འབྲུར་འཛུག་སོ་སོར་སྤྱགས་པ་སློང་བའི་བར། །བལ་རྨེད་རས་ཆེན་བཅལ་སྤུས་ལྟུང་བཞེད་འཚོལ། །རྟེན་སྨྲ་ལ་སོགས་བཅུ་ཚན་དང་པོ་དང་། །འཕྲུ་བ་བསྒོ་བ་མ་བསྒོས་ཉི་མ་ནུབ། །ཟས་ངོར་སྟོན་དང་སྤྱངས་བ་སྟོབས་པ་དང་། །ཟན་གཅོད་འདུན་པ་ཕྱིར་བསྒྱུར་སྡིག་ལྟ་འཛིན། །འགྲོད་བསྐྱེད་སྐུར་འདེབས་མ་ལོན་བསྙེན་རྫོགས་དང་། །བསླབ་པ་ཉེར་འཇོག་སྤྱོང་དང་ཁྲིད་དུ་གསོད། །དེ་ལྟར་གྲངས་ནི་བཞི་བཅུ་རྩ་གཉིས་སོ། །

མཐ༷ར་ཐུ༷ག་ནི། གཞ༷ན་གྱིས༷་རྟེན༷་དེ༷འི་ཚིག་གི་དོན་གོ༷་ན༷་སྨོམ་པ་ཉ༷མས་པའི་ཕམ་པའོ། །དེ་ལ་སྤྱིར་མཐར་ཐུག་དོན་གོ་བས་གྲུབ་པའི་ལྟུང་བ་དུ་ཡོད་ཅེ་ན། རྟེན་སྨྲའི་ཕམ་པ་འཕྲིག་ཚིག་བསྙེན་བཀུར་དང་། །གཞི་མེད་བག་ཙམ་རྟེན་སྨྲ་ལ་སོགས་བཅུ། །འཕྲུ་བ་བསྒོ་བ་ངག་གིས་ཕྱིས་གནོན་དང་། །མ་བསྒོས་ཉི་ནུབ་ཟས་ངོར་སྟོན་པ་དང་། །སྤྱངས་བ་སྟོབས་དང་ཉལ་ཤོམ་ཁྲིམ་དུ་འགྲེང་། །ཟན་གཅོད་སྤྱང་བ་རྗེས་ཕྱོགས་ཕྱོགས་གཅིག་དང་། །འདུན་པ་ཕྱིར་བསྒྱུར་ངག་གིས་བསྐུལ་བ་སྟེད། །འགྲོད་བསྐྱེད་སྤངས་བྱེད་སྐུར་འདེབས་ལྟུང་བྱེད་དང་། །བསླབ་པ་སྤྱོང་དང་ཉན་རྣ་ཁྲིད་གསོད་དེ། །དེ་ལྟར་གྲངས་ནི་སུམ་ཅུ་རྩ་གསུམ་མོ། །

གཉིས་པ་སྦྱོར་བའི་ལྟུང་བ་རྣམ་བཞག་ནི། འདུ་ཤེས་བསྒྱུར་ཏེ་བདག་ཉིད་མི་ཆོས་བླ་མ་དང་ལྡན་པ་ཉིད་དུ་སྨྲ་བའི་ཕྱིར་སྦྱོར་བ་བརྩམས་ནས་དངོས་གཞི་མ་གྲུབ་ཀྱི་བར་དུ་སྦྱོར་བའི་སྦོམ་པོའོ། །དེའང་རྟུལ་ཁྲོད་ཤ་ཟ་སོགས་མཐོང་ངོ་ཞེས་སྨྲས་པ་དང་། འདོད་པའི་སེམས་བསྐྱུས་པའི་ཉོན་མོངས

པ་རྣམ་པར་གནོན་པའི་སེམས་རྩེ་གཅིག་པ་ཐོབ་པར་སྨྲས་པ་ལ་སྡོམ་པོ་སྟེ་གཞིའི་ཡན་ལག་གི་ནང་ནས་དངོས་པོས་སེལ་བའོ། །མི་ཆོས་བླ་མ་གཞན་གྱིས་ཐོབ་པར་སྨྲས་པ་དང་། མི་ཆོས་བླ་མ་རང་གིས་ཐོབ་པ་ལ་གོ་བར་འདོད་ནས་སོ་སོར་ཐར་བ་ལ་སློབ་པར་བསམ་སྟེ་སློབ་པའོ་ཞེས་སོགས་བརྗོད་པ་ལ་སྡོམ་པོ་སྟེ་ཀུན་སློང་གིས་སེལ་བའོ། །རྒྱུན་ཞུགས་ཐོབ་བོ་ཞེས་སྨྲ་བར་འདོད་པ་ལ་ཕྱིར་འོང་ཐོབ་བོ་ཞེས་སྨྲས་པ་ལྟ་བུ་དང་། ཁྱོད་ཁོ་བོ་དང་འདྲ་ན་དགྲ་བཅོམ་སོགས་སུ་འགྱུར་རོ་ཁོ་བོ་ནི་དགྲ་བཅོམ་པ་མ་ཡིན་ནོ་ཞེས་སོགས་དང་། རང་ཉིད་མི་ཆོས་བླ་མ་དང་ལྡན་པར་འདོད་ནས་འདི་ན་ལྷ་རྣམས་མཐོང་བ་སོགས་ཡོད་དོ་ཞེས་སྨྲ་བ་ལྟ་བུ་དང་། གཞན་གྱིས་ཁྱོད་དགྲ་བཅོམ་པའམ་ལྷ་རྣམས་མཐོང་བའམ་བསམ་གཏན་དང་པོ་ཐོབ་པ་སོགས་ཡིན་ནམ་ཟེར་བ་ལ་ཅང་མི་སྨྲ་བས་དང་དུ་ལེན་པ་ལྟ་བུ་དང་། ཁྱོད་ལྷ་རྣམས་ཀྱི་སྒྲ་ཐོས་པའམ་སྔོན་གྱི་གནས་རྗེས་སུ་དྲན་པ་དང་གཞན་གྱི་སེམས་ཤེས་པའི་མངོན་ཤེས་ལ་སོགས་པ་མི་ཆོས་བླ་མ་དང་ལྡན་པ་ཡིན་ན་བསོད་སྙོམས་ལོངས་ཤིག་ཁྱིམ་དུ་བཞུགས་ཤིག་ཅེས་སོགས་ཟེར་བ་ལ་ཅང་མི་སྨྲ་བར་ལུས་ཀྱིས་དེ་ལྟར་བྱེད་པ་དང་། བདག་ཉིད་མི་ཆོས་བླ་མ་དང་ལྡན་པར་ཡི་གེ་བྲིས་པ་སོགས་ཀྱིས་སྨྲས་པ་དང་གཞན་སྨྲར་བཅུག་པ་རྣམས་སྡོམ་པོ་སྟེ། དེ་དག་ནི་སྦྱོར་བའི་ཡན་ལག་དག་ཡིན་པ་སོགས་ཀྱིས་སེལ་བ་ཅི་རིགས་སུ་སྦྱོར་རོ། །ཕམ་པ་བཞིའི་སྐབས་ཀྱི་སྡོམ་པོ་འདི་དག་ཀྱང་ཡན་ལག་མ་ཚང་བས་སྡོམ་པོར་འཇོག་པའི་ཡན་ལག་དེ་དང་དེ་མ་གཏོགས་པ་ཡན་ལག་གཅིག་མ་ཚང་བ་དང་གཉིས་མ་ཚང་བ་ལ་ཕམ་པ་བསྐྱེད་པའི་ཡན་ལག་གཞན་ཐམས་ཅད་ཚང་བའི་དབང་དུ་བྱས་སོ། །དེ་ཡང་ཕམ་པ་བཞི་པོ་འདི་དག་གི་དངོས་གཞི་སྐྱེད་པའི་ཡུལ་གྱི་ཡན་ལག་གཉིས་མ་ཚང་བ་ལྟ་བུའོ། །ཡུལ་གྱི་ཡན་ལག་གཅིག་དང་མཐར་ཐུག་མ་ཚང་བ་རྣམས་ལ་སྦྱོར་བཏང་དུ་ཉེས་བྱས་ཡིན་ཞིང་། དགེ་འདུན་ལྷག་མ་རྣམས་ལ་ཡང་སྦྱོར་བཏང་དུ་ཡན་ལག་གཅིག་མ་ཚང་དང་གཉིས་མ་ཚང་བ་ལ་རིམ་པར་སྡོམ་པོ་དང་ཉེས་བྱས་སུ་འགྱུར་ཚུལ་འདི་བཞིན་ཤེས་པར་བྱ་ལ། །ཁང་བའི་ལྷག་མ་ནི་གཞིའི་ཡན་ལག་བཅོལ་དང་ཚད་ལྷག་གང་རུང་གཅིག་ཡོད་ཅིང་། གཞི་མི་རུང་བ་དང་། རྩོད་པ་དང་བཅས་པ་བཅས་དུ་མི་རུང་བ་སོགས་ཡན་ལག་གསུམ་ཡན་ཆད་མ་ཚང་ཡང་སྡོམ་པོར་འགྱུར་བ་སོགས

དམིགས་བསལ་ལོ། །སྤང་ལྟུང་མན་ཆད་ཀྱི་ལྟུང་བ་གཞན་རྣམས་ལའང་སྤྱིར་བཏང་དུ་ཡུལ་གྱི་ཡན་ལག་གཅིག་མ་ཚང་བ་ལ་ཉེས་བྱས། གཉིས་མ་ཚང་བ་ལ་ཉེས་བྱས་ཕྲ་མོར་འགྱུར་བ་སོགས་འདིས་མཚོན་ནས་ཤེས་པར་བྱའོ། །མ་བྱིན་ལེན་མ་གཏོགས་པ་མི་ཡུལ་དུ་དགོས་པའི་ལྟུང་བ་ལ་དུད་འགྲོ་ཡུལ་དུ་བྱས་ན་ཕམ་པ་དང་ལྷག་མའི་སྐབས་སུ་ལྟུང་བྱེད་དང་ཉེས་བྱས། སྤང་ལྟུང་མན་ཆད་སྐབས་སུ་ཉེས་བྱས་ཕྲ་མོར་འགྱུར་བས་ཆེས་ན་སྨད་དུ་ཤེས་པར་བྱའོ། །

སྦྱོར་བའི་སྦྱོར་བ་ནི། མི་ཆོས་བླ་མ་སྨྲ་བར་འདོད་ནས་ལུས་ངག་ཏུ་མ་ཐོན་པའི་བར་བསམ་བྱ་དང་ལུས་ངག་ཏུ་ཐོན་ནས་སྦྱོར་བ་ལ་མ་ཐུག་གི་བར་ཉེས་བྱས་སོ། །བསླབ་བྱ་ནི། མངོན་ཤེས་སོགས་དང་ལྡན་ཡང་མ་བསམ་པར་འདས་མ་འོངས་སོགས་ལུང་བསྟན་པར་མི་བྱའོ། །དེ་ལས་སེམས་བསྲུང་ཚུལ་ནི། འདུ་ཤེས་བསྒྱུར་ནས་གོ་བར་བྱེད་འདོད་དང་། གཞན་སླུས་དང་དུ་ལེན་འདོད་རྣམས་འགོག་པའོ། །གཞི་མེད་སོགས་འདུ་ཤེས་བསྒྱུར་བ་ཡན་ལག་ཏུ་དགོས་པའི་ལྟུང་བ་རྣམས་ལ་སེམས་བསྲུང་ཚུལ་འདི་བཞིན་སྦྱར་བར་བྱའོ། །གསུམ་པ་མཇུག་གི་དོན་བསྡུ་བ་ནི། འདི་བཞི་གང་སོགས་ཚིག་རྐང་གཉིས་ཀྱིས་བསྟན། སྔར་བཤད་མ་ཐག་པའི་ཕམ་ལྟུང་འདི༷་བཞི༷་པོ་གང༷་སྤྱད༷་ཀྱང་དགེ༷་སློང༷་གི་ཚུལ་ཁྲིམས་དེ༷་མི་མཐུན་ཕྱོགས་ཀྱིས་བཅོམ་པས་ཕམ༷་པར་བྱེད་པའི་ཕྱིར༷་ན་ཕམ༷་ཀྱི༷་ཕམ་པ་བཞི༷་ཞེས༷་ཐམས༷་ཅད༷་མཁྱེན༷་པ་དེས༷་གསུངས༷་ཏེ། ཇི་སྐད་དུ། དགེ་སློང་གིས་དེ་དག་ལས་ལྟུང་བ་གང་རུང་བ་ཞིག་བྱས་ན་ཐོག་མར་ཇི་ལྟར་བྱས་ཀྱང་དེ་བཞིན་དུ་ཕམ་པར་འགྱུར་བ་ཡིན་ཏེ། དགེ་སློང་རྣམས་དང་ལྷན་ཅིག་གནས་པ་དང་ལོངས་སྤྱོད་དུ་མི་དབང་གིས་གནས་པར་མི་བྱའོ་ཞེས་གསུངས་སོ། །འདིར་སྦོམ་པོའི་ལྟུང་བའི་རྣམ་བཞག་བཤད་པ་ལ། སྤྱིར་ལྟུང་བ་སྡེ་ལྔ་ལ་སྦོམ་པོ་ཞེས་གྲགས་ཏེ། ལུང་མ་མོ་ལས། ཕམ་ལྷག་གཉིས་ཉེས་པ་ཆེ་བས་སྦོམ་པོ་ཞེས་བཤད། །ལྟུང་བྱེད་སོགས་གསུམ་ཉེས་པ་དམན་པས་རིམ་བཞིན་ཆེ་བའི་སྦོམ་པོ་དང་དམན་པའི་སྦོམ་པོ་གཉིས་སུ་གསུངས་སོ། །གཞན་མཁས་པ་དག་གིས་བཞེད་པ་ལྟར་ན་མིང་དུ་འཆགས་པའི་སྦོམ་པོ་དང་ཡོན་ཏན་གྱི་སྒྲའི་སྦོམ་པོ་གཉིས་སུ་བཤད་དེ། སྔ་མ་སྦོམ་པོ་དངོས་དང་ཕྱི་མ་བཏགས་པ་བ་རུ་བཞེད། སྔ་མ་སྦོམ་པོ་དངོས་མེད་ནས་སློས་ཏེ་འཆགས་པར་བྱ་དགོས་པས་སྦོམ་པོ་དངོས་དང་ཕྱི་མ་གྲངས

ཀྱི་སྒོ་ནས་བཞག་པ་ལྟུང་བ་ཡང་ཡང་བྱུང་བ་ལྟ་བུ་ལ་བྱའོ། །མིང་དུ་འཆགས་པའི་སྡོམ་པོ་དངོས་ལ་ནི་དྲུག་ལས། དང་པོ་མཚན་ཉིད་ནི། སྡོམ་པོའི་རྒྱུ་ཚོགས་ཚང་བ་ལས་བསྐྱེད་པའི་རྣམ་པ་རིག་བྱེད་དང་རིག་བྱེད་མ་ཡིན་པ་གང་རུང་གིས་བསྡུས་པའི་སྡོམ་པོའི་མིང་གིས་ཕྱིར་བཅོས་པའི་རིགས་གནས་ཀྱི་ཉེས་པ་དེ་སྡོམ་པོའི་མཚན་ཉིད། གཉིས་པ་དབྱེ་ན། སྦྱོར་བའི་སྡོམ་པོ། སྦྱོར་བའི་རྣམ་པའི་སྡོམ་པོ། དངོས་གཞིའི་རྣམ་པའི་སྡོམ་པོ། དངོས་གཞིའི་སྡོམ་པོ་དང་བཞི་ལས། དང་པོ་ནི། དངོས་གཞིའི་དུས་སུ་ཕམ་ལྷག་གང་རུང་གི་དངོས་གཞི་རྫོགས་པར་བསྐྱེད་པའི་སྦྱོར་བའི་སྐབས་ཀྱི་ལྟུང་བ་དེ་སྦྱོར་བའི་སྡོམ་པོ་ཡིན། དབྱེ་ན་ཕམ་པ་བཞི་དང་ལྷག་མ་བཅུ་གསུམ་གྱི་སྦྱོར་བའི་སྐབས་ཀྱི་ལྟུང་བ་རྣམས་སོ། །

གཉིས་པ་ནི། དངོས་གཞིའི་དུས་སུ་ཕམ་ལྷག་གང་རུང་མི་བསྐྱེད་པར་སྟེ་ལྟ་གཞན་གསུམ་གང་རུང་གི་དངོས་གཞིའི་ལྟུང་བ་བསྐྱེད་པའམ་མི་བསྐྱེད་པའི་སྡོམ་པོ་དེ་སྦྱོར་བའི་རྣམ་པའི་སྡོམ་པོ་ཡིན། དཔེར་ན་འཆི་སེམས་ཀྱིས་མིའི་ཡན་ལག་གཅོད་པ་ལྟ་བུ་དང་། ལྟ་སྦྱིན་མཆོད་སྦྱིན་དུ་འབྲུལ་ནས་བསད་པའི་སྦྱོར་བའི་དུས་ཀྱི་སྡོམ་པོ་ལྟ་བུ་སྦྱོར་བའི་དུས་སུ་སྦྱོར་རྣམ་གྱི་སྡོམ་པོ་དང་དངོས་གཞིའི་དུས་ན་ལྟུང་མེད་དོ། །ལྟ་མིར་འཁྲུལ་ཏེ་བསད་པའི་སྦྱོར་བའི་སྐབས་སུ་སྦྱོར་བའི་རྣམ་པའི་སྡོམ་པོ་དང་དངོས་གཞིའི་སྐབས་སུ་དངོས་གཞིའི་སྡོམ་པོ་ཡིན། དུད་འགྲོ་མིར་འཁྲུལ་ཏེ་བསད་པ༑ ནགས་མེར་གཏོང་བ། བརྐུ་བའི་སྦྱོར་བ་ཙམ་བྱས་ཏེ་རྐུ་འདོད་ལོག་པ། གསོད་པའི་སྦྱོར་བ་བྱས་ནས་གསོད་འདོད་ལོག་པ་རྣམས་ཀྱི་སྦྱོར་བའི་སྐབས་ཀྱི་ལྟུང་བ་དེ་སྦྱོར་བའི་རྣམ་པའི་ལྟུང་བའི་སྡོམ་པོ་ཡིན་ནོ། །ཕམ་ལྷག་གང་རུང་གི་གཞི་བསམ་སྦྱོར་བ་གསུམ་པོ་གང་རུང་གི་ཡ་གྱལ་གཅིག་ཙམ་མ་ཚང་ཡང་དངོས་གཞིའི་དུས་ཀྱི་བྱེད་པ་གྲུབ་ཟིན་པའི་སྡོམ་པོ་དེ་དངོས་གཞིའི་རྣམ་པའི་སྡོམ་པོ་ཡིན། དཔེར་ན་རིན་ཐང་ཚང་བའི་རྫས་གཞན་དོན་དུ་རྐུ་བ་ལྟ་བུའོ། །རང་ཉིད་སྨྱོ་ཏུ་སྤྲུལ་ཏེ་དགེ་སློང་གི་འདུ་ཤེས་མེད་བཞིན་དུ་མི་ལ་མིར་འདུ་ཤེས་པས་གསོད་པ་ལྟ་བུ་དང་། རྨ་སྒོ་གཡོགས་ཏེ་སྤྱོད་པ་རྨ་སྒོ་ཉམས་པ་ལ་མི་ཚངས་སྤྱོད་པ་ལྟ་བུའོ། །

དངོས་གཞིའི་སྡོམ་པོ་ནི། གསོད་སེམས་ཀྱིས་མི་མ་ཡིན་པའི་འགྲོ་བ་ལྟ་ལྟ་མིན་དམྱལ་བ

སོགས་བཞི་ལ་དེར་འདུ་ཤེས་པས་བསད་ན་སྦྱོར་བའི་སྐབས་སུ་ཉེས་བྱས། མཐར་ཐུག་གི་དུས་སུ་དངོས་གཞིའི་སྡོམ་པོ་ཡིན། གསུམ་པ་བསྡུ་བ་ལ་རྒྱས་པར་བསྡུ་ན། ཡུལ་དང་སྦྱོར་བའི་སྒོ་ནས་བཞི། བསམ་པས་སྒོ་ནས་བརྒྱད་དོ། །བཞི་པ་བསྡུས་པར་བསྡུ་ན། ཕམ་ལྷག་གི་སྡོམ་པོ་གཉིས་སོ། །ལྔ་པ་སྒྲ་དོན་ནི། ཉེས་པ་ཆེ་བ་ལ་སྡོམ་པོ་ཞེས་ཆེ་བའི་སྡོམ་པོ། ཉེས་པ་དམན་པ་ལ་དམན་པའི་སྡོམ་པོ་ཞེས། དཔེར་འཇིགས་སྡེ་ལ་སྡེ་བ་ཟེར་བ་དང་། བདེན་སྨྲ་ལ་སྨྲ་བ་ཞེས་པར་ཚིག་བསྡུས་ཏེ་བརྗོད་བདེ་བར་བྱས་པ་ལྟ་བུའོ། །དྲུག་པ། མཁས་པའི་ལུགས་དཔྱད་པ་ལ། ཁ་ཅིག་གིས་སྡོམ་པོ་མཚན་ཉིད་པ་ལ་སྦྱོར་སྡོམ་དངོས་སྡོམ་གཉིས་སུ་ངེས་ཟེར་བ་དང་། སྦྱོར་སྡོམ་དང་སྦྱོར་བའི་རྣམ་པའི་སྡོམ་པོ་དང་དངོས་གཞིའི་རྣམ་པའི་སྡོམ་པོ་དང་གསུམ་དུ་ངེས་ཟེར་བ་ལྟ་བུ་ཡོད་ཀྱང་རང་ལུགས་ལ་སྔར་ལྟར་སྡོམ་པོ་མཚན་ཉིད་པ་ལ་བཞིར་ངེས་པར་བཞེད་པའོ། །གཉིས་པ་ལྷག་མའི་སྡེ་བཤད་པ་ལ། བསྟན་བཤད་གཉིས་ལས། དང་པོ་མདོར་བསྟན་པ་ནི། དགེ་འདུན་ལྷག་མ་ཞེས་ཚིག་རྐང་གཅིག་གིས་བསྟན། བསྙེན་རྫོགས་ཀྱི་སྡོམ་པ་དང་འགལ་བར་ཞུགས་པའི་དངོས་གཞི་ཡོངས་སུ་རྫོགས་པའི་ལྟུང་བ་ཡང་ཡིན། རང་ཉིད་དག་བྱེད་དགེ་འདུན་ལྷག་མའི་མིང་རིགས་ཀྱི་སྒོ་ནས་ཕྱིར་བཅོས་བྱས་པས་འདག་རུང་གི་རིགས་གནས་ཀྱི་ལྟུང་བ་དེ་ལྷག་མའི་མཚན་ཉིད། དབྱེ་བ་དང་སྒྲ་བཤད་ནི། ལྟུང་བ་དེ་དག་གསོ་བ་ལ་དགེ་འདུན་ལ་རག་ལས་ཤིང་སྡོམ་པ་རྣམ་དག་གི་ལྷག་མ་ཙམ་ལུས་པས་དགེ་འདུན་ལྷག་མ་སྟེ་དབྱེ་ན་བཅུ་གསུམ་ཞེས་སུ་གྲགས་པ་ཡིན། དེ་བཅུ་གསུམ་དེ་བསྡུ་ན། དང་པོ་ལས་བྱུང་བ་དང་། བསྒོ་བ་ལས་བྱུང་བ་གཉིས་སུ་འདུ། དང་པོ་ལས་བྱུང་བ་ལའང་གཉིས་ཏེ། ཆགས་པས་ཀུན་ནས་བསླང་བའི་ལྟུང་བ་དང་། གནོད་སེམས་ཀྱིས་ཀུན་ནས་བསླང་བའི་ལྟུང་བ་གཉིས་སུ་འདུ། ཆགས་པ་ལས་བྱུང་བའི་ལྟུང་བ་ལ། ནང་སེམས་ཅན་ལ་ཆགས་པའི་ལྟུང་བ་དང་། ཕྱི་ཡོ་བྱད་ལ་ཆགས་པའི་ལྟུང་བ་གཉིས་སོ། །དང་པོ་ལ། རང་ཆགས་པར་སྦྱོར་བའི་དང་། གཞན་ཆགས་པར་སྦྱོར་བའི་ལྟུང་བ་གཉིས་ཀྱི། དང་པོ་ལ་ལུས་ཀྱི་བདེ་བ་ལ་ཆགས་པ་དང་། ངག་གི་བདེ་བ་ལ་ཆགས་པའི་ལྟུང་བ་གཉིས་སོ། །དེ་ལྟར་ན་ནང་སེམས་ཅན་ལ་ཆགས་པའི་ལྟུང་བ་ལྔ་དང་། ཕྱི་ཡོ་བྱད་ལ་ཆགས་པའི་ལྟུང་བ་གཉིས་དང་བདུན། གནོད་པ་ལས

ཕྱུང་བ་གཉིས། བསྒྲོ་བ་ལས་ཕྱུང་པ་བཞི་སྟེ་བཅུ་གསུམ་མོ། །

གཉིས་པ་རྒྱས་པར་བཤད་པ་ལ། བགྲོད་མིན་སོགས་ཀྱིས་བསྟན། དང་པོ། བགྲོད༷་མི༷ན་གན༷ས་སུ༷་ཁྲུ༷་བ༷་འབྱིན༷་པ༷་དང༷་ཞེས་པའི་ལྷག་མ་ལ། གླེང་གཞི་དང་། ལྟུང་བ་དངོས་གཉིས། དང་པོ་ནི། ཡུལ་མཉམ་ཡོད་ན་དགེ་སློང་འཆར་ཀས་རང་ཉིད་སྦྲ་བར་གཙུག་ལག་ཁང་ཆག་ཆག་གདབ། བ་ལང་གི་ལྕི་བ་གསར་བས་བསྐུ། ཆང་པ་དང་ལག་པ་བཀྲུས། སོ་ཤིང་དོར་ནས་སྤྲ་དྲི་གྲོང་དང་གྲོང་བརྡལ་དུ་དབང་པོ་མ་བསྡམས་པས་ལུས་མ་བསྲུངས་དྲན་པ་ཉེ་བར་མ་བཞག་པར་བསོད་སྙོམས་ལ་རྒྱུ་ནས་ཟས་ཀྱི་བྱ་བ་བྱས་ལྟུང་བཟེད་དང་ཆོས་གོས་མཁོས་སུ་ཕབ་པའམ་བསྡུས་ཏེ་ཆང་པ་བཀྲུས་ནང་དུ་འཛོག་པའི་ཕྱིར་གཙུག་ལག་ཁང་དུ་ཞུགས་ནས་སྡོད་པ་ན། སེམས་འདོད་ཆགས་ཀྱིས་གཟིར་ནས། རང་གི་ཡན་ལག་གི་རྣམ་པ་ལས་སུ་རུང་བར་བྱས་ཏེ་ལག་པ་གཉིས་ཀྱིས་བཟུང་ནས་ཁྲུ་བ་འབྱིན་ནོ། །དགེ་སློང་དག་གིས་འཆར་ཀ་ཁྱོད་བདེ་བ་ལ་རེག་པར་གནས་སམ། གནས་ཏེ་འདི་ལྟར་བྱས་སོ་སྨྲས། དེ་ལྟ་བུའི་སྐབས་དེ་སྟོན་པར་གསོལ་བས་དགེ་འདུན་བསྡུ་བར་མཛད་དེ་འཆར་ཀ་ཁྱོད་ཀྱིས་མི་མཛེས་པ་དེ་ལྟ་བུ་བྱས་པ་བདེན་ནམ། བཙུན་པ་མད་ལགས། མི་གཏི་མུག་ཅན་ཁྱོད་ཀྱི་བྲམ་ཟེ་དང་ཁྱིམ་བདག་དད་པ་ཅན་ལས་དད་པས་སྦྱིན་པར་བྱ་བ་ལེན་པའི་ལག་པ་དེ་ཉིད་ཀྱིས་ཅིའི་ཕྱིར་མི་མཛེས་པ་དེ་ལྟ་བུ་བྱས། ཁྱོད་ཀྱིས་སྦྲུལ་ནག་པོ་ཁྱབ་པར་བྱེད་པ་ལ་ལག་པ་གཉིས་ཀྱིས་བཟུང་ན་བླ་ཡི་ཉེས་པར་ཞུགས་ཆེད་རང་གི་ཡན་ལག་གི་རྣམ་པ་བཟུང་བ་ནི་དེ་ལྟ་མ་ཡིན་ནོ་ཞེས་སྨད་ནས་ཕན་ཡོན་བཅུ་གཟིགས་ཏེ་བསྟན་པ་རིང་དུ་གནས་པའི་སླད་དུ་ངའི་ཉན་ཐོས་རྣམས་ཀྱིས་འདུལ་བ་ལ་བསླབ་པར་བྱ་བའི་གཞི་འདི་སྟོན་པར་བྱ་སྟེ། བསམ་བཞིན་ཁྲུ་བ་ཕྱུང་ན། དགེ་འདུན་ལྷག་མའོ་ཞེས་བཅས་པ་མཛད་དོ། །གཉིས་པ་ལ་ཁྲུ་འབྱིན་དགེ་འདུན་ལྷག་མའི་ལྟུང་བ་ངོས་བཟུང་བ། དེ་ལས་སེམས་བསྐྱུང་ཚུལ་གཉིས། དང་པོ་ལ། ལྟུང་བ་རྣམ་བཞག་དང་། བསླབ་བྱ་གཉིས། དང་པོ་ལ། དངོས་གཞི་དང་། སྦྱོར་བ་དང་། སྦྱོར་བའི་སྦྱོར་བའི་ལྟུང་བ་གསུམ། དང་པོ་ལ། གཞི་བསམ་སྦྱོར་བ་མཐར་ཐུག་གི་ཡན་ལག་བཞིའོ། །དང་པོ་གཞིའི་ཡན་ལག་ལ་གསུམ་ལས། གང་དབྱུང་བའི་དངོས་པོ་ནི། རང་གི་ཁྲུ་བ་ཡིན་པ། དང་པོའི་གནས་ནས་མ་

འཕོས་པའོ། །གང་ལས་དབྱུང་བ་ནི་རང་གི་ཡན་ལག་གི་རྣམ་པ་ལས་སོ། །

གང་གིས་དབྱུང་བ་ནི། སེམས་ཅན་གསོན་པོའམ་ཤི་བའི་ལུས་དངོས་སམ་དེའི་དུམ་བུ་སྣ་དང་རྣ་བ་སོགས་གང་རུང་ཡིན་པ། རང་གི་ཡན་ལག་གི་རྣམ་པར་གནས་པ། ཕམ་པ་བསྐྱེད་ནུས་ཀྱི་རྨའི་སྒོ་ལས་གཞན་ཡིན་པའོ། །དེ་ཡང་སྤྱིར་ཡུལ་སེམས་ཅན་མ་ཡིན་པ་ལ་བརྟེན་ནས་སྐྱེད་པའི་ལྟུང་བ་ལ་འབྱུང་བས་བསྐྱེད་པ་དང་། འབྱུང་གྱུར་གྱིས་བསྐྱེད་པ་གཉིས་སུ་ངེས་ཤིང་། དང་པོ་ལ། ས་རྐོ་བ་དང་མེ་ལ་རེག་པ་དང་ཆུ་ལ་རྩེ་བ་དང་ཁྲུས་བྱེད་པ་རྣམས་ནི་རིམ་བཞིན་ས་དང་མེ་དང་ཆུས་བསྐྱེད་པ་ཡིན་ལ། རླུང་གིས་བསྐྱེད་པའི་ལྟུང་བ་སྡོམ་གྱིས་དངོས་སུ་བསྟུས་པ་མེད་ཅིང་འབྱིན་པའི་དགེ་འདུན་ལྷག་མར་གཏོགས་པའི་རྗེ་ཕྱོགས་དང་རྗེ་ཕྱོགས་མ་ཡིན་པར་གཏོད་པའི་སྦོམ་པོ་དང་ཉེས་བྱས་ནི་རླུང་གིས་བསྐྱེད་པའོ། །གཉིས་པ་འབྱུང་གྱུར་གྱིས་བསྐྱེད་པ་ལ་ཁ་ན་མ་ཐོ་བས་སྐྱེད་པ་གཞི་མེད་ལ་སོགས་པ་དང་། གོས་ཀྱིས་སྐྱེད་པ་གོས་ཞག་བཅུའི་འཆང་སྤང་སོགས་དང་། ཟས་ཀྱིས་སྐྱེད་པ་གསོག་འཇོག་སྤངས་བ་སོགས་དང་། ནོར་གྱིས་སྐྱེད་པ་གསེར་དངུལ་ལེན་པ་སོགས་དང་། སྣོད་སྤྱད་ཀྱིས་སྐྱེད་པ་ལྷུང་བཟེད་འཚོལ་བ་སོགས་དང་། གནས་ཀྱིས་སྐྱེད་པ་ཁང་པའི་ལྷག་མ་སོགས་དང་། ཕྱི་རོལ་གྱི་ས་བོན་དང་སྐྱེ་བས་སྐྱེད་པ་ས་བོན་དང་སྐྱེ་བ་འཇིག་པའི་ལྟུང་བྱེད་དང་། ནང་གི་ས་བོན་གྱིས་སྐྱེད་པ་འབྱིན་པའི་ལྷག་མ་རྣམས་སོ། །དེ་ལ་སྤྱིར་སེམས་ཅན་དང་སེམས་ཅན་མ་ཡིན་པས་སྐྱེད་པའི་ལྟུང་བ་ཐམས་ཅད་ཀྱི་གཞིའི་ཡན་ལག་གི་ཆོས་སུ་དགོས་པར་གསུངས་པ་རྣམས་ཀྱང་མེད་དུ་མི་རུང་བའི་སྦྱོར་བ་ནས་མཐར་ཐུག་གི་བར་དུ་ཚང་དགོས་ཤིང་སྐབས་དེར་མ་ཚང་ན་གཞན་དུ་ཚང་ཡང་དངོས་གཞི་རྫོགས་པར་མི་སྐྱེད་ལ་གཞན་དུ་མ་ཚང་ན་དེར་ཚང་ན་དངོས་གཞི་རྫོགས་པར་སྐྱེད་དོ། །མེད་དུ་མི་རུང་བའི་སྦྱོར་བ་ནི། སྦྱོར་བ་གང་ཡོད་ན་སྦྱོར་བ་ལ་ལྟོས་པའི་དངོས་གཞི་དེ་འབྱུང་ལ་དེ་ལོག་ན་དངོས་གཞི་དེ་ལྡོག་གོ། །

བསམ་པ་ལ་གཉིས་ལས་འདུ་ཤེས་ནི། འཁྲུལ་མ་འཁྲུལ་འདྲ་ལ། ཀུན་སློང་འབྱིན་པར་འདོད་པ་རྒྱུན་མ་ཆད་པའོ། །སྦྱོར་བ་ནི། རེག་ཅིང་བརྩལ་བའོ། །མཐར་ཐུག་ནི། དེས་རྐྱེན་གྱིས་དང་པོའི་གནས་ནས་འཕོས་པའོ། །གཉིས་པ་སྦྱོར་བའི་ལྟུང་བའི་རྣམ་བཞག་ནི། བསམ་བཞིན་དུ

དབྱུང་བའི་ཕྱིར་དུ། སྦྱོར་བ་བརྩམ་ནས་དངོས་གཞི་ལ་ཐུག་གི་བར་དུ་སྡོམ་པོའོ། །སྐྱབས་སུ་འོང་བ་དང་། གཞན་གྱི་ཁྲུ་བ་ཕྱུང་བ་དང་། ཡན་ལག་གི་རྣམ་པ་ལས་གཞན་པའི་ལུས་ལ་རེག་སྟེ་ཕྱུང་བ་དང་། ཆུའི་རྒྱུན་ནས་བཟློག་ཕྱོགས་སུ་བརྩལ་དེ་ཕྱུང་བ་དང་རྫི་ཕྱོགས་མ་ཡིན་པར་གཏད་དེ་ཕྱུང་བ་དང་སྣན་དང་ཁྲི་དང་བུམ་པ་ལ་སོགས་པས་རེག་ཅིང་བརྩལ་དེ་བྱུང་བ་དང་། ཡན་ལག་གི་རྣམ་པར་གནས་པ་ཉམས་པ་ཤའི་དུམ་བུ་ཙམ་གྱིས་བརྩལ་ཞིང་ཕྱུང་ན་སྡོམ་པོ་སྟེ་གཉིས་སེལ་བའོ། །ཆགས་སེམས་ཀྱིས་གཞལ་བའི་ཆེད་དུ་ཡན་ལག་གི་རྣམ་པ་ལ་རེག་པ་དང་ཉེད་པ་དང་འཆོར་བ་དང་། ལས་སུ་རུང་བ་ལ་སེམས་ཅན་དུ་བགྲང་བའི་ཡན་ལག་གི་རྣམ་པ་ལག་པ་ལ་སོགས་པས་ནོམ་པ་དང་། ཡན་ལག་གི་རྣམ་པའི་བུ་ག་འཆོར་བ་རྣམས་ལ་སྡོམ་པོ་སྟེ་ཀུན་སློང་གི་རྣམ་པས་སེལ་བའོ། །རེག་ཅིང་རྩོལ་བ་གང་ཡང་མེད་པར་ནམ་མཁའ་ལ་སྙིད་པ་བསྒྱིད་པ་སོགས་ཀྱིས་ཕྱུང་བ་དང་། བུད་མེད་དང་སྐྱེས་པ་སྤྲད་པ་ཙམ་གྱི་བདེ་བ་སོགས་ཡིད་ལ་བྱས་ཏེ་ཕྱུང་བ་དང་། དབྱུང་འདོད་མེད་པར་རྨི་ལམ་སོགས་སུ་བྱུང་བའི་ཪ་མྱང་བ་དང་། སྨན་གྱིས་ཕྱུང་བ་དང་། དབྱུང་བའི་ཕྱིར་འགྲོ་བའི་ལམ་དུ་ཕྱུང་བ་དང་། ཚུལ་མིན་ཡིད་བྱེད་ཅན་དང་བརྩལ་བ་མེད་པར་ཡན་ལག་གི་རྣམ་པ་ལ་རེག་པ་ཙམ་གྱིས་ཕྱུང་ན་སྡོམ་པོ་སྟེ་སྦྱོར་བས་སེལ་བའོ། །དང་པོའི་གནས་ནས་འཕོ་བར་གྱུར་པའི་གནས་སྐབས་སུ་སྦྱོར་བ་བཏང་བ་དང་། དབྱུང་བའི་ཕྱིར་སྦྱོར་བ་དངོས་བརྩམ་པ་ཙམ་བྱས་ནས་སྦྱོར་བ་བཏང་ཡང་སྡོམ་པོ་སྟེ་མཐར་ཐུག་གིས་སེལ་བའོ། །

གསུམ་པ་སྦྱོར་བའི་སྦྱོར་བ་ནི། དབྱུང་བའི་ཀུན་སློང་སྐྱེས་ནས་ལུས་ངག་ཏུ་མ་ཐོན་བར་བསྟུམ་བྱ་ཡིན་ལ། ལུས་ངག་ཏུ་ཐོན་ནས་སྦྱོར་བ་དངོས་ལ་མ་ཐུག་གི་བར་ཉེས་བྱས་སོ། །ཆགས་སེམས་ཙམ་གྱིས་རྫི་ཕྱོགས་དང་རྒྱུན་ཕྱོགས་སུ་གཏོད་པ་དང་། དེ་ལ་ལྟ་བ་དང་ཆགས་པར་གྱུར་བའི་གཟུགས་བརྙན་སོགས་ལྟའོ་སྙམ་པ་སོགས་ཀྱིས་དབྱུང་བའི་དོན་མ་ཡིན་པར་ཕྱུང་བ་ཙམ་དང་། ཡན་ལག་གི་རྣམ་པ་ལས་སུ་རུང་བ་ལ་སེམས་ཅན་དུ་བགྲང་བ་མ་ཡིན་པས་རེག་པ་དང་། གཞན་གྱི་ཡན་ལག་གི་རྣམ་པའི་བུ་ག་འཆོར་བ་དང་། རེག་པ་མེད་པར་ཡན་ལག་གི་རྣམ་པ་འགྱུལ་བ་ཙམ་གྱིས་འབྱིན་པ་རྣམས་ལ་ཉེས་བྱས་སོ། །གཉིས་པ་དེ་ལས་སེམས་བསྲུང་ཚུལ་ནི། རང་དམ་གཞན་

གྱི་ཡན་ལག་གི་རྣམ་པ་ལ་དམིགས་ནས་དབྱུང་བར་འདོད་པ་དང༌། ཆགས་སེམས་ཀྱིས་ཡན་ལག་གི་རྣམ་པ་ལ་རེག་པ་དང་ལྷ་བར་འདོད་པ་འགོག་པའོ། །

གཉིས་པ་ཆགས་པའི་སེམས་ཀྱིས་བུད་མེད་ཀྱི་ལུས་ཀྱི་ཆ་ཤས་འཛིན་པའི་རེག་པའི་དགེ་འདུན་ལྷག་མ་ལ། གླེང་གཞི་དང༌། ལྟུང་བའི་ཡན་ལག་གཉིས་ལས། དང་པོ་གླེང་གཞི་ནི། སྟོན་པ་མཉན་ཡོད་ན་བཞུགས་པའི་ཚེ། དྲུག་སྡེའི་ཀུན་སྤྱོད་བྲམ་ཟེ་དང་ཁྱིམ་བདག་གི་ཆུང་མ་རྣམས་ལ་ཆོས་བསྟན་པ་དང་རྒོལ་བ་ཚར་བཅད་པས་རང་གི་གྲགས་པ་བསྒྲགས་པར་བྱའོ་སྙམ་ནས་དྲུག་སྡེ་གང་རུང་གིས་རྒྱལ་བྱེད་ཚལ་གྱི་སྒོ་མི་གཏོང་བར་འཛོག་པར་བྱེད་པའི་སྐབས་སུ་ཉིན་གཅིག་འཆར་ཀས་སྦྱ་བར་ལངས་སྣམ་སྦྱར་དམར་སེར་གྱོན་ཏེ་རྒྱལ་བྱེད་ཚལ་གྱི་སྒོ་ན་འཆག་ཤིང་འདུག་སྐབས་མཉམ་ཡོད་ཀྱི་བྲམ་ཟེ་དང་ཁྱིམ་བདག་གི་ཆུང་མ་རྣམས་སྐྱིད་མོའི་ཚལ་དུ་སོང་ནས་རྒྱལ་བྱེད་ཚལ་དུ་འཇུག་པ་ན་སྤྱིར་དྲུག་སྡེ་སུ་ཡིན་ཀྱང་གྲོང་ཁྱེར་དྲུག་གི་མི་རྣམས་ངོ་མི་ཤེས་པ་མེད་པས་འཆར་ཀས་དེ་དག་འོང་བ་མཐོང་ནས་འདི་ཆེ་གེ་མོའི་མའོ། །ཆུང་མའོ་མནའ་མ་བུ་མོ་སྲིང་མོ་འོང་བ་ལེགས་སོ། ཁྱེད་ཅག་ཅིའི་ཕྱིར་ཡུན་རིང་མོ་ནས་ཟླ་བ་ལྟར་རྒྱུ་སླས་པས། བཙུན་པ་འཆར་ཀ་སྟོན་པས་མི་ཁོམ་པ་བརྒྱད་ནི་གང་ཞིག་ཚངས་པར་སྤྱོད་པའི་དུས་མ་ལགས་སོ་གསུངས་ན་བདག་ཅག་ནི་ཁྱིམ་གྱི་འདུ་འཛི་དང་ལྡན་པས་མི་ཁོམ་པ་དགུ་པ་ལགས་སོ། །སྲིང་མོ་དག་ཁྱེད་ཀྱིས་འཇིག་རྟེན་གྱི་ཕུན་ཚོགས་ཀྱི་བྱ་བ་དང་དེ་བྱེད་པའི་གང་ཟག་དང་བཅས་པ་མི་རྟག་པར་ཞིག་པར་འགྱུར་བ་དང་དགྲ་འཆི་བདག་འོང་བར་འགྱུར་བ་ཡིན་པར་མ་ཐོས་སམ། བཙུན་པ་དེའི་སླད་དུ་བདག་ཅག་སྐྱིད་མོའི་ཚལ་དུ་ཕྱིན་ནས་རྒྱལ་བྱེད་ཚལ་དུ་འཇུག་པ་དང་གཙུག་ལག་ཁང་ལ་ལྟ་བ་སྟོན་པ་དང་གནས་བརྟན་གྱི་ཞབས་ལ་ཕྱག་འཚལ་དུ་མཆིས་ལགས་སོ། །ཁྱེད་དེའི་ཕྱིར་འོང་ན་སྟོན་པས་ཀྱང་སྙིང་པོ་མེད་པའི་ལུས་ལ་སྙིང་པོ་བླང་བར་བྱའོ་གསུངས་པས་ལེགས་སོ། །སྲིང་མོ་དག་གང་དུ་འཇུག བདག་ཅག་ཀུན་དགའ་བར་འཇུག་ཅིང་བལྟའོ། །འོ་ན་ཁྱོད་ཀྱིས་གཙུག་ལག་ཁང་སྟོན་པའི་དགེ་སློང་འགའ་ཞིག་བཙལ་ལམ།ཅི་བདག་ཅག་གིས་སྒྲོན་མེ་ལག་ན་ཐོགས་བཞིན་གཞན་ནས་འཚོལ་ལམ་བཙུན་པ་འཆར་ཀ་སྤྱང་ནས་གཞན་ཅི་སྟེ་ཚོལ་ཁྱེད་ཀྱིས་བསྟན་དུ་གསོལ།

འཆར་ཀས་མཆོད་པ་སྣ་ཚོགས་ཐོགས་སྤྱོས་ཕོར་བླངས་ཏེ་རིམ་པར། ཁྱིམ་མོ་དག་འདི་ནི་སྟོན་པའི་དྲི་གཙང་ཁང་ངོ་ཞེས་བསྟོད་པ་དང་བཅས་པས་འདིར་ཕྱག་འཚལ། འདི་ཀུན་ཤེས་ཀཽཎྜི་ནྱ་ན་སྣམ་སྦྱར་གྱི་རྒྱལ་མཚན་ཐོགས་པ་རྣམས་ཀྱི་མཆོག་ཏུ་ལུང་བསྟན་པ་གང་གི་རྒྱུད་ལ་ཆོས་ཀྱི་འཁོར་ལོ་དང་པོ་བསྐོར་བ་དེའི་གཙུག་ལག་ཁང་ཡིན་གྱིས་ཕྱག་འཚལ། འདི་ནི་འོད་སྲུང་ཆེན་པོ་སྦྱངས་པའི་ཡོན་ཏན་གྱི་མཆོག་ཏུ་ལུང་བསྟན་པ་དེའི་ཡིན་གྱིས་ཕྱག་འཚལ། འདི་ཤཱ་རིའི་བུ་ཤེས་རབ་ཀྱི་མཆོག་ཏུ་ལུང་བསྟན་པ་དེའི་ཡིན་གྱིས་ཕྱག་འཚལ། འདི་མོའུ་འགལ་གྱི་བུ་ཆེན་པོ་རྫུ་འཕྲུལ་གྱི་མཆོག་ཏུ་ལུང་བསྟན་པ་དེའི་ཡིན་གྱིས། འདི་མ་འགགས་པ་ལྷའི་མིག་ཅན་རྣམས་ཀྱི་མཆོག་ཏུ་ལུང་བསྟན་པ་དེའི་ཡིན། འདི་ཀུན་དགའ་བོ་མང་ཐོས་ཀྱི་མཆོག་ཏུ་ལུང་བསྟན་པ་དེའི། འདི་སྟོན་པའི་གཙུང་མཛེས་དགའ་དབང་པོའི་སྒོ་བསྡམས་པའི་མཆོག་ཏུ་ལུང་བསྟན་པ་དེའི། འདི་སྲས་སྒྲ་གཅན་འཛིན་བསླབ་པ་ལ་གུས་པའི་མཆོག་ཏུ་ལུང་བསྟན་པ་དེའི། འདི་དགའ་བོའི། འདི་ཉེར་དགའི། འདི་འདུན་པའི། འདི་འགྲོ་མགྱོགས་ཀྱི། འདི་ནབ་སོའི།འདི་ཁོ་བོའི་གཙུག་ལག་ཁང་ངོ་། །འདིར་ཡང་བལྟར་འདོད་དམ། འཚལ་ལོ། །དེ་དག་ཁྱིད་དེ་ཁྱིམ་མོ་དག་ཟས་དང་བཅུད་བར་སྤྱོད་ཅིག བདག་ཅག་གིས་འཕགས་པར་ཕུལ་བ་སླར་བདག་ཅག་ལ་སྟོལ་ཏམ་བདག་ཅག་ལ་གང་དགོན་པ་དེ་སྟོལ་ཅིག །ཅི་དགོན། ཆོས་དགོན་ལགས་སོ་ཟེར་བས། ཆོས་བསྟན་ཅིང་ཅི་ཞིག་ན་ཀུན་ཏུ་ཆགས་ཤིང་དྲལ་ནས་དེ་དག་གི་ཡན་ལག་དང་ཉིང་ལག་ལ་ཉུག་པར་བརྩམ་པས། འདོད་པ་དག་དང་ལྡན་ཅིག་གཞོགས་སྟེགས་འཕྱར་གཡེང་རྩེ་བ་ཅ་ཅོ་དགོད་པ་ལུས་བསྒྱུར་བར་བྱེད་མི་འདོད་པ་དག་ཕྱིར་བྱུང་སྟེ༑ གང་ལས་ཆུ་བྱུང་དེ་ལས་འབར། །གང་གིས་སྐྱོབ་པ་དེ་ལས་འཇིགས། །འཇིགས་པ་མེད་ལས་འཇིགས་པ་སྐྱེས། །སྐྱབས་ལས་འཇིགས་པ་སྐྱེ་བར་འགྱུར། །ཅེས་སྨྲོད་ཅིང་འདོང་ངོ་། །དགེ་སློང་དག་གིས་ཐོས་ནས། ཁྱིམ་མོ་དག་ཁྱེད་ཅག་སུ་ལ་སྨྲོད། ཁྱེད་ལའོ། །ངེད་ཀྱིས་ཅི་བྱས། བདག་ཅག་གི་ཡན་ལག་དང་ཉིང་ལག་ཁྱིམ་ཐབ་ཀྱིས་ཀྱང་མ་བྱུག་པ་དེར་འཆར་ཀས་བྱུགས་སོ། །ཚུལ་དེ་བདག་ཅག་གི་ཕ་མ་ཕུ་ནུ་དག་གིས་ཐོས་ན་རྒྱལ་བྱེད་ཚལ་དུ་བལྟར་ཡང་མི་སྟེར་ན་འོང་བ་ལྟ་ཅི་སྨོས། ཁྱིམ་མོ་དག་ཁ་རོག་སྡོད་ཅིག་དེ་ཁྲིམས་ལྡན་ཡིན་མོད་ཆགས་པ་ཤས་ཆེ་བས་དེ་བསལ་བའི་

ཐབས་སོ། །འཕགས་པ་དག་བདག་ཅག་ལ་གནོད་པ་བགྱིར་འཇུག་གམ། དེ་མི་རིགས་ཀྱང་ཁ་རོག་ཅིག་དང་བཟློག་པར་བྱའོ། །བཟློག་ན་ལེགས་མི་བཟློག་ན་སླན་ཆད་རྒྱལ་བྱེད་ཚལ་དུ་མི་མཆིའོ། །

དེ་ནས་བུད་མེད་ལྷག་མ་དག་ཀྱང་གཙུག་ལག་ཁང་ནས་བྱུང་སྟེ་དོང་ངོ་། །འཆར་ཀའང་དགོད་བཞིན་བྱུང་བ་དང་། དགེ་སློང་དག་གིས་ཁྱོད་ཀྱིས་མི་མཛེས་པ་དེ་ལྟ་བུ་བྱས་ནས་ད་ཅི་དགོད། ཅི་ཁོ་བོས་ཆང་འཐུང་དམ་ཀུན་དོང་ཟོས་སམ། ཅི་དེ་ཡང་བྱས་སམ་གཞན་ཅི་བྱས། བྲམ་ཟེ་དང་ཁྱིམ་བདག་གི་ཆུང་མ་རྣམས་འཕྲོ་ཞིང་དོང་ངོ་། །འཆར་ཀས་སྨྲས་པ་ལྟུང་བཟེད་ནག་པོ་ཅན་རྣམས་སེར་སྣས་སུ་ལའང་ཚིགས་སུ་བཅད་པ་གཅིག་ཙམ་སྟོན་པར་མི་ནུས་པར་གཞན་སྟོན་པ་ལ་འཕྲོ་བར་བྱེད་དམ། ཅི་ཁྱོད་ཀྱིས་དེ་དག་བདེན་པ་ལ་བཀོད་དམ། དེས་སྨྲས་པ། ཅི་དེ་དག་གི་དབང་པོ་སྨིན་པར་བྱས་ནས་རིམ་གྱིས་བདེན་པའང་མཐོང་བར་འགྱུར་རོ། །ཡན་ལག་གང་གིས་ངོ་ཚ་བའི་ཡན་ལག་དེས་ཁེངས་པར་བྱེད་ཅེས་སྨོད་པའི་སྐབས་དེ་སྟོན་པར་གསོལ་བས། སྟོན་པས་དགེ་འདུན་བསྡུས་ཏེ། འཆར་ཀ་ཁྱོད་ཀྱིས་མི་མཛེས་པ་དེ་ལྟར་བྱས་པ་བདེན་ནམ། བཙུན་པ་མད་ལགས། སྟོན་པས་དགེ་སྦྱོང་གི་ཚུལ་མ་ཡིན་པ་སོགས་ཀྱིས་སྨད་དེ་ཕན་ཡོན་བཅུ་གཟིགས་ནས་ངའི་ཉན་ཐོས་རྣམས་ཀྱིས་འདུལ་བའི་བསླབ་པའི་གཞི་འདི་ལྟར་སྟོན་ཏེ། ཡང་དགེ་སློང་གང་དྲལ་ཅིང་འགྱུར་བའི་སེམས་ཀྱིས་བུད་མེད་ཀྱི་ཡུལ་དང་ལྷན་ཅིག་ལུས་རེག་པར་བྱེད་དམ་ལག་པ་ནས་བཟུང་ངམ་ལན་བུ་ནས་བཟུང་ངམ་ཡན་ལག་དང་ཉིང་ལག་གང་རུང་ལ་ནོམ་པ་དང་ཉུག་པ་བདག་གིར་བྱེད་ན་དགེ་འདུན་ལྷག་མའོ་ཞེས་བཅས་སོ། །

གཉིས་པ་ལྟུང་བ་དངོས་ལ། ལྟུང་བ་ངོས་བཟུང་བ་དང་། དེ་ལས་སེམས་བསྲུང་ཚུལ་གཉིས། དང་པོ་ལ། ལྟུང་བའི་རྣམ་བཞག་དང་བསླབ་བྱ་གཉིས། དང་པོ་ལ། དངོས་གཞི་དང་། སྦྱོར་བ་དང་། སྦྱོར་བའི་སྦྱོར་བའི་ལྟུང་བའི་རྣམ་བཞག་གསུམ་ལས། དང་པོ་ལ་གཞི་བསམ་སྦྱོར་བ་མཐར་ཐུག་གི་ཡན་ལག་བཞི། དང་པོ་གཞིའི་ཡན་ལག་ལ། གང་ལ་རེག་པའི་ཡུལ། གང་གིས་རེག་པའི་རྟེན་གཉིས་སོ། །དང་པོ་ནི། ལུས་བསྙེན་དུ་རུང་བ། བུད་མེད་ཀྱི་མཚན་དོན་བྱེད་ནུས་པར་ལྡན་པ།

ལུས་ཐ་མལ་དུ་གནས་པ། གང་ལ་རེག་པའི་ལུས་མ་ཉམས་པ། ལུས་དངོས་སམ་སྐྲ་འམ་དེ་དང་འབྲེལ་བའི་སྐྲ་མདུད་གང་རུང་ཡིན་པ། ཤེས་པ་རང་བཞིན་དུ་གནས་པ་དང་མི་ཡིན་པ་སྟེ་ཐ་སྙད་གཉིས་དང་ལྡན་པ། ཕམ་པ་བསྐྱེད་པའི་རྐྱེན་སྒྲོ་ལས་གཞན་ཡིན་པ་སྟེ་ཆོས་བདུན་ལྡན་ནོ། །གཉིས་པ་གང་གིས་རེག་པའི་རྟེན་ནི། ལུས་དངོས་ཡིན་པ། མ་ཉམས་པ། ཕམ་པ་བསྐྱེད་པའི་ཡན་ལག་གི་རྣམ་པ་ལས་གཞན་ཡིན་པ་སྟེ་ཆོས་གསུམ་མོ། །བསམ་པ་ལ་གཉིས་འདུ་ཤེས་ནི། སྤྱི་དང་བྱེ་བྲག་ལ་མ་འཁྲུལ་བ། ཀུན་སློང་ནི། རེག་པའི་བདེ་བ་ཉམས་སུ་མྱོང་བར་འདོད་པའི་འདུན་པ་ཀུན་ཏུ་འདོད་ཆགས་དང་ལྡན་པས་རེག་འདོད་དམ་ཡུལ་གྱིས་རེག་པ་དང་དུ་ལེན་འདོད་རྒྱུན་མ་ཆད་པའོ། །སྦྱོར་བ་རང་གིས་རེག་པའམ་གཞན་གྱིས་རེག་པ་དང་དུ་ལེན་པར་རྩོམ་པ། མཐར་ཐུག་དེའི་རྐྱེན་གྱིས་རེག་པ་ཉམས་སུ་མྱོང་བ་རྫོགས་པ། སྦྱོར་བའི་ལྟུང་བའི་རྣམ་བཞག་ནི་ལུས་ཀྱི་རེག་པ་བདག་གིར་བྱ་བའི་ཕྱིར་སྦྱོར་བ་བརྩམ་ནས་དངོས་གཞི་ལ་མ་ཐུག་གི་བར་སྦོམ་པོའོ། །དེའང་ལུས་བསྟེན་དུ་མི་རུང་བའི་བུད་མེད་དང་བསྟེན་དུ་རུང་བའི་སྐྱེས་པ་དང་མཚན་གང་ཡང་མེད་པའི་མ་ནིང་ཕོ་མོ་དང་དུད་འགྲོ་ལས་གཞན་པའི་སྤྲུལ་བ་མོ་དང་། མཚན་གཉིས་པ་བུད་མེད་ཀྱི་མཚན་ཤས་ཆེ་བའི་ལུས་གོས་ལ་སོགས་པས་བར་དུ་ཆོད་པ་ལ་རེག་པ་དང་། ཟས་དང་ས་ལ་སོགས་པ་རྣམས་མོའི་དབང་པོར་འཛུད་པ་རྣམས་ལ་སྦོམ་པོ་སྟེ་གཞིས་སེལ་བའོ། །འཛམ་པ་དང་རྡོ་བ་དང་སྐྱེ་བའི་བསམ་པ་ཙམ་གྱིས་བུད་མེད་ལ་རེག་ན་སྦོམ་པོ་སྟེ་ཀུན་སློང་གིས་སེལ་བའོ། །སྦྱོར་བའི་སྦྱོར་བའི་ལྟུང་བ་ནི༔ ཀུན་སློང་འཁྲུ་ནས་ལུས་ངག་ཏུ་མ་ཐོན་བར་བསྡམ་བྱ་ཡིན་ལ། ལུས་ངག་ཏུ་ཐོན་ནས་སྦྱོར་བ་ལ་མ་ཐུག་གི་བར་ཉེས་བྱས་སོ། །བུད་མེད་སོགས་ལུས་བསྟེན་དུ་མི་རུང་བའི་ལུས་ཉམས་པ་དང་། མ་ཉམས་ཀྱང་གོས་ཀྱིས་བར་ཆོད་པ་ལ་རེག་པ་དང་། སྐྱེས་པ་དང་སྤྲུལ་པ་མོ་དང་མ་ནིང་སོགས་བསྟེན་དུ་མི་རུང་བ་དང་། རྐང་པ་ལ་སོགས་པས་བུད་མེད་ལ་འཕུལ་བ་ཙམ་དང་། བུད་མེད་འདུག་པའི་སྟན་བུད་མེད་དང་བཅས་པའམ་དེ་མེད་པར་འཕུལ་བ་དང་། བུད་མེད་འགྲེལ་བ་ལྟང་ནུས་བཞིན་དུ་སློང་བ་དང་། ཡུལ་གྱི་ལུས་ཉམས་པ་ལ་རྟེན་གྱི་ལུས་ཀྱང་ཉམས་པས་རེག་པ་དང་། བསྟེན་དུ་རུང་བའི་དུད་འགྲོ་མོ་ལ་རེག་པ་དང་། དུད་འགྲོ་ལས་གཞན་པའི་མི་མ་ཡིན་མོ་ལ་རེག་པ་རྣམས

ལ་ཉེས་བྱས་སོ། །

གཉིས་པ་བསླབ་བྱ་ནི། ཆགས་སེམས་མེད་ཀྱང་དགེ་སློང་མ་དང་བུད་མེད་ལ་སོགས་པ་མཚན་མི་མཐུན་པ་ལ་དགོས་མེད་དུ་རེག་པ་དང་། རང་གི་རྒྱུད་ལ་ཆགས་སེམས་མི་འབྱིན་པར་ངེས་པ་ན་བུད་མེད་སོགས་ཆུར་ཉམས་ཐག་པ་སོགས་བསྒྲལ་བའི་ཕྱིར་མ་རེག་པ་དང་། རེག་དགོས་པའི་ཚེ་ཡང་མ་ལ་སོགས་པའི་འདུ་ཤེས་ཀྱིས་སྒྲའམ་ལག་པ་དག་ལ་མ་རེག་པ་དང་། དྲན་པ་སྙེད་པའི་ཐབས་ལ་མ་འབད་པ་དང་། དེ་མ་བསྲུང་བ་ལ་སོགས་པ་དང་། ཀུན་ཏུ་ཆགས་པར་གྱུར་པའི་ཡུལ་མ་བརྟགས་པ་ལ་སོགས་པ་རྣམས་ཉེས་བྱས་སོ། །གཉིས་པ་དེ་ལས་སེམས་བསྲུང་ཚུལ་ནི། མཚན་མི་མཐུན་པའི་ལུས་དངོས་སམ་དེ་དང་འབྲེལ་བའམ་དེའི་སྟན་སོགས་ལ་དགོས་པ་མེད་པར་རེག་འདོད་དང་། མཚན་མཐུན་གྱི་ལུས་དངོས་སམ་འབྲེལ་བ་སྟན་སོགས་ལ་ཆགས་སེམས་ཀྱིས་རེག་འདོད་འགོག་པའོ། །གསུམ་པ་འཁྲིག་ཚིག་རྙེན་པ་སྨྲ་བའི་ལྟུག་མ་ལ། གླེང་གཞི་དང་། ལྟུང་བའི་ཡན་ལག་གཉིས་ལས། དང་པོ་གླེང་གཞི་ནི། གཞན་སྔར་དང་འདྲ་བ་ལ་བུད་མེད་ཀྱི་ཡན་ལག་ལ་བྱུག་པའི་གནས་སུ་ཚོགས་པར་མི་དབྱུང་བའི་ཚིག་སྨྲས་པ་དང་། འཆར་ཀས་ནི་དྭ་དང་རྒྱན་པ་དང་ནལ་གྱི་བུས་ཀྱང་མ་སྨྲས་པ་སྨྲས་སོ། །ཞེས་འབྱུ་བའོ། །སྟོན་པས་ཀྱང་དགེ་སློང་གང་དྲལ་ཅིང་གྱུར་པའི་སེམས་ཀྱིས་བུད་མེད་ཀྱི་ཡུལ་ལ་གནས་ངན་ལེན་གྱི་ལྟུང་བ་ཚིག་སྟོག་པ་ཅན་ཚོགས་པར་མི་དབྱུང་བ་འཁྲིག་པ་དང་ལྡན་པ་དག་སྨྲས་པས་ན་ཆུང་ལ་ཧི་ལྟ་བ་བཞིན་དུ་སྨྲས་ན་དགེ་འདུན་ལྷག་མའོ་གསུངས་ཏེ་བཅས་པའོ། །གཉིས་པ་ལ་ལྟུང་བ་ངོས་བཟུང་བ་དང་། དེ་ལས་སེམས་བསྲུང་ཚུལ་གཉིས། དང་པོ་ལ། ལྟུང་བའི་རྣམ་བཞག་དང་། བསླབ་བྱ་གཉིས། དང་པོ་དངོས་གཞི་དང་། སྦྱོར་བ་དང་། སྦྱོར་བའི་སྦྱོར་བའི་ལྟུང་བའི་རྣམ་བཞག་གསུམ། དང་པོ་ལ་གཞི་བསམ་སྦྱོར་བ་མཐར་ཐུག་གི་ཡན་ལག་བཞི། དང་པོ་ལ། གང་ལ་སྨྲ་བའི་ཡུལ། གང་བརྗོད་པའི་དངོས་པོའོ། །དང་པོ་ནི། བུད་མེད་ཀྱི་མཚན་དོན་བྱེད་ནུས་པ་དང་ལྡན་པ།ལུས་ཐ་མལ་དུ་གནས་པ། བསྙེན་དུ་རུང་བ། རྫུ་འཕྲུལ་ཅན་མ་ཡིན་པ་རྣམས་དང་། མི་ཡིན་པ་སྨྲ་ཤེས་པ་དོན་གོ་བ་ཤེས་པ་རང་བཞིན་དུ་གནས་པ་སྟེ་ཐ་སྙད་བཞི་དང་ལྡན་པའོ། །ཡུལ་གྱི་ཆོས་རྣམས་བུད་མེད་

སྤྱིས་བསྐྱེད་པའི་ལྟུང་བ་ཀུན་ལ་སྦྱར་རོ། །ཁྱད་མེད་སྤྱིས་སྐྱེད་པའི་ལྟུང་བ་དུ་ཡོད་ཅེ་ན། རིག་པ་འཛིན་ཆོག་བསྙེན་བཀུར་དང་། །སྨྲུན་དང་དབེན་པར་འདུག་པ་དང་། །ཁྱད་མེད་ལྷན་ཅིག་ཉལ་དང་དྲུག །དེ་དག་ལས་རིག་པའི་ལྷག་མའི་ཡུལ་ལ་སྨྲ་ཤེས་དོན་གོ་གཉིས་མི་སྦྱོར་རོ། །

གཉིས་པ་གང་བརྗོད་པའི་དངོས་པོ་ནི། ཡུལ་དུས་དེར་འཛིན་པར་གསལ་བོར་གྲགས་པའོ། །བསམ་པ་ལ་གཉིས་འདུ་ཤེས་མ་འཁྲུལ་བའོ། །ཀུན་སློང་ནི། འཛིན་པ་སྨྲ་བའི་བདེ་བ་ཉམས་སུ་མྱོང་བར་བྱ་བའི་འདུན་པ་ཀུན་ཏུ་འདོད་ཆགས་དང་ལྡན་པས་རང་ཉིད་ཀྱི་དོན་དུ་སྨྲ་འདོད་དམ་གཞན་གྱིས་སྨྲས་པ་ཚིག་གིས་དང་དུ་ལེན་འདོད་རྒྱུན་མ་ཆད་པའོ། །རང་གཞན་གཉིས་ཀའམ་གཞན་གྱི་དོན་དུ་སྨྲས་ན་ན་སྨད་དུ་འགྱུར་བས་དེས་ན་ཀུན་སློང་གི་རྣམ་པའི་ཁྱད་པར་རང་ཉིད་ཀྱི་དོན་དུ་སྨྲ་འདོད་པ་དགོས་སོ། །དེ་ལ་རང་ཁོ་ནའི་ཕྱིར་དུ་བྱས་པ་ཡན་ལག་ཏུ་དགོས་པའི་ལྟུང་བ་དུ་ཡོད་ཅེ་ན། ཕམ་པ་ཐམ་འཛིན་ཆོག་བསྙེན་བཀུར་དང་། །འབྲལ་བ་ལས་གཞན་བཅུ་ཚན་དང་པོ་དང་། །གདིང་བ་ལས་གཞན་བཅུ་ཚན་བར་མ་དང་། །ཐིན་འཕྲོག་དགོན་པ་བརྟད་ལས་གྱུར་པ་སྟེ། །དེ་གསུམ་ལས་གཞན་བཅུ་ཚན་ཐ་མ་དང་། །འཕྱུ་དང་སྦྱོར་དུ་བཅུག་དང་ཡང་ཡང་དང་། །འདུག་གནས་ཟ་དང་དོ་གསུམ་ལྷག་པར་ལེན། །བསོད་པ་སློང་དང་སྲོག་ཆགས་བཅས་སྤྱོད་དང་། །མགྲོན་གཉེར་རིང་འདུག་ཁབ་རལ་གདིང་བ་དང་། །གཡན་པ་རས་ཆེན་བདེར་གཤེགས་ཆོས་གོས་དང་། །སོར་བཤགས་བཞི་སྟེ་བཞི་བཅུ་རྩ་ལྔའོ། །རྫུན་སྨྲའི་ཕམ་པ་རྫོགས་པར་བསྐྱེད་པ་ལ་རང་ཁོ་ནའི་དོན་ཡན་ལག་ཏུ་དགོས་པར་ལུང་ཞུ་བ་ནས་གསུངས། བམ་པོ་ལྔ་བཅུ་པ་ལས་རང་དང་གཞན་གྱི་དོན་དུ་བྱེད་པ་ལ་ན་སྨད་པ་མེད་དོ་ཞེས་རང་དོན་ཁོ་ན་ཡན་ལག་ཏུ་མི་དགོས་པར་ཡང་གསུངས་སོ༑ ༑སྦྱོར་བ་ནི། ངག་མཚན་ཉིད་ལྔ་ལྡན་གྱིས་འཛིན་པ་སྨྲ་བར་རྩོམ་པའམ་གཞན་གྱིས་སྨྲས་པའི་ཚིག་གིས་དང་དུ་ལེན་པར་རྩོམ་པའོ། །མཐར་ཐུག་ནི་ཡུལ་གྱིས་དོན་གོ་བ་ནའོ། །

གཉིས་པ་སྦྱོར་བའི་ལྟུང་བ་ནི། འཛིན་ཆོག་སྨྲ་བའི་ཕྱིར་སྦྱོར་བ་བརྩམ་ནས་དངོས་གཞི་ལ་མ་ཐུག་གི་བར་སྡོམ་པོའོ། །དེ་ཡང་ཁྱད་མེད་རྫུ་འཕྲུལ་ཅན་དང་། སྐྱེས་པ་དང་ཁྱད་མེད་ལེགས་སྨྲ་ཉིས་སྨྲའི་དོན་མི་གོ་བ་ལ་སྨྲས་པ་དང་། འཛིན་པ་དང་འབྲེལ་བའི་དོན་གྱི་ཁྱད་ཀྱི་རྨའི་སྒོ་གསུམ་

ལེགས་པར་དོད་དམ་ཞེས་སོགས་དང་། ཚུར་ཤོག་དང་དེ་དང་དེ་བྱའོ་ཞེས་སོགས་དང་། ཁོ་བོ་ནི་ཁྱོད་ལ་དགའ་བ་དང་ཡིད་དུ་འོང་བ་སོགས་ཡིན་ན། ཁོ་བོ་དང་ལྷན་ཅིག་ཉལ་ཅིག་ཅེས་སོགས་ཙམ་སྨྲས་ན་ཡན་ལག་གཞན་ཐམས་ཅད་ཚང་ན་སྦོམ་པོ་སྟེ་གཞིས་སེལ་བའོ། །ཆགས་སེམས་མེད་ཀྱང་གོམས་པའི་དབང་གིས་འཁྲིག་ཚིག་གསལ་པོར་སྨྲས་པ་ལ་སྦོམ་པོ་སྟེ་ཀུན་སློང་གི་ངོ་བོས་སེལ་བའོ། །རང་གཞན་གཉིས་ཀའི་དོན་དུ་སྨྲས་པ་དང་གཞན་དོན་དུ་སྨྲས་པ་ལ་སྦོམ་པོ་སྟེ་ཀུན་སློང་གི་རྣམ་པས་སེལ་བའོ། །གསུམ་པ་སྦྱོར་བའི་སྦྱོར་བའི་ལྟུང་བ་ནི། ཀུན་སློང་འགྱུ་ནས་ལུས་ངག་ཏུ་མ་ཐོན་བར་བསྡམ་བྱ་དང་། ལུས་ངག་ཏུ་ཐོན་ནས་སྦྱོར་བ་ལ་ཐུག་གི་བར་ཉེས་བྱས་སོ། །

གཉིས་པ་བསླབ་བྱ་ནི། ཡུལ་ཐམས་ཅད་ལ་གནས་སྐབས་ཐམས་ཅད་དུ་འཁྲིག་པ་སྨྲ་བའི་སྦྱོར་བའི་སྦྱོར་བ་ཉེས་བྱས་དང་སྦྱོར་བ་སྦོམ་པོ་དང་དངོས་གཞིར་གྱུར་བ་རྣམས་རྣམ་པ་ཐམས་ཅད་མི་བསྟེན་པར་བསླབ་པར་བྱའོ། །བསླབ་བྱ་བསྡུས་པ་འདི་གོང་འོག་ཏུ་ཅི་རིགས་སུ་སྦྱར་བར་གསུངས་སོ༔ ༔གཉིས་པ་སེམས་བསྲུང་ཚུལ་ལ་འདི་དང་འོག་མ་རྣམས་སུ་འཁྲིག་ཚིག་དང་འཁྲིག་པའི་བསྙེན་བཀུར་བསྔགས་པ་སྨྲ་འདོད་པའམ་གཞན་སྨྲས་དང་དུ་ལེན་འདོད་འགོག་པའོ། །བཞི་པ་བུད༷་མེད༷་ལ་ཆ༷གས་ཕྱིར་འཁྲིག་པའི་བསྙེན་བཀུར་གྱི་ལྷག་མ་ལ་གླེང་གཞི་དང་། ལྟུང་བ་དངོས་སོ། །དང་པོ་གླེང་གཞི་ནི། གནས་གང་ཟག་སྔར་དང་འདྲ་བ་ལ་ང་ལྟ་བུའི་དགེ་སློང་ཚུལ་ཁྲིམས་དང་ལྡན་པ་དགེ་བའི་ཆོས་ཅན་ཚངས་པར་སྤྱོད་པ་ལ་འདི་ལྟར་འཁྲིག་པ་དང་ལྡན་པའི་ཆོས་འདིས་བསྙེན་བཀུར་བྱས་ན་སྲུ་འདི་ནི་བསྙེན་བཀུར་གྱི་མཆོག་ཡིན་ནོ་ཞེས་སྨྲས་པས་སྔར་ལྟར་ཁྱིམ་ཐབས་ལས་ཀྱང་མ་ཐོས་ཞེས་འཕྱོ་སྨོད་བྱས་ཚུལ་སྔར་ལྟར་རོ། །སྟོན་པས་ཡང་དགེ་སློང་གང་དྲལ་ཅིང་གྱུར་པའི་སེམས་ཀྱིས་བུད་མེད་ཀྱི་མདུན་དུ་བདག་ཉིད་ཀྱི་ལུས་ཀྱི་བསྙེན་བཀུར་གྱི་ཕྱིར་འདི་ལྟ་སྟེ། ང་ལྟ་བུའི་དགེ་སློང་ཚུལ་ཁྲིམས་དང་ལྡན་པ་སོགས་གོང་ལྟར་སྲུ་འདི་ནི་བསྙེན་བཀུར་རྣམས་ཀྱི་མཆོག་ཡིན་ནོ་ཞེས་བསྔགས་པ་བརྗོད་ན་དགེ་འདུན་ལྷག་མའོ་ཞེས་བཅས་སོ། །

གཉིས་པ་ལ་དངོས་གཞིའི་ལྟུང་བ་དང་། སྦྱོར་བ་དང་། སྦྱོར་བའི་སྦྱོར་བའི་ལྟུང་བ་རྣམ་བཞག་གསུམ། དང་པོ་ལ་གཞི་བསམ་སྦྱོར་བ་མཐར་ཐུག་གི་ཡན་ལག་བཞི་ལས། དང་པོ་ལ་ཡུལ་

དང་། གང་སྤྲ་བའི་དངོས་པོ་གཉིས། དང་པོ་ནི། ཆོས་ལྔ་ལྡན་ཏེ་འཁྲིག་ཚིག་གི་སྐབས་བཞིན་ནོ། ། གང་སྤྲ་བའི་དངོས་པོ་ནི། འཁྲིག་པས་བདག་ཉིད་བསྙེན་བཀུར་བསྟགས་པའི་དོན་ཡིན་པའོ། །

བསམ་པ་ལ་གཉིས་ལས། འདུ་ཤེས་ནི་མ་འཁྲུལ་བ། ཀུན་སློང་ནི་འཁྲིག་པའི་བསྙེན་བཀུར་བསྟགས་པའི་བདེ་བ་ཉམས་སུ་མྱོང་བར་འདོད་པའི་འདུན་པ་ཀུན་ཏུ་འདོད་ཆགས་དང་ལྡན་པས་བསྙེན་བཀུར་བསྟགས་པ་རང་ཉིད་ཀྱི་ཕྱིར་དུ་སྨྲ་བར་འདོད་པའམ་གཞན་གྱིས་སྨྲས་པ་ཚིག་གིས་དང་དུ་ལེན་འདོད་རྒྱུན་མ་ཆད་པའོ། །སྦྱོར་བའི་ཡན་ལག་ནི། བདག་ལྟ་བུའི་དགེ་སློང་ལ་འཁྲིག་པས་བསྙེན་བཀུར་བྱས་ན་བསྙེན་བཀུར་རྣམས་ཀྱི་མཆོག་གོ་ཞེས་སོགས་ངག་མཚན་ཉིད་ལྔ་ལྡན་གྱིས་སྨྲ་བའམ་གཞན་གྱིས་སྨྲས་པ་ཚིག་གིས་དང་དུ་ལེན་པར་རྩོམ་པ། མཐར་ཐུག་དོན་གོ་བའོ། ། གཉིས་པ་སྦྱོར་བའི་ལྟུང་བ་བསྙེན་བཀུར་བསྟགས་པའི་སྦྱོར་བ་བརྩམ་ནས་དངོས་གཞི་ལ་མ་ཐུག་གི་བར་སྦོམ་པོའོ། །དེ་ཡང་བདག་དང་འཁྲིག་པ་གཉིས་མ་སྦྱར་བར་གང་རུང་གཅིག་སྦྱར་ཏེ་སྨྲས་པ་དང་། ཛྙ་འཕྲུལ་གྱི་ཆོས་ཅན་མོ་དང་། དུད་འགྲོ་ལས་གཞན་པའི་མི་མ་ཡིན་པའི་མོ་དང་སྐྱེས་པ་དང་བུད་མེད་བསམ་པ་རང་བཞིན་དུ་མི་གནས་པ་སོགས་ལ་སྨྲས་པ་སྦོམ་པོ་སྟེ་གཞིས་སེལ་བའོ། ། གཞན་དོན་དང་རང་གཞན་གཉིས་ཀའི་དོན་དུ་བསྙེན་བཀུར་བསྟགས་པ་སོགས་སྦོམ་པོ་སྟེ་ཀུན་སློང་གིས་སེལ་བའོ། །གསུམ་པ་སྦྱོར་བའི་སྦྱོར་བའི་ལྟུང་བ་ནི་ཀུན་སློང་སྐྱེས་ནས་ལུས་ངག་ཏུ་མ་ཐོན་པའི་བར་བསྡམ་བྱ་དང་། ལུས་ངག་ཏུ་ཐོན་ནས་སྦྱོར་བ་ལ་མ་ཐུག་གི་བར་ཉེས་བྱས་སོ། ། བདག་དང་འཁྲིག་པ་གང་ཡང་མ་སྦྱར་བར་འཁྲིག་པ་ལ་བསམ་སྟེ་དགེ་སློང་ལ་བསྙེན་བཀུར་བྱས་ན་ཞེས་སོགས་སྨྲས་ན་ཉེས་བྱས་སོ། །བམ་པོ་ལྔ་བཅུ་པ་ལས་བསྙེན་བཀུར་ལྷག་མའི་དངོས་གཞི་དང་སྦྱོར་སྦོམ་ཉེས་བྱས་རྣམས་བྱུང་ན་འཁྲིག་སྨྲའི་དེ་གསུམ་ཡང་འབྱུང་བས་ཁྱབ་པར་བཞེད་དོ། ། མདོ་རྩའི་རྒྱ་ཆེར་འགྲེལ་ལས་ཡུལ་དུས་དེར་འཁྲིག་པའི་མིང་དུ་གསལ་བོར་གྲགས་པའི་འཁྲིག་པའི་བསྙེན་བཀུར་བསྟགས་ན་འཁྲིག་སྨྲའི་དགེ་འདུན་ལྷག་མའི་དངོས་གཞི་ཡང་འབྱུང་ལ། དེ་ལས་གཞན་དུ་སྨྲས་ཀྱང་བསྙེན་བཀུར་བསྟགས་པའི་ཚེ་དེའི་ལྟུང་བ་ཉིད་འབྱུང་བར་བཞེད་དོ། །ལྷ་པ་ཕོ༷་མོ༷་ཕན༷་ཚུན༷་སྦྱོར་འདོད་ཀྱིས་འཕྲེན་གྱི་སྒོ་ནས་སྦྱིན༷་བྱས༷་པས་དེ་གཉིས་འདུས༷་ཏེ༷་འཕྲད༷་པའི་

དགེ་འདུན་ལྷག་མ་ལ་གླེང་གཞི་དང་། ལྟུང་བ་དངོས་སོ། དང་པོ་ནི། སྟོན་མཉམ་ཡོད་ན་རི་དྭགས་འཛིན་གྱི་བུ་ནག་པོ་ཞེས་བྱ་བ་ཡོད་པ་དེ་ལ་ཡུལ་དེའི་བུ་སློང་མཁན་རྣམས་དེའི་རྩར་འོང་ནས་ཡུལ་དེ་དང་དེར་ཁྱིམ་བདག་དེ་དང་དེར་བུ་འདི་ལྟ་བུ་ཡོད་པ་དེ་ཁྱོད་ཀྱིས་ཤེས་སམ། དེས་ཤེས་སོ་སྨྲས་པས། འོ་ན་ཁྱོད་དེར་སོང་ལ་བུ་དེ་མཁས་པ་ལེ་ལོ་མེད་པར་སྒྲུབ་ཕོད་པ་བུ་མོ་ལ་ཟས་གོས་སྟེར་ནུས་ཅན་ལས་ལ་ཐངས་མེད་མི་བཀོལ་བ་ཡིན་ནམ་དྲིས་ལ་ཡིན་ཟེར་ན་ངའི་བུ་མོ་དེར་སྟེར་གྱིས་མིན་ན་མི་སྟེར་བའི་གཏམ་སློས་ཟེར་ནས་བཅོལ་བ་དང་། ཡང་བུ་མོ་སློང་འདོད་རྣམས་ཀྱིས་ཀྱང་ཁྱིམ་བདག་ག་གེ་མོ་ཤེས་ན་དེ་ལ་བུ་མོ་མཁས་པ་ལེ་ལོ་མེད་པར་སྒྲུབ་ཕོད་པ་བག་ཡོད་པར་ཁྱིམ་ན་གནས་ནུས་པ་ཡིན་ནམ་དྲིས། ཡིན་ན་དེ་སློང་གིས་མིན་ཟེར་ན་མི་སློང་བ་གོ་བར་གྱིས་ཟེར་ནས་བཅོལ་བར་བྱེད་པ་རྣམས་ཀྱི་ཆེད་དུ་ནག་པོ་དེས་ཀྱང་ལེགས་ན་བསྔགས་པ་དང་ཉེས་ན་བསྔགས་པ་མ་ཡིན་པར་བརྗོད་དོ། །ཕྱིས་དེ་རབ་ཏུ་བྱུང་ནས་ཀྱང་དེ་ལྟར་བྱེད་པ་ཞིག་ཡིན་ཀྱང་རེ་ཞིག་སངས་རྒྱས་ཀྱིས་དེ་ལ་བརྟེན་ནས་བསླབ་གཞི་མ་བཅས་པས་དེ་ནི་བྱུང་བ་ཙམ་མོ། །

དངོས་ནི། མཉན་ཡོད་ན་དྲུག་སྡེས་སྐྱེས་པ་ལ་བུད་མེད་ཀྱི་ཚིག་གིས་དང་། བུད་མེད་ལ་སྐྱེས་པའི་ཚིག་གིས་ཆུང་མ་ཉིད་དམ་མཛའ་ན་མོ་ཉིད་དུ་སྨྲུན་བྱས་པས་མུ་སྟེགས་པ་དག་ཤཱཀྱའི་དགེ་སློང་འདི་དག་ནི་ཁྱིམ་པ་དང་ཁྱད་ཅི་ཡོད། དགེ་སྦྱོང་མགོ་རེག་འདི་དག་ལ་སུ་ཞིག་བསོད་སྙོམས་སྦྱིན་པར་བྱ་འདོད་ཅེས་སྨོད་པའི་སྐབས་དེ་གསོལ་བས། སྟོན་པས་དགེ་འདུན་བསྡུས་ཏེ་ངའི་ཉན་ཐོས་རྣམས་ཀྱིས་ཀུན་ཤེས་པར་བྱ་བའི་ཕྱིར་འདུལ་བ་ལ་བསླབ་པའི་གཞི་ལེགས་པར་བཅས་པར་འགྱུར་རོ་ཞེས་གསུངས་ཏེ། སྟོན་པས་དྲུག་སྡེ་ལ་ཁྱེད་ཀྱིས་མི་མཛེས་པ་དེ་ལྟར་བྱས་པ་བདེན་ནམ། བཙུན་པ་མད་ལགས། དགེ་སྦྱོང་གི་ཚུལ་མིན་པ་ཞེས་སོགས་སྨད་ནས། ཡང་དགེ་སློང་གང་བུད་མེད་ལ་སྐྱེས་པའི་ཚིག་དང་སྐྱེས་པ་ལ་བུད་མེད་ཀྱི་ཚིག་གིས་ཆུང་མ་མཛའ་ན་མོ་ཉིད་དུ་སྨྲུན་བྱེད་ན་ཐ་ན་ཐང་འགའ་འཕྲད་པ་ལའང་རུང་སྟེ་དགེ་འདུན་ལྷག་མའོ་གསུངས་ཏེ་བཅས་པའོ། །

གཉིས་པ་ལ། དངོས་གཞིའི་ལྟུང་བ་དང་། སྦྱོར་བ་དང་། སྦྱོར་བའི་སྦྱོར་བའི་ལྟུང་བ་རྣམ་

བཞག་གསུམ། དང་པོ་ལ། གཞི་བསམ་སྦྱོར་བ་མཐར་ཕྱུག་གི་ཡན་ལག་བཞི་ལས། དང་པོ་ལ་གང་སྤྱད་པར་བྱ་བའི་གང་ཟག །གང་ལ་འཕྲིན་བྱ་བའི་ཡུལ་ལོ། །དང་པོ་ནི། སྐྱེས་པ་དང་བུད་མེད་གཉིས་ཀ་མཚན་བྱ་བ་བྱེད་པར་ནུས་པ། ལུས་བསྙེན་དུ་རུང་བ། ཐ་སྙད་བཞི་དང་ལྡན་པ། རང་ལས་རྒྱུད་ཐ་དད་ཅིང་དེ་གཉིས་ཀྱང་རྒྱུད་ཐ་དད་པ། རིན་གྱིས་ཉོས་པ་ལ་སོགས་པའི་སྒོ་ནས་སྦྱར་མཐུན་པ་མ་ཐོབ་པའམ་ཐོབ་ཀྱང་འཕྲད་པ་ལ་ཕྱོགས་པའི་མཐུན་པ་ཉམས་པ། ལུས་ཐ་མལ་དུ་གནས་པ་རྫུ་འཕྲུལ་ཅན་མ་ཡིན་པ་སྟེ་ཆོས་བདུན་ལྡན་ནོ། །གང་ལ་འཕྲིན་བྱ་བའི་ཡུལ་ནི། སྤྱད་བྱའི་གང་ཟག་དེ་གཉིས་སམ། དེ་གཉིས་ལས་གཞན་ཡིན་ན་ཐ་སྙད་ལྔ་དང་ལྡན་པ། ལུས་ཐ་མལ་དུ་གནས་པ། ཕ་མ་སོགས་དེ་གཉིས་ལ་དབང་བྱེད་པ་ཡིན་པའོ། །བསམ་པ་ལ་གཉིས་འདུ་ཤེས་མ་འཁྲུལ་བ། ཀུན་སློང་མི་ཚངས་པར་སྤྱོད་པའི་དོན་དུ་མཐུན་པར་བསྒྲུབ་པའི་ཕྱིར་སྨྱན་བྱེད་འདོད་རྒྱུན་མ་ཆད་པའོ། །སྦྱོར་བའི་ཡན་ལག་ནི། རང་ངམ་གཞན་ཐ་སྙད་ལྔ་ལྡན་ངག་མཚན་ཉིད་ལྔ་ལྡན་གྱིས་མངོན་སུམ་དུ་བསྐོས་པ་གང་རུང་གིས་འཕྲིན་གསུམ་མམ་དེའི་བྱ་བ་ལ་ཞུགས་པའི་སྒོ་ནས་སྨྱན་བྱེད་པར་རྩོམ་པའོ། །དེ་ཡང་གཞན་བསྐོས་པའི་སྒོ་ནས་ཀྱང་རང་ལ་དངོས་གཞི་སྐྱེད་པའི་ལྟུང་བ་སུམ་ཅུ་རྩ་གཉིས་ལས་སྲོག་གཅོད་བཞི་དང་མ་བྱིན་ལེན་ལ་བྱ་བ་དེ་སྒྲུབ་ནུས་པའི་ཡུལ་མི་དང་མི་མ་ཡིན་པ་ལ་སོགས་པ་གང་ཡང་རུང་བ་སྤྲིངས་ཡིག་ལ་སོགས་པ་གང་ཡང་རུང་བའི་སྒོ་ནས་བསྐོས་པས་ཀྱང་དངོས་གཞི་འགྲུབ་ལ་དེ་དག་ལས་གཞན་ཉེར་བདུན་ལ་ནི་ཐ་སྙད་ལྔ་དང་ངག་མཚན་ཉིད་ལྔ་ལྡན་གྱིས་མངོན་སུམ་དུ་བསྐོས་ནས་བྱེད་དུ་བཅུག་པ་དངོས་གཞི་སྐྱེད་པའི་ཡན་ལག་ཏུ་དགོས་སོ། །དེ་ཡང་ཐ་སྙད་ལྔ་ལྡན་དགོས་པ་ནི་འདུལ་བ་སྤྱིར་བསྟན་གྱིས་བསྟན་ཏོ། །སྲོག་གཅོད་བཞི་དང་མ་བྱིན་ལེན་ལ་དེ་དག་མི་དགོས་པ་ཡང་སྤྱིར་བསྟན་ནས་གསུངས་སོ། །ལྟུང་བ་ཉེར་བདུན་ལ་ཐ་སྙད་ལྔ་གང་རུང་མི་ལྡན་པ་དང་སྤྲིངས་ཡིག་ལ་སོགས་པས་བསྐོས་པ་ལ་དངོས་གཞི་མི་བསྐྱེད་དེ། རང་གི་མངོན་ཞེན་མི་རྫོགས་པ་དང་འབྱུང་རིང་བ་ཡིན་པའི་ཕྱིར་རོ། །ཉེར་བདུན་དེ་གང་ཞེ་ན། སྨྱན་བྱེད་ཁང་པ་ཁང་ཆེན་དང་། །སྲིན་བལ་འབའ་ཞིག་ཆ་གཉིས་དང་། །དྲུག་དང་གསེར་དངུལ་ཐ་ག་གཉིས། །བྱིན་ཕྱོགས་ས་བོན་སྐྱེ་འཇིག་དང་། །སྐྲོད་དང་རིམ་གཉིས་རྩིག

པ་དང་། །མི་རིག་ཆུ་ལ་རྩེ་བ་དང་། །ཡོངས་པ་གཞིར་གཏོགས་སྤངས་བྱེད་དང་། །སྦྲིད་དང་ས་རྐོ་ཁབ་རལ་ནས། །བདེར་གཤེགས་ཚོས་གོས་བར་དག་གོ། །ཞེས་གསེར་དངུལ་ལེན་པ་དང་ས་བོན་དང་སྐྱེ་བ་འཇིག་པ་དང་། མེ་ལ་རེག་པ་དང་། ཆུ་ལ་རྩེ་བ་དང་། ས་རྐོ་བ་དང་། ཡོངས་པ་གཞིར་གཏོགས་དང་དྲུག་ལ་ནི་བསྔོས་པའི་གང་ཟག་གིས་བྱ་བ་དེ་དག་སྐོ་བ་པོའི་མངོན་སུམ་དུ་བྱས་པ་ཡན་ལག་ཏུ་དགོས་ཀྱི། ལྐོག་ཏུ་བྱས་ཀྱང་སྐོ་བ་པོའི་རྒྱུད་ལ་དངོས་གཞི་མི་བསྐྱེད་དེ། དོན་དང་བྱ་བ་མང་བ་དང་སྦྱོར་བ་ལ་རོ་མྱང་བའི་དགག་བྱ་མི་རྫོགས་པའི་ཕྱིར་རོ། །སྨྱུན་བྱེད་པ་སོགས་ཉེར་གཅིག་ལ་ནི་སྐོ་བ་པོའི་ལྐོག་ཏུ་བྱས་ཀྱང་དངོས་གཞི་རྫོགས་པར་བསྐྱེད་དོ། །མཐར་ཐུག་ནི་དེའི་རྐྱེན་གྱིས་གཉིས་ཀྱིས་གཉིས་སྤྲད་པ་ནའོ། །དེ་ཡང་ཕ་མ་སོགས་ཀྱིས་འདི་ཁྱོད་ཀྱི་ཆུང་མ་ཡིས་ཤིག་ཅེས་བྱིན་ནས་བསྒྲུངས་བ་ཆུ་ཚུགས་ཀྱིས་བྱིན་པ་དང་། ཕ་མ་སོགས་ལ་རིན་སྦྱིན་ནས་ཐོབ་ཏེ་བསྒྲུངས་བ་རིན་ཚས་ཀྱིས་ཉོས་པ་དང་། དམག་གོ་བགོས་ཏེ་ཡུལ་ཁམས་གཞན་བཅོམ་པ་སོགས་ཀྱིས་གཞན་ལས་ཕྲོགས་ཏེ་ཐོབ་པ་ན་བཙན་ཕྲོགས་སུ་ཐོབ་པ་སྟེ་དེ་གསུམ་ཆུང་མ་མ་ཡིན་པར་བསྒྲགས་པ་དང་དྲིལ་བསྒྲགས་པ་གང་རུང་གི་སྒོ་ནས་རང་གི་སྐྱེས་པ་དང་འཐབ་སྟེ་མཐུན་པ་ཉམས་པ་སླར་འཕྲད་པའི་ཕྱིར་སྨྱན་བྱས་ཏེ་འཕྲད་ན་ཡང་ལྟུག་མ་དངོས་གཞི་རྫོགས་པར་སྐྱེད་དོ། །བུད་མེད་ཡིད་གཙུགས་པའི་སྐྱེས་པའི་དྲུང་དུ་འོང་སྟེ་བདག་གི་ཁྱིམ་ཐབ་མཛོད་ཅིག་ཅེས་བསྔོས་ནས་ཐོབ་ཅིང་བསྒྲུངས་བ་དང་སམ་དུ་འདུས་པ་དང་། བུད་མེད་སྐྱེས་པའི་གནས་སུ་འོང་སྟེ་བདག་ལ་གོས་དང་ཟས་སྟོལ་ཅིག་བདག་གིས་ཁྱེད་ཀྱི་བཙུན་མོ་བྱའོ་ཞེས་པའི་སྒོ་ནས་ཐོབ་ཅིང་བསྒྲུངས་བ་ཟས་གོས་ཀྱིས་འཚོ་བ་དང་། བུད་མེད་སྐྱེས་པའི་གམ་དུ་འོང་སྟེ་བདག་ཅག་གཉིས་ཀྱི་ནོར་གཅིག་ཏུ་བྱས་ཏེ་མཉམ་དུ་འཚོ་བར་བྱའོ། །ཞེས་སོགས་ཀྱི་སྒོ་ནས་ཐོབ་ཅིང་བསྒྲུངས་བ་ཁ་འདུམ་པ་དང་། སྐྱེས་པས་བུད་མེད་འདི་དང་དགའ་མགུར་སྤྱོད་པར་བྱའོ་སྙམ་ནས། དེའི་དུས་སུ་གླུས་ཤིང་ཡུད་ཙམ་པར་གྱུར་པའི་སྒོ་ནས་ཐོབ་ཅིང་བསྒྲུངས་བ་ཐང་འགའ་འཕྲད་པ་སྟེ་བཞི་པོ་དེ་རྣམས་རང་གི་སྐྱེས་པ་དང་འཐབ་པ་ཙམ་དང་ཕྲ་མ་སོགས་གང་རུང་གིས་མཐུན་པ་ཉམས་པར་གྱུར་པས་དེ་དག་སླར་འཕྲད་ཕྱིར་སྨྱན་བྱས་ཏེ་འཕྲད་ནའང་དངོས་གཞིའོ། །

གཉིས་པ་སྦྱོར་བའི་ལྟུང་བ་ནི། སྨན་བྱེད་པའི་སྦྱོར་བ་བརྩམས་ནས་དངོས་གཞིར་མ་ཐུག་གི་བར་སྡོམ་པོའོ། །དེ་ཡང་ཆུ་ཚུགས་ཀྱིས་བྱིན་པ་ལ་སོགས་པའི་ཆུང་མ་གསུམ་རྗེའུ་གསུམ་གཏོར་བ་དང་ཕྱུག་དར་ལ་སོགས་པའི་ཁྱིམ་གྱི་ཚིག་བཏང་བ་གང་རུང་གིས་རང་གི་སྐྱེས་པ་དང་འཐབ་པ་དང་། མངལ་དུ་ཞུགས་པ་དང་། ཞུགས་པ་ཙམ་དང་། བརྟུལ་ཞུགས་ལ་གནས་པ་འཁྲིག་པ་མི་བསྟེན་པར་ངེས་པ་དང་། ཟ་མ་སོགས་མོའི་དབང་པོ་མེད་པ་བསྟེན་དུ་མི་རུང་བ་དང་། རིན་གྱིས་ཉོས་ཟིན་པ་དང་། ཆུང་མ་མ་ཡིན་ཡང་ལན་བཞི་ཡན་ཆད་ཞུགས་པའི་མཐུན་པ་ཐོབ་ཟིན་པ་དང་། སྔར་ཆུང་མར་བྱིན་པ་ལས་ཕྱིས་མ་སོགས་ཀྱིས་མི་སྟེར་བ་རྣམས་སྦྱད་པ་དང་། རང་གི་ཕྱིར་སྨན་བྱེད་པ་ལ་སྡོམ་པོ་སྟེ་གཉིས་སེལ་བའོ། །སྔར་བྱིན་ཟིན་པ་ལས་ཕྱིས་སྤྱང་པ་དང་། དགེ་འདུན་གྱི་མཆོད་སྟོན་དང་ཁྱིམ་གྱི་བདག་པོས་ཕྱིར་བོས་ཏེ་འཕྲད་པ་རྣམས་སྦྱོར་བས་སེལ་བའོ་ཞེས་ཁ་ཅིག་གིས་གསུངས། དགེ་འདུན་གྱི་མཆོད་སྟོན་དང་ཁྱིམ་དང་ནོར་གྱི་བདག་པོ་ལ་སོགས་པའི་ཆེད་ཙམ་དུ་འཕྲིན་བྱས་ཏེ་བོས་པའི་དབང་གིས་འཕྲད་པ་ལ་སྡོམ་པོ་སྟེ་ཀུན་སློང་གིས་སེལ་བའོ། །ཡང་ན་བརྟུལ་ཞུགས་ལ་གནས་པ་སོགས་ཁ་ཅིག་ནི་མཐར་ཐུག་གིས་སེལ་བ་སྟེ་འཕྲད་པ་མེད་པར་གསུངས་ལ༑ ཡོད་ན་དངོས་གཞིར་གསུངས་སོ། །སྐྱེས་པས་བུད་མེད་དང་ལྷན་ཅིག་བརྟ་བགྱིས་ནས་མཐོང་ངམ་ཞེས་དྲི་བ་ན་འཕྲད་པའི་ཕྱིར་དགེ་སློང་གིས་ག་གེ་མོ་ཞིག་ན་འདུག་གོ་ཞེས་སྟོན་པ་དང་། སྐྱེས་པས་བུད་མེད་འཁྲོག་པའི་ཕྱིར་དགེ་སློང་ལ་འཐབ་གྲོལ་བྱེད་དུ་བཅུག་པ་ན་དགེ་སློང་གིས་ཀྱང་དེ་གཉིས་འཕྲད་པར་བྱ་བའི་ཕྱིར་འཐབ་གྲོལ་བྱས་ཏེ་འཁྲོག་ཏུ་འཇུག་པ་དང་། སྐྱེས་པ་དངོས་སམ་དེ་ལ་དབང་བྱེད་པའི་ཕ་མ་ལ་སོགས་པ་ལ་ཆུང་མ་འདི་ཉོས་ཤིག་ཅེས་པ་དང་། བུད་མེད་ཆེ་གེ་མོ་ཉོས་ཤིག་ཟེར་བ་རྣམས་ལ་སྡོམ་པོ་སྟེ་སྦྱོར་བས་སེལ་བའོ། །འཕྲད་པར་བྱ་བའི་འཕྲིན་མནོས་པ་དང་། འཕྲིན་ཕར་བསྐྱལ་བ་དང་། འཕྲིན་ཕྱིར་བསྒྱུར་བ་རྣམས་ལ་སྡོམ་པོ་སྟེ་མཐར་ཐུག་གིས་སེལ་བའོ། །

གསུམ་པ་སྦྱོར་བའི་སྦྱོར་བའི་ལྟུང་བ་ནི། ཀུན་སློང་སྐྱེས་ནས་ལུས་ངག་ཏུ་མ་ཐོན་པའི་བར་བསྡམ་བྱའོ། །ལུས་ངག་ཏུ་ཐོན་ནས་སྦྱོར་བ་ལ་མ་ཐུག་གི་བར་ལ་ཉེས་བྱས་སོ། །སྤྲོད་པར་བྱ་བ་

གཉིས་ལ་དབང་མི་ཆེ་བའི་གང་ཟག་ལ་དེ་གཉིས་འཕྲད་པའི་ཕྱིར་འཕྲིན་མཛོས་སོགས་བྱས་པ་དང་། ཆུ་ཚུགས་ཀྱིས་བྲིན་པ་ལ་སོགས་པའི་ཆུང་མ་གསུམ་འཐབ་བཞིན་པ་དང་། འཐབ་པའི་འོག་ཏུ་བསྡུམ་པར་བྱས་པ་ལ་སོགས་པ་དང་། ཁྲིའུའི་ཕ་ལ་སོགས་པ་ལ་ཅིའི་ཕྱིར་ཁྲིའུ་འདི་ལ་ཁྲིམ་མི་དབུབ་བག་མ་མི་ལེན་ཞེས་སོགས་དང་། ཅིའི་ཕྱིར་བུ་མོ་འདི་གནས་མི་བཙལ་བག་མར་མི་བཏང་ཞེས་སོགས་དང་། བུད་མེད་ཉོས་ཤིག་ཅེས་ཟེར་བ་དང་། སྐྱེས་པས་བུད་མེད་དང་བརྡ་བགྱིས་པ་ན་དེར་མཆིས་ནས་ཉོན་མོངས་ཞེས་ཟེར་བ་རྣམས་ལ་ཉེས་བྱས་སོ། །དུད་འགྲོའི་སྨྱན་བྱས་སམ་བྱེད་དུ་བཅུག་པ་ཐམས་ཅད་ལ་ཉེས་བྱས་སོ། །དྲུག་པ་ར༷ང་དོ༷ན་དུ་ཚ༷ད་ལས་ལྷག༷་པའི་ཁ༷ང་པ༷་བརྩིགས་པའི་དགེ་འདུན་ལྷག་མ་ལ། གླེང་གཞི་དང་། ལྟུང་བ་དངོས་སོ། །དང་པོ་གླེང་གཞི་ནི། སྟོན་པ་མཉན་ཡོད་ན་བཞུགས་ཚེ་དགེ་སློང་མང་པོས་ཁང་པ་མང་པོ་བྱས་ཏེ་འདི་ཏ་ཅང་རིང་ངོ་ཞེས་དེ་བོར་ནས་གཞན་བྱེད་དུ་འཛུད་དོ། །ཁ་ཅིག་གིས་འདི་ཏ་ཅང་ཐུང་ངོ་། །ཏ་ཅང་ཡངས་སོ། །ཏ་ཅང་དོག་གོ། །ཏ་ཅང་བརླིངས་སོ། །ཏ་ཅང་མི་བརྟན་ནོ། །ཏ་ཅང་བརྩིགས་ཉེས་སོ། །ཞེས་བོར་ནས་གཞན་དང་གཞན་བྱེད་དུ་འཇུག་པས་བྱ་བྱེད་མང་སྟེ་སྒོང་གླིག་ལ་གནོད་པས་ཁྲིམ་པ་རྣམས་མ་དད་པར་གྱུར་ཏོ། །དེའི་ཚེ་མཉན་ཡོད་ཀྱི་ཤར་ཀུན་དགའ་ར་བ་ན་བཞུགས་པའི་འོད་སྲུང་ཆེན་པོས་དེ་ཐོས་ནས་སྟོན་པའི་སྤྱན་སྔར་སོང་སྟེ་ཕྱག་འཚལ་ནས་གསོལ་བ། དགེ་སློང་རྣམས་ཁང་བ་མང་པོར་གྱུར་ཏེ་བྱ་བྱེད་མང་བས་སྒོང་གླིག་ལ་གནོད་པ་དེས་ཁྲིམ་པ་རྣམས་ཁ་ཟེར་བ་བགྱིད་པར་གྱུར་ན་ཁང་པ་དང་ཁང་པའི་གཞི་བསྟན་ཏུ་གསོལ་བས་ཅང་མི་གསུང་བར་གནང་ངོ་། །དེ་ནས་སྟོན་པས་དགེ་སློང་དག་ཁྲིད་ཅག་ལ་ཁང་པ་མང་པོར་གྱུར་ཏེ་ཁ་ཅིག་ནི་འདི་ཏ་ཅང་རིང་ངོ་ཞེས་བོར་ནས་གཞན་དུ་འཇུག་ཁ་ཅིག་འདི་ཐུང་ངོ་ཡངས་སོ་བརླིངས་སོ་བརྩིགས་ཉེས་སོ་ཞེས་བོར་ནས་གཞན་བྱེད་དུ་འཇུག་པ་བདེན་ནམ། བཙུན་པ་མད་ལགས། སྟོན་པས་འདོད་པ་ཆེ་བ་ཆོག་ཤེས་མེད་པ་ལ་སྨད། འདོད་ཆུང་ཆོག་ཤེས་ལ་བསྔགས་པ་བརྗོད་པར་མཛད་ནས་ཕན་ཡོན་བཅུ་གཟིགས་ཏེ་དགེ་འདུན་བསྡུས་ནས། ངའི་ཉན་ཐོས་རྣམས་ཀྱིས་འདུལ་བའི་བསླབ་པའི་གཞི་འདི་ལྟར་སྟོན་པར་བྱ་སྟེ། དགེ་སློང་གིས་བདག་གིས་བསླངས་པ། བདག་པོ་མེད་པ། བདག་གི་ཕྱིར་ཁང་པ

བརྩིག་ཏུ་འཇུག་ན་དགེ་སློང་དེས་ཁང་བའི་ཚད་བཞིན་བྱེད་དུ་ཆུག་ཅིག །ཚད་ནི་ནང་གི་སྲིད་དུ་དེ་བཞིན་གཤེགས་པའི་མཐོ་བཅུ་གཉིས། ཞེང་དུ་མཐོ་བདུན་ནོ། །གཞིར་བལྟ་བའི་ཕྱིར་དགེ་སློང་ཁྲིད་པར་བྱའོ། །ཁྲིད་པ་དེས་ཀྱང་གཞི་རུང་བ་རྩོད་པ་མེད་པ་བརྩམ་དུ་རུང་བར་བལྟ་བར་བྱའོ། ། དེས་གཞི་མི་རུང་བ་རྩོད་པ་དང་བཅས་པ་བརྩམ་དུ་མི་རུང་བར་བདག་གིས་བསླངས་པ་བདག་གི་ཕྱིར་ཁང་པ་བརྩལ་དུ་འཛུད་དམ་གཞིར་བལྟ་བའི་དགེ་སློང་མི་ཁྲིད་དམ་ཁྲིད་པ་དག་ལ་གཞི་མི་སྟོན་ནམ་ཚད་ལས་འདས་ན་དགེ་འདུན་ལྷག་མའོ་གསུངས་ཏེ་བསླབ་པ་བཅས་སོ། །

གཉིས་པ་ཁང་པའི་ལྷག་མའི་ལྟུང་བ་ངོས་བཟུང་བ་དང་། དེ་ལས་སེམས་བསྲུང་ཚུལ་གཉིས། དང་པོ་ལ། ལྟུང་བ་རྣམ་བཞག་དང་། བསླབ་བྱ་གཉིས། དང་པོ་ལ། དངོས་གཞི། སྦྱོར་བ། སྦྱོར་བའི་སྦྱོར་བའི་ལྟུང་བ་རྣམ་བཞག་གསུམ། དང་པོ་ལ་གཞི་བསམ་སྦྱོར་བ་མཐར་ཐུག་གི་ཡན་ལག་བཞིའོ། །དང་པོ་ལ། གང་དུ་བརྩིགས་པའི་ས་གཞི། གང་གིས་བརྩིག་པའི་ཡོ་བྱད། གང་བརྩིག་པའི་གནས་དང་གསུམ་མོ། །དང་པོ་ནི། རང་ངམ་གཞན་ཐ་སྙད་ལྔ་ལྡན་དག་མཚན་ཉིད་ལྔ་ལྡན་གྱིས་མངོན་སུམ་དུ་བསྒོས་པ་གང་རུང་གིས་རང་ལས་ནོར་ཐ་དད་པའི་ཐ་སྙད་ལྔ་ལྡན་ལུས་ཐ་མལ་དུ་གནས་པ་ལ་བསླངས་པའི་སྒོ་ནས་བཅོལ་བ་གྲོག་སྦུར་སོགས་སྲོག་ཆགས་གཅིག་ཡན་ཆད་གནས་ཡོད་པས་གཞི་མི་རུང་བ་ཡིན་པ། རྒྱལ་པོ་ལ་སོགས་པ་དང་རྩོད་པ་དངོས་སུ་ཡོད་པའམ་འབྱུང་དུ་དོགས་པ་ཡན་ཆད་ཀྱི་སྒོ་ནས་རྩོད་པ་དང་བཅས་པ་ཡིན་པ། རྩིག་པའི་ཕྱི་རོལ་འདོམ་གང་གི་ནང་དུ་ཆུ་ཀླུང་ངམ་གྲོག་སོགས་གནས་འཇིག་པའི་རྐྱེན་གང་ཡང་རུང་བ་ཕྱོགས་གཅིག་ཡན་ཆད་ཡོད་པས་བརྩམ་དུ་མི་རུང་བ་སྟེ་གཞི་མ་དག་པ་གསུམ་དང་བཅས་པ་ཡིན་པ། དགེ་འདུན་ལས་བརྩིག་པའི་གནང་བ་མ་ཐོབ་པ་ཡིན་པའོ། །

གཉིས་པ་གང་གིས་བརྩིག་པའི་ཡོ་བྱད་ནི། རང་ངམ་རང་གིས་འཚོལ་བར་རྗེས་སུ་གནང་བའི་གང་ཟག་གིས་ཡུལ་མཚན་ཉིད་དང་ལྡན་པ་ལ་ངག་མཚན་ཉིད་ལྔ་ལྡན་གྱིས་བསླངས་པ། གསུམ་པ་གང་བརྩིག་པའི་གནས་ནི་ཕལ་ཆེར་གཡོགས་ཤིང་ཕལ་ཆེར་བསྒོར་བ་ཡན་ཆད་ཀྱི་གནས་ཀྱི་ངོ་བོར་གྲུབ་པ། ནང་གི་སྲིད་དུ་མི་ཚད་དང་ལྡན་པའི་ཁྲུ་བཅོ་བརྒྱད་དང་། ཞེང་དུ་ཁྲུ་ཕྱེད་བཅུ་གཅིག

ལས་ཁྲུ་ཕྱེད་ཕྱེད་ཡན་ཆད་ལྷག་པ། ལུས་མ་བཏུད་པར་འགྲེང་དུ་རུང་བ། རྒྱར་སྐྱིལ་མོ་ཀྲུང་བཅས་ཏེ་འདུག་ཏུ་རུང་བ། ཤིད་དུ་རྐང་ལག་བརྐྱངས་ཏེ་ཉལ་དུ་རུང་བ། གོམ་པ་ཐ་མལ་བ་གསུམ་འདོར་དུ་རུང་བའི་སྒོ་ནས་འཆག་རུང་བ་སྟེ་སྤྱོད་ལམ་བཞི་པོ་དེའི་སྣོད་དུ་རུང་བ། སྔར་ལྟུང་བ་སྐྱེད་པའི་ཚད་ལ་གནོད་པའི་ཁང་པའི་བཟོའི་རྩོམ་པ་མ་བྱས་པའོ། །སྤྱིར་གནས་ཀྱི་ངོ་བོ་གྲུབ་པ་དང་། སྤྱོད་ལམ་བཞི་ཤོང་བ་ཡན་ལག་ཏུ་དགོས་པའི་ལྟུང་བ་དུ་ཡོད་ཅེས་ན། ཁང་པ་ཁང་ཆེན་སྒྲོད་པ་དང་། །གདིང་པའི་ལྟུང་བྱེད་ཕྱིས་གནོན་དང་། །རྩ་བ་དབྱུང་ལ་འདུག་པ་དང་། །འདུག་གནས་ཟ་དང་རིམ་ལྷག་དང་། །ཞུབ་གསུམ་ལྷག་པར་ཉལ་བ་དང་། །སྤྱང་བ་རྗེས་ཕྱོགས་ཕྱོགས་གཅིག་དང་། །སྐྱིལ་སྡུད་ཕྱོགས་གཅིག་བུད་མེད་ཉལ། །དུས་མིན་གྲོང་འགྲོ་གྲོང་རྒྱུ་དང་། རྒྱལ་པོའི་ཕོ་བྲང་འགྲོ་བ་དང་། །སོ་སོར་བཤགས་པ་དང་པོ་སྟེ། །དེ་ལྟར་གྲངས་ནི་བཅུ་དྲུག་གོ། །དེ་ཡང་སྤྱོད་ལམ་བཞི་ཀའམ་གང་ཡང་རུང་བ་མི་ཤོང་ན་ཁང་པ་ཁང་ཆེན་ཕ་གུ་རིམ་ལྷག་གསུམ་ལ་ལྟུང་མེད་དུ་འགྱུར་ཏེ། དེ་དག་ནི་གནས་ཀྱི་ངོ་བོར་གྲུབ་པར་བྱས་པའི་ལྟུང་བ་ཡིན་ལ། སྤྱོད་ལམ་བཞི་མི་ཤོང་བ་ལ་གནས་ཀྱི་ཐ་སྙད་མེད་པའི་ཕྱིར་རོ། །གཞན་རྣམས་ལ་ཉེས་བྱས་སུ་འགྱུར་ཏེ་ཤིང་ལྗོན་པའི་དྲུང་དང་རྩིག་པའི་དྲུང་ལ་སོགས་པར་བསྙེན་པར་མ་རྫོགས་པ་དང་ལྷན་ཅིག་ཉལ་བ་དང་བུད་མེད་དང་ལྷན་ཅིག་ཉལ་བ་ལ་ཉེས་བྱས་སུ་གསུངས་པའི་ཕྱིར་རོ། །སྔར་ཚད་ལ་གནོད་པའི་བཟོའི་རྩོམ་པ་མ་བྱས་པ་ཡན་ལག་ཏུ་དགོས་པའི་ལྟུང་བ་དུ་ཡོད་ཅེ་ན། ཁང་པ་ཁང་ཆེན་འཕྲུར་འཛུག་ཤིན་བལ་དང་། །འབའ་ཞིག་ཆ་གཉིས་ལོ་དྲུག་སྟན་བྱེད་དང་། །བལ་སྐྱིལ་ཐ་ག་གཉིས་དང་རིམ་ལྷག་དང་། །དགེ་སློང་མ་ཡི་གོས་བྱེད་ཁབ་རལ་དང་། །ཁྲི་རྐང་བརྩལ་དང་གདིང་བ་གཡན་པ་དང་། །རས་ཆེན་དང་ནི་བདེར་གཤེགས་ཆོས་གོས་ཏེ། །དེ་ལྟར་གྲངས་ནི་རྣམ་པ་བཅུ་དགུའོ། །

དེ་ལྟར་འཕྲོ་ཟིན་པར་བྱེད་པ་ཙམ་ལ་རང་རང་གི་ལྟུང་བའི་དངོས་གཞི་རྫོགས་པར་མི་འབྱུང་བ་ནི། དང་པོ་ནས་རང་གིས་བྱས་སམ་བྱེད་དུ་བཅུག་པ་ཁང་པ་དང་སྟན་ལ་སོགས་པའི་སྐབས་སུ་བཅས་པ་རྣམ་འཇོག་གི་དགག་བྱ་འདོད་པ་ཆེ་ཞིང་ཆོག་མི་ཤེས་པ་སོགས་དང་འཕྲུར་འཛུག་ལ་སོགས་པའི་སྐབས་སུ་འབྲེལ་ཆེ་འབྱུང་ཉེ་བ་དགེ་སློང་མ་སོགས་དང་ཧ་ཅང་བཤེས་པར་འགྱུར་བ

སོགས་དང་། དེ་དག་ཐམས་ཅད་ཀྱི་ཐུན་མོང་གི་དགག་བྱ་དོན་དང་བྱ་བ་མང་བ་སོགས་དང་། རང་གི་ཕྱིན་ཅི་ལོག་གི་མངོན་ཞེན་རྫོགས་པ་ལྟར། འཕྲོ་ཟིན་པར་བྱེད་པ་ཙམ་ལ་དེ་ལྟ་མ་ཡིན་པའི་ཕྱིར་རོ༑ ༑གཉིས་པ་བསམ་པའི་ཡན་ལག་ལ་འདུ་ཤེས་མ་འཁྲུལ་པ། ཀུན་སློང་དཀོན་མཆོག་གི་དོན་མ་ཡིན་ཞིང་། དངོས་ཀྱི་བདག་པོ་རང་གཅིག་པུའམ་གཞན་ཁྲིམ་པའམ་རབ་བྱུང་གང་ཡང་རུང་བ་གཅིག་ཉིད་ཀྱི་དོན་དུ་བཅུག་འདོད་རྒྱུན་མ་ཆད་པའོ། ༑སྦྱོར་བའི་ཡན་ལག་ནི་གཞན་གྱིས་རང་བསྒོས་པ་དང་མ་བསྒོས་པ་གང་ཡང་རུང་བའི་སྒོ་ནས་རང་གི་དོན་དུ་བཅུགས་པའམ་གཞན་ཐ་སྙད་ལྔ་ལྡན་ངག་མཚན་ཉིད་ལྔ་ལྡན་གྱིས་དངོས་སུ་བསྒོས་པས་རྩིག་པར་རྩོམ་པ། མཐར་ཐུག་དེའི་རྐྱེན་གྱིས་ཐོག་གཡོགས་ཤིང་རྫོས་བསྒྲར་བ་ཡོངས་སུ་རྫོགས་པའོ། །

གཉིས་པ་སྦྱོར་བའི་ལྟུང་བ་རྣམ་བཞག་ནི། ཁང་པའི་ལྷག་མའི་སྦྱོར་བ་བརྩམ་ནས་དངོས་གཞི་ལ་མ་ཐུག་གི་བར་སྦོམ་པོའོ། ༑དེ་ཡང་ས་གཞི་དང་ཡོ་བྱད་གཞན་ལ་བཅོལ་བ་དང་། ཚད་ལས་ལྷག་པ་གཉིས་ཀའམ་གང་ཡང་རུང་བ་གཅིག་ཚང་ན་གཞིའི་ཡན་ལག་གཞན་གཞི་མ་དག་པ་སོགས་ཐམས་ཅད་དམ་གང་ཡང་རུང་བ་གཅིག་མ་ཚང་ཡང་སྦོམ་པོར་འགྱུར་ཏེ། ཁང་པའི་སྐབས་སུ་བཅོལ་དང་ཚད་ལྷག་ལྟུང་བ་སྐྱེད་པའི་ཡན་ལག་གཙོ་བོ་ཡིན་པའི་ཕྱིར་རོ། ༑སྔོང་མ་གཡོགས་པར་རྫོས་བསྒྲར་བ་ཙམ་ལ་སྦོམ་པོ་སྟེ་འདི་དག་ནི་གཞིས་སེལ་བའོ། ༑དཀོན་མཆོག་གི་དོན་མ་ཡིན་པར་གང་ཟག་གཉིས་སམ་གསུམ་མན་ཆད་ཀྱི་དོན་དུ་བྱས་པ་ལ་སྦོམ་པོ་སྟེ་ཀུན་སློང་གིས་སེལ་བའོ། ༑གསུམ་པ་སྦྱོར་བའི་སྦྱོར་བའི་ཡན་ལག་ནི། ཀུན་སློང་བྱུང་ནས་ལུས་ངག་ཏུ་མ་ཐོན་པའི་བར་བསྡམ་བྱ་ཡིན་ལ། ལུས་ངག་ཏུ་ཐོན་ནས་སྦྱོར་བ་ལ་མ་ཐུག་གི་བར་ཉེས་བྱས་སོ། ༑དེ་ལ་བཅོལ་དང་ཚད་ལས་ལྷག་པ་གང་ཡང་མ་ཚང་ན་གཞི་མི་རུང་བ་དང་རྩོད་པ་དང་བཅས་པ་བརྩམ་དུ་མི་རུང་བ་དང་། དགེ་འདུན་ལས་གནང་བ་མ་ཐོབ་པ་ཐམས་ཅད་དམ་རེ་རེ་ཙམ་ཚང་ཡང་ཉེས་བྱས་སོ། ༑ལུང་ལས་འདི་རྣམས་རེ་རེ་ཚང་བ་ལ་སྦོམ་པོར་གསུངས་པ་ནི་བཅོལ་བ་གཞིར་བྱས་པའི་སྟེང་དུ་རེ་རེ་ཚང་བ་ལ་དགོངས་པའོ། །

གཉིས་པ་བསླབ་བྱ་ནི། གཞི་སོགས་མ་བཅོལ་བའི་ཚེ་གཞི་དག་པར་ཁང་པ་བྱེད་ན་དགེ

འདུན་ལ་གནང་བ་མ་གསོལ་བ་དང་། གནང་བ་ཐོབ་ནས་རང་དགར་མི་བྱེད་པ་དང་། མ་དག་པར་གནང་བ་གསོལ་བ་དང་། དགེ་འདུན་གྱིས་ཀྱང་གཞན་གྱིས་གནང་བ་གསོལ་བའི་ཚེ་དགེ་འདུན་ཐམས་ཅད་དམ་དགེ་སློང་བསྐོས་པས་གཞི་དག་མ་དག་མ་བརྟགས་པ་དང་། བརྟགས་ཀྱང་མ་དག་པ་ལ་གནང་བ་བྱིན་པ་རྣམས་ཉེས་བྱས་སོ། །

གཉིས་པ་ཁང་པ་དང་ཁང་ཆེན་གྱི་བསླབ་བྱ་ལ་སེམས་བསྐྱེད་ཚུལ་ནི། ས་གཞི་དང་ཡོ་བྱད་བཙལ་བ་དང་ཚད་ལས་ལྷག་པར་ཁང་པ་བྱེད་འདོད་དང་གཞི་མ་དག་པ་དང་དག་ཀྱང་གནང་བ་མ་ཐོབ་པར་ཁང་པ་དང་ཁང་ཆེན་བྱེད་འདོད་པ་དང་། གཞི་དག་པར་གནང་བ་ཐོབ་པའི་འོག་ཏུ་རང་དགར་དེ་གཉིས་མི་བྱེད་པར་འདོད་པ་དང་། གཞི་མ་དག་པར་གནང་བ་གསོལ་བ་དང་། གཞི་མ་བརྟགས་པ་དང་། མ་དག་པར་གནང་བ་སྦྱིར་འདོད་འགོག་པའོ། །བདུན་པ་ཁ༷ང་ཆེ༷ན་བརྩི༷གས་པའི་དགེ་འདུན་ལྷག་མ་ལ། གླེང་གཞི་དང་། ལྟུང་བ་གཉིས་ལས། དང་པོ་གླེང་གཞི་ནི། སྟོན་པ་ཀོཤམྦི་ན་གནས་ཅན་གྱི་ཀུན་དགའ་བར་བཞུགས་ཚེ་དྲུག་སྡེ་གཞན་གྱི་གཙུག་ལག་ཁང་ཞིག་ན་གནས་ཏེ་གཙུག་ལག་ཁང་འདི་ནི། གྱོང་གྲུགས་སུ་གྱུར་པ། གས་པ། མཚམས་ཉམས་པ། ངོས་མི་མཉམ་པ་མ་མོའི་ཁྱིམ་འདྲ་བའོ་ཞེས་འཕྱ་བ་ན། དགེ་སློང་རྣམས་ཀྱིས་ཁྱེད་ཅག་གིས་ཇོ་ཡང་སྒྲིད་མི་ནུས་པ་ལ་གཞན་གྱི་གཙུག་ལག་ཁང་འཕྱའམ་ཞེས་སྨྲས་ཚེ། དེ་དག་ང་རྒྱལ་གྱིས་ཁེངས་ནས་ཕན་ཚུན་གྲོས་བྱས་ཏེ་ལྷུང་བཟེད་ནག་པོ་ཅན་དག་གིས་བདག་ཅག་ཟིལ་གྱིས་གནོན་ཀྱང་སྟོན་འདི་དག་གིས་མ་བྱས་པའི་གཙུག་ལག་ཁང་ཞིག་བརྩིག་གོ། །བདག་ཅག་ལས་མཁས་པ་སྤྱོད་ལམ་གསལ་བ་ཁབ་འཇུག་སར་གཏུན་བུ་འཇུག་ནུས་པ་ཞིག་ལག་གི་བླར་སྐོ་བར་རིགས་ན་འདུན་པ་འདི་ནི་དེ་ལྟ་བུ་ལགས་པས་དེ་བསྐོ་བར་རིགས་སྙམ་ནས་བསྐོས་སོ། །འདུན་པས་དེའི་ཐབས་ལ་བསམས་ཚེ། འཇིག་རྟེན་ལྷ་དང་བཅས་པ་ནི་སྟོན་པ་ལ་དད་པ་ཡིན། ཁྱིམ་བདག་ཚེ་གེ་འདི་ནི་ཀུན་ཤེས་ཀཽཎྜི་ནྱ་ལ་དད། ཁྱིམ་བདག་འདི་ནི་འོད་སྲུང་ལ། འདི་ནི་ཤཱ་རིའི་བུ།འདི་ནི་མོའུ་འགལ་བུ། འདི་མ་འགགས་པ། འདི་རྟ་ཐུལ། འདི་བཟང་ལྡན་སོགས་ལ་དད་པ་ཡིན་པས་དེ་དག་ལ་བདག་གིས་སྦྱོར་དུ་འཇུག་མི་ནུས་ཀྱི། ཀཽཤམྦི་ན་བྲམ་ཟེ་ཕྱུག་པོ་ནོར་ལོངས་སྦྱིན་ཆེ་བ་ཡོངས་སུ་བཟུང་

བའི་འཁོར་བ་རྒྱ་ཆེ་ནའང་སེར་སྣ་ཅན་མིག་ཕྲ་བ་བྱ་རོག་ལ་གཏོར་མའང་མི་སྟེར་བ་ཀུན་འཛིན་དམ་པ་དེ་ལ་དབྱིག་དང་གསེར་མང་ངོ་། །དེ་རྗེས་སུ་འཇུག་ནུས་ན་གཙུག་ལག་ཁང་འགྲུབ་པར་འགྱུར་རོ་སྙམ་ནས་བྲམ་ཟེ་དེའི་ཁྱིམ་དུ་འཇུག་པ་ན་སྒོ་བ་པས་བཀག་གོ། །དེ་ལ་བཞིན་བཟང་སྟོན་པས་ཁོ་བོ་ཅག་གི་སྤྱོད་ཡུལ་མིན་པའི་གནས་ལྟར་གསུངས་ཏེ། རོལ་མོ་མཁན། འཇུད་མཐུན་མ། ཆང་མ། གདོལ་བའི་གནས།རྒྱལ་པོའི་ཕོ་བྲང་དང་ལྔ་ཡིན་ན་འདི་དེ་དག་ལས་གང་ཡིན། སྒོ་བས་ཁྱོད་ང་ལ་མང་དུ་བཀའ་བཀྲོན་མོད་དེ་དག་གང་ཡང་མིན་ཏེ། བྲམ་ཟེ་ཆེ་གེ་མོའི་ཁྱིམ་མོ་སྨྲས། འདུན་པས་སེམས་ཁོང་དུ་ཆུད་དེ་འདུག་པ་ན་བར་སྐབས་མི་མང་པོ་དེར་འདུས་ཏེ་གར་བྱེད་པ་ན་སྒོ་བ་གཡེང་ནས་འདུན་པ་ནང་དུ་ཞུགས་ཏེ་སྤྱོད་ལམ་ཞི་བས་ཕྱིན་པ་ན་བྲམ་ཟེས་དེ་མཐོང་ནས་བཙུན་པ་འདུན་པ་བྱོན་པ་ལེགས་གདན་འདིར་བཞུགས་ཤིག་བྱས་དེས་སྐབས་དེར་གཏམ་གྱི་གོ་སྐབས་མ་རྙེད་ནས་ཁོ་བོའི་ཕྱེ་ལྗང་ཤས་འདི་འཚག་ཏུ་ཆུག་ཅིག་སྨྲས་པས། བྲམ་ཟེ་དེས་འཕགས་པའི་བསོད་སྙོམས་ཀྱི་ཕྱེ་ཚོགས་ལ་ཕྱུལ་ཅིག་བསྒོས། དེས་བཙག་པ་དང་འདུན་པས་ཕྱེ་ལ་བརྟགས་སོ་; ;འཕགས་པ་ཅི་རྟོག །ཞྲོག་ཆགས་སོ། །ཡོད་ན་ཅི་བྱེད། བཟའ་བར་མི་བྱ། ཟོས་ན་ཅི་ནོངས། སྟོན་པས་སྲོག་གཅོད་པ་ཀུན་ཏུ་བསྟེན་ལན་མང་དུ་བསྟེན་པས་ལུས་ཞིག་སྟེ་ཤི་བ་ན་ངན་སོང་དུ་སེམས་ཅན་དམྱལ་བ་རྣམས་སུ་སྐྱེ་ཞིང་གལ་ཏེ་མིར་སྐྱེས་ནའང་ཚེ་ཐུང་བར་འགྱུར་རོ་སོགས་མི་དགེ་བཅུ་དང་དགེ་བཅུའི་ལས་ལམ་རྒྱས་པར་བརྗོད་པས། བྲམ་ཟེ་དད་ནས་རང་ཉིད་ཀྱི་བཟའ་བཅའ་བཏུང་བ་བསོད་པས་སྟོང་བཀང་སྟེ་ཕུལ་བ་ན། འདུན་པས་བསམ་པར་གལ་ཏེ་འདི་བླང་ན་ཤིང་གི་སྟོད་དུ་བསྐོལ་བ་དང་འདྲ་བར་དང་པོ་ཉིད་ཐ་མར་འགྱུར་རོ་སྙམ་ནས་ཁོ་བོའི་བསོད་སྙོམས་ཀྱི་ཕྱེ་ལྗང་ཤས་འདི་ཉིད་སྦྱད་པར་བྱ་ཡི་དད་པས་སྦྱིན་པར་བྱ་བ་བླངས་ཏེ་དམན་པ་འདོར་དུ་ག་ལ་རུང་། བདག་ཅག་བྲམ་ཟེ་རྣམས་ནི་བཟང་པོ་རྙེད་ན་ སྤྱ་མ་ངན་པ་རྙེད་པ་སྤང་སྟེ་བཟང་པོར་སྤྱོད་ན་ཁྱེད་ལ་ཅི་ནོངས། ཁོ་བོ་ཅག་བསླབ་པ་བླངས་ཁྱེད་ཅག་བསླབ་པ་མ་བླངས་པས་ཅི་དགར་འཇུག་གོ། །ཁོ་བོ་ཅག་ལ་སྟོན་པས་རིགས་བཞི་བཀའ་སྩལ་ཏེ་ཆོས་གོས་དང་བསོད་སྙོམས་དང་གནས་མལ་གང་ཡང་རུང་བས་ཆོག་ཤེས་པ་འཕགས་པའི་རིགས་དང་སྤོང་སྒོམ་ལ་དགའ་བ་

འཕགས་པའི་རིགས་སོ་སྙམ། དེ་དད་ནས་འདི་ཁྱེད་ཀྱི་ཁབ་ལགས་ཀྱིས་དུས་དུས་སུ་གཤེགས་ཤིག་སྙམ། ཁྱོད་ཀྱི་སྒོ་བ་འདི་གཤིན་རྗེའི་དབྱུག་པ་དང་འདྲ་བས་སུའང་འཇུག་ཏུ་མི་སྟེར་བས་བསྒོ་བར་གྱིས་སྒོ་བ་བཀུག་ནས་ཁྱིམ་འདི་འཕགས་པ་འདུན་པའི་ཡིན་གྱིས་མ་དགག་ཤིག །ནང་མི་ལའང་ཁྱོད་འཕགས་པ་འདུན་པ་ལ་དད་པར་གྱིས་ཤིག །སླར་ཡང་འདུན་པས་འདི་སྙམ་དུ། འདི་དད་ན་འོན་ཀྱང་ལྟུང་བཟེད་ནག་པོ་ཅན་གཞན་འཇུག་ན་དེས་འདི་འབྲུགས་པར་བྱེད་པར་འགྱུར་བས་ཐབས་བྱའོ་སྙམ་དུ་སྒོ་བ་དེ་ལ་ཀ་ཡེ་ནང་རྗེ་ཁྱེད་ཀྱིས་བྲམ་ཟེ་འདི་ཁོ་བོ་ལ་དད་པར་མཐོང་ངམ། མཐོང་ངོ་། །

དེས་ཁོ་བོ་འབའ་ཞིག་འཇུག་ཏུ་གནང་གི་ལྟུང་བཟེད་ནག་པོ་ཅན་གཞན་འཇུག་ཏུ་མ་གཞུག་ཅིག །འཕགས་པ་ཤིན་ཏུ་བག་ཡངས་བར་བཞུད་ཅིག་ཁྱེད་ཉིད་ཀྱང་རེ་ཞིག་དེའུམ་ཆུད་ན་གཞན་ལྟ་ཅི་སྨོས། འདུན་པ་དུས་དུས་སུ་དེའི་ཁྱིམ་དུ་སོང་བ་དང་བྲམ་ཟེས་ཡང་ཡང་སྟོབ་བོ། །དེ་འདུན་པས་དང་དུ་མི་ལེན་པར་ཆོས་བསྟན་ནས་འགྲོའོ། །རེ་ཞིག་ན་དེ་ལ་རྫས་ལས་བྱུང་བའི་བསོད་ནམས་བྱ་བའི་གཞི་བདུན་གྱི་བསྔགས་པ་བརྗོད་པ་དང་། བྲམ་ཟེས་བདག་ཅག་གིས་ཀྱང་གཅིག་བགྱིའོ། །དེ་བཞིན་གྱིས་ཤིག །གང་བགྱི། གཙུག་ལག་ཁང་ངོ་། །བྲམ་ཟེའི་བསམ་པ་བདག་གིས་འདུན་པར་ཡང་ཡང་བསྟབ་ཀྱང་དང་དུ་མ་བླང་ལ། དང་དུ་བླང་བ་འདིའང་དགེ་འདུན་གྱི་ཕྱིར་རོ་སྙམ་ནས་ངོ་མཚར་སྐྱེས་ཏེ་བདག་ལ་གཏན་པ་ན་མཆིས་མོད་ས་གཞི་མ་མཆིས་སོ། །ཁྱོད་སྐྱིད་ལས་ཆུང་དུར་གྱིས་ཤིག་ཁོ་བོས་བསླང་བར་བྱའོ་སྙམ། དེ་ལྟར་ན་ལེགས་སོ། །འདུན་པའི་བསམ་པར་དང་པོ་རྒྱལ་པོའམ་བློན་པོར་བསྟེན་སྙམ་བློན་པོར་བསྟེན་པ་ན། འཕགས་པ་བཀའ་ཅི་མཆིས། བྲམ་ཟེ་ཞིག་གིས་དགེ་འདུན་ཕྱིར་གཙུག་ལག་ཁང་བརྩིག་ན་ས་གཞི་སློང་བའི་གྲོགས་གྱིས་ཤིག །རྒྱལ་པོ་ཚོགས་ཞུང་དུ་དང་ལྡན་དུ་དབེན་པར་བཞུགས་ཚེ་སྨྲན་གྱིས་བྱོན་ཅིག བློན་པོས་དུས་ལ་བབས་ཚེ་སྨྲན་པས། འདུན་པ་འོང་སྟེ་རྒྱལ་པོ་ལ་ཨ་རོག་ཀྱ་ཞེས་མཐའ་ཞིག་ཏུ་གནས། བློན་པོས་ལྷ་འཕགས་པ་འདི་ནི་འདུན་པ་ཞེས་བགྱི་བ་རབ་བྱུང་སྡེ་སྣོད་གསུམ་པ་རིག་གྲོལ་གྱི་སྤོབས་པ་ཅན་ལགས་སོ། །རྒྱལ་པོས་བྱོན་པ་ལེགས་སམ་ཅིའི་ཕྱིར་བྱོན། བྲམ་ཟེ་ཞིག་གིས་གཙུག་ལག་ཁང་བགྱིད་དུ་བརྩལ་

ན་ས་གཞི་རྒྱལ་པོ་ལ་དབང་བས་ཞུ་འོ། །རྒྱལ་པོའི་ཕོ་བྲང་མ་གཏོགས་པ་གང་དུ་བཞེད་པ་དེར་རྩིགས་ཤིག་གསུངས། ཨ་རོག་ཀྱ་ཞེས་སྨྲས་ནས། དྲུག་སྡེ་གཞན་དག་གི་གན་དུ་སོང་སྟེ་དགའ་བོ་ཉེར་དགའ་བྲམ་ཟེ་ཆེ་གེ་མོ་ཞིག་ལ་གཙུག་ལག་ཁང་བྱེད་དུ་བཅུག་ནས་ཁོ་བོས་རྒྱལ་པོ་ལ་ས་གཞི་བསླང་བ་ན། རྒྱལ་པོ་ན་རེ། ཕོ་བྲང་མ་གཏོགས་གང་དུ་འདོད་པར་རྩིགས་ཤིག་ཟེར་བས་ས་གཞི་འདོམས་ཤིག །བྲམ་ཟེ་ལའང་ལྷས་གནང་གིས་པ་ན་སྦྱོལ་ཅིག །དེས་པ་ན་བྱིན་ནོ། །དྲུག་སྡེས་ཕྱོགས་གང་དུ་བརྩིག་ཞེས་གླེང་བས། ཀཽཤམྦི་དང་གདངས་ཅན་གྱི་ཀུན་དགའ་ར་བའི་བར་ན་ཤིང་ལྗོན་པ་ཞིག་གི་དྲུང་དུ་བྲམ་ཟེའི་ཁྱིའུ་ལྔ་བརྒྱས་གསང་ཚིག་ཀློག་པ་ན། ཁྱིའུ་དག་གིས་དྲུག་སྡེ་བསོད་སྙོམས་དུ་འཇུག་པ་དང་འབྱུང་བ་ན་ཡང་ཡང་། ཀྱེ་དྲུག་སྡེ་དག་བསོད་སྙོམས་མཆོག་ཐོབ་བམ་སྙོད་ཁེངས་སམ་ཞེས་ཅོ་འདྲི་བས་དེ་དག་མི་དགའ་བའི་སླད་དུ་ཤིང་ལྗོན་པ་དེ་གཅོད་དུ་བཅུག་ནས་དེར་གཙུག་ལག་ཁང་བརྩིག་ན་ཕྱིན་ཆད་ཅོ་འདྲི་བ་མི་བྱེད་དོ་ཞེས་གཏམ་པ་ན་ཁྱེར་ཏེ་གླ་མིའི་སྲང་དུ་སོང་སྟེ་གླ་བྱིན་གྱིས་གཙུག་ལག་ཁང་གི་ལས་ཀྱིས་ཤིག་ཅེས་གླ་མི་བོས་ཏེ་ཁྱིའུ་སུས་དང་མགོར་བསྐྲུ་བའི་སྣུམ་ཡང་བྱིན་པས་མགུ་སྟེ་བདག་ཅག་ལ་ལག་ལས་གཏོད་ཅིག་སྨྲས་པས། ལས་བྱེད་པའི་བར་ཅུང་ཟད་སྡོད་ཅིག ཉི་མ་ནུབ་པ་ན་གླ་སྦྱོལ་ཅིག་སྨྲས་ཚེ། ལས་གང་ཡང་མ་བྱས་པར་གླ་ཅི་སྟེར། བཞིན་བཟང་དག་སྟ་རེ་དང་གཞོར་དང་སླེ་བོ་དག་ལོངས་ཤིག་ལས་བྱེད་དུ་འདོང་ངོ། །

དེ་དག་ཐོགས་ཏེ་མིག་ལམ་ཆད་པ་ན་ཤིང་ལྗོན་པའི་གན་དུ་སོང་ནས་འདི་ཆོད་ཅིག་སྨྲས། དེ་རྣམས་ཀྱིས་འདི་གནས་ཀྱི་ཤིང་ལྗོན་པ་ཡིན་པས་བདག་ཅག་ལ་མགོ་གཉིས་མཆིས་སམ་མི་གཅོད་དོ། །བཀྲེན་པ་དག་ས་གཞི་རྒྱལ་པོར་དབང་བས་ཁོ་བོ་ཅག་ལ་རྒྱལ་པོའི་ཕོ་བྲང་མ་གཏོགས་པ་གང་དུ་འདོད་པར་གཙུག་ལག་ཁང་བརྩིག་ཏུ་རུག་ཅེས་དམ་པ་བྱིན་ན་སུས་ཁྱེད་ཀྱི་མགོ་གཅོད་ངེས་པར་ཆོད་ཅིག་ཅེས་སྨྲས། དེ་དག་གིས་ཤིང་ལྗོན་པའི་རྩ་བ་ནས་ཕྱུང་སྟེ་ས་ཕྱོགས་མཉམ་པོར་བྱས་ཏེ། འདིར་དྲི་གཙང་ཁང་བྱའོ། །འདིར་སྒོ་ཁང་བྱའོ། །འདིར་མེ་ཁང་བྱའོ། །འདིར་རྫུང་ཁང་བྱའོ། །འདིར་ཉེ་བར་གནས་པའི་ཁང་པ་བྱའོ་ཞེས་མཚན་མ་བྱས་ཏེ་སོང་ངོ་། ཁྱིའུ་དེ་དག་གིས

རེས་མོར་ཤིང་ལྗོན་པའི་དྲུང་དུ་ཆག་ཆག་འདེབས་ལེགས་པར་སྐྱུད་བ་ལང་གི་ལྕི་བ་གསར་བས་ཞུག་པ་ཡིན་པས་ནང་སྔ་བར་འོང་ནས་དེས་ཤིང་ལྗོན་པ་མ་མཐོང་ནས་མཁན་པོའི་དྲུང་དུ་སོང་སྟེ་ཤིང་ལྗོན་པ་མ་མཆིས་སོ། །དེས་ཁྱོད་ལོག་པར་སོང་ངམ་མཚན་མོ་ཤིང་ལྗོན་པ་གར་འགྲོ། དེ་ནས་གཞན་ཞིག་གིས་བཙལ་ཀྱང་མ་རྙེད། དེ་ནས་ཐམས་ཅད་འདུས་ཏེ་ཕྱོགས་དེར་སླེབས་པ་ན་ཁྲེའུ་དྲན་པ་གསལ་བ་ཞིག་གིས་འདི་ན་མཁན་པོ་བཞུགས། འདི་ན་བདག་སྡོད་པའི་ཡུལ་ཞེས་སྨྲས་པས་དེ་དག་སེམས་ཕམ་ནས་འཁོད། མི་ཞིག་གིས་ཁོ་བོས་མིག་ལམ་ཆད་པ་ན་ཕྱོགས་འདིར་དྲུག་སྟེ་འོང་ནས་ལས་མི་བ་དང་ལྷན་དུ་འདུས་པ་མཐོང་དེས་བཅད་དམ་ཟེར། དེའི་ཚེ་དྲུག་སྡེ་འོང་ནས་ཐམ་ཟེ་དག་ཅིའི་ཕྱིར་སེམས་ཁོང་དུ་ཆུད། ཤིང་མ་མཆིས་པས་སོ་ཟེར། དྲུག་སྡེ་བཞད་གད་བཅས་ཁྱེད་ཅག་གི་མ་གུམ་མམ་ཁྱེད་ཅག་དེའི་དྲུང་དུ་འཁོད་ནས་ཁོ་བོ་ཅག་ལ་ཅི་འདྲི་བས་ཁྱེད་ཅག་མི་དགའ་བར་བྱས་སོ་སྨྲས། དགེ་སློང་གི་ཚུལ་ནི་ཚུག་སྟེ་གནས་ཀྱི་ཤིང་ལྗོན་པའང་གཅོད་པར་བྱེད་དོ་ཞེས་སྨོད་པའི་སྐབས་དེ་གསོལ་བས། སྟོན་པས་དགེ་འདུན་བསྡུས་ཏེ། ངའི་ཉན་ཐོས་རྣམས་ཀྱིས་འདུལ་བའི་བསླབ་གཞི་འདི་ལྟར་སྟོན་པར་བྱ་སྟེ། དགེ་སློང་གིས་བདག་ཏུ་བཟུང་བའི་གནས་སུ་དགེ་འདུན་གྱི་ཕྱིར་གཙུག་ལག་ཁང་ཆེན་པོ་བརྩིག་ཏུ་འཇུག་ན་གཞིར་བལྟ་བའི་ཕྱིར་དགེ་སློང་དེས་དགེ་སློང་དག་དགྲི་བར་བྱའོ། །ཁྲིད་པའི་དགེ་སློང་དག་གིས་ཀྱང་གཞི་རུང་བ་དང་རྩོད་པ་མེད་པ་དང་བཅས་མ་དུ་རུང་བར་བལྟ་བར་བྱའོ། །

གལ་ཏེ་མི་རུང་བ་གསུམ་ལྡན་ཡིན་པ་དང་། བདག་པོ་ཡོད་པ་ཡིན་བཞིན་དགེ་འདུན་གྱི་ཕྱིར་གཙུག་ལག་ཁང་ཆེན་པོ་བརྩིག་ཏུ་འཇུག་གམ། གཞིར་ལྟ་བའི་དགེ་སློང་མི་ཁྲིད་དམ་ཁྲིད་པ་དག་ལ་གཞི་མི་སྟོན་ན་དགེ་འདུན་ལྷག་མའོ་ཞེས་བསླབ་གཞི་འདི་བཅས་སོ། །གཉིས་པ་ལ་ཁང་ཆེན་གྱི་ལྷག་མའི་ལྟུང་བའི་རྣམ་བཞག་དང་། བསླབ་བྱ་གཉིས། དང་པོ་ལ་དངོས་གཞི་དང་། སྦྱོར་བ་དང་། སྦྱོར་བའི་སྦྱོར་བའི་ལྟུང་བ་རྣམ་བཞག་གསུམ་མོ། །དང་པོ་ལ་གཞི་བསམ་སྦྱོར་བ་མཐར་ཐུག་གི་ཡན་ལག་བཞི་ལས། དང་པོ་གཞིའི་ཡན་ལག་ལ་གང་དུ་བརྩིགས་པའི་ས་གཞི་ནི་སྔར་ལྟར་མ་དག་གསུམ་ལྡན་དང་དགེ་འདུན་ལས་གནང་བ་མ་ཐོབ་པའོ། །གང་གིས་བརྩིག་པའི་ཡོ་བྱད་ནི་

བཙལ་མ་བཙལ་གང་ཡང་རུང་བའོ། །གང་བསྐྱིག་པའི་གནས་ཁང་ནི་གནས་ཀྱི་ཚད་ལྷག་མ་གཏོགས་ཁང་པའི་སྐབས་བཞིན་ནོ། བསམ་པ་ལ་འདུ་ཤེས་མ་འཁྲུལ་བ། ཀུན་སློང་དཀོན་མཆོག་གསུམ་གང་རུང་གི་ཕྱིར་དངོས་ཀྱི་བདག་པོ་ཁྱིམ་པའི་རབ་བྱུང་བཞིར་ལོངས་པ་ཡན་ཆད་ཀྱི་དོན་དུ་བསྐྱིག་འདོད་རྒྱུན་མ་ཆད་པའོ། །སྦྱོར་བ་དང་མཐར་ཐུག་ནི་ཁང་པའི་སྐབས་བཞིན་ནོ། །

གཉིས་པ་སྦྱོར་བའི་ལྟུང་བ་ནི། ཁང་ཆེན་གྱི་སྦྱོར་བ་བརྩམས་ནས་དངོས་གཞི་ལ་མ་ཐུག་གི་བར་སྦོམ་པོའོ། །གཞི་མ་དག་གསུམ་དང་ལྡན་པ་མ་བསྟན་པ་རྣམ་གང་ཡང་རུང་བ་རེ་རེ་ཚང་ན་མཐར་སྦོམ་པོ་སྟེ་གཉིས་སེལ་བའོ། །མཐར་མ་གཡོགས་པ་སོགས་ནི་ཁང་པའི་སྐབས་བཞིན་ནོ། །ཆེད་དུ་བྱ་བ་དཀོན་མཆོག་གི་ཆེད་དུ་དངོས་ཀྱི་བདག་པོ་གཉིས་སམ་གསུམ་གྱི་དོན་དུ་དང་། དཀོན་མཆོག་གི་ཆེད་མིན་པར་བདག་པོ་ཚོགས་ལོངས་ཀྱི་ཕྱིར་བྱས་པ་ལ་མཐར་སྦོམ་པོ་སྟེ་ཀུན་སློང་གིས་སེལ་བའོ། །

གསུམ་པ་སྦྱོར་བའི་སྦྱོར་བའི་ལྟུང་བ་ནི། ཀུན་སློང་སྐྱེས་ནས་ལུས་ངག་ཏུ་མ་ཐོན་པའི་བར་བསྡོམ་བྱ་ཡིན། ལུས་ངག་ཏུ་ཐོན་ནས་སྦྱོར་བ་ལ་ཐུག་གི་བར་ཉེས་བྱས་སོ། །གཉིས་པ་བསླབ་བྱ་ནི༑ ས་གཞི་དང་ཡོ་བྱད་བཙལ་མ་བཙལ་གང་ཡང་རུང་བས་གཙུག་ལག་ཁང་བསྐྱིག་པའི་ཚེ་གཞི་དག་པ་ལ་གནང་བ་མ་གསོལ་བ་ནས་མ་དག་པ་ལ་གནང་བ་སྦྱིན་པའི་བར་སྔར་ཁང་པའི་སྐབས་བཞིན་ནོ། །གཞི་དག་པ་ལ་གནང་བ་ཐོབ་ནས་གཙུག་ལག་ཁང་བསྐྱིག་པའི་ཚེ་ཡོ་བྱད་བཙལ་མ་བཙལ་གང་གིས་ཀྱང་བསྐྱིག་ཏུ་རུང་ལ་ཚད་ཀྱི་ཡ་མཐའ་རང་ཅི་ཙམ་འདོད་པར་བསྐྱིགས་པ་ལ་ཉེས་པ་མེད་དོ། །བརྒྱད་པ་དགེ་སློང་གཞན་ལ་ཕམ་པའི་ལྟུང་བ་མཐོང་ཐོས་དོགས་པའི་བརྗོད་གཞི་མེད་པར་དེའི་སྐུར་བ་འདེབས་པའི་དགེ་འདུན་ལྷག་མ་ལ། གླེང་གཞི་དང་། ལྟུང་བ་དངོས་སོ། །དང་པོ་ནི། སྟོན་པ་རྒྱལ་པོའི་ཁབ་ན་བཞུགས་པའི་ཚེ་ཡུལ་སྟེག་བྱུང་ཞེས་པ་ན་གྲོང་གྱི་མི་སྣ་ཆེན་པོ་ལ་གཏོགས་པའི་གྲུད་རྒྱལ་སྟེ་ཞེས་བྱ་བ་རྣམ་ཐོས་བུའི་ནོར་ལྟར་འབྱོར་བའི་ལོངས་སྤྱོད་ཆེ་བ་ཞིག་ཡོད་པ་དེས་རིགས་མཉམ་པ་ལས་ཆུང་མ་བླངས་དགའ་མགུར་སྤྱད་པས་ཁྱེའུ་ཞིག་སྐྱེས་ནས་མིང་འདོགས་པ་ན་དེ་མལ་ནས་མ་བབས་པར་བཤང་གཅི་མི་བྱེད་པས་མཁས་པ་སྤྱོད་པ་གསལ་

བས་མིང་ལ་ནོར་ལྷ་བུར་གྲགས་པ་ཡིན་པས་ཁྲེའུ་དེ་གྱད་རྒྱལ་སྟེའི་བུའང་ཡིན་ལ་ནོར་ལྷ་བུའང་ཡིན་པས་གྱད་བུ་ནོར་ཞེས་མིང་བཏགས། མཚན་དང་ལྡན་པ་དེས་ཡི་གེར་བསླབ་པ་མཐར་ཕྱིན། དེ་ལ་ཕས་ཆུང་མའི་འཁོར་རབ་འབྲིང་ཐ་གསུམ་བཞག དུས་གསུམ་དུ་སྐྱིད་མོའི་ཚལ་གསུམ་བྱས་ཏེ་བཙུན་མོའི་ཚོགས་དང་རྩེ་བ་དང་དགའ་མགུར་སྤྱོད་དོ། །བློན་པོ་ལྔ་བརྒྱའི་བུ་རི་དྭགས་བཤོར་ཏུ་སོང་ནས་ཕྱིར་ལོག་སྟེ་གྱད་བུ་ནོར་གྱི་གམ་དུ་ཕྱིན་པ་ལ་ཁྱེད་རྣམས་གར་ཕྱིན། རི་དྭགས་བདའ་རུ་ཕྱིན་ཏེ་རི་དྭགས་བསད་དོ། །རི་དྭགས་རྣམས་ཀྱིས་ཅི་ཟ་ཅི་འཐུང་དྲིས་པས་རྩྭ་དང་ཆབ་བཟའ་བཏུང་འཚལ། འོན་ཁྱེད་རྣམས་ལ་དེ་དག་གིས་གནོད་པ་ཅི་བྱས་ནས་གསོད། གནོད་མ་བྱས་མོད་བདག་ཅག་གི་བློ་བ་དགའ་བ་ཙམ་དུ་ཟད་དོ་སྨྲས། དགའ་བ་དེ་ནི་མི་བཟང་སྟེ་གཞན་ལ་གནོད་པའི་དགའ་བ་དེ་ཐོང་ཞིག་དེ་དག་ཕྱིར་བྱུང་ནས་སྨྲས་པ་གཞོན་ནུ་འདིས་བདག་ཅག་ལ་སྨོད་ཀྱང་འདིས་ཆུང་མའི་ཚོགས་སྤང་ནས་འགྲོ་བ་མི་འདོད་པ་ཡིན་པས་འདི་བདག་ཅག་དང་ལྷན་དུ་འགྲོ་བའི་ཐབས་བྱའོ་སྙམ་ནས་ཕའི་གམ་དུ་ཕྱིན་ནས་སྨྲས་པ་གཞོན་ནུ་འདི་གྲིབ་མར་སྐྱིད་དེ་བཞག་ན་ཉེ་འོག་གི་རྒྱལ་པོས་ངེས་པར་ཟིལ་གྱིས་གནོན་པར་འགྱུར་བས། བདག་ཅག་དང་ལྷན་དུ་རི་དྭགས་བཤོར་བཏང་སྟེ་མཚོན་གྱི་ལས་བྱེད་དུ་འཇུག་པ་རིགས་སོ་སྨྲས་པས། ཡབ་ཀྱིས་གཞོན་ནུ་དེ་དག་དང་ལྷན་དུ་བཏང་བས། བདག་གིས་གཞན་སྲོག་ལ་གནོད་པ་མི་བགྱིད་དོ། །

བདག་ཅག་མཚོན་གྱི་ལས་ཀྱིས་འཚོ་བ་ཡིན་པས་ངེས་པར་སོང་ཤིག་སྨྲས། དེ་དག་གིས་གཞོན་ནུའི་སེམས་བསྲུང་བའི་ཕྱིར་དུ་གཞན་ཞིག་ཏུ་བཞག་སྟེ། ཁོ་རང་རྣམས་རི་དྭགས་མང་པོ་བཤོར་ཏེ་གཞོན་ནུའི་མདུན་ན་ཕར་གཏོང་བ་ན་གཞོན་ནུས་རི་དྭགས་རྣམས་ལ་སྙིང་རྗེ་སྐྱེས་ནས་འདུག་པ་དང་མི་ཞིག་གིས་གཞོན་ནུའི་སེམས་བསྲུང་ཆེད་མདའ་མི་ཕོག་པར་འཕང་སྟེ། རི་དྭགས་ཀྱི་རྣ་བར་དང་རྐང་བར་ནས་མདའ་སོང་བས་རི་དྭགས་རྣམས་གཞན་དུ་བྲོས་ཏེ་སོང་ངོ་། །བློན་པོའི་བུ་དག་གིས་གཞོན་ནུས་ཐམས་ཅད་བསད་ཡོད་ངེས་སྙམ་དུ་འོང་བ་ན་གཅིག་ཀྱང་མ་བསད་པར་ཐམས་ཅད་སོང་བར་རིག་ནས་དེ་རྣམས་ཀྱིས་གཞོན་ནུ་བོར་ཏེ་ཁྲིམ་དུ་ལྷགས་སོ། །གཞོན་ནུས་ཕ་ཤི་བ་ན་བདག་དམག་དཔོན་དུ་གྱུར་ཏེ་སེམས་ཅན་ལ་ཉེས་པ་བྱེད་དགོས་པར་འགྱུར་སྙམ་ནས

སྙིང་སྟོར་བའི་སྡུག་བསྔལ་སྐྱེས་བཞིན་ཁྱིམ་དུ་སོང་སྟེ་ལག་པ་འགྲམ་པར་གཏད་དེ་སེམས་ཁོང་དུ་ཆུད་དེ་སྡོད་ཅིང་ཆུང་མ་འོང་བ་ནའང་དགའ་སྤྲོ་མེད་པར་སྡོད་པ་ཡབ་ཀྱིས་མཐོང་ནས། ཁྱོད་ཅི་ཉེས་སྨྲས་པ་ན་ཁོས་བསམ་ཚུལ་སྨྲས་པས། གཞོན་ནུ་ཁྱོད་རི་ལ་སོང་ཞེས་བརྗོད་པས་དེ་དགའ་སྟེ་ཕ་དང་ཆུང་མ་བཅས་སྤྱང་ནས་དགེ་བ་འཚོལ་དུ་ཕྱིན། དང་པོ་མུ་སྟེགས་པའི་དྲུང་དུ་ཕྱིན་པ་ན་དེ་དག་གི་ལྟ་སྤྱོད་ཀྱིས་མ་ཚིམ་ནས་འཁོར་བ་ལས་ཐར་བའི་ཐབས་སྟོན་པའི་དགེ་སྦྱོང་ངམ་བྲམ་ཟེ་སུ་དག་ཡོད་དམ་སེམས་པ་ན། སྟོན་པས་དེའི་སེམས་མཁྱེན་ནས་སྐལ་ལྡན་གདུལ་བྱ་རྒྱུད་སྨིན་པ་དེ་གདུལ་བ་ལ་སྟོན་པ་རང་དང་ཉན་ཐོས་གཉིས་ལས་ཉན་ཐོས་ཀྱིས་འདུལ་བར་གཟིགས་རྫུ་འཕྲུལ་དང་སྤྱོད་ལམ་གཉིས་ལས་སྤྱོད་ལམ་གྱིས་འདུལ་བར་གཟིགས་ཏེ། སྟོན་པས་རྡ་ཐུལ་ལ་ཁྱོད་ཀྱིས་གྲུད་བུ་ནོར་ལ་སོམས་ཤིག་གསུངས་པས་དེས་ཁས་བླངས་ཏེ་སྡིག་བྱུང་གི་ཡུལ་དུ་ཕྱིན་ནས་པདྨའི་ནགས་ཁྲོད་དུ་བསྡད་དེ་ཆོས་གོས་ལྷུང་བཟེད་བཅས་སྒོ་གསུམ་བསྡམས་ཏེ་སྤྱོད་ལམ་ཞི་དུལ་གསལ་བར་བྱས་ཏེ་གྲོང་བརྒྱུད་དེ་ཀྲུ་བ་གྲུད་བུ་ནོར་གྱིས་མཐོང་སྟེ། ཡུལ་འདིར་སྔོན་རབ་བྱུང་ཇི་སྙེད་ཡང་འདི་དང་འདྲ་བ་མ་མཐོང་བས་དེའི་སྤྱོད་ལམ་དེ་གྲོང་དུ་རྒྱུ་སྐབས་དང་དབེན་པར་གནས་སྐབས་ལ་ཁྱད་ཡོད་མེད་བརྟགས་ཆེད་མི་ཞིག་ཕྱི་བཞིན་བལྟར་བཏང་བ་ན་སྔར་ལས་ལྷག་པའི་སྤྱོད་ལམ་ཞི་དུལ་གྱི་སྤྱོད་ལམ་གསལ་བར་བྱས་ཏེ་གནས་པ་མཐོང་ནས་གྲུད་བུ་ནོར་ལ་སྨྲན་ཏེ་གཉིས་ཆར་བཞོན་པ་ལ་ཞོན་ནས་མྱུར་བར་ཕྱིན་མཐར་རྐང་འགྲོས་ཀྱིས་པདྨའི་ནགས་ཚལ་དུ་ཕྱིན་པ་ན་རྡ་ཐུལ་སྤྱོད་ལམ་ཞི་བས་བསམ་གཏན་ལ་མཉམ་པར་བཞག་སྟེ་བཞུགས་པ་མཐོང་ནས་མཉམ་བཞག་ལས་མ་ལངས་བར་བསྡད། ལངས་བར་བརྩམ་པ་ན་དྲུང་དུ་ཕྱིན་པས་རྡ་ཐུལ་གྱིས་ཆོས་ཀྱི་གཏམ་གྱིས་མགུ་བར་བྱས་པ་ན་ཁྱེད་སྟོན་པའམ་དེའི་ཉན་ཐོས་ཡིན་སྨྲས་ཚེ་ཉན་ཐོས་སོ། །དེ་གཉིས་ལ་ཁྱད་ཅི་ཡོད་དྲིས་ཚེ་དུག་ཅན་དང་བ་ལང་གི་རྗེས་ཤུལ་གྱི་ཆུ་དང་། སྲིན་མེ་དང་ཉི་མ། ནམ་མཁའ་དང་པདྨའི་བུག་པའི་ཁྱད་ཙམ་མོ་བྱས་པས། འདིས་སྟོན་པ་ལ་བསྟོད་བདག་ཉིད་ལ་སྨོད་པས་དགེ་འདུན་དང་ཆོས་ཡང་དག་པར་རིག་ནས་བདག་རབ་ཏུ་བྱུང་དུ་གསོལ་སྨྲས། འོ་ན་ཕ་མས་གནང་ངམ་གསུང་། མ་གནང་ལགས་སྨྲས་པས་སྟོན་པ་དང་དེའི་ཉན་ཐོས་ཀྱིས་ཕ་མས

མ་གནང་བར་རབ་ཏུ་འབྱིན་པར་མི་བྱེད་གསུངས་པས། དེས་ཕ་མས་གནང་ངམ་བལྟ་བར་བགྱིའོ་སྙམ་ནས་ཁྱིམ་དུ་ལོག་སྟེ་ཕ་མ་ལ་རབ་ཏུ་བྱུང་བའི་གནང་བ་ཞུས་པ་ན་ཁྱོད་གསོན་བཞིན་འབྲལ་ཡོད་དམ་སྙམ་པས། འོ་ན་ངས་ཟན་མི་ཟ་བར་ཤིར་འཇུག་གོ་སྙམ་ཏེ་ཟས་ལ་སྦྱོད་དུ་མ་ཉན་པས་ཤི་ན་མི་རུང་བར་ཤེས་ནས་རབ་ཏུ་བྱུང་བར་གནང་ངོ་། །དེ་ནས་གྲུད་བུ་ནོར་རྣ་ཐུལ་དྲུང་དུ་ལྷགས་ཏེ་ཕ་མས་གནང་གི་བདག་རབ་ཏུ་བྱུང་དུ་གསོལ་ཞུས་པས་རབ་ཏུ་བྱུང་བའི་ཕན་ཡོན་ལྷ་བརྗོད་དེ་རབ་བྱུང་དང་བསྙེན་རྫོགས་བྱས་སོ། །ད་རབ་བྱུང་གི་བྱ་བ་སྤོང་གློག་གཉིས་ཡོད་པས་གང་བྱེད་གསུང་པ་ན་གཉིས་ཀ་བྱེད་པར་ཁས་བླངས་ཏེ་གདུགས་ལ་གློག་པ་དང་གུང་ལ་བསམ་གཏན་ལ་གཞོལ་བས། ཉིན་མོར་གློག་པ་བྱས་པས་སྡེ་སྣོད་གསུམ་པར་གྱུར། གུང་ལ་བསམ་གཏན་བྱས་པས་ཞི་གནས་དང་རྟེན་འབྲེལ་དང་བདེན་བཞིའི་གནས་ལུགས་མཐོང་སྟེ་ཉོན་མོངས་ཐམས་ཅད་སྤངས་པའི་དགྲ་བཅོམ་པར་གྱུར་ཏོ། །ནམ་ཞིག་རྣ་ཐུལ་གྱི་ཉེ་གནས་ལྷན་ཅིག་གནས་པའི་དགེ་སློང་ལོངས་སུ་དབྱར་གནས་པ་རྣམས་རྣ་ཐུལ་དྲུང་དུ་འོང་ནས་འགའ་ཞིག་གིས་རྟོགས་པ་ཐོབ་ཚུལ་དང་། འགས་སྡེ་སྣོད་གསུམ་གྱི་དོགས་གཅོད་ཞུས་ཏེ། དེ་དག་གིས་མཁན་པོར་བསྙེན་བཀུར་བྱས་ཟིན་ནས་ད་ནི་སྟོན་པའི་དྲུང་དུ་འགྲོ་ཞེས་པ་གྲུད་བུ་ནོར་གྱིས་ཐོས་ནས་བདག་ཀྱང་འགྲོའོ་སྙམ་དུ་མཁན་པོའི་མདུན་དུ་སོང་སྟེ་སྨྲས་པ། བདག་གིས་སྟོན་པ་ཆོས་ཀྱི་སྐུའི་སྒོ་ནས་མཐོང་ན་གཟུགས་སྐུའི་སྒོ་ནས་མ་མཐོང་བས་བལྟ་བར་འཚལ་ལོ་ཞུས་པས་དེ་ལྟར་གྱིས་གསུངས་སོ། །སྟོན་པས་འཁོར་བརྒྱ་ཕྲག་དུ་མར་ཆོས་སྟོན་པ་ན་གྲུད་བུ་ནོར་རྒྱུད་ནས་འོང་བ་གཟིགས་ཏེ་ཚུར་ཤོག་འོང་བ་ལེགས་སོ། །ཁྱོད་དུས་སུ་ཕྱིན་ནོ་གསུངས། སྟོན་པའི་ཞབས་ལ་ཕྱག་འཚལ་ཏེ་ཕྱོགས་གཅིག་ཏུ་འདུག་གོ། །

དེའི་ཚེ་དགེ་འདུན་རྣམས་གནས་མལ་མི་མཐུན་པར་སྤོང་གློག་གཉིས་ཀ་ལྷན་དུ་འབོགས་པས་ཀུ་བྲལ་ཨུཏྤལ་བཞིན་དགེ་བའི་ཕྱོགས་ཉམས་པ་དང་། སྟོན་པའི་དགོངས་པར་གྲུད་བུ་ནོར་སྔོན་སངས་རྒྱས་འོད་སྲུང་གི་སྤྱན་སྔར་བདག་ཤཱཀྱ་ཐུབ་པའི་བསྟན་པ་ལ་གནས་མལ་འབོགས་པ་རྣམས་ཀྱི་མཆོག་ཏུ་གྱུར་ཅིག་ཅེས་སྨོན་ལམ་བཏབ་པས་འདི་གནས་མལ་འབོགས་པར་བསྐོར་གཞུག་གོ

དགོངས་ཏེ། དགེ་སློང་དག་ཁྱེད་ཀྱིས་ཀུན་དུ་ནོར་རམ་གཞན་ཆོས་ལྔ་ལྡན་གནས་མལ་འབོགས་པར་བསྐོ་བར་བྱའོ་གསུངས་པས་དེ་བསྐོས་ཚེ་ཆོས་སྒྲོག་པ་རྣམས་ཕྱོགས་གཅིག་སྤོང་བ་པ་རྣམས་ཕྱོགས་གཅིག་ཏུ་གནས་མལ་མཐུན་པར་ཕོག་པས་དགེ་ཕྱོགས་རྒྱ་ཡི་པདྨོ་བཞིན་འཕེལ་ལོ། །དེའི་ཚེ་མཚན་མོ་འོང་བའི་དགེ་སློང་རྣམས་ལ་ཀུན་དུ་ནོར་གྱིས་རྫུ་འཕྲུལ་ལས་སོར་མོ་གཅིག་ལ་འོད་སྣར་ཏེ་གནས་མལ་འབོགས། མཚན་མོའི་ཕྱེད་དུ་འོང་བ་ལ་སོར་མོ་གཉིས་ལས་འོད་སྣར་ཏེ་འབོགས་སོ༎ ༎ཀུན་དུ་ནོར་གྱི་རྫུ་འཕྲུལ་ལ་བལྟ་འདོད་དེ་ཆེད་དུ་བསམ་ནས་མཚན་མོར་འོང་བ་དག་ལ་སོར་མོ་ལྔ་ཀ་ལས་འོད་སྣར་ཏེ་གནས་མལ་འབོགས་སོ། །

དེ་དག་གིས་འདི་སྐམ་དུ་སྟོན་པ་དང་འདྲ་བའི་ཉན་ཐོས་ཆེན་པོའི་འདིས་བདག་ཅག་རྣམས་ལ་གནས་མལ་འབོགས་ན་གློས་ཕབ་སྟེ་གཉིད་ལོག་པ་ནི་ཚུལ་མིན་ནོ་སྐམ་སྟེ་ནམ་གྱི་ཆ་སྟོད་སྨད་ལ་མི་ཉལ་བར་རྣལ་འབྱོར་ལ་བརྩོན་པས་དེ་རྣམས་ལ་ཡོན་ཏན་གྱི་ཆོས་མ་ཐོབ་པ་ཐོབ་པ་དང་ཐོབ་པ་ལས་མི་ཉམས་པར་གྱུར་ཏོ། །སྟོན་པས་ཀུང་དའི་ཉན་ཐོས་གནས་མལ་ལ་འབོགས་པ་རྣམས་ཀྱི་ནང་ནས་ཀུན་དུ་ནོར་འདི་མཆོག་ཡིན་ནོ་ཞེས་ལུང་བསྟན་ཏོ། །དེ་ལྟར་སྟོན་པའི་བསྟན་པ་རྒྱས་པའི་དུས་སུ་བྲམ་ཟེ་ཁྱིམ་བདག་དང་པ་ཅན་རྣམས་ཀྱི་ཁྱིམ་དུ་ཟས་བཤམས་ཏེ་ཡོད་པ་ན་དྲུག་སྡེ་དག་ཟས་བསོད་པ་གང་དུ་བཤམས་པ་དེར་སོང་སྟེ་སྤྱོད་པ་ལ་དེ་དག་གིས་ཁྱེད་ཅག་འབའ་ཞིག་ཉིན་རེ་བཞིན་བྱོན་ན་དགེ་སློང་གནས་བརྟན་དག་ཅིའི་ཕྱིར་མི་བྱོན། དྲུག་སྡེས་དེ་དག་ཟས་འདི་ལྟ་བུ་ལ་མི་སྤྱོད་དོ། འོ་ན་ཅི་ལ་སྤྱོད། བསོད་པ་དག་ལའོ། །སྟོན་པས་བདག་ཅག་བསོད་པ་སྦྱིན་པ་རྣམས་ཀྱི་མཆོག་ཏུ་ལུང་བསྟན་ན་ཅིའི་ཕྱིར་དེ་སྐད་གསུངས་སྟོན་པས་རིགས་བཞི་དང་ལྡན་པའི་འདུལ་བ་ལ་རབ་ཏུ་བྱུང་ནས་བྱུང་རྒྱལ་དུ་དེ་སྐད་མ་སྨྲ་བར་བཞུད་ཅིག་སྨྲར་མ་བྱོན་ཅིག་དེ་དག་སྤོབས་པ་མེད་པར་གྱུར་ནས་མི་སྨྲ་བར་སོང་ངོ་། །དེ་གཅིག་ནས་གཅིག་ཏུ་བརྒྱུད་དེ་སྟོན་པར་གསོལ་བས་སྟོན་པས་དགེ་སློང་དག་ཁྱེད་ཀྱིས་ཀུན་དུ་ནོར་རམ་གཞན་ཆོས་ལྔ་ལྡན་ཟས་གཏོད་པའི་ཕྱིར་དུ་བསྐོ་བར་བྱའོ་གསུངས་ནས་དེ་བསྐོས། དེས་དགེ་འདུན་ལ་ཟས་རྣམ་པ་གསུམ་བཤམས་ཏེ་བསོད་པ་དང་འབྲིང་པོ་དང་ངན་པའོ། །དེར་དགེ་སློང་གློ་བུར་བ་དེ་དག་ལ་ཉིན་དང་པོར་ཟས་རབ་དང་

གཉིས་པར་འབྲིང་དང་གསུམ་པར་ངན་པར་བསྒོ་བཞི་པར་རང་རང་གི་སྤྱོད་ཡུལ་དུ་བསོད་སྙོམས་ལ་འཇུག་པར་བྱས་སོ། །དེའི་ཚེ་མཛའ་བོ་དང་ས་ལས་སྐྱེས་གཉིས་ནི་ཚེ་རབས་སུ་གྱད་བུ་ནོར་དང་མཁོན་ཡོད་པས་དེ་གཉིས་ལྷོའི་རི་བོ་དག་ཏུ་ལྫོངས་རྒྱུ་ཞིང་རྒྱལ་པོའི་ཁབ་ཏུ་ཕྱིན་ནས་དགེ་འདུན་གྱི་གནས་མལ་འབོགས་པར་བསྐོས་པ་སུ་ཡིན་དྲིས། གྱད་བུ་ནོར་རོ། །དེ་གཉིས་ཀྱིས་དེ་ལ་གནས་མལ་ཕོག་ཅིག་སླས་པས། གྱད་བུ་ནོར་གྱིས་མལ་ཆ་བཟང་པོ་གནས་བརྟན་རྣམས་ལ་ཕོག་ཟིན་པས་ལྷག་མ་ངན་པ་ལུས། གནས་ཁང་ཡང་གཙུག་ལག་ཁང་གི་ཉེ་འཁོར་དག་གནས་བརྟན་རྣམས་ལ་བསྐོས་ཟིན་པས་མཐའི་གནས་ཁང་ངན་པ་འབའ་ཞིག་ལུས་ནས་གྱད་བུ་ནོར་གྱིས་དེ་གཉིས་ལ་མལ་ཆ་ངན་པ་འབོགས་ཤིང་གནས་ཁང་ཡང་མཐའ་ཞིག་ཏུ་ལྷག་པ་དེ་བསྐོས་སོ། །

དེ་གཉིས་ཀྱིས་དགེ་འདུན་པའི་ཟས་ལ་བསྒོ་བ་སུ་ཡིན་དྲིས་པས། བདག་གྱད་བུ་ནོར་རོ། ཁོ་བོ་གཉིས་ཀྱི་ཟས་སྐོས་ཤིག །དེས་ཉིན་དང་པོར་ཟས་བསོད་པ་སྦྱིན་པའི་བདག་པོར་བསྐོས་ཀྱང་ཁྲིམ་བདག་གིས་དེ་གཉིས་ཡིན་པར་རིག་སྟེ་འདི་གཉིས་གནས་ངན་ལེན་ཀུན་ཏུ་སྤྱོད་པ་ཡིན་པས་སུ་ཞིག་དེ་གཉིས་ལ་གྲུས་ཅི་ཡང་རུང་བ་ཟོས་ཤིང་འགྲོ་བར་གྱུར་ཅིག་སྙམ་སྟེ་ཟས་ངན་བྱིན། ཉིན་གཉིས་པ་ལ་འབྲིང་དུ་བསྐོས་པས་དེས་ཀྱང་ངན་པ་བྱིན། ཉིན་གསུམ་པ་ལ་ངན་པར་བསྐོས་སོ༑ ༑དེ་ནས་དེ་གཉིས་འདི་སྙམ་དུ་ཀྱེ་མ་སྡུག་བསྔལ་ལོ་གྱད་བུ་ནོར་གྱིས་བསམ་བཞིན་དུ་བདག་ཅག་གཉིས་ལན་གསུམ་དུ་གང་ཟོས་པ་རྣམས་ཟས་ངན་པས་མགོ་འཚམ་གྱིས་འདི་ལ་གནོད་པ་ཞིག་བྱའོ་སྙམ་ནས་དེ་གཉིས་ཀྱི་སྲིང་མོ་དགེ་སློང་མ་མཛའ་མོ་ཞེས་བྱ་བ་དེ་རྒྱལ་པོའི་ཁབ་ཀྱི་དགེ་སློང་མའི་དབྱར་ཁང་དུ་སྡོད་པ་དེའི་གམ་དུ་སོང་སྟེ་མཐའ་ཞིག་ཏུ་སྡོད་དོ། །དེ་ལ་དེ་གཉིས་ཀྱིས་མཛའ་བའི་སེམས་ཀྱིས་བལྟ་བར་མི་བྱེད་པའི་སྐབས་སུ་ཁྱེད་གཉིས་ཀྱིས་བདག་ལ་ཅིའི་ཕྱིར་མཛའ་བའི་སེམས་ཀྱིས་མི་བལྟ་ཟེར། བདག་ཅག་གཉིས་ལ་གྱད་བུ་ནོར་གྱིས་ལན་གསུམ་མགོ་འཚམ་ཀྱང་ཁྱོད་ཀྱིས་ཡལ་བར་བོར་བས་སོ། །འོ་ན་བདག་གིས་དེ་ལ་ཅི་བགྱི། སྲིང་མོ་ཁྱོད་སྟོན་པའི་དྲུང་དུ་སོང་ལ་འཕགས་པ་གྱད་བུ་ནོར་བདག་དང་ལྷན་དུ་མི་ཚངས་པར་སྤྱད་དེ་ཕམ་པར་གྱུར་པ་དེ་ནི་མི་མཛེས་ཤིང་ཚུལ་དང་མཐུན་པ་མ་ལགས་སོ་སྨོས་དང་ཁོ་བོ་གཉིས་ཀྱིས་ཀྱང་བཅོས

ལྡན་འདས་དེ་དེ་བཞིན་ནོ། །བདེ་བར་གཤེགས་པ་དེ་དེ་བཞིན་ཏེ་བདག་ཅག་གི་སྲིང་མོས་གསོལ་བ་དེ་བཞིན་དུ་བདག་ཅག་གཉིས་འཚལ་ལོ་སྙམ་བར་བགྱིའོ། །བདག་གིས་ཇི་ལྟར་དགེ་སློང་རྣམ་དག་ལ་གཞི་མེད་པར་ཕམ་པས་སྐུར་པ་གདབ། དེ་སྐད་མི་ཟེར་ན་ཁྱོད་ལ་མི་བལྟའོ། །དེ་ཡུད་ཙམ་བསྡད་དེ་དེ་ལྟ་ན་བདག་གིས་དེ་སྐད་སྨྲ། སྲིང་མོ་ཁོ་བོ་གཉིས་སྟོན་པའི་སྤྱན་སྔར་སོན་པ་ན་ཁྱོད་ཕྱི་བཞིན་དུ་ཤོག་སྨྲས། དེ་གཉིས་ཀྱི་ཕྱི་བཞིན་དུ་མཛའ་མོ་ཡང་ཕྱིན་ནས་སྟོན་པ་ལ་དེ་བཞིན་ཞུས་ཤིང་དེ་གཉིས་ཀྱིས་ཀྱང་སྲིང་མོས་གསོལ་བ་དེ་བཞིན་ནོ། །སྟོན་པས་གྱད་བུ་ནོར་ལ་ཐོས་སམ། ཐོས་སོ། ཁྱོད་ཅི་སྙམ། སྟོན་པས་གཟིགས་པ་ལྟར་རོ། །ཁྱོད་དེ་སྐད་མ་ཟེར་དྲན་ན་དྲན་སྨོས་མི་དྲན་ན་མི་དྲན་སྨོས། མི་དྲན་ནོ། །སྟོན་པས་དགེ་སློང་དག་གྱད་བུ་ནོར་ནི་དྲན་པ་དང་ལྡན་པར་ཟུངས་ཤིག །མཛའ་མོ་ནི་རང་གིས་ཁས་བླངས་པས་སྐྲོལ་ཅིག །མཛའ་བོ་དང་ས་ལས་སྐྱེས་གཉིས་ལ་ཇི་ལྟར་གང་དུ་མཐོང་ཁྲིད་གཉིས་ཀྱིས་དོན་ཅི་ལ་སོང་ནས་མཐོང་ལེགས་པར་གླེང་ཤིག་གསུངས། དེ་དག་གིས་དེ་གཉིས་ལ་དྲིས་པས་གྱད་བུ་ནོར་ལ་ཕམ་པ་མ་བྱུང་སྟེ་དེས་བདག་ཅག་གཉིས་ལ་ལན་གསུམ་མཐོ་འཚམ་པས་སྨྲས་པར་ཟད་དོ། །གསོལ་བས། སྟོན་པས་དགེ་སློང་དག་མི་གཏི་མུག་ཅན་ཟང་ཟིང་ཙུང་ཟད་ཙམ་གྱི་ཕྱིར་ཤེས་བཞིན་རྫུན་སྨྲ་བར་བྱེད། ལུས་ཅན་རྫུན་དུ་སྨྲས་པ་ཡིས། །ཆོས་གཅིག་ལས་ནི་འདས་གྱུར་ཅིང་། །འཇིག་རྟེན་ཕ་རོལ་དྲལ་བ་ཡིས། །འདི་ལ་སྡིག་པ་མི་བྱ་མེད། །ལྕགས་གོང་མེ་ལྕེ་འབར་བ་དག །ཟོས་པར་གྱུར་པ་མཆོག་ཡིན་གྱི། །ཚུལ་འཆལ་ཡང་དག་མ་བསྡམ་པས། །ཡུལ་འཁོར་བསོད་སྙོམས་ཟ་བ་མིན། །ཞེས་དང་། ལྷས་ཀྱང་། འཇིག་རྟེན་དག་ན་འཁོར་བ་ལ། །བློ་ལྡན་སུ་ཞིག་དགའ་བར་བྱེད། །སྲིད་གསུམ་གྲོལ་བའི་ནོར་གྱིས་ཀྱང་། །སྐུར་པ་ཐོབ་པར་འགྱུར་ཕྱིར་རོ། །ཞེས་སོ། །སྟོན་པས་མཛའ་བོ་དང་ས་ལས་སྐྱེས་ལ་མི་གཏི་མུག་ཅན་ཁྲིད་གཉིས་ཀྱིས་དགེ་སློང་ལྟུང་བ་མེད་པ་ལ་གཞི་མེད་པའི་ཕམ་པའི་སྐུར་པ་བཏབ་པ་བདེན་ནམ། བཙུན་པ་མད་ལགས། དགེ་སྦྱོང་གི་ཚུལ་མ་ཡིན་པ་སོགས་སྨད་དེ་ཕན་ཡོན་བཅུ་གཟིགས་ནས་ངའི་ཉན་ཐོས་རྣམས་ཀྱིས་འདུལ་བའི་བསླབ་གཞི་འདི་ལྟར་སྟོན་པར་བྱ་སྟེ། ཡང་དགེ་སློང་གང་ཁྲོས་ཤིང་ཞེ་སྡང་བར་གྱུར་ནས་ཅི་ནས་ཀྱང་འདི་ཚངས་སྤྱོད་དང་བྲལ་བར་བསམ་ནས་དགེ

སློང་དག་པ་ལྟུང་བ་མེད་པ་ལ་གཞི་མེད་པར་ཕམ་པར་གྱུར་པའི་ཆོས་ཀྱིས་སྐུར་བ་ལས་དྲིས་ཀྱང་རུང་མ་དྲིས་ཀྱང་རུང་རྫོད་པ་དེ་ཡང་གཞི་མེད་པ་ཡིན་ལ་དགེ་སློང་ཡང་ཞེ་སྡང་ལ་གནས་པ་ཞེ་སྡང་གིས་སྨྲས་སོ་ཞེ་ན་ཡང་དགེ་འདུན་ལྷག་མའོ་ཞེས་བཅས་པ་མཛད་དོ། །

གཉིས་པ་ལ། ལྷག་མའི་དངོས་གཞི། སྦྱོར་བ། སྦྱོར་བའི་སྦྱོར་བའི་ལྟུང་བ་རྣམ་བཞག་གསུམ་ལས། དང་པོ་གཞི་བསམ་སྦྱོར་བ་མཐར་ཐུག་གི་ཡན་ལག་བཞི། དང་པོ་ལ། གང་ལ་སྐུར་པ་བཏབ་པའི་ཡུལ། གང་གིས་སྐུར་བ་འདེབས་པའི་དངོས་པོ། གང་ལ་དངག་སྨྲ་བའི་ཡུལ་དང་གསུམ། དང་པོ་ནི། རང་ཕྱོགས་ལྷ་མཚན་མཐུན་པ་ཡིན་ན་བསྙེན་རྫོགས་ཀྱི་སྡོམ་པ་གསོ་རུང་ཡན་ཆད་ལྡན་ཞིང་གཞན་ཕྱོགས་མཚན་དང་ལྟ་བ་གང་རུང་མི་མཐུན་པ་ཡིན་ན་ཕམ་པ་འཆབ་མེད་ཀྱང་མ་བྱུང་བའི་རྣམ་པར་དག་པ། ལུས་ཐ་མལ་དུ་གནས་པ། རང་ལས་རྒྱུད་ཐ་དད་པ་སྨྲ་ཤེས་པ་དོན་གོ་བ་ཤེས་པ་རང་བཞིན་དུ་གནས་པ་སྟེ་ཐ་སྙད་གསུམ་དང་ལྡན་པའོ། །ཐ་སྙད་གསུམ་ལྡན་ཞེས་པ་འོག་མ་དག་ཏུ་འདི་སྦྱར། དེ་ཡང་ཡུལ་བསྙེན་རྫོགས་སྤྱིས་བསྐྱེད་པའི་ལྟུང་བ་དུ་ཡོད་ཅེ་ན། གཞི་མེད་པ་དང་བག་ཙམ་གྱི་ལྷག་མ་གཉིས་དང་། ལྷག་མའི་སྐུར་འདེབས་ཀྱི་ལྟུང་བྱེད་གསུམ་མོ། །འདི་གསུམ་ལ་ཡུལ་དགེ་སློང་ཉམས་པ་དང་མཚན་དང་ལྟ་བ་མི་མཐུན་པ་ལ་སྐུར་བ་བཏབ་པས་ཀྱང་དངོས་གཞི་བསྐྱེད་ལ། བཟེག་གཟན་སོགས་ལ་ཕམ་པ་འཆབ་མེད་ཀྱིས་ཉམས་པ་དང་མཚན་དང་ལྟ་བ་མི་མཐུན་པ་ཡུལ་དུ་བྱས་པ་ལ་དངོས་གཞི་མི་བསྐྱེད་པ་ཅི་ཡིན་ཞེ་ན། སྐུར་འདེབས་གསུམ་ནི་དགེ་སྦྱོང་གི་རིགས་སུན་འབྱིན་པའི་སྒོར་གྱུར་པ་དང་། བྱ་བ་ཤིན་ཏུ་ཐ་ཆད་པ་ཡིན་པ་དང་འབྲུང་ཉེ་བའི་ཕྱིར། བཟེག་གཟན་སོགས་ནི་འདི་དག་ལ་ལྟོས་ཏེ་མཚང་ཆུང་བའི་ཕྱིར་རོ། །

གང་གིས་སྐུར་བ་འདེབས་པའི་དངོས་པོ་ནི། ཕམ་པའི་དངོས་གཞི་ཡིན་པ། གང་སྨྲ་བའི་མཐོང་ཐོས་དོགས་གསུམ་གྱི་གཞི་མེད་པའོ། །གང་ལ་དངག་སྨྲ་བའི་ཡུལ་ནི་ཇུན་སྨྲའི་ཕམ་པ་བཞིན་ནོ།། །།བསམ་པ་ལ་འདུ་ཤེས་མ་འཁྲུལ་བའོ། །ཀུན་སློང་ཕམ་པས་ཉམས་པར་འདུན་པས་འདུ་ཤེས་བསྒྱུར་ཏེ་གཞི་མེད་ཀྱིས་གསལ་བར་སྐུར་པ་འདེབས་པའི་ཚིག་སྨྲ་ཞིང་དོན་གོ་བར་བྱེད་འདོད་རྒྱུན་མ་ཆད་པའོ། །སྦྱོར་བ་དག་མཚན་ཉིད་ལྔ་ལྡན་གྱིས་དགེ་སློང་ཆེ་གེ་མོས་མི་ཚངས་པར

སྤྱོད་པར་བྱས་སོ་ཞེས་པ་ལྟ་བུ། །སྐུར་པ་གདབ་བྱའི་མིང་ནས་སྨོས་ཏེ་བྱེད་པ་པོ་དང་བྱ་བ་སྦྱར་ནས་སྐུར་བ་འདེབས་པར་རྩོམ་པ། མཐར་ཐུག་དོན་གོ་བའོ། །དེ་ཡང་ཉམས་པ་ལ་སྐུར་བ་བཏབ་པས་ལྟུག་མ་སྐྱེད་པའི་སྨུ་བཅུ་གཅིག་ནི་མཐོང་ཐོས་དོགས་གསུམ་གྱི་གཞི་མེད་པ་ལ་འདུ་ཤེས་བསྒྱུར་ཏེ་མཐོང་བ་དང་། ཐོས་པ་དང་། དོགས་པར་སླུ་བ་གསུམ་དང་། དེ་གསུམ་གྱི་གཞི་སྣང་ཡོད་ཀྱང་བརྗོད་པའི་སྐབས་སུ་མཐོང་བ་དང་ཐོས་པ་དང་དོགས་པ་དེ་བརྗེད་པར་སླུ་བ་གསུམ་དང་། ཐོས་པ་ལ་ཡིད་ཆེས་པ་དང་། ཐོས་པ་ལ་ཡིད་མི་ཆེས་པ་དང་། ཐོས་པ་ལ་དོགས་པ་དང་། ཐོས་པ་ལ་མི་དོགས་པ་དང་། དོགས་པ་ལ་དོགས་པ་རྣམས་ལ་མཐོང་བར་སླུ་བ་རྣམས་སོ། །རྣམ་དག་ལ་སྐུར་བ་བཏབ་པས་ལྟུག་མ་སྐྱེད་པའི་སྨུ་བཅུ་ནི། མཐོང་བ་བརྗེད་བཞིན་མཐོང་བར་སླུས་པ་མ་གཏོགས་པ་སྔར་བཤད་པ་རྣམས་ཏེ་རྣམ་དག་ལ་མཐོང་བ་མི་སྲིད་པས་སོ། །

གཉིས་པ་སྤྱོར་བའི་ལྟུང་བའི་རྣམ་བཞག་ནི། གཞི་མེད་པར་ཕམ་པས་སྐུར་བ་འདེབས་པའི་སྦྱོར་བ་བརྩམས་ནས་མཐར་ཐུག་ལ་མ་ཐུག་གི་བར་སྦོམ་པོའོ། །དེའང་ཉམས་པར་བྱ་བའི་མིང་མ་སྨོས་པར་སྐུར་བ་འདེབས་པ་དང་། ལུང་ལས་འཕྲིན་པ་སྤྲིངས་ཡིག་ལག་བརྡ་དང་གཞན་ཟེར་བ་དང་གཅིག་ནས་གཅིག་ཏུ་བརྒྱུད་པ་ལ་སོགས་པ་ལྟ་བུ་དག་མཚན་ཉིད་ལྔ་གང་ཡང་རུང་བ་མ་ཚང་བས་སྐུར་བ་འདེབས་པ་རྣམས་ལ་སྦོམ་པོ་སྡེ་སྤྱོར་བས་སེལ་བའོ། །ཉམས་འདུན་མེད་པར་ཁྲིམས་པ་དང་བྱུང་རྒྱལ་དུ་དང་རྐྱོད་བག་ཙམ་གྱིས་འདུ་ཤེས་བསྒྱུར་ཏེ་སྐུར་བ་འདེབས་པ་ལ་སྦོམ་པོ་སྡེ་ཀུན་སློང་གིས་སེལ་བའོ། །ཟག་བྱེད་ལ་བསམ་སྟེ་མ་ནིང་མོ་སྐྱབས་མེད་པ་ལ་དགེ་སློང་འདིས་མི་ཚངས་པར་སྤྱོད་དོ་ཞེས་སྐུར་བ་འདེབས་ན་སྦོམ་པོ་སྡེ་ཀུན་སློང་གིས་སེལ་བའོ། །འོ་ན་སྦོམ་པོས་སྐུར་བ་བཏབ་ན་སྦོམ་པོ་སྐྱེད་པ་མི་འཐད་དོ་ཞེ་ན་སླུ་བ་པོས་མ་ནིང་མོ་སྐྱབས་མེད་པ་ལ་མི་ཚངས་སྤྱོད་ཅེས་སྤྱིར་སླུས་པས་སླུ་བའི་ཡུལ་གྱིས་མ་ནིང་མོའི་ཕམ་པ་སྐྱེད་ནུས་ཀྱི་རྨ་སྒོ་གཞན་གཉིས་སུ་མི་ཚངས་པ་སྤྱོད་པར་གོ་ས་ཡོད་པས་སྦོམ་པོ་སྐྱེད་པ་ཡིན་ལ་སླུ་བ་པོ་རང་གིས་མ་ནིང་མོའི་ཟག་བྱེད་ལ་བསམ་ནས་སླུས་པས་ལྟུག་མ་མི་སྐྱེད་དོ། །ལར་ཕམ་པས་སྐུར་བ་བཏབ་པས་ལྟུག་མ། ལྟུག་མས་སྐུར་བ་བཏབ་པས་ལྟུང་བྱེད། སྦོམ་པོ་དང་ཉེས་བྱས་ཀྱིས་སྐུར་བ་བཏབ་པ་ན་ཉེས་བྱས་དང་

ཉེས་བྱས་ཕྲ་མོར་འགྱུར་ཡང་འདིར་ནི་སྨྱོན་པོས་སྐུར་བ་བཏབ་པས་སྨྱོན་པོར་འགྱུར་བ་དམིགས་བསལ་ཡིན་ཞེས་ཁས་བླངས་ན་མི་རིགས་པ་མེད་དེ། དགེ་སློང་གིས་ཟས་ཙུང་ཟད་ཙམ་གྱི་ཆེད་དུ་ཆོས་བསྟན་ན་ཆོས་བཙོང་བས་འཚོ་བ་སྦྱར་བའི་ཉེས་བྱས་ཡིན་ལ། དེས་གཞན་ལ་སྐུར་བ་བཏབ་ན་ཟས་ཆུང་སྐུར་འདེབས་ཀྱི་ལྟུང་བྱེད་དུ་གསུངས་པ་དང་། དགེ་སློང་མས་དགེ་སློང་མ་ལ་འདུ་ཤེས་བསྒྱུར་ཏེ་ལྟུང་བྱེད་ཀྱིས་གླེང་ན་མཐོ་འཚམ་པའི་ལྟུང་བྱེད་དུ་གསུངས་པའང་ཡོད་པའི་ཕྱིར་རོ། །སྦྱོར་བའི་སྦྱོར་བའི་ལྟུང་བ་ནི། གཞི་མེད་ཕམ་པས་སྐུར་བ་འདེབས་པའི་ཀུན་སློང་བྱུང་ནས་ལུས་ངག་ཏུ་མ་ཐོན་པར་བསམ་བྱ་ཡིན་ལ། ལུས་ངག་ཏུ་ཐོན་ནས་སྦྱོར་བ་ལ་མ་ཐུག་གི་བར་ཉེས་བྱས་སོ༔ ༔བསྙེན་པར་མ་རྫོགས་པ་ལ་སྐུར་བ་བཏབ་པ་དང་། དུད་འགྲོའི་འགྲོ་བ་ལ་གོ་བར་བྱས་པ་དང་། བསམ་སྟེ་སྨྲས་སོ་བྱ་བ་ལ་སོགས་གཞོགས་སློས་ཀྱིས་སྐུར་བ་འདེབས་པ་རྣམས་ལ་ཉེས་བྱས་སོ། །

དཀྱུ་པ་གླེང་བའི་སྐད་ཀ་བག་ཙམ་ལ་བརྟེན་ནས་དགེ་སློང་གཞན་ལ་སྐུར་བ་བཏབ་པའི་དགེ་འདུན་ལྷག་མ་ལ། གླེང་གཞི་དང་། ལྟུང་བ་དངོས་སོ། །དང་པོ་ནི། སྟོན་པ་རྒྱལ་པོའི་ཁབ་ན་བཞུགས་པའི་ཚེ་གྲུད་བུ་ནོར་བྱ་རྒོད་ཕུང་པོའི་རི་ལ་འདུག་སྟེ། དེ་དང་ཧ་ཅང་ཐག་མི་རིང་བ་ན་རྫིང་བུ་རྡོ་རྩིགས་ཅན་ཞེས་བྱ་བའི་འགྲམ་ན་ཉིན་མོ་གནས་སོ། །ཨུཏྤལའི་མདོག་ཅན་མོའུ་འགལ་བུ་ལ་བསྙེན་ནས་རབ་ཏུ་བྱུང་དགྲ་བཅོམ་ཐོབ་པའི་ཚེ། དེས་སྟོན་པ་དང་གནས་བརྟན་རྣམས་ལ་ཤེས་ནས་དད་པ་དང་ལྡན་པས་ཡང་ཡང་བལྟ་ཞིང་དྲུང་དུ་འགྲོ་བ་དང་ཁྱད་པར་གྲུད་བུ་ནོར་དགྲ་བཅོམ་རྣམ་ཐར་བརྒྱད་ལ་གནས་ཤིང་བསམ་གཏན་གྱི་བདེ་བ་སྤྱངས་ཏེ་དགེ་འདུན་གྱི་ཞལ་ཏ་ལ་བརྩོན་པ་ནི་དཀའ་བ་བྱེད་པའོ་སྙམ་དུ་དེའི་གན་དུ་སོང་སྟེ་ཕྱག་འཚལ་ཞིང་ཆོས་མཉན་ཕྱིར་མདུན་དུ་འདུག་གོ། །དེའི་ཚེ་མཛའ་བོ་དང་ས་ལས་སྐྱེས་གཉིས་ཀྱིས་ཕྱག་དར་ཁྲིད་ཅིག་རྙེད་དེ་རྫིང་བུ་རྡོ་རྩིགས་ཅན་དུ་འབྲུད་ནས་ཉི་མར་བཏང་བ་ན་རི་དྭགས་ཁྱུ་གཅིག་བྱུང་ནས་ཆུ་འཐུང་། རི་དྭགས་ཤིག་གིས་རི་དྭགས་མོ་ཞིག་གི་རྒྱབ་ཏུ་བརྒལ་ཏེ་མི་ཚངས་སྤྱོད་པར་མཛའ་བོས་མཐོང་། ས་ལས་སྐྱེས་ལ་གྲུད་བུ་ནོར་ཨུཏྤལའི་མདོག་ཅན་ལ་མི་ཚངས་སྤྱོད་པ་ཡིན་གྱིས་སོང་ལ་དགེ་སློང་རྣམས

ལ་བརྗོད་པར་བྱའོ། །ས་ལས་སྐྱེས་ན་རེ། དེའི་ཚེ་ནའང་གནས་ནས་དབྱུང་བའི་ལས་བྱས་ན་ད་ཡང་བྱེད་དུ་འཇུག་གམ། ས་ལས་སྐྱེས། དེའི་ཚེ་ན་ཡང་དག་མིན་གྱི་ད་ལན་བག་ཙམ་བསམ་པ་ཡོད་དེ་གྲུད་བུ་ནོར་དང་ཨུཏྤ་ལའི་མདོག་དང་མི་ཚངས་པར་སྤྱོད་པ་མ་མཐོང་ངམ་ཛྷུན་དུ་སླ་བ་ག་ལ་ཡོད། དེ་གཉིས་སོང་སྟེ་དགེ་སློང་རྣམས་ལ། བདག་ཅག་གཉིས་ཀྱིས་གྲུད་བུ་ནོར་དང་ཨུཏྤ་ལའི་མདོག་ཅན་དང་མི་ཚངས་སྤྱོད་པ་མཐོང་ངོ་། །ཅི་ཁྱེད་གཉིས་ལྷ་དང་མི་བཏང་ཞིང་ངན་སོང་གསུམ་དུ་གནས་སམ་ཡང་སྐྱུར་བ་འདེབས་སམ་བདག་ཅག་གཉིས་ཀྱིས་མ་ཉེས་ཀྱིས་མིག་གིས་མཐོང་བས་མིག་དབྱུང་བར་བྱའོ། །སྟོན་པས་དེ་གཉིས་ལ་ཅི་ཞིག་མཐོང་ཇི་ལྟར་མཐོང་། གང་དུ་མཐོང་དོན་ཅི་ལ་དེར་སོན་པས་མཐོང་བ་རྟོགས་ཤིག་གསུངས། དེ་དག་གིས་བརྟགས་པར་དེ་གཉིས་ཀྱིས་ཚུལ་བཞིན་སྨྲས་པས། དགེ་སློང་དོན་ཞུང་དུ་དག་གིས་ཅིའི་ཕྱིར་དགེ་སློང་དག་པ་ལྟུང་བ་མེད་པ་ལ་གཞན་གྱི་ཆ་མ་ཡིན་པ་དང་མཐུན་པ་ཕམ་པར་གྱུར་པའི་ཆོས་ཀྱིས་སྐུར་བ་འདེབས་ཞེས་སྨོད་པའི་སྐབས་དེ་གསོལ་བས་སྟོན་པས་ངའི་ཉན་ཐོས་རྣམས་འདུལ་བ་ལ་བསླབ་པའི་གཞི་འདི་ལྟར་སྟོན་ནོ༑ ༑དགེ་སློང་གང་ཁྲོས་ཤིང་ཞེ་སྡང་ནས་ཅི་ནས་ཀྱང་འདིའི་ཚངས་པར་སྤྱོད་པ་དང་བྲལ་བར་བྱའོ་སྙམ་ནས་དགེ་སློང་དག་པ་ལྟུང་བ་མེད་པ་ལ་གཞན་གྱི་ཆ་མ་ཡིན་པ་དང་མཐུན་པར་ཕམ་པར་འགྱུར་བའི་ཆོས་ཀྱིས་སྐུར་བ་ལས་དེ་དུས་གཞན་ཞིག་ན་དྲིས་ཀྱང་རུང་མ་དྲིས་ཀྱང་རུང་རྫོད་པ་དེ་ཡང་གཞན་གྱི་ཆ་མ་ཡིན་པ་དང་མཐུན་པ་ཡིན་ལ། རྫོད་པ་དེ་གཞན་གྱི་ཆ་མ་ཡིན་པ་དང་མཐུན་པས་བག་ཙམ་ལས་བསམ་པ་ཙམ་གྱི་ཆོས་འགའ་བླང་བར་གྱུར་ལ། དགེ་སློང་ཡང་ཞེ་སྡང་ལ་གནས་པས་དེས་སྨྲས་སོ་ཞེ་ན་དགེ་འདུན་ལྷག་མའོ་ཞེས་བཅས་སོ། །

གཉིས་པ་ལ་དངོས་གཞིའི་ལྟུང་བ་དང་། སྦྱོར་བ་དང་། སྦྱོར་བའི་སྦྱོར་བའི་ལྟུང་བ་རྣམ་བཞག་གསུམ། དང་པོ་ལ་གཞི་བསམ་སྦྱོར་བ་མཐར་ཐུག་གི་ཡན་ལག་བཞི་ལས། གཞི་བསམ་པ་མཐར་ཐུག་གི་ཡན་ལག་གསུམ་སྔ་མ་དང་འདྲ་ལ། སྦྱོར་བ་ནི། གང་ལ་བསམ་པ་དེ་ལ་དགེ་སློང་འདི་དང་བུད་མེད་འདི་དང་མི་ཚངས་སྤྱོད་པ་མཐོང་ཞེས་སོགས་བྱེད་པོ་དང་བྱ་བ་མ་སྦྲུར་བར་དག་མཚན་ཉིད་ལྔ་ལྡན་གྱིས་སྐུར་བ་འདེབས་པར་རྩོམ་པའོ། །ལྷག་མ་འདི་དང་སྔ་མ་གཉིས་ཀྱི་ཁྱད་པར་

ནི་ཕམ་པས་སྐྱུར་བ་འདེབས་པ་གཞིར་བྱས་ལ་སྐྱུར་བ་འདེབས་ཚུལ་བྱེད་པོ་དང་བྱ་བ་སྦྱར་བར་གསལ་བར་སྨྲས་པ་དང་།མ་སྦྱར་བར་མི་གསལ་བར་སྨྲས་པ་ཙམ་ཡིན་པས་སྦྱོར་བ་དང་སྦྱོར་བའི་སྦྱོར་བ་སོགས་དཔག་སྟེ་ཤེས་པར་བྱའོ། །བཙུ་པ་དགེ་འདུན་དབྱེན་གྱི་ལྷག་མ་ལ་གླེང་གཞི་དང་། ལྟུང་བ་དངོས་སོ། །

དང་པོ་ནི། སྟོན་པ་རྒྱལ་པོའི་ཁབ་ན་བཞུགས་ཚེ་མུ་གེས་ཉམ་ཐག་པ་བྱུང་བས་རྫུ་འཕྲུལ་ཐོབ་པ་རྣམས་ཀྱིས་འཛམ་བུའི་འབྲས་བུ་དང་སྒྲ་མི་སྙན་ནས་མ་རྨོས་པའི་འབྲས་བུ་སཱ་ལུ་རྣམས་དང་། རྒྱལ་ཆེན་རིགས་བཞིའི་ལྷ་དང་། སུམ་ཅུ་རྩ་གསུམ་པའི་ལྷའི་བདུད་རྩིས་ལྟུང་བཟེད་བཀང་སྟེ་ཁྱེར་ནས་ལོངས་སྤྱོད་ལྷག་མ་དགེ་སློང་རྣམས་ལ་བགོ་བར་བྱེད། ཡུལ་གཞན་དུ་འཁྱེར་བའི་ལོངས་སྤྱོད་རྒྱས་པའི་བཟའ་བཅའ་དག་གིས་ལྟུང་བཟེད་བཀང་སྟེ་རང་དང་དགེ་སློང་རྣམས་ཀྱིས་སྤྱོད་དོ། །དེའི་ཚེ་ལྷས་བྱིན་གྱི་བསམ་པར་རྫུ་འཕྲུལ་སྒྲུབ་འདོད་སྐྱེས་ཏེ་སྟོན་པར་རྫུ་འཕྲུལ་གྱི་ལམ་སྟོན་པར་གསོལ་བས། དེ་ལ་སྡིག་པ་ཅན་གྱི་འདོད་པ་འབྱུང་བར་མཁྱེན་ནས་ལམ་བསླབ་པ་གསུམ་ལ་སློབས་ཤིག་དང་རྫུ་འཕྲུལ་དང་ཡོན་ཏན་གཞན་ཡང་ཐོབ་པར་འགྱུར་རོ་གསུངས། སྟོན་པས་མི་སྟོན་པར་རིག་ནས། ཀཽཎྜི་ཅན་དུ་སོང་སྟེ་དེ་ལྟར་ཞུས་པ་ན་སྟོན་པས་མི་སྟོན་པའི་རྒྱུ་མཚན་མཁྱེན་ནས། ཕུན་ཚོགས་ལྔ་ཚུལ་བཞིན་ཡིད་བྱེད་ཀྱིས་དང་རྫུ་འཕྲུལ་དང་ཡོན་ཏན་གཞན་ཡང་ཐོབ་པར་གསུངས། དེས་ཀྱང་མི་སྟོན་པ་རིག་ནས་ཏྲ་ཐུལ་དང་བཟང་པོ་ལྡངས་པ་ཅན་མིང་ཆེན་གྲགས་པ་གང་པོ་དྲི་མེད་བ་ལང་བདག་ལམ་བཟང་སོགས་ལ་ཞུས་པས་མ་བསྟན་ཏོ། །ལྷས་བྱིན་གྱི་བསམ་པར་གནས་བརྟན་ལྔ་བརྒྱས་ སྔར་སྟོན་པ་དང་གྲོས་བྱས་ཏེ་བདག་ལ་རྫུ་འཕྲུལ་གྱི་ལམ་མི་སྟོན་ན་སྟོན་ནུས་པ་སུ་ཡོད་སྙམ་པ་ན། འོད་སྲུང་ནི་ཐུགས་དྲང་པོ་གཡོ་སྒྱུ་མེད་པ་བདག་གི་ནུ་བོ་ཀུན་དགའ་བོའི་མཁན་པོ་ཡིན་པས་དེས་སྟོན་པར་ཤེས་ནས་ཞུས་པ་ན་དེས་མ་བརྟགས་པར་ལྷས་བྱིན་ལ་རྫུ་འཕྲུལ་གྱི་ལམ་བསྟན་ཏོ། །

དེ་ནས་ལྷས་བྱིན་གྱིས་ནམ་གྱི་ཆ་སྟོད་སྨད་ལ་མི་ཉལ་བར་རྣམ་འགྱུར་ལ་བརྩོན་པས་བསམ་གཏན་དང་པོ་ལ་བརྟེན་པའི་འཇིག་རྟེན་པའི་ལམ་གྱི་རྫུ་འཕྲུལ་བསྒྲུབས་ཏེ་གཅིག་དུ་མ་དང་དུ་མ་

གཅིག་ཏུ་སྤྲུལ་ཤེས་པ་དང་ཡུལ་མངོན་སུམ་དུ་མཐོང་རྩིག་པ་སོགས་ལ་ལུས་མི་ཐོགས་པར་འགྲོ་བ་བྱ་ལྟར་གྱུར། ཆུར་འགྲོ་བ་ས་ལ་འཛུལ་བ་སྟོད་ནས་མེ་འབར་བ་སྨད་ནས་ཆུ་འབྱིན་པར་བྱེད་པ་སོགས་རྫུ་འཕྲུལ་མང་པོ་ཐོབ་ནས་ཡུལ་གཞན་ནས་རྙེད་པ་བསྒྲུབས་པས་ཅི་བྱ་མ་སྐྱེས་དགྲ་འདི་བསྟུ་བར་བྱ་སྙམ་ནས་གླང་པོ་ཆེ་དང་རྟ་དང་དགེ་སློང་དུ་སྤྲུལ་ཏེ་མ་སྐྱེས་དགྲའི་སྒོ་ནས་ཞུགས་ཏེ་སྒོའུ་ཆུང་ནས་ཕྱིར་བྱུང་། དེ་ནས་ཞུགས་ཏེ་སྒོར་བྱུང་། ཁྱེའུ་གསེར་གྱི་ལྤགས་པ་ཅན་དུ་སྤྲུལ་ཏེ་མ་སྐྱེས་དགྲའི་པང་དུ་འགྲེལ་ལོག་བྱེད། མ་སྐྱེས་དགྲའང་དེ་ལ་འཁྲུད་དེ་ཁ་སྦྱོར་མཆིལ་མ་ཁར་བླུད་པས། ལྷས་བྱིན་རྙེད་བཀུར་གྱིས་ནོན་པས་མིད་པར་བྱས། རྒྱལ་པོས་ལྷས་བྱིན་ཡིན་པར་རིག་ནས། འདི་ནི་སྟོན་པ་བས་ཀྱང་རྫུ་འཕྲུལ་ཆེའོ་སྙམ་ནས་ནངས་པར་དང་དགུང་གར་ཤིང་རྟ་ལྔ་བརྒྱ་ཙམ་དང་ལྡན་ཅིག་འབྱུང་ཞིང་བསྙེན་བཀུར་བྱེད། སྣོད་ལྔ་བརྒྱར་བཙོས་པའི་ཟས་ཀྱི་ཚོམ་བུ་དག་ཀྱང་འབུལ་ལོ། །ལྷས་བྱིན་ཡང་དགེ་སློང་ལྔ་བརྒྱ་དང་བཅས་ཏེ་ཟས་ཀྱི་གྲལ་དུ་ཕྱིན། དེའི་ཚུལ་དགེ་སློང་རྣམས་ཀྱིས་སྟོན་པར་གསོལ་ཚེ་ཁྱེད་རྣམས་ལྷས་བྱིན་གྱི་བསྙེན་བཀུར་ལ་དགའ་བར་མ་བྱེད་ཅིག་ཅིའི་ཕྱིར་ཞེ་ན། ལྷས་བྱིན་གྱི་བསྙེན་བཀུར་ནི་གསོད་བྱེད་དང་ཟིལ་གྱིས་གནོན་བྱེད་དུ་འགྱུར་བའི་ཕྱིར་ཏེ། ཆུ་ཤིང་འབྲས་བུའི་གསོད་པར་བྱེད། །འོད་མ་འདམ་བུའི་འབྲས་བུས་གསོད། །དྲེའུ་མོ་རང་གི་མངལ་གྱིས་ལྟར། །མི་ངན་བཀུར་སྟིས་གསོད་པར་བྱེད། །བྱིས་པ་ཅི་ཙམ་གྲགས་གྱུར་པ། །དོན་མེད་ཉིད་དུ་འགྱུར་བ་ཡིན། །བྱིས་པ་དཀར་ཆ་གསོད་བྱེད་ཅིང་། །རྩེ་མོ་ལས་ཀྱང་ལྟུང་བར་འགྱུར། །གསུངས་སོ། །དེ་ནས་ལྷས་བྱིན་རྙེད་བཀུར་གྱིས་ཟིལ་གྱིས་ནོན་ནས་སྡིག་པ་ཅན་གྱི་འདོད་པ་སྐྱེས་ཏེ། བཅོམ་ལྡན་འདས་ནི་རྒས་འཁོགས་སུ་གྱུར་པས་འཁོར་རྣམ་བཞི་ལ་འདོམ་པ་ངལ་བར་འགྱུར་གྱིས། སྟོན་པས་དགེ་སློང་གི་དགེ་འདུན་བདག་ལ་གཏད་ན་བདག་གིས་དྲངས་བར་བྱ། སྟོན་པའང་ཚེ་འདི་ལ་ཐུགས་ལས་ཆུང་དུར་གནས་པར་འགྱུར་རོ་སྙམ་ནས་བསམ་པ་ཙམ་གྱིས་རྫུ་འཕྲུལ་ཉམས་པར་གྱུར་མོད་ཁོ་རང་གིས་ཉམས་པ་མ་ཤེས་སོ། །དེའི་ཚེ་དགེ་སློང་ནག་པོ་ཅན་གྱིས་མོའུ་འགལ་གྱི་བུ་ཆུ་སྲིན་བྱིས་པ་གསོད་པའི་རི་ལ་འདུག་པ་དེར་རྫུ་འཕྲུལ་གྱིས་སོང་ནས། འཕགས་པ། ལྷས་བྱིན་རྙེད་བཀུར་གྱིས་ཟིལ་གྱིས་ནོན་ཏེ་སྡིག་པ་ཅན་གྱི་འདོད་པ་འདི་ལྟར་

བྱུང་གིས། ཁྱོད་ཀྱིས་སྟོན་པའི་དྲུང་དུ་དོན་དེ་རྒྱས་པར་གསོལ་ན་ལེགས་སོ་སྙམས་པ་དང་དུ་བླངས་ཏེ་སྐྱེས་བུ་སྟོབས་ལྡན་གྱི་ལག་པ་བརྐྱང་བསྐུམ་ཙམ་གྱི་ཡུན་ལ་ངན་སྤྱོང་ནས་མི་སྣང་བར་རྒྱལ་པོའི་ཁབ་ཏུ་གནས་པའི་ཏིང་ངེ་འཛིན་ལ་བཞུགས་ནས་སྟོན་པའི་དྲུང་དུ་སོང་སྟེ་ཞུས། དེའི་སྐབས་ལྷས་བྱིན་འཁོར་བཞི་པོ། ཀོ་ཀ་ལི་ཀ་དང་། ཁན་ཧྣ་དྲབ་བྱ་དང་། ཀ་ཏ་མོ་ར་ཀ་ཏི་ཤྱ་དང་། རྒྱ་མཚོའི་བྱིན་རྣམས་དང་ལྷན་ཅིག་འོང་བར་གཟིགས་ནས་ལྷས་བྱིན་མི་གཏི་མུག་ཅན་ཏེ་འོང་ཞིང་བདག་ཉིད་ཀྱིས་བདག་ཉིད་ལུང་སྟོན་གྱི་ད་ཚིགས་སྲུངས་ཤིག་གསུངས། མོའུ་འགལ་བུ་རང་གནས་སུ་སོང་ངོ་། །ལྷས་བྱིན་གྱིས་སྟོན་པ་ལ་ཕྱག་འཚལ་ཏེ། བཅོམ་ལྡན་འདས་སྐུ་བགྲེས། འཁོར་རྣམ་བཞི་ལ་འདོམ་པ་བསྐྱིལ་གྱིས་བདག་ལ་གཏད་ན་བདག་གིས་དྲངས་ཤིང་སྟོན་པ་ཐུགས་ལས་ཆུང་ངུར་གནས་པར་འགྱུར་རོ་ཟེར། སྟོན་པས་མི་གཏི་མུག་ཅན་ཤཱ་རིའི་བུ་དང་མོའུ་འགལ་གྱི་བུ་ཚངས་པ་མཚུངས་པར་སྤྱོད་པ་དེ་དག་ལའང་རེ་ཞིག་དགེ་འདུན་མི་གཏོད་ན་རོ་འདྲ་བ་མཆིལ་མ་ཟ་བ་ཁྱོད་ལ་གཏོད་རེ་གན། ལྷས་བྱིན་གྱིས་སྟོན་པས་ཤཱ་རིའི་བུ་དང་མོའུ་འགལ་གྱི་བུ་གཉིས་ཀྱི་བསྟགས་པ་བརྗོད་བདག་ལ་སྨད་དོ་སྙམ་ནས་མི་བཟོད་པ་སྐྱེས་ཏེ་སྡོད་ཅིག་ཅེས་བྱས་མགོ་བོ་ལན་གསུམ་ལྷུགས་ནས་སོང་ངོ་། །

དེ་ནས་ཀུན་དགའ་བོ་ལ་འོད་མའི་ཚལ་ན་དགེ་སློང་ཇི་སྙེད་ཡོད་པ་ཐམས་ཅད་སྤྱོང་སའི་ཁང་པར་བསྡུས་ཤིག་གསུངས་ནས་བསྡུས་པ་དང་། སྟོན་པས་དགེ་སློང་དག་ལྔ་པོ་འདི་ནི་འཇིག་རྟེན་ན་ཡོད་ཅིང་སྲིད་པའི་སྟོན་པ་སྟེ། ཚུལ་ཁྲིམས་དང་། འཚོ་བ་དང་། ཤེས་མཐོང་མ་དག་པ་དང་། བརྡ་སྤྲོད་པ་ཕན་ཚུན་མ་འཚོགས་པ་དང་། ཉེས་པར་བཤད་པའི་ཆོས་འདུལ་བ་ལ་གནས་བཞིན་དུ་དེ་དག་པ་དང་། ཕུན་སུམ་ཚོགས་པར་ཁས་འཆེ་བ་ལ་ལྷན་ཅིག་འགྲོགས་པ་དག་གིས་དེ་ལྟར་ཤེས་ཀྱང་གཞན་ལ་བརྗོད་ན་མི་དགའ་བར་འགྱུར་བས་རང་རང་གིས་ཤེས་པ་ཙམ་དུ་ཟད་དོ། །ལྷས་བྱིན་འདི་ནི་བདག་ཅག་ལ་ཆོས་གོས་ལེགས་སྟེར་རེ་ནས་དེའི་སེམས་བསྲུང་ངོ་། །སྟོན་པ་ང་ནི་རང་གིས་སྟོན་པའི་ཆོས་ལྔ་ནི་དག་པ་ཁོ་ནར་དམ་བཅའ་སྟེ་ངའི་ཉན་ཐོས་ཀྱིས་ངའི་སེམས་བསྲུང་བར་མི་སེམས་ཤིང་ང་ཡང་ཉན་ཐོས་རྣམས་ཀྱི་སེམས་སྲུང་བར་མི་རེའོ། །ང་ནི་ཁྱེད་རྣམས་ཚར་བཅད་སྨྲ།

ཟིལ་གྱིས་གནོན་ཅིང་སླ་ཡི་ངའི་ཚིག་གི་ལམ་ལ་བཟོད་པར་གྱིས་ཤིག་གསུངས་སོ། །

དེ་ནས་ལྷས་བྱིན་གྱིས་འཁོར་བཞི་པོ་ལ་ཚུར་ཤོག་དགེ་སྦྱོང་གོ་ཏ་མ་འདུག་བཞིན་དུ་དགེ་འདུན་མཐུན་པ་དབྱེ་ཞིང་འཁོར་ལོ་ཡང་དབྱེ་བར་བྱ་སྟེ་བདག་ཅག་ཤི་བའི་རྗེས་སུ་གོ་ཏ་མ་རྫུ་འཕྲུལ་དང་མཐུ་ཆེ་བ་འདུག་བཞིན་ལྷས་བྱིན་དང་ཀོ་ཀ་ལི་ཀ་ལ་སོགས་པས་ཉན་ཐོས་ཀྱི་དགེ་འདུན་མཐུན་པ་ཕྱེའོ་ཞེས་སྙན་པའི་གྲགས་པ་འབྱུང་བར་འགྱུར་རོ། །རང་འཁོར་གྱིས་ལྷས་བྱིན་བདག་ཅག་གིས་དབྱེ་བར་མི་ནུས་ཏེ། སྟོན་པའི་ཉན་ཐོས་ནི་མཐུ་དང་རྫུ་འཕྲུལ་ཆེ་ལ་ལྷའི་མིག་དང་གཞན་སེམས་ཤེས་པ་དང་ལྡན་པས་དེ་དག་གིས་བདག་ཅག་མཐོང་ཞིང་རིག་པར་བྱེད་བདག་ཅག་འཕགས་པ་ལྷས་བྱིན་ཉིད་ཀྱང་ཤེས་པར་འགྱུར་རོ། །ཀོ་ཀ་ལི་ཀ་ཐབས་བྱའོ། །ཐབས་གང་ཞེ་ན། གནས་བརྟན་རྣམས་ཀྱི་དྲུང་དུ་སོང་སྟེ་ཐུགས་ལས་ཆུང་བར་བཞུགས་དང་བདག་ཅག་གིས་ཡོ་བྱད་ཐམས་ཅད་ཀྱིས་མི་ཕྲེལ་བར་བྱ་ཞེས་ཡོ་བྱད་ཐམས་ཅད་བསྟབ་པར་བྱའོ། །གཞོན་པ་རྣམས་ལྷུང་བཟེད་སོགས་ཟང་ཟིང་གིས་བསྡུ་བར་བྱའོ་ཞེས་གྲོས་བྱས་ཏེ་དགེ་འདུན་དབྱེ་བའི་ཕྱིར་བརྩོན་པའི་སྐབས་དགེ་སློང་གནས་བརྟན་རྣམས་ཀྱིས་དེ་ཤེས་ནས་སྟོན་པར་གསོལ་བའི་སྐབས་སུ་ལྷས་བྱིན་དང་གཞན་ཡང་དེ་ལྟ་བུ་ལ་བཞམས་ཏེ་བསྒོས། དེ་ལྟ་ནའང་འདི་ནི་བདེན་གཞན་ནི་རྫུན་ནོ་ཞེར་ནས་གཏོང་དུ་མི་འདོད་པའི་སྐབས་ཏེ་སྟོན་པར་གསོལ་བས་གསོལ་བཞིའི་ལས་ཀྱིས་བསྒོ་བར་བྱའོ་གསུངས། དེ་བྱས་ཀྱང་གཏོང་དུ་མ་འདོད་དོ། །ལྷས་བྱིན་གྱི་གྲོགས་བྱེད་པ་རྣམས་ཀྱིས་ཀྱང་དགེ་སློང་རྣམས་ལ་ཁྱེད་ཅག་དགེ་ཡང་རུང་སྡིག་ཀྱང་རུང་དགེ་སློང་འདི་ལ་ཅང་མ་སྨྲ་ཞིག །འདི་ནི་ཆོས་དང་འདུལ་བ་སྨྲ་བ་སྟེ་འདིས་འདོད་ཅིང་བཟོད་པ་དེ་ལ་བདག་ཅག་འདོད་ཅིང་བཟོད་དོ་ཟེར་བའི་སྐབས་ཏེ་སྟོན་པར་གསོལ་བས་དེ་རྣམས་ལ་བཞམས་བསྒོ་དང་གསོལ་བཞིའི་ལས་ཀྱིས་བཟློག་ཅིག །བཟློག་ཀྱང་དེ་ཉིད་ལ་ཞེན་ནས་སྔར་བཞིན་དུ་ཟེར་བའི་སྐབས་སུ་གསོལ་བས་སྟོན་པས་ལྷས་བྱིན་གྱིས་ངའི་དགེ་འདུན་དབྱེ་བར་ནུས་ཏེ། དེའི་གྲོགས་བྱེད་པའི་དགེ་སློང་བཞི་ཡོད་པའི་ཕྱིར་རོ་གསུངས་སོ། །ལྷས་བྱིན་གྱིས་དེ་ཐོས་ནས་འཁོར་བཞི་ལ་སྨྲས་པ། གོ་ཏ་མས་དབྱེ་ནུས་པར་ལུང་བསྟན་གྱིས་དབྱེ་བར་བྱའོ་ཞེས་པའི་སྐབས་ཏེ་གསོལ་བ་ན། སྟོན་པས་ལྷས་བྱིན་ཁྱོད་ཀྱིས་དགེ་འདུན་

མཐུན་པ་དབྱེ་བའི་ཕྱིར་ཞུགས་ཏེ་དབྱེན་བྱེད་པར་གྱུར་པའི་རྩོད་པ་ཡང་དག་པར་བླངས་ནས་རབ་ཏུ་བཟུང་སྟེ་འདུག་པ་བདེན་ནམ། བཙུན་པ་མད་ལགས། དགེ་སློང་གི་ཚུལ་མ་ཡིན་པ་སོགས་སྨད་ནས་ཕན་ཡོན་བཅུ་གཟིགས་ཏེ་དགེ་འདུན་བསྡུས་ནས། ངའི་ཉན་ཐོས་རྣམས་ཀྱིས་བསླབ་པའི་གཞི་འདི་ལྟར་སྟོན་ཏོ། །བཞམས་བསྒོ་དང་གསོལ་བཞིའི་ལས་ཀྱིས་བཟློག་ཀྱང་མི་གཏོང་བའི་མཐར་དགེ་འདུན་ལྷག་མའོ་ཞེས་བཅས་སོ། །

གཉིས་པ་ལྟུང་བ་དངོས་ལ་དངོས་གཞིའི་ལྟུང་བ་དང་། སྦྱོར་བ་དང་། སྦྱོར་བའི་སྦྱོར་བའི་ལྟུང་བ་རྣམ་བཞག་གསུམ་མོ། །དང་པོ་ལ་གཞི་བསམ་སྦྱོར་བ་མཐར་ཐུག་གི་ཡན་ལག་བཞི་ལས། དང་པོ་ལ། གང་དུ་དབྱེ་བའི་གནས། ནམ་གྱི་ཚེ་ཕྱེ་བའི་དུས། །གང་གིས་ཕྱེ་བའི་རྟེན། དངོས་པོ་གང་གིས་ཕྱེ་བ། གང་ཕྱེ་བའི་ཡུལ་དང་ལྔའོ། །དང་པོ་ནི་མཚམས་ཀྱི་ནང་ཡིན་པ། གཉིས་པ་བསྟན་པ་ལ་སྐྱོན་བྱུང་བའི་དུས་ཡིན་པ། གསུམ་པ་ཁ་སྐོང་བར་འོས་པ། བཞི་པ་ཆོས་མ་ཡིན་པའི་ལྟ་བས་སོ༑ ༑ལྔ་པ་རང་མ་གཏོགས་གྲངས་བརྒྱད་ཡན་ཆད་དུ་ཚང་བ་ཐ་སྙད་གསུམ་དང་ལྡན་པ་ལུས་ཐ་མལ་དུ་གནས་པ་བསྙེན་རྫོགས་ཀྱི་སྡོམ་པ་རྣམ་དག་དང་ལྡན་པ། ལྟ་བ་དང་མཚན་མཐུན་པ་སྟེ་ཆོས་དྲུག་ལྡན་ནོ། །ཕྱིར་དགེ་སློང་ཕ་ཡན་ལག་ཏུ་དགོས་པའི་ལྟུང་བ་ལ་དགེ་འདུན་གྱིས་བསྐྱེད་པ་དང་། གང་ཟག་གིས་སྐྱེད་པ་གཉིས་ལས། དང་པོ་ལ། ལས་དང་འབྲེལ་བའི་དགེ་འདུན་གྱིས་སྐྱེད་པ་དང་། དགེ་འདུན་ཙམ་གྱིས་སྐྱེད་པ་གཉིས་སོ། །དེ་དག་ཐམས་ཅད་ལ་ཡང་སྤྱིར་བཏང་དུ་བསྙེན་རྫོགས་ཀྱི་སྡོམ་པ་རྣམ་དག་དང་ལྡན་པ། ཐ་སྙད་གསུམ་དང་ལྡན་པ། ལུས་ཐ་མལ་དུ་གནས་པ། མཚན་མཐུན་པ། ལྟ་བ་མཐུན་པ་རྣམས་ཡུལ་གྱི་ཐུན་མོང་གི་ཡན་ལག་ཏུ་དགོས་ལ། དེ་དག་གི་རྒྱུ་མཚན་ནི་རྣམ་དག་དང་མཚན་མཐུན་སོགས་རང་གི་ཕྱོགས་ལ་ལོག་པར་སྒྲུབ་པ་མཚང་ཆེ་བ་ལྟར་ཉམས་པ་དང་གཞན་ཕྱོགས་ལ་དེ་ལྟར་མ་ཡིན་པའི་ཕྱིར་རོ། །ཐ་སྙད་གསུམ་དང་མི་ལྡན་པ་དང་། ལུས་ཐ་མལ་དུ་མི་གནས་པ་ལ་འབྲེལ་ཆུང་ཞིང་འགྱུར་རིང་བའི་ཕྱིར་རོ། །དེ་ཡང་དམིགས་བསལ་དུ་གནས་ངན་ལེན་བརྗོད་པ་དང་འཆབ་པ་གཉིས་ལ་གནས་ངན་ལེན་གྱི་ཡུལ་བདག་པོ་གསོ་སྦྱོང་ཡན་ཆད་ཀྱིས་ཀྱང་སྐྱེད་ལ། ཉན་རྣ་དང་སྤྱངས་པ་རྗེས་ཕྱོགས་ལ་ལྟ་བ་མཐུན་པ་ཡན་ལག་ཏུ་མི་དགོས་ཤིང་།

ལས་དང་འབྲེལ་བས་སྐྱེད་པ་ལ་ཁ་སྐོང་དུ་འོས་པ་དགོས་སོ། །བསྙེན་རྫོགས་ཀྱི་སྡོམ་པ་རྣམ་དག་གི་དོན་ནི་ཕམ་པ་འཆབ་བཅས་འཆབ་མེད་གང་ཡང་མ་བྱུང་བའོ། །ལྟ་བ་མཐུན་པ་ནི་བཅས་མཚམས་ལས་འདས་པ་མངོན་མཐོ་ངེས་ལེགས་ལ་སྒྲིབ་པའི་བར་ཆད་དུ་འགྱུར་བར་ལྟ་བ་མཐུན་པ་ཙམ་ཡིན་གྱི་བདག་ཡོད་མེད་ཀྱི་ལྟ་བ་མཐུན་པ་ཙམ་ནི་མ་ཡིན་ནོ། །དགེ་སློང་ཕ་ཡན་ལག་ཏུ་དགོས་པའི་ལྟུང་བ་གཞན་གྱི་ཡན་ལག་གི་སྐབས་སུ་བསྙེན་རྫོགས་ཀྱི་སྡོམ་པ་རྣམ་དག་དང་ལྡན་པ་མཚན་མཐུན་པ་ལྟ་བ་མཐུན་པ་ཞེས་འབྱུང་བ་རྣམས་ལ་ངོ་བོ་དང་རྒྱུ་མཚན་ཤེས་བྱེད་རྣམས་འདི་བཞིན་སྦྱར་རོ། །དེ་ལ་ལས་དང་འབྲེལ་བའི་དགེ་འདུན་གྱིས་བསྐྱེད་པའི་ལྟུང་བ་དུ་ཡོད་ཅེ་ན། བསྒོ་བ་ལས་གྱུར་བཞི་དང་ཁྲིད་དུ་གསོད། །འཕྱ་བ་བསྒོ་བ་སྡིག་ལྟ་འཛིན་པ་དང་། །སྤྱངས་པ་རྗེས་ཕྱོགས་སླེལ་སྟུད་འདུན་པ་བསྒྱུར། །ལས་ཀྱི་གནས་ནས་མ་སློས་འགྲོ་བ་དང་། །བསླབ་གཞི་ཁྲིད་གསོད་སོར་བཤགས་གསུམ་པ་དང་། །མ་ལོན་བསྙེན་པར་རྫོགས་དང་བཅོ་ལྔའོ། །

གཉིས་པ་བསམ་པའི་ཡན་ལག་ལ་འདུ་ཤེས་མ་འཁྲུལ་བ། ཀུན་སློང་ནི་དགེ་འདུན་དབྱེན་བྱེད་པའི་ཆེད་དུ་གཙོ་བོར་ཞུགས་པ། དགེ་འདུན་གྱིས་ཆོས་ལྡན་གྱི་བཟློག་བྱེད་ལྡུས་བཟློག་ཀྱང་མི་གཏོང་བར་འདོད་པ་རྒྱུན་མ་ཆད་པའོ། །སྦྱོར་བའི་ཡན་ལག་ནི། དགེ་འདུན་དབྱེན་གྱི་གཙོ་བོར་ཞུགས་པ་དགེ་འདུན་གྱིས་ཆོས་ལྡན་གྱི་ལས་ཀྱིས་བཟློག་ཀྱང་འདུ་ཤེས་བསྒྱུར་ཏེ་མི་གཏོང་བར་རྨོམ་པ། མཐར་ཐུག་བརྗོད་པ་གསུམ་གྱི་མཐའ་ལ་མ་བཏང་བའོ། །དེ་ཡང་དགེ་འདུན་དབྱེན་གྱི་ལྷག་མའི་ཡན་ལག་ཏུ་འཁོར་ལོའི་དབྱེན་དགོས་པ་ནི་མ་ཡིན་ཏེ། སངས་རྒྱས་མྱ་ངན་ལས་འདས་ནས་འཁོར་ལོའི་དབྱེན་མི་འབྱུང་ཞིང་། ལས་དང་པོ་བ་ལ་ལྟུང་བ་མེད་པས་དགེ་འདུན་དབྱེན་གྱི་ལྷག་མ་མི་སྲིད་པར་འགྱུར་བའི་ཕྱིར་རོ། །དེས་ན་ལྷས་བྱིན་གྱིས་བསླབ་ཚིགས་ལྔ་བརྗོད་པ་ལ་སོགས་པའི་སྒོ་ནས་ཆོས་ལས་ཐ་དད་པའི་དངོས་པོ་གསོལ་ཞིང་དེ་ལ་དེས་ཚུལ་ཤིང་ལེན་དུ་བཅུག་པ་ལ་དགེ་འདུན་གྱིས་བཟློག་བསྒོ་རྣམ་པ་ལྔ་བྱས་པའི་མཐའ་ལ་མ་བཏང་ན་ལྷག་མར་འགྱུར་བ་ཡིན། དེ་ཡང་སངས་རྒྱས་ལས་སྟོན་པ་གཞན་དང་བསླབ་པའི་གཞི་བཅས་པ་ཅི་རིགས་བསྒྲུངས་པས་དགག་པ་དང་གྲོལ་བ་ཐོབ་པར་ལྟ་བ་ལས་གཞན་དུ་འབྱེད་པ་ནི་འདིའི་བཟློག་བསྒོ་བྱ་བའི་ཡུལ་

དུ་སྣང་ངོ་། །

གཉིས་པ་སྤྱོར་བའི་ལྟུང་བའི་རྣམ་བཞག་ནི། དགེ་འདུན་གྱི་དབྱེན་ལ་ཞུགས་པ་ན་གང་ཟག་གིས་ཚུལ་བཞིན་དུ་བཟློག་པའི་བཞམས་ཏེ་བསྒོ་བ་དང་། དགེ་འདུན་གྱིས་ཆོས་ལྡན་གྱི་ལས་ཀྱིས་བཟློག་པ་ན་གསོལ་བ་དང་བརྗོད་པ་དང་པོ་དང་གཉིས་པ་རྣམས་ཀྱི་མཐའ་ལ་མ་བཏང་བ་ལ་སྦྱོམ་པོ་རེ་རེ་སྟེ་བཟློག་བསྒོ་ལ་ལྟོས་པའི་སྦྱོམ་པོ་བཞི་དང་། བརྗོད་པ་གསུམ་པའི་དོན་གྱི་སུམ་གཉིས་རྫོགས་པའི་མདུན་རོལ་ཚུན་ཆད་དུ་སྦྱོར་བའི་སྦྱོམ་པོ་གཅིག་སྟེ་སྦྱོམ་པོ་ལྔར་གྲངས་ངེས་སོ། །འོ་ན་བསྒོ་གྱུར་གྱི་ལྟུང་བ་དུ་ཞེ་ན། དབྱེན་དང་དེའི་རྗེས་ཕྱོགས་དང་ཁྱིམ་སུན་འབྱིན། །བཀའ་བློ་མི་བདེ་སྡིག་ལྟ་མི་གཏོང་དང་། །བཟློག་པའི་ཕམ་པ་དཀོན་མཆོག་གཏོང་བ་དང་། །བདེ་ཞིང་གནས་དང་གནས་སུ་འཇུག་པ་དང་། །འཐབ་ཀྲོལ་བྱེད་དང་གྲངས་ནི་རྣམ་པ་བཅུ། །ཞེས་སོ། །

དབྱེ་འདོད་ཙམ་གྱིས་གཞན་གྱི་འཁོར་ཁ་འདྲེན་ཅིང་རང་གི་ཕྱོགས་སུ་འཛོག་པ་དང་། དག་ཀྲོལ་ཐོབ་པའི་བློས་དགོས་མེད་དུ་མི་སྨྲ་བའི་ཡིད་དམ་འཆའ་བ་དང་། མཚམས་ནང་དེ་ན་ཁ་སྐོང་དུ་རུང་བའི་དགེ་སློང་ཡོད་པར་ངེས་པའམ་འཕྲིག་བཞིན་དུ་དེ་དག་མ་འོང་ཀྱང་བླ་ཡི་སྙམ་དུ་མངོན་པར་བརྟགས་ཏེ་ལས་བརྒྱ་རྩ་གཅིག་དང་དགེ་འདུན་གྱི་བསླབ་དགོས་པ་ཐ་ན་རབ་བྱུང་ཞུ་བ་ཡན་ཆད་ལ་འདུན་པ་སོགས་མ་བླང་བར་དགོས་མེད་དུ་དེ་དག་ལས་ཐ་དད་པར་བྱས་པ་དང་། ཐབས་གཞན་གྱིས་འཚོ་བར་នུས་པར་ཤེས་བཞིན་དུ་སྨན་བཤང་ལམ་སོགས་ལས་བཏང་བ་དང་། བཅད་ཅིང་དབུག་པ་ལ་སོགས་པ་མཚོན་གྱིས་གསོ་བ་དང་། གཞང་འབྲུམ་མཚོན་ལ་སོགས་པས་གཅོད་པ་དང་། མི་ཆགས་པར་ཤེས་བཞིན་དུ་མ་ཆགས་ཀྱང་བླའོ་སྙམ་ནས་དབྱེན་དང་གནས་ནས་དབྱུང་བའི་ལས་བྱེད་པ་དང་། དགེ་འདུན་དབྱེ་བར་ནུས་པའི་བསོད་ནམས་ཆེན་པོ་དང་འཁོར་མང་བ་དང་མདོ་སྡེ་ལ་སོགས་པའི་སྡེ་སྣོད་འཛིན་པ་རྣམས་གནས་ནས་ཕྱུང་བ་དང་། སྒྲ་ལས་བྱས་པ་དང་ཞུགས་པའི་རྒྱལ་མཚན་འཆང་བ་དང་གཅེར་བུའི་ཡི་དམ་བྱས་པ་དང་། དག་ཀྲོལ་གྱི་བློས་སམ་ཡང་དག་པར་བླངས་བ་སྟོན་དུ་བཏང་བ་གང་རུང་གིས་སྒྲ་ཐོགས་པ་དང་། ལོ་མ་དང་ཤིང་ཤུན་ལ་སོགས་པ་གྱོན་པ་དང་། རི་དྭགས་ཀྱི་ལྤགས་པའི་གོས་དང་། གོས་རས་སེང་སེང་པོ་དང་། དོར་མ་སོགས

སྟོད་སྨད་ཀྱི་ཡན་ལག་གི་སྦྲུབས་དང་། གོས་ཐམས་ཅད་སྔོ་བ་དང་གོས་ཀྱི་ཁ་ཚར་སྦྲུལ་མགོའི་གདེངས་ཀ་ལྟར་རིང་པོར་བྱེད་པ་དང་གོས་ཁ་ཚར་མ་བཅད་པ་དང་། ལྷམ་ཡུ་རིང་སྒྲོག་གུ་ཅན་གྱི་རྣམ་པ་འདྲ་བའི་གོས་རལ་ག་གྱོན་པ་དང་། དགོས་མེད་དུ་གཙུག་ཏོར་འཆིང་བ་དང་མགོ་བོ་ལ་ཐོད་ལ་སོགས་པས་དཀྲིས་པ་དང་རེ་བ་ལས་བྱས་པའི་ཕྱུར་བ་དང་རྫ་བལ་ལས་བྱས་པའི་སྨམ་བུ་གྱོན་པ་དང་། རི་བོ་ལས་མཆོང་བ་དང་། མེ་ལྷ་བསྟེན་པ་དང་། ཉི་མ་ལ་ལྟ་བ་ལ་སོགས་པའི་མུ་སྟེགས་ཅན་གྱི་རྟགས་འཆང་བ་དང་། དགེ་སློང་མཚན་མཐུན་ལྟ་མཐུན་ཐ་སྙད་གསུམ་ལྡན་བཞི་ཡན་ཆད་འཚོགས་པའི་ཚེ་འདུ་ཤེས་བསྒྱུར་ཏེ་ཤེས་བཞིན་དུ་སྨྱོས་པར་འགྱུར་བའི་བཏུང་བ་འཐུང་བ་དང་། དུས་མ་ཡིན་པར་དུས་རུང་གི་ཟས་ཟ་བ་ལ་སོགས་པ་རིགས་པ་མ་ཡིན་པ་དང་། བྱ་བ་མ་ཡིན་པ་རིགས་པ་དང་བྱ་བར་སྟོན་པ་དང་། གསོ་སྦྱོང་དགག་དབྱེ་ལ་སོགས་པ་རིགས་པ་རྣམས་བྱ་བ་མི་རིགས་པ་དང་མ་ཡིན་པར་སྟོན་པ་དང་། གཞན་གྱིས་ཆད་པས་བཅད་པའི་སློབ་མ་རང་གིས་ལེན་པར་བྱེད་པ་དང་། རང་ཕྱོགས་དང་གཞན་ཕྱོགས་གཉིས་ཀ་དགེ་འདུན་དུ་མ་ལོངས་པའི་ཚེ་འབྱེད་པ་པོ་རང་གིས་ཁ་བསྐང་སྟེ་འབྱེད་པ་དང་། མཚན་དང་ལྟ་བ་མི་མཐུན་པ་ཕྱོགས་གཉིས་ཀ་དགེ་འདུན་དུ་ལོངས་པ་འབྱེད་པ་རྣམས་ལ་སྦོམ་པོའོ། །སྨན་དང་སྨན་མ་ཡིན་པའི་དོན་དུ་མི་ཤ་ཟོས་པ་དང་། འཁྲུགས་པ་དང་མ་འཁྲུགས་པའི་ཤ་རློན་པ་སྨན་མ་ཡིན་པའི་དོན་དུ་ཟ་བ་ལ་ཁམ་རེ་རེར་སྦོམ་པོ་རེ་རེའོ། །སྦྱོར་བའི་སྦྱོར་བའི་ལྟུང་བའི་རྣམ་བཞག་ནི་དགེ་སློང་གིས་ཅུང་ཟད་ཙམ་དུ་དགེ་འདུན་མཐུན་པ་དབྱེ་བའི་ཕྱིར་བརྩལ་བར་བྱེད་པའི་བཞམས་བསྒོའི་སྔ་རོལ་ཐམས་ཅད་ལ་ཉེས་བྱས་སོ། །ཆོས་ཀྱི་ཕྱོགས་སུ་ཁས་བླངས་པ་དག་ཆོས་མ་ཡིན་ཕྱོགས་ཁས་བླངས་པ་དག་དང་ལོངས་སྤྱོད་ལྷན་ཅིག་ཏུ་བྱེད་ན་ཉེས་བྱས་སུ་འགྱུར་རོ། །

བཅུ་གཅིག་པ་དགེ་འདུན་དབྱེན་བྱེད་པ་དེ༷འི་རྗེ༷ས་སུ་ཕྱོ༷གས་པའི་ལྷག་མ་ལ། གླེང་གཞི་དང་། ལྟུང་བ་དངོས་སོ། །དང་པོ་ནི། དབྱེན་གྱི་ལྷག་མ་བཅས་པའི་གདན་དེ་ཉིད་ལ་བཞུགས་བཞིན་དུ་འདུལ་བ་ལ་བསླབ་པའི་གཞི་གཉིས་པ་བཅའ་བར་བཞེད་ནས་དགེ་འདུན་གྱི་བྱ་བ་ཅུང་ཞིག་ཡོད་གྱི་སྟན་ལས་མ་ལྡང་ཅིག་གསུངས་ཏེ། སྟོན་པས་ཀོ་ཀ་ལི་ཀ །ཁན་ཌྷ་དྲབ་བྱ། ཀ་ཏ་མོ་ར་ཀ་ཏིཥྱ།

རྒྱ་མཚོའི་བྱིན་ཁྱེད་རྣམས་ཤེས་བཞིན་དུ་དགེ་སློང་གི་དགེ་འདུན་མཐུན་པ་དབྱེ་བའི་ཕྱིར་དུ་རྟུལ་བར་བྱེད་ཅིང་དབྱེན་བྱེད་པར་འགྱུར་བའི་རྩོད་པ་ཡང་དག་པར་བླངས་ནས་རབ་ཏུ་བཟུང་སྟེ་འདུག་པ་དེའི་གྲོགས་བྱེད་ཅིང་མི་མཐུན་པར་སྨྲ་བའི་རྗེས་སུ་ཕྱོགས་པ་བདེན་ནམ། བཙུན་པ་མད་ལགས། དེ་བརྗོད་པ་གསུམ་པའི་མཐའ་ལ་མི་གཏོང་ན་དགེ་འདུན་ལྷག་མའོ་ཞེས་བཅས་སོ། །

གཉིས་པ་ལ། དགེ་འདུན་ལྷག་མའི་དངོས་གཞིའི་ལྟུང་བ། སྦྱོར་བ་དང་། སྦྱོར་བའི་སྦྱོར་བའི་ལྟུང་བ་རྣམ་བཞག་གསུམ་མོ། །དང་པོ་ལ་གཞི་བསམ་སྦྱོར་བ་མཐར་ཐུག་གི་ཡན་ལག་བཞི་ལས། དང་པོ་གཞིའི་ཡན་ལག་ལ་རྟེན་ནི། བསྙེན་རྫོགས་ཀྱི་སྡོམ་པ་རྣམ་དག་དང་ལྡན་པ་འབྱེད་པ་པོ་དང་མཚན་མཐུན་པ་ལྟ་བ་མཐུན་པ་ཡིན་པ་ཐ་སྙད་གསུམ་དང་ལྡན་པ་ལུས་ཐ་མལ་དུ་གནས་པ་དགེ་འདུན་འབྱེད་པའི་གཙོ་བོ་མ་ཡིན་ཞིང་དེའི་གྲོགས་བྱེད་པ་ལ་ཞུགས་པའོ། །བསམ་པ་ལ་གཉིས་ལས་འདུ་ཤེས་མ་འཁྲུལ་བ། ཀུན་སློང་ལྷག་མའི་དངོས་གཞི་སྐྱེད་པར་ནུས་པའི་དབྱེན་གྱི་གྲོགས་བྱེད་པ་ལ་ཞུགས་པ་ཆོས་ལྡན་གྱི་བཟློག་བྱེད་ལྡུས་བཟློག་ཀྱང་འདུ་ཤེས་བསྒྱུར་ཏེ་མི་གཏོང་བར་འདོད་པའི་བསམ་པ་རྒྱུན་མ་ཆད་པའོ། །སྦྱོར་བ་ལྷག་མ་སྐྱེད་ནུས་ཀྱི་དབྱེན་གྱི་གྲོགས་བྱེད་པ་ལ་ཞུགས་པ་བཞམས་བསྒོ་སོགས་ཀྱིས་བཟློག་ཀྱང་མི་གཏོང་བར་རྩོམ་པ། མཐར་ཐུག་ནི་དབྱེན་གྱི་ལྷག་མ་བཞིན་ནོ། །སྦྱོར་བ་དང་སྦྱོར་བའི་སྦྱོར་བའི་ལྟུང་བའི་རྣམ་བཞག་ནི། དགེ་འདུན་འབྱེད་པའི་གཙོ་བོ་བྱེད་པ་དང་། དེའི་གྲོགས་བྱེད་པའི་ཁྱད་པར་ཙམ་མ་གཏོགས་སྔ་མ་བཞིན་ནོ། །བཅུ་གཉིས་པ་བུད་མེད་དང་རྩེ་བ་སོགས་བསླབ་པ་དང་འགལ་བའི་ཁྱིམ༷་པ་སུན༷་འབྱིན༷་བྱེད་ཚེ༷་དགེ་འདུན་གྱིས་བསྐྲད་པ་ན་སྐྲོད༷་བྱེད༷་ཀྱི་དགེ་འདུན་ལ༷་འགྲོ་མིན་བཞིའི་སྒོ་ནས་བསྐོན་པ༷་ལ་ཞུགས་པའི་ལྟག་མ་ལ། གླེང་གཞི་དང་། ལྟུང་བ་དངོས་སོ། །དང་པོ་ནི། སྟོན་པ་མཉན་ཡོད་ན་བཞུགས་པའི་ཚེ་རེ་ལྡེའི་རི་ལ་ནབ་སོ་འགྲོ་མགྱོགས་དམར་སེར་ཅན་གསུམ་བུད་མེད་དང་ལྷན་ཅིག་མགོ་འཚམ་རྩེ་བ་ཙ་ཙོ་འདོན། སྟན་གཅིག་ཏུ་འདུག །སྣོད་གཅིག་ཏུ་ཟ། ཕོར་བ་གཅིག་ཏུ་མྱོས་འགྱུར་བཏུང་། མེ་ཏོག་ཐོགས་པ་དང་ཐོགས་སུ་འཇུག །ཕྲེང་བ་དག་བརྒྱུས་པ་དང་བརྒྱུད་དུ་འཇུག །མེ་ཏོག་གི་རྣ་རྒྱན་ཐོགས་པ་དང་ཐོགས་སུ་འཇུག །བྲོ་རྡུང་བ་དང་བརྡུང་དུ་འཇུག །གླུ་ལེན་པ་དང

ལེན་དུ་འཇུག །རོལ་མོ་སྒྲོག་པ་དང་བསྒྲག་ཏུ་འཇུག །བྲོ་གླུ་རོལ་མོ་མཁན་ལ་ངོ་སོ་སྟེར། ཆོས་གོས་བརྗེས་ཏེ་རྒྱུག་པ་སོགས་དགེ་སྦྱོང་གི་ལས་མ་ཡིན་པ་དག་བྱེད་པ་ན་ཚུལ་དེས་རེ་ལྡེའི་རི་ལ་དགེ་སློང་མི་འོང་བ་དང་། འོང་བ་དག་འགྲོ་བར་བྱེད་ཁྱིམ་པ་རྣམས་མ་དད་ནས་གཞུག་མར་གནས་པ་ལའང་བསོད་སྙོམས་མི་སྟེར་ན་གློ་བུར་བ་ལ་ལྟ་ཅི་སྨོས། དེ་སྐབས་རེ་ཞིག་ཀུན་དགའ་བོ་དེར་སོང་ནས་བསོད་སྙོམས་ལ་ཞུགས་པ་ན་གཅིག་ཀྱང་མ་ཐོབ་པར། ཀུན་དགའ་བོས་བསམ་པར་འདིར་སྔོན་འབྱོར་བ་རྒྱས་པ་བདེ་བ་ལོ་ལེགས་པ། སྐྱེ་བོ་མང་པོས་གང་བ་སློང་མོ་བས་བསོད་སྙོམས་རྙེད་སླ་བ་ཡིན་ན། ད་ལྟའང་ཕུན་སུམ་ཚོགས་པར་གྱུར་མོད་ཀྱང་བསོད་སྙོམས་མི་ཐོབ་པ་འདི་ནི་གནས་འདིར་ཉན་ཐོས་བྱིས་བླུན་མི་གསལ་མི་མཁས་པ་ཞིག་གིས་བུད་མེད་གཞོན་ནུ་མ་དག་ལ་ཀུན་ཏུ་སླུ་བའམ་ནོམ་ཤུག་བྱས་པར་མ་གྱུར་ཏམ་སྙམ་སྟེ་ཁྱིམ་པ་ལྔ་བརྒྱ་ཙམ་འདུས་པའི་དཔོང་སར་སོང་སྟེ་ཤེས་ལྡན་དག་འདིར་སྔོན་བསོད་སྙོམས་རྙེད་སླ་བ་ཡིན་ན་ད་ལྟ་མི་རྙེད་པ་ཅི་ཡིན། གཞན་རྣམས་ཅང་མི་སྨྲ་བར་གནས། དེའི་ནང་ནས་དགེ་བསྙེན་ཆུ་རྒྱུན་ཅན་བྱ་བས་ཀུན་དགའ་བོའི་ལག་པ་ནས་བཟུང་སྟེ་མཐའ་གཅིག་ཏུ་ཁྲིད་ནས་རེ་ལྡེའི་རི་འདི་ལ་དགེ་སློང་འདི་གསུམ་གྱིས་འདི་འདྲའི་སྤྱོད་པ་བྱས་པའི་ལན་ནོ་སྟོན་པར་ཞུས་ཤིག་ཟེར་ནས་བསོད་སྙོམས་ཕུལ་ཏེ་ཆོས་ཉན་ནོ། །ཀུན་དགའ་བོས་ཆོས་བསྟན་ནས་སོང་སྟེ་སྟོན་པར་གསོལ་བས་ཀུན་དགའ་བོ་ཁྱོད་དགེ་སློང་གནས་བརྟན་རྣམས་དང་ལྷན་ཅིག་རེ་ལྡེའི་རིར་སོང་ལ་འགྲོ་མགྱོགས་ནབ་སོ་གཉིས་ལ་བསྒྲད་པའི་ལས་ཀྱིས་ཤིག་གསུངས། དེ་དག་སོང་བ་ན་དམར་སེར་ཅན་གྱིས་ཐོས་ནས་བསྒྲད་པའི་ལས་བྱེད་ན་ཁོ་བོ་ལའང་བྱེད་དོ་སྙམ་ནས་བྲོས་པར་བརྩམ་པ་ན། དེ་དག་གིས་དེ་གཉིས་ལ་ལྟུང་བ་གླེང་ཤིང་དེ་གཉིས་ཀྱིས་ཀྱང་སྐབས་ཕྱེས་ནས་གླེང་བས་ལྟུང་བ་མཐོང་ངོ་། །དེའི་ཕྱིར་ཁྱེད་གཉིས་ལ་དགེ་འདུན་གྱིས་སྐྲོད་པའི་ཕྲིན་ལས་མཛད་དོ། །

དེ་ནས་ཀུན་དགའ་བོ་དང་གནས་བརྟན་རྣམས་སྒོ་གཅིག་ནས་ཞུགས་པ་ན་དམར་སེར་ཅན་གཏུར་བུ་ཁུར་ནས་སྒོ་གཞན་ནས་མཉན་ཡོད་དུ་སོང་ནས་བཤགས་བསྡམས་བྱས་ཏེ་རང་བཞིན་དུ་གནས་པ་ཐོབ་བོ། །དེ་གཉིས་ལ་བསྒྲད་པའི་ལས་བྱས་པ་དང་དེ་གཉིས་ཀྱི་བསམ་པར། ས་ལས

འགྲེལ་བ་ས་ལ་བརྟེན་ནས་ལྷུང་བ་ཡིན་པས་བདག་ཅག་གཉིས་མཉན་ཡོད་དུ་སོང་ནས་སྟོན་པ་དང་དགེ་འདུན་ལ་བཟོད་པ་གསོལ་ལོ་སྙམ་དུ་ཕྱིན་པ་ན་དགེ་སློང་རྣམས་ཀྱིས་དེ་གཉིས་ལ་གཏམ་མི་འདྲེའོ། །དམར་སེར་ཅན་ཡང་གཏམ་མི་འདྲེའོ། །དམར་སེར་ཅན་ལ་སླུས་པ་གནས་བརྟན་རྣམས་ཁོ་བོ་གཉིས་ལ་གཏམ་མི་འདྲེ་བ་རིགས་ནའང་ཁྱོད་ཅིའི་ཕྱིར་གཏམ་མི་སྨྲ་རེད་ཅག་ལ་ཁྲེད་པར་ཅི་ཡོད། དེ་བདེན་ཡང་ཁོ་བོས་ལྟུང་བ་བཤགས་བསྡམས་བྱས་ཏེ་ད་ལྟ་དགེ་སློང་རང་བཞིན་དུ་གནས་པ་དག་དང་ལྷན་ཅིག་གནས་ཤིང་དགེ་འདུན་གྱི་བྱ་བའང་བསྒྲུངས་བས་ཁོ་བོས་དེང་ཕྱིན་ཆད་གནས་ངན་ལེན་ཀུན་ཏུ་སྤྱོད་པ་དང་ལྷན་ཅིག་ལོངས་མི་སྤྱོད་དོ། །དེ་གཉིས་ཀྱིས་འདི་ན་དགེ་སློང་ཁ་ཅིག་འདུན་པས་འགྲོ་བ། ཞེ་སྡང་གིས་འགྲོ་བ། གཏི་མུག་གིས་འགྲོ་བ། འཇིགས་པས་འགྲོ་བ་དག་ཡིན་ཏེ། ལྟུང་བ་འདྲ་བ་ཁོ་ན་ལས་ལ་ལ་སྐྲོད་ཁ་ཅིག་མི་བསྐྲད་དོ་ཞེས་འཕྱ་བ་དང་། དགེ་སློང་རྣམས་ཀྱིས་དེ་གཉིས་ལ་སྨུ་ལ་འཕྱ། བདག་ཅག་སྐྲོད་པའི་དགེ་སློང་ལའོ། །སྟོན་པར་གསོལ་བས་གསུངས་པ། ཁྱེད་ཉིད་ཁྲིམ་པ་སུན་འབྱིན་པ་ཡིན་པས་དེ་ཐོང་། འགྲོ་བཞིས་སྐུར་བ་འདེབས་པའང་ཐོང་ཞེས་བཞམས་བསྒོ་བྱས་ཀྱང་འདི་ཉིད་བདེན་གྱི་ཞེས་སྐུར་འདེབས་བྱེད་པས། སྟོན་པས་སླར་ཡང་གསོལ་བཞིའི་ལས་ཀྱིས་བཟློག་ཅིག་གསུངས་པས་བཟློག་ཀྱང་འདི་ཉིད་བདེན་གྱི་ཞེས་སྐུར་བ་དེ་གསོལ་བས། བརྗོད་པ་གསུམ་གྱི་མཐར་མི་གཏོང་ན་དགེ་འདུན་ལྷག་མའོ་ཞེས་བཅས་སོ། །

གཉིས་པ་ལ་དངོས་གཞིའི་ལྟུང་བ། སྦྱོར་བ་དང་སྦྱོར་བའི་སྦྱོར་བའི་ལྟུང་བ་རྣམ་བཞག་གསུམ། དང་པོ་ལ། གཞི་བསམ་སྦྱོར་བ་མཐར་ཐུག་གི་ཡན་ལག་བཞི་ལས། དང་པོ་གཞིའི་ཡན་ལག་ལ་ལྔ་ལས། དང་པོ། གང་སུན་དབྱུང་བའི་ཡུལ་ནི། ཕྱི་ནང་གི་རབ་བྱུང་གང་གི་ཡང་རྟགས་སྡོམ་དང་མི་ལྡན་པའི་ཁྲིམ་པ་མཚན་ཉིད་པ་ཡིན་པ། ཐ་སྙད་ལྔ་དང་ལྡན་པ། ལུས་ཐ་མལ་དུ་གནས་པའོ། །གཉིས་པ་གང་གིས་སུན་འབྱིན་པའི་དངོས་པོ་ནི། གླུ་ལེན་པ་དང་བྲོ་བརྡུང་བ་དང་མྱོས་པར་འགྱུར་བའི་བཏུང་བ་འཐུང་བ་སོགས་རང་གི་ཚུལ་ཁྲིམས་དང་འགལ་བ་བྱས་སམ་གཞན་གྱི་ཉེས་པ་བསྒྲགས་པའོ། །

གསུམ་པ་གང་ལ་སྐུར་བའི་ཡུལ་དགེ་འདུན་ནི། བསྙེན་རྫོགས་ཀྱི་སྡོམ་པ་རྣམ་པར་དག་པ

དང་ལྡན་པ། མཚན་དང་ལྡ་བ་མཐུན་པ། ཐ་སྙད་གསུམ་དང་ལྡན་པ། ལུས་ཐ་མལ་དུ་གནས་པ། ཚོགས་སུ་ལོངས་པ། རང་ལ་བསྒྲད་པ་ནན་ཏུར་ཆོས་ལྡན་དུ་བྱས་པའོ། །བཞི་བ་གང་ལ་དག་སླ་བའི་ཡུལ་ནི་རྫུན་སླ་བའི་ཕམ་པ་བཞིན་ནོ། །ལྟ་བ་རྟེན་ནི་བསྒྲད་པ་ནན་ཏུར་བྱས་ཤིང་ཆགས་པའོ། །བསམ་པ་ལ་གཉིས་ལས་འདུ་ཤེས་ནི་མ་འཁྲུལ་པའོ། །ཀུན་སློང་ནི་རང་སྒྲིད་པའི་དགེ་འདུན་ལ་འདུ་ཤེས་བསྒྱུར་ཏེ་སྐུར་བ་འདེབས་པའི་ཚིག་སླ་ཞིང་གོ་བར་བྱེད་པ་བཞམས་བསྒོ་ལ་སོགས་ཀྱིས་བཟློག་ཀྱང་མི་གཏོང་བར་འདོད་པ་རྒྱུན་མ་ཆད་པ། སྦྱོར་བ་ནི། བསམ་པའི་དོན་ལ་དགེ་འདུན་འདི་རྣམས་འདུན་པས་འགྲོ་བ་ཞེ་སྡང་གིས་འགྲོ་བ་ཞེས་སོགས་སྐུར་བ་འདེབས་པའི་ཚིག་སླ་བ་བཟློག་ཀྱང་མི་གཏོང་བར་རྗོམ་པ། མཐར་ཐུག་དབྱེན་བཞིན་ནོ། །སྦྱོར་བའི་ལྟུང་བ་ནི་སྔར་བཞིན་ལ༑ དེར་གཏོགས་ཀྱི་སྡོམ་པོ་ནི། དུད་འགྲོ་ལས་གཞན་པའི་མི་མ་ཡིན་ཁྱིམ་པ་དང་། མི་ཡིན་ཡང་ཤེས་པ་རང་བཞིན་དུ་མི་གནས་པ་དང་། བཙ་མི་འཕྲོད་པའི་ཁྱིམ་པ་སྨུན་པར་བྱས་པ་ལ་དགེ་འདུན་གྱིས་བསྒྲད་པ་ནན་ཏུར་ཆོས་ལྡན་དུ་བྱས་པའི་ཚེ་དགེ་འདུན་ལ་སྐུར་བ་འདེབས་པ་བཟློག་བསྒོ་རྣམ་པ་ལྔ་རྫོགས་པའི་མཐར་མི་གཏོང་ན་སྡོམ་པོའོ། །བརྗོད་པ་གསུམ་པ་མ་རྫོགས་པ་ཡན་ལ་ཉེས་བྱས་སོ། །སྦྱོར་བའི་སྦྱོར་བའི་ལྟུང་བ་ལའང་སྔར་བཞིན་ཇི་ལྟར་རིགས་པར་སྦྱར་རོ། །བཅུ་གསུམ་པ་ལྟུ༷ང་བ་བྱུ༷ང་བ་དགེ་འདུན་གྱིས་ཕྱིར་བཅོས་པར་བསྐུ༷ལ་བའི་ཚེ་བཀ༷འ་བློ༷་མི༷་བདེ༷་བ༷ར་བྱེད་པའི་ཚིག་སླ་བའི་ལྟག་མ་ལ་གླེང་གཞི་དང་། ལྟུང་བ་དངོས་སོ། །དང་པོ་ནི། སྟོན་པ་ཀོ་ཤམྦིར་གདངས་ཅན་གྱི་ཀུན་དགའ་ར་བ་ན་བཞུགས་པའི་ཚེ་འདུན་པར་ལྟུང་བ་བྱུང་སྟེ་ཆོས་བཞིན་དུ་ཕྱིར་འཆོས་པར་མི་བྱེད་པར་འཛིག་པ་ལ་ཞུགས་པས་དེ་ལ་ཕན་པའི་དོན་དང་བདེ་བའི་དོན་འདོད་པ་བདེ་བ་ལ་རེག་པ་བདེ་བ་གྲུབ་པ་འདོད་པ་རྣམས་ཀྱིས་ཁྱོད་ཀྱིས་ལྟུང་བ་དེ་ཆོས་བཞིན་དུ་ཕྱིར་འཆོས་པར་གྱིས་ཞེས་བསྐུལ་བ་ན། ཚེ་དང་ལྡན་པ་དག་ལ་ཅང་མི་སྨྲའོ། །ཚེ་དང་ལྡན་པ་དག་གིས་བདག་ལ་ཚིག་གི་ལམ་ཐོང་ཤིག །ཁྱེད་ལའང་བདག་གིས་སྨྲས་པས་ཅི་ཞིག་བྱ། ཁྱེད་ཅག་རིགས་རུས་ཁྱིམ་སྣ་ཚོགས་ལས་རབ་ཏུ་བྱུང་བ་སྟེ་ཤིང་ལོ་སྣ་ཚོགས་རླུང་གིས་སླགས་པ་དག་གཅིག་ཏུ་བསྡུས་པ་བཞིན་ནོ། །

ཁོ་བོའི་འཕགས་པས་ནི། བྱང་ཆུབ་ཐུགས་སུ་ཚུད་པ་ཡིན་ནོ་སྙམས་པ་ལ་དགེ་སློང་དོན་ཞུང་བ་དག་གིས་འཕྱོ་བའི་སྐབས་དེ་སྟོན་པར་གསོལ་བས། སྟོན་པས་ཁྱེད་ཀྱིས་འདུན་པ་དང་གཞན་ཡང་དེ་ལྟ་བུའི་གང་ཟག་ལ་བཞམས་བཟློ་གྱིས་ཤིག བཟློས་ཀྱང་འདི་ཉིད་བདེན་གྱིས་སོགས་ཟེར་ནས་སྟོན་པར་གསོལ་བས། གསོལ་བཞིའི་ལས་ཀྱིས་བཟློག་གཅིག །བཟློག་ཀྱང་མི་གཏོང་བ་དེ་གསོལ་བ་ན་དགེ་འདུན་བསྡུས་ཏེ་ཕན་ཡོན་བཅུ་གཟིགས་ཏེ། ངའི་ཉན་ཐོས་རྣམས་ཀྱིས་འདུལ་བའི་བསླབ་གཞི་སྟོན་པར་བྱ་སྟེ། བརྗོད་པ་གསུམ་པའི་མཐར་མི་གཏོང་ན་དགེ་འདུན་ལྷག་མའོ་ཞེས་བཅས་སོ། །གཉིས་པ་ལ་ལྟུང་བ་ངོས་བཟུང་བ། དེ་ལས་སེམས་བསྐྱུང་ཚུལ་གཉིས། དང་པོ་ལ་དངོས་གཞི་དང་། སྦྱོར་བ་དང་། སྦྱོར་བའི་སྦྱོར་བའི་ལྟུང་བ་རྣམ་བཞག་དང་གསུམ་མོ། །དང་པོ་ལ་གཞི་བསམ་སྦྱོར་བ་མཐར་ཐུག་གི་ཡན་ལག་བཞི་ལས། དང་པོ་གཞིའི་ཡན་ལག་ལ། གང་དག་གིས་གླེང་བ་འགོག་པའི་ཡུལ། གང་གིས་གླེང་བ་འགོག་པའི་དངོས་པོ། གང་ལ་ངག་སྨྲ་བའི་ཡུལ། རྟེན་དང་བཞིའོ། །དང་པོ་ནི་ཕྱོགས་བཅུའི་དགེ་སློང་མཐའ་དག་གིས་གླེང་བ་འགོག་པའོ། །གཉིས་པ་ནི། བདག་ཉིད་ཀྱི་ལྷག་པའི་ཚུལ་ཁྲིམས་སུ་གཏོགས་པའི་བསླབ་པའི་གཞི་མཐའ་དག་གིས་གླེང་བ་འགོག་པའོ། །གསུམ་པ་ནི། བསྙེན་རྫོགས་ཀྱི་སྡོམ་པ་རྣམ་དག་དང་ལྡན་པ། མཚན་མཐུན་པ། ལྟ་བ་མཐུན་པ། ཐ་སྙད་གསུམ་དང་ལྡན་པ། ལུས་ཐ་མལ་དུ་གནས་པ། རང་ལ་ཚུལ་བཞིན་དུ་གླེང་བའི་གླེང་བྱེད་མཚན་ཉིད་དང་ལྡན་པ་ཡིན་པ་སྟེ་ཆོས་དྲུག་ལྡན་ནོ། །བཞི་པ་ནི། རང་ཉིད་གླེང་དྲན་བྱས་ལ་ཆགས་པའོ། །

བསམ་པ་ལ་གཉིས་ལས། འདུ་ཤེས་ནི་མ་འཁྲུལ་བའོ། །ཀུན་སློང་ནི། དགེ་སློང་མཐའ་དག་གིས་ལྷག་པའི་ཚུལ་ཁྲིམས་ཀྱི་བསླབ་པའི་གཞི་མཐའ་དག་ལ་གླེང་བ་འགོག་པའི་ཚིག་སྨྲས་པ་བཟློག་བཟློ་ལྡོས་བཟློག་ཀྱང་མི་གཏོང་བར་འདོད་པའི་བསམ་པ་རྒྱུན་མ་ཆད་པའོ། །སྦྱོར་བ་ནི། དེ་ལྟར་བཟློག་ཀྱང་ཁྱོད་ཅག་དགེ་ཡང་རུང་སྡིག་ཀྱང་རུང་བདག་ལ་ཅི་ཡང་མ་སྨྲ་ཞིག་ཅེས་སོགས་མི་གཏོང་བའི་ཚིག་ངག་མཚན་ཉིད་ལྔ་ལྡན་གྱིས་སྨྲ་བར་རྩོམ་པ། མཐར་ཐུག་དབྱེན་བཞིན་ནོ། །
འདི་ཡང་གླེང་བྱེད་ཀྱི་ངོས་ནས་གང་ཟག་གིས་བསྐྱེད་པའི་ལྟུང་བ་ཡིན་ལ། གང་ཟག་གིས་བསྐྱེད

པའི་ལྟུང་བ་དེ་ལ་དྲུ་ཞེ་ན། རྗེས་ཕྱོགས་བཀའ་བློ་མི་བདེ་བྱིན་ཕྲོགས་བསྡོས་བསྒྱུར་དང་། །སྐྱོན་སྨྲ་ཕྲ་མ་སྐྱོ་སྡོགས་གནས་ངན་ལེན་བརྗོད་དང་། །བཤེས་ངོར་བྱེད་དང་ཁྲུད་གསོད་འཕྱ་བ་བསྒོ་བ་དང་། །སྨྲོད་དང་ཕྱིས་གནོན་ཟས་ངོར་སྟོན་ཞེས་སྐུར་འདེབས་དང་། །སྤྱང་བ་སྟོབས་དང་བརྟེག་གཟས་གནས་ངན་ལེན་འཆབ་དང་། །ཟན་གཅོད་འདུན་པ་ཕྱིར་བསྒྱུར་སྤྱངས་བ་རྗེས་ཕྱོགས་དང་། །འགྱོད་བསྐྱེད་གག་ཆིལ་དང་ནི་སྤངས་བྱེད་གདིང་མེད་དང་། །བསླབ་པ་སྤྱོང་དང་ཉན་རྣ་མི་གུས་ཕྱོགས་གཅིག་དང་། །བསླབ་གཞི་ཁྲུད་དུ་གསོད་དང་སོར་བཤགས་གཉིས་པ་སྟེ། །དེ་ལྟར་གྲངས་ནི་སུམ་ཅུ་རྩ་གཅིག་འདི་རྣམས་སོ། །འདི་གླེང་བའི་ཡུལ་འགོག་པའི་ཆ་ནས་དགེ་འདུན་ཙམ་གྱིས་བསྐྱེད་པའི་ལྟུང་བ་ཡིན་ལ། དགེ་འདུན་ཙམ་གྱིས་བསྐྱེད་པའི་ལྟུང་བ་དེ་ལ་དྲུ་ཞེ་ན། ཁང་ཆེན་ཕྱོགས་གཅིག་བཀའ་བློ་མི་བདེ་དང་། །སྐྱོ་སྡོགས་བྱེད་དང་བཤེས་ངོར་བྱེད་པ་དང་། །འཕྱ་བ་དང་ནི་གནས་མལ་ལྟུང་བྱེད་དང་། །གདིང་བའི་ལྟུང་བྱེད་སྨྲོད་དང་ཕྱིས་གནོན་དང་། །རྩ་བ་དབྱུང་འདུག་རིམ་གཉིས་ཕྱོགས་གཅིག་དང་། །འདུས་ཤིང་ཟ་དང་མ་གུས་ཕྱོགས་གཅིག་དང་། །སྤྱི་དྲི་གྲོང་རྒྱུ་ཁྲི་ཁྲང་འཆོས་པ་དང་། །ཤིང་བལ་གོས་པར་བྱས་དང་བཅུ་དྲུག་གོ། །ཞེས་སོ། །

སྦྱོར་བའི་ལྟུང་བ་རྣམ་བཞག་ནི། བཞམས་བསྒོའི་མཐའ་ལ་མ་བཏང་ན་སྡོམ་པོ་སྐྱེད་པ་ལ་སོགས་པ་སྟར་བཞིན་ནོ། །སྦྱོར་བའི་སྦྱོར་བའི་ལྟུང་བ་ནི། ཀུན་སློང་བྱུང་ནས་བཞམས་བསྒོ་ལ་མ་ཐུག་གི་བར་ཉེས་བྱས་སོ། །ལྷག་པའི་སེམས་དང་ཤེས་རབ་ཀྱི་བསླབ་པའི་གཞིས་ཚུལ་བཞིན་དུ་གླེང་བ་ན་བཀའ་བློ་མི་བདེ་བར་བྱེད་པ་ཐམས་ཅད་ལ་ཉེས་བྱས་སོ། །འདུལ་བར་གཏོགས་པའི་བསླབ་པའི་གཞི་འགའ་ཞིག་དང་། དགེ་སློང་འགའ་ཞིག་གིས་གླེང་བ་འགོག་པ་ལ་ཉེས་བྱས་སོ། །གཉིས་པ་བསླབ་བྱ་ནི། བསྒོ་བ་ལས་གྱུར་པའི་ལྟུང་བ་བཅུ་རྗེས་སུ་སྒྲུབ་པ་ལ་དབྱེན་ལ་སོགས་པ་བརྒྱད་ལ་མི་གཏོང་བའི་ཚེ་བྱ་བ་དེ་ལ་ཞུགས་ཙམ་ནས་དགེ་འདུན་གྱིས་བཟློག་བསྒོ་མ་བྱས་པ་དང་། ཁྲིམ་སུན་འབྱིན་པ་ལ་བསྒྲད་པ་ནན་ཏུར་གྱི་སྔ་རོལ་དུ་བཟློག་བསྒོ་བྱས་པ་དང་། བཀའ་བློ་མི་བདེ་བ་ལ་གླེང་དྲན་མ་བྱས་པར་བཟློག་བསྒོ་བྱས་པ་དང་། གླེང་དྲན་གྱི་མཐར་མ་བྱས་པ་རྣམས་ལ་ཉེས་བྱས་སོ། །གཉིས་པ་དེ་ལས་སེམས་བསྲུང་ཚུལ་ནི། ལྟུང་བ་ཚུལ་བཞིན་གླེང་དྲན་བྱས་པ་དང་དུ་མི་

ལེན་པར་འདོད་པ་འགོག་པའོ། །དེ་དག་གིས་ལྟག་མ་བཅུ་གསུམ་བཤད་པ་གྲུབ་ནས། འདིར་སོར་མདོ་ལས། དབེན་པ་སྐྱབས་ཡོད་འདུག་པའོ། །ཞེས་པའི་ཚིག་གིས་བསྟན་པའི་མ་ངེས་པའི་ལྟུང་བ་ལ་གཉིས་ཏེ། གསུམ་དུ་མ་ངེས་པའི་ལྟུང་བ་དང་གཉིས་སུ་མ་ངེས་པའི་ལྟུང་བ་གཉིས། དང་པོ་ལ་གླེང་གཞི་དང་། ལྟུང་བའོ། །དང་པོ་ནི། སྟོན་པ་མཉན་ཡོད་ན་བཞུགས་པའི་ཚེ། འཆར་ཀ་མཉན་ཡོད་དུ་བསོད་སྙོམས་ལ་ཞུགས་ཏེ་མཐར་ཁྱིམ་བདག་གི་ཆུང་མ་སྦྲིད་མའི་ཁྱིམ་དུ་སོང་བ་ན་དེས་འཆར་ཀ་ལ་སྟན་བཤམས་ཏེ་གདན་ལ་བཞུགས་སུ་གསོལ། དེ་འདུག་པ་ན་ཕྱག་འཚལ་ཏེ་ཕུས་མོ་གཉིས་གཏད་དེ་འདུག་བཞིན་ཆོས་བཤད། རི་དྭགས་འཛིན་གྱི་མ་ས་གས་ཆོས་ཀྱི་སྒྲ་ཐོས་ནས་འཆར་ཀའི་སྐད་ཀྱི་གདངས་ཀྱིས་སྦྲིད་མ་ལ་སྦྲང་བུས་སྦྲང་རྩི་འཁྱིན་པ་དང་འདྲ་བར་ཆོས་སྨན་པ་སྟོན་གྱིས་བདག་ཀྱང་ཆོས་ཉན་དུ་འགྲོའོ་སྙམ་ནས་སོང་བ་ན་སྦྲིད་མ་འཆར་ཀའི་ཕུས་མོ་གཉིས་ལ་གཏད་དེ་ཆོས་ཉན་པ་མཐོང་ནས་ཚུལ་འདི་མ་དད་པའི་གང་ཟག་འགས་མཐོང་ན་འདིས་འདི་དང་ལྷན་དུ་དབེན་པ་སྐྱབས་ཡོད་པར་སྡིག་པའི་ལས་ཟུང་ཟད་བྱས་སོ་བྱེད་པར་འགྱུར་རོ་སེམས་པ་འབྱུང་ངོ་ངེས་པར་མཐར་ཐུག་པར་འགྱུར་རོ་སྙམ་དུ་འདིའི་ཚུལ་གསོལ་བ་བདག་གིས་བྱའོ་སྙམ་ནས་སྟོན་པའི་དྲུང་དུ་སོང་སྟེ། དེ་ལྟར་མི་རིགས་པས་བསླབ་པ་བཅའ་བར་ཞུས་པ་སྟོན་པས་གནང་ནས། འཆར་ཀ་ལ་ཁྱོད་ཀྱིས་མི་མཛེས་པ་དེ་ལྟར་བྱས་པ་བདེན་ནམ་གསུངས། བཙུན་པ་མད་དོ། །དགེ་སྦྱོང་གི་ཚུལ་མིན་སོགས་སྨད་ནས་ཕན་ཡོན་བཅུ་གཟིགས་ཏེ། དགེའདུན་བསྡུས་ནས་ངའི་ཉན་ཐོས་རྣམས་ཀྱིས་འདུལ་བའི་བསླབ་གཞི་འདི་ལྟར་འདོན་པར་བྱ། ཡང་དགེ་སློང་གང་བུད་མེད་དང་ལྷན་ཅིག་གཅིག་པུ་དབེན་པ་སྐྱབས་ཡོད་པར་འདོད་པ་བྱ་རུང་བར་སྟན་ལ་འདུག་པར་བྱེད་ཅིང་། དེ་ལ་དགེ་བསྙེན་མ་ཡིད་ཆེས་པའི་ཚིག་དང་ལྡན་པས་ཕམ་ལྷག་ལྟུང་བྱེད་ཀྱི་ཆོས་གསུམ་པོ་གང་ཡང་རུང་བ་བྱུང་ངོ་ཞེས་སྨྲས་པའི་གཞི་དེ་ལྟ་བུ་ལ་དགེ་སློང་དེ་ཞུགས་ཏེ་དགེ་བསྙེན་མ་ལ་དགེ་སློང་འདི་ལ་གསུམ་པོ་གང་རུང་བྱུང་ངོ་ཟེར་བའི་ཚིག་སྨྲ་བའི་ལས་བྱེད་དུ་གཞུག་ན་གསུམ་དུ་མ་ངེས་པའི་ལྟུང་བ་ཡིན་པའི་བཅས་པ་མཛད་དོ། །

གཉིས་པ་ལྟུང་བ་དངོས་ནི། ཆགས་སེམས་ཀྱིས་དབེན་པ་སྐྱབས་ཡོད་དུ་ཉེ་མིན་གྱི་བུད་མེད་

དང་འདོམ་གང་གི་ནང་དུ་གནས་པ་ལས་བྱུང་བའི་ལྟུང་བ་དེ། ཕམ་ལྷག་ལྟུང་བྱེད་གསུམ་གང་འབྱུང་མ་ངེས་ཀྱང་དེ་གསུམ་གང་རུང་འབྱུང་ཉེ་བར་འགྱུར་བའི་ལྟུང་བ་དེ་གསུམ་དུ་མ་ངེས་པའི་ལྟུང་བའི་ངོ་བོའོ། །གཉིས་པ་གཉིས་སུ་མ་ངེས་པའི་ལྟུང་བ་ལ། གླེང་གཞི་དང་། ལྟུང་བའོ། །དང་པོ་ནི། སྟོན་པ་རྒྱལ་པོའི་ཁབ་ཏུ་བཞུགས་པའི་ཚེ་དགེ་སློང་ཤ་རི་ཀ་བསོད་སྙོམས་ལ་སོང་ནས་མཐར་ཁྱིམ་བདག་གི་ཆུང་མ་གསོ་སྦྱོང་འཕགས་ཀྱིས་མཐོང་ནས་གདན་བཤམས་ཏེ་བྱོན་པར་བསྐུལ་ནས་བཞུགས་པ་ན་དེས་ཕྱག་འཚལ་ཏེ། ཕུས་མོ་གཉིས་ཀྱིས་ཕུས་མོ་གཉིས་ལ་མ་རེག་ཙམ་དུ་འདུག་པ་དེ་ལ་ཤ་རི་ཀས་ཆོས་བཤད། དགེ་བསྙེན་མ་ལེགས་སྐྱེས་ཀྱིས་དེའི་སྒྲ་ཐོས་ནས་ཤ་རི་ཀས་སྐད་ཀྱི་གདངས་ཀྱིས་གསོ་སྦྱོང་འཕགས་ལ་སྦྲང་བུས་སྦྲང་རྩི་འཁྱིན་པ་དང་འདྲ་བར་ཆོས་སྟོན་གྱི་བདག་ཀྱང་མཉན་དུ་འགྲོ་སྙམ་ནས་སོང་བས། དེ་གཉིས་འདུག་པའི་ཀུན་སྤྱོད་དེ་མཐོང་ནས་ཚུལ་འདི་མ་དད་པ་འགས་མཐོང་ན་དབེན་པ་སྐབས་ཡོད་དུ་སྡིག་ལས་ཟུང་ཞིག་བྱས་སམ་བྱེད་དོ་སྙམ་སྟེ་སེམས་པར་འགྱུར་ཏོ། །ངེས་པར་མཐར་ཐུག་པར་འགྱུར་བས་འདི་བདག་གིས་བྱ་བའོ་སྙམ་ནས་སྟོན་པར་གསོལ་བས། སྟོན་པས་དེ་དགག་གོ་ཞེས་གནང་ནས་ཤ་རི་ཀ་ཁྱོད་མི་མཛེས་པ་དེ་ལྟ་བུ་བྱས་པ་བདེན་ནམ། བཙུན་པ་མད་དོ། །དགེ་སློང་གི་ཚུལ་མིན་སོགས་སྨད་དེ་ཕན་ཡོན་བཅུ་གཟིགས་ནས་དགེ་འདུན་བསྡུས་ཏེ། ངའི་ཉན་ཐོས་རྣམས་ཀྱིས་འདུལ་བ་ལ་བསླབ་པར་བྱ་བའི་གཞི་འདི་ལྟར་བཅའོ། །ཡང་དགེ་སློང་གང་བུད་མེད་ཀྱི་ཡུལ་དང་ལྷན་ཅིག་གཅིག་པུར་དབེན་པ་སྐབས་ཡོད་ན་འདོད་པ་བྱ་མི་རུང་བར་སྟན་ལ་འདུག་པར་བྱེད་ནས་དེ་ལ་དགེ་བསྙེན་མ་ཡིད་ཆེས་པའི་ཚིག་དང་ལྡན་པས་དགེ་འདུན་ལྷག་མ་དང་ལྟུང་བྱེད་གཉིས་པོ་གང་ཡང་རུང་བར་བྱུང་ངོ་ཞེས་སྨྲ་པའི་ཚིག་བྱུང་བའི་ལས་ལ་དགེ་སློང་དེ་ཞུགས་ཏེ་ཚིག་དེ་སྨྲ་བའི་ལས་བྱེད་དུ་བཅུག་ན་གཉིས་སུ་མ་ངེས་པའི་ལྟུང་བའོ་ཞེས་བཅས་སོ། །

གཉིས་པ་ལྟུང་བ་དངོས་ནི། དབེན་པ་སྐབས་ཡོད་དུ་ཆགས་སེམས་ཀྱིས་ཉེ་མིན་གྱི་བུད་མེད་དང་འདོམ་གང་གི་ཕྱི་རོལ་དུ་གནས་པའི་ལྟུང་བ་དེ་ལྷག་མ་ལྟུང་བྱེད་གང་འབྱུང་མ་ངེས་ཀྱང་། དེ་གཉིས་གང་རུང་འབྱུང་ཉེ་བའི་ལྟུང་བ་དེ་གཉིས་སུ་མ་ངེས་པའི་ལྟུང་བའི་ངོ་བོ་ཡིན་ནོ། །འདིར་ལྟུང་

བ་སྟེ་ལྔ་ལས། གསུམ་པ་ལྟུང་བྱེད་ཀྱི་སྡེ་བཤད་པ་ལ། སྤྱང་ལྟུང་དང་། ལྟུང་བྱེད་འབའ་ཞིག་པ་གཉིས། སྤྱང་ལྟུང་ལ་ཐུན་མོང་གི་ཆོས་དང་། བྱེ་བྲག་ལྟུང་བའི་རང་བཞིན་བསྟན་པ་གཉིས། དང་པོ་ལ། དུས་དང་འབྲེལ་བའི་ཐུན་མོང་། བདག་པོ་དང་འབྲེལ་བའི་ཐུན་མོང་། ཤན་དང་འབྲེལ་བའི་ཐུན་མོང་། སྤྱང་ལྟུང་དང་པོ་གསུམ་དང་འབྲེལ་བའི་ཐུན་མོང་གི་ཆོས་དང་བཞི་ལས། དང་པོ་དུས་ལ་ལྟོས་ཏེ་དུས་ལྟུང་བའི་ཡན་ལག་ཏུ་དགོས་པ་བཅུ་དགུ་སྟེ། གོས་ཞག་བཅུར་འཆང་བ། ལྟུང་བཟེད་ཞག་བཅུར་འཆང་བ། ཆོས་གོས་ཞག་གཅིག་བྲལ་བ། གོས་ཟླ་ལྷ་བར་འཇོག་པ། གསོག་འཇོག །དབྱར་གྱི་གོས་རས་ཆེན་བཅལ་སྔ་སྦྱིད་ཕྱི་གཉིས། དབྱར་རྙེད་འགྱེད་སྔ་བགོ་ཕྱི། ནུབ་ལྷག་ཉལ། སྣང་བ་དང་བཅས་པའི་ཕྱོགས་སུ་ཉལ་བ། བུད་མེད་དང་ལྷན་དུ་ཉལ་བ། མུ་སྟེགས་ཅན་གྱི་འདུག་གནས་སུ་ཉལ་བ། མགྲོན་གཉེར་ལས་རིང་དུ་འདུག་པ། སྤྱངས་བའི་རྗེས་སུ་ཕྱོགས་པ༑ དགེ་ཚུལ་བསྒྲིལ་བ་སྤྱོད་པ། དུས་མིན་ཟ་བ། དམག་གི་ནང་དུ་འདུག་པ། ཕྱི་དྲོ་གྲོང་དུ་རྒྱུ་བ། རྒྱལ་པོའི་ཕོ་བྲང་དུ་ནུབ་མོར་འགྲོ་བ་སྟེ་བཅུ་དགུ་དུས་ལ་ངེས་པར་ལྟོས་པའི་ལྟུང་བའོ། །དེ་ལས་སྐྱ་རེངས་དང་པོ་ཤར་བ་ལ་ལྟོས་པའི་ལྟུང་བ་བཅོ་ལྔའོ། །གཉིས་པ་བདག་དང་འབྲེལ་བ་ལ་ལྟོས་པའི་ལྟུང་བ་ནི་འཆང་བྲལ་འཇོག་པ་སོགས་ཀྱིས་སྤྱང་ལྟུང་བསྐྱེད་པ་ལ་གང་ལས་ལྟུང་བ་འབྱུང་བའི་གཞིའི་ཡོ་བྱད་ཉིད་རང་དབང་བའི་དངོས་པོ་བདག་འཛིན་ཞུགས་པ་ཞིག་དགོས་ཀྱི། དེ་ལས་གཞན་དུ་ལྟུང་བའི་དངོས་གཞི་ཇི་བཞིན་མི་བསྐྱེད་པའི་ཕྱིར་རོ། །རང་གིས་བདག་བཟུང་གི་དངོས་པོ་ཡིན་ཀྱང་གཞན་ལ་སྦྱིན་འདོད་ཀྱིས་བསྔོས་པ་དང་མ་འོངས་པར་འབྱུང་འགྱུར་གྱི་རབ་བྱུང་སོགས་ཀྱི་དོན་དུ་བསྔོས་པ་ལ་ཞག་བཅུ་པའི་སྤྱང་ལྟུང་མི་འབྱུང་ལ། ཡོ་བྱད་ཀྱི་གོས་འདི་མཁན་པོ་ལ་ཡིད་གཏད་དེ་བཅང་བར་བྱ་སྙམ་དུ་ལྷག་པོའི་ཡོ་བྱད་དུ་བརླབས་པ་སོགས་ལ་རང་སྟོབས་ཀྱིས་ལྟུང་བ་མི་སྐྱེད། གཞན་ལ་བསྔོས་པའི་ཡོ་བྱད་བྱིན་གྱིས་མ་བརླབས་ཀྱང་། དེས་གཞན་ལ་ཤན་མི་བཏེག་ལ། གཞན་གྱིས་རང་ལ་ཤན་བཏེག་པ་ཉམས་པའི་ཕྱིར་རོ། །བདག་པོ་སེམས་འཁྲུགས་པའི་རང་བཞིན་ཉམས་པའི་གང་ཟག་ལའང་ཤན་ལྟུང་གི་རྐྱེན་མིན་པར་གསུངས་སོ། །གསུམ་པ་ཤན་དང་འབྲེལ་བའི་ཐུན་མོང་གི་ཆོས་བཤད་པ་ལ། དགོས་པ། མཚན་ཉིད། རྣམ་གྲངས་དང་སྒྲ་དོན།

དབྱེ་བ། བསྡུ་བ། ཤན་འབྱེས་ཚུལ། གོས་རིགས་ངོས་བཟུང་བ་དང་། སྒྲུབ་བཞི་བཅོ་བ་དང་བདུན་ལས། དང་པོ་དགོས་པ་ནི། ཞག་ཤན་གསུངས་པ་ཞག་ཤན་དེ་འབྱུང་དོགས་ཏེ་ཡོ་བྱད་བྱིན་རླབས་ལ་བརྟེན་པ་དང་། སྤང་ཤན་གསུངས་པ་སྤང་ཤན་དེ་འདག་ཆེད་དུ་སྤང་ལྟུང་ཕྱིར་བཅོས་པའི་ཆེད་དོ།། །

གཉིས་པ་མཚན་ཉིད་ནི། རྗེས་བྱེད་དེས་རང་གི་བརྗེས་བྱ་ལ་ཉེས་པ་ཞུགས་པའི་ཆ་ནས་བཞག་པའི་ཤུགས་དེ་ཤན་གྱི་མཚན་ཉིད། མཚན་ཉིད་དེ་ནི་ཤན་གསུམ་གར་ཁྱབ་པའི་ཤན་སྤྱིའི་མཚན་ཉིད་ཡིན་ནོ། །གསུམ་པ་རྣམ་གྲངས་ནི། ཤན་རྗེས་ཞུགས་རྒྱུན་འབྲེལ་ཤུགས་རྣམས་མིང་གི་རྣམ་གྲངས་སོ། །སྒྲ་དོན་ནི། སྡེ་མཐའ་གཞན་གྱི་བྱེད་པ་ཞུགས་པས་ན་ཤན་དང་། སྡེ་མ་དེའམ་གཞན་དེའི་དབང་གིས་ལྟུང་བའི་ཉེས་པ་འབྱུང་བར་འགྱུར་བས་རྗེས་ཞུགས་སོགས་ཞེས་བྱའོ། །བཞི་པ་དབྱེ་བ་ནི། གོས་ལྟུང་བཟེད་སྨན་ལྟུང་ཤན་དང་བཞིའོ། །དང་པོ་གོས་ལ་ཞག་བཅུ་པའི་གོས་དང་ཟླ་འཛོག་གི་གོས་གཉིས་སོ། །ལྟ་བ་བསྡུ་ན་གཉིས་སུ་འདུ་སྟེ། ལྟུང་བའི་གཞི་རྫས་ཤན། སྤང་བའི་རྒྱུ་ལྟུང་ཤན་གཉིས་སུ་འདུའོ། །དེའང་གོས་ཤན་ལྟུང་བཟེད་ཤན་སྨན་ཤན་གསུམ། དང་པོ་རྫས་ཤན་དུ་འདུ་ལ། མཚན་ཉིད་ནི། གཙོ་བོ་རྫས་སྡེ་མཐའ་གཞན་སྟོབས་ཀྱིས་གོས་པར་བྱས་པའི་ལྟུང་བའི་གཞིའི་རྫས་དེ་རྫས་ཤན་གྱི་མཚན་ཉིད། དབྱེ་ན་གོས་ལྟུང་སྨན་གསུམ་མོ། །གོས་དེ་རང་གི་སྡེ་མའི་ཤུགས་སམ་གཞན་གྱི་ཤུགས་སྟོབས་ཀྱིས་སྤང་ལྟུང་སྐྱེད་པར་བྱེད་པའི་རྫས་སུ་སོང་བ་དེ་གོས་ཤན་གྱི་མཚན་ཉིད། མཚན་གཞི་ཞག་བཅུ་འཆང་སྤང་གཞན་སྟོབས་ཀྱིས་བསྐྱེད་པའི་གོས་ལྟ་བུ་དང་། ཟླ་འཛོག་གི་འཆང་སྤང་གཞན་སྟོབས་ཀྱིས་བསྐྱེད་པའི་ཁ་སྐོང་གི་གོས་ལྟ་བུ་གཉིས་སོ། །ལྟུང་བཟེད་དང་སྨན་ལ་མཚན་ཉིད་དེ་ལྟར་སྦྱར་རོ། །ཞག་བཅུ་འཆང་སྤང་གི་ཤན་ལ་རྗེས་བྱེད་བརྗེས་བྱ་གཉིས་བཅས་རིགས་གཅིག་པའམ་ཞག་བཅུ་པའི་གོས་ཀྱིས་ཞག་བཅུ་པའི་གོས་ལ་བརྗེས། ཟླ་འཛོག་གིས་ཟླ་འཛོག་ལ་བརྗེས། །ལྟུང་བཟེད་ཀྱིས་ལྟུང་བཟེད་ལ་བརྗེས། །ཞག་བདུན་པའི་སྨན་གྱིས་རང་དང་རྫས་རིགས་འདྲ་བའི་བུ་རམ་གྱིས་བུ་རམ་ལ་བརྗེས་པ་ལྟ་བུ་ཡིན། སྤང་ཤན་ནི། སྤང་ལྟུང་བཤགས་པའི་ཚེ་ཕལ་བའི་དངོས་པོ་ཕྱིས་སྐྱེད་རིགས་མཐུན་མི་མཐུན་པའི་དངོས་པོའི་རྫས་ཐམས་

ཅན་སྤང་དགོས་པའི་ཤིན་ཡོག་པས་སྤང་དགོས་པ་ཡིན་ཀྱང་ཕྱིས་རྙེད་ཀྱི་རྫས་རིགས་མི་མཐུན་པས་ཤིན་སྟོབས་ཀྱིས་སྤང་ལྟུང་མི་བསྐྱེད་དོ། །སྤང་ལྟུང་གི་ཤིན་ནི། རྟོག་བྱེད་ལས། ཕྱིས་སུ་རྙེད་པའང་ཡིན་རིགས་མཐུན་པའི་རྫས་ཁོ་ན་ལས་འབྱུང་ཞིང་སྐྱེད་པ་ཡིན་ནོ། །སྤང་ཤིན་ཙམ་ནི། ཕྱིས་རྙེད་རིགས་མཐུན་མི་མཐུན་ཐམས་ཅད་ལ་འབྱུང་ཞིང་ཐམས་ཅད་ཀྱིས་སྐྱེད་པ་ཡིན་ནོ། །དེས་ན་ཞག་ཤིན་དང་རྫས་ཤིན་དུས་ཤིན་གསུམ་མིང་གི་རྣམ་གྲངས་ཡིན་ནོ། །ཞག་ཤིན་དེ་ལ་ཁྱད་པར་ཅན་མིན་པ་དང་ཡིན་པ་གཉིས་ཡོད། དང་པོ་ནི། བྱིན་རླབས་དང་མ་འབྲེལ་བའི་རང་གི་བདེག་བྱའི་ཡོ་བྱད་ལ་ཉེས་པ་གོས་པར་བྱས་པའི་ཞག་ཤིན་དེ་ཞག་ཤིན་ཁྱད་པར་ཅན་མ་ཡིན་པའི་མཚན་ཉིད། བདེག་བྱ་བྱིན་གྱིས་མ་བརླབ་པའི་ཞག་ཤིན་དང་། ཞག་ཤིན་ཁྱད་པར་ཅན་མ་ཡིན་པ་རྣམ་གྲངས་ཡིན། གཉིས་པ་ནི། བདེག་བྱ་བྱིན་རླབས་ཅན་ལ་ཉེས་པ་གོས་པར་བྱས་པའི་ཞག་ཤིན་དེ་ཞག་ཤིན་ཁྱད་པར་ཅན་གྱི་མཚན་ཉིད། ཞག་ཤིན་ཁྱད་པར་ཅན་དང་། བདེག་བྱ་བྱིན་རླབས་ཅན་ལ་ཞུགས་པའི་ཤིན་གཉིས་དོན་གཅིག་གོ། །

ཡང་ན་ཤིན་ཐམས་ཅད་བསྡུ་ན་ཞག་ཤིན་སྤང་ཤིན་ལྟུང་ཤིན་གསུམ་དུ་འདུ་སྟེ། སྤང་ཤིན་དང་ལྟུང་ཤིན་སོ་སོར་ཕྱེ་བ་ནི། རྫས་དེ་སྤང་དགོས་ཀྱང་རྫས་དེ་ལས་སྤང་ལྟུང་མི་འབྱུང་བ་དུམ་ཡོད་པ་ཤེས་པའི་དགོས་པ་ཡོད་པ་དང་། དགེ་སློང་དེ་ལ་སྤང་ལྟུང་བྱུང་ཡང་སྤང་ཤིན་མི་འབྱུང་བ་ཡོད་པ་ཤེས་པའི་དགོས་པའི་ཆེད་དུ་སྤང་ཤིན་ཞེས་དང་ལྟུང་ཤིན་ཞེས་སོ་སོར་ཕྱེས་པ་ཡིན་ནོ། །དེ་ཡིན་ཏེ། དང་པོ་རྫས་དེ་སྤང་དགོས་ཀྱང་དེ་ལས་སྤང་ལྟུང་མི་འབྱུང་བ་མདོ་རྩ་བ་ལས། དེ་ཡོད་ན་ཡོ་བྱད་ཙམ་བདག་གིར་བྱས་པ་ལ་སྤང་བ་ཉིད་དོ། །ཞེས་གསུངས་པ་སྤང་ཤིན་ཁོ་ནའི་དབང་དུ་བྱས་ཏེ་བསྟན་ཏོ། །ཕྱིས་རྙེད་རིགས་མཐུན་མི་མཐུན་པའི་རྫས་འདི་ལ་སྤང་དགོས་རྒྱུའི་ཤིན་ནམ་ཤུགས་བྱུང་ཡང་ཉེས་ཤིན་དང་ཞག་ཤིན་གང་ཡང་མ་བྱུང་བ་ཡིན་ཏེ། ཕྱིས་རྙེད་རིགས་མི་མཐུན་པའི་རྫས་དེ་ལས་ལྟུང་ཤིན་མི་འབྱུང་བའི་ཕྱིར་རོ། །གཉིས་པ་དགེ་སློང་དེར་སྤང་ལྟུང་བྱུང་ཡང་སྤང་ཤིན་མི་འབྱུང་བ་ཡོད་དེ། གང་ཟག་ཁྱད་པར་ཅན་ལ་སྤང་ལྟུང་བྱུང་ཡང་། དེ་བཤགས་པའི་དུས་སུ་དངོས་པོ་དེ་སྤང་མི་དགོས་པའི་ཕྱིར་རོ། །ཁྱད་པར་ཅན་དེ་ཕྱིར་བཅོས་ལ་ཞག་ཏུ་མི་ལྷག་པར་བརྟེན་པ

དང་། ཆད་ལས་ལ་ལྟོས་མི་དགོས་པའི་ཕྱིར་རོ། །དེ་ཆད་ལས་ལ་མི་ལྟོས་པ་དཔེར་གང་ཟག་ཁྱད་པར་ཅན་ལྷག་མ་ལས་ལྡང་བ་ལ་ཡུལ་གང་ཟག་གཅིག་གིས་ཆོག་པར་གསུངས་པའི་ཕྱིར་རོ། །

ལྡང་ཤན་ནམ་སྤྱང་ཤན་གྱི་ངོ་བོ་ནི། སྤྱང་ལྡང་བྱུང་ནས་མ་བཤགས་ཀྱི་བར་ལ་ཡོ་བྱད་ཀྱི་རྫས་སྤྱང་དགོས་པའི་ཆ་ནས་བཞག་པའི་ཉེས་པ་རྒྱུན་འཕྲེལ་དེ་ལྡང་ཤན་ནམ་སྤྱང་ཤན་གྱི་མཚན་ཉིད། དྲུག་པ་ལ་ཤན་འདྲེས་ཚུལ་དངོས་དང་། ལྡང་བ་བསྐྱེད་ཚུལ་གཉིས་ལས། དང་པོ་ནི། གོས་ལྡང་སྟན་གསུམ་གྱི་ལྡང་བའི་ཤན་འདྲེས་ཚུལ་གསུམ་ཡོད་དེ་དེ་གསུམ་གྱི་ཤན་འདྲེས་པའི་དུས་ནི་གོས་ལྡང་སྟན་སྣ་མ་གསུམ་ལ་རྫས་ཞུགས་ཡོད་པ་ལ་ཕྱི་མ་གོས་སོགས་གསུམ་ནམ་རྙེད་པའི་དུས་དེར་ཤན་ཞུགས་ཟིན་པ་ཡིན་པའི་ཕྱིར། དེས་ཁྱབ་པ་ཡོད་དེ། འདུལ་ཊཱི་ཀ་རིན་ཕྲེང་ལས་རྫས་ཤན་འདྲེས་དུས་ནི་བཏེག་བྱ་དེ་ནམ་གྲུབ་པ་ན་ཤན་འདྲེ་བ་ཡིན། ཞེས་གསུངས་པའི་ཕྱིར་རོ། །གཉིས་པ་ལྡང་བ་བསྐྱེད་ཚུལ་ནི། གོས་སོགས་དེ་གསུམ་རེ་རེ་ལའང་ཁྱད་པར་ཅན་ཡིན་མིན་གཉིས་ཡོད་དེ༑ དང་པོ་གོས་ལ། ཞག་བཅུ་འཆང་སྤྱང་ཁྱད་པར་ཅན་ཡིན་མིན་གཉིས་དང་། ཟླ་འཛོག་ཁྱད་པར་ཅན་ཡིན་མིན་གཉིས་ཡོད་པས་སོ། །དང་པོ་ཞག་བཅུ་ཁྱད་པར་ཅན་མ་ཡིན་པ་ནི། བྱིན་གྱིས་མ་བརླབས་པས་མ་བརླབས་པ་ལ་ཤན་འདྲེས་པ་ཡིན་ཏེ། ཆོས་གཅིག་ལ་འཕོར་གསུམ་ཁེབ་པ་ཡན་ཆད་ཀྱི་གོས་གཅིག་རྙེད་པ་བྱིན་གྱིས་མ་བརླབས་པར་བཞག །ཚེས་གཉིས་ནས་དགུའི་བར་གོས་གཞན་རྙེད་པ་བྱིན་གྱིས་མ་བརླབས་པར་ཚེས་བཅུ་གཅིག་པའི་སྐྱ་རེངས་དང་པོ་ཤར་བ་དང་སྔ་མས་རང་སྟོབས་ཀྱིས་ཞག་བཅུ་འཆང་སྤྱང་དང་། ཕྱི་མས་ཤན་སྟོབས་ཀྱིས་ཞག་བཅུ་འཆང་སྤྱང་འབྱུང་ངོ། །

གཉིས་པ་ཁྱད་པར་ཅན་ནི། བྱིན་གྱིས་མ་བརླབས་པའི་གོས་ཀྱིས་བྱིན་གྱིས་བརླབས་པའི་གོས་ལ་ཤན་འདྲེས་པ་ཡིན་ཏེ། འདི་ལ་དུས་མཉམ་པའི་ཤན་འདྲེས་ཚུལ་དང་། མི་མཉམ་པའི་ཤན་འདྲེས་ཚུལ་གཉིས་ཡོད། དང་པོ་ནི། ཆོས་གཅིག་ལ་གོས་གཉིས་རྙེད་པ་ལས་གཅིག་བྱིན་གྱིས་བརླབས་ཅིག་ཤོས་མ་བརླབ་པར་བཞག་པ་ལས་ཞག་བཅུ་གཅིག་པའི་སྐྱ་རེངས་དང་པོའི་ཚེ་བྱིན་གྱིས་མ་བརླབས་པས་རང་སྟོབས་དང་བརླབས་པས་ཤན་སྟོབས་ཀྱིས་ལྡང་བ་གཉིས་དུས་མཉམ་དུ

འགྱུར་ངོ་། །གཉིས་པ་ཁྱད་པར་ཅན་དུས་མི་མཉམ་པའི་ཤན་འབྱེད་ཚུལ་ནི། ཆོས་གཅིག་ལ་འཁོར་གསུམ་ཁེབ་པའི་ཚད་ལོངས་ཀྱི་གོས་གཅིག་རྙེད་པ་བྱིན་གྱིས་མ་བརླབས་པར་བཞག །ཆོས་དྲུག་ལ་རིགས་མཐུན་གྱི་གོས་རྙེད་པ་བྱིན་རླབས་བྱས་ཀྱང་ཆོས་བཅུ་གཅིག་པའི་སྐྱ་རེངས་དང་པོ་ཤར་ཚེ་སྔ་མས་རང་སྟོབས་ཀྱིས་ལྟུང་བ་དང་། ཕྱི་མས་ཤན་སྟོབས་ཀྱིས་ལྟུང་བ་སྟེ་ལྟུང་བ་གཉིས་འགྱུར་བ་དུས་མི་མཉམ་པའི་ལྟུང་བའོ། །ཡང་ཆོས་གཅིག་ལ་གོས་ཚད་ལོངས་རྙེད་པ་བྱིན་གྱིས་མ་བརླབས་པར་བཞག །ཆོས་ལྔ་ལ་གོས་རིགས་མཐུན་པ་ཕྱི་མ་རྙེད་པའི་ཆོས་དྲུག་པ་ལ་གོས་ཕྱི་མ་དེ་བྱིན་རླབས་མ་བྱས་པར་གོས་སྔ་མ་ཆོས་གཅིག་གི་གོས་དེ་བྱིན་རླབས་བྱས་ཀྱང་། ཆོས་བཅུ་གཅིག་པའི་སྐྱ་རེངས་དང་པོ་ཤར་བའི་ཚེ། གོས་ཕྱི་མ་ཆོས་ལྔའི་གོས་ལ་སྔ་རོལ་ཞག་བཞིའི་ཤན་དང་། ཆོས་ལྔའི་གོས་རང་གིས་རང་སྟོབས་གཉིས་བསྡོམ་ནས་ཞག་བཅུའི་འཆང་སྤང་འགྱུར་བ་རྣམ་འབྱེད་ལས་གསུངས་སོ། །

གཉིས་པ་ཟླ་འཛོག་གི་གོས་ཤན་ལ་སྔར་ལྟར་གཉིས་ལས། དང་པོ་ཁྱད་པར་ཅན་མ་ཡིན་པ་ནི༑ ཆོས་གཅིག་ལ་འཁོར་གསུམ་ཁེབ་པའི་ཚད་དུ་མ་ལོངས་པའི་གོས་གཅིག་རྙེད་པ་བྱིན་གྱིས་མ་བརླབས། ཆོས་གཉིས་ནས་སུམ་ཅུའི་བར་གོས་གཞན་ཚད་ལོངས་མ་ཡིན་པ་རྙེད་པ་བྱིན་གྱིས་མ་བརླབ་པར་ཆོས་སོ་གཅིག་གི་སྐྱ་རེངས་ཤར་ཚེ་སྔ་མས་རང་སྟོབས་དང་ཕྱི་མས་ཤན་སྟོབས་ཀྱིས་ཟླ་འཛོག་གི་སྤང་བ་གཉིས་དུས་མི་མཉམ་པར་འགྱུར་ངོ་། །གཉིས་པ་ཁྱད་པར་ཅན་ལ་སྔར་ལྟར་དུས་མཉམ་པ་བརྟེག་བྱ་བྱིན་གྱིས་བརླབས་པ་ལ་རྟེག་བྱེད་བྱིན་གྱིས་མ་བརླབ་པས་ཤན་འབྱེད་ཚུལ་དང་། དུས་མི་མཉམ་པ་རྟེག་བྱེད་བྱིན་གྱིས་མ་བརླབ་པ་སྔ་མས་བརྟེག་བྱ་བྱིན་རླབས་ཅན་ཕྱི་མ་ལ་ཤན་འབྱུང་ཚུལ་ཞག་བཅུའི་སྐབས་ཀྱི་བསྒྲེས་ཏེ་ཤེས་པར་བྱའོ། །གཉིས་པ་ལྟུང་བཟེད་ལ་ཁྱད་པར་ཅན་ཡིན་མིན་དང་དུས་མཉམ་མི་མཉམ་གཉིས་ཞག་བཅུའི་འཆང་སྤང་གི་གོས་དང་འདྲའོ། །གོས་ལྟུང་གང་ཡིན་ཀྱང་། རྟེག་བྱེད་ཡིན་ན་བྱིན་གྱིས་མ་བརླབས་པས་ཁྱབ། བརྟེག་བྱ་ཁྱད་པར་ཅན་ཡིན་ན་བྱིན་རླབས་དང་འབྲེལ་བས་ཁྱབ། དུས་མཉམ་པའི་ཤན་ལ་ནི་བརྟེག་བྱ་བྱིན་རླབས་ཅན་ཁྱད་པར་བ་ཁོ་ནས་ཁྱབ། དུས་མི་མཉམ་པའི་ཤན་ལ་ནི་ཁྱད་པར་ཅན་ཡིན་མིན་གྱི་བརྟེག་བྱ་གཉིས

ཡོད་པའོ། །གསུམ་པ་སྨན་ཤན་ལ། ཞག་བདུན་པའི་སྨན་ཤན། ཐུན་ཚོད་དུ་རུང་བའི་སྨན་ཤན། ཧེ་སྲིད་འཚོའི་སྨན་ནམ་འཚོ་བཅངས་ཀྱི་སྨན་ཤན་འདྲེས་ཚུལ་གསུམ་མཁས་པ་འགས་བཤད་ཀྱང་། མཁས་པ་གཞན་གྱིས་དཔེར་ན་དུས་རུང་ལ་རང་སྟོབས་ཀྱི་ལྟུང་བ་ལས་ཤན་སྟོབས་ཀྱི་ལྟུང་བ་མེད་པ་བཞིན་དུ་ཐུན་ཚོད་དང་འཚོ་བཅངས་ཀྱི་སྨན་ལའང་རང་སྟོབས་ཀྱི་ལྟུང་བ་ལས་ཤན་སྟོབས་ཀྱི་ལྟུང་བ་མེད་པས་ཁྱབ་སྟེ། ཐུན་འཚོའི་སྨན་གཉིས་ལས་ཐུན་ཚོད་ཀྱི་སྨན་རིགས་མཐུན་གཉིས་སྔ་དྲོ་ཡིན་བྱིན་ལེན་དང་བྱིན་རླབས་བྱས་ཏེ་འཆང་ན་ཉིན་གུང་ཡོལ་བའི་ལྟུང་བ་ཁེགས་ཀྱང་། བྱིན་རླབས་ཀྱི་མཐའ་སྲོད་ཡོལ་བ་ན་བྱིན་རླབས་ཞིག་པས། དེ་གཉིས་ཀྱིས་རང་སྟོབས་ཀྱིས་ལྟུང་བ་གཉིས་དུས་མཉམ་དུ་བསྐྱེད་པ་ཡིན་པས་རྫིག་བྱེད་དང་བརྫིག་བྱའི་ཁྱད་པར་སོ་སོ་བ་མེད། འཚོ་བཅངས་ཀྱི་སྨན་རིགས་མཐུན་གཉིས་ཀྱིས་ཀྱང་ཉིན་ཕྱེད་དང་སྲོད་ཡོལ་བའི་གསོག་འཇོག་ཁེགས་ཆེད་དུ་བྱིན་ལེན་དང་བྱིན་རླབས་བྱས་ན་ཧེ་སྲིད་ནད་འཚོ་ཟིན་མཐར་བཟུང་བ་ན་དེ་གཉིས་ཀྱིས་རང་སྟོབས་ཀྱིས་ལྟུང་བ་གཉིས་བསྐྱེད་པར་འདྲ་བས་ཤན་སྟོབས་ཀྱི་ལྟུང་བ་མེད་པར་བཞེད། དེས་ན་སྨན་ཤན་ཡིན་ན་ཞག་བདུན་པའི་སྨན་གྱི་རྫས་རིགས་ཁོ་ན་ལ་བརྫིག་པ་ཡིན་པས་ཁྱབ་ཅེས་བཞེད་དོ། །གང་ལྟར་ཡང་ཞག་བདུན་པའི་སྨན་ལ་ཁྱད་པར་ཅན་ཡིན་མིན་གཉིས་ཡོད། དེའི་ཁྱད་པར་ཅན་ནི་རྫིག་བྱེད་བྱིན་རླབས་ཅན་གྱིས་བརྫིག་བྱ་བྱིན་རླབས་མ་བྱས་པ་ལ་ཤན་བརྫིག་པ་ལ་ཟེར་བ་ཡིན་པས་ཆོས་གཅིག་ལ་བུ་རམ་གཉིས་དུས་མཉམ་དུ་རྙེད་པ་གཅིག་བྱིན་རླབས་བྱས་གཅིག་བྱིན་ལེན་བྱས་ཀྱང་བྱིན་གྱིས་མ་བརླབ་པར་ཟ་བའི་ཆེད་དུ་འཆང་ན་ཞག་བརྒྱད་པའི་སྐྱ་རེངས་ཤར་བ་ན་བྱིན་རླབས་ཅན་གྱིས་རང་སྟོབས་ཀྱིས་ལྟུང་བ་དང་ཕྱི་མས་ཤན་སྟོབས་ཀྱིས་ལྟུང་བ་བསྐྱེད་དོ། །

ཁྱད་པར་ཅན་མིན་པ་ནི་དུས་མི་མཉམ་པ་ཁོ་ན་ཡིན་ཏེ། དེ་ནི་ཆོས་གཅིག་ལ་མར་བྱིན་རླབས་ཅན་འཆང་ཚེས་གསུམ་པར་མར་ཕྱི་མ་རྙེད་པའང་བྱིན་རླབས་བྱས་ཏེ་འཆང་ན་ཚེས་བརྒྱད་པའི་སྐྱ་རེངས་ཤར་བའི་ཚེ་སྔ་མས་རང་སྟོབས་ཀྱིས་ལྟུང་བ་དང་། ཕྱི་མས་ཤན་སྟོབས་ཀྱིས་ལྟུང་བ་བསྐྱེད་དོ། །དེས་ན་ཞག་བདུན་པའི་སྨན་རྫིག་བྱེད་བརྫིག་བྱ་གཉིས་ཀ་འབྲུ་མར་གཉིས་དང་བུ་རམ་གཉིས་ལྟ་བུའི་རྫས་རིགས་མཐུན་པ་ཞིག་དགོས་སོ། །

སྨན་ཕྱི་མ་གཉིས་ལ་ཤན་ཡོད་པར་བཞེད་པའི་ལུགས་ལ་ནི། དང་པོ་ཐུན་མོང་གི་བཏུང་བ་སྐྱུ་རུ་རའི་ཁུ་བ་རྙེད་པ་སྔ་དྲོ་ཐུན་མོད་དུ་བྱིན་གྱིས་བརླབས་ཤིན་གུང་ཡོལ་ནས་སྐྱུ་རུ་རའི་ཁུ་བ་རྙེད་པ་དེ་བྱིན་ལེན་བྱས་ཏེ་བྱིན་རླབས་མེད་པར་འཆང་ན་མཚན་མོའི་ཐུན་དང་པོའི་སྦྱོད་འདས་པ་ན་སྔ་མས་རང་སྟོབས་དང་། ཕྱི་མས་ཤན་སྟོབས་ཀྱིས་ལྟུང་བ་བསྐྱེད་པར་བཞེད། འདི་ལ་བརྟག་བྱ་ཁྱད་པར་ཅན་མིན་པ་བྱིན་གྱིས་བརླབས་པ་ལ་ཤན་བརྟག་པ་མེད་དེ། ཐུན་མོང་གི་སྨན་གྱི་བྱིན་རླབས་ཀྱི་དུས་ནི་སྔ་དྲོ་ཁོ་ནར་ངེས་ཤིང་སྔ་དྲོ་བཏུང་བ་རྫས་རིགས་འདྲ་བ་གཉིས་རྙེད་པ་དེ་གཉིས་ཀ་བྱིན་རླབས་བྱས་ཏེ་འཆང་ན། ཐུན་མོང་གི་མཐའ་སྦྱོད་འདས་པ་ན་རང་སྟོབས་ཀྱིས་གསོག་འཇོག་གི་ལྟུང་བ་གཉིས་བསྐྱེད་པར་བཞེད། དེ་ལྟར་ན་ཐུན་མོང་གི་སྨན་ཤན་ལ་དུས་མཉམ་པ་ལ་བརྟག་པ་མེད་པས་དུས་མི་མཉམ་པ་ཁོ་ནར་བཞེད་དོ། །གཉིས་པ་ཇི་སྲིད་འཚོའི་སྨན་ཤན་ལ། ཁྱད་པར་ཅན་ནི་སྔ་མ་བཞིན་དུས་མཉམ་པ་ཆོས་གཅིག་ལ་ཨ་རུ་ར་གཉིས་རྙེད་པ་གཅིག་བྱིན་ལེན་དང་བྱིན་རླབས་བྱས་ཅིག་ཤོས་བྱིན་ལེན་བྱས་ཏེ་བྱིན་གྱིས་མ་བརླབས་པར་འཆང་ན་ནད་སོས་པའི་ཞག་གི་མཐའི་སྐྱ་རེངས་དང་པོ་ཤར་བ་ན་སྔ་མས་རང་སྟོབས་དང་། ཕྱི་མས་ཤན་སྟོབས་ཀྱིས་ལྟུང་བ་བསྐྱེད་པར་བྱེད་དོ། །

ཁྱད་པར་ཅན་དུས་མི་མཉམ་པའི་ཤན་ནི། རྟག་བྱེད་བྱིན་རླབས་ཅན་ཞག་སྔ་མར་རྙེད་ནས་འཆང་བ་དེས་བརྟག་བྱ་ཞག་ཕྱི་མ་ལ་རྙེད་པ་དེ་བྱིན་གྱིས་མ་བརླབ་པར་འཆང་ན་སྔ་མས་རང་སྟོབས་ཀྱིས་ལྟུང་བ་བསྐྱེད་པའི་དུས་སུ་ཕྱི་མས་ཤན་སྟོབས་ཀྱིས་ལྟུང་བ་བསྐྱེད་དོ། །ཁྱད་པར་ཅན་མིན་པ་དུས་མི་མཉམ་པའི་ཤན་ནི། སྔ་མ་རྙེད་པའི་ཨ་རུ་ར་བྱིན་རླབས་བྱས་ཏེ་འཆང་། ཞག་ཕྱི་མར་རྙེད་པའི་ཨ་རུ་ར་བྱིན་རླབས་བྱས་ཏེ་འཆང་ན། སྔ་མས་རང་སྟོབས་ཀྱིས་ལྟུང་བ་བསྐྱེད་དུས་ཕྱི་མས་ཤན་སྟོབས་ཀྱིས་ལྟུང་བ་བསྐྱེད་པར་འདོད་དོ། །ཞག་བདུན་ཐུན་མོང་འཚོ་བཅངས་རྣམས་རྟག་བྱེད་ཡིན་ན་བྱིན་རླབས་ཅན་གྱིས་ཁྱབ། བརྟག་བྱ་ལ་ཐུན་མོང་སྨན་ལ་བྱིན་རླབས་དང་མ་འབྲེལ་བས་ཁྱབ། །གཞན་ཞག་བདུན་འཚོ་བཅངས་གཉིས་ལ་བྱིན་རླབས་ཅན་ཡིན་མིན་ཅི་རིགས་ཡོད། བརྟག་བྱ་བྱིན་རླབས་ཅན་ཁྱད་པར་ཅན་མིན་པ་ལ་དུས་མི་མཉམ་པའི་ཤན་འབྱུང་བ་ཁོ་ནས་ཁྱབ།

བཟེག་བྱ་བྱིན་རླབས་དང་མ་འབྲེལ་བ་ཁྱད་པར་ཅན་ཡིན་པ་ལ་དུས་མཉམ་པ་དང་མི་མཉམ་པ་གཉིས་ཀ་ཡོད་ཅེས་འཛམ་བཞད་བཞེད་དོ། །འོན་ཀྱང་སྔོན་ཤན་ཞག་བདུན་པ་ཁོ་ནར་སྦྱར་བ་ལ་འཐད་དམ་སྙམ་སྟེ། ཐུན་ཚོད་འཚོ་བཅངས་གཉིས་སྤྱི་དྲོ་རྐྱེད་པ་བྱིན་ལེན་བྱས་ཏེ་མ་བརླབ་ན་ཉིན་གྱང་ཡོལ་བ་དང་། །དེ་གཉིས་ཕྱི་དྲོ་རྐྱེད་ནས་བྱིན་ལེན་བྱས་བྱིན་རླབས་མ་བྱས་པ་སྲོད་ཡོལ་བ་ན་གསོག་འཇོག་བསྐྱེད་པར་གསུངས་པས་སོ། །བདུན་པ་གོས་རིགས་ངོས་བཟུང་བ་དང་མུ་བཞི་བརྩི་ཚུལ་ལ། དང་པོ་གོས་རིགས་ལ་ཞག་བཅུ་པའི་གོས་རིགས་དང་། ཟླ་འཇོག་གི་གོས་རིགས་གཉིས་སོ། །དང་པོ་ལ་རང་གིས་བདག་ཏུ་བཟུང་བ་བྱིན་གྱིས་མ་བརླབས་པ་འཁོར་གསུམ་ཁེབ་པའི་མཐའི་ཚད་དུ་ལོངས་པའི་གོས་སོ། །གཉིས་པ་ཟླ་འཇོག་ནི། སྦྱིར་བཏང་ལ་འཁོར་གསུམ་ཁེབ་པའི་ཚད་དུ་མ་ལོངས་ཤིང་ཁྲུ་གང་གི་ཚད་དུ་ལོངས་པའི་གོས་རིགས་ཡིན་ལ། དམིགས་བསལ་ལ་ཆུང་བ་ཁྲུ་གང་གི་ཚད་དུ་ལོངས་པ་ལ་ཁ་སྐོང་གི་རེ་བ་མེད་པ་དང་བྱིན་གྱིས་བརླབ་རུང་གི་ཆོས་གོས་རྣམ་གསུམ་ཡོད་པ་ན་ཁྲུ་གང་གི་ཚད་དུ་ལོངས་པ་ཡང་ཞག་བཅུ་འཆང་སྤང་གི་གོས་རིགས་ཡིན་ནོ། །

གཉིས་པ་མུ་བཞི་བརྩི་བ་ནི། རིགས་ལོག་ཤན་འབྱུང་བ། རིགས་ལོག་ཤན་མི་འབྱུང་བ། རིགས་མི་ལོག་ཤན་མི་འབྱུང་བ། རིགས་མི་ལོག་ཤན་འབྱུང་བ་བཞི་ལས། དང་པོ་ནི། ཚེས་གཅིག་ལ་ཆོས་གོས་རྣམ་གསུམ་མེད་པའི་དགེ་སློང་གིས་ཁྲུ་གང་གི་ཚད་དུ་ལོངས་པའི་གོས་གཅིག་རྙེད་ཚེ། ཚེས་གཉིས་ནས་བཅུ་པའི་བར་གང་རུང་ལ་ཆོས་གོས་ཡོངས་རྫོགས་རྙེད་ནས་བཅུ་གཅིག་པའི་སྐྱ་རེངས་ཤར་ཚེ་ཚེས་གཅིག་ཏུ་རྙེད་པའི་གོས་དེ་རིགས་ལོག་ཤན་འབྱུང་བའི་གོས་ཡིན་ཏེ། སྔར་ཟླ་འཇོག་གི་སྤང་བ་སྐྱེད་པའི་གོས་རིགས་ཡིན་པ་ལས་ལོག་ནས་ཞག་བཅུ་འཆང་སྤང་གི་ལྟུང་བ་སྐྱེད་པའི་གོས་སུ་གྱུར་པ་དང་སྔ་མས་རང་སྟོབས་ཀྱིས་ལྟུང་བ་དང་། ཕྱི་མས་ཤན་སྟོབས་ཀྱིས་ཞག་བཅུ་འཆང་སྤང་གཉིས་བསྐྱེད་པའི་ཕྱིར། གཉིས་པ་ནི། ཆོས་གཅིག་གི་སྔ་དྲོའི་དུས་སུ་ཁྲུ་གང་གི་ཚད་དུ་ལོངས་པའི་གོས་གཅིག་རྙེད། ཕྱི་དྲོའི་དུས་སུ་ཆོས་གོས་ཡོངས་རྫོགས་རྙེད་ནས་བཅུ་གཅིག་པའི་སྐྱ་རེངས་ཤར་ཚེ་སྔ་དྲོའི་གོས་ཁྲུ་གང་ཚད་དུ་ལོངས་པའི་རིགས་ལོག་ཀྱང་ཤན་མི་འབྱུང་བའི་གོས་ཡིན་ཏེ། སྔར་ཟླ་འཇོག་གི་སྤང་བ་སྐྱེད་པའི་གོས་རིགས་ལས་ལོག་ནས་ཞག་བཅུ་འཆང་སྤང་གི་

ལྡང་བ་བསྐྱེད་པའི་གོས་རིགས་སུ་སོང་བ་དང་གོས་སྨད་ཕྱི་གཉིས་ཀས་ཀྱང་རང་སྟོབས་ཀྱིས་ཞག་བཅུ་འཆང་སྤང་གི་ལྡང་བ་སྐྱེད་པར་མཚུངས་པའི་ཕྱིར་རོ། །

གསུམ་པ་ནི། ཆོས་གཅིག་ལ་ཁྲུ་གང་གི་ཚད་དུ་ལོངས་པའི་གོས་ཤིག་རྙེད། ཆོས་གཉིས་ནས་སུམ་ཅུའི་བར་གོས་གཞན་མ་རྙེད་ན་སོ་གཅིག་པའི་སྐྱ་རེངས་ཤར་ཚེ་གོས་དེ་རིགས་མ་ལོག་ཤན་མི་འབྱུང་བའི་གོས་ཡིན་ཏེ། སྔར་གྱི་ཟླ་འཛོག་གི་གོས་རིགས་དེར་གནས་བཞིན་ཡིན་པ་དང་ཤན་བཙེག་བྱའི་གོས་གཞན་མ་རྙེད་པའི་ཕྱིར་རོ། །བཞི་པ་ནི། ཆོས་གཅིག་ལ་ཁྲུ་གང་གི་ཚད་དུ་ལོངས་པའི་གོས་ཤིག་རྙེད། ཆོས་གཉིས་ནས་སུམ་ཅུའི་བར་གང་རུང་ལ་ཁྲུ་གང་གི་ཚད་ཙམ་དུ་ལོངས་པའི་གོས་གཉིས་པ་རྙེད་པ་ན་སོ་གཅིག་པའི་སྐྱ་རེངས་ཤར་ཚེ་སྔ་མ་དེ་རིགས་མ་ལོག་ཤན་འབྱུང་བའི་གོས་ཡིན་ཏེ། སྔར་ཟླ་འཛོག་གི་གོས་རིགས་དེ་ཉིད་ལ་གནས་བཞིན་ཡིན་པ་དང་། གོས་སྔ་མས་རང་སྟོབས་ཀྱིས་ལྡང་བ་དང་། གོས་ཕྱི་མས་ཤན་སྟོབས་ཀྱིས་ཟླ་འཛོག་གི་སྤང་བ་གཉིས་བསྐྱེད་དོ། །བཞི་པ་སྤང་ལྡང་དང་པོ་གསུམ་གྱི་ཐུན་མོང་གི་ཆོས་ལ། འཆང་བྲལ་འཛོག་གསུམ་གྱི་སྤང་ལྡང་འདི་དག་ཟླ་བརྒྱད་བཏིང་བ་ལ་མི་འབྱུང་ཏེ། ཟླ་བརྒྱད་བཏིང་བའི་གང་ཟག་ལ་དེ་གསུམ་བག་ཡངས་ཀྱི་ཚུལ་དུ་གནང་བའི་ཕྱིར་རོ། །གཉིས་པ་བྱེ་བྲག་སོ་སོའི་ལྡང་བའི་རང་བཞིན་བསྟན་པ་ལ། གསུམ་པ་ཆད་ལས་དང་འབྲེལ་བའི་ལྡང་བྱེད་ལ། མདོར་བསྟན་པ། རྒྱས་པར་བཤད་པ་གཉིས་ལས། དང་པོ་ནི། སྤང་བ་ལྡང་སོགས་ཚིག་རྐང་གཅིག་གིས་བསྟན་ཏེ། གང་ལས་ལྡང་བ་འབྱུང་བའི་དངོས་པོ་དེ་སྤང་བ་ཉིད་ཀྱི་སྒོ་ནས་ཕྱིར་བཅོས་དགོས་ཤིང་མ་བཅོས་ན་རྣམ་སྨིན་ངན་སོང་དུ་ལྡང་བར་བྱེད་པའི་ལྡང་བ་སུམ་ཅུའི་སྡེ་བཤད་པ་ནི་ཞེས་པའོ། །

གཉིས་པ་ལ་གསུམ་སྟེ། གོས་སོགས་ཀྱི་སྡེ། སྨན་སོགས་ཀྱི་སྡེ། ལྡང་བཟེད་སོགས་ཀྱི་སྡེའོ། །དང་པོ་ནི། རང་གི་གོས་ལྷག་སོགས་ནས་བསྒྱུར་བ་ལེན་རྣམས་སོ་ཞེས་པའི་བར་གྱིས་བསྟན། དེ་ལ་བཅུ་ལས་དང་པོ་རང་གི་གོས་ལྷག་པོ་ཞག་བཅུར་འདས་པར་འཆང་བའི་སྤང་ལྡང་ལ། གླེང་གཞི་དང་། ལྡང་བའོ། །དང་པོ་ནི། སྟོན་པ་མཉན་ཡོད་ན་བཞུགས་ཚེ་དགེ་སློང་རྣམས་ལ་ཆོས་གོས་མང་པོ་བྱུང་སྟེ་ལ་ལ་གྱོན་ནས་ཆག་ཆག་འདེབས། ལ་ལས་སྦྱོས་དང་ལ་ལས་བྱུག་པ་ལ་ལས་འབྲུད་

པ་ལ་ལས་བསོད་སྙོམས་ལ་འགྲོ། ལ་ལས་ཟས་གྲལ་ལ་ལས་ཆོས་ཉན་ལ་ལས་མཚན་མོ་ཉལ་བ་སོགས་བྱས་ནས་གོས་ཕུད་གྱོན་གྱི་བྱ་བ་མང་བས་སྤྱོད་ཀློག་གི་བར་ཆད་དུ་གྱུར་པ་ན་དོན་ཞུང་བའི་དགེ་སློང་དག་གིས་འཕྱ་བའི་སྐབས་དེ་གསོལ་བས། སྟོན་པས་དེ་ལྟར་བྱས་པ་བདེན་ནམ། བཙུན་པ་མང་ངོ་། །འདོད་ཆུང་ཆོག་ཤེས་པའི་བསྔགས་པ་དང་། འདོད་ཆེ་ཆོག་མི་ཤེས་པ་ལ་སྨད་དེ་ཕན་ཡོན་བཅུ་གཟིགས་ནས་སྔར་བཞིན་ངའི་ཉན་ཐོས་ཀྱི་བསླབ་གཞི་སྟོན་ཏོ། །དགེ་སློང་སྲ་བརྐྱང་བཏིང་བ་མ་ཡིན་པས་ཆོས་གོས་གསུམ་ལས་ལྷག་པར་འཆང་ན་སྤང་ལྟུང་ངོ་ཞེས་བཅས་སོ། །ཡང་སྟོན་པ་འོད་མའི་ཚལ་ན་བཞུགས་ཚེ་རྒྱལ་པོའི་ཁབ་ཀྱི་དགོན་པ་ན་ཉན་ཐོས་འོད་སྲུང་བཞུགས་དུས། རྒྱལ་པོའི་ཁབ་ཀྱི་ཁྱིམ་བདག་ཞིག་གིས་རས་ཡུག་ཆེན་ཞིག་འོད་སྲུང་ལ་འབུལ་ལོ་སྙམ་པ་ན་ཀུན་དགའ་བོ་མཐོང་ནས་དེས་དེ་ལ་སྨྲས་པ་གོས་འདི་ཁྱེད་ཀྱིས་ཉན་ཐོས་འོད་སྲུང་ལ་ཕུལ་ཅིག་བདག་ཅག་ཁྱིམ་པ་བྱ་བ་མང་བས་དེར་འགྲོ་མི་ནུས་སོ་སྨྲས། ཀུན་དགའ་བོས་འདི་སྙམ་སྟེ། རས་འདི་བླངས་ན་བདག་གི་བསླབ་པ་རལ་ལོ། །མ་བླངས་ན་འོད་སྲུང་གི་རྙེད་པའི་བར་ཆད་དང་སྦྱིན་བདག་གི་བསོད་ནམས་ལ་བར་ཆད་དུ་འགྱུར་སྙམ་སྟེ་བླངས་ནས་སྟོན་པར་ཞུས་ན་གནང་ངོ་སྙམ་སྟེ་ཞུས་ཚེ།དེ་བས་ན་དགེ་སློང་ཞག་བཅུའི་བར་དུ་གོས་ལྷག་པོ་རྙེད་བ་མ་བྱས་པ་འཆང་བ་རྗེས་སུ་གནང་ངོ་༑ ༑སྤང་བ་བཅས་པ་འདི་གནང་བའོ། །

གཉིས་པ་ལ། གཞི་བསམ་སྦྱོར་བ་མཐར་ཐུག་གི་ཡན་ལག་བཞི་ལས། དང་པོ་གང་འཆང་བའི་དངོས་པོ་ནི། གོས་ཡིན་པ། རྒྱུའི་སྒོ་ནས་རུང་བ་ཡིན་པ་ཆུ་ཞེང་གཉིས་ཀ་ཁྲུ་གང་གི་ཚད་དང་ལྡན་པ་ཁ་སྒྲོང་གི་རི་བ་ལ་ལྟོས་ཏེ་བཞག་ཏུ་མི་རུང་བའམ་རུང་ཡང་རི་བ་མེད་པ་རང་ཉིད་ལ་དབང་བ༑ གནས་སྐབས་དབང་བྱར་ཡོད་པ་བྱིན་གྱིས་མ་བརླབ་པའམ་བརླབས་ཀྱང་རང་གི་རྗེས་ཞུགས་དང་བཅས་པ་ཡིན་པ་སྟེ་ཆོས་བདུན་ལྡན་ནོ། །རྟེན་ནི་སྲ་བརྐྱང་མ་བཏིང་བའོ། །

བསམ་པ་ལ་གཉིས། འདུ་ཤེས་མ་འཁྲུལ་བ། ཀུན་སློང་རང་དགར་རང་ཉིད་ཀྱི་དོན་དུ་ཞག་བཅུར་འཆང་འདོད་རྒྱུན་མ་ཆད་པའོ། །སྦྱོར་བ་ནི་རང་སྟོབས་སམ་ཤན་སྟོབས་གང་རུང་གིས་ཞག་བཅུར་འདས་པར་འཆང་བར་རྩོམ་པ། མཐར་ཐུག་རང་སྟོབས་སམ་ཤན་སྟོབས་ཀྱིས་ཞག་བཅུ་འདས

ཏེ་བཅུ་གཅིག་པའི་སྐུ་རེངས་ཤར་བའོ། །ཡན་ལག་བཞི་མ་ཚང་བར་དངོས་པོ་མི་རུང་བ་ཞག་བཅུ་འདས་པར་འཆང་བ་སོགས་ཉེས་བྱས་སོ། །ཚད་ཡན་ལག་ཏུ་དགོས་པའི་ལྷུང་བ་ལ་རང་རང་གི་ཚད་དགོས་པ་ལ་ནི། འབྲལ་དང་འཕྲུར་འཇུག་ཕྱིན་བལ་དང་། །འབའ་ཞིག་ཆ་གཉིས་ལོ་དྲུག་དང་། །མཐོ་གང་བལ་ཁུར་རས་ཆེན་དང་། །དགོན་པ་བ་དང་གནས་མལ་དང་། །གོས་ཀྱི་བཟོ་བྱེད་སྦྱིད་པ་དང་། །གདིང་མེད་བརྟལ་དང་གདིང་བ་དང་། །གཡན་པ་དགབ་དང་རས་ཆེན་དང་། །བདེ་བར་གཤེགས་པའི་ཆོས་གོས་ཏེ། །དེ་ལྟར་གྲངས་ནི་བཅུ་དགུའོ། །སྤྱི་ཚད་དགོས་པ་ནི། འཆང་བ་འཛོག་པ་ལེན་པ་དང་། །སློང་དང་སློང་བར་རིགས་པ་དང་། །སྤྱགས་དང་སོ་སོར་སྤྱགས་པ་དང་། །བསྒྱུར་དང་བལ་རྨེད་ཐ་ག་གཉིས། །ཕྱིར་འཕྲོག་བརྡད་བྱུང་བསྡོས་བསྒྱུར་དང་། །བཤེས་ངོར་བྱེད་དང་གོས་བྱིན་དང་། །ཁ་མ་བསྒྱུར་ཏེ་བཅུ་བདུན་ནོ། །གཉིས་པ་བྱིན་གྱིས་བརླབས་པའི་ཆོས་གོས་གསུམ་གང་རུང་དང་བྲལ་ནས་ཞག་གཅིག་ལོན་པའི་སྤང་ལྟུང་ལ། གླེང་གཞི་དང་། ལྟུང་བ་དངོས་སོ། །དང་པོ་ནི། སྟོན་པ་མཉན་ཡོད་དུ་བཞུགས་ཚེ་དགེ་སློང་རྣམས་ཀྱིས་དབྱར་དུ་གོས་མང་པོ་སྙེད་དེ།དེ་རྣམས་བམ་པོར་སྦྲིལ་ཏེ་གཙུག་མར་གནས་པ་ལ་བཅོལ་རང་རང་རྣམས་སྟོད་གཡོགས་སྨད་གཡོགས་དང་བཅས་ཏེ་ལྗོངས་རྒྱུ་བ་ན། ཤུལ་གྱི་དགེ་སློང་རྣམས་ཀྱིས་ཆོས་གོས་དེ་དག་སྙིམ་པ་བཤང་བ་གདིང་བ་སྤྲུགས་པ་བསྔོ་སྦྱིད་ཀྱི་བྱ་བ་མང་བས་སྤོང་གློག་འཆད་ཉན་ལ་གནོད་པས་དགེ་སློང་དོན་ཉུང་བ་རྣམས་ཀྱིས་འཕྲོ་བའི་སྐབས་ཏེ་གསོལ་བས། སྟོན་པས་དགེ་སློང་རྣམས་བྱ་བ་མང་པོ་བྱུང་དུ་བཅུག་པ་བདེན་ནམ། བཙུན་པ་མད་དོ། །འདོད་པ་ཆེ་བ་ཆོག་མི་ཤེས་པར་སྨད་དེ་ཕན་ཡོན་བཅུ་གཟིགས་ཏེ་སྔར་ལྟར་ངའི་ཉན་ཐོས་རྣམས་ཀྱི་བསླབ་གཞི་སྟོན་ཏོ། །དགེ་སློང་ཆོས་གོས་ལྡན་པས་ཟླ་བརྒྱད་ཕྱུང་ནས་གལ་ཏེ་ནུབ་གཅིག་ཀྱང་ཆོས་གོས་གང་ཡང་རུང་བ་དང་མཚམས་ཀྱི་ཕྱི་རོལ་དུ་བྲལ་བར་བྱེད་ན་སྤང་ལྟུང་ངོ་ཞེས་བཅས་སོ། །

གཉིས་པ་ལ། གཞི་བསམ་པ་སྦྱོར་བ་མཐར་ཐུག་གི་ཡན་ལག་བཞི་ལས།དང་པོ་ལ་གསུམ་ལས། གང་བྲལ་བའི་དངོས་པོ་ནི། ཆོས་གོས་གསུམ་གང་ཡང་རུང་བ་ཡིན་པ། །རུང་བ་ཚད་དང་ལྡན་པ་ཆོས་གོས་དངོས་ཀྱི་བྱིན་རླབས་དང་ལྡན་པ་འཛིགས་པ་དང་བཅས་པའི་ཚེ་དགོན་པ་ལས་

གནས་གཞན་དུ་བཞག་པའི་སྣམ་སྦྱར་མ་ཡིན་པའོ། །གང་ནས་བྲལ་བའི་གནས་ནི། ཆོས་གོས་ཀྱི་གནས་ཉེ་འཁོར་དང་བཅས་པ་ལས་གཞན་ཡིན་པའོ། །གང་གིས་བྲལ་བའི་རྟེན་ནི། སྲ་བརྐྱང་བཏིང་ལ་ཆགས་པ་མ་ཡིན་པ་ཁོང་སྣམ་སྦྱར་གྱི་ཆ་ནས་འབྲལ་བའི་གནང་བ་མ་ཐོབ་པའོ། །བསམ་པ་ལ་འདུ་ཤེས་མ་འཁྲུལ་བ། ཀུན་སློང་རང་དགར་བྲལ་འདོད་རྒྱུན་མ་ཆད་པའོ། །སྦྱོར་བ་བྲལ་བར་རྩོམ་པ། མཐར་ཐུག་ཆོས་གོས་བཞག་པའི་གནས་ཉེ་འཁོར་དང་བཅས་པ་ལས་ཕྱི་རོལ་དུ་མཚན་མོ་འདས་ཏེ་སྐྱ་རེངས་ཤར་བའོ། །དེའང་ཚད་ལས་ཆུང་བ་རྒྱ་རུང་བ་མིན་པ་རྒྱུའི་བྱིན་རླབས་ཅན་རྣམས་བྲལ་བ་ལ་ཉེས་བྱས་སོ། །དེ་ལ་ཁྱིམ་པ་ནོར་གཅིག་པ་ཅན་གྱི་ཁང་པ་ཕན་ཚུན་དུ་རྩིག་པ་ལ་སོགས་པས་འབྲེལ་ཞིང་མཚམས་གཞན་གྱིས་མ་ཞུགས་པ་ལ་གནས་གཅིག་ཏུ་ཆོས་གོས་བཞག་གནས་ཅིག་ཤོས་སུ་དགེ་སློང་བསྡད་དེ་སྐྱ་རེངས་ཤར་ཡང་ལྟུང་བ་མི་བསྐྱེད་དེ། ཁྱིམ་པ་ལ་ནི་ནོར་གཅིག་པ་གཙོ་ཆེ་བའི་ཕྱིར་རོ། །ཁྱིམ་པ་ནོར་ཐ་དད་པའི་ཁྱིམ་གཉིས་ལ་བར་དུ་སྦྲེལ་བའི་རྩིག་པ་སོགས་ཡོད་ཀྱང་གཅིག་ཏུ་དགེ་སློང་གནས་ཏེ་ཆོས་གོས་གཞན་དེར་བཞག་ན་བྲལ་བའི་ལྟུང་བྱེད་བསྐྱེད། བསླབ་པ་ལྟ་བ་མཚན་མཐུན་པའི་རབ་བྱུང་གི་གནས་ལ་རྩིག་པ་ལ་སོགས་པས་འབྲེལ་བ་བར་དུ་མཚམས་གཞན་མ་ཞུགས་ན་ཆོས་གོས་བཞག་པའི་གནས་དེའི་འཁོར་ཡུག་རྒྱང་གྲགས་གཅིག་ཚུན་ཆད་ཀྱི་གནས་གང་རུང་ལ་དགེ་སློང་གནས་ནས་སྐྱ་རེངས་ཤར་ཡང་འབྲལ་སྤང་མི་བསྐྱེད་དེ། རབ་བྱུང་ལ་ལྟ་བ་མཐུན་པ་གཙོ་བའི་ཕྱིར་རོ། །ཡལ་གས་འབྲེལ་བའི་ནགས་ཀྱང་འདི་འདྲ་བར་རྒྱང་གྲགས་གཅིག་ཚུན་གནས་གཅིག་གོ། །རྒྱང་གྲགས་འདས་པ་ན་གནས་ཐ་དད་པས་ལྟུང་བ་བསྐྱེད་དོ། །ཁྱིམ་པ་ནོར་ཐ་དད་པའི་ཁྱིམ་གཉིས་ཀྱི་སྒོ་ཁང་ཐུན་མོང་བར་ཆོས་གོས་བཞག་ནས་དགེ་སློང་ཁྱིམ་གང་དུ་བསྡད་དེ་སྐྱ་རེངས་ཤར་ཡང་ལྟུང་བ་མི་བསྐྱེད་དོ། །ལམ་དུ་འགྲོ་བའི་ཚེ་ཆོས་གོས་ཁྱེར་མཁན་དང་དགེ་སློང་གཉིས་ལམ་གཅིག་ཏུ་འགྲོ་ན། རང་དང་དེའི་བར་དུ་གྲོང་ཆུ་ལ་སོགས་པས་མ་ཆོད་ན་འདོམ་བཞི་བཅུ་རྩ་དགུ་ཚུན་གྱིས་བར་དུ་ཆོད་ནས་སྐྱ་རེངས་ཤར་ཡང་ལྟུང་བ་མེད། དེ་ཕན་ཆད་ལ་ནི་ལྟུང་བ་བསྐྱེད་དོ། །དེ་གཉིས་བར་དུ་མཚམས་གཞན་གྱིས་ཆོད་ན་ཉུང་ན་འདུག་ཀྱང་ལྟུང་བ་བསྐྱེད་དོ། །ལམ་གྱི་གཡས་གཡོན་གྱི་ཞིང་དུ་མཚམས་གཞན་གྱིས་མ་ཆོད་ན

སྐྱེ་བོ་དག་གིས་ལམ་གཅིག་ཏུ་འགྲོ་བ་ཡིན་པར་རྟོགས་ནུས་པ་རྒྱུན་ཆད་ནི་ཉེ་འཁོར་ཡིན་ནོ། ། གཙུག་ལག་ཁང་རྩིག་པ་རིམ་པས་བསྐོར་བ་ལ་ནི་གང་གིས་བསྐོར་བའི་ཕ་མཐའ་རྒྱུན་གནས་ཀྱི་མཐའ་ཡིན་ཞིང་ཉེ་འཁོར་ལ་སྤྱིར་བཏང་འཁོར་ཡུག་ཏུ་འདོམ་རེ་རེའོ། །གོང་དུ་འདོམ་བཞི་བཅུ་རྩ་དགུ་ཉེ་འཁོར་དུ་བཞག་པ་ནི་དམིགས་བསལ་ལོ། །

དེ་ལྟར་མཐར་ཐུག་གྲུབ་པ་སྐྱ་རེངས་ཤར་བ་ལ་ལྟོས་དགོས་པའི་ལྟུང་བ་ནི། འཆང་བྲལ་འཇོག་པ་ལྟུང་བཟེད་འཆང་སྤང་དང་། །དགོན་པའི་བྲལ་བ་རས་ཆེན་བཞག་འཕྲིས་དང་། །དབྱར་རྙིད་བཞག་འཕྲིས་གསོག་འཇོག་སྤངས་པ་དང་། །ནུབ་ལྷག་སྤངས་བ་རྗེས་ཕྱོགས་ཕྱོགས་གཅིག་དང་། །བསྐྱིལ་སྤྱད་ཕྱོགས་གཅིག་བུད་མེད་ལྷན་ཅིག་ཉལ། །གནས་ངན་ལེན་འཆབ་དམག་གི་ནང་གནས་དང་། །སྣང་བར་བཅས་པའི་ཕྱོགས་སུ་ཉལ་བ་སྟེ། དེ་ལྟར་རྣམ་གྲངས་རྣམ་པ་བཅོ་ལྔའོ། །གསུམ་པ་ཆོས་གོས་མེད་པའི་གང་ཟག་གིས་ཁ་སྐོང་གི་རེ་བ་དང་བཅས་པའི་ཆོས་གོས་ཀྱི་རྒྱུ་ཟླ་བ་གཅིག་ཏུ་འཇོག་པའི་སྤང་ལྟུང་ལ་གླེང་གཞི་དང་། ལྟུང་བའོ། །དང་པོ་ནི། སྟོན་པ་མཉན་ཡོད་ན་བཞུགས་པའི་ཚེ་དགེ་སློང་མང་པོས་གོས་སྟོན་པོ་རྙེད་ཚེ་འདི་འདྲ་རྙེད་ན་ཆོས་གོས་བྱ་སྙམ་དུ་རེ་ནས་འཇོག་དེ་བཞིན་སེར་པོ་དམར་པོ་སྨུག་པོ་སྲབ་མོ་ལའང་དེ་བཞིན་རེ་ནས་བཞག་པ་ལ་དོན་ཉུང་བའི་དགེ་སློང་དག་གིས་འཕྱ་བའི་སྐབས་དེ་གསོལ་བས། སྟོན་པས་ངའི་ཉན་ཐོས་རྣམས་ཀྱི་བསླབ་གཞི་འདི་ལྟར་སྟོན་ཏེ། དགེ་སློང་སྲ་བརྒྱང་མ་བཏིང་བས་གོས་རྙེད་ན་དེས་འདངས་ན་མྱུར་བར་གོས་བྱའོ། ། དེས་མི་འདངས་པར་ཁ་སྐོང་གི་རེ་བ་ཡོད་ན་ཟླ་བ་གཅིག་ཏུ་བཞག་པར་བྱའོ། །དེ་ལས་འདས་པར་འཇོག་ན་སྤང་ལྟུང་ངོ་ཞེས་བཅས་སོ། །

གཉིས་པ་ལ་གཞི་བསམ་པ་སྦྱོར་བ་མཐར་ཐུག་གི་ཡན་ལག་བཞི་ལས། དང་པོ་ལ་གང་འཇོག་པའི་དངོས་པོ་ནི། གོས་ཡིན་པ་རྒྱུའི་སྒོ་ནས་རུང་བ་ཁྲུ་གང་དུ་ལོངས་ཤིང་འཁོར་གསུམ་ཁེབ་པའི་ཚད་ལས་ཆུང་བ་རང་ལ་དབང་བ་གནས་སྐབས་དབང་བྱར་ཡོད་པ། ཁ་སྐོང་གི་གོས་ལ་རེ་བ་དང་བཅས་ཤིང་བཞག་ཏུ་རུང་བ། བྱིན་གྱིས་མ་བརླབ་པའམ་བརླབས་ཀྱང་རྗེས་ཞུགས་དང་ལྡན་པ་སྟེ་ཆོས་བདུན་ལྡན་ནོ། །གཉིས་པ་རྟེན་ནི། སྲ་བརྒྱང་མ་བཏིང་བ་ཆོས་གོས་གསུམ་གང་རུང་མེད་པ་

ཡིན་པའོ། །བསམ་པ་ལ་འདུ་ཤེས་མ་འཁྲུལ་བ། ཀུན་སློང་རང་དགར་རང་དོན་དུ་ཞག་སུམ་ཅུར་འཆང་འདོད་རྒྱུན་མ་ཆད་པའོ། །སྦྱོར་བ་དེ་ལྟར་འཆང་བར་རྩོམ་པ། མཐར་ཐུག་རང་སྟོབས་སམ་ཤན་སྟོབས་ཀྱིས་ཞག་སོ་གཅིག་པའི་སྐྱ་རེངས་ཤར་བའོ། །ཁྲུ་གང་ལས་ཆུང་བ་དང་གཞན་གྱི་དོན་དུ་ཞག་སུམ་ཅུ་ལས་འདས་པར་འཆང་ན་ཉེས་བྱས་སོ། །

གཉིས་པ་བསླབ་བྱ་ནི། རྒྱུ་གསར་བ་ལས་བྱེད་ན་སྣམ་སྦྱར་དང་གདིང་བ་ཉིས་རིམ་དང་བླ་གོས་དང་མཐང་གོས་གཅིག་རྐྱང་མ་བྱས་པ་དང་། གཞན་གྱིས་ཟླ་བ་བཞིར་ལོངས་སྤྱད་པ་ལས་བྱེད་ན་སྔར་བསྟན་པའི་རིམ་པ་དེ་ལས་ཉིས་འགྱུར་ཏུམ་བྱས་པ་དང་། རིམ་པར་བསྟན་པ་དེ་རྣམས་ལས་ལྷག་པར་བྱས་པ་དང་། རིམ་པ་དེ་བོགས་ཏེ་བྱི་དོར་བྱེད་ཚེ་དེ་ཉིད་སྦྱར་རོ་སྙམ་པའི་སེམས་མ་བསྐྱེད་པར་ཕྱོག་པ་དང་། སྣམ་སྦྱར་སྣམ་ཕྲན་དགུར་མ་ལོངས་པ་དང་ཉེར་ལྔ་ལས་ལྷག་པ་དང་། སྣམ་ཕྲན་སོགས་ཟུང་བྱས་པ་དང་། སྣམ་ཕྲན་དགུ་པ་བཅུ་གཅིག་པ་བཅུ་གསུམ་པ་རྣམས་ལ་གླེགས་བུ་ཕྱེད་དང་གསུམ་པ་དང་། སྣམ་ཕྲན་བཅོ་ལྔ་པ་དང་བཅུ་བདུན་པ་བཅུ་དགུ་པ་རྣམས་ལ་གླེགས་བུ་ཕྱེད་དང་བཞི་པ་དང་། སྣམ་ཕྲན་ཉེར་གཅིག་པ་ཉེར་གསུམ་པ་ཉེར་ལྔ་པ་རྣམས་ལ་གླེགས་བུ་ཕྱེད་དང་ལྔ་པ་རྣམས་སུ་མ་བྱས་པ་དང་། སྣམ་ཕྲན་གླེགས་བུ་དང་བཅས་པའི་ཆོས་གོས་གསུམ་ལ་སྲིད་དུ་ཁྲུ་ལྔ་དང་ཞེང་དུ་ཁྲུ་གསུམ་ལས་ལྷག་པར་བྱས་པ་དང་། ཕྱེད་ལྔ་དང་ཕྱེད་གསུམ་ལས་ཆུང་བར་བྱས་པ་དང་། སྣམ་ཕྲན་གླེགས་བུ་མེད་པའི་བླ་གོས་ལ་སྲིད་དུ་ཁྲུ་བཅུ་གཉིས་དང་ཞེང་དུ་ཁྲུ་གསུམ་ལས་ལྷག་པ་དང་། ཕྱེད་དང་ལྔ་དང་ཕྱེད་དང་གསུམ་ལས་ཆུང་བ་དང་། སྣམ་ཕྲན་མེད་པའི་མཐང་གོས་ལ་སྲིད་དུ་ཁྲུ་བདུན་ཞེང་དུ་ཁྲུ་དོ་ལས་ལྷག་པ་དང་། འཁོར་གསུམ་ཁེབ་པའི་ཚད་ལས་ཆུང་བར་བྱས་པ་དང་། བླ་གོས་མཐང་གོས་སྣམ་ཕྲན་གླེགས་བུ་མ་བྱེད་པའི་ཚེ་བླ་གོས་ལ་སྣམ་ཕྲན་བདུན་མ་དང་གླེགས་བུ་ཕྱེད་གསུམ་ལས་གཞན་བྱས་པ་དང་། མཐང་གོས་ལ་སྣམ་ཕྲན་ལྔ་པ་དང་གླེགས་བུ་ཕྱེད་གཉིས་ལས་གཞན་བྱས་པ་དང་། ཁྲུ་ལུས་མི་འཚམས་པའི་ཚེ་ལུས་ཀྱི་སྲིད་ཀྱི་བདུན་ཆ་གཉིས་ལ་ཁྲུ་གང་དུ་མ་བྱས་པ་དང་། མཐང་གོས་ཇི་སྐད་བཤད་པའི་ཚད་ཀྱིས་ལུས་མི་ཁེབ་པའི་ཚེ་རལ་ཁ་དཔུང་ཚད་མ་བྱས་པ་དང་། མི་དགོས་པའི་ཚེ་བྱས་པ་རྣམས་ཉེས་བྱས་སོ། །

བཞི་པ་ཉེ་དུ་མིན་པའི་དགེ་སློང་མུ་ར་ཅོས་གོས་སྙིང་བ་འཁྲུར་འཇུག་པའི་སྤྱང་ལྟུང་ལ་གླེང་གཞི་དང་། ལྟུང་བའོ། །དང་པོ་ནི་མཉན་ཡོད་དུ་གོ་ས་ལའི་རྒྱལ་པོ་གསལ་རྒྱལ་དང་སེར་སྐྱར་ཟས་གཙང་མ་གཉིས་ཀྱི་བློན་པོ་རིམ་པར་ཁྱིམ་བདག་སྦྱིད་དང་འཆར་ཀ་གཉིས་ཡོད་པ་དེ་རྒྱལ་པོ་དེ་གཉིས་ཀྱི་ཡུལ་ན་ཕན་ཚུན་དུ་བྱ་བ་སྒྲུབ་པའི་ཕོ་ཉར་གཏོང་བ་ཡིན་པས་དེ་གཉིས་ཀྱིས་རང་རང་གི་བྱ་བ་བསྒྲུབས་ཏེ་ཕན་ཚུན་གྱི་ཁྱིམ་དེར་རང་གི་ཁྱིམ་བཞིན་གནས་པར་བྱས་པས་འཆར་ཀ་གོས་ལར་ཕྱིན་ཏེ་ཁྱིམ་བདག་སྦྱིད་ཀྱི་ཁྱིམ་དུ་གནས་སྐབས་དེའི་ཆུང་མ་སྦྱིད་མ་ཞེས་བྱ་བ་མཛེས་མ་དེར་ཆགས་ཏེ་འདུམ་པར་གྱུར་པས་སྦྱིད་ཀྱིས་ཤེས་པར་དོགས་ཏེ་འཆར་ཀ་གནས་གཞན་ཞིག་ཏུ་སྡོད་པ་ན་ཁྱིམ་བདག་དེའི་བསམ་པར་ཆུང་མའི་ཕྱིར་འཐབ་མི་རིགས་པར་མཐོང་ནས་འཆར་ཀ་ལ་ཁྱོད་འདིར་མི་སྡོད་པ་ཅི་ཡིན་འདི་ནི་ཁྱོད་ཀྱི་ཁྱིམ་ཡིན་ནོ་སྨྲས་པས་འཆར་ཀས་དོན་གྱིས་གནང་བར་ཤེས་ནས་དེར་གནས། ནམ་ཞིག་འཆར་ཀ་སེར་སྐྱར་སོང་བའི་སྐབས་ཤིག་ཏུ་སྦྱིད་ཤི་ནས་དེ་ལ་བུ་མེད་པས་ཁྱིམ་ནོར་རྒྱལ་པོས་དབང་དུ་བྱས་སྐབས། སྦྱིད་མས་འཆར་ཀ་ལ་སྤྲིན་ཁྱོད་འདིར་འོང་ན་ད་ལྟ་ཁྱིམ་བདག་ཤི་ནོར་རྒྱལ་པོས་དབང་དུ་བྱས་སོ་ཞེས་ཡི་གེ་སྤྲིང་པས་འཆར་ཀས་ཟས་གཙང་ལ་སྟོན་ཡུལ་གྱི་རྒྱལ་པོ་རྣམས་ཉིད་ལ་འདུད་ན་གཞོན་ནུ་རབ་ཏུ་བྱུང་བར་ཐོས་པ་ན་གཞན་རྣམས་ཀྱིས་འདུད་པ་བཅད་ཀྱང་གསལ་རྒྱལ་གྱིས་མ་བཅད་ན་ད་ལྟ་དེར་ཉིད་ནས་འདྲིས་པར་བྱེད་རིགས་སྨྲས་པས། རྒྱལ་པོས་ཁྱོད་སོང་ཤིག་ཅེས་གནང་བས་དེར་ཕྱིན་ནས་འཆར་ཀས་བློན་པོ་རྣམས་ནང་ལ་བླངས་ནས་རྒྱལ་པོ་ལ་བདག་སྡོད་པའི་གནས་སྩོལ་ཞུས། རྒྱལ་པོས་ཁྱོད་རང་སྡོན་གནས་ས་དེར་སྡོད་ཅིག །དེ་ཁྱིམ་བདག་སྦྱིད་ཀྱི་གནས་ལགས་པས་དེ་ཤིའོ། །

ཁྱིམ་བདག་ཤི་ཡང་གནས་མ་ཤི་བར་མཆིས་སོ། །འོན་ཀྱང་གནས་ལྐོག་པོར་སོང་ལགས་ཞུས་པས། བློན་པོ་རྣམས་ཀྱིས་སྦྱིད་མ་ནོར་བཅས་གནང་བའི་སླད་དུ་དོན་གྱིས་ཞུ་བ་རེད་འདུག་ཞུས་པས་ཁྱིམ་འཁོར་བ་སྦྱིད་མ་བཅས་འཆར་ཀ་ལ་བྱིན་པས་སྦྱིད་མ་དང་ལྷན་དུ་ཁྱིམ་དེར་གནས་སྦྱིད་མ་དེ་ནས་གཞན་དུ་འགྲོ་མ་འདོད་པས་འཆར་ཀར་སྦྱིད་མའི་ཁྱིམ་དང་སེར་སྐྱའི་རང་ཁྱིམ་དང་གཉིས་ཡོད་པར་གྱུར། སྟོན་པ་མཉན་ཡོད་དུ་རྒྱལ་བྱེད་ཚལ་ན་འཁོར་བསྐྱངས་དེ་བཞུགས་པའི་ཚེ་

གསལ་རྒྱལ་གྱིས་ཟས་གཙང་ལ་གཞོན་ནུ་འདི་ར་འཁོར་བསྐྱངས་ཏེ་བཞུགས་པའི་གཏམ་སྤྲིང་བས་ཟས་གཙང་གིས་གཞོན་ནུ་མྱུར་དུ་མཇལ་འདོད་དེ་ཕོ་ཉ་བཏང་བ་ན་བཅོམ་ལྡན་འདས་ཀྱིས་རབ་ཏུ་བྱུང་བར་བྱས། དེ་ལྟར་ཕོ་ཉ་དུ་མས་འཕྲིན་ལན་མེད་པར་རབ་ཏུ་བྱུང་ནས་སྡོད་སྐབས་རྒྱལ་པོ་མ་དགའ་བར་སེམས་ཁོང་དུ་ཆུད་དེ་གནས་སྐབས། འཆར་ཀས་རྒྱལ་པོར་རྒྱ་མཚན་ཅི་ཡིན་དྲིས་པར་རྒྱལ་པོས་དེའི་ཚུལ་སྨྲས་པས། འཆར་ཀས་བདག་ལ་བཀའ་བསྩལ་ན་བདག་འགྲོ་སྨྲས། རྒྱལ་པོས་ཁྱོད་ཀྱང་དེར་སྡོད་པར་འགྱུར་རོ་སྨྲས་པ་ན། བདག་གིས་བཀའ་མཆིད་ལྟའི་སྤྱན་སྔར་གསོལ་བར་མཆིའོ་སྨྲས་ཏེ་སོང་བས་སྟོན་པ་ལ་ཡབ་ཀྱི་ཞུ་ཡིག་ཕུལ་བས་སྟོན་པས་སེར་སྐྱར་གཤེགས་པ་ཞལ་བཞེས་མཛད། འཆར་ཀས་བདག་ཟས་གཙང་ལ་བརྗོད་དུ་འགྲོ་ཞུས་པས། སྟོན་པའི་ཕོ་ཉ་འདི་ལྟ་བུ་མིན་གྱི་རབ་ཏུ་བྱུང་ནས་སོང་གསུངས་ཏེ། ཤཱ་རིའི་བུ་ལས་རབ་ཏུ་བྱུང་བར་གནང་ནས་རབ་བྱུང་བསྙེན་པར་རྫོགས་ཚེ་ཤཱ་རིའི་བུས་ཁྱོད་དེང་ཕྱིན་ཆད་བུད་མེད་དང་ལྷན་ཅིག་ཏུ་ཉལ་བར་མི་བྱ་བ་སོགས་བྱ་རིགས་མི་རིགས་རྣམས་བསྟན་ནས། སྟོན་པར་བདག་སེར་སྐྱར་སྔོན་དུ་མཆིའོ་ཞུས་པས། སྟོན་པས་ཁྱོད་རྒྱལ་པོའི་ཕོ་བྲང་དུ་མ་འཇུག་པར་ཤཱཀྱའི་དགེ་སློང་འོང་ངོ་། །དགེ་སློང་གཞན་ཡོད་དམ་འདྲི་ན་ཡོད་ཅེས་རྗོད། ཕོ་བྲང་དུ་ཞུགས་ཞེར་ན་ཞུགས། གཞོན་ནུ་འང་ཆ་ལུགས་འདི་འདྲ་ཡིན་ནམ་འདྲི་ན་ཡིན་ཞེས་རྗོད། ཁྱོད་རྒྱལ་པོའི་ཕོ་བྲང་དུ་མ་གནས་ཤིག །སྟོན་པའང་མི་གནས་པར་སྨྲོས། སྟོན་པའི་བཞུགས་གནས་དགོན་པ་ཀུན་དགའ་ར་བ་ཡིན་པར་སྨྲོས། ཞག་བདུན་ན་འོང་ཞེས་སྨྲོས། དེ་མྱུར་བར་སྟོན་པའི་མཐུས་ཉི་མ་གཅིག་གིས་སེར་སྐྱར་ཕྱིན་ནས་དེའི་ཚུལ་སྨྲས་པས། རྒྱལ་པོས་སྐྱིད་ཡོད་དང་། ནྱ་གྲོ་དྷའི་ཀུན་དགའ་ར་བ། ཚངས་པའི་གནས་ཀྱི་སྐྱིད་མོའི་ཚལ་རྒྱལ་བྱེད་ཚལ་དང་མཚུངས་པའི་གཙུག་ལག་ཁང་བརྩིགས་མཆོད་རྫས་མང་པོས་བརྒྱན་ནོ། །སྟོན་པས་མོའུ་འགལ་བུར་སྟོན་པ་ཡབ་སྲས་མཇལ་བར་སྤྲོ་བ་དེ་དག་གིས་ཆོས་གོས་བགོས་ཤིག་གྱིས་གསུངས་པ་ལྟར་བྱས་པས་སྟོན་པ་དགེ་འདུན་བཅས་སེར་སྐྱར་གཤེགས། སྟོན་པ་ཞབས་ཀྱིས་བྲོན་ན༑ སྔོན་རབ་ཏུ་མ་བྱུང་བའི་དུས་སུ་ནམ་མཁར་འགྲོ་ན་ད་སངས་རྒྱས་པ་ན་ཞབས་ཀྱིས་འོང་ངོ་ཞེས་འཕྱ་བ་བསལ་བའི་ཆེད་དུ་ཉན་ཐོས་རྣམས་ཞབས་ཀྱིས་བྲོན་དུ་བཅུག སྟོན་པ་ཉིད་རྫུ་འཕྲུལ

གྱིས་ནམ་མཁའ་ནས་གཤེགས་རྫུ་འཕྲུལ་སྣ་ཚོགས་བསྟན། ཡབ་ཀྱིས་མགོ་མ་བཏུད་པར་ཕྱག་འཚལ། རྫུ་འཕྲུལ་བསྡུས་ཏེ་ཉ་གྲོ་དྷའི་ཀུན་དགའ་ར་བར་བཞུགས། ཟས་གཙང་དང་ལྷས་སྦྱིན་མ་གཏོགས་པར་ཟས་དཀར་སོགས་ཤཱཀྱ་པ་བདུན་ཁྲིས་བདེན་པ་མཐོང་བ་དང་དགྲ་བཅོམ་ཐོབ། ཉིན་གཉིས་པར་སྐྱིད་ཡོད་དང་། གསུམ་པར་ལྷའི་ཚངས་པའི་གནས་ཀྱི་སྐྱིད་ཚལ་དུ་ཆོས་གསུངས། ཟས་གཙང་གིས་བདེན་པ་མི་མཐོང་བའི་རྒྱུ་གཉིས་ཡོད་པར་གཟིགས་ཏེ། གཅིག་ནི་བདག་གི་སྲས་ལ་ལྷས་བསྙེན་བཀུར་མི་བྱེད་སྙམ་དུ་ཞུམ་པ་ཡིན་པར་གཟིགས་ནས་ལྷས་བསྙེན་བཀུར་བྱེད་པ་སྤྲུལ་ནས་སེམས་སྲོ་བར་བྱས། གཉིས་པ་བདག་གི་སྲས་འདི་རྫུ་འཕྲུལ་ཆེའོ་སྙམ་ནས་སེམས་ཁེངས་པ་ཡིན་པར་གཟིགས་ཏེ་མོའུ་འགལ་བུ་ལ་རྫུ་འཕྲུལ་སྣ་ཚོགས་བྱེད་དུ་བཅོལ་བས་སྟོན་པ་མ་ཟད་ཉན་ཐོས་ཡང་རྫུ་འཕྲུལ་ཆེ་སྙམ་པས་སེམས་སྙོམས་པར་བྱས་ཏེ་ཆོས་བསྟན་པ་ན་བདེན་པ་མཐོང་ངོ་། །དེ་ནས་བཟང་ལྡན་མ་འགག་པ་ནམ་གྲུ་སོགས་ཤཱཀྱའི་གཞོན་ནུ་ལྔ་བརྒྱ་རབ་ཏུ་བྱུང་ངོ་། །

སྟོན་པ་མཐར་གྱིས་མཉན་ཡོད་དུ་བྱོན་ནས་བཞུགས་པའི་ཚེ། འཆར་ཀ་བསོད་སྙོམས་ལ་ཞུགས་ནས་མཐར་སྦྱིད་མའི་ཁྱིམ་དུ་ཞུགས་པས། དེའི་ཁོ་མོ་སྤྱངས་ནས་ཅིའི་ཕྱིར་རབ་ཏུ་བྱུང་སོགས་སྨང་ཚིག་སྨྲས་པས། སྟོན་པས་གྲགས་འཛིན་མ་སོགས་བཙུན་མོ་དྲུག་ཁྲི་སྤྱངས་ནས་རབ་ཏུ་བྱུང་ན་རྟོལ་རྫབ་འདྲ་བ་ཁྱོད་སྤྱང་མི་ཐུབ་བ་ཅི་ཡོད། འོན་ཁོ་མོ་ཡང་རབ་ཏུ་བྱུང་ངོ་བྱས་པས། ཁྱིམ་བསྡུས་ཏེ་དེ་ལྟར་གྱིས་ཤིག་སྨྲས། ནམ་ཞིག་འཆར་ཀ་འོང་ནས་ཁྱོད་རབ་ཏུ་མི་བྱུང་ངམ། ད་དུང་ཁྱིམ་གྱི་བྱ་བ་བསྡུས་མ་ཟིན་བརྗོད། དེ་ཙམ་ནས་ཀོ་ས་ལའི་ཁྱིམ་གྱི་བྱ་རྣམས་ལེགས་པར་བསྡུས། འཆར་ཀས་ཁྱོད་དེང་བསྡུས་ཟིན་ན་སང་རབ་ཏུ་འབྱིན་ནོ་སྨྲས། ཡང་འཆར་ཀས་འདི་སྙམ་དུ། བདག་གིས་རབ་ཏུ་འབྱིན་པར་བྱས་ན་ལྷུང་བཟེད་ནག་པོ་ཅན་དག་གིས་དྲུག་སྡེས་བུད་མེད་ཡང་རབ་ཏུ་བྱུང་ངོ་ཞེས་སྨད་པར་འགྱུར་བས། བདག་རྒྱལ་པོའི་ཁབ་ཏུ་འགྲོ་བར་བྱ་སྙམ་སྟེ་དེར་སོང་ནས་དབྱར་གནས་པར་ཁས་བླངས་དེ་གནས། སྦྱིད་མ་ཕྱི་ཉིན་མཉན་ཡོད་དུ་འཆར་ཀའི་དྲུང་རབ་བྱུང་ཞུ་སླད་འོང་བ་ན། དེ་རྒྱལ་པོའི་ཁབ་ཏུ་སོང་བ་ཐོས་ནས་བདག་ཁྱིམ་པའང་མིན་རབ་བྱུང་ཡང་མིན་པར་བྱས་སོ་ཟེར་ནས་ངུས་པས་དགེ་སློང་མ་འདུན་པ་ཕུལ་བ་འགའ་འཕྲད་ནས་དེས་དེ་ལ་རྒྱུ་མཚན་དྲིས

ནས་བསྙད་པ་ན། གཡེང་མ་བུད་མེད་དགེ་སློང་སུ་ཞིག་གིས་རབ་ཏུ་བྱུང་ཚུར་ཤོག་དང་དགེ་སློང་མས་རབ་ཏུ་འབྱིན་པ་ཡིན་སྨྲས་ཏེ། སྐྱེ་དགུའི་བདག་མོས་རབ་ཏུ་བྱུང་བ་དང་བསྙེན་པར་རྫོགས་པར་བྱས་སོ། །གཏམ་དེ་མཉན་ཡོད་ནས་འོང་བའི་ཏྲན་ཞུགས་ཤིག་གིས་འཆར་ཀ་ལ་སྨྲས་འཆར་ཀས་ཁོ་རང་གི་གནས་དེ་དེ་ཉིད་ལ་གཏད་དེ་མཉན་ཡོད་དུ་སོང་ནས་རང་གི་གནས་སུ་བསྡད་དེ་གདངས་ཀྱིས་ཁ་ཏོན་བྱས་སོ། །དགེ་སློང་མ་འདུན་པ་འབུལ་བ་དག་གིས་ཐོས་ཏེ་ཕྱག་འཚལ། ཁྱེད་གར་བཞུགས། རྒྱལ་པོའི་ཁབ་ཏུའོ། །

དེ་དག་གིས་སྲིད་མ་ལ་ཁྱོད་ཀྱི་སློབ་དཔོན་འོང་ངོ་སྨྲས། སུ་ཡིན། འཆར་ཀའོ་སྨྲས་པས། བདག་དེའི་དྲུང་དུ་མི་འགྲོའོ། །བདག་ཅག་དགེ་སློང་མ་རྣམས་ནི་དགེ་སློང་རྣམས་ལ་མང་དུ་རག་ལས་པ་ཡིན་པས་སོང་ལ་ལྟོས་ཤིག་སྨྲས། སྲིད་མས་ནས་ཕྱེ་དང་ཁྲུས་ཆབ་འབྲུ་མར་ཐོགས་ནས་འཆར་ཀའི་སྒོ་བརྡུང་བ་ན་སུ་ཡིན་སྨྲས། བདག་སྲིད་མའོ། ཁྱིམ་བདག་གི་ཆུང་མ་སྲིད་མ་འོང་བ་ལེགས་སོ། །བདག་རབ་ཏུ་བྱུང་ངོ་། །སུས་འབྱིན། སྐྱེ་དགུ་བདག་མོ་ལས་སོ། །ང་གློ་བུར་གྱི་བྱ་བ་བྱུང་བས་རྒྱལ་པོའི་ཁབ་ཏུ་ཕྱིན་ན་ཁྱོད་ལ་སྨྲུག་ལོང་མེད་པ་ཅི་ཡིན། བདག་ལ་ཁྱོད་ཀྱིས་དེང་ཁྱིམ་བསྡུས་སང་རབ་ཏུ་འབྱིན་པར་བགྱི་མ་སྨྲས་སམ་ང་འདིར་འོང་བ་ན་ཁྱོད་རྒྱལ་པོའི་ཁབ་ཏུ་བཞུད་དེ་བདག་འཕགས་མས་རབ་ཏུ་མ་བྱུང་ན་ཁྱིམ་པ་དང་རབ་བྱུང་གང་ཡང་མིན་པར་བགྱིས་སོ། །ཁྱོད་ཀྱིས་རང་གི་ལག་ངར་ལ་རང་གིས་སོ་འདེབས་སམ། སྐྱེ་དགུ་བདག་མོ་དང་ཁོ་བོ་སུས་རབ་ཏུ་བྱུང་ཡང་རུང་ལེགས་ཀྱིས་ནང་དུ་ཞུགས་ཤིག་ཆོས་བསྟན་པར་བྱའོ་ཞེས་ཆོས་ཅུང་ཟད་བསྟན་ནས་བདག་ཅག་གཉིས་སྔོན་སྐྱིད་མོའི་ཚལ་སོགས་སུ་བཟའ་བཅའ་བཏུང་བ་འདི་ལྟར་སྤྱོད་པ་དྲན་ནམ་ཞེས་སྨྲས་ནས་འཆར་ཀ་ཀུན་ཏུ་ཆགས་ཤིང་དྲལ་ལོ། །སྲིད་མས་དེ་རིག་ནས་ཕྱི་རོལ་དུ་ཕྱིན་ཙམ་བྱས་ཏེ་འོང་ངོ་སྨྲས་པ། དེས་བཤང་གཅི་འདོར་དུ་འགྲོའམ་སྙམ་ཡང་མགྱོགས་པར་སོང་བའི་རྐང་སྒྲ་ཐོས་ཏེ། དགེ་སློང་མ་མགོ་རེག་གར་བྲོས་ཞེས་དེའི་ཕྱི་བཞིན་བརྒྱུགས་པས་བརླས་རེག་ཏེ་ཁུ་བ་བྱུང་ནས་ཆགས་པ་བྲལ་ལོ། །དེ་ནས་གནས་ཁང་དུ་སྡོད་པ་ན་སྲིད་མ་འོང་ནས་གལ་ཏེ་བདག་གིས་དང་དུ་བླངས་ན་དགེ་སློང་དང་དགེ་སློང་མ་རུ་མི་རུང་བར་འགྱུར་རོ་སྨྲས་པས། དེས་སྨོན་པས། བདག

བསྲུངས་ན་གཞན་སྲུང་། གཞན་བསྲུངས་ན་བདག་སྲུང་བར་བྱེད་ཅེས་གསུངས་པ་མ་ལགས་སམ་སྙམ། ཉིད་ཀྱི་ཤམ་ཐབས་འདི་བཀྲུ་བར་བགྱིའོ་སྙམ། དེས་དེ་སྦེད་མ་ལ་གཏད་དེ་བཀྲུ་བ་ལ་ཁྱེར་ཏེ་བལྟས་པ་ན་ཁྲུ་བ་ཤོར་བ་ཆགས་དེ་ཡོད་པ་མཐོང་ནས་ཆགས་ཏེ་འཆར་ཀ་ལ་དང་དུ་མ་བླངས་པ་མ་རིགས་སོ་སྙམ་ནས་ཁྲུ་བ་རང་གི་མངལ་སྒོར་བླུག་པས་སེམས་ཅན་ཞིག་ཞུགས་སོ། །དེ་ལ་དགེ་སློང་མ་རྣམས་ཀྱིས་སྨྲས་པ་ཁྱོད་འཆར་ཀའི་དྲུང་དུ་ཆོས་ཕྱིར་འགྲོ་བར་སེམས་ཀྱི་གནས་སྐབས་འདི་ལྟ་བུའི་ཕྱིར་འགྲོ་བར་མ་སེམས་སོ་སྙམ། དེས་སྨྲས་པ་འཆར་ཀ་ནི་རབ་ཏུ་བྱུང་ནས་བདག་ལ་ལག་པ་ཙམ་གྱིས་ཀྱང་མ་བྱུགས་པས་ཚུལ་ཁྲིམས་རྣམ་པར་དག་པའོ་སྙམ་པས། དེས་མ་བྱུགས་པ་ནའང་འདི་ལྟར་འགྱུར་ན་གལ་ཏེ་དེས་བྱུགས་ན་ཇི་ལྟར་འགྱུར་ཞེས་འཕྱ་བའི་སྐབས་དེ་གསོལ་བས། སྟོན་པས་དགེ་སློང་མ་དེ་ཕམ་པར་མི་འགྱུར་གྱི་སྦྲུམ་མ་དེ་དབེན་པར་ཞོག་ལ་དགེ་སློང་མ་རྣམས་ཀྱིས་ཟས་སྐྱོལ་ཅིག་ཡལ་བར་འདོར་མི་རིགས་གསུངས། གཞོན་ནུ་དེ་འོད་སྲུང་ཞེས་དའི་བསྟན་པར་རབ་ཏུ་བྱུང་ནས་དགྲ་བཅོམ་པར་འགྱུར་རོ་ཞེས་ལུང་བསྟན། ཞེས་པ་དེ་དགེ་སློང་མར་གོས་རྙིང་བ་འཁྲུར་འཇུག་པ་ལས་ཡིན་པར་གསུངས་ཏེ། འཆར་ཀ་ལ་ཉེ་མིན་དགེ་སློང་མར་གོས་རྙིང་འཁྲུར་འཇུག་པ་བདེན་ནམ། བཙུན་པ་མད་དོ། །དགེ་འདུན་བསྡུས་ཏེ་ངའི་ཉན་ཐོས་རྣམས་ཀྱི་བསླབ་གཞི་འདི་ལྟར་སྟོན་ཏེ། ཡང་དགེ་སློང་གང་དགེ་སློང་མ་ཉེ་དུ་མིན་པ་ལ་གོས་རྙིང་པ་འཁྲུར་འཇུག་གམ་འཚེད་དུ་འཇུག་གམ་འཆག་ཏུ་འཇུག་ན་སྤང་བའི་ལྟུང་བྱེད་དོ་ཞེས་བཅས་སོ། །

གཉིས་པ་ལ་གཞི་བསམ་སྦྱོར་བ་མཐར་ཐུག་གི་ཡན་ལག་བཞི་ལས། དང་པོ་གཞིའི་ཡན་ལག་ལ་གཉིས་ལས། གང་ལ་འཁྲུར་གཞུག་པའི་ཡུལ་ནི། བསྙེན་རྫོགས་ཀྱི་སྡོམ་པ་རྣམ་དག་དང་ལྡན་པ། ལྟ་བ་མཐུན་པ། མཚན་མི་མཐུན་པ། ལུས་བསྙེན་དུ་རུང་བ། ལུས་ཐ་མལ་དུ་གནས་པ། ཐ་སྙད་གསུམ་དང་ལྡན་པ། ཉེ་དུ་མ་ཡིན་པ། རྫུ་འཕྲུལ་ཅན་མ་ཡིན་པ་སྟེ་ཆོས་བརྒྱད་ལྡན་ནོ། །ལུས་བསྙེན་དུ་རུང་བ་དང་རྫུ་འཕྲུལ་ཅན་མིན་པ་ལ་ནང་སེམས་ཅན་ལ་ཆགས་པའི་ཉོན་མོངས་སྐྱེ་སླ་ཞིང་དགག་བྱ་རྫོགས་པར་བསྐྱེད་ནུས་པ་ལྟར་དེ་གཉིས་མ་ཡིན་པ་ལ་འཁྲིག་པའི་ལོངས་སྤྱོད་རྫོགས་པའི་ཡུལ་མ་ཡིན་པས་ཆགས་པའི་རྒྱུ་བྱས་ཏེ་རང་གི་རིགས་ཀྱི་བསླབ་པ་ལ་གནོད་པའི་

དགག་བྱ་མི་རྫོགས་པའི་ཕྱིར་དང་། ཉོན་མོངས་པ་སྐྱེ་དཀའ་ཞིང་ཡུལ་གྱི་ཆ་ནས་དབང་དུ་འགྱུར་དཀའ་བས་བཅས་པ་རྣམ་འཇོག་གི་དགག་བྱ་མི་རྫོགས་པའི་ཕྱིར་རོ། །འདི་གཉིས་ཡན་ལག་ཏུ་དགོས་པའི་ལྟུང་བ་གཞན་ལའང་རྒྱུ་མཚན་འདི་བཞིན་ཤེས་པར་བྱའོ། །འོག་མ་ཆོས་བརྒྱད་ལ་འདི་བཞིན་སྦྱར་རོ། །གང་འགྱུར་འཇུག་པའི་དངོས་པོ་ནི། ཆོས་གོས་གསུམ་དང་གདིང་བ་གང་རུང་ཡིན་པ། རུང་བ། ཚད་དང་ལྡན་པ། རང་ཉིད་ཀྱི་ཡིན་པ། རང་རང་གི་དངོས་ཀྱི་བྱིན་རླབས་དང་ལྡན་པ། འབྲུད་པ་ལ་སོགས་པར་འོས་པ། སྔར་ཚད་ལ་གནོད་པའི་འབྲུད་པ་ལ་སོགས་པ་མ་བྱས་པ་དང་བདུན་ནོ། །བསམ་པ་ལ་གཉིས་ཏེ་འདུ་ཤེས་ནི། དགེ་སློང་མ་ཉེ་དུ་མ་ཡིན་པ་ལ་དེར་འདུ་ཤེས་པའམ་ཐེ་ཚོམ་ཟ་བ། ཀུན་སློང་རང་དགར་རང་ཉིད་ཀྱི་དོན་དུ་འབྲུད་པ་འཚེད་པ་འཆག་པ་ཐམས་ཅད་དམ་གང་རུང་འཚོལ་བའི་ཚིག་སྨྲ་ཞིང་དོན་གོ་བར་བྱེད་འདོད་རྒྱུན་མ་ཆད་པའོ། །སྦྱོར་བ་བསམ་པའི་དོན་ལ་ངག་མཚན་ཉིད་ལྔ་ལྡན་གྱིས་མངོན་སུམ་དུ་འབྲུད་པ་ལ་སོགས་འཚོལ་བའི་ཚིག་སྨྲ་བར་ཞུགས་པ། མཐར་ཐུག་དེའི་རྐྱེན་གྱིས་འབྲུད་པ་ལ་སོགས་པའི་བྱ་བ་གསུམ་གྱི་ཕྱོགས་གཅིག་གམ་ཆོས་གོས་ཀྱི་ཕྱོགས་གཅིག་འབྲུད་པ་ལ་སོགས་པ་བྱས་པའོ། །སྤྱིར་དགེ་སློང་མས་བསྐྱེད་པའི་ལྟུང་བ་ཆོས་བརྒྱད་ལྡན་གྱི་དགེ་སློང་མ་ཡུལ་དུ་དགོས་པ་རྣམས་ནི། འབྲུད་འཇུག་ལེན་དང་བཙལ་སྐྱེལ་དང་། །མ་བསྒོས་ཉེ་མ་ནུབ་པ་དང་། །གོས་བྱེད་པ་དང་གོས་སྦྱིན་དང་། །མགྲོན་ལམ་འཇུག་དང་འགྱུར་འཇུག་དང་། །དབེན་པར་འགྲེང་དང་སྦྱོར་བཙུག་དང་། །སོ་སོར་བཤགས་པ་དང་པོ་གཉིས། །དེ་ལྟར་རྣམ་པ་བཅུ་གསུམ་མོ། །ཉེ་དུ་ཡིན་མིན་ཡང་བདུན་རྒྱུད་ཚུན་ཆད་དུ་གཏོགས་པ་ཉེ་དུ་རུ་གསུངས་ཀྱང་ཡུལ་དེ་ལ་ཉེ་དུ་རུ་བྱེད་མི་བྱེད་ཀྱི་དབང་གིས་འཇོག་ལ། དེ་ནི་ཉེ་དུ་ལ་བརྟེན་པའི་ངོ་ཚ་བ་ལ་སོགས་པའི་གནས་སུ་བྱེད་དེ་ཚིག་སྲུང་མི་སྲུང་སོགས་དང་ཡོ་བྱད་ལ་སྲི་བ་འབྱུང་མི་འབྱུང་ལ་སོགས་པ་ལས་ཉེ་དུ་ཡིན་མིན་འཇོག་གོ། །

ཉེ་དུ་མིན་པ་ཡན་ལག་ཏུ་དགོས་པའི་ལྟུང་བ་ལ། འབྲུར་འཇུག་ལེན་དང་སློང་བ་དང་། །སློང་བར་རིགས་དང་དཔགས་པ་སློང་། །སོ་སོར་སྤྱགས་དང་བཙལ་སྐྱེལ་དང་། །མངོན་མཚན་ཉེ་ཚོང་ལྟུང་བཟེད་འཚོལ། །ཐག་གཉིས་དང་གོས་བྱེད་དང་། །གོས་བྱིན་འདུག་གནས་ཟ་བ་དང་། །

བསོད་པ་སློང་དང་གཅེར་བུར་སྟེར། །མགྲོན་གཉེར་རིང་འདུག་རས་ཆེན་འཚོལ། །ཆོས་སྟོན་དབེན་པར་འདུག་འགྲེང་དང་། །སྦྱོར་བཙུག་ཡང་ཡང་ཟ་བ་དང་། །དོ་གསུམ་ཙམ་ལས་ལྷག་ལེན་དང་། །བུད་མེད་དང་འགྲོ་ལྷན་ཅིག་ཉལ། །སོ་སོར་བཤགས་པ་དང་པོ་གཉིས། །དེ་ལྟར་ཉི་ཤུ་རྩ་དགུའོ། །ལྔ་པ་ཆོས་གོས་ཚང་བའི་དགེ་སློང་གིས་ཉེ་མིན་དགེ་སློང་མ་དྭེ་ལྭས་གོྭས་ཀྱི་རྒྱུ་སློང་སྟེ་ལེྭན་པའི་སྤྱང་ལྟུང་ལ་གླེང་གཞི་དང་། ལྟུང་བའོ། །དང་པོ་ནི། སྟོན་པ་མཉན་ཡོད་དུ་བཞུགས་ཚེ་སྟོན་གྱི་དུས་སུ་དགེ་སློང་མ་རྣམས་དབེན་པར་གནས་པ་མ་བཀག་པའི་སྐབས་སུ་ཨུཏྤ་ལ་འཁོར་ལྔ་བརྒྱ་དང་བཅས་ནགས་མུན་པ་ཅན་དུ་སྐྱིལ་ཀྲུང་ཕྱེད་ཀྱིས་བསམ་གཏན་ལ་ཞུགས་སོ། །དགེ་སློང་མ་གཞན་རྣམས་ཉི་མ་ཕྱེད་དུས་སུ་མཉན་ཡོད་དུ་ཞུགས་པའི་ཚེ་ཨུཏྤ་ལ་སློང་ལ་འགྲོ་སྙམ་པས་འདི་རྫུ་འཕྲུལ་ཆེ་བས་དང་པོ་ནས་དབྱར་ཁང་དུ་འགྲོ་བའི་གནས་ཡོད་པར་སྙམ་ནས་མ་བསླང་བར་སོང་ངོ། །ཨུཏྤ་ལ་ལྟང་སྟེ་འཁོར་རྣམས་སོང་བར་ཤེས་ནས་སླར་སྒོམས་པར་ཞུགས་སོ། །ཆོམ་པོ་གཡོ་ཅན་ལྔ་བརྒྱས་གྲོང་གི་བྱ་བ་གྲུབ་ནས་མུན་པ་ཅན་དུ་འོང་སྟེ་ཉིས་བརྒྱ་ལྔ་བཅུས་སྐལ་བ་བགོས། ཉིས་བརྒྱ་ལྔ་བཅུས་ནགས་ཉུལ་བས་ཨུཏྤ་ལ་མཐོང་སྟེ་འདི་སྐྱིལ་ཀྲུང་ཕྱེད་ཀྱིས་འདུག་པས་དགེ་སློང་མའོ་ཞེས་ཤེས་ཏེ་དེ་དག་ངོ་མཚར་ནས་དམག་དཔོན་ལ་འཛིགས་པའི་གནས་འདི་ན་དགེ་སློང་མ་གཅིག་ཕྱུ་མཚན་མོ་གནས་སོ་སྙམ་པས་དེར་བལྟར་ཕྱིན་པ་ན་དད་དེ་བཟའ་བ་དང་ཆང་འཕྱུལ་བར་བརྩམ་ཚེ་རྒྱུས་ཡོད་ཞིག་གིས་ཆང་མི་བཏུང་བ་དང་ཕྱི་དྲོ་ཟས་མི་ཟ་བའི་ཚུལ་སྨྲས་པས། དེས་རས་ཡུག་ཆེན་ཆེན་པོ་ལ་འོས་པ་གཅིག་དང་བསོད་སྙོམས་ཀྱི་ཕུད་ལྷོན་ཤིང་གི་ཡལ་ག་ལ་བཏགས་ནས་ཁྱོད་ལ་བསོད་སྙོམས་དང་ན་བཟའ་འདི་འབུལ་ལོ་སྨྲས་ནས་སོང་ངོ། །ཨུཏྤ་ལ་ནང་པར་ལྡང་བ་ན་སྐྱེ་བོ་མང་པོའི་ཤུལ་མཐོང་ནས་གཡོ་ཅན་ལྔ་བརྒྱ་ཕྱིན་པར་རིག་སྟེ་མི་མཛེས་པ་བྱས་སམ་མ་བྱས་བརྟགས་པ་ན་འགའ་ཡང་མ་བྱས་པར་རས་དང་བསོད་སྙོམས་བཞག་པ་མཐོང་བ་ན་འདི་དང་པས་ཕུལ་བ་ཡིན་ཏེ།འདིར་བཞག་ན་ཆུད་ཟ་བར་བྱེད་ཀྱི་བྱིན་ལེན་མེད་པར་བླངས་ན་དགེ་སློང་མར་མི་རུང་ཡང་འདི་དགེ་སློང་རྣམས་ལ་རུང་བས་དགེ་འདུན་ལ་བསོད་སྙོམས་ཀྱི་ཕུད་འབུལ་དུ་རྒྱལ་བྱེད་ཚལ་དུ་སོང་བ་དང་། ཉེར་དགའ་རྒྱལ་བྱེད་ཚལ་གྱི་སྒོར་འདུག་པ་དེས་མཐོང་ནས་སྲིང་

མོ་ནངས་སྔ་བར་ཅིའི་ཕྱིར་མཉན་ཡོད་ཀྱི་སློ་ཕྱེ་ནས་འོང་། བདག་མཉན་ཡོད་ནས་མ་འོང་མདང་ནགས་མུན་པ་ཅན་དུ་གནས་སོ། །ཉེར་དགས་ཁོ་བོ་ནི་ཉིན་མོ་གནས་དེར་ཞུགས་ནའང་སྤྱུ་དག་གྱེན་དུ་འགྲེང་བར་འགྱུར་རོ། །སྲིང་མོ་འཕྱེར་བ་འདི་ཅི་ཡིན། ཆོམ་རྐུན་ལྔ་བརྒྱ་དེར་མཆིས་ནས་དད་པས་བདག་ལ་བསྐུལ་ཏོ། །ཁྱོད་ནི་དེ་དག་གི་དད་པའི་ཡུལ་ཡིན་ལ་ཉེར་དགའ་ནི་དེ་དག་གིས་མཐོང་ན་བཏུང་སྐྱེ་ཁྲུར་ཙ་བར་འགྱུར་རོ། །འདི་ལྟར་རས་ཡུལ་ཆེན་འདི་ལྟ་བུ་ཡོད་ན་གོས་གསར་བ་ལས་སྣམ་སྦྱར་ཉིས་རིམ་བྱས་ཏེ་སེམས་ལས་ཆུང་ངུར་གནས་ཤིང་དགེ་ཕྱོགས་ལ་རྩོན་བྱེད་པར་འགྱུར་རོ༔ ༔འཕགས་པ་འདི་བཞེད་དམ། ལྷའི་གནས་ཀྱི་ལྷག་མ་བཞིན་ནོ། །བདག་གིས་དགེ་འདུན་ལ་བསོད་སྙོམས་ཕུལ་ནས་འོང་གི་བར་བཞུགས་ཤིག་དེ་ནས་འབུལ་ལོ། །ཉེར་དགས་ལྟུང་བཟེད་ནག་པོ་ཅན་གཞན་གྱིས་བསླང་ན་དེར་སྦྱིན་པར་འགྱུར་གྱིས་དོགས་ནས་བདག་གིས་བསོད་སྙོམས་ཀྱི་ཕུད་ལེན་པ་ཁྲིད་འོང་གིས་དེ་བར་སྡོད་སྨྲས། ཕུད་ལེན་མི་ལ་སྨྲས་པ། །སྦྱིན་བདག་དག་ནི་ཁྲུར་གྱིས་ངལ་ཞིང་སྡོད་ལ་ཁྱོད་སྐྱིང་ལས་ཆུང་ངུར་འཁོད་ན་ཚུར་ཤོག་བསོད་སྙོམས་ཀྱི་ཕུད་ལོངས་ཤིག་བསྒོས་པས་དེས་གཞོང་པ་ཐོགས་ཏེ་འོང་བ་ན་ཨུཏྤ་ལས་དེ་ལ་བསོད་སྙོམས་ཀྱི་ཕུད་ཕུལ་ཉེར་དགའ་ལ་རས་ཡུག་ཆེན་ཕུལ་ལོ། །ཉེར་དགས་ཁྱོད་ཀྱི་སྦྱིན་པ་འདིས་སེམས་ཀྱི་རྒྱུན་དང་སེམས་ཀྱི་ཡོ་བྱད་དང་རྣལ་འབྱོར་གྱི་ཚོགས་དང་དོན་གྱི་མཆོག་དང་ལྷ་དང་མི་རྣམས་ཀྱི་གོས་དག་ཐོབ་པར་གྱུར་ཅིག །

དེ་ནས་ཨུཏྤ་ལའི་མདོག་སྟོན་པའི་དྲུང་དུ་ཕྱག་འཚལ་ཏེ་མཐའ་ཞིག་ཏུ་འདུག་གོ། །དེའི་ཚེས་གོས་སྙིང་བ་དང་ངན་པར་གཟིགས་ཏེ། སྟོན་པས་ཀུན་དགའ་བོ་ལ་དགེ་སློང་མ་རྣམས་གོས་ཀྱི་སྙེད་པ་མ་གྲུབ་བམ།སྙེད་མོད་ཀྱང་འདི་ནི་སྦྱིན་གཏོང་ལ་དགའ་བ་དད་པས་གང་སྙེད་དཀོན་མཆོག་གསུམ་དང་དགེ་སློང་ལ་ཕུལ་ནས་མ་བཏང་བ་ཅི་ཡང་མ་མཆིས་སོ། །ད་ལྟ་ཡང་རས་ཡུག་ཆེན་སྙེད་ནས་ཉེར་དགའ་ལ་བྱིན་ནོ། །དགེ་སློང་དག་དགེ་སློང་མ་ཉེ་མིན་ལས་གོས་ལྷག་པོ་ལེན་ནམ། ལེན་ནོ༔ ༔དགེ་སློང་དག་དགེ་སློང་མ་ཉེ་མིན་དེ་ལ་ནི། ཆོས་གོས་ལྔ་ཚང་མ་ཚང་མི་སེམས་པར་ཐོབ་ཚད་མི་ལེན་གྱི། ཉེ་དུ་ལས་བྱིན་ཡང་མི་ལེན་པ་མི་རིགས་སོ། །དགེ་འདུན་གྱི་གཙུག་ལག་ཁང་

ནས་ཨུཏྤ་ལར་ཆོས་གོས་ལྔ་བྱིན་ཅིག་གསུངས་པས། དེས་བྱིན་ནོ། །སྔར་བཞིན་སྟོན་པས་དགེ་སློང་གང་དག་དགེ་སློང་མ་ཉེ་མིན་ལས་གོས་ལེན་ན་སྤང་ལྟུང་ངོ་ཞེས་བཅས་སོ། །གཉིས་པ་ལ་གཞི་བསམ་པ། སྦྱོར་བ། མཐར་ཐུག་གི་ཡན་ལག་བཞི་ལས། དང་པོ་ལ་གསུམ་སྟེ། གང་ལས་བླངས་པའི་ཡུལ་ནི། དགེ་སློང་མ་ཆོས་བརྒྱད་ལྡན་གྱི་སྟེང་དུ་དད་པ་དང་སེམས་ཡངས་ཆེ་བ་མ་ཡིན་པ་སྟེ་དགུ་ལྡན་ནོ། །གང་ལེན་པའི་དངོས་པོ་ནི། གོས་ཡིན་པ། རུང་བ་ཚད་དང་ལྡན་པ། དགེ་སློང་མ་དེ་ཉིད་ཀྱི་ཡིན་པ། དེ་དང་འབྲེལ་བར་གནས་པ་སྟེ་ཆོས་ལྔ་ལྡན་ནོ། །

གང་གིས་ལེན་པའི་རྟེན་ནི། དགེ་སློང་མས་དགེ་འདུན་ལ་འབུལ་ན་རང་ཉིད་དེའི་ཁོངས་སུ་གཏོགས་པས་ལེན་པ་མ་ཡིན་པ་དང་། དགེ་སློང་མ་ལ་ཆོས་སྨྲས་པ་དང་བསྙེན་པར་རྫོགས་པར་བྱེད་པ་མ་ཡིན་པ་དང་། གང་སློང་བའི་གོས་དེས་ཕོངས་པ་མ་ཡིན་པ་དང་། དགེ་སློང་མ་དེ་དང་ནོར་མི་གཅིག་པ། ཉོ་ཚོང་སོགས་ཀྱི་ཆེད་མ་ཡིན་པའོ། །བསམ་པ་ལ་གཉིས། འདུ་ཤེས་མ་འཁྲུལ་བའོ། །ཀུན་སློང་ནི་རང་དགར་རང་ཉིད་ཀྱི་དོན་དུ་ལེན་འདོད་རྒྱུན་མ་ཆད་པའོ། །སྦྱོར་བ་དངོས་མཚན་ཉིད་ལྔ་ལྡན་གྱིས་ལེན་པར་ཞུགས་པ། མཐར་ཐུག་དེའི་རྐྱེན་གྱིས་ཐོབ་བློ་སྐྱེས་པའོ། །གོས་དང་ཟས་ལས་གཞན་པའི་རྫས་དགེ་སློང་མ་ཉེ་མིན་ལས་རང་དགར་ལེན་པ། གོས་མི་རུང་བ་ཚད་ལས་ཆུང་བ༑ དགེ་སློང་མ་ཉིད་ལ་མི་དབང་བ། དགེ་སློང་མ་ཉེ་བར་མ་གྱུར་པའི་གོས་ལེན་པ་དང་། སྤྲིང་ཡིག་ལ་སོགས་པས་ལེན་པ་རྣམས་ལ་ཉེས་བྱས་སོ། །དྲུག་པ་ཆོས་གོས་ཡོད་བཞིན་དགེ་སློང་གིས་ཉེ༷་དུ༷་མི༷ན་པའི་ཁྱི༷མ་པ༷་ལ་གོ༷ས་རྒྱུ༷་སློ༷ང་བ༷འི་སྤང་ལྟུང་ལ་གླེང་གཞི་དང༷་། ལྟུང་བའོ། །དང་པོ་ནི། སྟོན་པ་མཉན་ཡོད་ན་བཞུགས་པའི་ཚེ་ཁྱིམ་བདག་གཅིག་གིས་ཆུང་མ་ལ་ཁོ་བོ་ཟོང་ཐོགས་ནས་ཡུལ་གཞན་དུ་འགྲོ་བར་སྨྲས་ནས་ཟས་ཙམ་ཆུང་མར་བྱིན་ནས་ནོར་རྣམས་ཐོགས་ཏེ་ཕྱིན་པས་ཆུང་མས་ཁྱིམ་གྱི་ཆེད་དུ་ཁྱིམ་བདག་གིས་ངལ་བ་ཆེན་པོས་ནོར་སྒྲུབ་པར་བྱེད་ཀྱི། བདག་གིས་ལས་མེད་པར་སྡོད་པ་མི་རིགས་སོ་སྙམ་ནས་རས་བལ་ཉོས་ཏེ་དོག་པ་བཀལ་ནས་ཐག་པ་མཁས་པ་ལ་རས་བཟང་པོ་འཐག་ཏུ་བཅུག་ནས་རས་དེ་སྤོས་ཀྱི་དྲིས་བགོས་ཏེ་ཟ་མ་ཏོག་ཏུ་བཅུག་གོ། །ཁྱིམ་བདག་དེས་ཀྱང་དོན་གྲུབ་ནས་འོང་བ་ན་ཁྱིམ་བདག་ལ་ཁྲུས་བྱས་ཏེ་རས་ཟུང་ཕུལ་ལོ། །

འདི་གང་ནས་རྙེད་སྨྲས་པར། དེའི་ཚུལ་སྨྲས་པས་དེ་དགའ་བར་གྱུར། འདི་བདག་གིས་དཀའ་བས་བསྒྲུབས་པས་སུ་ལའང་མ་སྟེར་ཅིག་བྱས། ཁྱིམ་བདག་དད་པ་ཅན་ཡིན་པས་སྟོན་པར་ཕྱག་འཚལ་དུ་འགྲོ་བ་སློབ་བས་མཐོང་ནས་འདིས་རས་ཟུང་འདི་ལྷ་བུ་གྱོན་པས་རྙེད་པ་མང་པོ་གྲུབ་སྙམ། ཉེར་དགའ་རྒྱལ་བྱེད་ཚལ་གྱི་སྒོར་འདུག་པས་མཐོང་ནས་འདི་བདག་གིས་མ་འཕྲོག་ན་ཉེར་དགའི་མིང་མི་བཟུང་ངོ་སྙམ་ནས་ཁྱིམ་བདག་འོང་བ་ལེགས་སོ་ཁྱོད་ཡུན་རིང་མོ་ནས་ཟླ་བ་བཞིན་དུ་གང་ལས་བརྒྱུད་ནས་འཁོར་ཞིང་ཐོན། བདག་ནི་ཐོང་ཐོགས་ཏེ་ཡུལ་གཞན་དུ་མཆིས་སོ། །རྙེད་པ་མང་པོ་གྲུབ་བམ། ཅུང་ཟད་ཙམ་མོ། །ཚུར་ཤོག་ཆོས་བསྟན་པར་བྱའོ། །དྲུག་སྡེ་ནི་ཆོས་སྨྲ་བ་ལ་མཁས་པས་ཚུལ་ཁྲིམས་ཀྱི་གཏམ་སྨྲས་ན་བདག་ཅག་ལྷ་རྣམས་སུ་སྐྱེའོ་སྙམ་པ་དང་སྦྱིན་པའི་གཏམ་སྨྲས་ན་རང་ཤ་ཡང་བཅད་དེ་སྦྱིན་སྙམ་པ་དང་། ངན་སོང་གི་གཏམ་སྨྲས་ན་བདག་ངན་སོང་དུ་སྐྱེའོ་སྙམ་དུ་སེམས་པར་འགྱུར་བ་ཡིན་པས་དེ་ལ་ཆོས་བསྟན་ནས་དད་པར་བྱས་ཏེ་ན་བཟའ་ཕྲུག་གཅིག་ཕུལ། ཨ་རོགས་གྱ་སྦྱིན་པ་དམ་པ་སོགས་བརྗོད། ཡང་རས་ཟུང་བཟང་པོ་གྱོན་པ་འདི་ཉིད་ཁོ་བོ་ལ་བྱིན་ཅིག་ཁོ་བོས་འདི་ལས་སྣམ་སྦྱར་ཉིས་རིམ་བྱས་ཏེ་སེམས་ལས་ཆུང་ངུར་དགེ་ཕྱོགས་ལ་རྟོན་པར་བྱེད་སྙམ། འཕགས་པ་བཞེད་དམ། ལྷའི་གནས་ཀྱི་ལྷག་མ་བཞིན་དུའོ། །བདག་གིས་ཁྱོད་ལ་མི་འབུལ་བ་མིན་གྱི་མཆིས་བྲང་གིས་བདག་ལ་བསྐུལ་བ་ཡིན་ནོ་སྨྲས། ཁོ་བོས་ཁྱོད་གཞན་ལ་དད་པར་བྱས་ན་ཁྱོད་བུད་མེད་ཁོ་ནས་དབང་དུ་བྱས་པ་ཡིན་ནམ་ཞེས་ཉེར་དགས་དེའི་གོས་ཕྲུལ་བ་དེ་བླངས་ནས་ལག་གཉིས་འདྲིལ་བཞིན་བསྐུར་རོ། །འཕགས་པ་འདི་ཅིའི་ཕྱིར་ཆོག །ཁྱོད་ལ་བཏང་བའི་བསོད་ནམས་ཡོད་ཀྱང་ལོངས་སྤྱོད་པའི་བསོད་ནམས་མེད་དེ། ནམ་ཞིག་གོས་འདི་འདྲ་རྙེད་ན་དེ་ལས་ཆོས་གོས་བྱེད་པར་འགྱུར་བས་འདི་ཆོས་གོས་ཀྱི་གདང་ཁོ་ནར་ཟད་པར་འགྱུར་རོ། །འཕགས་པ་བདག་སྒྲེན་མོར་མཆིའམ། མུ་སྟེགས་གཅེར་བུ་པ་ངོ་ཚ་ཁྲེལ་མེད་རྣམས་སྒྲེན་མོར་འགྲོ་བ་མི་སྟུག་ན། ཁྱོད་ལྟ་བུ་ངོ་ཚ་ཁྲེལ་ཡོད་ལྡན་པ་སྒྲེན་མོར་འགྲོ་བ་མི་སྡུག་པ་ཅི་ཡོད། ཁྱོད་ལ་དོར་ཐུང་མཆིས་ན་ཁྱིམ་བདག་རྣམས་དོར་ཐུང་གྱོན་ཏེ་ཤིང་ཚལ་ཐོགས་ཏེ་བ་ལང་གི་ཕྱི་བཞིན་འགྲོ་བས་ཁྱོད་དེ་ལྟར་གྱིས་སྨྲས་པས་དེ་ལྟར་སོང་བ་ན། སློབ་བས་མཐོང་ནས་ཁྱོད་ད་ཅི

ཁོ་ནར་ཆེན་པོ་ལ་འོས་པའི་རས་གྱོན་པར་མཐོང་ན་ཆོམ་རྐུན་པས་བཅོམ་མམ་སྙམས། ཁོ་བོ་ཆོམ་རྐུན་པས་མ་བཅོམ་མོད། ཉེར་དགའི་ཁའི་ཆོས་ཀྱིས་བཅོམ་མོ་སྙམས་སོ། །དེའི་ཕྱིར་ཉིན་ཁྱིམ་བདག་མགོན་མེད་ཟས་སྦྱིན་འཁོར་ལྔ་བརྒྱ་བཅས་རྒྱལ་བྱེད་ཚལ་དུ་འགྲོ་བ་སྒྲོ་བས་མཐོང་ནས་ཁྱོད་ཀྱིས་ཆོམ་པོའི་མིར་བག་གྱིས་ཤིག་སྙམས། ཀྱི་ནང་རྗེ་རྒྱལ་བྱེད་ཚལ་དང་མཉན་ཡོད་ཀྱི་བར་ན་ཆོམ་རྐུན་འཁོད་དམ། དེས་སྨྲས་པ་ལམ་མ་ཡིན་གྱི་རྒྱལ་བྱེད་ཚལ་ཉིད་ན་འཁོད་དོ། །ཀྱི་ནང་རྗེ་ཁྱོད་ནི་བལ་ནག་པོ་དང་འདྲ་སྟེ། སྒོ་འདི་ནས་སྟོན་པ་གནས་བརྟན་གཤེགས་པ་དག་གིས་ཀུང་ཁྱེད་དཀར་པོར་བསྒྱུར་བར་མ་མཛད་དོ། །དེས་སྨྲས་པ་སྟོན་པ་གནས་བརྟན་གྱི་ཞབས་རྡུལ་བདག་གིས་མགོས་བླངས་པ་ཡིན་ན། ཁར་སང་ཁྱིམ་བདག་རས་ཟུང་གྱོན་པ་སོང་ནས་ཉེར་དགའི་ཁའི་ཆོས་ཀྱིས་ཕྲོགས་ནས་སློད་བཞིན་ཁྱིམ་དུ་དོར་ཐུང་གིས་ཞུགས་སོ་སྙམས། ཁྱིམ་བདག་རྒྱལ་བྱེད་ཚལ་དུ་ཞུགས་པ་ཉེར་དགས་མཐོང་ནས་ཨ་རོག་ག །ཨ་རོག་མ་ག་ཡང་རུང་ངོ་། །ཁྱིམ་བདག་ཁྱོད་ཁོ་བོ་ལ་སྟོན་ཆད་དུ་བ་འཐུལ་ན་ད་ནི་མི་ཁོ་ནར་འབར་རོ། །ཁོ་བོ་མེ་རུ་མི་འབར་བར་ཇི་ལྟར་རུང་། གཞན་རབ་ཏུ་བྱུང་བ་འདོད་པ་སྤང་བའི་ཕྱིར་ཡིན་ན་ཉེར་དགའ་ནི་འདོད་པ་མངོན་པར་སྤེལ་བའི་ཕྱིར་ཡིན་ནོ། འོ་ན་ཁོ་བོས་ཅི་བྱས། ཁྱོད་ཀྱིས་ཁྱིམ་བདག་རྒྱལ་བྱེད་ཚལ་བལྟར་འོང་བའི་རས་ཟུང་ཕྲོགས་ནས་དེས་སློད་པར་བྱེད་དོ། །ཉེར་དགས་སྨྲས་པ་འཇིག་རྟེན་ན་ལྷ་ནི་སྦྱིན་བྱེད་ལ་ཡི་དྭགས་ནི་ཟློག་བྱེད་དོ་ཟེར་བ་མིན་ནམ། ཅི་ཁྱིམ་བདག་དེས་ཁྱོད་ལ་རིལ་བ་སྤྱིང་གིར་ཐོགས་ཏེའམ་གསེར་གྱི་སྦྱི་བླུགས་ཐོགས་ཏེ་ཕྱུལ་ལམ་མི་བཟོད་ན་བསླབ་པ་འཆར་ཅིག་སྙམས། ཁྱིམ་བདག་གིས་སྟོན་པར་འཕགས་པ་འདི་དག་ཁྱིམ་བདག་ཉེ་མིན་ལ་གོས་སློང་བར་བྱེད་ན་དེ་མི་སློང་བའི་བསླབ་པ་འཆའ་བར་མཛད་རིགས་སོ་ཞུས་པར་ཅང་མི་གསུངས་བར་གནང་ངོ་། །དེ་ནས་སྟོན་པས་སྔར་བཞིན་དགེ་སློང་གང་ཁྱིམ་བདག་གམ་དེའི་ཆུང་མ་ཉེ་དུ་མིན་པ་ལ་གོས་སློང་ན་སྤང་བའི་ལྟུང་བའོ་ཞེས་བཅས་སོ༔ ༔

གཉིས་པ་ལ། གཞི་བསམ་སྦྱོར་བ་མཐར་ཐུག་གི་ཡན་ལག་བཞི་ལས། དང་པོ་ལ། གང་ལས་བསླང་བའི་ཡུལ་ནི། ཁྱིམ་པ་མཚན་ཉིད་དང་ལྡན་པ། ཐ་སྙད་ལྔ་དང་ལྡན་པ། ལུས་ཐ་མལ་དུ

གནས་པ། རང་དང་ནོར་ཐ་དད་པ། ཉེ་དུ་མིན་པ། མ་བསླང་བའི་སྔོན་དུ་ཅི་བདེར་སྟོབས་པ་མིན་པ་སྟེ་ཆོས་དྲུག་ལྡན་ནོ། །འོག་ཏུ་ཡང་འདི་བཞིན་སྦྱར་བར་བྱའོ། །གང་བསླང་བའི་དངོས་པོ་ནི། གོས་ཡིན་པ་རུང་བ་ཚད་དང་ལྡན་པ། ཁྱིམ་པ་དེ་ཉིད་ཀྱི་ཡིན་པ་དང་བཞིའོ། །གང་གིས་སློང་བའི་རྟེན་ནི། སྲ་བརྒྱུད་མ་བཏིང་བ། གོས་དེ་རང་ལ་བསྒོས་པར་ཤེས་པ་མ་ཡིན་པ་གང་བསླང་བའི་གོས་དེས་ཡོངས་པ་མ་ཡིན་པའོ། །བསམ་པ་ལ་གཉིས་ལས། འདུ་ཤེས་མ་འཁྲུལ་བ། ཀུན་སློང་རང་དགར་རང་ཉིད་ཀྱི་དོན་དུ་གོས་སློང་འདོད་རྒྱུན་མ་ཆད་པའོ། །སྦྱོར་བ་བསམ་པའི་དོན་ལ་ངག་མཚན་ཉིད་ལྔ་ལྡན་གྱིས་སློང་བར་རྩོམ་པ། མཐར་ཐུག་རིན་ཐང་དང་ཁ་དོག་ཁྲུ་ཚད་ལས་གང་སློང་བར་བསམ་པ་དེ་ཐྲུབ་ཅིང་ཐོབ་བློ་སྐྱེས་པ། ཉེ་མིན་གྱི་རབ་ཏུ་བྱུང་བ་དང་དུད་འགྲོ་ལས་གཞན་པའི་མི་མ་ཡིན་ལ་བསླངས་པ་དང་། གོས་མི་རུང་བ་དང་། ཚད་ལས་ཆུང་བ། རྒྱུ་སྤུན་གྱི་དོག་པ་བལ་དང་། རང་ཆོས་ལྡན་གྱི་རྐྱེན་གྱིས་ཡོ་བྱད་ངེས་ཡོངས་པ་མ་ཡིན་བཞིན་དུ་དགོས་མེད་ཀྱི་གོས་དང་། ལྟུང་བཟེད། ཟས་བསོད་པ་ལས་གཞན་པའི་ཡོར་བུ་ལ་སོགས་པའི་སྣོད་སྤྱད་དང་། གནས་ཁང་དང་འབྲུ་དང་བཟའ་བཏུང་སོགས་ཐ་ན་དངོས་པོ་རྩྭ་ཙམ་སློང་བར་བྱེད་ན་ཡང་ཉེས་བྱས་སོ། །

དེ་ལྟར་ཁྱིམ་པ་ཡན་ལག་ཏུ་དགོས་པའི་ལྟུང་བ་ནི། ཁྱིམ་སུན་འབྱིན་དང་སློང་བ་དང་། །སློང་བར་རིགས་པ་སྤྱགས་པར་སློང་། །སོ་སོར་སྤྱགས་དང་བསྐུར་བ་དང་། །མངོན་མཚན་ཉེ་ཚོང་ལྟུང་བཟེད་འཚོལ། །བཏད་བྱུང་བསྒོ་བསྐུར་ཆོས་སྟོན་དང་། །སྦྱོར་དུ་བཙུག་དང་ཡང་ཡང་དང་། །འདུག་གནས་ཟ་དང་བསོད་པ་སློངས། །ལྟུང་བཟེད་དོ་གསུམ་ལས་ལྷག་དང་། །ཉལ་གཞོམ་ཁྱིམ་ན་འདུག་འགྲེང་དང་། །དམག་ལས་གྱུར་པའི་ལྟུང་བ་གསུམ། །ཟན་གཅོད་བུད་མེད་ལྷན་ཅིག་འགྲོ། །རྐུན་པོ་དང་འགྲོ་གྲོང་རྒྱུ་དང་། །མགྲོན་དུ་གཉེར་ལས་རིང་འདུག་དང་། །མ་སྨྲས་དུས་མིན་གྲོང་འགྲོ་དང་། །རྒྱལ་པོའི་ཕོ་བྲང་འགྲོ་བ་དང་། །སོ་སོར་བཤགས་པ་རྣམ་བཞི་སྟེ། །དེ་ལྟར་སུམ་ཅུ་རྩ་དྲུག་གོ། །བདུན་པ་ཆོས་གོས་མེད་པའི་དགེ་སློང་གིས་ཉེ་མིན་ཁྱིམ་པ་ལས་གོས་བསླང་བས་གོས་མང་པོ་སྟེར་ན༷་སྟོད༷་གཡོ༷གས་དང་སྨད་གཡོ༷གས་ཙམ་ལེན་རུང་གི་དེ་ལས་ལྷག༷་པོར༷་ལེན༷་པའི་སྤང་ལྟུང་ལ་གླེང་གཞི་དང་། ལྟུང་བའོ། །དང་པོ་ནི། སྟོན་པ་མཉན་ཡོད་ན་བཞུགས་པའི་ཚེ་གྲོང་ཁྱེར་

ཕྲེང་བ་ཅན་པའི་དགེ་སློང་བཞི་བཅུ་དོན་མཐུན་དང་ལྡན་ཅིག་ལྷོངས་ཀྱུ་བར་སོང་པ་ན་ཆོམ་རྐུན་པས་བཅོམ་ནས་འདི་སྐམ་དུ་སྟོན་པས་ཁྱིམ་པ་ཉེ་དུ་མིན་པ་ལ་གོས་སློང་ན་སྤྱང་ལྟུང་དུ་བཅས་པས་འདི་ན་བདག་ཅག་ལ་ཉེ་དུ་མེད་ཀྱི། མཉན་ཡོད་དུ་སོང་ན་དགེ་སློང་གིས་སྟེར་རོ་སྐམ་ནས་ཉིན་མོ་ཚང་ཚིང་དུ་ཞུགས། མཚན་མོ་མུན་པས་ཁེབ་པ་ན། རྒྱལ་བྱེད་ཚལ་དུ་སོང་བ་ན། ནམ་གྱི་ཆ་སྟོད་སྨད་ལ་མི་ཉལ་བར་རྣལ་འབྱོར་ལ་བརྩོན་པ་དག་གིས་དེ་དག་མཐོང་ནས་གཅེར་བུ་པ་དག་འདི་ཁྱོད་ཀྱི་འདུག་གནས་མ་ཡིན་ན་གང་ནས་འོང་། བདག་ཅག་གཅེར་བུ་པ་མིན་གྱི་དགེ་སློང་ངོ་། ། འདི་ལྟ་བུའི་དགེ་སློང་ཡོད་དམ། ཆོམ་རྐུན་པས་བཅོམ་པ་ན་ཡོད་དོ། །འོ་ན་ཁྱེད་ཅག་གི་མིང་ཅི། གྲོང་ཁྱེར་ཕྲེང་བ་ཅན་གྱི་དགེ་སློང་བཞི་བཅུའོ། །འོང་བ་ལེགས་ཞེས་ལ་ལས་སྨྲམ་སྨྲ། ལ་ལས་མཐང་གོས་ལ་ལས་རྫུལ་གཟན་བྱིན་པའི་སྐབས་དེ་གསོལ་བས། བསླབ་པ་ལ་གུས་པའི་བསྔགས་པ་བརྗོད་ནས་སྟ་མ་བཅས་པ་ལ་འདི་ནི་གནང་བ་སྟེ།ཡང་དགེ་སློང་གང་ཁྱིམ་བདག་གམ་དེའི་ཆུང་མ་ཉེ་མིན་ལས་གོས་སློང་ན་དུས་མ་གཏོགས་ཏེ་སྤྱང་ལྟུང་ངོ་། །དུས་ནི་འཕྲོག་བརླག་ཚིག་རླུང་གིས་ཁྱེར་ཆུས་ཁྱེར་ན་དེ་ནི་དུས་ཡིན་ནོ། །སྟོན་པ་མཉན་ཡོད་ན་བཞུགས་དུས་ཉེར་དགས་བསམ་པ་མགོན་མེད་ཟས་སྦྱིན་ལ་བརྟེན་ནས་བསླབ་པ་བསྟམས་ཏེ་རྙེད་པའི་སྐབས་མེད་པར་བྱས་ཀྱང་། ད་ལྟ་ཕྲེང་བ་ཅན་གྱི་དགེ་སློང་འདི་རྣམས་ལ་བརྟེན་ནས་བསླབ་གཞི་བག་ཡངས་སུ་མཛད་པས་དེ་དག་སྟོན་དུ་བཏང་སྟེ་རྙེད་པ་སྒྲུབ་པོ་སྐམ་ནས་དེ་དག་གི་གན་དུ་སོང་བ་ན། དེ་དག་གིས་རྙ་རྙིང་ཆོམ་པར་མཐོང་ངོ། སྨྲས་པ། ངས་ཐོས་པ་གཞན་ཐོས་ལ་འཐོང་བ་གཞན་མཐོང་སྟེ་ཁྱེད་ཅག་བསམ་གཏན་གྱི་བདེ་བ་མྱོང་བར་སེམས་པ་ལས་རྙ་རྙིང་ཆོམ་ནས་འབོད་པར་མ་སེམས་སོ་སྨྲས། བདག་ཅག་ཆོམ་པོས་བཅོམ་མོ། །

འོ་དེ་ལྟ་ན་མ་ལེགས་ཀྱི་ཆོམ་པོ་རྣམས་ཕྱི་མར་སྦྲིན་མོ་ཁོ་ནར་སྐྱེ་ཞིང་སྦྲིན་མོ་ཁོ་ནར་འཆི་བར་འགྱུར་བས་མྱ་ངན་བྱེད་དོ་ཁྱེད་ཅག་ཅིའི་ཕྱིར་མི་སློང་། དཀོན་མཆོག་གསུམ་སྤྱང་སྟེ་ཁོ་བོ་ཅག་ལ་སྲུས་སྟེར། ཁྱེད་ཅག་མདོ་སྡེ་ཤེས་པར་བསྟགས་ན་སུ་ལ་སློང་ཙམ་ཡང་མི་ཤེས་སམ་ཤེས་པ་གཞན་ཅིའི་ཕྱིར་མི་འཚོལ། གཞན་སུ་ཞིག་དགེ་བའི་ཕྱོགས་བཏང་སྟེང་ཁོ་བོ་ཅག་གི་དོན་དུ་སློང་

བར་བྱེད་དམ། ཁོ་བོ་ལ་ཐབས་ཡོད། ཁྱེད་ཅག་ལ་མི་གནོད་ན་ཁོ་བོ་ཅག་ཀྱང་གཞོན་ནུ་དག་གི་དོན་དུ་རས་ཡུག་ཕྲན་དང་ཡུག་ཆེན་སློང་ངོ་། །ཁོ་བོ་ཅག་ལ་ཁྱེད་རྣམས་རེ་རེས་ཆོས་གོས་གསུམ་གསུམ་སློང་ཡང་བདག་ཅག་ལ་ཅི་ལྟོ་ཁྱོད་རང་ལ་རག་ལས་སོ། །འོན་ཀྱང་ཁོ་བོ་བསོད་སྙོམས་ལ་རྒྱུ་བ་གོས་སློང་བ་གཉིས་ཀ་མི་ནུས་པས། ཁྱི་རོལ་དུ་ཟས་ལ་བོས་པའི་ཚེ་གོས་བསླང་བར་བྱའོ་ཞེས་སྨྲས། ཉེར་དགས་བསམ་པར། དང་པོ་དབྱུལ་པོ། །དེ་ནས་ཕྱུག་པོ། དེ་ནས་རྒྱལ་པོ་གསལ་རྒྱལ་གྱི་ཁྱིམ་དུ་འགྲོ་སྙམ་ནས་ཡོད་ཚེ་ཁོས་སང་སྔོན་པ་ཉན་ཐོས་བཅས་ཁྱིམ་བདག་གིས་གདུག་ཚོད་ལ་བྲངས་པ་ཡིན་པར་ཉེར་དགས་ཐོས་ཏེ་གཞོན་ནུ་ཞིག་ཕྲེང་ཅན་གྱི་དགེ་སློང་བཞི་བཅུ་འབོད་དུ་བཏང་བ་ན་དེ་དག་བསམ་གཏན་ལ་སྙོམས་པར་ཞུགས་ནས་བསླང་མ་ནུས་སོ། །བསྒྲིན་པ་དག་བརྩོན་པ་འདིས་ཟག་པ་ཟད་པ་མངོན་དུ་བྱེད་དམ། ཉེར་དགའ་ང་རང་འགྲོའོ་ཞེས་སོང་སྟེ་དཔོང་སའི་ཁང་པར་སྒོ་གླེགས་རྡེང་པས་བརྡུང་བས་ཁང་པ་ཐམས་ཅད་འགུལ་ཏེ་ཏིང་ངེ་འཛིན་ལས་ལྡང་བ་ན་ཁྱེད་ཅག་ཆོས་གོས་གསུམ་བསླང་དགོས་ན་སེམས་ལས་ཆུང་ངུས་འཁོད་དམ་ཚུར་ཤོག་འདོང་ངོ་སོ་ཤིང་ལམ་གར་དོར་ཅིག་མྱུར་བར་འགྲོ་སྨྲས། དེ་དག་འགྲོ་བ་ན་ཉེར་དགས་ཁོ་བོ་དྲུག་སྡེ་ནི་བྱ་རོག་དཀར་པོ་དང་འདྲ་བས་རྒྱན་རིམ་དུ་བསྒྲིགས་ཏེ་མི་འཁོད་པར་བར་བར་དུ་འཁོད་སྨྲས་ཏེ། དང་པོ་དབྱུལ་པོའི་གྲོང་དུ་སོང་སྟེ་དངར་ཁའམ་འཁྲིང་བཞིན་སྡོད་པ་ན། དེ་དག་གིས་མཐོང་སྟེ་ཉམ་ང་ནས་སྨྲས་པ་ཉེས་པ་འགའ་མ་བྱུང་ངམ། བྱུང་ངོ་། །ཅི་ནོངས། ཁྱེད་ཀྱིས་ཕྲེང་བ་ཅན་གྱི་དགེ་སློང་བཞི་བཅུ་སྟོན་པས་མདོ་སྡེ་འཛིན་པར་བསྟགས་པ་དེ་དག་ཐོས་སམ། ཐོས་སོ། །དེ་དག་ཆོས་ཀུན་པས་བཅོམ་མོ། །ད་ལྟ་ཉིད་དུ་ཆོས་ཀུན་འཛིན་པར་འདོད་དོ། །བཅོམ་ནས་ཡུན་རིང་ལོན་ནོ་སྨྲས། འོ་ན་ཅི་བགྱི། གོས་དག་བྱིན་ཅིག །དེ་དག་གིས་གོས་གསར་རྙིང་དག་བྱིན། གོས་དེ་དག་ཁུར་བར་དོགས་ཏེ་གཞོན་ནུ་ལ་གཏད་དེ་སོང་ལ་བཙུག་ལག་ཁང་དུ་སྐྱོལ་ཅིག དེ་ནས་ཕྱུག་པོའི་ཁྲང་དུ་སོང་ནས་རས་ཡུག་ཆེན་དང་། རྒྱལ་པོ་གསལ་རྒྱལ་གྱིས་རེ་རེ་ལ་ཡོ་བྱད་བཅུ་གསུམ་བཅུ་གསུམ་བྱིན། དགེ་སློང་བཞི་བཅུས་ད་ཚོག་གི་ཐོང་ཞིག །དྲུག་སྡེ་ན་རེ། ཏ་ཅིང་བྲེལ་བ་མ་རིངས། ཁྱེད་ཅག་ལ་དང་པོ་ནས་ཁྱེད་ལ་མི་གནོད་ན་ཁོ་བོ་ཅག་ཀྱང་གཞོན་ནུ་དག་གི་དོན་དུ་རས་ཡུག

ཕྲན་དང་ཡུག་ཆེན་དག་བསླང་ངོ་ཞེས་མ་སྨྲས་སམ། དེ་དག་དབང་ཆེ་བས་བཞི་བཙུས་ཅང་མི་སྨྲའོ། །

དེ་ནས་བཙུན་མོ་ཕྲེང་ལྡན་མ། དབྱར་ཚུལ། མགོན་མེད་ཟས་སྦྱིན་སོགས་ཀྱི་ཁྱིམ་ནས་ཀྱང་རེ་རེ་ལ་ཡོ་བྱད་བཅུ་གསུམ་བཅུ་གསུམ་བྱིན། དྲུག་སྡེ་ན་རེ། དགེ་སློང་བརྒྱ་གྲལ་དུ་མ་འཁོད་ན་གྲལ་སྟོང་པར་འགྱུར་གྱིས་སོང་ལ་གྲལ་དུ་འཁོད་ཅིག་སྨྲས་པ་ན། མ་ཉེས་ཏེ་བདག་ཅག་བསོད་སྙོམས་བསླངས་ཏེ་འོང་ངོ་སྨྲས། དྲུག་སྡེ་གཙུག་ལག་ཁང་དུ་སོང་ནས་རྣ་རྙིང་བཞི་བཅུ་ཕུང་པོར་བྱས་ཏེ་བཞག་གོ། །བཞི་བཅུ་པོས་ཟས་ཀྱི་བྱ་བ་བྱས་ནས་འོང་བ་ན། དེ་རྣམས་ལ་དྲུག་སྡེས་པོས་ནས་དེང་རྣམས་ཁྱེད་ཅག་གི་གོས་དག་སྲུང་བ་པོ་ཡིན་ནམ། རང་རང་གི་གོས་དག་ལོངས་ཞེས་རྣ་རྙིང་རྣམས་གཏད་པས་བཞི་བཅུ་པོས་ཕན་ཚུན་གདོང་དུ་བལྟས་པ་ན། ཅི་བལྟ་ཐམས་ཅད་རྣ་རྙིང་ཤ་དག་གོ། །འདི་དག་གིས་མདུད་པ་པོར་དང་སྐམ་སྦྱར་ཡིན། འདི་དག་དྲུབ་དང་བླ་གོས་མཐང་གོས་ཡིན། གལ་ཏེ་ཁྱེད་རྣམས་མ་དགའ་ན་འདོང་དང་ཡང་བསླང་ངོ་། །ཀྱེ་མ་འདི་དག་མ་བསླང་ན་རུང་ངོ་དེ་དག་གིས་རྣ་རྙིང་རྣམས་ཁྱེར་ཏེ་དགོན་པར་སོང་ནས་བཅེམ་ཞིང་འཁོད་དོ། །དེའི་ཚེ་ཕྲེང་བ་ཅན་གྱི་དགེ་སློང་བཞི་བཅུ་པོ་རེ་རེས་ཡོ་བྱད་བཅུ་གསུམ་བདུན་བདུན་རྙེད་དོ་ཞེས་གྲགས་སོ།། །།དགེ་སློང་རྣམས་ཀྱིས་དེ་དག་གི་གནས་ཚུལ་མཐོང་ནས་ཁྱེད་གྲགས་པ་ལྟར་མིན་པར་རྣ་རྙིང་ཚེམ་པར་འཁོད་དོ་ཟེར་བའི་སྐབས་གསོལ་བས། སྟོན་པས་དགེ་སློང་དག་ཁྱེད་ལེན་པའི་དྲོད་མི་ཤེས་པའམ་ཚོད་མི་ཟིན་པ་བདེན་ནམ། བཙུན་པ་མད་ལགས། མི་བརྟེན་མི་སྦྱོར་མ་བརྟགས་པར་སྤྱོད་པ་ལ་སྨད་པ་དང་། བརྟེན་སྦྱོར་བརྟགས་ཏེ་སྤྱོད་པ་ལ་བསྔགས་ཏེ་སྔར་ལྟར་དགེ་འདུན་བསྡུས་ཏེ་དགེ་སློང་ལ་དུས་ལྟའི་སྐབས་སུ་ཁྱིམ་པ་ཉེ་མིན་ལས་གོས་བསླང་རིགས་ཀྱང་། གལ་ཏེ་བྲམ་ཟེ་དང་ཁྱིམ་པ་དད་པ་ཅན་གྱི་དུས་ཀྱི་གོས་མང་པོ་སྟོབས་པར་འདོད་ན་སྟོད་གཡོགས་སྨད་གཡོག་ཚད་ཀྱི་མཐའ་ཚད་བླང་བར་བྱའོ། །དེ་ལས་ལྷག་པར་ལེན་ན་སྤང་ལྟུང་ངོ་། །ཞེས་བཅས་སོ། །

གཉིས་པ་ལ། གཞི་བསམ་པ་སྦྱོར་བ་མཐར་ཐུག་གི་ཡན་ལག་བཞི་ལས། དང་པོ་ལ་གསུམ། གང་ལ་བསླང་བའི་ཡུལ་ནི་ཁྱིམ་པ་ཆོས་དྲུག་ལྡན་ནོ། །གང་བསླང་བའི་དངོས་པོ་ནི་གོས་ཡིན་པ་རུང་བ་ཁྱིམ་པ་དེ་ཉིད་ཀྱི་ཡིན་པ་ཟུང་གཅིག་ལས་ཁྲུ་གང་ཡན་ཆད་ཀྱིས་ལྷག་པའོ། །རྟེན་ནི་སྲ་

བརྒྱུང་མ་བཏིང་བ། རང་ལ་དགོས་པའི་འཚོ་བའི་ཡོ་བྱད་ཀྱི་གོས་གསུམ་ཡན་ཆད་མ་ཚང་བའོ། ། བསམ་པ་ལ་གཉིས་ལས། འདུ་ཤེས་མ་འཁྲུལ་བའོ། །ཀུན་སློང་ནི། རང་དགར་རང་གི་དོན་དུ་ཁྲིམ་པ་གཅིག་ལ་གོས་ཟུང་གཅིག་ལས་ལྷག་པར་སློང་བར་འདོད་པའམ་ཟུང་གཅིག་ལས་ལྷག་པར་ཐོབ་པ་ན་ལྷག་པའི་ཆ་མི་སྟེར་བར་འདོད་པའི་བསམ་པ་རྒྱུན་མ་ཆད་པའོ། །སྦྱོར་བ་ངག་མཚན་ཉིད་ལྡ་ལྡན་གྱིས་ལྷག་པར་སློང་བར་རྩོམ་པའམ་ཟུང་གཅིག་ལས་ལྷག་པ་ཐོབ་པའི་ཆ་དེ་མི་སྦྱིན་པར་རྩོམ་པ། མཐར་ཐུག་ཟུང་གཅིག་ལས་ལྷག་པ་ལ་ཐོབ་བློ་སྐྱེས་པའམ་ལྷག་པའི་ཆ་དེ་མི་སྦྱིན་པར་ཐག་བཅད་པའོ། །

དེ་ལྟར་ཟུང་ལས་ལྷག་པ་མི་སྦྱིན་པའི་ལྟུང་བ་བསྐྱེད་ཚུལ་ལ་ཁྲིམ་པའི་གོས་ཟུང་ལས་ལྷག་པ་ཐོབ་ཀྱང་སྦྱིན་མི་དགོས་པར་གསུངས་པ་ནི། ཁྲིམ་པའི་སྨད་གཡོགས་ཐ་ཚད་བསླངས་པ་ལའང་སྨད་གཡོགས་ཐ་ཚད་ཀྱི་མ་མཐའ་འཁོར་གསུམ་ཁེབ་པ་ནས་ཆེ་ཚད་སྲིད་དུ་ཁྲུ་བདུན་དང་ཞེང་དུ་ཁྲུ་དོ་མ་ལོངས་པ་ཕྱིན་ཆད་ཐོབ་པ་དང་། སྟོད་གཡོགས་ཐ་ཚད་བསླངས་པ་ལས་ཐ་ཚད་ཀྱི་མ་མཐའ་ཞེང་དུ་ཁྲུ་ཕྱེད་དང་གསུམ་པ་དང་ཕྱེད་དང་ལྔ་པ་ལས་ལྷག་པ་ནས་ཆེ་ཚད་སྲིད་དུ་ཁྲུ་བཅུ་གཉིས་པ་དང་ཞེང་དུ་ཁྲུ་གསུམ་དུ་མ་ལོངས་པའི་བར་གང་ཡང་རུང་བ་ཐོབ་པ་རྣམས་ལ་ཐ་ཚད་ཀྱི་མ་མཐའ་ལས་ལྷག་པའི་ཆ་སྦྱིན་མི་དགོས་ཏེ་གོས་རིགས་མ་འཕོས་པའི་ཕྱིར་རོ། །རིགས་མ་འཕོས་ཚུལ་ཡང་ཁྲིམ་པའི་སྟོད་གཡོགས་སྨད་གཡོགས་ལ་འབྲིང་ཚད་མེད་པས་སྨད་གཡོགས་འཁོར་གསུམ་ཁེབ་པ་དང་། སྟོད་གཡོགས་ཁྲུ་ཕྱེད་དང་གསུམ་དང་ཕྱེད་དང་ལྔ་པ་ནས་སྟོད་གཡོགས་སྨད་གཡོགས་ཆེ་ཚད་དུ་མ་ལོངས་པའི་བར་ཐམས་ཅད་སྟོད་གཡོགས་སྨད་གཡོགས་ཐ་ཚད་དུ་གནས་པ་ཡིན་པའི་ཕྱིར་རོ། །མ་མཐའ་ཞེས་པ་ནི་སྨད་གཡོགས་འཁོར་གསུམ་ཁེབ་པ་ཙམ་དང་། སྟོད་གཡོགས་ཁྲུ་ཕྱེད་དང་གསུམ་དང་ཕྱེད་དང་ལྔ་ཙམ་གྱི་ཚད་ནི་རིམ་པར་སྨད་གཡོགས་སྟོད་གཡོགས་ཀྱི་ཆུང་ཚད་ཀྱི་མ་མཐའ་ཡིན་པས་དེ་ལ་མ་མཐའ་ཞེས་བྱའོ། །ཁྲིམ་པའི་ཐ་ཚད་བསླངས་པ་ལས་རབ་ཚད་དུ་ལོངས་པ་ཐོབ་ན་ཐ་ཚད་ལས་ལྷག་པའི་ཆ་སྦྱིན་དགོས་པ་ཡིན་ཏེ། ཐ་ཚད་ལས་རབ་ཚད་དུ་རིགས་འཕོས་པ་ཡིན་པའི་ཕྱིར་རོ། །དགེ་སློང་གི་སྟོད་གཡོགས་སྨད་གཡོགས་ཀྱི་ཚད་ལས་ལྷག་པ་ཐོབ

ན་ལྷག་པའི་ཆ་སྦྱིན་དགོས་པར་གསུངས་པ་ནི་རབ་བྱུང་གི་ཐ་ཚད་དང་རབ་ཚད་ལ་ཡ་མཐའ་མ་མཐའ་སོགས་དུ་མ་ཡོད་པས། ཐ་ཚད་ཙམ་ལས་ལྷག་ན་འབྲིང་ཚད་དང་། འབྲིང་ཚད་ལས་ལྷག་ན་རབ་ཚད་དུ་རིགས་འཕོ་བར་ངེས་པའི་ཕྱིར་རོ། །རྒྱུ་མཚན་དེས་ན་གོས་དྲས་མ་དྲས་གང་ཡང་རུང་བ་བསླངས་པ་ལས་ལྷག་པ་ཐོབ་པའི་ཆ་དེ་གོས་རིགས་འཕོས་ན་སྦྱིན་དགོས་ལ་མ་འཕོས་ན་སྦྱིན་མི་དགོས་པར་བསྟན་པ་ཡིན། ཁྲིམ་པའི་སྟོད་གཡོགས་སྨད་གཡོགས་ཟུང་ཐོབ་ན་ཁ་སྐོང་བསླང་དུ་མི་རུང་གསུངས་པ་ནི། ཁྲིམ་པའི་སྨད་གཡོགས་ཀྱི་མ་མཐའ་འཁོར་གསུམ་ཁེབ་པ་ཙམ་དང་། སྟོད་གཡོགས་ཀྱི་མ་མཐའ་ཁྲུ་ཕྱེད་དང་གསུམ་དང་ཕྱེད་དང་ལྔ་པ་ཙམ་ཐོབ་པ་ན་དེའི་སྟེང་དུ་སྟོད་གཡོགས་སྨད་གཡོགས་ཆེ་ཚད་དུ་མ་ལོངས་ཙམ་གྱི་བར་གྱི་ཁ་བསྐང་གོས་རིགས་མ་འཕོས་པས་བསླང་དུ་རུང་ངམ་སྙམ་ན། མི་རུང་སྟེ་སྟོད་གཡོགས་སྨད་གཡོགས་ཐ་ཚད་ལ་དངོས་ཀྱི་ཐ་སྙད་ཆགས་པའི་ཕྱིར་རོ། །རབ་བྱུང་གི་སྟོད་གཡོགས་སྨད་གཡོགས་ཐ་ཚད་བསླངས་པ་ལས་ལྷག་པོ་ཐོབ་ན་གོས་རིགས་འཕོ་བར་ངེས་པས། དེ་ལ་ལྷག་པོ་བསླང་དུ་རུང་ངམ་སྙམ་པའི་དོགས་པ་སྐྱེ་བ་ཆུང་བས་ཁ་སྐོང་སློང་མི་རུང་བའི་དོགས་གཅོད་དངོས་སུ་མ་བསྟན་ལ། ཁྲིམ་པའི་ཐ་ཚད་མ་མཐའ་ཐོབ་ནས་ཆེ་ཚད་དུ་མ་ལོངས་ཙམ་གྱི་བར་ལྷག་པོ་བསླང་ཀྱང་གོས་རིགས་མི་འཕོ་བས་དེ་བསླང་དུ་རུང་ངམ་སྙམ་པའི་དོགས་པ་སྐྱེ་ཤས་ཆེ་བས་དེ་ལ་ཁ་སྐོང་སློང་དུ་མི་རུང་བའི་དོགས་གཅོད་དངོས་སུ་བསྟན་པ་ཡིན་ནོ། །ཁྲིམ་པ་དང་རབ་བྱུང་གི་གོས་ཞེས་པའི་ཁྱད་པར་ཡང་སྣམ་ཕྲན་གླེགས་བུ་མ་སྦྱར་བ་ནི་ཁྲིམ་པའི་གོས་དང་འདྲ་བས་ཁྲིམ་པའི་གོས་སུ་གསུངས་ལ་སྣམ་ཕྲན་གླེགས་བུ་སྦྱར་བ་ནི། རབ་བྱུང་ཐུན་མོང་མ་ཡིན་པའི་གོས་ཡིན་པས་རབ་བྱུང་གི་གོས་ཞེས་གསུངས་སོ། །བརྒྱད་པ་ཉེ་མིན་ཁྲིམ་པ་ལས་དགེ་སློང་ར༷ང་ལ༷་སྟེ༷ར་བས༷མ་ནས་ཆོ༷ས་གོ༷ས་འདི་འབུལ་ལོ་ཞེས་གན༷ས་ཏེ་བསྡོས་པའི་སྒྲུབ༷ས་པ༷་ལས་འབུལ་ལོང་མེད་པར་རི༷ན་ད༷ང་ཁྲུ༷་ཚ༷ད་ཀྱི༷ས་སློ༷ང་བ་ལ་ཞུགས་པའི་སྤང་ལྟུང་ལ༔ གླིང་གཞི་དང་། ལྟུང་བའོ། །དང་པོ་ནི། སྟོན་པ་མཉན་ཡོད་དུ་བཞུགས་པའི་ཚེ་ཁྲིམ་བདག་ཕོ་མོ་གཉིས་ལས་ཁྲིམ་བདག་དེ་བུད་མེད་གཞན་ལ་ཆགས་པ་ཆུང་མས་བཟློག་ཀྱང་མ་ཉན་པས། ཆུང་མའང་སྐྱེས་པ་གཞན་དང་འདུམ་ནས་རང་རང་དགའ་བའི་གྲོགས་ལ་ཁྲིམ་ནོར་ཐམས་ཅད་སྦྱིན་

ནས་འཁོར་བ་སྲུབ་པར་སོང་ཚེ་ཁྱིམ་བདག་གིས་བུ་མོ་མངགས་གཞུག་མ་ལ་ཁྱོད་ཀྱིས་ཁྱིམ་འཁོར་རྒྱུད་པར་བྱས་སོ་ཞེས་བརྡུང་རྡེག་བྱས་པས། བུ་མོས་བདག་གིས་མ་ཉེས་ཏེ་ཅི་ཉེས་ཤེས་མོད།

འོན་ཀྱང་རྗེ་ལ་བསྟུགས་མིན་དུ་འགྲོ་བས་སླུ་ག་ལ་རུང་བརྗོད་པ་ཉེར་དགས་ཐོས་ཏེ་ཁྱིམ་བདག་ཆུང་མ་གཉིས་ཀར་ཚུལ་ཁྲིམས་ཀྱི་བསྟུགས་པ་ཚུལ་འཆལ་གྱི་ཉེས་པ་བརྗོད་དེ་སྐྱབས་འགྲོ་དང་བསླབ་པའི་གཞི་ལ་བཀོད། ཁྱིམ་བདག་དེ་རབ་ཏུ་གཏུམ་པས་མངགས་གཞུག་མར་བརྡེག་པར་བརྩམ་པ་ན། ཆུང་མས་སླས་པ་བདག་ཅག་སྔར་ལས་འབྲས་མ་ཤེས་པས་བརྡེག་པར་བྱས་ཀྱི་ད་དགེ་བའི་བཤེས་གཉེན་ཉེར་དགའ་བསྟེན་ནས་ལས་འབྲས་ཤེས་པས་སུ་ཞིག་སུ་ཡི་བྲན་ཡིན་འདི་ལ་མ་བརྡེག་ཅིག་སླས་པས་ཁྱིམ་བདག་གིས་བདེན་སྙམ་ནས་བུ་མོ་ལ་ཁྲུས་བྱེད་དུ་བཅུག་ནས་གོས་གསར་པ་བསྒོན། བུ་མོས་ཀྱང་དགའ་བཞིན་ལས་ལ་བརྩོན། བུ་མོས་བསམ་པ་ཁྱིམ་བདག་ཁྲོ་ཤུག་གིས་སྔར་དང་མི་འདྲ་བར་བཟང་པོ་བྱེད་པ་འདི་ཉེར་དགའི་དྲིན་ཡིན་པས་དེ་དགའ་བར་བྱ་དགོས་ཀྱང་། དེའི་ཐབས་སུ་བརྐུས་ཏེ་དངོས་པོ་འགའ་ཕུལ་ན་ནི་བདག་སྔར་གནས་སུ་བཀོད་དོ་སྙམ་སྐབས་ཆུང་མས་ཁྱིམ་བདག་ལ་སླས་པ་བདག་ཅག་གཉིས་བསླབ་ཁྲིམས་ལ་བཀོད་པ་འདི་ཉེར་དགའི་སྐུ་དྲིན་ཡིན་པས་དེ་ལ་བསྙེན་བཀུར་བྱ་བར་གྲོས་ཏེ་རས་ཡུག་ཆེན་འབུལ་བར་ཐག་བཅད་སྐབས་བུ་མོས་དེ་ཐོས་ཏེ་ཉེར་དགའ་ལ་སླས་པས། ཉེར་དགས་བསམ་པ་བདག་འདོད་པ་ཅན་ཡིན་པ་འདིས་ཀྱང་འཕྲིག་གོ་སྙམ་ནས་གལ་ཏེ་བདེན་ན་ལེགས། མི་བདེན་ན་སྔར་གྱི་གནས་སུ་བདག་གིས་འགོད་པར་བསླུལ་ལོ་སླས་པས། བཞུད་ཅིག་དང་མཁྱེན་པར་འགྱུར་རོ་སླས། སོང་ནས་སྟན་ལ་འདུག་པ་དང་ཁྱིམ་བདག་ཆུང་མས་ཕྱག་འཚལ་ཏེ། ཆོས་མཉན་ཕྱིར་འདུག་པ་ན། ཉེར་དགས། བདག་ལ་བསྒོན་པར་བྱ་བའི་རས་ཡུག་ཆེན་དེར་བལྟའོ། །བདག་ཅག་གསང་སྟེ་ཡོད་པ་སུས་བཤད་དེ་འཕགས་པ་ལ་མངོན་ཤེས་ཡོད་དམ་སླས་པས། ཁོ་བོ་ལྟུང་བཟེད་དུ་ཟས་ཟོས་ཏེ་སོ་ཀོག་སྣ་དཀར་པོར་གྱུར་ན་ཁོ་བོ་ལ་དེ་ཙམ་མི་སྲིད་དམ། དེས་རས་ཡུག་ཕུལ་བ་ན་ཉེར་དགའ་མི་དགའ་བ་ཁྲོས་པའི་ཉམས་ཀྱིས་ཁྱོད་ལ་བཏང་བའི་བསོད་ནམས་ཙམ་ལས་ལོངས་སྤྱོད་པའི་བསོད་ནམས་མེད་དེ་འདི་མཆིལ་ལྷམ་ཕྱི་བའམ་སྐར་ཁུང་དུ་ལྷན་པར་རུང་གི་ཆོས་གོས་ཀྱི་གདང་ལ་ཟད་

པ་དང་མཐར་ཐུག་པར་འགྱུར་རོ་སྙམ། འོ་ན་ཇི་ལྟར་བགྱི། གཞན་བཟང་པོ་ཉོས་ལ་རིན་དུས་ཐོབ་སྟེ་བྱིན་ཅིག །ཚུར་མས་ཁྱིམ་བདག་ལ་དེ་བཞིན་གྱིས་ཞེས་བསྒོལ་ལོ། །དེ་ཉེར་དགའ་དང་ལྷན་དུ་ཚོང་ཁང་དུ་ཕྱིན་པས་ཉེར་དགས་བཟང་པོ་གཏོད་ཕྱིར་ཚོང་པ་འདི་བཀྲེན་པ་ཡིན་པས་གཞན་དུ་འདོང་ངོ་སྙམས་པ་ཐོས་ཏེ། ཆེན་པོ་ལ་འོས་པ་ཞིག་བསྟན་པས་འདི་བཟང་ངོ་། །རིན་ཅི། འདི་ཙམ་མོ། ཁྱིམ་བདག་གིས་དེ་འཇལ་བར་ཁས་བླངས། དུས་འདི་ཙམ་ན་དགོས་ཟེར་བ་ལྟར་ཁས་བླངས་ཤིང་རས་ཁྱིམ་བདག་ལ་གཏད། དེས་ཉེར་དགའ་ལ་ཕུལ་ཚེ་ཨ་རོག་ག་སྦྱིན་པ་སོགས་བརྗོད་དེ་ཁྱེར། ཁྱིམ་བདག་དེ་ལོངས་སྤྱོད་ཐབ་པས་རིན་དུས་སུ་མ་འབྱོར་བས་ཚོང་པས་བཙུང་བ་དེའི་ཚུར་གྲོགས་ཀྱིས་མཐོང་ནས་ཅི་ཉེས་དྲིས་པས། དེའི་རྒྱུལ་སྨྲས་པ་ན་ཤཱཀྱའི་དགེ་སློང་ལ་དད་པས་འདི་ལྟར་འགྱུར་རོ་ཞེས་ཐམས་ཅད་ཀྱིས་འཕྱ་བའི་སྐབས་ཏེ་གསོལ་བས་སྟོན་པས་ཉེར་དགའ་ལ་དེ་ལྟར་བྱས་པ་བདེན་ནམ། མད་དོ། །སྟོན་པས་སྨད་ནས་སྔར་བཞིན་དགེ་འདུན་བསྡུས་ཏེ། དགེ་སློང་གི་ཕྱིར་དུ་ཁྱིམ་བདག་གི་ཚུར་མ་ཉེ་མིན་གྱིས་གོས་རིན་སྤྲགས་ནས་རིན་དེ་དང་དེས་ཉོས་ལ་དགེ་སློང་འདི་འོང་བ་དང་དེ་ལ་གོས་དེ་བསྐོན་ནོ་སྙམ་པ་ལས་དགེ་སློང་དེས་དེ་ལས་བཟང་པོར་འདོད་ནས་རིན་སྣ་མ་ལས་ཆེ་བའི་གོས་ཉོར་བཅུག་སྟེ་གོས་དེ་གྲུབ་ན་སྤང་ལྟུང་ངོ་ཞེས་བཅས་སོ། །

གཉིས་པ་ལ་གཞི་བསམ་སྦྱོར་བ་མཐར་ཐུག་གི་ཡན་ལག་བཞི་ལས། དང་པོ་ལ་གསུམ་ལས། གང་ལ་བསླང་བའི་ཡུལ་ནི། ཁྱིམ་པ་ཆོས་དྲུག་ལྡན་གྱི་སྟེང་དུ་གོས་གཅིག་ཙམ་བསྔོས་པ་ཡིན་པ་དང་ཆོས་བདུན་ལྡན་ནོ། །གང་བསླང་བའི་དངོས་པོ་ནི། གོས་ཡིན་པ་རུང་བ་ཚད་དང་ལྡན་པ་སྔར་སྦྱིན་བདག་དེ་ཉིད་ཀྱི་ཡིན་པ་རང་ལ་བསྔོས་པ་ཡིན་པའོ། །གང་གིས་སློང་བའི་རྟེན་ནི་སྲ་བརྒྱང་མ་བཏིང་བ། སྦྱིན་བདག་གིས་གོས་དེ་ཉིད་རང་ལ་བསྔོས་པ་ཡིན་པར་ཤེས་པ། གོས་དེས་ཕོངས་པ་མ་ཡིན་པའོ། །བསམ་པ་ལ་གཉིས་ལས་འདུ་ཤེས་མ་འཁྲུལ་བ། ཀུན་སློང་རང་ལ་སྤྲགས་པར་ཤེས་པ་རང་དགར་དངོས་སུ་ཕུལ་བའི་གོང་དུ་འབུལ་ལོང་མེད་པར་སྔ་ཚོམ་དུ་སློང་བར་འདོད་པ་རྒྱུན་མ་ཆད་པའོ། །སྦྱོར་བ་ངག་མཚན་ཉིད་ལྔ་ལྡན་གྱིས་སློང་བར་རྩོམ་པའོ། །མཐར་ཐུག་དེའི་རྐྱེན་གྱིས་གྲུབ་ཅིང་ཐོབ་བློ་སྐྱེས་པའོ། །དགུ་པ་ཉེ་མིན་ཁྱིམ་པ་ཕོ་མོ་སོ་སོ་ནས་རང་ལ་གོས་འབུལ་

བར་བསྔོས་ཤིང་སྤྲུགས་པ་ན་དེ་བརྟུགས་པར་བསམ་ནས་དྲ༷ན་བསྐུལ་སྨྱོང་བའི་སྤྱང་ལྟུང་ལ་གླེང་གཞི་དང་། ལྟུང་བའོ། །དང་པོ་ནི། གཞན་སྟེར་དང་འདྲ་བ་ལས་བདག་ཅག་སོ་སོ་ནས་རས་ཡུག་ཆེན་རེ་རེ་འབུལ་ལོ་ཞེས་པ་དང་གོས་ཀྱི་རིན་སོ་སོ་བ་དག་བདག་ཅག་གཉིས་ཀྱིས་བཙལ་ཏེ་འབུལ་བར་བསྔོས་པ་ན་སྟེར་བཞིན་ཉེར་དགས་བསླངས་པ་ལ་བརྟེན་ནས་ཉན་ཐོས་ཀྱི་དགེ་འདུན་གྱི་དགེ་སློང་རྣམས་ལ་བཙས་སོ། །

གཉིས་པ་ལ་གཞི་བསམ་སྦྱོར་བ་མཐར་ཐུག་གི་ཡན་ལག་བཞི་ལས། དང་པོ་གང་བསླང་བའི་དངོས་པོ་ནི་གོས་གཉིས་ཡན་ཆད་སྦྱིན་བདག་གིས་སོ་སོ་ནས་རང་ལ་བསྔོས་པ་ཞེས་པ་ཁྱད་པར་དུ་སྦྱར་རོ། །རང་ལ་སྤྲུགས་ཀྱང་རང་གིས་བསྔོས་པ་མ་ཤེས་པའི་ཚེ་དངོས་སུ་མ་ཕུལ་བ་ན་བསླངས་ཤིང་ཐོབ་པ་ལ་སློང་བར་མི་རིགས་པ་སློང་བའི་སྤྱང་ལྟུང་བསྐྱེད་དོ། །སྤྲུགས་པ་སློང་བ་དང་སོ་སོ་ནས་སློང་བ་འདི་གཉིས་ཀྱི་ཡན་ལག་མ་ཚང་བས་ན་སྨད་དུ་འགྱུར་ཚུལ་ནི་ཁྲིམ་པར་སློང་བར་རིགས་མི་རིགས་ཀྱི་སྐབས་ལས་དཔགས་ཏེ་ཤེས་པར་བྱའོ། །ལེན་པ་ནས་སོ་སོར་སྤྲུགས་སློང་གི་བར་ལྟ་དང་ལྟུང་བཟེད་ཚོལ་བ་རས་ཆེན་བཙལ་སྟ་རྣམས་ལ་སྦྱོར་བ་གཅིག་ཡིན་ན་མཐར་ཐུག་དངོས་པོ་དུ་མ་ཐོབ་ན་ཡང་ལྟུང་བ་གཅིག་སྐྱེད་ལ། དགེ་སློང་མ་ལ་གོས་སྦྱིན་པའི་ལྟུང་བ་ལ་ཡང་དེ་དང་ཆོས་མཚུངས་སོ། །བཅུ་པ་སྦྱིན་བདག་གིས་དགེ་སློང་ལ་གོ༷ས་ཀྱི་རི༷ན་དུ་རི༷ན་ཆེ༷ན་བསྐུ༷ར་པ༷་ལ་ཕོ་ཉ་བ་ལས་བསྐུལ་བསྡད་དྲུག་ལས་ལྷག་པས་ལེ༷ན་པའི་སྤྱང་ལྟུང་ལ་གླེང་གཞི་དང་། ལྟུང་བ་རྣ༷མས་སོ༷། །དང་པོ་ནི། སྟོན་པ་རྒྱལ་པོའི་ཁབ་ན་བཞུགས་པའི་ཚེ། ཉེར་དགས་འདོད་པའི་བསམ་པའི་དབང་ལས་མགོན་མེད་ཟས་སྦྱིན་ལ་བརྟེན་ནས་བསླབ་པ་བསྡམས་པས་ཕྱིན་ཆད་རས་ཡུག་ཕྲན་ཙམ་ཞིག་སྦྲིན་མོས་ཀྱང་སློང་མི་ནུས་པར་འགྱུར་གྱི། སྟོན་ནས་ཡི་གེ་སློབ་པའི་གྲོགས་དབྱར་ཚུལ་ཅན་དུ་སོང་ན་ཅུང་ཟད་རྙེད་དོ་སྙམ་ནས་དེའི་ཁྲིམ་དུ་སོང་བ་ན་སྒོ་བས་བཀག་གོ། །ཅི་འདི་སྐྱོད་ཡུལ་མིན་པའི་གནས་ལྟ་གང་རུང་ཡིན་ནམ། མིན་ཏེ་བྲམ་ཟེ་དབྱར་ཚུལ་གྱི་ཁྲིམ་མོ། །འོ་ན་ཁྱོད་སོང་ལ་བྲམ་ཟེ་ལ་ཉེར་དགའ་སྒོ་ན་སྡོད་དོ་ཞེས་སྨྲོན་ཅིག་མི་སྨྲོན་ན་མཚམས་པོ་ཆེའི་གནོད་པ་ཆེན་པོ་བཅད་དོ་སྨྲས་པས་དེ་དོགས་ནས་སྨྲན་པས་ཉེར་དགའ་སུས་འགོག་ཐོངས་སྨྲས། བཏང

བས་དབྱར་ཚུལ་མདུན་དུ་གདན་ལ་འཁོད་དེ་སྐད་ཀྱི་གདངས་ཡིད་དུ་འོང་བ་ཟབ་མོས་སྦྱིན་པའི་བསྔགས་པ་བརྗོད་པས། དེ་དད་ནས་དབྱར་གནས་པ་ལ་བབས་དུས་སུ་ཀརྵ་པ་ཎ་དྲུག་ཅུ་འབུལ་ལོ་སྨྲས། ཨ་རོག་ག་སྦྱིན་པ་སོགས་བརྗོད་དེ་སོང་བ་ལ། སྟོན་པས་ཀུན་དགའ་བོ་ལ་ཁྱོད་སྟོན་པ་ཀོ་ས་ལར་ལྗོངས་རྒྱུ་བས་ཁྱེད་ཅག་ལྷན་དུ་འགྲོ་བར་སྤྲོ་བ་དག་གིས་ཆོས་གོས་བགོས་ཤིག་གསུངས་པས་མཉན་ཡོད་ནས་འོང་བའི་དགེ་སློང་གཉིས་པོ་དེས་དེ་ཐོས་ཏེ་བདག་ཅག་མཉན་ཡོད་དུ་འགྲོའོ་སྨྲས་སོ། །

དེ་ཉེར་དགས་ཐོས་ཏེ་བདག་ལ་འདིར་གནས་ན་རྙེད་པ་འབྱུང་བ་ལ་ད་དེར་བར་ཆད་དུ་འགྱུར་རོ་སྙམ་ནས་སླར་དབྱར་ཚུལ་གན་དུ་སོང་སྟེ་སྒྲ་དམའ་བ་ཡིད་དུ་མི་འོང་བ་ཞུམ་པའི་ཚུལ་གྱིས་སྦྱིན་པའི་བསྔགས་པ་བརྗོད་པ་ན། དབྱར་ཚུལ་གྱིས་ཁྱེད་སྔར་དང་མི་འདྲ་བར་གྱུར་བའི་རྒྱུ་མཚན་དྲིས་པ་ན། བདག་ཅག་བརྒྱ་ལམ་ན་འཕྲད་པ་དེ་འབྲལ་བར་འགྱུར་བས་སོ་སྨྲས། དབྱར་ཚུལ་གྱིས་འདི་ཤཱཀྱའི་རིགས་རྒྱ་ཆེན་པོ་སྤྱངས་ན་བདག་དང་བྲལ་བའི་མྱ་ངན་མིན་མོད། པ་ཎ་དྲུག་ཅུ་ཤོར་བར་དོགས་པས་སོ་སྙམ་ནས་ཁྱོད་གང་དུ་གནས་པ་དེར་འབུལ་ལོ་བྱས་པས། ཨ་རོག་ག་ཕན་ཕུན་མེད་པ་དང་། ཀུན་ནས་ཉོན་མོངས་པ་མེད་པའི་སྦྱིན་པ་དག་སྦྱིན་ན་ཞིང་ལ་བསོད་ནམས་བྱེད་པ་ཡིན་ནོ་ཞེས་སྨྲས་ཏེ་སོང་ངོ་། །སྟོན་པ་ཀོའུ་ཊི་ཏུ་སོགས་དགེ་འདུན་མང་པོ་བཅས་ཀོ་ས་ལར་ལྗོངས་རྒྱུ་ནས་རྒྱལ་བྱེད་ཚལ་དུ་བཞུགས་སོ། །དབྱར་ཚུལ་གྱིས་མཉན་ཡོད་ཀྱི་ཚོང་པ་ལ་པ་ཎ་དྲུག་ཅུ་བསྐུར་ཏེ་ཉེར་དགའ་ལ་ཕུལ་ཅིག །ཚོང་པ་དེའི་བསམ་པར་བྲམ་ཟེ་དད་པའི་དགེ་སློང་དེ་ལ་བདག་གིས་ཀྱང་དགའ་བའི་ལས་ཅུང་ཟད་བྱ་དགོས་པས་འདིས་གོས་ཉོས་ནས་འབུལ་བར་བྱ་སྙམ་དུ་འོད་མའི་ཚལ་གྱི་དགེ་སློང་དག་ལ་རབ་བྱུང་ལ་འོས་པའི་གོས་དེ་ཇི་ལྟར་ཡིན་བྲམ་ཟེས་གོས་ཀྱི་རྒྱུ་པ་ཎ་དྲུག་ཅུ་འབུལ་ལོ་སྨྲས་པ་ན། དགེ་འདུན་ནམ་གང་ཟག་ལ་འབུལ་དྲིས་པས་ཉེར་དགའ་ལའོ། །འོ་ན་གོས་ཀྱང་ལེན། པ་ཎ་ཡང་འབུལ་དུ་འཇུག་པའི་གནས་ཡོད་དོ་སྨྲས་སོ། འདི་དེ་དང་མཁོན་ཡོད་པ་ཞིག་གོ་སྙམ་ནས་དགེ་སློང་གཞན་ཞིག་ལ་དྲིས་པས་དེས་ཀྱང་དེ་བཞིན་སྨྲ་བྱུང་བས་ཚོང་པ་བྲམ་ཟེའི་སར་ཕྱིན་ནས་འདི་ལ་རྒྱུ་ཐོབ་ཅིག་ཡིད་ཆེས་པར་འགྱུར་རོ། །ཁྱེད་བདག་ལ་ཡིད་ཆེས

མོད་ཀྱང་བདག་གིས་ལེགས་པར་བྱས་པར་འགྱུར་རོ་སྙམ། དེས་རྒྱ་བཏབ་ནས་བསྐུར་རོ། །

དེ་རྒྱལ་བྱེད་ཚལ་དུ་སོང་ནས་དགེ་སློང་རྣམས་ལ་ཉེར་དགའི་འདུག་གནས་དྲིས་པས་དེར་སོང་ནས་བལྟས་ཆེ་ཉེར་དགའ་ཉིན་མོར་སྤྱོད་དུ་སོང་ནས་མེད་ཚུལ་སྨྲས་པའི། དགེ་སློང་དེ་ལ་ཚོང་པས། དབྱར་ཚུལ་གྱིས་པ་ན་དྲུག་ཅུ་བསྐུར་བ་འདི་དེ་ཕྱུང་ན་སྟོལ་ཅིག་སྨྲས་ཆེ། མི་སྒྲོན་འབར་བ་སྲུའི་མགོས་འཛིན་པ་མཐོང་ངམ། འདི་དེ་དང་མཁོན་ཅན་ནོ་སྙམ་ནས་གཞན་ཞིག་ལ་གཏད་པ་དེས་ཀྱང་དེ་བཞིན་སྨྲས་ཏེ་གལ་ཏེ་ཁྱོད་ཀྱིས་རྒྱ་མ་བཏབ་པར་འོང་ན་ཁེ་སྤོགས་འཛལ་དུ་འཇུག་པའི་གནས་ཡོད་དོ་སྙམ་པས་སྔ་མ་དང་ཚིག་མཚུངས་སོ་སྙམ་ནས་ཉེར་དགའ་ལ་བདག་གི་ཁྱིམ་གནས་འདི་ལྟ་བུར་ཡོད་ཀྱི་ཁྱོད་པ་ན་བཞེད་ན་དེར་གཤེགས་ཤིག་སྨོས་ཞེས་བརྗོད་ནས་སོང་ངོ། ། དེ་འོང་བ་ན། ཁྱོད་ཉིན་མོ་སྤྱོད་དུ་སོང་བའི་དེང་ཉིད་དུ་པ་ན་དྲུག་ཅུ་གྲུབ་པོ་ཞེས་སྐད་བསྒད་པས་ཉེར་དགས་སྣམ་སྦྱར་གྱོན་ཏེ་གོམ་པ་བསྐྱེད་ནས་སོང་བ་ན་ཁྱིམ་བདག་དེས་མཐོང་ནས་དགེ་སྦྱོང་ཕལ་པོ་འདི་ཉེར་དགའོ་སྙམ་ནས་དྲིས་པས་ཡིན་ནོ། །དབྱར་ཚུལ་གྱིས་པ་ན་དྲུག་ཅུ་བསྐུར་བ་འདི་ལགས་བཞེས་ཤིག །ཨ་རོག་ག་སྦྱིན་པ་སོགས་བརྗོད། འདི་ལམ་དུ་ཁྱེར་ནས་འགྲོ་བའི་ཁྱེའུ་ཞིག་ལ་སྐྱེལ་གྲོགས་ཀྱིས་ཤིག །ཁྱེའུ་མེད་དོ་བྱས་པས། རྒྱལ་པོའི་ཁབ་ནས་འདིར་སྐྱེལ་ནུས་ན་ལམ་ཁར་སྐྱེལ་ཧ་ལྟར་མི་ནུས། དེས་ཁྱེའུ་ཞིག་ལ་ལམ་སྲང་དུ་སྐྱོལ་ཅིས་བཏང་དེས་བསྐོས་པ་ལྟར། དེ་དེའི་ཕྱི་བཞིན་འབྲང་ནས་ཚོང་བརྡལ་དང་པོར་ཕྱིན་པ་ན། འཕགས་པ་འདིར་པ་ན་འཇོག་ཏུ་སྟོལ་སྨྲས་པས་དེ་ལྟར་བགྱིའོ་ཞེས་སྤྱོས་ཚོང་ཁྱེའུ་དང་པོ་ལ་སྨྲས་པ་དེས་ཀྱང་མ་ཉན། གཉིས་པར་སྨྲས་པ་དེས་ཀྱང་བདག་བླ་མ་ལ་རག་ལས་ཤིང་དེང་བླ་མ་ཕྱི་རོལ་དུ་སོང་ཞེས་མ་ཉན། དེ་ན་སྤྱོས་ཚོང་ཁྱེའུ་དད་པ་གསར་བ་ཞིག་ཡོད་པར་ཚིག་ངན་བཅས་བཅོལ་བས་དེ་སྐྲག་ནས་འོ་ན་བཞག་ཏུ་གསོལ་སྨྲས་པས་བཞག་ནས་སོང་ངོ། །

ཚོང་བ་དག་གིས་ཉི་མ་ཤར་ཚེ་མ་འོང་བ་ལ་པ་ན་དྲུག་ཅུའི་ཆད་པ་གཅོད་པར་བསྒྲགས། དེ་ལ་མས་ཆད་པ་མི་ཤོར་བར་གྱིས་ཞེས་སྨྲས། ཉེར་དགས་ནུབ་མོར་བསམ་པ་ལ་ཁྱེའུ་དེ་དད་པ་གསར་བ་ཅན་ཡིན་པས་པ་ན་སྟོར་བའི་གནས་ཡོད་དོ་སྙམ་ནས་ཕྱི་ཉིན་སྔ་བར་དེའི་གན་དུ་སོང་

ནས་པ་ན་ཁྱིན་སླས།བདག་ཚོང་པ་དག་གི་ནང་དུ་མཆིས་ཏེ་སླར་འོང་གི་བར་ཡུད་ཙམ་བཞུགས་ཤིག་སླས། བགྲེན་པ་སུ་ཞིག་ཁྱིན་པ་གཉིས་སྐྲངས་སྐྲངས་སུ་སྡོད་མི་ཁྱིན་ན་རྒྱལ་པོ་ལ་ཞུས་ནས་པ་ན་དྲུག་ཅུ་གཅོད་དུ་འཇུག་གོ་སླས་པས། དེ་ཁྲོས་ཏེ་ཐུམ་པོ་འཕང་བས་རྒྱ་གོག་གོ་ཉེར་དགས་རྒྱ་ཕྱེད་དམ་སྐྱུ་མ་ཞུགས་སམ་བལྟའོ་ཞེས་དེ་འགོར་གྱི་བར་དུ་ཚོང་བས་དེ་ལ་པ་ན་དྲུག་ཅུ་བཅད་དོ། །མས་ཁྱོད་ཀྱིས་ལས་ཅི་བྱས་ནས་དེ་ལྟར་གྱུར་སླས་པས། ཁྱེའུ་ན་རེ་ཤཱཀྱའི་དགེ་སློང་ལ་དད་པས་འདི་ལྟར་གྱུར་ཏེ། དད་པའི་སྨྱུ་གུ་སྐྱེས་མ་ཐག་ཉམས་སོ་ཟེར་བའི་སྐབས་དེ་གསོལ་བས། སྟོན་པས་ཉེར་དགའ་ལ་དེ་ལྟ་བུའི་མི་མཛེས་པ་བྱས་པ་བདེན་ནམ། བཙུན་པ་མད་དོ། །དགེ་སྦྱོང་ཚུལ་མིན་སོགས་སྨད་ནས་དགེ་འདུན་བསྡུས་ཏེ་བསྒྱུར་བ་རུང་བ་མ་ཡིན་པ་བླངས་ན་སྤང་ལྟུང་ངོ་ཞེས་བཅས་སོ། །

གཉིས་པ་ལ་གཞི་བསམ་སྦྱོར་བ་མཐར་ཐུག་གི་ཡན་ལག་བཞི་ལས། དང་པོ་ལ་གཉིས་ལས་གང་ལ་བསླང་བའི་ཡུལ་ནི། སྦྱིན་བདག་དང་ཕོ་ཉ་བ་ཞལ་ཏ་བ་གསུམ་པོ་ཁྲིམ་པ་མཚན་ཉིད་པ་ཡིན་པ། ཐ་སྙད་ལྟ་དང་ལྡན་པ། ལུས་ཐ་མལ་དུ་གནས་པ། རང་ལས་ནོར་ཐ་དད་པ། རང་གིས་སྦྱིན་བདག་ལ་སྦྲན་པའི་ཚེ་ཞལ་ཏ་བའི་ངོས་ནས་སྦྱིན་བདག་གི་སེམས་བསྙུ་བར་ཁས་མ་བླངས་པ་དང་ལྡའོ། །གང་བསླངས་པའི་དངོས་པོ་ནི། སྦྱིན་བདག་གིས་རང་ལ་གོས་ཀྱི་རིན་དུ་བསྒྱུར་བའི་རིན་པོ་ཆེ་ཡིན་པ། ཕལ་ཆེར་རུང་བ། གོས་ཁྲུ་གང་ཡན་རི་བའི་ཚད་དང་ལྡན་པ། སྦྱིན་བདག་གིས་ཕོ་ཉ་བ་ལ་བསྒྱུར་ཞིང་དེས་རང་གི་གོས་སྒྲུབ་པའི་ཞལ་ཏ་བ་ལ་གཏད་པ་ཡིན་པའོ། །

བསམ་པ་ལ་གཉིས་ཏེ། འདུ་ཤེས་མ་འཁྲུལ་བ། ཀུན་སློང་ནི་རང་དགར་བསྐུལ་བསྟོད་དྲུག་ལས་ལྷག་པའམ་བསྐུལ་བསྟོད་དྲུག་གིས་མ་གྲུབ་ན་སྦྱིན་བདག་ལ་སྦྲན་པའི་ཚེ་ཞལ་ཏ་བས་སྦྱིན་བདག་གི་སེམས་བསྙུ་བར་ཁས་མ་བླངས་པ་ལས་རང་ཉིད་ཀྱི་དོན་དུ་གོས་ལེན་འདོད་རྒྱུན་མ་ཆད་པའོ། །སྦྱོར་བ་བསམ་པའི་དོན་ལ་ལེན་པར་ཞུགས་པའོ། །མཐར་ཐུག་བསྐུལ་བསྟོད་དྲུག་ལས་ལྷག་པའམ། སྦྱིན་བདག་ལ་སྦྲན་ཟིན་པའི་འོག་ཏུ་སྦྱིན་བདག་གི་སེམས་བསྙུ་བར་ཁས་མི་ལེན་པའི་ཞལ་ཏ་བ་ལས་གོས་བླངས་བ་གང་རུང་གི་རྐྱེན་གྱིས་གོས་གྲུབ་ཅིང་ཐོབ་བློ་སྐྱེས་པའོ། །ཕོ་ཉས་ཞལ་ཏ་

བའི་ལག་ནས་གོས་ལོངས་ཤིག་ཅེས་མ་སླས་པར་གོས་ཀྱི་ཕྱིར་དུ་ཞལ་ཏ་བ་ལ་བསྐུལ་བ་དང༌། ཕོ་ཉས་གོས་ཀྱི་རིན་རིན་པོ་ཆེ་གཏད་པ་ན་ལེན་དུ་མི་རུང་ཞེས་མ་སྤྱངས་པ་དང༌། ཕོ་ཉས་ཞལ་ཏ་བ་གང་ཡིན་ཞེས་མ་དྲིས་པར་ཞལ་ཏ་བ་སྟོན་པ་དང༌། བསྐུལ་བསྡད་དྲུག་བྱས་ཀྱང་གོས་མ་གྲུབ་པའི་ཚེ་སྦྱིན་བདག་ལ་མ་སྨྲན་པ་དང༌། སྤྱིར་བསྐུལ་བསྡད་དྲུག་ལས་མ་ལྷག་ཀྱང༌། བསྐུལ་བ་གསུམ་ལས་ལྷག་པ་རྣམས་ལ་ཉེས་བྱས་སོ། །བཅུ་ཚན་གཉིས་པ་ལ། སྤང་ལྟུང་བཅུ་གཅིག་པ་སྲིན་བལ༷་ན༷ང་ཚ༷ངས་བུ༷ས་པ༷ས་སྟ༷ན་བྱེ༷ད་པའི་སྤང་ལྟུང་ལ་གླེང་གཞི་དང༷་ལྟུང་བའོ། །དང་པོ་ནི། སྟོན་པ་མཉན་ཡོད་དུ་བཞུགས་པའི་ཚེ་དགེ་སློང་མང་པོས་སྲིན་བལ་གྱི་སྟན་གསར་བ་བྱས་པ་དང༌། བྱེད་དུ་འཇུག་པ་ན་སྲིན་བལ་དཀོན་ཞིང་རིན་ཆེ་བས་བྱ་བྱེད་མང་པོར་ཞུགས་པས་སྦྱོང་ཀློག་ལ་བར་ཆད་དང་མུ་སྟེགས་ཅན་གྱིས་དགེ་སློང་འདི་རྣམས་སྲོག་གཅོད་མ་སྤྱངས་པས་སུ་ཞིག་གིས་བསོད་སྙོམས་སྦྱིན་ཞེས་འཕྱ་བའི་སྐབས་དེ་གསོལ་བ་ན། སྟོན་པས་ཁྱེད་ཅག་དེ་ལྟར་བྱས་སམ། མད་དོ། །དེ་ལྟ་ན་སྤང་ལྟུང་ངོ་ཞེས་བཅས་སོ། །

གཉིས་པ་ལ་གཞི་བསམ་སྦྱོར་བ་མཐར་ཐུག་གི་ཡན་ལག་བཞི་ལས། དང་པོ་ནི། སྲིན་བལ་དང་མོན་དར་སོགས་གང་རུང་ཡིན་པ་རུང་བ། ཚད་དང་ལྡན་པ། རང་ཉིད་ཀྱི་ཡིན་པ། ཡུལ་དུས་དེར་དཀོན་ཞིང་རིན་ཆེ་བ། ཟླ་བ་བཞིར་ལོངས་སྤྱད་པས་ཉམས་པ་མ་ཡིན་པ། ཉམས་པའམ་གསོ་བ་ལ་སོགས་པའི་རྫས་དམན་པ་དང་མ་འདྲེས་པ་སྟར་ཚད་ལ་གནོད་པའི་བཟོའི་རྩོམ་པ་མ་བྱས་པ་དང་བརྒྱད་དོ། །བསམ་པ་ལ་གཉིས་ལས་འདུ་ཤེས་མ་འཁྲུལ་བ། ཀུན་སློང་རང་དགར་རང་ཉིད་ཀྱི་དོན་དུ་བླང་བའམ་ནང་ཚངས་ཅན་གྱི་སྟན་བྱེད་འདོད་རྒྱུན་མ་ཆད་པའོ། །སྦྱོར་བ་རང་ངམ་གཞན་ཐ་སྙད་ལྔ་ལྡན་ངག་མཚན་ཉིད་ལྔ་ལྡན་གྱིས་མངོན་སུམ་དུ་བསྐོས་པས་སྟན་གྱི་བཟོ་བྱེད་པར་རྩོམ་པ། མཐར་ཐུག་དེའི་རྐྱེན་གྱིས་སྲིན་བལ་བཀྲམ་པ་རྫོགས་པའོ། །སྲིན་བལ་དང་འདྲ་བར་ཡུལ་དུས་དེར་དཀོན་ཞིང་རིན་ཆེ་བའམ་སྲིན་བལ་ལས་ཀྱང་ཆེས་རིན་ཆེ་བའི་མོན་དར་དང་ཟ་འོག་ལ་སོགས་པ་རྣམས་ལ་རང་ཉིད་ཀྱི་དོན་དུ་སྟན་བྱས་སམ་བྱེད་དུ་བཅུག་ན་ཡང་སྤང་ལྟུང་དངོས་གཞིར་འགྱུར་བ་ཡིན་ཏེ། དངོས་པོ་ཁྱད་པར་ཅན་ལ་ཆགས་ཤིང་འདོད་ཆེ་ཆོག་མི་ཤེས་པ་དོན་དང་བྱ་བ

མང་བས་བཅས་པ་རྣམ་འཛོག་གི་དགག་བྱ་དང་ལྡན་པའི་ཕྱིར་རོ། །དཀོན་ཞིང་རིན་ཆེ་བའི་སྲིན་བལ་དང་བལ་ནག་ཆ་མཉམ་བསྲེས་པའི་སྨན་བྱེད་ནའང་ལྡུང་བའི་དངོས་གཞི་བསྐྱེད་དོ། །དཀོན་ཞིང་རིན་ཆེ་བས་བསྐྱེད་པའི་ལྡུང་བ་དུ་ཡོད་ན། གསེར་དངུལ་མངོན་མཚན་བསོད་པ་སློང་། །ཡོངས་པ་གཞིར་གཏོགས་ཁབ་རལ་ཏེ། །དེ་ལྟར་རྣམ་པ་བརྒྱད་རྣམས་སོ། །སྲིན་བལ་མོད་ཅིང་རིན་ཆུང་། བལ་དཀར་དཀོན་ཞིང་རིན་ཆེ་ན་སྲིན་བལ་ལ་ལྡུང་བ་མེད་ཅིང་། བལ་དཀར་གྱི་སྨན་བྱེད་ན་དངོས་གཞི་བསྐྱེད་དེ། དཀོན་ཞིང་རིན་ཆེ་བ་ལྡུང་བའི་རྒྱུའི་གཙོ་བོ་ཡིན་པས་སོ། །ཤ་ནའི་རས་བལ་སོགས་ཉུང་དུ་སྲིན་བལ་དང་བསྲེས་པ་དང་། །སྲིན་བལ་ཉམས་པ་དང་། ཚད་ལས་ཆུང་བ་དང་། སྨན་ལས་གཞན་སྲིན་བལ་གྱི་གོས་སོགས་བྱེད་པ་དང་། རྒྱུ་རྡུང་བ་མིན་པ་རྫ་བལ་ལ་སོགས་པ་དཀོན་པ་དང་རིན་ཆེ་བ་དང་། གཞན་གྱིས་སྨན་ཕྱེད་བཙམས་པའི་འཕྲོ་ཟིན་པར་བྱེད་པ་དང་། རང་གཞན་གཉིས་ཀའམ་གཞན་དོན་དུ་བྱེད་པ་རྣམས་ལ་ཉེས་བྱས་སོ། །ན་སྨད་འདི་བལ་ནག་སྨན་སོགས་ལའང་སྦྱར་བར་བྱའོ། །སྨན་གྱི་ཚད་ནི་སྲིད་དུ་ཁྲུ་ཕྱེད་དང་ལྔ་ནི་ཆེན་པོའོ། །ཆུང་ངུ་ནི་ཁྲུ་ཕྱེད་དང་གསུམ་མོ། །འབྲིང་དེ་གཉིས་ཀྱི་བར་གང་ཡང་རུང་བའོ། །གསུམ་གའང་ཞིང་ནི་གདིང་བའི་ཞིང་དང་མཉམ་མོ། །གདིང་བ་ནི་སྨན་མིན་ཏེ། སྨན་དང་དགོས་པ་གནང་བཀག་བཟོ་ཐ་དད་པའི་ཕྱིར་རོ༑ ༑

བཅུ་གཉིས་པ་དཀོ༷ན་ས༷ར་བ༷ལ་ན༷ག་འབ༷འ་ཞི༷ག་སྨ༷ན་དུ༷་འདི༷ང་བའི་སྦྱང་ལྡུང་ལ་གཉིས་ལས། དང་པོ་གླེང་གཞི་ནི། གནས་གང་ཟག་སྔར་ལྟར་ལ་བལ་ནག་པོ་དཀོན་ཞིང་རིན་ཆེ་བས་སྨན་བྱས་སམ་བྱེད་དུ་གཞུག་པས་བྱ་བྱེད་མང་བ་སོགས་ཀྱིས་དོན་ཉུང་བས་འཕྲུ་བར་བརྟེན་ནས་སྦྱང་ལྡུང་ངོ་ཞེས་བཅས་སོ། །གཉིས་པ་ལྡུང་བ་ལ་གཞི་བསམ་པ་སྦྱོར་བ་མཐར་ཐུག་གི་ཡན་ལག་བཞི་ལས། དང་པོ་བལ་ནག་འབའ་ཞིག་ཅེས་བརྗེ་བ་མ་གཏོགས་སྔར་དང་འདྲ་ལ། བསམ་སྦྱོར་མཐར་ཐུག་གསུམ་ཀྱང་སྔར་བཞིན་ནོ། །བཅུ་གསུམ་པ་བ༷ལ་ན༷ག་ཆ༷་གཉི༷ས་ཀྱི་སྨན་བྱེད་པའི་སྦྱང་བ་ལ་གཉིས་ཏེ། དང་པོ་གླེང་གཞི་ནི། གནས་དང་གང་ཟག་སྔར་ལྟར་ལ་བལ་དཀར་པོ་དང་འཁོབ་བལ་ཙུང་ཟད་བསྲེས་ཏེ་བལ་ནག་པོ་དཀོན་ཞིང་རིན་ཆེ་བས་སྨན་བྱས་སམ་བྱེད་དུ་བཅུག་པས་བྱ་བྱེད

མང་བ་སོགས་དོན་ཉུང་བས་འཕྲོ་བར་བརྟེན་ནས་སྤང་ལྟུང་དུ་བཅས་སོ། །

གཉིས་པ་ལྟུང་བ་ལ་གཞི་བསམ་སྦྱོར་བ་མཐར་ཐུག་གི་ཡན་ལག་བཞི་ལས། དང་པོ་བལ་ནག་གིས་སྟན་གྱི་རྒྱུའི་ཕྱེད་ལས་ལྷག་པ་ཞེས་བརྗེ་བ་མ་གཏོགས་སྔར་ལྟར་ལ།བསམ་སྦྱོར་མཐར་ཐུག་གསུམ་ཀྱང་སྔ་མ་བཞིན་ནོ། །སྟན་གྱི་རྒྱུའི་ཕྱེད་ཙམ་ལུག་བལ་ནག་པོ་འབའ་ཞིག་དང་། བཞི་ཆ་དཀར་པོ། བཞི་ཆ་འགོབ་བལ་ལས་བྱས་པ་ལ་ལྟུང་བ་མེད་ལ། དཀར་པོ་བཞི་ཆ་ལས་ལྷག་ཅིང་འགོབ་བལ་ཉུང་ན་ཉེས་བྱས་སོ། །འགོབ་བལ་ལྷག་པ་ལ་ལྟུང་བ་མེད་དོ། །བཅུ་བཞི་པ་ལོ་དྲུག་མ་སོང་སྟན་གསར་བྱེད་པའི་སྤང་བ་ལ་གཉིས། གླེང་གཞི་དང་། ལྟུང་བའོ། །དང་པོ་ནི། སྟོན་པ་མཉན་ཡོད་ན་བཞུགས་ཚེ་དགེ་སློང་རྣམས་ལ་སྟན་མང་པོ་བྱུང་སྟེ། འདི་ཕ་ཅིང་རིང་ངོ་། འདི་ཐུང་ངོ༏ ༏འདི་དོག་འདི་ཞེང་ཡངས་སོ། །འདི་བུ་ག་རྫོལ་བ། འདི་ཤ་ཟད་པའོ། །བཅོས་དཀའོ་ཞེས་གཞན་སྟན་གསར་པ་བྱེད་དུ་འཇུག་པས་བྱ་བྱེད་མང་བས་ལུང་ནོད་པ་བསམ་གཏན་བྱེད་པ་ལ་བར་ཆད་དུ་སོང་ནས་དོན་ཉུང་བས་འཕྲོ་བ་ལ་བརྟེན་ནས་སྟོན་པས་སྟན་གསར་བ་ལོ་དྲུག་ཏུ་བཅང་། ལོ་དྲུག་གི་ནང་དུ་སྟན་གསར་དེ་སྤང་མ་སྤང་ཇི་ལྟར་རུང་བས་སྟན་གསར་བྱེད་ན་སྤང་བའོ་ཞེས་བཅས་སོ། །ལས་བྱེད་པའི་ལོ་དྲུག་གི་ནང་དུ་སྟན་རྙིང་བ་དེ་བཅོས་དཀའ་ན་དེ་དགེ་འདུན་གྱིས་རྟོག་པར་བྱས་ཏེ། དེ་ལ་དགེ་འདུན་གྱིས་གསོལ་གཉིས་ཀྱི་ལས་ཀྱིས་སྟན་གསར་བ་བྱེད་པའི་གནང་བ་སྦྱིན་པར་གསུངས་སོ། །སྔ་མ་བཅས་པ་ལ་འདི་གནང་བའོ། །གཉིས་པ་ལ་གཞི་བསམ་སྦྱོར་བ་མཐར་ཐུག་གི་ཡན་ལག་བཞི་ལས། དང་པོ་གཞིའི་ཡན་ལག་ལ་གཉིས་ལས། གང་ལས་སྟན་སྒྲུབ་པའི་དངོས་པོ་ནི། སྟན་གྱི་རྒྱུ་ཡིན་པ། གཞི་གཞན་གྱི་སྒོ་ནས་རུང་བ། ཚད་དང་ལྡན་པ། རང་ཉིད་ཀྱི་ཡིན་པ། རྫས་མ་ཉམས་པ་ཡིན་པ། སྔར་ཚད་ལ་གནོད་པའི་བཟོའི་རྩོམ་པ་མ་བྱས་པ་དང་དྲུག་གོ༏ ༏རྟེན་ནི། སྟན་སྔ་མ་བྱས་ནས་ལོ་ངོ་དྲུག་མ་ལོན་པ། སྟན་སྔ་མ་ཡོད་པའམ་རང་དགར་བཏང་བས་མེད་པར་གྱུར་པ། སྟན་གཉིས་པ་བྱེད་པའི་གནང་བ་མ་ཐོབ་པ་དང་གསུམ་མོ། །བསམ་པ་ལ་གཉིས་ལས་འདུ་ཤེས་ནི་མ་འཁྲུལ་པ། །ཀུན་སློང་རང་དགར་རང་ཉིད་ཀྱི་དོན་དུ་བླང་བའི་སྟན་བྱེད་འདོད་རྒྱུན་མ་ཆད་པའོ། །སྦྱོར་བ་རང་ངམ་གཞན་ཐ་སྙད་ལྔ་ལྡན་དག་མཚན་ཉིད་ལྔ་ལྡན་གྱིས

མངོན་སུམ་དུ་བསྒོས་པས་བྱེད་པར་རྩོམ་པ། མཐར་ཐུག་དེས་རྐྱེན་གྱིས་བཀྲམ་པ་ཡོངས་སུ་རྫོགས་པའོ། །བལ་སྙིང་བ་དང་ཉམས་པ་དང་རྒྱུ་རུང་བ་མ་ཡིན་པ་དང་། ཚད་ལས་ཆུང་བ་དང་། སྟན་སྔ་མ་བཀྲམ་པ་དང་ལྷན་ཅིག་ཏུའམ། དེའི་འོག་ཏུ་སྟན་གཉིས་པ་བཀྲམ་པ་ཙམ་དང་གཞན་དོན་དུ་ལོ་དྲུག་གི་ནང་དུ་སྟན་གཉིས་པ་བྱས་པ་རྣམས་ལ་ཉེས་བྱས་སོ། །སྟན་སྔ་མ་ཡོད་བཞིན་དུ་ལོ་དྲུག་གི་ནང་དུ་སྟན་གཉིས་པ་བྱས་སམ་བྱེད་དུ་འཇུག་པ་ཐམས་ཅད་ལ་ལྟུང་བར་འགྱུར་རོ། །བཀག་པའི་སྟན་དང་གནང་བའི་སྟན་ཅིག་ཆར་རམ་བཀག་པའི་སྟན་རྗེས་ལ་བཀྲམ་པ་ལས་བཀག་པའི་སྟན་སྤར་ཟིན་པ་ཉིད་ལ་སྦྱོར་བའི་ཉེས་བྱས། སྤར་གྱི་གནང་བའི་སྟན་ཟིན་པའི་ཚེ་སྟན་དེས་དངོས་གཞི་བསྐྱེད་པས་སྦྱོར་བ་གང་ལ་བཀྲམ་པ་དེ་ལ་དངོས་གཞི་འབྱུང་བར་མ་ངེས་སོ། །བསླབ་བྱ་ནི། ལོ་དྲུག་གི་ནང་དུ་སྟན་གསར་བ་བྱེད་མི་འོས་ན་གསོལ་བ་དང་། འོས་ན་མ་གསོལ་བར་སྟན་བྱེད་པ་དང་། དགེ་འདུན་གྱིས་ཀྱང་སྟན་དེ་བཅོས་ནུས་ཡིན་མིན་དང་། རང་དགར་བཏིང་མ་བཏིང་རྟོག་པ་ལ་རང་ངམ་དགེ་སློང་གཞན་མ་བསྒོས་པ་དང་། རྟོག་པ་པོ་དང་ལོངས་སྤྱོད་པ་པོ་གཞན་གྱིས་ཀྱང་ཆུ་ཞིང་ལྷག་པ་མ་བཅད་པ་དང་། ཚད་ལས་དོག་པ་མ་བསྐྱེད་པ་དང་། རལ་ན་བཅོམ་པ་སོགས་མ་བྱས་པ་ལ་ཉེས་བྱས་སོ། །གནང་བ་གསོལ་བ་ལ་དགེ་འདུན་གྱིས་གནང་བ་མ་བྱིན་ནའང་ཉེས་བྱས་སོ༑ ༑

ཕྱིར་བཅོས་མི་ནུས་པའི་ཚད་ནི། སྔ་མ་ཕྱིར་བཅོས་དེ་དང་། ཕྱི་མ་གཞི་ནས་བཟོ་བ་གཉིས་ཚོགས་ཆེ་ཆུང་མཉམ་ན་ཕྱིར་བཅོས་མི་ནུས་པར་འཇོག་གོ། །བཅོ་ལྔ་པ་ཚ༷ད་ལྡ༷ན་ཀྱི༷་གདི༷ང་བ༷་སྙིང་བ་ཡོད༷་ཀྱང༷་སླར༷་བཟོ༷་བའི་སྤང་བ་ལ་གཉིས་ལས། དང་པོ་གླེང་གཞི་ནི། རྒྱ་གར་ཡུལ་དབུས་སུ་སྟོན་པ་སངས་རྒྱས་དེ་ཡོད་པ་ཐོས་པའི་བྱང་ལམ་གྱི་ཚོང་པ་མང་པོ་རང་རང་གི་ཟོང་ཐོགས་ཏེ་སངས་རྒྱས་ལ་མཆོད་པའི་ཆེད་དང་ཚོང་གི་ཆེད་དུ་འོང་ནས་མཉན་ཡོད་ནས་ཁེ་ཕྱོགས་སླབ་སྐབས་དུ་འོང་ནས་ཁྱིམ་བདག་མགོན་མེད་ཟས་སྦྱིན་གན་དུ་སོང་ནས་བདག་ཅག་སངས་རྒྱས་མཇལ་འདོད་དེ་འོང་སྐབས། དེས་དེ་ནི་ཨུ་དུམ་ཝ་རའི་མེ་ཏོག་ལྟར་དཀོན་པས་ཤིན་ཏུ་ལེགས་ཞེས་ཚོང་པ་ལྔ་བརྒྱ་ཁྲིད་ནས་སྟོན་པར་ཕྱག་འཚལ་ཏེ་ཆོས་བསྟན་པ་ཞུས་བསྙེན་བཀུར་ཕུལ་གནས་བརྟན་རྣམས

མཇལ་སྐབས་དེ་དག་གི་མལ་སྟན་རྫོལ་བ་དག་མཐོང་བ་ན་འདི་རྣམས་རྫོལ་བའི་རྒྱུ་མཚན་དྲིས་པས་མཚན་མོ་སྐྱིལ་ཀྲུང་གིས་འདས་པས་སོ་སྨྲས་པས། དེ་རྣམས་དང་དེ་དགེ་སློང་རྣམས་ལ་རས་ཡུག་ཆེན་ལྔ་བརྒྱ་ཕུལ་བ་དེས་གདིང་བ་བྱས་ཏེ་གདིང་བ་རྙིང་བ་རྣམས་གཙུག་ལག་ཁང་བླ་གབ་མེད་པར་སྤྱང་ངོ་། །དེ་སྐབས་དགེ་འདུན་རྣམས་ཁྱིམ་བདག་ཞིག་གིས་གདུགས་ཚོད་ལ་བྲངས། སྟོན་པ་རྫས་ལས་བྱུང་བའི་ལས་མཛད་པ་ན་བཞུགས་པས་བསོད་ནམས་སྒྲུབ་པ་ཡིན་པས་དེའི་སྐབས་དེ་ལ་བཞུགས་པར་མཛད་དོ། །

རྫས་ལས་བྱུང་བའི་བསོད་ནམས་ནི། ནང་དུ་འཇོག་པ། ལྷ་རྣམས་ལ་ཆོས་སྟོན་པ། ནད་པར་བལྟ་བ། གནས་མལ་རྟོག་པ། བསླབ་པ་འཆའ་བ། གཙུག་ལག་ཁང་དུ་གཤེགས་པ་རྣམས་ལས་སྟོན་པས་ལྡེ་མིག་རྣམས་བསྣམས་ནས་གཙུག་ལག་ཁང་རྣམས་སུ་གཤེགས་ཏེ་མཐར་གདིང་རྙིང་སྤྱངས་བའི་གནས་དེར་གཤེགས་ཏེ་དེ་རྣམས་རྙིང་རྫོལ་རྡུལ་དང་འདྲེས་པར་གཟིགས་ཏེ། ཨེ་མ་ཞེས་སྨྲད་དེ་ཁྱིམ་བདག་དད་པ་ཅན་གྱིས་ལྷགས་པ་ཤ་ཁྲག་དག་བཅིར་ཏེ་སྦྱིན་པ་དག་གིས་བསོད་ནམས་བྱེད་པ་ལ་དགེ་སློང་རྣམས་དྲོད་མི་ཤེས་པར་མི་བརྟགས་པར་སྤྱད་དོ་དགོངས་ཏེ་དེ་དག་བསྡུས་སྤྲུགས་བཏིང་བསྐམ་རྗིག་པ་ལ་མ་རེག་བར་འཇོག་པར་མཛད་ནས་གཙུག་ལག་ཁང་དུ་གཤེགས་སོ། །སྟོན་པས་དགེ་སློང་རྣམས་དྲོད་རན་པར་སྤྱོད་པ་ལ་བསྟགས་ཏེ་དགེ་འདུན་བསྡུས་ཁྱེད་རྣམས་གདིང་བ་གསར་བ་བྱེད་ན་རྙིང་པ་ལས་བདེར་གཤེགས་མཐོ་གང་གླན་དགོས། གལ་ཏེ་ཁ་དོག་མི་སྡུག་པའི་ཆེད་དུ་དེ་མ་གླན་པར་སྤྱོད་ན་སྤང་ལྟུང་ངོ་ཞེས་བཅས་སོ། །

གཉིས་པ་ལ་གཞི་བསམ་སྦྱོར་བ་མཐར་ཐུག་གི་ཡན་ལག་བཞི་ལས། དང་པོ་ལ་གཉིས་ལས། གང་ལ་ལོངས་སྤྱོད་པའི་དངོས་པོ་ནི་གདིང་བ་ཡིན་པ། རུང་བ། ཚད་དང་ལྡན་པ། བདག་པོ་རང་གི་ཡིན་པ། ཟླ་བ་བཞིར་ལོངས་སྤྱད་པའི་རྙིང་བ་མ་ཡིན་པ། གསར་དུ་བྱས་པ་དང་། གསར་དུ་རྙིང་པ་གཉིས་ཀྱི་ནང་ནས་གསར་དུ་བྱས་པའི་གདིང་བ་ཡིན་པ་བདེ་བར་གཤེགས་པའི་མཐོ་གང་སྟེ་ཚུ་ཞེང་གཉིས་ཀར་ཚད་དང་ལྡན་པའི་ཁྲུ་ཕྱེད་དང་དོ་ཡོད་པའི་གདིང་བ་རྙིང་བ་ལས་མ་གླན་པ་དང་བདུན་ནོ། །གང་གིས་ལོངས་སྤྱོད་པའི་རྟེན་ནི་མཐུད་ཅིང་སྦྱར་དུ་རུང་བ་ཡན་ཆད་ཀྱི་གདིང་བ་རྙིང་

བ་ལས་བདེ་ར་གཤེགས་མཐོ་གང་དུ་ལོངས་པ་ཡོད་པའམ། རང་དགར་བཏིང་བའི་སྐྲོ་ནས་མེད་པ་ཡིན་པ་གང་རུང་ངོ། །བསམ་པ་ལ་གཉིས་ལས་འདུ་ཤེས་མ་འཁྲུལ་བ། ཀུན་སློང་རང་དགར་གཏིང་བ་རྙིང་བ་ལས་བདེ་ར་གཤེགས་མཐོ་གང་གིས་མ་གླན་པར་གཏིང་བ་གསར་བར་ལོངས་སྤྱོད་འདོད་རྒྱུན་མ་ཆད་པའོ། །སྦྱོར་བ་ལུས་ཀྱིས་ལོངས་སྤྱོད་པར་རྩོམ་པ། མཐར་ཐུག་ལོངས་སྤྱོད་པ་སྟེ། དེའང་རྙིང་བར་མ་གྱུར་བའི་བར་དུ་ལོངས་སྤྱད་པ་རེ་རེ་ལ་ལྟུང་བ་རེ་རེའོ། །བཅུ་དྲུག་པ་བུ༷་ལ་ནུ༷ག་པོ་ལ་སོགས་པ་ནི༷་ཀེ༷ད༷་ནུ༷ས་ལུ༷མ་གྱི༷་དཔ༷ག་ཚ༷ད་གསུམ༷་ཚུན་ཆད་ལས་འདས་ཏེ་མཐ༷འ་རུ་ཕྱིན་པར་བྱེ༷ད་པའི་སྤང་ལྟུང་ལ་གཉིས་ཏེ། གླེང་གཞི་དང་། ལྟུང་བའོ། །དང་པོ་ནི། སྟོན་པ་མཉན་ཡོད་ན་བཞུགས་ཚེ་དྲུག་སྡེས་ཉེར་དགའ་དགའ་བོ་གཞན་ལྟུང་བཟེད་ནག་པོ་ཅན་འདི་རྣམས་རྐང་པ་སྤྲེའུའི་ཞག་གིས་བསྐུས་ཏེ། འགྲོ་བ་དང་། འོང་བ་དང་། གློ་བུར་དུ་འོང་བའི་དུས་ཀྱི་སྐབས་སུ་དེ་དང་དེའི་རྙེད་པ་སྒྲུབ་པར་གསོལ་གྱི་འདི་དག་སྐྱེ་བོ་མང་པོས་དགའ་ཞིང་ཡིད་དུ་འོང་བར་ཡང་བྱེད། བདག་ཅག་ནི་ཁྲིན་པའི་སྤྲུལ་བ་བཞིན་དུ་འབུམ་པ་ལས་གར་ཡང་མི་ཐོན་པས་རྙེད་པ་འཐོབ་པར་མི་འགྱུར་བས་འདོད་པར་བྱའོ། །གང་དུ་ན་དོན་མཐུན་གྲུབ་པ་དེར་འགྲོ། དེ་ཡང་བདག་ཅག་ཐམས་ཅད་སོང་ན་ཉེ་བར་སྤྱད་པའི་ཁྲིམ་རྣམས་སུ་གཞན་ལྟུང་བཟེད་ནག་པོ་ཅན་དག་འཇུག་པར་འགྱུར་བས་གཅིག་བཞག་གོ། །

དེའང་འཆར་ཀའོ་ཞེས་སྨྲས་ཏེ་བལ་ཡུལ་དུ་འགྲོ་བའི་དོན་མཐུན་དང་འཕྲད་དེ། དེ་དང་འགྲོགས་ཏེ་ལྷ་པོ་སོང་ནས་བལ་ཡུལ་དུ་ཕེབས་པ་ན། དེ་ལྷ་ཡིད་སྐྱོ་ནས། ཕྱི་ཉིན་ཚུར་ལྡོག་པར་ཆས་པ་ན། ཚོང་པ་རྣམས་ལ་སྤྲན་པས། དེ་རྣམས་ཀྱིས་ཟོང་དག་བསྒྲུར་མ་ཟིན་པས། ཁྱེད་ཅག་ངོ་ཤེས་པའི་ཚོང་པ་གཞན་དང་སྦྲགས་ཏེ་འདོང་བར་གྱིས་སྨྲས་ཏེ། དེ་ལྷ་ཤིང་རྟ་ལས་བལ་མང་པོ་བྲངས་བའི་ཚོང་པ་ཞིག་དང་སྦྲགས་ཏེ་ཕྱིན་པས་ནམ་ཞིག་ན་ཚོང་པ་རྣམས་ཆོམ་རྐུན་པས་བཅོམ་ཞིང་ཤིང་རྟ་ཡང་ཆག་པ་ན། ཤིང་རྟ་བཅོས་ན་ཆོམ་པོས་བཅོམ་པར་དོགས་ཏེ་བལ་རྣམས་བཞག་ནས་འགྲོ་བར་ཆས་སྐབས། དྲུག་སྡེས་སྨྲས་པ། ཀྱེ་ནང་མི་དག་བལ་ཙུང་ཟད་རེ་སློང་ན་སྟོལ་ལམ། བལ་ཐམས་ཅད་ཐོགས་ནའང་སྦྱིན་ནོ་སྨྲས་པས། གཅིག་གིས་ཐམས་ཅད་ཀྱི་ལྟུང་བཟེད་ཆོས་གོས་

རྣམས་ཁྲུར། བཞི་པོས་བལ་གྱི་ཐག་པ་བསྒྲིལ་བས་ཁྲུར་དམ་པོར་བསྡམས་ཏེ་བལ་ཐམས་ཅད་མི་ཁྲུར་བཞི་བྱས་ཏེ་ཁྲུར་རོ། །ཚོང་པ་རྣམས་ནས་ཁྱེད་ཅག་ལ་ཁྲུར་གླ་སྦྱིན་ནོ་སྨྲས་པས། བདག་ཅག་ཁྱེད་ཀྱི་གླ་མི་པ་ཡིན་ནམ། ཀུ་རེ་བྱས་པར་ཟད་དོ། །ཚོང་པའི་ནང་ན་མུ་སྟེགས་ཅན་ཞིག་ཡོད་པས་སྨྲས་པ། ཁྱེད་རྣམས་རྙེད་པ་གང་ནས་བསྒྲུབ་གང་དུ་ཁྲུར་འཇུག་སྨྲས། ཁྱོད་ཀྱི་མའི་ལྷོ་དྲལ་ཏེ་དེ་ནས་གྲུབ་ཅིང་དེར་འཇུག་གོ་སྨྲས། བདག་ཅག་ལ་མཐོ་འཚམ་གྱིས་སྨར་འདོད་དོ་སྨྲས་ནས་སྔོན་ལ་ཕྱིན་ཏེ་ལམ་རྐུན་འགོག་པའི་རི་བྲག་གི་མི་རྣམས་ཀྱིས་མཐོང་བ་ན། ཁ་ཅིག་གིས་གླང་པོ་ཆེའི་ཚོགས་བྱུང་ངོ་། ཁ་ཅིག་གིས་རྟ་མོང་ཚོགས་སོ། །ཁ་ཅིག་གིས་གླང་དག་གོ། །ཁ་ཅིག་གིས་ཁྲུར་ཐོགས་པ་དག་གོ་སྨྲས། ཉེ་སར་ཕྱིན་ཚེ་དེ་རྣམས་ནས་ཁྱེད་ཅག་ལ་ངེད་རྣམས་སྐྲག་སྟེ་བྲོས་པར་བརྩམ་མོ་སྨྲས་པས། ཁྱེད་ཅག་དེ་ཙམ་ལ་སྐྲག་པར་གོ་ན་ཆོམ་རྐུན་པས་བཟུང་སྟེ་ནགས་ཁྲོད་དུ་དྲངས་སོ་སྨྲས། ལམ་དུ་མཐོ་འཚམ་པ་དག་འབྱུང་བས་ལམ་གོལ་ནས་འགྲོ་ཞེས། དེ་ནས་ཕྱིན་པ་ན་ཤོ་གམ་པས་རིག་ནས་ཤོ་གམ་དྲལ་ལོ་སྨྲས་པས། བཀྲིན་པ་དག་ཁོ་བོ་ཁྱེད་ཀྱི་ཚོང་པ་ཤོ་གམ་དྲལ་བ་དག་ཡིན་ནམ། ཅི་སུ་ཡིན། འཕགས་པ་དྲུག་སྡེའོ། །

འོ་ན་གཤེགས་ཤིག་དགའ་བོ་ཉེར་དགས་རྒྱལ་བྱེད་ཚལ་གྱི་སྒོ་ནས་ཞུགས་ན་ལྷུང་བཟེད་ནག་པོ་ཅན་གྱིས་མཐོ་འཚམ་པས་སྒོའུ་ཆུང་ནས་འཇུག་གོ་ཟེར། དེ་ནས་ཞུགས་པ་ན་གྲན་ཞུགས་ཤིག་གིས་ཁྲུར་ཅ་བ་དག་ཅིའི་ཕྱིར་སྒོ་དྲལ་ཏེ་འཇུག །གྲན་ཞུགས་ཁོ་བོ་དག་ཁྱོད་ཀྱི་ཁྲུར་ཅ་བ་ཡིན་ནམ། འོ་ན་སུ་ཡིན། དྲུག་སྡེ་དག་གོ། །ཁྱོན་པ་ལེགས། དེ་དག་ནང་དུ་ཞུགས་ཏེ་ཁྲུར་རྣམས་བཤིག་པས་རི་རབ་འདྲ་བའི་ཕུང་པོ་ཆེ་བར་གྱུར། དགེ་སློང་དག་གིས་ཁྱེད་རྣམས་ཁྲུར་འདི་ལྟ་བུ་ཐོགས་ན་མཐོ་འཚམ་པ་མི་འབྱུང་ངམ། ཅི་ཁོ་བོ་ཅག་བཟའ་བ་ཁོ་ནའི་ཕྱིར་ཁ་བསྒྲུབ་བམ། མཐོ་བརྩམས་ན་ལན་ཉིས་འགྱུར་སྦྱིན་ནོ་སྨྲས། དོན་ཆུང་བའི་དགེ་སློང་དག་གིས་འཕྱ་བའི་སྐབས་དེ་གསོལ་བས། སྟོན་པས་དྲུག་སྡེ་ལ་ཁྱེད་རྣམས་མི་མཛེས་པ་དེ་ལྟ་བུ་བྱས་པ་བདེན་ནམ། བཙུན་པ་མད་དོ། །དགེ་འདུན་བསྡུས་ཏེ། དགེ་སློང་ལམ་ཞུགས་ཀྱིས་བལ་རྙེད་ནས་འདོད་ན་བླང་བར་བྱ། དཔག་ཚད་གསུམ་མཐར་ཁྲུར་བར་བྱ། དེ་ལས་འདས་པར་ཁྲུར་ན་སྤང་ལྟུང་ངོ་ཞེས་བཅས་སོ། །གཉིས་པ་ལ་

གཞི་བསམ་སྦྱོར་བ་མཐར་ཐུག་གི་ཡན་ལག་བཞི་ལས་དང་པོ་ལ་གསུམ་ལས། གང་ཕྱུར་བའི་དངོས་པོ་ནི། བལ་ཡིན་པ། རུང་བ། ཚད་དང་ལྡན་པའི་ཕྱུར་གཅིག་ཏུ་ལོངས་པ་ཡིན་པ། རང་གི་ཡིན་པ། ངོ་མ་སྤྱོས་པ་དང་ལྡའོ། །གང་དུ་ཕྱུར་བའི་ལམ་ནི་སའི་ལམ་ཡིན་པ། རྒྱང་གྲགས་གཅིག་གི་མཐའ་ཡིན་པ། གང་གི་ཚེ་ཕྱུར་བའི་དུས་ནི་ཉིན་མཚན་གཅིག་གི་དུས་ཡིན་པའོ། །བསམ་པ་ལ་གཉིས་འདུ་ཤེས་མ་འཁྲུལ་བ་ཀུན་སློང་རང་དགར་རང་ཉིད་དོན་དུ་བལ་ཕྱུར་འདོད་རྒྱུན་མ་ཆད་པའོ། །སྦྱོར་བ་བསམ་པའི་དོན་ལ་བལ་ཕྱུར་ནས་འགྲོ་བར་རྩོམ་པ། མཐར་ཐུག་ནི་ཁྱེར་པ་པོ་བསྙེན་པར་མ་རྫོགས་པ་སོགས་གྲོགས་གཞན་མེད་ན་དཔག་ཚད་གསུམ་ཚུན་ཆད་དུ་ལྟུང་བ་མེད་ལ། དེ་ལས་བརྒལ་སྟེ་རྒྱང་གྲགས་གཅིག་གི་མཐར་ཕྱིན་པའམ། ཁྱེར་བ་ཡོད་ན་དང་པོ་ནས་བརྒལ་སྟེ་རྒྱང་གྲགས་གཅིག་གི་མཐར་ཕྱིན་པ་ནའོ། །དེ་ཕྱིན་རྒྱང་གྲགས་རེ་རེའི་མཐར་ལྟུང་བ་རེ་རེའོ། །རྒྱང་གྲགས་ཕྱེད་ཕྱེད་ན་ཉེས་བྱས་སོ། །ཁྱེར་བ་ཡོད་ན་དང་པོ་ནས་རང་གིས་ཕྱུར་བར་རྩོམ་པ་ན་ཡང་ཉེས་བྱས་སོ༔ ༔ར་བལ་ལ་སོགས་མི་རུང་བ་དང་། ཕྱུར་གྱི་ཚད་དུ་མ་ལོངས་པ་དང་། ཕྱུར་ངོ་སྤྱོས་པ་དང་། བསྒོམ་བྱུང་གི་རྫུ་འཕྲུལ་ལས་གཞན་པས་ནམ་མཁའ་ལ་ཕྱུར་ཁྱེར་ནས་འགྲོ་བ་དང་། སྤྲུལ་པས་ཕྱུར་ཁྱེར་ཏེ་འགྲོ་བ་དང་། ཞྭ་དང་ལྷམ་སྒྲོག་གུ་ཅན་དང་སྟོད་གོར་ནང་ཚངས་ཅན་དང་སྣ་རགས་ལ་སོགས་པའི་དོན་མ་ཡིན་པར་དེ་ཙམ་གྱི་བལ་ཕྱུར་བ་ལ་ཉེས་བྱས་སོ། །བཅུ་བདུན་པ་དགེ༷་སློང་མ༷་ལ༷་བ༷ལ་འཁྲུ༷་བ་དང་སྐྱི༷ལ་བཅུག༷་པའི་སྤང་ལྟུང་ལ་གླེང་གཞི་དང༷། ལྟུང་བའོ། །

དང་པོ་ནི། མཉན་ཡོད་དུ་དྲུག་སྡེས་བལ་བགོས་པའི་ཚེ་ཆ་ལྔ་རུ་བགོ་བར་གྱིས་འཆར་ཀ་འདིར་གནས་པས་མི་ཐོབ་པར་སླུ་བ་ན། དེ་ན་རེ། ཁྱེད་རྣམས་ཀྱིས་རྙེད་པ་ཁྱེད་རྣམས་ཀྱིས། བདག་གིས་རྙེད་པ་རྣམས་བདག་གིས་བྱ་སྙམ་པས། ཉེར་དགས་འདིས་མང་པོ་རྙེད་དོ་སྙམ་ནས། བདག་ཅག་སྔར་དྲུག་སྡེ་ཡིན་ན། ད་ལྔ་སྡེ་ཇི་ལྟར་བྱེད་དེ་ཆ་དྲུག་ཏུ་བགོས་ཤིག །འཆར་ཀ་མ་ངལ་བས་དེས་བགོ་བར་རིགས་སྙམ་པས་འཆར་ཀས་ཆ་དྲུག་ཏུ་བགོས་སོ། །ད་ཁྱོད་ཀྱི་རྙེད་པ་འགོད་སྙམ་ཚེ་ཁོ་བོས་ཀ་ནི་ཀ་གཅིག་ཀྱང་མ་རྙེད་སྙམ་པས་ཁོ་བོ་ཅག་འཆར་ཀས་བསླུས་སོ་སྙམ། འཆར་ཀས་རང་སྐལ་དེ་ཁང་བའི་སྒོ་གླེགས་རྒྱབ་ཏུ་ཆ་གཉིས་བྱས་ཏེ་བཞག་ནས་འདི་རྐྱལ་བ་ཁྱིམ་བདག་ལ་

བཅོལ་ན་བསླབ་པ་མ་བླངས་བས་རྐུའོ། །བཅུ་གཉིས་སྤེས་ནི་བཅའ་བའི་རིན་པར་འཛོག་གོ། །ཆོས་སྦྱིན་མ་འཁོར་བཅས་ཀྱིས་མདོ་སྡེའི་མཐར་སེམས་ཏེ་འགྱུར་ངོ་། །ཀོའུ་དམ་སྐྱེམ་མ་འཁོར་བཅས་ནི་འདུལ་བའི་དོན་ལ་བསམ་སྟེ། འདི་ལྟུང་བའོ་ལྟུང་མིན་ནོ་བསམ་སྟེ་འགྱུར་ངོ་། །སྐྱེ་དགུའི་བདག་མོ་འཁོར་བཅས་སྤོང་བ་པ་ཡིན་ཀྱང་ཅི་གནོད། དེར་གནས་བཞིན་རྨེལ་ཆོག་གོ་སྙམ་པ་ན། སྟོན་པའི་ཞབས་ལ་ཕྱག་འཚལ་དུ་སྐྱེ་དགུ་བདག་མོ་འོང་བ་དང་འཕྲད་དེ། ཁྲིམས་ལྡན་འདོད་པ་འགྲུབ་པར་གསུངས་པ་དེ་ཁོ་ན་སྟེ། ཁོ་བོས་ཁྱོད་བསམ་ནས་འཕྲད་དོ་སྨྲས་སོ། །དེ་ཅི་ལགས། བདག་ལ་བལ་ཙུང་ཟད་རྨེལ་དགོས་པ་ཡིན། བདག་བཅོམ་ལྡན་འདས་ཀྱི་མདུན་དུ་སོང་ནས་ཕྱིར་ལོག་ཆེ་འཁྱེར་རོ་སྨྲས། ཕྱིར་ལོག་ཆེ་དགེ་སློང་མ་གཉིས་འོང་ནས་འཕགས་མས་ཁྱེད་ལ་བལ་སྐུར་རོ་གསུངས་སྨྲས། སྒོ་རྒྱབ་ནས་ལོངས་ཤིག་སྨྲས། དེ་གཉིས་ཀྱིས་བལ་དེ་བསྒྲུལ་ཡང་མ་ནུས་པར་འདིར་རང་ཐག་གི་རྗེ་བཙུག་གོ་སྨྲས། འཆར་ཀ་འོང་ནས་ལག་པའི་མཐེའུ་ཆུང་གིས་བཏེགས་ཏེ་གཅིག་གི་མགོར་བསྐུར་བས་མགོ་ཆག་གོ་སྨྲས། ཅིག་ཤོས་ཀྱི་སྙིང་པར་བསྐུར་བས་སྙིང་པ་ཆག་གོ་སྨྲས། ཤ་ཐང་ཆད་པར་དབྱུར་ཁང་དུ་ལོག་སྟེ་ངལ་བསོས་པས་གཞན་དག་གིས་ཁྱེད་གཉིས་གདའ་གམ་མའོ་སྨྲས་ཆེ། འོ་ན་ཁྱེད་རྣམས་སྟོབས་ཆེ་ན་ཐོགས་ཤིག་སྨྲས་པས། དེ་དག་གིས་བསྒྲུལ་མ་ནུས་པར་འདིའི་ནང་དུ་རང་ཐག་གི་རྗེ་བཙུག་གོ་སྨྲས། དེའི་འཆིང་ཐག་བཤིག་པ་ན་བལ་གྱི་ཕུང་པོ་རི་ཙམ་དུ་གནས་སོ། །འདི་ལའང་བལ་ཙུང་ཟད་ཟེར་འདི་ལས་མང་ན་ཅི་ཟེར་རམ་སྨྲས། ཐམས་ཅད་བགད་པ་ན། སྐྱེ་དགུ་བདག་མོས་ཁུར་བླངས་ན་དཀའ་ཡང་ལྷོད་མི་རིགས་ན་ཁྱེད་ཅག་རྨེལ་སྤྲོ་བ་རྣམས་ཀྱིས་རྨེལ་ལ་ཞུགས་ཤིག་གསུངས། རང་ཉིད་ཀྱིས་བརྩོན་པས་རྨེལ་ཏེ་རྫོགས་པ་ན། སྟོན་པའི་མདུན་དུ་འཕགས་མ་སོང་ཆེ་ལག་པ་བཅོ་བླག་མཁན་ལྟར་དམར་པོར་གྱུར་པ་སྟོན་པས་གཟིགས་ཏེ་རྒྱུ་མཚན་དྲིས་པས་དེས་གསོལ་བས། འཆར་ཀ་ཁྱོད་ཀྱིས་ཉེ་མིན་དགེ་སློང་མར་བལ་རྨེལ་དུ་བཅུག་པ་བདེན་ནམ། མད་དོ། །སྟོན་པས་དགེ་སློང་གང་དགེ་སློང་མ་ཉེ་མིན་ལ་བལ་རྨེལ་ལམ་འབྲུད་དམ་འཆེད་དུ་འཇུག་ན་སྤང་ལྟུང་ངོ་ཞེས་བཅས་སོ། །གཉིས་པ་ལ་གཞི་བསམ་སྦྱོར་བ་མཐར་ཐུག་གི་ཡན་ལག་བཞི་ལས། དང་པོ་གང་རྨེལ་དུ་འཇུག་པའི་དགེ་སློང་མ་ཆོས་བརྒྱད་ལྡན་ནོ། །

གང་རྫི་ལ་བ་ལ་སོགས་པའི་དངོས་པོ་ནི། བལ་ཡིན་པ་རུང་བ་ཚད་དང་ལྡན་པ་རྫི་ལ་བར་འོས་པ་སྔར་ཚད་ལ་གནོད་པའི་རྫི་ལ་བ་ལ་སོགས་པ་མ་བྱས་པ་རང་ཉིད་ཀྱི་ཡིན་པ་དང་དྲུག་གོ། །སྔར་འཆག་པ་ཞེས་པའི་དོན་བལ་རྫི་ལ་བ་ཞེས་བརྗེ་བ་མ་གཏོགས་ཡན་ལག་ལྷག་མ་ཐམས་ཅད་འགྱུར་འཇུག་གི་སྐབས་བའི་སྐབས་དང་འདྲའོ། །ར་བལ་སོགས་རུང་བ་མིན་པ་དང་། ཚད་བཟུང་བ་དང་། གཞན་དབང་གི་བལ་རྣམས་རྫི་ལ་བ་དང་འབྲུ་བ་དང་ཁ་བསྒྱུར་དུ་བཅུག་པ་དང་། ཕྱི་རོལ་བའི་རབ་བྱུང་མོ་དང་། བུད་མེད་སྡོམ་པ་ཉམས་པ་དང་། མ་ཆགས་པ་དང་། དུད་འགྲོ་ལས་གཞན་པའི་མི་མ་ཡིན་མོ་ལ་རྫི་ལ་དུ་བཅུག་པ་སོགས་དང་། ཕྲིན་ཡིག་ལག་བརྡ་ལ་སོགས་པས་རྫི་ལ་བ་འཚོལ་བས་བཅོལ་བ་རྣམས་ཉེས་བྱས་སོ། །དུད་འགྲོ་མོ་ལ་རྫི་ལ་བ་སོགས་བཅོལ་བ་ཉེས་བྱས་སོ། །མདོར་ན་ཉེ་མིན་མཚན་མི་མཐུན་པ་ལ་གོས་འབྲུ་བ་ལ་སོགས་པ་ལས་གཞན་པའི་བྱ་བ་ཇི་འཐག་དང་གོས་བཟོ་ཞིང་ལས་སོགས་བྱ་བ་རང་དགར་འཚོལ་བ་ཐམས་ཅད་ལ་ཉེས་བྱས་སོ། །བཅོ་བརྒྱད་པ་གསེར་དངུལ་ལེན་པའི་སྤང་བ་ལ་གླེང་གཞི་དང་། ལྟུང་བའོ། །དང་པོ་ནི། སྟོན་པ་མཉན་ཡོད་ན་བཞུགས་ཚེ་དྲུག་སྡེས་གསེར་ལ་སོགས་པ་རིན་པོ་ཆེ་མང་པོ་རང་གིས་ལེན་པ་དང་ལེན་དུ་འཇུག་པ་བྱས་པས་མུ་སྟེགས་ཅན་གྱིས་དགེ་སློང་འདོད་པ་མ་ལོག་མ་སྤངས་ཏེ་གསེར་དངུལ་སོགས་རིན་པོ་ཆེ་ལ་རེག་པས་ཁྲིམ་པ་དང་ཁྱད་ཅི་ཡོད་ཅེས་འཕྱ་བའི་སྐབས་དེ་གསོལ་བས། སྟོན་པས་དྲུག་སྡེ་ལ་དེ་ལྟར་བྱས་སམ། བྱས་ལགས། རིན་པོ་ཆེ་ལ་རེག་པ་དང་རེག་ཏུ་འཇུག་ན་སྤང་ལྟུང་ངོ་ཞེས་བཅས་སོ༔ ༔

གཉིས་པ་ལ་གཞི་བསམ་སྦྱོར་བ་མཐར་ཐུག་གི་ཡན་ལག་བཞི་ལས། །དང་པོ་གསེར་དངུལ་ལ་སོགས་རིན་པོ་ཆེ་ཡིན་པ། ནོ་ཚོང་ལ་སོགས་པའི་ཐ་སྙད་གདགས་སུ་རུང་བ། རང་ཉིད་ཀྱི་ཡིན་པ། ལག་པས་སླེབ་པའི་མངོན་སུམ་དུ་གནས་པ་ན་མི་རུང་བའི་བློ་མ་བཞག་པར་ནོར་གྱི་བློས་བདག་གིར་བྱས་པ། རུང་བ་གསུམ་གང་དང་ཡང་མི་ལྡན་པ། ཆུད་ཟ་བའི་རྐྱེན་ཉེ་བར་མི་གནས་པ་དང་དྲུག་གོ། །བསམ་པ་ལ་གཉིས་ལས། འདུ་ཤེས་མ་འཁྲུལ་བ། ཀུན་སློང་རང་དགར་རང་ཉིད་ཀྱི་དོན་དུ་རེག་གམ་རེག་ཏུ་འཇུག་འདོད་རྒྱུན་མ་ཆད་པའོ། །སྦྱོར་བ་བསམ་པའི་དོན་ལ་རང་ངམ་གཞན་

ཐ་སྙད་ལྔ་ལྡན་ངག་མཚན་ཉིད་ལྔ་ལྡན་གྱིས་མངོན་སུམ་དུ་བསྒྲོས་པས་མངོན་སུམ་དུ་རིག་པར་རྫོགས་པ། མཐར་ཐུག་དེའི་རྒྱུན་གྱིས་རིག་པ་རྫོགས་པའོ། །དེ་ཡང་རིག་ཏུ་འཇུག་ཚུལ་ནི། དེ་དང་འདི་ཞེས་སྦྱར་བས་བཅོ་བརྒྱད་གང་རུང་གིས་རིག་ཏུ་འཇུག་ན་ལྟུང་བ་བསྐྱེད་པ་ལ་ཁྱད་པར་མེད་དོ༑ ༑དེ་འང་འདི་ལོངས་ཤིག །འདི་ནས་ལོངས། འདི་ཙམ་ལོངས། འདི་ཁྱེར་ཤོག །འདི་ནས་ཁྱེར་ཤོག །འདི་ར་ཙམ་ཁྱེར་ཤོག །འདི་ར་ཞོག་ཅིག །འདི་ནས་ཞོག་ཅིག །འདི་ཙམ་ཞོག་ཅིག་ཅེས་པ་དགུ་དང་འདི་ཞེས་པའི་དོན་དུ་དེ་སྦྱར་བ་དགུ་སྟེ་བཅོ་བརྒྱད་དོ། །

དེས་ན་ལུས་དངོས་སམ་ལུས་དང་འབྲེལ་བའི་དབྱུག་པ་ལ་སོགས་པས་རེག་པའང་དངོས་གཞི་བསྐྱེད་པ་ལ་ཁྱད་པར་མེད། ལག་པས་སླེབ་པ་ཉིད་ཀྱི་ཕྱོགས་ལས་ཕན་ཆད་ན་འདུག་པ་ལ་དངོས་པོ་རུང་བ་མིན་པའི་བློ་མ་བཞག་པར་ནོར་གྱི་བློས་བདག་གིར་བྱས་པ་ཙམ་གྱི་རིན་པོ་ཆེ་དང་། རིན་པོ་ཆེ་ཡིན་ཡང་གས་ཆག་ཐུག་པ་བྱུང་བ་ཆིག་པ་ལ་སོགས་པས་རིན་ཐང་ཉམས་ཏེ་ཉོ་ཚོང་གི་ཐ་སྙད་གདགས་སུ་མི་རུང་བར་གྱུར་པ་དང་། ས་དང་རྡུ་དང་རྡོ་ལ་སོགས་པས་རིན་པོ་ཆེའི་རྣམ་པར་བཅོས་པ་དང་། རང་དབང་བའི་སྤྱོད་སྤྱད་ལ་སོགས་པར། རིན་པོ་ཆེའི་མཚན་མའི་རི་མོ་བྲིས་པ་སོགས་དང་། རིན་པོ་ཆེའི་མཚན་མ་མ་བྱས་པ་ཐ་སྙད་གདགས་སུ་རུང་བའི་ཟངས་ལ་སོགས་པ་རྣམས་ལ་རེག་གམ་རེག་ཏུ་བཙུག་ན་ཉེས་བྱས་སོ། །ཆོས་ལྡན་གྱི་རྒྱུན་ཆོས་གོས་ལྷུང་བཟེད་ཟས་ལ་སོགས་པས་ཕོངས་ཤིང་དབུལ་བའི་དེ་དག་སྒྲུབ་པའི་རྫས་གཞན་དག་ཀྱང་མེད་ན་དེ་དག་གི་ཆེད་དུ་ཅི་ཙམ་རེག་དགོས་པ་དེ་ཙམ་གྱི་རིན་པོ་ཆེ་ལ་རུང་བ་གསུམ་ཆགས་ཀྱིས། ཆོས་ལྡན་གྱི་རྒྱུན་དུ་མི་དགོས་པ་ལ་མི་ཆགས་སོ། །རུང་བ་བྱེད་ཚུལ་ནི། དང་པོ་དངོས་པོ་མི་རུང་བའོ་སྙམ་པའི་བློ་བཞག་སྟེ། དེའི་རྗེས་སུ་འདི་བསྒྱུར་བ་ལས་བྱུང་བའི་ཟས་གོས་གནས་ཁང་སོགས་ཆོས་ལྡན་དུ་རུང་བས་དེ་དང་དེ་བྱའོ་སྙམ་པའི་བློ་སྔོན་དུ་བཏང་སྟེ་རུང་བ་གསུམ་པོ་གང་རུང་བྱ་ཞིང་། བྱས་པའི་རྗེས་སུ་ཡང་། ངོ་བོ་ལ་མི་རུང་བའི་དམིགས་རྣམ་བསྟེན་པར་བྱའོ། །བསླབ་བྱ་ནི་སྟོན་པས་གནང་བའི་རྒྱུ་དང་ཁབ་སྐྱོན་ཕོར་ཁྲི་དང་རྐང་རྟེན་སྐྱོན་གྱི་ནལ་ཚོ། མིག་སྨན་གྱི་སྣོད་ཁ་གཟར་སོགས་རིན་པོ་ཆེས་བྱས་པ་བདག་གི་ཆེད་དུ་འཆང་ན་ཉེས་བྱས། ཡོ་བྱད་རིན་པོ་ཆེའི་རི་མོ་ཅན་དང་རིན་

པོ་ཆེའི་རྒྱན་ལྡན་རང་གི་ཆེད་དུ་འཆང་ན་ཉེས་བྱས་སོ། །ལྷུང་བཟེད་ཀྱི་རྒྱུ་མི་རུང་བ་མཁར་བ་རག་སོགས་ཀྱིས་བྱས་པ་བསྟེན་པར་རྫོགས་པའི་དུས་སུ་བདག་གིར་བྱས་ན་ཉེས་བྱས་སོ། །དེ་ལྟ་བུའི་ལྷུང་བཟེད་ཉིད་བསྟེན་པར་མ་རྫོགས་གོང་དུ་བདག་གིར་བྱས་པ་དེ་ལ་རྫོགས་ནས་སྔོན་པོར་གྱི་འདུ་ཤེས་མ་བསྐྱེད་པར་ལོངས་སྤྱད་ན་ཉེས་བྱས་སོ། །བཅུ་དགུ་པ་ཉེ་མིན་ཁྱིམ་པར་ཁེ་སྤོགས་ཆེད་ཚོང་ཟོང་གསེར་ལྟ་བུ་བུན་སྐྱེད་དུ་བཏང་བའི་མངོན་མཚན་ཅན་གྱི་ཟོང་གིས་རྙེད་པ་བསྒྲུབ་པའི་སྤྱང་བ་ལ་གཉིས་ཏེ། གླེང་གཞི་དང་། ལྟུང་བའོ། །དང་པོ་ནི། སྟོན་པ་མཉན་ཡོད་དུ་བཞུགས་དུས་དྲུག་སྡེས་མངོན་མཚན་ཅན་ཉོ་ཚོང་གི་བུན་སྐྱེད་བྱས་པས་མུ་སྟེགས་ཅན་རྣམས་ཀྱིས་འདི་དག་འདོད་པ་ལས་མ་ལོག་པ་དང་མ་སྤྱང་བའོ་ཁྱིམ་པ་དང་ཁྱད་ཅི་ཡོད་ཅེས་འཕྱ་བ་ལ་བརྟེན་ནས་སྐབས་དེ་གསོལ་བས། སྟོན་པས་དྲུག་སྡེ་ལ་དེ་ལྟར་བྱས་པ་བདེན་ནམ། བཙུན་པ་མད་དོ། །དགེ་སློང་གང་མངོན་མཚན་ཅན་གྱི་སྤྱོད་པ་སྣ་ཚོགས་བྱེད་ན་སྤང་ལྟུང་ངོ་ཞེས་བཅས་སོ། །

གཉིས་པ་ལ་གཞི་བསམ་པ་སྦྱོར་བ་མཐར་ཐུག་གི་ཡན་ལག་བཞི་ལས། དང་པོ་ལ་གསུམ་ལས། གང་ལ་སྐྱེད་པའི་ཡུལ་ནི་ཁྱིམ་པ་ཡིན་པ་ཐ་སྙད་ལྔ་ལྡན། ལུས་ཐ་མལ་དུ་གནས་པ་ཉེ་དུ་མིན་པ་རང་དང་ནོར་མི་གཅིག་པ་སྟེ་ཆོས་ལྔ་ལྡན་འོག་མ་རྣམས་སུ་ཡང་ཁྱིམ་པ་ཆོས་ལྔ་ལྡན་ཞེས་པ་ལ་འདི་སྦྱར་རོ། །དངོས་པོ་ནི། རིན་པོ་ཆེ་དང་འབྲུ་ལ་སོགས་པའི་ནོར་ཡིན་པ་རང་དབང་བ་གོས་ཁྲུ་གང་ཡན་ཆད་རི་བའི་ཚད་དང་ལྡན་པ་ཕལ་ཆེར་རུང་བའོ། །

བསམ་པ་ལ་གཉིས་ཏེ། འདུ་ཤེས་མ་འཁྲུལ་བ། ཀུན་སློང་རང་དགར་ཁེ་སྤོགས་འདོད་པས་རང་ཉིད་ཀྱི་དོན་དུ་སྐྱེད་འདོད་རྒྱུན་མ་ཆད་པའོ། །སྦྱོར་བ་དངག་མཚན་ཉིད་ལྔ་ལྡན་གྱིས་བསྐྱེད་པར་ཞུགས་པ། མཐར་ཐུག་དེའི་རྐྱེན་གྱིས་སྐྱེད་གོས་ཁྲུ་གང་ཡན་ཆད་རི་བ་ཐོབ་པའོ། །རབ་བྱུང་དང་ཁྱིམ་པ་ཐ་སྙད་ལྔ་དང་མི་ལྡན་པ་དང་། གཞན་དོན་དུ་བསྐྱེད་པ་དང་། རང་དོན་དུ་གཞན་ལ་བཅོལ་བ་སྦྲིང་ཡིག་སོགས་ཀྱིས་སྐྱེད་ཐོབ་པ་ལ་ཉེས་བྱས་སོ། །བསླབ་བྱ་དཀོན་མཆོག་གསུམ་གྱི་ཕྱིར་དུ་སྐྱེད་ཀྱི་རྫས་སྦྱིན་བདག་གིས་ཕུལ་བ་བླང་བར་བྱ་ཞིང་། དེའང་ཁྱིམ་པ་དང་དགེ་བསྙེན་ལ་གཏོང་དུ་གཞུག་གོ། །དེས་སྐྱེད་ཐོབ་པ་རྣམས་ཀྱིས་དཀོན་མཆོག་གང་གི་ཡིན་པ་དེར་མཆོད་པར་བྱའོ། །

ལྟུང་བ་བཤགས་ཚེ་སྐྱེད་ཀྱི་ཆ་སྦྱང་དགོས། སྐྱེད་དང་རྩ་བ་ཐ་དད་མི་མངོན་ན། སྐྱེད་ཡིན་པར་མངོན་ཞེན་འབྱུང་བ་དེ་སྦྱང་ངོ་། །དེའང་མི་རྟོགས་པར་ཁྲད་མེད་ན་ཐམས་ཅད་སྦྱང་དགོས། འོག་གི་ཉོ་ཚོང་ཡང་བསླབ་བྱ་དེ་དང་མཚུངས་སོ། །ཉི་ཤུ་པ་ཉེ་མིན་ཁྱིམ་པ་ལ་ཁེ་སྤོགས་ཀྱི་ཆེད་དུ་ཉོ་ཚོང་བྱེད་པའི་སྤང་བ་ལ་གཉིས་ཏེ། གླེང་གཞི་དང་། ལྟུང་བའོ། །དང་པོ་ནི། སྟོན་པ་མཉན་ཡོད་ན་བཞུགས་དུས་དྲུག་སྡེས་ལྗོངས་སུ་ལོ་ལེགས་གྲོང་ཁྱེར་ཉེས་པའི་ཚེ་ལྗོངས་ནས་ཉོས་ཏེ་གྲོང་ཁྱེར་དུ་འཚོང་བ་དང་། གྲོང་ལེགས་ལྗོངས་ཉེས་པའི་ཚེ་གྲོང་ནས་ཉོས་ཏེ་ལྗོངས་སུ་འཚོང་བར་བྱེད། རིན་ཆུང་བའི་དུས་སུ་ཉོ། རིན་ཆེ་བའི་དུས་སུ་འཚོང་བར་བྱེད་པས་མུ་སྟེགས་ཅན་གྱིས་དགེ་སྦྱོང་འདི་རྣམས་ཁྱིམ་པ་དང་ཅི་ཁྱད་ཅེས་འཕྱ་བའི་སྐབས་དེ་གསོལ་བས། སྟོན་པས་དགེ་སློང་གང་ཉོ་ཚོང་སྣ་ཚོགས་བྱེད་ན་སྤང་ལྟུང་ངོ་ཞེས་བཅས་སོ། །གཉིས་པ་ལ་གཞི་བསམ་སྦྱོར་བ་མཐར་ཐུག་གི་ཡན་ལག་བཞི་ལས། དང་པོ་ལ་གསུམ་ལས། གང་ལ་ཉོ་ཚོང་གི་ཡུལ་ནི་ཁྱིམ་པ་ཆོས་ལྡ་ལྡན་ནོ། །རྟེན་ནི། རང་ལ་བུ་ལོན་ཆགས་པ་སོགས་ཀྱིས་མངོན་མཚན་དང་ཉོ་ཚོང་སོགས་མ་བྱས་ཚེ། འཇལ་མི་ནུས་པ་ཡིན་ན། མངོན་མཚན་དང་ཉོ་ཚོང་བྱས་པ་ལ་ལྟུང་བ་མེད་དེ། བུ་ལོན་མ་འཁོད་ན་མ་བྱིན་ལེན་པའི་ཕམ་པ་བསྐྱེད་པའི་ཕྱིར་རོ། །བསམ་པ་ལ་གཉིས་ལས་འདུ་ཤེས་མ་འཁྲུལ་བ། ཀུན་སློང་ནི་རང་དགར་ཁེ་སྤོགས་འདོད་པས་རང་ཉིད་ཀྱི་དོན་དུ་མིད་པའི་ཚེ་ཉོ་བ། དགོན་པའི་ཚེ་འཚོང་འདོད་རྒྱུན་མ་ཆད་པའོ། །སྦྱོར་བ་ངག་མཚན་ཉིད་ལྡ་ལྡན་གྱིས་ཉོ་ཚོང་བྱེད་པ་ལ་ཞུགས་པ། མཐར་ཐུག་དེས་རྐྱེན་གྱིས་གོས་ཁྲུ་གང་བ་ཡན་ཆད་རི་བའི་ཁེ་སྤོགས་གྲུབ་ཅིང་ཐོབ་བློ་སྐྱེས་པའོ། །གཞན་ཁ་ཅིག་གིས་མངོན་མཚན་ཅན་དང་ཉོ་ཚོང་གི་ཁྱད་པར་ནི། སྔ་མ་མངོན་མཚན་ཅན་ལ་རིན་པོ་ཆེ་དང་པ་ན་ལྷ་བུའི་ཁེ་སྤོགས་བྱས་པ་དང་། ཉོ་ཚོང་ལ་དེ་གཉིས་ལས་གཞན་པའི་ནོར་ལ་ཉོ་ཚོང་བྱས་པ་ཡན་ལག་ཏུ་དགོས་པའོ། །བསླབ་བྱ་ནི། ཁྱིམ་པའི་ཉོ་ཚོང་གི་ནང་དུ་དགེ་སློང་གིས་གཏོང་འདོད་པ་དང་། བར་ཆད་བྱེད་པ་དང་། རང་གི་ཆོས་གོས་སོགས་ཉོ་བའི་ཚེ། ཁྱིམ་པ་ལ་མ་བཅོལ་བར་རང་གིས་ཉོས་པ་དང་། ཁྱིམ་པ་མེད་ཚེ་རིན་ཐང་མཚམས་འདི་ཙམ་བྱིན་ཞེས་ལན་གསུམ་མ་བརྗོད་པ་དང་། དཀོན་མཆོག་གསུམ་ལས་གཞན་གྱི་དོན་དུ་ཟོང་བརྩེགས་ཏེ་མིད་པའི་ཚེ་ཉོ་བ་དཀོན་པའི་

དུས་སུ་འཚོང་བ་ལྷ་བུའི་བསྐྱེད་པ་དང་བྲི་བར་བྱེད་ན་ཉེས་བྱས། དགོས་མེད་དུ་རིན་ཐང་གདབ་པ་གཏའ་མར་བཞག་པ། དགེ་འདུན་ཆེད་དུ་སྐྱིད་གཏོང་ན་རྒྱན་རབས་ལ་ཆེ་ཆུང་ཇི་ལྟར་ལེན་མ་ཤེས་པ་དང་། དེའི་གཏོང་ལེན་རྣམས་ཡི་གེར་མ་བྲིས་པ་དང་། སྲོག་ཆགས་དང་བཅས་པའི་འབྲུ་དང་ཤ་སོགས་བཙང་བ། །སྲོག་ཆགས་དེ་དག་ལ་གནོད་པ་མི་འབྱུང་བར་མ་བཞག་པ་ལ་ཉེས་བྱས་སོ། །

བཅུ་ཚན་གསུམ་པ། ཉེར་གཅིག་པ་ལྷུ༷ང་བཟེ༷ད་བྱིན་གྱིས་མ་བརླབས་པར་ཞ༷ག་བཅུ༷་འད༷ས་པར་འཆ༷ང་བའི་སྤང་པ་ལ་གཉིས་ཏེ། གླེང་གཞི་དང་། ལྟུང་བའོ། །དང་པོ་ནི། སྟོན་པ་མཉན་ཡོད་དུ་བཞུགས་པ་ན། ཉེར་དགས། དགའ་འདུན་མ་དྲུག་ཅུ་སྐྱིད་མོའི་ཚལ་དུ་སོང་བ་མཐོང་ནས་འདི་རྣམས་ལས་རྙེད་པ་མ་གྲུབ་ན་ཉེར་དགའི་མིང་མི་བཟུང་ངོ་སྙམ་ནས་ལྷུང་བཟེད་གསར་པ་བླུམ་པ་ལོངས་སྤྱོད་བཟོད་པ་ཞིག་མཆན་ཁུང་དུ་ཁྱེར་ནས། དགའ་འདུན་མ་ཞིག་ལ་སྦྱིན་པའི་བསྔགས་པ་བརྗོད་པས་དེ་དད་ནས། ཁྱོད་ཅི་ལ་འབྱོན། ལྷུང་བཟེད་དགོས་པས་དེའི་དོན་ལའོ། །དེ་མེད་མོད་རིན་འབུལ་ལོ། །ཁོས་ལྷུང་བཟེད་བསྟན་ནས་རིན་བྱིན་ན་ལེགས་ཀྱིས་འདི་འང་རིན་གྱིས་རྙེད་དོ། །དེའི་རིན་ཅི། ཀཱར་པ་ན་དྲུག་ཅུའོ། །དེས་པ་ན་དྲུག་ཅུ་ཕུལ་བས་ཨ་རོ་ཀྱཱ་སྦྱིན་པ་དམ་པ་སོགས་བརྗོད། གཞན་དང་གཞན་ལ་དེ་བཞིན་བྱས་པས་པ་ན་དྲུག་ཅུ་པ་དྲུག་ཅུ་རྙེད། དེ་དག་གི་ནང་ནས་གཅིག་གིས་ངས་དགེ་སློང་འདི་ལ་ལྷུང་བཟེད་རིན་ཕུལ་བས་ཡི་རང་བར་གྱིས་བརྗོད་པ་ན་ཐམས་ཅད་ཀྱིས་རང་རང་གིས་རེ་རེ་སྦྱིན་པར་སྨྲས་པས། དེ་ཇི་སྐད་དུ་གཞན་དགེ་སློང་ཞིག་ལ། དགེ་སློང་གཅིག་ལ་ལྷུང་བཟེད་དུ་དགོས་དྲིས་པས་གཅིག་ཁོ་ནའོ་སྨྲས་པས། དེ་དག་གིས་དགེ་སློང་དེ་འདོད་པས་གཟིར་རོ་སྨྲས་པ་དང་། དྲུག་སྡེས་ལྷུང་བཟེད་བྱིན་གྱིས་མ་བརླབས་པ་མང་པོ་འཆང་བས་དོན་ཉུང་བདག་གིས་འཕྲུས་སྐབས་དེ་སྟོན་པར་གསོལ་བས། སྟོན་པས་དགེ་སློང་གིས་ལྷུང་བཟེད་ལྷག་པོ་ཞག་བཅུ་ལས་འདས་པར་འཆང་ན་སྤང་ལྟུང་ངོ་ཞེས་བཅས་སོ། །

གཉིས་པ་ལ་གཞི་བསམ་སྦྱོར་བ་མཐར་ཐུག་གི་ཡན་ལག་བཞི་ལས། དང་པོ་ལྷུང་བཟེད་ཡིན་པ; ལུགས་སམ་ས་ལས་བྱས་པ་ལས་གཞན་མ་ཡིན་པ་དང་། །ཁ་དོག་སྨྱུ་བོ་སོགས་མ་ཡིན་པ་དང་། ས་ཡི་ལྷུང་བཟེད་མ་ཚོས་པ་མིན་པ། མཐེ་བོང་ལྔ་གང་མན་ལ་ཕུལ་བརྒྱད་ཤོང་བའི་ཐ་ཚད་ཡན་

ཚད་དང་ལྡན་པ། རང་ཉིད་དབང་བ། གནས་སྐབས་དབང་བྱར་ཡོད་པ། བྱིན་གྱིས་མ་བརླབས་པའམ། བརླབས་ཀྱང་གཞན་གྱི་ཤན་རྗེས་སུ་ཞུགས་པ་དང་བཅས་པ་ཡིན་པ་སྟེ་ཆོས་དྲུག་ལྡན་ནོ། །ཁ་ཅིག་རྟེན་སྲ་བརྒྱང་མ་བཏིང་བའང་སྦྱར་རོ། །བསམ་པ་སྒྱུར་བ་མཐར་ཐུག་གི་ཡན་ལག་དང་སེལ་བ་རྣམས་གོས་ཞག་བཅུ་འཆང་སྤྱང་བཞིན་ནོ། །འདིར་ལྷུང་བཟེད་ལ་མཚན་ཉིད་ནི་རྒྱུ་རུང་བ་ཚད་ལྡན་གྱི་སྒོ་ནས་རབ་བྱུང་གི་རྟགས་ཀྱི་གཙོ་བོར་དམིགས་པའི་རིགས་གནས་ཀྱི་སྣོད་དེ་ལྷུང་བཟེད་ཀྱི་མཚན་ཉིད། རུང་བ་ལྔ་སྟེ། རྒྱུ་རུང་བ་ས་རྫ་ལྕགས་གང་རུང་ལས་བྱས་པ། ཁ་དོག་རུང་བ་བྱ་རོག་གི་མིག་ལྟར་ནག་པ། དབྱིབས་རུང་བ་སྒོ་ང་ཕྱེད་བཀས་པ་ལྟར་ཟླུམ་པ། ངོ་བོ་རུང་བ་ལྷན་པ་ལྔ་ཡན་ཆད་མ་ཡོག་པར་ལོངས་སྤྱོད་བཟོད་པ། ཆོ་གས་རུང་བ་བྱིན་གྱིས་བརླབ་ཏུ་རུང་བའི་འབྲེལ་མེད་ཀྱི་ལྷུང་བཟེད་མིན་པ་གཅིག་དགོས་སོ། །ཚད་ལྡན་ལ་ཆེ་འབྲིང་ཆུང་དུའི་ཚད་གསུམ་ལས། ཆུང་ཚད་ལ་ཡུལ་མ་ག་དྷའི་བྲེའུ་ཆུང་གི་ནང་དུ་ཤོང་བའི་འབྲས་བཙོས་པ་ལས་བྲེ་ཆུང་གསུམ་འབྱུང་། དེ་ལ་བོད་བྲེ་ཡ་ཕྱེར་ཉེར་གཅིག་ཤོང་བའི་གང་ངོ་། །དེ་འབྲས་ཀྱིས་ཡིན། མ་དྷའི་བྲེ་ཆུང་ལ་བོད་བྲེ་ཡ་ཕྱེར་ཉེར་གཅིག་ཤོང་བའི་འབྲས་དེ་ཆ་དྲུག་ཏུ་བྱས་པའི་ཆ་གཅིག་ལ་དྲུག་ཞུལ་ཡིན་པས་དྲུག་ཞུལ་དོ་ཤོང་བ་ཡིན། དེ་ལ་ཡ་ཕྱེར་བདུན་ནོ། །དྲུག་ཞུལ་གང་ལ་ཕྱེར་བ་ཕྱེད་བཞི་འབྱུང་ཡང་། མ་ག་དྷའི་བྲེ་ཆུང་གང་ལ་བོད་བྲེ་ཡ་ཕྱེར་ཉེར་གཅིག་ཤོང་བའི་འབྲས་ཆ་བདུན་དུ་བྱས་པའི་ཆ་གཅིག་ལ་བདུན་ཞུལ་ཟེར་བས་བདུན་ཞུལ་དོ་དང་ཕྱེར་བ་གང་ཤོང་བ་ཡིན། བདུན་ཞུལ་དོ་ལ་ཕྱེར་བ་དྲུག་འབྱུང་། བདུན་ཞུལ་གང་ལ་ཕྱེར་བ་གསུམ་མོ། །དེས་ན་འབྲས་ཀྱི་སའི་མ་ག་དྷའི་བྲེ་ཆུང་གསུམ་ལ་དྲུག་ཞུལ་དུ་བྱས་ན་དྲུག་ཞུལ་དྲུག བདུན་ཞུལ་ཡིན་ན་བདུན་ཞུལ་བདུན་ནོ། །ཡ་ཕྱེར་དུ་བྱས་ན་ཉེར་གཅིག་དང་བོད་བྲེ་གང་རྣམས་དོན་གཅིག་གོ། །ཆོད་མ་འབྲས་ཀྱི་སུམ་ཆ་ཡིན་པས་མ་ག་དྷའི་བྲེ་ཆུང་གཅིག་དྲུག་ཞུལ་དོ་བདུན་ཞུལ་དོ་དང་ཡ་ཕྱེར་གང་ངོ་། །ཡ་ཕྱེར་བདུན་དང་བོད་བྲེ་སུམ་ཆ་ཡིན། སྲན་ཆོད་ནི་སྐམ་ཆོད་ཡིན། གཤེར་ཆོད་ནི་ཆོད་མའོ། །མཐེ་བོང་ལྟོ་གང་གི་སར་མ་ག་དྷའི་བྲེ་ཆུང་ཕྱེད་དོ། །དེ་ལ་དྲུག་ཞུལ་བྱས་ན་གང་། བདུན་ཞུལ་བྱེད་ན་གང་དང་ཕྱེར་ཕྱེད། ཡ་ཕྱེར་བྱས་ན་ཕྱེད་བཞིའོ། །དེ་བོད་བྲེ་བཞི་ཆའོ། །

དེས་ན་ལྷུང་བཟེད་ཆུང་ཚད་ལ་མ་ག་དྷའི་བྲེ་ཆུང་ཕྱེད་ལྔ། དྲུག་ཕུལ་དགུ། བདུན་ཕུལ་ཕྱེད་དང་བཅུ་གཅིག །ཡ་ཁྱོར་སོ་གཉིས་ཡོད་དོ། །ལྷུང་བཟེད་ཆུང་ངུའི་ཚད་ཉིས་འགྱུར་དེ་ཕའི་ལྷུང་བཟེད་ཆེ་ཚད་དོ། །དེའི་བར་ཕའི་འབྲིང་ཚད་དོ། །སྲང་ཚད་ཀྱིས་གཞལ་ན་མ་ག་དྷའི་བྲེ་ཆུང་གང་ལ་མ་ག་དྷའི་སྲང་བཅུ་དྲུག་དང་བོད་སྲང་སོ་གཉིས། མ་ག་དྷའི་བྲེ་ཆུང་གསུམ་ལ་མ་ག་དྷའི་སྲང་ཞེ་བརྒྱད་བོད་སྲང་གོ་དྲུག་གོ། །ཚོད་མའི་སའི་འབྲས་ལ་རྒྱ་གར་སྲང་བཅུ་དྲུག་བོད་སྲང་སོ་གཉིས། མཐེ་བོང་སའི་འབྲས་ལ་རྒྱ་གར་སྲང་བརྒྱད། བོད་སྲང་བཅུ་དྲུག་གོ དེས་ན་ལྷུང་བཟེད་ཆུང་ཚད་ལ་འབྲས་མ་ག་དྷའི་སྲང་དོན་གཉིས་བོད་སྲང་བརྒྱ་དང་ཞེ་བཞི་ཡོད། མ་ག་དྷའི་སྲང་ཚད་ནི་མ་ག་དྷའི་གསེར་སེ་བ་བརྒྱད་ལ་མ་ས་གཅིག །མ་ས་བརྒྱད་ལ་ཞོ་གཅིག །ཞོ་བརྒྱད་ལ་སྲང་གཅིག་ཕྱེད་དོ༑ ༑དེའི་སྲང་གཅིག་ལ་བོད་སྲང་གཉིས་སོ། །མའི་ལྷུང་བཟེད་ཆེ་ཚད་དེ་ཕའི་ཆུང་ཚད་ལ་བྱའོ། །མཐེ་བོང་ལྟོ་གང་གི་འོག་ཏུ་ལྟོ་འགྲང་ཙམ་ཤོང་བ་མའི་ལྷུང་བཟེད་ཆུང་ཚད་ཡིན། དེའི་བར་མའི་ལྷུང་བཟེད་འབྲིང་ཚད་དོ། །དབྱེ་བ་ལ། ཚད་ཀྱི་སྒོ་ནས་དེ་ལྟར་གསུམ། རྟེན་གྱིས་ཕྱེ་ན་ཕ་མ་གཉིས་ལ་གསུམ་གསུམ་དྲུག་གོ། །དགོས་པ། སྟོན་པའི་བཅས་པ་དང་མི་འགལ་བའོ། །སྒྲ་བཤད་སྦྱིན་བདག་གི་ཟས་ལྷུང་བ་བཟེད་པས་ལྷུང་བཟེད་ཅེས་བྱའོ། །

ཉེར་གཉིས་པ་ལྷུང་བཟེད་ཚད་ལྡན་སྤྱད་བཟོད་ཡོད་བཞིན་དུ་ཉེ་མིན་ཁྱིམ་པ་ལས་ལྷུང་བཟེད་ཟུང་འཚང་བུའི་ཕྱིར་བསླངས་ཏེ་ཐོབ་པའི་སྤང་བ་ལ་གཉིས་ཏེ་གླེང་གཞི་དང་། ལྷུང་བའོ། །དང་པོ་ནི། སྟོན་པ་མཉན་ཡོད་ན་བཞུགས་དུས་སྤོས་ཚོང་གི་ཁྱེའུ་ཞིག་གིས་ལྷུང་བཟེད་གསར་པ་དབྱིབས་ལེགས་སྤྱད་བཟོད་རྙེད་པ་དེ་བསོད་སྙོམས་པ་དགེ་སློང་ཞིག་ལ་ཕུལ་བ་དེས་རང་ལ་ལྷུང་བཟེད་ཡོད་པས་དང་དུ་མ་བླངས་སོ། འོན་གཞན་དགོས་ཤིང་འདོད་པ་ཡོད་ན་ཕུལ་བས་ཁྱེད་ཀྱིས་གཏོང་བར་ཞུ་སྨྲས་པ། བསོད་སྙོམས་པ་རྒྱལ་བྱེད་ཚལ་དུ་ཕྱིན་པ་ན་དེའི་གཏམ་སྨྲས་པ་ཉེར་དགས་ཐོས་ཏེ། དེ་གཞན་གྱིས་ལེན་པར་དོགས་ཏེ། དེར་སྨྲས་པ། ཁྱོད་དད་པས་བྱིན་པ་ལ་ལོངས་སྤྱོད་ནས་ལྷུང་བཟེད་དང་ཆོས་གོས་ཁོ་ནའི་གཏམ་ལས་མེད་དམ་ཞེས་སྨད་པས། འདོད་ལྡན་འདིས་ཀྱང་སྨད་ན་གཞན་གྱིས་ལྟ་ཅི་སྨོས་ཏེ་མ་སྨྲས་པར་གནས་སྐབས། ཉེར་དགས་དེ་གནས་གཞན་དུ་ཁྲིད་

ནས་བདག་ཁྱོད་ཀྱི་མཁན་པོ་དང་བཤེས་པས་ཁྱོད་ལ་སྐད་ཀྱི་ཁྱོད་མ་གཤེ་ཞིག །བདག་ལའང་ཁྱོད་ཀྱིས་དེ་ལྟར་བཤོས་ཤིག་ཁོ་བོ་ཡང་ཉེ་བར་མ་ཞི་བ་ཙམ་དུ་ཟད་དོ། །ཅི་ལྷུང་བཟེད་ཡིན་ནམ་བྱས་པས། སླ་མི་རིགས་ན་ཅི་སླ། དེ་ལྟར་ཡིན་མོད་རེ་ཞིག་ཅུང་ཟད་སློས་བྱས་པས། གྲང་འདི་རུ་སྦྱོས་ཚོང་ཁྲེའུ་ཡོད་པ་དེས་ལྷུང་བཟེད་འདོད་ནས་འོང་བ་ཡོད་ན་འབུལ་བར་སྨྲའོ། །ཉེར་དགས་སྣམ་སྦྱར་གྱོན་ནས་གོམ་རྒྱ་བསྐྱེད་དེ་མྱུར་བར་ཕྱིན་པ་དེས་མཐོང་སྟེ་ཉེར་དགའོ་སྣམ་དུ་ལྷུང་བཟེད་སྣབས་སོ། །ཉེར་དགས་དེ་རིག་ནས་ཅི་ལྷུང་བཟེད་འདི་ནལ་བུ་ཡིན་ནམ་སྟོན་ཅི་སྤྲིད་སྟོན་ཞེས་ལག་པ་བརྐྱང་བས་དེར་བསྟན། ཨ་རོ་གྱ་སྦྱིན་པ་དམ་པ་སོགས་བརྗོད་པས་རིན་མེད་ན་མི་འབུལ་བར་ཐག་བཅད། དེ་སྐབས་ཁྱིམ་བདག་གཅིག་དང་འཕྲད་དེ་དེས་ཕྲག་འཚལ་བ་ན་ཉེར་དགས་ཁྱོད་ཀྱི་ཕྲུག་སྐམ་པོ་འདིས་ཅི་བྱ། འོ་ན་ཅི་བཞེད་བཀའ་སྩོལ། ལྷུང་བཟེད་འདི་ཉོས་ལ་བྱིན་སྨྲས། དེའི་ཁྲེའུ་དེ་ལ་རིན་བཏབ་ཏུ་བཅུག་ནས་རིན་བྱིན་ཏེ་ལྷུང་བཟེད་ཉེར་དགའ་ལ་ཕུལ་ལོ། །ཉེར་དགའ་ཁྲེའུའི་གན་དུ་སོང་སྟེ་བགྲེན་པ་ལྷུང་བཟེད་ལ་རིན་སྦྱོར་དུ་འཇུག་མི་ནུས་སྙམ་མམ། འཕགས་པ་ཁྱོད་ལ་ལྷུང་བཟེད་ཐོབ་ཁོ་བོས་རིན་ཐོབ་ཀྱིས་བཞུད་ཅིག་རྒྱལ་བྱེད་ཚལ་དུ་དེས་ལྷུང་བཟེད་དགེ་སློང་རྣམས་ལ་བསྟན་ཏེ་ལྷུང་བཟེད་ཅི་འདྲ། གཞོན་ནུ་ཞིག་གིས་ཁྱོད་ལ་ལྷུང་བཟེད་མེད་དམ། ཡོད་དོ། །འོ་ན་བཅལ་རུང་ངམ། དགྲ་བོའི་གྲི་བར་རྐང་པས་མནན་ན་རུང་ངོ་སྨྲས། དེས་གནས་བརྟན་ལ་དགྲ་ཡོད་དམ། ཁོ་བོ་ལ་ལྷུང་བཟེད་གཉིས་དབང་བར་མི་བཟོད་པ་དེ་དགྲའི་ཐུ་བོའོ། །དོན་ཅུང་བས་འཕྱ་བའི་སྐབས་དེ་གསོལ་བས། སྟོན་པས་དགེ་སློང་ལ་ལྷུང་བཟེད་ཡོད་བཞིན་གཞན་བཙལ་བར་མི་བྱ་བར་གསུངས་པས་བསོད་སྙོམས་པ་ཞིག་གིས་ལྷུང་བཟེད་འཚོལ་མི་ཉན་པར་རིག་ནས་རང་གི་ལྷུང་བཟེད་རལ་བས་ཟས་ཟག་པ་ན་དེར་ལྷན་པོ་བྱ་བར་གསུངས། ལྷན་པ་ལྔ་པ་ཅན་སྤྱད་བཟོད་པའི་ལྷུང་བཟེད་ཡོད་བཞིན་གཞན་འཚོལ་ན་སྤང་བའོ་ཞེས་བཅས་སོ། །

གཉིས་པ་ལ་གཞི་བསམ་སྦྱོར་བ་མཐར་ཐུག་གི་ཡན་ལག་བཞི་ལས། དང་པོ་ལ་གསུམ། གང་ལ་བསླང་བའི་ཡུལ་ནི་ཁྱིམ་པ་ཆོས་དྲུག་ལྡན་ནོ། །གང་བསླང་བའི་དངོས་པོ་ནི། ལྷུང་བཟེད་ཡིན་པ་རུང་བ་ཚད་ལྡན་སྦྱིན་བདག་དེ་ཉིད་ཀྱི་ཡིན་པ་དང་བཞིའོ། །གང་གིས་སློང་བའི་རྟེན་ནི། ལྷུང་

བཟེད་འབྲེལ་མེད་མ་ཡིན་པའི་ལྟུང་བཟེད་ལྷན་པ་བཞི་པ་མན་ཆད་གླན་པའམ་གླན་དུ་རུང་བ་ཡན་ཆད་ཀྱི་བྱིན་རླབས་ཆགས་ཤིང་ལོངས་སྤྱད་བཟོད་པ་ཡོད་པའོ། །བསམ་པ་ལ་གཉིས་ཏེ། འདུ་ཤེས་མ་འཁྲུལ་བ། ཀུན་སློང་རང་དགར་རང་ཉིད་ཀྱི་དོན་དུ་སློང་འདོད་རྒྱུན་མ་ཆད་པའོ། །སྦྱོར་བ་ངག་མཚན་ཉིད་ལྔ་ལྡན་གྱིས་སློང་བར་ཞུགས་པ། མཐར་ཐུག་ལག་ཏུ་གྲུབ་ཅིང་ཐོབ་བློ་སྐྱེས་པའོ། །ལྟུང་བཟེད་མེད་ཀྱང་ཡོད་པའི་བསམ་པས་སློང་བ་དང་། ཡོད་བཞིན་རིན་གྱིས་ཉོས་པ་དང་། ལྟུང་བཟེད་མེད་ཀྱང་རིན་ཡོད་བཞིན་སློང་བ་དང་། ལྟུང་བཟེད་སོགས་ཡོ་བྱད་བཟང་པོར་འདོད་པས་བརྗེ་བ་རྣམས་ལ་ཉེས་བྱས་སོ། །ལྟུང་བཟེད་ལྷན་པ་ལྔ་གླན་ཟིན་པའམ་ལྷན་དགོས་པ་ལ་བྱིན་རླབས་མི་ཆགས་སོ། །བསླབ་བྱ་ནི་ལྟུང་བཟེད་སོགས་ཡོ་བྱད་ལ་ཞེན་པ་ཆགས་པའི་དངོས་པོ་བཅང་བ་དང་། ལྟུང་བཟེད་སོགས་འཚོ་བའི་ཡོ་བྱད་དང་རིན་མེད་པའི་ཚེ་མ་བསླངས་པ་དང་། བཤགས་པའི་ཚེ་དགེ་འདུན་དང་། ནང་པའི་རབ་བྱུང་སོགས་ལ་མ་སྤྱང་པ་རྣམས་ལ་ཉེས་བྱས་སོ། །

ཉེར་གསུམ་པ་གླྭ་རྔྭན་མྭེད་པྭར་འཐྭག་ཏུ་འཇུག་པའི་སྤང་བ་ལ་གཉིས། གླེང་གཞི་དང་། ལྟུང་བའོ། །དང་པོ་ནི། སྟོན་པ་མཉན་ཡོད་དུ་བཞུགས་དུས་ཉེར་དགས་རྙེད་པ་སྒྲུབ་འདོད་ཀྱིས་བསོད་སྙོམས་ལ་འགྲོ་བའི་ཞར་ལ་སྐྱིད་མོའི་ཚལ་དུ་ཡུག་ཟ་མོ་ལྔ་བརྒྱ་ཙམ་གྱིས་དོག་པ་འཕབ་བ་མཐོང་ནས་དེར་སོང་སྟེ་ཨ་རོ་གྱ་སྲིང་མོ་དག །ལན་ཅང་མ་སླས་ཚེ། སྲིང་མོ་དག་སྐྱེ་བོ་ཕོ་མོ་ལ་མི་འདོད་པའི་འཆི་བ་འོང་བས་དང་པོ་ཉིད་ནས་ཚིག་སྨྲར་མི་ནུས་པར་འགྱུར་རོ་སྨྲས། གཞོན་ནུ་མ་ཞིག་སྟན་ལས་ལྡང་སྟེ་ཉེར་དགའ་གདན་བཏིང་བ་དེར་བསྡད་དེ། གཞན་ལ་སྟན་ལས་ལྡང་ཞིང་སྟན་བསྟབས་པ་ནི་རིགས་མཐོན་པོར་སྐྱེ་བའི་ལས་བསགས་སོ། །ཁྱེད་ཅག་ལ་ཕྱི་མའི་ལམ་རྒྱགས་མཆིས་སམ། མ་མཆིས་སོ། །དེ་མ་ལེགས་སོ། །ཁྱེད་ཅག་ཕ་རོལ་ནས་བཅོམ་བཞིན་འདིར་འོང་ལ། འདི་ནས་བཅོམ་བཞིན་དུ་འགྲོ་བ་ཤིན་ཏུ་སྡུག་བསྔལ་བའི་གནས་སོ། །དེ་དག་གིས་དེ་ལ་ཐབས་ཅི་མཆིས། དེ་ནི་གལ་ཏེ་ཤཱཀྱའི་རིགས་ལས་རབ་ཏུ་བྱུང་བ་སྡེ་སྣོད་གསུམ་པ་ཅན་ཆོས་སྒྲོག་པ་རིག་གྲོལ་གྱི་སྤོབས་པ་ཅན་ལ་རས་ཡུག་ཆེན་བསྙོན་ན་མཆོག་གོ་སྨྲས། དེ་འདྲའི་ཞིང་བདག་ཅག་གིས་མི་རྙེད་དོ། །

འོ་ན་ཁོ་བོ་དེ་ལྟ་བུ་ཡིན་པ་མི་ཤེས་སམ། ཉིད་དེ་ལྟར་ཡིན་ཀྱང་རས་མི་རྙེད་སྨྲས་པས། ཆུང་ངུ་བསགས་ན་ཆེན་པོར་འགྱུར་ཟེར་བ་མ་ཐོས་སམ། དེ་དག་ལ་དོག་པ་སྲང་གཅིག་སྦྱིན་ནས་སམ་སྨྲས། གཞན་རྣམས་ཀྱིས་ཆ་ཤས་རེ་སྦྱིན་པར་ཁས་བླངས་པ་ན་དོག་པ་ཕྲ་མོ་དགོས་སྨྲས། དེ་རྣམས་ཀྱིས་བདག་ཅག་སྦོམ་པོ་ཁོ་ན་འཁབ་པ་ཡིན་ན། བདེ་གནས་མ་ནི་ཕྲ་མོ་འཁབ་ལོ་ཟེར། དེ་ལ་བཙོལ་བར་སྨྲས་པ་ལྟར་བྱས་ནས་བོས་ཏེ་འཁབ་བས་ཡང་ཡང་ཕྲར་བཙུག་པས་འདི་ལས་མི་ནུས་སོ༔ ༔འདི་བཞིན་བགྱིས་ནས་ལག་ཞོད་ཀྱིས་ལ་སྦྱིན་ཅིག་སྨྲས། ཟིན་ནས་བྱིན་ཏོ། །ཨ་རོ་གྱུ་སྦྱིན་པ་སོགས་སྨྲས། དོག་པ་དེ་ཅི་འདྲ་ཞེས་དགེ་སློང་རྣམས་ལ་བསྟན་པས་བཟང་སྟེ། འདི་ཐག་པ་སྐྱི་གཅེར་གྱིས་འཐག་ན་ཆེན་པོ་ལ་འོས་པའི་རས་སུ་འགྱུར་རོ་སྨྲས། ཉེར་དགའ་དེའི་ཁྱིམ་དུ་ཕྱིན་ནས། མཁས་པ་རྒྱང་ནས་རབ་གསལ་བ། །གངས་དང་ལྡན་པའི་རི་བོ་འདྲ། །མི་མཁས་རྣམ་པར་མི་གསལ་བ༔ ༔མུན་པའི་ནང་དུ་མདའ་འཕང་འདྲ། །ཞེས་བསྟགས་ཏེ་ཁྱོད་ཀྱི་གྲགས་པས་མཉན་ཡོད་ཁྱབ་པས་རྙེད་པ་ལེགས་པར་རྙེད་དོ་ཞེས་སྨྲས། དོག་པ་འདི་ཅི་འདྲ་བཟང་སྟེ་བདག་ལ་གཏད་ན་ཆེན་པོ་ལ་འོས་པའི་རས་སུ་འགྱུར་རོ། །བཞིན་བཟང་འཐོགས་ཤིག །བདག་ལ་གླ་སུས་སྟོལ། ཁྱོད་རྟག་པར་གླ་བླངས་ནས་མི་ངོམ་མམ། ཕྱི་མའི་ལམ་རྒྱག་གྱིས་ཤིག །ཆུང་མས་རྗེའི་སྲས་འདིས་བདག་ཅག་ལ་ཐག་རིང་པོ་ནས་བསྟགས་པས། འཐོགས་ཏེ་སྟོལ་ཅིག་ཟེར་བས་ཐག་བས་དོག་པ་འདི་ཕྲ་བས་ཡུན་འདི་ཙམ་ཐོགས་ཀྱི་དེ་ནས་བྱོན་ཅིག་སྨྲས། བཏགས་ཟིན་ཆེ་ཞུལ་བས་ཨ་རོ་གྱུ་སྨྲས་ནས་སོང་ངོ་། །དགེ་སློང་རྣམས་ལ་འདི་ཅི་འདྲ། འདི་འདྲ་གཉིས་ཡོད་ན་སྣམ་སྦྱར་ཉིས་རིམ་དྲུབ་སྟེ་དགེ་སྦྱོར་ལ་དྲོན་ནོ་བརྗོད་ནས་མཉན་ཡོད་ནུབ་སྒོ་ནས་ཞུགས་ཏེ། སྔར་བཞིན་ཡུག་ཟ་མོ་ལྔ་བརྒྱ་ལས་དོག་པ་རྙེད་ནས་སྐྱི་གཅེར་ལ་གཏད་པས། སྐྱ་མའི་བུ་ལོན་ད་དུང་མ་འཁོར་བས་མི་ནུས་སོ་ཆུང་མས་ཀྱང་འདི་ཉན་རུང་བདག་མི་ཉན་སྨྲས་པས། ཉེར་དགའ་གསལ་རྒྱལ་གྱི་བློན་པོ་ཆེ་བའི་གན་དུ་སོང་སྟེ་འདི་འཐག་ཏུ་ཆུག་སྨྲས། བློན་པོས་ཐག་པ་སྣ་བོ་ལའམ། མིན་ན་སྐྱི་གཅེར་ལའོ་སྨྲས་པས། བློན་པོས་མི་ཞིག་བཏང་སྟེ་འདི་སྐྱི་གཅེར་ལ་གཏོད་སྨྲས།དེས་དེར་སྨྲས་པ་ན་སྐྱི་གཅེར་གྱིས་དོག་པ་ངོ་ཤེས་ནས་ཉན་དུ་མ་བཏུབ་ཀྱང་བློན་པོས་སྐྲིམ་དང་ཟོང་བྱིན་གྱིས་འཐོགས་ཤིག་སྨོས།

གལ་ཏེ་མ་ཉན་ན་ཐོར་ཏོ་ནས་ཟུང་ལ་ཁྲུ་ཚུར་གྱིས་བརྡེག་སྟེ་ཐག་རིང་དུ་དྲོངས་ཤིག །ཆུང་མས་མི་ཉན་ན་དེའི་ལན་བུ་ནས་དྲོངས་ལ་ཁྱེད་ཅག་བློན་པོ་ཆེ་བའི་ཚིག་བཅག་པས་རྒྱལ་པོའི་ཁྲིམས་ལ་དཀྲི་བར་སློས་ཤིག་ཅེས་བསྒོས་པ་ལྟར་བྱས་ཀོ། ཆུང་མས་བདག་ཅག་ཁྲིམས་པར་ཚུད་ན་ཐར་དཀའ་བས་ཐོགས་ཤིག་སླས་པས་དེའང་སྐྲག་སྟེ་དོག་པ་འཛོག་པར་ཞུ་སླས་ནས། འཐག་ཟིན་ཚོ་ཉེར་དགའ་ལ་ཕུལ་ནས་ཟས་སྒོམ་སྒྱོལ་སླས། བཀྲེན་པ་ཁྱེད་ཅག་གི་སྒོམ་ཟོང་འབུལ་མི་ཡིན་ནམ་དུག་ཙི་ལྟར་མི་སྐྱུད་དེར་དོན་ཞུང་བ་དག་གིས་འཕྱུ་བའི་སྐབས་དེ་གསོལ་བས། སྟོན་པས་ཉེར་དགའ་ལ་ཁྱོད་ཀྱིས་དེ་ལྟར་བྱས་པ་བདེན་ནམ། བཙུན་པ་མད་དོ། །ཡང་དགེ་སློང་གང་རང་གིས་བསླང་བའི་དོག་པས་ཉེ་མིན་ལ་གོས་འཐག་ཏུ་འཇུད་ནས་གོས་གྲུབ་ན་སྤང་ལྟུང་ངོ་ཞེས་བཅས་སོ། །

གཉིས་པ་ལ་གཞི་བསམ་སྦྱོར་བ་མཐར་ཐུག་གི་ཡན་ལག་བཞི་ལས། དང་པོ་ལ་གསུམ། གང་ལ་འཐག་ཏུ་འཇུག་པའི་ཡུལ་ནི། ཁྱིམ་པ་ཆོས་ལྡ་ལྡན་གྱི་སྟེང་གླ་ཅི་བདེར་སྟོབས་པ་མིན་པ་དང་དྲུག་གོ། །གང་འཐག་པའི་དངོས་པོ་ནི། གོས་ཀྱི་རྒྱུ་ཡིན་པ། རུང་བ་ཚད་དང་ལྡན་པ། རང་ཉིད་ཀྱི་ཡིན་པ། སྔར་ཚད་ལ་གནོད་པའི་འཐག་པའི་རྩོམ་པ་མ་བྱས་པ་དང་ལྔའོ། །རྟེན་ནི། འཐག་གླ་མི་སྟེར་བ་ཡིན་པའོ། །བསམ་པ་ལ་གཉིས་ལས། འདུ་ཤེས་མ་འཁྲུལ་བ། ཀུན་སློང་རང་དགར་རྐྱ་སེམས་དང་ཡིད་གཙུགས་པ་ཁྱད་པར་ཅན་ལས་གཞན་པའི་སྒོ་ནས་རྫན་པ་མ་བྱིན་པར་རང་དོན་དུ་འཐག་ཏུ་འཇུག་འདོད་རྒྱུན་མ་ཆད་པའོ། །སྦྱོར་བ་རང་ངམ་གཞན་ཁྱིམ་པ་ཐ་སྙད་ལྔ་ལྡན་ཉེ་དུ་མ་ཡིན་པ་ལ་ངག་མཚན་ཉིད་ལྔ་ལྡན་གྱིས་མངོན་སུམ་དུ་བསྒོས་པས་འཐག་ཏུ་འཇུག་པར་རྩོམ་པ། མཐར་ཐུག་ནི། དེའི་རྐྱེན་གྱིས་རྫན་པ་ལ་ཐོབ་བློ་སྐྱེས་པའོ། །ཡིད་གཙུགས་དང་རྐྱ་སེམས་མེད་པར་གླ་རྫན་མ་བྱིན་པར་བྱ་བ་གང་བཅོལ་ཐམས་ཅད་ལ་ཉེས་བྱས་སོ། །

ཉེར་བཞི་པ་འཐུག་རྒྱ་བསྐྱེད་པའི་སྤང་བ་ལ་གཉིས། གླེང་གཞི་དང་། ལྟུང་བའོ། །དང་པོ་ནི༑ སྟོན་པ་མཉན་ཡོད་དུ་བཞུགས་དུས་ཁྱིམ་བདག་ཕོ་མོ་གཉིས་ཀྱིས་སྐྱེ་བོ་ཕོ་མོ་གཞན་ལ་ལོག་གཡེམ་སྤྱོད་པས་ཁྱིམ་གྱི་འཁོར་བ་སྲབ་པ་བྲན་མོ་འདིས་ལན་ནོ་ཞེས་བརྡེག་ཀོ། བྲན་མོས་འདི་སུས་ལན་བདག་གིས་ཤེས་མོད། སླས་ན་རྗེ་ལ་མི་བསྟུགས་པར་འགྱུར་རོ་སླས་པ་ཉེར་དགས་ཐོས

ནས་དེ་གཉིས་ལ་ཚུལ་ཁྲིམས་ཀྱི་བསྔགས་པ་བརྗོད་ནས་དད་པར་བྱས། བསླབ་པའི་གཞི་ལྔ་ལ་བཀོད་པས་གཉིས་ཀ་བྲན་དང་བཅས་བདེ་བར་གནས་པས་འདི་ཉེར་དགའི་དྲིན་ཡིན་གྱིས་དེ་ལ་རས་ཡུག་གཅིག་འབུལ་བར་གྲོས་ཏེ་དོག་པ་རྣམས་ཐ་ག་བར་གཏད་དེ། འདི་ཉེར་དགར་འབུལ་དགོས་པས་འཐོགས་ཤིག་སྨྲས་པ་བྲན་མོས་ཐོས་ཏེ་ཉེར་དགར་སྨྲས་པས། འདིས་ཀྱང་བདག་འདོད་པ་ཅན་དུ་རྟོགས་ཀྱི་སྙམ་སྟེ་ཁྱོད་བདེན་ན་ལེགས་ཀྱི། མི་བདེན་ན་སྟར་གནས་སུ་འགོད་པར་བྱའོ་ཟེར་ནས་བལྟར་ཕྱིན། ཐ་ག་པས་འདི་ཉེར་དགར་འབུལ་བའི་གོས་ཡིན་ཚུལ་སྨྲས་པས་ཁྱོད་ཀྱིས་ཉེར་དགའ་མ་ཤེས་ན་ཁོ་བོའོ། །རས་འདིའི་ཞིང་དང་སྲིད་འདི་ཙམ་གྱིས། དེས་དོག་པ་ཟད་ན་སུ་ཡིས་སྦྱིན། སྟ་མ་དེ་ཉིད་དོ། །དེས་དེ་ལྟར་བྱས་སོ། །ཉེར་དགས་ཕྲེང་ལྡན་མ་ལ་ཆོས་བཤད་པས་རྒྱགས་ཀྱི་ལ་དུས་ལྷུང་བཟེད་བཀང་ནས་ཕུལ་བས་དེ་ལས་ཇོག་གཅིག་ཐ་ག་བར་བྱིན་ནས་ཞིམ་མམ། སྟར་བཟའ་མྱོང་ངམ། མ་མྱོང་བྱས་པས། དེའི་ཐུ་བའི་ནང་དུ་ལྷུང་བཟེད་ནས་ཇོགས་པར་བླུགས་ཏེ། ཁྱོད་ཀྱིས་འདི་ལྟ་བུ་ལ་ལོངས་སྤྱོད་སྙམ་ན་ང་རང་གིས་བསྒོས་པ་བཞིན་གྱིས་སྨྲས། དེས་དོག་པ་ཟད་པ་ན་སྟ་མའི་ཁྲིམ་དེར་ཆུང་མ་མེད་པར་ཁྲིམ་བདག་ལས་དོག་པ་བསླངས་སོ། །ཡང་དེ་ཟད་པ་ན་ཁྲིམ་བདག་མེད་པར་ཆུང་མ་ལས་བསླངས་ནས་ཁྲེར། དེ་ཟད་པས་ཕོ་མོས་གཉིས་ཀ་ཡོད་དུས་བསླང་བས་དེ་གཉིས་ཀྱིས་རང་རང་གིས་བྱིན་པའི་གཏམ་སྨྲས་པ་ན་ཆུང་མས་ཁྱོད་རས་བསྐྱེད་ཀྱི་བལྟར་འགྲོ་ཟེར་ནས་སོང་བས་རས་དེ་ཆེན་པོ་ལ་འོས་པར་འདུག་པས། ཅི་ཡིན་དྲིས་པར་ཉེར་དགའི་ངག་བཞིན་ནོ་སྨྲས་པས། དེ་ལ་མི་སྦྱིན་ནོ་སྨྲས། ནམ་ཞིག་ཉེར་དགའ་འོང་སྟེ་ཁྱོད་ཀྱིས་རུང་ངམ་སྨྲས་པས་ངས་རུང་ཡང་ཁྱོད་ཀྱིས་མི་རུང་བའི་ཚུལ་སྨྲས་པས། ཁྱོད་ལ་ངས་རྒྱགས་ཀྱི་ལ་དུས་ཕན་བཏགས་པ་དྲན་ནམ། དྲན་ནོ། །

འོ་ན་ཁྱོད་ང་ལ་སྦྱིན་དང་མཉམ་དུ་ཁྲིམ་བདག་སར་འགྲོའོ་སྨྲས། དེས་ཉེར་དགར་སྦྲན་ཚེ་གཉིས་ཀ་ལྷན་དུ་སོང་སྟེ་ཁྲིམ་དུ་ཉེར་དགའ་སྟོན་དུ་ཕྱིན་ཏེ་སྒོ་ནང་ནས་ཁ་ཡར་བྱུ་ནས་བསྟད་པས་ཆུང་མས་ཕྱག་འཚལ་ནས་སྟོད་སྐབས་ཐ་ག་བ་འོང་བ་ཆུང་མས་མཐོང་ནས་མ་འོང་བའི་བརྡ་བྱས་ཀྱང་དེས་མ་མཐོང་བ་ལྟར་ཕྱོགས་བཞིར་བལྟས་ཏེ་རས་ཨམ་ཕྲག་ཏུ་བཙུག་སྟེ་སྒོར་འཛུད་པས

མགོ་བོ་སྣང་ངོ་། །དེ་ནས་ཆུང་མའི་པང་དུ་རས་བཞག་ཆེ་ཚམ་ཆོམ་མེད་པར་ཉེར་དགས་དེ་བླང་ངོ་། །ཆུང་མས་ཚུར་གཏོད་དེ་ལག་གིས་འབུལ་ལོ་སྨྲས་པས། ཁོ་བོས་རུང་བར་བྱ་ཡི་དེའི་འོག་ཏུ་ཁྱིམ་བདག་ལ་དྲང་སྲོང་གི་རྒྱལ་མཚན་འཛིན་དུ་འཇུག་གོ་སྨྲས་ནས་སོང་ངོ་། །ཐ་ག་བས་གླ་སྐྱོལ་ཅིག་བྱས་པས་ཁྱོད་ཀྱིས་གང་ལ་གཏོད་པའི་ཉེར་དགའ་དེད་ཅིག །ཉེར་དགས་ཁྱིམ་བདག་དེད་སྨྲས། དེས་སྨྲས་པ། ཁྱོད་ཀྱིས་རས་ཕྲོག་ཏུ་བཅུག་པ་ཡིན་པས་རྒྱལ་པོའི་ཁྲིམས་སར་འཁྲིད་པར་སྨྲས་པས། སླར་ཡང་ཐ་ག་བས་ཉེར་དགར་བསླངས་ཚེ་འོ་ན་རྗེ་བར་བྱའོ་ཟེར་ནས། སྤྲང་ཁྲིད་པའི་རྟགས་ཀྱི་ལ་དུ་རྣམས་རིན་ཆེན་པོ་བྱས་ཏེ་བརྗེས་པས་ཆེས་ལྷག་པོར་སོང་བ་ཚུར་འཚབ་དགོས། དེའང་ཉེ་མ་འདི་ལྟ་བུ་ལ་སྦྱིན་དགོས་ཞེས་བརྗོད་ནས་བཏང་ངོ་། །དེ་ལ་དོན་ཞུང་བ་རྣམས་ཀྱིས་འཕྲུ་བའི་སྐབས་དེ་སྟོན་པར་གསོལ་བས། ཉེར་དགའ་ཁྱོད་དེ་ལྟར་བྱས་པ་བདེན་ནམ། མད་དོ། །དགེ་འདུན་བསྡུས་ཏེ་འཐག་རྒྱ་བསྐྱེད་ན་སྤང་ལྟུང་ངོ་ཞེས་བཅས་སོ། །

གཉིས་པ་ལ་གཞི་བསམ་པ་སྦྱོར་བ་མཐར་ཐུག་གི་ཡན་ལག་བཞི་ལས། དང་པོ་ལ་གཉིས་ལས། གང་ལ་འཐག་རྒྱ་བསྐྱེད་པའི་ཡུལ་ནི་སྦྱིན་བདག་ཐ་ག་པ་གཉིས་ཀ་ཁྱིམ་པ་ཆོས་ལྡ་ལྡན་གྱི་སྟེང་དུ་སྦྱིན་བདག་གི་ངོས་ནས་འཐག་པ་བསྐྱེད་པ། ཐ་ག་བའི་ངོས་ནས་གླ་རྔན་ཅི་བདེར་སྟོབས་པ་མིན་པ་དང་དྲུག་གོ། །གང་ལ་འཐག་པ་བསྐྱེད་པའི་དངོས་པོ་ནི། སྦྱིན་བདག་གིས་རང་ལ་བསྔོས་པའི་དོག་པ་ཡིན་པ་རུང་བ་ཚད་དང་ལྡན་པ་དང་པོ་སྦྱིན་བདག་དེ་ཉིད་ཀྱི་ཡིན་པ་སྤྲར་ཚད་ལ་གནོད་པའི་ཐགས་པ་སྐྱེད་པའི་རྩོམ་པ་མ་བྱས་པ་དང་ལྡའོ། །བསམ་པ་ལ་གཉིས། འདུ་ཤེས་མ་འཁྲུལ་བ། ཀུན་སློང་ནི། རང་དགར་གླ་རྔན་མ་བྱིན་པའམ་ཐགས་པ་བསྐྱེད་པའི་གནང་བ་མ་ཐོབ་པ་རང་ཉིད་ཀྱི་དོན་དུ་ཐགས་པ་བསྐྱེད་འདོད་རྒྱུན་མ་ཆད་པའོ། །སྦྱོར་བ། རང་ངམ་གཞན་ཁྱིམ་པ་ཐ་སྙད་ལྔ་ལྡན་ཉེ་དུ་མིན་པ་ངག་མཚན་ཉིད་ལྔ་ལྡན་གྱིས་མངོན་སུམ་དུ་བསྐོས་པས་ཐགས་པ་བསྐྱེད་པར་བརྩམ་པ། མཐར་ཐུག་ཐགས་པ་བསྐྱེད་པའི་དབང་གིས། སྦྱིན་བདག་གིས་བསྔོས་པ་ལས་ལྷག་པའི་གོས་ཁྲུ་གང་ཡན་ཆད་ཀྱི་རྒྱུའི་དོག་པ་ཟད་ནས་གོས་གྲུབ་པའམ་གླ་རྔན་མི་སྦྱིན་པར་ཐག་བཅད་པའོ། །དེ་ལས་གཞན་ཉོར་དང་ཟས་གནས་ཁང་སོགས་རང་ལ་བསྔོས་ཚད་ལས

ལྷག་པ་རྐྱ་སེམས་དང་ཡིད་བཙུག་ཁྱད་པར་ཅན་ལས་གཞན་པས་དགོས་མེད་དུ་བསྐྱེད་པ་ཐམས་ཅད་ལ་ཉེས་བྱས་སོ། །ཉེར་ལྔ་པ་དགེ་སློང་ལ་རང་གིས་ཆོས་གོས་བྱིན་པ་སླར་འཕྲོག་པའི་སྤང་བ་ལ་གཉིས་ཏེ་གླེང་གཞི་དང་། ལྟུང་བའོ། །དང་པོ་ནི། སྟོན་པ་མཉན་ཡོད་དུ་བཞུགས་སྐབས་དགའ་བོ་ལ་ལྷན་ཅིག་གནས་པ་དགེ་སློང་ཆོས་ཞེས་བསླབ་པ་ལ་གུས་པ་ཞིག་ཡོད་པ་དེས་དགའ་བོ་ཉེས་སྤྱོད་ལ་ཞུགས་པ་མ་ཤེས་པའི་དུས་སུ་ལྷན་དུ་གནས། ཤེས་པ་ན་དགེ་སློང་རང་བཞིན་དུ་གནས་པ་ལ་བསྟེན་པའི་སྐབས་སུ། སྟོན་པས་ཀུན་དགའ་བོ་ལ་སྟོན་པ་དང་ལྷན་དུ་ཀོ་ས་ལར་ལྗོངས་རྒྱུ་བར་གཤེགས་པར་འདོད་པ་དེ་དག་གིས་ཆོས་གོས་བགོས་ཤིག་གསུངས་པ་ཐམས་ཅད་ཀྱིས་ཐོས་ཏེ་ཉེར་དགས་དགའ་བོ་ལ་སྨྲས་ཏེ། བདག་ཅག་འདིར་གནས་ན་སྒོ་འཕར་བརྒྱ་འདས་ཏེ་བསོད་སྙོམས་སྒྲུབ་དགོས་ཤིང་། སྟོན་པ་དང་ལྷན་དུ་གཤེགས་ན་ཚུ་རྙོགས་མ་བཏུང་དགོས་པས་བདག་ཅག་སྟོན་པའི་སྟོན་དུ་འགྲོ་བར་གྲོས། དགེ་སློང་ཆོས་ཀྱི་ཆོས་གོས་རྙིང་བས་སྦྱིན་བདག་ཞིག་གིས་རས་ཡུག་ཆེན་ཞིག་ཕུལ་བ་བསོད་སྙོམས་པ་ཞིག་གིས་མཐོང་ནས་ཁྱེད་ཀྱི་ཆོས་གོས་རྙིང་བ་དེ་ཁོ་བོ་ལ་སྟོལ་སྨྲས་པ་ཁས་བླང་ངོ་། །དེ་སྐབས་དགའ་བོས་བདག་གི་ཆོས་གོས་ཁྱོད་ལ་སྦྱིན་ཞེས་སྨྲས། མི་དགོས་བྱས་ཀྱང་ཉེར་དགས་ནན་གྱིས་ལེན་བཅུག །

འོན་རས་འདི་དགའ་བོ་ཁྱེད་ལ་འབུལ་ལོ་སྨྲས་པས། དེ་ག་ལ་ལེན་ང་ཡི་ཆོས་གོས་རས་དང་བརྗེའམ་སྨྲས། དེས་ཆོས་གོས་རྙིང་པ་བསོད་སྙོམས་པར་བྱིན་རས་ཡུག་དགེ་འདུན་ལ་ཕུལ་ཚེ། དགའ་བོས་བདག་ཅག་སྟོན་པའི་སྟོན་དུ་འགྲོ་བས་ཁྱོད་ཀྱང་འདོང་ཞེས་ཆོས་ལ་སྨྲས་པས། དེས་བདག་སྟོན་པ་དང་མཉམ་དུ་གཤེགས་སོ་ཞེས་སྨྲས་པ་མ་བཟོད་ནས། འོན་བདག་གིས་ཆོས་གོས་ཚུར་སྦྱོད་ཟེར་བས་དེས་དེ་ལ་བྱིན་ནོ། །སྟོན་པས་དགེ་སློང་ཆོས་ལ་སྣམ་སྦྱར་མེད་པ་གཟིགས་ཏེ། ཀུན་དགའ་བོ་ལ་ཆོས་འདིས་གོས་ཀྱི་རྙེད་པ་མ་གྲུབ་བམ་གསུངས་ཚེ་གྲུབ་མོད། དགའ་བོས་ཕྲོགས་པར་བྱས་སོ་ཞུས། སྟོན་པས་དགེ་སློང་གང་གིས་དགེ་སློང་ཁྱོད་ལ་ཆོས་གོས་མི་སྦྱིན་ཕྱིར་བྱིན་ཅིག་ཅེས་སྨྲས་པས་དགེ་སློང་དེས་གོས་དེ་བཏང་ནས་ཕྱིར་བྱིན་པ་ན་སྤང་ལྟུང་ངོ་ཞེས་བཅས་སོ། །

གཉིས་པ་ལ་གཞི་བསམ་སྦྱོར་བ་མཐར་ཐུག་གི་ཡན་ལག་བཞི་ལས། དང་པོ་ལ་གཉིས་ལས།

གང་ལ་འགྲོག་པའི་ཡུལ་ནི་དགེ་སློང་ཆོས་བརྒྱད་ལྡན་ཏེ་བསྙེན་རྫོགས་ཀྱི་སྡོམ་པ་རྣམ་པར་དག་པ་དང་ལྡན་པ། ལྟ་བ་མཐུན་པ། མཚན་མཐུན་པ། ཐ་སྙད་གསུམ་དང་ལྡན་པ་ལུས་ཐ་མལ་དུ་གནས་པ༏ རང་ལས་རྒྱུད་ཐ་དད་པ་སྟེ་བརྒྱད་པོ་འདི་དགེ་སློང་ཆོས་བརྒྱད་ལྡན་ཞེས་པ་ཀུན་ལ་སྦྱར་རོ། །གང་འགྲོག་པའི་དངོས་པོ་ནི། གོས་སམ་ལྷུང་བཟེད་གང་རུང་ཡིན་པ། རུང་བ་ཚད་དང་ལྡན་པ་རང་ངམ་གཞན་གྱིས་བྱིན་པ་ཡུལ་དེར་དབང་བ་ཡིན་པ་དང་བཞིའོ། །བསམ་པ་ལ་གཉིས་ཏེ། འདུ་ཤེས་མ་འཁྲུལ་བ། ཀུན་སློང་ནི་རང་དགར་རྐུ་སེམས་དང་ཡིད་གཙུགས་ཁྱད་པར་ཅན་ལས་གཞན་པས་རང་ངམ་གཞན་གྱི་དོན་དུ་འགྲོག་འདོད་རྒྱུན་མ་ཆད་པའོ། །སྦྱོར་བ་རང་ངམ་གཞན་ཐ་སྙད་ལྔ་ལྡན་གྱིས་མངོན་སུམ་དུ་བསྐོས་པས་ལུས་ངག་གང་རུང་གིས་འགྲོག་པར་རྩོམ་པ། མཐར་ཐུག་ལུས་དང་འབྲེལ་བ་ཡིན་ན་ལུས་ལས་བྲལ་བའམ་མ་འབྲེལ་ན་གནས་ནས་སྤྲུགས་པ་ནའོ། །འདིའི་ལྷུང་བ་ཕྱིར་བཅོས་པ་ན་གང་འགྲོག་པའི་དངོས་པོ་དེ་ལྷག་མ་དང་བཅས་པ་དེ་ཉིད་ལ་གཏན་དུ་སྤང་དགོས་སོ། །གོས་ལྷུང་མི་རུང་བ་ཚད་ལས་ཆུང་བ་འགྲོག་པ། རང་གིས་མངོན་སུམ་དུ་མ་བསྐོས་པ་དང་། བརྒྱུད་པ་དང་སྤྲིང་ཡིག་སོགས་ཀྱིས་བསྐོས་ཏེ་འགྲོག་ཏུ་བཅུག་ན་ཉེས་བྱས་སོ། །རྐོད་བག་སོགས་ཀྱི་བསམ་པས་སླར་སྦྱིན་བསམ་ནས་རེ་ཞིག་འགྲོག་པ་ལ་ཉེས་བྱས་སོ། །ཕ་རོལ་པོ་ཕྱི་མར་སྡུག་བསྔལ་བའི་སྡིག་ལྷུང་དུ་འཇུག་པ་དང་ཚེ་འདིར་སྲོག་ལ་གནོད་པའི་བྱ་བར་འཇུག་པ་བཟློག་པའི་ཆེད་ཁོ་ནར་འགྲོག་པ་ལ་ལྷུང་བ་མེད་དོ། །ཉེར་དྲུག་པ་བརྟད་པ་ལས་བྱུང་བའི་གོས་སོགས་སྦྱིན༷་པའི་དུས༷་བཤད༷་པ་ལུས༷་སྦྱ༷་བར༷་བདག༷་གིར༷་བྱས༷་པའི་སྤང་བ་ལ་གཉིས་ཏེ་གླེང་གཞི་དང་། ལྷུང་བའོ། །དང་པོ་ནི། སྟོན་པ་མཉན་ཡོད་དུ་བཞུགས་དུས་རི་བྲག་ཏུ་ཁྱིམ་བདག་ཞིག་གིས་གཙུག་ལག་ཁང་བརྩིགས་དགེ་སློང་དྲུག་སྡེ་ལ་ཆོས་གོས་བསོད་སྙོམས་བསྟབས་ནས་ནམ་ཞིག་དེ་ཤི་བ་ན༏ དེའི་བུ་ལ་ཁྱོད་ཀྱིས་ཕ་བཞིན་དུ་བྱེད་ནུས་སམ། ཇོ་མི་ཐོགས། དགེ་སློང་དྲུག་སྡེ་གཞན་དུ་སོང་རྒན་ཞུགས་གཉིས་ཙམ་བསོད་སྙོམས་བྱེད་བཞིན་གནས་སོ། །དེ་སྐབས་བྱང་ལམ་ནས་འོང་བའི་ཚོང་པ་ཞིག་གིས་གནས་དེ་སྟོང་པར་མཐོང་ནས་རྒན་ཞུགས་གཉིས་ལ་དྲིས་པར་རྒྱུ་མཚན་བསྙད་པས། ཚོང་པས་བསམ་པ་ལ་གཅིག་ལག་ཁང་གསར་དུ་བྱས་ནས་འབུལ་ལམ། བྱས་ཟིན་འདི་ཉིད་

དུ་འབྲུལ་སྣམ་སྦྱི་ཚོང་བ་དག་གྲོས་པ་ན། འདིར་འབྲུལ་བར་བྱས་ན་འབད་པས་རང་རང་གི་ཅི་སྤྲོ་ཕྱུལ་བར་བྱས་ཚོང་དཔོན་གྱིས་རས་ཡུག་ཆེན་དང་རྙེད་པ་མང་དུ་ཕྱུལ་ནས་འདི་ནི་དགེ་སློང་དྲུག་ཅུའི་ཟླ་བ་གསུམ་གྱི་བསོད་སྙོམས། འདི་ཆོས་བརྒྱད་ཞ་སྟོང་གི་དུས་སྟོན། འདི་ན་བའི་རྐྱེན་སྨན་གྱི་ཡོ་བྱད་ལགས་སྨྲས་ཏེ་དགེ་སློང་རྣམས་འདིར་འདྲེན་པར་གྱིས་ཤིག་ཅེས་འདོང་ངོ་། །ཀྲན་ཞུགས་གཉིས་ལས་ཀྲན་པ་དེ་རྒྱལ་བྱེད་ཚལ་དུ་དགེ་སློང་འབོད་དུ་འོང་བ་ཉེར་དགས་མཐོང་ནས་གནས་བརྟན་བྱོན་པ་ལེགས་སྨྲས་པས། སློབ་དཔོན་ཕྱག་འཚལ་ལོ་བྱས་པ་ན། འདིས་མཁན་སློབ་ཡང་མི་ཤེས་པས་ཀྲན་ཞུགས་གོ་སྣམ་སྦྱི། ཁྱོད་གང་ནས་གང་གི་ཆེད་འོང་དྲིས་པས། དེས་དེའི་ཚུལ་རྣམས་ཞིབ་པར་བསྙད། དེ་ལ་ཉེར་དགས་ཁྱོད་ཀྱིས་གཞན་དག་ལ་དེ་སྐད་སྨྲས་ན་གནས་འདི་ཉིད་དུ་བཅོམ་ལྡན་འདས་བཞུགས་ཤིང་རྒྱལ་པོ་གསལ་རྒྱལ་གྱིས་བསྙེན་བཀུར་བསྟབས་པ་ཡིན་པས་དེ་རྣམས་གཞན་དུ་མི་འགྲོ་བར་མ་ཟད། ཁྱོད་ཀྱང་དགེ་སློང་དག་ཀྱང་བར་འོང་བ་མཐོང་ནས་གནས་དབྱུང་བྱེད་པར་འགྱུར་བའི་གནས་ཡོད་པས་སུ་ལ་མ་སྨྲ་ཞིག །ངེད་དགེ་སློང་དྲུག་སྡེ་རེ་རེ་ལ་འཁོར་བཅུ་བཅུ་ཡོད་པས་དེ་རྣམས་འོང་བར་སྨྲས། འོན་ཀྱང་བདག་སྟོན་པའི་ཞབས་ལ་ཕྱག་འཚལ་དུ་འགྲོ་སྨྲས་པ་ན་ཉེར་དགས། ཆོས་རྣམས་ཡིད་ཀྱིས་འདྲེན་བྱེད་ཅིང་། །ཡིད་གཙོ་ཡིད་ཀྱི་འགྲོས་ཅན་ཡིན། །ཞེས་གསུངས་པས་འདི་ཉིད་ནས་སྟོན་པར་ཕྱག་འཚོལ་ཞེས་དེའི་གཉའ་བ་ནས་བཟུང་ཞིང་མནན་ནས་སངས་རྒྱས་ལ་ཆོས་ལ་དགེ་འདུན་ལ་ཕྱག་འཚལ་ལོ། །ཞེས་མགོ་བོ་འདུད་དུ་བཅུག་སྟེ་སྐོམ་ཕོར་གང་བླུད་དེ་རང་དུ་བསྐྱལ་ལོ། །དྲུག་སྡེས་གཏམ་དེ་ཕན་ཚུན་གླེང་བ་ན། ལ་ལས་དེར་དབྱར་གནས་སམ་སྨྲས་པས། ལ་ལས་མིན་ཏེ་དེར་དབྱར་ནང་དུ་ཟོས་ཏེ་འདིར་འོང་ནས་གནས་སོ་ཞེས་དེར་ཁ་འདུམ། དེ་དག་རི་བྲག་གི་གནས་དེར་སོང་ནས་ཀྲན་ཞུགས་ལ་རྙེད་པ་ག་རེ་བྱས་པས་ཀྲན་ཞུགས་དྲང་པོའི་ཚུལ་ཅན་དེས་རྙེད་པ་ཐམས་ཅད་བསྟབས་པ་ན། དེ་དག་གི་ནང་ནས་ལྷོ་འདུན་ཅན་ཞིག་ལ་ཞལ་ཏ་བྱེད་དུ་བཅོལ་བས་ཟས་ཐམས་ཅད་ཟད་དོ། །

ད་ནི་ཉིན་གཅིག་གི་ཟས་ལས་མ་ལྷག་གོ་སྨྲས་པ་ན། བདག་ཅག་བསླབ་པ་བླངས་པ་ཡིན་ན་བརྒྱད་དང་ཞ་སྟོང་གི་དུས་སྟོན་བྱེད་མི་རིགས་དེའང་ཟའོ་སྨྲས་ཏེ་ཟོས། བདག་ཅག་ཕུང་པོ་ལྔ་ཧྲི་

སྲིད་པར་ནད་པ་ཡིན་ན་དེའི་ཟས་ཀྱང་ཟའོ་ཞེས་ཟེར། ད་ནི་གདུགས་གཅིག་གི་ཟན་ལས་མེད་དོ་སྨྲས་སྐབས། དེ་རྣམས་ཀྱིས་རྒན་ཞུགས་ལ་ཁྱོད་ཀྱིས་ཟླ་བ་གསུམ་གྱི་ཟས་ཡོད་སྨྲས་པ་གང་། དེས་སྨྲས་པ། ཁྱེད་ཅག་བཟའ་བཅའ་བཅོ་བརྒྱད་ཤ་སྟག་ཁྲིམ་ཤིག་བསྒོས་པས་ཟད་དོ་སྨྲས་པ་ན། འདིས་བདག་ཅག་སྐད་ཀྱི་གནས་ནས་དབྱུང་བར་བགྱིའོ་སྨྲས། ཁ་ཅིག་གིས་དེ་ལ་བཟོད་པ་གསོལ་དུ་བཅུག་པས་དེ་གཉིས་ཀྱིས་བཟོད་གསོལ་བྱས། དྲུག་སྡེས་གོས་ཀྱི་རྙེད་པ་ཐམས་ཅད་ཁྱེར་ནས་མཉན་ཡོད་དུ་སོང་ངོ་། །དེ་དག་སོང་ཤུལ་དུ་སྦྱིན་བདག་འོང་ནས་དགེ་སློང་མེད་དམ། དེ་གཉིས་ཀྱིས་སྔ་མའི་གནས་ཚུལ་དག་བསྙད་པས། སྦྱིན་བདག་གིས་ཁྱོད་གཉིས་ནོར་བུའི་གླིང་ནས་མཆིང་བུ་ཁྱེར་འོང་བ་བླུན་ནོ་སྨྲས་པས། གཞན་དག་གིས་དད་པའི་མུ་གུ་སྐྱེས་པ་ནས་སྐམ་མོ་ཞེས་འཕྱ་བའི་སྐབས་དེ་གསོལ་བས། སྟོན་པས་དྲུག་སྡེ་ལ་ཁྱེད་རྣམས་དེ་ལྟར་བྱས་པ་བདེན་ནམ། བཙུན་པ་མད་དོ། །སྟོན་པས་དབྱར་ནང་དུ་འགྱེད་པ་ན་སྤང་ལྟུང་ངོ་ཞེས་བཅས་སོ། །

གཉིས་པ་ལ་གཞི་བསམ་པ་སྦྱོར་བ་མཐར་ཐུག་གི་ཡན་ལག་བཞི་ལས། དང་པོ་ལ་གསུམ་ལས། གང་ལས་བདག་གིར་བྱ་བའི་སྦྱིན་བདག་ནི་ཁྱིམ་པ་ཡིན་པ། ཐ་སྙད་ལྟ་དང་ལྡན་པ། ལུས་ཐ་མལ་དུ་གནས་པ། རང་དང་ནོར་མི་གཅིག་པ་དང་བཞིའོ། །ཁྱིམ་པ་ཆོས་བཞི་ལྡན་ཞེས་པ་རྣམས་ལ་འདི་སྦྱར་རོ། །གང་བདག་གིར་བྱ་བའི་དངོས་པོ་ནི། དབྱར་ཁས་ལེན་ལས་བྱུང་བའི་རྙེད་པ་ཡིན་པ། ཕལ་ཆེར་རུང་བ། ཚད་དང་ལྡན་པ། ཟས་ཀྱི་རྙེད་པ་ལས་གཞན་ཡིན་པ། དབྱར་གྱི་ནང་དུ་བདག་གིར་བྱས་པས་བར་ཆད་སྤྱོང་བ་མ་ཡིན་པའོ། །དུས་ནི། དབྱར་ཁས་བླངས་ནས་དགག་དབྱེ་མ་བྱས་པའི་དུས་ཡིན་པའོ། །བསམ་པ་ལ་གཉིས་ཏེ། འདུ་ཤེས་མ་འཁྲུལ་བ། ཀུན་སློང་རང་དགར་དབྱར་གྱི་ནང་དུ་དབྱར་རྙེད་བདག་གིར་བྱེད་འདོད་རྒྱུན་མ་ཆད་པའོ། །སྦྱོར་བ་བསམ་པའི་དོན་ལ་བདག་གིར་བྱེད་པར་རྩོམ་པ། མཐར་ཐུག་བདག་གིར་བྱས་ཟིན་པའོ། །བགོ་སྐྱ་ལ་བཞི་ལས། གཞིའི་ཡན་ལག་དབྱར་གྱི་ནང་དུ་བགོས་པས་བར་ཆད་སྤྱོང་པ་མ་ཡིན་པ་ཞེས་བརྗེ་བ་མ་གཏོགས་སྔ་མ་བཞིན་ནོ། །བསམ་པ་ལ་འདུ་ཤེས་མ་འཁྲུལ་བ། ཀུན་སློང་དབྱར་ནང་དུ་རང་དགར་བགོ་འདོད་རྒྱུན་མ་ཆད་པའོ། །སྦྱོར་བ་བསམ་པའི་དོན་ལ་བགོ་བར་རྩོམ་པ། མཐར་ཐུག་སྐལ་བ

ལ་ཐོབ་བློ་སྐྱེས་པའོ། །བཞག་འཕྱི་ལ་བཞི་ལས། གཞི་སྦྱིན་བདག་ཁྱིམ་པ་ཆོས་བཞི་ལྡན་ནོ། །གང་བཞག་པའི་དངོས་པོ་ནི། སྔར་གྱི་ཡན་ལག་སྔ་མ་བཞི་དང་རང་གི་ཡིན་པ། བཞག་ཕྱི་བས་ཉེད་པ་སོགས་ལ་བར་ཆད་སྤྱོང་བ་མ་ཡིན་པའོ། །

རྟེན་ནི། དབྱར་ཉེད་སྤྲེད་པ་མ་བསྐོས་པ། སྲ་བརྒྱུང་མ་བཏིང་བ། སྦྱིན་བདག་གི་ཚིག་གིས་དབང་མེད་པ་མ་ཡིན་པའོ། །དུས་ནི། དགག་དབྱེའི་ཕྱི་དེའི་ཉིན་ནམ་སྲ་བརྒྱུང་ཕྱུང་བའི་ཕྱི་དེའི་ཉིན་བར་གྱི་དུས་ཡིན་པའོ། །བསམ་པ་འདུ་ཤེས་མ་འཁྲུལ་བ། ཀུན་སློང་རང་དགར་ཉེད་པ་མ་བགོས་པའམ་ཉེད་པ་སྤྲེད་པ་ལ་མ་གཏད་པར་འཇོག་འདོད་རྒྱུན་མ་ཆད་པ། སྦྱོར་བ་དེ་ལྟར་འཇོག་པར་རྩོམ་པ། མཐར་ཐུག་དེའི་རྐྱེན་གྱིས་དགག་དབྱེའི་ཕྱི་དེའི་ཉིན་གྱི་མཚན་མོའི་མཐའི་སྐད་ཅིག་མའོ། །སྲ་བརྒྱུང་ཕྱུང་བའི་ཕྱི་ཉིན་གྱི་མཚན་མོའི་མཐའི་སྐད་ཅིག་འདས་པའོ། །དེའང་བདག་གིར་བྱེད་སྔ་དང་བགོ་སྔ་གཉིས་ཀྱི་དགག་བྱའི་གཙོ་བོ་ནི་དབྱར་རལ་བར་འགྱུར་བ་ཡིན། བཞག་འཕྱིས་དགག་བྱའི་གཙོ་བོ་ནི་ཉེད་པ་ཆུད་ཟ་བར་འགྱུར་བའོ། །ཉེར་བདུན་པ་དགེ་སློང་དགོ̥ན་པ̥ར་འཛི̥གས་པ་དང་བཅ̥ས་པའི་ཚེ་ཆོས་གོ̥ས་ཞ̥ག་བདུ̥ན་འད̥ས་པར་འབྲ̥ལ་བའི་སྤྱང་བ་ལ་གཉིས་ཏེ། གླེང་གཞི་དང་། ལྟུང་བའོ། །དང་པོ་ནི། སྟོན་པ་མཉན་ཡོད་ན་བཞུགས་དུས་རི་བྲག་གི་དགོན་པར་གནས་པའི་དགེ་སློང་ཚོམ་རྐུན་གྱིས་བཅོམ་པས། སྟོན་པས་ཞག་དྲུག་གི་མཐའ་ཚུན་ཆད་དུ་ཆོས་གོས་མཚམས་ཀྱི་ཕྱི་རོལ་ཁྱིམ་པའི་ཁྱིམ་དུ་བཞག་སྟེ་བྲལ་བར་བྱའོ་གསུངས་པས་དྲུག་སྡེས་བསམ་བཞིན་དུ་ཞག་བདུན་དུ་བྲལ་བར་བྱེད་པ་གསོལ་བས། སྟོན་པས་ངས་དགེ་སློང་དགོན་པ་བས་ཞག་དྲུག་གི་མཐའ་ཚུན་ཆད་དུ་ཆོས་གོས་དེ་མཚམས་ཀྱི་ཕྱི་རོལ་དུ་བྲལ་བར་བྱའོ་གསུངས་ན་དྲུག་སྡེ་ཁྱེད་ཅག་གིས་བསམ་བཞིན་དུ་ཞག་བདུན་བྲལ་བར་བྱེད་པ་བདེན་ནམ། བཙུན་པ་མད་དོ། །ཞག་དྲུག་ལས་འདས་ན་སྤང་ལྟུང་ངོ་ཞེས་བཅས་སོ། །

གཉིས་པ་ལ་གཞི་བསམ་སྦྱོར་བ་མཐར་ཐུག་གི་ཡན་ལག་བཞི་ལས། དང་པོ་ལ་གསུམ་ལས། གང་དང་བྲལ་བའི་དངོས་པོ་ནི། རང་གི་གནས་འཛིགས་པ་དང་བཅས་པའི་དུས་ཀྱི་རྣམ་སྦྱར་ཡིན་པ༑ རུང་བ་ཚད་དང་ལྡན་པ། དངོས་ཀྱི་བྱིན་རླབས་དང་ལྡན་པ་འཛིགས་པའི་དབང་གིས་གནས་

གཞན་དུ་བཞག་པ་མ་ཡིན་པའོ། །དེའང་ཁ་ཅིག་གིས། ཆོས་གོས་གསུམ་འབྲལ་བར་གནང་ཞེས་གསུངས། ཁ་ཅིག་སྲ་བརྐྱང་བཏིང་ཚེ་སྣམ་སྦྱར་གནང་གི་གཞན་གཉིས་མ་གནང་བས་དགོན་པའི་འབྲལ་བ་སྣམ་སྦྱར་ཁོ་ནར་འཐད་དོ་གསུངས་སོ། །གང་ལས་བྲལ་བའི་གནས་ནི། དགེ་སློང་རང་གི་གནས་དང་ཆོས་གོས་བཞག་པའི་གནས་ཉེ་འཁོར་དང་བཅས་པ་ལས་གཞན་ཡིན་པའོ། །རྟེན་ནི། སྣམ་སྦྱར་དང་འབྲལ་བའི་གནང་བ་མ་ཐོབ་པ། བར་ཆད་ཀྱི་རྐྱེན་དང་མི་ལྡན་པ། སྲ་བརྐྱང་མ་བཏིང་བའོ། །བསམ་པ་འདུ་ཤེས་མ་འཁྲུལ་བ། ཀུན་སློང་རང་དགར་ཞག་དྲུག་ཏུ་བྲལ་འདོད་རྒྱུན་མ་ཆད་པའོ། །སྦྱོར་བ་རང་གི་གནས་ཉེ་འཁོར་དང་བཅས་པ་དང་སྣམ་སྦྱར་བཞག་པའི་སྤྱོད་ཡུལ་གྱི་གྲོང་ཉེ་འཁོར་དང་བཅས་པ་ལས་གཞན་དུ་གནས་པའི་ཚེ་ཞག་དྲུག་ཏུ་བྲལ་བར་རྫོམ་པ། མཐར་ཐུག་དེའི་རྐྱེན་གྱིས་ཞག་དྲུག་གི་མཚན་མོ་འདས་ཏེ་བདུན་པའི་སྐྱ་རེངས་ཤར་བའོ། །གནས་དེ་རུ་ཇི་སྲིད་འཇིགས་པ་དང་བཅས་པར་གནས་པའི་ཚེ་འཇིགས་པ་དང་བྲལ་གྱི་བར་ལ་ཉེས་པ་མེད་དོ། །དེས་ན་དགེ་སློང་གནས་པའི་གནས་དང་སྣམ་སྦྱར་བཞག་པའི་གནས་དེ་གཉིས་ཀྱི་ཉེ་འཁོར་ལས་འདས་ཏེ་ཆོས་ལྡན་གྱི་བྱ་བའི་ཆེད་དུ་སོང་བ་ན་ལམ་དུ་སྣམ་སྦྱར་བརླག་པའི་དོགས་བྱ་ཡོད་པས་མ་ཁྱེར་ན་ཞག་དྲུག་གི་མཚན་མོ་འདས་པ་ཚུན་ཆད་དུ་གནས་དེ་གཉིས་གང་རུང་དུ་མ་སླེབས་པར་རང་དགར་ཞག་དྲུག་པའི་མཚན་མོ་འདས་པ་ལ་ལྟུང་བ་འདི་བསྐྱེད་པར་གསུངས་སོ། །

ཉེར་བརྒྱད་པ་དབྱར་གྱི་གོས་ར༷ས་ཆེ༷ན་དབྱར་གྱི་སྔ་རོལ་ཟླ་བ་གཅིག་གི་སྔོན་ནས་བཙལ་བ་དང་། དགུ༷ག་དབྱི༷་བྱུས་ཞི༷ན་ཀུ༷ང་ལྷུ༷་ཕྱི༷ད་འདུ༷ས་པར་འཆང་བའི་སྤང་བ་ལ་གཉིས་ཏེ། གླེང་གཞི་དང་། ལྟུང་བའོ། །དང་པོ་ནི། སྟོན་པས་དབྱར་གྱི་གོས་རས་ཆེན་བཅང་བར་བྱའོ་གསུངས་པས་དབྱར་སྔ་ཕྱི་ཁས་ལེན་པའི་དགེ་སློང་རྣམས་ཀྱིས་རས་ཆེན་དབྱར་གཉིས་པོ་གང་རུང་གི་སྔ་རོལ་ཟླ་བ་གཅིག་གི་སྔོན་ནས་བཙལ་བ་དང་། དབྱར་གནས་ཞིན་རྗེས་སུ་ཡང་ཟླ་ཕྱེད་ལས་ལྷག་པར་འཇོག་ཅིང་བཅང་བས་དོན་དང་བྱ་བ་མང་སྟེ་སྤོང་ཀློག་གི་བར་ཆད་དུ་གྱུར་བས། སྟོན་པས་དབྱར་གྱི་སྔོན་ནས་ཟླ་བ་གཅིག་ཙམ་ནས་བཙལ། དབྱར་མཐར་ཟླ་བ་ཕྱེད་དུ་འཆང་རིགས་ཀྱི། དེ་ལས་སྔ་བར་བཙལ་བ་དང་འཕྱི་བར་འཇོག་པར་བྱེད་ན་སྤང་ལྟུང་ངོ་ཞེས་བཅས་སོ། །གཉིས་པ་ལ་གཞི་བསམ་

སྦྱོར་བ་མཐར་ཐུག་གི་ཡན་ལག་བཞི་ལས། དང་པོ་ལ་བཞི་ལས། གང་ལ་བཙལ་བའི་ཡུལ་ནི་ཁྱིམ་པ་ཆོས་དྲུག་ལྡན་ནོ། །གང་བཙལ་བའི་དངོས་པོ་ནི་རས་ཆེན་ཡིན་པ་ཚད་དང་ལྡན་པ། རྫུང་བ། ཟླ་བ་བཞིར་ལོངས་སྤྱད་པས་རྙིང་བ་མ་ཡིན་པ། ཆར་ཆུ་སྐྱོབ་པའི་བྱ་བ་བྱེད་ནུས་པ། སྦྱིན་བདག་དེ་ཉིད་ཀྱི་ཡིན་པ་སྟེ་ཆོས་དྲུག་ལྡན་ནོ། །ནམ་གྱི་ཚེ་བཙལ་བའི་དུས་ནི། རང་གིས་ཁས་ལེན་གང་ལ་བྱས་པའི་དབྱར་སྔ་ཕྱིའི་བྱེ་བྲག་གིས་རིམ་པ་ལྟར་དབྱར་ཟླ་ར་བའི་བཅུ་དྲུག་གི་སྔ་རོལ་དང་དབྱར་ཟླ་འབྲིང་པོའི་བཅུ་དྲུག་གི་སྔ་རོལ་གྱི་དུས་ཡིན་པ། རྟེན་ནི་ཁ་ཅིག་གིས་དབྱར་ཁས་ལེན་དང་འབྲེལ་བར་ཞེས་གསུངས་སོ། །བསམ་པ་ལ་འདུ་ཤེས་མ་འཁྲུལ་བ། ཀུན་སློང་ནི་རང་དགར་རང་ཉིད་ཀྱི་དོན་དུ་རང་གི་དབྱར་ཁས་ལེན་ལ་ལྟོས་པའི་ཟླ་བ་གཅིག་གི་གོང་རོལ་དུ་སློང་འདོད་རྒྱུན་པ་ཆད་པ། སྦྱོར་བ་ངག་མཚན་ཉིད་ལྔ་ལྡན་གྱིས་སློང་བར་ཞུགས་པ་མཐར་ཐུག་དེའི་རྐྱེན་གྱིས་རང་གི་དབྱར་ཁས་ལེན་ལ་ལྟོས་པའི་ཟླ་བ་གཅིག་གི་སྔ་རོལ་དུ་གྲུབ་ཅིང་ཐོབ་བློ་སྐྱེས་པའོ། །བཞག་འཕྲོ་ལ་ཡན་ལག་བཞི་ལས། གཞི་གང་བཞག་པའི་དངོས་པོ་ནི། སྦྱིན་བདག་དེ་ཉིད་ཀྱི་ཡིན་པ་ཞེས་པ་ལ་རང་གི་ཡིན་པ་ཞེས་བརྗེ་བ་མ་གཏོགས་སྔ་མ་བཞིན་ནོ། །གང་དུ་བཞག་པའི་དུས་ནི། དབྱར་སྔ་ཕྱིའི་བྱེ་བྲག་གི་རིམ་པ་ལྟར། སྟོན་ཟླ་འབྲིང་པོའི་གནམ་སྟོང་དང་སྟོན་ཟླ་ཐ་ཆུང་གི་གནམ་སྟོང་གི་མཚན་མོ་འདས་པའི་དུས་སོ། །བསམ་པ་འདུ་ཤེས་མ་འཁྲུལ་བ། ཀུན་སློང་རང་དགར་རས་ཆེན་སྦྱིན་པ་གཏོང་བ་སོགས་མ་བྱས་པར་རང་རང་གི་དབྱར་སྔ་ཕྱིའི་རིམ་པས་སྟོན་ཟླ་འབྲིང་པོ་དང་ཐ་ཆུང་གི་གནམ་སྟོང་གི་མཚན་མོ་འདས་པའི་བར་འཇོག་འདོད་རྒྱུན་མ་ཆད་པ། སྦྱོར་བ་དེ་ལྟར་འཇོག་པར་རྩོམ་པ། མཐར་ཐུག་དེའི་རྐྱེན་གྱིས་རང་རང་གི་གནམ་སྟོང་གི་མཚན་མོ་འདས་པའོ། །བསླབ་བྱ་ནི་རས་ཆེན་བཙལ་བའི་དུས་དང་འཇོག་པའི་དུས་བཤད་པ་དང་བསྟུན་ནས་བྱེད་པ་དང་། སྲ་བརྐྱང་བཏིང་བ་དང་དབྱར་ཁས་ལེན་འབྲེལ་བའི་བྱ་བ་རྣམས་ཁས་ལེན་ལྟར་བྱ་བ་རྣམས་སོ། །

ཉེར་དགུ་པ་ཁྱིམ་པས་དགེ་འདུན་ནམ་གང་ཟག་ལ་བསྔོས་པའི་གོས་ལྷུང་ལྟ་བུའི་རྙེད་པ་རང་ལ་བསྒྱུར་ཏེ་བདག་ཏུ་བཟུང་བའི་སྤང་བ་ལ་གཉིས་ཏེ་གླེང་གཞི་དང་། ལྟུང་བའོ། །དང་པོ་ནི། སྟོན་པ་མཉན་ཡོད་ན་བཞུགས་དུས་བསོད་སྙོམས་པ་ཞིག་གིས་ཁྱིམ་བདག་ཞིག་ལ་ཟས་ལས་བྱུང

བའི་བསོད་ནམས་ཀྱི་གཞི་བདུན་གྱི་བསྡུགས་པ་བརྗོད་པས་དེ་ལས་བདག་ཅག་གིས་གཅིག་བགྱི་ལགས་ཞུས། དགེ་འདུན་ལ་ཆོས་སྟོན་གྱིས་ཤིག་བསྒོས་པས་བདག་ཅག་འགྲོར་བ་སྲབ་པས་རས་ཟུང་གཅིག་ལས་མ་མཆིས་མོད་འཕགས་པ་བདག་ཅག་གི་མང་གིས་དགེ་འདུན་རྣམས་གདུགས་ཚོད་ལ་དྲོངས་པར་གསོལ་ཞེས་པ་ལྟར་བརྗོད་པས་རས་ཟུང་གཅིག་གི་རྙེད་པ་ཡོད་པ་ཉེར་དགས་ཐོས་ནས་དེར་སོང་སྟེ་རས་ག་རེ་བལྟ་ཡི། དེས་བསྟན་པས། ཆེན་པོར་འོས་པའི་རས་སུ་མཐོང་ནས། ཀྱེ་ཁྱོད་ལ་འབུལ་བའི་བསོད་ནམས་ཙམ་ཡོད་ཀྱི་ལོངས་སྤྱོད་པའི་བསོད་ནམས་མེད་དེ། སྟོན་པས་དགེ་འདུན་ལ་ཕུལ་བའི་ཟས་ཀྱི་རྙེད་པ་ཕྱུ་ས་ལའི་འདབ་མ་ཙམ་ཡང་བགོ་བར་གསུངས། གོས་ཀྱི་རྙེད་པ་མར་མེའི་སྙིང་པོ་ཙམ་ཡང་བགོ་བར་གསུངས་པས་སོ། །དེ་བས་ཤཱཀྱའི་རིགས་ལས་རབ་ཏུ་བྱུང་བ་སྡེ་སྣོད་གསུམ་པ་ཆོས་སྒྲོག་པ་རིག་པ་དང་གྲོལ་བའི་སྤོབས་པ་ཅན་ལ་སྟེར་ན་དེ་ལས་ནི་བསོད་ནམས་གཉིས་ཀ་ཐོབ་པར་སྨྲས། དེ་ལྟ་བུའི་ཞིང་མི་རྙེད་པར་སྨྲས་པས། བདག་དེ་ལྟ་བུའི་ཞིང་ངོ་། །འོ་ན་འབུལ་ལོ། །སྦྱིན་པ་སྦྱིན་ཀྱང་མི་ཤེས་པ་ཅི། སངས་རྒྱས་དགེ་འདུན་བཅས་པའི་མཐའ་ལོགས་སུ་རྗེས་སུ་ཡི་རང་བར་ཆུག་ལ་བདག་ལ་སྟོལ་བྱས་པས་དེ་བཞིན་བྱས། དགེ་སློང་རྣམས་ཀྱིས་དགེ་བསྐོས་ལ་ཉེར་དགའ་ལས་རས་ཟུང་དེ་ལོངས་ཤིག་སྨྲས། དེས་དེ་ལ་རས་ཟུང་དེ་འོན་ཅིག་སྨྲས་པས། ཅི་གཙུག་ལག་ཁང་དུ་འབུལ་བའི་རས་སམ། མིན་ཏེ་འདིར་དགེ་འདུན་ལ་འབུལ་བ་དེ་གཏོད་ཅིག་སྨྲས། ཉེར་དགས་དེ་ལ་ཁྱོད་རང་གི་ཆོས་གོས་ལྷུང་བཟེད་དགེ་འདུན་ལ་ཕུལ་ཅིག །འདི་ནི་ཁོ་བོ་ལ་བྱིན་ནོ་སྨྲས་ཏེ་ཁྱེར་རོ། །བསོད་སྙོམས་པ་དེས་ཁྱིམ་བདག་ལ་ཁྱོད་ཀྱིས་གཞན་དུ་འབྲུག་བསྒྲགས། གཞན་དུ་ཆར་ཕབ་བོ་བྱས་པས་ཁྱིམ་བདག་གིས་བདག་ལ་ཉེར་དགས་དེ་ལྟར་བསྒོ་བ་བཞིན་བྱས་སོ་བརྗོད། སྟོན་པས་ཉེར་དགའ་ལ་ཁྱོད་ཀྱིས་དགེ་འདུན་ལ་བསྔོས་པའི་རྙེད་པ་གང་ཟག་ལ་བསྔོ་རུ་འཇུག་པ་བདེན་ནམ། བཙུན་པ་མད་དོ། །ཡང་དགེ་སློང་གང་དགེ་འདུན་ལ་བསྔོས་པའི་རྙེད་པ་གང་ཟག་ལ་བསྒྱུར་དུ་འཇུག་ན་སྤང་ལྟུང་ངོ་ཞེས་བཅས་སོ། །

གཉིས་པ་ལ་གཞི་བསམ་སྦྱོར་བ་མཐར་ཐུག་གི་ཡན་ལག་བཞི་ལས། དང་པོ་གསུམ་ལས། བསྔོ་བ་པོའི་སྦྱིན་བདག་ནི། ཁྱིམ་པ་མཚན་ཉིད་ལྔ་དང་ལྡན་པ་ཡིན་པ། ཐ་སྙད་ལྔ་དང་ལྡན་པ།

ལུས་ཐ་མལ་དུ་གནས་པ། རང་དང་བསྔོས་པའི་ཡུལ་གཉིས་ལས་ནོར་ཐ་དད་པ། ཡུལ་དེ་ལ་བསམ་པ་ཐག་པ་ནས་བསྔོས་པ་པོ་ཡིན་པ་དང་ལྔའོ། །གང་ལས་བསྒྱུར་བའི་ཡུལ་ནི། རང་ལས་རྒྱུད་ཐ་དད་པ་ཞེས་པ་རང་ལས་ནོར་ཐ་དད་ཞེས་བརྗེ་བ་མ་གཏོགས་སྔར་བཤད་པའི་དགེ་སློང་ཆོས་བརྒྱད་ལྡན་ནམ་དེ་ལྟ་བུ་བརྒྱད་ལྡན་གྱི་དགེ་འདུན་ནོ། །གང་བསྒྱུར་བའི་དངོས་པོ་ནི་གོས་སམ་ལྷུང་བཟེད་གང་རུང་ཡིན་པ་རུང་བ་ཚད་དང་ལྡན་པ་སྦྱིན་བདག་དེས་ཡུལ་དེ་ལ་བསམ་པ་ཐག་པ་ནས་བསྔོས་ཟིན་པ་ཡིན་པའོ། །བསམ་པ་ལ་འདུ་ཤེས་མ་འཁྲུལ་བ། ཀུན་སློང་རང་དགར་རྒྱུ་སེམས་ལས་གཞན་པའི་བདག་ཉིད་ལ་བསྒྱུར་འདོད་རྒྱུན་མ་ཆད་པ། སྦྱོར་བ་ངག་མཚན་ཉིད་ལྔ་ལྡན་གྱིས་རང་ལ་བསྒྱུར་བར་རྩོམ་པ། མཐར་ཐུག་དེའི་རྐྱེན་གྱིས་གྲུབ་ཅིང་ཐོབ་བློ་སྐྱེས་པའོ། །སྦྱིན་བདག་གིས་གང་ཟག་གཅིག་ལ་བསྔོས་པ་དེར་རང་ལས་གཞན་པའི་གང་ཟག་གཉིས་གསུམ་དང་དགེ་འདུན་ལ་བསྔོས་པ་དང་། དགེ་འདུན་ལ་བསྔོས་པ་དེ་ལས་གཞན་པའི་དགེ་འདུན་དང་གང་ཟག་གཞན་ལ་བསྒྱུར་བ་དང་། གཙུག་ལག་ཁང་གི་ཤར་ལ་བསྔོས་པ་ལྷོ་སོགས་ཆ་ཤས་གཞན་དུ་བསྒྱུར་བ་དང་། མཆོད་རྟེན་གྱི་ཆ་ཤས་གཅིག་ལ་བསྔོས་པ་དེ་ལས་གཞན་པའི་ཆ་ཤས་སུ་བསྒྱུར་བ་དང་། དུད་འགྲོ་གང་ལ་བསྔོས་པ་དེ་བཙལ་ནས་མ་རྙེད་ན་མ་གཏོགས་གཞན་ལ་བསྒྱུར་བ་དང་། རང་གིས་གཞན་ལ་བསྔོས་པ་རང་དགར་མི་སྦྱིན་པ་དང་། ཞི་བའི་ཡོ་བྱད་མཚམས་ཀྱི་ཕྱི་རོལ་དུ་སོང་སྟེ་བྱིན་གྱིས་རློབ་པར་བྱེད་པ་དང་། ཞི་བའི་ཡོ་བྱད་སོགས་རྙེད་པ་དགེ་འདུན་གྱིས་བྱིན་གྱིས་མ་བརླབས་པར་བགོ་བ་དང་། བྱང་ཆུབ་ཆོ་འཕྲུལ་ཆོས་འཁོར་ལྷ་བབས་བཞི་གང་རུང་ལ་བསྔོས་པ། དེ་བཞི་ལས་གཞན་པའི་མཆོད་རྟེན་དུ་བསྒྱུར་བ་དང་། དེ་བཞི་ལས་གཞན་དུ་བསྔོས་པ་གཞན་དུ་བསྒྱུར་བ་རྣམས་ལ་ཉེས་བྱས་སོ། །བཞི་པོ་གང་རུང་ལ་བསྔོས་པ་དེ་བཞི་གང་རུང་དུ་བསྒྱུར་བ་ལྟུང་མེད་དང་། གཞན་དུ་བསྔོས་པ་བཞི་པོ་གང་རུང་དུ་བསྒྱུར་བ་ལ་ལྟུང་བ་མེད་དོ། །བསླབ་བྱ་ནི། དམག་སོགས་ཀྱིས་གནོད་པ་མེད་པར་གཙུག་ལག་ཁང་མི་འདོར་བར་བྱ་བ་དང་། རང་དེ་ལས་འགྲོ་ན་སྲུང་མ་འཇོག་པ་དང་། དེའི་རྫས་བདག་ཡོད་པར་གདམ་པ་དང་། ཕྱིས་སྟ་མ་ལ་བདག་པོ་ཡོད་ཚེ་དེར་གཏད་པ་སོགས་མ་བྱས་ན་ཉེས་བྱས་སོ། །སུམ་ཅུ་པ༷་ན་བའི་སྨན་ཞ༷ག་བདུ༷ན་འད༷ས་པར

འཆང་བའི་གས྄ོག་འཛ྄ོག་གི་སྤྱང་ལྟུང་ལ་གཉིས་ཏེ་གླེང་གཞི་དང་། ལྟུང་བའོ། །དང་པོ་ནི། སྟོན་པ་འོད་མའི་ཚལ་ན་བཞུགས་དུས་བི་ལིན་དའི་བུ་དང་ལྡན་ཅིག་གནས་པ་དང་། ཉེར་གནས་རྣམས་ཀྱིས་ལག་ཉར་བླང་བའི་ཟས་བྱིན་ལེན་བྱས་ཏེ་དུས་དང་དུས་མིན་དུ་ཟ་བ་ལ་འཕྱ་བ་བྱས་པའི་སྐབས་དེ་གསོལ་བས། སྟོན་པས་བི་ལིན་དའི་བུ་སོགས་ལ་དེ་ལྟར་བྱས་པ་བདེན་ནམ། བཙུན་པ་མད་དོ། །གསོ་དཀའ་འགང་དཀའ་འདོད་ཆེ་ཆོག་མི་ཤེས་ལ་སྨད། གསོ་སླ་སོགས་ལ་བསྔགས་ཏེ་སྟོན་པས། ན་བའི་སྨན་ཞུན་མར་འབྲུ་མར་སྦྲང་རྩི་བུ་རམ་གྱི་དབུ་བ་རྣམས་ནད་པས་འདོད་ན་ཞག་བདུན་བར་བཆླབས་ཏེ་འཆང་ནས་ལོངས་སྤྱོད་པར་བྱ། དེ་ལས་འདས་པར་འཆང་ནས་ལོངས་སྤྱོད་ན་སྤང་ལྟུང་ངོ་ཞེས་བཅས་སོ། །

གཉིས་པ་ལ་གཞི་བསམ་སྦྱོར་བ་མཐར་ཐུག་གི་ཡན་ལག་བཞི་ལས། དང་པོ་ལ་གཉིས་ལས། གང་བཞག་པའི་དངོས་པོ་ནི། སྨན་རྣམ་པ་བཞི་ལས་གང་རུང་ཡིན་པ། རུང་བ། མིད་པར་མཛོན་པའི་ཚད་དུ་ལོངས་པ། རྐྱགས་ཆུ་སོགས་མིན་པས་ངོ་བོ་རྫོགས་པ། བདག་ཉིད་ཀྱི་ཡིན་པ། ལྷའི་བདུད་རྩི་མིན་པ། རང་ངམ་རང་དང་འདྲ་བའི་བྱིན་ལེན་བྱས་ནས་ཆགས་པ་སྐྱེ་ཆོས་བདུན་ལྡན་ནོ། །རྟེན་ནི་རིས་མཐུན་པའི་ནད་ཅན་མ་ཡིན་པ། བསམ་པ་འདུ་ཤེས་མ་འཁྲུལ་བ། ཀུན་སློང་རང་དགར་བྱིན་ལེན་བྱས་ཏེ་རང་ཉིད་ཟ་བའི་ཕྱིར་ངེས་པའམ་ཟ་བ་ལས་ཡིད་མ་བསྒྱུས་པར་གསོག་འཛོག་གི་དུས་ལས་འདས་པར་འཛོག་འདོད་རྒྱུན་མ་ཆད་པའོ། །སྦྱོར་བ་ནི། རང་རང་གི་གསོག་འཛོག་གི་དུས་ལས་འདས་པར་འཛོག་པར་རྩོམ་པ། མཐར་ཐུག བྱིན་ལེན་མ་བཤིག་པར་སྤྱི་དུས་སམ་སྨན་སོ་སོའི་གསོག་འཛོག་གི་དུས་ལས་འདས་པར་བཞག་པའོ། །དེའང་སྤྱིའི་དུས་སྐྱ་རེངས་ཤར་ནས་གྱང་མ་ཡོལ་གྱི་བར་ཡིན། དེ་ལས་འདས་པས་གསོག་འཛོག་ཏུ་འགྱུར་ཚུལ་སྨན་བཞི་སྔ་དྲོ་བྱིན་ལེན་བྱས་ནས་གྱང་ཚོགས་འདས་པར་ཡིན་ཏེ། སྔ་དྲོ་སྨན་རྣམ་བཞི་ལོངས་སྤྱད་དུ་རུང་བའི་དུས་ཡིན་པའི་ཕྱིར་རོ། །སོ་སོའི་དུས་འདས་པ་ནི། ཞག་བདུན་པར་བྱིན་གྱིས་བརླབས་པ་དང་། འཚོ་བའི་བར་དུ་བཅངས་པར་བྱིན་གྱིས་བརླབས་པ་གཉིས་རིམ་པ་ལྟར་ཞག་བདུན་པའི་མཚན་མོ་འདས་ཏེ་བརྒྱད་པའི་སྐྱ་རེངས་ཤར་བ་དང་།ནད་སོས་པ་ལ་སོགས་པའི་རྐྱེན་གྱིས་ལོངས་སྤྱད་མི་

དགོས་པར་གྱུར་ནས་མཚན་མོའི་མཐའི་སྐད་ཅིག་མ་འདས་པའོ། །ཐུན་ཚོད་དུ་རུང་བའི་བཅང་བ་བྱིན་གྱིས་བརླབས་པ་དང་བྱིན་རླབས་མེད་པའི་སྨན་བཞི་པོ་ཕྱི་དྲོ་བྱིན་ལེན་བྱས་ཏེ་བྱིན་ལེན་མ་བཤིག་པ་རྣམས་ནི་མཚན་མོའི་ཐུན་ཚོད་འདས་པ་ན་གསོག་འཇོག་ཏུ་འགྱུར་རོ། །ཐུན་ཚོད་ལས་འདས་ཞེས་པའི་དོན་ནི་མཚན་མོའི་ཐུན་ཚོད་དང་པོ་ལས་འདས་པ་ལ་ལུང་རྣམ་འབྱེད་དང་བམ་པོ་ལྔ་བཅུ་པ་ལས་གསུངས་སོ། །དེའང་ཁ་ཅིག་ཉི་མ་ནུབ་པའི་རྗེས་ཀྱི་དམར་འོད་འདས་པ་དང་། ཁ་ཅིག་དེའི་རྗེས་ཀྱི་འོད་སྐྱ་བོ་འདས་པ་ལ་བཞེད་དོ། །སྨིག་པ་གཅིག་པའི་ཤ་དང་བཟའ་བཅང་སོགས་ངོ་བོའི་སྒོ་ནས་མི་རུང་བ་དང་། མཚམས་ནང་དུ་བཙོས་པ་དང་། ཞག་ལོན་པ་དང་། དགེ་སློང་གིས་བཙོས་པ་དང་ལག་ཉར་བླངས་པ་ལ་སོགས་པ་ཆོ་གའི་སྒོ་ནས་མི་རུང་བའི་བཟའ་བཅང་རྣམས་རང་གི་ལོངས་སྤྱོད་པའི་ཕྱིར་ཉིན་མཚན་འདས་པར་འཆང་བ་དང་། དེ་རྣམས་བྱིན་ལེན་བྱས་ཏེ་གསོག་འཇོག་གི་དུས་ལས་འདས་པར་འཆང་བ་རྣམས་ལ་ཉེས་བྱས་སོ། །

གཉིས་པ་ལྟུང་བྱེད་ལ་གཉིས་ཏེ། མདོར་བསྟན་དང་། རྒྱས་བཤད་གཉིས་ལས། དང་པོ་ནི། ལྟུང་བྱེད་འབའ་ཞིག་སོགས་ཚིག་རྐང་གཅིག་གིས་བསྟན་ཏེ། དེའང་སྤྱད་ན་ངན་སོང་དུ་ལྟུང་བར་བྱེད་ཅིང་། བཤགས་པ་ལ་སྤང་བྲལ་སྔོན་དུ་གཏོང་བ་ལ་ལྟོས་རྐྱེན་མི་ཆེ་བས་འབའ་ཞིག་པ་བསྟན་པ་ལ་བཅུ་ཚན་དགུ་སྡེ་དགུ་བཅུ་ཐམ་པ་ཡོད་པས་དེ་ནི། ཤེས་བཞིན་གྱི་སྡེ་ཚན། ས་བོན་གྱི་སྡེ་ཚན། མ་བསྒོས་པའི་སྡེ་ཚན། ཡང་ཡང་ཟ་བའི་སྡེ་ཚན། ཆུ་དག་གི་སྡེ་ཚན། ཁྱིམ་དག་གི་སྡེ་ཚན། བསམ་སྦྱིན་གྱི་སྡེ་ཚན། མགྲོན་ལ་སོགས་ཀྱི་སྡེ་ཚན། ཆོས་སྟོན་པའི་སྡེ་ཚན་སྡེ་དགུའོ། །གཉིས་པ་རྒྱས་བཤད་ལ་བཅུ་ཚན་དགུ་ལས། བཅུ་ཚན་དང་པོ་ལ་བཅུ་ལས། དང་པོ་ནི། གོང་འོག་ཏུ་བསྟན་པའི་རྫུན་རྣམས་ལས་གཞན་པའི་ཤེས་བཞིན་རྫུན་སྨྲ་བའི་ལྟུང་བྱེད་ལ་གཉིས་ཏེ་གླེང་གཞི་དང་ལྟུང་བའོ། །དང་པོ་ནི། དགེ་སློང་ཤཱཀྱ་ལག་བརྒྱུད་ཀྱིས་བྲམ་ཟེ་རིག་གནས་ཤིན་ཏུ་མཁས་པ་ཞིག་དང་རྩོད་པར་ཁས་བླངས་པ་ལས་གལ་ཏེ་བྲམ་ཟེས་བདག་ཉིད་ཕམ་པར་བྱས་ན་གྲགས་པ་ཉམས་པར་འགྱུར་རོ། །བྲམ་ཟེ་ཉིད་ཕམ་ན་སྒོ་འཕར་བརྒྱ་འདས་ཏེ་རྙེད་པ་སྒྲུབ་དགོས་སོ་སྙམ་ནས་རྩོད་པའི་དུས་སྔ་མ་ལས་ཡོལ་བར་བྱས་ཏེ་ངས་དུས་བཏབ་པ་བརྗེད་པར་གྱུར་ཏོ་ཞེས་ཡང་ཡང་དུས་

བཏབ་པ་ལས་འདའ་བར་བྱས་ཏེ། ངམ་སྐབས་སོ་ཞེས་སོགས་ཤེས་བཞིན་རྫུན་སྨྲས་པ་ལ་བརྟེན་ནས་བཅས་སོ། །

གཉིས་པ་ལ་ཡན་ལག་བཞི་ལས། གཞི་ལ་གཉིས་ལས། དང་པོ་གང་ལ་གོ་བར་བྱ་བའི་ཡུལ་ཐ་སྙད་ལྔ་དང་ལྡན་པ། ལུས་ཐ་མལ་དུ་གནས་པ། རང་ལས་རྒྱུད་ཐ་དད་པ་སྟེ་རྫུན་ཕམ་བཞིན་ནོ། །གང་བརྗོད་པར་བྱ་བའི་དངོས་པོ་ནི། ཕམ་ལྷག་སྦོམ་པོ་ཉེས་བྱས་ཀྱི་རྫུན་དང་། འོག་ནས་འབྱུང་བའི་ལྟུང་བྱེད་ཀྱི་རྫུན་རྣམས་ལས་གཞན་པའི་འདུ་ཤེས་བསྒྱུར་བའི་དོན་ཡིན་པའོ། །བསམ་པ་ལ། འདུ་ཤེས་མ་འཁྲུལ་བ།ཀུན་སློང་མི་ཆོས་བླ་མ་སྨྲ་འདོད་དང་། སྐུར་བ་འདེབས་པར་འདོད་པ་དང་། འཕྱ་འདོད་དང་། ཆོས་ལོག་པར་སྟོན་འདོད་དང་། བཟའ་བཏུང་ལྷག་པོར་ལེན་འདོད་དང་། རང་བསླབ་པ་ལ་འཇོག་པ་སྤོང་འདོད་ལ་སོགས་པ་ལས་གཞན་པའི་ལྟུང་བ་བྱུང་བ་ལ་མ་བྱུང་ངོ་ལྟ་བུའི་སྒོ་ནས་འདུ་ཤེས་བསྒྱུར་ཏེ་སྨྲ་འདོད་རྒྱུན་མ་ཆད་པའོ། །སྦྱོར་བ་ངག་མཚན་ཉིད་ལྔ་ལྡན་གྱིས་སྨྲ་བར་རྩོམ་པ། མཐར་ཐུག་དོན་དེ་གོ་བའོ། །དེ་མིན་ན་སངས་རྒྱས་དཔང་ཞེས་མནའ་འདོར་བ་ཐམས་ཅད་ཉེས་བྱས་སོ། །

གཉིས་པ་དགེ་སློང་གི་སྐྱོན་བརྗོད་པའི་ལྟུང་བ་ལ་གླེང་གཞི་དང་ལྟུང་བ་གཉིས། དང་པོ་ནི། དྲུག་སྡེས་དགེ་སློང་རྣམས་ལ་ཡན་ལག་ཉམས་པ་རིགས་རུས་སོགས་ཀྱི་སྒོ་ནས་སྐྱོན་བརྗོད་པ་ལ་བཅས་སོ། །གཉིས་པ་ལ་ཡན་ལག་བཞི་ལས། གཞིའི་ཡན་ལག་ལ་གཉིས། གང་གི་སྐྱོན་ནས་བརྗོད་པའི་ཡུལ་ནི་དགེ་སློང་ཆོས་བརྒྱད་ལྡན་ནོ། །གང་བརྗོད་པའི་སྐྱོན་ནི། ཡུལ་དེར་སྐྱོན་དུ་བྱེད་པའི་དམན་ཚིག །ལུས་ལ་སོགས་པའི་སྐྱོན་གང་ཡང་རུང་བའོ། །བསམ་པ་འདུ་ཤེས་མ་འཁྲུལ་བ། ཀུན་སློང་སྐྱོན་གདགས་འདོད་ཀྱི་བསམ་པ་ཁོ་ནས་སྐྱོན་བརྗོད་འདོད་རྒྱུན་མ་ཆད་པའོ། །སྦྱོར་བ་ནི།ཡུལ་དེ་ཉིད་ལ་ངག་མཚན་ཉིད་ལྔ་ལྡན་གྱིས་འཛམ་རྩུབ་གང་རུང་བའི་སྒོ་ནས་སྨྲ་བར་རྩོམ་པ། མཐར་ཐུག་དོན་གོ་བའོ། །ཡུལ་མཚན་ཉིད་མི་ལྡན་པ་ཉམས་པ་མ་ཆགས་པ་བསླབ་བྱིན་སོགས་དང་། བསྙེན་པར་མ་རྫོགས་པ་ཐམས་ཅད་དང་། མི་མ་ཡིན་གྱི་སྐྱོན་དང་སྐྱོན་དུ་མ་གྲགས་པས་སྐྱོན་གདགས་པ་རྣམས་ཉེས་བྱས་སོ། །དུད་འགྲོའི་སྐྱོན་སྨྲས་པ་ཉེས་བྱས་ཕྲ་མོའོ། །ཚིག་རྩུབ་ངག་འཁྱལ་དང

གཞན་ལ་ཡིད་མི་འོང་བའི་ཚིག་སྨྲས་པ་རྣམས་ཉེས་བྱས་སོ། །ཉེས་པ་ལས་བསླང་སྟེ། ཡོན་ཏན་ལ་འགོད་པའི་སྐྱོན་སྨྲས་པ་ལྟུང་མེད་དོ། །གསུམ་པ་དགེ་སློང་ཕྲུ་མ་ས་འབྱེད་པའི་ལྟུང་བ་ལ་གླེང་གཞི་དང་ལྟུང་བའོ། །དང་པོ་ནི། དྲུག་སྡེས་དགེ་སློང་རྣམས་ཀྱི་བར་དུ་ཕྲ་མ་སྨྲ་ཚོགས་བྱས་པས་བསམ་གཏན་དང་ཀློག་པ་ལ་བར་ཆད་དུ་གྱུར་པས་བཅས་སོ། །གཉིས་པ་ལ་ཡན་ལག་བཞི་ལས། གཞིའི་ཡན་ལག་གང་དབྱེ་བའི་ཡུལ་ནི་ཕན་ཚུན་གཉིས་ཀ་རྒྱུད་ཐ་དད་པའི་དགེ་སློང་ཆོས་དགུ་ལྡན་དང་ཕྱེ་ཟིན་མ་ཡིན་པའོ། །བསམ་པ་འདུ་ཤེས་མ་འཁྲུལ་བ། ཀུན་སློང་དབྱེ་འདོད་ཀྱི་ཕྲ་མའི་ཚིག་སྨྲ་འདོད་རྒྱུན་མ་ཆད་པའོ། །སྦྱོར་བ་ངག་མཚན་ཉིད་ལྔ་ལྡན་གྱིས་མིང་ནས་སྨོས་ཏེ་ཕྲ་མའི་ཚིག་སྨྲ་བར་རྩོམ་པ། མཐར་ཐུག་དོན་གོ་བའོ། །འདུ་ཤེས་བསྒྱུར་ནས་སྐྱོན་ནས་སྨྲས་ཏེ་ཕྲ་མ་བྱེད་ན་ཉེ་མ་གསུམ་གྱིས་ལྟུང་བ་བསྐྱེད་དོ། །བཞི་པ་སྐྱོ་སྟོགས་སམ་འཁྲུག་ལོང་གི་རྩོད་པ་ཟླུམ་པའམ་འདུམ་ཀུང་སླར་སློང་ཞིང་དབྱེ་བའི་ལྟུང་བ་ལ་གླེང་གཞི་དང་། ལྟུང་བའོ། །དང་པོ་ནི། དགེ་སློང་དག་ཕན་ཚུན་རྩོད་པར་གྱུར་པ་ན། དགེ་སློང་གཞན་དག་གིས་རྩོད་པ་དེ་ལེགས་པར་ཞི་བར་བྱས་པ་ན། དྲུག་སྡེས་རྩོད་པ་འདི་དག་ལེགས་པར་ཞི་བར་བྱས་པ་མ་ཡིན་ནོ་ཟེར་ནས་ཕན་ཚུན་རྩོད་པར་གྱུར་པ་ལས་བཅས་སོ། །

གཉིས་པ་ལ་ཡན་ལག་བཞི་ལས། དང་པོ་གཞི་ལ་གསུམ་སྟེ། གང་ལ་སྐྱོ་སྟོགས་བྱ་བའི་གཞི་རྩོད་པ་ནི། དགེ་སློང་ཆོས་བརྒྱད་ལྡན་གཉིས་ཡན་ཆད་ཀྱི་རྩོད་པ་བཞི་པོ་གང་རུང་ཡིན་པ། དགེ་འདུན་གྱིས་ཆོས་ཕྱོགས་སུ་ལེགས་པར་ཞི་བར་བྱས་པ་ཡིན་པའོ། །གང་གིས་སྐྱོ་སྟོགས་བྱེད་པའི་རྟེན་ནི། རྩོད་པའི་རྒྱུས་ཤེས་པ། འདུན་པ་ཕུལ་བ་ཡན་ཆད་ཀྱིས་རང་ཉིད་རྩོད་པ་ཞི་བྱེད་ལ་གཏོགས་པའོ། །གང་ལ་ངག་སྨྲ་བའི་ཡུལ་ནི། དགེ་སློང་ཆོས་བརྒྱད་ལྡན་གྱི་སྟེང་དུ་རྩོད་པ་ཞི་བྱེད་ལ་གཏོགས་པ་དང་དགུའོ། །བསམ་པ་འདུ་ཤེས་མ་འཁྲུལ་བ། ཀུན་སློང་རང་དགར་བསམ་པ་ཐག་པ་ནས་སྐྱོ་སྟོགས་བྱེད་པའི་ཚིག་སྨྲ་འདོད་རྒྱུན་མ་ཆད་པའོ། །སྦྱོར་བ་ངག་མཚན་ཉིད་ལྔ་ལྡན་གྱིས་སྐྱོ་སྟོགས་བྱེད་པའི་ཚིག་སྨྲ་བར་རྩོམ་པ། མཐར་ཐུག་དོན་གོ་བའོ། །རང་ཉིད་རྩོད་པ་ཞི་བྱེད་ཀྱི་ཁོངས་སུ་མི་གཏོགས་པའི་སྐྱོ་སྟོགས་དང་། རྩོད་པ་ཆོས་མིན་དུ་ཞི་བ་སློང་བ། རྩོད་པ་ཞི་བྱེད་དུ་མི་

གཏོགས་པའི་མདུན་དུ་སྐྱོ་སྟོགས་བྱེད་ན་ཉེས་བྱས་སོ། །ལྷ་བ་བུད༷་མེ༷ད་ཁྱིམ་པ་མོ་ལ་ཆོ༷ས་སྟོན་པའི་ལྟུང་བ་ལ། གླེང་གཞི་དང་། ལྟུང་བའོ། །དང་པོ་ནི། འཆར་ཀས་བུད་མེད་ལ་ཆོས་སྟོན་པ་ན། བུད་ མེད་ ཀྱི་ ཤ་ མཚན་ ནུ་ མ་ སོགས་ ལ་ རེག་ པར་ བྱས་ པས་ གཞན་ མ་ དད་ པ་ ལས་ བཅས་ སོ། །གཉིས་པ་ལ་ཡན་ལག་བཞི་ལས། དང་པོ་གཞི་ལ་བཞི། གང་ལ་སྟོན་པའི་ཡུལ་ནི། བུད་མེད་ཀྱི་མཚན་དོན་བྱེད་པ་དང་ལྡན་པ། ལུས་བསྙེན་དུ་རུང་བ། ལུས་ཐ་མལ་དུ་གནས་པ། ཐ་སྙད་བཞི་དང་ལྡན་པ། རྫུ་འཕྲུལ་ཅན་མ་ཡིན་པ། ཁྱིམ་པ་ཡིན་པ། ཉེ་དུ་མིན་པ། ངོ་མ་སྨྱོས་པ། མཁས་པའི་རང་བཞིན་ཅན་མ་ཡིན་པ། ཁྲིམས་གྲོགས་རིགས་པའི་སྐྱེས་པ་དང་མི་ལྡན་པ་སྟེ་བཅུའོ། །གང་བསྟན་པའི་ཆོས་ནི། སངས་རྒྱས་ཀྱི་བཀའ་ཡིན་པ། དོན་གྱི་བདག་ཉིད་ཡིན་པ། ཚིག་ལྔ་འམ་དྲུག་ལས་ལྷག་པ། སྨར་ཤེས་ཟིན་པའི་དོན་མ་ཡིན་པ་དང་བཞིའོ། །གང་དུ་བསྟན་པའི་གནས་ནི་གནས་གཅིག་ཡིན་པའོ། །ནམ་གྱི་ཚེ་བསྟན་པའི་དུས་ནི། ཉིན་མཚན་གཅིག་གི་དུས་ཡིན་པའོ། །བསམ་པ་འདུ་ཤེས་མ་འཁྲུལ་བ། ཀུན་སློང་རང་དགར་ཚིག་ལྔའམ་དྲུག་ལས་ལྷག་པར་སྟོན་འདོད་རྒྱུན་མ་ཆད་པ། སྦྱོར་བ་ངག་མཚན་ཉིད་ལྔ་ལྡན་གྱིས་དེ་ལྟར་སྟོན་པར་རྩོམ་པ། མཐར་ཐུག་དོན་གོ་བའོ། །ཁྲིམས་གྲོགས་ལ་ཁྲིམས་གྲོགས་ཙམ་གྱིས་ཁེག་པའི་ལྟུང་བ་དང་། ཁྲིམས་གྲོགས་མཚན་ཉིད་པ་དགོས་པ་གཉིས་ཡོད་པས། དང་པོ་ནི། དབེན་པར་འདུག་འགྲེང་ལ་བུད་མེད་ཙམ་ཡན་ཆད་ཀྱིས་ཆོག །ཉལ་གཞོམ་འདུག་འགྲེང་ལ་ཉལ་པོའི་གོགས་བྱེད་ནུས་པ་ཙམ་དང་། བུད་མེད་དང་ལྷན་དུ་ཉལ་བ་ལ། བུད་མེད་དང་དགེ་སློང་རང་ཉིད་སྲུང་ནུས་པ་ཙམ་གྱི་ཁྲིམས་གྲོགས་ཀྱིས་ལྟུང་བ་ཁེག་པས་དེས་ཆོག །

གཉིས་པ་མཚན་ཉིད་པ་ནི། ཆོས་སྟོན་འདི་དང་བུད་མེད་དང་ལྷན་དུ་འགྲོ་བའི་ཁྲིམས་གྲོགས་ལ་དགོས། དེའང་ཐ་སྙད་ལྔ་དང་ལྡན་པ། ལུས་ཐ་མལ་དུ་གནས་པ། སྤྱོད་པ་དང་མཚན་གྱི་སྒོ་ནས་འགྱུར་བ་མི་བསྙེན་པ། ལོང་བ་མིན་པ། འོན་པ་མིན་པ། ཐོས་པའི་ཉེ་འཁོར་ན་འདུག་པ། གླིང་གཞན་གྱི་སྐྱེས་པ་མིན་པ། སྐྱེས་པའི་མཚན་དང་ལྡན་པའོ། །ཁྱིམ་པ་མོ་བརྡ་མི་འཕྲོད་པ་གཉིད་ལོག་པ་སྙོམས་འཇུག་ལ་གནས་པ་དང་། མི་མ་ཡིན་གྱི་མོ་ལ་ཚིག་ལྔ་དྲུག་ལས་ལྷག་པར་བསྟན་ན

ཉེས་བྱས་སོ། །བུད་མེད་གཞན་དང་གཞན་ངོ་སྤྲོས་པ་ལ་བསྡོམ་པའི་ཚིག་ལྔ་དྲུག་ལས་ལྷག་པར་བསྟན་ན་ཉེས་བྱས། ཁྲིམས་གྲོགས་རིགས་པའི་སྐྱེས་བུ་མཚན་ཉིད་པ་ཡོད་ཀྱང་བུད་མེད་གཡེམ་མ་འདོད་ཆགས་ཅན་ལ་ཆོས་བསྟན་པ་དང་། ལྷན་དུ་ལམ་དུ་འགྲོ་བར་བྱས་ན་ཉེས་བྱས་སོ། །དྲུག་པ་དགེ་སློང་གིས་བསྙེན༵་པ༵ར་མ༵་རྫོ༵གས་པ་དང༵་ལྷན༵་ཅི༵ག་ཆོ༵ས་འདོ༵ན་པའི་ལྟུང་བ་ལ་གླེང་གཞི་དང་། ལྟུང་བའོ། །དང་པོ་ནི། དྲུག་སྡེས་བསྙེན་པར་མ་རྫོགས་པ་དང་ལྷན་ཅིག་ཏུ་གྲོད་བག་གི་བསམ་པས་སྐད་ཀྱི་གདངས་སྣ་ཚོགས་ཀྱིས་འདོན་པར་བྱེད་པས་གཞན་རྣམས་མ་དད་པ་ལས་བཅས་སོ། །

གཉིས་པ་ལ་ཡན་ལག་བཞི་ལས། དང་པོ་གཞི་ལ་གཉིས་ལས། གང་དང་འདོན་པའི་ཡུལ་ནི༑ བསྙེན་པར་མ་རྫོགས་པ་དངོས་སམ། རང་རྣམ་དག་ཡིན་ན་བསླབ་སྦྱིན་དགེ་སློང་མན་ཆད་གང་རུང་ཡིན་པ། །ཐ་སྙད་ལྔ་དང་ལྡན་པ། ལུས་ཐ་མལ་དུ་གནས་པ། བསམ་པ་ཐག་པ་ནས་སློབ་པར་འདོད་པ་ངོ་མ་སྤྲོས་པའོ། །གང་འདོན་པའི་དངོས་པོ་ནི། སྟོན་བྱེད་དུ་གྱུར་པའི་ཆོས་སམ་ཡི་གེ་གང་རུང་ཡིན་པ། ཚིག་གི་བདག་ཉིད་ཡིན་པ། སྔར་ཤེས་ཟིན་པ་མ་ཡིན་པའོ། །བསམ་པ་འདུ་ཤེས་མ་འཁྲུལ་བ། ཀུན་སློང་རང་དགར་བསྙེན་པར་མ་རྫོགས་པ་དང་ཅིག་ཆར་རམ། དེའི་མཇུག་ཐོག་ཏུ་འདོན་འདོད་རྒྱུན་མ་ཆད་པའོ། །སྦྱོར་བ་ངག་མཚན་ཉིད་ལྔ་ལྡན་གྱིས་འདོན་པར་རྩོམ་པ། མཐར་ཐུག་དོན་གོ་བའོ། །དེ་ལྟར་བསྙེན་པར་མ་རྫོགས་པ་ཐ་སྙད་ལྔ་དང་ལྡན་པ། ལུས་ཐ་མལ་དུ་གནས་པ་རྣམས་ནི་བསྙེན་པར་མ་རྫོགས་པ་སྤྱིས་བསྙེད་པའི་ལྟུང་བ་ཐམས་ཅད་ཀྱི་ཐུན་མོང་གི་ཆོས་སོ། །ལྟུང་བ་དེ་ནི། འདོན་དང་གནས་ངན་ལེན་བརྗོད་དང་། །མི་ཆོས་བདེན་སྨྲ་ནུབ་ལྷག་ཉལ། །མ་ལོན་བསྙེན་རྫོགས་བྱེད་དང་ལྔ། །ཞེས་སོ། །འདི་རྣམས་ལ་རྟེན་རང་དགེ་སློང་རྣམ་དག་ཡིན་ན་བསླབ་སྦྱིན་དགེ་སློང་དང་། སྡོམ་པ་གསོ་མི་རུང་བར་གྱུར་པ་ཡུལ་དུ་བྱས་ནའང་བསྙེན་པར་མ་རྫོགས་པ་དང་འདྲ་བས་ལྟུང་བ་བསྐྱེད་དོ། །སངས་རྒྱས་ཀྱི་བཀའ་མིན་པའི་བསྟན་བཅོས་ཀྱི་ཚིག་དང་ཡི་གེ་ལྷན་ཅིག་ཏུ་སྨ་མ་ལྟར་འདོན་ན་ཉེས་བྱས་སོ། །བདུན་པ་དགེ་སློང་གི་གནས༵་ངན༵་ལེན༵་གྱི་ལྟུང༵་བ་གླེང་བར་མ་བསྐོས་པར་བསྙེན་པར་མ་རྫོགས་པ་ལ་བརྗོ༵ད་པའི་ལྟུང་བྱེད་ལ་གླེང་གཞི་དང་། ལྟུང་བའོ། །དང་པོ་ནི། དགེ་སློང་རྒན་ཞུགས་འགའ་ཞིག་དགེ་འདུན་ལྷག་མའི་ལྟུང་བ་བྱུང་

ནས་སྒོ་མགུ་སྐྱོད་པ་ན། དགེ་འདུན་གྱི་གནས་མལ་ཕྱུག་དར་བྱེད་པ་སོགས་ལ་དྲུག་སྡེས་འདི་རྣམས་དད་པ་ཆེ་བས་འདི་ལྟར་བྱེད་པ་མ་ཡིན་གྱི་དགེ་འདུན་ལྷག་མའི་ལྟུང་བ་ཕྱིར་བཅོས་པའི་ཆེད་ཡིན་ཞེས་སྨྲས་པ་ན་གཞན་དག་ཀྱི་མ་གནས་བརྟན་རྒན་པོ་དག་ཀྱང་ལྟུང་བ་འདི་ལྟ་བུར་ཞུགས་ན་གཞོན་པ་དག་ལྟ་སྨོས་ཀྱང་ཅི་དགོས་ཞེས་འཕྱ་བ་ལས་བཅས་སོ། །

གཉིས་པ་ལ་ཡན་ལག་བཞི་ལས། དང་པོ་གཞི་ལ། གང་ལ་བརྗོད་པའི་ཡུལ་ནི། ཐུན་མོང་གི་ཆོས་གསུམ་གྱི་སྟེང་དུ་བདེན་པ་མ་མཐོང་བ། ལྟུང་བ་འབྱུང་བ་དང་བཅས་པའི་མཚན་ཉིད་མི་ཤེས་པ་དང་ལྡའོ། །གང་གི་གནས་ངན་ལེན་བརྗོད་པའི་གནས་ངན་ལེན་གྱི་བདག་པོ་ནི། བསྙེན་རྫོགས་ཀྱི་སྡོམ་པ་གསོ་རུང་ཡན་ཆད་ལྡན་པ་ཞེས་པས་དགེ་སློང་རྣམ་དག་ཡིན་པ་ཞེས་པ་བརྗེ་བ་མ་གཏོགས་དགེ་སློང་ཆོས་བརྒྱད་ལྡན་ནོ། །གང་བརྗོད་པའི་དངོས་པོ་ནི། ཕམ་ལྷག་གི་དངོས་གཞི་གང་རུང་ཡིན་པའོ། །གང་གིས་བརྗོད་པའི་རྟེན་ནི། ཁྲིམ་པ་མ་དད་པ་བཟློག་པའི་ཕྱིར་གནས་ངན་ལེན་བརྗོད་པར་མ་བསྒོས་པ་དང་། གནས་ངན་ལེན་བརྗོད་པའི་ཕྱིར་དུ་གསོལ་བ་བྱས་པ་ན་བདག་ཉིད་དེའི་ཁོངས་སུ་མི་གཏོགས་པའོ། །བསམ་པ་འདུ་ཤེས་མ་འཁྲུལ་བ། ཀུན་སློང་རང་དགར་བསྙེན་པར་མ་རྫོགས་པ་ལ་གཞན་གྱི་གནས་ངན་ལེན་བརྗོད་པའི་ཚིག་སྨྲ་འདོད་རྒྱུན་མ་ཆད་པའོ། །སྦྱོར་བ་ངག་མཚན་ཉིད་ལྔ་ལྡན་གྱིས་དེ་ལྟར་སྨྲ་བར་རྩོམ་པ། མཐར་ཐུག་དོན་གོ་བའོ། །གཞན་གྱི་ཕམ་ལྷག་ལས་གཞན་པའི་ལྟུང་བ་དང་། རང་གི་ལྟུང་བ་བསྙེན་པར་མ་རྫོགས་པ་ལ་བརྗོད་པ་རྣམས་ཉེས་བྱས་སོ། །བརྒྱད་པ་མི་ཆོས་བླ་མ་བདེན་སྨྲའི་ལྟུང་བ་ལ་གླེང་གཞི་དང་། ལྟུང་བའོ། །དང་པོ་ནི༑ ཉ་བའི་རིགས་ལས་རབ་ཏུ་བྱུང་བའི་དགེ་སློང་ལྔ་བརྒྱས་དགྲ་བཅོམ་པའི་འབྲས་བུ་ཐོབ་པའི་ཚེ༑ མུ་གེའི་དུས་ཤིག་ཏུ་ཉ་བའི་གྲོང་དུ་མི་ཆོས་བླ་མ་ཐོབ་པར་ཁས་བླངས་ཤིང་བརྗོད་པ་ལ་བརྟེན་ནས་འཚོ་བའི་ཡོ་བྱད་གྲངས་མང་པོ་བླངས་ཏེ་ལོངས་སྤྱད་པ་ན་གཞན་དག་མ་དད་པས་བཅས་སོ། །

གཉིས་པ་ལ་བཞི་ལས། དང་པོ་ལ་གཉིས་ཏེ། གང་ལ་བརྗོད་པའི་ཡུལ་ནི། མ་རྫོགས་པ་སྐྱེས་བསྐྱེད་ཀྱི་ཆོས་གསུམ་དང་བདེན་པ་མ་མཐོང་བ་དང་བཞིའོ། །གང་བརྗོད་པའི་དངོས་པོ་ནི། རང་གིས་ཐོབ་པའི་བསམ་གཏན་དང་པོ་ཡན་ཆད་ཀྱིས་བསྡུས་པའི་ཡོན་ཏན་ནོ། །བསམ་པ་འདུ

ཤེས་མ་འཁྲུལ་བ། ཀུན་སློང་རང་དགར་རང་ཉིད་ཀྱི་དོན་དུ་རང་གིས་ཐོབ་པའི་མི་ཆོས་བླ་མ་འདུ་ཤེས་མ་བསྒྱུར་བར་སྨྲ་འདོད་རྒྱུན་མ་ཆད་པའོ། །སྦྱོར་བ་ངག་མཚན་ཉིད་ལྔ་ལྡན་གྱིས་སྨྲ་བར་རྩོམ་པ༑ མཐར་ཐུག་དོན་གོ་བའོ། །དགུ་པ་བཤུས་དོར་འཕྲུ་བའི་སྐྱུར་འདེབས་ལ་གླེང་གཞི་དང་ལྡུང་བའོ། དང་པོ་ནི། དགེ་སློང་གྱུད་བུ་ནོར་དགེ་འདུན་གྱི་བྱ་བ་ལ་བརྩོན་པར་གྱུར་པས་ཆོས་གོས་ངན་པར་སོང་བ་ན། དགེ་འདུན་གྱིས་རས་ཡུག་གཅིག་སྙེད་པ་དེ་ལ་ཆོས་གོས་ཀྱི་རྒྱུར་བྱིན་པའི་ཚེ་མཛའ་བོ་དང་ས་ལས་སྐྱེས་ཀྱིས་དགེ་འདུན་འདི་དག་ནི་བཤེས་ངོར་བྱེད་པ་ཡིན། དགེ་འདུན་སྤྱིའི་རྫས་ཆུད་གསོན་པ་ཡིན་ནོ་ཞེས་སྐུར་བ་བཏབ་པ་ལས་བཅས་སོ། །

གཉིས་པ་ལ་ཡན་ལག་བཞི་ལས། དང་པོ་ལ་ལྔ་ལས། གང་ལ་སྐྱུར་བ་འདེབས་པའི་ཡུལ་ནི། དགེ་སློང་ཆོས་བརྒྱད་ལྡན་གྱི་རྒྱུད་ཐ་དད་ཅེས་པ་བདག་དང་བསྒོ་བྱ་གཉིས་ཀ་ལས་ནོར་ཐ་དད་པ་ཞེས་པས་བརྗེ་བ་དང་། ཡོག་པར་བསྒོ་བ་པོ་མ་ཡིན་པ་དང་དགུའོ། །གང་ལ་ངག་སྨྲ་བའི་ཡུལ་ནི་རྫུན་སྨྲའི་ཕམ་པ་བཞིན་ནོ། །གང་གིས་སྐྱུར་བ་གདབ་པའི་དངོས་པོ་ནི། དགེ་འདུན་ཆོས་བརྒྱད་ལྡན་གྱི་ཟས་ཀྱི་སྙེད་པ་ལས་གཞན་ཡིན་པ། ཕལ་ཆེར་རུང་བ་ཚད་དང་ལྡན་པ། གང་ལ་བསྒོ་བའི་ཡུལ་ནི། ཐ་སྙད་ལྔ་དང་ལྡན་པ། ལུས་ཐ་མལ་དུ་གནས་པ། བདག་དང་སྐྱུར་བ་གདབ་བྱ་གཉིས་ཀ་ལས་ནོར་ཐ་དད་པ། དགེ་འདུན་དུ་མ་ཡོངས་པ། སྐྱུར་བ་གདབ་བྱའི་བཤེས་ཡིན་པའོ། །གང་གིས་སྐྱུར་བ་འདེབས་པའི་རྟེན་ནི། སྔར་སྙེད་པ་དེ་ཡུལ་ལ་བསྒོ་བ་ལ་དད་པས་ཕུལ་བའོ། །བསམ་པ་འདུ་ཤེས་མ་འཁྲུལ་བ། ཀུན་སློང་འདུ་ཤེས་བསྒྱུར་ནས་དགེ་འདུན་གྱི་སྙེད་པ་མི་རིགས་པ་ལ་བསྔོས་སོ་ཞེས་སྐྱུར་བ་འདེབས་པའི་ཚིག་སྨྲ་འདོད་རྒྱུན་མ་ཆད་པའོ། །སྦྱོར་བ་ངག་མཚན་ཉིད་ལྔ་ལྡན་གྱིས་དེ་ལྟར་སྨྲ་བར་རྩོམ་པ། མཐར་ཐུག་དོན་གོ་བའོ། །དགེ་འདུན་དང་གང་ཟག་གི་ཟས་ཀྱི་སྙེད་པ་མི་རིགས་པར་བསྔོས་སོ་ཞེས་པ་དང་། དགེ་འདུན་གྱི་ཟས་ལས་གཞན་པའི་སྙེད་པ་དགེ་འདུན་གཞན་ལ་མི་རིགས་པར་བསྔོས་སོ་ཟེར་བ་དང་། དགེ་འདུན་ནམ་གང་ཟག་གི་སྙེད་པ་རང་ལ་མི་རིགས་པར་བསྔོས་སོ་དང་། རང་དང་ནོར་གཅིག་པ་ལ་མི་རིགས་པར་བསྔོས་སོ་ཞེས་སྐྱུར་བ་འདེབས་པ་རྣམས་ལ་ཉེས་བྱས་སོ། །སྐྱུར་བ་གདབ་པའི་ཡུལ་དེ་ཉིད་ཀྱིས་ཁྱེར་རོ་ཞེས་སྨྲས་པ་དང་། ཡུལ་

དེ་དང་ནོར་གཅིག་པ་ལ་དེས་བསྒོས་སོ་ཞེར་བ་རྣམས་ནི་གཞི་མེད་སྐྱུར་འདེབས་སུ་འགྱུར་བར་གསུངས། བཅུ་པ་བསླབ་གཞི༷་སྟོན་པའི་འདུལ་བའི་གསུང་རབ་ཀྱི་ཚི༷ག་ཁྲིད་གསོ༷ད་བྱས་པའི་ལྟུང་བ་ལ་གླེང་གཞི་དང་། ལྟུང་བའོ། །དང་པོ་ནི། དྲུག་སྡེས་སོ་ཐར་གྱི་མདོ་འདོན་པའི་ཚེ་བསླབ་པའི་གཞི་ཕྲ་ཞིང་ཕྲ་བ་འདི་དག་གིས་ཅི་བྱ་ཞེས་ཞེར་ནས་བསླབ་བྱ་ཁྲིད་དུ་བསད་པ་ལས་བཅས་སོ། །

གཉིས་པ་ལ་ཡན་ལག་བཞི་ལས། དང་པོ་ལ་གསུམ། གང་ཁྲིད་དུ་གསོད་པའི་གཞི་ནི། འདུལ་བར་གཏོགས་པའི་བསླབ་པའི་གཞི་ཡིན་པ། ཚིག་གི་བདག་ཉིད་ཡིན་པ། བདག་ཉིད་ཀྱི་བསླབ་པ་ལས་བརྩམ་པ་ཡིན་པའོ། །གང་ལ་སྨྲ་བའི་ཡུལ་ནི། དགེ་སློང་ཆོས་བརྒྱད་དང་ལྡན་པ་དང་། གསོ་སྦྱོང་དེ་ལ་གཏོགས་པ་ཡིན་པ་དང་དགུའོ། །དུས་ནི་གསོ་སྦྱོང་གི་དུས་སོ། །བསམ་པ་ལ་འདུ་ཤེས་མ་འཁྲུལ་བ། ཀུན་སློང་། ཚིག་འདོན་རིན་མེད་པའི་རྣམ་པས་ཁྲིད་དུ་གསོད་འདོད་རྒྱུན་མ་ཆད་པའོ། །སྦྱོར་བ་ངག་མཚན་ཉིད་ལྔ་ལྡན་གྱིས་འདི་ལྟ་བུ་གདོན་པས་ཅི་བྱ་ཞེས་ཁྲིད་དུ་གསོད་པའི་ཚིག་སྨྲ་བར་རྩོམ་པ། མཐར་ཐུག་དོན་གོ་བའོ། །དེའང་ཁྲིད་གསོད་ཀྱི་ཚིག་ལན་གྲངས་ཇི་སྙེད་སྨྲས་པ་དེ་སྙེད་ཀྱི་ལྟུང་བར་འགྱུར་གྱི་གདོན་བྱའི་ཚིག་གི་ཁྱེ་བྲག་ལས་ལྟུང་བ་དེ་སྙེད་འགྱུར་བ་མིན་པར་གསུངས་སོ། །འདུལ་བ་མིན་པའི་མ་མོའམ་མངོན་པ་དང་མདོ་སྡེ་དེ་ལྟར་ཁྲིད་དུ་གསོད་ན་ཉེས་བྱས་སོ༑ ༑འདུལ་བའི་བསླབ་པ་ནི་བསླབ་པ་གཞན་གཉིས་ཀྱི་རྩ་བ་ཡིན་པས་སོ། །འདི་དང་འོག་གི་ཁྲིད་གསོད་ཀྱི་ཁྱད་པར་ནི། འདིར་ཚིག་འདོན་རིན་མེད་པའི་རྣམ་པས་ཚིག་གི་ཆ་ཁྲིད་གསོད་དང་། འོག་ཏུ་དོན་ཤེས་རིན་མེད་པའི་རྣམ་པས་དོན་གྱི་ཆ་ཁྲིད་དུ་གསོད་པ་ཡིན་ནོ། །བཅུ་ཚན་གཉིས་པ་ས་བོན་གྱི་སྡེ་ནི་བཅུ་ལས། དང་པོ་ས༷་བོ༷ན་སྐྱེ༷་བ༷་གཅོ༷ད་པའི་ལྟུང་བ་ལ། གླེང་གཞི་དང་། ལྟུང་བའོ། །དང་པོ་ནི། དྲུག་སྡེས་ཤིང་ལྗོན་པ་རང་གིས་དངོས་སུ་གཅོད་ཅིང་གཞན་གཅོད་དུ་འཇུག་པ་ན་གཞན་དག་གིས་འཕྱ་བ་ལས་བཅས་སོ། །

གཉིས་པ་ལ་ཡན་ལག་བཞི་ལས། དང་པོ་ལ་གཉིས། གང་ཉམས་པར་བྱ་བའི་དངོས་པོ་ནི། ནས་ལ་སོགས་པའི་ས་བོན་ལྔ་གང་ཡང་རུང་བའམ། མྱུ་གུ་ལ་སོགས་པའི་སྐྱེ་བ་གང་ཡང་རུང་བ་ཡིན་པ་མ་ཉམས་པ། རུང་བ་མ་བྱས་པ། རང་གི་ངོ་བོ་རྫོགས་པ་དང་བཞིའོ། །དེ་ལས་ས་བོན་ལྔ་

ནི༑ གླ་རྒྱང་དང་ཤུ་དག་ལ་སོགས་པ་རྩ་བ་བཏབ་པ་ལས་རྩ་བ་ཉིད་སྐྱེ་བ་རྩ་བའི་ས་བོན། ཤིང་སྐྱན་ཙ་ན་ལ་སོགས་པ་སྡོང་བུ་བཏབ་པ་ལས་སྡོང་བུ་ཉིད་སྐྱེ་བ་སྡོང་བུའི་ས་བོན།འདབ་བུ་དང་བུ་རམ་ཤིང་ལ་སོགས་པ་ཚིག་གུ་བཏབ་པས་ཚིག་གུ་ཉིད་སྐྱེ་བ་ཚིག་གུའི་ས་བོན། ཨརྫ་ཀ་ལ་སོགས་པ་འགས་པ་བཏབ་པ་ལས་འགས་པ་ཉིད་སྐྱེ་བ་འགས་པའི་ས་བོན། ནས་དང་གྲོ་ལ་སོགས་པ་ས་བོན་བཏབ་པ་ལས་ས་བོན་སྐྱེ་བ་ས་བོན་གྱི་ས་བོན་ནོ། །གང་གིས་ཉམས་པར་བྱེད་པའི་རྐྱེན་ནི། ཆོམ་རྐུན་ལ་སོགས་པས་ས་ལས་མ་བྲལ་བའི་རྩྭ་བཅིང་བ་ལྟ་བུའི་རྐྱེན་དང་མི་ལྡན་པའོ། །བསམ་པ་ལ་འདུ་ཤེས་མ་འཁྲུལ་བ་སྟེ། ས་བོན་དང་སྐྱེས་པ་མ་ཉམས་པ་ལ་དེར་འདུ་ཤེས་པའམ་ཡིད་གཉིས་ཟ་བ། ཀུན་སློང་རང་དགར་ས་བོན་ནམ་སྐྱེ་བ་ཉམས་པར་བྱེད་འདོད་རྒྱུན་མ་ཆད་པའོ། །སྦྱོར་བ་སློམ་བུང་གི་རྫུ་འཕྲུལ་གྱིས་ཉམས་པར་བྱེད་པ་མ་གཏོགས། རང་ངམ་གཞན་ཐ་སྙད་ལྔ་ལྡན་གྱིས་བསྐོས་པས་མངོན་སུམ་དུ་ཉམས་པར་བྱེད་པར་རྩོམ་པ། མཐར་ཐུག་ཉམས་པར་གྱུར་པའོ། །རང་ངམ་བསྐོས་པས་སྦྱོར་བ་གཅིག་གིས་ནས་ལ་སོགས་པ་ས་བོན་དང་སྐྱེ་བ་ཉམས་པར་བྱས་ན་སྦྱོར་བའི་ཉེས་བྱས་གཅིག་དང་། དངོས་གཞི་ལ་གྲངས་ཇི་སྙེད་ཉམས་པར་བྱས་པ་དེ་སྙེད་ཀྱི་ལྟུང་བར་འགྱུར་རོ། །ཤིང་སྡོང་པོ་ལྟ་བུའི་རྩ་བ་ནས་སྟ་རེ་སོགས་ཀྱིས་གཅོད་པ་ལྟ་བུ་ལ་བསྣུན་ཐེབ་རེ་རེ་ལ་སྦྱོར་བའི་ཉེས་བྱས་རེ་རེ་དང་མཐར་ཐུག་དངོས་གཞིའི་ལྟུང་བ་གཅིག་གོ། །ཤིང་ལྡོན་པ་སོགས་སྐྱེ་བ་རྣམས་གཞན་དུ་སྐྱེད་པའི་ཕྱིར་ཉམས་པར་བྱས་ན་ཡང་དངོས་གཞི་སྐྱེད་དོ། །ས་འབུས་པ་ཞེས་ཕ་བ་དགོ་དགོའམ་མ་བསྲེགས་ཐལ་བ་ཟེར་བའི་སའི་སྟེང་ལ་འབུར་ཏེ་སྐྱེ་བ་རིལ་པོ་ནང་ཐལ་བ་ལྟ་བུས་གང་བ་དེ་དང་། ཤ་མོ་དང་ས་རྣན་ཆེ་སར་ཡུན་རིང་བཞག་པའི་སྣོད་ཆ་སོགས་ལ་སྐྱུ་ལྟ་བུ་ཆགས་པའི་བརླམས་དང་། མེ་ཏོག་ཁ་ཕྱེ་བ་དང་འདབ་མ་སྐྱ་བོ་ཤིང་སོགས་ཀྱི་ཕྱི་ཤུན་དང་བར་ཤུན་སྲབ་མོ་གཉིས་སྐྱིང་བོ་ལས་ཐ་དད་ཙུང་ཟད་ཕྱེ་བ་དང་། སྔར་ཁ་སོགས་འབྲས་བུ་སྨིན་པ་སྡོང་པོ་ལས་བྲལ་བར་བྱས་པ་རྣམས་དང་། སྐྱེ་བ་ལ་སོགས་པ་ལྐོག་ཏུ་ཉམས་པར་བྱེད་དུ་བཅུག་པ་རྣམས་ལ་ཉེས་བྱས་སོ། །ཆུ་དལ་བའི་ནང་དུ་སྐྱེས་པའི་བལ་འདྲ་བའི་ཉ་ལྤགས་དང་། ཉ་ཆུང་ཆུ་ནས་བཏོན་པ་ཞེས་པའི་ཉ་ཚང་ཞེས་པ་དེ་དང་། ཚིག་གུ་མ་བཅོམ་པར་རིལ་མེད་བྱེད་པ་དེ་དང་། ཤིང་ལྡོན་པ

དང་པོ་ཧོག་རྩྭ་ལ་སོགས་པ་འདི་དག་བཅད་པར་གྱུར་ན་ལེགས་ཞེས་ཟེར་བ་རྣམས་ལ་ཉེས་བྱས་སོ། །ཉམས་པར་འདུན་པའི་བློ་མེད་པར་འཆག་སོགས་ཀྱི་དབང་གིས་རྩྭ་སོགས་ཉམས་པ་ལ་ལྟུང་བ་མེད། བསླབ་བྱ་ནི། ཉིན་གུང་ཡོལ་ནས་སྐྱ་རེངས་མ་ཤར་བར་དུ་ཛ་སོགས་ཐུན་ཚོད་དང་། བུ་རམ་སྦྲང་རྩི་སོགས་ཕྱི་དྲོ་ལོངས་སྤྱད་དུ་རུང་བ་རྣམས་ལ་ཆུ་གྲང་རུང་ཆུ་མ་བཏབ་པར་སྤྱོད་ན་ཁམ་རེ་རེ་ལ་ཉེས་བྱས་རེ་རེའོ། །རུང་ཆུ་ནི། སྔ་དྲོ་དང་ཕྱི་དྲོ་མཚམས་ཕྱེ་བ་དང་རུང་ཆུ་བཏབ་དགོས་པའི་ཚེ་དུས་རུང་གི་ཟས་ལ་སྤྱོད་མི་རུང་བར་རྟོགས་པའི་ཆེད་ཡིན་ནོ། །སྤྱིར་རུང་བའི་དབྱེ་བ་ལ་མེས་རེག་པ་དང་། སེན་མོ་དང་ནེ་ཙོ་དང་མཚོན་ལ་སོགས་པས་རྨ་ཕྱུང་བ་དང་། རྒུན་སྐམ་ལྟ་བུ་ཤིན་ཏུ་རྙིང་པ་དང་། ལ་ཕུག་ལ་སོགས་རྩ་བ་ནས་ཕྱུང་བ་དང་། སྲན་མ་ལ་སོགས་པ་ཕྱེད་ཚལ་དུ་བགས་པ་དཀྲུམ་པ་དང་། ཤིང་ལྗོན་པ་ལ་སོགས་པ་བཅད་པ་དང་། ག་གོན་སོགས་ས་བོན་གྱི་ཆོས་མེད་པ་དང་བཅུའོ། །བགས་པའང་རང་གས་སུ་སོང་བ་ལྟ་བུ་མིན་པར་སྐྱེས་བུའི་རྩོལ་བས་བགས་པས་རུང་བར་འགྱུར་རོ། །མེས་རུང་བར་བྱེད་པའི་ཚེ་ནས་ཕུང་ལྟ་བུའི་ཕྱོགས་གཅིག་རུང་བར་བྱས་པས་སྤྱིའི་རུང་བར་མི་འགྱུར་བས་ཕྱོགས་ཀུན་ཏུ་རེག་ན་དེའི་ཡན་ལག་ཀུན་ལ་རུང་བར་འགྱུར་རོ། །འབྲུ་རེ་རེ་ནས་རུང་བ་མི་དགོས་སོ། །རུང་བ་ཐམས་ཅད་བསྙེན་པར་མ་རྫོགས་པས་བྱ་དགོས་པས་རུང་ཆུ་ཡང་མ་རྫོགས་པས་འདེབས་པའོ། །དགེ་འདུན་མཆོད་རྟེན་ལ་སོགས་པ་ཆོས་ལྡན་གྱི་ཆེད་དུ་ཤིང་ལྗོན་པ་གཅོད་ཚེ་ཞག་བདུན་དུ་དེའི་དྲུང་དུ་དྲི་དང་གཏོར་མ་སྦྱིན་པ་རྒྱུན་ཆགས་གསུམ་པ་འདོན་པ་སྦྱིན་པའི་བསྔགས་པ་སེར་སྣའི་བསྔགས་མིན་རྣམས་བརྗོད་པར་མ་བྱས་ཏེ་གཅོད་བཅུག་པ་ཉེས་བྱས། དེ་ལྟར་བྱས་ཀྱང་རྣམ་འགྱུར་སྟོན་ཚེ་བཅད་ན་ཉེས་བྱས་སོ། །གཉིས་པ་ཁ་ཅིག་གིས་བདག་གི་ངོར་གནས་མལ་ངན་པ་སྟོབས་པས་དེ་ལྟར་མ་བྱེད་ཅེས་ཞལ་ཏ་བ་འཕྲ་བའི་ལྟུང་བ་ལ་གླེང་གཞི་དང་། ལྟུང་བ་གཉིས་ལས། དང་པོ་ནི། མཛའ་བོ་དང་ས་ལས་སྐྱེས་གཉིས་ཀྱིས་ཉེར་དགའ་དང་ལྡན་ཅིག་གཏམ་བྱེད་པ་ན་ཚེ་དང་ལྡན་པ་ཉེར་དགའ་ཁྱོད་ཀྱང་དགེ་འདུན་ལ་གནས་མལ་སྟོབས་པ་ན་ཚེ་དང་ལྡན་པ་གྲུད་བུ་ནོར་བཞིན་དུ་ཁོ་བོ་ཅག་ལ་མཐོ་འཚམ་པར་མ་བྱེད་ཅིག་ཅེས་གཞན་ལ་འཕྱ་བར་བྱས་པ་ལས་བཅས་སོ། །

གཉིས་པ་ལ་ཡན་ལག་བཞི་ལས། དང་པོ་ལ་གཉིས་ལས། གང་ལ་འཕྱ་བའི་ཡུལ་ནི། དགེ་སློང་ཆོས་བརྒྱད་དང་ལྡན་པ། རང་ལ་ཟས་གོས་དམན་པ་ཆེད་དུ་གཉེར་ནས་སྨོབས་པ་པོ་མ་ཡིན་པ༑ དགེ་འདུན་ཆོས་བརྒྱད་ལྡན་གྱིས་ཞལ་ཏ་བར་ལས་ཀྱིས་བསྒོས་པ། སྤྱོར་བ་བག་ཡངས་སུ་བྱས་པ་དང་མ་བྱས་པ་གང་ཡང་རུང་བའམ་ལས་ཀྱིས་མ་བསྒོས་པ་སྤྱོར་བ་བག་ཡངས་སུ་མ་བྱས་པ་ཡིན་པའོ། །གང་གིས་འཕྱ་བའི་རྟེན་ནི། བདག་ཉིད་དམན་པའི་གྲངས་སུ་བགྲང་བའོ། །བསམ་པ་ལ་འདུ་ཤེས་མ་འཁྲུལ་བ། ཀུན་སློང་ནི་རང་དགར་རང་ཉིད་ཀྱི་དོན་དང་། བདག་དང་འབྲེལ་བའི་དོན་གྱི་འདུ་ཤེས་བསྒྱུར་ཏེ་འཕྱ་འདོད་རྒྱུན་མ་ཆད་པའོ། །སྦྱོར་བ་ངག་མཚན་ཉིད་ལྔ་ལྡན་གྱིས་བདག་ཉིད་དང་འབྲེལ་བར་ཡུལ་དེའི་ཐོས་པར་མིང་ནས་གསལ་པོར་སྨོས་པའམ་མིང་ནས་མི་སྨོས་པར་ཁ་ཅིག་གིས་བདག་ལ་འདི་ལྟར་བྱེད་དོ་ཞེས་འཕྱ་བར་རྩོམ་པ། མཐར་ཐུག་དོན་གོ་བའོ། །བདག་ཉིད་ངན་པའི་གྲངས་སུ་མ་བཙུག་པ་དང་བཙུག་ཀྱང་གཞན་གྱི་དོན་དུ་འཕྱ་བ་དང་གཞོགས་འཕྱས་བྱེད་པ་ཉེས་བྱས་སོ། །གསུམ་པ་བསླབ་པ་བསྒྲུ་བ་དང་དུ་མི་ལེན་པའམ་རྣ་བས་མི་ཉན་པར་རྣར་གཟོན་ཞིང་ལྟུང་བ་བྱུང་བ་གླེང་བ་ལ་མ་ཐོས་པའི་ཚུལ་གྱིས་ལན་གཞན་འདེབས་པར་བྱེད་པའི་ལྟུང་བ་ལ་གླེང་གཞི་དང་། ལྟུང་བའོ། །དང་པོ་ནི། འདུན་པ་ལ་ཕན་པའི་བསམ་པས་ལྟུང་བ་གླེང་བ་ན། འདུན་པ་ན་རེ། ཁྱོད་ལ་ཁོ་བོས་ལྟུང་བ་མི་གླེང་ངོ་། ཁྱོད་ཀྱང་ཁོ་བོ་ལ་ལྟུང་བ་མ་གླེང་ཞིག །ཁྱོད་དང་ཁོ་བོ་མི་འདྲ་སྟེ། ཁོ་བོའི་སྟོན་པ་བྱང་ཆུབ་བརྙེས་པ་ཡིན་ནོ། །ཞེས་ཟེར་བས་གཞན་དག་གིས་འཕྱ་བ་ལས་བཅས་སོ། །

གཉིས་པ་ལ་ཡན་ལག་བཞི་ལས། དང་པོ་ལ་གཉིས་ལས། གང་གིས་བསྒོ་བ་རྣ་ལ་གཟོན་པའི་ཡུལ་ནི་དགེ་སློང་ཆོས་བརྒྱད་ལྡན་གྱི་སྟེང་དུ་རང་ལ་ཚུལ་ཁྲིམས་ཀྱི་སྒོ་ནས་ཚུལ་བཞིན་གླེང་བའམ་བསམ་པ་ཐག་པ་ནས་གདམས་འདྲི་བར་ཞུགས་པའོ། །རྟེན་བདག་ཉིད་ངན་པའི་གྲངས་སུ་བཙུག་པ་དང་གཞན་གྱི་སྲོག་སྐྱབས་པ་ལ་སོགས་པའི་རྐྱེན་དང་མི་ལྡན་པའོ། །བསམ་པ་ལ་འདུ་ཤེས་མ་འཁྲུལ་བ། ཀུན་སློང་རང་དགར་བསྒོ་བ་རྣར་གཟོན་གྱི་ཚིག་སྨྲ་འདོད་རྒྱུན་མ་ཆད་པའོ། །སྦྱོར་བ་བསམ་པའི་དོན་ལ་ངག་མཚན་ཉིད་ལྔ་ལྡན་གྱིས་བསྒོ་བ་རྣ་ལ་གཟོན་པའི་ཚིག་སྨྲ་བར་རྩོམ་པ།

མཐར་ཐུག་དོན་གོ་བའོ། །བདག་ཉིད་ངན་པའི་གྲངས་སུ་མ་བཙུག་པ་ན་ཚིག་གིས་རྣ་ལ་གཟོན་པ་དང་ཅང་མི་སྨྲ་བས་རྣ་ལ་གཟོན་པ་ལ་ཉེས་བྱས་སོ། །དགེ་སློང་གིས་རང་ལ་བསམ་པ་ཐག་པས་གང་དྲིས་པ་ལའང་རྣ་ལ་གཟོན་ན་དངོས་གཞི་བསྐྱེད་པ་ལུང་རྣམ་འབྱེད་ཀྱི་དགོངས་པ་རྒྱ་ཆེར་འགྲེལ་ལས་བཤད་དོ། །བསླབ་བྱ་ནི། བསློ་བ་རྣ་ལ་གཟོན་པའི་གང་ཟག་དགེ་འདུན་པས་ངན་པའི་གྲངས་སུ་མ་བཙུག་པ་དང་། གཞན་གྱི་འཐབ་མོའི་ནང་དུ་དགོས་མེད་དུ་གནས་པ་དང་། འཐབ་མོ་བྱེད་པའི་གནས་ལས་ཐག་རིང་པོར་བྲོལ་ན་དགའ་བ་ལ་མ་བྲོལ་བར་འདུག་པ་དང་། ཆེ་གཞི་བྱེད་དགོས་ཚེ་བསད་བཅིང་གི་གནོད་པའི་སློ་མ་བཅད་པར་ཆེ་གཞི་བྱེད་པ་རྣམས་ནི་བསླབ་འགལ་གྱི་ཉེས་བྱས་སོ། །བཞི་པ་དགེ་འདུན་གྱི་ཡོ་བྱད་ཁྲི་དང་གདིང་བ་རྣམས་མ་བསྟུས་པར་སྤོང་བའི་ལྟུང་བ་ལ་གླེང་གཞི་དང་། ལྟུང་བའོ། དང་པོ་ནི། དགེ་སློང་རབ་ཏུ་མང་པོས་དགེ་འདུན་གྱི་གནས་མལ་མ་བསྟུས་པར་བླ་གབ་མེད་པར་བཞག་ནས་ཆུད་ཟོས་པར་སྟོན་པས་གཟིགས་ནས་སྦྱིན་བདག་དང་དད་པ་ཅན་གྱིས་ཕུལ་བའི་ལོངས་སྤྱོད་ཆུད་ཟོས་པར་བྱེད་དོ་གསུངས་ནས་བཅས་པ་མཛད་པའོ། །

གཉིས་པ་ལ་ཡན་ལག་བཞི་ལས། དང་པོ་ལ་གསུམ་ལས། གང་ལ་ལོག་པར་སྒྲུབ་པའི་དངོས་པོ་ནི། དགེ་འདུན་ཆོས་བརྒྱད་ལྡན་གྱི་གནས་མལ་ཡིན་པ། རུང་བ། ཚད་དང་ལྡན་པ། རང་ངམ་བསྐོས་པས་ལོངས་སྤྱད་པ། ཆུད་ཟ་བའི་ཉེས་ཅན་ཡིན་པ་དང་ལྔའོ། །གང་དུ་ལོག་པར་སྒྲུབ་པའི་གནས་ནི་ཕན་ཕུན་དུ་གྱུར་པའི་ཉེས་ཅན་ནོ། །གང་གིས་ལོག་པར་སྒྲུབ་པའི་རྟེན་ནི། བར་ཆད་ཀྱི་རྐྱེན་དང་མི་ལྡན་པ་དང་། གནས་མལ་ཆུད་ཟ་བའི་སར་རང་གིས་མ་བསྟུས་སམ་གཞན་སྟོད་དུ་བཙུག་པ་མ་ཡིན་པའོ། །བསམ་པ་ལ་འདུ་ཤེས་མ་འཁྲུལ་བ། ཀུན་སློང་གནས་མལ་ཕན་ཕུན་དུ་འགྱུར་བ་མ་བསྟུས་པར་བཞག་ནས་དེ་ཉིད་དུ་འདུག་པའམ་གཞན་དུ་འགྲོ་འདོད་རྒྱུན་མ་ཆད་པ། སྦྱོར་བ་དེ་ལྟར་བཞག་ནས་དེ་ཉིད་དུ་འདུག་གམ་འགྲོ་བར་རྩོམ་པ་མཐར་ཐུག་དེའི་རྐྱེན་གྱིས་ཕན་ཕུན་དུ་གྱུར་ཟིན་པའམ། མ་གྱུར་ཀྱང་གནས་མལ་གྱི་ཉེ་འཁོར་འདོམ་བཞི་བཅུ་རྩ་དགུ་ལས་འདས་པར་ཕྱིན་པའོ། །ཕན་ཕུན་དུ་གྱུར་པའི་ཚད་དང་གྲངས་ནི་རླུང་གིས་གནས་མལ་བརླག་པ་དང་། ཆར་བས་རིམ་པ་གཞན་སླེབས་པ། སྲིན་བུས་རིམ་པ་གཞན་སླེབས་པར་ཟོས་པའོ། །གང་ཟག་གི་གནས་

མལ་སྟར་ལྟར་གྱུར་པ་ཞེས་བྱས། དགེ་འདུན་གྱི་གནས་མལ་ཕྱུང་ཟད་ཕན་ཕུན་དུ་གྱུར་པ་དང་། གང་ཟག་དགེ་སློང་ངོ་ཚ་མེད་པར་བཅོལ་ན་ཞེས་བྱས་སོ། །བསླབ་བྱ་ནི་གཞན་དུ་འགྲོ་བའི་ཚེ་རང་དཀར་གནས་མལ་བདག་པོ་ལ་མ་སྤྲད་པ་དང་མ་བསྔོས་པ་དང་མ་སྤྱུགས་པ་དང་། དགེ་འདུན་གྱི་གནས་མལ་མ་བསྔོས་པ་ལམ་དུ་དྲན་ཚེ་ཕྱིན་ཆད་མི་བྱེད་པའི་སྡོམ་སེམས་དང་བཅས་ཚིག་ཏུ་མ་བརྗོད་པ་རྣམས་བསླབ་འགལ་གྱི་ཉེས་བྱས་སོ། །རང་གི་དགེ་བའི་ཕྱོགས་གཞན་དུ་མི་འཕེལ་བར་ཤེས་ན་མཁན་སློབ་འགྲོ་བ་ན་ལྷན་དུ་མ་སོང་བ་དང་། དེའི་སྟན་མ་བསྐུར་བ་དང་། ལྷན་དུ་འགྲོ་བ་མ་སླས་པར་དེ་དག་གི་སྟན་སོགས་ཁུར་བ་རྣམས་ཀྱང་ཉེས་བྱས་དང་། ནད་པའི་ནད་གཡོག་རྩོལ་བཞིན་མ་བྱས་ན་ཡང་ཉེས་བྱས་སོ། །ལྟ་བ་གདིང༷་བ༷་མ༷་བསྔུས༷་བཏིང༷་སོང་ལ་གླེང་གཞི་དང༷། ལྟུང་བའོ། །དང་པོ་ནི། ལྷོ་ལམ་ནས་འོང་བའི་དགེ་སློང་རྒན་ཞུགས་གཉིས་ཀྱིས་གཙུག་ལག་ཁང་དུ་རྩྭ་དང་ལོ་མའི་ཚོགས་མང་དུ་བཏིང་སྟེ་མ་བསྔུས་པར་སོང་བའི་ཕྱོགས་དེ་ཉིད་སྒྲིག་ཆགས་ཀྱིས་ཡོངས་སུ་གང་བ་ལས་བཅས་སོ། །གཉིས་པ་ལ་ཡན་ལག་བཞི་ལས། དང་པོ་ལ་གསུམ་ལས། གང་ལ་ལོག་པར་སྒྲུབ་པའི་གནས་ནི། ཆོས་བརྒྱད་ལྡན་གྱི་དགེ་འདུན་གྱི་གནས་ཡིན་པ། སྤྱོད་ལམ་བཞི་ཤོང་གི་གནས་ཀྱི་མཚན་ཉིད་མ་མཐའ་ཡན་ཆད་དུ་གྲུབ་པ། སྒྲིག་ཆགས་སྐྱེ་བར་འགྱུར་བ་ལ་སོགས་པ་ཕན་ཕུན་དུ་འགྲོ་བའི་ཉེས་དམིགས་ཡོད་པའོ། །

གང་ལ་ལོག་པར་བསྒྲུབ་པའི་དངོས་པོ་ནི། རྩྭ་དང་ལོ་མའི་གདིང་བ་གང་རུང་ཡིན་པ། རུང་བ༏ ཚད་མཆན་ཁྱུང་ཡན་ཆད་དུ་ལོངས་པ། རང་དམ་བསྐོས་པས་ལོངས་སྤྱོད་པ། རྟེན་ནི་སྔ་མ་བཞིན་ནོ། །བསམ་པ་ལ་འདུ་ཤེས་མ་འཁྲུལ་བ། ཀུན་སློང་དེ་ལྟ་བུའི་གནས་སུ་རྩྭ་དང་ལོ་མའི་གདིང་བ་བཏིང་ནས་དེ་ཉིད་དུ་འདུག་པའི་ཚེ་གནས་ཕན་ཕུན་དུ་གྱུར་པ་རང་དགར་ཡལ་བར་འདོར་བའམ་གཞན་དུ་འགྲོ་འདོད་རྒྱུན་མ་ཆད་པ། སྦྱོར་བ་དེ་ལྟར་འདུག་པའི་ཚེ་ཕན་ཕུན་དུ་གྱུར་པ་རང་དགར་ཡལ་བར་འདོར་བའམ་གཞན་དུ་འགྲོ་བར་རྩོམ་པ། མཐར་ཐུག་ཕན་ཕུན་དུ་གྱུར་ཟིན་པའམ་འདོམ་བཞི་བཅུ་རྩ་དགུ་ལས་འདས་པའོ། །ཁྱིམ་གཞན་དུ་འགྲོ་བའི་ཚེ་མ་དོར་བ་དང་ཁྱིམ་བདག་ལ་མ་དྲིས་པར་དོར་བ་དང་། བུད་ཤིང་སོགས་སྒྲིག་ཆགས་སྐྱེས་པའི་ས་ཕྱོགས་སུ་བཞག་པ་

དང་འཆག་སར་བཏིང་བ་དང་བསྐམ་པའི་ཕྱིར་བཏིང་བའི་རྫ་སོགས་མ་དོར་བ་རྣམས་ལ་ཉེས་བྱས་སོ༔ །དྲུག་པ་དགེ་འདུན་གྱི་གནས་ནས་དགེ་སློང་སྤྲོད་པའི་ལྟུང་བ་ལ། གླེང་གཞི་དང་། ལྟུང་བའོ། །དང་པོ་ནི། དགེ་སློང་འཆར་ཀས་རང་གི་ལྷན་ཅིག་གནས་པའི་དགེ་སློང་གསར་བུ་གཙུག་ལག་ཁང་གི་ཕྱི་རུ་བཏོན་ནས་མཚན་ཐོག་ཐག་ཏུ་སྡུག་བསྔལ་བ་ལས་བརྩམས་སོ། །

གཉིས་པ་ལ་ཡན་ལག་བཞི་ལས། དང་པོ་ལ་གཉིས་ལས། གང་བསྒྲད་པའི་ཡུལ་ནི། དགེ་སློང་ཆོས་བརྒྱད་ལྡན་ཡིན་པ་བསྒྲད་པས་འདི་ཕྱིར་ཕན་པའི་རྐྱེན་དང་མི་ལྡན་པ་དང་དགུའོ། །གང་ནས་བསྒྲད་པའི་གནས་ནི། དགེ་སློང་ཆོས་བརྒྱད་ལྡན་གྱི་དགེ་འདུན་ཡོངས་པའི་གནས་ཡིན་པ། གནས་ཀྱི་མཚན་ཉིད་མ་མཐའ་ཡན་ཆད་དུ་གྲུབ་པ། སྤྱོད་ལམ་བཞི་ཤོང་བ་དང་གསུམ་མོ། །བསམ་པ་ལ། འདུ་ཤེས་མ་འཁྲུལ་བ། ཀུན་སློང་རང་དགར་སྤྲོད་འདོད་རྒྱུན་མ་ཆད་པའོ། །སྦྱོར་བ་རང་ངམ་གཞན་ཐ་སྙད་ལྔ་ལྡན་ངག་མཚན་ཉིད་ལྔ་ལྡན་གྱིས་མངོན་སུམ་དུ་བསྐོས་པས་སྤྲོད་པར་རྩོམ་པ། མཐར་ཐུག་དེའི་རྐྱེན་གྱིས་གནས་ཉེ་འཁོར་དང་བཅས་པ་ལས་འདས་པའོ། །གང་ཟག་གི་གནས་དང་ཁྱིམ་པའི་གནས་ནས་དགེ་སློང་བསྒྲད་པ་དང་བཞད་གད་ཙམ་གྱིས་བསྒྲད་པ་དང་ཉེ་འཁོར་ལས་མ་འདས་ཙམ་དུ་སྤྲོད་པ་ལ་ཉེས་བྱས་སོ། །ཡང་བསྙེན་པར་མ་རྫོགས་པ་དགེ་ཚུལ་སྤྲོད་པ། ཁྱིམ་པ་དང་ཕྱི་རོལ་བའི་རབ་བྱུང་དག་ཁྱིམ་པའི་གནས་དང་གང་ཟག་གི་གནས་ནས་བསྒྲད་ན་ཉེས་བྱས་ཕྲ་མོ། མི་མིན་སྤྲོད་ན་ཉེས་བྱས་ཕྲ་མོ། དུད་འགྲོ་ནི་ཉེས་བྱས་ཆེས་ཕྲ་མོའོ། །བདུན་པ་དགེ་འདུན་གྱི་གཙུག་ལག་ཁང་དུ་སྔར་ཞུགས་ཀྱི་དགེ་སློང་ལ་མ་ཐོ་འཚམ་སྟེ་ཕྱིར་གནོན་བྱས་པའི་ལྟུང་བ་ལ་གླེང་གཞི་དང་། ལྟུང་བའོ། །དང་པོ་ནི། འཆར་ཀས་རང་གི་གྲོགས་གསར་བུ་དག་ལ་གྲུ་མོ་དང་པུས་མོ་ལ་སོགས་པས་མནན་གནུར་བཙིར་བར་བྱས་པ་ལས་བརྩམས་སོ། །

གཉིས་པ་ལ་ཡན་ལག་བཞི་ལས། དང་པོ་ལ་གཉིས་ལས། གང་ལ་ཕྱིས་གནོན་བྱ་བའི་ཡུལ་ནི་དགེ་སློང་ཆོས་བརྒྱད་ལྡན་དང་། ཕྱིས་གནོན་བྱས་པས་ཕན་པའི་རྐྱེན་དང་མི་ལྡན་པ་དང་། རང་ལས་སྔར་གནས་པའོ། །གང་དུ་ཕྱིས་གནོན་བྱ་བའི་གནས་ནི་སྤྲོད་པའི་སྐབས་བཞིན་ནོ། །བསམ་པ་ལ། འདུ་ཤེས་མ་འཁྲུལ་བ། ཀུན་སློང་རང་དགར་ཕྱིས་གནོན་བྱེད་འདོད་རྒྱུན་མ་ཆད་པའོ། །

སྦྱོར་བ་ལུས་སམ་ངག་གང་ཡང་རུང་བས་ཕྱིས་གནོན་བྱེད་པར་རྩོམ་པ། མཐར་ཐུག་ལུས་ཀྱིས་ཕྱིས་གནོན་ཡིན་ན་འདུག་པ་ལ་སོགས་པའི་བྱ་བ་རྫོགས་པའམ་ངག་གིས་ཕྱིས་གནོན་ཡིན་ན་དོན་གོ་བའོ། །ཕྱིས་གནོན་ཞེས་གནོད་པའི་ཟློལ་གྱིས་གནོན་པའི་དོན་ཡིན། དེས་མཚོན་པའི་མཐོ་འཚམ་པའི་བསམ་པས་ལུས་ངག་གང་རུང་གིས་མཐོ་འཚམ་པའི་བྱ་བ་བྱས་པ་ཐམས་ཅད་ལ་ལྟུང་བ་འདིར་གཏོགས་ཀྱི་ལྟུང་བྱེད་དངོས་གཞིར་འགྱུར་རོ། །སྦྱོར་བ་རང་གིས་བྱས་པ་ཡན་ལག་ཏུ་དགོས་པ་ལུས་ངག་གང་རུང་གིས་གྲུབ་པ་ནི་ལྟུང་བ་འདི་རྣམས་ཡིན་ཏེ། བསྐུར་དང་བརྟད་བྲུང་ཕྱིས་གནོན་དང་། །དམག་ལ་ལྟ་དང་བཤམས་དཀྲུགས་དང་། །སྤྱང་བ་རྗེས་ཕྱོགས་བསྐྱིལ་བ་སྤྱད། །དེ་ལྟར་རྣམ་པ་བདུན་རྣམས་སོ། །བརྒྱད་པ་དགེ་འདུན་གྱི་གཙུག་ལག་ཁང་གི་ཐོག་རྐྱང་བར་མུ་ལ་ཁྲིས་བུ་ག་དབྱུང་བའི་རྩ་བ་འབྱུང་བ་ལ་འདུག་པའི་ལྟུང་བ་ལ་གླིང་གཞི་དང་། ལྟུང་བའོ། དང་པོ་ནི། ཉེར་དགའ་དང་བསོད་སྙོམས་པ་གཉིས་ལྷན་ཅིག་ཏུ་ལྡོངས་རྒྱུ་བ་ན་ཉེར་དགས་ཁོ་བོའི་ཁུར་འདི་ཁུར་ཅིག་བསྒོས་པས། བསོད་སྙོམས་པ་ན་རེ། དོན་མེད་པའི་ཡོ་བྱད་འདི་ཁོ་བོ་ལ་མི་དགོས་སོ་ཟེར་རོ། །དེའི་ཚེ་རི་རགས་ཀྱི་གཙུག་ལག་ཁང་གི་ནང་དུ་བསོད་སྙོམས་པ་གནས་ཤིང་སྒོ་ཤིན་ཏུ་དམ་པོར་བཅད་པ་ན། ཉེར་དགས་བསོད་སྙོམས་པ་ཡོད་པའི་སྟེང་གི་ཐད་སོར་ཁྲིའི་རྐང་པ་རྣོ་བར་བྱས་ཏེ་ལུས་ཀྱི་ལྕིད་ཀྱིས་མནན་པས་བསོད་སྙོམས་པའི་དཔྲལ་བ་གཞོམ་པར་བྱས་པས་བཅས་སོ། །

གཉིས་པ་ལ་ཡན་ལག་བཞི་ལས། དང་པོ་ལ་གཉིས་ལས། གང་དུ་འདུག་པའི་གནས་ནི། སྒྲིད་པའི་སྐབས་ཀྱི་གསུམ་པོའི་སྟེང་། སྟེང་གི་ཐོག་ཡིན་པ། རྫོལ་བའི་ཉེན་དང་བཅས་པ་ཡིན་པ་སྟེ་ལྔའོ། །གང་ལ་འདུག་པའི་དངོས་པོ་ནི། ཁྲིའམ་ཁྲིའུ་གང་རུང་ཡིན་པ། རང་གི་ཚད་དང་ལྡན་པ། རྐང་བ་ཕུར་བུ་ལྟ་བུ་ཡིན་པ། བཀན་པའམ་རྐང་རྟེན་བཙུག་པ་མ་ཡིན་པ་དང་བཞིའོ། །བསམ་པ་ལ་འདུ་ཤེས་མ་འཁྲུལ་བ། ཀུན་སློང་རང་དགར་རྩ་བ་དབྱུང་བ་ལ་འདུག་པ་སོགས་བྱེད་འདོད་རྒྱུན་མ་ཆད་པ། སྦྱོར་བ། དེ་ལྟ་བུ་ལ་འདུག་པ་སོགས་བྱེད་པར་རྩོམ་པ། མཐར་ཐུག་འདུག་པའམ་ཉལ་བའི་བྱ་བ་རྫོགས་པའོ། །རང་གི་ལུས་ཁོ་ནས་གྲུབ་པའི་ལྟུང་བ་དུ་ཞེ་ན། མི་ཚངས་སྤྱོད་དང་ལྷག་མ་དང་པོ་གཉིས། །འཁྲལ་དང་མཐོ་གང་སྤྱང་བ་བལ་ཁུར་དང་། །དགོན་པའི་འཁྲལ་སྤྱང་གནས

མལ་ལྟུང་བྱེད་དང་། །གདིང་བ་འབྱུང་ལ་འདུག་དང་གོས་བྱེད་དང་། །དགེ་སློང་མ་དང་ལམ་འགྲོ་གྲུར་ཞུགས་དང་། །དབེན་པར་འདུག་འགྲེང་གཉིས་དང་སྦྱོར་བཅུག་དང་། །ཡང་ཡང་འདུག་ནས་སྤྱངས་ཟ་འདུས་ཤིང་ཟ། །དུས་མིན་ཟས་དང་གསོག་འཇོག་ཁ་ནས་མེད། །ཉལ་གཤོམ་ཁྱིམ་ན་འདུག་དང་འགྲེང་བ་དང་། །དམག་གི་ནང་གནས་བརྟེག་གཟས་ཉུབ་ལྷག་ཉལ། །ཁ་མ་བསྒྱུར་དང་ཁྲུས་བྱེད་ག་ག་ཚུལ། །བུད་མེད་དང་ཉལ་གདིང་མེད་སྤྱོད་པ་དང་། །བུད་མེད་དང་ནི་ཀྲུན་པོ་དག་དང་འགྲོ །མགྲོན་ཉེར་རིང་འདུག་ཉན་རྣ་བྱེད་པ་དང་། །ལས་ཀྱི་གནས་ནས་མི་སླ་འགྲོ་བ་དང་། །རྒྱལ་པོའི་ཕོ་བྲང་འཛུག་དང་ཆང་འཐུང་དང་། །གྲོང་འགྲོ་གྲོང་རྒྱུ་སོར་བཞགས་གཉིས་པ་སྟེ། །དེ་ལྟར་གྲངས་ནི་བཞི་བཅུ་རྩ་བཞིའོ། །དགུ་པ་སྲོག༷་ཆ༷གས་དང་ལྡན༷་པ༷འི་ཆུ་རྫ༷ར༷་འདེབ༷ས་པའི་ལྟུང་བ་ལ་གླེང་གཞི་དང་། ལྟུང་བའོ། །དང་པོ་ནི། འདུན་པས་སྲོག་ཆགས་དང་བཅས་པའི་ཆུ་ལ་ལོ་མ་ལ་སོགས་པ་ཡང་ཡང་འདེབས་པའི་སྒོ་ནས་ལོངས་སྤྱོད་དེ་སྲོག་ཆགས་མང་དུ་ཤི་བ་ལ་གཞན་མ་དད་པ་ལས་བཅས་སོ། །གཉིས་པ་ལ་ཡན་ལག་བཞི་ལས། དང་པོ་དུད་འགྲོའི་སྐྱེ་གནས་སུ་གཏོགས་པའི་སྲོག་ཆགས་ཡིན་པ། ཐ་མལ་བའི་མིག་ལམ་དུ་སྣང་དུ་རུང་བ་ཡིན་པ། རྩྭ་ལ་སོགས་པའི་གཞི་དང་བཅས་པ་ཡིན་པའོ། །བསམ་པ་ལ་འདུ་ཤེས་མ་འཁྲུལ་བར་སྲོག་ཆགས་དང་བཅས་པ་ལ་དེར་འདུ་ཤེས་པའམ་ཐེ་ཚོམ་ཟ་བའོ། །ཀུན་སློང་ནི་རང་ཉིད་ཀྱི་དོན་མ་ཡིན་པར་དུད་འགྲོའི་སྲོག་ལ་གནོད་པར་མཐོང་ཡང་ལྟོས་མེད་དུ་སྲོག་ཆགས་དང་བཅས་པ་ལ་སྤྱོད་འདོད་རྒྱུན་མ་ཆད་པའོ། །སྦྱོར་བ་རང་ངམ་བསྐོས་པས་སྤྱོད་པར་རྩོམ་པ། མཐར་ཐུག་དེའི་རྐྱེན་གྱིས་སྲོག་ཆགས་ཇི་སྙེད་ཤི་བ་དེ་སྙེད་ཀྱི་ལྟུང་བ་རེ་རེའོ། །བཅུ་པ་གཙུག༷་ལ༷ག་ཁང་ཕ༷་གུ༷་རི༷མ༷་གཉིས༷་ལས་ལྷག་པར་བརྩིགས༷་པར་ཤེ༷ས་བཞི༷ན་བགྱི༷ས་པའི་ལྟུང་བ་ལ་གླེང་གཞི་དང་། ལྟུང་བ་དངོས་སོ། །དང་པོ་ནི། དྲུག་སྡེས་ཉི་མ་གཅིག་ལ་གཙུག་ལག་ཡོངས་སུ་རྫོགས་པ་ཞིག་བྱས་ནས་དེའི་ནུབ་མོར་ཞིག་པ་ལས་བཅས་སོ༐ ༐

གཉིས་པ་ལ་ཡན་ལག་བཞི་ལས། དང་པོ་ལ་བཞི་སྟེ། གང་བརྩིགས་པའི་གནས་ནི། དཀོན་མཆོག་གསུམ་གང་རུང་གི་ཆེད་དུ་བྱས་པའི་གཙུག་ལག་ཡིན་པ། གནས་ཀྱི་མཚན་ཉིད་མ་མཐའ

ཡན་ཆད་གྲུབ་པ། སྤྱོད་ལམ་བཞི་ཤོང་བ། སྔར་ཚད་ལ་གནོད་པའི་རྩིག་པའི་རྩོམ་པ་མ་བྱས་པ་དང་བཞིའོ། །ནམ་གྱི་ཚེ་བརྩིག་པའི་དུས་ནི་རྨང་འཛུགས་པ་སོགས་བཞི་བྱས་ན་ཉི་མ་དེ་ཉིད་དང་། དེ་དག་མ་བྱས་ན་ཉི་མ་དེ་ཉིད་དམ་དེ་ལས་གཞན་པའི་དུས་གང་ཡང་རུང་བ་ཡིན་པ། གང་གིས་བརྩིགས་པའི་ཡོ་བྱད་ནི་རྨང་འཛུགས་པ་སོགས་བཞི་བྱས་ན་ཕ་གུ་སོགས་མཐར་དུ་འཇིག་པའི་ཉེན་ཅན་ཡིན་པ། དེ་དག་མ་བྱས་ན་རྡོ་ལ་སོགས་པ་སྲ་བ་དང་ཕ་གུ་ལ་སོགས་པ་སྲ་བ་མ་ཡིན་པ་གང་ཡང་རུང་བའོ། །རྟེན་ནི་སྦྱིན་བདག་གི་ཚིག་གིས་དབང་མེད་པ་མ་ཡིན་པ་དང་། རྨང་འཛུགས་སོགས་བཞི་བྱས་པ་ན་ཆུ་བསྐྱབ་པའི་གཡོགས་མ་བྱས་པ་ཡིན་པའོ། །བསམ་པ་ལ་འདུ་ཤེས་མ་འཁྲུལ་བ། ཀུན་སློང་རང་དགར་རིམ་པ་གསུམ་ལས་ལྷག་པར་རྩིག་འདོད་རྒྱུན་མ་ཆད་པའོ། །སྦྱོར་བ་རང་ངམ་གཞན་ཐ་སྙད་ལྡེ་ལྡན་གྱིས་མངོན་སུམ་དུ་བསྐོས་པས་རིམ་པ་གསུམ་ལས་ལྷག་པ་རྩིག་པར་རྩོམ་པ༏ མཐར་ཐུག་རྨང་འཛུགས་སོགས་བཞི་བྱས་པ་ཡིན་ན་ཉིན་མཚན་དེ་ཉིད་ལ་རིམ་པ་བཞི་པ་འཕོར་བར་བརྩིགས་པ་དང་། རྨང་མ་བཙུགས་པ་དང་། ཆུ་ཁྲུང་མ་བཏོད་པ་དང་། འཇིམ་པ་མེད་པ་དང་། སྒོ་ཆ་གོང་མ་སྟེ་ཡ་ཕུབ་གཞུག་པ་སོགས་མ་བྱས་པ་བཞི་ཀའམ་གང་ཡང་རུང་བ་དང་བཅས་པ་ན་གང་ཡང་མ་བྱས་པ་དེ་ཡན་ཆད་ནས་ཉིན་མཚན་དེ་ཉིད་དམ་དེ་ལས་གཞན་ལ་རིམ་པ་བཞི་འཕོར་བར་བརྩིགས་པའོ། །རྨང་འཛུགས་པ་སོགས་མ་བྱས་པའི་ཚེ་ཆུ་བསྐྱབ་པའི་གཡོགས་མ་བྱས་པ་དང་། རྡོ་ལ་སོགས་པ་སྲ་བ་ལས་བྱས་པ་ཡིན་ཀྱང་མཐར་དུ་འཇིག་པའི་དགག་བྱ་ཆེ་བའི་ཕྱིར་བཞི་པ་འཕོར་བ་ན་ལྟུང་བ་དངོས་གཞི་སྐྱེད་དོ། །རྨང་འཛུགས་པ་སོགས་བྱས་མ་བྱས་ཀྱི་རིམ་པ་ལྔར་ཉིན་མཚན་དེ་ཉིད་དམ་ཉིན་མཚན་གཞན་ཡང་རིམ་པ་གསུམ་ལས་ལྷག་པར་རྩིག་འདོད་ཀྱིས་བརྩིགས་པའི་ཚེ་ཡང་རིམ་པ་གསུམ་པ་འཕོར་བའི་བར་ལ་ཉེས་བྱས་སོ། །བསླབ་བྱ་སྐར་ཁུང་མ་བཏོད་པ་ལ་སོགས་ལ་ཉེས་བྱས་སོ། །བཅུ་ཚན་གསུམ་པ་ལ་བཅུ་ལས། འདི༷་མ༷ན་ལ་གཙོ་བོར་དགེ༷་སློང༷་མ༷ར་བརྟེན་པའི་ལྟུང་བ། དང་པོ་དགེ་སློང་མ་ལ་ཆོས་སྟོན་པར་མ༷་བསྐོས༷་པར་ཆོས༷་སྟོན༷་པའི་ལྟུང་བ་ལ་གླེང་གཞི་དང་ལྟུང་བའོ། །དང་པོ་ནི་སྟོན་པས་དགེ་སློང་མ་རྣམས་ལ་དགེ་སློང་གནས་བརྟན་གྱིས་ཆོས་སྟོན་པར་བྱའོ་གསུངས་པས་དྲུག་སྡེས་ཆོས་སྟོན་པ་ན་དགེ་སློང་མ་དང་ཀུན་ཏུ་རྩེ་བ་དང་།

ལུས་ལ་རེག་པ་སོགས་བྱེད་པ་ན་གཞན་མ་དད་པས་བཅས་སོ། །

གཉིས་པ་ལ་ཡན་ལག་བཞི་ལས། དང་པོ་ལ་གསུམ། གང་ལ་བསྟན་པའི་ཡུལ་ནི་དགེ་སློང་མ་ཆོས་བརྒྱད་ལྡན་ལས་ཉེ་དུ་མ་ཡིན་པ་མ་གཏོགས་པའི་ཆོས་བདུན་ལྡན་ནོ། །གང་བསྟན་པའི་དངོས་པོ་ནི། ནང་རིག་པའི་བསྟན་བཅོས་སོ། །གང་གིས་སྟོན་པའི་རྟེན་ནི་བདག་ཉིད་མི་ཆོས་བླ་མའི་མཐུ་དང་ལྡན་པ་དང་། རང་ཉིད་དགེ་སློང་མའི་སྟོན་པར་འོས་པ་ལ་དགེ་འདུན་དུ་མ་ལོངས་པའི་ཚེ་ཆོས་སྟོན་པར་གསོལ་བ་མ་ཡིན་པ་དང་། རང་ཉིད་དགེ་སློང་མའི་སྟོན་པར་མ་བསྐོས་པའམ་བསྐོས་ཀྱང་མཚན་ཉིད་མི་ལྡན་པའོ། །བསམ་པ་ལ་འདུ་ཤེས་མ་འཁྲུལ་བ། ཀུན་སློང་རང་དགར་དགེ་སློང་མ་ལ་ཆོས་སྟོན་འདོད་རྒྱུན་མ་ཆད་པའོ། །སྦྱོར་བ་དག་མཚན་ཉིད་ལྔ་ལྡན་གྱིས་སྟོན་པར་རྩོམ་པ། མཐར་ཐུག་དོན་གོ་བའོ། །མ་བསྐོས་པར་གཞན་རབ་བྱུང་མོ་ལ་སྟོན་པ་དང་། ནང་རིག་པའི་ཆོས་ལས་གཞན་སྟོན་ན་ཉེས་བྱས་སོ། །གཉིས་པ་ཆོས་སྟོན་པར་བསྐོས་ཀྱང་དགེ་སློང་མར་ཉི་མ་ནུབ་པར་ཆོས་སྟོན་པའི་ལྟུང་བ་ལ་གླེང་གཞི་དང་ལྟུང་བའོ། །དང་པོ་ནི། དགེ་སློང་དགའ་བྱེད་ཀྱིས་དགེ་སློང་མ་ཨུཏྤ་ལ་འཁོར་བཅས་ལ་ཉི་མ་ནུབ་བར་ཆོས་བསྟན་པས་དེ་དག་མཉན་ཡོད་དུ་ཕྱིན་པ་ན་སྒོ་བཅད་པས་ཕྱི་རོལ་དུ་གནས་ཚེ་ཚོམ་རྐུན་ལྔ་བརྒྱས་བཅོམ་པར་བརྩམ་པ་དང་ཨུཏྤ་ལས་དམག་གི་ཚོགས་སྤྲུལ་པས་བཅོམ་པར་མ་ནུས་ཀྱང་ཆོས་སྟོན་པ་པོར་འཕྱ་བས་བཅས་སོ། །

གཉིས་པ་ལ་ཡན་ལག་བཞི་ལས། དང་པོ་ལ་བཞི་སྟེ། གང་ལ་བསྟན་པའི་ཡུལ་དང་གང་བསྟན་པའི་དངོས་པོ་ནི་སྔ་མ་བཞིན་ནོ། །དུས་ནི། མཚན་ཐོག་ཐག་ཏུ་བསྟན་པའི་དུས་མ་ཡིན་པ་དང་།ཉི་མ་ནུབ་ནས་སྐྱ་རེངས་མ་ཤར་གྱི་བར་གྱི་དུས་ཡིན་པའོ། །གང་དུ་སྟོན་པའི་གནས་ནི་འཇིགས་པའི་ཉེན་དང་བཅས་པ་ཡིན་པའོ། །བསམ་པ་ལ་འདུ་ཤེས་མ་འཁྲུལ་བ། ཀུན་སློང་ཉི་མ་ནུབ་ཀྱི་བར་དུ་ཆོས་སྟོན་འདོད་རྒྱུན་མ་ཆད་པའོ། །སྦྱོར་བ་དག་མཚན་ཉིད་ལྔ་ལྡན་གྱིས་སྟོན་པར་རྩོམ་པ། མཐར་ཐུག་དོན་གོ་བའོ། །གསུམ་པ་ཕྲག་དོག་གིས་འདིས་དགེ་སློང་མར་ཁ་ཟས་ཟུང་ཟད་ཕྱིར་ཆོས་སྟོན་ཏོ་ཞེས་དགེ་སློང་ལ་སྐུར་པའི་ལྟུང་བ་གླེང་གཞི་དང་ལྟུང་བའོ། །དང་པོ་ནི། འཕགས་པ་དགའ་བྱེད་ཀྱིས་དགེ་སློང་མར་སྟོན་པ་ན་དགེ་སློང་མས་ཟས་ཟུང་ཟད་ཕུལ་བ་ཉེར་དགས་མཐོང་ནས

དེར་མི་བཟོད་པར་དགའ་བྱེད་ནི་ཟས་ཁོ་ནའི་ཆེད་དུ་ཆོས་སྟོན་ཏོ་ཟེར་བ་ལས་བཅས་སོ། །

གཉིས་པ་ལ་ཡན་ལག་བཞི་ལས། དང་པོ་ལ་གཉིས་ལས། གང་ལ་སྐུར་བའི་ཡུལ་ནི། དགེ་སློང་ཆོས་བརྒྱད་ལྡན་གྱི་སྟེང་དུ་ཟས་ཙུང་ཟད་ཙམ་གྱི་ཕྱིར་དུ་དགེ་སློང་མ་མཚན་ཉིད་ལྡན་པ་ལ་ཆོས་སྟོན་པ་མ་ཡིན་པ་དང་དགུའོ། །ངག་སྨྲ་བའི་ཡུལ་ནི་རྫུན་ཕམ་བཞིན་ནོ། །བསམ་པ་ལ་འདུ་ཤེས་མ་འཁྲུལ་བ། ཀུན་སློང་ཟས་སོགས་ཟང་ཟིང་ཙུང་ཟད་ཕྱིར་དུ་ཆོས་སྟོན་ཏོ་ཞེས་འདུ་ཤེས་བསྒྱུར་ཏེ་སྐུར་བ་འདེབས་འདོད་རྒྱུན་མ་ཆད་པ། སྦྱོར་བ་ངག་མཚན་ཉིད་ལྔ་ལྡན་གྱིས་མིང་ནས་སྨྲས་ཏེ་སྐུར་བ་འདེབས་པར་རྩོམ་པ། མཐར་ཐུག་དོན་གོ་བའོ། །བཞི་པ་ཉེ་མིན་དགེ་སློང་མ་ཡི་གོས་བཙེམ་པའི་ལྟུང་བ་ལ་གླེང་གཞི་དང་ལྟུང་བའོ། །དང་པོ་ནི། འཆར་ཀས་དགེ་སློང་མ་སྤྲེད་མ་ལ་སྣམ་སྦྱར་སོགས་གོས་མང་དུ་བཙེམས་པས་གཞན་གྱིས་འཕྱ་བ་ལ་བརྟེན་ནས་བཅས་སོ། །གཉིས་པ་ལ་ཡན་ལག་བཞི་ལས། དང་པོ་ལ་གཉིས་ལས། གང་གི་གོས་བྱ་བའི་ཡུལ་ནི་དགེ་སློང་མ་ཆོས་བརྒྱད་ལྡན་ནོ། །གང་བྱ་བའི་གོས་ནི་གོས་ཡིན་པ། རུང་བ། ཚད་དང་ལྡན་པ། དགེ་སློང་མ་དེ་ཉིད་ཀྱི་ཡིན་པ། སྔར་ཚད་ལ་གནོད་པའི་བཟོ་བརྩམ་པ་མ་ཡིན་པའོ། །བསམ་པ་ལ་འདུ་ཤེས་མ་འཁྲུལ་བ༑ ཀུན་སློང་རང་དགར་དགེ་སློང་མའི་གོས་བྱེད་འདོད་རྒྱུན་མ་ཆད་པ། སྦྱོར་བ་དེ་ལྟ་བུའི་བཟོ་རྩོམ་པར་བྱས་པ། མཐར་ཐུག་བཟོ་ཡོངས་སུ་རྫོགས་པའོ། །དགེ་སློང་མ་ལས་གཞན་པའི་ཉེ་མིན་གྱི་བུད་མེད་ཀྱི་གོས་བཟོ་བར་བྱེད་པ་ཉེས་བྱས་སོ། །ཉེ་མིན་མཚན་མི་མཐུན་པར་གོས་ལས་གཞན་སྣོད་སྤྱད་བཟོ་བར་བྱས་ནའང་ཉེས་བྱས་སོ། །ལྔ་པ་དགེ་སློང་མར་ཆོས་གོས་བྱིན་པའི་ལྟུང་བ་ལ་གླེང་གཞི་དང་ལྟུང་བའོ། །དང་པོ་ནི། དེད་དཔོན་གྱི་རིགས་ལས་རབ་ཏུ་བྱུང་བའི་དགེ་སློང་གིས་རང་གི་སྔར་གྱི་ཆུང་མ་དགེ་སློང་མ་ལ་སྣམ་སྦྱར་བྱིན་པས་དགེ་སློང་དེ་སྟོན་པ་དང་མཉམ་དུ་ལྡོངས་རྒྱུ་བའི་ཚེ་སྣམ་སྦྱར་མེད་པས་གཞན་དག་འཕྱ་བ་ལས་བཅས་སོ། །

གཉིས་པ་ལ་ཡན་ལག་བཞི་ལས།དང་པོ་ལ་གཉིས། གང་ལ་བྱིན་པའི་ཡུལ་ནི། དགེ་སློང་མ་ཆོས་བརྒྱད་ལྡན་གྱི་སྟེང་དུ་དགེ་སློང་མའི་དགེ་འདུན་ལ་གོས་འབུལ་བ་ན་དེའི་ཁོངས་སུ་མ་གཏོགས་པ་དང་གོས་དེས་ཕོངས་པ་མ་ཡིན་པ་དང་། ལེགས་པར་སྨྲ་བ་དང་བསྙེན་པར་རྫོགས་པར་བྱེད་པ

མིན་པ་དང་རང་ལས་ནོར་ཐ་དད་པའོ། །གང་བྱིན་པའི་དངོས་པོ་ནི། གོས་ཡིན་པ། རུང་བ། ཚད་དང་ལྡན་པ། རང་ཉིད་ཀྱི་ཡིན་པ་དང་བཞིའོ། །བསམ་པ་ལ་འདུ་ཤེས་མ་འཁྲུལ་བ། ཀུན་སློང་རང་དགར་མཛའ་ངོ་དང་བཤེས་ངོ་ཙམ་གྱི་ཕྱིར་སྟེར་འདོད་རྒྱུན་མ་ཆད་པ། སྦྱོར་བ་དེ་ལྟར་རྫོམ་པ། མཐར་ཐུག་དེའི་རྐྱེན་གྱིས་ཡུལ་དེའི་ལག་ཏུ་གྲུབ་ཅིང་ཐོབ་བློ་སྐྱེས་པའོ། །ཉེ་མིན་མཚན་མི་མཐུན་པ་ལ་མཛའ་ངོ་བཤེས་ངོ་ཙམ་དུ་ནོར་དང་སྣོད་སྤྱད་སོགས་སྟེར་ན་ཉེས་བྱས་སོ། དྲུག་པ་འཇིགས་མེད་ཉེ་མིན་དགེ་སློང་མ་དང་ལྷན་ཅིག་ངྷ་མཐུན་གྱི་ལྷ་མ་དུ་འགྲོགས་ནས་འགྲོ་བའི་ལྟུང་བ་ལ་གླེང་གཞི་དང་། ལྟུང་བའོ། །དང་པོ་ནི། དྲུག་སྡེས་གཞོན་ནུ་མ་བཅུ་གཉིས་སྡེ་དང་ལྷན་དུ་ལམ་རིང་པོའི་བར་འདའ་བར་བྱེད་པ་ན་གཞན་དག་འཕྱ་བ་ལས་བཅས་སོ། །གཉིས་པ་ལ་ཡན་ལག་བཞི་ལས། དང་པོ་ལ་གསུམ་ལས། གང་དང་ལྷན་ཅིག་ཏུ་འགྲོགས་པའི་ཡུལ་ནི། དགེ་སློང་མ་ཆོས་བདུན་ལྡན་གྱི་སྟེང་དུ་ངོ་མ་སྨོས་པ་དང་ན་བའི་ཚེ་ཕན་གདགས་བྱ་འདོགས་བྱེད་མ་ཡིན་པ་དང་དགུའོ། །གང་དུ་འགྲོ་བའི་ལམ་ནི་ས་ལ་བརྟེན་པ་ཡིན་པ་འཇིགས་པའི་ཉེན་ཅན་མ་ཡིན་པ། རྒྱང་གྲགས་གཅིག་གི་མཐའ་ཡིན་པ་དང་གསུམ་མོ། །དུས་ནི་ཉིན་ཞག་གཅིག་གི་དུས་ཡིན་པའོ། །བསམ་པ་ལ་འདུ་ཤེས་མ་འཁྲུལ་བ། ཀུན་སློང་རང་དགར་དགེ་སློང་མ་དང་ལྷན་ཅིག་པའི་ལམ་དུ་འགྲོ་འདོད་རྒྱུན་མ་ཆད་པའོ། །སྦྱོར་བ་དེ་ལྟར་འགྲོ་བར་རྫོམ་པ། མཐར་ཐུག་རྒྱང་གྲགས་གཅིག་གི་མཐའ་ལས་འདས་པའོ། །ཉིན་མཚན་གཅིག་ཏུ་རྒྱང་གྲགས་དུ་མ་འདས་ན་ལྟུང་བ་རེ་རེའོ། །ངོ་སྨོས་པས་རྒྱང་གྲགས་འདས་པ་དང་། ཉིན་མཚན་དུ་མར་རྒྱང་གྲགས་གཅིག་འདས་པ་དང་། ཉིན་མཚན་གཅིག་ཏུ་རྒྱང་གྲགས་ཕྱེད་འདས་པ་རྣམས་ལ་ཉེས་བྱས་རེ་རེའོ། །བདུན་པ་དགེ་སློང་མ་དང་ལྷན་དུ་གྲུར་ཞུགས་ཏེ་གྱེན་ཐུར་ལ་རྒྱང་གྲགས་འདས་པར་འགྲོ་བའི་ལྟུང་བ་ལ།གླེང་གཞི་དང་། ལྟུང་བའོ། །དང་པོ་ནི། གྲུ་དང་ལམ་བཟླ་བ་མ་གཏོགས་སྔ་མ་ལྟར་རོ། །གཉིས་པ་ལ་ཡན་ལག་བཞི་ལས། ཡུལ་དང་དུས་ནི་སྔ་མ་ལྟར་རོ། །ལམ་ནི་ཆུ་ལ་བརྟེན་པ་ཡིན་པ། རྒྱང་གྲགས་གཅིག་ཕན་ཆད་ཡིན་པ། ཐད་ཀར་ཕ་རོལ་ཏུ་འགྲོ་བ་མ་ཡིན་པ། འགྲམ་གཉིས་འཇིགས་པ་དང་བཅས་པ་མ་ཡིན་པ། ཐ་གྲོང་ལ་བཟུར་བ་ལ་སོགས་པའི་རྐྱེན་གྱིས་འཇུག་པ་གཞན་དུ་སོང་བ་མ་ཡིན་པའོ། །

བསམ་སྦྱོར་མཐར་ཐུག་སྔ་མ་ལྟར་རོ། །བརྒྱད་པ་ཉེ་མིན་གྱི་བུད་མེད་དང་དབྱེན་པ་སྐབས་ཡོད་དུ་འདུག་པའི་ལྟུང་བ་ལ། གླེང་གཞི་དང་། ལྟུང་བའོ། །དང་པོ་ནི། འཆར་ཀས་ཁྱིམ་བདག་གི་ཆུང་མ་སྤྲེད་མ་དང་དབེན་པར་ལྷན་ཅིག་ཏུ་འདུག་སྟེ་ཁོ་བོ་ཅག་གིས་སྔོན་འདི་དང་འདི་ལྟར་བྱས་པ་དྲན་ནམ་ཞེས་སྨྲས་པ་བསོད་སྙོམས་པ་ཞིག་གིས་ཐོས་ཏེ་འཕྲོ་བ་ལས་བཅས་སོ། །གཉིས་པ་ལ་ཡན་ལག་བཞི་ལས། གང་དང་ལྷན་དུ་འདུག་པའི་ཡུལ་བུད་མེད་ཀྱི་མཚན་དོན་བྱེད་ནུས་པ་བསྙེན་དུ་རུང་བ་ཐ་སྙད་བཞི་དང་ལྡན་པ། ལུས་ཐ་མལ་དུ་གནས་པ། རྫུ་འཕྲུལ་ཅན་དང་། ཉེ་དུ་མ་ཡིན་པ་སྟེ་ཆོས་དྲུག་ལྡན་དང་གཅིག་པུ་ཡིན་པའོ། །གང་དུ་གནས་པའི་ཡུལ་ནི། དབེན་པ་དང་རྩིག་པ་དང་མུན་པ་སོགས་ཀྱི་སྐབས་དང་བཅས་པ་དང་བར་འདོམ་གང་གི་ནང་ཡིན་པའོ། །བསམ་པ་ལ་འདུ་ཤེས་མ་འཁྲུལ་བ། ཀུན་སློང་འདུག་པར་འདོད་པ། སྦྱོར་བ་འདུག་པར་རྩོམ་པ། མཐར་ཐུག་གཉིས་ཀས་འདུག་པ་རྫོགས་པའོ། །

དགུ་པ་བུད་མེད་དང་ལྷན་ཅིག་ཏུ་འགྲོགས་པའི་ལྟུང་བ་ལ། གླེང་གཞི་དང་། ལྟུང་བའོ། །དང་པོ་ནི། འདུག་པའི་གནས་སུ་འགྲེང་བ་ཙམ་ལས་གཞན་སྔ་མ་བཞིན་ནོ། །གཉིས་པ་ལའང་འདུག་པའི་གནས་སུ་འགྲེང་བ་ཙམ་བཛྲེ་བ་མ་གཏོགས་ཡན་ལག་བཞི་སྔ་མ་དང་མཐུན་ནོ། །བཅུ་པ་ཉེ་མིན་དགེ་སློང་མ་ལས་དུས་རུང་གི་ཟས་རང་ལ་སྦྱོར་དུ་བཅུག་པའི་ཟས་ཟ་བའི་ལྟུང་བ་ལ་གླེང་གཞི་དང་། ལྟུང་བའོ། །དང་པོ་ནི། དྲུག་སྡེ་ལྡོངས་རྒྱུར་འགྲོ་བ་བཅུ་གཉིས་སྡེས་མཐོང་ནས་མིང་པོ་དག་ཁྱེའུ་སུ་གསོལ་ཅིག་ཅེས་སྨྲས་པ་དང་། ཤྲིང་མོ་དག་དེས་མི་འཚོ་བས་ཁྱིམ་བདག་དད་པ་ཅན་ལ་བསོད་སྙོམས་སྦྱོར་དུ་ཆུག་སྨྲས། བཅུ་གཉིས་སྡེས་ཁྱིམ་བདག་དད་པ་ཅན་ལ་ཡང་དག་མ་ཡིན་པའི་ཡོན་ཏན་བརྗོད་དེ་འཚོ་བའི་ཡོ་བྱད་སྦྱོར་དུ་བཅུག་པ་ན་གཞན་དག་མ་དད་པས་བཅས་སོ། །གཉིས་པ་ལ་ཡན་ལག་བཞི་ལས། དང་པོ་ལ་གསུམ་ལས། གང་གིས་སྦྱོར་དུ་བཅུག་པའི་དགེ་སློང་མ་ནི། ཉེ་དུ་མ་ཡིན་པ་ལས་གཞན་པའི་ཆོས་བདུན་ལྡན་ནོ། །གང་གིས་སྦྱོར་བའི་སྦྱིན་བདག་ནི་ཁྱིམ་པ་ཆོས་ལྔ་ལྡན་ནོ། །གང་བཟའ་བའི་དངོས་པོ་ནི། དུས་སུ་རུང་ཞིང་ཟས་གཅིག་གི་ཚད་དང་ལྡན་པ། སྦྱིན་བདག་དེ་ཉིད་ཀྱི་ཡིན་པ། དགེ་སློང་དེར་མེད་པའི་ལུང་རྟོགས་གང་རུང་གི་ཡོན་ཏན

གྱིས་སྐྱོར་དུ་བཅུག་པ། མགྲོན་དུ་མ་བོས་པའམ་བོས་ཀྱང་ལྷག་པར་སྤྱར་བའི་ཟས་ཡིན་པ། བསམ་པ་ལ་འདུ་ཤེས་ནི་དགེ་སློང་མས་སྐྱོར་དུ་བཅུག་པ་ལ་དེ་ལྟར་ངེས་པའམ་ཡིད་གཉིས་ཟ་བའོ། །ཀུན་སློང་ཟ་བར་འདོད་པ། སྦྱོར་བ་ཟ་བར་རྩོམ་པ། མཐར་ཐུག་མགུལ་དུ་མིད་པའོ། །དགེ་སློང་མས་སྤྲིང་ཡིག་ལ་སོགས་པས་སྐྱོར་དུ་བཅུག་པ་དང་། དགེ་སློང་གང་ཟག་གཞན་གྱི་དོན་དུ་སྐྱོར་བཅུག་པ་དང་། བསྙེན་པར་མ་རྫོགས་པའི་དོན་དུ་སྐྱོར་བཅུག་པ་དང་། ཁྱིམ་པའི་ཡོན་ཏན་ཡང་དག་མིན་པར་བརྗོད་པས་དགེ་སློང་རང་ལ་སྐྱོར་བཅུག་དང་། ལུང་རྟོགས་ཀྱི་ཡོན་ཏན་རྫུན་གྱིས་བསྒྲགས་པའི་སྒོ་ནས་དུས་མིན་གྱི་རུང་བའི་ཐུན་ཚོད་སོགས་སྐྱོར་དུ་བཅུག་ནས་སྤྱད་པ་རྣམས་ལ་ཉེས་བྱས་སོ། །ཡོན་ཏན་བདེན་པའི་སྒོ་ནས་སྐྱོར་དུ་བཅུག་པ་ལ་ལྟུང་བ་མེད་དོ། །དེ་ལྟ་བུའི་བཅུ་ཚན་གསུམ་པའི་ལྟུང་བ་རྣ༷མས་ཏེ། དེ་ནི༷་སྤྱ༷ང་བར༷་བྱ༷་དགོས་སོ། །བཅུ་ཚན་བཞི་པའི་ལྟུང་བ་ལ་བཅུ་ལས། དང་པོ་ཉིན་གཅིག་ལ་ཁྱིམ་དང་པོར་ཟས་ཟོས་ཏེ། ཁྱིམ་གཉིས་པར་ཟས་བླངས་ཏེ་ཡ༷ང་ཡ༷ང་ཟ༷ས་ཟ༷་བའི་ལྟུང་བ་ལ་གླེང་གཞི་དང་། ལྟུང་བའོ། །དང་པོ་ནི། སྟོན་པ་འཁོར་བཅས་ཁྱིམ་བདག་དྲག་ཤུལ་ཅན་གྱིས་གདུགས་ཚོད་ལ་སྤྱན་དྲངས་ཚེ། དྲུག་སྡེ་ཁྱིམ་བདག་གཞན་ཞིག་གི་ནང་དུ་ཕྱིན་ཏེ་ཨ་སླུའི་ཁུར་བ་བླངས་ཏེ་ལོངས་སྤྱད་ནས་སླར་ཁྱིམ་བདག་དྲག་ཤུལ་ཅན་གྱི་ཁྱིམ་དུ་སོང་སྟེ་བསོད་སྙོམས་ལ་ལོངས་སྤྱད་པ་ན་གཞན་དག་མ་དད་པ་ལས་བཅས་སོ། །

གཉིས་པ་ལ་ཡན་ལག་བཞི་ལས། དང་པོ་ལ་གསུམ་ལས། སྦྱིན་བདག་ནི། སྔ་ཕྱི་གཉིས་ཀ་ཁྱིམ་པ་མཚན་ཉིད་པ་ཡིན་པ། །ཐ་སྙད་ལྔ་དང་ལྡན་པ། ལུས་ཐ་མལ་དུ་གནས་པ། ཉེ་དུ་མ་ཡིན་པ༑ རང་ལས་ནོར་ཐ་དད་ཅིང་དེ་གཉིས་ཀྱང་ནོར་ཐ་དད་པ། བསམ་པ་ཐག་པ་ནས་མགྲོན་དུ་འབོད་པ་ཡིན་པ། དགེ་འདུན་དང་བཅས་ཏེ་མགྲོན་དུ་བོས་པའི་ཚེ་བདག་གི་ངོར་བོས་པ་ཡིན་པའོ། །དངོས་པོ་ནི་དུས་སུ་རུང་བ་ཡིན་པ། རུང་བ། ཚད་དང་ལྡན་པ། སྦྱིན་བདག་དེ་ཉིད་ཀྱི་ཡིན་པ། ཕན་ཚུན་ཁོངས་སུ་གཏོགས་པ་མ་ཡིན་པ། ཟླ་བ་བཞི་ཡན་ཆད་ཀྱི་ནར་མར་བཤམས་པའི་ཟས་མ་ཡིན་པ། ཟས་ཕྱི་མ་ལ་གོས་ཁྲུ་གང་ཡན་ཆད་དམ། དེ་ཡན་ཆད་རི་བའི་རྙེད་པ་མེད་པ་ཡིན་པ། བཟའ་བ་ལྔའི་ཁོངས་སུ་གཏོགས་པ་དང་བརྒྱད་དོ། །དུས་སུ་གེའི་དུས་མིན་པ། ཉི་མ་གཅིག་གི་དུས་ཡིན་པ།

རྟེན་ནི། ངེས་ཕན་པའི་ནད་ཅན་མ་ཡིན་པ། དགེ་འདུན་དང་མཆོད་རྟེན་གྱི་ཕྱིར་ཕྱུག་དང་རི་ལྡེ་ཙམ་མམ། དཀྱིལ་འཁོར་བ་མལ་ཙམ་ཡན་ཆད་ལ་སོགས་པའི་ལས་བྱས་པ་མ་ཡིན་པ། ཉི་མ་དེ་ཉིད་ལ་ལམ་དཔག་ཚད་ཕྱེད་དུ་སོང་བ་མ་ཡིན་པ། སྲ་བརྐྱང་མ་བཏིང་བ་དང་བཞིའོ། །བསམ་པ་ལ་འདུ་ཤེས་མ་འཁྲུལ་བ། ཀུན་སློང་རང་དགར་མགྲོན་དུ་བོས་པ་ཟས་གཉིས་ཟ་འདོད་རྒྱུན་མ་ཆད་པའོ། །སྦྱོར་བ་ཟ་བར་རྩོམ་པ། མཐར་ཐུག་མགུལ་དུ་མིད་པའོ། །བསླབ་བྱ་ལ་དགོས་མེད་དུ་ཁྲོ་བ། ལོ་ཏོག་སོགས་ཀྱིས་ཟན་གཅོད་པ། ཁྱིམ་སོགས་སུ་མགྲོན་དུ་བོས་ཚེ་སྔ་ཚོམས་སུ་ཕྱིན་པ། འཁོར་དང་བཅས་ཚེ་འཁོར་འདུ་བ་སོགས་མ་བརྟགས་པ། གློ་བུར་དུ་འོང་བ་ལ་གནས་བརྟན་གྱིས་མ་བརྟགས་པ་རྣམས་ཉེས་བྱས་སོ། །

གཉིས་པ་ཉེ་མིན་ཁྱིམ་པ་མ་སྟེགས་པ་འདུག་པའི་སར་ཞག་གཅིག་ལས་ལྷག་པར་བསྡད་དེ་ཉིན་གཉིས་པའི་ཟན་ཟ་བའི་ལྟུང་བ་ལ་གླེང་གཞི་དང་། ལྟུང་བའོ། །དང་པོ་ནི། རི་བྲག་ཞིག་གི་ཁྱིམ་དུ་མུ་སྟེགས་པའི་རབ་བྱུང་གནས་པ་ལ་དྲུག་སྡེ་དེར་སོང་ནས་ཐོག་མར་གཞན་གྱི་སྤྱོད་པ་ཚུལ་ཁྲིམས་ཀྱི་བསླབ་པ་ལ་གུས་པའི་སྤྱོད་པས་ཁྱིམ་པ་རྣམས་དད་པར་བྱས། ཕྱིས་སུ་རང་རང་གི་སྤྱོད་པས་མ་དད་པར་བྱས་པ་དང་། གཅེར་བུ་པ་དྲུག་ཅུ་དགུ་པའི་རིགས་པས་ཕམ་པར་བྱས་ཏེ་གཞན་དག་འཕྲོ་བ་ལས་བཅས་སོ། །གཉིས་པ་ལ་ཡན་ལག་བཞི་ལས། དང་པོ་ལ་ལྔ་ལས། སྦྱིན་བདག་ནི༑ མུ་སྟེགས་ཅན་མཚན་ཉིད་དང་ལྡན་པའི་སྦྱིན་བདག་ཡིན་པ། ཁྱིམ་པ་ཡིན་པ། ཐ་སྙད་ལྡ་དང་ལྡན་པ། ལུས་ཐ་མལ་དུ་གནས་པ། རང་དང་མུ་སྟེགས་ཅན་གང་དང་ནོར་མི་གཅིག་པ། ཉེ་དུ་མིན་པ། ཆོས་འདི་བའི་སྦྱིན་བདག་མ་ཡིན་པ་དང་། ཅི་བདེར་སྟོབས་པ་མ་ཡིན་པ་དང་བརྒྱད་དོ། །གནས་ནི་མུ་སྟེགས་ཅན་ཤ་སྟག་གི་འདུག་གནས་ཡིན་པ། སྤྱོད་ལམ་བཞི་ཤོང་བ། གནས་ཀྱི་མཚན་ཉིད་དུ་གྲུབ་པ་དང་གསུམ་མོ། །དེ་ན་གནས་པའི་མུ་སྟེགས་ཅན་ནི། ལུས་ཐ་མལ་དུ་གནས་པ། ཐ་སྙད་ལྡ་དང་ལྡན་པ། མུ་སྟེགས་ཅན་མཚན་ཉིད་པ་དང་གསུམ་མོ། །གང་ཟ་བའི་དངོས་པོ་ནི། དུས་སུ་རུང་བ་ཡིན་པ། ངོ་བོ་དང་ཚ་གའི་སྒོ་ནས་རུང་བ། ཟས་གཅིག་གི་ཚད་དུ་ལོངས་པ། སྦྱིན་བདག་དེ་ཉིད་ཀྱི་ཡིན་པ། ཉི་མ་གཉིས་པའི་ཟས་ཡིན་པ་དང་ལྔའོ། །རྟེན་ནི་ངེས་ཕན་པའི་ནད་ཅན་མིན་པ།

ནམ་མཁའ་ལ་འདུག་པ་མ་ཡིན་པ། འདུག་གནས་དེར་ཞག་གཅིག་ལོན་པའོ། །བསམ་པ་ལ་འདུ་ཤེས་མ་འཁྲུལ་བ། ཀུན་སློང་རང་དགར་འདུག་གནས་སུ་ཞག་ལོན་པའི་ཟས་ཟ་འདོན་རྒྱུན་མ་ཆད་པ༑ ༑སྦྱོར་བ་བཟའ་བར་རྩོམ་པ། མཐར་ཐུག་མགུལ་དུ་མིད་པའོ། །འདུག་གནས་སུ་ཟས་མ་ཟོས་པར་ཉི་མ་གཉིས་ཕན་ཆད་བསྟད་པ་དེའི་ཟས་གཉིས་པ་དེ་གཞན་དུ་ཁྱེར་ནས་ཟོས་པ། འདུག་གནས་ཀྱི་བདག་པོ་ཕྱི་ནང་གི་རབ་བྱུང་གིས་བྱས་པ་ལ་ཞག་ལོན་པའི་ཟས་གཉིས་པ་ཟོས་པ་རྣམས་ལ་ཉེས་བྱས་སོ། །དེར་ཞག་ཏུ་མི་གནས་པར་ཟས་གཉིས་པ་ཟོས་པ་ལ་ཡང་ཉེས་བྱས་སོ། །གསུམ་པ་ལྟུང་བཟེད་དྲུ་གསུམ་ཙམ་ལས་ལྷག་པར་ལེན་པའི་ལྟུང་བ་ལ་གླེང་གཞི་དང་། ལྟུང་བའོ། །དང་པོ་ནི༑ ཐུབ་སྟེངས་མཉན་ཡོད་དུ་ཁྱིམ་བདག་དད་པ་ཅན་གྱི་བུ་མོ་བག་ལ་རྫོང་རྒྱུའི་ཁུར་བའི་ཚོགས་ནན་གྱིས་བསླངས་ཏེ་ལོངས་སྤྱད་པས་བག་མར་འགྲོ་བའི་ཐབས་བཅག་པས་གཞན་གྱིས་འཕྱ་ཞིང་མ་དད་པ་ལས་བཅས་སོ། །

གཉིས་པ་ལ་ཡན་ལག་བཞི་ལས། དང་པོ་ལ་གསུམ་ལས། གང་ལས་བསླང་བའི་ཡུལ། ཁྱིམ་པ་ཆོས་ལྡ་ལྡན་གྱི་སྟེང་དུ། རང་ལ་ཟས་སྟོབས་པ་ཡིན་པ། ཅི་བདེར་སྟོབས་པ་པོ་མ་ཡིན་པ། འདི་ཙམ་ཁྱེར་ཞེས་ཚད་ཡོངས་སུ་མ་སྨྲགས་པ་དང་བརྒྱད་དོ། །གང་བསླངས་པའི་དངོས་པོ་ནི། དུས་རུང་ཡིན་པ། རུང་བ། བྲེ་ཕྱེད་དང་ལྔ་ལས། བྲེ་ཕྱེད་ཡན་ཆད་ཀྱིས་ལྷག་པ་ཡིན་པ། སྦྱིན་བདག་དེ་ཉིད་ཀྱི་ཡིན་པ། ལྷམ་ལྷུམ་སོགས་ཤིན་ཏུ་མོད་པ་མ་ཡིན་པ་དང་བཞིའོ། །གང་དུ་ཟོས་པའི་གནས་ནི༑ བསླང་བའི་གནས་དེ་ཉིད་ལས་གཞན་ཡིན་པའོ། །བསམ་པ་ལ་འདུ་ཤེས་མ་འཁྲུལ་བ། ཀུན་སློང་རང་དགར་རྒྱ་མཚན་ཉིད་ལྔ་ལྡན་གྱིས་བསླངས་ཏེ་གནས་གཞན་དུ་ཟ་འདོད་རྒྱུན་མ་ཆད་པའོ། །སྦྱོར་བ་དེ་ལྟར་རྩོམ་པ། མཐར་ཐུག་མགུལ་དུ་མིད་པའོ། །གཞན་ལ་ལྷག་པ་ལེན་དུ་བཅུག་སྟེ་ཟོས་པ་དང་། དུས་རུང་ལས་གཞན་པའི་སྨན་གསུམ་ལྷག་པར་བསླངས་ཏེ་ཟོས་པ་ལ་ཉེས་བྱས་སོ༑ ༑རང་གིས་བྱས་པ་ཡན་ལག་ཏུ་དགོས་པ་ལས། ལུས་ངག་གཉིས་ཀའི་བྱེད་པ་ཡན་ལག་ཏུ་དགོས་པའི་ལྟུང་བ་ལ། ལྟུང་བཟེད་དོ་གསུམ་ལས་ལྷག་བསོད་པ་སློང་། །གཉིས་པོ་ལས་གཞན་སོར་བཞགས་གསུམ་རྣམས་ཏེ། །དེ་ལྟར་གྲངས་ནི་རྣམ་པ་ལྔ་དག་གོ། །བསླང་བ་ངག་དང་བཟའ

བ་ལུས་ཀྱི་རིག་བྱེད་ཡིན་པའི་ཕྱིར་རོ། །ཟས་ཀྱིས་བསྐྱེད་པའི་ལྟུང་བ་ནི། གསོག་འཇོག་སྤྱངས་བ་སྤྱིར་དུ་བཅུག་པ་དང་། །ཡང་ཡང་ལ་སོགས་བཅུ་དང་ཟན་གཅོད་དང་། །གཅེར་བུ་ལ་སྦྱིན་མགྲོན་གཉེར་རིང་འདུག་དང་། །མྱོས་འགྱུར་འཐུང་དང་སྤྱོ་དྲོ་གྲོང་རྒྱུ་དང་། སོར་བཤགས་བཞི་དང་ཉི་ཤུ་རྩ་གཅིག་གོ། །བཞི་པ་དུས་རུང་གི་བཟའ་བཅའ་ཟོས་རྗེས་སྤྱངས་པ་ན་ལྷག་པོར་མ་བྱས་པར་བཟའ་བཅའ་ཟ་བའི་ལྟུང་བ་ལ་གླེང་གཞི་དང་། ལྟུང་བའོ། །དང་པོ་ནི། བཅོམ་ལྡན་འདས་ཀྱིས་ཟས་སྤྱངས་པ་ཟ་བར་མི་བྱའོ་གསུངས་ཀྱང་། དྲུག་སྡེས་དེ་དང་འགལ་བར་བྱེད་པ་ན་གཞན་དག་འཕྱ་བ་ལས་བཅས་སོ། །གཉིས་པ་ལ་ཡན་ལག་བཞི་ལས། དང་པོ་ལ་གསུམ་ལས། གང་ཟོས་པའི་དངོས་པོ་ནི། དུས་རུང་གི་བཟའ་བཅའ་གང་རུང་ཡིན་པ། རུང་བ་ཚད་དང་ལྡན་པ། པདྨ་སོགས་དཀོན་པའི་ཟས་མིན་པ། མིད་པ་གཉིས་པའི་སྒྲིགས་པ་དང་འབྲེལ་བའི་ཟས་མིན་པ། སྤྱངས་བ་རྫོགས་པ་ཡིན་པ། རང་ངམ་རང་དང་འདྲ་བས་ལྷག་པོར་མ་བྱས་པ་དང་བདུན་ནོ། །དུས་ན་སྤྱང་བའི་ཉིན་མཚན་གྱི་དུས་ཡིན་པ། སྔ་གའི་དུས་མིན་པ་དང་གཉིས་སོ། །རྟེན་ནི་རིས་ཕན་པའི་ནད་ཅན་མིན་པ། བསམ་པ་ལ་འདུ་ཤེས་མ་འཁྲུལ་བ། ཀུན་སློང་རང་དགར་སྤྱངས་བ་རྫོགས་ཤིང་ལྷག་པོར་མ་བྱས་པ་ཟ་འདོད་རྒྱུན་མ་ཆད་པ། སྦྱོར་བ་ཟ་བར་རྩོམ་པ། མཐར་ཐུག་མགུལ་དུ་མིད་པའོ། །དུས་རུང་ལས་གཞན་པའི་སྨན་གསུམ་དང་། དུས་རུང་ཡིན་ཡང་།སོར་མོ་ལྔ་མི་མངོན་པའི་སྐྱོ་མའི་ཐུག་པ་སོགས། དུས་རུང་གི་བཏུང་བ་ཐམས་ཅད་ལ་སྤྱངས་ཟའི་ཉེས་པ་ཅི་ཡང་མེད་དོ། །བཟའ་བ་ལྔ་པོ་གང་རུང་སྤྱང་ན་བཅའ་བ་ཐམས་ཅད་སྤྱངས་པ་ཡིན་པས། དེ་ཟ་བ་ན་ལྟུང་བ་བསྐྱེད་པས་ལྷག་པོར་བྱེད་དགོས་སོ། །

བཟའ་བ་ལྔ་ནི། ལྡེ་གུ། ཤ། འབྲས་ཆན། ཟན་དྲོན། སྣུམ་ཁུར་དང་ལྔའོ། །ཟས་སྤྱངས་པ་རྫོགས་པའི་མཚན་ཉིད་ལ་སྤྱངས་པའི་ཡན་ལག་བཞི་ལས། དང་པོ་གཞི་ལ་ལྔ་ལས། ཡུལ་ནི། བསླབ་པ་དང་། ལྟ་བ་དང་། མཚན་གྱི་ཆ་ནས་བྱིན་ལེན་སྐོབས་པར་འོས་པ། བསམ་པ་ཐག་པ་ནས་འདྲེན་པར་འདོད་པ། ཟས་གྱེན་དུ་འདེགས་ནུས་པ། ལུས་ཐ་མར་དུ་གནས་པ་། ཟས་དང་བཅས་པ་དང་ལྔའོ། །གང་སྤྱངས་པའི་དངོས་པོ་ནི། དུས་རུང་གི་བཟའ་བཅའ་གང་རུང་ཡིན་པ།

རུང་བ། ཚད་དང་ལྡན་པ། དགོན་ཟས་མ་ཡིན་པ་དང་བཞིའོ། །གང་དུ་སྤྱངས་པའི་གནས་ནི་མཚམས་ཀྱི་ནང་ཡིན་པ། ཐོབ་པའི་ཕྱོགས་ཡིན་པ། མངོན་སུམ་ཡིན་པ་དང་གསུམ་མོ། །དུས་ནི། སྔ་གའི་དུས་མིན་པ། རྟེན་ནི། རིགས་ཕན་པའི་ནད་ཅན་མ་ཡིན་པ། བསམ་པ་ལ་འདུ་ཤེས་མ་འཁྲུལ་བ། ཀུན་སློང་ཉིན་མཚན་དེ་ལ་ཟས་དེ། དེ་ལས་མི་ཟ་བའི་སེམས་ཀྱིས་སྤང་འདོད་རྒྱུན་མ་ཆད་པ། སྦྱོར་བ་རེ་ཞིག་ཅེས་མ་སྨྲར་བར་ཆོག་གོ་ཞེས་ལྷག་ཆོག་མེད་པར་ངག་གིས་སྤོང་བར་རྩོམ་པ། མཐར་ཐུག་ཡུལ་གྱིས་དོན་གོ་ཞིང་རང་གིས་ཟས་ཀྱི་གནས་བཏང་བའོ། །ལྷག་པོར་བྱ་ཚུལ་གྱི་ཡན་ལག་ལ་བཞི་ལས། གཞི་ལ་བདུན་ཏེ། དང་པོ་གང་ལ་ལྷག་པོར་ཆགས་པའི་ཡུལ་ནི། དགེ་སློང་ཆོས་བརྒྱད་ལྡན་གྱི་སྟེང་དུ་རང་བཞིན་དུ་གནས་པ། མཚམས་ཀྱི་ནང་ན་གནས་པ། ཟས་ཀྱི་གནས་མ་བཏང་བ་དང་བཅུ་གཅིག་གོ། །གང་ལ་བྱ་བའི་ཟས་ནི། དུས་རུང་གི་བཟའ་བཅའ་གང་རུང་ཡིན་པ། རུང་བ། ཚད་དང་ལྡན་པ། དགོན་ཟས་མིན་པ། བྱིན་ལེན་བྱས་པ་དང་འབྲེལ་བ། ལྷག་པོ་བྱས་པ་དང་མ་འབྲེལ་བ་དང་དྲུག་གོ། །རྟེན་ནི། དགེ་སློང་གི་སྡོམ་པ་གསོ་རུང་ཡན་ཆད་དང་ལྡན་པ། ལུས་ཐ་མལ་དུ་གནས་པ། གནས་ནས་མ་ལྷུང་བ། ཟས་སྤྱངས་པ་ཡིན་པ། རིགས་ཕན་པའི་ནད་ཅན་མ་ཡིན་པ་དང་ལྔའོ། །གནས་ནི། འཐོབ་པའི་ཕྱོགས་དང་། མངོན་སུམ་དང་། མཚམས་ཀྱི་ནང་ཡིན་པ་དང་གསུམ་མོ། །དུས་ནི། སྔ་གའི་དུས་མིན་པ། སྤྱངས་པའི་ཉིན་མཚན་གྱི་དུས་ཡིན་པའོ། །ཚོ་ག་ནི། རང་གི་ལག་པ་བཀྲུས་བྱིན་ལེན་བྱས་ཏེ་ཡུལ་གྱི་མདུན་དུ་ཙོག་པུར་འདུག་སྟེ། ཚེ་དང་ལྡན་པ་དགོངས་སུ་གསོལ། བདག་མིང་འདི་ཞེས་བགྱི་བས་འཚལ་མ་འཚལ་ལགས་ཏེ། སྤྱངས་ཤིང་འཚལ་བར་བགྱི་བ་ལས་བཟའ་བ་དང་བཅའ་བ་རྙེད་ནས་འཚལ་བར་འཚལ་ན། བཙུན་པས་ལྷག་པོར་བགྱི་བ་བདག་ལ་སྐྱལ་དུ་གསོལ། ཞེས་ལན་གཅིག་གིས་གསོལ་བ་གདབ་པའི་རྗེས་སུ། ཡུལ་གྱིས་ལྷག་པོར་བྱ་བའི་དངོས་པོ་ལག་ཏུ་བླངས་ཏེ། ཟས་སྤྱངས་པ་ཡིན་ན་ཟ་མི་དགོས། མིན་ན་ཁམ་གཉིས་གསུམ་ཙམ་ཟོས་པའི་འོག་ཏུ། ཁྱོད་ཀྱིར་གྱུར་གྱིས་བཞུད་ཅིག་ཅེས་པའམ། ཅི་བདེར་གསོལ་ཅིག་གང་རུང་སྨྲས་ཏེ་རྟེན་ལ་ཕྱིར་གཏད་དོ། །བསམ་པ་ལ་འདུ་ཤེས་མ་འཁྲུལ་བ། ཀུན་སློང་བསམ་པ་ཐག་པ་ནས་ལྷག་པོར་བྱེད་འདོད་རྒྱུན་མ་ཆད་པ། སྦྱོར་བ་ལག་ཏུ་བླངས་ཏེ་བྱེད་པར་

རྫོམ་པ། མཐར་ཐུག་ཡུལ་གྱིས་རྟེན་ལ་བྱིན་པའོ། །བསླབ་བྱ་ཟས་ཟ་བར་བརྩམ་ནས་ལྟུང་བ་ལ་ཉེས་བྱས་སོ། །དེ་ལ་ཡན་ལག་བཞི་ལས། དང་པོ་གཞི་ལ་གསུམ་ལས། གང་བཟའ་བར་བརྩམ་པའི་དངོས་པོ་ནི་སྨན་བཞི་པོ་གང་རུང་ཡིན་པ། རུང་བ། ཚད་དང་ལྡན་པ། གནས་དེར་དུས་དེ་ཉིད་ཀྱི་ཚེ་ཟ་བའི་ཕྱིར་དུ་ཕྱིན་ལེན་བྱས་པ། འཕྲོ་དང་བཅས་པ་དང་ལྔའོ། །རྟེན་ནི་དེས་ཕན་པའི་ནད་ཅན་མ་ཡིན་པ་དང་། ཚོག་པར་མ་ཟོས་པ་གཉིས་སོ། །དུས་སྨུ་གེའི་དུས་མིན་པའོ། །བསམ་པ་ལ་འདུ་ཤེས་མ་འཁྲུལ་བ། ཀུན་སློང་རང་དགར་ལྟུང་བར་འདོད་པ་རྒྱུན་མ་ཆད་པ། སྦྱོར་བ་བརྩམ་པའི་དོན་ལས་ལྟུང་བར་རྫོམ་པ། མཐར་ཐུག་ལྟངས་པ་རྫོགས་པའོ། །དེས་ན་ཟས་འདི་ལ་མི་ཟའོ་སྙམ་པའི་སྦྱོང་འདོད་མེད་པར་ཟ་བར་བརྩམ་པ་ལས་བྱ་བ་མ་རྫོགས་པར་ལྟུང་བའང་བརྩམ་ལྟུང་གི་ཉེས་བྱས་འདིར་གཏོགས་པའོ། །ལྔ་པ་དགེ་སློང་གཞན་གྱིས་སྤྱངས་པའི་ཟ༷ས་ལྷག་པོ་མ་བྱས་བཞིན་དུ་ལྟུང༷་བ་འབྱུང༷་ཆེ༷ད་དུ་ལྷག་པོ་བྱས་སོ་ཞེས་རྫུ༷ན་གྱིས༷་སྐོ༷བས་པའི་ལྟུང་བ་ལ་གླེང་གཞི་དང་། ལྟུང་བའོ། །དང་པོ་ནི། དགེ་སློང་རྒན་ཞུགས་ཤིག་ལ་ལྟུང་བ་ཡང་ཡང་བྱུང་བ་སློབ་དཔོན་གྱིས་ཕྱིར་འཆོས་སུ་བཅུག་པ་ན་རྒན་ཞུགས་དེའི་རྟོག་པ་ལ་སློབ་དཔོན་འདི་ཡང་བདག་གི་དྲུང་དུ་ལྟུང་བ་བཤགས་པའི་ཐབས་ཤིག་བྱའོ་སྙམ་ནས་སློབ་དཔོན་གྱིས་ཟས་སྤྱངས་པའི་ཟས་ལྷག་པོ་མ་བྱས་བཞིན་དུ་ཁོ་བོས་ལྷག་པོ་བྱས་སོ་ཞེས་ཟེར་ནས་སློབ་དཔོན་ལ་བྱིན་ནས་དེར་ལོངས་སྤྱོད་པ་ན་རྒན་ཞུགས་ན་རེ། ཁྱོད་ཀྱིས་སྤྱངས་པ་ཟོས་པའི་ལྟུང་བྱེད་ཕྱིར་འཆོས་ཤིག་ཟེར་བ་ན། སློབ་དཔོན་གྱིས་འདི་ནི་ཁོ་བོ་ལ་ལྟུང་བར་མི་འགྱུར་གྱི་ཁྱོད་ཉིད་ལ་ལྟུང་བར་འགྱུར་རོ་ཟེར་བ་ལ་གཞན་གྱིས་མ་དང་པས་སྤྱངས་པ་སྐོབས་པའི་ལྟུང་བར་བཅས་སོ། །

གཉིས་པ་ལ་ཡན་ལག་བཞི་ལས། དང་པོ་ལ་གསུམ་ལས། གང་ལ་སྐོབས་པའི་ཡུལ་ནི། དགེ་སློང་ཆོས་བརྒྱད་ལྡན་གྱི་སྟེང་དུ་ཟས་སྤྱངས་པ་རྫོགས་པ་ཡིན་པ་དང་དགུའོ། །གང་སྐོབས་པའི་དངོས་པོ་ནི། དུས་རུང་གི་བཟའ་བཅའ་གང་རུང་ཡིན་པ། རུང་བ། ཚད་དང་ལྡན་པ། རང་དམ་རང་དང་འདྲ་བས་ལྷག་པོར་བྱས་པ་དང་མ་འབྲེལ་བ། དཀོན་ཟས་མ་ཡིན་པ་དང་ལྔའོ། དུས་ནི། སྤྱངས་པའི་ཉིན་མཚན་གྱི་དུས་ཡིན་པ། སྨུ་གེའི་དུས་མིན་པའོ། །བསམ་པ་ལ་འདུ་ཤེས་མ་འཁྲུལ་བ།

ཀུན་སློང་རང་དགར་ཟས་སྤྱངས་པ་སྤོབས་པར་འདོད་པ་རྒྱུན་མ་ཆད་པའོ། །སྦྱོར་བ་ངག་མཚན་ཉིད་ལྔ་ལྡན་གྱིས་སྤོབས་པར་རྩོམ་པ། མཐར་ཐུག་ནི་དོན་གོ་བའོ། །དེ་ལས་གཞན་པའི་དགེ་སློང་ལ་ཆང་དང་ཕྱི་དྲོའི་ཟས་དང་། རྫུན་སྨྲ་བཅུག་པ་སོགས་བཅས་རང་གི་ལྟུང་བ་ལ་ཞུགས་སུ་བཅུག་པ་རྣམས་ཉེས་བྱས་དང་ཉེས་བྱས་ཕྲ་མོ་རུ་འགྱུར་རོ། །དྲུག་པ་ནད་སོགས་ཀྱིས་གནང་བ་མིན་པར་མཚམས་ནང་དུ་སེམས་མི་མཐུན་པར་དགེ་འདུན་ལས་ལོགས་སུ་འདུས་ནས་ཟ་བའི་ལྟུང་བ་ལ་གླེང་གཞི་དང་། ལྟུང་བའོ། དང་པོ་ནི། སྟོན་པ་རྒྱལ་པོའི་ཁབ་ན་བཞུགས་པའི་ཚེ། ལྷས་བྱིན་འཁོར་བཅས་ཀྱིས་དགེ་འདུན་མཐུན་པ་དབྱེ་བའི་ཕྱིར་ལྷན་ཅིག་ཏུ་འདུས་ནས་ཟས་ལ་ལོངས་སྤྱོད་པ་ན་གཞན་མ་དད་པས་བཅས་སོ། །གཉིས་པ་ལ་ཡན་ལག་བཞི་ལས། དང་པོ་ལ་བཞི་ལས། གང་དུ་ཟ་བའི་གནས་ནི། དགེ་སློང་ཆོས་བརྒྱད་ལྡན་བཞི་ཡན་ཆད་གནས་པ་ཡིན་པ། རང་བཞིན་གྱི་མཚམས་ཀྱི་ནང་ཡིན་པ། དགེ་འདུན་གྱི་གནས་དང་གཅིག་མིན་པའོ། །གང་ཟ་བའི་དངོས་པོ་ནི། དུས་རུང་ཡིན་པ། རུང་བ། ཚད་དང་ལྡན་པ། འདུས་པ་ཆེན་པོའི་ཟས་མ་ཡིན་པ། ཕྱི་རོལ་བའི་དགེ་སྦྱོང་གི་ཟས་མ་ཡིན་པ། ཕན་ཚུན་གང་ཡང་རུང་བས་ལན་ལྔ་ཡན་ཆུང་ཟད་ཅིག་བྲིམ་པའི་ཟས་གཅིག་མ་ཡིན་པ། ལྷམ་ལྷུམ་སོགས་མོད་པའི་ཟས་མ་ཡིན་པ་དང་བདུན་ནོ། །གང་དག་དང་ཟ་བའི་གྲོགས་ནི༑ དགེ་སློང་ཆོས་བརྒྱད་ལྡན་ཡིན་པ། གསུམ་ཡན་ཆད་དུ་ལོངས་པ། ལྷན་ཅིག་ཟ་བ་ཡིན་པ། ཅིག་ཆར་ཟ་བ་ཡིན་པ་དང་བཅུ་གཅིག་གོ། །རྐྱེན་ནི། སྲ་བརྐྱང་མ་བཏིང་བ། དེས་ཕན་པའི་ནད་པ་མ་ཡིན་པ། དཀོན་མཆོག་གི་ཕྱིར་དུ་ཕྱུག་དར་རེ་ལྟེ་ཙམ་གྱི་ལས་བྱས་པ་མ་ཡིན་པ། ཉིན་མཚན་དེར་ལམ་དཔག་ཚད་ཕྱེད་དུ་སོང་བ་མ་ཡིན་པ་དང་བཞིའོ། །བསམ་པ་ལ། འདུ་ཤེས་མ་འཁྲུལ་བ། ཀུན་སློང་རང་དགར་འདུས་ཤིང་ཟ་འདོད་རྒྱུན་མ་ཆད་པ། སྦྱོར་བ་དེ་ལྟར་ཟ་བར་རྩོམ་པ། མཐར་ཐུག་མགུལ་དུ་མིད་པའོ། །གནས་དེར་གང་ཡང་རུང་བ་དགེ་འདུན་དུ་མ་ལོངས་པ་དང་དུས་རུང་ལས་གཞན་པའི་སྨན་འདུས་ཤིང་ཟ་བ་ལ་ཉེས་བྱས་སོ། །བདུན་པ་དུས་མིན་ཕྱེད་ཡོལ་བར་ཟ་བ་ལ་གླེང་གཞི་དང་། ལྟུང་བའོ། །དང་པོ་ནི། གཞོན་ནུ་བཅུ་བདུན་སྡེས་སྔ་དྲོའི་དུས་སུ་བསོད་སྙོམས་མ་རྙེད་པར་ཕྱི་དྲོ་ཙང་ཟད་རྙེད་པ་ལོངས་སྤྱོད་པ་གཞན་དག་འཕྱ་བས་བཅས་སོ། །གཉིས་པ་ལ་ཡན་ལག

བཞི་ལས། དང་པོ་ལ་གསུམ་ལས། གང་ཟ་བའི་དངོས་པོ་ནི། ཕྱེ་ཤ་ཐུད་ལ་སོགས་པ་དུས་རུང་གི་བཟའ་བ་དང་། ཀྲུན་འབྲུམ་དང་ཁམ་བུ་སྟར་ཁ་གྲོ་མ་བུ་རམ་ཤིང་དང་སེ་འབྲུ་ལ་སོགས་དུས་རུང་གི་བཅའ་བ་དང་། ཉོ་འོ་མ་སྐྱོ་མའི་ཐུག་པ་ལ་སོགས་དུས་རུང་གི་ལྡེ་གུ་དང་བཏུང་བ་གང་རུང་ཡིན་པ༏ རུང་བ། ཚད་དང་ལྡན་པ། མིད་པ་གཉིས་པས་རང་གི་སྐྲིགས་པའི་ཟས་མ་ཡིན་པ་དང་བཞིའོ། །དུས་ནི། རང་གནས་པའི་གླིང་གི་ཉི་མ་ཕྱེད་ཡོལ་བ་ནས་སྐྱ་རེངས་དང་པོའི་སྐད་ཅིག་དང་པོ་མ་ཤར་བའི་དུས་ཡིན་པ། རྐྱེན་ནི། ངེས་ཕན་པའི་ནད་ཅན་མ་ཡིན་པ། བསམ་པ་ལ་འདུ་ཤེས་མ་འཁྲུལ་བ༏ ཀུན་སློང་རང་དགར་དུས་མ་ཡིན་པར་དུས་རུང་གི་ཟས་ཟ་འདོད་རྒྱུན་མ་ཆད་པའོ། །སྦྱོར་བ་ཟ་བར་རྩོམ་པ། མཐར་ཐུག་མགུལ་དུ་མིད་པའོ། །དེའང་ཁམ་རེ་རེ་བཞིན་དུ་ལྟུང་བ་རེ་རེ་འབྱུང་ངོ༏ ༏ཟོས་པ་ཡན་ལག་ཏུ་དགོས་པའི་ལྟུང་བ་བསྐྱེད་པ་རྣམས་ལ་ལྟུང་བ་བསྐྱེད་པའི་གྲངས་འདི་བཞིན་སྦྱར་བར་བྱའོ། །ཉི་མ་ཕྱེད་ཡོལ་ནས་སྐྱ་རེངས་དང་པོ་མ་ཤར་བའི་དུས་ཡིན་པ་ལ་དེར་ཤེས་བཞིན་དུ་ཟས་ལ་སྤྱད་པ་དང་། ཉི་མ་ཕྱེད་ཡོལ་ལམ་མ་ཡོལ་སྐྱ་རེངས་ཤར་རམ་མ་ཤར་སྙམ་དུ་དུས་རུང་ཟས་ཟོས་པ་གཉིས་ལ་ལྟུང་བ་སྐྱེད་པས་དངོས་གཞིའི་མུ་གཉིས་དང་། སྐྱ་རེངས་ཤར་ནས་ཉི་མ་ཕྱེད་མ་ཡོལ་བའི་དུས་ཡིན་པ་ལ་སྐྱ་རེངས་མ་ཤར་ཕྱེད་ཡོལ་བར་འདུ་ཤེས་པ་དང་། སྐྱ་རེངས་ཤར་རམ་མ་ཤར། ཕྱེད་ཡོལ་ལམ་མ་ཡོལ་སྙམ་པའི་ཐེ་ཚོམ་ཟ་བཞིན་དུ་དུས་རུང་ལ་ལོངས་སྤྱོད་ན་ཉེས་བྱས་སྐྱེད་པས་ན་སྔད་ཀྱི་མུ་གཉིས་དང་། དུས་ལ་དུས་སུ་འདུ་ཤེས་པ་དང་། དུས་མིན་པ་ལ་དུས་སུ་འདུ་ཤེས་ནས་དུས་རུང་གི་ཟས་ལ་སྤྱོད་ན་ལྟུང་བ་མི་སྐྱེད་པས་ལྟུང་མེད་ཀྱི་མུ་གཉིས་དང་དྲུག་གོ། །དེ་ལྟར་ཕམ་ལྷག་དང་པོ་གཉིས་མ་གཏོགས་པའི་འདུ་ཤེས་གཙོ་ཆེ་བའི་ལྟུང་བ་རྣམས་ལ་འདུ་ཤེས་ལ་བརྟེན་པའི་མུ་དྲུག་ཅི་རིགས་པར་སྦྱར་བར་བྱའོ། །བརྒྱད་པ་གསོ༷ག་འཇོ༷ག་ཟ༷་བའི་ལྟུང་བ་ལ་གླེང་གཞི་དང་། ལྟུང་བའོ། །དང་པོ་ནི། དགེ་སློང་ནག་པོས་འབྲས་ཆན་མང་དུ་བསླངས་ཏེ་གསོག་འཇོག་བྱས་པ་ལས་བཅས་སོ། །

གཉིས་པ་ལ་ཡན་ལག་བཞི་ལས། དང་པོ་ལ་གསུམ་ལས། དངོས་པོ་ནི། སྨན་བཞི་པོ་ལས་གང་རུང་ཡིན་པ་རུང་བ་ཚད་དང་ལྡན་པ་རང་ངམ་རང་དང་འདྲ་བས་གསོག་འཇོག་བྱས་པ་ཡིན་པ་

ངོ་བོ་རྫོགས་པ་དང་ལྡན་ནོ། །དུས་ནི་མུ་གེའི་དུས་མ་ཡིན་པ། རྟེན་ནི། དེས་ཕན་པའི་ནད་ཅན་མ་ཡིན་པའོ། །བསམ་པ་ལ་འདུ་ཤེས་མ་འཁྲུལ་བ། ཀུན་སློང་རང་དགར་རང་ངམ་རང་དང་འདྲ་བས་གསོག་འཇོག་ཏུ་སོང་ཞིང་མ་ཞིག་པ་ལོངས་སྤྱོད་འདོད་རྒྱུན་མ་ཆད་པ། སྦྱོར་བ་བསམ་པའི་དོན་ལ་ལོངས་སྤྱོད་པར་རྩོམ་པ། མཐར་ཐུག་མགུལ་དུ་མིད་པའོ། །གསོག་འཇོག་གི་ཆར་གཏོགས་ཀྱི་ཉེས་བྱས་ལ་བཞི་ལས་ལག་ཉ་བླངས་པའི་ལྟུང་བའི་ཡན་ལག་ལ་བཞི་ལས། དང་པོ་གཞི་ལ་གཉིས་ལས། གང་ལ་རེག་པའི་དངོས་པོ་ནི། ཟས་དངོས་སམ་འབྲུ་ལ་སོགས་པའི་ཉེ་བའི་སྒྲ་གོན་དུ་གནས་པ། རུང་བ། ཚད་དང་ལྡན་པ། རང་ངམ་རང་དང་འདྲ་བ་ཟས་ཀྱི་ཚོག་གཅིག་པ་དབང་བ། ཆུད་ཟ་བའི་རྐྱེན་མེད་པ། ངོ་བོ་རྫོགས་པ། བརྟན་པ་དང་མ་འབྲེལ་བ། བྱིན་ལེན་སྐྱོབས་པར་འོས་པའི་ལུས་དངོས་སམ། དེས་བཟུང་བའི་ཐག་པ་སོགས་དང་མ་འབྲེལ་བ། བྱིན་ལེན་བྱས་པ་དང་མི་ལྡན་པ། སྨན་རྣམ་པ་བཞི་ལས་གང་རུང་ཡིན་པ་དང་བཅུའོ། །རྟེན་ནི་དེས་ཕན་པའི་ནད་ཅན་མ་ཡིན་པ་ནོར་བ་དང་བརྗེད་པ་མ་ཡིན་པའོ། །བསམ་པ་ལ་འདུ་ཤེས་མ་འཁྲུལ་བ། ཀུན་སློང་བྱིན་ལེན་མ་བྱས་པར་ཟ་བའི་བསམ་པ་ལས་གཞན་པའི་རེག་འདོད་རྒྱུན་མ་ཆད་པ། སྦྱོར་བ་བསམ་པའི་དོན་ལ་རེག་པར་རྩོམ་པ། མཐར་ཐུག་ལུས་སམ་དེ་དང་འབྲེལ་བས་རེག་པའོ། །ལོངས་མི་སྤྱོད་པར་ངེས་པ་ལ་ལག་ཉར་མི་འགྱུར་ངོ་། །བྱིན་ལེན་མ་བྱས་པར་ཟ་བའི་བསམ་པས་རེག་པ་ཙམ་གྱིས་རེག་པའི་ལག་ཉ་མི་འགྱུར་ཏེ། གྱུར་ན་བྱིན་ལེན་མ་བྱས་པར་ཟ་བའི་ལྟུང་བ་མི་སྲིད་པར་ཐལ་ཏེ། དེ་ཟ་ན་མ་རེག་པར་ཟ་བ་མི་སྲིད་པའི་ཕྱིར་རོ། །བྱིན་ལེན་མ་བྱས་པར་ཟ་བའི་ལྟུང་བ་ལ་ལག་ཉར་སོང་བ་སོགས་ཀྱི་སྒོ་ནས་མི་རུང་བའི་ཟས་མིན་པར་རུང་བའི་ཟས་དགོས་པར་བཤད་པའི་ཕྱིར་རོ། །

གཉིས་པ་མཚམས་ནང་དུ་བཙོས་པ་ལ་ཡན་ལག་བཞི་ལས། དང་པོ་གཞི་ལ་གསུམ་ལས། གང་བཙོས་པའི་དངོས་པོ་ནི། བརྟན་པ་དང་མ་འབྲེལ་བ། བྱིན་ལེན་སྐྱོབས་པར་འོས་པ་དང་མ་འབྲེལ་བ། བྱིན་ལེན་བྱས་པ་དང་མི་ལྡན་པ་ཞེས་པ་གསུམ་མ་གཏོགས་སྔ་མ་བཞིན་ཡིན་ལ། འདིའི་བྱེ་བྲག་གི་ཁྱད་པར་ལ་རྟེན་པ་ཡིན་པའོ། །གནས་ནི། རང་ངམ་རང་དང་འདྲ་བ་འཇུག་ལྡོག་ལ་དབང་བའི་རང་བཞིན་གྱི་མཚམས་དངོས་སམ་དེའི་ཉེ་འཁོར་གང་རུང་ཡིན་པ། ཁྲིམ་པ་མཚན་ཉིད་

དང་ལྡན་པ་དངོས་སུ་མི་གནས་པ། རུང་ཁང་བྱས་པ་དང་མ་འབྲེལ་བའོ། །རྐྱེན་ནི། ཉེས་ཕན་པའི་ནད་ཅན་མ་ཡིན་པའོ། །བསམ་པ་ལ་འདུ་ཤེས་མ་འཁྲུལ་བ། ཀུན་སློང་རང་ངམ་རང་དང་འདྲ་བ་ལོངས་སྤྱོད་པའི་ཆེད་དུ་མེ་དང་འབྲེལ་བར་འཚེད་འདོད་རྒྱུན་མ་ཆད་པ། སྦྱོར་བ་དེ་ལྟར་འཚེད་པར་རྩོམ་པ། མཐར་ཐུག་མེ་ལ་སོགས་པས་རེག་པའོ། །མེ་ལྕེ་ཙམ་གྱིས་ཟས་ལ་རེག་པ་ནི་ནམ་མཁའ་དང་འདྲ་བས་མཚམས་བཅོས་སུ་མི་འགྱུར་རོ། །

གསུམ་པ་དགེ་སློང་གིས་བཙོས་པ་ལ་ཡན་ལག་བཞི་ལས། དང་པོ་གཞི་ལ་གསུམ་ལས། གང་བཙོས་པའི་དངོས་པོ་དང་། གང་གིས་འཚེད་པའི་རྟེན་ནི་མཚམས་བཙོས་བཞིན་ནོ། །གང་དུ་འཚེད་པའི་གནས་ནི། རང་དབང་དང་མི་དབང་བ་དང་། རུང་ཁང་བློ་མཐུན་བྱས་པ་དང་མ་བྱས་པའི་གནས་གང་ཡང་རུང་བའོ། །བསམ་པ་ལ་འདུ་ཤེས་མ་འཁྲུལ་བ། ཀུན་སློང་རང་དགར་རང་ངམ་རང་དང་ཟས་ཀྱི་ཚོག་འདྲ་བ་ལོངས་སྤྱོད་པའི་དོན་དུ་འཚེད་འདོད་རྒྱུན་མ་ཆད་པ། སྦྱོར་བ་རང་ངམ་བསྐོས་པ་མཚན་ཉིད་དང་ལྡན་པས་འཇིག་རྟེན་ན་གྲགས་པའི་མེ་དངོས་སམ། དེ་དང་འབྲེལ་བའི་རླངས་པས་འཚེད་པར་རྩོམ་པ། མཐར་ཐུག་དེའི་རྐྱེན་གྱིས་མེ་ལ་སོགས་པ་དེ་དག་གང་རུང་གིས་རེག་པའོ། །བཞི་པ་མཚམས་ནང་དུ་ཞག་ལོན་པ་ལ་ཡན་ལག་བཞི་ལས། དང་པོ་གཞི་ལ་གསུམ་ལས། གང་དུ་བཞག་པའི་གནས་དང་། གང་གིས་བཞག་པའི་རྟེན་ནི་མཚམས་བཙོས་བཞིན་ནོ། །གང་བཞག་པའི་དངོས་པོ་ནི། རྫེན་པ་ཡིན་པ་ཞེས་པ་མ་གཏོགས་མཚམས་བཙོས་བཞིན་ནོ། །ཞག་ལོན་ལ་རྫེན་པ་དང་བྲལ་བ་དང་མ་བྲལ་བ་གང་རུང་ཞག་ལོན་དུ་འགྱུར་བ་ཡོད་པའོ། །བསམ་པ་ལ་འདུ་ཤེས་མ་འཁྲུལ་བ། ཀུན་སློང་རང་དགར་ཞག་ཏུ་འཛོག་འདོད་རྒྱུན་མ་ཆད་པ། སྦྱོར་བ་དེ་ལྟར་འཇོག་པར་རྩོམ་པ། མཐར་ཐུག་མཚན་མོའི་མཐའི་སྐད་ཅིག་མ་འདས་པའོ། །ཟས་བཞི་པོ་དེ་དག་ལོངས་སྤྱོད་པའི་ལྟུང་བ་ལ་ཡན་ལག་བཞི་ལས། དང་པོ་གཞི་ལ་གསུམ་ལས། དངོས་པོ་སྨན་བཞི་དངོས་སམ་དེའི་སྣ་གོན་དུ་གནས་པ་གང་རུང་ཡིན་པ། གཞི་གཞན་གྱི་སྒོ་ནས་རུང་བ། ཚད་དང་ལྡན་པ། ངོ་བོ་རྫོགས་པ། རང་ངམ་རང་དང་ཚོག་འདྲ་བས་ལག་ཏ་སོགས་བཞི་པོར་གྱུར་ཏེ་མ་ཞིག་པའོ། །དུས་ནི་མུ་གེའི་དུས་མིན་པ། རྐྱེན་ནི་ཉེས་ཕན་པའི་ནད་ཅན་མ་ཡིན་པ། བསམ་པ་

ལ་འདུ་ཤེས་མ་འཁྲུལ་བ། ཀུན་སློང་རང་དགར་ཟ་འདོད་རྒྱུན་མ་ཆད་པ། སྦྱོར་བ་ཟ་བར་རྩོམ་པ། མཐར་ཐུག་མགུལ་དུ་མིད་པ་ན་ཉེས་བྱས་རེ་རེའོ། །རྗེན་པ་ཡིན་མིན་གྱི་ཁྱད་པར་ནི། ཤ་སྐམ་དང་འབྲུ་སྐམ་སོགས་ཕྱོགས་ཀུན་ནས་བསྐོམས་པའི་སྲུམ་ཆ་འདས་པ་དང་། ལོ་མ་དང་ཤ་སྔོན་སོགས་སྐྱེ་བ་རྣམས་ཁ་དོག་འགྱུར་བ་དང་། འོ་མ་དང་ཁུ་བ་རྣམས་ལན་གཉིས་ཁོལ་བའི་ཚེ་རྗེན་པ་དང་བྲལ་བ་ཡིན། དེ་དག་གི་སྔ་རོལ་དུ་རྗེན་པའི་རང་བཞིན་དུ་གནས་པའོ། །རང་དང་ཟས་ཀྱི་ཚོ་ག་མི་གཅིག་པ་ཞེས་པ་ནི། དགེ་སློང་མ་དང་ཕ་ཡིན་ནའང་ལག་ཉ་མཚམས་བཅོས་སོགས་ལ་ཆེས་ཆེར་མི་སྒྲིམ་པར་རེས་སྲུང་རེས་མི་སྲུང་བའམ། གཏན་དུ་མི་བསྲུང་བའི་བསླབ་པ་གཡེལ་བ་རྣམས་དང་། བསླབ་སྦྱིན་དགེ་སློང་གིས་ལག་ཉ་སོགས་དང་གསོག་འཇོག་ཏུ་སོང་བ་རྣམས་ནི། ཕ་རྣམས་དག་དང་། བསླབ་པ་མི་གཡེལ་བའི་ལག་ཉ་སོགས་ཀྱི་གོ་མི་ཆོད། བྱིན་ལེན་ལ་ཡང་དེ་བཞིན་ནོ། །གསོག་འཇོག་དང་ལག་ཉ་སོགས་བཞི་པོར་གྱུར་པའི་དངོས་པོ་དེ། དགེ་ཚུལ་དང་མཚན་མི་མཐུན་པ་སོགས་ལ་བསམ་པ་ཐག་པས་བཏང་ན་ལག་ཉ་གསོག་འཇོག་སོགས་དང་བྲལ་བར་འགྱུར་རོ། །དེ་དག་གིས་མ་བླངས་པར་གཞན་གྱིས་བྱིན་ནས་སླར་ཐོབ་པོ་སྙམ་དུ་ཡིད་ཀྱིས་མ་བསམ་པའི་ཚེ་ལོངས་སྤྱོད་ཀྱང་ཉེས་པ་མེད། དགེ་སློང་རང་དང་རང་འདྲ་བ་ལ་མི་དབང་བའི་རྫས་དགེ་ཚུལ་དང་ཁྱིམ་པ་ལ་དབང་བའི་ཟས་ལ་དགེ་སློང་གིས་རེག་པ་སོགས་བྱས་ན་ལག་ཉ་སོགས་སུ་མི་འགྱུར་རོ། །ཁའི་ནང་མ་དག་པས་བཟའ་བ་དང་བཏུང་བ་ལ་སྤྱོད་ན་ཉེས་བྱས་སུ་འགྱུར་བས་ཁ་བཤལ་ཞིང་དོར་དགོས་པར་གསུངས་སོ། །དགྲ་བ་བྱིན༷་ལེ༷ན་མ༷་བྱུ༷ས་པའི་སྨན༷་བཞི༷་ཁ༷ར་མེ༷ད་པ༷་ལ་གླེང་གཞི་དང་། ལྟུང་བའོ། དང་པོ་ནི། དགེ་སློང་ནག་པོ་པས་དུར་ཁྲོད་ཀྱི་ཟས་གོས་རང་དགར་ལོངས་སྤྱད་པས་བཅས་སོ། །

གཉིས་པ་ལ་ཡན་ལག་བཞི་ལས། དང་པོ་ལ་གསུམ་ལས། གང་ཟ་བའི་དངོས་པོ་ནི། སྨན་རྣམ་པ་བཞི་ལས་གང་རུང་ཡིན་པ། རུང་བ། ཚད་དང་ལྡན་པ། ངོ་བོ་རྫོགས་པ། རང་ངམ་རང་དང་འདྲ་བས་བྱིན་ལེན་བྱས་པ་དང་མ་འབྲེལ་བ་དང་ལྡནོ། །གནས་ནི་བྱང་སྒྲ་མི་སྙན་མ་ཡིན་པའོ། །རྟེན་ནི་དེས་ཕན་པའི་ནང་ཙན་མ་ཡིན་པ། །བསམ་པ་ལ་འདུ་ཤེས་མ་འཁྲུལ་བ། །ཀུན་སློང་རང

དགར་བྱིན་ལེན་མ་བྱས་པ་ཟ་འདོད་རྒྱུན་མ་ཆད་པ། སྦྱོར་བ་དེ་ལྟར་ཟ་བར་རྩོམ་པ། མཐར་ཐུག་མགུལ་དུ་མིད་པའོ། །ཟས་ཀྱི་ངོ་བོ་དང་ཚོ་གའི་སྒོ་ནས་མི་རུང་བ་ལ་བྱིན་ལེན་མི་ཆགས་པ་མ་ཡིན་ཏེ༏ ཟས་གཅིག་ལ་སྤྱོད་ན་ལྟུང་བ་བཞིར་འགྱུར་བ་ཡོད་དེ། བྱིན་ལེན་མ་བྱས་པ། རུང་བ་མ་ཡིན་པ༏ གསོག་འཇོག་བྱས་པ། དུས་མིན་དུ་ཟ་ནའོ་གསུངས་པས། མི་རུང་བའི་ཟས་གསོག་འཇོག་ཏུ་འགྲོ་ན་བྱིན་ལེན་ཆགས་པར་བསྟན་གྱི། བྱིན་ལེན་མེད་ན་གསོག་འཇོག་མི་འབྱུང་བའི་ཕྱིར་རོ། །བྱིན་ལེན་བྱེད་ཚུལ་ལ་ཡན་ལག་བཞི་ལས། དང་པོ་གཞི་ལ་ལྔ་ལས། གང་ལས་བླང་བའི་ཡུལ་ནི། བསླབ་པ་དང་མཚན་གྱི་སྒོ་ནས་བྱིན་ལེན་སྟོབས་པར་འོས་པ། བསམ་པ་ཐག་པ་ནས་འབྱིན་པར་འདོད་པ། གྱེན་དུ་འདེགས་པར་ནུས་པ་དང་གསུམ་མོ། །དེ་ལས་བཟློག་པ་ལ་བྱིན་ལེན་མི་ཆགས་སོ༏ ༏གང་གིས་བླང་བའི་རྟེན་ནི། བསྙེན་རྫོགས་སམ་དགེ་སློང་མའི་སྡོམ་པ་གསོ་རུང་ཡན་ཆད་དང་ལྡན་པ། ལུས་ཐ་མལ་དུ་གནས་པ་གཉིས་སོ། །དངོས་པོ་ལ་སྨན་རྣམ་པ་བཞི་དངོས་སམ་ཉེ་བའི་སྣ་གོན་དུ་གནས་པ། རང་དང་རང་འདྲ་བས་བྱིན་ལེན་བྱས་པ་དང་མ་འབྲེལ་བ་དང་གཉིས་སོ། །གནས་ནི་མདུན་དྲང་ཐད་ཡིན་པ། རགས་པ་མཚམས་གཞན་སོགས་ཀྱིས་བར་མ་ཆོད་པ། མི་ཐོབ་པའི་ཕྱོགས་མིན་པ་དང་གསུམ་མོ། །བྱིན་ལེན་ཇི་ལྟར་བྱ་བའི་ཚུལ་ནི། ལག་པ་གཉིས་བཀན་ནས་ལེན་པའོ། །གཞན་གློ་གཡས་གཡོན་ནས་བླངས་པ་ལ་མི་ཆགས་སོ། །བསམ་པ་ལ་འདུ་ཤེས་མ་འཁྲུལ་བ། ཀུན་སློང་རང་ངམ་རང་དང་འདྲ་བའི་དོན་དུ་བསམ་པ་ཐག་པ་ནས་ལེན་འདོད་རྒྱུན་མ་ཆད་པའོ། །སྦྱོར་བ་ལག་པ་གཉིས་བཀན་ནས་ལུས་སམ་ལུས་དང་འབྲེལ་བར་ལེན་པར་རྩོམ་པ། མཐར་ཐུག་བྱིན་ལེན་སྟོབས་པ་དང་འབྲེལ་བ་བྲལ་བའོ། །

བྱིན་ལེན་ཉམས་པའི་རྒྱུ་ནི། འཕྲོག་དང་འདྲིལ་དང་རེག་པ་དང་། བསྔོས་དང་དགེ་སློང་མིན་གྱུར་དང་། དངོས་པོ་འགྱུར་དང་སྐྱེ་བ་འགྱུར། །དོར་བས་ཀྱང་ནི་བྱིན་ལེན་ཉམས། །ཞེས་བརྒྱད་དོ། །དེ་དག་གི་དོན་ནི། རིམ་པར་གཞན་གྱིས་འཕྲོག་པ་དང་། གནས་ནས་མ་འཕགས་པར་ལེན་མི་ནུས་པའི་སར་འདྲིལ་བ་དང་། རང་གིས་རེག་པ་དང་མ་འབྲེལ་བར་བྱེ་བ་དང་བོངས་ཚོད་མཉམ་པ་ཡན་ཆད་ཀྱི་སེམས་ཅན་བསྙེན་པར་མ་རྫོགས་པ་དངོས་སམ། དགེ་སློང་སྡོམ་པ་གསོ་རུང་བར་ཉམས

པ་དང་རྣམ་དག་གིས་བྱིན་ལེན་བྱས་པའི་རྫས་ལ་བསླབ་སྦྱིན་གྱིས་རེག་པ་ལྟ་བུ་རྣམས་དང་། མ་རྫོགས་པ་གཞན་ལ་བསམ་པ་ཐག་པར་བསྔོས་པ་དང་། མཚན་གཉིས་པར་འགྱུར་བ་སོགས་རང་ཉིད་དགེ་སློང་མིན་པར་གྱུར་པ་དང་། དུས་རུང་གི་བཏུང་བ་བཙག་སྦྱར་བྱས་པའི་དུས་མིན་གྱི་བཏུང་བའི་དངོས་པོར་གྱུར་བ་དང་། ཕ་མ་རུ་གྱུར་བ་སོགས་སྐྱེ་བ་འགྱུར་བ་དང་། གནས་ནས་མ་འཕགས་པར་མི་ལོན་པའི་གནས་སུ་དོར་བ་རྣམས་ཀྱིས་བྱིན་ལེན་ཞིག་གོ། །བྱིན་ལེན་སྟོབས་མཁན་མི་ཐོབ་པའི་གནས་སུ་གནས་པའི་དོན་ནི། རང་ལས་ཁྲུ་གང་ཡན་ཆད་ཀྱི་མཐོ་བ་ལ་བྱ། མཚམས་གཞན་གྱིས་ཆོད་ཅེས་པའང་རང་དང་སྟོབས་མཁན་གྱི་བར་དུ། མེ་ཆུ་བྱུག་པའི་ནམ་མཁའ་དང་། བདག་པོ་གཞན་དང་། རགས་པ་ནི་དཔངས་ཚད་སོར་བཞི་ཡན་ཆད་ཀྱིས་ཆོད་པ་ལ་བྱའོ། །བྱིན་ལེན་མི་དགོས་པའི་རྫས་ནི། སོ་ཤིང་དང་། ཆོགས་ཆུ་བཞིན་ཤར་བ་དང་། ལན་ཚྭ་དང་བ་ཚྭ་ལྟ་བུའི་འགྱུར་བྱེད་ཀྱི་ཆུ་ལ་རང་རང་གི་བྱ་བ་བྱེད་མི་ནུས་པ་དང་ཆུ་གཙང་རྣམས་ཡིན། གལ་ཏེ་དེ་རྣམས་བྱིན་ལེན་བྱས་ཏེ་གསོག་འཇོག་གི་དུས་འདས་ཀྱང་གསོག་འཇོག་གི་ཉེས་པ་མེད་པའོ། །ལན་ཚྭའི་ཆུ་སོགས་བྱ་བ་བྱེད་པ་དང་རྟོགས་ཆུ་བཞིན་མི་ཤར་བ་རྣམས་བྱིན་ལེན་མ་བྱས་པར་སྤྱད་ན་ཉེས་བྱས་དང་། དེ་གསོག་འཇོག་ཏུ་སོང་བར་སྤྱད་ནའང་ཉེས་བྱས་སོ། །རྣམ་དག་ལ་བསླབ་སྦྱིན་དགེ་སློང་མན་ཆད་ཁྲིམ་པ་ཡན་ཆད་ཀྱིས་བྱིན་ལེན་བསྟབས་ན་ཆགས། དགེ་སློང་ཕ་མ་ཕན་ཚུན་གཅིག་གིས་གཅིག་ལ་བྱིན་ལེན་ཆགས། བཙུ་བ་བསོ༷ད་པུ༷་ཞི༷མ་པུ༷འི་ཟ༷ས་སློང་བ་ལ་གླེང་གཞི་དང་།ལྟུང་བའོ། །དང་པོ་ནི། ཁྲིམ་བདག་དད་པ་ཅན་གྱིས་སྟོན་པ་འཁོར་བཅས་གདུག་ཚོད་ལ་དྲངས་ཏེ་གསོལ་བཞིན་པ་ན་དྲུག་སྡེ་ཐོན་པར་ཟས་ལྷག་བྱིན་པས་མ་མགུ་ནས་དེ་རྣམས་ཀྱིས་ཁྲིམ་བདག་གཞན་ལས་ཟས་བཟང་པོ་བསླངས་པར་བྱས་པས་གཞན་གྱིས་འཕྱ་བ་ལ་བརྟེན་ནས་བཅས་སོ། །

གཉིས་པ་ལ་ཡན་ལག་བཞི་ལས། དང་པོ་ལ་གསུམ་ལས། གང་ལ་བསླང་བའི་ཡུལ་ཁྲིམ་པ་ཆོས་དྲུག་ལྡན་ནོ། །གང་བསླང་བའི་དངོས་པོ་ནི། སྨན་བཞི་གང་རུང་ཡིན་པ། རུང་བ། ཚད་དང་ལྡན་པ། ཁྲིམ་པ་དེ་ཉིད་ཀྱི་ཡིན་པ། ཡུལ་དུས་དེར་བསོད་པར་གྲགས་པ་དང་ལྡན་པའོ། །རྟེན་ནི། དེས་ཕན་པའི་ནད་ཅན་མིན་པའོ། །བསམ་པ་ལ་འདུ་ཤེས་མ་འཁྲུལ་བ། ཀུན་སློང་རང་དགར་རང་ཉིད་

ཀྱི་དོན་དུ་བསོད་པ་བསླང་སྟེ་ཟ་འདོད་རྒྱུན་མ་ཆད་པ། སྦྱོར་བ་ངག་མཚན་ཉིད་ལྔ་ལྡན་གྱིས་བསླངས་ཏེ་ཟ་བར་རྩོམ་པ། མཐར་ཐུག་མགུལ་དུ་མིད་པའོ། །ཕྱི་རོལ་བའི་རབ་བྱུང་ལ་བསོད་པ་བསླང་སྟེ་ཟོས་པ་དང་། ཁྱིམ་པ་ལས་བསོད་པ་ཐོབ་པ་ན་རང་དགར་ངན་པ་བསླང་སྟེ་ཟོས་པ་སོགས་ཉེས་བྱས་སོ། །བཅུ་ཚན་ལྔ་པ་ལ་བཅུ་ལས། དང་པོ་རང་དོན་དུ་སྲོག་ཆགས་དང་བཅས་པའི་ཆུར་སྤྱོད་པ་ལ་གླེང་གཞི་དང་། ལྟུང་བའོ། །དང་པོ་ནི། འདུན་པས་སྲོག་ཆགས་དང་བཅས་པའི་ཆུ་སོགས་ལ་ལོངས་སྤྱད་པས་གཞན་མ་དད་པས་བཅས་སོ། །གཉིས་པ་ལ་ཡན་ལག་བཞི་ལས། དང་པོ་དུད་འགྲོ་འདེབས་པའི་སྐབས་བཞིན་ནོ། །བསམ་པ་ལ་འདུ་ཤེས་མ་འཁྲུལ་བ། ཀུན་སློང་སྲོག་ཆགས་དང་བཅས་པ་ལ་རང་ཉིད་ཀྱི་དོན་དུ་ལོངས་སྤྱོད་འདོད་རྒྱུན་མ་ཆད་པ། སྦྱོར་བ་རང་ངམ་བསྐོས་པས་སྤྱོད་པར་རྩོམ་པ། མཐར་ཐུག་དེའི་རྐྱེན་གྱིས་སྲོག་ཆགས་ཤི་བའོ། །དེ་ཡང་སྲོག་ཆགས་དང་བཅས་པའི་ཆུ་བཅད་པ་དང་། གཞན་དུ་འདྲེན་པ་དང་། སྲོག་ཆགས་དང་བཅས་པའི་རྩྭ་ཤིང་གཅོད་དམ་གཅོད་དུ་བཅུག་པ་དང་། སྲོག་ཆགས་བཅས་པའི་ས་ལ་སོགས་པས་གནས་བརྩིགས་པ་དང་། ཐུད་ཤིང་མེར་འབུད་པ་སོགས་ཀྱིས་སྲོག་ཆགས་ཇི་སྙེད་ཤི་བ་དེ་སྙེད་ཀྱི་ལྟུང་བ་རེ་རེའོ། །བསླབ་བྱ་ནི། ཆུ་ཚགས་མེད་པར་ཞི་འགྲུས་པ་དང་ལྷན་དུ་ལྡོངས་རྒྱུར་ཕྱིན་པ་དང་། སྤྱིར་ཆུ་ཚགས་གང་རྡུང་མ་བཅང་བ་དང་། ཆུ་ཚགས་ཚད་མ་མེད་ན་ཆུ་ཚགས་ཙམ་གྱིས་བཙགས་ཀྱང་ད་དུང་སྲོག་ཆགས་ཡོད་མེད་མ་བརྟགས་པས་རྣམས་ཉེས་བྱས་སོ། །ཆུ་སོགས་ལས་སྲོག་ཆགས་གང་ཡིན་ཡང་འཆི་བར་འགྱུར་བའི་ལམ་ལྷ་བུ་ཐག་རིང་དུ་དོར་བ་དང་། མར་མེ་རུ་སྲོག་ཆགས་འགོག་པའི་འོད་ཁང་མ་བྱས་པ་དང་། ཆུ་ཚགས་དྲི་མ་ཅན་བཀྲུ་བསྐམ་མ་བྱས་པ་དང་། སྲོག་ཆགས་ཆུ་སོགས་ལ་སྐྱེལ་འོས་རྣམས་མ་བསྐྱལ་བ་དང་། བུམ་པ་སོགས་ཀྱི་ནང་དུ་ཆུ་དང་པོ་བརྟགས་ཀྱང་སང་སོགས་སུ་དེར་སྲོག་ཆགས་ཡོད་མེད་སླར་མ་བརྟགས་པ་དང་། དགེ་འདུན་གྱི་ཆུ་སྣོད་སྟོང་པར་མཐོང་ཚེ་ཆུས་མ་བཀང་བ་དང་ཁ་འགེབ་ཀྱིས་མ་བཀབ་པ་རྣམས་ཀྱང་ཉེས་བྱས་སོ། །གཉིས་པ་ཁྱིམ་པ་ཕོ་མོ་ཉལ་པོ་བྱེད་པ་ལ་ཞུགས་ཤིང་དེར་ཕྱོགས་པའི་ཤུལ་དུའམ་དེ་དང་ཉེ་བའི་སར་ཉལ་ལམ་འདུག་པ་ལ་གླེང་གཞི་དང་། ལྟུང་བའོ། །དང་པོ་ནི། འཆར་ཀས་སྦྱིས་ཆོང་གི་ཁྱིའུས་རང་གི་ཆུང་མ་དང་ལྷན་ཅིག་ཉལ་པོ

བྱེད་པར་བར་ཆད་བྱས་པས་གཞན་རྣམས་མ་དད་པ་ལས་བཅས་སོ། །

གཉིས་པ་ལ་ཡན་ལག་བཞི་ལས། དང་པོ་ལ་གཉིས་ལས། གང་དུ་འདུག་པའི་ཡུལ་ནི། སྐྱེས་པ་དང་བུད་མེད་ཀྱི་མཚན་དོན་བྱེད་ནུས་པ་དང་ལྡན་པ། ལུས་བསྙེན་དུ་རུང་བ། ལུས་ཐ་མལ་དུ་གནས་པ། ཐ་སྙད་བཞི་དང་ལྡན་པ། རྫུ་འཕྲུལ་ཅན་མ་ཡིན་པ། ཁྱིམ་པ་ཡིན་པ། སྤྲོད་པ་ལ་ཞུགས་པའམ་ཕྱོགས་པ་ཡིན་པ་དང་བདུན་ནོ། །གང་དུ་འདུག་པའི་གནས་ནི། དགེ་སློང་གི་གནས་ལས་གཞན་ཡིན་པ། གེགས་བྱེད་པ་གཞན་མེད་པས་སྤྱད་དུ་རུང་བ། བར་འདོམ་གང་ཚུན་ཆད་ཡིན་པ། གནས་གཅིག་ཡིན་པ། མངོན་སུམ་དུ་ཡིན་པ། དེ་དག་དབང་ཆེ་བ་དང་དྲུག་གོ །རྟེན་ནི་བར་ཆད་ཀྱི་རྐྱེན་དང་མི་ལྡན་པའོ། །བསམ་པ་ལ་འདུ་ཤེས་མ་འཁྲུལ་བ། ཀུན་སློང་རང་དགར་ཉལ་བོ་གཡེམ་པའི་ཁྱིམ་ན་འདུག་འདོད་རྒྱུན་མ་ཆད་པ། སྦྱོར་བ་འདུག་པར་རྩོམ་པ། མཐར་ཐུག་དེའི་རྐྱེན་གྱིས་ཚོར་བྱ་ཚོར་བྱེད་ཀྱིས་ཕན་ཚུན་ཚོར་བའོ། །ཁ་ཅིག་གིས་མཐར་ཐུག་ཉལ་ལམ་འདུག་པ་ནའོ་ཞེས་གསུངས་པའང་ཡོད་དོ། །གསུམ་པ་དབྱེ༷ན་པའི༷་སྐྱབ༷ས་ཡོད་པའི་ཕྱོག༷ས་སུ་འགྲེ༷ང་སྐྱེ་གནས་པ་ལ་གླེང་གཞི་དང་། ལྟུང་བའོ། །དང་པོ་འདུག་པ་ཞེས་པར་འགྱུར་ཞེས་བརྗེ་བ་མ་གཏོགས་སྔ་མ་བཞིན་ནོ༔ ༔གཉིས་པ་ལ་ཡན་ལག་བཞི་ལས། དང་པོ་གཞི་ལ། སྔ་མར་མངོན་སུམ་དུ་ཞེས་པ། སྐབས་དང་བཅས་པ་ཡིན་པ་ཞེས་པས་བརྗེ་བ་མ་གཏོགས། ཡུལ་གནས་རྟེན་གསུམ་ཀ་སྔ་མ་བཞིན་ནོ། །བསམ་པ་ལ་འདུ་ཤེས་མ་འཁྲུལ་བ། ཀུན་སློང་རང་དགར་འགྲེང་འདོད་རྒྱུན་མ་ཆད་པ། སྦྱོར་བ་དེ་ལྟར་འགྲེང་བར་རྩོམ་པ། མཐར་ཐུག་ཚོར་བྱ་དག་དང་ཚོར་བྱེད་ཉིད་ཀྱིས་ཚོར་བའོ། །འདི་དག་ཚོར་བྱ་དག་དང་ཚོར་བྱེད་ཀྱིས་མ་ཚོར་བ་དང་། ཚོར་ཡང་རང་ཉིད་སེམས་གཞན་དུ་གཏོད་པ་སོགས་ལ་ཉེས་བྱས་སོ། །དུད་འགྲོ་ཉལ་གཡེམ་བྱེད་པར་འདུག་འགྲེང་ཉལ་བ་རྣམས་ཉེས་བྱས་ཕྲ་མོའོ། །བཞི་པ་གཅེ༷ར་བུ༷་རུ༷་རྒྱུ་བའི་གཅེར་བུ་པ་ལ་ཟས་སྦྱིན་པ་ལ་གླེང་གཞི་དང་། ལྟུང་བའོ། །དང་པོ་ནི། མུ་སྟེགས་གཅེར་བུ་པ་རྒན་གཞོན་གཉིས་ཀྱིས་ཀུན་དགའ་བོ་ལ་ཟས་བསླངས་པས་ཀུན་དགའ་བོས་རྒན་པ་ལ་ཁུར་བ་གཅིག་གཞོན་པ་ལ་གཉིས་བྱིན་པས། རྒན་པ་ན་རེ། འདི་ནི་ཁྱོད་ལ་དགའ་བ་ཡིན་ནོ་ཟེར་ནས་སྐུར་བ་འདེབས་པ་ལས་བཅས་སོ། །

གཉིས་པ་ལ་ཡན་ལག་བཞི་ལས། དང་པོ་ལ་གཉིས་ལས། གང་ལ་སྦྱིན་པའི་ཡུལ་ནི། མུ་སྟེགས་ཅན་ཡིན་པ། ཐ་སྙད་ལྔ་དང་ལྡན་པ། ལུས་ཐ་མལ་དུ་གནས་པ། ཉེ་དུ་འམ་ནད་པའམ། མི་དགེ་བ་ལས་བསླང་སྟེ་དགེ་བ་ལ་འཇོག་པའི་འདུལ་བ་ལ་ལྟོས་པ་གང་ཡང་མ་ཡིན་པ། བདག་ལས་ནོར་ཐ་དད་པའོ། །དངོས་པོ་གང་བྱིན་པ་ནི། དུས་སུ་རུང་བ་ཡིན་པ། རང་དང་དེ་གཉིས་ཀ་ལ་རུང་བ་ཡིན་པ། ཚད་དང་ལྡན་པ། རང་གི་ཡིན་པ་དང་བཞིའོ། །བསམ་པ་ལ་འདུ་ཤེས་མ་འཁྲུལ་བ། ཀུན་སློང་རང་དགར་མུ་སྟེགས་ཅན་ལ་སྟེར་འདོད་རྒྱུན་མ་ཆད་པ། སྦྱོར་བ་སྟེར་བར་རྩོམ་པ། མཐར་ཐུག་དེའི་རྐྱེན་གྱིས་ཡུལ་ལ་ཐོབ་བློ་སྐྱེས་པའོ། །ལྔ་པ་དམ༷ག་ལ་ལྟ༷་བ་ལ་གླེང་གཞི་དང་། ལྟུང་བའོ། །དང་པོ་ནི། རྒྱལ་པོ་གསལ་རྒྱལ་གྱི་དམག་གི་ཚོགས་རི་རགས་ལ་འདྲེན་པའི་དུས་སུ་དྲུག་སྡེས་དམག་གི་ཚོགས་ལ་བགྲེན་པ་དག་ཁྱེད་ཀྱིས་རི་རགས་ཀྱི་རྒྱལ་པོ་མི་ཐུབ་ཁྱེད་ཅག་ནི་དམན་ལ་དེ་དག་ནི་མཆོག་དང་གཙོ་བོར་གྱུར་པ་ཡིན་ནོ་ཟེར་བ་ན་རྒྱལ་པོ་འཁོར་བཅས་མ་དད་པར་བརྟེན་ནས་བཅས་སོ། །གཉིས་པ་ལ་ཡན་ལག་བཞི་ལས། དང་པོ་ལ་གསུམ་ལས། གང་ལ་ལྟ་བའི་ཡུལ་ནི་ཁྱིམ་པ་ཡིན་པ། ཐ་སྙད་ལྔ་དང་ལྡན་པ། བརྒྱད་ཡན་ཆད་དུ་ལོངས་པས་དམག་གི་མཚན་ཉིད་གྲུབ་པ། ལུས་ཐ་མལ་དུ་གནས་པ། འཐབ་པའམ་སྟ་གོན་དུ་གནས་པ། སྐྱེས་པ་ཡིན་པ་དང་དྲུག་གོ། །གང་དུ་ལྟ་བའི་གནས་ནི། རང་གི་ཉེ་འཁོར་དང་བཅས་པ་ལས་འཕགས་པའི་གནས་ཡིན་པའོ། །རྟེན་ནི། བདག་ཉིད་རྒྱལ་པོ་ལ་སོགས་པས་ཆོས་ལྡན་གྱི་ཕྱིར་བོས་པ་མ་ཡིན་པ་བར་ཆད་ཀྱི་རྐྱེན་དང་མི་ལྡན་པའོ། །དུས་ནི་དམག་གི་ནང་ན་གནས་པའི་དུས་མ་ཡིན་པའོ། །བསམ་པ་ལ་འདུ་ཤེས་མ་འཁྲུལ་བ། ཀུན་སློང་རང་དགར་དམག་ལ་ལྟ་འདོད་རྒྱུན་མ་ཆད་པ། སྦྱོར་བ་རང་གི་ཉེ་འཁོར་དང་བཅས་པ་ལས་འདས་ཏེ་ལྟ་བར་རྩོམ་པ། མཐར་ཐུག་མཐོང་བའོ། །རབ་བྱུང་དང་བུད་མེད་ཀྱི་དམག་ལ་ལྟ་ན་ཉེས་བྱས་སོ། །དྲུག་པ་དམ༷ག་གི་ས༷ར་དགོས་མེད་དུ་ཞ༷ག་གཉི༷ས་ལས་ལྷག་པ༷ར་བསྡ༷ད་པ་ལ་གླེང་གཞི་དང་། ལྟུང་བའོ། །དང་པོ་ནི། རྒྱལ་པོ་གསལ་རྒྱལ་འཁོར་བཅས་ཀྱི་དམག་གིས་རི་རགས་མ་ཕེབས་པ་ན། བློན་པོ་དག་ན་རེ། ཁྱིམ་བདག་མགོན་མེད་ཟས་སྦྱིན་བསོད་ནམས་དང་ལྡན་པས་དེ་བོས་ན་ཕེབས་པར་འགྱུར་རོ་ཟེར་བས་ཁྱིམ་བདག་དམག་ནང་དུ་

གནས་པ་ན་དེས་དགེ་སློང་དང་འཕྲད་པར་འདོད་ནས། དགེ་སློང་པོས་པས་གཞན་འགྲོ་མ་བཏུབ་པ་ན་དྲུག་སྡེ་ཕྱིན་ནས་དམག་ལ་འཕྲུས་པ་ན་གཞན་དག་མ་དད་པར་བརྟེན་ནས་བཅས་སོ། །གཉིས་པ་ལ་ཡན་ལག་བཞི་ལས། དང་པོ་ལ་བཞི་ལས། ཡུལ་རྟེན་སྔ་མ་བཞིན་ནོ། །གང་དུ་འདུག་པའི་གནས་ནི་དམག་གི་གནས་ཉེ་འཁོར་དང་བཅས་པའོ། །དུས་ནི་དགོས་པ་དང་མི་ལྡན་པའི་ཉིན་མཚན་གྱི་དུས་སོ། །བསམ་པ་ལ་འདུ་ཤེས་མ་འཁྲུལ་བ། ཀུན་སློང་རང་དགར་དམག་གི་ནང་དུ་གནས་འདོད་རྒྱུན་མ་ཆད་པ། སྦྱོར་བ་དེ་ལྟར་གནས་པར་རྩོམ་པ། མཐར་ཐུག་མཚན་མོ་འདས་པ་ན་ལྟུང་བྱེད་རེ་རེའོ། །བདུན་པ་དམ༷ག་གི༷་རྒུ༷་བཀོ༷ད་བཤམས་པ་དཀྲུགས་པར་བྱེ༷ད་པ་ལ་གླེང་གཞི་དང་ལྟུང་བའོ། །དང་པོ་ནི། རི་རགས་སུ་རྒྱལ་པོའི་དམག་གི་ནང་དུ་དྲུག་སྡེ་གནས་པའི་ཚེ་དཔུང་གི་ཚོགས་དང་གོ་ཆའི་ཚོགས་རྒྱལ་པོ་འཁོར་བཅས་ཀྱིས་བཤམས་པ་ལས་ལོགས་སུ་དཀྲུགས་པར་བྱེད་པ་ན་གཞན་དག་འཕྱ་བས་བཅས་སོ། །

གཉིས་པ་ལ་ཡན་ལག་བཞི་ལས། དང་པོ་ལ་བཞི་ལས། ཡུལ་དང་རྟེན་ནི་དམག་ལྟ་ལྟར་རོ། །གནས་ནི་ཕྲུ་མ་བཏབ་པའི་དམག་གི་གནས་ཉེ་འཁོར་དང་བཅས་པ་ནས་འཕགས་པའི་གནས་ཡིན་པའམ་དམག་གི་གནས་ཉེ་འཁོར་དང་བཅས་པ་གང་རུང་ཡིན་པའོ། །དུས་ནི་དམག་གི་ནང་ན་གནས་པའི་དུས་ཡིན་པའོ། །བསམ་པ་ལ་འདུ་ཤེས་མ་འཁྲུལ་བ། ཀུན་སློང་རང་དགར་དཔུང་གི་ཡན་ལག་ཉམས་སུ་སྨྱོང་བར་འདོད་པ་རྒྱུན་མ་ཆད་པ། སྦྱོར་བ་རེག་པའམ་གཡུལ་བཤམས་དཀྲུགས་པའམ་ལྟ་བར་རྩོམ་པ། མཐར་ཐུག་རེག་པ་དང་དཀྲུགས་པ་ལ་སོགས་པ་རྫོགས་པའོ། །དམག་འཐབ་པའི་སྐ་གོན་མ་བྱས་པ་ལ་དགོས་མེད་དུ་རེག་པ་སོགས་ཉེས་བྱས། སྐྱེས་པ་བུད་མེད་ལྟ་བུ་མི་དང་། རྟ་གླང་སོགས་འཐབ་པ་དང་འཐབ་ཏུ་གཞུག་པ་དང་དེར་ལྟ་བ་ལ་ཉེས་བྱས་སོ། །བརྒྱད་པ་དགེ༷་སློང་བརྡེ༷ག་པ་ལ་གླེང་གཞི་དང་། ལྟུང་བའོ། །དང་པོ་ནི། འཆར་ཀས་གཞོན་ནུ་བཅུ་བདུན་སྡེ་ལ་ཕན་ཚུན་བརྡེག་པ་དང་གཅིག་ལ་གཅིག་བརྡེག་ཏུ་བཅུག་པ་ན་ཕན་ཚུན་དུ་ཞིང་འགྱེལ་བ་ལས་བཅས་སོ༔ ༔གཉིས་པ་ལ་ཡན་ལག་བཞི་ལས། དང་པོ་དགེ་སློང་ཆོས་བརྒྱད་ལྡན་ནོ། །བསམ་པ་ལ་འདུ་ཤེས་མ་འཁྲུལ་བ། ཀུན་སློང་ཁྲོས་ཤིང་འཁྲུགས་པའི་རྣོགས་པ་ཅན་གྱི་སེམས་ཀྱིས་བརྡེག་འདོད

རྒྱུན་མ་ཆད་པ། སྦྱོར་བ་ལུས་དངོས་སམ། དེ་དང་འབྲེལ་བའམ། དེས་འཕང་བའི་ཡུང་དཀར་སོགས་གང་ཡང་རུང་བས་བཏེག་པར་རྩོམ་པ། མཐར་ཐུག་ཏེག་བྱེད་ཏེ་སྐེད་ཀྱི་གྲངས་ཀྱིས་ལུས་ལ་རེག་པ་དེ་སྐེད་ཀྱི་ལྟུང་བ་སྐྱེད་དོ། །བཏེག་ཀྱང་མ་ཐོག་ན་ཏེག་བྱེད་དེ་སྐེད་ཀྱི་ཉེས་བྱས་སྐྱེད་དོ། །རློགས་པ་ཅན་གྱི་སེམས་ཀྱིས་དགེ་སློང་ལས་གཞན་པའི་སེམས་ཅན་དང་ཀ་བ་རྩིག་པ་ཤིང་སྡོང་སོགས་ཕྱི་རོལ་གྱི་རྫས་དང་རང་ལུས་ལ་བཏེག་པས་ཉེས་བྱས་དང་ཉེས་བྱས་ཕྲ་མོ་ཅི་རིགས་སུ་འགྱུར་རོ། །རློགས་སེམས་མེད་པར་རང་དགར་དགེ་སློང་ལ་བཏེག་པ་ལའང་ཉེས་བྱས། དགེ་སློང་མིན་པར་དེ་ལྟར་བཏེག་ན་ཉེས་བྱས་ཕྲ་མོའོ། །དགུ་པ་བཏྲེག་བརྒྱུམ་མམ་བཏེག་པར་གཟས་པ་ལ་གླེང་གཞི་དང་། ལྟུང་བའོ། །དང་པོ་ནི་སྔ་མ་ལྟར་བཏེག་པར་བརྒྱམ་པའམ་གཟས་པས་བཅས་སོ། །

གཉིས་པ་ལ་ཡན་ལག་བཞི་ལས། བཏེག་པ་ཞེས་པའི་གནས་སུ་བཏེག་པར་གཟས་པ་ཞེས་པས་བརྗེ་བ་མ་གཏོགས་ཡན་ལག་གཞན་ཐམས་ཅད་སྔར་དང་འདྲའོ། །མཐར་ཐུག་ནི། བཏེག་པར་གཟས་པ་རྫོགས་པའོ། །བཏེག་པར་གཟས་ཞེས་པ་བཏེག་པར་གཤོམ་པ་ལ་བྱའོ། །བཅུ་པ་དགེ་སློང་གཞན་གྱི་གནས་ངན་ལེན་གྱི་ལྟུང་བ་འཆབ་པ་ལ་གླེང་གཞི་དང་། ལྟུང་བའོ། །དང་པོ་ནི། ཉེར་དགས་རྒྱལ་བྱེད་ཚལ་དུ་བུ་མོ་ཞིག་གི་ལུས་ལ་རེག་པ་སྣ་ཚོགས་བྱས་པ་རིབ་མ་དྲལ་བ་ལས་དགེ་སློང་ཚོས་ཀྱིས་མཐོང་བ་ན། དེ་ལ་ཉེར་དགས་ཁྱོད་ཀྱིས་སུ་ལ་མ་སྨྲ་ཞིག་ཅེས་འཆབ་ཏུ་བཅུག་པ་ལས་བཅས་སོ། །གཉིས་པ་ལ་ཡན་ལག་བཞི་ལས། དང་པོ་ལ་གསུམ་ལས། གང་གིས་གནས་ངན་ལེན་འཆབ་པའི་ཡུལ་ནི། བསྙེན་རྫོགས་ཀྱི་སྡོམ་པ་རྣམ་དག་དང་ལྡན་པ་ཞེས་པ་དགེ་སློང་གི་སྡོམ་པ་གསོ་རུང་ཡན་ཆད་དང་ལྡན་པ་ཞེས་པས་བརྗེ་བ་མ་གཏོགས་དགེ་སློང་ཆོས་བརྒྱད་ལྡན་ནོ། །གང་འཆབ་པའི་དངོས་པོ་ནི། ཕམ་པ་ལྷག་མའི་དངོས་གཞི་གང་རུང་ཡིན་པ། དེའི་རྒྱུ་དང་འབྲེལ་བར་བྱུང་བ་ངོ་བོ་ཤེས་པའམ་ཡིད་གཉིས་ཟ་བའོ། །གནས་ནི་མཐོལ་ཡུལ་མཚན་ཉིད་དང་ལྡན་པ་ཡོད་པའི་གནས་སོ། །བསམ་པ་ལ་འདུ་ཤེས་མ་འཁྲུལ་བ། ཀུན་སློང་མི་བདེ་བ་ལ་རེག་པ་དང་། དགེ་སྦྱོང་གི་ཚུལ་དང་སྲོག་དང་ཚངས་པར་སྤྱོད་པའི་བར་ཆད་དང་འཁྲུགས་ལོང་འབྱུང་ངོགས་ཀྱི་དབང་མ་གཏོགས་པར་རང་དགར་འཆབ་འདོད་རྒྱུན་མ་ཆད་པ། སྦྱོར་བ་དེ་ལྟར་འཆབ་པར་རྩོམ་པ།

མཐར་ཐུག་མཚན་མོ་འདས་པའོ། །རང་གཞན་གྱི་ཕམ་ལྷག་ལས་གཞན་པའི་ཉེས་པ་རང་དགར་འཆབ་པ་རྣམས་ཉིན་མཚན་ལས་འདས་པ་ན་ཉེས་བྱས་སོ། །བཅུ་ཚན་དྲུག་པ་ལ་བཅུ་ལས། དང་པོ་དགེ༷་སློང༷་གི་ནུ༷ས་གཙོ༷ད་པ་ལ་གླེང་གཞི་དང་། ལྟུང་བའོ། །དང་པོ་ནི། དགེ་སློང་ཆོས་ཀྱིས་ཉེར་དགའི་གནས་ངན་ལེན་བརྗོད་པ་ན། ཉེར་དགས་དེ་ལ་གནོད་པ་བྱ་བར་བརྩམ་སྟེ། དང་པོ་ཉེར་དགའ་རང་གིས་ཟས་ཟོས་ནས་དགེ་སློང་ཆོས་ལ་སྔ་དྲོའི་དུས་ཀྱི་གདུགས་ཚོད་དུས་ལ་མ་བབས་སོ་ཟེར་ནས་ཟས་བཀག་པ་ན། དེས་གྲིབ་ཚོད་གཞལ་ཏེ་ཁྱིམ་བདག་གི་ནང་དུ་ཟས་ལ་འགྲོ་བར་བརྩམ་པ་ན་ཉེར་དགས་གླེན་པ་ཁྱོད་དུས་མིན་པར་ཟས་ལ་ལོངས་སྤྱོད་དམ། ཁྱོད་ཁོ་བོ་དང་ལྷན་དུ་སྡོད་པ་བདེ་བ་མ་ཡིན་གྱི་གཞན་དུ་སོང་ཤིག་ཟེར་བ་དང་། ཆོས་ཀྱིས་ཟན་བཀག་པར་རིག་ནས་གཙུག་ལག་ཁང་ཏུ་སོང་སྟེ། ལུས་མདངས་མ་ཡལ་བ་དེ་སྲིད་དུ་དགེ་སྦྱོར་ལ་བརྩོན། མ་ནུས་པའི་དུས་སུ་གློས་ཕབ་སྟེ་ཉལ་བ་ན་གཞན་དག་འཕྱ་བ་ལས་བཅས་སོ། །

གཉིས་པ་ལ་ཡན་ལག་བཞི་ལས། དང་པོ་ལ་གསུམ་ལས། སྦྱིན་བདག་ནི། ཁྱིམ་པ་ཡིན་པ། ཐ་སྙད་ལྔ་དང་ལྡན་པ། ལུས་ཐ་མལ་དུ་གནས་པ་བདག་དང་ཟན་གཙོད་པ་གཉིས་ཀ་ལས་ནོར་ཐ་དད་པ། ཡུལ་དེ་ལ་བསམ་པ་ཐག་པ་ནས་སྟེར་བ་པོ་ཡིན་པ་དང་ལྔའོ། །གང་ལ་ཟན་གཙོད་པའི་ཡུལ་ནི། དགེ་སློང་ཆོས་བརྒྱད་ལྡན་གྱི་སྟེང་དུ་དེས་ཕན་པའི་ནད་ཅན་མ་ཡིན་པ་དང་དགུའོ། །གང་གཙོད་པའི་ཟས་ནི་དུས་རུང་གི་ཟས་ཡིན་པ། རུང་བ་ཚད་དང་ལྡན་པ། སྦྱིན་བདག་དེས་དེ་ལ་བསྔོས་པ་ཡིན་པ། བསམ་པ་ལ་འདུ་ཤེས་མ་འཁྲུལ་བ། ཀུན་སློང་རང་དགར་ཟན་གཙོད་དུ་འཇུག་པའི་བསམ་པ་རྒྱུན་མ་ཆད་པ། སྦྱོར་བ་ངག་མཚན་ཉིད་ལྔ་ལྡན་གྱིས་ཟན་གཙོད་པའི་ཚིག་སྨྲ་བར་རྩོམ་པ། མཐར་ཐུག་དོན་གོ་བའོ། །དུས་རུང་ལས་གཞན་པའི་སྨན་གསུམ་རང་དགར་གཙོད་དུ་འཇུག་པ་སོགས་ཉེས་བྱས་སོ། །གཉིས་པ་མི༷་ལ༷་རིག་གམ་རི༷ག་ཏུ༷་བཙུག་པ་ལ་གླེང་གཞི་དང་ལྟུང་བའོ། །དང་པོ་ནི། དྲུག་སྡེས་མེ་ཟོར་དུ་འཕེན་པ་འགལ་མེ་ལ་ཉི་མ་དང་ཟླ་བ་ལྟ་བུའི་དབྱིབས་སུ་འཁོར་བར་བྱེད་པ་ན་མུ་སྟེགས་ཅན་དག་གིས་འཕྱ་བས་བཅས་སོ། །གཉིས་པ་ལ་ཡན་ལག་བཞི་ལས། དང་པོ་ལ་གཉིས་ལས། གང་ལ་རིག་པའི་དངོས་པོ་ནི། འཇིག་རྟེན་ན་གྲགས་པའི་མེ་ཡིན་པ། བུད་ཤིང་

མཚན་ཉིད་པ་ལས་བྱུང་བ་ཡིན་པ། མི་མ་སྨུར་དང་མི་ལྐུ་གང་ཡང་མ་ཡིན་པ། གང་གིས་རིག་པའི་རྟེན་ནི། དེས་ཕན་པའི་ནད་ཅན་མ་ཡིན་པ། ཆོས་ལྡན་གྱི་ཆེད་དང་། དུས་བྱིན་གྱིས་བརླབས་པ་དང་མ་འབྲེལ་བ། བསམ་པ་ལ་འདུ་ཤེས་མ་འཁྲུལ་བ། ཀུན་སློང་རང་དགར་མི་ལ་རིག་གམ་རིག་ཏུ་གཞུག་འདོད་རྒྱུན་མ་ཆད་པ། སྦྱོར་བ་རང་ངམ་གཞན་ཐ་སྙད་ལྔ་ལྡན་ངག་མཚན་ཉིད་ལྔ་ལྡན་གྱིས་བསྐོས་པས་མངོན་སུམ་དུ་རིག་པར་རྫོམ་པ། མཐར་ཐུག་རིག་པ་རྫོགས་པ། རང་གཞན་གྱིས་མི་སྦྲར་གསོད་དང་བུད་ཤིང་འབྱིན་འཇུག་དང་། མི་འདྲུད་སྲུང་བྱེད་པ་དང་། འབར་བཞིན་བུད་ཤིང་གི་སྟེར་རིག་པ་སོགས་ཀྱིས་ལྟུང་བ་རྫོགས་པར་བསྐྱེད་དོ། །མི་མ་སྨུར་དང་མི་ལྐུ་ལ་རིག་པ་ཉེས་བྱས། མེར་བུད་ཤིང་མིན་པའི་སྐྲ་སྤུ་རུས་པ་མཆིལ་སྣབ་ཏིལ་སོགས་དང་འབྲུ་མར་སྦྲང་རྩི་སོགས་མེར་བླུགས་པ་དེ་ཕྱིར་ཕྱུང་བ་སོགས་ཉེས་བྱས་སོ། །

མཁན་པོའི་ཆེད་དུ་བྱིན་རླབས་བྱེད་དགོས་པའི་ཚེ། སློབ་དཔོན་ཆེད་སོགས་གཞན་དུ་བསྒྱུར་ཏེ་དུས་དྲན་བྱས་ནས་མེ་ལ་རིག་པ་སོགས་ཉེས་བྱས་སོ། །དཀོན་མཆོག་མཆོད་པ། ཆོས་ལྡན་གྱི་ཆེད། དུས་བྱིན་གྱིས་བརླབས་ནས་རིག་པ་སོགས་བྱས་ན་ཉེས་པ་མེད་དོ། །དུས་དྲན་བསྐྱེན་ཚུལ་ལ་དྲུག་ཡོད་དེ། དང་པོ་གཞི་ནི། སྤྱིར་བཀག་ཟིན་ཡིན་ཡང་རྐྱེན་གྱི་དབང་གིས་གནང་བ་རྣམས་ལ་དུས་དྲན་བསྐྱེན་དགོས་པ་དང་། གནང་བ་ཡང་གནང་མ་གནང་གི་དུས་མཚམས་ངེས་ཟིན་པ་ཚ་བའི་ཡུལ་གྲང་བའི་ཡུལ་ལ་གནང་བར་ངེས་པ་ཡུལ་གྱི་ངེས་པ། ཟླ་བ་ཕྱེད་ཕྱེད་ནས་ཁྲུས་གནང་བ་ལྟ་བུ་དུས་ཀྱི་ངེས་པ། ཕྱོགས་ཀྱི་ངེས་པ་གདོང་དང་ལག་པ་བཀྲུ་བ་གནང་བ་ལྟ་བུ། དངོས་པོ་གནང་བ་ངེས་པ། ཁྲི་བརྙིངས་པ་མ་བསྡུས་པ་ལ་གནང་བ་ལྟ་བུ། གང་ཟག་གི་ངེས་པ་ནད་པ་ལྟ་བུ་སྟེ། དུས་མཚམས་ངེས་ཟིན་ཡིན་པ་རྣམས་ལ་དུས་དྲན་བསྐྱེན་མི་དགོས། མཐའ་གཅིག་ཏུ་བཀག་སྟེ་གནང་བ་མེད་པ་ཆང་བཏུང་བ་ལྟ་བུ་ལ་དུས་དྲན་མི་ཆགས་པས་བསྐྱེན་རྒྱུ་མེད། མཐའ་གཅིག་ཏུ་སྒྲུབ་བྱར་བསྟན་པ་གསོ་སྦྱོང་ལྟ་བུ་ལའང་དུས་དྲན་བསྐྱེན་མི་དགོས། དེས་ན་གཅིག་ཏུ་དགག་སྒྲུབ་ལས་གཞན་པའི་གནང་བའི་བྱ་བའི་ཆོས་ཤིག་ཡིན་ཡང་གནང་མ་གནང་གི་མཚམས་ངེས་པར་འབྱེད་མ་ནུས་པའི་བྱ་བའི་ཆོས་ལ་དུས་དྲན་བསྐྱེན་དགོས་སོ། །

གཉིས་པ་རྟེན་ནི། རབ་བྱུང་སྟེ་སྔ་གང་རུང་གི་སྡོམ་པ་གསོ་རུང་ཡན་ཆད་ཡིན་པ། ཞིས་པ་རང་བཞིན་དུ་གནས་པ། ལུས་ཐ་མལ་དུ་གནས་པ། རྐྱེན་ལ་ལྟོས་ཏེ་གནང་བའི་རྟེན་ཅན་ཡིན་པ་དང་བཞིའོ། །གསུམ་པ་དུས་ནམ་གྱི་ཚེ་བྱ་བ་ནི། གནང་བའི་བྱ་བ་དེ་ལ་མ་ཞུགས་པའི་ཐོག་མར་རྩོམ་པ་ལ་ཕྱོགས་པའི་དུས་སུ་དྲན་དགོས། མི་རྩོམ་པ་དང་བྱས་ཟིན་ཚེ་ལྷུང་བ་བྱུང་ཟིན་པས་དེ་མི་ཁེག་གོ། །བཞི་པ་ཡུན་ཅི་སྲིད་ལ་བསྟེན་ན། ཉིན་མཚན་གཅིག་གི་ཁོངས་སུ་གཏོགས་པའི་བྱ་བ་དེའི་སྦྱོར་བ་བརྩམས་ནས་མ་ཟིན་བར་རོ། །དེའང་དཀོན་མཆོག་མཆོད་པ་དང་ཆོས་ལྡན་གྱི་དུས་སུ་གནང་བ་ཡིན་པས་དེ་བྱ་སྟེམ་པ་དང་། རིན་པོ་ཆེའི་སྐུ་གཟུགས་ལ་སངས་རྒྱས་དངོས་སོ་སྙམ་པ་དང་། བུད་མེད་ཆུ་ལས་སྐྱབས་ཕྱིར་མའོ་སྙམ་པ་དང་། ཤིན་ཏུ་བཀྲེས་པས་ཉེན་པ་ན་ལག་ཉ་དང་། དུས་མིན་ཟས་ཟ་དགོས་པའི་ཚེ་སྨྲ་མི་སྟན་དུ་ཡོད་པར་འདུ་ཤེས་པས་ཡུལ་དེར་ཡོ་བྱད་ལ་བདག་བཟུང་མེད་པས་དེར་ཡོད་དོ་སྙམ་པ་ལྟ་བུ་དང་། དེས་མཚོན་ནས་ཁྲི་སྟན་ཆེ་མཐོ་དང་། རྒྱན་ཕྲེང་སོགས་ཀྱང་གཞན་གྱི་བསོད་ནམས་བསགས་པ་དང་། ཆོས་ཀྱི་ཆེ་བ་འདོན་པའོ་སྙམ་མོ། །ལྔ་པ་དུས་དྲན་གྱི་ངོ་བོ་ནི། དགོས་པའི་རྐྱེན་འདིའི་དབང་གིས་གནང་བ་ཡིན་པས་དུས་འདི་ནས་འདི་ཙམ་གྱི་བར་དུ་བྱའོ་སྙམ་པའི་བརྟག་པ་ཚུལ་བཞིན་ཡིད་ལ་བྱ་བའོ། །དྲུག་པ་དགོས་པ་ནི་དངོས་སུ་དུས་དྲན་མ་བསྟེན་པའི་ཉེས་པ་ཁེག་ཤིང་བརྒྱུད་ནས་གནང་མ་གནང་གི་མཚམས་ཟིན་པའི་ཆེད་དོ། །གསུམ་པ་དགེ་འདུན་ལུས་ལ་འདུན་པ་ཕུལ་བ་ཕྱིར་ལྡོག་སྨྲ་བ་སྟེ་འདུན་པ་མི་སྤྱིན་པར་སྨྲ་བ་ལ་གླེང་གཞི་དང་། ལྟུང་བའོ། །དང་པོ་ནི། འཆར་ཀ་དགྲ་བཅོམ་ཐོབ། འདུན་པ་ཀཽ་ཤམྦྷིར་ཐུགས་དལ་བར་བཞུགས། ནབ་སོ་དང་འགྲོ་མགྱོགས་ཚེ་དུས་བྱས། དགའ་བོ་ཉེར་དགའ་གཉིས་དགེ་འདུན་གྱི་ནང་དུ་གནས་པའི་ཚེ།བཙུ་བདུན་སྡེས་སྡོན་དྲུག་སྡེས་བརྣས་པ་བྱས་པ་དག་དྲན་ནས་ཉེར་དགའ་གནས་ནས་དབྱུང་བའི་ཆེད་དུ་འདུས་པར་གཞོམ་པའི་ཚེ། དགའ་བོ་ལ་ཆོས་གོས་དྲི་མ་ཅན་བཀྲུ་བར་གྱིས་ཞེས་དེས་འགྱུར་བྱེད་ཀྱི་ཚུར་སྤྲོང་པ་ན་གཏྲི་བཏྟང་ནས་དགའ་བོ་ལ་དགེ་འདུན་གྱི་ལས་ལ་འདུས་ཤིག་བྱས་པས་དགའ་བོ་ན་རེ། ཁོ་བོ་འདི་འདྲ་བར་གྱུར་པས་འདུན་པ་འབུལ་ལོ་ཟེར། དེ་ནས་བཙུ་བདུན་སྡེས་ཉེར་དགའ་ལ། བཙུ་བདུན་སྡེའི་ལྟོ་བ་དྲལ་ཏེ་རྒྱུ་མས་རྒྱལ་བྱེད་ཚལ་བསྐོར་བར

བྱའོ་ཞེས་པ་སོགས་བརྙས་པ་རྣམས་དྲན་ནམ་ཞེས་སྨྲས་ནས་ཉེར་དགའ་ནན་གྱིས་གནས་ནས་དབྱུང་བའི་ཚེ་ཉེར་དགའ་དགའ་བོའི་དྲུང་དུ་སོང་སྟེ་ཁོ་བོ་གནས་ནས་ཕྱུང་ངོ་ཞེས་སྨྲེ་སྔགས་བཏོན་པས་དགའ་བོ་ན་རེ། ནུ་བོ་གནས་ནས་འབྱིན་པ་ལ་འདུན་པ་མི་སྟེར་བས་འདུན་པ་ཕྱིར་སྦྱིན་ཅིག་ཅེས་ཟེར་བ་ལ་གཞན་དག་འཕྱ་བ་ལས་བཅས་སོ། །

གཉིས་པ་ལ་ཡན་ལག་བཞི་ལས། དང་པོ་ལ་གསུམ་ལས། གང་ལ་འདུན་པ་བསྒྱུར་བའི་ཡུལ་ནི། དགེ་འདུན་མཚན་ཉིད་དང་ལྡན་པའི་ལས་ཡིན་པ། ཆོས་ལྡན་ཡིན་པ། དགེ་སློང་གི་ཆེད་དུ་བྱས་པ་ཡིན་པ། ལས་བྱས་ལ་ཆགས་པ་དང་བཞིའོ། །གང་ལ་སྨྲ་བའི་ཡུལ་ནི། དགེ་སློང་ཆོས་བརྒྱད་ལྡན་གྱི་སྟེང་དུ་ལས་དེ་ལ་གཏོགས་པ་དང་དགུའོ། །གང་བསྒྱུར་བའི་དངོས་པོ་ནི། རང་གི་ཡུལ་ལ་ཆགས་པའི་འདུན་པ་ཡིན་པའོ། །བསམ་པ་ལ་འདུ་ཤེས་མ་འཁྲུལ་བ། ཀུན་སློང་རང་དགར་འདུན་པ་ཕྱིར་བསྒྱུར་བའི་ཚིག་སྨྲ་འདོད་རྒྱུན་མ་ཆད་པ། སྦྱོར་བ་ངག་མཚན་ཉིད་ལྔ་ལྡན་གྱིས་དེ་ལྟར་སྨྲ་བར་རྩོམ་པ། མཐར་ཐུག་དོན་གོ་བའོ། །དགེ་སློང་གི་དོན་གྱི་ཆེད་མ་ཡིན་པའི་ལས་དང་། ལས་ལས་གཞན་པའི་ཆོས་ལྡན་ཁྱད་པར་ཅན་ལ་འདུན་པ་ཕུལ་བས་རང་དགར་ཕྱིར་བསྒྱུར་བ་ལ་ཉེས་བྱས་སོ། །བཞི་པ་བསྙེན་པར་མ༷་རྫོགས༷་པ་དང༷་ནུབ༷་གཉིས༷་ལས་ལྷག༷་པ༷ར་ཉལ༷་བ་ལ་གླེང་གཞི་དང་། ལྟུང་བའོ། །དང་པོ་ནི་བཅོམ་ལྡན་འདས་ཀྱིས་བསྙེན་པར་མ་རྫོགས་པ་དང་ལྷན་དུ་ནུབ་གཉིས་ལས་ལྷག་པར་ཉལ་བར་མི་བྱའོ་གསུངས་ཀྱང་། ཉེར་དགས་རང་གི་དགེ་ཚུལ་ཚེར་མ་ཅན་དང་ཆེན་པོ་པ་དང་ནུབ་གཉིས་ལས་ལྷག་པར་ལྷན་ཅིག་ཉལ་བ་ན་གཞན་དག་གི་དེ་ལྟར་མི་བྱ་བར་གསུངས་པ་མ་ཡིན་ནམ་ཟེར་བའི་ཚེ་ཉེར་དགས་ནུབ་གཉིས་ལ་རུང་ན་གསུམ་ཅིའི་ཕྱིར་མི་རུང་། གསུམ་པས་ཆང་བཏུང་ངམ། ཀུན་དོང་ཟོས་སམ་ཞེས་ཟེར་བ་ན་གཞན་དག་འཕྱ་བས་བཅས་སོ། །

གཉིས་པ་ལ་ཡན་ལག་བཞི་ལས། དང་པོ་ལ་གསུམ་ལས། གང་དང་ལྷན་ཅིག་ཉལ་བའི་ཡུལ་ནི། བསྙེན་པར་མ་རྫོགས་པ་ཡིན་པ། ཐ་སྙད་ལྔ་དང་ལྡན་པ། ལུས་ཐ་མལ་དུ་གནས་པ། ལུས་བསྙེན་དུ་རུང་བ། ཟླ་འཕྲུལ་ཅན་མ་ཡིན་པ་དང་ལྔའོ། །གང་དུ་ཉལ་བའི་གནས་ནི། གནས་ཀྱི་མཚན་ཉིད་དུ་གྲུབ་པ། སྤྱོད་ལམ་བཞི་ཤོང་བ། བར་འདོམ་གང་གི་ནང་ཡིན་པ། ཐ་དད་པ་དྲུག

གང་གིས་ཀྱང་ཐ་དད་དུ་མ་བྱུང་བའི་སྒོ་ནས་གཅིག་པ། རྟེན་ནི་ནད་པ་དང་ནད་གཡོག་གི་དབང་གིས་མ་ཡིན་པ། དགེ་སློང་སྡིག་ཅན་ཉེ་བར་གནས་པ་ན། དབྱར་སྔ་མའི་ཟླ་བ་ཕྱི་མ་གཉིས་དང་ཕྱི་མའི་ཟླ་བ་སྔ་མ་གཉིས་ཀྱི་དུས་སུ་དབྱར་གནས་པར་ཁས་བླངས་པའི་དགེ་སློང་འཁོར་དགེ་ཚུལ་དང་ལྡན་པ་ཡིན་པ། ལམ་གྱིས་དུབ་པ་ལ་སོགས་པས་ཤིན་ཏུ་སྨྱོ་བ་མ་ཡིན་པའོ། །བསམ་པ་ལ་འདུ་ཤེས་མ་འཁྲུལ་བ། ཀུན་སློང་རང་དགར་བསྙེན་པར་མ་རྫོགས་པ་དངོས་སམ། དེ་དང་འདྲ་བ་གང་རུང་དང་ལྷན་ཅིག་ཉལ་བའི་སྤྱོད་ལམ་གྱིས་གཉིད་ལོག་འདོད་རྒྱུན་མ་ཆད་པ། སྦྱོར་བ་ནུབ་གསུམ་དུ་ནུབ་གཞན་གྱིས་མ་ཆོད་པར་གཉིས་ཀ་ཉལ་བའི་སྤྱོད་ལམ་གྱིས་གཉིད་ལོག་པར་རྫོགས་པ༑ མཐར་ཐུག་ནུབ་གསུམ་པའི་མཚན་མོ་མཐའི་སྐད་ཅིག་མ་འདས་པའོ། །ནུབ་དང་པོ་གཉིས་ལ་འདིར་གཏོགས་པའི་ལྟུང་བ་མེད། གནས་ཐ་དད་དུ་གྱུར་པ་དྲུག་ནི། གནས་གཅིག་པ་དྲུག་གི་ལྡོག་ཕྱོགས་དྲུག་དེ་ཡིན་ལ། གཅིག་པ་དྲུག་ནི། གནས་གང་གི་ཉེ་འཁོར་དུ་བསམ་པར་བྱ་བ། དེའི་སྒོ་ངོས་དང་འབྲེལ་བའི་ཉེ་འཁོར་ཡང་གནས་སུ་གྱུར་ཅིང་། ལམ་པོ་ཆེ་ལ་སོགས་པས་བར་མ་ཆོད་པས་གནས་གཅིག་པ་དང་། ཡང་ཐོག་དང་འོག་ཁང་གི་བར་དུ་ཐོག་གཞན་གྱིས་མ་ཆོད་ཅིང་འོག་ཁང་གི་སྒོ་དེ་དང་འབྲེལ་བས་གནས་གཅིག་པ། བར་དུ་ཁྲུ་ཕྱེད་དང་དགུས་མ་ཆོད་པས་གནས་གཅིག་པ་དང་། དགེ་སློང་རང་ཉལ་བའི་གནས་ཁང་གི་ཆར་གཏོགས་པའི་སྒོ་རང་ཕྱོགས་ནས་མ་བཅད་པས་གཅིག་པ་དང་། རིམ་ཁང་གཞན་ལ་སྐས་རང་ཕྱོགས་སུ་མ་བསྟུས་པས་གནས་གཅིག་པ་དང་། ནང་གཅིག་ཏུ་རྒྱུ་ཞིང་བར་ན་གནས་གཞན་མེད་པ་མ་ཡིན་པས་གནས་གཅིག་པའོ། །དེ་ལྟར་གནས་གཅིག་ཡིན་ཡང་ཁྲུ་ཕྱེད་དང་དགུས་བར་ཆོད་ན་ནུབ་གསུམ་པའི་མཚན་མོ་འདས་པ་དང་། བར་ཁྲུ་ཕྱེད་དང་དགུས་མ་ཆོད་ཀྱང་ཉལ་བའི་སྤྱོད་ལམ་ལས་གཞན་གྱིས་གཉིད་མ་ལོག་པར་ནུབ་གསུམ་པའི་མཚན་མོ་འདས་པ་གཉིས་ལ་ལྟུང་བ་མེད་དོ། །འདོམ་གང་གི་ཕྱི་རོལ་དུ་ཁྲུ་ཕྱེད་དང་དགུས་བར་མ་ཆོད་པར་གཉིས་ཀ་ཉལ་བའི་སྤྱོད་ལམ་གྱིས་གཉིད་པ་དང་། གཅིག་ཉལ་བ་ལས་གཞན་པའི་སྤྱོད་ལམ་གྱིས་གཉིད་ལོག་པ་དང་། གཉིས་ཀ་ཉལ་ཀྱང་གཅིག་གཉིད་མ་ལོག་པར་མཚན་མཐའི་སྐད་ཅིག་མ་འདས་པ་རྣམས་ལ་ཉེས་བྱས་སོ། །

གནས་ཀྱི་མཚན་ཉིད་དུ་གྲུབ་པ་ལ་བཞི་སྟེ། སྟེང་ཐམས་ཅད་གཡོགས་ཤིང་ངོས་ཐམས་ཅད་བསྐོར་བ་ཁང་བ་བརྩེགས་པ་ལ་སོགས་པ་ལྟ་བུ། ངོས་ཕལ་ཆེར་བསྐོར་ཞིང་སྟེང་ཐམས་ཅད་གཡོགས་པ་ནི་ཁང་པ་སྒོ་བཅུ་པ་ལ་སོགས་པ་ལྟ་བུ། སྟེང་ཕལ་ཆེར་གཡོགས་ཤིང་ངོས་ཐམས་ཅད་བསྐོར་བ་ངོས་བཞི་ཆ་དང་འབྲེལ་བའི་སྟེང་གཡོགས་ཡོད་ལ། དབུས་ཀྱི་མཐོང་ཁེབ་མེད་པའི་ཁྱམས་ངོས་བཞི་པ་ལྟ་བུ། ཕལ་ཆེར་གཡོགས་ཤིང་ཕལ་ཆེར་བསྐོར་བ་ན་ངོས་གསུམ་དང་འབྲེལ་བའི་སྟེང་གཡོགས་ཡོད་ལ་ངོས་གཅིག་གི་སྟེང་གཡོགས་དང་དབུས་ཀྱི་མཐོང་ཁེབ་མེད་པའི་ཁྱམས་ངོས་གསུམ་པ་ལྟ་བུའོ། །དེས་ན་གོང་དུ་གནས་ཁང་གི་ཉེ་འཁོར་དུ་བསམ་པར་བྱ་བ་དེའི་སྒོ་ངོས་དང་འབྲེལ་བ་ཞེས་པ་ནི། གནས་བཞི་པོ་འདི་དག་གང་རུང་དུ་གྲུབ་པའི་སྒོ་ངོས་དང་འབྲེལ་བ་ཞེས་པའི་དོན་ཡིན་ནོ། །འདིར་ཞག་གསུམ་དང་ལྷན་ཅིག་ཉལ་བ་འདི་ལ་བསྙེན་པར་མ་རྫོགས་དེ་ངོ་མ་སྤོས་པ་མི་དགོས་ཏེ་ཞག་གཉིས་ལ་དགེ་ཚུལ་དང་ལྷན་དུ་ཉལ། ཞག་གསུམ་པར་ཁྲིམ་པ་དང་ཉལ་ནའང་ལྟུང་བ་རྫོགས་པར་སྐྱེད་དོ། །མི་མ་ཡིན་དང་དུད་འགྲོ་དང་ལྷན་ཅིག་ནུབ་གསུམ་འདས་པར་ཉལ་བ་ལ་རིམ་པར་ཉེས་བྱས་དང་ཉེས་བྱས་ཕྲ་མོར་འགྱུར་རོ། །བསྙེན་པར་མ་རྫོགས་དང་ལྷན་དུ་ཉིན་མོ་གསུམ་འདས་པར་གཉིད་ལོག་པ་ལའང་ཉེས་བྱས་སོ། །དེ་དང་འདྲ་བར་སྤྱངས་པ་རྗེས་ཕྱོགས་དང་སྐྱིལ་བ་སྟུད་པ་དང་། བུད་མེད་དང་ལྷན་གཅིག་ཉལ་བ་རྣམས་ལ་ཡང་ཉིན་མོར་ལྷན་དུ་ཉལ་བ་ལ་ནི་ཉེས་བྱས་སོ། །བསླབ་བྱ་ནི། ཟླ་བ་དང་ཉི་མའི་སྣང་བ་མ་གཏོགས་པར་མར་མེ་དང་རིན་པོ་ཆེ་སོགས་ཀྱི་སྣང་བ་དང་བཅས་པའི་གནས་སུ་རྐྱེན་དང་མི་ལྡན་པར་རང་དགར་རང་ཉིད་གཅིག་པུར་ཉལ་བས་མཚན་མོ་འདས་པ་ན་ཉེས་བྱས། དེའི་སྔ་རོལ་ལ་ཉེས་བྱས་ཕྲ་མོའོ། །སྣང་བཅས་དེར་ཉལ་བའི་སྤྱོད་ལམ་ལས་གཞན་པས་གཉིད་ལོག་ན་མཚན་མཐར་ཉེས་བྱས་ཕྲ་མོ། དེའི་མདུན་རོལ་དུ་ཉེས་བྱས་ཆེས་ཕྲ་མོའོ། །ལྷ་པ་ཆང་དང་དུས་མིན་ཟས་ལ་སྤྱོད་ཉེས་པ་མེད་པར་ཁས་ལེན་པའི་སྡིག་ལྟོའི་ཆོས་ལུགས་སྨྲ་བ་ལ་བཟློག་ཀྱང་མི་གཏོང་བ་ལ་གླེང་གཞི་དང་། ལྟུང་བའོ། །དང་པོ་ནི། བོང་རྡེའི་རིགས་ལས་རབ་ཏུ་བྱུང་བའི་དགེ་སློང་འཆི་ལྟས་ཀྱིས་བཅོམ་ལྡན་འདས་ཀྱིས་གསུངས་པའི་ལས་འབྲས་ལ་ཡིད་མི་ཆེས་པའི་སྡིག་ལྟ་བྱུང་བ་བཟློག་བྱེད་ཀྱིས་བཟློག་ཀྱང་མི་གཏོང་བ་ལས་བཅས

སོ༔ ༔གཉིས་པ་ལ་ཡན་ལག་བཞི་ལས། དང་པོ་ནི། མྱོས་པར་འགྱུར་བ་འཐུང་ཡང་མངོན་མཐོ་ངེས་ལེགས་ལ་བར་དུ་མི་གཅོད་པར་ལྟ་བ་སོགས་ཆོས་དང་ཆོས་མིན་པའི་ཕྱོགས་འགའ་ཞིག་ལ་ལོག་པར་རྟོག་པའོ། །ཕྱོགས་ཐམས་ཅད་ལ་ལོག་ལྟ་སྐྱེས་པ་ནི་མིན་ཏེ། དེས་སྡོམ་པ་གཏོང་བའི་ཕྱིར་རོ། །གོ་བྱའི་ཡུལ་ནི་རྫུན་སྨྲའི་ཞམ་པ་བཞིན་ནོ། །བསམ་པ་ལ་འདུ་ཤེས་མ་འཁྲུལ་བ། ཀུན་སློང་ནི་སྡིག་ལྟ་མི་གཏོང་བའི་ཚིག་སྨྲ་བ་དགེ་འདུན་གྱིས་ལས་ཆོས་ལྡན་གྱིས་བཟློག་ཀྱང་མི་གཏོང་བར་འདོད་པའི་བསམ་པ་རྒྱུན་མ་ཆད་པ། སྦྱོར་བ་དེ་ལྟར་བཟློག་ཀྱང་མི་གཏོང་བའི་ཚིག་སྨྲ་བར་རྩོམ་པ། མཐར་ཐུག་བརྗོད་པ་གསུམ་པའི་མཐར་མ་བཏང་བའོ། །དྲུག་པ་གནས་ནས་དབྱུང་བའི་དགེ་སློང་ལ་ཕེབ༷ས་པ༷ར་སྨྲ་བའི་སྤྱངས་བ་རྗེས་ཕྱོགས་ཀྱི་ལྟུང་བ་ལ་གླེང་གཞི་དང་། ལྟུང་བའོ། །དང་པོ་ནི། དགེ་འདུན་གྱིས་དགེ་སློང་འཆི་ལྟས་གནས་ནས་ཕྱུང་ཆེ་ཉེར་དགས་དེ་དང་ལྷན་དུ་གནས་ནས་ཕྱུན་ཚུན་མཐུན་པར་བྱེད་པ་ན་གཞན་དག་འཕྱ་བ་ལས་བཅས་སོ། །

གཉིས་པ་ལ་ཡན་ལག་བཞི་ལས། དང་པོ་ལ་གཉིས་ལས། གང་གི་རྗེས་སུ་ཕྱོགས་པའི་ཡུལ་ནི༔ དགེ་སློང་ཆོས་བརྒྱད་ལྡན་ལས་ལྟ་བ་མཐུན་པ་དོར་བའི་ལྷག་མ་བདུན་དང་། གནས་དབྱུང་ནན་ཏུར་བྱས་ལ་ཆགས་པ་དང་འབྲེལ་བ། བཟོད་པ་གསོལ་མ་ཟིན་པ། ནད་པ་མ་ཡིན་པ། གདུལ་བ་ལ་ལྟོས་པ་མ་ཡིན་པ་དང་བཅུ་གཅིག་གོ། །ཁྱི་བྲག་གང་དུ་ཉལ་བའི་གནས་ནི་གནས་ཀྱི་མཚན་ཉིད་དུ་གྲུབ་པ། སྤྱོད་ལམ་བཞི་ཤོང་བ། བར་འདོམ་གང་གི་གནས་ཡིན་པ། གནས་གཅིག་ཡིན་པ་དང་བཞིའོ། །བསྐྱིལ་བ་སྟུད་པའང་ཉལ་བ་ལ་བརྟེན་ནས་སྐྱེད་པ་ལ་ནི་གནས་ཀྱི་ཡན་ལག་འདི་ལྟར་སྦྱར་རོ། །བསམ་པ་ལ་འདུ་ཤེས་མ་འཁྲུལ་བ། ཀུན་སློང་རང་དགར་གནས་ནས་ཕྱུང་བ་དང་ལྷན་ཅིག་ཆོས་དང་ཟང་ཟིང་གང་ཡང་རུང་བས་ལོངས་སྤྱོད་པར་འདོད་པའམ། གཉིས་ཀ་ཉལ་བའི་སྤྱོད་ལམ་གྱིས་ལྷན་ཅིག་གཉིད་ལོག་འདོད་རྒྱུན་མ་ཆད་པའོ། །སྦྱོར་བ་དེ་དང་ལྷན་ཅིག་ཆོས་དང་ཟང་ཟིང་གི་ལོངས་སྤྱོད་བྱེད་པའམ་ཉལ་བའི་སྤྱོད་ལམ་གྱིས་གཉིད་ལོག་པར་རྩོམ་པ། མཐར་ཐུག་དེ་དང་ལྷན་ཅིག་ཆོས་དང་ཟང་ཟིང་གང་ཡང་རུང་བའི་ལོངས་སྤྱོད་བྱས་པའམ་མཚན་མོའི་མཐའི་སྐད་ཅིག་མ་འདས་པའོ། །དེའང་ཐན་དེ་དང་ལྷན་དུ་འདག་རྫས་ཙམ་གྱིས་བཀྲུ་བའི་འདུ་འཛི་བྱེད་

ན་ཡང་ལྟུང་བྱེད་དོ། །བདུན་པ་དགེ༵་ཚུལ༵་སྡིག༵་ལྟ༵་མི༵་གཏོང༵་བ་དང་ལྡན༵་ཅིག་ཏུ་ཉལ་བ་བསྙིལ་བ་སྤྱད་པ་ལ་གླེང་གཞི་དང་། ལྟུང་བའོ། །དང་པོ་ནི། ཉེར་དགས་དགེ་ཚུལ་ཚེར་མ་ཏ་དང་ཚེར་མ་ཏ་ཆེན་པོ་གཉིས་ཀྱིས་འཕྱུར་གཡེང་གི་སྤྱོད་པ་སྣ་ཚོགས་བྱེད་པ་ན་གནས་ནས་ཕྱུང་བས་ཉེར་དགའི་དྲུང་དུ་སོང་སྟེ་སླེ་ཐུགས་སྣ་ཚོགས་བཏོན་པ་ན་ཉེར་དགས་དེ་དག་དང་ལྷན་དུ་སྤྱོད་ལམ་མཐུན་པར་བྱས་པས་གཞན་དག་མ་དད་པས་བཅས་སོ། །

གཉིས་པ་ལ་ཡན་ལག་བཞི་ལས། དང་པོ་ལ་ཡུལ་དགེ་ཚུལ་གྱི་སྡོམ་པ་རྣམ་དག་དང་ལྡན་པ༑ མཚན་མཐུན་པ། ཐ་སྙད་གསུམ་དང་ལྡན་པ། ལུས་ཐ་མལ་དུ་གནས་པ། བསྙིལ་བ་དང་འབྲེལ་བ། ནད་པ་མ་ཡིན་པ། གདུལ་བ་ལ་ལྟོས་པ་མ་ཡིན་པ་བཟོད་པ་གསོལ་ཟིན་མ་ཡིན་པའོ། །བསམ་པ་ལ་འདུ་ཤེས་མ་འཁྲུལ་བ། ཀུན་སློང་རང་དགར་དགེ་ཚུལ་བསྙིལ་བ་དང་ལྷན་ཅིག་ཆོས་དང་ཟང་ཟིང་གང་ཡང་རུང་བའི་ལོངས་སྤྱོད་བྱེད་པའམ་གཉིས་ཀ་ཉལ་བའི་སྤྱོད་ལམ་གྱིས་ལྷན་ཅིག་གཉིད་ལོག་འདོད་རྒྱུན་མ་ཆད་པའོ། །སྦྱོར་བ་དེ་དང་ལྷན་ཅིག་ཆོས་དང་ཟང་ཟིང་གི་ལོངས་སྤྱོད་བྱེད་པའམ་ཉལ་བའི་སྤྱོད་ལམ་གྱིས་གཉིད་ལོག་པར་རྩོམ་པ། མཐར་ཐུག་དེ་དང་ལྷན་ཅིག་ཆོས་དང་ཟང་ཟིང་གི་ལོངས་སྤྱོད་བྱས་པའམ་མཚན་མོའི་མཐའི་སྐད་ཅིག་མ་འདས་པའོ། །བསྙིལ་སྤྱོད་འདི་དང་སྡིག་ལྟ་མི་གཏོང་བའི་དགེ་ཚུལ་དགེ་སློང་ལ་རིམ་པར་བཟློག་པ་ལྟས་མ་བཟློག་པ་དང་། བཟློག་ཀྱང་མ་བཏང་བ་ན་སྡིག་ལྟ་མི་གཏོང་བ་ལ་གནས་དབྱུང་ནན་ཏུར་དང་། དགེ་ཚུལ་ལ་བསྙིལ་བའི་ལས་མ་བྱས་པ་རྣམས་ལ་ཉེས་བྱས་སོ། །དགེ་ཚུལ་ཕོ་ན་ལྟུང་བའི་ཡན་ལག་ཏུ་དགོས་པའི་ལྟུང་བ་ལ་འདི་ཉིད་ལས་མེད་དོ། །བརྒྱད་པ་རུང༵་བའི༵་ཚོན༵་གྱིས་ཁ་བསྒྱུར་བ་མིན༵་པའི་ཁ༵་དོག༵་ཅན༵་གྱི་ཁྱིམ་པའི་གོས༵་གྱོན༵་པ་ལ་གླེང་གཞི་དང་། ལྟུང་བའོ། །དང་པོ་ནི། དྲུག་སྡེས་གར་མཁན་གྱི་ཆ་ལུགས་སུ་ཞུགས་ནས་སྤྱོད་ལམ་སྣ་ཚོགས་བྱས་པ་ན་གཞན་དག་འཕྱ་བ་ལས་བཅས་སོ། །གཉིས་པ་ལ་ཡན་ལག་བཞི་ལས། དང་པོ་ལ་གཉིས་ལས། གང་བགོ་བའི་དངོས་པོ་ནི་གོས་ཡིན་པ། རུང་བ༑ ཚད་དང་ལྡན་པ། རང་གི་ཡིན་པ། དཀར་པོ་ཡིན་པ། ཆུ་ཚོགས་ལས་གཞན་པའི་ལྟུང་བཟེད་ཀྱི་ཁ་གཡོགས་སམ་དེའི་སྣོད་དམ་ཐང་དཀྲིས་ཡན་ཆད་གང་ཡང་རུང་བ་ཡིན་པའོ། །ཆུ་ཚོགས་ནི་

ཁ་བསྒྱུར་ན་ཞེས་བྱས་སོ། །རྟེན་ནི་གནང་བའི་རྐྱེན་ཅན་མ་ཡིན་པའོ། །བསམ་པ་ལ་འདུ་ཤེས་མ་འཁྲུལ་བ། ཀུན་སློང་རང་དགར་ཁ་མ་བསྒྱུར་བའི་གོས་དཀར་པོར་ལོངས་སྤྱོད་འདོད་རྒྱུན་མ་ཆད་པ། སྦྱོར་བ་དེ་ལྟར་ལོངས་སྤྱོད་པར་རྩོམ་པ། མཐར་ཐུག་ལོངས་སྤྱོད་པའོ། །

བསླབ་བྱ་ནི། རུང་བའི་ཚོན་ཆེན་པོ་བརྒྱད་གང་རུང་དངོས་སམ། དེ་དང་འདྲ་བའི་ཚོན་ཁྱད་པར་ཅན་གྱིས་ཁ་བསྒྱུར་བའི་གོས་ལ་ལོངས་སྤྱོད་ན་ཞེས་བྱས་སོ། །དེ་བརྒྱད་ནི་སུམ་བརྒྱ་པ་ལས། མཚལ་དང་དེ་བཞིན་རྒྱ་སྐྱེགས་བཙོད་རྣམས་དང་། །གུར་གུམ་དག་དང་ཐང་ཤིང་ལི་ཁྲི་དང་། །རྨ་ཤེ་ལེབ་རྒན་རྩི་རྣམས་མི་རུང་སྟེ། །བརྒྱད་པོ་ཚོན་ཆེན་ཡིན་པས་བཀག་ཕྱིར་རོ། །ཞེས་རུང་བའི་ཚོན་གྱིས་བསྒྱུར་བའི་གོས་མ་རྙེད་པར་དཀར་པོ་བགོ་དགོས་ཚེ་གཙུག་ལག་ཁང་གི་ནང་དུ་རས་སོགས་རུང་བས་བསྒྱུར་བས་མ་གཡོགས་པར་ལོངས་སྤྱད་པ་དང་། གཡོགས་ཀྱང་ཕྱི་རོལ་དུ་ལོངས་སྤྱད་པ་དང་། ཐུན་མོང་གི་གོས་རྐྱན་རིམ་བཞིན་དུ་མ་གཡོགས་པ་དང་། གཅིག་གིས་སྤྱད་པ་དང་། ཁྱིམ་པའི་གོས་ལ་བསོད་ནམས་སྤེལ་བའི་ཆེད་སྤྱད་དགོས་པའི་ཚེ་མི་རྟག་པའི་འདུ་ཤེས་མ་བཞག་པར་སྤྱད་པ་རྣམས་ནི་བསླབ་འགལ་གྱི་ཞེས་བྱས་སོ། །དགུ་པ་གསེར་སོགས་རིན་པོ་ཆེ་དང་མདའ་མདུང་སོགས་དམག་ཆས་དང་རྔ་བོ་ཆེ་སོགས་རོལ་མོའི་ཆས་ལ་རེག་པ་ལ་གླེང་གཞི་དང་། ལྟུང་བའོ། །དང་པོ་ནི། དྲུག་སྡེ་བསོད་སྙོམས་ལ་ཞུགས་པ་ན་རོལ་མོའི་ཆ་བྱད་བླངས་ཏེ་བྲོ་བརྡུང་བ་ན་སྐྱེ་བོའི་ཚོགས་གཞན་དག་མ་དད་པ་ལས་བཅས་སོ། །གཉིས་པ་ལ་ཡན་ལག་བཞི་ལས། དང་པོ་ལ་གཉིས་ལས། གང་ལ་རེག་པའི་དངོས་པོ་ནི། རང་མི་དབང་བའི་རིན་པོ་ཆེའམ། རང་གཞན་གང་ཡང་རུང་བར་དབང་བའི་རིན་པོ་ཆེར་སྨོས་པ་གང་རུང་ཡིན་པ། རིན་པོ་ཆེ་ནི་རྒྱན་དུ་རུང་ཞིང་། རིན་པོ་ཆེར་སྨོས་པ་ནི་རོལ་མོར་སྤྱད་པའི་ལག་ཆའམ་གཡུལ་ངོར་སྤྱད་པའི་མཚོན་ཆའི་དགོས་པ་སྒྲུབ་པར་ནུས་པ། ཆུད་ཟླ་བའི་རྐྱེན་ཉེ་བར་མི་གནས་པ། སྦྱིན་བདག་བསོད་ནམས་འདོད་པའི་བསམ་པ་མ་ཡིན་པ། མི་མ་ཡིན་པའི་གནས་སུ་དེ་དག་གི་བསོད་ནམས་ལས་གྲུབ་པ་མ་ཡིན་པ། ལག་པས་ཐོབ་པར་ལྡུགས་པ་ན་གནས་པ་སྟེ་དྲུག་གོ། །རྟེན་ནི། དཀོན་མཆོག་མཆོད་པ་དང་ཆོས་ཉན་དུ་གཞུག་པ་སོགས་དོན་ཁྱད་པར་ཅན་སྒྲུབ་པ་མ་ཡིན་པའོ། །བསམ་པ་ལ་འདུ་ཤེས་མ་འཁྲུལ་བ།

ཀུན་སློང་རང་དགར་རེག་འདོད་དམ་རེག་ཏུ་འཇུག་འདོད་རྒྱུན་མ་ཆད་པ། སྦྱོར་བ་རང་ངམ་གཞན་ཐ་སྙད་ལྷ་ལྡན་ལ་དཔག་མཚན་ཉིད་ལྷ་ལྡན་གྱིས་མངོན་སུམ་དུ་བསྒོམས་པས་མངོན་སུམ་དུ་རིག་པར་རྟོགས་པ། མཐར་ཐུག་རིག་པའོ། །མུ་ཏིག་གསེར་དངུལ་སོགས་རིན་པོ་ཆེ་མ་ཕུག་མ་བརྡར་བས་ཐ་སྙད་གདགས་སུ་མི་རུང་བའི་རིན་པོ་ཆེ་དང་། མཚོན་ཆ་རོལ་མོ་སོགས་རང་རང་གི་བྱ་བ་སྒྲུབ་མི་ནུས་པ་དང་། སྐུ་གདུང་མེད་པའི་སྐུ་གཟུགས་དང་། སོག་མའི་ཕྲེང་བ་གསེར་ཆུས་བྱུགས་པ་སོགས་དང་། བཅོས་མའི་རོལ་མོ་དང་མཚོན་ཆ་རྣམས་ཏེ། དེ་རྣམས་ལ་རེག་ན་ཉེས་བྱས་སོ། །དཀོན་མཆོག་མཆོད་པའི་ཕྱིར་དང་སྐུ་གཟུགས་ལ་སྟོན་པའི་འདུ་ཤེས་ཀྱིས་རེག་པ་རྣམས་ལ་ལྟུང་མེད་དོ། །བཅུ་པ་ཚ༵་བའི་དུས༵་སུ་ར༵ང་དག༵ར་ཁྲུས༵་བྱེད༵་པ་ལ་གླེང་གཞི་དང་། ལྟུང་བའོ། །དང་པོ་ནི། རྒྱལ་པོ་གཟུགས་ཅན་སྙིང་པོས་རང་གིས་ཁྲུས་བྱེད་པའི་རྫིང་བུ་བཅོམ་ལྡན་འདས་ལ་ཕུལ་ཏེ་དགེ་སློང་རྣམས་ལ་ཁྲུས་བྱེད་པར་ཞུས་ཚེ་དྲུག་སྡེས་ཡུན་རིང་དུ་གནས་ཏེ་ཁྲུས་བྱས་པས་རྒྱལ་པོ་འཁོར་བཅས་ཀྱིས་ཁྲུས་བྱེད་པ་ལ་བར་ཆད་དུ་གྱུར་པ་ན། བཅོམ་ལྡན་འདས་ཀྱིས་ཚ་བའི་དུས་ཀྱི་ཟླ་བ་གསུམ་མ་གཏོགས་པར་ཟླ་བ་ཕྱེད་ཕྱེད་འདས་རྗེས་སུ་ཁྲུས་བྱ་བར་བཅས་སོ། །

གཉིས་པ་ལ་ཡན་ལག་བཞི་ལས། དང་པོ་ལ་བཞི་ལས། གང་གིས་ཁྲུས་བྱ་བའི་དངོས་པོ་ནི། འཇིག་རྟེན་ན་གྲགས་པའི་ཆུ་ཡིན་པ། ལྟེ་བར་སླེབ་པའི་ཚད་དུ་ཆོག་པ་དང་གཉིས་སོ། །གང་གི་ཚེ་ཁྲུས་བྱ་བའི་དུས་ནི། དཔྱར་ཟླ་ར་བའི་ཚེས་གཅིག་ནས་དཔྱར་ཟླ་འབྲིང་པོའི་བཅོ་ལྔའི་བར་སོགས་རྣམས་ཀྱི་ཟླ་བ་ལྷག་མ་ཕྱེད་དང་གཉིས་དང་། དཔྱར་ཟླ་འབྲིང་པོའི་བཅུ་དྲུག་ནས་དཔྱར་ཟླ་ཐ་ཆུང་གི་བཅོ་ལྔའི་བར་རྣམས་ཀྱི་དང་པོ་ཟླ་བ་གཅིག་དང་། ཟླ་བ་ཕྱེད་ཕྱེད་ཁྲུས་བྱེད་དུ་གནང་བ་ལས་གཞན་པའི་དུས་ཡིན་པའོ། །ཡུལ་ནི། ཨཙྪ་པ་ར་ཏའམ་རྡོ་ཅན་ཞེས་ཚད་པ་ཤིན་ཏུ་ཆེ་བའི་ཡུལ་དེའམ། དེ་དང་འདྲ་བའི་ཡུལ་མ་ཡིན་པ། རྐྱེན་ནི། དཀོན་མཆོག་གི་ཕྱིར་ཕྱག་དར་རེ་ལྟེ་ཞེས་སྨྱུག་མ་སོགས་ཀྱིས་བྱས་པའི་རྩ་གདན་གྲུ་བཞི་པ་ལ་ཟེར་བས་དེ་ཙམ་མམ་དཀྱིལ་འཁོར་བ་མལ་ཙམ་ཡན་གྱི་ལས་མ་བྱས་པ་དང་། དེས་ཕན་པའི་ནད་ཅན་མིན་པ་དང་། ཉི་མ་དེར་ལམ་དཔག་ཚད་ཕྱེད་དུ་མ་སོང་བ་དང་། ཆར་ཐིག་པ་གཉིས་ཡན་ཆད་ཀྱིས་ལུས་དངོས་ལ་མ་ཐོག་པ་དང་། རླུང་གིས

གོས་ཀྱི་གྲྭ་ཡན་ཆད་བསྐྱོད་པ་མ་ཡིན་པ་དང་། སྐྲ་སོགས་མ་འབྲེག་པ་དང་། སྔགས་པའི་སྨན་བསྟེན་པའི་རྗེས་སུ་ཁྲུས་བྱེད་པ་སོགས་མ་ཡིན་པ་དང་བདུན་ནོ། །ཐམས་པ་ལ་འདུ་ཤེས་མ་འཁྲུལ་བ། ཀུན་སློང་རང་དགར་དུས་མ་ཡིན་པར་ཁྲུས་བྱེད་འདོད་རྒྱུན་མ་ཆད་པ། སྦྱོར་བ་དུས་མ་ཡིན་པར་ཁྲུས་བྱེད་པར་རྩོམ་པ། མཐར་ཐུག་དེའི་རྐྱེན་གྱིས་ལྟེ་བར་སོན་པ་སྟེ་ལུས་ཀྱི་ཕྱེད་བཀྲུས་ཟིན་པའོ། །ཆུ་མིན་པའི་འོ་མ་ཆུར་ཁུ་སོགས་ཀྱིས་བཀྲུས་པ་དང་། དུས་མིན་དུ་ལུས་ཀྱི་ཕྱེད་དུ་མ་ཆོག་པར་ཁྲུས་བྱེད་པ་རྣམས་ཉེས་བྱས་སོ། །ཚང་མ་གཏོགས་བཅས་རྐྱང་རྐྱེན་དབང་གིས་གནང་བས་དུས་དྲན་བསྟེན་རིགས་པ་མ་བསྟེན་པ་དང་། བསྟེན་པར་རྫོགས་པ་ལ་མཐའ་འཁོབ་ཏུ་བཅུ་ཚོགས་ལ་བསྟེན་ཚོག་བཞིན་དུ་ལྔ་ཚོགས་ལ་བསྟེན་པ་དང་། ཚང་མ་གཏོགས་པའི་བཅས་རྐྱང་དང་རང་བཞིན་གྱི་ཉེས་པ་གཉིས་ནང་འདོམ་པའི་ཚེ་བཅས་རྐྱང་བསྲུང་བ་དང་། ཚང་མ་གཏོགས་པའི་བཅས་རྐྱང་ནང་འདོམ་པ་ན་དགག་བྱ་ཆེ་བ་དང་། དགོས་པ་ཆུང་བ་སྒྲུབ་པ་དང་། དགག་བྱ་དང་དགོས་པ་མཉམ་ན་བཅས་པ་ཆུང་བ་སྒྲུབ་པ་དང་། མི་སོགས་བསྟེན་པར་མ་རྫོགས་པ་ལ་བཅོལ་ཚོག་བཞིན་དུ་རེག་ན་ཉེས་བྱས་སོ། །བཅུ་ཚན་བདུན་པ་ལ་བཅུ་ལས། དང་པོ་དུད྄་འགྲ྄ོ་གས྄ོད་པ་ལ་གླེང་གཞི་དང་། ལྟུང་བའོ། །དང་པོ་ནི། འཆར་ཀས་མདའ་ལྔ་འཕངས་ཏེ་ནམ་མཁའ་ལ་བྱ་རོག་རྒྱ་བ་བསད་པས་གཞན་དག་མ་དད་པ་ལས་བཅས་སོ། །

གཉིས་པ་ལ་ཡན་ལག་བཞི་ལས། དང་པོ་ནི། དུད་འགྲོའི་སྐྱེ་གནས་སུ་གཏོགས་པའི་སྲོག་ཆགས་ཡིན་པ། གཞི་མེད་པ་དང་གཉིས་སོ། །ཐམས་པ་ལ་འདུ་ཤེས་མ་འཁྲུལ་བ་དུད་འགྲོར་འདུ་ཤེས་པའམ་ཐེ་ཚོམ་ཟ་བའོ། །ཀུན་སློང་ནི་དུད་འགྲོ་གསོད་འདོད་རྒྱུན་མ་ཆད་པ། སྦྱོར་བ་རང་ངམ་གཞན་བསྐོས་པ་གང་རུང་གིས་གསང་སྔགས་སོགས་ཐབས་གང་རུང་གིས་གསོད་པར་རྩོམ་པ། མཐར་ཐུག་དེའི་རྐྱེན་གྱིས་རང་གི་སྔ་རོལ་དུ་ཤི་བའོ། །དེའང་གྲངས་ཇི་སྙེད་ཤི་བ་དེ་སྙེད་ཀྱི་ལྟུང་བར་འགྱུར་རོ༑ ༑བསླབ་བྱ་གསོད་སེམས་མེད་པར་དུད་འགྲོའི་ཡན་ལག་གཅོད་པ་དང་། སྣག་དང་ཐག་པ་སོགས་ཀྱིས་རང་དགར་འཆིང་བསྡམ་གྱིས་ཉོན་མོངས་པར་བྱས་པ་དང་། དུད་འགྲོ་ཤི་ཡང་བླ་ཞེས་གཡོག་མི་བྱེད་པ་དང་། མེད་པར་ཟས་མི་འཕྲོད་པར་ཤེས་བཞིན་བྱིན་པ་དང་། འགྲོ་མི་ནུས་པ་ནན་གྱིས་

ལམ་དུ་དགྲི་བ་རང་དགར་འཕྱུལ་བ་དང་། ཁལ་ལྕི་བ་འགེལ་མི་འོས་པ་བཀལ་བ། རྗེ་བོང་སོགས་འཕེན་པ། དུད་འགྲོ་འཚོང་བ་བྱས་པ་རྣམས་ཉེས་བྱས། དུད་འགྲོའི་གཟུགས་བརྐྱན་བཞིག་པའང་ཉེས་བྱས་སོ། །གཉིས་པ་དགེ་སློང་བྱིས་པ་ལ་ཁྲིད་ལ་སྡོམ་པ་མ་སྐྱེས་ཞེས་འགྱོད་པ་བསྐྱེད་པའི་ཚིག་སྨྲ་བ་ལ་གླེང་གཞི་དང་། ལྟུང་བའོ། དང་པོ་ནི། གཞོན་ནུ་བཅུ་བདུན་སྡེས་དགེ་བའི་ཕྱོགས་ལ་བརྩོན་པ་ན་འཆར་ཀས་ཕྲག་དོག་གི་བསམ་པས་དེ་ལྟར་བརྩོན་པས་ཅི་བྱ་མང་དུ་ཐོས་པ་དང་དགྲ་བཅོམ་པར་ནི་མི་འགྱུར་རོ། །ཞེས་ཟེར། དེ་རྣམས་ན་རེ། དེའི་རྒྱུ་མཚན་ཅི་ཡིན་དྲིས་ཚེ། འཆར་ཀ་ན་རེ། ལོ་ཉི་ཤུ་མ་ལོན་པར་བསྙེན་པར་རྫོགས་པར་བྱས་ན་བསྙེན་པར་རྫོགས་པར་ཡང་མི་འགྱུར་ལ་མཁན་པོ་ཡང་སྨད་པའི་གནས་སུ་བྱས་པའོ་ཞེས་སྨྲས་པས་གཞོན་ནུ་དག་སེམས་ཁོང་དུ་ཆུད་པ་ལས་བཅས་སོ། །

གཉིས་པ་ལ་ཡན་ལག་བཞི་ལས། དང་པོ་ལ་གཉིས་ལས། གང་ལ་འགྱོད་པ་བསྐྱེད་པའི་ཡུལ་ནི་དགེ་སློང་ཆོས་བརྒྱད་ལྡན་ནོ། །གང་གིས་འགྱོད་པ་སྐྱེད་པའི་དངོས་པོ་ནི། དགེ་སློང་མ་ཡིན་པའི་དོན་གྱིས་སོ། །བསམ་པ་ལ་འདུ་ཤེས་མ་འཁྲུལ་བ། ཀུན་སློང་རང་དགར་བཞད་གད་ཡན་ཆད་ཀྱིས་བདེ་བ་ལ་མི་རེག་པར་བྱ་བའི་སེམས་ཀྱིས་འགྱོད་པ་སྐྱེད་པའི་ཚིག་སྨྲ་འདོད་རྒྱུན་མ་ཆད་པ། སྦྱོར་བ་ཁྱོད་ལ་དང་པོ་ནས་བསྙེན་རྫོགས་ཀྱི་སྡོམ་པ་མ་སྐྱེས་སོ་ཞེས་སམ། སྐྱེས་ཀྱང་ཞམ་པ་བྱུང་ངོ་ཞེས་སོགས་དགེ་སློང་མ་ཡིན་པའི་དོན་གྱིས་འགྱོད་པ་བསྐྱེད་པའི་ཚིག་ངག་མཚན་ཉིད་ལྡ་ལྡན་གྱིས་སྨྲ་བར་རྩོམ་པ། མཐར་ཐུག་དོན་གོ་བའོ། །སྐྱུར་བ་འདེབས་འདོད་དང་སྐྱོན་ནས་སྨྲ་འདོད་ཀྱིས་དགེ་སློང་མ་ཡིན་པའི་དངོས་པོས་འགྱོད་པ་བསྐྱེད་ན་སྐྱོན་ནས་སྨྲ་བའི་ལྟུང་བྱེད་དང་། སྐྱུར་བ་འདེབས་པའི་ལྷག་མ་རྣམས་སུ་འགྱུར་རོ། །དགེ་སློང་ལ་སྨྲ་མའི་དོན་ལས་གཞན་པའི་ལྷག་མ་དང་། བྱ་བ་མིན་པ་གང་ཡང་རུང་བས་རང་དགར་འགྱོད་པ་སྐྱེད་ན་ཉེས་བྱས་དང་། དགེ་སློང་ཆོས་བརྒྱད་ལྡན་ལས་གཞན་པའི་དགེ་སློང་དང་། རབ་བྱུང་དུད་འགྲོའི་བར་ཐམས་ཅད་ལ་རང་དགར་འགྱོད་པ་སྐྱེད་པ་ལ་ཉེས་བྱས་དང་ཉེས་བྱས་ཕྲ་མོར་འགྱུར་རོ། །ཕན་པའི་སེམས་ཀྱིས་ཉེས་པ་ལས་བཟློག་པའི་ཕྱིར་འགྱོད་པ་བསྐྱེད་པ་ལ་ལྟུང་བ་མེད་དོ། །གསུམ་པ་དགེ་སློང་ལ་གུག་ཀྱིལ་སྒྲོག་པ་

ལ་གླེང་གཞི་དང་ལྟུང་བའོ། །དང་པོ་ནི་བཅུ་བདུན་སྡེས་རང་གི་དགེ་བའི་གྲོགས་བྱེད་པའི་དགེ་སློང་གི་ཐུགས་དང་འགལ་བའི་བྱ་བ་བྱས་པ་ལ་བཟོད་པ་གསོལ་བར་བྱས་ཀྱང་ཡུལ་དེས་ཅི་ཡང་མི་སྨྲ་བར་འདུག་པ་ན་གཞོན་ནུ་གཅིག་གིས་གག་ཆིལ་བྱས་པ་དང་དགེ་སློང་དེ་ཡང་དགོད་པར་བརྩམ་པས་ཐམས་ཅད་ཀྱིས་དེ་ལྟར་བྱས་པས་དེ་རླུང་གྱེན་དུ་འཚུབ་སྟེ་ཆེའི་དུས་བྱས་པ་ལས་བཅས་སོ། །གཉིས་པ་ལ་ཡན་ལག་བཞི་ལས། དང་པོ་ལ་གཉིས་ལས། ཡུལ་ནི། དགེ་སློང་ཆོས་བརྒྱད་ལྡན་གྱི་ལུས་དངོས་ཡིན་པ་དང་། མ་ཉམས་པ་དང་། ཕམ་པ་དངོས་སུ་སྐྱེད་པའི་རྨ་དང་ཟག་བྱེད་ལས་གཞན་ཡིན་པ་དང་གསུམ་མོ། །རྟེན་ནི་རང་གི་ལུས་དངོས་ཡིན་པ་ཕམ་པ་དངོས་སུ་སྐྱེད་པའི་རྨ་དང་ཟག་བྱེད་ལས་གཞན་ཡིན་པ་དང་གསུམ་མོ། །བསམ་པ་ལ་འདུ་ཤེས་མ་འཁྲུལ་བ། ཀུན་སློང་རང་དགར་སྐྱི་གཡའ་བར་བྱ་བའི་སེམས་ཀྱིས་རེག་འདོད་རྒྱུན་མ་ཆད་པ། སྦྱོར་བ་སྐྱི་གཡའ་བར་བྱ་བའི་སེམས་ཀྱིས་རེག་པར་རྩོམ་པ། མཐར་ཐུག་རེག་པའོ། །རེག་བྱེད་དུ་མས་ཅིག་ཆར་རེག་ཀྱང་ལྟུང་བ་གཅིག་སྐྱེད་དོ། །སྐྱི་གཡའ་འདོད་ཀྱིས་དགེ་སློང་སྔར་བསྟན་པ་དེ་ལས་གཞན་པའི་དགེ་སློང་རབ་བྱུང་ཁྱིམ་པ་དུད་འགྲོའི་བར་ལ་རེག་པ་ཐམས་ཅད་ལ་ཉེས་བྱས་དང་ཉེས་བྱས་ཕྲ་མོའོ། །བཞི་པ་ཆུ་ལ་རྩེ་བའི་ལྟུང་བ་ལ་གླེང་གཞི་དང་། ལྟུང་བའོ། །དང་པོ་ནི། གཞོན་ནུ་བཅུ་བདུན་སྡེ་ཆུའི་ནང་དུ་ཞུགས་ཏེ་རྩེད་མོ་སྣ་ཚོགས་བྱས་པ་ན་རྒྱལ་པོ་གསལ་རྒྱལ་འཁོར་བཅས་ཀྱིས་མ་དད་པ་ལས་བཅས་སོ། །

གཉིས་པ་ལ་ཡན་ལག་བཞི་ལས། དང་པོ་ནི། འཇིག་རྟེན་ན་གྲགས་པའི་ཆུ་ཡིན་པ། ལྟེ་བ་ནུབ་པའི་ཚད་དུ་ཆོག་པ་དང་གཉིས་སོ། །བསམ་པ་ལ་འདུ་ཤེས་མ་འཁྲུལ་བ། ཀུན་སློང་རང་དགར་རྐྱོད་པས་དགའ་བ་ཉམས་སུ་མྱོང་བར་བྱ་བའི་བསམ་པས་རྩེ་འདོད་རྒྱུན་མ་ཆད་པའོ། །སྦྱོར་བ་རང་ངམ་གཞན་ཐ་སྙད་ལྔ་ལྡན་གྱིས་མངོན་སུམ་དུ་བསྐོས་པས་མངོན་སུམ་དུ་རྩེ་བར་རྩོམ་པ། མཐར་ཐུག་རྩེ་བའོ། །ལུས་ཆུ་ལ་མ་ཞུགས་པར་རྩེ་བ་ཐམས་ཅད་དང་། ཆུ་ལ་ཐེལ་རྫོལ་གྱིས་བརྡེག་པ་དང་། ཆུ་མིན་པའི་འོ་མ་བུ་རམ་གྱི་ཁུ་བ་ལ་རྩེ་བ་དང་། ཆུ་ལས་གཞན་པ་ལ་རྩེ་བ་ཐམས་ཅད་ལ་ཉེས་བྱས་སོ། །ལྔ་པ་བུད་མེད་དང་གནས་གཅིག་ཏུ་ལྷན་དུ་ཉལ་བ་ལ་གླེང་གཞི་དང་། ལྟུང་བའོ། །དང་པོ་ནི་དགྲ་བཅོམ་པ་མ་འགགས་པས་རི་རགས་སུ་ཁྱེའུ་སྦྱི་བརྗོལ་གྱི་མ་དེ་བདེན་པ་མཐོང་བ

ལ་འགོད་པའི་ཕྱིར་དུ། དེ་དང་ལྡན་ཅིག་གནས་གཅིག་ཏུ་གནས་ནས་ཆོས་བསྟན་བདེན་པ་མཐོང་བ་ལ་བཀོད་ཀྱང་གཞན་དག་མ་དད་པ་ལས་བཅས་སོ། །གཉིས་པ་ལ་ཡན་ལག་བཞི་ལས། དང་པོ་ལ་བཞི་ལས། ཡུལ་ནི། བུད་མེད་སྐྱེས་བསྐྱེད་ཀྱི་ཐུན་མོང་གི་ཆོས་ལྔའི་སྟེང་དུ་ཉེ་དུ་མ་ཡིན་པ། སྲུང་མ་དང་མི་ལྡན་པ་སྟེ་བདུན་ནོ། །གནས་ནི་སྤྱོད་ལམ་བཞི་ཤོང་བ། གནས་ཀྱི་མཚན་ཉིད་དུ་གྲུབ་པ། བར་འདོམ་གང་ཚུན་ཆད་ཀྱི་ནང་ཡིན་པ། གནས་གཅིག་ཡིན་པ་དང་བཞིའོ། །རྟེན་ནི་གྲོགས་མཚན་ཉིད་དང་ལྡན་པས་བསྲུང་བ་མ་ཡིན་པའོ། །མཚན་ཉིད་དང་ལྡན་པ་དེའང་དགེ་སློང་ཆོས་བརྒྱད་ལྡན་འོན་ལོང་དང་གཉིད་ལོག་སོགས་མིན་པའི་སྲུང་མ་ཞེས་སོ། །དུས་ནི་མཚན་མོ་ཡིན་པའོ། །བསམ་པ་ལ་འདུ་ཤེས་མ་འཁྲུལ་བ། ཀུན་སློང་རང་དགར་གཉིས་ཀ་ཉལ་བའི་སྤྱོད་ལམ་གྱིས་གཉིད་ལོག་འདོད་རྒྱུན་མ་ཆད་པའོ། །སྦྱོར་བ་གཉིས་ཀ་ཉལ་བའི་སྤྱོད་ལམ་གྱིས་གཉིད་ལོག་པར་རྩོམ་པ། མཐར་ཐུག་མཚན་མོའི་མཐའི་སྐད་ཅིག་མ་འདས་པའོ། །གནས་གཅིག་ཡིན་ཡང་འདོམ་དགུས་བར་དུ་ཆོད་ན་ཉེས་པ་མེད་ལ། འདོན་གང་ལས་རིང་ཞིང་འདོམ་དགུས་བར་མ་ཆོད་པ་ཉལ་བ་དང་། བུད་མེད་ཆོས་བདུན་ལྡན་ལས་གཞན་པའི་བུད་མེད་ནས་དུད་འགྲོ་མོ་བྱ་གག་གི་ཚད་ཡན་ཆད་དང་ལྷན་ཅིག་ཏུ་འདོམ་གང་གི་ནང་དུ་ཉལ་བ་ཉེས་བྱས། དེ་དང་འདོམ་དགུས་བར་མ་ཆོད་པར་ཉལ་ཏེ་མཚན་མོ་འདས་ཚེ་ཉེས་བྱས་ཕྲ་མོར་འགྱུར་རོ། །སྤྱོད་ལམ་བཞི་མི་ཤོང་བའི་གནས་སུ་ལྷན་ཅིག་ཉལ་བའི་ལྟུང་བ་དེ་འབྱུང་རིང་བ་ཡིན་པ་དང་སྤྱོད་ལམ་བཞི་ཤོང་གི་གནས་སུ་འབྱུང་ཉེ་བས་ན་ངེས་པར་སྤྱོད་ལམ་བཞི་ཤོང་གི་གནས་དགོས་པར་གསུངས་སོ། །དྲུག་པ་དགེ་སློང་སྨྲངས་བྱེད་ལ་གླེང་གཞི་དང་། ལྟུང་བའོ། །དང་པོ་ནི། འཆར་ཀས་མཚན་མོའི་དུས་སུ། བཙུ་བདུན་སྟེ་ཡོད་པའི་གནས་སུ་སོང་སྟེ། ལྭ་བ་ཕྱིར་ལོག་ཏུ་གྱོན་ཁ་རྡུ་མེ་བཙུག་སྟེ་འབྱུང་པོ་འབྱུང་པོ་ཞེས་སྨྲས་པས་གཞོན་ནུ་དག་སྐྲག་པ་ལས་བཅས་སོ། །

གཉིས་པ་ལ་ཡན་ལག་བཞི་ལས། དང་པོ་ལ་གཉིས་ལས། ཡུལ་ནི་དགེ་སློང་ཆོས་བརྒྱད་ལྡན་ནོ། །དངོས་པོ་ནི་འཇིགས་པའི་རྒྱུ་ཡིད་དུ་མི་འོང་བའོ། །བསམ་པ་ལ་འདུ་ཤེས་མ་འཁྲུལ་བ། ཀུན་སློང་རང་དགར་བཞད་གད་ཡན་ཆད་ཀྱིས་སྨྲངས་བར་འདོད་པས་འཇིགས་པའི་རྒྱུ་ཉེ་བར

སྒྲུབ་པའི་བསམ་པ་རྒྱུན་མ་ཆད་པ། སྦྱོར་བ་རང་དམ་གཞན་ཐ་སྙད་ལྔ་ལྡན་ལ་དག་མཚན་ཉིད་ལྔ་ལྡན་གྱིས་མངོན་སུམ་དུ་བསྒྲོས་པ་གང་རུང་གིས་གཟུགས་ཡིད་དུ་མི་འོང་བ་ཀ་བ་ཚིག་པ་ལྟ་བུ་དང་། སྒྲ་ཡིད་དུ་མི་འོང་བ་ཙ་ཡི་སྐད་ལྟ་བུ། དྲི་ཡིད་དུ་མི་འོང་བ་བཤང་བའི་དྲི་ལྟ་བུ། རེག་བྱ་ཡིད་དུ་མི་འོང་བ་བསེ་རག་གི་རེག་བྱ་ལྟ་བུ་དང་ལྡན་པའི་ཡི་དྭགས་དང་ཤ་ཟ་ལ་སོགས་འདི་ན་ཡོད་དོ་ཞེས་སོགས་གོ་བར་བྱེད་པར་རྩོམ་པ། མཐར་ཐུག་དོན་གོ་བའོ། །བསམ་པ་སྤྲངས་འདོད་ཀྱིས་གཟུགས་སྒྲ་སོགས་ཡིད་འོང་དང་ལྡན་པའི་ལྷ་ཀླུ་སོགས་ཡོད་དོ་ཞེས་སླུས་སམ་སླུར་འཇུག་པ་ལ་ཉེས་བྱས། དགེ་སློང་ཆོས་བརྒྱད་ལྡན་ལས་གཞན་པའི་མི་དང་དུད་འགྲོའི་བར་གྱི་སེམས་ཅན་གང་རུང་ལ་སྤྲངས་བར་བྱས་པ་ཐམས་ཅད་ཉེས་བྱས་དང་ཉེས་བྱས་ཕྲ་མོའོ། །ཕན་འདོད་ཀྱིས་དམྱལ་བའི་གཏམ་སོགས་བརྗོད་པ་ཉེས་མེད་དོ། །བདུན་པ་དགེ་སློང་དྲེའུ་ཡོ་བྱད་སྦྱིན་པ་ལ། གླེང་གཞི་དང་། ལྟུང་བའོ། །དང་པོ་ནི། དྲུག་སྡེས་གཞོན་ནུ་བཅུ་བདུན་སྡེ་ལ་ཁྲིད་དང་ཁོ་བོ་ཅག་དུས་རྒྱུན་དུ་འགྲན་བཟོད་པ་ཡིན་ན་ཆུའི་ནང་དུ་རྒྱུན་རིང་འདུག་པ་ལ་འགྲན་ནོ་ཟེར་ནས་ཐམས་ཅད་ཆུ་ནང་དུ་ནུབ་ཉེར་དགའ་སྤྱུར་དུ་ཆུ་ནང་ནས་ཕྱུང་སྟེ་གཞོན་ནུ་དེ་དག་གི་གོས་རྣམས་སྦས་ཏེ་དྲུག་སྡེ་རང་རང་གི་གོས་རྣམས་གྱོན་ནས་འདོང་བར་བྱས་སོ། །གཞོན་ནུ་དག་གིས་དྲུག་སྡེ་དང་རང་རང་གི་གོས་དག་མ་རྙེད་པས་མཐོ་བཙམ་པར་ཤེས་ནས་ཐང་གཅིག་ཏུ་འཁོད་དེ་གནས་པ་ན། ཤཱ་རིའི་བུ་འཁོར་བཅས་ལྷགས་ཏེ་གོས་རྣམས་བཙལ་ནས་བྱིན་ཅིང་། ཅི་ཉེས་དྲིས་པ་ན་སྔར་གྱི་ལོ་རྒྱུས་རྣམས་བསྙད་པས་གཞན་རྣམས་འཕྱ་བ་ལས་བཅས་སོ། །

གཉིས་པ་ལ་ཡན་ལག་བཞི་ལས། དང་པོ་ལ་གཉིས་ལས། གང་གིས་སྦྲ་བར་བྱེད་པའི་ཡུལ་ནི། རབ་བྱུང་སྡེ་ལྔའི་སྡོམ་པ་རྣམ་པར་དག་པ་དང་ལྡན་པ། ལྟ་བ་མཐུན་པ། ཐ་སྙད་གསུམ་དང་ལྡན་པ། རང་ལས་རྒྱུད་ཐ་དད་པའོ། །གང་སྦྲ་བར་བྱ་བའི་དངོས་པོ་ནི། ལྟུང་བཟེད་དྲ་བ་ཕོར་བ་སྣ་རགས་ཡན་ཆད་ཆོས་གོས་སོགས་འཚོ་བའི་ཡོ་བྱད་གང་རུང་ཡིན་པ། རུང་བ། ཚད་དང་ལྡན་པ་དེ་ཉིད་དབང་བ་ཆུད་ཟ་བའི་རྐྱེན་དང་མི་ལྡན་པ་སྟེ་ལྔའོ། །བསམ་པ་ལ་འདུ་ཤེས་མ་འཁྲུལ་བ། ཀུན་སློང་རྐུ་སེམས་དང་ཡིད་གཙུགས་ཁྲེད་པར་ཅན་དང་ཕན་འདོད་ལས་གཞན་པའི་སྦྲེད་འདོད་རྒྱུན་མ་ཆད་

པ༔ སྦྱོར་བ་རང་ངམ་གཞན་ཐ་སྙད་ལྔ་ལྡན་ལ་ངག་མཚན་ཉིད་ལྔ་ལྡན་གྱིས་མངོན་སུམ་དུ་བསྐོས་ཏེ་སྦྲེད་པར་རྫོགས་པ། མཐར་ཐུག་སྦྲས་ཟིན་པའོ། །ཆོས་འདི་བའི་རབ་བྱུང་ལས་གཞན་པའི་ཕྱི་རོལ་མུ་སྟེགས་པའི་རབ་བྱུང་ནས་དུད་འགྲོའི་བར་གྱི་རྫས་གང་ཡང་རུང་བ་རང་དགར་སྦྲེད་པ་དང་སྦྲེད་དུ་བཅུག་པ་ཐམས་ཅད་ལ་ཉེས་བྱས་དང་ཉེས་བྱས་ཕྲ་མོ་ཅི་རིགས་པར་འགྱུར་རོ། །བརྒྱད་པ་སྣར་བྱིན་པའི་གོས་སོགས་གཉྫང་མེད་པར་སླར་བླངས་ནས་སྤྱོད་པ་ལ་གླེང་གཞི་དང་ལྟུང་བའོ། །དང་པོ་ནི། ཉེར་དགའ་རྒས་ཤིང་འཁོག་པའི་ཚེ། ཆོས་གོས་དྲི་མ་ཅན་བཀྲུ་བར་མ་ནུས་པ་ལ་ཐབས་ཤིག་བྱའོ་སྙམ་སྟེ། ཉེ་གནས་ལ་རང་གི་གོས་དྲི་མ་ཅན་དེ་བྱིན་པས་དེས་བཀྲུ་ཞིང་ཁ་བསྒྱུར་ནས་ཉེར་དགའ་ལ་བཙོལ་བའི་ཚེ། དེས་གཉྫང་མེད་པར་ལོངས་སྤྱོད་པ་ན་གཞན་དག་འཕྱ་བ་ལས་བཅས་སོ། །

གཉིས་པ་ལ་ཡན་ལག་བཞི་ལས། དང་པོ་ལ་གསུམ་ལས་ཡུལ་ནི། དགེ་སློང་ཆོས་བརྒྱད་དང་ལྡན་པ་རང་ལས་ནོར་ཐ་དད་པ་དང་དགུའོ། །དངོས་པོ་ནི། གོས་ཡིན་པ། རུང་བ་ཚད་དང་ལྡན་པ། རང་གིས་དེ་ལ་བྱིན་ནས་དེ་ལ་དབང་བ་ཡིན་པའོ། །རྟེན་ནི། དེས་ལོངས་སྤྱོད་པར་གནང་བ་མ་ཐོབ་པའོ། །བསམ་པ་ལ་འདུ་ཤེས་མ་འཁྲུལ་བ། ཀུན་སློང་རང་དགར་རྐུ་སེམས་དང་ཡིད་གཙུགས་ཁྱད་པར་ཅན་ལས་གཞན་པ་རང་གི་བློས་ལོངས་སྤྱོད་འདོད་རྒྱུན་མ་ཆད་པ། སྦྱོར་བ་དེ་ལྟར་ལོངས་སྤྱོད་པར་རྫོགས་པ། མཐར་ཐུག་དེའི་རྐྱེན་གྱིས་ལོངས་སྤྱོད་པའོ། །གོས་ལས་གཞན་པའི་ཡོ་བྱད་དང་ཆོས་བརྒྱད་ལྡན་ལས་གཞན་པའི་དགེ་སློང་ནས་དུད་འགྲོའི་བར་ལ་གོས་སོགས་ཡོ་བྱད་རང་གིས་གཏན་དུའམ་རེ་ཞིག་བྱིན་ནས་གནང་བ་མ་ཐོབ་པར་ལོངས་སྤྱད་པ་ཐམས་ཅད་ལ་ཉེས་བྱས་དང་ཉེས་བྱས་ཕྲ་མོར་འགྱུར་རོ། །རང་གིས་བྱིན་པ་མ་ཡིན་པའི་ཡོ་བྱད། དེས་གནང་བ་མིན་པ་ལ། ཡིད་གཙུགས་པའི་སེམས་ལས་གཞན་པའི་བློ་ནས་ལོངས་སྤྱོད་ན་མ་བྱིན་ལེན་དུ་གཏོགས་པའི་ཉེས་པ་སྐྱེད་དོ། །དགུ་པ་གཞི་མེད་པའི་ལྷག་མའི་སྐུར་བ་བཏབ་པ་ལ་གླེང་གཞི་དང་། ལྟུང་བའོ། །དང་པོ་ནི་མཛའ་བོ་དང་ས་ལ་སྐྱེས་གཉིས་ཀྱིས་གྱད་བུ་ནོར་ལ་ལྷག་མའི་སྐུར་བ་བཏབ་པ་ལས་བཅས་སོ། །གཉིས་པ་ལ་ཡན་ལག་བཞི་ལས། དང་པོ་ལ་གསུམ་ལས། གང་ལ་སྐུར་བ་གདབ

པའི་ཡུལ་དང་གང་ལ་སྨྲ་བའི་རྟེན་ནི་སྐུར་འདེབས་ཀྱི་ལྷག་མ་བཞིན་ནོ། །གང་གིས་སྐུར་བ་གདབ་པའི་དངོས་པོ་ནི། ལྷག་མའི་དངོས་གཞི་ཡིན་པ། གང་གིས་སྐུར་བ་བཏབ་པ་དེའི་མཐོང་ཐོས་དོགས་གསུམ་གྱི་གཞི་མེད་པའོ། །བསམ་པ་ལ་འདུ་ཤེས་མ་འཁྲུལ་བ། ཀུན་སློང་ཉམས་པར་འདུན་པས་འདུ་ཤེས་བསྒྱུར་ཏེ་ལྷག་མའི་དངོས་གཞིས་སྐུར་བ་འདེབས་འདོད་རྒྱུན་མ་ཆད་པའོ། །སྦྱོར་བ་མིང་ནས་སྨོས་ཏེ་བྱེད་པོ་དང་བྱ་བ་སྦྱར་མ་སྦྱར་གང་ཡང་རུང་བའི་སྒོ་ནས་ངག་མཚན་ཉིད་ལྔ་ལྡན་གྱིས་སྐུར་བ་འདེབས་པར་རྩོམ་པ། མཐར་ཐུག་དོན་གོ་བའོ། །བཅུ་པ་བུད༷་མེ༷ད་དང་ལྷན༷་ཅི༷ག་ཏུ་སྐྱེས༷་པ༷་མེ༷ད་པ༷ར་ལ༷མ་དུ་འགྲོ༷་བ་ལ་གླེང་གཞི་དང་། ལྟུང་བའོ། །དང་པོ་ནི། ཐ་ག་པ་སྐྱེ་གཅེར་གྱིས་རང་གི་ཆུང་མར་བླངས་པའི་བུ་མོ་ལ་བརྡུང་འཚོག་མང་དུ་བྱས་པས། བུ་མོ་དེ་ཉིད་དགེ་སློང་བསོད་སྙོམས་པ་ཞིག་དང་འགྲོགས་ཏེ་མཉན་ཡོད་དུ་ཕྱིན་པ་དང་ཐ་ག་པ་སྐྱེ་གཅེར་གྱིས་ཐ་ག་པ་ལྔ་བརྒྱ་ཙམ་གྲོགས་སུ་སྦྲན་ནས་ཕྱིན་ཏེ་བུ་མོ་དང་དགེ་སློང་གཉིས་བརྡུང་བ་དང་ལྟུང་བཟེད་བཅག་ཆོས་གོས་རལ་བ་ལས་བཅས་སོ། །

གཉིས་པ་ལ་ཡན་ལག་བཞི་ལས། དང་པོ་ལ་བཞི། ཡུལ་ནི་བུད་མེད་མཚན་དོན་བྱེད་ནུས་པ་དང་ལྡན་པ། ལུས་ཐ་མལ་དུ་གནས་པ། ལུས་བསྙེན་དུ་རུང་བ། རྫུ་འཕྲུལ་ཅན་མ་ཡིན་པ། ཐ་སྙད་ལྔ་དང་ལྡན་པ། ཁྲིམ་པ་མོ་ཡིན་པ་ཉེ་དུ་མ་ཡིན་པ། བདག་ཉིད་ལ་སེལ་བྱེད་པ་སོགས་ཕན་འདོགས་པ་མ་ཡིན་པ། ངོ་མ་སྨོས་པ་སྟེ་དགུའོ། །ལམ་ནི་ས་ལ་བརྟེན་པའི་ལམ་ཡིན་པ། རྒྱང་གྲགས་གཅིག་གི་མཐའ་ཡིན་པའོ། །དུས་ནི། ཉིན་མཚན་གཅིག་གི་དུས་ཡིན་པའོ། །རྟེན་ནི། སྤྱར་བཤད་པའི་ཁྲིམས་གྲོགས་རིགས་པའི་སྐྱེས་པ་མཚན་ཉིད་པ་དང་མི་ལྡན་པའོ། །བསམ་པ་ལ་འདུ་ཤེས་མ་འཁྲུལ་བ། ཀུན་སློང་རང་དགར་ཁྲིམ་པ་མོ་དང་ལྷན་ཅིག་ལམ་དུ་འགྲོ་འདོད་རྒྱུན་མ་ཆད་པ། སྦྱོར་བ་དེ་ལྟར་འགྲོ་བར་རྩོམ་པ། མཐར་ཐུག་རྒྱང་གྲགས་ལས་འདས་པའོ། །དེའང་རྒྱང་གྲགས་ཀྱི་གྲངས་བཞིན་ལྟུང་བྱེད་རེ་རེ་དང་དེའི་ཕྱེད་ལ་ཉེས་བྱས་རེ་རེའོ། །བཅུ་ཚན་བརྒྱད་པ་ལ་བཅུ་ལས། དང་པོ་ཤོ་གམ་རལ་བའི་མགྲོན་པོ་ཀུན༷་མ༷་དང་མཚུངས༷་པར་ལྷན་ཅིག་འགྲོ་བ་ལ་གླེང་གཞི་དང་། ལྟུང་བའོ། །དང་པོ་ནི། དགེ་སློང་འགའ་ཞིག་གིས་ཤོ་གམ་མ་བྱིན་པའི་ཚོང་པ་དང་འགྲོགས་ཏེ་ལམ་

གོལ་བ་ལ་ཕྱིན་པ་ན་ཤོ་གམ་པས་ཆོར་ཧེ་ཆོང་པ་དང་དགེ་སློང་ལྷན་ཅིག་བཅོམ་པ་ལས་བཅས་སོ། །གཉིས་པ་ལ་ཡན་ལག་བཞི་ལས། དང་པོ་ལ་བཞི་ཡོད་པའི་ལམ་དང་དུས་ནི་སྔ་མ་བཞིན་ནོ། །ཡུལ་ནི་ཁྲིམ་པ་ཡིན་པ། ཐ་སྙད་ལྔ་དང་ལྡན་པ། ལུས་ཐ་མལ་དུ་གནས་པ། གྲོང་འཇོམས་པ་སོགས་རྐུན་པོ་མཚན་ཉིད་པ་ཡིན་པ། སྐྱེས་པའི་མཚན་མ་ཉིད་དང་ལྡན་པ། རྐུ་བའི་བྱ་བ་མ་སྤྲངས་པ། ངོ་མ་སྨྱོས་པ། རང་ཉིད་ན་བ་སོགས་ལ་ཕན་འདོགས་པ་མ་ཡིན་པ་དང་བརྒྱད་དོ། །བསམ་པ་ལ་འདུ་ཤེས་མ་འཁྲུལ་བ། ཀུན་སློང་རང་དགར་རྐུན་མ་དང་ལྷན་ཅིག་ལམ་དུ་འགྲོ་འདོད་རྒྱུན་མ་ཆད་པ། སྦྱོར་བ་དེ་ལྟར་འགྲོ་བར་རྩོམ་པ། མཐར་ཐུག་རྒྱང་གྲགས་འདས་པའོ། །དེའང་རྒྱང་གྲགས་རེ་རེ་ལ་ལྟུང་བ་རེ་རེའོ། །དེའི་ཕྱེད་ལ་ཉེས་བྱས་སོ། །རྐུན་མ་རབ་བྱུང་དང་བུད་མེད་གཡོ་སྒྱུའི་ཐ་སྙད་བྱེད་པའི་ཟོལ་བ་དང་། རྐུ་ཐབས་སུ་རབ་ཏུ་བྱུང་བ་རྣམས་དང་ལྷན་དུ་རང་དགར་ལམ་དུ་འགྲོ་བའི་ཚེ་རྒྱང་གྲགས་རེ་རེའི་མཐར་ཉེས་བྱས་རེ་རེ། དེའི་ཕྱེད་ལ་ཉེས་བྱས་ཕྲ་མོའོ། །གཉིས་པ་ཉི༷་ཤུ༷་མ༷་ལོ༷ན་པ༷འི་བསྒྲུབ་བྱ་ལ༷་བསྙེ༷ན་པར་རྫོགས་པའི་སྡོམ་པ་ཕོ༷ག་པ་ལ་གླེང་གཞི་དང་། ལྟུང་བའོ། །དང་པོ་ནི། འཕགས་པ་མོའུ་འགལ་གྱིས་གཞོན་ནུ་བཅུ་བདུན་སྟེ་བསྙེན་པར་རྫོགས་པ་གནང་བས་དེ་དག་ཐོ་རེངས་ཀྱི་དུས་སུ་བཀྲེས་པའི་དབང་གིས་སྐླེ་སྟུགས་སྣ་ཚོགས་བཏོན་པ་ལས་བཅས་སོ། །

གཉིས་པ་ལ་ཡན་ལག་བཞི་ལས། དང་པོ་ལ་བཞི་ལས།ཡུལ་ནི་སྔར་བསྙེན་པར་མ་རྫོགས་པ་ཡིན་པ། ཐ་སྙད་ལྔ་དང་ལྡན་པ། ལུས་ཐ་མལ་དུ་གནས་པ། མཚན་མཐུན་པ། བསམ་པ་ཐག་པ་ནས་བསྙེན་པར་རྫོགས་པར་འདོད་པ། མཚམས་མེད་སོགས་སྐྱེ་བའི་བར་ཆད་གཞན་དང་མི་ལྡན་པ། སྐྱེས་ནས་ལོ་ཉི་ཤུ་མ་ལོན་པ་དང་བདུན་ནོ། །གྲོགས་ནི་སློབ་དཔོན་དང་དགེ་འདུན་མཚན་ཉིད་དང་ལྡན་ཞིང་གྲངས་ཚང་བ། ཆོ་ག་ནི། གསོལ་བཞིའི་ལས་མཚན་ཉིད་དང་ལྡན་ཞིང་ཆོས་དང་ལྡན་པ། རྟེན་ནི། བདག་ཉིད་བསྒྲུབ་བྱ་དེའི་མཁན་པོ་བྱེད་པའོ། །བསམ་པ་ལ་འདུ་ཤེས་མ་འཁྲུལ་བ་སྟེ་སྐྱེས་ནས་ལོ་ཉི་ཤུ་མ་ལོན་པ་ལ་དེར་འདུ་ཤེས་པའམ་ཐེ་ཚོམ་ཟ་བའོ། །ཀུན་སློང་ནི་རང་དགར་དེའི་བསྙེན་རྫོགས་ཀྱི་མཁན་པོ་བྱེད་འདོད་རྒྱུན་མ་ཆད་པ། སྦྱོར་བ་ངག་མཚན་ཉིད་ལྔ་ལྡན་གྱིས་དེའི་བསྙེན་རྫོགས་བྱེད་པར་རྩོམ་པ། མཐར་ཐུག་བརྗོད་པ་གསུམ་པའི་ངོ་བོ་བརྗོད་པ་བྱ་བ་བརྗོད་

པ་རྫོགས་ནས་བྱེད་པ་བརྗོད་པའི་ཚིག་རྫོགས་པའི་མཐའ་ལ་མཁན་པོ་ལ་ལྟུང་བྱེད་དང་སློབ་དཔོན་དགེ་འདུན་བཅས་ལ་ཉེས་བྱས་སོ། །མངལ་བཤོལ་བརྩིས་པས་བསྒྲུབ་བྱ་ལོ་ཉི་ཤུ་ལོན་ཡང་མ་བརྩིས་པས་ཉི་ཤུ་མ་ལོན་པར་བསྙེན་པར་རྫོགས་ན་སྡོམ་པ་སྐྱེ་ཡང་མཁན་པོ་ལ་ལྟུང་བྱེད་དང་། ལས་སློབ་སོགས་དགེ་འདུན་ལ་ཉེས་བྱས་སྐྱེད་དོ། །དོན་དུ་ལོ་ཉི་ཤུ་ལོན་ཡང་རང་ཉིད་ཀྱིས་མ་ལོན་པར་ཤེས་ན་སྡོམ་པ་སྐྱེ་སྟེ། དངོས་པོའི་སྒོ་ནས་སྡོམ་པའི་ཞིང་དུ་གྱུར་པའི་ཕྱིར་རོ། །དོན་ལ་མངལ་བཤོལ་དང་བཅས་པས་ཉི་ཤུ་མ་ལོན་ནའང་ལོན་པར་ཤེས་ནས་བསྙེན་པར་རྫོགས་པར་བྱས་ན་སྡོམ་པ་སྐྱེ། ཕྱིས་སུ་སྔར་སྡོམ་པ་ལེན་པའི་སྐབས་སུ་རང་ཉིད་ཉི་ཤུ་མ་ལོན་བཞིན་དུ་བསྙེན་པར་རྫོགས་པར་བྱས་སོ་སྙམ་དུ་ཤེས་ན་དེ་སྐབས་སུ་མངལ་བཤོལ་བཅས་ལོ་ཉི་ཤུ་མ་ལོན་པ་ཡིན་ན་སྔར་ཐོབ་ཀྱི་སྡོམ་པ་ཞིག་པར་འགྱུར་ཏེ། དངོས་པོ་དང་བསམ་པའི་ཞིང་གང་ཡང་མེད་པའི་ཕྱིར་རོ། །སྔོན་སྡོམ་པ་ལེན་དུས་ཉི་ཤུ་མ་ལོན་པར་ཤེས་པའི་འདུ་ཤེས་སྐྱེ་བའི་སྐབས་དེར་མངལ་བཤོལ་བཅས་ཉི་ཤུ་ལོན་ཡོད་ན་སྔར་སྐྱེས་ཟིན་གྱི་སྡོམ་པ་དེ་ཞིག་པར་མི་འགྱུར་ཏེ། དངོས་པོའི་དབང་གིས་སྡོམ་པའི་ཞིང་དང་ལྡན་པའི་ཕྱིར་རོ། །དེ་ལྟར་དངོས་པོ་དང་བསམ་པའི་ཞིང་མ་ཡིན་པའི་དབང་གིས་སྔར་གྱི་སྡོམ་པ་ཞིག་ཟིན་པས་དེས་དགེ་འདུན་དང་ལྷན་དུ་ལན་གཉིས་སུ་ལས་ཉམས་སུ་མྱོང་བར་བྱས་ན་ཀུ་ཐབས་སུ་གནས་པར་འགྱུར་རོ། །མངལ་བཤོལ་མ་བརྩིས་པར་ལོ་བཅུ་དགུ་ལོན་པའི་ཚེ་མངལ་བཤོལ་དང་བཅས་པའི་ཉི་ཤུ་ལོན་པའི་ཐོག་མ་ཡིན་ནོ། །དགེ་ཚུལ་གྱི་སྡོམ་པ་ལེན་པ་ན་མངལ་བཤོལ་དང་བཅས་ཏེ་ལོ་བདུན་མ་ལོན་པར་རབ་བྱུང་བྱས་ན་སྡོམ་པ་མི་སྐྱེ་བྱེད་པོ་ལ་ཉེས་བྱས་སྐྱེད་དོ། །མངལ་བཤོལ་བཅས་ལོ་བདུན་ལོན་ཡང་མངལ་ནས་སྐྱེས་ཕྱིན་ལོ་བདུན་མ་ལོན་ན་སྡོམ་པ་སྐྱེ་ཡང་བྱེད་པོ་ལ་ཉེས་བྱས་སོ། །མངལ་ནས་སྐྱེས་ཕྱིན་ལོ་དྲུག་ལོན་ཚེ་མངལ་བཤོལ་བཅས་ལོ་བདུན་ལོན་པའི་ཐོག་མ་ཡིན་ནོ། །གསུམ་པ་ས་རྐྱ་བ་ལ་གླེང་གཞི་དང་། ལྟུང་བའོ། །དང་པོ་ནི། དྲུག་སྡེས་དགོས་པ་མེད་བཞིན་ས་བརྐོས་ཡུར་བ་འདྲེན་པས་མུ་སྟེགས་ཅན་དང་གཞན་དག་འཕྱ་བ་ལས་བཅས་སོ། །

གཉིས་པ་ལ་ཡན་ལག་བཞི་ལས། དང་པོ་ལ་གཉིས་ལས། དང་པོ་ནི་འཇིག་རྟེན་ན་གྲགས

པའི་ས་ཡིན་པ། མ་ཉམས་པ། འཐས་པར་གནས་པ། འོག་གཞི་དང་འབྲེལ་བ། སྤྲར་གང་ཡན་ཆད་ཀྱི་ཚད་དང་ལྡན་པ། རྟེན་ནི་བདག་ཉིད་ལག་གི་བླ་བྱེད་པའི་གནང་བའི་རྐྱེན་དང་ལྡན་པ་སོགས་མིན་པ། བསམ་པ་ལ་འདུ་ཤེས་མ་འཁྲུལ་བ། ཀུན་སློང་ས་རང་དགར་རྐོ་འདོད་རྒྱུན་མ་ཆད་པ། སྦྱོར་བ་རང་ངམ་གཞན་ཐ་སྙད་ལྔ་ལྡན་ལ་ངག་མཚན་ཉིད་ལྔ་ལྡན་གྱིས་མངོན་སུམ་དུ་བསྐོས་པས་མངོན་སུམ་དུ་རྐོ་བར་རྩོམ་པ། མཐར་ཐུག་འོག་གཞི་དང་བྲལ་བའོ། །ཁ་ཅིག་སོར་བཞི་ཡན་ཆད་བརྐོས་པ་ཞེས་ཀྱང་གསུངས་སོ། །ས་ལ་ཕྱུར་པ་འདེབས་སམ་འདེབས་སུ་གཞུག་པ་དང་། འཇིམ་པ་དང་བཅས་པའི་རྩིག་པ་མ་བྲུག་པ་གཞིག་པ་རྣམས་ལ་ལྟུང་བྱེད་དོ། །ཕྱེ་མ་དང་རྡོ་ཐལ་ཤས་ཆེར་འདྲེས་པའི་ས་དང་། ས་ཞག་འདམ་རྫབ་སྐམ་པོ་བྲུག་པ། རྩིག་པ་བྲུག་པ་གཞིག་པ། གཞན་གྱིས་བཏབ་པའི་ཕྱུར་པ་འབྱིན་པ། སར་རི་མོ་འབྲི་བ་སའི་ཕྱེ་མ་འདྲེས་པའི་ལྕི་བ་སོགས་འགོག་པ། འདམ་བསྒྲུལ་བསྐྱོད་བྱེད་པ། འདམ་དང་འབྲེལ་བའི་བུམ་སོགས་འདེགས་པ། མེས་ཚིག་པའི་ས་ཉམས་པ་གཞིག་པ་རྣམས་ཉེས་བྱས་སོ། །བཞི་པ་མགྲོན་དུ་གཉེར་ཞིང་བོ༷ས་པ་ལས་ཟླ༷་བ་བཞི༷་ལས་ལྷག༷་པ༷ར་བསྡད་དེ་ཟས་ཟོ༷ས་པ་ལ་གླེང་གཞི་དང་། ལྟུང་བའོ། །དང་པོ་ནི། ཤཱཀྱ་མིང་ཆེན་གྱིས་སྟོན་པ་འཁོར་བཅས་ཟླ་བ་བཞིར་མགྲོན་དུ་བོས་ཏེ་ཟས་བསོད་པ་མང་པོ་སྦྱར་བྱས་པ་དང་དྲུག་སྡེས་ཟས་བཟང་པོ་ཡུན་རིང་ཐོབ་པའི་ཐབས་བྱའོ་སྙམ་ནས་དགའ་བོ་དང་ཉེར་དགའ་གཉིས་ཀྱིས་ན་རྫུ་བྱས་ནས་སྨན་པ་ལ་བསྟན་པས་ན་རྫུ་ཡིན་པར་ཤེས་ནས། འཕགས་པ་དག་སྨུམ་བག་གི་རྐྱེད་པ་རྒྱ་ཆེར་གསོལ་ཞིག་ཟེར་བ་ན། དྲུག་སྡེ་དགའ་ནས་མཁས་པ་ཁྱེད་ནི་ནད་ཀྱི་གཞི་དང་ཐབས་ལ་མཁས་སོ་ཟེར་ནས་གཉིས་ཀྱིས་ནད་པ་བྱས་བཞིན་ནད་གཡོག་བྱས་ཏེ་ཟླ་བ་བཞི་ལས་ལྷག་པར་ཟས་ལ་སྤྱོད་པ་ན་གཞན་དག་མ་དད་པ་ལ་བརྟེན་ནས་བཅས་སོ། །

གཉིས་པ་ལ་ཡན་ལག་བཞི་ལས། དང་པོ་ལ་བཞི་ལས། སྦྱིན་བདག་ནི། ཁྱིམ་པ་ཆོས་ལྔ་དང་ལྡན་པའི་སྟེང་དུ་མགྲོན་དུ་འབོད་པ་པོ་ཡིན་པ། རྟག་ཏུ་མགྲོན་དུ་བོས་པ་སོགས་མ་ཡིན་པ་དང་བདུན་ནོ། །དངོས་པོ་ནི། དུས་རུང་ཡིན་པ། རུང་བ་ཚད་དང་ལྡན་པ། སྦྱིན་བདག་དེ་ཉིད་ཀྱི་ཡིན་པ། སྔར་བཤམས་པའི་འཕྲོ་ཡིན་པ། ལྷམ་ལྷུམ་སོགས་ཤིན་ཏུ་མོད་པ་མ་ཡིན་པ་དང་དྲུག་གོ། །དུས་ནི་

ཇི་སྲིད་མགྲོན་དུ་གཉེར་བའི་དུས་རྫོགས་པའི་དེའི་རྗེས་སུ་ཡིན་པ། རྐྱེན་ནི། དེས་ཕན་པའི་ནད་ཅན་དང་བར་ཆད་ཀྱི་རྐྱེན་དང་ལྡན་པ་མ་ཡིན་པ། བསམ་པ་ལ་འདུ་ཤེས་མ་འཁྲུལ་བ། ཀུན་སློང་རང་དགར་མགྲོན་དུ་གཉེར་བ་ལས་རིང་དུ་འདུག་སྟེ་ཟ་འདོད་རྒྱུན་མ་ཆད་པ། སྦྱོར་བ་དེ་ལྟར་ཟ་བར་རྩོམ་པ། མཐར་ཐུག་མགུལ་དུ་མིད་པའོ། །དེའང་དུས་ངེས་ཅན་མ་ངེས་པར་མགྲོན་དུ་གཉེར་ཚུལ་གང་གིས་མགྲོན་དུ་གཉེར་བའི་དུས་དེ་རྫོགས་ནས་སླར་མགྲོན་དུ་གཉེར་བར་མ་བྱས་ན་ཡང་སྔར་བཤམས་པའི་ཟས་ཀྱི་རིགས་དེ་བསླང་སྟེ་ཟོས་ན་ལྟུང་བ་འདི་སྐྱེད་དོ། །དུས་མིན་གྱི་སྨན་མགྲོན་དུ་གཉེར་བ་ལས་རིང་དུ་འདུག་ཅིང་ཟོས་པ་སོགས་ཉེས་བྱས་སོ། །བསླབ་བྱ་ནི་གཞན་གྱིས་བསྟབ་ཀྱང་རང་དགར་ཧ་ཅང་བསླངས་པ་དང་། གདུག་ཚོད་དུས་ལས་མ་ཡོལ་བར་ཁྲིམ་ཤིག་ཅེས་མ་བཟོད་པ་དང་། ལས་ཀྱི་ཆོ་གའི་ཚིག་རྣམས་ཇི་སྐད་གསུངས་པ་ལས་གཞན་དུ་བསྒྱུར་བ་རྣམས་བསླབ་འགལ་གྱི་ཉེས་བྱས་སོ། །

ལྔ་པ་རང་ལ་བསླབ་པ་ཉེ་བར་འཛོག་པ་ལ་ཁྱོད་ཀྱིས་མི་ཤེས་ཞེས་བརྗོད་དེ་སྨྲང་བ་ལ་གླེང་གཞི་དང་ལྟུང་བའོ། །དང་པོ་ནི། སྤྱིར་སྟོན་པས་བསླབ་པའི་གཞི་བཅའ་བ་མཛད་པའི་ཚེ་དེར་མ་འདུས་པ་དག་ལ་སྒྲོགས་པར་བྱེད་པ་ཡིན་པས་ཀུན་དགའ་བོས་ཚེ་དང་ལྡན་པ་ལམ་པ་ལ། མགྲོན་དུ་གཉེར་བ་ལས་རིང་དུ་འདུག་ན་ལྟུང་བྱེད་ཀྱི་བཅས་པ་མཛད་དོ་ཞེས་དགེ་སློང་རྒྱུས་མེད་རྣམས་ལ་སྒྲོགས་ཤིག་ཅེས་བསྒོས་པར་ལམ་པས་དགེ་སློང་གི་དབྱར་ཁང་དུ་སོང་སྟེ་གཞོན་ནུ་བཅུ་བདུན་སྡེ་དང་ལྷན་དུ་དྲུག་སྡེ་འདུག་པ་ན། དེ་དག་གིས་བཅས་པ་མ་ཐོས་སོ་སྙམ་ནས་བསྒྲགས་པ་ན་དེ་དག་ན་རེ། བསླབ་པའི་གཞི་དེ་གཞན་ལ་མ་དྲིས་པར་མི་མཁས་པ་ཁྱོད་ཀྱི་ཚིག་ཙམ་གྱིས་སློབ་པར་མི་བྱེད་དོ་ཞེས་ཟེར་བ་ལ་གཞན་དག་འཕྱ་བ་ལས་བཅས་སོ། །གཉིས་པ་ལ་ཡན་ལག་བཞི་ལས། དང་པོ་ལ་གཉིས་ལས། ཡུལ་དགེ་སློང་ཆོས་བརྒྱད་དང་ལྡན་པའི་སྟེང་དུ་བསླབ་པ་ལས་བརྩམ་པའི་བསྒོ་བ་པོ་ཡིན་པ་འདུལ་བ་ཤེས་པ་སྟེ་བཅུ་ལྡན་ནོ། །གང་སྨྲང་བའི་དངོས་པོ་ནི། འདུལ་བར་གཏོགས་པའི་བསླབ་བྱ་ཡིན་པའོ། །བསམ་པ་ལ་འདུ་ཤེས་མ་འཁྲུལ་བ། ཀུན་སློང་གང་ཟག་ལ་མི་མཁས་པ་དང་། བསླབ་པ་ལ་མི་སློབ་པའི་ཚིག་སྨྲ་ཞིང་གོ་བར་འདོད་པ་རྒྱུན་མ་ཆད་པ། སྦྱོར་བ་ངག་མཚན་

ཉིད་ལྟ་ལྡན་གྱིས་སླུ་བར་རྩོམ་པ། མཐར་ཐུག་དོན་གོ་བའོ། །མདོ་སྡེ་ལས་གསུངས་པའི་བསླབ་པ་ལ་ཉེ་བར་འཇོག་པ་སྦྱོང་བ་ལ་ཉེས་བྱས་སོ། །

བྲུག་པ་འཐབ་པའི་ཉན་རྣ་བྱེད་པ་ལ། གླེང་གཞི་དང་། ལྟུང་བའོ། །དང་པོ་ནི། གཞོན་ནུ་བཅུ་བདུན་སྡེ་སྡེ་སྨོད་འཛིན་པར་གྱུར་ནས་ཉེར་དགས་མཐོ་བརྩམ་པ་འདི་འདྲ་སུས་ཀྱང་མ་བྱས་པས་ཉེར་དགའ་གནས་ནས་དབྱུང་བར་བྱའོ་ཞེས་གྲོས་བྱེད་པ་ན་ཉེར་དགས་ཉན་རྣ་བྱས་ཏེ་ཐོས་པའི་དབང་གིས་ཕན་ཚུན་མི་མཐུན་པར་གྱུར་པ་ལས་བཅས་སོ། །གཉིས་པ་ལ་ཡན་ལག་བཞི་ལས། དང་པོ་ལ་གཉིས་ལས། དང་པོ་ཡུལ་ནི་ལྟ་བ་མཐུན་པ་མ་གཏོགས་པའི་དགེ་སློང་ཆོས་ལྟ་ལྡན་གྱི་སྟེང་དུ་རང་དང་རྩོད་པའི་ཕྱིར་གྲོས་བྱེད་པའི་དགེ་སློང་གཉིས་ལ་སོགས་པའོ། །དངོས་པོ་རྩོད་པ་ནི། རྩོད་པ་བཞི་སྟེ། ལྟུང་ཕྱིར་དང་། འགྱེད་ཕྱིར་དང་། མི་གདམས་ཕྱིར་དང་། བྱ་བའི་ལས་ཕྱིར་ཏེ་བཞི་པོ་གང་རུང་ཡིན་པ། བསམ་པ་ལ་འདུ་ཤེས་མ་འཁྲུལ་བ། ཀུན་སློང་རྩོད་པ་དེ་སྤེལ་བའི་ཆེད་དུ་ཉན་རྣ་བྱེད་འདོད་རྒྱུན་མ་ཆད་པ། སྦྱོར་བ་དེ་ལྟར་ཉན་པར་རྩོམ་པ། མཐར་ཐུག་དོན་གོ་བའོ། །སྒྲ་ཙམ་ཐོས་པ་ཉེས་བྱས་སོ། །གཞན་གྱི་འཐབ་མོ་སྤེལ་བ་དང་འཐབ་མོ་བྱེད་པར་ཉན་པ་དང་། དེའི་དྲུང་དུ་འདུག་པ་དང་། རྩོད་པ་ཞི་བའི་ཆེད་དུ་མི་འབད་པ་རྣམས་བསླབ་འགལ་གྱི་ཉེས་བྱས་སོ། །བདུན་པ་ཁ་སྐོང་དུ་མི་འོས་པའི་ཉེས་པ་མེད་བཞིན་དུ་ལྷག་འོག་གི་དགེ་སློང་ལ་མི་སྨྲ་བར་འགྲོ་བ་ལ། གླེང་གཞི་དང་། ལྟུང་བའོ། །དང་པོ་ནི་བཅུ་བདུན་སྡེས་དྲུག་སྡེ་ནུས་པ་ཆུང་བའི་དུས་སུ་གནས་ནས་དབྱུང་བའི་ལས་བརྩམ་པས་དགའ་བོས་དེ་བཟློག་པར་བརྩམ་པ་ན། གཞོན་ནུ་དག་ན་རེ། གང་ཕྱིར་བཟློག་པ་དེའང་གནས་ནས་དབྱུང་བར་བྱའོ་ཟེར་བ་དང་། དགའ་བོས་ཅང་མི་སྨྲ་བར་སྟན་ལས་ལངས་ནས་སོང་བ་དང་ཉེར་དགའ་གནས་ནས་དབྱུང་བས་དགའ་བོའི་དྲུང་དུ་འོང་སྟེ་སྨྲེ་སྔགས་སྣ་ཚོགས་བཏོན་པ་ན། ངའི་ནུ་བོ་གནས་ནས་དབྱུང་བ་དེ་དག་ཁམས་གསུམ་ནས་ཕྱུང་ཤིག །འོན་ཀྱང་ལས་མ་ཆགས་ཏེ་ཁོ་བོ་ལས་ལ་མ་འདུས་སོ་ཟེར་བ་ལ་གཞན་དག་འཕྱ་བས་བཅས་སོ། །གཉིས་པ་ལ་ཡན་ལག་བཞི་ལས། དང་པོ་ལ་བཞི་ལས། དང་པོ་གང་ནས་འགྲོ་བའི་གནས་ནི། ལས་ཀྱི་མཚམས་ཀྱི་ནང་ཡིན་པ། ལས་ནི། དགེ་འདུན་གྱི་ལས་ཆོས་ལྡན་ཡིན་ཞིང་རང་

ལ་མི་མཐུན་པའི་ལས་མིན་པ། རྟེན་ནི། དགེ་སློང་གྲལ་ན་འཁོད་པ་ལ་མ་སླུས་ཤིང་བར་ཆད་དང་མི་ལྡན་པར་ལས་ཐོས་པའི་ཉེ་འཁོར་ལས་འདས་པ། དུས་ནི་གསོལ་བ་མ་བྱས་པའི་དུས་ཡིན་པ། བསམ་པ་ལ་འདུ་ཤེས་མ་འཁྲུལ་བ། ཀུན་སློང་ཐོས་པའི་ཉེ་འཁོར་ལས་འདས་པར་འགྲོ་འདོད་རྒྱུན་མ་ཆད་པ། སྦྱོར་བ་འགྲོ་བར་རྩོམ་པ། མཐར་ཐུག་ཐོས་པའི་ཉེ་འཁོར་ལས་འདས་ནའོ། །དོན་མེད་དང་མི་རིགས་པའི་ལས་དང་། ཆོས་དང་མི་ལྡན་པ་དང་། ཆོས་ལྡན་གྱི་ལས་ལ་གསོལ་བ་བྱས་ཏེ་མི་སྨྲ་བར་འགྲོ་བ་རྣམས་ལ་ཉེས་བྱས་སོ། །བརྒྱད་པ་དགེ་འདུན་གྱི་ཆོས་ལྡན་གྱི་བཀའ་ལ་ཤད་སྦྱངས་མེད་པར་མི་གུས་པས་འགལ་བ་ལ་གླེང་གཞི་དང་། ལྟུང་བའོ། །དང་པོ་ནི། དགེ་སློང་རབ་ཏུ་མང་པོས་རྩོད་པ་ཆོས་ཕྱོགས་སུ་ཞི་བར་བྱས་པ་ན་དགེ་སློང་གླང་ཆེན་ཞེས་བྱ་བས་དགེ་སློང་རབ་ཏུ་མང་པོ་དང་མི་མཐུན་པར་བྱས་ཏེ་རྩོད་པ་བྱེད་པ་ན་གཞན་དག་མ་དད་པས་བཅས་སོ། །

གཉིས་པ་ལ་ཡན་ལག་བཞི་ལས། དང་པོ་ལ་གཉིས་ལས། ཡུལ་ནི་སངས་རྒྱས་ཀྱི་བཀའ་འམ་དགེ་སློང་ཆོས་བརྒྱད་ལྡན་དགེ་འདུན་དུ་ལོངས་པའི་བཀའ་འམ་དགེ་འདུན་དེའི་ཞལ་ཏ་བ་དགེ་སློང་ཆོས་བརྒྱད་ལྡན་གྱིས་བསྐོ་བ་གང་རུང་ཡིན་པ་ཆོས་དང་ལྡན་པ་རང་ལ་བསྐོ་བ་ཡིན་པ་སྒྲུབ་པར་ནུས་པ་དང་བཞིའོ། །རྟེན་ནི་མ་གུས་པས་ཞུགས་པ་ཆོས་ལྡན་གྱི་ཤད་སྦྱངས་མི་བྱེད་པའོ། །བསམ་པ་ལ་འདུ་ཤེས་མ་འཁྲུལ་བ། ཀུན་སློང་འདུག་ཅིག་མ་སྨྲ་ཞིག་ཅེས་བགོ་བའམ་དགེ་འདུན་གྱིས་ཆོས་ལྡན་གྱི་གཏམ་བྱེད་པ་སོགས་ལ་རང་དགར་དེ་དག་ལས་འགལ་བར་བྱེད་འདོད་རྒྱུན་མ་ཆད་པའོ། །སྦྱོར་བ་དེ་ལྟར་འགལ་བར་བྱེད་པར་རྩོམ་པ། མཐར་ཐུག་འགལ་བའི་བྱ་བ་རྫོགས་པའོ། །སངས་རྒྱས་ཀྱི་བསླབ་པའི་བཅས་པའམ་ཚིག་དགོས་པ་མེད་པ་འདི་ཅི་བྱ་ཞེས་སངས་རྒྱས་ལ་མ་གུས་པས་བསླབ་པའི་བཅས་མཚམས་ལས་འདས་ན་ལྟུང་བྱེད། སངས་རྒྱས་ལ་མ་གུས་པ་མིན་པར་བསླབ་པ་ཙམ་ལ་མ་གུས་པས་འདའ་བ་ལ་ཉེས་བྱས། དགེ་འདུན་གྱིས་ཆོས་ལྡན་གྱི་གཏམ་ལ་མ་གུས་པས་གློ་བུར་དགོས་མེད་ཀྱི་ཚིག་ཅེས་སྨྲ་བ་ལ་ལྟུང་བ་དངོས་དང་། བཀའ་ཚིག་དང་དུ་བླང་མ་ནུས་ན་གུས་པས་ཚིག་འཇམ་པོས་ཤད་སྦྱངས་བྱེད་དགོས་ན་ཡང་ཚིག་རྩུབ་མོས་ཤད་སྦྱངས་བྱས་པ་དང་། མ་གུས་པའི་བསམ་པ་མེད་ཀྱང་བཀའ་འདས་ལ་ཤད་སྦྱངས་མེད་པར་འགལ་བར

བྱེད་པ་དང་། མཁན་སློབ་ཀྱི་བསྒོ་བ་ཆོས་ལྡན་ལ་འགལ་བར་བྱེད་པའང་ཉེས་བྱས་སོ། །རྒྱལ་པོ་དང་གནས་བརྟན་དང་དགྲ་བཅོམ་གྱི་ངག་ཆོས་ལྡན་ལས་འགལ་བར་བྱེད་ན་ཉེས་བྱས་སོ། །དགུ་པ་ཆུ༹ང་འཐུད༹་པ་ལ་གླེང་གཞི་དང་། ལྟུང་བའོ། །དང་པོ་ནི། དགེ་སློང་ལེགས་འོང་གིས་ཁྱིམ་བདག་གིས་ཆང་ཕུལ་བ་བཏུང་བས་ས་ལ་འགྱེལ་བ་སྟོན་པས་གཟིགས་ནས་དགེ་བསྙེན་ཡན་ཆད་ཀྱིས་ཆང་མི་བཏུང་བའི་བཅས་པ་མཛད་པའོ། །

གཉིས་པ་ལ་ཡན་ལག་བཞི་ལས། དང་པོ་ནི་ཐབས་བཏབ་པའི་འབྲས་བུའི་ཆང་དངོས་སམ། དེའི་སྙིང་མའམ། ཐབས་མ་བཏབ་པའི་རྒྱུན་ཆང་ལ་སོགས་པའི་བཅོས་པའི་ཆང་དངོས་སམ། དེའི་ཚིག་མ་གང་རུང་ཡིན་པ། འབྲུལ་བ་རྫོགས་པར་བསྐྱེད་པའི་རིགས་ཡིན་པ། གཞི་གཞན་གྱིས་རུང་བ༑ ཚོད་དང་ལྡན་པ་དང་བཞིའོ། །བསམ་པ་ལ་འདུ་ཤེས་མ་འཁྲུལ་བ། ཀུན་སློང་མྱོས་འགྱུར་འཐུང་འདོད་དམ་དེའི་སྙིང་མ་སོགས་ཟ་འདོད་རྒྱུན་མ་ཆད་པ། སྦྱོར་བ་དེ་ལྟར་ལོངས་སྤྱོད་པར་རྩོམ་པ། མཐར་ཐུག་མིད་ཐེབས་རེ་རེ་ལ་ལྟུང་བྱེད་རེ་རེའོ། །ཐབས་ཀྱི་ཆངས་བུ་དང་ཆང་གི་རོ་དང་དྲི་བྲོ་བའི་ཐུག་པ་དང་ནས་སོགས་བཙོས་ཏེ་མནན་པའི་ཁུ་བ་སྐྱུར་པོའི་རྩབ་མོ་མྱོས་པར་མི་བྱེད་པ་དང་། རྩ་བ་སྔོང་པོ་མེ་ཏོག་འབྲས་བུ་འདབ་མ་མྱོས་པར་འགྱུར་བ་ཟོས་པ་དང་འཐུང་བ་རྣམས་ཉེས་བྱས་སོ། །ཆང་མི་མིད་པར་རང་དགར་ཁར་འཆང་བ་ལུས་ལ་སྐུད་པ་རྣམས་ལ་ཉེས་བྱས་སོ། །ཆང་བཙོ་བཙག་འཚོང་བ་སོགས་དང་། ཆང་ཁང་ཆང་སྟོན་སོགས་རང་གིས་བྱས་སམ་བྱེད་དུ་བཅུག་པ་ལ་ཉེས་བྱས་སོ༑ ༑ནད་གསོ་ཕྱིར་དུ་ཆང་མི་མིད་པར་ཁར་བསྲེལ་བ་ཙམ་དང་། ལུས་ལ་སྐུད་པ་ཙམ་ལ་ཉེས་པ་མེད་དོ། །ཆང་བསྒོལ་བའི་རྐྱེན་གྱིས་མྱོས་པར་འགྱུར་བའི་ནུས་པ་ཅུང་ཟད་ཀྱང་མེད་པ་དང་དྲི་རོ་གང་ཡང་མེད་པ་བཏུང་ན་ཉེས་པ་མེད་པར་གསུངས་སོ། །

བཅུ་པ་དུས༹་མིན༹་པའམ་ཕྱི༹་དྲོ༹་གྲོང༹་དུ༹་རྒྱུ༹་བ་ལ་གླེང་གཞི་དང་། ལྟུང་བའོ། །དང་པོ་ནི། འཆར་ཀས་ཤཱ་རིའི་བུ་ལས་གདམས་ངག་ཞུས་ཏེ་བསྒོམ་པས་དགྲ་བཅོམ་ཐོབ་ཆེ་སངས་རྒྱས་ཀྱིས་དེ་ཁྱིམ་པ་དད་པའི་མཆོག་ཏུ་ལུང་བསྟན་པས་སྟོན་པའི་དྲིན་ལན་བསབ་སླམ་དུ་གྲོང་དུ་ཕྱིན་ནས་སྐྱེ་བོ་མང་པོ་བདེན་པ་ལ་བཀོད། མཐར་ནམ་ཞིག་གི་ཚེ་ཁྱིམ་བདག་གི་ཆུང་མ་མ་རུང་བ་ཞིག་ཡོད་པ་ཆོམ་

རྐུན་པའི་དམག་དཔོན་ཞིག་དང་འདོད་ལོག་སྤྱོད་པ་ལ་འཆར་ཀས་འདོད་ལོག་གི་ཉེས་དམིགས་བཤད་པས་བུད་མེད་དེས་ཆོམ་རྐུན་གྱི་དམག་དཔོན་དེ་ལ་འདི་སོད་ཅིག་ཅེས་བསྐོས་པས་དེས་རལ་གྲིས་དབུ་བཅད་དེ་དགྲོང་བས་བཅས་སོ། །གཉིས་པ་ལ་ཡན་ལག་བཞི་ལས། དང་པོ་ལ་བཞིའི། དང་པོ་གང་དུ་འགྲོ་བའི་གནས་ནི་ཁྱིམ་པ་ཆོས་ལྡ་ལྡན་གྱི་གནས་ཡིན་པ། གནས་ཀྱི་མཚན་ཉིད་དུ་གྲུབ་པ། སྤྱོད་ལམ་བཞི་ཤོང་བ། གྲོང་བའི་ཆོས་ལྷག་པར་སྤྱོད་པའི་གནས་ཡིན་པ་དང་བཞིའོ། །གང་ནས་འགྲོ་བའི་གནས་ནི། རབ་བྱུང་སྡེ་ལྔ་གང་རུང་གི་སྡོམ་པ་རྣམ་དག་དང་ལྡན་པ། ལྟ་བ་མཐུན་པ། ཐ་སྙད་གསུམ་དང་ལྡན་པ། ལུས་ཐ་མལ་དུ་གནས་པ། མཚམས་ཀྱི་ནང་ན་གནས་པ་དང་། གནས་ནས་མ་ཕྱུང་བ་དང་། ཕྱི་བ་ན་གཞན་གྱི་ཕྱོགས་སུ་མ་སོང་བ་དང་། རང་ལས་རྒྱུད་ཐ་དད་པ་སྟེ་ཆོས་བརྒྱད་དང་ལྡན་པའི་ཆོས་འདི་བ་པའི་རབ་བྱུང་ཡོད་པའི་གནས་སོ། །དུས་ནི་རང་གནས་པའི་གླིང་གི་ཉི་མའི་ཕྱེད་ཡོལ་ནས་སྐྱ་རེངས་དང་པོ་མ་ཤར་བའི་བར་རོ། །རྐྱེན་ནི་ སྲ་བརྐྱང་མ་བཏིང་བ། བར་ཆད་ཀྱི་རྐྱེན་དང་མི་ལྡན་པ། གཞན་འདུལ་བའི་དགོས་པ་ཁྱད་པར་ཅན་དང་མི་ལྡན་པ། བསྒོམ་བྱུང་གི་རྫུ་འཕྲུལ་གྱིས་འགྲོ་བ་མ་ཡིན་པའོ། །བསམ་པ་ལ་འདུ་ཤེས་དུས་མིན་ལ་དེར་འདུ་ཤེས་པའམ་ཐེ་ཚོམ་ཟ་བའོ། །

ཀུན་སློང་ནི། རང་དགར་འཁོད་པ་ལ་མ་སླས་པར་དུས་མ་ཡིན་པར་གྲོང་དུ་འགྲོ་འདོད་རྒྱུན་མ་ཆད་པ། སྦྱོར་བ་དེ་ལྟར་འགྲོ་བར་རྩོམ་པ། མཐར་ཐུག་དེའི་རྐྱེན་གྱིས་རྩིག་པ་སོགས་ར་བས་མ་བསྐོར་ན་ཉེ་འཁོར་ལས་འདས་པ་དང་། བསྐོར་ནས་སྒོ་བཙུགས་ན་བསྐོར་བ་ལས་འདས་པ་དང་། སྒོ་བཙུགས་ནས་སྒོ་གླེགས་བཅད་ན་གདན་པའི་གནས་ཀྱི་གནས་ལས་འདས་པ་དང་། མ་བཅད་ན་རྩེ་མོ་ཕུག་ལ་སོགས་སུ་བསྟན་པའི་ཉེ་འཁོར་ལས་འདས་པའོ། །གྲོང་དུ་འགྲོ་བ་ཙམ་འཁོད་པ་ལ་སླས་ཀྱང་། གང་དུ་འགྲོ་བའི་ཁྱིམ་མ་སླས་པར་འགྲོ་བ་དང་། གྲོང་གཅིག་གི་ཁྱིམ་དུ་འགྲོ་བར་སླས་ནས། དེ་ལས་གཞན་མ་སླས་པའི་ཁྱིམ་དུ་འགྲོ་བ་དང་། ཉེ་མིན་མཚན་མི་མཐུན་པའི་ཕྱི་རོལ་བའི་རབ་བྱུང་དང་མཚན་མི་མཐུན་པ་ཉམས་པ་དང་། མ་ཆགས་པའི་གནས་སུ་དུས་མིན་པར་མ་སླས་པར་ཕྱིན་པ་རྣམས་ལ་ཉེས་བྱས་སོ། །གྲོང་གཞན་དུ་རྒྱུ་བར་སླས་ཏེ། དེ་ལས་གཞན་མ་སླས་པའི་

གྲོང་དུ་འགྲོ་བ་ལ་ལྟུང་བྱེད་དོ། །སླ་ཡུལ་མཚན་ཉིད་པ་མེད་པའི་གནས་ནས་མ་སྨྲས་པར་དུས་མིན་པར་གྲོང་དུ་འགྲོ་བ་ལ་སྤྱིར་ལྟུང་བ་མེད་དོ། །ཆོས་འདི་བའི་རབ་བྱུང་སྤྱིས་སྐྱིད་པའི་ལྟུང་བ་ལ་འདི་དང་སྦིད་པའི་ལྟུང་བ་གཉིས་སོ། །བཅུ་ཚན་དགུ་པ་ལ་བཅུ་ལས། དང་པོ་སྔ་དྲོ་ཟས་བཅས་ཀྱི་ཁྱིམ་དུ་དགེ་འདུན་སྤྱན་དྲངས་ཏེ་དུས་ལས་མ་ཡོལ་བར་གདུགས་ཚོད་ཞུལ་བར་མ་སྨྲས་པར་དགེ་སློང་རང་ཉིད་ཕྱི་དྲོའི་བར་དུ་ཁྱིམ་ནས་ཁྱིམ་གསུམ་འདས་པར་རྒྱུ་བ་ལ་གླེང་གཞི་དང་། ལྟུང་བའོ། །

དང་པོ་ནི། ཉེར་དགའི་ཚིག་གིས་སྟོན་པ་འཁོར་བཅས་ཁྱིམ་བདག་གིས་གདུག་ཚོད་ལ་སྤྱན་དྲངས་པ་དང་། སྦྱིན་བདག་ལ་ཉེར་དགས་ང་མ་འོང་བར་གདུགས་ཚོད་མ་འདྲེན་ཟེར་ནས་ཁོ་རང་གྲོང་གཞན་ནས་གཞན་དུ་བརྒྱུད་དེ་ཡུན་རིང་འགོར་བ་ན། སྟོན་པས་གདུགས་ཚོད་དྲོངས་ཤིག་གསུངས་ཀྱང་བཙུན་པ་ཉེར་དགའ་མ་བྱུང་སྨྲས་ཆེ། སྟོན་པས། གཞན་དབང་ཐམས་ཅད་སྡུག་བསྔལ་ཏེ། །རང་དབང་ཐམས་ཅད་བདེ་བ་ཡིན། །ཞེས་གསུང་སྡེ་བཅས་པ་མཛད། གཉིས་པ་ལ་ཡན་ལག་བཞི་ལས། དང་པོ་ལ་ལྔ་ལས། གང་དུ་འགྲོ་བའི་གནས་ནི། ཁྱིམ་པ་མཚན་ཉིད་དང་ལྡན་པའི་གནས་ཡིན་པ། གནས་ཀྱི་ངོ་བོར་གྲུབ་པ། སྤྱོད་ལམ་བཞི་ཤོང་བ། ཁྱིམ་གསུམ་ཡན་ཆད་ཡིན་པ་སྟེ་བཞིའོ། །དུས་ནི། སྔ་དྲོའི་དུས་ཡིན་པ། རང་གི་ཚིག་གིས་དགེ་སློང་ཆོས་བརྒྱད་ལྡན་གྱི་དགེ་འདུན་དུ་ལོངས་པ་ཟས་ལ་སྤྱན་དྲངས་པའི་དུས་ཡིན་པའོ། །སྦྱིན་བདག་ནི་ཁྱིམ་པ་ཆོས་བཞི་དང་ལྡན་པའོ། ཟས་ནི། དུས་རུང་གི་བཟའ་བཏུང་རུང་བ་ཚད་དང་ལྡན་པའོ། །རྟེན་ནི། དུས་ལས་མ་ཡོལ་བར་བྲིམས་ཤིག་ཅེས་མ་བསྒོས་པ་དང་། བར་ཆད་ཀྱི་རྐྱེན་དང་མི་ལྡན་པའོ། །བསམ་པ་ལ་འདུ་ཤེས་མ་འཁྲུལ་བ། ཀུན་སློང་རང་དགར་ཁྱིམ་གསུམ་ཡན་ཆད་དུ་འགྲོ་འདོད་རྒྱུན་མ་ཆད་པ། སྦྱོར་བ་དེ་ལྟར་འགྲོ་བར་རྩོམ་པ། མཐར་ཐུག་ཁྱིམ་མ་བསྐོར་བ་ཉེ་འཁོར་ལས་འདས་པ་སོགས་སྔ་མ་བཞིན་ནོ། །ཡང་ཕྱི་དྲོ་གྲོང་དུ་རྒྱུ་བ་ལ་ཡན་ལག་བཞི་ལས། དང་པོ་ལ་གསུམ་ལས། གང་དུ་འགྲོ་བའི་གནས་དང་དུས་ནི། མ་སྨྲས་པར་གྲོང་དུ་འགྲོ་བ་ལྟར་ཡིན། གནས་ཀྱི་ཁྱད་པར་ཁྱིམ་བཞི་ཡན་ཆད་ཡིན་པའོ། །རྟེན་ནི། ཆོས་འདི་བ་པའི་རབ་ཏུ་བྱུང་བའི་འཁོར་ལ་མ་སྨྲས་པ། བར་ཆད་ཀྱི་རྐྱེན་དང་མི་ལྡན་པ། གདུལ་བའི་དགོས་པ་ཁྱད་པར་ཅན་དང་མི་ལྡན་པའོ། །བསམ་པ་ལ་འདུ་ཤེས་མ་འཁྲུལ་བ། ཀུན་སློང་

རང་དགར་འཁོད་པ་ལ་མ་སླས་ཀྱང་དུས་མ་ཡིན་པར་ཁྲིམ་བཞི་ཡན་ཆད་དུ་འགྲོ་འདོད་རྒྱུན་མ་ཆད་པ༑ །སྦྱོར་བ་དེ་ལྟར་འགྲོ་བར་རྩོམ་པ། མཐར་ཐུག་ཁྲིམ་བཞི་པའི་སྒོའི་གདན་པའམ་ཉེ་འཁོར་འདས་པ་སོགས་སྔ་མ་བཞིན་ནོ། །གཉིས་པ་དགོས་མེད་དུ་རྒྱལ་པོ༷་བཙུན་མོ༷་རྩེ༷་བ༷འི་ཁ༷བ་བམ་ཕོ་བྲང་དུ་སྐྱ་རེངས་མ་ཤར་བའི་ནུབ་མོ་འགྲོ་ཉ༷ལ་ལ་གླིང་གཞི་དང་། ལྟུང་བའོ། །དང་པོ་ནི། ཀོ་ས་ལའི་རྒྱལ་པོ་གསལ་རྒྱལ་གྱི་ཆུང་མ་ཕྲེང་ལྡན་མ་དང་། དབྱར་ཚུལ་མའི་སློབ་དཔོན་དུ་ཤཱ་རིའི་བུ་དང་འཆར་ཀ་གཉིས་གྱུར་པའི་ཚེ་ཕོ་བྲང་དུ་ཆོས་སྟོན་པ་ལ་འཇུག་པ་ན་ཤཱ་རིའི་བུ་འཇུག་པ་ལ་མཁས་པས་དུས་སུ་འཇུག་ཅིང་འཆར་ཀ་དེ་ལྟར་མ་ཡིན་པས་མཚན་མོའི་དུས་སུ་ཆོས་བསྟན་བསོད་སྙོམས་བླངས་སྐྱ་རེངས་མ་ཤར་གོང་དུ་ཕྱིར་བྱུང་བ་ལ་གཞན་དག་ཁ་ཟེར་བས་བཅས་སོ། །

གཉིས་པ་ལ་ཡན་ལག་བཞི་ལས། དང་པོ་ལ་གསུམ་ལས། གནས་ནི་རྒྱལ་པོའི་བཙུན་མོ་མཚན་ཉིད་དང་ལྡན་པའི་གནས་ཡིན་པ། གནས་ཀྱི་མཚན་ཉིད་དུ་གྲུབ་པ། སྤྱོད་ལམ་བཞི་ཤོང་བ་དང་གསུམ་མོ། །རྒྱལ་པོའི་བཙུན་མོ་ནི། རིམ་པ་ལྟར་དམངས་རིགས་ཡིན་ཡང་རྒྱལ་པོར་དབང་བསྐུར་བ་དང་། དེའི་བཙུན་མོ་ཡིན་པ། ཁྲིམ་པ་མཚན་ཉིད་པ་ཡིན་པ། ཐ་སྙད་ལྡེ་དང་ལྡན་པ། གྲོང་བའི་ཆོས་ལྷག་པར་སྤྱོད་པའོ། །དུས་ནི། ཉི་མ་ནུབ་པའི་མཐར་ནུབ་ཕྱོགས་ཀྱི་འོད་དམར་པོ་ཆགས་པ་འདས་པ་ནས་སྐྱ་རེངས་ཐ་མ་མ་ཤར་གྱི་བར་གྱི་དུས་གང་ཡང་རུང་བའོ། །གསུམ་པ་རྟེན་ནི་བར་ཆད་ཀྱི་རྐྱེན་དང་མི་ལྡན་པ། རྒྱལ་པོ་སོགས་ཀྱིས་ཆོས་ལྡན་གྱི་དགོས་པ་ཁྱད་པར་ཅན་ལ་བོས་པ་མ་ཡིན་པ། གཞན་འདུལ་བའི་དགོས་པ་ཁྱད་པར་ཅན་དང་མི་ལྡན་པ། བསྒོམ་བྱུང་གི་རྫུ་འཕྲུལ་གྱིས་འགྲོ་བ་མ་ཡིན་པའོ། །བསམ་པ་ལ་འདུ་ཤེས་མ་འཁྲུལ་བ་སྟེ་ཉི་མ་ནུབ་པའི་མཐར་ནུབ་ཕྱོགས་ཀྱི་འོད་དམར་པོ་འདས་པ་ནས་སྐྱ་རེངས་ཐ་མ་མ་ཤར་གྱི་བར་གྱི་དུས་ཡིན་པ་ལ་དེར་འདུ་ཤེས་པའམ་ཡིད་གཉིས་ཟ་བའོ། །ཀུན་སློང་ནི། རྒྱལ་པོའམ་བཙུན་མོའི་གནས་སུ་མཚན་མོ་རང་དགར་འགྲོ་བའམ་དེར་གནས་འདོད་རྒྱུན་མ་ཆད་པའོ། །སྦྱོར་བ་དེ་ལྟར་འགྲོ་བར་རྩོམ་པ། མཐར་ཐུག་མ་སླས་པར་གྲོང་དུ་འགྲོ་བའི་ལྟུང་བྱེད་བཞིན་ནོ། །མཚན་མོ་གཅིག་ཡིན་ཡང་རྒྱལ་པོའམ་བཙུན་མོའི་གནས་སུ་འགྲོ་འོང་དུ་མ་བྱུས་ན་ཕྱིར་འོང་བ་ལ་ལྟུང་བ་མེད་དོ། །ནང་དུ་ཇི་སྲིད་ཕྱིན་པ་དེ་སྲིད་

ཀྱི་ལྟུང་བ་སྐྱེད་ལ། མཚན་ཐོག་ཐག་ཕྱིར་མ་འོང་བར་ནང་དུ་འདུག་ན་སྐྱ་རེངས་ཧེ་སྐེད་འདས་པ་དེ་སྐེད་ཀྱི་ལྟུང་བྱེད་རེ་རེ་སྐྱེད་པའོ། །ཉིན་པར་རྒྱལ་པོའམ་བཙུན་མོའི་གནས་སུ་ཞུགས་ནས་མཚན་མོ་བསྡད་པ་ལའང་ལྟུང་བ་དངོས་གཞི་སྐྱེད་དོ། །གནས་དེར་དུས་མིན་དུ་འགྲོ་བའི་ཚེ་འཁོད་པ་ལ་མ་སླས་ན་དུས་མ་ཡིན་པར་གྲོང་དུ་འགྲོ་བའི་ལྟུང་བྱེད་དེ་ཡང་སྐྱེད་དོ། །བསླབ་བྱ་ནི། ཕོ་བྲང་གི་སྒོར་འདུག་སྟེ་བདག་འོང་ངོ་ཞེས་བརྡ་སྤྲད་ནས། རྒྱལ་པོ་སོགས་ཀྱིས་ནང་དུ་བྱོན་ཅིག་ཅེས་མ་བརྗོད་པར་གྱུ་རྫོམ་དུ་རྒྱལ་པོའི་ཕོ་བྲང་ལ་སོགས་པར་འཇུག་ན་བསླབ་འགལ་གྱི་ཉེས་བྱས་སོ། །

གསུམ་པ་སོར་མདོ་སོགས་འདྲེན་པ་ལན་གཉིས་སོགས་སུ་ཐོས་ཏེ་བསླབ་གཞི་ཕྲ་མོ་ཡོད་པར་སྣང་ནས་ཤེས་བཞིན་པ་ལ་དུ་གདོད་ཤེས་སོ་ཟེར་བ་ལ་གླེང་གཞི་དང་། ལྟུང་བའོ། །དང་པོ་ནི། སོ་སོར་ཐར་པའི་མདོ་འདོན་པའི་ཚེ་དྲུག་སྡེས་གུས་པར་མ་ཉན་པར་སྐྱུ་ཐབས་ཀྱིས་མདོ་འདིའི་ནང་དུ་ལྟུང་བ་ཕྲ་མོ་འདི་འདྲ་ཡོད་པར་ད་གཟོད་ཤེས་སོ་ཟེར་ནས་བསླབ་པ་ཁྱད་དུ་གསོད་པ་ན་གཞན་དག་མ་དད་པས་བཅས་སོ། །གཉིས་པ་ལ་ཡན་ལག་བཞི་ལས། དང་པོ་ལ་བཞི་ལས། ཡུལ་ནི་དགེ་སློང་ཆོས་བརྒྱད་ལྡན་གྱི་སྟེང་དུ་གསོ་སྦྱོང་དེ་ལ་གཏོགས་པ་དང་དགུའོ། །གང་དུ་ཁྱད་དུ་གསོད་པའི་དངོས་པོ་ནི། འདུལ་བར་གཏོགས་པ་ཡིན་པ། རང་གི་བསླབ་པ་ཡིན་པ། དོན་གྱི་བདག་ཉིད་ཡིན་པ་དང་གསུམ་མོ། །དུས་ནི་གསོ་སྦྱོང་གི་དུས་སོ། །རྟེན་ནི་སོར་མདོ་ལན་གཉིས་ཡན་ཆད་ཐོས་ཤིང་མདོ་དེ་ལ་དོན་དེ་ཡོད་པར་སྣང་ཤེས་པའོ། །བསམ་པ་ལ་འདུ་ཤེས་མ་འཁྲུལ་བ། ཀུན་སློང་རང་དགར་བཞད་གད་ཡན་ཆད་ཀྱིས་མདོའི་དོན་ཤེས་རིན་མེད་པའི་རྣམ་པས་ཁྱད་དུ་གསོད་འདོད་རྒྱུན་མ་ཆད་པ། སྦྱོར་བ་ངག་མཚན་ཉིད་ལྔ་ལྡན་གྱིས་འདི་ལ་ཆོས་འདི་ཡོད་པར་ད་གདོད་བདག་གིས་ཤེས་སོ་ཞེས་སོགས་ཁྱད་དུ་གསོད་པའི་ཚིག་སྨྲ་བར་རྩོམ་པ། མཐར་ཐུག་དོན་གོ་ནའོ། །འདི་ལ་ཞེ་སྡང་གིས་ཁྱད་དུ་གསོད་པ་དང་། འདུ་ཤེས་བསྒྱུར་ཏེ་ཁྱད་དུ་གསོད་པ་ནི་རིམ་པ་ལྟར་མ་གུས་པའི་ཚུལ་གྱི་ལྟུང་བྱེད་དང་རྫུན་སྨྲ་བའི་ལྟུང་བྱེད་དུ་ཡང་འགྱུར་རོ། །དགེ་སློང་མ་རྣམས་ཀྱི་གསོ་སྦྱོང་གི་ཚེ་བསླབ་པའི་གཞི་ཐུན་མོང་བ་ཁྱད་དུ་གསོད་ན་ཉེས་བྱས་སོ། །ཁྱད་གསོད་ཀྱི་ཀུན་སློང་མེད་པར་ཐུན་མིན་གྱི་བསླབ་པ་ཁྱད་དུ་གསོད་པ་ལྟུང་མེད་དོ། །ཀུན་སློང་ཡོད་ན་མདོ་སྡེ་ལ་ཁྱད་གསོད་བྱས

པ་དང་འདྲ་བར་ཉེས་བྱས་སྐྱེད་དོ། །བཞི་པ་རྀན་ཆྀན་ཁྀབ་རྀལ་ལ། གླེང་གཞི་དང་། ལྟུང་བའོ། །དང་པོ་ནི། བ་སོ་མཁན་ཆོས་ཞེས་བྱ་བ་བསོད་སྙོམས་པ་ཞིག་གིས་དད་པར་བྱས་པའི་རྐྱེན་གྱིས་དགེ་སློང་རབ་ཏུ་མང་པོས་བ་སོའི་ཁབ་རལ་བྱེད་དུ་བཅུག་སྟེ་བསླང་བ་ལས་དེའི་འཚོ་བ་ཆད་པ་ན་གཞན་དག་མ་དད་པས་བཅས་སོ། །གཉིས་པ་ལ་ཡན་ལག་བཞི་ལས། དང་པོ་ནི། བ་སོ་དང་ལུགས་ལ་སོགས་པ་ཁབ་རལ་གྱི་རྒྱུ་ཡིན་པ། རུང་བ་ཚད་དང་ལྡན་པ། རང་ཉིད་ཀྱི་ཡིན་པ། ཡུལ་དུས་དེར་དཀོན་ཞིང་རིན་ཆེ་བ། སྔར་ཚད་ལ་གནོད་པའི་བཟོ་རྫོམ་པར་མ་བྱས་པ་དང་དྲུག་གོ། །བསམ་པ་ལ་འདུ་ཤེས་མ་འཁྲུལ་བ། ཀུན་སློང་རང་དགར་རང་ཉིད་ཀྱི་དོན་དུ་ཁབ་རལ་གྱི་བཟོ་བྱེད་འདོད་རྒྱུན་མ་ཆད་པ། སྦྱོར་བ་རང་ངམ་གཞན་ཐ་སྙད་ལྔ་ལྡན་ངག་མཚན་ཉིད་ལྔ་ལྡན་གྱིས་མངོན་སུམ་དུ་བསྒོས་པས་བྱེད་པར་རྩོམ་པ། མཐར་ཐུག་བཟོ་ཡོངས་སུ་རྫོགས་པའོ། །གསེར་ལ་སོགས་པའི་རིན་པོ་ཆེའི་ཁབ་རལ་སོགས་རང་དང་གཞན་གྱི་དོན་དུ་བྱེད་པར་རྩོམ་པ་རྣམས་ཉེས་བྱས་སོ། །བསླབ་བྱ་ནི། ལྟུང་བ་བཤགས་པའི་ཚེ་ཁབ་རལ་མ་བཅག་ན་བཤགས་པས་མི་འདག་ལ། བཤགས་ཡུལ་གྱིས་ཀྱང་ཁབ་རལ་བཅག་གམ་ཞེས་མ་དྲིས་པར་བཤགས་པ་ལེན་ན་ཉེས་བྱས་སོ། །དེ་བཞིན་དུ་ཁྲི་རྐང་འཚོས་པ་གདིང་བ་གཡན་དགབ་དབྱར་གྱི་རས་ཆེན་རྣམས་ཀྱི་ཚད་ལྷག་རྣམས་ལྟུང་བ་བཤགས་ཚེ་མ་བཅད་པར་བཤགས་པ་མི་ཆགས་བཤགས་ཡུལ་གྱིས་ཀྱང་ལྷག་པ་བཅད་དམ་ཞེས་མ་དྲིས་པར་བཤགས་པ་ལེན་པ་དང་། ཤིང་བལ་གྱིས་གོས་པར་བྱས་པའི་ལྟུང་བ་ཡང་བཤགས་པའི་ཚེ། གང་གིས་གོས་པར་བྱས་པའི་ཤིང་བལ་སོགས་མ་བསྡུས་པར་བཤགས་པ་མི་ཆགས་ལ་ཡུལ་གྱིས་ཀྱང་བསྡུས་སམ་ཞེས་མ་དྲིས་པར་བཤགས་པ་ལེན་པ་རྣམས་ལ་ཉེས་བྱས་སོ། །

ལྔ་པ་ཁྲྀ་རྐྲང་ཚྀད་ལྷྀག་བཟྀོས་ཤིང་འཚོས་པ་ལ་གླེང་གཞི་དང་། ལྟུང་བའོ། །དང་པོ་ནི། དགེ་སློང་ཞིག་གིས་ཁྲི་དམའ་བ་ལ་འདུག་སྟེ་གཉིད་ལོག་པས་དུག་སྦྲུལ་གྱིས་དཔྲལ་བ་ནས་བཟུང་བས་ཆིའི་དུས་བྱས་པར། སྟོན་པས་ཁྲི་དམའ་བ་ལ་ཉལ་བར་མ་བྱེད་གསུངས་པས་དྲུག་སྡེས་ཁྲུ་རྐང་ཁྲུ་བཅུ་གཉིས་པ་བྱས་པ་ན་གཞན་དག་ཁ་ཟེར་བས་བཅས་སོ། །གཉིས་པ་ཡན་ལག་བཞི་ལས། དང་པོ༔ དགེ་འདུན་ཆོས་བརྒྱད་ལྡན་དབང་བའི་ཁྲིའམ་ཁྲིའུའི་རྐང་པ་ཡིན་པ། རྒྱ་ཁྱོན་རང་རང་གི་ཚད་

དང་ལྡན་པ། རུང་བ། ཤུ་གར་གཞུག་པའི་ཕྱོགས་མ་གཏོགས་ཁྲི་རྐང་ཁྲུ་གང་གི་ཚད་ལས་ལྷག་པ། སྤར་ཚད་ལ་གནོད་པའི་བཟོའི་རྩོམ་པ་མ་བྱས་པ་དང་ལྔའོ། །བསམ་པ་ལ་འདུ་ཤེས་མ་འཁྲུལ་བ། ཀུན་སློང་རང་དགར་ཚད་ལས་ལྷག་པར་བྱེད་འདོད་རྒྱུན་མ་ཆད་པ། སྦྱོར་བ་རང་ངམ་གཞན་ཐ་སྙད་ལྔ་ལྡན་ལ་ངག་མཚན་ཉིད་ལྔ་ལྡན་གྱིས་མངོན་སུམ་དུ་བསྐོར་བས་བྱེད་པར་རྩོམ་པ། མཐར་ཐུག་བཟོ་ཡོངས་སུ་རྫོགས་པའོ། །གང་ཟག་གིས་ཁྲི་རྐང་ཚད་ལས་ལྷག་པར་བྱེད་པ་དང་། ཁྲིའམ་ཁྲིའུ་ལས་གཞན་མལ་ཆ་དང་སྟན་དགེ་འདུན་དང་གང་ཟག་གང་ཡང་རུང་བ་ལ་དབང་བའི་ཁྲུ་གང་གི་ཚད་ལས་ལྷག་པར་བྱེད་དམ་བྱེད་དུ་འཇུག་པ་ཐམས་ཅད་ཉེས་བྱས་དང་ཉེས་བྱས་ཕྲ་མོའོ། །བསླབ་བྱ་ནི་ཁྲི་དང་སྟན་ཁྲུ་གང་ལས་མཐོ་བ་དང་། གསེར་དངུལ་ལ་སོགས་པའི་རིན་པོ་ཆེ་དང་བསོས་སྤྲས་པ་ལ་སོགས་པ་ཆེན་པོ་ལ་རང་དགར་འདུག་པའམ་ཉལ་བར་བྱེད་ན་ལན་རེ་རེ་ལ་ཉེས་བྱས་རེ་རེའོ། །ལྐམ་ཡོད་པས་མལ་ཆ་དང་འབྲེལ་བའི་ཉེ་འཁོར་གྱི་ཕྱོགས་གང་རུང་ལ་རྐང་པ་བཀྲུ་བ་དང་། ལྐམ་མེད་པས་ཀྱང་མལ་དང་འབྲེལ་བའི་གཡས་གཡོན་གྱི་ཕྱོགས་སུ་རྐང་པ་བཀྲུ་བ་དང་། ཁྲི་བརྩེགས་མའི་སྟེང་དུ་འདུག་པ་རྣམས་ལ་ཉེས་བྱས་སོ། །དྲུག་པ་དགེ་སློང་གིས་ད༷ན་སེ༷མས་ཀྱིས་ཤི༷ང་བ༷ལ་དགེ་འདུན་གྱི་ཁྲི༷འམ་ཁྲིའུའི་སྟེ༷ང་དུ་བད༷ལ་ཏེ༷་བགོ༷ས་པ་ལ་གླེང་གཞི་དང་། ལྟུང་བའོ། །

དང་པོ་ནི། ཉེར་དགས་ཁྲི་གཞན་གྱིས་འཕྲོག་པར་དོགས་ནས་ཁྲིའི་ཁར་ཤིང་བལ་བཀྲམ་ནས་བཞག་པ་དེར་དགེ་སློང་ཞིག་གིས་མ་བརྟགས་པར་ཉལ་བ་དང་གོས་ཐམས་ཅད་སྐྱ་བོར་གྱུར་པ་ན་གཞན་དག་གིས་ཁ་ཟེར་བ་ལས་བཅས་སོ། །གཉིས་པ་ལ་ཡན་ལག་བཞི་ལས། དང་པོ་ལ་གཉིས་ལས། གང་ལ་གོས་པར་བྱ་བའི་གནས་མལ་ནི། ཆོས་བརྒྱད་ལྡན་གྱི་དགེ་འདུན་གྱི་གནས་མལ་ཡིན་པ་རུང་བ་ཚད་དང་ལྡན་པའོ། །གང་གིས་གོས་པར་བྱས་པའི་དངོས་པོ་ནི། ལུས་སམ་གོས་ཉམས་བྱེད་ཀྱི་རྫས་ཤིང་བལ་སོགས་ཡིན་པ། སྤར་གང་གིས་ཚད་དུ་ལོངས་པའོ། །བསམ་པ་ལ་འདུ་ཤེས་མ་འཁྲུལ་བའོ། །ཀུན་སློང་རང་དགར་རང་ཉིད་ཀྱི་དོན་དུ་ཤིང་བལ་གྱིས་གོས་པར་བྱེད་འདོད་རྒྱུན་མ་ཆད་པ། སྦྱོར་བ་རང་ངམ་གཞན་ཐ་སྙད་ལྔ་ལྡན་ངག་མཚན་ཉིད་ལྔ་ལྡན་གྱིས་མངོན་སུམ་དུ་བསྐོས་པས་རྩོམ་པར་བྱེད་པ། མཐར་ཐུག་ཤིང་བལ་སོགས་ཀྱིས་གོས་པར་བྱས་པའོ། །གང་ཟག་གི་གནས

མལ་རང་དགར་ཞིང་བལ་སོགས་ཀྱིས་གོས་པར་བྱས་ན་ཉེས་བྱས་སོ། །བདུན་པ་གདིང་བ་ལ་གླེང་གཞི་དང་། ལྟུང་བའོ། །དང་པོ་ནི། དགེ་སློང་རབ་ཏུ་མང་པོས་གདིང་བ་ཤིན་ཏུ་རྒྱ་ཆེན་ཆེན་པོ་བྱས་པས་གཞན་དག་ཁ་ཟེར་བ་ལས་བཅས་སོ། །གཉིས་པ་ལ་ཡན་ལག་བཞི་ལས། དང་པོ་གདིང་བའི་རྒྱུ་ཡིན་པ། རུང་བ་ཚད་དང་ལྡན་པ། རང་ཉིད་ཀྱི་ཡིན་པ། སྔར་ཚད་ལ་གནོད་པའི་བཟོའི་རྫོགས་པ་མ་བྱས་པ་དང་ལྔའོ། །འདི་དང་གཡན་པ་དགབ་པ་དང་། རས་ཆེན་ལས་གྱུར་བའི་ལྟུང་བྱེད་གསུམ་གྱི་བསམ་པ་དང་སྦྱོར་བ་མཐར་ཐུག་གི་ཡན་ལག་ནི་ཁྲི་རྐང་འཆོས་པའི་ལྟུང་བྱེད་བཞིན་ཡིན་ལ། ཀུན་སློང་ལ་རང་ཉིད་ཀྱི་དོན་བྱེད་འདོད་ཅེས་པའི་ཁྱད་པར་སྦྱར་རོ། །གདིང་བའི་ཚད་སྲིད་དུ་ཁྲུ་གསུམ་དང་ཞིང་དུ་ཁྲུ་དོ་སོར་དྲུག་གོ། །གདིང་བ་དང་གཡན་པ་དགབ་པ་དང་རས་ཆེན་དང་ཆོས་གོས་གསུམ་ལ་སོགས་པ་འཚོ་བའི་ཡོ་བྱད་བཅུ་གསུམ་ཚད་ལས་ཆུང་བ་བྱིན་གྱིས་རློབ་པ་ལ་ཉེས་བྱས་སོ། །ཆོས་གོས་གསུམ་སོགས་ཚད་ལས་ཆུང་བ་ལ་བྱིན་རླབས་མི་ཆགས་པ་མིན་ཏེ། །རུང་མིན་དང་ཚད་ལས་ཆུང་བ་བྱིན་རླབས་ཅན་དང་བྲལ་ན་ཉེས་བྱས་སུ་གསུངས་པའི་ཕྱིར་ན་བྱིན་རླབས་མེད་ན་ཞག་ལ་ལྟོས་པའི་འབྲལ་བའི་སྤང་བའི་ཉེས་པ་མི་འབྱུང་བས་སོ། །བརྒྱད་པ་གཡན་དགབ་ལ་གླེང་གཞི་སྔ་མ་ལྟར་རོ། །

གཉིས་པ་ལྟུང་བའི་ཡན་ལག་ལ་བཞི་ལས། དང་པོ་ལ། གདིང་བའི་རྒྱུ་ཡིན་པ་ཞེས་པ། གཡན་དགབ་ཀྱི་རྒྱུ་ཡིན་པ་ཞེས་བརྗེ་བ་མ་གཏོགས་གདིང་བ་བཞིན་ནོ། །གཡན་པ་དགབ་པའི་ཚད་ནི་སྲིད་དུ་ཁྲུ་དྲུག་དང་ཞིང་དུ་ཁྲུ་གསུམ་མོ། །དགུ་པ་རས་ཆེན་ལ་གླེང་གཞི་སྔ་མ་ལྟར་རོ། །ལྟུང་བ་ལ་ཡན་ལག་བཞི་ལས། གཞིའི་ཡན་ལག་ནི་གདིང་བའི་རྒྱུ་ཞེས་པར་རས་ཆེན་གྱི་རྒྱུ་ཞེས་བརྗེ་བ་མ་གཏོགས་གདིང་བ་བཞིན་ནོ། །རས་ཆེན་གྱི་ཚད་ནི་སྲིད་དུ་ཁྲུ་དགུ་དང་ཞིང་དུ་ཁྲུ་གསུམ་དང་སོར་བཅོ་བརྒྱད་དོ།། །།ཁ་ཅིག་གིས་འདི་བཞིན་ཆོས་གོས་གསུམ་ལས་གཞན་པའི་འཚོ་བའི་ཡོ་བྱད་ཀྱི་གོས་ཚད་ལྷག་བཟོས་པ་ཐམས་ཅད་ལ་ལྟུང་བྱེད་སྐྱེད་ཅེས་གསུངས་སོ། །ཆོས་གོས་གསུམ་རང་རང་གི་ཚད་ལས་ནི་ལྷག །བདེ་གཤེགས་ཆོས་གོས་ཀྱི་ཚད་དུ་མ་ལོངས་པའི་བཟོ་བྱས་པ་ཐམས་ཅད་ལ་ཉེས་བྱས་ལས་མི་སྐྱེད་པ་ནི། དེ་གསུམ་རྟགས་ཉམས་པ་སྲུང་བའི་ཆ་ནས་དགོས་པ་ཆེ་བ་ཡིན་པའི་གནད་ཀྱིས

ཡིན་པར་གསུངས་སོ། །ཚད་ལས་ལྷག་ཅེས་པའི་ལྷག་པ་འང་སོར་ཚད་ལྷག་པ་ནི། སོར་ཕྱེད་ཡན་ཆད་ལས་ལྷག་ན་ལྷག་ཚད་དུ་འཛོག །ཁྲུ་ལའང་ཁྲུ་ཕྱེད་ཡན་ཆད་ཀྱིས་ལྷག་ན་དེའི་ལྷག་ཚད་དུ་འཛོག་པར་གསུངས་སོ། །བཅུ་པ་བདེར་གཤེགས་ཆོས༷་གོས༷་ཀྱི་ཚད༷་དུ་བྱུར་ཏེ་ལྷག་པ༷་ལ་གླེང་གཞི་དང་། ལྟུང་བ་གཉིས་དག་གོ། །དང་པོ་ནི། ཉེར་དགས་སྟོན་པའི་ཆོས་གོས་ཀྱི་ཚད་དང་མཉམ་པའི་ཆོས་གོས་བྱེད་དུ་བཅུག་སྟེ་གྱོན་པས་ལུས་ཀྱིས་མ་ཤོས་པས་གཞན་དག་འཕྱ་བ་ལས་བཅས་སོ། །གཉིས་པ་ལ་ཡན་ལག་བཞི་ལས། དང་པོ་ལ་གཉིས་ལས། གང་བཟོ་བའི་དངོས་པོ་ནི། སྣམ་སྦྱར་སོགས་ཆོས་གོས་གསུམ་གང་ཡང་རུང་བའི་རྒྱུ་ཡིན་པ། རུང་བ། དེ་བཞིན་གཤེགས་པའི་ཆོས་གོས་ཀྱི་ཚད་དམ་དེ་ལས་ཀྱང་ལྷག་པ་ཡིན་པ། རང་ཉིད་ཀྱི་ཡིན་པ། སྦྱར་ཚད་ལ་གནོད་པའི་བཟོའི་རྫོམ་པ་མ་བྱས་པ་དང་ལྡན་པའོ། །རྟེན་ནི། དེ་བཞིན་གཤེགས་པའི་སྐུ་གཟུགས་ཙམ་མེད་པའོ། །བསམ་པ་ལ་འདུ་ཤེས་མ་འཁྲུལ་བ། ཀུན་སློང་རང་དགར་རང་ཉིད་ཀྱི་དོན་དུ་བདེར་གཤེགས་ཆོས་གོས་ཀྱི་ཚད་དམ། དེ་ལས་ལྷག་པའི་བཟོ་བྱེད་འདོད་རྒྱུན་མ་ཆད་པའོ། །སྦྱོར་བ་རང་ངམ་གཞན་ཐ་སྙད་ལྔ་ལྡན་ངག་མཚན་ཉིད་ལྔ་ལྡན་གྱིས་མངོན་སུམ་དུ་བསྐོས་པས་དེ་ལྟར་བཟོ་བྱེད་པར་རྩོམ་པ། མཐར་ཐུག་བཟོ་ཡོངས་སུ་རྫོགས་པའོ། །སྟོན་པའི་སྐུ་གཟུགས་ཙམ་ཡོད་པས་ཀྱང་རང་གི་ཆོས་གོས་གསུམ་གང་ཡང་རུང་བ་རབ་ཚད་སུམ་འགྱུར་དུ་ལོངས་པ་ཡན་ཆད་ཀྱི་བཟོ་བྱས་ན་དངོས་གཞིའོ། །དེ་བཞིན་གཤེགས་པའི་ཆོས་གོས་ཀྱི་ཚད་ནི། སྲིད་དུ་སྟོན་པ་རང་གི་ཁྲུ་ལྔ་དང་ཞེང་དུ་ཁྲུ་གསུམ་མོ། །དེ་ལ་མི་འབྲིང་པོའི་ཆོས་གོས་རབ་ཚད་དགུའོ། །དེ་བཞིན་གཤེགས་པའི་ཆོས་གོས་ཀྱི་ཚད་དེའམ་དེ་ལས་ལྷག་པ་ལ་ཆོས་གོས་བྱིན་གྱིས་བརླབས་མ་བརླབ་གང་ཡང་རུང་བ་རང་དགར་འཆང་བ་ལ་ལྟུང་བྱེད་དོ། །སྡེ་ཚན་བཞི་པ་སོ་སོར་བཤགས་པར་བྱ་བ་ལ་གཉིས་ཏེ། མདོར་བསྟན་དང་། རྒྱས་བཤད་དོ། །དང་པོ་ནི། སོ་སོར་བཤགས་སོགས་རྐང་པ་གཅིག་སྟེ། དེའང་ལྟུང་བ་འདི་རྣམས་བྱུང་ན་སླེ་སྡུགས་ཀྱི་རྣམ་པས་སོ༷་སོ༷ར་བཤ༷གས་པར་བྱ༷་དགོས་པའི་སྡེ༷་ཚན་ལ་ནི༷་བཞི༷་ཡོད་པ་ཡི༷ན་ཏེ༷། གཉིས་པ་ལ་དེ་བཞི་ལས། དང་པོ་ཉེ་མིན་དགེ༷་སློང་མ༷་ལས་གྲོ༷ང་གི་ཉེ་འཁོར་སོགས་གང་རུང་དུ༷་ཟ༷ས་བསླངས་ཏེ་ཟོ༷ས་པ་ལ་གླེང་གཞི་དང་། ལྟུང་བའོ། །དང་པོ་ནི། ཡུལ་རྗེ་འཛོག་ན་ཕྱུག་པོ་རྣམ་

ཐོས་བུ་དང་འདྲ་བ་ཞིག་ཡོད་པ་ལ་བུ་མོ་གཟུགས་བཟང་བ་ཨུཏྤ་ལ་ལའི་དྲི་ངད་དང་ལྡན་པ་ཞིག་བཙས་མིང་ཨུཏྤ་ལའི་མདོག་ཅན་ཞེས་བཏགས། དེ་ནར་སོན་པ་ནས་ཁྱིམ་སོ་བཟུང་སྟེ་གནས་པ་ན་འཕགས་པ་མོའུ་འགལ་གྱི་བུས་བཏུལ་ཏེ་རྒྱུན་ཞུགས་ལ་བཀོད། སླེ་དགུའི་བདག་མོ་ལས་རབ་ཏུ་བྱུང་ཞིང་བསྙེན་པར་རྫོགས། ལམ་བསྒྲུབས་པས་དགྲ་བཅོམ་ཐོབ། དེའི་སྤྱོད་ལམ་ནི། བསོད་སྙོམས་ཐོག་མར་བསླངས་པ་དགེ་འདུན་ལ་འབུལ། ཕྱིས་སུ་རང་འཚོ་བའི་བསོད་སྙོམས་ཅུང་ཟད་བྱེད་པ་ཡིན་ལ་ནམ་ཞིག་གི་སྐབས་སུ་རང་འཚོ་བའི་བསོད་སྙོམས་བསླངས་ཏེ་ལམ་དུ་འོང་བ་ན་བསོད་སྙོམས་མ་རྙེད་པ་ཞིག་དང་འཕྲད་པས་བསོད་སྙོམས་དེ་དེ་ལ་ཕུལ་ལོ། །དེའི་ཕྱིས་ནང་བར་རང་འཚོ་བའི་བསོད་སྙོམས་བསླངས་ནས་འོང་བ་ན་ཉེར་དགའ་དང་འཕྲད། དེས་འཕགས་མ་བདག་ལ་བསྙེན་བཀུར་གྱིས་ཤིག་སྨྲས་པས་བསོད་སྙོམས་ཉེར་དགའ་ལ་ཕུལ། རང་ཉིད་ཉི་མ་གཉིས་ཁ་ཟས་སྤྱོད་པ་རྒྱུན་ཆད་པས་འཕགས་མ་ས་ལ་འགྱེལ་བ་ན་གཞན་དག་མ་དད་པས་བཅས་སོ། །གཉིས་པ་ལ་ཡན་ལག་བཞི་ལས། དང་པོ་ལ་བཞི་ལས། ཡུལ་ནི་དགེ་སློང་མ་ཆོས་བརྒྱད་ལྡན་ནོ། །གང་བསླང་བའི་དངོས་པོ་ནི། དུས་རུང་ཡིན་པ། རུང་བ་ཚད་དང་ལྡན་པ། དགེ་སློང་མ་རང་ཉིད་ཀྱི་ཟ་བའི་ཕྱིར་བསྒྲུབ་པ་ཡིན་པ། དགེ་སློང་མ་དང་འབྲེལ་བར་གནས་པ་དང་ལྡན་པའོ། །གནས་ནི་གྲོང་དམ་ལམ་པོ་ཆེ་གང་རུང་ངོ་། །རྟེན་ནི་དེས་ཕན་པའི་ནད་ཅན་མ་ཡིན་པའོ། །བསམ་པ་ལ་འདུ་ཤེས་དགེ་སློང་མ་ཉེ་དུ་མ་ཡིན་པ་ལ་དེར་འདུ་ཤེས་པའམ་ཐེ་ཚོམ་ཟ་བའོ། །ཀུན་སློང་ནི་རང་དགར་རང་ཉིད་ཀྱི་དོན་དུ་དགེ་སློང་མ་ཉེ་དུ་མ་ཡིན་པ་ལས་ཟས་བླངས་ཏེ་ཟ་འདོད་རྒྱུན་མ་ཆད་པའོ། །སྦྱོར་བ་བདག་ཉིད་གྲོང་དམ་ལམ་པོ་ཆེ་གང་རུང་ལ་འདུག་པས། དགེ་སློང་མ་དེ། དེ་གཉིས་གང་ཡང་རུང་བ་ལ་འདུག་པ་ལ། རག་མཚན་ཉིད་ལྔ་ལྡན་གྱིས་བསླངས་ཏེ་གནས་གང་ཡང་རུང་བར་ཟ་བར་རྩོམ་པ། མཐར་ཐུག་མགུལ་དུ་མིད་པའོ། །འདི་ལ་མུ་བཞི་ལས་བདག་ཉིད་གྲོང་ན་འདུག་པས་དགེ་སློང་མ་གྲོང་དང་ལམ་པོ་ཆེན་འདུག་པ་ལ་བསླངས་བའི་སོར་བཤགས་གཉིས་དང་། རང་ཉིད་ལམ་པོ་ཆེན་འདུག་པས་དགེ་སློང་མ་ལམ་པོ་ཆེ་དང་གྲོང་ན་འདུག་པ་ལ་བསླངས་པའི་སོར་བཤགས་གཉིས་ཏེ་བཞིའོ། །ཉེ་དུ་མ་ཡིན་པའི་རབ་བྱུང་མོ་ལས་རང་དགར་ཟས་བསླངས་པ་ཐམས་ཅད་ལ་ཉེས་བྱས

སོ༔ ༔གཉིས་པ་དགེ་སློང་གསུམ་ཡན་ཆད་ཁྲིམ༷་དུ་བོས་པ་དགེ༷་སློང༷་མ༷ས་གྲལ་རིམ་པར་འཁྲིམ་དུ་མི་འཇུག་པར་ངས་མགྲོན་འདི་ལ་ཕུལ་ཞེས་བསྒོས༷་པ་མ༷་བཟློག༷་པར་ཟློས༷་པ་ལ་གླེང་གཞི་དང་། ལྟུང་བའོ། །དང་པོ་ནི། མུ་གེ་ཉམ་ང་ཆེན་པོ་བྱུང་བའི་དུས་སུ་དྲུག་སྡེས་གཞོན་ནུ་མ་བཅུ་གཉིས་སྡེ་ལ་གང་དུ་དགེ་འདུན་སྤྱན་དྲངས་པའི་ས་དེར་ཁྱེད་ཅག་གིས་ཞལ་ཏ་བ་གྱིས་ལ་ཁོ་བོ་ཅག་ལ་ཟས་མང་དུ་འབྲིམ་ཆུག་ཅེས་སླས་པས། སྦྱིམ་དགའ་མོ་ན་རེ། དེ་ལྟར་རུང་ན་ངས་ཀྱང་དེ་ལྟར་བགྱིའོ་ཟེར་ནས་ཁ་ཟས་གྲལ་རིམ་བཞིན་མི་འབྲིམ་པར་སྦྱིན་བདག་ལ་འདི་ནི་འཕགས་པ་དགའ་བོ་ཡིན་ཏེ་སྡེ་སྣོད་གསུམ་ལ་མཁས་པ་རིག་པ་དང་གྲོལ་བའི་སྤོབས་པ་ཅན་ཡིན་པས་ཟས་ཕུན་སུམ་ཚོགས་པ་ཕུལ་ཅིག་ཅེས་དང་། དེ་བཞིན་ཏུ་ཉེར་དགའ་སོགས་ལ་སླས་པ་དྲུག་སྡེ་དེ་དག་གིས་མ་བཟློག་པར་ཟས་ལ་ལོངས་སྤྱོད་པ་ན་གཞན་དག་འཕྱོ་བ་ལས་བཅས་སོ། །

གཉིས་པ་ལ་ཡན་ལག་བཞི་ལས། དང་པོ་ལ་ལྔ་ལས། སྦྱིན་བདག་ནི། ཁྱིམ་པ་ཡིན་པ། ཐ་སྙད་ལྔ་དང་ལྡན་པ་ཡིན་པ། ལུས་ཐ་མལ་དུ་གནས་པ་རང་དང་དགེ་སློང་མ་གང་དང་ཡང་ནོར་མི་གཅིག་པ་རང་ངམ་དགེ་སློང་མ་དེའི་ཉེ་དུ་མ་ཡིན་པ་མགྲོན་དུ་འབོད་པ་པོ་ཡིན་པ་དང་དྲུག་གོ། །གང་དང་ཟ་བའི་གྲོགས་ནི་དགེ་སློང་ཆོས་བརྒྱད་ལྡན་གཉིས་ཡན་ཆད་དོ། །དངོས་པོ་ནི་དུས་སུ་རུང་བ༔ རུང་བ་ཚད་དང་ལྡན་པ་དགེ་སློང་མ་ཆོས་བརྒྱད་ལྡན་གྱིས་བསྒོ་བཤམས་བྱས་པ་དང་བཞིའོ། །བསྒོ་བཤམས་བྱས་པའི་དོན་ནི། བཀོད་པ་ཕྱིན་ཅི་ལོག་གམ་ངོ་མགྲོན་བྱེད་པའོ། །རྟེན་ནི། དགེ་སློང་མ་དེའི་ཚིག་གིས་མགྲོན་དུ་བོས་པ་མ་ཡིན་པ། བསྒོ་བཤམས་བྱེད་པ་རང་ངམ་རང་དང་ཟས་གཅིག་པས་ལྷན་ཅིག་མི་ཟ་བ། སྨར་ཟློས་ཟིན་ཅིང་གྲལ་ན་འཁོད་པའམ་རང་དང་ཅིག་ཆར་ཟ་བ་གང་ཡང་རུང་བས་མ་བཟློག་པའོ། །གནས་ནི། གཏམ་ཐ་མལ་བས་བསྒོ་རུང་བ། སྦྱིན་བདག་དེ་ཉིད་དམ་དེས་མངགས་པའི་གཡོག་ལ་སོགས་པ་ཟན་སྦྱོར་བ་པོའི་མངོན་སུམ་ཡིན་པའོ། །བསམ་པ་ལ་འདུ་ཤེས་བསྒོ་བཤམས་བྱེད་པ་མ་བཟློག་པ་ལ་དེར་འདུ་ཤེས་པའམ་ཐེ་ཚོམ་ཟ་བའོ། །ཀུན་སློང་ནི་བསྒོ་བཤམས་བྱེད་པ་མ་བཟློག་པར་ཟ་འདོད་རྒྱུན་མ་ཆད་པ། སྦྱོར་བ་རང་ལ་ཐོད་རྒྱལ་དུ་འབྲིམ་པའམ། རིམ་བཞིན་འབྲིམ་ཀྱང་རང་ལ་ལྷག་པོར་འབྲིམ་པ་མ་བཟློག་པར་ཟ་བར་རྩོམ་པ།

མཐར་ཐུག་མགུལ་དུ་མིད་པའོ། །དགེ་སློང་གཉིས་ཡན་ཆད་དང་ཟས་སྦྱོར་བ་པོའི་མངོན་སུམ་མ་ཡིན་པར་བསྔོ་བཤམས་བྱེད་པ་མ་བཟློག་པར་ཟ་བ་ལ་ཉེས་བྱས་སོ། །དགེ་སློང་མ་ཆོས་བརྒྱད་ལྡན་ལས་གཞན་པ་གང་ཡང་རུང་བས་བསྔོ་བཤམས་བྱེད་པ་མ་བཟློག་པར་ཟ་བ་ལ་ཉེས་བྱས་དང་ཉེས་བྱས་ཕྲ་མོ་ཅི་རིགས་སོ། །གསུམ་པ་ཟས་མི་སློང་བའི་བསླ༷བ་སྡོ༷མ་སྦྱིན༷་པའི་ཁྱིམ་པ་ཅི་རིགས་ལས༷་རུ༷ང་མི༷ན་གྱི་ཟས་བསླ༷ངས་ཏེ༷་ཟོ༷ས་པ་ལ་གླེང་གཞི་དང་། ལྟུང་བའོ། །དང་པོ་ནི། དམག་དཔོན་སེང་གེ་ཞེས་བྱ་བ་མུ་སྟེགས་པ་ལ་དད་པ་ཞིག་བཅོམ་ལྡན་འདས་ཀྱིས་བདེན་པ་ལ་བཀོད་པས་ཡོངས་སྤྱོད་ཐམས་ཅད་དགེ་འདུན་ལ་བཏང་ནས་ཟད་པའི་ཚེ་མུ་སྟེགས་པ་དག་གིས་དེད་ལ་དད་པའི་དུས་སུ་ནི་ཡོངས་སྤྱོད་དང་ལྡན་ལ་ད་ལྟ་ནོར་མེད་དོ་ཟེར་བ་ལ་བརྟེན་ནས་ཤཱ་རིའི་བུ་དང་མོའུ་འགལ་གྱི་བུ་ལས་གཞན་པས་ཟས་མི་སློང་བའི་ཁྱིམ་གྱི་བསླབ་པའི་སྡོམ་པ་བྱིན་པ་ལས་དྲུག་སྡེས་དེའི་ནང་དུ་ཟས་ཡང་ཡང་ལོངས་སྤྱོད་ནས་ཁྱིམ་བདག་འཁོར་བཅས་འཚོ་བར་མ་ནུས་པ་ལས་བཅས་སོ། །

གཉིས་པ་ལ་ཡན་ལག་བཞི་ལས། དང་པོ་ལ་གསུམ་ལས། སྦྱིན་བདག་ནི་ཁྱིམ་པ་ཡིན་པ། ཐ་སྙད་ལྔ་དང་ལྡན་པ། ལུས་ཐ་མལ་དུ་གནས་པ། རང་ལས་ནོར་ཐ་དད་པ། དེ་ལས་ཟས་མི་བསླང་བའི་ཁྲིམས་ཀྱི་བསླབ་པའི་སྡོམ་པས་བསྡམས་པ་དང་འབྲེལ་བ་ཡིན་པ་དང་ལྔའོ། །ཟས་ནི། དུས་སུ་རུང་བ། རུང་བ། ཚང་དང་ལྡན་པ། ཁྱིམ་བདག་དེ་ཉིད་ཀྱི་ཡིན་པ། ལྡམ་ལྡུམ་སོགས་ཤིན་ཏུ་མོད་པ་མ་ཡིན་པ་དང་ལྔའོ། །རྟེན་ནི་ཁྲིམས་སུ་བྱ་བ་ལ་གཏོགས་པ། ཁྲིམས་མ་བཅས་པའི་ཚེ་ན་མགྲོན་དུ་བོས་ཤིང་ཁས་བླངས་ནས་མགྲོན་ཟས་མ་བྱིན་པའི་བར་དུ་ཁྲིམས་བཅས་པ་མ་ཡིན་པའོ། །བསམ་པ་ལ་འདུ་ཤེས་མ་འཁྲུལ་བ། ཀུན་སློང་རང་དགར་བསླབ་པ་བཅས་པའི་ཁྱིམ་ནས་ཟས་བསླངས་ཏེ་ཟ་འདོད་རྒྱུན་མ་ཆད་པའོ། །སྦྱོར་བ་དེ་ལྟར་ཟ་བར་རྩོམ་པ། མཐར་ཐུག་མགུལ་དུ་མིད་པའོ། །བཞི་པ་ན༷གས་མ༷་ཞུ༷ལ་བ༷ར་དགོ༷ན་པ༷ར་ཁྱིམ་པ་ལས་དུས་རུང་གི་ཟས་བསླངས་པ་ཟོ༷ས་པ་ལ་གླེང་གཞི་དང་། ལྟུང་བ་བཞི༷་པ༷འོ། །དང་པོ་ནི་དགག་དབྱེའི་དུས་སུ་ཤཱཀྱའི་བུ་མོ་དག་གིས་ཟས་ཁྱེར་ཏེ་འོང་བ་ན་དྲུག་སྡེ་དེ་དག་བསུ་རུ་ཕྱིན་ནས་ནགས་ནང་དུ་ཆོམ་རྐུན་ཡོད་མེད་མ་ཞུལ་བར་ལམ་ཞིག་ཏུ་བསྡད་པ་ན་ཆོམ་རྐུན་པས་བཅོམ་ནས་བུ་མོ་རྣམས་གོས་རྒྱན་མེད་པར་སླེན་མོ་ཡིན་ཡང་དྲུག

སྡེས་དེ་རྣམས་ལས་ཟས་བསླངས་པ་དང་ཐོ་བརྩམས་པ་ལས་བཅས་སོ། །གཉིས་པ་ལ་ཡན་ལག་བཞི་ལས། དང་པོ་ལ་བཞི་ལས། སྦྱིན་བདག་ནི་ཁྱིམ་པ་ཆོས་བཞི་ལྡན་ཡིན་པའོ། །ཁ་ཅིག་གིས་དགེ་འདུན་ལ་བསྔོ་བ་པོ་ཡིན་པ་ཞེས་ཀྱང་སྦྱོར་བར་བཞེད། དངོས་པོ་ནི། དུས་རུང་ཡིན་པ་རུང་བ་ཚད་དང་ལྡན་པ་སྦྱིན་བདག་དེ་ཉིད་ཀྱི་ཡིན་པ་དང་བཞིའོ། །ཁ་ཅིག་གིས་དགེ་འདུན་ལ་བསྔོས་པ་ཡིན་པའང་སྦྱར་རོ། །གནས་ནི། གྲོང་ལས་རྒྱང་གྲགས་གཅིག་ཡན་ཆད་འཕགས་པ། ཀུན་དགའ་ར་བའི་ཕྱི་རོལ་འཇིགས་པ་དང་བཅས་པའི་གནས་ཡིན་པའོ། །རྟེན་ནི་ནགས་ཉུལ་བར་བསྐོས་པ་དང་ནགས་མ་ཉུལ་བ་ཡིན་པའོ། །བསམ་པ་ལ་འདུ་ཤེས་མ་འཁྲུལ་བ། ཀུན་སློང་ནགས་མ་ཉུལ་བར་རང་དགར་ཟས་ཟ་འདོད་རྒྱུན་མ་ཆད་པ། སྦྱོར་བ་དེ་ལྟར་ཟ་བར་རྩོམ་པ། མཐར་ཐུག་ནི་མགུལ་དུ་མིད་པའོ། །དེ་ལྟར་ཟས་ལ་བརྟེན་པའི་ལྟུང་བྱེད་ལ། དུས་རུང་གི་ཟས་ཡན་ལག་ཏུ་དགོས་ཤིང་སྨན་གཞན་གསུམ་གྱིས་དངོས་གཞི་མི་སྐྱེད་པ་ནི་དུས་རུང་ནི་ལུས་འཚོ་བའི་ཟས་ཀྱི་གཙོ་བོ་ཡིན་པ་དང་འབྲེལ་ཆེ་ཞིང་འབྱུང་ཉེ་ལ། གཞན་སྨན་གསུམ་དེ་ལྟར་མ་ཡིན་པའི་ཕྱིར་རོ། །

འདི་ཡན་ཆད་ཀྱི་ཀུན་སློང་རྣམས་ལ་རྒྱུན་མ་ཆད་པ་ཞེས་པ་རྣམས་ནི། གང་ནས་གང་གི་བར་དུ་མ་ཆད་ཅེ་ན། མེད་དུ་མི་རུང་བའི་སྦྱོར་བ་ནས་མཐར་ཐུག་གི་བར་དུ་ཀུན་སློང་དེའི་རྣམ་པ་དང་འཛིན་སྟངས་མི་མཐུན་པའི་བློ་མ་སྐྱེས་པ་དགོས་ཞེས་པའི་དོན་ནོ། །སྡེ་ཚན་ལྔ་པ་ཉེས་བྱས་ཀྱི་སྡེ་ཚན་ལ། མདོར་བསྟན་དང་། རྒྱས་བཤད་གཉིས་ལས། དང་པོ་ནི། ཉེས་བྱས་བརྒྱ་དང་སོགས་རྐང་པ་གཅིག་གིས་བསྟན། ལེགས་པར་མ་བྱས་པར་བསླབ་པ་དང་འགལ་བའི་ཉེས་པ་ཙམ་མམ་ཕྲ་མོའི་རང་བཞིན་གྱི་ཉེས་པར་བྱས་ཏེ་བསྙེན་རྫོགས་ཀྱི་རྒྱུད་ཀྱི་བཅས་འགལ་གྱི་ལྟུང་བ་གང་ཞིག །ཉེས་བྱས་ཀྱི་མིང་གིས་ཕྱིར་འཆོས་ན་དག་པར་རུང་བའི་ལྟུང་བ་དེ་ཉེས་བྱས་ཀྱི་མཚན་ཉིད། དེ་ལ་དབྱེ་ན་བརྒྱ་དང་བཅུ་གཉིས་ཞེས་གྲགས་པ་ནི་འདི་ལྟར་རོ་ཞེས་མདོར་བསྟན། གཉིས་པ་ལ་དགུ་སྟེ། གོས་བགོ་བའི་སྡེ། སྤྱོད་ཡུལ་དུ་འགྲོ་བའི་སྡེ། སྟན་ལ་འདུག་པའི་སྡེ། ཟས་ལེན་པའི་སྡེ། ཟ་བའི་སྡེ། ལྷུང་བཟེད་ལ་སྤྱོད་པའི་སྡེ། ཆོས་འཆད་པའི་སྡེ། སྒྲུབ་པའི་སྡེ། རྒྱུ་བ་གཅིག་དང་དགུའོ། །སྡེ་ཚན་དང་པོ་ལ་བཅུ་སྟེ། ཤམ་ཐབས་ཟླུམ་མིན་སོགས་ཀྱིས་བསྟན། ཤམ་ཐབས་ཀྱི་མཐས་མཐའི་ཁ

མཉམ་པོར་འདུག་པའི་ཟླུམ་པོར་བགོས་པ་མིན་པ་དང་། ཧ་ཅང་བརྐྱངས་པ་ཕུས་གོང་གཉིས་ལས་གོང་དུ་ཐལ་བར་བགོས་པ་དང་། ཧ་ཅང་འཛོལ་བ་ལོང་བུའི་ཚིགས་ལ་རེག་པར་བགོས་པ་དང་། ཁ་ཚར་དང་ཕྱུན་ཚར་མ་བཅད་པ་གོས་ཀྱི་ཕྱོགས་བཞིན་དུ་ཤམ་ཐབས་ཀྱི་གྲྭ་སྣེ་ཕྱོགས་གཅིག་གླང་པོ་ཆེའི་སྣ་དང་འདྲ་བར་ནར་ཏེ་བགོས་པ་དང་། ལྟེ་བའི་གོང་དུ་ཤམ་ཐབས་ཀྱི་མགོ་ལྟེབ་པ་དང་། སྣ་རགས་ཀྱི་བར་བར་ནས་འབྲས་བུའི་ཕུར་མ་སྣེ་ཐུམ་བུ་ལྟ་བུར་འདུག་པར་བགོས་པ་དང་། ལྟེ་བའི་འོག་ཏུ་ཤམ་ཐབས་ཀྱི་མགོ་སྦྲུལ་མགོའི་གདེང་ཀ་ལྟ་བུ་ཕྱིར་བྱུང་བ་རྣམས་ལ་ཉེས་བྱས་ཏེ་བདུན་ནོ། །ཆོས་གོས་སྣམ་སྦྱར་དང་བླ་གོས་མ་མཐའ་མཉམ་པར་འདུག་པའི་ཟླུམ་པོར་བགོས་པ་མིན་པ་དང་། ཧ་ཅང་འཛོལ་བར་བགོས་པས་རིང་བ་དང་། ཧ་ཅང་རྐྱེངས་པར་བགོས་པས་ཐུང་བ་སྟེ་ཉེས་བྱས་གསུམ་མོ། །བསྡོམས་པས་གོས་ཀྱི་བསླབ་བྱའི་ཉེས་བྱས་བཅུའོ། །དེ་རྣམས་ཀྱི་གླེང་གཞི་ནི། སྟོན་པ་དྲང་སྲོང་སྨྲ་བའི་གནས་སུ་བཞུགས་ཚེ་ལྔ་སྡེ་འཕགས་པའི་སར་བཀོད་ཀྱང་སྟོན་གོམས་པའི་དབང་གིས་ཤམ་ཐབས་ཁྱིམ་པ་བཞིན་གྱོན་པ་ལ་ཚོང་དཔོན་གྱི་བུ་དང་། དེད་དཔོན་ལྟར་རོ་ཞེས་ཁྱིམ་པས་འཕྱ་བས་སྟོན་དུས་སུ་སངས་རྒྱས་ཀྱི་ཉན་ཐོས་ཇི་ལྟར་དགོངས་ཚེ་ལྔ་རྣམས་ཀྱིས་གནས་གཙང་ལྷ་བཞིན་ནོ་ཞེས་གསོལ་ཚེ་སྟོན་པས་དེ་ལྟར་ཡིན་པར་མཁྱེན་ནས་དགེ་སློང་རྣམས་ལ་ཤམ་ཐབས་ཟླུམ་པོར་བགོ་བར་བྱའོ་གསུངས་པས་ལྔ་སྡེ་རྣམས་དེ་ལྟར་སློབ་པ་ན། དྲུག་སྡེ་རབ་ཏུ་བྱུང་ནས་ཧ་ཅང་རྐྱེངས་པར་གྱོན་པས་དྭ་དང་རྒྱན་པོ་པ་དང་ནལ་གྱི་བུ་ལྟར་ཞེས་འཕྱ་བར་བརྟེན་ནས་ཧ་ཅང་རྐྱེངས་བར་བགོ་བར་མི་བྱ་གསུངས། དྲུག་སྡེས་འཛོལ་བར་གྱོན་པས་བུད་མེད་མནའ་མ་དག་ཞེས་འཕྱ་བར་བརྟེན་ནས་ཉེས་བྱས་སུ་བཅས་སོ། །

གཉིས་པ་སྤྱོད་ཡུལ་གྱི་ཁྱིམ་དུ་འགྲོ་བའི་ཉེས་བྱས་ཉི་ཤུ་ནི། མ་བསྡམས་བགོ་བ་སོགས་ཀྱིས་བསྟན། ཁྱིམ་པའི་ཁྱིམ་དུ་འགྲོ་བའི་ཚེ་རྐང་ལག་རྐྱོང་བ་སོགས་དྲན་ཤེས་ཀྱིས་མ་བསྡམ་པར་འཇུག་པ་དང་། བླ་གོས་མཐིང་གོས་ཀྱིས་ལུས་མཉམ་པར་གཡོགས་ཏེ་མ་བགོས་པས་ལེགས་པར་བགོ་བ་མིན་པ་དང་། ཙ་ཙོའི་སྒྲ་མ་སྒྲུང་བ་དང་། མིག་གཡེང་བག་ཏུ་ལྟ་བ་དང་། དགོས་མེད་དུ་གཉའ་ཤིང་གང་ཡན་ལས་རིང་དུ་ལྟ་ཞིང་ཕྱིན་པ་རྣམས་ལ་ཉེས་བྱས་ལྔའོ། །མགྲོ་རས་ལ་སོགས

པས་བཏུམ་སྟེ་གཡོགས་པ་དང་། ཆར་ལ་སོགས་པའི་གནོད་པ་མ་བྱུང་ཡང་ཆོས་གོས་བརྗེས་ཏེ་འགྲོ་བ་དང་། ཆོས་གོས་ཕྲག་པའི་ཕྱོགས་གཉིས་ཀ་ལ་གཟར་བ་དང་། ལག་པ་གཡས་པ་མདུན་དུ་བཏང་སྟེ་དཔུང་པའམ་ཕྲག་པའི་གཉའ་བའི་ཕྱོགས་སུ་བཞག་ལ་གཡོན་པའང་དེ་བཞིན་བྱེད་པ་གཉའ་གོང་དུ་བསྣོལ་བ་དང་། ལག་པ་ཅུང་ཟད་དམ་ཤིན་ཏུ་བརྐྱངས་ཏེ་ལྟག་པའམ་དཔུང་མགོར་སོར་མོ་བསྣོལ་བའི་ལྟག་པར་བསྣོལ་ཏེ་ཁྱིམ་འགྲོའི་ཉེས་བྱས་ལྔའོ། །རང་དགར་མཆོང་ཞིང་མཆོང་ཞིང་འགྲོ་བ་དང་།སྒྲིད་པ་བརྐྱང་བསྐུམ་བྱེད་ཅིང་འགྲོ་བ་དང་། རྐང་པའི་རྟིང་པ་བཏེགས་ཏེ་སོར་མོའི་བྲང་ལ་ཕབ་ནས་བྲང་གིས་འགྲོ་བ་དང་། རྟིང་པ་བཙུགས་ཏེ་ཙོག་པས་འགྲོ་བ་དང་། ལག་པ་གཉིས་རྐྱེད་པའི་ཕྱོགས་སུ་བརྟེན་ཏེ་གྲུ་མོ་གཉིས་སྣུང་སྣུང་པོར་བྱས་ཏེ་འགྲོ་བའི་ཉེས་བྱས་ལྔའོ། །ལུས་བསྒྱུར་ཞིང་འགྲོ་བ་དང་། ལག་པ་གཡུག་སྟེ་མགོ་བསྒྱུར་ཞིང་འགྲོ་བ་དང་། གཞན་དང་ཕྲག་པ་གཉིས་སྦྲད་ཅིང་འགྲོ་བ་དང་། གཞན་དང་ལག་པ་སྦྲེལ་ཏེ་ཁྱིམ་གཞན་དུ་འགྲོ་བའི་ཉེས་བྱས་ལྔ་སྟེ། དེ་ལྟར་ཉེས་བྱས་ཉི་ཤུ་རྣམས་མི་བྱེད་པར་སྡོམ་པ་སྟེ་ཁྱིམ་འགྲོའི་སྤྱོད་ཡུལ་ཉི་ཤུའོ། །འདི་རྣམས་དྲུག་སྡེ་ལ་བཅས་སོ། །

གསུམ་པ། སྟན་ལ་མ་བསྒོས་སོགས་ཀྱིས་བསྟན་ཏེ། ཁྱིམ་གཞན་དུ་ཁྱིམ་བདག་སོགས་ཀྱིས་སྟན་ལ་འདུག་པར་མ་བསྒོས་པར་འདུག་པ་དང་། འདི་ཉེར་དགའ་ལ་བཅས་ཏེ། མཉན་ཡོད་ན་བྲམ་ཟེ་གཙང་སྦྲ་འདོད་པ་ཞིག་སྒོ་ཁང་དུ་མལ་ཁྲིར་བསྟིད་དེ་བུ་མོས་སྦྲང་གཡབ་ཐོགས་ཏེ་སྦྲང་མ་སྐྱིབ་སྐབས་བུ་མོ་ཉེར་དགས་བྲམ་ཟེ་སྦྱིན་པར་བཏང་ཁོ་རང་སྦྲང་བུ་སྲུང་བར་ཁས་བླངས་ནས་མལ་དུ་བསྟིད་པ་བྲམ་ཟེས་མཐོང་ནས་ཁྱོད་གཙང་སྦྲ་ཐ་མ་པ་ཡིན་ན་ཅིའི་ཕྱིར་འདུག་དེས་སྨྲས་པ་དགེ་སློང་གིས་མལ་ལ་སྤྱད་པས་བདུན་རྒྱུད་ཚུན་ལ་ཕན་བཏགས་སོ་སྨྲས་པ་ལ་གཞན་དག་འཕྱ་བས་མ་བསྒོས་པར་སྟན་ལ་འདུག་པ་ཉེས་བྱས་སུ་བཅས་སོ། །སྟན་ལ་སྲོག་ཆགས་ཡོད་མེད་མ་བརྟགས་པར་འདུག་པ་དང་། འདི་འཆར་ཀ་ལ་བཅས་ཏེ། འཆར་ཀ་ལྷོངས་རྒྱུ་ནས་གཏུམ་མོའི་ཁྱིམ་དུ་དྲང་སྲོང་གི་གདན་བཤམས་པ་ལ་སྡོད་པར་བྱས་ཏེ། ང་ལྷོངས་རྒྱུ་ནས་འོང་བས་ཁྱོད་ཀྱིས་ང་འོང་བར་ལྟོས་སྨྲས་ཁོ་རང་རྒྱལ་བྱེད་ཚལ་དུ་སོང་། ཉིན་གཅིག་དེའི་ཁྱིམ་ལ་བུ་བཙས་པ་དེ་དྲང

སྒྲོང་གི་གདན་དུ་བསྐལ་ན་ཆེ་རིང་པོར་འགྱུར་བར་རེ་ནས་བསྐལ་ཡོད་སྐབས་འཆར་ཀ་འོང་ནས་མ་བརྟགས་པར་གདན་དེར་འདུག་པས་ནང་མི་གློ་བུར་སྨྱུར་བར་བྱུང་ནས་ཁྲེའུ་ཁྲེའུ་སྨྲས་པས་ཁོ་ལང་པ་ན་ཁྲེའུ་ཞི་བར་མཐོང་ནས་ཐམས་ཅད་དུ་བས། སྲིང་མོ་དག་ཅི་དུ་འདུས་བྱས་ཐམས་ཅད་ཀྱི་ཆོས་ཉིད་ཡིན་ནོ། །འོན་ཀྱང་ཁོ་བོ་ལ་བརྟེན་ནས་བསླབ་པ་འཆའ་བས་དུན་ཁོ་བོ་དུ་བར་རིགས་སྨྲས། ཉེ་དུ་དང་བྲམས་པ་ཐམས་ཅད་དུ་བའི་སྐབས་ཏེ་གསོལ་བས་བཅས་སོ། །དལ་བུས་མ་ཡིན་པར་གྲུ་རྐྱོམ་དུ་ལུས་ཐམས་ཅད་ཀྱི་ལྕིད་ཀྱིས་ཕབ་སྟེ་འཕོངས་རྡེབ་སྟེ་འདུག་པ་དང་། འདིའང་འཆར་ཀ་ལ་བཅས་ཏེ། སྟོན་པ་རབ་ཏུ་བྱུང་ནས་ལོ་བཅུ་གཉིས། སངས་རྒྱས་ནས་ལོ་དྲུག་ལོན་པ་ན་སེར་སྐྱར་བྱོན་ནས། ཡབ་ཀྱི་གནས་དང་། བཙུན་མོའི་འཁོར་དུ་བཞེས་གསོལ་སྐབས་གྲགས་འཛིན་མས་བཞེས་འདྲེན་པ་ལ་འཆར་ཀས་རྐང་པས་དེའི་རྐང་པར་ཕུལ་བ་གྲགས་འཛིན་མ་སྟོབས་ཆེ་བས་མ་འགྱེལ་ཞིང་། དེས་ས་འཚེ་མར་སྟོན་པ་དགེ་འདུན་བཅས་པའི་དྲུང་ཁོ་མོ་ལ་ཐོ་བརྩམས་པའི་ཚུལ་སྨྲས་ཤིང་། ཕྱིན་ཆད་དེ་ལྟར་མི་བྱེད་པའི་ཐབས་སུ་དེ་མི་དགའ་བར་བྱའོ་སྙམ་ནས། ཉིན་གཅིག་ཁྲིའུ་མ་བརྒྱུས་པ་ཞིག་རལ་ཞིག་རས་ཀྱིས་གཡོགས་ཏེ། མངགས་གཞུགས་མ་ལ་འཆར་ཀའི་དྲུང་དུ་སོང་ལ་བྲམ་ཟེ་ཞེས་བོས་ཤིག །དེས་བྲམ་ཟེས་ཅི་བྱེད་དྲི་ན། བཙུན་མོས་འབོད་དོ་ཞེས་སློས་ཤིག་ཅེས་བསྐུལ་བས་དེས་དེ་ལྟར་སྨྲས་པས། སྦྱིན་པ་བྱེད་པར་གོར་མ་ཆག་གིས་འགྲོའོ་སྙམ་ནས་མྱུར་བར་སོང་བས་གྲགས་འཛིན་མས་ཁོ་མོས་བྲམ་ཟེ་འབོད་དུ་བཏང་བས་དགེ་སློང་མགོ་རེག་ཅིའི་ཕྱིར་འབོད་སྨྲས། ཁྱོད་ཀྱི་ཁྱིམ་ཐབས་ཀྱི་གནས་སུ་རབ་ཏུ་བྱུང་བས་བྲམ་ཟེ་ཉམས་སོ་སྙམ་མོ། །བྲམ་ཟེ་ནི་ཐུར་ཐུ་བ་སུ་ཟེར། དགེ་སློང་གིས་སྡིག་པ་ཅི་ཡང་སོགས་བརྗོད། ཁྱོད་གང་ཡིན་ཡང་རྡུང་ཁོ་མོས་སྟོན་པ་སེར་སྐྱར་གཤེགས་པའི་ཚེ་ན་བྲམ་ཟེ་ལ་འདི་དང་འདི་སྦྱིན་ཞེས་གསོལ་བར་བྱས་སོ། །སྟོན་པས་སྐྱེ་བོ་དུ་མ་ཆགས་པ་བྲལ་ལོ། །ཁྱོད་བྲམ་ཟེ་ལ་དགའ་བའི་ལྟ་བ་ད་དུང་ཡང་མ་བྲལ་ལམ་སྨྲས། བུད་མེད་བྲལ་དཀའ་བས་ཇི་ལྟར་བགྱི། དེ་ནི་མཛལ་གྱིས། འོ་ན་སློང་མོ་བ་ལ་ཅི་སྦྱིན་ལྟའོ་སྨྲས། འཕགས་པ་ཞོ་དང་ཕྱེའི་ཕོར་བ་འདི་འགྲེང་བཞིན་ལོངས་ལ་ཁྲིའུ་འདིར་སྡོད་ཅིག་སྨྲས་པས། ཁྲིའུ་འདིའང་སྦྱིན་ནམ་ཟེར། དེ་མི་སྦྱིན་ནོ་སྨྲས། མི་སྟེར་ན་འདི་བཅག་གོ་སྙམ་ནས

ལུས་ཀྱི་ལྷིད་ཕབ་ནས་བསྡད་པས་ལུས་འགྲེལ་ཏེ་ཕོར་པ་མགོ་བོར་བོར་ནས་དེ་དག་གིས་རྐང་པ་ནས་དྲུད་དེ་བྱང་ཆུབ་སེམས་དཔའི་རྫིང་བུར་དོར། དེ་ལངས་ནས་ཆོས་གོས་འཚོར་བ་ན། དགེ་སློང་རྣམས་ཀྱིས་མཐོང་ནས་དྲིས་པས་ཀུ་རེ་ཙུང་ཟད་བགྱིས་པས་ཉེས་སོ་སྙམ། དེ་གསོལ་བས་བཅས་སོ། །རྐང་པའི་སྟེང་དུ་རྐང་པ་བཞག་ནས་བརྐྱང་སྟེ་བསྡོལ་ནས་འདུག་པ་དང་། བརླའི་སྟེང་དུ་བརླ་བཞག་ནས་བསྡོལ་ཏེ་འདུག་པ་དང་། ལོང་བུའི་སྟེང་དུ་ལོང་བུ་བཞག་སྟེ་བརྩེགས་མར་འདུག་པ་དང་། ཁྲི་འོག་ཏུ་རྐང་པ་བཀུག་པའམ་དགུག་སྟེ་འདུག་པ་དང་། བརླ་གཉིས་གཤིབ་སྟེ་བྱིན་པ་དང་རྐང་པ་གཉིས་ཐག་རིང་བར་སོ་སོར་ཕྲལ་ཏེ་གདངས་ཏེ་འདུག་པ། འདོམ་སྣང་ཞིང་མཐོང་བར་བྱས་ཏེ་འདུག་པ་རྣམས་ལ་ཉེས་བྱས་དགུ་སྟེ། དེ་རྣམས་སྤྱང་བ་ནི་འདུག་ཚུལ་གྱི་བསླབ་བྱ་དགུ་ཡིན་ནོ། །འདི་རྣམས་ཀྱང་དྲུག་སྡེ་ལ་བཅས་སོ། །

བཞི་པ་ནི། ལེགས་པར་མི་ལེན་སོགས་ཀྱིས་བསྟན་ཏེ། གནས་ཐམས་ཅད་དུ་འདུལ་བ་དང་མི་འགལ་བར་ཟས་ལེགས་པར་མི་ལེན་པ་དང་། སྣོད་ཁ་ཆད་དུ་གང་བར་བླངས་པ་དང་། ཚོད་མ་སྟེ་བྱ་ན་དང་ཟན་དང་ཕྱེ་ལ་སོགས་མཉམ་པ་ཡན་ཆད་དུ་བསླངས་ཤིང་ལེན་པ་དང་། བསླབ་པ་རྐན་རིམ་མ་ཡིན་པར་འཁོད་པའི་ཚེ་ཡང་འདུག་པའི་གྲལ་རིམ་བཞིན་མཐར་ཆགས་སུ་ཟས་མི་ལེན་པ་དང་། ལྷུང་བཟེད་ལ་ཡིད་གཏད་དེ་མ་བླངས་པར་ཟུར་མིག་གིས་བལྟས་ཏེ་བླངས་པ་དང་། བཅའ་བ་དང་བཟའ་བ་མངོན་སུམ་དུ་མ་འོང་བར་ལྷུང་བཟེད་ལ་སོགས་པ་སྣ་བར་བཟེད་པ་དང་། ཡང་ཡང་ལྷག་པོ་འདོད་པའི་ཕྱིར་བྱ་ན་དང་ཕྱེ་ལ་སོགས་པ་གཅིག་གིས་གཅིག་བཀབ་བམ་སྦས་ནས་བཟེད་པ་དང་། ཟས་ཀྱི་སྟེང་དུ་ལྷུང་བཟེད་ལ་སོགས་པ་ཟས་བཟའ་བའི་སྣོད་བཟུང་བ་རྣམས་ཉེས་བྱས་ཏེ། ཉེས་བྱས་བརྒྱད་སྤང་བ་ནི། ཟས་བླངས་པ་དང་འབྲེལ་བའི་བསླབ་བྱ་བརྒྱད་དོ། །འདི་དག་དྲུག་སྡེ་ལ་བཅས་སོ། །

ལྔ་པ་ནི། འགལ་ཟ་ཁམ་ཆེ་སོགས་ཀྱིས་བསྟན། གནས་ཐམས་ཅད་དུ་འདུལ་བ་དང་མི་འགལ་བར་ཟས་ལེགས་པར་མ་ཟོས་པར་འགལ་བར་ཟ་བ་དང་། ཁམ་ཧ་ཅང་ཆེན་པོར་ཟོས་པ་དང་། ཁམ་ཧ་ཅང་ཆུང་དུ་དང་། རང་དང་མཐུན་པར་དང་། འཇིག་རྟེན་དང་མཐུན་པར་ཁམ་རན་

པར་མ་ཟོས་ཤིང་རན་པ་མིན་པར་ཟ་བ་དང་། ཁའི་སྒོར་ཟས་མ་འོང་བར་ཁ་གདངས་པ་དང་། ཁ་ཁམ་གྱིས་བཀང་སྟེ་ཟ་བཞིན་ཚིག་སྨྲ་བ་རྣམས་ལ་ཉེས་བྱས་ཏེ་དྲུག་གོ། །ཁའི་རྣམ་པར་འགྱུར་བའི་སྒྲ་སྒྱུར་བ་ལ་ཙུག་ཙུག་ཟེར་ཞིང་ཟ་བ་དང་། མངར་བ་ལ་ཅག་ཅག །གྲང་བ་ལ་ཧུ་ཧུ་དང་། ཚ་བ་ལ་ཕུ་ཕུ་ཟེར་ཞིང་ཟ་བ་དང་། ཟས་ཟ་བ་ན་ལྕེ་ཕྱིར་ཕྱུང་སྟེ་ཟ་བ་རྣམས་ལ་ཉེས་བྱས་ཏེ་ལྔའོ། །སྲོག་ཆགས་ཡོད་མེད་བརྟགས་པའི་ཕྱིར་མ་ཡིན་པར་འབྲས་ཆན་ལ་སོགས་པ་འབྲུ་རེ་རེ་ནས་བཏུས་ཤིང་གུད་དུ་ཕྱེ་ཞིང་ཟ་བ་དང་། ཏ་ཅང་ཁའོ་ཞེས་སོགས་ཟས་ལ་སྐྱོན་གྱི་འཕྱ་སྨོད་བྱེད་པ་དང་ཁམ་གཅིག་འཁྱུར་བ་གཉིས་གལ་ཏ་བཞིན་དུ་བཀང་སྟེ་གཡས་གཡོན་སྒྱོ་བ་དང་། ལྕེ་ཀྲན་ཏོག་ཅིང་ཟ་བ་དང་། ཁམ་འཕྲོ་སོས་བཅད་ཅིང་ཟ་བ་རྣམས་ཉེས་བྱས་ཏེ་ལྔའོ། །ལག་པ་ལ་ཟས་ཆགས་པ་འདྲུག་ཅིང་ལྡག་པ་དང་། ལྷུང་བཟེད་དང་ཕོར་བ་སོགས་ཟས་ཀྱི་སྣོད་སོར་མོ་དང་ལྕེས་འཕྱོག་པ་དང་། ལག་པ་ལ་ཟས་ཆགས་པ་སྤྲུག་པ་དང་། ཟས་དང་བཅས་པའི་ལྷུང་བཟེད་ལ་སོགས་པའི་སྣོད་སྒྲིམ་སྒྲིམ་བྱེད་པ་དང་། ཟས་ལ་མཆོད་རྟེན་གྱི་དབྱིབས་འདྲ་བ་བྱས་ཏེ་གཞོམ་ཞིང་ཟ་བ་རྣམས་ལ་ཉེས་བྱས་ཏེ་ལྔའོ། །ཉེས་བྱས་ཉེར་གཅིག་ཟ་བའི་ཚེ་སྤང་དགོས་སོ། །འདི་དག་དྲུག་སྟེ་ལ་བཅས།

དྲུག་པ་ནི། ལྷུང་བཟེད་ལ་འཕྱ་སོགས་ཀྱིས་བསྟན། གཞན་གྱི་ལྷུང་བཟེད་ལ་འཕྱས་གདགས་པའི་ཕྱིར་བལྟ་བ་དང་། ལག་པ་གཉིས་ལ་ནི་ཟས་དང་སྦགས་པའི་ཆུ་སྣོད་ལ་བཟུང་བ་ལྟ་བུས་མི་རེག་པ་དང་། དགེ་སློང་སོགས་ལ་ཟ་བ་དང་སྦགས་པའི་ཆུ་གཏོར་བ་སྤྱངས་པས་ཆུ་མི་གཏོར། ཁྱིམ་པའི་ཁྱིམ་དུ་དེ་ལ་མ་དྲིས་པར་ཟས་དང་སྦགས་པའམ་འབགས་པའི་ཆུ་འབྲུད་ཆུ་སོགས་དབོ་ཞིང་འཕོ་བ་རྣམས་ལ་ཉེས་བྱས་ཏེ་བཞིའོ། །ལྷུང་བཟེད་དུ་ཟས་ཟོས་པའི་ལྷག་མ་ངན་པར་གྱུར་པ་བླུགས་པའམ་བཞག་ནས་དོར་བ་དང་། ལོ་མ་ཡན་ཆད་ཀྱི་འོག་གཞི་མེད་པར་ས་རྗེན་པ་དང་། ངོས་ཆད་པའི་ངམ་གྲོག་གི་ཁ་ལྟ་བའི་གད་ཁ་དང་། བྱིན་གྱིས་གཞོལ་བའི་རི་གཟར་གཡང་ས་དང་། བང་རིམ་གཞོལ་པོ་རྣམས་སུ་ལྷུང་བཟེད་བཞག་པ་ལྟ་བུ་གནས་བཞི་རུ་མི་བཞག་གོ། །གད་ཁ་གཡང་ས་ཀན་གཟར་པོ་རྣམས་སུ་ལྷུང་བཟེད་མི་འཁྲུ། ཡངས་ནས་ལྷུང་བཟེད་མི་འཁྲུ་བ་དང་། འབབ་ཆུ་དྲག་པོའི་རྒྱུན་ལས་བཟློག་སྟེ་ལྷུང་བཟེད་ཀྱིས་ཆུ་བཅུ་བ་རྣམས་ལ་ཉེས་བྱས་ཏེ་མི་བཅུའོ། །དེ་ལྟར་

བསླབ་འགལ་གྱི་ཉེས་བྱས་བཅུ་དང་སྤྱོ་མ་བཞི་སྟེ་སྡོམ་པས་བཅུ་བཞིའོ། །ཉེས་བྱས་དེ་རྣམས་ནི་མཉན་ཡོད་དུ་ཉེར་དགས་ལྷུང་བཟེད་ལས་ཟས་སྦྱགས་པའི་ཆུ་དོར་བ་དང་དགེ་སློང་མང་པོས་ལྷུང་བཟེད་ས་རྗེན་ལ་བཞག་པས་བཙས་ཟློས་པ་དང་གད་གཡང་སོགས་ནས་འཁྲིལ་ཏེ་ཆག་པ་དང་། དེར་བཀྲུས་ནས་ལྷུང་སྟེ་བཅག་པ་སོགས་ལས་བཅས་སོ། །

བདུན་པ་ནི། ཆོས་སྟོན་སྡེ་ནི་ལང་ཉལ་སོགས་ཀྱིས་བསྟན། ཆོས་སྟོན་པའི་སྡེའི་བསླབ་བྱ་དང་འགལ་བའི་ཉེས་བྱས་ནི། ཉན་པ་པོ་མི་ན་བར་འདུག་པ་ལ་འཆད་པ་པོ་ལང་ཤིང་འགྲེང་སྟེ་ཆོས་བཤད་པ་དང་། དེ་བཞིན་དུ་ཉལ་བ་ལ་འདུག་སྟེ་བཤད་པ་དང་། སྟན་དང་ས་ཕྱོགས་མཐོན་པོར་དང་། སྟན་བཟང་པོ་ལ་འདུག་པ་ལ་ཆོས་སྟོན། རང་སྟན་དང་ས་ཕྱོགས་དམའ་བ་དང་ངན་པ་ལ་འདུག་སྟེ་བཤད་པ་དང་། མདུན་དུ་འགྲོ་བ་ལ་ཕྱི་ནས་འགྲོ་ཞིང་བཤད་པ་དང་། ལམ་ནས་འགྲོ་བ་ལ་ལམ་པོའི་འགྲམ་ནས་འགྲོ་ཞིང་ཆོས་བཤད་པ་རྣམས་ལ་ཉེས་བྱས་ཏེ་ལྔའོ། །མི་ན་བར་ཉན་པ་པོ་མགོ་རས་ལ་སོགས་པས་གཡོགས་པ་དང་། གོས་བརྗེས་པ་དང་། ཆོས་གོས་ཕྲག་པ་གཉིས་ཀར་གཟར་བ་དང་། ལག་པ་གཉའ་གོང་དུ་བསྣོལ་བ་དང་། ལྟག་པར་བསྣོལ་བ་རྣམས་ལ་ཆོས་བཤད་ན་ཉེས་བྱས་ཏེ་ལྔའོ། །ཉན་པ་པོ་མི་ན་བར་མགོ་ཏོ་ཀར་ཅན་ཏེ་སྐྲའི་ཐོར་ཅོག་བཅིངས་པ་ཅན་དང་། མགོ་ལ་ཞྭ་གྱོན་པ་དང་། མགོ་ལ་དར་ལ་སོགས་པའི་ཅོད་པན་བཏགས་ཏེ་བཅིངས་པ་དང་། མགོ་ལ་མེ་ཏོག་ལ་སོགས་པའི་ཕྲེང་བ་བཅིངས་པ་དང་ནི། མགོ་ལ་ཐོད་ཀྱིས་དཀྲིས་པ་རྣམས་ལ་ཆོས་བཤད་ན་ཉེས་བྱས་ཏེ་ལྔའོ། །ཉན་པ་པོ་མི་ན་བར་གླང་པོ་ཆེ་ལ་ཞོན་པ་དང་། རྟ་ལ་ཞོན་པ་དང་། འདོ་ལི་སོགས་ཁྱོགས་ན་འདུག་པ་དང་། གླང་ཆེན་དང་རྟ་ལས་གཞན་པའི་བཞོན་པའི་སྟེང་ན་འདུག་པ་དང་། མཆིལ་ལྷམ་གྱོན་པ་ལ་ཆོས་བཤད་པ་རྣམས་ལ་ཉེས་བྱས་ཏེ་ལྔའོ། །ཉན་པ་པོ་མི་ན་བར་ལག་ན་མཁར་བ་ཐོགས་པ་དང་། ལག་ན་གདུགས་ཐོགས་པ་དང་། ལག་ན་མཚོན་ཐོགས་པ་དང་། ལག་ན་རལ་གྲི་ཐོགས་པ་དང་། ལག་ན་དགྲ་ཆ་མདའ་དང་གཞུ་ཐོགས་པ་དང་། ཁྲབ་ལ་སོགས་པའི་གོ་ཆ་གྱོན་པ་ལ་ཆོས་བཤད་པ་རྣམས་ལ་ཉེས་བྱས་ཏེ་དྲུག་གོ། །དེ་ལྟར་ཆོས་མི་བཤད་པའི་བསླབ་བྱ་ཉེར་དྲུག་དང་འགལ་བའི་ཉེས་བྱས་ཉེར་དྲུག་གོ། །འདི་དག་མཉན་ཡོད་དུ་དྲུག་སྡེ་

ལ་བཅས་སོ། །

བརྒྱད་པ་ནི། སྒྲུབ་ཚུལ་གསུམ་ནི་སོགས་ཀྱིས་བསྟན་ཏེ། སྒྲུབ༷་པའི་ཚུལ༷་གྱི་བསླབ་བྱ་གསུམ་དང་འགལ་བའི་ཉེས་བྱས་གསུམ༷་ནི༷། མི་ན་བར་འགྲེང༷་སྟེ༷་བཤད༷་པ་དང་གཅི༷་བ་འདོར༷་བར་བྱས་པ་ལ་ཉེས་བྱས་དང་། ཐམས་ཅད་ཆུས་གང་སྟེ་གོ་སྐབས་མེད་པ་མ་གཏོགས་མི་ན་བར་ཆུའི༷་ནང་དུ་བཤད་པ་དང༷་གཅིན་དང་མཆིལ་མ་དང་སྣབ་དང་སྐྱུག་པ་དང་བླུགས་པ་བྱས་པ་དང་བྱས་ཟིན་འདོར་བ་ལ་ཉེས་བྱས་སོ། །རྩྭ་སྔོན་པོ་མེད་པའི་གོ་སྐབས་མེད་པ་མ་གཏོགས་མི་ན་བར་རྩྭ་སྔོན་པོ་ཡོད་པའི་ཕྱོགས་ལ༷་བཤད༷་གཅི༷་དང་མཆིལ་སྣབ༷་དང་སྐྱུག་པ་དང་བླུགས་པ་བྱས་པ་དང་བྱས་ཟིན་འདོར༷་བར་བྱས་པ་རྣམས་ལ་ཉེས་བྱས་ཏེ་གསུམ་ཡོད་པའོ། །འདི་རྣམས་ཉེར་དགའ་ལ་བཅས་སོ། །

དགུ་པ་ནི། ཤིང་ལ་མི་གང་མཐོར་འཛེགས་སོགས་རྐང་པ་གཅིག་གིས་བསྟན་ཏེ། རྒྱུ་བ་ནི། རང་གི་སྲོག་ལ་སོགས་པ་ལ་གནོད་པ་བྱུང་བ་མ་གཏོགས་པར་རང་དགར་ཤིང༷་ལ༷་མི༷་གང༷་ཙམ་ལས་མཐོ༷་བར་འཛེགས༷་པ་ལ་ཉེས་བྱས་གཅིག་སྟེ་རྒྱུ་བའི་བསླབ་བྱ་དང་འགལ་བ་གཅིག༷་གོ༷། །འདི་འང་ཉེར་དགའ་ལ་བརྟེན་ནས་དགེ་འདུན་པའི་དགེ་སྐོས་ལ་བཅས་ཏེ། ཉེར་དགའ་དགེ་འདུན་པའི་དགེ་སྐོས་ཀྱིས་གདུགས་ཚོད་ནོད་པའི་རེས་ཕབ་པ་ན། དེས་བསོད་སྙོམས་བླངས་ཏེ་གོམ་པ་དལ་བར་བྱས་ཏེ་འོང་བས་ཡུན་རིང་ཐོགས་པ།དགེ་སྐོས་ཀྱིས་ཉེར་དགས་ཟན་གཅོད་པར་དོགས་ཏེ་ཤིང་གི་རྩེར་འཛེགས་ཏེ་བལྟས་པས་གོམ་པའི་གྲངས་ཀྱིས་མཉན་ཡོད་དང་རྒྱལ་བྱེད་ཚལ་གྱི་བར་འཛལ་བ་ལྟ་བུའི་ཚུལ་གྱིས་འོང་བ་མཐོང་ནས་སླེབ་པ་ན་གདུགས་ཚོད་ཡོལ་ལོ། །ཁྱོད་གོམ་པ་དེ་ལྟ་བུས་འོང་ནས་ཟན་གཅོད་སྙམ་པ་གོར་མ་ཆགས་སོ་སྙམ། ཇི་ལྟར་མཐོང་། ཤིང་ལ་འཛེགས་ནས་སོ། །རུང་ངམ། རུང་ཡང་སྲིད་མི་རུང་ཡང་སྲིད་ཀྱང་བྱས་སོ། །དེ་གསོལ་བས་ཤིང་ལ་འཛེགས་པར་མི་བྱའོ་གསུངས། རྗེས་སུ་ཆོས་གོས་བཙོས་པ་ན་སྐམ་པའི་ཐབས་མ་ཤེས་པར་ཐག་པ་འདོགས་ཕྱིར་ཤིང་ལ་མི་གང་ཙམ་དུ་འཛེགས་པར་གནང་། ཡང་སྟག་གིས་བདས་ཏེ་བསད་པའི་སྲོག་གི་འཇིགས་པ་མ་གཏོགས་སོ་གསུངས། དེ་དག་ནི་དགེ་སློང་ཕའི་རྣམ་འབྱེད་ནས་གསུངས་པའི་ཉིས་བརྒྱ་ལྔ་བཅུ་རྩ་གསུམ་པོ་རྣམས་ཀྱི་བསྲུང་མཚམས་བསླབ་བྱ་ཅི་རིགས་དང་བཅས་པ་བཤད་པའོ། །

གཉིས་པ་དགེ་སློང་མའི་ཁྲིམས་ལ་དགེ་སློང་མ་ལ་ཕམ་བརྒྱད་སོགས་ཀྱིས་བསྟན་ཏེ། དགེ་སློང་མ་ལ་དང་པོ་ཕམ་པ་ཐུན་མོང་བ་བཞི་དང་ཐུན་མོང་མིན་པ་བཞི་སྟེ་བརྒྱད་དང་། ལྷག་མ་ཐུན་མོང་བ་བདུན་དང་ཐུན་མིན་བཅུ་གསུམ་སྟེ་ཉི་ཤུ། སྤང་ལྟུང་ལ་ཐུན་མོང་བཅུ་དགུ་ཐུན་མིན་བཅུ་བཞི་སྟེ་སོ་གསུམ་དང་། ལྟུང་བྱེད་འབའ་ཞིག་པ་ཐུན་མོང་དོན་གཉིས་ཐུན་མིན་བརྒྱ་རྩ་བརྒྱད་དེ་བརྒྱ་དང་བརྒྱད་ཅུ། སོར་བཤགས་ལ་ཐུན་མོང་གཅིག་དང་ཐུན་མིན་བཅུ་སྟེ་བཅུ་གཅིག། །ཉེས་བྱས་ལ་ཐུན་མོང་བརྒྱ་དང་བཅུ་ཐུན་མིན་གཉིས་ཏེ་བརྒྱ་དང་བཅུ་གཉིས་ཏེ་ཐམས་བསྡོམས་པས་སུམ་བརྒྱ་དང་དྲུག་ཅུ་རྩ་བཞི་མདོ་ཙམ་མོ། །དེ་སྐད་དུའང་རྣམ་འབྱེད་ཀྱི་ལུང་གི་བར་སྡོམ་ལས། ཕམ་བརྒྱད་དགེ་འདུན་ལྷག་མ་ཉི་ཤུ་དང་། །སྤང་བའི་ལྟུང་བ་སུམ་ཅུ་རྩ་གསུམ་དང་། །དེ་བཞིན་ལྟུང་བྱེད་བརྒྱ་དང་བརྒྱད་ཅུ་འོ། །སོ་སོར་བཤགས་པར་བྱ་བ་བཅུ་གཅིག་གོ། །བསླབ་པའི་ཕྲེང་བ་ལྷག་མར་བཅས་པ་ནི། །དགེ་སློང་ཕ་དང་མཚུངས་པར་བསྟན་པ་ཡིན། །ཞེས་པ་ལྟར་རོ། །

གཉིས་པ་འཇུག་པའི་ཚུལ་ཁྲིམས་ནི་འདུལ་བ་ལུང་གཞི་ལས་གསུངས་པའི་གཞི་བཅུ་བདུན་རྣམས་ཡིན་ཏེ། དེའང་ལུང་ལས། རབ་བྱུང་གསོ་སྦྱོང་གཞི་དང་ནི། །དགག་དབྱེ་དབྱར་གནས་ཀོ་ལྤགས་དང་། །སྨན་དང་གོས་དང་སྲ་བརྐྱང་དང་། །ཀཽ་ཤམྦཱི་དང་ལས་ཀྱི་གཞི། །དམར་སེར་ཅན་དང་གང་ཟག་དང་། །སྤོ་དང་གསོ་སྦྱོང་བཞག་པ་དང་། །གནས་མལ་དང་ནི་རྩོད་པ་དང་། །དགེ་འདུན་དབྱེན་རྣམས་བསྡུས་པ་ཡིན། །ཞེས་སོ། །དེ་ལས་ཀཽ་ཤམྦཱི་ལས་ཕྱེ་བའི་གཞི་ཞེས་བྱ་ལ། དམར་སེར་ཅན་ནི་ཕྱིར་བཅོས་ཀྱི་གཞིར་གྲགས་གང་ཟག་ཅེས་པ་དུས་དང་དུས་མ་ཡིན་པ་བསྡུས་པ་ལས་བྱུང་བའི་གཞིར་བྱ། སྤོ་བ་ནི་ས་གཞན་ན་སྤྱོད་པའི་གཞིར་བྱ། གསོ་སྦྱོང་བཞག་པ་ནི། ཡོངས་སུ་སྦྱོང་བའི་གཞི་ཡིན་ནོ། །གཞན་རྣམས་རང་མིང་ནས་བསྟན་པ་ལྟར་ཏེ་གཞི་བཅུ་བདུན་ལས་རབ་བྱུང་གི་གཞི་ནི་སྡོམ་པ་མ་ཐོབ་པ་ཐོབ་པར་བྱེད་པའི་སྐབས་སུ་བསྟན་ཟིན། ཕྱིར་བཅོས་དང་འབྲེལ་བའི་གཞི་བདུན་ནི། འོག་ཏུ་ཉམས་ན་ཕྱིར་བཅོས་པའི་སྐབས་སུ་འཆད་པས་འདིར་ཐོབ་པ་མི་ཉམས་པར་སྲུང་བའི་ཐབས་བསྟན་པའི་གཞི་ལ། བསླབ་པ་ཡོངས་སུ་སྦྱོང་བའི་གཞི་གསུམ། བདེ་བར་གནས་པའི་རྐྱེན་གྱི་གཞི་ལྔ། སྡོམ་པ་ཐོབ་བྱེད་སྲུང་བྱེད་ཕྱིར་བཅོས་བྱེད་ཀྱི་བསླབ་བྱ་ཐམས་ཅད་

ལ་ཁྲིབ་པ་ལས་ཀྱི་གཞི་དང་གསུམ་ཡོད་པ་ལས། དང་པོ་ནི། སློབ་པའི་བསླབ་བྱ་ཡོངས་སུ་སྦྱོང་བའི་ཚུལ་སོགས་ཀྱིས་བསྟན་ཏེ། འདིར་སློབ༷་པའི༷་བསླབ་པར་བྱ༷་བ་ཡོངས༷་སུ༷་སྦྱོང༷་བའི༷་ཚུལ༷་གྱི་གཞི་ལ་ནི་གསོ༷་སྦྱོང༷་དང་། དབྱར༷་གནས༷་དང་། དགག༷་དབྱེ༷་གསུམ་མོ། །

དང་པོ་གསོ་སྦྱོང་ནི། སྟོན་པ་རྒྱལ་པོའི་ཁབ་འོད་མའི་ཚལ་དུ་བཞུགས་དུས་མུ་སྟེགས་པས་འདུག་པ་དང་བྱ་བ་གསོ་སྦྱོང་ནི་ཁོ་བོ་མུ་སྟེགས་པ་ཁོ་ནར་ཡོད་ཀྱི་དགེ་སྦྱོང་རྣམས་ལ་མེད་དོ་ཞེས་འཕྱ་བ་བསལ་བའི་ཆེད་དུ་དགེ་བསྙེན་མང་པོས་ཞུས་པ་ལ་བརྟེན་ཏེ་བཅས་པ་གནང་བའོ། །དབྱེ་ན་ཞི་གནས་ཀྱི་གསོ་སྦྱོང་དང་། མཐུན་པའི་གསོ་སྦྱོང་གཉིས་སོ། །དང་པོ་ལ་འདོད་སེམས་རགས་པ་ཞི་བྱེད་ཀྱི་ཏིང་ངེ་འཛིན་ལ་སྤྱོད་པ་རྣམ་སྦྱོང་གི་དམིགས་པ། ཉོན་མོངས་རྣམ་སྦྱོང་གི་དམིགས་པ། མཁས་པའི་དམིགས་པ་ལ་བརྟེན་ནས་ཉེས་པ་ལྔ་སྤང་། འདུ་བྱེད་བརྒྱད་བསྟེན་ནས་སེམས་གནས་དགུ་སྒྲུབ་པ་ལྔ་བུ་དང་། ཁམས་གོང་མའི་ཉེར་བསྡོགས་ཀྱི་ཞི་གནས་དང་། དངོས་གཞི་བསམ་གཏན་བཞི། གཟུགས་མེད་བཞིའི་ཏིང་འཛིན་རྣམས་དང་། ཐར་པའི་ལམ་བྱང་ཕྱོགས་སོ་བདུན་གྱི་ཇི་ལྟ་ཇི་སྙེད་ཀྱི་རྣམ་པའི་ཞི་གནས་ལྟ་བུའོ། །

གཉིས་པ་མཐུན་པའི་གསོ་སྦྱོང་ལ། དུས་ངེས་པའི་གསོ་སྦྱོང་དང་། མ་ངེས་པའི་གསོ་སྦྱོང་གཉིས། ངེས་པའི་གསོ་སྦྱོང་ལ་བཅུ་བཞི་པ་དང་བཅོ་ལྔ་པ་གཉིས། དེའང་ལོ་གཅིག་ལ་ཟླ་བ་དྲུག་གི་མར་ངོ་དྲུག་ལ་བཅུ་བཞི་པ་དྲུག་སྟེ། ལོ་དྲི་བ་ལས། རྒྱལ་དང་དབོ་དང་ས་ག་དང་། །ཆུ་སྟོད་ཁྲུམས་སྨད་སྨིན་དྲུག་བཅས། །འདི་རྣམས་ཀྱི་ནི་ནག་པོའི་ཕྱོགས། །ཟླ་བྱེད་གསོ་སྦྱོང་བཅུ་བཞི་པ། །ཞེས་སོ། །ཞག་མི་ཐུབ་པའི་གསོ་སྦྱོང་དྲུག་ཏུ་བཤད་དེ། སྡེ་མ་དེ་ལས། དགུན་དང་དཔྱིད་དང་དབྱར་རྣམས་ཀྱི། །ཟླ་བ་ཕྱེད་དང་གཉིས་འདས་ཤིང་། །ཟླ་བ་ཕྱེད་ནི་ལུས་པ་ན། །མཁས་པས་ཞག་མི་ཐུབ་པར་དོར། །གསོ་སྦྱོང་བཅོ་ལྔ་པ་ནི། ལོ་གཅིག་གི་ཟླ་བ་བཅུ་གཉིས་ཀྱི་ཡར་ངོ་བཅོ་ལྔ་པ་བཅུ་གཉིས་དང་། སྡེ་མ་དྲུག་གི་ལྷག་མའི་མར་ངོ་དྲུག་གི་གནམ་སྟོང་དྲུག་ལ་གསོ་སྦྱོང་བཅོ་ལྔ་པ་དྲུག་སྟེ་བཅོ་བརྒྱད་ཡོད་དོ། །ས་གའི་ལྷས། ཁ་བ་སོས་ཀ་དབྱར་རྣམས་ཀྱི། །ཟླ་བ་གཉིས་དང་བཞི་ཡི་ནི། །མར་ངོས་ལ་ནི་བཅུ་བཞི་པའི། །གསོ་སྦྱོང་སྡོམ་བརྩོན་དག་གིས་བྱ། །ས་ག་དང་ནི་ཆུ

སྟོད་དང་། །དེ་བཞིན་ཁྲིམས་སྨད་སྨིན་དྲུག་དང་། །རྒྱལ་དང་དབོ་ཞེས་བྱ་བ་ཉིད། །དྲུག་པོའི་མར་ངོས་བཅུ་བཞིར་བརྗོད། །དེ་བཞིན་དེ་ལས་གཞན་དག་ནི། །བཅོ་བརྒྱད་བཅོ་ལྔ་པར་ནི་འདོད། ། ཅེས་གསུངས་སོ། །དུས་མ་ངེས་པའི་གསོ་སྦྱོང་ལ་གསུམ་སྟེ། མི་རུང་བའི་གཞི་བཅུ་ལྟ་བུ་སེལ་བའི་དུས་དང་། རབ་གནས་ལ་སོགས་པའི་བཀྲ་ཤིས་པའི་དུས་བཀྲ་ཤིས་གསོ་སྦྱོང་བྱ་བ་དང་། ནད་ཡམས་དམག་སོགས་བྱུང་ཟིན་བཟློག་པའི་ཕྱིར་རམ། སླར་མི་འབྱུང་བའི་ཕྱིར་དུ་གནོད་པ་ཟློག་པའི་གསོ་སྦྱོང་བྱ་བ་དང་། དགེ་འདུན་དབྱེན་ཟླུམ་པའི་ཕྱིར་དུ་དགེ་འདུན་ཟླུམ་པའི་གསོ་སྦྱོང་བྱ་བ་སྟེ། མདོར་ན་མཐུན་པའི་གསོ་སྦྱོང་ལ་ལྔ་ཡོད་པའོ། །དེ་ལྟ་ཡང་དུས་བརྗོད་ཀྱི་ཕྱེ་བྲག་ཙམ་མ་གཏོགས་སྦྱོར་དངོས་མཇུག་གསུམ་ཐམས་ཅད་འདྲ་བ་ཡིན་ནོ། །

དབྱར་གནས་ནི། སྟོན་པ་རྒྱལ་བྱེད་ཚལ་ན་བཞུགས་པའི་ཚེ་དགེ་སློང་ལྡོངས་རྒྱུ་བ་ལ་མུ་སྟེགས་ཅན་རྣམས་ཀྱིས་སྲིན་བུ་ཞུག་རྡ་བྱི་བ་འཁྱུམ་པར་སྟོད་ན་དགེ་སྦྱོང་མགོ་རེག་འདི་རྣམས་སྲོག་གཅོད་པ་ལས་མི་ལྡོག་པར་སྟོད་པ་མེད་པས་འདི་དག་ལ་བསོད་སྙོམས་སུས་སྟེར་ཞེས་འཕྱ་བས་དབྱར་སྔ་མ་བཅས་སོ། །ཡང་རི་བོར་གྱི་གཙུག་ལག་ཁང་ཞིག་ཏུ་དབྱར་གནས་པས་འཇིགས་པ་བྱུང་བས་དགག་དབྱེ་མ་བྱས་པར་རྒྱལ་བྱེད་ཚལ་དུ་འོང་བས་དེ་སྐབས་དབྱར་ཕྱི་མ་བཅས་སོ། །

དེ་ལྟ་བུའི་དབྱར་གནས་ལ་དབྱར་སྔ་ཕྱི་གཉིས་ཏེ། ས་གའི་ལྷས། གྲོ་ཞུན་ཟླ་བའི་ཚེས་གཅིག་ནས། །སྔ་མའི་དབྱར་དེ་གཙོ་བོ་ཡིན། །དེ་ཉིད་ཁྲིམས་ཀྱི་ཟླ་བ་ཡི། །ཚེས་གཅིག་ནས་ནི་ཕྱི་མར་གྲགས། །ཞེས་པ་ལྟར། དབྱར་སྔ་མ་ནི་ཧོར་ཟླ་དྲུག་པའི་མར་ངོས་ཚེས་གཅིག་སྟེ་བཅུ་དྲུག་དང་། ཕྱི་མ་ཧོར་ཟླ་བདུན་པའི་མར་ངོས་ཚེས་བཅུ་དྲུག་ལ་དབྱར་ཁས་ལེན་དགོས་པར་བསྟན། ཁས་བླངས་པའི་དགོས་པ་ནི། གནས་རལ་གྲུམ་འཚོས་པ་དང་། གཞན་གྱིས་འཕྱ་བ་དགག་པ་དང་། སེམས་ཅན་གྱི་སྲོག་ལ་གནོད་པ་སྤང་བ་དང་། དོན་དང་བྱ་བ་ཉུང་བའི་ཆེད་དང་། སྤོང་ཀློག་གི་དགེ་བ་འཕེལ་བ་དང་དགག་དབྱེ་འབྱུང་བའི་དགོས་པ་ཡོད། བྱེ་བྲག་ཏུ་དབྱར་སྔ་མ་ཁས་བླངས་པའི་དགོས་པ་ལ་ཐུན་མིན་སྲ་བརྐྱང་བཏིང་བ་འབྱུང་བའི་ཆེད་སོགས་ཡིན་ནོ། །གང་ཟག་ཀྱང་བསྙེན་རྫོགས་མ་ཟད་རབ་བྱུང་སྡེ་ལྔ་ཀས་ཁས་ལེན་རུང་བར་གསུངས་སོ། །དུས་ཟླ་བ་གསུམ་དུ་ཁས་ལེན

ནས་གསུམ་དུ་གནས་པ་ཡིན་ནོ། །དམིགས་བསལ་འཐབ་ཀྲོལ་སོགས་ཀྱི་རྐྱེན་གྱིས་གསོ་སྦྱོང་གཉིས་གསུམ་གྲུབ་ནས་དགག་དབྱེ་བྱེད་པར་གསུངས་པ་ཡིན་ནོ། །དེ་ཁས་ལེན་པའི་གནས་ནི་མཚམས་བཅད་པའི་ནང་དུ་གནས་པར་ཁས་ལེན་དགོས་པས་མཚམས་པོ་ཆེ་ནི། དབུས་ནས་ཕྱོགས་ཕྱོགས་སུ་དཔག་ཚད་ཕྱེད་དང་གསུམ་གྱི་ནང་ནི་མཚམས་ཆེན་དང་། དེར་མ་ལོངས་པ་ནས་གདིང་བ་བཞི་བཅུ་ཞེང་བ་ཡན་ཆད་མཚམས་བུ་ཆུང་དང་། གདིང་བ་བཞི་བཅུ་ཞེང་བའི་གནས་ནི་དཀྱིལ་འཁོར་བ་ཞེས་བྱའོ། །དེ་རྣམས་ཀྱི་ཕྱོགས་རྣམས་སུ་མཚན་མ་བྱ་སྐྱིབས་ལྟ་བུའི་གྲུབ་པའི་མཚན་མ་གསར་དུ་ཕྱོགས་རྣམས་སུ་སེང་ལྡེང་གི་ཕུར་བ་དང་རྡོ་དང་སྲད་བུ་བྲིས་པ་དང་ས་ལ་སྲོལ་བཏོད་པ་ལྟ་བུའི་བཀྲིས་པ་དང་། སྔར་ནས་རྩིག་པས་བསྐོར་བ་སྟེང་གཡོགས་པའི་ལྷ་ཁ་ནས་ཆུ་འབབ་པ་ཚུན་ཆད་ལྟ་བུའི་བྱས་ཟིན་ལགས་པ་རྣམས་ཏེ་གང་རུང་བཟོད་ནས་དགེ་འདུན་གྱི་ལས་བྱེད་པའི་གནས་ལ་བློ་མཐུན་པར་གསོལ་བ་དང་གཉིས་ཀྱི་ལས་ཀྱིས་བྱ་ཞིང་མཚམས་གང་རུང་བཅད་པར་བྱའོ། །དེ་ཚེ་མཚམས་ནང་དེར་གཏོགས་པའི་དགེ་སློང་རྣམས་རྫོགས་པར་མ་འདུས་ན་འདུན་པ་ཕུལ་བས་མཐུན་པ་མི་འགྲུབ་པས་ལས་མི་ཆགས་སོ། །གནས་ཁང་ཡང་སྟེང་གཡོགས་པ་སྒོ་གླེགས་དང་བཅས་པའི་གཙུག་ལག་ཁང་ཞིག་དགོས་སོ། །དབྱར་གྱི་མཚམས་གཅོད་པའང་གསོ་སྦྱོང་གི་ལས་ཀྱི་སྔོན་དུ་ལྟུང་ཐུན་བྱིན་རླབས་གསོལ་བའི་ལས་ཀྱིས་བྱས་ཏེ་བྱའོ། །མཚམས་སྔ་མ་བྱས་ཤིང་མ་གྲོལ་བར་མཚམས་ཕྱི་མ་བཅད་པ་མི་ཆགས་སོ། །གནས་མལ་སྟོབས་པ་ཚུལ་ཤིང་བྲིམ་པ་བསྒོ་བར་བྱ། དེའང་ལས་བྱེད་པས་སྒྲོ་བ་དྲིས་ཏེ་སྒྲོ་ན་གསོལ་གཉིས་ཀྱི་ལས་ཀྱིས་བསྒོའོ། །དེས་ཁྲིམས་བསྒྲགས་ཚུལ་ཤིང་བླངས་པའི་ཕྱིར་ལས་བྱེད་པས་གསོལ་བ་འབའ་ཞིག་གི་ལས་ཀྱིས་ཐུགས་བསྐུལ་པར་བྱས་ཏེ་ཚུལ་ཤིང་བྲིམས་པ་དང་གྲངས་གོ་བར་བྱ་བ་དང་། གནས་མལ་སྟོབས་ཅིང་གནས་མལ་ལ་ལོག་པར་མི་སྤྱོད་པ་དང་། སང་ནང་པར་གནས་པར་ཁས་བླངས་པ་དག་གོ་བར་བྱའོ། །དབྱར་གནས་པར་ཁས་བླངས་ཕྱིན་མཚམས་ཀྱི་ཕྱི་རོལ་དུ་བྱིན་རླབས་མ་བྱས་པར་སྐྱ་རེངས་ཤར་བར་མི་བྱ། དེ་བྱས་ན་དབྱར་རལ་བར་འགྱུར་རོ། །

གལ་ཏེ་མཚམས་ཀྱི་ཕྱི་རོལ་དུ་འགྲོ་དགོས་ན་ཞག་གཅིག་ནས་བདུན་གྱི་བར་དུ་བྱིན་རླབས

བྱས་ཏེ་འགྲོ་རུང་བ་དང་དགེ་འདུན་ལས་ཞག་བཞི་བཅུའི་གནང་བ་ཐོབ་ན་དེས་ཞག་བཅུ་མན་ཆད་དུ་ཅི་རིགས་པར་བྱིན་རླབས་བྱས་ན་རུང་ངོ་། །ཞག་བདུན་ཐག་ཏུ་བརླབས་པ་མང་དུ་བྱས་ན་བསྡོམ་པས་བཞི་བཅུ་ལས་ལྷག་ན་མི་རུང་ངོ་། །མཐའི་ཞག་དྲུག་ལ་བྱིན་རླབས་མི་ཆགས་སོ། །གསུམ་པ་དགག་དབྱེ་ལ། སྟོན་པ་མཉན་ཡོད་དུ་བཞུགས་དུས་ལྗོངས་སུ་དགེ་སློང་རྣམས་མི་སྨྲ་བའི་ཁྲིམས་བྱས་ཏེ་དབྱར་གནས་པ་ལ་བརྟེན་ནས་མཐོང་ཐོས་དོགས་གསུམ་གྱིས་དབྱར་གནས་པའི་དགེ་འདུན་ལ་དགག་དབྱེ་བྱེད་དགོས་པར་བཅས་སོ། །དེ་ལ་དུས་དང་དུས་མ་ཡིན་པ་གཉིས་སོ། །དེ་གཉིས་གང་ལའང་སྒྱུར་བ་ལ་རིང་སྒྱུར་དང་ཉེ་སྒྱུར་གཉིས་ལས། དང་པོ་ཞག་བདུན་སོགས་ཀྱི་སྔ་རོལ་ནས་སྤྱོད་ཡུལ་གྱི་གྲོང་རྣམས་སུ་དགག་དབྱེ་བྱེད་པར་འགྱུར་བ་གོ་བར་བྱ་བ་དང་། ནང་མཁོན་འདུམ་པར་བྱེད་པ། གཙུག་ལག་ཁང་རྒྱན་གྱིས་བརྒྱན་པ། སང་དགག་དབྱེ་བྱེད་འགྱུར་གྱི་ནུབ་མོ་མཚན་ཐོག་ཐག་ཏུ་ཆོས་བཤད་པ་རྣམས་སོ། །ངེས་པའི་དགག་དབྱེ་ལ་དབྱར་སྔ་མ་ལ་སྟོན་ཟླ་འབྲིང་པོ་དང་། ཕྱི་མ་ལ་སྟོན་ཟླ་ཐ་ཆུང་སྨིན་དྲུག་གི་ཉ་ལ་བྱ། དུས་མ་ངེས་པ་ནི་ཟླ་བ་གསུམ་གྱི་ཁོངས་སུ་གསོ་སྦྱོང་གཉིས་སམ་གསུམ་ཙམ་སོང་ནས་གསོ་སྦྱོང་གི་དུས་སུ་བྱེད་པའོ། །གཉིས་པོ་དེ་ཡང་ལྟུང་ཐུན་བྱིན་རླབས་སྟོན་དུ་བཏང་སྟེ་གསོལ་གཉིས་ཀྱི་ལས་ཀྱིས་དགག་དབྱེ་བྱེད་པར་བསྒོའོ། །དེས་རྫུ་དུར་ལྷ་ཁྲིམས་ཏེ་དང་པོ་ལྟུང་བ་དགག་དབྱེ་བྱས་རྗེས་རྫས་ཀྱི་དགག་དབྱེ་ཡང་བྱ། དགག་དབྱེ་ནི་གསོ་སྦྱོང་གི་དོད་ཡིན་པས་དགེ་ཚུལ་གློ་བུར་དུ་ལྷག་པ་སོགས་ཀྱིས་ཀྱང་བྱའོ། །དེའང་ཚུལ་ཁྲིམས་རྣམ་པར་དག་པའི་ཆེད་དུ་གསོ་སྦྱོང་ཞེས་མཐུན་ཕྱོགས་ཀྱི་སྡོམ་པ་དག་པ་ལ་བྱ། ཆོས་རྣམ་པར་དག་པའི་ཆེད་དུ་དགག་དབྱེ་བྱ་ཞེས་ལྟུང་བའི་ཆོས་རྣམས་གླེང་དྲན་བྱས་ཏེ་ཕྱིར་བཅོས་པའི་ཚུལ་ཁྲིམས་ཀྱི་མི་མཐུན་ཕྱོགས་ལྟུང་བའི་ཆོས་དག་པ་ལ་བྱ། གཞན་ཡང་དགག་དབྱེ་བྱེད་པའི་དགོས་པ་ལ་སྦྱིན་བདག་གིས་བསོད་ནམས་བསགས་པའི་ཆེད་སོགས་ཀྱི་དགོས་པ་ཡོད་དོ། །

གཉིས་པ། བདེ་བར་གནས་པའི་རྐྱེན་གྱི་གཞི་ལ་གསུམ་སྟེ། གོས༷་ཀྱི༷་གཞི༷་ཀོ༷་ལྤགས༷་དང་གནས༷་མལ༷་སྟན༷་གྱི་གཞི་བཞིའོ། །གོས་ཀྱི་གཞི་ལ། བག་ཡངས་དང་འབྲེལ་བ་སྲ་བརྐྱང་གི་གཞི་དང་། འཚོ་བའི་ཡོ་བྱད་དང་འབྲེལ་བ་གོས་ཀྱི་གཞི་གཉིས་དང་། དམིགས་བསལ་དང་འབྲེལ་བ

དངོས་བསྟན་ཀོ་ལྟགས་ཀྱི་གཞི་དང་གསུམ་མོ། །དེ་ལ་སྲ་བརྐྱང་ནི། རྒྱ་སྐད་ལ་ཀ་ཐིན་ཞེས་པ་གཏན་པའམ་སྲ་བརྐྱང་སྟེ་དངོས་མིང་ནི་ཆོས་གོས་དྲས་དྲུབ་བྱེད་ཚེ་གོས་གདིང་བའི་གཞིའི་གདན་པང་ལེབ་ཀྱི་མིང་ཡིན་ཡང་། འདིར་དགེ་འདུན་སྤྱི་ལ་དབང་བའི་ཆོས་གོས་གསུམ་ཕྲུགས་ལའང་སྲ་བརྐྱང་ཞེས་བཏགས་ནས་བརྗོད་པའི་བཏགས་མིང་ཡིན། དེའང་འདྲ་བ་རྒྱུ་མཚན་དུ་བྱས་ཏེ་བཏགས་ལ༑ དེའི་ཚུལ་ཇི་ལྟར་འདྲ་ན་གཏན་པས་ཆོས་གོས་ཐམས་ཅད་ལ་ཁྱབ་པ་དང་། ཆོས་གོས་འཁྲུམ་པ་བརྐྱང་བ་དང་། དེས་ཆོས་གོས་ཀྱི་དངོས་པོ་ཕྱོགས་གཅིག་ཏུ་སྒྱུར་པ་དང་འདྲ་བར། སྲ་བརྐྱང་གི་གོས་གསུམ་པོ་འདིའང་། འདིང་བ་པོ་ཐམས་ཅད་ལ་ཁྱབ་པ་དང་། གནང་བ་བག་ཡངས་སུ་འཕྲེལ་ནས་བསླབ་པ་བག་རྐྱོང་བ་དང་། འདིང་བ་པོ་ཐམས་ཅད་གོས་ལ་བློ་གཅིག་ཏུ་མཐུན་པར་བྱེད་པའི་རྒྱུ་མཚན་གྱིས་སྲ་བརྐྱང་ཞེས་བཏགས་པའོ། །བཏིང་ཚུལ་ལ་མཚམས་གཅིག་ཏུ་འདུས་པའི་དགེ་འདུན་རྣམས་ཀྱིས་རང་རང་གི་ཆོས་གོས་ཀྱི་ཐྱིན་རླབས་དབྱུང་སྟེ་ཐམས་ཅད་ཀྱིས་སྲ་བརྐྱང་གི་ཆོས་གོས་གསུམ་ལ་བྱིན་རླབས་བྱས་ཏེ་བཏིང་བ་དང་། དུས་ནི། དབྱར་སྟ་མ་ཁས་བླངས་ཏེ། དགག་དབྱེ་བཅོ་ལྔ་པའི་མཐའི་བཅུ་དྲུག་གི་ཉིན་ནས་ཟླ་བ་ལྔའི་བར་ལ་བཏིང་བར་བཤད་དེ། ས་ག་ལྷས་མེ་ཏོག་ཕྲེད་རྒྱུད་ལས། སྨིན་དྲུག་ནས་ནི་དབོ་ཡི་བར། །སྲ་བརྐྱང་བཏིང་བར་རྗེས་སུ་གནང་། །ཞེས་སོ། །གོས་དེའི་རྒྱུ་ནི། དགེ་འདུན་གྱི་དབྱར་གྱི་རྙེད་པ་ལས་བསྒྲུབ་དགོས་པར་གསུངས། དགོས་པ་ནི། འཆང་བྲལ་འཇོག་གསུམ་སོགས་ལྟུང་བ་དུ་མ་མི་འབྱུང་བའི་དགོས་པ་དང་། སྲ་བརྐྱང་གི་རྙེད་པ་ཐུན་མོང་དུ་དབང་བའི་དགོས་པ་ཡོད་པའོ། །དེས་ན་བོད་འདིར་བསླབ་པ་ལྷོད་པའི་དོགས་པས་མཁན་སློབ་ཆོས་གསུམ་གྱིས་འདི་ཕྲུག་ལེན་ལ་མི་འདེབས་པར་བཀས་བཅད་པའོ། །ཁྲིམས་བཀའ་གདམས་པའི་དགེ་བཤེས་གོ་ཁྲིམ་པ་ཞེས་པས་སྤྱིལ་ཀྱང་འཕྲལ་དུ་ནུབ་ཞེས་གྲགས། སྲ་བརྐྱང་དེ་སྲུང་བའི་དགེ་སློང་གཅིག་དགེ་འདུན་པས་བསྐོས་ཏེ། དེས་དེ་དང་མཚམས་ལས་མི་འབྲལ་བར་བྱ་བ་སོགས་ཀྱི་བསླབ་བྱ་རྣམས་ཚུལ་བཞིན་བསྲུང་བར་བྱ་བ་རྣམས་སོ། །དེའི་བྱིན་རླབས་དབྱུང་བ་ལའང་རང་འཇིག་གིས་བྲལ་བ་དང་། བཅོས་མས་དབྱུང་བ་གང་རུང་གིས་སྲ་བརྐྱང་ཞིག་གོ །གོས་ཀྱི་གཞི་ལ་རྒྱུ་ནི་ལོག་འཚོས་མ་བསྒྲུབ་པ་དང་། མེ་ཏོག་ཕྲེང་རྒྱུད་ལས། བལ་གོས་ཤ་ན་ཉེ་འོག

དང་། །རབ་གོས་དང་ནི་ཟར་མ་དང་། །ཀོ་ཏམ་པ་དང་དུ་གུ་ལ། །ཆོས་གོས་རྒྱུ་ནི་རྣམ་པ་བདུན། །སྒྲུབ་ཚུལ་ལ་ཐོག་མར་ཆུར་བཀྲུས་ལ་ཁ་དོག་མི་རུང་བའི་ཚོན་བརྒྱད་དང་བྲལ་བ། རུང་བའི་ཚོན་གསུམ་གང་རུང་གིས་བསྒྱུར་བ་དགོས་སོ། །

མི་རུང་བའི་ཚོན་བརྒྱད་ནི། ལྟ་མ་ལས། རྒྱ་སྐྱེགས་ལེབ་བཀྲན་རྩི་དང་བཙོད། །སྔོན་ཤིང་རྩི་དང་མཐིང་ཤིང་མཚལ། །སིནྡྷཱུ་ར་དང་གུར་གུམ་སྟེ། །འདི་དག་ཚོན་ཆེན་བརྒྱད་དུ་འདོད། །ཅེས་དང་། སུམ་བརྒྱ་པ་ལས། མཚལ་དང་དེ་བཞིན་རྒྱ་སྐྱེགས་བཙོད་རྣམས་དང་། །གུར་གུམ་དག་དང་ཐང་ཤིང་ལི་ཁྲི་དང་། །རྨ་ཤིང་ལེ་བཀྲན་རྩི་རྣམས་མི་རུང་སྟེ། །བརྒྱད་པོ་ཚོན་ཆེན་ཡིན་པས་བཀག་ཕྱིར་རོ། །ཞེས་གསུངས་སོ། །སྣམ་སྦྱར་དངོས་ལ་ངེས་པར་དྲས་དྲུབ་བྱ་ལ། བླ་གོས་མཐིང་གོས་དགེ་སློང་མའི་ཤིང་དང་དཔྱང་ཆད་དང་རྟུལ་གཟན་ལ་རབ་དྲས་དྲུབ། འབྲིང་ལྷན་ཐབས། ཐ་མ་ཐང་ཐང་པོར་བྱ་བའོ། །ས་གའི་ལྷས། གདིང་བ་ལ་ནི་དྲ་མི་དགོས། །རྟག་ཏུ་འབྲལ་བ་ཡང་ནི་མེད། །སྣམ་སྦྱར་ངེས་པར་དྲས་ཏེ་བཅང་། །གཞན་དག་མ་ངེས་གང་གི་ཕྱིར། །ཞེས་སོ། །དྲུབ་ཚུལ་ལ་བླ་གོས་ཀྱི་རྒྱུ་ལ་མཐའ་བསྐོར་མ་གཏོགས་པ་ལྷག་མ་རྣམས་ལ་གླེགས་བུ་ཚང་མ་བཅུ་བཞི་དང་། ཕྱེད་པ་བདུན་ཏེ་དུམ་བུ་ཉེར་གཅིག་ཏུ་དྲའོ། །དྲུབ་པའི་ཚེ་གླེགས་བུ་ཕྱེད་དང་གསུམ་གསུམ་བྱ་སྒྲོ་ནོན་གྱི་ཚུལ་དུ་སྦྱར་ནས་དྲུབ་བོ། །

དེ་ལ་སྣམ་ཕྲན་བདུན་ཡོད་པའི་གཅིག་དབུས་སུ་བཞག་གཡས་སུ་གསུམ། གཡོན་དུ་གསུམ། གླེགས་བུ་ཆེ་ཆུང་རིམ་པ་འཚོལ་བར་བྱ་སྒྲོ་ནོན་ཚུལ་དུ་བཞག་ནས་མཐའ་ལྷུགས་རིམ་བསྐོར་ནས་དྲུབ་བོ། །སྣམ་སྦྱར་ལ་སྣམ་ཕྲན་ཉེར་ལྔ་བྱེད་ན་དེའི་རྒྱུ་ལ་མཐའ་སྐོར་མ་གཏོགས་པ་ལྷག་མ་རྣམས་གླེགས་བུ་ཚང་མ་བརྒྱ་ཐམ་པ། ཕྱེད་པ་ཉེར་ལྔ་སྟེ་དུམ་བུ་བརྒྱ་དང་ཉེར་ལྔ་དྲའོ། །དྲུབ་པའི་ཚེ་གླེགས་བུ་ཕྱེད་དང་ལྔ་ལྔ་བྱ་སྒྲོ་ནོན་གྱི་ཚུལ་དུ་མཐུད་ནས་དྲུབ་པས། གླེགས་བུ་ཕྱེད་དང་ལྔ་ལྔ་ལྡན་པའི་སྣམ་ཕྲན་ཉེར་ལྔ་འབྱུང་ངོ་། །དེས་ན་སྣམ་ཕྲན་གཅིག་དབུས་སུ་བཞག །གཡས་སུ་བཅུ་གཉིས། གཡོན་དུ་བཅུ་གཉིས། གླེགས་བུ་རྣམས་རིམ་པ་འཚོལ་བར་བྱ་སྒྲོ་ནོན་གྱི་ཚུལ་དུ་བཞག་ལ་མཐའ་ལྷུགས་རིམ་བསྐོར་བའི་ཚུལ་གྱིས་སྦྱར་ནས་དྲུབ་བོ། །དེའི་འགྲོས་ལྟར་སྣམ་སྦྱར་ལྷག་མ་རྣམས་ལ་ཤེས

པར་བྱའོ། །དེ་ལ་ཐ་མ་གསུམ། འབྲིང་གསུམ། རབ་གསུམ་ལས། དང་པོ་གསུམ་སྣམ་ཕྲན་དགུ་པ་བཅུ་གཅིག་པ་བཅུ་གསུམ་པའོ། །གཉིས་པ་གསུམ་ནི་སྣམ་ཕྲན་བཅོ་ལྔ་བཅུ་བདུན་བཅུ་དགུའོ། ། གསུམ་པ་གསུམ་ནི་སྣམ་ཕྲན་ཉེར་གཅིག་ཉེར་གསུམ་ཉེར་ལྔའོ། །དེ་དགུ་ལས་ཐ་མ་གསུམ་གླེགས་བུ་ཕྱེད་དང་གསུམ་པ། འབྲིང་གསུམ་གླེགས་བུ་ཕྱེད་དང་བཞི་པ། རབ་གསུམ་གླེགས་བུ་ཕྱེད་དང་ལྔ་པའོ། །རབ་སྐོར་གསུམ་ལ་དཔང་དུ་ཁྲུ་གསུམ་སྲིད་དུ་ཁྲུ་ལྔ། ཐ་མ་གསུམ་ལ་དེ་ལས་ཁྲུ་ཕྱེད་ཕྱེད་བྲི་བའོ། །འབྲིང་ལ་དེའི་བར་རོ། །ཚལ་བུ་དག་གི་ཚད་ལ་རབ་ལ་སོར་བཞི། ཐ་མ་ལ་སོར་གཉིས་སམ་མཐེབ་སོར་གཅིག འབྲིང་ལ་དེའི་བར་རོ། །སྣམ་སྦྱར་ནི་གྲོང་དུ་བསོད་སྙོམས་ལ་འགྲོ་བ་དང་། དགེ་འདུན་ལས་ལ་འཚོགས་པ། ཆོས་འཆད་ཉན། དཀོན་མཆོག་ལ་ཕྱག་འཚལ་བ་རྣམས་སུ་གྱོན་པར་བྱའོ། །ཆུད་གཟན་པ་སྤང་ཆེད་ཤ་རྗེན་ལ་མི་རེག་པའི་མཆན་ཁབ་ཞིང་དུ་མཐོ་གང་སྲིད་དུ་ཁྲུ་ཕྱེད་པ་གླན་ནོ། །ཀླ་གོས་ནི། སྣམ་ཕྲན་བདུན་མ་གླེགས་བུ་ཕྱེད་དང་གསུམ་ཅན་ནོ། ། སྲིད་ཞེང་སྣམ་སྦྱར་ལྟར་རོ། །མཐིང་གོས་དཔང་དུ་ཁྲུ་དོ། སྲིད་དུ་ཁྲུ་ལྔའམ་བཞི། ཤམ་ཐབས་དང་ཤམ་ཐབས་ཀྱི་གཟན་ནི་རིམ་པར་ཉིན་མཚན་དུ་མཐིང་དགོས་ཀྱི་ནང་དུ་གྱོན་པ་ཡིན་པས་ཚད་མཐིང་གོས་ལྟར་རོ། །རྟུལ་གཟན་དང་རྟུལ་གཟན་གྱི་གཟན་ནི་རིམ་པར་ཉིན་མཚན་དུ་བླ་གོས་ཀྱི་ནང་དུ་བགོ་བ་ཡིན་པས་ཚད་བླ་གོས་ལྟར་རོ། །གདོང་ཕྱིས་ཁོ་ར་ཁོར་ཡུག་ཁྲུ་གང་ངོ། །

རྣག་གཟར་ནི། དགེ་སློང་རྣག་ནད་ཅན་གྱིས་ཤ་ལ་བཅར་ཏེ་གྱོན་པའི་གོས་ཏེ་ཚད་ཅི་ཙམ་དགོས་པ་དེ་ཙམ་མོ། །གཡན་འགེབ་ནི། གཡན་པའི་ནད་ཅན་གྱིས་ཤ་ལ་སྦྱར་ནས་གྱོན་པ་སྲིད་དུ་ཁྲུ་དྲུག་དཔང་དུ་ཁྲུ་གསུམ། སྐྲ་བཟེད་སྐྲ་བྲེག་པའི་ཚེ་ཆོས་གོས་སྲུང་བའི་དོན་ཏེ། ས་གའི་ལྐས། བསྲུང་བའི་དོན་དུ་སྐྲ་བཟེད་ནི། །ཞིང་དུ་ཁྲུ་ནི་ཕྱེད་དང་གཉིས། །སྲིད་དུ་ཁྲུ་ནི་གསུམ་ཡིན་ཏེ། ། ལྷག་མ་བཏགས་པར་མི་བྱའོ། །ཞེས་སོ། །གདིང་བ་གནས་མལ་སྐྱོབ་པའི་གོས་ཏེ་སྲིད་དུ་ཁྲུ་གསུམ་ཞིང་ཁྲུ་དོ་སོར་དྲུག །དབྱར་གྱི་རས་ཆེན་ནི། དབྱར་ཆར་ཆུ་སྐྱོབ་པའི་གོས་ཏེ་སྲིད་ཁྲི་དགུ་ཞིང་ཁྲུ་གསུམ་དང་སོར་བཅོ་བརྒྱད། དེ་ཐམས་ཅད་རུང་བའི་ཚོན་གྱིས་བསྒྱུར་རོ། །འཚོ་བའི་ཡོ་བྱད་བཅུ་གསུམ་ལ་དངོས་ཀྱི་བྱིན་རླབས་བྱ། གཞན་ཡང་དེའི་བྱིན་རླབས་ཆགས་རུང་བ་ཆོས་གོས་རྣམ་གསུམ

གྱི་རྒྱུར་རུང་བ་ལ་རྒྱུའི་བྱིན་རླབས་དང་། ཁྲིམ་པའི་གོས་ཡན་ཆད་ཁྲུ་གང་དུ་ལོངས་པ་ལའང་བྱིན་རླབས་ཆགས་སོ། །ལྷག་པོའི་ཡོ་བྱད་ནི། སྔམ་སྦྱར་གཉིས་པ་ལྷ་བུ་འཚོ་བའི་ཡོ་བྱད་བཅུ་གསུམ་པོ་གང་རུང་གི་དབྱིབས་སུ་གྲུབ་པའི་གོས་ལྷག་པོ་གཉིས་པ་ལྷ་བུ་རྣམས་སོ། །འཚོ་བའི་ཡོ་བྱད་ཕྲན་ཚེགས་སྣ་རགས་ཞ་ལྷ་བུ་དང་དེ་གཉིས་པ་རྣམས་ལྷག་པོའི་ཡོ་བྱད་དམ། མཁོ་བའི་ཡོ་བྱད་དུ་བྱིན་གྱིས་བརླབས་པར་བྱའོ། །མཁོ་བའི་ཡོ་བྱད་ནི། འཚོ་བའི་ཡོ་བྱད་གང་རུང་གི་དབྱིབས་སུ་མ་གྲུབ་པའི་གོས་ཁྲུ་གང་ཡན་ཆད་མ་ངེས་པ་རྣམས་སོ། །དེ་རྣམས་འཆང་བའི་རྟེན་སྦྱིར་རབ་བྱུང་རྣམས་དང་། སྔམ་སྦྱར་དགེ་སློང་གིས་བཅང་། བསམ་པ་ནི། ལུས་ལ་རྨ་དང་གོས་ལ་རྨ་དགྲིས་ཀྱི་འདུ་ཤེས་ཀྱིས་བགོ དགོས་པ་མུ་སྟེགས་པ་དང་ཁྱིམ་པའི་རྟགས་དང་། ཁྱད་པར་སྔམ་སྦྱར་ནི། དགེ་ཚུལ་མན་ཆད་ཀྱི་རྟགས་ལས་ཁྱད་པར་འཕགས་པ་དང་། རང་ཉིད་སྟོན་པའི་རྗེས་འཇུག་གི་དགེ་སྦྱོང་གི་དྲན་པ་གསོ་བའི་དགོས་པའི་ཆེད་དུ་བཅང་བར་གནང་བས་དེ་ལྟར་བཅང་ངོ་། །བསྐྱང་ཚུལ་ཉིང་ན་ལྟན་པོས་བཅོས་ཀྱང་མི་རུང་ན་སྦྱིན་བདག་གི་བསོད་ནམས་སྤེལ་ཆེད་ལྷི་བ་སོགས་ལ་བསྲེས་ཏེ་མཆོད་རྟེན་ནམ་གཙུག་ལག་ཁང་གི་སེར་ཁ་ལ་གླན་པར་བྱེད་པར་གསུངས་སོ། །

ཀོ་ལྤགས་ཀྱི་གཞི་ནི། དགེ་སློང་མང་པོ་ཨ་སྨ་ཏ་རའི་ཡུལ་ལམ་མཐའ་ཁོབ་རྡོ་ཅན་གྱི་ཡུལ་དུ་བསོད་སྙོམས་ལ་བྱོན་ཚེ་རྐང་པ་སེར་ཁས་གནོད་པས་གནང་ངོ་། །སྤྱིར་ཡུལ་དབུས་སུ་ཀོ་ལྤགས་ཀྱི་ལྷམ་ཙམ་དང་། གཙུག་ལག་ཁང་ལས་གཞན་པའི་ཁྲིམ་དུ་སྟན་གཞན་མེད་ན་ཀོ་ལྤགས་ལ་འདུག་པ་ཙམ་གནང་། མཐའ་འཁོབ་ཏུ་ཁྲང་བ་སྐྱོབ་ཕྱིར་ལྷམ་དང་། དོམ་སྟན་གཉིས་ཀ་བསྟེན་དུ་རུང་བ་དང་ཆབ་རོམ་ཆགས་པའི་ཡུལ་དུ་ཞྭ་དང་ལྷམ་ཡུ་རིང་ཅན་ཡང་གནང་ངོ་། །གནས་མལ་གྱི་གཞི་ནི། གཙུག་ལག་ཁང་བྱའོ། །ངོས་གཅིག་གི་དབུས་སུ་དྲི་གཙང་ཁང་བྱ་བ་ཉིད་དོ། །དེའི་མདུན་དུ་སྒོ་ཁང་ངོ་སོགས་ཀྱིས་ཀྱིས་གཙུག་ལག་ཁང་རྩིག་པའི་ཚོ་ག་དང་། སྒོར་གནོད་སྦྱིན་ལག་ན་རྡོ་རྗེ་དང་། སྒོ་ཁང་དུ་འཁོར་བའི་འཁོར་ལོ་ཆ་ལྔ་སོགས་བྲི་ཚུལ་དང་། གཙུག་ལག་ཁང་ཡལ་བར་མི་འདོར་རོ་སོགས་ཀྱིས་ཇི་ལྟར་བསྐྱང་བའི་སྒོ་ནས་གནས་པར་བྱ་བ་དང་། སྤྱོད་ལམ་ཅི་འདོད་པའི་ལུང་འབོག་གོ་སོགས་ཀྱིས་དེར་ཆོས་དང་ཟང་ཟིང་གི་ལོངས་སྤྱོད་ཚུལ་རྒྱས་པར་གསུངས་པ་རྣམས་བསྟན་པ

ལྷར་ཤེས་པར་བྱ་བའོ། །སྨན་གྱི་གཞི་ནི། སྟོན་པ་མཉན་ཡོད་ན་བཞུགས་པའི་ཚེ། དགེ་སློང་རྣམས་སྟོན་ཀའི་ནད་ཀྱིས་ཐེབས་ནས་རིད་པ་ན་སྨན་བཞིར་ཕྱེས་ནས་གནང་ངོ་། །སྨན་ལ་སྤྱོད་པ་པོ་ནི་ཚུལ་ལྡན་རབ་ཏུ་བྱུང་བའོ། །སྨན་གྱི་རྒྱུ་ནི་ལོག་འཚོ་དང་མ་འདྲེས་པ། ངོ་བོ་བཅས་ལྡན་གྱིས་བསྙེན་རུང་གི་སྨན་གང་ཞིག །དྲི་རོ་རེག་བྱའི་བདག་ཉིད་དུ་གྱུར་པའི་ཁམ་གྱི་ཟས་སོ། །དཔེར་ན། དུས་རུང་། ཐུན་ཚོད་དུ་རུང་བ། ཞག་བདུན་པ། འཚོ་བཅངས་རྣམས་སོ། །དུས་རུང་ལ་མཚན་ཉིད། གཙོ་བོར་བཀྲེས་པའི་ནད་སེལ་བ་ལ་ཞུགས་པའི་བཟའ་བའི་རིགས་གནས་དེ་དུས་རུང་གི་སྨན་གྱི་མཚན་ཉིད། དཔེར་ན། འབྲས་ཆན། ཟན། ཤ། ཕྱེ། ཁུར་བ་སྟེ་བཟའ་བ་ལྔ་དང་། རྩ་བ། སྡོང་བུ། ལོ་མ། མེ་ཏོག །འབྲས་བུ་སྟེ་བཅའ་བ་ལྔའོ། །སྒྲ་དོན་ནི། ཆོས་འདི་བའི་རབ་བྱུང་རྣམས་ཀྱིས་གུང་ཚིགས་ཀྱི་དུས་ཚུན་ཆད་ཁོ་ནར་ལོངས་སྤྱོད་རུང་དུ་གནང་བས་དུས་རུང་ངོ་། །གཉིས་པ་ཐུན་ཚོད་ཀྱི་མཚན་ཉིད་ལ། སྨན་བཞི་པོ་གང་རུང་གང་ཞིག །ཐུན་ཚོད་ཀྱི་མཐའ་ཚུན་ཆད་དུ་བྱིན་གྱིས་བརླབས་ཤིང་ལོངས་སྤྱོད་དུ་རུང་བར་གནང་བའི་སྨན་དེ་ཐུན་ཚོད་སྨན་གྱི་མཚན་ཉིད་ཅེས་ཐུན་ཚོད་སྨན་ལ་བྱིན་རླབས་ཡོད་པར་བཞེད་པའི་ལུགས་སོ། །

དཔེར་ན། དུས་རུང་གི་རྒྱུ་ལས་བྱུང་བའི་ཐུན་ཚོད་ནི། རྩམ་ཐང་ངམ་རྟུས་ཐང་སླ་བ་བཏུང་བ་མཚན་ཉིད་ལྔ་ལྡན་ནི། བཞིན་སྣང་བ། ཤིན་ཏུ་སླ་བ། འདམ་བུ་ཉག་མའི་མདོག་ལྟར་སྔོ་བ། ཚགས་ལ་བཙགས་པ། རུང་ཆུ་བཏབ་པ་ལྔའོ། །ཞག་བདུན་པའི་ཐུན་ཚོད་ནི། བུ་རམ་གྱི་ཁུ་བ་ལྟ་བུ་ཤིན་ཏུ་སླ་བ་སོགས་བཏུང་བའི་མཚན་ཉིད་ལྡན་པའོ། །འཚོ་བཅངས་ཀྱི་ཐུན་ཚོད་ནི། ཨ་བར་སྐྱུར་གསུམ་གྱི་ཁུ་བ་སླ་བ་སོགས་བཏུང་བའི་མཚན་ཉིད་ལྡན་པའོ། །དེ་རྣམས་ལ་སྔར་ལྟར་ཕྱི་དྲོ་དང་མཚན་མོར་བཅང་ཆོག་པའི་ཆེད་བྱིན་རླབས་ཡོད་པར་བཞེད། ཐུན་ཚོད་ཀྱི་སྨན་གྱི་མཚན་གཞི་ལ་རྩ་བ་དཔེ་བ་བརྒྱད་ནི། ལུང་གི་བར་སྟོམ་ལས། ཆུ་ཤིང་འབྲས་དང་ཀུ་ཤ་གོ་ལ་དང་། །ཨ་ཤྭ་ཐ་ལ་ཨུ་དུམ་བཱ་ར་དང་། །པ་རུ་ཤ་ཀ་དང་ནི་རྒྱན་འབྲུམ་དང་། བརྒྱད་པ་བྲ་གོ་དག་ནི་ཡིན་པར་བཤད། །ཅེས་དང་། ཡན་ལག་གི་དཔེ་བ་ལྟ་ནི། བཙོས་པའི་ཆུ། འབྲུའི་ཆུ། ཞོའི་ཁ་ཆུ་དང་། དར་བའི་དྭངས་མ། རྩབ་མོ་ནས་ཁུ་ལྟ་བུ་དང་ལྔའོ། །སྒྲ་བཤད་ནི། སྨན་དེ་དག་དུས་སུ་བྱིན་གྱིས་བརླབས་ནས། མཚན་

མོའི་ཐུན་མཐའ་རྒྱུ་སྐར་གྱི་འོད་ཉམས་ནས་སྐྱ་རེངས་ཤར་ཉེ་བ་དང་། ཉིན་མོའི་མཐའ་ཉི་མ་ནུབ་སྐེ་རྒྱུ་སྐར་ཤར་བ་ལ་མངོན་དུ་ཕྱོགས་པའི་དུས་ཀྱི་སྤྱོད་ཐུན་ཚུན་ཆད་གང་རུང་དུ་སྤྱད་རུང་ལ། དེ་ལས་འདས་ན་སྤྱད་པར་མི་བྱའོ་ཞེས་གསུངས་པས་ན་ཐུན་ཚོད་ཅེས་བྱའོ། །དེའང་དུས་རུང་གི་བཅུད་པའི་དབང་དུ་བྱས་ཀྱི་ཞག་བདུན་དང་འཚོ་བཅངས་ལས་བྱུང་བའི་བཅུད་པ་ནི་སྨན་རང་རང་གི་མཐའ་དེ་དང་དེའི་ཐུན་ཚོད་ཀྱི་མཐའ་ཡང་ཡིན་ནོ། །དེའི་བྱེད་ལས་སྐོམ་པའི་ནད་སེལ་བའི་བྱེད་པ་ཅན་ནོ། །ཞག་བདུན་པའི་སྨན་ནི། སྨན་བཞི་པོ་གང་རུང་གང་ཞིག །ཞག་བདུན་པའི་མཐའ་ཚུན་ཆད་བྱིན་གྱིས་བརླབས་ཤིང་ལོངས་སྤྱོད་པར་གནང་བའི་སྨན་དེ་ཞག་བདུན་པའི་སྨན་གྱི་མཚན་ཉིད། མཚན་གཞི་བུ་རམ། འབྲུ་མར། སྦྲང་རྩི། མར། དཀྲིགས་ཏེ་བུ་རམ་གྱི་དབུ་བའི་ཕྱེ་མ་ལི་ཁར་རམ་ཀ་ར་དང་། ཞག་རྣམས་སོ། །བྱེད་ལས་ནི། སྤྱིར་བཀྲེས་འདུ་གཉིས་ཀྱི་ནད་དང་། ཁྱད་པར་བཀྲེས་ནད་དང་། རླུང་ནད་སེལ་བའོ། །བཞི་པ་འཚོ་བཅངས་ཀྱི་སྨན་ནི། སྨན་བཞི་གང་རུང་གང་ཞིག །ཇི་སྲིད་འཚོའི་བར་དུ་བྱིན་གྱིས་བརླབས་ནས་བཅངས་སུ་རུང་བར་གནང་བའི་སྨན་དེ་འཚོ་བཅངས་ཀྱི་སྨན་གྱི་མཚན་ཉིད། ཅེས་འཚོ་བཅངས་ལ་བྱིན་རླབས་ཡོད་པར་འདོད་པའི་ལུགས་སོ། །འཚོ་བཅངས་ནི་བཟའ་བའི་དོན་དུ་མ་གཏོགས་པ་ཞིག་དགོས་སོ། །

དེའི་བྱེད་ལས་ནི། སྤྱིར་ནད་དང་ཁྱད་པར་འདུ་བའི་ནད་སེལ་བའི་བྱེད་པ་ཅན་ནོ། །དཔེར་ན་བཙུ་སྐྱེ། རྩ་བ། སྡོང་པོ། འདབ་མ། མེ་ཏོག་འབྲས་བུ། སྦྲང་རྩིའམ་སྤྱི་ས་ལྷ། ཐལ་བ། ལན་ཚྭ། འགྱུར་བྱེད། སྨན་ཁུའམ་བསྐྱ་བའོ། །སྨན་བྱིན་རླབས་བྱས་པའི་དགོས་པ་ནི། གསོག་འཇོག་ལག་ཉ་སོགས་མི་འབྱུང་བའི་ཆེད་དོ། །བྱིན་རླབས་བྱ་བ་ལ་སྨན་རང་རང་གི་ངོ་བོར་གྲུབ་པ་དང་། ཚད་དང་ལྡན་པ་དགོས་ཏེ། ཚད་དང་མི་ལྡན་པ་དང་། ལག་ཉར་བླངས་པ་སོགས་ལ་བྱིན་རླབས་མི་ཆགས་པས་བྱིན་ལེན་བྱས་ཟིན་གྱི་བཟའ་བཅུད་དགོས་སོ། །རྟེན་ནི། དགེ་སློང་ནད་པ་ཁོ་ན་ཡིན་པ། དུས་ནི་སྔ་དྲོའི་དུས་སོ། །བྱིན་རླབས་ཀྱི་ཡུན་ཚད་ནི། སྤྱིར་བཏང་ལ་སྨན་རང་རང་གི་དུས་ཀྱི་མཐའོ། །དམིགས་བསལ་ལ་ཐུན་ཚོད་ཀྱི་སྨན་ནི། དུས་རུང་སོགས་གང་ལས་བྱུང་བའི་བཅུད་པ་རྣམས་ཀྱང་ཐུན་ཚོད་དེའི་མཐའི་བར་རོ། །ཚིག་བྱིན་རླབས་ཀྱི་སྔགས་ཚིག་ལན་གསུམ་འདོན་པའོ། །

ཡོངས་སྤྱོད་ཚུལ་ནི། སྤྱིར་བཏང་ལ་བྱིན་རླབས་ཅན་གསུམ་ལྡན་ཅིག་བསྲེས་ནས་སྤྱད་མི་རུང་ངོ་། །དུས་རུང་དང་ཕྱི་མ་གསུམ་འདྲེས་ན་སོ་སོར་འབྱེད་དགོས། འབྱེད་མི་ནུས་ན་དུས་རུང་གི་ཁོངས་སུ་བགྲང་དགོས། དམིགས་བསལ་ལ། སྨུ་གེ་དང་ནད་ཀྱིས་གདུང་ཆེ་གསོག་འཇོག་དང་བྱིན་ལེན་མ་བྱས་པར་འཆང་བ་སྤྱངས་ཟ་རྣམས་མི་འགྱུར་ངོ་། །བྱིན་རླབས་འཇིག་པའི་རྒྱུ་ནི། དུས་ཀྱི་འཕེན་པ་ཟད་པ། སྟགས་ཀྱིས་དབྱུང་བ། ངོ་བོ་འགྱུར་བ་སོགས་ཡིན་ནོ། །ཐམས་ཅད་ལ་ཁྱབ་པ་ལས་ཀྱི་གཞི་ལ་དགེ་སློང་གི་བྱ་བའི་ལས་ཀྱི་རིགས་ལ་བརྒྱ་རྩ་གཅིག་ཡོད་དེ། གསོལ་བ་འབའ་ཞིག་གི་ལས་ཉེར་བཞི། གསོལ་བ་དང་གཉིས་ཀྱི་ལས་ཞེ་བདུན། གསོལ་བ་དང་བཞིའི་ལས་སུམ་ཅུ་ཡོད། དང་པོ་གསོལ་བ་འབའ་ཞིག་གི་ལས་ཉེར་བཞི་ནི། གསང་སྟོན་བསྐོ་ལས། ནང་དུ་བར་ཆད་དྲི་ལས། གསོ་སྦྱོང་གི་ལས་དང་། དེའི་སྦྱོར་བ་ལྟུང་བ་བྱིན་རླབས་ཀྱི་ལས་བཞི་དང་། དགག་དབྱེའི་ལས་དང་། དེའི་སྦྱོར་བ་ལྟུང་བ་བྱིན་རླབས་བཞི་དང་། དབྱར་ཁས་ལེན་གྱི་ལས་དང་། ཞི་བའི་རྗེས་བྱིན་རླབས་ཀྱི་ལས་དང་། དེའི་ནོར་འདྲ་བ་བྱིན་རླབས་ཀྱི་ལས་དང་། ཆོས་གོས་སྲ་བརྐྱང་གཏད་པའི་ལས་དང་། ཆོས་གོས་ངན་པ་ཅན་ལ་ཆོས་གོས་སྦྱིན་པའི་ལས་དང་། དགེ་སློང་ཕ་མ་སྡིག་ལྟ་ཅན་གྱི་གནས་ངན་ལེན་ཁྲིམ་པར་བརྗོད་པའི་བསྐོ་ལས་དང་། ངན་པའི་གྲངས་སུ་གཞུག་པའི་ལས་བཞི་ནི། བཤེས་ངོར་འཕྱོ་བ་དང་། ཟུར་འཕྱོ་དང་། བསྐོ་བ་རྣར་གཟོན་དང་། ཅང་མི་སྨྲ་བའི་རྣར་གཟོན་རྣམས་སོ། །ཁྲིམ་པའི་བསླབ་པའི་སྡོམ་པ་སྦྱིན་པའི་ལས་དང་། དེ་གཞིག་པའི་ལས་དང་། ལྟུང་བཟེད་ཁ་སྦུབ་པའི་ལས་དང་། དེ་བསླང་བའི་ལས་ཏེ་ཉེར་བཞིའོ། །

གཉིས་པ་གསོལ་གཉིས་ཀྱི་ལས་ཞེ་བདུན་ནི། གསོ་སྦྱོང་གི་གནས་ལ་བློ་མཐུན་གྱི་ལས་དང་། མཚམས་ཆེ་ཆུང་གཅོད་པའི་ལས་དང་། མཚམས་ཆེན་དུ་ཆོས་གོས་མི་འབྲལ་བའི་གནང་སྦྱིན་གྱི་ལས་དང་། སྨྱོས་པའི་གནང་སྦྱིན་གྱི་ལས་དང་། དགག་དབྱེ་བྱེད་པ་བསྐོ་བའི་ལས་དང་། གནས་མལ་སྟོབས་པའི་ལས་དང་། རུང་ཁང་བྱིན་རླབས་ཀྱི་ལས་དང་། སྲ་བརྐྱང་ལ་བློ་མཐུན་གྱི་ལས་དང་། སྤོང་བ་པའི་ཞལ་ཏ་བ་བསྐོ་བའི་ལས་དང་། ལག་གི་བླ་བསྐོ་བའི་ལས་དང་། གནས་ཁང་སོགས་བསྐོ་བའི་ལས་བཅུ་གཉིས་ནི། གནས་ཁང་བསྐོ་བའི་ལས། ཟས་ལ་བསྐོ་བའི་དང་། ཐུག་པ་

བག་ཆོས་བྲིམ་པའི་དང་། ཕྲན་ཚེགས་བྲིམ་པར་བྱེད་པའི་ལས་དང་། སྣོད་སྤྱད་བྲིམ་པ་དང་། གོས་སྦྱིད་འགྱེད་ཀྱི་ལས་གཉིས། དབྱར་གྱི་རས་ཆེན་སྦྱིད་འགྱེད་ཀྱི་ལས་གཉིས། མངག་གཞུག་དང་མཛེས་ཆོས་ཏེ་གང་ཟག་བཅུ་གཉིས་སོ། །དེ་ལྟར་བསྡོམ་པས་ཉེར་གསུམ་མོ། །རྩོད་པ་ཞི་ཕྱིར་གཟུ་བོ་བསྔོ་བ། དེའི་ཆེད་གསལ་བ་བསྔོ་བ། རྩོད་པ་སྦྱིད་པའི་གང་ཟག་བསྔོ་བ། མ་ཞིན་གང་མང་ལྟ་ཕྱིར་ཚུལ་ཤིང་བྲིམ་པ་བསྔོ་བ། ཁང་བ་ཁང་ཆེན་གྱི་གཞི་རྡུང་བ་བསྟན་པ་ལ་གནང་བ་སྦྱིན་པའི་ལས་གཉིས། ཁྱིམ་སུན་འབྱིན་པ་ལ་ཆོས་མིན་མང་པོ་གླེང་བ་པོ་བསྔོ་བ། རྒན་པོ་ནད་པར་ཆོས་གོས་མི་འབྲལ་བའི་གནང་བ་སྦྱིན་པ། ལག་གི་བླ་ལ་ལོ་དྲུག་ནང་དུ་སྟན་གཞན་གྱི་གནང་བ་སྦྱིན་པ། ལྟུང་བཟེད་འབྲེལ་མེད་བྲིམ་པ་བསྔོ་བ་སྟེ་བཅུ། དགེ་སློང་ཕ་མ་སྡིག་ཅན་དག་ཁྱིམ་སོ་སོར་གོ་བྱེད་དུ་བསྔོ་བ། སོར་བཞགས་ལ་ནགས་ཉུལ་བ་བསྔོ་བ། དགེ་སློང་གནས་དབྱུང་བྱེད་པ་ལ་དགེ་སློང་མས་ཕྱག་མི་བྱ་བའི་སྡོམ་པ་སྦྱིན་པར་བསྔོ་བ། ལོ་བཅུ་གཉིས་ལོན་པའི་དགེ་སློང་མར་འཁོར་མང་འཛོག་པའི་གནང་སྦྱིན་གྱི་ལས་གཉིས་དང་། རྒན་པོ་དང་ནད་པ་ལ་མཁར་བའི་གནང་བ་སྦྱིན་པའི་ལས་དང་། དེ་དག་ལ་དྲ་བའི་གནང་སྦྱིན་གྱི་ལས་དང་། གསོ་སྦྱོང་ཐ་དད་པའི་གཙུག་ལག་ཁང་གཉིས་རྙེད་པ་གཅིག་ཏུ་བྱ་བ་སྦྱིན་པའི་ལས་དང་། དགེ་སློབ་མའི་བསླབ་པའི་སྡོམ་པ་སྦྱིན་པའི་ལས་དང་། ཚངས་སྤྱོད་ཉེར་གནས་ཀྱི་སྡོམ་པ་སྦྱིན་པའི་ལས་དང་། དགེ་སློང་མ་བུ་དང་ལྡན་དུ་ཉལ་བའི་གནང་སྦྱིན་གྱི་ལས་དང་། མུ་གེའི་ཚེ་ཁྱིམ་དུ་འགྲོ་བའི་གནང་སྦྱིན་གྱི་ལས་དང་། དབྱར་མཚམས་ཀྱི་ཕྱི་རོལ་དུ་འགྲོ་བའི་གནང་སྦྱིན་གྱི་ལས་དེ་བཅུ་བཞིའོ། །བསྡོམས་པས་ཞེ་བདུན་ནོ། །

གསུམ་པ་གསོལ་བཞིའི་ལས་སུམ་ཅུ་ནི། བསྙེན་པར་རྫོགས་པའི་ལས། མུ་སྟེགས་ཅན་ལ་ཟླ་བ་བཞིར་གནས་པའི་གནང་སྦྱིན་གྱི་ལས། མཚམས་ཆེ་ཆུང་འགྲོལ་བའི་ལས། ཕན་ཚུན་མི་མཐུན་པ་ལ་མཐུན་པ་སྦྱིན་པའི་ལས། མཐུན་པའི་གསོ་སྦྱོང་སྦྱིན་པའི་ལས། བསྡིགས་པ། སྨད་པ། བསྙད་པ། ཕྱིར་འགྱེད་སོགས་ནན་ཏུར་བདུན་པོ་གཅིག་ཏུ་བྱས་པའི་ལས་དང་། ནན་ཏུར་བྱས་པ་ལ་བཟོད་པ་གསོལ་བའི་ལས་གཅིག་དང་། སྡོ་བ་གསུམ་མགུ་བ་གསུམ་སྤྱོད་ནས་རང་བཞིན་པར་དབྱུང་བའི་ལས་དང་། སྲ་བརྐྱང་དབྱུང་བའི་ལས་དེ་བརྒྱད་དོ། །ཏྲན་པས་འདུལ་སྦྱིན་གྱི་ལས་དང་།

མ་སྨྲོས་པའི་འདུལ་སྤྲིན་གྱི་ལས་དང་། ངོ་བོ་ཉིད་འཚོལ་དུ་གཞུག་པའི་ལས་དེ་བཅོ་བརྒྱད་དོ། ། བསྒོ་གྱུར་གྱི་ལས་བཅུ་གཅིག་ཡོད་དོ། །དགེ་འདུན་དབྱེན། དེའི་རྗེས་ཕྱོགས། ཁྱིམ་སུན་འབྱིན། བཀའ་བློ་མི་བདེ་བ། སྡིག་ལྟ་མི་གཏོང་བ། སྤྱངས་པ་རྗེས་ཕྱོགས་ཀྱི་དགེ་སློང་མ། དཀོན་མཆོག་གཏོང་བའི་དགེ་སློང་མ། འཐབ་ཀྲོལ་བྱེད་པའི་དགེ་སློང་མ་དང་། བདེ་ཞིང་གནས་པའི་མ་དང་། བདེ་ཞིང་གནས་སུ་འཇུག་པའི་མ་རྣམས་ལ་བསྒོ་ལས་དང་། སྡིག་ལྟ་མི་གཏོང་བའི་དགེ་ཚུལ་བསྙིལ་བའི་ལས་སོ། །ཕམ་པས་ཉམས་པ་ལ་བསླབ་པ་སྦྱིན་པའི་ལས་དེ་བཅུ་གཉིས་སོ། །བསྡོམས་པས་སུམ་ཅུའོ། །དེ་ལྟ་བུའི་ལས་དེ་ཉམས་སུ་མྱོང་བའི་དོན་ནི། ལས་ཀྱི་ཚིག་དེ་དག་ཉན་ཤེས་ཀྱིས་ཐོས། ཡིད་ཤེས་ཀྱིས་དོན་གོ། །གསོལ་བ་འབའ་ཞིག་གི་ལས་དང་གསོལ་གཉིས་ཀྱི་ལས་དེ་དག་རྫོགས་མ་ཐག་ཏུ་ལས་ཆགས་གསོལ་བཞིའི་ལས་ལ་བརྗོད་པ་གསུམ་པ་ཆ་གསུམ་ཏེ་ངོ་བོ་བྱ་བ་བྱེད་པ་གསུམ་ལས་ངོ་བོ་བྱ་བ་གཉིས་བརྗོད་པ་རྫོགས་མ་ཐག་ཏུ་ལས་ཆགས་པའོ། །

གཞན་ཡང་སོགྲུས་ཁུངས་ནས་བསྟན་པའི་གོ་ཤཱཀྐིའི་ཞེས་པ་ནི། ཡུལ་གོ་ཤཱཀྐི་དགེ་སློང་གིས་ཡངས་པ་ཅན་གྱི་དགེ་སློང་རྣམས་གནས་ནས་དབྱུང་བ་ལ་བརྟེན་ནས་ལས་ཀྱི་དབྱེན་དུ་གྱུར་པས་ལས་ཕྱེ་བའི་གཞི་དང་། དམར་སེར་ཅན་ནི་ཕྱིར་བཅོས་ཀྱི་གཞི་སྟེ། དམར་སེར་ཅན་འཐབ་ཀྲོལ་བྱེད་པས། དེ་ལ་བསྡིགས་པ་ནན་ཏུར་སོགས་ཀྱིས་ཕྱིར་བཅོས་ལ་བཀོད་པ་ལ་དམར་སེར་ཅན་གྱི་གཞི་ཞེས་བྱ། གང་ཟག་ཅེས་པ་དུས་དང་དུས་མ་ཡིན་པ་བསྡུས་པ་འབྱུང་བའི་གཞི་ཞེས། གང་ཟག་གང་གིས་ལྟུང་བ་བཅབ་པའི་དུས་དང་མ་བཅབ་པའི་དུས་ཀྱི་རྣམ་དབྱེ་སོ་སོར་བསྟན་ནས་བཅབ་པའི་དུས་སྐབས་ཀྱི་མིང་ནས་སྨོས་ཏེ་བཅབ་པ་མཐོལ་བའི་ཚུལ་སྟོན་པའི་གཞི་དང་། སྤོ་བ་ནི། ས་གཞན་ན་གནས་པའི་གཞི་དམན་སྤྱོད་དང་བླང་གི་ཚུལ་སྟོན་པའི་གཞི་དང་། ལྟུང་བ་གླེང་བའི་སྐབས་མི་ཕྱེ་བ་ལ་གདམས་ངག་བཞག་པ་གསོ་སྦྱོང་བཞག་པ་སོགས་སྟོན་པ་ནི། བསླབ་པ་ཡོངས་སུ་སྦྱོང་བའི་གཞི་ཞེས་ཕྱིར་བཅོས་ལ་རིམ་པར་དགྲི་བའི་ཐབས་སྟོན་པ་རྣམས་ཏེ། འདི་རྣམས་འོག་གི་ཕྱིར་བཅོས་ཀྱི་ཐད་དུ་ཅུང་ཟད་འཆད་པར་བྱ་བ་ཡིན་ཀྱང་རྒྱས་པར་ནི་གཞན་དུ་ཤེས་པར་བྱའོ། །

གསུམ་པ་དོན་བསྡུ་བ་ནི། མདོར་ན་ཡི་ནས་སོགས་ཀྱིས་བསྟན་ཏེ། དངོས་སུ་མ་བསྟན་པའི་

བསླབ་བྱ་རྣམས་མདོ༷ར་བསྡུས་ནས་ལྟུང་མཐུན་བརྩིས་ཏེ་བསྟན་ན༷་བསླབ་བྱའི་གཞི་གང་ལ་སྟོན་པ་སངས་རྒྱས་ཀྱིས་ཡུ༷་ནས༷་ཏེ་ཐོག་མ་ནས་དངོས་སུ་གནང༷་བ་དང༷་བཀག༷་པའི༷་གསལ་ཁ་མེད༷་པ་རྣམས་ནི། བསླབ་བྱ་དེ་ཉིད་ཀྱི་གཞི་ལ་ཞུགས་ན་བྱ༷་རུང༷་བར་གསུངས་པ་དང༷་ཉེ༷་ཞིང་དེའི་ཕྱོགས་སུ་གཏོགས་པ་དང་། བྱ་མི༷་རུང༷་བར་གསུངས་པ་དང་བཟློག་སྟེ་དེའི་ཕྱོགས་སུ་མི་གཏོགས་ན༷་བྱ་བ་ད༷་དག༷་སྤྱོད༷་ཅིག༷ །ཡང་མི༷་རུང༷་བར་གསུངས་པ་དང༷་ཉེ༷་ནས་མཐུན་ཞིང༷། རུང༷་བར༷་གསུངས་པ་ལས་བཟློག་པར་གྱུར་ན༷། དེ་དག་ཀུན༷་ཏུ་སྤོང༷ས་ཤིག་ཅེས༷་གསུང༷ས་ཏེ། ལུང་ལས། དགེ་སློང་དག་ངས་ཁྱེད་ལ་འདུལ་བ་རྒྱ་ཆེར་ནི་བསྟན་ལ་མདོར་བསྡུས་ནི་མ་ཡིན་ནོ། །འོན་ཀྱང་མདོར་བསྡུས་ལ་ཡང་ཉོན་ཅིག །དགེ་སློང་གང་དག་ངས་ཁྱེད་ལ་ཐོག་མ་ཉིད་ནས་གནང་བ་ཡང་མེད་བཀག་པའང་མེད། གལ་ཏེ་རུང་བ་དང་ཉེ་བ་ཡིན་ཞིང་མི་རུང་བ་བཟློག་པར་བྱེད་པ་ཡིན་ན་ནི་རུང་བ་ཡིན་པར་གཟུང་བར་བྱའོ། །གལ་ཏེ་མི་རུང་བ་དང་ཉེ་བ་ཡིན་ཞིང་རུང་བ་བཟློག་པར་བྱེད་པ་ཡིན་ན་མི་རུང་བ་ཡིན་པས་ཀུན་ཏུ་སྤྱད་པར་མི་བྱའོ་ཞེས་གསུངས་པ་དང་། གཞན་ཡང་དེའི་དོན་མདོ་རྩ་བ་ལས། དེ་ལྟར་མི་རུང་བ་དང་མཐུན་ལ་རུང་བ་དང་འགལ་བ་ནི་རུང་བ་མ་ཡིན་པར་བསྡུས་སོ། །ཕྱི་མ་དང་མཐུན་ལ་སྔ་མ་དང་འགལ་བ་ནི་རུང་བར་རོ། །ཞེས་གསུངས་སོ། །

འོད་ལྡན་ལས། གལ་ཏེ་མངོན་སུམ་གསུངས་པ་མེད་གྱུར་ཀྱང་། །དགག་དབྱེ་གསུངས་ཕྱིར་འདིར་ནི་གསོ་སྦྱོང་ཡོད། །དགག་དབྱེ་དག་པ་གོ་བར་བྱ་ཕྱིར་དང་། །དེ་ལས་གསོ་སྦྱོང་དོན་ནི་ཐ་དད་མིན། །ཞེས་མི་རུང་བ་དང་མཐུན་པ་རུང་བ་དང་འགལ་བ་དཔེར་ན་སྲིན་བལ་གྱིས་སྟན་བྱེད་པ་དང་མཐུན་པའི་བྱ་བ། སྲིན་བལ་ལས་ཀྱང་དཀོན་པ་དང་རིན་ཐང་ཆེ་བའི་སྟན་བྱེད་པ་དང་། སྲིན་བལ་གྱི་སྟན་དེ་དང་མཉམ་པའི་སྟན་བྱེད་པ་དག་ནི་མི་རུང་བས་བཟློག་ཅིང་དགག་དགོས་པར་བསྟན་པ་དང་། ཡང་རུང་བ་དགེ་ཚུལ་གྱིས་དགག་དབྱེ་བྱེད་པའི་བྱ་བ་དང་ཉེ་ཞིང་མཐུན་ལ་མི་རུང་བའི་བྱ་བ་དང་མི་ཉེ་བར་འགལ་བ་དཔེར་ན་དགེ་ཚུལ་གྱིས་གསོ་སྦྱོང་བྱེད་པ་ལྟ་བུ་ནི་རུང་བ་ཡིན་པར་ཤེས་པར་བྱ་བ་ལྟ་བུ་ཡིན་པར་གསུངས་སོ། །གཉིས་པ་རྟེན་ནི། སྐྱེ་བའི་རྟེན་ནི་སོགས་ཀྱིས་བསྟན་ཏེ། སྡོམ་པ་སྐྱེ་བའི༷་རྟེན༷་ནི༷་ལས་སྒྲིབ་ཤས་ཆེ་བའི་མི་པ་རལ་པ་ཅན་དང་། ཤཱཀྱའི་རིགས་ཀྱི་

སྨུ་སྟེགས་ཅན་མ་གཏོགས་པའི་མུ་སྟེགས་ཅན་ལ་ཞུགས་པ་དང་། མཚམས་མེད་པའི་ལས་ལྔ་ལྟ་བུ་གང་རུང་བྱས་པ་དང་། སྨྲ་མི་སྐན་ལྟ་བུ་རྣམ་སྨིན་གྱི་སྒྲིབ་པ་ཤས་ཆེ་བ་དང་། སྐྱེས་ཙམ་ནས་མཚན་དོན་བྱེད་ནུས་པ་མིན་པའི་ཟ་མ་དང་། མཚན་གཉིས་ཅིག་ཆར་དུ་བྱུང་བ་དང་། ཟླ་ཕྱེད་མ་ནིང་སོགས་རིགས་ལྔ་དང་། མཚན་ལན་གསུམ་དུ་འགྱུར་བ་སོགས་དང་། མི་མ་ཡིན་དང་། མི་མིན་མིར་སྤྲུལ་པ་སོགས་འགྲོ་བ་ཉམས་པ་རྣམས་མ་གཏོགས་པ་གླིང་གསུམ་དུ་སྐྱེས་པ་ཡི། སྐྱེས་པ་བུད་མེད་རྣམས་ནི་སོ་ཐར་གྱི་སྡོམ་པ་སྐྱེ་བ་དང་གནས་པའི་རྟེན་དུ་འདོད་དོ། །མཛོད་ལས། ཟ་མ་མ་ནིང་སྨྲ་མི་སྐན། །མཚན་གཉིས་མ་གཏོགས་མི་རྣམས་ལ། །སྡོམ་མིན་སྡོམ་པའང་དེ་བཞིན་ནོ། །ཞེས་གསུངས་པ་ལྟར་རོ། །

བཞི་པ་ཐ་མར་ཉམས་ན་གསོ་ཚུལ་ལ་གཉིས་ཏེ། དངོས་དང་། ཞར་བྱུང་ཕན་ཡོན་ནོ། །དང་པོ་ལ་མདོར་བསྟན་པ། རྒྱས་པར་བཤད་པ། མཇུག་བསྡུས་ཏེ་བསྟན་པ་གསུམ་ལས། དང་པོ་ནི་ཐ་མར་ཉམས་ན་སོགས་རྐང་པ་གཅིག་གིས་བསྟན་ཏེ། ཐ་མར་ཉམས་ན་ལྟུང་བ་ཕྱིར་བཅོས་པའི་སྒོ་ནས་སྡོམ་པ་གསོ་བའི་ཚུལ་བཤད་པ་ནི། གཉིས་པ་རྒྱས་བཤད་ལ་གཉིས་ཏེ། སྡོམ་པའི་གཏོང་རྒྱུ་སོགས་དང་། ཕྱིར་བཅོས་པའི་ཚུལ་གཉིས་ལས། དང་པོ་ལ་བཞི་སྟེ། ཐུན་མོང་བའི་གཏོང་རྒྱུ་དང་། ཐུན་མིན་གྱི་གཏོང་རྒྱུ་འདོད་པ་མི་འདྲ་བའི་ཁྱད་པར་དང་། ཉེས་མེད་བཤད་པའོ། །དང་པོ་ནི། གཏོང་བ་བསླབ་པ་ཕུལ་སོགས་ཀྱིས་བསྟན་ཏེ། སྡོམ་པ་གང་གིས་གཏོང་ན། གཏོང་བར་བྱེད་པའི་རྒྱུ་ལ་བརྡ་འཕྲོད་པའི་དྲུང་དུ་བསམ་པ་ཐག་པ་ནས་བསླབ་པ་ཕུལ་བ་དང་།ཚངས་པར་སྤྱོད་པ་དཀའོ་ཞེས་པ་སོགས་ཀྱིས་གཏོང་། ཤི་འཕོས་པས་རྟེན་བོར་བ་དང་། མཚན་གཉིས་ཅིག་ཆར་དུ་བྱུང་བ་དང་། མཚན་ལན་གསུམ་དུ་གྱུར་པ་དང་། རྒྱུ་འབྲས་མེད་པར་ལྟ་བའི་ལོག་ལྟ་སྐྱེས་ན་དགེ་བའི་རྩ་བ་ཆད་པ་ཡིན་པས་དེ་རྣམས་ཀྱིས་སྡོམ་པ་གཏོང་ལ། ལོག་ལྟ་ནི་སྡོམ་པ་གཏོང་བ་མ་ཟད་ཉེས་པ་ལྕི་བའང་ཡིན་ནོ། །གཉིས་པ་ནི། ཉི་ཤུ་མ་ལོན་སོགས་ཀྱིས་བསྟན་ཏེ། ཉི་ཤུ་མ་ལོན་པ་ལ་ལོན་པར་འདུ་ཤེས་ནས་བསྙེན་རྫོགས་བླངས་པའི་རྗེས་སུ། དེ་ལྟར་ངོ་ཤེས་ཤིང་། མངལ་བཤོལ་གྱི་ཟླ་བས་ཁ་བསྐང་ཡང་ལོ་གྲངས་མ་ཚང་ན་དགེ་སློང་གི་སྡོམ་པ་གཏོང་། མི་ཚངས་སྤྱོད་བསྟེན་པར

བྱེད་པའི་ཕྱིར། ཁས་བླངས་ན་བསླབ་པ་ལས་འདས་པ་ཡིན་པས་དགེ་སློབ་མའི་སྡོམ་པ་གཏོང་བའོ། །མཚན་མོའི་མཐའི་སྐད་ཅིག་མ་ལས་འདས་པས་བསྙེན་གནས་ཀྱི་སྡོམ་པ་གཏོང་བ་རྣམས་ནི་རིམ་པར་སོ་སོའི་ཐུན་མོང་མིན་པའི་རང་རང་གི་སྡོམ་པ་རྣམས་ཀྱི་གཏོང་རྒྱུ་ཡིན་ཏེ། མདོ་རྩ་བར། ཤེས་ན་ནི་དེ་ཞིག་གོ། །གལ་ཏེ་སྐྱེས་ན་མ་ལོན་པའི་འོ། །མངལ་ན་གནས་པ་དང་བཤོལ་གྱི་ཟླ་བ་དག་དང་ཡང་བཅས་ཏེའོ། །ཞེས་དང་། ཡང་དེ་ཉིད་ལས། བསྙེན་པའི་ཁས་བླངས་པ་ན་བསླབ་པ་འཁྲུགས་པ་ཉིད་དོ། །ཞེས་སོགས་གསུངས་སོ། །

གསུམ་པ་ནི། རྩ་ལྟུང་བྱུང་དང་སོགས་ཀྱིས་བསྟན་ཏེ། མདོ་སྡེ་པ་ཁ་ཅིག་གིས་རྩ་ལྟུང་འཆབ་བཅས་བྱུང་བས་སྡོམ་པ་གཏོང་སྟེ། རྒྱུད་ངོ་ཚ་ཁྲེལ་མེད་ཆེན་པོས་ཉམས་པའི་ཕྱིར་ཞེས་ཟེར་བ་དང་། གོས་དམར་བའི་སྡེ་པ་ན་རེ། ལུང་གི་དམ་ཆོས་ནུབ་ནའང་གཏོང་སྟེ། བསླབ་པའི་མཚམས་རྣམ་པར་བཞག་པ་མེད་པའི་ཕྱིར་ཞེས་ཟེར་ཡང་། དེ་ལ་ཐོགས་མེད་སྐུ་མཆེད་ཀྱིས་ལུང་གི་ཆོས་ནུབ་པ་ཙམ་གྱིས་སྡོམ་པ་སྔར་ཡོད་མི་གཏོང་སྟེ་རྟོགས་པའི་ཆོས་མ་ནུབ་པའི་ཕྱིར་རོ། །འོན་ཀྱང་དེའི་ཚེ་སྔར་མེད་གསར་སྐྱེས་ཀྱི་སྡོམ་པ་མེད་དེ། འབོག་བྱེད་ཀྱི་ཆོ་གའི་རྣམ་བཞག་མེད་པའི་ཕྱིར་གསུངས། ཁ་ཆེའི་ཡུལ་གྱི་བྱེ་བྲག་སྨྲ་བ་རྣམས་ཀྱིས་རྩ་ལྟུང་བྱུང་ཡང་སྡོམ་པ་མི་གཏོང་སྟེ། ཕྱོགས་གཅིག་ཉམས་པས་སྡོམ་པ་རིལ་པོ་ཟད་པར་གཏོང་བ་མི་རིགས་པའི་ཕྱིར། །དེས་ན་དེ་ལྟ་བུ་དེ་སྡོམ་ལྡན་དང་རྩ་ལྟུང་བྱུང་བ་གཉིས་ཀ་དང་ལྡན་པས། དེ་ལྟ་ན་རྩ་ལྟུང་བྱུང་བའི་ཆ་ནས་ཚུལ་འཆལ་ཡིན་ལ། གང་རྟུང་མ་བྱུང་བའི་ཆ་ནས་ཚུལ་ལྡན་ཡིན་ཏེ། དཔེར་ན་མི་འགའ་ཞིག་ལ་ནོར་ཡང་ལྡན་ལ་བུ་ལོན་ཡང་ཆགས་པ་ཅན་བཞིན་ཡིན་ནོ་ཞེས་འདོད། དེས་ན་ལྟུང་བ་དེ་བཤགས་ན་ཚུལ་ཁྲིམས་དང་ལྡན་པར་འགྱུར་བ་ནི། མི་དེས་བུ་ལོན་དེ་སྩལ་ན་ནོར་ལྡན་དུ་འགྱུར་བ་བཞིན་ནོ་ཞེས་འདོད་པ་དང་། འདུལ་འཛིན་ཁ་ཅིག་གིས་རྩ་བ་བཞི་ལས་གྲོག་གཅོད་ཀྱི་ཕམ་པ་འཆབ་བཅས་ལྟ་བུ་གཅིག་སྤྱད་པའི་ཚེ་སྡོམ་པ་མཐའ་དག་གཏོང་བ་མིན་ཀྱང་ཉམས་ཚུལ་ལ་ཀུན་ཉམས་པ་ཡིན་ཟེར། དེའི་ཚུལ་ཡང་སྡོམ་པ་ལྷག་མ་མཐའ་དག་གིས་དགོས་པ་སྒྲུབ་ནུས་ལས་ཉམས་པ་ཡིན་པའི་ཕྱིར་ཏེ།མདོ་རྩའི་འགྲེལ་བ་རྒྱ་ཆེར་འགྲེལ་ལས། དགེ་སློང་ཕམ་པར་གྱུར་པ་ལ་ནི་སྡོམ་པ་ཡོད་དུ་ཟིན་ཀྱང་དེ་

ལྟར་མོད་ཀྱི་དགོས་པ་མེད་པ་ཉིད་དུ་འགྱུར་ཏེ། ཚངས་པ་མཚུངས་པར་སྤྱོད་པ་རྣམས་དང་ལྷན་ཅིག་ཏུ་གནས་པ་དང་ལོངས་སྤྱོད་པ་མེད་པའི་ཕྱིར་དང་། སྡོམ་པ་ཡང་དག་པར་བླངས་པ་ནི་རྣམ་པར་གྲོལ་བ་ཐོབ་པའི་ཆེད་ཡིན་ལ། དེས་རྣམ་པར་གྲོལ་བ་ཐག་རིང་དུ་བྱས་པའི་ཕྱིར། དེས་ན་སྡོམ་པ་དེ་ནི་མེད་པ་དང་འདྲའོ། །ཞེས་གསུངས་པས་སྡོམ་པ་ཉམས་ཚུལ་ལ་བདུན་ལས། དང་པོ་གང་ཟག་གང་ཞིག་ཉམས་ན་དགེ་སློང་དང་དགེ་ཚུལ་རྣམ་དག་རྣམས་སོ། །གཉིས་པ་དངོས་པོ་གང་ལས་ཉམས་ན་སྡོམ་པ་རྣམ་དག་དང་དགོས་པ་སྒྲུབ་ནུས་ལས་ཉམས་སོ། །གསུམ་པ་རྐྱེན་གང་གིས་ཉམས་ན་ཕམ་པ་འཆབ་བཅས་ཀྱིས་ཉམས་པའོ། །བཞི་པ་ཚུལ་ཇི་ལྟར་ཉམས་ན། ཕམ་པ་བྱུང་ན་སྡོམ་པ་རྩ་བ་ནས་ཀྱང་མི་གཏོང་བས་ཡོད་པ་དང་། སྡོམ་པ་རྣམ་དག་མེད་པ་གཉིས་ཀ་ཡིན་པའི་གཞི་མཐུན་པར་འགྱུར་པའི་ཚུལ་གྱིས་སོ། །ལྔ་པ་ལྟུང་བ་སྡེ་ལྔ་ལ་ཞུགས་ན་ཉེས་པ་ཅིར་འགྱུར་ན། ཕམ་པ་བྱུང་ཟིན་དེ་ལྟུང་བ་སྡེ་ལྔ་གང་ལ་ཞུགས་ན་ཡང་ཉེས་བྱས་ཙམ་འབྱུང་བར་བཤད་དེ། མདོ་རྩ་བ་ལས། ཉམས་པ་དང་མ་ཆགས་པ་གཉིས་ལྟུང་བ་ལ་སྤྱོར་ན་ཉེས་བྱས་སོ། །ཞེས་སོ། །

དྲུག་པ་ལྟུང་བའི་དངོས་གཞི་མི་སྐྱེད་པར་ཉེས་བྱས་ཙམ་སྐྱེད་པའི་རྒྱུ་མཚན་ལ་ཉམས་པ་དེའི་རྒྱུད་ལ་སྡོམ་པའི་རྗེས་རྒྱུན་ཡོད་པ། མདོ་ལས་ཕམ་པས་ཉམས་པའི་དགེ་སློང་དུ་གསུངས་པ་དང་། གཞན་རྒྱུད་ལ་ལྷག་མ་སྐྱེད་པར་གསུངས་པ་དང་། རང་རྒྱུད་ལ་ལྟུང་བྱེད་སྐྱེད་པའི་རིམ་པར་ཡུལ་རྟེན་དུ་གསུངས་པས་ཉེས་བྱས་ཀྱི་ལྟུང་བ་སྐྱེད་པ་འཐད་དོ། །བདུན་པ་ཉམས་པ་ལ་ཉེས་བྱས་སོ་ཞེས་སྒྲ་སྦྱོར་ཚུལ་དགག་སྒྲས་བསྟན་པ་ཡིན་ཏེ། དགེ་སློང་ཡིན་པ་དང་། སྡོམ་པའི་རྗེས་རྒྱུན་ཡོད་ན། ལྟུང་བ་སྡེ་ལྔ་གང་རུང་ལ་ཞུགས་ན། རང་རང་གི་དངོས་གཞིའི་ལྟུང་བ་སྐྱེད་དམ་སྙམ་པའི་དོགས་པ་ཡོད་པས་དེ་གཅོད་པའི་ཕྱིར་དུ་ཉེས་བྱས་ཙམ་ལས་གཞན་སྐྱེད་པ་དགག་ནས་གཞན་དངོས་གཞིའི་ལྟུང་བ་འགོག་པའི་དགག་ཚིག་གོ། །མ་ཆགས་པ་ལ་ཉེས་བྱས་ནི་དགེ་སློང་གི་སྡོམ་པ་མེད་པས་ཉེས་བྱས་ཙམ་ཡང་མི་འབྱུང་ངོ་སྙམ་པའི་དོགས་པ་ཡོད་པས་ཉེས་བྱས་ཙམ་སྐྱེད་པའི་རྟེན་དུ་འགྱུར་བར་བསྒྲུབས་ནས་བསྟན་པའི་སྒྲུབ་པའི་ཚིག་གིས་བསྟན་ཏོ། །བཞི་པ་ནི། དང་པོའི་ལས་ཅན་སོགས་ཀྱིས་བསྟན་ཏེ། བསླབ་པ་མ་བཅས་པའི་དང༷་པོ༷འི་ལས༷་ཅན༷་གྱི་གང་ཟག་གིས་ལྟུང་བའི་རྒྱུ

ལ་སྤྱད་ན། བཅས་འགལ་གྱི་ཉེས་པ་ཇི་བཞིན་མི་སྐྱེད་དེ། བཅས་པ་དང་མ་འབྲེལ་བའི་ཕྱིར་རོ། །དཔེར་དགེ་སློང་བཟང་སྦྱིན་ལ་ཕམ་པ་མ་བྱུང་བ་བཞིན་ནོ། །དགེ་སློང་སེམས༷་སྨྱོ་བ་སོགས་ཀྱིས་འཁྲུག༷ས་ཤིང་འཁྲུལ་བའི་ཚོར༷་བས༷་གཟིར༷་བ་དང་རྨི་ལམ་དུ་མི་ཚངས་སྤྱོད་པ་ལྟ་བུ་ལ་ཉེས་པ་དངོས་མི་སྐྱེད་དེ། སེམས་རྣལ་དུ་མི་གནས་པའམ་བག་ཆགས་ཀྱི་འཁྲུལ་བ་ལས་སྐྱེད་པའི་ཕྱིར་རོ། །མདོ་རྩ་བར། རྨི་ལམ་ནི་མེད་པ་དང་འདྲའོ་ཞེས་གསུངས་པས་སོ། །བསླབ་པ་ལ་གུས་པས་འབད་ཀྱང་ནད་པ་ལྟ་བུ་ནད་ཀྱིས་ཉམ་ཐག་པས་སྒྲུབ༷་པར༷་མ༷་ནུས༷་པའི་སྐབས་སུ་སྤྱད་པ༷་ལ༷་ཉེས༷་པ༷་མེད༷་དེ། རྐྱེན་གྱི་ཡན་ལག་མ་ཚང་བའི་ཕྱིར་ཏེ། ཡང་ཡང་ཟ་བ་བྱིན་ལེན་མ་བྱས་པར་ཟ་བ་དུས་མིན་ཟ་བ་སོགས་གནང་བའི་ཕྱིར་རོ། །སྡོམ་པ་གསོ་མི་རུང་བར་ཕམ་པ་འཆབ་བཅས་ཀྱིས་ཉམས་པའི་གང་ཟག་གིས་སྔ་ལྟའི་ལྟུང་བར་ཞུགས་ཀྱང་དངོས་གཞི་ཇི་བཞིན་མི་སྐྱེད་དེ། སྔར་བསྟན་པ་ལྟར་ཉམས་པ་ལ་ཉེས་བྱས་ཞེས་དགག་ཚིག་གིས་བསྟན་པའི་ཕྱིར་རོ། །

གཉིས་པ་ཕྱིར་བཅོས་ལ། སྤྱིར་བསྟན་པ་དང་། བྱེ་བྲག་ཏུ་བསྟན་པ་གཉིས་སོ། །དང་པོ་ལ། ལྟུང་བ་ཕྱིར་བཅོས་དང་། རྟོད་པ་ཕྱིར་བཅོས་གཉིས། དང་པོ་ལ། རང་སྟོབས་ཀྱིས་ཕྱིར་བཅོས་པ་དང་། གཞན་སྟོབས་ཀྱིས་ཕྱིར་བཅོས་པ་གཉིས། དང་པོ་ལ། ཕྱིར་བཅོས་པའི་རྒྱུ་ནན་ཏུར་ལ་སྤྱིར་བསྟན་པ། སོ་སོར་བསྟན་པ་ནན་ཏུར་བྱས་པ་ལ་བཟོད་པ་བླངས་པ་དང་གསུམ་ལས། དང་པོ་སྤྱི་ལ་དྲུག་ལས། དང་པོ་གཞི་གང་ལ་བྱ་བ་ནི། ནན་ཏུར་སོ་སོའི་གཞི་མ་ཞི་བར་ཡོད་པ། སྡེ་སྣོད་འཛིན་པ་དང་། ཀུན་ཀྱིས་ཆེན་པོར་ཤེས་པ་དང་། ཕྱོགས་མང་བ་ལ་སོགས་པའི་དབང་གིས་དགེ་འདུན་པ་ཕྱེ་བར་འགྱུར་བའི་དགག་བྱ་ཡོད་པ་མ་ཡིན་པའི་གང་ཟག་མངོན་སུམ་དུ་འདུག་པ་ལ་བྱེད་དགོས། གཉིས་པ་དགེ་འདུན་གང་གིས་བྱ་བ་ནི། དགེ་འདུན་ཁྱད་པར་གསུམ་ལྡན་གྱིས་སོ། །གསུམ་པ་དུས་ནི་ནམ་གྱི་ཚེ་བྱ་ན། དབྱར་གྱི་ནང་མ་ཡིན་པ། དགེ་འདུན་ཕྱེ་བའི་དགག་བྱ་མེད་པའི་དུས་སོ། །བཞི་པ་དགོས་པ། སྔར་བྱས་ཀྱི་བྱ་བ་ངན་པའི་འཕྲོ་གཅོད་པ་དང་། ཕྱིར་བཅོས་ལ་གཞུག་པ་དང་། བསྟན་པ་དང་སེམས་ཅན་ལ་ཕན་པའི་ཆེད་དུའོ། །ལྔ་པ་ཚིག་ཇི་ལྟ་བུ་ལ། སྦྱོར་བ་གླེང་དྲན་དང་བཞམས་བསྒྲོ་བྱ་བ་དང་། དངོས་གཞི་གསོལ་བཞིའི་ལས་དང་། མཇུག་གོ་བར་བྱ་བ

སྡེ་གསུམ་བྱ་བའོ། །

དྲུག་པ་སའི་ཁྱད་པར་ལ་མུ་བཞི་སྟེ། དང་པོ་ནན་ཏུར་ཡིན་ལ་དམན་པའི་ས་ལ་གནས་པ་མ་ཡིན་པའི་མུ་ནི། གསོ་སྦྱོང་བཞག་པ་དང་། གསོལ་བ་དང་བརྗོད་པའི་ལས་བཞག་པ་ལྟ་བུ། གཉིས་པ་དམན་པའི་སར་གནས་པ་ཡིན་ལ་ནན་ཏུར་མ་ཡིན་པའི་མུ་ནི། སྤོ་བ་སྤྱོད་པ་དང་མགུ་བ་སྤྱོད་པ་ལྟ་བུ། གསུམ་པ་གཉིས་ཀ་ཡིན་པའི་མུ་ནི། བསྡིགས་པ་ལ་སོགས་པའི་ནན་ཏུར་བཞི་དང་གནས་དབྱུང་བྱས་པ་ལྟ་བུ། བཞི་པ་གཉིས་ཀ་མིན་པའི་མུ་ནི། རང་བཞིན་དུ་གནས་པའི་དགེ་སློང་རྣམ་དག་ལྟ་བུའོ། །གཉིས་པ་སོ་སོར་བསྟན་པ་ལ་ནན་ཏུར་བཅུ་ལས། དང་པོ་བསྡིགས་པ་ནན་ཏུར་ནི། འཐབ་ཀྲོལ་བྱེད་པ་ལ་འཐབ་ཀྲོལ་གྱི་བྱ་བ་འདི་ཐོངས་ཤིག་མི་གཏོང་ན་གནས་ནས་དབྱུང་བར་བྱའོ་ཞེས་བསྡིགས་པར་བྱེད་པའོ། །

གཉིས་པ་སྨད་པ་ནན་ཏུར་ནི། དགེ་འདུན་ལྷག་མ་ཕྱིར་མི་འཆོས་པར་ལྷག་མ་བཞི་ལྟ་བུ་བརྒྱུད་དེ་བྱེད་པ་ལ་གང་ཟག་རང་དབང་ཅན་ཡིན་ཡང་། ཁྱོད་རང་མགོ་མི་ཐོན་པར་འདུག་པས་དགེ་སློང་གཞན་ལ་གནས་འཆོས་ཤིག་ཅེས་པས་སྨོད་པར་བྱེད་པའོ། །གསུམ་པ་བསྐྲད་པ་ནན་ཏུར་ནི་མྱོས་འགྱུར་འཐུང་བ་ལ་སོགས་པ་ཁྱིམ་པ་སུན་འབྱིན་གྱི་སྤྱོད་པ་བྱེད་པ་ལ་གཞན་གྱི་མ་དད་པ་བཟློག་པའི་ཕྱིར་དུ་སུན་འབྱིན་པའི་གནས་དེ་ནས་སྐྲོད་པར་བྱེད་པའོ། །བཞི་པ་ཕྱིར་འགྱེད་ནན་ཏུར་ནི། ཁྱིམ་པ་སོགས་ལ་བརྙས་ཐབས་བྱེད་པ་ལ་གང་ཟག་མཛའ་གཙུགས་ཀྱི་ལས་ཕྱིར་འགྱེད་དེ་མཛའ་གཙུགས་ཀྱི་དངོས་པོ་རང་གིས་བསྒྱུ་བར་བྱེད་པའོ། །

ལྔ་པ་གནས་དབྱུང་ནན་ཏུར་ལ་དྲུག་ལས། དང་པོ་ཕྱིར་མི་འཆོས་པ་གནས་ནས་དབྱུང་བ་ནི། ལྷག་མ་ལ་སོགས་པའི་ལྟུང་བ་བྱུང་བར་ཀུན་ལ་གྲགས་ཀྱང་ཕྱིར་མི་འཆོས་པའི་གང་ཟག་གནས་དབྱུང་བྱེད་པ་དང་། གཉིས་པ་མ་མཐོང་བ་གནས་དབྱུང་ནི། ལྟུང་བ་ཡོད་ཀྱང་མེད་ཅེས་སྨྲ་བ་ལ་བྱ་བ་དང་། གསུམ་པ་སྡིག་ལྟ་མི་གཏོང་བ་གནས་དབྱུང་ནི། མྱོས་འགྱུར་འཐུང་བ་ལ་ལྟུང་བ་མེད་ཅེས་སྡིག་ལྟ་མི་གཏོང་བ་ལ་བྱ་བ་དང་། བཞི་པ་རྣམ་པར་གཏན་ལ་མ་ཕེབས་པ་ལ་གནས་དབྱུང་བ་ནི། རྩོད་པ་ཞི་བའི་ཐབས་བྱས་ཀྱང་ཞི་མ་ནུས་པའི་གང་ཟག་ལ་བྱ་བ་དང་། ལྔ་པ་འཐབ་ཀྲོལ་གྱི་རྒྱུ་ཉེ་

བར་གནས་པ་ལ་གནས་དབྱུང་བ་ནི། འཁྲུལ་ལུས་ངག་བཙུན་པ་ལྟར་བྱེད་ཀྱང་འཐབ་ཀྲོལ་གྱི་རྒྱུ་དམ་དུ་འཛིན་པ་ལ་བྱ་བ་དང་། དྲུག་པ་དགེ་སློང་མ་དང་བདེ་ཞིང་གནས་པ་གནས་ནས་དབྱུང་བ་ནི་དགེ་སློང་མ་རྣམས་དང་ལྷན་ཅིག་ཏུ་འཕྱུར་གཡེང་དང་རྩབ་རྩལ་གྱིས་གནས་པའི་གང་ཟག་ལ་གནས་དབྱུང་བྱ་བའོ། །ནན་ཏུར་དྲུག་པ་ནི་གསོ་སྦྱོང་གི་དུས་སུ་གསོ་སྦྱོང་འཛོག་པ་དང་། ནན་ཏུར་བདུན་པ་དགག་དབྱེ་བྱེད་དུས་སུ་དགག་དབྱེ་འཛོག་པ། ནན་ཏུར་བརྒྱད་པ་ལས་བྱེད་པའི་དུས་སུ་གསོལ་བ་དང་བརྗོད་པའི་ལས་འཛོག་པའོ། །དགུ་པ་དགེ་ཚུལ་བསྙིལ་བ་ནན་ཏུར་ནི། སྡིག་ལྟ་ཅན་གྱི་དགེ་ཚུལ་ བློག་བྱེད་ཀྱི་རྐྱེན་ལྟས་བཟློག་ཀྱང་མཐའ་ལ་མི་གཏོང་པ་གནས་ནས་དབྱུང་བ་ལྟ་བུའོ། །བཅུ་པ་ལྟུང་བཟེད་ཁ་སྦུབ་པའི་ནན་ཏུར་ནི་དགེ་འདུན་ལ་མ་དད་ཅིང་སྐུར་པ་འདེབས་པའི་ཁྱིམ་པ་ལ་ཆོས་མི་བསྟན། སྟན་ལ་མི་འདུག །བསོད་སྙོམས་མི་ལེན་པའི་ལས་བྱེད་པའོ། །དཔེར་ལྷུང་བཟེད་ཁ་སྦུབ་པའི་ནང་དུ་ཟས་མི་འགྲོ་བ་ལྟ་བུར་བྱས་པའོ། །གསུམ་པ་དེ་ལྟ་བུའི་ནན་ཏུར་བྱས་པ་དེ་ལ་བཟོད་པ་བླང་བ་ལ་བཞི་ལས། དང་པོ་གང་ལ་བླང་བའི་ཡུལ་ནི། ནན་ཏུར་གྱི་གཞི་ཡོད་པ་ལ་ནན་ཏུར་བཅུ་པོ་གང་རུང་བྱས་པ་ལ་བརྟེན་ནས་ཞེ་ཐག་པ་ནས་བཟོད་པ་འབུལ་འདོད་པ་ལ་བླང་ངོ་། །

གཉིས་པ་གང་གིས་ལེན་པའི་གང་ཟག་ནི། དགེ་འདུན་གྱི་གྲངས་ཚང་བ་ཁ་སྐོང་གི་ཆོས་དང་ལྡན་པ་མི་མཐུན་པ་གཉིས་དང་བྲལ་བ་སྟེ་ཁྱད་པར་གསུམ་ལྡན་ནོ། །གསུམ་པ་ཇི་ལྟར་ལེན་པའི་ཆོ་ག་ལ། སྦྱོར་བ་གསོལ་བ་དང་། དངོས་གཞི་ལས་བྱེད་པ། མཇུག་སྒྲོ་བ་བསྐྱེད་པའི་ཚུལ་གྱིས་ལེན་ནོ། །བཞི་པ་དེ་ལྟར་བླངས་པའི་དགོས་པ་ནི། ས་རང་བཞིན་དུ་གནས་པ་ཐོབ་པ་དང་། གཟེངས་བསྟོད་པའི་ཕྱིར་དུ་གསོལ་བཞིའི་ལས་ཀྱིས་རང་བཞིན་གྱི་གནས་སུ་དབྱུང་སྟེ་གཞན་གྱིས་བསྙེན་བཀུར་བྱ་བའི་གནས་སུ་བྱེད་པའོ། །གཉིས་པ་གཞན་སྟོབས་ཀྱིས་ཕྱིར་བཅོས་པ་ནི། ལྟུང་བ་གླིང་བའི་སྒོ་ནས་གཞན་རྒྱུད་ཀྱི་ལྟུང་བ་ཡོངས་སུ་སྦྱོང་བ་ཡིན། དེ་ལ་བདུན་ལས། དང་པོ་ཡུལ་གང་ལ་གླིང་ན་མཐོང་ཐོས་དོགས་གསུམ་གྱི་སྒོ་ནས་ལྟུང་བ་གླིང་བའི་གཞི་ཡོད་ཅིང་སྡེ་སྣོད་འཛིན་པ་ཕྲོགས་མང་བ་སོགས་དགེ་འདུན་དབྱེ་བར་འགྱུར་བའི་དགག་བྱ་མེད་པའི་གང་ཟག་ལའོ། །

གཉིས་པ་གང་གིས་གླེང་ན། ཀུན་གྱིས་མཐུན་སྣང་དུ་གྲུབ་ཅིང་ཚུལ་ཁྲིམས་རྣམ་དག་གི་དགེ་སློང་གིས་གླེང་ངོ་། །གསུམ་པ་བསམ་པ་ཇི་ལྟ་བུས་གླེང་ན། འདུ་ཤེས་གླེང་བའི་གཞི་ཡོད་པ་ལ་དེར་འདུ་ཤེས་པ་དང་། ཀུན་སློང་ཕྱིར་བཅོས་པ་ལ་འགོད་པར་འདོད་པའི་བསམ་པས་གླེང་ངོ་། །བཞི་པ་དངོས་པོ་གང་གླེང་ན། ཚུལ་ཁྲིམས་ཉམས་པ་རང་བཞིན་གྱི་ལྟུང་བས་གོས་པ། ལྟ་བ་ཉམས་པ་ལས་རྒྱུ་འབྲས་ལ་སྐུར་བ་འདེབས་པ་ལྟ་བུ། ཆོ་ག་ཉམས་པ་འགྲོ་འཆག་ཉལ་གསུམ་གྱི་སྤྱོད་པ་འདུལ་བ་དང་མི་མཐུན་པ་ལྟ་བུ། འཚོ་བ་ཉམས་པ་ལོག་པའི་འཚོ་བ་སྤྱོད་པ་ལྟ་བུས་གླེང་བ། ལྔ་པ་དུས་ནམ་གྱི་ཚེ་གླེང་ན། དབྱར་གྱི་ནང་མིན་པ། དགེ་འདུན་དབྱེ་བར་འགྱུར་བའི་དོགས་པ་མེད་པའི་དུས་སོ། །དྲུག་པ་ཆོག་གང་གིས་གླེང་ན། དང་པོ་ལྟུང་བ་ཡོད་མེད་རྣམ་པར་བརྟགས། དེ་ནས་ལྟུང་བ་གླེང་བའི་སྐབས་ཕྱེ་སྟེ་ལྟུང་བ་རྣམས་གླེང་བའོ། །བདུན་པ་གླེང་ནས་ཇི་ལྟར་སྒྲུབ་པ་ལ། ལྟུང་བ་གླེང་ནས་ཡོད་པར་ཁས་ལེན་པ་རྣམས་ཕྱིར་བཅོས་ལ་ཚུལ་བཞིན་འགོད་པའོ། །ཁས་མི་ལེན་པར་ཁྱད་དུ་གསོད་པ་ལྟུང་བ་གླེང་བའི་ཚེ་མི་དྲན་ནོ་ཞེས་ཚིག་ཙམ་གྱི་སྒོ་ནས་ཁྱད་དུ་གསོད་ན་ལྟུང་བའི་ངོ་བོ་ཉིད་འཚོལ་བ་སྦྱིན། རྫུན་གྱི་སྒོ་ནས་ཁྱད་དུ་གསོད་ནས་མ་མཐོང་ངོ་ཟེར་ན་མ་མཐོང་བའི་གནས་དབྱུང་བྱེད། ལྟུང་བ་གླེང་བའི་སྐབས་མི་འབྱེད་པ་ལ་བརྗོད་པ་དང་བཅས་པ་བྱ་བ་སྟེ། དེའང་ཚེ་དང་ལྡན་པ་ཁྱོད་ལ་དགེ་འདུན་གྱིས་བརྗོད་པ་དང་བཅས་པ་ཉིད་བྱས་ཀྱིས་དགེ་འདུན་ལ་མ་ཞུས་པར་གཞན་དུ་འགྲོ་བར་མི་བྱའོ། །ཁྱོད་ལ་དགེ་འདུན་གྱིས་བྱ་བའི་ལས་གཞན་ཡང་ཡོད་དོ་ཞེས་གོ་བར་བྱེད་དགོས་པའོ། །གླེང་བའི་སྐབས་ཕྱེ་ནས་ཉན་པར་མི་བྱེད་པ་ལ་ཞུར་པ་དང་བཅས་པ་སྟེ། དེ་ཡང་ཚེ་དང་ལྡན་པ་ཁྱོད་འདིར་གནས་ཀྱང་རུང་། གཞན་དུ་འགྲོ་ཡང་རུང་ལྟུང་བ་འདི་ལྟ་བུ་ཡོད་དོ་ཞེས་ཉེས་པ་གོ་བར་བྱེད་དགོས་པས་ཞུར་པ་དང་བཅས་ཞེས་བྱའོ། དགེ་འདུན་མཐའ་དག་ལ་བཀའ་བློ་མི་བདེ་བའི་ཚིག་སྨྲ་བར་བྱེད་ན་གླེང་དྲན་སོགས་ཀྱི་སྒོ་ནས་བཞམས་བསྒོ་བྱེད། དེས་མ་ཞི་ན་གདམས་པའི་འཕྲོ་འཛོག་པ་དང་། གསོ་སྦྱོང་དུས་སུ་དེ་བཞག་པ་དང་། དགག་དབྱེའི་དུས་སུ་དེ་བཞག་པ། ལས་ཀྱི་དུས་སུ་དེ་བཞག་པ་སྟེ་ལས་བྱེད་པ་ལ་ལས་བྱེད་དུ་མི་འཇུག་པའོ། །དེ་ལྟ་བུའི་གླེང་དྲན་བཞམས་བསྒོ་སོགས་ཀྱིས་གཞན་རྒྱུད་དག་པར་བྱེད་པས་ན་ཡོངས་སུ་སྦྱོང་

བའི་གཞི་ཞེས་བྱའོ། །

གཉིས་པ་རྟོད་པ་ཕྱིར་བཅོས་ལ། ལས་ཀྱི་རྟོད་པ་ཞི་བར་བྱེད་པ་དང་། འཁོར་ལོའི་རྟོད་པ་ཞི་བར་བྱེད་པ་དང་། དེ་ལས་གཞན་པའི་རྟོད་པ་ཞི་བར་བྱེད་པ་གསུམ་མོ། །དང་པོ་ཀཽ་ཤམྦྷི་ར་ལས་ཕྱེ་བའི་གཞི་ནི། གང་དུ་ཕྱེ་བའི་གནས་ནི་མཚམས་བཅད་པའི་ནང་ངོ་། །གང་ཟག་ནི་ཆོས་ཕྱོགས་དང་ཆོས་མིན་ཕྱོགས་གཉིས་ཀར་དགེ་འདུན་དུ་ལོངས་པ་དགོས་ཏེ། མཛོད་ལས། ལས་ཀྱི་དབྱེན་ནི་གླིང་གསུམ་ན། །དེ་ནི་བརྒྱད་དག་ཡན་ཆད་ཀྱིས། །ཞེས་གསུངས་པའི་ཕྱིར་རོ། །དངོས་པོ་གང་གིས་ཕྱེ་ན། བསླབ་གསུམ་སྦྱོང་བའི་ཐབས་སུ་གྱུར་པའི་གསོ་སྦྱོང་སོགས་ཀྱི་ལས་སོ། །བསམ་པ་ལ་ཆོས་འདུལ་བ་དང་མཐུན་པ་ལ་དེར་འདུ་ཤེས་དང་། མི་མཐུན་པ་ལ་དེར་འདུ་ཤེས་པའོ། །ཀུན་སློང་ཕན་ཚུན་ཕྱེ་བར་གྱུར་ན་ཅི་མ་རུང་སྙམ་དུ་མཚམས་ནང་གཅིག་ཏུ་ལས་གཉིས་དུས་གཅིག་ཏུ་བྱེད་འདོད་རྒྱུན་མ་ཆད་པའོ། །སྦྱོར་བ་མཚམས་ནང་གཅིག་ཏུ་དུས་གཅིག་ལ་ལས་ཐ་དད་དུ་བྱེད་པའི་ལུས་ངག་གི་བྱ་བ་བྱེད་པར་རྩོམ་པའོ། །མཐར་ཐུག་ལས་དེ་གཉིས་བྱས་ཟིན་པར་གྱུར་ནའོ། །

ལས་ཀྱི་དབྱེན་དེའི་རྒྱུ་སྤོང་བ་ནི། གང་ཟག་ཁྲོད་པར་ཅན་སྡེ་སྣོད་འཛིན་པ་ཕྱོགས་མང་བས་དགེ་འདུན་དབྱེ་ནུས་པ་ལ་ལྷུང་བ་གླེང་ནའང་ནན་ཏུར་མི་བྱ། བསྒོ་ལས་དང་ངན་པའི་གྲངས་སུ་གཞུག་པར་མི་བྱ། དེས་ཚུར་གླེང་ན་ལྟུང་བ་མེད་ཀྱང་གླེང་བ་བཟློག་པར་མི་བྱེད་པ་དང་། གང་ཟག་མི་མཐུན་པ་གཉིས་གནས་ཁང་གཅིག་ཏུ་མི་བཞག་པ་རྣམས་སོ། །དགེ་འདུན་མཐུན་པའི་ཕན་ཡོན་དང་། མི་མཐུན་པའི་ཉེས་དམིགས་ཤེས་ནས་རང་ཕྱོགས་དང་གཞན་ཕྱོགས་ཀྱི་ལྟ་བ་ཚུལ་ཁྲིམས་ཆོ་ག་འཚོ་བ་བཞི་ལ་བརྟེན་ནས་མཆོག་དམན་དུ་འཛིན་པའི་ཆགས་སྡང་འགོག་པར་བྱེད་པ་རྣམས་ནི་ནང་རང་སེམས་ཀྱི་སྒོ་ནས་དབྱེན་ཞི་བྱེད་ཀྱི་གཉེན་པོའོ། །ལས་ཕྱེ་བའི་རྟོད་པ་བྱུང་ན་དགེ་འདུན་ལ་བཟོད་པ་གསོལ་ཏེ་གསོལ་བཞིའི་ལས་ཀྱི་སྒོ་ནས་དགེ་འདུན་པས་བཟོད་པ་སྦྱིན། དེ་ནས་དགེ་འདུན་ལ་མཐུན་པའི་གསོ་སྦྱོང་སྦྱིན་པར་གསོལ་བ་བཏབ་སྟེ། དགེ་འདུན་གྱིས་གསོལ་བཞི་ལས་ཀྱིས་མཐུན་པའི་གསོ་སྦྱོང་སྦྱིན་ནས་མཐུན་པའི་གསོ་སྦྱོང་བྱའོ། །དེས་མཐུན་པ་གྲུབ་པའོ། །གཉིས་པ་འཁོར་ལོའི་དབྱེན་ནི། གཞི་ལ་ནམ་གྱི་ཚེ་བྱུང་བའི་དུས་ནི། མཚམས་གཅིག་གི་ནང་ཡིན་པ།

སྟོན་པ་སངས་རྒྱས་མ་ཐག་དང་། མྱ་ངན་ལས་འདའ་ཁར་མ་ཡིན་པ། ལྷ་བ་དང་ཚུལ་ཁྲིམས་ལ་སྐྱོན་མ་བྱུང་བའི་དུས་མིན་པ། མཆོག་ཟུང་གཅིག་གི་སྤྱི་རོལ་མིན་པ། སྟོན་པ་མྱ་ངན་ལས་འདས་པའི་རྗེས་མིན་པའི་དུས་ཤིག་དགོས་ཏེ། མཛོད་ལས། དང་པོ་མཐའ་སྐྱོན་ཟུང་གཅིག་གིས། །སྤྱི་རོལ་ཐུབ་པ་ནོངས་པ་དང་། །མཚམས་མ་བཅད་པ་དག་ཏུ་ཡང་། །འཁོར་ལོའི་དབྱེན་ནི་མི་འབྱུང་ངོ་། །ཞེས་པ་ལྟར་རོ། །གང་གིས་འབྱེད་པའི་གང་ཟག་ནི། གྲུབ་མཐའ་ཤེས་པས་ལྟ་བ་གཙོ་བོར་སྤྱོད་པ། ཚུལ་ཁྲིམས་དང་ལྡན་པའི་དགེ་སློང་གིས་ཡུལ་སོ་སྐྱེས་ཀྱི་དགེ་འདུན་རྣམས་རང་ཕྱོགས་སུ་འབྱེད་དེ། མཛོད་ལས། དགེ་སློང་ལྟ་སྤྱོད་ཚུལ་ལྡན་པས། །འབྱེད་དོ་གཞན་དུའོ་བྱིས་པ་རྣམས། ཞེས་སོ། །ཇི་ལྟར་འབྱེད་ཚུལ་ནི། །སྟོན་པ་སངས་རྒྱས་ལས་གཞན་པའི་དགེ་སློང་ལྟས་བྱིན་ལྟ་བུའི་སྟོན་པ་དང་། སྟོན་པས་གསུངས་པའི་བསླབ་པ་ལས་གཞན་ལྟས་བྱིན་གྱི་བསླབ་ཚིག་ལྔ་ཁས་ལེན་དུ་འཇུག་པའི་ཚུལ་གྱིས་འབྱེད་དེ། མཛོད་ལས། སྟོན་དང་ལམ་གཞན་ལ་བཟོད་པ། །ཕྱེ་བའོ་དེ་ནི་མི་གནས་སོ། །དེ་ནི་འཁོར་ལོའི་དབྱེན་དུ་འདོད། །འཛམ་བུའི་གླིང་པའོ་དགུ་སོགས་ཀྱིས། །ཞེས་སོ། །བསམ་པ་འདུ་ཤེས་མ་འཁྲུལ་བ། ཀུན་སློང་དེ་ལྟར་ཞེ་ཐག་པ་ནས་དགེ་འདུན་དབྱེ་བར་འདོད་པ་རྒྱུན་མ་ཆད་པའོ། །སྦྱོར་བ་དགེ་འདུན་ཕན་ཚུན་འབྱེད་པ་ལ་ལུས་ངག་གིས་རྩོམ་པ། མཐར་ཐུག་ལྟས་བྱིན་གྱི་བསླབ་ཚིག་ཁས་བླངས་ནས་ཆོས་ཕྱོགས་ལས་ཐ་དད་དུ་གྱུར་པའོ། །བསླབ་ཚིག་ལྔ་ནི། བདག་ཅག་གིས་སྲོག་ཆགས་ལ་གནོད་པས་ཤ་མི་ཟ། བའུ་ལ་གནོད་པས་འོ་མ་མི་འཐུང་། ཁུ་བ་ལས་བྱུང་བས་ཉ་མི་ཟ། སྦྲིན་རྫས་ཚུད་གཟན་པས་གོས་དྲས་ཤིང་དྲུབ་པ་མི་གྱོན། དད་པས་སྦྱིན་པར་བྱ་བ་ཡོངས་སུ་མ་སྤྱད་པར་འགྱུར་བས་དགོན་པར་མི་གནས་སོ། །འདིའི་ཞི་བྱེད་ཀྱི་གཉེན་པོ་སྔ་མ་ལྟར་ཕྱི་ནང་གི་གཉེན་པོ་གཉིས་སོ། །

གསུམ་པ་དེ་ལས་གཞན་པའི་རྩོད་པ་ཞི་བྱེད་ལ། ངོ་བོ་ནི་ཕན་ཚུན་མི་མཐུན་པར་སྨྲ་བའི་ཚིག་གི་རྗེས་སུ་སེམས་གཞོལ་བའི་མཁོན་འཛིན་དང་། དེས་ཀུན་ནས་བསླང་བའི་ལུས་ངག་གི་རིག་བྱེད་དོ། །རྒྱུ་ལ་གཉིས་ཏེ། ནང་གི་ཉོན་མོངས་པ་རྣམས་དང་། ཕྱི་རོལ་གྱི་དངོས་པོའི་དེ་བཞིན་ཉིད་ལ་ལོག་པར་སྨྲས་པ། གདམས་ངག་སྤོང་བ། ལྟུང་བ་དང་བཅས་པ། ལས་ལ་མཐུན་པ་མི་སྦྱིན་པ

དང་བཞིའོ། །དབྱེ་བ་ལ་བཞི་ལས། དང་པོ། འཁྲིད་ཕྱིར་རྩོད་པ་ནི། ཕུང་པོ་ལ་བདག་ཡོད་མེད་དང་མྱོས་འགྱུར་གྱི་བཏུང་བ་འཐུང་བའི་ལྟུང་བ་དེ་བཅས་རང་གང་ཡིན་ལ་བརྩད་པ་ལ་བརྟེན་པའི་ཚིག་རྩུབ་མཁོན་འཛིན་དང་བཅས་པའོ། །གཉིས་པ་མི་གདམས་ཕྱིར་རྩོད་པ་ནི། ལྟུང་བ་གླེང་ནས་བཀའ་བློ་མི་བདེ་བ་ལ་གདམས་ངག་བཞག་པ་ལ་བརྟེན་ནས་དབྱུང་བའི་ཚིག་རྩུབ་མཁོན་འཛིན་དང་བཅས་པའོ། །གསུམ་པ་ལྟུང་ཕྱིར་རྩོད་པ་ནི། ལྟུང་བ་བྱུང་མ་བྱུང་རྩོད་པ་ལ་བརྟེན་ནས་བྱུང་བའི་ཚིག་རྩུབ་མཁོན་འཛིན་དང་བཅས་པའོ། །བཞི་བ་བྱ་བའི་ལས་ཕྱིར་རྩོད་པ་ནི། རྩོད་པ་དེ་གསུམ་གྱི་དབང་གིས་གསོ་སྦྱོང་ལ་སོགས་པའི་ལས་ལ་མཐུན་པ་མ་བྱིན་པ་ལ་བརྟེན་ནས་བྱུང་བའི་ཚིག་རྩུབ་མཁོན་འཛིན་དང་བཅས་པའོ། །ཞི་བྱེད་ལ་གཉིས་ཏེ། དང་པོ་རང་གི་ངང་གིས་ཞི་བྱེད་ནི། རྩོད་པ་བྱེད་པ་ཚེ་དུས་བྱས་པ་དང་། ནད་ཀྱིས་རྒྱུན་རིང་བཏབ་པ་བསླབ་པ་ཕུལ་ནས་ཁྱིམ་པར་བབས་པ་དང་། བདག་མེད་རྟོགས་པའི་ཤེས་རབ་དང་། བྱམས་སྙིང་རྗེ་ཁྱད་པར་ཅན་རྒྱུད་ལ་སྐྱེས་སྟོབས་ཀྱིས་ཞི་བ་ལྟ་བུའོ། །

གཉིས་པ་ཞི་བྱེད་ཀྱིས་ཞི་བ་ལ། རྩོད་པ་འདུལ་བའི་ཞི་བྱེད་བདུན་ལས། རྩོད་པ་དང་པོ་ཞི་བྱེད་ལ་མངོན་སུམ་དང་གང་མང་གི་ཞི་བྱེད་གཉིས། རྩོད་པ་གཉིས་པ་ཞི་བྱེད་ལ་དྲན་པ་དང་མ་མྱོས་པའི་ཞི་བྱེད་གཉིས། རྩོད་པ་གསུམ་པ་ཞི་བྱེད་ལ་ངོ་བོ་ཉིད་འཚོལ་བ། རྩྭ་བཀྲམ་པ། ཁས་བླངས་པ་གསུམ་གྱིས་ཞི་བར་བྱེད། རྩོད་པ་བཞི་པ་ཞི་བྱེད་ཟུར་བ་མི་དགོས་ཏེ། སྔ་མའི་ཞི་བྱེད་བདུན་པོ་དག་གི་བྱེད་པས་འདུལ་བའོ། །དབྱེ་བྲག་ཏུ་བཤད་ན། རྩོད་པ་དང་པོ་ཞི་བྱེད་ལ་གཉིས་ལས་མངོན་སུམ་པའི་ཞི་བྱེད་ལ་དབྱེ་ན་བརྒྱད་ཡོད་པས། དང་པོ་གྲོལ་ཕྱེ་གྲོལ་གྱི་མངོན་སུམ་གྱིས་ཞི་བ་ནི་གྲོལ་བ་གཉིས་ཀྱིས་བདག་ཡོད་མེད་ལྟ་བུར་རྩོད་པའི་ཚེ་ཕྱིས་སུ་ལུང་རིགས་ལ་བརྟེན་ནས་བློ་རྩེ་གཅིག་ཏུ་མཐུན་པར་གྱུར་བ་ལྟ་བུའོ། །

གཉིས་པ་གཟུ་བོའི་མངོན་སུམ་གྱིས་ཞི་བ། གྲོལ་བ་སྨྲ་ཕྱིའི་སྟོབས་ཀྱིས་མ་ཞི་ན། དཔང་པོ་གཟུ་བོས་མི་འཐད་པའི་ཕྱོགས་ལ་གནོད་པ་དང་། འཐད་པའི་ཕྱོགས་ལ་སྒྲུབ་བྱེད་བཀོད་ནས་ཞི་བ་ལྟ་བུ། གསུམ་པ་དགེ་འདུན་གྱི་མངོན་སུམ་གྱིས་ཞི་བ། སྨྲ་མ་དེས་མ་ཞི་ན་རྩོད་པ་ལ་རྒྱུས་ཡོད་

པའི་དགེ་འདུན་ཞིག་བོས་ཏེ། དེས་མི་འཐད་པའི་གནོད་བྱེད་དང་འཐད་པའི་སྒྲུབ་བྱེད་ཀྱིས་ཞི་བ་ལྟ་བུ༔ བཞི་པ་གསལ་བའི་མངོན་སུམ་གྱིས་ཞི་བ། ལྟ་མ་དེས་མ་ཞི་ན་དགེ་འདུན་དེས་ལུང་རིགས་ལ་མཁས་པའི་དགེ་སློང་བཞི་ཡན་ཆད་གསོལ་གཉིས་ཀྱིས་བསྐོས་ནས་དེས་ལུང་རིགས་ཀྱིས་ཞི་བའོ། །ལྔ་པ་གསལ་བའི་མངོན་སུམ་གྱིས་ཞི་བ། ལྟ་མའི་བཞི་པོས་མ་ཞི་ན། དེ་བཞི་གསོལ་གཉིས་ཀྱི་ལས་ཀྱིས་ལུང་རིགས་ལ་མཁས་པའི་དགེ་སློང་གཞན་བསྐོས་ཏེ་དེས་སྔར་བཞིན་ཞི་བར་བྱེད་དོ། །དྲུག་པ་གནས་བརྟན་དང་བཅས་པའི་དགེ་འདུན་གྱི་མངོན་སུམ་གྱིས་ཞི་བ་ནི། ལྟ་མས་མ་ཞི་ན། གནས་བརྟན་དང་བཅས་པའི་དགེ་འདུན་ལ་རྩོད་པ་ཕུལ་ཏེ། དེ་དག་གིས་སྔར་བཞིན་གནོད་སྒྲུབ་ཀྱི་རིགས་པས་ཞི་བར་བྱེད། བདུན་པ་སྡེ་སྣོད་འཛིན་པའི་མངོན་སུམ་གྱིས་ཞི་བ་ནི། ལྟ་མས་མ་ཞི་ན༔ ཀུན་གྱིས་ཚད་མར་འཛིན་པའི་སྡེ་སྣོད་འཛིན་པར་ཕུལ་ཏེ་དེས་ཞི་བར་བྱེད། བརྒྱད་པ་གནས་བརྟན་མཐུ་ལྡན་གྱི་མངོན་སུམ་གྱིས་ཞི་བ་ནི། ལྟ་མ་དེས་མ་ཞི་ན་སུས་ཀྱང་བཀའ་འདའ་བར་མི་ནུས་པའི་གནས་བརྟན་མཐུ་ལྡན་ལ་རྩོད་པ་ཕུལ་ཏེ་དེས་གནོད་སྒྲུབ་ཀྱི་རིགས་པས་ཞི་བར་བྱེད་པའོ། །མངོན་སུམ་བརྒྱད་ཀྱི་སྒོ་ནས་ཞི་མ་ནུས་པའི་ཚེ་རྒྱལ་ཤིང་ཁྲིམ་སྟེ་གང་མང་བའི་ཕྱོགས་དེ་ལ་དག་པ་བྱིན་ཏེ་ཞི་བར་བྱེད་དོ། །རྩོད་པ་གཉིས་པ་མི་གདམས་ཕྱིར་རྩོད་པ་ཞི་འདུལ་བྱེད་པའི་དྲན་པས་འདུལ་བ་སྦྱིན་པའི་ལྟུང་བ་གླེང་ནས་དྲན་ན་མངོན་སུམ་གྱིས་ཞི། གསལ་བར་མི་དྲན་ན་ལྟུང་བ་བྱུང་མ་བྱུང་དྲན་དུ་གཞུག་ནས་མ་བྱུང་བར་ངེས་པ་ལྟ་བུའི་གཞི་མེད་པ་དང་། གཞི་གཞན་ཡིན་པ་ཕྱིར་བཅོས་ཟིན་པ་རྣམས་ལ་དག་པ་སྦྱིན་པར་བྱེད་པ་དང་། མ་སྨྱོས་པའི་འདུལ་བ་ནི། སེམས་མ་སྨྱོས་པའི་གནས་སྐབས་སུ་ལྟུང་བ་བྱུང་མ་བྱུང་དྲན་དུ་བཅུག་ནས་སྔར་བཞིན་དག་པ་བྱིན་ནོ། །

རྩོད་པ་གསུམ་པ་ལྟུང་ཕྱིར་རྩོད་པ་ཞི་བྱེད་ཀྱི་འདུལ་བ་ལ། ལྟུང་བ་ངོ་ཤེས་པའི་གང་ཟག་དང་མི་ཤེས་པའི་གང་ཟག་གཉིས་ལས། ངོ་ཤེས་པའི་གང་ཟག་འདུལ་བའི་ཞི་བྱེད་གཉིས་ལས། །དང་པོ་ལྟུང་བ་དེ་གང་ཟག་ཁ་ཡར་བ་བྱེ་བྲག་པ་དང་འབྲེལ་བའི་ལྟུང་བ་དེ་གླེང་བའི་སྒོ་ནས་མངོན་སུམ་དུ་ཁས་བླངས་ཏེ་ཕྱིར་བཅོས་ནས་རྩོད་པ་ཞི་བའོ། །དེའང་གླེང་བྱ་གླེང་བྱེད་གཉིས་ལས་གཞན་དུ་མ་འཕྲོས་པའི་ལྟུང་བ་དང་གང་ཟག་ཁ་ཡར་ལ་འཕྲོས་པ་གཉིས་ལས། དང་པོ་ལ་མངོན་སུམ་

གྱིས་ཞི་བ་དང་། ཕྱི་མ་ལ་ཁས་བླངས་ཀྱིས་ཞི་བའོ། །གཉིས་པ་དགེ་འདུན་མཐའ་དག་དང་འབྲེལ་བའི་ལྟུང་བ་ནི། རྟ་བཀྲམ་པ་ལྟ་བུའི་སྒོ་ནས་ཞི་བར་བྱེད་པ་སྟེ། དགེ་འདུན་ཕན་ཚུན་ཟང་ཟིང་པོར་ཕྲུག་བྱས་ཏེ་ལྟུང་བ་ཕྱིར་བཅོས་ནས་རྩོད་པ་ཞི་བར་བྱེད་པའོ། །གཉིས་པ་ངོ་མི་ཤེས་པའི་ལྟུང་བ་ལ་ལྟུང་བའི་ངོ་བོ་ཉིད་འཚོལ་དུ་གཞུག་པའི་སྒོ་ནས་ཞི་བར་བྱེད་པ་དཔེར་ན་ལྟུང་བ་གླེང་ཀྱང་ཁྱད་དུ་གསོད་པའི་གང་ཟག་ལ་ལྟུང་བ་མ་དྲན་པ་ལ་དྲན་པའི་ཕྱིར་དུ་ཇི་སྲིད་འཚོའི་བར་དུ་ལྟུང་བ་བྱུང་མ་བྱུང་བ་དེའི་ངོ་བོ་ཉིད་འཚོལ་བ་ཆད་ལས་ཀྱི་ཚུལ་གྱིས་སྦྱིན་པས་འདུལ་ཞིང་ཞི་བར་བྱེད་པ་ཡིན་ནོ། །རྩོད་པ་བཞི་པ་བྱ་བའི་ལས་ཕྱིར་རྩོད་པ་ཞི་བྱེད་ནི། སྔ་མའི་ཞི་བྱེད་བདུན་གྱི་བྱེད་པ་ལ་བརྟེན་ནས་བརྒྱུད་ནས་ཞི་བ་དང་། དངོས་སུ་དགེ་འདུན་པའི་ལས་ལ་འདུན་པ་སྦྱིན་པའི་སྒོ་ནས་ཞི་བར་ནུས་པ་ཡིན་ནོ། །

གཉིས་པ་བྱེ་བྲག་ཏུ་བསྟན་པ་ཕྱིར་བཅོས་དངོས་ལ་གཉིས་ཏེ། ལྷག་མེད་ཕམ་པ་ཕྱིར་བཅོས་དང་། ལྷག་མ་ཅན་གྱི་ལྟུང་བ་ཕྱིར་བཅོས་སོ། །དང་པོ་ནི། འཆབ་པ་ཞེས་གྲགས་སོགས་ཀྱིས་བསྟན་ཏེ། སྐྱིར་འཆབ་པ་ཞེས་སུ་གྲགས་པའི་ངོ་བོ་ནི། ལྟུང་བ་གང་བྱུང་བ་དེ་གསང་འདོད་ཀྱིས་ཀུན་ནས་བསླང་ཞིང་གསང་སྟེ་སྦས་པའི་སྒོ་ནས་མི་བརྗོད་པར་བྱེད་པའི་སེམས་བྱུང་དེ་འཆབ་པའོ། །བྱེ་བྲག་ཕམ་པ་བཞི་པོ་གང་རུང་བྱུང་ནས་སྐད་ཅིག་ཙམ་དུ་ཉེས་པ་དེ་སྦ་བའི་སེམས་སྐྱེས་ནས་འཆབ་དང་བཅས་པ་ལ་ཚེ་འདིར་སྡོམ་པ་གསོར་མི་རུང་བར་འགྱུར་བ་ལ། དེ་ལྟ་བུའི་འཆབ་སེམས་མ་སྐྱེས་ནས་འཆབ་པ་མེད་པའི་ལྟུང་བ་ཕམ་པ་ལས་གཞན་བྱུང་ན་ལྟུང་བ་གང་བྱུང་བ་དེའི་ངོ་བོའི་མིང་རིགས་ཀྱི་དངོས་པོ་བརྗོད་པ་ཡིས་དགེ་འདུན་དང་གང་ཟག་བཤགས་ཡུལ་ཚད་ལྡན་ལ་བཤགས་པ་ཕུལ་ནས་ཉེས་དམིགས་སུ་ལྟ་བ་དང་ཕྱིན་ཆད་སྡོམ་སེམས་བརྟན་པོ་དང་བཅས་པའི་མཐོང་སྡོམ་དྲི་ལན་གྱི་བར་རྗོད་བྱེད་ཀྱིས་འདག་སྟེ་རང་བཞིན་དུ་གནས་པའི་སར་ཕྱིན་ཏོ། །ཕམ་པ་འཆབ་མེད་བྱུང་ན་ནི་བསླབ་པ་སྦྱིན་པའི་སྒོ་ནས་སྡོམ་པ་སླར་ནོད་པར་བྱས་ཏེ། དེའི་སྒོས་ཀྱི་བསླབ་བྱ་དམན་སྤྱོད་དང་དུ་ལེན་པ་དང་ཁྱད་པར་ཅན་གྱི་སྤྱོད་པ་དོར་བའི་བླང་དོར་ལ་ཇི་སྲིད་དགྲ་བཅོམ་ཆེ་འདིར་མ་ཐོབ་བར་བསླབ་པའི་སྒོ་ནས་ཕྱིར་བཅོས་བྱའོ། །ཕམ་པ་འཆབ་བཅས་བྱུང་

ན་སྡོམ་པ་གསོར་མེད་དེ། མདོ་ལས། དེས་དེ་བྱས་མ་ཐག་ཏུ་དགེ་སློང་དུ་མི་རུང་དགེ་སྦྱོང་དུ་མི་རུང་། ཤཱཀྱའི་སྲས་ཀྱང་མི་རུང་དགེ་སློང་གི་དངོས་པོ་ལས་ཉམས་པ་བཅོམ་པ་ལྟུང་བས་ཕམ་པར་གྱུར་པ་སྟེ། དེས་དགེ་སྦྱོང་གི་ཚུལ་ཕྱིས་བླང་དུ་མེད་པར་འགྱུར་རོ། །འདི་ལྟ་སྟེ། དཔེར་ན་ཤིང་ཏ་ལའི་མགོ་བོ་བཅད་ན་སྔོན་པོར་འགྱུར་དུ་མི་རུང་ལ་འཕེལ་ཞིང་ཡངས་པ་དང་རྒྱས་པར་འགྱུར་དུ་མི་རུང་བ་བཞིན་ནོ། །ཞེས་གསུངས་པའི་ཕྱིར་རོ། །

གཉིས་པ་ནི། ལྷག་མ་བཅུ་གསུམ་སོགས་ཞེས་པ་སོགས་ཀྱིས་བསྟན་ཏེ། ལྷག་མ་བཅུ་གསུམ་དང་སོགས་ཀྱིས་བསྟན་པའི་སྡོམ་པོ་རྣམས་རིམ་པར་ལྟི་ཡང་ལ་ལྡོག་ནས་ཚད་ལས་དང་འབྲེལ་བའི་བཤགས་པ་བྱས་ཏེ། དེ་ཡིས་རིམ་པར་ལྟུང་བ་ལྟི་ཡང་རྣམས་ལས་ལྡང་བར་འགྱུར་བའོ། །ཞེས་བསྟན་ཏོ། །དེ་ལྟ་བུའི་ལྷག་མ་སོགས་ཀྱི་ལྟུང་བ་ཕྱིར་བཅོས་པ་ལ། ལྟུང་བ་བྱིན་རླབས་དང་། མཐོལ་བ། བསྡམ་པ། བཤགས་པ། ཚད་ལས་བཅད་པ་དང་ལྔའོ། །དང་པོ་ལ་བཤགས་ཡུལ་མ་རྙེད་པའི་དུས་སུ་གསོལ་བ་འབའ་ཞིག་གི་ལས་ཀྱིས་བྱིན་གྱིས་རློབ་པ་ཡིན་ནོ། །དེའི་དགོས་པ་ནི། ལྟུང་བའི་རྣམ་སྨིན་མི་འཕེལ་བ་དང་། གཉེན་པོས་ཟིན་པས་ལྟུང་བའི་ནུས་པ་ཆུང་དུ་འགྲོ་བ་དང་། ལས་ཀྱི་ཁ་སྐོང་དུ་རུང་བའི་ཆེད་དུའོ། །གཉིས་པ་འཆབ་པ་མཐོལ་བ་ལ་ལྔ་སྟེ། དང་པོ་ཡུལ་ནི། བསྒོ་གྱུར་རྣམས་མཚམས་ནང་དེར་གནོགས་པ་ཐམས་ཅད་ལ་མཐོལ། གཞན་དང་པོ་ལས་གྱུར་པའི་ལྷག་མ་རྣམས་ནི་དགེ་འདུན་ལ་མཐོལ་བ་དང་། སོར་བཤགས་རྣམས་གནས་ཁང་དེར་གནོགས་པའི་དགེ་སློང་ཐམས་ཅད་ལ་མཐོལ་བ་དང་། དེ་ལས་གཞན་པའི་ལྟུང་བྱེད་སོགས་ནི་གང་ཟག་གཅིག་གི་དྲུང་དུ་མཐོལ་བའོ། །གཉིས་པ་རྟེན་ནི། རང་རྒྱུད་ལ་ལྟུང་བ་བྱུང་ཞིང་བྱུང་བ་ལྟར་དུ་དྲན་པའི་དགེ་སློང་གིས་མཐོལ་བའོ། །གསུམ་པ་བསམ་པ་སྙིང་ཐག་པ་ནས་མཐོལ་བར་འདོད་ཅིང་སྔར་བྱས་ལ་འགྱོད་པ་ཕྱིན་ཆད་སྡོམ་པའི་སེམས་ཀྱིས་སོ། །བཞི་པ་ཚིག་ནི། ཡུལ་གྱི་དྲུང་དུ་དགོངས་གསོལ་བྱས་ཏེ། བདག་མིང་འདི་ཞེས་བགྱི་བ་ལ་ལྟུང་བ་འདི་ཞེས་བགྱི་བ་འདི་ལ་བཅབ་པའི་ཞག་གྲངས་དང་བཅས་པའི་ཉེས་པ་འདི་བྱུང་སྟེ་མིང་འདི་ཞེས་བགྱི་བའི་ལྟུང་བ་དེ་དག་ཚེ་དང་ལྡན་པའི་དྲུང་དུ་མཐོལ་ལོ། །འཆགས་སོ། །མི་འཆབ་བོ། །མཐོལ་ཞིང་བཤགས་ན་བདག་བདེ་བ་ལ་སོགས་པར་ལན་

གསུམ་བརྗོད་དོ། །མཛུག་མཐོང་སྡོམ་ཐབས་ལེགས་བྱའོ། །བཅབ་ཉེས་མེད་ཆེ་དངོས་གཞིའི་ཉེས་པ་རྐྱང་པ་མཐོལ་བས་ཆོག་གོ། །ལྔ་པ་དགོས་པ་ནི་དངོས་གཞིའི་ཉེས་པ་མཐོལ་བ་ནི་དངོས་གཞིའི་ཉེས་པ་དེ་འདག་པ་དང་བཅབ་ཉེས་མི་འབྱུང་བའི་དགོས་པའི་དོན་དང་། བཅབ་ཉེས་བཤགས་པ་ནི༑ གཞིའི་བཤགས་པ་ཆགས་པའི་དགོས་པའི་དོན་གྱིས་ཡིན་ནོ། །

གསུམ་པ་བསྡམ་པ་ནི། སྔར་བྱས་ལ་འགྱོད་པ་དང་ཕྱིན་ཆད་མི་བྱེད་པའི་སྡོམ་སེམས་སྙིང་ཐག་པ་ནས་བྱེད་པའོ། །བསྡམ་པ་དེ་ཡང་དགེ་ཚུལ་ལ་ཕྱོགས་མཐུན་བསྡམ་བྱའི་ཉེས་བྱས་དག་པའི་ཆེད་ཡིན་པ་དང་། དགེ་སློང་ལའང་ལུས་ངག་ཏུ་མ་ཐོན་པའི་ཉེས་བྱས་རྣམས་འདག་པའི་དོན་ཡིན་ནོ། །བཞི་པ་བཤགས་པ་ལ་སྔར་ལྟར་ལྔ་ལས། དང་པོ་ཡུལ་ནི། རབ་ལྟུང་བས་གཏན་ནས་མ་གོས་པའི་ཆོས་དགུ་སྟེ། བསྙེན་རྫོགས་ཀྱི་སྡོམ་པ་རྣམ་དག་དང་ལྡན་པ། ལྟ་མཚན་མཐུན་པ། ཐ་སྙད་གསུམ་དང་ལྡན་པ། ལུས་ཐ་མལ་དུ་གནས་པ། བསམ་པ་རང་བཞིན་དུ་གནས་པ། ཆོས་མིན་ཕྱོགས་སུ་མ་སོང་བ། ས་རང་བཞིན་དུ་གནས་པ། འགྲོ་མིན་བཞི་དང་བྲལ་བ། བྱས་པ་དང་མ་བྱས་པ་དྲན་ནུས་པའོ། །དེ་ལྟ་བུའི་དགེ་སློང་གི་དྲུང་དང་། འཕྲིང་ལྟུང་བའི་སྡེ་ཚན་གཅིག་པས་མ་གོས་པའམ་ཐ་མ་ལའང་ལྟུང་བ་དེ་ཉིད་ཀྱིས་མ་གོས་པའོ། །ཁྱེ་བྲག་ཕམ་པར་གཏོགས་པའི་སྦྲོམ་པོ་ལྕི་བ་ཡིན་ན་དགེ་སློང་དྲུག་ཡན་ཆད་དང་། ཡང་བ་ལ་ལྔ་ཡན་ཆད། ལྷག་མའི་སྦྲོམ་པོ་ལྕི་བ་ལ་ཡུལ་བཞི་ཡན་ཆད། དེ་ལས་གཞན་པའི་ལྟུང་བ་ལ་བཤགས་ཡུལ་ཆོས་དགུ་ལྡན་གྱི་དགེ་སློང་གཅིག་ཙམ་ཡོད་པས་ཆོག་གོ། །གཉིས་པ་རྟེན་གྱི་གང་ཟག་ནི་རང་རྒྱུད་ལ་ལྟུང་བས་གོས་ཤིང་དྲན་པའོ། །གསུམ་པ་བསམ་པ་སྙིང་ཐག་པ་ནས་བཤགས་པར་འདོད་པའོ། །བཞི་པ་ཆོ་ག་ལ་གསུམ་ཡུལ་ཡོད་བཞིན་དུ་ཕྱིར་མ་བཅོས་པའི་ཉེས་པ་བཤགས་པ་དང་། བཅབ་པའི་ཉེས་པ་བཤགས་པ། དངོས་གཞིའི་ཉེས་པ་བཤགས་པ་དང་གསུམ་མོ། །དང་པོ་ནི། ཡུལ་ཆོས་དགུ་ལྡན་གྱི་དྲུང་དུ། ཚེ་དང་ལྡན་པ་དགོངས་སུ་གསོལ། །བདག་དགེ་སློང་མིང་འདི་ཞེས་བགྱི་བ་ལ་དཔེར་མཚོན་ན་ལྟུང་བ་ལྟུང་བྱེད་ཀྱི་སྡེ་ཚན་ལས་ས་རྐོ་བའི་ལྟུང་བ་བྱུང་བ་ཡུལ་ཡོད་ལ་ཕྱིར་བཞིན་དུ་མ་བཅོས་པའི་ཉེས་པ་བྱུང་སྟེ། དེ་ཚེ་དང་ལྡན་པའི་སྤྱན་སྔར་མཐོལ་ལོ་བཤགས་སོ་ལན་གསུམ་བརྗོད། མཐོང་སྡོམ་ཐབས་ལེགས

བྱ་བའོ། །

གཉིས་པ་བཅབ་ཉེས་བཤགས་པ་ནི། གཞན་སྡེ་མ་དང་འདྲ་བ་ལ་ཡུལ་ཡོད་ལ་ཕྱིར་བཞིན་དུ་མ་བཅོས་པའི་ཉེས་པ་བྱུང་སྟེ་ཞེས་པའི་འཚབ་ཏུ་བཅབ་པའི་ཉེས་པ་བྱུང་སྟེ་ཞེས་སྔར་ལྟར་རོ། གསུམ་པ་དངོས་གཞིའི་ཉེས་བཤགས་ནི། ཆོ་དང་ལྡན་པ་དགོངས་སུ་གསོལ། བདག་དགེ་སློང་མིང་འདི་ཞེས་བགྱི་བ་ལ་དཔེར་ལྟུང་བ་ལྟུང་བྱེད་ཀྱི་སྡེ་ཚན་ལས་ས་རྐྱ་བའི་ལྟུང་བ་བྱུང་སྟེ། དེ་ཚེ་དང་ལྡན་པའི་སྤྱན་སྔར་མཐོལ་ལོ་བཤགས་སོ་ཞེས་ལན་གསུམ་དང་། མཐོང་སྡོམ་ཐབས་ལེགས་བྱ་བའོ། །དགེ་ཚུལ་གྱིས་ཀྱང་ཡུལ་དང་བཤགས་པ་དེ་བཞིན་བྱའོ། །ལྟ་པ་དགོས་པ་ནི། ལྟུང་བ་དེ་དག་འདག་པའི་ཆེད་དོ། །ལྟ་པ་ཆད་ལས་ལ། སྤང་ལྟུང་། ལྟུང་བྱེད་འབའ་ཞིག་པ། ལྷག་མ། ཕམ་པ་ཕྱིར་བཅོས་པ་སྟེ་བཞི་ལས། དང་པོ་སྤང་ལྟུང་ལ་གཞི་གང་ལ་བརྟེན་ནས་བྱུང་བའི་རྫས་ཀྱི་དངོས་པོ་དེ་དང་དེ་བྱུང་ཕྱིན་ཆད་ཀྱི་བདག་གིར་བྱས་པའི་ཡོ་བྱད་རྣམས་ཞག་གཅིག་ཏུ་གཞན་སར་སྤང་ནས་དངོས་གཞིའི་ལྟུང་བ་དེ་བཤགས་པར་བྱའོ། །གཉིས་པ་ལྟུང་བྱེད་ལ་ཁབ་རལ་འཆོས་པའི་ལྟུང་བ་ལ་ཁབ་རལ་བཅག་ནས་ཕྱིར་བཅོས་བྱ་བ་སོགས་སོ། །གསུམ་པ་ལྷག་མ་ལ་སྤོ་མགུ་དབྱུང་བ་སྦྱིན་པ་གསུམ་ལས། དང་པོ་ལ་སྤོ་བ་སྦྱིན་པ།གཞི་ནས་སྤོ་བ་སྦྱིན་པ། སླར་ཡང་གཞི་ནས་སྤོ་བ་སྦྱིན་ཚུལ་དང་གསུམ་མོ། །དང་པོ་སྤོ་བ་ནི། རྟེན་དགེ་འདུན་ལྷག་མ་བཅབ་པའི་ཉེས་པ་དང་ལྡན་པའི་དགེ་སློང་ལ་བཅབ་ཉེས་དེ་དག་པའི་ཕྱིར་དུ་བཅབ་པའི་ཞག་གྲངས་དང་མཐུན་པར་དགེ་འདུན་གྱི་གཡོག་འབའ་ཞིག་བྱེད་པའི་ཆད་ལས་སྤྱོད་པའི་ཚུལ་དེ་གསོལ་བཞིའི་ལས་ཀྱིས་སྦྱིན་པར་བྱེད་པའོ། །གཉིས་པ་གཞི་ནས་སྤོ་བ་ནི། དགེ་འདུན་ལྷག་མ་གཉིས་པ་བྱུང་བ་ལ་སྔར་ལྟར་སྦྱིན་པར་བྱེད་པའོ། །གསུམ་པ་སླར་ཡང་གཞི་ནས་སྤོ་བ་ནི། དགེ་འདུན་ལྷག་མ་གསུམ་པ་བྱུང་བ་ལ་སྔར་བཞིན་སྦྱིན་པའོ། །ལྷག་མ་བཞི་པ་བྱུང་བ་ལ་སླད་པ་ནན་ཏུར་བྱའོ། །

གཉིས་པ་མགུ་བ་ལའང་མགུ་བ། གཞི་ནས་མགུ་བ། སླར་ཡང་གཞི་ནས་མགུ་བ་སྤྱོད་པ་གསུམ་ལས། དང་པོ་ནི། དགེ་འདུན་ལྷག་མའི་དངོས་གཞིའི་ལྟུང་བ་དག་པའི་ཕྱིར་དུ་དགེ་སློང་ཕས་ཞག་དྲུག་དང་། མས་ཟླ་བ་ཕྱེད་དུ་དགེ་འདུན་གྱི་གཡོག་འབའ་ཞིག་བྱེད་པའི་ཆད་ལས་སྒྲུབ

པའི་ཐབས་གསོལ་བཞིའི་ལས་ཀྱིས་སྨིན་ནས་སྤྱོད་པའོ། །གཉིས་པ་དགེ་འདུན་ལྷག་མ་གཉིས་པ་བྱུང་ན། སྔར་གྱི་མགུ་བ་སྤྱད་པ་དེ་དོན་མེད་པར་གྱུར་པས་ཕས་ཞག་དྲུག་དང་མས་ཟླ་ཕྱེད་དུ་མགུ་བ་བྱེད་དགོས་པ་དེ་སྨིན་ནོ། །གསུམ་པ་སླར་ཡང་གཞི་ནས་མགུ་པ་སྤྱོད་པ་ནི། སྔར་གྱི་མགུ་བ་སྤྱོད་བཞིན་པའི་གནས་སྐབས་སུ་ལྷག་མ་གསུམ་པ་བྱུང་ན་སྔར་གྱི་མགུ་བ་སྤྱད་པ་དོན་མེད་པས་མགུ་བ་གསུམ་པ་ལས་ཀྱིས་སྨིན་ནོ། །དེས་ན་ལྷག་མ་གསུམ་བྱུང་བའི་དགེ་སློང་ཞིག་མགུ་བ་ཞག་དྲུག་གསུམ་བཅོ་བརྒྱད་དུ་སྤྱོད་དགོས་པ་དང་། མས་ཟླ་ཕྱེད་གསུམ་སྟེ་ཞག་བཞི་བཅུ་ཞེ་ལྔ་ལ་སྤྱོད་དགོས། ཡུལ་ནི། ཕས་དགེ་སློང་བཞི་དང་མས་ཕ་མ་བརྒྱད་ལ་བསྙེན་བཀུར་ཞུ་དགོས། དེ་ཡང་སྦ་བ་སྤྱད་ཟིན་ཡང་མགུ་བ་མ་སྤྱད་པ་ལ་སྦ་ལྡན་དང་། མགུ་བ་སྤྱད་ཟིན་དབྱུང་བ་མ་བྱས་པ་ལ་མགུ་ལྡན་ཞེས་བྱའོ། །གསུམ་པ་དབྱུང་བ་ནི། སྦ་མགུ་སྤྱད་ཟིན་པའི་དགེ་སློང་དེ་ཉིད་ས་རང་བཞིན་དུ་གནས་པ་ཐོབ་པ་དང་གཟེངས་བསྟོད་པའི་ཕྱིར་དུ་ཕ་དབྱུང་བ་ཕའི་དགེ་འདུན་ཉི་ཤུ་དང་། མ་ཕ་མའི་དགེ་འདུན་ཉི་ཤུ་ཉི་ཤུ་སྟེ་བཞི་བཅུའི་དགེ་འདུན་གྱིས་གསོལ་བ་དང་བཞིའི་ལས་ཀྱིས་རང་བཞིན་གྱི་གནས་སུ་དབྱུང་བ་ལ་བྱ་སྟེ་གཞན་གྱིས་བསྙེན་བཀུར་བྱ་བའི་གནས་སུ་བྱེད་པའོ། །སྦ་མགུ་སྤྱོད་པའི་བྱ་བ་ལ་གཞན་གྱིས་བསྙེན་བཀུར་དང་དུ་མི་ལེན། དགེ་སློང་རྣམ་དག་དང་མཉམ་པར་གནས་གཅིག་ཏུ་ཉལ་བ་སོགས་མི་སྤྱོད། རང་བཞིན་དུ་གནས་པ་ལ་ལྟུང་བ་མི་གླེང་ཆད་ལས་མི་བྱེད། མཁན་སློབ་ཀྱི་ལས་མི་བྱེད། དགེ་སློང་ཐམས་ཅད་ཀྱི་གྲལ་མཐར་གནས། བཞི་པ་ཕམ་པ་འཆབ་མེད་བསླབ་པ་སྦྱིན་པའི་སྒོ་ནས་ཕྱིར་བཅོས་པའི་ཐབས་སུ། དགེ་འདུན་གྱི་བྱ་བ་འབའ་ཞིག་བསྒྲུབ་པ་དང་། ཐོས་བསམས་ལ་བརྩོན་པར་བྱ་བ། དམན་སྤྱོད་ལྔ་དང་དུ་ལེན་ཚུལ་སྦ་མགུ་སྤྱོད་དང་འདྲ་ཡང་། སྦ་སྤྱོད་ནི་མགུ་སྤྱོད་ཀྱི་མཐའ་དང་བསླབ་སྦྱིན་གྱི་གོང་དུ་གནས། མགུ་སྤྱོད་ནི་སྦ་སྤྱོད་ཀྱི་ཡང་གོང་དུ་གནས། དེ་གཉིས་ནི། དགེ་སློང་རང་བཞིན་པ་མེད་པའི་སྐབས་སུ་སོར་མདོ་འདོན་རུང་ངོ་། །བསླབ་སྦྱིན་གྱིས་འདོན་མི་རུང་ངོ་། །དགེ་སློང་རང་བཞིན་གནས་པ་ལ་བསླབ་སྦྱིན་གྱིས་སྦྱིན་ལེན་ཆགས་ཀྱང་དེ་གཉིས་ཀྱིས་མི་ཆགས་སོ། །

ཕམ་པ་འཆབ་བཅས་བྱུང་བ་ལ་ནི། ལྟུང་བ་ལས་ལྡང་བའི་ཐ་སྙད་མི་ཐོབ་པས་ཕྱིར་བཅོས

སུ་མི་རུང་བར་གསུངས་ཀྱང་། སྟོབས་བཞིས་བཤགས་ན་རྣམ་སྨིན་སྲབ་ཅིང་དག་པར་འགྱུར་རོ། །ཁྱད་པར་ཅན་གྱི་སྤྱོད་པ་ལྔ་སྤང་བ་ནི། གུས་འདུད་ཀྱི་ལས་བདག་གི་བྱ་བ་སྤང་བ་དང་། ལྟུང་བ་མ་བྱུང་བ་དང་ལྷག་པའི་བསམ་པ་སྤང་བ། དགེ་སྦྱོང་དང་བླ་མའི་གནས་ལྷ་བུ་སྤང་བ། ས་གཞན་ན་གནས་པ་དེས་རང་བཞིན་གནས་པ་ལས་བསྙེན་བཀུར་གཞན་ལ་ཆད་ལས་སུ་གཏོང་བ་ལྟུང་བ་གླེང་བ་སྤང་བ། དགེ་སློང་རང་བཞིན་དུ་གནས་པ་དང་མཉམ་དུ་འགྲོགས་པ་སྤང་བ་དང་ལྔའོ། །དམན་སྤྱོད་ལྔ་ནི། ནངས་པར་གྱི་དུས་སུ་ཕྱག་དར་སོགས་ཇི་ལྟར་བསྒྲུབ་པ། ཆོས་སྟོན་གྱི་དུས་སུ་ཁྲི་བཤམས་སོགས་བསྒྲུབ་པ། གདུགས་ཚོད་དུས་གཎྜི་བརྡུང་བ་བསྒྲུབ་པ། དགེ་སློང་གི་གྲལ་གྱི་གཤམ་དུ་སྡོད་པ་བསྒྲུབ་པ། དཀྱུང་ཀར་རྐང་བཀྲུ་དྲི་མཉེ་སོགས་འབུལ་བ་བསྒྲུབ་པ་དང་ལྔའོ། །སྤྱོད་པ་དེ་རྣམས་བྱེད་དགོས་མི་དགོས་པའི་ཁྱད་པར་ཡོད་དེ། གསོ་སྦྱོང་བཞག་པ་སོགས་ནན་ཏུར་ཡིན་ཡང་། ས་གཞན་ན་གནས་པ་མིན་པས་ཁྱད་པར་ཅན་གྱི་སྤྱོད་པ་ལྔ་སྤང་མི་དགོས། ས་གཞན་ན་གནས་པ་ལ་དབྱེ་ན། སྤང་བས་ས་གཞན་གནས་པ། གནས་དབྱུང་བདུན་དང་སྐྱིལ་སྤྱད་དང་བརྒྱད། སླད་པས་ས་གཞན་གནས་པ། བསྡིགས་པ་སོགས་བཞི། རྣམ་པར་དག་བྱེད་ཀྱིས་ས་གཞན་གནས་ནི། སྤོ་མགུ་སྤྱོད་པ་དྲུག་དང་། ལྡན་པ་དྲུག་སྟེ་བཅུ་གཉིས་དང་། ངོ་བོ་ཉིད་འཚོལ་བ། བསླབ་སྦྱིན་ཏེ་བཅུ་བཞིའོ། །བཅབ་པའི་ལྟུང་བའི་གཞི་ནི། ལྟུང་བ་དང་ལྟུང་མིན་གྱི་རྣམ་དབྱེ་ཤེས་ཤིང་དྲན་ནུས་པའི་དགེ་སློང་ལ་འབྱུང་གི་མི་ཤེས་པ་ལ་མི་འབྱུང་ངོ་། །དེས་ན་ལྟུང་བ་དེ་བྱུང་བར་ཤེས་ཏེ། ཤེས་པའི་ལྟུང་བ་དེ་བཅབ་པའོ། །བསམ་པ་ཤེས་པའི་ལྟུང་བ་དེ་བྱུང་བར་འདུ་ཤེས་ནས་ཞག་གཅིག་གི་བར་དུ་བཅབ་པར་འདོད་པའི་བསམ་པ་རྒྱུན་མ་ཆད་པ། སྦྱོར་བ་ཡིད་ཀྱིས་ལྟུང་བ་དེ་སྦེད་པར་བསམ། ལུས་ངག་གིས་སྦེད་པར་རྩོམ་པ། མཐར་ཐུག་ཞག་གཅིག་གི་སྐྱ་རེངས་ཤར་ན་བཅབ་པའི་ཉེས་པའི་དངོས་གཞི་གྲུབ་པའོ། །དེས་ན་བཅབ་པའི་ཉེས་པ་ནི། འཆལ་བའི་ཚུལ་ཁྲིམས་མི་དགེ་བའི་གཟུགས་སོ། །

གསུམ་པ་མདོར་བསྡུ་བ་ནི། མདོར་ན་སྟོབས་བཞིར་མ་འདུས་སོགས་ཀྱིས་བསྟན་ཏེ། མདོར་ན་གཉེན་པོ་སྟོབས་བཞིར་མ་འདུས་པའི་བཤགས་པ་མེད་དེ། སྟོབས་བཞི་ནི། སྔར་བྱས་པ་ལ་

འགྱོད་བཤགས་བྱེད་པ། དཔེར་ན་དུག་ཁོང་དུ་འཐུང་བས་ཉེན་པ་ན། དེ་ལ་འགྱོད་པ་དྲག་པོ་སྐྱེས་ནས། དུག་སྐྱུག་འདོད་པ་ལྟར་སྡིག་ལྟུང་བསགས་པ་རྣམས་ལ་འགྱོད་པ་དྲག་པོ་སྙིང་ནས་སྐྱེས་ཏེ་སྤྱོང་འདོད་པ་ནི་རྣམ་པར་སུན་འབྱིན་པའི་སྟོབས་དང་། དུག་ལ་སྨན་བསྟེན་པ་བཞིན་དུ། བཤགས་པ་ལ་འཇུག་པ་ཤུགས་དྲག་པོ་ཡིས་ཉེས་པ་བཤགས་པའི་ཕྱིར་དུ་དགེ་བའི་གཉེན་པོ་བསྟེན་པ་གཉེན་པོ་ཀུན་ཏུ་སྤྱོད་པའི་སྟོབས་དང་། དེ་དང་འདྲ་བས་ད་ཕྱིན་ཆད་དུག་མི་འཐུང་བ་ལྟར། ཕྱིས་ནས་ཉེས་པའི་སྤྱོད་པ་སྡོམ་པ་ལ་ངེས་ཤེས་དྲག་པོ་བྱེད་པ་རྣམ་པར་སོར་ཆུད་པའི་སྟོབས། དུག་སྤྱང་བ་ལ་རང་རྒྱུད་ཀྱི་རྟེན་རྒྱུད་གསོ་རུང་ཡོད་པ་དང་། ཡུལ་གྱི་རྟེན་སྨན་པ་བསྟེན་དགོས་པ་ལྟར། རང་རྒྱུད་ཀྱི་རྟེན་སྐྱབས་འགྲོ་དང་སེམས་བསྐྱེད་ལྟུང་བ་བཤགས་པའི་ཚིག་སོགས་ལ་འབད་པས་འདག །ཡུལ་གྱི་རྟེན་བཤགས་ཡུལ་ཡིན་ལ། དེ་ལ་དད་པ་དྲག་པོས་བཤགས་ན་འདག་པ་རྟེན་གྱི་སྟོབས་ཡིན་པས་དེ་བཞི་ལ་ཚང་བར་སྤྱོད་དོ། །འོན་ཀྱང་སྟོན་གོམས་ཀྱི་དབང་གིས་སྡིག་ལྟུང་སྟོབས་ལྡན་རེ་ལ་རེས་འགར་སྤྱོད་ན་ནི་འཕགས་པའི་ས་དང་ལམ་གྱི་མངོན་པར་རྟོགས་པ་འཐོབ་པ་ལ་ཡུན་དུ་འགོར་བར་འགྱུར་བས་ན་མིག་གི་འབྲས་བུ་ལྟར་དུ་བསྲུང་བར་བྱ་བ་གལ་ཆེའོ། །

གཉིས་པ་ཕན་ཡོན་ལ་གསུམ་སྟེ། ཚུལ་ཁྲིམས་ཙམ་གྱི་ཕན་ཡོན། ངེས་འབྱུང་གི་སྡོམ་པའི་ཕན་ཡོན། ཡོད་ཏན་ཀུན་གྱི་གཞི་རྟེན་དུ་གྱུར་པའི་ཕན་ཡོན་ནོ། །དང་པོ་ནི། ཕན་ཡོན་ནད་དང་སོགས་ཀྱིས་བསྟན་ཏེ། སྡོམ་པ་དག་བསྲུང་བ་ལ་འབད་པའི་ཕན་ཡོན་ནད་ལ་ཕན་དུ་རེ་བ་དང་། རྒྱལ་པོའི་ཆད་པ་ལས་ཐར་བའི་ཕྱིར་དུ་བླངས་པ་དང་བསྲུངས་པ་སོགས་ཀྱིས་ནི། འཕྲལ་རྐྱེན་ཚེ་འདིར་ཉེར་འཚེ་འགའ་སེལ་ཀྱང་ཚུལ་ཁྲིམས་དེ་འཇིགས་སྐྱོབ་ཀྱི་ཚུལ་ཁྲིམས་ཡིན་ནོ། ཕྱི་མའི་སྐབས་སུ་ལྷ་དང་མི་ཡི་བདེ་འབྲས་ཙམ་གྱི་ཆེད་དུ་བླངས་ན་ལེགས་སྨོན་གྱི་ཚུལ་ཁྲིམས་ཞེས་བྱ་བ་ལྷ་མིའི་བདེ་འབྲས་ཐོབ་ཀྱང་ཐར་བ་ཐོབ་པའི་རྒྱུར་འགྱུར་བ་མིན་ནོ། །གཉིས་པ་ནི། ངེས་པར་འབྱུང་བའི་སོགས་ཀྱིས་བསྟན་ཏེ། འཁོར་བ་མཐའ་དག་ལ་ངེས་པར་འབྱུང་བའི་བསམ་པས་ཟིན་པའི་ཚུལ་ཁྲིམས་ཀྱི་སྡོམ་པ་གང་དང་ལྡན་ན་དགྲ་བཅོམ་པ་ཐོབ་པ་བཅོམ་ལྡན་འདས་ཀྱི་གསུང་དགའ་བོའི་རྣམ་པར་ཐར་བ་བཞིན་ཡིན་ནོ། །གསུམ་པ་ནི། སྐྱབས་གསུམ་འཛིན་སོགས་ཀྱིས

བསྟན་ཏེ། སྐྱབས་གསུམ་འཛིན་པ་སོགས་ཞེས་ཏེ། ཡོངས་རྫོགས་དགེ་བསྙེན་དང་། དགེ་ཚུལ་དང་དགེ་སློང་གི་བར་ཡོན་ཏན་ཕྱི་མ་མཆོག་ཡིན་ཏེ། སྔ་མ་སྔ་མ་ཕྱི་མ་ཕྱི་མའི་ཐུན་མོང་གི་རྟེན་གཞིའི་ལམ་ཡིན་པའི་ཕྱིར། སེམས་བསྐྱེད་དེ་བྱང་ཆུབ་སེམས་དཔའི་ལམ་གྱི་གདུལ་བྱའང་གསང་སྔགས་ཀྱི་གདུལ་བྱ་ཡིན་ཡང་། སྔ་མ་ཕྱི་མའི་ཐུན་མོང་གི་ལམ་ཡིན་པ་དེ་དང་མཚུངས་སོ། །རྒྱུ་མཚན་དེའི་ཕྱིར་ཡོན་ཏན་ཀུན་གྱི་གཞི་རྟེན་ཉིད་འདུལ་སྡོམ་གྱི་ཚུལ་ཁྲིམས་ཁོ་ན་ཡིན་པར་ལེགས་པར་གྲུབ་པོ། །

གཉིས་པ་མཚན་ནི། འདུལ་བ་སོ་ཐར་གྱི་རིམ་པར་ཕྱེ་བ་སྟེ་གཉིས་པའོ། །ཞེས་པའི་རྫོད་བྱེད་ཚིག་གི་འདུལ་བ་ཕ་མའི་རྣམ་འབྱེད་དང་། ལུང་གཞི། ལུང་ཕྲན་ཚེགས། ལུང་བླ་མ་སྟེ་འདུལ་ལུང་སྡེ་བཞི་དང་། ཀུན་གྱི་རྩ་བ་སོ་ཐར་གྱི་མདོ་རྣམས་སོ། །བརྗོད་བྱ་དོན་གྱི་འདུལ་བ་སྡོང་འཇུག་གི་ཚུལ་ཁྲིམས་ཀྱི་བསླབ་ཁྲིམས་དགག་སྒྲུབ་ཀྱི་ལམ་རྣམས་ཏེ་སོ་སོར་ཐར་བའམ་དང་པོར་ཐར་བའི་ལམ་གྱི་རིམ་པར་ཕྱེ་བ་སྟེ་གཉིས་པའོ།། །།

གཉིས་པ་བྱང་སེམས་ཀྱི་སྡོམ་པ་བཤད་པ་ལ་གཉིས་ཏེ་གཞུང་དང་མཚན་ནོ། །དང་པོ་ལ་བཞི་སྟེ། ཁོག་དབུབ་ཀྱི་གླེང་གཞི། དང་པོ་སྡོམ་པ་ཐོབ་ཚུལ། བར་དུ་མི་ཉམས་བསྲུང་ཐབས། ཐ་མ་ཉམས་ན་གསོ་ཚུལ་ལོ། །དང་པོ་ལ་བཞི་སྟེ། སྟོན་པས་གསུང་ཚུལ། བཤད་སྒྲུབ་ཀྱིས་བཟུང་ཚུལ། སྡོམ་པའི་ངོ་བོ། དབྱེ་བའོ། །དང་པོ་ནི། བསྐལ་བཟང་འགྲོ་བའི་འདྲེན་པ་སོགས་ཀྱིས་བསྟན་ཏེ། སྟོན་པ་ཕུན་ཚོགས་སྟོན་པ་ཐུགས་རྗེ་ཅན་འདི་ཉིད་བསྐལ་པ་ཚད་མེད་པའི་གོང་རོལ་ནས་མངོན་པར་རྫོགས་པར་སངས་རྒྱས་བཀྲེས་ཟིན་ཡིན་ཡང་། སྟོང་གསུམ་མི་མཇེད་ཀྱི་ཞིང་དུ་སྒྲོན་མེའི་བསྐལ་པ་བཟང་པོ་ཞེས་ཡོངས་སུ་གྲགས་པའི་དུས་ཀྱི་འགྲོ་བའི་སེམས་ཅན་སྡུག་བསྔལ་གསུམ་གྱིས་གཟིར་བ་རྣམས་ཡོངས་སུ་སྐྱོབ་པའི་སླད་དུ་འདྲེན་པ་སངས་རྒྱས་སྟོང་རྩ་ལས་རྣམ་འདྲེན་བཞི་པ་ཐུབ་པ་ཆེན་པོ་དེས། སླར་ཡང་མཛད་པ་བཅུ་གཉིས་ཀྱི་སྒོ་ནས་བྱང་ཆུབ་བརྙེས་པའི་ཚུལ་བསྟན་ནས་ཆོས་འཁོར་རིམ་པ་གསུམ་བསྐོར་བའི་ནང་ཚན་གནས་ཕུན་ཚོགས་བྱ་རྒོད་ཕུང་པོའི་རི་ཞེས་བསྐལ་པ་འཇིག་ཀྱང་མི་འཇིག་པར་གྲགས་པའི་གནས་དེ་དང་སོགས་སྨྲས་བསྟན་པ་རྒྱལ་པོའི་

ཁབ་དང་ཡངས་པ་ཅན་སོགས་གནས་མ་ངེས་རྣམས་སུ། འཁོར་ཕུན་ཚོགས་འཁོར་རྣམ་པ་བཞི་དང་། ལྷ་ཀླུ་མི་མིན་སོགས་གཙོ་བོ་ཐེག༷་པ་ཆེན༷་པོའི་རིག༷ས་ཅན༷་གྱི་གདུལ་བྱ་རྣམས་ལ༷། དུས་ཕུན་ཚོགས་སྟོན་འཁོར་ཆོས་གསུམ་འཚོགས་པའི་དུས་དེ་དང་དེ་རུ། ཆོས་ཕུན་ཚོགས་ཡུམ་རྒྱས་འབྲིང་བསྡུས་གསུམ་ལ་སོགས་པའི་བཀའ་བར་བ་མཚན་ཉིད་མེད་པའི་ཆོས་འཁོར་དང་། མདོ་སྡེ་དགོངས་པ་ངེས་འགྲེལ། བདེར་གཤེགས་སྙིང་པོ་བསྟན་པའི་མདོ། གཟུང་རྒྱལ་གྱིས་ཞུས་པའི་མདོ། དཔལ་ཕྲེང་གིས་ཞུས་པའི་མདོ་དང་། བུ་མོ་རིན་ཆེན་གྱིས་ཞུས་པའི་མདོ་དང་། ཡེ་ཤེས་སྣང་བ་རྒྱན་གྱི་མདོ་སྡེ་ལྔ་དང་། ཁྱིམ་བདག་དྲག་ཤུལ་ཅན་གྱིས་ཞུས་པའི་མདོ་སྡེ། རྒྱུད་བླ་མས་བཤད་བྱའི་རྩ་བར་གྱུར་པའི་མདོ་དྲུག་སོགས་བཀའ་ཐ་མ་ལེགས་པར་རྣམ་པར་ཕྱེ་བའི་ཆོས་ཀྱི་འཁོར་ལོ་བླ་ན་མེད་པ་ཤིན༷་ཏུ་རྒྱས༷་པའི༷་སྡེ༷་སྣོད༷་དཔག༷་ཏུ་མེད་པ་བསམ་ཡས༷་པ་རྣམས་གསུངས༷་ལ། དེ་ཡང་ཐེག་ཆེན་གྱི་མདོ་སྡེ་ལས་ཕྱེ་བའི་སྡེ་སྣོད་གསུམ་སྟེ། མདོ་སྡེའི་འདུལ་བ་བྱང་སེམས་ཀྱི་སྡོམ་པའི་རྣམ་བཞག་བསྟན་པ་དང་། མདོ་སྡེའི་མདོ་སྡེ་ཏིང་ངེ་འཛིན་ཟབ་པ་རྒྱ་ཆེ་བའི་རིམ་པ་དང་། མདོ་སྡེའི་མངོན་པ་གཞི་ལམ་འབྲས་བུས་རབ་ཏུ་དབྱེ་བའི་རིམ་པ་བསྟན་པ་དང་། མངོན་པའི་འདུལ་བ་ཚོགས་ཆུང་དུའི་ཐབས་མཁས་ཀྱི་ལམ་གྱིས་ཉོན་མོངས་པ་འདུལ་བ་དང་། མངོན་པའི་མདོ་སྡེ་དེ་ཁོ་ན་ཉིད་ཀྱི་དོན་ཟབ་མོ་ལ་འཇུག་ཚུལ། མངོན་པའི་མངོན་པ་ཟབ་རྒྱ་ཆེ་བའི་རིམ་པ་ཡང་ཡང་གཏན་ལ་འབེབས་པའི་མདོ་སོགས་བཀའ་བསྩལ་ཏེ། ཡོན་ཏན་བཀོད་པའི་རྒྱལ་པོ་ལས། ང་ཡིས་ཅི་ཡང་མ་གསུངས་པར། །སེམས་ཅན་རྣམས་ལ་ཁྱབ་བརྡལ་སྣང་། །གང་ཚེ་རིམ་གྱིས་མངོན་འདོད་པ། །དེ་དག་ཀུན་ལ་དེ་བཞིན་ཏེ། །དུས་གཅིག་ཉིད་ཏུ་འཇུག་ཅན་ལ། །ཆོས་ཀྱི་རྣམ་གྲངས་རྫོགས་པར་སྣང་། །ཡིད་བཞིན་རེ་བ་རྣམས་སྐོང་བའི། །གསུང་གི་ཆེ་བ་དེ་ཉིད་དོ། །ཞེས་པ་ལྟར། །གདུལ་བྱ་མཆོག་དམན་གྱི་ཁམས་དབང་གི་བྱེ་བྲག་ལས་ཆོས་ཀྱི་ངོ་བོའི་བྱེ་བྲག་དང་། དུས་ཀྱི་བྱེ་བྲག་རྣམས་མ་ངེས་པར་འབྱུང་བ་ནི། རིས་མེད་ཅན་གྱི་རང་བཞིན་སངས་རྒྱས་ཀྱི་གསུང་གི་ཡོན་ཏན་རྣམ་པ་ཐམས་ཅད་པ་ཞེས་གྲགས་པ་དེ་ཡིན་པས་སོ། །དེ་ལྟ་བུའི་ཆོས་གསུངས་པ་རྣམས་འཁོར་ལོ་གསུམ་དུ་འདུ་བ་ཡིན་ལ། དེ་གསུམ་གྱི་བྱེ་བྲག་ལ་མི་འདྲ་བ་མང་ཡང་། ཀུན་མཁྱེན་ཆེན་པོས་དུས་ཀྱི་

རིམ་པ་ལ་ལྟོས་ཏེ་འཇོག་པར་བཞེད་དེ། གྲུབ་མཐའ་མཛོད་ལས། ལས་དང་པོ་བའི་ཚེ་གཟུང་འཛིན་རང་རྒྱུད་པས་བཅིངས་པའི་ཉོན་མོངས་པ་དེ་ལས་སེམས་བསྲུང་བའི་ཕྱིར་སྤང་གཉེན་བླང་དོར་བྱེད་པའི་རིམ་པ་གཙོ་བོར་སྟོན་པས་བདེན་བཞིའི་ཆོས་ཀྱི་རྣམ་གྲངས་དང་། བར་པ་གཉེན་པོ་ལ་མངོན་པར་ཞེན་པ་དགག་པའི་ཕྱིར་མཚན་ཉིད་མེད་པ་དང་། ཐ་མ་སངས་རྒྱས་ཐམས་ཅད་ཀྱི་གསང་བ་ཆེན་པོ་གཤིས་ཇི་ལྟར་གནས་པ་ལྟར་བསྟན་པས་དོན་དམ་རྣམ་པར་ངེས་པའི་ཆོས་ཀྱི་རྣམ་གྲངས་ཏེ་གསུམ་དུ་འབྱུང་བ་ཡིན་ནོ། །

ཞེས་གང་ཟག་གི་དབང་པོའི་སྨིན་རིམ་ལས་རིམ་པར་གསུམ་དུ་བསྟན་པར་གསུངས་པ་དང་། ངལ་གསོའི་སྤྱི་དོན་ལེགས་བཤད་རྒྱ་མཚོ་ལས། ལ་ལར་གནས་གཅིག་ཏུའང་། དབང་པོའི་རིམ་པས་འཁོར་ལོ་གསུམ་གཅིག་ཏུ་ཐོས་ལ། ལ་ལར་གདུལ་བྱ་གར་ཡོད་པ་དེ་དག་གི་དབང་གིས་ཐ་དད་དུ་ཐོས་སོ་ཞེས་གྲགས་སོ་གསུངས་པ་དང་། ཤིང་རྟ་ཆེན་པོ་ལས། བཀའ་འཁོར་གསུམ་ལས། དང་པོ། ལས་དང་པོ་བ་དང་། དབང་པོ་དམན་པ་ལ་དགོངས་ཏེ་བདེན་བཞི་སྤང་གཉེན་དུ་བྱས་པས། འཁོར་བ་ལས་ལྡོག་ཕྱིར་སྤང་བྱ་ལས་གྲོལ་བའི་ཐབས་སོ། །བར་པ་ཡོངས་སུ་སྦྱངས་པ་བྱས་པ་དང་། །དབང་པོ་འབྲིང་ལ་དགོངས་ཏེ་གཉེན་པོ་འཛིན་པའི་འཆིང་བ་ལས་གྲོལ་ཐབས་སུ་སྒྱུ་མའི་དཔེ་བརྒྱད་དང་ནམ་མཁའ་ལྟ་བུའི་སྟོང་ཉིད་བསྟན་ཏོ། །ཐ་མ་སྦྱངས་པ་མཐར་ཕྱིན་པ་དང་དབང་རྣོན་དོར། ཤེས་བྱའི་གཤིས་ཇི་ལྟར་གནས་པ་དེ་གསུངས་པ་ཡིན་ནོ། །དེའང་མུ་སྟེགས་ཅན་དང་མི་མཚུངས་ཏེ། དེ་དག་གིས་གཤིས་ལ་མེད་པར་སྒྲོ་བཏགས་པ་ཆེ་ཆུང་གིས་ཚད་བཟུང་བ། སྐུ་དང་ཡེ་ཤེས་ཀྱི་ཆོས་སུ་མི་འདོད་ལ། འདིར་དེ་ལས་བཟློག་པས་སོ། །ཞེས་དོན་དམ་རྣམ་པར་ངེས་པའི་ཆོས་འཁོར་ཐ་མ་ལས་བདེར་གཤེགས་སྙིང་པོ་བསྟན་པ་མུ་སྟེགས་པས་བདག་བསྟན་པའི་གཞུང་ལྟར་མི་བཞེད་པར། སྟོང་ཆ་ནས་གཤིས་དགག་བྱ་གཉིས་ཀྱིས་སྟོང་པ་དང་། སྣང་ཆ་ནས་ནང་གསལ་སྐུ་དང་ཡེ་ཤེས་ཀྱི་བདག་ཉིད་ཅན་དུ་བཞུགས་པར་བསྟན་པ་ཡིན་པར་གསུངས་སོ། །འཁོར་ལོ་དང་པོ་དྲང་དོན་གྱི་མདོར་བཞེད་པ་དབུ་སེམས་རྣམས་མཐུན་ཀྱང་། སེམས་ཙམ་པས་བར་པ་དྲང་དོན་དང་། ཐ་མས་ངེས་དོན་སྟོན་པར་བཞེད། དབུ་མ་ཐལ་འགྱུར་བས། བར་པ་ངེས་དོན་དང་།

ཐ་མ་དྲང་དོན་དུ་བཞེད་ཅེས་གསུངས་པ་དང་། མདོ་སྡེ་སྤྱོད་པའི་དབུ་མ་པས་བར་པར་སྒྲ་ཇི་བཞིན་ཡིན་མིན་གཉིས་ཀ་ཡོད་པས་དྲང་ངེས་གཉིས་དང་། ཐ་མར་དབུ་མ་པ་རང་ལུགས་ཀྱི་མཚན་ཉིད་གསུམ་རྣམ་པར་ཕྱེ་ནས་བསྟན་པས་ངེས་དོན་སྟོན་པར་བཞེད་པ་དང་། ཞི་འཚོ་སོགས་རྣལ་འབྱོར་སྤྱོད་པའི་དབུ་མ་པས་ཐ་མར་སེམས་ཙམ་པའི་མཚན་ཉིད་གསུམ་དང་། དབུ་མ་པ་རང་གི་ལུགས་ཀྱི་ཐུན་མིན་གྱི་མཚན་ཉིད་གསུམ་བསྟན་པའི་ཆ་ནས་དྲང་ངེས་གཉིས་ཀྱི་ཆ་རེ་ཡོད་པར་བཞེད་ཅེས་མཁས་པ་འགས་བཞེད་དོ། །རང་ལུགས་ཀུན་མཁྱེན་ཆེན་པོའི་བཞེད་པར། །འཁོར་ལོ་དང་པོར་མ་ཟད། བར་པའང་གཉེན་པོ་སྟོང་པར་ཞེན་པའི་འཛིན་པ་དང་འབྲེལ་བའི་ལམ་གྱིས་གཤེགས་སྙིང་དངོས་སུ་ལམ་དུ་བྱེད་མི་នུས་ཀྱང་། རྣམ་རྟོག་རགས་པ་དང་བདེན་ཞེན་ལྡོག་ཕྱིར་རིགས་པས་དཔྱད་པའི་མེད་དགག་གི་ལྟ་བ་གཏན་ལ་ཕབ་དགོས་སོ། །

འོན་ཀྱང་རྟོག་མེད་ཀྱི་དབྱིངས་མ་ཡིན་དགག་གི་སྟོང་པ་མངོན་དུ་བྱེད་པ་ལ་རྟོག་བྲལ་གྱི་ངང་ལ་འཛིན་མེད་དུ་འཇོག་པའི་འཇོག་སྒོམ་གྱི་བྱེད་པས་དམིགས་མེད་ཀྱི་དོན་མངོན་དུ་འགྱུར་བར་བཞེད་པས་མེད་དགག་གི་སྟོང་པ་གཏན་ལ་ཕབ་པའི་མདོ་སྡེ་རྣམས་ཀྱང་། ཐ་མ་ནས་བསྟན་པའི་གཤེགས་སྙིང་མངོན་དུ་གྱུར་པའི་ལམ་སྐྱེགས་སུ་འདོད་པས་དྲང་དོན་སྟོན་པར་བཞེད། ཐ་མ་གཤེགས་སྙིང་སྟོན་པའི་མདོ་རྣམས་ནི། ཐུགས་ལ་སྦྱོར་མཚམས་ཀྱི་མདོ་སྡེ་མཐར་ཐུག་ཏུ་བཞེད་པ་དང་། ངེས་དོན་སྟོན་པའི་མདོ་རུ་བཞེད་པའོ། །གཉིས་པ་ནི། འཇམ་དབྱངས་བཀའ་བསྡུས་ཞེས་སོགས་ཀྱིས་བསྟན་ཏེ། ཐེག་པ་ཆེན་པོའི་ཆོས་ཀྱི་བཀའ་རྣམས་བསྡུ་བ་པོ་ནི། སྤྱིར་ས་ལ་བཞུགས་པའི་བྱང་ཆུབ་སེམས་དཔའ་ཆེན་པོ་རྣམས་དང་། ཁྱད་པར་བྱང་སེམས་ཀུན་ཏུ་བཟང་པོ། འཇམ་དཔལ་དབྱངས།གསང་བའི་བདག་པོ་བྱམས་པ་ལ་སོགས་པ་རྣམས་ཀྱིས་བསྡུ་བ་མཛད་པར་སློབ་དཔོན་ལེགས་ལྡན་འབྱེད་སོགས་བཞེད་དེ། ལྷོ་ཕྱོགས་བི་མ་ལ་སཾ་བྷ་བའི་རི་ལ་རྒྱལ་སྲས་འབུམ་ཕྲག་བཅུ་འདུས་ཏེ། བྱམས་འཇམ་གསང་བདག་གསུམ་གྱིས་ཐེག་ཆེན་གྱི་སྡེ་སྣོད་བསྡུས་པར་གསུངས་སོ༔ ༔དེ་ཡང་བྱང་ཆུབ་སེམས་དཔའ་བྱམས་པ་འཇམ་དབྱངས་གསང་བདག་གསུམ་ནི། བསྐལ་པ་གྲངས་མེད་པའི་སྔོན་རོལ་ནས་སངས་རྒྱས་ཟིན་ཀྱང་ཕྱོགས་བཅུའི་སངས་རྒྱས་ཐམས་ཅད་ཀྱི་སྲས་

ཀྱི་ཐུ་བོའི་ཚུལ་དུ་བཞུགས་ནས་ཞིང་ཁམས་རབ་འབྱམས་སུ་གང་འདུལ་གྱི་མཛད་པ་བཅུ་གཉིས་དང་། སངས་རྒྱས་ཀྱི་བཀའི་བསྡུ་བ་མཛད་པའི་ཕྲིན་ལས་ཀྱི་དཔལ་འཛིན་པའི་མཛད་པ་ཅན་ཡིན་པས་དེ་རྣམས་ལ་སྟོན་པ་རྣམ་འདྲེན་བཞི་པ་འདིས་ཀྱང་ཐེག་ཆེན་གྱི་བཀའི་བསྡུ་བ་མཛད་པར་གསུང་གིས་བསྐོས་པའི་སྒོ་ནས་བསྟན་པ་གཏད་པར་མཛད་དོ། །

དེ་ཡང་འདིར་ནི་དེ་རྣམས་ཀྱི་ནང་ནས་བྱམས་པ་མགོན་པོ་དང་འཇམ་དབྱངས་ཏེ་སྲས་ཀྱི་ཐུ་བོ་གཉིས་བྱེ་བྲག་ཏུ་སྨོས་པ་ནི། དེ་གཉིས་ཀྱིས་རྗེས་སུ་བཟུང་བའི་ཤིང་རྟའི་སྲོལ་འབྱེད་སློབ་དཔོན་གཉིས་སྐྱེད་པར་མཛད་པའི་དབང་ལས་སྨོས་པ་གསལ་ལ། དེའི་ཚུལ་ཡང་རྗེ་བཙུན་འཇ༷མ་དཔལ་དབྱང༷ས་ཀྱིས་གཙོ་བོར་ཟབ་མོ་ལྟ་བའི་ཕྱོགས་ཀྱི་བཀ༷འ་བསྡུ་མཛད་པ་དེ་ཉིད་མདོ་སྡེ་ལང་ཀར་གཤེགས་པ་སོགས་ནས་ལུང་བསྟན་པའི་འཕགས་པ་ཀླུ་སྒྲུབ༷་ལ་གདམས་ཏེ། ཡུམ་ཤེར་ཕྱིན་གྱི་དངོས་བསྟན་ཟབ་མོ་ལྟ་བའི་ཉམས་ལེན་ཉམས་སུ་ལེན་པའི་རིམ་པ་དབུ་མ་རིགས་ཚོགས་དྲུག་གི་བསྟན་བཅོས་མཛད་ནས། དབུ་མ་པའི་གྲུབ་མཐའི་ཤིང་རྟའི་སྲོལ་ཕྱེས་ནས་སོག༷ས་སྲས་འཕགས་པ་ལྷ་དང་ལེགས་ལྡན་འབྱེད། སངས་རྒྱས་བསྐྱངས་ཟླ་བ་གྲགས་པ་སོགས་ཀྱིས༷་དབུ་མ་ཐལ་རང་གི་གྲུབ་མཐའི་སྲོལ་བཀྲལ་ཏེ་བཟུང་། རྗེ་བཙུན་གྱིས་དངོས་སུ་རྗེས་སུ་བཟུང་བའི་རྒྱལ་བའི་སྲས་པོ་སྨད་དུ་བྱུང་བ་ཞི༷་བ༷་ལྷས༷་ནི་ཉམས་ལེན་སེམས་བསྐྱེད་ཀྱི་ཆོ་གའི་ཕྱག་བཞེས་བསླབ་བྱ་སོགས་བསླབ་སྤྱོད་གཉིས་དང་མདོ་བཏུས་ཀྱི་བསྟན་བཅོས་མཛད་པའི་སྒོ་ནས་ལྟ་བ་གཙོ་བོར་སྟོན་པའི་རིམ་པ་ཉམས་ལེན་དུ་དྲིལ་བའི་སྲོལ་རྒྱས་པར་སྤེལ༷་བར་མཛད་པ་ཡིན་པས་ཚུལ་དེ་ལ་ཟབ༷་མོ༷་ལྟ༷་བའི༷་བརྒྱུད་པའི་ལུག༷ས་སྲོལ་ཞེས་སུ་གྲགས་སོ། །

སྟོན་པ་སངས་རྒྱས་ཀྱིས་རྒྱ་ཆེ་བ་ས་ལམ་སྤྲས་དོན་མངོན་རྟོགས་ཀྱི་རིམ་པ་ས་བཅུའི་དབང་ཕྱུག་རྒྱལ་ཚབ་བྱམས༷་པ༷་ལ་གདམས་ཏེ། དེ་ཉིད་ཀྱིས་བཀ༷འ་བསྡུ་བ་མཛད་པ་ཉིད་འཇམ་དཔལ་རྩ་རྒྱུད་ལས་ལུང་གིས་བསྟགས་པའི་འཕགས་པ་ཐོག༷ས་མེད༷་ཀྱིས་རྗེ་བཙུན་མ་ཕམ་པའི་མན་ངག་ལ་བརྟེན་ནས་ས་སྡེ་ལྔ། སྡོམ་རྣམ་གཉིས་ཀྱི་བསྟན་བཅོས་མཛད་ནས་རྣལ་འབྱོར་སྤྱོད་པ་སེམས་ཙམ་པའི་གྲུབ་མཐའི་ཤིང་རྟའི་སྲོལ་ཕྱེས་ནས་སྐུ་མཆེད༷་སངས་རྒྱས་གཉིས་པ་སློབ་དཔོན་དབྱིག་

གཉེན་རྗེས་སུ་བཟུང་། དེ་ཉིད་ཀྱིས་པྲ་ཀ་ར་ཎ་སྡེ་བརྒྱད་བཀྲལ་ནས། དེའི་སློབ་མ་སློབ་དཔོན་ཕྱོགས་གླང་དང་སློབ་དཔོན་ཙནྡྲ་གོ་མི་སོགས་བརྒྱུད་དེ། དེ་རྣམས་ཀྱིས་སེམས་ཙམ་པའི་གྲུབ་མཐའི་ཤིང་རྟའི་སྲོལ་འཛིན་པ་ཡིན་ལ། དེ་རྣམས་ཀྱིས་ཀུན་རྫོབ་བྱང་ཆུབ་ཏུ་སེམས་བསྐྱེད་པའི་ཆོ་གའི་ཕྱག་བཞེས་ལྟར། བོད་འདིར་ཇོ་བོ་ཆེན་པོ་དཔལ་དཱི་པཾ་ཀ་ར་འམ་མར་མེ་མཛད་ཅེས་གྲགས་པའི་རྗེ་བཙུན་ཞུལ་བྱུང་དེས་སེམས་བསྐྱེད་ཀྱི་ཆོ་ག་མཛད་ནས་དབུས་གཙང་སོགས་སུ་སྡོམ་པ་འབོག་པའི་སྒོ་ནས་བརྒྱུད་པའི་སྲོལ་དེ་སྤྱི་ལུ་བར་མཛད་པ་ཡིན་པས་དེ་ལ་རྒྱ་ཆེན་སྤྱོད་པའི་བརྒྱུད་པའི་ལུགས་ཞེས་སུ་གྲགས། དེ་ལྟ་བུའི་སེམས་བསྐྱེད་སྡོམ་པའི་བརྒྱུད་སྲོལ་གཉིས་སུ་བྱུང་བ་དང་ཤིང་རྟའི་སྲོལ་གཉིས་སུ་ཕྱེ་བ་ནི། དོན་དང་ཚིག་གང་གིས་ཀྱང་ཐ་དད་ཡིན་པས་གཅིག་ཏུམ་འཛིན་ཅིག །དེ་ཡང་གསང་སྔགས་ཀྱི་རྒྱུད་སྡེ་རྣམས་ལས་བྱུང་སྡོམ་ལེན་ནོད་ཀྱི་ཆོ་ག་དང་བསླབ་བྱ་རྣམས་ནི་དཔལ་མགོན་ཀླུ་སྒྲུབ་ཀྱི་ལུགས་སྲོལ་དང་མཐུན་པར་བྱུང་བའི་གནད་ཀྱིས། རང་ཅག་སློབ་དཔོན་ཆེན་པོ་པདྨ་སཾ་བྷ་ཝའི་རྗེས་འཇུག་གསང་སྔགས་སྔ་འགྱུར་བའི་རང་ལུགས་སྐྱོང་བའི་རྡོ་རྗེ་འཛིན་པ་རྣམས་ཀྱིས་སེམས་བསྐྱེད་ཀྱི་ཆོ་གའི་ཕྱག་བཞེས་ཀྱང་ནཱ་གཱ་རྫུ་ནཱ་དང་མཐུན་པར་སྣང་བར་མ་ཟད་ལྟ་བ་ནི་དཔལ་མགོན་ཀླུ་སྒྲུབ་དང་མཐུན་ཏེ། སྔོན་དུས་སུ་མཁན་ཆེན་ཞི་འཚོའི་རྗེས་འབྲང་རྣལ་འབྱོར་སྤྱོད་པའི་དབུ་མ་པའི་ལྟ་གྲུབ་འཛིན་པ་ཁོ་ན་ལས་མ་འདས་པའི་ཕྱིར་དང་། སློབ་དཔོན་ཆེན་པོའི་མན་ངག་ལྟ་ཕྲེང་དང་། བདེར་འདུས་པདྨ་གསུང་གི་བཀའ་ཡི་ཐ་རམ་སོགས་ལས་ཉན་རང་གིས་ཆོས་ཀྱི་བདག་མེད་མ་རྟོགས་པར་བཞེད་པའང་གུ་རུ་ཉིད་ཐུན་མོང་གི་སྣང་ངོར་སློབ་དཔོན་ཡེ་ཤེས་ཞབས་ཀྱི་སློབ་མ་ཡིན་པས་ལྟ་བའང་དེ་དང་མཐུན་པར་གནང་བ་ཡིན་པའི་ཕྱིར་རོ། །འོན་ཀྱང་ཐལ་འགྱུར་བའི་ལྟ་བ་འཛིན་པ་དང་། གསང་སྔགས་རྙིང་མ་ཡིན་པ་ལ་ནི་ཅུང་ཟད་ཀྱང་མི་འགལ་ཏེ། སྔགས་རྙིང་མ་ནི་མདོ་སྒྱུ་སེམས་སོགས་ཡིན་ལ། དེའི་ལམ་སྲོལ་འཛིན་པ་དང་། ཐལ་འགྱུར་བ་ཡིན་པ་གཉིས་ལ་འགལ་བ་མེད་པའི་ཕྱིར་རོ། །དེ་འགལ་ན་འདུས་པའི་ཞབས་ལུགས་པ་ལ་ཡང་། རང་རྒྱུད་པས་ཁྱབ་པར་ཐལ་ལོ། །དེ་གཉིས་མི་འགལ་བ་དེ་འཐད་དེ་ཕྱིས་ཀྱི་ཀུན་མཁྱེན་ཆེན་པོ་དང་། རོང་ཟོམ་པཎྜི་ཏ་སོགས་ལྟ་བུའོ། །

གསུམ་པ་ནི། ངོ་བོ་བྱམས་དང་སྙིང་རྗེ་སོགས་ཀྱིས་བསྟན་ཏེ། དེ་ལ་ཀུན་རྫོབ་སེམས་བསྐྱེད་ཀྱི་མཚན་ཉིད་ནི། རང་གི་རྒྱུར་གྱུར་པའི་གཞན་དོན་དོན་གཉེར་གྱི་འདུན་པ་ལས་བྱུང་ཞིང་རང་གི་གྲོགས་བྱང་ཆུབ་ལ་དམིགས་པའི་འདོད་པ་དང་མཚུངས་ལྡན་གྱི་ཐེག་ཆེན་ལམ་གྱི་གཞུང་ཤིང་དུ་བསྟན་པའི་ཆ་ནས་བཞག་པའི་ཡིད་ཀྱི་རྣམ་རིག་ཁྱད་པར་ཅན་དེ་ཀུན་རྫོབ་སེམས་བསྐྱེད་ཀྱི་མཚན་ཉིད། མངོན་རྟོགས་རྒྱན་ལས། སེམས་བསྐྱེད་པ་ནི་གཞན་དོན་ཕྱིར། །ཡང་དག་རྫོགས་པའི་སངས་རྒྱས་འདོད། །ཅེས་པ་ལྟར་རོ། །འཇུག་པ་སེམས་བསྐྱེད་ཀྱི་སྡོམ་པའི་ངོ་བོ་ནི། རྒྱུ་བྱམས་པ་དང་སྙིང་རྗེས་རང་རྒྱུད་བརླན་པ་ལས་དྲངས་ཤིང་། སེམས་ཅན་གཞན་རྣམས་ཀྱི་དོན་དུ་རང་ཉིད་བླ་ན་མེད་པའི་བྱང་ཆུབ་ཐོབ་པར་འདོད་པས་ཀུན་ནས་བསླང་བའི་སྒོ་གསུམ་གྱི་ཉེས་པ་སྤོང་བའི་སེམས་པ་རྒྱུན་ཆགས་པ་ས་བོན་དང་བཅས་པའོ། །སྤོང་བའི་སེམས་ནི་ཐོབ་པ་ལ། །ཚུལ་ཁྲིམས་ཕ་རོལ་ཕྱིན་པར་བཤད། །ཅེས་ཕྱི་རོལ་གྱི་སེམས་ཅན་ལ་གནོད་འཚེ་བྲལ་ལམ་མ་བྲལ་སླ་ཡི། རང་གི་རྒྱུད་སྟེང་དུ་གནོད་འཚེ་ལས་ལྡོག་པའི་སྤོང་བའི་སེམས་གོམས་པ་རབ་ཀྱི་མཐར་ཕྱིན་པ་ཐོབ་པ་ལས་ཚུལ་ཁྲིམས་ཀྱི་ཕར་ཕྱིན་དུ་བཤད་པར་གསུངས་ཏེ། བློ་གྲོས་མི་ཟད་པས་ཞུས་པར་བསྟན་པ་ལས། ཚུལ་ཁྲིམས་ཀྱི་ཕ་རོལ་ཏུ་ཕྱིན་པ་གང་ཞེ་ན། གཞན་ལ་གནོད་པ་སྤོང་བའི་སེམས་པའོ། །ཞེས་གསུངས་པ་ལྟར་རོ། །བཞི་པ་དབྱེ་བ་ལ་གསུམ་སྟེ། མདོར་བསྟན། རྒྱས་བཤད། དོན་བསྡུ་བའོ། །དང་པོ་ནི། དབྱེ་བ་ཀླུ་སྒྲུབ་ཐོགས་མེད་སོགས་ཀྱིས་བསྟན་ཏེ། སེམས་བསྐྱེད་འབོག་པའི་ཆོ་གའི་དབྱེ་བ་ལ། དཔལ་མགོན་ཀླུ་སྒྲུབ་དང་། འཕགས་པ་ཐོགས་མེད་ནས་བརྒྱུད་པའི་སྲོལ་གཉིས་ཞེས་གྲགས་པའི་ཆོ་ག་ལ་བརྟེན་ནས་ནོད་པའི་སེམས་བསྐྱེད་ལ་དབྱེ་ན་རེ་རེ་ལའང་གཅིག་ནས་དྲུག་གི་བར་དུ་དབྱེ་བ་ཡོད་ལ། དབྱེ་བ་དེ་རྣམས་ཀྱང་དབྱེ་གཞི་སེམས་བསྐྱེད་རང་ལ་སྨོན་འཇུག་གི་སེམས་བསྐྱེད་གཉིས་རེ་ཡོད་པ་ལ་ལྟོས་ཏེ་གཉིས་གཉིས་སུ་དབྱེ་བ་ཡོད་པ་ཡིན་ཏེ། དེའང་ངོ་བོ་སེམས་བསྐྱེད་གཅིག་ལ་ལྡོག་ཆས་ཐ་དད་དུ་འབྱེད་པ་ཡིན་ལ།

གཉིས་པ་རྒྱས་བཤད་ལ་གཅིག་ནས་དྲུག་གི་བར་དབྱེ་བ་དང་། ཞར་བྱུང་འཕྲོས་དོན་ས་མཚམས་ཀྱི་དབྱེ་བ་གཉིས་སོ། །དང་པོ་ནི། དང་པོ་སྟོང་ཉིད་སྙིང་རྗེ་སོགས་ཀྱིས་བསྟན་ཏེ། དང་པོ་སེམས

བསྐྱེད་གཅིག་ཏུ་དབྱེ་བ་ནི། སྟོང་ཉིད་རྟོགས་པའི་ཤེས་རབ་སྙིང་རྗེའི་སྙིང་པོ་ཅན་ཁྱད་པར་ཅན་གྱི་སེམས་བསྐྱེད་གཅིག་དང་། གཉིས་སུ་དབྱེ་ན། བསོད་ནམས་དང་ཡེ་ཤེས་ཀྱི་ཚོགས་གཉིས་ཀྱི་བསླབ་པ་དང་འབྲེལ་བའི་སྒོ་ནས་གཉིས་སོ། །བཏགས་མིང་ཙམ་དུ་དབྱེ་ན། ཀུན་རྫོབ་དང་དོན་དམ་པའི་སེམས་བསྐྱེད་གཉིས་སོ། །གསུམ་དུ་དབྱེ་ན། ལྷག་པ་ཚུལ་ཁྲིམས་ཀྱི་བསླབ་པ་དང་། ཏིང་ངེ་འཛིན་ཤེས་རབ་ཀྱི་བསླབ་པ་སྟེ་གསུམ་དང་། འབྲེལ་བ་ལ་ལྟོས་ཏེ་སེམས་བསྐྱེད་གསུམ་དང་། བཞིར་རུ་དབྱེ་ན། ཐེག་ཆེན་ཚོགས་སྦྱོར་གྱི་ལམ་དུ་མོས་པ་སྤྱོད་པའི་སེམས་བསྐྱེད་དང་། ས་དག་ས་བདུན་དུ་ཆོས་ཉིད་མངོན་སུམ་དུ་རྟོགས་པས་ལྷག་བསམ་རྣམ་པར་དག་པའི་སེམས་བསྐྱེད་དང་། དག་པ་ས་གསུམ་ན་རྫོགས་སྨིན་སྦྱང་བའི་ཡོན་ཏན་རབ་ཏུ་སྨིན་པ་ཐོབ་པས་རྣམ་པར་སྨིན་པའི་སེམས་བསྐྱེད་དང་། སངས་རྒྱས་ཀྱི་སར་སྒྲིབ་གཉིས་དག་པ་ཐུགས་རྗེ་ཆེན་པོ་སྒྲིབ་པ་ཀུན་སྤངས་པའི་སེམས་བསྐྱེད་ཞེས་བྱ་བ་དང་བཞིའོ། །ལྔ་རུ་དབྱེ་བ་ནི། ལམ་ལྔ་དང་སྦྱར་བ་སྟེ། ཚོགས་ལམ་དུ་ལས་དང་པོ་བའི་སེམས་བསྐྱེད་དང་། སྦྱོར་ལམ་དུ་ཡོངས་སུ་སྦྱང་བ་བྱས་པའི་སེམས་བསྐྱེད་དང་། མཐོང་ལམ་དུ་ཆོས་མཐོང་བའི་སེམས་བསྐྱེད་དང་། སྒོམ་ལམ་དུ་རྣམ་པར་གྲོལ་བའི་སེམས་བསྐྱེད་དང་། མི་སློབ་ལམ་དུ་བསམ་གྱིས་མི་ཁྱབ་པའི་སེམས་བསྐྱེད་དང་ལྔའོ། །དྲུག་ཏུ་དབྱེ་བ་ནི། སྦྱིན་པ་སོགས་ཕར་ཕྱིན་དྲུག་གིས་ཟིན་པ་ལ་ལྟོས་ནས་ཟིན་རྒྱུའི་སེམས་བསྐྱེད་ཀྱང་དྲུག་ཏུ་དབྱེ་བ་སྟེ་དབྱེ་བ་དེ་རྣམས་གཙོ་བོ་ལྟོག་ཆའི་སྒོ་ནས་དབྱེ་བར་འཇོག་གོ། །

གཉིས་པ་ཞར་བྱུང་འཕྲོས་དོན་ས་མཚམས་ཀྱི་སྒོ་ནས་དབྱེ་བ་ནི། ས་གསེར་ཟླ་བ་མེ་སོགས་ཀྱིས་བསྟན་ཏེ། ཚོགས་ལམ་ཆུང་ངུ་ལ་ཡོན་ཏན་གྱི་རྟེན་བྱེད་པའི་ཕྱིར་བྱང་ཆུབ་དོན་གཉེར་གྱི་འདུན་པ་དང་མཚུངས་ལྡན་གྱི་སེམས་བསྐྱེད་ས་ལྟ་བུའི་སེམས་བསྐྱེད། འབྲིང་ལ་བསམ་པ་མི་འགྱུར་བ་དང་མཚུངས་པར་ལྡན་པའི་སེམས་བསྐྱེད་ནི། བསམ་པ་འགྱུར་བ་མེད་ཕྱིར་གསེར་ལྟ་བུའི་སེམས་བསྐྱེད། ཆེན་པོ་ལ་ལྷག་པའི་བསམ་པ་དང་མཚུངས་ལྡན་གྱི་སེམས་བསྐྱེད་ནི། ཡོན་ཏན་གོང་འཕེལ་དུ་བྱེད་པའི་ཕྱིར་ཟླ་བ་ཚེས་པ་ལྟ་བུའི་སེམས་བསྐྱེད། སྦྱོར་ལམ་དུ་སྦྱོར་བ་ཁྱད་པར་བ་དང་མཚུངས་ལྡན་ནི། སྦྱོར་བ་ཁྱད་པར་དུ་འགྲོ་བའི་ཕྱིར་དེའི་སེམས་བསྐྱེད་ལ་མེ་ལྟ་བུ་དང་། སོགས་

སྒྲས་བསྟན་པའི་ས་དང་པོར་སྦྱིན་པ་དང་མཚུངས་ལྡན་གྱི་སེམས་བསྐྱེད་མི་ཟད་པའི་ཕྱིར་གཏེར་ལྟ་བུའི་སེམས་བསྐྱེད། ས་གཉིས་པར་ཚུལ་ཁྲིམས་དང་མཚུངས་ལྡན་ནི། ཡོན་ཏན་གྱི་གནས་ཡིན་པའི་ཕྱིར་རིན་པོ་ཆེའི་འབྱུང་གནས་ལྟ་བུའི་སེམས་བསྐྱེད། གསུམ་པར་བཟོད་པ་དང་མཚུངས་ལྡན་ནི། མི་འཁྲུགས་པའི་ཕྱིར་རྒྱ་མཚོ་ལྟ་བུའི་སེམས་བསྐྱེད། བཞི་པར་བརྩོན་འགྲུས་དང་མཚུངས་ལྡན་ནི། མི་ཤིག་པའི་ཕྱིར་རྡོ་རྗེ་ལྟ་བུའི་སེམས་བསྐྱེད། ལྔ་པར་བསམ་གཏན་དང་མཚུངས་ལྡན་ནི། མི་གཡོ་བའི་ཕྱིར་རི་ལྟ་བུའི་སེམས་བསྐྱེད། དྲུག་པར་ཤེས་རབ་དང་མཚུངས་ལྡན་ནི། སྡུག་བསྔལ་གྱི་ནད་ཞི་བའི་ཕྱིར་སྨན་ལྟ་བུའི་སེམས་བསྐྱེད། བདུན་པར་ཚད་མེད་བཞིའི་ཐབས་མཁས་དང་མཚུངས་ལྡན་ནི། ཕན་པ་སྒྲུབ་པའི་ཕྱིར་བཤེས་གཉེན་ལྟ་བུའི་སེམས་བསྐྱེད། བརྒྱད་པར་མངོན་ཤེས་ལྔའི་སྒོ་ནས་སྨོན་ལམ་དང་མཚུངས་ལྡན་ནི། དོན་ཐམས་ཅད་སྒྲུབ་པའི་ཕྱིར་ནོར་བུ་ལྟ་བུའི་སེམས་བསྐྱེད། དགུ་པར་བསྡུ་དངོས་བཞིའི་སྟོབས་དང་མཚུངས་ལྡན་ནི། གདུལ་བྱའི་རྒྱུད་ལ་དགེ་ཚོགས་བསྐྱེད་པའི་ཕྱིར་ཉི་མ་ལྟ་བུའི་སེམས་བསྐྱེད། བཅུ་པར་སོ་སོ་ཡང་དག་པར་རིག་པ་བཞིའི་ཡེ་ཤེས་དང་མཚུངས་ལྡན་ནི། ཆོས་སྟོན་པའི་ཕྱིར་གླུ་དབྱངས་ལྟ་བུའི་སེམས་བསྐྱེད། རྟེན་པ་བཞི་དང་མངོན་ཤེས་དང་མཚུངས་ལྡན་ནི། མཐུ་ཆེ་བའི་ཕྱིར་རྒྱལ་པོ་ལྟ་བུའི་སེམས་བསྐྱེད། ཚོགས་གཉིས་དང་མཚུངས་ལྡན་ནི། ཚད་མེད་པའི་ཕྱིར་མཛོད་ཁང་ལྟ་བུའི་སེམས་བསྐྱེད། བྱང་ཆུབ་ཕྱོགས་ཀྱི་ཆོས་སོ་བདུན་དང་མཚུངས་ལྡན་ནི། འཕགས་པ་རྣམས་ཀྱི་ཤུལ་ཡིན་པའི་ཕྱིར་ལམ་པོ་ཆེ་ལྟ་བུའི་སེམས་བསྐྱེད། ཞི་ལྷག་དང་མཚུངས་ལྡན་ནི། མཐའ་གཉིས་སུ་མི་གོལ་བའི་ཕྱིར་བཞོན་པ་བཟང་པོ་ལྟ་བུའི་སེམས་བསྐྱེད། གཟུངས་སྤོབས་དང་མཚུངས་ལྡན་ནི། ཚིག་དོན་མི་ཟད་པར་འཛིན་ཅིང་སྟོན་པའི་ཕྱིར་བཀོད་མའི་ཆུ་ལྟ་བུའི་སེམས་བསྐྱེད། ཆོས་ཀྱི་སྡོམ་བཞི་དང་མཚུངས་ལྡན་ནི། ཆོས་ཀྱི་དགའ་སྟོན་ཀུན་ཡིད་འདུན་པར་བྱེད་པའི་ཕྱིར་སྒྲ་སྙན་ལྟ་བུའི་སེམས་བསྐྱེད། བགྲོད་པ་གཅིག་པུའི་ལམ་དང་མཚུངས་ལྡན་ནི། རྣམ་མཁྱེན་གྱི་རྒྱ་མཚོར་ངང་གིས་འབབ་པའི་ཕྱིར་ཆུ་བོ་ལྟ་བུའི་སེམས་བསྐྱེད། ཆོས་སྐུ་དང་མཚུངས་ལྡན་གྱི་སེམས་བསྐྱེད་ནི། ཕན་བདེའི་རྣམ་པར་འཕྲུལ་བའི་ཆར་འབེབས་པའི་ཕྱིར་སྤྲིན་ལྟ་བུའི་སེམས་བསྐྱེད་དེ། དེ་ལྟར་སེམས་བསྐྱེད་ཉེར༷་གཉི༷ས་པོ་ནི༷། ས༷་

མཚམས་ཀྱིས་ཕྱིས་ནས་ས་བཅུའི་བར་དུ་འཇོག་པར་བཞེད་པའོ། །དེའང་སློང་དཔོན་སེང་གེ་བཟང་པོས་སེམས་བསྐྱེད་དང་པོ་གསུམ་ཚོགས་ལམ་ཆེ་འབྲིང་ཆུང་གསུམ་དང་། དེ་ནས་གཅིག་སྦྱོར་ལམ་ན་ཡོད། དེ་འོག་བཅུ་རིམ་པར་ས་བཅུ་ན་ཡོད། དེ་འོག་ལྔ་ས་བཅུ་ཁྱད་པར་བའི་ལམ་ན་ཡོད། ཐ་མ་གསུམ་སངས་རྒྱས་ཀྱི་སའི་སྦྱོར་དངོས་རྗེས་ཀྱི་ས་ན་ཡོད་པར་བཞེད། འཕགས་པ་རྣམ་གྲོལ་སྡེས་ཐ་མ་བརྒྱད་ཁྱད་པར་གྱི་ལམ་གྱིས་བསྡུས་པར་བཞེད་དོ། །

གཞན་ཡང་ཐ་མ་ལྔ་དང་གསུམ་ནི། རིམ་པར་དག་ས་སྤྱི་དང་ས་བཅུ་པར་སྦྱར་རོ། །སེམས་བསྐྱེད་ཉེར་གཉིས་འདི་རྣམས་ཀྱི་དཔེ་དང་གྲོགས་གཉིས་ལ་ཆོས་མཐུན་སྦྱོར་ཚུལ། དང་པོ་གྲོགས་རྫོགས་བྱང་དོན་གཉེར་གྱི་འདུན་པ་དང་མཚུངས་པར་ལྡན་པའི་སེམས་བསྐྱེད་ཆོས་ཅན། དཔེ་ས་ལྟ་བུའི་སེམས་བསྐྱེད་ཡིན་ཏེ། ཡོན་ཏན་ཐམས་ཅད་ཀྱི་རྟེན་བྱེད་པའི་ཕྱིར། དཔེར་ས་འདི་འཇིག་རྟེན་གྱི་རྟེན་དུ་གྱུར་པ་བཞིན་ནོ། །དེ་བཞིན་ཉེར་གཉིས་པ་གྲོགས་རྒྱལ་སྲས་རྣམས་ཀྱི་ཐབས་དང་མཚུངས་ལྡན་གྱི་སེམས་བསྐྱེད་ཆོས་ཅན། ལོ་ཏོག་སོགས་བསྐྱེད་ནས་འབྱུང་བའི་སྤྲིན་ལྟ་བུའི་སེམས་བསྐྱེད་ཡིན་ཏེ། དགའ་ལྡན་གྱི་གནས་སུ་བཞུགས་པ་སོགས་སྟོན་པའི་སྒོ་ནས་ཕན་བདེའི་འབྱུང་གནས་སུ་འགྱུར་བའི་ཕྱིར། དཔེར་སྤྲིན་ལས་ཆར་བབས་པས་ལོ་ཏོག་སོགས་སྨིན་པ་བཞིན་ནོ། །ཞེས་པ་ལྟ་བུ་རིགས་བསྒྲེས་ཏེ་སྦྱར་བར་བྱའོ། །

གསུམ་པ་བསྡུ་བའི་དོན་ནི། ཀུན་ཀྱང་བསྡུ་ན་སོགས་ཀྱིས་བསྟན་ཏེ། དབྱེ་སྒོ་བདུན་གྱི་སྒོ་ནས་དབྱེ་བའི་སེམས་བསྐྱེད་མཚན་ཉིད་པ་ཀུན་ཀྱང་བསྡུ་ན། སྨོན་པ་བྱང་ཆུབ་ཀྱི་སེམས་དང་། འཇུག་པ་བྱང་ཆུབ་ཀྱི་སེམས་རྣམ་པ་གཉིས་ཏེ། དེ་ཡང་གཞན་ཕན་དོན་གཉེར་གྱི་བསམ་པས་འབྲས་བུ་རྫོགས་བྱང་ལ་དམིགས་པའི་དོན་གཉེར་གྱི་འདུན་པ་དང་མཚུངས་པར་ལྡན་པའི་ཐེག་ཆེན་གཙོ་བོ་ཡིད་ཀྱི་རྣམ་རིག་ཁྱབ་པར་ཅན་དེ་སྨོན་པ་བྱང་ཆུབ་ཀྱི་སེམས་དང་། སེམས་བསྐྱེད་དེ་ལ་སྦྱོར་བས་རྫོགས་བྱང་དེའི་རྒྱུ་སྤྱོད་པ་ཉམས་ལེན་བྱང་སེམས་ཀྱི་ཚུལ་ཁྲིམས་དེས་ཟིན་ཅིང་ཁྱབ་པར་བྱས་པའི་ཟིན་བྱའམ་ཁྱབ་བྱའི་སེམས་བསྐྱེད་དེ་འཇུག་པ་སེམས་བསྐྱེད་དང་། ཟིན་བྱེད་དམ་ཁྱབ་བྱེད་ཚུལ་ཁྲིམས་དེས་མ་ཟིན་པ་དང་དེའི་ཁྱབ་བྱར་མ་གྱུར་པའི་སེམས་བསྐྱེད་ཙམ་དེ་སྨོན

སེམས་རྒྱུད་པ་ཡིན་པས། སྤྱིར་སེམས་བསྐྱེད་ཙམ་གྱི་འཇོག་བྱེད་དང་བྱེ་བྲག་སྨོན་སེམས་རྒྱུད་པའི་འཇོག་བྱེད་གཉིས་ཐ་དད་ཡིན་ནོ། །དེས་ན་སྨོན་སེམས་རྒྱུད་པ་དང་། འཇུག་སེམས་གཉིས་སྨོན་སེམས་ཙམ་ཡིན་པ་ལ་ཁྱད་པར་མེད་དེ། སྨོན་སེམས་ཙམ་དེ་སྨོན་འཇུག་གཉིས་ཀ་ལ་ཁྱབ་བྱེད་དུ་འཇུག་པའི་སྤྱི་ཡིན་ལ། སྨོན་འཇུག་གཉིས་དེའི་བྱེ་བྲག་གི་ཆོས་ངོ་བོ་ཐ་དད་པ་གཉིས་ཡིན་ནོ། །དེས་ན་སྨོན་འཇུག་གཉིས་ཀྱི་སྤྱི་རུ་ཞུགས་པའི་སྨོན་སེམས་ཙམ་དེ་བྱེ་བྲག་སྨོན་འཇུག་གཉིས་སུ་ཕྱེ་བའི་སྨོན་སེམས་མིན་ཞེས་པ་ནི་ཀུན་མཁྱེན་ཀློང་ཆེན་པའི་བཞེད་པ་ཡིན་ནོ། །བྱེ་བྲག་སྨོན་འཇུག་གཉིས་ཀ་སྤྱིར་བྱང་ཆུབ་ཀྱི་སེམས་དང་སྨོན་སེམས་ཙམ་ཡིན་པས། སྨོན་སེམས་ཙམ་དང་སྨོན་འཇུག་གི་སེམས་ལ་གཞི་མཐུན་ཡོད་ཀྱང་། སྨོན་འཇུག་གཉིས་ལ་གཞི་མཐུན་མེད་དེ་དེ་གཉིས་ཀྱི་ཟླས་ཕྱེ་བའི་སྨོན་སེམས་དེ། དཔེར་ན་དོན་གཉེར་གྱི་ས་ཡུལ་དེར་འགྲོ༷་བར༷་འདོ༷ད་པ་དང༷། ཡུལ་དེར་དངོས་སུ་འགྲོ་བཞིན་པའི་འགྲོ༷་བར༷་འདོད་པ་གཉིས་ལ་སྤྱི་བྱེ་བྲག་གི་ཁྱད་པར་ཡོད་པ་དང་། དེ་གཉིས་ཀ་ཡུལ་དེར་འགྲོ་འདོད་ཙམ་ཡིན་པ་ལ་ཁྱད་མེད་ཀྱང་། འདོད་པ་ལྟར་གྱི་འགྲོ་བའི་བྱ་བ་ཡོངས་སུ་རྫོགས་པའམ་ཚང་བ་ཞིག་གིས་ཟིན་མ་ཟིན་པས་འདོད་པ་གཉིས་ཐ་དད་ཕྱེ་བ་ལྟར། སྨོན་པ་དང་འཇུག་པའི་སེམས་བསྐྱེད་གཉིས་ལ་སྤྱི་དང་བྱེ་བྲག་གི་ཁྱད་པར་ཡོད་པ་དང་། བྱང་ཆུབ་ཀྱི་སེམས་དེ་ཉིད་བསོད་ནམས་ཀྱི་བྱ་བ་ཕུང་ཟད་རེས་ཟིན་པ་ཙམ་ནས་འཇུག་སེམས་སུ་མི་འཇོག་མོད། བྱང་སེམས་ཀྱི་སྡོམ་པ་རྣམ་དག་གིས་ཟིན་པའི་མཚམས་ནས་འཇོག་དགོས་པ་ཡིན་པས་དཔེ་དོན་ཧི༷་བཞི༷ན་སྦྱར་བར་བྱ་བ་ཡིན་ནོ༷། །

དེ་ལྟར་ཡང་སྤྱོད་འཇུག་ལས། བྱང་ཆུབ་སེམས་དེ་མདོར་བསྡུས་ན། །རྣམ་པ་གཉིས་སུ་ཤེས་པར་བྱ། །བྱང་ཆུབ་སྨོན་པའི་སེམས་དང་ནི། །བྱང་ཆུབ་འཇུག་པ་ཉིད་ཡིན་ནོ། །འགྲོ་བར་འདོད་དང་འགྲོ་བ་ཡི། །བྱེ་བྲག་ཇི་ལྟར་ཤེས་པ་ལྟར། །དེ་བཞིན་མཁས་པས་འདི་གཉིས་ཀྱི། །བྱེ་བྲག་རིམ་བཞིན་ཤེས་པར་བྱ། །ཞེས་གསུངས་པ་བཞིན་ནོ། །དེ་གཉིས་ཀྱི་མཚན་ཉིད་ལ། །ཉམས་ལེན་གྱི་བྱ་བ་ལ་མི་ལྟོས་པའི་རིགས་ཅན་གྱི་སེམས་བསྐྱེད་དེ་སྨོན་སེམས་ཀྱི་མཚན་ཉིད། སྨོན་སེམས་རྒྱུད་པའི་ས་མཚམས། ཐེག་ཆེན་ལམ་ཞུགས་ནས་བྱང་སེམས་ཀྱི་སྡོམ་པ་རྣམ་དག་གིས་ཟིན་པའི་

བར་དུ་ཡོད།

འོན་ཀྱང་སྨོན་སེམས་ཙམ་གྱི་ས་མཚམས་ནི། ཐེག་ཆེན་ལམ་ཞུགས་ནས་སངས་རྒྱས་ཀྱི་སའི་བར་རོ། །ཕར་ཕྱིན་དྲུག་གི་བྱ་བས་དངོས་སུ་ཟིན་དགོས་པའི་སེམས་བསྐྱེད་དེ་འཇུག་སེམས་ཀྱི་མཚན་ཉིད། ས་མཚམས་ཐེག་ཆེན་ཚོགས་ལམ་ཆུང་ངུ་ནས་སངས་རྒྱས་ཀྱི་སའི་བར་དུ་ཡོད། གཉིས་པ་དང་པོ་སྡོམ་པ་ཐོབ་ཚུལ་ལ་གཉིས་ཏེ། ཀུན་རྫོབ་སེམས་བསྐྱེད་སྐྱེ་བའི་ཆོ་ག །དོན་དམ་སེམས་བསྐྱེད་ཇི་ལྟར་སྐྱེ་བའི་ཚུལ་ལོ། །དང་པོ་ལ་མདོར་བསྟན། རྒྱས་བཤད་དོ། །དང་པོ་ནི། དང་པོ་སྡོམ་པ་མ་ཐོབ་སོགས་ཏེ། དང༷་པོ༷་རང་རྒྱུད་ལ་བྱང་ཆུབ་སེམས་དཔའི་སྡོམ༷་པ༷་མ༷་ཐོབ༷་པ་ཆོ་གའི་སྔོ་ནས་ཐོབ༷་ཚུལ༷་ནི༷། འདིར་འཆད་འགྱུར་གྱི་ལེན༷་ཚུལ༷་གྱི་ཆོ་ག་འདི་ལྟར་ཡོད་ལ། གཉིས་པ་རྒྱས་བཤད་ལ་བཞི་སྟེ། བླང་ཡུལ། ལེན་ཐབས། དམིགས་བསལ། ཐོབ་མཚམས་སོ། །དང་པོ་ནི། སྡོམ་གནས་སོགས་རྐང་པ་གཅིག་གིས་བསྟན་ཏེ། བླང་བའི་ཡུལ་བྱང་ཆུབ་སེམས་དཔའི་སྡོམ༷་པ་ལ་གནས༷་ཤིང་། སྡོམ་པ་འབོག་ཆོག་དང་བསླབ་བྱ་ལ་མཁས་པའི་དགེ༷་བའི༷་བཤེས༷་གཉེན༷་ལས༷་ལེན་དགོས་ཏེ། འཕགས་པ་ཀླུ་སྒྲུབ་ཀྱི་དབུ་མ་རིན་ཆེན་ཕྲེང་བ་ལས། དགེ་བའི་བཤེས་གཉེན་དེ་དག་གི། མཚན་ཉིད་མདོར་བསྡུས་མཁྱེན་པར་མཛོད། །ཆོག་ཤེས་ཚུལ་ཁྲིམས་སྙིང་རྗེ་ལྡན། །ཉོན་མོངས་སེལ་བའི་ཤེས་རབ་ཅན། །དེ་དག་གིས་ནི་ཁྱོད་བསྟན་གྱིས། ཁྱེད་ཀྱིས་མཁྱེན་གྱི་གུས་པར་མཛོད། །ཅེས་དང་། ཞི་བ་ལྷས། རྟག་པར་དགེ་བའི་བཤེས་གཉེན་ནི། །ཐེག་ཆེན་དོན་ལ་མཁས་པ་དང་། །བྱང་ཆུབ་སེམས་དཔའི་བརྟུལ་ཞུགས་མཆོག །སྲོག་གི་ཕྱིར་ཡང་མི་གཏོང་ངོ་། །ཞེས་དང་། སྡོམ་པ་ཉི་ཤུ་པ་ལས། བླ་མ་སྡོམ་ལ་གནས་ཤིང་མཁས། །ནུས་དང་ལྡན་ལས་བླང་བར་བྱ། །ཞེས་མཁས་བཙུན་བཟང་པོ་གསུམ་གྱི་ཡོན་ཏན་ལྡན་པ་ཞིག་དགོས་པར་བསྟན་ལ། ཇོ་བོ་རྗེས། སྡོམ་པའི་ཆོ་ག་ལ་མཁས་དང་། །བདག་ཉིད་གང་ཞིག་སྡོམ་ལ་གནས། །སྡོམ་པ་འབོག་བཟོད་སྙིང་རྗེ་ལྡན། །བླ་མ་བཟང་པོར་ཤེས་པར་བྱ། །ཞེས་གསུངས་པའི་ཕྱིར་རོ། །གཉིས་པ་ལེན་པའི་ཐབས་ལ༔ ཀླུ་སྒྲུབ་ལུགས་དང་། ཐོགས་མེད་ལུགས་སོ། །དང་པོ་ལ་གཉིས་ཏེ་རྟེན་དང་།ཆོ་གའོ། །དང་པོ་རྟེན་ནི། ཐེག་ཆེན་སྔོན་ལྡན་སོགས་ཀྱིས་བསྟན་ཏེ། རྫོགས་བྱང་དོན་གཉེར་གྱི་བསམ་པ་སྐྱེ་རུང

དུ་ཡོད་པའི་གང་ཟག་ཐེག་པ་ཆེན་པོའི་སྣོད་དུ་གྱུར་པ་དད་པ་དང་ལྡན་པའི་སློབ་མ་ཡིས། བཟ་ཞེས་ཤིང་སྡོམ་པ་ལེན་འདོད་ཡོད་ན་མི་མ་ཟད། མི་མིན་གྱི་རྟེན་ལའང་སྡོམ་པ་སྐྱེ་བར་གསུངས་ཏེ། ཞེར་ཕྱིན་མདོ་ལས། ལྷའི་བུ་གང་གིས་བླ་ན་མེད་པ་ཡང་དག་པར་རྫོགས་པའི་བྱང་ཆུབ་ཏུ་སེམས་བསྐྱེད་མ་སྐྱེས་པ་དེ་དག་གིས་བླ་ན་མེད་པ་ཡང་དག་པར་རྫོགས་པའི་བྱང་ཆུབ་ཏུ་སེམས་བསྐྱེད་པར་བྱ་བ་བསྟན་པར་བྱའོ། །ཞེས་གསུངས་པ་དང་། རྒྱ་མཚོས་ཞུས་པ་ལས། ཀླུ་ཁྲི་ཉིས་སྟོང་གིས་སེམས་བསྐྱེད་པ་སོགས་གསུངས་པའི་ཕྱིར་རོ། །

གཉིས་པ་ཆོ་ག་ནི། ཡན་ལག་བདུན་མཐར་སོགས་ཀྱིས་བསྟན་ཏེ། དེའང་གདམས་ངག་ཁྱད་པར་ཅན་སྲིད་པ་ལ་ཞེན་ལོག་དྲག་པོ་དང་ཞི་མཐའ་སྤངས་པའི་མི་གནས་པའི་ཆོས་གཟུགས་ཀྱི་སྐུ་གཉིས་དོན་གཉེར་གྱི་འདུན་པ་དང་མཚུངས་པར་ལྡན་པའི་ཀུན་སློང་གི་བསམ་པ་རྒྱུད་འཁྲུལ་ངེས་པ་བསྐྱེད་དེ། ཡུལ་ཁྱད་པར་ཅན་མཚན་ལྡན་གྱི་སློབ་དཔོན་ལ་མཎྜལ་བཅས་སྡོམ་པ་གནང་བའི་གསོལ་བ་བཏབ་པ། རྟེན་ཁྱད་པར་ཅན་མཆོག་གསུམ་ལ་སྐྱབས་སུ་འགྲོ་བ། ཐབས་ཁྱད་པར་ཅན་ཕྱག་འཚལ་བ་སོགས་ཚོགས་བསགས་ཡན་ལག་བདུན་པའི་བསགས་སྦྱང་སྤེལ་བསྒྱུར་ལ་བརྟེན་པ་སྟེ། དེ་ལྟ་བུའི་སྦྱོར་བ་སྔོན་འགྲོའི་ལམ་རྣམས་སྔོན་དུ་བཏང་སྟེ། དངོས་གཞི་ལ་གཞན་དོན་དོན་གཉེར་གྱི་བློ་སྦྱང་དངོས་གཞི་དགོངས་གསོལ་སྔོན་དུ་འགྲོ་བས་སྨོན་འཇུག་སྐབས་གཅིག་ཏུ་ལེན་པ་ཡིན།དེའང་ཚིག་བཅད་དང་པོས། སྔོན་བྱོན་སངས་རྒྱས་སྲས་བཅས་ཀྱིས་དང་པོ་ཐུགས་བསྐྱེད་པ་དང་། བྱང་སེམས་ཀྱི་བསླབ་བྱ་ལ་བསླབ་པར་མཛད་པ་དེ་བསྟན། དེ་བཞིན་དུ་བདག་ཉིད་ཀྱིས་ཀྱང་བྱང་ཆུབ་ཏུ་སེམས་བསྐྱེད་པ་དང་། བྱང་སེམས་ཀྱི་བསླབ་བྱ། ས་ལམ་རིམ་བཞིན་བསླབ་པ་ལས་མི་འདའ་བར་བསླབ་པར་བགྱིའོ་སྙམ་པའི་བློ་ནས་སྨོན་པ་དང་འཇུག་སྡོམ་ལྷན་ཏུ་བླང་ཞིང་། མཇུག་ཏུ་རང་གཞན་དགའ་བ་སྒོམ་པ་གཏང་རག་འབུལ་ཞིང་བསླབ་བྱ་བརྗོད་པ་རྣམས་ཀླུ་སྒྲུབ་ཀྱི་ལུགས་ཡིན་ནོ། །

གཉིས་པ་ཐོགས་མེད་ལུགས་ལ་གཉིས་ཏེ། གང་གིས་ལེན་པའི་རྟེན་དང་། ཇི་ལྟར་ལེན་པའི་ཆོ་གའོ། །དང་པོ་ནི། ཐོགས་མེད་བཞེད་པ་ནི་སོགས་ཀྱིས་བསྟན་ཏེ། སློབ་དཔོན་ཐོགས་མེད་ཀྱི་

བཞེད་པ་ནི། སྨོན་སེམས་ཙམ་ལེན་པ་ལ། སོ་ཐར་གྱི་སྡོམ་པ་དང་ལྡན་པ་མི་དགོས་ཀྱང་། ཡང་དག་བླང་བ་སྟེ། བྱང་སེམས་ཀྱི་ཚུལ་ཁྲིམས་ཀྱི་སྡོམ་པའི་རྟེན་ཁྱད་པར་ཅན་དུ་བསྒྲུབ་པའི་ཕྱིར་དུ་སོ་ཐར་རིགས་བདུན་གང་རུང་གི་སྡོམ་པ་བླངས་པ་སྔོན་དུ་སོང་ནས་བྱང་སྡོམ་ལེན་པར། ལམ་སྒྲོན་ལས། སོ་སོར་ཐར་པ་རིགས་བདུན་གྱི། །རྟག་ཏུ་སྡོམ་གཞན་ལྡན་པ་ལ། །བྱང་ཆུབ་སེམས་དཔའི་སྡོམ་པ་ཡི། །སྐལ་བ་ཡོད་ཀྱི་གཞན་དུ་མིན། །ཞེས་བྱང་སེམས་ཀྱི་སྡོམ་པ་ནོད་པའི་རྟེན་ཁྱད་པར་ཅན་གྱི་དབང་དུ་བྱས་ཏེ། བརྟེན་པ་བྱང་སྡོམ་ཁྱད་པར་ཅན་སྐྱེ་བའི་རྟེན་ལ་དེ་ལྟར་བསྟན་གྱི། སོ་ཐར་གྱི་སྡོམ་པ་མི་ལྡན་ན་བྱང་སྡོམ་གཏན་མི་སྐྱེ་བ་མ་ཡིན་ཏེ། སྐལ་བཟང་ལས། རྒྱལ་བ་ཕན་བཞེད་གྲོང་དཔོན་གྱུར་པའི་ཚེ། །དེ་བཞིན་གཤེགས་པ་རིན་ཆེན་དཔལ་དེ་ལ། །ཉིན་གཅིག་སྲོག་གཅོད་སྡོམ་པ་བླངས་ནས་ཀྱང་། །དང་པོར་བྱང་ཆུབ་ཏུ་ནི་སེམས་བསྐྱེད་དོ། །ཞེས་གསུངས་པ་དང་། ལམ་སྒྲོན་རང་འགྲེལ་ལས། ད་ནི་ཚུལ་ཁྲིམས་ཀྱི་སྡོམ་པའི་རྟེན་ཁྱད་པར་ཅན་བསྟན་པར་འདོད་ནས། ཞེས་གསུངས་པ་དང་། ཡང་དེ་ལས། དེ་བས་ན་སོ་སོར་ཐར་པའི་སྡོམ་པ་དེ། དང་པོར་དགོས་ཤིང་སྔོན་དུ་འགྲོ་བ་ཉིད་དོ། །ཡང་ན། རིགས་ལ་གནས་པ་དང་། སྐྱེ་བ་གཞན་དུ་ཐེག་ཆེན་ལ་གོམས་པར་བྱས་པ་ན། རང་བཞིན་གྱིས་སྡིག་པ་མི་སྤྱོད་པས་བྱང་ཆུབ་སེམས་དཔའི་སྡོམ་པ་དེ་ཉིད་དང་པོ་ཉིད་དུ་བླངས་ཀྱང་ཉེས་པ་མེད་དོ། །ཞེས་བཤད་པའི་ཕྱིར་རོ། །

གཉིས་པ་ཇི་ལྟར་ལེན་པའི་ཆོ་ག་ལ། བར་ཆད་དྲི་དང་སོགས་ཀྱིས་བསྟན་ཏེ། དེ་ཡང་དང་པོ་སྨོན་སེམས་ལ། སྦྱོར་བ་མཆོད་ཕུལ་བ། གསོལ་བ་གདབ་པ། སྐྱབས་སུ་འགྲོ་བ། ཡན་ལག་བདུན་གྱིས་བསགས་སྦྱངས་བྱ་བ་རྣམས་དང་། དངོས་གཞི་ནི། དགོངས་གསོལ་སྔོན་དུ་འགྲོ་བས་སྨོན་སེམས་ལེན་ཚིགས་གསུམ་བཟླས་པས་སྨོན་སེམས་བླངས། རྗེས་སྤྲོ་བསྐྱེད་དང་དཀར་ནག་གི་ཆོས་བརྒྱད་ཀྱི་བསླབ་བྱ་སོགས་བསྟན་པ་གཏང་རག་འབུལ་བ་རྣམས་སོ། །འཇུག་སེམས་ཀྱི་སྡོམ་པ་ལེན་པ་ལ་སྦྱོར་བ་རྟེན་གྱི་ཆོ་ག་ཡུལ་ལ་ཕྱག་འཚལ་ཏེ། བྱང་སེམས་ཀྱི་ཚུལ་ཁྲིམས་དེ་ནོད་པར་འཚལ་གྱིས་ཐུགས་བརྩེ་བའི་སླད་དུ་གསན་ཅིང་བསྩལ་བར་རིགས་སོ། །ཞེས་ལན་གསུམ་བརྗོད་པ་ཙོག་པུར་ཐལ་སྦྱར་བཅས་འདུག་པའོ། །ཡུལ་གྱི་ཆོ་ག་དེ་ལ་བྱང་སྡོམ་གྱི་ཕན་ཡོན་རྒྱ་ཆེར་བརྗོད་ནས།

ཁྱོད་ཀྱིས་མ་བསྒྲལ་བ་རྣམས་བསྒྲལ་བ་སོགས་འདོད་དམ། ཁྱོད་ཀྱིས་སེམས་བསྐྱེད་བརྟན་པ་དང་། ཡི་དམ་བརྟན་པར་བྱ་དགོས་བརྗོད། ཕན་ཡོན་ཡང་རབ་ཏུ་ཞི་བ་རྣམ་པར་ངེས་པ་ཆོ་འཕྲུལ་གྱི་མདོ་ལས་བྱུང་བ་ལྟར། གང་གཱའི་ཀླུང་གི་བྱེ་མ་སྙེད་ཀྱི་སངས་རྒྱས་རེ་རེར་བསྐལ་བ་དེ་སྙེད་དུ་ཞིང་དེ་སྙེད་དུ་ནོར་བུས་བཀང་སྟེ་ཕུལ་བ་ལས་སྡོམ་པ་ལེན་འདོད་ཙམ་མཆོག་ཡིན་པར་གསུངས་པ་བཞིན་བཤད་པ། ཟླ་བ་སྒྲོན་མེའི་མདོ་ལས། བསྐལ་པ་བྱེ་བ་གང་གཱའི་ཀླུང་སྙེད་ཀྱི། །གདུགས་དང་རྒྱལ་མཚན་མར་མེའི་ཕྲེང་བ་ཡིས། །སངས་རྒྱས་བྱེ་བ་བརྒྱ་ལ་མཆོད་བྱེད་ཅིང་། །གང་ཞིག་དམ་ཆོས་རབ་ཏུ་འཇིག་པ་དང་། །བདེ་གཤེགས་བསྟན་པ་འགག་པར་འགྱུར་བའི་ཚེ། །ཉིན་མཚན་དུ་ནི་བསླབ་པ་གཅིག་སྤྱོད་ན། །བསོད་ནམས་དེ་ནི་དེ་བས་ཁྱད་པར་འཕགས། །ཞེས་བརྗོད་པ་དང་། གཞན་ཡང་ལྟུང་བ་ལྔི་ཡང་གི་ཉེས་དམིགས་རྣམས་ཀྱང་བརྗོད་ནས། །སྡོམ་པ་ལེན་འདོད་དང་བསྲུང་བའི་སེམས་ཀྱི་ཡི་དམ་བརྟན་པ་ལ་སྦྱར་རོ། །ཚོགས་བསྒྲུབ་པ་ནི། མདོར་ན་ས་ཕྱོགས་ཕྱག་དར་དང་རྒྱན་གྱིས་མཛེས་པར་བརྒྱན། སྟོན་པའི་སྐུའི་ཐོག་དྲངས་པའི་རྟེན་གསུམ་མང་དུ་བཤམས། བླ་མ་སེང་གེའི་ཁྲིར་བཞུགས་སུ་གསོལ། མཆོད་རྫས་ཚོགས་ནས་བསྟན་པ་ལྟར་འདུ་བྱ་བའོ། །སྡོམ་པ་མྱུར་དུ་བསྐུལ་བ་ནི། འདུད་པའི་ཚུལ་གྱིས་པུས་མོ་གཡས་པའི་ལྷ་ང་ས་ལ་ཕབ་ནས། བཙུན་པ་དགོངས་སུ་གསོལ། བྱང་ཆུབ་སེམས་དཔའི་ཚུལ་ཁྲིམས་ཀྱི་སྡོམ་པ་ཡང་དག་པར་བླང་བ་བདག་ལ་སྩལ་དུ་གསོལ། མྱུར་དུ་སྩོལ་དུ་གསོལ་ལན་གསུམ་བྱ། མཆོག་ཏུ་སྤྲོ་བ་སྒོམ་པ་ནི། ད་ནི་བདག་རིང་པོར་མི་ཐོགས་པར་བསོད་ནམས་ཀྱི་གཏེར་བླ་ན་མེད་པ་ཟད་མི་ཤེས་པ་དཔག་ཏུ་མེད་པ་ཐོབ་པར་འགྱུར་རོ། །ཞེས་བསམས་ནས་མི་སྨྲ་བར་ཐལ་སྦྱར་གྱིས་འདུག་གོ། །བར་ཆད་དྲི་བ་ནི། བླ་མས་འགྲེང་ངམ་འདུག་པའི་སྤྱོད་པ་མཛད་ནས་སློབ་མ་དེ་ལ་རིགས་ཀྱི་བུའམ་ཆོས་ཀྱི་སྲིན་མིང་འདི་ཞེས་བྱ་བ་ཁྱོད་བྱང་ཆུབ་སེམས་དཔའ་ཡིན་ནམ། བྱང་ཆུབ་ཏུ་སྨོན་ལམ་བཏབ་བམ་ཞེས་འདྲི་ལ། དེས་ཀྱང་ལེགས་སོ་ཞེས་ཁས་བླངས་པ་དང་། བསླབ་པར་བྱ་བ་རྣམས་ཚུལ་བཞིན་བསྟན་ནས་གོ་བར་བྱས་ཏེ། དེ་བསྲུང་བ་ལ་སྤྲོ་བ་དྲི་བ་རྣམས་སོ། །དངོས་གཞིའི་ཆོ་ག་སློབ་དཔོན་གྱིས་རིགས་ཀྱི་བུ་ཞེས་པ་ནས་ཚུལ་ཁྲིམས་ནོད་དམ། ཞེས་ལན་གསུམ་བརྗོད། སློབ་མས་ནོད་ལགས་ཞེས་ཁས་

ལེན༷་པས་སྡོམ་པ་ཐོབ་པར་འགྱུར་རོ། །

རྗེས་མཇུག་གི་ཆོ་ག་ལ་བཞི་ལས། མཁྱེན་པར་གསོལ་བ་ནི། བླ་མས་ཕྱོགས་བཅུའི་སངས་རྒྱས་བྱང་སེམས་རྣམས་ཡིད་ལ་མོས་ཏེ་ཐལ་སྦྱར་བཅས། བདག་ལས་བྱང་སེམས་འདིས་བྱང་སྡོམ་ཡང་དག་པར་བླངས་པ་ལ་བདག་དཔང་དུ་གྱུར་པ་ཕྱོགས་བཅུའི་སངས་རྒྱས་བྱང་སེམས་ལྐོག་ཏུ་མ་གྱུར་པའི་ཐུགས་མངའ་བ་རྣམས་མཁྱེན་ཏུ་གསོལ་ཞེས་སོགས༷་ལན་གསུམ་བརྗོད། སློབ་མས་ཀྱང་དངོས་སམ་མོས་པ་གང་རུང་གིས་ཕྱོགས་བཅུ་རེ་རེར་ཕྱག་གསུམ་གསུམ་འཚལ་བ་དང་། མེ་ཏོག་ཀྱང་གཏོར་རོ། །སྟེང་འོག་གི་ཕྱོགས་ཤར་ནུབ་ཏུ་འཚལ་ལོ། །ཕན་ཡོན་གྱིས་གཟེངས་བསྟོད་པ་ནི། སྡོམ་པ་ཉི་ཤུ་པ་ལས། དེ་ཚེ་དེ་ལ་དགེ་བའི་ཕྱིར། །རྒྱལ་བ་སྲས་དང་བཅས་རྣམས་ཀྱིས། །དགེ་བའི་སེམས་ཀྱིས་རྟག་པར་ཡང་། །བུ་སྡུག་འདྲ་བར་དགོངས་པར་འགྱུར། །ཞེས་དང་ས་གཡོས་པ་སོགས་འབྱུང་ངོ་། །གཞན་ཡང་ཕན་ཡོན་ནི། སྡོམ་པ་འདི་གཞན་ལས་ཁྱད་པར་བཞིས་འཕགས་ཏེ༏ སྡོམ་པའི་ཚུལ་ཁྲིམས་བླ་ན་མེད་པ་དང་། རྒྱུ་ལྷག་བསམ་མཆོག་ཏུ་དགེ་བས་བསྐྱེད་པ་དང་། བསོད་ནམས་རྒྱ་ཆེན་པོ་ཐོབ་པ་དང་། སེམས་ཅན་གྱི་སྒོ་གསུམ་གྱི་ཉེས་སྤྱོད་ཀྱི་གཉེན་པོར་གྱུར་པའོ། །དེས་ན་སོ་ཐར་གྱི་སྡོམ་པ་བླངས་པའི་བསོད་ནམས་ཀྱིས་བརྒྱ་སྟོང་གི་ཆ་ལ་ཉེ་བར་མི་འགྲོའོ། །

སྡོམ་པ་གྱུ་ཆོམ་དུ་མི་བསྒྲགས་པ་ནི། ཁྱོད་ཀྱིས་ཀྱང་གང་རུང་རུང་ལ་སྣོད་མ་བརྟགས་པར་གྱུ་ཆོམ་དུ་སྡོམ་པ་ནོད་པའི་ཚིག་བསྒྲགས་པར་བྱ་མི་རིགས་སོ་ཞེས་གསང་བར་གདམས། གཏང་རག་གི་མཆོད་པ་ནི། དཔོན་སློབ་གཉིས་ཀྱིས་སྔར་བཞིན་མཆོད་པ་བྱས་ནས་ཕྱག་བྱ་སྟེ་ལྡང་བར་བྱའོ། །ཚུལ་དེ་ལྟ་བུ་ལ་སོགས་པ་སྟེ། སྨོན༷་འཇུག༷་གཉིས་འབོག་བྱེད་ཀྱི་ཆོ༷་ག༷་སོ༷་སོའི༷་སྒོ༷་ནས༷་ལེན༷་པའོ། །གསུམ་པ་དམིགས་བསལ་ནི། རྒྱལ་བའི་རྟེན་ལའང་སོགས་ཀྱིས་བསྟན་ཏེ། སྤྱིར་ཡུལ་རྟེན་བླ་མ་ལས་བླང་ན། ངོ་ཚ་ཁྲེལ་ཡོད་ཀྱི་རྟེན་དུ་འགྱུར་བ་སོགས་ཀྱི་དགོས་པ་ཆེ་མོད། བླང་ཡུལ་ཚད་ལྡན་མེད་ན། མོས་གུས་ཀྱི་ཤུགས་ཀྱིས་རང་གིས་ལེན་ཚུལ་ནི། རྒྱལ༷་བའི༷་རྟེན༷་བཀྲམ་སྟེ། རྒྱལ་བ་སྲས་བཅས་ཐོགས་མེད་ཀྱི་མཁྱེན་རབ་དང་ལྡན་ཞིང་ཐུགས་རྗེ་ཆེན་པོས་མཐའ་ཡས་པའི་འགྲོ་བ་ལ་རྟག་ཏུ་དགོངས་པ་རྣམས་ཡུལ་དུ་བྱས་ལ་དུས་དེར་ཡན་ལག་བདུན་གྱི་བསགས་སྦྱང་གིས་མདུན

བསྒུས་ཏེ། ཇི་ལྟར་སྔོན་གྱི་དེ་བཞིན་གཤེགས་པ་རྣམས་ཀྱིས་བླ་ན་མེད་པའི་བྱང་ཆུབ་ཏུ་ཐུགས་བསྐྱེད་པ་དང་། བྱང་སེམས་ཀྱི་བསླབ་བྱ་ལ་ཇི་ལྟར་བསླབ་པ་དེ་ལྟར་བདག་གིས་ཀྱང་བྱང་ཆུབ་ཏུ་སེམས་བསྐྱེད་པ་དང་། བསླབ་བྱ་མཐའ་དག་ལ་རིམ་པར་བསླབ་སྟེ། སེམས་ཅན་སྡུག་བསྔལ་གྱི་ཆུ་བོ་ལས་མ་བརྒལ་བ་རྣམས་བསྒྲལ་བ་དང་། ཀུན་འབྱུང་གི་འཆིང་བ་ལས་མ་གྲོལ་བ་རྣམས་སྒྲོལ་བ་དང་། འཕགས་པའི་ལམ་གྱིས་དབུགས་མ་ཕྱུང་བ་རྣམས་དབུགས་དབྱུང་བ་དང་། ཞི་གྱུར་ཡང་དག་པའི་མཐའ་ལ་ཡོངས་སུ་མྱ་ངན་ལས་མ་འདས་པ་རྣམས་མྱ་ངན་ལས་བཟློའོ། །ཞེས་པ་ལན་གསུམ་གྱིས་སྨོན་པ་བླང་ནའང་རྡུ༷ང་བར༷་སྒྲོལ༷་གཉི༷ས་ཀ་མཐུན་པ་ཡིན་ནོ། །བཞི་པ་ཐོབ་མཚམས་ནི༏ ཐོབ་མཚམས་བརྗོད་པ་སོགས་ཀྱིས་བསྟན་ཏེ། བྱང་སྡོམ་ཐོབ༷་པའི་མཚམ༷ས་བརྡ་ལས་བྱུང་བའི་སྡོམ་པ་ལེན་པའི་སྐབས་འདིར་དངོས་གཞི་འབོག་ཆོག་བརྗོད༷་པ༷་གསུམ༷་གྱི༷་མཐ༷འ་ལ༷་སྡོམ་པ་ཐོབ་པར་བཞེད་པའོ༷། །

གཉིས་པ་དོན་དམ་པའི་སེམས་བསྐྱེད་ཇི་ལྟར་སྐྱེ་བ་ནི། དོན་དམ་སེམས་བསྐྱེད་ཆོགས་སོགས་ཀྱིས་བསྟན་ཏེ། དེ་ལ་དོན༷་དམ༷་པའི་སེམ༷ས་བསྐྱེད་ནི། ཕར་ཕྱིན་ཐེག་པ་ལྟར་ན། ཆོས་དབྱིངས་མངོན་དུ་རྟོགས་པའི་ཡེ་ཤེས་ཏེ། དེའི་མཚན་ཉིད་ནི། དམ་པ་གསུམ་ཚང་བའི་ཐེག་ཆེན་གཙོ་བོ་ཡིད་ཀྱི་རྣམ་རིག་ཁྱད་པར་ཅན་དེ་དོན་དམ་སེམས་བསྐྱེད་ཀྱི་མཚན་ཉིད། དེའང་དམ་པ་གསུམ་ནི། མདོ་སྡེ་རྒྱན་ལས། རྫོགས་པའི་སངས་རྒྱས་རབ་བསྟེན་བྱས་ཞེས་ལུང་དམ་པའི་ཁྱད་པར་རྫོགས་པའི་སངས་རྒྱས་མཆོག་གི་སྤྲུལ་པའི་སྐུ་ལ་བསྟེན་བཀུར་བྱས་ནས་ཆོས་ཐོས་པ་ལས་བྱུང་བའི་ཁྱད་པར་དང་། བསོད་ནམས་ཡེ་ཤེས་ཚོགས་རབ་བསགས་ཞེས་པས་སྦྱོར་བ་དམ་པའི་ཁྱད་པར། བསྐལ་པ་གྲངས་མེད་པར་ཚོགས་གཉིས་རབ་ཏུ་བསགས་པ་ལས་བྱུང་བའི་ཁྱད་པར། ཆོས་ལ་མི་རྟོག་ཡེ་ཤེས་ནི། །སྐྱེ་ཕྱིར་དེ་ནི་དམ་པར་འདོད། །ཅེས་རྟོགས་པ་དམ་པའི་ཁྱད་པར་ཆོས་ཐམས་ཅད་ལ་གཟུང་འཛིན་རྣམ་པར་མི་རྟོག་པའི་ཡེ་ཤེས་འཕགས་པའི་མཉམ་བཞག་གི་ཡེ་ཤེས་ཉིད་སྐྱེས་པའི་ཁྱད་པར་སྟེ། ཁྱད་པར་དམ་པ་གསུམ་དང་ལྡན་པ་དེ་ནི། དོན་དམ་པའི་སེམས་བསྐྱེད་དུ་འདོད་པའོ། །ས་མཚམས་ནི། ས་དང་པོ་རབ་ཏུ་དགའ་བ་ནས་སངས་རྒྱས་ཀྱི་སའི་བར་རོ། །དོན་དམ་

སེམས་བསྐྱེད་ཀྱི་ཡོན་ཏན་ལ། གང་ལས་སྐྱེས་པའི་ཁྱད་པར། ཕ་ལྟ་བུའི་ཀུན་རྫོབ་སེམས་བསྐྱེད། མ་ལྟ་བུའི་བདག་མེད་རྟོགས་པའི་ཤེས་རབ། མངལ་ལྟ་བུའི་བསམ་གཏན་གྱི་བདེ་བ། མ་མ་ལྟ་བུའི་སྙིང་རྗེ་སྟེ་སངས་རྒྱས་ཀྱི་སྲས་སུ་སྐྱེ་བའི་ཡོན་ཏན། ཐབས་རྒྱ་ཆེ་བའི་ཁྱད་པར། ཐབས་ཤེས་རྣམ་པ་ཐམས་ཅད་པའི་སྒོ་ནས་སངས་རྒྱས་མཆོད་པའི་རིམ་གྲོ་བྱ་བ་དང་། སྨོན་ལམ་ཆེན་པོ་བཅུ་རང་གཞན་དོན་དུ་འདེབས་པ་རྣམས་ཀྱི་ཡོན་ཏན། གཞན་དོན་ལ་སྤྲོ་བའི་ཁྱད་པར། རང་ཤ་སྟེར་བ་ལའང་མི་སྐྱོ་བའོ། །བསམ་པ་དག་པའི་ཁྱད་པར། རང་ཉིད་སངས་རྒྱས་པར་ཐག་ཉེ་བར་རྟོགས་པ་རང་གཞན་གྱིས་བྱང་ཆུབ་སྒྲུབ་པའི་ཐབས་ཤེས་རྙེད་པའི་ཡོན་ཏན། ས་ལྷག་མ་ཕྱིས་སུ་འཐོབ་འགྱུར་རྣམས་ཀྱི་རང་བཞིན་དང་། ཡོན་ཏན་དང་། ཇི་ལྟར་ཐོབ་པའི་ཐབས་རྣམས་ལ་མཁས་པའི་ཡོད་ཏན་དང་། ངེས་འབྱུང་གི་ཁྱད་པར། ས་འོག་མའི་ཡོན་ཏན་སྟོང་པར་རྟོགས་པས་བདག་འཛིན་ལས་གྲོལ་ཏེ། གོང་མ་ལ་ངེས་པར་འབྱུང་བའི་ཡོན་ཏན་རྣམས་ཏེ་ཡོན་ཏན་དྲུག་ལྡན་དེ་དོན་དམ་སེམས་བསྐྱེད་ཡིན་ནོ། །གསང་སྔགས་ཀྱི་རྒྱུད་སྡེ་རྣམས་སུ་དོན་དམ་སེམས་བསྐྱེད་དེ་ཟབ་གསལ་གཉིས་མེད་དམ་བདེ་སྟོང་ཟུང་འཇུག་གི་འོད་གསལ་བའི་ཡེ་ཤེས་སུ་གསུངས་པས་དེ་གསང་སྔགས་ཀྱི་དབང་བསྐུར་བའི་ཚོ༷་གའི༷་སྒོ་ནས་བླང༷ས་ཤིང་ཐོབ༷་པ༷་ནི་གསང༷་སྔགས༷་ཁོ་ནའི་ལུགས༷་ཡིན༷་ནོ། །གལ་ཏེ་སྤྱང་སྐོང་ཕྱག་རྒྱའི་མདོ༷་ལས༷། དོན་དམ་པའི་བྱང་ཆུབ་ཀྱི་མཆོག་ཏུ་སེམས་བསྐྱེད་པར་བྱའོ་ཞེས་བསྟན་ནས་བཤ༷ད་པ་ཙམ་ཡོད་སྲིད༷་ན༷་ཡང་། དོན་དམ་པའི་བྱང་ཆུབ་ཀྱི་སེམས་བསྐྱེད་པར་བྱའོ་ཞེས་སྨྲ་བའི་མོས་འདུན་གྱི་དམ༷་བཅ༷འ་བའི་ཉམས་ལེན་ཉིད༷་བསྟན་པ་ཡིན༷་གྱི་དེ་ཙམ་མ་གཏོགས་སེམས་བསྐྱེད་དེ་ནོད་པའི་ཆོ་ག་མེད་པས་དོན་དམ་སེམས་བསྐྱེད་དངོས་ནི་བསྒོམ་པའི༷་སྟོབ༷ས་ལས༷་སྐྱེ་བ་ཡིན་ནོ། །དེའི་ཚུལ་ཡང་། སློབ་དཔོན་ཀ་མ་ལ་ཤཱི་ལའི་སྒོམ་རིམ་ལས། དེ་ལྟར་ཀུན་རྫོབ་ཀྱི་བྱང་ཆུབ་ཀྱི་སེམས་བསྐྱེད་ནས། དོན་དམ་པའི་བྱང་ཆུབ་ཀྱི་སེམས་བསྐྱེད་པའི་ཕྱིར་འབད་པར་བྱའོ། །དོན་དམ་པའི་བྱང་ཆུབ་ཀྱི་སེམས་དེ་ནི། འཇིག་རྟེན་ལས་འདས་པ་སྤྲོས་པ་མཐའ་དག་དང་བྲལ་བ་ཤིན་ཏུ་གསལ་བ་དོན་དམ་པའི་སྤྱོད་ཡུལ་དྲི་མ་མེད་པ་མི་གཡོ་བ་རླུང་མེད་པའི་མར་མེའི་རྒྱུན་བཞིན་དུ་མི་གཡོ་བའོ། །དེ་འགྲུབ་པ་ནི། རྟག་ཏུ་གུས་པར་ཡུན་རིང་དུ་ཞི་གནས

དང་། ལྷག་མཐོང་གི་རྣལ་འབྱོར་གོམས་པ་ལས་འགྱུར་རོ། །ཞེས་གསུངས་སོ། །

གསུམ་པ་བར་དུ་མི་ཉམས་པར་བསྲུང་བའི་ཐབས་ལ་གཉིས། དངོས་དང་། རྟེན་ནོ། །དང་པོ་ལ་མདོར་བསྟན་པ། རྒྱས་པར་བཤད་པ། དོན་བསྡུ་བའོ། །དང་པོ་ནི། བར་དུ་མི་ཉམས་བསྲུང་བའི་སོགས་ཀྱིས་བསྟན་ཏེ། དེ་ལྟར་ཐོབ་ཟིན་པའི་སྡོམ་པ་དེ་ཉིད་བར་དུ་མི་ཉམས་པར་བསྲུང་བའི་ཐབས་བཤད་པ་ལ། བྱང་ཆུབ་སེམས་དཔའི་ཚུལ་ཁྲིམས་རྣམ་པ་གསུམ་ཚུལ་བཞིན་བསླབ་སྟེ་བསྲུང་བ་ཉིད་ཡིན་ཏེ། དེ་ལས་འདས་ཏེ་ཉམས་ན་བསླབ་འགལ་གྱི་ཉེས་པས་སྡོམ་པ་རྣམ་དག་ལས་ཉམས་པའི་ཕྱིར་རོ། །ཚུལ་ཁྲིམས་གསུམ་ནི། ཉེས་སྤྱོད་སྡོམ་པའི་ཚུལ་ཁྲིམས་དང་། དགེ་བ་ཆོས་སྡུད་ཀྱི་ཚུལ་ཁྲིམས་དང་། སེམས་ཅན་དོན་བྱེད་ཀྱི་ཚུལ་ཁྲིམས་དང་གསུམ་ཞེས་བྱའོ། །གཉིས་པ་རྒྱས་པར་བཤད་པ་ལ། དེ་ལྟ་བུའི་ཚུལ་ཁྲིམས་གསུམ་སོ་སོར་རྒྱས་པར་བསྟན་པ་ལས། དང་པོ་ཉེས་སྤྱོད་སྡོམ་པའི་ཚུལ་ཁྲིམས་ནི་རྒྱས་པར་བཤད་པར་བྱ་བ་ཡིན་ལ། དེའང་སེམས་ཅན་གྱི་དོན་དུ་རྫོགས་བྱང་ཐོབ་ཆེད་དུ་མི་མཐུན་ཕྱོགས་ལོག་ཏུ་འཆད་འགྱུར་གྱི་ཉེས་ལྟུང་རྣམས་སྤོང་བའི་སེམས་པ་མངོན་གྱུར་དང་ས་བོན་ཅི་རིགས་པ་དེ་ཉེས་སྤྱོད་སྡོམ་པའི་ཚུལ་ཁྲིམས་སོ། །

དབྱེ་ན། ཀླུ་སྒྲུབ་ལུགས་ཞི་བ་ལྷས་བསླབ་བཏུས་སུ་ཕྱེ་བ་དང་། ཐོགས་མེད་ལུགས་ཙནྡྲ་གོ་མིས་སྡོམ་པ་ཉི་ཤུ་པར་ཕྱེ་བ་གཉིས་སོ། དང་པོ་ལ། རྩ་ལྟུང་གི་རྣམ་བཞག་དངོས་སུ་བསྟན་པ་དང་། ཡན་ལག་གི་ཉེས་བྱས་གཞན་དུ་ཞལ་འཕངས་མཛད་པའོ། །དང་པོ་ལ་རྩ་ལྟུང་བཅོ་བརྒྱད་སོ་སོར་བསྟན་པ་དང་། དེ་རྟེན་གསུམ་ལ་བཞག་པའི་རྒྱུ་མཚན་བསྟན་པ། དབྱེ་བ་བསྡུས་ཏེ་བསྟན་པ། ཐུན་མོང་སློན་འཇུག་གི་སེམས་བསྐྱེད་གཏོང་བའི་རྩ་ལྟུང་བཤད་པ་དང་བཞིའོ། །དང་པོ་ལ་གསུམ་སྟེ། རྒྱལ་པོ་ལ་འབྱུང་ཉེ་བ་ལྔ་དང་། བློན་པོ་ལ་འབྱུང་ཉེ་བ་ལྔ་དང་། དམངས་ཕལ་བ་ལ་འབྱུང་ཉེ་བ་བརྒྱད་དོ། །དང་པོ་ནི། དཀོན་མཆོག་དཀོར་འཕྲོག་སོགས་ཀྱིས་བསྟན་ཏེ་རྒྱལ་པོ་ལ་འབྱུང་ཉེ་བའི་རྩ་ལྟུང་ལྔ་ལས་དང་པོ་དཀོན་མཆོག་གསུམ་གྱི་དཀོར་ནོར་འཕྲོག་པ་སྟེ་རྫས་བདག་ནི། སངས་རྒྱས་དངོས་སམ་སྐུ་གཟུགས་མཆོད་རྟེན། ཆོས་ལུང་རྟོགས་ཀྱི་ཆོས་གླེགས་བམ་ཆོས་ཀྱི་སྙིང་པ། དགེ་འདུན་སོ་སྐྱེས་དགེ་སློང་བཞི་ཡན་ཆད། འཕགས་པའི་གང་ཟག་རེ་རེ་ཡང་དགེ་འདུན་ཡིན། དེ་ལྟ་

བུའི་དཀོན་མཆོག་གསུམ་གང་རུང་ཞིག་ནི་གང་ལ་འཁྲིག་པའི་ཡུལ་ལོ། །གང་ལས་འཁྲིག་པའི་རྫས་ཀྱི་དངོས་པོ་ནི། ཞིང་ཁང་སོགས་གནས་དང་། བཟའ་བཏུང་ཞོན་པ་སོགས་གང་རུང་དེ་ཙི་ཙམ་མ་བྱིན་ལེན་པའི་ལས་ལམ་དུ་འགྱུར་བའི་མ་མཐའ་ཡན་ཆད་ཞིག་གོ །དེའང་དཀོན་མཆོག་གསུམ་གང་རུང་གིས་བདག་གིར་བྱས་མ་བྱས་འདྲ་བས་དོན་ལ་དཀོན་མཆོག་ལ་བསྔོས་པའི་སྒོ་ནས་དེ་ལ་དབང་བ་ཞིག་དགོས་སོ། །

གང་གིས་བླང་བའི་རྟེན་ནི། དགེ་འདུན་ལ་བརྐུས་པའི་ཚེ་རང་དེའི་གསེབ་ཏུ་མ་གཏོགས་པས་རང་ལ་མི་དབང་བའི་རྟེན་ནོ། །བསམ་པ་ཀུན་སློང་སྤྱི་ལ་ཞུགས་ན་འདུ་ཤེས་འཁྲུལ་མ་འཁྲུལ་འདྲ། ཀུན་སློང་བྱེ་བྲག་ལ་ཞུགས་ན་འདུ་ཤེས་མ་འཁྲུལ་བ་ཡིད་གཉིས་ཡན་ཆད་ཀྱིས་འདུ་ཤེས་ཀྱི་རྣམ་པ་མ་དོར་བ་དགོས་ཏེ་ནོར་ནས་བརྐུས་པ་ལ་མ་བྱིན་ལེན་གྱི་ལས་ལམ་དུ་མི་འགྱུར་བར་གསུངས་པའི་ཕྱིར་རོ། །ཀུན་སློང་ནི། དཀོན་མཆོག་ལ་དབང་བ་རང་ལ་མི་དབང་ཡང་གཏན་དུ་འཕྲལ་འདོད་རྒྱུན་མ་ཆད་པ། དེའང་སྙིང་རྗེ་དང་གཞན་དོན་མ་ཡིན་པར་རང་གི་ཆེད་དུ་འཁྲིག་པའམ། ཀུན་སློང་ཉོན་མོངས་ཅན་ཡིན་པ་དགོས། སྦྱོར་བ་རང་གིས་བྱེད་པ་དང་གཞན་ལ་བཅོལ་བ་གཉིས་འདྲའོ། །དེ་ཡང་མ་ཚོར་བར་འཇབ་ནས་བརྐུས་པ་དང་མཐུས་འཁྲིག་པ་གཉིས་འདྲའོ། །མཐར་ཐུག་མ་བྱིན་བླངས་པའི་ཚད་ལ་ཐོབ་བློ་སྐྱེ་བའོ། །འདི་ལ་ཡུལ་གསུམ་ལ་ལྟོས་པའི་རྒྱ་ལྟུང་གསུམ་མོ༔ ༔གཉིས་པ། དམ་པའི་ཆོས༷་སྤོང༷་བའི་རྒྱ་ལྟུང་ལ་གཉིས་ལས༷་གང་སྤང་བའི་ཡུལ་ནི། ཐེག་ཆེན་གྱི་ཟབ་རྒྱས་གཉིས་ཆར་སྟོན་པའི་མདོ་སྡེ་དང་། ཉན་ཐོས་ཀྱི་ངེས་པར་འབྱུང་བའི་ལམ་བདེན་བཞི་སྟོན་པའི་མདོ་སྡེ་དང་། རང་རྒྱལ་གྱི་ངེས་པར་འབྱུང་བའི་ལམ་རྟེན་འབྲེལ་སྟོན་པའི་མདོ་སྡེ་ལྟ་བུའི་ཐེག་གསུམ་གྱི་སྡེ་སྣོད་ཀྱི་དོན་ཕྱོགས་རེ་མ་ཡིན་པར་དོན་རྫོགས་པར་སྟོན་པའི་སྡེ་སྣོད་ཞིག་ལ། ཇི་ལྟར་སྤོང་ཚུལ་ནི། རང་གིས་དེ་བཞིན་གཤེགས་པས་གསུངས་པའི་བཀའ་མིན་ནོ་ཞེས་དང་། འདི་གཞན་ལ་ཕན་པའི་དོན་ལྡན་མ་ཡིན་ནོ་ཞེས་སྐུར་པ་བཏབ་པའོ། །འདི་ལ་ཐེག་པ་གསུམ་སྤང་བའི་ཆོས་སྤོང་གི་ལས་ཀྱི་ལྟུང་བ་གསུམ་མོ། །གསུམ་པ་ཚུལ༷་ལྡན༷་ནམ་ཚུལ༷་འཆ༷ལ་ལ་ཁྲིམ༷ས་གཅོད༷་པ། བསླུབ་པ་ལས་ཕབ་པའམ་འཕེབ༷ས་པ་སོག༷ས་རབ་བྱུང་ལ་འཚེ་བའི་རྒྱ་ལྟུང་ལ་གཉིས་ལས། གང་

ལ་འཚེ་ཡུལ་སངས་རྒྱས་ཀྱི་རྗེས་སུ་རབ་ཏུ་བྱུང་བ་ཡིན་པ་དང་། བསླབ་པའི་གཞི་བཟུང་མ་བཟུང་དང་། ཚུལ་ཁྲིམས་འཆལ་མ་འཆལ་གང་ཡང་རུང་བའི་དགེ་སློང་ཞིག་དགོས། འཚེ་བ་ཇི་ལྟར་བྱེད་ན༔ བསམ་པ་གནོད་ཅིང་འཚེ་བའི་བསམ་པ་ཉོན་མོངས་ཅན་ཡིན་པའོ། །སྦྱོར་བ་གོས་དུར་སྨྲིག་འཕྲོག་པ་དང་། རབ་བྱུང་ལས་ཕབ་སྟེ་ཁྱིམ་ན་གནས་པ་གང་རུང་བྱེད་དུ་འཇུག་པ་དང་། དེ་གང་རུང་རང་གིས་བྱས་པའོ། །གཞན་ཡང་ལག་ཆས་བསྣུན་པ་བཙོན་རར་འཇུག་པ་རྣམ་པར་འཚེ་བ་མཐོ་འཚམས་པ་བྱས་པ་རྩ་ལྟུང་ངོ་། །སྡོམ་ལྡན་དགེ་སློང་བཞིར་ལོངས་པའི་གོས་འཕྲོག་ན་རྩ་ལྟུང་དང་པོར་གཏོགས་སོ༔ ༔གསུམ་པ་འདི་ལ་དུར་སྨྲིག་འཕྲོག་པ་དང་། རབ་བྱུང་ལས་ཕབ་པའི་ལྟུང་བ་གཉིས་སོ། བཞི་པ་མཚམ༷ས་མེད༷་པའི་ལས༷་ལྔ་བྱེད༷་པའི་ལྟུང་བ་ལ་ཕ་མ་དགྲ་བཅོམ་གསོད་པ་གསུམ་དང་། རྒྱལ་བའི་སྐུ་ལ་ངན་སེམས་འཚེ་བའི་བསམ་པས་ཁྲག་འབྱིན་པ། འཁོར་ལོའི་དབྱེན་བྱེད་པ་དང་ལྔ་གང་རུང་བྱེད་པའི་རྩ་ལྟུང་ལྔའོ། །ལྔ་པ་ལོག༷་ལྟ༷་བྱས་པའི་རྩ་ལྟུང་ལ་དཀར་ནག་གི་ལས་འབྲས་དང་། །སྐྱེ་བ་སྔ་ཕྱི་མེད་ཅེས་སྐུར་བ་འདེབས་པའོ། །ལྔ༷་པོ་དེ་ནི་རྒྱལ༷་པོ༷་ལ་འབྱུང་ཉེ་བའི་ལྟུང་བའོ། །དེ་ལྔ་ནི་བསླབ་བཏུས་ལས། དཀོན་མཆོག་གསུམ་གྱི་དཀོར་འཕྲོག་པ། ཕས་ཕམ་པ་ཡི་ལྟུང་བར་འདོད། དམ་པའི་ཆོས་ནི་སྤོང་བྱེད་པ། །གཉིས་པར་ཐུབ་པས་གསུངས་པ་ཡིན། །ཚུལ་ཁྲིམས་འཆལ་བའི་དགེ་སློང་ལའང་། །དུར་སྨྲིག་འཕྲོག་དང་རྡེག་པ་དང་། །བཙོན་རར་འཇུག་པར་བྱེད་པ་དང་། རབ་ཏུ་བྱུང་བ་འབེབས་པ་དང་། །མཚམས་མེད་ལྔ་པོ་བྱེད་པ་དང་། །ལོག་པར་ལྟ་བ་འཛིན་པ་དང་། །ཞེས་གསུངས་སོ། །

གཉིས་པ་བློན་པོ་ལ་འབྱུང་ཉེ་བ་ལྔ་ལས། སྔ་མ་ལྔའི་ནང་ནས་ལོག་ལྟ་ཕྲི་ཞིང་དེའི་ཚབ་ཏུ་གྲོང༷་ལྗོངས༷་གྲོང༷་ཁྱེར༷་གྲོང༷་རྡལ༷་ཡུལ༷་འཁོ༷ར་འཇོམས་པ་རྣམ༷ས་གཅིག་ཏུ་བསྡུས་ནས་དེ་བསྟན་པས་ལྔའོ། །དེའང་གྲོང་ནི་མི་ཁྱིམ་གཅིག་ལ་སོགས་པ་དང་། ལྗོངས་ནི། མི་རིགས་བཞི་གནས་པའི་ཡུལ། གྲོང་ཁྱེར་ནི་བཟོ་རིགས་ཀྱི་བཟོ་སྣ་བཅོ་བརྒྱད་གནས་ཡུལ་དང་། གྲོང་རྡལ་ནི། ཚོང་འདུས་ཆེན་པོ་འདུ་ཡུལ། ཡུལ་འཁོར་ནི། རྒྱལ་པོའི་མངའ་རིས་ལྔ་བུ་ཡིན་པར་གསུངས་པས་དེ་རྣམས་གང་གཞིག་པར་བྱ་བའི་གནས་སོ། །ཀུན་སློང་གྲོང་སོགས་དེ་དག་གཞིག་པའི་བསམ་པ་

ཉོན་མོངས་ཅན་ནོ། །སྦྱོར་བ་འཇིག་པའི་ཐབས་གང་རུང་གིས་བཤིག་པར་རྩོམ་པ། མཐར་ཐུག་བཤིག་པའོ། །གནས་འཇིག་པའི་ལྟུང་བ་འདི་ལ་གནས་ལྔ་འཇིག་པའི་ལྟུང་བ་ལྔའོ། བསླབ་བཏུས་ལས། གྲོང་ལ་སོགས་པ་འཇིག་པའང་། །རྩ་བའི་ལྟུང་བར་རྒྱལ་བས་གསུངས། །ཞེས་སོ། །གསུམ་པ་དམངས་ཕལ་བ་ལ་འབྱུང་ཉེ་བ་བརྒྱད་ནི། མ་སྦྱངས་སྟོང་ཉིད་བརྗོད་སྤྲས་སོགས་ཀྱིས་བསྟན་ཏེ། །དང་པོ་སྣོད་མིན་ལ་ཟབ་མོ་བཤད་པའི་རྩ་ལྟུང་ནི། རྫོགས་བྱང་དུ་སེམས་བསྐྱེད་ཅིང་ནན་ཏན་གྱིས་བློ་མ་སྦྱངས་པས་སྟོང་ཉིད་བསྟན་ན་སྐྲག་པར་འགྱུར་བའི་རིགས་ལ། དེ་ཁོ་ན་ཉིད་ཐབས་ཀྱི་ལམ་བརྗོད་ཅིང་བསྟན་པའི་སྣ་ནས་སམ་གོ་རིམ་འཚོལ་བར་བསྟན་པའི་དབང་གིས་ཉན་ཐོས་ལ་སྨོན་པ་འདི་ལ་གསུམ་ལས། གང་ལ་བརྗོད་པའི་ཡུལ་ནི། ནན་ཏན་དུ་བློ་མ་སྦྱངས་པས་སེམས་ཅན་སྟོང་ཉིད་བསྟན་ན་སྐྲག་པར་འགྱུར་བ་དང་། རྫོགས་བྱང་དུ་སེམས་བསྐྱེད་པ་དང་ལྡན་པའོ། །གང་བརྗོད་པར་བྱ་བ་ནི། སྤྲོས་པ་དང་བྲལ་བའི་སྟོང་ཉིད་བརྗོད་པའོ། །བརྗོད་ཅིང་བསྟན་པས་ཇི་ལྟར་འགྱུར་བ་ནི། དེ་ལྟར་སྟོང་ཉིད་ཀྱི་དོན་ལ་སྐྲག་ནས་རྫོགས་བྱང་གི་སེམས་ལས་ཕྱིར་ལོག་སྟེ་ཐེག་དམན་དུ་སེམས་བསྐྱེད་པ་ཡིན། འདི་ནི་སྣོད་མ་བརྟགས་པའི་གང་ཟག་ལ་འབྱུང་གི་སྣོད་བརྟགས་ནས་རང་གིས་སྣོད་རུང་བར་ཤེས་ནས་བསྟན་ན་གོང་ལྟར་སྐྲག་པར་གྱུར་ཀྱང་ཉམས་པ་མི་སྐྱེད་པར་གསུངས་སོ། །

གཉིས་པ་ཐེག་ཆེན་ལས་བཟློག་པའི་རྩ་ལྟུང་ནི། འདི་ལ་གཉིས་བཟློག་བྱ་ནི། ཐེག་ཆེན་གྱི་ལམ་ཞུགས་རྫོགས་པའི་བྱང་ཆུབ་ཏུ་སེམས་བསྐྱེད་པའོ། །དེ་ལས་ཕྱིར་བཟློག་ཚུལ་ནི། ཁྱོད་ཀྱིས་ཕྱིན་དྲུག་གི་ལམ་ལ་སྤྱད་མི་ནུས་པ་དང་། སངས་རྒྱས་ཐོབ་པར་མི་ནུས་ཀྱི་ཉན་རང་གི་ཐེག་པ་དམན་པ་ལ་སེམས་བསྐྱེད་པར་གྱིས་དང་། འཁོར་བ་ལས་ཐར་བར་འགྱུར་རོ། །ཞེས་བཟློག་པའོ། །དེ་ཡང་བཟློག་པ་ཙམ་གྱིས་མི་ཚོག་པར་དངོས་སུ་ལོག་དགོས་པ་ཡིན་ནོ། །གསུམ་པ་སོ་ཐར་སྤོང་བའི་རྩ་ལྟུང་ནི། འདི་ལ་གཉིས་ལས། གོ་བར་བྱ་བའི་ཡུལ་ནི། སོ་སོར་ཐར་པ་དང་འདུལ་བའི་ཚུལ་ཁྲིམས་ལ་ཚུལ་བཞིན་སློབ་པའི་གང་ཟག་གི་གོ་བར་བྱེད་ཚུལ་ནི། འདུལ་བའི་ཚུལ་ཁྲིམས་དག་པས་ཅི་བྱ་ཞེས་སོ་ཐར་སྤང་དུ་བཅུག་ནས་རྫོགས་བྱང་དུ་སེམས་བསྐྱེད་ལ་ཐེག་ཆེན་གློགས་ཤིག་དང

ཉོན་མོངས་པའི་རྐྱེན་གྱིས་བྱུང་བའི་ཉེས་སྤྱོད་དག་པར་འགྱུར་རོ་ཞེས་ཐེག་ཆེན་དུ་སེམས་བསྐྱེད་པ་ཙམ་དང་ཐེག་ཆེན་ཀློག་པ་ཙམ་གྱིས་དག་པར་སྨྲས་པའོ། །འོན་ཀྱང་ཉན་ཐོས་ཀྱི་ཐེག་པ་ལ་བསླབ་པར་མི་བྱའོ་ཞེས་བཟློག་པ་ལ་ཉེས་བྱས་སུ་བཤད་པ་ནི། གཞན་ལ་བཟློག་ཚིག་དེ་གོ་བར་བྱས་པ་ཙམ་ལ་ཡིན་གྱིས་ཕམ་པའི་ལྟུང་བ་ལ་ནི། བཟློག་པ་བཞིན་དུ་དངོས་སུ་ལོག་པ་ཞིག་དགོས་སོ། ། བཞི་པ་ཉན་ཐོས་ཀྱི་ཐེག་པ་ལ་སྐུར་བ་འདེབས་པའི་རྩ་ལྟུང་ནི། འདི་ལ་གཉིས་ལས། སྐུར་བ་གདབ་བྱའི་ཡུལ་ནི། སློབ་པའི་ཐེག་པ་ཞེས་ཉན་ཐོས་ཀྱི་ཐེག་པ་ལ་བཤད་ཀྱང་། རང་རྒྱལ་གྱི་ཐེག་པ་ཡང་འདྲ་བས་དེ་གཉིས་གང་རུང་ངམ་ཐེག་པ་ཆུང་འབྲིང་སྤྱི་ལ་བསླབ་པར་བྱས་ཀྱང་ཞེས་བསྐུར་བའོ། །སྐུར་བ་འདེབས་ཚུལ་ནི། ཐེག་པ་དེ་དག་ལ་ཅི་ཙམ་བསླབ་པར་བྱས་པས་ཀྱང་ཆགས་པ་ལ་སོགས་པའི་ཉོན་མོངས་པ་མཐར་འབྱིན་པའམ་མ་ལུས་པ་མི་བཟློག་པ་སྤོ་སྤང་བར་མི་ནུས་སོ། ། ཞེས་བསམ་པ་ཐག་པ་ནས་སྐུར་བ་འདེབས་པའོ། །དེ་ལྟར་སྨྲས་པས་ལས་ཉོན་དེ་བཟློག་པའི་ལམ་དང་ལམ་དེའི་འབྲས་བུ་དང་བཅས་པ་མེད་དོ་ཞེས་སྐུར་པ་བཏབ་པར་བྱས་པའོ། །དེ་ལྟར་སྨྲས་པའི་ཚེ། སྨྲ་ཡུལ་ཕ་རོལ་པོས་ཀྱང་། དེ་འདྲ་བའི་ལྟ་བའམ་བསམ་པ་དེ་དང་དུ་བླང་བ་ཙམ་གྱིས་ཉན་པ་པོ་ལའང་ཉན་ཐོས་ཐེག་པ་སྤོང་བའི་རྩ་ལྟུང་འབྱུང་བ་ཡིན་ནོ། །སྔོན་རྩ་ལྟུང་གཉིས་པའི་སྐབས་སུ་ཐེག་དམན་གྱི་ལུང་གི་ཆོས་དེ་བཀའ་མིན་ནོ་ཞེས་སྤོང་བའི་ལྟུང་བ་དང་། འདིར་ཐེག་དམན་གྱི་རྟོགས་པའི་ཆོས་དེ་ཉིད་ཀྱིས་སྲིད་པའི་རྩ་བ་གཅོད་མི་ནུས་ཞེས་སྤོང་བ་ཡིན་པས་ཐ་དད་དོ། །ལྔ་པ་བདག་བསྟོད་གཞན་སྨོད་ཀྱི་རྩ་ལྟུང་ནི། འདི་ལ་བཞི་ལས། ཡུལ་ནི། གཞན་གང་ཟག་འགའ་ཞིག་ལ་འདུད་པར་བྱེད་མཁན་གྱི་གང་ཟག་དེ་རྣམས་ལ་ཕྲག་དོག་དབང་གིས་བདག་ཉིད་ལ་བསྟོད་ཅིང་གཞན་གྱིས་འདུད་པར་བྱེད་ཡུལ་གྱི་གང་ཟག་གཞན་དེ་ལ་སྨད་པ་དང་། འདུད་པར་བྱེད་པ་པོ་དེ་ལའང་སྨོད་པའོ། །སྨྲ་བྱ་ཅི་སྨྲས་ན། རང་གི་ཡོན་ཏན་བརྗོད་པའི་བསྟོད་བསྔགས་དང་། གཞན་གྱི་ཉེས་སྐྱོན་བརྗོད་པའི་བསྔགས་པ་མིན་པ་བརྗོད་པའོ། །

བརྗོད་ཚུལ་ནི། རྙེད་བཀུར་དང་སྙན་གྲགས་ལ་ཆགས་པའི་དབང་གིས་གཞན་གྱི་རྙེད་བཀུར་གྲགས་པ་ལ་སེམས་འཁྲུགས་པའི་ཕྲག་དོག་གི་བསམ་པས་བདག་ནི་རྙེད་བཀུར་ལ་མི་ལྟ་བའི་

ཐེག་ཆེན་པ་ཡིན་ལ། གཞན་དེ་དག་ནི། དེ་ལྟར་མ་ཡིན་ནོ་ཞེས་བརྗོད་པ་དང་། བསྟོད་སྨད་དེ་བདེན་རྫུན་གང་ཡིན་ནི་འདུ་ཤེས་བསྒྱུར་ཏེ་མི་བདེན་པར་ལྟེ་གཉིས་ཏེ་རྫུན་སྨྲ་བར་བྱེད་པའོ། ། དྲུག་པ་མི་ཆོས་བླ་མ་སྨྲས་པའི་རྩ་ལྟུང་ནི། འདི་ལ་གཉིས་ཏེ། སྨྲ་བའི་ཡུལ་ནི། དོན་གོ་བའི་གང་ཟག་གོ། །སྨྲ་ཚུལ་ནི། བདག་ཉིད་ལ་རྟེན་པ་དང་། བཀུར་སྟི་འབྱུང་བའི་ཆེད་དུ་ཟབ་མོ་སྟོང་པ་ཉིད་ཀྱི་ཆོས་བསྟན་ནས། འདི་ནི་ཁོ་བོས་མངོན་སུམ་དུ་བྱས་ནས་ཁྱོད་ལ་སྙིང་བརྩེ་བས་བསྟན་པ་ཡིན་གྱི། ཁྱོད་ཀྱིས་ཀྱང་། འདི་མངོན་སུམ་དུ་འགྱུར་བར་དེ་ལྟར་སྒོམ་པར་གྱིས་ཤིག་དང་། ཁོ་བོ་དང་འདྲ་བར་འགྱུར་རོ་ཞེས་བདག་གི་ཡོན་ཏན་རྫུན་གྱིས་འཆོད་པ་དང་། དེ་ཡང་ཕྲག་དོག་མ་ཡིན་པར་ཆགས་སེམས་ལྷ་བུའི་ཉོན་མོངས་ཅན་གྱིས་བསམ་པའི་སྒོ་ནས་མ་རྟོགས་བཞིན་དུ་རྫུན་སྨྲས་པ་ཡིན་པས་རབ་བྱུང་ཡིན་ན་སོ་ཐར་གྱི་ཕམ་པ་དང་འདིར་བསྟན་གྱི་རྩ་བའི་ཕམ་ལྟུང་གཉིས་ཅིག་ཆར་དུ་འབྱུང་བར་གསུངས་སོ། །

བདུན་པ། དཀོན་མཆོག་གི་དཀོར་ལེན་པའི་རྩ་ལྟུང་ནི། འདི་ནི་བློན་པོ་སོགས་ཀྱིས་རྒྱལ་པོ་ལ་བརྟེན་ནས་དགེ་སློང་ལ་ནོར་གྱི་ཆད་པ་བཅད་པའི་ཚེ། དགེ་སློང་གིས་དཀོན་མཆོག་གང་རུང་གི་ཡོ་བྱད་ཅིག་བརྐུས་ན་བློན་པོ་དེ་དག་ལ་རང་གི་རྒྱུ་འཚབ་ཏུ་འབུལ་བ་བློན་པོ་དེ་དག་གིས་རྒྱལ་པོ་ལ་ཕུལ་བས་རྒྱལ་བློན་དེ་དག་བྱང་སྡོམ་ལྡན་པ་ཡིན་ཚེ། དེ་དག་ལ་དགེ་སློང་ལ་ཆད་པས་བཅད་པའི་རྩ་ལྟུང་གསུམ་པ་དེ་འབྱུང་ལ། དགེ་སློང་གིས་དཀོན་མཆོག་གི་དཀོར་བརྐུས་པས་དགེ་སློང་ལ་རྩ་ལྟུང་དང་པོ་འབྱུང་ངོ་། །རྩ་ལྟུང་བདུན་པ་འདི་ནི་བྱིན་པ་ལེན་པའི་རྩ་ལྟུང་ཞེས་དགེ་སློང་རང་གིས་གང་ཟག་གཞན་ཞིག་ལ་བརྐུ་རུ་བཅུག་ན་རྐུ་བྱེད་དེས་བྱིན་པ་ན་དེའི་ལག་ནས་དགེ་སློང་རང་གིས་ལེན་པའི་ལྟུང་བ་ཡིན་པས། དེ་དགེ་སློང་ལ་འབྱུང་བ་ཡིན། དགེ་སློང་རང་གིས་དཀོན་མཆོག་གི་དཀོན་ནོར་བརྐུས་ཏེ་བློན་པོ་ལ་བྱིན་ན་རྒྱུ་ལེན་མཁན་བློན་པོ་དེ་ལ་ལྟུང་བ་འདི་འབྱུང་བ་ཡིན་ལ། དེས་ན་འདིར་རྒྱལ་བློན་གྱིས་དགེ་སློང་ལ་ཆད་པས་གཅོད་དུ་འཇུག་པ་ན། དེའི་རྐྱེན་གྱིས་དགེ་སློང་དེས་དཀོན་མཆོག་གི་དཀོར་ནོར་བརྐུས་ནས་ཁོ་ལ་ཆད་པ་གཅོད་དུ་འཇུག་པའི་ལག་ཏུ་རྐུ་མཁན་སོགས་དེའི་སྒྲུ་གམ་ལག་ནས་འབུལ་ལེན་བྱས་པའི་ནོར་དེ་བླངས་པས་ལྟུང་བ་འདི་

བསྐྱེད་པ་དང་། ལྟུང་བ་འདི་ལྟུང་བ་གཞན་གྱི་རྒྱུར་གྱུར་པའང་ཡིན་ནོ། །བརྒྱད་པ་ཁྲིམས་ངན་འཆའ་བའི་རྩ་ལྟུང་ནི། སྤྱོང་བ་པ་དག་གི་ལོངས་སྤྱོད་དེ་ཕྲོགས་ནས་ཁ་ཏོན་པ་ལ་བྱིན་པ་དང་། ཞི་གནས་དང་ལྷག་མཐོང་གི་རྣལ་འབྱོར་འདོར་དུ་བཅུག་པའི་ཁྲིམས་བཅས་པ་འདི་ལ་གཉིས་ལས། ཁྲིམས་ངན་འཆའ་བའི་ཡུལ་ནི། ཆོས་སྤྱོད་པའི་དགེ་སློང་རྣམས་སོ། །ཁྲིམས་ཇི་ལྟར་བཅས་ན། དེ་དག་ལ་འཚེ་བའི་བསམ་པས་བསམ་གཏན་པ་དག་ལ་ཞི་གནས་ཀྱི་ཡིད་བྱེད་འདོར་དུ་འཇུག་པའི་ཁྲིམས་དང་ལྷག་མཐོང་སྒོམ་པ་ལ་ལྷག་མཐོང་དང་མཐུན་པའི་ཡིད་བྱེད་འདོར་དུ་འཇུག་པ་དང་། ཉོན་མོངས་པ་མང་དུ་འགྲོ་བའི་ཁྲིམས་བཅས་པའོ། །ཡང་དག་འཛོག་གི་ལོངས་སྤྱོད་མ་བྱིན་པར་ལེན་པ་དེ་ལ་བཞི་ལས། རྫས་བདག་ནི། སྤོང་བ་བསམ་གཏན་ལ་བརྩོན་པའི་དགེ་སློང་ངོ་། །འདི་འཕགས་པ་མ་ཡིན་པ་དང་སོ་སྐྱེས་དགེ་འདུན་དུ་མ་ལོངས་པ་དགོས་སོ། །རྫས་ནི། ལོངས་སྤྱོད་གང་ཡང་རུང་བའོ། །བསམ་པ་ནི། དགེ་ལ་སྡང་བའི་བསམ་པའོ། །སྦྱོར་བ་ནི། དེ་དག་གི་རྫས་མ་བྱིན་པར་བླངས་ནས་ཁ་ཏོན་པ་ལ་སྦྱིན་པའོ། །དེ་ལྟ་བུའི་རྩ་ལྟུང་བརྒྱད་པོ་དེ་རྣམས་ནི་དམངས་ཕལ་བ་ལ་འབྱུང་ཉེ་བར་ངེས་པ་བརྒྱད་ཡིན་ནོ། །

དེ་ལྟར་ཡང་བསླབ་བཏུས་ལས། བློ་སྦྱངས་མ་བྱས་སེམས་ཅན་ལ། །སྟོང་པ་ཉིད་ནི་བརྗོད་པ་དང་། །སངས་རྒྱས་ཉིད་ལ་ཞུགས་པ་དག །རྫོགས་པའི་བྱང་ཆུབ་བཟློག་པ་དང་། སོ་སོར་ཐར་པ་ཡོངས་སྤངས་ཏེ། ཐེག་པ་ཆེ་ལ་སྦྱོར་བ་དང་། །སློབ་པའི་ཐེག་པས་ཆགས་ལ་སོགས། །སྤོང་བར་འགྱུར་བ་མིན་ཞེས་འཛིན། །ཕ་རོལ་དག་ཀྱང་འཛིན་འཇུག་དང་། །རང་གི་ཡོན་ཏན་བརྗོད་པ་དང་། །རྙེད་པ་དང་ནི་བཀུར་སྟི་དང་། །ཚིགས་བཅད་རྒྱུ་ཡིས་གཞན་སྨོད་དང་། །བདག་ནི་ཟབ་མོ་བཟོད་པའོ་ཞེས། །ལོག་པ་ཉིད་ནི་སྨྲ་བ་དང་། །དགེ་སྦྱོང་ཆད་པས་གཅོད་འཇུག་དང་། །དཀོན་མཆོག་གསུམ་གྱི་སྦྱིན་བྱེད་དང་། །སྦྱིན་པ་ལེན་པར་བྱེད་པ་དང་། །ཞི་གནས་འདོར་བར་བྱེད་པ་དང་། །ཡང་དག་འཛོག་གི་ལོངས་སྤྱོད་རྣམས། །ཁ་ཏོན་བྱེད་ལ་སྦྱིན་པ་རྣམས། །དེ་དག་རྩ་བའི་ལྟུང་བ་སྟེ། །སེམས་ཅན་དམྱལ་བ་ཆེན་པོའི་རྒྱུ། །ཞེས་བརྒྱད་དེ་རྩ་ལྟུང་བཅོ་བརྒྱད་བསྟན་ཏོ། །

གཉིས་པ་དེ་རྟེན་གསུམ་གྱི་ལྟུང་བར་བཞག་པའི་རྒྱུ་མཚན་ནི། དེ་དེར་འབྱུང་ཉེ་སོགས་ཀྱིས

བསྟན་ཏེ། །དང་པོ། དཀོན་མཆོག་གསུམ་གྱི་དཀོར་འཕྲོག་པ་སོགས་ཀྱི་ལྔ་ཚན་དང་པོ་དང་། སྤྱི་མའི་ལོག་ལྟ་བསལ་བའི་བཞིའི་ཁར་གྲོང་འཇིག་སོགས་བསྣན་པའི་ལྔ་ཚན་གཉིས་པ་དེ་དང་། བློ་སྦྱངས་མ་བྱས་པ་ལ་ཟབ་མོ་སྟོན་པ་སོགས་བརྒྱད་པོ་དག་རིམ་པར་རྒྱལ་པོ་དང་བློན་པོ་དང་དམངས་ཕལ་བ་སྟེ་རྟེན་གསུམ་གྱི་སོ་སོའི་ཐུན་མིན་གྱི་བསྲུང་བྱར་བསྟན་པ་མིན་གྱི། དེ་གསུམ་རེ་རེས་ཀྱང་བཅོ་བརྒྱད་དམ་བཅུ་བཞི་ཡོངས་རྫོགས་བསྲུང་དགོས་པའི་བསྲུང་བྱ་ཡིན་མོད། རྒྱལ་བློན་ཕལ་བའི་རྟེན་དེ་གསུམ་ལ་ལྟུང་བ་ལྔ་ཕྲག་གཉིས་དང་བརྒྱད་པོ་དུ་འབྱུང་ཉེ་བའི་དབང་གིས་གཙོ་བོར་བསྒྲིམས་ཏེ་བསྲུང་བྱར་བཞག་པ་ཙམ་ཡིན་པས་རྟེན་གསུམ་པོ་ཀུན་གྱིས་བསྲུང་བྱ་ལ། རྩ་ལྟུང་བཅོ་བརྒྱད་པོ་ཀུན་རྫོགས་པར་བསྲུང་དགོས་པར་བསྟན་པ་ཡིན་ནོ། །

གསུམ་པ་ལྟུང་བའི་དབྱེ་བསྡུ་ནི། མིང་དུ་བཅོ་བརྒྱད་སོགས་ཀྱིས་བསྟན་ཏེ་དེ་ལྟ་བུའི་རྟེན་གསུམ་ལ་འབྱུང་ཉེ་བའི་ཆ་ནས་མིང་གི་རྣམ་གྲངས་ཙམ་དུ་བསྟན་ན་བཅོ་བརྒྱད་དུ་སོ་སོར་དབྱེ་ཡང་། རྫས་ཀྱི་ངོས་ནས་བསྡུ་ན་བཅུ་བཞི་རུ་གྲངས་ངེས་པ་ཡིན་ཏེ། བློན་པོའི་རྩ་ལྟུང་འབྱུང་ཉེ་ཐུན་མིན་གཅིག་ཏུ་བགྲངས་ཤིང་ལྷག་མ་བཞི་རྒྱལ་པོའི་ལྟུང་བ་དང་། ཐུན་མོང་དུ་བསྡུས་ཏེ་དྲུག་དང་བརྒྱད་དུ་ཡོད་པའི་ཕྱིར་རོ། །བཞི་པ་སྨོན་འཇུག་གི་སེམས་གཏོང་བའི་རྩ་ལྟུང་ནི། སྨོན་འཇུག་སེམས་བཏང་སོགས་ཀྱིས་བསྟན་ཏེ། ཐེག་དམན་དུ་སེམས་བསྐྱེད་པའམ། སེམས་ཅན་བློས་དོར་ན་སྨོན་སེམས་བཏང་བ་ཡིན་པས། དེ་བྱང་སེམས་ལ་ཉེས་པ་ལྕི་བའི་རྩ་ལྟུང་ཡིན་ཏེ། གསང་ཆེན་ཐབས་ལ་མཁས་པའི་མདོ་ལས། རིགས་ཀྱི་བུ་བྱང་ཆུབ་སེམས་དཔའ་ཉན་ཐོས་དང་། རང་སངས་རྒྱས་ཀྱི་ཡིད་ལ་བྱེད་པས་གནས་པ་འདི་ནི་བྱང་ཆུབ་སེམས་དཔའི་རྩ་ལྟུང་ལྕི་བའོ། །མདོ་སྡུད་པ་ལས། གལ་ཏེ་བསྐལ་པ་བྱེ་བར་དགེ་བའི་ལས་ལམ་བཅུ། །སྤྱོད་ཀྱང་རང་རྒྱལ་དགྲ་བཅོམ་ཉིད་ལ་འདོད་བསྐྱེད་ན། །དེ་ཚེ་ཚུལ་ཁྲིམས་སྐྱོན་བྱུང་ཚུལ་ཁྲིམས་ཉམས་པ་ཡིན། །སེམས་བསྐྱེད་དེ་ནི་ཕམ་པ་བས་ཀྱང་ཤིན་ཏུ་ལྕི། །ཞེས་གསུངས་སོ། །བསླབ་བཏུས་ལས་ཀྱང་། བྱང་ཆུབ་སེམས་ནི་ཡོངས་འདོར་དང་། །ཞེས་པས་སྨོན་སེམས་གཏོང་བའི་རྩ་ལྟུང་བསྟན་ཏོ། །སེམས་ཅན་བློས་འདོར་བས་སྨོན་སེམས་གཏོང་ན། སེམས་ཅན་བློས་དོར་བའི་ཚད་ཇི་ལྟར་ཡིན་ཞེ་ན། འགྲོ་བའི་རིགས

གདོགས་ཀྱི་སེམས་ཅན་གང་ཡང་རུང་བ་ཐ་ན་ཡིད་དུ་མི་འོང་བའི་སེམས་ཅན་གཅིག་ཙམ་ལ་ཁོང་ཁྲོ་བ་ལ་སོགས་པའི་སེམས་ཀྱིས་འདི་སྙམ་སྟེ། བདག་གིས་སེམས་ཅན་གཞན་ཐམས་ཅད་ལ་ཕན་པ་དང་བདེ་བ་ཡོངས་སུ་སྒྲུབ་མོད་ཀྱི། སེམས་ཅན་གཅིག་པོ་འདི་ལ་ནི་གནོད་པ་སྤྱོང་བ་དང་། ཕན་ཐོགས་ནུས་པའི་སྐབས་ཤིག་བྱུང་ཡང་མི་བྱེད་སྙམ་པའི་དམ་བཅའ་བའི་བློ་སྣ་ཞིག་སྐྱེས་ཕན་ཆད་སྨོན་སེམས་རྩ་བ་ནས་གཏོང་བར་འགྱུར་ཞིང་། དེ་བཏང་ན་ཐེག་པ་ཆེན་པོའི་ལམ་གྱི་རྐང་རྩ་ཆད་པ་ཡིན་པས་རྣམ་ཀུན་བསྲུང་བ་ལ་འབད་པར་བྱའོ། །སྨོན་སེམས་སྐད་ཅིག་དང་པོ་ལ་བཏང་ནས་ལྟུང་བ་བྱུང་བའི་དེའི་སྐད་ཅིག་གཉིས་པ་ནས་སྡོམ་པ་གཏོང་བ་ཡིན་ཏེ། རྩ་ལྟུང་གི་རྟེན་ལ་སྡོམ་ལྡན་དགོས་པའི་ཕྱིར་རོ། །སྨོན་སེམས་གཏོང་བའི་རྩ་ལྟུང་དེའི་ཁར་དཀོན་བརྩེགས་ནས་བསྟན་པ་ལྟར། དགེ་བ་ལ་མི་སྦྱོར་བའི་སྒོ་ནས་འཇུག་སེམས་བཏང་ན་དེའང་རྩ་ལྟུང་དུ་བཤད་པས་དེ་བསྟན་པས་ཉི་ཤུ་ཞེས་སྨོན་འཇུག་གཏོང་བའི་རྩ་ལྟུང་ཐ་དད་གཉིས་སུ་ཕྱེ་བ་ཡོད་མོད། རང་གི་བསམ་པར་སྨོན་སེམས་འཇུག་སེམས་གཞི་མཐུན་དུ་བཞེད་པ་ལྟར་ན། སྨོན་སེམས་བཏང་ན་འཇུག་སེམས་གཏོང་བས་ཁྱབ་སྟེ། ཁྱབ་བྱེད་མ་དམིགས་ན་ཁྱབ་བྱ་མི་སྲིད་པའི་ཕྱིར་རོ་སྙམ་མོ། །

གཞན་ཡང་རྩ་ལྟུང་བསམ་སྦྱོར་གྱི་སྒོ་ནས་རིམ་པར་བཞི་དང་བརྒྱད་ནི། བསམ་པ་སེར་སྣ་དང་། འདོད་ཆགས་དང་། ཁོང་ཁྲོ་དང་། གཏི་མུག་སྟེ་ཀུན་སློང་བཞི་ཡི་སྒོ་ནས་སྦྱོར་བ་ནི། རིམ་པར་གཞན་ལ་ཆོས་དང་ནོར་མི་སྟེར་བ་དང་། བདག་ཉིད་བསྟོད་ཅིང་གཞན་ལ་སྨོད་པ་དང་། གཞན་ལ་བརྡེག་བཙོག་བྱེད་པ་དང་། ཤད་སྦྱངས་ལེན་པར་མི་བྱེད་པ་དང་། ཡང་དག་པའི་ཆོས་སྤོང་ཞིང་དམ་པའི་ཆོས་མ་ཡིན་པ་གཞན་ལ་སྟོན་པ་སྟེ་བརྒྱད་གསུངས་ཏེ། བསླབ་བཏུས་ལས། ཆགས་དང་སེར་སྣ་མི་བཟད་པས། །སློང་ལ་སྦྱིན་པར་མི་བྱེད་དང་། །བསྒྲིམས་ཏེ་དགའ་བར་བྱེད་པ་ན། །སེམས་ཅན་རྣམས་ལ་མི་བཟོད་པ། །ཁྲོས་པས་སེམས་ཅན་བརྡེག་པ་དང་། །ཉོན་མོངས་པ་དང་གཞན་མཐུན་པའི། །ཆོས་ལྟར་བཅོས་པ་སྟོན་པའོ། །ཞེས་གསུངས་སོ། །

གཉིས་པ་ཡན་ལག་ཉེས་བྱས་གཞན་དུ་ཞལ་འཕངས་པ་ནི། ཡན་ལག་ཉེས་བྱས་བརྒྱད་ཅུ་སོགས་ཀྱིས་བསྟན་ཏེ། ཡན་ལག་ཉེས་བྱས་བརྒྱད་ཅུ་སྟེ། བདེ་སྨུག་ཡལ་བར་འདོར་བ་ཉེར་བཞི།

སྦྱིབ་པ་ཡལ་བར་འདོར་བ་བཅུ་དྲུག་སྟེ་བཞི་བཅུ་ལས། དང་པོ་ཉེར་བཞི་ལ་གཞན་སེམས་ཅན་གྱི་སྡུག་བསྔལ་དང་། ཡིད་མི་བདེ་བ་གཉིས་ཞི་བར་བྱེད་ནུས་བཞིན་མི་བྱེད་པ་དང་། གཞན་ལ་བདེ་བ་དང་ཡིད་བདེ་བ་བསྐྱེད་ནུས་བཞིན་དུ་བསྐྱེད་པར་མི་བྱེད་པ་གཉིས་ཏེ། འགལ་རྐྱེན་བསལ་བ་ལ་བརྟེན་པ་གཅིག་དང་། མཐུན་རྐྱེན་སྒྲུབ་པ་ལ་བརྟེན་པ་གཅིག་སྟེ་གཉིས་ནི་དབྱེ་གཞིའོ། །འགལ་རྐྱེན་བསལ་བ་ལའང་ལུས་སེམས་གཉིས་ལ་བརྟེན་པའི་སྡུག་བསྔལ་གཉིས་དང་། མཐུན་རྐྱེན་སྒྲུབ་པ་ལའང་ལུས་སེམས་གཉིས་ལ་བརྟེན་པ་གཉིས་ཏེ་བཞི་རུ་དབྱེའོ། །དེ་རེ་རེ་ལའང་ད་ལྟར་གྱི་ལུས་སེམས་ཀྱི་བདེ་སྡུག་བཞི་དང་། མ་འོངས་པའི་ལུས་སེམས་ཀྱི་བདེ་སྡུག་བཞི་སྟེ་བརྒྱད་དུ་དབྱེ་བ་ནི་གླང་དོར་བྱ་བའི་གཞིའི་དོན་ཡིན། བསྒྲུབ་བྱ་ད་ལྟ་དང་མ་འོངས་པའི་ལུས་སེམས་ཀྱི་བདེ་བ་བཞི་དང་། བསལ་བྱ་ད་ལྟ་མ་འོངས་པའི་ལུས་སེམས་ཀྱི་སྡུག་བསྔལ་བཞི་སྟེ་བརྒྱད་པོ་དེ། དགག་སྒྲུབ་ཀྱི་ཆེད་དུ་སྒོ་གསུམ་གྱིས་མི་བརྩོན་པའི་ཉེས་བྱས་བརྒྱད་དང་། དགག་སྒྲུབ་ཀྱི་བྱ་བ་དེ་འགྲུབ་པ་ལ་མྱུར་དུ་ཕན་པའི་ཐབས་ཀྱི་མཐུན་རྐྱེན་གྱི་རྒྱུ་རྐྱེན་མི་འཚོལ་བའི་ཉེས་བྱས་བརྒྱད་དང་། མཐུན་རྐྱེན་གྱི་ཐབས་དེའི་འགལ་རྐྱེན་གྱི་གེགས་རྣམས་བྲལ་བའི་གཉེན་པོའི་ཕྱོགས་ལ་མི་འབད་པའི་ཉེས་བྱས་བརྒྱད་དེ་ཉེས་བྱས་ཉེར་བཞིའོ། །

གཉིས་པ་བསྒྲུབ་པ་ཡལ་བར་འདོར་བའི་ཉེས་བྱས་བཅུ་དྲུག་ནི། གཞན་སེམས་ཅན་གྱི་ལུས་སེམས་ཀྱི་སྡུག་བསྔལ་དང་ཡིད་མི་བདེ་བ་ཆེན་པོའི་གཉེན་པོའི་ཕྱོགས་ཆུང་ངུ་ཙམ་ཡང་མི་བསྐྱེད་པའི་ཉེས་བྱས་གཉིས། དེ་ལ་ཚེ་འདིར་དེ་ལྟར་མི་མཐུན་ཕྱོགས་གཉིས་ཞི་བའི་ཆེད་གཉེན་པོ་མི་འཚོལ་བ་གཉིས་དང་། སྐྱེ་བ་ཕྱི་མའི་རྟེན་ལ་དེ་གཉིས་ཀྱི་གཉེན་པོ་མི་འཚོལ་བའི་ཉེས་བྱས་གཉིས་ཏེ་སྐྱེ་བ་སྔ་ཕྱིས་ཕྱེ་བ་བཞི་དང་། དེ་འདྲའི་ཉེས་བྱས་བཞི་དེ་རང་རྒྱུད་ལ་འབྲེལ་བའི་ཉེས་བྱས་བཞི་དང་། གཞན་རྒྱུད་ལ་འབྲེལ་བའི་ཉེས་བྱས་བཞི་སྟེ་བརྒྱད་དང་། ཡང་གཞན་སེམས་ཅན་གྱི་ལུས་སེམས་ཀྱི་བདེ་བ་དང་། ཡིད་བདེ་ཆེན་པོ་སྐྱེད་པའི་ཕྱིར་དུ། རང་གི་བདེ་བ་དང་ཡིད་བདེ་ཆུང་ངུ་ཡང་ཉམས་པར་བྱེད་མི་ནུས་པའི་ཉེས་བྱས་གཉིས་དེ་ལ་ཚེ་འདི་དང་ཕྱི་མའི་སྐྱེ་བས་ཕྱེས་པའི་ཉེས་བྱས་གཉིས་གཉིས་ཏེ་བཞི་དང་། དེ་ལྟར་ཉེས་བྱས་བཞི་དེ་རང་རྒྱུད་དང་འབྲེལ་བའི་ཉེས་བྱས་བཞི་དང་།

གཞན་རྒྱུད་དང་འབྲེལ་བའི་ཉེས་བྱས་བཞི་སྟེ་བརྒྱད་དེ་ཉེས་བྱས་བཅུ་དྲུག་གོ། །དེ་ལྟར་ཉེར་བཞི་དང་བཅུ་དྲུག་བསྡོམས་པའི་ཉེས་བྱས་བཞི་བཅུ་པོ་དེའང་སེམས་ཅན་གྱི་བདེ་སྡུག་རེ་ཞིག་ཡལ་བར་འདོར་བ་ལས་བྱུང་བའི་ཉེས་བྱས་བཞི་བཅུ་དང་། སེམས་ཅན་གྱི་བདེ་སྡུག་གཏན་དུ་ཡལ་བར་འདོར་བ་ལས་བྱུང་བའི་ཉེས་བྱས་བཞི་བཅུ་སྟེ་ཁྱོན་བརྒྱད་ཅུའོ། །དེ་རྣམས་ཀྱི་སྡོམ་ཚིག་ནི། བདེ་སྡུག་སྒྲུབ་པ་ཡལ་བར་འདོར། །རིམ་པར་ཉེར་བཞི་བཅུ་དྲུག་སྟེ། །གཞན་སྡུག་མི་བདེ་ཞི་མི་བྱེད། །བདེ་དང་ཡིད་བདེ་མི་བསྐྱེད་པ། །ལུས་སེམས་དུས་ཀྱིས་ཕྱེ་བ་བརྒྱད། །དགག་སྒྲུབ་མི་བརྩོན་མི་འཚོལ་ཞིང་། །གཉེན་པོར་མི་འབད་ཉེར་བཞིའོ། །སྡུག་བསྔལ་མི་བདེ་ཆེན་པོ་ཡི། །གཉེན་པོ་ཆུང་ངུ་མི་བསྐྱེད་དང་། །གཞན་བདེ་མི་བདེ་ཆེན་པོའི་ཕྱིར། །རང་གི་ཆུང་ངུའང་ཉམས་མི་བྱེད། །སྐྱེ་དང་རྒྱུད་ཕྱེས་བཅུ་དྲུག་གོ། །དེ་ལྟར་བཞི་བཅུ་དེ་ཉིད་ལ། །འཕྲལ་ཡུན་གཉིས་ཕྱེས་བརྒྱད་ཅུའོ། །དེ་ལྟར་ཉེས་བྱས་བརྒྱད་ཅུ་དང་། །ལ༷་སོ༷གས་པ༷་ཞེས་པའི་སོགས་ཁོངས་ནས་ཕྱོགས་མཐུན་གྱི་ཉེས་པ་ཐེག་ཆེན་སྡེ་སྣོད་སྣ་ཚོགས་ནས་བསྟན་པའི་མི་དགེ་བཅུ། འཇིག་རྟེན་ཆོས་བརྒྱད། ལོག་པའི་རྟོག་པ་བརྒྱད། ལོག་འཚོ་ལྔ། སྤྱོད་ཡུལ་མིན་པ་ལྔ་དང་། སྡིག་པའི་གྲོགས་བསྟེན་པ། སྡིག་ལྟ་འཛིན་པ་སོགས་བདུད་ཀྱི་ལས་རྣམས་དང་། ལྟ་བས་ཁེངས་སྙེམས་དང་། དགེ་བ་འཛད་པའི་རྒྱུ་བཞི་རྣམས་སྤང་བ་དང་། ཡན་ལག་ལྟུང་བ་གཞན་ཡང་། ལུས་ངག་གིས་དགག་པའི་བསླབ་བྱ་ལ་དོན་མེད་རྒྱུག་མཆོང་སོགས་དང་། བྲེ་མོའི་གཏམ་སོགས་དང་ཆགས་སྡང་འཇིག་རྟེན་མ་དད་པའི་རྒྱུ་སོགས་དགག་པ་དང་། སྒྲུབ་པའི་བསླབ་བྱ། སྒོ་གསུམ་གྱིས་རིམ་པར་མིག་ཞབ་སྟེ་དྲང་ཞིང་བྱམས་པའི་ཚུལ་གྱིས་བལྟ་བ། འོང་བ་ལེགས་སོ་ཞེས་བྱིན་པ། དགོས་པའི་གཏམ་རན་པར་སྨྲ་བ། དབང་པོའི་སྒོ་བསྡམ་པ། ཟས་ཚོད་རིགས་སུ་བྱ་བ། མི་ཉལ་བར་རྣལ་འབྱོར་ལ་བརྩོན་པ་ཉལ་བའི་ཚེ་ཇི་ལྟར་བྱ་བ་རྣམས་ལ་སློབ་པ། བྱམས་སྙིང་རྗེ་སྒོམ་པ། དྲན་ཤེས་བག་ཡོད་བསྟེན་པ་སོགས་དགག་སྒྲུབ་ཀྱི་བསླབ་བྱ་ལ་སློབ་པ་རྣམས་ལས་འགལ་ན་ཉེས་བྱས་ཡིན་པར་སྟོད་དོ། །དེ་སོགས་ཕྲ༷་ཞིབ་ཀྱི་ལྟུང་བ་རྣམས་རགས་བསྡུས་ཙམ་ལོང་བཤད་པའི་སྐབས་ཡིན་ཕྱིར༷། གཞུང་འདི༷ར་ནི༷་གསལ་བར་མ༷་བཤ༷ད་ཡང་རྒྱས་ཞིབ་བསླབ་བཏུས་སུ་ལེགས་པར་བལྟ༷་ཞིང་། དྲན་ཤེས་ཀྱི་འཇུག་པ་བསྟེན་ནས

བག་ཡོད་པར་བྱས་ཏེ་བླང་དོར་བྱེད་པ་གལ་ཆེ་བར་བསྟན་ཏོ། །

གཉིས་པ་ཐོགས་མེད་ཀྱི་ལུགས་ཙནྡྲ་གོ་མིས་སྡོམ་པ་ཉི་ཤུ་པར་ཕྱེ་བ་ལ་གཉིས་ཏེ། སྨོན་པའི་བསླབ་བྱ་དང་། འཇུག་པའི་བསླབ་བྱའོ། །དང་པོ་ལ་གཉིས་ཏེ། སྨོན་པའི་བསླབ་བྱ་སྤྱིར་བསྟན་པ་དང་། དཀར་ནག་ཆོས་བརྒྱད་ཀྱི་བྲག་ཏུ་བསྟན་པའོ། །དང་པོ་ནི། ཐོག༷ས་མེད༷་ལུག༷ས་ཀྱི༷་སྨོན༷་པའི༷་སོགས་ཀྱིས་བསྟན་ཏེ། ཚེ་འདིར་སེམས་བསྐྱེད་མི་ཉམས་པའི་རྒྱུ་ལ་བསླབ་པ༷་ལ་བཞི་ལས། དང་པོ༑ སེམ༷ས་ཅན༷་བློས་མི༷་བཏང་བར་བསླབ་པ་ལ། བསྒྲུབ་པའི་བསླབ་བྱ་ནི། སེམས་ཅན་རྣམས་ཕན་གནོད་བླང་དོར་སྒྲུབ་པའི་ཡུལ་དུ་བཟུང་ཞིང་། དེའི་དམིགས་རྣམས་མི་གཏོང་བར་བསྒོམ་པར་བྱེད་པའོ། །དགག་བྱ་སེམས་ཅན་བློས་སྤང་བའི་ཚད་ནི། སྔར་བཤད་པ་ལྟར་སེམས་ཅན་འགས་མི་འཐད་པ་སོགས་བྱས་རྐྱེན་གྱིས་ད་ནི་དུས་ནམ་ཡང་གང་ཟག་འདིའི་དོན་མི་བྱའོ་སྙམ་པའི་བློ་སྐྱེས་ན་སེམས་ཅན་བློས་སྤངས་པ་ཡིན་པས་དེ་ཐབས་ཅི་ནས་ཀྱང་དགག་པར་བྱའོ། །

གཉིས་པ་ཕན༷་ཡོན༷་དྲན༷་པར་བྱ་བ་ནི། སེམས་བསྐྱེད་མ་ཐག་ཏུ་སེམས་ཅན་རྣམས་ཀྱི་ཡོན་གནས་སུ་གྱུར་ཏེ། འཇིག་རྟེན་པའི་ཞིང་དམ་པར་གྱུར་པའི་ཕན་ཡོན་དང་། སེམས་དེ་བསྐྱེད་པ་ཙམ་གྱིས་དགྲ་བཅོམ་སོགས་བདག་ཉིད་ཆེན་པོ་རྣམས་རིགས་ཀྱི་ཆེ་བས་ཟིལ་གྱིས་གནོན་པས་བླ་མའམ་གོང་མར་གྱུར་པའི་ཕན་ཡོན་དང་། དེས་བསོད་ནམས་ཀྱི་བྱ་བ་ཆུང་ངུ་ཞིག་བྱས་ཀྱང་འབྲས་བུ་མཐའ་ཡས་འཕྲིན་པས་བསོད་ནམས་ཀྱི་ཞིང་སར་གྱུར་པའི་ཕན་ཡོན་དང་། འཇིག་རྟེན་སྐྱེ་དགུ་རྣམས་ཀྱི་མགོན་སྐྱབས་སུ་གྱུར། སེམས་ཅན་གྱི་ཕ་དང་འདྲ་བར་འཇིག་རྟེན་ཐམས་ཅད་བརྟེན་པའི་ས་ལྟ་བུར་གྱུར་པའི་ཕན་ཡོན་དང་། སེམས་བསྐྱེད་པ་དེ་གཉིད་ལོག་གམ་མྱོས་སམ་བག་མེད་པར་གྱུར་ཀྱང་འཁོར་སྐྱུར་གྱི་སྲུང་མ་ཉིས་འགྱུར་ལས་ལྷག་པའི་ལྷ་རྣམས་ཀྱིས་བསྲུང་བས་གནོད་སྦྱིན་མི་མ་ཡིན་གྱིས་གཙེ་བར་མི་ནུས་པའི་ཕན་ཡོན་དང་། ནད་ཡམས་སོགས་གནོད་པ་ཞི་བའི་རིག་སྔགས་མ་གྲུབ་ཀྱང་མྱུར་དུ་འགྲུབ་ན་གྲུབ་ཟིན་རྣམས་གྲུབ་པ་སྨོས་ཅི་དགོས། སེམས་བསྐྱེད་བརྟན་ན་ཐུན་མོང་གི་དངོས་གྲུབ་མྱུར་བར་འགྲུབ་པའི་ཕན་ཡོན་དང་། བྱང་སེམས་དེ་གནས་པའི་ཡུལ་དུ་མུ་གེ་དང་མི་མ་ཡིན་གྱི་གནོད་པ་མི་འབྱུང་ཞིང་། བྱུང་ཟིན་རྣམས་ཞི་བར་འགྱུར་བའི་ཕན་ཡོན། ཚེ

རབས་ཕྱི་མར་གནོད་པ་ཉུང་བར་འགྱུར་བ། ཆོས་སྟོན་པ་སོགས་གཞན་དོན་ལ་འཇུག་པ་ན་ལུས་མི་ངལ་བརྗེད་ངེས་ཀྱིས་དྲན་པ་མི་ཉམས་པ། ལུས་སེམས་ཀྱི་གནས་ངན་ལེན་ཉུང་བ་དང་ཆུང་བར་འགྱུར་བ། ཁྲོ་བ་དང་ཕྲག་དོག་ཆུང་བ། ངན་སོང་དུ་སྐྱེ་དཀའ་ཞིང་སྐྱེས་ཀྱང་མྱུར་དུ་ཐར་བ་དང་། ཕན་ཡོན་དཔག་མེད་འབྱུང་བའང་། དཔལ་བྱིན་གྱིས་ཞུས་པའི་མདོ་ལས། སེམས་བསྐྱེད་ཀྱིས་ཀུན་ནས་བསླངས་པའི་ལུས་ཀྱིས་ཐལ་མོ་སྦྱར་བའི་བསོད་ནམས་ཙམ་གྱིས་གང་གཱའི་བྱེ་མའི་སྙེད་ཀྱི་བསྐལ་པར་ཞིང་དེ་སྙེད་རིན་ཆེན་གྱིས་བཀང་སྟེ་ཕུལ་བའི་བསོད་ནམས་ལས་ཁྱད་པར་འཕགས་པར་གསུངས་པ་ལྟ་བུ་རྣམས་སོ། །

གསུམ་པ་ཚོགས་བསགས་ནི། སྨོན་སེམས་ཆོ་གར་བརྟེན་ནས་བཟུང་བ་ནས་ཞག་རེ་རེ་བཞིན་དུ་བྱང་ཆུབ་ཀྱི་སེམས་དེ་འཕེལ་བའི་ཆེད་དུ་དཀོན་མཆོག་མཆོད་པ་ལ་སོགས་པའི་ཡན་ལག་བདུན་པའི་ཚོགས་གསོག་པ་ལ་འབད་པའོ། །བཞི་པ་བྱང་ཆུབ་ཀྱི་སེམས་ཡང་ཡང་སྦྱང་པ་ལ་བརྩོན་པ་ནི། སེམས་བསྐྱེད་དངོས་འཕེལ་བའི་ཕྱིར་དུ་ལན་དྲུག་ཏུ་སེམས་བསྐྱེད་པ་ལ། སེམས་བསྐྱེད་བཏང་ན་སོ་ཐར་གྱི་ཕམ་པ་ལས་ཉེས་པ་ལྕི་བ་དང་། མ་བཏང་ན་འདོད་ཡོན་ལྔར་སྤྱོད་པར་བྱས་ཀྱང་བྱང་སེམས་ཀྱི་ཚུལ་ཁྲིམས་ཀྱི་ཕར་ཕྱིན་དང་ལྡན་པ། །ཁས་བླངས་པའི་སེམས་དེ་དོར་ན་ཡུན་རིང་པོར་ངན་སོང་དུ་འཁྱམས་ཤིང་ལྟུང་བ་རྣམས་ལ་བསམས་ནས་ད་རེས་སེམས་བསྐྱེད་པ་ནི། ལྷ་དབང་གི་གཙུག་རྒྱན་ནོར་བུ་ཕྲུག་དར་ཁྲོད་ནས་རྙེད་པ་ལྟར་སྤྲོ་བར་བྱས་ཏེ། ཉིན་ལན་གསུམ་མཚན་ལན་གསུམ་དུ་འབད་པ་ཆེན་པོས་སེམས་བསྐྱེད་སྤེལ་བར་བྱའོ། །དེའི་ཆོ་གའང་སངས་རྒྱས་ཆོས་ཚོགས་མ་ལྟ་བུ་ལན་གསུམ་བཏོན་པས་འཐུས་པར་གསུངས་སོ། །གཉིས་པ་ལ་མདོ་རྒྱས་གཉིས་ལས། དང་པོ། དཀར་ནག་སོགས་ཀྱིས་བསྟན་ཏེ། ཚེ་རབས་གཞན་དུ་སེམས་བསྐྱེད་དང་མི་འབྲལ་བའི་རྒྱུར་བསླབ་པ་ལ་དཀར་ནག་གི་ཆོས་བརྒྱད་ལ་བླང་དོར་བྱེད་པ་ཡིན་ཏེ། རྒྱས་པར་བཤད་པ་ལ་མཆོད་འོས་བསླུ་སོགས་ཀྱིས་བསྟན་ཏེ། ཉམས་བྱེད་ནག་པོའི་ཆོས་བཞི་སྤང་བ་དང་། མི་ཉམས་པར་བྱེད་པ་དཀར་པོའི་ཆོས་བཞི་བླང་བ་ལ་བསླབ་པ་གཉིས་སོ། དང་པོ་ནག་པོའི་ཆོས་བཞི་ལས། དང་པོ་མཆོད་འོས་བསླུ་བའི་ནག་པོའི་ཆོས་ལ་ལྔ་ལས། དང་པོ་ཡུལ་ནི། རང་གི་མཁན་པོ་དང་

སློབ་དཔོན་བློ་མ་ལྷ་བུ་དང་། རང་ལ་ཆོས་འབྲེལ་མེད་ཀྱང་གཞན་མཆོད་འབུལ་གྱི་ཞིང་དུ་གྱུར་པའི་སྦྱིན་གནས་ཡོན་ཏན་དང་ལྡན་པ་ལྟ་བུའོ། །གཉིས་པ་བྱ་བ་ཅི་བྱས་པ་ནི། ཡུལ་དེ་དག་གང་རུང་ལ་རང་གི་ཤེས་བཞིན་དུ་བསླུ་བར་བྱས་པའོ། །གསུམ་པ་ཇི་ལྟར་བསླུ་ན། ཡུལ་དེ་དག་གིས་རང་ལ་སྙིང་བརྩེ་ནས་ལྷུང་བ་གླེང་བ་ན་རང་གི་རྫུན་ཚིག་གིས་དེ་དག་གི་མགོ་སྐོར་བར་བྱེད་པ་དང་། གཞན་ཡང་བསླུ་བའི་སེམས་ཀྱིས་དབུ་སྐོར་ཐབས་གང་བྱས་པ་ཐམས་ཅད་དོ། །བཞི་པ་དོགས་གཅོད་ལ། བསླུ་བའང་རྫུན་ཚིག་གིས་བསླུས་པ་ལ་བྱེད་ཀྱི་གཡོ་སྒྱུས་བསླུས་པ་ནི་འོག་ཏུ་འདི་ལས་གཞན་དུ་བཤད་པས་སོ། །ལྔ་པ་འདིའི་མཚན་གཞི་ནི་བླ་མ་ལ་གྲོས་གཞན་ཞིག་ཞུས། ལྐོག་ཏུ་གྲོས་གཞན་ཞིག་བྱས་ན་དགེ་བཤེས་ཀྱིས་གསན་པར་འགྱུར་རོ་ཟེར་བ་ལྟ་བུར་གསུངས་སོ། །

ནག་ཆོས་གཉིས་པ་འགྱོད་པ་མེད་པ་ལ་འགྱོད་པ་ཉེ་བར་བསྒྲུབ་སྟེ་འགྱོད་པ་བསྐྱེད་པ་ལ་ཡང་གསུམ་ལས། དང་པོ་ཡུལ་ནི། གང་ཟག་གཞན་དགེ་བ་བྱེད་པ་ལ་འགྱོད་པ་མི་ལྡན་པའོ། །དེ་ལ་བྱ་བ་ཅི་བྱས་པ་ནི། ཡུལ་དེ་འགྱོད་དུ་གཞུག་པའི་བསམ་པས་འགྱོད་པའི་གནས་མ་ཡིན་པ་ལ་འགྱོད་པ་བསྐྱེད་པའོ། །བཞེད་པ་གཞན་དུ་ཚངས་པ་མཚུངས་པར་སྤྱོད་པ་ཡང་དག་པའི་བསླབ་པ་ལ་གནས་པ་རྣམས་གཡོ་སྒྱུས་བསླབ་ཚིག་ལ་མགོ་སྐོར་བར་བྱེད་པ་ལ་བཞེད་པའང་ཡོད་མོད། རང་ལུགས་ལ་དེ་གཉིས་གང་ལྟར་བྱས་ཀྱང་ཕ་རོལ་པོ་བསླུ་ཐུབ་མ་ཐུབ་དང་འགྱོད་པ་སྐྱེས་མ་སྐྱེས་འདྲ་བར་བཞེད་དོ། །ལྷུང་བ་འདི་ལ་བསླབ་པའི་ཚིག་ལ་མགོ་སྐོར་བར་བྱེད་པ་ཞིག་དགོས་པར་བཞེད། ནག་ཆོས་གསུམ་པ་ཐེག་པ་ཆེན་པོ་ལ་ཡང་དག་པར་ཞུགས་པའི་སེམས་ཅན་དམ་པ་རྣམས་མི་བསྔགས་པ་སོགས་ཀྱིས་སྐུར་འདེབས་ཀྱི་སྐྱོན་བརྗོད་པ་ལ་ལྔ་ལས། དང་པོ་གཞན་གྱིས་བཞེད་པ་ལྟར་ན། ཡུལ་ལ་ཚོགས་སེམས་བསྐྱེད་བཟུང་ནས་ལྡན་བཞིན་པར་བཞེད་པ་དང་། ཁ་ཅིག་གིས་སྔར་སེམས་བསྐྱེད་ན་ད་ལྟ་མི་ལྡན་པ་ཡང་ཡུལ་འདྲ་བར་བཞེད་ཀྱང་། ལམ་སྒྲོན་འགྲེལ་པར་ཡུལ་གྱི་ཁྱད་པར་གྱི་གསལ་ཁ་མ་བྱུང་བས་རང་ལུགས་ལ་ཡུལ་གང་ལ་སླན། བྱང་ཆུབ་སེམས་དཔའི་སྡོམ་ལྡན་བསླབ་པ་ལ་སློབ་པའི་སྒོ་ནས་ཐེག་ཆེན་ལ་ཡང་དག་པར་ཞུགས་པ་ཞིག་ཏུ་བཤད་ཡོད་ཀྱང་། དོན་ལ་སེམས་བསྐྱེད་དང་ལྡན་པ་ཞིག་ཡུལ་གྱི་མ་མཐའ་དགོས་སོ། །དེ་ལ་བྱ་བ་ཅི་ཞིག

བྱས་ན་མི་བསྟུགས་པ་སོགས་སྨྲས་པའོ། །དེའང་ཀུན་སློང་ཞེ་སྡང་གིས་བསླངས་ནས་བརྗོད་པ་ཞིག་དགོས། དོན་ཅིའི་ཕྱིར་དུ་སྨྲས་པ་ནི། ཐེག་ཆེན་ལ་མོས་པ་བཟློག་པ་དང་། ཐེག་ཆེན་སྒྲུབ་པར་འདོད་པ་དེ་ལས་བཟློག་པའི་ཕྱིར་དུ་སྨྲས་པའོ། བསྟུགས་པ་མ་ཡིན་པ་བརྗོད་ཚུལ་ལ་ཉེས་པའི་བྱེ་བྲག་མ་བྱས་པར་ཚུལ་ངན་པ་ཅན་ནོ་ཞེས་སྤྱིར་སྨད་པ་དང་། བྱེ་བྲག་མི་སྐན་པའི་སྒྲ་མི་ཚངས་པར་སྤྱད་དོ་ཞེས་དམིགས་ཀྱིས་ཕྱེ་ནས་བརྗོད་པ་དང་། བརྗོད་པ་མ་ཡིན་པ་རྣམ་པ་འདི་དང་འདིས་མི་ཚངས་པར་སྤྱོད་དོ་ཞེས་རྣམ་པར་ཕྱེ་ནས་བརྗོད་པ་དང་གསུམ་ལྟ་བུའི་ཚིགས་སུ་བཅད་པ་མ་ཡིན་པའམ་ཚིག་བཟང་པོ་མ་ཡིན་པར་སྨད་ར་ལྟ་བུ་སྟེ། སྤྱོད་པ་ངན་པ་ཞེས་དང་པོ་སྤྱིར་སྨྲས་པ་བསྟུགས་པ་མ་ཡིན་པའི་སྨད་ར་གཏོང་བ། གཉིས་པ་འདིས་མི་ཚངས་པར་སྤྱོད་དོ་ཞེས་བྱེ་བྲག་ཕྱེ་སྟེ་སྨྲས་པ། མི་སྐན་པའི་སྨད་ར་གཏོང་བ། གསུམ་པ་གནས་འདིར་བུད་མེད་འདི་ལ་དུས་འདིའི་ཚེ་སོགས་ལྟ་བུའི་རྣམ་པར་ཕྱེ་ནས་བརྗོད་པ་བརྗོད་པ་མ་ཡིན་པའི་སྨད་ར་གཏོང་བའོ། །ནག་ཆོས་གསུམ་པ་འདི་འབྱུང་ཉེ་བ་དང་། ཉེས་དམིགས་ཤིན་ཏུ་ཆེ་བས་འདི་མི་འབྱུང་བའི་ཐབས་སུ་དྲན་ཤེས་བག་ཡོད་བྱེད་པ་གལ་ཆེ། དེའང་རབ་ཏུ་ཞི་བ་རྣམ་པར་ངེས་པའི་མདོ་དང་། དབུ་མ་འཇུག་པ། སྤྱོད་འཇུག་སོགས་ལས་བྱང་ཆུབ་སེམས་དཔའ་ལ་ཁྲོ་བའི་སེམས་སྐྱེས་པའི་ཉེས་དམིགས་རྣམས་དྲན་པར་བྱས་ཏེ། སྒོ་གསུམ་གྱི་འཇུག་པ་བསྒྲིམ་སྟེ་ངན་སེམས་འགོག་པར་བྱའོ། །ནག་ཆོས་བཞི་པ་འགྲོ༷་ལ༷་གཡོ༷་སྒྱུ་བྱེད༷་པ་སྟེ་ལྷག་པའི་བསམ་པ་མ་ཡིན་པ་ལ། ཡུལ་ནི་སེམས་ཅན་གཞན་གང་ཡང་རུང་བའོ། །

དེ་ལ་བྱ་བ་ཅི་བྱས་པ་ནི། གཡོ་སྒྱུའི་སྤྱོད་པའོ། །གཡོ་སྒྱུ་ནི། ལྷག་པའི་བསམ་པ་མ་ཡིན་པ། བྲེ་སྲང་ལ་སྒྱུ་བྱེད་པ། ཚུར་ལེན་རྒྱ་བསྐྱེད་དེ་ཆེ་བར་བྱེད་པ། ཕར་བྱིན་ན་ཆུང་བར་བྱེད་པ་ལྟ་བུ་སྟེ། ཀུན་སློང་རྙེད་བཀུར་ལ་ཆགས་པའི་དབང་གིས་བྱུང་བ་འདོད་ཆགས་དང་གཏི་མུག་གང་རུང་གི་ཆར་གཏོགས་པ་ཞིག་ཡིན་པ་ལ་གཡོ་སྒྱུ་གཉིས་ཀ་འདྲ། སྒྱུ་ནི་ཡོན་ཏན་མེད་བཞིན་ཡོད་པ་ལྟར་སྟོན་པ་དང་། གཡོ་ནི་རང་གི་ཉེས་པ་སྐྱུང་བའམ་ཉེས་པ་ཐབས་ཀྱིས་མི་མངོན་པར་སྒྲིབ་པའོ། །དེ་ལྟ་བུའི་ནག༷་པོའི༷་ཆོས༷་བཞི༷་དེ་ཚེ་རབས་ཕྱི་མར་སེམས་བསྐྱེད་མི་འཕེལ་བར་ཉམས་པར་བྱེད་པའི་རྒྱུ་ཡིན་པས་སྤང༷་བར་བྱ་ཞིང༷། སེམས་བསྐྱེད་མི་ཉམས་པར་འཕེལ་བའི་ཐབས་སུ་ནག་ཆོས་བཞིའི

ལྡོག༷་ཕྱོགས་སུ་གྱུར་པ༷་བཞི༷་ནི་དཀར༷་པོའི༷་ཆོས༷་བཞི༷་བྱ་བ་ཡིན༷་པས༷་དུས་རྣམ་ཀུན༷་ཏུ་སྤྱོད༷་པར་བྱ་བའོ། །དེ་ལ་བཞི་ལས། དང་པོ་སྲོག་དང་བཞད་གད་ཙམ་གྱི་ཕྱིར་རྫུན་མི་སྨྲ་བའི་དཀར་ཆོས་ཀྱི་ཡུལ་ལ་ཡུལ་སེམས་ཅན་ཡིན་ནོ་ཅོག་གོ། །བྱ་བ་ནི། དེ་ལ་ཆེ་བ་སྲོག་དང་། ཆུང་དུ་ཐ་ན་བཞད་གད་ཀྱི་ཕྱིར་དུའང་ཤེས་བཞིན་རྫུན་སྨྲ་སྤོང་བའོ། །སྤྱིར་དེ་ལྟར་སྤང་ན་བྱེ་བྲག་རང་གི་མཁན་སློབ་སོགས་ཡུལ་ཁྱད་པར་ཅན་ལ་རྫུན་གྱིས་མགོ་སྐོར་བ་མི་འབྱུང་ངོ་། །གཉིས་པ་གཡོ་སྒྱུ་མེད་པར་ལྷག་བསམ་ལ་གནས་པའི་ཡུལ་ནི་སེམས་ཅན་ཐམས་ཅད་དོ། །བྱ་བ་ནི། གཡོ་སྒྱུ་མེད་པར་ལྷག་པའི་བསམ་པས་གནས་པ་སྟེ་བསམ་པ་དྲང་པོས་གནས་པའོ། །འདི་ནག་ཆོས་བཞི་པའི་གཉེན་པོའོ། །གསུམ་པ་བྱང་སེམས་ལ་བསྔགས་པ་བརྗོད་པ་ལ་ཡུལ་ནི་བྱང་སེམས་ཐམས་ཅད་དོ། །བྱ་བ་ནི། སྟོན་པ་དང་འདྲ་བའི་འདུ་ཤེས་བསྐྱེད་ཅིང་། དེ་དག་གི་དོན་ལ་གནས་པའི་བསྔགས་པ་ཕྱོགས་བཞིར་བརྗོད་པའོ། །དེའང་བྱང་སེམས་གང་ན་ཡོད་མི་ཤེས་པས་སེམས་ཅན་ཐམས་ཅད་ལ་སྟོན་པའི་འདུ་ཤེས་བསྐྱེད་ནས་དག་སྣང་སྦྱོང་ན། བྱེ་བྲག་བྱང་སེམས་ལ་ངན་སེམས་སྐྱེད་པའི་ཉེས་པ་ཆེན་པོ་རྣམས་ཁེག་པར་འགྱུར་བར་གསུངས་སོ། །ཡོན་ཏན་བརྗོད་པའང་ཉན་པ་པོ་སྐབས་གང་དུ་བབ་པ་ན་དེ་སྐབས་སུ་བརྗོད་པ་ཡིན་གྱི་ཕྱོགས་བཞིར་སོང་ནས་མ་བརྗོད་ན་ཉེས་པར་འགྱུར་བ་མ་ཡིན་ནོ། །འདི་ནི་ནག་ཆོས་གསུམ་པའི་གཉེན་པོའོ། །བཞི་པ། སེམས་ཅན་རྣམས་ཐེག་ཆེན་ལ་འགོད་པ་ལ། ཡུལ་ནི་རང་གིས་སྨིན་པར་བྱ་བའི་སེམས་ཅན་ནོ། །བྱ་བ་ནི། ཉི་ཚེ་བའི་ཐེག་པ་ལ་སྦྱུར་བར་འདོད་པ་མིན་པར་རྫོགས་པའི་བྱང་ཆུབ་འཛིན་དུ་འཇུག་པའོ། །དེ་ཡང་རང་གི་ངོས་ནས་གདུལ་བྱ་དེ་རྫོགས་བྱང་ལ་སྦྱུར་བ་དགོས་ཀྱི་གདུལ་བྱ་དེ་ལ་བསམ་པ་དེ་མ་སྐྱེས་ན་རང་ལ་ཉེས་པར་འགྲོ་བ་མ་ཡིན་ཏེ། སྒྲུབ་པར་མི་ནུས་པའི་ཕྱིར་རོ། །འདིས་ནག་ཆོས་གཉིས་པ་སྤོང་བར་བྱེད་དེ། སེམས་ཅན་གཞན་བདེ་བ་ཐམས་ཅད་ཀྱི་མཐར་ཐུག་པ་ལ་སྙིང་ཐག་པ་ནས་འཛོག་འདོད་ཡོད་ན། གཞན་ལ་ཡིད་མི་བདེ་བའི་འགྱོད་པ་ཙམ་ཞིག་བསྐྱེད་པའི་ཆེད་དུ་ཡིད་མི་བདེ་བ་བསྐྱེད་པའི་སྦྱོར་བ་ཆེད་དུ་མི་བསྒྲུབ་པའི་ཕྱིར་རོ། །

གཉིས་པ་འཇུག་པའི་སྡོམ་པའི་དགག་པའི་བསླབ་བྱ་ལ་རྒྱ་ལྟུང་དང་ཉེས་བྱས་གཉིས་ལས།

དང་པོ་ལ། རྙེད་བཀུར་ལྷག་ཞེན་བདག་བསྟོད་སོགས་ཀྱིས་བསྟན་ཏེ། དེ་ལ་བཞི་ལས། དང་པོ་རྙེད༷་བཀུར་ལ་ལྷག༷་པར་ཞེན༷་པ་ལས་བདག༷་བསྟོད༷་གཞན༷་སྨོད༷་ཀྱི་རྒྱ་ལྟུང་ལ་ཡན་ལག་གསུམ་སྟེ། གང་ལ་སྨྲ་བའི་ཡུལ་ནི། རང་ལས་རྒྱུད་ཐ་དད་པའི་སྨྲ་ཤེས་ཤིང་དོན་གོ་བ་རང་དང་རིགས་མཐུན་པའི་འགྲོ་བ་གཅིག་དགོས་སོ། །གང་སྨྲ་བའི་བརྗོད་བྱ་ནི། རང་གི་ཡོན་ཏན་ཡིན་པ། གཞན་གྱི་སྐྱོན་ཡིན་པ་སྟེ། དེའང་རང་ལ་བསྟོད་བསྟུགས་བྱེད་ཅིང་གཞན་འགྲོ་བ་རྣམས་ཀྱིས་བཀུར་བའི་གནས་སུ་གྱུར་པ་དེ་ལ་སྨད་པར་བྱས་པའོ། །ཀུན་སློང་ལ་ཆགས་ཡུལ་རྙེད་བཀུར་གྱི་ཚད་ནི་གོས་དང་ཟས་དང་གནས་ཁང་བཞོན་པ་ལ་སོགས་པའི་རྙེད་པ་གང་ཡང་རུང་བའོ། །ངོ་བོ་བཀུར་སྟི་ནི། ཁྲི་སྟན་སོགས་ལས་བཀུར་བར་བྱེད་པའོ། །

ཡུལ་ཅན་ཆགས་པའི་ཚད་ནི། དཀོན་མཆོག་མཆོད་པ་དམན་ལ་བརྩེ་བས་ཕོངས་པ་བསལ་བ་ཙམ་གྱི་ཕྱིར་རྙེད་བཀུར་དོན་དུ་གཉེར་བ་མ་ཡིན་པར་རྙེད་བཀུར་ལ་རང་གི་ངོ་བོའི་སྒོ་ནས་སྲེད་པའམ་ལྷག་པར་ཞེན་པའོ། །ཡུལ་གྱི་ཁྱད་པར་ནི། རྙེད་པ་ལ་རང་དང་ནོར་མི་གཅིག་པ་དགོས་སོ། །བཀུར་སྟི་ནི། རང་གི་འཁོར་ལས་ཡང་དོན་དུ་གཉེར་བ་ཡིན་པས་ནོར་ཐ་དད་པ་ཞིག་མི་དགོས་སོ། །ཀུན་སློང་ནི། མཐའ་གཅིག་ཏུ་རྙེད་བཀུར་གཉིས་ཆ་ལ་མཉམ་དུ་ཆགས་པ་མི་དགོས་ཀྱི་རྙེད་བཀུར་གང་རུང་གཅིག་ལ་ཆགས་པ་ཞིག་དགོས་སོ། །དེ་ལྟ་བུའི་བསྟོད་སྨད་གང་རུང་གི་ཚིག་སྨྲས་ནས་ཕ་རོལ་པོས་དོན་གོ་བ་ན་སོ་ཐར་གྱི་ཕམ་པ་དང་འདྲ་བའི་རྒྱ་ལྟུང་དང་པོ་འབྱུང་བའོ། །

གཉིས་པ་སྡུག་བསྔལ་བ་དང་མགོན་མེད་པའི་སློང་མོ་བ་ལ་སེར༷་སྣས༷་ཟང༷་ཟིང༷་གི་ནོར༷་དང༷་ཆོས༷་མི༷་སྟེར༷་བ་ལ་ཡན་ལག་བཞི་སྟེ། དང་པོ་གང་གིས་སློང་བའི་སློང་བ་པོ་ནི། ནོར་སོགས་འབྱོར་བ་མི་ལྡན་པས་སྡུག་བསྔལ་བ་དང་། ཟས་དང་མི་ལྡན་པའི་བཀྲེན་པ། ཇོ་བོ་ལྟ་བུའི་གསོ་སྐྱོང་མཁན་མེད་པས་མགོན་མེད་པའི་སློང་མོ་བ་དེས་ཀྱང་བསམ་པ་ཐག་པས་སློང་བའི་ཕྱིར་དུ་རང་གི་ཉེ་དྲུང་དུ་འོང་བ་ཡིན་པའོ། །གང་བསླང་བའི་རྫས་ནི། དུག་མཚོན་སོགས་མི་འཕྲོད་པ་མིན་པ། བསླང་བའི་ཡུལ་ནི། སློང་རྒྱུའི་རྫས་དེ་རང་ལ་ཡོད་པ་ཡིན་པའོ། །བསམ་པ་ནི། སེར་སྣ་དང་འཇུངས་པའི་ཟིལ་གྱིས་མནན་ནས་མི་སྟེར་བར་ཐག་བཅད་པ་ལ་རྒྱ་ལྟུང་ངོ་། །གསུམ་པ་ཁྲོ༷་བས༷་གཞན༷་ལ་འཚེ༷་

བ་དང་། ཕ་རོལ་པོས་ཤད༷་སྦྱང༷་གིས༷་རང་ལ་བཏུད་ཀྱང་འཁོན་མི༷་ལྡོག༷་པ་ལ། བསམ་སྦྱོར་གཉིས་ཏེ༑ བསམ་པ་ནི། བྱང་སེམས་རང་ཉིད་གཞན་ལ་ཁྲོས་ནས་ཚིག་རྩུབ་པོ་སྨྲ་ཞིང་། དེ་ཙམ་གྱིས་ཀྱང་ཁྲོ་བ་མི་གཏོང་བར་འཕེལ་བར་བྱེད་ནས་ཁྲོ་བའི་ཟིལ་གྱིས་གནོན་པའོ། །སྦྱོར་བ་ནི། ཁྲོ་བ་དེའི་དབང་གིས་ལུས་དངོས་སམ། དེས་འཕང་བའམ་ལུས་དེ་དང་འབྲེལ་བའི་རྡོ་དབྱུག་མཚོན་སོགས་ཀྱིས་གཞན་ལ་བརྡེག་པ་དང་། གོ་རར་འཛུག་པ་སོགས་ཀྱིས་རྣམ་པར་འཚེ་བ་དང་། ལྐུགས་ཀྱིས་གཞིབ་པ་འཆིང་བ་སོགས་ཀྱིས་མཐོ་འཚམས་པར་བྱེད་པའོ། །འཚེ་བ་དང་མཐོ་འཚམས་པའི་ལས་བྱས་པའི་ལྟུང་བའི་ཡུལ་ལ། སེམས་ཅན་རང་དང་རིགས་མཐུན་གྱི་འགྲོ་བ་དོན་གསལ་ཞིང་གོ་བ་ཞིག་དགོས་པར་གསུངས་སོ། །

ཤད་སྦྱངས་མི་ལེན་པའི་ལྟུང་བ་ལའང་བཞི་སྟེ། དང་པོ་ཤད་སྦྱངས་བྱེད་པ་པོ་ནི། སྔར་བྱང་སེམས་རང་ལ་གནོད་པ་བྱས་ཟིན་ཡིན་པ། ད་ལྟ་བསམ་པ་ཐག་པ་ནས་ཤད་སྦྱངས་བྱེད་འདོད་པའོ། །ཤད་སྦྱངས་བྱེད་ཚུལ་ནི། དུས་དང་མཐུན་པ་དང་། ཆོས་དང་མཐུན་པའི་བཟོད་གསོལ་གྱི་བརྡ་སྦྲོད་པའོ། །ཀུན་སློང་ནི། སྔར་བྱས་ཀྱི་གནོད་པ་བྱས་རྐྱེན་གྱིས་ཁྲོ་བའི་བསམ་པ་བདོ་ཞིང་རྒྱས་ཏེ་ཞེ་ལ་མཁོན་དམ་དུ་འཛིན་པའོ། །ཤད་སྦྱངས་མི་ལེན་པའི་ངོ་བོ་ནི། གཞན་དེའི་ངག་ལ་མི་ཉན་ཅིང་བཟོད་པ་ཁས་མི་ལེན་ལ་བསམ་པས་ཁྲོ་བ་མི་གཏོང་བའོ། །དེ་ལྟར་འཚེ་བ་དང་ཤད་སྦྱངས་མི་ལེན་པའི་རྩ་ལྟུང་རེ་རེའོ། །བཞི་པ་ཐེག་ཆེན་སྤོང་བ་དང་། གཡོ༷་ལས༷་ཀྱིས་ཆོས༷་མིན་ཆོས་ལྟར༷་བཅོས༷་པ་ལ་མོས༷་ཤིང་སྟོན༷་པའི༷་རྩ་ལྟུང་བཞི༷་པ་ལ། ཡན་ལག་གཉིས་ལས་ཐེག་ཆེན་སྤོང་བའི་གཞི་ནི། བྱང་སེམས་ཀྱི་སྡེ་སྣོད་ཟབ་པ་དང་རྒྱ་ཆེ་བ་གཉིས་ཀ་སྟོན་པའི་ཚོགས་སྤྱི་ཞིག་སྤོང་བའོ། །སྤོང་ཚུལ་ནི། སྒྲིབ་པ་སྤོང་མི་ནུས་བྱང་ཆུབ་ཐོབ་མི་ནུས་ཞེས་སྐུར་བ་འདེབས་པའོ། །

དམ་ཆོས་ལྟར་བཅོས་མར་སྟོན་པའི་རྩ་ལྟུང་ལ་གཉིས་ཏེ། གང་བསྟན་བྱ་ནི། ཐེག་ཆེན་ལྟར་སྣང་བ་ཡིན་པ། དམ་ཆོས་ལྟར་སྣང་བ་ཡིན་པའི་ནག་པོ་བསྟན་པ་དང་མཐུན་པ་ཐམས་ཅད་དོ། །སྟོན་ཚུལ་ནི། རང་ཉིད་དེ་ལ་དགའ་བཞིན་དུ་གཞན་ལ་སྟོན་ཞིང་དེའི་ལྟ་བ་ལ་འཛུད་ཅིང་དང་དུ་བླངས་པ་ཡིན་ནོ། །བྱང་ཆུབ་སེམས་འདོར་མ་ཡིན་པའི་གཞན་བཞིའམ་བརྒྱད་པོ་དེ་དག་རྩ༷་ལྟུང༷

དུ་འགྱུར་བ་ལ་འོག་ཏུ་འཆད་པ་ལྟར་ཀུན་དཀྲིས་ཆེན་པོ་བཞི་ཚང་དགོས་པ་ཡིན་ནོ། །དེ་ལྟ་བུའི་སོ་ཐར་གྱི་ཕམ་པ་དང་བྱེད་ལས་འདྲ་བའི་ལྟུང་བ་བསམ་སྦྱོར་གྱི་སྒོ་ནས་རིམ་པར་བཞིའམ་བརྒྱད་ཡོད་པར་ཡང་། སྡོམ་པ་ཉི་ཤུ་པ་ལས། ཉོན་མོངས་དྲག་ལས་བྱུང་བ་ཡི། །སྡོམ་པ་ཞིག་པར་གང་གྱུར་པ། །དེ་ཡི་ཉེས་པ་བཞི་པོ་ནི། །ཕམ་པ་འདྲ་བར་དགོངས་པ་ཡིན། །རྙེད་དང་བཀུར་སྟི་ཆགས་པ་ཡིས། །བདག་བསྟོད་གཞན་ལ་སྨོད་པ་དང་། །སྡུག་བསྔལ་མགོན་མེད་གྱུར་པ་ལ། །སེར་སྣས་ཆོས་ནོར་མི་སྟེར་དང་། །གཞན་གྱིས་བཤགས་ཀྱང་མི་ཉན་པར། །ཁྲོས་པས་གཞན་ལ་བཙོག་པ་དང་། །ཐེག་པ་ཆེན་པོ་སྤོང་བྱེད་ཅིང་། །དམ་ཆོས་འདྲར་སྣང་སྟོན་པའོ། །ཞེས་གསུངས་པ་ལྟར་རོ། ། དེ་ལྟར་ཀུན་སློང་རིགས་གཅིག་པས་བསྐྱེད་པའི་ལྟུང་བ་བཞིར་བསྡུས། སྦྱོར་བ་ཐ་དད་པས་བསྐྱེད་པའི་སྒོ་ནས་ལྟུང་བ་བརྒྱད་དུ་བསྟན་པ་དེ་རྣམས་འཇུག་སྡོམ་གྱི་དགག་པའི་བསླབ་བྱའི་རྩ་བའི་ལྟུང་བའོ། །གཉིས་པ་འཇུག་སྡོམ་གྱི་བསླབ་བྱའི་ཉེས་བྱས་ནི། ཉེས་བྱས་ཕྲ་བ་ཞེ་དྲུག་སོགས་ཀྱིས་བསྟན་ཏེ། དེ་ལྟར་ཉེས་བྱས་ཀྱི་སྡེ་ཚན་བཤད་པ་ལ། དགེ་བ་ཆོས་སྡུད་ཕར་ཕྱིན་དྲུག་གི་མི་མཐུན་ཕྱོགས་ཀྱི་ཉེས་བྱས་བཤད་པ་དང་། སེམས་ཅན་དོན་བྱེད་ཀྱི་ཚུལ་ཁྲིམས་ཀྱི་མི་མཐུན་ཕྱོགས་ཀྱི་ཉེས་བྱས་བཤད་པ་ལས། དང་པོ་ལ་ཕྱིན་དྲུག་སོ་སོ་ལ་བརྟེན་པའི་དྲུག་ལས། དང་པོ་སྦྱིན་པའི་མི་མཐུན་ཕྱོགས་ཀྱི་ཉེས་བྱས་ལ་ལྔ་ལས། ཟང་ཟིང་གི་སྦྱིན་པའི་གཙོ་བོ་ཉམས་པའི་ཉེས་བྱས་ནི། སྡོམ་པ་ཉི་ཤུ་པ་ལས། དཀོན་མཆོག་གསུམ་ལ་གསུམ་མི་མཆོད། །ཅེས་ཉིན་བཞིན་དཀོན་མཆོག་གསུམ་སྒོ་གསུམ་གྱིས་མཆོད་དགོས་པ་ལ་མ་མཆོད་པའི་ཉེས་བྱས་སོ། །

གཉིས་པ། འདོད་པའི་སེམས་ཀྱི་རྗེས་སུ་འཇུག །ཅེས་འདོད་པ་ཆེ་ཞིང་ཆོག་མི་ཤེས་པར་རྙེད་བཀུར་ལ་ཆགས་པ་མི་འགོག་པར་དང་དུ་ལེན་པར་འདོད་པའི་སེམས་ཀྱི་རྗེས་སུ་འཇུག་པ་སེར་སྣའི་གཉེན་པོ་ཉམས་པའི་ཉེས་བྱས་སོ། །གསུམ་པ་ཡུལ་གྱི་ཁྱད་པར་དང་འབྲེལ་བའི་ཉེས་པ་ནི༑ རྒན་པ་རྣམས་ལ་གུས་མི་བྱེད། །ཅེས་བྱང་སེམས་རང་ཉིད་ཀྱིས་བཀུར་འོས་པའི་སྡོམ་པའི་སྒོ་ནས་རྒན་པ་མཐོང་བ་ན་མི་ལྡང་བ་དང་། སྟན་མི་བསྟབ་པའི་ཉེས་བྱས་སོ། །སྤྱིའི་ཡུལ་དང་འབྲེལ་བའི་ཉེས་པ་ནི། དྲིས་པ་ལ་ནི་ལན་མི་འདེབས། །ཞེས་སེམས་དྲང་པོར་གཞན་གྱིས་རང་ལ་ནད་

འདྲི་སོགས་སླ་ཞིང་སེམས་དགའ་བར་བྱེད་པ་ལ་དེར་རྗེས་མཐུན་གྱི་ལན་དྲང་པོར་མི་འདེབས་པར་སྡུ་མ་ལས་དོན་གཞན་ལོག་པ་བཏབ་ན་ཉེས་བྱས་སོ། །བཞི་པ་མགྲོན་པོས་བདག་གིར་མི་བྱེད་པ་ལ༑ མགྲོན་དུ་འགྲོ་བར་ཁས་མི་ལེན་པ་ནི། མགྲོན་པོས་བདག་གིར་མི་བྱེད་ཅིང་། །ཞེས་པས་གང་ཟག་གམ་དགེ་འདུན་ནམ་ཁྱིམ་པ་གང་རུང་གིས་རང་ཉིད་ཟས་སྐོམ་གྱི་ཆེད་དུ་མགྲོན་དུ་བོས་པ་ལ་བདག་གིར་མི་བྱེད་པར་གནས་དེར་མི་འགྲོ་ན་ཉེས་བྱས་སོ། །གཉིས་པ་སྦྱིན་བདག་དེས་བསྟབ་པ་མི་ལེན་པའི་ཉེས་པ་ནི། གསེར་ལ་སོགས་པ་ལེན་མི་བྱེད། །ཅེས་སྦྱིན་བདག་གི་དད་པས་གསེར་ལ་སོགས་པའི་ཡོ་བྱད་བསྟབ་པ་མི་ལེན་ན་ཉེས་བྱས་སོ། །ལྔ་པ། ཆོས་འདོད་པ་ལ་སྦྱིན་མི་བྱེད་ཅེས་དགག་དགོས་མེད་པར་ཆོས་འདོད་པ་གཞན་ལ་ཆོས་ཀྱི་སྦྱིན་པ་མི་བྱེད་པའི་ཉེས་བྱས་སོ། །དེ་ལྟར་ལྔའོ། །གཉིས་པ་ཚུལ་ཁྲིམས་ཀྱི་མི་མཐུན་ཕྱོགས་ལ་གཞན་གཙོ་བོར་གྱུར་པའི་དང་། རང་དོན་གཙོ་བོར་གྱུར་པའི་དང་། གཉིས་ཀ་གཙོ་བོར་གྱུར་པའི་ཚུལ་ཁྲིམས་དང་འགལ་བའི་ཉེས་པ་གསུམ་ལས། དང་པོ་གཞན་གཙོ་བོར་གྱུར་པའི་ཚུལ་ཁྲིམས་དང་འགལ་བའི་ཉེས་པ་ལ་དངོས་དང་། སོ་ཐར་གྱི་རང་བཞིན་གྱི་ཁ་ན་མ་ཐོ་བའི་བཅས་པ་ལ་ཇི་ལྟར་བསླབ་པའི་ཁྱད་པར་བསྟན་པ་གཉིས་ལས། དང་པོ་ལ་གསུམ་ལས། དང་པོ། ཚུལ་ཁྲིམས་འཆལ་རྣམས་ཡལ་བར་འདོར། །ཞེས་གཞན་སེམས་ཅན་ཉེས་སྤྱོད་ལ་ཞུགས་པའི་མ་རུང་བ་དང་། སྙིང་གྲགས་ཉམས་ཤིང་དམན་པ། ཚུལ་ཁྲིམས་འཆལ་བ་དེ་ལྟར་སྙིགས་ཅན་ཡིན་པ་རྒྱུ་མཚན་དུ་བྱས་ནས་གང་ཟག་དེ་དག་རང་དགར་ཡལ་བར་འདོར་རམ་ཁྱད་དུ་གསོད་པ་ནི་ལྷག་པར་བརྩེ་བའི་ཡུལ་འདོར་བར་བྱས་པའི་ཉེས་བྱས་སོ། །

གཉིས་པ། ཕ་རོལ་དད་ཕྱིར་སློབ་མི་བྱེད། །ཅེས་པས་བྱང་སེམས་རབ་བྱུང་གིས་གཞན་སེམས་ཅན་མ་དད་པ་དད་པར་བྱེད་པ། དད་པ་འཕེལ་བའི་སློ་ནས་བསྲུང་བའི་ཕྱིར་དུ་ཆང་སོགས་བཅས་རྐྱང་རྣམས་ཉན་ཐོས་ལྟར་བསྲུང་བར་བསླབ་དགོས་པ་ལས་མ་བསླབ་པར་འགལ་བར་བྱེད་ན་སོར་བྱང་གཉིས་ཀ་དང་འགལ་བའི་ཉེས་བྱས་སོ། །གསུམ་པ། སེམས་ཅན་དོན་ལ་བྱ་བ་ཆུང་། །ཞེས་པ་ནི། དོན་དང་བྱ་བ་ཉུང་ངུར་གནས་པའི་ཉན་ཐོས་རྣམས་ཀྱི་དབང་དུ་བྱས་ནས་སྟོན་པས་འཆང་འབྲལ་འཛོག་གསུམ་སོགས་བཅས་པའི་བསླབ་པ་མཛད་པ་རྣམས་ལ་དོན་དང་བྱ་བ་མང་

པོས་ཕན་འདོགས་པར་བྱེད་པའི་བྱང་སེམས་རྣམས་ཀྱིས་ཉན་ཐོས་ལྟར་སློབ་མི་དགོས་པ་ལ་དེ་ལྟར་བསླབ་པར་བྱས་ན་དོན་དང་བྲལ་བ་ཉུང་བའི་ཉེས་བྱས་སོ། །གཉིས་པ་ཇི་ལྟར་བསླབ་པའི་ཁྱད་པར་བསྟན་པ་ལ། སྙིང་བརྩེར་བཅས་ན་མི་དགེ་མེད། །ཅེས་པས་སོ་ཐར་གྱི་རང་བཞིན་གྱི་ཁ་ན་མ་ཐོ་བའི་བཅས་པ། ལུས་ཀྱིས་སྲོག་གཅོད་རྐུ་དང་འདོད་ལོག་གསུམ་དང་། ངག་གིས་རྫུན་ཕྲ་མ་ཚིག་རྩུབ་ངག་ཀྱལ་ཏེ་བཞི་དང་བཅས་པའི་ལུས་ངག་གི་མི་དགེ་བ་བདུན་གཞན་དོན་དུ་འགྱུར་བའི་ཐབས་སུ་གྱུར་པ་མཐོང་བཞིན་དེ་དག་ལ་མི་ཞུགས་པར་འདོར་བ་ནི་ཉེས་བྱས་སོ། །དེས་ན་བྱང་སེམས་རབ་བྱུང་ཡང་མི་ཚངས་སྤྱོད་མ་གཏོགས་གཞན་དྲུག་པོ་གཞན་དོན་དུ་གནང་བ་ཡོད་དེ། སྤྱིར་རབ་བྱུང་གི་གང་ཟག་སུས་ཀྱང་སྲོག་གཅོད་རྐུ་བ་རྫུན་རྣམས་ལ་ཞུགས་ཀྱང་ཕམ་པར་འགྱུར་བར་མ་ངེས་ལ། བཅས་ལྡན་རབ་བྱུང་གིས་མི་ཚངས་སྤྱོད་ལ་ཞུགས་ན་འདུ་ཤེས་འཁྲུལ་ཡང་ཕམ་ལྟུང་དུ་འགྱུར་བར་ངེས་པའི་སྒོ་ནས་མི་དགེ་གཞན་དྲུག་གནང་བ་ཡིན་པའི་རྒྱུ་མཚན་གྱིས་ཡིན་ནོ། །འོན་ཀྱང་བྱང་སེམས་རབ་བྱུང་གི་རྟེན་ཅན་དེས་གསོད་རྐུ་རྫུན་དུ་སྨྲ་བའི་ཕམ་པའི་གཞི་ལ་ཞུགས་ན༑ དེ་དེ་ལ་གནང་བ་མིན་ཏེ། དཔེར་མ་བྱིན་ལེན་དང་། རྫུན་རྣམས་ཀུན་སློང་རང་དོན་དུ་བྱས་པ་ལྟུང་བའི་ཡན་ལག་ཏུ་བཤད་པ་དང་། གཞན་དོན་དུ་ཞུགས་ན་ཀུན་སློང་གིས་སེལ་བ་རུ་གསུངས་པའི་ཕྱིར་དང་། སྲོག་གཅོད་ཀྱང་འདུ་ཤེས་གཙོ་བའི་ལྟུང་བར་གསུངས་པས་འདུ་ཤེས་འཁྲུལ་ན་ཕམ་པ་མི་འབྱུང་བར་འདུ་ཤེས་ཀྱིས་སེལ་བར་གསུངས་པས། ཕམ་ལྟུང་གི་ཡན་ལག་རྣམས་རྫོགས་པར་ཚང་ན་ཕམ་ལྟུང་སྐྱེད་ངེས་པའི་ཕྱིར་རོ། །དེ་དྲུག་ལ་བྱང་སེམས་རབ་བྱུང་གིས་གཞན་ཕོ་ནའི་ཆེད་དུ་ཞུགས་ན་ཕམ་ལྟུང་སྐྱེད་པ་མེད་དེ། ཕམ་ལྟུང་ཡིན་བཞིན་གནང་བ་མི་སྲིད་པའི་ཕྱིར་རོ། །

གཉིས་པ་རང་གཙོ་བོར་གྱུར་པའི་བསླབ་འགལ་གྱི་ཉེས་བྱས་ལ་གསུམ་ལས། དང་པོ་ནི། འཚོ་བ་ལོག་པ་དང་དུ་ལེན། །ཞེས་པས་འཚོ་བ་ལོག་པ་ཚུལ་འཆོས་སོགས་ལོག་འཚོ་ལྔ་གང་རུང་བྱུང་བ་ལ་མི་འཛེམ་པར་དང་དུ་ལེན་པ་དང་། དེ་སྤོང་བའི་གཉེན་པོ་དྲན་ཤེས་མི་བསྟེན་པ་འཚོ་བ་ཉམས་པའི་ཉེས་བྱས་ཉོན་མོངས་ཅན་ནོ། །གཉིས་པ་ཚིག་ཉམས་པའི་ཉེས་པ་ནི། འཕྱར་ནས་རབ་ཏུ་རྒོད་ལ་སོགས། །ཞེས་པས་སེམས་འཕྱར་ཞིང་གཡེང་ནས་ངག་ཏུ་ཧ་གད་དུ་དགོད་པ་ཙ་ཙོ་འདོན་

པ༑ ལུས་རྩེ་ཞིང་མཆོང་རྒྱུག་སོགས་བྱས་པ་ཉེས་བྱས་སོ། །གསུམ་པ་སྲིད་པའི་རོ་ལ་བསྐམ་པའི་ཉེས་པ་ནི། འཁོར་བ་གཅིག་ཕུར་བགྲོད་པར་སེམས། །ཞེས་བྱང་སེམས་རྣམས་འཁོར་བས་ཡིད་དབྱུང་ནས་མྱང་འདས་ལ་དགའ་བར་མི་བྱ། ཉོན་མོངས་པ་རྣམས་ལ་འཇིགས་པར་མི་བྱ། ཉོན་མོངས་པ་ལས་སེམས་དབེན་པར་མི་བྱ་བསྐལ་པ་གྲངས་མེད་གསུམ་དུ་འཁོར་བ་འདིར་འཁོར་ཞིང་བྱང་ཆུབ་བསྒྲུབ་པར་བྱ་དགོས་ཞེས་དེ་ལྟར་བསམས་ནས་དེ་སྐད་སྨྲ་ན་ཉེས་བྱས་ཉོན་མོངས་ཅན་ནོ༑ ༑གསུམ་པ་གཉིས་ཀ་གཙོ་བོར་གྱུར་པའི་ཚུལ་ཁྲིམས་དང་འགལ་བའི་ཉེས་པ་ལ་གཉིས་ལས། དང་པོ་ནི། གྲགས་པ་མ་ཡིན་མི་སྤོང་དང་། །ཞེས་པས་གཏམ་ངན་འབྱུང་བའི་གཞི་རང་ལ་ཡོད་པའི་སྐྱོན་གྱི་ཆའི་དངོས་པོ་དང་། མེད་པ་མི་བདེན་པའི་དངོས་པོ་རྣམས་དགོས་པ་མེད་པར་མི་བསྲུང་མི་སེལ་བར་ཅི་མི་སྙམ་ན་ཉེས་བྱས་སོ། །གཉིས་པ་གཞན་དོན་བྱེད་པའི་སྤྱོར་བ་རྩུབ་མོར་སྨྲག་པའི་ཉེས་པ་ནི། ཉོན་མོངས་བཅས་ཀྱང་འཆོས་མི་བྱེད། །ཅེས་པས་རྣམ་པ་མི་སྡུག་པའི་ལུས་ངག་གི་སྤྱོད་པ་དྲག་པོས་འདུལ་ཐབས་ཉིད་སེམས་ཅན་འདུལ་བའི་དོན་ཉིད་དུ་གྱུར་བར་མཐོང་བཞིན་དུ་དགོས་མེད་དུ་གཞན་གྱི་སེམས་མི་དགའ་བ་ཙམ་སྲུང་བའི་ཆེད་དུ་ཐབས་དེར་མི་འཇུག་པ་ཉོན་མོངས་ཅན་གྱི་ཉེས་བྱས་སོ། །

གསུམ་པ་བཟོད་པའི་མི་མཐུན་ཕྱོགས་ལ་གསུམ་ལས། དང་པོ་ནི། གཤེ་ལ་ལན་དུ་གཤེ་ལ་སོགས། །ཞེས་པས་རང་ཉིད་དགེ་སྦྱོང་གི་ཆོས་བཞི་དང་བྲལ་ནས་བཟོད་པའི་རྒྱུ་ལ་མི་གནས་པའི་ཉེས་བྱས་ཉོན་མོངས་ཅན་ནོ། །གཉིས་པ་ལ་རང་གི་ཁྲོ་རྒྱུན་མི་འགོག་པ་དང་། གཞན་གྱི་ཁྲོ་རྒྱུན་མི་འགོག་པ་གཉིས་ལས། དང་པོ་ནི། ཁྲོས་པ་རྣམས་ནི་ཡལ་བར་འདོར། །ཞེས་རང་ཉིད་ཀྱིས་གཞན་ལ་གནོད་པའི་ཉེས་པ་བྱས་སམ་མ་བྱས་པ་དང་། ཕ་རོལ་པོས་བྱས་པར་དོགས་པ་གང་རུང་ལ་དེ་ལྟ་བུའི་ཡུལ་དེ་ལ་ཕར་ཚུར་དང་མཐུན་པའི་ཤད་སྦྱངས་མི་བྱེད་ནས་ཕ་རོལ་པོའི་སེམས་མི་དགའ་ནའང་རུང་ངོ་སྙམ་ནས་རང་རྒྱུད་ཀྱི་ཁོང་ཁྲོའི་རྒྱུན་མི་འགོག་པ་ནི་ཉེས་བྱས་སོ། །གཉིས་པ་ནི༑ ཕ་རོལ་ཤད་ཀྱིས་འཆགས་པ་སྤོང་། །ཞེས་གཞན་ཕ་རོལ་པོས་རང་ལ་གནོད་པའི་ཉེས་པ་བྱས་ཀྱང་། སྔར་ཆོས་མཐུན་གྱི་ཤད་སྦྱངས་ཚུར་བྱེད་ནའང་། དེ་དང་དུ་མི་ལེན་པར་སྤོང་བར་བྱེད་ན

ཉེས་བྱས་སོ། །གསུམ་པ། ཁྲོ་བའི་སེམས་ཀྱི་རྗེས་སུ་འཇུག །ཅེས་རང་ཉིད་ཀྱིས་གང་ཟག་གཞན་གྱི་སྟེང་ལ་ཁྲོ་བའི་སེམས་དང་པོར་བྱུང་ཞིང་དེའི་རྒྱུན་མི་གཏོང་བར་འཛིན་པ་དང་། དེ་ལ་ཉེས་པར་མི་ལྟ་ཞིང་དང་དུ་ལེན་པ་དང་། ཁྲོ་བ་དེའི་གཉེན་པོའི་ཕྱོགས་ལ་མི་གནས་པ་ནི་ཉེས་བྱས་ཉོན་མོངས་ཅན་ནོ། །བཞི་པ་བརྩོན་འགྲུས་ཀྱི་མི་མཐུན་ཕྱོགས་ལ་གསུམ་ལས། དང་པོ། སྙེད་བཀུར་འདོད་ཕྱིར་འཁོར་རྣམས་སྡུད། །ཅེས་པས་རང་ཉིད་ཀྱིས་སྙེད་བཀུར་འདོད་ནས་དེ་ཐོབ་པའི་ཕྱིར་དུ་འཁོར་རྣམས་སྡུད་པ་ནི། སྦྱོར་བ་དམན་པའི་ཉེས་བྱས་སོ། །གཉིས་པ་ནི། ལེ་ལོ་ལ་སོགས་སེལ་མི་བྱེད། །ཅེས་པས་རང་ཉིད་ལེ་ལོའི་དབང་གིས་ཉིན་མོ་དང་མཚན་མོ་ཐུན་སྟོད་སྨད་ལ་འང་གཉིད་ལོག་པའི་བདེ་བ་བདག་གིར་བྱེད་ཅིང་དེ་མི་སེལ་ན་སྦྱོར་བ་དམན་པའི་ཉེས་བྱས་ཉོན་མོངས་ཅན་ནོ། །

གསུམ་པ་ནི། ཆགས་པས་བྲེ་མོའི་གཏམ་ལ་བསྟེན། །ཅེས་པས་རྒྱལ་བློན་ཆོམ་རྐུན་དམག་སོགས་ཀྱི་གཏམ་དགོས་མེད་དུ་སྨྲས་ཏེ་དུས་འདའ་བར་བྱེད་པ་ནི། བྱ་བ་ངན་པ་ལ་ཞེན་པའི་ཉེས་བྱས་སོ། ལྔ་པ་བསམ་གཏན་གྱི་མི་མཐུན་ཕྱོགས་ལ། སྦྱོར་དངོས་རྗེས་ཀྱི་ཉེས་པ་གསུམ་ལས། དང་པོ་ནི། ཏིང་ངེ་འཛིན་གྱི་དོན་མི་འཚོལ། །ཞེས་པས་བྱང་སེམས་མཉམ་པར་འཇོག་པར་འདོད་པས་སེམས་གནས་ཀྱི་གདམས་པ་ནོད་དུ་འགྲོ་དགོས་པའི་ཚེ་དེ་ནོད་ཕྱིར་དུ་མི་འགྲོ་ཞིང་ཐོས་བསམ་ལ་མི་འབད་པ་ནི་སྦྱོར་བའི་ཉེས་བྱས་སོ། །གཉིས་པ་ནི། བསམ་གཏན་སྒྲིབ་པ་སྤོང་མི་བྱེད། །ཅེས་པས་རྒོད་འགྱོད་གཉིས་གཅིག་ཏུ་བྱས་པ་དང་། གཉིད་རྨུགས་གཉིས་གཅིག་ཏུ་བྱས་ཏེ་གཉིས་དང་། འདོད་ལ་འདུན་པ་གནོད་སེམས་ཐེ་ཚོམ་སྟེ་སྒྲིབ་པ་ལྔ་པོ་གང་རུང་བྱུང་བ་ནི་མི་སེལ་ཞིང་དང་དུ་ལེན་པ་ནི་ཉེས་བྱས་ཉོན་མོངས་ཅན་ནོ། །གསུམ་པ་ནི། བསམ་གཏན་རོ་ལ་ཡོན་ཏན་བལྟ། །ཞེས་བསམ་གཏན་གྱི་སེམས་རང་རྒྱུད་ལ་སྐྱེས་པའི་ཚེ། དེའི་དགའ་བདེ་སོགས་ལ་སྲེད་ཅིང་རོ་མྱོང་བར་བྱེད་ན་ཉེས་བྱས་ཉོན་མོངས་ཅན་ནོ། །དྲུག་པ་ཤེས་རབ་ཀྱི་མི་མཐུན་ཕྱོགས་ལ་ཉེས་པ་གཉིས་ཏེ། དམན་པའི་ཡུལ་དང་འབྲེལ་བའི་ཉེས་པ་དང་། མཆོག་གི་ཡུལ་དང་འབྲེལ་བའི་ཉེས་པ་གཉིས་སོ། །དང་པོ་ལ་བཞི་ལས། ཐེག་དམན་སྤོང་པ་ནི། ཉན་ཐོས་ཐེག་པ་སྤོང་བར་བྱེད། །ཅེས་ཉན་ཐོས་ཐེག་པའི་ཆོས་རྣམས་ནི། ཐེག་པ་དམན་པའི་གང་ཟག་དག་ལ་དགོས་ཀྱང་། བྱང་སེམས་ལ་མི་དགོས

ཞེས་སྙིང་ཐག་པ་ནས་དེ་ལྟར་སེམས་ཤིང་དེ་སྐད་སྨྲ་ན་ཉོན་མོངས་ཅན་གྱི་ཉེས་བྱས་སོ། །གཉིས་པ་ཐེག་དམན་ལ་གཅིག་ཏུ་བརྩོན་པའི་ཉེས་པ་ནི། རང་ཚུལ་ཡོད་བཞིན་དེ་ལ་བརྩོན་ཞེས་བྱང་ཆུབ་སེམས་དཔའི་སྡེ་སྣོད་ལ་བརྩོན་བྱར་ཡོད་བཞིན་དུ་དེ་ཡལ་བར་དོར་ནས་དམན་པའི་ཆོས་ལ་བརྩོན་ན་ཉེས་བྱས་སོ། །

གསུམ་པ་མུ་སྟེགས་གཞུང་ལ་བརྩོན་པའི་ཉེས་པ་ནི། བརྩོན་མིན་ཕྱི་རོལ་བསྟན་བཅོས་བརྩོན། །ཞེས་རང་གི་སྟོན་པའི་གསུང་རབ་ལ་བརྩོན་བྱར་ཡོད་བཞིན་དུ་དེར་མི་བརྩོན་པར་མུ་སྟེགས་ཀྱི་གཞུང་ལ་བརྩོན་པ་ནི་ཉེས་བྱས་ཉོན་མོངས་ཅན་ནོ། །བཞི་པ་མུ་སྟེགས་གཞུང་ལ་དགའ་བའི་ཉེས་པ་ནི། བརྩོན་པར་བྱས་ཀྱང་དེ་ལ་དགའ། །ཞེས་པས་དགོས་པའི་དབང་གིས་ཕྱི་རོལ་བའི་གཞུང་ལ་བརྩོན་ཆེ་གཞུང་དེའི་ཐོག་མཐའ་བར་གསུམ་དུ་དེ་ལ་དགའ་ཞིང་ཡི་རང་བར་བྱེད་ན་ཉེས་བྱས་སོ། །གཉིས་པ་མཆོག་གི་ཡུལ་དང་འབྲེལ་བའི་ཉེས་པ་ལ། ཤེས་རབ་དེའི་ཡུལ་སྤྱོང་བའི་ཉེས་པ་དང་། འབྲས་བུ་ལ་ལོག་པར་སྨྲ་བའི་ཉེས་པ་དང་། རྒྱུ་ལ་ལོག་པར་སྨྲ་བའི་ཉེས་པ་གསུམ་ལས། དང་པོ་ནི། ཐེག་པ་ཆེན་པོ་སྤོང་བར་བྱེད། །ཅེས་པས་རང་གི་ཚུལ་མིན་ཡིད་བྱེད་དང་། གཞན་གྱི་ཁ་ཕྱིར་འབྲང་ནས། བྱང་སེམས་ཀྱི་མདོ་སྡེ་ཉི་ཚེ་བ་ལ་དམིགས་ནས་འདི་ནི་དོན་དང་ལྡན་པ་མ་ཡིན་ཞེས་སྐུར་བ་བཏབ་པའི་ཉེས་བྱས་ཉོན་མོངས་ཅན་ནོ། །

གཉིས་པ་ཤེས་རབ་ཀྱི་འབྲས་བུ་ལ་ལོག་པར་སྨྲ་བའི་ཉེས་པ་ནི། བདག་ལ་བསྟོད་ཅིང་གཞན་ལ་སྨོད། །ཅེས་ཁོང་ཁྲོའི་སེམས་དང་ང་རྒྱལ་གྱིས་བདག་ལ་བསྟོད་ཅིང་གཞན་ལ་སྨོད་པའི་ཉེས་བྱས་ཉོན་མོངས་ཅན་ནོ། །གསུམ་པ་ཤེས་རབ་ཀྱི་རྒྱུ་ལས་ཉམས་པའི་ཉེས་པ་ལ་གཉིས་ཏེ། །ཐོས་པ་ལ་མི་འཇུག་པ་དང་། ཐོས་པའི་ཡུལ་ལ་ལོག་པར་སྨྲ་བ་གཉིས་ལས། དང་པོ་ནི། ཆོས་ཀྱི་དོན་དུ་འགྲོ་མི་བྱེད། །ཅེས་གཞན་བླ་མ་ལས་ཆོས་འཆད་པ་དང་། ཆོས་ཀྱི་འབེལ་གཏམ་གླེང་བའི་གནས་སུ་འགྲོ་དགོས་ཆེ། དགོས་མེད་རང་དགར་དེར་མི་འགྲོ་ན་ཉེས་བྱས་ཉོན་མོངས་ཅན་ནོ། །གཉིས་པ་ཡུལ་ལ་ལོག་སྨྲ་བ་ནི། དེ་ལ་སྨོད་དང་ཡི་གེར་རྟོན། །ཞེས་དམ་ཆོས་འཆད་པའི་བླ་མ་ལ་བསམ་བཞིན། སྙིང་ནས་སྟོན་པའི་འདུ་ཤེས་ཀྱིས་ལུས་ཀྱིས་བཀུར་སྟི་མི་བྱེད། ངག་གིས་འཕྱ་སྨོད

བྱ་ཞིང་། ཚོག་འབྲུ་ལེགས་ཙམ་ལ་ཆེད་ཆེར་བྱེད་ཅིང་དོན་ཟབ་མོ་ལ་མི་རྟོན་པ་ཉོན་མོངས་ཅན་གྱི་ཉེས་བྱས་སོ། །གཉིས་པ་སེམས་ཅན་དོན་བྱེད་ཀྱི་ཚུལ་ཁྲིམས་ཀྱི་མི་མཐུན་ཕྱོགས་ཀྱི་ཉེས་བྱས་ལ། བསྡུ་བ་བྱ་སེམས་ཅན་གྱི་དོན་བྱ་ཡུལ་གྱི་གང་ཟག་སྤྱི་དང་འབྲེལ་བའི་ཉེས་པ་དང་། བྱེ་བྲག་གི་ཡུལ་དང་འབྲེལ་བའི་ཉེས་པ་གཉིས་སོ། །དང་པོ་ལ་ཕན་པ་མི་སྒྲུབ་པ་དང་། །གནོད་པ་མི་སེལ་བའི་ཉེས་པ་གཉིས་སོ། །དང་པོ་ནི། དགོས་པའི་དོན་དུ་འགྲོ་མི་བྱེད། །ཅེས་གཞན་གྱི་བྱ་བ་སེམས་པའི་གྲོགས། བྱ་བ་གདན་ལ་འབེབས་པའི་གྲོགས། ལམ་གྱི་མཐའ་ལ་སྐྱོར་བའི་གྲོགས། ལོངས་སྤྱོད་སྲུང་བའི་གྲོགས། ཕྱེ་བ་བསྡུམ་པའི་གྲོགས། བསོད་ནམས་བྱ་བའི་གྲོགས། ལུས་ཀྱི་སྡུག་བསྔལ་ཞི་བའི་གྲོགས་སོགས་མི་བྱེད་པ་ནི་ཉེས་བྱས་སོ། །

གཉིས་པ་གནོད་པ་མི་སེལ་བའི་ཉེས་པ་ལ་གཉིས་ཏེ། སྡུག་བསྔལ་མི་སེལ་བ་དང་། དེའི་རྒྱུ་མི་སེལ་བའོ། །དང་པོ་ལ། སྡུག་བསྔལ་བྱེ་བྲག་མི་སེལ་བ་དང་། སྤྱི་མི་སེལ་བ་གཉིས། དང་པོ་ནི། ནད་པའི་རིམ་གྲོ་བྱ་བ་སྤོང་། །ཞེས་ནད་པ་དང་འཕྲད་ན་ནད་པ་དེར་ནད་གཡོག་གིས་རིམ་གྲོ་བྱེད་དགོས་ཚེ་དགོས་མེད་དུ་དེ་ལ་ཕན་པའི་རིམ་གྲོ་མི་བྱེད་ན་ཉེས་བྱས་སོ། །གཉིས་པ་ནི། སྡུག་བསྔལ་སེལ་བར་མི་བྱེད་པ། །ཞེས་པས་སྡུག་བསྔལ་ཅན་གྱི་གང་ཟག་དང་འཕྲད་ན། དེའི་སྡུག་བསྔལ་དེ་དང་དེ་སེལ་བའི་ཐབས་བྱེད་ནུས་བཞིན་དུ་མི་སེལ་བ་ཉེས་བྱས་སོ། །གཉིས་པ་སྡུག་བསྔལ་གྱི་རྒྱུ་མི་སེལ་བའི་ཉེས་པ་ནི། བག་མེད་པ་ལ་རིགས་མི་སྟོན། །ཞེས་པས་འདི་ཕྱི་ཀུན་ལ་མི་ཕན་པའི་ཚུལ་མིན་ཉེས་སྤྱོད་ལ་ཞུགས་པའི་སེམས་ཅན་དག་མཐོང་བ་ན་ཇི་ལྟར་འཚམས་པའི་ཉེས་སྤྱོད་འགོག་པའི་ཐབས་ཚུལ་བཞིན་སྟོན་ནུས་བཞིན་དུ་རང་དགར་མི་སྟོན་ན་ཉེས་བྱས་སོ། །

གཉིས་པ་བྱེ་བྲག་གི་ཡུལ་དང་འབྲེལ་བའི་ཉེས་པ་ལ་གཉིས་ཏེ། ཕན་མི་འདོགས་པའི་ཉེས་པ་དང་། ཚར་མི་གཅོད་པའི་ཉེས་པ་གཉིས་སོ། །དང་པོ་ལ་དྲུག་ལས། དང་པོ། ཕན་བཏགས་པ་ལ་ལོག་པར་སྒྲུབ་པ་ནི། བྱས་ལ་ལན་དུ་ཕན་མི་འདོགས། །ཞེས་རང་ལ་ཕན་བཏགས་པའི་སེམས་ཅན་ལ་ཇི་ལྟར་རིགས་པའི་ཕན་ལན་ནུས་བཞིན་དུ་མི་སྒྲུབ་པར་ཡལ་བར་དོར་ན་ཉེས་བྱས་སོ། །

གཉིས་པ་ཡིད་མི་བདེ་བ་ལ་ལོག་པར་སྒྲུབ་པ་ནི། གཞན་གྱི་མྱ་ངན་སེལ་མི་བྱེད། །ཅེས་

པས་ལོངས་སྤྱོད་བྲལ་བ་ལས་གྱུར་པའི་སྡུག་བསྔལ་ཅན་གྱི་མྱ་ངན་སེལ་ནུས་བཞིན་དུ་དགོས་མེད་རང་དགར་མི་སེལ་ན་ཉེས་བྱས་སོ། །གསུམ་པ་བཀྲེན་པ་རྣམས་ལ་ལོག་པར་སྒྲུབ་པའི་ཉེས་པ་ནི། ནོར་འདོད་པ་ལ་སྦྱིན་མི་བྱེད། །ཅེས་པས་སློང་བར་རིགས་པའི་སློང་བ་པོ་ལ་དངོས་པོ་དེ་དང་དེ་ཡོད་བཞིན་དུ། དགོས་མེད་རང་དགར་མི་སྟེར་ན་ཉེས་བྱས་སོ། །བཞི་པ་རང་གི་འཁོར་ལ་ལོག་པར་སྒྲུབ་པ་ནི། འཁོར་རྣམས་ཀྱི་ནི་དོན་མི་བྱེད། །ཅེས་རང་གི་འཁོར་དུ་བསྡུས་པའི་གདུལ་བྱ་ལ་གདམས་ངག་སོགས་མི་སྟེར་བ་དང་། ཕོངས་པར་གྱུར་ཚེ་ཟས་གོས་སོགས་གཞན་ལ་བཙལ་ཞིང་འཚོལ་བའི་ཐབས་ལ་བརྩོན་པར་མི་བྱེད་ན་ཉེས་བྱས་སོ། །ལྔ་པ་མཐུན་པར་བྱ་བ་ལ་ལོག་པར་སྒྲུབ་པ་ནི། གཞན་གྱི་བློ་དང་མཐུན་མི་འཇུག །ཅེས་པས་སེམས་ཅན་གཞན་གྱི་བློ་སེམས་དང་མཐུན་པར་དགོས་མེད་དུ་མི་འཇུག་པ་ནི་ཉེས་བྱས་སོ། །དྲུག་པ་ཡོན་ཏན་ཅན་ལ་ལོག་པར་སྒྲུབ་པའི་ཉེས་པ་ནི། ཡོན་ཏན་བསྔགས་པ་སྨྲ་མི་བྱེད། །ཅེས་པས་གཞན་མཁས་བཙུན་བཟང་པོའི་ཡོན་ཏན་ལ་ཡང་དག་པའི་བསྔགས་པ་བརྗོད་པར་མི་བྱེད་པ་དང་། རང་ལ་ཆོས་མཐུན་གྱི་ལེགས་སྨྲས་ལ་དགོས་མེད་དུ་ལེགས་སོ་མི་སྟེར་ན་ཉེས་བྱས་སོ། །གཉིས་པ་ཚར་མི་གཅོད་པའི་ཉེས་པ་ལ་གཉིས་ལས། དང་པོ། ཆོས་མིན་སྤྱོད་པ་དབང་དུ་མི་བྱེད་པའི་ཉེས་པ་ནི། རྒྱན་དང་འཚམས་པར་ཚར་མི་གཅོད། ། ཅེས་ པས་ གཞན་ ཕོ་ རང་ དང་ སེམས་ ཅན་ ལ་ གནོད་ པའི་ ལས་ ལ་ ཞུགས་ པའི་ གང་ ཟག་ལྷ་ བྱི་ སྨྲ་ དབབ་པ་ཆད་པ་བཅད་རིགས་པ་བསྒྲད་པའི་ལས་བྱ་རིགས་པའི་སེམས་ཅན་དེ་རྣམས་ལ་དེ་ལྟར་བྱེད་ནུས་བཞིན་དུ་དེ་མི་སྒྲུབ་པ་ནི་ཉེས་བྱས་སོ། །གཉིས་པ་བསྟན་དང་འགྲས་པ་དབང་དུ་མི་བྱེད་པའི་ཉེས་པ་ནི། རྫུ་འཕྲུལ་བསྡིགས་ལ་སོགས་མི་བྱེད། །ཅེས་སངས་རྒྱས་ཀྱི་བསྟན་ལ་འཚེ་བའི་གནོད་བྱེད་ལ་མངོན་སྤྱོད་ཀྱི་ལས་ཀྱི་མཐུ་སྣ་ཚོགས་དང་རྫུ་འཕྲུལ་སྣ་ཚོགས་ཀྱིས་རིམ་པར་སྒྲག་པ་དང་འདུན་པར་བྱ་རིགས་པ་ལ་དེ་ལྟར་ནུས་བཞིན་མི་བྱེད་པ་ཉེས་བྱས་སོ། །དེ་ལྟར་ན་ཉེས་བྱས་ཞེ་དྲུག་གོ། །གཞན་དུ་སྙིང་བརྩེར་བཅས་ན་མི་དགེ་མེད། །ཅེས་པ་ཉེས་མེད་བསྟན་པར་བཞེད་པས་དེ་ཕྱི་བས་ཞེ་ལྔར་བཞེད་པ་དང་། ནད་གཡོག་མི་བྱེད་པ་དང་། སྡུག་བསྔལ་མི་སེལ་བ་གཉིས་གཅིག་ཏུ་བསྡུས་ཏེ་ཉེས་བྱས་ཞེ་བཞིར་བྱེད་པའང་ཡོད་པར་གསུངས་སོ། །གོང་དུ་སྨྲར་བསྟན་པའི་

ཉེས་བྱས་དེ་རྣམས་ཀྱང་མ་གུས་པ་དང་ང་རྒྱལ་མནར་སེམས་ཁྲོ་བ་སོགས་ཀྱིས་ཉེས་པ་དེ་རྣམས་བྱུང་ན་ཉོན་མོངས་ཅན་གྱི་ཉེས་པ་དང་། ལེ་ལོ་སྙོམ་ལས་བརྗེད་པས་བྱུང་ན་ཉོན་མོངས་ཅན་མ་ཡིན་པའི་ཉེས་པ་དང་། སེམས་གདོན་སོགས་ཀྱིས་སྨྱོས་ཏེ་འཁྲུགས་པས་བྱས་པ་ལ་ལྟུང་བ་མེད་པར་གསུངས་སོ། །

གཉིས་པ་དགེ་བ་ཆོས་སྡུད་ཀྱི་ཚུལ་ཁྲིམས་ལ་གཉིས་ཏེ། མདོར་བསྟན་དང་། རྒྱས་བཤད་གཉིས་སོ། །དང་པོ་ནི། དགེ་བ་ཆོས་སྡུད་སོགས་ཀྱིས་བསྟན་ཏེ། དགེ༷་བ་ཆོས༷་སྡུད༷་ཀྱི་ཚུལ་ཁྲིམས་སེམས་ཅན་ཐམས་ཅད་ཀྱི་དོན་དུ་ཕར༷་ཕྱིན༷་དྲུག༷་གིས་བསྡུས་པའི་ཆོས་མཐའ་དག་སྒྲུབ་ཅིང་སློབ༷་པའི་སེམས་པ་མཚུངས་ལྡན་དང་བཅས་པ་ཚུལ་ཁྲིམས་སྟེ། དགེ་ཆོས་སྡུད་པའི་ཚུལ་ཁྲིམས་ཀྱི་ངོ་བོའོ། །དེ་ལ་ཕར་ཕྱིན་གྱི་མཚན་ཉིད་ནི། ཁྱད་ཆོས་བཞི་ལྡན་གྱི་དགེ་བའི་ཚོགས་གང་ཞིག བྱང་ཆུབ་སེམས་དཔའི་སྤྱོད་པའི་རིགས་སུ་གནས་པའི་ཚོགས་དེ་ཕར་ཕྱིན་གྱི་མཚན་ཉིད། ཁྱད་ཆོས་བཞི་ནི། ཕྱིན་དྲུག་རང་རང་གི་མི་མཐུན་ཕྱོགས་སེར་སྣ་སོགས་ཉམས་ཤིང་བྲལ་བའི་ཁྱད་པར། འཁོར་གསུམ་བདེན་པར་མི་རྟོག་པའི་ཤེས་རབ་དང་ལྡན་པ་སྟེ་ཤེས་རབ་དེས་ཟིན་པའི་ཁྱད་པར་དང་། སེམས་ཅན་གྱི་སེམས་ཀྱི་འདོད་པ་ཀུན་ཡོངས་སུ་རྫོགས་པར་བྱེད་པ་སྟེ། དེ་དག་གི་རེ་བ་སྐོང་བའི་ཁྱད་པར་དང་། ཐེག་པ་གསུམ་གྱི་ལམ་ལ་འགོད་པའམ། དེར་ཆོས་ཀྱི་སྨིན་པ་དང་འབྲེལ་བའི་ཁྱད་པར་ཏེ་ཁྱད་ཆོས་བཞིའོ། །ཕ་རོལ་ཏུ་ཕྱིན་པའི་སྒྲ་དོན་ནི། པ་རཱ་མི་ཏ་ཞེས་པ་ཕ་རོལ་ཏུ་ཕྱིན་པ་ཞེས་འཁོར་བ་ཕྲ་རགས་ཀྱི་ཕ་རོལ་སངས་རྒྱས་ཀྱི་སར་ཕྱིན་ཟིན་པའི་ཡེ་ཤེས་ཆོས་སྐུ་རུ་གྱུར་པའི་ཕར་ཕྱིན་འབྲས་བུའི་ཕར་ཕྱིན་ཏེ་ཕ་རོལ་འདིར་ཕྱིན་ཅེས་ལས་སྒྲུབ་ཀྱི་ཕར་ཕྱིན་དང་། སློབ་ལམ་གྱི་ཕྱིན་དྲུག་ནི་འདིས་ཕ་རོལ་ཏུ་ཕྱིན་པར་བྱེད་ཅེས་བྱེད་སྒྲུབ་ཀྱི་ཕར་ཕྱིན་ཏོ། །དབྱེ་ན་སྦྱིན་སོགས་དྲུག་གོ། །སྦྱིན་པའི་སྦྱིན་པ་སོགས་དྲུག་དྲུག་སོ་དྲུག་ཡང་ཡོད་དོ། །གྲངས་ངེས་མངོན་མཐོ་སྒྲུབ་པའི་གྲངས་ངེས་པ་ནི། ལོངས་སྤྱོད་ལུས་འཁོར་རྫོམ་པ་སྟེ་ཕུན་སུམ་ཚོགས་པ་བཞི་ལྡན་གྱི་མངོན་མཐོ་བསྒྲུབ་པ་ལ་སྦྱིན་སོགས་དང་པོ་བཞིར་གྲངས་ངེས། ཕུན་ཚོགས་དེ་བཞི་ཉོན་མོངས་པའི་རྐྱེན་དུ་མི་འགྱུར་བ་དང་། དེ་བཞིན་བདག་གིས་སྟོང་པར་རྟོགས་པའི་ཐབས་སུ་བསམ་ཤེར་

གཉིས་སུ་གྲངས་ངེས་པས་མངོན་མཐོའི་ཕུན་སུམ་ཚོགས་རྣམ་དག་འགྲུབ་པའི་རྒྱུར་ཕྱིན་དྲུག་ཏུ་གྲངས་ངེས། དོན་གཉིས་སྒྲུབ་པ་ལའང་ཕྱིན་དྲུག་ཏུ་ངེས་ཏེ། ཕྱིན་དྲུག་དང་པོ་གསུམ་གྱིས་གཞན་ལ་གཏོང་བ་དང་ཕར་མི་གནོད་པ་དང་། ཚུར་གནོད་བཟོད་པ་ལ་བརྟེན་ནས་གཞན་ལ་ཕན་པའི་དོན་བྱེད་པར་འགྱུར་བས་གཞན་དོན་སྒྲུབ་པ་ལ་དེ་གསུམ་དུ་ངེས། བསམ་གཏན་གྱིས་རང་གི་སེམས་ཉིད་འཛིན་ལ་གནས་པར་བྱེད། ཤེས་རབ་ཀྱིས་སྒྲིབ་པ་ལས་གྲོལ་བར་བྱེད། ཞི་ལྷག་ཟུང་འབྲེལ་དེ་འགྲུབ་པའི་གཞི་བརྩོན་འགྲུས་ཀྱིས་བྱེད་པས་རང་ལ་ཕན་པའི་དོན་སྒྲུབ་པ་རིམ་པར་དེ་གསུམ་དུ་ངེས་སོ། །

གཞན་དོན་རྣམ་པ་ཐམས་ཅད་པ་སྒྲུབ་པའི་གྲངས་ངེས་ནི། སྦྱིན་པས་གཞན་ཕོངས་པ་ལས་སྒྲོལ། ཚུལ་ཁྲིམས་ཀྱིས་གཞན་འཚེ་བ་ལས་བཟློག བཟོད་པས་གཞན་གྱིས་འཚེ་བ་བཟོད་པས་ཧེ་མི་སླམ་པར་བྱེད། བརྩོན་འགྲུས་ཀྱིས་སེམས་ཅན་གྱི་གྲོགས་བྱེད་པ་མི་སྐྱོ་བར་དང་དུ་ལེན། བསམ་གཏན་གྱིས་གདུལ་བྱ་གཞན་ལ་རྫུ་འཕྲུལ་གྱིས་འདུན་ཞིང་དགའ་བར་བྱེད། ཤེས་རབ་ཀྱིས་སྣོད་རུང་གི་གདུལ་བྱར་གདམས་ངག་ལེགས་པར་བརྗོད་པས་གཞན་གྱི་དོན་བྱེད་པ་ནི། བྱང་སེམས་ཀྱི་རང་གིས་ཁུར་དུ་བཞེས་པའི་དོན་རྣམ་པ་སྣ་ཚོགས་པ་ཐམས་ཅད་སྒྲུབ་པར་བྱེད་པ་ལ་ཕྱིན་དྲུག་ཏུ་གྲངས་ངེས་པའོ། །ཐེག་པ་ཐམས་ཅད་སྡུད་པ་ལ་ལྟོས་པའི་གྲངས་ངེས་ནི། སྦྱིན་པས་ལོངས་སྤྱོད་ལ་མ་ཆགས་ཤིང་མངོན་པར་མི་དགའ་བའི་དབང་གིས་ལོངས་སྤྱོད་དོན་དུ་མི་གཉེར། ལོངས་སྤྱོད་ལ་མི་དགའ་ཞིང་མ་ཆགས་པ་དེ་ཡོད་ན་ཚུལ་ཁྲིམས་ལེན་པ་དང་སྲུང་པ་ལ་རབ་ཏུ་གུས་པར་བྱེད། བཟོད་པས་སེམས་ཅན་དང་སེམས་ཅན་མ་ཡིན་པ་གཉིས་ལ་བརྟེན་ནས་བྱུང་བའི་སྡུག་བསྔལ་ལ་བཟོད་པས་དང་དུ་ལེན་པར་བྱེད། བརྩོན་འགྲུས་ཀྱིས་དགེ་བ་ལ་མི་སྐྱོ་བར་སྦྱོ་བར་བྱེད། བསམ་གཏན་གྱིས་ཞི་གནས་ཀྱི་རྣལ་འབྱོར་ལ་གནས་པར་བྱེད། ཤེས་རབ་ཀྱིས་འཁོར་གསུམ་བདེན་གྲུབ་ཏུ་རྣམ་པར་མི་རྟོག་པར་བདེན་མེད་དུ་རྟོགས་པར་བྱེད། དེ་ལྟར་ན་བྱང་སེམས་ཀྱི་ལམ་གྱི་ཐེག་ཆེན་གྱི་རྟོགས་པ་ཐམས་ཅད་ཀྱང་ཕྱིན་དྲུག་གིས་བསྡུས་པས་ཐེག་ཆེན་ལམ་ལ་ལྟོས་ནས་ཀྱང་ཕྱིན་དྲུག་ཏུ་གྲངས་ངེས་སོ། །ཐབས་ཀྱི་རྣམ་པ་ཐམས་ཅད་པའི་དབང་དུ་མཛད་པའི་གྲངས་ངེས་ནི། ལོངས་

སྤྱོད་ལ་མ་ཆགས་པའི་ཐབས་ཀྱི་ལམ་སྦྱིན་པ་མ་ཐོབ་པའི་ལོངས་སྤྱོད་འཚོལ་བའི་ཆེད་དུ་རྣམ་གཡེང་སྤོམ་པའི་ཐབས་ཀྱི་ལམ་ཚུལ་ཁྲིམས་གནོད་བྱེད་ཀྱི་སེམས་ཅན་བློས་མི་གཏོང་བའི་ཐབས་ཀྱི་ལམ་བཟོད་པ། དགེ་བ་འཕེལ་བའི་ཐབས་ཀྱི་ལམ་བརྩོན་འགྲུས། ཉོན་སྒྲིབ་དང་ཤེས་སྒྲིབ་རྣམ་པར་སྦྱོང་བའི་ཐབས་ཀྱི་ལམ་བསམ་གཏན་ཤེས་རབ་གཉིས་ཏེ། ཐབས་རྣམས་དེ་དྲུག་ཏུ་གྲངས་ངེས་སོ། །བསླབ་པ་གསུམ་ལ་ལྟོས་ནས་ཀྱང་ཕྱིན་དྲུག་ཏུ་གྲངས་ངེས་ཏེ། ལྷག་པ་ཚུལ་ཁྲིམས་ཀྱི་བསླབ་པའི་ངོ་བོ་ནི་ཚུལ་ཁྲིམས་ཀྱི་ཕར་ཕྱིན་ནོ། དེ་ལོངས་སྤྱོད་ལ་མ་ཆགས་པའི་སྦྱིན་པ་ལས་བྱུང་བས་སྦྱིན་པ་ནི་ཚུལ་ཁྲིམས་ཀྱི་རྒྱུའོ། །ཐོབ་ཟིན་གྱི་ཚུལ་ཁྲིམས་ཀྱི་སྡོམ་པ་དེ་བསྲུང་བའི་ཐབས་གཤེ་ཡང་སླར་མི་གཤེ་བའི་བཟོད་པ་སོགས་དགེ་སྦྱོང་གི་ཆོས་བཞིས་ཚུལ་ཁྲིམས་དེ་རྣམ་པར་དག་པར་བྱེད་པའི་ཐབས་སོ། །དེ་ལྟར་ན་ཕར་ཕྱིན་དང་པོ་གསུམ་གྱིས་ཚུལ་ཁྲིམས་ཀྱི་བསླབ་པ་བསྡུས། ཕར་ཕྱིན་ཐ་མ་བསམ་ཤེར་གཉིས་བསླབ་པ་ཕྱི་མ་གཉིས་སོ། །བརྩོན་འགྲུས་ཀྱི་ཕར་ཕྱིན་བསླབ་པ་གསུམ་ཆར་གཏོགས་པས། བསླབ་པ་གསུམ་ཉམས་སུ་ལེན་པའི་ཐབས་ཀྱང་ཕྱིན་དྲུག་ཏུ་གྲངས་ངེས་སོ། །གོ་རིམ་ལ་ཕར་ཕྱིན་སྔ་མ་སྔ་མ་ལས་ཕྱི་མ་ཕྱི་མ་སྐྱེ་བས་རྒྱུ་འབྲས་ཀྱི་རིམ་པ་དང་། སྔ་མ་རྣམས་ལས་ཕྱི་མ་རྣམས་རིམ་པར་མཆོག་ཏུ་གྱུར་པ་དང་། ཕྱི་མ་རྣམས་ལས་སྔ་མ་རྣམས་དམན་པར་གྱུར་པས་དམན་མཆོག་གི་གོ་རིམ་དང་བསྟུན་པར་མཛད་པའོ། །བསྡུ་བ་ནི། དཀར་ཆོས་རྣམ་པར་གཡེང་བ་རྣམས་སྦྱིན་པ་དང་ཚུལ་ཁྲིམས་ཀྱིས་བསྡུས། མཉམ་པར་བཞག་པའི་དགེ་བ་རྣམས་བསམ་ཤེར་གྱིས་བསྡུས། མཉམ་པར་བཞག་མ་བཞག་པའི་དགེ་བ་གཉིས་ནི། བཟོད་པ་དང་བརྩོན་འགྲུས་ཀྱིས་བསྡུས་སོ། །སྒྲུབ་ཚུལ་ནི། མི་མཐུན་ཕྱོགས་སྤོང་བའི་ཁྱད་པར་ལ་ཕྱིན་དྲུག་རེ་རེས་ཆགས་བདུན་སྤོང་བ་ཡིན་ཏེ། སེར་སྣ་སོགས་ཕྱིན་དྲུག་རང་རང་གི་མི་མཐུན་ཕྱོགས་རྣམས་དང་བྲལ་བ། །ཕྱི་བཤོལ་བྱེད་པ། ཅུང་ཟད་རེས་ཆོག་པར་འཛིན་པ་དང་། འཕྲལ་གྱི་ལན་དང་། ཕུགས་སུ་རྣམ་སྨིན་ལ་རེ་བ་མི་མཐུན་པ་ཕྲ་མོ་དང་། རང་དོན་ཡིད་བྱེད་ཀྱི་རྣམ་གཡེང་མཚན་མ་བདག་འཛིན་གྱི་རྣམ་གཡེང་གང་རུང་ལ་ཆགས་པ་སྟེ་ཆགས་པ་དེ་དག་སྤང་བར་བྱའོ། །

ཕྱིན་དྲུག་རེ་རེའང་ཡོན་ཏན་བཞི་ལྡན་དུ་བསྒྲུབ་དགོས་པས་ཡོན་ཏན་བཞི་ནི། ཡུལ་སེམས

ཅན་ཐམས་ཅད་ལ་དམིགས་ཤིང་། ཆེད་དུ་བྱ་བ་རྫོགས་པའི་བྱང་ཆུབ་ཀྱི་དོན་དུ་འདུན་པས་དྲངས་པས་ཕྱིར་རྒྱ་ཆེ་བ་དང་། ཞེགས་སློན་འདོད་པ་ལ་སོགས་པའི་ཟང་ཟིང་གི་བསམ་པ་མེད་པ་དང་། མཐར་ཐུག་ཐམས་ཅད་མཁྱེན་པའི་ཡེ་ཤེས་ཀྱི་རྒྱུར་འགྱུར་བའི་ཕྱིར་དོན་ཆེ་བ། ཁྱད་ཆོས་དྲུག་ལྡན་གྱི་བསྔོ་བས་ཟིན་པའི་ཕྱིར་མི་ཟད་པ་སྟེ་བཞིའོ། །ཁྱད་ཆོས་དམ་པ་དྲུག་ལྡན་དུ་བསྒྲུབ་པ་ལ། རྟེན་དམ་པ་བྱང་ཆུབ་སེམས་ལ་བརྟེན་ནས་དེས་ཀུན་ནས་བསླང་ནས་བྱེད་པ་དང་། དངོས་པོ་དམ་པ་སྦྱིན་པ་ལྟ་བུ་ལ་མཚོན་ན། སྦྱིར་སྦྱིན་པའི་དངོས་པོ་མ་ལུས་པ་གཏོང་བར་སྤྱོད་པ་ཡིན་ལ། ཁྱད་པར་བྱེ་བྲག་རྣམས་ལ་འཇུག་ནའང་སྤྱིའི་ལུས་ལོངས་སྤྱོད་སོགས་བདོག་པ་ཐམས་ཅད་གཏོང་བའི་བསམ་པ་མ་དོར་བའོ། །ཆེད་དུ་བྱ་བ་དམ་པ་སེམས་ཅན་ཐམས་ཅད་འཕྲལ་དུ་བདེ་བ་ཞུགས་སུ་ཕན་པའི་ཕྱིར་གཏོང་བའོ། །ཐབས་མཁས་དམ་པ་རྣམ་པར་མི་རྟོག་པའི་ཡེ་ཤེས་ཀྱིས་ཟིན་པའམ་བདག་མེད་དོན་སྤྱིའི་ཚུལ་དུ་རྟོགས་པའི་ཤེས་རབ་ཀྱིས་ཟིན་པའོ། །བསྔོ་བ་དམ་པ་ནི། བཏང་བའི་དགེ་རྩ་རྫོགས་བྱང་དུ་བསྔོ་བའོ། །རྣམ་དག་དམ་པ་ཉོན་སྒྲིབ་དང་ཤེས་སྒྲིབ་འགོག་པའོ། །དེས་རིགས་བསྒྲེས་ཏེ་ཕར་ཕྱིན་གཞན་ལྔ་ལ་སྦྱར་ཏེ་བསྒྲུབ་པའོ། །དེ་ལྟ་བུའི་ཕྱིན་དྲུག་གི་ལམ་གྱི་ཚོགས་གཉིས་བསགས་པས་གནས་སྐབས་མངོན་མཐོ་རིམ་པར་བརྒྱུད་དེ་སངས་རྒྱས་ཀྱི་སྐུ་གཉིས་འགྲུབ་པ་ཡིན་ཏེ། དབུ་མ་རིན་ཆེན་ཕྲེང་བ་ལས། སྦྱིན་པས་ལོངས་སྤྱོད་ཁྲིམས་ཀྱིས་བདེ། །བཟོད་པས་མདངས་ལྡན་བརྩོན་པས་བརྗིད། །བསམ་གཏན་གྱིས་ཞི་བློ་ཡིས་གྲོལ། །ཞེས་དང་། སངས་རྒྱས་རྣམས་ཀྱི་གཟུགས་ཀྱི་སྐུ། །བསོད་ནམས་ཚོགས་ལས་འབྱུངས་པ་ཡིན། །ཆོས་ཀྱི་སྐུ་ནི་མདོར་བསྡུས་ན། །རྒྱལ་པོ་ཡེ་ཤེས་ཚོགས་ལས་འབྱུངས། །ཞེས་གསུངས་པའི་ཕྱིར་རོ། །

རྒྱས་བཤད་ལ་ཕར་ཕྱིན་དྲུག་ལས། དང་པོ་སྦྱིན་པ་ནི། དབུལ་བ་སེལ་ཕྱིར་སོགས་ཀྱིས་བསྟན་ཏེ། ངོ་བོ་ཁྱད་པར་བཞི་ལྡན་གྱི་གཏོང་སེམས་མཚོན་གྱུར་ས་བོན་དང་བཅས་པ་དང་། དེ་གོམས་པ་ཡོངས་སུ་རྫོགས་པ་དེའི་ཕར་ཕྱིན་ཏོ། །ངེས་ཚིག་ནི། དཱ་ནའི་སྒྲ་ལས་སྦྱིན་པ་སྟེ། །དབུལ༷་བ༷་སེལ༷་བའི་ཕྱིར༷་ནའོ། །དབྱེ་ན་གསུམ་སྟེ། དང་པོ་ཆོས༷་ཀྱི་སྦྱིན་པ་ནི། ཟང་ཟིང་ལ་མི་ལྟ་བར་ལྷག་པའི་བསམ་པས་སྣོད་རུང་རིགས་ཅན་གསུམ་གྱི་གདུལ་བྱ་ལ་ཐེག་གསུམ་གྱི་དམ་པའི་ཆོས

ཕྱིན་ཅི་མ་ལོག་པར་སྟོན་པ་དང་། བཟོ་ལ་སོགས་པའི་འཇིག་རྟེན་གྱི་ལས་ཀྱི་མཐའ་ཁ་ན་མ་ཐོ་བ་མེད་པའི་རིགས་པས་སྟོན་པ་དང་། བསླབ་པའི་གཞི་འཛིན་དུ་འཇུག་པའོ། །གཉིས་པ་ཟང་ཟིང་གི་ནོར༷་གྱི་འབྱོར་བ་སྦྱིན་པ་ནི། མི་རུང་བའི་དགག་བྱ་དང་བྲལ་བའི་ཡུལ་དགྲ་གཉེན་ཐ་མལ་པ་མཐོ་དམན་མཉམ་པ་ཡོན་ཏན་སྐྱོན་ལྡན་སྐྱིད་སྡུག་པ་སྟེ་ཞིང་བཅུ་པོ་གང་རུང་ལ། བསམ་པ་དམན་པ་ཁེངས་སློམ་མཆོག་འཛིན་སོགས་ཀྱིས་མ་བསླད་པར་ཡུལ་འདི་ལས་སྦྱིན་པའི་ཕར་ཕྱིན་རྫོགས་པར་བྱའོ་སྙམ་པའི་དགོས་པ་ལ་དམིགས་པ་དང་། བདོག་རྒྱུའི་དངོས་པོ་འདི་རྣམས་རང་ལ་མི་དབང་བར་བཏང་ཟིན་ཡིན་པས་དངོས་པོ་འདི་བཅོལ་བའི་རྫས་ཁོ་རང་གིས་ལེན་པ་དང་མཚུངས་སོ་སྙམ་པ་དངོས་པོ་ལ་དམིགས་པ། ཡུལ་འདི་སྦྱིན་པའི་ཕར་ཕྱིན་རྫོགས་པའི་ཡུལ་རྐྱེན་བཤེས་གཉེན་ལྟ་བུའོ་སྙམ་པས་གཞན་ལ་སྦྱིན་པའང་ཞིང་ལ་དམིགས་པའི་ཁྱད་པར་ཏེ་ཁྱད་པར་གསུམ་ལྡན་ཞིག་དགོས་སོ། །

དེ་ལྟར་སྤྱིའི་བསམ་པ་ཁྱད་པར་གསུམ་ལྡན་གྱི་སྒོ་ནས་བྱེ་བྲག་ཡུལ་དང་མི་འཕྲོད་པར་འགྱུར་བ་དང་། སྡུག་བསྔལ་བྱེད་པ་སོགས་ཚུལ་མིན་དང་བྲལ་བར། བཞིན་མདངས་གསལ་ཞིང་འཛུམས་པ་དང་། གསུང་པོར་སྨྲ་བ་ལྷ་བུའི་སྦྱོར་བ་བསྟེན་ནས། འཕྲལ་ཡུན་བདེ་བའི་ལོངས་སྤྱོད་རྣམས་དངོས་སུ་གཏོང་བ་དང་། དབེན་པར་སོང་སྟེ་བསམ་པ་དག་པས་སྦྱིན་བྱའི་མཁོ་དགུའི་ཡོ་བྱད་རྣམས་དཔག་མེད་སྤྲུལ་ཏེ། སེམས་ཅན་ལ་གཏོང་བར་མོས་པའི་ཡིད་སྤྲུལ་ཤེས་རབ་ཅན་གྱིས་སྦྱིན་པ་ལ་བརྩོན་པར་བྱའོ། །གསུམ་པ་མི༷་འཇིགས༷་པའི་སྦྱིན༷་པ་ནི། རྒྱལ་པོ་ཆོམ་རྐུན་སོགས་མི་ཡི་འཇིགས་པ། སྟག་སེང་གེ་ཆུ་སྲིན་སོགས་མི་མིན་གྱི་འཇིགས་པ། མེ་ཆུ་སོགས་འབྱུང་བའི་འཇིགས༷་པ་ལས་སེམས་ཅན་ཡོངས་སུ་སྐྱོབ་པའོ། །གཏོང་བ་ནི་ཟང་ཟིང་འབྱོར་བ། གཏོང་བ་ཆེན་པོ་ནི་བུ་དང་ཆུང་མ་ལྟ་བུ། ཤིན་ཏུ་གཏོང་བ་ནི། ལུས་སྲོག་གཏོང་བ་ལྟ་བུ་སྟེ་དངོས་པོའི་སྒོ་ནས་གསུམ་མོ༑ ༑གཉིས་པ་ཚུལ་ཁྲིམས་ཀྱི་ཕར་ཕྱིན་ནི། སྤོང་བའི་སེམས་ཀྱིས་སོགས་ཀྱིས་བསྟན་ཏེ། ངོ་བོ་ཁྱད་པར་བཞི་ལྡན་གྱི་སྤོང༷་བའི༷་སེམ༷ས་མངོན་གྱུར་ས་བོན་དང་བཅས་པ་དང་། དེ་གོམས་པ་ཡོངས་སུ་རྫོགས་པ་དེ་དེའི་ཕར་ཕྱིན་ཏོ། །ངེས་ཚིག་ཤཱི་ལའི་སྒྲ་ལས་ཉེས་ལྟུང་གི་ཚ་གདུང་སེལ་བའི་བསིལ

བ་ཐོབ་པར་བྱེད་པས་ཚུལ་ཁྲིམས་ཞེས་སོ། །དབྱེ་ན་གསུམ་སྟེ། དང་པོ་ཉེས་སྤྱོད་སྡོམ་པའི་ཚུལ་ཁྲིམས་ནི། རྟེན་སོ་ཐར་རིགས་བདུན་གང་རུང་གི་སྡོམ་ལྡན་གྱི་བྱང་སེམས་ཡིན་ན་སོ་ཐར་ནས་བསྟན་པའི་བཅས་རང་གི་ལྟུང་བ་ཐུན་མོང་རྣམས་སྤང་བར་བྱེད་པ་དང་། སོ་ཐར་གྱི་སྡོམ་པའི་རྟེན་དུ་མི་རུང་བའི་བྱང་སེམས་ཡིན་ན་སོ་ཐར་དང་ཐུན་མོང་གི་རང་བཞིན་གྱི་ཁ་ན་མ་ཐོ་བ་དང་། བྱང་སེམས་ཐུན་མིན་གྱི་ལྟུང་བ་རྣམས་ཅི་རིགས་སྤོང་བའི་སྤོང་སྡོམ་ནི་སྡོམ་པའི་ཚུལ་ཁྲིམས་ཡིན་ནོ། །གཉིས་པ་དགེ་བ་ཆོས་སྡུད་ཀྱི་ཚུལ་ཁྲིམས་ནི། ཇི་ལྟར་སྔོན་གྱི་སངས་རྒྱས་བྱང་སེམས་ལྟར་དགེ་བ་བྱེད་པར་ཁས་བླངས་པའི་ཐེག་ཆེན་གྱི་ཚུལ་ཁྲིམས་དེ་དགེ་བ་ཆོས་སྡུད་ཀྱི་ཚུལ་ཁྲིམས་ཀྱི་མཚན་ཉིད། མཚན་གཞི། ཕྱིན་དྲུག་སོགས་དགེ་བ་ལ་དམིགས་ནས་རང་རྒྱུད་ལ་མ་སྐྱེས་པ་བསྐྱེད་ཅིང་སྐྱེས་ཟིན་མི་ཉམས་པར་གོང་འཕེལ་དུ་སྤེལ་བར་བྱེད་པའོ། །

གསུམ་པ་སེམས་ཅན་དོན་བྱེད་ཀྱི་ཚུལ་ཁྲིམས་ནི། ཇི་ལྟར་སྔོན་གྱི་སངས་རྒྱས་བྱང་སེམས་ལྟར་སེམས་ཅན་ཐམས་ཅད་ཀྱི་དོན་བྱེད་པར་ཁས་བླངས་པའི་ཚུལ་ཁྲིམས་དེ་ཐེག་ཆེན་སེམས་ཅན་དོན་བྱེད་ཀྱི་ཚུལ་ཁྲིམས་ཀྱི་མཚན་ཉིད། མཚན་གཞི་སེམས་ཅན་རྣམ་པ་བཅུ་གཅིག་གི་དོན་ལ་དམིགས་ནས་དེ་དག་གི་ཚེ་འདི་དང་ཕྱི་མའི་དོན་རྣམས་ཁ་ན་མ་ཐོ་བ་མེད་པར་ཇི་ལྟར་རིགས་པར་བསྒྲུབ་པའོ། །སེམས་ཅན་བཅུ་གཅིག་ནི། གྲོགས་བྱ་དགོས་པའི་སེམས་ཅན་གྱི་དོན་དང་། རྨོངས་པའི་སེམས་ཅན་གྱི་དོན་དང་། འཕྲལ་ཡུན་ཕན་འདོགས་དགོས་པའི་སེམས་ཅན་དང་། འཇིགས་པས་ཉེན་པའི་སེམས་ཅན་དང་། མྱ་ངན་གྱིས་ནོན་པའི་སེམས་ཅན་གྱི་དེ་སེལ་བའི་དོན་དང་། ཕོངས་པའི་སེམས་ཅན་གྱི་དོན་དང་། གནས་འཆའ་བའི་སེམས་ཅན་གྱི་དོན་དང་། སྡུག་བསྔལ་དང་ལྡན་པའི་སེམས་ཅན་གྱི་སྡུག་བསྔལ་དེ་བྲལ་བའི་དོན་དང་། ཡང་དག་པར་ཞུགས་པའི་སེམས་ཅན་ལ་བསྟོད་བསྔགས་བྱེད་པའི་དོན་དང་། ལོག་པར་ཞུགས་པའི་སེམས་ཅན་ལ་དེ་སེལ་བའི་སྨད་པའི་དོན་དང་། ཉེས་སྤྱོད་ལ་ཞུགས་པའི་སེམས་ཅན་ལ་རྫུ་འཕྲུལ་གྱིས་ཚར་གཅོད་པའི་དོན་ཏེ་བཅུ་གཅིག་གོ། །དེ་ལྟ་བུའི་སྡོམ་སྡུད་དོན་གསུམ་གྱི་སྒོ་ནས་ཚུལ༷་ཁྲིམ༷ས་རྣམ༷་པ་གསུ༷མ་ལ་སྦྱུ༷ད་པར་བྱའོ། །གསུམ་པ་བཟོད་པའི་ཕར་ཕྱིན། ཁོང་ཁྲོ་སོགས་ཀྱིས་བསྟན་ཏེ། བཟོད་པའི་ངོ་བོ་ཁྱད་པར་

བཞི་ལྡན་གྱི་མི་འཁྲུག་པའི་སེམས་མངོན་གྱུར་ས་བོན་དང་བཅས་པ་དང་། དེ་གོམས་པ་ཡོངས་སུ་རྫོགས་པ་དེའི་ཕར་ཕྱིན་ཏོ། །ངེས་ཚིག་ནི། ཀྵཱནྟིའི་སྒྲ་ལས་བྲོ་བ་བཟོད་པའོ། །དབྱེ་ན་གསུམ་སྟེ། གཞན་གནོད་བྱེད་ལ་ཇི་མི་སྙམ་པའི་སྒོ་ནས་ཁོང་མི་ཁྲོ་བར་བཟོད་པ་ནི། གདོན་གྱིས་བརླམས་པས་ཕན་བྱེད་ལ་གནོད་བྱེད་པ་ལྟར་གནོད་བྱེད་ཀྱང་ཉོན་མོངས་པས་དབང་མེད་དུ་བསྐུལ་བའི་རྒྱུ་མཚན་གྱིས་ཁྲོ་མི་རིགས་པ་དང་། ཉོན་མོངས་པའི་དབང་མེད་དུ་བྱས་པའི་མིས་ཁོ་རང་ལའང་གནོད་པའི་ལས་ལ་ཞུགས་ན་གཞན་གྱིས་རང་ལ་གནོད་ཇི་ལྟར་མི་བྱེད་སྙམ་ནས་ཁྲོ་མི་རིགས་པ་དང་། མེ་ཡི་རང་བཞིན་ཚ་བ་ལྟར་བྱིས་བླུན་གྱི་རང་བཞིན་ཡིན་པས་ཁྲོ་མི་རིགས་པ་དང་། ཁྲོ་བ་གློ་བུར་བ་ཡིན་ན་དུད་འཐུལ་གྱིས་མཁའ་ལ་ཁྲོ་མི་རིགས་པ་ལྟར་ཡིན་པར་བསམ་པ་དང་། དངོས་སུ་གནོད་བྱེད་ལ་ཁྲོ་ན་མཚོན་དབྱུག་སོགས་ལའང་ཁྲོ་རིགས་ལ་བརྒྱུད་ནས་གནོད་བྱེད་ལ་ཁྲོ་ན་ཞེ་སྡང་ལའང་ཁྲོ་རིགས་པར་བསམ་པ། གནོད་པ་འབྱུང་བའི་རྒྱུ་ལ་ཁྲོ་ན་སྔོན་ཆད་བསགས་པའི་རྒྱུ་ལས་ངན་ལ་ཁྲོ་རིགས་པ་དང་། གནོད་བྱེད་དེས་བྱས་པའི་གནོད་པའི་སྡུག་བསྔལ་ལ་མི་བཟོད་པས་ཁྲོ་ན་ཕྱི་མར་ངན་སོང་གི་སྡུག་བསྔལ་གྱི་རྒྱུ་ཁྲོ་བ་བཟློག་རིགས་ཀྱི་ཁྲོ་བ་ནན་གྱིས་བསྐྱེད་མི་རིགས་པ་དང་། རང་དོན་ཉི་ཚེ་སྒྲུབ་པའི་ཉན་ཐོས་ཀྱང་མི་ཁྲོ་ན་སེམས་ཅན་ཁོ་ན་ཕན་བདེར་འགོད་པའི་བྱང་སེམས་དེ་བས་ཁྲོ་མི་རིགས་པ་དང་། དགྲས་ཉམས་པར་བྱ་བའི་བསྟོད་གྲགས་ཀྱིས་འདི་ཕྱི་གང་དུ་མི་ཕན་པར་སེམས་གཡེང་བ་སྐྱེ་ཤས་འཇིག་པ་ཡོན་ཏན་ཅན་ལ་ཕྲག་དོག་སྐྱེད་པ་སོགས་སྐྱོན་ཆེ་བས་བསྟོད་གྲགས་ཉམས་བྱེད་དེ་ཉེས་སྐྱོན་ཉམས་བྱེད་དུ་མཐོང་ནས་གནོད་བྱེད་ལ་དགའ་རིགས་པ་དང་། དགྲ་ལྷ་བུ་ལ་རྙེད་གྲགས་བྱུང་ན་བྱང་སེམས་རང་གིས་བསྒྲུབ་བྱ་གྲུབ་པར་མཐོང་ནས་དགའ་རིགས་ཀྱི་ཁྲོ་མི་རིགས་པ་དང་། གཞན་ཡང་གནོད་བྱེད་ལ་སྡུག་བསྔལ་བྱུང་ན་སྙམ་པ་ཙམ་གྱིས་དེ་ལ་གནོད་པ་མི་འབྱུང་བར་རང་ངལ་བ་ཙམ་དུ་ཟད་ལ་གལ་ཏེ་འདོད་པའི་སྡུག་བསྔལ་དེ་རང་གི་འདོད་པ་ལྟར་བྱུང་ནའང་དེས་དགའ་བར་བྱེད་ན་རང་ཕོང་བྱེད་ཁོ་ན་ཡིན་པ་སོགས་ཀྱི་ཉེས་པ་དུ་མ་བསམ་ནས་དགག་དགོས་པས་དེ་ལྟར་ཁོང༷་ཁྲོས༷་འཛིན་ཚུལ་མི་འཐད་པར་གཏན་ལ་ཕབ་ནས་བཟོད་པ་བསྒོམ་དགོས་སོ། །

གཉིས་པ་ཟབ་མོ་ཆོས་ཉིད་ཀྱི་དོན་སོགས་ཆོས་ལ་ངེས་སེམས་ཀྱི་བཟློད་པ་ནི། དད་པའི་ཡུལ་དཀོན་མཆོག་གསུམ་གྱི་ཡོན་ཏན་དང་། མཐོང་དུ་བྱ་བའི་ཡུལ་བདག་མེད་ཆོས་ཉིད་ཀྱི་དོན་དང་། འདོད་པའི་ཡུལ་སངས་རྒྱས་བྱང་སེམས་ཀྱི་མཐུ་ཆེན་པོ་དང་། བླང་བྱའི་ཡུལ་ལེགས་སྤྱད་དགེ་བའི་རྒྱུ་འབྲས་དང་དོར་བྱའི་ཡུལ་ཉེས་སྤྱད་སྡིག་པའི་རྒྱུ་འབྲས་དང་། བསྒོམ་པའི་ཡུལ་ཐོབ་བྱའི་དོན་བྱང་ཆུབ་དང་། དེ་ཐོབ་པའི་ཐབས་བྱང་སེམས་ཀྱི་བསླབ་བྱ་དང་བཅས་པ་དང་། ཐོས་བསམ་གྱི་ཡུལ་གསུང་རབ་ཡན་ལག་བཅུ་གཉིས་སོགས་དམ་པའི་ཆོས་ཏེ། ཡུལ་བརྒྱད་པོ་གང་རུང་ལ་ངེས་ཤེས་དྲངས་ཏེ་མོས་པ་བརྟན་པོ་སྐྱེད་པའོ། །

གསུམ་པ། ཆོས་ཕྱིར་དཀའ་བ་དང་ལེན་གྱི་སྡུག་བསྔལ་ལ་བཟོད་པར་བྱ་བ་ནི། དང་དུ་བླང་བྱའི་སྡུག་བསྔལ་ནི། ཚངས་སྤྱོད་འཕེལ་བའི་གནས་ཆོས་གོས་དང་བསོད་སྙོམས་སོགས་ངན་པ་དང་ཉུང་བ་རྙེད་པ་སོགས་ལ་བརྟེན་པའི་སྡུག་བསྔལ་དང་། འཇིག་རྟེན་ཆོས་ཀྱི་མ་རྙེད་པ་དང་མི་སྙན་པ་སོགས་དགུ་ལ་བརྟེན་པའི་སྡུག་བསྔལ་དང་། འཆག་པ་དང་འདུག་པའི་སྤྱོད་ལམ་གྱིས་ཉིན་མཚན་དུ་སྒྲིབ་པ་རྣམས་ལས་སེམས་སྦྱོང་བའི་སྐབས་ཀྱི་སྡུག་བསྔལ་དང་། དཀོན་མཆོག་གསུམ་དང་བླ་མ་ལ་མཆོད་པ་རིམ་གྲོ་བྱེད་པ་དང་། ཆོས་རྣམས་བཟུང་བ་སོགས་ཆོས་འཛིན་པ་བདུན་ལ་རྩོལ་བའི་སྐབས་ཀྱི་སྡུག་བསྔལ་དང་། སྐྲ་དང་ཁ་སྤུ་བྲེག་པ་གོས་ངན་པ་ཁ་དོག་ངན་པ་སོགས་སློང་མོའི་འཚོ་བ་བདུན་ལ་བརྟེན་པའི་སྡུག་བསྔལ་དང་། དགེ་ཕྱོགས་ལ་བརྩོན་པའི་ཚེ་ལུས་སེམས་ངལ་བ་དུབ་པའི་སྡུག་བསྔལ་དང་། སེམས་ཅན་གྱི་དོན་བྱ་བ་བཅུ་གཅིག་ལ་བརྟེན་པའི་སྡུག་བསྔལ་དང་། ལུང་བཟེད་དང་ཆོས་གོས་ཀྱི་ལས་སོགས་རབ་བྱུང་དང་ཁ་ན་མ་ཐོ་བ་མེད་པའི་ཞིང་ལས་དང་། ཚོང་སོགས་ཁྱིམ་པའི་འཕྲལ་གྱི་བྱ་བ་ལ་བརྟེན་པའི་སྡུག་བསྔལ་ཏེ་སྡུག་བསྔལ་བརྒྱད་ཀྱི་དཀའ་སྤྱད་དང་ལེན་གྱི་བཟོད་པ་བསྟེན་པའོ། །

བཞི་པ་བརྩོན་འགྲུས་ཀྱི་ཕར་ཕྱིན་ནི། གོ་ཆ་དགེ་སྡུད་སོགས་ཀྱིས་བསྡུས་ཏེ། བརྩོན་འགྲུས་ཀྱི་ངོ་བོ་ཁྱད་པར་བཞི་ལྡན་གྱི་དགེ་བ་ལ་སྤྲོ་སེམས་མངོན་གྱུར་ས་བོན་དང་བཅས་པ་དང་དེ་གོམས་པ་ཡོངས་སུ་རྫོགས་པ་དེའི་ཕར་ཕྱིན་ཏོ། །ངེས་ཚིག་བཱིརྻའི་སྒྲ་ལས་མཆོག་ལ་སྦྱོར་བས་བརྩོན་འགྲུས་

སོ། །དབྱེ་ན་གསུམ་ལས་དང་པོ་བསམ་པ་གོ་ཆ་ཆེན་པོ་བགོས་པའི་བརྩོན་འགྲུས་ནི། སེམས་ཅན་གཅིག་གི་སྡུག་བསྔལ་སེལ་བའི་ཆེད་དུ་བསྐལ་ཆེན་སྟོང་དང་ཡུན་མཉམ་པའི་ཉིན་ཞག་བསགས་པའི་བསྐལ་པ་གྲངས་མེད་གསུམ་བྱེ་བ་ཕྲག་འབུམ་འགྱུར་དུ་དམྱལ་བ་ཁོ་ནར་གནས་པའི་དཀའ་སྤྱད་ཀྱིས་སངས་རྒྱས་སྒྲུབ་དགོས་ནའང་སྤྲོ་བར་བྱས་ཏེ་རྫོགས་བྱང་གི་ཕྱིར་དུ་བརྩོན་པ་མི་གཏོང་བ་ཡིན་ན། དུས་ཡུན་ཐུང་བ་དང་། སྡུག་བསྔལ་ཆུང་བས་བྱང་ཆུབ་ཐོབ་པའི་སྤྲོ་བ་མི་གཏོང་བ་ལྟ་ཅི་སྨོས་སྙམ་དུ་བསམ་པ་ནི་གོ་ཆ་གྱོན་པའོ། །

གཉིས་པ་དགེ་བའི་ཆོས་སྡུད་པའི་བརྩོན་འགྲུས་ནི། རྒྱལ་སྲས་བྱང་སེམས་ཀྱི་སྤྱོད་པའི་འདུས་སྡོམ་དུ་གྱུར་པའི་ཕྱིན་དྲུག་ཡང་དག་པར་འགྲུབ་པའི་ཕྱིར་དུ་དགེ་ལ་མངོན་པར་སྤྲོ་བའོ། །གསུམ་པ་གཞན་སེམས་ཅན་ལ་ཕན་པའི་དོན་བྱེད་པའི་བརྩོན་འགྲུས་ནི། སྔར་སྨོས་པའི་དོན་བྱ་བ་བཅུ་གཅིག་ལ་ཅི་རིགས་པར་སྦྱོར་བའི་བརྩོན་འགྲུས་སོ། །དེ་ལྟར་བརྩོན་འགྲུས་ཀྱི་འགལ་རྐྱེན་ལེ་ལོ་གསུམ་ལས། ད་དུང་ལོངས་ཡོད་སྙམ་པའི་ཕྱི་བཤོལ་གྱི་ལེ་ལོའི་གཉེན་པོར་འཆི་བ་མི་རྟག་པ་དང་། ངན་འགྲོར་ལྟུང་བར་འགྱུར་པ་དང་། ༼?༽ སླར་དལ་རྟེན་རྙེད་དཀའ་ཚུལ་གསུམ་བསྒོམ་པར་བྱ་བ་དང་། བྱ་བ་ངན་པ་ལ་ཞེན་པའི་གཉེན་པོར་དོན་མེད་པའི་ལོང་གཏམ་དགོད་པ་སོགས་ཀྱི་རྣམ་གཡེང་རྣམས་ཚེ་འདིར་དགེ་སྦྱོར་ཉམས་བྱེད་དང་། ཕྱི་མར་སྡུག་བསྔལ་སྐྱེད་བྱེད་ཡིན་པས། དེ་ལ་ཆགས་ནས་གཏན་གྱི་དགའ་བདེ་མཐའ་ཡས་པའི་རྒྱུ་གཅིག་པུ་དམ་ཆོས་སྤང་མི་རིགས་པའི་ཚུལ་བསམ་པ་དང་། སྒྱིན་ཟད་ཡོན་ཏན་རྫོགས་པའི་སངས་རྒྱས་དེ་བདག་ལྟ་བུས་སྒྲུབ་ག་ལ་ནུས་སྙམ་པའི་སྒྱིད་ལུག་ཞུམ་པའི་གཉེན་པོར། བཅོམ་ལྡན་འདས་ཀྱིས་སྦྲང་བུ་ཤ་སྦྲང་སོགས་ཀྱིས་བྱང་ཆུབ་ཐོབ་པར་གསུངས་ན། བདག་བླང་དོར་ཤེས་པའི་མིར་སྐྱེས་པས་བརྩོན་པ་མ་བཏང་ན་བྱང་ཆུབ་ཅིའི་ཕྱིར་མི་ཐོབ་སྙམ་པ་དང་། སངས་རྒྱས་ཟིན་རྣམས་ཀྱང་སྔོན་ནས་སངས་རྒྱས་ཞིག་གིས་ལམ་བསྒྲུབ་པ་མིན་གྱི་བདག་འདྲ་བ་ཞིག་གིས་ལམ་བསྒྲུབས་ནས་གོ་འཕང་མཐོན་པོར་རིམ་པར་གཤེགས་པའོ་སྙམ་པ། ལམ་སྒྲུབ་པའི་སྡུག་བསྔལ་ཡང་བྱང་ཆུབ་ཐོབ་པས་དོན་མེད་པའི་འཁོར་བའི་སྡུག་བསྔལ་ལྟར་མིན་པའི་དོན་ཆེ་བ་དང་། འཁོར་བའི་སྡུག་བསྔལ་ལ་ལྟོས་ནས་བྱང་ཆེན་བསྒྲུབ་པའི་

སྡུག་བསྔལ་མི་ཆེ་བ་དང་ཡུན་མི་རིང་བས་བཟོད་རིགས་པ། ལམ་སྒྲུབ་པའི་ཐོག་མ་ནས་ཡན་ལག་གཏོང་བ་སོགས་བྱ་དཀའ་བ་ལ་ཞུགས་པ་མིན་པར། ཚོད་མ་སོགས་སྦྱིན་སླ་བའི་དངོས་པོ་གཏོང་བ་སོགས་ཆུང་རིམ་ནས་བསླབས་ཏེ་ལམ་ལ་གོམས་པ་ན་ཕྱིས་སུ་ཆེན་པོ་ལའང་ཚེགས་མེད་དུ་འཇུག་ནུས་པས་ཞུམ་འཇིགས་མི་རིགས་པ་དང་། སངས་རྒྱས་སྒྲུབ་ཕྱིར་གཞན་དོན་དུ་འཁོར་བར་སྐྱེ་བའང་། སྡིག་པའི་ལས་ཀྱིས་སྐྱེ་བ་མཚན་ཉིད་པ་སྤང་བས་ལུས་ལ་སྡུག་བསྔལ་མེད་པ་དང་། སྡུག་བསྔལ་དེའི་འཁོར་གསུམ་བདག་མེད་པར་མངོན་སུམ་དུ་རྟོགས་པས་སེམས་ལ་མི་དགའ་བ་མེད་ཅིང་སྡུག་བསྔལ་མྱོང་བའང་མེད་པས་སྤྲོ་བཞིན་སྐྱེ་བ་ལ་འཇུག་པ་དང་ལམ་ཚོགས་བསགས་པ་ལའང་ཞུམ་མི་རིགས་ཏེ། སེམས་ཅན་མཐའ་ཡས་པའི་ཆེད་དུ་ཡོན་ཏན་མཐའ་ཡས་པའི་སངས་རྒྱས་ཐོབ་འདོད་ཀྱིས་ཀུན་ནས་བསླང་སྟེ་དུས་བསྐལ་པ་དཔག་ཏུ་མེད་པར་དམིགས་ནས། ཚོགས་མཐའ་ཡས་པ་སྒྲུབ་པར་བྱ་སྙམ་པས་སྡོམ་པ་བཟུང་ན་དུས་དེ་ནས་བཟུང་གཉིད་ལོག་གམ་བག་མེད་པར་གྱུར་ཀྱང་། དུས་རྟག་པར་བསོད་ནམས་ནམ་མཁའ་དང་མཉམ་པ་གསོག་ནུས་པས་ཚོགས་བདེ་མྱུར་དུ་རྫོགས་པར་འགྱུར་བའི་ཚུལ་བསམ་ནས་སེམས་གཟེངས་བསྟོད་དེ་སྤྲོ་བར་བྱའོ། །བརྩོན་འགྲུས་ཀྱི་མཐུན་རྐྱེན་ལ་ལས་འབྲས་ཀྱི་སྐྱོན་ཡོན་བསམ་ནས་ཡིད་ཆེས་པའི་མོས་པའི་སྟོབས་བསྐྱེད་པ། ལམ་སྒྲུབ་པ་ལ་གྲོགས་ལ་མི་རེ་བར་རང་གིས་སྒྲུབ་སྙམ་པའི་ལས་ཀྱི་ང་རྒྱལ་དང་། བདག་ཁོ་ནས་གཞན་དོན་སྒྲུབ་སྙམ་པའི་ནུས་པའི་ང་རྒྱལ། བདག་ལས་ཁམས་གསུམ་གྱི་ཉོན་མོངས་པ་རྣམས་རྒྱལ་བར་མི་བྱ་སྙམ་པའི་ཉོན་མོངས་པའི་ང་རྒྱལ་གསུམ་བསྐྱེད་ནས་རང་གི་ནུས་པ་ལ་བརྟགས་ཏེ། གང་བྱ་བར་དམ་བཅས་པའི་ལས་དེ་ལས་མི་ལྡོག་པར་མཐར་ཕྱིན་པར་འདོད་པའི་བརྟན་པའི་སྟོབས་བསྐྱེད་པ་དང་། འཇིག་རྟེན་པ་རྣམས་དོན་ཆུང་ལ་དོན་དེ་འགྲུབ་པར་ཐེ་ཚོམ་དང་བཅས་བཞིན་དུ་ཉེས་དམིགས་ཆེ་བའི་སྡིག་ལས་ལ་ངོམས་མེད་དུ་ཞུགས་ན། ཉེས་པ་མེད་ཅིང་འཕྲལ་ཡུན་ཕན་བདེའི་རྒྱུ་ཚོགས་བྱང་སེམས་ལམ་ལ་མི་ངོམས་པར་དགའ་བཞིན་དུ་འཇུག་པའི་དགའ་བའི་སྟོབས་བསྐྱེད་པ་དང་། དེ་ལྟར་བརྩོན་པས་ལུས་སེམས་ངལ་བར་གྱུར་ན་ངལ་བསོས་མ་ཐག་ཏུ་འཇུག་སླད་རེ་ཞིག་དོར་ནས་འཇུག་པའི་དོར་བའི་སྟོབས་བསྐྱེད་པར་བྱའོ། །

དེ་ལྟར་བརྩོན་པས་ནམ་ཞིག་འབད་རྩོལ་རགས་པ་ཞི་བའི་བར་ལ་ཐུག་ཐུག་ཏུ་བརྩོན་པར་བྱའོ། །

ལྔ་པ་བསམ་གཏན་གྱི་ཕར་ཕྱིན་ནི། འཇིག་རྟེན་འཇིག་རྟེན་འདས་པའི་སོགས་ཀྱིས་བསྟན་ཏེ༑ བསམ་གཏན་གྱི་ངོ་བོ་ནི། ཁྱད་པར་བཞི་ལྡན་གྱི་དགེ་བའི་དམིགས་པ་ལ་སེམས་རྩེ་གཅིག་པ་མངོན་གྱུར་ས་བོན་དང་བཅས་པ་དང་དེ་གོམས་པ་ཡོངས་སུ་རྫོགས་པ་ན་བསམ་གཏན་ཕར་ཕྱིན་ནོ༑ ༑ངེས་ཚིག་ནི། སམྡྷི་ཞེས་སེམས་གཡེངས་ཤིང་ཉོན་མོངས་པའི་དྲི་མ་དང་མ་འདྲེས་པར་རྩེ་གཅིག་ཏུ་གནས་པས་བསམ་གཏན་ནོ། །དབྱེ་ན་ངོ་བོའི་སྒོ་ནས། འཇིག་རྟེན་པའི་བསམ་གཏན་ལམ་མ་ཞུགས་ཀྱི་རྒྱུད་ཀྱི་བསམ་གཟུགས་ཀྱི་ཏིང་འཛིན་བྱིས་པ་ཉེར་སྤྱོད་ཀྱི་བསམ་གཏན་དང་། འཇིག་རྟེན་ལམ་ཞུགས་ཚོགས་སྦྱོར་བའི་རྒྱུད་ཀྱི་བསམ་གཟུགས་དོན་རབ་འབྱེད་པའི་བསམ་གཏན་དང་། མཐོང་ལམ་ཡན་ཆད་འཕགས་རྒྱུད་ཀྱི་བསམ་གཟུགས་འཇིག་རྟེན་ལས་འདས་པ་དེ་བཞིན་གཤེགས་དགེའི་བསམ་གཏན་དང་གསུམ་སྒོམ་པ་དང་། བྱེད་ལས་ཀྱིས་དབྱེ་ན། ལུས་སེམས་ལ་བདེ་བར་གནས་པའི་བསམ་གཏན་ནི། གང་ལ་མཉམ་པར་བཞག་པས་ལུས་སེམས་ལ་ཤིན་སྦྱངས་ཀྱི་བདེ་བ་སྐྱེད་པའི་བསམ་གཏན་ནོ། །ཡོན་ཏན་མངོན་པར་སྒྲུབ་པའི་བསམ་གཏན་ནི། མངོན་ཤེས་ལྔ་དང་རྣམ་ཐར་བརྒྱད་དང་ཟད་པར་བཅུ་དང་ཟིལ་གནོན་བརྒྱད་སོགས་ཉན་ཐོས་དང་ཐུན་མོང་བའི་ཡོན་ཏན་རྣམས་སྒྲུབ་པའི་བསམ་གཏན་ནོ། །སེམས་ཅན་གྱི་དོན་བྱེད་པའི་བསམ་གཏན་ནི། དོན་བྱ་བ་བཅུ་གཅིག་རྣམས་སྒྲུབ་པའི་བསམ་གཏན་ནོ། །ཕྱོགས་ཀྱི་སྒོ་ནས་ཞི་གནས་དང་། ལྷག་མཐོང་དང་། དེ་གཉིས་ཟུང་འབྲེལ་གསུམ་མོ། །དེ་ལྟ་བུའི་བསམ་གཏན་གྱི་ཉེར་བསྡོགས་ཞི་གནས་ནི། ཉེས་པ་ལྔ་སྤོང་འདུ་བྱེད་བརྒྱད་བསྟེན་ཏེ། རིམ་པར་སེམས་གནས་དགུས་བསྒྲུབ་པར་བྱའོ། །དྲུག་པ་ཤེས་རབ་ཀྱི་ཕར་ཕྱིན་ནི། ཐོས་བསམ་སྒོམ་པའི་སོགས་ཀྱིས་བསྟན་ཏེ། ཤེས་རབ་ཀྱི་ངོ་བོ་ཁྱད་པར་བཞི་ལྡན་གྱི་བརྟགས་པའི་དངོས་པོ་ལ། ཆོས་རབ་རྣམ་པར་འབྱེད་པའི་ཤེས་རབ་མངོན་གྱུར་ས་བོན་དང་བཅས་པ་དང་། དེའི་གོམས་པ་ཡོངས་སུ་རྫོགས་པ་ན་ཤེས་རབ་ཀྱི་ཕར་ཕྱིན་ཡིན་ནོ། །ངེས་ཚིག་པྲཛྙའི་སྒྲ་ལས། དོན་དམ་ཤེས་པས་ཤེས་རབ་ཅེས་བྱའོ། །

དབྱེ་ན་དོན་དམ་རྟོགས་པའི་ཤེས་རབ་ནི། བདག་མེད་པའི་དེ་ཁོ་ན་ཉིད་དོན་སྤྱིའི་སྒོ་ནས

རྟོགས་པ་དང་། མངོན་སུམ་དུ་རྟོགས་པའོ། །ཀུན་རྫོབ་རྟོགས་པ་ནི། རིག་པའི་གནས་ལྔ་ལ་མཁས་པའི་ཤེས་རབ་བོ། །སེམས་ཅན་གྱི་དོན་བྱ་བ་རྟོགས་པའི་ཤེས་རབ་ནི། སེམས་ཅན་གྱི་འདི་དང་ཕྱི་མའི་དོན་ཁ་ན་མ་ཐོ་བ་མེད་པར་བསྒྲུབ་ཚུལ་ཤེས་པའོ། །དེའང་བྱང་ཆུབ་ཆེན་པོ་སྒྲུབ་པའི་ཕྱིར་དུ་བདེན་གཉིས་ཀྱིས་བསྡུས་པའི་ཐུན་མོང་རིག་པའི་གནས་ལྔ་དང་། ཐུན་མིན་སྡེ་སྣོད་གསུམ་ལ་བཤེས་གཉེན་མཚན་ལྡན་ལས་ཐོག་མར་འཆད་ཉན་བྱས་ཏེ་ཐོས༷་བྱུང་གི་ཤེས་རབ་བསྐྱེད། བར་དུ་ལེགས་པར་ཐོབ་པའི་ཆོས་ཀྱི་ཚིག་དོན་ལ་ཡང་ཡང་དཔྱད་དེ་བས༷མ་བྱུང་གི་ཤེས་རབ་བསྐྱེད། ཐ་མར་བསམ་པའི་དོན་ལ་ཡང་ཡང་འདྲིས་པར་བྱས་ཏེ་དང་པོ་སྒོམ༷་པ༷འི་ཤེས༷་རབ༷་དང་། དེ་ནས་ཞི་ལྷག་ཅི་རིགས་ཀྱི་ངོ་བོར་གྱུར་པའི་བསྒོམ་པ་ལས་བྱུང་བའི་ཤེས་རབ་ཟབ༷་མོ༷་སྟེ་གསུམ་ལ་སྤྱོད༷་དོ། །གསུམ་པ་སེམས་ཅན་དོན་བྱེད་ཀྱི་ཚུལ་ཁྲིམས་ལ་གཉིས་ཏེ། མདོར་བསྟན། རྒྱས་བཤད་དོ། །དང་པོ་ནི། སེམས་ཅན་དོན་བྱེད་སོགས་ཀྱིས་བསྟན་ཏེ། དེའི་མཚན་ཉིད་ནི། སེམས་ཅན་མཐའ་དག་གི་དོན་སྒྲུབ་པར་འདོད་པའི་སེམས་པ་མཚུངས་ལྡན་དང་བཅས་པ་ནི་སེམས༷་ཅ༷ན་དོན༷་བྱེད༷་ཀྱི་ཚུལ༷་ཁྲིམ༷ས་ཀྱི་ངོ་བོའོ། །དབྱེ་ན་བསྡུ་བའི་དངོས་པོ་བཞིའོ། །དང་པོ་སྦྱིན་པས་བསྡུ་བ་ནི། གཞན་གྱི་ཡིད་མགུ་ནས་འཁོར་དུ་འདུ་བའི་ཕྱིར་ཟང་ཟིང་གི་སྦྱིན་པ་གཏོང་བ་དང་། གཉིས་པ་ནི། དེ་དག་ལམ་ལ་སྦྱོར་བའི་ཕྱིར་བཞིན་གྱི་མདངས་གསལ་བས་ཁམས་འདྲི་བ་སོགས་འཇིག་རྟེན་པའི་ཚུལ་དང་ལྡན་པའི་ཚིག་དང་། དད་སོགས་ལས་བརྩམས་པའི་ཡང་དག་པའི་ཆོས་སྟོན་པ་དང་། རང་གསོད་བྱེད་ཀྱི་དགྲ་ལའང་བརྩེ་སེམས་ཀྱིས་ཕན་པའི་ཚིག་བརྗོད་པ་དང་། དབང་རྟུལ་ལ་སྐྱོ་བ་མེད་པའི་ཆོས་ཀྱི་གདམ་བྱེད་པ་དང་། སྡིག་ཅན་མི་བསྲུན་པ་ལ་སྡང་སེམས་མེད་པར་ཕན་པའི་གདམ་སླ་བ་སོགས་དཀའ་བ་རྣམས་ལ་སློབ་པ་དང་། རྒྱུད་མ་སྨིན་པ་ལ་སྨིན་པའི་གདམ་དང་། སྨིན་པ་ལ་ཡང་དག་པའི་ཆོས་སྟོན་པ་བག་མེད་རྣམས་བག་ཡོད་དུ་འགོད་ཕྱིར་བསྐུལ་བ། ཐེ་ཚོམ་བསལ་ཕྱིར་དུ་ཆོས་འཆད་ཅིང་འབེལ་གཏམ་བྱེད་པ་སོགས་སྨན་པར་སྨྲ་བའོ། །གསུམ་པ་ནི། ཚེ་འདིའི་དོན་དུ་ལོངས་སྤྱོད་སྒྲུབ་བསྲུང་སྤེལ་བའི་ཐབས་སྟོན་པ་དང་། ཕྱི་མའི་དོན་དུ་རབ་བྱུང་ལ་འགོད་པ་དང་། གཉིས་ཀའི་དོན་དུ་འཇིག་རྟེན་དང་འཇིག་རྟེན་ལས་འདས་པའི་ཆགས་བྲལ་འཛིན་དུ་འཇུག་པ་དང་། སྟོན་

དགེ་རྩ་མ་བསགས་པ་དང་། ལོངས་སྤྱོད་ཆེན་པོ་ཅན་དང་། མུ་སྟེགས་ཀྱི་ལྷ་བ་ལ་གོམས་པ་ཅན་རྣམས་དགེ་བ་ལ་འགོད་པ་སོགས་དོན་སྤྱད་དཀའ་བའང་སྒྲུབ་པ་དང་། བློ་དམན་འབྲིང་མཆོག་དང་ལྡན་པ་རྣམས་ནི། རང་རང་གི་མོས་པ་དང་འཚམས་པའི་གདམས་དོན་ཉམས་སུ་ལེན་པ་ལ་འཇུག་པར་བྱེད་པ་ལྟ་བུའི་དོན་སྤྱོད་པ་དང་། བཞི་པ་ནི། ཕ་རོལ་པོ་ཐེག་པ་གསུམ་གང་ལ་འགོད་པའི་དགེ་བ་དེ་རང་གིས་མ་བསྒྲུབ་ན་གཞན་གྱིས་རང་གི་ངག་བཞིན་བྱེད་དཀའ་བས་རང་ཉིད་དེ་དང་མཐུངས་པའམ། དེ་ལས་ལྷག་པ་ལ་གནས་པའི་དོན་མཐུན་རྣམས་སོ། །དེ་བཞི་བསྡུ་ན་ཟང་ཟིང་དང་། ཆོས་ཀྱིས་བསྡུ་བ་གཉིས་སུ་འདུ་སྟེ། དང་པོ་སྦྱིན་པས་བསྡུ་བ་དང་། ཕྱི་མ་གསུམ་རིམ་པར་དམིགས་པའི་ཆོས་སྟོན་པར་སྨྲ་བ་དང་། བསྒྲུབ་པའི་ཆོས་ཀྱི་དོན་སྤྱོད་པ་དང་། རྣམ་པར་སྤྱོད་པའི་ཆོས་ཀྱི་དོན་མཐུན་པ་སྟེ། ཕྱི་མ་གསུམ་ཆོས་ཀྱིས་བསྡུ་བས་བསྡུས་སོ། །གྲངས་ངེས་ནི། སེམས་ཅན་ཡོངས་སུ་སྨིན་པར་བྱེད་པའི་ཐབས་ལ་ལྟོས་ཏེ་བསྡུ་དངོས་བཞིར་གྲངས་ངེས་པའོ། །ཕན་ཡོན་ནི༑ རྒྱལ་བས་བསྔགས་པ་དང་། བགྲོད་པ་གཅིག་པའི་ལམ་དུ་གྱུར་པའི་ཡོན་ཏན་དང་ལྡན་པའོ། །

གཉིས་པ་རྒྱས་པར་བཤད་པ་ནི། ཐོག་མར་སྦྱིན་པས་སོགས་ཀྱིས་བསྟན་ཏེ། ཐོག་མར་ཟང་ཟིང་གི་སྦྱིན་པས་གདུལ་བྱ་འཁོར་དུ་མ་འདུས་པ་རབ་ཏུ་བསྡུས་ནས་ཕར་ཕྱིན་དྲུག་དང་འབྲེལ་པའི་གཏམ་གདུལ་བྱའི་རྣ་བར་སྙན་པར་སྨྲ་བའི་གཏམ་གྱིས་དེ་དག་གི་ཡིད་བྱང་ཆུབ་ཀྱི་ལམ་བཟང་པོར་རབ་ཏུ་དྲངས་སོ། །དེའང་གདུལ་བྱའི་དབང་པོའི་རིམ་པར་བསྟུན་ནས་ཐེག་པ་རིམ་དགུར་རིམ་པར་དགྲི་བ་ནི། དོན་ལ་སྦྱར་ཏེ་སྤྱོད་པ་ཉིད་དེ་གཞན་དོན་སྤྱོད་པའི་དངོས་གཞི་ཡིན་པའི་ཕྱིར་རོ། །དེ་དག་གི་བསྟན་པ་དེ་མི་ལྡོག་པར་གོང་འཕེལ་དུ་གྱུར་བའི་ལམ་ལ་འདྲེན་པའི་ཕྱིར་དུ༑ གཞན་ལ་ཇི་ལྟར་བསྟན་པ་ལྟར་རང་ཉིད་ཀྱིས་ཀྱང་དོན་དེ་རྣམས་ལ་བརྩོན་པར་སྤྱོད་པ་ནི་དོན་མཐུན་ནོ། །གསུམ་པ་དོན་བསྡུས་ལ་བཞི་སྟེ། བླང་དོར་གྱི་ཕྱོགས་བསྡུ་བ། བསྲུང་ཐབས་ཀྱི་གནད་བསྡུ་བ། སྤྱོད་ཚུལ་གྱི་ཐབས་བསྡུ་བ། སྨོན་འཇུག་གི་བསླབ་བྱ་བསྡུ་བའོ། །དང་པོ། མཐུན་ཕྱོགས་ཀུན་སློབ་སོགས་ཀྱིས་བསྟན་ཏེ། རྟག་ཏུ་བྱང་སེམས་ཀྱི་བསླབ་པ་དང་མཐུན་པའི་མཐུན་ཕྱོགས་ཀུན་ལ་སློབ་པར་བྱ་བ་དང་དུ་ལེན་པ་དང་། མི་མཐུན་པའི་ཕྱོགས་མཐའ་དག་ནི་སྤང་ཞིང་དགག

པ་ལ་བསླབ་པར་བྱ་དགོས་སོ། །དེའང་སྦྱིན་པ་ལྟ་བུ་ལ་མཚོན་ན། གཞི་གསུམ་གྱིས་བསྡུས་པའི་དངོས་པོ་བཏང་བསྲུང་སྤེལ་བའི་མཐུན་ཕྱོགས་བསྒྲུབ་པ་ལ་བསླབ་པ་དང་། དགག་པའི་བསླབ་བྱ་ལ་བརྟེན་ནས་མི་མཐུན་ཕྱོགས་དགག་པ་ལ་བསླབ་པར་བྱ་བ་དང་། གཞན་ཡང་ཡང་དག་སྤོང་བཞིའི་ཉམས་ལེན་དང་འབྲེལ་བར། ཕྱིན་དྲུག་གི་མཐུན་ཕྱོགས་དགེ་ཆོས་མ་སྐྱེས་པ་བསྐྱེད་པ་དང་། སྐྱེས་པ་སྤེལ་བར་བསླབ་པ་དང་། ཕྱིན་དྲུག་གི་མི་མཐུན་ཕྱོགས་མི་དགེ་བའི་ཆོས་མ་སྐྱེས་པ་མི་བསྐྱེད་པ་དང་། སྐྱེས་པ་རྒྱུན་གཅོད་པའི་སྒོ་ནས་བླང་དོར་བྱ་བར་བསྟན་པའོ། །

གཉིས་པ་ནི། རྟག་ཏུ་དྲན་དང་ཤེས་བཞིན་སོགས་ཀྱིས་བསྟན་ཏེ། བྱང་སེམས་ཀྱི་བསླབ་བྱ་སྲུང་བའི་ཐབས་ལ་ཐེག་ཆེན་གྱི་བཤེས་གཉེན་བདག་རྐྱེན་བླ་མ་བསྟེན་པ། དམིགས་རྐྱེན་མདོ་སྡེ་དཀོན་མཆོག་སྤྲིན་དང་། ནམ་མཁའི་སྙིང་པོའི་མདོ་དང་། བསླབ་པ་ཀུན་ལས་བཏུས། མདོ་བཏུས་རྣམས་ལ་ཐོས་བསམ་གྱིས་གཏན་ལ་དབབ་སྟེ། བསླབ་བྱ་ཚུལ་བཞིན་ཤེས་པར་བྱས་ནས་དུས་རྟག་ཏུ་བླང་དོར་གྱི་གནས་མི་བརྗེད་པའི་དྲན༷་པ་ནི། ཀུན་བཏུས་ལས། དྲན་པ་གང་ཞེ་ན། འདྲིས་པའི་དངོས་པོ་ལ་སེམས་ཀྱིས་བརྗེད་པ་མེད་པ་སྟེ་རྣམ་པར་མི་གཡེང་བའི་ལས་ཅན་ནོ། །ཞེས་པ་ལྟར་ཡུལ་གྱི་ཁྱད་པར་འདྲིས་པའི་དངོས་པོ། རྣམ་པའི་ཁྱད་པར་ཡུལ་དེ་ལ་དམིགས་ནས་བརྗེད་པ་མེད་པ། བྱེད་ལས་ཀྱི་ཁྱད་པར་མི་གཡེང་བར་བྱེད་པ་དང་ཁྱད་པར་གསུམ་ལྡན་དུ་བཤད་པ་ལྟར་བསྐྱེད་པ་དང༷། རང་གི་སྒོ་གསུམ་ལ་རྟོག་པའི་ཤེས༷་བཞིན༷་ནི། སྤྱོད་འཇུག་ལས། ལུས་དང་སེམས་ཀྱི་གནས་སྐབས་ལ། །ཡང་དང་ཡང་དུ་བརྟག་བྱ་བ། །འདི་ཉིད་ཁོ་ན་མདོར་ན་ནི། ཤེས་བཞིན་བསྲུང་བའི་མཚན་ཉིད་དོ། །ཞེས་པ་ལྟར་སྒོ་གསུམ་གནས་སྐབས་སུ་བསླབ་པ་དང་འགལ་མི་འགལ། ཉོན་མོངས་པའི་དབང་དུ་གྱུར་མ་གྱུར། འགྲོ་འདུག་སོགས་སྤྱོད་ལམ་དགེ་མི་དགེ་ཇི་ཞིག་ཏུ་གྱུར་པ་ཇི་ལྟ་བ་བཞིན་ཤེས་པའི་ཤེས་རབ་ཀྱིས་སོ་སོར་བརྟགས་པ་ཞིག་ཡིན་པས་རང་ཡུལ་བརྟག་པར་བྱ་བའི་དངོས་པོ་ལ་དམིགས་ནས་འཛིན་སྟངས་དེ་རབ་ཏུ་རྣམ་པར་འབྱེད་ཅིང་སོ་སོར་རྟོག་པར་བྱེད་པའི་རྣམ་པ་ཅན། བྱེད་ལས་སོམ་ཉི་ལྡོག་པར་བྱེད་པ་ཅན་སྟེ་ཁྱད་པར་གསུམ་ལྡན་གྱི་རིག་པ་ཞིག་ཡིན་ནོ། །དེ་ལྟ་བུའི་དྲན་ཤེས་གཉིས་ལ་བརྟེན་ནས་བླང་དོར་ལྷུར་ལེན་པའི་བག༷་ཡོད༷་ནི་དམིགས་

པ་དགེ་བའི་ཆོས་ལ་དམིགས་ནས། འཛིན་སྟངས་དགེ་བ་དེ་སྒོམ་པའམ་ཟག་པ་ལས་སེམས་བསྲུང་བར་བྱེད་པའི་རྣམ་པ་ཅན། བྱེད་ལས་དགེ་ཚོགས་འཕེལ་བའི་ཁྱད་པར་གསུམ་གྱི་དགེ་རྩ་གསུམ་དང་བརྩོན་འགྲུས་གང་རུང་ལ་བཏགས་པའི་རིག་པ་དེ་བག་ཡོད་ཡིན་ནོ། །

དེ་ལྟ་བུའི་དྲན་ཤེས་བག་ཡོད་གསུམ་བསྟེན་ནས་བསླབ་པ་བསྲུང་དགོས་ཏེ། དཔལ་ཨ་ཏི་ཤས། དྲན་དང་ཤེས་བཞིན་བག་ཡོད་པས། །དབང་པོའི་སྒོ་རྣམས་རྟག་ཏུ་སྲུངས། །ཉིན་མཚན་དུས་གསུམ་ཡང་དུ་ཡང་། །སེམས་ཀྱི་རྒྱུད་ལ་བརྟག་པར་བྱ། །ཞེས་པ་ལྟར་རོ། །དེ་ལྟར་བླང་དོར་གྱི་གནས་ཇི་ལྟར་བྱེད་ཚུལ་ཡང་། རྒྱས་པར་ཕྱེ་ན། འགལ་རྐྱེན་རང་གཞན་གྱི་སྤྱོད་པ་ཉམས་པའི་རྒྱུ་བདུན་སྤོང་བ། མཐུན་རྐྱེན་མི་ཉམས་པའི་རྒྱུ་གསུམ་དང་། བསླབ་པ་འཕེལ་བའི་རྐྱེན་དགུ་ལ་བསླབ་པར་བྱ་བ་རྣམས་ཏེ། དེའང་དང་པོ་ཉམས་པའི་རྒྱུ་བདུན་ལས། རང་དོན་ཤེས་རབ་ཀྱི་གེགས་གསུམ་ནི། ཐོས་པ་ལ་མི་མོས་པ། བསམ་པ་ལས་གཡེལ་བ། སྒོམ་པ་ལས་ལྟོད་པ་སྟེ་དེ་གསུམ་སྤོང་བ་དང་། གཞན་དོན་སྤྱོད་པ་ཉམས་པའི་སྐྱོན་བཞི་ནི། སྤྱོར་བ་ལེ་ལོ་ཆེ་བ། སྤྱོད་པ་གཞན་མི་དད་པ་ལ་སྦྱོར་བ། ཀུན་སློང་སྙིང་རྗེ་མེད་པ། བྱེད་ལས་ཕྱིན་ཅི་ལོག་ལ་སྦྱོར་བ་བཞི་སྤོང་བའོ། །

གཉིས་པ་མཐུན་རྐྱེན་མི་ཉམས་པའི་རྒྱུ་གསུམ་ནི། དང་པོ། ཚེ་འདིར་སེམས་བསྐྱེད་མི་ཉམས་པའི་རྒྱུ་ནི། དྲན་པ་གསུམ་སྟེ། སེམས་བསྐྱེད་སྐྱེས་པའི་ཕན་ཡོན་དྲན་པ། ཉམས་པའི་ཉེས་པ་དྲན་པ། སེམས་བསྐྱེད་རྙེད་པར་དཀའ་སྙམ་ནས་ཡང་ཡང་དྲན་པའོ། །གཉིས་པ་ཕྱི་མར་མི་ཉམས་པའི་རྒྱུ་ནི། ཕྱིན་ཅི་མ་ལོག་པའི་ཐབས་གསུམ་ལ་བསླབ་པ་སྟེ། དུས་གསུམ་དུ་ཡན་ལག་བདུན་པ་བྱ་བ། རྒྱལ་བ་སྲས་བཅས་ལ་གསོལ་བ་འདེབས་པ། ཆོས་འགལ་གྱི་བདུད་ལས་སྤོང་བ་ལ་བསླབ་པའོ། །གསུམ་པ་འདི་ཕྱི་གཉིས་ཀར་མི་ཉམས་པའི་རྒྱུ་ནི། གཅེས་པ་ལྔ་ལ་བསླབ་སྟེ། བསྐྱབ་བྱ་སེམས་ཅན་ལ་རང་ལས་གཅེས་པ། སྒྲུབ་བྱེད་ཆོས་ལ་ནོར་ལས་གཅེས་པ། གཙོ་བོ་བྱང་སེམས་ལ་སྙིང་ལས་གཅེས་པ། བདག་རྐྱེན་བཤེས་གཉེན་ལ་ཕ་མ་ལས་གཅེས་པ། ཐོབ་བྱ་སངས་རྒྱས་ལ་ལོངས་སྤྱོད་ལས་གཅེས་པ་སྟེ་ལྔའོ། །མཐུན་རྐྱེན་འཕེལ་བའི་རྐྱེན་དགུ་ནི། དྲན་པ་ལྔ་དང་

བྱ་བ་བཞི་ལས། དང་པོ་ནི། འདུས་བྱས་གཡོ་བ་དྲན་པ། སྡུག་བསྔལ་མཐའ་མེད་དྲན་པ། ཆོས་ཀྱི་ཕན་ཡོན་དྲན་པ། སྟོན་པའི་ཆེ་བ་དྲན་པ། བྱང་སེམས་ཀྱི་ཡོན་ཏན་དྲན་པ་ལྔའོ། །

གཉིས་པ་བྱ་བ་བཞི་ནི། ཤེས་བཞིན་གྱི་མིག་གིས་ལྟ་བ། བརྩོན་འགྲུས་ཀྱི་རྟ་མཆོག་གིས་འགྲོ་བ། ངེས་འབྱུང་གི་ལྕག་གིས་བསྐུལ་བ། །ཐར་པའི་གྲོང་ཁྱེར་ཡིད་ལ་བྱ་བ་དང་བཞིའོ། །དེ་རྣམས་བསྡུ་ན་དྲན་ཤེས་བག་ཡོད་གསུམ་དུ་འདུ་སྟེ། ཀུན་མཁྱེན་ཆེན་པོས། རྟག་ཏུ་དྲན་དང་ཤེས་བཞིན་བག་ཡོད་ཀྱིས། །མི་དགེ་སྤང་ཞིང་དགེ་ཆོས་རྒྱ་མཚོ་བསྒྲུབ། །ཅེས་གསུངས་པ་ལྟར་རོ། །

གསུམ་པ་ནི། འགྲོ་འདུག་ཟ་ཉལ་སོགས་ཀྱིས་བསྟན་ཏེ། སྤྱིར་འགྲོ་བའི་ཚེ་མིག་གཉའ་ཤིང་གང་ཙམ་དུ་བལྟ་ཞིང་ཞི་དུལ་གྱི་སྤྱོད་ལམ་གྱིས་འགྲོ་བ། འདུག་ན་སྐྱིལ་ཀྲུང་བཅས་ཏེ་ལུས་དྲང་པོར་བསྲངས་བས་ཆོས་ལ་སྤྱོད་པ། ཟས་ཟ་བའི་ཚེ་ཟས་ཆ་གསུམ་དུ་བྱས་ཏེ་ཕུད་ཀྱིས་དཀོན་མཆོག་མཆོད་པ། བར་མར་ལོངས་སྤྱོད་པ། ལྷག་མ་མགོན་མེད་པ་ལ་གཏོང་བ་དང་། ཟས་ཀྱང་ལུས་འཚོ་ཙམ་དུ་ཟས་ཀྱི་ཉེས་དམིགས་དྲན་བཞིན་ལུས་ཀྱི་སྲིན་བུ་རྣམས་ད་ལྟ་ཟང་ཟིང་གིས་བསྡུས་ཏེ་མ་འོངས་པར་ཆོས་ཀྱིས་བསྡུ་བར་བྱ་སྙམ་དུ་རན་པར་ལོངས་སྤྱོད་པ། ཉལ་བའི་སྐབས་གཞོགས་གཡས་སར་ཕབ་སྟེ་ནམ་ཆ་གསུམ་དུ་བྱས་པའི་བར་བ་ལ་ཉལ། དེའང་མི་རྟག་པའི་འདུ་ཤེས་དང་། དཀོན་མཆོག་གི་ཡོན་ཏན་དྲན་པ་སོགས་དགེ་སེམས་ཀྱི་སྟེང་ནས་གཉིད་ལོག་པར་བྱ། གཞན་ཡང་ལྡང་བའི་འདུ་ཤེས་སྣང་བའི་འདུ་ཤེས་ཀྱང་བསྐྱེད་པར་བྱ། ཐོ་རངས་ནམ་གྱི་ཆ་ཐ་མ་ལ་མལ་ལས་ལྡང་སྟེ༑ བླ་མ་དང་མཆོག་གསུམ་གྱི་ཡོན་ཏན་དྲན་ནས་དམིགས་རྣམ་སྐྱོང་བ་དང་། ལྟུང་བ་བསྡོ་བགྲང་བྱ་བ་སོགས་ཆོས་སྤྱོད་བཅུའི་བསླབ་པ་ལ་བརྩོན་པར་བྱའོ། །ཁྱད་པར་ཕལ་པོ་ཆེའི་སྤྱོད་ཡུལ་ཡོངས་སུ་དག་པའི་མདོ་ལས་གསུངས་པ་བཞིན་དུ། འགྲོ་བའི་དུས་སེམས་ཅན་ངན་འགྲོ་ལས་སྒྲོལ་བའི་ཆེད་འགྲོ་སྙམ་པ་དང་། ཁང་བའི་ནང་དུ་འཇུག་པའི་ཚེ་སེམས་ཅན་ཐམས་ཅད་ཐར་བའི་གྲོང་ཁྱེར་དུ་ཁྲིད་པར་བསམ། ཉལ་བའི་ཚེ་ཆོས་ཀྱི་སྐུ་ཐོབ་པར་མོས། རྨི་ལམ་གྱི་ཚེ་ཆོས་ཐམས་ཅད་བདེན་མེད་དུ་ཤེས་པར་མོས། སད་པའི་ཚེ་མ་རིག་པའི་གཉིད་ལས་སད་པར་མོས། ལྡང་བ་ན་གཟུགས་ཀྱི་སྐུར་ལྡང་བར་མོས། གོས་གྱོན་ཚེ་ངོ་ཚ་ཁྲེལ་ཡོད་དང་ལྡན་པར་མོས། སྐ་རགས་འཆིང་བ་ན

དྲན་ཤེས་ཀྱིས་བསྡམ་པར་མོས། སྟན་ལ་གནས་པ་ན་བསམ་གཏན་གྱི་མལ་ཐོབ་པར་མོས། མེ་གཏོང་བ་ན། ཉོན་མོངས་པའི་བུད་ཤིང་བསྲེགས་པའི་ཡེ་ཤེས་ཀྱི་མེ་འབར་བར་མོས། ཟ་བའི་སྐབས་ཏིང་ངེ་འཛིན་གྱི་ཟས་ལ་སྤྱོད་པར་མོས། སྒོ་གཅོད་འབྱེད་ལ་འཁོར་བའི་སྐྱེ་སྒོ་གཅོད་པ་དང་ཐར་བའི་སྒོ་འབྱེད་པར་མོས་པ་སོགས་མདོར་ན་འགྲོ་བ་འདུག་པ་ཟ་ཉལ་སྨྲེ་སྤྱོད་ལམ་རྣམ་པ་བཞིར། སྤྱོད་ཡུལ་ཡོངས་སུ་དག་པའི་མདོ་སྡེ་ལས་གསུངས་པ་ལྟར། བྱ་བ་གང་བྱེད་པ་ལ་ཞུགས་པ་ན་བྱ་བ་དེ་དང་རིགས་མཐུན་པའི་སྔར་བཤད་ལྟར་ཚིག་གིས་སྨོན་ལམ་བརྗོད་དེ་སྙིང་ཐག་པ་ནས་སྨོན་འདུན་དྲག་པོ་འདེབས་པ་ལ་བསླབ་པར་བྱའོ། །

བཞི་པ་ལ་གཉིས་ཏེ། མཁས་པས་བསྔོ་ཚུལ་གྱི་བཞེད་པ་འགོད་པ། རང་གིས་བསྔོ་ཚུལ་བསྟན་པའོ། །དང་པོ་ནི། མཁྱེན་རབ་དབང་ཕྱུག་སོགས་ཀྱིས་བསྟན་ཏེ། མཁྱེན་རབ་ཀྱི་དབང་ཕྱུག་ཀུན་མཁྱེན་ཀློང་ཆེན་རབ་འབྱམས་དཔལ་བཟང་པོ་ནི། སྨོན་པའི་བསླབ་བྱ་བྱམས་སྙིང་རྗེ་དགའ་བ་བཏང་སྙོམས་ཏེ་ཚད་མེད་བཞི་བསྒོམ་ཞིང་། འཇུག་པའི་བསླབ་བྱ་ཕ་རོལ་ཏུ་ཕྱིན་པ་དྲུག་ལ་སྤྱོད་པ་སྟེ། བསྡུ་ན་དཀར་ནག་ཆོས་བརྒྱད་བླང་དོར་བྱ་བ་ལ་འདུ་ཞེས་གསུངས་ཏེ། སེམས་ཉིད་ངལ་གསོ་ལས། སྨོན་པའི་བསླབ་བྱ་ཚད་མེད་བཞི་པོ་བསྒོམ། །དེ་ཡི་མི་མཐུན་ཕྱོགས་སྤང་སེམས་བསྲུང་བྱ། །འཇུག་པའི་བསླབ་བྱ་ཕ་རོལ་ཕྱིན་དྲུག་སྤྱད། །དེ་ཡི་མི་མཐུན་ཕྱོགས་སྤང་བརྩོན་པར་བྱ། །ཞེས་སྨོན་པའི་བསླབ་བྱ་ལས་ཉམས་ནས་སེམས་ཅན་བློས་གཏོང་ན་སྨོན་འཇུག་གི་སེམས་གཉིས་ཉམས་པར་འགྱུར་བ་དང་། སེམས་ཅན་བློས་མི་གཏོང་བའི་ཐབས་སུ་དཀར་ནག་ཆོས་བརྒྱད་སྔར་བཤད་ལྟར་བླང་དོར་བྱས་ན་སྨོན་སེམས་གཏོང་བ་ཁེག་པར་འགྱུར་བས་དཀར་ནག་ཆོས་བརྒྱད་བླང་དོར་བྱ་བ་ནི་བྱང་སེམས་བསླབ་བྱའི་རྩ་བ་ལྟ་བུར་ཀུན་མཁྱེན་གྱི་དགོངས་པ་ཡིན་པར་བཞེད་པའོ། །

གཉིས་པ་བསྟན་བཅོས་མཁན་པོ་རང་གི་བཞེད་པ་ནི། འདིར་ནི་ཕན་དང་བདེ་བ་རྣམས་སོགས་ཀྱིས་བསྟན་ཏེ། ཚེ་འདི་ར་ནི་སྡུག་བསྔལ་བར་གྱུར་ནའང་ཕྱི་མར་སེམས་ཅན་ལ་ཕུག་ཏུ་ཕན་པ་དང་གནས་སྐབས་བདེ་བའི་རྒྱུ་རྣམས་ནི་བྱང་ཆུབ་སེམས་དཔའི་སྒྲུབ་བྱའི་བསླབ་བྱར་གཏོགས

པས་དེ་ཉིད་སྒྲུབ་པར་བྱ་ཞིང་། ཚེ་འདིར་བདེ་ཡང་ཕྱི་མར་སེམས་ཅན་ལ་མི་ཕན་ཞིང་གནོད་པའི་སྡུག་བསྔལ་སྐྱོང་བའི་རྒྱུར་གྱུར་པའི་ལས་རྣམས་ནི་བྱང་སེམས་ཀྱི་བསླབ་བྱ་དང་འགལ་བར་གྱུར་པ་ཡིན་ཕྱིར་མི་བསྒྲུབ་པར་སྤང་བར་བྱ་དགོས་ཏེ། སྡོམ་པ་ཉི་ཤུ་པ་ལས། གཞན་རྣམས་དང་ནི་བདག་ལའང་རུང་། །སྡུག་བསྔལ་ཡིན་ཡང་གང་ཕན་དང་། །ཕན་དང་བདེ་བ་རྣམས་བྱ་ཞིང་། །བདེ་ཡང་མི་ཕན་མི་བྱའོ། །ཞེས་གསུངས་པ་དང་མཐུན་ལ། བསླབ་བཏུས་ལས། གོང་དུ་བསྟན་པ་ལྟར། རང་གཞན་ལ་འདི་ཕྱིར་ཕན་བདེ་ཆེ་བ་འབྱུང་བའི་ཕྱིར་དུ་གནས་སྐབས་སྡུག་བསྔལ་དང་ཡིད་མི་བདེ་བ་ཆུང་དུ་བྱེད་པ་དེ་བསྒྲུབ་བྱ་ཡིན་པར་བསྟན་པ་དང་། གནོད་སྡུག་ཆེན་པོ་འབྱུང་བའི་ཐབས་ཀྱི་ཕན་བདེ་ཆུང་དུ་དོར་བྱར་གསུངས་པས་སྒྲོལ་གཉིས་ཀྱི་ཚིག་གང་ལས་སྡོམ་པ་ནོད་པའི་གང་ཟག་གིས་བསླབ་བྱ་ཐམས་ཅད་འདུ་བའི་མདོ་ཆིངས་འདི་ཉིད་ཡིན་པས་འདིར་མ་འདུས་པ་མེད་ཅེས་བསྟན་བཅོས་མཁན་པོ་བདག་ཅག་སྨྲ། ཞེས་གསུངས་སོ། །

བར་དུ་མི་ཉམས་པ་བསྲུང་བའི་ཐབས་བསྟན་པའི་ལུས་སེམས་ཀྱི་རྟེན་ནི། སྐྱེ་བའི་རྟེན་ནི་ལྷ་ཀླུ་སོགས་ཀྱིས་བསྟན་ཏེ། སེམས་བསྐྱེད་ཀྱི་སྡོམ་པ་སྐྱེ་བ་དང་གནས་པའི་ལུས་ཀྱི་རྟེན་ལ་ནི་ལྷ་ཀླུ་འཕྲོག་མ་སོགས་དང་། སྡིག་པ་ཅན་གྱི་གང་ཟག་ལ་ཡང་སྐྱེ་བར་ཀླུ་སྒྲུབ་བཞེད་པས་ལེན་འདོད་ཡོད་ན་བརྡ་དོན་ཤེས་པའི་འགྲོ་བ་མཐའ་དག་རྟེན་དུ་འདོད། འཕགས་པ་ཐོགས་མེད་བཞེད་པ་ནི། བྱང་སྡོམ་དེའི་རྟེན་ཁྱད་པར་ཅན་ལ་སྔར་ལྟར་སོ་ཐར་རིགས་བདུན་གང་རུང་གི་སྡོམ་ལྡན་དགོས་ཞེས་གསུངས་པས་རྟེན་གླིང་གསུམ་གྱི་སྐྱེས་པ་བུད་མེད་མཚན་དོན་བྱེད་ནུས་པ་དགོས་པར་བཞེད། གཉིས་ཀའི་ཐུན་མོང་གི་བཞེད་པ་སྤྱི་ལྟར་བཤད་ན། སངས་རྒྱས་དང་། རྒྱལ་བའི་ཆོས་ལ་དད་པར་བྱེད་ཅིང་། འབྲས་བུ་བླ་ན་མེད་པ་བྱང་ཆུབ་ལ་ཐོབ་འདོད་ཀྱི་དད་པ་དང་། དེའི་རྒྱུ་རྒྱལ་སྲས་རྣམས་ཀྱི་སྤྱོད་པ་རྒྱ་མཚོར་དད་པར་བྱེད་ན་ནི་བྱང་ཆུབ་ཀྱི་སེམས་སྐྱེ་བར་དཀོན་མཆོག་ཏུ་ལར་རམ་དཀོན་མཆོག་སྤྲིན་མའི་མདོ་ལས་གསུངས་ཏེ། དེ་ཉིད་ལས། རྒྱལ་དང་རྒྱལ་བའི་ཆོས་ལ་དད་གྱུར་ཅིང་། །བྱང་ཆུབ་བླ་ན་མེད་ལའང་དད་གྱུར་ལ། །རྒྱལ་སྲས་རྣམས་ཀྱི་སྤྱོད་ལ་དད་གྱུར་ན། །བློ་དང་ལྡན་པ་རྣམས་ཀྱི་སེམས་སྐྱེའོ། །ཞེས་གསུངས་པ་ལྟར་རོ། །སྡོམ་པ་གནས་པའི་རྟེན་ལ་གང་

དུ་སྐྱེས་པའི་རྟེན་དེ་དང་། དེ་ཚེ་བརྗེས་པའི་རྟེན་ལའང་རུང་སྟེ་གཏོང་བྱེད་ཀྱི་རྒྱུ་གང་ཡང་མ་བྱུང་ན་བྱང་སྡོམ་མི་གཏོང་ཞིང་དེ་མ་བཏང་བའི་དབང་གིས་རང་བཞིན་གྱིས་ཉེས་སྤྱོད་ལ་འཛེམ་ཞིང་དགེ་བ་ལ་དངང་གིས་སྤྲོ་བར་འགྱུར་རོ། །ཚེ་འཕོས་པའི་དབང་གིས་སྡོམ་ལྡན་ཡིན་པར་བརྗོད་ནའང་། སྡོམ་པ་དང་ལྡན་པའི་སྟོབས་ཀྱིས་ཚོགས་ཆུང་དུས་བཤེས་གཉེན་དང་འཕྲད་ནས་སྔར་ཡོད་དྲན་གསོའི་ཚུལ་དུ་སྡོམ་པ་ནོད་པར་འགྱུར་གྱི་གསར་དུ་ཡང་དག་པར་ལེན་དགོས་པ་ནི་མ་ཡིན་ཏེ་བྱང་སྡོམ་དེ་གཏོང་བྱེད་ཀྱི་རྒྱུ་དང་མ་འཕྲད་ན་བྱང་ཆུབ་ཀྱི་མཐའ་ཅན་ཡིན་པའི་ཕྱིར་རོ། །

བཞི་པ་ཐ་མར་ཉམས་ན་གསོ་བའི་ཚུལ་བཤད་པ་ལ་གཉིས་ཏེ། ཕྱིར་བཅོས་དངོས་དང་། དེ་འབྲེལ་ལྟུང་བས་མ་གོས་པའི་ཕན་ཡོན་བསྟན་པའོ། དང་པོ་མདོར་བསྟན་རྒྱས་བཤད་གཉིས་ལས། དང་པོ་ནི། ཐ་མར་ཉམས་ན་སོགས་ཀྱིས་བསྟན་ཏེ། སྡོམ་པ་ཐོབ་ནས་ཐ་མར་མ་ཉམས་པར་སྔར་བཤད་ལྟར་བསྲུང་བར་བྱ་ཞིང་། བརྒྱ་ལ་ཉམས་ན་ལྟུང་བ་ལས་ལྡང་ཞིང་སྡོམ་པ་གསོ་བའི་ཚུལ་བཤད་པ་ལ་འདི་ལྟ་སྟེ། གཉིས་པ་རྒྱས་བཤད་ལ། ལྟུང་བ་ཡོད་མེད་དང་ཡིན་མིན་གྱི་རྣམ་བཞག་བསྟན་པ། ཕྱིར་བཅོས་དངོས་སོ། །དང་པོ་ནི། གང་གིས་རིགས་དང་མི་རིགས་སོགས་ཀྱིས་བསྟན་ཏེ། བྱང་སེམས་གང་གིས་བྱ་བ་གང་ལའང་དགག་སྒྲུབ་རིགས་དང་མི་རིགས་པར་མ་བརྟགས་པར་ལྟོག་པར་བྱ་བའི་གནས་ལ་བརྩམས་པར་བྱས་སམ། དེ་ལས་ལྡོག་པའི་བརྩམ་པར་བྱ་བའི་གནས་ལ་ལྡོག་གམ། འཇུག་ལྡོག་གི་གཞི་ལ་བཏང་སྙོམས་སུ་འཛོག་ཀྱང་རུང་སྟེ། ལྟུང་བ་དང་བཅས་པ་ཡིན་ལ། དེ་ཡང་ལྟུང་བ་ཡོད་མེད་མུ་བཞི་ཡོད་དེ། དང་པོ་ལྟུང་བར་འགྱུར་བའི་མུ་ནི། བརྟགས་བཞིན་དཔྱད་པས་ཤེས་བཞིན་དུ་བྱ་བར་འོས་པ་ལས་འདས་པའི་བྱེད་པ་ཐམས་ཅད་ལྟུང་བ་ཡིན་ཏེ། དཔེར་ན་མནར་སེམས་ཀྱིས་སྲོག་གཅོད་པ་དང་། སེར་སྣས་མི་སྦྱིན་པ་ལྟ་བུའི་རིམ་པར་མི་རིགས་པར་བྱེད་པ་དང་། རིགས་པར་མི་བསྒྲུབ་པ་ཐམས་ཅད་ལྟུང་བའོ། །གཉིས་པ་ལྟུང་བར་མི་འགྱུར་བ་ནི། འཕྲལ་ཡུན་དུ་དོན་ཆེན་པོ་བསྒྲུབ་ཕྱིར་དུ་དོན་ཆུང་དུ་བཏང་བ་ལྟུང་བའི་གཟུགས་བརྙན་ཙམ་སྟེ། དོན་ལ་ལྟུང་བ་མེད་དེ། དཔེར་ན་སྦྱིན་པ་རྒྱ་ཆེ་བ་བསྒྲུབ་པའི་ཕྱིར་དུ་ཚུལ་ཁྲིམས་ཆུང་དུ་བཏང་བ་ལྟ་བུའོ། །གསུམ་པ་མ་བརྩོན་ཀྱང་ནུས་པའི་ཡུལ་མིན་ན་དེ་ལ་མ་བསླབ་པ་ཐམས་ཅད་ལྟུང་བ་

མེད༷་དེ། དཔེར་ན་ལས་དང་པོ་བས་ལུས་ཀྱི་སྦྱིན་པ་དངོས་སུ་མ་བཏང་བ་ལྟུང་མེད་ལྟ་བུའོ། །བཞི་པ་སྒྲུབ་མི༷་ནུས༷་པའི་ལས་ཡིན་བཞིན་དུ་དེར༷་བརྩོན་པ་ལ་ཞུགས་པ་ནི་ལྟར་སྣང་ལྟུང་མེད་དེ༷་ཡི༷་གཟུ༷གས་བརྙ༷ན་ལྟ་བུ་ཡིན༷་ཀྱང་དོན་ལྟུང་བ་དང་བཅས་པ་སྟེ། དཔེར་ན་ལུས་གཏོང་བའི་སྐབས་སུ་མ་བབ་པར་ལུས་གཏོང་བ་ལ་ཞུགས་པ་ལྟ་བུའོ། །

གཞན་ཡང་མུ་བཞི་སྟེ། བསམ་སྦྱོར་གཉིས་ཀ་མི་དགེ་བའི་ལས་ནི་ལྟུང་བ་དང་བཅས་པའོ། །བསམ་སྦྱོར་གཉིས་ཀ་དགེ་ན་ལྟུང་མེད་དོ། །བསམ་པ་དགེ་ཡང་སྦྱོར་བ་མི་དགེ་བ་ལྟར་སྣང་བ་ལྟུང་བའི་གཟུགས་བརྙན་ཏེ་ལྟུང་མེད་དོ། །བསམ་པ་ངན་སྦྱོར་བ་དགེ་བ་ལྟར་སྣང་ན་ལྟུང་མེད་ཀྱི་གཟུགས་བརྙན་ཡིན་ནོ། །དེའང་བསླབ་བཏུས་ལས། མདོར་ན་ནུས་པའི་ཡུལ་མ་ཡིན་པའི་བྱ་བ་རྣམས་ལ་ལྟུང་བ་མེད་དོ། །དོན་མེད་པ་ཉིད་ཀྱིས་དེ་ལ་བསླབ་པ་བཅས་པ་མེད་པའི་ཕྱིར་རོ། །གཞན་ལ་ནི་རང་བཞིན་གྱི་ཁ་ན་མ་ཐོ་བ་དང་བཅས་པ་ཉིད་དུ་བཟུང་བ་ཁོ་ནའོ། །རང་གི་ནུས་པའི་ཡུལ་མ་ཡིན་པ་གང་ཞིག་ལ་བརྩོན་པར་བྱས་ན་ལྟུང་བར་འགྱུར་ཏེ། དེ་ནི་བསམ་མི་དགོས་པར་སྤྱིར་སྡིག་པ་བཤགས་པའི་ཁོངས་སུ་འདུས་པས་དེ་ལས་གྲོལ་བར་འགྱུར་རོ། །དེ་དག་ནི་མདོར་ན་བྱང་ཆུབ་སེམས་དཔའི་བསླབ་པའི་ཁོག་པ་ཡིན་ཏེ། རྒྱས་པར་ནི་བསྐལ་པ་དཔག་ཏུ་མེད་པ་མཐའ་ཡས་པར་བཤད་དུ་ཡོད་དོ། །ཞེས་གསུངས་སོ། །གོང་སློས་དེ་རྣམས་ཚུལ་ཁྲིམས་གསུམ་ལ་སྦྱར་ན། སྡོམ་པའི་ཚུལ་ཁྲིམས་ལ་མཚོན་ན་ཞེ་སྡང་གིས་སྲོག་གཅོད་པ་ལྟུང་བ། ཕན་སེམས་ཀྱིས་གསོད་ན་ལྟུང་བའི་གཟུགས་བརྙན། སྙིང་རྗེས་མི་གསོད་པ་ལྟུང་མེད། གཞན་ལ་ཕན་ཐབས་སུའང་མི་གསོད་པ་ལྟུང་མེད་ཀྱི་གཟུགས་བརྙན་ནོ། །དགེ་ཆོས་སྡུད་པ་ལ་མཚོན་ན། སེར་སྣས་མི་སྦྱིན་པ་ལྟུང་བ། ཕན་སེམས་ཀྱིས་མི་སྦྱིན་པ་ལྟུང་བའི་གཟུགས་བརྙན། བསམ་པ་དག་པས་སྟེར་བ་ལྟུང་མེད། གཞན་ལ་གནོད་ཕྱིར་སྟེར་བ་ལྟུང་མེད་ཀྱི་གཟུགས་བརྙན་ནོ། །སེམས་ཅན་དོན་བྱེད་ལ་མཚོན་ན། ནད་གཡོག་མ་བྱས་པ་ལྟུང་བ། །དོན་ཆེན་བསྒྲུབ་ཆེད་ནད་གཡོག་མ་བྱས་པ་ལྟུང་བའི་གཟུགས་བརྙན། བརྩེ་བས་ནད་གཡོག་བྱེད་པ་ལྟུང་མེད། ནད་གཡོག་གཞན་ཡོད་བཞིན་དུ་རང་གི་སྦྱོང་ཀློག་སོགས་དོན་ཆེན་དོར་ནས་ནད་གཡོག་བྱེད་པ་ལྟུང་མེད་ཀྱི་གཟུགས་བརྙན་ནོ། །གཞན༷་སེམས་ཅན་ལ་ཕན་པའི་

ཕྱིར་དུ་གཞན་ལ་འཕྲལ་ཡུན་དུ་ཕན་བདེ་འགྲུབ་པ་གནོད་སྡུག་སེལ་བའི་ཐབས་སུ་གྱུར་ན་བྱང་སེམས་རང་ཉིད་ལུས་ངག་གི་མི་དགེ་བ་བདུན་ལ་ཞུགས་ན་གནང་བའི་སྐབས་ཡོད་དེ། རང་ལ་སྒྲིབ་པར་མི་འགྱུར་བར་ཚོགས་རྫོགས་པའི་ཐབས་སུ་གྱུར་བས་དོན་ལ་དགེ་བ་ཡིན་པའི་ཕྱིར་ཏེ། བཞི་བརྒྱ་པ་ལས། བསམ་པའི་བྱང་ཆུབ་སེམས་དཔའ་ཡིས། །དགེ་བའམ་ཡང་ན་མི་དགེ་བ། །ཐམས་ཅད་དགེ་བ་ཉིད་འགྱུར་ཏེ། །གང་ཕྱིར་སེམས་དེ་གཙོ་བའི་ཕྱིར། །ཞེས་དང་། སྡོམ་པ་ཉི་ཤུ་པ་ལས། སྙིང་རྗེ་ལྡན་པས་བྱམས་ཕྱིར་དང་། །སེམས་དགེ་བ་ལ་ཉེས་པ་མེད། །ཅེས་དང་། སྤྱོད་འཇུག་ལས། ཐུགས་རྗེ་མངའ་བ་རིང་གཟིགས་པས། །བཀག་པ་རྣམས་ཀྱང་དེ་ལ་གནང་། ཞེས་གསུངས་སོ། །

གཉིས་པ་ཕྱིར་བཅོས་དངོས་ལ་གཉིས་ཏེ། ཀླུ་སྒྲུབ་ལུགས་དང་། ཐོགས་མེད་ལུགས་ཀྱི་བཞེད་པའོ། །དང་པོ་ནི། ཐུན་འདས་ཉམས་ན་སོགས་ཀྱིས་བསྟན་ཏེ། སྤྱིར་བྱང་སེམས་ཀྱི་སྡོམ་པའི་གཏོང་རྒྱུ་ལ་རྟེན་གཞི་སྨོན་སེམས་ཤོར་བ། འགལ་ཟླ་རྩ་ལྟུང་བྱུང་བ། སྤོང་རྒྱུན་བསླབ་པ་ཕུལ་བ་གསུམ་ཡོད་ལ། དེ་རྣམས་གང་ཡིན་ཡང་སྡོམ་པ་ཉམས་པའི་ལྟུང་བ་ལྕི་བ་ཡིན་པས་གལ་ཏེ་ལྟུང་བ་བྱུང་ན་ཡང་། ཉིན་མཚན་གྱི་ཐུན་དྲུག་གི་དུས་ཚོད་ལས་མ་འདས་པར་འགྱོད་པས་སྡོམ་པར་བྱས་ན་སྡོམ་པ་སོར་ཆུད་པར་འགྱུར་ཡང་། སྡོམ་པ་ཉམས་པའི་ལྟུང་བ་གང་ཞིག་བྱུང་ན་ཉིན་མཚན་ཆ་དྲུག་ཏུ་བྱས་པའི་རང་དུས་ཀྱི་ཆ་དེའི་ཐུན་ཚོད་ལས་འདས་པར་གྱུར་ནས་ཉམས་ན། རྟེན་དབང་པོ་དམན་པས་སྤོབས་བཞིས་བཤགས་པ་ཚུལ་བཞིན་བྱས་ཏེ་སྡོམ་པ་སླར་བླང་བར་བྱ། དབང་འབྲིང་གིས་ལྷའི་རྣལ་འབྱོར་ལ་ནན་ཏན་བྱེད་པས་རིག་སྔགས་སྤྱིའི་ལྷ་འཕགས་པ་ནམ་མཁའི་སྙིང་པོ་ལ་གསོལ་བ་བཏབ་སྟེ་བཤགས་པས་བྱང་ཆུབ་སེམས་དཔའ་དེའི་ལྟུང་བ་ལས་ལྡང་བའི་ཐབས་སྟོན་པར་འགྱུར་རོ། །གལ་ཏེ་མ་བསྟན་ན་ཐོ་རངས་ལ་ཆོ་ག་བཞིན་དུ་གསོལ་བ་བཏབ་པས་རྨི་ལམ་དུ་ནི་ནམ་སྙིང་གི་གཟུགས་སྐལ་བ་བཞིན་དུ་སྟོན་པ་ལ་ལྟུང་བ་འཆགས་ཏེ་ལྟུང་བ་ལས་ལྡང་བར་འགྱུར་རོ། །དེ་ཡང་ཞག་གིས་བར་མ་ཆོད་པར་ལྟུང་བ་བྱུང་བ་ནས་བཟུང་ཁྲུས་དང་གཙང་སྦྲ་བྱ་སྤོས་བཏུལ་འཕགས་པ་ནམ་མཁའི་སྙིང་པོའི་མཚན་ནས་བརྗོད་ཅིང་ཕྱག་འཚལ་ཏེ། འཕགས་པས་བདག

ལ་ཞལ་བསྟན་ཏེ། སྡིག་པ་དག་པར་མཛད་དུ་གསོལ་ཞེས་གསོལ་བ་དྲག་ཏུ་བཏབ་པས་དངོས་སམ་རྨི་ལམ་དུ་སྐལ་བ་དང་འཚམས་པའི་བྱང་སེམས་དེ་ཉིད་ཀྱི་གཟུགས་ཀྱིས་སམ་མི་དང་བྱ་སོགས་ཅི་རིགས་པའི་གཟུགས་ཀྱིས་ལྟུང་བ་ལས་འབྱིན་པའི་ཐབས་སྟོན་པར་འགྱུར་ལ། གལ་ཏེ་སྟོན་པར་མི་བྱེད་ན་ཐོ་རངས་ལངས་ལ་གཙང་སྦྲ་དང་བཅས་པས་ཤར་ཕྱོགས་སུ་བལྟས་ཏེ་སྤོས་བཏུལ་བས་མཆོད་ནས་སྐྱ་རེངས་སྐྱ་རེངས་སྙིང་རྗེ་ཆེན་པོ་ལེགས་པ་ཆེན་པོ་ཁྱོད་འཛམ་བུའི་གླིང་དུ་ཤར་མ་ཐག་ཏུ་བདག་ལ་ཐུགས་རྗེས་ཁྱབ་པར་མཛོད་ཅིག །ནམ་མཁའི་སྙིང་པོ་སྙིང་རྗེ་ཆེན་པོ་དང་ལྡན་པ་ལ་ཡང་བདག་གི་ཚིག་གིས་མྱུར་དུ་བསྐུལ་ཏེ་ཐབས་གང་གིས་ལྟུང་བ་མྱུར་དུ་འཆགས་པར་འདོད་པ་དང་། ཐེག་པ་ཆེན་པོའི་འཕགས་པ་ལ་ཐབས་དང་ཤེས་རབ་ཐོབ་པར་འགྱུར་བའི་ཐབས་དེ་བདག་གི་རྨི་ལམ་དུ་བསྟན་དུ་གསོལ་ཞེས་བརྗོད་ནས་ཉལ་བའི་ཚེ་སྐྱ་རེངས་འཆར་བའི་སྐབས་རྨི་ལམ་དུ་ནམ་སྙིང་གི་གཟུགས་སྐལ་བ་བཞིན་སྟོན་པས་ལྟུང་བ་འཆགས་སུ་འཇུག་གོ། །དབང་རྣོན་གྱིས་རྒྱལ་བ་སྲས་བཅས་ཀྱི་སྤྱན་སྔར་བཤགས་ཚིག་གིས་བཤགས་པའི་རྗེས་སུ་ལྟུང་བའི་འཁོར་གསུམ་དམིགས་མེད་དུ་བསྒོམ་པས་ལྟུང་བ་ལས་ལྡང་བར་གསུངས་སོ། །

གཞན་ཡང་སྤྱོད་འཇུག་ལས་ཀྱང་རྩ་ལྟུང་མཚམས་མེད་སོགས་ནི་བཤགས་ཡུལ་གང་ཟག་གི་མདུན་དུ་ཅོ་ག་བཞིན་ལན་གསུམ་བཤགས་ན་བཅས་ལྟུང་ལས་ལྡང་བའི་ཐ་སྙད་ཐོབ། སྣར་སྡོམ་པ་ནོད་ཀྱང་རྣམ་སྨིན་མི་དག་པས་ཉིན་མཚན་ལན་གསུམ་དུ་ཕུང་པོ་གསུམ་པ་འདོན་པ་སོགས་སྟོབས་བཞིར་འབྲེལ་བའི་བཤགས་པ་ཡུན་རིང་བྱེད་དགོས་པར་གསུངས་སོ། །རྩ་ལྟུང་གི་ལྷག་མའི་ཉེས་བྱས་ཆེ་འབྲིང་སོགས་དང་། བརྗེད་ངེས་དང་ཤེས་བཞིན་མིན་པས་བྱས་པའི་ཉེས་ལྟུང་རྣམས་བཤགས་བསྡོ་ཡི་རང་བ་སྟེ་ཕུང་པོ་གསུམ་པར་བསྟེན་ནས་བཤགས་པ་དང་། རྟེན་གྱི་སྟོབས་སྐྱབས་འགྲོ་སེམས་བསྐྱེད་ལ་བརྟེན་པས་དག་པར་གསུངས་ཏེ། སྤྱོད་འཇུག་ལས། ཉིན་དང་མཚན་ནི་ལན་གསུམ་པར། །ཕུང་པོ་གསུམ་པ་འདོན་བྱ་ཞིང་། །རྒྱལ་དང་བྱང་ཆུབ་སེམས་བསྟེན་ན། །ལྟུང་བའི་ལྷག་མ་དེས་ཞི་བྱ། །ཞེས་གསུངས་པ་ལྟར། རྩ་ལྟུང་གི་ལྷག༷་མ་ནི། ཕུང༷་པོ༷་གསུ༷མ་པ༷་ཉིད༷་དང་མཚ༷ན་དུ་ལན༷་གསུ༷མ་འདོན༷་པའི་བཤགས་པ་བྱས་པས༷་གཉི༷ས་ཞིང་དག་པ༷་སླུ

སྐྲུབ་རྟེས་འབྲང་གི་བཞེད་སྲོལ་གྱི་ལུགས་སོ། །གཉིས་པ་ཐོགས་མེད་ལུགས་ཀྱི་ཕྱིར་བཅོས་བྱ་ཚུལ་གྱི་བཞེད་པ་ལ། ལྟུང་བའི་རྒྱུའི་ཡན་ལག་དང་། ཕྱིར་བཅོས་དངོས་སོ། །དང་པོ་ནི། སྨོན་པའི་སེམས་ནི་ནག་པོའི་སོགས་ཀྱིས་བསྟན་ཏེ། སྨོན་པའི་སེམས་ནི་ནག་པོའི་ཆོས་བཞི་ལ་སྤྱོད་པ་དང་། སེམས་ཅན་སྙིང་ནས་བློས་བཏང་བ་དེས་གཏོང་བར་འགྱུར་བ་དང་། ཕམ་པའི་གནས་ལྟ་བུའི་ཆོས་བཞི་ནི་ཀུན་དཀྲིས་ཆེན་པོ་བཞི་སྟེ། དེའང་རྒྱུན་མི་ཆད་པར་སྤྱོད་པར་འདོད་པ་སྟེ། ལྟུང་བ་ལ་དམིགས་ཏེ། འཛིན་སྟངས་རྣམ་པ་འགལ་བའི་བློས་བར་མ་བཅད་པ་དང་། རང་རྒྱུ་མཚན་དུ་བྱས་པས་ཉེས་པར་མི་འཛེམ་པའི་ངོ་ཚ་མེད་པ་དང་། གཞན་རྒྱུ་མཚན་དུ་བྱས་ཏེ་འཛེམ་པའི་ཁྲེལ་མེད་པ་སྟེ། ཁྲེལ་དེ་གཉིས་ཙུང་ཟད་ཙམ་ཡང་མེད་པ་དང་། སྤྱོད་པ་དེས་སེམས་མགུ་ཞིང་དགའ་བ་དང་། ཉེས་སྤྱོད་དེ་ཉིད་ཉེས་པར་མི་འཛིན་པར་ཡོན་ཏན་དུ་བལྟ་བ་སྟེ། ཡན་ལག་བཞི་པོ་ཐམས་ཅད་ཚང་ཞིང་ལྡན་པ་ནི། ཀུན་དཀྲིས་ཆེན་པོ་བཞི་དང་ལྡན་པས་དེ་ཡིས་སྡོམ་པ་འཛེམས་པའི་ཕམ་པ་རྩ་ལྟུང་ཞེས་བརྗོད་པའོ། །དེ་ལྟ་བུའི་ཀུན་དཀྲིས་བཞི་ལས་ཉེས་ལྟུང་ལ་ཡོན་ཏན་དུ་བལྟ་བ་མེད་པར་ཉེས་དམིགས་སུ་བལྟ་བ་ཡོད་ཚེ་ཀུན་དཀྲིས་གཞན་རྣམས་ཚང་ཡང་ཟག་པ་ཆུང་ངུ་ཞེས་བྱ་བ་དང་། ཉེས་དམིགས་སུ་ལྟ་བ་མེད་པར་ཡོན་ཏན་དུ་འཛིན་ན་ཡན་ལག་གཞན་གསུམ་པོ་མ་ཚང་ཡང་ཟག་པ་འབྲིང་དུ་གྱུར་པའི་ལྟུང་བ་ལ་འགྱུར་བས་སྡོམ་པ་རྩ་བ་ནས་འཛེམས་པ་མིན་ནོ། །གཏན་ལ་དབབ་པ་བསྡུ་བ་ལས། ཀུན་དཀྲིས་བཞིའི་སྟེང་དུ་སྡོམ་མིན་སྐྱེས་པ་དང་། བསླབ་པ་ཕུལ་བས་སྡོམ་པ་གཏོང་བར་གསུངས་པས་བྱང་སེམས་ཀྱི་སྐབས་འདིར་སྡོམ་པ་ཕུལ་བ་དེ་སྤང་བྱ་ཁོ་ནར་ཤེས་དགོས་ཏེ། དེ་ཉེས་པ་ཤིན་ཏུ་ལྕི་བར་གསུངས་པའི་ཕྱིར་རོ། །

གཉིས་པ་ཕྱིར་བཅོས་དངོས་ནི། ཕས་ཕམ་བྱུང་བ་སླར་བླང་སོགས་ཀྱིས་བསྟན་ཏེ། སྨོན་སེམས་བཏང་བ་དང་། ཀུན་དཀྲིས་ཚང་བའི་ཕས་ཕམ་ལྟ་བུའི་རྩ་ལྟུང་བྱུང་ན་བཤགས་ཡུལ་དགེ་འདུན་ལ་བཤགས་སྡོམ་སྡོན་དུ་སོང་ནས་བྱང་སྡོམ་སླར་བླང་བར་བྱའོ། །ཟག་པ་འབྲིང་གི་ལྟུང་བ་ནི། བཤགས་ཡུལ་སྡོམ་ལྡན་བྱང་སེམས་གསུམ་ཡན་ཆད་ལ་བཤགས་པ་དང་། ཟག་པ་ཐ་མ་སྟེ་ཆུང་ངུ་དང་ཉེས་བྱས་ནི། བྱང་སེམས་གཅིག་ཡན་ཆད་ཀྱི་མདུན་དུ་ལྟུང་བའི་མིང་རིགས་ཀྱི་དངོས

པོ་བརྗོད་པའི་སྒོ་ནས་བཤགས་སྡོམ་བྱ། གལ་ཏེ་ཟག་པ་ཆུང་འབྲིང་གཉིས་གང་ཟག་མཐུན་པ་བཤགས་ཡུལ་འོས་པ་མ་རྙེད་ན། དཔེར་ན་ཉོན་མོངས་མི་མོངས་ཀྱི་ཉེས་བྱས་མཐུན་པའི་གང་ཟག་མེད་ཚེ། རང་སེམས་ཁྲེལ་ཡོད་ངོ་ཚ་ཤེས་པ་ཞི་དུལ་དང་ལྡན་པའི་སྡོམ་སེམས་དང་བཅས་པས་གང་ཟག་གཅིག་གི་མདུན་དུ་བཤགས་ན་དག་པ་ལྟར་གང་ཟག་གཅིག་གི་མདུན་དུ་བཤགས་ནའང་རུང་བར་གསུངས་ཏེ། སྡོམ་པ་ཉི་ཤུ་པ་ལས། སྡོམ་པ་སླར་ནི་བླང་བར་བྱ། །ཟག་པ་འབྲིང་ནི་གསུམ་ལ་བཤགས། །གཅིག་གི་མདུན་དུ་ལྷག་མ་རྣམས། །ཉོན་མོངས་མི་མོངས་བདག་སེམས་བཞིན། །ཞེས་གསུངས་པ་དང་། གལ་ཏེ་བཤགས་ཡུལ་མཐུན་པའི་གང་ཟག་གཅིག་ཀྱང་མེད་ན། རྒྱལ་བ་སྲས་བཅས་ཀྱི་སྤྱན་སྔར་ཡིད་ཀྱིས་འགྱོད་སྡོམ་གྱིས་བཤགས་ཤིང་བསྡམ་པར་བྱའོ། །བཤགས་ཚུལ་དེ་རྣམས་ནི་རྒྱ་ཆེན་སྤྱོད་པའི་རང་ལུགས་ཟླ་མེད་ཉིད་དོ། །གཉིས་པ་ཞར་བྱུང་འཕྲོས་དོན་ལྟུང་བས་མ་ཉམས་པར་བསྲུང་པའི་ཕན་ཡོན་ལ་གསུམ་སྟེ། འཇུག་པའི་ཕན་ཡོན་བསོད་ནམས་རྒྱུན་ཆགས་སུ་འབྱུང་བ། སྨོན་པའི་ཕན་ཡོན་རྒྱལ་བའི་སྲས་སུ་འགྱུར་བ། གཉིས་ཀའི་ཕན་ཡོན་བླ་མེད་བྱང་ཆུབ་ཐོབ་པའོ། །དང་པོ་ནི། འདི་འདྲའི་བྱང་ཆུབ་སོགས་ཀྱིས་བསྟན་ཏེ། འདི་འདྲའི་བྱང་ཆུབ་ཀྱི་སེམས་ཀྱིས་ཟིན་པའི་སྡོམ་པ་བླང་ན་གཉིད་འཐུགས་སྒྱི་འབོགས་སོགས་བག་མེད་དུ་གྱུར་པ་ལའང་ཚོགས་གཉིས་ཀྱི་བསོད་ནམས་ཀྱི་མཐུ་ཤུགས་གོང་འཕེལ་རྒྱུན་མི་འཆད་དུ་འབྱུང་བ་ཡིན་ཏེ། དཔའ་བྱིན་གྱིས་ཞུས་པའི་མདོ་ལས། བྱང་ཆུབ་སེམས་ཀྱི་བསོད་ནམས་གང་། །གལ་ཏེ་དེ་ལ་གཟུགས་མཆིས་ན། །ནམ་མཁའི་ཁམས་ནི་ཀུན་བཀང་ནས། །དེ་ནི་དེ་བས་ལྷག་པར་འགྱུར། །ཞེས་སོ། །

གཉིས་པ་ནི། རྒྱལ་བའི་སྲས་སུ་འགྱུར་ཞེས་པས་བསྟན་ཏེ། བྱང་ཆུབ་ཀྱི་སེམས་བསྐྱེད་ན་མདོ་སྡོང་པོ་བཀོད་པ་ནས་བསྟན་པ་ལྟར་ཕན་ཡོན་མང་དུ་ལྡན་ཞིང་ཁྱད་པར་རྒྱལ་བའི་སྲས་བྱང་ཆུབ་སེམས་དཔའ་ཞེས་པའི་མིང་དོན་གྱི་ཡོན་ཏན་ལྡན་པའི་ཞིང་མཆོག་རྣམས་སུ་འགྱུར་བ་ཡིན་ཏེ། སྡོང་པོ་བཀོད་པ་ལས། དཔེར་ན་འཁོར་ལོས་སྒྱུར་བ་བྲན་མོ་དང་། །ཉལ་བར་གྱུར་པ་དེ་ལས་བུ་བྱུང་ན། །བྲན་མོ་ལས་ནི་བྱུང་བར་གྱུར་ཀྱང་དེ། །རྒྱལ་པོའི་སྲས་ཞེས་འཇིག་རྟེན་ཟེར་བ་ལྟར། །

བྱང་ཆུབ་སེམས་དཔའ་དང་པོ་སེམས་བསྐྱེད་པ། །སྲིད་པ་གསུམ་ན་འཁོར་ཞིང་མཐུ་ཆུང་སྟེ། །སྦྱིན་དང་ཐབས་ཀྱིས་སེམས་ཅན་མི་འདུལ་ཡང་། །སེམས་ཅན་དག་ལ་རྒྱལ་བའི་སྲས་ཞེས་བྱ། །ཞེས་གསུངས་པ་དང་། ཡང་དེ་ཉིད་ལས། དཔེར་ན་ས་བདག་རྒྱལ་པོ་ཆེན་པོ་ལ། །མཚན་གྱིས་ལུས་སྲས་བུ་ཞིག་ཡོད་གྱུར་ན། །གཞོན་ནུ་དེ་ནི་བཙས་པར་གྱུར་མ་ཐག །གྲོང་ཁྱེར་མི་དང་རྒྱལ་ཕྲན་ཐམས་ཅད་འདུད། །དེ་བཞིན་བྱང་ཆུབ་སེམས་ནི་བསྐྱེད་མ་ཐག །མཚན་ལྡན་རྒྱལ་བའི་སྲས་པོ་དེ་ལ་ནི། །ལྷ་དང་བཅས་པའི་འཇིག་རྟེན་ཕྱག་འཚལ་ཞིང་། །དང་བའི་སེམས་ཀྱིས་ཤིན་ཏུ་གཅེས་པར་འཛིན། །ཞེས་གསུངས་པ་ལྟར་རོ། །གསུམ་པ་ནི། གྲངས་མེད་གསུམ་བདུན་སོགས་ཀྱིས་བསྟན་ཏེ། བྱང་ཆུབ་སེམས་དཔའ་སེམས་སྟོབས་ཆེ་བ་དཔེ་མེད་པའི་ཐུགས་བསྐྱེད་ལྡན་པས་ནི་བསྐལ་པ་གྲངས་མེད་གསུམ་དང་། ཐུགས་བསྐྱེད་འབྲིང་ཡེ་ཤེས་དམ་པའི་སེམས་བསྐྱེད་ལྡན་པས་གྲངས་མེད་བདུན་དང་། ཐུགས་བསྐྱེད་ཆུང་ངུ་འདོད་ཆེན་སེམས་བསྐྱེད་ལྡན་པས་གྲངས་མེད་སོ་གསུམ་ནས་རིམ་པར་བླ་ན་མེད་པའི་བྱང་ཆུབ་ཆེན་པོའི་གོ་འཕང་ཐོབ་པར་འགྱུར་བ་ཡིན་ནོ། །དེ་ཡང་དཀོན་མཆོག་བརྩེགས་པ་ལས། དེ་ལས་འདོད་པ་ཆེན་པོའི་སེམས་བསྐྱེད་པས་ནི་གྲངས་མེད་སུམ་ཅུ་རྩ་གསུམ་གྱིས་འཁོར་བ་ལས་ཐར་བ་ཡིན་ནོ། །ཡེ་ཤེས་དམ་པའི་སེམས་བསྐྱེད་པས་ནི། གྲངས་མེད་པ་བདུན་གྱིས་ཚར་ཕྱིན་པ་ཡིན་ནོ། །དཔེ་མེད་པའི་སེམས་བསྐྱེད་པས་ནི་གྲངས་མེད་པ་གསུམ་གྱིས་མངོན་པར་རྫོགས་པར་བྱང་ཆུབ་པ་ཡིན་ནོ། །དེ་ཅིའི་ཕྱིར་ཞེ་ན། སེམས་སྟོབས་ཆུང་ངུ་དང་འབྲིང་དང་ཆེན་པོར་གྱུར་པའི་ཕྱིར་ཏེ། འདི་དག་དཔེར་བྱས་ན་འཁོར་ལོ་སྒྱུར་བའི་རྒྱལ་པོ་དང་། གྲུའི་ཁ་ལོ་བ་དང་། སྐྱོང་བྱེད་ལྟ་བུའོ། །ཞེས་གསུངས་སོ། །

གཉིས་པ་མཚན་ནི་བྱང་ཆུབ་སེམས་དཔའི་སོགས་ཀྱིས་བསྟན་ཏེ། གཞན་དོན་དུ་རྫོགས་པའི་བྱང་ཆུབ་དོན་གཉེར་གྱི་ཐེག་ཆེན་གཙོ་བོ་ཡིད་ཀྱི་རྣམ་རིག་ཁྱད་པར་ཅན་དང་ལྡན་པའི་སེམས་དཔའི་གང་ཟག་གིས་བསླབ་བྱ་སོ་སོར་ཕྱེ་ནས་བཤད་པའི་རིམ་པ་སྐེ་ཚན་སྔ་ཕྱི་རྣམས་ལས་ལོགས་སུ་ཕྱེ་བ་སྟེ་གསུམ་པ་བཤད་པའོ།། །།

གསུམ་པ་སྔགས་ཀྱི་སྡོམ་པ་བཤད་པ་ལ་གཉིས་ཏེ། གཞུང་དང་། མཚན་ནོ། དང་པོ་གཞུང་

དོན་ལ། ཁོག་དབུབ་གླེང་གཞི་དང་། དང་པོ་སྡོམ་པ་ཐོབ་ཚུལ། བར་དུ་མི་ཉམས་པར་བསྲུང་བའི་ཐབས། ཐ་མར་ཉམས་ན་གསོ་བའི་ཚུལ་དང་བཞི་ལས། དང་པོ་ལ་སྟོན་པས་རྒྱུད་སྡེ་གསུངས་ཚུལ། དེ་བསྡུས་ནས་བཤད་སྒྲུབ་ཀྱིས་བཟུང་ཚུལ། སྡོམ་པའི་ངོ་བོ་དང་། དབྱེ་བའོ། །དང་པོ་ནི། ཀུན་བཟང་རྡོ་རྗེ་འཆང་དབང་སོགས་ཀྱིས་བསྟན་ཏེ། དེའང་ཕུན་སུམ་ཚོགས་པ་ལྔ་ལས། དང་པོ་སྟོན༷་པ༷་ཕུན་སུམ་ཚོགས་པ་དཔལ་ཀུན༷་ཏུ་བཟ༷ང་པོ་རྡོ༷་རྗེ༷་འཆ༷ང་ཆེན་པོ་དུས་གསུམ་གྱི་བདེ་གཤེགས་ཐམས་ཅད་དང་དགོངས་པ་རོ་གཅིག་ཏུ་བཞུགས་པའི་ཐུབ་པའི་དབ༷ང་པོ་དེས༷། གནས་ཕུན་ཚོགས་དབྱིངས་སྟོང་ཆེན་སྤྲོས་བྲལ་དོན་གྱི་འོག་མིན། ཡེ་ཤེས་འགགས་མེད་གསལ་བ་རིག་པའི་འོག་མིན་གཉིས་དང་། དབྱིངས་ཡེའི་རང་སྣང་གི་ཕྱག་རྒྱ་རྡོ་རྗེའི་བཙུན་མོའི་མཁའ་དབྱིངས་གསང་བའི་འོག་མིན་དང་། གཟུགས་ཁམས་ཀྱི་གཙང་མའི་གནས་ལྔའི་ཡ་གྱལ་འཇིག་རྟེན་གནས་ཀྱི་འོག་མིན་དང་། སངས་རྒྱས་ལོངས་སྐུའི་འཁོར་ས་བཅུ་མཐར་ལམ་པའི་ངོར་སྣང་བའི་དབང་ཕྱུག་ཆེན་པོའི་འོག༷་མིན༷་ཏེ་ལྷ་ལས་དབང་ཕྱུག་ཆེན༷་པོའི༷་འོག་མིན་གྱི་གནས་སུ། འཁོར་ཕུན་ཚོགས། སྟོན་པ་རིགས་དྲུག་པ་དང་རང་བཞིན་གཉིས་སུ་མེད་པའི་འཁོར་རྒྱལ་ཚབ་རིགས་ལྔ་ལྷ་བུ་རིག་པ་ཁྱད་པར་ཅན་གྱི་ འཁོར་ བྱང་ སེམས་ ཡབ་ ཡུམ་ བརྒྱད་ སོགས་ རང་ སྣང་ ཞི་ཁྲོའི་ དཀྱིལ་ འཁོར་ མཐའ་ ཡས་ པས་བསྐོར་བ་དང་། ལྷན་གཅིག་པའི་འཁོར་ས་བཅུ་མཐར་ལམ་པ་ལྷ་བུ་སྟོན་པ་དང་རྒྱུད་ཐ་དད་པའི་བྱང་སེམས་འཕགས་པའི་འཁོར་རྣམས་ལ། ཆོས་ཕུན་ཚོགས་རང་སྣང་གི་འཁོར་ལ་ཐུགས་ཡེ་ཤེས་འོད་གསལ་བའི་དགོངས་པ་བརྗོད་དུ་མེད་པ་ཉིད། དུས་གསུམ་མཉམ་པ་ཉིད་དུ་བསྡམས་པའི་དགོངས་པ་མངོན་དུ་གྱུར་པའི་དུས་སུ། མངོན་སུམ་དུ་མཐར་ཕྱིན་པར་སྣང་བར་འགྱུར་རོ། །དེ་དགོངས་པ་གཅིག་པར་གྱུར་པས་དགོངས་བརྒྱུད་ཀྱི་ཆོས་སོ། །དེ་ཉིད་ཀྱི་ངང་ལས་གདུལ་བྱ་གཞན་སྣང་གི་འཁོར་ས་བཅུ་མཐར་ལམ་པའི་བྱང་ཆུབ་སེམས་དཔའི་འཁོར་ལ་ཆོས་ཕུན་ཚོགས་གསང་སྔགས་ཀྱི་རྒྱུད༷་སྡེ༷་རྒྱ་མཚོ༷་དགོངས་པ་བརྡའི་གསུང་གིས་འགྲོ་སྒྲོལ་གྱི་བར་དུ་རྒྱུན་མི་ཆད་པར་རྟག་ཁྱབ་ལྷུན་གྲུབ་ཏུ་གསུང༷ས་སོ། །

དུས་ཕུན་ཚོགས་ནི། གླེང་གཞིའི་སྟོན་འཁོར་འཚོགས་པའི་དུས་སོ། །དེ་བཞིན་དུ་བྱང

སེམས་ས་དགུ་པ་པ་ལ་སྣང་བའི་འོག་མིན་ཙམ་པོ་བ་དང་། ས་བརྒྱད་པ་པ་ལ་སྣང་བའི་འོག་མིན་བཏགས་པ་བ་རྣམས་སུ་ལོངས་སྐུས་གསང་སྔགས་ཆོས་བརྡ་ཐབས་ཀྱི་ཚུལ་དུ་གསུངས་པ་དང་། དེ་དང་དུས་མཚུངས་པར་གནས་འབབ་བའི་དུར་ཁྲོད་འཇིགས་པའི་རྒྱན་གྱིས་སྤྲས་པར། སྟོན་པ་ཕྱིན་ལས་ཕྱག་རྒྱའི་ཁྲོ་བོ་དཔལ་ཆེན་པོ་སོགས་ཀྱི་སྐུར་བཞེངས་ཏེ། འཁོར་གདུལ་བྱ་ཞི་བས་འདུལ་བར་མི་འོས་པ་ཤིན་ཏུ་གཏུམ་པ་རུ་ཏྲ་འཁོར་བཅས་ལ། ཆོས་པོ་རྒྱུད་རྣམས་ལ་སྒྲོལ་བ་དང་། མོ་རྒྱུད་རྣམས་ལ་སྦྱོར་བའི་སྒོ་ནས་རང་གནས་ཀྱི་ཡེ་ཤེས་མངོན་དུ་བསྟན་ནས་སྦྱོར་སྒྲོལ་གྱི་ཆོས་བསྟན་པའོ། །དུས་སྔགས་ཀྱི་གདུལ་བྱ་གདུག་པ་ཅན་འདུལ་བའི་དུས་ལ་བབས་པ་ནའོ། །དེ་ལྟར་དྲག་པོའི་གདུལ་བྱ་ལ་ཁྲོ་བོའི་སྐུར་སྤྲུལ་ཏེ་གསང་སྔགས་ཀྱི་ཆོས་སྟོན་བཞིན་ཞི་བའི་སྐུས་གདུལ་བྱ་འོག་མིན་གྱི་ཞིང་དུ་དུར་ཁྲོད་མེ་རི་འབར་བར་སྤྱོད་མི་ནུས་པར་བདེ་བ་ཅན་སོགས་རང་བཞིན་སྤྲུལ་པའི་ཞིང་རང་དབང་རྣམས་དང་། དག་མ་དག་པའི་སྣ་ཚོགས་པའི་གདུལ་བྱའི་ངོར་དག་ཞིང་གི་རིགས་ལྔའི་སངས་རྒྱས་སོ་སོ་བའི་སྤྲུལ་སྐུ་དང་། མ་དག་སྟོང་གསུམ་མི་མཇེད་ཀྱི་འཇིག་རྟེན་གླིང་གཞི་བྱེ་བ་ཕྲག་བརྒྱའམ་བྱེ་བ་ཁྲག་ཁྲིག་དུ་མའི་ཞིང་རྣམས་སུ་སྟོན་པ་མཆོག་གི་སྤྲུལ་པའི་སྐུའི་སྤྲུལ་པའི་རྣམ་རོལ་དག་མ་དག་སྣ་ཚོགས་བསྟན་ནས་དུས་དང་གདུལ་བྱ་ཚད་མེད་པ་ལ་དངོས་བརྒྱུད་ཅི་རིགས་པའི་ཚུལ་དུ་གསང་སྔགས་ཀྱི་ཆོས་སྟོན་པར་མཛད་པ་ལས། ད་ལྟར་བསྐལ་བཟང་རྣམ་འདྲེན་བཞི་པ་འདི་ཉིད་ཀྱིས་ཀྱང་བསྐལ་པ་གྲངས་མེད་དཔག་ཏུ་མེད་པའི་སྔོན་རོལ་ནས་སངས་རྒྱས་ཏེ་ལོངས་སྐུ་སོགས་ཀྱིས་འོག་མིན་སོགས་སུ་གསུངས་ཟིན་པའི་གསང་སྔགས་ཀྱི་རྒྱུད་རྣམས་ཕྱིས༷་ནས༷་ད་ལྟའི་སྐབས་འཛམ་གླིང་འདིར་སླར་བཟློས་པའི་ཚུལ་གྱིས་གསུངས་པ་ལ། དཔལ་དུས་ཀྱི་འཁོར་ལོ་ལྟར་ན། བདག་ཅག་གི་སྟོན་པ་ཤཱཀྱའི་དབང་པོ་འདི་ཉིད་ཞིང་འདིར་སངས་རྒྱས་པའི་ཚུལ་བསྟན་ནས། ཡུམ་ཤེར་ཕྱིན་བྱ་རྒོད་ཕུང་རིར་གསུངས་པའི་ཚེ་དེ་དང་མཚུངས་པར་དུས་ནི་སྟོན་པ་སངས་རྒྱས་པའི་ཕྱིས་ཀྱི་ལོ་ཟླ་བ་གསུམ་པའི་ཉ་ལ་དུས་འཁོར་གསུངས་པར་མཁས་གྲུབ་རྗེ་དང་བུ་སྟོན་བཞེད་ཅིང་། ཕུགས་ལུགས་པ་ལྷུན་གྲུབ་རྒྱ་མཚོ་དང་རྟ་ནག་པ་དོན་བཟང་རྒྱ་མཚོ་སོགས་ཀྱིས་སྟོན་པ་མྱ་ངན་འདས་ལོའི་ཟླ་བ་གསུམ་པ་ནག་ཟླའི་ཉ་ལ་དུས་འཁོར་རྩ་རྒྱུད་

གསུངས་པ་ཡིན་པར་བཞེད། དེ་གསུངས་པའི་གནས་འཁོར་ཡང་། རྒྱ་གར་ཤར་ཕྱོགས་ཌྷཀྐ་ལའི་མཐའ་དང་། རྒྱ་ནག་འདབས་འབྲེལ་བའི་ས་ནས་རྒྱ་མཚོར་གྲུ་བཏང་ནས་ཉིན་ཞག་གསུམ་ཙམ་ཕྱིན་པ་ན་གྲོང་ཁྱེར་དཔལ་ཡོན་ཅན་ནམ་ཧྲ་ན་ཤྲིའི་གླིང་ཞེས་ཀླུ་སྒྲུབ་བཞུགས་གནས་ལྷོ་ཕྱོགས་དཔལ་གྱི་རིར་དཔལ་ལྡན་འབྲས་སྤུངས་ཀྱི་མཆོད་རྟེན་བཞུགས་པའི་གནས་དེར་གསུངས་སོ། །མཆོད་རྟེན་འདི་སྟོན་བཅོམ་ལྡན་འདས་གསེར་ཐུབ་ཀྱི་བསྟན་པ་ལ་མུ་གེས་ཉམ་ཐག་པ་ལ་ཕན་པའི་ཕྱིར་གྲུབ་ཐོབ་རྣལ་འབྱོར་པ་གཅིག་གིས་ཉིན་ལམ་བཅུའི་ས་ལ་འབྲས་སོ་བའི་ཆར་བ་ཡང་རིམ་གསུམ་ཙམ་རེ་ཕབ་པ་དེའི་ཕུད་ལ་མཆོད་རྟེན་གྱི་སྨད་ཕྱོགས་ལྷ་རྣམས་ཀྱིས་བཞེངས། འབྲས་ཀྱི་ལྷག་མས་སེམས་ཅན་ཆོམ་པར་བྱས། སྟོད་ཕྱོགས་རྫུ་འཕྲུལ་ཐོབ་པ་རྣམས་ཀྱིས་བཞེངས། བུམ་པའི་ལོགས་ཀྱི་བཻཌཱུརྱའི་དངར་བུམ་སུམ་སྟོང་བརྒྱད་བརྒྱ་ཁྱབ་འཇུག་གིས་ཕུལ། སྣང་གོང་མའི་འགྲམ་གྱི་མཆོད་རྟེན་ཉེར་བརྒྱད་གཙང་རིས་དཔལ་མགོན་བདུན་ཅུ་རྩ་ལྔས་བཞེངས་པ། དེའི་བར་གྱི་རྡོ་རྗེའི་ཀ་བ་ཉེར་བརྒྱད་རྒྱུ་སྐར་ཉེར་བརྒྱད་ཀྱིས་བཙུགས་པ། སྣང་འོག་མའི་རིན་ཆེན་ཕ་གུ་སོ་བདུན་རྒྱལ་ཆེན་རིགས་བཞིའི་ལྷས་ཕུལ་བ། དེ་ལྟ་བུའི་སྙིང་གི་མཆོད་རྟེན་གྱི་བུམ་པའི་ནང་དུ་སྟོན་པ་ཐུབ་དབང་རྣམ་འདྲེན་བཞི་པས་འོག་ཏུ་ཆོས་དབྱིངས་གསུང་གི་དབང་ཕྱུག་གི་དཀྱིལ་འཁོར་དང་། སྟེང་དུ་དཔལ་ལྡན་རྒྱུ་སྐར་གྱི་དཀྱིལ་འཁོར་སྤྲུལ་ཏེ། འཁོར་ཤམ་བྷ་ལ་ནས་རྒྱལ་པོ་ཉི་མའི་འོད་དང་། བཙུན་མོ་རྣམ་པར་རྒྱལ་མ་གཉིས་ཀྱི་སྲས་ཕྱུག་ན་རྡོ་རྗེའི་སྤྲུལ་པ་རྒྱལ་པོ་ཟླ་བ་བཟང་པོ་དང་། ཡུལ་ཆེན་པོ་དགུ་བཅུ་རྩ་དྲུག་གི་རྒྱལ་པོ་རྣམས་དང་། ལག་ན་རྡོ་རྗེ་ལ་སོགས་གསང་འཛིན་རྣམས་དང་། ར་ལངས་མ་སོགས་རིག་འཛིན་མཁའ་འགྲོ་བསམ་མི་ཁྱབ་པ་རྫུ་འཕྲུལ་གྱིས་བྱོན་པའི་འཁོར་ཚོགས་ཀྱི་དབུས་སུ་སྟོན་འོག་མིན་དུ་གསུངས་པའི་དཔལ་དུས་ཀྱི་འཁོར་ལོ་རྩ་རྒྱུད་སྟོང་ཕྲག་བཅུ་གཉིས་པ་སླར་བཟློས་ཏེ་གསུངས་སོ། །

དེ་ལྟར་ཡང་དམ་པ་དང་པོའི་རྒྱུད་ལས། སྟོན་པས་བྱ་རྒོད་ཕུང་པོ་རུ། །ཤེས་རབ་ཕ་རོལ་ཕྱིན་ཚུལ་བཞིན། །ཆོས་བསྟན་དཔལ་ལྡན་འབྲས་སྤུངས་སུ། །དེ་བཞིན་གསང་སྔགས་ཚུལ་རབ་གསུངས། །ཞེས་སོ། །གཞན་ཡང་གསང་སྙིང་འགྲེལ་པ་སློབ་དཔོན་ཉི་འོད་སེང་གེའི་རྒྱ་ཆེར་

འགྲེལ་དུ། ཆོ་ལོ་བརྒྱ་བ་ལ་བབས་པའི་དུས་སུ་ཤཱཀྱའི་རྒྱལ་པོ་ཟས་གཙང་གི་སྲས་སུ་སྟོན་པ་འཁྲུངས་ནས་ལོ་ཉེར་དགུ་བཞེས་པ་ན་རྒྱལ་པོའི་སྲིད་འཁོར་སྤངས་ཏེ་རབ་ཏུ་བྱུང་། ཆུ་བོའི་ནཻ་རཉྫནའི་འགྲམ་དུ་དཀའ་ཐུབ་མཛད་པའི་ཚེ་ཕྱོགས་བཅུའི་སངས་རྒྱས་ཀྱིས་ཏིང་ངེ་འཛིན་ལས་བསླང་ནས་བཏགས་པ་ཚུལ་སྟོན་གྱི་ལུས་ཀྱིས་དཀའ་ཐུབ་མཛད་བཞིན། དངོས་གནས་ཡེ་ཤེས་ཀྱི་ལུས་འོག་མིན་དུ་གཤེགས་ནས་མངོན་བྱང་ལྔས་རྡོ་རྗེ་དབྱིངས་ཆེན་པོར་བྱང་ཆུབ་པར་བརྙེས་པའི་ཚུལ་བསྟན། དེ་ནས་རི་རབ་ཀྱི་རྩེ། རྒྱ་མཚོའི་འགྲམ། ཨོ་རྒྱན་དང་ཟ་ཧོར་རྣམས་སུ་རིམ་པར་གཤེགས་ནས་གདུལ་བྱ་དག་པའི་འཁོར་ལ་གསང་སྔགས་ཀྱི་རྒྱུད་སྡེ་ཕྱིའི་རྒྱ་བཤད་ཀྱི་རྒྱུད་རྣམས་ཀྱི་ཏནྟྲ་ཆེན་པོ་བཅོ་བརྒྱད་ཀྱི་གཙོས་གསང་སྔགས་ཀྱི་རྒྱུད་སྡེ་མཐའ་ཡས་པ་བསྟན་པར་མཛད་རྗེས་སླར་བཏགས་པའི་ལུས་ལ་ཞུགས་ནས་བྱང་ཆུབ་སྙིང་པོར་གཤེགས་པ་སོགས་མཛད་པ་ལྷག་མ་རྣམས་མཐུན་སྣང་དུ་བསྟན་པར་བཞེད། དེ་ནི་ཡོ་གའི་ལུགས་ཀྱི་སློབ་དཔོན་སངས་རྒྱས་གསང་བ་དང་། ཤཱཀྱ་བཤེས་གཉེན་གཉིས་དང་བཞེད་པ་མཚུངས་སོ། །སློབ་དཔོན་ཀུན་དགའ་བཤེས་གཉེན་གྱིས་སྟོན་པ་འདིས་བསྐལ་པ་གྲངས་མེད་གསུམ་དུ་ཚོགས་བསགས་ནས་ས་བཅུའི་བྱང་སེམས་སྲིད་པ་ཐ་མར་གྱུར་པའི་ཚེ་འོག་མིན་དུ་མཁའ་ཁྱབ་ཀྱི་ཏིང་ངེ་འཛིན་ལ་སྙོམས་པར་ཞུགས་པའི་སྐབས་ཕྱོགས་བཅུའི་སངས་རྒྱས་རྣམས་འདུས་ནས་སེ་གོལ་གྱི་སྒྲས་བསླངས་ཏེ་མངོན་བྱང་ལྔའི་གདམས་པ་ནོད་པ་ལྟར་བསྒོམ་མཐར་སངས་རྒྱས་མངོན་དུ་མཛད། དེ་ནས་རི་རབ་རྩེ་སོགས་སུ་གསང་སྔགས་ཀྱི་ཆོས་གསུངས་ཏེ༑ དེ་ནས་མི་ཡུལ་དུ་བྱོན་ནས་མཛད་པ་བཅུ་གཉིས་མཛད་དེ་སངས་རྒྱས་པར་བསྟན་པར་མཛད་དོ་གསུངས། གསང་འདུས་འཕགས་ལུགས་དང་། ཞབས་ལུགས་གཉིས་ཀྱི་ལུགས་ལྟར་ན། བྱང་སེམས་སྲིད་པ་ཐ་མ་བ་འོག་མིན་དུ་མཁའ་ཁྱབ་ཀྱི་ཏིང་འཛིན་ལ་སྙོམས་པར་ཞུགས་པ་ལས་བསླངས་ཏེ་སངས་རྒྱས་རྣམས་ཀྱིས་ལྷའི་བུ་མོ་ཐིག་ལེའི་མཆོག་མ་བཀུག་ནས་ཤེས་རབ་ཡེ་ཤེས་ཀྱི་དངོས་དབང་བསྐུར་ནས་དབང་གི་ལམ་བསྒོམས་པས་མཚན་ཕྱེད་ནས་སྣང་བའི་ཡེ་ཤེས། མཆེད་པའི་ཡེ་ཤེས། ཉེར་ཐོབ་ཀྱི་ཡེ་ཤེས་ཏེ་སྟོང་པ་གསུམ་གྱི་ཡེ་ཤེས་ནས་སྟོང་པ་བཞི་པ་དོན་གྱི་འོད་གསལ་མངོན་དུ་གྱུར། དག་པའི་སྒྱུ་ལུས་ལ་ལྡང་བ་ལ་སླར་སངས་རྒྱས་རྣམས་ཀྱིས་དབང་བཞི་པ་བསྐུར

ཏེ་སྒྲུབ་པ་བསྒྲུབ་པས་ཐོ་རངས་སྐྱ་རེངས་དང་པོ་འཆར་བ་ན་ཟུང་འཇུག་རྡོ་རྗེ་འཆང་གི་གོ་འཕང་བརྙེས་སོ། །དེ་ལྟ་བུའི་ལོངས་སྐུ་དེས་སྤྲུལ་སྐུ་མངོན་དུ་མཛད་ནས་མཛད་པ་བཅུ་གཉིས་ཀྱིས་མ་དག་པའི་ཞིང་གི་འགྲོ་བ་འདྲེན་པར་བྱེད་དོ། །

དེས་ན་བདག་ཅག་གི་སྟོན་པས་ཀྱང་མདོ་སྔགས་གཉིས་ལས་སྔགས་ལམ་གྱིས་སངས་རྒྱས་པའི་ཚུལ་སྟོན་པ་ནི། དཀའ་བ་སྤྱད་པ་ཙམ་དང་། མཁའ་ཁྱབ་ཀྱི་ཏིང་ངེ་འཛིན་ཙམ་གྱིས་སངས་རྒྱས་པར་མི་འགྱུར་རོ་ཞེས། སངས་རྒྱས་རྣམས་ཀྱིས་བསྐུལ་ནས། བྱང་ཆུབ་ཤིང་དྲུང་དུ་གཤེགས་ལ་སངས་རྒྱས་རྣམས་ཀྱིས་ལྷའི་བུ་མོ་ཐིག་ལེའི་མཆོག་མ་བཀུག་ནས་དབང་གསུམ་པ་བསྐུར་ཏེ་སྟོན་ལྟར་ལམ་བསྒོམ་པ་ལས་དོན་གྱི་འོད་གསལ་མཚན་ཕྱེད་དུ་མངོན་དུ་མཛད་དག་པའི་སྒྱུ་ལུས་སུ་ལྡང་བའི་ཚུལ་བསྟན། སངས་རྒྱས་རྣམས་ཀྱིས་དབང་བཞི་པ་བསྐུར་ནས་སྒྲུབ་པ་ལ་བསྒྲུབ་པས་སྐྱ་རེངས་དང་པོ་འཆར་བ་ན་སངས་རྒྱས་པར་བསྟན་པའོ་ཞེས་བཞེད། དེ་ལྟར་སངས་རྒྱས་པའི་ཚུལ་བསྟན་ནས་ཐེག་པ་ཐུན་མོང་གི་ཆོས་འཁོར་བསྐོར་བར་མཛད་སྐབས་གསང་འདུས་སོགས་མི་ཡུལ་ལ་གསུངས་ཚུལ་ནི། རྒྱ་གར་ཡུལ་དབུས་ནས་སྟོན་པའི་ཉན་ཐོས་རྫུ་འཕྲུལ་དང་ལྡན་པ་རྣམས་ནམ་མཁའ་ནས་འཕུར་ཏེ་སྦྲ་མི་སྣན་སོགས་གླིང་གཞན་ལ་བསོད་སྙོམས་སོགས་སུ་རྒྱུ་བ་ཨོ་རྒྱན་ཡུལ་གྱི་རྒྱལ་པོ་ཨིནྡྲ་བྷཱུ་ཏིས་དེ་མཐོང་བ་ན་ཐག་རིང་བས་ཆ་མ་ཕྱེ་ནས་བློན་པོ་ལ་བྱ་དམར་པོའི་ཁྲུ་འདི་དག་ཅི་ཡིན་དྲིས་པས། དེ་རྣམས་ནས། འདི་བྱ་མ་ལགས་ཏེ་སངས་རྒྱས་ཀྱི་ཉན་ཐོས་ལགས་སོ་བྱས་པས་རྒྱལ་པོ་སངས་རྒྱས་ལ་དད་དེ་མཇལ་བར་འདོད་ནས་གཤེགས་པར་གསོལ་བ་བཏབ་པས་ནང་བར་སྟོན་པ་འཁོར་དགྲ་བཅོམ་ལྔ་བརྒྱ་བཅས་ཕྱཱ་རྣ་ན་སྦྱིཾ་ནས་རྫུ་འཕྲུལ་གྱིས་ཨོ་རྒྱན་ཡུལ་དུ་བྱོན་ཆེ་རྒྱལ་པོས་མཆོད་པ་ཕུལ་ཏེ་སངས་རྒྱས་པའི་ཐབས་ཞུས་པས། སྟོན་པས། འོ་ན་རབ་ཏུ་བྱུང་ལ་བསླབ་པ་གསུམ་རྒྱུད་ལ་སྐྱེན་ཅིག་གསུངས་པས། རྒྱལ་པོ་ན་རེ། འཛམ་བུའི་ཚལ་ནི་ཉམས་དགའ་བར། །ཕ་སྐྱེས་ཉིད་དུ་གྱུར་ཀྱང་སླའི། །འདོད་ཡོན་སྤང་བའི་ཐར་བ་ནི། ནམ་ཡང་མི་འདོད་གཽ་ཏ་མ། །ཞེས་ཞུས་པས། སྐད་ཅིག་ལ་ཉན་ཐོས་ཀྱི་ཚོགས་མི་སྣང་བར་བྱས་པའི་ཚེ་ནམ་མཁའ་ནས་སྒྲ་འདི་བྱུང་སྟེ། འདི་ན་གང་ཟག་བརྒྱུད་མེད་ཅིང་། །ཉན་ཐོས་རང་རྒྱལ་འགའ་ཡང་

མེད། །བྱང་ཆུབ་སེམས་དཔའ་རྫུ་འཕྲུལ་ཆེ། །དེ་དག་དེ་ཡི་གཟུགས་སུ་སྤྲུལ། །ཞེས་གྲགས་པར་གྱུར་ཏོ། །དེའི་ཚེ་སྟོན་པ་དཔལ་གསང་བ་འདུས་པའི་དཀྱིལ་འཁོར་གྱི་སྐུར་བཞེངས་ནས་རྒྱལ་པོ་ལ་དབང་བསྐུར་བས་དེ་ཉིད་དུ་ཟུང་འཇུག་གི་སྐུ་གྲུབ་བོ། །དེ་ལ་སྟོན་པས་གསང་འདུས་སོགས་གསང་སྔགས་ཀྱི་རྒྱུད་མང་པོ་གསུངས་ཏེ་རྒྱུད་ཐམས་ཅད་གཏད་པར་མཛད་དོ། །

གཞན་ཡང་སྟོན་པ་འདིས་འཇིག་རྟེན་གནས་ཀྱི་འོག་མིན། དགའ་ལྡན། སུམ་ཅུ་རྩ་གསུམ་ལྷ་བུའི་ལྷའི་གནས་གསུམ་དང་། མི་ཡུལ་རི་བོ་བྱ་རྐང་ཅན་དང་། བསིལ་བའི་ཚལ་དང་། ལང་ཀའི་བདག་པོ་སྲི་སྲོགས་ཀྱི་གནས། རྒྱ་མཚོའི་འགྲམ་ལ་སོགས་མི་དང་མི་མིན་གྱི་གནས་རྣམས་སུ་སྟོན་པ་ཉིད་དཀྱིལ་འཁོར་གྱི་བདག་པོའི་རྣམ་པར་བསྒྱུར་བ་དང་མ་བསྒྱུར་བ་སྤྲུལ་སྐུ་ཆགས་བྲལ་གྱི་རྣམ་པ་ཅི་རིགས་པའི་ཚུལ་གྱིས་བརླབས་ཏེ་བསྟན་པའང་ཡོད། དེ་ལྟར་ན་སྟོན་པ་འདིའི་ལོངས་སྐུས་འོག་མིན་དུ་གསུངས་པ་དང་། སྤྲུལ་སྐུས། ཕྱེད་སྤྲུལ་ལོངས་སྐུར་གྲགས་པའི་རང་བཞིན་སྤྲུལ་སྐུའི་ཞིང་ཁམས་དང་། གཙང་རིས་ལྷའི་གནས་ཀྱི་འོག་མིན་དུ་གསུངས་པ་སྟེ་གནས་ཐ་དད་པར་སྤྲུལ་པའི་རྣམ་རོལ་ཐ་དད་པས་གདུལ་བྱ་རྣམས་ཀྱི་བསམ་དབང་དང་འཚམས་པར་གསང་སྔགས་ཀྱི་ཆོས་རབ་འབྱམས་གསུངས་པ་མི་འགལ་ཏེ། དེ་བཞིན་གཤེགས་པའི་རྣམ་འཕྲུལ་བསམ་མི་ཁྱབ་པའི་བདག་ཉིད་ཡིན་པའི་ཕྱིར་རོ། །འཇམ་དཔལ་སྒྱུ་འཕྲུལ་དྲྭ་བའི་བཤད་པ་ལས་ཀྱང་། གླིང་གཞི་རྣམ་པ་གསུམ་ཡིན་ཏེ། །འོག་མིན་གནས་དང་རི་རབ་རྩེ། །འཛམ་བུའི་གླིང་འདིར་གྲགས་པ་ཡིན། །བྱང་ཆུབ་སེམས་དང་ལྷ་རྣམས་དང་། །མི་རྣམས་ཀྱི་ནི་དོན་དུ་གསུངས། །སྟོན་པ་ཡང་ནི་རྣམ་གསུམ་སྟེ། །སངས་རྒྱས་རྡོ་རྗེ་འཆང་ཆེན་དང་། །སྤྲུལ་སྐུ་འཁོར་ལོ་སྒྱུར་བ་དང་། །ཤཱཀྱ་ཐུབ་པ་ཉིད་ཀྱིས་གསུངས། །དུས་ནི་གདུལ་བྱ་འདུལ་བའི་ཚེ། །འཁོར་རྣམས་འདུས་པའི་དུས་དེར་གསུངས། །ཞེས་གསུངས་སོ། །

གཉིས་པ་བསྡུས་ནས་བཤད་སྦྱབ་ཀྱིས་བཟུང་ཚུལ་ནི། ཕྱག་རྡོར་དང་ནི་སོགས་ཀྱིས་བསྟན་ཏེ། །སྤྱིར་གསང་སྔགས་ཀྱི་རྒྱུད་རྣམས་ཕྱག་ན་རྡོ་རྗེས་བསྡུས་པ་ཡིན་ཏེ། ཡེ་ཤེས་ཐིག་ལེའི་རྒྱུད་ལས། མ་འོངས་པའི་དུས་སུ་གསང་བའི་རྒྱུད་སྐལ་བ་དང་ལྡན་པའི་སེམས་ཅན་ལ་སྨྲས་འཆད་པར་

བྱེད། བཀའ་སྩལ་པ། ཕྱག་ན་རྡོ་རྗེ་མགོན་པོས་བཤད་པར་བྱེད་དོ། །ཞེས་དང་། ཨིནྡྲ་བྷཱུ་ཏིས་བདེ་མཆོག་རྩ་རྒྱུད་ཀྱི་འགྲེལ་བ་ལས། ཕྱིས་སུ་རིམ་པར་ལུང་བསྟན་སྟོད་པ་པོ། །རི་བོ་མཆོག་རབ་བྱང་ཤར་ལྷ་གནས་མཆོག །ལྕང་ལོ་ཅན་གྱི་ཕོ་བྲང་ཆེན་པོར་ནི། །རྒྱུད་རྣམས་མ་ལུས་སེམས་དཔའ་ཆེན་པོའི་ཚོགས། །བྱེ་བ་ཕྲག་ནི་དགུ་བཅུ་རྩ་དྲུག་སོགས། །འདུས་ཏེ་རྗེ་བཙུན་གསང་བའི་བདག་པོ་ལ། །གསོལ་བ་བཏབ་ཚེ་འདི་སྐད་བདག་ཐོས་ཞེས། །རབ་ཏུ་གསུངས་པ་གསེར་གྱི་གླེགས་བུ་ལ༔ ༔བཻ་ཌཱུརྻ་ཡི་ཞུན་མས་ཡི་གེར་བཀོད། །ཅེས་ལྕང་ལོ་ཅན་དུ་བྱང་སེམས་བྱེ་བ་དགུ་བཅུ་རྩ་དགུ་འདུས་ནས་གསང་སྔགས་ཀྱི་རྒྱུད་གསུང་བར་གསོལ་བ་བཏབ་པའི་ངོར་རྗེ་བཙུན་གསང་བདག་གིས་འདི་སྐད་བདག་གིས་ཐོས་པ་སོགས་ནས་སྒྱུ་འཕྲུལ་གསང་སྙིང་སོགས་གསང་སྔགས་ཀྱི་རྒྱུད་རྣམས་སྔོན་སྔོན་པས་ལྷ་གནས་གསུམ་སོགས་སུ་གསུངས་པ་རྣམས་བཀའ་ཡི་བསྡུ་བ་མཛད་ནས་འཁོར་རྣམས་ཀྱིས་གསེར་གྱི་གླེགས་བུ་ལ་བཻ་ཌཱུརྻས་བཀོད་པར་གསུངས་སོ། །དེ་དང༷་ཉེ༷འམ་དེ་བཞིན་དུ་དུས་འཁོར་རྩ་རྒྱུད་ཟླ་བ་བཟང་པོས་དང་། བརྟགས་པ་གཉིས་པ་རྡོ་རྗེ་སྙིང་པོས་དང་། སྡོམ་འབྱུང་ཕྱག་རྡོར་གྱིས་དང་། རྡོ་རྗེ་མཁའ་འགྲོ་མ་གུར་གྱི་རྒྱུད་རྡོ་རྗེ་ཕག་མོས་བསྡུས་པར་གསུངས་པ་ལྟ་བུའི་ཞུ་བའི༷་འཁོར༷་རྣམས་ཀྱིས༷་བཀའ་བསྡུས་སོ། །དེ་ལྟར་སྟོན་པ་པོ་དང་སྡུད་པ་པོ་ཐ་དད་དུ་བསྟན་ཀྱང་ངོ་བོའི་གནས་ཚོད་ལ་སྟོན་འཁོར་དེ་རྣམས་ནི་རྒྱུད་ཐ་དད་པར་གྱུར་པ་མ་ཡིན་ཏེ། །བདེ་འདུས་ཞི་བ་འདུས་པའི་རྒྱུད་ལས། ང་ནི་ཆེ་བའི་རྒྱལ་པོ་སྟེ། །འཆད་དང་ཉན་པའང་ང་ཉིད་ཡིན། །ཞེས་དང་། གསང་བ་གྲུབ་པ་ལས། རྒྱུད་འཆད་པ་དེ་ཐུགས་རྡོ་རྗེ། །འཆད་པ་པོ་དེ་བསྡུད་པའང་དེ། །ཞེས་གསུངས་སོ། །

དེ་ལྟ་བུའི་རྒྱུད་དེ་རྣམས་ལྷ་མིའི་འཇིག་རྟེན་དུ་ཇི་ལྟར་དར་ཚུལ་ལ་གསང་སྔགས་སྔ་འགྱུར་ལ་རྒྱུད་སྒྲུབ་ཐབས་གཉིས་ལས། རྒྱུད་ནི། སྤྱི་མདོ་ལས། ང་ནི་འདི་ནས་མི་སྣང་ནས། །ལོ་ནི་བརྒྱད་དང་བཅུ་གཉིས་ན། །ལྷ་གནས་གསུམ་དུ་གྲགས་པ་ཡི། །བསྟན་པའི་སྙིང་པོ་དམ་པ་ཞིག །འཛམ་གླིང་ཤར་གྱི་ཕྱོགས་མཚམས་ཀྱི། །མི་ལས་སྐལ་ལྡན་རིགས་པ་ཅན། །རྒྱལ་པོ་ཛ་ཞེས་བྱ་བ་ལ༔ ༔སྟོན་དུ་ལྟས་སྣང་སྣང་གྱུར་ཏེ། །དྲག་ཤུལ་ཅན་ཞེས་བྱ་བའི་རྩེར། །གྲོགས་ཀྱི་སེམས་དཔའ

དམན་པའི་ལུས། །ལང་ཀའི་བདག་པོ་ལ་སོགས་ལ། །ལག་ན་རྡོ་རྗེས་སྣང་བར་འགྱུར། །ཞེས་པ་ལྟར། །སྟོན་པ་མྱ་ངན་ལས་འདས་ནས་ལོ་ཉི་ཤུ་རྩ་བརྒྱད་ན། དམ་པའི་རིགས་ཅན་དྲ་མ་ལྔ་ལང་ཀའི་ཡུལ་གྱི་གྲོང་བརྡལ་གྱི་མཚོ་གླིང་རི་མ་ལ་ཡ་ཡི་རྩེ་མོར་རྫུ་འཕྲུལ་གྱིས་འདུས་ཏེ་སངས་རྒྱས་ལ་དམིགས་ནས་གདུང་དབྱངས་ཉེར་གཅིག་བཏོན་པས་དཔལ་ཕྱག་ན་རྡོ་རྗེ་མངོན་སུམ་དུ་བྱོན་ནས་སྔོན་སྟོན་པས་ལྷ་གནས་གསུམ་དུ་བསྟན་པ་རྣམས་བཤད་པར་མཛད་པ་རྣམས་བློ་གྲོས་ཐབས་ལྡན་གྱིས་གསེར་གྱི་གླེགས་བུ་ལ་བཻཌཱུརྻས་བྲིས་ཏེ་དགོངས་པའི་རྒྱལ་བདུན་གྱིས་ནམ་མཁའ་ལ་སྦས་སོ། །དེ་ལྟར་སྦས་པའི་བྱིན་རླབས་ཀྱིས་ཟ་ཧོར་ཡུལ་གྱི་རྒྱལ་པོ་སྐལ་ལྡན་ཛ་ཉིད། རི་མ་ལ་ཡའི་ཤར་ངོས། ཁྲི་ཤ་མ་སུར་ར་ཞེས་བྱ་བའི་གནོད་སྦྱིན་གྱི་ཕུག་པ་སྒོ་ཟླ་གམ་རི་མོ་རང་བྱུང་ངོ་མཚར་ཅན་དུ་མ་ཡོད་པའི་ཕུག་ན་རཏྣ་ཀུར་བརྒྱད་ལ་ཉི་ཟླའི་རི་མོ་རང་སྣང་བ་བྲག་དེའི་སྒྲོ་བོར་བྱ་ག་ལན་ཏ་ཀ་ཞེས་བྱ་བ་དོན་གཉིས་པར་མི་སྒྲོགས་པར་བྱེད་པའི་ཚང་བཅས་པ། ལས་ལྡན་མ་གཏོགས་གཞན་བགྲོད་མི་ནུས་པ་དེར་བཞུགས་ཚེ་སྨི་ལམ་བདུན་བྱུང་བའི། དང་པོ་ནི། རི་དེའི་རྩེར་ཕྱག་རྡོར་བྱོན་ནས་སྐུའི་འོད་བྱུང་འཇིག་རྟེན་ཁྱབ་གསུང་གི་སྒྲས་ཁྱབ། ཐུགས་ལས་རྡོ་རྗེ་འོད་འབར་བ་འཕྲོས་ནས་རང་ཉིད་ཀྱི་ཐུགས་ཀར་ཐིམ་པ་ན། ཉི་མ་སྤྱི་བོར་ཐིམ། ཟླ་བ་རྐང་མཐིལ་ཐིམ། སྣང་སྲིད་ལྟོ་ནས་འཕྲོ་བ་རྨིས། གཉིས་པ། དེ་བཞིན་གཤེགས་པ་ཉི་ཟླ་ལ་ཞོན་ནས་ཆོས་འཁོར་བསྐོར་ཏེ་འཇིག་རྟེན་ཁ་ལོ་བསྒྱུར་བ་རྨིས། གསུམ་པ་ནི། ནམ་མཁར་གསེར་གྱི་སྤྲིན། རིན་ཆེན་གྱི་སྣུག་པ། བཻཌཱུརྻའི་འོད། སྣང་སྲིད་གསལ་བའི་གློག །རཏྣའི་ཆར་མང་པོ་བབས་པ་རྨིས། བཞི་པ་རིན་ཆེན་སྒྲོན་མེས་འཇིག་རྟེན་མུན་པ་བསལ། བདུད་རྩིའི་ཆུས་འགྲོ་བའི་ནད་ཞི་བ་དང་། རྣལ་འབྱོར་མ་ཞེས་པའི་རང་སྒྲ་སྒྲོག་པ་རྨིས། ལྔ་པ། སྤྲིན་གྱི་ནང་ཉི་མའི་དཀྱིལ་འཁོར་འོད་འབར་བ་ལས་གསེར་གྱི་གླེགས་བམ་མང་པོ་བབས་པ་རྨིས། དྲུག་པ། གླེགས་བམ་དེ་དག་ལ་གྲུབ་པའི་རིག་འཛིན་དུ་མས་མཆོད་བསྟོད་བྱས་པ་རྨིས། བདུན་པ། ནམ་མཁའ་ལས། ལས་དང་སྐལ་བ་རབ་ལྡན་ཞིང་། །རྒྱལ་བས་འབྱུང་བར་ལུང་བསྟན་པའི། །ལས་ཅན་ཆེན་པོ་དྲ་མ་ཁྱོད། །ཅེས་པའི་ལུང་བསྟན་ཐོབ་པའོ། །རྨི་ལྟས་དེ་དག་གི་སྡོམ་ནི། སྐུ་གསུང་ཐུགས་རྟགས་ཐིམ་པ་དང་། །རིན་

ཆེན་གླེགས་བམ་བབས་པ་དང་། །ཆོས་ཀྱི་བགྲོ་བ་བྱེད་པ་དང་། །ཀུན་གྱིས་དམ་པར་བསྔགས་པ་དང་། །མཆོད་པ་ཆེན་པོ་བྱས་པ་དང་། །རིན་ཆེན་ཆར་དུ་བབས་པ་དང་། །སངས་རྒྱས་པ་ལ་ལུང་བསྟན་པའོ། །ཞེས་པའི་རྨི་ལྟས་བྱུང་བ་དང་མཐུན་པར། ས་ཧོ་རའི་རྒྱལ་པོ་ཛའམ་ཨིནྡྲ་བྷུ་ཏིའི་ཁང་སྟེང་དུ་རྒྱུད་སྡེའི་གླེགས་བམ་ཏནྟྲ་བཅོ་བརྒྱད་དེ་མ་ཧཱ་ཡོ་ག་རྣམས་ཀྱི་ཆར་བབས་ཀྱང་རྒྱལ་པོས་དེ་དག་གི་དོན་བགྲོལ་མ་ནུས་པའི་ཚུལ་མཛད་ནམ་མཁས་པ་གཞན་རྩར་བཅད་པས་ཟ་ཧོར་གྱི་རྒྱལ་པོ་ཨུ་པ་ར་ཛ་མཁས་པར་གྲགས་པས་དེ་ལ་བཟྟ་སྤྲུར། དེ་ཉིད་ཀྱིས་གླེགས་བམ་རྣམས་འདིར་སྤྲོལ་ཞེས་བརྗོད་པས་དེར་གླང་ལ་བཀལ་ནས་ཕུལ་ཀྱང་མ་ཤེས། དེས་དགེ་སློང་ཀུ་ཀུ་ར་ཛ་ཆེ་ལོ་སྟོང་ཐུབ་པ། བྱང་ཆུབ་སེམས་དཔའ་རིན་ཆེན་མིང་གི་སྤྲུལ་པ་ཞིག་བཞུགས་པ་དེ་ལ་བསྟན་པས་དེས་རྡོ་རྗེ་སེམས་དཔའི་ཞལ་མཐོང་གི་ལེའུའི་དོན་རྟོགས་ནས་རྡོ་རྗེ་སེམས་དཔའ་བསྒྲུབས་པས་ཞལ་གཟིགས་ཏེ་རྒྱུད་དོན་འདི་དག་རྒྱལ་པོ་ཛ་ཉིད་ལ་གསང་བདག་གི་ཞལ་བསྟན་ནས་དེས་སྟོན་པར་འགྱུར་རོ་གསུངས་པ། དེས་རྒྱལ་པོ་ཛ་ལ་དེ་བཞིན་བསྒྲིད་ཅེས་པའི་ལུགས་གཅིག་དང་། གཞན་ཡང་གླེགས་བམ་རྣམས་དང་ལྷན་དུ་ཕྱག་ན་རྡོ་རྗེའི་སྐུ་ཁྲུ་གང་བ་ཞིག་དངོས་སུ་བབས་པ་དེར་རྒྱལ་པོ་ཛས་རང་སྟོབས་ཀྱིས་གསོལ་བ་བཏབ་པས། སྟོན་སྐྱངས་འཕྲོ་སད་དེ་རྡོ་རྗེ་སེམས་དཔའི་ཞལ་མཐོང་གི་ལེའུ་རྟོགས། སྐུ་དེ་ཉིད་སྒྲུབ་རྟེན་དུ་བཟུང་སྟེ་ཟླ་བ་དྲུག་ཏུ་བསྒྲུབ་པས་རྡོ་རྗེ་སེམས་དཔས་ཞལ་གཟིགས་བྱིན་གྱིས་བརླབས་ནས་གླེགས་བམ་གྱི་དོན་ཐམས་ཅད་མཁྱེན་པར་གྱུར་ཏོ། །དེར་ཆོས་ཆར་བབས་པ་དང་དུས་མཚུངས་པར། ཀྱེ་ཡའི་རྒྱུད་རྣམས་ལྷ་རྣན་སྣིར་དང་། ཡོ་ག་རྣམས་མེ་རི་འབར་བའི་རྩེ་དང་། ཨ་ནུ་ཡོ་ག་ལང་ཀའི་ཡུལ་ལམ་སང་ག་ལའི་གླིང་གི་ནགས་ཚལ་དུ་གླེགས་བམ་དང་བཅས་པའི་ཆར་བ་བབས་སོ། །ཨ་ཏི་ཡོ་ག་ནུབ་ཕྱོགས་ཨོ་ཌི་ཡ་ནའི་ཡུལ་དུ་སློབ་དཔོན་དགའ་རབ་རྡོ་རྗེས་དཔལ་གསང་བདག་ལས་དངོས་སུ་གསན་ནས་བསྡུ་བར་མཛད་དེ་གླེགས་བམ་དུ་བཀོད་པར་བཤད་དོ། །གཞན་དུ་རི་མ་ལ་ཡ་ནས་རྡོ་རྗེ་སེམས་དཔའ་འོག་མིན་དུ་ཕེབས་ནས་ལྷའི་བུ་ཀུན་དགའ་སྙིང་པོར་རྫོགས་པ་ཆེན་པོའི་རྒྱུད་འབུམ་ཕྲག་བཅུ་བདུན་གསུངས་པ་རྣམས་དགའ་རབ་རྡོ་རྗེ་ནས་རིམ་པར་བརྒྱུད་ནས་ལོ་ཙྪ་བ་ལྷན་མ་རྩེ་མང་གིས་བོད་ཀྱི་ཡི་གེར་བྲིས་ཏེ་ལོ་

གཅིག་གིས་ཟིན་པར་བྱས་ཞེས་བཤད་དོ། །

སྒྲུབ་སྡེ་རྣམས་ནི། སྟོན་འོག་མིན་གསང་བ་མཆོག་གི་གནས་སུ་སྟོན་པ་ཀུན་བཟང་ཆེ་མཆོག་ཧེ་རུ་ཀས། ཆོས་རྒྱུད་སྡེ་རྣམས་ཐུགས་རིག་པ་བྱིན་རླབས་ཀྱི་གསུང་གིས་གསང་བདག་རྡོ་རྗེ་ཆོས་ལ་གསུངས། རྡོ་རྗེ་ཆོས་ཀྱིས་རང་ཉིད་ཚོམ་བུ་དགུའི་དཀྱིལ་འཁོར་དུ་བཞུགས་ནས་ཐོག་མར་ངག་ཚིག་གིས་བསྡུས། དེ་ནས་གླེགས་བམ་ལ་བཀོད་དེ་དགོངས་འགྲེལ་གྱི་བསྟན་བཅོས་ཀྱི་ལུང་ལྷ་ཡང་མཛད་ནས་མཁའ་འགྲོ་མ་ལས་ཀྱི་དབང་མོ་ཆེ་ལ་གཏད། དེས་སྤྱི་དང་བྱེ་བྲག་གི་རྒྱུད་རྣམས་ཐ་དད་པར་རིན་པོ་ཆེའི་སྒྲོམ་སོ་སོར་བཅུག་སྟེ་མཆོད་རྟེན་བདེ་བྱེད་བརྩེགས་པར་གཏེར་དུ་སྦས་ཏེ། ནམ་ཞིག་གྲུབ་པ་ཐོབ་པའི་སློབ་དཔོན་བརྒྱད་ཀྱི་ཕྱག་ཏུ་གཏད་པའི་བར་གཏེར་སྲུང་བ་ལ་བཀའ་བསྔོས། ཕྱིས་རིག་འཛིན་བརྒྱད་ཀྱིས་བཏོན་པར་བརྩམ་ཆེ། མཁའ་འགྲོ་མས་བཀའ་བྲེ་བྲག་གི་སྒྲོམ་བརྒྱད་པོ་སློབ་དཔོན་རང་རང་གི་ཕྱག་ཏུ་གཏད། སྤྱི་རྒྱུད་སྒྲོམ་རིན་ཆེན་སྣ་བརྒྱད་ལས་བྱས་པ་རྒྱ་མ་ཁྲོལ་བར་སླར་དེ་ཉིད་དུ་སྦས་པ། ཕྱིས་ཀུན་འདུས་གུ་རུ་པདྨས་སྤྱན་དྲངས་པ་ཡིན་ཏེ། དེའི་ཚུལ་ནི། བདེར་གཤེགས་འདུས་པའི་ཆོས་ཐམས་ཅད་ལྷ་ཚན་དུ་བཀོད་དེ་རྒྱུད་ལྷ་ལུང་ལྷ་གཉིས་ནི་སྤྱི་རྒྱུད་སྒོས་རྒྱུད་ལ་ལྷ་ཚན་གཉིས་སོ། །གསང་སྔགས་སྤྱིའི་ཆིངས་ལྷ་སོགས་དང་། གཞན་ཡང་རྒྱུད་ཀྱི་ཆིངས་ལྷ། ལུང་གི་སྡེབ་ལྷ། སྒྲུབ་ཐབས་ཀྱི་སྐོར་ལུང་ལྷ་སོགས། མདོར་ན་ཆོས་ཚན་བརྒྱ་དང་། སུམ་ཅུ་རྩ་ལྔ་ཆ་ལག་མ་བུ་དང་བཅས་པ་སློབ་དཔོན་ཁྲིད་འཕགས་པདྨ་འབྱུང་གནས་ཀྱིས། སློབ་མ་ཁྲིད་འཕགས་རྒྱལ་པོ་ཁྲི་སྲོང་ལྡེའུ་བཙན་ལ་བཤད། ཡིག་མཁན་ཁྲིད་འཕགས་ལྡན་མ་རྩེ་མང་གིས་ཡི་གེ་ཐམས་ཅད་ཟིན་རིས་སུ་བྲིས་ནས་རྗེ་འབངས་སྙིང་གི་བུ་དགུའམ་ཉེར་ལྔ་ལ་ལེགས་པར་གདམས་ཏེ་བརྒྱུད་པར་མཛད་ནས་སློབ་དཔོན་དང་ཆོས་རྒྱལ་གཉིས་ཀྱིས་བྲག་དམར་མགྲིན་བཟང་དུ་ཕྱག་རྒྱ་རུ་སྦྲིད་ཀྱིས་རྒྱས་བཏབ་པ་དང་། ལྷོ་བྲག་ཁོན་ཐང་དུ་ཡང་གཏེར་དུ་སྦས། རྒྱལ་པོ་ཁྲི་སྲོང་ལྡེའུ་བཙན་གྱི་སྐྱེ་བ་ཕྱི་མ་ཉང་སྟོན་འོད་ཟེར་གྲགས་པས་བཏོན་ནས་དར་བའོ། །སྔགས་གསར་མའི་ལུགས་ཀྱི་རྒྱུད་འཇིག་རྟེན་འདིར་དར་ཚུལ་ལ། སྔར་ལྟར་སྟོན་པས་ཨོ་རྒྱན་གྱི་རྒྱལ་པོ་ཨིནྡྲ་བྷུ་ཏི་ལ་གསུངས་ཤིང་གཏད་པ་རྣམས་དེས་གླེགས་བམ་དུ་བྱས་ཏེ་རང་གི་ཡུལ་གྱི་སྐྱེ་བོའི་

ཚོགས་སོགས་ལ་བསྟན་ནས་ཡུལ་དེའི་སྲོག་ཆགས་ཕྲ་མོ་ཡན་ཆད་ཐམས་ཅད་མཆོག་གི་དངོས་གྲུབ་ཐོབ་ནས་འཇའ་ལུས་སུ་དེངས། དེ་རྗེས་དེའི་ཡུལ་སྟོང་སྟེ་མཆོར་གྱུར་པ་གླུས་གང་བས་དེ་དག་ལ་དཔལ་གསང་བདག་གིས་རྒྱུད་སྡེ་རྣམས་གཏད་དེ་སློབ་པར་མཛད། དེ་དག་རིམ་པར་མིར་གྱུར་ནས་མཚོ་འགྲམ་དུ་གྲོང་ཁྱེར་བཅས་ཏེ་སྔགས་ཉམས་སུ་བླངས་པས་གྲུབ་པ་ཐོབ། དེ་རྣམས་ཀྱི་བུ་བུ་མོ་རྣམས་མཁའ་འགྲོ་དང་མཁའ་འགྲོ་མར་གྱུར་བས་ཨོ་རྒྱན་མཁའ་འགྲོའི་གླིང་ཞེས་གྲགས། ནམ་ཞིག་མཚོ་དེ་སྐམ་ཏེ་ཧེ་རུ་ཀའི་ལྷ་ཁང་རང་བྱུང་ཞིག་ཀྱང་བྱུང་བས་དེའི་དཀོར་མཛོད་དུ་རྒྱུད་ཀྱི་གླེགས་བམ་རྣམས་བཞུགས་པར་བྱས། ཕྱིས་ཀྱི་སྐབས་ཤིག་ཏུ་རྒྱ་གར་གྱི་རྒྱལ་པོ་བི་སུ་ཀལྤས་སངས་རྒྱས་ཀྱི་མདོ་སྡེ་རྣམས་ཀློག་པས་མདོ་སྡེ་གཅིག་ལས། ཇི་ལྟར་གྲོང་ཁྱེར་སེར་སྐྱའི་མི་གཙང་ལུད། །དེ་ནི་བུ་རམ་ཤིང་པའི་ཞིང་ལ་ཕན། །དེ་བཞིན་བྱང་ཆུབ་སེམས་དཔའི་ཉོན་མོངས་ལུད། །དེ་ནི་སངས་རྒྱས་ཆོས་རྣམས་སྐྱེ་ལ་ཕན། །ཞེས་པའི་ཚིག་ལ་བརྟེན་ནས་འདོད་ཡོན་ལ་ལོངས་སྤྱོད་ཅིང་ཉོན་མོངས་གྲོགས་སུ་འཆར་བའི་ལམ་ཞིག་ཡོད་པར་འདུག་པས་དེ་དང་འཕྲད་པར་ཤོག །

ཅེས་སྨོན་ལམ་བཏབ་པས་རྨི་ལམ་དུ་མཁའ་འགྲོ་མས་ཨོ་རྒྱན་དུ་སོང་ཤིག་ཅེས་ལུང་བསྟན་ནས་ཨོ་རྒྱན་དུ་ཕྱིན་པས་དེར་ཨིནྡྲ་བྷཱུ་ཏིའི་སློབ་མ་ཀླུ་ལས་གྱུར་པའི་རྣལ་འབྱོར་མ་ཞིག་ཡོད་པ་དེས་རྗེས་སུ་བཟུང་ཞིང་གདམས་པ་གནང་བས་ཕྱག་རྒྱ་ཆེན་པོ་མཆོག་གི་དངོས་གྲུབ་བརྙེས། རྒྱལ་པོ་དེས་ར་ཏྣ་ལ་ཀུཀྐུརའམ་ཁྲམ་ཟེ་ས་ར་ཧ་ཞེས་བྱ་བ་ཁྲུས་སྒྲ་གཅན་འཛིན་ལས་རབ་ཏུ་བྱུང་བའི་པཎྜི་ཏ་ཆེན་པོ་ཞིག་བཞུགས་པ་དེར་གནང་། དེས་ཀྱང་ཚེའི་དངོས་གྲུབ་བརྙེས་ཏེ་ལོ་སུམ་སྟོང་བཞི་བརྒྱར་བཞུགས་པར་གྲགས། དེས་དཔལ་མགོན་འཕགས་པ་ཀླུ་སྒྲུབ་ལ་གནང་། དེས་འཕགས་པ་ལྷ། ཀླུའི་བྱང་ཆུབ། ཤཱཀྱ་བཤེས་གཉེན། དཔལ་ལྡན་ཟླ་བ་གྲགས་པ་དང་བཞི་ལ་གསུངས། དེ་བཞི་གས་སློབ་པའི་རྡོ་རྗེ་ལ་གསུངས། དེས་གྲུབ་ཐོབ་ནག་པོ་སྤྱོད་པར་གསུངས། འདི་ནི་སངས་རྒྱས་ཀྱིས་ལུང་བསྟན་པའི་གྲུབ་ཐོབ་ཆེན་པོར་གྲགས། དེས་བླ་མ་སྦྲིན་གྱི་ཤུགས་ཅན་ཞེས་པར་གནང་། དེས་དཔལ་ཡིད་བཟང་རྩེ་པའམ་འགོས་ལོ་གཞོན་ནུ་དཔལ་ལ་གནང་ངོ་། །ཀླུ་སྒྲུབ་ཀྱིས་རྒྱལ་སྲས

མ་ཧེ་ཀ་ལ་གནང་། དེས་ཧཱུ་ལོ་པ་ལ། དེས་ནཱ་རོ་པ་ལ། དེས་སྨྲ་བསྒྱུར་མར་པ་ཆོས་ཀྱི་བློ་གྲོས་ལ་གནང་། མར་པ་འདི་རྒྱ་གར་དུ་ལན་གསུམ་ཕྱིན། བལ་པོར་ལན་བཞིར་བྱོན། སྤྱིར་བླ་མ་བརྒྱ་རྩ་བརྒྱད་དང་། ཁྱད་པར་གསང་འདུས་ལ་མཁས་པའི་བླ་མ་བདུན་ལ་བསྟེན་ནས་མཁས་གྲུབ་ཆེན་པོར་གྱུར་ཏོ། །དེ་བཞིན་དུ་བྱང་ཤཱནྟི་ལ་སོགས་ནས་ཀྱང་གསང་སྔགས་ཀྱི་ཆོས་བླང་ཏེ་དར་རོ་ཞེས་བཤད་དོ། །

དེ་ལྟར་གསར་མ་དང་ཐུན་མོང་གི་རྒྱུད་ནི། ཕྱི་རྒྱུད་དང་། འཇམ་དཔལ་སྒྱུ་འཕྲུལ་དྲྭ་བ། གསང་འདུས། སངས་རྒྱས་མཉམ་སྦྱོར་གྱི་རྒྱུད་སོགས་སྔ་འགྱུར་གྱི་སྐབས་སུ་མང་དུ་འགྱུར་ལ། ཕྱིས་ཀྱི་ལོ་པཎ་གྱི་སྤྱོད་ཡུལ་དུ་མ་གྱུར་པའི་ལུང་ཨ་ནུ། མན་ངག་ཨ་ཏི། རྒྱུད་མ་ཧཱ་སྒྲུབ་སྡེ་དང་བཅས་པ་རྣམས་ཧེ་ནང་རྒྱུད་སྡེ་གསུམ་ལས། རྒྱུད་མ་ཧཱ་ནི། རྒྱལ་པོ་ཛ་ནས་བྲམ་མོ་གོ་མ་དེ་ཝའི་བར་བརྒྱུད་དེ་རང་རང་གི་འཁོར་ཚོམ་བུ་དང་བཅས་རྡོ་རྗེ་འཆང་གི་སར་གཤེགས། བྲམ་མོས་སངས་རྒྱས་གསང་བ་ལ་གནང་། དེས་བི་མ་མི་ཏྲ། དེས་རྨ་རིན་ཆེན་མཆོག་དང་གཉམས་ཇྙཱ་ན་ཀུ་མ་ར་གཉིས་ལ། དེ་ནས་རིམ་པར་གནུབས་ཆེན་དང་ཁུ་ལུང་བ་ཟུར་ཆེ་ཆུང་རྣམས་ལ་བབས་སོ། །ལུང་ཨ་ནུ་ནི། གནུབས་ཆེན་སངས་རྒྱས་ཡེ་ཤེས་ཀྱིས་རྒྱ་བལ་བྲུ་ཤའི་ཡུལ་གྱི་ལོ་པཎ་རྣམས་ལས་གསན་ནས་བརྒྱུད་དོ། །མན་ངག་ཨ་ཏི་ནི། དགའ་རབ་རྡོ་རྗེ་ལས་འཇམ་དཔལ་བཤེས་གཉེན། དེས་ཤྲཱི་སེང་ཧ། དེས་གུ་རུ་པདྨ། བི་མ་མི་ཏྲ། བཻ་རོ་ཙ་ན་རྣམས་ལས་རྒྱ་ཆེར་འཕེལ་བའོ། །དེ་ལྟ་བུའི་གསང་སྔགས་ཀྱི་རྒྱུད་རྣམས་ཀྱི་བརྒྱུད་ཚུལ་ལ་དགོངས་བརྡ་སྙན་བརྒྱུད་གསུམ་ལས། དང་པོ་དགོངས་བརྒྱུད་ནི། སྟོན་པ་རིགས་དྲུག་པས་རྒྱལ་ཚབ་རིགས་ལྔ་དང་རིགས་ལྔས་ལྷན་གཅིག་པའི་འཁོར་ལ་བརྒྱུད་པའོ། །

གཉིས་པ་བརྡ་བརྒྱུད་ནི། མཛེས་གཟུགས་ལྷའི་གཟུགས་ཅན་འཇམ་དཔལ་དབྱངས་ཀྱིས་ལྷའི་རིག་འཛིན་རྣམས་ལ་བརྡ་ཐབས་ཀྱི་བརྒྱུད་པ་དང་། བདུད་རྩི་སྨན་གྱི་སྐུ་ཅན་སྤྱན་རས་གཟིགས་ཀྱིས་ཀླུའི་རིག་འཛིན་རྣམས་དང་། གཏུམ་པོ་གནོད་སྦྱིན་གྱི་སྐུ་ཅན་ཕྱག་ན་རྡོ་རྗེས་གནོད་སྦྱིན་གྱི་རིག་འཛིན་རྣམས་ལ་བརྡ་ཐབས་ཀྱིས་བརྒྱུད་པ་སྟེ། རྒྱལ་སྲས་རིགས་གསུམ་ལས། ལྷ་ཀླུ་གནོད་

སྦྱིན་གསུམ་སོགས་ལ་བརྒྱུད་པ་མི་མིན་ལ་བརྒྱུད་པ་དང་། གསང་བདག་ལས་དམ་པའི་རིགས་ཅན་དྲ་མ་ལཱྀ་ལ་བརྒྱུད་པ་མི་དང་མི་མིན་གཉིས་ཀ་ལ་བརྒྱུད་པའོ། །

གསུམ་པ་སྙན་བརྒྱུད་ནི། རྒྱལ་པོས་ཀུ་ཀུ་ར་ཛ་འབུམ་སྡེ་ལ་གསུངས། དེས་རྒྱལ་པོ་ཨིནྡྲ་བྷཱུ་ཏི་ཆེན་པོ་འཁོར་ཆོམ་བུ་ཁྲི་དང་བཅས་པར་གསུངས། དེས་སེང་ཧ་ར་ཛ་ཆོམ་བུ་སྟོང་ལ་གསུངས། དེས་ཨུ་པ་ར་ཛ་ཆོམ་བུ་ལྔ་བརྒྱ་ལ་གསུངས། དེས་ཨིནྡྲ་བྷཱུ་ཏིའི་སྲས་མོ་གོ་མ་དེ་ཝཱ་འཁོར་ཆོམ་བུ་བརྒྱ་ལ་གསུངས་སོ། །དེ་ཐམས་ཅད་ཀྱིས་རིག་འཛིན་གྱི་ས་ཐོབ་པ་ཡིན། སྲས་མོ་དེས་སྙིག་ཛོར། སངས་རྒྱས་གསང་བ། སློབ་དཔོན་པདྨ། བི་མ་སོགས་ལ་བརྒྱུད་པའོ། །སྒྱུ་འཕྲུལ་གྱི་ཐེག་པའི་ཟབ་མོ་གཏེར་གྱི་ཆོས་བརྒྱུད་ལ། །ཐུན་མོང་གི་བརྒྱུད་པ་གསུམ་གྱི་ཁར་ཐུན་མིན་བརྒྱུད་པ་གསུམ་ནི། ཟབ་གཏེར་གྱི་སྒོ་ནས་དོན་གཉིས་སྒྲུབ་པའི་རྩལ་ཐོབ་པའི་བཀའ་བབས་ཀྱི་སྐྱེས་བུ་ནི་སྙིང་གི་བུ་དགུ་ལྔ་བུ་ཡིན་ཏེ། དེ་རྣམས་དུས་རྟགས་དང་མཐུན་པར་ཟབ་གཏེར་གྱི་བསྟན་པ་འཛིན་སྐྱོང་སྤེལ་བར་གུ་རུས་ལུང་བསྟན་པ་བཀའ་བབས་ལུང་བསྟན་གྱི་བརྒྱུད་པའོ། །དེ་དག་ལ་ད་ལྟའི་དུས་ཀྱི་ཆོས་འདིའི་སྨིན་གྲོལ་རྣམས་ཇི་བཞིན་པར་མ་འོངས་པའི་དུས་སུ་སད་པར་གུ་རུས་དགོངས་གཏད་མཛད་པ་ནི་སྨོན་ལམ་དབང་བསྐུར་གྱི་བརྒྱུད་པ། དཔེ་བརྒྱུད་ཀྱི་ཤོག་སེར་དུས་སུ་རྙེད་པ། བརྒྱུད་འཛིན་ཐམས་ཅད་ལ་ཆོས་འདི་འཕེལ་ཞིང་རྒྱས་པ། གསང་སྒོ་མི་འཆལ་བ་དང་། བྱིན་རླབས་མི་ཡལ་བར་མ་མོ་མཁའ་འགྲོར་གཏད་པ་མཁའ་འགྲོ་གཏད་རྒྱའི་བརྒྱུད་པ་སྟེ་གསུམ་མོ། །དེ་གསུམ་བཤད་ཚུལ་གཞན་དུ་མཚོན་བྱ་དོན་གྱི་མན་ངག་དེ་སྐལ་ལྡན་གཏེར་སྟོན་དེའི་ཐུགས་དགོངས་སུ་སྨོན་ལམ་དབང་བསྐུར་གྱིས་རྒྱས་བཏབ། མཚོན་བྱེད་བརྡའི་དཔེ་བརྒྱུད་མཁའ་འགྲོ་དམ་ཅན་མངོན་ཤེས་ཅན་ལ་གཉེར་དུ་གཏད། ཆོས་དེ་སྒོམ་སྒྲུབ་འཆད་སྤེལ་གྱི་བརྒྱུད་འཛིན་ཆོས་བདག་ལུང་བསྟན་པ་སྟེ། སྨོན་ལམ་དབང་བསྐུར་གཏེར་རྙེད་པའི་སྟོན་གྱི་རྒྱུ་དང་། མཁའ་འགྲོ་གཏད་རྒྱ་ད་ལྟ་རྙེད་པའི་རྐྱེན་དང་། བཀའ་བབ་ལུང་བསྟན་རྙེད་པ་དོན་ལྡན་དུ་འགྱུར་བའི་སྒོར་སྦྱར་ནས་བསྟན་ཏོ། །དེ་ལྟར་རིག་འཛིན་གྱི་མཆོག་བརྙེས་པའི་གྲུབ་ཆེན་བརྒྱད་དང་། གྲུབ་ཐོབ་བརྒྱད་ཅུ་སོགས་རྒྱ་བོད་ཀྱི་མཁས་གྲུབ་དུ་མ་མང་པོས་དགོངས་པ་སོ་སོར་བཀྲལ་ཞིང་བཤད་སྒྲུབ་ཀྱིས་ཇི་ལྟར་བསྐྱངས་

ཚུལ་དང་། སྔ་འགྱུར་རང་ལུགས་ཀྱི་རིང་བརྒྱུད་བཀའ་མ་དང་། ཉེ་བརྒྱུད་གཏེར་མའི་བརྒྱུད་པ་དང་། སྒྲུབ་ཐབས་སོ་སོར་གྲགས་པ་རྣམས་དང་། སྔགས་གསར་མའི་རྒྱུད་སྡེའི་བཞེད་སྲོལ་མི་འདྲ་བ་མཐའ་ཡས་ཤིང་དཔག་ཏུ་མེད་པ་ཞིག་འཆད་དུ་ཡོད་ན་ཡང་། སྐབས་སུ་བབས་པ་རྒྱུད་སྡེ་སྤྱི་ཡི་སྡོམ་པ་དམ་ཚིག་གི་རྣམ་བཞག་འདི་ར་འཆད་པ་ཉིད་དོ། །

གསུམ་པ་སྡོམ་པའི་ངོ་བོ་ནི། ངོ་བོ་སྒོ་གསུམ་སོགས་ཀྱིས་བསྟན་ཏེ། དེ་ལ་ངོ་བོ་སྒོ་གསུམ་ག་ཟིན་བྱེད་ཐབས་ཤེས་ཁྱད་པར་ཅན་གྱིས་ཟིན་པ་དང་བཅས་པར་མི་མཐུན་ཕྱོགས་ལས་ཡང་དག་པར་སྡོམ་པའི་ཚུལ་ཁྲིམས་གང་ཞིག །རྒྱུད་སྡེ་སོ་སོའི་རང་ལུགས་བཞིན་དུ་སྨིན་བྱེད་ཀྱི་དབང་བསྐུར་ལས་ཐོབ་པ་ཞིག་སྡོམ་པ་ཡིན་ནོ། །མཚན་ཉིད་ནི། བསྡམ་བྱ་སྒོ་གསུམ་ཕྲ་བའི་བག་ཆགས་མཚན་རྟོག་དང་བཅས་པ། སྡོམ་བྱེད་ཐབས་ཤེས་ཁྱད་པར་ཅན་གྱིས་ཟིན་པའི་སེམས་པ་ས་བོན་དང་བཅས་པ་གང་ཞིག །རང་རྒྱུ་དབང་བསྐུར་ལས་གསར་དུ་ཐོབ་པའི་ཚུལ་ཁྲིམས་དེ་སྔགས་སྡོམ་གྱི་མཚན་ཉིད། བཞི་པ་དངོས་བཏགས་ཅི་རིགས་པས་དབྱེ་བ་ལ་གཉིས་ཏེ། རྒྱུད་སྡེ་སྤྱིའི་ལུགས་ཀྱི་སྡོམ་པ་བཏགས་མཚན་ཅི་རིགས་དང་། བྱེ་བྲག་བླ་མེད་ལུགས་ཀྱི་སྡོམ་པ་ཁྱད་པར་བའི་དབྱེ་བའོ། །དང་པོ་ནི། དབྱེ་བ་བྱ་སྤྱོད་སོགས་ཀྱིས་བསྟན་ཏེ། སྤྱིར་སྡོམ་པའི་དབྱེ་བ་ལ་བྱ་རྒྱུད་དང་། །སྤྱོད་རྒྱུད་དང་། རྣལ་འབྱོར་རྒྱུད་དང་། རྣལ་འབྱོར་བླ་ན་མེད་པའི་རྒྱུད་དེ་རྒྱུད་སྡེ་བཞིའི་རང་རང་གི་དབང་བསྐུར་ལས་ཐོབ་པའི་དངོས་བཏགས་ཅི་རིགས་པའི་སྡོམ་པ་བཞིའི་མི་མཐུན་ཕྱོགས་ཀྱི་རྩ་བའི་ལྟུང་བ་ལའང་དངོས་བཏགས་ཅི་རིགས་པའི་བཅུ་བཞི་བཅུ་བཞིར་སོ་སོར་གྲངས་ངེས་པར་དུས་ཀྱི་འཁོར་ལོར་བཤད་པ་བཞིན་ཡིན་པས་ཀྱང་པར་གཞན་དུ་བལྟ་བ་ལས་ཤེས་པར་བྱའོ་ཞེས་གསུངས་སོ། །འདི་ལ་སྔོན་གྱི་མཁས་པ་འགའི་རྗེས་འབྲང་རྣམས་ཕྱི་རྒྱུད་གསུམ་ག་ལ་ཐུན་མིན་གྱི་སྔགས་སྡོམ་མཚན་ཉིད་པ་རེ་རང་རང་གི་དབང་བསྐུར་དང་འབྲེལ་བར་ཐོབ་པ་ཡོད་དེ། དེ་དག་ལ་རྩ་ལྟུང་ཡོད་པར་འཇམ་དཔལ་རྩ་རྒྱུད་ལས། ལྟ་བོ་འདི་ནི་རྩ་བའི་ལྟུང་བ་ཡིན་པར་བསྟན་ཏེ་ཞེས་རྩ་ལྟུང་ལྟར་བསྟན་པ་དང་། རྣམ་སྣང་མངོན་བྱང་ལས། ལྟུང་བ་རྩ་བ་བཞི་ནི་སྲོག་གི་ཕྱིར་ཡང་ཡོངས་སུ་ཉམས་པར་མི་བྱའོ། །ཞེས་གསུངས་པས།

བྱ་སྤྱོད་གཉིས་ལ་རྩ་ལྟུང་ཡོད་པར་བསྒྲུབ་པ་དང་། རྩ་བའི་ལྟུང་བ་མེད་ན་ཡན་ལག་གི་ལྟུང་བའང་མེད་པར་ཐལ་བས་དེ་ལྟ་ན་མདོན་བྱང་དང་ལེགས་གྲུབ་ལས་བསྟན་པའི་སྔགས་ཀྱི་དམ་ཚིག་གི་རྣམ་བཞག་ཀྱང་མི་འཐད་དོ། །བྱ་སྤྱོད་ཀྱི་དབང་གིས་སྔགས་སྡོམ་ཐོབ་པ་མེད་ན། རྣལ་འབྱོར་དང་བླ་མེད་ཀྱང་དེ་ལྟར་ཐལ་བའི་རྒྱུ་མཚན་མཚུངས་པར་བཞེད་ཀྱང་། ཕྱིས་ཀྱི་མཁས་པ་རྣམས་ཀྱིས་བྱ་སྤྱོད་གཉིས་ལ་ཐུན་མིན་སྔགས་སྡོམ་བཟུང་བའི་ཆོ་ག་ཐུན་མོང་རིགས་ལྔའི་སྡོམ་བཟུང་རྒྱུད་སྡེ་ཁུངས་མ་གང་ནས་ཀྱང་མ་བསྟན་པས། སྔགས་ཀྱི་ལམ་དེ་དག་གི་གཞི་མའི་སྡོམ་པ་དེ་ཐུན་མོང་བྱང་སྡོམ་ཙམ་དུ་བཞེད་པས། དེ་ལས་ཐ་དད་པའི་སྔགས་སྡོམ་ཐུན་མིན་འཛིན་ཆོག་མེད་པས་དེའི་སྡོམ་པའང་མེད་མོད། འོན་ཀྱང་མཐུན་ཕྱོགས་ཀྱི་བསླབ་བྱ་ལས་མི་འདའ་བར་བསྲུང་བའི་དམ་ཚིག་ལ་ནི་རྩ་བ་དང་ཡན་ལག་གི་དམ་ཚིག་གཉིས་རེ་ཡོད་པར་བཞེད་པས་རྩ་བ་མེད་ན་ཡན་ལག་མེད་པའི་སྐྱོན་མེད་དོ། །དེས་ན་སྡོམ་པ་ལ་དམ་ཚིག་གིས་ཁྱབ་ཀྱང་། དམ་ཚིག་ལ་སྡོམ་པས་མ་ཁྱབ་པར་བཞེད། དེ་ཡང་བྱ་སྤྱོད་ལ་སྔགས་སྡོམ་རྩ་བ་ནས་ཕམ་པའི་རྩ་ལྟུང་ཞིག་མེད་ཀྱང་། དེ་དག་གི་མཐུན་ཕྱོགས་ཀྱི་བསླབ་བྱའི་དམ་ཚིག་བསྲུང་བ་ལ་རགས་པ་རྩ་བའི་དམ་ཚིགས་དང་། ཕྲ་བ་ཡན་ལག་གི་དམ་ཚིག་སྟེ་ཆ་ཅན་དང་ཆ་ཤས་ཀྱི་དམ་ཚིག་གཉིས་རེ་ཡོད་པས། རྩ་བའི་དམ་ཚིག་དང་འགལ་བ་དེ་ལྟ་བུ་ལ་དགོངས་ནས་བྱ་སྤྱོད་ཀྱི་མདོ་རྣམས་ལས་རྩ་བའི་ལྟུང་བ་ཞེས་གསུངས། དེ་ལྟར་ན་སྡོམ་པ་ལའང་འོག་མ་གཉིས་ལ་སྔགས་སྡོམ་བཏགས་པ་བ་དང་། རྒྱུད་སྡེ་གོང་མའི་སྡོམ་པ་སྔགས་སྡོམ་མཚན་ཉིད་པ་ཡིན་པས་རྩ་ལྟུང་ཡང་མཚན་ཉིད་པར་བཞེད་པས་འདིར་ཡང་དངོས་བཏགས་མ་ཕྱེ་བར་སྡོམ་པ་ལ་དབྱེ་བ་བཞིར་བཤད་པ་དང་། རྩ་ལྟུང་འདང་དེ་བཞིན་དུ་རྒྱུད་སྡེ་བཞིར་རྩ་ལྟུང་བཞིར་སྨོས་པ་ཡིན་ནམ་སྙམ་སྟེ་དཔྱོད། དེས་ན་གང་ལྟར་ཡང་དུས་འཁོར་འགྲེལ་ཆེན་ལས་རྒྱུད་སྡེ་བཞི་ག་ལ་ཡང་རྩ་ལྟུང་བཅུ་བཞི་པ་ཅན་དུ་གྲངས་འདྲ་བར་གསུངས་པ་ལྟར་བྱ་སྤྱོད་རྣལ་འབྱོར་གསུམ་ལ་གསང་བ་སྤྱི་རྒྱུད་དང་རྣམ་སྣང་མངོན་བྱང་ལས་བསྟན་པ་ལྟར་འཆད་པ་ལ། དང་པོ་བྱ་རྒྱུད་ཀྱི་ལྟུང་བ་བཅུ་བཞི་ནི། གསང་བ་སྤྱི་རྒྱུད་ལས། དེ་རིང་ཕྱིན་ཆད་ཁྱོད་རྣམས་ཀྱིས། ། སངས་རྒྱས་ཆོས་དང་དགེ་འདུན་དང་། །བྱང་ཆུབ་སེམས་དཔའ་རྣམས་དང་ནི། །གསང་སྔགས

རིག་སྔགས་ཚོགས་རྣམས་ལ། །དད་པ་རབ་ཏུ་བརྟན་པར་བྱ། །རྟག་པར་ཐེག་པ་ཆེན་པོ་ལ། །ཁྱད་པར་དུ་ནི་མོས་པར་བྱ། །དམ་ཚིག་ཅན་དང་མཛའ་བོ་དང་། །བླ་མ་ལ་ཡང་གུས་པར་བྱ། །ལྷ་རྣམས་ཀུན་ལ་སྨད་མི་བྱ། །དུས་མཚམས་དག་ཏུ་མཆོད་པར་བྱ། །སྟོན་པ་གཞན་གྱི་གཞུང་མི་མཆོད། །རྟག་ཏུ་གློ་བུར་མགྲོན་མཆོད་བྱ། །སྲོག་ཆགས་ཀུན་ལ་བྱམས་པའི་སེམས། །རབ་ཏུ་བརྟན་པ་ཉེ་བར་བཞག །ཐེག་ཆེན་ལ་ནི་དགའ་རྣམས་ཀྱི། །བསོད་ནམས་དག་ལ་ནན་ཏན་བསྐྱེད། །བཟླས་བརྗོད་བྱེད་ལ་འབད་པ་ཡིས། །གསང་སྔགས་སྤྱོད་ལ་བརྩོན་པར་བྱ། །གསང་སྔགས་རྒྱུད་ལས་བསྟན་པ་ཡི། །དམ་ཚིག་རྣམས་ཀྱང་བསྲུང་བར་བྱ། །དམ་ཚིག་མེད་པ་རྣམས་ལ་ནི། །སྔགས་དང་ཕྱག་རྒྱ་མི་སྦྱིན་ནོ། །གསང་སྔགས་རྒྱུད་ནི་ལེགས་བསྲུང་ཞིང་། །དེ་ཡང་བདག་གིས་རྟོགས་པར་བྱ། །ཞེས་གསུངས་པ་ལྟར། །དམ་ཚིག་བཅུ་བཞི་ནི། དཀོན་མཆོག་ལ་དད་པ། སྔགས་ལ་དད་པ། ཐེག་ཆེན་ལ་མོས་པ། བླ་མ་མཆེད་གྲོགས་ལ་གུས་པ། འདས་མ་འདས་པའི་ལྷ་གཞན་ལ་མི་སྨད་པ། རང་གི་ལྷ་དུས་ཚིགས་སུ་མཆོད་པ། གཞུང་གཞན་མི་མཆོད་པ། །གློ་བུར་བའི་མགྲོན་མཆོད་པ། བྱམས་པ་མི་གཏོང་བ། སེམས་ཅན་གྱི་དོན་ལ་བརྩོན་པ་མི་འདོར་བ། བཟླས་བརྗོད་ལ་བརྩོན་པ། དམ་ཚིག་གཞན་ཡང་ཅི་ནུས་སུ་བསྲུང་བ། སྣོད་མིན་ལ་སྔགས་རྒྱ་མི་སྦྱིན་པ། རང་གིས་སྔགས་རྒྱུད་བསྲུང་ཞིང་རྟོགས་པར་བྱ་བ་རྣམས་སོ། །དེ་ལྟ་བུའི་དམ་ཚིག་བཅུ་བཞི་ལས་འདས་པའི་ལྟུང་བ་བཅུ་བཞི་ཡང་རྩ་ལྟུང་དུ་འདོད་དོ། །

གཉིས་པ་སྤྱོད་རྒྱུད་ཀྱི་རྩ་ལྟུང་བཅུ་བཞི་ནི། མི་དགེ་བ་བཅུ་དང་རྩ་བའི་ཉེས་ལྟུང་བཞི་སྤོང་བའི་དམ་ཚིག་ལས་འདས་པའི་ལྟུང་བ་བཅུ་བཞི་སྟེ། རྣམ་སྣང་མངོན་བྱང་ལས། བཅུ་པོ་འདི་དག་བྱང་ཆུབ་སེམས་དཔའ་སྔགས་ཀྱི་སྒོར་སྤྱོད་པའི་བསླབ་པ་ཐམས་ཅད་ཀྱི་རྩ་བ་ཡིན་པས་གཞི་ཞེས་བྱ་ཞེས་མི་དགེ་བ་བཅུ་སྤང་བ་དང་། ཡང་དེ་ཉིད་ལས། །རྩ་བའི་ལྟུང་བ་བཞི་ནི་སྲོག་གི་ཕྱིར་ཡང་ཡོངས་སུ་ཉམས་པར་མི་བྱའོ། །ཞེས་དམ་ཚིག་དེ་བཞི་ནི། དེ་ཉིད་ལས། དེ་རིང་ཕྱིན་ཆད་བུ་ཁྱོད་ཀྱིས། །དམ་ཚིག་ཆོས་དང་བྱང་ཆུབ་སེམས། །སྲོག་གི་ཕྱིར་ཡང་ད་ཕྱིན་ཆད། །ཡོངས་སུ་བཏང་བར་མི་བྱའོ། །ཁྱོད་ཀྱི་སེར་སྣ་དང་ནི་གང་། །སེམས་ཅན་གནོད་པ་མི་བྱའོ། །དམ་ཚིག་འདི་དག

སངས་རྒྱས་ཀྱིས། །བརྟུལ་ཞུགས་བཟང་པོ་ཁྱོད་ལ་བཤད། །ཅེས་དེ་བཞི་ལས་འདས་པའི་དམ་ཚིག་དམ་པའི་ཆོས་སྤོང་བ། བྱང་ཆུབ་ཀྱི་སེམས་བཏང་བ། སེར་སྣས་མི་སྦྱིན་པར་བྱེད་པ། སེམས་ཅན་ལ་གནོད་པ་བྱ་བ་རྣམས་སོ། །དེ་ལྟ་བུའི་ཉེས་ལྟུང་བཅུ་བཞི་སྤོང་བའི་དམ་ཚིག་བཅུ་བཞི་ལས་འགལ་བའི་རྩ་ལྟུང་བཅུ་བཞིའོ། །

རྣལ་འབྱོར་རྒྱུད་ཀྱི་དམ་ཚིག་བཅུ་བཞི་ནི། དེ་བཞིན་རིགས་ཀྱི་དམ་ཚིག་ལ་དཀོན་མཆོག་གསུམ་ལ་སྐྱབས་སུ་འཛིན་པ་སྟེ་དམ་ཚིག་གསུམ་དང་། རྡོ་རྗེའི་རིགས་ལ་རྡོ་རྗེ་དྲིལ་བུ་ཕྱག་རྒྱ་སློབ་དཔོན་བཟུང་བ་སྟེ་དམ་ཚིག་བཞི། རིན་ཆེན་རིགས་ལ་སྦྱིན་པ་རྣམ་བཞི་གཏོང་བའི་དམ་ཚིག་བཞི། པདྨའི་རིགས་ལ་དམ་པའི་ཆོས་འཛིན་པའི་དམ་ཚིག་གཅིག །ལས་ཀྱི་རིགས་ལ་སྡོམ་བཟུང་ཟིན་རྣམས་ཅི་ནུས་སུ་མི་གཏོང་མི་ཉམས་པར་འཛིན་པ་གཅིག་དང་གཉིས་ཏེ་བཅུ་བཞིའོ། །དེ་རྣམས་མཐུན་ཕྱོགས་ཀྱི་སྒྲུབ་བྱའི་དམ་ཚིག་དང་། དེ་ལྟ་བུའི་དམ་ཚིག་བཅུ་བཞི་ལས་འདས་པ་བཅུ་བཞི་པོ་དེ་མཁས་པ་འགས་རྣལ་འབྱོར་རྒྱུད་ལས་བྱུང་བའི་རྩ་ལྟུང་བཅུ་བཞི་པོ་ཡིན་པར་བཞེད། མཁས་པ་གཞན་འགས་ནི། རིགས་ལྔ་སོ་སོའི་དམ་ཚིག་བཅུ་བཞི་ལས་འདས་པ་ནི། སྡོམ་པོ་བཅུ་བཞི་ཡིན་ལ། རྣལ་འབྱོར་རྒྱུད་ལས་བསྟན་པའི་རྩ་ལྟུང་ནི་རྣལ་འབྱོར་བླ་མེད་དང་ཐུན་མོང་དུ་གྱུར་པའི་རྩ་བའི་ལྟུང་བ་བཅུ་བཞི་པོ་རིགས་ལྔ་སྤྱིའི་སྤང་བྱའི་དམ་ཚིག་ཏུ་བཞེད་པ་ཡིན་པར་འདོད་དོ། །བླ་མེད་རྒྱུད་ནས་བསྟན་པའི་རྩ་ལྟུང་བཅུ་བཞི་ནི། བླ་མེད་རང་གི་ཐུན་མིན་གྱི་རྩ་ལྟུང་བཅུ་གསུམ་པ་དང་བཅུ་བཞི་པ་སྟེ་གཞན་རྣམས་རྣལ་འབྱོར་རྒྱུད་ལས་བསྟན་པ་དང་ཐུན་མོང་གི་རྩ་ལྟུང་རྣམས་སོ། །

གཉིས་པ་བླ་མེད་ལུགས་ཀྱི་དམ་ཚིག་དང་ལྟུང་བ་བྱེ་བྲག་ཏུ་བཤད་པ་ནི། བླ་མེད་ལུགས་ལ་སོགས་ཀྱིས་བསྟན་ཏེ། བླ་མེད་ལུགས་ལ་བརྟུལ་ཞུགས་ཉེ་ཤུ་རྩ་ལྔ། རིགས་ལྔའི་སྡོམ་པ། རྩ་ལྟུང་བཅུ་བཞི་དང་། སྡོམ་པོ་དང་ནི་ཁྱད་པར་དུ་རྫོགས་པ་ཆེན་པོའི་སྲོལ་རྣམས་སུ་དབྱེར་ཡོད་དོ། །

གཉིས་པ་དང་པོ་སྡོམ་པ་མ་ཐོབ་ཐོབ་པའི་ཚུལ་ལ་གཉིས་ཏེ། མདོར་བསྟན། རྒྱས་བཤད་དོ། །དང་པོ་ནི། དང་པོ་མ་ཐོབ་སོགས་ཀྱིས་བསྟན་ཏེ། །དང་པོ་རང་རྒྱུད་ལ་སྔགས་སྡོམ་མ་ཐོབ་པ་ཐོབ་པའི་ཚུལ་བཤད་པ་ནི། དེ་ལ་རྒྱུད་སྡེ་འོག་མ་གསུམ་གྱི་དབང་གིས་ཐོབ་པའི་སྔགས་སྡོམ་བཏགས་མཚན

ཅི་རིགས་པའི་དམ་ཚིག་བསྟན་བྱ་ཡོད་མོད། བསྟན་བཅོས་འདིར་ནི་སྔགས་བླ་མེད་ཀྱི་དབང་ལས་ཐོབ་པའི་སྔགས་སྡོམ་དང་དེའི་དམ་ཚིག་དང་ལྡན་པའི་དགག་སྒྲུབ་རྣམས་གཙོ་བོར་སྟོན་པ་ཡིན་པས་དེའི་སྡོམ་པ་ཐོབ་བྱེད་ཀྱི་དབང་བསྐུར་དེ་དངོས་བསྟན་དུ་སློས་པ་ཡིན་ནོ། །འོན་ཀྱང་འོག་མ་བྱ་རྒྱུད་ལ་འཇིག་རྟེན་ལས་འདས་པའི་རིགས་གསུམ་གང་རུང་གི་དཀྱིལ་འཁོར་དུ་ཞུགས་ནས་གཟུངས་དང་དབང་སྔགས་བཟླ་བཞིན་པར་དབང་བུམ་གྱིས་ཆུ་དབང་དང་། རིགས་གང་ཡིན་གྱི་དམ་ཚིག་ཕྱག་རྒྱའི་ཅོད་པན་གྱི་དབང་མཐའ་རྟེན་བཟླས་ལུང་། བྱབས་ཁྲུས་བསྲུང་གསུམ། བཀྲ་ཤིས་རྫས་བརྒྱད་བྱིན་པ་རྣམས་ཀྱིས་དབང་བསྐུར་བའོ། །སྤྱོད་རྒྱུད་ལ། དཀྱིལ་འཁོར་དུ་བཅུག་ནས་ཆུ་དང་ཅོད་པན་གྱི་སྟེང་དུ། རྡོ་རྗེ་དྲིལ་བུ་མིང་དབང་རྣམས་དང་། མེ་ལོང་ཐུར་མ། ཆོས་འཆད་ཀྱི་རྗེས་གནང་སོགས་ཀྱི་དབང་འཁོར་བཅས་བསྐུར་བའོ། །རྣལ་འབྱོར་རྒྱུད་དུ་སློབ་མའི་དབང་ལྔ་དང་། སློབ་དཔོན་གྱི་དབང་དྲུག་སྟེ་བཅུ་གཅིག་ལས། དང་པོ་དཀྱིལ་འཁོར་དུ་ཞུགས་པ། དམ་ཚིག་སྡོམ་བཟུང་ཡེ་ཤེས་དབབ་པ། མེ་ཏོག་དོར་བས་ལྷག་ལྷ་ངོས་བཟུང་སྟེ་གང་བུམ་གྱིས་ཁྲུས་སྔོན་དུ་འགྲོ་བས་ལྷག་པའི་ལྷའི་བུམ་པ་དང་། རྣམ་རྒྱལ་བུམ་པ་སོགས་ལྷ་བུམ་གྱིས་ཆུ་དབང་དང་། རྡོ་རྗེ་རིན་ཆེན་ཅོད་པན་སོགས་གང་ཡིན་གྱི་ཅོད་པན་དང་། དེ་བཞིན་གཤེགས་པའི་རྡོ་རྗེ་རྡོ་རྗེ་སོགས་རིགས་ཀྱི་རྡོ་རྗེ་དང་རིགས་དེ་རྣམས་ཀྱིས་མཚན་པའི་དྲིལ་བུ། ལྷག་པའི་ལྷ་དང་མཐུན་པའི་མིང་དབང་སྟེ་ལྔའོ། །སློབ་དཔོན་གྱི་དབང་དྲུག་སྟེ་བཅུ་གཅིག་སྔར་སློས་པ་ལྟར་བསྐུར་བའོ། །

གཉིས་པ་རྒྱས་པར་བཤད་པ་ལ་ལྔ་སྟེ། དཀྱིལ་འཁོར་གྱི་རྣམ་བཞག དབང་བཞིའི་རྣམ་བཞག་བྲལ་ཐོབ་ཀྱི་རྣམ་བཞག །ཐོབ་མཚམས་ཀྱི་རྣམ་བཞག །རྗེས་ཀྱི་རྣམ་བཞག་གོ །དང་པོ་ནི། རྟུལ་ཚོན་དང་ནི་སོགས་ཀྱིས་བསྟན་ཏེ། སྤྱིར་དཀྱིལ་འཁོར་ཞེས་པ་མཎྜལ་ཞེས་པའི་སྒྲ་ལས། སྙིང་པོའི་ཡོན་ཏན་གྱི་གཞི་འཛིན་ཅིང་ལེན་པར་བྱེད་པས་དཀྱིལ་འཁོར་རོ། །དེ་ལའང་། རང་བཞིན་ཡེ་ཤེས་ཀྱི་དཀྱིལ་འཁོར། ཏིང་ངེ་འཛིན་གྱི་དཀྱིལ་འཁོར། གཟུགས་བརྙན་གྱི་དཀྱིལ་འཁོར་གསུམ་དང་། དེའི་ཁར་ལྷག་པ་ཏིང་ངེ་འཛིན་གྱི་དཀྱིལ་འཁོར་དང་། ལྷག་པ་གཟུགས་བརྙན་གྱི་དཀྱིལ་འཁོར་དང་ལྔ་ལས། དང་པོ་ལ། དབྱིངས་རང་བཞིན་གྱི་དཀྱིལ་འཁོར་ནི། ཆོས་ཐམས་ཅད་ཀྱི་རང་

བཞིན་ཡེ་ནས་རྣམ་པར་དག་པའི་སྟོང་པའི་ཡེ་ཤེས་སོ། །རང་བཞིན་ལྷུན་གྲུབ་ཀྱི་དཀྱིལ་འཁོར་ནི། རྟོག་ཚོགས་ཐམས་ཅད་ཀྱི་སྣང་གཞི་ཡེ་ནས་ལྷ་ཡེ་ཤེས་དང་ཡེ་སྣང་དུ་གནས་པའོ། །རང་བཞིན་འབྲས་བུ་མཐར་ཕྱིན་པའི་དཀྱིལ་འཁོར་ནི། རྟོགས་པ་མངོན་གྱུར་འོག་མིན་དུ་སྐུ་དང་ཡེ་ཤེས་འདུ་འབྲལ་མེད་པར་བཞུགས་པའོ། །གཉིས་པ་ཏིང་ངེ་འཛིན་གྱི་དཀྱིལ་འཁོར་ནི། དངོས་སྣང་ཐམས་ཅད་མི་དམིགས་པའི་དབྱིངས་སུ་བསྡུས་ཏེ། རིག་པ་མ་བཅོས་པའི་ངང་ལ་རྩེ་གཅིག་ཏུ་མཉམ་པར་བཞག་པའོ། །གསུམ་པ་གཟུགས་བརྙན་གྱི་དཀྱིལ་འཁོར་ནི། དོན་དམ་པའི་གཟུགས་བརྙན་ཀུན་རྫོབ་ལྷའི་དཀྱིལ་འཁོར་རྟོག་པ་ཕྲ་རགས་ཀྱི་རྣམ་པར་ཤར་བའོ། །བཞི་པ་ལྷག་པ་ཏིང་ངེ་འཛིན་གྱི་དཀྱིལ་འཁོར་ནི། མཚན་བཅས་ལྷ་སྐུ་བསྒོམ་པའི་ཏིང་འཛིན་གསུམ་དང་རྟེན་བརྟེན་པའི་དཀྱིལ་འཁོར་གྱི་བསྐྱེད་ཚོག་གི་བྱ་བ་མང་པོས་ལྷག་པས། ལྷག་པ་ཏིང་ངེ་འཛིན་གྱི་དཀྱིལ་འཁོར་ཞེས་བྱ། ལྔ་པ་ལྷག་པ་གཟུགས་བརྙན་གྱི་དཀྱིལ་འཁོར་ནི། དགོས་པ་ལ་ལྟོས་ནས་དབང་རབ་གནས་སྒྲུབ་ཕྲིན་གྱི་དཀྱིལ་འཁོར་བཞི་པོ་གང་རུང་གི་རྡུལ་ཚོན་རས་བྲིས་ལྷ་བུ་ལས་དཀྱིལ་འཁོར་གྱི་གཟུགས་སུ་བཞེངས་པ་ནི། ས་ཐིག་སྐུ་གོན་སོགས་ཀྱི་བྱ་བ་མང་པོས་ལྷག་པས་དེ་ལྟར་བྱའོ། །

དེ་ལྟ་བུའི་དཀྱིལ་འཁོར་ལྔ་ལས། སློབ་དཔོན་སངས་རྒྱས་ཀྱིས་སློབ་མ་མཐར་ལམ་པར་རང་བཞིན་ཡེ་ཤེས་ཀྱི་དཀྱིལ་འཁོར་ལ་བརྟེན་ནས་དབང་བསྐུར་བ་དང་། སློབ་དཔོན་མཐར་ལམ་པས་སློབ་བུ་མཐོང་སྒོམ་པར་ལྷག་པ་ཏིང་ངེ་འཛིན་གྱི་དཀྱིལ་འཁོར་ལ་བརྟེན་པ་དང་། སློབ་དཔོན་མཐོང་སྒོམ་པས་སློབ་བུ་ཚོགས་སྦྱོར་བར་རིག་པ་ཉམས་ཀྱི་དཀྱིལ་འཁོར་ལ་བརྟེན་ནས་དབང་བསྐུར་བར་སྨིན་གླིང་ལོ་ཆེན་གསུངས་སོ། །ལས་དང་པོ་བའི་སློབ་བུ་རྗེས་འཛིན་གྱི་དཀྱིལ་འཁོར་ནི་ལྷག་པ་གཟུགས་བརྙན་གྱི་དཀྱིལ་འཁོར་སྟེ་རྡུལ་ཚོན་གྱི་དཀྱིལ་འཁོར་དེ་ཉིད་སྤྲོས་བཅས་བུམ་དབང་གི་དཀྱིལ་འཁོར་དུ་བསྟན་པ་ཡིན། རྡུལ་ཚོན་གྱི་དཀྱིལ་འཁོར་དེ་ལ་ཆོ་གའི་ལས་རིམ་མང་པོས་ལྷག་པས་ན་ལྷག་པ་གཟུགས་བརྙན་གྱི་དཀྱིལ་འཁོར་ཞེས་བྱའོ། །དེ་ལ་གདུལ་བྱའི་དབང་ལས་སྐལ་དམན་འགྱུར་བ་དང་ལྡན་པར་རྡུལ་ཚོན་ལ་བརྟེན་པ། སྐལ་བ་འབྲིང་འགྱུར་བ་མི་རྒྱས་པར་རས་བྲིས་ལ་བརྟེན་པ། སྐལ་པ་རབ་འགྱུར་བ་ཤིན་ཏུ་ཞན་པ་ལ་ཚོམ་བུ་ལྟ་བུའི་དམིགས་རྟེན་

ཙུང་ཟད་ཙམ་ལ་བརྟེན་ནས་བསྐུར་རུང་བར་ཡང་། བདེར་འདུས་དབང་ཆོག་རྩ་བ་ལས། དཀྱིལ་འཁོར་གང་དུ་དབང་བསྐུར་ན། །རབ་འབྲིང་ཐ་མར་གསུངས་པ་ཡི། །མེ་ཏོག་བྲིས་སྐུ་རྡུལ་ཚོན་གསུམ། །དཀྱིལ་འཁོར་གསུམ་དུ་དབང་བསྐུར་རོ། །ཞེས་གསུངས་སོ། །གཞན་ཡང་སྐལ་ལྡན་བློ་ཆེ་བ་ཁ་ཅིག སློབ་དཔོན་གྱི་ལུས་ཀྱི་དཀྱིལ་འཁོར་དུ་འཇུག་རུང་བར་སློབ་དཔོན་དྲིལ་བུ་པ་སོགས་གསུངས་སོ། །དེ་ལྟ་བུའི་དཀྱིལ་འཁོར་དེ་དང༷་དེ་ནི༷་བུམ་དབང་གི་དཀྱིལ་འཁོར་ཡིན་ནོ། །དེ༷་བཞི༷ན་དུ་མཆོག་དབང་གསུམ་གྱི་དཀྱིལ་འཁོར་ལ། སྤྱིར་ཐམས་ཅད་བདག་གི་དེ་ཁོ་ནའམ། ལུས་གནས་ཀྱི་རྩའི་དཀྱིལ་འཁོར་ལ་བརྟེན་པ་ཙམ་ལ་འདྲ་ཡང་། བྱེ་བྲག་གསང་དབང་ལ་སྔགས་ཀྱི་དེ་ཁོ་ན་ཉིད་དམ་ཡི་གེ་བྷ༷་ག༷འི་དཀྱིལ་འཁོར་དང༷། ཤེར་དབང་ལ་ལྷའི་དེ་ཁོ་ན་ཉིད་དམ་ཀུན༷་རྫོབ༷་བྱང་ཆུབ་སེམས་ཀྱི་དཀྱིལ་འཁོར་དང་། དབང་བཞི་པ་ཡེ་ཤེས་ཀྱི་དེ་ཁོ་ན་ཉིད་དོན༷་དམ༷་བྱང༷་ཆུབ༷་སེམས་སྙིང་པོ་ཡེ་ཤེས་ཀྱི་དཀྱི༷ལ་འཁོ༷ར་སྟེ་རྣམ་པ་བཞི༷ར་ཤེས་པར་བྱའོ། །དེའང་གསང་དབང་གི་རྩ་ཡི་གེ་བྷ་གའི་དཀྱིལ་འཁོར་ཞེས་པ། བླ་མ་ཡབ་ཡུམ་གྱི་ལུས་ནི་རྩའི་དཀྱིལ་འཁོར་དུ་གནས་ཤིང་རྩ་དེའང་རྩ་མདུད་ཡི་གེའི་རྣམ་པ་ལྟར་དུ་གནས་པས་རྩ་ཡི་གེའི་དཀྱིལ་འཁོར་ཞེས་བྱ། ཡི་གེའི་རྣམ་པ་ཅན་གྱི་རྩ་མདུད་དེ་དག་ཏུ་རླུང་དང་ཐིག་ལེའི་དྭངས་མ་འདུས་པས། དྭངས་མ་དེ་མངོན་དུ་གྱུར་པས་མཚན་རྟོག་འཇོམས་པའི་ནུས་པ་ཅན་ཡིན་པས་བྷ་ག་ཞེས་བཅོམ་པའི་སྒྲས་བསྟན། དེའང་ཡབ་ཀྱི་རྡོ་རྗེ་ཐབས་བདེ་ཆེན་ཧཱུྃ་ཡིག་གི་རྣམ་པར་གནས། ཡུམ་མཁའ་ཤེས་རབ་སྟོང་པ་ཨེའི་རྣམ་པར་གནས་པའི་དཀྱིལ་འཁོར་དུ་ཡབ་ཡུམ་གྱི་རླུང་སེམས་དྭངས་མའི་ཐིག་ལེ་ཞལ་མཇལ་སྐབས་རང་བཞིན་བརྒྱད་ཅུའི་རྟོག་པ་བཅོམ་ནས་རྟོག་མེད་བདེ་སྟོང་གི་ཡེ་ཤེས་བསྐྱེད་པས་བྷ་གའི་དཀྱིལ་འཁོར་ཞེས་བྱའོ། །ཤེར་དབང་གི་དཀྱིལ་འཁོར་ལ་ཀུན་རྫོབ་བྱང་ཆུབ་སེམས་ཀྱི་དཀྱིལ་འཁོར་ཞེས་བྱ་བ་སློབ་བུ་རང་ཉིད་ཀྱི་ལུས་རྡོ་རྗེའི་ཕུང་པོ་དཀྱིལ་འཁོར་གྱི་ལྷའི་རང་བཞིན་དུ་གནས་པས། ཁམས་བྱང་ཆུབ་ཀྱི་སེམས་སམ་དཀར་དམར་གྱི་ཐིག་ལེ་ཉིད་དཔའ་བོ་མཁའ་འགྲོའི་ཚུལ་དུ་རང་བཞིན་དང་ཤིན་ཏུ་རྣམ་དག་ཏུ་བྱིན་རླབས་ཀྱི་དབང་གིས་གནས་པས་བདེ་སྟོང་གི་ཡེ་ཤེས་ཀྱི་སྙིང་པོ་མངོན་གྱུར་དུ་ལེན་ཅིང་སྐྱེ་བའི་རྟས་ཁྱད་པར་ཅན་ལ་བྱང་ཆུབ་སེམས་ཀྱི་དཀྱིལ་འཁོར་དང་། ཡུམ་

མཚན་ལྡན་གྱི་གསང་བ་ཟླ་གའི་དཀྱིལ་འཁོར་དེ་ར་ཡབ་ཡུམ་ཀྱི་བྱང་སེམས་བདེ་སྟོང་གི་རྟོགས་པ་ཁྱད་པར་ཅན་སྐྱེད་པའི་ནུས་ལྡན་གྱི་བྱང་སེམས་ཏེ། མདོར་ན་བདེ་སྟོང་གི་ཡེ་ཤེས་འདྲེན་པའི་ཡབ་ཡུམ་གཉིས་ཀྱི་ཁམས་ཞུ་བརྟན་ལ་བྱའོ། །དབང་བཞི་པའི་དཀྱིལ་འཁོར་དོན་དམ་བྱང་ཆུབ་སེམས་ཀྱི་དཀྱིལ་འཁོར་ཞེས་པ་སློབ་བུའི་དབང་གསུམ་པའི་སྐབས་ཀྱི་དཔེའི་འོད་གསལ་རྣམ་ཤེས་ཀྱི་རང་བཞིན་རིག་པའི་ཡེ་ཤེས་ཀྱི་ཐིག་ལེ་གཉུག་མ་དོན་དམ་གྱི་ཆོས་ཉིད་འཁོར་འདས་ཀྱི་སྤྱི་གཞི་བདེ་གཤེགས་སྙིང་པོ་ཡེ་ནས་རྣམ་པར་དག་པའི་རང་བཞིན་སངས་རྒྱས་ཀྱི་དཀྱིལ་འཁོར་དུ་བཞུགས་པ་དེ་ཉིད། དོན་གྱི་འོད་གསལ་མཐར་ཐུག་ཏུ་ངོ་སྤྲོད་པའི་གཞི་དོན་དམ་གྱི་སེམས་དེ་ཉིད་ལ་དོན་དམ་བྱང་ཆུབ་སེམས་ཀྱི་དཀྱིལ་འཁོར་ཞེས་བྱའོ། །

གཉིས་པ་དབང་བཞིའི་རྣམ་བཞག་ལ། བུམ་པ་གསང་བ་སོགས་ཀྱིས་བསྟན་ཏེ། དེ་ལ་དབང་གི་ངོ་བོ་ནི། སྔར་བསྟན་པ་ལྟར་རྒྱུ་གཉིས་རྐྱེན་བཞི་ལས་འབྲས་བུའི་གོ་འཕང་གི་ཆོས་ཐོབ་པའི་ནུས་པ་འཇོག་པའི་ལས་ཉིད་ཀྱིས་དབང་དོན་ཡེ་ཤེས་ཀྱི་དབང་རང་རང་གི་ལམ་དངོས་སུ་སྐྱེས་པའམ་སྐྱེ་ངེས་ཀྱི་ནུས་པ་ཅི་རིགས་ཐོབ་པ་ལ་དབང་ངོ་། །དེ་ལྟར་ཡང་ཧེ་རུ་ཀ་འདུས་པའི་རྒྱུད་ལས། །གང་གིས་གང་ལ་དབང་བསྐུར་བས། །རྒྱུད་དག་ནུས་པ་ཐོབ་ཕྱིར་དབང་། །ཞེས་སོ། །ངེས་ཚིག་ནི། ཨ་ཧྲི་ཧི་ཧཱུའི་སྦྲུས་དྲི་མ་གཏོར་བའམ། ལམ་དང་འབྲས་བུའི་རྟོགས་པ་བླུག་པ་སྟེ། སྦྱང་བྱའི་དྲི་མ་དག་རུང་དང་ལམ་བསྒོམ་རུང་། འབྲས་བུ་འཐོབ་རུང་གི་ནུས་པ་འཇོག་པ་ལ་བྱ་སྟེ། དགྱེས་པ་རྡོ་རྗེ་ལས། གཏོར་དང་བླུག་པ་ཞེས་བྱ་བ། །དེས་ན་དབང་ཞེས་བརྗོད་པར་བྱ། །ཞེས་སོ། །དབྱེ་ན་གཞི་ལམ་འབྲས་བུའི་དབང་ངོ་། །གཞིའམ་རྒྱུའི་དབང་ནི། དང་པོ་བླ་མ་ལས་ཐུགས་སྡོམ་གསར་དུ་དབང་བསྐུར་དང་འབྲེལ་བར་ཐོབ་ནས་ལམ་བསྒོམ་རུང་གི་སྣོད་རུང་བྱེད་པའོ། །ལམ་དབང་ནི། ཕྱིས་སྡོམ་པ་ཉམས་པ་གསོ་བའི་ཆེད་དུ་སྔར་རྒྱུད་སྨིན་ཟིན་པའི་དབང་གི་རྒྱུན་དེ་གོང་འཕེལ་དུ་བྱེད་པའི་དབང་ངོ་། །འབྲས་བུའི་དབང་ནི། སློབ་ལམ་རྫོགས་ཁར་མཐར་ལམ་པ་ལ་མཆོག་དབང་སངས་རྒྱས་དངོས་ལས་ཐོབ་པ་དེའོ། །དེ་གསུམ་ལས། འབྲས་དབང་ལ་གོང་མ་གསུམ་ལས་མེད་ཅིང་། གཞི་ལམ་གྱི་དབང་ལ་དབང་བཞི་སྟེ། བུམ༷་པ༷་དང་གསང༷་བའི༷་དབང་དང་། ཤེས༷་

རབ་ཡེ་ཤེས་ཀྱི་དབང་དང་། བཞི་པའི་དབང་ཚིག་དབང་རིན་པོ་ཆེ་སྟེ་དབང་བཞིའི་རིམ་པ་རྣམས། དེ་ཉིད་བཅུ་ལྡན་གྱི་མཚན་ཉིད་ལྡན་པའི་རྡོ་རྗེ་སློབ་དཔོན་གྱིས་སྟོད་ལྡན་མཚན་ཉིད་དང་ལྡན་པའི་སྐལ་ལྡན་སློབ་བུ་རྣམས་ལ་རིམ་པར་མཐར་ཆགས་སུ་བསྐུར་བར་གསུངས་སོ། །རྡོ་རྗེ་སློབ་དཔོན་གྱི་མཚན་ཉིད་ལ་ཁྱད་པར་གསུམ་ལྡན་ཏེ། བརྒྱུད་པ་དམ་པ་བར་མ་ཆད་པ་ལས་དབང་ལེགས་པར་ཐོབ་པ། བསྙེན་པ་ལས་རྟུང་གྲུབ་ཅིང་ལྷས་མ་བཀག་པ། དབང་བསྐུར་གྱི་ཆོ་ག་ལ་མཁས་པ་དང་གསུམ། གཞན་ཡང་ཕྱི་ནང་གི་དེ་ཉིད་བཅུ་ལ་མཁས་པ་སྟེ།ནང་གི་དེ་ཉིད་བཅུ་ནི། རྡོ་རྗེ་སྙིང་པོའི་རྒྱན་ལས། ཕྱིར་བཟློག་གཉིས་ཀྱི་ཆོ་ག་དང་། །གསང་དང་ཤེས་རབ་ཡེ་ཤེས་དང་། །ཁ་སྦྱོར་དབྱེ་བའི་ཆོ་ག་དང་། །གཏོར་མ་རྡོ་རྗེའི་བཟླས་པ་དང་། །དྲག་ཤུལ་སྒྲུབ་པའི་ཆོ་ག་དང་། །རབ་ཏུ་གནས་དང་དཀྱིལ་འཁོར་སྒྲུབ། །གསང་བའི་དེ་ཉིད་བཅུ་ཡིན་ནོ། །

ཞེས་ཁྲོ་བཅུ་སོགས་བསྲུང་འཁོར་བསྒོམ་པས་བར་ཆད་ཕྱིར་བཟློག་པ་དང་། བྲིས་འཁོར་སོགས་ཀྱིས་ཕྱིར་བཟློག་པ་དང་། གསང་དབང་དང་། ཤེར་དབང་གི་ཆོ་ག་ལ་མཁས་པ་དང་། བསྒྲལ་བྱ་སྲུང་ཞིང་སྐྱོབ་པའི་ལུས་ལྷ་སྲོག་ལྷ་འགོ་ལྷ་སོགས་ཁ་སྦྱོར་བ་དབྱེ་བའི་ཆོ་གར་མཁས་པ། གཏོར་མའི་ཆོ་ག་ལ་མཁས་པ་དང་། རླུང་འབྱུང་འཇུག་རྡོ་རྗེའི་བཟླས་པ་ལ་མཁས་པ་དང་། བཟླས་པ་དང་བསྙེན་རིམ་སོགས་མཚན་ཉིད་ཚང་བར་བསྒྲུབས་ཀྱང་ལས་མ་འགྲུབ་ན་ལྷ་ལ་ཕུར་གདབ་སོགས་ཀྱིས་སྦྱོག་ཆོག་གམ་དྲག་ཤུལ་སྒྲུབ་པའི་ཆོ་ག་དང་། རྟེན་ཁང་བཟང་སྐྱིད་ཚལ་ཆུ་བོ་སོགས་རབ་གནས་ཀྱི་ཆོ་ག་དང་། དབང་བསྐུར་སོགས་ཀྱི་དཀྱིལ་འཁོར་སྒྲུབ་པའི་ཆོ་ག་ལ་མཁས་པ་དང་བཅུའོ། །

ཕྱིའི་དེ་ཉིད་བཅུ་ནི། སྡོམ་ལས། དཀྱིལ་འཁོར་ཏིང་འཛིན་ཕྱག་རྒྱ་དང་། །སྟངས་སྟབས་འདུག་སྟངས་བཟླས་བརྗོད་དང་། །སྦྱིན་སྲེག་མཆོད་པ་ལས་སྦྱོར་དང་། །སླར་སྡུད་པ་ཡི་རྣམ་པ་ནི། །ཕྱི་ཡི་དེ་ཉིད་བཅུ་ཡིན་ནོ། །ཞེས་པ་ལྟར། ཕྱི་ནང་གི་དཀྱིལ་འཁོར་གཉིས་དང་། དང་པོའི་སྦྱོར་བ་སོགས་ཏིང་འཛིན་གསུམ་དང་། ལག་པའི་ཕྱག་རྒྱ་དང་། རྐང་པ་བརྐྱང་བསྐུམ་སོགས་ཀྱི་སྟངས་སྟབས་དང་། སྐྱིལ་ཀྲུང་སོགས་ཀྱི་འདུག་སྟངས་དང་། ངག་བཟླས་སོགས་ཀྱི་བཟླས་པ་དང་། ཞི

སོགས་ཀྱི་སྦྱིན་སྲེག་དང་། མཆོད་པའི་ཆོ་ག་དང་། བསྲུང་ཞིང་སྲུན་དྲངས་པ་སོགས་ཀྱི་དཀྱིལ་འཁོར་གྱི་ལས་དང་། ཞི་སོགས་ཀྱི་ལས་སྦྱོར་དང་། སླར་སྡུད་པ་སྟེ་དཀྱིལ་འཁོར་གཤེགས་གསོལ་གྱི་ཚུལ་སོགས་ལ་མཁས་པ་རྣམས་སོ། །གཞན་ཡང་སློབ་དཔོན་མཚན་ཉིད་བརྒྱད་ལྡན་སྔར་སྨོས་པ་དང་ལྡན་པ། སློབ་མ་ཡང་། སྟོན་པ་མཆོད་བསྟོན་སོགས་མཚན་ཉིད་དྲུག་དང་ལྡན་པ་འཚོགས་པ་ལས་དབང་བཞི་རིམ་པར་བསྐུར་ནོད་བྱ་བར་བསྟན། དེ་ཡང་བླ་མ་ལ་སློབ་མས་དབང་དོན་དུ་གསོལ་བ་བཏབ་པ་སྣོད་རུང་དུ་ཤེས་ན་རང་ཉིད་ཀྱིས་བསྙེན་པ་ཁ་གསོས་ལ་འཇུག་སྟེ། རྣམ་གྲོལ་ལས། དུས་དང་གྲངས་དང་མཚན་མ་ཡི། །བསྙེན་པ་རབ་ཏུ་རྫོགས་པ་གཅེས། ཞེས་སོ། །བླ་མས་བསྙེན་སྒྲུབ་ཡན་ལག་བཞི་དང་ལྡན་པའི་དབང་བསྒྲུབ་པ་ལ། ཐོག་མར་ས་ཆོག་ནི། སྦྱིར་གནམ་ས་བར་སྣང་གི་དཔྱད་དང་། བྱེ་བྲག་ལྟོ་འཕྱེ་བརྟག་པ། སྣང་བ་དང་མི་སྣང་བ་ལ་བསླང་བའོ། །

སའི་སྙིགས་མ་གྱོ་མོ་རུས་སོལ་སོགས་བསལ་བའི་བྱ་བ་དང་ལས་ཀྱིས་སྦྱང་བ།མེ་ཡིས་སྦྱང་བ་ནི། རྡོ་རྗེ་ལས་རིམ་ལས། སྦྱང་བ་ལས་མེ་སྔགས་ཕྱག་རྒྱ། །ཏིང་འཛིན་དག་གིས་དག་པར་འགྱུར། །ཞེས་པ་ལྟར། དྲི་བཟང་བ་བྱུང་སོགས་ཀྱི་རྫས་དང་། སྦྱིན་སྲེག་བྱེད་པ་ལྟ་བུའི་མེ་དང་། ཨོཾ་ཧན་ཧན་ཧཱུྃ་ཕཊ་སོགས་ཀྱི་སྔགས་དང་། རྡོ་རྗེའི་ཕྱག་རྒྱའི་འོད་ཀྱིས་ས་གཞི་རྡོ་རྗེར་བརླབས་པའི་ཏིང་ངེ་འཛིན་གྱིས་སྦྱང་བ་སོགས་སྦྱང་བའོ། །དཀྱིལ་འཁོར་གྱི་རྟེན་བརྟེན་པའི་འཁོར་ལོ་བསྒོམ་པ། ཕྱོགས་བཞིར་སློབ་མས་གསོལ་བ་བཏབ་སྟེ། སློབ་དཔོན་གྱིས་སངས་རྒྱས་རྣམས་བསྐུལ་ཞིང་བསྟུས་ནས་ཁྲོ་བོའི་ང་རྒྱལ་གྱིས་བགེགས་ལ་བཀའ་བསྒོ་བ། རྡོ་རྗེའི་འགྲོས་ཀྱིས་ས་གཞི་བྱིན་གྱིས་བརླབ་པ་རྣམས་བཟུང་བའོ། །ཁྲོ་བཅུའི་ཕུར་གདབ་ཀྱིས་བསྲུང་བ་སྟེ། བཏག་བསླང་སྦྱང་གསུམ་བཟུང་བསྲུང་གཅིག་ཏུ་བསྒྲང་བས་ས་ཆོག་གི་ཡན་ལག་བཞིའོ། །སྟ་གོན་དང་འབྲེལ་བར་བྱ་བ་ལ། ས་ལྷ་སྤྱན་འདྲེན་སོགས་ས་སྟ་གོན་ལྷ་གནས་སོ་སོར་ཆོམ་བུ་བཀོད་པ་ལྟར་བསྐྱེད་བསྒོམ་མཆོད་བསྟོད་སྔོན་གསན་དབབ་པ་ནམ་མཁར་བཏེགས་ནས་བཞུགས་སུ་གསོལ་བ་རྣམས་ལྷ་སྟ་གོན། བུམ་པ་རྒྱུ་དབྱིབས་མཚན་ལྡན་ལྔའི་གྲངས་ཚང་བའི་བུམ་པའམ། བསྡུ་ན། རྣམ་བུམ་དང་ལས་བུམ་གཉིས་ཆས་སུ་གཞུག་པ་ལ་བུམ་རྫས་དང་ཆུ་བླུག་པ་བཀོད་དེ་རྣམ་བུམ་དུ་དཀྱིལ་འཁོར

གྱི་ལྷ་དང་། ལས་བུམ་དུ་ལས་ལྷ་བསྐྱེད་བསྟིམ་མཆོད་བསྟོད་བཟླས་པའི་མཐར་འོད་ཞུ་བྱ་བ་རྣམས་བུམ་པ་སྣ་གོན། ཡོལ་བའི་ཕྱི་རོལ་དུ་སློབ་བུར་ཁྲུས་དང་བགེགས་བསལ་མཎྜལ་ཕུལ་གསོལ་བ་གདབ་པ་ལ་ཆོས་བཤད་སྔོ་བསྐྱེད་ཉན་བསྐུལ་སྡོམ་བཟུང་ལྷར་བསྐྱེད་གནས་གསུམ་བྱིན་རླབས་སོགས་གྲུབ་ནས་དངོས་གྲུབ་མཚན་ལྟས་བརྟག་པ་ལ་སོ་ཤིང་། རྨི་ལམ་བརྟག་པའི་མི་མཐུན་ཕྱོགས་ལུས་སྒྲིབ་དག་ཕྱིར་ཁྲིར་ཆུ། གློ་བུར་བགེགས་ཀྱི་བར་ཆད་བསྲུང་ཕྱིར་སྲུང་སྐུད། མཐུན་ཕྱོགས་རྨི་ལམ་གསལ་བའི་ཆེད་དུ་ཀུ་ཤ་སྦྱིན་ཏེ་རྨི་ལྟས་བརྟག །ངན་ན་སྦྱིན་སྲེག་སོགས་བཟློག་པའི་ཆོ་ག་བྱ་བ་རྣམས་སློབ་མ་སྣ་གོན་ནོ། །དེ་ལྟར་ས་ལྷ་བུམ་པ་སློབ་མ་སྟེ་སྣ་གོན་གྱི་ཡན་ལག་བཞིའོ། །

དེ་ནས་ཐིག་ཚོན་བྱིན་རླབས་པ། ས་ཐིག་གདབ་པ། དཀྱིལ་འཁོར་བྲི་བ། དཀྱིལ་འཁོར་རྒྱན་གྱིས་བརྒྱན་པ། རྫས་རྣམས་ཚུལ་བཞིན་བཤམས་པ། རྒྱན་བཀོད་རབ་གནས་བཅས་སོང་ནས། བདག་མདུན་བུམ་པའི་དཀྱིལ་འཁོར་ཐ་དད་དམ་ཐ་མི་དད་པར་སྒྲུབ་ཚུལ་སོགས་ཅི་རིགས་པས་བསྒྲུབས་ནས་མཆོད་བསྟོད་བུམ་ལྷ་བཞུ་བཏུལ་བྱ་བ་རྣམས་ནི་དཀྱིལ་འཁོར་སྒྲུབ་མཆོད་ཀྱི་རིམ་པ་སྟེ་དབང་གི་སྔོན་དུ་བྱ་བའི་ཆོས་སོ། །དེ་ནས་སློབ་མ་འཇུག་ཅིང་སྨིན་པ་ལ། དང་པོར་སློབ་མ་དཀྱིར་འཁོར་དུ་ཇི་ལྟར་འཇུག་པའི་རིམ་པ་ལྟར་སློབ་དཔོན་རང་ཉིད་འཇུག་པའམ། ཡང་ན་བདག་དང་དཀྱིལ་འཁོར་གྱི་ལྷ་ཐ་མི་དད་པར་མོས་ཏེ་རིགས་པའི་མེ་ཏོག་དོར་བས་ཆོག་པ་ནི་རང་ཉིད་འཇུག་པའོ། །དེ་རྣམས་ཀྱང་། ཏེ་ནུ་ཀ་འདུས་པའི་རྒྱུད་ལས། དང་པོར་ས་ཡི་ཆོ་ག་སྟེ། །གཉིས་པ་ལ་ནི་སྣ་གོན་གནས། །གསུམ་པ་འཇུག་པའི་ཆོ་ག་བྱ། །ཞེས་པ་ལྟར། ནུབ་དང་པོར་ས་ཆོག གཉིས་པར་སྣ་གོན། གསུམ་པར་དངོས་གཞིའི་ཆོ་ག་རྣམས་བྱའོ། །དངོས་གཞི་ལའང་སློབ་མ་དཀྱིལ་འཁོར་དུ་འཇུག་པ་དང་། ཞུགས་པ་ལ་དབང་བསྐུར་བ་གཉིས་ལས། །དང་པོ་འཇུག་པའི་ཆོས་ལ། ཕྱི་རོལ་དུ་ཁྲུས་བྱས་བྱུར་དང་མི་ཤིས་པ་བསལ་བ། ཕྱག་དང་མཎྜལ་སྔོན་དུ་འགྲོ་བས་གདོང་གཡོགས་དང་མེ་ཏོག་གཏད། གསོལ་བཏབ་དྲི་ལན་སྡོམ་སྦྱིན་བདེན་གཉིས་ཀྱི་སེམས་བསྐྱེད་བརྟན་པར་བྱ། སྔགས་རྒྱས་སྔོ་ཕྱེས་ནས་ལས་ཀྱི་རྡོ་རྗེས་ཁྲིད་དེ་དཀྱིལ་འཁོར་ནང་དུ་ཞུགས་ནས་ཕྱག་བྱ་བ་རྣམས་ཕྱི་གཟུགས་བརྙན་གྱི་དཀྱིལ་འཁོར་དུ་གཞུག་པའོ། །

ནང་ཡེ་ཤེས་ཀྱི་དཀྱིལ་འཁོར་དུ་འཇུག་པ་ནི། སློབ་མ་ལྟར་བསྐྱེད་ཡེ་ཤེས་དབབ་པ་བརྟན་པར་བྱ་བ། མེ་ཏོག་དོར་ནས་རིགས་ལྷ་བརྟགས། མེ་ཏོག་གིས་དབང་བསྐུར་ཏེ་རིགས་ལྷ་གཏད། མིག་ཕྱེས་ནས་དཀྱིལ་འཁོར་བསྟན་པ་རྣམས་སོ། །དེ་དག་གིས་ལྷ་དང་སྐལ་བ་མཉམ་པར་བྱས་པ་ཡིན། ཞུགས་པ་ལ་དབང་བསྐུར་བའི་ཐོག་མར་བུམ་པའི་དབང་ནི། མཆོད་གསོལ་བཏབ་བྱས་མཐར། དཀྱིལ་འཁོར་གྱི་ཤར་ཕྱོགས་དབང་སྟེགས་ལ་སློབ་བུ་བཀོད་དེ། དབང་གང་གིས་བསྐུར་ན་ཞེ་ན། སྐུ་རྡོ་རྗེ་སྤྲུལ་སྐུའི་ངོ་བོ་བླ་མ་དང་གཉིས་སུ་མེད་པའི་དཀྱིལ་འཁོར་གྱི་ལྷ་དང་། དེ་ལས་སྤྲུལ་པའི་ལྷ་རང་བཞིན་གྱི་གནས་ནས་སྤྱན་དྲངས་པའི་ལྷ་སྟེ། དེ་ཐམས་ཅད་རིགས་ལྔ་ཡབ་ཡུམ་སེམས་དཔའ་སེམས་མ་ཁྲོ་བོ་ཁྲོ་མོའི་རྣམ་པར་བཞེངས་པས་དབང་བསྐུར་བར་མོས། གང་ལ་བསྐུར་བའི་སློབ་མ་རིགས་སོ་སོར་བསྐྱེད་པའམ། ཡང་ན་ལྷག་ལྷའི་རྣམ་པར་བསྐྱེད་པ་ལ་བསྐུར། ཇི་ལྟར་བསྐུར་བའི་ཚུལ་ནི། སློབ་བུའི་ཕུང་ལྔ་དང་ཉོན་མོངས་ལྔ། རིགས་ལྔ་ཡེ་ཤེས་ལྔར་བྱིན་གྱིས་བརླབ་ཕྱིར། བུམ་པ་སོགས་ལྔར་དམ་ཡེ་དབྱེར་མེད་ཀྱི་རིགས་ལྔ་སོ་སོར་བསྐྱེད་པ་རྣམས་སོ་སོའི་དབང་རྫས་སུ་གྱུར་བར་མོས་པའི་དབང་རྫས་རྣམས་ཐོགས་ཏེ། སྔགས་རྒྱ་ཏིང་འཛིན་གསུམ་ལྡན་གྱི་བུམ་ཆུ་སྤྱི་བོར་བླུག །རིགས་ལྔའི་དབུ་རྒྱན་མགོ་བོར་བཅིང་རྡོ་རྗེ་ལག་གཡས་སུ་སྦྱིན་ཅིང་སྙིང་གར་གཏུག །དྲིལ་བུ་ལག་གཡོན་དུ་གཏད་དེ་དཀྲོལ་ཞིང་དཀུར་འཛིན། མེ་ཏོག་ཕོག་པའི་རིགས་དེའི་མིང་འདོགས་ཏེ་རིགས་པའི་དབང་ལྔ་དང་། དྲི་བཅས་ཀྱི་ཁམས་ཐབས་རྡོ་རྗེ་སེམས་དཔའི་ངོ་བོར་བྱིན་གྱིས་བརླབ་ཕྱིར་ཐ་མལ་གྱི་སྤྱོད་པ་བརྟུལ་ནས་རྡོ་རྗེ་སེམས་དཔའི་ཚུལ་ལ་འཇུག་དགོས་པས་རྡོར་དྲིལ་ལག་ཏུ་གཏད་ནས་ཐབས་ཤེས་ཟུང་འཇུག་ཉམས་སུ་ལེན་པར་གདམས་པ་དང་། སྤྱོད་པའི་བརྟུལ་ཞུགས་ཆས་རྒྱན་རྣམས་གཏད་དེ་དབང་བསྐུར། དེ་ལྟར་སློབ་མའི་དབང་དྲུག་དང་། ཐབས་བྱུང་རྒྱལ་བ་རྡོ་རྗེ་འཆང་གིས་བྱིན་གྱིས་བརླབས་ཏེ་གཞན་དོན་བྱེད་པའི་མཐུ་དང་ལྡན་ཕྱིར་རྡོ་རྗེ་ཐུགས། དྲིལ་བུ་གསུང་། ཕྱག་རྒྱ་སྐུའི་དམ་ཚིག་གསུམ་བྱིན་པས་ཕྱི་ནང་གི་རྡོར་དྲིལ་ཁ་སྦྱོར་ཞེས་ཕྱི་དམ་ཚིག་རྡོར་དྲིལ་ཟུང་འཇུག་དང་། ནང་བླ་མ་ཡབ་ཡུམ་སྦྱོར་བ་ལས་བྱུང་བའི་བདེ་སྟོང་གི་ཡེ་ཤེས་བསྐྱེད་པར་མོས་པ་རྡོ་རྗེ་སློབ་དཔོན་གྱི་དབང་སྟེ་བུམ་དབང་གི་དངོས་གཞི་བདུན་ནོ། །དེའི་

ཡན་ལག་ཏུ་རྗེས་གནང་སོགས་བྱིན་པའོ། །དེ་ལ་རིག་པའི་དབང་ཞེས་པའི་དོན་ཡང་། སྤྱན་མ་སོགས་རིག་པའི་ལྷ་མོ་རྣམས་ཀྱིས་དབང་བསྐུར་བ་ཡིན་པ་དང་། མ་རིག་པའི་གཉེན་པོར་རིག་པའི་ཡེ་ཤེས་བསྐྱེད་པའི་ནུས་པ་འཛོག་པར་བྱེད་པས་རིག་པའི་དབང་ཞེས་བྱ། དབང་གི་གོ་རིམ་ནི། རིགས་ཀྱི་ལྷ་མི་ཧོག་གི་དབང་གིས་རིགས་དེའི་ངོ་བོར་འཚང་རྒྱ་བའི་ལམ་རྟོགས་པའི་ནུས་པ་འཛོག །ཆུ་དབང་གིས་ལམ་དེའི་གེགས་ཀྱི་དྲི་མ་འབྱུད་པའི་ནུས་པ་དང་། ཅོད་པན་གྱིས་ལམ་བསྒོམ་པའི་འབྲས་བུ་སངས་རྒྱས་དེའི་མཚན་སོ་གཉིས་ལས་དབུའི་གཙུག་ཏོར་འགྲུབ་པའི་ནུས་པ་དང་། རིགས་བདག་གང་གིས་བྱེད་པ་དེའི་ངོ་བོར་འགྱུར་བའི་ནུས་པ་འཛོག རྡོ་རྗེས་རིགས་ཀྱི་སངས་རྒྱས་དེའི་ཐུགས་མི་རྟོག་པའི་ཡེ་ཤེས་འགྲུབ་པའི་ནུས་པ་དང་། དྲིལ་བུས་རིགས་དེར་སངས་རྒྱས་ཚེ་གདུལ་བྱ་ལ་ཆོས་སྒྲ་བསམ་མི་ཁྱབ་པ་སྟོན་པའི་གསུང་འགྲུབ་པའི་ནུས་པ་དང་། མིང་གིས་རིགས་དེར་སངས་རྒྱས་པ་ན་དེ་བཞིན་གཤེགས་པ་དེའི་མཚན་འདི་ཞེས་བྱ་བར་འགྱུར་བའི་མཚན་གྱི་ནུས་པ་འཛོག་པའོ། །ཐབས་དང་ཐབས་བྱུང་རྡོ་རྗེ་སློབ་དཔོན་གྱི་དབང་གིས་རྡོ་རྗེ་གསུམ་དབྱེར་མེད་པའི་སངས་རྒྱས་རྡོ་རྗེ་འཆང་ཐོབ་པ་དང་། སྤྱིར་བྱང་ཆུབ་ལས་ཕྱིར་མི་ལྡོག་པ་དང་། ཁྱད་པར་ལམ་འདི་ནས་བྱང་ཆུབ་ལས་ཕྱིར་མི་ལྡོག་པའི་ནུས་པ་དང་། ཕར་ཕྱིན་ཐེག་པར་ས་བཅུ་པ་ལ་སངས་རྒྱས་རྣམས་ནས་ཁམས་གསུམ་ཆོས་ཀྱི་རྒྱལ་པོར་དབང་བསྐུར་བ་དང་མཚུངས་པའི་ཆོས་ཀྱི་རྒྱལ་པོའི་རྒྱལ་སྲིད་དུ་རྡོ་རྗེ་རྒྱལ་པོར་དབང་བསྐུར་བ་ཡིན་པས་རྡོ་རྗེ་སློབ་དཔོན་གྱི་ལས་ཐམས་ཅད་བྱེད་པ་ལ་དབང་བའི་ནུས་པ་འཛོག་པའོ། །བུམ་དབང་གི་ངོ་བོ་ནི། དབང་དེ་རྣམས་བསྐུར་ཚེ་དབང་པོ་རབ་ལ་བདེ་སྟོང་ལྷན་སྐྱེས་ཀྱི་ཡེ་ཤེས་བསྐྱེད་རིམ་པའི་རྟོགས་པ་དངོས་སུ་སྐྱེ་བའམ། མིན་ཀྱང་དེ་ལྟར་མོས་པས་བདེ་སྟོང་མོས་པ་ཡིད་བྱེད་ཀྱི་དྲན་པ་དང་། སྐུ་ཡབ་ཡུམ་ཟུང་འཇུག ཐུགས་བདེ་སྟོང་ཟུང་འཇུག་གི་མོས་པ་བྱེད་པ་ནི་རྡོ་རྗེ་རྒྱལ་པོའི་དབང་ལ་མ་མཐའ་ཡང་དགོས་ཏེ། དེ་ལྟ་བུའི་དབང་དོན་གྱི་ཡེ་ཤེས་མ་དྲན་ན་དབང་ཐོབ་པར་བཞག་མི་ནུས་སོ། །

དེ་ལྟར་རིགས་ལྔའི་དབང་རྣམས་ལ་རྗེས་སུ་བུམ་དབང་རེ་འགྲོ་བ་ཅན་ཡིན་པས་བུམ་དབང་ཞེས་སྨོས་སོ། །ལྷ་ཐམས་ཅད་རིགས་ལྔ་དང་། རིགས་ལྔ་རིགས་གསུམ་དང་། རིགས་གསུམ

རིགས་གཅིག་ཏུ་འདུ་བས་བུམ་དབང་གིས་ཀྱང་བསྐྱེད་རིམ་ཡན་ལག་དང་བཅས་བསྒོམ་པ་ལ་དབང་། སྤྲུལ་སྐུ་འགྲུབ་པའི་ནུས་པ་འཇོག་པ་ཡིན་ནོ། །

གསང་དབང་ནི། ནམ་མཁའི་དཀྱིལ་འཁོར་གྱི་ལྷོར་མཆྲུལ་ལ་རིག་མ་ཕྱུལ་གསོལ་བ་བཏབ་པས། གསུང་རྡོ་རྗེ་ལོངས་སྐུའི་ངོ་བོ་བླ་མ་ཡབ་ཡུམ་གྱི་ལུས་དང་། ཡི་གེ་རླུ་གའི་དཀྱིལ་འཁོར་རམ་རྒྱ་ཡིག་ཨེ་ཝཾ་གི་རྣམ་པར་སངས་རྒྱས་ཐམས་ཅད་སྤྱན་དྲངས་ཏེ་བཙུག་པ་རྗེས་ཆགས་ཀྱི་མེས་ཞུ་བ་ཡུམ་གྱི་མཁའ་གསང་དང་། ཡབ་ཀྱི་རྡོ་རྗེ་ནོར་བུ་ནས་བྱུང་བའི་བདུད་རྩི་བྱང་སེམས་དཀར་དམར་སྐྱི་བོ་སྐལ་མེད་ལ་གསང་ཞིང་སྟོན་མི་རུང་བས་གསང་བ་ཉིད་སློབ་བུའི་ལྕེར་བྱིན་ཏེ་གསང་དབང་བསྐུར་རོ། །

དེ་ལ་ཚུལ་གསུམ་སྟེ། ཡབ་ཡུམ་རང་རང་གི་མཁའ་ལས་ལེན་པ་ཐབས་དང་ཤེས་རབ་ཀྱི་དབང་ཞེས་པ་ནི། ཡབ་ཀྱི་རྡོ་རྗེ་ནོར་བུའི་རྩེ་ནས་བདུད་རྩི་སློབ་བུས་འཇིབ་ཅིང་ལེན་པ་ཐབས་དབང་བ་དང་བེའུའི་ཚུལ་གྱིས་ནོད་པ་དང་། ཡུམ་གྱི་མཁའ་གསང་ནས་བདུད་རྩི་སློབ་བུའི་ལྕེས་ལེན་པ་ཤེར་དབང་བྱུང་བས་པནྨའི་ཚལ་ནས་སྦྲང་རྩི་ལེན་པའི་ཚུལ་གྱིས་ནོད་པ་དང་། ཡུམ་མཁར་བདུད་རྩི་དཀར་དམར་ལྷུང་བ་སློབ་བུའི་ལྕེའམ་མེ་ལོང་ཡུ་བ་ཅན་གྱིས་བླངས་ཏེ་བྱིན་པ་གཉིས་མེད་ཀྱི་གསང་དབང་རྗེ་བོས་བྲན་ལ་ཟན་བསླང་བའི་ཚུལ་དུ་ནོད་པའོ། །དེ་ལྟ་བུའི་བདུད་རྩི་མགྲིན་པར་བྱིན་པས་མགྲིན་པའི་རྩ་འཁོར་མན་གྱི་འཁོར་ལོ་བཞིའི་གནས་ཐམས་ཅད་རིམ་གྱིས་གང་། ངག་གི་དྲི་མ་དང་། མ་དག་པའི་རྩ་ཁམས་ཀྱི་ཡི་གེའམ་ལས་རླུང་གི་ཞེན་པ་ཅན་གྱི་གཟུང་འཛིན་འཁྲུལ་རྟོག་རང་བཞིན་གྱིས་འགགས། སེམས་གསལ་སྟོང་གཉིས་མེད་ཀྱི་ཡེ་ཤེས་བརྗོད་པ་དང་བྲལ་བ་མངོན་དུ་བྱེད་པའམ། བྱེད་ནུས་པའི་ས་བོན་འཇོག་པར་མོས་པའོ། །ཤེར་དབང་ནི། ཐོ་རངས་དཀྱིལ་འཁོར་གྱི་ནུབ་ཕྱོགས་སུ་མཆྲུལ་ཕྱུལ་གསོལ་བ་བཏབ། ལྷ་དང་བླ་མ་དབྱེར་མེད་པ་ཆོས་ཀྱི་སྐུ་ཐུགས་རྡོ་རྗེ་ཡབ་ཡུམ་ཁ་སྦྱོར་གྱི་ངོ་བོར་བཞུགས་པ་ལས། ཀུན་རྫོབ་བྱང་ཆུབ་སེམས་ཀྱི་དཀྱིལ་འཁོར་གྱི་རྟེན་ཤེས་རབ་མ་གཏད་ནས། སངས་རྒྱས་ཐམས་ཅད་སློབ་མ་ཡབ་ཡུམ་ལ་དབྱེར་མེད་དུ་བཙུག །སྙོམས་པར་ཞུགས་པས་བདེ་དྲོད་ཀྱི་མེས་ཐིག་ལེ་ཞུ་བའི་བདུད་རྩིའི་རྒྱུན་སྤྱི་

པོ་ནས་ཡས་བབས་དགའ་བཞིའི་འགྲོས་ཀྱིས་ཁྱེན། རྡོ་རྗེའི་བུམ་པར་འཛག་མེད་དུ་བཟུང་། ཞུ་བདེ་ཉམས་སུ་མྱོང་བའི་རྐྱེན་ལས་སྣང་མཆེད་ཐོབ་གསུམ་གྱི་ཡེ་ཤེས་རིམ་པར་ཤར་ཏེ། ལྷན་སྐྱེས་ཀྱི་འོད་གསལ་བདེ་བ་ཆེན་པོའི་ངོ་བོར་སྐྱེས་སམ་སྐྱེ་ནུས་ཀྱི་ས་བོན་བཞག །ཐུགས་རྡོ་རྗེ་ཆོས་སྐུ་འགྲུབ་པའི་ནུས་པ་ཐོབ་པའོ། །ཏེན་ཤེས་རབ་མ་ལས་འབྲས་བུ་དགའ་བཞིའི་ཡེ་ཤེས་ཀྱི་ཤེས་རབ་མངོན་དུ་གྱུར་པས་ཤེར་དབང་ཞེས་བྱའོ། །

དབང་བཞི་པ་ཚིག་དབང་རིན་པོ་ཆེ་ནི། བླ་མ་སྐུ་གསུམ་དབྱེར་མེད་མི་འགྱུར་རྡོ་རྗེའི་སྐུའམ་ངོ་བོ་ཉིད་སྐུ་ཡེ་ཤེས་རྡོ་རྗེའི་བདག་ཉིད་ལས། དོན་དམ་བྱང་སེམས་ཀྱི་དཀྱིལ་འཁོར་དུ་དབང་བསྐུར་ཏེ། དེའང་སྔར་དབང་གསུམ་པའི་དུས་ཀྱི་ཡས་བབས་ཀྱི་དགའ་བཞི་རྫོགས་ནས་ཐབས་ཀྱིས་ལྡོག་པའི་མས་བརྟན་གྱི་དགའ་བཞིའི་མཐར་ཉམས་སུ་མྱོང་བའི་ཡེ་ཤེས་དཔེའི་འོད་གསལ་དང་། དོན་གྱི་འོད་གསལ་རང་གི་སེམས་ཉིད་ལྷན་ཅིག་སྐྱེས་པའི་ཡེ་ཤེས་རོ་གཅིག་གམ་དབྱེར་མེད་པར་བླ་མས་ཚིག་ཙམ་གྱི་བརྡས་ངོ་སྤྲོད་པ་ལ་ཚིག་གི་དབང་བཞི་པ་བདེ་སྟོང་ཟུང་འཇུག་གི་ལྷན་སྐྱེས་ཡེ་ཤེས་དང་། དེའི་སྣང་བའི་སྐུ་སྟེ་བདེ་བའི་སྣང་ཆ་ཡབ་དང་། སྟོང་བའི་སྣང་ཆ་ཡུམ་གྱི་སྐུར་ཤར་བའི་སྐུ་ཐུགས་ཟུང་འཇུག་དབྱེར་མེད་བདེ་བ་ཆེན་པོ་མཆོག་གི་རྟོགས་པ་རྒྱུད་ལ་སྐྱེས་པ་ནི་དོན་གྱི་དབང་བཞི་པ།ཡེ་ཤེས་ངོས་མ་ཟིན་ན་ལས་རྒྱ་ལ་བརྟེན་ནས་ཉམས་མྱོང་འདྲེན་པ་ཙམ་ལས་མངོན་དུ་མ་གྱུར་པས་རྟེན་ཅན་གྱི་དབང་བཞི་པ། ཐབས་དེ་ལམ་དུ་གོམས་པར་བྱེད་པ་ལམ་གྱི་དབང་བཞི་པ། དགའ་བཞིའི་འགྲོས་རེ་རེ་ལ་དགའ་ཚུང་བཞི་བཞིར་ཕྱེ་བའི་བཅུ་དྲུག་གི་དང་པོ་དགའ་བའི་བཞིས་ཚོགས་ལམ་གྱི་དོད། དེ་ནས་རེ་རེས་སྦྱོར་མཐོང་། དགུས་སྒོམ་ལམ། ཐ་མ་བཅུ་དྲུག་པ་མི་སློབ་ལམ་སྟེ་ཡས་བབས་རྒྱུ་དང་། མས་བརྟན་འབྲས་བུ་དང་སྦྱར་ཏེ། ཡབ་ཡུམ་གྱི་དགའ་བ་སོ་གཉིས་མཚན་བཟང་དང་། ཡབ་ཀྱི་དགའ་བ་བཅུ་དྲུག་ལ་ཡེ་ཤེས་ལྔ་ལྔར་ཕྱེ་བའི་བརྒྱད་ཅུ་དཔེ་བྱད་དུ་ངོ་སྤྲོད་པའི་མས་བརྟན་བཅུ་དྲུག་པའི་མཐར་ཁྱུ་རྡུལ་སྙེང་འོག་ཏུ་ཐིམ་ཚུལ། རྡུལ་དབུ་མའི་འོག་གི་རྩ་འཁོར་དུ་དང་། ཁུ་བ་གཙུག་ཏོར་ནམ་མཁའི་དཀྱིལ་འཁོར་དུ་ཐིམ་པས། སྐད་ཅིག་ལ་རླུང་འགགས་པས་ཁུ་རྡུལ་རླུང་གསུམ་གྱི་འགྱུར་བ་མྱོང་བའི་ཤེས་རིག་ཀུན་རྒྱུན་ཆད་དེ་སྐུ་བཞི

མངོན་དུ་བྱེད་པ་ནི་འབྲས་བུའི་དབང་བཞི་པའོ། །

གསུམ་པ་བྲལ་ཐོབ་ཀྱི་རྣམ་བཞག་ནི། སད་མི་གཉིད་འཐུག་སོགས་ཀྱིས་བསྟན་ཏེ། དབང་བཞི་དེ་དག་བསྐུར་བས་དྲི་མ་གང་གཏོར་ཞིང་དག་ན། བུམ་དབང་གིས་གཞིའི་དུས་ཀྱི་གནས་སྐབས་བཞི་ལས། སད་པའི་གནས་སྐབས་ཀྱི་སྟོད་སྨད་ཀྱི་རླུང་རྣམས་རིམ་པར་སྤྱི་བོ་དང་ལྟེ་བར་འདུ་བ་ལས་ཡུལ་མ་དག་པའི་སྣང་བ་ལུས་ཕུང་སོགས་རགས་པའི་ཆོས་སུ་སྣང་བའི་བག་ཆགས་འཛིན་པའི་སད་པའི་ཐིག་ལེའམ་ལུས་ཀྱི་ཐིག་ལེའི་སྒྲིབ་པ་དག་ཅིང་། བདུད་བཞི་ལས་ཕུང་བདུད་འཛོམས་པའི་ནུས་པ་འཇོག །དེ་བཞིན་དུ་གསང་དབང་གིས། རྨི་ལམ་གྱི་གནས་སྐབས་སུ་སྟོད་སྨད་ཀྱི་རླུང་རྣམས་རིམ་པར་མགྲིན་པ་དང་།གསང་བར་འདུ་བ་ལས་ཡིད་ངོར་སྣང་བའི་ཆོས་ཀྱི་སྐྱེ་མཆེད་ཀྱི་གཟུགས་སོགས་ཕྲ་བའི་ཆོས་དང་སྨྲ་བརྗོད་ཀྱི་སྒྲ་དང་འཁྲུལ་རྟོག་བསྐྱེད་པའི་ངག་གི་ཐིག་ལེ་དང་། ཉོན་བདུད་འཛོམས་པའི་ནུས་པ་འཇོག །ཤེར་དབང་གིས། གཉིད་འཐུག་གི་གནས་སྐབས་སུ་སྟོད་སྨད་ཀྱི་རླུང་རྣམས་རིམ་པར་སྙིང་ག་དང་། ནོར་བུའི་དབུས་སུ་འདུ་བ་ལས། ཚོགས་དྲུག་རགས་པ་འགགས་པའི་མི་རྟོག་མི་གསལ་བའི་ཡིད་ཤེས་བསྐྱེད་པའི་ཡིད་ཀྱི་ཐིག་ལེ་དང་། སྲོག་དབང་དབང་མེད་དུ་འགགས་པའི་འཆི་བདག་གི་བདུད་འཛོམས་པའི་ནུས་པ་འཇོག དབང་བཞི་པས། ཕོ་མོ་སྙོམས་འཇུག་གི་གནས་སྐབས་སུ་སྟོད་སྨད་ཀྱི་རླུང་རྣམས་རིམ་པར་ལྟེ་བ་དང་། ནོར་བུའི་རྩེར་འདུ་བ་ལས་འཛག་བདེ་བསྐྱེད་པའི་ནུས་པའི་ཐིག་ལེ་ཡེ་ཤེས་ཀྱི་ཐིག་ལེའམ་འཕོ་བའི་བག་ཆགས་དང་ལྷའི་བདུད་འཛོམས་པའི་ནུས་པ་འཇོག་པར་བྱེད་པས། མདོར་ན་དབང་བཞིས་སྦྱང་བྱ་སྟོད་སྨད་ཀྱི་གནས་བཞིར་ཁམས་དཀར་དམར་རླུང་དང་བཅས་པའི་ཐིག་ལེའི་གནས་སྐབས་བཞིས་བསྐྱེད་པའི་ལུས་ངག་ཡིད་དེ་སྒོ་གསུམ་གྱི་སྣང་ཞེན་གྱི་དྲི་མ་དང་། ཡེ་ཤེས་ཀྱི་ཐིག་ལེ་ཞེས་སྒོ་གསུམ་ཆ་མཉམ་མམ་ཕྲ་བའི་བག་ཆགས་སམ་ཁམས་འཕོ་བའི་བག་ཆགས་ཤེས་བྱའི་དྲི་མ་སྟེ་ཐིག་ལེ་བཞི་པོ་སྦྱོང་བར་བྱེད་པའོ། །དབང་བཞིས་སྦྱང་བྱའི་དྲི་མ་བཞི་སྦྱོང་བྱེད་ཀྱི་དབང་སོ་སོའི་ལམ་དང་སྦྱར་ན། བུམ་དབང་གིས་ལམ་གཙོ་བོ་བསྐྱེད་རིམ་དང་། གསང་དབང་གིས་ལམ་གཏུམ་མོ་རླུང་གི་རྫོགས་རིམ་དང་། དབང་ཕྱི་མ་གཉིས་ཀྱིས་ལམ་རིམ་པར་དཔེའི་འོད

གསལ་ལམ་བདེ་སྟོང་ཐིག་ལེའི་རྫོགས་རིམ་དང་། དོན༷་ཀྱི་ཡེ་ཤེས་སམ་དབྱེར་མེད་ཡེ༷་ཤེས༷་ཆེན་པོའི་རྫོགས་རིམ་གཉིས་བསྒོམ་པ་ལ་དབང་བའོ། །འབྲས་བུ་ལ་སྦྱར་ན་དབང་བཞིས་རིམ་པར་སྐུ་རྡོ་རྗེ་སྤྲུལ་སྐུ། གསུང་རྡོ་རྗེ་ལོངས་སྐུ། ཐུགས་རྡོ་རྗེ་ཆོས་སྐུ། ཡེ་ཤེས་རྡོ་རྗེ་དབྱེར་མེད་ངོ་བོ་ཉིད་སྐུ་སྟེ་སྐུ་བཞི༷་ཐོབ༷་པའི༷་ནུས༷་རུང༷་དུ་བྱས༷་པའོ། །དབང་དོན་ལམ་གྱི་རིམ་པ་དང་བསྒྲིགས་ནས་ཉམས་སུ་བླང་བའི་བླ་མེད་ཀྱི་ལམ་ལ་བསྐྱེད་རྫོགས་གཉིས་སུ་ངེས་ལ། དེ་ལ་ཐོག་མར་བསྐྱེད་རིམ་བསྒོམས་ནས་དེས་རྒྱུད་སྨིན་པར་བྱས་ཏེ་རྫོགས་རིམ་བསྒོམ་དགོས་ཀྱི། དེ་ལྟ་མིན་པར་རིམ་པ་གཉིས་པ་སྒོམ་ཀྱང་བསྐྱེད་རིམ་གྱིས་རྩ་ཐིག་རླུང་གསུམ་མ་སྨིན་པའི་སྐལ་དམན་ལ་ཧི་བཞིན་སྐྱེ་དཀའ་བས། ཐོག་མར་བསྐྱེད་རིམ་སྔོན་དུ་འགྲོ་དགོས་ཤིང་། དེའི་སྣོད་རུང་དུ་སྒྲུབ་པར་བྱེད་པའི་ཕྱིར་བུམ་དབང་ཐོག་མར་བསྐུར་དགོས་པ་ཡིན་ནོ། །

དེ་ལྟར་རིམ་པ་དང་པོའི་ལམ་གྱིས་རྩ་རླུང་ཐིག་ལེ་སྨིན་པར་བྱས་ཏེ། རིམ་པ་གཉིས་པའི་ལམ་རྫོགས་རིམ་བསྒོམ་དགོས་པས། དེ་ལ་ཐོག་མར་རང་ལུས་ཐབས་ལྡན་གྱི་རྣལ་འབྱོར་སྟེང་སྒོའི་ལམ་ལ་བརྟེན་ནས་རོ་རྐྱང་དུ་རྒྱུ་བའི་ཀུན་རྟོག་བརྒྱད་ཅུའི་ཞོན་པའི་ལས་རླུང་དབུ་མར་སྟུད་དེ་སྣང་གསུམ་གྱི་ཡེ་ཤེས་མངོན་དུ་བྱས་མཐར་ཐྲབ་མོར་གྱུར་པའི་དཔེའི་འོད་གསལ་མངོན་དུ་བྱས་ཏེ། འོད་གསལ་དེ་དང་། དེའི་ཞོན་པའི་རླུང་གཉིས་ཀྱིས་མ་དག་སྒྱུ་ལུས་ཀྱི་སྐུ་ཐུགས་བཅས་འགྲུབ་པའི་ལམ་བསྒོམ་དགོས་པས་ལམ་དེའི་སྣོད་རུང་དུ་སྒྲུབ་པར་བྱེད་པའི་ཕྱིར་དུ་བུམ་དབང་འཕྲོར་གསང་དབང་བསྐུར་བ་ཡིན་ནོ། །དེ་ལྟ་བུའི་སྟེང་སྒྲོའི་ལམ་ལ་བརྟེན་པའི་དཔེའི་འོད་གསལ་དེ་ཉིད་འཐུག་པོར་གྱུར་པའི་དོན་གྱི་འོད་གསལ་དུ་སྐྱེད་པའི་ལམ། རླུང་སེམས་ཀྱིས་བསླད་པའི་ཉམས་ཀྱི་ཤུན་པ་དང་བྲལ་བའི་བདེ་བའི་ཡེ་ཤེས་སྟོང་པ་དང་དབྱེར་མེད་རོ་གཅིག་ཏུ་གྱུར་པའི་བདེ་ཆེན་ཁྱད་པར་བ་འགྲུབ་པའི་གཞན་ལུས་འོག་སྒོའི་ལམ་ལ་བརྟེན་དགོས་པས་ལམ་དེའི་སྣོད་རུང་དུ་བྱེད་པའི་ཕྱིར་ཤེར་དབང་ཐོབ་དགོས། དེ་ནས་འོག་སྒོའི་ལམ་ལ་བརྟེན་ནས་སྐྱེས་པའི་དོན་གྱི་འོད་གསལ་དང་། དེའི་ཞོན་པའི་ཡེ་ཤེས་ཀྱི་རླུང་གིས་དག་པའི་སྒྱུ་ལུས་ཀྱི་སྐུ་ཐུགས་སློབ་པའི་ཟུང་འཇུག་གི་སྐུ་རུ་ལྡང་ནས་དེའི་རྒྱུན་མི་སློབ་ཟུང་འཇུག་གི་ངོ་བོར་བསྐྱེད་པའི་ཟུང་འཇུག་གི་རྫོགས་རིམ་བསྒོམ་

དགོས་པས་དེའི་སྣོད་དུ་སྒྲུབ་པར་བྱེད་ཕྱིར་ཚིག་དབང་ཐོབ་དགོས་པ་ཡིན་ནོ། །

བཞི་པ་ཐོབ་མཚམས་ཀྱི་རྣམ་བཞག་ནི། དང་པོ་གནས་གསུམ་རྡོ་རྗེ་གསུམ་སོགས་ཀྱིས་བསྟན་ཏེ། དང་པོ་སློབ་མའི་གནས་གསུམ་ལུས་ངག་ཡིད་གསུམ་སྤྱི་སྒོ་གསུམ་རྡོ་རྗེ་གསུམ་དུ་བསྐྱེད་དེ་བྱིན་གྱིས་བརླབས་པའི་དུས་ནས་མགོ་བཙམ་སྟེ། སྐྱེས་ཟིན་པའི་མཐའ་ནི་དབང་བཞི་ཡོངས་སུ་རྫོགས་པའི་ཚེ་ན་རིག་པ་འཛིན་པའི་སྔགས་ཀྱི་སྡོམ་པ་མཐའ་དག་ཐོབ་ཅིང་། དེའི་ཤུགས་ཀྱིས་རྒྱུད་སྡེ་རང་རང་གི་དབང་གི་དངོས་གཞི་གྲུབ་པ་ན། དེ་དང་དེའི་སྡོམ་པ་བཏགས་མཚན་ཅི་རིགས་ཐོབ་པར་འདོག་པ་ཡིན་ཏེ། སཾཔུཊ་རབ་དབྱེ་ལས། བླ་མ་བཙལ་ལ་དབང་བཞི་བླང་། །དེ་ཡིས་སྡོམ་པ་གསུམ་ལྡན་འགྱུར། །ཞེས་དབང་གི་མཐར་སྡོམ་པ་ཐོབ་པར་བསྟན་ཏོ། །

ལྔ་པ་རྗེས་ཀྱི་རྣམ་བཞག་ནི། དེ་ཡི་རྗེས། །ཁས་བླངས་སྡོམ་དང་དམ་ཚིག་བསླབ་ལ་འབད། །ཅེས་པ་སྟེ། དེ་ལྟར་སྔོན་དང་འཚམས་པར་དབང་ཅི་ཙམ་བསྐུར་བ་དེ་དང་དེ་ཡི་ཆོ་ག་རྫོགས་པའི་མཐའ་འམ་རྗེས་སུ་མཐའ་རྟེན་དུ་དམ་ཚིག་རྒྱས་པར་བསྒྲགས་ནས་བསྡུས་པའི་ཚིག་གིས་ཁས་བླངས་པའི་སྒོ་ནས་སྡོམ་པ་དང་དམ་ཚིག་མི་ཉམས་པར་སྲུང་བླང་གི་བསླབ་བྱ་ལ་འབད་པར་བྱའོ། །རྗེས་ཀྱི་བྱ་བ་ཡོན་སྟོབས་བཀྲ་ཤིས་བསྔོ་སྨོན་དཀྱིལ་འཁོར་གཤེགས་བསྡུ་སོགས་ཆོ་ག་བཞིན་བྱའོ། །

གསུམ་པ་བར་དུ་མི་ཉམས་པར་བསྲུང་བའི་ཐབས་ལ་གཉིས་ཏེ། དངོས་དང་རྟེན་ནོ། །དང་པོ་ལ་གསུམ་སྟེ་མདོར་བསྟན། རྒྱས་བཤད། དོན་བསྡུ་དང་གསུམ་མོ། །དང་པོ་ནི། བར་དུ་མི་ཉམས་བསྲུང་སོགས་ཀྱིས་བསྟན་ཏེ། སྔགས་སྡོམ་དང་པོ་ཐོབ་པ་ཙམ་གྱིས་མི་ཆོག་པར། བར་དུ་མི་ཉམས་པར་བསྲུང་བའི་ཐབས་ལ། དང་པོ་བསྲུང་བྱའི་རྣམ་དབྱེ་ཤེས་པ་ལ་རག་ལས་པས་དེ་བཤད་པ་ལ། གཉིས་པ་རྒྱས་བཤད་ལ་ལྔ་སྟེ། བརྟུལ་ཞུགས་ཉེར་ལྔ། རིགས་ལྔའི་སྡོམ་པ། རྩ་བའི་ལྟུང་བ་བཅུ་བཞི། ཡན་ལག་སྦོམ་པོ། ཁྱད་པར་སྨྲ་འགྱུར་རྫོགས་པ་ཆེན་པོའི་དམ་ཚིག་གི་རྣམ་བཞག་བཤད་པའོ། །དང་པོ་ལ་མདོར་བསྟན། རྒྱས་བཤད། དོན་བསྡུ་གསུམ་ལས། དང་པོ་ནི། ཐོག་མའི་བརྟུལ་ཞུགས་སོགས་ཀྱིས་བསྟན་ཏེ། ཐོག་མ་སྡོམ་དམ་ཚིག་ཐམས་ཅད་ཀྱི་གཞི་རྟེན་དུ

གྱུར་པའི་རྡོ་རྗེ་སེམས་དཔའ་འམ་སངས་རྒྱས་ཐམས་ཅད་ཀྱི་ཐུགས་ཀྱི་དམ་ཚིག་གི་ཡན་ལག་བརྟུལ་ཞུགས་ཉེར་ལྔ་པོ་འདི་ནི་དུས་ཀྱི་འཁོར་ལོ་ལས་བཤད་པ་ལྟར་འཆད་པའོ། །འདི་དག་ནི་དབང་གི་དངོས་གཞི་མ་ཐོབ་ཀྱང་། ནང་ཡེ་ཤེས་ཀྱི་དཀྱིལ་འཁོར་དུ་ཞུགས་པ་ཞེས་ཡེ་ཤེས་དབབ་པའི་རིམ་པ་ནོད་པ་ཙམ་ནས་ཀྱང་བསྲུང་དགོས་པར་གསུངས་སོ། །གཉིས་པ་རྒྱས་བཤད་ལ། སྡིག་པ་ལྔ་སྤང་བ། བྱ་མིན་ལྔ་སྤང་བ། གསོད་པ་ལྔ་སྤང་བ། འཁུ་བ་ལྔ་སྤང་བ། ཆགས་པ་ལྔ་སྤང་བའོ། །དང་པོ་ནི། གསོད་རྫུན་རྐུ་དང་སོགས་ཀྱིས་བསྟན་ཏེ། སྲོག་ཆགས་ཕྲ་མོ་ཡན་ཆད་གསོད་པར་མ་ཟད་མནར་སེམས་པས་འཚེ་བར་བྱེད་པ་དང་། རང་འདོད་ཀྱིས་གཞན་བསླུ་བའི་བསམ་པས་རྫུན་སྨྲ་བ་དང་། དུད་འགྲོ་ཡན་ཆད་ཀྱིས་བདག་ཏུ་བཟུང་བའི་གཞན་ནོར་རྐུ་བ་དང་། གཞན་གྱིས་བདག་ཏུ་བཟུང་བའི་བུད་མེད་བསྟེན་པ་སོགས་འདོད་པའི་ལོག་པར་གཡེམ་པ་དང་། ཉེས་པ་བསྐྱེད་པའི་གཞི་ཆང་གི་བཏུང་བས་མྱོས་པར་བྱེད་པ་དང་ལྔ་ནི་འཁོར་བའི་གནས་སུ་འཆིང་བྱེད་སྲ་བ་རྡོ་རྗེའི་ཞགས་པ་ལྟ་བུ་ཡིན་པས། དེ་རྣམས་ཀྱི་ཆར་གཏོགས་དང་བཅས་པ་སྤང་བར་བྱ་དགོས། དེ་སྤངས་ཤིང་བསྲུངས་ན་བརྟུལ་ཞུགས་ལྷག་མ་ཉི་ཤུ་སྲིན་པར་བྱ་བ་ཡིན་པས་བསླབ་པའི་གཞི་ལྔ་ཞེས་གསུངས་པས་དེ་ལྔ་སྤང་ཞེས་གསུངས། གཉིས་པ་ནི། ཚོ་ལོ་ཁ་ན་སོགས་ཀྱིས་བསྟན་ཏེ། ཤོ་དང་མིག་མང་སོགས་ཚོ་ལོ་རྩེ་བ་དང་། བཟའ་བ་དང་རིན་གྱི་དོན་དུ་བསད་པའི་ཤ་སོགས་ཁ་ན་མ་ཐོ་བའི་ཆོས་དང་མི་མཐུན་པའི་ཟས་ཟ་བས་འཚོ་བ་དང་། ཉོན་མོངས་པས་ཀུན་ནས་བསླང་བའི་དམག་འཁྲུགས་དང་ཚོང་གི་གཏམ་སོགས་ངག་ཀྱལ་སྣ་ཚོགས་པའི་ངན་པའི་ཚིག་སྨྲ་བ་དང་། རིག་བྱེད་ལས་བསྟན་པའི། ཕ་མྱེས་ཀྱི་རིགས་ཀྱི་མཆན་གསོལ་ཞིང་། དེའི་སྤྱོད་པ་བྱས་པས་གྲོལ་བར་ལྟ་བ་དང་། ཕྱུགས་བསད་ནས་མཆོད་སྦྱིན་བྱེད་པ་སོགས་མུ་སྟེགས་འབྱུང་པོའི་ཆོས་དང་། རང་གིས་བསད་པའི་ཤ་མ་གཏོགས་མི་ཟ་བ་དང་། གོས་དཀར་པོ་དང་བྱ་གག་གི་བཏུང་བ་འབབ་ཞིག་བསྟེན་པ་སོགས་ལྷ་མིན་ཀླ་ཀློའི་ཆོས་ལ་བསླབ་པ་དང་རྣམ་པ་ལྔ་ནི། གོང་གི་སྡིག་པ་ལྔ་འབྱུང་བའི་ཉེ་རྒྱུར་འགྱུར་བས་ཉེ་བའི་སྡིག་པ་ལྔར་གྲགས་པའི་བྱ་བ་མིན་པ་ལྔ་སྤང་བའོ། །

གསུམ་པ་ནི། བ་ལང་བྱིས་པ་སོགས་ཀྱིས་བསྟན་ཏེ། མཐོ་རིས་འཐོབ་པའི་དོན་དུ་བ་ལང་

གསོད་པ་དང་། ཨུ་མ་དེ་ཝ་སོགས་མ་མོ་མཆོད་པ་ལ་བྱིས་པ་གསོད་པ་དང་། མི་ཡི་མཆོད་སྦྱིན་ཞེས་སྐྱེས་པ་འཐོབ་པའི་དོན་དུ་སྐྱེས་པ་གསོད་པ་དང་། བུད་མེད་འཐོབ་པའི་དོན་དུ་བུད་མེད་གསོད་པ་དང་། ལྷ་མིའི་བླ་མ་གསོད་པ་ཞེས་སངས་རྒྱས་ཀྱི་སྐུ་གཟུགས་དང་གསུང་རབ་མཆོད་རྟེན་སོགས་བསྟན་པའམ་གཞིག་རལ་བྱེད་པ་བསོད་ནམས་སུ་སྨྲ་བ་འདི་དག་ཀླ་ཀློའི་ཆོས་སུ་འདོད་པས་གསོད་པ་ལྔ་རུ་གྲགས་པ་དེ་དག་ལས་ལྡོག་པར་བྱའོ། །བཞི་པ་ནི། དགེ་གྲོགས་རྗེ་བོ་སོགས་ཀྱིས་བསྟན་ཏེ། ལུགས་གཉིས་ཀྱིས་འབྲེལ་བའི་དགེ་བའི་གྲོགས་པོ་ལ་འཁུ་བ། འཇིག་རྟེན་ན་ཀུན་གྱིས་བཀུར་བར་འོས་པའི་རྗེ་བོ་རྒན་རབས་ལ་འཁུ་བ་དང་། ལྷ་མིའི་བླ་མ་སངས་རྒྱས་ལ་འཁུ་བ། དགེ་འདུན་ལ་འཁུ་བ་དང་། མཁན་སློབ་སོགས་བླ་མར་ཁོང་ཁྲོ་བསྒོམ་ཞིང་འཁུ་བ་རྣམས་ནི་འཁུ་བ་ལྔ་སྟེ་སྤང་བར་བྱའོ། །ལྔ་པ་ནི། གཟུགས་སྒྲ་དྲི་རོ་སོགས་ཀྱིས་བསྟན་ཏེ། གཟུགས་སྒྲ་དྲི་རོ་རེག་བྱ་སྟེ་ཡུལ་ལྔ་དམིགས་རྐྱེན་དུ་བྱས་ལ་མིག་དང་རྣ་བ་སྣ་ལྕེ་ལུས་ཀྱི་དབང་པོ་སྟེ་དབང་ལྔས་བདག་རྐྱེན་བྱས་ནས། དབང་ཤེས་ཀྱི་རྗེས་སུ་འབྲང་བའི་རྣམ་རྟོག་གིས་ཡིད་འོང་གི་རྣམ་པར་ཤར་ཏེ་ཞེན་ཅིང་ཆགས་པར་མི་བྱེད་པ་སྟེ་ཆགས་པ་ལྔ་སྤང་བར་བྱའོ། །གསུམ་པ་དོན་བསྡུ་ནི། བརྟུལ་ཞུགས་ཉེར་ལྔའོ། །ཞེས་པ་སྟེ། དེ་ལྟར་སྤང་བྱ་དེ་རྣམས་སྤོང་བར་བྱེད་པ་ནི་རྡོ་རྗེ་སེམས་དཔའམ་ཐུགས་ཀྱི་དམ་ཚིག་ཡན་ལག་བརྟུལ་ཞུགས་ཉེར་ལྔ་ཞེས་དུས་འཁོར་རྩ་རྒྱུད་ཀྱི་འགྲེལ་བ་ལས་གསུངས་སོ། །

གཉིས་པ་ལ་གཉིས། ཐུན་མོང་རིགས་ལྔའི་སྡོམ་པ་དང་། ཁྱད་པར་རིགས་ལྔའི་སྡོམ་པའོ། །དང་པོ་ལ་བསྟན་བཤད་གཉིས་ལས། དང་པོ་ནི། ཐུན་མོང་གྱུར་པ་སོགས་ཀྱིས་བསྟན་ཏེ། འདི་དག་རྣལ་འབྱོར་ཡོ་གའི་གཞུང་དང་རིགས་ལྔའི་སྡོམ་པ་ཞེས་པའི་སྒྲ་ཙམ་མཐུན་པས་ཐུན་མོང་དང་། དེ་ར་མ་ཟད་སྨོན་འཇུག་གི་སེམས་བསྐྱེད་གཉིས་དང་། ཚུལ་ཁྲིམས་གསུམ་སོགས་ཆ་འགའ་ཐེག་ཆེན་སྤྱི་གཞུང་དུ་གྲགས་པ་དང་མཐུན་པས་ཀྱང་ཐུན་མོང་གྱུར་པ་ཞེས་གསུངས། དེའང་འདིར་ཐུན་མོང་རིགས་ལྔའི་སྡོམ་པ་དངོས་བསྟན་ཕལ་བ་དང་། རྣལ་འབྱོར་བླ་མེད་ཀྱི་རིགས་ལྔ་ཐུན་མིན་གྱི་དམ་སྡོམ་ཤུགས་བསྟན་ནམ་སྦས་དོན་གཙོ་བོར་བྱས་ཏེ་འཆད་པ་ལ་ལྔའོ། །གཉིས་པ་རྒྱས་བཤད་

ལ་སྨོན་འཇུག་སོགས་ཀྱིས་བསྟན་ཏེ། ཐོག་མར་དེ་བཞིན་རིགས་རྣམ་སྣང་གི་དམ་སྡོམ་ནི། ཕྱི་ཐུན་མོང་བ་ལྟར་ན། སྨོན་འཇུག་གི་སེམས་གཉིས་བསྐྱེད་པ་དང་། ཉེས་སྡོམ། དགེ་ཆོས། དོན་བྱེད་དེ་ཚུལ་ཁྲིམས་རྣམ་པ་གསུམ་གྱི་མཚན་ཉིད་ཚང་བར་བྱས་ཏེ་སོར་བྱང་སྔགས་གསུམ་གྱི་སྡོམ་པ་བརྟན་པར་བཟུང་ཞིང་། སྡོམ་པ་དེ་དག་གི་རྟེན་གཞིར་དཀོན་མཆོག་གསུམ་ལ་སྐྱབས་སུ་འགྲོ་དགོས་པའང་ཤུགས་ཀྱིས་གོ་དགོས་ཏེ། རྣམ་སྣང་འདི་སྐུའི་རིགས་ཡིན་པས་སྐུ་ནི་འབྲས་ཆོས་ཐམས་ཅད་ཀྱི་རྟེན་ཡིན་པ་བཞིན་སྐྱབས་འགྲོའང་སྡོམ་པ་ཐམས་ཅད་ཀྱི་རྟེན་ཡིན་པས་རྣམ་སྣང་གི་དམ་ཚིག་ཡིན་པར་བསྟན་ཏོ། །ནང་ཐུན་མིན་སྔགས་དོན་ལྟར་ན། བདེར་གཤེགས་སྙིང་པོ་བདེ་བའི་ཡེ་ཤེས་དང་སྟོང་པའི་ཡེ་ཤེས་དབྱེར་མེད་པའི་བྱང་ཆུབ་ཆེན་པོའི་བདག་ཉིད་དུ་བཞུགས་པ་མངོན་དུ་བྱེད་པའི་སེམས་གཉིས་བསྐྱེད་པ་དང་། སྒོ་གསུམ་ལྷ་སྔགས་ཏིང་འཛིན་དུ་སྡོམ་པའི་ཚུལ་ཁྲིམས་གསུམ་བཟུང་བ། སེམས་གདོད་ནས་རང་བཞིན་རྣམ་དག་དཀོན་མཆོག་གསུམ་གྱི་རང་བཞིན་དུ་གྲུབ་པ་ཉིད་བྱང་ཆུབ་མ་ཐོབ་བར་དུ་ཤིན་ཏུ་རྣམ་དག་གི་ངོ་བོ་རུ་ཤེས་ཤིང་བརྟན་པོར་བཟུང་བར་སློབ་པ་སངས་རྒྱས་རིགས་ཀྱི་རྣལ་འབྱོར་གྱི་སྡོམ་པའོ། །

རྡོ་རྗེའི་རིགས་མི་བསྐྱོད་པའི་དམ་སྡོམ་ནི། ཕྱི་ཐུན་མོང་ལྟར་ན། རྡོ་རྗེ་དང་དྲིལ་བུ་མཚན་ཉིད་དང་ལྡན་པ་དངོས་སམ་བྲིས་པ་ཡན་འབྲལ་མེད་དུ་བཟུང་ནས་རང་ཉིད་ལྷའི་སྐུ་ཕྱག་རྒྱ་ཆེན་པོར་བསྒོམ་པ་དང་མི་འབྲལ་བར་འཛིན་པ་དང་། བླ་མ་རྡོ་རྗེ་སློབ་དཔོན་མཉེས་པ་གསུམ་གྱིས་བསྟེན་ནས་གཟུང་བ་ནི་རྡོ་རྗེའི་རིགས་ཀྱི་སྡོམ་པའོ། །ནང་སྔགས་དོན་ལྟར་ན། ཐབས་ཡབ་ཀྱི་རྡོ་རྗེ་ནོར་བུ་དང་། ཤེས་རབ་ཡུམ་གྱི་པདྨ་དྲིལ་བུ་སྟེ་ཐབས་ཤེས་ཀྱི་ཕྱག་རྒྱ་ཕན་ཚུན་རྒྱས་བཏབ་ནས་འདུ་ཤེས་གསུམ་གྱིས་མཉམ་པར་སྦྱོར་ཏེ་བདེ་སྟོང་དབྱེར་མེད་རྟོགས་པའི་ཡེ་ཤེས་དང་མི་འབྲལ་བ་དང་། དེ་ལྟ་བུའི་གདམས་པ་སྟོན་པའི་རྡོ་རྗེ་སློབ་དཔོན་བསྟེན་པའོ། །རིན་ཆེན་རིགས་རིན་འབྱུང་གི་སྡོམ་པ་ནི། ཕྱི་ཐུན་མོང་ལྟར་ན། གཏོང་སེམས་བསྐྱེད་པ་ཡན་ཆད་ཀྱི་ནོར་སྦྱིན་པ། དགེ་རྩ་བསྔོ་བ་ཡན་ཆད་ཀྱི་ཆོས་སྦྱིན་པ། བཏང་སྙོམས་བསྒོམ་པ་ཡན་ཆད་ཀྱི་མི་འཇིགས་པ་སྦྱིན་པ། བདེ་བ་ལྡན་འདོད་ཀྱི་བྱམས་པའི་སྦྱིན་པ་སྟེ་བཞི་པོ་ཉིན་རེ་བཞིན་དུས་དྲུག་ཏུ་སྦྱིན་པའི་ཉམས

ལེན་ལ་བརྩོན་པའོ། །ནང་ཐུན་མིན་སྦས་དོན་ལྟར་ན། བྱང་སེམས་དབབ་བཟློག་ལ་བརྟེན་ནས་རང་རྒྱུད་ལ་དགའ་བ་བཞིའི་ཡེ་ཤེས་བསྐྱེད་ཅིང་སྦྱིན་པ་རིན་ཆེན་འབྱུང་ལྡན་རིགས་ཀྱི་སྡོམ་པའོ། །པདྨའི་རིགས་འོད་དཔག་མེད་ཀྱི་དམ་ཚིག་ནི། ཕྱི་ཐུན་མོང་ལྟར་ན། ཕྱི་མཚན་ཉིད་སྡེ་གསུམ་གྱི་ཐེག་པ། ནང་ཕྱི་རྒྱུད་སྡེ་གསུམ་གྱི་ཐེག་པ། གསང་བ་ནང་རྒྱུད་སྡེ་གསུམ་གྱི་ཐེག་པ་རྣམས་དངོས་སུ་སློབ་པའམ་དམ་བཅའ་ཡན་ཆད་ཀྱིས་སློབ་ཅིང་འཛིན་པ་པདྨའི་རིགས་ཀྱི་སྡོམ་པའོ། །ནང་སྦས་དོན་ལྟར་ན། རོ་རྐྱང་དུ་རྒྱུ་བའི་ལས་རླུང་དབུ་མར་བཅིངས་པས། གཞོམ་མེད་ཀྱི་ཡེ་ཤེས་ཞེས། འོད་གསལ་གྱི་ཡེ་ཤེས་དང་རླུང་ནི་གཞུག་མ་བ་ཡིན་པས་རྒྱུན་ཆད་པ་མེད་ཕྱིར་གཞོམ་མེད་དང་། ནཱ་དའི་དབྱིངས་ལ་བརྩོན་པར་བྱ་ཞེས། ནཱ་དའི་གཟུགས་མིང་ཚིག་ཡི་གེ་གང་གིས་ཀྱང་བརྗོད་དུ་མེད་པ་ལྟར། བརྗོད་མེད་འོད་གསལ་གྱི་ཡེ་ཤེས་རྒྱུད་ལ་བསྐྱེད་པ་ལ་བརྩོན་པར་བྱ་བའི་དོན་ནོ། །

ལས་ཀྱི་རིགས་དོན་གྲུབ་ཀྱི་དམ་སྡོམ་ནི། ཕྱི་ཐུན་མོང་ལྟར་ན། ཕྱི་མཆོད་རྣམ་ལྔ། ནང་མཆོད་སྨན་གཏོར་རཀྟ། གསང་མཆོད་སྦྱོར་སྒྲོལ་སོགས་མཆོད་གཏོར་དང་། སྦྱིན་སྲེག་ལ་སོགས་པའི་ལས་རིམ་འཛིན་པ་དང་། སྡོམ་གསུམ་རིགས་ལྔ་སོགས་ཀྱི་དམ་ཚིག་དང་འགལ་མེན་བསྒོ་བགྲང་བྱེད་པ་སོགས་ལས་ཀྱི་རིགས་ཀྱི་སྡོམ་པའོ། །ནང་ཐུན་མིན་སྦས་དོན་ལྟར་ན། གཏུམ་མོ་ཨ་ཐུང་འབར་བ་དང་ཧཾ་ཡིག་འཛག་པ་ལས་སྐྱེས་པའི་ཞུ་བདེས་ཕུང་ཁམས་དབང་ཡུལ་གྱི་ལྷ་ཚིམ་པར་མཆོད་པའོ། །གཉིས་པ་ཁྱད་པར་བའི་རིགས་ལྔའི་སྡོམ་པ་ནི། ཁྱད་པར་སྲོག་གཅོད་རྡོ་རྗེའི་རིགས་སོགས་ཀྱིས་བསྟན་ཏེ། སྔགས་བླ་མེད་ཀྱི་སྡོམ་པ་ལ་གནས་པ་རྣམས་ཀྱི་ཁྱད་པར་གྱི་སྡོམ་པའི་དམ་ཚིག་ལ། སྲོག་གཅོད་པ་ནི་ཞེ་སྡང་རྣམ་པར་དག་པ་རྡོ་རྗེའི་རིགས་མི་བསྐྱོད་པའི་དམ་ཚིག་ཡིན་ཏེ། དེ་ཡང་ཕྱི་དྲང་དོན་ལྟར་ན། ཞིང་བཅུ་ཚང་བའི་དགྲ་བོ་དྲག་པོའི་ལས་ཁོ་ན་མ་གཏོགས་འདུལ་ཐབས་བྲལ་བ་ལ་ལས་ངན་གྱི་རྒྱུན་གཅོད་པའི་ཕྱིར་མངོན་སྤྱོད་ཀྱི་ལས་ཀྱིས་བསད་པ་སྟེ། ངེས་པ་བརྗོད་པའི་རྒྱུད་ལས། སངས་རྒྱས་བསྟན་ལ་གནོད་བྱེད་དང་། །བླ་མར་སྨོད་བརྩོན་མ་རུང་དང་། །རྟག་ཏུ་སེམས་ཅན་གནོད་བརྩོན་པ། །མཁས་པས་བསྒྲིམ་སྟེ་བསད་པར་བྱ། །ཞེས་སོ། །

ངེས་དོན་ལ་ནང་གསང་གཉིས་ལས། །ནང་ལྟར་ན། སྲོག་ནི་ལས་རླུང་རོ་རྐྱང་གི་རྒྱུ་བ་ཡིན་ལ། དེ་དབུ་མར་དྲངས་ཤིང་འགགས་པ་ནི་བཅད་པའི་དོན་ནོ། །གསང་བ་ལྟར་ན། སྲོག་རྣམ་པར་རྟོག་པ་གཉིས་འཛིན་གྱི་ཤེས་པའོ། །དེ་སེམས་ཉིད་སྟོང་པའི་དབྱིངས་སུ་བཅད་པ་ཡིན་ནོ། །མ་བྱིན་ལེན་ང་རྒྱལ་རྣམ་དག་རིན་ཆེན་རིགས་ཀྱི་དམ་ཚིག་སྟེ། དེ་ལ་ཕྱི་དྲང་དོན་ལྟར་ན། གཞན་ལ་ཕན་པའི་དོན་ཆེན་པོ་སྒྲུབ་པའི་ཐབས་སུ་གྱུར་ན། དབང་སྐུར་སོགས་སྔགས་ཀྱི་མཐུས་གཞན་ནོར་འཕྲོག་སྟེ་མཆོད་སྦྱིན་དགོས་ཏེ། བཤད་རྒྱུད་རྡོ་རྗེ་ལས། འཇུངས་པ་རྣམས་ལས་ནོར་བླངས་ལ། །སེམས་ཅན་བཀྲེན་ལ་སྦྱིན་པར་བྱ། །དེ་ཕྱིར་མི་ཡི་བདག་པོ་དང་། །ཕྱུག་པོ་རྣམས་ཀྱི་ནོར་འཕྲོག་གོ། །ཞེས་དང་། ངེས་དོན་ནང་ལྟར་ན། ཕ་རོལ་གྱི་མཚན་ལྡན་བུད་མེད་སྔགས་ཀྱི་ལྷན་སྐྱེས་ཡེ་ཤེས་སྒྲུབ་ཕྱིར་བཀུག་སྟེ་བདུད་རྩི་རླུང་སྦྱོར་གྱིས་འཕྲོག་པ་དང་། གསང་བ་ལྟར་ན་གསང་སྔགས་ཀྱི་ཐེག་ཆེན་ཟབ་མོའི་ཆོས་ཀྱི་དེ་ཉིད་རང་གིས་བསྒོམ་སྟོབས་མ་གཏོགས་གཞན་གྱིས་མ་བྱིན་པར་ལེན་དགོས་པ་ཡིན་ཏེ། རང་དང་གཞན་གྱི་དོན་ཆེན་པོ་སྒྲུབ་པ་ལ་དགོངས་པར་བྱས་ནས་གསུངས་སོ། །

ཕྱག་རྒྱ་བཞི་བསྟེན་པ་འདོད་ཆགས་རྣམ་དག་པདྨའི་རིགས་འོད་དཔག་མེད་ཀྱི་དམ་ཚིག་ཡིན་ཏེ། དེ་ལ་ཕྱི་ལྟར་ན། ལས་དབང་གིས་བུད་མེད་ཀྱི་སྐྱེ་བ་དངོས་སུ་བླང་བའི་སྔགས་སྐྱེས་ཀྱི་མཁའ་འགྲོ་མཚན་ལྡན་ལྟ་བུ་ལས་རིག་དངོས་ཀྱི་ཕྱག་རྒྱ་བསྟེན་པ། ནང་ལྟར་ན། ཡིད་ཀྱིས་བསྒོམ་པའི་རིག་མ་ལྟ་བུ་ཡིད་རིག་ཆོས་ཀྱི་ཕྱག་རྒྱའམ་ཡེ་རྒྱ་དང་། ལྟེ་འོག་སོར་བཞིའི་ཐད་གཏུམ་མོ་ཨ་ཤད་ཀྱི་རྣམ་ཅན་རིག་བྱ་ཚ་བ་བསྒོམ་པ་ལྟ་བུའི་གཏུམ་མོ་དམ་ཚིག་གི་ཕྱག་རྒྱ་དང་། གསང་བ་ལྟར་ན། བདེ་བའི་རང་མདངས་ཡབ་དང་། སྟོང་པའི་རང་མདངས་ཡུམ་སྟེ། བདེ་སྟོང་ཡེ་ཤེས་ཀྱི་རང་མདངས་ལས་གྲུབ་པའི་ཕྱག་རྒྱ་ཆེན་པོ་སྟེ། པ་ར་སུ་ཏིའི་སྒྲ་ལས་བུད་མེད་དུ་འཇུག་པས་ཕྱག་རྒྱ་བཞིའི་བུད་མེད་བསྟེན་པར་གསུངས་ཏེ། དེ་ལྟར་རྒྱུད་ལས། རྣམ་པ་ཀུན་གྱི་མཆོག་ལྡན་མ། །སྟོང་ཉིད་ཤེས་རབ་མཛེས་མ་ཉིད། །རྒྱལ་བ་ཐམས་ཅད་སྐྱེད་པའི་ཡུམ། །དེ་ཉིད་མ་བསྟེན་འཚང་མི་རྒྱ། །ཞེས་སོ། །

རྫུན་སྨྲ་བ་ནི་ཕྲག་དོག་རྣམ་དག་ལས་ཀྱི་རིགས་དོན་ཡོད་གྲུབ་པའི་དམ་ཚིག་ཡིན། དེ་ལ་ཕྱི་དྲང་དོན་ལྟར་རྫུན་དུ་སྨྲ་བར་གསུངས་པ་ནི། གཞན་དོན་དུ་འགྱུར་ཞིང་གསང་སྔགས་སྟོད་མིན་

ལ་བསྲུང་བའི་ཕྱིར་རྫུན་སྨྲ་བ་ཡིན་ཏེ། རྡོ་རྗེ་ལས། སེམས་ཅན་རྣམས་ལ་ཕན་སྤྱོད་པ། །རྟག་ཏུ་དམ་ཚིག་བླ་མའི་ནོར། །སེམས་ཅན་སྲོག་ནི་བསྲུང་བའི་ཕྱིར། །རྫུན་དུ་ཡང་ནི་སྨྲ་བར་བྱ། །ཞེས་པ་ལྟར། གཙོ་བོར་བདག་མེད་སྒྱུ་མ་ལྟ་བུའི་དོན་རྟོགས་ནས་ཐ་སྙད་བཏགས་ཙམ་ལ་དམིགས་ནས་བདག་ཡོད་ཅེས་རྫུན་སྨྲ་བ་དང་། ནང་ལྟར། དོན་དུ་སེམས་ཅན་མི་དམིགས་ཀྱང་སེམས་ཅན་བསྒྲལ་བར་བྱའོ། །ཞེས་ཁས་བླངས་པས། དོན་ལ་མེད་པར་རྟོགས་པ་དང་། རྟོགས་བཞིན་དེ་ལྟར་ཡོད་པར་སྨྲ་བ་གཉིས་སྣང་གནས་མི་མཐུན་པས་རྫུན་ཞེས་བཏགས་པ་སྟེ། བརྟགས་གཉིས་ལས། འཇིག་རྟེན་བསྒྲལ་བ་ཞེས་བྱ་བར། །རྫུན་གྱི་ཚིག་ནི་རབ་ཏུ་བསྒྲགས་ཞེས་དང་། གསང་བ་ལྟར། སྙིང་གི་འཁོར་ལོར་རླུང་སྟུད་ཅིང་ཐིམ་པས་ནང་དུ་འོད་གསལ་གྱི་ཡེ་ཤེས་གཞོམ་མེད་ནཱ་དའི་རང་སྒྲ་ལས། ཕྱི་གསལ་དུ་སྒྲ་ཚིག་སྣ་ཚོགས་ཀྱི་ཆོས་བསྒོམས་བྱུང་གི་སྟོབས་ཀྱིས་རང་རྟོལ་དུ་བྱུང་ནས་བདེན་མེད་སྒྱུ་མ་ལྟ་བུའི་རྫུན་སྨྲ་བའོ། །གཏི་མུག་རྣམ་དག་དེ་བཞིན་གཤེགས་པའི་རིགས་སམ་འཁོར་ལོའི་རིགས་ལ་ཆང་དང་ཤ་ལྔ་དང་ཡུལ་ཀུན་བསྟེན་གསུངས་པ་ནི། ཕྱི་ལྟར་མི་ཤ་སོགས་ཤ་ལྔ་བདུད་རྩིར་བསྒྱུར་ནས་ཟ་བ་བཟའ་བའི་དམ་ཚིག །སྦྱངས་རྟོགས་སྤར་གསུམ་གྱིས་བདུད་རྩིར་བསྒྱུར་ནས་མྱོས་པའི་སྐྱོན་མེད་པའི་ཆང་འཐུང་བ་བཏུང་བའི་དམ་ཚིག་སྟེ། བརྟགས་གཉིས་ལས། དེ་ལ་ག་པུར་རྒྱུ་ཡི་ཕྱིར། །ཤ་ནི་བཟའ་བ་ཉིད་ལ་བྱ། །ཁྱད་པར་དུ་ཡང་ཆང་ཉིད་དོ། །ཞེས་དྲི་ཆེན་སོགས་བདུད་རྩི་ལྔ་རིགས་ལྔའི་རང་བཞིན་དུ་ཤེས་ཏེ་དག་མཉམ་གྱི་ངང་ནས་གཙང་དམེ་མེད་པར་སྤྱོད་པ་དང་། གཟུགས་སོགས་ཡུལ་ལྔ་ལ་ཅི་དགར་སྤྱོད་པའི་བདེ་བ་བསྟེན་པ་རྗེས་སུ་གནང་བ་ཡིན་ནོ། །ནང་དང་གསང་བ་ལྟར་ན། འཁྲུག་པོའི་འོད་གསལ་མངོན་དུ་བྱས་ཚེ་དབང་པོ་ལྔས་མ་དག་དབང་ཤེས་བསྐྱེད་པའི་བདག་རྐྱེན་བྱེད་མི་ནུས་པ་ལ། དབང་ལྔའི་དྭངས་མ་ཁམས་འཆིང་བ་ཞེས་ཤ་ལྔ་ལ་སྤྱོད་པའི་དོན་དང་། ཡས་བབས་ཀྱི་ལྷན་སྐྱེས་ཞུ་བདེ་འཛག་མེད་དུ་འཆིང་བ་ཆང་འཐུང་བའི་དོན་ཡིན། བདུད་རྩི་ལྔ་ནི། འབྱུང་ལྔའི་དྭངས་མ་བཅིང་བའམ་ཁམས་དཀར་པོ་ཞུ་བའི་ཐིག་ལེ་རྡུལ་ཕྲ་རབ་ཀྱི་ཚོགས་དག་པར་བྱེད་པ། ཡུལ་ཀུན་བསྟེན་ཞེས་པ་བཤང་གཅི་ཁུ་བའི་དྭངས་མ་ལྟེ་བར་ཟུགས་ལྡོག་ཏུ་བརྟན་པར་བྱས་པ་ལ་བྱ་བའམ། ཡང་ན་ཡུལ་དེ་དག་འཛིན་

པའི་ཡུལ་ཅན་རྣམ་རྟོག་ཐམས་ཅད་སྟོང་དབྱིངས་མཉམ་པ་ཉིད་དུ་དབྱེར་མེད་རོ་གཅིག་ཏུ་བྱེད་པ་ལ་བྱ་བར་གསུངས་སོ། །དེ་ལྟ་བུའི་དམ་ཚིག་དེ་དག་གི་གོ་རིམ་ཡང་ཐེག་པའི་རིམ་པ་དང་བསྟུན་པའི་གོ་རིམ་ཡིན་ཏེ། བརྟུལ་ཞུགས་ཉེར་ལྔའི་ལྔ་ཚན་དང་པོ་བཞི་ནི། སེམས་ཅན་ལ་གནོད་པ་ཤས་ཆེ་བ་ཡིན་པ་དང་། ལྔ་པ་ཆགས་པ་ལྔ་སྤང་བ་ནི། ཡུལ་ལ་དབང་པོ་ཞེན་པའང་ཉོན་མོངས་སྐྱེ་བའི་རྒྱུ་ཡིན་པས་མཚན་ཉིད་ཐེག་པ་དང་ཕྱི་རྒྱུད་གསུམ་གྱིས་ཀྱང་སྤང་བྱར་བསྟན་པ་དང་། རིགས་ལྔའི་སྡོམ་པའི་དམ་ཚིག་ནི། རྣལ་འབྱོར་རྒྱུད་ནས་ཀྱང་བསྲུང་སྡོམ་དུ་བསྟན་པས་ཐུན་མོང་བའོ། །རིགས་ལྔ་ཁྱད་པར་བའི་དམ་ཚིག་རྣམས་ནི་བླ་མེད་ཐུན་མིན་གྱི་དམ་ཚིག་ཏུ་བསྟན་པ་ཡིན་པས་རིམ་པའང་དེ་ལྟར་མཛད་ནས་ཕྱི་མཚན་ཉིད་ཐེག་པ་དང་། ནང༷་གི་ཐེག་པ་ཕྱི་རྒྱུད་རྣམས་དང་མཐུན་པ། གསང༷་བའི༷་ཐེག༷་པ་སྔགས་དོན་ནམ་ངེས་དོན་གྱི་རིམ༷་པ༷་རྣམས་ཀྱི་ཐུན་མོང་ཐུན་མིན་གྱི་རྣམ་དབྱེ་ཤེས་ནས་སྡོམ་པ་དམ་ཚིག་མ༷་ཉམ༷ས་པར་སྐྱོང༷་བ༷་ནི་རྣལ་འབྱོར་བླ་ན་མེད༷་པའི་ལུགས༷་སྲོལ་ཆེན་པོ་ཡིན་ནོ། །

གསུམ་པ་རྩ་ལྟུང་བཅུ་བཞི་ལ་གཉིས་ཏེ། མདོར་བསྟན་རྒྱས་བཤད་དོ། །དང་པོ་ནི། རྩ་བའི་ལྟུང་བ་སོགས་ཀྱིས་བསྟན། དེ་ལ་ལྟུང་བའི་མཚན་ཉིད། སྒྲ་བཤད། ཡན་ལག་དབྱེ་བ། གྲངས་ངེས། གོ་རིམ། རྩ་ལྟུང་ངོས་བཟུང་བ་དང་དྲུག་ལས། དང་པོ་མཚན་ཉིད་དམ་རྩ༷་བའི༷་ལྟུང༷་བ༷་དེའི་ངོ་བོ་ནི། སྔགས་བླ་མེད་ཀྱི་སྡོམ་པའི་མི་མཐུན་ཕྱོགས་སུ་གྱུར་པའི་ཉེས་པ་གང་ཞིག སྤྱད་ན་གང་བླང་བའི་སྡོམ་པ་རྩ་བ་ནས་གཏོང་བར་བྱེད་པའི་རིགས་སུ་གནས་པའི་ལྟུང་བ་དེ་རྩ་ལྟུང་གི་མཚན་ཉིད། གཉིས་པ། མུ་ལ་པ་ཏིའི་སྒྲ་ལས་རྩ་བའི་ལྟུང་བ་ཞེས། ཤིང་གི་རྩ་བ་བརྟན་ན་ཡལ་ག་སོགས་རྒྱས་ཤིང་རྩ་བ་བཏོན་ཏེ་ཉམས་ན་ཐམས་ཅད་སྐམ་པ་ལྟར། བསྲུངས་ན་ལམ་དང་འབྲས་བུའི་ཡོན་ཏན་ཐམས་ཅད་བསྐྱེད་པའི་རྩ་བ་ཡིན་ཞིང་། མ་བསྲུངས་ན་ངན་འགྲོར་ལྟུང་སྟེ་སྡུག་བསྔལ་གྱི་རྩ་བར་འགྱུར་བས་རྩ་བ་དང་ལྟུང་བ་ཞེས་བྱའོ། །

གསུམ་པ་ལ་ལྔ་ལས་རྟེན་ནི། གང་ཟག་སྡོམ་ལྡན་ཤེས་པ་རང་བཞིན་དུ་གནས་པ་དགོས་ཏེ། སྡོམ་པ་དང་མི་ལྡན་ན། རང་བཞིན་གྱི་སྡིག་པ་ཙམ་ལས་བཅས་ལྟུང་འབྱུང་བ་མེད་ལ། འདུ་ཤེས་

ཉམས་ན་ལྟུང་བ་མི་བསྐྱེད་པ་ཐེག་པ་ཐུན་མོང་བ་དང་མཐུན་ནོ། །གཉིས་པ་ཡུལ་ནི། བླ་མ་དང་གྲོགས་སོགས་གང་ཟག་ལ་བརྟེན་པ་དང་། ཆོས་ལ་བརྟེན་པ་གཉིས་སོ། །གསུམ་པ་རྒྱུ་ནི། ལྟུང་བ་འབྱུང་བའི་རྒྱུ་བཞི་སོགས་འོག་ཏུ་འཆད་པ་ལྟར་རོ། །བཞི་པ་དུས་ནི། ཡིད་དང་འབྲེལ་བའི་ལྟུང་བ་རྣམས་ཐུན་ནང་དུ་གཉེན་པོས་མ་སླེབས་པ་དང་། ངག་དང་འབྲེལ་བའི་ལྟུང་བ་ཕ་རོལ་པོས་དོན་གོ་བ། ལུས་དང་འབྲེལ་བའི་ལྟུང་བ་བྱ་བ་བྱས་ཟིན་པ་ན་རྩ་ལྟུང་དུ་འགྱུར་རོ། །ལྔ་པ་ལྟུང་བའི་གཞི་ལ། དེ་ལྟར་འདུ་ཤེས་པའི་འདུ་ཤེས་མ་འཁྲུལ་བ་དགོས་སོ། །བཞི་པ་གྲངས་ངེས། དེ་ལས་མང་མི་དགོས་ཤིང་ཉུང་མི་རུང་བའོ། །ལྔ་པ་གོ་རིམ་ལ། བླ་མ་དང་ལུང་གི་ཆོས། །ཆོས་སྒྲུབ་པའི་གྲོགས། བྱམས་པ་བྱང་ཆུབ་ཀྱི་སེམས་སོགས་གཉེན་པོའི་རྟོགས་པའི་ཆོས་སོགས་ཀྱི་རིམ་པ་དང་ལྡོ་ཡང་གི་རིམ་པར་བསྟན་ཏོ། །དྲུག་པ་ལྟུང་བ་ངོས་བཟུང་བ་ལ། བཅུ་གསུམ་པ་གསང་སྔགས་ཀྱི་དམ་རྫས་མི་བསྟེན་པ་དང་། ཁྱབ་འབྲིན་པའི་རྩ་ལྟུང་གཉིས་ནི། གསང་བ་དང་ཤེར་དབང་གི་སྡོམ་པ་དང་འགལ་བའི་རྩ་ལྟུང་དང་། དགུ་པ་དང་། བཅུ་གཅིག་པ་དབང་བཞི་པ་དང་འགལ་བའི་ལྟུང་བ་དང་། ལྷག་མ་བཅུ་པོ། བུམ་དབང་གི་དམ་ཚིག་དང་འགལ་བའི་རྩ་ལྟུང་དུ་གསུངས་ལ། དེའང་བུམ་དབང་ཙམ་ལས་མཆོག་དབང་མ་ཐོབ་པ་ལ། བུམ་དབང་རང་གི་བཅུ་པོ་སྤྱད་ན་རྩ་ལྟུང་དུ་འགྱུར་ལ། གཞན་བཞི་སྤྱད་ན་རྩ་ལྟུང་དུ་མི་འགྱུར་ཏེ། ལྟུང་བ་དེ་སྤོང་བའི་སྡོམ་པ་མ་ཐོབ་ཅིང་མ་བླངས་པའི་ཕྱིར་རོ་ཞེས་ལོ་ཆེན་བཞེད། རང་ལུགས་ལ་མཆོག་དབང་མ་ཐོབ་པས་ཀྱང་དེའི་རྩ་ལྟུང་བཞི་སྤྱད་ན་རྩ་ལྟུང་དུ་འགྱུར་བར་བཞེད་དོ། །

གཉིས་པ་རྒྱས་བཤད་ལ་བཅུ་བཞི་ལས། དང་པོ་ནི། སློབ་དཔོན་རྣམ་གསུམ་སོགས་ཀྱིས་བསྟན་ཏེ། སྤྱིར་སློབ་དཔོན་གྱི་དབྱེ་བ་ལ་སྣེག་པའི་རྡོ་རྗེའི་དམ་ཚིག་གསལ་བཀྲ་ལས། བསྟན་པ་སྤྱི། ཆོས་སྒྲོར་འདྲེན་པ། དབང་བསྐུར་བ། རྒྱུད་བཤད་པ། མན་ངག་སྟོན་པ། ཉམས་ཆག་སྐོང་བའི་སློབ་དཔོན་དང་དྲུག་བསྟན་པ་དང་། དེ་དག་བསྟེན་ནས་བཀུར་ཚུལ་ནི། འགྲོ་བ་མང་པོ་འདྲེན་ཅིང་རང་གིས་ཀྱང་བཀའ་དྲིན་ཅུང་ཟད་རེ་ཐོབ་པའི་བླ་མ་ནི། ཡུལ་ཁམས་ཀྱི་རྒྱལ་པོ་ལྟར་བཀུར་དགོས་པ་དང་། རབ་བྱུང་གི་མཁན་པོ་ལྟ་བུ་ཆོས་སྒྲོར་འདྲེན་པ་ཁུ་བོ་ལྟར་དང་། དམ་ཚིག་འབོགས

ཅིང་དབང་བསྐུར་བའི་དམ་ཚིག་དབང་གི་སློབ་དཔོན་ཕ་ལྟ་བུ་དང་། ལུང་བ་ཕྱིར་བཅོས་ཀྱི་ཡུལ་དུ་གྱུར་པ་ཉམས་ཆག་སྐོང་བ་མ་ལྟ་བུ་དང་། རྒྱུད་གཞུང་གི་དོན་གསལ་བར་བཀྲོལ་ནས་སྟོན་པའི་ཞེས་རྒྱུད་འགྲོལ་བ་མིག་ལྟ་བུ་དང་། ཟབ་དོན་སྙིང་པོའི་མན་ངག་ལྷུག་པར་འབོགས་པ་མན་ངག་ལུང་གི་སློབ་དཔོན་སྙིང་ལས་ལྷག་པར་བལྟས་ནས་བཀུར་བར་གསུངས་ལ། འདིར་ཁྱད་པར་གྱི་སློབ་དཔོན་ལ་རྣམ་པ་གསུམ་སྟེ། བདེར་འདུས་ཞི་བ་འདུས་པའི་རྒྱུད་ལས། རྒྱུད་གྲོལ་དབང་བསྐུར་དེ་ཉིད་བསྟན། ཞེས་དབང་བསྐུར་བ། རྒྱུད་བཤད་པ། མན་ངག་ཁྲིད་པའི་བཀའ་དྲིན་གསུམ་ལྡན་གྱི་བླ་མའམ། གཉིས་ལྡན། གཅིག་ལྡན་ལ། ཞེ་སྡང་ངམ་ཕྲག་དོག་གང་རུང་གིས་སྙིང་ཐག་པ་ནས་སྨོད་པ་སྟེ་འབུ་ཞིང་འཕྱ་བ་དང་། བཀུར་སྟི་མི་བྱེད་པར་བརྙས་པ་དང་། ཐུགས་དཀྲུགས་པ་ནི། ཡུལ་བླ་མ་དེ་ཉིད་སངས་རྒྱས་ཀྱི་བདག་ཉིད་ཡིན་པས་ཡུལ་གཉན་པ་དང་། རང་ལ་སངས་རྒྱས་ལས་ཀྱང་བཀའ་དྲིན་ལྷག་པར་ཆེ་བའི་ཕྱིར་ན་རྩ་ལྟུང་བཅུ་བཞིའི་ལྟུང་བའི་སྒོ་ཀུན་ལས་ཤིན་ཏུ་ཉེས་པ་ལྕི་བའི་ཕྱིར་སློབ་དཔོན་བརྙས་སྨོད་ཀྱི་ལྟུང་བ་འདི་ཉིད་རྩ་ལྟུང་དང་པོ་རུ་ཐོག་མར་བཤད་པ་ཡིན་ཏེ། ཟླ་ཞི་ལྟས། གང་ཕྱིར་རྡོ་རྗེ་འཛིན་པ་ཡིས། །དངོས་གྲུབ་སློབ་དཔོན་རྗེས་འབྲང་གསུངས། །དེ་བས་དེ་ལ་བརྙས་པ་ནི། །རྩ་བའི་ལྟུང་བ་དང་པོར་བཤད། །ཅེས་གསུངས་སོ༔ ༔

གཉིས་པ་ནི། བླང་དོར་གནས་སྟོན་སོགས་ཀྱིས་བསྟན་ཏེ་བླང་དོར་རམ་དགག་སྒྲུབ་ཀྱི་གནས་སྟོན་པའི་བདེ་བར་གཤེགས་པའི་མདོ་སྔགས་ཀྱི་བཀའ་ཁྲིམས་དང་། དེ་བཞིན་དུ་བླ་མས་ཆོས་ལྡན་གྱི་བཀའ་འཇུག་ལྡོག་གི་བསླབ་བྱ་གང་གསུངས་ཤིང་གནང་བ་དེ་རང་གིས་ཀྱང་གོ་བ་བཞིན་དུ་ཅི་མི་སྙམ་པར་ཁྱད་དུ་གསོད་དེ། དེའི་མི་མཐུན་ཕྱོགས་ཀྱི་སྤྱོད་པ་དང་འབྲེལ་བར་ཞུགས་པ་ནི་བཀའ་འདས་རྩ་ལྟུང་གཉིས་པ་སྟེ། སྡོམ་ལས། བདེ་གཤེགས་བཀའ་ལས་འདས་པ་ནི། །ལྟུང་བ་གཉིས་པ་ཡིན་པར་བརྗོད། །ཅེས་སོ། །གསུམ་པ་ནི། སྤྱི་རིང་ཉེ་དང་སོགས་ཀྱིས་བསྟན་ཏེ། སྤྱིའི་མཆེད་སེམས་ཅན་ཐམས་ཅད་བདེ་གཤེགས་སྙིང་པོའི་གདུང་རུས་གཅིག་པ་དང་། རིང་བའི་མཆེད་སངས་རྒྱས་ཀྱི་བསྟན་པ་ལ་ཞུགས་པ་ཡོད་དོ་ཅོག །ཉེ་བའི་མཆེད་སྔགས་ཀྱི་ཐེག་པར་ཞུགས་ཚད་

དེ་དག་ལས་ཀྱང་ནང་འདྲེས་པའི་མཆེད་བླ་མ་གཅིག་གིས་བསྐུས་པའི་ཕ་གཅིག་གི་སྤུན་དང་། དེའི་ཞུགས་ཀྱིས་བསྟན་པའི་དཀྱིལ་འཁོར་གཅིག་གིས་བསྐུས་པ་མ་གཅིག་གི་སྤུན་ཏེ། སྔ་མ་སྔ་མ་རྣམས་ལས་ཕྱི་མ་ཕྱི་མ་རྣམས་རིམ་པར་ཉེ་ལ་བླ་མ་དང་དཀྱིལ་འཁོར་གཅིག་ཏུ་དུས་གཅིག་ལ་དབང་བཞི་རྫོགས་པར་ཐོབ་པའི་སྤུན་རྣམས་ཤིན་ཏུ་ཉེ་བའི་སྤུན་ཏེ། དམ་ཚིག་གསལ་བཀྲ་ལས། མཐའ་ཡས་སེམས་ཅན་རང་བཞིན་ཕྱིར། །གང་ཡང་བདག་ལས་གཞན་མེད་ཅིང་། །བདེར་གཤེགས་སྙིང་པོའི་སྤུན་ཡིན་ཕྱིར། །མ་འོངས་སངས་རྒྱས་རང་བཞིན་ནོ། །སྤྱི་ཡི་མཆེད་དེ་ཕ་ཚན་བཞིན། །སངས་རྒྱས་ཆོས་ཞུགས་རིང་བ་དང་། །ལྟ་སྤྱོད་མཐུན་པ་ཉེ་བར་བཤད། །ཕ་གཅིག་དམ་ཚིག་ནང་འདྲེས་པ། །ཞེས་དང་། ཡེ་ཤེས་ཞབས་ཀྱིས། བསྟན་དང་རྡོ་རྗེ་ཐེག་པ་ལ། །ཞུགས་པ་ཐམས་ཅད་སྤུན་དུ་བརྗོད། །ཀུན་ཀྱང་ཡེ་ཤེས་ལྡན་པས་ན། །རྡོ་རྗེ་སེམས་དཔའ་རྡོ་རྗེའི་སྤུན། །དཀྱིལ་འཁོར་སློབ་དཔོན་རིག་མ་གཅིག །དབང་བཞི་དག་གི་བྱེ་བྲག་གིས། །ཉེ་དང་ཁྱད་པར་བྱེ་བྲག་གོ། །ཞེས་གསུངས་སོ། །

དེ་ལྟར་སྤུན་དེ་རྣམས་ལ་རིམ་པར་སྦྱོར་སེམས་ཅན་སངས་རྒྱས་ཀྱི་གདུང་གཅིག་པར་གྱུར་པ་ཐམས་ཅད་སངས་རྒྱ་རུང་བ་རྒྱུ་མཚན་བྱས་ཏེ་བྱམས་ཤིང་གུས་པ་དང་། རིང་མཆེད་རྣམས་བཅོམ་ལྡན་འདས་ཀྱི་རྗེས་སུ་སློབ་པའི་འཁོར་རོ་སྙམ་དུ་མོས་འདུན་དང་། ཉེ་མཆེད་དག །དཔེར་ན་སངས་རྒྱས་ཡོངས་དག་བཞི་ལ་གནས་པ་བཞིན་མཆེད་དེ་དག་ཀྱང་སྔགས་ལམ་ལ་གནས་པས་མ་དག་པའི་གནས་ལུས་ལོངས་སྤྱོད་བྱ་བ་བཞི་པོ་དག་པར་བལྟ་བའི་ཡོངས་དག་ལ་གནས་པས་ན་སངས་རྒྱས་ཀྱི་སྤྱོད་ཡུལ་ལ་གནས་པའོ་སྙམ་དུ་མོས་འདུན་དང་། ནང་འདྲེས་མཆེད། ཕ་བླ་མ་གཅིག་པ། མ་དཀྱིལ་འཁོར་གཅིག་པའི་སྤུན་ཏེ། བྱང་ཆུབ་བར་དུ་དམ་ཚིག་གི་སྲོག་རྩ་གཅིག་གིས་འབྲེལ་བའི་འདུ་ཤེས་ཀྱིས་ལྷག་པར་བྱམས་འདུན་དགོས་པས། ད་ལན་ལྟུང་བའི་ཡུལ་གྱི་མཆེད་ཐེག་ཆེན་སྔགས་པ་སྤྱི་དང་། ཁྱད་པར་བླ་མ་གཅིག་པའི་མཆེད་སྡོམ་ལྡན་ཉིད་ཡིན་ལ། དེ་ལ་ཡིད་ཀྱིས་ཁྲོས་ཤིང་འཁོན་དུ་འཛིན་པ་དང་། ཕྲག་དོག་བྱེད་པ། ངག་གིས་སྐྱོན་སྨྲས་པ་སོགས་བརྙས་པ་དང་། དེའི་ཆོས་ལྡན་གྱི་ངག་བཅག་པ་ནི་རྩ་ལྟུང་གསུམ་པ་སྟེ། ཧྭ་ཤི་ལྟས། རྡོ་རྗེའི་སྤུན་ལ

ཁྲོས་ནས་ནི། །ཉེས་པ་བརྗོད་པ་གསུམ་པ་ཡིན། ཞེས་སོ། །བཞི་པ་ནི། སེམས་ཅན་བདེ་བ་སོགས་ཀྱིས་བསྟན་ཏེ། ཡུལ་སེམས་ཅན་དགྲ་ལྷ་བུ་གང་ཡང་རུང་བ་གཅིག་བདེ་བ་ཀུན་དང་བྲལ་ན་བསམ་ཞིང་སྡུག་བསྔལ་དང་འཕྲད་ན་ཅི་མ་རུང་སྙམ་དུ་ཁྲོ་བའི་སེམས་ཀྱིས་སྙིང་ཐག་པ་ནས་བྱམས་པ་བཏང་བ་རྩ་ལྟུང་བཞི་པ་སྟེ། སྔ་མ་ལས། སེམས་ཅན་རྣམས་ལ་བྱམས་པ་སྤོང་། བཞི་པ་ཡིན་པར་རྒྱལ་བས་གསུངས། །ཞེས་སོ། །ལྔ་པ་ནི། འདོད་ཆགས་སེམས་ཀྱིས་སོགས་ཀྱིས་བསྟན་ཏེ། ཁྱད་པར་གསར་མའི་དུས་འཁོར་དང་རྙིང་མའི་ནང་རྒྱུད་བླ་མེད་གཉིས་ཀྱི་ཐུན་མིན་གྱི་རྩ་ལྟུང་ལྔ་པ་ནི། འདོད་ཆགས་སེམས་ཀྱིས་གནང་བའི་གནས་སྐབས་བདུན་མ་ཡིན་པར་བསམ་བཞིན་དུ་ཁུ་བ་འབྱིན་ན་བྱང་ཆུབ་སེམས་འདོར་གྱི་རྩ་ལྟུང་ཞེས་བྱ་སྟེ། ཁུ་བ་རྒྱས་ན་དོན་དམ་བྱང་སེམས་བདེ་ཆེན་ཡེ་ཤེས་འདྲེན་པར་བྱེད་པས་སོ། །

གནང་བའི་གནས་སྐབས་བདུན་ནི། ཇི་སྐད་དུ། གསང་བའི་དབང་དང་གསུམ་པའི་དབང་། །རོ་མཉམ་པ་དང་ལྷ་མཆོད་དང་། །རིགས་རྒྱུད་སྤེལ་དང་རིལ་བུ་དང་། །འཆི་ལྟས་བརྟགས་པའི་དུས་ཡིན་ཏེ། །ཞེས་སོ། །ཐུན་མོང་དུ་གཞན་སེམས་ཅན་ལ་བྱང་ཆུབ་ཀྱི་སེམས་ཏེ་སྨོན་པ་སེམས་བསྐྱེད་བཏང་བ་ལྔ་པ་ཡིན་ཏེ། སྔ་མ་ལས།ཆོས་ཀྱི་རྩ་བ་བྱང་ཆུབ་སེམས། །དེ་སྤོང་བ་ནི་ལྔ་པ་ཡིན། །ཞེས་སོ། །དྲུག་པ་ནི། ལམ་འཚོལ་མུ་སྟེགས་སོགས་ཀྱིས་བསྟན་ཏེ། ཐར་ལམ་བརྒྱུད་ནས་འཚོལ་བའི་འམ། གནས་སྐབས་མངོན་མཐོའི་ལམ་ཙམ་འཚོལ་བའི་མུ་སྟེགས་པ་དང་། ལམ་ཞུགས་ཉན་རང་དང་། ལམ་ཆེན་ཐེག་ཆེན་མདོའི་གྲུབ་མཐའ་སྟེ། མུ་སྟེགས་པའང་། མངོན་མཐོའི་ལམ་ལས་འབྲས་ཁས་ལེན་པའི་གྲུབ་མཐའ་ལ་སྨད་ན་ཉེས་པ་ཆེ་བར། རྣམ་སྣང་མངོན་བྱང་ལས། རྣམ་པར་སྣང་མཛད་རིང་བའི་རྒྱུ། །མུ་སྟེགས་ཅན་ལ་སྨད་མི་བྱ། །ཞེས་པ་ཕྱི་ནང་ཐུན་མོང་གི་ལས་འབྲས་བསྟན་པའི་མུ་སྟེགས་པའི་གཞུང་ལ་དགོངས་ནས་གསུངས་པ་དང་། འཇམ་དཔལ་གྲགས་པས། གྲུབ་པའི་མཐའ་ཡི་བློ་བསྐྱེད་ཕྱིར། །ཕྱི་རོལ་པའང་ལམ་འཚོལ་ཞུགས། །དེ་ཕྱིར་དེ་ལ་སྨད་མི་བྱ། །ལམ་ཞུགས་ཉན་ཐོས་སློས་ཅི་དགོས། །ཞེས་གནས་སྐབས་མངོན་མཐོའི་ལམ་ལས་འབྲས་བསྟན་པའི་མུ་སྟེགས་པའི་གཞུང་ལུགས་དེ་བརྒྱུད་ནས་ནང་པའི་ཐར་ལམ་རྣམ་དག་གི་ལམ་

སྟེགས་སུ་འགྱུར་རུང་བའི་གཞུང་ལ་སྐྱོད་པ་དགག་པར་མཛད་པས། དེ་ལྟ་བུའི་གཞུང་དང་། མདོ་སྔགས་ཀྱི་གཞུང་རྣམས་མཆོག་དམན་དུ་བཟུང་ནས་སྡང་སེམས་ཀྱིས་སྐྱོད་ན་རྩ་ལྟུང་དྲུག་པ་སྟེ། སྔ་མ་ལས། རང་ངམ་གཞན་གྱི་གྲུབ་པའི་མཐའ། །ཆོས་ལ་སྐྱོད་པ་དྲུག་པ་ཡིན། །ཞེས་སོ། །

བདུན་པ་ནི། སྣོད་དང་ཚོ་ག་སོགས་ཀྱིས་བསྟན་ཏེ། སྣོད་ཀྱིས་མ་སྨིན་པ་ཚེ་འདི་ཁོ་ན་གཉེར་བའི་ལོག་སྲེད་ཅན་དང་། ཚོ་ག་མ་བྱས་པས་མ་སྨིན་པ་ནི། བུམ་དབང་ཙམ་ཡང་མ་ཐོབ་པ་དང་། ཚོ་ག་མ་རྫོགས་པས་མ་སྨིན་པ་ནི། མཆོག་དབང་གསུམ་མ་ཐོབ་པ་དང་། ཉམས་པས་མ་སྨིན་པ་ནི། རྩ་ལྟུང་བྱུང་ནས་འགྱོད་པས་ཕྱིར་མི་འཆོས་པ་དང་། ཟབ་མོའི་དོན་ལ་འཇིགས་པ་ཉན་རང་སོགས་དབང་པོ་མ་སྨིན་པས་ཟབ་དོན་ལ་སྐྲག་པ་སྟེ། གསང་ཡུལ་ལྔ་ལ་གསང་སྔགས་ཀྱི་ཐུན་མོང་མ་ཡིན་པའི་ཆོས་ཟབ་དོན་གྱི་གསང་བ་སྒྲོག་ན་རྩ་ལྟུང་བདུན་པ་སྟེ། སྔ་མ་ལས། ཡོངས་སུ་མ་སྨིན་སེམས་ཅན་ལ། །གསང་བ་སྒྲོག་པ་བདུན་པ་ཡིན། །ཞེས་སོ། །བརྒྱད་པ་ནི། ཕུང་ལྔ་སངས་རྒྱས་སོགས་ཀྱིས་བསྟན་ཏེ། གཟུགས་ཕུང་རྣམ་སྣང་སོགས་ཕུང་ལྔའི་རང་བཞིན་རིགས་ལྔའི་སངས་རྒྱས་ལྔ་ཡིན་པ་ལྟར་དབང་དུས་སུ་ངོ་སྤྲོད་དེ་བཟའ་བཏུང་སོགས་འདོད་ཡོན་གྱི་མཆོད་པས་བདེ་བ་འཕེལ་ཞིང་ཁམས་རྒྱས། བརྒྱུད་ནས་བདེ་ཆེན་ཡེ་ཤེས་མངོན་དུ་འགྱུར་བ་ཡིན་པ་ལ། རྣམ་པ་གསལ་བ་རྣམ་དག་དྲན་པ་སོགས་ལྷག་པའི་ཁྱད་པར་བསྒྲུབ་པ་ལ་དགོས་པ་མེད་དོ་འདི་ནི་སྡུག་བདེན་གྱི་ཕུང་པོ་མི་གཙང་བའོ་སྙམ་ཞིང་སེམས་ཀྱིས་བརྙས་པ་ངག་གིས་སྨྲད་པ་དཀའ་ཐུབ་ཀྱིས་གདུང་བ་བསྐྱེད་ན་རྩ་ལྟུང་བརྒྱད་པའོ། །དེའང་སྔ་མ་ལས། ཕུང་པོ་སངས་རྒྱས་ལྔའི་བདག་ཉིད། །དེ་ལ་བརྙས་བྱེད་བརྒྱད་པའོ། །ཞེས་སོ། །དགུ་པ་ནི། གཞི་ལམ་འབྲས་བུའི་སོགས་ཀྱིས་བསྟན་ཏེ། གཞི་ལམ་འབྲས་བུའི་ཆོས་ཐམས་ཅད་རང་བཞིན་རྣམ་པར་དག་ཅིང་འོད་གསལ་བ་བྱང་ཆུབ་སེམས་ཀྱི་གནས་ལུགས་མཐར་ཐུག་ཏུ་བཞུགས་པའི་སྣང་སྲིད་དག་མཉམ་ཉིད་ལ། ངེས་པ་དོན་དུ་དེ་ལྟར་ཡིན་པ་ལ་ཡིན་པར་བསྟན་པ་མ་ཡིན་གྱི། གདུལ་བྱ་ལམ་ལ་དགྲི་ཞིང་སྤྲོ་བ་བསྐྱེད་པ་ཙམ་གྱི་ཆེད་དུ་དེ་ལྟར་བསྟན་པ་ཡིན་ལས་ཆེ་སྙམ་དུ་ཐེ་ཚོམ་ཟ་བ་རྩ་ལྟུང་དགུ་པར་བཤད་དེ། སྔ་མ་ལས། རང་བཞིན་དག་པའི་ཆོས་རྣམས་ལ། སོམ་ཉི་ཟ་བ་དགུ་པར་བཤད། །ཅེས་སོ། །བཅུ་

པ་ནི། བསྙལ་བའི་ཞིང་བཅུ་སོགས་ཀྱིས་བསྟན་ཏེ། དེ་ལ་ཡུལ་ནི། གསལ་བཀྲ་ལས། དཀོན་མཆོག་སློབ་དཔོན་སྐུ་དགྲ་གཉིས། །དམ་ཉམས་ལོག་དང་འབྱུ་བ་དང་། །འདུ་བར་འོང་དང་ཡོངས་ལ་གནོད། །དམ་དགྲ་ངན་པའི་ངང་ཚུལ་ཅན། །ངན་སོང་གསུམ་དང་བཅུ་པོ་ནི། །རྣལ་འབྱོར་ཀུན་གྱིས་དང་དུ་བླང་། །ཞེས་སྤྱིར་སངས་རྒྱས་ཀྱི་བསྟན་པ་ལ་གནོད་པའི་དཀོན་མཆོག་གསུམ་གྱི་སྐུ་དགྲ། ཁྱད་པར་བླ་མའི་སྐུ་དགྲ། སྔགས་ཀྱི་དམ་ཚིག་ཉམས་ནས་གསོ་བར་མི་བྱེད་པ། སྔགས་ཀྱི་ཐེག་པར་ཞུགས་པ་ལས་ཕྱིར་ལོག་སྟེ་སྔགས་ཀྱི་ཐེག་པ་སྨད་པ། བླ་མ་དང་མཆེད་གྲོགས་ལ་ཞེ་སྡང་པས་འབྱུ་བ། སྔགས་སྤྱོད་ལ་འདུ་བར་མི་དབང་བཞིན་རྐྱ་ཐབས་ཀྱིས་འདུས་པའི་ནང་དུ་འོང་བ། སེམས་ཅན་ཡོངས་ལ་གནོད་པའི་ལས་བྱེད་པ་དམ་ཚིག་དང་ལྡན་པའི་དགྲར་གྱུར་པ། མི་དགེ་བའི་ལས་འབའ་ཞིག་ལ་སྤྱོད་པའི་ངང་ཚུལ་ཅན་ཏེ། སྡུག་བསྔལ་གྱི་རྒྱུ་ལ་སྤྱོད་པའི་བསྙལ་ཞིང་དགུ་དང་། འབྲས་བུ་སྡུག་བསྔལ་དངོས་ལ་སྤྱོད་པ། ངན་སོང་གསུམ་པོ་གཅིག་ཏུ་སྡོམ་པས་བཅུ་སྟེ་བསྒྲལ་བའི་ཞིང་བཅུ་ཚང་བ་མངོན་སྤྱོད་ཀྱི་ལས་ཀྱིས་སྒྲོལ་ནུས་བཞིན་དུ་མི་སྒྲོལ་བ་དང་། དེ་ལས་ཀྱང་ཁྱད་པར་བླ་མ་དང་བསྟན་འགྲོར་འཚེ་བའི་གདུག་ཅན་དེ་དག་ལ་ལོག་པའི་སྲེད་པས་རང་གི་མཛའ་བོར་བྱས་ཏེ་འགྲོགས་འདྲིས་ཀྱིས་ཡིད་མཐུན་པའི་བཤེས་སུ་བྱས་ཏེ། དགོས་དབང་མེད་པར་ཐ་མལ་པའི་ལུས་ངག་གིས་བྱམས་པར་བྱེད་ན་རྩ་ལྟུང་བཅུ་པ་སྟེ། སྡེ་མ་ལས། གདུག་ལ་རྟག་ཏུ་བྱམས་ལྡན་པར། །བྱེད་པ་དེ་ནི་བཅུ་པར་འདོད། །ཅེས་དང་། གདོང་དྲུག་གི་རྒྱུད་ལས། གདུག་ཅན་རྣམས་ལ་བཟློག་སྟེ་བྱ། དངོས་སམ་ཡང་ན་སྔགས་དང་གཞན། །འཕྲུལ་འཁོར་དང་ནི་ཉིང་ངེ་འཛིན། །སྨན་གྱིས་ཀྱང་ནི་བྱ་བ་སྟེ། །ཞེས་དེ་ལ་བཟློད་པར་མི་བྱ་བར་མངོན་སྤྱོད་ཀྱི་ལས་བྱེད་དགོས་པར་གསུངས་སོ། །དུས་འཁོར་ལས། དམ་ཚིག་ངོ་སྲུང་ཙམ་ལས་ལྐོག་ཏུ་མི་བསྲུང་བ་བཅུ་པར་བསྟན་ཏོ། །

བཅུ་གཅིག་པ་ནི། མིང་སོགས་བྲལ་ལ་སོགས་ཀྱིས་བསྟན་ཏེ། མིང་སོགས་མཚན་མ་དང་བྲལ་བའི་དོན་དམ་བདེན་པ་དང་། དེ་རྟོགས་བྱེད་ཀྱི་ཐབས་ཀྱི་ལམ་ལ་ཐེ་ཚོམ་བྱེད་ཅིང་དོན་དམ་བདེན་པ་དངོས་པོ་རྟག་པར་སྒྲོ་འདོགས་པ་དང་། དངོས་མེད་ཆད་པར་སྒྲོ་འདོགས་པ་ལྟ་བུའི་རྟག་

ཚད་དུ་རྫོགས་ཅིང་། རིགས་པ་ལྟ་སྣང་ལྟ་བུ་རྒྱུ་མཚན་ལོག་པའི་རྟོག་གེས་རྟག་ཚད་དུ་སྒྲུབ་ཅིང་འཇལ་བར་ཞེན་པར་བྱེད་ན་རྩ་ལྟུང་བཅུ་གཅིག་པ་སྟེ། སྡོམ་པ་ལས།མིང་སོགས་བྲལ་བའི་ཆོས་རྣམས་ལ། །དེར་རྟོག་པ་ནི་བཅུ་གཅིག་པ། ཞེས་སོ། །དུས་འཁོར་ལས། མི་འགྱུར་བའི་བདེ་ཆེན་དང་དུ་མ་བླངས་ན་བཅུ་གཅིག་པར་བཤད་དོ། །བཅུ་གཉིས་པ་ནི། དད་གསུམ་ལྡན་པའི་སོགས་ཀྱིས་བསྟན་ཏེ། བླ་མ་དང་དཀོན་མཆོག་གི་ཡོན་ཏན་ལ་དང་འདོད་ཡིད་ཆེས་ཀྱི་དད་པ་གསུམ་དང་ལྡན་པའི་སེམས་ཅན་སྣོད་དུ་རུང་བ་ཆོས་འདོད་ཅིང་སྨིན་དུ་རུང་བ་ལ་ཆོས་མི་སྟེར་ཞིང་། དེའི་དོན་བྱེད་ནུས་ཀྱང་མི་བྱེད་པ་དང་། དེའི་སེམས་དང་འགལ་བ་མི་བསྲུང་བར་མི་དད་པའི་སྤྱོད་པ་བྱེད་པ་དང་། གཞན་ཡང་ཆགས་སྡང་གིས་དེའི་སྐྱོན་བརྗོད་པའམ་གཡོ་སྒྱུས་བསླུས་ཀྱང་རུང་སྟེ་སེམས་སུན་ཕྱུང་ནས་དད་འདུན་ལོག་པའི་བྱ་བ་བྱེད་ན་བཅུ་གཉིས་པ་སྟེ། སྡོམ་པ་ལས། སེམས་ཅན་དད་དང་ལྡན་པ་ཡི། །སེམས་སུན་འབྱིན་པ་བཅུ་གཉིས་པ། །ཞེས་སོ། །

བཅུ་གསུམ་པ་ནི། སྐབས་བབས་ཡོ་བྱད་སོགས་ཀྱིས་བསྟན་ཏེ། སྔགས་ཀྱི་སྤྱོད་པའི་དུས་སུ་ཚོགས་ཀྱི་འཁོར་ལོའམ་དཔའ་བོ་དང་དཔའ་མོའི་དགའ་སྟོན་གང་ཡིན་ཡང་རུང་སྟེ། དེ་དང་དེའི་སྐབས་སུ་བབས་པའི་གོས་རྒྱན་སོགས་ཡོ་བྱད་དང་། ལོངས་སྤྱོད་དམ་ཚིག་གི་རྫས་ཤ་ལྔ་བདུད་རྩི་ལྔ་སོགས་དང་གྲོ་གར་གླུ་ཚིག་རིག་མ་སོགས་སྤྱོད་པའི་དུས་ཚོད་དང་འབྲེལ་ཀྱང་ཇི་བཞིན་དུ་མི་བསྟེན་པར་ཉན་ཐོས་ཀྱི་བརྟུལ་ཞུགས་ལ་འཆལ་བས་ཐེ་ཚོམ་ཟ་བའམ་མི་གཙང་ཉེས་དམིགས་བསམ་པའི་བློ་ནས་སྤངས་ན་རྩ་ལྟུང་བཅུ་གསུམ་པ་སྟེ། སྡོམ་པ་ལས། དམ་ཚིག་རྫས་ནི་ཇི་བཞིན་སྙེད། །མི་བསྟེན་པ་ནི་བཅུ་གསུམ་པ། །ཞེས་སོ། །བཅུ་བཞི་པ་ནི། སྤྱི་དང་བྱེ་བྲག་སོགས་ཀྱིས་བསྟན་ཏེ། སྤྱིར་བུད་མེད་ཀྱི་རིགས་དམན་ནོ་ཞེས་སྤྱིར་སྨད་པ་དང་། བྱེ་བྲག་རང་གི་བསྟེན་བྱར་རུང་ངེས་པའི་ཤེས་རབ་མ་མཚན་ལྡན་མ་ལ་དངོས་སམ་ལྐོག་ཏུ་ཞེ་ཐག་པ་ནས་སྙིང་ཚིམ་པའི་བརྙས་སྨད་ཀྱི་ཚིག་བརྗོད་པ་ཡུལ་དེས་གོ་ན་རྩ་ལྟུང་བཅུ་བཞི་པ་སྟེ། སྡོམ་པ་ལས། ཤེས་རབ་རང་བཞིན་བུད་མེད་ལ། །སྨོད་པར་བྱེད་པ་བཅུ་བཞི་པ། །ཞེས་སོ། །བཞི་པ་ཡན་ལག་སྡོམ་པོ་བཤད་པ་ལ་མདོར་བསྟན། རྒྱས་བཤད་དོ། །དང་པོ་ནི། ད་ནི་ཡན་ལག་སོགས་ཀྱིས་བསྟན་ཏེ། རྩ་ལྟུང་

བཤད་གྲུབ་ནས། ད་ནི་རྩ་བ་ལྟ་བུའི་ཡན་ལག་ཏུ་གྱུར་པའི་སྦོམ་པོའི་ལྟུང་བ་རྣམས་བཤད་པར་བྱའོ། །དེ་ལ་མཚན་ཉིད། སྒྲ་དོན། དབྱེ་བའོ། །དང་པོ་ནི། སྔགས་སྡོམ་གྱི་མི་མཐུན་ཕྱོགས་ཀྱི་ཉེས་པ་གང་ཞིག །སྤྱད་ན་སྡོམ་པའི་ཡན་ལག་ཉམས་བྱེད་ཀྱི་རིགས་གནས་ཀྱི་ལྟུང་བ་སྦོམ་པོའི་མཚན་ཉིད། སྒྲ་དོན་ནི། ཡན་ལག་གི་དམ་ཚིག་ལས་འདས་པའི་ཉེས་པ་དངོས་གྲུབ་མྱུར་འགྲུབ་ཀྱི་གེགས་སུ་གྱུར་པའི་ཉེས་པ་ལྕི་བས་ཡན་ལག་སྦོམ་པོ་ཞེས་བྱ། དབྱེ་ན་བརྒྱད་སོགས་སོ། །

གཉིས་པ་རྒྱས་བཤད་ལ། དངོས་བསྟན་བརྒྱད་བཤད་པ་དང་། རྣམ་གྲངས་གཞན་བཤད་པའོ། །དང་པོ་ནི། དབང་དང་དམ་ཚིག་མ་སྨིན་སོགས་ཀྱིས་བསྟན་ཏེ། དབང་དང་དམ་ཚིག་གིས་རྒྱུད་མ་སྨིན་པའི་རིག་མ་བསྟེན་པ་ཙམ་ལས་སྦོམ་པོ་དང་པོ་དང་། ཚོགས་ཀྱི་འཁོར་ལོའི་གྲལ་བཤམས་པའི་དུས་སུ། དེའི་ནང་དུ་བླ་མ་དང་རྡོ་རྗེའི་སྤུན་སོགས་ལ་མནར་སེམས་མེད་པར་ལུས་ངག་གིས་རྩོད་བཙོག་ཁ་ཤགས་འགྱེད་པ་ཙམ་བྱས་ན་སྦོམ་པོ་གཉིས་པའོ། །སྔགས་རྒྱུད་ལས་གསུངས་པའི་མཚན་ཉིད་མ་ཚང་ཞིང་། མ་གསུངས་པའི་རིག་མ་ཕལ་བ་ལས་རིལ་བུ་བདེ་བའི་རྒྱུར་ཆོ་ག་བཞིན་དུ་མ་ཡིན་པར་རང་སྟོབས་ཀྱིས་བདུད་རྩི་ལེན་པ་སྦོམ་པོ་གསུམ་པའོ། །སྣོད་རུང་དོན་གཉེར་དང་ལྡན་པའི་སློབ་མར་གསང་སྔགས་ཀྱི་ཆོས་དཔེ་མཁྱུད་ཀྱིས་མི་སྟོན་པ་སྦོམ་པོ་བཞི་པའོ། །དད་ལྡན་གྱི་སློབ་བུ་དོན་གཉེར་ཅན་གྱིས་ཆོས་འདྲི་བ་ལ་ཆོས་དེ་མི་སྟོན་པར་ཆོས་གཞན་སྟོན་པ་སྦོམ་པོ་ལྔ་པའོ། །གསང་སྔགས་ཀྱི་ལྟ་སྤྱོད་ལ་སྐུར་བ་འདེབས་པའི་ཉན་ཐོས་དངོས་སམ་རྟོག་གེ་བའི་ནང་དུ་ཞག་བདུན་ལོངས་པར་བསྡད་པ་སྦོམ་པོ་དྲུག་པའོ། །སྔགས་ཀྱི་རྣལ་འབྱོར་གྱི་དེ་ཉིད་ཡེ་ཤེས་ཀྱི་རྟོགས་པ་མི་ལྡན་བཞིན་དུ་རང་ཉིད་སྔགས་འཆང་རྡོ་རྗེ་འཛིན་པར་རློམ་ཞིང་སླུ་བ་སྦོམ་པོ་བདུན་པའོ། །སློབ་བཤད་ལྟ་བུའི་ནང་གི་སྣོད་དུ་མ་གྱུར་པའི་སྣོད་མིན་འཚོགས་བཤད་ལྟ་བུའི་ཡུལ་དུ་གྱུར་པ་ལ་ཟབ་དོན་གྱི་ཆོས་བཤད་པ་སྟེ། དེ་ལྟ་བུའི་ལྟུང་བ་རྣམས་ནི་ཡན་ལག་སྦོམ་པོའི་ལྟུང་བ་བརྒྱད་པོ་ཡིན་ནོ། །

གཉིས་པ་རྣམ་གྲངས་བཤད་པ་ལ་གཉིས་ལས། དངོས་བསྟན་དང་། དོན་བསྡུས་ཏེ་བསྟན་པའོ། །དང་པོ་ནི། བསྟེན་སོགས་མ་བྱས་སོགས་ཀྱིས་བསྟན་ཏེ། དཀྱིལ་འཁོར་གྱི་ལྷའི་བསྙེན་

བསྒྲུབ་སོགས་མ་བྱས་པར་སློབ་མ་ལ་དབང་བསྐུར་བ་དང་། རབ་གནས་སྦྱིན་སྲེག་གི་ལས་སོགས་ལ་བསམ་སྦྱོར་གྱི་འཇུག་ཅིང་ཞུགས་པ་དང་། ཟབ་མོ་ལ་སྐྲག་པའི་རིགས་མིན་ཀྱང་། ཕྱིའི་ཆོས་ལ་མོས་པའི་གང་ཟག་ལ་དགོས་པ་མེད་པར་ལུས་ཀྱི་ཕྱག་རྒྱ་བསྟན་པ་དང་། སྡོམ་གསུམ་ཐོབ་པའི་སྔགས་པས་ཕྱི་དྲོ་ཟས་ཟ་བ་ལྟ་བུའི་སོར་བྱང་གི་སྡོམ་པ་གཉིས་ཀྱི་བཅས་པ་ཕྲ་བ་ལས་ཚོགས་འཁོར་སྦྱིན་སྲེག་སོགས་དགོས་པ་ཁྱད་པར་ཅན་མེད་པར་འདའ་བ་ཡང་སྦོམ་པོའོ། །དེ་དག་ཞིབ་པར་བཤད་ན། སྦོམ་པོ་བརྒྱད་ལས། རིག་མ་ལ་དབང་བསྐུར་ཏེ་སྡོམ་པ་ལ་བཀོད་པ་ལྟ་བུའི་རྒྱུད་སྦྱངས་པ་སྔོན་དུ་མ་བཏང་བར་མ་སྦྱངས་པའི་རིག་མ་བསྟེན་པ་སྦོམ་པོ་དང་པོ། རིག་མ་མཚན་ཉིད་དང་ལྡན་ཡང་། ཡབ་རང་གི་འདུ་ཤེས་གསུམ་གྱི་སྒོ་ནས་གསང་སྤྱོད་ཀྱི་དུས་དང་མཐུན་པ་གསང་སྔགས་ཀྱི་གཞུང་ནས་བསྟན་པ་ལྟར་སྦྱོར་བ་མ་ཡིན་པར་རང་དགར་སྦྱོར་ནས་སྔགས་རྒྱུད་ལས་བཀག་པ་ལྟར་སྤྱོད་པ་གཉིས་པ། དབང་མ་ཐོབ་པ་དང་སྔགས་ལ་མི་དད་པའི་གང་ཟག་ལ་ཁྲིས་སྐུ་གླེགས་བམ་རྡོར་དྲིལ་ལག་པའི་ཕྱག་རྒྱ་རྐང་པའི་སྟངས་སྟབས་སོགས་མིག་ལམ་དུ་སྟོན་པ་གསུམ་པ། ཚོགས་འཁོར་གྱི་ཚེ་ལྷའི་ང་རྒྱལ་དང་། སེམས་ཅན་ལ་བརྩེ་སེམས། སྦྱིན་བདག་གི་ཚོགས་བསགས་པའི་བསམ་པ་ལྟ་བུའི་སེམས་དང་བྲལ་བར་ཁ་ཤགས་ཙུང་ཟད་ཡན་དང་། ཐལ་མོས་བརྡེག་པ་སོགས་ཀྱི་ལུས་ངག་གིས་རྩོད་པ་དང་རྩེ་བ་སོགས་བཞི་པའོ། །སྣོད་ལྡན་གྱིས་ཆོས་ཀྱི་ཚིག་དོན་འདྲི་ན་ཤེས་བཞིན་ལན་ལོག་འདེབས་པ་ལྔ་པ། ཞག་དྲུག་ལ་གནང་ཡང་དགོས་པ་མེད་པར་སྔགས་སྲུན་འབྱིན་པའི་ཉན་ཐོས་ཀྱི་ནང་དུ། དེ་རྣམས་འདུལ་བ་དང་། རང་གཞན་གྱི་ཚེ་སྲོག་ཚངས་སྤྱོད་བསྲུང་བའི་དགོས་པ་མེད་པར་ཞག་བདུན་འདས་པར་བསྡད་ན་དྲུག་པ། ལྷ་སྔགས་ཀྱི་རྣལ་འབྱོར་ཉམས་ལེན་ཚུལ་བཞིན་མི་ཤེས་པར། ལྷའི་སྒྲུབ་ཐབས་གཅིག་ཙམ་དང་། བསྐྱེད་རྫོགས་ལྟར་སྣང་གི་ཏིང་འཛིན་ཐུན་རེ་ཙམ་ཡོད་པ་ལ་བརྟེན་ནས་བདག་གསང་སྔགས་ཀྱི་རྣལ་འབྱོར་མཆོག་ཏུ་ཁས་འཆེ་ཞིང་རློམ་པ་བདུན་པ། སྔར་དབང་ཐོབ་ཀྱང་ཐོབ་བཞིན་སྔགས་ལ་མ་དད་པའི་གང་ཟག་ལ་བསྐྱེད་རྫོགས་སོགས་གསང་བ་སྒྲོག་ན་བརྒྱད་པའོ། །དཀྱིལ་འཁོར་གྱི་ལྷ་གཙོ་འཁོར་གྱི་གྲངས་བསྙེན་ཁ་སྐོང་དང་བཅས་པ་མ་སོང་བཞིན་དུ་དབང་བསྐུར་རབ་གནས་སྦྱིན་སྲེག་བྱེད་པ

དང་། སོར་བྱང་གཉིས་ཀྱི་བསླབ་པའི་བཅས་མཚམས་ལས་དགོས་མེད་དུ་དུས་དྲན་མ་བསྙེན་པར་འདའ་བར་བྱེད་པ་དང་སྡོམ་པོ་གཉིས་སུ་གསུངས་སོ། །

གཉིས་པ་མཇུག་བསྡུ་ནི། ཞེས་སོགས་སྡོམ་པོའི་སོགས་ཀྱིས་བསྟན་ཏེ། ཞེས༷་སོག༷ས་སྡོམ༷་པོའི༷་ལྟུང༷་བ༷་དུ༷་མ༷་རྣམ༷ས་ཡོད༷་ཀྱང༷། སྔ་མ་རྩ་ལྟུང་ལས་ཉེས༷་པ༷་ཆུང༷་ངུ་ཡིན་ཞེས༷་དུས༷་འཁོར༷་དུ་བཤད༷་དེ། དུས་འཁོར་འགྲེལ་ཆེན་ལས། ལྟུང་བ་སྡོམ་པོ་རྣམས་ནི་དུ་མ་སྟེ། དེ་རྣམས་ལ་ཆད་པ་ཤིན་ཏུ་ཆུང་བར་འགྱུར་རོ་ཞེས་གསུངས་སོ། །ལྔ་པ་ཁྱད་པར་སྔ་འགྱུར་རྫོགས་ཆེན་གྱི་ལུགས་སྲོལ་གྱི་དམ་ཚིག་བཤད་པ་ལ་གསུམ་སྟེ། མདོར་བསྟན་རྒྱས་བཤད་དོན་བསྡུ་བའོ། །དང་པོ་ནི། ཁྱད་པར་སྔ་འགྱུར་སོགས་ཀྱིས་བསྟན་ཏེ། གསང་སྔགས་གསར་མའི་རྒྱུད་སྡེ་ལས་མ་གསུངས་པའི་ཁྱད༷་པར༷་སྔ༷་འགྱུར་གྱི་རྒྱུད་སྡེ་སྤྱི་དང་། གཙོ་བོ་རྫོག༷ས་པ༷་ཆེན༷་པོའི༷་རྒྱུད་སྡེའི་ལུགས་སྲོལ༷་རྣམས་ལས་གསལ་བ་ལྟར་འཆད་དོ་ཞེས་བསྟན། དེ་ལའང་དམ་ཚིག་གི་ངོ་བོ་ནི། བསྲུང་བྱའི་དམ་ཚིག་གསང་སྔགས་ནང་རྒྱུད་སྡེ་གསུམ་ལས་བསྟན་པའི་གསང་སྔགས་ཀྱི་བརྟུལ་ཞུགས་ཟབ་མོ་ལས་མི་འདའ་བའི་སྡོམ་པའི་བསམ་པ་ཁྱད་པར་ཅན་ས་བོན་དང་བཅས་པ་གང་ཞིག་སྤྱི་དང་ཁྱད་པར་ལྷག་པའི་བསྲུང་བྱ་གསུམ་གྱིས་བསྡུས་པའི་རིགས་གནས་དེ་དམ་ཚིག་གི་མཚན་ཉིད་དོ། །སྒྲ་བཤད་ནི། ས་མ་ཡའི་སྒྲ་ལས་གཡར་དམ་བཅས་པའི་ཐ་ཚིག་ལ་འཇུག་པས་ཇི་ལྟར་བཅས་པའི་རྡོ་རྗེ་གསུམ་གྱི་བརྟུལ་ཞུགས་ལ་གནས་ཏེ། དེ་ལས་འདའ་བར་བྱ་བ་མ་ཡིན་པས་དམ་ཚིག །ཧེ་རུ་ཀ་འདུས་པའི་རྒྱུད་ལས། མི་འདའ་དམ་པ་མཆོག་གྱུར་པ། །འདས་པར་གྱུར་ན་ཚིག་པར་བཤད། །ཅེས་སོ། །དབྱེ་ན། བསྲུང་དུ་མེད་པ་ཅིག་ཆར་བའི་དམ་ཚིག་དང་། བསྲུང་མཚམས་ཅན་རིམ་གྱིས་པའི་དམ་ཚིག་གཉིས། དང་པོ་ནི། ཀུན་བྱེད་ལས། ཀྱེ་ཀུན་བྱེད་ང་ཡི་དགོངས་པའི་དམ་ཚིག་ནི། །མ་ཡེངས་དྲན་པས་དངོས་པོ་ཡེ་ཤེས་སུ། །མ་བཅོས་སུས་ཀྱང་མ་བྱས་རང་བྱུང་སྟེ། རིག་པས་དབང་བསྒྱུར་སྲུང་དང་མི་སྲུང་མེད། །ཅེས་དང་། སྤྱི་མདོ་ལས། བསྲུང་བྱ་བསྲུང་བ་མེད་པ་ནི། །ཆོས་ཉིད་དམ་ཚིག་དམ་པ་ཡིན། །ཞེས་ཆོས་ཐམས་ཅད་ཡེ་ནས་བླང་དོར་མེད་པར་རྟོགས་པས་སྤང་བླང་བསྲུང་མཚམས་ལས་འདས་པའི་དམ་ཚིག་ཏུ་གསུངས་སོ། །

དབྱེ་ན་བཞི་སྟེ། རིག་པའི་ངོ་བོ་སྟོང་ཆ་ལ་སྣང་བྱ་གཞི་མ་གྲུབ་པས་བླང་དོར་དགག་སྒྲུབ་མེད་པར་འཛོག་པ་མེད་པའི་དམ་ཚིག །རིག་པའི་སྙིང་ནས་མ་གཡོས་པར་ཆོས་ཐམས་ཅད་ཀྱི་རང་བཞིན་རིག་པ་གཅིག་ཏུ་གནས་པ་གཅིག་པའི་དམ་ཚིག དེ་ཚེ་གཉིས་ཆོས་ཀྱི་འཛིན་ཞེན་དང་བྲལ་བར་རིག་པའི་ཀློང་དུ་ཡངས་གྲོལ་ལེ་གནས་པ་ཕྱལ་བའི་དམ་ཚིག །དེ་ལྟར་གནས་ན་ཡོན་ཏན་ཐམས་ཅད་ལྷུན་གྲུབ་ཏུ་རྫོགས་པ་ལ་ལྷུན་གྲུབ་ཀྱི་དམ་ཚིག་གོ། །གཉིས་པ་ལ། ཀུན་བྱེད་ལས། དམ་ཚིག་འདི་ནི་རྨད་པོ་ཆེ། །ཀུན་གྱི་ཐུན་མོང་མིན་པའི་ཕྱིར། །མོས་པ་ཆུང་ངུ་ཐམས་ཅད་ལ། །བསྲུང་བའི་མཚམས་དག་གཟུང་བར་བྱ། །ཞེས་དང་། བསྲུང་དུ་ཡོད་པའི་དམ་ཚིག་ལ་དབྱེ་ན། བདེར་འདུས་ཞི་རྒྱུད་ལས། བསྲུང་ཞིང་སྡོམ་པར་བྱ་བ་དག །སྤྱི་དང་ཁྱད་པར་ལྷག་པ་ཡི། །རྣམ་པར་དབྱེ་བས་གཟུང་བར་བྱ། །ཞེས་པས་སྤྱི་དང་། ཁྱད་པར། ལྷག་པའི་དམ་ཚིག་གསུམ་མོ། །དང་པོ་ནི། སོར་བྱང་ཕྱི་རྒྱུད་ཀྱི་སྡོམ་པའི་དམ་ཚིག་ཏུ་བསྟན་པ་རྣམས་ཏེ། བདེར་འདུས་ལས། སོ་སོར་ཐར་དང་བྱང་ཆུབ་སེམས། །བྱ་སྤྱོད་རྣལ་འབྱོར་རྒྱུད་རྣམས་ལས། །བསྲུང་བར་བྱ་བ་གང་གསུངས་པ༑ ༑ཐུན་མོང་སྤྱི་ཡི་དམ་ཚིག་ཡིན། །ཞེས་དང་། གཉིས་པ་ནི། རྩ་བ་སྐུ་གསུང་ཐུགས་ཀྱི་དམ་ཚིག་དང་། །ཡན་ལག་ལྔ་ཚན་ལྔ་ཡི་དམ་ཚིག་རྣམས་ཏེ། སྤྱི་མདོ་ལས། སྐུ་དང་གསུང་ཐུགས་རྡོ་རྗེ་ཡི༑ ༑བསྲུང་དང་སྤྱད་དང་ཡིད་འོང་དང་། །མི་འདོར་ཤེས་བྱ་བསྒྲུབ་པ་དང་། ཞེས་ཉི་ཤུ་རྩ་བརྒྱད་དུ་གསུངས་སོ། །གསུམ་པ་བདེར་འདུས་ཞི་རྒྱུད་ལས། གཞུང་དོན་ལྷག་པའི་དམ་ཚིག་ནི། །རབ་ཏུ་ལྷག་པར་གཟུང་བར་བྱ། །ཞེས་སོགས་གསུངས་སོ། །

གཉིས་པ་རྒྱས་བཤད་ལ་གཉིས་ཏེ། རྩ་བའི་དམ་ཚིག་དང་། ཡན་ལག་གི་དམ་ཚིག་གོ །དང་པོ་ནི། རྩ་བ་བླ་མའི་སྐུ་གསུང་ཐུགས་སོགས་ཀྱིས་བསྟན་ཏེ། དམ་ཚིག་རྩ༷་བ༷་ནི། བླ་མ༷འི་སྐུ༷་གསུ༷ང་ཐུ༷གས་ཀྱི་དམ་ཚིག་གསུ༷མ་ཉིད་བསྲུང་བ་ཡིན་ཞིང་། དེ་ལ་དབྱེ་ན། རེ་རེ་ལའུ༷ང་དགུ༷་དགུ༷ར་ཕྱེ༷་བ༷་ཉི༷་ཤུ༷་རྩ༷་བདུན༷་ཡོད་དེ། དམ་ཚིག་རྣམ་བཀོད་ལས། འགྲོ་བའི་སྨིན་སོ་གསུམ་དག་ལས། །ཐུགས་ཀྱི་དམ་ཚིག་གསུམ་དུ་བཤད། །དེ་ལ་ཁྱད་པར་ངེས་ཕྱེ་བ། །སྐུ་དང་གསུང་དང་ཐུགས་དག་ལ། །རེ་རེ་ལའང་དགུ་དགུ་སྟེ། །ཞེས་པའི། དང་པོ་སྐུའི་དམ་ཚིག་ལ། ཕྱི་ནང་གསང་གསུམ་ལས། སྐུ་ཕྱི

ཡི་ཕྱི་ནང་གསང་གསུམ་གྱི་དམ་ཚིག་གསུམ་ནི་རིམ་པར། མ་བྱིན་ལེན་དང་། མི་ཚངས་སྤྱོད། སྲོག་གཅོད་སྤོང་བ་གསུམ། སྐུའི་ནང་གི་ཕྱི་ནང་གསང་གསུམ་ནི། ཕ་མ་རྡོ་རྗེའི་སྤུན་སྲིང་དང་རང་ལུས་ལ་སྨོད་པ་དང་། ཆོས་དང་གང་ཟག་ལ་སྨོད་པ། རང་ལུས་ལ་བརྙས་ཤིང་བརྡེག་འཚོགས་ཀྱིས་གདུང་བ་རྣམས་སྤང་བའོ། །སྐུའི་གསང་བའི་ཕྱི་ནང་གསང་གསུམ་ནི། རྡོ་རྗེའི་སྤུན་སྲིང་ལ་བརྡེག་གཟས་དང་རྒྱན་ལ་སྨོད་པ། རྡོ་རྗེའི་སྤུན་ལ་བརྡེག་པ་དང་། ཡུམ་ལ་གཅེས་པ། བླ་མའི་གྲིབ་མ་འགོམ་པ་དང་། སྤུན་སྔར་ལུས་ངག་གི་སྤྱོད་པ་བག་མེད་རྣམས་སྤང་བའོ། །

གཉིས་པ། གསུང་གི་དམ་ཚིག་ལ་ཕྱི་ནང་གསང་གསུམ་ལས། ཕྱིའི་གསུམ་ནི་རྫུན་ཕྲ་མ་ཚིག་རྩུབ་གསུམ་སྤོང་བའོ། །གསུང་ནང་གི་དམ་ཚིག་ཕྱི་ནང་གསང་གསུམ་ནི། ཆོས་སྨྲ་བ། དོན་སེམས་པ༑ གནས་ལུགས་སྒོམ་པ་ལ་གཤེ་སྐུར་སྤོང་བའོ། །གསུང་གསང་བའི་ཕྱི་ནང་གསང་གསུམ་ནི། རྡོ་རྗེའི་སྤུན་སྲིང་གི་ཚིག །བླ་མའི་ཕྱག་རྒྱ་དང་ཉེ་འཁོར་གྱི་ཚིག །བླ་མའི་གསུང་ལ་བརྙས་པ་བཀའ་བཅག་པ་སྤང་བའོ། །གསུམ་པ། ཐུགས་ཀྱི་ཕྱི་ནང་གསང་གསུམ་ལས། ཕྱིའི་གསུམ་ནི། གནོད་སེམས། བརྣབ་སེམས། ལོག་ལྟ་སྤོང་བའོ། །ཐུགས་ནང་གི་ཕྱི་ནང་གསང་གསུམ་ན། སྤྱོད་པ་ལོག་པ་བག་མེད། སྒོམ་པ་ལོག་པ་བྱིང་རྒོད་དང་གོལ་སྒྲིབ། ལྟ་བ་ལོག་པ་རྟག་ཆད་མཐར་འཛིན་རྣམས་སྤོང་བའོ། །ཐུགས་ཀྱི་གསང་བའི་ཕྱི་ནང་གསང་གསུམ་ནི། ཉིན་ཞག་གི་ཐུན་རེ་བཞིན་ལྟ་སྒོམ་སྤྱོད་པ་གསུམ་ཡིད་ལ་མ་བྱས་པ་དང་། ཡི་དམ་གྱི་ལྷ་ཡིད་ལ་མ་བྱས་པ། བླ་མའི་རྣལ་འབྱོར་དང་མཆེད་ལྕམ་ལ་བརྩེ་གདུང་ཡིད་ལ་མ་བྱས་པ་རྣམས་སྤོང་བའོ། །དེ་ལྟར་ཉི་ཤུ་རྩ་བདུན་དེ་རྣམས་རྩ་བའི་དམ་ཚིག་ཡིན་པར་བསྟན་པ་དང་། གཞན་ཡང་གསང་སྙིང་ལས། བླ་མེད་མི་སྤང་བླ་མ་བཀུར། །སྔགས་དང་ཕྱག་རྒྱ་རྒྱུན་མི་བཅད། །ཡང་དག་ལམ་དུ་ཞུགས་ལ་བྱམས། །གསང་བའི་དོན་ཕྱིར་སྨྲ་མི་བྱ། །ཞེས་སོ། །ལྟ་བ་གསང་བ་མི་སྨྲ་བ་འདི་ལ། སྤྱི་གསང་བཞི་ནི། ལྟ་སྤྱོད་ཟབ་མོ་གཉིས་ནི། སྣོད་མིན་དང་མ་འདྲེས་པ་ལ་གསང་། ཡི་དམ་ལྷ་སྔགས་དང་གྲུབ་རྟགས་ནི་འདྲེས་མ་འདྲེས་ཐམས་ཅད་ལ་གསང་བའོ། །བར་གསང་བཞི་ནི། སྒྲུབ་པའི་གནས་དུས་གྲོགས་སྒྲུབ་རྫས་རྣམས་ཇི་སྲིད་སྒྲུབ་པ་མ་གྲོལ་བར་དུ་གསང་བའོ། །གསང་བར་འོས་པ་ནི། བླ་མ་དང་མཆེད་ལམ་དད་པར་གྱུར་

རམ་འགྱུར་གྱིས་དོགས་པའི་ཀུན་སྤྱོད་སོགས་སོ། །གསང་བར་གཉེར་གཏད་པ་ནི། བླ་མ་དང་མཆེད་ཀྱིས་འདི་གཞན་ལ་མ་སྨྲ་ཟེར་ནས་བསྒོས་པ་རྣམས་སོ། །དེ་དག་གསང་བ་བཅུའོ། །དེའང་བླ་མེད་མི་སྤྱང་བའི་དོན་ཉིན་རེར་དུས་གསུམ་དུ་མ་དྲན་པ་དང་། སྔགས་རྒྱ་རབ་བཞིའི་དུས་མཚམས་ལས་ཡོལ་བ། ཚོགས་གཏོར་ལོ་ལས་འདས་པར་ཆག་ན་ལྷུང་བའོ། །རྩ་བའི་དམ་ཚིག་ལྔའི་གཉིས་པ་བླ་མ་བཀུར་བ་དང་། བཞི་པ་སྤུན་ལ་བྱམས་པ་གཉིས་སྐུའི་དམ་ཚིག །གསུམ་པ་སྔགས་རྒྱ་མི་བཅག་པ་གསུང་གི་དམ་ཚིག དང་པོ་བླ་མེད་མི་སྤྱང་བ་དང་། ལྔ་པ་གསང་དོན་མི་སྨྲ་བ་ཐུགས་ཀྱི་དམ་ཚིག་གོ། །

གཉིས་པ་ཡན་ལག་གི་དམ་ཚིག་ལ་གསུམ་སྟེ། མདོར་བསྟན། རྒྱས་བཤད། བསྡུ་བའོ། །དང་པོ་ནི། ཡན་ལག་དམ་ཚིག་ཉི་ཤུ་སོགས་ཀྱིས་བསྟན་ཏེ། དེ་ལྟར་རྩ་བའི་དམ་ཚིག་ཉེར་བདུན་ཀྱི་ཡན༷་ལག༷་གི་དམ༷་ཚིག༷་ཉི༷་ཤུ༷་རྩ༷་ལྔ༷་ནི། ཞེས་དང་། གཉིས་པ་རྒྱས་བཤད་ལ་ལྔ་སྟེ། གསལ་བཀྲ་ལས། སྤྱད་པ་ལྔ་དང་མི་སྤྱང་ལྔ། །དང་དུ་བླང་དང་སྒྲུབ་དེ་བཞིན། །ཤེས་བྱ་ལྔ་རྣམས་ཐུན་མིན་བཤད། །ཅེས་པས། སྤྱད་བྱ་ལྔ། མི་སྤྱང་བ་ལྔ། དང་བླང་ལྔ། ཤེས་བྱ་ལྔ། སྒྲུབ་བྱ་ལྔའོ། །དང་པོ་ནི༔ ཏ་ན་ག་ན་སོགས་ཀྱིས་བསྟན་ཏེ། ཏ༷་ན༷་སྐྱེ་སྒྲོལ་བ། ག༷་ན༷་སྐྱེ་སྦྱོར་བ། མ༷་བྱིན༷་ལེན༷་པ་དང༷་། རྫུན༷་དང་ངག༷་འཁྱལ༷་རྣམས༷་ནི༷་སྤྱད༷་པར༷་བྱ༷་བ༷་རྣམ་པ་ལྔ༷་སྟེ། བདེར་འདུས་ཞི་རྒྱུད་ལས། སྦྱོར་སྒྲོལ་མ་བྱིན་ལེན་པ་དང་། །རྫུན་དང་ངག་འཁྱལ་བརྗོད་པ་རྣམས། །ཐབས་མཆོག་ངེས་པས་ཟིན་པ་ཡིས། །གནས་སྐབས་དག་ཏུ་ཤེས་པར་བྱ། །ཞེས་རང་དོན་གྱི་ཞེན་འཁྲིས་མེད་ཅིང་དངོས་བརྒྱུད་ཅི་རིགས་པར་གཞན་དོན་དུ་འགྱུར་བའི་ཐབས་མཁས་ཀྱིས་སྤྱད་བྱར་གསུངས་སོ། །སྦས་དོན་ལྟར་ན༔ སྲོག་ལས་རླུང་དབུ་མར་འགོག་པའམ། གཟུང་འཛིན་གྱི་རྟོག་པའི་སྲོག་རིག་པའི་ཡེ་ཤེས་ཀྱིས་གཅོད་པ་དང་། བཙུན་མོའི་རླུང་ཁམས་ཡབ་ཀྱིས་མ་བྱིན་ལེན་པ་དང་། ཁ་སྦྱོར་ལས་ཞུ་བདེ་འཕོ་མེད་ཀྱི་བདེ་ཆེན་སྒྲུབ་པའི་འདོད་པ་སྤྱོད་པ། འཁོར་བ་མེད་པ་གསར་སྣང་གི་འགྲོ་བ་སྒྲོལ་བའི་རྫུན་ཚིག བརྗོད་མེད་རྟོགས་པས་གབ་སྦས་མེད་པའི་ཚིག་རྣམས་རང་དགར་རྫོལ་བའི་བརླང་ཚིག་རྣམས་སོ། །

གཉིས་པ་མི་སྤྱང་ལྔ་ནི། འདོད་ཆགས་ཞེ་སྡང་སོགས་ཀྱིས་བསྟན་ཏེ། གསལ་བཀྲ་ལས། མི་སྤྱང་དམ་ཚིག་བཤད་བྱ་བ། །ཡང་དག་དུག་ལྔ་ལོག་དུག་ལྔ། །ཞེས་འདོ༷ད་ཆག༷ས་དང་། ཞེ༷་སྡང༷་དང་། གཏི༷་མུག༷་དང་། ང༷་རྒྱལ༷་དང༷། ཕྲག༷་དོག༷་དང་ལྔ༷་ནི༷་མི༷་སྤྱང༷་བའི་དམ༷་ཚིག༷་ལྔ༷་ཞེས། ཉོན་མོངས་པ་སྐྱེས་པ་ན་འཇིག་རྟེན་ཕལ་བ་ལྟར་དེའི་དབང་དུ་མི་གཏོང་། ཐེག་དམན་པ་ལྟར་དགྲར་མི་ལྟ་བར། ཉོན་མོངས་པ་དེ་ཉིད་ཀྱི་བཙུད་དམ་སྙིང་པོ་འོད་གསལ་གྱི་ཡེ་ཤེས་ཉིད་མངོན་དུ་བྱས་པས་རང་རྒྱུ་མི་ཐུབ་པར་ལན་ཚྭ་ཆུར་ཞུ་བ་བཞིན་སྟོང་པའི་དབྱིངས་སུ་རང་གྲོལ་བར་འགྱུར་བའི་སྒོ་ནས་སྤྱོད་པའོ། །དེ་ལྟར་ཡིན་པ་རྡོ་རྗེ་མེ་ལོང་ལས། ཉོན་མོངས་རྣམས་ནི་སྒྱུ་འདྲ་ངོ་བོས་སྟོང་། །རང་གིས་མི་རྟག་རང་བཞིན་ཤེས་པས་གྲོལ། །གསུངས་པ་ལྟར་ཉོན་མོངས་དུག་ལྔ་ནི་ཡེ་ནས་ཡེ་ཤེས་ལྔའི་རང་བཞིན་ཡིན་པས་སྣུམ་འདོད་པས་ཏིལ་བཞིན་དུ་ལམ་དུ་བྱས་ན་ཡེ་ཤེས་གསལ་བའི་རྒྱན་དུ་འགྱུར་བའང་། རྒྱ་མཚོ་ལས། ཉོན་མོངས་ལམ་ནི་དག་པ་ཆེ། །ཐབས་ཀྱིས་འདོད་ཡོན་རྒྱན་གྱི་མཆོག །ཐམས་ཅད་ཐམས་ཅད་རོལ་པ་ཡིས། །མྱུར་དུ་ཧེ་རུ་ཀ་དཔལ་འགྱུར། །ཞེས་དང་། བདེར་གཤེགས་ཞི་རྒྱུད་ལས་ཀྱང་། རང་བཞིན་ཤེས་པས་མི་སྤྱང་སྟེ། །རང་རིག་ཡེ་ཤེས་ཉིད་ཡིན་ནོ༔ །ཞེས་གསུངས་སོ། །སྦས་དོན་ལྟར་ཡང་དག་དུག་ལྔ་ནི། ལྟ་བ་ལ་ཕྱོགས་རིས་དང་། སྤྱོད་པ་ལ་བླང་དོར་གྱིས་འབྱེད་པ་མེད་པ་གཏི་མུག དེ་མ་རྟོགས་པ་ལ་དམིགས་མེད་ཀྱི་སྙིང་རྗེ་འབྱུང་བ་འདོད་ཆགས། རང་བྱུང་ཡེ་ཤེས་ཀྱིས་ལོག་རྟོག་འཇོམས་པ་ཞེ་སྡང་། མཉམ་ཉིད་རྟོགས་པའི་ལྟ་བ་གཞོངས་སུ་མི་འབེབས་པའམ་འཕང་མི་སྨད་པ་ང་རྒྱལ། གཉིས་འཛིན་གྱི་ཞེན་རྟོག་མཉམ་ཉིད་ཀྱི་ཀློང་དུ་མི་ཤོང་བ་ཕྲག་དོག་སྟེ། རྩ་བ་རང་གི་སྒོ་གསུམ་རྡོ་རྗེ་གསུམ་གྱི་རང་བཞིན་གྱི་སྣང་སྟོང་དབྱེར་མེད་པའི་ལྟར་བསྒོམ་པ་དེ་ལ་བར་དུ་གཅོད་བྱེད་ནི། སྤྱང་ལེན་ཕྱོགས་རིས་ཀྱི་ཞེན་སྣང་ཡིན་པས། དེ་མཉམ་པ་ཆེན་པོའི་ཐབས་མཁས་ཀྱིས་སྡོམ་པའི་ལྡོག་ཆ་ལ་ལྟར་བསྟན་པ་ཡིན་ཏེ། རང་གི་སྒོ་གསུམ་རྡོ་རྗེ་གསུམ་གྱི་ལྟར་གསལ་བ་ནི་བསླབ་བྱའི་ཡུལ་ཡིན། མི་སྤྱང་བའི་དམ་ཚིག་ལྔ་ནི། དེར་སློབ་ཚུལ་གྱི་ཐབས་ཀྱིས་ཁྱད་པར་དུ་བྱས་པའོ། །

གསུམ་པ་དང་བླང་ལྔ་ནི། དྲི་ཆེན་དྲི་ཆུ་སོགས་ཀྱིས་བསྟན་ཏེ། དྲི༷་ཆེན༷་དང་། དྲི༷་ཆུ་དང་།

ར༷ཀྟ༷་དང་། མ༷ང༷་ས༷་ཤ་ཆེན་དང༷་། རྡོ༷་རྗེ༷་ཟིལ༷་བ༷་བྱང་སེམས་དཀར་ཆ་སྣེ་དང༷་དུ་བླང༷་བ༷་ལྷ༷་ཡིན་ཏེ། རྩ་རྒྱུད་ལས། དཀར་རྩི་དམར་རྩི་དྲི་ཤ་ཆེན། དག་པའི་སྤྱོད་རྒྱུ་མི་དོར་རོ། །ཞེས་མི་བསྐྱོད་པ་ཁུ་བ། རིན་འབྱུང་ཤ་ཆེན། འོད་དཔག་མེད་རཀྟ། དོན་གྲུབ་དྲི་ཆུ། རྣམ་སྣང་དྲི་ཆེན་ཏེ་བདུད་རྩི་ལྔ་པོ་དེ་ཆོས་ཉིད་རང་བཞིན་གྱིས་གྲུབ་པ་ཞེས་རྫས་དེ་ལྔ་རང་བཞིན་རྣམ་དག་གི་དབྱིངས་ལས་ངོ་བོ་གཞན་དུ་མ་གྱུར་བས་རང་བཞིན་གྲུབ་པ་དང་། ཆོས་ཅན་ངོ་བོས་གྲུབ་པ་ཞེས་སྔགས་ཀྱི་ཡེ་ཤེས་འཆར་བའི་རྟེན་ཁྱད་པར་ཅན་ཁམས་དྲུག་ལྡན་གྱི་ལུས་ལས་བྱུང་བའི་བཅུད་ལེན་གྱི་རྫས་ཁྱད་པར་ཅན་ཡིན་པས་སོ། །ནུས་པ་མཐུས་གྲུབ་པ་ཞེས་དམ་ཚིག་ཅན་གྱི་སྔགས་པས་རྒྱུད་ལས་གསུངས་པའི་ཆོ་ག་བཞིན་དུ་སྦྱངས་རྟོགས་སྤར་གསུམ་བྱས་ཏེ།དངོས་གྲུབ་ཀྱི་རྫས་སུ་བྱིན་གྱིས་བརླབས་པར་བྱས་པས་སོ། །བྱིན་གྱིས་བརླབས་པས་གྲུབ་པ་ཞེས། དེ་འདྲའི་རྫས་ལྔ་ལ་དམེ་བར་འཛིན་པའི་རྣམ་རྟོག་དེ་ཉིད་མཉམ་པའི་དམ་ཚིག་ལ་གུས་པའི་སེམས་དང་། དག་མཉམ་གྱི་ལྷ་དགོངས་ཀྱིས་ཟིལ་གྱིས་མནན་ཏེ་དང་དུ་བླང་ན། དག་མཉམ་ཆེན་པོའི་ལམ་གྱིས་མངོན་བྱང་ཆུབ་པའི་སངས་རྒྱས་སྲས་བཅས་རྣམས་ཀྱིས་གང་ཟག་དེར་སྤྱོད་ཡུལ་གཅིག་པར་དགོངས་ནས་ལྷག་པར་བྱིན་གྱིས་རློབས་པར་འགྱུར་བ་སྟེ་གྲུབ་པ་བཞི་ལྡན་གྱི་དམ་རྫས་ཡིན་ལ། ཡིན་པ་གསུམ་ལྡན་གྱི་རྫས་ཀྱང་ཡིན་ཚུལ། ནད་ལྔ་སེལ་བའི་སྨན་ཡིན་ཏེ། བྱང་སེམས་ཀྱིས་ཚ་བའི་ནད། རཀྟས་གྲང་ནད། དྲི་ཆེན་གྱིས་དུག་ནད། དྲི་ཆུས་གག་པའི་ནད། ཤ་ཆེན་གྱིས་མཛེ་ནད་སེལ་བའོ། །དངོས་གྲུབ་སྒྲུབ་པའི་རྫས་ཡིན་ཏེ། བྱང་ཆུབ་སེམས་ཀྱིས་མི་བརྗེད་པའི་གཟུངས་དང་། རཀྟས་བཀྲག་མདངས་གསལ། དྲི་ཆེན་གྱིས་ཚེ་རིང་། དྲི་ཆུས་སྐད་སྙན། ཤ་ཆེན་གྱིས་མཐུ་ཆེ་བའི་དངོས་གྲུབ་ཐོབ། རིགས་ལྔ་ཡེ་ཤེས་ལྔའི་རང་བཞིན་ཡིན་ཏེ། བྱང་སེམས་ཀྱིས་རྡོ་རྗེའི་རིགས་མེ་ལོང་ཡེ་ཤེས་འགྲུབ། རཀྟ་པདྨའི་རིགས་སོར་རྟོགས་ཡེ་ཤེས་འགྲུབ། དྲི་ཆེན་གྱིས་བུདྡྷའི་རིགས་ཆོས་དབྱིངས་ཡེ་ཤེས་འགྲུབ། དྲི་ཆུས་ལས་རིགས་བྱ་གྲུབ་ཡེ་ཤེས་འགྲུབ། ཤ་ཆེན་གྱིས་རིན་ཆེན་རིགས་མཉམ་ཉིད་ཡེ་ཤེས་འགྲུབ་པར་བྱེད་པའི་རང་བཞིན་ཅན་ནོ། །དེ་ལྟར་ཡང་གསལ་བཀྲ་ལས། ནད་ལྔ་བསལ་ཕྱིར་བླང་བ་དང་། །གཙང་དམེའི་རྟོག་པ་སྦྱང་ཕྱིར་དང་། །ཐུན་མོང་དགོས་པ་ལྔ་ཕྱིར་དང་། །

རིགས་ལྔ་གྲུབ་པའི་ཡོན་ཏན་དང་། །སྡུག་བསྔལ་ལས་གྲོལ་དངོས་གྲུབ་ཐོབ་ཅེས་སོ། །སྤྲས་དོན་ལྟར་ན། ཕུང་པོ་ལྔའི་དྭངས་མ་འཛག་མེད་དུ་འཆང་ནས་དང་དུ་བླང་བ་ལ་དང་ལེན་ལྔ་ཞེས་བྱའོ། །

བཞི་པ་ཤེས་པར་བྱ་བ་ལྔ་ནི། ཕུང་ལྔ་འབྱུང་ལྔ་སོགས་ཀྱིས་བསྟན་ཏེ། ཆོས་ཐམས་ཅད་ཡེ་ནས་སངས་རྒྱས་པའི་རང་བཞིན་རྣམ་དག་གི་ལྔ་ཡིན་པས། ཕུང་པོ་ལྔ་དེ་བཞིན་གཤེགས་པ་ཡབ་ལྔ༔ འབྱུང་ལྔ་གཤེགས་མ་ཡུམ་ལྔ། ཡུལ་ལྔ་སེམས་མ་ལྔ། དབང་པོ་དང་དབང་ཤེས་ལྔ་སེམས་དཔའ་ལྔ། ཁ་དོག་ལྔ་རིགས་ལྔའི་ཡེ་ཤེས་ཀྱི་མདངས་ལྔ་ལྔ་སྟེ། དེ་རྣམས་གཤེགས་པ་གཤེགས་མ༔ སེམས་དཔའ་སེམས་མ་དང་ཡེ་ཤེས་ལྔའི་ལྷ་རུ་ཤེས་པར་བྱ་བ་ལྔའོ། །མདོར་ན་རྟོག་ཚོགས་ཐམས་ཅད་སྐུ་དང་ཡེ་ཤེས་ཀྱི་དཀྱིལ་འཁོར་དུ་ཤེས་པར་བྱེད་པ་ནི་ཤེས་བྱའི་དམ་ཚིག་སྟེ། དམ་ཚིག་གསུམ་བཀོད་ལས། དང་པོར་ཤེས་པར་བྱ་བའི་དམ་ཚིག་ནི། ཕུང་པོ་ལྔ་དང་འབྱུང་བ་རྣམ་པ་ལྔ༔ །རྣམ་ཤེས་དབང་པོ་ཡུལ་ལ་སོགས་པ་རྣམས། །ལྷ་དང་དཀྱིལ་འཁོར་རང་བཞིན་ཤེས་པར་བྱ༔ །ཞེས་སོ། །ལྔ་པ་བསྒྲུབ་པར་བྱ་བ་ལྔ་ནི། དེ་བཞིན་གཤེགས་དང་སོགས་ཀྱིས་བསྟན་ཏེ། དེ་བཞིན་གཤེགས་པ་དང་། རྡོ་རྗེ་དང་། རིན་པོ་ཆེ་དང་། པདྨ་དང་། ལས་ཀྱི་རིགས་ནི་བསྒྲུབ་པར་བྱ་བའི་དམ་ཚིག་ལྔ་ཡིན་ཏེ། སྔར་ལྟར་ཤེས་པར་བྱ་བའི་དམ་ཚིག་ལྔ་པོ་དེ་རྟོགས་གོམས་ཀྱི་སྒོར་བས་རང་ཉམས་སུ་ཚུལ་བཞིན་བླངས་ཏེ་སྒྲུབ་པའི་ཐབས་ལ་བརྩོན་པ་ལ་བྱ་སྟེ། ཞི་རྒྱུད་ལས། སངས་རྒྱས་རྡོ་རྗེ་སེམས་དཔའ་དང་། །རིན་ཆེན་འབྱུང་ལྡན་འོད་དཔག་མེད། །དོན་ཡོད་པ་དང་རྣམ་སྣང་མཛད། །ཡེ་ཤེས་ལྔ་ཡི་རང་བཞིན་ཏེ། །སྐུ་གསུང་ཐུགས་དང་ཡོན་ཏན་དང་། །ཕྲིན་ལས་ལྔ་ཡིས་རབ་ཏུ་སྒྲུབ། །ཅེས་གསུངས་སོ། །དེ་ལྟར་ན་ཤེས་པར་བྱ་བ་ལྔ་བའི་དམ་ཚིག །དེ་ལྟར་རྟོགས་ནས་བསྒྲུབ་པར་བྱ་བ་བསྒོམ་པའི་དམ་ཚིག སྤྱད་དང་མི་སྤང་དང་དུ་བླང་བ་གསུམ་ཕྱི་ལྟར་ན་སྤྱོད་པའི་དམ་ཚིག་གཙོ་ཆེ་བ་ཡིན། དམ་ཚིག་ཉེར་ལྔ་དེ་རྣམས་ནི་ལས་དང་པོ་བ་དང་། ཉམས་མྱོང་ཅུང་ཟད་སྐྱེས་པ་སོགས་ལ་དགོངས་ཀྱི་གདེང་དང་། ཚོགས་དང་དབེན་པའི་གནས་ཡུལ། དུས་ཀྱི་གནས་སྐབས་བརྩིས་ནས་དུས་ཚོད་དང་འབྲེལ་ཞིང་འགྱུར་བའི་སྤྱོད་པ་ལ་ཞུགས་པའི་སྒོ་ནས་དགོངས་པ་བླང་བར་བྱའོ། །དེ་ཡང་དངོས་བསྟན་དང་སྦས་དོན་སོ་སོར་ཕྱེས་ནས་སྤྱོད་དགོས་པར་

གསུངས་པའོ། །

གསུམ་པ་དོན་བསྡུ་བ་ནི། དེ་སོགས་དམ་ཚིག་སོགས་ཀྱིས་བསྟན་ཏེ། གཞན་ཡང་སྒྱུ་འཕྲུལ་ལས་བསྟན་པའི་རྩ་བ་ཡན་ལག་གི་དམ་ཚིག་བཅོ་ལྔ། བཤད་རྒྱུད་རྒྱས་པའི་ལེའུ་དོན་དྲུག་པ་ལས་ཤེས་བྱའི་དམ་ཚིག་དགུ་བཅུ་རྩ་བདུན་དང་། སྤྱི་མདོ་ལས། གལ་མདོ་ངེས་པའི་དམ་ཚིག་བཞི། ཐུན་མོང་གི་དམ་ཚིག་ཉེར་བརྒྱད། ལྷག་པའི་དམ་ཚིག་བཞི། བརྟུལ་ཞུགས་ཉེར་གསུམ། སྒྲུབ་པའི་དམ་ཚིག་ཉི་ཤུ། སྤྱོད་ལམ་རྒྱུན་གྱི་དམ་ཚིག་བཞི། བདུད་ལྔ་སྤོང་བ། དགྲ་བཞི་འཇོམས་པ། ལྟ་བའི་དམ་ཚིག་དགུར་ཕྱེ་བ་དང་། གཞན་ཡང་རྒྱུད་སྡེ་སོ་སོར་བསྒྲུང་བྱ་སྤྱིའི་དམ་ཚིག་རྩ་བ་དང་ཡན་ལག་ཁྱད་པར་བའི་དམ་ཚིག །མཉམ་བཞག་གི་ཏིང་འཛིན། རྗེས་ཀྱི་སྤྱོད་ལམ་གྱི་དམ་ཚིག །བཟའ་བའི་དམ་ཚིག །མི་འབྲལ་བར་བཅང་པའི་དམ་ཚིག །དེ་ལ་སོགས་པའི་དམ་ཚིག་རྣམ་བཞག་མང་དུ་གསུངས་པ་དེ་ཐམས་ཅད་རྩ་བ་དང་ཡན་ལག་གི་དམ་ཚིག་དང་བཅས་པ་འདིར་མ་འདུས་པ་མེད་པ་ཡིན་ནོ། །དེ་ལྟ་བུའི་གང་དུ་འདུ་བའི་འདུ་ཚོས་ཀྱི་དམ་ཚིག་དེ་རྣམས་ཀུང་སྔར་ལྟར་བདེར་འདུས་ཞི་རྒྱུད་ལས། དཀྱིལ་འཁོར་འདིར་ནི་གང་ཞུགས་པའི། །བསྲུང་ཞིང་སྡོམ་པར་བྱེད་པ་དག །སྤྱི་དང་ཁྱད་པར་ལྷག་པ་ཡི། །རྣམ་པར་དབྱེ་བས་གཟུང་བྱ་སྟེ། །ཞེས་སྤྱི་དང་ཁྱད་པར་ལྷག་པ་གསུམ་ལས། སྤྱི་ནི་ཞི་རྒྱུད་དེ་ལས། སོ་སོར་ཐར་དང་བྱང་ཆུབ་སེམས། །བྱ་སྤྱོད་རྣལ་འབྱོར་རྒྱུད་རྣམས་ལས། །བསྲུང་བར་བྱ་བ་གང་གསུངས་པ། །ཐུན་མོང་སྤྱི་ཡི་དམ་ཚིག་ཡིན། །ཞེས་དང་། ཁྱད་པར་བའི་དམ་ཚིག་ནི། སྤྱི་མདོ་ལས། སྐུ་དང་གསུང་ཐུགས་རྡོ་རྗེ་ཡི། །བསྲུང་དང་སྤྱད་དང་ཡིད་འོང་དང་། །མི་འདོར་ཤེས་བྱ་བསྒྲུབ་པ་དང་། །ཞེས་ཉེར་བརྒྱད་དོ། །

ལྷག་པའི་དམ་ཚིག་ཉི་ཤུ་ནི། ཞི་རྒྱུད་ལས། གཙན་གཟན་རྒྱལ་པོའི་ཁྲི་མི་གཞིག །ཅེས་པ་རྡོ་རྗེ་སློབ་དཔོན་གྱི་སྐུ་ལ་མི་འཚེ་ཞིང་བཀའ་མི་གཅོག་པ་སྟེ་དང་པོ། ཟ་མ་ཏོག་ཏུ་དུག་མི་བླུག །ཅེས་བླ་མའི་ཡུམ་ལ་མི་སྤྱོད་པ་གཉིས་པ། རིན་ཆེན་ལྷུག་ཕྲན་མི་འབྲེག་ཅིང་། །ཞེས་པ་དང་པ་ཅན་གྱི་ཚོགས་མི་གཅག་པ་གསུམ་པ། ཞུན་ཁོལ་ལྟ་བུ་མི་བཏུང་སྟེ། །ཞེས་པ་དཀོན་མཆོག་དང་མཁས་པའི་དཀོར་ལ་མི་འབག་ཅིང་། ཚང་སྒྲོས་པར་མི་འཕྲུང་བ་བཞི་པ། པདྨའི་ཟེའུ་འབྲུའི་ཁ་མི་གསེང་། །

ཞེས་རྡོ་རྗེའི་སྤུན་གྱི་ཡུམ་ལ་མི་སྤྱོད་པ་ལྔ་པ། བུག་རྡོལ་སྟོད་དུ་བཙུད་མི་བླུག །ཅེས་མཚན་ངན་གྱི་རིག་མ་མི་བསྟེན་པ་དྲུག་པ། དོན་དང་མི་ལྡན་རྫས་མི་བསྟེན། །ཞེས་མཚན་ཉིད་མི་ལྡན་པའི་རིག་མ་མི་བསྟེན་པ་བདུན་པ། ཤེལ་སྒོང་འདམ་དུ་བསྲུབ་མི་བྱ། །ཞེས་མཁས་པའི་ཡོན་ཏན་ལ་མི་སྨོད་པ་བརྒྱད་པ། མ་དག་སྣོད་དུ་དག་པ་མིན། །ཞེས་པ་སྣོད་མིན་ལ་གསང་ཆོས་མི་སྟོན་པ་དགུ་པ། ཡིད་བཞིན་ནོར་བུ་མི་འབྲིག་ཅིང་། །ཞེས་མཚན་ལྡན་གཟུང་མ་དང་སྣོད་ལྡན་སློབ་མ་མི་སྤང་བ་བཅུ་པ། ཁྱུང་ཆེན་གཤོག་པ་ཡ་མི་བྲལ། །ཞེས་པ། དོན་བདེ་སྟོང་དང་རྟགས་ཡབ་ཡུམ་མི་འབྲལ་བ་བཅུ་གཅིག་པ། གནམ་ལྕགས་འུར་མོའི་མཚོན་མི་བརྡེག །ཅེས་པ་མཆེད་ལ་ཀྱལ་ཀ་ཙམ་དུའང་ནང་འཐབ་མི་བྱེད་པ་བཅུ་གཉིས་པ། གཙན་གཟན་རོལ་བའི་ལྷག་མི་སྤྱད། །ཅེས་པ་གཞན་གྱིས་སྤྱད་པའི་ཟས་ཀྱི་ལྷག་རོ་མི་སྤྱོད་པ་བཅུ་གསུམ་པ། རྡོ་རྗེའི་བྲག་ཆེན་མི་གཞིག་ཅིང་། །ཞེས་པ། བླ་མའི་བཞུགས་གདན་མི་རྣོམ་པ་བཅུ་བཞི་པ། ར་བ་དྲ་བའི་མཚམས་མི་དབྲལ། །ཞེས་པ་རང་བཞིན་གྱི་མཚམས་མི་འབྲལ་བ་བཅོ་ལྔ་པ། སྒྲོན་མེ་རླུང་གིས་བསད་པ་མིན། །ཞེས་པ་ཏིང་འཛིན་བྱིང་རྒོད་ཀྱི་དབང་དུ་མི་བཏང་བ་བཅུ་དྲུག་པ། ཡེ་ཤེས་ཆུ་རྒྱུན་གཅོད་པ་སྤང་། །ཞེས་བཟླས་པ་དང་ཆོ་ག་མི་ཆག་གིས་བར་མི་གཅོད་པ་བཅུ་བདུན་པ། བཀའ་རྟགས་ཕྱག་རྒྱ་མི་དབྱེ་ཞིང་། །ཞེས་པ་དབང་རྟགས་ཀྱི་ཕྱག་རྒྱ་ལས་མི་འདའ་ཞིང་བརྡ་མི་བརྗོད་པར་བྱ་བ་བཅོ་བརྒྱད་པ། རྡོ་རྗེ་ཕ་ལམ་མཁར་མི་རྡེག །ཅེས་པ་རྣལ་འབྱོར་བའི་དཀྱིལ་འཁོར་མི་དགྲུག་ཅིང་སྐྱེ་བོའི་མཐུ་བཟློག་མི་བྱེད་པ་བཅུ་དགུ་པ། གཙུག་གི་ནོར་བུ་སླུ་མི་དབབ། །ཅེས་པ་སློབ་དཔོན་གཙུག་ཏུ་བཀུར་བ་ལས་ཉམས་པར་མི་བྱ་བ་ཉི་ཤུ་རྣམས་སོ། །

འདི་དག་བསྲུང་བར་བྱ་བ་སྟེ། །ལྷག་པར་གཅེས་པའི་དམ་ཚིག་ཡིན་ཞེས། ལྷག་པའི་དམ་ཚིག་ཉི་ཤུར་གསུངས་སོ། །དེ་ཐམས་ཅད་མདོར་བསྡུ་ན། གསལ་བཀྲ་ལས། རང་ལུས་རྒྱལ་བའི་ཕྱག་རྒྱ་ཆེ། །ཞེས་གསུངས་པ་ལྟར། སྔགས་པ་རང་གི་རྡོ་རྗེའི་ལུས་རང་བཞིན་རྣམ་དག་གི་གཞུག་མའི་རྩ་ཐིག་རླུང་ཡེ་ཤེས་དང་བཅས་པ་གདོད་མ་ནས་ཤིན་ཏུ་རྣམ་དག་གི་རྒྱལ་བའི་སྐུ་གསུང་ཐུགས་གསུམ་དབྱེར་མེད་པའི་ཡེ་ཤེས་རྡོ་རྗེའི་བདག་ཉིད་དམ་རང་བཞིན་དུ་གནས་ཤིང་བཞུགས

པ་དེ་ཉིད་ཤེས་རབ་ཀྱིས་གཏན་ལ་ཕབ་ནས་སྒྲོ་འདོགས་ཆོད་པའམ་མ་དག་པའི་སྣང་ཞེན་བཅད་དེ་ཤིན་ཏུ་དག་པའི་ངོ་བོར་ཤེས༷་ཤིང་མཐོང་སྟེ་རྟོགས་པར་གྱུར་ན༷། གསང་སྔགས་ཀྱི༷་དམ༷་ཚིག༷་སུ༷་ཡ༷་འབུམ༷་སྡེ༷་འདུས༷་པ་ཡིན་ཏེ། སེམས་ཉིད་སྒྲོས་བྲལ་གྱི་ངང་ལ་མཉམ་པར་འཇོག་པ་དོན་དམ་སེམས་བསྐྱེད་དང་། ཅིར་སྣང་ཡེ་ཤེས་ཀྱི་རོལ་བའི་ཆོ་འཕྲུལ་གྱི་ལྷ་ཤིན་ཏུ་རྣམ་པར་དག་པ་རྒྱལ་བའི་དཀྱིལ་འཁོར་ཉག་གཅིག་ཏུ་ཤེས་པ་ཀུན་རྫོབ་སེམས་བསྐྱེད་ཡིན། དེའང་ལྷའི་སྣང་བ་དེ་འོད་གསལ་ཡེ་ཤེས་ཀྱི་སྣང་བ་ཉིད་ལྟར་གསལ་བས་དོན་དམ་སེམས་བསྐྱེད་ཀྱི་སྙིང་པོ་ཅན་གྱི་ལྷག་པ་ཀུན་རྫོབ་སེམས་བསྐྱེད་ཡིན་པ་དང་། དོན་དམ་སེམས་བསྐྱེད་ལ་མཉམ་པར་བཞག་ནའང་ལྷའི་དཀྱིལ་འཁོར་ཐམས་ཅད་འོད་གསལ་དུ་བསྡིམ་སྟེ། སྟོང་པའི་ཡེ་ཤེས་ཀྱི་དབྱིངས་ལ་མཉམ་པར་འཇོག་པ་ཡིན་པས། ཀུན་རྫོབ་སེམས་བསྐྱེད་ཀྱི་སྙིང་པོ་ཅན་གྱི་དོན་དམ་སེམས་བསྐྱེད་ཡིན་པས་སྔ་མ་ལ་ཀུན་རྫོབ་ཀྱི་ལྷ་དང་། ཕྱི་མ་ལ་དོན་དམ་གྱི་ལྷ་ཞེས་བྱ། དེ་ལྟ་བུའི་བྱང་ཆུབ་ཀྱི་སེམས་གཉིས་སྐད་ཅིག་ཙམ་ཡང་ཡ་བྲལ་དུ་མ་སོང་བར་སྒོ་གསུམ་རྡོ་རྗེའི་ལྟར་ཤེས་པའི་ལྟ་བ་ལ་གོམས་བརྟན་ཐོབ་ན་ཚོགས་གཉིས་རླབས་པོ་ཆེ་གསོག་པ་དང་། སངས་རྒྱས་ཉིད་དང་སྤྱོད་ཚུལ་གཅིག་པར་སོང་བས་ཀུན་ཏུ་བཟང་པོའི་ཡོན་ཏན་ལག་མཐིལ་དུ་གནས་པ་ལྟ་བུ་ཡིན་པས་ཡན་ལག་གི་དམ་ཚིག་བསམ་ཡས་པ་རྣམས་རྩ་བའི་དམ་ཚིག་ཏུ་འདུ་ལ། རྩ་བའི་དམ་ཚིག་ལྷག་མ་རྣམས་ཀྱང་འདི་ཁོ་ནར་འདུ་བས་འདུལ་སྡོམ་འདུས་པའི་ཆེ་བ་དང་། སྤྱོད་སྒོ་ཡངས་པའི་ཆེ་བ་གཉིས་དང་ལྡན་པ་ཡིན་ཏེ། རྒྱུད་ལས། བདེར་གཤེགས་ཉིད་ཀྱི་ཡུལ་ལ་ཞུགས། །འཇིགས་མེད་ཀུན་ཏུ་བཟང་པོར་སྤྱོར། །ཞེས་གསུངས་པས། རྩ་བའི་དམ་ཚིག་གི་རྒྱལ་པོ་འདི་ཚུལ་བཞིན་དུ་མི་ཉམས་པར་གནས་པའི་ཐབས་སུ་རྩ་བ་ཡན་ལག་གི་དམ་ཚིག་གཞན་རྣམས་བཅས་པ་ཡིན་ཏེ། སྙིང་པོ་ལས། དམ་ཚིག་འདི་ནི་རྨད་པོ་ཆེ། །འཇིག་རྟེན་དྲུག་གི་ཕྱོགས་བཅུ་ན། །སྲིད་གསུམ་འགྲོ་བ་ཇི་སྙེད་པའི། །རྟོག་འདུལ་དམ་ཚིག་དེ་སྙེད་སྲོ། །ཞེས་གསུངས་པ་དང་། སྤྱི་མདོ་ལས། སྐུ་དང་གསུང་ཐུགས་རྡོ་རྗེ་ཡི༔ ༔བསྲུང་དང་སྤྱད་དང་ཡིད་འོང་དང་། མི་འདོར་ཤེས་བྱ་བསྒྲུབ་པ་དང་། །མེད་དང་ཕྲལ་བ་གཅིག་པུ་དང་། །ལྷུན་གྱིས་གྲུབ་པ་རྣམ་པ་བཅུ། །རྩ་བ་འདི་ལས་འབུམ་ཕྲག་འབྱུང་། །ཞེས་རྩ་བ་

བཅུ། ཡན་ལག་གི་དམ་ཚིག་ས་ཡ་འབུམ་སྡེའི་སྤྱི་གཞིར་བསྟན། དེ་བཅུ་ཡང་རྩ་བ་ལྔ་དང་། དེ་ལྔ་ཡང་རྡོ་རྗེ་གསུམ་གྱི་རྣལ་འབྱོར་ལམ་བདེན་གཉིས་ཟུང་འཇུག་གི་ལྟ་བ་འདི་སྐྱེ་གནས་འཕེལ་བའི་ཐབས་སུ་བཅས་པར་བསྟན་པའོ། །

གཉིས་པ་སྡོམ་པ་སྐྱེ་ཞིང་བསྲུང་བའི་རྟེན་ནི། སྐྱེ་བའི་རྟེན་ནི་སོགས་ཀྱིས་བསྟན་ཏེ། སྔགས་ཀྱི་དམ་སྡོམ་སྐྱེ་བའི་རྟེན་ནི་གཙོ་བོར། ཁུ་བ་རྡུལ་པ་ཁྲག་དམར་གསུམ། ཤ་ཁྲག་ལྤགས་པ་གསུམ་སྟེ་ཁམས་དྲུག་ལྡན་པའི་མིའི་འགྲོ་བའི་རྟེན་ཡིན། དེ་ཡང་སྐྱེ་སྔོན་བསོད་ནམས་བསགས་པའི་ཚོགས་ཀྱི་བསགས་རྒྱབ་ཅན་མ་ཟད་ཉིན་རེ་བཞིན་དུ་བྲམ་ཟེ་གསོད་པ་དང་། མཚམས་མེད་ལས་ལྔ་བྱེད་པ་ལ་སོགས་པའང་སྔགས་ཀྱི་སྡོམ་པ་དང་ལམ་འབྲས་ཀྱི་རྟོགས་པ་སྐྱེ་བའི་རྟེན་དུ་རུང་བས་ཁམས་དྲུག་ལྡན་པའི་མི་ལས་བཟང་ངན་སྡིག་པ་ལྟོ་ཡང་ཅན་ཀུན་ལའང་སྔགས་ཀྱི་དངོས་གྲུབ་ཐོབ་པའོ། །

དེ་ལྟར་ཡང་དམ་པ་དང་པོའི་རྒྱུད་ལས། གདོལ་བ་སྨྱུག་མཁན་ལ་སོགས་པ། །མཚམས་མེད་ལྔ་ནི་བྱེད་པ་རྣམས། །སྔགས་ཀྱི་སྤྱོད་པ་རྗེས་སྤྱད་ན། ཚེ་འདི་ཉིད་ལ་སངས་རྒྱས་འགྱུར། །ཞེས་དང་། གདན་བཞི་ལས། ཉིན་བཞིན་བྲམ་ཟེ་གསོད་པ་དང་། །མཚམས་མེད་ལྔ་ནི་བྱེད་པ་དང་། ཆོམ་རྐུན་ལས་ཀྱིས་ལོངས་སྤྱོད་པ། །འདི་ཡི་ལམ་གྱིས་གྲོལ་འགྱུར་ཏེ། །སྡིག་པས་གོས་པར་མི་འགྱུར་རོ། །ཞེས་དང་། འདུས་པ་ལས། སེམས་ཅན་མཚམས་མེད་ལ་སོགས་པའི། །སྡིག་པ་ཆེན་པོ་བྱེད་པ་ཡང་། །རྡོ་རྗེ་ཐེག་པ་རྒྱ་མཚོ་དེར། །ཐེག་པ་མཆོག་ནི་འདི་ལ་འགྲུབ། །སྙིང་ནས་སློབ་དཔོན་སློང་པ་དག །བསྒྲུབས་ཀྱང་འགྲུབ་པར་ཡོངས་མི་འགྱུར། །ཞེས་གསུངས་སོ། །

འོན་ཀྱང་སྐལ་ལྡན་ལས་འཕྲོ་ཅན་ཚོགས་བསགས་སྟོབས་ཅན་ཡིན་ན་རྒྱུད་སྡེ་རྣམས་ལས། ལྷ་ལྷ་མིན་སོགས་རྒྱུད་མཉན་པའི་སྣོད་དུ་བསྟུས་པར་གསུངས་པ་དང་། གསང་བདག་གིས་སྔགས་ཀྱི་གདུལ་བྱ་ལ་གཙོ་བོར་དྲ་མ་ལྔ་ཞེས་ལི་ཙ་བྱི་མ་གཏོགས་པ་གཞན་བཞི་མི་མིན་གྱི་རྟེན་ཅན་དུ་གསུངས་པ་དང་། ཨོ་རྒྱན་གནས་སུ་ཀླུ་རྣམས་ལ་དབང་བསྐུར་བས་སྔགས་ཀྱིས་གྲོལ་བར་བཤད་པ་དང་། ཡིད་ཀྱི་རང་བཞིན་ཅན་གྱི་ལུས་ཀྱིས་སྔགས་ལམ་ལ་འཇུག་པ་ཡོད་པར་གསུངས་པ་སོགས་ཀྱིས་ཤེས་སོ། །བཞི་པ་ཐ་མ་ཉམས་ན་གསོ་བའི་ཚུལ་ལ་གསུམ། དངོས་དང་། མ་བཤགས་པའི་

ཉེས་དམིགས། མ་ཉམས་པའི་ཕན་ཡོན་ནོ། །དང་པོ་ལ་གཉིས་ཏེ་མདོར་བསྟན་དང་རྒྱས་བཤད་དོ། །དང་པོ་ནི། ཐ་མར་ཉམས་ན་སོགས་ཀྱིས་བསྟན་ཏེ། དེ་ལྟར་རྩ་བ་ཡན་ལག་གི་དམ་ཚིག་རྣམས་མ་ཉམས་པར་བསྲུང་དགོས། གལ་ཏེ་ཉམས་ན་དམ་སྡོམ་གསོ་བ་ལ་འབད་དགོས་པས་འདིར་ཐ་མར་ཉམས་ན་གསོ་བའི་ཚུལ་བསྟན་ཅིང་བཤད་པ་ཡིན་ནོ། །

གཉིས་པ་རྒྱས་བཤད་ལ་ལྔ་སྟེ། ལྟུང་བ་འབྱུང་བའི་རྒྱུ་གཉེན་པོ་དང་བཅས་པ། ལྟུང་བ་ལྕི་ཡང་། ཉེས་མེད། གསོ་རུང་མི་རུང་གི་མཚམས། ཕྱིར་བཅོས་དངོས་སོ། །དང་པོ་ནི། ལྟུང་མཚམས་མི་ཤེས་སོགས་ཀྱིས་བསྟན་ཏེ། དམ་ཚིག་ལ་བསླབ་པར་འདོད་ཀྱང་ལྟུང་བ་སོ་སོའི་བླང་དོར་གྱི་མཚམས་མི་ཤེས་པ་དང་། ཤེས་ཀྱང་བླ་མ་དང་དེས་བསྟན་པའི་བསླབ་པའི་གནས་སོགས་ལ་མི་གུས་པའི་དབང་གིས་ཇི་བཞིན་མི་འཇུག་པ་དང་། གུས་ཀྱང་ཉེས་དམིགས་མཐོང་བའི་དྲན་ཤེས་ཉམས་ཏེ་ཉེས་ལྟུང་བླང་དོར་འཇུག་ལྡོག་གི་གནས་ལ་གཟོབ་པ་ལྟར་ལེན་པའི་བག་ཡོད་མེད་པར་བག་ཡངས་སུ་སྤྱོད་ཅིང་། འཛེམས་བག་ཅུང་ཟད་ཡོད་ཀྱང་དུག་གསུམ་ཤས་ཆེ་བས་ཉོན་མོངས་པའི་དབང་དུ་སོང་བ་ཉོན་མོངས་མང་བ་བཞི་ནི། ལྟུང་བ་འབྱུང་བའི་སྒོ་བཞིར་སློབ་དཔོན་ཐོགས་མེད་ཀྱིས་བཞེད་དེ། བསྡུ་བ་ལས། ལྟུང་བའི་རྒྱུ་ནི་རྣམ་བཞི་སྟེ། །མི་ཤེས་པ་དང་བག་མེད་དང་། །ཉོན་མོངས་མང་དང་མ་གུས་པའོ། །དེ་བཞིའི་ཁར་བརྗེད་ངས་དང་། དྲན་པ་མི་གསལ་བ་གཉིས་བསྣན་པའི་དྲུག་མཁའ་འགྲོ་སྡོམ་པའི་རྒྱུད་ལས་གསུངས་ཏེ། མི་ཤེས་པ་དང་བག་མེད་པ། །ཉོན་མོངས་མང་དང་མ་གུས་དང་། །བརྗེད་ངས་དྲན་པ་མི་གསལ་བ། །འདི་དྲུག་དམ་ཚིག་ཉམས་པའི་རྒྱུ༑ ༑ཞེས་སོ། །

རྒྱུ་དེ་ཡི་གཉེན་པོ་ཇི་ལྟར་བསྟེན་ཚུལ་ནི། མི་ཤེས་པའི་གཉེན་པོར་བསླབ་བྱ་རྣམས་ལེགས་པར་བསླབ་སྟེ་བླང་དོར་གྱི་གནས་ཤེས་པས་བསྲུང་བ་དང་། མ་གུས་པའི་གཉེན་པོར་བསྲུང་བའི་ཕན་ཡོན་ལ་སྤྲོ་བ་བསྐྱེད་པ། བླ་མའི་ཡོན་ཏན་དང་བཀའ་དྲིན་དྲན་ནས་བླ་མ་དང་། དེའི་གདམས་པ་དང་། གྲོགས་པོ་ཀུན་ལ་གུས་པ་བསྐྱེད་པ་དང་། བག་མེད་ཀྱི་གཉེན་པོར་རྟག་པར་དགྲ་ལ་ཟོན་བྱེད་ལྟར་ཉེས་དམིགས་ལ་འཛིགས་པས་དྲན་ཤེས་སྦྲིམ་སྟེ་སྒོ་གསུམ་གྱིས་བག་ཟོན་བསྟེན་པ་དང་།

ཉོན་མོངས་མང་བའི་གཉེན་པོར་ཉོན་མོངས་གང་ཆེ་བ་སྐྱེས་པ་དེ་དང་དེའི་གཉེན་པོ་སོ་སོར་བསྟེན་པ་དབང་པོའི་སྒོ་བསྡམ་པ་ལ་འབད་དེ་བསླབ་པ་རྣམས་སོ། །གོང་གི་སྤྱོད་བྱུ་བཞིའི་གཉེན་པོའི་སྟེང་དུ་བརྗེད་ངས་ཀྱི་གཉེན་པོར་གནང་བཀག་གི་མཚམས་མི་བརྗེད་པར་ཡིད་ལ་བྱེད་པའི་དྲན་པ་རྒྱུན་མར་བསྟེན་པ་དང་། དྲན་པ་བསྟེན་ཀྱང་མི་གསལ་བར་ཉམས་པར་ཕྱོགས་པ་ན། དེའི་གཉེན་པོར་དམ་སྡོམ་ལས་འདས་མ་འདས་རྟོག་དཔྱོད་ཀྱིས་བྱ་ར་བྱེད་པའི་ཤེས་བཞིན་གྱིས་བརྟགས། དྲན་པའི་རྗོ་སོ་བྱུང་། གཞན་ཡང་ལྟུང་བས་རྒྱུད་གོས་ན། རང་རྒྱུ་མཚན་དུ་བྱས་ནས་ངོ་ཚ་བ། གཞན་བླ་མ་སོགས་དང་འབྲས་བུའི་ཉེས་དམིགས་སོགས་རྒྱུ་མཚན་དུ་བྱས་ཏེ་ཁྲེལ་ཡོད་པའི་སྒོ་ནས་བསྲུང་བར་བྱ་སྟེ། སྡོམ་འབྱུང་ལས། ཅི་སྟེ་དངོས་གྲུབ་མཆོག་འདོད་ན། །སྲོག་ནི་ཡོངས་སུ་གཏོང་ཡང་སླ། །འཆི་བའི་དུས་ལ་བབས་ཀྱང་སླའི། །རྟག་ཏུ་དམ་ཚིག་བསྲུང་བར་བྱ། །ཞེས་སོ། །དེ་ལྟར་དམ་ཚིག་ཉམས་ཤིང་ལྟུང་བ་འབྱུང་བའི་རྒྱུ་དྲུག་ཅེས་གཉེན་པོ་དྲུག་དང་བཅས་དཔལ་ལྡན་སྡོམ་པའི་རྒྱུད་ལས་གསལ་བར་གསུངས་སོ། །

གཉིས་པ་ལྟུང་བ་ལྕི་ཡང་ནི། ཀུན་ལ་ཡུལ་བསམ་སོགས་ཀྱིས་བསྟན་ཏེ། ལྟུང་བ་ཀུན་ལ་ལྟུང་བ་དེ་འབྱུང་བའི་ཡུལ་ལམ་གཞི་དང་། གཞི་ཡུལ་དང་བྱ་བ་དེ་ལ་དེར་འདུ་ཤེས་སོགས་བསམ་པ་དང་། བྱ་བ་དེ་བྱ་བར་བརྩམ་པའི་སྦྱོར་བ་དང་བྱས་ཟིན་པའི་མཐར་ཐུག་བསྲུང་བའམ། ཡང་ན། ཀུན་སློང་ཉོན་མོངས་དྲག་པོས་བསླང་བ་དང་། སྡོམ་པ་དང་དམ་ཚིག་གང་དང་འགལ་བ་དེ་ལ་དེར་ཤེས་པ་དང་། ལུས་ངག་དང་འབྲེལ་བའི་ལྟུང་བ་རྣམས་ནི་ལུས་ངག་གི་སྦྱོར་བ་བརྩམས་ནས་བྱས་ཟིན་པ་ནས་དང་། ཡིད་དང་འབྲེལ་བའི་ལྟུང་བ་རྩ་ལྟུང་དགུ་པ་ལྟ་བུ་ཡིན་ན་ཡིད་ཀྱིས་བསམས་པར་བྱས་ཟིན་པ་ནས་མཐར་ཐུག་གི་དངོས་གཞི་གྲུབ་པ་དང་། དེ་གྲུབ་ནས་གཉེན་པོ་མ་སླེབ་པར་ཐུན་ཚོད་ལས་འདས་ཏེ་ཐུན་ཚོད་ཀྱིས་བར་དུ་ཚོད་པ་དེ་ཡང་མ་འབྲུལ་བར་སྤྱད་པ་དང་། མཇུག་ཏུ་འགྱོད་པ་མེད་པ་དང་། འོག་ཏུ་འཆད་འགྱུར་གྱི་བཤགས་པའི་དུས་ཚོད་བསྟན་པ་ལྟར་རང་རང་གི་དུས་ལས་འདས་པ་སྟེ་ཡན་ལག་བདུན་ལྡན་ན་ཕམ་པ་ཞེས་བརྗོད་པའོ། །ཡང་རྩ་ལྟུང་གང་རུང་གཉེན་པོ་དང་སྦྲེལ་ནས་སྐྱེས་པ་ལྟ་བུ། ཡན་ལག་གཞན་ཚང་ཞིང་དངོས་གཞི་མ་ཚང་ན་མ་བཤགས

པར་ཐུན་ཚོད་འདས་ན་ཐུན་འདས་ལྟུང་བ་ཞེས་བརྗོད་པ་སོ་ཐར་གྱི་ལྷག་མ་ལྟར་ཕམ་པའི་འོག་ནས་ཉེས་པ་ལྕི་བ་ཡིན་ནོ། །དེ་བཞིན་ཡན་ལག་བདུན་པོ་ལས་རིམ་པར་གཉིས་གསུམ་སོགས་མ་ཚང་བའི་རིམ་པ་དང་བསྟུན་པའི་ཉེས་པ་དམན་ཞིང་ཆུང་བ་དཔེར་ན་སོ་ཐར་གྱི་སྦོམ་པོ་དང་ལྟུང་བྱེད་ཉེས་བྱས་ལྟར་རིམ་པར་ཉེས་པ་ཇེ་ཆུང་དུ་འགྱུར་བའོ། །གལ་ཏེ་མཆེད་ལ་ཕན་པའི་སེམས་ཀྱིས་སྨོད་པ་ལྟ་བུ་ལྟུང་བའི་གཟུགས་བརྙན་ཙམ་ལས་དོན་ལ་ལྟུང་བ་མེད་པའོ། །དེ་ལྟར་ཡིན་པར་ཡང་སློབ་དཔོན་མཚོ་སྐྱེས་ཀྱི་རྣམ་ཐར་བསྡུས་པ་ལས། དངོས་གྲུབ་ཐམས་ཅད་གཞིར་གྱུར་པ། །རྩ་བ་དང་ནི་ཡན་ལག་གོ། །རྩ་བ་དུས་འདས་ཕམ་པ་འདྲ། །ཚོད་ལྡན་ལྟུང་བར་བཤད་པ་ཡིན། །ཡན་ལག་གཙོ་བོ་དུས་འདས་པ། །ལྕི་བ་ཞེས་ནི་བཤད་པ་སྟེ། །སྦྱོར་བ་མ་རྫོགས་སྦོམ་པོའོ། །ཡན་ལག་ཕྲ་བ་ཉེས་བྱས་སོ། །ཕྲ་མོའི་ཕྲ་མོ་དཀྱིལ་འཁོར་གཅིག །ཅེས་ཡན་ལག་གཅིག་ལས་མ་ཚང་བ་ཉེས་བྱས་ཕྲ་མོར་བསྟན་པ་ཡིན་ནོ་སྙམ།

གསུམ་པ་ཉེས་མེད་ནི། ན་དང་དབང་ཉམས་སོགས་ཀྱིས་བསྟན་ཏེ། རྟེན་གྱི་སྒོ་ནས་ལྟུང་མེད་ནི། རང་ཉིད་ན་བས་བྱས་པ་དང་། དབང་ཉམས་ཞེས་གཞན་གྱི་དབང་གིས་རང་དབང་ཉམས་པའམ་དབང་ཐོབ་པ་ལས་ཉམས་པ་དང་། བྱ་བ་གཞན་དོན་ཆེ་བ་འབྱུང་བའི་ཆེད་ཀྱི་དོན་དུ་ཆུང་ངུ་ཉམས་པ་དང་། གཞན་དོན་དུ་འགྱུར་བའི་དོན་ཆེན་པོ་སྒྲུབ་པ་དང་། སྐྱེ་བ་མེད་པའི་དོན་རྟོགས་པ་ལ་བརྟན་པ་ཐོབ་པ་དང་གདུལ་བྱ་གཞན་སྡུགས་སོགས་སུ་ཁ་དྲངས་པའི་དགོས་པ་དང་ལྡན་པ་དང་། ལྟུང་བས་མི་གོས་པའི་ལྟ་དགོངས་གོམས་པའི་གདེང་དང་ལྡན་པའི་ནུས་པ་སྙེད་པ་དང་། ལྷག་ལྷ་ལྟ་བུའི་ཡུལ་ཁྱད་པར་བས་གནང་བ་ཐོབ་པ་དང་། བླ་མའི་བཀའ་བསྒོ་བ་དང་། སྲོག་སོགས་ལ་བར་ཆད་ཆེན་པོ་ཡོད་པ་ལྟ་བུ་ལས་ནི་ལྟུང་བ་ལ་ཞུགས་ན་ཉེས་པ་མེད་པར་སློབ་དཔོན་འཇམ་དཔལ་གྲགས་པའི་སྙིང་པོ་རྒྱན་ལས་གསུངས་ཏེ། དེ་ཉིད་ལས། ན་དང་དབང་ཉམས་བྱ་བ་དང་། །གཞན་གྱི་དོན་དང་དོན་ཆེན་དང་། །སྐྱེ་མེད་བརྟན་དང་དགོས་ལྡན་དང་། །ནུས་པ་སྙེད་དང་གནང་བ་དང་། །བཀའ་བསྒོ་བ་དང་བར་ཆད་ལས། །ཉེས་པ་མེད་པར་ཤེས་པར་བྱ། །ཞེས་སོ། །

བཞི་པ་གསོ་རུང་མི་རུང་གི་མཚམས་ནི། དེ་ལྟར་ཉིན་མཚན་ཐུན་སོགས་ཀྱིས་བསྟན་ཏེ། དུ

ལྟར་ཉིན་ལན་གསུམ་མཚན་ལན་གསུམ་སྟེ་ཉིན་མཚན་ཐུན་ལ་ལན་དྲུག་ཏུ་སྤྱད་བླང་རྩ་ལྟུང་དང་རིགས་ལྔའི་སྡོམ་པ་རྣམས་ལ་འགལ་ལམ་བྱུང་བ་དང་། མ་འགལ་ལམ་མ་བྱུང་བར་ལེགས་པར་བསྒྲིམས་ཏེ་བརྟགས་དཔྱད་དགོས་ཀྱང་། གལ་ཏེ་དེ་ལྟར་མ་བྱས་པར་ཉིན་མཚན་དྲུག་ཆའི་ནང་དུ་གཉེན་པོ་མ་སླེབ་པར་འདས་ན་ཐུན་ཚོད་ལས་འདས་པས་ཐུན་འདས་ལྟུང་བ་ཞེས་བྱ་ལ། དེ་བཞིན་དུ་ཞག་གཅིག་དང་། ཟླ་བ་གཅིག་དང་། ལོ་གཅིག་ལོ་གཉིས་འདས་པ་ལ་རིམ་པར་ཞག་གིས་ཆོད་དེ་ཞག་ཏུ་ལུས་པའི་ལྟུང་བ་དེ་ལ་འགུལ་བའི་ལྟུང་བ་དང་། དེ་བཞིན་ཉམས་པ་དང་། འདས་པ་དང་། རལ་བ་ཞེས་བརྗོད་པ་ཡིན་ཡང་། དེ་དག་ཀྱང་སྐྱིད་ནས་བཤགས་པ་བྱས་ན་ལྟུང་བ་དག་ཅིང་ཚུལ་ཁྲིམས་གསོར་རུང་བ་ཡིན་ཞིང་ཕྱི་མ་རྣམས་རིམ་པར་ཇི་ཆེ་ཇི་ལྕི་ཡིན་ཞིང་། ལོ་གསུམ་འདས་ན་གསོར་མི་རུང་བ་ཡིན་ནོ། །དམ་ཚིག་བཀོད་པའི་རྒྱུད་ལས། སྤྱིར་ན་དམ་ཚིག་ཁྱད་པར་ལ༔ ༔དུས་ལས་ཁྱད་པར་ངེས་ཕྱེ་བ། །དམ་ལས་འགལ་ཞེས་ཉེས་བྱས་གང་། །ཞག་གིས་བར་མ་ཆོད་པར་ནི། །དམིགས་པའི་ཡུལ་ལ་བཤགས་བྱས་ན། །དེས་ནི་སོར་ཡང་ཆུད་པའོ། །ཉམས་ཞེས་ཟླ་བས་མ་ཆོད་པར། །འགྱོད་པ་དྲག་པོས་བཤགས་པས་སོ། །དམ་ལས་འདས་པ་ལོ་དག་གིས། །བར་དུ་མ་ཆོད་བཤགས་པས་སོ། །ལོ་ནི་གཉིས་དང་གསུམ་དག་ལས། །དམ་ཚིག་རལ་བ་ཞེས་བྱ་བ༔ ༔མཆོག་ཏུ་དྲག་ན་གསོ་རུ་རུང་། །ལོ་གསུམ་དག་ལས་འདས་པ་ནི། །དེ་ལས་གསོ་རུ་མི་རུང་སྟེ༔ ༔གལ་ཏེ་བླངས་ན་གཉིས་ཀ་ཚིག །ངེས་པར་ས་སྤྱོད་སྡུག་བསྔལ་ལ། །རྒྱུན་དུ་སྤྱོད་པ་ཁོ་ནའོ། །ཞེས་གསུངས་སོ། །

ལྔ་པ་ཕྱིར་བཅོས་དངོས་ལ་བཞི་སྟེ། དབང་བཞི་སོ་སོ་ལ་ལྟོས་པའི་གསོ་ཐབས། དུས་འདས་ལ་ལྟོས་པའི་གསོ་ཐབས། སྙིང་རྒྱན་ལས་བཤད་པའི་ཕྱིར་བཅོས། འགྱོད་ཚངས་དོང་སྤྲུག་གི་བཤགས་པས་ཕྱིར་བཅོས་པའོ། །དང་པོ་ནི། དབང་བདུན་ཐོབ་ལ་སོགས་ཀྱིས་བསྟན་ཏེ། །དེ་ཡང་དབང་ཐོབ་མཚམས་ཐ་དད་པའི་དབང་གིས་དེ་ལ་ལྟོས་པའི་ལྟུང་བ་སྦྱོང་བའི་ཐབས་ཀྱང་ཐ་དད་དུ་དུས་འཁོར་ལས་གསུངས་པས། དེ་ཡང་འདི་ལྟར་ཐུམ་དབང་བདུན་ཙམ་ཐོབ་པའི་གང་ཟག་ལ་ལྟུང་བ་བྱུང་ན་དཀྱིལ་འཁོར་གྱི་ལྷའི་གྲངས་རེ་རེའམ་གཙོ་བོའི་བཟླས་པ་སུམ་ཁྲི་དྲུག་སྟོང་བྱས

པས་སྦྱངས་ཤིང་། བུམ་དབང་བདུན་ནི། བྱིས་པ་འཇུག་པའི་དབང་བདུན་ཡིན། དེ་ཡང་བྱང་སྒོར་ཕྱོགས་པའི་སྐུ་ཞལ་དཀར་པོའི་ཐད་སློབ་མ་སྐུ་རྡོ་རྗེར་བསྐྱེད་པ་ལ་ནང་གི་ཡུམ་བཞིས་ཆུ་དབང་དང་། དེ་བཞིན་གཤེགས་པ་ལྔས་ཅོད་པན་གྱི་དབང་བསྐུར། ལྷོ་སྒོར་གསུང་ཞལ་དམར་པོའི་ཐད་སློབ་མ་གསུང་རྡོ་རྗེར་བསྐྱེད་པར་ནུས་མ་བཅུ་གཉིས་ཀྱིས་དར་དཔྱངས་དབང་དང་། གཙོ་བོ་ཡབ་ཡུམ་གྱིས་རྡོར་དྲིལ་དབང་བསྐུར། ཤར་སྒོར་ཐུགས་ཞལ་ནག་པོའི་ཐད་སློབ་མ་ཐུགས་རྡོ་རྗེར་བསྐྱེད་པ་ལ་སེམས་དཔའ་དང་སེམས་མས་བརྟུལ་ཞུགས་ཀྱི་དབང་དང་། ཁྲོ་བོ་དང་ཁྲོ་མོས་མིང་དབང་བསྐུར་བའོ། །ནུབ་ཕྱོགས་ཡེ་ཤེས་ཞལ་སེར་པོའི་ཐད། སློབ་མ་ཡེ་ཤེས་རྡོ་རྗེར་བསྐྱེད་པ་ལ། རྡོ་རྗེ་སེམས་དཔའ་ཡབ་ཡུམ་གྱིས་རྗེས་གནང་གི་དབང་ཞེས། ཡན་ལག་རིགས་ལྔའི་ཕྱག་མཚན་དང་། །གཙོ་བོ་རྡོར་དྲིལ་ཕྱག་རྒྱ་སྟེ། །དམ་ཚིག་གསུམ་དབང་བསྐུར་བའོ། །འདི་བདུན་ལ་ཆུ་རྗེས་སུ་འགྲོ་བས་ཆུ་དབང་ཞེས་བྱའོ། །དུས་འཁོར་དེ་ལས་བུམ་དབང་དང་གསང་དབང་གཉིས་ཐོབ་པའི་གང་ཟག་གིས་ཉམས་པའི་ལྟུང་བ་སྦྱོང་བྱེད་ལ་སྔར་སྨོས་པའི་སྦྱོང་བྱེད་དེའི་སྟེང་དུ་སློབ་དཔོན་གྱིས་གསུངས་པའི་ཆད་ལས་ཀྱི་བརྟུལ་ཞུགས་སྤྱད་པས་སྦྱོང་། དེའི་རྗེས་སུ་དཀྱིལ་འཁོར་ལ་ཞུགས་ནས་སྡོམ་པ་བཟུང་ལ་དབང་བཞི་ལེན་པ་ཡིན་ནོ། །ཤེར་དབང་ཚིག་དབང་གཉིས་ཏེ་དབང་བཞི་ཐོབ་ནས་ལྟུང་བས་ཉམས་པ་བྱུང་ན་དབེན་སར་བསྐྱེད་རིམ་དང་། ཁམས་འཕོ་བ་མེད་པའི་ཚུལ་ཁྲིམས་རྫོགས་པའི་རིམ་པ་ཁོ་ན་དང་། རང་རྒྱུད་བྱིན་གྱིས་བརླབས་པ་རྩ་རླུང་གཏུམ་མོའི་རྣལ་འབྱོར་གྱིས་འབར་འཛག་ལྡོག་བཀྲམ་རྡོར་བཟླས་སོགས་ལ་བརྟེན་ནས་སྦྱངས་ཤིང་དག་པར་འགྱུར་ལ། དེ་ལྟ་བུའི་ལྟུང་བ་དེ་དག་པའི་མཚན་རྟགས་མཐོང་བ་ན་དཀྱིལ་འཁོར་དུ་ཞུགས་ནས་སྡོམ་པ་བཟུང་ལ་དབང་བླང་བར་བྱ་བ་ཡིན་ཡང་སྔར་གྱི་དབང་སྡོམ་ཐོབ་པའི་བསླབ་གྲལ་དུ་གནས་པ་དང་། རྙེད་བཀུར་ལེན་པ་སོགས་མི་བྱ་བར་གསུངས་སོ། །གཉིས་པ་དུས་འདས་ལ་ལྟོས་པའི་གསོ་ཐབས་ལ། །འགལ་ན་ཚོགས་འཁོར་སོགས་ཀྱིས་བསྟན་ཏེ། །འགལ་ན་ཚོགས་འཁོར་དང་། །ཉམས་ན་རང་གི་བདོག་པ་ཐམས་ཅད་བླ་མར་ཕུལ་བས་བསྐང་བ་དང་། འདས་ན་ནོར་དང་བུ་དང་ཆུང་མ་ནོར་གྱི་དབྱིག་གམ་རིན་པོ་ཆེ་ལ་སོགས་པ་གཅེས་དགུས་གསོ་བ་དང་། རལ་

ཉ༷་རང༷་གི༷་སྒྲོག༷་གི༷ས་གསོ༷་བར༷་བཤད༷་དེ། དམ་ཚིག་བཀོད་པའི་རྒྱུད་ལས། འགལ་ན་ཚོགས་ཀྱི་འཁོར་ལོས་བཤགས། །ཉམས་ན་རང་གི་བདོག་པས་བསྐང་། །འདས་ན་བུ་དང་ཆུང་མ་དང་། །ཉེ་འཁོར་ལུས་དང་ངག་དག་དང་། །ཡིད་ཀྱིས་བདག་པོར་བཅས་པས་བསྐང་། །རལ་ན་རང་གི་སྲོག་གིས་བསྐང་། ཞེས་གསུངས་སོ། །

དེ་ཡང་རལ་ན་སྲོག་གིས་བསྐང་བ་ནི། བླ་མ་དང་བསྟན་པའི་ཆེད་དུ་རང་སྲོག་བློས་བཏང་བའི་བརྩོན་འགྲུས་དྲག་པོས་བསྐང་ཞིང་། དེ་ཐམས་ཅད་ཀྱི་རྗེས་སུ་ཚོགས་འཁོར་དང་འབྲེལ་བར་བླ་མ་དང་། ཁྱད་པར་བླ་མ་དང་སྤྱན་ཡུལ་དུ་བྱས་ཏེ་ཉམས་ན་གང་ལས་ཉམས་པ་དེའི་དྲུང་དུའོ། །དེ་མེད་ན་སྐུ་གཟུགས་སོགས་ཀྱི་མདུན་དུ་འགྱོད་སེམས་དང་བཅས་པས་བཤགས་ཤིང་ཕྱིས་སྡོམ་པའི་ཚུལ་ཁྲིམས་ལ་གནས་པར་བྱའོ། །གཞན་ཡང་གསོ་ཚུལ་གྱི་ཐབས་ལ། སྤྱི་མདོ་དགོངས་འདུས་ལས། ལས་དང་རྫས་དང་འདུན་པ་དང་། །ཏིང་ངེ་འཛིན་དང་དེ་ཉིད་དོ། །ཞེས་བསྐང་ཐབས་ལྔར་བཤད་པའི། དང་པོ་ལས་ཀྱི་བསྐང་བ་ནི། སྦྱིན་སྲེག་གམ་བཟླས་བརྗོད་ཀྱིས་བསྐང་སྟེ་གྲངས་ནི། དམ་ཚིག་ཀུན་ཏུ་ཉམས་པ་ལ་ཁྲི་ཕྲག་བཅུ་གསུམ། །རྩ་བ་ཉམས་པ་ལ་སྟོང་ཕྲག་ལྔ་བཅུ་ང་གསུམ། ཡན་ལག་ཉམས་པ་ལ་བརྒྱ་ཕྲག་ང་གསུམ། བརླས་ཉམས་ལ་ལྔ་བརྒྱ་དང་སུམ་ཅུ། ཞར་ཉམས་ལ་ལྔ་བཅུ་རྩ་གསུམ་མོ། །རྫས་ཀྱིས་བསྐང་བ་ནི། རིགས་གང་གི་དམ་ཚིག་ཉམས་པའི་ཁྱད་པར་ལས་ཡུལ་རྙེད་ན་དམངས་གདོལ་བ་གཉིས་སོ་སོར་ཕྱེ་བའི་མི་རིགས་ལྔའི་བླ་མ་དངོས་སམ་མོས་པ་དེ་བཞིན་གཤེགས་པ་ལྔའི་རང་བཞིན་ཅན་ལ་རྫས་རིན་ཆེན་ལྔ་ལས་རིགས་དང་མཐུན་པའི་རིན་པོ་ཆེ་ཕངས་པ་མེད་པར་སྟོབས་པས་བསྐང་བའོ། །འདུན་པས་བསྐང་བ་ནི། དང་འདོད་ཀྱི་དད་པས་ཉེས་པའི་ལྟུང་བ་ལ་གནོང་འགྱོད་དྲག་པོས་གདུང་བའི་ང་རོ་དང་བཅས་བཤགས་ཏེ། ཀལ་པོ་ལས། མི་དགེ་སྡིག་པའི་བག་ཆགས་རྣམས། །གདུང་བའི་སྨྲེ་དང་བཅས་ཏེ་བཤགས། །ཞེས་སོ། །

ཏིང་ངེ་འཛིན་གྱིས་བསྐང་བ་ནི། སྟོབས་བཞི་ཚང་བའི་སྒོ་ནས་བཤགས་པས་ཡུལ་གྱི་གནས་གསུམ་ལས་འོད་ཟེར་རང་ཉིད་ལ་ཐིམ་པས་སྡིག་སྒྲིབ་ཉམས་ཆག་ཐམས་ཅད་སྦྱང་བར་བསམ་པ། དེ་ཡང་ཏིང་འཛིན་གྱི་མེས་བསྲེག་པ། བྱང་སེམས་ཀྱི་འོད་ཀྱིས་མུན་པ་བསལ་བ་དང་། སྦྱོད་པ་

ལྡབས་པོ་ཆེའི་ རྒྱས་བཀྲ་བ་ལ་སོགས་པའོ། །དེ་ཁོ་ན་ཉིད་ཀྱིས་བསྐང་བ་ནི། ཀུན་འདུས་རིག་པའི་མདོ་ལས། ཤེས་རབ་ཆེན་པོས་རྒྱུད་ཀྱི་བག་ཆགས་ཐམས་ཅད་རང་བཞིན་མེད་པར་ཤེས་པ་དང་། ཞེས་པ་ལྟར་འཁོར་གསུམ་དམིགས་མེད་ཀྱི་ལྟ་བ་བསྒོམ་པ་ནི་ཕྱིག་སྦྱོང་གི་ཐབས་གཙོ་བོའོ། །ཁྱད་པར་རྩ་བ་ཡན་ལག་སོ་སོའི་བསྐང་ཐབས་ཀྱང་། རྗམ་གློག་ལས། དམ་ཚིག་ཉམས་པར་གྱུར་པ་ན། །མགོན་བརྩུན་མཉམ་པའི་དོན་རྟོགས་ན། །དེ་ཉིད་སྐོང་བའི་གནས་སུ་འགྱུར། །བླ་མ་སྤྱུན་ལ་སྨད་གྱུར་ན། །ཚེ་འདི་ཉིད་ལ་མཉེས་བྱས་ཏེ། །མཐོལ་བཤགས་དྲག་པོས་འགྱོད་བྱས་ན། །དེ་ནི་སྐོང་བའི་མཆོག་ཏུ་གྱུར། །གལ་ཏེ་བདག་གམ་བླ་མ་སྤྱུན། །མ་བསྐང་བར་དུ་ཚེ་འཕོས་ན། །དེ་ནི་བསྐང་བའི་ཚད་ལས་འདས། །གསུང་གི་ཐ་ཚིག་རལ་གྱུར་ན། །རྡོ་རྗེ་ཆོས་སུ་བདག་བསྒོམས་ཏེ། །ཐ་ཚིག་གང་བཟླས་འབུམ་འབུམ་འདོན། །ཐུགས་ཀྱི་དམ་ཚིག་རལ་གྱུར་ན། །རྡོ་རྗེ་སེམས་དཔར་བདག་བསྒོམས་ལ། །ལོ་གསུམ་བར་དུ་མི་སྨྲ་བར། །བསམ་གཏན་སྦྱོར་བ་རབ་ཏུ་བྱ། །ཡན་ལག་ཐ་ཚིག་རལ་གྱུར་ན། །སོ་སོ་རང་རང་རིགས་ཀྱིས་བསྐང་། །ཞེས་རང་གི་སྒོ་གསུམ་དང་སྦྱར་ནས་སྐུ་གསུང་ཐུགས་ཀྱི་ཉམས་ཆག་སྐོང་ཚུལ་གསུངས་སོ། །

གསུམ་པ་ནི། སྙིང་པོ་རྒྱན་ལས་གསོ་བའི་སོགས་ཀྱིས་བསྟན་ཏེ། །སྙིང་པོ་རྒྱན་ལས་གསུངས་པའི་གསོ་བའི་ཚོ་ག་བསྟན་པ་ནི། །ཚོགས་ཞིང་སྤྱན་དྲངས་པ་ལ་བཤགས་སྡོམ་བྱ་བ་དང་། །ཡོ་གའི་སྐབས་སུ་བཤད་པའི་ཨོཾ་བཛྲ་ཧཱུཾ་ཏ་ཐ་ཞེས་པ་ལྟ་བུའི་དྲིལ་བའི་ སྔགས་དང་ཕྱག་རྒྱ་ལ་བསྟེན་པ་དང་། །ཕྱི་ཐུམ་ཆུ་དང་། ནང་ནམ་མཁའི་དབང་ལྷ་ལས་རིགས་དབང་ལྔ་ལེན་པ་སོགས་ཀྱི་བཀྲུ་བའི་རིམ་པ་དང་། གཙུམ་མོའི་མེས་ལྟེ་བའི་གཾ་ཡིག་བསྲེག་པ་དང་། །འཁོར་གསུམ་མི་དམིགས་པའི་ལྟ་བ་བསྒོམ་པ་དང་། །བླ་མ་ལས་སམ་བདག་འཇུག་གིས་དབང་བཞི་ལེན་པ་དང་། ཚོགས་འཁོར་རམ་དཔའ་བོ་དཔའ་མོའི་དགའ་སྟོན་གྱིས་མཆོད་ནས་བཤགས་སྡོམ་གྱི་ཚིག་ཞུ་བར་བྱ་བ་དང་། རྟེན་གསུམ་རབ་གནས་ཅན་གྱི་དྲུང་ལ་ཡན་ལག་བདུན་པ་སྔོན་དུ་འགྲོ་བས་སླེ་ཐུགས་ཏེ་སླེ་བ་ཐུགས་ཀྱི་བཤགས་པ་དང་། མཎྜལ་གྱིས་མཆོན་ལུས་ལོངས་སྤྱོད་དགེ་ཚོགས་ཐམས་ཅད་འབུལ་ལ་བཤགས་པ་དང་། མཆོད་རྟེན་ཚད་ལྡན་བཞེངས་པའམ་ཚ་ཚ་གདབ་པར་བྱ་བ་དང་།

ཞི་བའི་སྲེག་བླུགས་རྒྱས་པའམ་ཟ་བྱེད་རྡོ་རྗེ་མཁའ་འགྲོའི་སྦྱིན་སྲེག་ལྟ་བུ་མེས་སྦྱོང་བ་དང་། གཏོར་མ་སྦྱངས་རྟོགས་སྤྱར་གསུམ་གྱིས་བྱིན་གྱིས་བརླབས་པ་འཁོར་འདས་ཀྱི་གང་ཟག་ཐམས་ཅད་དཀྱིལ་འཁོར་གྱི་ལྷའི་རྣམ་པར་སད་པ་ལ་གཏོང་ཞིང་འབུལ་བ་དང་། །རང་གི་ལྷག་པའི་ལྷའི་གསང་སྔགས་བཟླས་པ་དང་། ཟབ་མོའི་བསམ་གཏན་ཞི་ལྷག་གི་ཏིང་འཛིན་བསྒོམ་པ་དང་། སྲོག་རྩོལ་ཉེའུ་འདོན་པར་བྱེད་པ་དང་། །དྲི་མེད་བཤགས་རྒྱུད་ལྟ་བུའི་མདོ་རྒྱུད་ཟབ་མོའི་བཀའ་ཀློག་པ་དང་། བླ་མ་གཙུག་གི་ནོར་བུ་ལྟར་ཚུལ་བཞིན་བསྟེན་པ་དང་། སྙིང་གར་དམ་ཚིག་རྡོ་རྗེ་དོན་གྲུབ་ཡབ་ཡུམ་བསྒོམ་པའི་ཐུགས་ཀའི་ས་བོན་ལས་བདུད་རྩིའི་རྒྱུན་བབས་སྡིག་སྒྲིབ་སྦྱོང་བར་བསམ་ལ་ཨོཾ་ཨཱཿཁཾ་ཧཱུཾ་ཞེས་པའི་བསྙེན་པ་སྔོན་དུ་འགྲོ་བས་ལུས་དཀྱིལ་ལམ་ཕྱི་དཀྱིལ་གང་རུང་དུ་བདག་འཇུག་བླང་བ་དང་རྟེན་བྱིན་ཅན་གྱི་དྲུང་དུ་རྟེན་རྡོར་སེམས་གསལ་ཏེ། དེ་བཞིན་གཤེགས་པ་རྒྱལ་བའི་ཡིག་བརྒྱ་ལྟ་སྟོང་བཟླ་བ་དང་། ཡར་ངོའི་བརྒྱད་དང་བཅོ་ལྔའི་དུས་བཟང་པོ་ལ་སྡིག་སྒྲིབ་དུ་བསྡུགས་པའི་གཟུངས་སྔགས་བཟླ་བ་དང་། ཕུང་པོ་གསུམ་པ་དུས་དྲུག་ཏུ་འདོན་པ་དང་། སྤྱིར་བླ་མ་རྡོར་སེམས་བསྒོམ་ལ་སྒྲིབ་སྦྱོང་ཡི་གེ་བརྒྱ་པ་བཟླ་བ་དང་། རང་གཞུག་མའི་ལྷར་གསལ་བའི་སྤྱི་བོར་རྡོ་རྗེ་འཆང་བསྒོམས་པའི་གནས་གསུམ་འབྲུ་གསུམ་ལ་དམིགས་ནས་སྲོག་རྩོལ་བསྡམ་པའི་འབྲུ་གསུམ་ཡིད་བཟླས་བྱ་བ་དང་། རང་ལྷར་གསལ་རྩ་འཁོར་ལོ་ལྔ་སོགས་གསལ། རླུང་བུམ་ཅན་དང་སྦྱར་ནས་དཔྱིད་ཐིག་འབར་འཛག་བསྒོམས་པ་ཐིག་ལེའི་རྣལ་འབྱོར་དང་འཁོར་ལོ་ལྔའི་ལྟེ་བར་རིགས་ལྔའི་ཕྱག་མཚན་ཕྲ་མོ་གསལ་བ་ལ་སེམས་བཟུང་སྟེ་མགོན་པོ་ལྔའི་རླུང་གཙུབ་པ་ཕྲ་མོའི་རྣལ་འབྱོར་བསྒོམས་པས་གསོ་བའོ། །

བཞི་པ་འགྱོད་ཚངས་དོང་སྤྲུག་གི་བཤགས་པས་ཕྱིར་བཅོས་པ་ནི། གླང་ཆེན་རབ་འབོག་རྒྱུད་ལས་སོགས་ཀྱིས་བསྟན་ཏེ། གླང་ཆེན་རབ་འབོག་གི་རྒྱུད་ལས་རྟོག་པ་ཁོལ་དུ་ཕྱུང་བ་དྲི་མེད་བཤགས་རྒྱུད་གསུངས་པ་ཡི་ཡོ་ག་རྣམ་གསུམ་གྱི་སྒོར་ཞུགས་པའི་རྣལ་འབྱོར་བ་རྣམས་ཀྱི་ཉམས་ཆག་སྐོང་ཞིང་རྟོག་སྒྲིབ་སྦྱོང་བའི་སྤྱི་ཁྲུས་རྨད་དུ་བྱུང་བ་འགྱོད་ཚངས་ན་རག་དོང་སྤྲུག་གི་མན་ངག་ལ་བརྟེན་པའི་བཤགས་པ་ནི། ཕྱི་ཡོ་བྱད་ཚོགས་ཀྱི་བསྐང་བཤགས། ནང་ཕུང་པོ་རྟེན་གྱི་

བསྐང་བཤགས། གསང་བ་བྱང་ཆུབ་སེམས་ཀྱི་བསྐང་བཤགས་གསུམ་ཀ་སྟོང་ཆོས་བརྒྱད་ལ་བྱས་ན་དེ་ཚུན་ཆད་ཀྱི་ཉམས་ཆག་ཐམས་ཅད་སོས་པར་གསུངས་སོ། །དེ་ལྟར་མ་གྲུབ་ནའང་ཕྱག་གི་བགོལ་བྱང་ཙམ་རྒྱུན་དུ་ཡི་དམ་བགྱིས་པས༷་ཀྱང་ཉམས་ཆག་ཐམས་ཅད་མི༷་འདུ༷ག་པ་མེད༷་དེ། དེ་སྐད་དུ། གང་གིས་སྒྱུ་འཕྲུལ་ཞི་ཁྲོ་ཡི། །དཀྱིལ་འཁོར་ལྷ་ལ་ཕྱག་འཚལ་ན། །ཉམས་ཆག་མ་ལུས་ཀུན་བྱང་སྟེ། །མཚམས་མེད་ལྔ་ཡི་སྡིག་ཀྱང་འདག །ན་རག་གནས་ཀྱང་དོང་སྤྲུག་སྟེ། །རིག་འཛིན་རྒྱལ་བའི་ཞིང་དུ་གྲགས། །ཞེས་གསུངས་པ་དེའི་ཕྱིར་ཉམ༷ས་སུ༷་བླང༷་བར་བྱའོ། །མདོར་ན་རྨི་ལམ་དུ་བླ་མ་ལྷས་ལེགས་སོ་སྟེར་བ་ཁྲུས་བྱས་པ། གོས་དཀར་གྱོན་པ། རི་བོ་ཆེའི་རྩེར་འཛེགས་པ། ཉི་ཟླ་ཤར་བ་སོགས་སྡིག་ལྟུང་དག་པའི་རྟགས་མ་བྱུང་བའི་བར་དུ་སྟོབས་བཞི་ཚང་བའི་བཤགས་པ་ལ་འབད་པར་བྱ་ཞིང་། དེ་ཡང་རྩ་ལྟུང་བྱུང་ན་ལྟུང་བ་བཤགས་ནས་དག་པའི་རྟགས་བྱུང་བ་དང་། སླར་དཀྱིལ་འཁོར་དུ་ཞུགས་ནས་དབང་བླང་བར་བྱ་བ་ཡིན་ནོ། །

གཉིས་པ་མ་བཤགས་པའི་ཉེས་དམིགས་ནི། མ་བཤགས་ཚེ་འདིར་སོགས་ཀྱིས་བསྟན་ཏེ། རྩ་བའི་དམ་ཚིག་ཉམས་པ་མ༷་བཤག༷ས་ན་ཚེ༷་འདིར༷་ཡང་། དབང་སྡུད་སྒྲུབ་པས་དགྲ་འཁོར་བ་ལྟར་སྒྲུབ་པ་ཐམས་ཅད་ལོག་པར་འགྱུར་བ་སོགས་ཡིད༷་དུ་མི༷་འོང༷་བའི་མི་འདོད་ཐམས་ཅད་རྗེ་ཁབ་ལེན་གྱིས་ལྕགས་བཞིན་འདུ་བས༷་གཟིར་ཞིང་མན༷ར་བར་འགྱུར་ལ། ཕྱི༷་མ༷་རྡོ་རྗེ་དམྱལ་བ་ཞེས་བྱ་བར་སྡུག་བསྔལ་གྱིས་དེ་ལས་མན༷ར་ཐབས་མེད༷་པའམ། དཔེ་མཚུངས་ཀྱི་བླས༷་གཞལ་དུ་མེད༷་པའི༷་གན༷ས་སུ༷་ལྟུང་ཞིང་སྐྱེ་ནས་བསྐལ་པ་དུ་མར་འཇིག་རྟེན་གྱི་ཁམས་བརྒྱུད་དེ་སྡུག་བསྔལ་གྱིས་ཉམ་ཐག་པར་འགྱུར་ཏེ། གསང་སྙིང་ལས། རྩ་བའི་དམ་ཚིག་ཉམས་གྱུར་ན། །སྒྲུབ་པ་ཐམས་ཅད་ལོག་པར་འགྱུར། །ཡིད་མི་འོང་སྣ་ཚོགས་པའི། །འབྲས་བུ་མི་འདོད་བཞིན་དུ་འདུ། །ཞེས་དང་། སྤྱི་མདོ་ལས། གལ་ཏེ་ཉམས་པར་གྱུར་པ་ན། །ཚད་པའི་སྐྱེ་གནས་དམྱལ་ཆེན་བརྒྱད། །མི་བཟོད་སྡུག་བསྔལ་དྲག་པོ་ཡིས། །མཚོན་ཆའི་འཁོར་ལོ་བཞིན་དུ་འཁོར། །ཞེས་དང་། གསལ་བཀྲ་ལས། རྩ་ཀུན་ཉམས་པའི་འཆལ་བ་དག །གསོ་ལ་ཉེ་བར་མི་བརྟེན་པ། །རྡོ་རྗེ་དམྱལ་བ་དེར་ལྟུང་སྟེ། །དམྱལ་བ་ཐལ་བ་ཐམས་ཅད་ཀྱི། །སྡུག་བསྔལ་གཅིག་ཏུ་བསྡོམས་པས་ནི། །དེ་ཡི་འབུམ་

ཀྱི་ཆར་མི་ཕོད། །སངས་རྒྱས་སྟོང་གི་འོད་ཟེར་དང་། །བྱང་ཆུབ་སེམས་དཔའི་ཕྲིན་ལས་ཀུན། །རྒྱུན་དུ་མཛད་ཀྱང་ཕན་མི་འགྱུར། །བསྐལ་པ་ཐེར་འབུམ་ལ་སོགས་སུ། །དེ་ཉིད་ཐར་བར་མི་འགྱུར་རོ། །འཇིག་རྟེན་འཇིག་ན་གཞན་དུ་འཕོ། །སེ་གོལ་གཅིག་གིས་ཕྱིན་པར་བྱེད། །དེ་བས་ཤིན་ཏུ་ནན་ཏན་གྱིས། །ཞེས་གསུངས་པ་དང་། ཡན་ལག་གི་དམ་ཚིག་ཉམས་ནས་མ་བཤགས་ན། ཚེ་འདིར་དངོས་གྲུབ་མི་འགྲུབ་ཅིང་ཕྱི་མ་ངན་སོང་དུ་ལྟུང་བར་འགྱུར་ཏེ། གསང་སྙིང་ལས། ཡན་ལག་དམ་ཚིག་ཉམས་གྱུར་ན། །འབྲས་བུ་མེད་ཅིང་ངན་སོང་ལྟུང་། །ཞེས་སོ། །

གསུམ་པ་མ་ཉམས་པའི་ཕན་ཡོན་ནི། མ་ཉམས་རིང་མཐའ་སོགས་ཀྱིས་བསྟན་ཏེ། སྡོམ་པ་ཉམས་ཀྱང་ཕྱིར་བཅོས་ཏེ་སོར་ཆུད་པའམ་གལ་ཏེ་མ་ཉམས་ན་ཚེ་འདིར་བསམ་པ་ཐམས་ཅད་འགྲུབ་ཅིང་། ཀུན་གྱིས་ཡིད་དུ་འོང་བ་དང་། མི་མ་ཡིན་གྱིས་བཀུར་བ་དང་། རྒྱལ་བ་སངས་རྒྱས་རྣམས་དང་རྒྱལ་སྲས་རྣམས་ཀྱིས་སྤྱན་དུ་དགོངས་ཤིང་མཐར་བླ་མེད་བྱང་ཆུབ་ཀྱི་འབྲས་བུར་སྨིན་བ་ནི། སྒྱུ་འཕྲུལ་གསང་སྙིང་ལས། རྒྱལ་བའི་རིག་པ་འཛིན་པ་དེ། །འཇིག་རྟེན་གཙོ་དང་འཁོར་གྱིས་བཀུར། །དམ་པ་མཆོག་དང་དམ་པ་ཡིས། །སྲས་དང་སྤྱན་དགོངས་བྱིན་རླབས་ཀྱིས། །བདེར་གཤེགས་ཉིད་ཀྱི་ཡུལ་དུ་ཞུགས། །འཇིགས་མེད་ཀུན་ཏུ་བཟང་པོར་སྨིན། །ཞེས་པ་ལྟར་དང་། སྤྱི་མདོ་ལས། ཇི་ལྟར་ས་གཞི་གཤིན་པ་ལ། །བརྟེན་ནས་ས་བོན་བཏབ་པ་ལས། །འབྲས་བུ་སྨིན་པར་འགྱུར་བ་ཡིས། །གང་དག་འཚོ་བའི་སྲོག་འཛིན་ལྟར། །ཆོས་རྣམས་ཀུན་གྱི་གཞིར་གྱུར་པ། །དམ་ཚིག་འདི་ལ་གནས་པ་ན། །བླ་མེད་བྱང་ཆུབ་རྣམ་སྨིན་པས། །དགེ་བའི་སྲོག་འཛིན་དམ་པའོ། །ཞེས་སོ། །དེ་ཡང་དམ་ཚིག་རྣམ་པར་དག་ཅིང་ལམ་རིམ་གཉིས་ལ་བརྩོན་པའི་དབང་པོ་རྣོན་པོ་ཚེ་འདིར་མཆོག་གི་དངོས་གྲུབ་ཐོབ་པར་འགྱུར་ཏེ། རྡོ་རྗེ་གསང་བའི་རྒྱུད་ལས། བླ་མེད་སྔགས་ཀྱི་དངོས་གྲུབ་གང་། །ཤིན་ཏུ་བརྩོན་པས་གང་བསྒྲུབ་པ། །ཚེ་འདི་ཉིད་ལ་སངས་རྒྱས་ཏེ། །གདུལ་བྱའི་ཞིང་དུ་མཛད་པ་སྟོན། །གྲངས་མེད་རྡོ་རྗེ་འཆང་རྣམས་ཀྱིས། །ཟབ་མོའི་ཉེ་ལམ་མཐར་ཐུག་པའོ། །ཞེས་སོ། །དབང་པོ་འབྲིང་རྣམས་འཆི་ཁར་དོན་གྱི་འོད་གསལ་མངོན་དུ་བྱས་ཏེ་བར་དོར་ཟུང་འཇུག་གི་སྐུར་ལྡང་བ་སྟེ། དེ་ཡང་རྟེན་གྱི་གང་ཟག་དེ་དཔེའི་འོད་གསལ་མངོན་དུ་བྱས་པ་ཞིག

ཡིན་ན། དེ་འཆི་ཁར་དོན་གྱི་འོད་གསལ་མངོན་དུ་བྱས་ནས་ཟུང་འཇུག་གི་སྐུར་ལྡང་ལ། དེའི་སྟེང་ནས་མི་སློབ་ཟུང་འཇུག་གི་སྐུར་འཚང་རྒྱ་བ་ཡིན་ནོ། །དབང་པོ་ཐ་མ་ཡིན་ན། བར་དོ་ནས་རང་བཞིན་སྤྲུལ་སྐུའི་ཞིང་དུ་དབུགས་དབྱུང་སྟེ་གྲོལ་བར་འགྱུར་རོ། །

གལ་ཏེ་ཚེ་འདིར་ལམ་རིམ་པ་གཉིས་ལ་འབད་པར་མ་བྱས་ཀྱང་དམ་ཚིག་མ་ཉམས་ན་སྐྱེ་བ་ཕྱི་མའམ་སྐྱེ་བ་བདུན་ནམ་ཇི་ལྟར་འགོར་ནའང་རིང་མཐའ་སྐྱེ་བ་བཅུ་དྲུག་ལས་མི་འགྱུང་བར་མཆོག་གི་དངོས་གྲུབ་ཐོབ་པར་གསུངས་ཏེ། རྒྱུད་གསང་བའི་མཛོད་ལས། དབང་བསྐུར་ཡང་དག་སྦྱིན་ལྡན་ན། །སྐྱེ་དང་སྐྱེ་བར་དབང་བསྐུར་འགྱུར། །དེ་ཡི་སྐྱེ་བ་བདུན་ལ་ནི། །མ་བསྒོམས་པར་ཡང་དངོས་གྲུབ་ཐོབ། །གལ་ཏེ་དམ་ཚིག་སྡོམ་ལ་གནས། །སྐྱེ་འདིར་ལས་དབང་གིས་མ་འགྲུབ། །སྐྱེ་བ་གཞན་དུ་དངོས་གྲུབ་ཐོབ། །ཞེས་པ་ལྟར། རི༷ང་མཐ༷འ་སྐྱེ་བ༷་བཅུ་དྲུག༷་གམ༷། །སྨུ༷ར་ན༷་ཚེ༷་འདི༷་འམ༷་འཆི༷་ཁ༷་བར༷་དོ༷་རྣ༷་ཐུན་མོང་གི་དངོས་གྲུབ་དབང་དང་མངོན་སྤྱོད། དགྲ་སྡེ་འཇིག་པ། བསྐྲད་པ། བསད་པ། དགུག་པ། ཞི་བ། རྒྱས་པ། ཡང་དག་པར་འགྲུབ་པ་སྟེ། ཐུན༷་མོང༷་གི་ལས་ཆེན་བརྒྱད་ཀྱི་དངོས་གྲུབ་ཆུང་ངུ་ཐོབ་པ་དང་། དེའང་དབང་ལ་འགུག་པ་གཟུང་མ་སོགས་དང་། དབང་དུ་བྱ་བ་ཡུལ་ཁམས་སོགས་ཏེ་གཉིས། མངོན་སྤྱོད་ལ་མནན་པ། སྐྱོ་བར་བྱེད་པ། བསྐམ་པར་བྱེད་པ། རྨོངས་པར་བྱེད་པ། རེངས་པར་བྱེད་པ་ལྔ། ཞི་ལས་གསུམ་ནི། ནད་གདོན་བགེགས་གསུམ་མོ། །རྒྱས་པར་གསོ་འཕེལ་གཉིས་ལས། དང་པོ་གསོ་བ་ལ་བཞི། ན་བ། ཤི་བ། ལོ་ཏོག སྲིའུ་བཞིའོ། །འཕེལ་བ་བཞི་ནི། ཚེ། རིགས་རྒྱུད། ལོངས་སྤྱོད། བསོད་ནམས་སྤེལ་བའོ། །ཐུན་མོང་གི་དངོས་གྲུབ་འབྲིང་ནི། མིག་སྨན། རྐང་མགྱོགས། །རལ་གྲི། ས་འོག རིལ་བུ། མཁའ་སྤྱོད། མི་སྣང་བ། བཅུད་ལེན་ཏེ། གྲུབ༷་པ༷་བརྒྱད་དོ། །རིམ་པར་མཁའ་སྤྱོད་ནི། ནམ་མཁའ་ལ་གནས་ནུས་ཤིང་འཆི་བ་མེད་པའོ། །རལ་གྲི་ནི། ཕ་རོལ་པོ་ལས་རྒྱལ་བར་བྱེད་པའོ། །རིལ་བུ་ནི་སྨན་གང་དག་བསྒྲུབས་ཏེ་ལག་ཏུ་ཐོགས་པས་རང་ལུས་མི་སྣང་བའོ། །རྐང་མགྱོགས་ནི། མཆིལ་ལྷམ་གྲུབ་སྟེ་གྱོན་པས་ཡུད་ཙམ་ལ་རྒྱ་མཚོའི་མཐར་ཡང་འཁོར་བའོ། །བུམ་པ་ནི། དེའི་ནང་དུ་ཟད་མི་ཤེས་པའི་འདོད་དགུའི་གཏེར་བསམ་པ་བཞིན་ལེན་ནུས་པ། གནོད་སྦྱིན་བྲན་ཁོལ་ནི། གནོད་

སྦྱིན་དེ་ཐབ་ཏུ་བཀོལ་ནས་ཅི་དགོས་སྒྲུབ་པར་བྱེད་པས། དཔེར་ན་མི་འབུམ་གྱི་ལས་ཉིན་གཅིག་གིས་ཟིན་པ་དཔེར་རྒྱལ་པོ་མྱ་ངན་མེད་ཀྱིས་མཆོད་རྟེན་བྱེ་བ་ནུབ་གཅིག་གིས་བཞེངས་པ་ལྟ་བུའོ། ། བཙུད་ལེན་ནི། ཉི་ཟླའི་ཚེ་དང་གླང་པོའི་སྟོབས་པདྨའི་མདངས་དང་ལྡན་པ་ཤིང་བར་ལྟར་ཡང་བ་སོགས་སོ། །མིག་སྨན་ནི། མིག་ལ་བྱུགས་པས་ས་འོག་གི་གཏེར་མཐོང་བ་དཔེར་ན་ཁྲིམ་བདག་མགོན་མེད་ཟས་སྦྱིན་ལྟ་བུའོ། །དེ་ལྟར་གྲུར་ལས། གང་ཕྱིར་དེས་ནི་དཀའ་བ་མིན། །མིག་སྨན་དང་ནི་རྐང་མགྱོགས་དང་། །རལ་གྲི་དང་ནི་ས་འོག་གྲུབ། །རིལ་བུ་དང་ནི་མཁའ་སྤྱོད་ཉིད། །མི་སྣང་བ་དང་བཅུད་ཀྱིས་ལེན། །གང་ཕྱིར་དེས་ནི་རྡོ་རྗེ་འཛིན། །མཉེས་པར་བྱས་ལས་མྱུར་དུ་ཐོབ། ། ཅེས་སོ། །

ཐུན་མོང་གི་དངོས་གྲུབ་མཆོག་ནི། དབ̥ང་ཕྱུག̥་བརྒྱད་དེ། ཕྲ་བ། ཡངས་པ། ཕྲ་བར་ནུས་པ། སྤྱོད་པར་ནུས་པ། བདག་ཉིད་ཆེན་པོ། དགའ་མགུར་སྤྱོད་པ། ཐམས་ཅད་དབང་བསྒྱུར་བ། ཅི་འདོད་བྱེད་པ་སྟེ། རིམ་པར་རང་ལུས་སོགས་རགས་གཟུགས་ཕྲ་བའི་གཟུགས་སུ་བྱེད་པ། གཟུགས་ཀྱི་དངོས་པོ་ཆུང་ངུས་ཀྱང་ཕྱོགས་རྒྱ་ཆེ་བར་ཁྱབ་པའི་གཟུགས་སུ་བྱེད་པས་ཡངས་པ། གཟུགས་རགས་པ་ཕྲ་བའི་གཟུགས་སུ་བསྒྱུར་བས་ཕྲ་བར་ནུས་པ། ལྷ་མིའི་འདོད་ཡོན་ལ་སྤྱོད་པར་ནུས་པ། དེ་ལྟ་བུའི་སྣོད་བཅུད་ཀྱི་གཟུགས་ཕྲ་རགས་རྣམས་ཅིར་ཡང་བསྒྱུར་བས་བདག་ཉིད་ཆེན་པོར་གྱུར་པ༑ གདུལ་བྱའི་མོས་མདུན་དང་འཚམས་པའི་སྐུ་གསུང་ཐུགས་ཀྱི་མཛད་པས་ཚིམ་པར་བྱེད་པས་དགའ་མགུར་སྤྱོད་པ། གཞན་གདུལ་བྱ་སེམས་ཅན་རྣམས་རང་གི་དབང་དུ་བྱས་ཏེ་འཕྲུལ་ཡུན་ཕན་བདེ་ལ་སྦྱོར་བ་དབང་དུ་བསྒྱུར་བ། གཞན་ལ་སྒོ་གསུམ་གྱིས་ཕན་པའི་བྱ་བ་གང་ཅི་འདོད་བྱེད་པ་སྟེ་བརྒྱད་དང་། གཞན་ཡང་། ཕྲ་ཡང་མཆོད་པར་འོས་པ་དང་། །བདག་པོར་གྱུར་དང་དབང་དུ་གྱུར། །གར་ཡང་ཕྱིན་དང་འདོད་དགུར་ལྡན། །དེ་བཞིན་དགའ་མགུར་གནས་པ་བརྒྱད། །ཅེས་པ་ལྟར། ནང་ལྟར་ན། བརྟེན་པའི་ལྷ་ཚོགས་སྤྲོ་བསྡུར་དབང་ཐོབ་ཕྲ། །རྟེན་གྱི་དཀྱིལ་འཁོར་སྤྲོ་བསྡུར་དབང་ཐོབ་ཡང་། །མི་སོགས་འཇིག་རྟེན་བསྙེན་བཀུར་མཆོད་པར་འོས། །སྣོད་བཅུད་སྤྲོ་བསྡུ་དབང་ཐོབ་བདག་པོ་ཡིན། །སྐལ་ལྡན་ཚར་གཅོད་རྗེས་འཛིན་དབང་ཐོབ་འགྱུར། །གང་འདོད་

ལུས་ཁྱབ་དབང་ཐོབ་གར་ཡང་ཕྱིན། །ལྷ་མི་འབྱུང་པོས་མཆོད་པས་འདོད་དགུར་ལྡན། །སྟོབས་བཅུ་རྗེས་མཐུན་ལྡན་པས་དགའ་མགུར་གནས། །ཞེས་དང་། སྤྱོད་བསྡུས་ལས། །གཟུགས་ཕྲ་བ་དང་། རགས་པ་ཡང་བ་དང་། ཁྱབ་པ་དང་། ཡང་དག་པར་ཐོབ་པ་ཉིད་དང་། རབ་ཏུ་སྣང་བ་ཉིད་དང་། བརྟན་པ་དང་། དབང་དུ་གྱུར་པ་དང་། འདོད་དགུར་བསྒྱུར་བ་ཞེས་བྱའོ། །ཞེས་གསུངས་པ་ལྟར། ཇི་སྐད་དུ། གཟུགས་ཕྲ་རགས་པ་ཡང་བ་དང་། ཁྱབ་པ་ཡང་དག་ཐོབ་པ་ཉིད། །རབ་ཏུ་གསལ་བ་ཉིད་བརྟན་པ། །དབང་ཕྱུག་ཉིད་དང་འདོད་དགུར་བསྒྱུར། །ཞེས་པས། གཟུགས་ཕྲ་བ་སྐྱེ་དྭངས་མའི་ལུས་དང་། རིག་བྱ་ལྷི་བ་དང་བྲལ་བའི་ཡང་བའི་རིག་བྱ་དང་ལྡན་པ། ཡུལ་ཕྱོགས་རྒྱ་ཆེ་བར་ལུས་ཀྱིས་ཁྱབ་པ་བྱེད་པ། སྟོབས་སོགས་རྗེས་མཐུན་པའི་ཡོན་ཏན་ཡང་དག་པར་ཐོབ་པ༏ ལུས་ལ་འོད་རབ་ཏུ་གསལ་ཞིང་སྣང་བ་དང་ལྡན་པ། ཡུན་རིང་པོར་ཐུབ་པས་རྒྱུན་བརྟན་པ། མི་སོགས་འཇིག་རྟེན་གྱི་གདུལ་བྱ་རྣམས་དབང་དུ་འདུ་བས་དབང་དུ་གྱུར་པ། ཕར་ཅི་དགར་ཅི་འདོད་ལྟར་རྫུ་འཕྲུལ་སྣ་ཚོགས་འདོད་དགུར་བསྒྱུར་བའོ། །

དེ་ལྟར་དབང་ཕྱུག་གི་ཡོན་ཏན་བརྒྱད་ནི། འདོད་གཟུགས་དང་ཐུན་མོང་བའི་ཡོན་ཏན་གྱི་དངོས་གྲུབ་དང་གྲུབ་པ་བརྒྱད་ཀྱང་ཐུན་མོང་གི་དངོས་གྲུབ་ཡིན་ཏེ། འདུས་པ་ལས། མིག་སྨན་ལ་སོགས་དངོས་གྲུབ་རྣམས། །ཐ་མལ་པ་ཞེས་བཤད་པ་ཡིན། །ཞེས་ཕྱི་རོལ་པ་ལའང་ཡོད་ཅིང་བསྐྱེད་རིམ་ཁོ་ནས་ཀྱང་དེ་ལྟ་བུའི་འདོད་གཟུགས་ཀྱི་རིག་འཛིན་གྱི་དངོས་གྲུབ་དེ་འགྲུབ་པར་གསུངས་སོ། །བསྐྱེད་རིམ་ལ་བརྟན་པ་མ་ཐོབ་ཅིང་སྔགས་ཏིང་འཛིན་ཙམ་གྱི་མཐུས་ཆང་གི་རོ་སྒྱུར་བ་དུག་ཞི་བ་སོགས་ཀྱི་དྲོད་མ་ཐོབ་པ་དེ་སྲིད་དུ་ལས་དང་པོ་བ་ཞེས་བྱ། བསྐྱེད་རིམ་ལ་བརྟན་པ་ཅུང་ཟད་ཐོབ་པའི་གང་ཟག་གིས་སྔགས་ཀྱིས་ཆང་གི་རོ་སོགས་གཞན་དུ་བསྒྱུར་བའི་བྱིན་རླབས་བྱེད་ནུས་པའི་དྲོད་ཚད་རྙེད་པ་དེས་རལ་གྲི་སོགས་རྫས་ཀྱི་རིག་འཛིན་བསྒྲུབ་པས་དེ་གྲུབ་པ་ནི། ལུས་དེ་ཉིད་ཀྱིས་ལྷ་དང་མིའི་གནས་རྣམས་སུ་ལུས་མངོན་དུ་སྣང་བས་རྒྱུ་ཞིང་རིག་སྔགས་ཀྱིས་རང་གཞན་གྱི་དོན་བྱེད་པ་དང་། བསྐྱེད་རིམ་ལ་བརྟན་པ་རབ་ཐོབ་པའི་གང་ཟག་གིས་སྤྱོད་པའི་ཉེར་རྒྱུ། ལས་ཀྱི་ཕྱག་རྒྱ་ལ་བརྟེན་ནས་འདོད་པའི་ལྷ་དང་སྐལ་བ་མཉམ་པ་ཕྲ་ཡང་གི་ཡོན་

ཏན་བརྒྱད་ལྡན་གྱི་འདོད་པའི་རིག་འཛིན་དང་། ཡེ་རྒྱ་ལ་བརྟེན་ནས་དབང་པོ་རྣོ་རྟུལ་གྱིས་མིའི་རྟེན་རགས་པའམ་འདོད་པའི་རིག་འཛིན་གྱི་རྟེན་ལས་གཟུགས་ཀྱི་རིག་འཛིན་དུ་གནས་སྒྱུར་བར་བྱེད། འདོད་པའི་རིག་འཛིན་ནི། མི་རྣམས་ཀྱི་ནང་དུ་འོང་ཡང་མི་མཐོང་ལ། གཟུགས་ཀྱི་རིག་འཛིན་ནི། འོང་བ་ནི་མེད་མོད། འོན་ཀྱང་སྤྲུལ་པ་དུ་མས་སེམས་ཅན་གྱི་དོན་བྱེད་པ་དང་། རང་ཉིད་ཀྱང་རྟེན་དེའི་སྟེང་ནས་རྫོགས་རིམ་གྱི་ལམ་ལ་ཞུགས་ནས་མཆོག་གི་དངོས་གྲུབ་སྒྲུབ་པར་བྱེད་དོ། །

ལར་བསྐྱེད་རིམ་ནི། རྫོགས་རིམ་སྒོམ་པ་མ་བྱུང་ཡང་ཚོགས་ལམ་དང་གང་ཟག་ཚོགས་ལམ་པ་ཡིན། རྫོགས་རིམ་གྱི་རྟོགས་པར་དྲོད་རྙེད་པ་ནས་སྦྱོར་ལམ་དྲོད་དུ་འཕོས་པ་ཡིན་པས་སྦྱོར་ལམ་པའོ། །རིམ་གཉིས་ཟུང་འཇུག་ཏུ་སྒོམ་པ་ཚོགས་ལམ་དང་། དེའི་ཉེར་རྒྱུའི་ཚོགས་སྤྱོད་ལ་ཞུགས་པ་སྦྱོར་ལམ་དང་། སློབ་པའི་ཟུང་འཇུག་འཕགས་ལམ་ཡིན་ནོ། །དེ་གྲུབ་པ་ནས་ལུས་ཀྱི་རྡུལ་ཕྲན་ཁམས་རགས་པའི་ཆ་ཉི་ཁྲི་ཆིག་སྟོང་ཟད་རིམ་ལྟར་ས་བཅུ་རིམ་པར་བགྲོད། དེའང་ས་གཉིས་པ་ནས་ལྔ་པའི་བར་རང་གི་མི་མཐུན་ཕྱོགས་སྤང་བས་རྡོ་རྗེའི་རིག་འཛིན་ཕྱག་ཆེན། དྲུག་པ་བདུན་པར་ཤེས་རབ་དང་ཐབས་ཀྱིས་ཆོས་འཁོར་བསྐོར་བས་འཁོར་ལོའི་རིག་འཛིན། བརྒྱད་པར་མཚན་མེད་རྩོལ་མེད་ཀྱི་འགོག་པ་རྣམ་པར་མི་རྟོག་པའི་ཡེ་ཤེས་ལྡན་པས་རིན་ཆེན་རིག་འཛིན། དགུ་པར་ཞིང་དག་སྦྱོང་ཐོབ་པས་པདྨའི་རིག་འཛིན། བཅུ་པར་གཞན་དོན་མཛད་པ་སངས་རྒྱས་དང་རྗེས་སུ་མཐུན་པས་རལ་གྲིའི་རིག་འཛིན་སྟེ་ལྔ་བགྲོད་དེ། མཐར་ལུས་རགས་པའི་ཆ་མ་ལུས་པ་དྭངས་ཏེ། འཕོ་བའི་བག་ཆགས་ལྷག་མེད་དུ་དག་པ་ན་སངས་རྒྱས་ཀྱིས་སྐུ་བཞི་ཡེ་ཤེས་ལྔའི་བདག་ཉིད་མི་སློབ་ཟུང་འཇུག་མངོན་དུ་བརྙེས་པའོ། །དེ་ལྟར་མཆོ༷ག་གི༷་དངོ༷ས་གྲུབ༷་ཟུང་འཇུག་གི་སྐུ་དེ་ལ་ལྡོག་ཆས་ཕྱེ་ན་ཁ༷་སྦྱོ༷ར་ཡན་ལག་བདུན་དང་ལྡ༷ན་པ་ཡིན་ཏེ། སྐུ་ཐུགས་ཟུང་དུ་འཇུག་པའི་སངས་རྒྱས་དེའི་གསུང་རྣམ་པ་ཐམས་ཅད་པ་ནི་ལོངས་སྤྱོད་རྫོགས་པ་དང་། སྐུ་རྣམ་པ་ཐམས་ཅད་པ་ཤེས་བྱའི་སྣང་བརྙན་ཡོད་དགུར་འཆར་བའི་རང་སྣང་གི་ཡུམ་དང་ཁ་སྦྱོར་བའི་སྐུ་ཅན་དང་། ཐུགས་བདེ་ཆེན་ཡེ་ཤེས་གཟུང་འཛིན་གྱི་རྟོག་པ་དང་བྲལ་བའི་མི་འགྱུར་བའི་བདེ་བ་ཆེན་པོའི་ཡེ་ཤེས་ཀྱི་

ཐུགས་དང་། རང་བཞིན་མེད་པ་ནི། ཡུལ་རང་བཞིན་རྣམ་པར་དག་པའི་སྟོང་པ་ཆེན་པོའི་དབྱིངས་ཡེ་ཤེས་དང་ངོ་བོ་དབྱེར་མེད་དུ་གྱུར་པ། སྙིང་རྗེས་ཡོངས་གང་ནི། ཡིད་བཞིན་ནོར་བུ་ལྟར་གཞན་དོན་འབད་མེད་ལྷུན་གྲུབ་ཏུ་འབྱུང་བའི་དམིགས་མེད་ཀྱི་ཐུགས་རྗེ་དང་། རྒྱུན་མི་ཆད་པ་ནི། སྐུ་ཐུགས་ཕྲིན་ལས་རྒྱུན་མི་ཆད་པར་རྒྱུན་རྟག་པའི་འཁོར་ལོ་ཅན་དུ་བཞུགས་པ། འགོག་པ་མེད་པ་ནི༑ དེ་ལྟ་བུའི་ལོངས་སྐུ་དེ་ལས་སྤྲུལ་པའི་སྐུའི་རྣམ་རོལ་གདུལ་བྱའི་མོས་ངོར་དང་འཚམས་པར་འགོག་མེད་སྤྲོ་བར་མཛད་ནས་མདོ་སྔགས་ཀྱི་ཐུན་མོང་ཐུན་མིན་གྱི་གདམས་པའི་ཆོས་སྒོ་སྣ་ཚོགས་ཀྱང་འགོག་མེད་དུ་འཆར་བ་དང་བདུན་ཐོབ༷་ཅིང་ལྡན་པའོ། །དེའང་དང་པོ་དང་བཞི་པ་ལྔ་པ་དྲུག་པ་བདུན་པ་རྣམས་ཐུན་མོང་གི་ཡོན་ཏན་དང་། གཉིས་པ་གསུམ་པ་གཉིས་ཐུན་མིན་གྱི་ཡོན་ཏན་ཡིན་ནོ། །དེ་ལས་དང་པོ་བཞི་རང་དོན་དང་། ཕྱི་མ་གསུམ་གཞན་དོན་སྟེ། དེ་ལྟར་ཡོན་ཏན་གྱི་བདག་ཉིད་ཡིན་པ་དེའི༷་ཕྱིར༷་ན་རང༷་གཞན༷་གྱི་དོན༷་གཉིས༷་ལྷུན༷་གྱིས༷་གྲུབ༷་པའི་སྐུ་ཅན་ཡིན་ནོ། །

གཉིས་པ་མཚན་ནི། གསང་སྔགས་རིག་འཛིན་གྱི་སོགས་ཀྱིས་བསྟན་ཏེ། རྒྱལ་བས་བསྟན་པའི་ཐེག་པ་ཐམས་ཅད་བསྡུ་ན་ཐེག་པ་ཆེ་ཆུང་གཉིས་སུ་འདུ་བས་ཐེག་ཆེན་གྱི་ཐེག་པ་ལ་རྒྱུ་འབྲས་ཀྱི་ཐེག་པ་གཉིས་སུ་ཕྱེ་བས། འབྲས་བུའི་ཐེག་པ་འདིའི་གནས་ལུགས་རང་གཞིན་གྱི་རྒྱུད་དང་། དེར་གཏོགས་ལམ་འབྲས་རྣམས་ཟབ་ཅིང་གཏིང་དཔག་དཀའ་བས་དབང་པོ་རྣོན་པོ་མ་གཏོགས་པ་གཞན་གྱིས་རྟོགས་མི་ནུས་པས་རྟོགས་དཀའ་གབ་པ་ལྟ་བུར་གྱུར་པས་གབ་པའི་གསང་བ་དང་སྔགས་བླ་མེད་ཀྱི་གནད་ཐུན་མིན་སོགས་སྔགས་ཀྱི་ཐུན་མིན་གྱི་ལམ་རྣམས་དེའི་སྣོད་མིན་ལ་རྣམ་པ་ཐམས་ཅད་དུ་སྦས་ཤིང་གསང་ནས་བསྒྲུབ་ན་འགྲུབ་པས་རྟོགས་སུ་མི་རུང་བས་སྦས་པའི་གསང་བ་སྟེ། གབ་སྦས་ཀྱི་གསང་བ་གཉིས་ལྡན་ལ་གསང༷་ཞེས་བྱ། མན་ཏྲ་ཞེས་མ་ན་ཡིད་དང་ཏྲ་ཡ་སྐྱོབ་པ་ལ་འཇུག་པས་གང་སྐྱོབ་ན་ཡིད་ཀྱི་ཤེས་པ་ཐ་མལ་མ་དག་པའི་སྣང་ཞེན་ལས་བདེ་མྱུར་དུ་སྐྱོབ་པར་བྱེད་པས་སྔགས༷་ཞེས་པ་དང་། ལམ་འབྲས་བགྲོད་པར་བྱེད་པས་དོན་གྱི་ཐེག་པ་ཞེས་བྱ༑ རིག་སྔགས་འཆང་རྣམས་ཀྱིས་བསླབ་པའི་གཞི་དང་། གྲུབ་པའི་མཐའ་སྟོན་ཅིང་འཛིན་པས་རིག་འཛིན་ཞེས་བྱ། དེ་ལྟ་བུའི་གསང་སྔགས་རིག༷་འཛིན༷་གྱི་རྣལ་འབྱོར་བའི་སྡོམ༷་པའི་རྣམ་བཞག

བསླབ་བྱ་དང་བཅས་པའི་རིམ་པ་སོ་སོར་གསལ་བར་ཕྱེ་བ་སྟེ་ལེའུ་བཞི་པའོ།། །།

གསུམ་པ་སོ་སོར་བཤད་པའི་དོན་བསྡུ་བ་ལ་གཉིས་ཏེ། གཞུང་དང་མཚན་ནོ། །དང་པོ་ལ་གསུམ་སྟེ་མདོར་བསྟན། རྒྱས་བཤད། དོན་བསྡུ་བའོ། །དང་པོ་ནི། དེ་ལྟའི་སྡོམ་གསུམ་སོགས་ཀྱིས་བསྟན་ཏེ། དེ་ཡང་གོང་དུ་རྒྱས་པར་བཤད་པ་དེ་ལྟ་བུའི་སོར་བྱང་སྔགས་གསུམ་གྱི་སྡོམ་པ་གསུམ་རིམ་གྱིས་ནོད་པའི་གང་ཟག་གི་རྒྱུད་གཅིག་ལ་ཇི་ལྟར་ལྡན་ན། རང་ལྡོག་མ་འདྲེས་པར་ལྡོག་ཆའི་སྒོ་ནས་ཐ་དད་པར་ཡོད་པ་དང་། སྡོམ་པ་གསུམ་གྱི་དགག་བྱའི་སྤང་བྱ་སྤང་བའི་དགོས་པ་དང་། དགག་བྱ་དེས་རང་རྒྱུད་མི་འཆིང་བའི་དགོས་པ་ཡོངས་སུ་རྫོགས་པ་ལ་གཅིག་པ་དང་། ངོ་བོ་གནས་འགྱུར་བའི་སྒོ་ནས་ངོ་བོ་བདག་ཉིད་གཅིག་པ་དང་། འོག་མའི་སྡོམ་པ་བསྲུང་བ་ལས་གོང་མ་གོང་མའི་སྡོམ་པ་བླངས་ནས་གོང་མ་མ་ཟད་འོག་མ་བསྲུང་ན་ཡང་ཕན་ཡོན་གྱི་ཡོན་ཏན་གོང་འཕེལ་ཡར་ལྡན་ཡིན་པས་འོག་མ་རང་ལམ་གྱི་ཡོན་ཏན་ལས་ཁྱད་པར་དུ་འཕགས་པ་དང་། སྤང་བྱ་གཅིག་པའི་གནད་ཀྱི་སྒོ་ནས་སྡོམ་པ་གསུམ་ཕན་ཚུན་འགལ་མེད་གཅིག་གྲོགས་སུ་གཅིག་འགྲོ་བས་མི་འགལ་བར་གྲུབ། དེས་ན་དེ་གསུམ་གང་ཟག་གཅིག་གིས་ཉམས་སུ་ལེན་པ་ལ་རང་རྒྱུད་སྨིན་རིམ་དང་བསྟུན་ཏེ་དུས་སྐབས་ཀྱི་གཙོ་བོ་གང་གྱུར་ཡོད་པ་དེ་ལ་གཙོ་བོར་སྤྱོད་པར་བྱ་བའང་ཡིན་ཏེ། བསམ་གཏན་ངལ་གསོ་ལས། ཉན་ཐོས་བྱང་ཆུབ་སེམས་དང་རིག་པ་འཛིན། །སྡོམ་པ་གསུམ་པོ་དག་དང་མི་འགལ་བར། །རང་རྒྱུད་སྡོམ་ཞིང་གཞན་ཕན་ཅི་འགྲུབ་དང་། །ཅིར་སྣང་དག་པའི་ལམ་དུ་བསྒྱུར་བར་བྱ། །ཞེས་པའི་དོན་ཤིང་རྟ་ཆེན་པོ་ལས། འོ་ན་གང་ཞེ་ན། གང་ཟག་གཅིག་གི་རྒྱུད་ལ་གསུམ་ལྡན་དུ་བསྲུང་བ་ལ། རང་ལྡོག་མ་འདྲེས། དགག་དགོས་ཡོངས་རྫོགས། ངོ་བོ་གནས་འགྱུར།ཡོན་ཏན་ཡར་ལྡན། སྡོམ་གསུམ་གནད་ཀྱིས་མི་འགལ་བ། དུས་སྐབས་ཀྱི་གཙོ་བོ་གང་འགྱུར་བྱ་བ་དང་དྲུག་གོ། །ཞེས་གསུངས་པའི་ཕྱིར་རོ། །

གཉིས་པ་རྒྱས་བཤད་ལ་དྲུག་སྟེ། རང་ལྡོག་མ་འདྲེས། དགག་དགོས་ཡོངས་རྫོགས། ངོ་བོ་གནས་འགྱུར། ཡོན་ཏན་ཡར་ལྡན། གནད་ཀྱིས་མི་འགལ། དུས་སྐབས་གང་གཙོར་སྤྱོད་པའོ། །དང་པོ་ནི། དེ་ཡང་བླང་ཡུལ་སོགས་ཀྱིས་བསྟན་ཏེ། དེ་ཡང་གཙོ་བོར་སོར་བྱང་སྔགས་གསུམ་གྱི

སྡོམ་པ་གསུམ་གང་ཟག་གཅིག་གི་རྒྱུད་ལ་ཇི་ལྟར་ཐོབ་ཅིང་ལྡན་པའི་ཚུལ་ཡང་སྡོམ་པ་དེ་གསུམ། དང་པོ་གང་ལས་བླང་བའི་ཡུལ་དང༌། གང་གིས་ལེན་པའི་བསམ་པ། ཇི་ལྟར་ལེན་པའི་ཆོ་ག་རྣམས་དང༌། ཇི་སྲིད་བླང་བའི་དུས་རྣམས་ཐ་དད་སོ་སོར་ངེས་པའི་ཕྱིར། སྡོམ་གསུམ་ངོ་བོ་གནས་འགྱུར་བས་ངོ་བོ་གཅིག་ཡིན་ཡང་རང་རང་གི་ལྡོག་ཆ་གཅིག་ཏུ་མ་འདྲེས་པར་ཐ་དད་ཡོད་པ་ཡིན་ཏེ༑ སོ་ཐར་ནི། ཇི་སྲིད་འཚོའི་བར་དུ་དང༌། བྱང་སྡོམ་ནི་བྱང་ཆུབ་སྙིང་པོའི་བར་དང༌། སྔགས་སྡོམ་ཡང༌། དེ་དང་དུས་མཉམ་དུ་སྔགས་སྡོམ་རང་དང་པོ་སྐྱེ་བ་ནས་ཇི་སྲིད་མ་ཉམས་བར་སོ་སོར་ཡོད་པའི་ཕྱིར། དཔེར་ན་ཀུན་སློང་སེམས་བསྐྱེད་ཀྱིས་ཟིན་པས་ཆོ་ག་ཉན་ཐོས་ལྟར་བླང་བའི་ཐེག་ཆེན་སོ་ཐར་རམ་སོར་སྡོམ་དེ་བྱེ་བྲག་ཐེག་ཆེན་གྱི་སོར་ཐར་སྡོམ་པ་ཞེས་སུ་བཞེད་ལ། དང་པོ་ངེས་འབྱུང་ཙམ་གྱིས་ཟིན་པའི་ཉན་ཐོས་ཀྱི་སོར་སྡོམ་དེ་ཕྱིས་ཐེག་ཆེན་བྱང་སྡོམ་ལེན་པ་ན་དེ་ཐེག་ཆེན་གྱི་སོ་ཐར་དུ་གནས་གྱུར་པ་ཡིན་ནོ། །སོར་སྡོམ་དེ་ལའང་སོར་སྡོམ་ཡིན་པའི་ཆ་དང་ཐེག་ཆེན་གྱི་ལམ་ཡིན་པའི་ཆ་གཉིས་ཡོད་པས་སྔ་མ་ཤི་འཕོས་པས་གཏོང་ལ། ཕྱི་མ་ཐེག་ཆེན་གྱི་ལམ་ཡིན་པའི་ཆ་དེ་མི་གཏོང་སྟེ། །ཤི་འཕོས་པ་ཐེག་ཆེན་གྱི་རྟོགས་པ་ཉམས་གཏོང་གི་རྒྱུ་མ་ཡིན་པའི་ཕྱིར་རོ། །

གཉིས་པ་དགག་དགོས་ཡོངས་རྫོགས་ནི། དགག་བྱ་ཉོན་མོངས་སོགས་ཀྱིས་བསྟན་ཏེ། སྡོམ་པ་གསུམ་གྱིས་རང་རྒྱུད་མི་དགེ་བ་སོགས་ཉོན་མོངས་པ་རང་མཚན་པ་སྤང་བྱར་གྱུར་པ་ལ་གཅིག་སྟེ༑ འདུལ་ལུང་ལས་ཀྱང༌། འདོད་ཆགས་དང་བྲལ་བར་མི་འགྱུར་བ་འདི་ཆོས་མ་ཡིན། འདུལ་བ་མ་ཡིན། སྟོན་པའི་བསྟན་པ་མ་ཡིན་པར་ཤེས་པར་བྱའོ། །ཞེས་དང༌། ཡང་དེ་ལས། ཀུན་ཏུ་འདོད་ཆགས་དང་བྲལ་བའི་རྒྱུར་འགྱུར་གྱི་ཀུན་ཏུ་འདོད་ཆགས་ཀྱི་རྒྱུར་མི་འགྱུར་བ་འདི་ཆོས་ཡིན་འདུལ་བ་ཡིན། སྟོན་པའི་བསྟན་པ་ཡིན་པར་ཤེས་པར་གྱིས་ཤིག ཅེས་གཞན་ལའང་དེ་བཞིན་སྦྱར་ཏེ་གསུངས་པ་དང༌། ཐེག་ཆེན་མདོ་སྔགས་རྣམས་ལས་ལམ་དུ་མ་གྱུར་པའི་ཉོན་མོངས་པ་སྲིད་པའི་རྒྱུར་གསུངས་པ་ཐེག་པ་སྤྱི་འགྲོས་མཐུན་པའོ། །འོན་ཀྱང་ཉོན་མོངས་པ་དེ་ལམ་གྱི་གྲོགས་དང་ལམ་དངོས་སུ་ཁྱེར་བའི་ཐབས་ཡོད་མེད་མི་མཚུངས་ཏེ། ཉན་ཐོས་ཀྱིས་མི་ཚངས་སྤྱོད་པ་མཐའ་གཅིག་ཏུ་དགག་བྱར་བསྟན་པ་དང༌། སྡོམ་པ་གོང་མ་གཉིས་ཀྱི་སྐབས་སུ་ཐབས་ཀྱིས་ཟིན་པར་སྤྱད་ན

འཁོར་བར་མི་འཆིང་བར་མ་ཟད་ཚོགས་རྫོགས་པའི་ཐབས་སུ་གསུངས་པ་ཡིན་ནོ། །དེའང་དགག་བྱ་ཉོན་མོངས་པ་རང་མཚན་པའམ་རང་འགའ་བ་སྤྱོང་བ་དང་། དགོས་པ་ཉོན་མོངས་པ་དེས་མི་འཆིང་བར་གནད་གཅིག་སྟེ། བྱང་སེམས་དང་སྔགས་གཉིས་ཀའི་ལམ་དེ་ཉོན་མོངས་པའི་དྲི་མས་མ་གོས་པའི་ལམ་ཡིན་པར་མཚུངས་པའི་ཕྱིར་རོ། །དེའི་ཕྱིར་ན་སྡོམ་གསུམ་སོ་སོའི་ཐུན་མིན་གྱི་ལམ་རྣམས་མི་འདྲ་བའི་འགལ་བ་ལྟར་སྣང་ཡང་ཉོན་མོངས་པས་མ་གོས་པ་དང་། ཉོན་མོངས་པའི་དྲི་མ་བྲལ་བྱེད་ཀྱི་གཉེན་པོར་གྱུར་པའི་དོན་གྱི་གནད་གཅིག་པས་དགག་བྱ་ཉོན་མོངས་པ་ཡིན་པ་དང་། ལམ་གྱི་བྱེད་པས་དགོས་པ་འཆིང་བྱེད་ཉོན་མོངས་པས་མི་འཆིང་བར་གཅོད་པར་བྱེད་པ་ལ་སོར་བྱང་སྔགས་གསུམ་རང་རང་གི་ལམ་གྱི་ངོས་ནས་ཁྱད་པར་དེ་གཉིས་ཡོངས་སུ་རྫོགས་ཤིང་ཚང་བ་ལ་ཁྱད་པར་མེད་པའོ། །དེ་ཡང་སོ་ཐར་གྱིས་ཉོན་མོངས་པ་སྤྱོད་བ་དང་། བྱང་སེམས་ཀྱིས་ཐབས་ཤེས་ཀྱི་ལམ་གྱིས་ཉོན་མོངས་པ་ལམ་གྱི་ཡན་ལག་ཏུ་བསྒྱུར་བར་བྱེད། སྔགས་ཀྱིས་ཉོན་མོངས་པ་མི་སྤང་བར་ལམ་དུ་བྱེད་པ་སྟེ། ཉམས་སུ་ལེན་པའི་ལམ་གྱི་བྱེ་བྲག་གི་རྣམ་པ་མི་འདྲ་བ་སོ་སོ་ལྟར་སྣང་ཡང་། དོན་ཉོན་མོངས་པ་རང་མཚན་པའམ་རང་འགའ་བ་སྤྱོད་བར་ཁྱད་པར་མེད་པ་ཡིན་ཞིང་ཐེག་པ་ཆེ་ཆུང་གི་ལམ་གནད་ལ་མཁས་པའི་སྐྱེ་སྐྱོད་འཛིན་པ་རྣམས་ཀྱིས་ཀྱང་སྡོམ་གསུམ་དགག་དགོས་གཅིག་པར་འདོད་པས་བཞེད་པ་མཐུན་པ་ཡིན་ནོ། །དཔེར་ན་དུག་སྤྱོང་བ། སྨན་གྱིས་སྦྱོང་བ། སྔགས་ཀྱིས་བཏབ་སྟེ་ཁ་ཟས་སུ་བྱེད་པ་གསུམ་གས་ཀྱང་། དུག་གིས་མི་འཆི་བའི་དགོས་པ་དོན་དུ་གཉེར་ནས་དེ་སྒྲུབ་པར་བྱེད་པ་ལ་གཅིག་པ་བཞིན་ནོ། །

གསུམ་པ་ངོ་བོ་གནས་འགྱུར་ནི། སོ་ཐར་ཀུན་སློང་སོགས་ཀྱིས་བསྟན་ཏེ། དེ་ལ་སྡོམ་གསུམ་གྱི་ངོ་བོ་ཐ་དད་དུ་འདོད་པ་དང་། གནས་འགྱུར་ངོ་བོ་གཅིག་ཏུ་འདོད་པ་གཉིས་ཡོད་པས། ངོ་བོ་ཐ་དད་དུ་འདོད་པ་ལའང་། ཨ་བྷ་ཡ་ཀ་རས། དཔེར་ན་རྫས་གསེར་གྱི་རིགས་སུ་གཅིག་ཀྱང་། གསེར་ལས་གྲུབ་པའི་རྣ་རྒྱན་ཀ་ཊང་གདུབ་ལག་གདུབ་རྣམས་ཐ་དད་པ་བཞིན་སྡོམ་པ་གསུམ་པོ་སྤྱོང་སེམས་སུ་རིགས་གཅིག་ཀྱང་རྫས་ཐ་དད་དུ་འདོད་པའང་མི་འཐད་དེ། གཙོ་སེམས་གཅིག་གི་འཁོར་དུ་སེམས་བྱུང་རིགས་གཅིག་དུ་མ་ཡོད་པ་མི་འཐད་པས་སོ། །ཤཱཀྱ་ཤྲིའི་སློབ་མ་བྷུ་བི་ཏི་ཙནྡྲའི་ལུགས

ལ་ཉི་ཟླ་སྐར་གསུམ་ལྷན་དུ་འཚོགས་པ་ན། ཟླ་བས་སྐར་མའི་འོད་ཟིལ་གྱིས་གནོན་པ་དང་། ཉི་མས་ཟླ་སྐར་གཉིས་ཀྱི་འོད་ཟིལ་གྱིས་མནན་ཏེ་མི་སྣང་ཡང་། ཟླ་སྐར་གྱི་འོད་གཏན་མེད་བྱས་པ་མིན་པ་ལྟར། སོར་སྡོམ་ལྡན་པ་ལ་བྱང་སྡོམ་ཐོབ་ཚེ་འོག་མ་སོར་སྡོམ་ཟིལ་གྱིས་མནན་པ་དང་། སྔགས་སྡོམ་ཐོབ་ཚེ་འོག་མ་གཉིས་ཀ་ཟིལ་གྱིས་གནོན་མོད་ཀྱང་དེ་གཉིས་མེད་པར་བྱས་པ་མིན་ཏེ་སྔགས་སྡོམ་དང་ལྷན་དུ་རྫས་ཐ་དད་དུ་ཡོད་པར་འདོད། དེའང་མི་འཐད་དེ། གོང་མས་འོག་མ་ཟིལ་གྱིས་གནོན་ཞེས་པའི་དོན་འོག་མའི་མཐོན་གྱུར་གྱི་ཆ་མནན་ནས་བག་ཆགས་ཙམ་དུ་བྱས་པ་ལ་འདོད་ནས། སྡོམ་པའི་བག་ཆགས་དེ་སྡོམ་པར་འདོད་ན་སྡོམ་པ་བཏང་ཉམས་ཀྱི་རྒྱུད་ནའང་། དེའི་བག་ཆགས་ཡོད་པས་དེའང་སྡོམ་ལྡན་དུ་ཐལ་བ་དང་། དེ་ལ་སྡོམ་པ་གསར་དུ་ནོད་པ་དོན་མེད་དུ་ཐལ་བའོ། །བོད་ཀྱི་མཁས་པ་འགས་སྣོད་གཙང་མར་ཆུ་དྭངས་མ་བླུགས་ཏེ་དེར་ཨིནྡྲ་ནི་ལ་བཞག་ན༑ སྣོད་དང་ཆུ་གཉིས་རིན་པོ་ཆེ་དེའི་འོད་ཀྱིས་ཁ་དོག་སྔོན་པོར་བསྒྱུར་ཡང་དེ་གསུམ་རྫས་ཐ་དད་ཡིན་པ་ལྟར། སྡོམ་གསུམ་གང་ཟག་གཅིག་གི་རྒྱུད་ལ་སོ་སོར་རྫས་ཐ་དད་པ་གསུམ་མཉམ་དུ་འཚོགས་པ་ན་གོང་མའི་ཡན་ལག་གམ་ཆ་ཤས་སུ་བཞེད། དེ་ལ་འགའ་ཞིག་གིས་ཆ་ཤས་མེད་པས་ཆ་ཅན་མི་སྲིད་པ་བཞིན། འོག་མ་སོ་ཐར་གཏོང་བས་གོང་མ་བྱང་སྔགས་ཀྱི་སྡོམ་པའང་མེད་པར་ཐལ་ལོ་ཞེས་འགལ་བ་འཕེན་པར་མཛད་ཀྱང་། དེ་ལ་འཚོགས་པ་རྫས་གཅིག་ན་གྲུབ་སྟེ་རྫས་གཅིག་པས་མ་ཁྱབ་ཟེར་བ་དཔྱོད། རང་ལུགས་ལ་སྡོམ་གསུམ་གནས་འགྱུར་ངོ་བོ་གཅིག་ལ་ལྡོག་ཆ་ཐ་དད་དུ་འདོད་དེ། སྔ་མ་སྔ་མ་རྣམས་ཕྱི་མ་ཕྱི་མར་གནས་འགྱུར་བའི་ཚུལ་གྱིས་ངོ་བོ་གཅིག་ཏུ་འདོད། དེའང་ངེས་འབྱུང་གིས་ཟིན་པའི་སོར་སྡོམ་གྱི་ཚུལ་ཁྲིམས་དེ། སྔོན་རྫེས་གང་རུང་དུ་ཀུན་སློང་སེམས་བསྐྱེད་ཀྱིས་ཟིན་ན་དམན་སེམས་བཏང་ཡང་སྡོམ་པ་རང་གི་རྫས་རྒྱུན་བྱང་ཆུབ་སེམས་དཔའི་ཉེས་སྤྱོད་སྡོམ་པ་ཞེས་བྱའི་ཚུལ་ཁྲིམས་སུ་གནས་འགྱུར་བ་ཡིན་ཞེས་བཞེད། གང་ཟག་དེས་དབང་བསྐུར་ཐོབ་ཚེ་སྡོམ་པ་འོག་མ་གཉིས་རྡོ་རྗེ་འཛིན་པའི་སྡོམ་པར་གནས་འགྱུར་བ་ཡིན་ནོ། །

དེ་ལྟར་དུ་འབུམ་ཕྲག་ལྔ་པའི་ལུང་གིས་ཀྱང་གསལ་བར་གྲུབ་པ་སྨྲར་ལྟར་དང་། དེ་དང་མཚུངས་པར་གསང་བ་སྤྱོད་པའི་རྒྱུད་ལས། དཔེར་ན་རྡོ་ལས་ཟངས་དུ་འགྱུར། །ཟངས་ལས་གསེར་

ཀྱི་རྣམས་སྟེ། །ཟངས་ཀྱི་དུས་ན་རྫོ་མེད་ལ། །གསེར་དུ་གྱུར་པས་ཟངས་མི་སྣང་། །རིག་འཛིན་ནང་གི་དགེ་སློང་ལ། །སོ་སོར་ཐར་དང་བྱང་ཆུབ་སེམས། །གཉིས་པོ་གནས་པ་ཉིད་དུ་ནི། །སངས་རྒྱས་ཉིད་ཀྱིས་མ་གསུངས་ཏེ། །ཞེས་དཔེར་ན་ཟངས་རྫོ་བཞུས་པས་ཟངས་སུ་འགྱུར་ལ། དེ་ལ་གསེར་འགྱུར་གྱི་རྩི་བཏབ་པས་གསེར་དུ་འགྱུར་བ་བཞིན་དུ། ཉན་ཐོས་ལྟར་དམན་སེམས་ཀྱིས་བླངས་པའི་སོར་སྡོམ་དེའང་བྱང་ཆུབ་སེམས་དཔའི་སྡོམ་པས་ཟིན་ན་དམན་སེམས་བཏང་ཡང་། རང་གི་ངོ་བོ་གཞན་གནོད་གཞི་བཅས་ལྡོག་པའི་སྤོང་བའི་ཆའི་ཚུལ་ཁྲིམས་དེ་ཉེས་སྤྱོད་སྡོམ་པའི་ཚུལ་ཁྲིམས་སུ་གནས་གྱུར། སོར་བྱང་སྡོམ་ལྡན་དེས་དབང་བསྐུར་ཐོབ་པ་ན་དག་མཉམ་གྱི་ལྟ་བས་མ་ཟིན་པའི་མ་དག་པའི་སྣང་ཞེན་གྱི་ཆ་དེ་བཏང་སྟེ། སོ་ཐར་གྱི་གཞན་གནོད་གཞི་བཅས་སྤོང་བ་དང་། བྱང་སྡོམ་གྱི་གཞན་ཕན་གཞི་བཅས་སྒྲུབ་པའི་ཆ་གཉིས་སོ་སོའི་རྫས་རྒྱུན་གོང་འཕེལ་དུ་མཉམ་པ་ཆེན་པོའི་ལྟ་བས་ཟིན་པའི་སྔགས་ཀྱི་ཉེས་སྤྱོད་སྡོམ་པ་དང་། རིགས་སྤྱིའི་རྣམ་སྣང་གི་དམ་ཚིག་ཏུ་གནས་གྱུར་པ་ཡིན་ནོ། །དེའང་སྡོམ་གསུམ་གྱི་བྱ་བའི་གཞི་གཅིག་ལའང་། ཐབས་ཆེ་ཆུང་གིས་གོང་མར་གནས་གྱུར་པ་ཡིན་ཏེ། སྔགས་རང་དུས་སུ་སོར་བྱང་ཞེས་རྫས་ཐ་དད་པ་གཉིས་མེད་དེ། སྔགས་སྡོམ་གྱི་ངོ་བོར་གནས་གྱུར་པ་ཡིན་ནོ། །དེ་དཔེར་ན་སོར་བྱང་སྔགས་གསུམ་གྱི་དུས་སུ་སྲོག་གཅོད་སྤོང་བའི་སེམས་པ་གསུམ་པོ་སྔ་མ་དག་ཕྱི་མའི་ངོ་བོར་གྱུར་ཏེ་གཅིག་པ་དང་། མདོའི་གྲངས་མེད་གསུམ་གྱིས་བྱང་ཆུབ་ཐོབ་འདོད་དེ། སྔགས་ཀྱི་སྐབས་ཚེ་གཅིག་གིས་སངས་རྒྱས་ཐོབ་འདོད་དུ་གནས་གྱུར་པ་བཞིན་ནོ། །དེ་ལྟར་གནས་གྱུར་པའི་སྡོམ་པ་རྣམས་ངོ་བོ་གཅིག་པ་ཡིན་མོད། གྲུབ་སྡེ་རྫས་གཅིག་པའི་ངོ་བོ་གཅིག་ཀྱང་མིན་པས་གྲུབ་དུས་དང་འཇིག་དུས་སྔ་ཕྱི་ཐ་དད་པ་དང་། ལྡོག་ཆ་ཐ་དད་པས་སྔགས་སྡོམ་དེ་འོག་མའི་སྡོམ་པ་དང་གཅིག་མིན་པ་དང་། སྔགས་པའི་རྒྱུད་ཀྱི་སོར་སྡོམ་དེ་གོང་མ་བྱང་སྡོམ་དང་སྔགས་སྡོམ་ཡིན་མི་དགོས་ཏེ། ལྡོག་ཆ་གསུམ་གྱིས་ཐ་དད་དུ་དབྱེར་ཡོད་པའི་ཕྱིར་རོ། །ངོ་བོ་གནས་འགྱུར་ཞེས་པ་མཚན་གཞིའི་སྟེང་ནས་ངོས་བཟུང་ན། སྔ་མ་སོ་ཐར་གྱི་བཅས་རང་གི་སྡིག་ལྟུང་གི་ཉེས་པ་སྤོང་བའི་སྤོང་སྡོམ་གྱི་སེམས་དེ་ཕྱི་མ་བྱང་སེམས་དང་སྔགས་ཀྱི་སྡོམ་པ་མ་ཐོབ་པ་ཐོབ་པའི་སྐབས་སུ་དེ་དང་དེའི་ཉེས་སྤྱོད་སྡོམ་པའི་སྤོང་སེམས

ཀྱིས་དེའི་ཆ་ཤས་སུ་གྱུར་ནས་ཕྱི་མའི་ཆ་ཅན་གྱི་སྦྱོང་སེམས་དེ་དང་དེའི་ངོ་བོར་གནས་གྱུར་པ་ཡིན། དེ་བཞིན་སྔ་མ་བྱང་སེམས་ཀྱི་དགེ་ཆོས་སྡུད་པའི་ཚུལ་ཁྲིམས་དང་། སེམས་ཅན་དོན་བྱེད་ཀྱི་ཚུལ་ཁྲིམས་དེ་སྔགས་ཀྱི་ཆོས་སྡུད་དང་དོན་བྱེད་ཀྱི་བསླབ་ཁྲིམས་སུ་གྱུར་པ་ཡིན་པ་ལྟ་བུར་གནས་གྱུར་པ་ཡིན་ནོ། །ངོ་བོ་གཅིག་ཚུལ་ཡང་། གསུམ་ལྡན་རྡོ་རྗེ་འཛིན་པའི་རྒྱུད་ཀྱི་གཞན་གནོད་སྤོང་བའི་སེམས་པ་དེ་དང་གཞན་ཕན་སྒྲུབ་པའི་སེམས་པ་གཉིས་ཀ་དེ། རིག་འཛིན་སྔགས་ཀྱི་དམ་ཚིག་མཐའ་དག་སློབ་འདོད་ཀྱི་སེམས་པ་དེའི་ཆ་ཤས་སུ་གྱུར་ཏེ་ཆ་ཅན་སྔགས་ཀྱི་ངོ་བོ་དང་རྫས་གཅིག་ཏུ་གྱུར་པ་ཡིན་པའོ། །

བཞི་པ་ཡོན་ཏན་ཡར་ལྡན་ནི། འཇིག་རྟེན་རྣལ་འབྱོར་སོགས་ཀྱིས་བསྟན་ཏེ། འོག་མ་འཇིག༷རྟེན༷་པ་ལམ་མ་ཞུགས་ཀྱི་དགག་སྒྲུབ་སྤང་བླང་གི་དགེ་ལེགས་བསོད་ནམས་ཆ་མཐུན་གྱི་ཡོན་ཏན་རྣམས་ཀྱང་། གོང་མ་ཐར་པའི་ལམ་དུ་ཞུགས་པའི་ངེས་འབྱེད་ཆ་མཐུན་གྱི་ལམ་ཞི་ལྷག་ཟུང་འབྲེལ་གྱི་རྟོགས་པ་རྒྱུད་ལྡན་གྱི་རྣལ༷་འབྱོར་པའི་ལམ་གྱིས་ཐར་ལམ་གྱི་མི་མཐུན་ཕྱོགས་ཀྱི་གཉེན་པོ་བྱེད་པ་དང་། མཐུན་ཕྱོགས་ཀྱི་ཚོགས་སྤེལ་ཞིང་བྱང་ཆུབ་ཕྱོགས་ཀྱི་ཆོས་ཀྱི་ངོ་བོར་གྱུར་པའི་སྒོ་ནས་ཟིལ་གྱིས་གནོན་ཞིང་གནོད་ལ། རྣལ༷་འབྱོར་ལམ་ལ་ཞུགས་པའི་ཐེག་དམན་པའང་ཐེག་ཆེན་ལམ་ཞུགས་ཀྱི་བྱང་སེམས་སྔགས་པ་རྣལ་འབྱོར་བ་སྤྱངས་རྟོགས་ཀྱི་ཡོན་ཏན་ལྡན་པ་རྣམས་ཀྱི་བློ་མངོན་པར་རྟོགས་པའི་ས་ལམ་ཁྱད༷་པར་འཕགས་པའི་སྟོབས་ཀྱིས༷་ཟིལ་གྱིས་གནོན་པས་ན་གོང༷་མ༷་གོང༷་མས༷་འོག༷་མ༷་འོག༷་མ་ཟིལ༷་གྱིས༷་མནན༷་པའི་སྒོ་ནས་གནོད༷་པའི་ཕྱིར༷་ན། འོག་མ་རྣམས་ཀྱི་ལམ་ལས་གོང་མ་རྣམས་ཁྱད་པར་འཕགས་པའོ། །

དེ་ལྟར་ན་སྡོམ་པ་ལྡན་པའི་རྟེན་གྱི་གང་ཟག་ཡང་བློ་ན་འཕར་བའི་སྟོབས་ཀྱིས་འོག༷་མའི༷་ལམ་དང་སྡོམ་པའི་ཡོན༷་ཏན༷་རྣམས་གོང་མའི་ལམ་དང་བསྒྱུར་བྱར་འདུ་བས་གོང་མའི་རང་ལམ་གྱི་རྟོགས་པ་ཉེས་ལྟུང་གིས་རྣམ་པར་དག་པའི་སྔགས་ཀྱི་དམ་ཚིག་མ་ཉམས་པར་བསྲུང་བར་བྱས་ན་སོར་བྱང་གི་བསྲུང་བྱ་རྣམས་ཞར་ལ་བསྲུང་བ་ཡིན་ཏེ། སོར་བྱང་གི་བསླབ་བྱ་མཐའ་དག་སྔགས་སྤྱིའི་དམ་ཚིག་དང་ཁྱད་པར་རིགས་ལྔའི་དམ་ཚིག་ལས་རྣམ་སྣང་དང་དོན་གྲུབ་ཀྱི་དམ་ཚིག་དང་རྡོ་

ལྟུང་གཉིས་པ་བསྡུངས་པའི་ནང་དུ་འདུ་བའི་ཕྱིར། དཔེར་ན་ནས་བྲེ་གསུམ་གྱི་ནང་དུ་བྲེ་དོ་འདུ་བ་བཞིན་ཡིན། དེ་ལྟར་ཡང་སྣེག་པའི་རྡོ་རྗེའི་དམ་ཚིག་གསལ་བཀྲ་ལས། ཐེག་ཆེན་དམ་ཚིག་ལ་གནས་ན། །འོག་མའི་འདུལ་སྡོམ་དམ་ཚིག་ཀུན། །བསྡུང་བ་མེད་པར་ཐུབ་པས་ན། །དགེ་སློང་བྱང་ཆུབ་སེམས་དཔའ་དང་། །རྣལ་འབྱོར་རྣལ་འབྱོར་ཆེན་པོ་ཡིན། །ཞེས་སོ་ཐར་གྱི་སྤང་བྱ་གཞན་གནོད་གཞིར་བཅས་སྤོང་བ་དེ་ཉིད་བྱང་སེམས་ཀྱི་གཞན་ཕན་སྒྲུབ་པའི་བསླབ་སྡོམ་དུ་འདུ་བ་དང་། དེ་གཉིས་ཆ་སྔགས་ཀྱི་སངས་རྒྱས་ཀྱི་མཛད་པ་བསྒྲུབ་པའི་དག་མཉམ་ཆེན་པོས་གཞན་དོན་མཛད་པའི་ཐབས་མཁས་ཀྱི་ལམ་དུ་ཡོན་ཏན་ཡར་ལྡན་གྱི་སྒོ་ནས་འདུ་ཞིང་རྣམ་པར་དག་པ་ཡིན་ཏེ༑ གསང་སྙིང་ལས། བླ་མེད་མཆོག་གི་དམ་ཚིག་ཏུ། །འདུལ་བའི་དབང་གིས་ཚུལ་ཁྲིམས་དང་། །ཇི་སྙེད་སྡོམ་པ་བསམ་ཡས་པ། །མ་ལུས་ཀུན་འདུས་རྣམ་པར་དག །ཅེས་དང་། དེ་ལས། ཇི་བཞིན་ཉིད་དུ་འདུལ་བའི་ཐབས། །ཇི་སྙེད་སྡོམ་པ་བསམ་ཡས་པ། །མ་ལུས་རྣམ་དག་ལྡན་གྱིས་གྲུབ། །ཅེས་གསུངས་སོ། །གཞན་ཡང་སྔགས་ཀྱི་དབང་གསུམ་པའི་ལམ་གྱི་སྦྱོར་བའི་དམ་ཚིག་ལྟ་བུ་ལའང་། ཆགས་པ་རང་འགག་མ་དང་མ་བྲལ་ན་སྔགས་ཀྱི་ལམ་དུ་མི་འགྲོ་ཞིང་བདེ་སྟོང་ཟུང་འཇུག་གི་ལྷན་སྐྱེས་ཡེ་ཤེས་ཀྱི་ལྟ་བའི་གདེང་དང་ལྡན་པས་ཐ་མལ་གྱི་འཛིན་པ་ཆོས་ཉིད་ཀྱི་ཀློང་དུ་དེངས་ཏེ་ཁམས་འཛག་མེད་དུ་བརྟན་ན་མི་ཚངས་སྤྱོད་ཀྱི་ཉེས་པས་མི་གོས་པར་ཉོན་མོངས་པ་ལོག་སྟེ། དགོས་པ་ཉོན་མོངས་པས་བག་ཆགས་མི་གསོག་པར་མ་ཟད་ཚོགས་གཉིས་ཁྱད་པར་ཅན་རྫོགས་ཏེ། སོར་བྱང་གི་ཚུལ་ཁྲིམས་ཀྱི་སྡོམ་པ་ཐམས་ཅད་ཕུན་སུམ་ཚོགས་པར་འགྱུར་ཏེ། གསང་སྙིང་ལས། བླ་མེད་ཐེག་པར་རབ་ངེས་ན། །ཉོན་མོངས་ལས་རྣམས་ཀུན་སྤྱོད་ཀྱང་། །བྲུས་ལ་མི་གསོག་ཚོགས་འགྱུར་ཏེ། ཚུལ་ཁྲིམས་སྡོམ་པ་ཕུན་སུམ་ཚོགས། །ཞེས་གསུངས་སོ། །

ལྔ་པ་སྡོམ་གསུམ་གནད་ཀྱིས་མི་འགལ་བ་ནི། འདུ་ཤེས་གསུམ་གྱིས་སོགས་ཀྱིས་བསྟན་ཏེ། དེ་ལ་སྡོམ་པ་འོག་མ་གོང་མའི་སྡོམ་པར་འདུ་བ་འགལ་ཏེ། སོ་ཐར་གྱི་མི་ཚངས་སྤྱོད་ཀྱི་ཕམ་པ་དང་། བྱང་ཆུབ་སེམས་དཔའ་ལ་སེམས་ཅན་འཚེ་བའི་ཉེས་པ་ལས་ལོག་སྟེ་གཞན་ཕན་ལ་བརྩོན་པར་གསུངས་པའི་བསླབ་བྱ་རྣམས་སྔགས་ཀྱི་དམ་ཚིག་གི་སྐབས་སུ་སྤྱད་བྱ་དང་བསྒྲུབ་བྱའི་དམ་

ཚིག་ཏུ་གསུངས་པ་རྣམས་དངོས་སུ་འགལ་ལོ་སྙམ་དུ་དོགས་ན། འདིར་སྤྱོད་བྱའི་དམ་ཚིག་ཏུ་བསྟན་པ་རྣམས་འོག་མའི་བསླབ་སྡོམ་དང་འགལ་བའི་རྣམ་པ་ལྟ་བུར་སྣང་ཡང་། སྔགས་ཀྱི་ལྟ་དགོངས་ལ་རྟོགས་གོམས་བརྟན་པོར་བྱས་ཏེ། དེས་རྩིས་ཟིན་པའི་སྤྱོད་པ་ཡིན་པའི་གནད་ཀྱིས་མི་འགལ་བར་མ་ཟད་འོག་མའི་བསླབ་སྡོམ་ཡར་ལྡན་གོང་འཕེལ་དུ་ཛོགས་པ་ཡིན་ཏེ། དེའི་རྒྱུ་མཚན་ལ་མི་ཚངས་སྤྱོད་ལྟ་བུ་དེའང་རྟེན་བདག་དང་ཡུལ་བུད་མེད་ལ་ལྟ་ཡབ་ཡུམ་གྱི་འདུ་ཤེས་དང་། མཁའ་གསང་རྡོ་རྗེ་དང་པདྨར་འདུ་ཤེས་པས་སྔགས་ཀྱི་འདུ་ཤེས་ཏེ་དེས་ན་གཞིའི་ཡན་ལག་མ་ཚང་། ཐབས་འདིས་བདེ་ཆེན་ཡེ་ཤེས་བསྒྲུབ་པར་བྱ་སྙམ་པའི་ཆོས་ཀྱི་འདུ་ཤེས་ཀྱིས་ཕམ་པའི་བསམ་པའི་ཡན་ལག་མ་ཚང་། རླུང་དང་ཁམས་དབབ་འཛིན་བཟློག་པའི་བྱེད་པ་སྡོམ་པའི་སྤྱོད་པས་ཆགས་པ་བདེ་ཆེན་སྟོང་པའི་ཡེ་ཤེས་སུ་ཤར་བས་ཕམ་པའི་སྦྱོར་བ་དང་མཐར་ཐུག་གི་ཡན་ལག་མ་ཚང་བ་དེ་ལྟར་འདུ་ཤེས༷་གསུམ༷་ལྡན་གྱིས༷་ཡབ་ཡུམ་སྦྱོར་བས་འཁྲིག༷་སྤྱོད་མཛད་ན༷། རིག་འཛིན་རྣལ༷་འབྱོར༷་པའི་གང་ཟག་དེ༷་ལ་ཐ་མལ་བའི་གཞི་ཡུལ༷་དང་། བསམ༷་པ་དང་། སྦྱོར༷་བ༷་དང་། མཐར༷་ཐུག༷་གི་ཡན་ལག་མ༷་ཚང༷་བས༷་རྒྱུ་མཚན་དེ་དང་། རྣལ་འབྱོར་བ་དེའི་སྣང་ངོར་སྣང་སྲིད་རྣམས་རང་སྣང་དུ་ཤེས་པས་སྒྱུ་མ་རྨི༷་ལམ༷་གྱི་སྣང་བ་ཇི༷་བཞིན༷་དུ་རྟོགས་པའི་གནད༷་ཀྱིས༷་འོག་མའི་བསླབ་སྡོམ་དང་ནང་འགལ༷་འབྱུང་མི༷་སྲིད༷་དེ། ཛ་རྒྱུད་ལས། མ་ཆགས་པ་ལ་ཆགས་པ་དང་། །ཆགས་པ་ཉིད་ན་ཆགས་པ་མེད། །དེ་ནི་ཚངས་མཆོག་རྒྱལ་པོ་སྟེ། །ཤིན་ཏུ་ཆགས་པ་ཆེན་པོ་ཡིན། །ཞེས་གསུངས་པ་དང་། སྒྱུ་མའི་སྐྱེས་བུས། སྒྱུ་མའི་བུད་མེད་ལ་སྤྱོད་པ་ལྟར་བདེན་མེད་བདག་མེད་པའི་ལྟ་བའི་དབང་གིས་ཀྱང་མི་འགལ་ཏེ། ཛ་རྒྱུད་ལས། ཡེ་ནས་སྐྱེ་མེད་དེ་བཞིན་ཉིད། །སྒྱུ་མར་སྣང་བ་མིག་ཡོར་ཚུལ། །སྦྱོར་སྒྲོལ་བྱ་བ་ཀུན་བྱས་ཀྱང་། །རྡུལ་ཆ་ཙམ་ཡང་བྱས་པ་མེད། །ཅེས་དང་། ཡེ་ཤེས་རྒྱས་པའི་མདོ་ལས། ཇི་ལྟར་སྒྱུ་མའི་མཁན་པོ་དག །རང་གིས་སྤྲུལ་བའི་སྒྱུ་མ་ལ༔ །དགེ་དང་མི་དགེ་འདུ་བྱེད་པ། །ཉེས་པ་གང་གིས་མི་གོས་ལྟར། །ཐབས་ལ་མཁས་པས་རྣམ་པར་སྤྱོད། །ཅེས་སོ། །

སོ་ཐར་རང་ལམ་ནས་ཀྱང་། དགྲ་བཅོམ་མ་སེར་སྐྱ་བཟང་མོ་ལ་མ་སྐྱེས་དགྲས་འདོད་པ

མང་དུ་སྤྱོད་ཀྱང་ཆགས་སེམས་བྲལ་བས་ཕམ་པས་མ་གོས་པར་གསུངས་ན་ཐེག་ཆེན་དུ་ལྟ་ཅི་སྨོས། དེ་བཞིན་དུ་སྲོག་གཅོད་ལའང་། སྔགས་སུ་བསྒྲལ་བྱ་མིག་ཡོར་ལྟ་བུར་བདེན་མེད་དུ་ཤེས་པས་གཞི་མ་ཚང་། སྙིང་རྗེའི་དབང་གིས་ཞུགས་པས་བསམ་པ་མ་ཚང་། བདག་དང་ཡུལ་བྱ་བ་དང་བཅས་པའི་འཁོར་གསུམ་བདེན་མེད་དུ་ཤེས་པས་སྦྱོར་བ་མ་ཚང་། རྗེས་ཞེ་སྡང་གིས་དྲངས་པའི་ཡི་རང་མེད་པ་དང་། རྣམ་ཤེས་དག་ཞིང་དུ་སྤར་བས་མཐར་ཐུག་མ་ཚང་ཕྱིར་ཉེས་པ་མེད་པར་མ་ཟད། གདུལ་བྱའི་ལས་ངན་གྱི་རྒྱུན་གཅོད་པས་གནས་ངན་ལས་འདྲེན་པའི་ཐབས་མཁས་ཀྱིས་ཚོགས་རྫོགས་པའི་དགོས་གནད་གཅིག་པས་དགོས་དོན་ཆེ་སྟེ། གསང་སྙིང་ལས། ཡོད་མེད་དབུ་མ་མི་དམིགས་ཤིང་། །སྒྱུ་མ་མིག་ཡོར་ལྟ་བུའི་ཚུལ། །སྲོག་མེད་སྲོག་ཀྱང་བཅད་དུ་མེད། །སྲོག་དང་སྐྱེས་བུ་ལོག་རྟོག་ཙམ། །ཞེས་སོ། །མ་བྱིན་ལེན་པའང་། བདག་གཞན་གཉིས་མེད་དུ་རྟོགས་ཏེ་རང་སྣང་གི་ལོངས་སྤྱོད་ལ་སྤྱོད་པས་གཞི་བསམ་སྦྱོར་བ་མ་ཚང་། ཐོབ་བྱ་ཐོབ་པའི་ཞེ་བསམ་ལས་གྲོལ་བས་མཐར་ཐུག་མ་ཚང་བས་ཉེས་ལྟུང་གིས་མི་གོས་ཏེ། གསང་སྙིང་ལས། བདེན་པ་གཉིས་ཀ་དབྱེར་མེད་པས། །འཕྲུལ་དགའི་ཚུལ་ཏེ་ཐ་དད་མིན། །གཞན་དང་མ་བྱིན་མེད་པའི་ཕྱིར། །བླང་དོར་ཐམས་ཅད་ཉིད་ཀྱི་དབྱིངས། །ཞེས་སོ། །རྫུན་སྨྲ་བའང་། ཆོས་ཐམས་ཅད་བདེན་པར་གྲུབ་པ་རྡུལ་ཙམ་མེད་པས། དེ་ལ་ལྟོས་པའི་མི་མཐུན་ཕྱོགས་ཀྱི་རྫུན་པའང་བདེན་པར་མ་གྲུབ་པས་ན། གཞི་ཕ་རོལ་པོ་ནས་རྫུན་པའི་འདུ་ཤེས་ཀྱིས་ངག་སྨྲ་བ་དང་དེ་གོ་བ་སྟེ་འཁོར་གསུམ་མ་དམིགས་པའི་ཕྱིར་དེ་ལྟ་བུའི་ངག་སྨྲས་ཀྱང་ཉེས་པས་མི་གོས་ཤིང་སྒྲ་སྟོང་པར་ཤེས་པའི་རྟོགས་པ་མངོན་དུ་བྱེད་པའི་ཐབས་ཀྱི་དོན་དང་ལྡན་པས་དགག་དགོས་གནད་གཅིག་པ་སྟེ། གསང་སྙིང་ལས། ཆོས་རྣམས་སྒྱུ་མ་ལྟ་བུ་ལ། །མིང་དང་ཚིག་ཏུ་བཏགས་པ་རྫུན། །རྫུན་ཉིད་ལ་ནི་རྫུན་སྤྱོད་པས། །རྫུན་ཞེས་བཏགས་ཙམ་ཡོད་མ་ཡིན། །ཞེས་སོ། །

ཉན་ཐོས་དང་ཐུན་མོང་བའི་སོ་ཐར་དང་མི་འགལ་བར་མ་ཟད། གཞན་དོན་དུ་ཐབས་ཤེས་གཉིས་ཀྱིས་ཟིན་པའི་སྒོ་ནས་ཉེས་པ་ལྟར་སྣང་བ་དེར་ཞུགས་ན་བྱང་སྡོམ་གྱི་བསླབ་བྱ་དང་ཡང་མི་འགལ་བར་ཚོགས་རྫོགས་པའི་ཕན་ཡོན་ཐོབ་སྟེ། ཕལ་པོ་ཆེ་ལས། གང་དག་སེམས་ཅན་དོན་གྱུར་

པའི། །ཐབས་དེ་རྒྱལ་སྲས་བསླབ་པའི་མཆོག །སྤྲིན་ལས་ཆར་ཆེན་འབེབས་པ་ཡིས། །ལོ་ཏོག་ཕུན་སུམ་ཚོགས་པར་བྱེད། །ཅེས་གསུངས་སོ། །མདོར་ན་སྡོམ་པ་གསུམ་ག་ལ་ཉེས་སྤྱོན་བསྐྱེད་བྱེད་ཀྱི་རྒྱུར་གྱུར་ན་འགོག་པ་དང་། དགེ་ཚོགས་ཡོན་ཏན་བསྐྱེད་ན་བསྒྲུབ་བྱར་གནང་བའི་ཕྱིར་དགག་སྒྲུབ་ཀྱི་དོན་གཅིག་པའི་གནད་ཀྱིས་སྡོམ་པ་གསུམ་ག་མི་འགལ་བ་ཁོ་ནའོ། །དྲུག་པ་དུས་སྐབས་ཀྱི་དབང་གིས་གཙོ་བོར་གྱུར་པ་དེ་སྤྱད་པ་ནི། །སྡིག་ཏོ་མི་དགེའི་ཕྱོགས་དང་སོགས་ཀྱི་བསྟན་ཏེ། །སྡིག༷་ཏོ༷་མི༷་དགེ༷་བའི་ཕྱོག༷ས་སུ་རང་བཞིན་གྱི་ཁ་ན་མ་ཐོ་བ་རྣམས་བསྲུང་བ་དང༷། འཚོག༷ས་པའི༷་གསེ༷བ་ཏུ་སྡོམ་པ་འོག༷་མ༷་དེ་ཉན་ཐོས་ཀྱི་ལུགས་བཞིན་གཙོ༷་བོར་སྲུང་བར་བྱེད༷་དགོས་ཏེ། གསང་འདུས་ལས། ཕྱི་རུ་ཉན་ཐོས་སྤྱོད་པ་སྐྱོངས། །ནང་དུ་འདུས་པའི་དོན་ལ་དགའ། །ཞེས་དང་། ཨོ་རྒྱན་ཆེན་པོས། ཕྱི་ཚུལ་ལག་ལེན་མདོ་སྡེའི་ལུགས་སུ་སྤྱོད། །རྒྱུ་འབྲས་སྤང་བླང་ཞིབ་པའི་དགོས་པ་ཡོད། །ཅེས་དང་། གཞན་ཡང་གཞན་སེམས་ཅན་མང་པོའི་དོན་དུ་འགྱུར་ངེས་ན་རང་འདོད༷་ཀྱི་བསམ་པས༷་དབེ༷ན་པའི༷་ལུས་ངག་གི་ལྟུང་བ་རྣམས་དང༷། གསང་སྤྱོད༷་ཚོགས་སྒྲུབ་བྱེད་པའི༷་དུས༷་དང་། དབེ༷ན་པའི་གནས་སུ་གནས་པ༷ར་བྱ་བའི་དུས་གས༷ང་སྔག༷ས་ཀྱི་ཀུན་སྤྱོད༷་ཀྱི་ཉམས་ལེན་གཙོ་བོར་བྱས་ཏེ་སྲུང་བར་བྱ་སྟེ། སྤྱོད་འཇུག་ལས། ཐུགས་རྗེ་མངའ་བ་རིང་གཟིགས་པས། །བཀག་པ་རྣམས་ཀྱང་དེ་ལས་གནང་། །ཞེས་དང་། ཨཙྪ་དེ་ཝས་སེམས་ཀྱི་སྒྲིབ་སྦྱོང་ལས། །རྣམ་ཤེས་ངན་པས་བསྟེན་བྱས་ན། །འདོད་པས་འཆིང་བ་ཉིད་དུ་འགྱུར། །དེ་ཉིད་མཁས་པས་བསྟེན་བྱས་ན། །འདོད་པས་ཐར་བ་རབ་ཏུ་སྒྲུབ། །ཅེས་དང་། རང་ལྟར་སྒྱུར་བའི་བདག་ཉིད་ཀྱིས། །འགྲོ་བའི་དོན་བྱེད་བརྩོན་ལྡན་པས། །རྣལ་འབྱོར་འདོད་ཡོན་ལོངས་སྤྱོད་ཀྱང་། །གྲོལ་འགྱུར་གོས་པར་མི་འགྱུར་རོ། །ཞེས་དང་། གུ་རུ་པདྨས། ནང་ལྟར་གསང་སྔགས་ཐུན་མོང་ལུགས་སུ་སྲུང་། །བསྐྱེད་རྫོགས་དོན་དང་འབྲེལ་བའི་དགོས་པ་ཡོད། །གསང་བ་གསང་ཆེན་ཨ་ཏིའི་ལུགས་སུ་སྲུང་། །ཚེ་གཅིག་འོད་སྐུར་གྲོལ་བའི་དགོས་པ་ཡོད། །ཅེས་གསུངས་སོ། །ས་པཎ་སྡོམ་གསུམ་རབ་དབྱེ་ལས། །འདི་ལ་སྡིག་ཏོ་མི་དགེའི་ཕྱོགས། །ཕལ་ཆེར་ཉན་ཐོས་ལུགས་བཞིན་བསྲུང་། །འདོད་པས་དབེན་པའི་ལྟུང་བ་འགའ། །བྱང་ཆུབ་སེམས་དཔའི་ལུགས་བཞིན་བསྲུང་། །འཇིག་རྟེན་མ་དད་

གྱུར་བའི་ཚ། །གཉིས་ཀ་མཐུན་རྣམས་འབད་པས་བསྲུང་། །འཇིག་རྟེན་འཇུག་པའི་རྒྱུར་གྱུར་ན། །ཐེག་ཆེན་སོ་སོར་ཐར་ལ་གནང་། །ཞེས་ཚོགས་དང་དབེན་པའི་གནས་སྐབས་གང་ཡིན་ཡང་རུང་སྟེ་སྡོམ་པ་གསུམ་གྱི་བསླབ་པ་ནང་འགལ་གཉིས་ནང་མ་འདོམ་པའི་དུས་ན་རང་རང་གི་ལུགས་ལྟར་མ་འདྲེས་པར་དགག་སྒྲུབ་ཚུལ་བཞིན་དུ་ཡོངས་སུ་རྫོགས་པར་བསྲུང་བར་བྱ་ཞིང་། བསླབ་པ་ནང་འགལ་གཉིས་འཕྲད་ཅིང་འདོམ་ན་དགག་དགོས་རྩི་དགོས་ཏེ། དེའི་ཚུལ་སོར་བྱང་སྔགས་གང་གི་ལུགས་ལའང་ཉེས་པ་བསྐྱེད་པའི་རྒྱུ་ཡིན་པའི་ཆར་གྱུར་པ་ཐམས་ཅད་དགག་བྱ་ཡིན་པས་འགོག་ཅིང་། ཡོན་ཏན་དང་དགེ་ཚོགས་བསྐྱེད་པའི་ཆར་གྱུར་པ་རྣམས་བསྒྲུབ་བྱ་ཡིན་པས་བསྒྲུབ་དགོས། །

དེ་ལྟར་སྤྱིར་བཏང་ལ་བཀག་ཀྱང་དགོས་པ་ཆེ་བའི་དུས་སུ་གནང་བ་དམིགས་བསལ་ཡིན་པས་སྤྱིར་བཏང་དམིགས་བསལ་གྱི་གནད་རྣམས་མ་འདྲེས་པར་ཤེས་པ་གལ་ཆེའོ། །དེ་ལྟར་མ་བསྲུངས་ན་དགག་བྱའི་ཉེས་པ་གང་ཆེ་དང་། སྲུང་བླང་བྱས་ནས་བསྲུངས་ན་ཕན་ཡོན་གང་ཆེ་ལ་དཔྱད་པ་དང་། སྤྱིར་བཏང་དང་དམིགས་བསལ་གྱི་ཁྱད་པར་ཡོད་མེད་ལ་དཔྱད་ནས་བརྩི་དགོས་པ་ཡིན་ཞེས་རྒྱ་བོད་ཀྱི་གྲུབ་ཆེན་མཁས་པ་རྣམས་མཐུན་པས་དེའི་རྗེས་སུ་འབྲང་བར་བྱ་ཡི་བློན་པོ་ཨུ་ཚུགས་ཀྱི་ཕྱོགས་འཛིན་པར་མི་བྱའོ། །

དེ་ལྟར་སྡོམ་གསུམ་ལྡན་པའི་རྡོ་རྗེ་འཛིན་པས་ཁ་ན་མ་ཐོ་བའི་ཉེས་པ་མེད་པའི་སྤྱོད་པ་ལ་སློབ་པ་ལའང་གནས་སྐབས་སོ་སོའི་རང་ཐད་ཀྱི་བླང་དོར་ཤེས་པར་བྱས་ཏེ་སློབ་དགོས་ལ། དེའི་ཚུལ་ཡང་། དག་མཉམ་གྱི་ལྟ་བ་ལ་བརྟན་པ་མ་ཐོབ་པའི་ལས་དང་པོ་བའི་སྐབས་སུ་ནི། སོ་ཐར་ལྟར་གྱི་དགག་བྱ་རྣམས་བཙོ་བོར་བྱས་ཏེ་སྲུང་དགོས་པ་དང་། ལྟ་བ་ལ་བརྟན་པ་ཐོབ་ནས་བློ་ན་འཕར་རིམ་ལྟར་སྡོམ་པ་གོང་མ་གོང་མའི་བསྲུང་བྱ་རྣམས་གཙོ་བོར་བྱས་ཏེ་བསྒྲུབ་ཅིང་སྲུང་དགོས་ཏེ། འདི་ལྟར་རྣལ་འབྱོར་པ་དང་གྲུབ་པ་ཐོབ་པ་དང་ཐམས་ཅད་མཁྱེན་པའི་གནས་སྐབས་ཏེ། རིམ་པར་སོ་སྐྱེས་རྟོགས་པ་མཐོན་པོར་སོན་པ་དང་། །སློབ་པ་འཕགས་པའི་གང་ཟག་དང་། །མི་སློབ་པ་སྟེ་དེ་གསུམ་གྱི་སྤྱོད་པ་གང་ཡིན་པ་རྣམས་རང་རང་སོ་སོའི་དུས་ཚོད་དང་འབྲེལ་བར་སློབ་པར

བྱ་ལ་བླང་དོར་བྱེད་དགོས་ཞེས་དུས་འཁོར་ལས་བཤད་དེ། དུས་འཁོར་འགྲེལ་ཆེན་ལས་དེའི་ཕྱིར་ལས་དང་པོ་བས་རྣལ་འབྱོར་བའི་བྱ་བ་མི་བྱའོ། །རྣལ་འབྱོར་པས་གྲུབ་པའི་བྱ་བ་མི་བྱའོ། །གྲུབ་པས་ཐམས་ཅད་མཁྱེན་པའི་བྱ་བ་མི་བྱའོ། །ཞེས་གསུངས་སོ། །

གསུམ་པ་སྡོམ་གསུམ་ཉམས་སུ་ལེན་ཚུལ་གྱི་དོན་བསྡུས་ཏེ་བསྟན་པ་ནི། ཡོན་ཏན་གཞི་རྟེན་སོ་ཐར་སོགས་ཀྱིས་བསྟན་ཏེ། རྒྱལ་བའི་གསུང་རབ་ཀྱི་དོན་ཐམས་ཅད་སྡོམ་པ་གསུམ་གྱི་ཉམས་ལེན་གྱི་ཁོངས་སུ་འདུ་སྟེ། དེའང་ཉན་ཐོས་དང་ཐུན་མོང་བའི་ལམ་འཁོར་བར་ཞེན་ལོག་དང་ཐར་བར་དོན་གཉེར་གྱི་ངེས་འབྱུང་གི་བསམ་པས་ཀུན་ནས་བསླང་སྟེ། ཡོན་ཏན་ཀུན་གྱི་གཞི་རྟེན་གྱི་སོ་ཐར་རིགས་བརྒྱད་དམ་རིགས་བདུན་གང་རུང་ནས་པ་དང་བསྟུན་ནས་བླངས་ཐོབ་བསྲུངས་པའི་སྟེང་ནས་བྱང་ཆུབ་ཏུ་སེམས་བསྐྱེད་ནས་བྱང་སྡོམ་བླངས་ཏེ་བསྲུངས་བ་གཞིར་བྱེད་པ་ནི་སྔགས་ཀྱི་སྡོམ་པའི་ཡན་ལག་མེད་དུ་མི་རུང་བ་ཡིན་ཞིང་། དེ་ལྟར་སོར་བྱང་ཐུན་མོང་གིས་རྒྱུད་སྦྱངས་ཏེ། གསང་སྔགས་ཀྱི་དཀྱིལ་འཁོར་དུ་ཞུགས་པ་སྨིན་དུ་བཏང་ནས་སྐུ་བཞིའི་གོ་སར་བགྲོད་པའི་རིམ་གཉིས་ཀྱི་ལམ་ཉམས་སུ་ལེན་པ་ལ་དབང་བའི་དབང་བཞི་པོ་རིམ་པར་ནོད་ཅིང་ཐོབ་པར་བྱས་ནས་སྡོམ་གསུམ་གྱི་བསླབ་སྡོམ་མིག་ལྟར་བསྲུང་བ་གཞིར་བྱས་ཏེ། རིམ་པ་དང་པོ་བསྐྱེད་རིམ་གྱི་རྣལ་འབྱོར་ཕུང་ཁམས་གཤེགས་པ་གཤེགས་མ། དབང་ཡུལ་སེམས་དཔའ་སེམས་མ། ཡན་ལག་ཁྲོ་བོ་ཁྲོ་མོ་སྟེ་གདན་གསུམ་ཚང་བའི་ལྷ་རུ་ཤེས་པའི་བསྐྱེད་རིམ་དང་། རྩ་ཐིག་རླུང་གསུམ་ལ་གནད་དུ་བསྣུན་པའི་མཚན་བཅས་ཀྱི་རྫོགས་རིམ་དང་། དེ་དག་གི་སྙིང་པོ་མཚན་མ་མེད་པའི་རང་བྱུང་ཡེ་ཤེས་འོད་གསལ་ངོ་སྤྲོད་པའི་དེ་ཁོ་ན་ཉིད་ཀྱི་རྫོགས་རིམ་རྣམས་ལེགས་པར་བསྒོམ་ཞིང་། ཉེ་རྒྱུའི་སྤྱོད་པ་སྤྲོས་བཅས། སྤྲོས་མེད་ཡེ་ཤེས་ཕྱག་རྒྱ་ལ་བརྟེན་པའི་ཤིན་ཏུ་སྤྲོས་མེད་དེ་སྤྱོད་པ་གསུམ་གྱི་ཉེ་རྒྱུའི་སྤྱོད་པ་ལ་བསླབ་པས་དབང་རབ་འབྲིང་ཐ་མའི་རིམ་པ་བཞིན་དུ་འབྲས་བུ་ལ་མཚམས་སྦྱར་ན། རབ་ཚེ་འདི་ལ་མི་སློབ་ཟུང་འཇུག་གི་སྐུ་འགྲུབ་སྟེ་འཚང་རྒྱ་བའོ། །འབྲིང་འཆི་ཁ་འོད་གསལ་ལས་ཟུང་འཇུག་གི་སྐུར་ལྡང་བ་དང་། །ཐ་མ་བར་དོར་རུ་ཆོས་ཉིད་བདེན་པའི་བྱིན་རླབས་ཀྱིས་མངོན་དགའ་སོགས་རང་བཞིན་སྤྲུལ་པའི་སྐུའི་ཞིང་དུ

བགྲོད་དེ་མི་བསྒྲོད་པ་ལ་སོགས་པའི་དེ་བཞིན་གཤེགས་པ་རང་རིགས་ཀྱི་འཁོར་བཅས་ཀྱི་ཞལ་མཇལ་ཆོས་ཐོས་ལུང་བསྟན་དབུགས་དབྱུང་སྟེ་མངོན་པར་རྫོགས་པར་སངས་རྒྱས་ཏེ་དོན་གཉིས་མཐར་ཕྱིན་པར་འགྱུར་རོ། །དེ་ལྟར་ཡིན་པ་སྒྱུ་འཕྲུལ་མངོན་བྱང་ལས། དག་པ་ས་ཡི་དབང་ཉིད་ཕྱིར། །སྟོན་པ་ལྔ་དང་ཆོས་རབ་ལྔ། །ཡེ་ཤེས་ལྔ་ཡོངས་རྫོགས་པ་ལས། །རྫོགས་པའི་བྱང་ཆུབ་སྙིང་པོར་འགྲོ། །ཞེས་གསུངས་སོ། །

གཉིས་པ་མཚན་ནི། སྡོམ་གསུམ་སྤྱིར་སོགས་ཀྱིས་བསྟན་ཏེ། འདིས་སྡོམ་པ་གསུམ་གང་ཟག་གཅིག་གི་རྒྱུད་ལ་འགལ་མེད་དུ་ཉམས་སུ་ལེན་ཚུལ་གྱི་མཐའ་སྤྱིར་དཔྱད་ནས་བསྟན་པའི་རིམ་པར་ཕྱེ་བ་སྟེ་ལེའུ་ལྔ་པའོ། །

གསུམ་པ་ཐ་མར་དགེ་བ་མཇུག་གི་དོན་ལ་ལྔ་སྟེ། བསྟན་བཅོས་རྩོམ་པའི་རྒྱུ། དགོས་པའི་རྒྱུ་མཚན། བརྩམ་པའི་ཚུལ། དགེ་བ་བསྔོ་བ། སྤྱིར་བྱང་དང་ལྔའོ། །དང་པོ་ནི། དེང་སང་མ་སྦྱངས་སོགས་ཀྱིས་བསྟན་ཏེ། སྔོན་བྱོན་དམ་པ་མཁས་གྲུབ་རྣམས་ནི་གཤེགས་པ་དང་། དེ་དག་གི་གཞུང་ལུགས་རྣམས་ཀྱི་འཆད་ཉན་རིམ་གྱིས་ནུབ་པའི་སྙིགས་མ་ལས་ཀྱང་སྙིགས་མར་གྱུར་པ་དེང་སང་གི་དུས་བསྟན་པ་ཉམས་དམའ་བར་གྱུར་པ་ལ་ཐུགས་སྐྱོ་བའི་དབང་གིས་གདུལ་བྱ་བསྟན་པའི་མཇུག་མར་སྐྱེས་པ་རྣམས་ལ་བརྩེ་བའི་སྙིང་རྗེ་གཡོས་ཏེ། སྐྱོ་བའི་གཏམ་འདི་གླེང་ལ། དེའང་ཇི་ལྟར་ན། ད་ལྟའི་དུས་སུ་གང་ཟག་རང་ཉིད་ཀྱིས་སངས་རྒྱས་ཀྱི་གསུང་རབ་དགོངས་འགྲེལ་དང་བཅས་པའི་གཞུང་ལུགས་རྣམས་ལ་ཐོས་བསམས་ཀྱིས་ལེགས་པར་མ་སྦྱངས་ཤིང་། བརྒྱ་ལ་ཕྱོགས་ཙམ་རེ་ལ་གོ་ཐོས་ཙུང་ཟད་རེ་རྙེད་པ་ཙམ་གྱིས་ཆིམ་སྟེ། མཁས་སྙེམ་ང་རྒྱལ་ཅན་དག་གིས་གཞུང་དོན་མཐའ་དག་གི་དོན་ཁུང་དུ་མ་ཚུད་པའི་དབང་གིས་ཐེག་པ་མཐོ་དམན་མདོ་སྔགས་ཐམས་ཅད་ཚ་གྲང་ལྟར་འགལ་འདུར་བསྒྲིགས་པའི་མུ་ཅོར་གྱི་ཚིག་ངག་ནས་བྱུང་རྒྱལ་དུ་གང་ཐོན་སྨྲ་བར་བྱེད་པ་བརྒྱ་སྟེ་དུ་མས་ཁྱབ་པར་གང་བ་རྣམས། ནང་རང་གི་སྒོམ་པའི་ཉམས་མྱོང་གི་རྟོགས་པའི་ཡེ་ཤེས་རྡུལ་ཕྲ་རབ་ཙམ་ཡང་མ་སྐྱེད་བཞིན་དུ་མ་རྟོགས་ལོག་རྟོག་གི་འཁྲུལ་བས་བསླད་ཡོད་བཞིན་པར་རང་བཟོའི་ཚོ་གས་སྐྱེ་བོ་སྨོངས་པ་རྣམས་མགོ་བསྐོར་ཏེ་ལོག་པའི་ལམ་དུ་ཁྲིད་པ་རྣམས་ལ་སྐྱབས་སུ

བརྟེན་ནས་ཡིད་ཆོས་པའི་གནས་སུ་བྱེད་པའི་དུས་འདིར་སྐྱབས་གནས་ལོག་པ་དེའི་རྗེས་འབྲང་དང་བཅས་པའི་སྐྱབས་བྱ་སྐྱབས་གནས་དེ་འདྲ་སྣང་བ་ལ་བསམ་གྱིན་པཎ་ཆེན་ཁོང་སྙིང་ནས་སྨྲ་ངན་གྱིས་གདུང་བའི་མཆི་མ་དཀྲུ་ཞིང་གསོ་བའི་གནས་སུ་གྱུར་པ་ཡིན་ནོ། །ཞེས་གསུངས་པའོ། །

གཉིས་པ་དགོས་པའི་རྒྱུ་མཚན་མདོ་སྔགས་ལམ་རྣམས་སོགས་ཀྱིས་བསྟན་ཏེ། སྤྱིར་ཡང་དག་པར་རྫོགས་པའི་སངས་རྒྱས་ཀྱིས་མཐའ་ཡས་ཤིང་སྨྲ་མེད་པའི་གདུལ་བྱའི་འགྲོ་བ་རྣམས་འདུལ་བའི་ཕྱིར་དུ་གདུལ་བྱའི་བློ་དབང་དང་མཐུན་པའི་མདོ་སྔགས་ཀྱི་གཞུང་ལམ་དཔག་ཏུ་མེད་པ་ཞིག་གསུངས་པ་རྣམས་ཀྱང་གང་ཟག་གཅིག་འཚང་རྒྱ་བའི་ཐབས་ཚད་ལ་མ་ནོར་བའི་རྣམ་བཞག་ལེགས་པའི་ལམ་འདིར་འདུ་བ་ཡིན་པར་རྒྱལ་བས་གསུངས་པ་ཡིན་མོད། འོན་ཀྱང་མདོ་སྔགས་སོ་སོའི་གཞུང་ལུགས་ཀྱི་དགོངས་དོན་ཟབ་ཅིང་བརླིང་བ་ཡིན་པས་དེ་དག་གི་དགོངས་པ་རྣམས་གང་ཟག་གཅིག་གི་ལམ་གྱི་ཉམས་ལེན་གྱི་གནད་སྡོམ་དུ་སྡུད་དེ་ཉམས་སུ་ལེན་ཚུལ་མ་ཤེས་པས་གདངས་ཅན་འདི་ནི་མདོ་སྔགས་དགུ་འགལ་བའོ་ཞེས་དང་། སོར་བྱང་གཉིས་འགལ་བའོ་ཞེས་ཕྱོགས་རེར་འཛིན་པར་བྱེད་པ་མང་ལ། རེ་ཞིག་འགས་གཅིག་ཏུ་བསྡུ་བར་སེམས་ཀྱང་སྡོམ་པ་གསུམ་སོ་སོའི་འབོག་ཆོག་ལག་ལེན་ལྟར་སྣང་ཙམ་ལས་གནད་བཀག་གི་བསླབ་བྱ་སྤྱིར་བཏང་དམིགས་བསལ་གྱི་བྱེ་བྲག་རྣམས་ལུང་རིགས་མན་ངག་ཡང་དག་དང་མཐུན་པར་མི་འགལ་བར་འཆད་མི་ཤེས་པས་མིང་ཙམ་དུ་ལུས་པར་ཟད་པའོ། །གསུམ་པ་རང་གིས་བརྩམས་པའི་ཚུལ་ནི༑ འདི་ནི་མཁས་གྲུབ་སོགས་ཀྱིས་བསྟན་ཏེ། །ཚུལ་དེ་ལྟར་མཐོང་བའི་དབང་གིས་བདག་གིས་བྱས་པའི་བསྟན་བཅོས་འདི་ནི་ཕྱོགས་འཛིན་དང་རང་བཟོ་སྤངས་ཏེ། མདོ་རྒྱུད་ཀྱི་དོན་ཇི་ལྟ་བ་བཞིན་དུ་གཏན་ལ་འབེབས་པར་བྱེད་པའི་སྔོན་བྱོན་མཁས་གྲུབ་དུ་མའི་ཚད་ལྡན་ལེགས་པར་བཤད་པའི་དོན་རྣམས་ལས་ལུང་རིགས་མན་ངག་དང་མི་འགལ་བར་སྒྲིམས་པོའི་བློའམ་གཟུ་བོའི་བློ་ཡིས་ཕྱོགས་གཅིག་དག་ཏུ་བསྡུས་ཏེ་བཀོད་པ་ཡིན་པ་དེའི་ཕྱིར་ན། རྒྱལ་བའི་དགོངས་པ་མ་རྟོགས་ལོག་རྟོག་གིས་ནོངས་པའི་དྲི་མ་མེད་པའི་གཞུང་ཡིན་ནོ་སྙམ་དུ་སློམ་མོ་ཞེས་གསུང་དབྱངས་གདངས་མཐོན་པོས་རྗེས་འཇུག་ལ་གཞུང་འདིར་ཡིད་ཆེས་པར་གྱིས་ལ་ཐོས་བསམ་སྒོམ

པར་གྱིས་ཤིག་ཅེས་འདོམས་ཤིང་བཟོད་པར་གསོལ་བ་ནི་མ་མཛད་དོ། །

བཞི་པ་དགེ་བསྔོ་ནི། དགེ་དེས་ཀུན་བཟང་སོགས་ཀྱིས་བསྟན་ཏེ། བསྟན་བཅོས་འདི་ལེགས་པར་བརྩམས་པ་ལས་བྱུང་གི་དགེ་བ་མཆོག་དེས། མཁའ་མཉམ་འགྲོ་བ་ཐམས་ཅད་ཕྱོགས་དུས་ཀྱི་དེ་བཞིན་གཤེགས་པའི་སྐུ་དང་ཡེ་ཤེས་འདུ་འབྲལ་མེད་པའི་བདག་ཉིད་དཔལ་ཀུན་ཏུ་བཟང་པོའི་གོ་འཕང་མྱུར་དུ་ཐོབ་པར་ཤོག་ཅིག་ཅེས་པའོ། །

ལྔ་པ་སྨྲ་བྱང་ནི། ཅེས་སྡོམ་གསུམ་རྣམ་ངེས་སོགས་ཀྱིས་བསྟན་ཏེ། ཅེས་སྡོམ་པ་གསུམ་གྱི་དོན་སྒྲོ་སྐུར་དང་བྲལ་བར་བཏན་ལ་ཕབ་པས་ན་རྣམ་པར་ངེས་པ་སྟེ་བསྟན་བཅོས་ཀྱི་མཚན་དང་། ཡི་གེ་འདུས་པའི་མིང་དང་། མིང་གི་ཁོངས་ནས་ཚིག་དང་། ཚིག་གིས་དོན་རྣམས་སྟོན་པས་ཚིགས་སུ་བཅད་པ་འདུས་པའི་གཞུང་ཚིགས་ལེའུ་ལྔས་རིམ་པར་ཕྱེ་བ་འདི་ཞེས་བརྩམ་བྱ་བསྟན་བཅོས་བསྟན། གངས་ལྡན་རིའི་ཕྲེང་བས་བསྐོར་བའི་བོད་ཀྱི་ཡུལ་ལྷོ་ངོས་ལས། ཁྲེ་བྲག་ལྷོ་ཕྱོགས་ཀྱི་རྒྱུད་དུ་མངའ་རིས་གློ་བོ་མ་ཐང་ཞེས་པར་ཡབ་མཁས་ཤིང་གྲུབ་པའི་དབང་ཕྱུག་ཆེན་པོ་འཇམ་དབྱངས་རིན་ཆེན་རྒྱལ་མཚན་ཞེས་པའི་སྲས་སུ་འཁྲུངས་ཤིང་སྔ་འགྱུར་བསྟན་པའི་གསལ་བྱེད་ཀྱི་མཆོག་ཏུ་གྱུར་ཞིང་བཞུགས་པའི་སྐྱེས་བུ་དམ་པའི་ཡོན་ཏན་གྱི་ཁྱད་པར་ཤེས་རབ་ཀྱིས་སྲིད་མཐའ་དང་སྙིང་རྗེས་ཞི་མཐའ་སྟེ་སྲིད་ཞིའི་མཐའ་གཉིས་ལས་ངེས་པར་འབྱུང་བ་བླ་ན་མེད་པའི་བྱང་ཆུབ་དོན་གཉེར་གྱི་བསམ་པས་ཀུན་ནས་བསླངས་ཏེ། སྦྱོར་བ་གཞན་དོན་ལྷུར་ལེན་གྱི་ཐབས་མཁས་ཀྱི་མཛད་པའི་རང་བཞིན་ལས་འདའ་བར་མི་མངའ་བ་ཅན། ཕྱི་རིག་པའི་གནས་ཆེན་ལྔ་ལ་མཁས་ཤིང་། ནང་རྒྱལ་བའི་མདོ་སྔགས་ཀྱི་བསྟན་པའི་གྲུབ་མཐའ་རྒྱ་མཚོའི་ཕ་རོལ་ཏུ་ཕྱིན་པའི་པཎྜི་ཏ་མཚན་བརྗོད་པར་དཀའ་ཡང་དོན་གྱི་སླད་དུ་མཚན་ནས་སྨོས་ཏེ་གསུམ་ལྡན་རྡོ་རྗེ་འཛིན་པ་པདྨ་དབང་གི་རྒྱལ་པོ་རྡོ་རྗེ་གྲགས་པ་རྒྱལ་མཚན་དཔལ་བཟང་པོས་གསུང་རབ་དགོངས་འགྲེལ་དང་བཅས་པའི་དོན་ཇི་ལྟ་བ་བཞིན་བཀོད་པ་ཡིན་པས་ཐར་འདོད་རྗེས་འཇུག་གི་སྐལ་ལྡན་སྐྱེས་བུ་ཡོངས་ཀྱིས་སྤྱི་བོར་བླང་བར་བྱ་དགོས་པའོ། །

དེ་ལྟར་བསྟན་བཅོས་བཀོད་ཅིང་བྲིས་པའི་དགེ་བ་ཅི་ཡོད་པ་དེས་ཕྱོགས་བཅུ་དུས་གསུམ་

གྱིས་བསྡུས་པའི་འཇིག་རྟེན་གྱི་ཁམས་ཐམས༷་ཅད༷་དུ༷་ཐེག་པ་ཀུན་གྱི་རྩེ་མོར་སོན་པའི་རང༷་བཞིན༷་འོད་གསལ་རྫོགས༷་པ༷་ཆེན༷་པོ༷་ཨ་ཏི་ཡོ་གའི༷་བསྟན༷་པ༷་རིན་པོ་ཆེ་ལ༷་བཤད་སྒྲུབ་ཀྱི་བྱ༷་བ༷་རླབས་པོ་ཆེ་བྱེད༷་ནུས་པར༷་གྱུར༷་ཅིག༷་ཅེས་ཁྱད་པར་ཅན་གྱི་བསྟན་པའི་སྙིང་པོའི་གནས་ལ་ཐུགས་སྨོན་མཛད་པར་བསྟན་པ་ལགས་སོ། །

སླར་སྨྲས་པ། སོ་ཐར་འདུལ་སྡོམ་རིན་ཆེན་རྡུལ་མང་བརྩེགས། །བྱང་སེམས་བསླབ་ཁྲིམས་བ་གམ་རྣམ་པར་བཀྲ། །གསང་སྔགས་དམ་ཚིག་རིམ་གཉིས་ཉི་ཟླས་འཁྱུད། །རྒྱལ་བསྟན་ལྷུན་པོ་ཕྱོགས་ལས་རྣམ་རྒྱལ་རྨད། །འཇམ་དབྱངས་རོལ་གར་པཎ་ཆེན་ཛ་ཧྭའི་ཞལ། །ལེགས་འོང་སྡོམ་གསུམ་རླབས་ཕྲེང་བརྒྱུས་རྩེན་མར། །ཉེར་བགྱིད་རྣམས་བཤད་གྲུ་ཡི་འཕྲུལ་འཁོར་འདིར། །ཞུགས་ལ་བྱང་ཆུབ་རིན་ཆེན་གླིང་ཕྱིན་མཛོད། །རྒྱལ་བའི་ཡབ་གཅིག་རྗེ་བཙུན་མཁྱེན་པའི་གཏེར། །བཤེས་གཉེན་རྣམ་རོལ་བྱོན་པའི་པཎྜི་ཏ། །མངའ་རིས་པཎ་ཆེན་ཞེས་པའི་གྲགས་སྙན་གྱིས། །ས་ཆེན་ཡོངས་སུ་འགེངས་དེར་མཆོག་ཏུ་དད། །གང་གིས་ལེགས་བཤད་བཀའ་གཏེར་ཆོས་ཀྱི་ཛ། །བཏྲུང་བས་སྲིད་ཞིའི་ཉེས་རྒུད་བཅོམ་མཛད་པའི། །ཐུབ་བསྟན་གསལ་བྱེད་རྗེས་འབྲང་བརྒྱུད་པའི་ཚོགས། །གངས་ཅན་ཉི་མ་དེ་རྣམས་ཀུན་གྱི་མིག །གླེགས་བམ་གཅིག་གིས་རྒྱལ་གསུངས་ཆོས་རྗེ་སྙིང་། །གསལ་བྱེད་སྡོམ་གསུམ་རྣམ་པར་ངེས་པ་འདི། །འཆད་ལ་ཕྱོགས་བཅུའི་ཐུབ་དབང་སྲས་བཅས་ཚོགས། །དགྱེས་པའི་འཛུམ་ཟེར་ངོམ་ལ་གཅིག་ཏུ་ཕྱོགས། །འཕགས་ཡུལ་མ་བགྲོད་མཁས་གྲུབ་བྲོ་བའི་ཆོས། །ཀུན་གསལ་སྒྲིབ་མེད་འཆར་བའི་ཨ་དརྴ། །གཞུང་བཟང་འདི་དོན་ལེགས་པར་ཁོང་ཆུད་ན། །རྒྱལ་གསུངས་ཉི་སྙིང་རྟོགས་པ་ཨེ་མ་རྨད། །བཤེས་གཉེན་ཉིན་བྱེད་དབང་པོའི་ཕྲིན་ལས་འོད། །བདག་བློའི་ནོར་འཛིན་གོས་སུ་གླུབ་པ་ལས། །ལེགས་བཤད་འདབ་སྟོང་བཞད་པའི་དགའ་ཚལ་འདིར། །ཐར་འདོད་ཏིང་དྲུག་ཚོགས་རྣམས་ཅི་དགར་རོལ། །འདིར་འབད་ལྷག་བསམ་ཆུ་འཛིན་ལས་འོང་བའི། །ལེགས་བཤད་ཆར་རྒྱུན་སྤྲོ་འདིས་སྐྱེ་དགུ་རྣམས། །སྡོམ་གསུམ་གཙང་མའི་འབྲས་བུ་གཡུར་ཟ་ཞིང་། །བསླབ་གསུམ་རིམ་གཉིས་ཆུ་གཏེར་འཕེལ་རྒྱས་ཤོག །གཏན་བདེའི་གཞི་རྩ་དགེ་བཅུའི་ལང་ཚོ་རྫོགས། །རྣམ་དག་བསླབ་གསུམ་ནོར་བུའི་འཕྲུང་འཕྲུལ

གཡོ། །ཕྲིན་དྲུག་བསྡུ་བཞིའི་གཟི་འོད་རབ་འབར་བས། །སྲས་བཅས་རྒྱལ་བའི་ཕྲིན་ལས་རྒྱས་པར་ཤོག །བརྟན་གཡོ་ཐམས་ཅད་སྒྱུ་དང་ཞིང་དུ་སད། །དྲན་རྟོག་ཆོས་སྐུར་ཤར་བའི་རྣལ་འབྱོར་ལས། །ཡན་ལག་བདུན་ལྡན་ཟུང་འཇུག་རྡོ་རྗེ་འཆང་། །མཐར་ཐུག་རང་འབྲས་བདེ་བླག་མངོན་གྱུར་ཅིག །དག་ཆེན་གཉིས་ལྡན་སྤྲོས་བྲལ་ཆོས་སྐུའི་མཁར། །ཐབས་ཤེས་གཉིས་མེད་ཡེ་ཤེས་རོལ་གར་དགོད། །གཟུགས་སྐུ་གཉིས་ཀྱི་གཟི་འོད་རྒྱུད་མུན་གསེད། །ཉིན་བྱེད་གཉིས་པའི་དཔལ་རབ་འཆང་བར་ཤོག །རྒྱལ་དབང་གཉིས་པ་པདྨ་ཀ་ར་ཡི། །བསྟན་པའི་གདུགས་དཀར་བཤད་སྒྲུབ་ཤམ་བུ་གཡོ། །བསྟན་འཛིན་ཚོགས་ཀྱིས་བརྟེགས་པའི་བསིལ་སྒྲིབ་ཆེ། །འགྲོ་རྣམས་ངལ་གསོའི་དཔྱིད་དུ་བརྟན་བཞུགས་གསོལ། །སྡོམ་གསུམ་ཁྲིམས་གཙང་རིམ་གཉིས་རྣལ་འབྱོར་བརྩོན། །སྤྲོས་བྲལ་དབྱིངས་དང་བདེ་ཆེན་ཡེ་ཤེས་ཐུགས། །མི་ཕྱེད་ཨེ་ཝཾ་འཆང་བའི་རིག་སྔགས་སྡེ། །ཕྱོགས་དུས་ཐ་གྲུ་ཀུན་ཏུ་ཁྱབ་པར་ཤོག །

ཅེས་མངའ་རིས་པཎ་ཆེན་རིན་པོ་ཆེས་མཛད་པའི་སྡོམ་གསུམ་རྣམ་པར་ངེས་པའི་བསྟན་བཅོས་ཀྱི་ཚིག་དོན་ལེགས་པར་བཀྲལ་བའི་འགྲེལ་བ་པཎ་ཆེན་དགོངས་པ་རབ་གསལ་བཻཌཱུར་དཀར་པོའི་འོད་སྣང་སྐལ་བཟང་འཇུག་ངོགས་ཞེས་བྱ་བ་འདི་འང་སྡོམ་བརྩོན་དམ་པ་ཤཱཀྱའི་དགེ་སློང་བློ་བཟང་རྒྱལ་མཚན་གྱིས་རིན་པོ་ཆེའི་མེ་ཏོག་ཟུང་དང་། ལྷ་གོས་སྲིད་རིང་བཅས་ཡང་ཡང་ནན་ཏན་གྱིས་བསྐུལ་ངོར། མཚན་ལྡན་བླ་མ་རྣམ་གཉིས་ཀྱི་སྐྱེ་སྤྲུལ་ཟུང་དང་། གནུབས་ཟུར་དབོན་སྤྲུལ་གཉིས་ཀྱིས་གཙོས་བསླབ་སྦྱངས་པའི་གྲྭ་རིགས་རྣམས་ལ་བསྟན་བཅོས་འདིའི་ཆོས་ཁྲིད་འཆད་ཉན་བྱེད་པའི་སྐབས་སུ་འཆད་རྩོམ་སྤྱིལ་མར་བྱས་ཏེ་དྲན་སྐུལ་བརྗེད་བྱང་དུ་དམིགས་ནས་རྗེ་བཙུན་བླ་མ་ཐམས་ཅད་མཁྱེན་གཟིགས་ཆེན་པོ་མཚན་བརྗོད་པར་དཀའ་ཡང་དོན་གྱི་སླད་དུ་མཚན་ནས་སྨོས་ཏེ། འཇིགས་མེད་བསྟན་པའི་ཉི་མའི་ཞལ་སྔ་ནས་དང་། མཁན་ཆེན་བཀའ་དྲིན་མཚུངས་མེད་བྱམས་པ་འོད་ཟེར་རིན་པོ་ཆེ་སོགས་རྣམ་འདྲེན་དམ་པ་དུ་མའི་བཀའ་དྲིན་གྱིས་འཚོ་བའི་སྤྲང་འབྲུམས་ཀྱི་ན་བ་ཚུལ་ཁྲིམས་བཟང་པོའམ་མིང་གཞན་དུ་མདོ་སྔགས་བསྟན་པའི་ཉི་མར་འབོད་པས་ཏྲེ་ཧོར་ཀུན་མཁས་རི་ཁྲོད་དུ་རབ་བྱུང་བཅུ་དྲུག་པའི་ཐམས་ཅད་འདུལ་གྱི་ལོར་ཁྲུམ་

ཟླའི་དཀར་ཕྱོགས་རྒྱལ་བ་གཉིས་པ་དྲང་སྲོང་མེ་སྤྲིན་སྐྱེས་རྒྱུ་སྐར་གྲུབ་པའི་རྒྱལ་མོ་དང་རྟེ་བའི་འགྲུབ་སྦྱོར་བཟང་པོའི་སྔ་དྲོ་ལ་རྫོགས་པར་བྱས་པ་འདིས་ཀྱང་རྒྱལ་བའི་བསྟན་པ་རིན་པོ་ཆེ་ལ་བྱ་བ་བྱེད་ནུས་པར་གྱུར་ཅིག། ||

༄༅། །རང་བཞིན་རྫོགས་པ་ཆེན་པོའི་ལམ་གྱི་ཆ་ལག་སྡོམ་པ་གསུམ་རྣམ་པར་ངེས་པའི་བསྟན་བཅོས་ཀྱི་ཚིག་དོན་ལེགས་པར་འགྲེལ་པ་འཇམ་དབྱངས་དགྱེས་པའི་ཞལ་ལུང་ཞེས་བྱ་བ་བཞུགས་སོ། །

ཀཿཐོག་རིས་དོན་སྙིང་པོ་གཞན་ཕན་ཆོས་ཀྱི་དབང་ཕྱུག །

འཇམ་དཔལ་གཞོན་ནུར་གྱུར་པ་ལ་ཕྱག་འཚལ་ལོ། །གསུང་དབྱངས་དྲུག་ཅུའི་རྒྱུད་མངས་གཅིག་ཁོ་ནས། །འགྲོ་ཀུན་སྙིང་ལ་ཞི་བའི་དཔལ་སྦྱིན་ཏེ། །ཐར་པའི་ལང་ཚོ་ཅི་དགར་འཛོ་བ་པོ། །ཤཱཀྱའི་དབང་པོ་སྙིང་གི་དབུས་སུ་མཆོད། །གངས་ཅན་ཞིང་དུ་ཐུབ་བསྟན་རིན་པོ་ཆེའི། །ཉིན་བྱེད་གསར་དུ་འདྲེན་པའི་ཤིང་རྟ་པ། །ཞི་བ་འཚོ་དང་མཚོ་སྐྱེས་བླ་མ་སོགས། །འཕགས་བོད་ལོ་པཎ་ཚོགས་ལ་གཅིག་ཏུ་གུས། །རྒྱལ་བསྟན་སྤྱི་དང་བྱེ་བྲག་སྒྱུ་འཕྲུལ་གྱི། །རིང་ལུགས་ཉིན་མོར་བྱེད་པའི་གཙུག་གི་རྒྱན། །པཎ་ཆེན་པདྨ་དབང་གི་རྒྱལ་པོ་དང་། །ཆོས་དཔལ་རྒྱ་མཚོའི་བཀའ་དྲིན་ཡང་ཡང་དྲན། །ཚེ་རབས་ཀུན་ཏུ་སྲིད་ཞིའི་མཐའ་གཉིས་ལས། །ཐབས་མཁས་ཟབ་མོའི་ཕྱག་གིས་ཡོངས་བཟུང་སྟེ། །བྱང་ཆུབ་སྙིང་པོའི་ལམ་མཁན་ཀཿཐོག་པ། །མི་ཕྱེད་གུས་པས་སྤྱི་བོའི་གཙུག་ཏུ་བསྟེན། །ཟབ་རྒྱས་སྨིན་གྲོལ་བདུད་རྩིའི་བདག་ཉིད་ཀྱི། །བློ་གྲོས་ལང་ཚོ་བཅུ་དྲུག་ཆ་བསྐྱེད་དེ། །ཐུབ་བསྟན་ནོར་བུའི་ཁྲི་ལ་དབུགས་དབྱུང་བ། །འཇམ་མགོན་བླ་མ་རྣམ་གཉིས་སྙིང་ནས་འདུད། །ཡོངས་རྫོགས་བསྟན་པའི་ལུས་གཅིག་སྡོམ་པ་གསུམ། །རྣམ་པར་ངེས་པའི་ཚིག་དོན་མ་ལུས་པ། །ཉུང་ངུའི་ངག་གིས་ལེགས་པར་འདོམས་པ་ནི། །འཇམ་དབྱངས་དགྱེས་པའི་ཞལ་ལུང་འདི་ན་སྒྲོ། །

དེ་ཡང་བདག་ཅག་གི་སྟོན་པ་ཐབས་མཁས་ལ་ཐུགས་རྗེ་ཚད་མེད་པ་དང་ལྡན་པ་མཉམ་མེད་ཤཱཀྱའི་དབང་པོ་དེ་ཉིད་ཀྱིས་ཞིང་ཁམས་འདིའི་གདུལ་བྱ་རྣམས་ཀྱི་ཁམས་དབང་བསམ་པ་དང་མཐུན་པ་ཆོས་ཕུང་བརྒྱད་ཁྲི་བཞི་སྟོང་ཇི་སྙེད་ཅིག་གསུངས་པ་ཐམས་ཅད་ཀྱང་རིགས་བསྡུ་ན་སྡེ་

སྡོད་གསུམ་དང་རྒྱུད་སྡེ་བཞིར་འདུ་ཞིང་། དེ་དག་གི་བསྟན་བྱ་མ་ལུས་པའང་སྡོམ་པ་གསུམ་གྱི་ཉམས་ལེན་གྱི་ཁོངས་སུ་འདུ་སྟེ། དེ་ལྟར་ན་སྡོམ་པ་གསུམ་གྱི་བསླབ་བྱ་ལ་རྫོགས་པར་བསླབ་པའི་ཁོངས་སུ་མདོ་སྔགས་བསྟན་པ་མཐའ་དག་གི་ཉམས་སུ་བླང་བྱ་མ་ལུས་པ་ཡོངས་སུ་ཚང་བར་གཟིགས་ནས། འཇམ་དབྱངས་ཆོས་རྒྱལ་ཚངས་པར་ལྷའི་མེ་ཏོག་གི་སྐུའི་རྣམ་པར་རོལ་པ་མངའ་རིས་པཎྜི་ཏ་པདྨ་དབང་རྒྱལ་རྡོ་རྗེ་གྲགས་པ་རྒྱལ་མཚན་དཔལ་བཟང་པོ་ཞེས་གངས་ཅན་ལྗོངས་ཀྱི་མཁས་པ་དང་གྲུབ་པ་ཐམས་ཅད་ཀྱི་གཙུག་རྒྱན། སྤྱངས་རྟོགས་ཡོན་ཏན་མཐའ་དག་གི་ཕ་རོལ་ཏུ་ཕྱིན་པ། སྐུ་ཚེ་དེ་ཉིད་ལ་མཆོག་གི་དངོས་གྲུབ་ཉམས་འོག་ཏུ་ཆུད་པ་དེ་ཉིད་ཀྱིས་རང་རེ་རྗེས་འཇུག་གི་གདུལ་བྱ་རྣམས་ལ་ཐུགས་བརྩེ་བ་ཆེན་པོའི་ལྷག་པར་རྗེས་སུ་ཆགས་པའི་དབང་གི་སྡོམ་པ་གསུམ་གྱི་བསྟན་བཅོས་ལུང་དང་མཐུན་ལ་རིགས་པས་གྲུབ་པ་འདི་ཉིད་མཛད་པ་ཡིན་ནོ་ཞེས་འཁྲིས་སུ་སྨྲོས་ནས། དེ་ལ་འདིར་གང་བཤད་པར་བྱ་བ་ནི་སྡོམ་པ་གསུམ་རྣམ་པར་ངེས་པ་ཞེས་བྱ་བའི་བསྟན་བཅོས་ཀྱི་ཚིག་དོན་རྣམས་ཞུང་དུའི་ངག་གིས་ལེགས་པར་འགྲེལ་པ་ཡིན་ནོ། །

དེ་ཡང་དོན་རྣམ་པ་གསུམ་སྟེ། བསྟན་བཅོས་ཀྱི་མཚན་དོན་བཤད་པ། མཚན་དེ་ལྡན་གྱི་བསྟན་བཅོས་དངོས་བཤད་པ། བསྟན་བཅོས་ཇི་ལྟར་བརྩམ་པའི་མཇུག་བྱང་སྨོས་པའོ། །

དང་པོ་ནི། རང་བཞིན་རྫོགས་པ་ཆེན་པོའི་ལམ་གྱི་ཆ་ལག་སྡོམ་པ་གསུམ་རྣམ་པར་ངེས་པའི་བསྟན་བཅོས་ཞེས་བྱ་བ་སྟེ།

དེ་ལ་རང་བཞིན་ནི་ཆོས་གང་ཡིན་པ་དེའི་གནས་ལུགས་མ་བཅོས་པ་དེ་ཉིད་ཡིན་ཏེ། མགོན་པོ་ཀླུ་སྒྲུབ་ཞབས་ཀྱིས། རང་བཞིན་དག་ནི་བཅོས་མིན་དང་། །གཞན་ལ་ལྟོས་པ་མེད་པའོ། །ཞེས་གསུངས་པའི་ཕྱིར། དེས་ན་འདིར་རང་བཞིན་ཅེས་པས་ནི་སེམས་ཀྱི་གནས་ལུགས་ཟབ་མོ་བསྟན་པ་ཡིན་ཏེ། དེ་གདན་ལ་འབེབས་པའི་ལམ་ཚང་ལ་མ་ནོར་བ་ནི་གསང་ཆེན་རྫོགས་པ་ཆེན་པོ་ཨ་ཏི་ཡོ་ག་ཡིན་ལ། དེར་མ་ཟད་ཨ་ནུ་སོགས་ཐེག་པ་འོག་མ་ཐམས་ཅད་ཀྱང་དེ་ཉིད་རྟོགས་བྱེད་ཀྱི་ཐབས་ཡིན་པས། དེ་ལྟར་ན་མདོ་སྔགས་བསྟན་པ་མཐའ་དག་དངོས་བརྒྱུད་གང་རུང་གི་སྒོ་ནས་རྫོགས་པ་ཆེན་པོའི་ལམ་གྱི་ཆ་རྐྱེན་ཡིན་པའི་གནད་ཀྱིས་ཆ་ལག་དང་། དེས་ན་དེ་དག་ཐམས་ཅད་ཀྱི་བརྗོད་

བྱའི་སྙིང་པོ་སྡོམ་པ་གསུམ་གྱི་ཉམས་ལེན་ཀྱང་དེར་འགྱུར་བའི་ཕྱིར་རོ། །དེའི་ཕྱིར་དུ་སྡོམ་པ་གསུམ་གྱི་བསྟན་དོན་དཔྱད་པ་གསུམ་གྱི་སྒོ་ནས་སྒྲོ་སྐུར་དང་བྲལ་བར་གཏན་ལ་ཕབ་པས་ན་རྣམ་པར་ངེས་པ་དང་། བསྟན་བཅོས་ནི་ཤཱསྟྲ་ཞེས་པའི་སྒྲ་དོན་འཆོས་པའམ། སྐྱོབ་པ་ལ་འཇུག་པས་ན་དེ་སྐད་ཅེས་བྱའོ། །རྣམ་བཤད་རིགས་པར། ཉོན་མོངས་དགྲ་རྣམས་མ་ལུས་འཆོས་པ་དང་། །ངན་འགྲོའི་སྲིད་ལས་སྐྱོབ་པ་གང་ཡིན་པ། །འཆོས་སྐྱོབ་ཡོན་ཏན་ཕྱིར་ན་བསྟན་བཅོས་ཏེ། །གཉིས་པོ་འདི་དག་གཞན་གྱི་ལུགས་ལ་མེད། །ཅེས་གསུངས་པའི་ཕྱིར། དེའི་དོན་ཡང་རྒྱུ་ཉོན་མོངས་པ་ལས་འཆོས་ཏེ། འབྲས་བུ་སྲིད་པ་དང་ངན་འགྲོ་ལས་སྐྱོབ་པའི་ཡོན་ཏན་གཉིས་པོ་འདི་གཞན་མུ་སྟེགས་པའི་བསྟན་བཅོས་རྣམས་ལ་མེད་ཅེས་པའོ། །ཞེས་བྱ་བ་ནི་མིང་སྒྲོགས་པའོ། །

གཉིས་པ་མཚན་དེ་ལྡན་གྱི་བསྟན་བཅོས་དངོས་བཤད་པ་ལ་གསུམ། བཤད་པ་ལ་འཇུག་པའི་ཡན་ལག །བཤད་པ་རང་གི་ངོ་བོ། བཤད་པ་མཐར་ཕྱིན་པའི་བྱ་བའོ། །དང་པོ་ལ་གཉིས། མཆོད་པར་བརྗོད་པ་དང་། རྩོམ་པ་དམ་བཅའ་བའོ། །དང་པོ་ལ་གཉིས་སྡོམ་པ་གསུམ་གྱི་བཀའ་དྲིན་ཐོབ་པའི་བླ་མ་སྤྱི་ལ་ཕྱག་འཚལ་བ་དང་། བྱེ་བྲག་ཏུ་ཨོ་རྒྱན་སངས་རྒྱས་གཉིས་པ་ལ་ཕྱག་འཚལ་བའོ། །དང་པོ་ནི། ན་མོ་གུ་རུ་ཝེ། ཞེས་པ་སྟེ། བླ་མ་ཕྱག་འཚལ་ལོ། །གཉིས་པ་ནི། དཔལ་ལྡན་ཚོགས་གཉིས་ཆུ་གཏེར་བསྒྲུབས་པ་ལས། །མཁྱེན་བརྩེའི་འོད་དཀར་ངེས་གསང་གྲུ་ཆར་འབེབས། །གངས་ཅན་མཁས་གྲུབ་ཡོངས་ཀྱི་གཙུག་རྒྱན་མཆོག །མཚོ་སྐྱེས་རྡོ་རྗེ་འགྲོ་བའི་བླ་མར་འདུད། །ཅེས་པ་སྟེ། དེ་ལ་སྐབས་འདིར་འདུད་ཅེས་པ་སྔོན་དུ་དྲངས་ཏེ། གང་ལ་ན་འགྲོ་བའི་བླ་མ་ལའོ། །དེ་གང་ན་མཚོ་སྐྱེས་རྡོ་རྗེ་སྟེ། དེ་ལ་འགྲོ་བ་ཐམས་ཅད་ཀྱི་བླ་མར་གྱུར་པའི་ཡོན་ཏན་ཇི་ལྟ་བུ་དང་ལྡན་ཞེ་ན། སྲིད་པ་དང་ཞི་བའི་ཕུན་སུམ་ཚོགས་པ་ཐམས་ཅད་ཀྱི་དཔལ་དང་ལྡན་པར་གྱུར་པའི་བསོད་ནམས་དང་ཡེ་ཤེས་ཀྱི་ཚོགས་གཉིས་ཡོངས་སུ་རྫོགས་པའི་ཆུ་གཏེར་ཏེ། དེ་དང་དེ་རྒྱ་མཚོ་ཆེན་པོ་དང་ཆོས་མཚུངས་པའི་ཕྱིར། བསོད་ནམས་ཀྱི་ཚོགས་རྒྱ་ཆེ་བ་དང་། ཡེ་ཤེས་ཀྱི་ཚོགས་ཟབ་པའོ། །དེ་ཡང་སྔོན་ཆུ་གཏེར་བསྒྲུབས་པ་ལས་ཟླ་བ་འབྱུང་བར་འདོད་པ་བཞིན་དུ། ཚོགས་གཉིས་ཡོངས་སུ་རྫོགས་པ་ལས་ཤེས་བྱ་ཐམས་ཅད་ལ་ཆགས་ཐོགས་མེད་པའི་མཁྱེན་རབ་དང་དམིགས་པ་

མེད་པའི་བརྩེ་བ་སྟེ་ཐུགས་རྗེ་ཆེན་པོ་ཟུང་དུ་འཇུག་པའི་འོད་དཀར་གྱི་ཟླ་བ་རང་གི་ངང་གིས་འབྱུང་ཞིང་། དེས་གདུལ་བྱ་རྣམས་ལ་ངེས་གསང་རྡོ་རྗེ་ཐེག་པའི་ལམ་འབྲས་བུ་དང་བཅས་པ་སྟོན་པའི་ཕྲིན་ལས་ལྷུན་གྱིས་གྲུབ་པའི་གྲུ་ཆར་འབེབས་པ་སྟེ། ཟླ་འོད་བསིལ་བའི་བྱེད་ལས་དང་ཆོས་མཐུན་པའི་ཕྱིར། །དེ་ལྟ་བུའི་མཁྱེན་བརྩེ་ནུས་པའི་ཡོན་ཏན་ཕུན་སུམ་ཚོགས་པ་དང་ལྡན་པ་དེ་ཉིད་ཀྱི་གདུལ་ཞིང་ཐུན་མོང་མ་ཡིན་པའི་དབང་གིས། གངས་ཅན་མཁས་གྲུབ་ཡོངས་ཀྱི་གཙུག་རྒྱན་མཆོག །ཅེས་དམིགས་ཀྱིས་བཀར་ནའང་། དོན་དུ་སངས་རྒྱས་ཐམས་ཅད་ཀྱི་གསུང་རྣམ་པ་ཐམས་ཅད་པའི་བདག་ཉིད་རྡོ་རྗེ་སློབ་དཔོན་གྱི་གཟུགས་སུ་བྱོན་པ་ཡིན་པས་ས་གསུམ་ལ་གནས་པའི་མཁས་པ་དང་གྲུབ་པ་ཐམས་ཅད་ཀྱི་གཙུག་གི་ནོར་བུ་རིན་པོ་ཆེ་འབའ་ཞིག་པ་ཡིན་ནོ། །དེ་ཡང་བྱང་ཕྱོགས་ཀྱི་ལྗོངས་འདིར་རྒྱལ་བའི་བསྟན་པ་ལ་སྟོན་པ་གཉིས་པ་ལྟ་བུའི་དུས་གསུམ་སངས་རྒྱས་ཐམས་ཅད་དཔུང་བསྒྲིལ་བ་ལས་ཀྱང་བཀའ་དྲིན་ཆེས་ཆེར་ལྷག་པ་དང་། རང་ཉིད་ཀྱི་སྟོན་རབས་དུ་མར་ཐུགས་བསྐྱེད་པ་ནས་བརྩམ་སྟེ། མཐར་བྱང་ཆུབ་སྙིང་པོར་ལུང་སྟོན་པའང་ཡིན་པས། དེ་དག་གི་སྐུ་དྲིན་ལ་རྗེས་སུ་དཔག་སྟེ་ཐུགས་བཟོད་དུ་མེད་པའི་མོས་གུས་ཀྱིས་དྲངས་པས་སྒོ་གསུམ་གུས་པར་འདུད་པའོ། །དགོས་པ་ནི། ཡུལ་དམ་པ་ལ་མཆོད་པར་བརྗོད་པ་ན་བསྟན་བཅོས་དེའི་དོན་ཡང་དམ་པ་ཡིན་པར་ཤེས་ཏེ་དཔྱོད་ལྡན་གཞན་འཇུག་པ་དང་། རང་ཉིད་ཚོགས་རྫོགས་པས་བརྩམ་པ་མཐར་ཕྱིན་པའི་དོན་ཏོ། །

གཉིས་པ་ནི། འགྲོ་བློའི་དྲི་མ་འཕྲུད་མཁས་དྲང་སྲོང་གིས། །བློ་གྲོས་བཻ་ཌཱུ་ཐུམ་བཟང་རབ་ཕོགས་ནས། །ལེགས་བཤད་སྡོམ་གསུམ་བདུད་རྩིའི་ཆུ་སྦྱིན་གྱི། །དོན་གཉེར་སྐྱེ་བོའི་ཚོགས་རྣམས་འདིར་འདུས་ཤིག །ཅེས་པ་སྟེ། འགྲོ་བ་ཐམས་ཅད་ཀྱི་བློའི་མི་ཤེས་པའི་དྲི་མ་འཕྲུད་པ་ལ་མཁས་པ་རྩོམ་པ་པོ་རང་ཉིད་གང་འཇིག་རྟེན་ན་ཆེ་བའི་ཡོན་ཏན་དང་ལྡན་པར་གྲགས་པའི་དྲང་སྲོང་གིས། གསུང་རབ་དགོངས་འགྲེལ་དང་བཅས་པའི་ཚིག་དོན་འགྲེལ་པ་ལ་མི་འཇིགས་པའི་སྤོབས་པ་བརྙེས་པའི་བློ་གྲོས་ཕུན་སུམ་ཚོགས་པའི་བཻ་ཌཱུརྱའི་ཐུམ་པ་བཟང་པོ་རབ་ཏུ་ཕོགས་ནས་ལེགས་པར་བཤད་པའི་སྡོམ་པ་གསུམ་གྱི་བསྟན་བཅོས་བདུད་རྩི་སྨན་མཆོག་གི་ཆུ་རྒྱུན་དང་འདྲ་བ་འདི་ཕྱོགས

དང་རིམ་སུ་མ་ཆད་པ་ལ་སྦྱིན་པར་བྱ་བ་ཡིན་གྱི། སྡོམ་པ་གསུམ་དོན་དུ་གཉེར་བའི་སྐལ་བཟང་སྐྱེ་བོའི་ཚོགས་ཐམས་ཅད་འདིར་འདུས་ལ་ལོངས་ཤིག་ཅེས་བསྐུལ་ལོ། །ཆོས་མཚུངས་ནི་དྲང་སྲོང་གི་བདུད་རྩིའི་ཆུ་རྒྱུན་དེས་ནད་གདོན་གྲིབ་སོགས་མི་མཐུན་པའི་ཕྱོགས་ཐམས་ཅད་ཞི་ནུས་པ་བཞིན་དུ། འདིས་ཀྱང་ཐར་པའི་མི་མཐུན་ཕྱོགས་སྡུག་བསྔལ་དང་ཀུན་འབྱུང་ཐམས་ཅད་གཏན་ནས་གཞོམ་པར་བསྟན་པ་ཡིན་ནོ། །འདིས་བསྟན་བཅོས་ཀྱི་དགོས་སོགས་རྣམས་ཀྱང་བསྟན་པ་ཡིན་ཏེ། སྡོམ་པ་གསུམ་བརྗོད་བྱ། དེའི་དོན་བསྟན་བཅོས་འདི་ལས་རྟོགས་པ་ནི་དགོས་པ། དེས་མཐར་ཐུག་བྱང་ཆུབ་ཐོབ་པ་ནི་ཉིང་དགོས་སོ། །དེའང་སྔ་མ་སྔ་མ་དང་འབྲེལ་བ་ནི་འབྲེལ་པའོ། །

གཉིས་པ་བཤད་པ་རང་གི་ངོ་བོ་བསྟན་པ་ལ་གསུམ། སྤྱིའི་བཤད་གཞི་རིམ་པར་ཕྱེ་བའི་སྒོ་ནས་མདོར་བསྟན་པ། སྡོམ་གསུམ་སོ་སོའི་རང་བཞིན་དང་བསླབ་བྱ་བསྟན་པའི་སྒོ་ནས་རྒྱས་པར་བཤད་པ། དེ་གསུམ་གང་ཟག་གཅིག་གི་རྒྱུད་ལ་འགལ་མེད་དུ་ཉམས་སུ་ལེན་ཚུལ་གྱིས་མཐའ་དཔྱད་པའི་སྒོ་ནས་དོན་བསྡུ་བའོ། །དང་པོ་ལ་གསུམ། ཤེས་ཐོབ་ཀྱིས་དམིགས་པར་བྱ་བའི་ཡུལ་སྣང་གཞི་ཁམས་དང་བྲལ་འབྲས་མཐར་ཐུག་གི་འབྲས་བུ་ངོས་བཟུང་བ། སྒྲུབ་བྱེད་ལམ་གྱི་དབྱེ་བ་སྤྱིར་བཤད་པ། ཐེག་པ་ཐམས་ཅད་ཀྱི་ལམ་གྱི་གནད་སྡོམ་པ་གསུམ་གྱི་ཉམས་ལེན་དུ་བསྡུས་པའི་འབྲེལ་གྱིས་ཁོག་དབུབ་པའོ། །

དང་པོ་ནི། རྫོགས་པ་ཆེན་པོ་ཡེ་ཤེས་སྒྱུ་ཡི་གཟུགས། །ཡོངས་སུ་དག་སྐུ་རྡོ་རྗེ་འཆང་ཆེན་པོ། །འབྲས་བུའི་མཐར་ཐུག་སངས་རྒྱས་ཉག་གཅིག་སྟེ། །ཞེས་པ་སྟེ། སྤྱིར་དུ་གཞི་ལམ་འབྲས་བུའི་རྫོགས་པ་ཆེན་པོ་གསུམ་ལས། འདིར་རྐང་པ་དང་པོས་གཞི་དང་། ཕྱི་མ་གཉིས་ཀྱི་འབྲས་བུ་སྟོན་པའི་གཞུང་དུ་བཀྲལ་ན་འཆད་བདེ་ཞིང་། དེ་ཡང་སྣང་གཞི་ནི་བདེ་གཤེགས་སྙིང་པོ་སྟེ། དེ་ལ་བསྟན་བཅོས་རྣམས་ལས་རིགས་ཞེས་གྲགས་པ་ལ། དབྱེ་ན་གསུམ་སྟེ་ཉན་ཐོས་སྟེ་པ་དང་། སེམས་ཙམ་པ་དང་། དབུ་མ་པའི་འདོད་ཚུལ་ལོ། །དང་པོ་ནི། སྲིད་པ་དང་སྲིད་པའི་ཡོ་བྱད་ལ་མ་ཆགས་པའི་སེམས་བྱུང་ལ་འཕགས་རིགས་སུ་འདོད་དེ། མ་ཆགས་པ་དེ་ལས་ཟག་མེད་ཀྱི་ཆོས་སྐྱེ་བའི་ཕྱིར་ཞེས་འདོད། དེའི་དོན་ཡང་སྲིད་པ་ནི་ཕུང་པོ་ལྔ་དང་། སྲིད་པའི་ཡོ་བྱད་ནི་ཆོས་གོས་སོགས་སོ། །

འདུལ་བ་ལས། ཆོས་གོས་དང་། བསོད་སྙོམས་དང་། གནས་མལ་ངན་ངོན་ཙམ་གྱིས་ཆོག་ཤེས་པ་འཕགས་པའི་རིགས་དང་། སྤོང་བ་དང་སྒོམ་པ་ལ་དགའ་བ་འཕགས་པའི་རིགས་ཏེ་བཞི་གསུངས་པས། དེ་ལ་དང་པོ་གསུམ་ནི་སྲིད་པའི་ཡོ་བྱད་ཀྱི་གཉེན་པོ་དང་། ཕྱི་མ་ནི་སྲིད་པའི་གཉེན་པོའོ། །དེ་ལ་སྤོང་བ་ནི་འགོག་པ་དང་། སྒོམ་པ་ནི་ལམ་བདེན་ནོ། །

གཉིས་པ་ནི། བྱང་ས་ལས། དེ་ལ་རང་བཞིན་གྱིས་གནས་པའི་རིགས་ནི་སྐྱེ་མཆེད་དྲུག་གིས་ཁྱད་པར་དུ་བྱས་པ་སྟེ། དེ་ནི་གཅིག་ནས་གཅིག་ཏུ་བརྒྱུད་དེ་འོང་ལ་ཐོག་མ་མེད་པའི་དུས་ཅན་ཆོས་ཉིད་ཀྱིས་འཐོབ་པའོ། །ཞེས་དང་། གསུམ་པ་ནི། ཕལ་པོ་ཆེར། ཀྱེ་རྒྱལ་བའི་སྲས་བྱང་ཆུབ་སེམས་དཔའི་རིགས་ཞེས་བྱ་བ་ནི་ཆོས་ཀྱི་དབྱིངས་ལྟར་ལེན་པ་ནམ་མཁའ་ལྟར་ཡངས་པ་རང་བཞིན་གྱིས་འོད་གསལ་བ་སྟེ། ཞེས་གསུངས་པས། དྲི་བཅས་དེ་བཞིན་ཉིད་ལ་སངས་རྒྱས་ཀྱི་རིགས་སུ་འདོད་པ་ཡིན་ཏེ། མདོ་ཏིང་འཛིན་རྒྱལ་པོ་ལས། བདེ་གཤེགས་སྙིང་པོས་འགྲོ་ཀུན་ཡོངས་ལ་ཁྱབ། །ཅེས་གསུངས་ཏེ། འོ་ན་སེམས་ཅན་རྣམས་ལ་བདེ་གཤེགས་སྙིང་པོ་དེ་ཚུལ་ཇི་ལྟར་ཡོད་ཅེ་ན། སྟོང་གསལ་འགག་མེད་འདུས་མ་བྱས་པའི་རང་བཞིན་དུ་གནས་ཏེ། དཔེར་ན་འོ་མ་ལ་མར་གྱིས་ཁྱབ་པའམ། ཏིལ་ལ་ཏིལ་གྱིས་ཁྱབ་པ་ལྟར་གནས་སོ། །རྒྱུད་བླ་མ་ལས། རྫོགས་སངས་སྐུ་ནི་འཕྲོ་ཕྱིར་དང་། །དེ་བཞིན་ཉིད་དབྱེར་མེད་ཕྱིར་དང་། །རིགས་ཡོད་ཕྱིར་ན་ལུས་ཅན་ཀུན། །རྟག་ཏུ་སངས་རྒྱས་སྙིང་པོ་ཅན། །ཞེས་རྒྱུ་མཚན་གསུམ་གྱིས་བསྟན་པའོ། །དེའི་དོན་སེམས་ཅན་ཐམས་ཅད་ལ་ཆོས་སྐུ་སྟོང་པ་ཉིད་ཀྱིས་ཁྱབ་པའི་ཕྱིར་དང་། སེམས་ཅན་དང་སངས་རྒྱས་གཉིས་ཆོས་ཉིད་དེ་བཞིན་ཉིད་ལ་བཟང་ངན་ནམ་ཆེ་ཆུང་སོགས་དབྱེ་བ་མེད་པའི་ཕྱིར་དང་། སེམས་ཅན་གྱི་རྒྱུད་ལ་སངས་རྒྱས་འབྱུང་རུང་གི་རིགས་ཡོད་པའི་ཕྱིར་རོ། །དེ་ཉིད་གསང་སྔགས་རྡོ་རྗེ་ཐེག་པའི་སྐབས་སུ་གཞི་རྒྱུད་རང་བཞིན་ལྷུན་གྱིས་གྲུབ་པའི་དཀྱིལ་འཁོར་ཞེས་གྲགས་ཏེ། མི་འགྱུར་བའི་བདེ་བ་ཆེན་པོ་དང་རྣམ་ཀུན་མཆོག་ལྡན་གྱི་སྟོང་ཉིད་དབྱེར་མི་ཕྱེད་པའི་སེམས་ཉིད་ཡེ་ནས་སྐུ་གསུམ་འདུ་འབྲལ་མེད་པའི་དཀྱིལ་འཁོར་ཆེན་པོ་ལྷུན་གྱིས་གྲུབ་པར་རྫོགས་པས་ན་རྫོགས་པ་ཆེན་པོ་སྟེ། ཐུགས་ཐིག་ལས། གཞི་གནས་རིག་པ་ངོ་བོ་རང་བཞིན་དང་། །ཐུགས་རྗེ་གསུམ་སྟེ་རྒྱལ་བའི་

སྙིང་པོ་ལ། །སྐུ་གསུམ་རང་ཆས་བཞུགས་པར་བཤད་པ་ཡིན། །ཞེས་དང་། དེ་ཉིད་ཆོས་ཉིད་རིས་མེད་སྲིད་ཞི་ཀུན་ཁྱབ་ཀྱི་ཡེ་ཤེས་ཡིན་པས་ན་ཡེ་ཤེས་ཐམས་ཅད་ཀྱི་སྤྱི་གཟུགས་ཀྱང་ཡིན་ཏེ། རྒྱས་པ་ལས། རྣམ་རྟོག་ཀུན་གཞི་མ་ཡིན་པ། །རང་བཞིན་མེད་པ་དོན་གྱི་གཞི། །དེ་ནི་ཆོས་ཀྱི་དབྱིངས་ཞེས་བྱ། །དེ་བཞིན་ཉིད་ཀྱི་ཡེ་ཤེས་སོ། །ཞེས་སོ། །དེའི་དོན་བདག་གཉིས་ཀྱི་རྣམ་པར་རྟོག་པ་ཀུན་གྱི་གཞི་མ་ཡིན་པ་རང་བཞིན་གྱིས་གྲུབ་པ་མེད་པ་དོན་གྱི་གཞི་དེ་ལ་ནི་ཆོས་ཀྱི་དབྱིངས་དང་དེ་བཞིན་ཉིད་ཀྱི་ཡེ་ཤེས་བྱའོ། །དེ་བཞིན་དུ་ཆོས་ཉིད་ལ་དབྱེ་བ་བྱར་མེད་ཀྱང་རྒྱུད་ལྡན་གྱི་གང་ཟག་ལ་ལྟོས་ནས་མིང་གསུམ་སྟེ། རྒྱུད་བླ་ར། མ་དག་མ་དག་དག་པ་དང་། །ཤིན་ཏུ་རྣམ་དག་གོ་རིམ་བཞིན། །སེམས་ཅན་བྱང་ཆུབ་སེམས་དཔའ་དང་། །དེ་བཞིན་གཤེགས་པ་ཞེས་བརྗོད་དོ། །ཞེས་དང་། དེའི་དོན་མཐོང་སྤངས་སྒོམ་སྤངས་ཐམས་ཅད་ཀྱིས་མ་དག་པ་སེམས་ཅན་དང་། སྒོམ་སྤངས་ཀྱིས་མ་དག་པ་དང་མཐོང་སྤངས་ཀྱིས་དག་པ་བྱང་སེམས་དང་། གཉིས་ཀས་དག་པ་དེ་བཞིན་གཤེགས་པའོ། །དེས་སྣྲང་གཞི་ཁམས་མདོ་ཙམ་བཤད་གྲུབ་ནས། ཕྱོགས་གཉིས་པ་འབྲས་འཆད་པ་ནི། དེ་ཡང་སྣྲང་གཞི་བདེ་གཤེགས་སྙིང་པོ་དེ། སྦྱོང་བྱེད་སྡོམ་པ་གསུམ་དང་ཁྱད་པར་དུ་རྡོ་རྗེ་ཐེག་པའི་སྨིན་གྲོལ་གྱི་ལམ་ཟབ་མོས་དཔྱིས་འབྱིན་པར་སྦྱངས་ཏེ། སྒྲིབ་གཉིས་བག་ཆགས་དང་བཅས་པ་ཡོངས་སུ་དག་པའི་སྐུ་ནི་སྤོང་བ་ཆེན་པོ་དང་། ཤེས་བྱ་ཇི་སྙེད་པ་ཐམས་ཅད་མ་འདྲེས་གསལ་ལེར་གཟིགས་པའི་ཡེ་ཤེས་ནི་རྟོགས་པ་ཆེན་པོ་སྟེ་དེ་གཉིས་རང་དོན་ཕུན་ཚོགས་དང་། ཐུགས་རྗེ་ཆེན་པོས་འགྲོ་བ་མཐའ་དག་གི་དོན་འབད་མེད་ལྷུན་གྲུབ་ཅིག་ཅར་དུ་མཛད་པ་ནི་སེམས་ཆེན་པོ་སྟེ་གཞན་དོན་ཕུན་ཚོགས་ཏེ། རྒྱན་ལས། སེམས་ཅན་ཀུན་མཆོག་ཉིད་སེམས་དང་། །སྤོང་དང་རྟོགས་དང་གསུམ་པོ་ལ། །ཆེན་པོ་གསུམ་ཞེས་འབྱུང་བའི་ཕྱིར། །དེ་ལྟར་ན་མེད་སྣང་གློ་བུར་བའི་སྒྲིབ་གཉིས་བག་ཆགས་དང་བཅས་པ་དག་སྟེ་དོན་གཉིས་ལྷུན་གྱིས་གྲུབ་པ་སྐུ་གསུམ་ཡེ་ཤེས་ལྔའི་ངོ་བོར་འཚང་རྒྱ་བ་ན་ཀུན་ཏུ་བཟང་པོའམ་རྡོ་རྗེ་འཆང་ཆེན་པོ་ཞེས་བྱ་བ་དེ་ནི་ཐེག་པ་ཐམས་ཅད་ཀྱི་འབྲས་བུའི་མཐར་ཐུག་པ་སངས་རྒྱས་ཉག་གཅིག་དེ་ཡིན་ནོ། །དེ་ལ་སྐུ་གསུམ་ནི། དབྱིངས་ཐོག་ཏུ་རིག་པའི་ཡེ་ཤེས་གྲོལ་བ་ཟུང་འཇུག་ཆོས་ཀྱི་སྐུ་དང་། དེ་ལས་མ་གཡོས་བཞིན་ཏུ་ས་བཅུའི་

སེམས་དཔའ་ལ་མཚན་དཔེའི་རྣམ་པ་སྣང་བའི་གཟུགས་བརྙན་ལོངས་སྐུ་དང་། སོ་སྐྱེས་རྣམས་ལ་མོས་པ་དང་མཐུན་པ་སངས་རྒྱས་ཀྱི་གཟུགས་བརྙན་ཅི་རིགས་སུ་སྣང་བ་སྤྲུལ་པའི་སྐུ་སྟེ་སྐུ་གསུམ་དང་། དེ་གསུམ་ལྡོག་ཆའི་སྒོ་ནས་དབྱེ་ན་སྐུ་གསུམ་སྣང་ཆ་མ་འདྲེས་པའི་ཆ་ནས་མངོན་པར་བྱང་ཆུབ་པའི་སྐུ་དང་། དབྱེར་མི་ཕྱེད་པའི་ཆ་ནས་རྡོ་རྗེའི་སྐུ་སྟེ་གཉིས་པོ་བསྣན་པས་སྐུ་ལྔའོ། །དེ་ལ་བརྟེན་པའི་ཡེ་ཤེས་ནི། ཆོས་ཐམས་ཅད་ཅིར་ཡང་མི་དམིགས་པ་ཆོས་དབྱིངས་ཡེ་ཤེས། གསལ་ལ་རྟོག་པ་མེད་པ་མེ་ལོང་ཡེ་ཤེས། འཁོར་འདས་ཀྱི་མཐའ་ལ་མི་གནས་པར་གཅིག་ཏུ་རྟོགས་པ་མཉམ་ཉིད་ཡེ་ཤེས། ཆོས་ཅན་མ་ལུས་མངོན་སུམ་ས་ལེར་གཟིགས་པ་སོར་རྟོག་ཡེ་ཤེས། འགྲོ་དོན་མཛད་པ་ལ་ཐོགས་པ་མེད་པའི་ཕྲིན་ལས་འཇུག་པ་བྱ་གྲུབ་ཡེ་ཤེས་སོ། །དེ་དག་ཀུང་ཆོས་དབྱིངས་ཡེ་ཤེས་ཇི་ལྟ་བ་མཁྱེན་པའི་ཡེ་ཤེས་དང་། ཕྱི་མ་བཞི་ཇི་སྙེད་པ་མཁྱེན་པའི་ཡེ་ཤེས་སུ་འདུ་བས་གཉིས་སོ། །

གཉིས་པ་བགྲོད་བྱེད་ལམ་གྱི་དབྱེ་བ་སྤྱིར་བཤད་པ་ལ་བཞི། བགྲོད་པ་གཅིག་པའི་ལམ་ངོས་བཟུང་བ། རྣམ་གྲོལ་གྱི་ལམ་ཐམས་ཅད་ཐེག་དགུར་འདུ་ཚུལ་བཤད་པ། རིགས་ཅན་གསུམ་སོ་སོར་སྔགས་ཀྱི་ལམ་ཞུགས་ཡོད་པར་བསྟན་པ། བློ་ཁྱད་ཀྱིས་སྔགས་ལམ་ལ་འཇུག་སྒོ་མི་འདྲ་བ་མང་ཡང་འདིར་བཤད་བྱ་མིན་པར་བསྟན་པའོ། །དང་པོ་ལ་གསུམ། སྔགས་ལམ་ཉིད་མ་བསྟན་པར་མཐར་ཐུག་འབྲས་བུ་མི་འཐོབ་པར་བསྟན་པ། ཐེག་པ་གཞན་ཐམས་ཅད་དེའི་ལམ་སྟེགས་སུ་འགྲོ་ཚུལ་བཤད་པ། དེ་ལ་སྔགས་ལམ་ཉིད་བགྲོད་པ་གཅིག་པའི་ལམ་ཡིན་པར་གྲུབ་པའོ། །དང་པོ་ནི། ཟབ་རྒྱས་ཆོས་ཀྱི་སྒོ་འཕར་བགྲང་ཡས་ཀྱང་། །གསང་ཆེན་སྨིན་གྲོལ་ལམ་མཆོག་མ་བརྟེན་པར། །ཐོབ་པ་མིན་ཞེས་རྫོགས་སངས་རྒྱས་དེས་གསུངས། །ཞེས་པ་སྟེ། ཟབ་པ་ཇི་ལྟ་བ་སྟོང་པ་ཉིད་སྟོན་པ་དང་། རྒྱས་པ་ཇི་སྙེད་པ་ཀུན་རྫོབ་ཀྱི་ཕྱོགས་རྣམས་སྟོན་པའི་ཆོས་ཀྱི་སྒོ་འཕར་བགྲང་མཐའ་ཡས་པ་ཞིག་གསུངས་ཀྱང་གསང་ཆེན་རྡོ་རྗེ་ཐེག་པའི་སྨིན་གྲོལ་གྱི་ལམ་མཆོག་མ་བརྟེན་པར་འབྲས་བུ་མཐར་ཐུག་སངས་རྒྱས་ཉག་གཅིག་དེ་ཐོབ་པ་མིན་ཞེས་རྫོགས་པའི་སངས་རྒྱས་དེས་གསུངས་སོ། །གསང་སྙིང་ལས། འཇིག་རྟེན་དྲུག་གི་ཕྱོགས་བཅུ་ན། །འདས་དང་ད་ལྟ་བྱུང་བ་ཡི། །རྒྱལ་བའི་དཀྱིལ་འཁོར་མ་ལུས་པ། །བསྟེན་ནས་སྐུ་ལྔ་ལྷུན་གྱིས་རྫོགས། །ཞེས་སོ། །

གཉིས་པ་ནི། ཇི་སྲིད་སེམས་ཀྱི་འཇུག་པ་མ་ཟད་པར། །ཐེག་པའི་གྲངས་མཐར་ཐུག་པ་མེད། །བགྲོད་གཅིག་ལམ་ལ་དཀྱིལ་འཁོར་བསྐོར་ཏེ། །རང་རང་རྗེས་མཐུན་འབྲས་བུ་བླ་དང་བཅས། །ཞེས་པ་སྟེ། ཇི་སྲིད་དུ་སེམས་ཀྱི་རྣམ་པར་རྟོག་པའི་འཇུག་པ་མ་ཟད་ཀྱི་བར་དུ་བསམ་གྱིས་མི་ཁྱབ་པར་མཐའ་ཡས་པའི་ཐེག་པའི་གྲངས་མཐའ་ལའང་ཐུག་པ་མེད་དེ་ལང་གཤེགས་ལས། །ཇི་སྲིད་སེམས་ཀྱི་འཇུག་པའི་བར། །ཐེག་པའི་མཐའ་ལ་ཐུག་པ་མེད། །ཅེས་སོ། །དེ་ལྟར་གནས་སྐབས་སུ་ཐེག་པ་གསུམ་དང་དགུ་ལ་སོགས་པ་བསྟན་པ་རྣམས་ནི་རེ་ཞིག་དེ་དང་དེས་འདུལ་བའི་གདུལ་བྱ་རྣམས་དྲང་བའི་ཐབས་སུ་བསྟན་པ་ཡིན་ནོ། །མཐར་དེ་དག་ཀྱང་སངས་རྒྱས་རྣམས་ཀྱི་བགྲོད་པ་གཅིག་པའི་ལམ་རྡོ་རྗེ་ཐེག་པ་ལ་དཀྱིལ་འཁོར་བསྐོར་བ་ཙམ་དུ་གསུངས་པ་ཡིན་ཏེ། ཅི་ཞིག་ན་ཐེག་པ་དེ་དག་གིས་རང་རང་དང་རྗེས་སུ་མཐུན་པའི་འབྲས་བུ་མཐར་ཐུག་པ་རེ་ཐོབ་མོད། འོན་ཀྱང་དེས་གོ་མི་ཆོད་པས་དེ་དུང་བླ་སྟེ་གོང་དུ་བགྲོད་བྱ་དང་བཅས་པ་ཡིན་པའི་ཕྱིར། སྙིང་པོ་ལས། ས་རྣམས་ཁྱད་པར་བཀོད་པ་ཡང་། །གསང་བའི་སྙིང་པོར་འགྲོ་བའི་ལམ། །ཞེས་སོ། །

གསུམ་པ་ནི། འོན་ཀྱང་ཐེག་པ་སོ་སོའི་ངེས་འབྱུང་ལས། །ཐེག་གཅིག་ལམ་ལ་མ་ཞུགས་འབྲས་འཐོབ་ཅི། །ཞེས་པ་སྟེ། མཚན་ཉིད་སྡེ་གསུམ་དང་ཕྱི་རྒྱུད་སྡེ་གསུམ་གྱི་ཐེག་པ་རྣམས་ཀྱིས་རང་རང་གི་ལམ་གྱི་མི་མཐུན་ཕྱོགས་འཁོར་དང་བཅས་པ་སྤངས་པའི་འབྲས་བུ་རེ་ཐོབ་ཀྱང་ཐེག་པ་སོ་སོའི་ངེས་པར་འབྱུང་བའི་མྱང་འདས་ཙམ་ལས། བླ་ན་མེད་པའི་ཐེག་པ་གཅིག་པུ་གསང་སྔགས་རྡོ་རྗེ་ཐེག་པའི་ལམ་ལ་མ་ཞུགས་པར་མཐར་ཐུག་གི་འབྲས་བུ་ཐོབ་པ་ཅི་ཞིག་ཡོད་དེ་མེད་དེ། ཇི་སྐད་དུ། ཐེག་པ་གསུམ་གྱིས་ངེས་འབྱུང་ལ། །ཐེག་པ་གཅིག་གི་འབྲས་བུར་གནས། །ཞེས་སོ། །

གཉིས་པ་རྣམ་གྲོལ་གྱི་ལམ་ཐམས་ཅད་ཐེག་དགུར་འདུ་ཚུལ་བཤད་པ་ནི། འདིར་ནི་རྫོགས་པ་ཆེན་པོའི་རིང་ལུགས་ལྟར། །ཉན་ཐོས་རང་རྒྱལ་བྱང་ཆུབ་སེམས་དཔའ་ལ། །མཚན་ཉིད་རྒྱུ་ཡི་ཐེག་པ་གསུམ་ཞེས་གསུངས། །ཀྲི་ཡ་ཨུ་པ་ཡོ་ག་ཕྱི་རྒྱུད་གསུམ། །བླ་མེད་ཕ་རྒྱུད་མ་ཧཱ་ཡོ་ག་དང་། །མ་རྒྱུད་ཨ་ནུ་ཡོ་གར་གྲགས་པ་དང་། །གཉིས་མེད་རྒྱུད་སྡེ་ཨ་ཏི་ཡོ་ག་ལ། །ནང་རྒྱུད་གསུམ་ཞེས་ཐེག་པ་རིམ་དགུར་བསྡུ། །ཞེས་པ་སྟེ། བསྟན་བཅོས་འདིར་ནི་གསང་སྔགས་རྫོགས་པ་ཆེན་པོའི་

རིང་ལུགས་ལྟར་ཐེག་པ་རིམ་པ་དགུར་རྣམ་པར་བཞག་པ་ཡིན་ཏེ། སྤྱི་མདོ་ལས། དོན་དམ་ངེས་པའི་ཐེག་པ་ནི། །གསུམ་དུ་ངེས་པར་སྣང་བ་སྟེ། །ཀུན་འབྱུང་འདྲེན་དང་དཀའ་ཐུབ་རིག །དབང་བསྒྱུར་ཐབས་ཀྱི་ཐེག་པའོ། །ཞེས་པ་ལྟར་རེ་རེ་ལའང་གསུམ་གསུམ་དུ་ཕྱེ་བས་དགུའོ། །དེ་ཡང་ཆོས་ཐ་དད་པའི་རིམ་པ་དགུ་ཡོད་པ་མིན་ཏེ། ཉན་རང་གི་ཐེག་པར་གནས་སྐབས་པའི་ཐར་པ་ཙམ་ལས། མཐར་ཐུག་གི་ལམ་འབྲས་གཉིས་ཀ་མ་བསྟན་པས། རང་འབྲས་མཐར་ཕྱིན་ནས་ཀྱང་སླར་ཐེག་ཆེན་དུ་འཇུག་དགོས་པས་དེར་འདུ་ཞིང་། ཕར་ཕྱིན་དང་ཕྱི་རྒྱུད་སྡེ་གསུམ་དུ་མཐར་ཐུག་གི་འབྲས་བུ་བསྟན་ཀྱང་། དེར་བགྲོད་བྱེད་ཀྱི་ལམ་རྫོགས་པར་མ་བསྟན་ཅིང་། སྔགས་བླ་མེད་དུ་ནི་ལམ་དང་འབྲས་བུ་གཉིས་ཀ་རྫོགས་པར་བསྟན་པས་ན་ཁྱད་པར་དུ་འཕགས་པ་ཡིན་ནོ། །དེས་ན་དང་པོ་ཀུན་འབྱུང་འདྲེན་པའི་ཐེག་པ་ལ་གསུམ་སྟེ། ཉན་ཐོས་ནི། ལྟ་བ་གང་ཟག་གིས་བདག་རང་བཞིན་མེད་པ་རྟོགས་ཀྱང་། ཆོས་བདག་གཟུང་བ་རྡུལ་ཕྲན་ཆ་མེད་དང་། ཤེས་པ་སྐད་ཅིག་ཆ་མེད་དོན་དམ་དུ་ལྟ་ཞིང་། སྤྱོད་པ་རང་ཉིད་ཞི་བདེའི་བསམ་པས་སོ་ཐར་རིས་བདུན་ལ་གནས་ཏེ། སྒོམ་པ་མི་སྡུག་པ་སྒོམ་པ་སོགས་ཞི་གནས་ཀྱིས་སེམས་ལས་རུང་དུ་བསྒྱུར་ནས། ལྷག་མཐོང་བདེན་བཞི་མི་རྟག་བཅུ་དྲུག་བསྒོམ་པ་ཡིན་ཏེ། དེ་ཡང་སྡུག་བསྔལ་གྱི་བདེན་པ་ནད་ལྟ་བུ་དང་།ཀུན་འབྱུང་ནད་དེའི་རྒྱུ་ལྟ་བུ་དང་། འགོག་བདེན་ནད་ལས་གྲོལ་བ་ལྟ་བུ་དང་། ལམ་བདེན་ནད་ཀྱི་གཉེན་པོའི་སྨན་ལྟ་བུར་རྟོགས་པས། དེས་ན་སྡུག་བསྔལ་ཤེས་བྱ། ཀུན་འབྱུང་སྤང་བྱ། འགོག་པ་མངོན་དུ་བྱ་བའམ་ཐོབ་བྱ། ལམ་རྒྱུད་ལ་བརྟེན་བྱ་དང་། དེ་རེ་རེ་ལའང་བཞི་བཞིར་ཕྱེ་བའི་བདེན་ཚུལ་བཅུ་དྲུག་སྟེ། ཇི་སྐད་དུ། མི་རྟག་སྡུག་བསྔལ་སྟོང་བདག་མེད། །རྒྱུ་དང་ཀུན་འབྱུང་རབ་སྐྱེ་རྐྱེན། །འགོག་ཞི་གྱ་ནོམ་ངེས་འབྱུང་དང་། །ལམ་རིགས་སྒྲུབ་པ་ངེས་འབྱིན་ནོ། །ཞེས་སོ། །འབྲས་བུ་ནི། རྒྱུན་ཞུགས། ལན་ཅིག་ཕྱིར་འོང་བ། ཕྱིར་མི་འོང་བ་སྟེ་གནས་སྐབས་ཀྱི་འབྲས་བུ་གསུམ་དང་། མཐར་ཐུག་གི་འབྲས་བུ་ལྷག་བཅས་ལྷག་མེད་ཀྱི་དགྲ་བཅོམ་པ་ཐོབ་པོ། །འབྲས་བུ་བཞི་པོ་རེ་རེ་ལའང་། ཞུགས་གནས་གཉིས་གཉིས་ཕྱེ་བས་བརྒྱད་དེ། དབྱེ་གཞི་ལ་ལྟོས་ནས་སྐྱེས་བུ་ཟུང་བཞི་དང་། དབྱེ་ཆོས་ལ་ལྟོས་ནས་གང་ཟག་ཡ་བརྒྱད་ཅེས་བྱའོ། །རང་རྒྱལ་ནི། ལྟ་བ་གང་ཟག་གི་བདག

དང་། ཆོས་བདག་གཟུང་བ་རང་བཞིན་མེད་པར་རྟོགས་ཀྱང་། ཤེས་པ་སྐད་ཅིག་མ་དོན་དམ་དུ་ལྡན་སྟེ། རྒྱན་ལས། གཟུང་དོན་རྟོག་པ་སྤོང་ཕྱིར་དང་། །འཛིན་པ་མི་སྤོང་ཕྱིར་དུ་ནི། །རྟེན་གྱིས་བསེ་རུ་ལྟ་བུའི་ལམ། །ཡང་དག་བསྡུས་པར་ཤེས་པར་བྱ། །ཞེས་དང་། སྤྱོད་པ་ནི། ཡང་འབྱེད་འཕྲུལ་ལྡེ་ལས། ཉན་ཐོས་རང་རྒྱལ་སྲུང་མཚམས་ནི། །ཉིས་བརྒྱ་ལྔ་བཅུའི་འདུལ་ཁྲིམས་ཡིན། །ཅེས་དང་། སྒོམ་པ་བདེན་བཞི་བཅུ་དྲུག་གི་སྟེང་དུ། རྟེན་འབྲེལ་ལུགས་འབྱུང་བཀགས་ནས་ལུགས་ལྡོག་སྟོང་པ་བཅུ་གཉིས་ཁྲིགས་ཆགས་སུ་སྒོམ་པར་བྱེད་པའོ། །འབྲས་བུ་དབང་རྣོན་བསེ་རུ་ལྟ་བུས་ནི། ཉན་ཐོས་ཀྱི་སྡེ་སྣོད་ལ་དམིགས་ནས་བསྐལ་པ་བརྒྱ་བར་ཚོགས་བསགས་ཏེ། མཐར་སངས་རྒྱས་མི་བཞུགས་པའི་ཞིང་དུ་སྟན་ཐོག་གཅིག་ཏུ་སྦྱོར་ལམ་དྲོད་ནས་མི་སློབ་ལམ་གྱི་བར་དུ་མངོན་དུ་བྱས་ཏེ་རང་རྒྱལ་དགྲ་བཅོམ་ཐོབ་པ་ཡིན་ནོ། །བྱང་སེམས་ནི། ལྟ་བ་ཆོས་ཐམས་ཅད་བདག་མེད་པར་རྟོགས་ཏེ། སྤྱོད་པ་ཕར་ཕྱིན་དྲུག་དང་བསྡུ་དངོས་བཞི་ལ་སྤྱོད་ཅིང་། སྒོམ་པ་ནི་སློབ་ལམ་བཞིར་བྱང་ཕྱོགས་སོ་བདུན་བསྒོམ་སྟེ། མཐར་འབྲས་བུས་བསྐལ་པ་གྲངས་མེད་གསུམ་དུ་མི་སློབ་ལམ་བཅུ་གཅིག་ཀུན་ཏུ་འོད་ཀྱི་སར་རང་དོན་ཆོས་ཀྱི་སྐུར་གྲོལ་ཏེ་གཞན་དོན་གཟུགས་སྐུ་གཉིས་ལ་བརྟེན་ནས་སེམས་ཅན་གྱི་དོན་འཁོར་བ་མ་སྟོང་བར་དུ་མཛད་པ་ཡིན་ནོ། །དེ་གསུམ་གྱིས་ཀུན་འབྱུང་ལས་དང་ཉོན་མོངས་པའི་ལམ་ནས་ཐར་པར་འདྲེན་པར་བྱེད་པས་ན་ཀུན་འབྱུང་འདྲེན་པའི་ཐེག་པ་དང་། སོ་སོའི་ལམ་དེས་མཐར་ཐུག་གི་འབྲས་བུ་དེ་མཚོན་པར་བྱེད་པས་ན་མཚན་ཉིད་དང་། དེ་ལ་སྦྱོར་བར་བྱེད་པའི་རྒྱུ་ཙམ་ཡིན་པས་ན་རྒྱུའི་ཐེག་པ་ཞེས་བྱའོ། །

གཉིས་པ་དཀའ་ཐུབ་རིག་བྱེད་ཀྱི་ཐེག་པ་ལ་གསུམ་སྟེ། ཀྲི་ཡ་སྟེ་བྱ་རྒྱུད་དུ། ཆུ་དང་ཙོད་པན་གྱི་དབང་མཐའ་རྟེན་བཅས་བསྐུར་ནས་སྣོད་རུང་དུ་བསྒྲུབས་ནས། ལྟ་བ་བདག་གི་དེ་ཁོ་ན་ཉིད་དོན་དམ་པར་སེམས་ཉིད་དག་པ་སྟོང་གསལ་ཡེ་ཤེས་ཆེན་པོ་ཡོད་མེད་སྣང་སྟོང་གི་མཐའ་བཞི་དང་བྲལ་བ་དང་། སྤྱོད་པ་ཁྲུས་དང་གཙང་སྦྲ་སོགས་ལུས་ངག་གི་བྱ་བ་གཙོ་བོར་བྱེད་ཅིང་། སྒོམ་པ་བྱ་རྒྱུད་ཙམ་པོ་བ་ལ་བདག་ཉིད་ལྷར་བསྐྱེད་པ་མེད་ཀྱང་། བྱ་རྒྱུད་ཁྱད་པར་ཅན་ལ་ལྷའི་དེ་ཁོ་ན་ཉིད་བདག་ཉིད་ལྷ་དྲུག་གི་སྒོ་ནས་བསྐྱེད་དེ། དེ་ཡང་། སྟོང་པ་ཡི་གེ་སྒྲ་གཟུགས་དང་། །ཕྱག་རྒྱ་མཚན་མ་དྲུག

ཡིན་ནོ། །ཞེས་བདག་གི་དེ་ཁོ་ན་ཉིད་བསྒོམ་པ་སྟོང་པའི་ལྷ། དེ་ལས་ཀུན་རྫོབ་བྱང་སེམས་ཟླ་དཀྱིལ་གྱི་རྣམ་པར་བསྒོམ་པ་ཡི་གེའི་ལྷ། ཟླ་བའི་སྟེང་དུ་བཟླ་བྱའི་ཕྱག་མཚན་སྔགས་བཅས་བཀོད་པ་སྒྲའི་ལྷ། དེ་ཡོངས་སུ་གྱུར་པ་ལས་རིགས་གསུམ་སོ་སོའི་ལྷ་བསྒོམ་པ་གཟུགས་ཀྱི་ལྷ། དེ་ལ་རང་རང་གི་རིགས་གང་ཡིན་པ་དེའི་དམ་རྒྱས་འདེབས་པ་ཕྱག་རྒྱའི་ལྷ། གནས་སྐབས་ཐམས་ཅད་དུ་ལྷའི་ཏིང་ངེ་འཛིན་གྱི་འདུ་ཤེས་དང་མི་འབྲལ་བ་མཚན་མའི་ལྷ་སྟེ་དྲུག་གི་སྒོ་ནས་བདག་དམ་ཚིག་པར་བསྐྱེད། དེའི་མདུན་དུ་ཡེ་ཤེས་པ་སྤྱན་དྲངས་ཏེ་རྗེ་བོའི་ཀྱི་ཚུལ་དུ་བལྟས་ནས་མཆོད་བསྟོད་སོགས་བྱ་བ་དང་། བཟླས་བརྗོད་ཀྱི་དེ་ཁོ་ན་ཉིད། བསམ་གཏན་ཕྱི་མ་ལས། སྒྲ་དང་སེམས་དང་གཞི་ལ་གཞོལ། །གསང་སྔགས་མི་འགྱུར་གཞི་ལ་གནས། །ཡན་ལག་མ་ཉམས་གསང་སྔགས་བཟླས། །ངལ་ན་བདག་ལ་ངལ་བསོས་ཤིག །ཅེས་པ་ལྟར། གཞི་བདག་མདུན་ལྷ་རུ་བསྒོམ་པ་དང་། སེམས་དེའི་ཐུགས་ཀར་ཟླ་དཀྱིལ་བསམ་པ། ཟླ་དེའི་སྟེང་དུ་ཕྱག་ཕྲེང་སྔགས་བཀོད་པ་བཅས་གསལ་བཏབ་སྟེ། སྲོག་རྩོལ་བསྒོམས་པའི་སྦྱོར་བས་ལྷ་ཕྱག་མཚན་ལ་དམིགས་པ་རྩེ་གཅིག་ཏུ་བསྒྲིལ་ཏེ་བཟླ་བ་དང་། བསམ་གཏན་གྱི་དེ་ཁོ་ན་ཉིད་ནི། ཕྱི་མ་ལས། གསང་སྔགས་མེར་གནས་དངོས་གྲུབ་སྟེར། །སྒྲར་གནས་རྣལ་འབྱོར་སྟེར་བ་དྲན། །སྒྲ་མཐས་ཐར་པ་སྟེར་བར་བྱེད། །ཅེས་པ་ལྟར། རང་ཉིད་ལྷར་གསལ་བའི་ཐུགས་ཀར་མེ་དཔུང་གི་དབུས་སུ་ཟླ་བ་སྔགས་ཕྲེང་བཅས་གསལ་བཏབ་སྟེ་སྲོག་བསྡམས་པའི་སྦྱོར་བས་བསླབ་པ་མེར་གནས་ཏེ་ཞི་སོགས་ལས་ཐམས་ཅད་སྒྲུབ་པའི་གཞིའོ། །དེ་ནས་ཕྱག་ཕྲེང་ལས་རང་སྒྲ་དྲིལ་བུའི་སྒྲ་ལྟར་གྲགས་པར་བསམས་ནས་སྲོག་བསྡམས་པ་ནི་སྒྲར་གནས་ཏེ་ཞི་གནས་སྒྲུབ་པའི་རྟེན་གཞི་དང་། ཕྱག་ཀྱི་སྒྲ་ཙམ་དེའང་དབྱིད་ཅིང་གཞིག་ན་ཅིར་ཡང་མ་གྲུབ་པ་རྣམ་པར་མི་རྟོག་པའི་ཡེ་ཤེས་ཀྱི་ངང་ལ་མཉམ་པར་འཇོག་པ་སྒྲ་མཐར་ཏེ། ལྷག་མཐོང་འཆར་བའི་ཉེར་ལེན་གྱི་རྒྱུར་གྱུར་པའོ། །འབྲས་བུ་མི་ཚེ་བདུན་ན་རིགས་གསུམ་རྡོ་རྗེ་འཛིན་པའི་ས་སྐུ་གསུམ་ཡེ་ཤེས་ལྔའི་བདག་ཉིད་དུ་འཐོབ་པའོ། །བྱ་རྒྱུད་ཙམ་ཁྲིད་ཀྱི་སྐབས་འདིར་ཡོངས་རྫོགས་བསྟན་པའི་མངའ་བདག་དཔལ་ས་སྐྱ་པ་རྣམས་ཀྱིས་ནི་བདག་བསྐྱེད་ལྟར་མེད་པ་ཁྲིད་པར་ཅན་དང་། ཡོད་པ་རྣམས་བྱ་རྒྱུད་སྤྱོད་རྒྱུད་དུ་བཀྲལ་བ་ཡིན་པས་ཙམ་པོ་བ་ཡིན་ནོ་གསུངས། ཨུ་པ་ཡ་སྟེ་

སྤྱོད་རྒྱུད་ནི། རང་ཤར་ལས། ཨུ་པ་ཡ་ནི་འདི་ལྟ་སྟེ། །ལྟ་བ་ཡོ་གར་ལྟ་བ་ལ། །སྤྱོད་པ་ཀྲི་ཡར་སྤྱོད་པའོ། །དེ་ཕྱིར་གཉིས་ཀའི་རྒྱུད་ཅེས་གྲགས། །ཞེས་པ་ལྟར་ལྟ་སྤྱོད་གོང་འོག་དང་མཐུན་ཞིང་། ཆུ་དང་ཅོད་པན་གྱི་སྟེང་དུ་རྡོར་དྲིལ་མིང་དབང་བཅས་བསྐུར་ཞིང་། སྒོམ་པ་ལ་མཚན་བཅས་ནི། རྣམ་སྣང་མངོན་བྱང་ལས། ཡི་གེ་དང་ནི་ཡི་གེ་སྒྱུར། །དེ་བཞིན་གཞི་ལས་གཞིར་གྱུར་ཉིད། །ཤིན་ཏུ་བསྡམས་པའི་ཡིད་ལས་ནི། །བཟླས་བརྗོད་འབུམ་ཕྲག་གཅིག་བྱའོ། །ཞེས་པ་ལྟར། བདག་གནས་རྣལ་འབྱོར་སྲུང་བ་རྣམས་སྔོན་དུ་འགྲོ་བས། ཡི་གེ་དང་པོ་དོན་དམ་བྱང་ཆུབ་སེམས་སྟོང་པ་ཉིད་དང་། དེའི་སྣང་ཆ་ཀུན་རྫོབ་བྱང་སེམས་ཟླ་དཀྱིལ་བསྒོམ་པ་དང་། ཡི་གེ་གཉིས་པ་དེའི་སྟེང་དུ་བཟླ་བྱའི་སྔགས་རང་སྒྲ་བཅས་བཀོད་པ་དང་། གཞི་དང་པོ་དེ་དག་ཡོངས་སུ་གྱུར་པ་ལས་བདག་ཉིད་ལྷར་བསྐྱེད་པ་ལ་སྔགས་ཀྱུ་ལ་སོགས་པས་བྱིན་གྱིས་བརླབས་པ་དང་། གཞི་གཉིས་པ་མདུན་དུ་ཡེ་ཤེས་པ་བསྐྱེད་པ་སྤྱན་ནམ་གྲོགས་པོའི་ཚུལ་དུ་བལྟས་ཏེ། ཐུགས་ཀ་ཟླ་དཀྱིལ་ལ་སྔགས་ཕྲེང་བཀོད་ནས་སྲོག་བསྡམས་ཏེ་རྩེ་གཅིག་པའི་སྦྱོར་བས་ཏིང་ངེ་འཛིན་བརྟན་པར་བྱེད་པའོ། །མཚན་མེད་ཀྱི་རྣལ་འབྱོར་ནི། འཇུག་པའི་སེམས་ཆོས་ཐམས་ཅད་རྣམ་པར་དཔྱད་པས་སྐྱེ་མེད་དུ་རྟོགས་པ་དང་། གནས་པའི་སེམས་རྣམ་པར་མི་རྟོག་པའི་ཡེ་ཤེས་མངོན་དུ་གྱུར་པ་དང་། ལྡང་བའི་སེམས་དེ་ལྟར་མ་རྟོགས་པ་རྣམས་ལ་སྙིང་རྗེ་ཆེན་པོས་ལྷག་པར་འཇུག་པའོ། །དེ་ལྟར་འཇུག་གནས་ལྡང་གསུམ་གྱིས་ཁྱད་པར་དུ་བྱས་པའི་དོན་དམ་བྱང་ཆུབ་ཀྱི་སེམས་བསྒོམ་པ་དང་། དེ་ནས་ཐུན་མོང་དང་ཐུན་མོང་མ་ཡིན་པའི་ལས་རབ་འབྱམས་བསྒྲུབས་ཏེ། འབྲས་བུ་མི་ཚེ་ལྔ་ནས་རིགས་བཞི་རྡོ་རྗེ་འཛིན་པའི་ས་ཐོབ་སྟེ། རིགས་བཞི་ནི་ལས་རིགས་རིན་ཆེན་རིགས་ལ་བསྡུས་པའོ། །ཡོ་ག་སྟེ་རྣལ་འབྱོར་རྒྱུད་ནི། རིག་པའི་དབང་ལྔའི་སྟེང་དུ་རྡོ་རྗེ་སློབ་དཔོན་གྱི་དབང་དང་དྲུག་བསྐུར་ཏེ། ལྟ་བ་ནི། དོན་དམ་བདེན་པ་ནི་ཆོས་ཐམས་ཅད་སྤྲོས་པའི་མཚན་མ་དང་བྲལ་བ་འོད་གསལ་སྟོང་པ་ཉིད་དུ་ལྟ་ཞིང་། ཀུན་རྫོབ་ཏུ་ཅིར་སྣང་ཐམས་ཅད་ཆོས་ཉིད་རྟོགས་པའི་བྱིན་རླབས་རྡོ་རྗེ་དབྱིངས་ཀྱི་དཀྱིལ་འཁོར་དུ་སྣང་བའི་ཕྱིར། ཞེས་འདོད། སྤྱོད་པ་ཁྲུས་དང་གཙང་སྦྲ་སོགས་ཕྱིའི་ཀུན་སྤྱོད་ཀྱང་གྲོགས་ཙམ་དུ་བསྟེན་ནས་གཙོ་བོར་ལྷའི་རྣལ་འབྱོར་ལ་གནས་ནས་རང་གཞན་གྱི་དོན་སྤྱོད་པ་དང་། སྒོམ་པ་ལ་

མཚན་བཅས་དང་། མཚན་མེད་གཉིས་ལས།

དང་པོ་ནི། དང་པོའི་སྦྱོར་བ་སྔོན་དུ་སོང་ནས། བདག་ཉིད་མངོན་བྱང་ལྔ་དང་ཆོ་འཕྲུལ་བཞིའི་སྒོ་ནས་བསྐྱེད་དེ། གཞི་ལས། མི་རྟོག་ཟླ་བ་གསུང་རྡོ་རྗེ། །སྤྲོ་བསྡུས་བསྒོམ་པའི་སྐུ་རྡུ་གསལ། །ཏིང་འཛིན་བྱིན་རླབས་དབང་བསྐུར་མཆོད། །མངོན་བྱང་ལྔ་དང་ཆོ་འཕྲུལ་བཞི། །བསྒོམ་ཞིང་མཆོད་པ་བྱ་བ་ཡང་། །བསོད་ནམས་ལྡན་ཕྱིར་བྱ་བ་ཡིན། །ཞེས་པ་ལྟར། གཙོ་བོ་གཞི་སྟོང་ཉིད། གདན་ཟླ་བ། གསུང་ཡིག་འབྲུ། ཐུགས་ཕྱག་མཚན། སྐུ་ཡོངས་རྫོགས་ལ་མངོན་པར་བྱང་ཆུབ་པ་ལྟར་བསྐྱེད་ལ། དེ་ནས་ཏིང་ངེ་འཛིན་གྱི་ཆོ་འཕྲུལ་ནི་འཁོར་བཀོད་པ་དང་། དབང་བསྐུར་བའི་ཆོ་འཕྲུལ་ནི་དེ་ཉིད་དང་། བྱིན་གྱིས་བརླབས་པའི་ཆོ་འཕྲུལ་ནི་ཕྱག་རྒྱ་བཞིས་རྒྱས་གདབ་པ་དང་། མཆོད་པའི་ཆོ་འཕྲུལ་ནི་མཆོད་བསྟོད་བཟླས་བརྗོད་སོགས་སོ། །ཕྱག་རྒྱ་བཞི་ནི། ཐུགས་དམ་ཚིག་གི་ཕྱག་རྒྱ། གསུང་ཆོས་རྒྱ། སྐུ་ཕྱག་རྒྱ་ཆེན་པོ། ཕྲིན་ལས་ལས་ཀྱི་ཕྱག་རྒྱ་རྣམས་ཀྱིས་རྒྱས་བཏབ་སྟེ་བསྒོམ་པའོ། །

གཉིས་པ་ནི། དོན་དམ་པ་མཚན་མ་མེད་པའི་ངོ་བོ་ཉིད་དང་དེའི་བྱིན་རླབས་ལྷར་སྣང་ཡེ་ཤེས་ཀྱི་སྣང་ཆ་གཉིས་གཉིས་སུ་མེད་པའི་ངང་ལ་འཇོག་པའོ། །འབྲས་བུ་ནི། མི་ཚེ་གསུམ་ན་སྟུག་པོ་བཀོད་པའི་ས་ལ་སྐུ་གསུམ་ཡེ་ཤེས་ལྔའི་བདག་ཉིད་ཅན་དུ་འཚང་རྒྱ་བའོ། །དེ་གསུམ་གྱིས་ཕྱིའི་དཀའ་ཐུབ་ལ་བརྟེན་ནས་ནང་གི་དོན་རིག་པར་བྱེད་པའམ། ཡང་ན་དཀའ་ཐུབ་དང་གཙང་སྦྲ་སོགས་བྲམ་ཟེ་རིག་བྱེད་པ་ལྟར་བརྟེན་པས་ན་དཀའ་ཐུབ་རིག་བྱེད་ཀྱི་ཐེག་པ་དང་། བླང་དོར་དང་སྤྱང་གཉེན་ཐམས་ཅད་ཕྱི་མཚན་ཉིད་རྒྱུའི་ཐེག་པ་དང་ཚུལ་འདྲ་བས་ཕྱི་ཐུབ་པ་རྒྱུད་ཀྱི་ཐེག་པ་ཞེས་བྱའོ། །

གསུམ་པ་དབང་བསྒྱུར་ཐབས་ཀྱི་ཐེག་པ་ལ་གསུམ་སྟེ། རྣལ་འབྱོར་བླ་མེད་ཕ་རྒྱུད་བསྐྱེད་པ་མ་ཧཱ་ཡོ་ག་ནི། དབང་བཞིས་བསྡུས་པའི་ཕན་དབང་བཅུ། ནུས་དབང་ལྔ། ཟབ་དབང་གསུམ་བཅས་བསྐུར་ནས་སྣོད་རུང་དུ་བྱ་སྟེ། ལྟ་བ་ཆོས་ཐམས་ཅད་སེམས་ཉིད་སྣང་སྟོང་དབྱེར་མེད་ལྷག་པའི་ཆོས་སྐུ་ཆེན་པོར་ལྟ་བ་དོན་དམ་དང་། དེ་ཉིད་ཀྱི་རྩལ་རྟོག་ཚོགས་ཐམས་ཅད་སྐུ་ཆེན་པོར་ལྟ་བ་དོན

དམ་དང་། དེ་ཉིད་ཀྱི་རྩལ་རྫོགས་ཚོགས་ཐམས་ཅད་སྐུ་དང་ཡེ་ཤེས་ཀྱི་དཀྱིལ་འཁོར་དུ་རང་སྣང་བ་ཀུན་རྫོབ་ཏུ་འདོད། སྤྱོད་པ་ཐབས་ལ་མཁས་པས་ཟིན་པའི་འཁོར་བའི་ཆོས་ཅི་ལ་འང་མ་ཆགས་པ་ཤ་ལྔ་བདུད་རྩི་ལྔ་སོགས་བླང་དོར་མེད་པར་སྤྱོད་པ་དང་། སྒོམ་པ་ལ་ནང་གསེས་ཀྱིས་མ་ཧཱ་ཡ་ཞ་མ་གཉིས་མེད་གསུམ་དུ་ཕྱེ་བས། གསང་འདུས་དང་གཤིན་རྗེ་སོགས་ཕ་རྒྱུད་རྣམས་སུ་ཐབས་བསྐྱེད་རིམ་གྱི་སྤྲོས་པ་དང་། རྫོགས་རིམ་གསང་དབང་གི་ཉམས་ལེན་རླུང་གཙོ་བོར་བྱེད་པས་གསལ་སྟོང་རྣམ་པར་མི་རྟོག་པའི་ཡེ་ཤེས། ཡང་དག་དང་འཁོར་ལོ་སྡོམ་པ་སོགས་མ་རྒྱུད་རྣམས་སུ་བསྐྱེད་རིམ་ཆ་ཙམ་དང་། རྫོགས་རིམ་ཤེར་དབང་གི་ཉམས་ལེན་ཁམས་བྱང་ཆུབ་སེམས་ཐིག་ལེ་གཙོ་བོར་བྱེད་པས་བདེ་སྟོང་རྣམ་པར་མི་རྟོག་པའི་ཡེ་ཤེས། སྒྱུ་འཕྲུལ་དྲྭ་བ་སོགས་གཉིས་མེད་ཀྱི་རྒྱུད་རྣམས་སུ་བསྐྱེད་རྫོགས་ཟུང་འཇུག་དང་། རྫོགས་རིམ་དབང་བཞི་པའི་ཉམས་ལེན་བདེ་གསལ་རྣམ་པར་མི་རྟོག་པའི་ཡེ་ཤེས་ཆེན་པོ་འོད་གསལ་ལྷན་ཅིག་སྐྱེས་པ་དེ་ཉིད་ཉམས་སུ་ལེན་ཅིང་། འབྲས་བུ་ཉེ་རྒྱུ་གསུམ་གྱིས་མཚམས་སྦྱར་ཏེ། ཚེ་འདིའམ་བར་དོར་སྐུ་ལྔ་ལྷུན་གྱིས་གྲུབ་པར་འཚང་རྒྱའོ། །མ་རྒྱུད་ལུང་ཨ་ནུ་ཡོ་ག་ནི། ཕྱི་ནང་སྒྲུབ་གསང་བཞིས་བསྡུས་པའི་རྩ་བའི་དབང་བསྐུར་སོ་དྲུག་ལས། ཡན་ལག་གི་དབང་བརྒྱད་བརྒྱ་པོ་གཅིག་ཏུ་ཕྱེ་བ་བསྐུར་ཏེ། ལྟ་བ་གཞི་ཆོས་ཐམས་ཅད་དཀྱིལ་འཁོར་རྣམ་གསུམ་མ་འདྲེས་པར་གཏན་ལ་ཕབ་སྟེ། དེ་ཡང་དབྱིངས་སྐྱེ་མེད་སྤྲོས་པ་དང་བྲལ་བ་ཡུམ་ཀུན་ཏུ་བཟང་མོའི་མཁའ་ཀློང་རྣམ་པར་དག་པའམ། ཡེ་ཇི་བཞིན་པའི་དཀྱིལ་འཁོར་ཞེས་བྱ། དེ་ཉིད་འགག་པ་མེད་པ་ཡུལ་ཅན་བདེ་བ་ཆེན་པོར་རང་བྱུང་རིག་པར་འོད་གསལ་བ་ནི་ཡེ་ཤེས་ཀུན་ཏུ་བཟང་པོའམ། རང་བཞིན་ལྷུན་གྱིས་གྲུབ་པའི་དཀྱིལ་འཁོར་ཞེས་དང་། དབྱིངས་དང་ཡེ་ཤེས་གཉིས་སུ་མེད་པ་སྲས་བདེ་བ་ཆེན་པོ་སྙེ་རྩ་བ་བྱང་ཆུབ་སེམས་ཀྱི་དཀྱིལ་འཁོར་རོ། །སྤྱོད་པ་ནི་གཙོ་བོར་མཉམ་པ་ཉིད་ལ་སྤྱོད་པའོ། །སྒོམ་པ་ལ། གྲོལ་ལམ་ནི་དོན་གྱི་རྗེས་སུ་འཇུག་པ་རྣམ་པར་མི་རྟོག་པའི་ཡེ་ཤེས་དང་། ཡི་གེའི་རྗེས་སུ་འཇུག་པ་བསྐྱེད་སྔགས་བརྗོད་པ་ཙམ་གྱིས་ཆུ་ལས་ཉ་ལྡང་བ་ལྟར་སྣོད་བཅུད་ལྷའི་འཁོར་ལོར་གསལ་བ་དང་། ཐབས་ལམ་ནི་སྟེང་སྒོ་འཁོར་ལོ་བཞིའམ་དྲུག་དང་། འོག་སྒོ་མཁའ་གསང་གི་སྙོམས་འཇུག་ལ་བརྟེན་ནས་ལྷན་སྐྱེས་ཀྱི་ཡེ་ཤེས་བསྐྱེད་པས་གནས

སྐབས་སུ་ཚོགས་ལམ་འདུན་པ་སེམས་པའི་རྣལ་འབྱོར། སྦྱོར་ལམ་རིགས་ཆེན་འབྱེད་པའི་རྣལ་འབྱོར། མཐོང་ལམ་དབུགས་ཆེན་འབྱིན་པའི་རྣལ་འབྱོར། སྒོམ་ལམ་ལུང་ཆེན་ཐོབ་པའི་རྣལ་འབྱོར་ཏེ་སློབ་ལམ་བཞི་མཐར་ཕྱིན་ནས། འབྲས་བུ་མི་སློབ་ལམ་རྩལ་ཆེན་རྫོགས་པའི་རྣལ་འབྱོར་ཚེ་འདི་ལ་མངོན་དུ་བྱས་ཏེ་སྐུ་བཞིའི་བདག་ཉིད་བདེ་བ་ཆེན་པོའི་སྐུ་འཐོབ་པའོ། །གཉིས་སུ་མེད་པའི་རྒྱུད་མན་ངག་ཨ་ཏི་ཡོ་ག་ནི། དབང་བཞི་པ་རྩལ་དུ་བཏོན་པ་སྤྲོས་བཅས་སྤྲོས་མེད་ཤིན་ཏུ་སྤྲོས་མེད་རབ་ཏུ་སྤྲོས་མེད་བཞིའི་དབང་བསྐུར་ཏེ། ལྟ་བ་གཞི་སྣང་སྲིད་ཐམས་ཅད་ཀྱིས་བསྡུས་པའི་ཆོས་ཐམས་ཅད་ཡེ་ནས་སངས་རྒྱས་པའི་རང་བཞིན་ཏུ་གཏན་ལ་ཕབ། སྤྱོད་པ་ཅིར་སྣང་ཐམས་ཅད་ཆོས་ཉིད་ཀྱི་རོལ་པར་ཤར་བ་བླང་དོར་མེད་པར་སྤྱོད། སྒོམ་པ་ཀ་དག་གི་ལྟ་བའི་ངང་ལས་མ་གཡོས་པར་འཛོག་པ་དང་། ཐོད་རྒལ་གྱི་གནད་དྲུག་ལ་བརྟེན་ནས་སྣང་བཞི་རིམ་པར་འཆར་བ་སྟེ། ཆོས་ཉིད་མངོན་སུམ། ཉམས་གོང་འཕེལ། རིག་པ་ཚད་ཕེབ། ཆོས་ཉིད་ཟད་པའི་སྣང་བས་མཐར་ཕྱིན་པར་བྱེད་པའོ། །འབྲས་བུ་ནི་ལྷུན་རྫོགས་ཀུན་ཏུ་བཟང་པོའི་ས་ལ་དད་ལྟ་ཉིད་ནས་གནས་པ་མཐར་ཕྱིན་པ་སྟེ། གདེང་བཞི་ཚད་དུ་ཕྱིན་པས་འཁོར་བ་མྱང་འདས་སུ་གྲོལ་བའོ། །དེ་གསུམ་གྱིས་སྣོད་བཅུད་ཐམས་ཅད་སེམས་ཉིད་སྐུ་དང་ཡེ་ཤེས་ཀྱི་དཀྱིལ་འཁོར་བདེན་གཉིས་དབྱེར་མེད་བློའི་སྤྱོད་ཡུལ་དང་བྲལ་བར་གཏན་ལ་ཕབ་པས་ཆོས་ཐམས་ཅད་མཉམ་པ་ཆེན་པོར་དབང་བསྒྱུར་བའི་ཐབས་ལ་མཁས་པས་ན་དབང་བསྒྱུར་ཐབས་ཀྱི་ཐེག་པ་དང་། ནང་སེམས་ཉིད་སྐུ་དང་ཡེ་ཤེས་ཀྱི་རོལ་པར་སྣང་བས་དངོས་གྲུབ་གཞན་ནས་མི་འཚོལ་བར་རང་བྱུང་གི་ཡེ་ཤེས་སུ་མཐོང་བས་ནང་རྒྱུད་སྡེ་གསུམ་ཞེས་བྱ་སྟེ། དེས་ན་རྣམ་གྲོལ་གྱི་ལམ་ཐམས་ཅད་ཐེག་པ་དགུ་པོ་དེར་འདུ་ལ། དེ་ཐམས་ཅད་རང་བཞིན་རྫོགས་པ་ཆེན་པོའི་ཐེག་པ་འདིར་འདུས་ཤིང་རྫོགས་པ་ཡིན་ནོ། །

གསུམ་པ་རིགས་ཅན་གསུམ་སོ་སོར་སྤྱགས་ཀྱི་ལམ་ཞུགས་ཡོད་པར་བསྟན་པ་ནི། ཉན་རང་བྱང་སེམས་རིགས་ཅན་སོ་སོ་ལ། །རྡོ་རྗེ་འཛིན་པའི་ལམ་ཞུགས་ཡོད་དོ་ཞེས། །འབུམ་ལྔའི་རྒྱུད་ཀྱི་ལུང་ལས་གསལ་བར་གྲུབ། །ཅེས་པ་སྟེ། རྒྱུད་འབུམ་ལྔ་ལས། རྡོ་ཡི་རིགས་ཀྱི་བྱེ་བྲག་ཅིག །བཞུ་བས་ལྕགས་དང་ཟངས་དངུལ་འགྱུར། །གསེར་འགྱུར་རྩི་ཡི་དངོས་པོ་ཡིས། །ཀུན་ཀྱང་གསེར་དུ

སྒྱུར་བར་བྱེད། །དེ་བཞིན་སེམས་ཀྱི་བྱེ་བྲག་གིས། །རིགས་ཅན་གསུམ་གྱི་སྡོམ་པ་ཡང་། །དཀྱིལ་འཁོར་ཆེན་པོ་འདིར་ཞུགས་ན། །རྡོ་རྗེ་འཛིན་པ་ཞེས་བྱའོ། །ཞེས་གསུངས། འདིའི་དཔེ་ནི་རྡོ་རིགས་གསུམ་ཕལ་པ་དེ་གསུམ་བཞུ་བ་ལས་བྱུང་བའི་ལྕུགས་ཟངས་དངུལ་གསུམ་རིམ་པ་ལྟར་ཉན་རང་བྱང་སེམས་གསུམ་དང་། ཁམས་དེ་གསུམ་གསེར་འགྱུར་རྩི་ས་གསེར་དུ་བསྒྱུར་བ་ནི། རིགས་ཅན་གསུམ་གྱི་སྡོམ་པ་ཡང་སྔགས་ཀྱི་དཀྱིལ་འཁོར་དུ་བཅུག་སྟེ་དབང་བསྐུར་ན་གསུམ་ཀ་རིག་པ་འཛིན་པའི་སྡོམ་པར་འགྱུར་བའོ། །

བཞི་པ་བློ་ཁྱད་ཀྱིས་སྔགས་ལམ་ལ་འཇུག་སྒོ་མི་འདྲ་བ་མང་ཡང་འདིར་བཤད་བྱ་མིན་པར་བསྟན་པ་ནི། བསམ་པའི་དབྱེ་བས་སྔགས་ལ་འཇུག་པའི་ཚུལ། །ཆོས་སྒོ་མང་ཡང་དེ་དག་སྤྲོ་བྱ་མིན། །ཞེས་པ་སྟེ་གདུལ་བྱ་རྣམས་ཀྱི་ཁམས་དབང་བསམ་པའི་བྱེ་བྲག་གི་དབྱེ་བས་སྔགས་ལམ་ལ་འཇུག་པ་ན་གཞི་ལམ་འབྲས་བུ་གསུམ་ནས་འཇུག་པས་མཚོན་པའི་ཆོས་སྒོ་མང་པོ་ཞིག་སྣང་ཡང་དེ་དག་འདིར་རེ་རེ་ནས་སྤྲོ་བར་བྱ་བ་མིན་ཏེ། དགོས་པ་ཆུང་ཞིང་ཡི་གེའི་ལས་སུ་ཆེ་བའི་ཕྱིར། དེ་དག་མཚོན་པ་ཙམ་ནི་གཞི་ནས་འཇུག་པ་གྲུབ་མཐས་བློ་ཡེ་མ་བསྒྱུར་བ་ཨི་ནྡྲ་བྷཱུ་ཏི་བཞིན་དང་། ལམ་ལྷ་མི། ཉན་རང་། བྱང་སེམས། ཀྲི་ཡོག་སྟེ་གསུམ་ལ་སློབ་བཞིན་པར་སྔགས་ལ་ཞུགས་པ་དང་། འབྲས་བུ་ནས་འཇུག་པ་ལམ་དེ་དག་གིས་རང་འབྲས་མཐར་ཕྱིན་ནས་སླར་ཡང་སྔགས་བླ་མེད་ལ་འཇུག་པའོ། །

གསུམ་པ་ཐེག་པ་ཐམས་ཅད་ཀྱི་ལམ་གྱི་གནད་སྡོམ་པ་གསུམ་གྱི་ཉམས་ལེན་དུ་བསྡུས་པའི་འབྲེལ་གྱིས་ཁོག་དབུབ་པ་ལ་གཉིས། དབང་པོ་རབ་འབྲིང་ཐ་གསུམ་ལ་བལྟོས་པའི་སྡོམ་གསུམ་ལ་དཀྲི་ཚུལ་སྤྱིར་བསྟན་པ། བྱེ་བྲག་བསྟན་བཅོས་འདིར་བསྟན་བྱ་དབང་པོ་འབྲིང་གི་ལུགས་ཡིན་པར་བཤད་པའོ། །དང་པོ་ལ་གཉིས། བསྟན་པ། བཤད་པའོ། །

དང་པོ་ནི། འདིར་ནི་དབང་པོ་རབ་འབྲིང་ཐ་གསུམ་ལས། །ཞེས་མདོར་བསྟན་ནས།

གཉིས་པ་ལ་གསུམ། དབང་རྣོན་སྡོམ་གསུམ་ཅིག་ཅར་དུ་ཐོབ་ཚུལ་དང་། དབང་འབྲིང་སྡོམ་གསུམ་སོ་སོར་ནོད་པ་དང་། དབང་རྟུལ་སྐལ་དམན་རིམ་འཇུག་གི་ལམ་གྱི་དཀྲི་ཚུལ་ལོ། །དང་པོ་

ནི།

རབ་མཆོག་སྤྱངས་པ་མཐར་སོན་སྐལ་ལྡན་ཏེ། །དབང་བསྐུར་ཐོབ་པས་སྡོམ་གསུམ་ཅིག་ཅར་སྐྱེས། །རྟོགས་གྲོལ་དུས་མཉམ་ཨིནྡྲ་བྷཱུ་ཏི་བཞིན། །ཞེས་པ་སྟེ། དབང་པོ་ཡང་རབ་མཆོག་ཏུ་གྱུར་པ་སྦྱངས་པ་མཐར་སོན་པ་ནི་སྐལ་པ་དང་ལྡན་པ་ཡིན་ཏེ། ཁྱོད་ལ་དབང་བསྐུར་ཐོབ་པས་སྔགས་སྡོམ་ཁོ་ན་ལས་ཕྱེ་བའི་སྡོམ་པ་གསུམ་གཅིག་ཅར་དུ་སྐྱེས་པའི་ཕྱིར། དཔེར་ན་དབང་དོན་རྟོགས་པ་དང་གྲོལ་བ་དུས་མཉམ་པ་ཨིནྡྲ་བྷཱུ་ཏི་བཞིན་ནོ། །གསང་སྙིང་ལས། བླ་མེད་མཆོག་གི་དམ་ཚིག་ཏུ། །འདུལ་བའི་དབང་གིས་ཚུལ་ཁྲིམས་དང་། །ཇི་སྙེད་སྡོམ་པ་བསམ་ཡས་པ། །མ་ལུས་ཀུན་འདུས་རྣམ་པར་དག །ཅེས་སོ། །

གཉིས་པ་ནི། འབྲིང་ནི་སྡོམ་གསུམ་སོ་སོའི་ཆོག་ལ། །བརྟེན་ནས་རིམ་ཐོབ་ནཱ་གཱརྫུ་ན་ལྟར། །ཞེས་པ་སྟེ། གང་ཟག་དབང་པོ་འབྲིང་ནི་སོ་ཐར་རིས་བདུན་གང་རུང་ནོད་ནས། སྨོན་འཇུག་གཉིས་གང་རུང་གི་ཆོགས་བྱང་སྡོམ་དང་། གསང་སྔགས་ཕྱི་ནང་གི་ཚོགས་སྔགས་ཀྱི་སྡོམ་པ་དང་གསུམ་སོ་སོའི་ཆོག་ལ་བརྟེན་ནས་རིམ་པ་བཞིན་ཐོབ་པའི་ཚུལ་ཡོད་དེ། དཔེར་ན་མགོན་པོ་ཀླུ་སྒྲུབ་ཀྱི་རྣམ་ཐར་ལས། ཇི་སྐད་འབྱུང་བ་ལྟར་བྱའོ། །

གསུམ་པ་ནི། ཐ་མ་སྐལ་དམན་ཤིན་ཏུ་གདུལ་དཀའ་དེ། །གསོ་སྦྱོང་བསླབ་པའི་གནས་བཅུ་གྲུབ་མཐའ་བཞི། །བྱ་སྤྱོད་རྣལ་འབྱོར་རྒྱུད་ཀུན་རིམ་ཤེས་ནས། །བླ་མེད་འཇུག་པ་བརྟག་པ་གཉིས་པར་གསུངས། །ཞེས་པ་སྟེ། དབང་པོ་ཐ་མ་སྐལ་པ་དམན་པ་ཤིན་ཏུ་གདུལ་དཀའ་བ་དེ་རྣམས་སྐལ་དམན་རིམ་འཇུག་གི་ལམ་ནས་དཀྲི་དགོས་པ་ཡིན་ཏེ། ཇི་ལྟར་ན། དང་པོ་འཁོར་འདས་ཀྱི་སྐྱོན་ཡོན་བཤད་ནས་བློ་བཙོས་ཏེ། གསོ་སྦྱོང་དུས་ཁྲིམས་ཡན་ལག་བརྒྱད་དང་། དེའི་རྗེས་སུ་བསླབ་པའི་གནས་བཅུ་དགེ་བསྙེན། དགེ་ཚུལ། དགེ་སློང་གི་སྡོམ་པ་རྣམས་རིམ་པར་སྦྱིན་ཏེ། དེ་ལ་བྱེ་མདོ་སེམས་ཙམ་དབུ་མའི་གྲུབ་མཐའ་རྣམས་མཐར་གྱིས་བསྟན། དེའི་འོག་ཏུ་རང་རང་གི་དབང་བསྐུར་བ་སྟོན་དུ་འགྲོ་བའི་སྒོ་ནས་བྱ་སྤྱོད་རྣལ་འབྱོར་གྱི་རྒྱུད་ཀུན་སོ་སོའི་གཞུང་ནས་བཤད་པའི་མཚན་བཅས་མཚན་མེད་ཀྱི་ཏིང་ངེ་འཛིན་སོགས་ཀྱི་ཁྱད་པར་རྣམས་རིམ་པ་ལྟར་ཤེས་པར་བྱས་ནས།

ཐབས་ཤེས་གཉིས་སུ་མེད་པའི་རྣལ་འབྱོར་བདེ་བ་ཆེན་པོའི་ཐབས་ཁྱད་པར་དུ་འཕགས་པ་རྣལ་འབྱོར་བླ་ན་མེད་པའི་རྒྱུད་ལ་འཇུག་དགོས་པ་བརྟག་པ་གཉིས་པ་ལས་གསུངས་སོ། །ཇི་སྐད་དུ། དང་པོ་གསོ་སྦྱོང་སྦྱིན་པར་བྱ། །དེ་རྗེས་བསླབ་པའི་གནས་བཅུ་ཉིད། །དེ་ལ་བྱེ་བྲག་སྨྲ་བ་བསྟན། །མདོ་སྡེ་པ་ཡང་དེ་བཞིན་ནོ། །དེ་ནས་རྣལ་འབྱོར་སྤྱོད་པ་ཉིད། །དེ་ཡི་རྗེས་སུ་དབུ་མ་བསྟན། །སྔགས་ཀྱི་རིམ་པ་ཀུན་ཤེས་ནས། །དེ་རྗེས་ཀྱེ་ཡི་རྡོ་རྗེ་བསྟན། །སློབ་མས་གུས་པས་བླངས་ནས་ནི༑ ༑འགྲུབ་འགྱུར་འདི་ལ་ཐེ་ཚོམ་མེད། །ཅེས་སོ། །

གཉིས་པ་བྱེ་བྲག་བསྟན་བཅོས་འདིར་བསྟན་བྱ་དབང་པོ་འབྲིང་གི་ལུགས་ཡིན་པར་བཤད་པ་ལ་གཉིས། བསྟན་པ། བཤད་པའོ། །

དང་པོ་ནི། འདིར་ནི་དབང་པོ་འབྲིང་གི་ཚུལ་འཆད་དེ། །ཞེས་སོ། །

གཉིས་པ་ལ་བཞི། ཚིགས་གསུམ་སྔགས་ཀྱི་རྟེན་མཆོག་དམན་དུ་འགྲོ་ཚུལ་དམིགས་བསལ་དང་བཅས་པ་བཤད་པ། བསྟན་བཅོས་འདིར་གདན་ལ་དབབ་བྱའི་སྡོམ་པ་གསུམ་ངོས་བཟུང་བ། སོ་བྱང་གཉིས་སྔགས་སྡོམ་གྱི་ཡན་ལག་ཏུ་བསྡུ་ཚུལ་བཤད་པ། སྡོམ་གསུམ་སོ་སོའི་ལུས་རྣམ་བཞག་མདོར་བསྟན་པས་ཁོག་དབུབ་པའོ། །

དང་པོ་ནི། དགེ་སློང་དགེ་ཚུལ་དགེ་བསྙེན་སྡོམ་ལྡན་དེ། །རྡོ་རྗེ་འཛིན་པའི་རབ་འབྲིང་ཐ་ཡིན་ཞེས། །ཕྱུར་པའི་རྒྱུད་དང་དུས་འཁོར་ལས་གསུངས་ཤིང་། །འོན་ཀྱང་ཡེ་ཤེས་ལྡན་པ་གཙོ་བོར་བཟུང་། །ཞེས་པ་སྟེ། སྤྱིར་བཏང་དུ་སྔགས་ལམ་དུ་འཇུག་པའི་རྟེན་དགེ་སློང་དང་དགེ་ཚུལ་དང་དགེ་བསྙེན་གྱི་སྡོམ་པ་དང་ལྡན་པ་དེ་གསུམ་རིམ་པ་ལྟར། སྔགས་ཀྱི་རྡོ་རྗེ་འཛིན་པ་རབ་དང་འབྲིང་དང་ཐ་མ་ཡིན་ནོ་ཞེས་ཕྱུར་པའི་རྒྱུད་དང་དུས་འཁོར་རྩ་རྒྱུད་ལས་གསུངས་ཏེ། ཇི་སྐད་དུ། གསུམ་ལས་དགེ་སློང་མཆོག་ཡིན་འབྲིང་། །དགེ་ཚུལ་ཞེས་བྱ་དེ་དག་ལས། །ཁྱིམ་ན་གནས་པ་ཐ་མའོ། །ཞེས་དང་། འོན་ཀྱང་མཐའ་གཅིག་ཏུ་མ་ངེས་ཏེ། རྟེན་ཁྱིམ་པ་ཡིན་ཀྱང་མཐོང་ལམ་རྣམ་པར་མི་རྟོག་པའི་ཡེ་ཤེས་ལྡན་པ་ཡིན་ན་དེ་ཉིད་གཙོ་བོར་བཟུང་དགོས་ཏེ། དུས་འཁོར་ལས། ས་ཐོབ་མ་གཏོགས་ཁྱིམ་པ་ནི། །རྒྱལ་པོས་བླ་མར་མི་བྱའོ། །ཞེས་སོ། །

གཉིས་པ་ནི། སྤྱི་འགྱུར་རྒྱུད་སྡེའི་རྩ་བ་ཀུན་འདུས་ལས། །རང་དང་གཞན་དོན་ཕན་པ་ཆེ་བཤད་པ། །སོ་ཐར་སེམས་བསྐྱེད་དབང་བསྐུར་ཉིད་ཡིན་ཏེ། །སོ་སོར་འཛིན་ན་ཉན་ཐོས་བྱང་སེམས་དང་། །རིག་པ་འཛིན་པ་ཞེས་སུ་མཁས་ལ་གྲགས། །ཞེས་པ་སྟེ། སྤྱིར་དུ་སྡོམ་པ་གསུམ་གྱི་ཐ་སྙད་དུ་གྲགས་པ་ལ། སོ་ཐར་གྱི་བསླབ་ཚིག་གསུམ་དང་། བྱང་སེམས་ཀྱི་སྡོམ་སྟུད་དོན་བྱེད་གསུམ་དང་། སྔགས་ཀྱི་སྐུ་གསུང་ཐུགས་ཀྱི་དམ་ཚིག་ལ་སྡོམ་པ་གསུམ་དུ་བཞག་པ་སོགས་མང་དུ་སྣང་མོད། འོན་ཀྱང་འདིར་སྐབས་དོན་ངོས་བཟུང་བ་ནི། སྤྱི་འགྱུར་གྱི་རྒྱུད་སྡེ་མདོའི་རྩ་བརྒྱུད་ཀུན་འདུས་ལས། དེ་ལྟར་སྡོམ་པ་གསུམ་པོ་ཡང་། །རང་དང་གཞན་དོན་ཕན་པ་ཆེ། །ཞེས་པ་ལྟར་རང་དོན་ཞི་བདེའི་བསམ་པ་ཅན་སོ་ཐར་དང་། གཞན་དོན་དུ་རྫོགས་བྱང་ཐོབ་འདོད་ཀྱི་སེམས་བསྐྱེད་པ་དང་། ཕན་པ་ཆེ་ཞེས་པ་ཐབས་ཤེས་ཁྱད་པར་ཅན་གྱི་ཟིན་པ་རང་གཞན་གྱི་དོན་རླབས་པོ་ཆེ་གྲུབ་པ་སྔགས་ཀྱི་དབང་བསྐུར་བ་ཉིད་ཡིན་ཏེ། དེ་དག་ཀྱང་སོ་སོར་འཛིན་ན་སོ་ཐར་ཉན་ཐོས་ཀྱི་སྡོམ་པ་དང་། སེམས་བསྐྱེད་པ་བྱང་སེམས་ཀྱི་སྡོམ་པ། དབང་བསྐུར་ཐོབ་པ་རིག་པ་འཛིན་པའི་སྡོམ་པ་ཞེས་སུ་མཁས་པ་རྣམས་ལ་གྲགས་སོ། །

གསུམ་པ་ནི། དེ་ལྟར་ཐུན་མོང་སྡོམ་པ་འོག་མ་གཉིས། །འདིར་ནི་བླ་མེད་དབང་གི་ཡན་ལག་ཏུ། །རྒྱུད་སྡེ་རྒྱ་མཚོར་བཤད་ལྟར་འདིར་འཆད་དོ། །ཞེས་པ་སྟེ། བཤད་མ་ཐག་པ་དེ་ལྟར་ཐུན་མོང་གི་སྡོམ་པ་འོག་མ་སོ་བྱང་གཉིས་བསྟན་བཅོས་འདིར་ནི་བླ་མེད་དབང་གི་ཡན་ལག་ཏུ་བསྟུ་བ་ལ་རྒྱུ་མཚན་ཡོད་དེ། དེ་གཉིས་ཀྱིས་སྔགས་སྡོམ་ཐོབ་པ་ན། སོ་ཐར་སྔགས་ཀྱི་ཉེས་སྤྱོད་སྡོམ་པ་དང་། བྱང་སྡོམ་རྣམ་སྣང་གི་དམ་ཚིག་ཡིན་པ་གང་ཞིག །དེ་དེར་གནས་འགྱུར་བའི་ཕྱིར། དེ་ལྟར་ན་གསང་སྔེང་གི་རྒྱུད་སྡེ་རྒྱ་མཚོ་ཙམ་ལས་བཤད་པ་ལྟར་འདིར་ཡང་འཆད་པ་ཡིན་ནོ། །

བཞི་པ་ནི། སྡོམ་གསུམ་སོ་སོར་ཁོག་དབུབ་གླེང་གཞི་དང་། དང་པོ་སྡོམ་པ་མ་ཐོབ་ཐོབ་པའི་ཚུལ། །བར་དུ་ཐོབ་པ་མི་ཉམས་སྲུང་བའི་ཐབས། །ཐ་མར་ཉམས་ན་གསོ་ཚུལ་བཞི་རིམ་སྡོམ། །ཞེས་པ་སྟེ། ལུས་རྣམ་བཞག་མདོར་བསྟན་པའི་དོན་རྣམས་ནི་ལེའུ་ཕྱི་མ་གསུམ་གྱིས་རྒྱས་པར་འཆད་པས་འདིར་མ་སྤྲོས་སོ། །

དེ་ནས་སྐབས་བསྡུ་བ་ནི། སྡོམ་གསུམ་སྤྱིའི་བཤད་གཞི་རིམ་པར་ཕྱེ་བ་སྟེ་དང་པོའོ། །ཞེས་སོ། །།

༄ གཉིས་པ་སྡོམ་པ་གསུམ་གྱི་རང་བཞིན་དང་བསླབ་བྱ་རྒྱས་པར་བཤད་པ་ལ་གསུམ། སོ་ཐར། བྱང་སེམས། སྔགས་ཀྱི་སྡོམ་པའོ། །དེ་གསུམ་ཀ་ལ་སྔར་ལུས་རྣམ་བཞག་གི་སྐབས་སུ། ཁོག་དབུབ་གླེང་གཞི། མ་ཐོབ་པ་ཐོབ་པར་བྱེད་པ། ཐོབ་པ་མི་ཉམས་པར་སྲུང་བ། ཉམས་ན་ཕྱིར་བཅོས་ཚུལ་དང་རྒྱ་བའི་ས་བཅད་བཞི་རེའི་སྡོམ་གྱིས་བསྡུས་ནའང་། འགྲེལ་བ་དཔག་བསམ་སྙེ་མ་ལས་རྒྱ་བའི་ས་བཅད་གསུམ་དུ་བསྡུས་ཏེ་འཆད་པ་དེ་སློབ་དཔོན་གྱིས་འཆད་བདེ་ལ། སློབ་མས་གོ་བདེ་བ་སོགས་ཤིན་ཏུ་ལེགས་པས་འདིར་ཡང་དེའི་རྗེས་སུ་འབྲང་བར་བྱའོ། །

དེ་ལ་དང་པོ་སོ་ཐར་གྱི་སྡོམ་པ་བཤད་པ་ལ་གསུམ། སྟོན་པས་དམ་པའི་ཆོས་འདུལ་བ་ཇི་ལྟར་གསུངས་པ། དེ་བསྡུས་ནས་བཤད་སྒྲུབ་ཀྱིས་ཇི་ལྟར་བཟུང་བ། དེ་ལྟར་བཟུང་བའི་བརྗོད་བྱ་གཏན་ལ་དབབ་པའོ། །

དང་པོ་ནི། གླེང་གཞི་སྟོན་པས་ལྷ་ར་ཎ་སི་རུ། །ལྷག་པའི་ཚུལ་ཁྲིམས་གཙོར་སྟོན་བདེན་པ་བཞི། །ལྡེ་སྡེར་གསུངས་པ། །ཞེས་པ་སྟེ། དེ་ལ་གང་གླེང་བར་བྱ་བའི་གཞི་དམ་པའི་ཆོས་འདུལ་བ་ཇི་ལྟར་གསུངས་པའི་ཚུལ་ནི། འདི་ལྟར་ཐོས་ཏེ། བདག་ཅག་གི་སྟོན་པ་ཡང་དག་པར་རྫོགས་པའི་སངས་རྒྱས་ཤཱཀྱའི་རྒྱལ་པོ་དེ་ཉིད་ཀྱིས། སྟོན་དེ་བཞིན་གཤེགས་པ་ཤཱཀྱ་ཐུབ་ཆེན་གྱི་སྤྱན་སྔར་ཐུགས་བསྐྱེད་པ་ནས་བརྩམས་ཏེ། བསྐལ་ཆེན་གྲངས་མེད་གསུམ་ལ་ཚོགས་གཉིས་རྫོགས་པར་མཛད་ནས། སངས་རྒྱས་འོད་སྲུང་ཆེན་པོ་ཞིང་འདིར་བྱོན་པ་ན། སྟོན་པ་འདི་བྲམ་ཟེའི་ཁྱེའུ་བླ་མ་ཞེས་བྱ་བ་དང་། དེའི་སྐུའི་སྐྱེ་བ་ཕྱི་མ་ལ་དགའ་ལྡན་གྱི་གནས་སུ་ལྷའི་བུ་དམ་པ་ཏོག་དཀར་པོར་སྐྱེ་བ་བཟུང་སྟེ། དེ་ནས་འཛམ་གླིང་པ་རྣམས་ཚེ་ལོ་བརྒྱ་པའི་དུས་སུ་དགའ་ལྡན་ནས་འཕོ་བ་སོགས་མཛད་པ་བཅུ་གཉིས་ཀྱིས་དོན་མཛད་པ་ལས། གང་གི་ཚེ་དགུང་ལོ་ཉེར་དགུའི་བར་དུ་ཁབ་ཏུ་བཞུགས་ཏེ། མཐར་རབ་ཏུ་བྱུང་ཞིང་། དྲང་སྲོང་རིང་འཕུར་དང་། ལྷག་སྤྱོད་གཉིས་ལས་འཇིག་རྟེན་པའི་ཏིང་ངེ་འཛིན་ནོད་ནས། ནཻ་རཉྫ་ནའི་འགྲམ་དུ་ལོ་དྲུག་ཏུ་དཀའ་བ་སྤྱད་དེ། དགུང་ལོ་སོ་ལྔ་པ

ལ་བབས་པ་ན་རྡོ་རྗེ་གདན་དུ་ས་ག་ཟླ་བའི་ཚེས་བཅོ་ལྔའི་སྲོད་ལ་བདུད་བཏུལ་ཞིང་། ཐུན་དང་པོའི་སྐབས་དེ་ཉིད་དུ་མཉམ་པར་བཞག་སྟེ། རབ་མཐའི་བསམ་གཏན་ལ་བརྟེན་ནས་རྫུ་འཕྲུལ་དང་ལྷའི་རྣ་གཉིས་བསྒྲུབས། གུང་ཐུན་ལ་གཞན་སེམས་ཤེས་པ་དང་། སྔོན་གནས་རྗེས་དྲན། ལྷའི་མིག་གི་མངོན་ཤེས་རྣམས་དང་། ཐུན་ཐ་མ་སྐྱ་རེངས་འཆར་ཀར་ཟག་ཟད་ཀྱི་མངོན་ཤེས་བསྒྲུབས་པས། བླ་ན་མེད་པའི་ཡེ་ཤེས་བརྙེས་ནས་མངོན་པར་རྫོགས་པར་སངས་རྒྱས་ཏེ། དེའི་ཚེ་འཇིག་རྟེན་ན་དགྲ་བཅོམ་པ་གཅིག་གོ། །དེ་ནས་ཞག་བདུན་ཕྲག་བདུན་འདས་པ་ཆུ་སྟོད་ཟླ་བའི་ཚེས་བཞི་ལ་ཡུལ་ཝཱ་ར་ཎ་སིར་དྲང་སྲོང་ལྷུང་བ་རི་དྭགས་ཀྱི་ནགས་སུ། སྟོན་པ་ཐུབ་པའི་དབང་པོས། ཀུན་ཤེས་ཀཽཎྜི་ན་ཡ། རྟ་ཐུལ། རླངས་པ། མིང་ཆེན། བཟང་ལྡན་ཏེ་འཁོར་ལྔ་སྡེ་བཟང་པོ་དང་ལྷ་བརྒྱད་ཁྲི་བཅས་ལ་ལྷག་པའི་ཚུལ་ཁྲིམས་ཀྱི་བསླབ་པ་གཙོ་བོར་སྟོན་པ་བདེན་པ་བཞི་ལན་གསུམ་བཟླས་པས་ལྔ་སྡེས་དགྲ་བཅོམ་པ་ཐོབ། ལྷ་བརྒྱད་ཁྲིས་བདེན་པ་མཐོང་། དེའི་ཚེ་འཇིག་རྟེན་ན་དགྲ་བཅོམ་པ་དྲུག་གོ། །

གཉིས་པ་ནི། འོད་སྲུང་སོགས་ཀྱིས་བསྡུས། །བྱེ་བྲག་བཤད་མཛོད་ལ་སོགས་འཕགས་པས་བརྩམས། །ཡོན་ཏན་འོད་དང་ཤཱཀྱ་འོད་ཀྱིས་སྤེལ། །སྨད་འགྱུར་སྡོམ་རྒྱུན་ཞི་བ་འཚོ་དང་ནི། །ཕྱིས་ནས་ཤཱཀྱ་ཤྲཱི་ལས་ཀྱང་དར། །ཞེས་པ་སྟེ། དང་པོ་གནས་བརྟན་འོད་སྲུང་ཆེན་པོས་བསྡུས་པ་ནི། ཤཱ་རིའི་བུ་དང་ལྷན་ཅིག་དགྲ་བཅོམ་པ་བརྒྱད་ཁྲི། མཽདྒལ་གྱི་བུ་དང་ལྷན་ཅིག་དགྲ་བཅོམ་པ་བདུན་ཁྲི། སྟོན་པ་བཅོམ་ལྡན་འདས་དང་ལྷན་ཅིག་དགྲ་བཅོམ་པ་ཁྲི་བརྒྱད་སྟོང་མྱ་ངན་ལས་འདས་པས། དེའི་ཚེ་ལྷ་རྣམས་ཀྱིས་དགེ་སློང་དབང་ཡོད་པ་དག་མྱ་ངན་ལས་འདས་ཏེ། དམ་པའི་ཆོས་ནི་དུད་པ་ཙམ་དུ་གྱུར། དགེ་སློང་དག་ལ་སྡེ་སྣོད་གསུམ་གྱི་སྒྲ་ཡང་མི་གྲགས་སོ། །ཞེས་འཕྱ་བ་བསལ་བའི་ཕྱིར་དུ། གནས་རྒྱལ་པོའི་ཁབ་ཀྱི་ཤིང་ནྱ་གྲོ་དྷའི་ཕུག་པར། མ་སྐྱེས་དགྲས་གནས་མལ་དང་ཡོ་བྱད་རྣམས་སྦྱར་ཏེ། དགྲ་བཅོམ་པ་ལྔ་བརྒྱ་འདུས་ཏེ་དབྱར་གནས་པའི་དུས་སུ། འཕགས་པ་འོད་སྲུང་ཆེན་པོས་མངོན་པའི་སྡེ་སྣོད། ཀུན་དགའ་བོས་མདོ་སྡེ། ཉེ་བ་འཁོར་གྱིས་འདུལ་བའི་སྡེ་སྣོད་རྣམས་བསྡུས་པས། ཡང་ལྷ་རྣམས་ཀྱིས་ལྷ་རྣམས་ནི་འཕེལ། ལྷ་མ་ཡིན་ནི་འགྲིབ་སངས་རྒྱས་ཀྱི་བསྟན་པ་ཡུན་རིང་བར་གནས་སོ་ཞེས་འོག་མིན་གྱི་བར་དུ་གོ་བར་བྱས་ཤིང་ཆེད་དུ་བརྗོད་དོ། །

བསྡུ་བ་གཉིས་པ་ནི། སྟོན་པ་གཤེགས་ནས་ལོ་བརྒྱ་དང་བཅུ་ལོན་པ་ན། ཡངས་པ་ཅན་གྱི་དགེ་སློང་རྣམས་ཀྱིས། ཧུ་ལུ་ཧུ་ལུ་ཡི་རངས་དང་། །ཀུན་སྤྱོད་སྟོད་དང་ལན་ཚྭ་དང་། །ལམ་དང་སོར་གཉིས་དཀྲུགས་དང་གདིང་། །གསེར་གྱི་རུང་བ་དག་དང་བཅུ། །ཞེས་པ་ལྟར་རུང་བ་མ་ཡིན་པའི་གཞི་བཅུ་བྱས་པ་དེ། གྲགས་པ་ལ་སོགས་པ་དགྲ་བཅོམ་པ་བདུན་བརྒྱས་སུན་ཕྱུངས་ཤིང་། སྡེ་སྣོད་གསུམ་ཀ་ཚང་བ་ཚར་གཅིག་ལེགས་པར་བཏོན། མཐུན་པ་དང་བཀྲ་ཤིས་པའི་གསོ་སྦྱོང་ཡང་མཛད་དོ། །

བསྡུ་བ་གསུམ་པ་ནི། རྒྱལ་པོ་མྱ་ངན་བྲལ་གྱི་བུ་རྒྱལ་པོ་དཔའ་བོ་སྡེའི་དུས་ནས་བཟུམས་ཏེ། བདུད་ཀྱིས་བྱིན་གྱིས་བརླབས་པའི་དགེ་སློང་ལྷ་ཆེན་པོས་ནམ་ཞིག་གི་ཚེ་མདོ་འདོན་པ་ན། གཞན་ལན་གདབ་དང་མི་ཤེས་པ། །ཡིད་གཉིས་དང་ནི་ཡོངས་སུ་བརྟགས། །བདག་ཉིད་གསོ་བར་བྱེད་པ་སྟེ། །འདི་ནི་སྟོན་པའི་བསྟན་པ་ཡིན། །ཞེས་ཆོས་མ་ཡིན་པའི་གཞི་ལྔ་བསྒྲགས་ཏེ། དགེ་འདུན་རྣམས་རྩོད་པའི་མགོ་བཙུམས་ཏེ། དེ་ནས་དེའི་རྗེས་སུ་ཞུགས་པ། བཟང་པོ། གནས་བརྟན་ཀླུ་དང་། ཡིད་བརྟན་རྣམས་རིམ་པར་བྱུང་བས་རྩོད་པ་སྤེལ་བས་སྡེ་པ་བཅོ་བརྒྱད་དུ་གྱེས་སོ། །དེ་ཡང་གནས་བརྟན་ཀླུས་རྩོད་པ་རྒྱ་ཆེར་སྤེལ་བས་རྩ་བའི་སྡེ་བཞི། དེ་ནས་ཡིད་བརྟན་གྱིས་རྩོད་པ་རྒྱ་ཆེར་སྤེལ་བས་སྡེ་པ་བཞི་ཡང་བཅོ་བརྒྱད་དུ་གྱེས་ཏེ། དེ་ནས་རེ་ཞིག་གི་ཚེ་རྩོད་པ་ཅུང་ཟད་ཞི་ནས་སོ་སོར་གནས་པའི་དུས་སུ་རྒྱལ་རབས་བཞི་ཙམ་སོང་བ་ན་རྒྱལ་པོ་ཀ་ནི་ཥྐས་སྦྱིན་བདག་བྱས་ནས་བཀའ་བསྡུ་གསུམ་པ་མཛད། དེ་ཡང་འདོད་ཚུལ་མི་འདྲ་བ་འགའ་ཞིག་སྣང་ཡང་། ཁ་ཆེ་བ་དག་གིས་ནི། ཁ་ཆེའི་ཡུལ་ན་རྒྱན་གྱི་གཙུག་ལག་ཁང་དུ། འཕགས་པ་རྩི་བས་ལོགས་སོགས་དགྲ་བཅོམ་པ་ལྔ་བརྒྱ་དང་། བ་སུ་མི་ཏྲ་སོགས་བཙུན་པ་ཆེན་པོ་བཞི་བརྒྱ་དང་། བྱང་ཆུབ་སེམས་དཔའ་ལྔ་བརྒྱ་འདུས་ཏེ། གསེར་ཕྲེང་ཅན་གྱི་རྟོགས་བརྗོད་ཀྱི་མདོ་དྲངས་ནས་གྱེས་པ་བཅོ་བརྒྱད་པོ་ཐམས་ཅད་སངས་རྒྱས་ཀྱི་བཀར་བསྒྲུབས་ཤིང་། འདུལ་བའི་ཚིགས་ཐམས་ཅད་ཡི་གེར་བཀོད། མདོ་སྡེ་དང་མངོན་པ་སྔར་ཡི་གེ་མ་འཁོད་པ་རྣམས་ཀྱང་དུས་དེར་ཡི་གེར་བྲིས་པ་ཡིན་ནོ། །དེ་ནས་དགོངས་འགྲེལ་གྱི་བསྟན་བཅོས་བྱུང་ཚུལ་ལ་གཉིས། ཉན་ཐོས་ཀྱི་ཐུན་མོང་མ་ཡིན་པ་དང་། ཐེག་པ་ཐུན་མོང་གིའོ། །

དང་པོ་ནི། བསྟན་བཅོས་བྱེ་བྲག་བཤད་མཛོད་ཆེན་པོ་ཡིན་ཏེ། འདི་ནི་ཉེ་སྦས་ཀྱི་དུས་དགྲ་བཅོམ་པ་རྣམས་ཀྱིས་སྤྱི་མཐུན་དུ་བརྩམས་པར་གྲགས།

གཉིས་པ་ནི། བྲམ་ཟེའི་བཙུན་པ་སློབ་དཔོན་ཡོན་ཏན་འོད་ཀྱིས་མདོ་རྩ་བ། དེའི་རང་འགྲེལ་སྟོང་ཕྲག་བཅུ་གཉིས་པ། དེའི་དོན་བསྡུ། འགྲེལ་ཆུང་། ལས་བརྒྱ་རྩ་གཅིག་གི་འགྲེལ་པ་ཀརྨ་ཤ་ཏཾ་སྟེ་གཞུང་ལྔ་མཛད། སློབ་དཔོན་ཤཱཀྱ་འོད་ཀྱིས་དགེ་ཚུལ་གྱི་སུམ་བརྒྱ་པ། དེའི་འགྲེལ་པ་འོད་ལྡན་བཅས་མཛད་ཅིང་སྤེལ་བས་ལྷོ་ཕྱོགས་འཕགས་པའི་ཡུལ་ནས་བྱང་ཕྱོགས་ཤམྦྷ་ལ་དང་ཉེ་བའི་བར་དུ་དུར་སྒྲིག་གི་རྒྱལ་མཚན་འཛིན་པས་ས་ཆེན་པོ་འདི་ཁྱབ་པར་བྱེད་པ་ནི་སློབ་དཔོན་འདི་གཉིས་ཀྱི་བཀའ་དྲིན་འབའ་ཞིག་པ་ཡིན་ནོ། །དེ་ལས་བོད་གངས་ཅན་གྱི་ལྗོངས་འདིར་གཞི་ཐམས་ཅད་ཡོད་པར་སྨྲ་བའི་སྡེ་པ་གཅིག་པུ་ལས་མ་བྱུང་ཞིང་། དེ་ཡང་སྔ་འགྱུར་གྱི་དུས་ན་མཁན་ཆེན་ཞི་བ་འཚོ་ནས། ཐ་རནྟ། གཙང་པར་རབ་གསལ། བླ་ཆེན་ནས་བརྒྱུད་པ་སྨད་འདུལ་དུ་གྲགས་པ་དང་། ཡང་ཕྱི་འགྱུར་གྱི་དུས་འདིར་སྟོད་འདུལ་ཞེས་གྲགས་པ་རྒྱ་གར་ཤར་ཕྱོགས་ཀྱི་པཎྜི་ཏ་རྣམ་པཱ་ལ་མངའ་རིས་སུ་ཕེབས་ནས་འདུལ་བའི་སྡོམ་རྒྱུན་དང་བཤད་རྒྱུན་སྤེལ་ནས་མཁན་བུའི་གཙོ་བོར་སཱ་དྷུ་པཱ་ལ། གུ་ཎ་པཱ་ལ། པྲཛྙཱ་པཱ་ལ་སྟེ་པཱ་ལ་རྣམ་གསུམ་དུ་གྲགས་པ་དང་། དེ་ལས་ཞང་ཞུང་རྒྱལ་བའི་འབྱུང་གནས་སོགས་བྱོན་པ་ཕྱིས་ཞིག་གི་བར་དུ་སྡོམ་རྒྱུན་ཡོད་སྐད། དེ་ནས་ཁྲོ་ཕུ་ལོ་ཙཱ་བ་བྱམས་པ་དཔལ་ནས་མ་འོངས་སངས་རྒྱས་བདུན་པ་རབ་གསལ་གྱི་སྐུའི་རྣམ་པར་རོལ་པ་ཁ་ཆེ་པཎ་ཆེན་ཤཱཀྱ་ཤྲཱི་སྤྱན་དྲངས་ནས་དཔལ་གྱི་མཐའ་ཅན་གསུམ་ཞེས། ས་པཎྜི་ཏ་ཀུན་དགའ་རྒྱལ་མཚན་དཔལ་བཟང་པོ། བྱང་ཆུབ་དཔལ། རྡོ་རྗེ་དཔལ་རྣམས་བསྙེན་པར་རྫོགས་པས། དེ་གསུམ་ལས་རྒྱུན་ཤིན་ཏུ་མང་བར་འཕེལ། འདི་དག་གི་སྡོམ་རྒྱུན་དང་བཤད་རྒྱུན་ནི་འགྲེལ་པ་དཔག་བསམ་སྙེ་མ་ལས་གསལ་བར་འདིར་མ་བཀོད། འོན་ཀྱང་དེར་འདུལ་བའི་བཤད་རྒྱུན་གྱི་སྐབས་སུ། སྐྱེ་ཤོད་པ་ཚུལ་ཁྲིམས་འཕགས་ནས། དམར་སྟོན་དཔལ་ལྡན་རིན་ཆེན་གྱི་བར་བླ་མ་བརྒྱད་བརྒྱུད་ཅེས་རྟོལ་ཁོང་དུ་གནང་བ་ནི། ཚུལ་ཁྲིམས་འཕགས་ནས། འདར་ཚུལ་ཁྲིམས་རྒྱལ་པོ། ཉི་སྟེང་པ་ཚུལ་ཁྲིམས་གྲགས། འདུལ་འཛིན་བློ་གྲོས་གྲགས། ནེམ་པ་པཎ་ཆེན། འདུལ་འཛིན་རྒྱལ་མཚན་དཔལ། སློབ་དཔོན་

རིན་ཆེན་བྱང་ཆུབ། དེ་ནས་དམར་སྟོན་དཔལ་ལྡན་རིན་ཆེན་སོགས་སོ། །

གསུམ་པ་དེ་ལྟར་བཟུང་བའི་བཟོད་བྱ་གཏན་ལ་དབབ་པ་ལ་བདུན། ཐོབ་བྱ་སྡོམ་པའི་ངོ་བོ། དེའི་དབྱེ་བ། མ་ཐོབ་པ་འཐོབ་པར་བྱེད་པའི་ཐབས། ཐོབ་པ་མི་ཉམས་པར་བསྲུང་བའི་ཚུལ། སྐྱེ་བའི་ལུས་རྟེན། ཉམས་ན་གསོ་བའི་ཐབས། བསྲུང་བའི་ཕན་ཡོན་ནོ། །

དང་པོ་ནི། ངོ་བོ་ངེས་འབྱུང་བསམ་པས་ཀུན་བསླངས་ནས། །གཞན་གནོད་གཞི་བཅས་ལྡོག་པ་ལུས་ངག་ལས། །སྐྱེ་ཕྱིར་གཟུགས་ཅན་ཡིན་ཞེས་འདོད་པ་དང་། །སྤོང་སེམས་རྒྱུད་ཆགས་ས་བོན་ལ་འདོད་པ། །རང་གི་སྡེ་པ་གོང་འོག་སོ་སོའི་ལུགས། །ཞེས་པ་སྟེ། སོ་ཐར་གྱི་སྡོམ་པའི་ངོ་བོ་ནི་ངེས་འབྱུང་གསུམ་གང་རུང་གིས་རྒྱུའི་ཀུན་སློང་བྱས་ནས་ཉེས་སྤྱོད་སྡོམ་པའི་ཚུལ་ཁྲིམས་གང་ཞིག །འདོད་པའི་སས་བསྡུས་པའོ། །དེ་ཡང་གཞན་གནོད་གཞི་བཅས་ལྡོག་པ་ལུས་ངག་གི་ལས་ལམ་བདུན་སྤོང་བ་ལ་རང་སྡེའི་གྲུབ་མཐའ་སྨྲ་བ་ཐམས་ཅད་མཐུན་ཡང་། གཟུགས་ཅན་དང་ཤེས་པ་སོགས་གང་ལ་འཇོག་ཞལ་མི་མཚུངས་ཏེ། བྱེ་སྨྲས། སྡོམ་པའི་དངོས་གཞི་རང་དང་མཁན་སློབ་སོགས་ཀྱི་རྣམ་པར་རིག་བྱེད་དང་། རང་རྒྱུ་འབྱུང་བ་བཞིའི་རིག་མིན་གྱི་གཟུགས་དང་གཉིས་ཀའི་ངོ་བོར་སྐྱེ་བའི་ཕྱིར། དེ་ནས་སྐད་ཅིག་གཉིས་པ་ཕྱིན་རིག་མིན་གྱི་གཟུགས་ཅན་དུ་གནས་པ་ཡིན་ཞེས་འདོད་པ་དང་། མདོ་སྡེ་པས། རྒྱུད་ཡོངས་སུ་འགྱུར་བའི་ཁྱད་པར་ལ་འདོད་པས། མཛོད་འགྲེལ་ལས། ལས་སྔོན་དུ་འགྲོ་ཞིང་སེམས་ཕྱིར་ཞིང་འབྱུང་བ་གང་ཡིན་པ་དེ་ནི་རྒྱུད་ཡིན་ལ། དེ་གཞན་དང་གཞན་དུ་སྐྱེ་བ་ནི་ཡོངས་སུ་འགྱུར་བ་ཡིན་ནོ། །ཞེས་གསུངས་ཏེ། དོན་དུ་སེམས་བྱུང་སེམས་པ་ལ་འདོད་པ་ཡིན་ཏེ། སེམས་པ་ཡིད་ཀྱི་ལས་ཡིན་ནོ། །ཞེས་འབྱུང་བའི་ཕྱིར། སེམས་ཙམ་པས་སྤོང་སེམས་རྒྱུན་ཆགས་ས་བོན་དང་བཅས་པ་ལ་འདོད་པ་ཡིན་ཏེ། ཀུན་གཞིའི་རྣམ་ཤེས་ལ་བག་ཆགས་ཀྱི་ས་བོན་འཛོག་པར་འདོད་པའི་ཕྱིར། དེ་ཡང་སེམས་རྐྱང་པ་ལ་བྱས་ན་རྒྱུན་མེད་ཅིང་། བག་ཆགས་ཙམ་ལ་བྱས་ན་གཏོང་རྒྱུ་བྱུང་བའི་གནས་སྐབས་སུ་ཡང་མི་གཏོང་བའི་ཕྱིར་ཞེས་ཟེར། དབུ་མ་པས། སྤྱོད་འཇུག་གི་ལུང་གིས་བསྒྲུབས་ནས་སྤོང་སེམས་མཚུངས་ལྡན་དང་བཅས་པ་ལ་འདོད་པ་དང་། ཡང་ཁ་ཅིག་ནས། ཆོས་ཀྱི་སྐྱེ་མཆེད་ཀྱི་གཟུགས་ལ་འདོད་པ་ཡིན་ཏེ། བཏགས་དོན་བཙལ་ན

རྙེད་པ་མ་ཡིན་པའི་རིག་མིན་གྱི་གཟུགས་དེ་དེ་ཡིན་པའི་ཕྱིར། ལུགས་འདི་ལེགས་པར་འཇོག་ཤེས་ན་རང་རེ་བཀའ་བརྒྱུད་པ་སོགས་ནས་སྡོམ་གསུམ་ངོ་བོ་ཐ་དད་དུ་འདོད་པ་དེའང་ཆེས་ཤིན་ཏུ་འཐད་པ་ཞིག་ཡིན།

གཉིས་པ་དབྱེ་བ་ནི། དབྱེ་བ་བསྙེན་གནས་དགེ་བསྙེན་ཕ་མ་གཉིས། །ཁྱིམ་པའི་ཕྱོགས་ཡིན་དགེ་ཚུལ་ཕ་མ་དང་། །དགེ་སློབ་མ་དང་དགེ་སློབ་ཕ་མ་ལྔ། །རབ་བྱུང་ལ་ཡིན་སོ་ཐར་རིས་བརྒྱད་པོ། །རྫས་སུ་བསྟུན་བཞིར་འདོད་མཛོད་ཀྱི་ལུགས། །ཞེས་པ་སྟེ། རྟེན་གྱི་སྒོ་ནས་དབྱེ་ན་རིས་བརྒྱད་དེ། ཁྱིམ་པའི་ཕྱོགས་ཀྱི་གསུམ་དང་། རབ་བྱུང་ཕྱོགས་ཀྱི་ལྔ་དང་བརྒྱད་ཡོད་པའི་ཕྱིར། རྫས་སུ་བསྟུན་བཞིར་འདུ་སྟེ་བསྙེན་གནས། དགེ་བསྙེན། དགེ་ཚུལ། དགེ་སློང་རྣམས་སོ། །ཕྱི་མ་གསུམ་མཚན་འགྱུར་བ་ལས་མིང་འཕོ་བ་ཙམ་ལས་སྡོམ་པའི་ངོ་བོ་ལ་གཏོང་ཐོབ་མེད་པས་རྫས་རིགས་གཅིག་པ་གང་ཞིག་མཛོད་ལས། མཚན་ལས་མིང་ནི་འཕོ་བའི་ཕྱིར། །ཞེས་དང་། དགེ་སློབ་མ་ནི། དགེ་ཚུལ་མའི་བྱེ་བྲག་གོ། །

གསུམ་པ་མ་ཐོབ་པ་འཐོབ་པར་བྱེད་པའི་ཐབས་ལ་གཉིས། བསྟན་པ། བཤད་པའོ། །དང་པོ་ནི༔ དང་པོ་སྡོམ་པ་མ་ཐོབ་ཐོབ་ཚུལ་ལ། །ལེན་ཚུལ་གཉིས་ཏེ། །ཞེས་པ་སྟེ། ཚོགས་ཚུང་དུས་རྫོགས་པ་སྔོན་གྱི་ཆོ་ག་དང་། ཚོགས་དང་བཅས་པས་རྫོགས་པ་ད་ལྟར་གྱི་ཆོ་ག་དང་ལེན་ཚུལ་གཉིས་སུ་ངེས་སོ། །

གཉིས་པ་ལ་གཉིས། སྔོན་ཆོག་དང་། ད་ཆོག་གོ། །དང་པོ་ནི། སྔོན་གྱི་ཆོ་ག་ནི། རང་བྱུང་ཡེ་ཤེས་ཁོང་ཆུད་འཕྲིན་གྱིས་རྫོགས། །སྔོན་པར་ཁས་བླངས་ཚུར་ཤོག་གསོལ་བཞི་དང་། །དྲིས་པའི་ལན་ལྡོན་ལྟི་ཆོས་ཁས་བླང་སོགས། །གདུལ་བྱ་བློ་དག་མཁན་པོ་འཕགས་པས་ཡིན། །ཞེས་པ་སྟེ། ད་ལྟར་གྱི་ཆོ་ག་ལ་མ་ལྟོས་པར་བསྙེན་པར་རྫོགས་པ་སྔོན་ཆོག་གི་མཚན་ཉིད། དེ་ལ་དབྱེ་ན་བྱེ་སྨྲས། རྣམ་པ་བཅུས་བསྙེན་པར་རྫོགས་སོ། །ཞེས་པ་ལྟར་བཅུ་སྟེ། རྫོགས་པའི་སངས་རྒྱས་དང་རང་སངས་རྒྱས་གཉིས་ཟད་པ་ཤེས་པ་དང་མི་སྐྱེ་བ་ཤེས་པའི་བྱང་ཆུབ་བརྙེས་པའི་ཚེ་རང་བྱུང་གིས་དང་། ལྔ་སྡེ་བཟང་པོ་མཐོང་ལམ་གྱི་ཡེ་ཤེས་ཁོང་དུ་ཆུད་པས་དང་། དེ་གསུམ་རང་རྒྱུད་ལ་ངང་གིས་དོན་

དམ་པའི་དགེ་སློང་སྐྱེས་པས་བསྙེན་པར་རྫོགས་པའོ། །མཆོད་སྦྱིན་མ་ཕ་མའི་དབང་དུ་སོང་བ་ལ་དགེ་སློང་མ་ཨུཏྤལ་ལས་ཕོ་ཉ་བྱས་ཏེ། དགེ་འདུན་གྱི་འཕྲིན་ཆོག་ལ་བརྟེན་ནས་དང༌། འོད་སྲུང་ཆེན་པོ་སྟོན་པར་ཁས་བླངས་པས་དང༌། ཤཱ་རིའི་བུ་སོགས་ཚུར་ཤོག་གིས་དང༌། ཡུལ་དབུས་མཐའི་ཁྱད་པར་གྱིས་དགེ་འདུན་བཅུ་ཚོགས་དང་ལྔ་ཚོགས་ཀྱིས་གསོལ་བཞིའི་ལས་ཀྱིས་དང༌། ལེགས་བྱིན་དྲིས་པའི་ལན་ལྡོན་པས་ཏེ། སྟོན་པས་གཅིག་ཏུ་བདེ་བ་ནི་གང་ཞེས་དྲིས་པ་ན། ཐར་པའོ། །དེ་ལ་མགོ་བ་ནི་གང༌། དད་པའོ་ཞེས་སོགས་ལན་ལ་ཐུགས་དགྱེས་པ་དང༌། སྲུ་སྐྱེ་རྒྱུའི་བདག་མོ་དང་ཤཱཀྱའི་བུ་མོ་ལྔ་བརྒྱ་ལྕི་ཆོས་བརྒྱད་ཁས་བླངས་པས་དང༌། ལྕི་ཆོས་བརྒྱད་ནི། ཕའི་དགེ་འདུན་ལས་བསྙེན་པར་རྫོགས་པ། ཟླ་བ་ཕྱེད་ཕྱེད་ནས་ཕའི་དགེ་སློང་ལས་གདམས་པ་ནོད་པ། ཕའི་དགེ་སློང་ཡོད་སར་དབྱར་ཁས་བླངས་པ། གཉིས་ཀའི་ཚོགས་ལས་དགག་དབྱེ་བྱ་བ། དགེ་སློང་གི་ཚུལ་ཁྲིམས་འཆལ་བ་མི་བརྗོད་པ། དགེ་སློང་ལ་ཅོ་འདྲི་བ་མི་བྱེད་པ། དགེ་སློང་གསར་བུ་ལའང་ཕྱག་འཚལ་བ་སོགས་གུས་པ། ལྕི་ཆོས་ལས་འདས་ན་ཕའི་དགེ་འདུན་ལས་མགུ་བ་སྤྱོད་པའོ། །སོགས་ཀྱི་སྒྲས་བཟང་སྡེའི་ཚོགས་དྲུག་ཅུ་སྐྱབས་གསུམ་ཁས་བླངས་པས་བསྙེན་པར་རྫོགས་པའོ། །དེ་ལ་སྔོན་ཆོག་བཏགས་པ་བ་དགུ། དངོས་གནས་པ་གཅིག་སྟེ་གསོལ་བཞིའི་ལས་ཀྱི་རྫོགས་པ་དེ། དངོས་གནས་པ་ཡིན་པའི་ཕྱིར། དེ་དག་ནི་གདུལ་བྱ་རྣམས་ཉོན་མོངས་པ་ཤས་ཆུང་ཞིང་དབང་པོ་རྣོ་བས་བློ་དག་པ་དང༌། མཁན་པོའང་འཕགས་པ་ཁོ་ནའི་ཁྱད་ཆོས་ཡིན་པས་སོ། །

གཉིས་པ་ནི། ད་ལྟའི་ཆོག་ངེས་པ་ལྔ་བྲལ་ཞིང༌། །མ་ནིང་ལ་སོགས་སྐྱེ་བའི་བར་ཆད་དང༌། །རྒྱལ་པོས་མ་གནང་ལ་སོགས་གནས་པ་དང༌། །བྱ་རོག་བསྐྲོད་མི་ནུས་སོགས་ཁྱད་པ་དང༌། །སྒྲ་སེར་ཅན་སོགས་མཛེས་པའི་བར་ཆད་མེད། །ངེས་འབྱུང་བློ་ཅན་སྐལ་བཟང་སྐྱེས་བུ་དེ། །ལེགས་གསུངས་འདུལ་བ་རྒྱ་མཚོ་མཐའ་དག་དང༌། །བརྒྱ་རྩ་གཅིག་པའི་ལས་ཕྲན་ལ་བྱང་བའི། །མཁན་པོར་བཅས་པས་རིམ་བཞིན་བསྙེན་པར་རྫོགས། །སྡེ་མ་མ་བྱས་རྫོགས་པའང་མདོ་སྡེར་སྣང༌། །ཐོབ་མཚམས་བརྗོད་པ་གསུམ་གྱི་ཐ་མར་འདོད། །ཅེས་པ་སྟེ། དེ་ལ་སྐབས་འདིར་སོ་ཐར་རིས་བརྒྱད་སོ་སོ་ནས། གང་ལས་བླང་བའི་ཡུལ། གང་གིས་བླངས་པའི་གང་ཟག །ཇི་ལྟར་བླངས་པའི་ཆོག །དེ་

ལྟར་ལེན་པའི་ཐོབ་མཚམས་སོགས་ཞིབ་མོའི་ངག་གིས་དགྲོལ་བ་ཤིན་ཏུ་གལ་ཆེ་བར་སྣང་ཡང་། འདིར་བཤད་ཡམ་མང་ན་དང་པོའི་ལས་ཅན་རྣམས་ལ་འགྲེལ་པས་རྩ་བའི་ཚིག་དོན་བསྒྲིབས་པར་དོགས་པས་མ་བྲིས། བསྡུས་དོན་ཙམ་ནི་འདིའི་འགྲེལ་ཆེན་དུ་གསལ་ཞིང་། སླར་རྒྱས་པར་མཉན་པ་དག་མཆིས་ན་སྦྱོས་པས་ཆོག་གོ། །

གཞུང་གི་བསྟན་དོན་དངོས་ནི། ད་ལྟའི་ཚོ་ག་ངེས་པ་ལྔ་དང་བྲལ་བ་སྟེ། མཐུན་རྐྱེན་ཚང་བའི་ཡུལ་ག་གེ་མོ་ཞིག་ཏུ་བསྲུང་ཞིང་གཞན་དུ་བསྲུང་མི་ནུས་སྙམ་པ་ལྟ་བུ་ཡུལ་དང་། ལོ་ཟླ་འདི་ཙམ་ལས་དེ་ཕན་ཆད་མི་ནུས་སྙམ་པ་དུས་དང་། འཐབ་རྩོད་ལྟ་བུ་ལས་གཞན་དུ་བསྲུང་སྙམ་པ་ཚེ་དང་། རང་གི་ཆུང་མ་ལས་གཞན་ལ་འཁྲིག་སྤྱོད་སྤང་སྙམ་པ་ལྟ་བུ་སེམས་ཅན་དང་། བསླབ་བྱ་རགས་པ་རྣམས་ལས་ཕྲ་བ་རྣམས་ལ་བསླབ་མི་ནུས་སྙམ་པ་ཡན་ལག་ངེས་པ་སྟེ་ལྔ་དང་། དེར་མ་ཟད་འགལ་རྐྱེན་བར་ཆད་ཀྱི་ཆོས་བཞི་དང་མི་ལྡན་པ་ཞིག་དགོས་ཏེ། མ་ནིང་ལ་སོགས་འོག་ཏུ་འཆད་པ་ལྟར་སྡོམ་པའི་རྟེན་མིན་པ་རྣམས་ལ་ནི་སྐྱེ་བའི་བར་ཆད་ཅན་ཡིན་ཏེ། དེ་ལ་སྡོམ་པ་འབོག་ཀྱང་མི་སྐྱེ་བ་དང་། རྒྱལ་པོ་དང་ཕ་མས་མ་གནང་བ་སོགས་གནས་པའི་བར་ཆད་དེ། དེ་དག་ལ་སྡོམ་པ་སྐྱེས་ཀྱང་རང་དབང་དུ་མ་གྱུར་པས་འབབ་དགོས་པ་སོགས་ཡུན་རིང་པོར་མི་གནས་པ་དང་། བྱ་རོག་སྐྲོད་མི་ནུས་པ་དང་ནད་སོགས་ཁྱད་པར་དུ་འགྱུར་བའི་བར་ཆད་དེ། སྡོམ་པ་སྐྱེས་གནས་གཉིས་ཀའི་རྟེན་དུ་རུང་ཡང་བསླབ་པ་ལ་སྦྱོར་མི་བཏུབ་པས་ཡོན་ཏན་གོང་ནས་གོང་དུ་ཁྱད་པར་དུ་འགྱུར་མི་ནུས་པ་དང་། སྐྲ་སེར་ཅན་སོགས་རྟེན་མཛེས་པའི་བར་ཆད་དེ། དེ་དག་ལ་སྐྱེ་གནས་ཁྱད་པར་དུ་འགྱུར་བ་གསུམ་ཀ་རུང་ཡང་། ལུས་བྱད་མི་སྡུག་པ་སོགས་ཀྱི་རྐྱེན་གྱིས་ཁྲིམ་པ་རྣམས་བསྟན་པ་ལ་མི་དད་པའི་རྒྱུ་བྱེད་པའི་ཕྱིར་རོ། །ཕྱི་མ་གཉིས་པོ་འདི་བསྟན་པ་ལ་ཕན་པ་སོགས་དགོས་པ་ཁྱད་པར་ཅན་ཡོད་ན་སྐྱེ་ལ་ཉེས་བྱས་ཙམ་ལས་དགག་བྱ་ཆེ་བ་རང་མེད་དོ། །དེ་ལྟར་ན་དགག་ཕྱོགས་ནས་ངེས་པ་ལྔ་དང་བྲལ་ཞིང་། བར་ཆད་བཞི་དང་མི་ལྡན་པ་དང་། སྒྲུབ་ཕྱོགས་ནས་རྒྱུན་ཚོགས་སུ་ཚང་བ། ཆོས་གོས་གསུམ་དང་ལྷུང་བཟེད་ཚང་བ། ལོ་ཉི་ཤུ་លོན་པ། ཤེས་པ་རང་བཞིན་ཏུ་གནས་པ། ཐོབ་མཚམས་སོགས་ཀྱི་དོན་གོ་ཞིང་བརྡ་འཕྲོད་པ། ཁྱད་པར་དུ་ངེས་པར་འབྱུང་བ་མྱང་འདས་གསུམ་

གང་རུང་དོན་དུ་གཉེར་བའི་བློ་ཅན་དེ་སྔོན་དང་ལྡན་པའི་སྐལ་པ་བཟང་པོ་ཅན་ཡིན་ཏེ། སྐྱེས་བུ་དེ་འགལ་རྐྱེན་མཐའ་དག་དང་བྲལ་ཞིང་། མཐུན་རྐྱེན་ཕུན་སུམ་ཚོགས་པ་དང་ལྡན་པའི་ཕྱིར། སྒྲུབ་པར་བྱེད་པ་པོ་མཁན་སློབ་དགེ་འདུན་རྣམས་ཀྱང་ཁ་སྐོང་གི་ཆོས་བཅུ་གསུམ་ཚང་བ། ཚུལ་ཁྲིམས་རྣམ་པར་དག་པ། དམིགས་བསལ་བསྒྲུབ་བྱའི་ངོས་ནས་མཐོང་ཐོས་དོགས་གསུམ་གྱི་སྐྱོན་མེད་པ་དང་། ཁྱད་པར་དུ་མཁན་པོ་ནི་བརྟན་མཁས་ཀྱི་ཡོན་ཏན་གཉིས་དང་ལྡན་པ་སྟེ། བརྟན་པའི་ཡོན་ཏན་བསྙེན་པར་རྫོགས་ནས་ལོ་བཅུ་ལོན་པ་དང་། མཁས་པའི་ཡོན་ཏན་ལེགས་པར་གསུངས་པའི་འདུལ་བ་ལ་ལུང་སྡེ་བཞི་སོགས་རྒྱ་མཚོ་ཙམ་ཡོད་པའི་ཚིག་དོན་མཐའ་དག་ཁོང་དུ་ཆུད་པ་དང་། དེ་ལས་ཀྱང་ལས་བརྒྱ་རྩ་གཅིག་པའི་ལས་ཕྲན་རེ་རེ་བཞིན་ཚིག་ཕྱེད་ཀྱང་མ་འཁྲུལ་བར་ཐུགས་ཐོག་ནས་ཐོན་པ་ལག་ལེན་སོགས་ཞིན་ཏུ་བྱང་བ། དེ་ལྟ་བུའི་མཁན་སློབ་དང་། ཡུལ་དབུས་མཐའི་དབྱེ་བས་དགེ་འདུན་བཅུ་ཚོགས་སམ་ལྔ་ཚོགས་ཀྱི་དབུས་སུ་ཚིགས་གསུམ་རིམ་པ་བཞིན་ཏུ་བསྙེན་པར་རྫོགས་པར་བྱ་སྟེ། གལ་ཏེ་ཚིག་ སྨ་མ་གཉིས་མ་བྱས་པར་བསྙེན་པར་རྫོགས་པའང་དྲིན་ལན་བསབ་པའི་མདོ་སྡེ་ལས་གསུངས་པར་སྣང་མོད། དེ་ནི་སྐྱེ་ལ་ཉེས་བྱས་སུ་འགྱུར་བ་འདུལ་བ་ལས་ཀྱང་བཤད། ཐོབ་མཚམས་དགེ་འདུན་གྱིས་གསོལ་བ་སྟོན་དུ་འགྲོ་བའི་ལས་ལན་གསུམ་བརྗོད་པ་ལས། བརྗོད་པ་ཐ་མའི་བྱ་བ་བརྗོད་པ་རྫོགས་མ་ཐག་པ་དེར་སྡོམ་པ་སྐྱེ་བའོ། །

བཞི་པ་ཐོབ་པ་མི་ཉམས་པར་བསྲུང་བ་ལ་གཉིས། བསྟན་པ། བཤད་པའོ། །

དང་པོ་ནི། བར་དུ་ཐོབ་པ་མི་ཉམས་བསྲུང་བ་ལ། །ཞེས་པ་སྟེ། སྡོམ་པ་ཐོབ་པ་ཙམ་གྱིས་མི་ཆོག །ཐོབ་པ་མི་ཉམས་པར་བསྲུང་དགོས་ཏེ། མ་སྲུང་ན་ཉེས་དམིགས་ཆེན་པོ་དང་ལྡན་པའི་ཕྱིར། ཇི་སྐད་དུ། ཚུལ་ཁྲིམས་འཆལ་བ་སྡུག་བསྔལ་ཡིན། །ཞེས་སོ། །

གཉིས་པ་རྒྱས་པར་བཤད་པ་ལ་གཉིས། དངོས་བསྟན་བླང་དོར་གྱི་བསླབ་བྱ་རྒྱས་པར་བཤད་པ། ཞུགས་བསྟན་དེའི་རྗེས་མཐུན་བསྡུས་ཏེ་བསྟན་པའོ། །དང་པོ་ལ་གཉིས། ཁྱིམ་པའི་ཕྱོགས་དང་། རབ་བྱུང་གི་ཕྱོགས་ཀྱི་བསླབ་བྱའོ། །དང་པོ་ལ་གསུམ། སྐྱབས་འགྲོ། བསྙེན་གནས། དགེ་བསྙེན་གྱི་བསླབ་བྱའོ། །དང་པོ་ལ་གཉིས། མཆོག་གསུམ་སོ་སོའི་ཐུན་མོང་མ་ཡིན་པའི་བསླབ་

བྱ་དང་། གསུམ་ཀའི་ཐུན་མོང་གི་བསླབ་བྱའོ། །

དང་པོ་ནི། བསླབ་བྱ་སྐྱབས་འགྲོ་ཐུན་མོང་མིན་གསུམ་ནི། །སྐྱབས་གཞན་མི་འཚོལ་སེམས་ཅན་འཚེ་བ་སྤོང་། །མུ་སྟེགས་མི་འགྲོགས་སོ་སོར་གུས་བསྐྱེད་དོ། །ཞེས་པ་སྟེ། སངས་རྒྱས་ལ་སྐྱབས་སུ་སོང་ནས་སྐྱབས་གཞན་འཇིག་རྟེན་པའི་ལྷ་མི་འཚོལ་བ་དང་། ཆོས་ལ་སྐྱབས་སུ་སོང་ནས་སེམས་ཅན་ལ་གནོད་ཅིང་འཚེ་བ་སྤོང་བ་དང་། དགེ་འདུན་ལ་སྐྱབས་སུ་སོང་ནས་གྲོགས་མུ་སྟེགས་ཅན་དང་མི་འགྲོགས་པ་སྟེ་གསུམ་དགག་པའི་བསླབ་བྱ་དང་། བོད་འདིར་མུ་སྟེགས་དངོས་མེད་མོད། དེ་ལས་ཀྱང་ཐ་ཆད་པ་ཁྲིམ་པ་སྡིག་ཅན་རྣམས་སོ། །སངས་རྒྱས་ཀྱི་སྐུ་རྟེན་སྐུ་གཟུགས་དང་སྒྲ་རྡུའི་ཚགས་དུམ་ཙམ་དང་། ཆོས་ཀྱི་རྟེན་ཡིག་འབྲུ་གཅིག་ཙམ་དང་། དགེ་འདུན་གྱི་གཟུགས་སེར་པོའི་ལྷན་པ་བཏབ་པ་ཡན་ཆད་ལ་སོ་སོར་དེ་དང་དེའི་འདུ་ཤེས་བཞག་ནས་གུས་པ་བསྐྱེད་པ་ནི་བསྒྲུབ་པའི་བསླབ་བྱའོ། །

གཉིས་པ་ནི། སྲོག་དང་བྱ་དགར་དཀོན་གསུམ་མི་སྤང་། །དགོས་གལ་ཆེ་ཡང་ཐབས་གཞན་མི་འཚོལ་ཞིང་། །དུས་མཆོད་མི་བཅག་རང་གཞན་སྐྱབས་འགྲོར་འགོད། །གར་འགྲོའི་ཕྱོགས་ཀྱི་སངས་རྒྱས་ལ་ཕྱག་འཚལ། །ལྷ་རྣམས་ཐུན་མོང་བསླབ་བྱར་ཇོ་བོ་བཞེད། །ཅེས་པ་སྟེ། རང་གི་སྲོག་དང་རྒྱལ་སྲིད་སོགས་བྱ་དགའ་ཆེན་པོའི་ཆེད་དུའང་དཀོན་མཆོག་གསུམ་མི་སྤང་བ་དང་། དགོས་གལ་ཇི་ལྟར་ཆེ་ཡང་དཀོན་མཆོག་ལ་བློ་འགེལ་བ་ལས་འཇིག་རྟེན་པའི་ཐབས་གཞན་མི་འཚོལ་བ་དང་། རྟག་ཏུ་ཡོན་ཏན་དྲན་པས་དུས་ཀྱི་མཆོད་པ་མི་བཅག་པ་དང་། ཕན་ཡོན་ཤེས་པས་རང་སྐྱབས་སུ་འགྲོ་ཞིང་། གཞན་ཡང་སྐྱབས་འགྲོ་ལ་འགོད་པ་དང་། རང་ཉིད་གར་འགྲོ་ཡང་དེའི་ཕྱོགས་ཀྱི་སངས་རྒྱས་ཡིད་ལ་བྱས་ནས་ཕྱག་འཚལ་བ་དང་ལྔ་པོ་རྣམས་དཀོན་མཆོག་གསུམ་ཐུན་མོང་གི་བསླབ་བྱ་ཡིན་ཅེས་ཇོ་བོ་རྗེ་ནས་བཞེད་པར་གསུངས།

གཉིས་པ་ལ་གཉིས། དུས་ཁྲིམས་ཀྱི་བསླབ་བྱ་དངོས་བཤད་པ། དེ་གཏན་ཁྲིམས་སུ་བྱས་ན་གོ་མི་དགེ་བསྙེན་དུ་འགྱུར་ཚུལ་ལོ། །

དང་པོ་ནི། རྩ་བཞི་སྤོང་བ་ཚུལ་ཁྲིམས་ཡན་ལག་ཡིན། །ཆང་སྤོང་བག་ཡོད་ཡན་ལག་མལ་ཆེ་

མཐོ། །གར་ཕྲེང་ལ་སོགས་ཕྱི་དྲོའི་ཁ་ཟས་གསུམ། །བརྟུལ་ཞུགས་ཡན་ལག་བསྙེན་གནས་སྡོམ་པ་ཡིན། །ཡན་ལག་འདི་བརྒྱད་གཏན་དུ་མ་ཡིན་པས། །ཡོན་ཏན་རྟེན་མིན་དེ་ཕྱིར་སོ་ཐར་ནི། །མཚན་ཉིད་ལྡན་པ་རིས་བདུན་ཁོ་ན་ཡིན། །ཞེས་པ་སྟེ། མི་ཚངས་སྤྱོད་སོགས་རྩ་ལྟུང་བཞི་སྤོང་བ་ཚུལ་ཁྲིམས་ཀྱི་ཡན་ལག་ཡིན་ཏེ། དེ་བཞི་གཅིག་ཉམས་ན་ཚུལ་འཆལ་དུ་འགྱུར་བའི་ཕྱིར། ཆང་སྤོང་བ་བག་ཡོད་ཀྱི་ཡན་ལག །མལ་ཆེན་པོ་དང་མཐོན་པོ་གཉིས་དང་། གར་ཕྲེང་གཉིས། ཕྱི་དྲོའི་ཁ་ཟས་དང་གསུམ་བརྟུལ་ཞུགས་ཀྱི་ཡན་ལག་ཡིན་ཏེ། རང་ལ་བསྙེན་པར་གནས་པའི་འདུ་ཤེས་སྐྱེ་བའི་ཕྱིར། ཡན་ལག་འདི་བརྒྱད་ཉིན་ཞག་ཕྲུག་གཅིག་གི་དུས་ཁྲིམས་ལས་གཏན་ཁྲིམས་མ་ཡིན་པས། སྡོམ་པ་ཕྱི་མ་སྐྱེ་བའི་ཡོན་ཏན་གྱི་རྟེན་མིན་ཏེ་དེའི་ཕྱིར་ན་སོ་ཐར་མཚན་ཉིད་དང་ལྡན་པ་ཡོན་ཏན་ཕྱི་མ་སྐྱེ་བའི་རྟེན་དུ་གྱུར་པ་རིས་བདུན་པོ་ཁོ་ན་ཡིན་ནོ། །

གཉིས་པ་ནི། འདི་བརྒྱད་རྗེ་སྲིད་འཚོ་བའི་བར་བསྲུང་ན། །གོ་མི་དགེ་བསྙེན་ཡིན་ཀྱང་ཡོད་སྲིད་མིན། །གནས་བརྟན་སྡེ་པའི་ལུགས་སུ་དཔྱིག་གཉེན་བཞེད། །ཅེས་པ་སྟེ། ཇི་སྐད་དུ། གོ་མིའི་དགེ་བསྙེན་ཞེས་བྱ་བ་འདི་ནི་འཕགས་པ་གནས་བརྟན་སྡེ་པའི་མན་ངག་བརྒྱུད་པ་ལས་ཐོས་ཀྱི་བདེ་བར་གཤེགས་པས་གསུངས་པ་ནི་མ་མཐོང་ངོ་། །ཞེས་གསུངས་པའི་ཕྱིར། སྟོན་པས་མ་གསུངས་པའང་ཐེག་དམན་གྱི་སྡེ་སྣོད་ལ་དགོངས་ནས་མ་གསུངས་པ་ཡིན་ནོ། །ཚིག་དོན་གཞན་རྟོགས་སླའོ། །

གསུམ་པ་དགེ་བསྙེན་གྱིས་བསླབ་བྱ་ལ་གསུམ། དགེ་བསྙེན་གྱི་སྤང་བྱ་ལྔ་ངོས་བཟུང་བ། དེ་བསྲུང་ཚུལ་གྱི་གྲངས་ལས་དགེ་བསྙེན་གྱི་དབྱེ་བ་བཤད་པ། ཕྱོགས་མཐུན་གྱི་བསླབ་བྱ་བསྟན་པའོ། །

དང་པོ་ནི། བསོད་རྐུ་རྫུན་སྨྲ་འདོད་པས་ལོག་པར་གཡེམ། །མྱོས་འགྱུར་སྤོང་རྣམས་དགེ་བསྙེན་སྡོམ་པ་སྟེ། །ཞེས་པས། དགེ་བསྙེན་གྱི་སྤང་བྱ་ལ། དང་པོ་བཞི་རྩ་བ་དང་། ཆང་སྤོང་བ་ཡན་ལག་གོ། །འདིའི་སྲོག་གཅོད་པའི་ཡུལ་མི་ཡིན་པ་དགོས་སོ། །

གཉིས་པ་ལ་གཉིས། ཉན་ཐོས་སྡེ་པའི་ལུགས་དང་། མདོ་སྡེ་པའི་ལུགས་སོ། །དང་པོ་ནི། གང་འདོད་ཁས་ལེན་གྲངས་ལྟར་སྣ་གཅིག་སྤྱོད། །སྣ་འགའ་ཕལ་ཆེར་སྤྱོད་དང་ཡོངས་སུ་རྫོགས། །གཅིག་གཉིས་གསུམ་དང་ལྔ་སྤོང་། །ཞེས་པ་སྟེ། བྱེ་སྨྲས་དང་པོ་ཡོངས་རྫོགས་དགེ་བསྙེན་གྱི་བསླབ་

པ་ནོད་ནས་ཕྱིས་སྣ་གཅིག་སོགས་སྤྱོད་པར་འདོད། མདོ་སྡེ་པས། དེ་ལྟར་ན་རྩུལ་འཆལ་དུ་འགྱུར་བས་དང་པོ་ནས་རང་གང་ལ་བསླབ་པར་འདོད་པ་དེ་ཁས་ལེན་པའི་གྲངས་ལྟར་སྣ་གཅིག་སྤྱོད་པ། སྣ་འགའ་སྤྱོད་པ། ཕལ་ཆེར་སྤྱོད་པ། ཡོངས་རྫོགས་སྤྱོད་པའི་དགེ་བསྙེན་རྣམས་རིམ་པ་ལྟར། སྲོག་གཅོད་སྤོང་བ་གཅིག་པུ་ལ་བསླབ་པ་དང་། དེའི་སྟེང་མ་བྱིན་ལེན་ལྷ་བུ་གཉིས་ཙམ་དང་། དེ་གཉིས་ཀྱི་སྟེང་དུ་རྫུན་ལྷ་བུ་སྟེ་གསུམ་དང་། བསླབ་གཞི་ལྔ་ཚང་བར་སྤོང་བ་བཞི་ལ་ཟེར། གཉིས་པ་ནི། དེ་ཡི་སྟེང་། མི་ཚངས་སྤྱོད་སྤོང་ཚངས་སྤྱོད་དགེ་བསྙེན་ནོ། །འདི་དང་གོ་མི་གཉིས་ནི་ཁྲིམས་པ་དང་། །རབ་བྱུང་གཉིས་ཀ་མིན་ཞེས་མཁས་རྣམས་བཞེད། །ཅེས་པ་སྟེ། ཡོངས་རྫོགས་དགེ་བསྙེན་གྱི་སྟེང་བྱ་དེའི་སྟེང་དུ་མི་ཚངས་སྤྱོད་སྤོང་ན་ཚངས་སྤྱོད་དགེ་བསྙེན་ཡིན་པར་མདོ་སྡེ་པས་འདོད། འདི་དང་གོ་མི་གཉིས་ནི་འཁྲིག་སྤྱོད་སྤངས་པས་ཁྲིམས་པ་དང་། ཆོས་གོས་སོགས་རྟགས་སྤྱངས་པས་རབ་བྱུང་དང་གཉིས་ཀ་མིན་པར་མཁས་པ་རྣམས་བཞེད་དོ། །

གསུམ་པ་ལ་གཉིས། དངོས་དང་། སྡིགས་པ་ཁྲིམས་པས་ཀྱང་འདུལ་བའི་བསླབ་པ་ལ་གཅེས་སྤྲས་བྱ་དགོས་པར་གདམས་པའོ། །དང་པོ་ནི། མི་དགེ་ལྷག་དྲུག་ཕྱོགས་མཐུན་སྤང་བྱ་དང་། །ཞེས་པ་སྟེ། ཕྲ་མ་སོགས་ངག་གི་གསུམ་དང་ཡིད་ཀྱི་གསུམ་ཕྱོགས་མཐུན་གྱི་སྤང་བྱ་ཡིན་པས་འགྱོད་སེམས་ཀྱིས་ཕྱིར་བཅོས་པར་བྱའོ། །

གཉིས་པ་ནི། དགེ་བསྙེན་སྡོམ་ལྡན་རིག་པ་འཛིན་པས་ཀྱང་། །རབ་བྱུང་རྟགས་དང་ཆོ་ག་མ་གཏོགས་པ། །ལྷག་རྣམས་ཉམས་སུ་ལེན་པར་དཔྱུང་བཟང་བཤད། །ཅེས་པ་སྟེ། དགེ་བསྙེན་གྱི་སྡོམ་པ་དང་ལྡན་པའི་ཁྲིམས་པ་སྔགས་པས་ཀྱང་ཆོས་གོས་ལྷུང་བཟེད་འཆང་བ་དང་སྒྲ་འབྲིག་པ་སོགས་རྟགས་དང་། ལས་ཚིག་དང་བཅས་རྒྱུད་འགའ་ཞིག་མ་གཏོགས་ལྷག་མ་རྣམས་འདུལ་བ་ནས་ཇི་ལྟར་འབྱུང་བ་བཞིན་དུ་ཉམས་སུ་ལེན་དགོས་ཏེ། དཔྱུང་བཟང་ལས། རྒྱལ་བ་ངས་གསུངས་སོ་སོར་ཐར་པ་ཡི། །ཚུལ་ཁྲིམས་རྣམ་དག་འདུལ་བ་མ་ལུས་ལས། །སྔགས་པ་ཁྲིམས་པས་རྟགས་དང་ཆོ་ག་སྤངས། །ལྷག་མ་རྣམས་ནི་ཉམས་སུ་བླང་བར་བྱ། །ཞེས་སོ། །

གཉིས་པ་རབ་ཏུ་བྱུང་བའི་ཕྱོགས་ཀྱི་བསླབ་བྱ་ལ་གསུམ། དགེ་ཚུལ་ཕ་མ། དགེ་སློབ་མ།

དགེ་སློང་ཕ་མའི་བསླབ་བྱ་བཤད་པའོ། །

དང་པོ་ལ་གསུམ། དགེ་ཚུལ་གྱི་བླང་འདས་དངོས། ཕྱོགས་མཐུན་བསྡམ་བྱའི་ཉེས་བྱས། བར་མ་རབ་བྱུང་གི་དུས་སུ་བླང་བ་ལས་འདས་པའི་ཕྱོགས་མཐུན་ནོ། །དང་པོ་ནི། སྲོག་གཅོད་རྐུ་དང་མི་ཚངས་སྤྱོད་དང་བརྫུན། །ཆང་འཐུང་གར་སོགས་ཕྲེང་སོགས་མལ་ཆེ་མཐོ། །ཕྱི་དྲོའི་ཁ་ཟས་གསེར་དངུལ་སྤོང་བ་སྟེ། །ཞུམ་པ་སྤང་ཕྱིར་རགས་པ་བཅུར་དྲིལ་གསུངས། །ཞེས་པ་སྟེ། བསླབ་གཞི་མང་པོ་ཐོས་ན་ཞུམ་སྟེ། བྲི་ཛཱའི་བུ་བཞིན་དུ་བསླབ་པ་ལེན་པ་ལས་ལྡོག་པ་སྤང་བའི་ཆེད་དུ་རགས་པ་བཅུར་དྲིལ་ནས་གསུངས་པ་ཡིན་ཏེ། དབྱེ་ན་གཉིས། རྩ་བའི་ཆོས་བཞི་དང་། ཡན་ལག་གི་ཆོས་དྲུག་གོ། །

དང་པོ་ནི། དགེ་སློང་གི་ཕམ་པའི་སྐབས་སུ་འཆད་པར་འགྱུར་ཏེ། འདི་བཞི་བསྲུང་ན་ཚུལ་ཁྲིམས་དང་ལྡན་ཞིང་། མ་སྲུང་ན་ཕམ་འདྲའི་ཉེས་བྱས་ཞེས་འཆབ་མེད་གསོར་རུང་ཙམ་དང་། འཆབ་བཅས་ལ་གསོར་མེད་པའོ། །ཕྱི་མ་རྣམས་ནི་རྩ་བཞི་སྲུང་བའི་ཐབས་སུ་འགྱུར་བས་ཡན་ལག་ཅེས་བྱའོ། །དེ་ལ་ཆང་འཐུང་བ་དང་། གར་སོགས་ལ་གླུ་གར་རོལ་མོ་གསུམ་དང་། ཕྲེང་སོགས་ལ་རྒྱན་ཕྲེང་ཁ་དོག་འཆང་བ། སྤོས་ཕྱུག་པ་སྟེ་དྲི་བཟང་པོ་འཆར་བ་གསུམ། མལ་ཆེན་པོ་ནི་གསེར་དངུལ་ཟབ་འོག་སོགས་དང་། མལ་མཐོན་པོ་ཁྲུ་གང་ལས་མཐོ་བ་དང་། ཕྱི་དྲོའི་ཁ་ཟས་དང་། གསེར་དངུལ་ལེན་པ་སྤོང་བ་རྣམས་སོ། །དེ་ལས་བླང་འདས་སོ་གསུམ་དུ་འགྱུར་བའི་ཚུལ་ནི། རྩ་བ་བཞི་དང་། སྲོག་གཅོད་ཀྱི་ཕམ་འདྲའི་ཆར་གཏོགས་དུད་འགྲོ་གསོད་པ། སྲོག་ཆགས་དང་བཅས་པའི་ཆུར་འདེབས་པ། དེ་ལ་སྤྱོད་པ་སྟེ་གསོད་པ་གསུམ། རྫུན་གྱི་ཆར་གཏོགས། གཞི་མེད། བག་ཙམ་སྟེ་ཕམ་པའི་བསྐུར་བ་གཉིས། དགེ་འདུན་དབྱེན། དེའི་རྗེས་ཕྱོགས། ཁྱིམ་སུན་འབྱིན། ཤེས་བཞིན་རྫུན་དུ་སྨྲ་བ། བཤེས་ངོར་འཕྱེ་བ། ཞལ་ཏ་པར་འཕྱ་བ། ཟས་ཅུང་ཟད་ཀྱིས་སྐུར། ལྷག་མའི་བསྐུར་འདེབས། བསླབ་གཞི་ཁྱད་གསོད། འབྲས་ཆན་འགེབས་པ་སྟེ་བཅུ་གཉིས། དེ་ལྟར་ན་རྩ་བ་བཞི་དང་དེའི་ཆར་གཏོགས་བཅོ་ལྔ་སྟེ་བཅུ་དགུ། ཆང་། གར་སོགས་གསུམ། ཕྲེང་སོགས་གསུམ། མལ་ཆེ་མཐོ་རྣམས་སོ་སོར་བགྲངས་པ་དང་། ཕྱི་དྲོའི་ཁ་ཟས། གསེར་དངུལ་ལེན་པ་རྣམས་བསྡུན་

པས་སུམ་ཅུ་དང་། འོག་ནས་འབྱུང་བའི་ཉམས་པ་གསུམ་དང་བཅས་པས་དགེ་ཚུལ་གྱི་བླང་འདས་སུམ་ཅུ་རྩ་གསུམ་མོ། །

གཉིས་པ་ནི། ཆོས་གོས་ལྷུང་བཟེད་འཆང་བ་འབྲལ་བ་དང་། །ས་རྐོ་རིན་ཆེན་རེག་དང་མེ་ལ་རེག །བཏང་ནས་ཟ་དང་ཤིང་འཛོག་ཤིང་གཅོད་དང་། །ཁྱིན་ལེན་རྩྭ་སྔོན་ཁྲོད་དུ་མི་གཙང་འདོར། །གསོག་འཇོག་ཟ་དང་ས་བོན་འཇོམས་པ་རྣམས། །གནང་བས་ཉེས་མེད་བཅུ་གསུམ་མ་གཏོགས་པ། །དགེ་སློང་ཇི་བཞིན་སྲུང་བླང་མཐའ་དག་གཅིག །འཆང་བའི་ བླར་བསྟུ་གོས་རྒྱུ་བླ་བར་འཛོག །འབྲལ་བའི་ བླར་བསྟུ་དགོན་པའི་འབྲས་སྲུང་བྱེད། །གསོག་འཇོག་བླར་བསྟུ་གསོག་འཇོག་བྱེད་པའང་གནང་། །ཞེས་པ་སྟེ། ཉེས་མེད་བཅུ་གསུམ་པོ་འདི་ནི་བསྟན་བཅོས་བྱེ་བྲག་བཤད་པ་ལས་འབྱུང་བ་ཡིན་ཏེ། དེ་ཡང་ཆོས་གོས་ལ་འཆང་འབྲལ་གཉིས། ལྷུང་བཟེད་ལྷག་པོ་འཆང་བ་སྟེ་གཞན་ནི་གོ་བར་ཟད་དོ། །ལྷག་མ་རྣམས་ནི་དགེ་སློང་ཇི་བཞིན་དུ་སྲུང་བླང་མཐའ་དག་གཅིག་མོད། འོན་ཏེ་དགེ་ཚུལ་གྱི་སྐབས་འདིར་བཤགས་ཡུལ་ལ་མི་ལྟོས་པ་ཡིད་ཀྱིས་བསྡམས་པ་ཙམ་གྱིས་འདག་གོ། །དེའི་སྟེང་དུ་ཆོས་གོས་འཆང་བ་དང་། འབྲལ་བ་དང་། གསོག་འཇོག་ཟ་བར་གནང་བ་དང་གསུམ་གྱི་བླར་རུང་མཐུན་དུ་བསྟུས་ནས། རིམ་པ་ལྟར། གོས་རྒྱུ་བླ་འཛོག་དང་། དགོན་པ་བས་ཆོས་གོས་འབྲལ་བ་དང་། གསོག་འཇོག་བྱེད་པ་གསུམ་གནང་བ་བཞེད་པས། ཉེས་མེད་བཅུ་གསུམ་གྱི་སྟེང་དུ་བོད་ཀྱི་འདུལ་འཛིན་རྣམས་ཀྱིས་བླར་བསྟུ་གསུམ་བསྣན་པས་བཅུ་དྲུག་ཏུ་འགྱུར་རོ། །

གསུམ་པ་ནི། ཁྱིམ་རྟགས་སྤྱོང་ཉམས་རབ་བྱུང་རྟགས་ལེན་ཉམས། །བཀུས་པས་མཁན་པོར་ཉམས་ཏེ་ཉམས་པ་གསུམ། །སྲུང་བ་དགེ་ཚུལ་སྡོམ་པའི་བསླབ་བྱའོ། །ཞེས་པ་སྟེ། གོས་སྨྱུག་ཅན་ལྟ་བུ་བསམ་པ་ཐག་པ་ཉིན་གཅིག་ཙམ་གྱོན་ན་ཁྱིམ་རྟགས་སྤོང་བ་དང་རབ་བྱུང་གི་རྟགས་ལེན་པ་གཉིས་ཀ་ལས་ཉམས་པ་དང་། མཁན་པོར་མ་གུས་པ་སོགས་བཀུས་པས་མཁན་པོ་ལ་གསོལ་བ་གདབ་པ་ལས་ཉམས་པ་སྟེ་གསུམ་པོ་འདི་བར་མ་རབ་བྱུང་གི་སྡོམ་པ་གཏོང་བྱེད་དངོས་དང་། དགེ་ཚུལ་གྱི་བླང་འདས་སོ། །

གཉིས་པ་དགེ་སློབ་མའི་བསླབ་བྱ་ལ་གཉིས། བསྟན་པ། བཤད་པའོ། །དང་པོ་ནི། དགེ་སློབ་

མ་ནི་དགེ་ཚུལ་ཐོབ་པའི་སྟེང་། །ཞེས་པ་སྟེ། དགེ་ཚུལ་མའི་བསླབ་གཞི་བཅུ་ཐོབ་པའི་སྟེང་དུ། དགེ་སློབ་མའི་སྡོམ་པ་བླངས་ནས་ལོ་གཉིས་ལ་དེའི་བསླབ་བྱ་ལ་སློབ་པ་སྟེ། དེ་ཡང་དགེ་ཚུལ་མའི་ཕམ་འདྲའི་ཉེས་བྱས་མ་བྱུང་ན། འདི་ནས་བཤད་པའི་རྩ་བའི་ཆོས་དྲུག་ལྷ་བུ་འབྱུང་ཡང་དེ་ལ་བསླབ་པ་འབྲུག་པ་ཞེས་སྐྲར་ཡང་སྡོམ་པ་ནོད་དེ་ལོ་གཉིས་ལ་བསླབ་དགོས་ཏེ། དེ་དགེ་སློབ་མའི་སྡོམ་པ་གཏོང་བྱེད་མིན་པར་བཀའ་གདམས་གསར་མའི་འདུལ་འཛིན་ཆེན་པོ་དག་གིས་བཞེད།

གཉིས་པ་ལ་གཉིས། རྩ་བའི་ཆོས་དྲུག་དང་། རྗེས་མཐུན་གྱི་ཆོས་དྲུག་གོ། །དང་པོ་ནི། གཅིག་འགྲོ་ཆུར་རྒྱལ་སྐྱེས་རེག་ལྷན་ཅིག་འདུག །སྨྱན་བྱེ་ཉེས་འཆབ་རྩ་བའི་ཆོས་དྲུག་གོ། །ཞེས་པ་སྟེ༔ ལམ་དུ་རང་གཅིག་པུར་འགྲོ་བ། ཆུའི་ཕ་རོལ་དུ་རྒྱལ་བ།སྐྱེས་པའི་ལུས་ལ་རེག་པ། དེ་དང་ལྷན་ཅིག་འདུག་པ། སྨྱན་བྱེ་བ། གཞན་གྱིས་ལྟུང་བ་འཆབ་པའོ། །

གཉིས་པ་ནི། གསེར་བཟུང་འདོམས་སྤུ་འདྲེག་དང་ས་རྐོ་སྤང་། །བྱིན་ལེན་མེད་དང་གསོག་འཇོག་ཟས་མི་ཟ། །རྩྭ་སྔོན་མི་གཅོད་འདི་དག་རྗེས་མཐུན་དྲུག །ཅེས་པ་སྟེ། དོན་གོ་བར་ཟད་དོ། །

གསུམ་པ་དགེ་སློང་ཕ་མའི་བསླབ་བྱ་བཤད་པ་ལ་གསུམ། ཕྱིའི་རྐྱེན་དགེ་བའི་བཤེས་གཉེན་ལ་བརྟེན་ནས་བསྲུང་བ། ནང་གི་རྐྱེན་བསམ་པ་ཕུན་སུམ་ཚོགས་པ་ལ་བརྟེན་ནས་བསྲུང་བ། ཇི་ལྟར་བསྲུང་བའི་བསླབ་བྱ་བཤད་པའོ། །དང་པོ་ནི། གནས་ཀྱི་བླ་མ་མཚན་ཉིད་དང་ལྡན་པ་ཞིག་ལ་འདུལ་བ་ནས་གསུངས་པའི་བླང་དོར་གྱི་གནས་མ་ལུས་པ་ལ་ཤིན་ཏུ་མཁས་པར་སྦྱང་ནས་ཚུལ་བཞིན་དུ་བསྲུང་བའོ། །

གཉིས་པ་ནི། བླང་དོར་ལ་སྦྱོ་བའི་བརྩོན་འགྲུས། འཇུག་ལྡོག་གི་གནས་ལ་གཟོབ་པའི་བག་ཡོད། རང་རྒྱུད་ལ་ཉེས་པ་བྱུང་མ་བྱུང་རྟོགས་པའི་ཤེས་བཞིན་རྣམས་ལ་བསྟེན་ནས་བསླབ་བྱའི་གནས་ཐམས་ཅད་ལ་དྲན་ཤེས་བརྟན་པོ་རྒྱུན་མི་འཆད་པའི་སྒོ་ནས་བསྲུང་དགོས་སོ། །

གསུམ་པ་ལ་གཉིས། དགག་པའི་བསླབ་བྱ་དང་། སྒྲུབ་པའི་བསླབ་བྱའོ། །དང་པོ་ལ་གཉིས། དགེ་སློང་ཕའི་བསླབ་བྱ་དང་། དགེ་སློང་མའི་བསླབ་བྱ་བཤད་པའོ། །དང་པོ་ལ་གཉིས། མདོར་བསྟན་པ། རྒྱས་པར་བཤད་པའོ། །དང་པོ་ནི། དགེ་སློང་ཁྲིམས་ལ་ཉིས་བརྒྱ་ལྔ་བཅུ་གསུམ། །ཞེས

པའོ། །

གཉིས་པ་ལ་ལྔ། ཐམ་པའི་སྡེ། ལྷག་མའི་སྡེ། ལྟུང་བྱེད་ཀྱི་སྡེ། སོར་བཤགས་ཀྱི་སྡེ། ཉེས་བྱས་ཀྱི་སྡེ་བཤད་པའོ། །དང་པོ་ལ་གསུམ། བསྟན་པ། བཤད་པ། བསྡུ་བའོ། །དང་པོ་ནི། སྡོམ་པའི་རྩ་བ་ཕམ་པ་བཞི་ཞེས་པ། །ཞེས་པ་སྟེ། བཅས་ལྡན་གྱི་དགེ་སློང་གིས་བསྲུང་ན་སྡོམ་པ་ཕྱི་མ་ཐམས་ཅད་རྩ་བ་ཡིན་ལ། ཉམས་ན་གཉེན་པོའི་ཕྱོགས་མ་ལུས་པ་ཕམ་པར་བྱེད་པ་སྟེ། དབྱེ་ན་བཞི་ཡོད་དོ་ཞེས་སོ། །

གཉིས་པ་ལ་བཞི། མི་ཚངས་སྤྱོད་ཀྱི་ཕམ་པ། མ་བྱིན་ལེན་པ། སྲོག་གཅོད་པ། མི་ཆོས་བླ་མའི་རྫུན་སྨྲ་བའི་ཕམ་པའོ། །དང་པ་ནི། གཞི་ཡི་ཡན་ལག་ཚ་ཀུན་བཟུང་འོས་པ། །སྐྱི་གནས་ལམ་དུ་ཕོ་དབང་ལས་རུང་ནི། །བསམ་པ་ངོ་ཚ་འཛེམ་མེད་ཆགས་སེམས་ཀྱིས། །སྦྱོར་བ་དྲུད་པས་མཐའ་ཐུག་སིམ་པ་ཐོབ། །དེས་ནི་ཚངས་པར་སྤྱོད་ལས་རྣམ་པར་ཉམས། །ཞེས་པ་སྟེ། ཁྱོད་ལ་གཞི་བསམ་སྦྱོར་བ་མཐར་ཐུག་གི་ཡན་ལག་བཞི་ཡོད་དེ། གཞི་ཡི་ཡན་ལག་ལུས་ཕྱེད་དུ་ལོངས་པ་ཡན་ཆད་ཡན་ལག་གི་ཆ་ཕལ་ཆེར་བཟུང་བར་འོས་པ། སྐྱི་གནས་ཀྱིས་མཚོན་པའི་རྨའི་སྒོ་གསུམ་གང་རུང་གི་ལམ་དུ། རྟེན་བྱེད་ཀྱི་ཕོ་དབང་ལས་སུ་རུང་བ་ནི། བསམ་པ་ངོ་ཚ་དང་འཛེམ་བག་སྐྲག་མེད་པར་རེག་བདེ་མྱོང་འདོད་ཀྱི་ཆགས་སེམས་ཀྱིས་ཀུན་ནས་བསླངས་ཏེ། སྦྱོར་བ་བརྟེན་བྱ་དེར་དྲུད་པ། མཐར་ཐུག་པགས་རིམ་ལས་འདས་ཏེ་ལུས་ཚོར་སིམ་པ་ཐོབ་པ་དེས་ནི་ཚངས་པར་སྤྱོད་པ་ལས་རྣམ་པར་ཉམས་སོ། །

གཉིས་པ་ནི། བརྐུ་བའི་གཞི་ནི་མི་གཞན་ནོར་ཡིན་པ། །བསམ་པ་རང་ཉིད་འཚོ་ཕྱིར་རྐུ་སེམས་ཀྱིས། །ཡུལ་དུས་རིན་ཐང་ཚང་བ་སྦྱོར་བས་བརྐུས། །མཐར་ཐུག་བརྐུས་སམ་བརྐུར་བཅུག་བཅུད་ནས་ཐོབ། །ཅེས་པ་སྟེ། དབྱེ་ན་ཡན་ལག་བཞི་ལས། གཞི་ནི་རང་དང་ནོར་མི་གཅིག་པ་མི་གཞན་གྱིས་བདག་ཏུ་བཟུང་བའི་ནོར་ཡིན་པ། བསམ་པ་དེ་ལ་དེར་འདུ་ཤེས་ཏེ་རང་ཉིད་ཀྱི་བཟའ་བ་དང་བགོ་བ་ལ་སོགས་པ་འཚོ་བ་བྱ་བའི་ཕྱིར་དུ་ཐོབ་ན་ཅི་མ་རུང་སྙམ་པའི་རྐུ་སེམས་ཀྱིས། ཡུལ་དུས་དང་བསྟུན་པའི་རིན་ཐང་ཚང་བ་བོད་འདིར་ནས་ཁལ་ཕྱེད་ཅམ་ལུས་ཀྱི་རྣམ་པར་རིག་བྱེད་ཀྱི་

སྦྱོར་བས་དུས་གཅིག་གིས་བརྐུར་པ། མཐར་ཐུག་རང་གི་བརྐུས་སམ། གཞན་ལ་བརྐུར་བཅུག་པའམ། བརྟད་པ་གང་ཡང་རུང་བས་རྫས་དེ་བདག་པོ་དང་བྲལ་ནས་བདག་གིས་ཐོབ་བློ་སྐྱེས་པའོ། །

གསུམ་པ་ནི། སྲོག་གཅོད་གཞི་ནི་མི་གཞན་མ་འཁྲུལ་བར། །བསམ་པ་གསོད་སེམས་བསད་བྱ་དེར་ཤེས་པ། །སྦྱོར་བ་གསོད་པར་བརྩམས་ནས་མ་བཟློག་པར། །མཐར་ཐུག་སྲོག་གི་དབང་པོ་འགག་པ་དང་། །གསོད་བཅུག་ཡི་རང་བསྔགས་སོགས་རྐྱེན་བྱས་ཀྱང་། །ཞེས་པ་སྟེ། ཡན་ལག་བཞི་ལས། སྲོག་གཅོད་ཀྱི་གཞི་ནི་མིའམ་མིར་ཆགས་པ་རང་ལས་རྒྱུད་གཞན་པ། གཞན་དང་མ་འཁྲུལ་བ། བསམ་པ་བདག་གིས་བསད་པར་བྱའོ་སྙམ་པའི་གསོད་སེམས་ཀྱིས་བསད་བྱ་དེ་ལ་དེར་འདུ་ཤེས་པས། སྦྱོར་བ་དུག་དང་མཚོན་བླངས་པ་སོགས་གསོད་པར་བརྩམ་པའི་བྱ་བ་ལས་མ་བཟློག་པར། མཐར་ཐུག་རང་ཉིད་མ་ཤི་བའི་སྔོན་དུ་སྲོག་གི་དབང་པོ་འགག་པ་སྟེ། དེ་ཡང་རང་ཉིད་ཀྱིས་བསད་པ་ཙམ་དུ་མ་ཟད། གཞན་ལ་གསོད་བཅུག་པ་དང་། སོད་ནཤིན་ཏུ་ལེགས་ཞེས་ཡི་རང་བའི་བསྔགས་པ་བརྗོད་པ་ལ་སོགས་པས་རྐྱེན་བྱས་ནསཤི་ནའང་འདྲའོ། །དེར་མ་ཟད་དགེ་སློང་མང་པོ་གྲོས་བྱས་ནས་གཅིག་གིས་བསད་ཀྱང་ཐམས་ཅད་ལ་ཕམ་པ་འབྱུང་སྟེ། མཛོད་ལས། དམག་ལ་སོགས་པ་དོན་གཅིག་ཕྱིར། །ཐམས་ཅད་བྱེད་པ་པོ་བཞིན་ལྡན། །ཞེས་འབྱུང་བའི་ཕྱིར།

བཞི་པ་ནི། རྫུན་གྱི་གཞི་ནི་སྨྲ་ཤེས་དོན་གོའི་མིར། །བསམ་པ་འདུ་ཤེས་བསྒྱུར་ནས་བརྗོད་བློ་སྐྱེས། །སྦྱོར་བ་མངོན་ཤེས་ལ་སོགས་ཡོན་ཏན་ཆོགས། །མེད་ཀྱང་ཡོད་ཅེས་བླ་མའི་རྫུན་སྨྲས་པས། །མཐར་ཐུག་གཞན་གྱིས་རྫུན་དེ་གོ་ན་ཉམས། །ཞེས་པ་སྟེ། ཡན་ལག་བཞི་ལས། རྫུན་གྱི་གཞི་ནི་ཡུལ་སྨྲ་ཤེས་པ། དོན་གོ་བ། མི་ཡིན་པ། ཤེས་པ་རང་བཞིན་དུ་གནས་པ། མ་ནིང་དང་མཚན་གཉིས་མིན་པ་བཅས་མི་ཐ་སྙད་ལྔ་ལྡན་ལ། བསམ་པ་འདུ་ཤེས་བསྒྱུར་ནས་རྫུན་བརྗོད་པར་བྱའོ་སྙམ་པའི་བློ་སྐྱེས་པ། སྦྱོར་བ་མངོན་ཤེས་ལ་སོགས་པ་ཡོན་ཏན་གྱི་ཚོགས་རང་ལ་མེད་ཀྱང་ཡོད་ཅེས་འདོད་ཁམས་ལས་གོང་དུ་འཕགས་པའི་ཆོས་བླ་མའི་རྫུན་ངག་མཚན་ཉིད་ལྔ་ལྡན་གྱིས་སྨྲས་པ། མཐར་ཐུག་གཞན་གྱིས་རྫུན་དེའི་དོན་གོ་ན་ཉམས་པའོ། །མཚན་ཉིད་ལྔ་ལྡན་ནི། ངག་ཡིན་པ། རང་

གི་ཡིན་པ། བདག་ཉིད་དང་འབྲེལ་བ། མ་ནོར་བ་གསལ་པོར་སྨྲས་པའོ། །

གསུམ་པ་ནི། འདི་བཞི་གང་སྤྱད་དགེ་སློང་དེ་ཕམ་ཕྱིར། །ཕས་ཕམ་བཞི་ཞེས་ཐམས་ཅད་མཁྱེན་དེས་གསུངས། །ཞེས་པ་སྟེ། མི་མཐུན་ཕྱོགས་ཀྱིས་གཉེན་པོ་མཐུ་མེད་པར་བཅོམ་པའི་ཕྱིར་ཕམ་པ་ཞེས་བྱ་སྟེ། འདི་བཞི་གང་ཡང་རུང་བ་ཞིག་བྱས་ན། དགེ་སློང་རྣམས་དང་ལྷན་ཅིག་ཏུ་གནས་པ་དང་ལོངས་སྤྱོད་དུ་མི་དབང་གིས་གནས་པར་མི་བྱའོ། །ཞེས་གསུངས་པའི་ཕྱིར།

གཉིས་པ་ལ་གཉིས། བསྟན་པ། བཤད་པའོ། །དང་པོ་ནི། དགེ་འདུན་ལྷག་མ་བཅུ་གསུམ་ཞེས་གྲགས་པ། །ཞེས་པ་སྟེ། གསོ་བ་དགེ་འདུན་ལ་ལྟོས་ཤིང་སྡོམ་པའི་ལྷག་མ་ཙུང་ཟད་ཙམ་ལུས་ཏེ་དབྱེ་ན་བཅུ་གསུམ་མོ། །

གཉིས་པ་ནི། བགྲོད་མིན་གནས་སུ་ཁུ་བ་འབྱིན་པ་དང་། །ཆགས་པས་བུད་མེད་ལུས་ཀྱི་ཆ་ཤས་འཛིན། །འཁྲིག་ཚིག་རྗེན་སྨྲ་བུད་མེད་ཆགས་ཕྱིར་བཀུར། །ཕོ་མོ་ཕན་ཚུན་སྨྲིན་བྱས་འདུས་ཏེ་འཕྲད། །རང་དོན་ཚད་ལྷག་ཁང་པ་ཁང་ཆེན་བརྩིགས། །བརྗོད་གཞི་མེད་དང་སྣང་ཀ་བག་ཙམ་ལ། །བརྟེན་ནས་དགེ་སློང་སྐུར་བཏབ་དགེ་འདུན་དབྱེན། །དབྱེན་དེའི་རྗེས་ཕྱོགས་བསླབ་པ་དང་འགལ་བ། །ཁྱིམ་སུན་འབྱིན་ཆེ་སྐྱོད་བྱེད་ལ་བསྐྱོན་པ། །ལྟུང་བྱུང་བསྒྲུབ་ཆེ་བཀའ་བློ་མི་བདེ་བའོ། །ཞེས་པ་སྟེ། བགྲོད་བྱ་ལམ་གསུམ་མིན་པ་རང་དམ་གཞན་གྱི་ཡན་ལག་གི་གནས་སུ་ཁུ་བ་འབྱིན་པ་དང་། བུད་མེད་མཚན་ཉིད་དང་ལྡན་པ་ལ་ཆགས་པའི་སེམས་ཀྱིས་ལུས་ཀྱི་ཆ་ཤས་སྐྲ་སོགས་ལ་རྗེན་པར་འཛིན་པ་དང་། བུད་མེད་ལ་ཆགས་སེམས་ཀྱིས་འཁྲིག་པ་སྤྱོད་པའི་ཚིག་རྗེན་པར་སྨྲ་བ་དང་། བུད་མེད་ལ་ཆགས་པ་དོན་དུ་གཉེར་ཕྱིར་བདག་ལྟ་བུའི་དགེ་སློང་ལ་འཁྲིག་པས་བསྙེན་བཀུར་ན་བསྙེན་བཀུར་ཐམས་ཅད་ལས་མཆོག་ཅེས་བསྙེན་བཀུར་བསྔགས་པ་དང་། ཕོ་མོ་གཉིས་ཕན་ཚུན་སྨྲིན་པར་འདོད་པས་རང་དམ་གཞན་ལ་བཅོལ་ནས་འཕྲིན་གསུམ་བསྐྱལ་ཏེ་སྨྲིན་བྱ་བ་དང་། མ་དག་གསུམ་ལྡན་གྱི་གནས་སུ་དགེ་འདུན་ལས་གནང་བ་མ་ཐོབ་པར་རང་དོན་དུ་ཁང་པ་ཞིང་དུ་ཁྲུ་བཅོ་བརྒྱད། ཞེང་དུ་ཁྲུ་ཕྱེད་དང་བཅུ་གཅིག་གི་ཚད་ལས་ལྷག་པའི་ཁང་པ་བརྩིགས་པ་དང་། གཞི་དེར་དཀོན་མཆོག་གི་ཆེད་དུ་དགེ་འདུན་ལས་གནང་བ་མ་ཐོབ་པར་ཁང་ཆེན་བརྩིགས་པ་

དང་། མ་དག་གསུམ་ནི་རྒྱལ་པོས་མ་གནང་བ་སོགས་རྫོད་པ་ཅན། སྒྲོག་ཆགས་མང་བ་དང་། ཆུ་སོགས་ཀྱིས་གཞི་མི་བརྟན་པའོ། །དགེ་སློང་གཞན་ལ་མཐོང་ཐོས་དོགས་གསུམ་མེད་པར་ཕམ་པ་བྱུང་ཞེས་པ་གཞི་མེད་པའི་སྐུར་འདེབས་དང་། དགེ་སློང་གཞན་ལ་སྐད་ཀ་བག་ཙམ་ལ་བརྟེན་ནས་བྱ་བྱེད་ཀྱི་བརྡ་མ་སྦྱར་བ་ཕམ་པས་བསྐུར་བ་དང་། མཚམས་གཅིག་ཏུ་བློ་མི་མཐུན་པར་དགེ་འདུན་ཕྱོགས་གཉིས་སུ་དབྱེ་ནས་གསོ་སྦྱོང་སོགས་ལས་ཆ་གཉིས་བྱེད་པ་ཟློག་བྱེད་ལྟས་བཟློག་ཀྱང་མི་གཏོང་བ་དང་། དགེ་འདུན་གྱི་དབྱེན་བྱེད་པ་དེའི་རྗེས་སུ་ཕྱོགས་ནས་བསླབ་པ་དང་འགལ་བར་བྱེད་པ་ཟློག་བྱེད་ལྟས་བཟློག་ཀྱང་མི་གཏོང་བ་དང་། དགེ་སློང་འགའ་ཞིག་ཆང་འཐུང་བ་དང་བུད་མེད་དང་མཉམ་དུ་བཟའ་བཏུང་ལ་སྤྱོད་པ་སོགས་ཀྱིས་ཁྱིམ་པ་སུན་འབྱིན་ཏེ་མི་དད་པར་བྱེད་པའི་ཚེ། དེ་དགེ་འདུན་གྱིས་གནས་ནས་བསྐྲད་པ་ན་དགེ་འདུན་ལ་བསྐྱོན་ཏེ་སྐུར་པ་འདེབས་པ་ཟློག་བྱེད་ལྟས་མི་གཏོང་བ་དང་། དགེ་སློང་གཞན་ལ་ལྟུང་བ་བྱུང་བ་ཕྱིར་བཅོས་པར་བསྐུལ་བ་ན་ཁྱེད་ཅག་དགེ་ཡང་རུང་སྡིག་ཀྱང་རུང་བདག་ལ་ཅང་མ་སྨྲ་ཞེས་དང་དུ་མ་བླངས་པ་བཀའ་བློ་མི་བདེ་བའི་གཞིར་ཞུགས་པ་ཟློག་བྱེད་ལྟས་མི་གཏོང་བའོ། །ཟློག་བྱེད་ལྟ་ནི་གཞམ་བསྒོ་དང་གསོལ་བཞིའི་ལས་དང་ལྔའོ། །

གསུམ་པ་ལ་གཉིས། སྤང་ལྟུང་སུམ་ཅུ་དང་། ལྟུང་བྱེད་འབའ་ཞིག་པ་བཤད་པའོ། །དང་པོ་ལ་གཉིས། བསྟན་པ། བཤད་པའོ། །དང་པོ་ནི། སྤང་བའི་ལྟུང་བྱེད་སུམ་ཅུའི་སྡེ་བཤད་པ། ཞེས་པ་སྟེ༑ གང་ལ་ལྟུང་བ་བྱུང་བའི་དངོས་པོ་དེ་སྤངས་པའི་སྒོ་ནས་ཕྱིར་བཅོས་དགོས་ཤིང་། མ་བཅོས་ན་ངན་སོང་དུ་ལྟུང་བ་བྱེད་པས་ན་སྤང་ལྟུང་དང་།དབྱེ་ན་སུམ་ཅུ་སྟེ། གོས་ཀྱི་སྡེ། སྟན་གྱི་སྡེ། ལྟུང་བཟེད་ཀྱི་སྡེ་གསུམ་རེ་རེ་ལ་བཅུ་རེ་ཡོད་པའི་ཕྱིར།

གཉིས་པ་ལ་གསུམ་སྟེ།དང་པོ་གོས་ཀྱི་སྡེ་ནི། རང་གི་གོས་ལྷག་ཞག་བཅུ་འདས་པར་འཆང་། །ཆོས་གོས་དང་བྲལ་ཞག་གཅིག་ལོན་པ་དང་། །གོས་རྒྱུ་ཟླ་གཅིག་འཇོག་དང་དགེ་སློང་མར། །ཆོས་གོས་འབྲུར་འཇུག་དེ་ལ་གོས་རྒྱུ་ལེན། །ཉེ་མིན་ཁྱིམ་པར་གོས་རྒྱུ་སློང་བ་དང་། །སྟེར་ན་སྟོད་གཡོག་སྨད་གཡོག་ལྷག་པོར་ལེན། །རང་ལ་སྟེར་བསམ་ཆོས་གོས་གནས་སྤྱགས་པ། །རིན་དང་ཁྲུ་ཚད་

ཀྱིས་སློང་བརྟགས་དྲན་སློང་། །གོས་རིན་རིན་ཆེན་བསྐུར་བ་ལེན་རྣམས་སོ། །ཞེས་པ་སྟེ། ཆོས་གོས་དངོས་ལྷག་པོར་འཆང་བ་དང་། གཞན་ཡང་ཆོས་གོས་གསུམ་ཡོད་པའམ་མེད་ཀྱང་ཁ་སྐོང་གི་རེ་བ་མེད་ན་ཁྲུ་གང་ལོངས་པ་དང་། ཁ་སྐོང་གི་རེ་བ་དང་བཅས་པ་ན་འཁོར་གསུམ་ཁེབ་པ་ཡན་ཆོད་ཀྱི་གོས་ལྷག་བྱིན་གྱིས་མ་བརླབས་པར་རང་སྟོབས་སམ་ཤན་སྟོབས་ཀྱིས་ཞག་བཅུ་འདས་པ་ན་འཆང་བའི་སྤང་ལྟུང་དང་། འདིའི་ཤན་ལ་ཤན་འཇུག་མི་འཇུག་གཉིས། རིགས་ལོག་མ་ལོག་གཉིས་ཏེ་མུ་བཞིའོ། །ཤན་འཇུག་པ་ནི་ཞག་བཅུ་པའི་གོས་སྔ་མ་བྱིན་གྱིས་མ་བརླབས་པར་ཞག་དགུ་ལོན་པ་དང་། དེ་ཉིན་རིགས་མཐུན་གྱི་གོས་གཅིག་རྙེད་ན། སྔ་མས་ཞག་དགུ་ལོན་པའི་ཤན་དེ་ཕྱི་མ་ལ་ཞུགས་པས་ཞག་བཅུ་འདས་ཏེ་བཅུ་གཅིག་པའི་སྐྱ་རེངས་ཤར་བ་ན་གོས་སྔ་མས་རང་སྟོབས་དང་། ཕྱི་མས་ཤན་སྟོབས་ཀྱིས་སྤང་ལྟུང་གཉིས་དུས་གཅིག་ལ་བསྐྱེད། ཤན་མི་འཇུག་པ་ནི། སྔ་དྲོ་ཞག་བཅུ་པའི་གོས་གཅིག་རྙེད། ཕྱི་དྲོ་ཡང་གཅིག་རྙེད་པ་ལྟ་བུའོ། །རིགས་ལོག་པ་ནི། འོག་ཏུ་འཆད་པའི་ཟླ་འཇོག་གི་གོས་དེས་ཟླ་གཅིག་མ་འདས་པར་སྤང་ལྟུང་མི་བསྐྱེད་ཀྱང་། ཟླ་འཇོག་དེས་ཞག་གཅིག་ནས་ཉེར་དགུ་བར་ལོན་པ་ན། ཕྱིས་ཆོས་གོས་གསུམ་ཚང་བར་རྙེད་ན། ཟླ་འཇོག་དེ་ཞག་བཅུ་པའི་གོས་སུ་རིགས་ལོག་སྟེ། ཞག་བཅུ་འདས་པ་ན་ཟླ་འཇོག་གིས་རང་སྟོབས་དང་ཕྱི་མས་ཤན་སྟོབས་ཀྱིས་སྤང་ལྟུང་བསྐྱེད། རིགས་མ་ལོག་པ་ནི། སྔ་ཕྱི་གཉིས་ཀ་ཟླ་བར་བཞག་རུང་བ་ཡིན་ན་རིགས་མ་ལོག་མོད། གོས་སྔ་མ་རྙེད་ནས་གཅིག་ནས་ཉེར་དགུ་བར་གང་རུང་ལོན་པ་ན། ཕྱི་མ་ཞིག་རྙེད་ན་སྔ་མའི་ཤན་ཞུགས་ནས་སོ་གཅིག་པའི་སྐྱ་རེངས་ཤར་བ་ན་སྔ་མས་རང་སྟོབས་དང་ཕྱི་མས་ཤན་སྟོབས་ཀྱིས་སྤང་ལྟུང་བསྐྱེད་པ་སོགས་ལྟུང་བཞེད། སླན། ལྟུང་བ་བཅས་ཐམས་ཅད་ལ་འགྲེ། གོས་ཀྱི་བྱིན་རླབས་འདི་དེང་སང་བཀའ་གདམས་གསར་མའི་ཕྱོགས་ལ་རྒྱུན་ཁ་ཚོད་ལྡན་ཡོད། སླན་གྱི་བྱིན་རླབས་ནི་བོད་འདིར་རྒྱུན་ཁ་མ་བྱུང་བས་འདིར་ཡང་མ་བྲིས། ལྟུང་བཞེད་ཀྱི་ཤན་འཇུག་ཚུལ་ནི་སྔ་མའི་རིགས་པས་ཤེས་སོ། །བྱིན་གྱིས་རླབས་ཚུལ་ཀྱང་སྔ་ཕྱི་གཉིས་ཤན་མ་འདྲེས་གོང་སྔ་མ་བྱིན་གྱིས་བརླབས་དགོས། སྔ་མ་བྱིན་གྱིས་མ་བརླབ་ན་ཕྱི་མ་བརླབས་ཀྱང་གོ་མི་ཆོད། བྱིན་གྱིས་བརླབས་པའི་ཆོས་གོས་གསུམ་གང་རུང་དང་འབྲལ་ནས་གནས་ཐ་དད་པར་ཞག་གཅིག་ལོན་པ་ན

ཆོས་གོས་འབྲལ་སྤྱང་དང་། ཆོས་གོས་གང་རུང་མེད་པར་ཁ་སྐོང་གི་རེ་བ་དང་བཅས་པས་གོས་རྒྱུ་ཚད་ཁྲུ་གང་ནས་འཁོར་གསུམ་ཁེབ་པའི་བར་བྱིན་གྱིས་མ་བརླབས་པར་རང་སྟོབས་སམ་ཤན་སྟོབས་ཀྱིས་སོ་གཅིག་པའི་སྐྱ་རེངས་ཤར་བ་ན་ཟླ་འཛོག་གི་སྤྱང་བ་དང་། བདུན་བརྒྱུད་ཚུན་གྱི་ཉེ་དུ་མ་ཡིན་པའི་དགེ་སློང་མ་ལ་རང་གི་ཆོས་གོས་རྙིང་པ་འཁྲུར་འཇུག་པའི་སྤྱང་བ་དང་། ཉེ་དུ་མིན་པའི་དགེ་སློང་མ་ལ་གོས་ཀྱི་རྒྱུ་འཁོར་གསུམ་ཁེབ་པ་ཡན་བསླངས་ཏེ་ཐོབ་པ་དང་། རང་ལ་ཆོས་གོས་གསུམ་ཚང་བཞིན་དུ་བདུན་བརྒྱུད་ཚུན་གྱི་ཉེ་དུ་མིན་པའི་ཁྱིམ་པ་ལ་གོས་ཀྱི་རྒྱུ་འཁོར་གསུམ་ཁེབ་པའི་ཚད་ལོངས་བ་བསླངས་ཏེ་ཐོབ་པ་དང་། ཆོས་གོས་གསུམ་ཚང་བར་མེད་ན་ཉེ་མིན་ཁྱིམ་པར་སློང་བར་རིགས་ཀྱང་གོས་མང་པོ་སྟེར་ན།སྟོད་གཡོགས་སྨད་གཡོགས་གཅིག་ལས་ལྷག་པར་བླངས་པ་དང་། ཉེ་མིན་ཁྱིམ་པས་རང་ལ་སྟེར་བསམས་ཏེ་ཆོས་གོས་འདི་སྦྱིན་གནས་དགེ་སློང་འདི་ལ་འབུལ་དགོས་ཞེས་བློས་སྤྱགས་པ་ལས། འབུལ་མི་འབུལ་བརྟགས་པའི་ཆེད་དུ་རིན་དང་ཁྲུ་ཚད་ཀྱིས་དྲན་པ་བཟློད་དེ་བསླངས་ནས་ཐོབ་པ་དང་། ཉེ་མིན་ཁྱིམ་པ་ཕོ་མོ་གཉིས་སོ་སོ་སྤྱར་ལྷར་གོས་རེ་རེ་འབུལ་བར་བློས་སྤྱགས་པ་ན་ཡང་འབུལ་མི་འབུལ་བརྟགས་པའི་དྲན་པ་བཟློད་པས་ཐོབ་པ་དང་། སྦྱིན་བདག་གིས་ཆོས་གོས་ཀྱི་རིན་རུང་བ་མ་ཡིན་པ་གསེར་དངུལ་སོགས་རིན་པོ་ཆེའི་རིགས་ཕོ་ཉ་བ་ལ་བསྐུར་བ། དེས་དགེ་སློང་ལ་འབུལ་བ་ན་བླང་དུ་མི་རུང་བས། ཞལ་ཏ་པ་ལ་སྦྲད་བཅོལ་བ་ལ་གོས་དུས་སུ་མ་བྱུང་ན་དངོས་སུ་བསྐུར་བ་ལན་གསུམ་བྱ། དེས་མ་བྱུང་ན་ཁོའི་གན་དུ་ཅང་མི་སྨྲ་བར་བསྡད་པ་ལན་གསུམ་བྱ། བསྐུར་བསྡད་དྲུག་པོ་དེ་ལས་ལྷག་པར་བྱས་ནས་གོས་ཐོབ་པ་ན་བསྐུར་བའི་སྤྱང་ལྟུང་རྣམས་སོ། །

བཅུ་ཚན་གཉིས་པ་ནི། སྲིན་བལ་ནང་ཚང་བྱས་པའི་སྟན་བྱེད་དང་། །དཀོན་སར་བལ་ནག་འབའ་ཞིག་སྟན་དུ་འདིང་། །བལ་ནག་ཆ་གཉིས་སྟན་བྱེད་ལོ་དྲུག་ནི། །མ་སོང་སྟན་གསར་བྱེད་དང་ཚད་ལྡན་གྱི། །འདིང་བ་ཡོད་ཀྱང་སླར་བཟོ་བལ་ནག་ནི། །སྙིད་ནས་ལམ་གྱི་དཔག་ཚད་གསུམ་མཐར་བྱེད། །དགེ་སློང་མར་ནི་བལ་འཁྲུ་རྨེལ་བཅུག་དང་། །གསེར་དངུལ་ལེན་དང་ཚོང་འབྱུན་མངོན་ཚན་ཅན། །ཆེད་དུ་ཚོང་བྱེད། །ཅེས་པ་སྟེ། རིན་ཐང་ཆེ་བ་སྲིན་བལ་གྱི་སྟན་དང་། ཤིན་ཏུ

དཀོན་སར་བལ་ནག་འབའ་ཞིག་གི་སྟན་དང་། བལ་དཀར་པོ་བསྲེས་ཀྱང་བལ་ནག་ཆ་གཉིས་བྱེད་པའི་སྟན་བྱེད་པ་དང་། སྟན་སྔ་མ་ལོ་དྲུག་མ་སོང་བར་དགེ་འདུན་ལས་གནང་བ་མ་ཐོབ་པར་སྟན་གསར་པ་བྱེད་པ་དང་། ཚད་ལྡན་གྱི་འདིང་བ་རྙིང་པ་ཡོད་ཀྱང་སླར་བཟོ་བ་ན་རྙིང་པ་ནས་བདེ་བར་གཤེགས་པའི་མཐོ་གང་སྟེ་མི་ཕལ་པའི་མཐོ་གསུམ་གསར་པ་ལ་མ་བསྣན་པར་ལོངས་སྤྱོད་པ་དང་། བལ་ནག་སོགས་རྙེད་ནས་དེ་ལ་ཆགས་སེམས་ཀྱིས་ཁུར་ཚད་དུ་ལོངས་པ་ཁུར་ནས། ལམ་གྱི་དཔག་ཚད་གསུམ་གྱི་མཐར་འདས་པ་དང་། འཁུར་གྲོགས་ཡོད་ན་རྒྱངས་གྲགས་གཅིག་འདས་པར་བྱེད་པ་དང་། ཉེ་དུ་མ་ཡིན་པའི་དགེ་སློང་མ་ལ་བལ་འཁྲུ་བ་དང་རྨེལ་དུ་བཅུག་པ་དང་། རང་དབང་བའི་གསེར་དངུལ་སོགས་རུང་བ་མ་བྱས་པར་རང་གིས་རེག་གམ་རེག་ཏུ་བཅུག་སྟེ་ལེན་ནས་བདག་གིར་བྱེད་པ་དང་། རུང་བ་བྱ་ཚུལ་ནི་སྦྱིན་བདག་གམ་ཞལ་ཏ་པ་བདག་པོ་ཉིད་དུ་ཁས་ལེན་དུ་གཞུག་པ་དང་། བྱིན་རླབས་བྱ་བ་དང་གསུམ་ལས། ཕྱི་མ་ནི་གཞན་ལས་རྟོགས་འཚལ། རང་གི་རྫས་རིན་པོ་ཆེ་སོགས་མངོན་མཚན་ཅན་ཁྱིམ་པ་ལ་སྐྱེད་བཏང་སྟེ་ཁེ་ཐོབ་པ་དང་། ཁེ་ཐོབ་པའི་ཆེད་དུ་འབྲུ་སོགས་ཁྱིམ་པ་ལས་མོད་ན་ཉོ་ཞིང་དཀོན་ན་ཚོང་བར་བྱེད་པ་ན་ཉོ་ཚོང་བྱེད་པའི་སྤང་བའོ། །

བཅུ་ཚན་གསུམ་པ་ནི། ལྷུང་བཟེད་བྱིན་མ་བརླབས། །ཞག་བཅུ་འདས་འཆང་ལྷུང་བཟེད་ཟུང་འཆང་བ། །གླ་རྔན་མེད་པར་འཐག་འཇུག་ཐག་རྒྱ་བསྐྱེད། །དགེ་སློང་གོས་བྱིན་སླར་འཕྲོག་བཏང་བྱུང་གོས། །སྦྱིན་དུས་བཤད་ལས་སྔ་བར་བདག་གིར་བྱས། །དགོན་པར་འཇིགས་བཅས་གོས་བྲལ་ཞག་བདུན་འདས། །རས་ཆེན་དགག་དབྱེ་ཟིན་ཀྱང་ཟླ་ཕྱེད་འདས། །དགེ་འདུན་བསྔོས་པའི་རྙེད་པ་བདག་ཏུ་བཟུང་། །ན་སྨན་ཞག་བདུན་འདས་ནས་གསོག་འཇོག་གོ། །ཞེས་པ་སྟེ། རང་གི་ལྷུང་བཟེད་བྱིན་གྱིས་མ་རླབས་པར་རང་སྟོབས་སམ་ཤན་སྟོབས་ཀྱིས་ཞག་བཅུ་འདས་པ་དང་། རང་ལ་ལྷུང་བཟེད་ཚད་ལྡན་ཡོད་བཞིན་དུ་ཉེ་མིན་ཁྱིམ་པ་ལ་ལྷུང་བཟེད་བསླངས་ཏེ་ཐོབ་པ་དང་། ལྷུང་བཟེད་ཀྱི་ཚད་ཕུལ་དགུ་ཤོང་བ་ཆུང་ཚད། ཕུལ་བཅོ་བརྒྱད་ཤོང་བ་ཆེ་ཚད། དེ་གཉིས་ཀྱི་བར་འབྲིང་ཚད། ཕུལ་རེ་རེ་ལ་ཁྱོར་བ་ཕྱེད་བཞི་རེ་ཚོད་དོ། །ཉེ་མིན་ཐག་པར་གླ་རྔན་མ་བྱིན་པར་གོས་འཐག་འཇུག་པ་དང་། ཉེ་མིན་ཁྱིམ་པས་རང་ལ་བསྔོས་པའི་གོས་འཐག་འཇུག་པ་ན། བདག་པོས་

མ་གནང་བར་ཞིང་དཀྲུས་སོགས་རྒྱ་བསྐྱེད་པ་དང༌། རང་གིས་དགེ་སློང་གཞན་ལ་གོས་སོགས་ཡོ་བྱད་བྱིན་པ་སླར་འཕྲོག་པ་དང༌། བརྟད་པ་ནི་གློ་བུར་བའི་མིང་སྟེ་དེས་ན་དབྱར་ནང་དུ་བྱུང་བའི་གོས་སོགས་བཟའ་བཅའ་མ་ཡིན་པ་རྣམས་སྦྱིན་དུས་དགག་དབྱེའི་ཕྱི་དེ་ཉིན་བགོ་བར་བཤད་པ་ལ་དེ་ཉིན་མ་བགོས་པའམ། དེའི་སྔོན་དུ་བདག་གིར་བྱེད་པ་དང༌། དགེ་སློང་དགོན་པ་པས་འཇིགས་པ་དང་བཅས་པའི་སར་ཆོས་གོས་སྣམ་སྦྱར་ཞག་དྲུག་འབྲལ་བར་གནང་ཡང་བདུན་པའི་སྐྱ་རེངས་ཤར་བ་དང༌། རས་ཆེན་དབྱར་ཁས་ལེན་པ་དེའི་སྔོན་དུ་ཟླ་གཅིག་གི་གོང་ནས་བཙལ་བའམ། དགག་དབྱེ་གྲོལ་ཟིན་ནས་ཟླ་ཕྱེད་འདས་པར་འཆང་བ་དང༌། སྦྱིན་བདག་གིས་དགེ་འདུན་ལ་བསྔོས་པའི་རྙེད་པ་རང་ལ་བསྒྱུར་ཏེ་ཐོབ་ནས་བདག་ཏུ་བཟུང་བ་དང༌། ན་སྨན་ཞེས་པ་མདོའི་དཔེ་ཙམ་དུ་ཟད་དེ། སྨན་བཞི་གང་རུང་བྱིན་ལེན་བྱས་པ་མ་ཞིག་པར་ཉིན་གུང་དང༌། འོད་དམར་གྱི་མཐའ་དང༌། སྲོད་ཐུན་གྱི་མཐའ་དང༌། མཚན་མཐའ་རྣམས་སྔ་མ་སྔ་མར་བྱིན་ལེན་བྱས་པ་མི་ཞིག་པར་ཕྱི་མ་ཕྱི་མའི་དུས་འདས་ན་གསོག་འཇོག་དང༌། བྱིན་རླབས་བྱས་ན་ཐུན་ཚོད་དུ་རུང་བ་སྔ་དྲོ་བརླབས་ནས་མཚན་མཐའ་འདས་པ་དང༌། ཞག་བདུན་པའི་སྨན་བརྒྱད་པའི་སྐྱ་རེངས་ཤར་བ་དང༌། འཚོ་བཅང་གི་སྨན་ནད་ལས་གྲོལ་ནས་ཐུན་ཚོད་གཅིག་འདས་ནས་གསོག་འཇོག་ཏུ་འགྱུར། དུས་རུང་ལ་བྱིན་རླབས་མ་བཤད་ཀྱང་སྔ་དྲོ་བྱིན་ལེན་བྱས་པ་མ་ཞིག་པར་ཉིན་གུང་འདས་ནའོ། །བྱིན་ལེན་ཞིག་པ་ནི་འོག་ཏུ་འཆད་དོ། །

གཉིས་པ་ལྟུང་བྱེད་ལ་གཉིས། བསྟན་པ། བཤད་པའོ། །དང་པོ་ནི། ལྟུང་བྱེད་འབའ་ཞིག་དགུ་བཅུ་ཐམ་པ་ནི། ཞེས་པ་སྟེ། སྤྱད་ན་ངན་སོང་དུ་ལྟུང་བར་བྱེད་པ་དང༌། བཤགས་དུས་སྤང་བྲལ་སྔོན་དུ་བཏང་མི་དགོས་པས་ན་འབའ་ཞིག་པ་སྟེ། དབྱེ་ན་དགུ་བཅུའོ། །

གཉིས་པ་རྒྱས་པར་བཤད་པ་ལ་བཅུ་ཚན་དགུ་ལས། དང་པོ་ཤེས་བཞིན་གྱི་སྡེ་ཚན་ནི། ཤེས་བཞིན་རྫུན་སྨྲ་དགེ་སློང་སྐྱོན་བརྗོད་པ། །ཕྲ་མས་འབྱེད་དང་སྐྱོ་བསྐྱོགས་ཟླུམ་ཀྱང་དབྱེ། །བུད་མེད་ཆོས་སྟོན་བསྙེན་པར་མ་རྫོགས་དང༌། །ལྷན་ཅིག་ཆོས་འདོན་གནས་ངན་ལེན་ལྟུང་བརྗོད། །མི་ཆོས་བླ་མ་བདེན་སྨྲ་བཤེས་ངོར་འཕྱ། །བསླབ་གཞི་ཁྱད་གསོད། །ཅེས་པ་སྟེ། རྫུན་བཞི་ལས་གཞན་པའི་

ཤེས་བཞིན་དུ་རྫུན་སྨྲ་བ་དང་། རྫུན་བཞི་ནི་ཕམ་ལྷག་སྦོམ་པོ་ཉེས་བྱས་སུ་འགྱུར་བའི་རྫུན་རྣམས་སོ། །དགེ་སློང་ལ་ལུས་དང་རིགས་ལ་ཆགས་པའི་སྐྱོན་བརྗོད་པ་དང་། དགེ་སློང་མཐུན་པ་དག་ཕྲ་མའི་ཚིག་གིས་འབྱེད་པ་དང་། དགེ་སློང་གཉིས་ཡན་ཆད་སྐྱོ་སྒྲོགས་ཏེ་རྩོད་པ་བཞི་གང་རུང་དགེ་འདུན་གྱིས་ཆོས་ཕྱོགས་སུ་བཟླུམས་པར་བྱས་ཟིན་ཀྱང་སླར་ཡང་སློང་ནས་དབྱེ་བ་དང་། རྩོད་པ་བཞི་ནི། ལྟུང་ཕྱིར་རྩོད་པ། འགྱེད་ཕྱིར་རྩོད་པ། མི་བསྟུམས་ཕྱིར་རྩོད་པ། བྱ་བ་ལས་ཕྱིར་རྩོད་པའོ། །ཁྲིམས་གྲོགས་མེད་པར་བུད་མེད་ལ་ཆོས་ཚིག་ལྔའམ་དྲུག་ལས་ལྷག་པར་སྟོན་པ་དང་། བསྙེན་པར་མ་རྫོགས་པ་དང་ལྷན་ཅིག་ཏུ་གསུང་རབ་སོགས་ཀྱི་ཆོས་འདོན་པ་དང་། ཡུལ་ཁྲིམ་པ་ལ་དགོས་པ་མེད་པར་དགེ་སློང་གཞན་གྱི་གནས་ངན་ལེན་ཕམ་ལྷག་གི་ལྟུང་བ་བྱུང་བ་བརྗོད་པ་དང་། དགོས་པ་མེད་པར་རང་གིས་མི་ཆོས་བླ་མའི་ཡོན་ཏན་ཐོབ་པ་བདེན་པར་སྨྲ་བ་དང་། དགེ་འདུན་གྱི་བྱ་བ་བྱེད་པ་ལ་ཡོ་བྱད་ཅུང་ཟད་བྱིན་པ་ན་དགེ་འདུན་གྱི་རྫས་གང་ཟག་ལ་བཤེས་ངོར་ནས་སྦྱིན་ནོ་ཞེས་འཕྱ་བའི་དོན་གོ་བ་དང་། གསོ་སྦྱོང་སོགས་ཀྱི་སྐབས་སོ་ཐར་གྱི་མདོ་འདོན་པ་ན་བསླབ་གཞི་ཕྲ་ཞིང་ཕྲ་བ་འདི་དག་བཏོན་པས་ཅི་བྱ་ཞེས་ཁྱད་དུ་གསོད་པའི་དོན་གོ་བའོ། །

བཅུ་ཚན་གཉིས་པ་ས་བོན་གྱི་སྡེ་ནི། ས་བོན་སྐྱེ་བ་གཅོད། བདག་གི་ངོར་འཕྱ་བསྒོ་བ་རྣར་གཟོན་ནི། །ལྟུང་བྱུང་གླེང་ལ་མ་ཐོས་ལན་གཞན་འདེབས། །ཁྲི་དང་གདིང་བ་མ་བསྡུས་བཏིང་སོང་དང་། །དགེ་སློང་སྐྲོད་དང་ཐོ་འཚམས་ཕྱིས་གནོན་བྱས། །མལ་ཁྲིས་བུག་དབྱུང་སྲོག་ཆགས་ལྡན་པའི་ཆུ། །རྩར་འདེབས་གཙུག་ལག་ཕ་གུ་རིམ་གཉིས་བརྩེགས། །ཤེས་བཞིན་བགྱིས་སོ། །ཞེས་པ་སྟེ། ས་བོན་མ་ཉམས་པ་དང་སྐྱེ་བ་གང་ཡང་རུང་སྟེ་རུང་བ་མ་བྱས་པར་རང་གིས་གཅོད་པའམ་ཉམས་པར་བྱེད་པ་དང་། རུང་བ་ནི་མེ་དང་མཚོན་དང་བཀས་པའི་རུང་བ་གསུམ་ལས། འབྲས་ལྡ་བུ་སྨོད་དུ་བླུགས་ནས་བསྙེན་པར་མ་རྫོགས་པས་ཕྱོགས་བཞི་ནས་མེས་རེག་ཙམ་བྱེད་པ་དང་། ལ་ཕུག་ལྡ་བུ་མཚོན་གྱིས་རྨ་གཏོད་པ་དང་། ལྡར་ཀ་ལྡ་བུ་ཁ་བཀས་པའོ། །ཞལ་ཏ་པས་ཆོས་བཞིན་བྱས་ཀྱང་འདིས་བདག་གི་ངོར་གནས་མལ་སོགས་གང་ཡང་རུང་བ་ངན་པར་བྱས་སོ་ཞེས་འཕྱ་བ་དང་། བསྒོ་བ་རྣར་གཟོན་གྱི་ལྟུང་བྱེད་ནི་དགེ་སློང་གཞན་གྱིས་རང་ལ་ཕན་སེམས་ཀྱིས་ལྟུང་བ་བྱུང་བ་གླེང་བ་ན

མ་ཐོས་པ་ལྟར་བྱས་ནས་ལན་ལོག་པ་གཞན་འདེབས་པ་དང་། དགེ་འདུན་གྱི་ཁྲི་དང་ཁྲིའུ་སོགས་ལ་ལོངས་སྤྱད་ནས་ཆུད་གསོན་པའི་གནས་སུ་མ་བསྡུས་པར་འདོམ་ཞེ་དགུ་འདས་པར་སོང་བ་དང་། དགེ་འདུན་གྱི་གཙུག་ལག་ཁང་དུ་རྩྭ་སོགས་གདིང་བ་མ་བསྡུས་པར་གནས་མལ་ཕན་ཕུན་དུ་གྱུར་པ་བཏིངས་ནས་སོང་བ་འདོམ་ཞེ་དགུ་འདས་པ་དང་། ཞེ་སྡང་གི་བསམ་པས་གཙུག་ལག་ཁང་ནས་དགེ་སློང་གཞན་སྐྲོད་པ་དང་། དགེ་སློང་ལ་ཐོ་མཚམས་པའི་ཕྱིར་དུ་ལུས་ངག་གིས་ཕྱིས་གནོན་ཏེ་ཟིལ་གྱིས་གནོན་པར་བྱེད་པ་དང་། གཙུག་ལག་ཁང་གི་སྟེང་དུ་མལ་ཁྲིའི་རྐང་པ་ཤིན་ཏུ་རྣོན་པོ་བྱས་ཏེ་བཙུགས་ནས་ལུས་ལྡིད་ཕབ་སྟེ་འདུག་པས་བུ་ག་ཕུག་པ་དང་། སྲོག་ཆགས་དང་ལྡན་པའི་ཆུ་རྩྭ་ཤིང་སོགས་ལ་འདེབས་པས་དུད་འགྲོ་ཧི་སྐྱེད་ཤི་བ་དེ་སྙེད་ཀྱི་ལྟུང་བྱེད་དང་། གཞི་མི་བརྟན་པའི་སར་གཙུག་ལག་ཁང་སོགས་ཉིན་གཅིག་ལ་ཕ་གུ་རིམ་པ་གཉིས་སམ་གསུམ་བརྩེགས་པའོ། །

བཅུ་ཚན་གསུམ་པ་མ་བསྐོས་པའི་སྡེ་ནི། འདི་མན་དགེ་སློང་མར། །མ་བསྐོས་ཆོས་སྟོན་བསྐོས་ཀྱང་ཉི་ནུབ་དང་། །ཁ་ཟས་ཕྱིར་སྟོན་གོས་བཙེམས་ཆོས་གོས་སྦྱིན། །དོན་མཐུན་ལམ་འགྲོགས་གྲུ་དེ་གྱེན་མཐུར་འགྲོ། །དབེན་པར་གཅིག་འདུག་པ་དང་འགྲེང་བ་དང་། །སྦྱོར་བཅུག་ཟས་ཟ་རྣམས་ནི་སྤང་བར་བྱ། །ཞེས་པ་སྟེ། འདི་མན་བཅུ་ཚན་འདི་དགེ་སློང་མ་ལ་བརྟེན་ནས་འབྱུང་བ་ཡིན་ཏེ། དེ་ཡང་དགེ་སློང་མའི་སྟོན་པ་ལ་མ་བསྐོས་པར་དགེ་སློང་མར་ཆོས་སྟོན་པ་དང་། དེའི་སྟོན་པ་ལ་བསྐོས་ཀྱང་ཉི་མ་ནུབ་ཀྱི་བར་དུ་ཆོས་སྟོན་པ་དང་། དགེ་སློང་མ་ལ་ཟས་གོས་ཀྱི་ཕྱིར་དུ་ཆོས་སྟོན་ཏོ་ཞེས་ཛུན་གྱིས་སྐུར་པ་འདེབས་པ་དང་། ཉེ་དུ་མ་ཡིན་པའི་དགེ་སློང་མའི་གོས་བཙེམ་པ་དང་། དེ་ལ་གོས་བྱིན་པ་དང་། དེ་དང་དོན་མཐུན་པར་ལྷན་ཅིག་ཏུ་ལམ་དུ་འགྲོགས་ཏེ་རྒྱངས་གྲགས་འདས་པ་དང་། དེ་དང་ལྷན་ཅིག་གྲུར་ཞུགས་ནས་ཆུ་བོའི་རྒྱུན་ལས་བཟློག་སྟེ་གྱེན་ནམ་ཡང་ན་མཐུར་དུ་ཕྱིན་ནས་རྒྱང་གྲགས་འདས་པ་དང་། དབེན་པར་སྐབས་ཡོད་དུ་ཁྲིམས་གྲོགས་མེད་པར་བུད་མེད་དང་ལྷན་ཅིག་འདུག་པ་དང་། དེར་དགེ་སློང་མ་དང་ལྷན་ཅིག་འགྲེང་བ་དང་། དགེ་སློང་མས་བདག་ཉིད་དང་མ་འབྲེལ་བའི་ཡོན་ཏན་ཁྲིམ་པ་ལ་བརྗོད་ནས་སྦྱོར་བཅུག་པའི་ཟས་ཟོས་པ་དང་བཅུའོ། །

བཅུ་ཚན་བཞི་པ་ཡང་ཡང་གི་སྡེ་ནི། ཡང་ཡང་ཟས་ཟ་མུ་སྟེགས་འདུག་པའི་སར། །ཞག་གཅིག་ལྷག་བསྡད་ཟ་དང་ལྟུང་བཞེད་དོ། །ཟ་དང་ཟློས་རྗེས་བཟའ་བཅའ་ཟ་བ་དང་། །སྤྱངས་ཟས་ལྟུང་འབྱུང་ཆེད་དུ་རྫུན་གྱིས་སློབས། །གནང་མིན་མཚམས་ནང་ལོགས་སུ་འདུས་ནས་ཟ། །དུས་མིན་ཕྱེད་ཡོལ་ཟ་དང་གསོག་འཇོག་ཟ། །ཕྲིན་ལེན་མ་བྱས་སྨན་བཞི་ཁར་མིད་པ། །བསོད་པ་ཞིམ་པའི་ཟས་སློང་། །ཞེས་པ་སྟེ། གནང་བའི་དུས་མིན་པ་ཉིན་གཅིག་ལ་ཁྲིམ་སྔ་མར་ཟས་ཟློས་ནས་ཡང་ཁྲིམ་གཉིས་པར་ཟློས་པ་དང་། གནང་བའི་དུས་ནད་ཀྱིས་བཏབ་པ། མཆོད་རྟེན་སོགས་ཀྱི་ལས་བྱས་པ། མུ་གེའི་དུས་དང་། ལམ་དུ་དཔག་ཚད་ཕྱེད་ཕྱིན་པ། གྲུ་བརྒྱུད་བརྡིང་བའོ། །ཉེ་མིན་ཁྲིམ་པའི་གནས་མུ་སྟེགས་འདུག་པའི་སར་ཞག་གཅིག་ལས་ལྷག་པར་བསྡད་དེ་ཟློས་པ་དང་། ཉེ་མིན་ཁྲིམ་པས་ཅི་བདེར་སློབ་པ་མ་ཡིན་པར་ལྟུང་བཞེད་འཕྲིང་ཚད་དོ་ལས་ལྷག་པར་བསླངས་ཏེ་ཟློས་པ་དང་། དུས་རུང་གི་ཟས་ཟློས་ནས་སྤྱངས་ཟིན་པའི་རྗེས་སུ་ཉིན་གུང་མ་ཡོལ་ཀྱང་ལྷག་པོར་མ་བྱས་པར་ཟློས་པ་དང་། དགེ་སློང་གཞན་གྱིས་སྤྱངས་ཟིན་པའི་ཟས་དེ་ལ་ལྟུང་བ་འབྱུང་བའི་ཆེད་དུ་ལྷག་པོར་བྱས་ཞེས་རྫུན་གྱིས་སློབ་པ་དང་། གནང་བར་མ་ཡིན་པའི་དུས་སུ་མཚམས་ནང་གཅིག་ཏུ་དགེ་སློང་གསུམ་ཡན་ལོགས་སུ་འདུས་ནས་ཟ་བ་དང་། གནང་བའི་དུས་ཕལ་ཆེར་གོང་དང་འདྲ། དུས་མ་ཡིན་པ་རང་གླིང་གི་ཉིན་ཕྱེད་ཡོལ་ནས་བཟའ་བཅའ་ཟ་བ་དང་། ན་བ་སོགས་ལ་རུང་ངོ་། །སྨན་བཞི་པོ་སྔར་བཤད་པ་ལྟར་གསོག་འཇོག་ཏུ་སོང་བ་ཟ་བ་དང་། འདི་ལས་འགྲོས་ནས་ལག་ཀ། མཚམས་བཅོས། ཞག་ལོན། དགེ་སློང་གིས་བཅོས་པ་བཞི་སྟེ། དང་པོ་ནི། ཟས་ཕྲིན་ལེན་མ་བྱས་པར་རང་གིས་རེག་པ་དང་། གཉིས་པ་ནི། མཚམས་ནང་དང་དེའི་ཉེ་འཁོར་དུ་ཟས་རྟེན་པ་བཅོས་པ་དང་། གསུམ་པ་ནི། མཚམས་ནང་དུ་དེ་འདྲའི་དངོས་པོ་ཞག་ལོན་པ་དང་། བཞི་པ་ནི། མཚམས་ཕྱི་ནང་གང་རུང་དུ་དངོས་པོ་དེ་འདྲ་བ་དགེ་སློང་རང་གིས་བཅོས་པའོ། །གནས་སྐྲ་མི་སྐྱན་ལྷ་བུམ་ཡིན་པར་ཕྲིན་ལེན་མ་བྱས་པར་སྨན་བཞི་པོ་གང་རུང་ཁམ་གཅིག་ཙམ་ཁར་མིད་པ་དང་། ཕྲིན་ལེན་ནི། སློབ་པ་པོས་མདུན་ནས་སློབ་ཅིང་། ནོད་པ་པོས་ཀྱང་ལག་གཉིས་གན་རྒྱལ་དུ་བཀན་ནས་བླངས་པའོ། །ཕྲིན་ལེན་འཛིན་པའི་རྒྱུ་ནི། ཁྲོགས་དང་འདྲིལ་དང་རེག་པ་དང་། །བསྔོས་དང་དགེ་སློང་མིན་གྱུར

དང་། །ངོ་བོ་འགྱུར་དང་སྐྱེ་བ་འགྱུར། །དོར་བ་ཡིས་ནི་བྱིན་ལེན་འཇིག །ཅེས་སོ། །ཡུལ་དུས་དེར་བསོད་པར་གྲགས་པ་ཤ་དང་འོ་མ་ལྟ་བུ་ཞིམ་པའི་ཟས་ཉེ་མིན་ཁྱིམ་པ་ལས་བསླངས་ཏེ་ཟོས་པ་དང་བཅུའོ། །

བཅུ་ཚན་ལྔ་པ་ཆུ་ནང་གི་སྡེ་ནི། སྲོག་ཆགས་བཅས། །ཆུར་སྤྱོད་ཉལ་པོ་བྱེད་པའི་ཤུལ་དུ་ཉལ། །དབེན་པའི་སྐབས་སུ་འགྲེང་དང་གཅེར་བུར་རྒྱུ། །དམག་ལྟ་དམག་སར་ཞག་གཉིས་ལྷག་པར་བསྡད། །དམག་གི་རུ་བཀོད་བྱེད་དང་དགེ་སློང་བརྡེག །བརྡེག་བརྩམས་གནས་ངན་ལེན་གྱི་ལྷུང་བ་འཆབ། །ཅེས་པ་སྟེ། སྲོག་ཆགས་དང་བཅས་པའི་ཆུ་ལ་མ་བརྟག་པར་ལོངས་སྤྱོད་པ་དང་། དེའི་དོན་དུ་ཆུ་ཚགས་བཅང་བ་དང་། མར་མེའི་འོད་ཁང་བུ་བ་བཅས་དགོས་སོ། །ཁྱིམ་པ་ཕོ་མོ་ཉལ་པོ་བྱེད་པར་བརྩམས་པའི་ཁྱིམ་དུ་ཉལ་བའམ་འདུག་པ་དང་། དེར་སྐབས་ཡོད་པའི་གནས་སུ་འགྲེང་བ་དང་། ཉེ་དུ་དང་དགེ་བ་ལ་སྦྱོར་བ་སོགས་ཀྱི་དགོས་པ་ཁྱད་པར་ཅན་མེད་པར་མུ་སྟེགས་པའི་རབ་བྱུང་གཅེར་བུ་པ་ལ་ཟན་བྱིན་པ་དང་། རྒྱལ་པོས་བོས་པ་སོགས་ཀྱི་རྐྱེན་དགོས་མེད་པར་རང་གར་དམག་ལ་བལྟ་བ་དང་། རྐྱེན་དགོས་མེད་པར་དམག་གི་སར་ཞག་གཅིག་གམ་གཉིས་ལས་ལྷག་པར་བསྡད་པ་དང་། རྐྱེན་དགོས་ཀྱིས་སྡོད་དགོས་ཀྱང་དམག་གི་རུ་བཀོད་བྱེད་པའམ། གོ་མཚོན་ལ་རེག་པ་སོགས་དཔུང་གི་ཡན་ལག་ཉམས་སུ་མྱོང་བ་དང་། དགེ་སློང་གཞན་ལ་ཁྲོ་བས་བརྡེག་ན་དེ་སྐད་ཀྱི་གྲངས་དང་། ཁྲོ་བས་དགེ་སློང་གཞན་ལ་བརྡེག་པར་གཟས་པ་དང་། མཐོལ་ཡུལ་ཚད་ལྡན་ཡོད་པའི་གནས་སུ་དགེ་སློང་གཞན་གནས་ངན་ལེན་ཕམ་ལྷག་གི་ལྷུང་བ་བྱུང་བ་འཆབ་པ་དང་བཅུའོ། །

བཅུ་ཚན་དྲུག་པ་ཁྱིམ་དང་གི་སྡེ་ཚན་ནི། དགེ་སློང་ཟས་གཅོད་མེ་ལ་རེག་ཏུ་བཅུག །དགེ་འདུན་ལས་ལ་འདུན་ཕུལ་ཕྱིར་ལྡོག་སླ། །བསྙེན་མ་རྫོགས་དང་ནུབ་གཉིས་ལྷག་པར་ཉལ། །སྡིག་ལྟའི་ཆོས་ལུགས་མི་གཏོང་ཕེབས་པར་སླ། །དགེ་ཚུལ་སྡིག་ལྟ་མི་གཏོང་ལྷན་ཅིག་ཉལ། །རུང་བའི་ཚོན་མིན་ཁ་དོག་ཅན་གོས་གྱོན། །རིན་ཆེན་དམག་ཆས་རོལ་མོའི་ཆས་ལ་རེག །ཚ་དུས་རང་གར་ཁྲུས་བྱེད། །ཅེས་པ་སྟེ། ཁྱིམ་པས་དགེ་སློང་གཞན་ལ་ཟས་འདྲེན་པ་ན་ངན་སེམས་ཀྱི་ཚིག་སླ་ནས་གཅོད་དུ་བཅུག་པ་ཁྱིམ་པས་དོན་གོ་ན་དང་། དུས་དྲན་མ་བྱས་པར་མེ་ལ་རེག་གམ་རེག་ཏུ་བཅུག་པ་དང་།

དགེ་འདུན་གྱི་ལས་ལ་འདུན་པ་ཕུལ་ནས། སླར་བདག་གི་འདུན་པ་ཕྱིར་བྱིན་ཅིག་ཅེས་ལྡོག་པའི་ཚིག་སྨྲ་བ་དང་། བསྙེན་པར་མ་རྫོགས་པ་དང་གནས་ཁང་གཅིག་ཏུ་ནུབ་གཉིས་ལས་ལྷག་པར་ཉལ་བ་དང་། གལ་ཏེ་ཉལ་དགོས་ན་ཁྲུ་ཕྱེད་དགུས་བར་ཆོད་དགོས་པར་བཤད། དུས་མིན་ཐོས་པ་ལྟ་བུ་ལ་ཉེས་པ་མེད་ཅེས་སྡིག་ལྟའི་ཆོས་ལུགས་ཟློག་བྱེད་ལྡས་བཟློག་ཀྱང་མི་གཏོང་བ་དང་། དགེ་འདུན་གྱིས་གནས་ནས་བསྒྲད་པའི་དགེ་སློང་དང་གཏམ་ཕེབས་པར་སྨྲ་བ་སོགས་སྤྱོད་ལམ་མཐུན་པར་བྱ་བ་དང་། དགེ་ཚུལ་སྡིག་ལྟ་མི་གཏོང་བ་དགེ་འདུན་གྱིས་བསྒྲད་པ་དང་ལྷན་ཅིག་ཏུ་ཉལ་བ་སོགས་སྤྱོད་ལམ་མཐུན་པར་བྱ་བ་དང་། རུང་བའི་ཚོན་གྱིས་ཁ་བསྒྱུར་བ་མིན་པའི་ཁ་དོག་དཀར་པོ་ཅན་གྱི་གོས་གྱོན་པ་དང་། རིན་པོ་ཆེ་དང་དམག་ཆས་ཟ་བོ་ཆེ་དང་དུང་སོགས་རོལ་མོའི་ཆས་ལ་རེག་པ་དང་། ཚ་བའི་དུས་མིན་པར་ཟླ་ཕྱེད་ཚུན་དུ་ལུས་ཕྱེད་ཙམ་ཆུས་ཁྲབ་པར་རང་གར་ཁྲུས་བྱེད་པ་དང་བཅུའོ། །ཚ་བའི་དུས་ནི་ལྟ་པའི་ཆོས་གཅིག་ནས་བདུན་པའི་བཅོ་ལྔའི་བར་དུའོ། །

བཅུ་ཚན་བདུན་པ་བསམ་བཞིན་གྱི་སྡེ་ནི། དུད་འགྲོ་གསོད། །དགེ་སློང་བྱས་པ་འགྱོད་བསྐྱེད་གག་ཆིལ་སློག །ཆུར་རྩེ་བུད་མེད་གནས་གཅིག་ཉལ་བ་དང་། །དགེ་སློང་དངངས་བྱེད་དེ་ཡི་ཡོ་བྱད་སྦེད། །སྤུར་བྱིན་གདིང་མེད་སླར་བླང་སྤྱོད་པ་དང་། །གཞི་མེད་སྐུར་བཏབ་བུད་མེད་ལྷན་ཅིག་ཏུ། །སྐྱེས་པ་མེད་པར་ལམ་འགྲོ། །ཞེས་པ་སྟེ། གསོད་སེམས་ཀྱིས་དུད་འགྲོ་གསོད་དམ་གསོད་དུ་བཅུག་ན་ཇི་སྐྱིད་ཤི་བ་དེ་སྙེད་ཀྱི་ལྟུང་བྱེད་དང་། ཁྱོད་ཀྱིས་སྡོམ་པ་མ་ཐོབ་ཅེས་པའམ། ཉམས་སོ་ཞེས་དགེ་སློང་གཞན་ལ་འགྱོད་པ་བསྐྱེད་བཅུག་པ་དང་། སྐྱི་གཡའ་བར་འདོད་པས་དགེ་སློང་གཞན་ལ་མཆན་ཁུང་སོགས་སུ་རེག་སྟེ་གག་ཆིལ་སློག་པ་དང་། ལུས་ཕྱེད་ནུབ་པའི་ཆུ་ལ་རྩེ་ས་སམ་རྩེ་ར་བཅུག་པ་དང་། བུད་མེད་དང་གནས་གཅིག་ཏུ་ཉལ་བ་མཚན་མོ་འདས་པ་དང་། སྒྲག་པའི་ཚིག་སྨྲ་བ་སོགས་ཀྱིས་དགེ་སློང་དངངས་པར་བྱེད་པ་དང་། རང་བྱུང་སྟེ་ལྟ་གང་རུང་གི་ཆོས་གོས་སོགས་ཡོ་བྱད་སྦེད་དམ་སྦེད་དུ་བཅུག་པ་དང་། དགེ་སློང་གཞན་ལ་གོས་སོགས་སྤུར་བྱིན་པ་དེས་གནང་བའི་གདིང་མེད་པར་སླར་བླངས་ཏེ་སྤྱོད་པ་དང་། དགེ་སློང་ལ་གཞི་མེད་པར་ལྷག་མའི་སྐུར་པ་བཏབ་པ་དང་། བུད་མེད་དང་ལྷན་ཅིག་ཏུ་སྐྱེས་པའི་ཁྲིམས་གྲོགས་མེད་པར་ལམ་དུ་རྒྱང་གྲགས་འདས་པར་འགྲོ་བ་དང་

བཅུའོ། །

བཅུ་ཚན་བརྒྱད་པ་མགྲོན་མང་རྐུན་མ་ཞེས་པའི་སྡེ་ནི། རྐུན་མའང་མཚུངས། །ཉི་ཤུ་མ་ལོན་པ་ལ་བསྙེན་རྫོགས་ཕོག །ས་བརྐོ་མགྲོན་པོས་ཟླ་བཞི་ལྷག་པར་ཐོས། །མི་ཤེས་བརྗོད་དང་འཐབ་པའི་ཉན་རྣ་བྱེད། །ཞེས་མེད་མི་སྨྲ་འགྲོ་དང་མི་གུས་འགལ། །ཆང་འཐུང་དུས་མིན་ཕྱི་དྲོ་གྲོང་དུ་རྒྱུ། །ཞེས་པ་སྟེ། ཤོ་གམ་མ་བྱིན་པའམ་རྐུན་མ་དང་ལྷན་ཅིག་འགྲོ་ནའང་སྔ་མ་དང་མཚུངས་ཏེ་རྒྱང་གྲགས་འདས་པ་དང་། བསྒྲུབ་བྱ་མངལ་ཤོལ་གྱི་ཟླ་བ་རྩིས་ཀྱང་ཉི་ཤུ་མ་ལོན་པ་ཤེས་བཞིན་དུ་བསྙེན་རྫོགས་ཕོག་པ་དང་། དགེ་འདུན་གྱི་དོན་སོགས་དགོས་པ་མེད་པར་སྲ་བར་འཐས་པའི་ས་ལ་སོར་བཞི་རྐོས་སམ་རྐོར་བཅུག་པ་དང་། ཉེ་མིན་ཁྱིམ་པས་མགྲོན་བོས་པ་དུས་ཚིགས་ལས་ལྷག་པའམ། དུས་ཚིགས་བཞག་མེད་ན་ཟླ་བ་བཞི་ལས་ལྷག་པར་འདུག་ནས་ཐོས་པ་དང་། དགེ་སློང་གཞན་གྱིས་རང་ཉིད་ལ་བསླབ་པ་སློབ་པར་ཅིས་བསྒོ་བ་ན། ཁྱོད་ཀྱིས་མི་ཤེས་པས། གཞན་ལ་མ་དྲིས་པར་མི་སློབ་ཅེས་བརྗོད་པ་དང་། རང་དང་རྩོད་ཟླར་གྱུར་པའི་དགེ་སློང་གཉིས་ཡན་གྲོས་བྱེད་པ་ན། འཐབ་མོ་སྤེལ་བའི་ཆེད་དུ་ཉན་རྣ་བྱེད་པ་དོན་གོ་བ་དང་། ལས་ཆགས་པའི་དགེ་སློང་རང་ཉིད་དགེ་འདུན་གྱི་ལས་གྲལ་དུ་དང་པོར་འདུས་ནས་ཁ་སྐོང་དུ་མི་འོས་པའི་ཉེས་པ་མེད་བཞིན་དུ་ལྷག་འོག་གི་དགེ་སློང་ལ་མི་སྨྲ་བར་འགྲོ་བ་ཉེ་འཁོར་ལ་འདས་པ་དང་། སྟོན་པའམ་དགེ་འདུན་ནམ་དགེ་སློང་ཞལ་ཏ་པས་རང་ལ་ཆོས་ལྡན་གྱི་བསྒོ་བ་ལ། བདག་གིས་བསྒྲུབ་མི་ནུས་པའི་ཚུལ་གྱིས་ཤད་སྦྱངས་མ་བྱས་པར་མི་གུས་པའི་རྣམ་པས་འགལ་བར་སྨྲ་བ་དང་། འབྲུའི་ཆང་དང་བཅོས་པའི་ཆང་འཐུང་ན་འགྱུལ་དུ་མེད་པ་དེ་སྙེད་ཀྱི་ལྟུང་བྱེད་དང་། རབ་བྱུང་ལྷ་གང་རུང་ལ་མི་སྨྲ་བར་དུས་མིན་ཕྱི་དྲོ་གྲོང་དུ་རྒྱུ་བ་དང་བཅུའོ། །

བཅུ་ཚན་དགུ་པ་ཆོས་སྟོན་གྱི་སྡེ་ནི། ཟས་བཅས་ཕྱི་དྲོ་རྒྱུ་དང་ཁྱིམ་གསུམ་འདས། །རྒྱལ་པོ་བཙུན་མོར་རྩེ་བའི་ཁབ་ཏུ་ཉལ། །མདོ་སོགས་འདོན་ལ་ད་གདོད་ཤེས་ཟེར་དང་། །རིན་ཆེན་ཁབ་རལ་ཁྲི་རྐང་ཚད་ལྷག་བཟོས། །ངན་སེམས་ཤིང་བལ་ཁྲི་སྟེང་བརྡལ་ཏེ་བགོས། །གདིང་གཡན་རས་ཆེན་ཆོས་གོས་ཚད་ལྷག་གོ། །ཞེས་པ་སྟེ། རང་ཚིག་གིས་དགེ་འདུན་རྣམས་ཁྱིམ་བདག་གི་གནས་སུ

ཟས་ལ་སྤྱན་དྲངས་ནས་སྦྱིན་བདག་ལ་དུས་ལ་བྲིམ་ཞེས་མ་བསྒོས་པར་རང་ཉིད་ཁྲིམ་གསུམ་དུ་རྒྱུ་བས་དགེ་འདུན་གྱི་གདུགས་ཚོད་ལ་གནོད་པ་དང་། ཕྱི་དྲོ་ཡང་ཁྲིམ་གསུམ་འདས་ཏེ་རྒྱུ་བ་དང་། ཆོས་ཀྱི་ལོངས་སྤྱོད་ལ་གནོད་པའོ། །དགོས་པ་མེད་པར་རྒྱལ་པོ་བཙུན་མོར་རྗེ་བ་སྟེ་བཙུན་མོ་དང་བཅས་པའི་ཕོ་བྲང་དུ་མཚན་མོ་དེར་ཕྱིན་པའམ་ཉལ་བ་དང་། གསོ་སྦྱོང་གི་ཚེ་མདོ་འདོན་པ་ལ་དོན་འདི་ཡོད་པ་ད་གདོད་ཤེས་ཞེས་བསླབ་པ་ཁྱད་གསོད་ཀྱི་ཚིག་བརྗོད་པ་དང་། རྭ་དང་རུས་པ་སོགས་ཀྱི་ཁབ་རལ་འཆོས་སམ་འཆོས་བཅུག་པ་དང་། དགེ་འདུན་གྱི་ཁྲི་འམ་ཁྲི་འུའི་རྐང་པ་ཁྲུ་གང་ལས་ལྷག་པར་བཟོས་པ་དང་། ངན་སེམས་ཀྱིས་ཤིང་བལ་དགེ་འདུན་གྱི་ཁྲི་སྟེང་བཏལ་ཏེ་བགོས་པ་དང་། གདིང་བ་སྲིད་དུ་ཁྲུ་གསུམ་དང་ཞེང་དུ་ཁྲུ་དོ་དང་སོར་དྲུག་དང་། གཡན་དགབ་སྲིད་དུ་ཁྲུ་དྲུག་དང་ཞེང་དུ་ཁྲུ་གསུམ་དང་། རས་ཆེན་སྲིད་དུ་ཁྲུ་དགུ་དང་ཞེང་དུ་ཁྲུ་གསུམ་དང་སོར་དྲུག་སྟེ་དེ་གསུམ་ཚད་ལས་ལྷག་པ་དང་། བདེ་བར་གཤེགས་པའི་ཆོས་གོས་དང་ཚད་མཉམ་པའམ་ལྷག་པར་བྱས་པ་དང་བཅུའོ། །དེའི་ཆོས་གོས་ཀྱི་ཚད་ནི་སྲིད་དང་ཞེང་གཉིས་གསུམ་འགྱུར་རོ། །

བཤགས་པའི་ཚེ་ཚད་ལྷག་རྣམས་བཅད་པ་དང་། ཁབ་རལ་གཅོག་པ་དང་། ཤིང་བལ་བསྡུས་ཏེ་བཤགས་དགོས་སོ། །བཞི་པ་སོར་བཤགས་ལ་གཉིས། བསྟན་པ། བཤད་པའོ། །དང་པོ་ནི། སོ་སོར་བཤགས་བྱའི་སྡེ་ནི་བཞི་ཡིན་ཏེ། །ཞེས་པ་སྟེ། སྨྲ་སྟུགས་ཀྱི་རྣམ་པས་སོ་སོར་བཤགས་དགོས་པས་དེ་སྐད་ཅེས་བྱ་སྟེ། དབྱེ་ན་བཞིའོ། །

གཉིས་པ་ནི། དགེ་སློང་མ་ལས་གྲོང་དུ་ཟས་བླངས་ཟོས། །ཁྲིམ་དུ་དགེ་སློང་མས་བསྒོས་མ་བཟློག་ཟོས། །བསླབ་སྡོམ་སྦྱིན་ལས་རྫུང་མིན་བླངས་ཏེ་ཟོས། །ནགས་མ་ཞུལ་བར་དགོན་པར་བླངས་ཟོས་བཞིའོ། །ཞེས་པ་སྟེ། ཉེ་དུ་མ་ཡིན་པའི་དགེ་སློང་མས་རང་ཉིད་ཀྱིས་བཟའ་བའི་ཆེད་དུ་བསྒྲུབ་པ་གྲོང་ངམ་དེའི་ཉེ་འཁོར་དུ་བླངས་ཏེ་ཟོས་པ་དང་། སྦྱིན་བདག་གི་ཁྲིམ་དུ་དགེ་སློང་མས་གྲལ་རིམ་མ་ཕེབས་པར་འདི་ལ་དྲང་ཞེས་བསྒོས་ནས་འབྲིམ་བཅུག་པ་མ་བཟློག་པར་ཟོས་པ་དང་། སྦྱིན་བདག་གྱུད་པ་ལ་དགེ་འདུན་གྱིས་བསླབ་སྡོམ་སྦྱིན་པ་ལ་རྫུང་བ་མིན་པ་བཟའ་བཅའ་བླངས་ཏེ་ཟོས་པ་དང་། འཇིགས་པ་དང་བཅས་པའི་སར་ནགས་ཞུལ་བ་པོ་བསྐོས་ཀྱང་མ་ཞུལ་

བར་དགོན་པར་ཁྲིམ་བདག་ལས་ཟས་བསླངས་ཏེ་ཟོས་པ་དང་བཞིའོ། །།

ལྔ་པ་ལ་གཉིས། བསྟན་པ། བཤད་པའོ། །དང་པོ་ནི། ཉེས་བྱས་བརྒྱ་དང་བཅུ་གཉིས་ཞེས་གྲགས་པ། ཞེས་པ་སྟེ། ཉེས་པ་ཕྲ་མོའི་རང་བཞིན་ཡིན་པས་ཉེས་བྱས་ཏེ། དབྱེ་ན་བརྒྱ་དང་བཅུ་གཉིས་སོ། །

གཉིས་པ་ལ་སྡེ་ཚན་དགུ་ལས། གོས་བགོ་བའི་སྡེ་ནི། ཤམ་ཐབས་ཟླུམ་མིན་བརྩེངས་འཛོལ་གླང་སྣ་འདྲ། །བལྟེབ་དང་ཕྱལ་མ་གདེངས་ཀ་ལྟ་བུ་བདུན། །ཟླུམ་མིན་རིང་ཐུང་སྟོང་གསུམ་གོས་ཀྱི་བཅུ། །ཞེས་པ་སྟེ། ཤམ་ཐབས་མཐའ་མི་མཉམ་པས་ཟླུམ་པོ་མིན་པ་དང་། བརྩེངས་པས་པུས་མོར་སླེབ་པ་དང་། འཛོལ་བས་ལོང་བུ་ལ་རེག་པ་དང་། མས་ཟུར་གླང་སྣ་ལྟར་འཕྱང་བ་དང་། སྐ་རགས་གོང་ནས་ཏ་ལའི་ལོ་མ་ལྟར་བལྟེབ་པ་དང་། སྐ་རགས་བར་ནས་འབྲུ་འཐུམ་པོའི་ཕུར་མ་ལྟར་འབུར་བ་དང་། སྟེང་དུ་སྦྲུལ་གྱི་གདེངས་ཀ་ལྟར་མཐོ་དམན་དུ་གྱུར་པ་དང་བདུན། བླ་གོས་གཉིས་ཟླུམ་པོ་མིན་པ་དང་། ཧ་ཅང་རིང་བ་དང་། ཧ་ཅང་ཐུང་བ་སྟེ་གསུམ་དང་བཅུའོ། །

སྤྱོད་ཡུལ་དུ་འགྲོ་བའི་སྡེ་ནི། མ་བསྡམས་བགོ་བ་ཅ་ཅོ་མིག་གཡེངས་དང་། །རིང་ལྟ་མགོ་བསྒྲུམས་གོས་བརྫེས་ཕྲག་ལ་གཟར། །ལག་པ་གཉའ་གོང་བསྣོལ་དང་ལྟག་པར་བསྣོལ། །མཆོངས་བརྐྱངས་རྐང་པའི་བྲང་དང་རྟིང་བཙུགས་འགྲོ། །ལག་པ་དཀྱུར་བརྟེན་ལུས་བསྒྱུར་ལག་པ་གཡུག །མགོ་བསྒྱུར་ཕྲག་པ་སྤྲད་དང་ལག་སྦྲེལ་རྣམས། །མི་བྱེད་ཁྲིམ་འགྲོའི་སྤྱོད་པ་ཉི་ཤུའོ། །ཞེས་པ་སྟེ། ཁྲིམ་དུ་འགྲོ་བའི་ཚེ་དྲན་ཤེས་ཀྱིས་མ་བསྡམས་པར་འགྲོ་བ་དང་། བླ་གོས་དང་མཐང་གོས་ལེགས་པར་མ་བགོ་བ། ཅ་ཅོའི་སྒྲ་བཅས། ལམ་ལ་མི་ལྟ་བར་མིག་གཞན་དུ་གཡེང་བ། གཉའ་ཤིང་གང་ལས་རིང་དུ་ལྟ་བ། གོས་ཀྱིས་མགོ་བསྒྲུམས་པ། གོས་བརྫེས་པ། གོས་ཕྲག་གཉིས་ཀ་ལ་གཟར་བ། ལག་གཉིས་གཉའ་བར་བསྣོལ་བ། ལག་གཉིས་ལྟག་པར་བསྣོལ་བ། མཆོངས་ཏེ་འགྲོ་བ། ཧ་ཅང་གོམ་པ་ཆེ་བས་རྐང་པ་བརྐྱང་བསྐུམ་བྱེད་པ། རྟིང་པ་བཏེགས་ཏེ་བྲང་གིས་འགྲོ་བ། རྟིང་པ་བཙུགས་ཏེ་ཙོག་པུས་འགྲོ་བ། ལག་པ་གྲུ་མོ་བརྐྱངས་ཏེ་དཀུར་བརྟེན་པ། ལུས་བསྒྱུར་བའམ་གཅུས་ཏེ་འགྲོ་བ། ལག་པ་གཡུག་ཅིང་འགྲོ་བ། མགོ་བསྒྱུར་ཞིང་འགྲོ་བ། གཞན་དང་ཕྲག་པ་སྤྲད་དེ་འགྲོ་བ།

ལག་པ་སྦྲེལ་ནས་འགྲོ་བ་རྣམས་མི་བྱེད་པ་ཁྱིམ་དུ་འགྲོ་བའི་སྤྱོད་པ་ཉི་ཤུའོ། །སྟན་ལ་འདུག་པའི་སྡེ་ནི༑ སྟན་ལ་མ་བསྒོས་མ་བརྟགས་འཕོང་བརྡེག་དང་། །རྐང་བརྐྱང་བསྣོལ་དང་བརླ་བསྣོལ་ལོང་བུ་བརྩེགས། །ཁྲི་འོག་རྐང་དགུག་རྐང་པ་གདངས་ཏེ་འདུག །འདོམ་མཐོང་རྣམས་སྤངས་འདུག་ཚུལ་དགུ་ཡིན་ནོ། །ཞེས་པ་སྟེ། ཁྱིམ་དུ་སྟན་ལ་ཁྱིམ་བདག་གིས་མ་བསྒོས་པར་འདུག་པ། དེར་སྲོག་ཆགས་སོགས་ཡོད་མེད་མ་བརྟགས་པར་འདུག་པ། ལུས་ལྤྱིད་ཕབ་སྟེ་འཕོང་བརྡེག་པ། རྐང་པ་བརྐྱང་སྟེ་བསྣོལ་བ། བརླ་བསྣོལ་བ། ལོང་བུའི་སྟེང་དུ་ལོང་བུ་བརྩེགས། ཁྲི་འོག་ཏུ་རྐང་པ་དགུག་པ། རྐང་པ་སོ་སོར་གདངས་ཏེ་འདུག་པ། འདོམ་མཐོང་བར་བྱས་པ་རྣམས་སྤངས་པ་ནི་འདུག་ཚུལ་དགུ་ཡིན་ནོ། །ཟས་བླངས་པའི་སྡེ་ནི། ལེགས་པར་མི་ལེན་སྨུ་ཁ་མཉམ་པར་ལེན། །མཐར་ཆགས་མི་ལེན་ལྷུང་བཟེད་ཟུར་མིག་ལྟ། །བཟེད་ཐུས་ཐུར་བྱུང་སྦྲས་ནས་བཟེད་པ་དང་། །སྟོད་གཞན་སྟེང་བཟེད་སྤངས་པས་ཟས་བླངས་བརྒྱད། །ཅེས་པ་སྟེ། ཟས་ཚུལ་དང་མཐུན་པས་ལེགས་པར་མི་ལེན་པ། ལྷུང་བཟེད་ཀྱི་སྨུ་སྟེ་ཁ་དང་མཉམ་པ་དང་། འབྲས་ཆན་དང་ཚོད་མ་མཉམ་པོར་ལེན་པ་དང་། གྲལ་མཐར་ཆགས་སུ་མི་ལེན་པ་དང་། ལྷུང་བཟེད་ལ་ཡིད་མ་གཏད་པར་ཟུར་མིག་གིས་ལྟ་བ་དང་། བཟའ་བཅའ་མ་འོངས་གོང་ནས་སྟོད་བཟེད་ཐུས་པ། ཟས་ཐུར་བྱུང་སྦྲས་ནས་ཡང་བཟེད་པ། ཟས་ཀྱི་སྟོད་གཞན་གྱི་སྟེང་དུ་ལྷུང་བཟེད་བཟེད་པ་རྣམས་སྤངས་པ་ཟས་བླང་བ་བརྒྱད་དོ། །

ཟས་ཟ་བའི་སྡེ་ནི། འགལ་ཟ་ཁམ་ཆེ་ཆུང་དང་རན་པ་མིན། །ཁ་གདངས་ཟ་བཞིན་སྨྲ་དང་ཙུག་ཙུག་དང་། །ཅག་ཅག་ཧུ་ཧུ་ཕུ་ཕུ་ལྕེ་ཕྱུང་ཟ། །འབྲུ་ནས་གུད་ཕྱེ་ཟས་ལ་སྐྱོན་འཕྱ་དང་། །ཁམ་གཅིག་མཁུར་སྒྲོ་རྐན་ཏོག་ཁམ་འཕྲོ་བཅད། །ལག་པ་བལྡག་འབྲུག་ལག་སྤྲུགས་སྐྱིམ་སྐྱིམ་བྱེད། །མཆོད་རྟེན་འདྲར་བྱེད་ཉེར་གཅིག་ཟ་ཚེ་སྤངས། །ཞེས་པ་སྟེ། ཚུལ་དང་མི་མཐུན་པ་འགལ་བར་ཟ་བ། ཧ་ཅང་ཁམ་ཆེ་བ། ཧ་ཅང་ཆུང་བ། ཟས་རན་པ་མིན་པ། ཟས་མ་སླེབ་པར་ཁ་གདང་བ། ཟ་བཞིན་དུ་སྨྲ་བ། སྐྱུར་བ་ལ་ཙུག་ཙུག །མངར་བ་ལ་ཅག་ཅག །གྲང་བ་ལ་ཧུ་ཧུ། ཚ་བ་ལ་ཕུ་ཕུ། ལྕེ་ཕྱིར་ཕྱུངས་ཏེ་ཟ་བ། ཡོས་སོགས་འབྲུ་རེ་རེ་ནས་གུད་དང་ཕྱེ་ནས་ཟ་བ། ཟས་ལ་སྐྱོན་ཁའོ་སྐྱུར་རོ་ཞེས་འཕྱ་བ། ཁམ་གཅིག་མཁུར་གཡས་གཡོན་དུ་སྒྲོ་བ། རྐན་ཏོག་ཅིང་ཟ་བ། ཁྲིས་ཟ་བ་ལྟར་ཁམ་

འཕྲོ་བཅད་དེ་ཟ་བ། ལག་པ་ལ་ཟས་ཆགས་པ་བལྡགས་པ། སྣོད་ལ་ཟས་ཆགས་པ་འཕྱོག་པ། ལག་པར་ཟས་ཆགས་པ་སྤྲུགས་པ། ཟས་དང་བཅས་པའི་ལྷུང་བཟེད་སྒྲིམ་པ། ཟས་ལ་མཆོད་རྟེན་འདྲ་བ་བཅོས་ནས་གཞོམ་ཞིང་ཟ་བ་ཉེར་གཅིག་ཟས་ཟ་བའི་ཚེ་སྤང་སོ། །

ལྷུང་བཟེད་ལ་སྤྱོད་པའི་སྡེ་ནི། ལྷུང་བཟེད་ལ་འཕྱ་ཕྱིར་ལྟ་ལག་པ་དེ། །ཟས་འབགས་ཆུ་སྣོད་མི་རེག་ཆུ་མི་གཏོར། །མ་དྲིས་འབགས་ཆུ་འབོ་དང་ཟས་ལྷག་བཞག །ས་རྗེན་གད་ཁ་རི་གཟར་བང་རིམ་བཞིར། །མི་བཞག་གད་གཡང་རྐན་གཟར་དུ་མི་འཁྲུ། །ཡངས་དང་ཆུ་དྲག་མི་གཙུ་བཙུ་བཞིའོ། །ཞེས་པ་སྟེ། གཞན་གྱི་ལྷུང་བཟེད་ལ་འཕྱ་བའི་ཕྱིར་དུ་མི་ལྟ། ལག་པ་ཟས་ཀྱིས་འབགས་པས་ཆུ་སྣོད་ལ་མི་རེག །ཟས་ཀྱི་འབགས་ཆུ་གཞན་ལ་མི་གཏོར། ཁྱིམ་བདག་ལ་མ་དྲིས་པར་འབགས་ཆུ་ཙི་བདེ་བར་མི་འབོ། ལྷུང་བཟེད་དུ་ཟས་ལྷག་མི་བཞག །ས་རྗེན། གད་ཁ། རི་གཟར་པོ། རིམ་པར་གཞོལ་བ་བང་རིམ་ཅན་དང་བཞིར་ལྷུང་བཟེད་མི་བཞག །གད་ཁ། གཡང་ཁ། རྐན་གཟར་དང་། ཡངས་ཏེ་ལྷུང་བཟེད་མི་འཁྲུ། འབབ་ཆུ་དྲག་པོའི་རྒྱུན་ལས་བཟློག་སྟེ་ལྷུང་བཟེད་ཀྱིས་མི་བཙུ་བ་དང་བཙུ་བཞིའོ། །

ཆོས་འཆད་པའི་སྡེ་ནི། ཆོས་སྟོན་སྡེ་ནི་ལངས་ཉལ་རང་དམའ་འདུག །མདུན་ནས་འགྲོ་ལ་ཕྱི་བཤད་ལམ་པོའི་འགྲམ། །མགོ་གཡོགས་བརྫེས་གཟར་ལག་པ་གཉའ་ལྟག་བསྣོལ། །དོ་ཀེར་བཅིངས་དང་ཞྭ་གྱོན་ཅོད་པན་བཏགས། །ཕྲེང་བ་དང་ནི་མགོ་དཀྲིས་གླང་རྟ་ཞོན། །ཁྱོགས་དང་བཞོན་པ་མཆིལ་ལྷམ་གྱོན་པ་དང་། །འཁར་བ་གདུགས་མཚོན་རལ་གྲི་དགྲ་ཆ་མདའ། །གོ་ཆ་གྱོན་ལ་མི་བཤད་ཉེར་དྲུག་གོ། །ཞེས་པ་སྟེ། ཆོས་སྟོན་པ་ན་ཉན་པ་པོ་ལངས་པ་དང་། ཉལ་བ་དང་། རང་དམའ་བར་འདུག་པ་དང་། རང་གི་མདུན་དུ་འགྲོ་བ་ལ་ཕྱི་ནས་བཤད་པ། ལམ་པོའི་དབུས་སུ་འགྲོ་བ་ལ་འགྲམ་ནས་འགྲོ་ཞིང་བཤད་པ། ཡང་མགོ་གོས་ཀྱིས་གཡོགས་པ། གོས་བརྫེས་པ། གོས་ཕྲག་གཉིས་ལ་གཟར་བ། ལག་པ་གཉའ་གོང་དུ་བསྣོལ་བ།ལྟག་པར་བསྣོལ་བ། དོ་ཀེར་ཏེ་ཐོར་ཅོག་བཅིངས་པ། ཞྭ་གྱོན་པ། མགོ་ལ་ཅོད་པན་བཏགས་པ། མེ་ཏོག་གི་ཕྲེང་བ་བཅིངས་པ། མགོ་དར་ཐོད་ཀྱིས་དཀྲིས་པ། གླང་པོ་དང་། རྟ་ལ་ཞོན་པ། ཁྱོགས་ཀྱིས་བཏེག་པ། བཞོན་པ་གཞན་ཤིང་རྟ

སོགས་ཞེན་པ། མཆིལ་ལྷམ་གྱོན་པ། ལག་ན་འཕར་བ། གདུགས། མཚོན་ཆ། རལ་གྲི། དགྲ་ཆ་སྟེ་མདའ་གཞུ་ཐོགས་པ། གོ་ཆ་གྱོན་པ་ལ་མི་བཤད་པ་སྟེ་ཉེར་དྲུག་གོ། །

སྐྱབ་པའི་སྡེ་ནི། སྐྱབ་ཚུལ་གསུམ་ནི་འགྲེང་སྟེ་བཤང་གཅི་འདོར། །ཆུ་དང་རྩྭ་ལ་བཤང་གཅི་སྣབས་མི་འདོར། །ཞེས་པ་སྟེ། སྟེ་མ་ནད་ན་བ་དང་། ཕྱི་མ་གཉིས་ཕྱོགས་ཐམས་ཅད་ཆུ་དང་རྩྭ་སྔོན་གྱིས་ཁྱབ་ཡོད་ན་རུང་།

རྒྱུ་བའི་བསླབ་བྱ་གཅིག་ནི། ཤིང་ལ་མི་གང་མཐོར་འཛེག་རྒྱུ་གཅིག་གོ། །ཞེས་པ་སྟེ། གཅན་གཟན་གྱིས་གནོད་པ་སོགས་ལ་རུང་ངོ་། །

གཉིས་པ་དགེ་སློང་མའི་བསླབ་བྱ་ནི། དགེ་སློང་མ་ལ་ཕམ་བརྒྱད་ལྷག་ཉི་ཤུ། །སྤང་ལྟུང་སོ་གསུམ་ལྟུང་བྱེད་བརྒྱ་བརྒྱད་ཅུ། སོར་བཤགས་བཅུ་གཅིག་ཉེས་བྱས་བརྒྱ་བཅུ་གཉིས། སུམ་བརྒྱ་དྲུག་ཅུ་རྩ་བཞི་མདོ་ཙམ་མོ། །ཞེས་པ་སྟེ། རྒྱས་པར་གཞན་ལས་ཤེས་སོ། །

གཉིས་པ་སྐྱབ་པའི་བསླབ་བྱ་ལ་གསུམ། བསླབ་པ་ཡོངས་སྦྱོང་གི་གཞི་གསུམ། བདེ་བར་གནས་པའི་རྐྱེན་གྱི་གཞི་ལྔ། འདིར་མ་སྨོས་ཀྱང་ཐམས་ཅད་ལ་ཁྱབ་པ་ལས་ཀྱི་གཞིའོ། །དང་པོ་ནི། སྐྱབ་པའི་བསླབ་བྱ་ཡོངས་སུ་སྦྱོང་བའི་ཚུལ། །གསོ་སྦྱོང་དབྱར་གནས་དགག་དབྱེ། །ཞེས་པ་སྟེ། གསོ་སྦྱོང་ལ་ཞི་གནས་དང་། མཐུན་པའི་གསོ་སྦྱོང་གཉིས། མཐུན་པའི་གསོ་སྦྱོང་ལ་བཅུ་བཞི་པ་དང་། བཅོ་ལྔ་པ་དང་། བཀྲ་ཤིས་པ་དང་། གནོད་པ་བཟློག་པ་དང་། བསྡུམ་པའི་གསོ་སྦྱོང་དང་ལྔའོ། །

དབྱར་གནས་ལ། དབྱར་སྔ་མ་དང་། ཕྱི་མ་གཉིས། དང་པོ་གྲོ་བཞིན་ཟླ་བའི་དམར་ཕྱོགས་ཀྱི་ཚེས་གཅིག་སྟེ་དྲུག་པའི་བཅུ་དྲུག་དང་། ཕྱི་མ་ཁྲུམས་ཟླའི་མར་ངོའི་ཚེས་གཅིག་སྟེ་བདུན་པའི་བཅུ་དྲུག་ནས་ཁས་བླངས་པའོ། །དགག་དབྱེ་ལ་གཉིས། དབྱར་སྔ་མ་ཁས་བླངས་ན་སྟོན་འབྲིང་དབྱུག་ཟླ་དང་། ཕྱི་མར་ཁས་བླངས་ན་སྟོན་ཐ་ཆུང་སྨིན་ཟླའི་ཚེས་བཅོ་ལྔ་ལ་བྱ་བ་ཡིན་ནོ། །

གཉིས་པ་ནི། གོས་ཀྱི་བཞི། ཀོ་ལྤགས་གནས་མལ་སྨན་སོགས་གཞན་དུ་ཤེས། །ཞེས་པ་སྟེ། དང་པོ་བག་ཡངས་དང་འབྲེལ་པ་སྦྲ་བརྒྱང་གི་གཞི་ནི་བོད་འདིར་ཕྱུག་ལེན་མི་ཚོག་པར་མཁན་སློབ་ཆོས་གསུམ་དུས་བཀས་བཅད་མཛད། ཕྱིས་བཀའ་གདམས་པའི་དགེ་བཤེས་ཀོ་ཁྲིམ་པས་སྤྱིལ་

བར་མཛད་ཀྱང་འཕྲལ་དུ་ནུབ་པས་འདིར་ཡང་མ་བཤད་དོ། །

གཉིས་པ་གོས་ཀྱི་གཞི་ནི། འཚོ་བའི་ཡོ་བྱད་བཅུ་གསུམ་ལས། སྣམ་སྦྱར་དང་བླ་གོས་གཉིས་ཚད་དཔངས་སུ་ཁྲུ་གསུམ། སྲིད་དུ་ཁྲུ་ལྔ། སྣམ་སྦྱར་ལ་སྣམ་ཕྲན་དགུ་པ། བཅུ་གཅིག །བཅུ་གསུམ་མ་གསུམ་གླེགས་བུ་ཕྱེད་གསུམ། བཅོ་ལྔ། བཅུ་བདུན། བཅུ་དགུ་གསུམ་གླེགས་བུ་ཕྱེད་བཞི། ཉེར་གཅིག །ཉེར་གསུམ། ཉེར་ལྔ་གསུམ་གླེགས་བུ་ཕྱེད་ལྔ་པའོ། །བླ་གོས་སྣམ་ཕྲན་བདུན་གླེགས་བུ་ཕྱེད་གསུམ། མཐང་གོས་སྣམ་ཕྲན་ལྔ་དང་གླེགས་བུ་ཕྱེད་གཉིས་པ། ཚད་དཔངས་ཁྲུ་དོ། སྲིད་ཁྲུ་ལྔ། རྟུལ་གཟན། རྟུལ་གཟན་གྱི་གཟན་གཉིས་ཚད་བླ་གོས་དང་འདྲ། ཤམ་ཐབས། ཤམ་ཐབས་ཀྱི་གཟན་གཉིས་ཚད་མཐིང་གོས་དང་འདྲ་སྟེ་དེ་དང་དེ་ཉིན་མོ་དང་མཚན་མོ་བླ་གོས་དང་མཐང་གོས་ཀྱི་ནང་དུ་གྱོན་རྒྱུ་ཡིན་པའི་ཕྱིར། གདོང་ཕྱིས་རྒྱ་དཔངས་ཁྲུ་གང་པ།རྣག་གཟན་བླ་གོས་དང་མཉམ། སྐྲ་བཟེད་སྲིད་ཁྲུ་གསུམ་དང་ཞེང་ཁྲུ་ཕྱེད་གཉིས། གདིང་གཡན་རས་ཆེན་རྣམས་སྔར་བཤད་ཟིན། མགོ་བའི་ཡོ་བྱད་ནི་སྣ་རགས་སོགས་སོ། །རྒྱུན་དུ་དགོས་པའི་ཡོ་བྱད་དྲུག་ནི། ཆོས་གོས་གསུམ། གདིང་བ། ཆུ་ཚགས། ལྷུང་བཟེད་དྲུག་གོ། །

གསུམ་པ་ཀོ་ལྤགས་ཀྱི་གཞི་ནི། ཤིན་ཏུ་གྲང་བའི་ཡུལ་དུ་དེ་སྐྱོབ་པའི་ཆེད་དུ་ཀོ་ལྤགས་ཀྱི་ལྷམ་དང་། མིག་ནད་ཅན་དང་གྲང་ནད་ཅན་ལ་དེམ་ལྤགས་ཀྱི་སྟན་གནང་བའོ། །

བཞི་པ་སྨན་གྱི་གཞི་ནི། དུས་རུང་། ཐུན་ཚོད་དུ་རུང་བ། ཞག་བདུན་པ། འཚོ་བཅང་གི་སྨན་དང་བཞིའོ། །དང་པོ་ནི། བཟའ་བཅའ་ཞོ་འོ་མ་ཕྱུམ་མ་རྣམས་ཏེ། སྔ་དྲོའི་དུས་སྤྱོད་དུ་རུང་བའོ། །

གཉིས་པ་ནི། ཐུན་ཚོད་སོ་སོའི་མཐར་བྱིན་ལེན་བྱས་ན་དུས་ཐམས་ཅད་ལ་སྤྱོད་དུ་རུང་བ་འོ་མ་མ་གཏོགས་པའི་ཞོ་ཁ་ཆུ་དང་དར་བའི་དྭངས་མ་ལྟ་བུ་བཙིར་བའི་རིགས་རྣམས་ཏེ། དེ་ཡང་ཆུས་བསླད་པ། ཚགས་ཀྱིས་བཙགས་པ། ཤིན་ཏུ་སླ་བ། བཞིན་སྣང་བ། འདའ་བུའི་ཉག་མའི་མདོག་ལྟ་བུའོ། །

གསུམ་པ་ནི། ནད་པ་སོགས་ལ་བྱིན་གྱིས་བརླབས་ན་ཞག་བདུན་པར་དུ་གནང་བ་ཞུན་མར་བུ་རམ་ཀ་ར་སོགས་སོ། །

བཞི་པ་ནི། བྱིན་གྱིས་བརླབས་ནས་ཇི་སྲིད་འཚོ་བའི་བར་དུ་བཅང་ཚོག་པ་གསོ་དཔྱད་ལས་བྱུང་བའི་སྨན་རྣམས་སོ། །

ལྔ་པ་ནི། གཙུག་ལག་ཁང་དང་དྲི་གཙང་ཁང་རྣམས་ཏེ་འདི་དག་རྒྱས་པར་གཞན་ལས་ཤེས་པ་ཁ་འཕངས་པའོ། །

གཉིས་པ་ཞུགས་བསྟན་རུང་མཐུན་བསྡུས་ཏེ་བསྟན་པ་ནི། མདོར་ན་ཡེ་ནས་གནང་དང་བཀག་པ་མེད། །བྱར་རུང་དང་ཉེ་མི་རུང་བཟློག་བྱེད་ན། །དེ་དག་སྤྱོད་ཅིག་མི་རུང་དང་ཉེ་ཞིང་། །རུང་བ་བཟློག་ན་ཀུན་ཏུ་སྤོང་ཞེས་གསུངས། །ཞེས་པ་སྟེ། དངོས་སུ་མ་གསུངས་པའི་བསླབ་བྱ་རྣམས་མདོར་བསྡུས་ན། གཞི་གང་ལ་སྟོན་པས་དང་པོ་ནས་གནང་བཀག་གཉིས་ཀ་མེད་ན། གཞི་དེ་བྱར་རུང་བར་གསུངས་པ་དང་ཉེ་ཞིང་མི་རུང་བ་ལས་བཟློག་ན་དེ་དག་ཀུན་ཏུ་སྤྱོད་པར་གྱིས་ཤིག །དེ་བཞིན་ཏུ་གང་ཞིག་མི་རུང་བར་གསུངས་པ་དང་ཉེ་ཞིང་རུང་བ་ལས་བཟློག་ན་དེ་དུས་ཀུན་ཏུ་སྤོང་བར་གྱིས་ཤིག་གསུངས་སོ། །

ལྔ་པ་སྐྱེ་བའི་ལུས་རྟེན་ནི། སྐྱེ་བའི་རྟེན་ནི་མུ་སྟེགས་མཚམས་མེད་བྱེད། །སྒྲ་མི་སྟན་དང་ཟ་མ་མཚན་གཉིས་དང་། །མ་ནིང་རིགས་ལྔ་མཚན་གསུམ་གྱུར་པ་དང་། །སྤྲུལ་པ་མ་གཏོགས་གླིང་གསུམ་སྐྱེས་པ་ཡི། །སྐྱེས་པ་བུད་མེད་སྡོམ་པའི་རྟེན་དུ་འདོད། །ཅེས་པ་སྟེ། དོན་གོ་བར་ཟད་དོ། །

དྲུག་པ་ཉམས་པ་ཕྱིར་བཅོས་པའི་ཐབས་ལ་གཉིས། བསྟན་པ། བཤད་པའོ། །དང་པོ་ནི། ཐ་མར་ཉམས་ན་གསོ་བའི་ཚུལ་བཤད་པ། །ཞེས་པའོ། །

གཉིས་པ་ལ་གཉིས། སྡོམ་པ་གཏོང་བའི་རྒྱུ། ཕྱིར་བཅོས་དངོས་བཤད་པའོ། །དང་པོ་ལ་གཉིས། ཐུན་མོང་དང་། ཐུན་མོང་མ་ཡིན་པའོ། །དང་པོ་ནི། གཏོང་བ་བསླབ་པ་ཕུལ་དང་ཤི་འཕོས་དང་། །མཚན་གཉིས་ཅིག་ཅར་བྱུང་དང་ལན་གསུམ་གྱུར། །རྒྱུ་འབྲས་མེད་ལྟས་རྩ་བ་ཆད་རྣམས་ལྟོ། །ཞེས་པ་སྟེ། སོ་ཐར་སྤྱིའི་གཏོང་རྒྱུ་བཞི་སྟེ། བརྡ་འཕྲོད་པའི་དྲུང་དུ་བསླབ་པ་ཕུལ་བས་གཏོང་སྟེ། ཡང་དག་པར་བླངས་པ་དང་འགལ་བའི་རྣམ་རིག་སྐྱེ་བའི་ཕྱིར། ཤི་འཕོས་པས་གཏོང་སྟེ། རྟེན་བོར་བའི་ཕྱིར། མཚན་གཉིས་ཅིག་ཅར་དུ་བྱུང་བ་དང་། མཚན་ལན་གསུམ་གྱུར་པས་ཀྱང་གཏོང་སྟེ། རྟེན

ཉམས་པའི་ཕྱིར། ལས་རྒྱུ་འབྲས་མེད་པར་བལྟས་པས་གཏོང་སྟེ། དགེ་རྩ་ཆད་པས་རྟེན་གཞི་མེད་པའི་ཕྱིར་རོ། །

གཉིས་པ་ལ་གསུམ། བྱེ་བྲག་སོ་སོའི་གཏོང་རྒྱུ། སྤྱི་ལ་འདོད་པ་མི་འདྲ་བའི་ཁྱད་པར། རྩ་ལྟུང་གཏོང་རྒྱུ་ཡིན་མིན་ལས་འཕྲོས་ཏེ་སྡེ་ལྔའི་དངོས་གཞི་མི་བསྐྱེད་པའི་རྒྱུ་བཤད་པའོ། །དང་པོ་ནི། ཉེ་གྲུ་མ་ལོན་བསྙེན་རྫོགས་རྟེས་སུ་ཤེས། །དགེ་སློང་སྡོམ་གཏོང་རྟེན་ཕྱིར་ཁས་བླངས་འདས། །དགེ་སློབ་མའོ་མཚན་འདས་བསྙེན་གནས་ཀྱི། །སྡོམ་པ་གཏོང་རྣམས་སོ་སོའི་ཐུན་མོང་མིན། །ཞེས་པ་སྟེ། ལོ་ཉི་ཤུ་མ་ལོན་པ་ལ་ལོན་པར་འདུ་ཤེས་ནས་བསྙེན་པར་རྫོགས་ན། ཕྱིས་ཉི་ཤུ་མི་ལོན་པའི་གོང་དུ་དེ་ལྟར་ཤེས་ན་མདངལ་ཤོལ་གྱི་ཟླ་བས་ཁ་བསྐང་ལ། དེས་ཀྱང་མ་ཚང་ན་དགེ་སློང་གི་སྡོམ་པ་གཏོང་བ་དང་། སྐྱེས་པ་གཞན་ལ་མི་ཚངས་སྤྱོད་རྟེན་པའི་ཕྱིར་ཁས་བླངས་ན་དགེ་སློབ་མའི་སྡོམ་པ་གཏོང་བ་དང་། མཚན་མོའི་མཐའ་འདས་པ་ན་བསྙེན་གནས་ཀྱི་སྡོམ་པ་གཏོང་སྟེ། དེ་སྲིད་དུ་འཕངས་པའི་ཕྱིར་རོ། །

གཉིས་པ་ནི། རྩ་ལྟུང་བྱུང་དང་དམ་ཆོས་ནུབ་ནའང་གཏོང་། །ཁ་ཆེའི་ཡུལ་གྱི་བྱེ་བྲག་སྨྲ་བ་རྣམས། །སྡོམ་ལྡན་རྩ་ལྟུང་བྱུང་བ་གཉིས་ལྡན་ན། །ནོར་ལྡན་བུ་ལོན་ཅན་བཞིན་འདོད་པ་དང་། །ཁ་ཅིག་རྩ་བཞི་གཅིག་སྤྱད་ཀུན་ཉམས་ཟེར། །ཞེས་པ་སྟེ། མདོ་སྡེ་པས། རྩ་ལྟུང་འཆབ་བཅས་བྱུང་བས་གཏོང་བ་དང་། གོས་དམར་སྡེ་པས། ལུང་གི་དམ་ཆོས་ནུབ་པས་གཏོང་སྟེ། བསླབ་པའི་མཚམས་མི་ཤེས་པའི་ཕྱིར། ཁ་ཆེ་བྱེ་སྨྲ་རྣམས་ཀྱིས། རྩ་ལྟུང་འཆབ་བཅས་བྱུང་ཡང་སྡོམ་པ་མི་གཏོང་སྟེ། དེ་འདྲ་དེ་སྡོམ་ལྡན་དང་ཚུལ་འཆལ་གཉིས་ཀ་ཡིན་ཏེ། མི་འགའ་ཞིག་ལ་ནོར་ཡང་ལྡན་ལ་བུ་ལོན་ཡང་ཆགས་པ་བཞིན་ནོ་ཞེས་ཟེར། འདུལ་འཛིན་ཁ་ཅིག་རྩ་བཞི་གང་རུང་གཅིག་སྤྱད་ན་སྡོམ་པ་གཏོང་བ་མིན་ཀྱང་། ཉམས་ཚུལ་ལ་ལྟོས་ན་ཀུན་ཉམས་ཡིན་ཏེ། སྡོམ་པ་མཐའ་དག་གིས་དགོས་པ་བསྒྲུབ་མི་ནུས་པའི་ཕྱིར། ཞེས་འདོད།

གསུམ་པ་ནི། དང་པོའི་ལས་ཅན་སེམས་འཕྲུགས་ཚོར་བས་གཟིར། །སྒྲུབ་པར་མ་ནུས་པ་ལ་ཉེས་པ་མེད། །ཅེས་པ་སྟེ། དང་པོའི་ལས་ཅན་གྱི་དགེ་སློང་བཟང་སྦྱིན་ལྷ་བྱུ་སྟོན་པའི་བཅས་པ

དང་མ་འབྲེལ་བའི་སྟོན་དང་། སྨྲ་བ་སོགས་སེམས་འཁྲུག་པའི་ཚོར་བས་གཟིར་བ་དང་། ནད་པ་ལྟ་བུ་ཡིན་ཏུ་ཉམ་ཐག་པས་སྒྲུབ་པར་མ་ནུས་པ་རྣམས་ལ་ཉེས་པ་མེད་དོ། །

གཉིས་པ་ཕྱིར་བཅོས་དངོས་ལ་གསུམ། ཕྱིར་བཅོས་ཀྱི་དབྱེ་བ་བཤད་པ། ཉེས་པ་སྦྱོང་བའི་ཐབས་སྡོམ་བས་བཞིར་འདུ་ཚུལ་བཤད་པ། ཉེས་དམིགས་ཤེས་པའི་སྒོ་ནས་ནན་ཏན་དུ་བསྲུང་བར་གདམས་པའོ། །དང་པོ་ལ་གཉིས། འཆབ་ཉེས་ངོས་བཟུང་བ་དང་། དབྱེ་བ་དངོས་བཤད་པའོ། །དང་པོ་ནི། འཆབ་པ་ཞེས་གྲགས་གསང་སྟེ་མི་བརྗོད་ལ། །ཞེས་པའོ། །

གཉིས་པ་ལ་གཉིས། ཕམ་པའི་ཕྱིར་བཅོས། ལྷག་མ་སོགས་ཕྱིར་བཅོས་པའོ། །དང་པོ་ནི། ཕམ་པ་འཆབ་བཅས་ཚེ་འདིར་གསོར་མི་རུང་། །འཆབ་པ་མེད་ན་དངོས་པོ་བརྗོད་པ་ཡིས། །དགེ་འདུན་ལ་བཤགས་མཐོང་སྡོམ་བར་གྱིས་འདག །སྡིག་པ་སླར་ནོད། ཅེས་པ་སྟེ། ཕམ་པ་འཆབ་བཅས་ཚེ་འདིར་གསོར་མི་རུང་བས་དགེ་འདུན་གྱིས་གནས་ནས་བསྒྲད་ལ། རང་གིས་སྡོམ་བས་བཞིའི་གཉེན་པོ་བསྟེན་པའི་སྒོ་ནས་བཤགས་དགོས། འཆབ་པ་མེད་ན་དངོས་པོ་བརྗོད་པའི་སྒོ་ནས་དགེ་འདུན་ལ་བཤགས་ཏེ་མཐོང་སྡོམ་དྲིས་པས་འདག་ཅིང་། སྡོམ་པ་སླར་ཡང་ནོད་པས་ཚོག་པར་གསུངས་སོ། །འདུལ་བ་ལས་བཤད་ཚོད་ནི། དགེ་འདུན་གྱིས་གསོལ་བཞིའི་བསླབ་པ་བྱིན་ལ། དེ་དག་བཅོམ་པ་མ་ཐོབ་བར་དུས་གཞན་ན་གནས་པ་ཡིན་པས་ཇི་སྲིད་འཚོ་བར་ལས་ཀྱི་ཁ་སྐོང་སོགས་མི་འོས་པས་ཁྱད་པར་གྱི་སྤྱོད་པ་ལྔ་སྤོང་ཞིང་། དམན་སྤྱོད་ལྔ་དང་དུ་བླངས་ཏེ་གཉེན་པོ་ལ་འབད་པར་བཤད།

གཉིས་པ་ནི། ལྷག་མ་བཅུ་གསུམ་སོགས། །ལྟི་ཡང་ལ་ལྟོས་བཤགས་ཏེ་རིམ་པར་སྤང་། །ཞེས་པ་སྟེ། དགེ་འདུན་ལྷག་མ་བཅུ་གསུམ་སོགས་ལྟུང་བ་གཞན་རྣམས་ལུས་ངག་ཏུ་མ་ཐོན་པ་རྣམས་ནི་སྤང་བྱས་ལ་འགྱོད་ཅིང་ཕྱིན་ཆད་མི་བྱེད་པའི་སྡོམ་སེམས་བསྟེན་པས་ལྟུང་བ་ལས་ལྡང་བར་འགྱུར་གྱི་བཤགས་མི་དགོས་སོ། །ལུས་ངག་ཏུ་ཐོན་ན་ལྷག་མ་འཆབ་མེད་དགེ་འདུན་ལས་མགུ་བ་ཞག་དྲུག་ནོད་ནས་ལྡང་བ་ལས་དབྱུང་བ་བྱ་བ་དང་། འཆབ་བཅས་ཞག་ཇི་ཙམ་འཆབ་ན་དེ་སྲིད་ཀྱི་སྤོ་བ་སྤྱད་ནས་སླར་མགུ་དབྱུང་བྱའོ། །ཕམ་ལྷག་གི་སྦོམ་པོ་གཉིས་ལྟི་ཡང་གི་བྱེ་བྲག་གིས

བཞགས་ཡུལ་གྲངས་མང་ཉུང་དང་། སྤྱང་ལྟུང་སོགས་ཀྱང་སྔར་རང་རང་གི་སྐབས་སུ་ཡང་ཕྱོགས་ཙམ་བཤད་པ་ལྟར་སོ་སོའི་རྣམ་དབྱེ་ཤེས་པར་བྱས་ནས་ཕྱིར་བཅོས་པར་བྱའོ། །དེ་ཡང་བཤགས་པས་འདག་པའི་རྒྱུའི་གཙོ་བོ་ནི་འགྱོད་སྡོམ་དྲག་པོའི་སེམས་ཀྱིས་ཡིན་ཏེ། དེ་གཉིས་མེད་པར་ཚིག་ཙམ་གྱི་བཤགས་པས་ནི་སྡིག་ལྟུང་འདག་པ་ཕར་ཞོག་རྫུན་སྨྲ་བ་ཆེན་པོ་ཡིན་པར་གསུངས་སོ། །

གཉིས་པ་ནི། མདོར་ན་སྟོབས་བཞིར་མ་འདུས་བཤགས་པ་མེད། །སྔར་བྱས་འགྱོད་བཤགས་ཁོང་དུ་དུག་སོང་ལྟར། །འགྱོད་པ་སྙིང་ནས་རྣམ་པར་སུན་འབྱིན་སྟོབས། །དུག་ལ་སྨན་བཞིན་འཇུག་པ་དྲག་པོ་ཡིས། །ཉེས་ཕྱིར་དགེ་བའི་གཉེན་པོ་ཀུན་སྤྱོད་སྟོབས། །དུག་མི་འཐུང་ལྟར་ཕྱིས་ནས་ཉེས་སྡོམ་ལ། །ངེས་ཤེས་དྲག་པོ་རྣམ་པར་སོར་ཆུད་སྟོབས། །སྨན་པ་བསྟེན་ལྟར་སྐྱབས་སེམས་ལྟུང་བཤགས་སོགས། །དད་པ་དྲག་པོས་རྟེན་གྱི་སྟོབས་བཞི་སྤྱད། །ཅེས་པ་སྟེ། དེ་ཡང་ཆོས་འདི་པའི་ལུགས་ཀྱི་རྒྱུ་ལྟུང་བ་ལས་ལྡང་མི་ནུས་ཀྱང་འབྲས་བུ་རྣམ་སྨིན་ཤིན་ཏུ་ཡང་བར་འགྱུར་བས་སྟོབས་བཞིའི་བཤགས་པ་འདི་ཤིན་ཏུ་གལ་ཆེ་སྟེ། དཔེར་ན་སྐྱེས་བུ་དུག་ནད་ཀྱིས་ཉེས་པ་ལྟར་དེ་ཡང་སྔར་བྱས་ལ་དུག་འཐུངས་པ་ལྟ་བུའི་འགྱོད་སེམས་དང་། ཕྱིས་མི་འཐུང་བ་ལྟ་བུའི་སྡོམ་སེམས་དང་། ནད་དེའི་གཉེན་པོ་སྨན་པ་བསྟེན་པ་ལྟར་གཉེན་པོ་ལ་བརྟེན་པས་འབད་པར་བྱའོ། །

གསུམ་པ་ནི། འོན་ཀྱང་སྡིག་ལྟུང་སྟོབས་ལྡན་རེ་སྤྱོད་ན། །ས་ཐོབ་ཡུན་དུ་འགོར་བས་མིག་ལྟར་བསྲུང་། །ཞེས་པ་སྟེ། སྔར་བཤད་པ་དེ་ལྟར་རྩ་ལྟུང་འཆབ་མེད་ལ་བསླབ་པ་སྦྱིན་པ་སོགས་ཀྱི་སྒོ་ནས་ཕྱིར་བཅོས་རེ་ཡོད་མོད། འོན་ཀྱང་སྡིག་ལྟུང་སྟོབས་དང་ལྡན་པ་རེ་རེ་ཙམ་ལ་སྤྱད་ནས། དེའི་གཉེན་པོ་ལ་ཆེ་ཐང་གིས་འབད་ཀྱང་། རྣམ་གྲོལ་གྱི་ས་ཐོབ་པ་ལ་གཞན་ལས་ཆེས་ཡུན་རིང་དུ་འགོར་བས་རང་གི་མིག་འབྲས་ལྟར་བསྲུང་བར་བྱའོ། །གལ་ཏེ་ཚུལ་ཁྲིམས་འཆལ་བར་གྱུར་ན་ཉེས་པ་ཤྲཱིག་ཏུ་བྱས་ཀྱང་ས་བླའི་ལྷ་རྣམས་ཀྱིས་བསྒྲགས་པས་གཏམ་ངན་ཕྱོགས་ཐམས་ཅད་དུ་ཁྱབ། འཇིག་རྟེན་ལྷ་དང་བཅས་པས་ཁྲེལ་ཞིང་བརྙས། མཁན་པོ་དང་སློབ་དཔོན་གྱི་མདུན་དུ་འགྲོ་བ་ལ་ངོ་གནོང་། དགེ་འདུན་ཚོགས་པའི་དབུས་སུ་བག་ཚ། སྦྱིན་བདག་གི་ཡོན་ལེན་པ་ལ་དཔའ་ཞུམ། དཀར་ཕྱོགས་ལྷ་དང་ཆོས་སྐྱོང་རྣམས་ཀྱིས་མི་སྲུང་། ནག་ཕྱོགས་བདུད་རིགས་རྣམས་ཀྱིས་གླགས་

 རྙེད། ཚེ་འདིར་ཡང་མི་འདོད་པ་ཐམས་ཅད་ཐོག་ཏུ་འབབ། ཡོན་ཏན་གོང་མ་མི་སྐྱེ། སྔར་ཐོབ་པ་རྣམས་བརྗེད། འཆི་བའི་ཚེ་འགྱོད་པ་དང་བཅས་པས་དུས་བྱས་ཏེ་ངན་སོང་དུ་སྡུག་བསྔལ་ཉམས་སུ་མྱོང་བར་འགྱུར་བས་རང་ཉིད་བདེ་བར་འདོད་པ་དག་གིས་བག་ཡོད་པར་བྱའོ། །

གསུམ་པ་བསྔགས་པའི་ཕན་ཡོན་ལ་གསུམ། ཚུལ་ཁྲིམས་ཙམ་གྱི་ཕན་ཡོན། སོ་ཐར་གྱི་སྡོམ་པའི་ཕན་ཡོན། དེ་ཡོན་ཏན་ཐམས་ཅད་ཀྱི་རྟེན་གཞིར་གྱུར་པའོ། །དང་པོ་ནི། ཕན་ཡོན་ནད་དང་རྒྱལ་པོའི་ཆད་ཕྱིར་བླངས། །རྐྱེན་འགག་ཨེ་སེལ་ཀྱང་འཇིགས་སྐྱོབས་ཚུལ་ཁྲིམས་ཡིན། །ཕྱི་མའི་ཆེད་བླངས་ལེགས་སྨོན་ཚུལ་ཁྲིམས་ཞེས། །ལྷ་མིའི་བདེ་འབྲས་ཐོབ་ཀྱང་ཐར་པ་མིན། །ཞེས་པ་སྟེ། ཚེ་འདིར་ནད་དང་རྒྱལ་པོའི་ཆད་པ་ལས་ཐར་བའི་ཕྱིར་བླང་ན་དེ་དང་དེའི་རྐྱེན་རྣམས་སེལ་ཀྱང་འཇིགས་སྐྱོབས་ཀྱི་ཚུལ་ཁྲིམས། ཕྱི་མ་ལྷ་མའི་བདེ་བ་ཐོབ་པའི་ཆེད་དུ་བླང་ན་ལེགས་སྨོན་གྱི་ཚུལ་ཁྲིམས་ཡིན་ཏེ། དེ་གཉིས་ཀྱིས་འཁོར་བ་ལས་ཐར་པ་མ་ཡིན་ནོ། །

གཉིས་པ་ནི། ངེས་པར་འབྱུང་བའི་ཚུལ་ཁྲིམས་སྡོམ་ལྡན་ན། །དགྲ་བཅོམ་ཐོབ་པ་དགའ་བོའི་རྣམ་ཐར་བཞིན། །ཞེས་པ་སྟེ། འཁོར་བ་ལས་ངེས་པར་འབྱུང་བ་མྱང་འདས་གསུམ་གང་རུང་གི་བསམ་པས་ཟིན་པའི་སོ་སོ་ཐར་པའི་ཚུལ་ཁྲིམས་ཀྱི་སྡོམ་པ་དང་ལྡན་ན། ཕྱི་དྲོའི་ཁ་ཟས་སྤངས་པ་སོགས་བསླབ་པ་ཕྲ་མོ་གཅིག་ལ་བསླབ་པ་ཡན་ཆད་མྱང་འདས་ཀྱི་རྒྱུར་འགྲོ་བས་དགྲ་བཅོམ་པ་ཐོབ་པ་ལ་ཚོགས་མེད་དེ། དཔེར་ན་དགེ་སློང་གཙུང་དགའ་བོའི་རྣམ་ཐར་བཞིན་ནོ། །

གསུམ་པ་ནི། སྐྱབས་གསུམ་འཛིན་སོགས་ཡོན་ཏན་ཕྱི་མ་མཆོག །སྔ་མ་ཕྱི་མའི་ཐུན་མོང་ལམ་ཡིན་ཕྱིར། །སེམས་བསྐྱེད་སྔགས་ཀྱི་གདུལ་བྱའང་དེ་དང་མཚུངས། །དེ་ཕྱིར་ཡོན་ཏན་ཀུན་གྱི་གཞི་རྟེན་ཡིན། །ཞེས་པ་སྟེ། དེ་ཡང་བསྙེན་གནས་ཡན་ལག་བརྒྱད་པ་ལན་ཅིག་གིས་ཕྱི་མ་འདོད་པའི་ལྷར་སྐྱེས་ཏེ། མཐར་ཐུག་རྫོགས་པའི་སངས་རྒྱས་སུ་འགྱུར་ལ། དེས་སྐྱབས་གསུམ་འཛིན་པའི་དགེ་བསྙེན་གྱི་སྡོམ་པའི་ཕན་ཡོན་གྱི་བརྒྱའི་ཆར་ཡང་མི་འགྱུར་ཞིང་། དེ་བཞིན་ཏུ་དགེ་བསྙེན་དང་། དགེ་ཚུལ་དང་། དགེ་སློང་རྣམས་སྔ་མ་སྔ་མའི་ཡོན་ཏན་ལས་ཕྱི་མ་ཕྱི་མ་རྣམས་བརྒྱ་འགྱུར་སྟོང་འགྱུར་གྱིས་མཆོག་ཏུ་གྱུར་པ་ཡིན་ཏེ། སྔ་མ་སྔ་མ་རྣམས་ཕྱི་མ་ཕྱི་མའི་ཐུན་མོང་དུ་གྱུར་པའི་ལམ

སྔགས་ཡིན་པའི་ཕྱིར། དེ་བཞིན་དུ་བྱང་ཆུབ་ཏུ་སེམས་བསྐྱེད་པ་དང་། སྔགས་ཀྱི་གདུལ་བྱ་རྣམས་ཀྱིས་ཀྱང་སྔ་མ་སྔ་མ་ལ་བརྟེན་དགོས་པ་སོ་ཐར་དེ་དང་མཚུངས་པ་དེའི་ཕྱིར་ན་ཐེག་པ་ཐམས་ཅད་ཀྱི་ལུང་དང་རྟོགས་པའི་ཡོན་ཏན་མ་ལུས་པ་ཀུན་གྱི་གཞི་རྟེན་དུ་འགྱུར་བ་ཡིན་ནོ། །དེ་ནས་སྐབས་བསྡུ་བ་ནི། འདུལ་བ་སོ་ཐར་གྱི་རིམ་པར་ཕྱེ་བ་སྟེ་གཉིས་པའོ།། །།

༈ གཉིས་པ་བྱང་སེམས་ཀྱི་སྡོམ་པ་བཤད་པ་ལ་གསུམ། སྟོན་པས་ཕ་རོལ་ཏུ་ཕྱིན་པའི་སྡེ་སྣོད་ཇི་ལྟར་གསུངས་པ། དེ་བསྡུས་ནས་བཤད་སྒྲུབ་ཀྱིས་ཇི་ལྟར་བཟུང་བ། དེ་ལྟར་བཟུང་བའི་བརྗོད་བྱ་གཏན་ལ་དབབ་པའོ། །

དང་པོ་ནི། བསྐལ་བཟང་འགྲོ་བའི་འདྲེན་པ་ཐུབ་ཆེན་དེས། །བྱ་རྒོད་ཕུང་སོགས་ཐེག་ཆེན་རིགས་ཅན་ལ། །ཤིན་ཏུ་རྒྱས་པའི་སྡེ་སྣོད་དཔག་ཡས་གསུངས། །ཞེས་པ་སྟེ། སྟོན་པ་ཐུགས་རྗེ་ཅན་འདི་བསྐལ་པ་ཚད་མེད་པའི་གོང་རོལ་དུ་མངོན་པར་རྫོགས་པར་འཚང་རྒྱ་བ་བརྙེས་སུ་ཟིན་ཀྱང་། བསྐལ་པ་བཟང་པོ་འདི་ལ་ཞིང་འདིའི་འགྲོ་བ་རྣམས་སྡུག་བསྔལ་གསུམ་ལས་བསྐྱབ་པར་མཛད་པའི་ཕྱིར་དུ། སླར་ཡང་མཛད་པ་བཅུ་གཉིས་ཀྱི་སྒོ་ནས་བྱང་ཆུབ་ཆེན་པོ་བརྙེས་པའི་ཚུལ་བསྟན་ནས། ཐུབ་པ་ཆེན་པོ་དེས་ཆོས་ཀྱི་འཁོར་ལོ་རིམ་པ་གསུམ་བསྐོར་ཞིང་། ཁྱད་པར་དུ་གནས་བྱ་རྒོད་ཕུང་པོའི་རི་བོ་ལ། འཁོར་ཐེག་པ་ཆེན་པོའི་རིགས་ཅན་ལྷ་ཀླུ་མི་དང་ལྷ་མ་ཡིན་དཔག་ཏུ་མེད་པ་ལ། ཤིན་ཏུ་རྒྱས་པའི་སྡེ་སྣོད་བཀའ་བར་པ་མཚན་ཉིད་མེད་པའི་ཆོས་ཀྱི་རྣམ་གྲངས་དང་། ཡང་གནས་གཅིག་ཏུ་མ་ངེས་པར་ཐེག་པ་ཐམས་ཅད་ཀྱི་རིགས་ཅན་ལ་བཀའ་ཐ་མ་ལེགས་པ་རྣམ་པ་ཕྱེ་བའི་ཆོས་ཀྱི་འཁོར་ལོ་དཔག་ཏུ་མེད་པ་གསུངས་པ་ཡིན་ནོ། །

གཉིས་པ་ནི། འཇམ་དབྱངས་བཀའ་བསྡུས་ཀླུ་སྒྲུབ་སོགས་ཀྱིས་བཀྲལ། །ཞི་བ་ལྷས་སྤྱིལ་ཟབ་མོ་ལྟ་བའི་ལུགས། །བྱམས་པས་བཀའ་བསྡུས་ཐོགས་མེད་སྐུ་མཆེད་བཀྲལ། །ཇོ་བོ་རྗེས་སྤྱིལ་རྒྱ་ཆེན་སྤྱོད་པའི་ལུགས། །པདྨའི་རིང་ལུགས་ནཱ་གཱརྫུ་ན་མཐུན། །ཞེས་པ་སྟེ། སྤྱིར་དུ་རྒྱལ་པོའི་ཁབ་ཀྱི་ལྷོ་ཕྱོགས་བི་མ་སཾ་བྷ་བའི་རི་ལ་རྒྱལ་སྲས་འབུམ་ཕྲག་བཅུ་འདུས་ཏེ། བྱམས་པ་འཇམ་དབྱངས་གསང་བདག་གསུམ་གྱི་སྡེ་སྣོད་གསུམ་བསྡུས་པར་བཤད་མོད། འདིར་ཁྱད་པར་བ་ཟབ་མོ་སྟོང་པ་

ཉིད་ཇི་ལྟ་བའི་ཕྱོགས་རྣམས་རྗེ་བཙུན་འཇམ་དབྱངས་ཀྱིས་བསྟུས་ཏེ། དེས་རྗེས་སུ་བཟུང་བ་མགོན་པོ་ཀླུ་སྒྲུབ་དང་། འཕགས་པ་ལྷ། ཟླ་བ་གྲགས་པ་སོགས་ཀྱིས་ལེགས་པར་བཀྲལ་ཏེ། སློབ་དཔོན་ཞི་བ་ལྷ་དང་ཇོ་ཏྭ་རི་སོགས་ནས་རྒྱ་ཆེར་སྤེལ་བ་ཟབ་མོར་ལྟ་བའི་ལུགས་དང་། ཇི་སྙེད་པ་རྒྱ་ཆེ་བའི་ཕྱོགས་རྣམས་རྒྱལ་ཚབ་བྱམས་པ་མགོན་པོས་བསྟུས་ཏེ། དེས་རྗེས་སུ་བཟུང་བ་འཕགས་པ་ཐོགས་མེད་ཞབས་དང་། མཁས་མཆོག་དབྱིག་གཉེན། འཕགས་པ་རྣམ་གྲོལ་སྡེ་སོགས་ཀྱིས་བཀྲལ་ནས། ཇོ་བོ་རྗེ་དཔལ་ལྡན་ཨ་ཏི་ཤ་ནས་སེམས་བསྐྱེད་ཀྱི་ཕྱག་བཞེས་རྒྱ་ཆེར་སྤེལ་བ་རྒྱ་ཆེན་སྤྱོད་པའི་སྲོལ་ཡིན་ནོ། །སློབ་དཔོན་ཆེན་པོ་པདྨའི་རྗེས་སུ་འཇུག་པ་གསང་སྔགས་སྔ་འགྱུར་བ་རྣམས་ཀྱི་རིང་ལུགས་ནི་འཕགས་པ་ནཱ་གཱརྫ་ན་དང་མཐུན་ནོ། །

གསུམ་པ་དེ་ལྟར་བཟུང་བའི་བརྗོད་བྱ་གཏན་ལ་དབབ་པ་ལ་བདུན། ཐོབ་བྱའི་ངོ་བོ། དེའི་དབྱེ་བ། མ་ཐོབ་པ་འཐོབ་པར་བྱེད་པ། ཐོབ་པ་མི་ཉམས་པར་བསྲུང་བ། སྐྱེ་བའི་རྟེན། ཉམས་པ་གསོ་བའི་ཚུལ། བསྲུངས་པའི་ཕན་ཡོན་ནོ། །

དང་པོ་ནི། ངོ་བོ་བྱམས་དང་སྙིང་རྗེས་རྒྱུད་བརླན་ཞིང་། །གཞན་གྱི་དོན་དུ་བྱང་ཆུབ་འདོད་པས། །སྡོ་གསུམ་ཉེས་པ་སྤོང་བའི་སེམས་པའོ། །ཞེས་པ་སྟེ། སེམས་བསྐྱེད་ཀྱི་ངོ་བོ་ནི་སེམས་ཅན་ཐམས་ཅད་ལ་མས་བུ་གཅིག་པ་ལྟར་ཡིད་དུ་འོང་བར་མཐོང་ནས་བདེ་བ་དང་ལྡན་པར་འདོད་པའི་བསམ་པ་དང་། དེ་དག་གི་སྡུག་བསྔལ་རྒྱུ་དང་བཅས་པ་བྲལ་བར་འདོད་པའི་སྙིང་རྗེ་གཉིས་ཀྱིས་རྒྱུད་བརླན་ཞིང་། ཆེད་དུ་བྱ་བ་རང་ལས་གཞན་པའི་སེམས་ཅན་ཐམས་ཅད་ཀྱི་དོན་དུ་ཐོབ་བྱ་ཡང་དག་པར་རྫོགས་པའི་བྱང་ཆུབ་ཐོབ་པར་འདོད་པས། དེའི་མི་མཐུན་ཕྱོགས་སྒོ་གསུམ་གྱི་ཉེས་པ་སྤོང་བའི་སེམས་པ་རྒྱུན་ཆགས་པ་ཡིན་ཏེ། རྒྱན་ལས། སེམས་བསྐྱེད་པ་ནི་གཞན་དོན་ཕྱིར། །ཡང་དག་རྫོགས་པའི་བྱང་ཆུབ་འདོད། །ཅེས་སོ། །

གཉིས་པ་ལ་གསུམ། བསྟན་པ། བཤད་པ། བསྡུ་བའོ། །དང་པོ་ནི། དབྱེ་བ་ཀླུ་སྒྲུབ་ཐོགས་མེད་སྲོལ་གཉིས་གྲགས། །རེ་རེ་གཅིག་ནས་དྲུག་བར་གཉིས་གཉིས་ཏེ། །ཞེས་པ་ནི། སྲོལ་གཉིས་རེ་རེ་ལའང་གཅིག་ནས་དྲུག་ཚན་གྱི་བར་དང་། དེ་དག་རེ་རེ་ལའང་དབྱེ་གཞི་ལ་ལྟོས་ནས་སྨོན་

འཇུག་གི་དབྱེ་བས་གཉིས་གཉིས་ཏེ།

གཉིས་པ་ལ་གཉིས། གཅིག་ནས་དྲུག་ཚན་གྱི་བར་དང་། ས་མཚམས་ཀྱི་དབྱེ་བའོ། །དང་པོ་ནི༑ དང་པོ་སྟོང་ཉིད་སྙིང་རྗེའི་སྙིང་པོ་ཅན། །ཚོགས་གཉིས་བསླབ་པ་ཀུན་རྫོབ་དོན་དམ་གཉིས། ། ཚུལ་ཁྲིམས་ཏིང་འཛིན་ཤེས་རབ་བསླབ་པ་དང་། །ཚོགས་སྦྱོར་མོས་པས་སྤྱོད་པའི་སེམས་བསྐྱེད་དང་། །མ་དག་ས་བདུན་ལྷག་བསམ་དག་པ་དང་། །དག་པ་ས་གསུམ་རྣམ་པར་སྨིན་པ་དང་། ། ཐུགས་རྗེ་ཆེན་པོ་སྒྲིབ་ཀུན་སྤྲངས་པ་ནི། །སངས་རྒྱས་ས་ཡི་སེམས་བསྐྱེད་དག་དང་བཞི། །ལྔ་ནི་ལམ་ལྔ་དྲུག་ནི་ཕར་ཕྱིན་དྲུག །ཅེས་པ་སྟེ། དང་པོ་གཅིག་ཚན་ནི། ཤེས་རབ་ཀྱིས་སྟོང་ཉིད་མ་རྟོགས་པའི་སེམས་ཅན་རྣམས་ལ་སྙིང་རྗེ་དྲངས་པའི་བྱང་ཆུབ་ཀྱི་སེམས་སྐྱེས་པ་ལ་ལྟོས་ནས་སྟོང་ཉིད་སྙིང་རྗེའི་སྙིང་པོ་ཅན་གྱི་སེམས་བསྐྱེད་ཅེས་བྱའོ། །གཉིས་ཚན་ནི། བསོད་ནམས་དང་ཡེ་ཤེས་ཀྱི་ཚོགས་གཉིས་ལ་ལྟོས་ནས་སམ། ཡང་ན་རགས་པ་བརྡ་ལས་བྱུང་བ་ཀུན་རྫོབ་དང་། ཕྲ་བ་ཆོས་ཉིད་ཀྱིས་ཐོབ་པ་དོན་དམ་སེམས་བསྐྱེད་གཉིས་དང་། གསུམ་ཚན་ནི། སེམས་བསྐྱེད་དེ་དག་པར་བྱེད་པ་ཚུལ་ཁྲིམས། གནས་པར་བྱེད་པ་ཏིང་ངེ་འཛིན། གྲོལ་བར་བྱེད་པ་ཤེས་རབ་ཀྱི་བསླབ་པ་གསུམ་ལ་ལྟོས་ནས་སེམས་བསྐྱེད་གསུམ་དང་། བཞི་ཚན་ནི། ཚོགས་སྦྱོར་གྱི་སྐབས་སུ་མོས་པས་སྤྱོད་པའི་སེམས་བསྐྱེད་དང་། མ་དག་ས་མདུན་ལ་ལྷག་བསམ་དག་པ་དང་། དག་པ་ས་གསུམ་ལ་རྣམ་པར་སྨིན་པའི་སེམས་བསྐྱེད་དང་། སངས་རྒྱས་ཀྱི་ས་ལ་ཐུགས་རྗེ་ཆེན་པོ་སྒྲིབ་ཀུན་སྤྲངས་པའི་སེམས་བསྐྱེད་བཞི་སྟེ། ལྔ་ཚན་ནི། ཚོགས་སྦྱོར་མཐོང་སྒོམ་མི་སློབ་ལམ་གྱི་སེམས་བསྐྱེད་ལྔ་སྟེ། ཉི་ཁྲི་ལས། ལས་དང་པོ་པའི་སེམས་བསྐྱེད་པ་དང་ཡོངས་སུ་སྦྱོང་བ་བྱས་པའི་སེམས་བསྐྱེད་པ་དང་། ཆོས་མཐོང་བའི་སེམས་བསྐྱེད་པ་དང་རྣམ་པར་གྲོལ་བའི་སེམས་བསྐྱེད་པ་དང་། བསམ་གྱིས་མི་ཁྱབ་པའི་སེམས་བསྐྱེད་པ་སྟེ། ཞེས་སོ། །དྲུག་ཚན་ནི། ཕར་ཕྱིན་དྲུག་ལ་ལྟོས་ནས་སེམས་བསྐྱེད་པ་དྲུག་སྟེ། དེ་ལས། ཕ་རོལ་ཏུ་ཕྱིན་པ་དྲུག་དང་ལྡན་པའི་སེམས་བསྐྱེད་པ་དྲུག་པོ་གང་དང་ལྡན་པས། ཞེས་སོ། །

གཉིས་པ་ནི། ས་གསེར་ཟླ་བ་མེ་སོགས་ཉེར་གཉིས་ནི། །ས་མཚམས་ཀྱིས་ཕྱེ་ས་བཅུའི་བར་

དུའོ། །ཞེས་པ་སྟེ། རྒྱན་ལས། དེ་ཡང་ས་གསེར་ཟླ་བ་མེ། །གཏེར་དང་རིན་ཆེན་འབྱུང་གནས་མཚོ། །རྡོ་རྗེ་རི་སྨན་བཤེས་གཉེན་དང་། །ཡིད་བཞིན་ནོར་བུ་ཉི་མ་གླུ། །རྒྱལ་པོ་མཛོད་དང་ལམ་པོ་ཆེ། །བཞོན་པ་བཀོད་མའི་ཆུ་དང་ནི། །སྒྲ་སྙན་ཆུ་བོ་སྤྲིན་རྣམས་ཀྱིས། །རྣམ་པ་ཉི་ཤུ་རྩ་གཉིས་སོ༔ །ཞེས་གསུངས་པའི་དཔེ་ཉེར་གཉིས་པོ་འདི་དག་ནི། དོན་འདུན་པ་ནས་ཆོས་སྐུའི་བར་དུ་ཡིན་ཏེ༔ དེ་ཡང་ལམ་ལྔ་ལ་སྦྱར་ན། འདུན་པ་དང་། བསམ་པ་དང་། ལྷག་པའི་བསམ་པ་དང་གསུམ་ཚོགས་ལམ་གསུམ་དང་། སྦྱོར་བ་ནི་སྦྱོར་ལམ་དང་། སྦྱིན་པའི་ཕར་ཕྱིན་མཐོང་ལམ་དང་། ཚུལ་ཁྲིམས་ནས་ཡེ་ཤེས་ཀྱི་བར་དགུ་ནི་སྒོམ་ལམ་ས་དགུ་དང་། མངོན་པར་ཤེས་པ་དང་། བསོད་ནམས་ཡེ་ཤེས་གཉིས་དང་། བྱང་ཕྱོགས་སོ་བདུན་དང་། སྙིང་རྗེ་ལྷག་མཐོང་གཉིས་དང་། གཟུངས་དང་སྤོབས་པ་དང་ལྔ་ནི་དག་པ་ས་གསུམ་གའི་ཁྱད་པར་གྱི་ལམ་གྱིས་བསྡུས་པ་དང་། ཆོས་ཀྱི་དགའ་སྟོན་དང་། བགྲོད་པ་གཅིག་པའི་ལམ་དང་། ཆོས་ཀྱི་སྐུ་དང་ལྡན་པ་དང་གསུམ་ནི་སངས་རྒྱས་ཀྱི་སའི་སྦྱོར་དངོས་རྗེས་གསུམ་གྱི་བསྡུས་པའོ། །

གསུམ་པ་ནི། ཀུན་ཀྱང་བསྡུ་ན་སྨོན་འཇུག་རྣམ་པ་གཉིས། །དེ་ཡང་བསམ་པས་སྨོན་དང་སྦྱོང་བས་ཁྱབ། །འགྲོ་བ་འདོད་དང་འགྲོ་བ་ཇི་བཞིན་ནོ། །ཞེས་པ་སྟེ། དབྱེ་སྒོ་བདུན་གྱི་སྒོ་ནས་བཤད་པའི་སེམས་བསྐྱེད་དེ་དག་ཀྱང་ཀུན་ཀྱང་མདོར་བསྡུ་ན་སྨོན་འཇུག་གི་སེམས་བསྐྱེད་གཉིས་སུ་འདུས་ཏེ། དེ་ཡང་བསམ་པས་གཞན་དོན་དུ་བྱང་ཆུབ་ཐོབ་པར་འདོད་པ་ནི་སྨོན་པ་སེམས་བསྐྱེད་དང་། དེའི་ཆེད་དུ་སྦྱོར་བས་ལག་ལེན་ཕྱིན་དྲུག་ལ་ཁྱད་པར་བསླབ་པ་ནི་འཇུག་པ་སེམས་བསྐྱེད་དེ། དཔེར་ན་སྔ་མ་ནི་སྐྱེས་བུ་ལམ་དུ་འགྲོ་འདོད་པ་བཞིན་དང་། ཕྱི་མ་ནི་ལམ་དུ་ཞུགས་ནས་འགྲོ་བཞིན་པ་ལྟ་བུའོ། །

གསུམ་པ་མ་ཐོབ་པ་ཐོབ་པར་བྱེད་པ་ལ་གཉིས། ཀུན་རྫོབ་སེམས་བསྐྱེད་སྐྱེ་བའི་ཆོ་ག་བཤད་པ། དོན་དམ་སེམས་བསྐྱེད་སྐྱེ་བ་ཆོ་ག་ལ་མི་ལྟོས་པར་བཤད་པའོ། །དང་པོ་ལ་གཉིས། བསྟན་པ། བཤད་པའོ། །དང་པོ་ནི། དང་པོ་སྡོམ་པ་མ་ཐོབ་ཐོབ་པའི་ཚུལ། །ལེན་ཚུལ། །ཞེས་པའོ། །

གཉིས་པ་ལ་བཞི། གང་ལས་བླང་བའི་ཡུལ། ཇི་ལྟར་ལེན་པའི་ཚུལ། རྟེན་ལས་ཀྱང་ལེན་རུང་

བའི་དམིགས་བསལ། ཐོབ་མཚམས་ངོས་བཟུང་བའོ། །དང་པོ་ནི། སྡོམ་གནས་དགེ་བའི་བཤེས་གཉེན་ལ། །ཞེས་པ་སྟེ། སྒྲོལ་གཉིས་ཀ་མཐུན་པར། གང་ལས་བླང་བའི་ཡུལ་བྱང་སེམས་ཀྱི་སྡོམ་པ་ལ་གནས་པ། དེ་འབོགས་པའི་ཆོ་ག་ལ་མཁས་པ། ཟང་ཟིང་ལྟར་མི་བྱེད་པར་བརྩེ་བས་རྗེས་སུ་བཟུང་བའི་དགེ་བའི་བཤེས་གཉེན་མཚན་ཉིད་དང་ལྡན་པ་ལས་ལེན་ཏེ། ལམ་སྒྲོན་ལས། སྡོམ་པའི་ཆོ་ག་ལ་མཁས་དང་། །བདག་ཉིད་གང་ཞིག་སྡོམ་ལ་གནས། །སྡོམ་པ་འབོགས་བཟོད་སྙིང་རྗེར་ལྡན། །བླ་མ་བཟང་པོ་ཤེས་པར་བྱ། །ཞེས་སོ། །

གཉིས་པ་ལ་གཉིས། ཀླུ་སྒྲུབ་དང་། ཐོགས་མེད་ཀྱི་ལུགས་སོ། །དང་པོ་ལ་གཉིས། གང་གིས་བླངས་པའི་གང་ཟག །ཇི་ལྟར་ལེན་པའི་ཆོ་གའོ། །དང་པོ་ནི། ཐེག་ཆེན་སྣོད་གྱུར་དད་ལྡན་སློབ་མ་ཡིས། །ཞེས་པ་སྟེ། རྫོགས་པའི་སངས་རྒྱས་དོན་དུ་གཉེར་བའི་བསམ་པ་དང་ལྡན་པའོ། །

གཉིས་པ་ནི། ཡན་ལག་བདུན་མཐར་སྨོན་འཇུག་སྐབས་གཅིག་ཏུ། །ལེན་ཞིང་རང་གཞན་དགའ་བ་བསྒོམ་པ་རྣམས། །ཀླུ་སྒྲུབ་ལུགས་ཡིན། །ཞེས་པ་སྟེ། སྦྱོར་བ་སྐྱབས་འགྲོ། ཡན་ལག་བདུན་པ་རྣམས་སྔོན་དུ་སོང་ཞིང་། དངོས་གཞི། ཇི་ལྟར་སྔོན་གྱི་བདེ་གཤེགས་ཀྱིས། །སོགས་ལན་གསུམ་བརྗོད་པས་སྨོན་འཇུག་གཉིས་སྐབས་གཅིག་ཏུ་བླངས་ཏེ། དེ་ཡང་ཚིགས་བཅད་དང་པོས་སྔོན་སངས་རྒྱས་བྱང་སེམས་རྣམས་ཀྱི་ཐུགས་བསྐྱེད་ཚུལ་བསྟན་ནས། གཉིས་པས་བདག་གིས་ཀྱང་དེ་ལྟར་བསླབ་པོ་ཞེས་དམ་འཆའ་བས་སྨོན་འཇུག་གཉིས་ཀྱི་སེམས་བསྐྱེད་དང་སྡོམ་པ་ལེན་པ་ཡིན་ནོ། །དེ་བཞིན་འགྲོ་ལ་ཕན་དོན་དུ། །བྱང་ཆུབ་སེམས་ནི་བསྐྱེད་བགྱི་ཞིང་། །ཞེས་པས་སྨོན་འཇུག་གི་སེམས་བསྐྱེད་དང་། །དེ་བཞིན་དུ་ནི་བསླབ་པ་ལའང་། །རིམ་བཞིན་དུ་བསླབ་པར་བགྱི། །ཞེས་པས་དེ་གཉིས་ཀྱི་སྡོམ་པ་ལེན་པའོ། །རྗེས་སུ། དེང་དུས་བདག་ཚེ་འབྲས་བུ་སོགས་ཀྱིས་རང་དགའ་བ་བསྒོམ་པ་དང་། བདག་གིས་དེ་རིང་སྐྱོབ་པ་སོགས་ཀྱིས་གཞན་དགའ་བསྒོམ་དུ་གཞུག་ནས། གཏང་རག་ཕུལ་ཞིང་། བསླབ་བྱ་རྒྱས་བསྡུས་ཅི་རིགས་པར་བཤད་པའོ། །

གཉིས་པ་ལ་གཉིས། གང་གིས་བླངས་པའི་གང་ཟག །ཇི་ལྟར་ལེན་པའི་ཆོ་གའོ། །དང་པོ་ནི། ཐོགས་མེད་བཞེད་པ་ནི། །སྨོན་སེམས་ལེན་ལ་སོ་ཐར་མི་དགོས་ཀྱང་། །ཡང་དག་བླངས་པ་རིས་

བདུན་སྡོན་སོང་ནས། །ཞེས་པ་སྟེ། འདིར་སྨོན་སེམས་ཀྱི་རྟེན་ལ་སོ་ཐར་མི་དགོས་ཀྱང་། འཇུག་སྡོམ་བླངས་པ་ལ་སོ་ཐར་རིས་བདུན་གང་རུང་གི་སྡོམ་པ་སྔོན་དུ་འགྲོ་དགོས་ཏེ། ལམ་སྒྲོན་ལས། སོ་སོ་ཐར་པ་རིས་བདུན་གྱི། །རྟག་ཏུ་སྡོམ་གཞན་ལྡན་པ་ལ། །བྱང་ཆུབ་སེམས་དཔའི་སྡོམ་པ་ཡི། །སྐལ་པ་ཡོད་ཀྱི་གཞན་དུ་མིན། །ཞེས་སོ། །

གཉིས་པ་ནི། བར་ཆད་དྲི་དང་བསླབ་པ་ཁས་ལེན་སོགས། །སྨོན་འཇུག་ཆོ་ག་སོ་སོའི་སྒོ་ནས་ལེན། །ཞེས་པ་སྟེ། འདི་ལ་གཉིས། སྨོན་པ་དང་། འཇུག་པའོ། །དང་པོ་ལ་གསུམ། སྦྱོར་བ། དངོས་གཞི། རྗེས་སོ། །དང་པོ་ལ་གསོལ་བ་གདབ་པ། ཚོགས་བསགས་པ། སྐྱབས་སུ་འགྲོ་བའོ། །

གཉིས་པ་ལ། འདུ་ཤེས་གསུམ་བསྐྱེད་དེ། ཕྱོགས་བཅུ་ན་ཞེས་དགོངས་གསོལ་སྔོན་དུ་འགྲོ་བའི་སྒོ་ནས། སེམས་བསྐྱེད་པར་བགྱིའོ། །ཞེས་པའི་བར་ལན་གསུམ་བཟླས་པས་བླང་ངོ་། །

གསུམ་པ་ནི། སྤྲོ་བ་བསྐྱེད་པ། བསླབས་བྱ་བསྟན་པའོ། །འཇུག་པ་ལ་གསུམ། སྦྱོར་དངོས་རྗེས་སོ། །དང་པོ་ནི། གསོལ་བ་གདབ་པ། བསམ་པ་བརྟག་པ། མྱུར་དུ་སྦྱིན་པར་གསོལ་བ་འདེབས་པ། བར་ཆད་དྲི་བ། བསླབ་པ་མདོར་བརྗོད་པའོ། །གཉིས་པ་ནི། སློབ་དཔོན་གྱིས། རིགས་ཀྱི་བུ་མིང་འདི་ཞེས་ཁྱོད། ཅེས་པ་ནས། སེམས་ཅན་དོན་བྱེད་ཀྱི་ཚུལ་ཁྲིམས་ནོད་པར་འདོད་དམ། ཞེས་ལན་གསུམ་དྲིས་ལ། སློབ་མས་ཀྱང་ནོད་ལགས་ཞེས་ལན་གསུམ་བརྗོད་པས་སྡོམ་པ་ཐོབ་པར་འགྱུར་རོ། །གསུམ་པ་ནི། མཁྱེན་གསོལ། ཕན་ཡོན་བསྟན་པ། གསང་བར་གདམས་པ། བསླབ་བྱ་བསྟན་པ། གཏང་རག་འབུལ་བ་རྣམས་སོ། །

གསུམ་པ་ནི། རྒྱལ་བའི་རྟེན་ལའང་རུང་བར་སྲོལ་གཉིས་མཐུན། །ཞེས་པ་སྟེ། སྤྱིར་དགེ་བའི་བཤེས་གཉེན་ལས་བླངས་ན་ངོ་ཚ་ཁྲེལ་ཡོད་ཀྱི་རྟེན་དུ་འགྱུར་བ་སོགས་དགོས་པ་ཁྱད་པར་ཅན་ཡོད་མོད། གལ་ཏེ་བཤེས་གཉེན་མཚན་ཉིད་དང་ལྡན་པ་མི་རྙེད་ན། རྒྱལ་བའི་སྐུ་གཟུགས་ཀྱི་རྟེན་གྱི་དྲུང་དུ་བདག་ཉིད་ཀྱིས་བླངས་ཀྱང་རུང་བར་སྲོལ་གཉིས་ཀ་དགོངས་པ་མཐུན་པ་ཡིན་ནོ། །དེ་རྨ་ཟད་རྒྱལ་བ་སྲས་བཅས་མདུན་གྱི་ནམ་མཁར་མངོན་སུམ་དུ་བཞུགས་པར་བསྒོམ་པས་བླངས་ནའང་དོན་གཅིག་གོ། །

བཞི་པ་ནི། ཐོབ་མཚམས་བརྗོད་པ་གསུམ་གྱི་ཐ་མའོ། །ཞེས་པ་སྟེ། སྡོམ་པ་ཐོབ་མཚམས་དངོས་གཞི་འབོགས་ཆོག་ལན་གསུམ་བརྗོད་པའི་ཐ་མ་ལ་ཐོབ་པའོ། །གཉིས་པ་ནི། དོན་དམ་སེམས་བསྐྱེད་ཆོགས་བླངས་ཐོབ་པ། །གསང་སྔགས་ལུགས་ཡིན་མདོ་ལས་བཤད་སྲིད་ན། །དམ་བཅའ་ཉིད་ཡིན་བསྒོམ་པའི་སྟོབས་ལས་སྐྱེ། །ཞེས་པ་སྟེ། དོན་དམ་སེམས་བསྐྱེད་ཆོགས་བླངས་ནས་ཐོབ་པར་བཤད་པ་ནི་གསང་སྔགས་ཀྱི་ལུགས་ཡིན་ཏེ། འབྲས་བུའི་རྣམ་པ་ལམ་བྱེད་དུ། སྒྱུ་དྲྭ། རྣམ་སྣང་མངོན་བྱང་སོགས་ནས་ཆོགས་སེམས་བསྐྱེད་པར་བཤད་པའི་ཕྱིར། གལ་ཏེ་སྡོང་པོ་བཀོད་པ་ཕྲུག་རྒྱའི་མདོ་ལས། དོན་དམ་པའི་བྱང་ཆུབ་ཀྱི་མཆོག་ཏུ་སེམས་བསྐྱེད་པར་བྱའོ་ཞེས་བཤད་སྲིད་ནའང་། དེ་འདྲ་དེ་དམ་བཅའ་ཙམ་ཉིད་ཡིན་ཏེ། བསྒོམ་པའི་སྟོབས་ལས་སྐྱེ་དགོས་པའི་ཕྱིར། མདོ་རྒྱན་ལས། རྫོགས་པའི་སངས་རྒྱས་རབ་མཉེས་བྱས། །བསོད་ནམས་ཡེ་ཤེས་ཚོགས་རབ་བསགས། །ཆོས་ལ་མི་རྟོག་ཡེ་ཤེས་ནི། །སྐྱེས་ཕྱིར་དེ་ནི་དམ་པར་འདོད། །ཅེས་འབྱུང་བའོ། །

བཞི་པ་ཐོབ་པ་མི་ཉམས་པར་བསྲུང་བ་ལ་གསུམ། བསྟན་པ། བཤད་པ། བསྡུ་བའོ། །དང་པོ་ནི། བར་དུ་མི་ཉམས་སྲུང་བའི་ཐབས་བཤད་པ། །བྱང་ཆུབ་སེམས་དཔའི་ཚུལ་ཁྲིམས་གསུམ་ཡིན་ཏེ། །ཉེས་སྤྱོད་སྡོམ་དང་དགེ་བ་ཆོས་སྡུད་དང་། །སེམས་ཅན་དོན་བྱེད་གསུམ་ལས། །ཞེས་པའོ། །

གཉིས་པ་རྒྱས་པར་བཤད་པ་ལ་གསུམ། ཉེས་སྤྱོད་སྡོམ་པའི་ཚུལ་ཁྲིམས་དགེ་བ་ཆོས་སྡུད་ཀྱི་ཚུལ་ཁྲིམས། སེམས་ཅན་དོན་བྱེད་ཀྱི་ཚུལ་ཁྲིམས་བཤད་པའོ། །དང་པོ་ལ་གཉིས། ཀླུ་སྒྲུབ་ཀྱི་ལུགས་ཞི་བ་ལྷས་བསླབ་བཏུས་སུ་ཕྱེ་བ་དང་། ཐོགས་མེད་ཀྱི་ལུགས་ཙནྡྲ་གོ་མིས་སྡོམ་པ་ཉི་ཤུ་པར་ཕྱེ་བའོ། །དང་པོ་ལ་གཉིས། རྩ་བའི་ལྟུང་བ་བཤད་པ་དང་། ཡན་ལག་གི་ཉེས་པ་གཞན་དུ་ཞལ་འཕངས་པའོ། །དང་པོ་ལ་གསུམ། རྩ་ལྟུང་དངོས་བཤད་པ། རྟེན་དང་ལྟུང་བའི་དབྱེ་བསྡུ། ཐུན་མོང་སློན་འཇུག་སྤྱངས་པ་རྩ་ལྟུང་དུ་བསྟན་པའོ། །དང་པོ་ལ་གསུམ། རྒྱལ་པོ་ལ་ངེས་པ་ལྔ། བློན་པོ་ལ་ངེས་པ་ལྔ། ཕལ་པ་ལ་ངེས་པ་བརྒྱད་བཤད་པའོ། །དང་པོ་ནི། དཀོན་མཆོག་དཀོར་འཕྲོག་དང་ནི་ཆོས་སྤོང་ལས། །ཚུལ་ལྡན་ཚུལ་འཆལ་ཁྲིམས་གཅོད་བསླབ་འཕེབས་སོགས། །མཚམས་མེད་ལས་

བྱེད་ལོག་ལྔ་ལྔ་རྒྱལ་པོ། །ཞེས་པ་སྟེ། དཀོན་མཆོག་གི་དཀོར་འཕྲོག་པ་ནི། དཀོན་མཆོག་གསུམ་ལ་སྤོས་པའི་རྫས་ཐ་ན་མར་མེ་ཀོང་བུ་གཅིག་དང་། དགེ་འདུན་འདུ་བའི་རྫས་ཞིང་སོགས་ནས་བྲེ་གང་ཡན་ཤེས་བཞིན་དུ་རང་གིས་འཕྲོག་པ་དང་གཞན་ལ་འཕྲོག་ཏུ་བཅུག་པ་དང་། དམ་པའི་ཆོས་སྤོང་བ་ནི། བཅོམ་ལྡན་འདས་ཀྱིས་གསུངས་པའི་ཆོས་ཐེག་པ་ཆེ་ཆུང་གང་ཡང་རུང་བ་ལ་ཐར་པ་ཐོབ་པའི་ཆོས་མ་ཡིན་ཞེས་སྤོང་བར་དང་། དགེ་སློང་ཆད་པས་གཅོད་པ་ནི། ཚུལ་ཁྲིམས་དང་ལྡན་པའམ་ཚུལ་ཁྲིམས་འཆལ་ཡང་རུང་རབ་བྱུང་གི་རྟགས་འཆང་བ་ལ་ཁྲིམས་གཅོད་པ། བཙོན་དུ་བཅུག་པ། བསླབ་པ་འབེབས་པ། གསོད་པར་བྱེད་པ་དང་། མཚམས་མེད་པ་ལྔ་བྱེད་པ་ནི། ཕ་མ་དགྲ་བཅོམ་གསོད་པ། དགེ་འདུན་གྱི་དབྱེན་བྱེད་པ། དེ་བཞིན་གཤེགས་པའི་སྐུ་ལ་ངན་སེམས་ཀྱིས་ཁྲག་འབྱིན་པ་རྣམས་ལས་གང་ཡང་རུང་བ་བྱེད་པར་དང་། ལོག་ལྟ་ནི། ལས་རྒྱུ་འབྲས་དང་ཚེ་སྔ་ཕྱི་མེད་ཅེས་སྙིང་ནས་མི་དགེ་བ་ལ་འཇུག་པ་དང་ལྔ་ནི་རྒྱལ་པོ་ལ་ངེས་པའོ། །

གཉིས་པ་ནི། གྲོང་ལྗོངས་གྲོང་ཁྱེར་གྲོང་རྡལ་ཡུལ་འཁོར་རྣམས། །འཇོམས་པར་བྱེད་པའང་བློན་པོར་ངེས་པ་ལྔ། །ཞེས་པ་སྟེ། འདི་ལ་ངོས་འཛིན་ལུགས་མང་ཡང་། རེ་ཞིག་གྲོང་ནི་ཁྱིམ་གཅིག་ཡན་དང་། ལྗོངས་ནི་མི་རིགས་བཞི་ཡོད་པ་དང་། གྲོང་ཁྱེར་ནི་བཟོ་རིགས་བཅོ་བརྒྱད་ཡོད་པ་དང་། གྲོང་རྡལ་ནི་ཚོང་པ་མང་པོ་ཚོགས་པའི་གནས་དང་། ཡུལ་འཁོར་ནི་ཙམྤ་ཀ་སོགས་ཡུལ་ཆེན་པོ་རྣམས་ལས་གང་ཡང་རུང་བ་གཅིག་འཇོམས་པ་དང་། འང་གི་སྒྲས་ལོག་ལྟ་དོར་བའི་རྩ་ལྟུང་དང་པོ་བཞི་བསྣན་པས་ལྔ་ནི་བློན་པོ་ལ་ངེས་པའོ། །

གསུམ་པ་ནི། མ་སྦྱངས་སྟོང་ཉིད་བརྗོད་སྤྱས་ཉན་ཐོས་སློན། །རྫོགས་བྱང་ཕྱིར་བཟློག་ཐེག་དམན་སེམས་བསྐྱེད་དང་། །སོ་ཐར་སྤངས་ནས་ཐེག་ཆེན་སློབ་པ་དང་། །ཉན་ཐོས་ཐེག་པས་ཆགས་སོགས་མི་བཟློག་པས། །དེ་བཟློག་དེ་ཡི་འབྲས་བུ་མེད་པར་བྱས། །ཕྲག་དོག་དབང་གིས་བདག་བསྟོད་གཞན་སྨོད་དང་། །རྙེད་དང་བཀུར་སྟིའི་ཆེད་དུ་བདག་འཚོང་དང་། །དགེ་སློང་ཆད་པས་གཅོད་འཇུག་ཤུག་འབུལ་དང་། །སྒོམ་པའི་ལོངས་སྤྱོད་ཁ་ཏོན་པ་ལ་བྱིན། །ཞི་གནས་འདོར་བཅུག་ཕལ་ལ་འབྱུང་ངེས་བརྒྱད། །ཅེས་པ་སྟེ། ཐེག་པ་ཆེན་པོ་ལ་བློ་མ་སྦྱངས་པའི་གང་ཟག་ལ་སྟོང་མ

བརྟགས་པར་ཟབ་མོ་སྟོང་པ་ཉིད་ཀྱི་དོན་བསྟན་ན་དེ་ལ་སྐྲག་པས་བྱང་ཆུབ་ཀྱི་སེམས་བཏང་སྟེ་ཉན་ཐོས་སུ་སྨོན་པ་དང་། རྫོགས་པའི་བྱང་ཆུབ་ཀྱི་ལམ་དུ་ཞུགས་པ་ལ་ཁྱོད་ཀྱིས་བསྐལ་བ་གྲངས་མེད་པར་དཀའ་སྤྱད་སོགས་མི་བཟོད་པས། དེ་ལས་ཉན་རང་གི་ལམ་འདིས་ཚོགས་མེད་པར་འཁོར་བ་ལས་ངེས་པར་འབྱུང་བར་འགྱུར་རོ་ཞེས་ཐེག་དམན་དུ་སེམས་བསྐྱེད་བཅུག་པར་དང་། ཉན་ཐོས་ཀྱི་རིགས་ཅན་སོ་ཐར་ལ་སློབ་པའམ། དེར་ཞུགས་པར་འདོད་པ་ལ། ཁྱོད་ཀྱིས་སོ་ཐར་ཚུལ་ཁྲིམས་དག་པས་ཅི་ཞིག་བྱ། དེ་ལས་བྱང་ཆུབ་ཏུ་སེམས་བསྐྱེད་པར་བྱེད་ན། སོ་ཐར་གྱི་ཉེས་པ་རྣམས་བྱང་ཆུབ་ཀྱི་སེམས་ཀྱི་མཐུས་འཇོམས་པར་འགྱུར་རོ་ཞེས་སོ་ཐར་སྤངས་ནས་ཐེག་ཆེན་ལ་སློབ་བཅུག་པར་དང་། ཉན་ཐོས་ཀྱི་ཐེག་པ་ལ་ཇི་ཙམ་བསླབ་ཀྱང་ཆགས་སོགས་ཉོན་མོངས་པ་རྣམས་མི་བཟློག་པས། དེ་བས་ན་དེ་ལས་བཟློག་པར་གྱིས་ཤིག་ཅེས་ཉན་ཐོས་ཐེག་པ་དེ་ལ་ཐར་ལམ་མེད་པར་འཛིན་བཅུག་པར་དང་། ཕྲག་དོག་གི་དབང་གིས་བདག་ནི་ཐེག་པ་ཆེན་པོ་པ་ཡིན་ནོ་ཞེས་བསྟོད་ཅིང་། གཞན་ཆེ་གེ་མོ་ཞིག་ནི་མ་ཡིན་ནོ་ཞེས་བྱང་སེམས་གཞན་ལ་སྐྱོན་བརྗོད་ནས་སྨད་པ་འདི། རྙེད་བཀུར་ཐོབ་པའི་ཆེད་དུ་བདག་གིས་སྟོང་པ་ཉིད་མངོན་སུམ་དུ་རྟོགས་པ་ཡིན་ནོ་ཞེས་མ་རྟོགས་བཞིན་དུ་བདག་འཚོང་སྟེ་རྫུན་སྨྲ་བར་དང་། རང་ཉིད་ཀྱིས་མི་དབང་པོ་ཆེ་རྣམས་ལ་ཕྲ་མ་བྱས་ནས་དགེ་སློང་གཞན་ལ་ཆད་པ་གཅོད་འཇུག་པ་དང་། དགེ་སློང་དེས་དཀོན་མཆོག་གི་དཀོར་རང་ལ་ཕུལ་འབུལ་ཏེ་ཕྲོག་ཏུ་བྱིན་པ་ན། དེ་རང་གིས་ལེན་པའམ་གཞན་དབང་པོ་ཆེ་དེ་ལ་བྱིན་པར་དང་། སྤོང་བ་བསམ་གཏན་པ་ལ་སྨད་པའི་བསམ་པས་དེ་དག་གི་ལོངས་སྤྱོད་སོགས་འཕྲོག་ནས། ཀློག་པ་ཁ་བཏོན་པ་ལ་སྦྱིན་པ་སོགས་ཀྱི་སྒོ་ནས་ཞི་གནས་ཏེ་ཏིང་ངེ་འཛིན་འདོར་བཅུག་པ་རྣམས་ཕལ་པ་ལ་འབྱུང་ངེས་པ་བརྒྱད་དོ། །

གཉིས་པ་ནི། དེ་དེར་འབྱུང་ཉེའི་བཞག་གིས་ཀུན་ལ་ཀུན། །མིང་དུ་བཅོ་བརྒྱད་རྣམ་སུ་བཅུ་བཞི་སྟེ། །ཞེས་པ་སྟེ། རྒྱལ་བློན་ཐལ་པ་སོ་སོའི་རྩ་ལྟུང་དུ་བཤད་པ་ནི། གཙོ་བོར་གང་ཟག་དེ་དང་དེ་ལ་འབྱུང་ཉེ་བའི་དབང་གིས་བཞག་པ་ཡིན་ཏེ། དོན་དུ་གང་ཟག་གསུམ་པོ་ཀུན་ལ་བཅོ་བརྒྱད་པོ་ཀུན་མ་ལུས་པ་རྩ་ལྟུང་དུ་འགྱུར་བ་ཡིན་ཏེ། འོན་བཅོ་བརྒྱད་པོ་དེ་མིང་དོན་གང་གི་སྒོ་ནས་ཕྱེ་བ

ཡིན་ཞེ་ན། མདོ་ལས་མིང་བཅོ་བརྒྱད་དུ་ཕྱེ་ཡང་དོན་ལ་རྫས་སུ་བསྡུ་ན་བཅུ་བཞིར་འདུ་སྟེ། རྒྱལ་བློན་གཉིས་ཀྱི་རྩ་ལྟུང་དང་པོ་བཞི་ལ་རྫས་ཐ་དད་མེད་པའི་ཕྱིར།

གསུམ་པ་ནི། སྨོན་འཇུག་སེམས་བཏང་དེ་རྣམས་རྩ་ལྟུང་ཡིན། །ཞེས་པ་སྟེ། སྔར་གྱི་རྩ་ལྟུང་བཅོ་བརྒྱད་པོ་དེའི་སྟེང་དུ་ཐེག་དམན་དུ་སེམས་བསྐྱེད་པའམ། སེམས་ཅན་བློས་སྤངས་ན་སྨོན་སེམས་བཏང་བ་དང་། གཞན་དགེ་བ་ལ་མི་སྦྱོར་བར་འཇུག་སེམས་བཏང་བ་གཉིས་བསྣན་པས་རྩ་ལྟུང་ཉི་ཤུའོ། །

གཉིས་པ་ནི། ཡན་ལག་ཉེས་བྱས་བརྒྱད་ཅུ་ལ་སོགས་པ། །ཕྲ་ཕྱིར་འདིར་ནི་མ་བཤད་བསླབ་བཏུས་ལྟ། །ཞེས་པ་སྟེ། ཇི་སྐད་དུ། གཞན་གྱི་སྡུག་བསྔལ་ཡིད་མི་བདེ། །ནུས་བཞིན་ཞི་བར་མི་བྱེད་དང་། །བདེ་དང་ཡིད་བདེ་མི་བསྐྱེད་པ། །ལྟུང་བའི་གཞི་སྟེ་ལུས་སེམས་ཀྱི། །རྟེན་གྱིས་ཕྱེ་ན་རྣམ་པ་བཞི། །ད་ལྟ་དང་ནི་མ་འོངས་པའི། །དུས་ཀྱིས་ཕྱེ་བས་རྣམ་པ་བརྒྱད། །དེ་ཚད་སྒོ་གསུམ་མི་བརྟོན་དང་། །ཕན་པའི་རྒྱུ་རྐྱེན་མི་འཚོལ་དང་། །གཉེན་པོའི་ཕྱོགས་ལ་མི་འབད་པ། །དེ་ལྟར་རྗེས་སུ་སྒྲུབ་པའི་སྒོ། །གསུམ་གྱིས་ཕྱེ་བས་ཉི་ཤུ་བཞི། །བདེ་སྡུག་ཡལ་འདོད་ལྟུང་བའོ། །སྡུག་བསྔལ་ཡིད་མི་བདེ་ཆེན་པོའི། །གཉེན་པོ་ཆུང་དུ་མི་བསྐྱེད་པ། །ལྟུང་བའི་གཞི་སྟེ་འདི་ཕྱི་ཡི། སྐྱེ་བས་ཕྱེ་བས་རྣམ་པ་བཞི། །རང་གཞན་རྒྱུད་ཀྱིས་ཕྱེ་བས་བརྒྱད། །བདེ་དང་ཡིད་བདེ་ཆེན་པོའི་ཕྱིར། །ཆུང་དུ་ཉམས་པར་མི་བྱེད་པ། །ལྟུང་བའི་གཞི་སྟེ་སྐྱེ་བ་དང་། །རྒྱུད་ཀྱིས་ཕྱེ་བས་རྣམ་པ་བརྒྱད། །སྒྲུབ་པ་ཡལ་བར་འདོར་བ་ཡི། །ལྟུང་བ་རྣམ་པ་བཅུ་དྲུག་གོ། །དེ་ལྟར་བཞི་བཅུ་རེ་རེ་ལའང་། །རེ་ཞིག་ཡལ་བར་འདོར་བ་དང་། །གཏན་དུ་འདོར་བས་རྣམ་པ་གཉིས། །ཕན་ཡོན་ཉེས་དམིགས་མི་ཟད་པའི། །ཡན་ལག་ལྟུང་བ་བརྒྱད་བཅུའོ། །ཞེས་སོ། །

གཉིས་པ་ཐོགས་མེད་ཀྱི་ལུགས་བཤད་པ་ལ་གཉིས། སྨོན་པའི་བསླབ་བྱ་དང་། འཇུག་པའི་བསླབ་བྱའོ། །དང་པོ་ལ་གཉིས། སྤྱིར་བཏང་བ་དང་། དཀར་ནག་ཆོས་བརྒྱད་བྱེ་བྲག་ཏུ་བཤད་པའོ། །དང་པོ་ནི། ཐོགས་མེད་ལུགས་ཀྱི་སྨོན་པའི་བསླབ་བྱ་ལ། །སེམས་ཅན་བློས་མི་བཏང་དང་ཕན་ཡོན་དྲན། །ཚོགས་བསགས་བྱང་སེམས་སྦྱང་ལ་བརྩོན་པ་དང་། །དཀར་ནག་ཆོས་བརྒྱད་བླང་

དོར་སློན་པའི་ཡིད། །ཞེས་པ་སྟེ། བྱང་ཆུབ་ཀྱི་སེམས་དེ་མི་འཆོར་བའི་ཐབས་ནི། སེམས་ཅན་གང་དག་གིས་བདག་ལ་མི་རིགས་པ་ཞིག་བྱས་པ་ལ་བརྟེན་ནས་ད་ནི་ཁྱོད་ལ་ཕན་ཐོགས་པའི་དུས་བྱུང་ཡང་མི་གདགས། གནོད་པ་བཟློག་པའི་དུས་བྱུང་ཡང་མི་བཟློག་སྙམ་པ་ནི་སེམས་ཅན་བློས་བཏང་བ་དང་། སེམས་དེ་མི་ཉམས་པའི་ཐབས་ཕན་ཡོན་དྲན་པ་ནི་སྡོང་པོ་བཀོད་པའི་མདོ་ལས་དཔེ་ཉིས་བརྒྱ་སུམ་ཅུས་བཤད་པ་རྣམས་དང་། ཐ་ནའང་བྱམས་སློན་ནས་འབྱུང་བའི་ཚིགས་བཅད་གཅིག་ཉིད་དུས་རྟག་ཏུ་དྲན་པར་བྱ་བ་དང་། སེམས་དེའི་སྟོབས་བསྐྱེད་པའི་ཐབས་ནི་སྦྱིན་སོགས་བསོད་ནམས་དང་། དེ་དག་འཁོར་གསུམ་མི་རྟོག་པར་ཤེས་པ་ཡེ་ཤེས་ཀྱི་ཚོགས་གཉིས་བསགས་པ་དང་། སེམས་དེ་འཕེལ་བའི་ཐབས་ཡང་དང་ཡང་དུ་སེམས་སྦྱང་བ་ནི། རྒྱུ་ལ་སྦྱངས་པ་བྱམས་སྙིང་རྗེ་བསྒོམ་པ། སེམས་དངོས་ལ་སྦྱངས་པ་ཉིན་མཚན་ཐུན་དྲུག་ཏུ་སེམས་བསྐྱེད་བླངས་པ། སྤྱོད་པ་ལ་སྦྱངས་པ་དགེ་བ་རྣམས་གཞན་དོན་དུ་བསྔོ་ཞིང་བདེ་སྡུག་གཏོང་ལེན་ལ་སྦྱང་བ་དང་། དེའི་སྟེང་དུ་དཀར་ནག་ཆོས་བརྒྱད་ལ་བླང་དོར་ཚུལ་བཞིན་ཏུ་བྱ་བ་སློན་པའི་བསླབ་བྱ་ཡིན་ནོ། །

གཉིས་པ་ནི། མཆོད་འོས་བསྙུ་དང་འགྲོད་མེད་འགྲོད་པ་བསྐྱེད། །དམ་པར་སྐུར་འདེབས་འགྲོ་ལ་གཡོ་སྒྱུས་སྤྱོད། །ནག་པོའི་ཆོས་བཞི་སྤང་ཞིང་ལྡོག་པ་ནི། །དཀར་པོའི་ཆོས་བཞི་ཡིན་པར་རྒྱལ་བས་གསུངས། །ཞེས་པ་སྟེ། བླ་མ་དང་མཆོད་འོས་བསླུ་བ་དང་། གཞན་འགྱོད་པའི་གནས་མ་ཡིན་པ་ལ་འགྱོད་པ་བསྐྱེད་པ་དང་།སེམས་བསྐྱེད་པའི་བྱང་ཆུབ་སེམས་དཔའ་ལ་ཞེ་སྡང་གིས་སྐྱོན་བརྗོད་པ་དང་། སེམས་ཅན་ལ་གཡོ་སྒྱུས་སྤྱོད་པ་སྟེ་ནག་པོའི་ཆོས་བཞི་སྤང་ཞིང་། དེ་ལས་ལྡོག་པ། སྲོག་གི་ཕྱིར་ཡང་ཤེས་བཞིན་དུ་རྫུན་མི་སྨྲ་བ་དང་། སེམས་ཅན་རྣམས་དགེ་བ་དང་ཁྱད་པར་དུ་ཐེག་པ་ཆེན་པོ་ལ་བཀོད་པ་དང་། སེམས་བསྐྱེད་པའི་བྱང་ཆུབ་སེམས་དཔའ་ལ་སྟོན་པར་འདུ་ཤེས་ཤིང་དེའི་ཡོན་ཏན་བརྗོད་པ་དང་། སེམས་ཅན་ཐམས་ཅད་ལ་གཡོ་སྒྱུ་མེད་པར་ལྷག་པའི་བསམ་པས་གནས་པ་དང་བཞི་ནི་དཀར་པོའི་ཆོས་བཞི་ཡིན་པར་དཀོན་མཆོག་བརྩེགས་པའི་མདོ་ལས་རྒྱལ་བས་གསུངས་སོ། །

གཉིས་པ་འཇུག་པའི་བསླབ་བྱ་བཤད་པ་ལ་གཉིས། རྩ་ལྟུང་བཤད་པ་དང་། ཡན་ལག་གི་

ཉེས་བྱས་གཞན་དུ་ཞལ་འཕངས་པའོ། །དང་པོ་ནི། རྙེད་བཀུར་ལྷག་ཞེན་བདག་བསྟོད་གཞན་སྨོད་དང་། །སེར་སྣས་ཟང་ཟིང་ཆོས་དང་ནོར་མི་སྟེར། །ཁྲོ་བས་གཞན་འཚེ་ཤད་སྦྱང་གིས་མི་བཟློག །གཡོམ་ལས་ཆོས་ལྟར་བཅོས་མོས་སྟོན་པ་བཞི། །ཕམ་ལྟུང་བཞི་སྟེ་འཇུག་པའི་བསླབ་བྱའོ། །ཞེས་པ་སྟེ། ཆགས་པའི་དབང་གིས་རྙེད་པ་དང་བཀུར་སྟི་ལ་ལྷག་པར་ཞེན་ནས་བདག་ལ་བསྟོད། ཡོན་ཏན་ཅན་གཞན་ལ་སྨོད་པ་དང་། སེར་སྣའི་དབང་གིས་སྡུག་བསྔལ་བ་དང་མགོན་མེད་པ་རྣམས་ལ་ཟང་ཟིང་གི་ནོར་དང་ཆོས་མི་སྟེར་བ་དང་། ཞེ་སྡང་གི་དབང་གིས་ཁྲོ་བས་གཞན་ལ་ལུས་ངག་གིས་འཚེ་ཞིང་། དེས་རང་ལ་བཟོད་གསོལ་གྱི་ཤད་སྦྱང་ཚུལ་མཐུན་བྱས་ཀྱང་མི་བཟློག་པ་དང་། གཏི་མུག་གི་དབང་གིས་བྱང་སེམས་ཀྱི་སྡེ་སྣོད་ལ་བཀའ་མ་ཡིན་ཞེས་སྐུར་པ་འདེབས་ཤིང་སྤངས་ནས་རང་ངམ་གཞན་གྱིས་གཡོམ་ལས་ཏེ་རང་བཟོའི་ཆོས་མ་ཡིན་པ་ལ་ཆོས་ལྟར་བཅོས་པ་ལ་མོས་ནས་དམ་ཆོས་འདྲར་སྣང་སྟོན་པ་དང་བཞི་པོ་འདི་ཀུན་དཀྲིས་ཆེན་པོས་སྤྱད་ན་བྱང་སེམས་ཀྱི་སྡོམ་པ་རྩ་བ་ནས་གཏོང་བར་བྱེད་པས་ཕམ་ལྟུང་བཞི་སྟེ་འཇུག་སྡོམ་གྱི་བསླབ་བྱའོ། །འོ་ན་སྨྲོལ་གཉིས་ཀྱི་བཞེད་པ་འདི་དག་གང་དང་གང་གཙོ་བོ་ཡིན་ཞེ་ན། བྱང་སེམས་དབང་རྟུལ་དང་ཁྱིམ་པའི་ཕྱོགས་ལྟ་བུས་སེམས་ཅན་བློས་མི་གཏོང་བ་འདི་ཁོ་ན་ནན་ཏན་བྱེད་དགོས་པ་ཡིན་ཏེ། རྩིགས་པ་མེད་ན་ལོགས་རིས་མི་གནས་པ་བཞིན་ཏུ། དེ་མེད་ན་བྱང་སེམས་ཀྱི་སྡོམ་པ་གཞན་སྲུང་བའི་ཐབས་གཏན་ནས་མེད། འོ་ན་དེ་སེམས་ཅན་གཅིག་བློས་གཏོང་བ་ཡིན་ནམ། སེམས་ཅན་ཐམས་ཅད་བློས་གཏང་བ་ཡིན་སྙམ་ན། སེམས་ཅན་ཐམས་ཅད་བློས་གཏོང་བ་ནི་ཉན་རང་གཉིས་ལས་ཁྱད་དང་སྤྱང་གི་སོགས་ལའང་མི་སྲིད་པས་སེམས་ཅན་གཅིག་བློས་མི་གཏོང་བའོ། །བྱང་སེམས་དབང་འབྲིང་དང་རབ་བྱུང་གི་ཕྱོགས་ལྟ་བུས་སྨྲ་མའི་སྟེང་དུ་བྱང་སའི་བཞི་སྤྱོང་དགོས་པ་ཡིན། དབང་རྣོན་གྱིས་སེམས་ཅན་བློས་མི་གཏོང་བ་གཞིར་བཞག་གི་སྟེང་དུ་ནམ་མཁའི་སྙིང་པོའི་མདོའི་དོན་རྩ་ལྟུང་བཅོ་བརྒྱད་པོ་བསྲུང་དགོས་པའི་དོན་ཡིན་པས་འདི་དག་ཕན་ཚུལ་འགལ་འདུ་ཅན་དུ་མ་སེམས་ཤིག །

གཉིས་པ་ནི། ཉེས་བྱས་ཕྲ་བ་ཞེ་དྲུག་གཞན་དུ་ཤེས། ཞེས་པ་སྟེ། སྡོམ་པ་ཉི་ཤུ་པར་ཉེས་བྱས་ཕྲ་བ་ཞེ་དྲུག་གསུངས་ཏེ། དགེ་བ་ཆོས་སྡུད་དང་འགལ་བ་སོ་བཞི་དང་། །སེམས་ཅན་དོན་བྱེད་དང་

འགལ་བ་བཅུ་གཉིས་སོ། །དང་པོ་ལ་དྲུག་སྟེ། སྐྱབས་པ་དང་འགལ་བ་བདུན་ནི། དཀོན་མཆོག་གསུམ་ལ་གསུམ་མི་མཆོད། །འདོད་པའི་སེམས་ཀྱི་རྗེས་སུ་འཇུག །རྒན་པ་རྣམས་ལ་གུས་མི་བྱེད། །དྲིས་པ་ལ་ནི་ལན་མི་འདེབས། །མགྲོན་པོས་བདག་གིར་མི་བྱེད་ཅིང་། །གསེར་ལ་སོགས་པ་ལེན་མི་བྱེད། །ཆོས་འདོད་པ་ལ་སྦྱིན་མི་བྱེད། ། ཅེས་དང་། ཚུལ་ཁྲིམས་དང་འགལ་བ་དགུ་ནི། ཚུལ་ཁྲིམས་འཆལ་རྣམས་ཡལ་བར་འདོར། །ཕ་རོལ་དད་ཕྱིར་སློབ་མི་བྱེད། །སེམས་ཅན་དོན་ལ་བྱ་བ་ཆུང་། ། སྙིང་བརྗེར་བཅས་ན་མི་དགེ་མེད། ། འཚོ་བ་ལོག་པ་དང་དུ་ལེན། །འཕྱར་ཞིང་རབ་ཏུ་རྒོད་པ་སོགས། །འཁོར་བ་གཅིག་པུས་བགྲོད་པར་སེམས། །གྲགས་པ་མ་ཡིན་མི་སྤོང་བ། །ཉོན་མོངས་བཅས་ཀྱང་འཆོས་མི་བྱེད། །ཅེས་དང་། བཟོད་པ་དང་འགལ་བ་བཞི་ནི། གཤེ་ལ་ལན་དུ་གཤེ་ལ་སོགས། །ཁྲོས་པ་རྣམས་ནི་ཡལ་བར་འདོར། །ཕ་རོལ་ཤད་ཀྱིས་འཆགས་པ་སྤོང་། །ཁྲོས་པའི་སེམས་ཀྱིས་རྗེས་སུ་འཇུག །ཅེས་དང་། བརྩོན་འགྲུས་དང་འགལ་བ་གསུམ་ནི། རྙེད་བཀུར་འདོད་ཕྱིར་འཁོར་རྣམས་སྡུད། །ལེ་ལོ་ལ་སོགས་སེལ་མི་བྱེད། ། ཆགས་པས་བྲེ་མོའི་གཏམ་ལ་བརྟེན། ། ཞེས་དང་། བསམ་གཏན་དང་འགལ་བ་གསུམ་ནི། ཏིང་ངེ་འཛིན་གྱི་དོན་མི་འཚོལ། །བསམ་གཏན་སྒྲིབ་པ་སྤོང་མི་བྱེད། །བསམ་གཏན་རོ་ལ་ཡོན་ཏན་ལྟ། ། ཞེས་དང་། ཤེས་རབ་དང་འགལ་བ་བརྒྱད་ནི། ཉན་ཐོས་ཐེག་པ་སྤོང་བར་བྱེད། །རང་ཚུལ་ཡོད་བཞིན་དེ་ལ་བརྩོན། །བརྩོན་མིན་ཕྱི་རོལ་བསྟན་བཅོས་བརྩོན། །བརྩོན་པར་བྱས་ཀྱང་དེ་ལ་དགའ། ། ཐེག་པ་ཆེན་པོ་སྤོང་བར་བྱེད། །བདག་ལ་བསྟོད་ཅིང་གཞན་ལ་སྨོད། །ཆོས་ཀྱི་དོན་དུ་འགྲོ་མི་བྱེད། ། དེ་ལ་སྨོད་ཅིང་ཡི་གེར་རྟོན། །ཞེས་སོ། ། གཉིས་པ་ལ་གསུམ་དོན་ལས་ཉམས་པའི་ཉེས་པ་བཞི་ནི། དགོས་པའི་གྲོགས་སུ་འགྲོ་མི་བྱེད། །ནད་པའི་རིམ་གྲོ་བྱ་བ་སྤང་། །སྡུག་བསྔལ་སེལ་བར་མི་བྱེད་དང་། །བག་མེད་པ་ལ་རིགས་མི་སྟོན། ། ཞེས་དང་། གཞན་ལ་ཕན་མི་འདོགས་པའི་ཉེས་པ་དྲུག་ནི། བྱས་ལ་ལེན་དུ་ཕན་མི་འདོགས། ། གཞན་གྱི་བྱ་ངན་སེལ་མི་བྱེད། །ནོར་འདོད་པ་ལ་སྦྱིན་མི་བྱེད། ། འཁོར་རྣམས་ཀྱི་ནི་དོན་མི་བྱེད། ། གཞན་གྱི་བློ་དང་མཐུན་མི་འཇུག །ཡོན་ཏན་བསྔགས་པ་སྨྲ་མི་བྱེད། །ཅེས་དང་། ངན་པ་ཚར་མི་གཅོད་པའི་ཉེས་པ་གཉིས་ནི། རྐྱེན་དང་འཚམས་པར་ཚར་མི་གཅོད། །རྫུ་འཕྲུལ་བསྡིགས་པ་ལ་

སོགས་མི་བྱེད། །ཅེས་སོ། །

གཉིས་པ་དགེ་བ་ཆོས་སྡུད་ཀྱི་ཚུལ་ཁྲིམས་ལ་གཉིས། བསྟན་པ། བཤད་པའོ། །དང་པོ་ནི། དགེ་བ་ཆོས་སྡུད་ཕར་ཕྱིན་དྲུག་སློབ་སྟེ། །ཞེས་མདོར་བསྟན་ནས།

གཉིས་པ་ནི། དབུལ་བ་སེལ་ཕྱིར་ཆོས་ནོར་མ་འཛིགས་སྦྱིན། །སྡོང་བའི་སེམས་ཀྱིས་ཚུལ་ཁྲིམས་རྣམ་གསུམ་སྲུང་། །ཁོང་ཁྲོ་ཟབ་མོ་སྡུག་བསྔལ་བཟོད་པར་བྱ། །གོ་ཆ་དགེ་སྡུད་གཞན་ཕན་བརྩོན་འགྲུས་བརྩམ། །འཇིག་རྟེན་འཇིག་རྟེན་འདས་པའི་བསམ་གཏན་བསྒོམ། ། ཐོས་བསམ་སྒོམ་པའི་ཤེས་རབ་ཟབ་མོ་སྲུང་། །ཅེས་པ་སྟེ། དེ་ལ་དྲུག་ལས། དང་པོ་སྦྱིན་པ་ནི། གཞན་གྱི་དབུལ་བ་སེལ་བའི་ཕྱིར་དུ་སྦྱིན་པ་སྦྱིན་པར་བྱའོ། །དབྱེ་ན་གསུམ་སྟེ། ཟང་ཟིང་དང་། མི་འཇིགས་པ་དང་། ཆོས་ཀྱི་སྦྱིན་པའོ། །དང་པོ་ལ་གསུམ། གཏོང་བ་དང་། གཏོང་བ་ཆེན་པོ་དང་། ཤིན་ཏུ་དཀའ་བའི་གཏོང་བའོ། །དང་པོ་ནི། ཟས་གོས་རྟ་དང་ཤིང་རྟ་ལ་སོགས་པ་སྟེར་བ་དང་། གཉིས་པ་ནི། བུ་དང་ཆུང་མ་རྒྱལ་སྲིད་སོགས་སྟེར་བ་དང་། གསུམ་པ་ནི། མགོ་དང་རྐང་ལག་སོགས་སྟེར་བའོ། །འོན་ཀྱང་ཕ་དང་མ་སྦྱིན་པ་དང་། རབ་ཏུ་བྱུང་བས་ཆོས་གོས་གསུམ་སྦྱིན་པ་དང་། བསམ་པ་མ་དག་ན་རང་གི་ལུས་སྦྱིན་པ་རྣམས་མི་བྱའོ། །གཉིས་པ་མི་འཇིགས་པའི་སྦྱིན་པ་ནི། གནས་སྐབས་ནད་གདོན། ཆོམ་རྐུན། གཅན་གཟན། རྒྱལ་པོ་སོགས་དང་། མཐར་ཐུག་འཁོར་བ་དང་ངན་སོང་གི་འཇིགས་པ་ལས་སྐྱོབས་པའོ། །གསུམ་པ་ཆོས་ཀྱི་སྦྱིན་པ་ནི། གདུལ་བྱའི་བསམ་པ་དང་འཚམས་པར་ཐེག་པ་གསུམ་གྱི་ཆོས་སྟོན་པའོ། །གཉིས་པ་ཚུལ་ཁྲིམས་ནི། སྡོང་སེམས་མཚུངས་ལྡན་དང་བཅས་པའོ། །དབྱེ་ན་སྡོམ་སྡུད་དོན་བྱེད་གསུམ་ལས། དང་པོ་བྱང་ཆུབ་ཀྱི་སེམས་གནས་པའི་ཐབས་ཉེས་སྤྱོད་སྡོམ་པའི་ཚུལ་ཁྲིམས་ལ་གཉིས། ཐུན་མོང་དང་། ཐུན་མོང་མ་ཡིན་པའོ། །དང་པོ་ནི། སོ་ཐར་རིས་བདུན་པོའོ། ། གཉིས་པ་ནི། རྩ་བ་དང་ཡན་ལག་གི་ལྟུང་བ་རྣམས་སྲུང་བའོ། །གཉིས་པ་རང་རྒྱུད་ཀྱི་ཆོས་སྨིན་པའི་ཐབས་དགེ་བ་ཆོས་སྡུད་ཀྱི་ཚུལ་ཁྲིམས་ནི། ཐོས་བསམ་སྒོམ་པ་སོགས་ཚོགས་གཉིས་དང་ཕྱིན་དྲུག་གིས་བསྡུས་པའི་དགེ་བའི་ཆོས་རང་རྒྱུད་ལ་མ་སྐྱེས་པ་བསྐྱེད་པ་དང་། སྐྱེས་པ་སྤེལ་ཞིང་དེའི་མི་མཐུན་ཕྱོགས་མཐའ་དག་སྤོང་བའོ། །གསུམ་པ་སེམས་ཅན་རྣམས་སྨིན་པའི་ཐབས་སེམས་ཅན་དོན་

བྱེད་ཀྱི་ཚུལ་ཁྲིམས་ནི། བསམ་སྦྱོར་ཀུན་གཞན་དོན་དུ་སྦྱོད་པའི་ཐབས་མཁས་ཀྱིས་དངོས་བརྒྱུད་ཐམས་ཅད་དུ་ཕ་རོལ་གྱི་དོན་བསྒྲུབ་པ་དང་། དེ་དག་དད་ཅིང་རང་ཉིད་མི་ཉམས་པའི་ཆེད་དུ་སྒོ་གསུམ་གྱི་འདུ་བྱེད་མ་དག་པ་སྤངས་ཤིང་དག་པ་གསུམ་བསྟེན་པར་བྱའོ། །གསུམ་པ་བཟོད་པ་ལ་གསུམ། གནོད་བྱེད་ལ་ཇི་མ་སྙམ་པའི་བཟོད་པ་དང་། སྡུག་བསྔལ་དང་དུ་ལེན་པའི་བཟོད་པ་དང་། ཆོས་ལ་ངེས་རྟོག་པའི་བཟོད་པའོ། །དང་པོ་ནི། བདག་དང་བདག་གི་ཡིད་དུ་འོང་བའི་གྲོགས་ལ་གཞན་གྱིས་བརྡེག་གཤེ་ཁྲོ་མཚང་འབྲུ་བ་སོགས་མི་འདོད་པར་བྱེད་པ་དང་། འདོད་པའི་གེགས་བྱེད་པ་ལ་བཟོད་པའོ། །ཇི་ལྟར་བཟོད་ན་མི་འཁྲུགས་པ་དང་། ཕྱིར་གནོད་ལན་མི་བྱེད་པ་དང་། འཁོན་ཞེ་ལ་མི་འཛིན་པའི་སྒོ་ནས་བཟོད་པར་བྱའོ། །གཉིས་པ་ནི། བྱང་ཆུབ་སྒྲུབ་པའི་དཀའ་སྤྱད་ཀྱི་སྡུག་བསྔལ་མཐའ་དག་དང་དུ་ལེན་པ་སྟེ། ནད་ཀྱི་ཟུག་རྔུ་འབྱིན་པ་ལ་དཔྱད་བརྟེན་པ་བཞིན་ནོ། །གསུམ་པ་ནི། སྙིང་རྗེས་གཞན་དོན་དང་། ཤེས་རབ་ཀྱིས་སྟོང་ཉིད་ལ་མི་སྐྲག་པའོ། །བཞི་པ་བརྩོན་འགྲུས་ལ་གསུམ། གོ་ཆའི་བརྩོན་འགྲུས་དང་། དགེ་བ་སྒྲུབ་པའི་བརྩོན་འགྲུས་དང་། གཞན་ཕན་གྱི་རྩོན་འགྲུས་བརྩམ་པའོ། །དང་པོ་ནི། སེམས་ཅན་རྣམས་བྱང་ཆུབ་མ་ཐོབ་བར་དུ་བདག་གིས་བརྩོན་པ་འདོར་བར་མི་བྱའོ་སྙམ་དུ་བསམ་པས་གོ་གྱོན་པའོ། །གཉིས་པ་ནི། ལུས་དང་སྲོག་ལའང་མི་ལྟ་བར་རྟག་གུས་སྦྱོར་བས་ཕར་ཕྱིན་དྲུག་ལ་འབད་པའོ། །གསུམ་པ་ནི། གཞན་གྱི་དོན་བྱེད་པ་ལ་སྤྲོ་བའོ། །ལྔ་པ་བསམ་གཏན་ལ་གཉིས། འཇིག་རྟེན་པ་དང་། འཇིག་རྟེན་ལས་འདས་པའོ། །དང་པོ་ནི། ཟག་བཅས་ཀྱིས་བསྡུས་པའི་བསམ་གཟུགས་རྣམས་དང་། གཉིས་པ་ནི། ཟག་མེད་ཀྱིས་བསྡུས་པའི་བསམ་གཟུགས་རྣམས་སོ། །དྲུག་པ་ཤེས་རབ་ལ་གསུམ། ཐོས་པ་དང་། བསམ་པ་དང་། སྒོམ་པའི་ཤེས་རབ་བོ། །དང་པོ་ནི། རིག་པའི་གནས་ལྔ་དང་ཁྱད་པར་གསུང་རབ་དགོངས་འགྲེལ་དང་བཅས་པ་ལེགས་པར་མཉན་ཏེ་ཁོང་དུ་ཆུད་པའོ། །གཉིས་པ་ནི། དེ་དག་གི་དོན་ལུང་དང་རིགས་པས་གཏན་ལ་དབབ་སྟེ་ངེས་པ་རྙེད་པའོ། །གསུམ་པ་ནི། ཞི་གནས་ཀྱི་ཏིང་ངེ་འཛིན་གྱིས་རྒྱུད་སྦྱངས་ཏེ། སེམས་མ་བཅོས་ལྷུག་པར་འཇོག་པ་ན་ཆོས་ཐམས་ཅད་སྐྱེ་བ་མེད་པ་རང་བཞིན་གྱིས་སྟོང་པ་ཉིད་དུ་རྟོགས་པའོ། །

གསུམ་པ་སེམས་ཅན་དོན་བྱེད་ཀྱི་ཚུལ་ཁྲིམས་ལ་གཉིས། དོན་བྱེད་ཀྱི་ཚུལ་ཁྲིམས་དངོས་དང་། ཚུལ་ཁྲིམས་གསུམ་ཀ་དང་འབྲེལ་བའི་བསླབ་པ་བཤད་པའོ། །དང་པོ་ལ་གཉིས། བསྟན་པ། བཤད་པའོ། །དང་པོ་ནི། སེམས་ཅན་དོན་བྱེད་ཚུལ་ཁྲིམས་བསྡུ་དངོས་བཞི། ཞེས་པ་དང་།

གཉིས་པ་ནི། ཐོག་མར་སྦྱིན་པས་གདུལ་བྱ་རབ་བསྡུས་ནས། །སྙན་པར་སྨྲ་བའི་གཏམ་གྱིས་ཡིད་རབ་དྲངས། །ཐེག་པ་རིམ་དགུར་དགྲི་བ་དོན་སྤྱོད་དེ། །དེ་དག་འདྲེན་ཕྱིན་རང་ཡང་དོན་དེ་སྤྱོད། །ཅེས་པ་སྟེ། བྱང་ཆུབ་སེམས་དཔའ་སྟེ་དགེ་བ་ཚོས་སྤྱོད་ཀྱིས་རང་རྒྱུད་སྨིན་ནས། གཞན་རྒྱུད་སྨིན་པའི་ཕྱིར་དུ་ཐོག་མར་སྦྱིན་པས་གདུལ་བྱ་འཁོར་དུ་མ་འདུས་པ་རྣམས་རབ་ཏུ་བསྡུས་ཏེ། དེ་ནས་འཁོར་དུ་འདུས་པ་དེ་དག་ལ་སྙན་པར་སྨྲ་བའི་གཏམ་གྱིས་བློ་རིམ་གྱིས་དྲངས་ཏེ་དམ་པའི་ཆོས་ལ་ཡིད་ཆེས་ཀྱིས་དོན་དུ་གཉེར་བའི་འདུན་པ་བསྐྱེད་དུ་འཇུག །དེ་ནས་རང་རང་གི་ཁམས་དབང་དང་འཚམས་པར་ཐེག་པ་རིམ་དགུར་མཐར་གྱིས་བགྲི་བ་སོགས་དངོས་བརྒྱུད་གང་རུང་གི་སྒོ་ནས་གདུལ་བྱ་རྣམས་ལ་ཕན་འདོགས་པའི་དོན་ལ་སྤྱོད་པ་དང་། གདུལ་བྱ་དེ་དག་དགེ་བའི་ཀུན་སྤྱོད་ལ་འདྲེན་པའི་ཕྱིར། རང་ཡང་དོན་དེ་ལ་མཐུན་པར་སྤྱོད་དགོས་ཏེ། དེ་ལྟར་མིན་ན་མཛེ་ཡོས་བྱ་ཁྱུང་གི་གདམས་ངག་སྟོན་པ་ལྟར། གཞན་ལ་བླང་དོར་གྱི་བསླབ་བྱ་འདོམས་ཀྱང་ཉན་དུ་མི་འདོད་པའི་ཕྱིར་རོ། །

གཉིས་པ་ནི། མཐུན་ཕྱོགས་ཀུན་སློབ་མི་མཐུན་མཐའ་དག་སྤངས། །རྟག་ཏུ་དྲན་དང་ཤེས་བཞིན་བག་ཡོད་བསྟེན། །འགྲོ་འདུག་ཟ་ཉལ་སྤྱོད་ལམ་རྣམ་པ་བཞིར། །སྤྱོད་ཡུལ་ཡོངས་སུ་དག་པའི་མདོ་ལྟར། །གང་བྱེད་རིགས་མཐུན་ཚིག་གིས་སྨོན་ལམ་འདེབས། ཞེས་པ་སྟེ། རྫོགས་པའི་སངས་རྒྱས་སྒྲུབ་པའི་ཐབས་ཀྱི་མཐུན་ཕྱོགས་ཀྱི་དགེ་བ་རང་རྒྱུད་ལ་མ་སྐྱེས་པ་རྣམས་བསྐྱེད་ཅིང་སྐྱེས་པ་རྣམས་སྤེལ་བ་དང་། མི་མཐུན་ཕྱོགས་མི་དགེ་བ་མ་སྐྱེས་པ་རྣམས་མི་བསྐྱེད་ཅིང་། སྐྱེས་པ་རྣམས་སྤང་བ་དང་། དེ་ཡང་དུས་རྟག་ཏུ་སྲུང་སེམས་མི་བརྗེད་པའི་དྲན་པ། རང་རྒྱུད་ལ་ཉེས་པ་བྱུང་མ་བྱུང་རྟོག་པའི་ཤེས་བཞིན། འཇུག་ལྡོག་གི་གནས་ལ་མི་འཚོལ་བར་གཟོབ་པའི་བག་ཡོད་དང་གསུམ་རྒྱུན་ཆགས་སུ་བསྟེན་ཅིང་། མདོར་ན་དྲན་ཤེས་བག་ཡོད་གསུམ་པོ་དེའི་ངང་ནས་འགྲོ་ན་

གཉའ་ཤིང་གང་ཙམ་ལྟ་བ་དང༌། འདུག་ན་ལུས་དྲང་པོ་བསྲང་སྟེ་དྲན་པ་མདུན་དུ་བཞག་པ་དང༌། ཟས་ཟ་ན་ཕུད་དཀོན་མཆོག་ལ་མཆོད་ཅིང༌། ལུས་ཀྱི་སྲིན་བུ་རྣམས་ལ་ཕན་འདོགས་པའི་བསམ་པས་ཆགས་ཞེན་མེད་པར་སྤྱོད་ཅིང་བསྔོ་བ་བྱ་བ་དང༌། ཉལ་ན་གཡོན་གཡས་སུ་ལ་ཕབ་ཅིང་མགོ་བྱང་དུ་བསྟན་ཏེ་དཀོན་མཆོག་གསུམ་རྗེས་སུ་དྲན་པ་སོགས་སྤྱོད་ལམ་རྣམ་པ་བཞིར་དགེ་བའི་བྱ་བས་དུས་འདའ་བར་བྱའོ། །ཇི་ལྟར་མདོ་ཕལ་པོ་ཆེའི་སྤྱོད་ཡུལ་ཡོངས་སུ་དག་པའི་མདོ་སྡེ་ལས་ཇི་སྐད་གསུངས་པ་ལྟར། བྱ་བ་གང་དང་གང་བྱེད་པ་ཐམས་ཅད་དེ་དང་དེའི་རིགས་མཐུན་པར་ཚིག་གི་སྒོ་ནས་ཀྱང་སྨོན་ལམ་འདེབས་པ་བྱའོ། །

གསུམ་པ་དོན་བསྟུ་བ་ལ་གཉིས། མཁས་པ་གཞན་གྱི་བཞེད་པ་བླྙོས་པ་དང༌། རང་གི་འདོད་པ་བཀོད་པའོ། །དང་པོ་ནི། མཁྱེན་རབ་དབང་ཕྱུག་ཀློང་ཆེན་རབ་འབྱམས་ནི། །སྨོན་པའི་བསླབ་བྱ་ཚད་མེད་བཞི་བསྒོམ་ཞིང༌། །འཇུག་པའི་བསླབ་བྱ་རོལ་ཕྱིན་དྲུག་སྤྱོད། །བསྟུན་དཀར་ནག་ཆོས་བརྒྱད་འདུ་ཞེས་གསུངས། །ཞེས་པ་སྟེ། ཚད་མེད་པ་བཞི་ལ་བློ་སྦྱངས་པ་ནི་བྱང་ཆུབ་ཀྱི་སེམས་མི་འཆོར་བའི་ཐབས་སོ། །གཞན་རྣམས་དཀྲུས་ཀྱིས་གོ་བར་ཟད་དོ། །

གཉིས་པ་ནི། འདིར་ནི་ཕན་དང་བདེ་བ་རྣམས་བྱ་ཞིང༌། །འདིར་ཡང་མི་ཕན་ཕྱི་མར་གནོད་པ་སྤང༌། །སྲོལ་གཉིས་བསླབ་བྱར་མ་འདུས་མེད་ཅེས་སྨྲ། །ཞེས་པ་སྟེ། བསླབ་བྱ་དེ་དག་ཀུང་མདོར་བསྟན་འདི་ཡིན་ཏེ། བདག་གཞན་གང་ཡང་རུང་བ་ལ་ཚེ་འདིར་སྡུག་བསྔལ་ལྟར་སྣང་ཡང༌། ཕྱི་མ་ལ་ཕན་པར་འགྱུར་བ་རྣམས་བསྒྲུབ་པར་བྱ་བ་དང༌། དེ་བཞིན་དུ་གནས་སྐབས་ཚེ་འདིར་བདེ་བ་ལྟར་སྣང་ཡང༌། ཚེ་ཕྱིར་མར་གནོད་པར་འགྱུར་བ་རྣམས་སྤང་བར་བྱའོ། །ཞེས་སྡོམ་པ་ཉི་ཤུ་པ་ལྟར་བཤད་པ་ཡིན་ཏེ། གཞུང་གི་དོན་ནི་རྟོགས་པར་འགྱུར་རོ། །དེ་ལྟར་ན་སྔར་བཤད་པ་དེ་དག་ཏུ་སྲོལ་གཉིས་ལས་བྱུང་བའི་བསླབ་བྱ་རྣམས་མ་འདུས་པ་ཙུང་ཟད་ཙམ་ཡང་མེད་ཅེས་འཇུག་སྟོད་ཀྱི་ཚིག་སྨྲ་བ་ཡིན་ནོ། །

ལྔ་པ་ནི། སྐྱེ་བའི་རྟེན་ནི་ལྷ་ཀླུ་འཕྲོག་མ་སོགས། །སྲིད་ཅན་ལ་ཡང་སྐྱེ་བར་ཀླུ་སྒྲུབ་བཞེད། །ཐོགས་མེད་དེ་རྟེན་སོ་ཐར་དགོས་ཞེས་གསུངས། །སྤྱིར་ན་སངས་རྒྱས་ཆོས་ལ་དད་བྱེད་ཅིང༌། །

འབྲས་བུ་བླ་མེད་བྱང་ཆུབ་ལ་དད་པ། །རྒྱལ་སྲས་སྤྱོད་པ་རྒྱ་མཚོར་དད་བྱེད་ན། །བྱང་སེམས་སྐྱེ་བར་དཀོན་མཆོག་ཏཱ་ལར་གསུངས། །ཞེས་པ་སྟེ། འཕགས་པ་ཀླུ་སྒྲུབ་ཀྱིས་བཙ་ཤེས་དོན་གོ །ལེན་འདོད་ཡོད་ན་ལྷ་ཀླུ་སོགས་འགྲོ་བ་མཐའ་དག་ལ་སྐྱེ་བར་བཞེད། ཐོགས་མེད་ཀྱིས་འཇུག་སྡོམ་སྐྱེ་བའི་རྟེན་སོ་ཐར་རིས་བདུན་གང་རུང་དང་ལྡན་པ་དགོས་པར་གསུངས། འོན་ཀྱང་གཙོ་ཆེ་བ་བསམ་པའི་རྟེན་ཡིན་ཏེ། དཀོན་མཆོག་ཏཱ་ལའི་མདོ་ལས། རྒྱལ་དང་རྒྱལ་བའི་ཆོས་ལ་དད་གྱུར་ཅིང་། །བྱང་ཆུབ་བླ་ན་མེད་ལ་དད་གྱུར་ལ། །རྒྱལ་སྲས་རྣམས་ཀྱི་སྤྱོད་ཡལ་དད་བྱེད་ན། །བློ་དང་ལྡན་པ་རྣམས་ཀྱི་སེམས་སྐྱེའོ། །ཞེས་སོ། །

དྲུག་པ་ཉམས་པ་ཕྱིར་བཅོས་པ་ལ་གཉིས། བསྟན་པ། བཤད་པའོ། །དང་པོ་ནི། ཐ་མར་ཉམས་ན་གསོ་བའི་ཚུལ་བཤད་པ། །ཞེས་པ་དང་།

གཉིས་པ་ལ་གསུམ། ལྟུང་བའི་རྣམ་གཞག་མུ་བཞིར་བསྟན་པ། གནང་བཀག་ཤེས་ནས་བསླབ་ཚུལ། ཕྱིར་བཅོས་དངོས་བཤད་པའོ། །དང་པོ་ནི། གང་གིས་རིགས་དང་མི་རིགས་མ་བརྟགས་པར། །རྩོམ་མམ་ལྟོག་གམ་བཏང་སྙོམས་འཇོག་ཀྱང་རུང་། །འོས་ལས་འདས་བྱེད་ཐམས་ཅད་ལྟུང་བ་སྟེ། །དོན་ཆེན་སྒྲུབ་ལ་ཆུང་བཏང་གཟུགས་བརྙན་ཏེ། །ནུས་པའི་ཡུལ་མིན་ཐམས་ཅད་ལྟུང་བ་མེད། །མི་ནུས་དེར་བརྩོན་དེ་ཡི་གཟུགས་བརྙན་ཡིན། །ཞེས་པ་སྟེ། གང་ཟག་གང་གིས་དགག་སྒྲུབ་ཀྱི་གནས་ལ་རིགས་པ་དང་མི་རིགས་པ་མ་བརྟགས་པར། །ལྡོག་པར་བྱ་བའི་གནས་ལ་རྩོམ་པའམ། འཇུག་པར་བྱ་བ་ལས་ལྡོག་པའམ། འཇུག་ལྡོག་གི་གནས་ལ་བཏང་སྙོམས་སུ་འཇོག་ཀྱང་རུང་སྟེ། གང་ལྟར་ཡང་བླང་དོར་བྱར་འོས་པ་ལས་འདས་པར་བྱེད་པ་ཐམས་ཅད་ལྟུང་བའི་སྡེ་དང་། དོན་ཆེན་སྒྲུབ་པ་ཚུལ་ཁྲིམས་བསྲུང་བའི་ཆེད་དུ་སྦྱིན་པ་མི་གཏོང་བ་ལྟ་བུ་ཆུང་ངུ་བཏང་བ་ཐམས་ཅད་ལྟུང་བའི་གཟུགས་བརྙན་ཏེ། དོན་ལ་ལྟུང་མེད་དང་། ལས་དང་པོ་པས་མགོ་དང་མིག་གཏོང་བ་ལྟ་བུ་ནུས་པའི་ཡུལ་མིན་པས་མ་སྒྲུབ་པ་དང་། ནུས་པ་རྣམས་འཇུག་ལྡོག་མ་ནོར་བར་བསྒྲུབ་པ་ཐམས་ཅད་ལྟུང་མེད་དང་། ལས་དང་པོ་པས་མིག་གཏོང་བ་སོགས་མི་ནུས་བཞིན་དུ་དེར་བརྩོན་པར་བྱེད་པའམ་ཀུན་སློང་གནག་ན་སྦྱོར་བ་དཀར་ཡང་ལྟུང་མེད་དེ་ཡི་གཟུགས་བརྙན་ཏེ།

དོན་ལ་ལྟུང་བའོ། །

གཉིས་པ་ནི། གཞན་ཕྱིར་ཕན་ན་ལུས་ངག་མི་དགེ་བདུན། །གནང་བའི་སྐབས་ཡོད་དོན་ལ་དགེ་བ་ཡིན། །ཞེས་པ་སྟེ། ཇི་ལྟར་གནང་བ་ཡིན་ཞེ་ན། མང་པོ་སྲོག་སྐྱབས་པའི་ཕྱིར་གཅིག་གསོད་པ་དང་། བཀྲེས་པས་འཆི་བ་ལ་འབྱོར་ལྡན་ལས་བརྐུས་ནས་སྦྱིན་པ་དང་། བུད་མེད་འདོད་པས་གདུང་སྟེ་འཆི་བ་ལ་དེར་སྤྱོད་པ་དང་། གསོད་ངེས་ཀྱི་སྐྱེ་བོ་ཐར་བའི་ཕྱིར་སྨྲས་ནས་རྫུན་སྨྲ་བ་དང་། སྡིག་གྲོགས་ཀྱིས་བསླུས་ནས་ངན་འགྲོར་ཁྲིད་པ་ལས་ལྡོག་པའི་ཕྱིར་ཕྲ་མས་འབྱེད་པ་དང་། མུ་ངན་གྱིས་ནོན་པ་བསངས་པའམ་ཆོས་ལ་འཇུག་པའི་དགོས་པ་ཡོད་ན་གཏམ་རྒྱུད་སོགས་ངག་འཁྱལ་པ་དང་། མི་དགེ་བའི་བྱ་བ་ལས་ལྡོག་པའི་ཕྱིར་ཚིག་རྩུབ་སྨྲ་བ་རྣམས་གནས་སྐབས་དེར་མི་དགེ་བ་ལྟར་སྣང་ཡང་དོན་ལ་དགེ་བ་ཡིན་ཏེ། སེམས་ཀྱི་འཕེན་པ་ལས་གཞན་པའི་དགེ་སྡིག་མ་གྲུབ་པའི་ཕྱིར།

གསུམ་པ་ལ་གཉིས། ཀླུ་སྒྲུབ་དང་། ཐོགས་མེད་ཀྱི་ལུགས་སོ། །དང་པོ་ནི། ཐུན་འདས་ཉམས་ན་འཕགས་པ་ནམ་སྙིང་ལ། །ཐོ་རངས་གསོལ་བཏབ་རྨི་ལམ་ལྟུང་བ་འཆགས། །ལྷག་མ་ཕུང་པོ་གསུམ་པ་ཉིན་མཚན་དུ། །ལན་གསུམ་འདོན་པས་གཞིལ་བ་ཀླུ་སྒྲུབ་ལུགས། །ཞེས་པ་སྟེ། སྤྱིར་བྱང་སྡོམ་གཏོང་བའི་རྒྱུ་ནི། རྟེན་གཞི་སྨོན་སེམས་གཏོང་བ། འགལ་ཟླ་རྩ་ལྟུང་བྱུང་བ་རྣམས་ཉིན་མཚན་ལ་ཆ་དྲུག་བགོས་པའི་དྲུག་ཆའི་མཇུག་ཏུ་གཉེན་པོས་མ་སླེབ་ན། ཐུན་ཚོད་ལས་འདས་པས་ཚུལ་ཁྲིམས་ཉམས་པར་འགྱུར་བས་བཤགས་བསྡམས་ལ་འབད་པར་བྱ་སྟེ། གང་གི་ཚེ་ལྟུང་བ་བྱུང་བ་དེ་ནས་བཟུང་ཁྲུས་དང་གཙང་སྦྲ་བྱ། སྤོས་བདུལ་ཏེ། རང་ཉིད་གསོ་སྦྱོང་ལ་གནས་ནས་འཕགས་པ་ནམ་མཁའི་སྙིང་པོ་ལ་གསོལ་བ་གདབ་པ་དང་། དེས་ཀྱང་སྡིག་པ་འདག་པའི་ལྟས་མ་བྱུང་ན་སྐྱ་རེངས་ལ་གསོལ་བ་བཏབ་སྟེ། རྨི་ལམ་དུ་ལྟུང་བ་འཆགས་པ་སོགས་ཡིག་ཆ་གཞན་ལས་འབྱུང་བ་ལྟར་བྱའོ། །དེ་དག་གི་ལྷག་མ་ཐུན་ཚོད་ལས་མ་འདས་པ་དང་། ཉེས་བྱས་སོགས་ཕུང་པོ་གསུམ་པའི་མདོ་ཉིན་ལན་གསུམ། མཚན་ལན་གསུམ་དུ་འདོན་པས་གཞིལ་བར་མགོན་པོ་ཀླུ་སྒྲུབ་ཞབས་ཀྱིས་གསུངས་སོ། །

གཉིས་པ་ལ་གཉིས། གཏོང་རྒྱུ་ངོས་བཟུང་བ་དང་། ཉེས་ལྟུང་ཕྱིར་བཅོས་པའོ། །དང་པོ་ནི། སྨོན་པའི་སེམས་ནི་ནག་པོའི་ཆོས་བཞི་སྤྱད། །སེམས་ཅན་སྙིང་ནས་བློས་བཏང་དེ་གཏོང་འགྱུར། །རྒྱུན་མི་ཆད་སྤྱོད་ངོ་ཚ་ཁྲེལ་མེད་དང་། །དེས་མགུ་དགའ་དང་དེ་ཉིད་ཡོན་ཏན་དུ། །ལྟ་བ་ཀུན་དཀྲིས་ཆེན་པོས་སྡོམ་པ་འཇོམས། །ཕམ་པ་ཞེས་བརྗོད་ཆུང་དང་འབྲིང་ལ་མིན། །ཞེས་པ་སྟེ། སྨོན་པའི་སེམས་ནི། ཡན་ལག་ནག་པོའི་ཆོས་བཞི་སྤྱད་པ་དང་། རྩ་བ་སེམས་ཅན་བློས་བཏང་ན་རྟེན་གཞི་སྨོན་སེམས་བཏང་བས། བརྟེན་པ་འཇུག་སེམས་ཀྱང་གཏོང་བར་འགྱུར་རོ། །རྩ་ལྟུང་བཞི་རྒྱུན་མི་ཆད་པར་སྤྱོད་པ་དང་། ངོ་ཚ་དང་ཁྲེལ་ཡུད་ཙམ་ཡང་མི་བསྐྱེད་པ་དང་། དེས་མགུ་ཞིང་དགའ་བར་བྱེད་པ་དང་། དེ་ཉིད་ལ་ཡོན་ཏན་དུ་ལྟ་བ་སྟེ། ཡན་ལག་བཞི་ཚང་ན་ཀུན་དཀྲིས་ཆེན་པོའི་ལྟུང་བ་ཞེས་སྡོམ་པ་འཇོམས་པར་འགྱུར་བས་ཕམ་པ་ཞེས་བརྗོད་པར་བྱའོ། །ཡན་ལག་གཅིག་གཉིས་མ་ཚང་ན་ཀུན་དཀྲིས་འབྲིང་དང་། གསུམ་མ་ཚང་ན་ཀུན་དཀྲིས་ཆུང་ངུ་ཞེས་སྡོམ་པ་གཏོང་བ་མ་ཡིན་ནོ། །

གཉིས་པ་ནི། ཕས་ཕམ་བྱུང་ན་སླར་ཡང་འབྲིང་ནི་གསུམ། །ཐ་མ་གཅིག་མདུན་དངོས་པོ་བརྗོད་པས་བཤགས། །མཐུན་པའི་གང་ཟག་མེད་ན་ཡིད་ཀྱིས་བསྡམས། །རྒྱ་ཆེན་སྤྱོད་པའི་རིང་ལུགས་ཟླ་མེད་དོ། །ཞེས་པ་སྟེ། སྨོན་སེམས་གཏོང་བ་དང་། ཀུན་དཀྲིས་ཆེན་པོས་སྤྱད་པའི་རྩ་ལྟུང་གི་ཕས་ཕམ་བྱུང་ན། བཤགས་བསྡམས་ཀྱིས་སོར་ཆུད་པར་བྱས་ནས། སྡོམ་པ་སླར་ཡང་བླང་བར་བྱ་ཞིང་། ཀུན་དཀྲིས་འབྲིང་གིས་སྤྱད་པའི་ཕམ་འདྲ་རྣམས་ནི་གང་ཟག་གསུམ་ཡན་ཆད་དང་། ཀུན་དཀྲིས་ཆུང་ངུས་སྤྱོད་པ་རྣམས་གང་ཟག་གཅིག་གི་མདུན་དུ་དངོས་པོ་བརྗོད་པས་བཤགས་པར་བྱའོ། །དེ་ཡང་བཤགས་ཡུལ་མཐུན་པའི་གང་ཟག་མེད་ན་ཡིད་ཀྱིས་རྒྱལ་བ་སྲས་བཅས་ཀྱི་སྤྱན་སྔར་བཤགས་བསྡམས་རྟགས་ཐོན་པར་བྱེད་ཤིག །

བདུན་པ་ཕན་ཡོན་ལ་གསུམ། བསོད་ནམས་རྒྱུན་ཆགས་སུ་འབྱུང་བ་དང་། སངས་རྒྱས་ཀྱི་སྲས་སུ་འགྱུར་བ་དང་། བླ་ན་མེད་པའི་བྱང་ཆུབ་ཐོབ་པའི་ཕན་ཡོན་ནོ། །དང་པོ་ནི། འདི་འདྲའི་བྱང་ཆུབ་སེམས་ཀྱི་རྩིས་ཟིན་ན། །གཉིད་སོགས་བག་མེད་གྱུར་ལའང་བསོད་ནམས་ཤུགས། །རྒྱུན་མི་

ཆད་འབྱུང་། །ཞེས་པ་སྟེ། སྨོན་སེམས་བསྐྱེད་པས་གནས་སྐབས་སུ་འཁོར་ལོས་སྒྱུར་བ་དང་ལྷའི་དབང་པོ་སོགས་མཐོ་རིས་ཀྱི་འབྲས་བུ་ལན་གྲངས་དུ་མར་མྱོང་ཡང་མི་ཟད་པར་འགྱུར་ཏེ། སྤྱོད་འཇུག་ལས། དགེ་བ་གཞན་ཀུན་ཆུ་ཤིང་བཞིན་དུ་ནི། །འབྲས་བུ་བསྐྱེད་ནས་ཟད་པར་འགྱུར་བ་ཉིད། །བྱང་ཆུབ་སེམས་ཀྱི་ལྗོན་ཤིང་རྟག་པར་ཡང་། །འབྲས་བུ་འབྱིན་པས་མི་ཟད་འཕེལ་བར་འགྱུར། །ཞེས་དང་། དེ་ཡང་འཇུག་སེམས་ཀྱི་རྗེས་ཟིན་ན་འབྲས་བུ་མི་ཟད་པར་འབྱུང་བར་མ་ཟད། འབྲས་བུའི་རྒྱུ་བསོད་ནམས་རྒྱུན་ཆགས་སུ་འབྱུང་བ་ཡིན་ཏེ། དེ་ལས། དེ་ནས་བཟུང་སྟེ་གཉིད་ལོག་གམ། །བག་མེད་གྱུར་ཀྱང་བསོད་ནམས་ཤུགས། །རྒྱུན་མི་འཆད་པ་དུ་མ་ཞིག །ནམ་མཁའ་མཉམ་པར་རབ་ཏུ་འབྱུང་། །ཞེས་སོ། །

གཉིས་པ་ནི། རྒྱལ་བའི་སྲས་སུ་འགྱུར། །ཞེས་པ་སྟེ། བྱང་ཆུབ་ཀྱི་སེམས་རྒྱུད་ལ་སྐྱེས་མ་ཐག་ཏུ་མིང་འཕོ་སྟེ། རྒྱལ་བའི་སྲས་ཞེས་འཇིག་རྟེན་ཀུན་གྱིས་ཕྱག་བྱ་བའི་གནས་སུ་གྱུར་པ་ཡིན་ཏེ། དེ་ལས། བྱང་ཆུབ་སེམས་བསྐྱེད་གྱུར་ན་སྐད་ཅིག་གིས། །འཁོར་བའི་བཙོན་རར་བསྡམས་པའི་ཉམ་ཐག་རྣམས། །བདེ་གཤེགས་རྣམས་ཀྱི་སྲས་ཞེས་བརྗོད་བྱ་ཞིང་། །འཇིག་རྟེན་ལྷ་མིར་བཅས་པས་ཕྱག་བྱར་འགྱུར། །ཞེས་སོ། །

གསུམ་པ་ནི། གྲངས་མེད་གསུམ་བདུན་སོ་གསུམ་བྱང་ཆུབ་ཐོབ། །ཅེས་པ་སྟེ། དེ་ལ་བྱང་སེམས་དབང་རྣོན་རྟེ་བོ་ལྟ་བུའམ་དཔེ་མེད་པའི་སེམས་བསྐྱེད་པས་མཐོང་ལམ་ཚུན་ཆད་དང་། མ་དག་ས་བདུན་དང་། དག་པ་ས་གསུམ་རྣམས་གྲངས་མེད་རེ་རེས་རྫོགས་པར་མཛད་པས་གྲངས་མེད་གསུམ་དང་། མཉན་པ་ལྟ་བུའམ་ཡེ་ཤེས་དམ་པའི་སེམས་བསྐྱེད་པས། ཚོགས་ལམ་དུ་གཉིས། སྦྱོར་ལམ་དུ་གཉིས། མཐོང་ལམ་དུ་གཅིག །སྒོམ་ལམ་དུ་གཉིས་བཅས་གྲངས་མེད་བདུན་དང་། རྒྱལ་པོ་ལྟ་བུའམ་འདོད་ཆེན་པའི་སེམས་བསྐྱེད་པས་ཚོགས་སྦྱོར་དུ་གསུམ་དང་། ས་བཅུ་རེ་རེ་ལ་གསུམ་གསུམ་སྟེ་བསྐལ་པ་གྲངས་མེད་སུམ་ཅུ་རྩ་གསུམ་དུ་བླ་ན་མེད་པའི་བྱང་ཆུབ་ཆེན་པོ་བརྙེས་པ་ཡིན་ནོ། །སྐབས་བསྡུ་བ་ནི། བྱང་ཆུབ་སེམས་དཔའི་སེམས་བསྐྱེད་ཀྱི་བསླབ་བྱ་བཤད་པའི་རིམ་པར་ཕྱེ་བ་སྟེ་གསུམ་པའོ། །ཞེས་སོ།། །།

༄ གསུམ་པ་གསང་བ་སྔགས་ཀྱི་སྡོམ་པ་བཤད་པ་ལ་གསུམ། སྟོན་པས་གསང་སྔགས་ཀྱི་རྒྱུད་སྡེ་ཇི་ལྟར་གསུངས་ཚུལ། དེ་བསྡུས་ནས་བཤད་སྒྲུབ་ཀྱིས་ཇི་ལྟར་བཟུང་ཚུལ། དེ་ལྟར་བཟུང་བའི་བརྗོད་བྱ་གཏན་ལ་དབབ་པའོ། །དང་པོ་ནི། ཀུན་བཟང་རྡོ་རྗེ་འཆང་དབང་སྟོན་པ་དེས། །འོག་མིན་ཆེན་པོར་རྒྱུད་སྡེ་རྒྱ་མཚོ་གསུངས། །ཕྱིས་ནས་འབྲས་སྤྱངས་སོགས་སུ་བརླབས་ཏེ་བསྟན། །ཞེས་པ་སྟེ། དེ་ཡང་བདག་ཅག་གི་སྟོན་པ་འདི་ཉིད་གཞི་གདོད་མའི་དབྱིངས་སུ་རིག་པ་ཡེ་ཤེས་གྲོལ་བས་མངོན་པར་རྫོགས་པར་སངས་རྒྱས་ཏེ། དུས་གསུམ་རྒྱལ་བ་ཐམས་ཅད་དང་དགོངས་པ་རོ་གཅིག་ཏུ་བཞུགས་པ་ལས། སྟོན་པ་ལོངས་སྤྱོད་རྫོགས་སྐུ་ཀུན་བཟང་རྡོ་རྗེ་འཆང་དབང་ཉིད། རྒྱལ་ཚབ་ཞི་ཁྲོ་རིགས་ལྔའི་རྣམ་པ་དང་བཅས་པར་སྣང་བས། རང་སྣང་ཤིན་ཏུ་རྣམ་པར་དག་པའི་རྡོ་རྗེའི་ཞིང་ཁམས་འོག་མིན་ཆེན་པོར། ཉིད་ལས་ཐ་མི་དད་པ་རང་སྣང་རྒྱལ་བ་ཞི་ཁྲོའི་འཁོར་ཚད་མེད་པས་བསྐོར་བའི་དབུས་སུ། ཆོས་འོད་གསལ་བའི་ཡེ་ཤེས་དགོངས་པ་བརྗོད་དུ་མེད་པའི་རྒྱུད་སྡེ་རྒྱ་མཚོ་ཉིད། དུས་གཞི་རྫོགས་འཕོ་འགྱུར་མེད་པའི་དབྱིངས་སུ་རང་ཤར་བའི་ཚུལ་གྱིས་སྣང་བར་མཛད། དེའི་དུས་ན་ས་བཅུ་རྒྱུན་མཐའ་ལ་གནས་པའི་བྱང་ཆུབ་སེམས་དཔའ་རྣམས་ལ་སྟོན་པ་རིགས་དྲུག་པའི་རྣམ་པས། གཞན་སྣང་ལོངས་སྤྱོད་རྫོགས་པའི་ཞིང་ཁམས་ཁྱད་པར་ཅན་གྱི་འོག་མིན་དུ། དགོངས་པ་བརྡའི་གསུང་གིས་རྟག་པ་རྒྱུན་མི་ཆད་པར་སྟོན་ཏེ། གསང་སྙིང་ལས། འོག་མིན་བླ་མེད་གནས་མཆོག་ཏུ། །སྐུ་ནི་རྣམ་པར་སྣང་མཛད་ཚུལ། །བྱང་ཆུབ་སེམས་པའི་འཁོར་རྣམས་ལ། །དེ་བཞིན་གསུང་མཆོག་མི་སྨྲ་སྟེ། །སྐུ་ཡི་ཆོས་རྣམས་མཐའ་ལ་བར་སྟོན། །ཞེས་སོ། །དེ་བཞིན་ཏུ་ས་དགུ་པ་ལ་འོག་མིན་ཙམ་པོ་བ་དང་། བརྒྱད་པ་ལ་བཏགས་པའི་འོག་མིན་དུ་ཚུལ་དེ་དང་འདྲ་བས་སྟོན་པར་བཤད། ཞིང་ཁམས་དེ་དག་ཏུ་བགྲོད་པར་མི་ནུས་པའི་གདུལ་བྱ་དག་པ་རྣམས་ལ་བདེ་བ་ཅན་སོགས་སྤྲུལ་པའི་དག་ཞིང་རང་དབང་ཅན་རྣམས་དང་། གདུལ་བྱ་དག་མ་དག་སྣ་ཚོགས་པའི་ངོར་མི་མཇེད་འཇིག་རྟེན་གྱི་ཁམས་སོགས་འགྲོ་འདུལ་སྤྲུལ་པའི་ཞིང་རྣམས་སུ་དུས་དང་ཚད་མ་ངེས་པར་གསུངས་པ་ནི་དཔག་ཏུ་མེད་པ་ཡིན་ནོ། །ཕྱིས་རྩོད་དུས་ཚེ་ལོ་བརྒྱ་པའི་དུས་འདིར། སྟོན་པ་ཡང་དག་པར་རྫོགས་པའི་སངས་རྒྱས་ཤཱཀྱ་ཐུབ་པས་བྱ་སྤྱོད་ཀྱི་རྒྱུད་རྣམས་ཕལ་ཆེར་ཆགས་བྲལ་གྱི་རྣམ

པས་གསུངས་པ་དང་། གསང་བ་འདུས་པའི་རྒྱུད་རང་ཉིད་གསང་འདུས་ཀྱི་སྐུར་བཞེངས་ཏེ། ཨོ་རྒྱན་གྱི་ཡུལ་དུ། རྒྱལ་པོ་ཨིནྡྲ་བྷཱུ་ཏི་དང་དཔལ་ཕྱག་ན་རྡོ་རྗེ་ལ་གསུངས། ཀྱཻའི་རྡོ་རྗེའི་རྒྱུད་རྣམས་ཀྱེ་རྡོར་གྱི་སྐུར་བཞེངས་ནས་རྡོ་རྗེ་སྙིང་པོ་ལ་གསུངས། དཔལ་ལྡན་འབྲས་སྤུངས་ཀྱི་མཆོད་རྟེན་དུ་འོག་ཏུ་ཆོས་དབྱིངས་གསུང་དབང་དང་། སྟེང་དུ་དཔལ་ལྡན་རྒྱུ་སྐར་གྱི་དཀྱིལ་འཁོར་སྤྲུལ་ནས། རྒྱལ་པོ་ཟླ་བ་བཟང་པོ་སོགས་ལ་དུས་ཀྱི་འཁོར་ལོའི་རྒྱུད་སྟོན་པ་སོགས་ཀྱིས་མཚོན། ས་ཆེན་པོ་ལ་བཞུགས་པ་དང་དཔའ་བོ་དང་རྣལ་འབྱོར་མའི་འཁོར་རྣམས་ལ་བཟླས་ཏེ་བསྟན་པའང་བརྗོད་ཀྱིས་མི་ལངས་སོ། །

གཉིས་པ་ནི། ཕྱག་རྡོར་དང་ནི་ཞུ་བའི་འཁོར་གྱིས་བསྡུས། །གྲུབ་ཆེན་བརྒྱད་སོགས་རྒྱ་བོད་མཁས་པས་བཀྲལ། །སྔ་འགྱུར་རིང་ལུགས་བཀའ་གཏེར་གྲགས་པ་དང་། །གསར་མའི་བཞེད་སྲོལ་དཔག་ཏུ་མེད་ན་ཡང་། །རྒྱུད་སྡེ་སྤྱི་ཡི་དམ་ཚིག་འདིར་འཆད་དོ། །ཞེས་པ་སྟེ། སྤྱིར་བཏང་དུ་གསང་སྔགས་རྡོ་རྗེ་ཐེག་པའི་རྒྱུད་སྡེ་མཆིས་སོ་འཚལ་དཔལ་ཕྱག་ན་རྡོ་རྗེས་བསྡུས་པ་ཡིན་ཏེ། བྱང་ཤར་ལྷུང་ལོ་ཅན་གྱི་ཕོ་བྲང་དུ། བྱང་ཆུབ་སེམས་དཔའ་བྱེ་བ་དགུ་བཅུ་རྩ་དྲུག་འདུས་ཏེ། གསང་བའི་བདག་པོ་ལ་གསོལ་བ་བཏབ་པ་ན། རྒྱུད་སྡེ་མ་ལུས་པ་གསུངས་ཏེ་གསེར་གྱི་གླེགས་བུ་ལ་བཻཌཱུཪྻའི་ཡི་གེར་བཀོད་པར་བཤད། ཡང་རྒྱུད་ཁ་ཅིག་ཞུ་བ་པོའི་འཁོར་དེས་སྡུད་པ་ཡང་ཡོད་དེ། དུས་འཁོར་རྩ་རྒྱུད་ཟླ་བཟང་། བརྟག་གཉིས་རྡོ་རྗེ་སྙིང་པོ། སྡོམ་འབྱུང་ཕྱག་རྡོར། རྡོ་རྗེ་མཁའ་འགྲོ་ཕག་མོས་བསྡུས་པ་ལྟ་རི། །འོན་ཀྱང་ཞུ་བ་པོ་དེ་དག་གསང་བའི་བདག་པོའི་ཐབས་ཤེས་ཀྱི་སྣང་ཆ་ཙམ་ལས་དོན་དུ་ཐ་དད་མེད་པས་དེ་ལྟར་ན་རྒྱུད་སྡེ་ཡོད་དོ་ཅོག་དཔལ་ཕྱག་ན་རྡོ་རྗེས་བསྡུས་པ་ཡིན་ནོ། །འོ་ན་མི་ཡུལ་དུ་ཇི་ལྟར་གྲགས་པ་ནི། གསང་སྔགས་སྔ་འགྱུར་བ་ལྟར་ན་རྒྱུད་སྡེ་རྣམས་ནི་ཐུབ་པའི་དབང་པོ་མྱ་ངན་ལས་འདས་ནས་ལོ་ཉི་ཤུ་རྩ་བརྒྱད་ཀྱི་དུས་སུ། དམ་པའི་རིགས་ཅན་དྲམ་ལྔ་ལྡནའི་ཡུལ་རི་བོ། མ་ལ་ཡའི་རྩེར་རང་རང་གི་མངོན་ཤེས་ཀྱིས་འདུས་ཏེ། གདུང་ཚིག་ཉི་ཤུ་རྩ་གསུམ་བརྗོད་པས། གསང་བདག་མངོན་སུམ་དུ་བྱོན་ནས་རྒྱུད་རྣམས་མ་ལུས་པ་སྟོན་པས། སྲིན་པོ་བློ་གྲོས་ཐབས་ལྡན་གྱིས་གསེར་གྱི་གླེགས་བམ་ལ་བཻ་ཌཱུཪྻའི་ཞུན་མས་བྲིས་ནས་དགོངས་པའི་རྩལ་བདུན་

གྱིས་ནམ་མཁའ་ལ་སྦྱས་སོ། །དེའི་ཚེ་བྱིན་རླབས་ཀྱིས་ས་ཧོ་རའི་རྒྱལ་པོ་ཛ་ལ་ངོ་མཚར་བའི་རྨི་ལྟས་བདུན་རྨིས་པ་ལ་བརྟེན་ནས་སྒྲུབ་པ་མཛད་པས། ཨ་ཏི་ཡོ་ག་མ་གཏོགས་གཞན་རྒྱུད་སྡེ་ཐམས་ཅད་གླེགས་བམ་གྱི་རྣམ་པས་མི་ཡུལ་དུ་དངོས་སུ་བབས་ཏེ། ཨ་ཏི་ཡོ་ག་ནི་དགའ་རབ་རྡོ་རྗེས་ཕྱག་རྡོར་ལས་དངོས་སུ་གསན་ནས་གླེགས་བམ་ལ་བཀོད་པར་བཤད། སྒྲུབ་སྡེ་ནི། གསང་བདག་རྡོ་རྗེ་ཆོས་ཀྱི་བསྡུས་ཏེ་གླེགས་བམ་ལ་བཀོད་དེ་མཁའ་འགྲོ་མ་ལས་ཀྱི་དབང་མོ་ཆེ་ལ་གཏད། དེས་མཆོད་རྟེན་བདེ་བྱེད་བརྩེགས་པར་གཏེར་དུ་སྦས་པ། ཕྱིས་བཀའ་བབས་ཀྱི་སློབ་དཔོན་བརྒྱད་ཀྱིས་སྤྱན་དྲངས་ཏེ། མི་ཡུལ་དུ་དར་བར་མཛད་པར་བཞེད། གསང་སྔགས་གསར་མ་བ་རྣམས་ཀྱིས་ནི། འོ་སྐོལ་གྱི་སྟོན་པས་ཨོ་རྒྱན་གྱི་ཡུལ་དུ་ཨིནྡྲ་བྷཱུ་ཏི་འཁོར་དང་བཅས་པ་གསང་བ་འདུས་པའི་སྤྲུལ་པའི་དཀྱིལ་འཁོར་དུ་བཙུག་སྟེ་དབང་གིས་སྨིན་པར་བྱས་པས་རྒྱལ་པོ་དབང་དུས་སུ་གྲོལ། དེའི་ཚེ་ཕྱག་ན་རྡོ་རྗེས་རྒྱུད་ཀུན་བསྡུས་ནས་རྒྱལ་པོ་འཁོར་བཅས་ལ་བྱིན་པས་ཡུལ་དེའི་སྲོག་ཆགས་ཕྲ་མོ་ཡན་ཆད་ཀྱིས་དངོས་གྲུབ་ཐོབ་སྟེ་འཇའ་ལུས་སུ་སོང་། སླར་ཡུལ་དེ་མཚོར་གྱུར་པ་ཀླུ་རྣམས་ཀྱིས་གང་བ་ན། ཕྱག་རྡོར་གྱིས་ཀླུ་རྣམས་སྨིན་པར་མཛད་པས། དེ་དག་ཀྱང་རིམ་གྱིས་མཚོ་འགྲམ་དུ་མིའི་ཡུལ་གྲུར་ཆགས་པས་ཨོ་རྒྱན་མཁའ་འགྲོའི་གླིང་ཞེས་གྲགས་པ་དང་། མཚོ་དེའང་ཧེ་རུ་ཀའི་ལྷ་ཁང་རང་བྱུང་ཞིག་གྲུབ་པ་ན། རྒྱུད་སྡེ་ཐམས་ཅད་ཀྱི་གླེགས་བམ་བཞུགས་པ་ལས། ཕྱིས་རྒྱལ་པོ་བི་སུ་ཀལྤ། ཛོ་མྦྷི་ཧེ་རུ་ཀ །ཀུ་ཀུ་རི་པ། ལ་ལི་ཏ་བཛྲ། གྲུབ་ཆེན་ཏེ་ལོ་པ་སོགས་ཀྱིས་རིམ་གྱིས་སྤྱན་དྲངས་པ་དང་། དེ་བཞིན་དུ་ཤམྦྷ་ལ་སོགས་ཡུལ་གཞན་དག་ནས་ཀྱང་སྤྱན་དྲངས་ཏེ་དར་བར་མཛད་དོ། །དེ་དག་ཀྱང་གྲུབ་ཆེན་བརྒྱད་དང་། གྲུབ་ཐོབ་བརྒྱད་ཅུ་སོགས་རྒྱ་བོད་ཀྱི་མཁས་གྲུབ་མང་པོས་དོན་ལ་རྟོན་པའི་དགོངས་འགྲེལ་གྱིས་བཀྲལ་ཞིང་བཤད་སྒྲུབ་ཀྱིས་བཟུང་ཚུལ་དང་། སྔ་འགྱུར་གྱི་རིང་ལུགས་བཀའ་མ་དང་གཏེར་མ་གཉིས་སུ་གྲགས་པ་དང་། སྔགས་གསར་མ་བའི་བཞེད་སྲོལ་གྱི་རྣམ་པར་གཞག་པ་དཔག་ཏུ་མེད་པ་ཞིག་ཡོད་ན་ཡང་། འདིར་སྐབས་སུ་བབས་པ་ནི་རྒྱུད་སྡེ་སྤྱིའི་དམ་ཚིག་ཉིད་གཙོ་བོར་འཆད་པ་ཡིན་ནོ། །

གསུམ་པ་དེ་ལྟར་བཟུང་བའི་བརྗོད་བྱ་གཏན་ལ་དབབ་པ་ལ་བདུན། ཐོབ་བྱའི་ངོ་བོ། དེའི་

དབྱེ་བ། མ་ཐོབ་པ་འཐོབ་པར་བྱེད་པ། ཐོབ་པ་མི་ཉམས་པར་བསྲུང་བ། སྐྱེ་བའི་རྟེན། ཉམས་པ་གསོ་ཚུལ། བསྲུང་བའི་ཕན་ཡོན་བཤད་པའོ། །དང་པོ་ནི། ངོ་བོ་སྒོ་གསུམ་ཐབས་ཤེས་ཀྱིས་ཟིན་པར། །བསྡམས་པའི་ཚུལ་ཁྲིམས་སོ་སོའི་རིང་ལུགས་བཞིན། །ཞེས་པ་སྟེ། སྔགས་སྡོམ་གྱི་ངོ་བོ་ནི། བསྡམ་བྱ་སྒོ་གསུམ་ཕྲ་བའི་བག་ཆགས་མཚན་རྟོག་དང་བཅས་པ། སྡོམ་བྱེད་ཐབས་ཤེས་ཁྱད་པར་ཅན་གྱིས་ཟིན་པའི་བདེ་བ་ཆེན་པོའི་ཡེ་ཤེས་ཀྱིས་སྡོམ་པར་བྱེད་པའི་སེམས་པ་གང་ཞིག་རང་རྒྱུད་དབང་བསྐུར་བ་ལས་གསར་དུ་ཐོབ་པའི་ཚུལ་ཁྲིམས་སོ། །དེ་ཡང་དབྱེ་ན། བྱ་སྤྱོད་རྣལ་འབྱོར་རྣལ་འབྱོར་བླ་མེད་ཀྱི་རྒྱུད་སྡེ་བཞི་པོ་སོ་སོའི་རིང་ལུགས་ལྟར། སྡོམ་བྱེད་ཀྱི་ཐབས་ཀྱང་རིམ་པ་ལྟར། བལྟས་པ་དང་། དགོད་པ་དང་། ལག་བཅངས་དང་། དབང་པོ་གཉིས་སྦྱོར་གྱི་བདེ་བ་ལམ་དུ་བྱེད་པའི་ཐབས་ཤེས་ཀྱི་ཁྱད་པར་གྱིས་སྔགས་ཀྱི་སྡོམ་པའང་དེ་དང་དེའི་ཚུལ་ཁྲིམས་སུ་འགྱུར་རོ། །

གཉིས་པ་ལ་གཉིས། རྒྱུད་སྡེ་བཞིའི་ལུགས་སྤྱིར་དབྱེ་བ་དང་། བླ་མེད་ཀྱི་ལུགས་བྱེ་བྲག་ཏུ་དབྱེ་བའོ། །དང་པོ་ནི། དབྱེ་བ་བྱ་སྤྱོད་རྣལ་འབྱོར་བླ་མེད་བཞིར། །རྩ་ལྟུང་བཅུ་བཞི་སོ་སོར་གྲངས་ངེས་པར། །དུས་ཀྱི་འཁོར་ལོར་བཤད་པ་གཞན་དུ་ལྟ། །ཞེས་པ་སྟེ། དེ་ཡང་དུས་འཁོར་འགྲེལ་ཆེན་ལས་རྒྱུད་སྡེ་བཞི་ཀར་རྩ་ལྟུང་བཅུ་བཞིར་གྲངས་འདྲ་བར་གསུངས་པ་ལས། དང་པོ་བྱ་རྒྱུད་ལ། དཀོན་མཆོག་ལ་དད་པ། སྔགས་ལ་དད་པ། ཐེག་ཆེན་ལ་མོས་པ། བླ་མ་དང་མཆེད་གྲོགས་ལ་གུས་པ༑ འདས་མ་འདས་ཀྱི་ལྷ་གཞན་ལ་མི་སྨོད་པ། རང་གི་ལྷ་དུས་དུས་སུ་མཆོད་པ། གཞུང་གཞན་མི་མཆོད་པ། གློ་བུར་བའི་མགྲོན་མཆོད་པ། བྱམས་པ་མི་གཏོང་བ། སེམས་ཅན་གྱི་དོན་ལ་བརྩོན་པ། བཟླས་བརྗོད་ལ་བརྩོན་པ། དམ་ཚིག་གཞན་ཡང་ཅི་ནུས་བསྲུངས་པ། སྣོད་མིན་ལ་སྔགས་རྒྱ་མི་སྦྱིན་པ། རང་གི་སྔགས་རྒྱུད་སྲུང་ཞིང་དེའི་དོན་རྟོགས་པར་བྱེད་པ་རྣམས་ཏེ། དེ་དག་བཟློག་ན་རྩ་ལྟུང་དུ་འགྱུར་བ་ཡིན་ནོ། །སྤྱོད་རྒྱུད་ལ། མི་དགེ་བཅུ་དང་། རྩ་བ་བཞི་སྤང་བའོ། །དེ་ལས་རྩ་བ་བཞི་ནི། དམ་པའི་ཆོས་སྤོང་བ་དང་། བྱང་ཆུབ་ཀྱི་སེམས་སྤོང་བ་དང་། སེར་སྣས་མི་སྦྱིན་པ་དང་། སེམས་ཅན་ལ་གནོད་པ་བྱེད་པའོ། །རྣལ་འབྱོར་རྒྱུད་ལ། རིགས་ལྔའི་སྡོམ་བཟུང་ལྟར། དེ་བཞིན་གཤེགས་པའི་རིགས་ལ་སྐྱབས་གསུམ་འཛིན་པ་སྟེ་གསུམ། རྡོ་རྗེའི་རིགས་ལ། རྡོར་དྲིལ་ཕྱག་རྒྱ

སློབ་དཔོན་བཟུང་བ་བཞི། རིན་ཆེན་རིགས་ལ། སྦྱིན་པ་རྣམ་བཞི་གཏོང་བ་བཞི། པདྨའི་རིགས་ལ། དམ་ཆོས་མ་ལུས་པ་འཛིན་པ་སྟེ་གཅིག །ལས་རིགས་ལ། སྔར་གྱི་སྡོམ་པ་རྣམས་འཛིན་པ་དང་། མཆོད་པའི་ལས་ལ་འབད་པ་སྟེ་གཉིས་བཅས་བཅུ་བཞི་བསྒྲུབ་པའི་བསླབ་བྱ་དང་། དེ་ལས་བཟློག་པ་རྩ་ལྟུང་བཅུ་བཞིའོ། །བླ་མེད་ཀྱི་རྩ་ལྟུང་ནི་འཆད་པར་འགྱུར་བ་ལས་ཤེས་སོ། །

གཉིས་པ་ནི། བླ་མེད་ལུགས་ལ་བརྟུལ་ཞུགས་ཉི་ཤུ་ལྔ། །རིགས་ལྔའི་སྡོམ་པ་རྩ་ལྟུང་བཅུ་བཞི་དང་། །སྦོམ་པོ་དང་ནི་རྫོགས་པ་ཆེན་པོའི་སྤྱོལ། །ཞེས་པ་སྟེ་འཆད་པར་འགྱུར་རོ། །གསུམ་པ་ལ་གཉིས། བསྟན་པ། བཤད་པའོ། །དང་པོ་ནི། དང་པོ་མ་ཐོབ་ཐོབ་པའི་ཚུལ་བཤད་པ། །ཤེས་པ་སྟེ། རྒྱུད་སྡེ་སོ་སོའི་དབང་བསྐུར་བའི་རྣམ་གྲངས་མདོ་ཙམ་ཞིག་སྔར་ལེའུ་དང་པོར་བཤད་ཟིན་པས། འདིར་ནི་བླ་མེད་ཀྱི་སྡོམ་པ་མ་ཐོབ་པ་ཐོབ་པའི་ཚུལ་བཤད་པ་བྱའོ། །

གཉིས་པ་ལ་གསུམ། དབང་བསྐུར་བ་དངོས་དང་། ཐོབ་མཚམས་ངོས་བཟུང་བ་དང་། རྗེས་ཀྱི་བྱ་བ་བཅས་བཤད་པའོ། །དང་པོ་ནི། རྡུལ་ཚོན་དང་ནི་དེ་བཞིན་བྷ་ག་དང་། །ཀུན་རྫོབ་དོན་དམ་བྱང་སེམས་དཀྱིལ་འཁོར་བཞིར། །བུམ་པ་གསང་བ་ཤེས་རབ་བཞི་པའི་དབང་། །མཚན་ཉིད་ལྡན་པའི་སློབ་བུར་རིམ་པར་བསྐུར། །སད་རྨི་གཉིད་འཐུག་སྙོམས་འཇུག་གནས་སྐབས་བཞིས། །བསྐྱེད་པའི་སྒོ་གསུམ་ཤེས་བྱའི་དྲི་མ་སྦྱངས། །བསྐྱེད་རིམ་གཏུམ་མོ་དཔེ་དོན་ཡེ་ཤེས་གཉིས། །སྡོམ་དང་སྐུ་བཞི་ཐོབ་པའི་ནུས་རུང་བྱ། །ཞེས་པ་སྟེ། དེ་ལ་གང་དུ་བསྐུར་བའི་དཀྱིལ་འཁོར་ནི། ཕྱི་ལྷག་པ་གཟུགས་བརྙན་གྱི་དཀྱིལ་འཁོར་རྡུལ་ཚོན་དང་། དེས་མཚོན་པ་རས་བྲིས་ཀྱི་དཀྱིལ་འཁོར་དང་། སྔགས་ཀྱི་དེ་ཁོ་ན་ཉིད་ཡི་གེ་བྷ་གའི་དཀྱིལ་འཁོར་དང་། ལྷའི་དེ་ཁོ་ན་ཉིད་ཀུན་རྫོབ་བྱང་ཆུབ་སེམས་ཀྱི་དཀྱིལ་འཁོར་དང་། ཡེ་ཤེས་ཀྱི་དེ་ཁོ་ན་ཉིད་དོན་དམ་བྱང་ཆུབ་སེམས་ཀྱི་དཀྱིལ་འཁོར་དང་བཞིའོ། །གང་བསྐུར་བར་བྱ་བའི་དབང་ནི། དཀྱིལ་འཁོར་དུ་འཇུག་པའི་ཆོས་རྣམས་སྔོན་དུ་གྲུབ་པར་བྱས་ནས་སྐུ་རྡོ་རྗེ་བླ་མ་སྤྲུལ་པའི་སྐུ་ལ་གདན་གསུམ་ཚང་བའི་དབང་ལྷ་སྤྱན་དྲངས་ཏེ། སློབ་མ་ལྷག་པའི་ལྷར་བསྐྱེད་པའམ། ཡང་ན་སློབ་མ་དབང་རྫས་གཉིས་ཀ་རིགས་སོ་སོའི་ལྷར་བསྐྱེད་ནས་ཡེ་ཤེས་པ་བཙུག་སྟེ། དབང་རྫས་རྣམས་སོ་སོའི་རྣམ་པར་གྱུར་པ་ཉིད་ཐོགས་ཏེ། སྔགས

རྒྱུ་ཧྲིང་ངེ་འཛིན་གསུམ་དང་ལྡན་པས་བུམ་དབང་མཐའ་རྟེན་བཅས་བསྐུར་བ་དང་། དེ་ནས་གསུང་རྡོ་རྗེ་བླ་མ་ལོངས་སྤྱོད་རྫོགས་སྐུའི་ངོ་བོ་ཡབ་ཡུམ་གྱི་ལུས་དང་ཡི་གེ་ཟླ་གའི་དཀྱིལ་འཁོར་དུ་སངས་རྒྱས་ཐམས་ཅད་སྤྱན་དྲངས་ཏེ་བཅུག་པ་རྗེས་ཆགས་ཀྱི་མེས་ཞུ་བའི་བྱང་སེམས་སློབ་མའི་ལྕེ་ཐོག་ཏུ་བྱིན་པས་གསང་དབང་དང་། ཐུགས་རྡོ་རྗེ་བླ་མ་ཆོས་ཀྱི་སྐུ་ཡབ་ཡུམ་གྱིས་སློབ་བུ་ལ་རྟེན་ཤེས་རབ་མ་གཏད་ནས། སངས་རྒྱས་ཐམས་ཅད་སློབ་མ་ཡབ་ཡུམ་གྱི་ལུས་ལ་བཅུག་སྟེ། དེ་གཉིས་སྙོམས་པར་ཞུགས་པས་འཛག་མེད་ཀྱི་དགའ་བཞིའི་ཡེ་ཤེས་བསྐྱེད་པས་ནཤེས་རབ་ཡེ་ཤེས་ཀྱི་དབང་དང་། ཡེ་ཤེས་རྡོ་རྗེ་བླ་མ་ངོ་བོ་ཉིད་སྐུའི་བདག་ཉིད་ཀྱིས་སྔར་དབང་གསུམ་པའི་དུས་ཀྱི་ཡས་བབས་ཀྱི་དགའ་བ་བཞི་རྫོགས་ནས་ཐབས་ཀྱིས་ལྡོག་པ་མས་བརྟན་གྱི་དགའ་བཞིའི་མཐར་ཉམས་སུ་མྱོང་བའི་ཡེ་ཤེས་དང་། རང་སེམས་ལྷན་ཅིག་སྐྱེས་པའི་ཡེ་ཤེས་རོ་གཅིག་ཏུ་ངོ་སྤྲོད་པ་བཞི་པ་ཚིག་དབང་རྣམས། མཚན་ཉིད་དང་ལྡན་པའི་སློབ་བུ་ལ་རིམ་གྱིས་བསྐུར་བར་བྱའོ། །དེ་ལྟར་བསྐུར་བས་བྲལ་ཐོབ་ཀྱི་ཡོན་ཏན་གང་ཐོབ་ན། དབང་བཞིས་རིམ་པ་ལྟར་སད་པ་དང་། རྨི་ལམ་དང་། གཉིད་འཐུག་པོ་དང་། སྙོམས་འཇུག་གི་གནས་སྐབས་བཞིས་བསྐྱེད་པའི་ལུས་ངག་ཡིད་གསུམ་དང་ཤེས་བྱའི་དྲི་མ་རྣམས་སྦྱངས་ཤིང་། བུམ་དབང་གིས་ལམ་བསྐྱེད་རིམ་ལས་ཚོགས་དང་བཅས་པ་ལ་དབང་ཞིང་ཡུལ་སྣང་སྟོང་དུ་འཆར་བ་དང་། གསང་དབང་གིས་རང་བྱིན་རླབས་གཏུམ་མོ་སྒྲུ་ལུས་བསྒོམ་པ་ལ་དབང་ཞིང་སེམས་གསལ་སྟོང་དུ་འཆར་བ་དང་། ཤེར་དབང་གིས་ལས་དང་ཡེ་ཤེས་ཀྱི་ཕྱག་རྒྱ་ལ་བརྟེན་ནས་དཔེའི་ཡེ་ཤེས་བསྒོམ་ཞིང་ཞུ་བདེ་ལུས་བདེ་སྟོང་དུ་འཆར་བ་དང་། བཞི་པས་དོན་གྱི་ཡེ་ཤེས་ཕྱག་རྒྱ་ཆེན་པོ་བསྒོམ་པ་ལ་དབང་ཞིང་ཆོས་ཐམས་ཅད་ཀྱི་རང་བཞིན་འོད་གསལ་སྐྱེ་བ་མེད་པ་སྤྲོས་པ་ཐམས་ཅད་དང་བྲལ་བའི་དོན་རྟོགས་པའོ། །འབྲས་བུ་གང་ཐོབ་ན། དབང་བཞིའི་ས་བོན་རྒྱུད་ལ་ཐེབས་པ་དེ། ལམ་རིམ་པ་གཉིས་ཀྱིས་བསྐྱངས་པས་དངོས་བརྒྱུད་ཅི་རིགས་པར་འབྲས་བུ་སྐུ་གསུང་ཐུགས་ཡེ་ཤེས་རྡོ་རྗེའི་བདག་ཉིད་སྐུ་བཞི་ཐོབ་པའི་ནུས་རྩུང་དུ་བྱས་པ་ཡིན་ནོ། །

གཉིས་པ་ནི། དང་པོ་གནས་གསུམ་རྡོ་རྗེ་གསུམ་བསྐྱེད་ནས། །ཐ་མ་དབང་བཞི་ཡོངས་སུ་རྫོགས་པའི་ཚེ། །རིག་འཛིན་སྡོམ་པ་ཐོབ་ཅིང་། །ཞེས་པ་སྟེ། སྡོམ་པ་སྐྱེ་བའི་དང་པོ་ནི། སློབ་མའི་

ལུས་ངག་ཡིད་གསུམ་རྡོ་རྗེ་གསུམ་དུ་བྱིན་གྱིས་བརླབས་པའི་དུས་ནས་འགོ་བཙམ་སྟེ། དེའང་བཏགས་པ་བ་བརྗོད་པ་ཁས་བླངས་པ་དང་། མཚན་ཉིད་པ་དབང་གི་དངོས་གཞི་བུམ་དབང་སོགས་དེ་དང་དེ་ལས་ཐོབ་པས། དེས་ན་ཐ་མ་དབང་བཞི་ཡོངས་སུ་རྫོགས་པའི་ཚེ་རིག་པ་འཛིན་པའི་སྡོམ་པ་མཐའ་དག་ཐོབ་ཟིན་པ་ཡིན་ནོ། །

གསུམ་པ་ནི། དེ་ཡི་རྗེས། །ཁས་བླངས་སྡོམ་དང་དམ་ཚིག་བསླབ་ལ་འབད། །ཅེས་པ་སྟེ། དེ་ལྟར་དབང་བཞི་རྫོགས་ཟིན་པ་དེ་ཡི་རྗེས་སུ་སློབ་དཔོན་གྱིས་དམ་ཚིག་གི་རྣམ་གཞག་རྒྱས་པར་བསྒྲགས་པ་རྣམས། སློབ་མས་བསྙུས་ཏེ་ཁས་བླངས་པ་དང་། དེ་ནས་བཟུང་སྟེ་སྡོམ་པ་དང་དམ་ཚིག་གི་བླང་དོར་རྣམས་ཚུལ་བཞིན་ཏུ་བསླབ་པ་ལ་འབད་པར་བྱའོ། །

བཞི་པ་ཐོབ་པ་མི་ཉམས་པར་བསྲུང་བ་ལ་གསུམ། བསྟན་པ། བཤད་པ། བསྡུ་བའོ། །དང་པོ་ནི། བར་དུ་མི་ཉམས་སྲུང་བའི་ཐབས་བཤད་པ། །ཞེས་པ་སྟེ། སྔགས་ཀྱི་སྡོམ་པ་ཐོབ་ནས་མི་ཉམས་པར་སྲུང་དགོས་ཏེ། མ་སྲུང་ན་སྔགས་ཀྱི་བསླབ་པ་ཐམས་ཅད་དོན་མེད་པར་འགྱུར་རོ། །དཔེར་ན་སྲོག་གི་དབང་པོ་གཞན་ཐམས་ཅད་འགག་པར་འགྱུར་བ་བཞིན་ཏེ། དེ་ཡང་སྲུང་ཐབས་ཤེས་པ་ལ་རག་ལས་པས་འདིར་དེ་བཤད་པར་བྱའོ། །གཉིས་པ་ལ་ལྔ། བརྟུལ་ཞུགས་ཉེར་ལྔ། རིགས་ལྔའི་སྡོམ་པ། རྩ་བའི་ལྟུང་བ་བཅུ་བཞི། ཡན་ལག་སྦོམ་པོའི་ལྟུང་བ། ཁྱད་པར་སྔ་འགྱུར་རྫོགས་པ་ཆེན་པོའི་ལུགས་བཤད་པའོ། །དང་པོ་ལ་གཉིས། བསྟན་པ། བཤད་པའོ། །དང་པོ་ནི། ཐོག་མའི་བརྟུལ་ཞུགས་དུས་ཀྱི་འཁོར་ལོ་ལས། །ཞེས་པ་སྟེ། ཐོག་མར་སྔགས་ཀྱི་བསླབ་པ་ཐམས་ཅད་ཀྱི་རྟེན་གཞི་རྡོ་རྗེ་སེམས་དཔའི་དམ་ཚིག་གི་ཡན་ལག་བརྟུལ་ཞུགས་ཉེར་ལྔ་པོ་དུས་ཀྱི་འཁོར་ལོ་ལས་གསུངས་པ་ལྟར་བཤད་པར་བྱའོ། །གཉིས་པ་ལ་ལྔ། སྤང་བ་ལྔ། མི་བྱ་བ་ལྔ། གསོད་པ་ལྔ། མི་འཁྲུ་བ་ལྔ། མི་ཞེན་པ་ལྔའོ། །དང་པོ་ནི། གསོད་རྫུན་རྐུ་དང་འདོད་ལོག་ཆང་འཐུང་བ། །སྤང་བྱ་བསླབ་པའི་གཞི་ལྔ་སྤང་ཞེས་གསུངས། །ཞེས་པ་སྟེ། སྲོག་ཆགས་ཕྲ་མོ་གཅིག་ཡན་ཆད་གསོད་པ་དང་། རང་འདོད་ཀྱིས་རྫུན་སྨྲ་བ་དང་། དུད་འགྲོས་བདག་ཏུ་བཟུང་བ་ཡན་རྐུ་བ་དང་། འདོད་པས་ལོག་པར་གཡེམ་པ་དང་། ཉེས་པའི་གཞི་ཆང་འཐུང་བ་དང་ལྔ་ཆར་གཏོགས་དང་བཅས་སྤང་བར་བྱ་དགོས་ཏེ།

བརྟུལ་ཞུགས་ཕྱི་མ་ཐམས་ཅད་ཀྱི་རྟེན་གཞི་ཡིན་པས་བསླབ་པའི་གཞི་ལྔ་ཞེས་གསུངས་སོ། །

གཉིས་པ་ནི། ཆོ་ལོ་ཁན་མ་ཐོའི་ཟས་ཟ་དང་། །ངན་ཚིག་འབྱུང་པོ་ལྷ་མིན་ཆོས་བསླབ་པ། །རྣམ་པ་ལྔ་ནི་བྱ་བ་མིན་ལྔའོ། །ཞེས་པ་སྟེ། ཆོ་ལོ་མིག་མང་རྒྱལ་བློན་སོགས་རྩེ་བ་དང་། ཁན་མ་ཐོའི་ཟས་བཟའ་བའི་དོན་དུ་རིན་འཛལ་ནས་གསོད་པ་དང་བསྒོས་ཤ་སོགས་ཟ་བ་དང་། ངན་ཚིག་གི་བསྟན་བཅོས་དམག་དང་སྲུང་སོགས་སློབ་པ་དང་། འབྱུང་པོའི་ཆོས་ཕྱོགས་ཀྱི་མཆོད་སྦྱིན་བྱ་བ་སོགས་མུ་སྟེགས་པའི་ལུགས་དང་། ལྷ་མིན་གྱི་ཆོས་རང་གིས་གསོད་པ་ལས་ཤ་གཞན་མི་ཟ་བ་དང་། བྱ་གག་གི་བཙུང་བ་བརྟེན་པ་སོགས་ཀླ་ཀློའི་ཆོས་ལུགས་རྣམས་ནི་བྱ་བ་མ་ཡིན་པ་ལྔའོ། །

གསུམ་པ་ནི། བ་ལང་ཁྱིམ་པ་སྐྱེས་པ་བུད་མེད་དང་། །མཆོད་རྟེན་བསྟུན་པ་གསོད་པ་ལྔ་རུ་གྲགས། །ཞེས་པ་སྟེ། སྤྱིར་རྐང་པ་དང་པོའི་གསོད་པ་བཞི་སྟར་བཤད་པའི་གསོད་པའི་ནང་དུ་འདུ་ནའང་། མུ་སྟེགས་པ་རྣམས་ཀྱིས་སྤྱིར་འཚེ་བ་སྡིག་པ་ཡིན་ཀྱང་། མཐོ་རིས་ཀྱི་ཆེད་དུ་མཆོད་སྦྱིན་བྱ་བ་དང་། མ་མོ་མཆོད་པ་དང་། སྐྱེས་པ་དང་། བུད་མེད་ཐོབ་པའི་ཆེད་དུ། རིམ་པ་ལྟར་བ་ལང་དང་ཁྱིམ་པ་དང་། སྐྱེས་པ་དང་། བུད་མེད་གསོད་པ་དགེ་བར་འདོད་པས་དེ་དགག་པའི་ཆེད་དུ་འདིར་དམིགས་ཀྱིས་བཀར་ནས་གསུངས་པ་དང་། ཡང་ཀླ་ཀློ་རྣམས་ཀྱིས་ལྷ་མིའི་བླ་མ་གསོད་པ་ཞེས་སྐུ་གསུང་ཐུགས་རྟེན་བཞིགས་པ་བསོད་ནམས་སུ་འདོད་པ་དེ་དག་ལ་གསོད་པ་ལྔ་ཞེས་བཏགས་པས་དེ་སྤང་བར་བྱའོ། །

བཞི་པ་ནི། དགེ་གྲོགས་རྗེ་བོ་སངས་རྒྱས་དགེ་འདུན་དང་། །བླ་མར་ཁོང་ཁྲོ་བསྒོམ་རྣམས་འགྲུབ་ལྔ། །ཞེས་པ་སྟེ། ལུགས་གཉིས་གང་རུང་གིས་སྒྲོལ་བའི་གྲོགས་དང་། རང་ལས་རྒན་པའི་ཇོ་བོ་བཀུར་བར་འོས་པ་དང་། སངས་རྒྱས་དང་། དགེ་འདུན་དང་མཁན་སློབ་སོགས་བླ་མ་སྟེ་ཡུལ་ལྔ་པོ་དེ་ལ་ཁོང་ཁྲོ་བསྒོམ་ཞིང་འགྲུབ་ལྔ་སྤང་བར་བྱའོ། །

ལྔ་པ་ནི། གཟུགས་སྒྲ་དྲི་རོ་རེག་བྱ་ཡུལ་ལྔ་ལ། །མིག་དང་རྣ་བ་སྣ་ལྕེ་ལུས་དབང་ལྔ། །ཞེན་པར་མི་བྱེད་བརྟུལ་ཞུགས་ཉེར་ལྔའོ། །ཞེས་པ་སྟེ། ཡུལ་གཟུགས་སོགས་ལྔ་ལ། ཡུལ་ཅན་མིག་གི་དབང་ཤེས་སོགས་ལྔ་ཞེན་ཅིང་ཆགས་པར་མི་བྱའོ། །

གཉིས་པ་རིགས་ལྔའི་སྡོམ་པ་བཤད་པ་ལ་གཉིས། ཐུན་མོང་དང་། ཁྱད་པར་བའོ། །དང་པོ་ལ་གཉིས། བསྟན་པ། བཤད་པའོ། །དང་པོ་ནི། ཐུན་མོང་གྱུར་པ་རིགས་ལྔའི་སྡོམ་པ་ལྔ། །ཞེས་པ་སྟེ། ཕྱི་རྒྱུད་སྡེ་གསུམ་དང་བསྟུན་པའི་རྐང་གྲངས་འདྲ་བར་འབྱུང་བས་ན་ཐུན་མོང་དུ་གྱུར་པའི་རིགས་ལྔའི་སྡོམ་པ་ཞེས་བྱའོ། །

གཉིས་པ་ནི། སྨོན་འཇུག་གཉིས་དང་ཚུལ་ཁྲིམས་རྣམ་པ་གསུམ། །སློབ་པ་སངས་རྒྱས་རྣལ་འབྱོར་སྡོམ་པའོ། །རྡོར་དྲིལ་ཕྱག་རྒྱ་བླ་མར་བཟུང་རྡོ་རྗེ། །ནོར་ཆོས་མི་འཇིགས་བྱམས་སྦྱིན་རིན་ཆེན་འབྱུང་། །ཕྱི་ནང་གསང་བའི་ཐེག་འཛིན་པདྨའི་རིགས། །མཆོད་གཏོར་ལས་རིམ་འཛིན་པ་ལས་ཀྱིའོ། །ཞེས་པ་སྟེ། ཐོག་མར་དེ་བཞིན་གཤེགས་པའི་རིགས་རྣམ་སྣང་གི་སྡོམ་པ་ནི། སྨོན་འཇུག་གི་སེམས་བསྐྱེད་ནས། ཉེས་སྤྱོད་སྡོམ་པ་དང་། དགེ་བ་ཆོས་སྡུད་དང་། སེམས་ཅན་དོན་བྱེད་ཀྱི་ཚུལ་ཁྲིམས་རྣམས་སོ་སོར་བརྟན་པོར་བཟུང་བ་དང་། ཐམས་ཅད་ཀྱི་རྟེན་དུ་དཀོན་མཆོག་གསུམ་ལ་སྐྱབས་སུ་འགྲོ་བའོ། །རྡོ་རྗེའི་རིགས་མི་བསྐྱོད་པའི་སྡོམ་པ་ནི། རྡོ་རྗེ་དང་དྲིལ་བུ་ཚད་དང་ལྡན་པར་འཆང་བ་དང་། རང་ཉིད་ལྷ་སྐུ་ཕྱག་རྒྱ་ཆེན་པོ་བསྒོམ་པ་དང་། མཁན་པོ་དང་སློབ་དཔོན་སོགས་བླ་མ་ལ་བསྙེན་བཀུར་སོགས་ཀྱི་མཆོད་པའི་སྒོ་ནས་བླ་མར་བཟུང་བའོ། །རིན་ཆེན་རིགས་རིན་འབྱུང་གི་སྡོམ་པ་ནི། ཉིན་རེ་བཞིན་དུ་དུས་དྲུག་དྲུག་ཏུ་ཟང་ཟིང་གི་ནོར་དང་། ཆོས་དང་། མི་འཇིགས་པ་སྐྱབས་དང་། དེའི་རྩ་བ་སེམས་ཅན་རྣམས་བླ་ན་མེད་པའི་བདེ་བ་ཐོབ་པར་གྱུར་ཅིག་སྙམ་པའི་བྱམས་པ་རྣམས་སྦྱིན་པར་བྱའོ། །པདྨའི་རིགས་འོད་དཔག་མེད་ཀྱི་སྡོམ་པ་ནི། ཕྱི་ཀུན་འབྱུང་འདྲེན་པའི་ཐེག་པ། ནང་དཀའ་ཐུབ་རིག་བྱེད་ཀྱི་ཐེག་པ། གསང་བ་དབང་བསྒྱུར་ཐབས་ཀྱི་ཐེག་པ་སྟེ་ཐེག་པ་དགུས་བསྡུས་པའི་དམ་པའི་ཆོས་མ་ལུས་པ་འཛིན་པའོ། །ལས་ཀྱི་རིགས་དོན་ཡོད་གྲུབ་པའི་སྡོམ་པ་ནི། སྔར་བཤད་པའི་སྡོམ་པ་ཐམས་ཅད་དང་ལྡན་པའི་སྟེང་དུ་ཕྱི་ནང་གསང་བའི་མཆོད་པ་དང་གཏོར་མ་སྦྱིན་སྲེག་སོགས་ལས་ཀྱི་རིམ་པ་ཐམས་ཅད་འཛིན་པའོ། །འདི་དག་སོ་སོའི་སྐབས་དོན་གྱི་བཤད་པ་རྣམས་འདིའི་འགྲེལ་ཆེན་སོགས་ཡིག་ཆ་གཞན་ལས་ཤེས་པར་བྱིས།

གཉིས་པ་ཁྱད་པར་གྱི་རིགས་ལྔའི་སྡོམ་པ་ནི། ཁྱད་པར་སྤྲོག་གཅོད་རྡོ་རྗེའི་རིགས་ཡིན་ཏེ། །

ཞིང་བཅུ་ཚང་དང་རླུང་དང་རྟོག་པ་ཡིན། །རིན་ཆེན་རིགས་ལ་མ་བྱིན་ལེན་པ་ནི། །ནོར་དང་བུད་མེད་ཐེག་ཆེན་ཟབ་མོའི་ཆོས། །རང་དང་གཞན་དོན་སྒྲུབ་ལ་དགོངས་པས་གསུངས། །པདྨའི་རིགས་ལ་ལས་ཆོས་དམ་ཚིག་དང་། །ཕྱག་རྒྱ་ཆེ་སྟེ་བུད་མེད་བསྟེན་པར་གསུངས། །ལས་ཀྱི་རིགས་ལ་རྫུན་དུ་སྨྲ་གསུངས་པ། །བདག་དང་སེམས་ཅན་མི་དམིགས་བདེན་མེད་སྟོན། །འཁོར་ལོའི་རིགས་ལ་ཆང་དང་ཤ་ལྔ་དང་། །ཡུལ་ཀུན་བསྟེན་གསུངས་ཕྱི་ནང་གསང་བའི་ཐེག །རིམ་པར་མ་ཉམས་སྤྱོད་པ་བླ་མེད་ལུགས། །ཞེས་པ་སྟེ། ཐུན་མོང་མ་ཡིན་པའི་རིགས་ལྔའི་སྡོམ་པ་འདི་ནི་བསད་པ་གསོ་ནུས་པ་སོགས་རྣལ་འབྱོར་པ་རྟོགས་གོམས་ཀྱི་གདེང་དང་ལྡན་པ་དང་། ལྷ་དང་བླ་མས་གནང་བ་ཐོབ་པ། སྙིང་རྗེའི་ཀུན་སློང་ཁྱད་པར་ཅན་གྱིས་ཟིན་པ་ཡིན་ན་གཞན་དོན་དུ་སྒྲ་ཇི་བཞིན་པར་སྤྱོད་པ་དྲང་དོན་བསྐྱེད་རིམ་གྱི་དམ་ཚིག་དང་། དེ་ལྟར་མིན་ན་སྒྲ་བསྒྱུར་ཏེ་དགོངས་གཞིའི་དོན་བླངས་ནས་དབང་གོང་མའི་དམ་ཚིག་དང་སྡོམ་པ་རྫོགས་རིམ་ལ་སྦྱར་བར་བྱ་བ་ཡིན་པས་ན་ཁྱད་པར་ཞེས་བསྟན་ཏོ། །དེ་ལ་འདིར་སྲོག་གཅོད་པ་ནི་རྡོ་རྗེའི་རིགས་ཀྱི་དམ་ཚིག་སྟེ། དབྱེ་ན་གསུམ་སྟེ། ཕྱི་ལྟར་ན་ཞིང་བཅུ་ཚང་བའི་དགྲ་བསྟན་པ་ལ་གནོད་ངེས་པ་རྣམས་མངོན་སྤྱོད་ཀྱི་སྦྱོར་བས་བསྒྲལ་བ་དང་། ནང་དུ་རླུང་གསོད་པ་སྟེ་རོ་རྐྱང་གི་རླུང་གི་རྒྱུ་བ་བཅད་ནས་བུམ་པ་ཅན་གྱི་སྦྱོར་བས་དབུ་མར་བཀག་པ་མཐར་ཐུག་གཙུག་གཏོར་དུ་རླུང་སེམས་བརྟན་པ་དང་། དེ་ཁོ་ན་ཉིད་དུ་རྟོག་པ་གསོད་པ་སྟེ། རྣམ་པར་མི་རྟོག་པའི་ཡེ་ཤེས་ལ་མཉམ་པར་བཞག་ནས་གཟུང་འཛིན་གྱི་རྟོག་པ་སྐྱེ་བ་མེད་པར་བྱ་བའོ། །མ་བྱིན་ལེན་པར་གསུངས་པ་ནི་རིན་ཆེན་རིགས་ཀྱི་དམ་ཚིག་སྟེ། ཕྱི་སེར་སྣ་ཅན་ལས་ནོར་བླངས་ཏེ་བཀྲེས་པས་འཆི་ངེས་པ་ལ་སྦྱིན་པས། གང་ལས་བླང་བའི་ཡུལ་དེ་སྦྱིན་པ་ལ་འགོད་པ་དང་། ཡང་ན་སྔགས་ཀྱི་མཐུས་ལོངས་སྤྱོད་ཐམས་ཅད་བཀུག་ནས་བསྟན་པ་དང་སེམས་ཅན་གྱི་དོན་བྱ་བ་དང་། ནང་བདེ་ཆེན་ཡེ་ཤེས་བསྐྱེད་པའི་དོན་དུ་ལྷ་མི་གནོད་སྦྱིན་སོགས་ཀྱི་བུ་མོ་འགུགས་པ་དང་། ཡང་ན་རླུང་ནུས་ཀྱིས་བཙུན་མོའི་ཁུ་བ་མ་བྱིན་པར་བླངས་པ་དང་། དེ་ཁོ་ན་ཉིད་དུ་དོན་དམ་པའི་བཙུན་མོ་སྟོང་པ་ཉིད་ཡིན་ལ། དེའི་དོན་གཞན་གྱིས་མ་བྱིན་པར་རང་ཉིད་ཀྱིས་ལམ་བསྒོམ་པའི་སྟོབས་ཀྱིས་ཐོབ་པ་སྟེ་རང་གཞན་གྱི་དོན་བསྒྲུབ་པ་ལ་དགོངས་ནས་གསུངས་པའོ། །བུད་མེད་བསྟེན་པ་

གསུངས་པ་ནི་པདྨའི་རིགས་ཀྱི་དམ་ཚིག་སྟེ། ཕྱི་དངོས་རིག་ལས་ཀྱི་ཕྱག་རྒྱ་དང་། ནང་ཡིད་རིག་ཆོས་ཀྱི་ཕྱག་རྒྱ་དང་། གཏུམ་མོ་དམ་ཚིག་གི་ཕྱག་རྒྱ་སྟེ། དེ་གསུམ་ཞུ་བདེ་དཔེའི་ཡེ་ཤེས་བསྐྱེད་པའི་དོན་དུ་བསྟེན་པ་དང་། དེ་ཁོ་ན་ཉིད་དུ་ཕྱག་རྒྱ་ཆེན་པོ་གཉུག་མ་ལྷན་ཅིག་སྐྱེས་པའི་ཡེ་ཤེས་ལ་མཉམ་པར་འཇོག་པའོ། །རྫོན་དུ་སྨྲ་བར་གསུངས་པ་ནི་ལས་ཀྱི་རིགས་ཀྱི་དམ་ཚིག་སྟེ། ཕྱི་གཞན་གྱི་སྲོག་སྐྱབས་པ་སོགས་ཀྱི་དོན་དུ་རྫུན་དུ་སྨྲ་བ་དང་། ནང་གདུལ་བྱའི་ཁམས་དབང་དང་འཚམས་པར་ཐེག་པ་གསུམ་སྟོན་པ་དང་། དེ་ཁོ་ན་ཉིད་དུ་བདག་དང་སེམས་ཅན་ཐམས་ཅད་དོན་དམ་པར་རང་བཞིན་གྱིས་མ་གྲུབ་པས་དམིགས་པ་མེད་བཞིན་དུ། བདག་གིས་སེམས་ཅན་རྣམས་འཁོར་བ་ལས་བསྒྲལ་བར་བྱའོ། །ཞེས་བདེན་མེད་ཀྱི་ཚིག་བསྟན་པའོ། །ཤ་ལྔ་དང་ཆང་དང་ཡུལ་ཀུན་བསྟེན་པར་གསུངས་པ་དེ་བཞིན་གཤེགས་པ་འཁོར་ལོའི་རིགས་ཀྱི་དམ་ཚིག་སྟེ། ཕྱི་རྟོགས་གོམས་ཀྱི་གདེང་དང་ལྡན་པ་ལ་གཙང་རྨེའི་རྟོག་པ་རོ་མཉམ་པར་ལྟ་བའི་སླད་དུ་དམ་ཚིག་གི་རྫས་ཤ་ལྔ་དང་། ཆང་དང་། བདུད་རྩི་ལྔ་དང་། གཟུགས་སོགས་ཡུལ་རྣམས་བསྟེན་པ་དང་། ནང་ཤ་ལྔ་དབང་ལྔའི་དྭངས་མ་འཆིང་བ་དང་། ཆང་ཡས་འབབས་ལྷན་སྐྱེས་ཞུ་བདེ་འཛག་མེད་དུ་འཆིང་བ་དང་། བདུད་རྩི་ལྔ་འབྱུང་ལྔའི་དྭངས་མ་འཆིང་བ་དང་། ཡུལ་བཤང་གཅི་ཁུ་བའི་དྭངས་མ་ལྟེ་བར་ཡུགས་ལྡོག་ཏུ་བརྟན་པ་དང་། དེ་ཁོ་ན་ཉིད་དུ་རྣམ་རྟོག་དྭ་བའི་ས་བོན་གྱི་ཚོགས་ཐམས་ཅད་རྣམ་པར་མི་རྟོག་པས་བཟའ་བའོ། །དེ་ལྟར་བརྗོད་བྱའི་དོན་རེ་རེ་ལའང་དགོངས་གཞི་ཕྱི་ནང་གསང་གསུམ་སོ་སོར་ཕྱེས་ཏེ་གོ་རིམ་མ་ཉམས་པར་སྦྱོད་པ་ནི་བླ་མེད་རྡོ་རྗེ་ཐེག་པའི་ལུགས་ཀྱི་རིགས་ལྔའི་དམ་ཚིག་ཡིན་ནོ། །

གསུམ་པ་རྩ་བའི་ལྟུང་བ་བཤད་པ་ལ་གཉིས། བསྟན་པ། བཤད་པའོ། །དང་པོ་ནི། རྩ་བའི་ལྟུང་བ་བཅུ་བཞི་བསྟན་པ་ནི། །ཞེས་པ་སྟེ། རྩ་བའི་ལྟུང་བ་ཞེས་པ། དཔེར་ན་ལྗོན་ཤིང་གི་རྩ་བ་དང་འདྲ་སྟེ། བརྟན་ན་ཡལ་ག་ལོ་འདབ་ཐམས་ཅད་རྒྱས་ལ། ཉམས་ན་རྩ་བ་ནས་འགྲེལ་བ་ལྟར། འདི་ཡང་བསྲུང་ན་ལམ་དང་འབྲས་བུའི་ཡོན་ཏན་ཐམས་ཅད་བསྐྱེད་པའི་རྩ་བ་དང་། ཉམས་ན་མནར་མེད་ཡ་ང་བའི་གནས་སུ་ལྟུང་ནས་ཐར་པའི་གོ་སྐབས་མེད་པར་སྡུག་བསྔལ་ཐམས་ཅད་ཀྱི་རྩ་བར་ཡང་འགྱུར་ཏེ། དེ་ལྟར་ན་བདག་ལེགས་སུ་འདོད་པ་རྣམས་ཀྱིས་ནི་དྲན་ཤེས་བག་ཡོད་གསུམ་གྱི་སྒོ

ནས་མིག་གི་དབང་པོ་ལས་ཀྱང་གཅེས་པར་བསྲུང་དགོས་ལ། དབྱེ་བ་བཅུ་བཞིའོ། །

གཉིས་པ་རྒྱས་པར་བཤད་པ་ལ་བཅུ་བཞི་སྟེ། དེ་ལས་དང་པོ་ནི། སློབ་དཔོན་རྣམ་གསུམ་སྙིང་ནས་སྨོད་པ་དང་། །བཀྲས་དང་ཐུགས་དཀྲུགས་ལྟུང་བའི་སྒོ་ཀུན་ལས། །ཤིན་ཏུ་ལྕི་ཕྱིར་འདི་ཉིད་དང་པོར་བཤད། །ཅེས་པ་སྟེ། རང་ཉིད་ལ་དབང་བསྐུར་བ། རྒྱུད་བཤད་པ། མན་ངག་སྟོན་པའི་སློབ་དཔོན་རྣམ་གསུམ་གང་ཡང་རུང་བ་ལ་སྙིང་ནས་སྨྲ་འབེབས་པར་འདོད་བས་ཕྲོག་ཏུ་སྨོད་པ་དང་། དངོས་སུ་ལུས་ངག་གིས་མི་གུས་པའི་རྣམ་འགྱུར་སྟོན་ནས་བཀྲས་པ་དང་། རང་ཉིད་ཀྱིས་བྱ་བ་མ་ཡིན་པ་ལ་སྤྱོད་པའམ། བླ་མའི་འཁོར་ལ་འཚེ་བ་སོགས་ཀྱིས་ཐུགས་དཀྲུགས་པ་སོགས་རྗེས་བཤད་ཀྱི་སྦྱོར་བ་བདུན་ཚང་ན་རྩ་ལྟུང་དུ་འགྱུར་བས། དེ་ནི་རྩ་བའི་ལྟུང་བ་བཅུ་བཞིའི་ནང་ནས་ཉེས་པ་ཤིན་ཏུ་ལྕི་བས་འདི་ཉིད་དང་པོར་བཤད་པ་ཡིན་ནོ། །གལ་སྲིད་འདི་ལས་ཉམས་པ་དེ་ནས་བཟུང་སྟེ་སྒོམ་སྒྲུབ་ཅི་བྱས་པ་ཐམས་ཅད་ལྟུང་བྱེད་འབའ་ཞིག་པ་ཡིན་པས་ཤིན་ཏུ་ནས་ཀྱང་གཟབ་པར་བྱའོ། །

གཉིས་པ་ནི། བླང་དོར་གནས་སྟོན་བདེ་བར་གཤེགས་པའི་བཀའ། །བླ་མས་གསུངས་ཤིང་རང་གིས་གོ་བཞིན་དུ། །ཁྱད་གསོད་མི་མཐུན་སྤྱོད་འབྲེལ་བཀའ་འདས་གཉིས། །ཞེས་པ་སྟེ། གདུལ་བྱ་ལ་བླང་དོར་གྱི་གནས་སྟོན་པ་སྡེ་སྣོད་གསུམ་དང་རྒྱུད་སྡེ་བཞིས་བསྡུས་པ་བདེ་བར་གཤེགས་པའི་བཀའ་ལས་གསུངས་པའི་དོན་རྣམས་བླ་མས་གསུངས་ཤིང་། རང་གིས་ཀྱང་དེའི་དོན་གོ་བཞིན་དུ། ཁྱད་དུ་གསོད་ནས་སྡོམ་པ་གསུམ་གང་ཡང་རུང་བའི་བསླབ་པ་དང་མི་མཐུན་པར་སྤྱོད་པའམ། དེ་དང་འབྲེལ་པ་གཞན་ལ་བསྟན་ཀྱང་རུང་སྟེ་རྩ་ལྟུང་གཉིས་པར་འགྱུར་རོ། །

གསུམ་པ་ནི། སྤྱི་རིང་ཉེ་དང་ནང་འདྲེས་སྤུན་ལ་ཁྲོས། །འཁོན་འཛིན་ཕྲག་དོག་བཀྲས་སོགས་གསུམ་པའོ། །ཞེས་པ་སྟེ། སྤྱིའི་མཆེད་སེམས་ཅན་ཐམས་ཅད། རིང་བའི་མཆེད་རྒྱལ་བའི་བསྟན་པ་ལ་ཞུགས་སོ་འཚལ། ཉེ་བའི་མཆེད་སྔགས་ཀྱི་ཐེག་པ་ལ་ཞུགས་པ། དེ་ལས་ཀྱང་ཁྱད་པར་དུ་ནང་འདྲེས་པའི་མཆེད་བླ་མ་གཅིག་གིས་བསྐུས་པ་ཕ་གཅིག་པ་དང་། དེའི་ཤུགས་ཀྱིས་དཀྱིལ་འཁོར་གཅིག་གིས་བསྐུས་པ་མ་གཅིག་པ་དང་། གཉིས་ཀས་བསྐུས་པ་ཕ་མ་གཉིས་ཀ་གཅིག་པའི་སྤུན་ཏེ།

དེ་འང་དབང་ཐོབ་པའི་དུས་སྔ་ཕྱི་ཡོད་ན་སྨིན་རྒྱན་གཞོན་དང་། དུས་མཉམ་དུ་ཐོབ་ན་མཆེ་མ་ལྟ་བུ་ཡིན་པས། སྨིན་དེ་དག་སྔ་མ་སྔ་མ་ལས་ཕྱི་མ་ཕྱི་མ་ཉེས་ལྷུ་ཞིང་། དེ་ལྟར་ན་སྨིན་དེ་རྣམས་ལ་ཡིད་ཀྱིས་བྲིས་ཤིང་། ཞེ་ལ་འགོན་འཛིན་པ་དང་། ཕྲག་དོག་གི་བསམ་པས་ལུས་ངག་གིས་བརྙས་པ་དང་། ཚིག་རྩུབ་སྨྲ་བས་དེའི་སེམས་སུན་འབྱིན་པ་རྣམས་རྩ་ལྟུང་གསུམ་པའོ། །

བཞི་པ་ནི། སེམས་ཅན་བདེ་བ་ཀུན་དང་བྲལ་ན་བསམ། །སྙིང་ནས་བྱམས་པ་བཏང་བ་བཞི་པའོ། །ཞེས་པ་སྟེ། ཡུལ་སེམས་ཅན་གང་ཡང་རུང་བ་གཅིག་ལ་དམིགས་ནས། འདི་བདེ་བ་དང་བྲལ་སྡུག་བསྔལ་དང་འཕྲད་ན་ཅི་མ་རུང་སྙམ་དུ་བསམ་པས་སྙིང་ནས་བྱམས་པ་བཏང་བ་རྩ་ལྟུང་བཞི་པའོ། །

ལྔ་པ་ནི། འདོད་ཆགས་སེམས་ཀྱིས་གནས་སྐབས་མ་ཡིན་པར། །བསམ་བཞིན་ཁུ་བ་འབྱིན་དང་སེམས་ཅན་ལ། །བྱང་ཆུབ་སེམས་བསྐྱེད་བཏང་བ་ལྔ་པ་ཡིན། །ཞེས་པ་སྟེ། འདོད་ཆགས་ཀྱི་སེམས་ཀྱིས་བསླབ་པ་ཁྱད་དུ་གསོད་ནས་གནང་བའི་གནས་སྐབས་བདུན་མ་ཡིན་པར་བསམ་བཞིན་ཏུ་ཁུ་བ་འབྱིན་པས་རྟེན་བྱང་ཆུབ་ཀྱི་སེམས་ཉམས་པར་བྱེད་པའམ། སེམས་ཅན་ལ་དམིགས་ནས་སྨོན་འཇུག་གིས་བསྡུས་པའི་བརྟེན་པ་བྱང་ཆུབ་ཀྱི་སེམས་བཏང་བ་ན་རྩ་ལྟུང་ལྔ་པའོ། །དེ་ལ་འདིར་གཙོ་ཆེ་བ་ནི་སྔ་མ་ཁུ་བ་འབྱིན་པ་བཟུང་དགོས་ཏེ། རབ་ཏུ་བྱུང་བ་རྣམས་ཀྱིས་སྤྱོད་ན་ཕམ་ལྟག་གང་རུང་ཡང་འབྱུང་བས། དེ་ལྟར་ན་རྩ་ལྟུང་ལྔ་པའང་འབྱུང་བར་མ་ཟད། བདེ་གཤེགས་བཀའ་འདས་ཀྱི་རྩ་ལྟུང་ཡང་འབྱུང་བས་བག་ཡོད་པར་མཛོད། གནང་བའི་སྐབས་བདུན་ནི། གསང་བའི་དབང་དང་གསུམ་པ་དང་། །རོ་མཉམ་པ་དང་ལྷ་མཆོད་དང་། །རིགས་བརྒྱུད་སྤེལ་དང་རིལ་བུ་དང་། །འཆི་ལྟས་བརྟག་པའི་དུས་ཡིན་ཏེ། །ཞེས་སོ། །

དྲུག་པ་ནི། ལམ་འཚོལ་མུ་སྟེགས་ལམ་ཞུགས་ཉན་རང་དང་། །ལམ་ཆེན་ཐེག་ཆེན་གྲུབ་མཐར་སྨོད་ན་དྲུག །ཅེས་པ་སྟེ། ངན་འགྲོ་ལས་ཐར་བའི་ཐབས་ཀྱི་ལམ་འཚོལ་བ་མུ་སྟེགས་ཁ་ཅིག་དང་། འཁོར་བ་ལས་ངེས་པར་འབྱུང་བའི་ལམ་ལ་ཞུགས་པ་ཉན་རང་གཉིས་དང་། མཐའ་གཉིས་ལས་ངེས་པར་འབྱུང་བའི་ལམ་ཆེན་པོ་ལ་ཞུགས་པ་ཐེག་པ་ཆེན་པོའི་གྲུབ་མཐའ་ལ། ལམ་གོང་མ

ལ་དྲང་བ་སོགས་ཀྱི་དགོས་པ་མེད་པར་སྣང་སེམས་ཀྱིས་སླད་ན་རྩ་ལྟུང་དྲུག་པའོ། །

བདུན་པ་ནི། སྣོད་དང་ཆོ་ག་མ་བྱས་མ་རྫོགས་དང་། །ཉམས་དང་ཟབ་མོས་འཇིགས་ལྟུང་གསང་སྒྲོགས་བདུན། །ཞེས་པ་སྟེ། སྣོད་ཀྱིས་མ་སྨིན་པ་ལོག་སྲེད་ཅན་དེ་རྒྱུད་མ་སྨིན་པ་དང་། ཆོ་ག་མ་བྱས་པས་མ་སྨིན་པ་བུམ་དབང་མ་ཐོབ་པ་དང་། ཆོ་ག་མ་རྫོགས་པས་མ་སྨིན་པ་དབང་གོང་མ་གསུམ་མ་ཐོབ་པ་དང་། དབང་ཐོབ་ཀྱང་རྩ་ལྟུང་གིས་ཉམས་པ་དང་། ཆོས་ཟབ་མོས་འཇིགས་པ་ཉན་རང་སོགས་ནི་རྒྱུན་གྱིས་མ་སྨིན་པ་སྟེ་ཡུལ་ལྔ་པོ་དེ་ལ་གསང་སྔགས་ཀྱི་ཐུན་མོང་མ་ཡིན་པའི་རྫས་དང་སྤྱོད་པ་དང་ཟབ་དོན་གྱི་གསང་བ་བསྒྲགས་པ། དེས་ཀྱང་གོ་ཞིང་མ་དད་ན་རྩ་ལྟུང་བདུན་པའོ། །

བརྒྱད་པ་ནི། ཕུང་ལྔ་སངས་རྒྱས་ལྔ་ལ་བརྙས་པ་ཡིས། །སྨོད་དང་གདུང་བ་བསྐྱེད་ན་བརྒྱད་པ་ཡིན། །ཞེས་པ་སྟེ། ཕུང་པོ་ལྔ་སངས་རྒྱས་ལྔའི་རང་བཞིན་དུ་བསྒོམ་དགོས་པ་ལ། དེ་ལས་བཟློག་སྟེ་རང་གི་ལུས་མི་གཙང་བའོ་ཞེས་བརྙས་པའི་སྒོ་ནས་ངག་གིས་སྨོད་པ་དང་། ལྷའི་ཁྱད་པར་སྒྲུབ་པ་སོགས་ཀྱི་དགོས་པ་མེད་པར་དཀའ་ཐུབ་ཀྱིས་གདུང་བ་དང་། མུ་སྟེགས་བྱེད་ལྟར་ཡན་ལག་གཅོད་པ་སོགས་སྡུག་བསྔལ་གྱིས་གདུང་བ་བསྐྱེད་ན་རྩ་ལྟུང་བརྒྱད་པའོ། །

དགུ་པ་ནི། གཞི་ལམ་འབྲས་བུའི་རང་བཞིན་དག་པ་ལ། །དཀྲི་བར་ཐེ་ཚོམ་ཟ་བ་དགུ་པར་བཤད། །ཅེས་པ་སྟེ། གཞི་ལམ་འབྲས་བུའི་ཆོས་ཐམས་ཅད་དོན་དམ་པ་རང་བཞིན་གྱིས་གྲུབ་པ་མེད་པས་རྣམ་པ་དག་པ་འོད་གསལ་སྤྲོས་པ་ཐམས་ཅད་དང་བྲལ་བ་གནས་ལུགས་ཀྱི་དོན་ལ་དཀྲི་བ་ན། འདི་ཡིན་ནམ་མིན་ནམ་སྙམ་པའི་ཐེ་ཚོམ་གྱིས་ཡིད་མ་ཆེས་ན་རྩ་ལྟུང་དགུ་པའོ། །

བཅུ་པ་ནི། བསྒྲལ་བའི་ཞིང་བཅུ་ཚང་བ་ནུས་བཞིན་དུ། །མི་སྒྲོལ་བ་དང་བྱམས་པ་བྱེད་ན་བཅུ། །ཞེས་པ་སྟེ། སྤྱིར་བསྟན་པ་ལ་གནོད་པ་དཀོན་མཆོག་གསུམ་གྱི་སྐུ་དགྲ་དང་། ཁྱད་པར་རང་ཉིད་ཀྱི་བླ་མའི་སྐུ་དགྲ། སྔགས་ཀྱི་དམ་ཚིག་ཉམས་པ་གསོ་བར་མི་བྱེད་པ། སྔགས་ཀྱི་ལྷ་སྒྲུབ་ལ་ཞུགས་ནས་དེ་ལ་ལོག་ལྟ་སྐྱེས་ནས་སྤྲངས་པ། བླ་མ་དང་མཆེད་ལ་ཞེ་སྡང་ཞིང་འཁྲུ་བ། སྔགས་སྒྲུབ་ལ་འདུ་བར་མི་དབང་བ་རྐྱ་ཐབས་ཀྱིས་འདུ་ནས་ནང་དུ་འོང་བ། སེམས་ཅན་ཡོངས་ལ་གནོད་པ།

དམ་ཚིག་དང་ལྡན་པའི་དགྲར་གྱུར་པ། མི་དགེ་བ་ཁོ་ན་སྤྱོད་པ་ངན་པའི་ངང་ཚུལ་ཅན་ཏེ་སྡུག་བསྔལ་ཀྱི་རྒྱུ་ལ་སྤྱོད་པ་དགུ་དང་། སྡུག་བསྔལ་དངོས་ལ་སྤྱོད་པ་ངན་སོང་གསུམ་གཅིག་ཏུ་བསྡོམས་པས་བཅུ་སྟེ། དེ་དག་མངོན་སྤྱོད་ཀྱིས་བསྒྲལ་ནུས་བཞིན་ཏུ་མི་སྒྲོལ་བ་དང་། དེ་ལས་ཀྱང་བསྒྲལ་བའི་ཞིང་བཅུ་པོ་དེ་རྣམས་ལ་ལུས་ངག་གིས་མཛའ་བོར་བྱས་ནས་ཐ་མལ་པའི་བྱམས་པ་བྱེད་ན་རྩ་ལྟུང་བཅུ་པའོ། །

བཅུ་གཅིག་པ་ནི། མིང་སོགས་བྲལ་ལ་དངོས་དང་དངོས་མེད་རྟོགས། །རྟོག་གེས་འཇལ་བར་བྱེད་ན་བཅུ་གཅིག་པའོ། །ཞེས་པ་སྟེ། མིང་དང་མཚན་མ་སོགས་སྤྲོས་པའི་མཐའ་ཐམས་ཅད་དང་བྲལ་བ་སྟོང་པ་ཉིད་ཀྱི་དོན་ལ་དངོས་པོ་དང་། དངོས་མེད་ཀྱི་མཐའ་གང་རུང་གཅིག་རྟོགས་ནས་རྟོག་གེའི་རིགས་པས་སྒྲོ་སྐུར་གྱིས་འཇལ་བར་བྱེད་ན་རྩ་ལྟུང་བཅུ་གཅིག་པའོ། །

བཅུ་གཉིས་པ་ནི། དད་གསུམ་ལྡན་པའི་སེམས་ཅན་དོན་མི་བྱེད། །སེམས་མི་བསྲུང་དང་བསླུ་བ་བཅུ་གཉིས་པ། །ཞེས་པ་སྟེ། བླ་མ་དང་དཀོན་མཆོག་གི་ཡོན་ཏན་ལ་སྤྲོ་བ་དང་བའི་དད་པ། དེ་དོན་དུ་གཉེར་བས་འདོད་པའི་དད་པ། དེ་དང་དེས་བསྟན་པའི་ཆོས་ལ་ཐེ་ཚོམ་དང་བྲལ་བས་ཡིད་ཆེས་པའི་དད་པ་གསུམ་དང་ལྡན་པའི་སེམས་ཅན་ལ་ཆོས་སྟོན་པ་སོགས་དེའི་དོན་མི་བྱེད་པ་དང་། དེའི་སེམས་མི་བསྲུང་བར་ཚིག་རླངས་པོ་བརྗོད་པའམ། རང་གི་སྤྱོད་ངན་བསྟན་པ་དང་། གཡོ་སྒྱུས་བསླུ་བ་རྣམས་གང་ཡང་རུང་བས་ཡིད་སུན་འབྱིན་པ་ནི་རྩ་ལྟུང་བཅུ་གཉིས་པའོ། །

བཅུ་གསུམ་པ་ནི། སྐབས་བབས་ཡོ་བྱད་ལོངས་སྤྱོད་དམ་ཚིག་རྫས། །དུས་ཚོད་འབྲེལ་གང་མི་བསྟེན་བཅུ་གསུམ་པ། །ཞེས་པ་སྟེ། ཚོགས་ཀྱི་འཁོར་ལོའམ་དབང་བོ་དང་དཔའ་མོའི་དགའ་སྟོན་སོགས་སྔགས་སྤྱོད་ཀྱི་སྐབས་སུ་བབས་པ་རྡོར་དྲིལ་གོས་རྒྱན་སོགས་བཅང་བར་འོས་པའི་ཡོ་བྱད་དང་། ཤ་ལྔ་བདུད་རྩི་ལྔ་ཆང་སོགས་ལོངས་སྤྱོད་པར་འོས་པའི་དམ་ཚིག་གི་རྫས་རྣམས། རང་ཉིད་རྟོགས་གོམས་དང་ལྡན་པ་སོགས་དུས་ཚོད་དང་འབྲེལ་ཀྱང་ཉན་ཐོས་ཀྱི་བསླབ་པ་ལ་འཆེལ་ནས་མི་གཙང་བ་དང་ཉེས་དམིགས་ཀྱི་བསམ་པས་མི་བསྟེན་པ་རྩ་ལྟུང་བཅུ་གསུམ་པའོ། །

བཅུ་བཞི་པ་ནི། སྐྱེ་དང་བུད་མེད་བྲག་ལ་ལྟོས་ཤེས་རབ་མ། །ངོས་སྨོག་སྨིང་ཚིམ་སྨད་གོ་བཅུ་བཞི་

པ༔ །ཞེས་པ་སྟེ། བུད་མེད་ཀྱི་རིགས་འདི་རྣམས་གཡོ་སྒྱུ་ཆེའོ་ཞེས་པ་ལྟ་བུ་སྨྲི་ལ་ལྟོས་ནས་སྨོད་པ་དང་། བྱེ་བྲག་ལ་ལྟོས་པ་རང་གི་བསྙེན་བྱར་འོས་པའི་ཤེས་རབ་མ་སོགས་ལ་ངོས་ནས་སམ། ལྐོག་ཏུའང་རུང་སྟེ། དེ་དག་གི་སྐྱོན་བརྗོད་པའི་སྒོ་ནས་སྙིང་ཆེམ་པར་སྨོད་པ་ཡུལ་དེས་གོ་ན་རྩ་ལྟུང་བཅུ་བཞི་པའོ། །དེ་ཡང་བླ་མེད་ཀྱི་སྡོམ་པ་དང་མི་ལྡན་པ་ཞིག་དགོས་ཏེ། དེ་ལྟར་མིན་ན་རྩ་ལྟུང་དང་པོའམ་གསུམ་པར་འགྱུར་རོ། །

བཞི་པ་ཡན་ལག་སྡོམ་པོའི་ལྟུང་བ་བཤད་པ་ལ་གསུམ། བསྟན་པ། བཤད་པ། དོན་བསྡུ་བའོ། །དང་པོ་ནི། དེ་ནི་ཡན་ལག་སྦོམ་པོའི་ལྟུང་བ་བཤད། །ཅེས་པ་སྟེ། སྔར་བཤད་པའི་རྩ་ལྟུང་གི་རྗེས་སུ་མཐུན་པས་ཡན་ལག་དང་། སྡོམ་པ་གཏོང་བྱེད་ཀྱི་རྒྱུ་མ་ཡིན་ཀྱང་། དངོས་གྲུབ་འགྲུབ་པ་ལ་གེགས་བྱེད་པས་ཉེས་པ་ལྕི་བས་སྦོམ་པོ་ཞེས་བྱ་སྟེ། དཔེར་ན་ཤིང་གི་ཡལ་ག་རགས་པ་ཆད་པ་ལྟར་རོ། །

གཉིས་པ་ལ་གཉིས། སྦོམ་པོ་བརྒྱད་བཤད་དང་། འཆད་ཚུལ་གྱི་རྣམ་གྲངས་གཞན་བཤད་པའོ། །དང་པོ་ནི། དབང་དང་དམ་ཚིག་མ་སྨིན་རིག་མ་བསྟེན། །ཚོགས་ཀྱི་འཁོར་ལོའི་དུས་སུ་ལུས་ངག་རྩོད། །མ་གསུངས་རིག་མར་རང་སྟོབས་བདུད་རྩི་ལེན། །སྣོད་ལྡན་སློབ་མར་གསང་སྔགས་མི་སྟོན་དང་། །དད་ལྡན་ཆོས་འདྲི་བ་ལ་ཆོས་གཞན་སྟོན། །ཉན་ཐོས་ནང་དུ་ཞག་བདུན་ལོངས་པར་བསྡད། །རྣལ་འབྱོར་ཡེ་ཤེས་མི་ལྡན་སྔགས་པར་རློམས། །སྣོད་མིན་ལ་བཤད་ཡན་ལག་ལྟུང་བ་བརྒྱད། །ཅེས་པ་སྟེ། དབང་གིས་རྒྱུད་མ་སྨིན་པ་དང་དམ་ཚིག་དང་མི་ལྡན་པའི་རིག་མ་བསྟེན་པ་དང་ཚོགས་ཀྱི་འཁོར་ལོའི་དུས་སུ་བླ་མ་དང་མཆེད་ལ་ཀུ་རེ་སོགས་ལུས་ངག་གིས་རྩོད་པ་དང་། རྒྱུད་ནས་མ་གསུངས་པའི་རིག་མ་མཚན་ཉིད་དང་མི་ལྡན་པའམ། སྔགས་ཀྱི་ཆོ་ག་བཞིན་དུ་མ་བྱས་པར་རང་སྟོབས་ཀྱིས་རི་ལ་བུ་སོགས་ཀྱི་རྒྱུ་བདུད་རྩི་ལེན་པ་དང་། གསང་སྔགས་ཀྱི་སྣོད་དང་ལྡན་ཞིང་དོན་གཉེར་ཅན་གྱི་སློབ་མ་ལ་གསང་སྔགས་ཀྱི་ཆོས་དཔེ་མཁྱུད་ཀྱིས་མི་སྟོན་པ་དང་། དད་པ་དང་ལྡན་པས་ཆོས་དོན་གཉེར་གྱིས་འདྲི་བ་ལ་ཆོས་དེ་མི་བཤད་པར་ཆོས་གཞན་སྟོན་པ་དང་། སྔགས་ཀྱི་ལྟ་སྤྱོད་ལ་སྐུར་པ་འདེབས་པ་ཉན་ཐོས་དངོས་སམ། དེ་དང་འདྲ་བའི་ནང་དུ་ཞག་བདུན་ལོངས་པར་བསྡད་པ་དང་། རྣལ་འབྱོར་པར་རང་ཉིད་དེ་ཁོ་ན་ཉིད་ཀྱི་ཡེ་ཤེས་དང་མི་ལྡན་པར་སྔགས་ཀྱི་རྡོ་རྗེ་

འཛིན་པར་རློམ་པ་དང་། ཚོགས་བཤད་ཙམ་ལས་སློབ་བཤད་བསྟན་པའི་སྣོད་མ་ཡིན་པ་ལ་ཟབ་དོན་བཤད་པ་དང་བརྒྱད་པའོ། །

གཉིས་པ་ནི། བསྙེན་སོགས་མ་བྱས་དབང་རབ་ལས་ལ་འཇུག །ཕྱི་ཆོས་མོས་ལ་ལུས་ཀྱི་ཕྱག་རྒྱ་བསྟན། །སྡོམ་པ་གཉིས་ཀྱི་བཅས་ལས་དགོས་མེད་འདའ། །ཞེས་པ་སྟེ། བསྙེན་པ་སོགས་མ་བྱས་པར་དབང་བསྐུར་རབ་གནས་སྦྱིན་སྲེག་སོགས་ཀྱི་ལས་ལ་འཇུག་པ་དང་། སྤྱིར་སྔགས་ཀྱི་སྣོད་དང་ལྡན་ཡང་ཕྱིའི་ཆོས་ལ་མོས་པ་ཆེ་བའི་རིགས་ལ་དགོས་པ་མེད་པར་ལུས་ཀྱི་ཕྱག་རྒྱ་འཁྲུལ་འཁོར་སོགས་སྟོན་པ་དང་ཆང་འཐུང་བ་དང་ཕྱི་དྲོའི་ཁ་ཟས་ཟ་བ་ལྟ་བུ་སྡོམ་པ་འོག་མ་གཉིས་ཀྱི་བཅས་པ་ལས་དགོས་མེད་དུ་འདའ་བའོ། །

གསུམ་པ་ནི། ཞེས་སོགས་སྡོམ་པོའི་ལྟུང་བ་དུ་མ་རྣམས། །ཡོད་ཀྱང་ཉེས་པ་ཆུང་ཞེས་དུས་འཁོར་བཤད། །ཅེས་པ་སྟེ། འགྲེལ་ཆེན་ལས། ལྟུང་བ་སྦོམ་པོ་རྣམས་ནི་དུ་མ་སྟེ། དེ་རྣམས་ལ་ཆད་པ་ཤིན་ཏུ་ཆུང་བར་འགྱུར་རོ། །ཞེས་པ་ནི་ངེས་པའོ། །ཞེས་སོ། །

ལྔ་པ་ཁྱད་པར་སྔ་འགྱུར་རྫོགས་པ་ཆེན་པོའི་ལུགས་བཤད་པ་ལ་གཉིས། མདོར་བསྟན་པ། རྒྱས་པར་བཤད་པའོ། །དང་པོ་ནི། ཁྱད་པར་སྔ་འགྱུར་རྫོགས་པ་ཆེན་པོའི་སྲོལ། །ཞེས་པ་སྟེ། གསར་མའི་རྒྱུད་གཞུང་རྣམས་སུ་མ་གྲགས་པས་ན་ཁྱད་པར་བ་སྟེ། དེ་ཡང་རྫོགས་པ་ཆེན་པོས་མཚོན་སྔ་འགྱུར་གྱི་རྒྱུད་རྣམས་ལས་འབྱུང་བའི་ལུགས་སྲོལ་དག་འཆད་པར་བྱའོ། །

གཉིས་པ་ལ་གསུམ། རྩ་བའི་དམ་ཚིག་དང་། ཡན་ལག་གི་དམ་ཚིག་དང་། གཞུང་གིས་མ་ཟིན་ཀྱང་ལྷག་པའི་དམ་ཚིག་ཉི་ཤུ་འགྲེལ་པས་ཁ་སྐོང་སྟེ་བཤད་པའོ། །དང་པོ་ནི། རྩ་བ་བླ་མའི་སྐུ་གསུམ་ཐུགས་གསུམ་ལ། །དགུ་དགུ་ཕྱེ་བ་ཉི་ཤུ་རྩ་བདུན་དང་། །ཞེས་པ་སྟེ། རྩ་བ་བླ་མའི་སྐུ་གསུང་ཐུགས་ཀྱི་དམ་ཚིག་གསུམ་ལ་ཕྱི་ནང་གསང་བ་གསུམ་གསུམ་དང་། དེ་རེ་རེ་ལའང་གསུམ་གསུམ་དུ་ཕྱེ་བས་ཉི་ཤུ་རྩ་བདུན་དུ་འགྱུར་བ་ལས། དང་པོ་སྐུའི་དམ་ཚིག་གསུམ་ཚན་གསུམ་ལས། ཕྱིའི་གསུམ་ནི། མ་བྱིན་ལེན། མི་ཚངས་སྤྱོད། སྲོག་གཅོད་པ་གསུམ་དང་། ནང་གི་གསུམ་ནི། ཕ་མ་དང་རྡོ་རྗེའི་སྤུན་སྲིང་ལ་བརྙས་པ་དང་། ཆོས་དང་གང་ཟག་ལ་བརྙས་པ་དང་། རང་ལུས་ལ་ཧེག་འཚོག

དང་དཀའ་ཐུབ་ཀྱིས་གདུང་བ་གསུམ་དང་། གསང་བའི་གསུམ་ནི། རྡོ་རྗེའི་སྤྱན་ལ་རྡེག་པའམ་རྡེག་པར་གཟས་པ་དང་། བླ་མའི་ཡུམ་ལ་གཅེས་པ་དང་། བླ་མའི་སྐུའི་གྲིབ་མ་འགོངས་པ་དང་། སྤྱན་སྔར་བག་མེད་ཀྱི་སྤྱོད་པ་དང་གསུམ་སྟེ་དེ་རྣམས་སྤང་བར་བྱའོ། །གསུང་གི་དམ་ཚིག་དགུ་ལ། ཕྱིའི་གསུམ་ནི། རྫུན། ཕྲ་མ། ཚིག་རྩུབ་སྨྲ་བ་དང་། ནང་གི་གསུམ་ནི། གཞན་གྱིས་ཆོས་འཆད་པ། དོན་ཡིད་ལ་བསམ་པ། གནས་ལུགས་བསྒོམ་པ་ལ་གཤེ་བ་དང་། གསང་བའི་གསུམ་ནི། རྡོ་རྗེ་མཆེད་ཀྱི་ཚིག །བླ་མའི་ཡུམ་དང་ཉེ་འཁོར་གྱི་ཚིག །བླ་མའི་གསུང་གཅོག་པ་རྣམས་སྤང་བའོ། །གསུམ་པ་ཐུགས་ཀྱི་དམ་ཚིག་དགུ་ལ། ཕྱིའི་གསུམ་ནི། བརྣབས་སེམས། གནོད་སེམས། ལོག་ལྟ་དང་། ནང་གི་གསུམ་ནི། སྤྱོད་པ་ལོག་པ་ལ་བག་མེད། སྒོམ་པ་ལོག་པ་བྱིང་རྒོད། ལྟ་བ་ལོག་པ་རྟག་ཆད་དུ་འཛིན་པ་དང་། གསང་བའི་གསུམ་ནི། ཉིན་ཞག་གི་ཐུན་རེ་རེ་བཞིན་དུ་ལྟ་སྒོམ་སྤྱོད་གསུམ་ཡིད་ལ་མ་བྱས་པ་དང་། ཡི་དམ་གྱི་ལྷ་ཡིད་ལ་མ་བྱས་པ་དང་། བླ་མའི་རྣལ་འབྱོར་དང་མཆེད་ལྕམ་ལ་བརྩེ་གདུང་ཡིད་ལ་མ་བྱས་པ་རྣམས་སྤང་བའོ། །

གཉིས་པ་ཡན་ལག་གི་དམ་ཚིག་བཤད་པ་ལ་གཉིས། བསྟན་པ། བཤད་པའོ། །དང་པོ་ནི། ཡན་ལག་དམ་ཚིག་ཉི་ཤུ་རྩ་ལྔ་ནི། །ཞེས་པ་སྟེ་རྩ་བ་དེ་སྲུང་བའི་ཐབས་སམ་གྲོགས་སུ་གྱུར་པས་ན་ཡན་ལག་དང་། དབྱེ་ན་ལྔ་ཚན་ལྔ་སྟེ་ཉེར་ལྔའོ། །

གཉིས་པ་ལ་ལྔ། སྤྱད་པར་བྱ་བ་ལྔ། མི་སྤང་བ་ལྔ། དང་དུ་བླང་བ་ལྔ། ཤེས་པར་བྱ་བ་ལྔ། བསྒྲུབ་པར་བྱ་བ་ལྔའོ། །དང་པོ་ནི། ཧ་ན་ཀཱ་ཊ་མ་བྱིན་ལེན་དང་རྫུན། །ངག་འཁྱལ་རྣམས་ནི་སྤྱད་པར་བྱ་བ་ལྔ། །ཞེས་པ་སྟེ། འདི་དག་རང་འཛིན་མེད་པར་རྟོགས་གོམས་ཀྱི་གདེང་རྙེད་ན་གཞན་དོན་དུ་སྤྱད་པར་བྱ་སྟེ། དངོས་བསྟན་ལ་ཞིང་བཅུ་སྒྲོལ་བའི་སྲོག་གཅོད་པ་ནས་སློབ་བུ་མ་རུངས་པའི་རྒྱུད་འཚོས་པའི་ཕྱིར་ཞེ་གཅོད་ཀྱི་བརླང་ཚིག་སྨྲ་བའི་བར་དུའོ། །སྦས་དོན་ནི། རླུང་དང་རྣམ་རྟོག་གཅོད་པའི་སྲོག་གཅོད། རླུང་ཐུམ་པ་ཅན་ཁ་སྦྱོར་གྱིས་ཞུ་བདེ་འཛག་མེད་སྒྲུབ་པའི་འདོད་སྤྱོད། བཙུན་མོའི་ཤུ་ཀྲ་བླངས་པའི་མ་བྱིན་ལེན། རང་བཞིན་གྱིས་མེད་པའི་འཁོར་བ་ལས་འགྲོ་བ་སྒྲོལ་བའི་རྫུན། བརྗོད་མེད་ཀྱི་དོན་བརྗོད་པའི་བརླང་ཚིག་རྣམས་སོ། །

གཉིས་པ་ནི། འདོད་ཆགས་ཞེ་སྡང་གཏི་མུག་ང་རྒྱལ་དང་། །ཕྲག་དོག་ལྔ་ནི་མི་སྤང་དམ་ཚིག་ལྔ། །ཞེས་པ་སྟེ། དངོས་བསྟན་ལ་སྦྱོར་བཏང་དུ་ཆོས་ཐམས་ཅད་རང་གི་ངོ་བོས་སྟོང་པས་སྤང་བྱའི་རྫས་མ་གྲུབ་པའི་ཕྱིར་དང་། ཁྱད་པར་དུ་ཐབས་ཀྱིས་ཟིན་ན་ཉོན་མོངས་པ་ལྔ་ཡེ་ནས་རིགས་ལྔའི་རང་བཞིན་ཡིན་པས། མི་འཆིང་བར་མ་ཟད་རྣམ་པར་གྲོལ་བའི་མྱུར་ལམ་ཡིན་པས་ན་མི་སྤང་བའོ། །སྦས་དོན་ནི། སྙིང་རྗེས་སེམས་ཅན་ལ་རྗེས་སུ་ཆགས་པའི་འདོད་ཆགས་དང་། རང་རིག་པའི་ཡེ་ཤེས་ཀྱིས་ལོག་རྟོག་འཇོམས་པའི་ཞེ་སྡང་། ཆོས་ཐམས་ཅད་མཉམ་ཉིད་དུ་རྟོགས་པས་བླང་དོར་མེད་པའི་གཏི་མུག །མཉམ་ཉིད་རྟོགས་པའི་ལྟ་བ་གཞན་དུ་མི་འབེབས་པའི་ང་རྒྱལ། གཉིས་འཛིན་གྱི་རྟོག་པ་མཉམ་ཉིད་ཀྱི་ཀློང་དུ་མི་ཤོང་བའི་ཕྲག་དོག་རྣམས་རྟོགས་གོམས་ཀྱི་ཐབས་ཀྱིས་མི་སྤང་བའོ། །

གསུམ་པ་ནི། དྲི་ཆེན་དྲི་ཆུ་རཀྟ་མཱཾ་ས་དང་། །རྡོ་རྗེ་ཟིལ་བ་དང་དུ་བླངས་པ་ལྔ། །ཞེས་པ་སྟེ། དངོས་བསྟན་ཆོས་ཐམས་ཅད་མཉམ་ཉིད་དུ་རོལ་བས་གཙང་རྨེའི་རྟོག་པ་མེད་པའི་ཕྱིར་དང་དུ་བླངས་པ་དང་། རིགས་ལྔ་ཡེ་ཤེས་ལྔ་སྒྲུབ་པའི་དམ་རྫས་ཀྱང་ཡིན་ཏེ། རིམ་པ་ལྟར་རྣམ་སྣང་། དོན་གྲུབ། སྣང་མཐའ། རིན་འབྱུང་། མི་བསྐྱོད་པ་རྣམས་གྲུབ་པའོ། །སྦས་དོན་དུ་ཕུང་ལྔའི་དྭངས་མ་འཛག་མེད་དུ་འཆིང་བས་དང་དུ་བླངས་པའོ། །

བཞི་པ་ནི། ཕུང་ལྔ་འབྱུང་ལྔ་ཡུལ་ལྔ་དབང་པོ་ལྔ། །ཁ་དོག་ལྔ་རྣམས་ལྷ་རུ་ཤེས་པ་ལྔ། །ཞེས་པ་སྟེ། ཆོས་ཐམས་ཅད་ཡེ་ནས་སངས་རྒྱས་པས། ཕུང་ལྔ་གཤེགས་པ་ལྔ། འབྱུང་ལྔ་ཡུམ་ལྔ། དབང་ཤེས་ལྔ་སེམས་དཔའ། ཡུལ་ལྔ་སེམས་མ། ཁ་དོག་ལྔ་རིགས་ལྔ་ཡེ་ཤེས་ལྔའི་རང་བཞིན་ཏུ་ལྟ་བས་གདན་ལ་འབེབས་ཏེ། རྟོག་ཚོགས་ཐམས་ཅད་སྐུ་དང་ཡེ་ཤེས་ཀྱི་དཀྱིལ་འཁོར་དུ་ཤེས་པར་བྱའོ། །

ལྔ་པ་ནི། དེ་བཞིན་གཤེགས་པ་དང་རྡོ་རྗེ་རིན་པོ་ཆེ། །པདྨ་ལས་རིགས་བསྒྲུབ་བྱ་ལྔ་རྣམས་ནི། །དུས་ཚོད་འབྲེལ་བའི་སྤྱོད་པས་དགོངས་པ་བླང་། །ཞེས་པ་སྟེ། ཤེས་པར་བྱ་བའི་དམ་ཚིག་རྣམས་ལྟ་བས་ངེས་པ་སྐྱེད་པ་ན་རྟོགས་གོམས་ཀྱི་སྦྱོར་བས་རིགས་ལྔ་པོ་རང་རྒྱུད་ལ་ཚུལ་བཞིན་ཏུ་ཉམས་སུ་བླངས་ནས་བསྒྲུབ་པར་བྱའོ། །དེ་ཡང་ཤེས་པར་བྱ་བ་ལྟ་བུའི་དམ་ཚིག་དེ་རྟོགས་ནས་བསྒྲུབ་པར་བྱ་

ཉམས་པ་དང་། བྱ་བ་དེ་ལས་ཆེ་བ་གཞན་བྱ་དང་། གཞན་དོན་དུ་འགྱུར་ངེས་པའི་དོན་ཆེན་པོ་མཐོང་བ་དང་། སྐྱེ་བ་མེད་པའི་དོན་ལ་བརྟན་པ་ཐོབ་པ་དང་། གཞན་དྲང་བ་སོགས་ཀྱི་དགོས་པ་དང་ལྡན་པ་དང་། རྟོགས་གོམས་ཀྱི་ནུས་པ་རྙེད་པ་དང་། ལྷག་པའི་ལྷ་ཡིས་གནང་བ་ཐོབ་པ་དང་། བླ་མས་བཀའ་བསྒོ་བ་དང་། དོན་དེས་རང་གི་སྲོག་ལ་བར་ཆད་དུ་འགྱུར་བ་ལ་ཉེས་པ་མེད་ཅེས་སྙིང་པོ་རྒྱན་ལས་གསུངས་སོ། །དེ་ལས། ནདང་དབང་ཉམས་བྱ་བ་ནི། །གཞན་གྱི་དོན་དང་དོན་ཆེན་དང་། །སྐྱེ་མེད་བརྟན་དང་དགོས་ལྡན་དང་། །ནུས་པ་རྙེད་དང་གནང་བ་དང་། །བཀའ་བསྒོ་བ་དང་བར་ཆད་ལས། །ཉེས་པ་མེད་པར་ཤེས་པར་བྱ། །ཞེས་སོ། །

བཞི་པ་ནི། དེ་ལྟར་ཉིན་མཚན་ཐུན་ལ་ལན་དྲུག་ཏུ། །སྤང་བླང་དམ་ཚིག་གནས་ལ་བསྒྲིམས་ཏེ་བྱ། །དྲུག་ཆ་འདས་ན་ཐུན་ཚོད་འདས་ཞེས་བྱ། །ཞག་གཅིག་ཟླ་གཅིག་ལོ་གཅིག་ལོ་གཉིས་འདས། །འགལ་ཉམས་འདས་རལ་ཞེས་བརྗོད་དེ་དག་ཀྱང་། །སྙིང་ནས་བཤགས་ན་གསོར་རུང་ཕྱི་རིམ་ལྷི། །ལོ་གསུམ་འདས་ན་གསོར་མི་རུང་བ་ཡིན། །ཞེས་པ་སྟེ། དེ་ལྟར་ན་ཉིན་མཚན་གྱི་ཐུན་ལ་ཉིན་ལན་གསུམ་མཚན་ལན་གསུམ་སྟེ་དྲུག་ཏུ། ཐུན་རེ་རེ་བཞིན་སྤང་བླང་དམ་ཚིག་གི་གནས་ལ་འགལ་མ་འགལ་སེམས་ལེགས་པར་བསྒྲིམས་ཏེ་བརྟགས་ཤིང་དཔྱད་པས། དྲུག་ཆའི་ནང་དུ་གཉེན་པོས་མ་སླེབས་པར་འདས་ན་ཐུན་ཚོད་ལས་འདས་པ་ཞེས་བྱ་བ་དང་། ཞག་གཅིག་ཚུན་ཆོད་འགལ་བ་དང་། ཟླ་བ་གཅིག་ཚུན་ཉམས་པ་དང་། ལོ་གཅིག་ཚུན་འདས་པ་དང་། ལོ་གཉིས་སམ་དེ་ལས་འདས་ནས་ལོ་གསུམ་ཚུན་ཆད་རལ་བ་ཞེས་བརྗོད་དེ། དེ་དག་ཀྱང་སྙིང་ནས་བརྩོན་པ་ཆེན་པོས་བཤགས་ན་གསོར་རུང་མོད། དུས་ལ་ལྟོས་ནས་ཉེས་པ་སྔ་མ་ལས་ཕྱི་མ་རྣམས་རིམ་གྱིས་ལྷིའོ། །ལོ་གསུམ་འདས་ན་དེ་ནས་གསོར་མི་རུང་བ་ཡིན་នོ། །དེ་ཡང་ངོ་བོ་ལ་ལྟོས་ནས་རྩ་བ་དང་ཡན་ལག་གི་དམ་ཚིག་དང་། དུས་ལ་ལྟོས་ནས་ཐུན་འདས་སོགས་ཀྱི་ལྗི་ཡང་གི་ཚད་ཀྱང་ཤེས་པར་བྱའོ། །

ལྔ་པ་ཕྱིར་བཅོས་དངོས་ལ་བཞི། དབང་བཞི་ལ་ལྟོས་པའི་གསོ་ཐབས། དུས་འདས་ལ་ལྟོས་པའི་གསོ་ཐབས། སྙིང་པོ་རྒྱན་ལས་བཤད་པའི་ཕྱིར་བཅོས་ཉེར་ལྔ། ཡོ་ག་གསུམ་གྱི་རྣལ་འབྱོར་སྤྱི་ཁྲུས་ཀྱིས་གསོ་བའོ། །དང་པོ་ནི། དབང་བདུན་ཐོབ་ལ་ལྷ་གྲངས་རེ་རེ་ལ། །བཟླས་པ་སུམ་ཁྲི་དྲུག

སྟོང་བྱས་པས་སྨྱུངས། །བུམ་གསང་ཐོབ་རྣམས་སྟོན་དུ་ཆད་ལས་སྨྱུང་། །དེ་རྗེས་དཀྱིལ་འཁོར་ཞུགས་ལ་དབང་བཞི་ལེན། །ཤེར་དབང་ཚིག་དབང་ཐོབ་ཉམས་བསྐྱེད་རིམ་དང་། །འཕོ་མེད་ཚུལ་ཁྲིམས་རྫོགས་པའི་རིམ་པ་དང་། །རང་རྒྱུད་བྱིན་རླབས་མ་གཏོགས་གཞན་མི་འདག །ཅེས་པ་སྟེ། དེ་ཡང་དབང་ཐོབ་མཚམས་ལ་ལྟོས་ནས་ལྟུང་བ་སྦྱོང་ཐབས་དུས་ཀྱི་འཁོར་ལོ་ལས་འབྱུང་བ་ལྟར་ན། འདི་ལྟར་བུམ་དབང་བདུན་ཙམ་ཐོབ་པ་ལ་དཀྱིལ་འཁོར་གྱི་ལྷ་གྲངས་རེ་རེ་ལ་བཟླས་པ་སུམ་ཁྲི་དྲུག་སྟོང་རེ་བྱས་པས་སྦྱུང་བ་དང་། བུམ་གསང་གཉིས་ཐོབ་པ་ལས་ཉམས་ན། དེའི་སྟེང་དུ་སློབ་དཔོན་གྱིས་ཇི་སྐད་གསུངས་པ་ལྟར། སྟོན་དུ་ཆད་ལས་རྣམས་སྨྱུངས་ཏེ། དེའི་རྗེས་སུ་དཀྱིལ་འཁོར་དུ་ཞུགས་ནས་དབང་བཞི་ལེན་པ་དང་། ཤེར་དབང་ཚིག་དབང་བཅས་ཐོབ་པ་ལས་ཉམས་ན་དབེན་པའི་གནས་སུ་བསྐྱེད་རིམ་དང་། འཕོ་མེད་ཚུལ་ཁྲིམས་ཏེ་དཀྱིལ་འཁོར་འཁོར་ལོའི་མཚན་བཅས་དང་མཚན་མེད་ཀྱི་རྫོགས་རིམ་བསྒོམ་པ་དང་། རང་རྒྱུད་བྱིན་གྱིས་བརླབས་པ་མཚན་བཅས་གཏུམ་མོ་བསྒོམ་པ་ལས་གཞན་གྱིས་མི་འདག་གོ། །དེ་ཐམས་ཅད་ཀྱིས་ཀྱང་དག་པའི་མཚན་མ་མཐོང་བ་ན་དཀྱིལ་འཁོར་དུ་ཞུགས་ནས་སྡོམ་པ་བཟུང་ཞིང་དབང་བླང་བར་བྱའོ། །

གཉིས་པ་ནི། འགལ་ན་ཚོགས་འཁོར་ཉམས་ན་བདག་པས་བསྐང་། །འདས་ན་བུ་དང་ཆུང་མ་ནོར་སོགས་དང་། །རལ་ན་རང་གི་སྲོག་གིས་གསོ་བར་བཤད། །ཅེས་པ་སྟེ། འགལ་ན་དཔའ་བོ་དཔའ་མོའི་དགའ་སྟོན་ཚོགས་ཀྱི་འཁོར་ལོ་ཕུལ་ནས་བསྐང་བ་དང་། ཉམས་ན་རང་གི་བདག་པ་ཐམས་ཅད་ཕུལ་ནས་བསྐང་བ་དང་། འདས་ན་བུ་དང་ཆུང་མ་ཉེ་འཁོར་ལུས་ངག་ཡིད་དང་བཅས་པས་བསྐང་བ་དང་། རལ་ན་བསྟན་པ་དང་བླ་མའི་དོན་དུ་རང་གི་སྲོག་གཏོང་སྟེ་བསྐང་བར་བྱའོ། །ཚོགས་འཁོར་འདོག་པ་སོགས་ནི་གང་ལས་ལྟུང་བ་འབྱུང་བའི་ཡུལ་དངོས་བཞུགས་ན་དེ་ལ་ཕུལ་ནས་བཤགས་དགོས་སོ། །

གསུམ་པ་ནི། སྙིང་པོ་རྒྱན་ལས་གསོ་བའི་ཚོ་ག་ནི། །ཚོགས་ཞིང་ལ་བཤགས་དྲལ་བའི་ སྔགས་རྒྱ་དང་། །བཟླ་བའི་རིམ་པ་གཏུམ་མོའི་མེས་སྲེག་དང་། །མི་དམིགས་བསྒོམ་དང་དབང་བཞི་བླང་བ་དང་། །ཚོགས་སུ་ཞུ་དང་རྗེན་ལ་སླེ་བ་དང་། །མཎྜལ་འབུལ་དང་མཆོད་རྟེན་བྱ་བ་དང་། །མི་

ལ་སྦྱང་དང་གཏོར་མ་གཏོང་བ་དང་། །གསང་སྔགས་བཟླ་དང་ཟབ་མོའི་བསམ་གཏན་དང་། །སྲོག་སྐྱོབས་བཀའ་འཁོལ་བླ་མ་བསྟེན་པ་དང་། །བདག་འཇུག་རྒྱལ་བའི་ཡིག་བརྒྱ་དུས་བཟང་བཟླ། །ཕུང་པོ་གསུམ་པ་རྡོར་སེམས་བླ་མ་དང་། །ཐིག་ལེ་ཕྲ་མོའི་རྣལ་འབྱོར་བསྒོམ་པས་གསོ། །ཞེས་པ་སྟེ། ཚོགས་ཞིང་སྤྱན་དྲངས་པའི་དྲུང་དུ་བཤགས་སྡོམ་བྱ་བ་དང་། ཡོ་ག་ནས་འབྱུང་བའི་དྲལ་བའི་སྔགས་རྒྱས་སྦྱོང་བ་དང་། བཀྲུ་བའི་རིམ་པ་ཕྱི་ཁྲུས་བུམ་ཆུ་དང་། ནང་ཁྲུས་དབང་ལྷ་ལས་རིག་དབང་ལེན་པ་དང་། གཏུམ་མོའི་མེས་ལྟེ་བའི་གཾ་ཡིག་བསྲེག་པ་དང་། འཁོར་གསུམ་མི་དམིགས་པའི་སྟོང་ཉིད་བསྒོམ་པ་དང་། བླ་མ་ལས་དབང་བཞི་བླང་བ་དང་། ཚོགས་འཁོར་གྱི་དུས་སུ་བཤགས་སྡོམ་གྱིས་ཞུ་བ་དང་། རྟེན་བྱིན་ཅན་གྱི་དྲུང་དུ་ཡན་ལག་བདུན་པ་སྔོན་དུ་འགྲོ་བས་སྨྲེ་སྔགས་ཀྱིས་བཤགས་པ་དང་། མཎྜལ་ཕུལ་བ་དང་། མཆོད་རྟེན་དང་སཱ་ཙྪ་གདབ་པ་དང་། ཞི་སྲེག་རྒྱས་པའམ་རྡོ་རྗེ་མཁའ་འགྲོའི་སྦྱིན་སྲེག་གི་མེ་ལ་སྦྱང་བ་དང་། འདས་མ་འདས་ཀྱི་གཏོར་མ་གཏོང་བ་དང་། རང་གི་ལྷག་པའི་ལྷ་ཡི་གསང་སྔགས་བཟླ་བ་དང་། ཞི་ལྷག་ཟབ་མོའི་བསམ་གཏན་བསྒོམ་པ་དང་། ཞི་ཁྲོ་འདོན་བྱ་བ་སོགས་གཞན་གྱི་སྲོག་སྐྱོབས་པ་དང་། མདོ་རྒྱུད་ཟབ་མོའི་བཀའ་ཀློག་པ་དང་། བླ་མ་གཙུག་གི་ནོར་བུ་ལྟར་བསྟེན་པ་དང་། སྙིང་གར་དམ་ཚིག་རྡོ་རྗེ་དོན་གྲུབ་ཡབ་ཡུམ་བསྒོམ་པའི་ཐུགས་ཀའི་ས་བོན་ལས་བདུད་རྩིའི་རྒྱུན་བབ་སྟེ་སྡིག་ལྟུང་སྦྱོར་བར་བསམ། ཨོཾ་ཨཱཿབཾ་ཧཱུཾ་ཞེས་པའི་བསྙེན་པ་སྔོན་དུ་འགྲོ་བས་ལུས་དཀྱིལ་ཕྱི་དཀྱིལ་གང་རུང་དུ་བདག་འཇུག་བླངས་པ་དང་། རྟེན་བྱིན་ཅན་གྱི་དྲུང་དུ་དེ་བཞིན་གཤེགས་པའི་ཡིག་བརྒྱ་སྟོང་ཕྲག་ལྔ་བཟླ་བ་དང་། ཉ་སྟོང་བརྒྱད་སོགས་དུས་བཟང་ལ་སྡིག་སྦྱོང་ལ་བསྔགས་པའི་གཟུངས་སྔགས་བྱིན་ཅན་བཟླ་བ་དང་། དུས་དྲུག་ཏུ་ཕུང་པོ་གསུམ་པ་གདོན་པ་དང་། རྡོར་སེམས་ཀྱི་བདུད་རྩི་འབབས་སྦྱང་བསྒོམ་པ་དང་། བླ་མ་རྡོ་རྗེ་འཆང་སྤྱི་བོར་བསྒོམ་པའི་གནས་གསུམ་དུ་འབྲུ་གསུམ་གསལ་བཏབ་ནས་སྲོག་རྩོལ་བསྡམས་ཏེ། ཡིད་བཟླས་བྱ་བ་དང་། ཐིག་ལེའི་རྣལ་འབྱོར་དཔྱིད་ཐིག་གི་འབབ་འཛག་བསྒོམ་པ་དང་། ཕྲ་མོའི་རྣལ་འབྱོར་རྩ་འཁོར་ལྔའི་ལྟེ་བར་རིགས་ལྔའི་ཕྱག་མཚན་ཕྲ་མོ་གསལ་བ་ལ་སེམས་བཟུང་སྟེ་མགོན་པོ་ལྔའི་རླུང་གཙུན་པ་རྣམས་བསྒོམ་པར་བྱའོ། །

བཞི་པ་ནི། གླང་ཆེན་རབ་འབོག་རྒྱུད་ལས་གསུངས་པ་ཡི། །རྣལ་འབྱོར་སྤྱི་ཁྲུས་འགྲོད་ཚངས་དོང་སྤྲུག་གི། །བཤགས་པས་མི་འདག་མེད་ཕྱིར་ཉམས་སུ་བླངས། །ཞེས་པ་སྟེ། གླང་ཆེན་རབ་འབོག་གི་རྒྱུད་ལས་རྟོག་པ་གཅིག་ཁོར་དུ་ཕྱུང་བ་ཀཱུ་དུམ་བུའི་རྒྱུད་ཅེས་དྲི་མེད་བཤགས་རྒྱུད་ལས་གསུངས་པ་ཡི་ཡོ་ག་གསུམ་གྱི་རྣལ་འབྱོར་པ་རྣམས་ཀྱི་ཉམས་ཆགས་སྐོང་ཞིང་རྟོག་སྒྲིབ་སྦྱོང་བའི་སྤྱི་ཁྲུས་སྨད་དུ་བྱུང་བ་ན་རག་དོང་སྤྲུགས་ཀྱི་མན་ངག་ལྟར། ཕྱི་ཡོ་བྱད་ཚོགས་ཀྱི། ནང་ཕུང་པོ་རྟེན་གྱི། གསང་བ་བྱང་ཆུབ་སེམས་ཀྱི་བསྐང་བཤགས་གསུམ་ཉ་སྟོང་ཆོས་བརྒྱད་ལ་བྱས་ན་དེ་ཚུན་ཆད་ཀྱི་ཉམ་ཆགས་ཐམས་ཅད་སོས་པར་གསུངས་ཤིང་། དེ་ལྟར་མ་གྲུབ་ན་རྒྱུན་དུ་ཕྱག་གི་བཀོལ་བྱང་ཙམ་ཡི་དམ་བགྱིས་པས་ཀྱང་ཉམས་ཆགས་ཐམས་ཅད་འདག་པར་གསུངས་པས་ཉམས་སུ་བླང་བར་བགྱིའོ། །

གཉིས་པ་ཕྱིར་བཅོས་མ་བྱས་པའི་ཉེས་པ་ནི། མ་བཤགས་ཚེ་འདིར་ཡིད་མི་འོང་བས་མནར། །ཕྱི་མ་རྡོ་རྗེའི་དམྱལ་བ་ཞེས་བྱ་བ། མནར་མེད་དོ་ཟླ་མེད་པའི་གནས་སུ་སྐྱེ། །ཞེས་པ་སྟེ། རྩ་བའི་དམ་ཚིག་ཉམས་ནས་མ་བཤགས་ན་ཚེ་འདིར་ཡང་དབང་སྟོད་བསྒྲུབ་པས་ཡུལ་ཁམས་དགྲར་ལྡང་བ་ལྟར། སྒྲུབ་པ་ཐམས་ཅད་ཕྱིན་ཅི་ལོག་ཅི་ལོག་ཏུ་འགྱུར་བས་ཡིད་དུ་མི་འོང་བ་དུ་མས་མནར་ཞིང་། ཕྱི་མ་རྡོ་རྗེའི་དམྱལ་བ་ཞེས་བྱ་བ་དམྱལ་ཆེན་ཕལ་པ་འབུམ་ཕྲག་གཅིག་གི་སྡུག་བསྔལ་ལས་ཀྱང་ཆེས་ཤིན་ཏུ་སྡུག་བསྔལ་བ་མནར་མེད་དོ་ཟླ་མེད་པའི་གནས་སུ་སྐྱེ་སྟེ། དེ་ནས་བསྐལ་པ་ཐེར་འབུམ་མང་པོར་འཇིག་རྟེན་གྱི་ཁམས་གཅིག་ནས་གཅིག་ཏུ་བརྒྱུད་དེ་སྡུག་བསྔལ་ལས་ཐར་བའི་གོ་སྐབས་མེད་པར་འགྱུར་རོ། །དེ་ལྟ་བུའི་སྐྱེ་བོ་སྡིག་པོ་ཆེ་དེས་ནི་རང་ཉིད་ཉམས་པར་མ་ཟད་གཞན་ལའང་ཟླས་ཉམས་ཀྱི་ཉེས་པ་བགོ་བར་བྱེད་དེ། ཀུན་འདུས་ལས། ཇི་ལྟར་འོ་མ་རུལ་བ་དག །རུལ་བས་འོ་མ་ཀུན་རུལ་ལྟར། །རྣལ་འབྱོར་ཉམས་གྱུར་གཅིག་གིས་ནི། །རྣལ་འབྱོར་ཅན་ཀུན་མ་རུངས་བྱེད། །ཅེས་སོ། །

བདུན་པ་ཕན་ཡོན་ནི། མ་ཉམས་རིང་མཐའ་སྐྱེ་བ་བཅུ་དྲུག་གམ། །མྱུར་ན་ཚེ་འདི་འམ་འཆི་ཁ་བར་དོ་རུ། །ཐུན་མོང་གྲུབ་པ་བརྒྱད་དང་དབང་ཕྱུག་བརྒྱད། །མཆོག་གི་དངོས་གྲུབ་ཁ་སྦྱོར་བདུན

ལྡན་ཐོབ། །དེ་ཕྱིར་རང་གཞན་དོན་གཉིས་ལྷུན་གྱིས་གྲུབ། །ཅེས་པ་སྟེ། དམ་ཚིག་ལས་མ་ཉམས་ན་ཚེས་ཤིན་ཏུ་རིང་མཐར་བཟུང་ན་སྐྱེ་བ་བཅུ་དྲུག་གམ། བདུན་ནས་འབྲས་བུ་གྲུབ་པར་འགྱུར་ཞིང་། གལ་ཏེ་དམ་ཚིག་རྣམ་པར་དག་ཅིང་ལམ་རིམ་པ་གཉིས་ལ་འབད་དེ། དེའང་དབང་རྣོན་ཞིག་ན་ཚེ་འདིར་མཆོག་གི་དངོས་གྲུབ་ཐོབ་པ་དང་། དབང་འབྲིང་དཔེའི་ཡེ་ཤེས་མངོན་དུ་གྱུར་པ་ཞིག་ཡིན་ན། འཆི་ཁར་དོན་གྱི་འོད་གསལ་མངོན་དུ་བྱས་ནས་བར་དོར་སློབ་པའི་ཟུང་འཇུག་གི་སྐུར་ལྡང་བ་དང་། དབང་བརྟུལ་བར་དོ་ནས་རང་བཞིན་སྤྲུལ་སྐུའི་ཞིང་དུ་དབུགས་དབྱུང་སྟེ་གྲོལ་བར་འགྱུར་རོ། །འོན་དེ་དག་གིས་ཐོབ་བྱའི་དངོས་གྲུབ་དེ་གང་ཞེ་ན། ཐུན་མོང་དང་མཆོག་གི་དངོས་གྲུབ་གཉིས་ཏེ། དང་པོ་ལའང་ཆུང་འབྲིང་ཆེ་གསུམ་ལས། ཆུང་བ་ལས་ཆེན་བརྒྱད་ནི། དབང་དང་། མངོན་སྤྱོད་དང་། དགྲ་སྟེ་འཇིགས་པ་དང་། བསྐྲད་པ་དང་། བསད་པ་དང་། དགུག་པ་དང་། ཞི་བ་དང་། རྒྱས་པ་རྣམས་སོ། །འབྲིང་གྲུབ་ཆེན་བརྒྱད་ནི། གུར་ལས། མིག་སྨན་དང་ནི་རྐང་མགྱོགས་དང་། །རལ་གྲི་དང་ནི་ས་འོག་གྲུབ། །རིལ་བུ་དང་ནི་མཁའ་སྤྱོད་ཉིད། །མི་སྣང་བ་དང་བཅུད་ཀྱིས་ལེན། །ཞེས་སོ། །ཆེན་པོ་དབང་ཕྱུག་གི་ཡོན་ཏན་བརྒྱད་ནི། ཇི་སྐད་དུ། གཟུགས་ཕྲ་རེག་པ་ཡང་བ་དང་། ཁྱབ་དང་ཡང་དག་ཐོབ་པ་ཉིད། །རབ་ཏུ་གསལ་བ་ཉིད་བརྟན་པ། །དབང་ཕྱུག་ཉིད་དང་འདོད་དགུར་བསྒྱུར། །ཞེས་ཏེ། འདི་དག་ནི་བསྐྱེད་རིམ་ཁོ་ནས་ཀྱང་འགྲུབ་ནུས་པ་ཡིན་ནོ། །མཆོག་གི་དངོས་གྲུབ་ནི། སྐུ་བཞི་ཡེ་ཤེས་ལྔའི་བདག་ཉིད་མི་སློབ་པའི་ཟུང་འཇུག་མངོན་དུ་བརྙེས་པའོ། །དེ་ཡང་ལྡོག་ཆས་དབྱེ་ན་ཁ་སྦྱོར་ཡན་ལག་བདུན་ལྡན་ཏེ། གསུང་རྣམ་པ་ཐམས་ཅད་པ་ཐེག་པ་ཆེན་པོའི་ཆོས་ལ་ལོངས་སྤྱོད་པས་ན་ལོངས་སྤྱོད་རྫོགས་པ་དང་། སྐུ་ཤེས་བྱའི་སྣང་བརྙན་ཡོད་དགུར་འཆར་བ་ནི་ཁ་སྦྱོར་དང་། མི་འགྱུར་བའི་བདེ་བ་ཆེན་པོ་དང་། རང་བཞིན་གྱིས་སྤྲོས་པ་མེད་པ་ནི་སྤྲོས་པ་ཐམས་ཅད་ལས་འདས་པའི་སྟོང་ཉིད་དང་། སྙིང་རྗེས་ཡོངས་གང་ནི་དམིགས་པ་མེད་པའི་ཐུགས་རྗེ་ཆེན་པོ་དང་། རྒྱུན་མི་ཆད་པ་ནི་ཐུགས་རྗེ་དེ་ཉིད་ནམ་དུའང་རྒྱུན་ཆད་པ་མེད་པར་འཇུག་པར་རྟག་པ་དང་། འགོག་པ་མེད་པ་ནི་སེམས་ཅན་སོ་སོའི་མོས་པ་ལྟར་སྐུ་དང་ཆོས་སྒོ་མཐའ་ཡས་པར་འཆར་བ་དང་། དེ་ཡང་དང་པོ་བཞིས་རང་དོན་དང་། ཕྱི་མ་གསུམ་གྱིས་གཞན་དོན་ཕུན་ཚོགས་བསྟན་པ་བཅས་འགྲེལ་པ་

དཔག་བསམ་སྐྱེ་མའི་དགོངས་པ་ལྟར་རོ། །གཞན་ལས་འཆད་ཚུལ་གྱི་རྣམ་གྲངས་གཞན་ཡང་ཡོད་དོ༑ ༑དེའི་ཕྱིར་ན་རང་གཞན་གྱི་དོན་གཉིས་ལྷུན་གྱིས་གྲུབ་པར་འགྱུར་རོ། །སྐབས་བསྡུ་བ་ནི། གསང་སྔགས་རིག་འཛིན་སྡོམ་པའི་རིམ་པར་ཕྱེ་བ་སྟེ་བཞི་པའོ། །ཞེས་སོ།། །།

༄ གསུམ་པ་སྡོམ་པ་གསུམ་གང་ཟག་གཅིག་གི་རྒྱུད་ལ་འགལ་མེད་དུ་ཉམས་སུ་ལེན་ཚུལ་གྱིས་མཐའ་དཔྱད་པས་དོན་བསྡུ་བ་ལ་གསུམ། བརྗོད་བྱའི་ལུས་ངེས་བཟུང་བའི་སྒོ་ནས་མདོར་བསྟན་པ། ཡན་ལག་རྒྱས་པར་བཤད་པའི་སྒོ་ནས་མཐའ་དཔྱད་པ། སྡོམ་པ་གསུམ་ཉམས་སུ་ལེན་ཚུལ་བསྡུས་ཏེ་བསྟན་པའི་སྒོ་ནས་མཇུག་བསྡུ་བའོ། །དང་པོ་ནི། དེ་ལྟའི་སྡོམ་གསུམ་གང་ཟག་རྒྱུད་གཅིག་ལ། །རང་ལྡོག་མ་འདྲེས་དགག་དགོས་ཡོངས་སུ་རྫོགས། །ངོ་བོ་གནས་འགྱུར་ཡོན་ཏན་ཡར་ལྡན་པས། །གནད་ཀྱིས་མི་འགལ་དུས་སྐབས་གབ་གཙོར་སྤྱད། །ཅེས་པ་སྟེ། སྔར་བཤད་པ་དེ་ལྟ་བུའི་སོ་བྱང་སྔགས་ཀྱི་སྡོམ་པ་གསུམ་པོ་དེ་རིམ་པར་ནོད་པའི་གང་ཟག་གི་རྒྱུད་གཅིག་ལ་ཇི་ལྟར་ལྡན་ཞེ་ན། བཤད་པར་བྱ་སྟེ། རང་ལྡོག་མ་འདྲེས། དགག་དགོས་ཡོངས་རྫོགས། ངོ་བོ་གནས་འགྱུར། ཡོན་ཏན་ཡར་ལྡན། སྡོམ་པ་གསུམ་གནད་ཀྱིས་མི་འགལ་བ། དུས་སྐབས་གང་གཙོར་སྤྱོད་པར་བྱ་བ་དང་དྲུག་གོ། །

གཉིས་པ་ལ་དོན་དྲུག་སྟེ། དང་པོ་ནི། དེ་ཡང་བླང་ཡུལ་བསམ་པ་ཆོ་ག་རྣམས། །སོ་སོར་ངེས་ཕྱིར་རང་ལྡོག་མ་འདྲེས་ཡིན། །ཞེས་པ་སྟེ། དེ་ཡང་སྡོམ་པ་གསུམ་པོ་དེ། རང་གང་ལས་བླང་བའི་ཡུལ། གང་གིས་ལེན་པའི་བསམ་པ། ཇི་ལྟར་ལེན་པའི་ཆོ་ག་རྣམས་ཐ་དད་པས། ཇི་སྲིད་དུ་བླངས་པའི་དུས་ཀྱང་སོ་སོར་ངེས་པའི་ཕྱིར། ངོ་བོ་གནས་འགྱུར་ཡང་ལྡོག་ཆ་ལ་གཞི་མཐུན་མི་སྲིད་པས། རང་རང་གི་ལྡོག་ཆ་མ་འདྲེས་པར་ཡོད་དེ། ཐབ་ལ་མ་ཉམས་པར་སོ་སོར་གནས་པའི་ཕྱིར་དེ་ཡང་སུམ་ལྡན་གྱི་དགེ་སློང་དེ་ཤི་བའི་ཚེ། སོ་ཐར་གྱི་ལྡོག་ཆ་གཏོང་ཡང་། ཕྱི་མ་གཉིས་གཏོང་མི་སྲིད་དེ། དེ་དེ་གཉིས་ཀྱི་གཏོང་རྒྱུ་མ་ཡིན་པའི་ཕྱིར། དཔེར་ན། ལྕགས་ཀྱི་གོང་བུ་གསེར་དུ་འགྱུར་བ། ཕྱིས་དེ་མགུལ་རྒྱན་ལྷ་བུ་བྱས་ན། དབྱིབས་དང་ལྕི་ཡང་གི་ལྡོག་པ་གཏོང་ཡང་། །ཁ་དོག་གི་ལྡོག་པ་མི་གཏོང་བ་བཞིན་ནོ། །

གཉིས་པ་ནི། དགག་བྱ་ཉོན་མོངས་དགོས་པ་མི་འཆིང་བར། །རང་རང་ལམ་གྱི་ངོས་ནས་ཡོངས་སུ་རྫོགས། །སྤོང་སྒྱུར་ལམ་དུ་བྱེད་པ་སོ་སོ་ཡང་། །ཉོན་མོངས་རང་མཚན་སྤོང་བར་མཁས་རྣམས་མཐུན། །ཞེས་པ་སྟེ། སྡོམ་པ་གསུམ་ཀ་དགག་བྱ་ཉོན་མོངས་པ་སྤོང་བ་དང་། དགོས་པ་ཉོན་མོངས་པས་མི་འཆིང་བ་ལ། རང་རང་གི་ལམ་གྱི་ངོས་ནས་དགག་དགོས་གཉིས་གནད་གཅིག་ལ་ཡོངས་སུ་རྫོགས་པ་ཡིན་ཏེ། ཇི་ལྟར་ན་གནད་གཅིག་ལ་ཡོངས་སུ་རྫོགས་པ་ཡིན་ཞེ་ན། འདི་ལྟར་སོ་ཐར་གྱིས་ཉོན་མོངས་པ་སྤོང་བ་དང་། བྱང་སེམས་ཀྱིས་ཉོན་མོངས་པ་རང་བཞིན་གྱིས་མ་གྲུབ་པར་ཤེས་པས་ཆོས་ཉིད་དུ་བསྒྱུར་ཏེ་གཞན་དོན་དུ་སྤྱོད་པ་དང་། གསང་སྔགས་པས་ཉོན་མོངས་པ་ལྔ་ཡེ་ཤེས་ལྔའི་རང་བཞིན་དུ་བལྟས་ཏེ་ལམ་དུ་བྱེད་པས་ན། དེ་གསུམ་གཉེན་པོའི་རྣམ་པ་སོ་སོ་ལྟར་སྣང་ཡང་། དོན་ཉོན་མོངས་རང་མཚན་པ་སྤོང་བར་གཅིག་ཡིན་ཏེ། དཔེར་ན་དུག་གི་སྡོང་པོ་གཅིག །མི་ཟ་བ་དང་། སྨན་དུ་སྒྱུར་བ་དང་། རིག་སྔགས་དང་ལྡན་པས་ཟོས་པ་གསུམ་དུག་གིས་མི་འཆི་བའི་དགོས་པ་བསྒྲུབ་པ་ལ་གནད་གཅིག་པ་བཞིན་ནོ། །

གསུམ་པ་ནི། སོ་ཐར་ཀུན་སློང་སེམས་བསྐྱེད་ཀྱིས་ཟིན་ན། །ཉེས་སྤྱོད་སྡོམ་པ་ཞེས་བྱའི་ཚུལ་ཁྲིམས་ཡིན། །དབང་ཐོབ་རྡོ་རྗེ་འཛིན་པའི་སྡོམ་པར་འགྱུར། །དེ་ཕྱིར་ངོ་བོ་གནས་འགྱུར་ཡིན་ནོ་ཞེས། །འབུམ་ཕྲག་ལྔ་པའི་ལུང་གིས་གསལ་བར་གྲུབ། །ཅེས་པ་སྟེ། ཉན་ཐོས་ལྟར་དམན་སེམས་ཀྱིས་བླངས་པའི་སོ་ཐར་གྱི་སྡོམ་པ་དེ། དུས་དེར་ཀུན་སློང་སེམས་བསྐྱེད་ཀྱིས་ཟིན་པའམ། ཕྱིས་བྱང་ཆུབ་སེམས་ཀྱི་སྡོམ་པས་ཟིན་པ་ན། དམན་སེམས་བཏང་ཡང་། རང་གི་ངོ་བོ་གཞན་གནོད་གཞི་བཅས་སྤོང་བའི་ལྡོག་ཆ་དེ་བྱང་སེམས་ཀྱི་ཉེས་སྤྱོད་སྡོམ་པའི་ཚུལ་ཁྲིམས་སུ་གནས་འགྱུར་ཏེ། དེ་གཉིས་ཀས་དབང་ཐོབ་པ་ན་མཉམ་པ་ཆེན་པོའི་ཐབས་ཀྱིས་མ་ཟིན་པའི་ཐ་མལ་སྣང་ཞེན་གྱི་ལྡོག་ཆ་རེ་ཡོད་པ་དེ་བཏང་ནས། རྡོ་རྗེ་འཛིན་པའི་སྡོམ་པར་གནས་འགྱུར་རོ། །ཇི་ལྟར་ན། སོ་ཐར་སྔགས་ཀྱི་ཉེས་སྤྱོད་སྡོམ་པ་དང་། བྱང་སྡོམ་རྣམ་སྣང་གི་དམ་ཚིག་ཏུ་འགྱུར་བ་ཡིན་ནོ། །དེ་ཡང་སྔགས་སྡོམ་གྱི་སྐབས་སུ་སོ་བྱང་ཞེས་རྫས་ཐ་དད་པ་མེད་དེ། སྔགས་ཀྱི་སྡོམ་རྫས་སུ་ངོ་བོ་གཅིག་པའི་ཕྱིར། དཔེར་ན་སྲོག་གཅོད་སྤོང་ལྟ་བུ་ལ། མཚོན་ན། སོ་བྱང་སྔགས་གསུམ་གྱི་སྤོང་སེམས

གསུམ་པོ་དེ་སྟ་མ་རྣམས་ཕྱི་མར་གནས་འགྱུར་ཏེ་ངོ་བོ་གཅིག་པ་བཞིན་ནོ། །དེའི་ཕྱིར་ན་སྡོམ་པ་གསུམ་ངོ་བོ་གནས་འགྱུར་ཡིན་ནོ་ཞེས་རྒྱུད་འབུམ་ཕྲག་ལྔ་པའི་ལུང་གིས་གསལ་བར་གྲུབ་པ་ཡིན་ནོ༑ ༑ཇི་སྐད་དུ། རྡོ་ཡི་རིགས་ཀྱི་བྱེ་བྲག་ཅིག །བཞུ་བས་ལྕགས་དང་ཟངས་དངུལ་འགྱུར། །ཞེས་སྔར་དྲངས་པ་ལྟར་རོ། །

བཞི་པ་ནི། འཇིག་རྟེན་རྣལ་འབྱོར་རྣལ་འབྱོར་བློ་ཁྱད་ཀྱིས། །གོང་མ་གོང་མས་གནོད་ཕྱིར་འོག་མ་ཡི། །ཡོན་ཏན་ཡར་ལྡན་འོག་མ་ཟིལ་གྱིས་གནོན། །ཞེས་པ་སྟེ། འཇིག་རྟེན་པ་དང་རྣལ་འབྱོར་པ་མི་མཐུན་ཅིང་། རྣལ་འབྱོར་པ་རྣམས་ཀྱང་བློ་ན་འཕར་བའི་ཁྱད་པར་གྱིས་གོང་མ་གོང་མ་རྣམས་ཀྱིས་འོག་མ་འོག་མ་གནོད་པའི་ཕྱིར་ན། སྔགས་ཀྱི་དམ་ཚིག་མ་ཉམས་པར་ཐུབ་ན་འོག་མ་སོ་བྱང་གཉིས་ཀྱི་སྡོམ་པའི་ཡོན་ཏན་རྣམས་ཡར་ལྡན་གྱི་ཚུལ་དུ་འདུས་ཏེ། དེ་གཉིས་ཀྱི་བསྲུང་བྱ་རྣམས་ཞར་ལ་ཐུབ་པས་ལོགས་སུ་བསྲུངས་མི་དགོས་པའི་ཕྱིར། ཇི་ལྟར་འདུ་ཞེ་ན། རིགས་ལྔ་སྤྱི་དང་ཁྱད་པར་རྣམ་སྣང་དང་དོན་གྲུབ་ཀྱི་དམ་ཚིག་ཏུ་འདུ་གང་ཞིག །དེར་མ་ཟད་རྩ་ལྟུང་གཉིས་པའི་ནང་དུ་མ་ཚང་བ་མེད་པར་འདུས་པ་ཡིན་ནོ། །དེ་ཡང་དགོས་པ་ཉོན་མོངས་པས་མི་འཆིང་བའི་དབང་གིས་དགག་བྱ་སྡོམ་པ་འོག་མ་གཉིས་ཀྱི་སྐྱོན་ཟིལ་གྱིས་གནོན་པ་ཡིན་ཏེ། དཔེར་ན་ཞི་སྟང་རང་ག་མ་དང་མ་བྲལ་ན་སྔགས་ལམ་དུ་མི་འགྱུར་ཡང་། བསྐྱལ་འདྲེན་གྱི་རྟགས་གོམས་དང་ལྡན་པས་ངན་འགྲོ་རྐྱེ་ངེས་པ་ཞིང་བཅུ་ཚང་བའི་དགྲ་ལྷ་བུ་སྐྱིང་རྗེའི་ཀུན་སློང་གིས་བསྟན་པ་དང་བླ་མའི་དོན་དུ་མངོན་སྤྱོད་ཀྱིས་བསྒྲལ་ནས་སོ་བྱང་གི་ཕམ་པ་དང་རྩ་ལྟུང་གིས་མི་གོས་པར་མ་ཟད། ཡུལ་སྡིག་པོ་ཆེ་ལ་ཕན་འདོགས་པ་དང་བསྟན་འགྲོའི་དོན་ཆེན་འགྱུར་བས་བསོད་ནམས་ཀྱི་ཚོགས་ཀྱང་རྫོགས་པར་འགྱུར་རོ། །

ལྔ་པ་ནི། འདུ་ཤེས་གསུམ་གྱིས་འཁྲིག་ན་རྣལ་འབྱོར་དེ། །ཡུལ་བསམ་སྦྱོར་བ་མཐར་ཐུག་མ་ཚང་བས། །ཚྭི་ལམ་ཇི་བཞིན་གནད་ཀྱིས་འགལ་མི་སྲིད། །ཅེས་པ་སྟེ། སྡོམ་གསུམ་གནད་ཀྱིས་མི་འགལ་བ་ཇི་ལྟར་ན། དཔེར་ན། མི་ཚངས་སྤྱོད་ལྟ་བུ་ལ་མཆོན་ན་ཡབ་ཡུམ་ལྷའི་འདུ་ཤེས། མཁའ་གསང་རྡོ་རྗེ་དང་པདྨར་བྱིན་གྱིས་བརླབས་པ་སྔགས་ཀྱི་འདུ་ཤེས། ཐབས་འདི་ལ་བརྟེན་ནས་བདེ་བ་

ཆེན་པོའི་ཡེ་ཤེས་བསྒྲུབ་པར་བྱའོ་སྙམ་པ་ཆོས་ཀྱི་འདུ་ཤེས་ཏེ། དེ་ལྟར་འདུ་ཤེས་གསུམ་གྱིས་འཕྲིག་པར་བྱས་ན་རྣལ་འབྱོར་པ་དེ་ལ། ལྷ་སྔགས་ཀྱི་འདུ་ཤེས་གཉིས་ཀྱིས་ཡུལ་གཞི་མ་ཚང་། ཆོས་ཀྱི་འདུ་ཤེས་ཀྱིས་བསམ་པ་མ་ཚང་། བྱེད་པ་སྡོམ་པའི་ཐབས་མཁས་ཀྱི་སྦྱོད་པས་སྦྱོར་བ་མ་ཚང་། འདོད་པའི་རོ་མི་མྱོང་བར་བདེ་སྟོང་གི་ཡེ་ཤེས་སུ་གསལ་བས་མཐར་ཐུག་མ་ཚང་བའི་ཕྱིར་ན་རྨི་ལམ་དུ་ལོངས་སྤྱོད་པ་ཇི་བཞིན་དུ་མངོན་ཞེན་གྱི་འཆིང་བ་དང་བྲལ་བས་དགག་དགོས་གནད་གཅིག་པའི་དོན་གྱིས་སྡོམ་པ་གསུམ་ནང་ཕན་ཚུན་འགལ་བར་མི་སྲིད་དོ། །

དྲུག་པ་ནི། སྡིག་ཏོ་མི་དགེའི་ཕྱོགས་དང་ཚོགས་པའི་གསེབ། །འོག་མ་གཙོར་སྤྱོད་འདོད་པས་དབེན་པ་དང་། །སྤྱོད་པའི་དུས་དང་དབེན་པར་གསང་སྔགས་སྤྱད། །ནང་མ་འདོམ་ན་མ་འདྲེས་ཡོངས་རྫོགས་བསྲུང་། །འདོམ་ན་དགག་དགོས་བརྩི་ཞེས་མཁས་རྣམས་བཞེད། །ལས་དང་པོ་དང་རྣལ་འབྱོར་གྲུབ་ཐོབ་དང་། །ཐམས་ཅད་མཁྱེན་པའི་སྤྱོད་པ་གང་ཡིན་པ། །དུས་ཚོད་འབྲེལ་བར་དགོས་ཞེས་དུས་འཁོར་བཤད། །ཅེས་པ་སྟེ། སྡིག་ཏོ་མི་དགེ་བའི་ཕྱོགས་རང་བཞིན་གྱིས་ཁ་ན་མཐོ་བ་ཐམས་ཅད་དང་། ཚོགས་པའི་གསེབ་ཏུ་རྟོགས་གོམས་ཀྱི་གདེང་དང་ལྡན་རུང་སྡོམ་པ་འོག་མ་གཉིས་གཙོ་བོར་བསྲུང་དགོས་ཏེ། དེ་ལྟར་མིན་ན་ལས་འབྲས་ལ་བརྩི་སྲུང་མེད་པས་འབྲེལ་ཚད་ལོག་ལམ་ལ་སྦྱོར་བ་དང་། བསྟན་འཛིན་དུ་རློམས་ནས་རྒྱལ་བའི་བསྟན་པ་རྨ་འབྱིན་པར་བྱེད་པའི་ཕྱིར་རོ། །ཡང་རང་འདོད་ཀྱིས་དབེན་པས་གཞན་དོན་དུ་འགྱུར་ངེས་པ་ན་ལུས་ངག་གི་བཅས་པ་རྣམས་ཐེག་ཆེན་ལ་གནང་བས་དེ་བཞིན་དུ་སྤྱད་པ་དང་། ཀུན་བཟང་གི་སྤྱོད་པའི་སྟོབས་དང་། དབེན་པར་ཀུན་འདར་གསང་སྤྱོད་ལྟ་བུའི་དུས་སུ་གསང་སྔགས་གཙོ་བོར་སྤྱད་དགོས་ཏེ། དེའི་ཚེ་འོག་མ་དང་འགལ་བ་ལྟར་སྣང་ཡང་དེ་ནི་ལྟུང་བའི་གཟུགས་བརྙན་ཡིན་ནོ། །དེ་ཡང་དུས་རྟག་ཏུ་སྡོམ་པ་གསུམ་གྱི་ལྟུང་བ་ནང་མ་འདོམ་པ་རྣམས་ནི་རང་རང་གི་གཞུང་ནས་བཤད་པ་ལྟར་སོ་སོར་མ་འདྲེས་པར་ཡོངས་སུ་རྫོགས་པར་བསྲུང་བར་བྱ་ཞིང་། གལ་ཏེ་འདོམ་ཐུག་པར་གྱུར་ན་དགག་དགོས་བརྩི་སྟེ། གང་གིས་ཉེས་པ་བསྐྱེད་པའི་ཆ་ཐམས་ཅད་དགག་བྱ་ཡིན་པས་སྤོང་ཞིང་། ཡོན་ཏན་སྐྱེད་པའི་ཆ་ཐམས་ཅད་བསྒྲུབ་པའི་དགོས་པ་ཡིན་པས་སྤྱད་པར་བྱ་སྟེ། དེས་ན་གནང་བཀག་གི་

སྤྱིར་བཏང་དང་དམིགས་བསལ་གྱི་གནད་རྣམས་མ་འདྲེས་པར་ཤེས་པར་གལ་ཆེའོ། །དེའི་དོན་ཡང་ལས་དང་པོ་པ་དང་། རྣལ་འབྱོར་པ་དང་། གྲུབ་པ་ཐོབ་པ་དང་། ཐམས་ཅད་མཁྱེན་པའི་སྤྱོད་པ་གང་ཡིན་པ་རྣམས་ནི་བླང་དོར་མ་འདྲེས་པར། རང་རང་གི་གནས་སྐབས་དང་བསྟུན་པའི་དུས་ཚོད་དང་འབྲེལ་བར་སྤྱོད་དགོས་ཞེས་དུས་ཀྱི་འཁོར་ལོ་ལས་གསུངས་སོ། །འགྲེལ་ཆེན་ལས། དེའི་ཕྱིར་ལས་དང་པོ་པས་རྣལ་འབྱོར་པའི་བྱ་བ་མི་བྱའོ། །རྣལ་འབྱོར་པས་གྲུབ་པའི་བྱ་བ་མི་བྱའོ། །གྲུབ་པས་ཐམས་ཅད་མཁྱེན་པའི་བྱ་བ་མི་བྱའོ། །ཞེས་སོ། །

གསུམ་པ་སྡོམ་པ་གསུམ་ཉམས་སུ་ལེན་ཚུལ་བསྡུས་ཏེ་བསྟན་པའི་སྒོ་ནས་མཇུག་བསྡུ་བ་ནི། ཡོན་ཏན་གཞི་རྟེན་སོ་ཐར་གང་ནུས་སྟེང་། །བྱང་ཆུབ་སེམས་བསྐྱེད་སྔགས་ཀྱི་ཡན་ལག་ཡིན། །སྨིན་བྱེད་དབང་ཐོབ་སྡོམ་གསུམ་མིག་ལྟར་བསྲུང་། །གདན་གསུམ་ལྷ་རུ་ཤེས་པའི་བསྐྱེད་རིམ་དང་། །མཚན་བཅས་མཚན་མ་མེད་པའི་རྫོགས་རིམ་བསྒོམ། །ཉེ་རྒྱུའི་སྤྱོད་པས་རིམ་བཞིན་མཐའ་མས་སྒྲུར་ན༔ ༔འདི་འམ་འཆི་ཁ་དང་ནི་བར་དོ་རུ། །རང་བཞིན་སྤྲུལ་པའི་ཞིང་དུ་རྫོགས་འཚང་རྒྱ། །ཞེས་པ་སྟེ། ལུང་རྟོགས་ཡོན་ཏན་ཐམས་ཅད་ཀྱི་གཞི་རྟེན་སོ་ཐར་རིས་བདུན་གང་ནུས་ཐོབ་ལ་མ་ཉམས་པར་བསྲུང་ཞིང་། དེའི་སྟེང་དུ་བྱང་ཆུབ་ཏུ་སེམས་བསྐྱེད་པ་དང་གཉིས་རིག་འཛིན་སྔགས་ཀྱི་སྡོམ་པའི་ཡན་ལག་མེད་ན་མི་འབྱུང་བ་ཡིན་ཏེ། དེ་ནས་རྒྱུད་སྨིན་པར་བྱེད་པའི་དབང་བཞི་ལེགས་པར་ཐོབ་ནས་སྡོམ་པ་གསུམ་གྱི་བསླབ་བྱ་རྣམས་འོག་མས་གོང་མའི་གོ་མི་བཀག་པ་དང་། གོང་མས་འོག་མ་སྲུན་མི་འབྲིན་པར་དགག་དགོས་གནད་ཤེས་པའི་སྒོ་ནས་མིག་གི་འབྲས་བུ་ལྟར་བསྲུང་བར་བྱ་ཞིང་། དེ་ཡང་སྨིན་ཟིན་གྲོལ་བའི་ཕྱིར་དུ་ལམ་རིམ་པ་གཉིས་ལ་འཇུག་དགོས་ཏེ། རང་གི་ཕུང་ཁམས་སྐྱེ་མཆེད་ཐམས་ཅད་གཤེགས་པ་གཤེགས་མ། སེམས་དཔའ་སེམས་མ། ཁྲོ་བོ་ཁྲོ་མོ་སྟེ་གདན་གསུམ་མམ་དཀྱིལ་འཁོར་གསུམ་གྱི་ལྷ་རུ་ཤེས་པའི་སྣང་གཞི་སྦྱོང་བྱེད་ངོ་འཕྲོད་པའི་སྒོ་ནས་དཀྱིལ་འཁོར་འཁོར་ལོ་བསྒོམ་པའི་བསྐྱེད་རིམ་དང་། རྫོགས་རིམ་མཚན་བཅས་རྩ་རླུང་ཐིག་ལེ་ལ་གནད་དུ་བསྣུན་པའི་ཐབས་དང་། མཚན་མེད་རང་བྱུང་གི་ཡེ་ཤེས་འོད་གསལ་སྤྲོས་པ་ཐམས་ཅད་བྲལ་བ་དེ་ཁོ་ན་ཉིད་ཀྱི་རྫོགས་རིམ་རྣམས་ལེགས་པར་བསྒོམ་སྟེ། ཉེ་རྒྱུའི་སྤྱོད་པ་སྤྲོས་བཅས། སྤྲོས་མེད།

ཤིན་ཏུ་སྦྲོས་མེད་གསུམ་གྱིས་རིམ་བཞིན་མཚམས་སྦྱར་ནས་དབང་པོ་རབ་ཚེ་འདིར་ཟུང་འཇུག་གི་སྐུ་འགྲུབ། འབྲིང་འཆི་ཁར་གཞིའི་འོད་གསལ་ལས་ཟུང་འཇུག་གི་སྐུར་ལྡང་། ཐ་མ་བར་དོ་ནས་རང་བཞིན་སྤྲུལ་པའི་དག་ཞིང་མངོན་པར་དགའ་བ་སོགས་བགྲོད་དེ། རྡོ་རྗེ་མི་བསྐྱོད་པའི་ཞལ་མཐོང་། རིན་འབྱུང་གིས་དབང་བསྐུར། སྣང་བ་མཐའ་ཡས་ཀྱིས་བྱང་ཆུབ་ཏུ་ལུང་བསྟན། དོན་ཡོད་གྲུབ་པས་དབུགས་དབྱུང་བ་ཐོབ་ནས། དབུས་དུར་ཁྲོད་མེ་རི་འབར་བའི་ཞིང་དུ་མངོན་པར་འཚང་རྒྱ་བར་འགྱུར་རོ། །དེ་ལྟར་ཡང་སྒྱུ་འཕྲུལ་མངོན་བྱང་ལས། དག་པ་སཱ་ཡིད་དབང་ཉིད་ཕྱིར། །སྟོན་པ་ལྷ་དང་ཆོས་རབ་ལྷ། །ཡེ་ཤེས་ལྷ་ཡོངས་རྫོགས་པ་ལས། །རྫོགས་པའི་བྱང་ཆུབ་སྙིང་པོ་འགྲོ། །ཞེས་སོ། །སྐབས་བསྡུ་བ་ནི། སྡོམ་གསུམ་སྤྱིར་དཔྱད་པའི་རིམ་པར་ཕྱེ་བ་སྟེ་ལྔ་པའོ། །ཞེས་སོ།། །།

གསུམ་པ་བཤད་པ་མཐར་ཕྱིན་པའི་བྱ་བ་ལ་བཞི། རྩོམ་པའི་རྒྱུ་བརྟེ་བའི་སྙིང་རྗེ། རྩོམ་དགོས་པའི་རྒྱུ་མཚན། ཇི་ལྟར་བརྩམས་པའི་ཚུལ། དེས་ཐོབ་པའི་དགེ་བ་བསྔོ་བའོ། །དང་པོ་ནི། དེང་སང་མ་སྦྱངས་མུ་ཅོ་སྨྲ་བ་བརྒྱུས། །རང་གིས་ཡེ་ཤེས་རྟུལ་ཙམ་མ་རྟོགས་པར། །རང་བཟོའི་ཚོགས་རྨོངས་རྣམས་ཆེམ་པའི་དུས། །སྐྱབས་དེ་བསམ་གྱིན་སྙིང་ནས་མཆི་མ་དཀྲུ། །ཞེས་པ་སྟེ། དེང་སང་གསུང་རབ་དགོངས་འགྲེལ་དང་བཅས་པ་ལ་ཐོས་བསམ་གྱིས་ལེགས་པར་མ་སྦྱང་ཞིང་བླུན་པོ་མཁས་རློམས་ཅན། གཞན་ལ་མུ་ཅོར་སྨྲ་བ་བརྒྱ་ཕྲག་དུ་མས་སྨྲོམ་པ་ཉམས་ལེན་གྱི་སྒོ་ནས་རང་གིས་གནས་ལུགས་ཀྱི་ཡེ་ཤེས་རྟུལ་ཕྲན་ཚཤེས་ཙམ་གྱི་ཕྱོགས་མ་གོ་ཡང་མ་རྟོགས་པར་རང་བཟོས་བསླད་པའི་ཚོགས་རིགས་མཐུན་རྨོངས་པ་རྣམས་དགའ་བ་བསྐྱེད་ཅིང་ཆེམ་པའི་དུས་འདིར། རང་གཞན་གཉིས་ཀ་བརླག་པའི་སྐྱབས་གནས་དེ་འདྲ་བ་ལ་བསྟན་པའི་སྙིགས་དུས་ཀྱི་སྐྱེ་བོ་འདི་རྣམས་ཀྱི་མ་ཀྱི་ཧུད་སྙིང་རེ་རྗེ་བསམ་གྱིན་སྐྱེས་བུ་དམ་པ་རྣམས་ནི་སྙིང་ནས་མྱ་ངན་གྱི་མཆི་མ་དཀྲུ་བར་འོས་པའི་གནས་སུ་གྱུར་པ་ཡིན་ནོ། །

གཉིས་པ་ནི། མདོ་སྔགས་ལམ་རྣམས་མུ་མེད་འགྲོ་བའི་ཕྱིར། །ཚང་ལ་མ་ནོར་ལམ་འདི་རྒྱལ་བས་གསུངས། །གང་ཅན་འདི་ན་དེ་དག་ཕྱོགས་རེར་འཛིན། །གཅིག་ཏུ་སེམས་ཀྱང་སྡོམ་གསུམ་མིང་ཙམ་ལུས། །ཞེས་པ་སྟེ། མདོ་སྔགས་ལམ་རིམ་རྣམས་ནི་མཐའ་ཡས་མུ་མཐའ་མེད་པའི་འགྲོ་བ

རྣམས་ཀྱི་ཁམས་དབང་དང་མཐུན་པར་དེ་དག་ཐར་པ་དང་ཐམས་ཅད་མཁྱེན་པའི་གོ་སར་དགྲི་བའི་ཕྱིར། གང་ཟག་གཅིག་འཚང་རྒྱ་བའི་ཐབས་ཚང་ལ་མ་ནོར་བའི་ལམ་འདི་རྒྱལ་བས་གསུངས་སོ། །འོན་ཀྱང་གངས་ཅན་འདི་ན་མདོ་སྔགས་གཉིས་འགལ་ལོ་ཞེས་བླུན་པོ་སྤྱི་བརྟོལ་ཅན་དག་གིས་ནི་མེ་ཆུ་ལྟར་འགལ་འདུའི་ཕྱུང་པོར་མཐོང་ནས་ཕྱོགས་རེ་བར་འཛིན་ཏེ། མཁས་པ་རྣམ་དཔྱོད་དང་ལྡན་པ་གཅིག་ཏུ་བསྟུ་བར་སེམས་པ་དག་གིས་ཀྱང་བཤད་ཡམས་ཀྱིས་ས་བཅད་པ་ཙམ་ལས་སྡོམ་པ་གསུམ་གྱི་བསླབ་བྱ་གོང་འོག་མི་འགལ་བར་ཤེས་དགོས་པ་རྣམས་ནི་མིང་ཙམ་དུ་ལུས་སོ། །

གསུམ་པ་ནི། འདི་ནི་མཁས་གྲུབ་དུ་མའི་ལེགས་བཤད་ལས། །སྒྲིམས་པོའི་བློ་ཡིས་ཕྱོགས་གཅིག་དག་ཏུ་བཀོད། །དེ་ཕྱིར་ནོངས་པའི་དྲི་མ་མེད་སྙམ་རློམས། །ཞེས་པ་སྟེ། ཚུལ་དེ་ལྟར་མཐོང་ནས་བསྟན་བཅོས་འདི་ནི་རང་བཟོ་དང་ཕྱོགས་རིས་སྤྲངས་ཏེ་མདོ་རྒྱུད་ཀྱི་དོན་ཇི་ལྟ་བ་བཞིན་དུ་གཏན་ལ་འབེབས་པར་བྱེད་པའི་མཁས་གྲུབ་དུ་མའི་ལེགས་པར་བཤད་པ་ལས། ཇི་སྐད་བསྟན་པ་རྣམས་ལ་སྒྲིམས་པོའི་བློ་ཡིས་བརྟགས་ཤིང་དཔྱད་པའི་སྒོ་ནས་མདོ་རྒྱུད་མན་ངག་རྣམས་དང་མི་འགལ་བར་ཕྱོགས་གཅིག་ཏུ་བཀོད་པ་ཡིན་ཏེ་དེའི་ཕྱིར་ན་མ་བཤད་པ་ལོག་པར་བཤད་པའི་ནོངས་པའི་དྲི་མ་མེད་དོ་སྙམ་དུ་རློམས་པ་ཡིན་པས་རྗེས་འཇུག་གི་གདུལ་བྱ་རྣམས་ཡིད་ཆེས་པར་གྱིས་ཤིག །

བཞི་པ་ནི། དགེ་དེས་ཀུན་བཟང་གོ་འཕང་མྱུར་ཐོབ་ཤོག །ཅེས་པ་སྟེ། བསྟན་བཅོས་བརྩམས་པ་ལས་བྱུང་བའི་དགེ་བ་དེས་མཁའ་མཐས་ཁྱབ་པའི་འགྲོ་བ་རྣམས་སྐུ་ལྔ་ཡེ་ཤེས་ལྔ་དང་འདུ་འབྲལ་མེད་པ་ཀུན་ཏུ་བཟང་པོ་གོ་འཕང་མྱུར་དུ་ཐོབ་པ་ཤོག་ཅིག་གུ།

གསུམ་པ་བསྟན་བཅོས་ཇི་ལྟར་བརྩམས་པའི་མཛད་བྱང་སྨོས་པ་ནི། ཞེས་སྡོམ་གསུམ་རྣམ་ངེས་ཚིག་གིས་རིམ་པར་ཕྱེ་བ་འདི་གངས་རིའི་ཕྲེང་བས་བསྐོར་བའི་ཡུལ་ལྷོངས་ལྷོ་ཕྱོགས་ཀྱི་རྒྱུད་དུ་བྱུང་བ་ངེས་པར་འབྱུང་བའི་བསམ་པ་ཅན་མངའ་རིས་ཀྱི་པཎྜི་ཏ་པདྨ་དབང་གི་རྒྱལ་པོས་བཀོད་པ། ཕྱོགས་དུས་གནས་སྐབས་ཐམས་ཅད་དུ་རང་བཞིན་རྫོགས་པ་ཆེན་པོའི་བསྟན་པ་ལ་བྱ་བ་བྱེད་ནུས་པར་གྱུར་ཅིག །ཅེས་སོ། །

དེ་ལྟར་སྡོམ་གསུམ་རྣམ་པ་ངེས་པ་ཡི། །ཚིག་དོན་ཅུང་ཟད་དབྱེ་བའི་ལེགས་བཤད་གང་། །ལྷ་

ཐེག་རིག་པའི་གཞུང་ཀུན་ལེགས་སྦྱངས་པའི། །བློ་གྲོས་ཡལ་འདབ་ལྡ་བའི་རྣམ་དཔྱོད་ཀྱིས། །འགྲེལ་པ་དཔག་བསམ་སྙེ་མའི་དོག་པ་ལས། །འཇམ་དབྱངས་བླ་མས་དགྱེས་པར་དབུགས་དབྱུང་བའི། །ཞལ་ལུང་གཅེས་པར་བཏུས་པའི་མེ་ཏོག་ཕྲེང་། །གཏེར་ཆེན་བླ་མ་མཉེས་པའི་སྐྱེས་སུ་འབུལ། །ཚིག་སྦྱོར་རྣོན་པོའི་འོད་ཀྱི་ཐུར་མ་རྣམས། །མདོ་རྒྱུས་འཚམས་པར་སྦྱོས་པས་བསླབ་གསུམ་གྱི། །དྲི་བསུང་ཁང་བཟང་དཀར་པོ་འབྱེད་པ་ན། །བློ་ལྡན་རྐང་དྲུག་ཚོགས་རྣམས་ཅི་དགར་རོལ། །འདི་ལྟར་འབད་པའི་ལེགས་བྱས་ཆ་མཆིས་པས། །ཐུབ་བསྟན་ཡོངས་ཀྱི་མཛེས་རྒྱན་གདན་ས་འདིར། །བཤད་དང་སྒྲུབ་པའི་ཉི་ཟླའི་སྣང་བ་ཆེ། །རི་སྲིད་ནམ་མཁའི་མཐའ་བར་རྒྱས་གྱུར་ཅིག །རིགས་ཀྱི་བདག་པོ་དཔལ་ལྡན་ཀརྨ་པ། །སྟོན་འཁོར་ཕུན་སུམ་ཚོགས་པ་ལྷ་ལྡན་གྱི། །རྫོགས་ལྡན་དང་པོ་ཆེས་པའི་དཀར་ཕྱོགས་ཀྱི། །མཛེས་པས་ས་གསུམ་རྟག་པར་ཁྱབ་གྱུར་ཅིག །བདག་ཀྱང་སྐྱེ་དང་སྐྱེ་བའི་ཕྲེང་བ་ལས། །རབ་ཏུ་དགའ་བའི་ས་མཆོག་མ་བརྙེས་བར། །ཉིས་བརྒྱ་ལྔ་བཅུའི་ཁྲིམས་ཀྱིས་རྒྱུད་བསྡམས་པའི། །ཁྱིམ་ནས་ཁྱིམ་མེད་རབ་ཏུ་འབྱུང་བར་ཤོག །རི་སྲིད་ཐུབ་བསྟན་གནས་པ་དེ་སྲིད་དུ། །ལུང་དང་རྟོགས་པའི་ཆོས་ཀྱི་སྒྲོན་མེ་གང་། །གླིང་བཞིའི་ཁྱོན་ཀུན་འདྲེན་པའི་ཤིང་རྟ་ཆེ། །བསྟན་པ་འཛིན་པའི་སྐྱེས་བུ་ཉིད་གྱུར་ཅིག །ཅེས་སྡོམ་པ་གསུམ་རྣམ་པར་ངེས་པའི་བསྟན་བཅོས་ཀྱི་འགྲེལ་པ་འཇམ་དབྱངས་དགྱེས་པའི་ཞལ་ལུང་ཞེས་བྱ་བ་འདི་ནི་ལྕགས་མོ་བྱའི་ལོར་གདན་ས་ཆེན་པོ་འོག་མིན་ཀརྨའི་ཡང་ཁྲོད་གསང་སྔགས་ཕོ་བྲང་རྡོ་རྗེའི་བཀོད་པའི་གཙུག་ལག་ཁང་ཆེན་པོར་བཤད་སྒྲུབ་ཀྱི་སྡེ་གསར་དུ་འཛུགས་པའི་ཐོག་མར་དབྱར་གནས་པའི་སྐབས་སུ། རང་ཉིད་ནས་བློ་གྲོས་ཕུན་སུམ་ཚོགས་པའི་བསྟན་འཛིན་གྱི་སྐྱེས་བུ་མང་པོ་ལ་སྡོམ་གསུམ་རྣམ་ངེས་ཀྱི་བཤད་པ་འབུལ་བ་ན། དུས་གསུམ་བདེ་བར་གཤེགས་པ་ཐམས་ཅད་ཀྱི་སྤྱི་གཟུགས་འགྲོ་འདུལ་བླ་མ་གཏེར་ཆེན་ཆོས་ཀྱི་རྒྱལ་པོའི་ཞལ་སྔ་ནས་ཤཾ་ཁ་མྦལ་ཆས་ལྡན་དང་ལྷ་གོས་བཅས་ཀྱི་ཅོད་པན་སྤྱི་བོར་བཅིངས་ནས་བློ་གྲོས་གསར་བུ་བ་རྣམས་ལ་ཕན་པའི་ཕྱིར་འགྲེལ་པ་མདོ་རྒྱུས་འཚམས་པ་ཞིག་འབྲི་བར་འོས་ཞེས་བཀའ་ཡིས་གནང་བ་ཐོབ་པ་གཙུག་ཏུ་མཆོད་དེ། འགྲེལ་པ་དཔག་བསམ་སྙེ་མའི་ཚིག་སྣ་བསྡུས་པ་ལ། འཇམ་མགོན་བླ་མ་རྡོ་རྗེ་འཆང་ཆེན་པོ་ཞལ་ལུང་ཐུན་མོང་མ་ཡིན་པས་ཟུར་

བརྒྱན་ཏེ། དབྱར་གནས་པའི་སྐབས་དེ་ཉིད་དུ། དགེ་སློང་ཚོས་སྨྲ་བ་པོ་རྒྱལ་བའི་སྲས་པོ་ཀརྨ་ངེས་དོན་སྙིང་པོ་གཞན་ཕན་ཆོས་ཀྱི་དབང་ཕྱུག་གམ། བརྟ་སྤྲོད་ཀུན་བཤད་ཀྱི་བཏགས་མིང་གསུང་རབ་ཕྲེང་བ་བདུད་རྩི་སྨྲ་དབྱངས་ཞེས་བྱ་བས་སྦྱར་བ་འདིས་ཀྱང་ཐུབ་བསྟན་རིན་པོ་ཆེ་ཕྱོགས་བཅུ་ཀུན་ཏུ་ཁྱབ་པའི་རྒྱུར་གྱུར་ཅིག །

检 3